Pipers Enzyklopädie des Musiktheaters

Herausgegeben von
Carl Dahlhaus
und dem
Forschungsinstitut für Musiktheater
der Universität Bayreuth
unter Leitung von Sieghart Döhring

Pipers Enzyklopädie des Musiktheaters
in 8 Bänden

Werke
Band 1–5

Register und Nachträge
Band 6

Sachteil
Band 7–8

Pipers Enzyklopädie des Musiktheaters

Oper · Operette · Musical · Ballett

Herausgegeben von
Carl Dahlhaus
und dem
Forschungsinstitut für Musiktheater
der Universität Bayreuth
unter Leitung von Sieghart Döhring

Band 4

Werke
Massine – Piccinni

Piper
München Zürich

Sitz der Redaktion
Forschungsinstitut für Musiktheater der Universität Bayreuth, Schloß Thurnau,
D-8656 Thurnau

Leitung der Redaktion
Sieghart Döhring
Dietrich Mack (1976–82)

Mitarbeiter der Redaktion
Hans-Joachim Bauer, Gabriele Brandstetter, Markus Engelhardt, Rainer Franke, Klaus Kieser, Mechthild von Künßberg, Ruth Menzel, Daniela Reinhold, Susanne Rode, Gunhild Schüller, Thomas Steiert, Christiane Zentgraf
Ingrid Brainard (1980–82), Alexander Dick (1990), Gerhard Heldt (1980–84), Julia Liebscher (1984–89), Michael Mäckelmann (1985–89), Irmgard Pflaum (1977–86), Thomas Siedhoff (1977–86), Susanne Vill (1976–79), Sigrid Wiesmann (1978–82)

Schlußredaktion und Korrekturen
Uwe Steffen (München)

ISBN 3-492-02414-9
© R. Piper GmbH & Co. KG, München 1991
Umschlag: Federico Luci, Wuppertal
Gesamtherstellung: Kösel, Kempten
Printed in Germany

Die Autoren von Band 4

Andrea Amort, Wien
Peter Andraschke, Gießen
Rudolph Angermüller, Salzburg
Susan Au, New York
Vicky Bähren, München
Elizabeth C. Bartlet, Durham (NC)
Lorenzo Bianconi, Bologna
Ingrid Brainard, Boston
Gabriele Brandstetter, Thurnau
Werner Braun, Saarbrücken
Manuel Brug, München
Matthias Brzoska, Berlin
Karol Bula, Kattowitz
Ewa Burzawa, Halle (Saale)
Theresa Cameron, Koblenz
Norbert Christen, München
Marie-Françoise Christout, Paris
Carl Dahlhaus, Berlin
Sibylle Dahms, Salzburg
Peter Dannenberg, Kiel
Leonie Dannhauser, Freiburg i. Br.
Jan Dehner, Prag
Alexander Dick, Bayreuth
Robert Didion, Frankfurt a. M.
Christoph Dohr, Köln
Sieghart Döhring, Thurnau
Markus Engelhardt, Thurnau
Georg Feder, Köln
Ludwig Finscher, Heidelberg
Erik Fischer, Bochum
Eva-Elisabeth Fischer, München
Regina Fitl, Wien
Gisela Franke, Thurnau
Rainer Franke, Thurnau
Kurt Gänzl, Saint-Paul-de-Vence
Anselm Gerhard, Münster (Westf.)
Edmund Gleede, Halle (Saale)
Noël Goodwin, London
Diana Graß, München
Kadja Grönke, Neumünster
Helena Havlíková, Prag
Josef Heinzelmann, Mainz
Matthias Henke, Bad Waldsee
Sabine Henze-Döhring, Thurnau
Theo Hirsbrunner, Bern
Millicent Hodson, London
Klaus Hortschansky, Münster (Westf.)
Teresa Hrdlicka, Wien
Helmut Hucke, Frankfurt a. M.
George Jackson, Washington (DC)
Claudia Jeschke, München
Józef Kański, Warschau

Marion Kant, Berlin
Kioko Kawada, Tokio
Klaus Kieser, Thurnau
Kate King, Rijswijk (bei Den Haag)
Volker Klotz, Stuttgart
Michael Klügl, Hamburg
Thomas Koebner, Berlin
Horst Koegler, Stuttgart
Ulrich Konrad, Göttingen
Ursula Kramer, Darmstadt
Wera Krassowskaja, Leningrad
Stefan Kunze, Bern
Ortrun Landmann, Dresden
Annegrit Laubenthal, Heidelberg
Gordana Lazarevich, Victoria (British Columbia)
Silke Leopold, Detmold
Julia Liebscher, München
Friedrich Lippmann, Rom
Glenn Loney, New York
Helga Lühning, Bonn
Helmut Lux, Hagen
Jürgen Maehder, Berlin
Christoph-Hellmut Mahling, Mainz
Jutta Maly, Wien
Volker Mattern, Kreuztal (Siegerland)
Henning Mehnert, Bonn
Norbert Miller, Berlin
Paola Moscarelli, Rom
Ruth E. Müller, Berlin
Sigrid Neef, Berlin
Joachim Noller, Hamburg
Ole Nørlyng, Kopenhagen
Alfred Oberzaucher, Wien
Stefan Orgass, Essen
Wolfgang Osthoff, Würzburg
Ulrich Peters, Bremen
Dorothea Redepenning, Hamburg
Hartmut Regitz, Stuttgart
Susanne Rode, Thurnau
Hans-Peter Rösler, Hamburg
Helmut Scheier, Wermelskirchen
Jürgen Schläder, München
Eberhard Schmidt, Berlin
Elisabeth Schmierer, Berlin
Herbert Schneider, Heidelberg
Katja Schneider, München
Gunhild Schüller, Thurnau
Monika Schwarz, Freiburg i. Br.
Wolfram Schwinger, Stuttgart
Reiko Sekine, Tokio
Karl-Heinz Siebert, Berlin
Marian Smith, Eugene (OR)

Kathrine Sorley Walker, London
Edelgard Spaude, Freiburg i. Br.
Manica Špendal, Maribor
Steen Chr. Steensen, Kopenhagen
Michael Stegemann, Steinfurt
Thomas Steiert, Thurnau
Jürg Stenzl, Fribourg
Patricia Stöckemann, Hamburg
Katalin Szerző, Budapest
Alberto Testa, Rom
Werner Thomas, Heidelberg
Gulbath Toradse, Tiflis
Gabi Vettermann, München

Susanne Vill, Bayreuth
Ivan Vojtěch, Prag
Egon Voss, München
Jiří Vysloužil, Brünn
Věra Vysloužilová, Brünn
Hartmut Wecker, Wetter
Reinhard Wiesend, Bayreuth
Sigrid Wiesmann, Wien
Anders Wiklund, Göteborg
Wolfgang Witzenmann, Rom
Andreas Zadéyan, Wien
Rein A. Zondergeld, Göttingen
Barbara Zuber, München

Inhalt

Vorwort XIII
Hinweise zur Benutzung XV
Abkürzungsverzeichnis XVII

Massine, Léonide
   Gaîté parisienne (1938) 1
   Nobilissima Visione (1938) 2
Matjuschin, Michail Wassiljewitsch
   Pobeda nad solnzem (1913) 3
Mattheson, Johann
   Die betrogene Staatsliebe oder Die unglückselige Kleopatra, Königin von Ägypten (1704) 6
Matthus, Siegfried
   Die Weise von Liebe und Tod des Cornets Christoph Rilke (1985) 7
   Judith (1985) 9
Maudrik, Lizzie
   Joan von Zarissa (1940) 12
Mayr, Simon
   Che originali! (1798) 14
   Ginevra di Scozia (1801) 15
   L'amor coniugale (1805) 17
   Medea in Corinto (1813) 18
Mazilier, Joseph
   Le Diable à quatre (1845) 21
   Paquita (1846) 24
   Le Corsaire (1856) 26
Mazzocchi, Domenico
   La catena d'Adone (1626) 28
Meale, Richard
   Voss (1986) 30
Meder, Johann Valentin
   Die beständige Argenia (1680) 32
Méhul, Etienne Nicolas
   Euphrosine ou Le Tyran corrigé (1790) 33
   Stratonice (1792) 34
   Mélidore et Phrosine (1794) 36
   Ariodant (1799) 39
   L'Irato ou L'Emporté (1801) 41
   Une Folie (1802) 42
   Le Trésor supposé ou Le Danger d'écouter aux portes (1802) 43
   Les Deux aveugles de Tolède (1806) 44
   Uthal (1806) 45
   Joseph (1807) 47
Melani, Jacopo
   Ercole in Tebe (1661) 49
Mendelssohn-Bartholdy, Felix
   Heimkehr aus der Fremde (1829) 52
Menotti, Gian Carlo
   Amelia Goes to the Ball (1937) 53
   The Medium (1946) 55

   The Telephone or L'Amour à Trois (1947) 56
   The Consul (1950) 57
   Amahl and the Night Visitors (1951) 60
   Hilfe, Hilfe, die Globolinks! (1968) 61
   Goya (1986) 62
Mérante, Louis
   Sylvia ou La Nymphe de Diane (1876) 63
   Les Deux pigeons (1886) 66
Mercadante, Saverio
   Elisa e Claudio ossia L'amore protetto dall'amicizia (1821) 67
   I normanni a Parigi (1832) 69
   Il giuramento (1837) 71
   Le due illustri rivali (1838) 75
   Elena da Feltre (1839) 77
   Il bravo (1839) 79
   La vestale (1840) 83
   Il reggente (1843) 85
   Orazi e Curiazi (1846) 87
   Virginia (1866) 90
Merikanto, Aarre
   Juha (1922/1958) 93
Mermet, Auguste
   Roland à Roncevaux (1864) 95
Merrill, Bob
   Carnival! (1961) 97
Messager, André
   Les P'tites Michu (1897) 98
   Véronique (1898) 99
   Fortunio (1907) 102
   Monsieur Beaucaire (1919) 104
   L'Amour masqué (1923) 106
Messiaen, Olivier
   Saint François d'Assise (1983) 108
Meyerbeer, Giacomo
   Romilda e Costanza (1817) 111
   Emma di Resburgo (1819) 114
   Margherita d'Anjou (1820) 116
   Il crociato in Egitto (1824) 118
   Robert le diable (1831) 123
   Les Huguenots (1836) 130
   Ein Feldlager in Schlesien (1844) 140
   Le Prophète (1849) 143
   L'Etoile du nord (1854) 152
   Le Pardon de Ploërmel (1859) 155
   L'Africaine (1865) 159
Míča, František Václav
   L'origine di Jaromeriz in Moravia (1730) 167
Mihalovich, Ödön
   Eliána (1908) 167
Mihalovici, Marcel
   Krapp oder Das letzte Band (1961) 169

Miki, Minoru
  Schunkin-scho (1975) 171
Milhaud, Darius
  Les Malheurs d'Orphée (1926) 173
  Die Entführung der Europa (1927) 174
  Le Pauvre matelot (1927) 175
  Die verlassene Ariadne (1928) 177
  Der befreite Theseus (1928) 178
  Christophe Colomb (1930) 178
  Medea (1939) 182
  David (1954) 183
  Die Orestie (1963) 185
    I. *Agamemnon* (1927)
    II. *Die Choephoren* (1927)
    III. *Die Eumeniden* (1949)
Millöcker, Carl
  Das verwunschene Schloß (1878) 187
  Der Bettelstudent (1882) 189
  Gasparone (1884) 195
  Der Feldprediger (1884) 199
  Der Vizeadmiral (1886) 201
  Der arme Jonathan (1890) 202
Milloss, Aurel von
  Le Portrait de Don Quichotte (1947) 205
Milon, Louis Jacques
  Nina ou La Folle par amour (1813) 207
Misuno, Schuko
  Tenschu-monogatari (1977) 209
Mlakar, Pia und Pino
  Der Teufel im Dorf (1935) 211
Mollier, Louis de
  Le Ballet royal de la nuit (1653) 212
Monckton, Lionel / Talbot, Howard
  The Arcadians (1909) 215
Mondonville, Jean Joseph Cassanéa de
  Titon et l'Aurore (1753) 217
Moniuszko, Stanisław
  Halka (1848) 219
  Hrabina (1860) 221
  Straszny dwór (1865) 223
  Paria (1869) 225
Monk, Meredith
  Turtle Dreams (1981) 226
Monnot, Marguerite
  Irma la douce (1956) 228
Monsigny, Pierre Alexandre
  Le Cadi dupé (1761) 229
  On ne s'avise jamais de tout (1761) 230
  Le Roi et le fermier (1762) 232
  Rose et Colas (1764) 233
  Le Déserteur (1769) 234
Montéclair, Michel Pignolet de
  Jephté (1732) 237
Montemezzi, Italo
  L'amore dei tre re (1913) 239

Monteverdi, Claudio
  L'Orfeo (1607) 241
  Il ballo delle ingrate (1608) 245
  Combattimento di Tancredi e Clorinda (1624?) 247
  Il ritorno d'Ulisse in patria (1640) 248
  L'incoronazione di Poppea (1642/43) 253
Moore, Douglas Stuart
  The Ballad of Baby Doe (1956) 259
Moreno-Torroba, Federico
  Luisa Fernanda (1932) 261
  La Chulapona (1934) 263
Morlacchi, Francesco
  Raoul de Crequi (1811) 265
  Tebaldo e Isolina (1822) 266
Moross, Jerome
  The Golden Apple (1954) 269
Mosel, Ignaz von
  Salem (1813) 271
Mosonyi, Mihály
  Szép Ilonka (1861) 272
Mouret, Jean-Joseph
  Les Fêtes de Thalie (1714) 273
Mozart, Wolfgang Amadeus
  Apollo et Hyacinthus (1767) 275
  Bastien und Bastienne (1768/1890) 277
  La finta semplice (1769) 278
  Mitridate re di Ponto (1770) 281
  Il sogno di Scipione (1771/1979) 283
  Ascanio in Alba (1771) 284
  Lucio Silla (1772) 285
  La finta giardiniera (1775) 288
  Zaide (1780/1866) 291
  Idomeneo (1781) 293
  Die Entführung aus dem Serail (1782) 299
  Der Schauspieldirektor (1786) 303
  Le nozze di Figaro (1786) 306
  Il dissoluto punito ossia Il Don Giovanni (1787) 314
  Così fan tutte ossia La scuola degli amanti (1790) 327
  La clemenza di Tito (1791) 334
  Die Zauberflöte (1791) 341
Müller, Adolf
  Wiener Blut (1899) 352
Müller, Wenzel
  Das Sonnenfest der Brahminen (1790) 356
  Der Fagottist oder Die Zauberzither (1791) 357
  Die Schwestern von Prag (1794) 358
Musgrave, Thea
  Mary, Queen of Scots (1977) 359
Mussorgski, Modest Petrowitsch
  Salambo (1866/1980) 361
  Schenitba (1868) 363

Boris Godunow (1874) 365
Chowanschtschina (1879/1886) 375
Sorotschinskaja jarmarka (1881/1911) 380
Muzzarelli, Antonio
Die wiedergefundene Tochter Otto des II., Kaisers der Deutschen (1782) 383
Gustav Wasa (1811) 385
Mysliveček, Josef
Il gran Tamerlano (1771) 386
Natschinski, Gerd
Mein Freund Bunbury (1964) 388
Naumann, Johann Gottlieb
Cora (1779/80) 390
Osiride (1781) 392
Gustaf Vasa (1786) 394
Nedbal, Oskar
Polenblut (1913) 396
Neefe, Christian Gottlob
Die Apotheke (1771) 399
Amors Guckkasten (1772) 400
Sophonisbe (1778) 401
Nessler, Viktor
Der Trompeter von Säckingen (1884) 402
Neumeier, John
Dritte Sinfonie von Gustav Mahler (1975) 404
Illusionen – wie Schwanensee (1976) 407
Die Kameliendame (1978) 410
Matthäus-Passion (1981) 411
Endstation Sehnsucht (1983) 414
Othello (1985) 415
Nick, Edmund
Das kleine Hofkonzert (1935) 417
Nicolai, Otto
Der Tempelritter (1840) 419
Die Heimkehr des Verbannten (1841) 421
Die lustigen Weiber von Windsor (1849) 423
Nicolini, Giuseppe
Trajano in Dacia (1807) 426
Niedermeyer, Louis
Stradella (1837) 428
Nielsen, Carl
Saul og David (1902) 429
Maskarade (1906) 431
Nijinska, Bronislava
Les Noces (1923) 432
Les Biches (1924) 436
Les Fâcheux (1924) 438
Le Train bleu (1924) 439
Boléro (1928) 441
Le Baiser de la fée (1928) 443
La Valse (1929) 445
Nijinski, Waslaw
L'Après-midi d'un faune (1912) 447
Jeux (1913) 450
Le Sacre du printemps (1913) 452

Nikolais, Alwin
Imago – The City Curious (1963) 458
Nono, Luigi
Intolleranza 1960 (1961) 459
Al gran sole carico d'amore (1975) 461
Prometeo (1984) 463
Nørgård, Per
Gilgamesh (1973) 465
Nørholm, Ib
Sandhedens hævn (1986) 466
North, Robert
Troy Game (1974) 468
Norton, Frederic
Chu Chin Chow (1916) 469
Nouguès, Jean-Charles
Quo vadis? (1909) 470
Novák, Vítězslav
Zvíkovský rarášek (1915) 472
Lucerna (1923) 473
Novello, Ivor
The Dancing Years (1939) 474
Noverre, Jean Georges
Medea und Jason (1763) 476
Der gerächte Agamemnon (1771) 478
Adelheid von Ponthieu (1773) 480
Les Horaces et les Curiaces (1774) 482
Les Petits riens (1778) 483
Oberleithner, Max von
Aphrodite (1912) 484
Der eiserne Heiland (1917) 486
Offenbach, Jacques
Pépito (1853) 487
Les Deux aveugles (1855) 489
Le Violoneux (1855) 490
Ba-ta-clan (1855) 491
Le 66 (1856) 493
Le Financier et le savetier (1856) 494
Croquefer ou Le Dernier des paladins (1857) 494
Vent du soir ou L'Horrible festin (1857) 496
Le Mariage aux lanternes (1857) 497
Mesdames de la Halle (1858) 498
Orphée aux enfers (1858) / *Orphée aux enfers* (1874) 500
Un Mari à la porte (1859) 506
Geneviève de Brabant (1859) / *Geneviève de Brabant* (1867) / *Geneviève de Brabant* (1875) 507
Daphnis et Chloé (1860) 511
La Chanson de Fortunio (1861) 512
Le Pont des soupirs (1861) 514
Monsieur Choufleuri restera chez lui le... (1861) 515
Les Bavards (1862) 518
Lischen et Fritzchen (1863) 520

Les Géorgiennes (1864) 521
Le Fifre enchanté ou Le Soldat magicien
(1864) 523
La Belle Hélène (1864) 524
Barbe-Bleue (1866) 529
La Vie parisienne (1866) 532
La Grande-Duchesse de Gérolstein (1867) 536
La Leçon de chant électromagnétique
(1867) 540
Robinson Crusoé (1867) 541
L'Ile de Tulipatan (1868) 544
La Périchole (1868) 544
Vert-Vert (1869) 548
La Princesse de Trébizonde (1869) 550
Les Brigands (1869) 553
Le Roi Carotte (1872) 557
Fantasio (1872) 560
Pomme d'api (1873) 562
Le Voyage dans la lune (1875) 563
La Créole (1875) 566
Madame Favart (1878) 567
La Fille du tambour-major (1879) 568
Les Contes d'Hoffmann (1881) 571
Ohno, Kasuo
  Ra Aruhentschiina-scho (1977) 579
Orff, Carl
  Der Mond (1939) 581
  Die Kluge (1943) 584
  Die Bernauerin (1947) 587
  Antigonae (1949) 589
  Trionfi (1953) 592
    Carmina Burana (1937)
    Catulli carmina (1943)
    Trionfo di Afrodite (1953)
  Comoedia de Christi resurrectione (1956) 596
  Oedipus der Tyrann (1959) 597
  Ludus de nato Infante mirificus (1960) 599
  Prometheus (1968) 601
  De temporum fine comoedia (1973) 603
Ostrčil, Otakar
  Poupě (1911) 605
  Honzovo království (1934) 606
Pacini, Giovanni
  L'ultimo giorno di Pompei (1825) 607
  Gli arabi nelle Gallie ossia Il trionfo della fede
  (1827) 609
  Il corsaro (1831) 611
  Saffo (1840) 614
Pacius, Fredrik
  Kung Karls jakt (1851) 616
Paderewski, Ignacy Jan
  Manru (1901) 617
Paer, Ferdinando
  Camilla ossia Il sotterraneo (1799) 619
  Achille (1801) 621

Sargino ossia L'allievo dell'amore (1803) 623
Leonora ossia L'amor coniugale (1804) 624
Sofonisba (1805) 626
L'Agnese (1809) 628
Le Maître de chapelle ou Le Souper imprévu
(1821) 629
Paisiello, Giovanni
  Don Chisciotte della Mancia (1769) 630
  Socrate immaginario (1775) 632
  *Il barbiere di Siviglia ovvero La precauzione
  inutile* (1782) 634
  Il re Teodoro in Venezia (1784) 638
  Pirro (1787) 639
  L'amor contrastato (1788) 641
  Nina ossia La pazza per amore (1789) 643
  Elfrida (1792) 645
Paliaschwili, Sachari Petrowitsch
  Abessalom da Eteri (1919) 646
Pallavicino, Carlo
  *L'amazzone corsara ovvero L'Alvilda regina de'
  goti* (1686) 648
Palucca, Gret
  Serenata (1932) 651
Parma, Viktor
  Zlatorog (1921) 652
Paschkewitsch, Wassili Alexejewitsch
  Skupoi (1782?) 653
Pauer, Jiří
  Žvanivý slimejš (1958) 655
  Zuzana Vojířová (1958) 656
Pedrell, Felipe
  I Pirenei (1902) 657
Pedrotti, Carlo
  Tutti in maschera (1856) 660
Penderecki, Krzysztof
  Die Teufel von Loudun (1969) 662
  Paradise Lost (1978) 665
  Die schwarze Maske (1986) 667
Pentland, Barbara
  The Lake (1954) 669
Pepusch, John Christopher
  The Beggar's Opera (1728) 670
  Polly (1728/1777) 674
Perez, David
  Solimano (1768) 675
Pergolesi, Giovanni Battista
  Lo frate 'nnamorato (1732) 678
  La serva padrona (1733) 681
  Adriano in Siria (1734) 684
  Livietta e Tracollo / La contadina astuta
  (1734) 686
  L'Olimpiade (1735) 688
  Il Flaminio (1735) 690
Peri, Iacopo
  L'Euridice (1600) 692

Perrot, Jules
   Alma ou La Fille du feu (1842) 694
   Ondine ou La Naïade (1843) 695
   La Esmeralda (1844) 697
   Pas de Quatre (1845) 700
   Les Eléments (1847) 701
   Faust (1848) 702
   La Filleule des fées (1849) 704
Persiani, Giuseppe
   Ines de Castro (1835) 706
Peterson-Berger, Wilhelm
   Arnljot (1910) 708
Petipa, Lucien
   Namouna (1882) 710
Petipa, Marius
   Dotsch faraona (1862) 712
   Don Kichot (1869) 715
   Bajaderka (1877) 719
   Talisman (1889) 723
   Spjaschtschaja krassawiza (1890) 724
   Priwal kawalerii (1896) 729
   Raimonda (1898) 730
   Wremena goda (1900) 734
   Arlekinada (1900) 735
Petit, Roland
   Le Jeune homme et la mort (1946) 736
   Les Demoiselles de la nuit (1948) 738
   Carmen (1949) 739
   Cyrano de Bergerac (1959) 740
   Les Intermittences du cœur (1974) 741
Petrassi, Goffredo
   Il cordovano (1949) 744
Petrella, Errico
   Jone (1858) 745
   I promessi sposi (1869) 749
Pfitzner, Hans
   Der arme Heinrich (1895) 752
   Die Rose vom Liebesgarten (1901) 754
   Das Christelflein (1906) 756
   Palestrina (1917) 758
   Das Herz (1931) 763
Philidor, François André
   Le Soldat magicien (1760) 765
   Le Sorcier (1764) 767
   Tom Jones (1765) 768
   Ernelinde, princesse de Norvège (1767) 770
Piccinni, Niccolò
   La buona figliola (1760) 773
   L'Origille (1760) 777
   Catone in Utica (1770) 779
   Roland (1778) 780
   Atys (1780) 782
   Iphigénie en Tauride (1781) 784

Titelregister der in Band 4 behandelten Werke 787
Bildnachweis 794

Vorwort

Der Tod von Carl Dahlhaus während der Endredaktion des dritten Bands macht es mir zur schmerzlichen Aufgabe, die von den Herausgebern nach Abschluß der ersten Hälfte des Werkteils geplante Zwischenbilanz ihrer Arbeit allein zu ziehen. So richten sich denn jetzt meine Gedanken zuerst auf den unvergessenen Kollegen, mit dem zusammenzuarbeiten mir Ehre und Freude zugleich war. Wie immer, wenn er von einer Sache wirklich überzeugt war, so hat Carl Dahlhaus auch dieses Projekt mit Hingabe und unter Aufbietung aller seiner Kräfte gefördert. Als ihn während der letzten Jahre seine schwere Krankheit dann doch zwang, sich aus der praktischen Arbeit mehr und mehr zurückzuziehen, verfolgte er gleichwohl mit wacher Anteilnahme den Fortgang des Unternehmens und unterstützte es durch seinen fachlichen Rat. Noch wenige Tage vor seinem Tod diskutierte er vom Krankenbett aus Fragen der Konzeption des künftigen Sachteils und der Arbeitsorganisation im erweiterten Herausgebergremium. Es war Carl Dahlhaus nicht mehr vergönnt, den Abschluß dieses ihm so wichtigen Projekts zu erleben; alle, die mit ihm daran arbeiteten und es nun ohne ihn vollenden müssen, werden ihm ein ehrendes und dankbares Andenken bewahren. Den Artikel über Mozarts *Idomeneo* im vorliegenden Band sowie Artikel über fünf Opern Carl Maria von Webers hatte Carl Dahlhaus bereits vor einigen Jahren verfaßt; sie erscheinen nun postum in redaktionellen Überarbeitungen, die sich auf das unbedingt Notwendige beschränken.

Nachdem nunmehr vier Bände des Werkteils vollendet sind, kann festgestellt werden, daß sich die Konzeption insgesamt bewährt hat und offenkundig, so wie es gedacht war, auch unterschiedlichen Leser- und Benutzererwartungen zu entsprechen vermag. Behutsame Erweiterungen erwiesen sich indes als notwendig. Sie betrafen sowohl den Umfang als auch die Anzahl der Artikel und reflektieren den jeweils aktuellen Stand einer in den letzten Jahren rapide angewachsenen Musiktheaterforschung wie einer Praxis, die sich in ihrer Gesamtheit als weitaus offener gezeigt hat, als ihr gemeinhin nachgesagt wird. Die zunehmende Informationsdichte vor allem in den Abschnitten »Entstehung« und »Wirkung« mußte sich zwangsläufig im Anwachsen der Durchschnittslängen der Artikel niederschlagen. Außerdem galt es nun, auch solche Werke vorzustellen, denen man noch vor nicht langer Zeit allenfalls historische Bedeutung zuerkennen mochte, die aber nun durch Neuaufführungen für das gegenwärtige Musikleben wieder präsent geworden sind. Damit zeichnete sich eine Umfangserweiterung des Werkteils auf volle sechs Bände einschließlich Nachträgen ab; dem Register, das ebenfalls umfänglicher werden dürfte als vorausgesehen, bliebe ein eigener Band vorbehalten.

Die fast einhellig positiven Reaktionen aus der Presse und aus Leserzuschriften signalisieren eine breite öffentliche Zustimmung für Anlage und Umfang dieses ersten Teils der Enzyklopädie als eines »musée imaginaire« des Weltmusiktheaters. Sofern Einwände laut wurden, betrafen sie fast ausschließlich zwei Punkte: Man monierte das Fehlen vermeintlich wichtiger Werke, und man zeigte Unverständnis für die Einordnung der Ballette und Tanzstücke unter den Namen der Choreographen. Was die Werkauswahl betrifft, so hat man sich in der Redaktion die Entscheidung nicht leichtgemacht; immer wieder wurde und wird die Werkliste nach dem aktuellen Stand der Forschung und der Bühnenpraxis überarbeitet. Hätte die Redaktion alle an sie herangetragenen Vorschläge nach Aufnahme bestimmter Werke berücksichtigen wollen, so wären gewiß eine Verdopplung des Gesamtumfangs und damit zugleich eine Verwässerung der Konzeption die Folge gewesen. In einigen Fällen allerdings war der Verzicht ein unfreiwilliger, nämlich dann, wenn sich aufgrund unvollständiger oder unklarer Quellen die Vorstellung eines Werks nach dem für die Enzyklopädie zugrunde gelegten wissenschaftlichen Standard als nicht oder jedenfalls noch nicht möglich erwies.

Überrascht hat uns die Abwehrhaltung mancher Kritiker gegenüber der hier praktizierten Integration von Balletten und Tanzstücken in das Musiktheaterkorpus; ist es doch in allen personengebundenen Nachschlagewerken für diesen Bereich seit langem üblich, den Choreographen und nicht den Komponisten als Autor eines Balletts oder Tanzstücks zu präsentieren. Wer umgekehrt verführe, käme in unlösbare lexikalische Schwierigkeiten angesichts der Tatsache, daß es für einen Großteil der Werke einen Komponisten im eigentlichen Sinn gar nicht gibt, vielmehr lediglich eine vom Choreographen ausgewählte Musikvorlage, oft sogar in Form eines Arrangements von Stücken verschiedener Komponisten. Aber nicht nur diese praktische Erwägung veranlaßte uns, hier den Usancen des Fachs zu folgen, sondern auch und vor allem die Überzeugung, daß die prinzipielle Gleichwertigkeit des Choreographischen mit dem Musikalischen ein essentielles Element jener integralen Konzeption von Musiktheater darstellt, welche dieser Enzyklopädie zugrunde liegt.

Ich danke den Autoren der Artikel, den Mitarbeitern des Forschungsinstituts für Musiktheater sowie allen jenen, die auf verschiedene Weise zum bisherigen Gelingen des Projekts beigetragen haben. Namentlich gilt mein Dank Uwe Steffen, der mit beispielhafter Zuverlässigkeit die Endredaktion wahrnimmt, sowie Volker Klotz, der in den vergangenen Jahren als Verantwortlicher für die Bereiche Operette und Zarzuela der Enzyklopädie sein persönliches Profil aufprägte. Schließlich gilt mein Dank dem Verlag, der es weder an Engagement noch an Geduld hat fehlen lassen, dieses große Werk zu befördern.

Thurnau, im Juli 1991   Sieghart Döhring

Hinweise zur Benutzung

Die behandelten Werke des Musiktheaters sind alphabetisch nach Komponisten/Choreographen geordnet. Innerhalb des Komponisten/Choreographen ist die Reihenfolge chronologisch nach dem Uraufführungsdatum der 1. Fassung (auch wenn im Artikel eine andere Fassung behandelt wird). Nur postum uraufgeführte Werke sind nach dem Kompositionsdatum eingeordnet.

Alphabetische Reihenfolge, Rechtschreibung und Zeichensetzung, Schreibung der Namen historischer Personen und geographischer Begriffe richten sich nach den Regeln der *Duden*-Rechtschreibung beziehungsweise nach *Meyers Enzyklopädischem Lexikon* (Mannheim 1971–79). Für die Umschrift von Sprachen mit nichtlateinischer Schrift wird die Transkription (russisch zum Beispiel: Pjotr Iljitsch Tschaikowski; japanisch zum Beispiel: Jusuru) verwendet; nur im kleingedruckten bibliographischen Anhang der Artikel werden die im Bibliothekswesen übliche Transliteration und für das Japanische die englische Umschrift (russisch: Pëtr Il'ič Čajkovskij; japanisch: Yuzuru) benutzt.

Die auf den Seiten XVII–XX aufgelisteten Abkürzungen werden nur in einzelnen Rubriken (Personen/Darsteller, Orchester, Aufführung, Autograph, Abschriften, Ausgaben, Aufführungsmaterial, Literatur) verwendet (mit wenigen Ausnahmen wie Monatsabkürzungen).

Titel von Werken des Musiktheaters werden beim ersten Auftreten im Artikel immer mit dem Uraufführungsjahr (der 1. Fassung) genannt, Titel von nicht in *Pipers Enzyklopädie des Musiktheaters* behandelten Werken desselben Komponisten/Choreographen auch mit dem Uraufführungsort.

Personen werden beim ersten Auftreten im Artikel mit vollem Namen genannt. In *Pipers Enzyklopädie des Musiktheaters* behandelte Komponisten/Choreographen werden in der Regel ohne Vornamen zitiert. Möglichst vollständige Lebensdaten zu allen vorkommenden Personen (auch zu den historisch nachweisbaren Personen der Werkhandlungen) wird der Registerband enthalten.

Aufbau der Artikel

Titel: Wie bei der Uraufführung verwendet. Wenn keine Quellen zur Uraufführung vorliegen, gilt der Titel in der Partitur oder im Klavierauszug oder im Libretto. Wenn mehrere Fassungen vorliegen, gilt der Titel der hier behandelten Fassung. Der Titel wird in der heute gültigen Rechtschreibung wiedergegeben.

Untertitel: Wie bei der Uraufführung; wenn nicht feststellbar, wie in Partitur oder Klavierauszug oder Libretto der behandelten Fassung.

Deutscher Titel: Zunächst als wörtliche Übersetzung; darunter der gebräuchlichste deutsche Titel, falls dieser stark von der wörtlichen Übersetzung abweicht. Wenn eine Übersetzung ins Deutsche nicht möglich oder mißverständlich ist, wird der Originaltitel wiederholt.

Deutscher Untertitel: Bei englischen, französischen und italienischen Untertiteln keine Übersetzung, nur die Angabe von Aktzahl, Prolog, Epilog und ähnlichem. Anderssprachige Untertitel werden übersetzt. Wenn kein Untertitel bekannt ist, wird an dieser Stelle die Aktzahl genannt, bei Balletten die Gattungsbezeichnung.

Oper/Operette: **Text:** Verfasser des Texts; danach gegebenenfalls Hinweise auf Librettovorlagen, die aus dem Namen des Vorlageautors sowie der Gattung und dem Titel der Vorlage bestehen (möglichst mit Entstehungs-, sonst mit Erscheinungs- oder Uraufführungsjahr; bei Werken des Musiktheaters nur Uraufführungsjahr).

Musical: **Buch:** Verfasser des Dialogtexts, danach Hinweise auf Vorlagen (wie oben). **Gesangstexte:** Verfasser der Texte zu den Musiknummern. **Orchestration:** Arrangeur des Orchestersatzes. **Arrangement der Tänze:** musikalisches Arrangement der Tanznummern. **Choreographie:** Choreograph der Tanznummern.

Ballett: **Musik:** Komponist beziehungsweise Arrangeur oder Bearbeiter der Musik, danach Titel der Musik (mit Entstehungsjahr, wenn es vom Uraufführungsjahr des Balletts abweicht; bei Musiktheater Uraufführungsjahr), wenn diese nicht eigens für das beschriebene Ballett komponiert wurde oder wenn deren Titel vom Ballettitel abweicht. **Libretto:** Verfasser des Ballettlibrettos und Hinweise auf Vorlagen (wie oben).

In dieser Rubrik werden Personennamen so vollständig wie möglich genannt.

Uraufführung: Genaues Datum der Uraufführung, Spielstätte, Ort, bei Balletten auch Name der Kompanie. Englische, französische, italienische und spanische Namen von Opernhäusern werden in der Originalsprache wiedergegeben, alle andern übersetzt oder eingedeutscht. Die Pariser Académie Royale de Musique und ihre Nachfolgeinstitutionen erscheinen als »Opéra«; zusätzlich wird bei ihr und bei der Pariser Opéra-Comique der Name des Gebäudes angegeben, in dem jeweils gespielt wurde. – Liegen mehrere Fassungen vor, werden die Angaben zu den Fassungen nacheinander aufgeführt; dabei wird bei derjenigen Fassung, die der Artikel wiedergibt, hinzugefügt »hier behandelt«. Abweichungen in Titel, Aktzahl usw. werden bei der jeweils nicht behandelten Fassung genannnt.

Personen, bei Ballett **Darsteller:** Die Gesangs-, Sprech- und stummen Rollen sowie die Personengruppen des Chors, der Statisterie und des Balletts beziehungsweise (bei Balletten) des Corps de ballet sind in der Regel in der Reihenfolge und mit den näheren Angaben wiedergegeben, die im Uraufführungsprogramm beziehungsweise in Partitur, Klavierauszug oder Libretto enthalten sind. Dabei werden die Eigennamen in der Originalsprache wiedergegeben; beschreibende Angaben zu den Personen, Titel, Berufs- und Amtsbezeichnungen werden übersetzt. Fremdsprachigen Namen von historisch nachweisbaren Personen, Personen der Mythologie, Göttern und allegorischen Figuren werden die heute gebräuchlichen deutschen Namen beziehungsweise die deutsche Übersetzung des Namens hinzugefügt. Vom Komponisten oder Librettisten veränderte historische Namen werden zusätzlich in der heute richtigen Schreibweise genannt. Nicht angegeben werden die in den deutschen Übersetzungen und Bearbeitungen verwendeten eingedeutschten und gelegentlich stark vom Original abweichenden Rollennamen (Hinweise auf diese finden sich, falls notwendig, unter »Aufführung«). Im Artikel selbst werden durchgehend die Originalnamen verwendet. – Beim Chor werden Stimmfächer oder -gruppierungen in der Regel nicht angegeben. Hinweise auf Besonderheiten (zum Beispiel wenn die Anzahl der Chormitglieder ungewöhnlich ist) befinden sich unter »Aufführung«.

Orchester: Orchesterbesetzung; Beibehaltung des Begriffs »Orchester«, auch wenn zum Beispiel nur Klavier vorgeschrieben ist oder Tonband benutzt wird.

Aufführung: Aufführungsdauer ohne Pausen, soweit zu ermitteln. Wenn ein mehr als einstündiges Werk ohne Pause gespielt wird, wird dies angegeben. – Es folgen Hinweise auf die Aufführungspraxis, zum Beispiel Änderungen und Ergänzungen von Rollen, Stimmfächern, Orchesterbesetzungen in gebräuchlichen Bearbeitungen.

Entstehung: Vorgeschichte bis zur Uraufführung des Werks (soweit ermittelbar).

Handlung, bei Ballett **Inhalt:** Vorangestellt wird die Angabe von Ort und Zeit der Handlung. Wenn keine Zeitangabe vorliegt, ist diese nicht zu ermitteln, oder die Zeit ist die Gegenwart der Entstehung oder Aufführung des Werks. – Gliederungseinheiten der Akte sind Bilder; die Schauplätze werden, soweit ermittelbar, genau beschrieben.

Kommentar: Einordnung des Werks in den gattungsgeschichtlichen Zusammenhang, musikalisch-dramaturgische Analyse, bei Balletten Darstellung der Choreographie und anderes.

Wirkung: Die wichtigsten Stufen der Rezeption des Werks von der Uraufführung bis zur Gegenwart (soweit ermittelbar).

Autograph: Standort, soweit ermittelbar. **Abschriften:** wie Autograph. **Ausgaben:** soweit ermittelbar; Reihenfolge: Partitur, Klavierauszug, Textbuch, Regiebuch; bei Balletten: Musik, Libretto, Notation, Film. **Aufführungsmaterial, Rechte:** Bühnen- oder Musikverlag oder Institution, bei denen Aufführungsmaterial erhältlich ist, sowie Inhaber der (großen) Bühnenrechte, soweit das Werk noch urheberrechtlich geschützt ist (ohne Gewähr).
Literatur: Allgemeine Werke zum Komponisten/Choreographen sind in die Literatur des ersten behandelten Werks integriert; bei den weiteren Werken wird hierauf verwiesen. Wenn die allgemeine Literatur sehr ausführlich ist, ist sie der Literatur zum ersten Werk nachgestellt. Nachschlagewerke (Führer, Lexika) werden nicht genannt.

Abkürzungsverzeichnis

allgemein

A	Alt	dies.	dieselbe
a.a.O.	am angegebenen Ort	Diss.	Dissertation
Abb.	Abbildung	div.	diverse
Abt.	Abteilung	dt.	deutsch
Acad.	Académie, Academy	EA	Erstaufführung
Accad.	Accademia	ebd.	ebenda
ad lib.	ad libitum	Ed.	Edition, Edizione
Akad.	Akademie	E.H	Englischhorn
akad.	akademisch	eigtl.	eigentlich
amerik.	amerikanisch	Einf.	Einführung
Anh.	Anhang	Einl.	Einleitung
Anm.	Anmerkung	elektr.	elektrisch
Arch.	Archiv, Archive, Archives, Archivio	elektron.	elektronisch
Arr.	Arrangement	engl.	englisch
arr.	arrangiert	Erg.	Ergänzung
Auff.	Aufführung	Erstdr.	Erstdruck
Aufl.	Auflage	erw.	erweitert
Aug.	August	evtl.	eventuell
Ausg.	Ausgabe	Ex.	Exemplar
Ausz.	Auszug	f.	folgende
B	Baß	Faks.	Faksimile
Bar	Bariton	Febr.	Februar
BBC	British Broadcasting Corporation	ff.	folgende
B.c	Basso continuo	Ffm.	Frankfurt am Main
Bck	Becken	Fg	Fagott
Bd.	Band	Fl	Flöte
Bde.	Bände	frz.	französisch
Bearb.	Bearbeiter, Bearbeitung	GA	Gesamtausgabe
Beitr.	Beitrag	geb.	geborene
Ber.	Bericht	gen.	genannt
bes.	besonders	Ges.	Gesellschaft
Bibl.	Biblioteca, Bibliotek, Bibliothek, Bibliothèque	Gesch.	Geschichte
		Git	Gitarre
Bl.	Blatt	Glsp	Glockenspiel
Bln.	Berlin	gr.	groß
BR Dtld.	Bundesrepublik Deutschland	griech.	griechisch
Bull.	Bulletin	gr.Tr	große Trommel
bzw.	beziehungsweise	H.	Heft
C	Contralto	Harm	Harmonium
ca.	zirka	Hbg.	Hamburg
Cel	Celesta	H-C	Haute-contre
Cemb	Cembalo	Hdb.	Handbuch
Ch	Choreographie	hebr.	hebräisch
chin.	chinesisch	hist.	historisch
Coll.	Collection, Collezione	Hochsch.	Hochschule
Cons.	Conservatoire, Conservatorio	holl.	holländisch
Corp.	Corporation	Hr	Horn
d.	das, der, die (usw.)	Hrf	Harfe
dän.	dänisch	hrsg.	herausgegeben von
dass.	dasselbe	Hs.	Handschrift
ders.	derselbe	hs.	handschriftlich
Dez.	Dezember	Hss.	Handschriften
d. h.	das heißt	i. Komm.	in Kommission
d.i.	das ist	ind.	indisch

Inst.	Institut, Institute	Pk	Pauke
Instr.	Instrument	Pkn	Pauken
ital.	italienisch	Pl.Nr.	Plattennummer
Jan.	Januar	poln.	polnisch
japan.	japanisch	port.	portugiesisch
Jb.	Jahrbuch	Pos	Posaune
Jg.	Jahrgang	Prod.	Production, Produktion
Jh.	Jahrhundert	Pseud.	Pseudonym
K.	Kontra(...)	Publ.	Publication, Publikation, Publisher
Kap.	Kapitel	R	Rolle
Kat.	Katalog	rev.	revidiert
Kb	Kontrabaß	Rez.	Rezension
Kl	Klavier	rum.	rumänisch
kl.	klein	russ.	russisch
Kl.A	Klavierauszug	s.	siehe
Klar	Klarinette	S	Sopran
kl.Tr	kleine Trommel	S.	Seite
Koll.	Kollektion	sämtl.	sämtlich
Kol.S	Koloratursopran	Sax	Saxophon
Kons.	Konservatorium	SB	Staatsbibliothek
krit.	kritisch	Schl	Schlagzeug
L	Libretto	schwed.	schwedisch
lat.	lateinisch	schweiz.	schweizerisch
LB	Landesbibliothek	Sek.	Sekunde
Libr.	Librairie, Library	Sept.	September
Lit.	Literatur, Literature, Littérature	Slg.	Sammlung
Lpz.	Leipzig	s. o.	siehe oben
Lt	Laute	Soc.	Società, Societas, Société, Society
M	Musik	Sp.	Spalte
Mand	Mandoline	span.	spanisch
masch.	maschinenschriftlich	Spr.	Sprecher
mexik.	mexikanisch	St.	Stimme
Mez	Mezzosopran	staatl.	staatlich
Min.	Minuten	städt.	städtisch
Mitt.	Mitteilung	StB	Stadtbibliothek
Ms.	Manuskript	Std.	Stunde
Mss.	Manuskripte	s. u.	siehe unten
mus.	musikalisch	Suppl.	Supplement
Mw.	Musikwissenschaft	Synt	Synthesizer
mw.	musikwissenschaftlich	T	Tenor
Nachdr.	Nachdruck	Tb	Tuba
n. Chr.	nach Christi Geburt	Textb.	Textbuch
Neudr.	Neudruck	Tonb	Tonband
Nov.	November	Tr	Trommel
Nr.	Nummer	Trg	Triangel
Nrn.	Nummern	Trp	Trompete
NY	New York	tschech.	tschechisch
o. ä.	oder ähnlich	türk.	türkisch
Ob	Oboe	u.	und
o.J.	ohne Jahr	UA	Uraufführung
Okt.	Oktober	u. a.	und andere, unter anderm
o.Nr.	ohne Nummer	UB	Universitätsbibliothek
o.O.	ohne Ort	Übers.	Übersetzung
op.	Opus	Übertr.	Übertragung
Orch	Orchester	u.d.T.	unter dem Titel
Org	Orgel	ung.	ungarisch
östr.	österreichisch	Univ.	Università, Universität, Université, University
Part	Partitur		
Perc	Percussion	urspr.	ursprünglich
Ph.	Programmheft	usw.	und so weiter
Picc	Pikkoloflöte	v.	vom, von

Va	Viola		RIM	Rivista italiana di musicologia
Vc	Violoncello		RISM	Répertoire international des sources musicales
v. Chr.	vor Christi Geburt			
Veröff.	Veröffentlichung		RM	La Revue musicale
veröff.	veröffentlicht		RMI	Rivista musicale italiana
versch.	verschiedene		SdD	Les Saisons de la danse
Verz.	Verzeichnis		SIMG	Sammelbände der Internationalen Musikgesellschaft
vgl.	vergleiche			
Vibr	Vibraphon		SMZ	Schweizerische Musikzeitung
Vl	Violine		STMf	Svensk tidskrift för musikforskning
Vlg.	Verlag		StMW	Studien zur Musikwissenschaft
vollst.	vollständig		TA	Das Tanzarchiv
Vorb.	Vorbereitung		TAM	Theatre Arts Monthly
Vorw.	Vorwort		TdZ	Theater der Zeit
Wiss.	Wissenschaft		Th.heute	Theater heute
wiss.	wissenschaftlich		VfMw	Vierteljahrsschrift für Musikwissenschaft
Xyl	Xylophon			
z. B.	zum Beispiel		ZfM	Zeitschrift für Musik
ZDF	Zweites Deutsches Fernsehen		ZfMw	Zeitschrift für Musikwissenschaft
zeitgen.	zeitgenössisch		ZIMG	Zeitschrift der Internationalen Musikgesellschaft
Zs.	Zeitschrift			
Zss.	Zeitschriften			
z. T.	zum Teil			

Zeitschriften und Reihen

AfMf	Archiv für Musikforschung
AfMw	Archiv für Musikwissenschaft
AMZ	Allgemeine musikalische Zeitung
BA	The Ballet Annual
BR	Ballet Review
DaD	Dance and Dancers
DC	Dance Chronicle
DDT	Denkmäler deutscher Tonkunst
DM	Dance Magazine
DMT	Dansk musiktidskrift
DN	Dance News
DP	Dance Perspectives
DT	Dancing Times
DTB	Denkmäler der Tonkunst in Bayern
DTÖ	Denkmäler der Tonkunst in Österreich
JAMS	Journal of the American Musicological Society
JbPet	Jahrbuch der Musikbibliothek Peters
Mf	Die Musikforschung
MJb	Mozart-Jahrbuch
Mk	Die Musik
ML	Music and Letters
MMR	The Monthly Musical Record
MQ	The Musical Quarterly
MR	The Music Review
MT	The Musical Times
NRMI	Nuova rivista musicale italiana
NZfM	Neue Zeitschrift für Musik
ÖMZ	Österreichische Musikzeitschrift
Ow	Opernwelt
RBM	Revue belge de musicologie
RDM	Revue de musicologie

Sammlungen, Bibliotheken und Theater
(soweit nicht durch allgemeine Abkürzungen erklärt)

Berlin	SB: Deutsche Staatsbibliothek
Berlin	SBPK: Staatsbibliothek Stiftung Preußischer Kulturbesitz
Bologna	Civ. Museo Bibliogr. Musicale: Civico Museo Bibliografico Musicale
Darmstadt	Hess. Landes- u. Hochsch.-Bibl.: Hessische Landes- und Hochschulbibliothek
Detmold	Lipp. LB: Lippische Landesbibliothek
Dresden	Sächs. LB: Sächsische Landesbibliothek
Florenz	Bibl. Cherubini: Biblioteca del Conservatorio di Musica Luigi Cherubini
Frankfurt a.M.	StUB: Stadt- und Universitätsbibliothek
Leningrad	Bibl. Gos. Inst.: Nautschnaja biblioteka gossudarstwennogo instituta teatra, musyki i kinematografii
Leningrad	Bibl. Kirov: Zentralnaja musykalnaja biblioteka teatra opery i baleta imeni S. M. Kirowa
Leningrad	Bibl. Saltykov-Ščedrin: Publitschnaja biblioteka imeni M. E. Saltykowa-Schtschedrina
Leningrad	Bolschoi-Theater, St. Petersburg: Bolschoi teatr, Kamenny teatr
Leningrad	Kirow-Theater: Leningradski gossudarstwenny akademitscheski teatr opery i balety imeni S. M. Kirowa
Leningrad	Maly-Theater: Leningradski gossudarstwenny akademitscheski maly teatr opery i baleta
London	BIC: Benesh Institute of Choreology

XX Abkürzungsverzeichnis

London	BL: British Library	Belaieff	M. P. Belaieff Musikverlag, Frankfurt a. M., New York, London
London	DNB: Dance Notation Bureau		
Mailand	Bibl. Verdi: Biblioteca del Conservatorio di Musica Giuseppe Verdi	B&H	Breitkopf & Härtel, Buch- und Musikverlag, Leipzig, Wiesbaden
Moskau	Bolschoi-Theater: Gossudarstwenny akademitscheski bolschoi teatr Sojusa SSR	Bloch	Felix Bloch Erben, München, Berlin
		Bo&Ha	Boosey & Hawkes Ltd., London, Bonn
Moskau	Maly-Theater: Gossudarstwenny akademitschewski maly teatr	Chappell	Chappell & Co. GmbH Musikverlag, New York, Hamburg, London, Paris
Moskau	Operettentheater: Moskowski gossudarstwenny teatr operetty	Choudens	Editions Choudens, Paris
		Doblinger	Ludwig Doblinger Musikverlag, Wien, München
München	Bayer. SB: Bayerische Staatsbibliothek	DreiMasken	Dreiklang Dreimasken Bühnen- und Musikverlage, München, Berlin
Neapel	Bibl.S.Pietro a Maiella: Biblioteca del Conservatorio di Musica San Pietro a Maiella	Dt. Vlg. f. M	Deutscher Verlag für Musik VEB, Leipzig
Neapel	Bibl. naz.: Biblioteca Nazionale Vittorio Emanuele III	Durand	Editions Durand et Cie, Paris
		Eschig	Editions Max Eschig S.A.R.L., Paris
New York	DNB: Dance Notation Bureau	ESZ	Edizioni Suvini Zerboni, Mailand
New York	NYPL: New York Public Library	Eulenburg	Eulenburg, London, Mainz
Paris	BN: Bibliothèque Nationale	Faber	Faber Music Ltd., London
Paris	BN Musique: Bibliothèque Nationale, Musiksammlung	Fürstner	Fürstner Musikverlag, Berlin, London
Parma	Bibl. Palatina: Sezione Musicale della Biblioteca Palatina presso il Conservatorio di Musica Arrigo Boito	Gos. muz. izdat	Gossudarstwennoje musykalnoje isdatelstwo, Moskau
		Hansen	Edition Wilhelm Hansen, Kopenhagen, Frankfurt a. M.
Petersburg	siehe Leningrad		
Rom	Bibl. S. Cecilia: Biblioteca del Conservatorio di Musica Santa Cecilia	Heugel	Heugel et Cie, Paris
		Lienau	Robert Lienau Musikverlag, Kornwestheim, Berlin
Rom	Bibl. Vaticana: Biblioteca Apostolica Vaticana	Litolff	Henry Litolff's Verlag, New York, London, Frankfurt a. M.
Stuttgart	Württ. LB: Württembergische Landesbibliothek	OUP	Oxford University Press, London
		Peters	C. F. Peters Musikverlag, Leipzig, Frankfurt a. M., New York, London
Thurnau	FIMT: Forschungsinstitut für Musiktheater der Universität Bayreuth	Ricordi	G. Ricordi & Co., Mailand, München
Venedig	Bibl. Marciana: Biblioteca Nazionale Marciana	Salabert	Editions Salabert S.A., Paris
		Schirmer	E. C. Schirmer, Music Co, New York, Boston
Washington	LOC: Library of Congress		
Wien	ÖNB: Österreichische Nationalbibliothek	Schott	B. Schott's Söhne Musikverlag, Mainz
		Sikorski	Hans Sikorski Musikverlag, Hamburg
		Simrock	Musikverlag N. Simrock, Bonn, Berlin, Hamburg
		Sonzogno	Sonzogno, S.p.A., Mailand
		UE	Universal Edition AG, Wien

Verlage
(mit gegenwärtigem Verlagsort)

Alkor	Alkor-Edition, Kassel	VAAP	Wsessojusnoje agenstwo po awtorskim prawam, Moskau
Allegro	Allegro Theaterverlag, Hamburg		
A&S	Ahn & Simrock Bühnen- und Musikverlage, München	VVB	Vertriebsstelle und Verlag Deutscher Bühnenschriftsteller und Bühnenkomponisten, Hamburg
Bär	Bärenreiter-Verlag Karl Vötterle KG, Kassel		
		Weinberger	Josef Weinberger Musikverlag, Wien, Frankfurt a. M.
B&B	Bote & Bock, Berlin, Wiesbaden		

Werke

Massine: Gaîté parisienne
bis
Piccinni: Iphigénie en Tauride

Léonide Massine
(siehe auch Band 3)

Gaîté parisienne
Ballet en un acte

Pariser Vergnügen
1 Akt

Musik: Manuel Rosenthal, nach Themen aus *Mesdames de la Halle* (Paris 1858), *Orphée aux enfers* (Paris 1858), *Lischen et Fritzchen* (Bad Ems 1863), *La Belle Hélène* (Paris 1864), *La Vie parisienne* (Paris 1866), *Robinson Crusoé* (Paris 1867), *La Périchole* (Paris 1868), *Les Brigands* (Paris 1869), *Le Voyage dans la lune* (Paris 1875) und *Les Contes d'Hoffmann* (Paris 1881) von Jacques Offenbach; Mitarbeit: Jacques Brindejont-Offenbach. **Libretto:** Etienne Comte de Beaumont
Uraufführung: 5. April 1938, Théâtre de Monte-Carlo, Monte Carlo, Les Ballets Russes de Monte-Carlo
Darsteller: die Handschuhverkäuferin; das Blumenmädchen; die Gesellschaftslöwin; die Marketenderin; der Peruaner; der Baron; der Offizier; der Herzog; Tortoni; Tanzmeister; Corps de ballet: Dienstmädchen (4 Damen), Kellner (4 Herren), Kokotten (6 Damen), Billardspieler (3 Herren), Soldaten (6 Herren), Dandys (5 Herren), Cancantänzerinnen (12 Damen)
Orchester: 2 Fl (auch Picc), 2 Ob, 2 Klar, 2 Fg, 2 Hr, 3 Trp, 3 Pos, Tb, Pkn, Schl (kl.Tr, gr.Tr, Bck, Trg, HolzröhrenTr, Tambour de basque, RührTr, Glsp, Xyl, Schnarre), Hrf, Kl, Streicher
Aufführung: Dauer ca. 45 Min.

Entstehung: In den Programmen mit mehreren Balletten war die Nachfolgekompanie von Sergei Diaghilews Ballets Russes stets bestrebt gewesen, einen gewissen Ausgleich zwischen ernsten und komischen, dramatischen und eher abstrakten Werken aufrechtzuerhalten. Massines *Le Beau Danube bleu* (Paris 1924, Musik: Roger Désormière nach Johann Strauß), von den Ballets Russes de Monte-Carlo (unter der Leitung von René Blum und Colonel de Basil) als *Le Beau Danube* (Monte Carlo 1933) übernommen, hatte sich wegen seines komödiantischen Inhalts (eine Dreiecksgeschichte im Prater) als ein ideales Schlußstück erwiesen. Für die Premiere der 1938 mit Massine als künstlerischem Direktor neu formierten Ballets Russes de Monte-Carlo (1936/37 stand die Kompanie unter Blums Leitung) regte Beaumont an, eine Pariser Alternative zu dem Wiener Ballett zu kreieren, die das Treiben im »Tortoni«, einem berühmten Café zur Zeit des Zweiten Kaiserreichs, auf die Bühne bringen sollte (*Tortoni* war auch der ursprüngliche Titel des Werks).
Inhalt: Auf der Terrasse eines Pariser Nachtlokals, um 1870: Die Kellner und die Dienstmädchen bereiten alles für den abendlichen Ball vor. Das Blumenmädchen und die Handschuhverkäuferin bieten ihre Waren an. Der reiche Peruaner, der mit zwei Koffern unterwegs ist, bemüht sich um die Gunst der beiden, bis ihn die hinzugekommenen Kokotten für sich beanspruchen. In diesem Moment erscheint der junge Baron, der von der Schönheit der Handschuhverkäuferin gehört hat; er erkennt sie und verliebt sich in sie. Angeführt von ihrer Marketenderin, stürzen die Soldaten herein; sofort widmen sich ihnen die Kokotten. Nun gibt sich die Gesellschaftslöwin die Ehre, ihr zur Seite der Herzog und der Offizier. Der Peruaner ist von ihrer Erscheinung hingerissen, doch sie ignoriert ihn. Der Baron bedrängt die Handschuhverkäuferin; spaßeshalber versucht der Offizier, sie zu umarmen. Diese Beleidigung ist für den Baron der Anlaß, auf den Offizier loszugehen, worauf jeder an dem entstehenden Kampf teilnimmt. Die Gesellschaftslöwin beruhigt den Offizier, während die Handschuhverkäuferin und der Baron sich davonstehlen. Auf dem Höhepunkt des Abends treten die Cancantänzerinnen auf. Schließlich begibt sich jeder in den Garten. Nur die Handschuhverkäuferin und der Baron bleiben noch zurück; als auch sie verschwunden sind, kommt der rastlose Peruaner mit seinen Koffern noch einmal herein.
Kommentar: *Gaîté parisienne* besteht aus ständigem Kommen und Gehen, Auftritten und Abgängen, Begrüßungen und Verabschiedungen. Eine Handlung existiert nicht; die Choreographie präsentiert sich als spritzige Abfolge kürzerer Tanznummern, gipfelnd im Auftritt der frivolen Cancantänzerinnen. Auf lockere, lediglich thematische Weise zusammengehalten wird das Ballett durch die Romanze des Barons mit der Handschuhverkäuferin. Sie sind die einzigen etwas individueller gezeichneten Charaktere, deren Verhalten sich nicht nur im gelegentlichen Achselzucken und Seufzen erschöpft. Unverkennbar sind Adaptionen einzelner Figuren aus *La Vie parisienne*; überhaupt weist *Gaîté parisienne* derart große Parallelen zu *La Vie parisienne* auf, daß es stellenweise fast als Persiflage auf diese Operette wirkt. Massines Ballett lebt von seiner Einbindung in Pariser Lokalkolorit, von seiner Evozierung eines sagenumwobenen dekadenten Paris des Zweiten Kaiserreichs, in dem man sich noch ausgelassen vergnügen konnte, in dem es noch jene Halbwelt gab, die für Stimmung und erlesene Sinnesgenüsse bürgte. Um dies optisch zu vermitteln, gestaltete Beaumont das Bühnenbild nach Gemälden von Franz Xaver Winterhalter. An der Erzielung eines solchen Gesamteindrucks setzt auch die Musik an: Rosenthals Arrangement dient als suggestive akustische Grundlage, auf der Massines klug disponierte Choreographie sich bis zum überschäumenden Auftritt der Cancantänzerinnen entfaltet. So wie im Fall von *Le Beau Danube bleu*, seines ähnlich gestalteten Vorgängers, hängt auch bei *Gaîté parisienne* alles von der Besetzung ab. Die Tänzer müssen in der Lage sein, Lebensfreude, Schick, das halbmondäne Getue des Sehen-und-gesehen-Werdens, des Amüsieren- und-amüsiert-Werdens mit Verve und komödiantischem Talent zu spielen und zu tanzen.

Wirkung: Die Uraufführung führten Nina Tarakanova (Handschuhverkäuferin), Eugenia Delarova (Blumenmädchen), Frederic Franklin (Baron), Igor Youskevitch (Offizier) und Massine (Peruaner) zu einem rauschenden Erfolg. Kurze Zeit später übernahm Alexandra Danilova die Rolle der Handschuhverkäuferin; ihre Darstellung der Figur als Inbegriff von Schlauheit und distinguierter Verruchtheit wurde zu einem legendären Triumph für die Primaballerina. *Gaîté parisienne* blieb als applaussicheres Schlußstück im Repertoire der Ballets Russes de Monte-Carlo bis zum Ende der Kompanie 1962. – Das Werk zog schnell eine Reihe ähnlich operettenhaft angelegter Ballette nach sich, so Massines *Capriccio espagnol* (Monte Carlo 1939, Musik: Nikolai Rimski-Korsakow), *Vienna 1814* (New York 1940, Musik: Robert Russell Bennett nach Carl Maria von Weber), *The New Yorker* (New York 1940, Musik: David Raksin nach George Gershwin) und *Mam'zelle Angot* (New York 1943, Musik: Efrem Kurtz und Richard Mohaupt nach Charles Lecocq) sowie David Lichines *Graduation Ball* (Sydney 1940, Musik: Antal Dorati nach Strauß). – Eine Rekonstruktion von Massines Ballett befindet sich im Repertoire des American Ballet Theatre (Albuquerque 1970, revidiert Tampa 1988). – Neuere Choreographien von *Gaîté parisienne* schufen unter anderm Maurice Béjart (Brüssel 1978, mit Victor Ullate und Mathé Souverbie) und, gekoppelt mit einer parodistischen Version von Maria Taglionis *Le Papillon* (1860), Gray Veredon (*Gaîté Parisienne – Le Papillon*, München 1982, mit Margot Werner).

Ausgaben: Part: Bois, Paris 1977; Kl.A: ebd. 1977; Beneshnotation v. A. Stjernlöf (1974): BIC, London; Film, s/w, 16 mm, Ausz.: 1941 (NYPL Dance Coll. MGZHB 6-899,8); Film, s/w, 16 mm: 1950 (NYPL Dance Coll. MGZHB 4-1000, 150-153); Ballets Russes de Monte-Carlo, 40er Jahre, 1979 (NYPL Dance Coll. MGZHB 16-1815). **Aufführungsmaterial:** M: Bois, Paris; Ch: American Ballet Theatre, NY
Literatur: R. LAWRENCE, The Victor Book of Ballets and Ballet Music, NY 1950, S. 199–204; weitere Lit. s. Bd. 3, S. 775

George Jackson

Nobilissima Visione
Choreographic Legend in One Act and Five Scenes

Nobilissima visione
1 Akt (5 Bilder)

Musik: Paul Hindemith. **Libretto:** Paul Hindemith und Léonide Massine
Uraufführung: 21. Juli 1938, Theatre Royal Drury Lane, London, Les Ballets Russes de Monte-Carlo
Darsteller: Francis/Franz; Pietro Bernardone, sein Vater; 3 Freunde Francis'; ein Ritter; ein Bettler; Armut, Keuschheit und Gehorsam, Erscheinungen; der wilde Wolf; Corps de ballet: Tuchkäufer, Ritter, Soldaten, Bettelvolk, Gäste, Reisende, Bauern, Nachfolger Francis'

Orchester: Fl, Ob, 2 Klar, Fg, 2 Hr, 2 Trp, Pos, Pkn, Schl (kl.Tr, gr.Tr, kl. Bck, Trg, RührTr, Glsp), Streicher
Aufführung: Dauer ca. 35 Min.

Entstehung: 1937 begegneten sich Massine und Hindemith zufällig in Florenz. Hindemith zeigte Massine Fresken Giottos über das Leben des heiligen Franz in der Kirche Santa Croce und schlug ihm vor, gemeinsam ein Ballett über dies Thema zu schaffen. Massine informierte sich unter anderm bei einem Theologen über das religiöse Sujet des Projekts, woraufhin er seine Skepsis aufgab. Er arbeitete intensiv mit Hindemith zusammen, der ihm noch bei den Proben immer wieder über Verständnisschwierigkeiten mit der Musik hinweghalf.
Inhalt: 1. Bild, Haus des Tuchhändlers Pietro Bernardone: Francis produziert sich als Troubadour. Er bietet Kaufleuten Stoffe seines Vaters an. Ein Bettler erfleht ein Almosen. Francis jagt ihn davon, geht ihm aber aus Mitleid nach und gibt ihm Geld. Mit einem Ritter liefert sich Francis zur Unterhaltung der Besucher ein Scheingefecht. Nach seiner Niederlage folgt Francis mit seinen Freunden den abziehenden Soldaten. 2. Bild, Gebirge: Francis und seine Freunde begleiten eine Reisegesellschaft, können aber einen Überfall durch den Ritter und seine Kumpane nicht verhindern. Francis versucht, den Ritter zurückzuhalten, wird jedoch niedergestoßen und bleibt ohnmächtig liegen. Da erscheinen ihm drei weibliche Gestalten: die Keuschheit, der Gehorsam und die Armut. Francis fühlt sich besonders von der Armut angezogen. 3. Bild, Loggia in Bernardones Haus: Francis ist bedrückt und kann sich am Trubel eines Fests anläßlich seiner Rückkehr nicht erfreuen. Im Geist sieht er die Gestalt der Armut. Als eine Gruppe von Bettlern erscheint, gibt er ihnen von den Speisen. Der Vater schlägt ihn wegen dieses unziemlichen Verhaltens. Daraufhin legt Francis seine Kleider ab und schließt sich den Bettlern an. 4. Bild, bei der Kapelle des heiligen Damian: Francis hält Zwiesprache mit Gott. Dies äußert sich in ekstatischem Geigenspiel mit Zweigen. Bauern werden von einem Wolf verfolgt. Francis gelingt es, das Tier zu besänftigen. Er und Frau Armut halten Hochzeit. 5. Bild: Beide ziehen in den Himmel ein, begleitet von den Naturgewalten und allen Geschöpfen der Erde.
Kommentar: Die umfassende Grundidee des Werks, der sich auch das Bühnenbild und die Kostüme von Pavel Tchelitchew unterordneten, war es, die Sinnbildhaftigkeit des mythischen Stoffs zu beschwören. Aus diesem Grund wollte Massine *Nobilissima Visione* auch nicht als »Ballett« verstanden wissen, sondern als dramatische und choreographische Darstellung von Franz' Wandlung. Konsequenterweise verzichtete er auf Spitzentanz; er gestaltete die Geschichte mit einfachen angularen Bewegungen und Posen, die dem Sujet entsprechend der Kunst der Renaissance nachempfunden waren und häufig eine plakative Symbolik aufwiesen (insbesondere waren die Hände überwiegend nach oben ausgerichtet). Die

Nobilissima Visione; Léonide Massine als Francis, Roland Guérard, Michel Panaieff und Marcel Luipart als Freunde; Les Ballets Russes de Monte-Carlo, 1938. – Die ikonenhafte Stilisierung weist mehr auf die Herkunft des Choreographen als auf die des in religiöser Verzückung emporblickenden Heiligen.

Herbheit der Choreographie korrespondiert mit der strengen Schlichtheit von Hindemiths Komposition; lediglich im 1. Bild erfolgt mit der altfranzösischen Melodie »Ce fut en mai« eine konkrete Anleihe bei Liedern aus der Zeit des historischen Franz. Die Musik dient in erster Linie der plastischen Untermalung des szenischen Geschehens, gipfelnd in einer feierlichen Passacaglia zum Einzug in den Himmel. Ihre Wirkung wird auf ideale Weise ergänzt durch eine luzide, klangliche Reize nicht verschmähende Instrumentation. – Das religiöse Thema mit seinem apotheotischen Finale übte möglicherweise auf Hindemith eine so starke Anziehungskraft aus, weil er sich zum Zeitpunkt der Komposition in einer vergleichbaren Situation wie Franz befand: Von Brutalität und Machtwahn umgeben, in seinem Heimatland angefeindet, suchte er nach einem Ausweg, den er noch 1938 mit seiner Emigration in die Schweiz fand.
Wirkung: Die Uraufführung fand mit Massine als Francis und Nini Theilade als Erscheinung der Armut statt. Insgesamt urteilte die britische Kritik eher negativ, wobei besonders die Eignung des Librettos bezweifelt wurde. *Nobilissima Visione* erwies sich in der Folgezeit als ein wenig attraktives Werk: Schon zur Saison 1940/41 wurde es aus dem Repertoire der Ballets Russes de Monte-Carlo genommen und erlebte nur 1941/42 eine Wiederaufnahme. Seitdem ist das Stück selten neu choreographiert worden. Die deutsche Erstaufführung erfolgte 1946 durch Helga Swedlund in Hamburg. – Religiöse Themen behandelte Massine noch in Werken wie *Laudes evangelii* (Perugia 1952, Musik: Valentino Bucchi) und *Resurrezione e vita* (Venedig 1954, Virgilio Mortari nach Giovanni Gabrieli und Claudio Monteverdi); in seinem Ballett *Mad Tristan* (New York 1944, Richard Wagner) setzte er ein quasireligiöses, surrealistisches Libretto von Salvador Dalí um.

Autograph: Part: Hindemith-Inst. Ffm. **Ausgaben:** StudienPart: Schott, Nr. 3531; Kl.A: Schott, Nr. 2786; Film, stumm, 16 mm: Ballets Russes de Monte-Carlo (NYPL Dance Coll. MGZHB 12-1000). **Aufführungsmaterial:** M: Schott; Ch: NYPL, NY **Literatur:** H. STROBEL, Paul Hindemith, Mainz ³1948, S. 108–112; R. LAWRENCE, The Victor Book of Ballets and Ballet Music, NY 1950, S. 388–393; A. BRINER, Paul Hindemith, Zürich 1971, S. 116–119; weitere Lit. s. Bd. 3, S. 775

Kathrine Sorley Walker

Michail Wassiljewitsch Matjuschin

Geboren 1861 in Nischni Nowgorod (heute Gorki), gestorben am 14. Oktober 1934 in Leningrad

Pobeda nad solnzem
Opera w dwuch deimach, schesti kartinach

Sieg über die Sonne
Oper in 2 Akten, 6 Bildern

Text: Alexei Jelissejewitsch Krutschonych; Prolog: Welemir Chlebnikow (eigtl. Wiktor Wladimirowitsch Chlebnikow)
Uraufführung: 3. Dez. 1913, Lunapark-Theater, St. Petersburg
Personen: 1. futuristischer Kraftmensch; 2. futuristischer Kraftmensch; Nero und Kaligula/Caligula in einer Person; Reisender durch alle Zeiten; Irgendeiner mit schlechten Absichten; der Streitsüchtige; der Feind; einer der Sportler; der Schwätzer am Telephon; Buntes Auge; Vorleser; der Fette; der Alteingesessene; der aufmerksame Arbeiter; ein junger Mensch; der Pilot. **Chor:** feindliche Krieger in türkischen Kostümen, Sportler, Kraftmenschen, die Totengräber, die die Sonne tragen, Neue, Feiglinge
Orchester: Kl
Aufführung: Dauer ca. 45 Min. – Wechsel von musikbegleiteter und unbegleiteter Deklamation sowie notiertem Gesang. Die zahlreichen kleinen Partien können von einigen wenigen Darstellern ausgeführt werden.

Entstehung: Der Maler, Graphiker und Komponist Matjuschin zählt zu den Initiatoren der russischen

Theateravantgarde; er war Mitbegründer der Künstlergruppe »Union der Jugend« (1910–14), zu der auch Krutschonych und Kasimir Malewitsch gehörten. Auch nach *Pobeda nad solnzem* experimentierte Matjuschin mit visuellen und akustischen Ereignissen, mit Licht und kubistischen Konstruktionen; in den 20er Jahren förderten seine Inszenierungen die Idee des totalen Theaters. – Krutschonych beabsichtigte, das sprachliche Material so weit wie möglich von seiner Semantik zu befreien und das klangliche Moment der Sprache zu emanzipieren. Durch Neologismen, gezielte Polysemantik, asemantische Laut- und Wortreihungen, Wortspiele und vom Wortklang ausgelöste Assoziationen sollte eine »Übersinnsprache« (»saum«) entstehen. Eine Übersetzung des Werks ist daher ebenso problematisch wie etwa die der späten Texte James Joyces. Die Zusammenfassung der Handlung muß sich deshalb darauf beschränken, unter weitgehender Abstraktion vom Dialoginhalt die theatralischen Situationen zu skizzieren.

Handlung: Prolog: Einladung, das futuristische Theater zu besuchen, Aufzählung verschiedener Arten von Schaustücken, Beschreibung ihrer Wirkung auf die Zuschauer und Erläuterung der Funktion der an der Aufführung Beteiligten.
I. Akt, 1. Bild, weiße Wände, schwarzer Boden: Zwei futuristische Kraftmenschen zerreißen den Vorhang. Kampfansage an die Welt. Gesang: Die fetten Schönheiten sind eingesperrt, es wird keine Lieder mehr geben, die verfaulten Najaden zu erheitern. Absichtserklärung, die Sonne, welche die Leidenschaften geboren hat, einzubetonieren. Auftritt von Nero und Kaligula in einer Person und dem Reisenden durch alle Zeiten (auf Flugzeugrädern). Der Reisende besingt den Umbruch. Nero/Kaligula erklärt, es sei nicht erlaubt, die Alten so zu behandeln, alles habe man verdorben. Der Reisende beschreibt das 35. Jahrhundert, das er besucht hat. Irgendeiner mit schlechten Absichten kriecht herbei, hört ihm zu und schießt auf ihn. Der Reisende schwankt und schreit. Daraufhin legt sich der mit den schlechten Absichten hin und bedeckt sich mit dem Gewehr. Während er die Situation kommentiert, zeigt sich ein futuristisches Maschinengewehr. Auftrittslied des Streitsüchtigen. Kampf zwischen Irgendeinem, dem Streitsüchtigen und dem Feind. 2. Bild, grüne Wände, grüner Boden: Feindliche Krieger in türkischen Kostümen ziehen vorüber. Einer gibt dem mit den schlechten Absichten Blumen. Der zertritt sie, kommentiert die Szene und fängt mit sich selbst eine Schlägerei an. Auftritt von Sportlern und Kraftmenschen. Ein Sportler besingt den Untergang der Welt der Blumen. Aufruf zum Kampf und Beschreibung der Schlacht gegen die Sonne durch die 1. Kraftmenschen mit refrainartigem Chor. Kommentare des 2. und des 1. Kraftmenschen, gemeinsamer Schlußgesang. 3. Bild, schwarze Wände, schwarzer Boden: Chor der Totengräber. 4. Bild: Der Schwätzer am Telephon erfährt, daß die Sonne gefangen ist. Die, welche die Sonne tragen, kommen zusammengedrängt herein, so daß die Sonne nicht zu sehen ist. Wechselreden zwischen einem, vielen und dem Schwätzer, mit Chorgesang: Feier des Siegs über die Sonne.
II. Akt, »Zehntes Land«, 1. Bild, Häuser mit Außenwänden, deren Fenster wie Röhren seltsam nach innen gehen; die Fenster sind in unregelmäßigen Reihen verteilt; es scheint, daß sie sich argwöhnisch bewegen: Auftritt und Kommentar von Buntes Auge. Von einer Seite kommen Neue herein, von der andern Feiglinge. Dialog: Beschreibung der Situation nach Überwindung des Vergangenen. Der Vorleser reflektiert das Leben ohne Vergangenes. Der Fette kommt aufgeschreckt herein; er findet sich nicht mehr zurecht. Kommentar des Vorlesers. Lied des Fetten, vom Vorleser unterbrochen. Musik der Kraft. 2. Bild: Gespräch zwischen dem verwirrten Fetten, dem Alteingesessenen, der ihm den Weg zeigt, und dem aufmerksamen Arbeiter, der der neuen Situation gegenüber gelassen bleibt. Sukzessive Abgänge. Propellergeräusch hinter der Szene. Ein junger Mensch tritt auf und singt verängstigt ein bürgerliches Lied. Die Sportler gehen im Takt nach den Linien der Häuser und singen. Musik, Rattern von Maschinen. Ungewöhnlicher Lärm signalisiert einen Flugzeugabsturz: Auf der Bühne sieht man eine zerbrochene Tragfläche. Schreie und Kommentare von Schaulustigen. Der Pilot tritt auf, aus vollem Hals und singt ein Kriegslied. Auftritt und Schlußsentenz der Kraftmenschen.

Kommentar: Das ästhetische Programm der Oper umriß Matjuschin in seinen Lebenserinnerungen mit dem Satz: »Der ganze ›Sieg über die Sonne‹ stellt den Sieg über den alten Romantizismus und den althergebrachten Begriff von der Sonne als ›Schönheit‹ dar.« Mit der Verbannung des durch die Sonne symbolisierten Weiblichen sollte eine Epoche männlicher Kühnheit eingeleitet werden. Mit der ästhetischen Absicht der Autoren verband sich indes auch eine politische:

Pobeda nad solnzem; Bühnenbildentwurf: Kasimir Malewitsch; Lunapark-Theater, Petersburg 1913.

Hinter den Wortspielen des Librettos liegen Anspielungen revolutionären Charakters verborgen. Die historiographische Einschätzung des Stücks, das als zentrales Dokument des russischen Futurismus gilt, stützt sich vor allem auf die Bedeutung des Texts und der Dekorationen. Im Libretto manifestiert sich die Intention der Futuristen, die Sprache als Material zu verselbständigen, und die Bühnenbilder von Malewitsch markieren als dessen erste abstrakte Arbeiten den Übergang vom Kubofuturismus zum Suprematismus. Die nur fragmentarisch überlieferte Musik hingegen fand kaum angemessene Beurteilung. Während Matjuschins kompositorische Leistung in älterer Literatur häufig übertrieben wurde, sieht Juan Allende-Blin (s. Lit.) in der Musik nur ein dilettantisches Produkt ohne jeglichen kompositorischen Zusammenhang. Umstritten ist insbesondere die Bedeutung der vierteltönigen Chromatik, die Matjuschin 1910–15 entwickelte und als »Töne der Futuristen« bezeichnete. Der Abdruck einer kurzen vierteltönigen Melodie im Librettoerstdruck weist darauf hin, daß Matjuschin sie zumindest intentional als Werkbestandteil betrachtete. Und daß die Melodie mit dem Titel »Übergang ins Blaue und Schwarze« versehen ist, deutet eine Ausführungsmöglichkeit an, die auf Krutschonychs Farbvorschriften für die Dekorationen bezogen ist. Trotz der fragmentarischen Überlieferung der Musik zeigen die erhaltenen Quellen, daß die Ansicht, es handele sich bei dem Stück um ein gesprochenes Drama mit Musikeinlagen, irrig ist: Auch die deklamierten Textpassagen sind größtenteils musikalisch begleitet. Allerdings bewirkt die Trennung von Musik und Sprache eine Distanzierung, die durch silbentrennende Textdeklamation und Wortkaskaden noch verstärkt wird. Matjuschin forderte von den Sängern eine unreine Intonation, die vor dem Hintergrund seiner Vierteltonexperimente als improvisierte Mikrointervallik interpretierbar ist. Zudem schränkten Malewitschs Kartonkostüme die Bewegungsfreiheit der Schauspieler ein, so daß die Anatomie verändert erschien und die Darsteller wie laufende Maschinen wirkten. Die Verfremdung von Sprache, Gesang und Bewegung zielt auf Akzentuierung der Darstellungsmittel und des Produktionsvorgangs, eine Intention, die Chlebnikows Prolog programmatisch umschreibt. In diesem Kontext gewinnt die von Kakophonien unterbrochene und durch »falsches« Singen verfremdete Reihung tonaler Floskeln in Matjuschins Musik einen andern Stellenwert: als Parodie auf die Operntradition des 19. Jahrhunderts, deren musikalisches Vokabular Matjuschins Musik ebenso parodiert wie Krutschonychs Text die Phrasen der ästhetizistischen Dichtung der Jahrhundertwende. Damit nimmt das Werk eine Opernästhetik voraus, die für das Musiktheater der 20er Jahre bestimmend werden sollte: den antiexpressiven Funktionalismus der Neuen Musik, der sich im Bereich des mitteleuropäischen Musiktheaters erstmals in Strawinskys *Histoire du soldat* (1918) manifestiert. Unter dieser Voraussetzung ist *Pobeda nad solnzem* nicht nur unter literatur- und kunsthistorischem Gesichtspunkt, sondern auch in

Pobeda nad solnzem, I. Akt, 1. Bild; Regie: Galina Gubanowa, Ausstattung: Kasimir Malewitsch; Theaterstudio im Haus der Jugend, Leningrad 1989. – Die szenische Rekonstruktion der Petersburger Uraufführung präsentierte Malewitschs Originalausstattung, zum Beispiel auch den Prospekt mit zwei Kraftmenschen, anhand der im Theatermuseum und im Russischen Museum Leningrad aufbewahrten Entwürfe.

operngeschichtlicher Hinsicht ein vorausweisendes Werk.

Wirkung: Nach nur zwei Aufführungen 1913 brachten Malewitsch und Wera Jermolajewa das Stück 1920 in Witebsk als Schauspiel heraus, wobei aller Wahrscheinlichkeit nach Matjuschins Musik nicht mehr verwendet wurde. 1923 veröffentlichte El Lissitzky in Hannover seine Entwürfe zur »plastischen Gestaltung der elektro-mechanischen Schau – Sieg über die Sonne«, deren Vorlage Krutschonychs Text bildete. 1983 gastierte im Rahmen der Berliner Festwochen das California Institute of the Arts (Los Angeles) mit einer Bearbeitung, zu der Jerold Frohmader unter Einbeziehung einiger Fragmente Matjuschins die Musik komponierte. Durch den Erfolg dieser Produktion angeregt, schufen der Dadaist Chaim Levano und der Komponist Hub Kerstens 1984 für Amsterdam eine eigene Bearbeitung, die im selben Jahr auch in München (Theater im Marstall) gezeigt wurde. Erst 1989 wurde es im Zug der Rehabilitierung Malewitschs möglich, eine Rekonstruktion des ursprünglichen Werks zu versuchen. Für diese Inszenierung am Leningrader Theaterstudio konnte Galina Gubanowa auf bisher unbekannte Originalskizzen zum Bühnenbild und zu sämtlichen Kostümen im Staatlichen Museum Leningrad zurückgreifen.

Autograph: Fragmente: Inst. für Russ. Lit. Leningrad. **Abschriften:** 15 S. (Fragment) v. M. Ender: Puschkin-Haus Leningrad. **Ausgaben:** Textb.: Petersburg [1913/14], Nachdr., russ./dt., in: G. ERBSLÖH, s. Lit.; Textb., russ./frz. v. V. u. J. C. Marcadé: Lausanne 1976 (Théâtre années vingt). **Aufführungsmaterial:** Tovariščestvo svet, Leningrad

Literatur: G. ERBSLÖH, ›Pobeda nad Solncem‹. Ein futuristisches Drama v. A. Kručonych, Übers. u. Kommentar [mit einem Nachdr. d. Original-Ausg.], München 1976 (Slavistische Beitr. 99.); K. S. MALEVIČ, [Briefe an M. V. M.], hrsg. J. Kovtun, in: Ježegodnik rukopisnogo otdela Puškinskogo doma na 1974 god, Leningrad 1976; Kasimir Malewitsch. 1878–1935. Werke aus sowjetischen Slg., Ausstellungs-Kat., Düsseldorf 1980; L. A. SHADOWA, Kasimir Malewitsch und sein Kreis. Suche u. Experiment. Aus d. Gesch. d. russ. u. sowjetischen Kunst zwischen 1910 u. 1930, München 1983; Sieg über die Sonne. Aspekte russ. Kunst zu Beginn d. 20. Jh., Ausstellungs-Kat., Bln. 1983 (Schriftenreihe d. Akad. d. Künste. 15.); J. ALLENDE-BLIN, ›Sieg über die Sonne‹. Krit. Anm. zur M M.s, in: Aleksandr Skrjabin und die Skrjabinisten, Bd. 2, München 1984 (M-Konzepte. 37/38.), S. 168–177; K. R. DANLER, Opernfuturismus in ›Sieg über die Sonne‹ im Marstall-Theater, in: Orch 32:1984, S. 650; S. NEEF, Zukunftsbesucher in einer widerspruchsvollen Welt. Die russ. futuristische Oper ›Sieg über die Sonne‹ u. A. Schnittkes Vertonung v. Kandinskys ›Gelbem Klang‹, in: M u. Ges. 35:1985, S. 269f.; E. GERBERDING, »Sieg über die Sonne«. Wiederentdeckung d. futuristischen Oper in Leningrad u. Moskau, in: Bühnenkunst 4:1990, H. 1, S. 31f.

Matthias Brzoska

Johann Mattheson
Geboren am 28. September 1681 in Hamburg, gestorben am 17. April 1764 in Hamburg

Die betrogene Staatsliebe oder Die unglückselige Kleopatra, Königin von Ägypten
Singspiel
3 Akte (12 Bilder)

Text: Friedrich Christian Feustking
Uraufführung: 20. Okt. 1704, Theater am Gänsemarkt, Hamburg
Personen: Kleopatra (S); Marcus Antonius (T); Candace/Selene (S) und Ptolemaeus/Ptolemaios (A), ihre Kinder; Mandane, Geliebte Ptolemaeus' (S); Juba, Liebhaber Candaces (T); Augustus (B); Proculejus (A); Archibius (B); Dercetaeus (T); ein Junge, Schornsteinfeger (S); Nemesis (S). **Chor:** römische und ägyptische Soldaten. **Ballett**
Orchester: BlockFl, 2 Ob, 2 Clarinen, Pkn, Streicher, B.c
Aufführung: Dauer ca. 3 Std.

Entstehung: Mattheson ist heute weniger als Musiker und Komponist als durch seine Schriften über Musiker (*Grundlage einer Ehren-Pforte*, 1740) und über Komposition (*Der vollkommene Capellmeister*, 1739) bekannt. Durch sie ist er zu einem frühen Wegbereiter der neuen Entwicklung geworden, die vom Musiktheoretiker zum analysierenden und belehrenden Berichterstatter über die Phänomene der musikalischen Praxis führt. Begonnen hat Mattheson jedoch als Musiker. Gleichaltrig mit seinem späteren Hamburger Kollegen Georg Philipp Telemann, zeitweilig älterer Freund und Ratgeber Georg Friedrich Händels, wurde er bereits mit neun Jahren als Sänger in das Ensemble des berühmten Gänsemarkt-Theaters Hamburg aufgenommen. Bis 1705 wirkte er in 65 Opern mit, zuletzt in Händels *Der in Kronen erlangte Glückswechsel* (1705) und *Die durch Blut und Mord erlangte Liebe oder Nero* (Hamburg 1705, Text: Feustking). Gleichzeitig betätigte er sich als Korrepetitor und seit der Aufführung seines kompositorischen Erstlings *Die Plejades oder Das Sieben-Gestirne* (Hamburg 1699, Text: Friedrich Christian Bressand) auch erfolgreich als Dirigent und Komponist. Auf dem Höhepunkt brach er diese Karriere ab und wurde 1706 Sekretär des englischen Gesandten in Hamburg, John Wyche. 1710/11 schrieb er noch einmal zwei Opern: *Boris Goudenow oder Der durch Verschlagenheit erlangte Thron* (1710, nicht aufgeführt, Text: Mattheson) und *Die geheimen Begebenheiten Henrico IV Königs von Kastilien und León oder Die geteilte Liebe* (Hamburg 1711, Text: Johann Joachim Hoë). Mit der Veröffentlichung des *Neu-eröffneten Orchestre* (1713) begann seine dritte Karriere, die des Musikschriftstellers. – *Die betrogene Staatsliebe* entstand, nachdem Mattheson bereits in Werken wie *Die Plejades*, *Der edelmütige Porsenna* (Hamburg 1702, Text: Bressand) und dem Pasticcio *Victor, Herzog der Normannen* (mit Georg Bronner und Johann Christian Schieferdecker, Hamburg 1702, Text: Hinrich Hinsch) Erfahrungen als Bühnenkomponist gesammelt hatte. Feustking gibt in der »Historischen Einleitung« zum Libretto Plutarch als Quelle an; doch dürfte er auch William Shakespeares Trauerspiel *Anthony and Cleopatra* (1607?) gekannt haben, wie sich aus gemeinsamen Details schließen läßt.

Handlung: In Alexandria und Umgebung, um 30 v. Chr. I. Akt, 1. Bild: ein Zimmer, im Hintergrund der Hafen, Nacht; 2. Bild: das römische Lager; 3. Bild: das Tor und die Stadtmauern Alexandrias; II. Akt, 1. Bild: ein schöner Saal; 2. Bild: das Vorgemach Antonius'; 3. Bild: Zimmer mit Thron; 4. Bild: das römische Lager, später Abend; III. Akt, 1. Bild: Antonius' Schlafgemach; 2. Bild: Gefängnis; 3. Bild: Garten; 4. Bild: eine Gasse in Alexandria; 5. Bild: Tempelanlage.

I. Akt: Antonius will sich Kleopatras verhängnisvollem Einfluß entziehen und auf Pharus ein ruhiges Leben führen. Kleopatra gewinnt ihn jedoch zurück, da römische Truppen Alexandria bedrohen. Der Angriff der Römer mißlingt, ihr Anführer Juba wird gefangengenommen. Augustus beschließt daraufhin, eine List anzuwenden: Falls Antonius die Stadt nicht freiwillig übergibt und zu seiner Gattin Oktavia zurückkehrt, will er selbst zum Schein um Kleopatra werben und sich bei dem Versprechen, sie zur Kaiserin zu erheben, ihren Ehrgeiz zunutze machen.

II. Akt: Antonius, von der Undankbarkeit seines ehemaligen Freunds Augustus überzeugt, lehnt dessen Angebot ab; Kleopatra ist dagegen sogleich bereit, ihren Geliebten zu verraten.

III. Akt: Nemesis erscheint Antonius im Traum und verkündet ihm ein baldiges qualvolles Ende. Zu dem Erwachenden treten Dercetaeus, Candace und Ptolemaeus mit Schreckensbotschaften. Schließlich berichtet Archibius, Kleopatra habe sich vergiftet. Antonius glaubt ihrem Ruf folgen zu müssen und ersticht sich. Kleopatra, von Antonius' Treue gerührt, bereut ihren Betrug. Freudig begrüßt zieht Augustus in Alexandria ein. Nachdem er sein Versprechen erneuert hat, läßt er Kleopatra in Gewahrsam nehmen. Sie durchschaut seine Absichten. Um sich nicht der Schmach auszusetzen, als Siegestrophäe nach Rom geführt zu werden, setzt sie sich Schlangen an die Brust und stirbt.
Kommentar: Die Haupthandlung ist mit einer Nebenhandlung verknüpft, die sich zwischen den Liebespaaren Candace/Juba und Mandane/Ptolemaeus abspielt. Verwicklungen entstehen zum einen dadurch, daß Juba und Mandane auf seiten der Römer sind; zum andern hält Mandane Ptolemaeus' Schwester für ihre Nebenbuhlerin, während Candace in Archibius einen zweiten Verehrer hat, so daß zu Eifersuchtsszenen ausreichend Gelegenheit besteht. Einen dritten dramatischen Bereich bilden die einlageartigen Ballette und die komischen Szenen des Dercetaeus, darunter ein Lied mit plattdeutschem Text. Im I. und II. Akt sind die verschiedenen Handlungsebenen geschickt aufeinander bezogen. Im III. Akt treffen jedoch das tragische Ende der Hauptpersonen und die zum Lieto fine führenden Liebesaffären kraß aufeinander, ohne daß es in dem bunten Wechsel zwischen ernsten und heiteren Szenen zu einem relativierenden Ausgleich kommt. – Mattheesons Musik zeichnet sich durch zahlreiche schlichte, aber plastische Einfälle aus. Die musikalisch reizvollen Sätze stehen nicht durchweg an den inhaltlich gewichtigen Stellen, sondern sind oft dramatischen Nebensächlichkeiten vorbehalten. Fast ausnahmslos gut gelungen sind die Gesänge mit ruhigem, verhaltenem oder traurigem Affekt, was der Partie des Antonius, aber auch den Rollen der beiden Liebespaare zugute kommt. Andrerseits fällt die simple, fast skizzenhafte satztechnische und instrumentale Ausführung auf. Viele der 72 kurzen Arien, Lieder und Ensembles beginnen sehr ansprechend, werden im weiteren Verlauf aber blaß und spannungslos. Mehr als die Hälfte von ihnen läßt Mattheson lediglich vom Continuo begleiten, und auch in den größer besetzten Stücken bietet der Instrumentalsatz (verglichen mit der gleichzeitigen italienischen Oper) wenig Abwechslung. Möglicherweise überliefert die Partitur nur einen unvollständigen Eindruck von der klanglichen Ausführung.
Wirkung: In der Uraufführung der *Betrogenen Staatsliebe* leitete Händel das Orchester, während Mattheson den Antonius sang. (Über das berühmte Duell zwischen den beiden befreundeten Komponisten vergleiche Matthesons Bericht in der *Grundlage einer Ehren-Pforte*.)
Autograph: Verbleib unbekannt (früher Stadt-Bibl. Hbg.). **Abschriften:** nach d. Autograph, 1907: LOC Washington; Textb.: Staats- u. UB Hbg. **Ausgaben:** Part, hrsg. G. J. Buelow: Schott 1975 (Erbe dt. M. 69.). **Aufführungsmaterial:** Schott

Literatur: H. Schmidt, J. M. Ein Förderer d. dt. Tonkunst, Lpz. 1897; B. C. Cannon, J. M. Spectator in Music, New Haven, CT 1947; H. C. Wolff, Die Barockoper in Hamburg, Wolfenbüttel 1957; A. D. McCredie, Instrumentarium and Instrumentation in the North German Baroque Opera, Diss. Hbg. 1964; G. J. Buelow, J. M., The Composer. An Evaluation of His Opera ›Cleopatra‹, in: Studies in Eighteenth Century Music. A Tribute to K. Geiringer, hrsg. H. C. R. Landon, London 1970

Helga Lühning

Siegfried Matthus
Geboren am 13. April 1934 in Darkehmen (heute Angerapp; bei Gumbinnen, Ostpreußen)

Mario und der Zauberer
→ Krätke, Grita (1975)

Die Weise von Liebe und Tod des Cornets Christoph Rilke
Eine Opernvision nach Rainer Maria Rilke
1 Akt

Text: Siegfried Matthus, nach der Prosadichtung (1899) von Rainer Maria Rilke (eigtl. René Maria Rilke)
Uraufführung: 16. Febr. 1985, Staatsoper, Dresden
Personen: Cornet Christoph Rilke auf Langenau (Mez); seine Gedankenstimme (A); Gräfin (S); ihre Gedankenstimme (S); Marquis (Bar); Graf Spork (B); ein junges Weib (S). **Chor:** Soldaten, Dirnen, Gäste auf dem Schloßfest
Orchester: 4 Fl (auch Picc, A.Fl u. B.Fl), Hr, 5 Pkn (auch Trg, Bck u. Vibr), Schl (I: kl.Tr, 3 Bongos, 3 Tomtoms, gr.Tr, hoher Trg, Glsp, Marimbaphon, Röhrenglocken, gr. Tamtam, Tamburin; II: kl.Tr, 3 Bongos, 3 Tomtoms, gr.Tr [möglichst gleiche Instr. wie in I], mittlerer Trg, Zimbeln, Vibr, Gongs, Bck, High-hat, Kastagnetten), 2 Hrf, elekt. B.Git, BühnenM hinter d. Bühne: gr. Alarm- oder Sturmglocke
Aufführung: Dauer ca. 1 Std. 15 Min. – Die Baßgitarre wurde nach Vollendung der Partitur »zur gründlichen Stützung des Baßfundaments in Chor und Harfen« (Matthus) hinzugefügt. Für kleinere Bühnen empfiehlt Matthus eine Reduzierung des Chors auf 16 Sänger.

Entstehung: Matthus, Kompositionsstudent Rudolf Wagner-Régenys und Meisterschüler Hanns Eislers, griff mit Beginn der 60er Jahre eigenständig in die Musikentwicklung der DDR ein. Frühzeitig bekannte er seine Neigung zur Oper; lassen die vokalen und instrumentalen Werke seiner Kammermusik und Symphonik diese Neigung ahnen, so dokumentieren zahlreiche Hörspiel- und Schauspielmusiken, wie sich sein Gespür für dramatische Wirkungen, für das komplizierte Wechselspiel von Musik und Dramaturgie, seine Fähigkeit zu szenisch konkret gebundenem Komponieren entwickelten und vervollkommneten. 1963 lag mit *Spanische Tugenden* (Karl-Marx-Stadt 1964) Matthus' erste Oper vor; das Libretto hatte Horst Seeger verfaßt, der Matthus 1964 als musikalischen Berater und dramaturgischen Mitarbeiter an die Komische Oper Berlin holte. Hier konnte sich Matthus mit Walter Felsensteins »realistischem Musiktheater« auch praktisch vertraut machen und erhielt den Auftrag für seine Oper *Der letzte Schuß* (Berlin 1967) nach der Erzählung *Sorok perwy (Der Einundvierzigste*, 1926) von Boris Lawrenjow, an deren Libretto Götz Friedrich, der Regisseur der Uraufführung, mitarbeitete. Aus der Begegnung mit Peter Hacks gingen *Noch einen Löffel Gift, Liebling?* (Komische Oper 1972) und *Omphale* (Weimar 1976) hervor. Im Dez. 1982, Matthus arbeitete bereits am II. Akt von *Judith* (1985), fiel ihm Rilkes *Cornet* in die Hände, und er entdeckte seine Affinität zu dem Text mit seiner zwar realen Basis, aber seiner auch sehr weitgehend davon abhebenden visionären Reflexion, die um die Selbstfindung eines sehr jungen Menschen kreist. Vorübergehende Zweifel an der musikdramatischen Eignung erwuchsen aus dem äußerst knappen Dialogmaterial; deshalb entschloß sich Matthus, die Vorlage ihrer poetischen Struktur entsprechend, also mit dem Überwiegen der reflektorischen Passagen, zu komponieren. Wie schon im *Letzten Schuß* ordnete er realen Stimmen noch Gedankenstimmen der Figuren zu, für die er sich auf das Quartett aus Beethovens *Fidelio* (1805) beruft, das er in diesem Sinn versteht. Sehr behutsam und ohne nachdrücklich die Vorlage umgestaltende Eingriffe richtete Matthus ein Libretto ein, das er nur an zwingenden Stellen um Teile von Rilke-Gedichten und um ein Reiterlied aus Friedrich von Schillers *Wallenstein* (1799) ergänzte.

Handlung: In Ungarn, 1663, während der Türkenkriege: Ein Trupp Reiter in der Nacht, müde von den Strapazen eines langen Wegs durch Sonnenglut; unter ihnen befindet sich der Cornet, neben ihm reitet der Marquis. Die Erinnerung an ihre Mütter eint die Gedanken aller Reiter. – Eine halbverfallene Bildsäule am Weg: Auch die steinerne Madonna scheint vom Leben zu träumen wie der Cornet und seine Kameraden. – Wachtfeuer: Die Rastenden sind zu müde zum Singen. Erinnerungen an ein Mädchen zu Haus und die Sehnsucht bringen den Cornet und den Marquis einander näher. Während am nächsten Morgen das heranrückende Heer den Reitertrupp aufsaugt, schenkt der Marquis seinem neuen Freund zum Abschied ein Blütenblatt seiner wie eine Reliquie gehüteten Rose, die er am Herzen trägt: »Das wird Euch beschirmen.« – Der ernüchternde Alltag im Heerlager mit Dirnen und Wein: Der Cornet findet den Grafen Spork, einen harten Kriegsmann, dem er sein Empfehlungsschreiben übergibt. Nun leiten den jungen Reiter nur noch der General und seine Befehle. – Auf dem Weg zu seiner Kompanie: Eine junge Frau, die »blutig und bloß« an einen Baum gefesselt ist, reißt den Cornet aus seinen Träumen. Er befreit die Frau, sie drängt sich ihm heiß entgegen. Der Baum wird ihm zu Spork, von Grausen gepackt flieht der Cornet vorwärts. – Er schreibt einen Brief an seine Mutter, stolz, daß ihm die Fahne anvertraut ist, und trägt ihn unter dem Waffenrock beim Rosenblatt des Marquis: »Vielleicht findet ihn einmal Einer […] denn der Feind ist nah.« – Man reitet über einen erschlagenen Bauern. Spork erscheint dem Cornet als der Tod. – Die Reiter erreichen ein Schloß: Endlich können sie sich wieder einmal als Menschen fühlen und »wieder erst lernen, was Frauen sind«. Endlich gibt es ein richtiges Mahl, es wird zum Fest, »wirre Lieder« klingen auf, aus ihnen entspringt Tanz. Wie einen Traum erlebt es der Cornet. Er findet sich mit der Schloßherrin, der Gräfin, in einer Liebe, die sie beide rein und befangen wie Kinder erfahren. So entrückt ist der Cornet, daß ihm bei unerwartetem Überfall der Feinde Realität und Liebestraum ineinander geraten. »Auf seinen Armen trägt er die Fahne wie eine weiße, bewußtlose Frau.« Er stürzt sich unter die Feinde. »Aber, als es jetzt hinter ihm zusammenschlägt, sind es doch wieder Gärten, und die sechzehn runden Säbel, die auf ihn zuspringen, Strahl um Strahl, sind ein Fest. Eine lachende Wasserkunst.«

Kommentar: Der Begriff »Opernvision« verweist zum einen auf das weitgehend Reflektierende, das Realität in den Empfindungs- und Vorstellungsbereich Cornets transformiert, also auf das Visionäre in der Opernhandlung. Zum andern bezieht sich der Begriff auf die Spezifik, mit der die »Realität des Genres« (Matthus) hier gehandhabt wird. So gibt es eine Reihe von Vorgängen, die nicht in unmittelbarer Handlungsrealität stattfinden, sondern assoziativ beschrieben werden (etwa das Heerlager, das Sichausleben der Soldaten als Gäste beim Fest der Gräfin oder der Überfall und das brennende Schloß am Ende), wobei sich die Musik, aber auch der Text in anderer als der üblichen musikdramatischen Funktion, die sie direkt an die Vorgänge heftet, befinden und das ganze Werk zu einer Art Monolog über Vorgänge werden lassen. Das Ton- und Klangmaterial entwickelte Matthus aus einer achttönigen Skala mit einer daraus abgeleiteten, für das ganze Werk verbindlichen, harmonischen Intervallkonstellation. Er hatte so die Möglichkeit, harmonische Beziehungen und tonale Verläufe herzustellen, die der Musik Faßlichkeit in einem der Tradition des tonkalen Hörens entsprechenden Sinn verleiht. Das aus den harmonisch orientierten Reihen gewonnene ordnungstiftende Prinzip zwingt die Komposition in ein System, das ihr permanenten inneren Zusammenhalt sichert. Das subtile Instrumentarium einer Kammerbesetzung aus Kombinationen gleicher Instrumente (vier Flöten, aber auch zwei Harfen), denen sich das Horn (sowohl in der Funktion des aufrüttelnden Signalgebers als auch lyrisch und verhalten, mit fließender Kantilene, eingesetzt) quasi als instrumentaler Partner Cornets konzertierend zugesellt, wird zwingend durch Pauken und vielfältiges Schlagzeug kontrastiert. Klingendes Schlagwerk ist auch an lyrischen und zarten Passagen verwendet. Die großen, raumgreifenden Dimensionen aber, die über den Kammeroperncharakter hinausweisen, bringt der Chor ein. Ihm ist der ebenso eindringliche wie eindrucksvolle vorangestellte (in Gedenken an die Zerstörung der Semper-Oper 1945 komponierte) A-cappella-Chor »In solchen Nächten war einmal Feuer in der Oper« anvertraut, der sich bis zur 16-Stimmigkeit auffächert und mit der Schilderung eines Brands im Opernhaus das kulturvernichtende Grauen des Kriegs meint. Diese vokale Ouvertüre, mit deren Material am Schluß auch der Überfall der Feinde und der Brand des Schlosses komponiert sind, ergibt mit dem daraus hervorgehenden (bekennend die transponierte B-A-C-H-Formel verarbeitenden), die Oper eröffnenden und schließenden Dies irae (es bestimmt auch die Szene mit dem ermordeten Bauern) einen eindringlichen Kommentar. Ergänzend treten dazu die Verwandlungen Sporks (er wird mit der Grausamkeit des Kriegs und dem Tod identifiziert) und dessen bezeichnenderweise von Pauken und zwei kleinen Trommeln hervorgebrachtes musikalisches Profil. Matthus will dies als »Autorenkommentar« verstanden wissen, durch den mit Nachdruck jeglicher Verherrlichung von Krieg, von Heldentum und Todessehnsucht, vom Heldentod als der Utopie des Augenblicks, die Rilkes Dichtung im Zusammenhang des ersten und wieder des zweiten Weltkriegs angeheftet worden waren, der Boden entzogen wird. Von besonderer Bedeutung sind die Gedankenstimmen, die dem Cornet und der Gräfin beigegeben sind. Als Alter ego der jeweiligen Person setzen sie die realen Situationen reflektierend fort, vollenden das Angesprochene und Aufgenommene und schaffen einen Ergebniskomplex aus Realität und Befindlichkeit in ihr. Die Subtilität des musikalischen Klangs hält dabei Wirklichkeit und Visionäres gewissermaßen in der Schwebe. Die Singstimmen führt Matthus sehr arios. Ihre Linien, kaum durch große Intervallsprünge zerklüftet, sind mit reichen melismatischen Bildungen zu großen Bögen gespannt. Sie enthalten nur wenige unmittelbar dramatische Lakonismen. Und doch ergeben das Verhältnis von realen und Gedankenstimmen zueinander und die vielfältigen Vermittlungen der Chöre zwischen ihnen und den Situationen zusammen mit dem treffsicher eingesetzten Instrumentarium eine fesselnde musikalisch-dramatische Struktur. Obwohl die Szenen des Werks nicht ausdrücklich einzeln angezeigt sind, läßt sich die entsprechende Gliederung in der Partitur unschwer ausmachen. Jede Szene ist mit einem charakteristischen Eigenklang versehen: die gespannte Verhaltenheit in der von Bluesformeln durchsetzten Gleichförmigkeit des Reitens »durch die Nacht, durch den Tag«; die sensiblen Gespräche und Selbstgespräche, denen meist die vier Flöten und/oder die beiden Harfen das klangliche Gepräge geben; die Szene vor Spork, in der sogar die Singstimme sich auf Tonrepetitionen in der Art des Schlagzeugs bewegt; die A-cappella-Szene »Ich habe keine Rose«, ausgeführt von der Stimme und der Gedankenstimme Cornets sowie dem Frauenchor »Unsre Tage sind so lang«. Seine Entscheidung, Cornet und dessen Gedankenstimme als Hosenrollen zu konzipieren, erklärt

Matthus mit Blick auf Mozart: »Die Beziehung Cherubino/Gräfin in *Le nozze di Figaro* ist in gewisser Hinsicht auch die Grundkonstellation im *Cornet*. Das Schema habe ich einfach von Mozart ›geklaut‹ und hoffe, es wird auch im *Cornet* funktionieren.« Tatsächlich liegt hier die gleiche pubertäre Situation vor: Wie Cherubino zwischen der moralischen Bedenkenlosigkeit des Grafen und dem Ethos der Gräfin seinen Weg finden muß, so der Cornet zwischen vernichtendem Krieg, dem Agens Sporks, und Leben erfüllender Liebe der Gräfin. Und wie Cherubino im Finale Schein und Wahrheit durcheinandergeraten, so verschweben dem Cornet tödliches Gefecht und Schönheit des Lebens in eins. Die Liebe der Gräfin bringt diesen jungen Menschen an die Schwelle des Erwachsenwerdens. Daß ihn der Tod in diesem Stadium ereilt, da sein Leben erst eigentlich beginnt, ist nicht nur seine individuelle Tragödie, sondern ein eindringliches Mahnzeichen gegen die menschenverachtende Sinnlosigkeit von Kriegsbegeisterung und Heldenträumen.

Wirkung: Die erfolgreiche, aber auch umstrittene Uraufführungsinszenierung von Ruth Berghaus anläßlich der Wiedereröffnungsfeierlichkeiten der Dresdner Semperoper (Dirigent: Hartmut Haenchen; Cornet: Angela Liebold, Gedankenstimme: Annette Jahns) setzte die Bilderwelt von Rilke und Matthus nicht direkt in Szene, sondern übersetzte sie assoziativ. Sie gliederte das Werk in drei große Komplexe: Abschied von der Kindheit / Verlust der Kindheit / Rast, Liebes- und Todessehnsucht. Noch im selben Jahr wurde das Werk dreimal inszeniert: West-Berlin, Erfurt, Karl-Marx-Stadt.

Autograph: beim Komponisten. **Ausgaben:** Kl. A: Dt. Vlg. f. M 1986, Nr. 6139; Textb. in: TdZ 1987, Nr. 2, S. 60–64, 72; Text auch in: dialog, Bln., Henschel-Vlg. **Aufführungsmaterial:** Dt. Vlg. f. M, Lpz.
Literatur: H. Döhnert, S. M. Für Sie porträtiert, Lpz. 1979; ›Cornet‹ oder Über die Kunst zu erben [Werkstattgespräch], in: M u. Ges. 1985, Nr. 1, S. 17–20; F. Dieckmann, Die Jugend-Elegie als Militärpanorama. M.s Rilke-Oper: Inszenierungen in West-Bln. u. Dresden, ebd., Nr. 8, S. 442–445; W. Lange, ›Die Weise von Liebe und Tod des Cornets Christoph Rilke‹. Ein Gespräch mit S. M. über seine neue Oper, in: TdZ 1985, Nr. 2, S. 61–63; S. Matthus, Meine ›Cornet‹-Oper, in: Ph. Staatsoper, Dresden 1985

Eberhard Schmidt

Judith
Oper
2 Akte

Text: Siegfried Matthus, nach der Tragödie (1840) von Friedrich Christian Hebbel und nach Texten des *Alten Testaments* (aus den Psalmen 115, 135, 72 und 104 und dem Hohelied Salomonis)
Uraufführung: 28. Sept. 1985, Komische Oper, Berlin
Personen: Holofernes, babylonischer Heerführer (Bar); Hauptmann Holofernes' (B); Kämmerer Holofernes' (Bar); Achior, Hauptmann der Moabiter (Bar);

Oberpriester (B); Bote Nebukadnezars (T); Soldat (Bar); Sklavin (Tänzerin); Ephraim, ein junger Mann (T); Osias, oberster Priester (B); Daniel, ein Gottesnarr (T); Ammon, dessen Bruder (Bar); Hosea (B); Judith (S); Mirza, Judiths Magd (A). **Chor:** Gesandte aus Edom, Gesandte aus Moab, Soldaten und Priester, Volk, Priester, Älteste
Orchester: 3 Fl (auch Picc u. A.Fl), 2 Ob, E.H, 2 Klar, B.Klar, 2 Fg, K.Fg, 4 Hr, 3 Trp, 3 Pos, Kb.Pos (auch 4. Pos), Tb, 5 Pkn, Schl (4 Spieler: 3 Bongos, 3 Tomtoms, LandsknechtsTr oder gr. Tomtom, kl.Tr, gr.Tr, Bck, hängendes Bck, 3 Gongs, 2 Tamtams, 2 kl. Cow bells, gr. Cow bell, Amboß oder Stahlplatte, Auto brake drums, Glsp, Zimbeln, Xyl, Vibr, Röhrenglocken, Kastagnetten, Tamburin, 2 HolzblockTr, gr. Ratsche), Hrf, Kl (auch Cel), elektr. B.Git, Streicher
Aufführung: Dauer ca. 2 Std.

Entstehung: Auf Anregung von Harry Kupfer begann sich Matthus 1979 für Hebbels *Judith* zu interessieren, deren umfangreichen Text er zuerst auf ein komponierbares Maß und zu einer operngerechten Form umarbeitete. Während der Beschäftigung mit *Judith* komponierte er das in der Eröffnungswoche des neuerbauten Leipziger Gewandhauses 1981 uraufgeführte *Holofernes*-Porträt für Bariton und Orchester, das er mit einigen Änderungen zu großen Teilen in seine Oper übernahm.
Handlung: Vor und in der Stadt Bethulien.
I. Akt, Platz in der auf einem Bergplateau gelegenen Stadt, am Fuß des Bergs das Lager der Babylonier; das Geschehen auf beiden Schauplätzen gleichzeitig: Längst wagt niemand mehr, Holofernes' Welteroberung Widerstand entgegenzusetzen, allein das kleine Volk der Ebräer trotzt seiner Belagerung. Während das Lärmen der betrunkenen babylonischen Söldner in die belagerte Stadt dringt, beklagen die von Entbehrungen geschwächten Bethulier ihre aussichtslose Lage. Osias ruft sie auf zu Fasten, Gebet und Gottvertrauen, Daniel prophezeit ihnen den Untergang. Holofernes sehnt sich angesichts der ihn umgebenden willfährigen Kreaturen nach einem Menschen, der ihm furchtlos entgegenzutreten wagt. Unablässig nach dem Sinn ihrer Träume suchend, schwankt die in ihrer kurzen Ehe unberührt gebliebene Judith zwischen Schauder vor Männern und Sehnsucht nach Liebe. Ein Bote bringt Holofernes den Befehl, Nebukadnezar als Gott anzubeten, und dieser gebietet seinem Oberpriester, alle bisher verehrten Götterstatuen zerstören zu lassen. Ammon, der um der leidenden Frauen und Kinder willen fordert, die Stadttore zu öffnen, wird von dem durch Daniel verhetzten Volk gesteinigt. Holofernes verflucht Nebukadnezar. Ephraim, bisher von Judith abgewiesen, nutzt die Bedrohung Bethuliens, um seine Werbung zu erneuern. Judiths Ansinnen, er solle zuerst Holofernes töten, weist er erschrocken zurück; daraufhin will Judith selbst diese Tat vollbringen. Nachdem Gesandte von Edom und Moab Holofernes ihre freiwillige Unterwerfung angetragen haben, wird er von Achior vor dem ebräischen Gott gewarnt; den Warner läßt Holofernes zur Strafe nach Bethulien bringen. Judith, durch Erzählungen zugleich fasziniert und entsetzt von Holofernes, betet zu Gott um ein Zeichen. Hosea, ein Freund des getöteten Ammon, fordert erneut die Übergabe der Stadt; den seine Steinigung fordernden Daniel läßt er vom Volk verbrennen. Achior verhindert das Öffnen der Tore. Judith bricht mit ihrer Magd Mirza zum Lager des Feinds auf. Ephraim beschließt, sie zu beschützen.
II. Akt, Heerlager mit Holofernes' Zelt: Holofernes hat sich im Schlaf mit dem Dolch verwundet und denkt über den Tod nach, den er sich unterwerfen möchte wie alles. Als man ihm Judith bringt, ist er so beeindruckt von ihr wie sie von ihm. Ephraim wird nach einem Anschlag auf Holofernes in einen Affenkäfig gesperrt. Als Judith Holofernes offenbart, warum sie gekommen ist, zieht er sie in sein Zelt, wo sie sich ihm hingibt; danach bezeichnet sie sich selbst als Hure und motiviert so, daß sie dem Schlafenden den Kopf abschlägt. Im Widerstreit mit sich selbst bittet sie Gott um Frieden für ihr Volk. Die nach Holofernes' Tod mutig gewordenen Bethulier stürmen das Lager des in Panik geratenen Heers und preisen Judith als Retterin, Ephraim beschimpft sie als Hure Israels. Angesichts des Unverstands, mit dem sie zur Heldin ihres Volks erhöht wird, sieht sie keinen Ausweg aus ihrer Zerrissenheit.
Kommentar: Quelle des Stoffs ist das Buch Judith aus den Apokryphen des *Alten Testaments*. Die bildende Kunst nahm sich seit dem Mittelalter dieses Themas an. Judith wurde zum einen als Symbol der Ekklesia, zum andern wegen ihrer Keuschheit und ihres Muts auch als Verkörperung der den Teufel besiegenden Maria aufgefaßt. Dargestellt mit Schwert und abgeschlagenem Haupt Holofernes', erlangte sie als heroische Frauengestalt in der Plastik und der Malerei der Renaissance besondere Beliebtheit. Die moderne Judith-Version aber schuf Hebbel, der das Sujet zu einem psychologischen Drama und Geschichtsgleichnis ausweitete. – In Matthus' Oper stehen zwei Völker, die babylonischen Eroberer und die von diesen belagerten Ebräer, einander gegenüber, überragt von zwei bedeutenden Menschen: Holofernes hat nahezu die ganze Welt erobert, ohne Erfüllung zu finden. Judith, durch den rätselhaften Tod ihres Manns von jeglicher neuen Verbindung abgehalten, meint angesichts der scheinbar unabwendbaren Bedrohung ihres Volks durch Holofernes den Sinn ihrer Einsamkeit zu begreifen und glaubt sich von Gott erwählt, die Ebräer durch ihr Selbstopfer zu retten. Holofernes spürt bei seiner Begegnung mit Judith, daß ihm Außerordentliches begegnet: Welt und Menschen sind mit einemmal nicht mehr berechenbar für ihn. Er weiß, daß sie gekommen ist, ihn zu töten. Trotzdem erprobt er, ob die Sinne dieser ihm wunderbar unbegreiflichen Frau ihre Vernunft betrügen werden. Das ist, wie so oft, ein Spiel mit seinem Leben, und diesmal verliert er es, obwohl er die Frau gewinnt. Ohne es wahrhaben zu wollen, spürt Judith, daß mehr und anderes geschehen ist als ihre Selbstschändung

zur Befreiung ihres Volks. Sie konnte ihn töten um anderer willen, aber er lebt in ihr fort als der beeindruckendste Mensch, dem sie je begegnet ist: Daraus resultiert ihre Tragik. Am Ende wird Judith geradezu zu einer Schwester Marjutkas (aus Matthus' Oper *Der letzte Schuß*, Berlin 1967), die sich gezwungen sah, den Menschen, den sie über alles liebte, zu erschießen. Auch Judith ist an die Grenzen dessen gelangt, was ein Mensch ertragen kann, an die Grenzen ihrer Existenz. Tragisch hat Judith ihr Leben erfüllt wie Holofernes das seine, dem freilich im Namen der Humanität ein Ende gesetzt werden mußte. – Außerordentlicher Kontrastreichtum bestimmt die Musik dieser Oper. Der drängenden Motorik des ersten Holofernes-Monologs etwa folgt unmittelbar die weit ausschwingende Kantilene von Judiths Traumerzählung. Die Klage der verzweifelten Bethulier geht unversehens über in den tumultuarischen Exzeß des Steinigungschors. Konfliktrhythmen heben in Simultanszenen der Chöre das Gegeneinander von Belagerten und Belagerern hervor. Großangelegte Ariengebilde (vor allem von Judith) spannen enorme Bögen. Duette der Protagonisten, die sich als aufeinander bezogene Monologe erweisen, lassen innere Beziehungen zwischen Judith und Holofernes bereits erkennbar werden, noch bevor beide einander gesehen haben. Deklamatorische Intensität durchdringt die ariosen Szenen, und kantilenischer Fluß bereichert die rezitativisch zu nennenden Abschnitte. Die Instrumentationsfarben reichen von impressionistischen Klangwogen der Streicher und Holzbläser bis zum Tuttiaufschrei von Orchester und Chor, die Ausdrucksbreite von zarter Empfindsamkeit bis zu heftigsten Ausbrüchen. Der Handlungsabschnitt von der Entdeckung des toten Holofernes bis zum Eintreffen der plündernden Bethulier erhält durch Celesta, Zimbeln, Glockenspiel, Vibraphon, Klavier und Harfe einen so unwirklichen Klang, daß es scheint, als wehe der leise Gesang Judiths bereits von jenseits des Grabs herüber. Schließlich verstummen die Instrumente. Judiths letzte Worte sind einfaches Sprechen (rhythmisch notiert), dann verstummt auch sie, als verlösche ihr Leben. Eine große Passacaglia (wie es in der Partitur heißt: eine pantomimische »Darstellung der Zerstörung Judiths mit Beteiligung aller Personen der Handlung und unter Verwendung vorangegangener gezeigter und berichteter Begebenheiten in einem unrealen Zeit- und Sinnzusammenhang«) von Chor und Orchester, die das Werk abschließt, ist ein Gebet um Errettung aus tiefster Not. Sie tröstet nicht, sondern realisiert eher den Ausdruck von Verzweiflung und Hilfeschrei, und sie endet in einer musikalischen Appellation von 38 Schlägen eines Tutticlusters im »fortissimo assai«. Die konstruktive Dichte der Komposition erreicht Matthus wie in der *Weise von Liebe und Tod des Cornets Christoph Rilke* (1985) durch die satztechnische Arbeit mit harmonisch orientierten Skalen, die im vertikalen Klang wie im horizontalen

Judith, II. Akt; Werner Haselen als Holofernes, Eva-Maria Bundschuh als Judith; Regie: Harry Kupfer, Bühnenbild: Reinhart Zimmermann, Kostüme: Eleonore Kleiber; Uraufführung, Komische Oper, Berlin 1985. – Durch die äußere Distanz der Protagonisten wird das tödliche Spannungsfeld wechselseitiger Gefühlsantagonismen noch verstärkt.

Verlauf tonale (nicht unbedingt tonikale) Zusammenhänge stiften und sich strukturbestimmend auswirken. – Um die Möglichkeit nahtloser optischer Übergänge zu erreichen, strebt der I. Akt die Simultanität von Aktionen der Belagerer und der Belagerten an. Wie eine Filmkamera den Blickwinkel ändern kann, geht die Musik beider Akte aus einem »Bild« in ein anderes über, erfaßt die Totale, grenzt wie eine Großaufnahme auf eine Figur ein, springt auf eine Gruppe über, und der musikalisch-dramatische Verlauf gewinnt daraus seine anhaltende Spannung.

Wirkung: Kupfers Uraufführungsinszenierung (Dirigent: Rolf Reuter) wurde ein triumphaler Erfolg, der nicht zuletzt der gesanglichen und darstellerischen Leistung von Eva-Maria Bundschuh als Judith galt. Die bundesdeutsche Erstaufführung fand 1986 in Krefeld statt (Dirigent: Reinhard Schwarz, Regie: Eike Gramss; Judith: Christa Ranacher). Matthus' bisher letzte (auf Anregung von Max Liebermann entstandene) Oper *Graf Mirabeau* (Text: Matthus) gelangte 1989 zum 200. Jahrestag der Französischen Revolution an der Deutschen Staatsoper Berlin (Dirigent: Heinz Fricke, Regie: Erhard Fischer) und in Karlsruhe (Peter Sommer, Gramss) zur Uraufführung. Am folgenden Tag kam das Werk in Essen, wenige Monate später in Nürnberg heraus.

Autograph: beim Komponisten. **Ausgaben:** Kl.A: Dt. Vlg. f. M 1985, Nr. 6124; Textb.: Bln., Komische Oper 1985 [Sonderdruck anläßlich d. UA]. **Aufführungsmaterial:** Dt. Vlg. f. M **Literatur:** S. MATTHUS, Beschreibung eines Zustandes, in: Entrückt und neu gewonnen. Essays zur Kunstentwicklung, hrsg. W. Neubert, Halle, Lpz. 1981, S. 79–84; R. ZIMMERMANN, Das ›Judith‹-Bühnenbild, in: TdZ 1985, Nr. 11, S. 16; S. RODE, Dramatik und »vergnügliche Belehrung«. Der Komponist S. M., in: NZfM 150:1989, H. 6, S. 15–19; weitere Lit. s. S. 9

Eberhard Schmidt

Lizzie Maudrik

Geboren am 17. August 1898 in Berlin, gestorben am 13. Januar 1955 in Berlin

Joan von Zarissa
Dramatische Tanzdichtung
Prolog, 4 Bilder, Epilog

Musik und Libretto: Werner Egk. **Text:** Charles d'Orléans
Uraufführung: 20. Jan. 1940, Staatsoper, Berlin, Ballett der Staatsoper
Darsteller: Joan von Zarissa; Isabeau; Florence; Lefou, der Narr; Perette, eine Magd; der Eiserne Herzog; ein hünenhafter Ritter; die Schönste der gefangenen Maurinnen; ein Ungeheuer; ein junger Ritter; ein Flötenspieler; Joans Ebenbild; Corps de ballet: 2 Küchenmädchen, ein gefangenes Fürstenpaar, greise Bürger, 6 Frauen, Maurinnen, Wilde, Bewaffnete, Hofstaat; Sprecher

Orchester: 3 Fl (2. u. 3. auch Picc), 3 Ob (3. auch E.H), 3 Klar (3. auch B.Klar), 3 Fg (3. auch K.Fg), 4 Hr, 3 Trp, 2 Pos, Tb, Pkn, Schl (kl.Tr, gr.Tr, HolzTr, Tamburin, Bck, kl. Tamtam, gr. Tamtam, Trg, Zimbeln, 2 Glsp, Röhrenglocken, Xyl, Kastagnetten, Rasseln, hoher Gong), Cel, Org ad lib., Hrf, Streicher, Chor (oder S, Bar); BühnenM: 8 Trp, kl. u. gr. Glocken
Aufführung: Dauer ca. 1 Std. 15 Min.

Entstehung: Maudrik, die klassischen Tanz unter anderm bei Michail Fokin studiert und in Genf die Ideen des Musikpädagogen Emile Jaques-Dalcroze kennengelernt hatte, wurde 1926 Ballettmeisterin der Städtischen Oper Berlin. Die gleiche Tätigkeit übte sie seit 1934 als Nachfolgerin Rudolf von Labans an der Staatsoper aus, an der besonders *Der zerbrochene Krug* (1937, Musik: Rudolf Wagner-Régeny) ihre Bemühungen um eine Verbindung von Ausdruckstanz und Ballett deutlich machte. *Joan von Zarissa* war Egks erste Ballettkomposition; mit dem Tanz war er anläßlich der Festaufführung der Olympischen Spiele 1936 in Berlin in Berührung gekommen, als er die Musik für Choreographien von Mary Wigman, Harald Kreutzberg und Gret Palucca geschrieben hatte.
Inhalt: In Frankreich, um 1410. Auf der Bühne führt von rechts und von links eine Doppeltreppe auf eine zweite Spielfläche.
Prolog: Der Sprecher erzählt von Joan von Zarissa, er sei von Begierde verzehrt worden; die Zuschauer sollten Mitleid mit ihm haben und angesichts seiner Sünden ihre eigenen nicht vergessen.
1. Bild, Bankett des Eisernen Herzogs: Der Eiserne Herzog und Isabeau, seine Frau, nehmen einen Aufmarsch ab, mit dem der Sieg eines Vorfahren des Herzogs über die maurischen Heiden gefeiert wird. Nachdem die Schönste der Maurinnen am Ende eines aufreizenden Tanzes ihre Kleider abgeworfen hat, eilt der Narr Lefou herbei, um seine Liebessehnsucht zu offenbaren. Joan tritt vor das Herzogspaar. Ein hünenhafter Ritter erscheint und wirft seinen Handschuh auf den inzwischen abgesteckten Turnierplatz. Joan nimmt die Aufforderung an, lehnt jedoch eine Rüstung und einen Zweihänder ab. Nur mit seinem Degen bewaffnet, verwirrt Joan seinen Gegner und reißt die Führung an sich. Er entledigt sich seines Degens und tut so, als halte er einen Zweihänder. Mit dieser imaginären Waffe besiegt er den Ritter. Isabeau ist von Joan fasziniert und reicht ihm eine Blume. Perette erscheint auf der oberen Spielfläche; Lefou ist hinter ihr her. So wie Joan nun Isabeau bedrängt, verfolgt Lefou Perette. Die beiden Männer versuchen, die Frauen zu küssen. Isabeau stößt Joan zurück; Perette gibt Lefou eine Ohrfeige. Der Herzog greift Joan an; Joan verteidigt sich und tötet ihn.
2. Bild, der Raum gleicht einer Kathedrale: Isabeau beweint den Tod ihres Gatten. Plötzlich steht Joan vor ihr. Sie weicht zuerst zurück, stürzt sich dann aber haßerfüllt auf den Mörder ihres Manns. Schließlich bricht sie zusammen. Joan löscht die Kerzen und entzündet die Lichter auf der oberen Spielfläche.

Dann nimmt er Isabeau in seine Arme und erklärt ihr seine Liebe; sie umarmen sich.
3. Bild, am Hof: Joan und Isabeau führen einen Schautanz des Hofstaats an. Dieser wird unterbrochen durch Lefou, der die störrische Perette hereinzieht. Als sie nicht am Tanz teilnehmen möchte, amüsiert sich Lefou mit zwei Küchenmädchen, was Perette wütend macht. Auf einen Wink Joans geht der Tanz weiter, bis der Hofstaat Platz nimmt, um einer Pantomime zuzusehen: Greise Bürger bieten einem wütenden Ungeheuer Früchte dar, die es ablehnt. Statt dessen bringen die Bürger eine Jungfrau und binden sie an. Das Ungeheuer nähert sich seinem Opfer; gerade als es die Jungfrau töten will, erscheint der Held und erschlägt es. Der Held befreit die Jungfrau, die ihm in die Arme sinkt. Lefou bringt einen Flötenspieler herein, und die Schauspieler verwandeln sich wieder in Damen und Herren des Hofs. Der junge Ritter, der den Helden verkörpert hat, beginnt mit Florence, der Jungfrau, zu tanzen. Joan nimmt ihm das Mädchen weg; der Ritter gerät in Zorn. Daraufhin entwaffnet ihn Joan und läßt ihn abführen. Joan widmet sich wieder Florence. Isabeau ist entsetzt über ihn und wendet sich an ihre Bewaffneten, sie zu rächen. Lefou alarmiert Joans Truppe; beide Parteien rücken vor. Als sie aneinandergeraten, trägt Joan Florence aus dem Saal. Isabeau bricht zusammen, während Joans Gefolgsleute die Feinde vertreiben. Im leeren Saal verprügelt Perette Lefou.
4. Bild, Dunkel: Joan lehnt mißmutig an einem Tisch; Lefou versucht, ihn aufzuheitern. Sie betrinken sich und beginnen zu würfeln. Florence tritt hinzu, doch wird ihr keine Beachtung geschenkt. Joan verliert ständig; als er kein Geld mehr hat, verspielt er Florence an Lefou. Bevor dieser sich auf sie stürzen kann, erdolcht sie sich; Lefou schleppt sie hinaus. Joan wird in einer Vision mit seinem bisherigen Leben konfrontiert. Verzweifelt schleudert er einen Becher gegen sein Ebenbild, worauf es verschwindet. Isabeau erscheint, ebenso der Herzog mit seinen vorrückenden Gepanzerten. Der Herzog erhebt sein Schwert gegen Joan, der tot zusammenbricht.
Epilog: Der Sprecher verkündet die Moral: »Nicht ist's die Liebe ja, die Unheil bringt, nur der Betörung Sporn, unedle Glut.« Finale: Rondo des Corps de ballet.

Kommentar: Egk nahm seine Berührung mit Werken des Malers Jean Fouquet zum Anlaß, seine Version des Don-Juan-Stoffs, mit dem er sich nach eigener Aussage schon lange auseinandergesetzt hatte, in einer andern Welt anzusiedeln: im Burgund des späten Mittelalters. Darüber hinaus lieferte die Beschreibung eines Banketts des Herzogs Johann von Burgund die konkrete Vorlage für den Entwurf des Bühnenbilds »als riesiges Emblem mit den Figuren einer nackten Frau und eines Löwen, der in seinen Pranken die Tafel mit der Inschrift trägt: Ne touchez pas ma Dame« (Egk 1973, s. Lit.). In diesem Rahmen amalgamierte Egk bewußt Antikes: Der Aufzug mit den Heiden im 1. Bild ist im Stil einer römischen Triumphparade gehalten; die Pantomime im 3. Bild greift in den

Joan von Zarissa, 4. Bild; Rolf Jahnke als Lefou, Bernhard Wosien als Joan; Uraufführung, Ballett der Staatsoper, Berlin 1940.

Fundus der griechischen Mythen. Joan von Zarissa stellt nicht nur eine nach Burgund versetzte Variante Don Juans dar, sondern weist auch faustische Züge auf. Man könnte meinen, Joan besiegt seine Gegner und erobert reizvolle Frauen nur mit Hilfe einer übernatürlichen Macht, so wie er am Ende sein Leben an Mephistopheles verspielt, der ihm in Gestalt des Narren nicht von der Seite weicht. Überhaupt scheint *Joan von Zarissa* als Nachbildung pantomimischer Aufführungen aus der Zeit der Wandertruppen angelegt zu sein. Nicht nur der Sprecher mit seinen einführenden Worten und seinen moralisierenden Schlußfolgerungen deutet darauf hin; auch die drei Chansons in mittelfranzösischer Sprache nach Versen von Charles d'Orléans, die a cappella zwischen den Bildern gesungen werden und quasi als Kommentierung der Handlung die Vergänglichkeit des Glücks, den Zauber der Liebe und den Trug der Hoffnung ansprechen, besitzen auflockernden und zugleich belehrenden Charakter. In gewisser Weise mag hierbei der Einfluß Bert Brechts hineinspielen, der ja in seinen Stücken Vergleichbares praktiziert hat. – Teilweise wegen der formalen Anlage der Komposition, hauptsächlich aber wegen des detaillierten, die Handlung mit Kleinigkeiten überfrachtenden Szenarios gab es für Maudrik nur wenig Raum, ihre plastische, von theatralisch-ausdruckstänzerischen Elementen geprägte Choreographie zu entfalten. Erschwerend für sie kam hinzu, daß sich der Intendant der Staatsoper, Heinz Tietjen, immer wieder mit Regieanweisungen einschaltete. Dies ging sogar so weit, daß er die Uraufführung, die für Ende Dez. 1939 geplant war, verschob, um genügend

Zeit zu haben, mit den Tänzern ihre Rollen unter dramatisch-psychologisierenden Gesichtspunkten zu vervollkommnen. – Egks Komposition erscheint wegen ihrer kontinuierlichen rhythmischen Prägnanz als ideale Begleitung für Bühnentanz; ihre plastisch gezeichnete Melodik in Verbindung mit einer freitonalen Harmonik, eingebunden in den Wechsel von farbenprächtigen, pompös angelegten Tuttipassagen und lyrischen, reich kolorierten Instrumentalsoli, untermalt auf einfühlsame Weise das choreographische Geschehen.

Wirkung: Die Uraufführung mit Bernhard Wosien (Joan) und Ilse Meudtner (Isabeau) war ein glanzvoller Erfolg. Bis Juni 1942 erlebte *Joan von Zarissa* in Berlin Aufführungen unter Egks Leitung. Vor Kriegsende schufen weitere Produktionen unter anderm Erika Hanka (Hamburg 1940; in Wien 1942 mit Harald Kreutzberg als Lefou), Aurel von Milloss (Rom 1943) und Tatjana Gsovsky (Leipzig 1943, München 1944). Am 10. Juli 1942 brachte Serge Lifar seine Choreographie an der Pariser Opéra heraus: zum damaligen Zeitpunkt sicher auch als Reverenz vor den nationalsozialistischen Machthabern gedacht. Lifar, der neben Solange Schwarz (Isabeau) die Titelrolle tanzte, konzentrierte sich in erster Linie auf eine pathetisch-expressive szenische Gestaltung. So wurde Joan als ein Charakter porträtiert, der den schicksalhaften Verstrickungen seines Naturells nicht entgehen kann; der Chor, der an sich nicht sichtbar sein sollte, wurde in zwei Blöcken links und rechts auf der Bühne postiert, um wie in der griechischen Tragödie der Handlung mit stilisierten Bewegungen zu folgen. Nach dem zweiten Weltkrieg setzte sich der Siegeszug der Tanzdichtung als eine der am häufigsten realisierten Ballettkompositionen der deutschen Moderne fort, choreographiert unter anderm von Gsovsky (Buenos Aires 1950, München 1953, Frankfurt a. M. 1965), Heinz Rosen (München 1960) und Lothar Höfgen (Hannover 1980).

Autograph: M: Bayer. SB München. **Ausgaben:** Kl.A v. H. Bergese: Schott 1940, Nr. 3191. **Aufführungsmaterial:** M: Schott
Literatur: L. MAUDRIK, Bühnentanzkunst, in: Tanz 3:1930, Nr. 2, S. 4–6; DIES., Tänzerische Regie, in: Singchor u. Tanz 47:1930, Nr. 12, S. 181–183; E. KRAUSE, Werner Egk, Bln. 1971, S. 154–160; W. EGK, Die Zeit wartet nicht, Percha 1973, S. 320–325, 328f.; DERS., Vom Podiumstanz zum Handlungsballett, in: NZfM 141:1980, Nr. 2, S. 124f.

Klaus Kieser

Ludwig Maurer

Ludwig Wilhelm Maurer; geboren am 8. Februar 1789 in Potsdam, gestorben am 25. Oktober 1878 in Sankt Petersburg (heute Leningrad)

Ten
→ **Taglioni, Filippo (1839)**

Simon Mayr

Johann Simon Mayr; auch Giovanni Simone Mayr; geboren am 14. Juni 1763 in Mendorf (heute zu Altmannstein; bei Eichstätt), gestorben am 2. Dezember 1845 in Bergamo (Lombardei)

Che originali!
Farsa per musica

Was für Originale!
1 Akt

Text: Gaetano Rossi
Uraufführung: 18. Okt. 1798, Teatro di S. Benedetto, Venedig
Personen: Don Febeo (B); Aristea, seine Tochter (S); Don Carolino (T); Rosina, die hypochondrische Tochter Don Febeos (S); Biscroma, Diener (B); Celestina, Dienstmädchen (S); Carluccio, Knecht (T)
Orchester: 2 Fl, 2 Ob, 2 Klar, 2 Fg, 2 Hr, 2 Trp, Pkn, Streicher, B.c; BühnenM: Git
Aufführung: Dauer ca. 1 Std. 30 Min.

Entstehung: 1787 unter der Protektion Thomas von Bassus' nach Italien übergesiedelt, wurde Mayr von Ferdinando Bertoni in Venedig als Opernkomponist ausgebildet, wo er seit 1790 lebte. 1794 kam im Teatro La Fenice seine erste Oper, *Saffo ossia I riti d'Apollo Leucadio* (Text: Antonio Simone Sografi), zur Uraufführung. Eine Scrittura für eine Opera buffa erhielt er erstmals mit *Un pazzo ne fa cento* (Venedig 1796, Text: Giuseppe Foppa). Ihr folgten weitere Werke dieses Genres für venezianische Bühnen: die Farse *Il segreto* und *L'intrigo della lettera* (beide 1797, Texte: Foppa) sowie die Opera buffa *Avviso ai maritati* (1798, Text: Francesco Gonella). Einen großen, Jahrzehnte währenden Erfolg konnte Mayr sich jedoch erstmals mit *Che originali!* sichern.

Handlung: In einer Stadt in Italien: Don Febeo, ein musikbegeisterter Dilettant, tyrannisiert seine Töchter Aristea und Rosina wie seine Diener mit seinen musikalischen Vorlieben. Während Rosina sich in die Hypochondrie flüchtet, um dem Zwang zu dauerndem Musizieren zu entgehen, stellt Aristea sich musikbegeistert, obwohl sie in Wahrheit nur für Metastasio schwärmt. Die Dienerschaft schließlich partizipiert ohne innere Begeisterung am Musikleben des Hauses. Don Carolino, Aristeas Liebhaber, hält bei Febeo um die Hand der Tochter an. Nach seinen musikalischen Fähigkeiten befragt, wird ihm als Nichtmusiker die Tür gewiesen. Als Febeo aus der Akademie zurückkehrt (er schreibt zusammen mit elf andern Maestri ein Pasticcio), wird ihm der verkleidete Carolino als neuer Sekretär präsentiert. Carolino scheitert jedoch am ersten Musikdiktat und wird abermals hinausgeworfen. Biscroma hat schließlich den rettenden Einfall: Alle Mitglieder des Hauses spielen mit, um den berühmten Maestro Semiminima zu begrüßen, der Febeo seine Aufwartung machen will: niemand andern als Carolino in abermaliger Verkleidung. Febeo, von des Meisters Ruf bei der Fachwelt tief beeindruckt, gibt ihm Aristea zur Frau.

Kommentar: Rossis Libretto schöpft zahlreiche Situationen von bezwingender Komik aus der Konstellation von parodierter Musikbesessenheit und musikalischem Medium der Parodie. Zu den wesentlichen Vorzügen des Texts zählen weiterhin das Tempo der Handlungsführung, die differenzierte Personencharakteristik Aristeas und die Vielzahl literarischer Sprachebenen. Aristeas Metastasio-Schwärmerei bereichert die Sprachebenen des Buffalibrettos nämlich noch um eine weitere Schicht, um die ironisch benutzte, hoch stilisierte Sprache der als antiquiert empfundenen Opera seria Pietro Metastasios. Die Farsa bildete einen hervorragenden Vorwurf für die erfolgreichste Buffa aus Mayrs erster Schaffenszeit und inspirierte den Komponisten zu zwei seiner bekanntesten Sopranarien (»Chi dice mal d'amore«, »Oh di quest'anima, delizia, e amor«), die in zahlreichen Abschriften Verbreitung fanden. Mayrs Partitur behandelt die Ironie des Texts sehr einfühlsam; auch die defiziente Musik Don Febeos erfährt eine eindringliche Charakterisierung. Der rasche Wechsel zwischen Satire auf den Musikbetrieb (unter anderm auf die Opera seria, auf die Praxis der Opernpasticci, auf musikalische Halbbildung) und einer Liebeshandlung von lyrischer Empfindung macht einen der wesentlichen Reize des Werks aus. Mayrs Orchesterbehandlung, im Rahmen einer einaktigen Farsa eher auf beschränkte Mittel angewiesen, ist dennoch originell; die auf der Bühne eingesetzte »chitarra alla francese«, deren Verwendung in der Tradition des szenischen Ständchens zu sehen ist, wird dem Orchesterklang vollständig eingegliedert.

Wirkung: Der zeitgenössische Erfolg von *Che originali!* war anhaltend; die Rolle der Aristea übte auf viele Sängerinnen, unter anderm Elisabetta Gafforini (neben ihr sangen in der Uraufführung Lorenzo Canobbio und Antonio Gordigiani) und Angelica Catalani, eine dauerhafte Faszination aus. Bis 1830 wurde das Werk regelmäßig in Italien gespielt (unter anderm Teatro Carignano Turin 1800, Scala Mailand 1801, Teatro del Fondo Neapel 1812, Teatro Carcano Mailand 1829). Auch außerhalb Italiens wurde der Einakter häufig gegeben (Paris 1798–1818 als *Il pazzo per la musica*, Wien 1803–05 und Dresden 1803 als *La musicomania*, München und Hamburg 1821 sowie Berlin 1822 als *Il fanatico per la musica*, Lissabon 1820/21).

Autograph: Verbleib unbekannt. **Abschriften:** Bibl. Cherubini Florenz (B. 68), Istituto musicale Genua, BN Musique Paris, Bayer. SB München, Staats- u. UB Hbg., Sächs. LB Dresden (4104 F 506), ÖNB Wien (Kth 306 M). **Ausgaben:** Textb.: Venedig, Fenzo 1798, 1800; Turin, Derossi 1800; Florenz, Albizziniana 1801; Mailand, Pirola 1801; Mailand, Dova 1807; Mailand, Fontana 1829
Literatur: L. SCHIEDERMAIR, Beiträge zur Geschichte der Oper um die Wende des 18. und 19. Jahrhunderts, Bd. 1: S. M., Lpz. 1807, Nachdr. Walluf 1973; A. MELIS, G. S. M. Sulla linea musicale Baviera–Bergamo. Nel 2. centenario della nascita (1763–1963) del maestro bavarese, Bergamo 1963; H. BAUER, S. M. 1763–1845. Meister d. ital. Oper aus d. bayerischen Oberpfalz, München 1974 (Bavaria antiqua. 4.); G. S. MAYR, Zibaldone. Preceduto dalle pagine autobiografiche. Introduzione, transcrizione, hrsg. A. Gazzaniga, Bergamo 1977; L. T. SISK, G. S. M. (1763–1845): His Writings on Music, Evanston, IL 1986, Diss. Northwestern Univ.; J. S. ALLITT, J. S. M., London 1990

Jürgen Maehder

Ginevra di Scozia
Dramma serio eroico per musica in due atti

Ginevra von Schottland
2 Akte (9 Bilder)

Text: Gaetano Rossi, nach dem Libretto von Antonio Salvi zu dem Dramma per musica *Ginevra principessa di Scozia* (Pratolino 1708) von Giacomo Antonio Perti, nach einer Episode aus dem Epos *Orlando furioso* (1516) von Ludovico Ariosto
Uraufführung: 21. April 1801, Teatro Nuovo, Triest
Personen: der König von Schottland (B); Ginevra, seine Tochter (S); Polinesso, Großkonstabler des Reichs (T); Ariodante, ein italienischer Ritter (S); Lurcanio, sein Bruder (T); Dalinda, ein Edelfräulein (S); Vafrino, Ariodantes Waffenträger (T); der Großeremit Schottlands (B). **Chor:** Große des Reichs, Herzöge, Krieger, Eremiten. **Statisterie:** königliche Wachen, schottische und britische Soldaten, irische Gefangene, schottische Edelfräulein, Volk, Häscher
Orchester: 2 Fl, 2 Ob, E.H, 2 Klar, 2 Fg, 2 Hr, 2 Trp, Pkn, Hrf, Streicher, B.c; BühnenM hinter d. Szene: 2 Ob, 2 Fg, 2 Trp
Aufführung: Dauer ca. 2 Std. 30 Min. – Ariodante wurde in der Uraufführung von einem Kastraten gesungen.

Entstehung: Am Ende des 18. Jahrhunderts war es, zumal in Venedig, üblich geworden, Libretti für Opere serie nach französischen Textvorlagen einzurichten. Auch Mayr stand im Kontext dieser Gattungsentwicklung: Mit *Telemaco nell'isola di Calipso* (Venedig 1797) und *Lauso e Lidia* (Venedig 1798) vertonte er Texte, die Simone Antonio Sografi nach einem Libretto von P. Dercy für Le Sueurs *Télémaque dans l'île de Calypso* (Paris 1796) beziehungsweise Giuseppe Foppa nach *Lauses et Lydie* aus Jean-François Marmontels *Contes moraux* (1761) anfertigte; mit *Adelaide di Guesclino* (Venedig 1799) und *Gli sciti* (Venedig 1800) bekam er Textbücher vorgelegt, die Rossi auf der Basis Voltairescher Tragödien eingerichtet hatte; mit *La Lodoiska* (Venedig 1796; Neuvertonung Mailand 1799, Text: Francesco Gonella) vertonte er schließlich einen Stoff, der durch Claude-François Fillette und Jean-Elie Bédéno Dejaure für Cherubinis und Kreutzers Opern *Lodoïska* (beide 1791) populär geworden war. Nach dem großen Erfolg der Mailänder *Lodoiska* wurde Antonio Zardon, der Impresario des Teatro Nuovo Triest, auf Mayr aufmerksam; am 1. März 1801 erteilte er ihm die Scrittura für eine Opera seria zur Eröffnung des neuen Theaters. Rossi knüpfte zumindest stofflich wiederum an Werke an, die unmittelbar zuvor in Paris erfolgreich waren: Bertons *Montano et Stéphanie* (1799) und Méhuls *Ariodant* (1799).

Handlung: In und bei »Sant'Andrea«, der Hauptstadt des Königreichs Schottland. I. Akt, 1. Bild: Galerie im Königspalast; 2. Bild: ebenerdige Säulengänge, auf einer Seite der Thron; 3. Bild: Wäldchen; 4. Bild: königliche Gärten mit Blick auf den Königspalast, im Hintergrund Fluß mit Brücke; II. Akt, 1. Bild: einsame Gegend außerhalb der Stadt, auf der einen Seite das Meer, auf der andern der Wald der Eremiten; 2. Bild: dichter Wald mit dem Refugium der Eremiten; 3. Bild: königliche Gemächer; 4. Bild: prächtiger Ort im Königspalast; 5. Bild: großer Platz in der Stadt mit Säulengängen und Scheiterhaufen.

I. Akt: Zur großen Erleichterung des Königs hat Ariodante den Schotten zum Sieg über die Iren verholfen und wird nun im Triumphzug empfangen. Besonders Ginevra, des Königs Tochter, freut sich über die Rückkehr des Geliebten und setzt ihm den Siegerkranz auf. Allein bei Polinesso, der Ginevra ebenfalls, jedoch unerwidert liebt, entfacht der Anblick des glücklichen Paars tiefen Haß, und er beschließt, sich für die ihm angetane Schmach mit einer List zu rächen. Er täuscht seiner ehemaligen Geliebten Dalinda vor, zu ihr zurückgefunden zu haben, und überredet sie, ihn in der kommenden Nacht in Ginevras Kleidung zu einem Stelldichein zu empfangen. Daraufhin läßt er Ariodante wissen, daß Ginevra ihn betrüge, wovon er sich noch in dieser Nacht überzeugen könne. Zum verabredeten Zeitpunkt muß Ariodante tatsächlich beobachten, wie die vermeintliche Ginevra Polinesso Einlaß in ihre Gemächer gewährt. Außer sich vor Verzweiflung, will er sich zunächst mit dem Schwert das Leben nehmen. Dies kann sein Bruder Lurcanio zwar im letzten Moment verhindern, nicht jedoch, daß er sich von einer Brücke in den Fluß stürzt und, wie Lurcanio annehmen muß, da er ihn aus den Augen verliert, den Tod findet. Lurcanio schwört, seinen Bruder zu rächen, klagt Ginevra des Betrugs an und fordert ihren Tod. Vergeblich beteuert sie ihre Unschuld.

II. Akt: Ariodante konnte sich aus den Fluten retten und irrt nun voll Trauer über den Verlust Ginevras und des Lebens überdrüssig durch die Wälder. Dort trifft er auf die Eremiten, die ihm berichten, daß Ginevras Hinrichtung unmittelbar bevorstehe, da niemand bereit sei, sich für sie Lurcanio im Zweikampf zu stellen. Ariodante eilt daraufhin zum Palast und wirft mit geschlossenem Visier seinem Bruder den Fehdehandschuh vor die Füße. Als die Brüder zu den Waffen greifen, stürzen Vafrino und Dalinda herbei und decken Polinessos Betrug auf. Nun fordert Ariodante Polinesso zum Duell, streckt ihn nieder und zwingt ihn, Ginevras Unschuld zu gestehen. Schließlich hebt er das Visier und fällt vor Ginevra auf die Knie.

Kommentar: *Ginevra di Scozia* gehört wie Zingarellis *Giulietta e Romeo* (1796) zu den wenigen Werken, die beim Übergang vom Dramma per musica des 18. Jahrhunderts zum Melodramma des 19. Jahrhunderts Maßstäbe setzten. Mehr noch als die in vielerlei Hinsicht auf die ältere Seria zurückweisende *Medea in Corinto* (1813) trägt das Werk Züge des neuen Operntyps. Dramaturgisch wie musikalisch entscheidend war die Herausbildung einer weitgehend schematisierten Handlungs- und Personenkonstellation, die zugleich eine der Stimmlagen war: Vater (Baß), Tochter (Sopran), ihr Geliebter (hier zu einem der letzten Male Soprankastrat, in der Regel Contralto als Hosenrolle oder Tenor) und dessen Rivale (Tenor) formierten zahlreiche Opern, die in immer neuen Varianten das Zustandekommen einer zunächst vom Vater unerwünschten und/oder vom Rivalen hintertriebenen Ehe zum Thema haben. Von Belang war nun nicht mehr die streng durchdachte Intrigenhandlung, die primär im Rezitativ entfaltet wurde, sondern die schnelle Folge kontrastierender Affekte mit und in den Nummern. Dieser Verkürzung der Handlungsebene stand die Erweiterung des szenischen Rahmens zum integralen Bestandteil des »zusammengesetzten Kunstwerks« (Carl Dahlhaus) Oper gegenüber. Auch hierin erweist sich *Ginevra di Scozia*, etwa mit der Szene im Wald der Eremiten (II/3), die für die Handlung peripher, zur Zeichnung des Lokalkolorits jedoch essentiell ist, für eine um 1800 konzipierte Oper als avancierter. Vergleicht man die Partitur mit andern zeitgenössischen und ebenso häufig gespielten, etwa mit Nicolinis *I baccanali di Roma* (Mailand 1801), so wird deutlich, wie sehr sich Mayr hier auf den neuen Operntyp zubewegt: in der Entwicklung musikalischer »Charakterstücke«, die später Topoi der Gattung wurden (zum Beispiel die populär gewordene Romanze »Ah! che per me non v'è«, die Preghiera, die durch punktierten Rhythmus und große Intervallsprünge bewirkte Heroik der Gesänge Ariodantes und Polinessos); in der partiellen, bei Gioacchino Rossini elementar werdenden Auszierung der Gesangsmelodien (hier vor allem in Ginevras Arie »A goder la bella pace«, II/7); in der Favorisierung der zweisätzigen Arie mit der Tempofolge langsam–schnell (häufig unter Beteiligung des Chors), schließlich in der Or-

Ginevra di Scozia, I. Akt; Bühnenbildentwurf: Alessandro Sanquirico und Giovanni Perego; Scala, Mailand 1816.

chestrierung, die zumal in der Verwendung einzelner Instrumente (dem Englischhorn in der Romanze, der Harfe in der Preghiera) auf Erzeugung von Lokalkolorit zielte. Trotz zahlreicher Anklänge an Wolfgang Amadeus Mozart (hieraus wurde Mayrs vermeintliche Rolle als Mittler zwischen Wiener Klassik und italienischer Oper abgeleitet) wäre es wohl verfehlt, seine Vorbilder primär in Wien zu suchen: Anregungen für seine Innovationen fand er zuerst und vor allem in der Opéra-comique.

Wirkung: Nimmt man die Zahl der Aufführungen zum Maßstab, war *Ginevra di Scozia* eine der erfolgreichsten Opern Mayrs; nach der Uraufführung (mit dem Soprankastraten Luigi Marchesi als Ariodante, Teresa Bertinotti als Ginevra und Giacomo David als Polinesso) wurde sie in Italien kontinuierlich über 30 Jahre gespielt (unter anderm Scala Mailand 1803, 1816 in der Ausstattung Alessandro Sanquiricos; Teatro San Agostino Genua 1803, 1811, 1819, 1829; Teatro Pergola Florenz 1805, 1810, 1822, 1824; Teatro La Fenice Venedig 1806; Teatro Valle Rom 1807; Teatro Comunale Bologna 1807, 1830; Teatro di San Benedetto Venedig 1814, 1823; Teatro San Carlo Neapel 1815, 1824; Teatro Regio Turin 1816; Teatro Ducale Parma 1816). Die Partie des Ariodante wurde später vom letzten bedeutenden Soprankastraten, Giovanni Battista Velluti, übernommen (Venedig 1814, Florenz 1824), in der Regel jedoch von Frauen gesungen. Wie gerade bei erfolgreichen Opere serie des frühen 19. Jahrhunderts üblich, wurde die Partitur bei Neueinstudierungen vielfach, oft einschneidend, bearbeitet. Eine Aufschlüsselung der zahlreichen Versionen und damit der Werkgeschichte ist allein über die Zuordnung der Abschriften zu bestimmten Aufführungen mit Hilfe der Textbücher möglich. Für die Aufführungen in Deutschland war die Wiener Einstudierung am Kärntnertortheater von 1801 maßgeblich, bei der einige Nummern durch Kompositionen Joseph Franz Weigls ersetzt wurden (Ginevra: Francesca Paer, Ariodante: Marchesi, Polinesso: Antonio Giovanni Brizzi, Lurcanio: Carlo Angrisani, Dalmida: Therese Gaßmann).

Autograph: Vlg.-Arch. Ricordi Mailand. **Abschriften:** Cons. di Musica A. Boito Parma, Bibl. Verdi Mailand (Part. Tr. ms. 1), Bibl. Civica »Angelo Mai« Bergamo (Mayr 291), Civ. Museo Bibliogr. Musicale Bologna, Bibl. S. Pietro a Maiella Neapel (6. 5. 32/33), Cons. di Musica N. Paganini Genua (B. 5. 1/2, L. 8. 11/12), Istituto Musicale C. Pollini Padua (ATVa 56/I-II), Bibl. S. Cecilia Rom (G. Mss. 882), Bibl. Massimo Rom, Bibl. Musicale Greggiati Ostiglia (Mss. Musiche B.27/1-2), ÖNB Wien (Kth 186 M; O. A. 186, S. 9959), Bayer. SB München (St. th. 250), Sächs. LB Dresden (4104-F-4), Mw. Inst. d. Karl-Marx-Univ. Lpz. (188ª), Thüringische LB Weimar (Mus IIa: 24ª, 24), Arch. Dt. Nationaltheater Weimar (Op. 106), Public Libr. Boston (M. 41. 1). **Ausgaben:** Textb.: Livorno 1801; Mailand, Pirola [1803], 1816; Florenz, Fantosini 1805, 1822, 1824; Pisa, Pieraccini 1807; Venedig, Casali [1814]; Wien, Schmidt [1801]; Bln., Haude u. Spener 1804; München 1805, 1811; Weimar, Glüsing [1811]
Literatur: C. SCHMIDL, Cenni biografici su G. S. M. e l'importanza della sua opera ›Ginevra di Scozia‹, Triest 1901; weitere Lit. s. S. 15

Sabine Henze-Döhring

L'amor coniugale
Farsa sentimentale

Die eheliche Liebe
1 Akt (2 Bilder)

Text: Gaetano Rossi, nach dem Libretto von Jean Nicolas Bouilly zu der Opéra-comique *Léonore ou L'Amour conjugal* (Paris 1798) von Pierre Gaveaux
Uraufführung: 26. Juli 1805, Teatro Nuovo, Padua
Personen: Zeliska, unter dem Namen Malvino (S); Amorveno, Gefangener, ihr Gatte (T); Floreska, Tochter des Kerkermeisters (S); Peters, Kerkermeister (B); Moroski, Gouverneur (B); Ardelao, Amorvenos Bruder (T). **Statisterie:** Soldaten, Bauern
Orchester: Fl, 2 Ob (auch E.H), 2 Klar, 2 Fg, 2 Hr, 2 Trp, Streicher, B.c; BühnenM: Trp
Aufführung: Dauer ca. 2 Std. 15 Min.

Entstehung: Mayrs Leonoren-Oper nimmt unter den drei beinah gleichzeitig entstandenen Kompositionen nach der französischen Vorlage die mittlere Position ein. Paers *Leonora* (1804) ging ihr um fast neun Monate voraus, Beethovens *Fidelio* (1805) folgte vier Monate später. Rossi verlegte das Geschehen, eine wahre Begebenheit der Französischen Revolution, nach Polen ins 17. Jahrhundert.
Handlung: In Polen, 17. Jahrhundert. 1. Bild, Gefängnishof mit zwei Toren, die zum Palast und zu einem unterirdischen Gewölbe führen: Um ihren Gatten Amorveno aus dem Gefängnis zu retten, hat sich Zeliska unter dem Namen Malvino in den Dienst des Kerkermeisters Peters begeben. Sie hat die Zuneigung von dessen Tochter Floreska gewonnen, kann aber dieser ihre wahre Identität als Frau nicht enthüllen. Ein Brief an den Gouverneur des Gefängnisses, Moroski, enthüllt vorzeitig Ardelaos Plan, zur Rettung seines Bruders Amorveno herbeizueilen. Moroski beschließt, Amorveno mit Unterstützung des Kerkermeisters zu töten. 2. Bild, unterirdisches Gewölbe, in das eine Treppe hinabführt: Amorveno beschwört das Bildnis seiner Gattin. Zeliska steigt mit Peters in den Kerker, um die Vorbereitungen zur Ermordung Amorvenos zum Schein voranzutreiben, diesen in Wirklichkeit aber zu retten. Die verhüllte Gestalt Moroskis erscheint; erst als Zeliska sich zwischen Amorveno und seinen Mörder stellt und ihre wahre Identität enthüllt, gibt sich auch Moroski zu erkennen. Ein Trompetensignal kündigt das Nahen Ardelaos an; er befreit Amorveno und verurteilt Moroski dazu, in Zukunft Amorvenos Schicksal zu erdulden.
Kommentar: Von der Dramaturgie der Parallelwerke unterscheidet sich die Handlung des 1. Bilds durch die Eliminierung Jaquinos; die Konstellation Zeliska/Floreska wird dadurch zu einer einschichtigen, vom Vater Floreskas begünstigten Liebesbeziehung, deren Problematik allein aus der Tatsache von Zeliskas Verkleidung resultiert. Der Librettist hat sich, ausgeprägter noch als der von *Leonora*, bemüht, die revolutionäre Befreiungshandlung auf einen privaten Konflikt zu reduzieren. Dieser Intention entspricht nicht nur das

Fehlen der bei Bouilly/Gaveaux vorhandenen Chöre (die autographe Partitur enthält zwar einen später von Mayr hinzugefügten »Coro di prigionieri«, dessen Position innerhalb der Oper ist jedoch unklar), die es erlauben, die allgemeine Verbindlichkeit von Léonores befreiender Tat auch szenisch zu vergegenwärtigen, sondern auch die Umgestaltung des Ministers zur Figur des Ardelao, der als Bruder Amorvenos der Gerechtigkeit nicht als Vertreter einer höheren Instanz zum Sieg verhilft, sondern aufgrund familiärer Beziehungen. Da die drei Libretti auf dasselbe Modell einer bereits musikalisch-dramatisch konzipierten Vorlage zurückgreifen, stimmen viele Szenen sogar in Details der Textgestalt und der dramaturgischen Disposition überein. Diese Konstellation ließ *L'amor coniugale* zum bevorzugten Objekt vergleichender Analysen werden, die mit einem Votum zugunsten Ludwig van Beethovens zu enden pflegen. Mayrs Musik spiegelt in ihrem Schwanken zwischen dramatischem Anspruch und Rückzug in die Sphäre privaten Sentiments die ambivalente Situation italienischer Opernkompositionen um 1800 wider, in deren Zusammenhang die Gattung der Farsa sentimentale insgesamt gehört. Der stoffgeschichtlichen Abhängigkeit von Frankreich standen die andersartigen Strukturbedingungen der italienischen Opernkomposition gegenüber. Die Umschmelzung einer französischen Vorlage mit gesprochenem Dialog zu einer italienischen Oper mit Secco vollzog sich nicht, wie in *Leonora*, innerhalb der Konventionen der späten Opera seria, sondern führte zur Erprobung eines neuen, relativ kurzlebigen Operntyps. Dies ist besonders deutlich an der dramatisch-musikalischen Ambivalenz der Romanze Zeliskas in der Kerkerszene abzulesen, deren vordergründig primitive Satzstruktur mit der Intention der singenden Person, ihrem Gatten den Plan seiner Rettung chiffriert mitzuteilen, merkwürdig kontrastiert. Für die im Leonoren-Stoff angelegte Dichotomie von Genreszene und Befreiungspathos fand Mayrs Musik keinen gemeinsamen Nenner.

Wirkung: Mit *L'amor coniugale* konnte Mayr nicht an die Erfolge zahlreicher anderer seiner Opern anknüpfen. Das Werk wurde nur noch wenige Male in Italien nachgespielt (unter anderm Venedig 1805 und Mailand 1808). Unter der Leitung Gaetano Donizettis kam es 1830 zu einer Aufführung in Bergamo mit Gilbert Duprez als Amorveno. Als Gemeinschaftsproduktion von Pro Opera London und der Donizetti Society wurde das Werk 1973 konzertant in London gegeben. Hieran schloß eine Aufführung anläßlich des Donizetti-Festivals 1984 in Bergamo an.

Autograph: Bibl. Civica »Angelo Mai« Bergamo (Mayr 290 [unvollst.]). **Abschriften:** Bibl. Verdi Mailand (Part. Tr. ms. 212). **Ausgaben:** Part, krit. Ausg., hrsg. A. Gazzaniga: Monumenta Bergomensia, Bergamo 1967 (Monumenta Bergomensia. 22.); Textb.: Venedig, Casali 1805; Genua 1807; Mailand, Classici Italiani 1808; Venedig, Rizzi 1808; Bologna, Ramponi 1809; Florenz, Fabbrini 1810

Literatur: M. CARNER, S. M. and His ›L'amor coniugale‹, in: ML 52:1971, S. 239–258; A. GAZZANIGA, Su ›L'amor coniugale‹ di S. M., in: NRMI 5:1971, S. 799–826; J. S. ALLITT, L'Amor coniugale, in: Journal of the Donizetti Soc. 1:1974, S. 59–80; D. GALLIVER, Jean-Nicolas Bouilly (1763–1842), Successor of Sedaine, in: Studies in Music of the Univ. of Western Australia 13:1979, S. 16–33; F. LIPPMANN, Zu Paërs und M.s Vertonungen des »Leonoren«-Stoffes, in: Festschrift M. Ruhnke zum 65. Geburtstag, Neuhausen 1986, S. 219–234; weitere Lit. s. S. 15

Jürgen Maehder

Medea in Corinto
Melodramma tragico

Medea in Korinth
2 Akte (8 Bilder)

Text: Felice Romani
Uraufführung: 28. Nov. 1813, Teatro San Carlo, Neapel
Personen: Creonte/Kreon, König von Korinth (B); Egeo, König von Athen (T); Medea, Giasones Frau (S); Giasone/Jason (T); Creusa/Kreusa, Creontes Tochter (S); Evandro, Creontes Vertrauter (T); Ismene, Medeas Vertraute (S); Tideo, Giasones Freund (T); 2 Kinder Medeas und Giasones (stumme R).
Chor: Korinther, Frauen, Priester, Gefolge Egeos
Orchester: 2 Fl (2. auch Picc), 2 Ob, E.H, 2 Klar, 2 Fg, 4 Hr, 2 Trp, 3 Pos, Serpentone, Pkn, gr.Tr, Hrf, Streicher
Aufführung: Dauer ca. 2 Std. 45 Min. – Der Ersatz des Serpentone durch eine Baßtuba ergibt keinen originalgetreuen Klang; vorzuziehen wäre eine Ophikleide.

Entstehung: Nach dem großen Erfolg seiner Opern am Teatro del Fondo 1810–12 erhielt Mayr für die Stagione 1813 eine Scrittura für das renommierte Teatro San Carlo. Wahrscheinlich unter dem Einfluß von Cherubinis *Médée* (1797) oder Vogels *La Toison d'or* (1786, 2. Fassung als *Médée de Colchos*: 1788) wurde der Medea-Stoff als Vorwurf gewählt. Romani, der für Mayr bereits das Libretto von *La rosa bianca e la rosa rossa* (Genua 1813; nach dem Libretto von René Charles Guilbert de Pixérécourt zu Gaveaux' *La Rose blanche et la rose rouge*, Paris 1809) bearbeitet hatte, verfaßte mit *Medea in Corinto* sein erstes selbständiges Opernlibretto. Mayr komponierte die Oper zuerst mit Seccos, arbeitete jedoch auf Wunsch des San Carlo die Partitur in Neapel um, wo er sich zu den Proben aufhielt. Zahlreiche Rezitativpassagen wurden gekürzt, und alle Rezitative erhielten nach französischem Vorbild Streicherbegleitung. Bestimmend für den Wunsch des Theaters dürfte die Begegnung mit französischen Opern des Empire gewesen sein, vor allem wohl die neapolitanische Produktion 1811 von Spontinis *La Vestale* (1807).

Handlung: In Korinth, mythische Zeit.
Vorgeschichte: Giasone, der durch Medeas Hilfe in Kolchis das goldene Vlies erlangen konnte, hat sich wegen ihrer Zauberei von Medea abgewandt und liebt nun Creusa, die Tochter Creontes, des Herrschers von Korinth. Creusa, die ursprünglich Egeo, dem Herr-

scher von Athen, als Braut versprochen war, wird nun Giasone heiraten.

I. Akt, 1. Bild, Hof im königlichen Palast: Voller Angst wartet Creusa auf Giasones Rückkehr; Creonte beruhigt sie. Giasone trifft ein und begrüßt sie als seine Braut; Creonte verfügt Creusas baldige Heirat mit Giasone und die Verbannung Medeas aus Korinth noch vor Sonnenaufgang. Medea bittet Giasone, zu ihm zurückzukehren, und kündigt ihm, als er dies ablehnt, Rache für seine Untreue an. Aus Athen trifft Egeo ein, beunruhigt durch Gerüchte über die bevorstehende Heirat Creusas mit Giasone. Aus Ismenes Mund erfährt er von Creusas Untreue. 2. Bild, Tempel: Creonte, Giasone und Creusa nahen im feierlichen Hochzeitszug; Medea und Egeo, die sich gegen Giasone und Creusa verbündet haben, halten sich in der Volksmenge verborgen. Als Creonte Giasone und Creusa zum Altar führt, stürzt Medea vor, wirft den Altar um und ergreift eine Fackel, das Zeichen für Egeos Krieger, Giasone und Creusa zu entführen. Es entsteht heftiges Kampfgetümmel.

II. Akt, 1. Bild, königliche Gemächer: Creusa, von dem Anschlag Medeas und Egeos gerettet, bekennt sich erneut zu ihrer Liebe zu Giasone. Creonte will den gefangengesetzten Egeo bestrafen, die Entscheidung über Medeas Schicksal aber Giasone überlassen. 2. Bild, unterirdisches Gefängnis: Medea beschwört die Götter der Unterwelt und bittet sie um Unterstützung bei ihrer Rache an Creusa. 3. Bild, königliche Gemächer: Medea verlangt, vor ihrem Abschied von Korinth nochmals ihre Kinder sehen zu dürfen. Creonte, der ihr diese Bitte abschlagen will, wird von Creusa umgestimmt. 4. Bild, Kerker: Egeo beklagt sein Geschick; durch Zauberei betritt Medea den Kerker, befreit ihn und beschwört ihn, unverzüglich zu fliehen, um nicht die Folgen ihrer Rache an den Korinthern mit erleiden zu müssen. 5. Bild, königliche Gemächer: Giasone dankt den Göttern der Liebe. Endlich ist der Zeitpunkt der Heirat gekommen. Plötzlich unterbrechen ihn Schreie; die herbeieilenden Korinther melden den Tod Creusas durch ein von Medea vergiftetes Gewand. 6. Bild, prächtige Säulenhalle, im Hintergrund das Meer: Medea schildert Ismene das Übermaß ihrer Rachegelüste. Als Mitleid für ihre Kinder in ihr zu keimen beginnt, hört sie in der Ferne die Korinther, die nach Rache für den Tod Creusas rufen. Sie kommen näher: Medea ersticht ihre Kinder und wirft das blutige Messer dem herbeieilenden Giasone vor die Füße. Der Himmel verdunkelt sich; inmitten eines heraufziehenden Unwetters besteigt Medea, umgeben von Flammen, einen von Drachen gezogenen Wagen und fliegt davon. Die Korinther verhindern Giasones Selbstmord.

Kommentar: Romanis Libretto entstand wie schon die Libretti zu andern Opern Mayrs, *La Lodoiska* (Venedig 1796), *Le due giornate* (Mailand 1801, Text: Giuseppe Foppa), *Elisa ossia Il monte S. Bernardo* (Malta 1801, Text: Gaetano Rossi), nach dem Vorbild Cherubinis; die Abweichungen zwischen François-Benoît Hoffmans und Cherubinis *Médée* und

Medea in Corinto, I. Akt, 1. Bild; William Johns als Giasone, Leyla Gencer als Medea; Regie: Alberto Maria Fassini, Bühnenbild: Pierluigi Samaritani; Teatro San Carlo, Neapel 1977. – Die Ausstaffierung des Bühnenraums mit pseudoantiken Versatzstücken offenbart ein szenographisches Dilemma, das in dem Bestreben wurzelt, einerseits detailgetreu, andrerseits symbolisch zu sein.

Romanis und Mayrs *Medea in Corinto* sind aber ausgeprägter als in den Parallelwerken. Romani veränderte die Personenkonstellationen wesentlich durch Einführung der Gestalt des Egeo. Die entstehende Symmetrie der Paare, die die Heirat Giasones mit Creusa zum doppelten Verrat werden läßt, nähert das Libretto Romanis wieder Modellen der metastasianischen Dramaturgie an; in späteren Werken sollte Romani dies Relikt einer um 1813 gänzlich antiquierten Librettokonzeption aufgeben. Auch auf sprachlicher Ebene lassen sich Reminiszenzen finden, Bekundungen von Edelmut in der Art Pietro Metastasios, die im Mund »böser« Personen innerhalb der Schwarzweißdramaturgie der italienischen Oper des 19. Jahrhunderts undenkbar gewesen wären, wie etwa in Rezitativ und Duett Egeo/Medea in der Kerkerszene (II/4). *Medea* gibt in der dramaturgischen Disposition einen interessanten Einblick in die Differenzen von Konventionen und Traditionen im Rahmen der französischen und italienischen Oper zu Beginn des 19. Jahrhunderts. Obgleich die szenischen Ingredienzen in Cherubinis und Mayrs Opern etwa identisch sind, zeigt sich in der dramaturgischen Disposition der Bestandteile die stärkere Bindung der italienischen Oper an die Topoi der Opera seria des 18. Jahrhunderts: Der II. Akt endet bei Cherubini mit der Profanierung des Altars durch Médée, der entsprechende I. bei Mayr dagegen mit Kampfgetümmel; bei Cherubini dient die Gewitterszene zur Einstimmung des Zuschauers auf den großen Monolog Médées zu Beginn des III. Akts, bei Mayr dagegen fungiert das Unwetter als bloße Staffage für Medeas Abflug auf dem Drachenwagen. Mit der Ombraszene schließlich (II/2) knüpfte Romani an einen Szenentypus an, der vollständig der Tradition der italienischen Opera seria angehörte und für die Zeichnung individueller Züge der Person kaum Raum bot; Mayrs kompositorische Gestaltung der Szene ließ diese freilich in den Augen vieler Zeitgenossen zum »Hauptstück der Oper« werden. Mayrs Komposition, repräsentativ für die bisher noch wenig erforschte Übergangsphase zwischen der Opera seria des 18. und dem Melodramma des 19. Jahrhunderts, verleugnet in vielen Details des dramatisch-musikalischen Aufbaus und der Orchesterbesetzung nicht den Einfluß der französischen Revolutionsoper, zeigt aber zugleich die von der Tradition der italienischen Oper gesetzten Grenzen einer Assimilierung französischer Vorbilder. Der meisterhaften Behandlung musikalischer Szenen durch Verknüpfung von Accompagnatos mit Arien oder Duetten samt Chor, richtungsweisend für die folgende Generation in Italien, stehen dramatisch-musikalische Stilunsicherheiten gegenüber, etwa die exzessive Länge reflektierender Arien an den Peripetien der Handlung; eine Disposition der musikalischen Zeit, die innerhalb einer Opera seria des 18. Jahrhunderts stimmig wirkte, kollidiert bei Mayr häufig mit den Partien seiner Opern, in denen die Handlung eher nach Zeitvorstellungen des 19. Jahrhunderts fortschreitet. Der in Mayrs Musik allenthalben zu spürende normative Einfluß der Wiener klassischen Musik trug zum Eindruck stilistischer Brüchigkeit nicht unwesentlich bei, da die Rezeption der Musik Wolfgang Amadeus Mozarts, den Mayr besonders schätzte, an der Oberfläche der musikalischen Satzstruktur blieb, so daß gerade bei den mozartischen Passagen seiner Kompositionen der Eindruck des Mechanischen nicht abzuwehren ist. Uneingeschränktes Lob erfuhr die Orchesterbehandlung Mayrs schon von den Zeitgenossen; die großen Accompagnatos Medeas gehören zu den avanciertesten Beispielen italienischer Orchesterbehandlung des 19. Jahrhunderts. Die italienische Oper verdankt Mayr auf dem Feld der dramatischen Instrumentationskunst wesentliche Neuerungen, wie etwa die Einführung der Posaunen in das Normalensemble des Opernorchesters, wesentliche Erweiterungen des Schlagzeuginstrumentariums und die Entwicklung einer Standardbesetzung für die Bühnenmusik. Modelle für diese Neuerungen fand Mayr teils in den Werken der französischen Revolutionsoper (wie bei der aus der Opéra-comique stammenden Verwendung einer einzigen Posaune zur Stützung der Bläser im Tutti), teils in der Oper und der symphonischen Musik der Wiener Klassiker; man denke nur an die Posaunenakkorde, die, an den Posaunensatz von Mozarts *Don Giovanni* (1787) erinnernd, den Gesang der Rachegötter in der Ombraszene begleiten. Darüber hinaus diente Mayr für die italienische Musik als Mittler der in Frankreich entstandenen Couleur locale des Orchesterklangs, der Modellierung des Klangbilds gemäß geographischen oder historischen Kategorien, die von der Verwendung einzelner hinzugefügter Instrumente (zum Beispiel Harfe, Englischhörner, Schlaginstrumente) immer mehr zur Ausdifferenzierung des Satzganzen führte. Entscheidende Differenzen der Theaterkonzeption zwischen Cherubinis *Médée* und Mayrs *Medea* lassen sich in der Behandlung des szenisch-musikalischen Raums feststellen: Während Cherubini in der Tempelszene die Gelegenheit ergriff, eine räumliche und musikalische Zweiteilung des Handlungsorts vorzunehmen (die Hochzeitsgesänge für Dircé/Creusa werden von der Bühnenmusik begleitet, die rasende Wut Médées vom Orchester), ließ Mayr die szenisch und musikalisch einschichtige Handlung durch das Eingreifen Medeas und Egeos unterbrechen. Der klassizistisch-statuarische Charakter von *Médée* wurde in Romanis Libretto und Mayrs Komposition aufgelöst in eine traditioneller orientierte musikalische Dramatik, die die inneren Konflikte der Personen zurückstellt gegenüber deren szenischem Interagieren; nicht zufällig schließen bei Mayr beide Akte mit Szenen, deren Schaucharakter (Kampfgetümmel, Abflug Medeas auf dem Drachenwagen) über die Rationalität der dargestellten Konflikte dominiert. Ausgehend von den Kategorien der Operndramaturgie im 19. Jahrhundert, müßte sich die Tendenz, die Romani und Mayr bei ihrer Adaption von *Médée* verfolgten, als Rückschritt ausnehmen. Verglichen mit den zeitgenössischen Errungenschaften der französischen Oper erscheint die dramatisch-musikalische Struktur von *Medea* als Rückfall in eine nicht psychologisierte Effektdramaturgie unter dem Primat der freien Entfaltung der Singstimmen. Diese

Sichtweise ist jedoch der zeitgenössischen Situation in Italien nicht adäquat.
Wirkung: Der große Uraufführungserfolg von *Medea in Corinto*, an dem Isabella Colbran als Medea wesentlichen Anteil hatte (Egeo: Manuel García, Giasone: Andrea Nozzari), markiert etwa den Höhepunkt von Mayrs Einfluß auf die italienische Opera seria, unmittelbar vor Gioacchino Rossinis Triumphen, die Mayrs Werke allmählich von den Bühnen verdrängten. *Medea* war in Italien ein anhaltender Erfolg beschieden. Besonders die Neuerungen der Orchesterbehandlung gingen in das Repertoire der folgenden Komponistengeneration über. Die Tatsache, daß die Rolle der Medea der Interpretin alle Möglichkeiten zur Entfaltung ihrer gesanglichen und darstellerischen Fähigkeiten bot, bildete einen weiteren Grund für die bis in die 30er Jahre des 19. Jahrhunderts nicht abreißende Aufführungstradition. Diese erweist sich als äußerst komplex, da die Accompagnatos häufig wieder in Seccos zurückverwandelt oder die ursprünglichen Seccos wieder eingefügt wurden, so daß eine Vielzahl von Bearbeitungen entstand; kaum zwei der in italienischen Bibliotheken erhaltenen Partiturmanuskripte dokumentieren dieselbe Aufführungsversion. Unter den italienischen Einstudierungen ist jene der Scala Mailand 1823 hervorzuheben (Medea: Teresa Belloc-Giorgi). Auch außerhalb Italiens wurde das Werk aufgeführt (unter anderm 1813 am Théâtre-Italien Paris, 1821 in Dresden). 1823 nahm Giuditta Pasta die Medea in ihr Repertoire auf und sang die Partie noch im selben Jahr am Théâtre-Italien, 1826 am King's Theatre London und am Teatro San Carlo Neapel sowie 1829 am Teatro Carcano Mailand. Zum letztenmal im 19. Jahrhundert wurde das Werk 1850 in London aufgeführt. – Anläßlich des 200. Geburtstags Mayrs 1963 kam es auf Initiative Heinrich Bauers in einer von Robert Heger geleiteten Rundfunkproduktion zu einer konzertanten Aufführung in München. Zuvor hatte sich Newell Jenkins mit dem Werk wissenschaftlich befaßt. Zusammen mit Bauer kompilierte er aus den verschiedenen Abschriften eine Version auf der Basis der Neapler Partitur. In dieser Bearbeitung erklang das Werk 1969 in New York und 1971 in Düsseldorf. In einer 1972 von Opera Rara London erstellten Edition nach dem Autograph kam *Medea in Corinto* erstmals 1974 anläßlich des Wexford-Festivals zur Aufführung. Weitere Einstudierungen folgten 1975 in Bern (Medea: Ruth Falcon; Regie: Walter Oberer) und 1977 in Neapel (Medea: Leyla Gencer; Regie: Alberto Maria Fassini).

Autograph: Civ. Museo Bibliogr. Musicale Bologna (UU 33).
Abschriften: Bibl. Ciciva »Angelo Mai« Bergamo (Mayr 320 [mit vielen, z. T. autographen Zusätzen]), Bibl. S. Pietro a Maiella Neapel (28. 2. 15/16), Bibl. Cherubini Florenz, Vlg.-Arch. Ricordi Mailand, Sächs. LB Dresden (Mus. 4104 F 505), NYPL NY. **Ausgaben:** Part. hrsg. H. Moehn, H. Bauer: Peters; Part: Opera Rara, London 1972; Kl.A: Carli, Paris 1823, Nr. 1351, Nachdr.: Garland, NY, London 1986 (Italian Opera 1810–1840. 12.); Textb.: Neapel, Tipografia al luogo del Castello 1813; Neapel, Tipografia dentro il monistero di S. M. degli Angeli 1814; Mailand, Pirola 1823; Mailand, Fontana 1829;
Textb., ital./engl.: London, Millar [1826]; London 1850. **Aufführungsmaterial:** Weinberger; Bearb. Moehn/Bauer: Peters
Literatur: E. BRANCA, Felice Romani ed i più riputati maestri di musica del suo tempo, Turin 1882; L. SCHIEDERMAIR, Ein neapolitanischer Brief S. M.'s aus dem Jahre 1813, in: ZIMG 7:1906, S. 224–227; M. RINALDI, Felice Romani. Dal melodramma classico al melodramma romantico, Rom 1965, S. 30–33; N. JENKINS, Medea in Corinto, in: Journal of the Donizetti Soc. 1:1974; weitere Lit. s. S. 15

Jürgen Maehder

Joseph Mazilier

Eigentlich Giulio Mazarini; geboren am 13. März 1801 in Marseille, gestorben am 19. Mai 1868 in Paris

Le Diable à quatre
Ballet-pantomime en deux actes et quatre tableaux

Der Teufel zu viert
2 Akte (4 Bilder)

Musik: Adolphe Adam. **Libretto:** de Leuven (eigtl. Adolphe Graf Ribbing), nach dem Libretto von Michel Jean Sedaine zu der Opéra-comique *Le Diable à quatre ou Le Double métamorphose* (Paris 1756) von François André Philidor, nach der Ballad opera *The Devil to Pay or The Wifes Metamorphosed* (1731, Textmitarbeit: John Mottley; nach der Komödie *The Devil of a Wife or A Comical Transformation*, 1686, von Thomas Jevon oder Thomas Shadwell) von Charles Coffey, nach einer Episode aus *The Countess of Pembroke's Arcadia* (um 1580) von Sir Philip Sidney
Uraufführung: 11. Aug. 1845, Opéra, Salle de la rue Le Peletier, Paris, Ballett der Opéra
Darsteller: Graf Polinski; Gräfin Polinski, seine Frau; Mazourki, Korbmacher; Mazourka, seine Frau; Yvan, Haushofmeister im Schloß des Grafen; Yelva, Zofe der Gräfin; ein blinder alter Mann; Tanzmeister; der Diener; ein Geist; eine Fee; Corps de ballet: Gäste, adlige Damen und Herren, Wildhüter, Vasallen, Soldaten, Kobolde, Gnomen
Orchester: 2 Fl (2. auch Picc), 2 Ob, 2 Klar, 2 Fg, 2 Trp, 4 Hr, 2 Pistons, 3 Pos, Ophikleide, Pkn, Schl (gr.Tr, Bck, RührTr, Trg), Hrf, Streicher
Aufführung: Dauer ca. 1 Std. 30 Min.

Entstehung: Gasparo Angiolini verwendete vermutlich diesen auch in Deutschland sehr erfolgreichen Stoff (so in Hillers zweiteiliger komischer Oper *Der Teufel ist los*, 1766) in seinem Ballett *Il diavolo a quattro ossia La doppia metamorfosi* (Mailand 1781), für das er auch die Musik schrieb. Eine Version dieses Balletts von Eusebio Luzzi wurde 1784 in Pavia aufgeführt. Für de Leuvens Libretto gaben Pariser Kritiken Sedaine als Quelle an (*La France musicale*, 17. Aug. 1845; *La Presse*, 18. Aug. 1845), Londoner

Kritiker schrieben von *The Devil to Pay* als Vorlage (*The Illustrated London News*, 8. Nov. 1845); mit Angiolinis Stück besteht offensichtlich keine Verbindung. Zunächst war Albert für die Choreographie vorgesehen, dann entschied man sich für Mazilier. Als erfolgreichster Tänzer seiner Zeit hatte er neben Maria Taglioni und Fanny Elßler die männlichen Hauptrollen in Filippo Taglionis *La Sylphide* (1832) und *La Fille du Danube* (1836), Corallis *Le Diable boiteux* (1836), *La Chatte métamorphosée en femme* (1837) und *La Tarentule* (1839) kreiert. Schon sein erstes Ballett, *La Gypsy* (Paris 1839, Musik: François Benoist, Ambroise Thomas und Marco Aurelio Marliani), war ein großer Erfolg geworden. Wenige Wochen nach dem Triumph Maria Taglionis in dem Ballett ihres Vaters *Gitana ili Ispanskaja zigana* (1838) entstanden, übertraf *La Gypsy* den Ruhm des Balletts und den Taglionis. Das Solo »La Cracovienne«, das sich Elßler als Hauptdarstellerin in *La Gypsy* eingelegt hatte, wurde zu einer der gefeiertsten Piecen der Tänzerin. Mit *Le Diable amoureux* (Paris 1840, Musik: Benoist und Henri Reber) war Mazilier weiterhin erfolgreich. Adam genoß ebenfalls großes Ansehen und hatte sich mit seinen Partituren zu *La Fille du Danube*, zu Corallis *Giselle* (1841) und Alberts *La Jolie fille de Gand* (1842) einen guten Ruf als Ballettkomponist erworben.

Inhalt: I. Akt, die Front des gräflichen Schlosses; links der Eingang zum Schloß und ein Sommerhaus, rechts die Hütte des Korbmachers, in der Ferne eine liebliche Landschaft: Yvan gibt seine Verlobung mit Yelva bekannt; der Graf, der sich auf der Jagd befindet, stellt sich mit einer Mitgift ein und stimmt einem dörflichen Fest zu. Vom Lärm der Jagdgesellschaft geweckt, tadelt die Gräfin ihren Mann vor den Gästen; er versucht vergeblich, sie zu besänftigen, und fordert schließlich ihr Erscheinen am nächsten Tag. Schmollend zieht sie sich ins Sommerhaus zurück. Mazourka, eine leidenschaftliche Tänzerin, rügt ihren Mazourki, der gern trinkt. Beide fassen gute Vorsätze, von ihren Passionen zu lassen, werden aber bei der ersten Gelegenheit rückfällig. Yelva und Yvan laden sie zum Fest ein, ein blinder alter Mann soll zum Tanz aufspielen. Ärgerlich erscheint die Gräfin und zerschmettert die Geige des Blinden; das Fest wird abgebrochen. Mazourka gibt ihm ein wenig Geld. Er liest dafür aus der Hand und prophezeit ihr eine glänzende Zukunft als Schloßherrin. Mazourka verlacht den Blinden, da verwandelt er sich in einen Zauberer; Mazourka läuft erschrocken zu ihrer Hütte und fällt verzaubert in Schlaf. Auf Anweisung des Zauberers vertauscht ein Geist Mazourka und die Gräfin miteinander: In prächtiger Robe zieht Mazourka ins Schloß, in einfacher Kleidung verschwindet die Gräfin in der Hütte.

II. Akt, 1. Bild, die Hütte des Korbmachers; im Hintergrund ein Fenster, das sich auf die Landschaft öffnet; rechts ein Bett mit grünen Vorhängen; links ein Tisch mit halbfertigen Körben und Flaschen, eine Bank und ein Schemel: Mazourki schläft am Tisch. Als er erwacht, erkennt er sofort die Gräfin, weigert sich aber, sie zu schonen. Er macht seiner »Frau« wegen ihres schlechten Benehmens Vorwürfe, worauf es zu Handgreiflichkeiten kommt. Die Gräfin soll tanzen, sie versucht ein Menuett, aber er zwingt sie zu einem ländlichen Tanz. Erschöpft sinkt sie auf eine Bank und entwischt dann aus der Hütte, gefolgt von Mazourki. 2. Bild, das Schlafzimmer der Gräfin im Schloß: Der Zauberer weist Mazourka in ihr neues

Le Diable à quatre, I. Akt, 1. Bild; Illustration nach der Uraufführung, Ballett der Opéra, Paris 1845. – Das zärtliche Verwirrspiel hat den Werbenden verunsichert. Sein scheeler Blick ist berechtigt, denn in der Weite des Parks sind Stand und Stellung verloren. Was nun zählt, ist die Solidarität unter dem weiblichen Geschlecht.

Leben ein; nur schwer kann sie sich an Reichtum und Diener gewöhnen. Das Frühstück wird aufgetragen, aber Mazourka lädt Yelva ein, es mit ihr zu teilen. Yelva beeilt sich, dem Grafen von der Wandlung seiner Frau zu erzählen. Erfreut bedeutet er dem Mädchen, sich zurückzuziehen, und kündet seiner »Frau« einen Ball an, bei dem sie seine Freunde zu empfangen habe. Mazourka tanzt vor Freude. Für den Ball wählt sie das Kostüm einer Nymphe. Der Ballettmeister erscheint und versucht, der vermeintlichen Gräfin neue Schritte beizubringen. Verzweifelt müht sie sich, die eleganten Pas auszuführen, immer wieder fällt sie in die ihr vertrauten Schritte zurück. Wieder hilft der Zauberer: Auf der Stelle vermag sie in exquisitester Weise zu tanzen. 3. Bild, eine prächtige Galerie, die ein Gewächshaus mit seltenen Blumen bildet: Der Graf und seine Frau empfangen die Gäste; die Diener versuchen, der echten Gräfin den Eintritt zu verwehren. Der Graf und seine Freunde sind über das Benehmen der Bäuerin überrascht. Wieder kommt es an der Tür zu einem Tumult: Mazourki bedroht die Diener mit einem Stock. Die Gräfin protestiert, sie sei die eigentliche Herrin des Schlosses; alle lachen, und Mazourki droht, sie zu verprügeln. Da greift Mazourka ein und verbietet Mazourki, seine Frau zu schlagen. So viel Mitgefühl berührt die Gräfin, sie fällt auf die Knie und bittet den Grafen um Verzeihung. Da löst der Zauberer die Verwirrung. Der anfänglichen Verwunderung folgt allgemeine Freude, die in einem Nationaltanz zum Ausdruck kommt.

Kommentar: In der Konzeption von *Le Diable à quatre* griffen Adam und de Leuven auf eine alte Praxis zurück, die man zwischen 1770 und 1820 gepflegt hatte: Man bezog Stoff und Musik für das neue Ballett aus der Opéra-comique oder auch populären Liedern. Kurze Ausschnitte, »airs parlants« (auch als »proverbes musicaux« oder »carillons« bekannt) aus vertrauter textierter Musik wurden parodiert und ohne Gesangsstimme in die neue Partitur eingefügt. In der Konzeption seiner Choreographie kam Mazilier der wesentlichsten Forderung des romantischen Balletts nach, der Präsentation einer Ballerina. Mit *Le Diable à quatre* sollte Carlotta Grisi eine weitere Möglichkeit geboten werden, Facetten ihres tänzerischen und schauspielerischen Talents zu zeigen. Im Aufbau seiner Choreographie folgte Mazilier den Autoren vor ihm und stellte sie aus Bewegungsfolgen und Personenkonstellationen aus berühmten Balletten zusammen, mit denen er als Protagonist bestens vertraut war. Zwei Variationen Grisis wurden aus Perrots *La Esmeralda* (1844) übernommen. Der Plan, die berühmten »Danseuses viennoises«, eine Gruppe von 36 Kindern zwischen fünf und zwölf Jahren, die in *La Jolie fille de Gand* für eine Sensation gesorgt hatten, in *Le Diable à quatre* auftreten zu lassen, zerschlug sich. Mazilier choreographierte daraufhin die Pas d'ensembles im Stil der »Danseuses viennoises« mit einer deutlichen Betonung auf den weiblichen Parts; der Hauptensembletanz, die Mazurka im I. Akt, wurde von 22 Mädchen getanzt.

Wirkung: Als eins der erfolgreichsten Ballette der Opéra unter dem Direktorat von Léon Pillet übertraf *Le Diable à quatre* nach Adams Worten alle Erwartungen; bis 1863 hielt es sich auf dem Spielplan und wurde 105mal gegeben. Grisis Vorstellung wurde mit großer Begeisterung aufgenommen. *La France musicale* stellte sogar die Partie der Mazourka über die der Giselle. Auch Mazilier als Mazourki, Lucien Petipa als Graf, Maria Jacob als Gräfin wurden in das Lob miteinbezogen. Wohlwollende Aufnahme fand auch Adams Musik. *La Presse* schrieb, daß sie geistvoll und ausgezeichnet sei. Der Regisseur Alfred Bunn beauftragte daraufhin Adam mit einem weiteren Ballett zur Spielzeiteröffnung des Drury Lane Theatre London; Adam schrieb *The Marble Maiden* (Choreographie: Albert, London 1845) in nur 19 Tagen. *Le Diable à quatre* machte schnell in ganz Europa die Runde: 1845 wurde es in London im Princess' Theatre von George Gilbert, im Drury Lane Theatre als *The Devil to Pay* von Jean-Baptiste Barrez inszeniert. 1846 studierte Théodore Guérinot das Ballett als *Die Weiberkur oder Le Diable à quatre* in Hamburg, Jekaterina Sankowskaja als *Sumburschtschiza (Die Unruhestifterin)* in Moskau ein. 1847 kam es in einer Einstudierung von Roman Turczynowicz in Warschau zur Aufführung. Die Truppe von Ippolito Giorgio Monplaisier stellte das Werk 1848 in New York in einer Choreographie von Victor Bartholomin vor. Paolo Taglioni bearbeitete es für Berlin als *Die Weiberkur* (1849). 1850 entstand in Petersburg Perrots *Swojenrawnaja schena (Die eigensinnige Frau)* mit zusätzlicher Musik von Cesare Pugni. In Wien wurde das Ballett ab 1853 in Taglionis Einstudierung als *Die verwandelten Weiber* gespielt, im selben Jahr studierte Taglioni es in Budapest ein. Louis Levasseur brachte *Die Weiberkur* 1857 in München zur Aufführung. 1875 inszenierte Karl Telle das Werk neu für Wien. Eine Version von Marius Petipa kam 1885 in Petersburg heraus. Bei der Mailänder Erstaufführung von *Il diavolo a quattro* 1846 ersetzte eine Komposition von Pio Bellini die Musik Adams, die Einstudierung (nach Mazilier) besorgte Giovanni Casati. In Wien wurde diese Version als *Der Teufel an allen Ecken* im selben Jahr von Tommaso Casati einstudiert. Eine weitere Mailänder Einstudierung (1865) brachte zusätzliche Musik von Costantino Dall'Argine. Im 20. Jahrhundert schuf Benjamin Harkarvy einen Pas de deux zu einem Ausschnitt aus Adams Musik für das Nederlands Dans Theater (Scheveningen 1966).

Autograph: M: BN Paris. **Abschriften:** Part: Bibl. de l'Opéra Paris. **Ausgaben:** L: Paris, Jonas 1845
Literatur: A. ADAM, Souvenirs d'un musicien [...] précédés de notes biographiques, Paris 1857; C. BEAUMONT, Complete Book of Ballets, NY 1938, S. 177–183; I. GUEST, Carlotta Grisi, in: DaD 1960, Juni, S. 20f.; The Romantic Ballet in Paris, London 1966; DERS., The Romantic Ballet in London, London 1972; DERS., The Ballet of the Second Empire, London 1974; DERS., Le Ballet de l'Opéra. Paris 1976; M. SMITH, Music for the Ballet-Pantomime at the Paris Opéra 1825–1850, New Haven 1988, Diss. Yale Univ.

Marian Smith / Alfred Oberzaucher

Paquita
Ballet-pantomime en deux actes et trois tableaux

Paquita
2 Akte (3 Bilder)

Musik: Edouard Marie Ernest Deldevez. **Libretto:** Paul Henri Foucher
Uraufführung: 1. April 1846, Opéra, Salle de la rue Le Peletier, Paris, Ballett der Opéra
Darsteller: Lucien d'Hervilly; Inigo, Anführer einer Zigeunerbande; Don Lopez de Mendoza, spanischer Gouverneur der Provinz; Graf d'Hervilly, Vater Luciens; ein Steinmetz; Paquita; Dona Seraphina; die Gräfin, Mutter des Generals; eine junge Zigeunerin; Corps de ballet: Zigeuner, Bauern, französische und spanische Offiziere, Husaren, Hofdamen, Kinder
Orchester: 2 Fl (2. auch Picc), 2 Ob, 2 Klar, 2 Fg, 2 Trp, 4 Hr, 2 Pistons, 3 Pos, Ophikleide, Pkn, Schl (gr.Tr, Bck, baskische Tr, Trg), Streicher
Aufführung: Dauer ca. 1 Std. 30 Min.

Entstehung: Deldevez, preisgekrönter Geiger und später Dirigent an der Opéra, arbeitete seit 1844 für die Ballettbühne. Für Maziliers *Lady Henriette ou La Serviante de Greenwich* (Paris 1844) war er gemeinsam mit Friedrich von Flotow und Friedrich Burgmüller für die Musik verantwortlich; es folgten die Musik für Corallis *Eucharis* (Paris 1844) und für Maziliers und Saint-Léons *Vert-Vert* (Paris 1851, mit zusätzlicher Musik von Jean Baptiste Joseph Tolbecque). Deldevez arbeitete bei *Paquita* eng mit Mazilier zusammen; er berichtete später, Mazilier habe, ehe er mit dem Choreographieren begann, jeweils gewartet, »bis er die Musik gehört und lange Zeit darüber nachgedacht hatte, so lange, bis er die szenischen Intentionen des Musikers in sich aufgenommen hatte« (*Mes mémoires*, s. Lit.). Es ging das Gerücht, der Direktor der Opéra, Léon Pillet, habe Deldevez mit der Komposition beauftragt, weil er sich für den Mißerfolg von *Eucharis*, dessen Libretto er verfaßt hatte, verantwortlich fühlte.
Inhalt: In Spanien, um 1810, zur Zeit der napoleonischen Besatzung.
I. Akt, das Tal der Stiere in der Nähe von Zaragoza: An der Gedenkstätte für die Opfer eines Massakers, das hier vor einigen Jahren stattgefunden hat, trauern der Graf und dessen Familie um den toten Bruder. Don Lopez, der sich mit seiner Schwester, Dona Seraphina, in Begleitung der Franzosen befindet, macht den Grafen auf das Fest aufmerksam, zu dem eine Gruppe Zigeuner einlädt. Lucien sticht sofort Paquita ins Auge; er bemerkt ihre helle Hautfarbe ebenso wie Inigos rauhes Werben, aber auch ihre beharrlich abweisende Haltung. Paquita faßt Vertrauen zu Lucien; sie möchte ihm eine Miniatur zeigen, die, wie sie glaubt, ihren Vater darstellt. Eifersüchtig entreißt Inigo Paquita die Miniatur. Lucien will den Zigeuner verhaften lassen, aber die Familie kann ihn beruhigen. Der politischen Räson wegen willigt der Gouverneur in eine vom Grafen angestrebte Verbindung zwischen Seraphina und Lucien ein, schmiedet aber heimlich mit Inigo ein Mordkomplott gegen Lucien, den Paquita in eine Falle locken soll.
II. Akt, 1. Bild, Zigeunerhütte: Paquita träumt von Lucien. Als Inigo mit einem Maskierten kommt, kann sich Paquita rechtzeitig verbergen. Mit Erstaunen erkennt sie in dem Maskierten den Gouverneur und hört die Details des Mordkomplotts. Paquita will fliehen, um Lucien zu warnen. Als Inigo sie stellt, versichert sie, nichts gehört zu haben. Durch eine List Inigos herbeigelockt, kommt Lucien. Bald muß er erkennen, daß er in eine Falle gegangen ist. Paquita kann Lucien vor einem präparierten Wein warnen; es gelingt ihr, die Gläser zu vertauschen; Inigo versinkt in Schlaf. Nachdem Paquita die Miniatur wieder an sich genommen hat, flüchtet sie mit Lucien. 2. Bild, prachtvoller Ballsaal in der Residenz des französischen Kommandeurs in Zaragoza: Der Graf und Lopez genießen den Ball, doch Luciens Fehlen beunruhigt den Vater. Plötzlich weichen die Tanzenden zur Seite, und Lucien erscheint mit Paquita. Lopez kann kaum seine Wut über den fehlgeschlagenen Plan verbergen. Paquita enthüllt die Absichten des Gouverneurs, er und sein Gefolge werden verhaftet. Paquita will sich zurückziehen, da bemerkt sie ein Männerportrait an der Wand: Das Bild stimmt mit ihrer Miniatur überein. Sie erfährt, daß es ihr Vater ist, der ebenfalls zum Opfer des Massakers geworden war; nur sie hat überlebt. Freudig begrüßt man Paquita als Gleichgestellte.
Kommentar: Nachdem Carlotta Grisi als Mazourka in *Le Diable à quatre* (1845) Triumphe gefeiert hatte, entstand mit *Paquita* eine weitere Paraderolle für sie, die nach Maria Taglioni und Fanny Elßler nun die erste Ballerina der Opéra war. Um ihr Gelegenheit zu geben, Temperament und Virtuosität auszuspielen, hatte man Spanien als Schauplatz gewählt. Bezog Maziliers Choreographie von *Le Diable à quatre* ihre Qualität und ihren Reiz aus der Verflechtung der sozialen Schichten und der sich daraus ergebenden Vermischung von klassischem Tanz und Charaktertanz, so arbeitete er in *Paquita* mehr mit der Gegenüberstellung der beiden Spielarten des Tanzes. Wie in *Le Diable* ließ sich Mazilier, wie der Kritiker von *La France musicale* (5. April 1846) vermerkt, von den Ensembletänzen der »Danseuses viennoises« inspirieren. Ein »Pas de manteaux«, in dem in der Art des Wiener Kinderensembles Tänzerinnen en travesti die Funktion der Kavaliere übernommen hatten, wurde als ein Höhepunkt des Balletts angesehen; er ist ein frühes Beispiel für den besonders ab den 60er Jahren geübten Brauch, Männerpartien von Frauen tanzen zu lassen. Deldevez bezog die damals sehr beliebten Kontertänze und Walzer des Empires (unter anderm *Die Königin von Preußen*) in seine Partitur mit ein. Er nahm auch selbst an den Aufführungen teil: Während der Ballszene kündigte er mit einem Gongschlag die Stunde der Mitternacht an. Die Ausstatter (Humanité René Philastre, Charles-Antoine Cambon, Jules Pierre Michel Diéterle, Charles-Polycarpe Séchan und Edouard Désiré Joseph Déspléchin) legten großen

Wert darauf, den in Spanien zur Zeit der napoleonischen Besatzung vorherrschenden Stil neu zu erschaffen. Das Ergebnis war außergewöhnlich prunkvoll; allein die Ballszene kostete 30 000 Francs.

Wirkung: Théophile Gautier nannte das Ballett »einen durchschlagenden Erfolg« (*La Presse*, 6. April 1846); vor allem Grisi wurde überschwenglich gefeiert: »Es ist unmöglich, mehr Anmut und Grazie, mehr verführerischen Zauber, mehr Geschmeidigkeit und mehr Beseeltheit zu entfalten«, schrieb der Kritiker von *Le Corsaire-Satan* (3. April 1846). Maziliers Tänze für kleines Ensemble fanden mehr Anklang als seine Arrangements für das Corps de ballet. Deldevez' Partitur wurde für ihren Ideenreichtum und ihre effektvolle Dramatik gerühmt (*La France musicale*, 5. April 1846). *Paquita* stand bis 1851 auf dem Spielplan der Opéra. Zeichen für seinen Beliebtheitsgrad war, daß das Ballett als Vorbild für ein Ballett-Vaudeville gleichen Titels diente, das 1846 im Théâtre Beaumarchais aufgeführt wurde. Bei der Londoner Erstaufführung 1846 im Drury Lane Theatre tanzte wiederum Grisi die Titelrolle, die Einstudierung besorgte James Silvain. Für sein Debüt 1847 in Petersburg inszenierte Marius Petipa in Zusammenarbeit mit Frédéric eine eigene Version. 1848 studierte Petipa das Werk in Neapel und Moskau ein. In Budapest wurde es 1847 von Federico Campilli einstudiert, in München 1848 (bearbeitet) von Johann Fenzl, in Hamburg 1851 von Louis Bretin, in Mailand (Teatro alla Canobbiana) 1852 von Giovanni Galzerani. In Moskau brachte es Frédéric 1866 erneut zur Aufführung. – Tiefgreifende Veränderungen nahm Petipa für eine Wiederaufnahme 1881 am Bolschoi-Theater Petersburg vor. Mit Ausnahme von Maziliers »Pas de manteaux« choreographierte er sämtliche Tänze neu und gab Ludwig Minkus den Auftrag, die Musik für einen Pas de trois im I. Akt sowie einen Grand pas und eine Mazurka (für 80 Kinder) im Schlußbild zu komponieren. An den Ort der Handlung erinnern in diesem Divertissement nur noch »spanische« Akzente, mit denen die in ihrer Wirkung sich ständig steigernde virtuose Darbietung klassisch-akademischer Tanztechnik versehen ist. In den Formationen der Gruppen wie im Aufbau der einzelnen Soli meisterhaft gestaltet, gibt der Grand pas, der neben dem Pas de trois der einzige überlieferte Teil von Petipas Choreographie ist, Zeugnis für dessen Genie. Petipas Bearbeitung wurde 1889 von Alexei Bogdanow in Moskau vorgestellt; in Westeuropa wurde sie 1908 und 1909 durch Gastspiele Anna Pawlowas mit Tänzern des Petersburger Mariinski-Theaters bekannt. – Den Grand pas allein ließ Pawlowa für ihre eigene Truppe 1912 durch Alexandr Schirjajew und Enrico Cecchetti, 1928 durch Jelena Smirnowa einstudieren. Alexandra Danilova studierte ihn 1949 für das Ballet Russe de Monte-Carlo ein. In der Sowjetunion gelangte er 1957 beim Maly-Ballett Leningrad durch Konstantin Bojarski wieder ins Repertoire zurück. Es folgten Einstudierungen unter

Paquita, II. Akt, 1. Bild; Lucien Petipa als Lucien, Carlotta Grisi als Paquita; Illustration von Henry Valentin nach der Uraufführung, Opéra, Paris 1846. – In der Trostlosigkeit der Hütte tanzt Paquita noch mit ihresgleichen, aber schon hat sie sich dem eleganten Offizier und damit dem höheren Stand zugewandt.

anderm von Pjotr Gussew (Stanislawski-Nemirowitsch-Dantschenko-Theater, Moskau 1972), Larissa Klimowa (Perm 1972) und Nikita Dolguschin (Maly-Ballett 1975). Im offiziellen Repertoire des Kirow-Balletts steht der Grand pas seit 1978 in einer Einstudierung von Gussew, Lidija Tjuntina und Georgi Konitschew (zusammen mit dem Pas de trois aus dem I. Akt), eine frühere Version wurde schon davor bei Gastspielen im Westen gezeigt. Weitere auf der Tradition des Kirow-Balletts basierende Einstudierungen sind die von Boris Bregwadse (Prag 1974) und Naima Baltatschejewa (Staatsoper, Berlin 1982). Im Westen fand der Grand pas seit den 60er Jahren weite Verbreitung: Rudolf Nurejew studierte ihn 1964 in London für die Gala der Royal Academy of Dancing ein (auch getanzt vom Ballett der Mailänder Scala 1970 und vom American Ballet Theatre 1971). Roland Casenave studierte ihn für das London Festival Ballet 1967, für das Königliche Schwedische Ballett 1971 und für das Scottish Ballet 1975 ein, Oleg Winogradow für die Pariser Opéra 1980, Danilova und Frederic Franklin für das Dance Theatre of Harlem 1980, Natalija Makarowa für ihre eigene Kompanie 1980 und für das American Ballet Theatre 1983. Ljuba Dobrievitch brachte den Grand pas 1987 für die Münchner Junior Compagnie heraus. George Balanchine studierte den Pas de trois aus dem I. Akt 1948 als *Pas de trois classique* für das Grand Ballet du Marquis de Cuevas ein und übernahm ihn 1951 in das Repertoire des New York City Ballet. In der Folge wurde diese Choreographie unter verschiedenen Bezeichnungen, unter anderm *Minkus Pas de trois* und *Paquita Pas de trois*, von zahlreichen Ensembles aufgeführt.

Autograph: M: BN Paris. **Abschriften:** Part: Bibl. de l'Opéra Paris. **Ausgaben:** Part: Paris 1846; L: Paris, Jonas 1846
Literatur: E. M. E. DELDEVEZ, Mes mémoirs, Paris 1890, S. 34–37; weitere Lit. s. S. 23

Marian Smith / Alfred Oberzaucher

Le Corsaire
Ballet-pantomime en trois actes et cinq tableaux

Der Korsar
3 Akte (5 Bilder, Epilog)

Musik: Adolphe Adam. **Libretto:** Jules Henri Vernoy Marquis de Saint-Georges, nach *The Corsair. A Tale* (1814) von Lord Byron (eigtl. George Gordon Noel, 6. Baron Byron)
Uraufführung: 23. Jan. 1856, Opéra, Salle de la rue Le Peletier, Paris, Ballett der Opéra
Darsteller: Conrad, der Korsar; Seyd, Pascha der Insel Kos; Isaac Lanquedem, Besitzer des Sklavenhandelsbasars in Adrianopel; Birbanto, Conrads Leutnant; der Haupteunuch von Seyds Harem; ein zweiter Eunuch; Médora, eine junge Griechin; Zulmea, Lieblingsfrau des Paschas; Gulnare, Sklavin des Paschas; eine Moldavianerin; eine Italienerin; eine Französin; eine Engländerin; eine Spanierin; eine Negerin; 3 junge Sklavinnen; 4 Alméen (orientalische Tänzerinnen); Corps de ballet: Eunuchen, Korsaren, Sklaven, Sklavinnen, Imane, Händler, Käufer, Wachen, Seeleute, Alméen, Odalisken
Orchester: 2 Fl (1 auch Picc), 2 Ob, 2 Klar, 2 Fg, 2 Trp, 4 Hr, 2 Pistons, 3 Pos, Ophikleide, Pkn, Schl (gr.Tr, Bck, kl.Tr, Tambour de basque, Trg, Kastagnetten), 2 Hrf, Streicher
Aufführung: Dauer ca. 2 Std. 30 Min. – Aufwendige Bühnenbilder, besonders III/2.

Entstehung: Byrons romantisches Sujet war schon früher Vorlage von Balletten gewesen: 1826 wurde es von Giovanni Galzerani in *Il corsaro* adaptiert; 1837 hatte Alberts *Le Corsaire* (Musik: Nicholas Charles Bochsa) mit Pauline Duvernay, Hermine Elßler und Albert am King's Theatre London Premiere. Verglichen mit diesen Balletten gestaltete der erfahrene Librettist Saint-Georges Byrons Sujet sehr frei. Kaiserin Eugénie, die mit Napoleon III. der Premiere beiwohnte, soll nicht nur die Entstehung des Balletts aufmerksam verfolgt, sondern sogar Vorschläge für das Szenario beigesteuert haben. Mazilier, seit 1853 1. Ballettmeister an der Opéra, führte die bereits in *Aelia et Mysis ou L'Attelane* (Paris 1853, Musik: Henri-Hippolyte Potier) eingebrachten Elemente des italienischen pantomimischen Stils auch in *Le Corsaire* ein. Für Adam war *Le Corsaire* das letzte Werk.
Inhalt: In Adrianopel und auf der Insel Kos.
I. Akt, 1. Bild, Platz in Adrianopel, in der Mitte der Sklavenmarkt: Pascha Seyd sucht schöne Mädchen für seinen Harem. Sklavinnen verschiedener Länder tanzen vor ihm, doch sein Blick fällt auf Médora, den besonderen Schützling des Basarbesitzers Lanquedem. Bevor Seyd sie kaufen kann, wird Médora auf Befehl Conrads, ihres Geliebten, von seinen Piraten entführt und zusammen mit andern Sklavinnen weggebracht. 2. Bild, Conrads unterirdischer Palast, angefüllt mit Schätzen: Conrad versichert Médora seiner Liebe; auf ihren Wunsch hin läßt er die Sklavinnen frei, gegen den Widerstand seiner Leute, die sich um ihren Anteil betrogen fühlen. Birbanto plant, Médora wieder an Lanquedem zu verschachern. Er läßt dem Liebespaar eine Lotosblüte reichen, in die ein Schlafmittel geträufelt ist. Die ahnungslose Médora gibt die Blüte an Conrad weiter, der sie an seine Lippen preßt und einschläft; sie wird von den Piraten geraubt und über Lanquedem an Seyd verkauft.
II. Akt, Palast des Paschas auf Kos; Bäder des Harems, umgeben von prachtvollen Gärten, überwölbt mit riesigen Draperien: Zulmea, die Favoritin Seyds, nimmt die Huldigung der Frauen und die Tänze der Odalisken gelangweilt entgegen. Lanquedem schleppt die verschleierte Médora, die sich wehrt und ihren »Beschützer« mit einem Dolch verletzt, in den Harem. Sie freundet sich mit Gulnare an, Zulmeas Rivalin. Conrad und seine Männer dringen als Pilger verkleidet in den Palast ein und überfallen Seyd und die Eunuchen, um Médora zu befreien. Gulnare, verfolgt von Birbanto, flieht zu Conrad, der ihn zu töten

droht. Da tritt Médora dazwischen; der Verräter entkommt, kehrt mit den Wachen Seyds zurück und nimmt, als Conrad und Gulnare sich um die ohnmächtige Médora bemühen, alle drei gefangen.
III. Akt, 1. Bild, Gemächer des Paschas in einem eleganten Kiosk mit Blick auf das Meer: Seyd verspricht Médora, Conrad freizulassen, wenn sie ihn erhöre. Médora lehnt ab, doch Gulnare überredet sie, zum Schein auf den Antrag einzugehen. Sie selbst, Gulnare, ist die verschleierte Braut, der der Pascha während der Hochzeitszeremonie den Ring an den Finger steckt; die Entschleierte jedoch ist Médora, die durch ihr verführerisches Gebaren den Pascha dazu bringt, die Waffen abzulegen. Diesen Augenblick nutzt Conrad, um Médora zu entführen. Gulnare zeigt den Ring, der beweist, daß sie Seyds rechtmäßige Frau ist. 2. Bild, auf dem Meer bei wolkenlosem Himmel; im Vordergrund das große Schiff Conrads, im Hintergrund die sich blähenden Segel seiner Flotte: Conrad und Médora feiern mit den Piraten und Sklavinnen ihre glückliche Flucht. Der Himmel bewölkt sich; ein Unwetter bricht los, so heftig, daß das Schiff kentert. Epilog, nachlassender Sturm, beruhigtes Meer, im Vordergrund das Schiffswrack: Médora und Conrad können sich auf einen Felsen retten; dort knien sie zu einem Dankgebet nieder.
Kommentar: So weit *Le Corsaire* durch Quellen zu rekonstruieren ist, ergibt sich das Bild eines spektakulären Bühnenereignisses, das im wesentlichen durch zwei Merkmale geprägt ist: durch herausragende tänzerisch-mimische Verkörperung der Hauptrollen und durch das perfekte Zusammenwirken von Szenerie, Choreographie und Musik, insbesondere im aufwendigen Schlußbild. Das Prinzip der bewegten Szene entsprach in mancher Hinsicht der italienischen heroisch-tragischen Pantomime des 19. Jahrhunderts, wie sie auch in Galzeranis *Il corsaro* realisiert war. Maziliers Stärke lag jedoch nicht so sehr in der Choreographie dramatisch geführter Gruppen; hier arbeitete er eher akademisch, wie das Divertissement mit einem Pas de cinq der Sklavinnen aus fünf Nationen (I/1), das »Bacchanale des corsaires« (I/2), die »Danse des odalisques« (II. Akt) und »Danse à bord« (III/2) Médoras mit 16 »Coryphées« zeigen. Pantomimisch im Sinn der italienischen »azione mimica« war hingegen die Anlage von *Le Corsaire* als Ballet d'action mit langen, nach französischem Geschmack bisweilen übertriebenen pantomimischen Passagen im Wechsel mit relativ wenigen reinen Tanzszenen. Eine Stärke Maziliers bestand darin, die Rollen den speziellen Fähigkeiten der Tänzer anzupassen. Dies zeigte sich besonders in den Partien Médoras und Conrads, getanzt von Carolina Rosati und Domenico Segarelli. Rosati, die drei Jahre zuvor an der Opéra in Maziliers *Jovita ou Les Boucaniers* (Paris 1853, Musik: Théodore Labarre) debütierte, wurde nach dem Premierenerfolg von enthusiastischen Kritikern in eine Reihe mit den größten Ballerinen der Romantik gestellt. Besonders hervorgehoben wurden der »Pas des éventails« (I. Akt), nicht nur wegen der technischen Brillanz und der »schmetterlingsgleichen« Grazie Rosatis, sondern auch wegen der Farbenpracht der wie ein Pfauenrad sich öffnenden Fächer der 16 Halbsolistinnen, sowie der Pas seul im II. Akt, in dem sie Geist und große verführerische Ausstrahlung ausspielte, in Posen von so vollkommener Linie, daß sie wie in eine Gemme geschnitten wirkten. Segarelli, ein berühmter Pantomime der italienischen Tradition, war eigens für die Rolle des Conrad engagiert worden und faszinierte als düster-leidenschaftlicher, »byronesker« Held. – Wurde an den Tänzern mehr noch als die tänzerische Virtuosität die ungewöhnlich ausdrucksstarke Interpretation, bisweilen mehr Spiel als Tanz, gerühmt, so war für den Gesamteindruck vor allem das szenische Ereignis als Ganzes maßgeblich. Großen Anteil daran hatten die opulenten Bühnenbilder von Edouard Désire Joseph Désplechin, Charles-Antoine Cambon, Joseph François Désiré Thierry und Hugues Martin. Szenerie und Choreographie, unterstützt von Adams Musik, evozierten romantische Tableaux vivants, deren bühnendramatische Illusionswirkung mit einem Diorama verglichen wurde. Dies galt vor allem für die große Schiffsszene in III/2: Die Vergegenwärtigung des ruhigen, glänzenden, allmählich vom Unwetter

Le Corsaire, II. Akt (Bearbeitung nach Marius Petipa); Faruch Rusimatow als Ali, Altynai Assylmuratowa als Médora, Jewgeni Neff als Conrad; Bühnenbild: Teimuras Murwanidse, Kostüme: Galina Solowjewa; Kirow-Ballett Leningrad, München 1988. – Die Schlußpose wird zum Paradigma der Hierarchie der Rollenfächer im Ballett des 19. Jahrhunderts: Die Bewegung strebt von der äußerlichen Virtuosität des Danseur de caractère über die beherrschte Noblesse des Danseur noble zur strahlenden Ruhe der Ballerina.

aufgewühlten Meers, des Lichtwechsels und des riesigen untergehenden Schiffs, das Werk Victor Sacrés, des Chefmaschinisten der Opéra, war so grandios, daß die Pariser Gesellschaft des Second Empire *Le Corsaire* vor allem besuchte, um diesen Schiffsuntergang zu genießen, oder, wie ein Kritiker schrieb: »Crosnier hat die Opéra durch ein Schiffswrack gerettet.«

Wirkung: Der große Premierenerfolg des *Corsaire* galt neben Rosati und Segarelli auch Claudina Cucchi (Gulnare), die am Anfang ihrer internationalen Karriere stand, Louise Marquet (Zulmea), François Edouard Dauty (Seyd), Francisque Garnier Berthier (Lanquedem) und Alexandre Fuchs (Birbanto). Bereits im Juli 1856 wurde das Ballett mit Rosati und Domenico Ronzani (Conrad) in London gegeben. Ronzani studierte das Werk als *Il corsaro*, vermutlich mit nur kleinen Veränderungen, 1857 an der Mailänder Scala mit Elisa Albert-Bellon (Médora) ein. – Für die Neuproduktion an der Opéra 1867 arrangierte Mazilier Teile des *Corsaire* neu und fügte in den II. Akt einen »Pas des fleurs« für Médora und Gulnare ein (Musik: Léo Delibes); es tanzten damals Adele Grantzow (Médora), Louis Mérante (Conrad), Angelina Fioretti (Gulnare), Eugène Coralli (Birbanto), Dauty und Marquet. 1858 begann die Wirkungsgeschichte des *Corsaire* in Rußland mit Jules Perrots Choreographie für das Bolschoi-Theater Petersburg (Bühnenbild: Andrei Roller und Genrich-German Wagner). Er choreographierte zu Musik von Cesare Pugni neue Pas, von denen besonders der »Pas des éventails«, der »Pas des odalisques« und die »Scène de séduction« mit Ljubow Radina (Gulnare) Anklang fanden. Neben Perrot (Sayd) tanzten Jekaterina Fridberg (Médora), Frédéric (Birbanto) und Marius Petipa (Conrad). Dieser choreographierte bereits in Perrots *Corsaire* einen »Pas d'esclaves« (I. Akt; ein Pas de quatre zu Musik von Herzog Peter von Oldenburg). 1863 zeigte er in Petersburg seine eigene Version des *Corsaire* (mit seiner Frau Marija Surowschtschikowa als Médora). Er behielt die Musik von Pugni bei; 1868 fügte er zu Musik von Delibes den Pas d'action »Le Jardin animé« ein. In diesem Jahr wurde die Médora von Grantzow, später von Jekaterina Wasem und Henriette d'Or getanzt. Diese führte diverse neue Variationen ein und ersetzte den »Pas des éventails« durch einen schwierigen Pas de deux mit Christian Johansson. Aus der Reihe der berühmten Ballerinen, die die Médora tanzten, seien Jewgenija Sokolowa, Tamara Karsawina und Olga Spessivtseva genannt. 1880 ließ Petipa eine Wiederaufnahme folgen, 1899 eine weitere mit einem Pas für Pierina Legnani zu Musik (Walzer und Adagio) von Riccardo Drigo. Alexandr Gorski schuf eine Choreographie mit Jekaterina Gelzer (Petersburg 1912), Wladimir Burmeister gab 1931 in Leningrad sein Debüt als Choreograph mit *Le Corsaire* (er selbst tanzte den Birbanto). Ein neuer *Korsar*, der nur teilweise den Anspruch einer Rekonstruktion erheben kann, da das Libretto von Juri Slonimski neu, in größerer Nähe zu Byron, verfaßt ist, kam 1955 am Maly-Theater Leningrad in der Choreographie von Pjotr Gussew heraus (Musik: Jewgeni Kornblit nach Adam). Eine weitere Version Gussews (Leningrad 1987, Musik: Jewgeni Kolobow nach Adam, Pugni, Delibes, Drigo, Herzog Peter) wurde im Westen 1988 durch die Tournee des Kirow-Balletts mit Faruch Rusimatow (Sklave, nunmehr bezeichnet als Ali, Freund Conrads), Altynai Assylmuratowa (Médora), Jewgeni Neff (Conrad), Konstantin Saklinski (Lanquedem) und Jelena Pankowa (Gulnare) bekannt. Das komplette Ballett studierte Wazlaw Orlikowsky für das Kroatische Nationalballett Zagreb ein (Bregenz 1975, Musik: Adam, Ludwig Minkus, Delibes, Drigo und andere). – Der Pas de deux (Médora/Sklave), der heute als Glanzstück bei Galavorstellungen und Wettbewerben zu sehen ist, wird allgemein Petipa zugeschrieben, geht aber auf Alexandr Tschekrygin zurück, erweitert durch eine Variation für den Sklaven von Wachtang Tschabukiani. Im Kontext des *Korsar* war diese virtuose Nummer ursprünglich ein Pas de trois (Conrad/Médora/Sklave, II. Akt), wie er erst wieder in der Produktion des Kirow-Balletts 1987 gezeigt wurde. Im Westen populär wurde der Pas de deux erst, nachdem ihn Rudolf Nurejew und Margot Fonteyn in London 1962 aufgeführt hatten (Choreographie: Nurejew nach Tschekrygin, Musikarrangement: John Lanchbery). In der Folgezeit nahmen ihn außerdem ins Repertoire Tänzerinnen wie Jekaterina Maximowa, Gelsey Kirkland und Tatjana Terechowa und Tänzer wie Wladimir Wassiljow, Michail Baryschnikow, Fernando Bujones und Juri Solowjow.

Abschriften: Part: Bibl. de l'Opéra Paris (A. 590 I-III). **Ausgaben:** L: Paris, Jonas/Lévy/Tresse 1856, 1857, 1867
Literatur: E. O. VAZEM, Zapiski baleriny Sankt-Peterburgskogo bolšogo teatra. 1867–1884, hrsg. N. I. Nosilov, Leningrad, Moskau 1937; D. VAUGHAN, Annals of ›Le Corsaire‹: The Kirov, 1988, in: BR 15:1987/88, Nr. 3, S. 45–48; weitere Lit. s. S. 23

Gabriele Brandstetter

Domenico Mazzocchi

Getauft am 8. November 1592 in Civita Castellana (bei Rom), gestorben am 21. Januar 1665 in Rom

La catena d'Adone
Favola boschereccia

Die Kette des Adonis
Prolog, 5 Akte

Text: Ottavio Tronsarelli, nach dem 12. und 13. Gesang des Versepos *L'Adone* (1623) von Giambattista Marino
Uraufführung: 15. Febr. 1626, Palazzo Conti, Rom
Personen: Prolog: Apollo (T); 3 Zyklopen, Vulkans Diener (A, T, B). **Handlung:** Falsirena, Zauberin (S); Idonia, Falsirenas Zofe (S); Adone/Adonis (A); Oraspe, Falsirenas Ratgeber (T); Arsete, Falsirenas

Ratgeber (B); Plutone/Pluto (B); Venere/Venus (S); Amore/Amor (S); Eco/Echo (S). **Chor:** Nymphen, Hirten. **Ballett**
Orchester: 2 Vl, B.c
Aufführung: Dauer ca. 3 Std.

Entstehung: *La catena d'Adone* verdankt ihre Entstehung dem Mäzenatentum der Familie Aldobrandini, in deren Dienste Mazzocchi 1621 eingetreten war. Einem nicht weiter nachprüfbaren und anekdotisch anmutenden Bericht von Ianus Nicius Erythraeus (s. Lit.) zufolge soll Fürst Giovanni Giorgio Aldobrandini diese Oper als eine Art Wettstreit zwischen zwei in Rom berühmt-berüchtigten Sängerinnen projektiert haben; doch soll die Fürstin, einen Skandal befürchtend, das Auftreten der beiden Damen verboten haben, so daß die betreffenden Rollen (Falsirena und Adone) mit Kastraten der päpstlichen Kapelle (Loreto Vittori und Lorenzo Sances) besetzt werden mußten. Die Uraufführung fand vor einem geladenen Kreis von hohen Geistlichen und Adligen statt. Die Bühnenbilder hatte der einem an Michelangelo und Raffael anknüpfenden Manierismus huldigende Maler Giuseppe Cesari geschaffen. Francesco De Cuppis hatte die Choreographie der Tanzlieder beigesteuert. Zur Ausfeilung der Rolle des Adone hatte der betreffende Sänger wahrscheinlich den Komponisten Sigismondo d'India hinzugezogen, doch scheint Indias Version nicht in Mazzocchis gedruckte Partitur übernommen worden zu sein.
Handlung: Prolog, Waldlandschaft auf dem Proszenium: Apollo erscheint auf einer Wolke und verkündet, daß er mit Venere wegen ihrer Liebe zu Adone im Streit liege. Auf dem Boden angelangt, beschließt Apollo, sich in die Höhle Vulkans, des Gatten der Venere, zu begeben, um ihm deren Liebesverhältnis aufzudecken. Apollo will Vulkan dazu veranlassen, eine Kette mit überirdischen Eigenschaften herstellen zu lassen, mit der Adone, fern von Venere, in Gefangenschaft gehalten werden soll. Das Proszenium öffnet sich und gibt den Blick auf Vulkans Höhle frei, in der Zyklopen die Pfeile des Zeus schmieden. Nach dem Eintreten Apollos wird die Szene in die Waldlandschaft zurückverwandelt.
I. Akt, Waldlandschaft auf dem Proszenium: Die Zofe Idonia berichtet ihrer Herrin, der schönen Zauberin Falsirena, von der Ankunft eines anmutigen Jünglings im Jägergewand (nämlich Adones). Dieser Bericht genügt, um Falsirena in Liebe zu Adone entbrennen zu lassen. Adone irrt, geängstigt durch den Zorn des Mars, seines eifersüchtigen Nebenbuhlers, durch das Gehölz. Falsirena lädt ihn ein, als Gast bei ihr zu verweilen. Nach einigem Zögern sagt Adone zu. Da öffnet sich das Proszenium, wodurch die Szene in einen Garten, mit einer Fontäne im Hintergrund und Pergolen an den Seiten, mit Nymphen, Hirten und Tänzern verwandelt wird.
II. Akt, Garten auf dem Proszenium: Oraspe, einer der Ratgeber Falsirenas, bringt die von Vulkan geschmiedete Kette. Diese ist unsichtbar, hat aber die Eigenschaft, den Schritt ihres Trägers so zu lähmen, daß dieser unfähig zur Flucht wird. Durch Öffnen des Proszeniums verwandelt sich die Szene in ein Palastgemach. Falsirena nähert sich dem schlafenden Adone und fesselt ihn mit der geheimnisvollen Kette.
III. Akt, ebenda: Arsete, der andere Ratgeber, versucht Falsirenas blinde Leidenschaft zu zügeln. Die Vergeblichkeit seiner Bemühung einsehend, sagt er kommendes Unglück voraus. Adone beklagt sein Mißgeschick, fern von Venere in Liebessehnsucht sich verzehren zu müssen, sinnt auf Flucht, wird aber von der unsichtbaren Kette daran gehindert. Falsirena, die erkennen muß, daß Adone ihre Liebe nicht erwidert, beklagt ihrerseits ihr Los und fällt in Ohnmacht.
IV. Akt, wie I. Akt: Zornentflammt ruft Falsirena Plutone an. Im Hintergrund wird der Höllenschlund sichtbar. Auf Beschwörungen der Zauberin hin erscheint Plutone und enthüllt dieser, daß Venere ihre Nebenbuhlerin sei. Daraufhin beschließt Falsirena, Adone durch List zu täuschen.
V. Akt, Garten: Falsirena tritt als Venere auf. Adone bleibt zunächst instinktiv mißtrauisch, läßt sich aber dann dazu überreden, der für echt gehaltenen »Venere« Glauben zu schenken. Da nähern sich auf einer Wolke die echte Venere und Amore. Adone zaudert bei dem Anblick einer Venere in doppelter Gestalt. Sogar Amore wird durch die Anwesenheit von zwei Müttern verwirrt. Da befiehlt die wahre Venere Amore, Adone von der verzauberten Kette zu lösen und mit dieser zur Strafe Falsirena an einen Felsen zu fesseln. Die Szene verwandelt sich in die Waldlandschaft des Beginns: Der Bann ist gebrochen. Adone kann sich nun seiner geliebten Venere zuwenden und besingt zusammen mit ihr, Amore, Nymphen und Hirten den Sieg der mächtigen Göttin.
Kommentar: Zweifellos entspringt die Stoffwahl dem höfischen Geschmack der Auftraggeber. Marinos *Adone* war um die Mitte der 20er Jahre hochaktuell. So liegt das historische Interesse von *Catena d'Adone* nicht zuletzt auch in der Tatsache, daß wir es mit einer der wenigen, wenn nicht sogar der einzigen der ohnehin nicht zahlreichen Adonis-Opern zu tun haben, die auf Marinos Dichtung fußen. Tronsarelli sollte ein staunenerregendes Zauberspektakel liefern, womit sich die Wahl gerade der Falsirena-Episode erklärt. Die Reduktion der ausufernd schweifenden Erzählung Marinos auf eine dramatische Fassung in fünf Akten war gewiß nicht unproblematisch. Im ganzen kann man sagen, daß Tronsarelli zwar den auf Sinnfiguren wie Metapher, Analogie und Antithese gegründeten Stil Marinos sowie, zum Teil, dessen lyrische Qualitäten nachzuempfinden versteht, daß aber andrerseits sowohl Marinos knisternde Sinnlichkeit als auch dessen zwischen Ausschweifungen der Phantasie ausgleichend eingreifender Realitätssinn bei ihm verlorengehen. Bei Marino wird eine hedonistische Position von der jungen und schönen Dienerin Idonia, eine ethisch-rationale von der alten und erfahrenen Sofrosina vertreten. Tronsarelli weist die Rolle Sofrosinas seinem Arsete zu. Dabei erhöht er das Gewicht dieser Figur bedeutend, was ihm den Beifall vor allem der eingeladenen Kardinäle und Prälaten gesichert haben dürfte.

Die Figur der Idonia, die bei Marino weit bedeutender als Sofrosina ist und als die eigentliche Drahtzieherin der Intrige angesehen werden muß, wird von Tronsarelli in die Rollen des Oraspe und der Idonia aufgespalten. Oraspe ist zwar in übertragenem Sinn Hedonist, indem er Liebe und Schönheit als weltschöpferische Prinzipien betrachtet, ohne jedoch deswegen Falsirena auf ihren Irrwegen der Verliebtheit ausdrücklich zu unterstützen. Tronsarellis Idonia hingegen, der »weltanschaulichen« Dimension beraubt, sinkt zu einer gänzlich unbedeutenden Nebenrolle ab. Bei Marino bereitet Falsirena Adone einen starken Liebestrank, der jedoch, seine Wirkung verfehlend, diesen in einen Vogel verwandelt. Tronsarellis Motiv der »Doppelvenus« ist daher bei Marino, dem es vermutlich als zu naiv erschienen wäre, nicht vorgebildet. Schließlich fehlt bei Marino das moralistische Motiv der Bestrafung Falsirenas. – Mazzocchis Rezitativ erweist den Komponisten als in musikalischer Rhetorik bewandert. So sind zum Beispiel die scharfen Antithesen des Texts gut getroffen. Besonders die Lamentos Adones und Falsirenas zeichnen sich durch Figurenreichtum und expressive Harmonik aus. Im Nachwort zur gedruckten Partitur schreibt Mazzocchi, er habe viele »mezz'arie« eingefügt, um die Langeweile des Rezitativs zu brechen. In der ganzen Partitur können aber nur neun sehr kurze »mezz'arie«, das heißt in das Rezitativ eingefügte Ariosi über Bässe in gehenden Vierteln, gezählt werden. Man kann nicht sagen, daß die Einschaltung einiger weniger Ariosi, im Verein mit einigen etwas längeren Soloarien derselben Struktur, allein ausreicht, um aufkommender Langeweile zu steuern. Ein Blick auf Monteverdis *Lamento d'Arianna* (1608), aber auch zum Beispiel auf Francesca Caccinis *Liberazione di Ruggiero dall' isola d'Alcina* (1625) lehrt, daß es dazu vor allem der Belebung des Rezitativs selbst bedarf; daß das Deklamationstempo auf engem Raum flexibel zu variieren und allzu häufige, meist lastend retardierende Kadenzformeln zugunsten größerer Spannungsbögen auszusparen sind. Alle fünf Aktschlüsse baut Mazzocchi durch Finalblöcke mit Ensembles und bis zu achtstimmigen Chören aus. Er beherrscht die traditionellen Techniken des älteren Madrigals, was ihn zu lebendiger Polyphonie, zum Teil mit charakteristischen Tanzrhythmen, befähigt. Selbständige Instrumentalsätze spielen eine nur untergeordnete Rolle.

Wirkung: Außer dem Libretto der Uraufführung existieren weitere von 1626 (Rom/Viterbo), 1627 (Venedig) und 1648 (Bologna, Teatro degli Uniti im Palazzo Malvezzi; Prolog und komische Einlagen von anderer Hand neu komponiert). Auch an *Catena d'Adone* bestätigt sich also, daß geringe Verbreitung für die höfische Oper des frühen 17. Jahrhunderts charakteristisch ist. Eine Wiederaufnahme des Werks könnte vor allem in konzertanter Form interessant sein, wobei im Rezitativ vermutlich kräftige Striche anzubringen wären.

Autograph: Verbleib unbekannt. **Ausgaben:** Part: Vincenti, Venedig 1626, Nachdr. mit Vorw. v. M. C. Zucchini: Forni, Bologna [1969] (Bibl. musica Bononiensis. IV/9.); Textb.: Rom, Corbeletti 1626; Rom, Viterbo 1626; Venedig 1627; Bologna, Dozza 1648

Literatur: J. N. ERYTHRAEUS, Pinacotheca tertia imaginum virorum […], Köln 1648, S. 150; H. GOLDSCHMIDT, Studien zur Geschichte der italienischen Oper, Lpz. 1891, Nachdr. Hildesheim 1967, S. 10–33; S. REINER, »Vi sono molt'altre mezz'arie...«, in: Studies in Music History. Essays for O. Strunk, Princeton, NJ 1968, S. 241–258; W. WITZENMANN, D. M. (1592–1665). Dokumente u. Interpretationen, Köln, Wien 1970 (Analecta musicologica. 8.), S. 188–203

Wolfgang Witzenmann

Richard Meale

Richard Graham Meale; geboren am 24. August 1932 in Sydney

Voss
Opera in Two Acts

Voss
2 Akte

Text: George Joseph David Malouf, nach dem Roman (1957) von Patrick Victor Martindale White
Uraufführung: 1. März 1986, Festival Centre, Adelaide
Personen: bei der Expedition: Johann Ulrich Voss, ein deutscher Forschungsreisender (Bar); Frank Le Mesurier, ein Gentleman (T); Palfreyman, Naturforscher (Bar); Judd, ein entlassener Sträfling (B.Bar); Harry Robarts, ein junger Mann (T); Dugald und Jacky, Eingeborene (2 stumme R); in Sydney: Mr. Bonner, Kaufmann, Förderer der Expedition (B); Mrs. Bonner, seine Gemahlin (A); Belle Bonner, ihre Tochter (S); Laura Trevelyan, ihre Nichte (S); Rose Portion, eine Bedienstete (S); Tom Radclyffe, Offizier, Belles Verlobter (T); Mr. Topp, Musiklehrer, Zimmervermieter von Voss (T); Mercy, Roses Kind, von Laura adoptiert (S); ein Reporter (T); außerhalb Sydneys: Mrs. Judd (A). Chor: Gäste, Kinder
Orchester: 2 Fl (2. auch Picc), A.Fl, 2 Ob, E.H, kl. Klar, Klar, B.Klar, 2 Fg, K.Fg, 4 Hr, 3 Trp, 3 Pos, Tb, Pkn, Schl (gr.Tr, Bck, kl.Tr, RührTr, hängendes Bck, Tamtam, Tamburin, Glocke, Röhrenglocken, Klangstäbe, Trg, Vibr, Xyl), Hrf, Cel, Streicher; BühnenM: Fl, Vl, Vc, Kl
Aufführung: Dauer ca. 2 Std.

Entstehung: Das Projekt begann 1978 als Auftrag der Australian Opera und entstand unter der Mitarbeit des Regisseurs der Uraufführung, Jim Sharman. 1980 hatte Malouf das Libretto abgeschlossen, 1982 wurde die Gartenszene aus dem I. Akt beim Adelaide-Festival uraufgeführt. Im Sept. 1984 war die Komposition mit Ausnahme der Instrumentation beendet. Für die Melbourner Produktion 1987 ergänzte Meale ein zum Epilog überleitendes Orchesterzwischenspiel.

Handlung: In Sydney, seiner Umgebung und in Zentralaustralien, 1845 und 1865.

I. Akt, Sydney, 1845, Dinnerparty im Haus der Bonners, rechts eine Treppe in den Garten: Der Tuchhändler Bonner hat aus eigenen Mitteln eine Expedition in das noch gänzlich unerforschte Landesinnere ausgerichtet und präsentiert den Anführer nun der guten Sydneyer Gesellschaft: Es ist Voss, der sogleich in bekenntnishaften Monologen sein grandios inkompetentes, rein visionäres und zum Scheitern verurteiltes Konzept erläutert. Im Garten begegnet er Laura, die gesellschaftlich fast ebenso isoliert ist wie der exzentrische Deutsche; sie wird in Gedanken mit ihm sein. Zu ihrer seltsam distanzierten Beziehung kontrastiert das stereotype kleine Glück von Tom und Belle, die demnächst heiraten und ein Haus voller Kinder haben werden. Die übrigen Expeditionsteilnehmer (bis auf Judd) finden sich ein: der dem Führer kritiklos ergebene Harry, der hypernervöse Le Mesurier und der missionarisch fromme Palfreyman. Topp, ein Flötist, den es in die rauhe Kolonie verschlagen hat, spielt ihnen auf. Und während des ganzen Abends vermag die mütterliche Mrs. Bonner nur einen einzigen sorgenvollen Satz zu sagen: »He is lost already.«

II. Akt, teils abwechselnd, teils gleichzeitig im Busch und in Sydney: Auf der ersten Etappe schließt sich der landeskundige Judd mit den Eingeborenen Dugald und Jacky der Expedition an. Als mitteloser Haftentlassener hatte er am äußersten Rand der noch besiedelten Gebiete eine Quelle gefunden und dort aus dem Nichts eine kleine Farm gebaut; er verläßt Besitz und Familie: Eigentum bedeutet nichts, und die Expedition braucht ihn. Nachtwache: Zeltlager der Expedition, wo Palfreyman eine Wasserlilie präpariert, und Zimmer bei den Bonners mit der schwangeren Rose und Laura: Voss und Laura sind, zunächst widerstrebend, in Gedanken beieinander. Voss gibt Dugald einen Brief an Laura. Während sich Laura und Voss ihrer Liebe versichern, verstreut Dugald wie in Trance das Papier in kleinen Schnipseln. Weihnachtstag: Ein Schaf wird gebraten. Palfreyman liest aus der Bibel. Gleichzeitig berichtet Laura vom Tod Roses, und daß sie nun deren Kind adoptiert und Mercy genannt habe. Als sie es Voss gleichsam als Gabe anbietet, bringt Judd ihm gerade ein Stück von dem Festbraten, das er zu Boden schleudert. Die Expedition geht nur schleppend voran. Auf einer nächtlichen Rast beobachten Judd und Harry, daß Voss Schlafwandler ist, der unbewußt den Sextanten und die Mehlsäcke zerstört. Krankheiten brechen aus: Voss liegt im Delirium, die Gestalten aus dem I. Akt tanzen um ihn. Laura erscheint und findet mit Voss zurück zum Bekenntnis ihrer Liebe. Le Mesurier verfällt dem Wahnsinn, Judd entschließt sich zur Umkehr. Eingeborene nähern sich lauernd, Le Mesurier tanzt auf sie zu, und Palfreyman, der mit ihnen verhandeln will, wird von einem Speer tödlich getroffen. Als Le Mesurier dies sieht, schneidet er sich die Kehle durch. Harry, der über sein Lied vom Vogel Phönix in immer euphorischere Stimmung gerät, stirbt an Erschöpfung. Laura liegt im Fieber und wird von den Verwandten umsorgt; sie erhebt sich und nimmt von Voss Abschied, der von Jacky mit dem Messer geköpft wird, das dieser ihm einst geschenkt hatte. Laura verfällt ins Delirium: »And Man is God decapitated.« – Epilog, im Haus von Tom und Belle, Sydney 1865: 20 Jahre nach Aufbruch der Expedition hat man in der Stadt ein Voss-Denkmal gestiftet, dessen Enthüllung nun mit einem Empfang gefeiert wird. Laura, mittlerweile Schulrektorin, provoziert in ihrem altjüngferlichen Habitus den Spott der eleganten Damen. Ein Reporter, der sie über Voss befragen will, stellt ihr Judd vor, den einzigen Überlebenden. Er habe Voss sterben sehen, mit einem Speer in der Seite. Die Legende nimmt ihren Anfang.

Kommentar: Das Problematische an Whites Vorlage liegt in der zentralen Liebesbeziehung Voss/Laura: Nachdem sie einander flüchtig begegnet sind, bleiben beide für immer getrennt; die Geschichte ihrer Liebe verläuft rein gedanklich. White sah sich später veranlaßt, eine Rechtfertigung in dem Verweis auf telepathische Phänomene zu suchen. Für die Oper indes erweist sich gerade das Irreale als Glücksfall, denn die Verknüpfung und Simultanität der Emotionen über Distanzen und kontrastierende Lebensräume hinweg läßt der Musik Raum zu einer eigenen Dimension, und umgekehrt blieben die Handlungsschritte ohne diese musikalische Verknüpfung de facto völlig unverständlich. Die schon im Libretto angelegte Zuordnung der begrifflichen Motive wird in der Komposition übersteigert, ja verdichtet, indem ständig alles mit allem zu kombinieren ist, den räumlichen und zeitlichen Ablauf des Geschehens zur Idee dessen, was den australischen Kontinent für seine weißen Bewohner konkretisiert. Denn deren seit der Kolonialzeit tradierte Identitätskrise gründet auf dem hier auskomponierten Nebeneinander inkommensurabler Lebensbereiche: der aus ihren alten Zusammenhängen gerissenen abendländischen Zivilisation der Küstenstädte und dem als feindlich empfundenen, unbesiedelbaren und für die Weißen mythenlosen Landesinnern. Für Voss, einen exzentrischen »explorer«, der, wie es in Meales Œuvre häufiger vorkommt, allegorisch den »artist« verkörpert, ist »outback« eine imaginäre Landschaft voller Phantastik: »This land is mine by right of vision. I see it out there because I have already entered it in dreams [...] It is like walking on the bottom of the sea.« Der Beziehungsreichtum der Partitur gründet in der permanenten motivischen und harmonischen Verknüpfung, so daß beispielsweise fast jedes Detail mit der zentralen Gartenszene Voss/Laura in Verbindung zu bringen ist. Die werkimmanenten Assoziationen werden erweitert durch Stilanleihen aus Repertoireopern und anglikanischer Kirchenmusik sowie mit Zitaten. Für die Dinnerparty verwendet Meale William Ellards komplette *Australian Quadrilles* (um 1845), gespielt auf einem Bühnenpiano über divergierendem Orchestersatz; bereits das Libretto bringt Zitate, etwa von Johann Wolfgang von Goethes *Jägers Abendlied* (1776). Die Nachtwachen-, Schlafwandler- und Delirienpartien des II. Akts sind der Bereich, in dem Musik, im Gegensatz zu den stärker vom gesellschaftlichen Umgang bestimmten Szenen, den Gang

der Handlung bestimmt, und hier, im schroffen Kontrast zum Sydneyer Alltag, zeigt die Partitur die größten Gemeinsamkeiten mit Meales andern Werken, vor allem mit *Viridian* (1980) für Streichorchester.
Wirkung: Nach der überaus erfolgreichen Uraufführung (Dirigent: Stuart Challender, Regie: Sharman; Voss: Geoffrey William Chard, Laura: Marilyn Richardson) wurde *Voss* bisher in Sydney (1986) und Melbourne (1987) nachgespielt.

Autograph: beim Komponisten. **Ausgaben:** Text in: [Beih. d. Schallplattenaufnahme], Sydney 1987. **Aufführungsmaterial:** Bo&Ha
Literatur: E. Wood, R. M., in: Australian Composition in the Twentieth Century, hrsg. F. Callaway, D. Tunley, Melbourne 1978, S. 159–172

Annegrit Laubenthal

Johann Valentin Meder
Getauft am 3. Mai 1649 in Wasungen (bei Meiningen), gestorben Ende Juli 1719 in Riga

Die beständige Argenia
Singspiel
Vorspiel, 5 Akte mit 4 Zwischenspielen, Schlußspiel

Text: Verfasser unbekannt (Johann Valentin Meder oder Nikolaus Florschütz?)
Uraufführung: Mitte Nov. 1680, Gymnasium, Reval
Personen: Vorspiel, Zwischenspiele, Schlußspiel: Mercurius/Merkur (T); Cupido (S); 2 Sirenen (2 S); Eris (A); Astraea (S); Mars (B); Irene (A); Venus (S); Apollo (B); Chor: Götter, Musen. **Handlung:** Lisander, thrakischer König (B); Graf Arsetes, königlicher Minister (T); Heluantes, Diener Arsetes' (B); 3 Oberste (A, 2 T); Kommandant (B); Korporal (T); Schildwache (A); Cleander, licischer König, Bruder Argenias (B); Prinzessin Sophimene, Mutter Cleanders und Argenias (A); Prinzessin Argenia (S); Cacoblethes, ein böser Rat (T); Kavalier (T); Carinthia, Argenias Kammermädchen (S); Oberst (B); Herold (T); 2 Schnapphähne (2 T). **Chor:** Soldaten
Orchester: 2 Vl, 2 Gamben, 2 Zinken, Theorbe, Streichbässe u. weitere Fundament-Instr.; für nicht komponierte BühnenM: Trp, Pkn, Schalmeien, Pfeifen, Trommeln
Aufführung: Dauer ca. 2 Std. 30 Min.

Entstehung: Meder schrieb als Kantor am Revaler Gymnasium (1674–82) diese seine erste Oper anläßlich der Beendigung des schwedisch-dänischen Kriegs (1675–79) und führte sie mit seinen Schülern auf, als die Widmungsträger, König Karl XI. von Schweden und seine ihm frisch angetraute Gemahlin Ulrike Eleonore von Dänemark, ihren Einzug in Stockholm hielten. Die Widmungspartitur wurde 1681 dem Hof übergeben.

Handlung: Vorspiel: Merkur und die Götterschar preisen den soeben gekrönten König Lisander, den Herrscher von Thrakien.
I. Akt: Im Gespräch mit seinem Ratgeber Graf Arsetes wird Lisander bewußt, daß sein Glück noch unvollkommen ist: Es fehlt ihm die »Liebste«. Nachdem Cupido seinen Schuß abgegeben hat und die Sirenen das Eheglück besungen haben, schickt er ihn zur Werbung um Prinzessin Argenia an den Hof von Licien, mit dem er sich ohnehin aussöhnen wollte. Der Diener Heluantes freut sich auf die Reise. – Zwischenspiel: Göttin Eris sinnt auf Zwist.
II. Akt: Arsetes wird samt seiner Botschaft von König Cleander und seinen Damen freundlich aufgenommen. Heluantes und das licische Kammermädchen Carinthia zeigen derweilen »niedere Minne«. Als der Gesandte verabschiedet wird, hat der böse licische Rat Cacoblethes bereits beschlossen, die sich anbahnende Fürstenhochzeit zu hintertreiben und die Kriegsflamme erneut zu entfachen. – Zwischenspiel: Astraea kündigt ihm und seinesgleichen gerechte Strafe an.
III. Akt: Lisander wiegt sich nach Rückkunft seines Gesandten in trügerischer Sicherheit: »Niemand ist glücklich im Lieben«, warnen zwei Sirenen. Lisander möchte als Held in die Geschichte eingehen und verspricht sich vom Bündnis mit Licien Rückenfreiheit für neue militärische Unternehmungen; er will Libia gegen Ponto unterstützen und fällt daher aus allen Wolken, als der angereiste Cacoblethes den Ponto-Verbündeten herauskehrt und Drohungen vorbringt. Es kommt erneut zum Krieg. – Zwischenspiel: Mars jauchzt, Irene klagt.
IV. Akt: Kampf zwischen Thrakern und Liciern. Heluantes, zum Trommler zwangsgeworben, wird bis aufs Hemd ausgeplündert. Eine thrakische Festung hält sich. – Zwischenspiel: Mercurius kündigt eine Wende zum Besseren an.
V. Akt, Garten: Die treue Argenia steht zu ihrem Wort und ist verzweifelt. Irene richtet sie auf, und als von Frieden gesprochen wird und es heißt, daß Lisander gesund sei, faßt sie neue Hoffnung. Schließlich übergibt der kriegsmüde Cleander die Braut dem ehemaligen Feind und schickt den bösen Ratgeber ins Gefängnis. Auch Heluantes, der sich als privater Glücksbote bewährt hat, bekommt seine Partnerin.
Schlußspiel: Dem Paar »auf einem königlichen Thron« huldigt auch Apoll mit seinen Musen.
Kommentar: Fast alle dargestellten Personen und Ereignisse beziehen sich auf den dänisch-schwedischen Konflikt (vgl. Werner Braun, Vorwort, s. Lit.): Die ohne Textbuch überlieferte *Beständige Argenia* ist eine Chronikoper; sie ließ befürchten, die »jetzt alliierten Potentaten« könnten sich durch diese Darstellung »touchiert« fühlen, und wurde deshalb mehrfach offiziell überprüft. Hinzu kam, daß Meder damals noch kaum Erfahrungen in der Opernkomposition hatte; zumal das Rezitativ, obwohl sorgfältig und mannigfach ausgestaltet, zeigt eine gewisse Unsicherheit. Seine ganze Stärke entfaltet er im kriegerischen IV. Akt: in der großen »Sonata di battaglia« und (mehr noch) in den bewegten Chorszenen. Hier und in den

ausdrucksvoll-ariosen Partien zehrte Meder von seinen Erfahrungen als Kirchenmusiker; die Nähe zum geistlichen Konzert ist öfter mit Händen zu greifen. In den ausgedehnten komischen Szenen bleibt der Ton volkstümlich und derb, vor allem in sprachlicher Beziehung. In den drei noch folgenden Opern scheint er flüssiger deklamiert zu haben, wie aus Indizien hervorgeht. Diese Werke sind verschollen, aber sie runden das Bild von Meder als dem unermüdlichsten Musikdramatiker im Ostseeraum vor 1710 ab.

Wirkung: Eine konzertante Wiederaufführung der *Beständigen Argenia*, allerdings ohne die Chöre, brachte das Schwedische Barockfestival in Malmö 1986.

Autograph: Kungliga bibl. Stockholm. **Ausgaben:** Part, hrsg. W. Braun: Schott 1973 (Das Erbe dt. M. 68.)
Literatur: J. BOLTE, Das Danziger Theater im 16. und 17. Jahrhundert, Hbg., Lpz. 1895, S. 145–150; Å. VRETBLAD, J. V. M. och hans opera ›Die beständige Argenia‹, in: STMf 19:1937, S. 65–79; C.-A. MOBERG, Från kyrko- och hovmusik till offentlig konsert. Studier i stormaktstidens svenska musikhistoria, in: Uppsala Univ. Årskrift 1942, H. 5, S. 42f.; W. BRAUN, Vorwort [s. Ausg.]; DERS., J. V. M.s Opernexperiment in Reval 1680, in: Beiträge zur Musikgeschichte Nordeuropas. K. Gudewill zum 65. Geburtstag, Wolfenbüttel, Zürich 1976, S. 69–78

Werner Braun

Etienne Nicolas Méhul

Geboren am 22. Juni 1763 in Givet (Ardennes), gestorben am 18. Oktober 1817 in Paris

Euphrosine ou Le Tyran corrigé
Comédie en vers mise en musique

Euphrosine oder Der bekehrte Tyrann
3 Akte

Text: François-Benoît Hoffman, nach dem Roman *Conradin* aus dem 1. Band (Juli) der *Bibliothèque universelle de romans* (1780)
Uraufführung: 1. Fassung in 5 Akten: 4. Sept. 1790, Opéra-Comique, Salle Favart, Paris; 2. Fassung in 4 Akten: 11. Sept. 1790, Opéra-Comique, Salle Favart, Paris; 3. Fassung in 3 Akten: 31. Okt. 1790, Opéra-Comique, Salle Favart, Paris; 4. Fassung mit einem neuen III. Akt: 13. Aug. 1791, Opéra-Comique, Salle Favart, Paris (hier behandelt)
Personen: Coradin, Feudalherr (H-C); Euphrosine, sein Mündel (S); Léonore, Euphrosines Schwester und auch Coradins Mündel (S); Louise, Euphrosines Schwester, ebenfalls Coradins Mündel (S); Alibour, Arzt (Bar); die Gräfin von Arles, Coradins ehemalige Verlobte (Mez); eine alte Bauersfrau (S); ein Bauer (Spr.); ein Tamburinspieler (Spr.); ein Wächter (Spr.). **Chor:** Coradins Hofstaat, Bauern, Wachen, Soldaten

Orchester: 2 Fl (1. auch Picc), 2 Ob, 2 Klar, 2 Fg, 2 Hr, 2 Trp, Pos, Pkn, Streicher
Aufführung: Dauer ca. 2 Std. – Gesprochene Dialoge. Zusätzliche Rolle in der 3. Fassung: Caron (H-C).

Entstehung: Méhul, der sich in den 80er Jahren in Paris als Komponist von Instrumentalwerken einen Namen gemacht hatte, wandte sich unter dem Eindruck von Christoph Willibald Glucks Opern dem Musiktheater zu. Mit *Euphrosine*, seinem Debüt, gelang Méhul der Durchbruch, er wurde über Nacht berühmt und galt, nicht zuletzt durch die produktive Zusammenarbeit mit Hoffman, als originellster der jüngeren französischen Opernkomponisten.
Handlung: Auf Coradins Schloß in der Provence, 12. Jahrhundert. I. Akt: große Halle; II. Akt: Coradins Gemächer; III. Akt: wie I. Akt.
Coradin, ein Misanthrop und Frauenfeind, ist weit und breit als tyrannischer Lehnsherr bekannt. Drei seiner Obhut anvertraute Schwestern, Euphrosine, Léonore und Louise, werden von einer alten Frau gewarnt: Im Schloß seien viele Menschen unrechtmäßig eingekerkert, darunter ein junger Ritter. Euphrosine beschließt, den Tyrannen zu bekehren, indem sie seinen unmenschlichen Anweisungen zuwider handelt. Die Gräfin von Arles, die von Coradin verlassen worden ist, versucht durch Intrigen, Euphrosines Pläne zu durchkreuzen. Da Euphrosine sie mit der bewußt kühnen Bemerkung reizt, Coradin werde ihr Ehemann, sucht sie seinen Unmut zu wecken. Coradin reagiert mit Eifersucht auf die Vermutung der Gräfin, daß Euphrosine in den Ritter, dessen Befreiung sie erbittet, verliebt sei. Für Euphrosine hingegen, die den Ritter gar nicht kennt, war dies nur ein Mittel, um auszuprobieren, ob der Tyrann schon bekehrt sei. Er ist es (beinah), denn der Arzt Alibour stellt dem sich unwohl Fühlenden die Diagnose: verliebt. Coradin läßt alle Gefangenen frei, nicht jedoch den Ritter, dessen Verbündete daraufhin das Schloß belagern. Während Coradin im Kampf ist, läßt die Gräfin im Namen Euphrosines den Ritter befreien. Seinen Dankesbrief an die vorgebliche Retterin spielt sie Coradin zu, der so eifersüchtig wird, daß er Alibour befiehlt, Euphrosine zu vergiften. Léonore bittet für ihre Schwester, er läßt sich erweichen, doch als er hinzueilt, um das Verhängnis aufzuhalten, hat Euphrosine den Trank bereits genommen. Alle beklagen das traurige Schicksal; Coradin ist vor Reue ganz außer sich, zumal sich Euphrosines Unschuld aufgeklärt hat. Da deckt Alibour seine List auf: Euphrosine (die davon wußte) trank nur ein Schlafmittel. Coradin, erleichtert und glücklich, bietet ihr seine Hand an.
Kommentar: *Euphrosine* bedeutet einen Meilenstein in der Geschichte der Opéra-comique. Hoffman strebte im Libretto nach höherem literarischen Niveau, als es für die Comédie-Italienne üblich war, in der noch die »comédie mêlée d'ariettes« dominierte. Dabei griff er auf Modelle der Tragédie-lyrique, des gesprochenen Dramas und der Komödie zurück, um ein Werk zu schaffen, in dem glaubwürdige Charak-

tere, dramatische Kontraste und starke Affekte entwickelt sind. Obgleich unausgeglichen, steht die Partitur deutlich über den Werken von Méhuls Vorgängern. Bezeichnenderweise sind ihre schwächsten Partien die traditionellen Nummern: der Gesang der alten Frau und Léonores Kriegsarie. Dem stehen neuartige, überraschend moderne Stücke gegenüber, darunter das große Eifersuchtsduett Gräfin/Coradin, Léonores Arie, in der sie für ihre Schwester bittet, und Coradins Verzweiflungsarie. Für den pathetischen Ton einiger Chöre orientierte Méhul sich am Modell Glucks. Um Extreme der Leidenschaft zu zeichnen, schreckte er selbst vor unregelmäßig strukturierten Phrasen und sperrigen Gesangslinien nicht zurück. Seine Behandlung von Modulation und Dissonanz ist zukunftsweisend, besonders in den affektbetonten Nummern (»Eh bien! tyran«). Die großen Formen, wie das 1. und 2. Finale, baut er aus und behandelt sie auf dynamische, an der dramatischen Situation orientierte Weise. Um weiträumige Zusammenhänge herzustellen, bediente er sich für die Orchesterpartien einer motivischen Variations- und Entwicklungstechnik nach dem Muster Haydnscher Symphonien: Das Orchester begleitet nicht nur, sondern interpretiert das Drama, der Stimme gleichberechtigt oder ihr sogar überlegen. Einerseits werden somit allgemeine Stimmungen verdeutlicht, andrerseits insbesondere negative Emotionen wie Ärger, Eifersucht und Rache durch spezifische Motive illustriert. Die ausgeklügelte Behandlung dieser Motive führt teilweise zu großräumig angelegten dramatischen Entwicklungen. Im berühmten Duett »Gardez-vous de la jalousie« (II. Akt) warnt die Gräfin Coradin vor der Eifersucht, aber ihre wahre Absicht ist es, wie das Eifersucht indizierende Motiv im Orchester gleichzeitig ankündigt, gerade dies Gefühl zu wecken; die spätere Verarbeitung zeigt schließlich, daß sie erfolgreich war. Weitere Bezüge zwischen Orchester und Personencharakteristik haben interpretierende Funktion: Einem kurzen Aufzucken von Eifersucht im Finale des II. Akts entspricht ein leises, aber unmißverständliches Zitat des Motivs in den tiefen Streichern; umgekehrt liefert im Verlauf von Coradins leidenschaftlichem Selbstvorwurf wegen der mörderischen Folgen seiner Eifersucht das Motiv die Inspirationsquelle für die orchestrale Textur des Stücks.

Wirkung: In der Uraufführung sangen Philippe (Coradin), Jeanne Charlotte Saint-Aubin (Euphrosine), Jean-Pierre Solié (Alibour), Mme. Desforges (Gräfin), Rose Gontier (Bauersfrau), Rose Renaud (Léonore) und Sophie Renaud (Louise). 1790/91 wurden die ersten drei Fassungen in Paris 32mal aufgeführt; die 4. Fassung wurde zu Lebzeiten Méhuls mehr als 150mal gegeben und hielt sich, später auch als *Euphrosine et Coradin*, bis 1829 im Repertoire der Opéra-Comique. 1900 gab es eine Neuinszenierung des Werks (Textbearbeitung: Paul Ferrier) am Théâtre de la Renaissance Paris. Die 3. und 4. Fassung wurden häufig anderorts gespielt, französisch beispielsweise in Brüssel 1792, Petersburg 1798, Hannover 1803, Bern 1809; deutsch (Übersetzung: Karl Ludwig Giesecke) in Wien 1795, Hamburg 1797, München 1798 und Budapest 1811; holländisch in Amsterdam 1798; russisch in Moskau 1816.

Autograph: BN Paris (MS 2284; unvollst.). **Abschriften:** Textb., III. Akt d. 4. Fassung: BN Paris (Th. ^{B} 283). **Ausgaben:** Part, 3. Fassung: Cousineau, Paris [1791], Nr. 239, Nachdr.: Frey, Meysenberg, Richault, Paris; Pacini, Paris, Nr. 239, Nachdr. (mit hs. Zusätzen d. neuen III. Akts aus d. 4. Fassung): Garland, NY, London 1980 (Early Romantic Opera. 38.); Textb., 3. Fassung: Aux adresses ordinaires, Paris 1791; Textb., 3. Fassung: Lüttich, Bollen 1794/95; Hbg., Fouche 1796; Textb., 4. Fassung: Paris, Barba [1795/96]; Textb., 4. Fassung, in: Suite du répertoire du théâtre français, Bd. 33, Paris 1823, S. 229–349; Textb., dt.: Wien, Wallishausser 1806
Literatur: A. C. Quatremère de Quincy, Notice historique sur la vie et les ouvrages de M. M., musicien [Séance publique de l'Académie Royale des Beaux-Arts du 2 octobre 1819], Paris 1819, auch in: Ders., Recueil de notices historiques, Paris 1834; J. N. Bouilly, Mes récapitulations, 3 Bde., Paris 1836/37; P. A. Vieillard, M., sa vie et ses œuvres, Paris 1859; E. Hanslick, M., in: Ders., Musikalisches und Litterarisches (Der »Modernen Oper« V. Theil). Kritiken u. Schilderungen, Bln. ^{2}1889, Nachdr. Farnborough 1971, S. 241–265; A. Pougin, M. Sa vie, son génie, son caractère, Paris 1889, Nachdr. Genf 1973; M. Dietz, Geschichte des musikalischen Dramas in Frankreich während der Revolution bis zum Directorium (1787–1795) in künstlerischer, sittlicher und politischer Beziehung, Lpz. ^{2}1893, Nachdr. Hildesheim, NY 1970; H. Parent de Curzon, M., sa vie et son œuvre, in: Ders., Musiciens du temps passé, Paris 1893, S. 117–172; A. Pougin, Notice sur M. par Chérubini, in: RMI 16:1909, S. 750–771; R. Brancour, M., Paris 1912 (Musiciens célèbres); H. Strobel, Die Opern von E. N. M., in: ZfMw 6:1923/24, S. 362–402; P. M. Masson, L'Œuvre dramatique de M., in: Annales de l'Univ. de Paris 12:1937, S. 523–548; G. Knepler, Die Technik der sinfonischen Durchführung in der französischen Revolutionsoper, in: Beitr. zur Mw. 1:1959, S. 4–22; W. Dean, Opera Under the French Revolution, in: Proceedings of the Royal Musical Association 94:1967/68, S. 77–96; D. Charlton, Orchestration and Orchestral Practice in Paris, 1789–1810, Diss. Cambridge 1973; R. C. Scott, ›Euphrosine‹, a Performing Edition of the First Act, Austin 1973, Diss. Univ. of Texas; D. Charlton, Motive and Motif. M. before 1791, in: ML 77:1976, S. 362–369; E. J. Dent, The Rise of Romantic Opera, hrsg. W. Dean, Cambridge 1976; E. C. Bartlet, E. N. M. and Opera During the French Revolution, Consulate, and Empire. A Source, Archival, and Stylistic Study, Diss. Univ. of Chicago 1982; J. Mongrédien, La Musique en France des Lumières au Romantisme (1789–1830), Paris 1986

Elizabeth C. Bartlet

Stratonice
Comédie-héroïque en un acte et en vers

Stratonike
1 Akt

Text: François-Benoît Hoffman, nach einer Episode aus *De Dea Syria* von Lukian von Samosata (?)
Uraufführung: 3. Mai 1792, Opéra-Comique, Salle Favart, Paris
Personen: Séleucus/Seleukos, König von Syrien (T); Antiochus/Antiochos, Séleucus' Sohn (H-C); Erasistrate/Erasistratos, Arzt (B); Stratonice/Stratonike, Prinzessin, Séleucus' Verlobte (S); 2 Koryphäen (2

S); Wache (Spr.). **Chor, Statisterie:** Gefolge und Bedienstete des Antiochus, Wachen, Volk
Orchester: 2 Fl, 2 Klar, 2 Fg, 4 Hr, Pos, Pkn, Streicher
Aufführung: Dauer ca. 1 Std. 15 Min. – Gesprochene Dialoge.

Entstehung: Noch während *Euphrosine ou Le Tyran corrigé* (1790) und *Cora* (Paris 1791, Text: Valadier) geprobt und aufgeführt wurden, machte sich Méhul mit dem für viele Musiker arbeitenden Hoffman in außerordentlichem Arbeitseifer an die Komposition des nächsten Werks, *Stratonice*, und auch von *Adrien*, dessen Aufführung 1792 an der Opéra verboten wurde und erst 1799 zustande kam. – Die Geschichte von König Seleukos I., der 298 als Zweitfrau Stratonike heiratete, die Tochter seines späteren Feinds und Gefangenen Demetrios I., seinen Sohn Antiochos zum Mitregenten über das Seleukidenreich machte und ihm 293 Stratonike abtrat, diente bereits der antiken Literatur als Stoffvorlage, so Plutarch, Lukian und Appianos. Später griffen Francesco Petrarca und die Novellisten der italienischen Renaissance die Fabel auf. Als Hoffman das Sujet seinem Libretto für Méhul zugrunde legte, hatte es auch auf dem französischen Sprech- und Musiktheater bereits eine lange Tradition. Sie setzt um die Mitte des 17. Jahrhunderts ein. Die älteste Behandlung ist offensichtlich der III. Akt, »L'Amour d'Antiochus et de Stratonice«, der Komödie *Le Triomphe des cinq passions* (1642) von Gillet de La Tessonnerie; von Philippe Quinault gibt es eine Tragédie-comédie *Stratonice* (1660), von Thomas Corneille eine Tragödie *Antiochus* (1666), die Hoffmans Libretto beeinflußt hat; 1758 gab die Foire de Saint-Germain eine »pièce à ariettes« *Le Médecin de l'amour* von Louis Anseaume mit Musik von Jean-Louis Laruette. In Einzelakten wurde der Stoff dargestellt in Campras Opéra-ballet *Les Muses* (Paris 1703, Text: Antoine Danchet) sowie in Rameaus Opéra-ballet *Les Fêtes de Polymnie* (Paris 1745, Louis de Cahusac). Die italienische Oper kennt eine dichte Folge von Vertonungen des Stoffs, angefangen von Cavallis *Antioco* (Venedig 1658) über Draghis *Zaleuco* (Laxenburg 1675; Texte: Niccolò Graf Minato), Legrenzis *Antioco il grande* (Venedig 1681, Text: Girolamo Frisari), Gasparinis *Antioco* (Venedig 1705, Apostolo Zeno und Pietro Pariati), Hasses Erstlingswerk *Stratonice* (Braunschweig 1721, Barthold Feind nach Zeno und Pariati), Arajas *Seleuco* (Moskau 1744, Giuseppe Bonecchi), Angelo Tarchis *Antioco* (Mailand 1787, Ferdinando Moretti) bis zu Bianchis *Seleuco re di Siria* (Venedig 1791, Mattia Butturini) und vielen andern.

Handlung: Am Hof von König Seleukos I., um 300 v. Chr.; Antiochus' Kammer mit einer Liegestatt in antiker Art: Antiochus ist ohne erkennbaren Grund schwer erkrankt, und Trauer breitet sich am Hof aus. Die tiefere Ursache von Antiochus' Leiden bildet seine Liebe zu Stratonice, die allerdings sein Vater, König Séleucus, zu ehelichen wünscht. Antiochus wird von der Mitteilung dieser Beziehung vollends niedergeworfen. Der herbeigerufene berühmte Arzt Erasistrate ahnt zwar die Wahrheit, doch erst ein Zufall führt zur Entdeckung von Antiochus' Geheimnis: Beim Anblick der unbemerkt eintretenden Stratonice schnellt der Puls des Patienten so deutlich in die Höhe, daß der Arzt sich bestätigt sieht. Entschlossen, den Liebenden zu helfen, macht er Séleucus glauben, Antiochus begehre seine, Erasistrates, Frau. Als daraufhin Séleucus versucht, den Arzt zur Scheidung zu bewegen, fragt dieser ihn, was wäre, wenn Stratonice Antiochus' Ausersehene sei. Séleucus fordert von Stratonice den Schwur ewiger Treue, den sie ihm verwirrt leistet. Seinem Sohn befiehlt er, ihm selbst das Geleit zum Traualtar zu geben. Als sich Antiochus dazu bereit zeigt, entsagt Séleucus, von so großer Kindestreue und Ergebenheit gerührt, seiner Liebe zu Stratonice und vereinigt das Paar.

Kommentar: Was die Literatur und speziell die Opernbühne am Ende des 18. Jahrhunderts an der archaisch anmutenden, gleichwohl historischen Erzählung von Seleukos primär faszinierte, war das spannungsgeladene Problem der in einem Vater und seinem Sohn zur selben Frau entbrannten Liebe, wobei im Übergang von der Aufklärung zum Klassizismus der französischen Republik das Ideal des aufgeklärten guten Menschen gleichsam verabsolutiert wird: Die Hauptfiguren sind im Grunde alle gut, und Großmut führt das glückliche Ende herbei, eine Bedeutungstendenz, die auch die klassizistische Malerei aufnimmt, zumal ihr französischer Hauptrepräsentant Jacques Louis David, der 1774 mit seinem noch in Bildern Jean Auguste Dominique Ingres' von 1840 und 1866 fortlebenden Gemälde *Erasistratos entdeckt die Ursache der Krankheit des Antiochos* den Premier Grand Prix der Académie des Beaux-Arts gewann. Der Verzicht Hoffmans auf jedes Beiwerk bei der Nachgestaltung des Stoffs, auf jede Ausschmückung der in einem Akt zusammengedrängten Geschichte wie die anspruchsvolle Sprache und Form der Versdichtung geben dem Libretto eine große Härte und Strenge. Zugleich verstärkt sich deren Tendenz zur Kühle noch, die mit dem klassizistisch-gestenstarken Pathos der Malerei Davids korrespondiert. Wenn Arthur Pougin den Stoff »un peu nu, un peu froid« nennt und vom Textbuch sagt, es sei »d'une intimité quelque peu rigide et sévère« (S. 64, s. Lit.), beschreibt er genau den Grundcharakter des neuen plebejischen Heroismus, den diese »comédie-héroïque« reflektieren will. – Der dramaturgischen Dichte entspricht die musikalische Konzentration in den durch die Dialoge abgegrenzten Nummern, die sich vordergründig der Opéra-comique-Typen bedienen, diese aber vom sentimental-unverbindlichen Ton zu einer tragisch-wahrheitsvolle Gefühle und Empfindungen ausdrückenden Musiksprache führen. Paradigma der gebündelten Aussage ist das von Luigi Cherubini und andern immer wieder gerühmte ausgedehnte Quartett, das in seiner additiven, szenenübergreifenden Anlage in nuce ein Kettenfinale darstellt. Der einzige Satz im gesamten Werk, der die Titelheldin beteiligt (sie tritt als letzte der vier Protagonisten zur Anrufung der

Götter hinzu), lebt von einem einzelnen Motiv und wird zum Dreh- und Mittelpunkt des Werks. Er besetzt den Zuschauer förmlich in seiner antikischen Größe, schlichten Noblesse und gleichermaßen anrührenden Einfachheit. Die die Handlung eigentlich tragenden männlichen Rollen werden in ihrem Wollen und Klagen, ihren Leiden und Hoffnungen und ihrer Anteilnahme situationsgerecht mit ausgesuchter melodischer, harmonischer und instrumentatorischer Gestaltungskraft zu empfindungsstarken Figuren geformt. Méhuls tragischer Ernst tritt besonders hervor in der von einer Bratsche und den Fagotten zu einem Orgelpunkt der Bässe in Pianohalben begleiteten Vision Stratonices im Mittelteil der Arie »Oui, c'en est fait«, in der Antiochus zur Erlösung von seinen Liebesqualen den Tod herbeifleht. In der und bis zu einem gewissen Grad über monotone Gestaltungszüge evozierten Trauer wird auch das Bewußtsein deutlich, der einaktigen Anlage eine beinah bildhafte Geschlossenheit geben zu wollen. Sie verschließt sich exzentrischen Mitteln, die nach außen drängen und die Einheitlichkeit sprengen könnten. Die angestrebte und von der frühen Kritik auch erkannte antikische Reinheit bei der Behandlung des Sujets wußte Méhul mit einer Musik auszustatten, die Einfachheit mit Schlichtheit und Einfallsreichtum vereinte.

Wirkung: Publikum und Kritik waren nach der Uraufführung mit Philippe (Séleucus), Louis Michu (Antiochus), Jean-Pierre Solié (Erasistrate) und Louise-Rosalie Dugazon (Stratonice) erstaunt und verwirrt angesichts des ernsten, gewichtigen Tons des Werks, der nicht recht in die Opéra-Comique zu passen schien, der andrerseits einer Umarbeitung zu einer Opéra entgegenkam. 1792 gab das Théâtre de Vaudeville die *Stratonice*-Parodie *Nice* von Jean-Baptiste Denis Desprès und Joseph Alexandre de Ségur. Nach 20 Aufführungen 1792/93 ab 1794 erneut auf dem Spielplan der Opéra-Comique, wurde *Stratonice* zu einem großen Erfolg. Er war auch durch das erzwungene Ausscheiden von Dugazon, der man eine zu enge Freundschaft mit Marie Antoinette vorwarf, nicht aufzuhalten. Michu trat als Antiochus zuletzt 1799 auf, nachdem er 1798 seinen Abschied von der Opéra-Comique angekündigt hatte. 1800 sang Jean Baptiste Sauveur Gavaudan erstmals den Antiochus. Er war kein ausgesprochener Haute-contre, und die Partie wurde offenbar seinen Belangen angepaßt, die herausragende Arie »Oui, c'en est fait« bis spätestens 1801 zum Bedauern vieler Rezensenten ausgelassen. Besondere Auszeichnung erfuhr *Stratonice* durch eine Aufführung mit Cherubinis *Les Deux journées* (1800), die am 16. Sept. 1801 aus Anlaß der Fusion der Theater Favart (der alten Comédie-Italiene) und Feydeau nun in der Salle Feydeau stattfand. Der zu Lebzeiten Méhuls rund 200mal gespielte Einakter eroberte bald auch andere Bühnen Europas: Nachweisbar sind französischsprachige Aufführungen in Lyon 1792, Brüssel 1796, Köln 1796/97, Petersburg 1798, Bern und Moskau 1810. In deutscher Übersetzung von Karl Alexander Herklots gab man das Werk 1815 in Berlin. »Die Musik ist meistens zweckmässig«, urteilte die *Allgemeine musikalische Zeitung* (s. Lit.), »aber in dem besten Stück, dem trefflichen Quartett, als Theatermusik zu lang.« Es sangen Friedrich Eunicke, Heinrich Stümer, Heinrich Blume und Josephine Schulze. In russischer Übersetzung von Fjodor Kokoschkin erschien das Werk 1820 in Petersburg. Mit besonderen geschichtlichen Ereignissen ist die Entstehung der Rezitativfassung von *Stratonice* verknüpft: Zum Zeichen der Trauer um Charles Ferdinand Herzog von Berry, auf den am 13. Febr. 1820 beim Verlassen der Opéra (im Théâtre-National in der Rue Richelieu) ein Attentat verübt worden war, hatte die Regierung beschlossen, das Theater abzureißen und ein neues zu errichten. Aus diesem Grund mußte die Académie Royale für 13 Monate in die Salle Favart umziehen. Da auf deren kleiner Bühne viele Stücke des Repertoires nicht realisiert werden konnten, entschied man, unter anderm *Stratonice* zu übernehmen und mit Rezitativen zu versehen. Die Umarbeitung wurde Méhuls Neffen und Schüler Louis Joseph Daussoigne-Méhul übertragen. Er strich etwa 60 Dialogverse, die für das Verständnis nicht notwendig waren, und vertonte die übrigen, ohne den Text anderweitig anzutasten. Die Vertonung erfolgte im Geist Méhuls, wobei Daussoigne-Méhul auch einige Formeln und kurze Motive aus Méhuls Oper entlehnte, um die Rezitative nahtlos in das Werk einzubinden; Méhuls Musik selbst blieb weitgehend unangetastet. Die Sänger der Aufführung von 1821 an der Opéra waren Louis Nourrit, Lafeuillade, François Lays und Mlle. Grassari. 1825 wurde die Opéra-Version in Brüssel gegeben. In Paris hielt sich *Stratonice* bis weit in die 20er Jahre, wobei das Werk während der Aufführungen der Rezitativversion an der Opéra weiter auf dem Spielplan der Opéra-Comique erschien. Man konnte *Stratonice* also eine Zeitlang in beiden Versionen hören, und 1826 sang derselbe Lafeuillade den Antiochus an der Opéra-Comique.

Autograph: BN Paris (MS 2317) [rev. Version d. Arie »Oui, c'en est fait«]. **Ausgaben:** Part: Cousineau, Paris [1792]; Lawalle L'Ecuyer, Paris; Magasin de Musique, Paris; Meysenberg, Paris [1821], Nr. 82; Richault, Paris; Part, Faks.-Nachdr: Pendragon, NY [in Vorb.] (French Opera in the 17th and 18th Centuries. 72.); Textb.: Nancy, Guivard [1792]; Lyon, Garnier 1792; Paris, Chez les principeaux libraires [1794]
Literatur: [Rez.], in: AMZ 17:1815, Sp. 642; W. STECHOW, The Love of Antiochus with Faire Stratonica, in: Art Bull. 27:1945, S. 221–237; weitere Lit. s. S. 34

Klaus Hortschansky

Mélidore et Phrosine
Drame-lyrique en trois actes

Mélidore und Phrosine
3 Akte

Text: Antoine Vincent Arnault und Gabriel Marie Jean Baptiste Legouvé, nach dem »poème en quatre chants« *Phrosine et Mélidore* (1772) von Pierre-Joseph Bernard

Uraufführung: 6. Mai 1794, Opéra-Comique, Salle Favart, Paris
Personen: Aimar (B); Jule, sein Bruder (T); Phrosine, Schwester von Aimar und Jule (S); Mélidore (H-C); ein junges Mädchen (S); ein junger Mann (H-C); 4 Bauern (T, B, 2 Spr.). **Chor, Statisterie:** Freunde Mélidores, Gefolgsleute und Dienerschaft Jules, bäuerliche Bewohner der Insel, Seeleute
Orchester: Picc, 2 Fl (1 auch Picc), 2 Ob, 2 Klar, 2 Fg, 4 Hr, 2 Pos, Pkn, Streicher; BühnenM: 2 Hr
Aufführung: Dauer ca. 3 Std. – Gesprochene Dialoge.

Entstehung: Arnault schreibt in seinen *Souvenirs d'un sexagénaire* (1833), er selbst habe in seiner Begeisterung über Bernards Dichtung diese Méhul zur Vertonung empfohlen. Nach seiner Fertigstellung wurde das Textbuch Jean Baudrais vorgelegt, einem der republikanischen Funktionäre, die die Aufgaben der mit der Freiheit der Theaterhäuser 1791 offiziell aufgehobenen Zensur wahrnahmen. Baudrais stellte in Arnaults Text zwar keine unmittelbar antirepublikanischen Tendenzen fest, rügte aber die dem Geist der neuen Zeit widersprechenden Charaktere. Auch sollte das kein einziges Mal erscheinende Wort »liberté« hinlänglich oft in den Text eingeflochten werden. Bei der nachträglichen Ausrichtung seines Buchs an den Idealen republikanischer Gesinnung erwuchs Arnault Hilfe von seiten Legouvés, der ohne Rücksicht auf unvermeidliche Anachronismen die gesprochenen Dialoge gemäß den Weisungen der Zensur umschrieb. Entgegen der Angabe »17 Germinal, l'an second de la République« (6. April 1794) in Partitur und Libretto hat die Uraufführung laut Arthur Pougin (s. Lit.) sowohl nach den Regesten des Theaters als auch nach den Programmen und Rezensionen, vielleicht aufgrund der Einwände der Zensur, erst am »17 floréal« (6. Mai) stattgefunden.
Handlung: In Messina und auf einer benachbarten Insel.
I. Akt, Garten mit Ausblick auf das Meer und eine Insel: Phrosine liebt Mélidore. Standhaft widersetzt sie sich dem Wunsch ihres Bruders Aimar, der seit dem Tod des Vaters ihr gegenüber dessen Stelle eingenommen hat und sie mit dem standesgemäßen Roland verheiraten möchte. Sie vertraut auf die Unterstützung ihres andern Bruders Jule. Er ist ihr seit Kindertagen besonders zugetan und verspricht ihr seinen Beistand. Als er aber erfährt, daß es Mélidore sei, den Phrosine liebe, bricht er in eifersüchtige Wut aus und stellt sich auf die Seite Aimars. Schaudernd willigt Phrosine in Mélidores Vorschlag ein, nachts auf die benachbarte Insel zu fliehen, um von dem dort lebenden Eremiten getraut zu werden. Aimar, der die geheime Unterredung der Liebenden belauscht hat, fordert Mélidore zum Zweikampf. In der Heftigkeit seines Zorns verwundet sich Aimar mit der eigenen Waffe. Freunde bringen Mélidore vor dem nahenden Jule auf ein Schiff in Sicherheit. Jule verspricht dem sterbenden Aimar, seinen Tod zu rächen. Verzweifelt beteuert Phrosine die Unschuld ihres Geliebten.
II. Akt, Ufer mit Felsgrotte und Ausblick auf Messina: Mélidore ist allein auf die Insel geflohen. Den Verlust Phrosines beklagend, sehnt er sich nach einem baldigen Ende. Seine Rufe nach dem Eremiten bleiben ungehört. Er entdeckt dessen Testament, in der der Finder aufgefordert wird, den Leichnam zu bestatten und die Kutte zum Schutz vor den Stürmen des Lebens anzulegen. In der Hoffnung, daß ihm nach seinem Tod gleiches widerfahre, entspricht Mélidore dem Wunsch des Verstorbenen. Die Bewohner der Insel danken dem vermeintlichen Eremiten für seinen Beistand in einem Sturm und bringen ihm zu essen. Jule sucht den Einsiedler auf und bittet ihn um Hilfe, Mélidore zu finden, an dem er Aimar rächen wolle. Die Auskunft, der Gesuchte sei nicht mehr am Leben, schockiert Phrosine, die das Gespräch mit angehört hat. Wieder zu sich kommend, erkennt sie Mélidore, doch gewahrt sie dessen Gefährdung durch Jule und verstellt sich. Jule zieht sich zurück und überläßt Phrosine der Obhut des Eremiten. Mélidore berichtet, wie er entflohen sei. Phrosine verspricht, in der kommenden Nacht zu ihm zurückzukehren.
III. Akt, Felsenpartie am Meerufer mit Leuchtfeuer: Mélidore setzt zwar das verabredete Feuersignal, Gewitter und Sturm verhindern jedoch einen sicheren Kurs von Phrosines Kahn. Sie springt ins Meer, um die Insel schwimmend zu erreichen. Zu seinem Entsetzen erblickt Mélidore ein Boot, das mit Mühe ans Ufer gelangt. Nicht Phrosine entsteigt ihm, sondern Jule, der Mélidore berichtet, er sei, von seinem Diener informiert, Phrosine gefolgt. Als er sie vor der Flut in den Fluten retten wollte, habe sie die Fackel seines Boots mißdeutet und im Glauben, es sei Mélidore, der ihr zu Hilfe komme, überglücklich dessen Namen ausgerufen. Daraufhin habe Jule sie aus Eifersucht ihrem Schicksal überlassen. Mélidore stürzt sich ins Meer, um die Geliebte zu retten oder ihr in den Tod zu folgen. Jule bedauert sein Vergehen und betet, von Gott dafür bestraft zu werden. Plötzlich vernimmt er Mélidores Stimme und eilt ihm mit den Seeleuten zu Hilfe. Phrosine ist gerettet, der Geliebte hat sie den Fluten entrissen.
Kommentar: Das Handlungsgerüst läßt deutlich das Motiv der Sage von Hero und Leander erkennen, wie sie vor allem aus Ovids *Heroides* (um 10 v. Chr.) über die Jahrhunderte hinweg allenthalben bekannt war. Die Umstrukturierungen (nicht der Liebhaber, sondern die Geliebte schwimmt; nicht die der Gottheit versprochene Keuschheit einer Priesterin, sondern allein die Familienehre verhindert das Liebesbündnis; statt Heiligmäßigkeit des einen Partners soll plumpe Verkleidung als Eremit geistlich-moralische Weihe symbolisieren) geben, neben weiteren Abwandlungen, der Fabel einen romanhaft-trivialen Aspekt, der für die neu aufkommende Sentimentalität der 2. Hälfte des 18. Jahrhunderts ebenso charakteristisch ist wie für die »melodramatische«, auf starke Kontraste zielende, letzten Endes moralische Orientierungslosigkeit der jungen Republik. Deren Wertesystem spiegelt sich nicht zuletzt in den durch sich selbst sich rechtfertigenden sieg- und glückhaften Handlungen, wie sie auch Méhuls *Mélidore et Phrosine* in Abwandlung des

tragischen Schlusses der Vorlage bietet. Das antikisierende Milieu ist zugunsten einer Hinwendung zu Jean-Jacques Rousseaus Naturideal und zur mit Todesgefahren spielenden Phantastik des Revolutionspathos aufgegeben, die sich mit den Pilger- und Seemannschören sowie den rein musikalischen Naturdarstellungen, etwa in der Sturmszene im III. Akt, zu einem markanten Beispiel einer frühen französischen romantischen Oper verbindet. – Die Musik zu *Mélidore et Phrosine* ist von ungewöhnlicher klanglicher Härte und dramatischer Gewalt und überbietet alle bis dahin etwa mit Le Sueurs *La Caverne* (1793) und andern Werken der 90er Jahre bereits eingeführte Schroffheit noch beträchtlich. Schon die mit der Oper in ihren materialen Strukturen verbundene Ouvertüre zeigt einen heftigen, wild-erregten Stil, der noch in Beethovens *Coriolan-Ouvertüre* (1807) nachwirkt. Mit ausgefallenen harmonischen und melodischen Mitteln, Wanderung durch oft weit entfernte Molltonarten, abrupte Wechsel zwischen Dur und Moll, ausgiebige Verwendung von Chromatik in der Melodie und den Mittelstimmen, häufige Tempowechsel, wird eine musikalische Dramatik erzeugt, in der nach den Worten des Librettisten »l'attendrissement et la terreur y sont portés au plus haut degré« (Pougin, S. 97, s. Lit.). Bemerkenswerte Einfälle bei der Instrumentation unterstützen diesen Gesamteindruck. – Dem Bedürfnis nach größtmöglicher musikalischer, bis zur Bizarrerie gesteigerter Effektivität trägt auch das Bemühen Rechnung, die vorgegebene Aufführungsbedingung des Wechsels von Musiknummern und gesprochenen Dialogen zu unterlaufen, indem immer wieder größere musikalische Komplexe gebildet werden, angefangen vom Finale des I. Akts über das am Ende durch Phrosine kurzfristig zum Terzett erweiterte Duett des II. Akts sowie die Verknüpfung der Arie Mélidores mit dem Chor der Inselbewohner im II. Akt durch einen rezitierenden Satz bis hin zum III. Akt, der, ähnlich wie in Kreutzers *Paul et Virginie* (1791), fast ausschließlich aus durchgehender, als eine Art von durchkomponierter Form aufzufassender Musik besteht. Eine Vermittlungsrolle zwischen bemerkenswerterweise versifiziertem Dialog und Nummernmusik nimmt auch das dem Formenrepertoire der Opéra-comique entstammende, mit Zügen des Accompagnatos ausgestattete Melodram im III. Akt ein, das ganz romantisch in einer unheimlichen nächtlichen Szene eingesetzt wird und auf die Wolfsschluchtszene in Webers *Freischütz* (1821) vorausweist. Bezeichnend sind ferner Überleitungspassagen von den Dialogen zu den Nummern und umgekehrt. Zur musikalischen Überbrückung der Dialoge trägt schließlich bei, daß Méhul immer wieder motivische Beziehungen zwischen den Nummern herstellt und Erinnerungsmotive in größerem Umfang einsetzt, denen eine psychologisierende Funktion zukommt. Nicht zu verkennen ist, daß in *Mélidore et Phrosine* die Naturumgebung der Schauplätze und ihre Atmosphäre wie die ruhige oder stürmische See, die isolierende Insel oder die Dunkelheit als ständiger Hintergrund der Handlung eine Musik evozieren, die den eigentlich frühromantischen Reiz der Oper ausmacht und wohl erstmals mit ihrer eigenen Sprache auf nicht mehr Sicht- und Zeigbares verweist. Die bisher unbekannte Intensität und neue musikalische Darstellungsart macht diese an sich bekannten Topoi der Sturmmusik oder der Pilger- und Seemannschöre bei Méhul zu Sinnbildern der menschlichen Gefühle der Handlungsträger, bei denen höchstens im Fall der Sturmmusik Kreutzers *Paul et Virginie* als mögliches direktes Vorbild Pate gestanden haben könnte. Figuren wie die Seeleute, Bauern und Pilger entstammen dem plebejischen Element der Opéra-comique-Tradition und tragen nun zum Lokalkolorit bei. Die individuellen Emotionen der Protagonisten, besonders die dunkleren Leidenschaften seiner Bösewichte, die etwas Besessenes und Dämonisches an sich haben, entfalten sich kontrastreich vor einem die humanistischen Ideale glorifizierenden Happy-End. Diese Passion für das Düstere ist ein Reflex der künstlerischen und persönlichen Schwierigkeiten, die sowohl der Textdichter als auch der Komponist mit der Ordnungsmacht einer richtungslosen politischen Übergangsphase hatten. Die Bedeutung des Werks ist vor allem darin zu sehen, daß es zur Ausbildung eines neuen Szenen-, Formen- und Stimmungsvorrats der romantischen Oper einen wesentlichen innovativen Beitrag geleistet hat, der in seiner Heftigkeit und Exzentrizität vor dem Hintergrund des alle Sinne im höchsten Maß beschäftigenden »terreur« über das Ziel einer formalen und inhaltlichen Bändigung hinausgeschossen sein mag, der dennoch unerschöpfliche Impulse für die zukünftige Entwicklung der deutschen und französischen musikalischen Romantik weitergegeben hat.

Wirkung: Nach seiner Premiere mit Simon Chenard (Aimar), Jean-Pierre Solié (Jule), Jeanne Charlotte Saint-Aubin (Phrosine) und Louis Michu (Mélidore) wurde das Werk im Mai bis Juli mehrfach, im Aug. 1794 jedoch bereits nur noch einmal gegeben. Nach Meinung einiger Journale war Solié der Rolle des Jule nicht gewachsen, sie wurde später von Jean Elleviou verkörpert; Mélidore ging möglicherweise an Jean Baptiste Sauveur Gavaudan über. 1795 stand *Mélidore et Phrosine* für fünf weitere Aufführungen auf dem Spielplan der Opéra-Comique, um danach in Vergessenheit zu geraten. Wünschenswerte Änderungen wurden ebensowenig ausgeführt, wie eine Umarbeitung in durchkomponierter Form für die Opéra zustande kam. Der musikalisch harte Stil und die große Traurigkeit stießen in einer richtungslosen Zeit ziemlich von Anfang an auf Ablehnung. Pläne einer Neuauflage 1799 wurden durch Einwände der Gesellschafter des Favart vereitelt, die sich ausdrücklich gegen die »passion coupable de Jule« richteten.

Autograph: Verbleib unbekannt. **Ausgaben:** Part: Cousineau, Paris [1794]; Magasin de Musique, Paris [ca. 1806]; Meysenberg, Paris [ca. 1820]; Part, Faks.-Nachdr.: Pendragon, NY 1990 (French Opera in the 17th and 18th Centuries. 73.); Kl.A (Arien u. Duette) v. L. E. Jadin: Imbault, Paris [1794]; Textb.: Paris, Maradan 1794
Literatur: s. S. 34

Klaus Hortschansky

Ariodant
Opéra en trois actes

Ariodant
3 Akte

Text: François-Benoît Hoffman, nach einer Episode aus dem 5. und 6. Gesang des Epos *Orlando furioso* (1516) von Ludovico Ariosto
Uraufführung: 11. Okt. 1799, Opéra-Comique, Salle Favart, Paris
Personen: Edgard, König von Schottland (T oder Bar); Ina, seine Tochter (S); Othon, Herzog von Irland (T); Ariodant, ein italienischer Ritter (H-C); Lurcain, sein Bruder (B); Dalinde, Kammerfrau Inas (S); ein Barde (H-C); 4 Freunde Ariodants (4 Spr. en bloc); 2 von Othon gedungene Fluchthelfer (2 B); eine Wache (Spr.). **Chor, Statisterie:** Gefolge König Edgards, Freunde Lurcains, Soldaten, Wachen, Diener, Dienerinnen, Volk
Orchester: 2 Fl (auch Picc), 2 Ob, 2 Klar, 2 Fg, 4 Hr, 2 Trp, Pos, Pkn, Hrf, Streicher
Aufführung: Dauer ca. 2 Std. 30 Min. – Gesprochene Dialoge. Vier Tänze auf dem Gartenfest des II. Akts.

Entstehung: Seine mit *Euphrosine ou Le Tyran corrigé* (1790) errungene führende Position im Pariser Musikleben festigte Méhul mit *Stratonice* (1792). Obwohl auf weite Strecken, vor allem in der Behandlung der Chöre, noch an Christoph Willibald Gluck orientiert, geht diese »comédie-heroïque« doch wesentlich über das Vorbild hinaus: Typisch für die Revolutionszeit ist die klassisch-akademische Stilhöhe des Librettos (ein Merkmal, das bisher den an der Académie Royale aufgeführten Werken vorbehalten war), der das Pathos des deklamatorischen Vokalstils und der auf größte dramatische Wirkung gerichtete Einsatz von Chor und ungewöhnlichen Instrumentationseffekten entsprach. Méhuls kompositorisches Schaffen in den folgenden Jahren stand weitgehend im Zeichen seines Engagements für eine kulturelle Erneuerung des Musiklebens. Auf dem Gebiet der Oper reicht die Spanne von revolutionären Tendenzstücken (*Le Congrès des rois*, Paris 1794, Text: Demaillot; komponiert zusammen mit elf weiteren Komponisten) bis zu solchen Werken, in denen der Geist der neuen Zeit als Ferment innovativen Komponierens wirksam wurde: *Mélidore et Phrosine* (1794), *Le Jeune Henri* (Paris 1797, Text: Jean Nicolas Bouilly), dessen Ouvertüre das Publikum der Opéra-Comique über 30 Jahre begeisterte, und *Adrien* (Paris 1799, Text: Hoffman). – *Ariodant* ist in der für die Pariser Theaterszene nicht untypischen Konkurrenzsituation entstanden. Das Sujet bildete auch das Handlungsgerüst für Henri Montan Bertons *Montano et Stéphanie* (15. April 1799). Unter anderm verarbeitete William Shakespeare diesen Stoff in seiner Komödie *Much Adoe About Nothing* (1598), was in Paris um 1800 bekannt war. Méhul dedizierte seine Partitur Luigi Cherubini als Gegengabe für *Médée* (1797), die dieser ihm gewidmet hatte. Beide Musiker verband über ihre kollegiale Tätigkeit am Conservatoire hinaus eine lebenslange Freundschaft.

Handlung: Im Palast König Edgards von Schottland, zur Zeit König Artus' und seiner Tafelrunde.
I. Akt, zwei durch eine Galerie verbundene Pavillons: Ariodant liebt Ina und will sie heiraten. Der einst von Ina vor ihrer Begegnung mit Ariodant durchaus ermutigte Nebenbuhler Othon sucht dies zu verhindern und stiftet mit der Kammerfrau Dalinde eine Intrige an. Ausgangspunkt dafür ist das seit alters an Edgards Hof geltende Gesetz, daß eine junge Frau zum Tod verurteilt werden kann, die vor ihrer Verheiratung nachts einen Liebhaber empfangen hat. Edgard würde zwar einer Verbindung seiner Tochter mit Othon, dem er seit langem freundschaftlich verbunden ist, den Vorzug geben, doch hat er nun einmal Ina das Recht zugestanden, den künftigen Gemahl selbst wählen zu dürfen. Für den Abend ist ein Fest geplant, zu dem Edgard alle Anwesenden einlädt, um Inas Entschluß zu erfahren. Othon beleidigt Ina, die seine Rache fürchtet, und verabredet sich mit Ariodant zu einem heimlichen Treffen.
II. Akt, Garten und Palast in nächtlicher Festbeleuchtung, seitlich die rückwärtigen Teile von Inas Gemächern mit einem großen Balkon: Während des Fests treffen sich Ina und Ariodant, Othon und Ina: alle mit unterschiedlichen Gemütsbewegungen in Erwartung der geheimnisvollen Verabredung Ariodants mit Othon. Dieser jedoch sucht nicht den erwarteten Kampf, sondern will Ariodant beweisen, daß er Inas Liebhaber ist. Deshalb steigt er in Gegenwart Ariodants, Lurcains und der Freunde auf den Balkon, wo er auf die als Ina verkleidete Dalinde trifft. Als nach Dalindes Flucht Othons Mantel und Schal gefunden werden, erscheint die Schuld eindeutig: Ina wird festgenommen und soll zum Tod verurteilt werden.
III. Akt, Gerichtshalle: Othon suggeriert dem verzweifelten Vater, daß es noch eine Lösung gebe, und macht sich Hoffnung, daß Ina ihn nun akzeptieren werde. Sie jedoch weist ihn zurück und möchte lieber sterben als ihn heiraten. Währenddessen sollten Vertraute Othons Dalinde im nahen Wald umbringen, sind jedoch daran durch Ariodant gehindert worden. In der Verhandlung tritt Dalinde in der Verkleidung Inas auf und macht damit allen den Irrtum sichtbar, dem sie aufgesessen waren. Othon flieht, von Lurcains Freunden verfolgt. Ina verzeiht Dalinde den Verrat, und alle feiern den glücklichen Ausgang.
Kommentar: Der gestochenen Partitur schickte Méhul auf zwei Seiten »Quelques réflexions« voraus, in denen er die permanente und ohne ausreichenden Sachverstand geführte Diskussion über Opern beklagt und nichts weniger als eine »poétique musicale« vorschlägt, in der vor allem das Genre, also die Gattungstypen, zu beachten seien; detaillierte Ausführungen zu seinen Vorstellungen und Innovationen gibt er aber nicht. Wie die Widmung an Cherubini andeutet, versteht sich Méhul als Weggefährte und auch Fortsetzer jenes teils hochdramatischen, teils heroischen, klassizistisch-chevaleresken Operntypus, der in dessen *Mé-*

dée exemplarisch realisiert worden war und den auch er mit *Euphrosine* und *Stratonice* aufgegriffen hatte. Wenn die zeitgenössische Kritik dem Werk »un genre absolument nouveau« (Arthur Pougin, S. 189, s. Lit.) bescheinigte, so zielte dies offensichtlich auf die Vielfalt der Stile, die über das ein ganzes Werk wie die *Médée* zusammenhaltende, teilweise statisch wirkende Pathos weit hinausgeht und diese Partitur beinah zu sprengen droht. Das Übermaß an Energie, Enthusiasmus und Ausdruck auf der einen Seite, eine romantisch verzaubernde Farbenvielfalt und Melodiesprache auf der andern Seite dürften in kaum vorstellbarer Weise aufgerüttelt haben und öffneten die Grenzen des Typus beinah schon für die erst 30 Jahre später aufkommende Grand opéra. Daß in dem einzigen geballten Kraftakt, den die Partitur darstellt, auch die völlig undramatische Romanze »Femme sensible« (II. Akt) des Staffagebarden immer wieder begeistert aufgenommen wurde, kennzeichnet die in einem Höchstmaß aufgeladene innere Widersprüchlichkeit des Werks. Die wahrhaft wutschnaubende Musik mit dem großen pathetischen Gestus namentlich Othons, die sehr oft auf das gleiche, im Sinn eines Leitmotivs »cri de fureur« (Partitur S. 30) genannte Eröffnungsmodell rekurriert (synkopisch gesetzte herabstürzende Forteschläge), findet ihre Entsprechung und Fortsetzung in der beleidigenden, oft brutalen Sprache der Dialoge. Den Gegenpol lyrischer Einfachheit stellt etwa die Anrufung an die Nacht »Dissipons ce sombre nuage« (I/8) dar, deren musikalische Ausformung die Stimmungsmalerei in der Art von Néris' Treuearie in *Médée* aus dem menschlich-affektiven Bereich in die zeichenhaft-symbiotische Nachtproblematik weiterentwickelt. Méhul geht hier und auch in der von dem Doppelchor »O nuit, propice à l'amour« wesentlich mitbestimmten nächtlichen Festszene des II. Akts erstmals den Schritt vom gemalten, in der französischen Oper auf eine lange Tradition sich stützenden Naturbild zur erfühlten Naturstimmung. Bemerkenswert ist neben der Einführung der Leitmotivtechnik auch, wie Méhul die Musiknummern in die gesprochenen Dialoge durch accompagnatohafte Gesten und Figuren zu vermitteln sucht, wie auch die Sprechdialoge öfter in die musikalischen Anfänge der Nummern hineinreichen. Damit werden die in der Opéra-comique disparaten Elemente, gesprochene Dramatik dort und musikalische Dramatik hier, einander angenähert und ineinander verwoben wie sonst nur in dem auch in *Ariodant* begegnenden Formtypus des Melodrams. Mit der langsamen Einleitung, »Ouverture« überschrieben, die von der Dominante unmittelbar in die Arie Othons übergeht, hatte Méhul ein Modell geschaffen, das ebenso weitergewirkt hat wie der innige, psychologisch einfühlende Gesang der drei Solocelli in dieser Einleitung, deren Spuren bis zu Rossinis *Guillaume Tell* (1829) führen.

Wirkung: Die Konkurrenzsituation zwischen *Montano et Stéphanie* und *Ariodant* hat keiner der beiden

Ariodant, II. Akt; Bühnenbildentwurf: Karl Friedrich Schinkel; Königliche Oper, Berlin 1816. – Die für Schinkels Theaterdekorationen typische Verbindung von idealisierter Landschaft und Architektur bewirkt Raumillusion und romantische Stimmung.

Opern in der Rezeption Schaden zugefügt, im Gegenteil, sie hat ihre Wirkung noch gesteigert, und das Publikum bewunderte beide gleichermaßen. In der Uraufführung sangen Jean Baptiste Sauveur Gavaudan (Ariodant), Philippe (Othon), Jeannette Phillis (Dalinde) und Marie-Amable Armand (Ina). Die Presse lobte vor allem die musikalische Seite des Werks unter Hervorhebung einzelner Nummern. Die Oper brachte es sogleich auf 38 Aufführungen und wurde im Jan. 1800 wiederaufgenommen, um dann allerdings für immer vom Spielplan der Pariser Theater zu verschwinden. Außerhalb Frankreichs wurde *Ariodant* zunächst 1802 in Lüttich und 1803 in Brüssel gegeben, bevor er 1803 (russisch von Dmitri Weljaschew-Wolynzew) in Moskau, 1804 (deutsch von Joseph von Seyfried) in Wien (Ergänzungen: Ignaz von Seyfried), 1808 (schwedisch von Carl Gustav Nordforss) in Stockholm und 1816 (Seyfried) in Berlin (Dekorationen von Karl Friedrich Schinkel) aufgeführt wurde. Damit ist die Aufführungsgeschichte des Werks, vielleicht auch aufgrund der Schwierigkeit, vier Tenorpartien angemessen zu besetzen, an einem vorläufigen Ende angelangt, nicht aber seine Wirkung; sie reicht über E. T. A. Hoffmanns *Ariodant*-Rezension (1816) und Webers *Euryanthe* (1823) mit ihren dramatischen Parallelen zu Méhuls Oper bis zur dramaturgisch analogen Verwendung von Leitmotiven in Wagners *Lohengrin* (1850). Zur Nachwirkung gehört auch, daß einige Nummern, unter anderm die oben zitierten, lange Zeit zum festen Übungs- und Konzertbestand des Conservatoire gehörten.

Autograph: BN Paris (Ms. 2280; unvollst.). **Abschriften:** Textb., mit Anm. v. F.-B. Hoffman: BN Paris (Ms. AJ¹³ 1085).
Ausgaben: Part: Lemoine, Paris 1799, Nr. 9; Imbault, Paris [1800], Nr. 89, Nachdr.: Janet et Cotelle, Paris [nach 1814], Nr. 89, Nachdr.: Garland, NY, London 1978 (Early Romantic Opera. 39.); Textb.: Paris, Huet [1802]
Literatur: E. T. A. HOFFMANN, [Rez. d. Auff. Bln. 1816], in: DERS., Schriften zur Musik. Aufs. u. Rez., hrsg. F. Schnapp, München 1963, S. 308–315; E. BÜCKEN, Der heroische Stil in der Oper, Lpz. 1924 (Veröff. d. Fürstlichen Inst. für mw. Forschung zu Bückeburg. 5/1.), S. 81ff.; M. D. GRACE, M.'s ›Ariodant‹ and the Early Leitmotif, in: A Festschrift for Albert Seay. Essays by His Friends and Colleagues, hrsg. M. D. Grace, Colorado Springs 1982, S. 173–193; weitere Lit. s. S. 34

Klaus Hortschansky

La Dansomanie
→ **Gardel, Pierre (1800)**

L'Irato ou L'Emporté
Comédie-parade en prose mêlée d'ariettes

Irato oder Der Hitzkopf
1 Akt

Text: Benoît-Joseph Marsollier des Vivetières
Uraufführung: 17. Febr. 1801, Opéra-Comique, Salle Favart, Paris

Personen: Pandolphe, ein zänkischer alter Mann (Bar); Lysandre, sein Neffe und Isabelles Geliebter (T); Isabelle, die Nichte von Pandolphes verstorbener Frau und Lysandres Geliebte (S); Scapin, Lysandres Diener und Nérines Geliebter (Bar); Nérine, Isabelles Zofe und Vertraute und Scapins Geliebte (S); Doktor Balouard, Pandolphes Freund und Lysandres ehemaliger Lehrer (T); ein Bedensteter (Spr.). **Chor, Statisterie:** Bedienstete, Nachbarn
Orchester: 2 Fl (1 auch Picc), 2 Ob, 2 Klar, 2 Fg, 2 Hr, Pos, Pkn, Streicher
Aufführung: Dauer ca. 1 Std. 15 Min. – Gesprochene Dialoge.

Entstehung: Seit dem Konsulat Napoleons (1799) gab es in Paris eine Reaktion gegen die herrschende Ästhetik der vorausgegangenen Dekade. Leichtere Sujets kamen wieder in Mode, die Opera buffa erlebte eine neuerliche Renaissance (1801 Eröffnung eines festen italienischen Opernhauses, des späteren Théâtre-Italien). In der Opéra-comique markierte der Erfolg von Dominique Della-Marias *Le Prisonnier ou La Ressemblance* (Paris 1798, Text: Alexandre Duval nach August von Kotzebue) den Geschmackswandel, dem auch solche Komponisten Tribut zollten, die bislang nur im ernsten Genre hervorgetreten waren: Cherubini mit *L'Hôtellerie portugaise* (Paris 1798, Text: Etienne Aignon) und *La Punition* (Paris 1799, Jean-Louis Brousse Desfaucherets) und Méhul mit *L'Irato*. Die zunächst als das Werk eines italienischen Komponisten »Fiorillo« angekündigte Oper (um den einflußreichen Kritiker des *Journal des débats*, Julien Louis Geoffroy, zu täuschen, nicht, wie oft behauptet wurde, Napoleon, dem Méhul die Partitur widmete) hatte bei der Uraufführung durchschlagenden Erfolg.
Handlung: Der cholerische Pandolphe möchte Isabelle, die Nichte seiner verstorbenen Frau, mit dem befreundeten Doktor Balouard verheiraten und anstelle seines snobistischen Neffen Lysandre zur Erbin bestimmen. Er ahnt nicht, daß Lysandre seit langem der heimliche Geliebte Isabelles ist, der sich freilich gegenwärtig von dieser verlassen wähnt und deshalb des Trosts seines Dieners Scapin bedarf, der seinerseits sein Verhältnis mit Isabelles Zofe Nérine wesentlich gelassener betrachtet. Doch Pandolphes Pläne gehen nicht auf: Balouard, zunächst entzückt von der Aussicht einer Ehe mit der jungen Frau, verweigert dem Freund die Zustimmung, nachdem Isabelle ihm gegenüber zur Abschreckung hat durchblicken lassen, daß sie sich keineswegs mehr im Stand der Unschuld befindet. Aber auch Lysandre erreicht angesichts der mißtrauischen Wachsamkeit Pandolphes zunächst sein Ziel nicht. Der drohenden Versöhnung zwischen den beiden Alten kommen Lysandre und Scapin zuvor, indem sie Balouard zum Trinken verführen; als dieser daraufhin in betrunkenem Zustand Pandolphe beleidigt, hat er seine Chancen endgültig verspielt. Von den beiden Liebenden und ihren Dienern besänftigt, willigt der Alte endlich in die Ehe von Isabelle und Lysandre ein.

Kommentar: Die Gattungsbezeichnung verweist auf die »parade«, eine französische Adaption der Commedia dell'arte im 18. Jahrhundert, und zugleich auf jenes Werk, das diese Tradition des Populartheaters für die Opéra-comique nobilitierte: Grétrys *Le Tableau parlant* (1769), ebenfalls als »comédie-parade« bezeichnet. Dem Zitatcharakter des Texts, der die italienische Typenkomödie nicht kopiert, sondern parodiert, entspricht die Musik, die mit den Konventionen der Opera buffa und gelegentlich auch der Opera semiseria (Arien Isabelles und Lysandres) ihr ironisches Spiel treibt. In der charakterisierenden Faktur des Vokalsatzes (Quartett) und in der unaufdringlichen Sorgfalt der Orchesterbehandlung erweist der erfahrene Musikdramatiker Méhul eine ebenso sichere wie leichte Hand.

Wirkung: Die glänzend besetzte Premiere (Pandolphe: Jean-Pierre Solié, Lysandre: Jean Elleviou, Scapin: Jean-Blaise Martin, Balouard: Dozainville) leitete eine lange Aufführungsserie ein. Bis 1833 hielt sich *L'Irato* mit nur kurzzeitigen Unterbrechungen im Spielplan der Opéra-Comique; Neueinstudierungen gab es 1852, 1899 und 1917. Inzwischen wurde das Werk auch an andern Pariser Theatern gespielt (Théâtre-Lyrique 1868, Galérie Vivienne 1896). Während der ersten Jahrzehnte des 19. Jahrhunderts machte *L'Irato*, teils in Übersetzungen (unter anderm deutsch als *Der Tollkopf*, Altona 1802, als *Der Aufbrausende*, Hamburg 1802, als *Die Temperamente* von Joseph von Seyfried, Wien 1803, als *Der zänkische Onkel* von Nikolaus Konrad Götze, Weimar 1832; polnisch Warschau 1805; schwedisch Stockholm 1808; niederländisch Amsterdam 1809), erfolgreich die Runde über Europas Bühnen. Späte Neuinszenierungen erfuhr das Werk in Lyon 1931 und Tours 1985.

Autograph: eine nicht verwendete Nr.: BN Paris (MS 2287). **Ausgaben:** Part: Pleyel, Paris 1801, Nr. 399; Kl.A: Launer, Paris 1852; Lauweryns, Brüssel [um 1855]; Kl.A, dt. Übers. u.d.T. *Die Temperamente*: Kunst u. Industrie-Comptoir, Wien [um 1803]; Textb.: Paris, Masson 1801, 1808; Braunschweig 1809; Textb., dt. v. J. v. Seyfried u.d.T. *Die Temperamente*: Wien, Schmidt 1803. **Aufführungsmaterial:** Choudens **Literatur:** G. M. BERGMANN, Les Agences théâtrales et l'impression des mises en scène aux environs de 1800, in: Revue de la Société d'histoire du Théâtre 8:1956, S. 228–248; weitere Lit. s. S. 34

Elizabeth C. Bartlet

Une Folie
Comédie en prose mêlée de chants

Eine Verrücktheit
2 Akte

Text: Jean Nicolas Bouilly
Uraufführung: 5. April 1802, Opéra-Comique, Salle Feydeau, Paris
Personen: Cerberti, ein berühmter Maler und Armantines Vormund (Bar); Florival, Adjutant und Hauptmann der Husaren (T); Carlin, Florivals Diener (Bar); Armantine, Waisenkind, Cerbertis Mündel (S); Francisque, Cerbertis Diener (T); Jacquinet-La-Treille, ein junger Mann aus einem Dorf in der Picardie und Francisques Patensohn und Neffe (H-C); ein Husar (Spr.)
Orchester: 2 Fl (1. auch Picc), 2 Ob, 2 Klar, 2 Fg, 2 Hr, Kl oder Hrf, Streicher
Aufführung: Dauer ca. 1 Std. 45 Min. – Gesprochene Dialoge.

Entstehung: Nach dem großen Erfolg von *L'Irato* (1801) setzte Méhul mit *Une Folie* ein weiteres Mal auf die Publikumswirksamkeit des komischen Genres.
Handlung: In und bei Cerbertis Haus in der Nähe des Louvre, Paris. I. Akt: Platz vor dem Haus mit Teilansicht des Louvre und Salon im Haus; II. Akt: Atelier. Florival hat sich in den Kopf gesetzt, die Bekanntschaft von Armantine zu machen, deren hübsches Gesicht er nur aus den Bildern ihres Vormunds, des Malers Cerberti, kennt. Mit List versucht er Zugang zu dessen Haus zu gewinnen, wo Armantine hinter vergitterten Fenstern wie eine Gefangene gehalten wird. Den Versuch, über einen Brief Verbindung aufzunehmen, vereitelt Cerberti, der selbst in sein Mündel verliebt ist und deshalb seinem Diener einschärft, niemand einzulassen außer seinem Neffen Jacquinet-La-Treille, dessen Besuch er erwartet. Zunächst gibt sich Florival als Kunsthändler Kaiserman aus, spricht mit deutschem Akzent, wird jedoch von Cerberti entlarvt. Da verkleidet sich Carlin als Jacquinet und gelangt so ins Haus. Da Cerberti Florivals Billett entdeckt und Armantine mit Vorwürfen überhäuft hat, weigert sie sich, ihm Modell zu sitzen. Für das Bild sucht Cerberti noch ein Modell, einen Soldaten. In dieser Rolle schlüpft Florival unerkannt in Cerbertis Atelier, und während er neben Armantine Modell steht, richtet er seinen Heiratsantrag an Cerberti, der trotz ärgerlicher Proteste die Liebenden gewähren lassen muß.

Kommentar: Bouillys Text in der durch italienisches Vorbild geprägten Tradition der Opéra-bouffon ist durch derben Humor der Dialoge gekennzeichnet. Die Karikaturen deutscher und picardischer Sprache und Manieren setzen komische Akzente. Méhuls abwechslungsreiche und geschickt disponierte Musik ist leicht und kommt den Erfordernissen des Librettos entgegen, insbesondere in der Szenenkontraste betonenden farbigen Orchesterbegleitung und der ungewöhnlichen Instrumentierung: Carlins »chanson picarde« etwa hat eine absichtlich einfache Melodie und eine Orchesterbegleitung, die in den Chansonabschnitten eine Radleier imitiert. Die Typisierung nicht nur der Personen, auch des Milieus durch erinnerungsmotivisch gebrauchte Melodien und durch Instrumente (etwa das Klavier als bürgerliches Modeinstrument in der Begleitung von Armantines Romanze) erscheint höchst effektvoll und entspricht gerade in der Kombination von Personen- und Milieucharakteristik bereits den ästhetischen Tendenzen des neuen Jahrhunderts.
Wirkung: *Une Folie* war Méhuls populärstes komisches Werk. In der Uraufführung sangen Jean-Pierre

Solié (Cerberti), Jean Elleviou (Florival), Jean-Blaise Martin (Carlin) und Dozainville (Francisque). Zu Lebzeiten Méhuls wurde es über 200mal an der Opéra-Comique aufgeführt und während des 19. Jahrhunderts dort mehrmals erneut ins Programm genommen. Insbesondere auf deutschsprachigen Bühnen war *Une Folie* beliebt, wie die fünf verschiedenen Übersetzungen zeigen: von Karl Alexander Herklots als *Je toller, je besser* in Berlin 1803, Hamburg und Weimar 1804, Joseph von Seyfried als *Die beiden Füchse* in Wien 1803, Bern und Posen 1804, München (mit Georg Mittermayr und Philipp Sedlmayr) und Prag 1807 (mit Luigia Caravoglia-Sandrini), Luzern 1810, Moskau 1820, Franz Karl Hiemer als *Vetter Jacob* (Mannheim 1803), Johann Jakob Ihlee als *List und Liebe* (Frankfurt a. M. und Stuttgart 1804) und Georg Friedrich Treitschke als *Wagen gewinnt* (Schleswig 1804, Wien 1809). Die Oper wurde auch im übrigen Europa auf zahlreichen Bühnen gegeben, so in Madrid 1803 (spanisch von Manuel Bellosartes), Stockholm 1804 (schwedisch von Carl Gustaf Nordforss), Moskau 1807 (russisch von Wassili Ljowschin) und Warschau 1808 (polnisch von Wojciech Pękalski). Im englischsprachigen Raum setzte sich zeitweise George Colmans Übersetzung *Love Laughs at Locksmiths* (London 1803) durch; Michael Kelly komponierte neue Musik mit der Begründung, daß Méhuls Kompositionsstil zwar vorzüglich sei, jedoch nicht auf das englische Publikum zugeschnitten. Diese Bearbeitung wurde in Dublin und New York 1804 (hier wiederaufgenommen 1849) sowie in vielen andern Städten der Vereinigten Staaten, 1838 auch in Kapstadt gegeben. *Une Folie* erschien während des 19. Jahrhunderts immer wieder auf den Spielplänen und wurde auch im 20. Jahrhundert verschiedentlich aufgeführt, beispielsweise in Prag 1934.

Autograph: 2 Nrn. in d. endgültigen Fassung u. 1 unveröff. Nr.: BN Paris (MS 2294); Skizzen für 2 Nrn.: BN Paris (MS 8710). **Abschriften:** Textb.: BN Paris (F-Pan AJ[13] 1092, 63ff). **Ausgaben:** Part: Pleyel, Paris [um 1803], Nr. 486; Kl.A v. P. J. Riotte, dt.: André, Offenbach [um 1805]; Kl.A, dt. Bearb. v. R. Kleinmichel: UE [1880], Nr. 3177; Textb.: Paris, Huet [1802]; Textb., dt. in: Suite du répertoire du théâtre français, Paris 1823, Bd. 62, S. 71–186; Textb., dt. v. G. F. Treitschke u.d.T. *Wagen gewinnt:* Wien, Wallishausser 1803; Textb., dt. v. C. Herklots (mus. Bearb. d. Wiener Kammeroper v. R. Weirich): Wien, Steyrermühl, Nr. 482
Literatur: s. S. 34

Elizabeth C. Bartlet

Le Trésor supposé ou Le Danger d'écouter aux portes
Comédie en prose mêlée de musique

Der eingebildete Schatz oder Die Gefahr, an der Tür zu horchen
1 Akt

Text: François-Benoît Hoffman
Uraufführung: 29. Juli 1802, Opéra-Comique, Salle Feydeau, Paris

Personen: Geronte, Luciles Onkel und Vormund (Bar); Dorval, der Lucile liebt (T); Crispin, Dorvals Diener (T); Lucile, Gerontes Nichte und Mündel, die Dorval liebt (S); Lisette, Luciles Zofe und Vertraute (S)
Orchester: 2 Fl, 2 Ob, 2 Klar, 2 Fg, 2 Hr, Streicher
Aufführung: Dauer ca. 50 Min. – Gesprochene Dialoge.

Entstehung: *Le Trésor supposé* ist nach *Euphrosine ou Le Tyran corrigé* (1790), *Stratonice* (1792) und *Ariodant* (1799) ein weiteres Beispiel der fruchtbaren Zusammenarbeit von Hoffman und Méhul. Dem komischen Genre gemäß sollte Dorvals Diener zunächst den Typennamen Scapin tragen, wurde dann jedoch in Crispin umbenannt.
Handlung: Im Salon des Hauses von Geronte: Dorval, dem finanziellen Ruin nahe, liebt Lucile, das Mündel des habgierigen Geronte, der ihm das Haus verboten hat. Mit Hilfe von Lisette und Crispin verschafft er sich jedoch Zutritt, und sie schmieden gemeinsam einen Plan, wie Gerontes Widerstand zu brechen sei: dadurch, daß Dorval Geronte sein Haus, nach dem dieser trachtet, zum Verkauf anbietet; und es soll ihn teuer zu stehen kommen. Crispin gibt vor, einen Brief des Vaters von Dorval abgefangen zu haben, aus dem hervorgeht, daß im Keller des Hauses ein Schatz vergraben sei; die Diener planten, ihn am Abend zu heben. Geronte, der dies belauscht, fällt auf die List herein und instruiert Lucile, Dorval einzuladen. Beide vereinbaren den Verkauf des Hauses zum Vierfachen des Werts. Nachdem Dorval gegangen ist, informiert Crispin Geronte über den vermeintlichen Schatz und erpreßt von ihm einen beträchtlichen Anteil. Nachdem Geronte auf die Forderung eingegangen ist, machen sich beide auf die Suche, finden aber nur eine leere Schachtel und eine Botschaft, die Crispin zuvor hineingelegt hat. Geronte beklagt seinen Ruin, aber Dorval erklärt sich mit der Annullierung des Kaufs einverstanden unter der Bedingung, daß der Vormund in eine Heirat Luciles einwilligt. Das tut er, und alle freuen sich.
Kommentar: Mit *Le Trésor supposé* schuf Hoffman, ein literarisch eher konservativer Librettist, eine Komödie, die sich an die Stoff- und Gattungskonventionen des 18. Jahrhunderts hielt: an das beliebte Thema der Täuschung eines habgierigen Vormunds und an Figurentypen wie die freche Zofe, den schlauen Diener, die gefühlvolle Liebhaberin und den schmachtenden Liebhaber. An die Stelle des derben Humors der »comédie-parade« (*L'Irato*, 1801) ist der schlagfertige Witz des Dialogs gesetzt. Méhuls geistvoll-einfallsreiche Vertonung knüpfte hier nahtlos an; Melodien sind bewußt einfach gehalten, forciertes »Italienisieren« wird um der Textverständlichkeit willen vermieden. Für Méhuls Kompositionsweise typisch sind insbesondere weitläufige Modulationen und abrupte Rückungen, die einen plötzlichen Stimmungswechsel oder eine Veränderung der dramatischen Situation anzeigen.
Wirkung: *Le Trésor supposé* war in Paris nur mäßig

erfolgreich, wenngleich Kritiker das Spiel Jean Baptiste Sauveur Gavaudans als Crispin hervorhoben und ihm den ehrenden Beinamen »Talma de l'Opéra-Comique« verliehen. Sehr viel beliebter als in Paris, wo es zuletzt 1824 wiederaufgenommen wurde, war das Werk auf nahezu allen europäischen Bühnen; es erschien 1836 sogar in Kalkutta. *Le Trésor supposé* wurde vielfach übersetzt, deutsch als *Der Schatzgräber* von Joseph von Seyfried (Wien 1803), von Daniel Jäger (Berlin 1803, München 1807), von Georg Ludwig Peter Sievers (Hamburg 1807), dänisch von Niels Thoroup Bruun (Kopenhagen 1804, Bergen 1855), spanisch von Félix Encisco Castrillón (Madrid 1805), russisch von Aristarch Luknizki (Petersburg und Moskau 1807).

Autograph: unvollst., mit 4 unveröff. Nrn., Skizzen, Entwürfe: BN Paris (MS 2293, MS 2321). **Ausgaben:** Part: Magasin de Musique, Paris 1802, Nachdr.: Richault et Meysenberg, Paris; Kl.A v. A. E. Müller, frz./dt.: B&H [1803?]; Kl.A, Bearb. v. R. Kleinmichel, frz./dt. Übers. v. D. Jäger: UE [1914?]; Textb.: Paris, Huet, Ravinet, Charon [1803]
Literatur: s. S. 34

Elizabeth C. Bartlet

Les Deux aveugles de Tolède
Opéra-comique en un acte et en prose

Die beiden Blinden von Toledo
1 Akt

Text: Benoît-Joseph Marsollier des Vivetières, nach seinem Libretto zu der Opéra-comique *Les Deux aveugles de Bagdad* (Paris 1782) von A.-G. Fournier
Uraufführung: 28. Jan. 1806, Opéra-Comique, Salle Feydeau, Paris
Personen: Nuguez, Musiker, blind (B); Don Brusco, Musiker, blind (B); Mendoce (Bar); Flora, Nuguez' Nichte (S); Jacinthe, Haushälterin bei Nuguez (S)
Orchester: 2 Fl, 2 Ob, 2 Klar, 2 Fg, 2 Hr, Pkn, Streicher
Aufführung: Dauer ca. 1 Std.

Entstehung: Ein Vorläufer des Werks war Pierre Ligous komischer Einakter *Les Deux aveugles de Franconville* (Paris 1786).
Handlung: Bei Nuguez in Toledo: Flora erwartet ungeduldig und nicht vergebens ihren Geliebten Mendoce, der unter dem Namen Pedro bei Don Brusco Musikunterricht nimmt, um sich so seiner Geliebten leichter nähern zu können. Sie gehen eine neue Komposition von Nuguez durch, ein Rondo auf die Macht der Liebe. Jacinthe, die mit ihnen im Komplott ist, warnt sie vor dem mißtrauischen und eifersüchtigen Brusco, dem Nuguez wegen eines unbedeutenden Diensts viel zu dankbar sei, dem er sogar seine Nichte zur Frau geben wolle. Pedro/Mendoce geht nun allerlei Opernpartituren seines Lehrmeisters und Rivalen durch, singt sich anerkennend Kostproben aus den Tragödien, Opéras-comiques und sogar ein »Air italien. Vers de Métastase« daraus vor. Brusco erweist sich bei seinem Erscheinen als ein äußerst mißtrauischer, trotz seiner Blindheit hellsichtiger Mann, der das Verhältnis zwischen Pedro und Flora rasch durchschaut. Nicht einmal seinem Freund Nuguez, der noch einmal vorspielt, wie er am Vorabend beim Herzog von Alba einen sehr gelungenen Auftritt als Klarinettist hatte, gönnt er ein gutes Wort, vor allem als er hört, Nuguez denke daran, Jacinthe zu heiraten. Erst soll seine eigene Heirat ins reine kommen, insbesondere die Mitgift. Alle werden hinausgeschickt, Mendoce glaubt freilich, unbemerkt bleiben zu können. In einem Ritual des Abtastens aller Ecken durch die beiden Blinden entgeht er mit knapper Not der Entdeckung. Als nun die Goldstücke abgezählt werden, bringt er sie heimlich beiseite und ruft so einen Streit hervor, in dem Nuguez Bruscos schlechten Charakter deutlich genug vorgeführt bekommt, aber auch seine Raffinesse: Brusco ahnt die Anwesenheit eines Dritten; es gelingt ihm, dessen Hand zu ergreifen und die Obrigkeit herbeizurufen. Draußen erklingt ein Marsch, und der Ertappte imitiert nun einen Alkalden mit Gefolge; zugleich verteidigt er sich mit verstellter Stimme als Pedro beziehungsweise als Mendoce, als der er sich nun zu erkennen gibt. Brusco durchkreuzt ihm auch diese List, entlarvt den falschen Alkalden und fällt in dessen Namen ein Urteil, das ihm, Brusco, die Mitgift und eine Entschädigung beläßt. Als man ihn bittet, zur Hochzeit seines Rivalen dazubleiben, nimmt er an, obwohl die Bitte, wie er sagt, gewiß nicht ehrlich gemeint ist.
Kommentar: Wenn die zeitgenössischen Stimmen und die Biographen den relativen Mißerfolg dieses Einakters (19 Aufführungen 1806, zwei später) dem schwachen Libretto zuschreiben, tun sie es mit gewissem Recht. Was neu und theatralisch effektvoll daran war, sind die Vorgänge auf der Bühne: die Durchsuchung des Zimmers, der vermeintliche Auftritt des Alkalden. In beiden Szenen, wie insgesamt im Stück, muß sich der Zuschauer mit dem Liebhaber identifizieren, Angst haben, daß er entdeckt wird, und somit gegen die Blinden Stellung nehmen, die ihres Gebrechens wegen doch eigentlich Mitleid verdienten. Wenn wir später bei Offenbach über *Les Deux aveugles* (1855) lachen, handelt es sich um Simulanten. Méhuls Oper zeigt deutlich, daß die Mischung der Genres um die Wende des 18. Jahrhunderts nicht nur eine Vereinigung von tragischen und komischen Zügen darstellt, sondern auf ganz neue, abenteuerliche und ungewöhnliche Stoffe zielt: Unerhörte Begebenheiten sind wichtiger als stilistische Einheitlichkeit und psychologische Wahrscheinlichkeit. Bei seiner unsentimentalen, ja grausamen Voraussetzung kann *Les Deux aveugles de Tolède* nicht komisch sein, nicht einmal dramatisch, weil die Kräfte zu ungleich verteilt sind. Psychologische Details, die dafür entschädigen könnten, finden sich nicht. Auch führt, wie bei Cherubini, Spontini und kleineren Meistern, die Suche nach unverbrauchten Stoffen und Formmustern zu einem Mangel an Einheitlichkeit und Sinngebung, den auch die wirklich geniale Musik kaum wettmachen kann. – Schon die »Musik«-Szenen sind inspiriert und witzig,

die Romanze kehrt plausibel und musikalisch erweitert als Finalchor wieder, bei der Wiederholung des Rondos erfüllt Méhul, was Marsollier beschreibt oder vorschreibt: »Flora singt das Rondo sehr einfach, wie eine Schülerin, die es einstudiert, und Mendoce, der ganz sicher ist, gefällt sich darin, es auszuschmecken und die Gesangslinie zu variieren.« Dies Duett sang man noch 1905. Wertvoller mögen die bis ins instrumentale Detail plastisch-drastischen Ensembles sein, wo die motivische Durchführungstechnik, jähe Umbrüche und die Schaffung sich steigernder Kontinua »symphonische« Qualitäten verraten. Dies wird in der Ouvertüre deutlich, die nach 28 Takten Introduktion in einen fulminanten, störrisch-hartnäckigen, erst spät ein Forte erreichenden Bolero ausbricht, ein erstaunliches Stück Musik, bei dem die 2. Geigen mit dem Bogen den ¾-Rhythmus klopfen (Rossinis *Il signor Bruschino*, 1813, hatte also einen Vorläufer) und das noch heute relativ authentisch »spanisch« wirkt.

Wirkung: Abgesehen von diesem orchestralen Paradestück, das die Oper um Jahrzehnte überdauerte und eine Neubelebung verdiente, ist Méhuls Einakter trotz offensichtlich erstklassiger Besetzung schon bald in Vergessenheit geraten. Das Werk erschien noch 1806 in Brüssel, wurde ins Deutsche (Wien 1806, Weimar 1809, München 1810, Berlin 1811), Russische (1807), Spanische (1810) und Schwedische (1833) übersetzt und zuletzt in Frankfurt a. M. (1850) gegeben. Das außerhalb Frankreichs seltene Stimmfach des »bariton martin« (der bis in tenorale Höhe sichere Bariton Jean-Blaise Martin sang den Mendoce) mag weitere Verbreitung verhindert haben. Freilich, solange auch die andern Bühnenwerke Méhuls im dunkeln bleiben, wird man eine zeitgenössische Kritik wie die des *Journal de Paris* nicht übernehmen können, »daß Méhul vielleicht nie ein Werk geschrieben, dem er den Stempel eines reicheren Genies, einer vielseitigeren, universelleren Begabung aufgedrückt hat«. Die Schlußfolgerung freilich behält ihre Berechtigung: »Wie auch immer das Schicksal der *Deux aveugles de Tolède* in der Zukunft aussehen mag, Méhuls Partitur bleibt nun einmal das Vergnügen des Liebhabers und bildet ein Vorbild für den Künstler« (nach Arthur Pougin, S. 238, s. Lit.).

Autograph: BN Paris (Ms. 2268). **Ausgaben:** Part: Magasin de Musique, Paris, Nr. 439; Kl.A, frz./dt. Übers. v. C. W. Henning: Kunst u. Industrie-Comptoir, Lpz., Bln. 1810, Nr. 500; Textb.: Paris, Masson 1806; Textb., dt.: Wien, Wallishausser 1806. **Aufführungsmaterial:** StUB Ffm.
Literatur: s. S. 34

Josef Heinzelmann

Uthal
Opéra en un acte

Uthal
1 Akt

Text: Jacques Benjamin Maximilien Bins Graf von Saint-Victor, nach *Berrathon* aus *Ossian. Poésies galliques* (1777) von Pierre Prime Félicien Le Tourneur
Uraufführung: 17. Mai 1806, Opéra-Comique, Salle Feydeau, Paris
Personen: Larmor, Herrscher von Dunthalmon (B); Malvina, Larmors Tochter (S); Uthal, Malvinas Mann (H-C); Ullin, Barde in Larmors Diensten (T); ein Anführer der Barden Fingals (B); 1. Barde (B); 2. Barde (Spr.); 4 Barden (2 H-C, T, B). **Chor:** Barden, Krieger von Morven
Orchester: 2 Fl, 2 Ob, 2 Klar, 2 Fg, 4 Hr, Pkn, Tamtam, Hrf, Streicher; BühnenM: 2 Klar, 2 Fg, 2 Hr, Hrf
Aufführung: Dauer ca. 1 Std. 30 Min. – Gesprochene Dialoge. Die Bühnenmusik ist aus dem Orchester zu besetzen. Keine Violinen, geteilte Bratschen.

Entstehung: Der Enthusiasmus, mit dem um 1800 Ossian, der mythische Barde keltischer Heldengesänge, als nordischer Homer gefeiert wurde, ließ James Macphersons Gedichtsammlung *The Works of Ossian* (1765), die man in Frankreich auf der Basis von Le Tourneurs und seit 1801 auch Pierre Marie Baour-Lormians Übersetzung rezipierte, für Komponisten zur Inspirationsquelle werden. Neben Liedern und Kantaten entstanden mehrere Ossian-Opern, unter ihnen als die bekannteste und einflußreichste Le Sueurs *Ossian ou Les Bardes* (1804). Saint-Victors Libretto ist Anne Louis Girodet-Trioson gewidmet, zu dessen Gemälde *Les Ombres des héros français* (1802) es stofflich in Beziehung steht; allerdings war noch vor diesem Bild Saint-Victors erstes *Ossian*-Buch entstanden, das 1801 von der Opéra-Comique zurückgewiesen wurde.
Handlung: In einem Wald, eine Felskette entlang des Meers, das teilweise zu sehen ist; Mitternacht: Larmor, der Herrscher von Dunthalmon, wurde von Uthal, seinem Schwiegersohn, aus seinem Land vertrieben, weil Uthal ihn für zu alt und schwach hielt, um weiter zu herrschen. Malvina, Larmors Tochter, hat ihren Mann deshalb verlassen. Larmor denkt nun an Rache und hat Ullin, seinen treuesten Barden, ausgesandt, um bei Fingal von Morven Verstärkung seines Heers zu erbitten. Malvina versucht ihren Vater davon zu überzeugen, daß sie Uthal auch mit andern Mitteln zur Vernunft bringen werde. Doch schon treffen Fingals Truppen ein. Larmor erläutert die Situation aus seiner Sicht, woraufhin Malvina Uthal verteidigt, jedoch ohne Erfolg: Ihr Mann soll sterben. Dank Ullins Intervention wird der Angriff auf den kommenden Morgen verschoben. Malvina ist verzweifelt, da sie zwischen ihrer Liebe zum Gatten und zum Vater hin und her gerissen ist. Überraschend erscheint Uthal; er reflektiert seine Lage und wird auf die Soldaten, die fremden Schiffe und die einsame Frauengestalt aufmerksam. An der Stimme erkennt er Malvina, sie jedoch hält Uthal zunächst für einen Fingalschen Krieger und schildert dem vermeintlich Unbekannten ihre verzweifelte Situation. So erfährt Uthal von Larmors Plan. Als Malvina Uthal endlich erkennt, entwickelt sich eine Auseinandersetzung, die

dazu führt, daß der Feind entdeckt wird. Die unterschiedlichen Positionen von Larmor und Uthal prallen erneut aufeinander. Da sich die Kontrahenten nicht einigen können, soll der Kampf entscheiden. Uthal darf zu seinen Soldaten zurückkehren, Larmors Truppen ziehen wenig später in die Schlacht. Während aus dem Wald der Kampfeslärm dringt, singen vier Barden Malvina ein tröstendes Lied. Larmor kehrt als Sieger zurück, woraus Malvina schließt, ihr Mann sei gefallen. Doch Uthal wurde gefangengenommen, ist aber auch jetzt noch zu stolz, sich zu beugen. Die Todesstrafe wird in Verbannung gemildert. Und Malvina, die Position des Schwächeren stützend, will Uthals Schicksal teilen, was ihn dazu bewegt, Schuld zu bekennen, und Larmor, Gnade zu gewähren.

Kommentar: *Uthal* wurde berühmt und ist auch heute noch vor allem bekannt wegen seiner ungewöhnlichen Orchesterbesetzung: In Entsprechung zur dunklen Grundfarbe der Handlung und zur Düsternis des Schauplatzes verzichtete Méhul auf die Violinen. Konsequenterweise dominieren auch im vokalen Bereich die tiefen Stimmlagen: Im Chor fehlen die Frauenstimmen, und unter den namentlich bezeichneten Rollen taucht nur eine Frau auf, Malvina. Sie, nicht Uthal, ist die Hauptfigur des Stücks, von ihrer Stellung zwischen zwei Männern, ihrem Vater und ihrem Gatten, geht der dramatische Konflikt aus. Die zentrale Position Malvinas in dieser Dreieckskonstellation (mit der ein verbreitetes dramaturgisches Modell des 19. Jahrhunderts antizipiert erscheint) spiegelt sich auch in der Ariendisposition wider: Den rivalisierenden Männern bleiben die beiden einzigen Arien vorbehalten, ruhige, von Selbstreflexion bestimmte Nummern, während der dramatische Konflikt in das erste Duett Malvina/Larmor hineinreicht; im zweiten dagegen, Malvina/Uthal, bricht die zentrale Auseinandersetzung aus, die später, traditionell, mit den Mitteln des Dialogs fortgesetzt wird. Dies Duett (»Uthal! O ciel! Uthal!«, Nr. 6) bildet mit Uthals großer Szene (Rezitativ und Romanze Nr. 5: »Quoi! je la cherche envain tel que l'on voit sur nos montagnes«) das architektonische Zentrum des Werks, nicht jedoch seine Peripetie, denn eine Lösung der starren Opposition von Rache und Stolz wird erst durch Malvinas Eingreifen am Schluß möglich. Daß sich Méhul mit *Uthal* (sieht man von den gesprochenen Dialogen ab) ziemlich weit von der Gattungsnorm der Opéra-comique entfernt hat, kommt nicht nur im Titel zum Ausdruck, sondern zeigen auch die Reaktionen auf die Uraufführung, etwa im *Journal de Paris*: »Es ist ein Werk des ernsten Genres, passender für das Theater der Opéra als das in der Rue Feydeau [...]« Dieser Sachverhalt findet auch Bestätigung durch Méhuls Verfahren, größere szenisch-dramatische Komplexe zu bilden, beispielsweise in Nr. 1, in der er Arie und Duett durch ein Rezitativ zu einer Einheit verschmilzt, oder im mehrteiligen Aufbau der mit »Morceau d'ensemble« bezeichneten Nr. 4 und 7; weiter sei hingewiesen auf das aus der szenischen Situation resultierende nahtlose Einmünden des Duetts Nr. 6 in eine dramatische Ensembleszene mit Chor. Méhuls Bedeutung als Harmoniker und instrumentaler Innovator zeigt sich in *Uthal* über die Orchesterbesetzung hinaus in zahlreichen originellen, dabei stets dramatisch motivierten Einzeleffekten, etwa den vermutlich von Le Sueurs *Ossian* angeregten drei Tamtamschlägen (f-p-pp) nach Larmors Aufforderung an die Barden zum Anstimmen der Schlachthymne. Méhuls dynamische Anweisungen sind sehr genau und differenziert; nicht selten baut er grandiose Steigerungen auf, die in außergewöhnlichen harmonischen Verbindungen ihren Höhepunkt erreichen (etwa in Nr. 4 auf »perfide Uthal tu mourras«). Einen singulären Stimmungseffekt bietet die »Sturm«-Ouvertüre mit zwei kurzen vokalen Einblendungen Malvinas (bei geschlossenem Vorhang), die, durch den nächtlichen Wald irrend, angstvoll nach ihrem Vater ruft, zugleich dramaturgisch ein Vorgriff auf den gemeinsamen Auftritt von Vater und Tochter in der 1. Szene. In Méhuls Opernästhetik findet gesangliche Virtuosität um ihrer selbst willen keinen Platz. Die stimmtechnischen Anforderungen an die Solisten nehmen sich in *Uthal* denn auch sehr bescheiden aus; im Vordergrund steht die Wahrheit des dramatischen Ausdrucks. Hector Berlioz formulierte es so: Méhul »glaubte, daß die dramatische Musik oder jegliche andere, die dazu bestimmt ist, mit Worten eine Verbindung einzugehen, eine direkte Beziehung zu den durch die Worte ausgedrückten Gefühlen aufweisen muß« (nach René Brancour, S. 85, s. Lit.). Und Jules Massenet ergänzte: »Méhul sollte in der Form der Opéra-comique die gleiche Revolution vollziehen, wie sie durch Gluck in der ernsten Oper vollzogen wurde« (ebd., S. 95).

Wirkung: Die Oper, die bei der Uraufführung zusammen mit Stanislas Champeins *Les Dettes* (Text: Nicolas-Julien Forgeot) gegeben wurde, brachte es zu Méhuls Lebzeiten trotz positiver Aufnahme durch die Kritik auf nur 17 Aufführungen. Es sangen Jean-Pierre Solié (Larmor), Julie Angélique Scio (Malvina), Jean Baptiste Sauveur Gavaudan (Uthal), Pierre Gaveaux (Ullin) und Baptiste cadet (Bardenführer). Auch die Wiederaufnahme 1808 verhalf dem Werk nicht zu größerer Publizität. Weitere Aufführungen sind nachweisbar in Petersburg und Stuttgart (deutsch von Franz Karl Hiemer) 1806, Brüssel 1807, Berlin 1808 (deutsch von Karl Alexander Herklots), Wien 1810, Prag 1813, Königsberg 1814 und Kopenhagen 1846 (dänisch von Carl Borgaard). Spätere Aufführungen gab es in München 1875 (deutsch von Otto Devrient) und 1894, Karlsruhe 1891, Elberfeld 1900, Dessau 1904 und 1906, 1972 in den Vereinigten Staaten.

Autograph: Teile: Part: BN Paris (MS 2307); Textb.: BN Paris (AJ[13] 1103). **Abschriften:** Part, dt., mit nachkomponierten Rezitativen v. B. Klein: SBPK Bln. (Mus. ms. 14158/1); Part, dt.: SB München (St Th. 142), BN Paris (Vm[5]. 45). **Ausgaben:** Part: Magasin de Musique, Paris [1806], Nr. 462, Nachdr.: Garland, NY, London 1978 (Early Romantic Opera. 40.); Textb.: Paris, Masson 1806
Literatur: s. S. 34

Volker Mattern

Joseph
Opéra en prose

Joseph
3 Akte

Text: Alexandre Duval (eigtl. Alexandre Vincent Pineux-Duval)
Uraufführung: 17. Febr. 1807, Opéra-Comique, Salle Feydeau, Paris
Personen: Joseph, bekannt als Cléophas, Minister des Pharaos (H-C); Jacob/Jakob, sein Vater (B); Siméon/Simeon, Josephs Bruder (T); Benjamin, sein Bruder (S); Nephtali/Naphthali, sein Bruder (H-C); Ruben, sein Bruder (T); Utobal, Josephs Offizier und Freund (B); ein Offizier aus Josephs Garde (T). **Chor:** 7 Töchter aus Memphis, 7 Söhne Jacobs, Israeliten, Ägypter
Orchester: 2 Fl (1 auch Picc), 2 Ob, 2 Klar, 2 Fg, 2 Hr, 2 Trp, Tb curva, Hrf, Pkn, Streicher; BühnenM: 2 Trp
Aufführung: Dauer ca. 2 Std. – Gesprochene Dialoge.

Entstehung: Das Libretto soll, nach der Darstellung Duvals in seinen *Œuvres complètes* (s. Lit.), aufgrund einer Wette entstanden sein: Anläßlich des fünfaktigen Dramas *Omasis ou Joseph en Egypte* (1806) von Pierre Marie Baour-Lormian wollte er beweisen, daß »Joseph in Ägypten« auch ohne Liebesgeschichte ein interessantes Opernsujet sei. Innerhalb von zwei Wochen habe er das Libretto geschrieben, zunächst mit Prosadialogen, doch sei das Werk eigentlich für die Opéra gedacht gewesen. Die Quellen lassen in manchen Punkten einen andern Weg der Entstehung von Méhuls Oper rekonstruieren. Daß das Werk nicht an der Opéra herauskam, lag nicht daran, daß Méhul mit deren Verwaltung nicht auf gutem Fuß stand, sondern höchstwahrscheinlich an Duvals Unfähigkeit, das Libretto in Versen zu verfassen, wie es die Opéra verlangte. Auch nahm die Komposition von *Joseph* längere Zeit in Anspruch als die von Duval angegebenen vier Monate.
Handlung: In Memphis, Ägypten, alttestamentarische Zeit.
I. Akt, Josephs Palast: Obgleich mit Pracht und Reichtum gesegnet und in den Gunsten des Pharaos stehend, trauert Joseph, jetzt unter dem Namen Cléophas, über den Verlust seiner Heimat und seines Vaters. Seinem Vertrauten Utobal erzählt er seine unglückliche Lebensgeschichte: Wie er, der Lieblingssohn Jacobs, von seinen Brüdern als Sklave an den Pharao verkauft wurde, dort aufgrund der Verleumdung von dessen Frau mehrere Jahre im Kerker schmachtete, bis er, da das Land durch die Weissagung seiner Träume zu Fruchtbarkeit und Reichtum gelangte, zum Statthalter ernannt wurde. Siméon, Nephtali, Ruben und die andern Brüder erscheinen, um wegen der Hungersnot Hilfe zu erbitten. Siméon verspürt Gewissensbisse wegen seiner Beteiligung am Verkauf von Joseph und glaubt, daß Gott ihn verflucht habe. Seine Brüder versuchen vergeblich, ihn zu beruhigen. Als Joseph eintritt, erflehen sie seine Barmherzigkeit, ohne ihn zu erkennen. Joseph, den Siméons Gewissensbisse tief berühren, bietet der Familie seine Gastfreundschaft und sagt den Brüdern, sie sollten auch ihren Vater zu ihm bringen. Die Brüder preisen ihren Wohltäter.
II. Akt, mehrere Zelte, das erste reich ausgestattet, vor den Stadtmauern von Memphis; Nacht: Trotz Utobals böser Vorahnungen besteht Joseph darauf, das Zelt seines Vaters aufzusuchen. Zuerst begegnet er jedoch Siméon und prüft, ob dessen Reue wegen des Verrats an seinem Bruder echt ist. Siméon wird von seinen Schuldgefühlen an den Rand des Wahnsinns getrieben und eilt fort. Bei Tagesanbruch beten die Israeliten zu ihrem Gott. Joseph trifft (immer noch unerkannt) Benjamin wieder, Jacobs Stütze und Trost, seitdem Joseph fort ist. Als Joseph den schlafenden Jacob sieht, ist er zum Erstaunen Benjamins tief bewegt. Ihr Vater erwacht und betet für seinen Sohn. Er erzählt einen Traum, in dem Joseph ihn vor dem Verhungern errettet hat. Überglücklich enthüllt Joseph beinah seine Identität. Utobal unterbricht das Wiedersehen, um Joseph zu dem Triumphzug zu rufen, den das Volk seinem Wohltäter bereiten will.
III. Akt, Josephs Palast: Joseph bietet seiner Familie Gastfreundschaft an, aber schon bald bringt Utobal die Nachricht, daß seine Feinde seine Großmütigkeit an Außenstehende verraten haben. Joseph geht fort, um beim Pharao Fürsprache einzulegen. Während seiner Abwesenheit gesteht Siméon seinem Vater, daß Joseph verkauft worden sei. Zunächst klagt Jacob ihn und seine schuldigen Brüder an, doch Benjamin und später auch Joseph (immer noch unerkannt) bitten für sie. Jacob läßt sich erweichen, und als die Brüder Reue zeigen, enthüllt Joseph seine wahre Identität und vergibt ihnen. Der Pharao hat ihnen eine Freistatt gewährt, und alle danken Gott für seine Güte und Gnade.
Kommentar: Mit *Joseph* bezogen sich Duval und Méhul auf zwei aktuelle gesellschaftliche Strömungen im nachrevolutionären Frankreich: auf ein gesteigertes Interesse an allem Ägyptischen, das zum Teil von Napoleons Ägyptenfeldzug (1798/99) herrührte, und auf ein neues religiöses Bewußtsein als Gegenbewegung zum Antiklerikalismus der Revolution. Der Joseph-Stoff, in dem sich beide Strömungen verbinden, erfreute sich besonderer Beliebtheit: 1806 war am Théâtre de la Gaîté Paris das dreiaktige Melodram *Pharaon ou Joseph en Egypte* von Nicolas Lefranc-Ponteuil aufgeführt worden, nahezu gleichzeitig mit Baour-Lormians Joseph-Drama. Eine Reihe von Opern nach alttestamentarischen Stoffen, die in diesen Jahren an der Opéra herauskamen, wie die Pasticci *Saül* (1803) von Ludwig Wenzel Lachnith und *La Prise de Jéricho* (1805) von Christian Kalkbrenner, *Nephtali ou Les Ammonites* (1806) von Felice Blangini, Kreutzers *Abel* (1807) oder Le Sueurs *Mort d'Adam et son apothéose* (1809), dokumentieren das zeitgenössische Interesse an der Verknüpfung von religiöser Thematik mit exotischem Lokalkolorit. Dem Verdikt der Zensurbehörden zum Trotz, daß der

»Grundgedanke des Werks auf der französischen Bühne keinerlei Wirkung hinterlassen« habe und ihm auch auf andern Bühnen kein Erfolg beschieden sein dürfte (nach Jean Mongrédien, S. 54, s. Lit.), sollte *Joseph* zu Méhuls erfolgreichster Oper werden. Duvals bewußt einfach gehaltenes Libretto verzichtet im Gegensatz zu andern zeitgenössischen Theaterbearbeitungen dieses Stoffs auf eine Liebesintrige (die Episode mit Potiphars Frau findet lediglich als Teil der Vorgeschichte knappe Erwähnung) zugunsten der religiös-moralischen Aspekte des Themas. Méhul folgte den Vorgaben des Textbuchs mit einer Musik von kalkulierter Schlichtheit; bereits Cherubini lobte die Ausdruckskraft der Melodie, die bemerkenswerte Harmonie und Form und den »gelehrten«, am Kirchenstil orientierten Satz. Die religiöse Atmosphäre ist am stärksten im Chorgebet (Cantique: »Dieu d'Israel!«, II/5): Der A-cappella-Satz, wenige ausgehaltene Töne der Trompeten und Hörner, die nicht in den Satz integriert, sondern in die hymnenartige Textur des Chors eingeblendet sind, evozieren den auf archaisierende Wirkung zielenden Klanggestus kunstvoller Einfachheit. Durch das Vorherrschen von Chor- und Ensemblenummern ist vor allem die Darstellung der Gemeinschaft betont. Bezeichnenderweise verzichtet Méhul weitgehend auf Solonummern. Nur Joseph hat eine große Arie, und die ist in einem edlen, getragenen Stil gehalten, nicht flammend-virtuos (»Champs paternels«, I/1). Die einzigen andern Solostücke sind zwei Romanzen: Josephs »A peine au sortir de l'enfance« (I/2) und Benjamins »Ah! lorsque la mort trop cruelle« (II/6); um die Unschuld der beiden Brüder und die Güte ihres Wesens darzustellen, wählte Méhul diesen liedhaft-schlichten Arientyp. Eine Untersuchung des in mehreren Entwürfen vorliegenden Autographs von Josephs Romanze zeigt, daß Méhul bei deren Komposition ungewöhnliche Sorgfalt walten ließ. Ein Detail, das für Lokalkolorit sorgt, ist die Verwendung der Tuba curva für den Triumphmarsch gegen Ende des II. Akts. Dies Instrument, in den frühen 90er Jahren des 18. Jahrhunderts nach antiken Vorbildern entwickelt, wurde für Revolutionsfeste im Freien verwendet. Ansonsten sorgen Vorhalte, Durchgangsnoten und Cambiatafiguren für ein antikes Flair (zum Beispiel im 1. Zwischenspiel). Der sparsame Umgang mit Motiven und die Entwicklung des musikalischen Materials, das auf instrumental klingenden Tonleiterabschnitten statt auf lyrischen Gesangsmelodien basiert (besonders in den Ensembles des I. und III. Akts), tragen ebenfalls zu der beabsichtigten archaisierenden Wirkung bei.

Wirkung: In der Uraufführung sangen Jean Elleviou (Joseph), Jean-Pierre Solié (Jacob), Alexandrine Gavaudan (Benjamin) und Jean Baptiste Sauveur Gavaudan (Siméon). Obwohl von der Kritik bewundert, hatte *Joseph* anfangs keinen großen Erfolg. Zu Lebzeiten Méhuls wurde das Werk nur wenig über 50mal in Paris aufgeführt. Trotzdem wurde ihm 1810 der alle zehn Jahre vergebene Preis für das beste für die Opéra-Comique geschriebene Stück verliehen. *Joseph* wurde an der Opéra-Comique 1851 wieder ins Programm genommen (Joseph: Ricquier, Jacob: Prosper-Alphonse Bussine, Benjamin: Caroline Faure), neu inszeniert 1866 (Joseph: Victor Capoul), 1882 (Jean-Alexandre Talazac, Jean Henri Arthur Cobalet, Juliette Bilbaut-Vauchelet) und 1899 (Adolphe Maréchal, Maximilien-Nicolas Bouvet, Cathérine Mastio). 1862 wurde *Joseph* auch am Pariser Théâtre-Lyrique inszeniert. An der Opéra erschien das Werk erstmals 1899, mit Rezitativen von Louis Bourgault-Ducoudray (Albert Vaguet, Jean-François Delmas, Aino Ackté); dort kam es 1946 wieder heraus, diesmal mit Rezitativen von Henri Rabaud unter Leitung von Reynaldo Hahn (Edmond Rambaud, Arthur Endrèze, Huguette Saint-Arnaud). – Carl Maria von Weber, der mit *Joseph* (ergänzt durch eine Schlußszene von Ferdinand Fränzl) 1817 sein Dresdner Dirigentendebüt gab, rühmte an dem Werk klassische Einfachheit und Wahrheit des Ausdrucks in der Darstellung des Religiösen. Einen nachhaltigen Eindruck hat Méhul, insbesondere mit seinem *Joseph*, bei Richard Wagner hinterlassen, der das Werk 1838 in Riga aufführte. *Joseph* erhebe ihn in eine höhere Welt, bekannte er, und noch in einem 1870 an den französischen Schriftsteller, Kunst- und Literaturkritiker Jules Champfleury gerichteten Brief sprach er von Méhul als einem seiner Lehrmeister. Méhuls Œuvre wollte er Vorrang einräumen, wenn sich der von ihm nach-

Joseph; Adolphe Maréchal als Joseph; Regie: Albert Carré, Ausstattung: Lucien Jusseaume; Opéra-Comique, Paris 1899. – Wie eine äußere Stütze wirken die Insignien ägyptischer Herrschaft, aus denen Joseph die Kraft zieht, statt zu rächen zu verzeihen.

drücklich befürwortete Plan eines in Paris zu errichtenden internationalen Opernhauses realisieren ließe, an dem die großen Werke der verschiedenen Nationen gegeben würden (nach Mongrédien, S. 100, s. Lit.). Im 19. und frühen 20. Jahrhundert wurde *Joseph*, übersetzt in viele Sprachen, häufig inszeniert, auch außerhalb Europas (New York 1857, Tsingtao 1909). Eine lange Aufführungstradition hatte das Werk in Wien, wo es in der Übersetzung von Franz Josef Hassaureck als *Joseph in Ägypten* (mit einer neuen Schlußszene von Ignaz von Seyfried) 1809 am Theater an der Wien (Joseph: Joseph Gottdank, Jacob: Sebastian Meier, Siméon: Karl Schmidtmann; Bühnenbild: Lorenzo Sacchetti) und 1815 als *Joseph und seine Brüder* am Kärntnertortheater (Joseph: Franz Wild, Jacob: Johann Michael Vogl; Antonio De Pian) aufgeführt wurde; spätere Inszenierungen an der Wiener Oper gab es 1870 (Gustav Walter, Theodor Schmidt, Johann Nepomuk Beck; Josef Hoffmann) und 1908 mit Rezitativen von Felix von Weingartner (Leopold Demuth, Erik Schmedes; Alfred Roller). Auch in München blieb das Werk als *Jakob und seine Söhne in Ägypten* (Übersetzung: Matthias Georg Lambrecht) seit der ersten Inszenierung 1809 (Joseph: Georg Weixelbaum, Jacob: Georg Mittermayr, Siméon: Philipp Tochtermann, Benjamin: Regina Lang) lange auf dem Spielplan: 1844, 1853 (Jacob: August Kindermann), 1858 und 1909 (mit Rezitativen von Max Zenger, eine Version, die im selben Jahr auch in Berlin gegeben wurde, wo *Joseph* erstmals 1811 in der Übersetzung von Karl Alexander Herklots aufgeführt worden war). Für Großbritannien ist außer vereinzelten Konzertaufführungen in verschiedenen englischen Übersetzungen (Birmingham 1826, London 1841, Windsor 1856) die deutsche *Joseph*-Inszenierung 1914 in Covent Garden London zu erwähnen (mit Johannes Sembach und Josef Vogl alternierend als Joseph). – 1989 brachte Pierre Jourdan *Joseph* in Compiègne in der Bearbeitung von Christiane Besse als »oratorio dramatique« heraus.

Autograph: Part (unvollst.): BN Paris (MS 2290, I-VIII); Part, Ouvertüre: Bibl. de l'Opéra Paris (Rés. A. 677.d). **Ausgaben:** Part: Magasin de Musique, Paris [1807]; Nachdr.: Meysenberg et Richault, Paris; Part, Faks.-Nachdr. d. Erstdrucks: Garland, NY, London 1979 (Early Romantic Opera. 41.); Part, frz./dt. [mit nachkomponiertem Schlußgesang v. F. Fränzl]: Peters [1882], Nr. 6496; Kl.A: Choudens [1903], Nr. 11090; Kl.A, frz./dt.: Meyer, Braunschweig [1834], Nr. 224; Peters [1882], Nr. 6676; Litolff, Nr. 2621; Kl.A, frz./dt. Übers. v. G. Kogel [mit Schlußgesang v. F. Fränzl]: Peters 1882; Kl.A, dt. Übers. v. M. Zenger: Harmonie, Bln. 1908; Textb.: Paris, Vente 1807; Paris, Costallat 1920; Textb., dt. v. M. Schletterer: B&H 1895; Textb., dt.: Bln., Wedekind 1926; Textb., engl. v. F. Copeland: London, BBC 1928. **Aufführungsmaterial:** Choudens
Literatur: A. DUVAL, Œuvres complètes, Paris 1822/23, Bd. 6, S. 179–185; J.-B. WECKERLIN, Les Quatre versions de la romance de ›Joseph‹, opéra de M., in: Revue et gazette musicale de Paris 42:1875, S. 252ff. u. Suppl.; L. S. FOX, A Classic Style in French Opera (1750–1825), Tallahassee 1962, Diss. Florida State Univ., S. 201–232; D. CHARLTON, New Sounds for Old: Tam-Tam, Tuba Curva, Buccin, in: Soundings 3:1973, S. 39–47; weitere Lit. s. S. 34

Elizabeth C. Bartlet

Jacopo Melani

Geboren am 6. Juli 1623 in Pistoia (Toskana), gestorben am 18. August 1676 in Pistoia

Ercole in Tebe
Festa teatrale

Herkules in Theben
Prolog, 5 Akte (11 Bilder)

Text: Giovanni Andrea Moniglia, nach dem 1. Teil der Tragödie *Hercules furens* von Lucius Annaeus Seneca d. J., nach dem 1. Teil der Tragödie *Herakles* (421–415 v. Chr.) von Euripides
Uraufführung: 8. Juli 1661, Teatro della Pergola, Florenz
Personen: Ercole/Herkules (T); Megara, Ercoles Frau (S); Ilo, Ercoles Sohn (S); Teseo, König von Athen und Freund Ercoles (A); Iole, Edelfräulein in Theben, Ilos Braut (S); Alceste, Freund Ercoles (T); Lico, Edelmann in Theben (B); Aristeo, Vertrauter Licos (T, im V. Akt: S); Clitarco, Minister Licos (A); Sifone, stotternder buckliger Diener Alcestes (T); Iolao, Mohr, Diener Teseos (Mez); Gottheiten: Berecintia (S), Giove/Jupiter (B), Giunone/Juno (S), Venere/Venus (S), Nettuno/Neptun (B), Plutone/Pluto (B), Proserpina (S), Mercurio/Merkur (A), Gloria (S), Virtù/Tugend (S), Zefiro/Zefir (S), Ebe/Hebe (S), Iride/Iris (S), Caronte/Charon (B), Aletto/Alekto (T), Radamanto (A), Minos (A). **Chor:** die 4 mediceischen Sterne; Nymphen Giunones; Ungeheuer der Unterwelt; Meernymphen; himmlische Gottheiten.
Ballett: Mädchen von Samos, Faune, Hirten, Liebesgötter, Furien der Unterwelt, Meeresungeheuer, Truppen Ercoles, Truppen Licos, Nymphen, Gärtner
Orchester: Streicher, Bläser, B.c
Aufführung: Dauer ca. 3 Std. 30 Min. – Die Partie des Alceste vertritt in der Partitur (nur I. und II. Akt) Siface. Ballette am Ende des I., II., III. und V. Akts, »Abbattimento«« der Truppen Ercoles und Licos am Ende des IV. Akts. Für das vierstimmige Orchester ist bei fehlender Instrumentenangabe wohl von Streichern auszugehen, und zwar zwei Violinen, Viola und Basso oder drei Violen und Basso. Die Unterweltszenen im III. Akt sehen ausdrücklich »cornetti e tromboni« vor, die Schlußapotheose ein Alternatim aus »violini« und »cornetti, tromboni«, das in einem Streicher und Bläser vereinigenden Tutti gipfelt.

Entstehung: *Ercole in Tebe* krönte die im Juni/Juli 1661 veranstalteten Feierlichkeiten und Theateraufführungen zum Empfang Margarete Luises von Orléans, der Braut Cosimos III., des herzoglichen Thronfolgers. Melanis »festa teatrale« bildete den Abschluß eines Zyklus von sechs Werken, deren Texte ausschließlich der Arzt und Dichter Moniglia verfaßt hatte. Sie waren alle für Aufführungen der Accademia degli Immobili bestimmt, die ab 1656/57 im prächtigen Theaterhaus in der Via della Pergola stattfanden. Bei vier dieser Werke handelte es sich um »drammi civili e rusticali«, komische mit Episoden im toskanischen Dialekt versehene Handlungen, wie Melanis berühmt gewordenes Dramma *Il potestà di Colognole* (1657), das zur Eröffnung des Pergola gegeben wurde, während *Ercole* vom mythologischen Bezug seines Stoffs her an Cavallis »festa teatrale« *L'Ipermestra* (1658) anschloß. Das neue Pergola gegenüber der in der Via del Cocomero gelegenen Accademia dei Sorgenti, in der hauptsächlich Komödien gegeben wurden und Opern des »venezianischen« Typs, war ein Repräsentationsbau der Hauptstadt des Großherzogtums. An den Balletten von *Ercole*, der »offiziellen« Opernaufführung des Hofs, beteiligten sich viele Mitglieder vornehmer Familien aus Florenz. Mehr als auf *Ercole* sollte sich der Ruf des Opernkomponisten Melani auf den späteren burlesk-komischen *Il girello* (Rom 1668, Text: Filippo Acciaiuoli und Giovanni Filippo Apolloni) gründen, der bis 1697 in ganz Italien rund 15mal gegeben wurde.

Handlung: Prolog, der Erdball zu Füßen des Tempels der Ewigkeit: Berecintia erfleht von Giove eine heroische Nachkommenschaft für Ercole, den König von Theben und Sinnbild des toskanischen Großherzogs Ferdinand II. Nettuno dagegen fordert Giove auf, Teseo, König von Athen, aus dem Jenseits zu befreien, damit dieser die Sicherheit der Meere gewährleiste. Giove verkündet die baldige Vermählung Ilos mit der Thebanerin Iole und spielt damit auf die Hochzeit Cosimos und Margarete Luises an. Er prophezeit, Ercole werde Teseo, den Beschützer der toskanischen Meere vor den Korsaren, unversehrt aus der Unterwelt zurückholen. Dies entrüstet den auf einem feuerspeienden Drachen erscheinenden Plutone. Während Gloria und Virtù triumphieren, ist er entschlossen, sich dem göttlichen Plan zu widersetzen.

I. Akt, 1. Bild, Hof des königlichen Palasts: Ercole hat Gerione, den König der Balearen, bezwungen. Lico und Aristeo bedauern die baldige Rückkehr des Siegers von dessen iberischem Feldzug. Während Ercoles Abwesenheit hat Lico versucht, die Herrschaft an sich zu reißen und Megara für sich zu gewinnen, und Aristeo wollte Iole heimführen, Ilos Braut. Ilo und Iole dagegen feiern die Nachricht von Ercoles Sieg, und sie geben sich der Vorfreude ihrer Liebe hin. Nach Theben zurückgekehrt, faßt Ercole den Entschluß, mit Alceste in die Unterwelt hinabzusteigen, um Teseo zu befreien. Bei seinem Abschied vertraut er Lico, den er für loyal hält, Megara und die Herrschaft über das Königreich an, womit er Megara in Trostlosigkeit stürzt, Sifone, Alcestes stotternden Diener, zu einer clownesk anmutenden Schreckensäußerung animiert, Lico und Aristeo, die sich am Ende ihrer schändlichen Ziele wähnen, in Jubel ausbrechen läßt und Ilo in Angst versetzt. 2. Bild, Giunonetempel auf Samos: Mercurio, Zefiro und Ebe gelingt es nicht, Giunone für Ercole einzunehmen. Sie ist dem im Ehebruch gezeugten Sohn Gioves mißgünstig und wird sich seinem Unternehmen widersetzen. In zunächst trauriger, dann fröhlicher Stimmung tanzen ihre Mädchen und die Nymphen.

II. Akt, 1. Bild, Gemächer des Königs: Iole und Megara beklagen die Abwesenheit des Helden. Bestürzt meldet ihnen Ilo den Aufstand der Thebaner unter Licos Führung. Nach einer heftigen Auseinandersetzung mit dem Verräter Lico wird Megara erneut von schmerzvoller Trauer über den Gemahl heimgesucht. Auch zwischen der leidgeprüften Iole und dem Schmeichler Aristeo kommt es zum Streit. 2. Bild, verlassener Strand: Ercole, Alceste und Sifone nähern sich den Pforten zur Unterwelt. Um ihr Eintreten zu verhindern, verfinstert Giunone den Himmel und läßt einen Berg zusammenstürzen. Doch Ercole hält ihn mit unbändiger Kraft auf und rettet sich und die Freunde. Gioves Botin Iride läßt das Firmament in freundlichem Licht erstrahlen und mahnt Giunone, sich nicht weiter dem göttlichen Plan zu widersetzen. Faune und Hirten feiern die Ruhe, die in die Elemente zurückgekehrt ist.

III. Akt, 1. Bild, stygischer Sumpf: An der Schwelle zur Unterwelt eröffnet Caronte dem Helden, Lico habe Theben usurpiert und bedrohe Megara. Vor die Wahl gestellt, entweder der Gemahlin zu Hilfe zu eilen oder den Freund Teseo zu retten, entschließt sich Ercole, die Verteidigung Thebens und den Schutz seiner Verwandten Alceste zu übertragen und allein in die Unterwelt hinabzusteigen. Sifone trifft zu seiner großen Überraschung auf den Mohren Iolao, dem er zum Trost in einer Situation der Verlassenheit und Angst wird. 2. Bild, Plutones Königsschloß: Venere setzt sich bei Plutone und Proserpina für Ercole ein. Von Proserpina besänftigt, hält Plutone Rat mit Radamanto und Minos, den Richtern der Verstorbenen. Von Ercole will er das Versprechen, als Ausgleich für Teseos Freigabe Licos Seele zu erhalten. Zu den Klängen des Tanzes der Liebesgötter und der Furien brechen Venere und Proserpina in Jubel über den weisen Urteilsspruch aus.

IV. Akt, 1. Bild, königliche Gärten: Lico und Aristeo rüsten sich zur letzten Schlacht um Theben und vertrauen die beiden Frauen der Obhut des Eunuchen Clitarco an. Iole erfährt von Aristeo, Ilo werde ster-

Ercole in Tebe, II. Akt, 1. Bild; Bühnenbildentwurf: Ferdinando Tacca, Florenz 1661.

ben. Sie verständigt Ilo und Megara. Lico fängt einen von Sifone überbrachten Brief Alcestes ab und liest ihn den dreien vor, wobei er den Inhalt verfälscht: Ercole wird aus der Unterwelt nicht zurückkehren. Aristeo eröffnet er dann die wahre Botschaft des Schreibens: Die Rückkehr Ercoles und des befreiten Teseo steht unmittelbar bevor, sie sind zum Kampf gerüstet. Megara erfährt die Nachricht von Alceste; der entlarvte Lico droht Ercoles Gattin, sie werde sterben. 2. Bild, vor den Mauern Thebens: Venere und Giunone wetteifern um Ercoles Kriegsglück. In einer Schlacht stoßen die je drei Heere Ercoles und Licos aufeinander. Licos Soldaten unterliegen.
V. Akt, 1. Bild, Kerker: In ihrer Haft erreicht Ilo, Iole und Megara durch Clitarco die Nachricht von der Niederlage Licos. Dieser kommt, um sie zu befreien, damit Megara bei Ercole um Gnade für ihn bitte. 2. Bild, Platz von Theben: Die geschlagenen Aristeo und Lico suchen Schutz. Der Sieger Ercole trägt Teseo auf, nach den Verwandten zu suchen; bald kann er sie wieder in die Arme schließen. Megara bittet um Milde für den Verräter. Ercole verzeiht Lico. 3. Bild, Garten der Venere: Giove, Giunone, Venere, Gloria und Virtù, die himmlischen Gottheiten und die Nereiden stimmen in den an die fürstlichen Brautleute gerichteten Huldigungsgesang ein, den der Tanz der Liebesgötter in den Lüften, der Ungeheuer in den Meeren, der Nymphen an den Gestaden und der Gärtner in Veneres Gärten besiegeln.

Kommentar: Seinen Vorlagen entnahm Moniglia aus naheliegenden Gründen ausschließlich die Elemente, die ihm geeignet schienen, die guten, letztlich selbst den Tod überwindenden Eigenschaften des Halbgotts Ercole, des Sinnbilds für den regierenden Großherzog, herauszustellen: militärische Überlegenheit, Treue gegenüber den Freunden, Ergebenheit gegenüber der Gemahlin, Großherzigkeit und Milde. Melanis Oper stellt ein offensichtliches und möglicherweise bewußt intendiertes Pendant zu Cavallis *L'Ercole amante* dar, der ebenfalls für Feierlichkeiten aus Anlaß einer hochherrschaftlichen Vermählung bestimmt war, und zwar der König Ludwigs XIV. mit der spanischen Infantin Maria Theresia 1660, allerdings erst 1662 und damit nach *Ercole in Tebe* aufgeführt wurde. Moniglia entwickelte die Handlung auf zwei Ebenen: Während die Absichten und menschlichen Leiden der Personen überwiegend in langen Rezitativdialogen miteinander verquickt und in den Lamentoepisoden wie den affektgesteigerten Arien der ernsten oder auch in den Kanzonetten der lustigen Figuren nur punktuell vertieft werden, intervenieren im Prolog und an den Aktenden die Götter, streiten miteinander und geben so Gelegenheit zur Entfaltung faszinierender bühnentechnischer Effekte, des ausdrucksvollen Gesangs und der gleichsam als Intermedien fungierenden Ballette. Die Dosierung der musikalischen Mittel entspricht der »Wahrscheinlichkeit« als dem grundlegenden ästhetischen Prinzip der Oper des 17. Jahrhunderts: Arioser Gesang ist ohne Einschränkung nur den Gottheiten und, sofern Handlungen auf der Erde betroffen sind, den lustigen Figuren vorbehalten, während es den menschlichen Personen, Ercole mit inbegriffen, nur unter der Gewalt drängendster Leidenschaften zugestanden wird, sich im ariosen Gesang zu verlieren und das »natürliche Rezitieren« der reinen Sprache« aufzugeben, das die dem Textbuch beigefügte »Descrizione« in Anspielung auf die »favole pastorali« Ottavio Rinuccinis und Iacopo Peris als spezifisch florentinische Errungenschaft rühmt.

Wirkung: *Ercole in Tebe* wurde auch am 12. und 22. Juli sowie am 7. Aug. 1661 gegeben. Neben Antonio Cesti (Ercole) sangen der Kastrat Antonio Rivani (Ilo), die Brüder des Komponisten, Bartolomeo und Vincenzo Melani, Eleonora Ballerini (Megara), Lucia Rivani (Iole) sowie der Buffotenor Carlo Righenzi (Sifone). Melanis Werk zählt wie Cavallis bereits erwähnter *Ercole amante*, Cestis *Il pomo d'oro* (1668?) und auch *Il favore degli dei* (Parma 1690, Text: Aurelio Aureli) von Bernardo Sabadini zu einer Reihe aufwendiger Opernschöpfungen, die für Hochzeitsfeiern der Dynastien im 17. Jahrhundert entstanden sind. Mehr noch als auf Melanis Musik beruht die operngeschichtliche Bedeutung von *Ercole in Tebe* auf dem Nachdruck des Texts in Moniglias *Poesie dramatiche* (1689), den schon genannten »Descrizioni«, also der »Beschreibung« der Inszenierung, sowie der Ausgabe von Stichen der Bühnenbilder. Die später von Aureli nicht nur für Borettis *Ercole in Tebe* (1671), sondern erneut auch in seinem *Ercole trionfante* (Piacenza 1688) für Sabadini neugefaßten »festa teatrale« Moniglias wäre auf der Grundlage der genannten Quellen heute in allen ihren Aspekten und in weitgehender Annäherung an die Originalgestalt durchaus rekonstruierbar.

Autograph: Verbleib unbekannt. **Abschriften:** BN Musique Paris (Rés. Vm⁴T.1, Vm⁴T.11), Bibl. Rospigliosi Pistoia, Bibl. Apostolica Vaticana Rom (MS Chigi Q. IV. 59). **Ausgaben:** Part, Faks.-Nachdr. d. Abschrift Rom: Garland, NY, London 1978 (Italian Opera 1640–1770. 4.); Textb.: Florenz, Nuova Stamperia all'Insegna della Stella 1661 [2 Versionen, eine mit d. »Descrizione dell'Ercole in Tebe festa teatrale«], Nachdr. in: Italian Opera Librettos, Bd. 5, Garland, NY, London 1978 (Italian Opera 1640–1770. 55.); Text auch in: G. A. MONIGLIA, Delle Poesie dramatiche […] parte I, Florenz 1689, ²1698
Literatur: A. ADEMOLLO, I primi fasti del Teatro di Via della Pergola in Firenze (1657–1661), Mailand 1885, S. 23–32; A. BELLONI, Storia letteraria d'Italia: Il Seicento, Mailand 1899, S. 329–332; A. DAMERINI, La partitura di ›Ercole in Tebe‹ di J. M. (1623–1676), in: Bollettino storico pistoiese 19:1917, S. 45–47; R. L. WEAVER, Florentine Comic Operas of the Seventeenth Century, Chapel Hill 1958, Diss. Univ. of North Carolina; C. MOLINARI, Le nozze degli dèi. Un saggio sul grande spettacolo italiano nel Seicento, Rom 1968, S. 178–185, Tafeln 113–123 [Reproduktionen d. Stiche mit d. Bühnenbildern v. F. Tacca]; R. WEAVER, Opera in Florenz, 1646–1731, in: Studies in Musicology, hrsg. J. W. Pruett, Chapel Hill, NC 1969, S. 60–71; F. DECROISETTE, La Construction des personnages dans deux fêtes théâtrales à la cour de Florence au XVIIème siècle, in: Revue d'histoire du théâtre 24:1972, S. 207–222; DERS., Les Fêtes du mariage de Cosme III avec Marguerite Louise d'Orléans à Florence, 1661, in: Les Fêtes de la renaissance, hrsg. J. Jacquot, Paris 1975, S. 421–436; L. BIANCONI, L'Ercole in Rialto, in: Venezia e il melodramma nel Seicento, hrsg. M. T. Muraro,

Bd. 1, Florenz 1976 (Studi di musica veneta. 5.), S. 259–268; J. W. HILL, Le relazioni di Antonio Cesti con la corte e i teatri di Firenze, in: RIM 11:1976, S. 27–47; R. L. WEAVER, Materiali per le biografie dei fratelli Melani, in: RIM 12:1977, S. 252–295; DERS., N. WRIGHT WEAVER, A Chronology of Music in the Florentine Theatre, 1590–1750, Detroit 1978, S. 130 f.; F. DECROISETTE, Un exemple d'administration des théâtres au XVIIeme siècle; le théâtre de la Pergola à Florence (1652–1662), in: Arts du spectacle et histoire des idées. Recueil offert en hommage à J. Jacquot, Tours 1984, S. 73–90

Lorenzo Bianconi

Arif Dschangirowitsch Melikow

Geboren am 13. September 1933 in Baku (Aserbaidschan)

Legenda i ljubwi
→ Grigorowitsch, Juri Nikolajewitsch (1961)

Felix Mendelssohn-Bartholdy

Jakob Ludwig Felix Mendelssohn-Bartholdy, auch Mendelssohn Bartholdy; geboren am 3. Februar 1809 in Hamburg, gestorben am 4. November 1847 in Leipzig

Heimkehr aus der Fremde
Liederspiel in einem Akt

Text: Karl Klingemann
Uraufführung: 26. Dez. 1829, Wohnhaus der Familie Mendelssohn-Bartholdy, Berlin
Personen: der Schulz (B); seine Frau (A); Lisbeth, ihr Mündel (S); Hermann (T); Kauz, ein Krämer (B); Nachtwächter (Spr.). **Chor:** Bauern, Bäuerinnen
Orchester: 2 Fl, 2 Ob, 2 Klar, 2 Fg, 2 Hr, 2 Trp, Pkn, Streicher
Aufführung: Dauer ca. 1 Std. – Gesprochene Dialoge.

Entstehung: Nach der epochalen Wiederaufführung von Johann Sebastian Bachs *Matthäuspassion* (Berlin, 11. und 21. März 1829) reiste Mendelssohn im April nach London. Im Nov. 1829 bat er Klingemann, der schon den Text zu seiner Oper *Die Hochzeit des Camacho* (Berlin 1827) geschrieben hatte, um ein neues Libretto. Das Werk sollte ein Geschenk zur Silberhochzeit von Mendelssohns Eltern Lea und Abraham im Dez. 1829 werden. In London und auf der Rückreise konnte die Komposition weitgehend fertiggestellt werden. Am 9. Dez. begann Mendelssohn bereits mit der Einstudierung und Instrumentierung sowie der Komposition der Ouvertüre. Für Bühnenbild und Regie war Eduard Devrient verantwortlich, der auch den Kauz spielte. Mendelssohns Schwestern Fanny und Rebekka übernahmen die Rollen der Mutter und Lisbeths, Fannys Mann Wilhelm Hensel den Schulzen. Da Mendelssohn eine Knieverletzung noch nicht überwunden hatte, konnte er den Hermann nicht darstellen, übernahm jedoch die musikalische Leitung.

Handlung: In einem Dorf, vorn zur Seite des Schulzen Haus: Morgen wird ein großer Festtag sein. Der Schulze ist seit 50 Jahren im Amt. Andrerseits ist ein Werbeoffizier angekündigt, der Rekruten ausheben wird. Lediglich die Frau des Schulzen ist mürrisch: Vor genau sechs Jahren hatte sie ihren Sohn Hermann weggeschickt, damit er nicht Soldat werden mußte. Niemand hat seither etwas von ihm gehört. Ihr Mündel Lisbeth ist jedoch sicher, daß der Geliebte wiederkommen wird. Verkleidet erscheint Hermann und gibt sich ihr zu erkennen. Um an Lisbeths Geld zu kommen, will der Krämer Kauz sich für Hermann ausgeben und schwärzt den »Fremden« und Lisbeth bei Schulzens an, die Kauz wiederum für den verkleideten Offizier halten. Erfolglos. Nachts bringen Hermann und Kauz, beide als Nachtwächter verkleidet, dem Mädchen ein Ständchen, stören sich jedoch böswillig gegenseitig. Den dabei entstehenden Streit vermag erst der Schulz zu schlichten. Am Morgen überbringt die Dorfbevölkerung dem Schulzen Glückwünsche. Kauz tritt als »Oberst« und »Sohn« auf. Hermann, der sich endlich zu erkennen gibt, entlarvt ihn: Er selbst ist nämlich der angekündigte Werbeoffizier.

Kommentar: Klingemann hat den Handlungsvorwurf dramaturgisch ausgezeichnet durchgeführt. Die Dialoge sind pointiert und sprachlich geschliffen. Vergleichbare zeitgenössische Libretti, etwa Karl Theodor Körners oft vertonten *Vierjährigen Posten* (1813), stellt dieser Text bei weitem in den Schatten. Mendelssohn hat den 14 Nummern eine Ouvertüre (in Sonatenhauptsatzform) vorangestellt, deren idyllische langsame Einleitung eine Passage aus der Zwischenmusik Nr. 11 zitiert. Er schrieb ein Liederspiel, das nirgendwo gewollt gefühlvoll wird und präzis umrissene Rollen enthält. Bemerkenswert ist die komödiantisch effektvolle Partie des Kauz. Angeschlagen werden biedermeierliche wie romantische Töne: Ballade, (Volks-)Lied, Couplet einerseits und Romanze, stimmungsvolle Zwischenmusik (Nr. 11, Morgendämmerung), durchkomponierte Szenen andrerseits (Nr. 8–12) gehen ineinander über, die dramaturgisch sonst kaum zu füllende Lücke zwischen Nacht und Morgen wird so sinnvoll überbrückt. Mendelssohn balanciert auf schmalem Grat zwischen Romantik und Biedermeier, indem er beide Ebenen ironisiert. Besonders deutlich wird dies, wenn er Hermanns schwärmerisch-kantables »Es steigt das Geisterreich empor« (Nr. 9) durch das Biederkeit parodierende, banal-lüsterne Ständchen von Kauz unterbrechen läßt.

Obwohl die Aufführung sehr gefiel, weigerte sich Mendelssohn kategorisch, sein Liederspiel einer Opernbühne zu überlassen. Der Grund hierfür kann im rein Familiären gelegen haben, denn der Komponist betonte, das Werk »für das Beste« gehalten zu haben, was er bis dahin komponiert hatte (Brief an Klingemann vom 10. März 1830).
Wirkung: Die erfolgreiche erste öffentliche Aufführung fand am 10. April 1851 in Leipzig statt, also nach Mendelssohns Tod. Die *Heimkehr aus der Fremde* hielt sich daraufhin lange an deutschen Bühnen. Schon im Juli 1851 wurde das Werk als *Son of the Stranger* in der Übersetzung von Henry Chorley in London aufgeführt und 1861 und 1896 wiederaufgenommen. Die französische Übersetzung als *Lisbeth ou La Cinquantaine* (Paris 1865) stammt von Jules Barbier.

Autograph: Bodleian Libr. Oxford (Ms. M. Deneke Mendelssohn C. 44). **Ausgaben:** Part (auch St. u. Kl.A): F. MENDELSSOHN-BARTHOLDY, Werke, Serie 15, Nr. 122, hrsg. J. Rietz: B&H 1874–77, Nachdr.: Gregg, Westmead 1967; Part: B&H [1848]; StudienPart: Belwin Mills, NY [1975]; Kl.A: B&H [1847]; Kl.A, engl. Übers. v. H. F. Chorley: Ewer, London [1851]; Textb.: Bln., Brüschke 1829; Marienwerder, Kanter 1878; B&H 1879 [ohne Dialoge], 1887; Textb., engl. v. H. F. Chorley: Boston, Ditson [1866]; Boston, Hildreth 1876. **Aufführungsmaterial:** B&H
Literatur: Felix Mendelssohn-Bartholdys Briefwechsel mit Legationsrat Karl Klingemann, hrsg. K. Klingemann, Essen 1909; E. WERNER, M. A New Image of the Composer and His Age, London 1963, dt. Zürich 1980; K.-H. KÖHLER, F. M. B., Lpz. 1966; R. RANFT, F. M. B. Eine Lebenschronik, Lpz. 1972; K.-H. KÖHLER, Das dramatische Jugendwerk F. M. B.s Basis seiner Stil- u. Persönlichkeitsentwicklung, in: Report of the Eleventh Congress Copenhagen 1972, Kopenhagen 1974, S. 495–499; Das Problem Mendelssohn, hrsg. C. Dahlhaus, Regensburg 1974 (Studien zur M.Gesch. d. 19. Jh. 41.); DERS., Romantik und Biedermeier. Zur musikgeschichtlichen Charakterisierung d. Restaurationszeit, in: AfMw 31:1974, S. 22–41; Felix Mendelssohn Bartholdy, hrsg. H.-K. Metzger, R. Riehn, München 1980 (M-Konzepte. 14/15.); J. WARRACK, M.'s Operas, in: Music and Theatre. Essays in Honour of W. Dean, hrsg. N. Fortune, Cambridge 1987, S. 263–297; S. JOHNS, Das szenische Liederspiel zwischen 1800 und 1830. Ein Beitr. zur Berliner Theater-Gesch., Ffm. 1988 (Quellen u. Studien z. M.Gesch. v. d. Antike bis in d. Gegenwart. 20.)

Robert Didion

Gian Carlo Menotti

Geboren am 7. Juli 1911 in Cadegliano-Viconago (bei Varese, Lombardei)

Amelia Goes to the Ball
Opera Buffa in One Act

Amelia geht zum Ball
1 Akt

Text: Gian Carlo Menotti; Übersetzung aus dem Italienischen: George Mead

Uraufführung: 1. April 1937, Academy of Music, Philadelphia
Personen: Amelia (S); der Ehemann (Bar); der Liebhaber (T); die Freundin (A); der Polizeikommissar (B); 1. Dienstmädchen (Mez); 2. Dienstmädchen (Mez). **Chor:** Passanten, Nachbarn, Polizisten
Orchester: Picc, 2 Fl, 2 Ob, 2 Klar, 2 Fg, 4 Hr, 3 Trp, 3 Pos, Tb, Pkn, Schl (Tamburin, Trg, Gong, Bck, Glsp, Xyl, Glocken), Hrf, Cel, Streicher
Aufführung: Dauer ca. 1 Std.

Entstehung: Anregungen für das Sujet seines ersten Bühnenwerks fand Menotti in der großbürgerlich-snobistischen Gesellschaft Wiens, die er nach Abschluß seiner Kompositionsstudien (1927–33) am Curtis Institute in Philadelphia gemeinsam mit seinem Freund Samuel Barber kennenlernte. Die Komposition wurde im Mai 1936 in Österreich begonnen und 1937 in den Vereinigten Staaten abgeschlossen. *Amelia Goes to the Ball* ist Mary Louise Curtis gewidmet, der Gründerin des Curtis Institute, die sich zugleich für die Uraufführung in Philadelphia einsetzte.
Handlung: In einer großen europäischen Stadt zu Beginn des 20. Jahrhunderts; zu nächtlicher Zeit in einem großbürgerlichen Haus: Amelia, die Gattin einer hochgestellten Persönlichkeit, ist von einer fixen Idee besessen: um alles auf der Welt auf den ersten Ball der Saison zu gehen. Ungeduldig wartet sie auf ihren Mann. Der jedoch hat inzwischen einen an Amelia gerichteten Liebesbrief von unbekannter Hand entdeckt; zornbebend fordert er sie auf, ihm den Namen des Liebhabers zu nennen. Amelia erklärt sich dazu bereit unter der Voraussetzung, daß er sie umgehend zum Ball begleite. Der Ehemann akzeptiert, doch als er erfährt, daß der Nachbar von oben ihr Liebhaber sei, stürzt er mit einer Pistole fort, um sich Genugtuung zu verschaffen. Amelia gelingt es, den Geliebten zu warnen, der sich sofort an einem Seil auf ihren Balkon heruntergleiten läßt und sich im Alkoven verbirgt. Als der zurückgekehrte Ehemann den Liebhaber entdeckt, legt er auf ihn an, doch die Pistole versagt. Die Männer beginnen eine Diskussion darüber, wie es zu der Situation gekommen ist, während Amelia ihren Mann ständig mit der Aufforderung unterbricht, nun endlich zum Ball zu gehen. Als dieser ihr die Erfüllung des Wunschs verweigert, läßt sie eine Vase auf seinem Kopf zerschellen. Der Ehemann sinkt zu Boden; Amelia gerät in Panik und ruft um Hilfe. Die Polizei erscheint, und Amelia bezichtigt den völlig perplexen Liebhaber der Tat, der daraufhin verhaftet wird. Nachdem nun Ehemann und Liebhaber ausgefallen sind, erklärt sich galanterweise der Kommissar bereit, sie auf den Ball zu begleiten; Amelia hat ihr Ziel erreicht.
Kommentar: *Amelia Goes to the Ball* versteht sich als Satire nicht nur auf das Wiener Großbürgertum zu Beginn des 20. Jahrhunderts. Im Mittelpunkt steht die exzentrische Amelia, Gattin vermutlich eines hohen Staatsbeamten. Menotti entwirft hier das Porträt einer Frau, die zwar über jeden Luxus verfügt, aber offensichtlich ein oberflächliches, sinnentleertes Leben

führt, die, wie sogleich die Anfangsszene zeigt, eitel und launisch ist und ihre Dienstmädchen schikaniert. In ihrer Langeweile hat sie sich einen Liebhaber genommen, der sich mit seinem übertrieben pathetischen Gehabe und seinem Schmachten geradezu als Karikatur des klassischen »amante« ausnimmt. Daß dennoch das Schema der Dreiecksbeziehung für die eigentliche Handlung nicht von zentraler Bedeutung ist, wird in der Mitte des Stücks offenbar: Die Situation spitzt sich zu, als der Ehemann den Rivalen erschießen will, doch im letzten Moment wird die sich anbahnende Entwicklung ins Tragische, die mit den Normen der Opera buffa unvereinbar wäre, abgebogen, vollzieht sich ein Umschwung ins Lächerlich-Groteske, als die Wiederherstellung der Ehre an den Tücken der Technik scheitert. Die Tatsache, daß sich die Kontrahenten zum Erstaunen, ja zum Ärger Amelias keineswegs rollenkonform verhalten, sondern als vernunftbegabte Wesen eine Diskussion beginnen, zeigt, daß die Typisierung zwar nicht grundsätzlich in Frage gestellt, jedoch deutlich abgeschwächt wird. Die Beharrlichkeit, mit der Amelia ihr Ziel verfolgt, grenzt ans Pathologische: Daß sie den naiv-dreisten Versuch unternimmt, angesichts des gegen sie erhobenen Vorwurfs des Ehebruchs mit ihrem Mann zu feilschen (Preisgabe der Identität des Liebhabers gegen Zusicherung des Ballbesuchs), daß sie ihn gar niederschlägt und skrupellos den Liebhaber der Tat bezichtigt, wirkt für einen Moment verstörend, scheint die Grenzen der Opera buffa zu sprengen. Doch wird man dies Verhalten als pointierte Persiflage auf die Kapricen eines Luxusweibchens deuten müssen, das gewohnt ist, seinen Kopf durchzusetzen, wie es der Schlußchor als Moral verkündet: »Wenn eine Frau zum Ball gehen will, dann wird sie gehen.« – Bereits in seiner ersten Oper wird offenkundig, daß Menotti sich als Traditionalist versteht, der zwar die Errungenschaften des 20. Jahrhunderts hinsichtlich technischer Einzelmomente wie irregulärer Metrik und Taktwechsel, Dissonanzballungen und afunktionaler Klangfortschreitungen keineswegs verschmäht, ansonsten jedoch die Formen der Tonalität und Periodizität nicht in Frage stellt. Auch bei der formalen Gestaltung zeigt sich die stilistische Ambivalenz: Zwar ist der Einakter im Prinzip durchkomponiert, gleichwohl bezieht Menotti traditionelle geschlossene Gesangsformen mit ein. Besondere Erwähnung verdient das Terzett der Protagonisten, das für einen Moment die Handlung suspendiert. Es handelt sich hierbei um einen quasiphilosophischen Exkurs in nuce über die Relativität der Wahrheit, mit dem sich die Akteure laut Regieanweisung unmittelbar an das Publikum wenden, einer jener Verfremdungseffekte, die die Distanz zwischen Bühne und Publikum aufheben und schon früher vorkommen, etwa in Puccinis *Gianni Schicchi* (1918). Bereits die Ouvertüre läßt jenes Idiom erkennen, das für weite Teile des Einakters charakteristisch ist: rasches Tempo, federndes Stakkato, brillante Instrumentation. Aus dem Formel- und Floskelreichtum, wie ihn die Opera buffa des 18. Jahrhunderts entwickelt hat, gewinnt Menotti zahlreiche kurze, prägnante Motive, die eher zu Wiederholung und Sequenzierung als zur Verarbeitung im symphonischen Sinn drängen. Dies stilistische Spektrum stellt die Voraussetzung dar, um die jeweilige Situation des Dramas musikalisch adäquat zu reflektieren, den Text zu illustrieren oder zu parodieren. Wenn der Ehemann sich zu dem Ausspruch hinreißen läßt, sie sei langweilig, störrisch und dissonant wie die moderne Musik, so läßt sich Menotti diese Gelegenheit zu einer überaus farbigen Illustration und zugleich zu einem Seitenhieb auf die musikalische Avantgarde nicht entgehen. Oder als der Ehemann Amelia den Inhalt des Liebesbriefs in Erinnerung ruft, findet die antiquierte Diktion ihre Entsprechung in einem musikalischen Idiom, das aufgrund des permanent zitierten Sarabandenrhythmus in einer nicht genau umrissenen Vergangenheit anzusiedeln ist. Mit Ausnahme der lyrischen Gesangsszenen, in denen die traditionelle Kantabilität dominiert, ist die Musik in jenem Konversationston gehalten, der sich durch das freie Spiel von deklamatorisch geführter Singstimme und locker gefügtem Orchestersatz auszeichnet und gelegentlich an Ermanno Wolf-Ferrari gemahnt.

Wirkung: Die Uraufführung (Regie: Menotti, Dirigent: Fritz Reiner, Bühnenbild: Donald Oenslager), vor allem aber die Erstaufführung an der Metropolitan Opera New York am 3. März 1938 (Dirigent: Ettore Panizza; mit Muriel Dickson, John Brownlee und Mario Chamlee) riefen ein lebhaftes Echo hervor und begründeten Menottis Ruf als Komponist. Die italienische Erstaufführung in San Remo im April 1938 hingegen (in der Originalsprache als *Amelia al ballo*) war ein Fiasko, das allerdings offiziell inszeniert war: Nachdem Menotti sich geweigert hatte, der faschistischen Partei beizutreten, wurde die Presse angewiesen, das Werk zu verreißen. Weitere Aufführungen folgten unter anderm an der New York City Opera 1948 (mit Frances Yeend), an der Mailänder Scala 1954 (mit Margherita Carosio, Rolando Panerai und Giacinto Prandelli), in Rom 1957, München 1965 (Regie: Trude Kolman, Dirigent: Hans Gierster) und Metz 1968.

Autograph: Verbleib unbekannt. **Ausgaben:** Part, ital./engl. (mit Modifikationen Menottis v. Juni 1952 u. Korrekturen v. April 1954): Ricordi 1980, Nr. 124176-124442; Kl.A, ital./engl.: Ricordi 1952, 1975, Nr. 124179; Schirmer; Textb., engl. v. G. Mead: Ricordi [um 1938]; Textb., ital./engl.: Schirmer; Textb., ital.: Ricordi 1954; Textb., ital., in: [Bei-H. d. Schallplattenaufnahme EMI], 1954, S. 4–7; Textb., dt. v. G. C. Winkler: Ricordi [1950?]. **Aufführungsmaterial:** engl.: Schirmer; ital.: Ricordi
Literatur: J. A. FRYER, A Guide to the Study and Performance of Three Operas of G.-C. M., NY 1974, Diss. Columbia Univ. [*The Medium, Amahl and the Night Visitors, Hilfe, Hilfe, die Globolinks!*]; L. GRIEB, The Operas of G. C. M., 1937–1972. A Selective Bibliography, Metuchen, NY 1974 [kommentiert]; R. J. MARRIOTT, G.-C. M.: Total Musical Theatre. A Study of His Operas, Urbana 1975, Diss. Univ. of Illinois; J. GRUEN, M., London 1978; J. ARDOIN, The Stages of M., NY 1985

Norbert Christen

The Medium
Tragedy in Two Acts

Das Medium
2 Akte

Text: Gian Carlo Menotti
Uraufführung: 1. Fassung: 8. Mai 1946, Brander Matthews Theatre, Columbia University, New York; 2. Fassung: 1. Mai 1947, Ethel Barrymore Theatre, New York
Personen: Madame Flora, genannt Baba (A); Monica, ihre Tochter (S); Toby, ein Stummer (stumme R); Mrs. Gobineau (S); Mr. Gobineau (Bar); Mrs. Nolan (Mez); eine Stimme (S)
Orchester: Fl, Ob, Klar, Fg, Hr, Trp, Schl (kl.Tr, RührTr, gr.Tr, Tamburin, Bck, Trg), Kl 4händig, Cel, 2 Vl, Va, Vc, Kb
Aufführung: Dauer ca. 1 Std. 15 Min. – Bei Aufführungen in größeren Theatern können die Streicher chorisch besetzt werden.

Entstehung: The Medium entstand 1945/46 im Auftrag des Alice M. Ditson Fund der Columbia University. Die Idee zu dem Werk hatte Menotti bereits 1936, als er in Sankt Wolfgang (Oberösterreich) eine Séance miterlebte, von der er später berichtete: »Obwohl ich nichts Ungewöhnliches wahrnehmen konnte, wurde mir nach und nach klar, daß meine Gäste, in ihrem leidenschaftlichen Wunsch zu glauben, ihre tote Tochter Doodley (ein Name, den ich später in der Oper aufgegriffen habe) tatsächlich sahen und hörten. Ich war es, nicht sie, der sich betrogen fühlte. Die schöpferische Kraft ihrer Redlichkeit und Überzeugung brachte mich zur Analyse meines eigenen Zynismus und führte mich zur Verwunderung über die vielfachen Strukturen von Wirklichkeit« (in: Begleittext zur Schallplatte CBS, 1970). Wohl im Hinblick auf den Mißerfolg seiner tragischen Oper *The Island God* (New York 1942, Text: Menotti) hatte Menotti zur Bedingung gemacht, die Uraufführung des *Medium* selbst zu inszenieren (Dirigent: Otto Luening, Bühnenbild: Oliver Smith; Baba: Claramae Turner). Am 18. Febr. 1947 wurde *The Medium* von der Ballet Society am Heckscher Theatre herausgebracht (zusammen mit der Uraufführung von *The Telephone*), und wenig später entschlossen sich Menotti, Chandler Cowles und Efrem Zimbalist zu dem finanziell riskanten Schritt, das Werk an den Broadway zu transferieren. Quasi als Werbegag und um sich das Wohlwollen eines einflußreichen Kritikers zu sichern, der das Werk negativ besprochen hatte, entschloß sich Menotti, *The Medium* als vollkommen neue Fassung anzukündigen. In Wahrheit hatte er jedoch nur einige wenige Ergänzungen am Ende des I. Akts angebracht. Trotz allgemein rühmender Kritik war der durchschlagende Erfolg aber erst gesichert, nachdem die Presse (von den Autoren klug lanciert) über das positive Urteil Arturo Toscaninis berichtete, der gleich drei Aufführungen des Werks besucht hatte. Von nun an lief *The Medium* (Marie Powers hatte die Partie der Baba übernommen) mehr als ein halbes Jahr vor ausverkauftem Haus.

Handlung: Im Empfangsraum Madame Floras.
I. Akt: Madame Flora, Baba genannt, verdient ihren Lebensunterhalt als scharlatanhaftes Medium, indem sie mit Hilfe ihrer Tochter Monica und des stummen Zigeunerjungen Toby mit den verstorbenen Kindern ihrer Klienten in Verbindung tritt. In Babas Abwesenheit flüchten sich die beiden jungen Leute in eine Märchenwelt; Toby liebt es, sich in Babas seidene Gewänder zu kleiden. Das entrückte Spiel findet abrupt ein Ende, als Baba erscheint, um sich auf eine Séance vorzubereiten. Auf das Klingeln der Kunden hin gibt sie sich den Anschein, in Trance in ihre Karten vertieft zu sein. Alles läuft wie gewohnt: Das Ehepaar Gobineau nimmt mit seinem Söhnchen Verbindung auf, Mrs. Nolan, die zum erstenmal gekommen ist, glaubt in Monica ihre kürzlich verstorbene Tochter zu erblicken. Plötzlich schreit Baba auf und zündet das Licht an. Sie hat eine eiskalte Hand an ihrer Kehle gespürt. Die Klienten sind fassungslos und werden von Baba unsanft hinausgewiesen. In ihrem Entsetzen beschuldigt sie Toby, nach ihr gegriffen zu haben. Monica versucht die Mutter zu besänftigen. Baba jedoch wird von Stimmen und einem höhnischen Kindergelächter verfolgt.

The Medium, I. Akt; Frank Rogier als Mr. Gobineau, Beverly Dame als Mrs. Gobineau, Marie Powers als Baba, Virginia Beeler als Mrs. Nolan; Regie: Gian Carlo Menotti, Bühnenbild: Oliver Smith und Horace Armistead, Kostüme: Fabio Rieti und Armistead; Uraufführung der 2. Fassung, Ethel Barrymore Theatre, New York 1947.

II. Akt: Um Monica zu erfreuen, führt Toby ein Puppenspiel auf. Angetrunken erscheint Baba und wendet sich scheinbar besorgt Toby zu. Sie will die Bestätigung, daß er es war, der nach ihr griff. Toby starrt sie angstvoll an; da schlägt sie auf ihn ein und hält erst inne, als es klingelt. Wütend weist sie den Klienten die Tür, auch Toby wird hinausgeworfen. Von bösen Geistern und Vorstellungen bedrängt, gibt sie sich weiter dem Trunk hin, bis sie einschläft. Ein Geräusch, das der wieder hereingeschlichene Toby verursacht, weckt sie auf. Sie sieht den Vorhang in Bewegung, zieht ihren Revolver und schießt. Tot stürzt Toby zu Boden.

Kommentar: Mit diesem Werk, das textlich und musikalisch auf starke dramatische Effekte und emotionale Kontraste hin angelegt ist, hat Menotti seinen persönlichen Opernstil gefunden. Die Sphäre von Monica und Toby, ihr noch halb kindliches und unschuldiges Spiel, ist in einer liedhaft schlichten, scheinbar naiven Melodik eingefangen, besonders prägnant in Monicas quasi volkstümlichem Lied »Black Swan« (I. Akt). In schroffem Kontrast dazu stehen die dissonanten, teils ariosen, teils hochdramatischen Abschnitte, vor allem jene Momente, in denen die trunksüchtige, daher überaus reizbare Baba in maßlosen Zorn gegen Toby ausbricht oder in denen sie von jenem Spuk heimgesucht wird, den sie in ihren Séancen inszeniert zu haben glaubt. Theatralisch effektvoll setzt Menotti an diesen Stellen musikalische und visuelle Mittel ein, um seine Hörer in Babas Wahnvorstellungen hineinzuziehen. In der mit sparsamen orchestralen Mitteln gestalteten Kammeroper dominieren über weite Strecken quasirezitativische Passagen. Besonders kennzeichnend ist, daß diese Rezitative nicht nebensächliches Beiwerk zur Beschleunigung der Handlung, sondern musikalische Substanz sind, die exakt und überzeugend die psychologische Konstellation einer Szene einfängt und trägt. Die Vorbilder dieses rezitativischen Stils sah Menotti, der seinen Eklektizismus nicht verleugnete, in so verschiedenen Komponisten wie Mussorgski, Puccini und Debussy.
Wirkung: *The Medium* wurde (zusammen mit *The Telephone*) Menottis erster großer internationaler Erfolg. Nach dem Ende der Aufführungsserie am Broadway folgten 1948 Gastspiele in London und Paris; 1955 unternahm das Ensemble mit den beiden Stücken eine weitere Europatournee. 1951 schuf Menotti eine Filmversion (mit Powers und Anna Maria Alberghetti), für die er zwei Szenen hinzufügte (eine zwischen Baba und Mrs. Nolan und eine Karnevalsepisode) und teils größere musikalische Ergänzungen anbrachte, die er später in *The Saint of Bleecker Street* (New York 1954, Text: Menotti) und in der Kantate *The Death of the Bishop of Brindisi* (1963) wiederverwendete. Bei mehreren Neuinszenierungen des *Medium* hat Menotti selbst Regie geführt, so 1960 in Rom (Baba: Gianna Pederzini), 1969 in Spoleto (italienisch von Fedele D'Amico; Wiederaufnahme 1981) und 1979 in Charleston (Spoleto Festival South Carolina). Seit den 50er Jahren findet sich das Werk im Repertoire der New York City Opera; Zürich, Düsseldorf und Buenos Aires (1956), Rio de Janeiro (1957), Helsinki (1958, Sibelius-Akademie), London (1961, St. Pancras Town Hall), Marseille und München (1974, Gärtnerplatztheater) und Nantes (1983) sind einige weitere Stationen, auf denen *The Medium* seinen internationalen Ruhm festigte.

Autograph: beim Komponisten. **Ausgaben:** 2. Fassung: Part: Schirmer 1947; Kl.A, engl./frz. Übers. v. L. Kochnitzky: Schirmer 1947, 1967, Nr. 41701; Textb.: Schirmer 1947, 1967, Nr. 46541. **Aufführungsmaterial:** Schirmer; dt. Übers. v. W. Gallusser: Sikorski
Literatur: J. DE RIGAULT, A. M. rien d'impossible, in: RM 1951, Nr. 211, S. 33–35; weitere Lit. s. S. 54

Monika Schwarz

The Telephone or L'Amour à Trois
Opera Buffa in One Act

Das Telephon oder Die Liebe zu dritt
1 Akt

Text: Gian Carlo Menotti
Uraufführung: 18. Febr. 1947, Heckscher Theatre, New York
Personen: Lucy (S); Ben (Bar)
Orchester: Fl, Ob, Klar, Fg, Hr, Trp, Schl (kl.Tr, gr.Tr, Bck, Trg), Kl, 2 Vl, Va, Vc, Kb
Aufführung: Dauer ca. 20 Min.

Entstehung: 1946 hatte Lincoln Kirstein, Organisator der Ballet Society New York, Menottis Oper *The Medium* (1946) für die folgende Spielzeit angenommen und den Komponisten gleichzeitig damit beauftragt, ein zusätzliches Werk als »curtain raiser« zu liefern. Offenbar im Rückgriff auf die Bühnenpraxis älterer Zeit entschloß sich Menotti, dem symbolträchtigen psychologischen Drama ein sehr gegensätzliches buffoneskes Intermezzo voranzustellen.
Handlung: In Lucys Apartment: Ben muß in einer dringenden Angelegenheit verreisen. Er sucht noch kurz seine Freundin Lucy auf, um ihr etwas Wichtiges mitzuteilen. Gerade als er zu sprechen ansetzen will, läutet das Telephon, und Lucy läßt sich in ein langes Gespräch mit einer Freundin ein. Ben ist erleichtert, als Lucy den Hörer auflegt, und will von neuem beginnen. Da läutet abermals das Telephon. Diesmal ist es George, der anruft und Lucy der üblen Nachrede bezichtigt. Sie ist außer sich und läuft hinaus, um sich die Tränen zu trocknen. Ben will die Gelegenheit nutzen, um das störende Monstrum mit einer Schere mundtot zu machen, aber Lucy kommt gerade noch rechtzeitig zurück und nimmt ihr Telephon schützend in die Arme. Nun muß sie ihre Freundin Pamela anrufen, um sich von dem Schock zu erholen, den George ihr versetzt hat. Bens Ungeduld steigert sich zur Verzweiflung, schließlich läuft er hinaus. Nach beendetem Gespräch ist Lucy verwundert, daß Ben nicht mehr da ist. Da läutet erneut das Telephon. Diesmal ist es Ben. Ohne Umschweife fragt er Lucy,

The Telephone or L'Amour à Trois; Marilyn Cotlow als Lucy, Frank Robier als Ben; Regie: Gian Carlo Menotti, Ausstattung: Saul Steinberg; Uraufführung, Heckscher Theater, New York 1947.

ob sie ihn heiraten wolle. Lucy stimmt freudig zu, schärft ihm jedoch ein, ihre Telephonnummer ja nicht zu vergessen, damit er sie von unterwegs häufig anrufen kann.
Kommentar: Die »opéra-minute« eines Darius Milhaud oder die musikalischen Sketche Paul Hindemiths könnten für Menottis heitere Satire Pate gestanden haben. Wirft der Text ein psychologisches Streiflicht auf die Kontaktarmut von Menschen in einer hochtechnisierten Welt (sie: eine entnervende Quasselstrippe, die neurotisch ans Telephon flüchtet, sobald Ben zur Sache kommen will; er: ein nicht minder verklemmter Anstandsmensch mit Angst vor der eigenen Courage), so unternimmt die Musik ihrerseits einen bunten, teils parodistischen Streifzug durch diverse Stilepochen. Dabei setzen Lucys Telephonate der Musik die formalen und stilistischen Zäsuren: Ihre drei längeren Gespräche sind jeweils kleine Arien, teils im neoklassizistischen Stil, der an Strawinskys *Pulcinella* (1920) erinnert, teils im hochdramatischen Gestus der italienischen Opera seria des 19. Jahrhunderts. Innerhalb der rezitativisch gehaltenen Dialoge von Lucy und Ben (die beiden finden musikalisch erst am Schluß zu einem terzen- und sextenseligen Walzer zusammen) nimmt Menotti sehr direkten illustrativen Bezug auf die Aktionen und erfindet lautmalerische Passagen für das Läuten des Telephons, den Vorgang des Wählens, den Moment, in dem eine Telephonverbindung zustande kommt (harmonische Rückung), oder auch quasi plaudernde Instrumentalsätze, die stellvertretend für den Partner am andern Ende stehen (Lucy lauscht der Zeitansage). *The Telephone* ist ein kammermusikalisch fein und mit hintersinnigem Humor gezeichnetes Werk, das sich zwar mit geringem technischen Aufwand, aber nur mit differenzierten pantomimischen Aktionen effektvoll realisieren läßt.
Wirkung: Die Uraufführung, produziert von der Ballet Society, dirigierte Leon Barzin. Am 1. Mai 1947 kam *The Telephone* (wiederum zusammen mit *The Medium*) am Ethel Barrymore Theatre New York heraus und brachte es dort in wenigen Jahren auf mehr als 1 000 Aufführungen. Auf einer Europatournee des Ensembles waren die beiden Opern 1948 in London und Paris (französisch) zu sehen. *The Telephone* ist aufgrund der kleinen Besetzung besonders für Studiobühnen geeignet und fand deshalb in den folgenden Jahren vor allem an kleinen Theatern rasche Verbreitung. Die Hamburgische Staatsoper zeigte das Stück 1952 in deutscher Erstaufführung (zusammen mit Hindemiths *Hin und zurück*, 1927; Regie: Werner Wiekenberg); neuere Inszenierungen gab es unter anderm 1980 in Oberhausen (zusammen mit Bernsteins *Trouble in Tahiti*, Waltham, MA 1952, Text: Bernstein) und 1981 in Mainz (mit Menottis *The Old Maid and the Thief*, Rundfunk 1939, Text: Menotti).

Autograph: beim Komponisten. **Ausgaben:** Kl.A, engl./frz. Übers. v. L. Kochnitzky: Schirmer 1947, Nr. 41735. **Aufführungsmaterial:** Schirmer; dt. Übers. v. J. Kapp: Sikorski
Literatur: B. GOLDOVSKY, Bringing Opera to Life, NY 1968, S. 155–164; weitere Lit. s. S. 54

Rainer Franke

The Consul
Musical Drama in Three Acts

Der Konsul
3 Akte (6 Bilder)

Text: Gian Carlo Menotti
Uraufführung: 1. März 1950, Shubert Theatre, Philadelphia
Personen: John Sorel (Bar); Magda Sorel (S); die Mutter (A); Agent der Geheimpolizei (B); 2 Detektive (2 stumme R); die Sekretärin (Mez); Mr. Kofner (B.Bar); die Italienerin (S); Anna Gomez (S); Vera Boronel (A); der Zauberer Nika Magadoff (T); Assan, Glaser (Bar); Stimme auf der Schallplatte (S)
Orchester: Fl, Ob, Klar, Fg, 2 Hr, 2 Trp, Pos, Pkn, Schl (kl.Tr, gr.Tr, Bck, Xyl), Kl, Hrf, Streicher; BühnenM: Plattenspieler (mit vorgeschriebener Schallplatte)
Aufführung: Dauer ca. 2 Std. 30 Min.

Entstehung: Vordergründiger Anlaß für die Gestaltung eines politischen Dramas der Gegenwart war für Menotti eine kurze Notiz der *New York Times* vom 12. Febr. 1947, in der von einer polnischen Emigrantin berichtet wurde, die sich in den Vereinigten Staaten vergeblich um eine Aufenthaltsgenehmigung be-

müht hatte und deshalb Selbstmord beging. Entscheidender dürfte, wie John Gruen (s. Lit.) vermutet, das tragische Schicksal von Menottis jüdischen Freunden in Österreich und Deutschland gewesen sein.
Handlung: Irgendwo in Europa.
I. Akt, 1. Bild, Sorels Wohnung, früher Morgen: Der Widerstandskämpfer John Sorel ist soeben einer Razzia entkommen, die die Versammlung seiner Gesinnungsgenossen gesprengt hat. Seiner Mutter und seiner Frau Magda gelingt es gerade noch, ihn zu verstecken, als die Geheimpolizei eindringt und die Wohnung durchsucht. Ergebnislos. Auch die Bemühungen des Geheimagenten, Magda zum Sprechen zu bringen, fruchten nichts. John sieht sich gezwungen, in einem andern Staat Zuflucht zu suchen. Seine Frau und das Kind sollen ihm folgen. 2. Bild, das Konsulat, später am selben Tag: Im Wartezimmer des Konsulats eines benachbarten Lands, in dem Freiheit herrscht, bemühen sich Leute um ein Visum. Magda erscheint mit der Bitte, den Konsul sprechen zu dürfen. Aber die Bürokratie, als deren Sachwalterin die Sekretärin fungiert, verhindert schnelle Abfertigung. Magda erhält Formulare und die lakonische Erklärung: »Ihr Name ist eine Nummer, die Geschichte ist nur ein Fall.«
II. Akt, 1. Bild, Sorels Wohnung, einen Monat später: Magda ist es weder gelungen, den Konsul zu sprechen, noch das Visum zu erhalten. Johns Verbleib ist ungewiß, das Kind ist krank geworden. Voller Sorge singt die Großmutter es in den Schlaf. Erschöpft schlummert Magda ein. Alptraumhafte Bilder steigen vor ihr auf: Blutüberströmt wankt John über die Schwelle, gefolgt von der Konsulatssekretärin, von der er als seiner lieben Schwester spricht. In seltsamem Ton verlangt er, sein Kind zu sehen. Als sich ein riesenhafter Fötus vor Magda erhebt, wacht sie entsetzt auf. Da fällt ein Stein durchs Fenster, ein verabredetes Zeichen. Eilig ruft Magda den Glaser Assan an, denn nun ist Nachricht von John zu erwarten. Plötzlich dringt der Geheimagent in die Wohnung ein und versucht, die Namen von Johns Verbündeten zu erpressen. Aber Magda bleibt standhaft. Von Assan erfährt sie, daß John sich noch immer an der Grenze aufhalte und auf die Bewilligung ihres Visums warte. Als Assan gegangen ist, entdeckt Magda den Tod ihres Kinds. 2. Bild, das Konsulat, wenige Tage später: Wieder finden sich Hilfesuchende ein. Als die Sekretärin den Zauberer Magadoff nach seinem Beruf befragt, beginnt er die ganze Gesellschaft zu hypnotisieren, so daß sie sich paarweise im Tanz bewegt, bis Magadoff sein Spiel beendet. Auch Magda ist erschienen. Verzweifelt wirft sie der Sekretärin Papiere vor die Füße und bricht in eine Anklage gegen die unmenschliche Bürokratie aus. Zum erstenmal zeigt die Sekretärin Züge von Mitgefühl. Sie geht zum Konsul und kann erreichen, daß er Magda empfängt. Da öffnet sich seine Tür: Heraus tritt der Agent der Geheimpolizei. Ohnmächtig sinkt Magda zusammen.
III. Akt, 1. Bild, das Konsulat, einige Tage später, früher Abend: Assan ist auf das Konsulat gegangen, um Magda eine dringende Nachricht zu übermitteln.

The Consul, II. Akt, 2. Bild; Ilse Koegel als Sekretärin, Martha Mödl als Magda, Adolf Meyer-Bremen als Kofner, Elfriede Wasserthal als Italienerin, Maria von Ilosvay als Vera, Kurt Marschner als Magadoff, Käthe Maas als Anna; Regie: Günther Rennert, Ausstattung: Alfred Siercke; Staatsoper, Hamburg 1951. – Immer wieder aufs neue verbindet das Warten im Konsulat Aufbegehren und Verzweiflung, Hoffnung und Angst zu schließlich entmutigter Leere. Dies wird psychologisch zum Sinnbild des existentialistischen Zeitgefühls der Nachkriegsjahre.

Bestürzt erzählt er, John wolle zurückkommen, nachdem er gehört habe, daß sein Kind und seine Mutter gestorben seien. Kurz entschlossen schreibt Magda einige Zeilen, die sie Assan mit der Versicherung übergibt, John werde nun nicht mehr zurückkehren. Eilig verläßt sie den Raum. Gerade als die Sekretärin das Büro schließen will, stürzt John herein. Hinter ihm dringt Geheimpolizei ins Zimmer, um ihn zu verhaften. John ergibt sich, als man ihm versichert, er dürfe seine Frau anrufen. Die Sekretärin versucht, mit Magda telephonisch Verbindung aufzunehmen.
2. Bild, Sorels Wohnung, dieselbe Nacht: Erst als das Läuten des Telephons verstummt, betritt Magda ihre Wohnung. Zögernd setzt sie sich vor den Gasherd und öffnet den Hahn. Im Sterben treten ihr noch einmal die Personen aus dem Konsulat, John und die Schwiegermutter in gespenstischer Weise vor Augen. Da läutet das Telephon. Magda will den Hörer ergreifen, vermag es aber nicht mehr.

Kommentar: Menotti, dessen bis 1950 geschriebene Opern mehr in einem kammermusikalischen Rahmen gehalten waren, schuf mit *The Consul* erstmals ein abendfüllendes Werk, das den Anspruch seiner bisherigen Bühnenwerke übersteigt. Das Sujet besticht durch seine Aktualität: Der Schrecken des Polizeiterrors eines diktatorischen Regimes, der inhumane Mechanismus eines bürokratischen Apparats, der sich verselbständigt hat, werden am Beispiel eines Einzelschicksals in ihren psychisch und physisch verheerenden Wirkungen konkretisiert und von Menotti zu einem eindringlichen Libretto gestaltet. Ungeachtet der Zeitnähe des Stoffs sind dramaturgische Gemeinsamkeiten mit Puccinis *Tosca* (1900) unverkennbar: die Eingangsszene, die Briefepisode und schließlich der Selbstmord der Heldin in ausweglichser Situation. Auch in musikalischer Hinsicht orientiert sich Menotti am Verismo Puccinischer Prägung. Italianisierender Kantabilität wird vor allem in den lyrischen Partien Raum verliehen, etwa dem kanonisch einsetzenden Abschiedsterzett zum Schluß von I/1 (»Now, o lips, say good-bye«). Die Behandlung des Texts reicht von gesprochenem Dialog über melodramatische Techniken bis hin zu einer expressiven Melodik und realisiert einen nicht scharf abgegrenzten Wechsel von Arie, Arioso und Rezitativ. Gleichwohl kristallisieren sich Ensemblesätze als relativ geschlossene Formen heraus, zum Beispiel das kontrapunktisch geführte Quintett im Finale des I. Akts. Auch Magdas Anklage im II. Akt, die einen dramatischen Höhepunkt darstellt, ist in Form einer großen Arie gestaltet. Über weite Strecken jedoch ist die Musik in untermalender, illustrativer Funktion wirksam. So wird der stereotype Mechanismus des bürokratischen Apparats durch monotone rhythmische Muster musikalisch eingefangen; der Schrecken des geheimpolizeilichen Terrors, der in der Verhaftung Sorels kulminiert, findet Ausdruck in einem düsteren Marsch im ¾-Takt und leitet zum Schluß des Werks über. Im Finale des III. Akts wird der ⅜-Walzer, zu dem die Hypnotisierten sich marionettenhaft bewegt hatten, reminiszenhaft wieder aufgegriffen, jedoch in der Halluzination Magdas ins

The Consul, III. Akt, 2. Bild; Cornell MacNeil als John, Lydia Summers als Vera, Gloria Lane als Sekretärin, Marie Powers als Mutter, Patricia Neway als Magda, Mary Marlo als Italienerin, Maria Andreassi als Anna, George Gaynes als Kofner. Andrew McKinley als Magadoff; Regie: Chandler Cowles und Efrem Zimbalist, Bühnenbild: Horace Armistead, Kostüme: Grace Houston; Uraufführung, Shubert Theatre, Philadelphia 1950. – Als makabres Wahnbild geistern der sterbenden Magda noch einmal all die Menschen durch den Sinn, die die vergeblichen Bemühungen um einen Ausweg teilten.

Makabre verzerrt. Die große Bühnenwirksamkeit verdankt *The Consul* dem gut aufeinander abgestimmten Zusammengehen von Text und Musik, wenn auch Züge spätromantischer Opernklischees und allzu drastisch illustrativer Partien als störend empfunden werden mögen. Aber Menotti geht es nicht um ein neues Musiktheater; er zielt mit seinen Werken auf eine möglichst breite Zuhörerschaft. Daß er sie erreicht hat, zeigen die Broadway-Erfolge seiner Opern, die größten seit Gershwins *Porgy and Bess* (1935).

Wirkung: Die Uraufführungsproduktion (Regie: Chandler Cowles und Efrem Zimbalist, Dirigent: Lehman Engel) kam bereits am 15. März 1950 am Ethel Barrymore Theatre New York heraus und lief dort ohne Unterbrechung 269mal mit überwältigendem Erfolg. Patricia Neway wurde als Magda berühmt; zu ihren Partnern gehörten Cornell MacNeil (Sorel), Marie Powers (Mutter), Gloria Lane (Sekretärin) und Leon Lishner (Agent). *The Consul* wurde mit dem Pulitzerpreis und dem Drama Critics Award ausgezeichnet; in kürzester Zeit verhalf das Werk Menotti, der sich in Amerika schon einen Namen als

Opernkomponist gemacht hatte, zu internationaler Anerkennung. In Basel kam am 3. Jan. 1951 die europäische Erstaufführung heraus (Regie: Friedrich Schramm, Dirigent: Alexander Krannhals), die Hamburgische Staatsoper folgte zehn Tage später mit der deutschen (Günther Rennert, Arthur Grüber); im selben Jahr wurde das Werk in London (Cambridge Theatre), Wien und Berlin produziert. Die Oper ist inzwischen in etwa 20 Sprachen übersetzt und in vielen Ländern gegeben worden. Wegen der kritischen öffentlichen Stellungnahme von Luigi Nono (er denunzierte das Werk als antisowjetisch) erregte besonders die italienische Aufführung anläßlich des Maggio Musicale in Florenz 1971 (Regie: Menotti; Magda: Virginia Zeani) besonderes Interesse. In den 70er und 80er Jahren wurde das Werk seltener inszeniert, doch hat *The Consul* nach wie vor einen festen Platz im amerikanischen Repertoire. Von den europäischen Inszenierungen der letzten Jahre seien erwähnt London 1978 (English National Opera), Amsterdam 1979, Oslo und Linz 1981, Biel 1982, Sydney 1985 und Straßburg 1988.

Autograph: beim Komponisten. **Ausgaben:** Kl.A v. T. Schippers u. Textb.: Schirmer 1950; Kl.A, dt. Übers. v. W. Gallusser: Apollo, Zürich, Wien 1950, Nr. 42369; Textb., dt. v. W. Gallusser, in: Spectaculum. Texte moderner Opern, hrsg. H. H. Stuckenschmidt, Ffm. 1962, S. 231–260. **Aufführungsmaterial:** Schirmer; dt. v. Gallusser: Sikorski
Literatur: H. Cowell, Current Chronicle, in: MQ 36:1950, H. 3, S. 447–450; A. Benjamin, The Consul, in: ML 32:1951, H. 3, S. 247–251; R. G. Pauly, Music and the Theatre, Englewood Cliffs, NY 1970, S. 388–395; weitere Lit. s. S. 54

Monika Schwarz

Amahl and the Night Visitors
Opera in One Act

Amahl und die nächtlichen Besucher
1 Akt

Text: Gian Carlo Menotti
Uraufführung: 24. Dez. 1951, NBC-TV Opera Theatre, New York; 21. Febr. 1952, Indiana University, Bloomington
Personen: Amahl, ein verkrüppelter Junge von ungefähr 12 Jahren (KnabenS); seine Mutter (S); König Kaspar (T); König Melchior (Bar); König Balthazar (B); Page (B). **Chor, Ballett:** Hirten, Dorfbewohner
Orchester: Fl, 2 Ob, Klar, Fg, Hr, Trp, Pkn, Schl (kl.Tr, Tamburin, Bck, Trg), Kl, Hrf, Streicher
Aufführung: Dauer ca. 50 Min. – Das Werk kann ohne Orchester, nur mit zwei Klavieren, aufgeführt werden.

Entstehung: *Amahl and the Night Visitors* ist die erste speziell für das Fernsehen geschriebene Oper. Den Kompositionsauftrag erteilte die National Broadcasting Company. Das Sujet ist von Hieronymus Boschs Gemälde *Die Anbetung der drei Könige* (um 1480) angeregt worden.

Handlung: In einer ärmlichen Hütte in der Nähe von Bethlehem, kurz nach Christi Geburt; Abend: Der verkrüppelte Hirtenjunge Amahl sitzt vor der Hütte, in der er allein mit seiner Mutter lebt, und spielt auf der Flöte. Die Mutter ruft ihn herein; Amahl folgt widerwillig und erzählt von einem wundervoll strahlenden Stern, den er erblickt hat. Die Mutter hält seine Reden für Phantasien, die aus dem Hunger geboren seien. Als sich die beiden zur Nachtruhe begeben, wird an die Tür geklopft. Drei prachtvoll gekleidete Könige in Begleitung eines Pagen suchen Unterkunft. Demütig bietet die Mutter ihre Hütte an und schickt Amahl, die Nachbarn herbeizurufen. Diese bringen ihre bescheidenen Gaben mit und erweisen den Gästen mit Tanz und Gesang ihre Ehrerbietung. Nachdem die Hirten fortgegangen sind, legen sich alle zum Schlafen. Nur die Mutter kann keine Ruhe finden; sie versucht, von den Schätzen der Könige etwas an sich zu nehmen, um ihre Not zu lindern. Dabei wird sie vom Pagen ertappt. Als die Könige erklären, die Schätze seien für ein soeben geborenes Kind bestimmt, das sein Reich nicht auf Gold, sondern auf Liebe aufbaue, ist die Mutter voller Reue. Amahl bietet seine Krücken als Geschenk für das Kind an. Von diesem Augenblick an ist er von seinem Gebrechen geheilt. Frohen Muts beschließt er, mit den Königen zu ziehen, um sein Geschenk dem neuen König selbst zu überbringen. Als sich die Gesellschaft in Richtung des strahlenden Sterns aufmacht, bläst Amahl auf seiner Flöte wie zu Beginn die pastorale Melodie.

Kommentar: *Amahl and the Night Visitors* ist eine Oper für junge Leute, ein glänzend gemachtes Weihnachtsspiel, das sich, obwohl für das Fernsehen geschrieben, ebenso zur Aufführung in Opernhäusern wie in Kirchen eignet. Es stellt keine hohen szenischen oder musikalischen Anforderungen, sondern ist in der Hauptpartie den sängerischen Möglichkeiten eines Zwölfjährigen angepaßt, auch in den Nebenrollen durchaus von einer kleinen Opernkompanie oder einem geübten Laienensemble realisierbar. Entsprechend der bewußt einfachen Sprache des Librettos und dem Charakter des nicht von rührseligen Zügen freien Sujets dominiert eine lyrische Grundhaltung, die musikalisch an Giacomo Puccini ausgerichtet ist. Geschlossene Ensemblesätze, kleine Arien und Rezitative, die meist mit Klavierarpeggios begleitet sind, unterstreichen den schlichten und traditionellen Gestus der Musik. Hervorzuheben sind die A-cappella-Chöre der Hirten sowie der Einzugsmarsch der Könige, der an den berühmten Marsch aus Prokofjews *The Love of the Three Oranges* (1921) gemahnt.

Wirkung: Die Ursendung inszenierte Menotti (Dirigent: Thomas Schippers, Ausstattung: Eugene Berman, Choreographie: John Butler; es tanzten Melissa Hayden, Nicholas Magallanes und Glen Tetley). Die zweite szenische Aufführung fand 1952 an der New York City Opera statt. *Amahl and the Night Visitors* ist inzwischen von zahlreichen Fernsehstationen in aller Welt gesendet worden und erlebt nicht nur in den Vereinigten Staaten Jahr für Jahr zahllose Aufführungen in Theatern und Kirchen.

Autograph: Teile d. Part: Pierpont Morgan Libr. NY. **Ausgaben:** Kl.A u. Textb.: Schirmer 1952. **Aufführungsmaterial:** Schirmer; dt. Übers. v. K. Honolka: Sikorski **Literatur:** Q. EATON, New M. TV Opera Has Premiere on Christmas Eve, in: Musical America 1952, Nr. 72, S. 3, 19; H. BERTZ-DOSTAL, Oper im Fernsehen, Bd. 1, Wien 1970, S. 395–397; weitere Lit. s. S. 54

Monika Schwarz

Hilfe, Hilfe, die Globolinks!
Oper in einem Akt für Kinder und Leute, die Kinder mögen

Text: Gian Carlo Menotti; Übersetzung aus dem Amerikanischen: Kurt Honolka
Uraufführung: 21. Dez. 1968, Hamburgische Staatsoper, Hamburg
Personen: Emily, 14 Jahre alt (S); Madame Euterpova, Musiklehrerin (S); Dr. Stone, Direktor der St.-Pauls-Schule (hoher Bar); Tony, Busfahrer (Bar); Timothy, Hausmeister der Schule (T); Miß Penelope Newkirk, Mathematiklehrerin (Mez); Mr. Lavender-Gas, Literaturprofessor (Bar); Dr. Turtlespit, Professor der Naturwissenschaften (B). **Chor:** 12 Kinder (Kinder-St.). **Ballett:** Globolinks
Orchester: 2 Fl (2. auch Picc), 2 Ob, Klar, B.Klar, Fg, 2 Hr, 2 Trp, Pos, Tb, Pkn, Schl (kl.Tr, gr.Tr, Bck, Trg, Xyl, Schellentamburin, Gong, Autobusfanfare), Hrf, Kl, Streicher, Tonb
Aufführung: Dauer ca. 1 Std. 15 Min. – Einige Kinder haben kleine Solopartien.

Entstehung: Die Oper entstand als Auftragswerk der Hamburgischen Staatsoper, die das Werk zusammen mit Menottis erster Kinderoper, *Amahl and the Night Visitors* (1951), uraufführte. Das kindliche Publikum, das noch nicht mit einem festen ästhetischen Maßstab ins Theater kommt, stellte eine Herausforderung für Menotti dar, der sich auch noch als Erwachsener der kindlichen Vorstellungswelt nahe fühlte: *Amahl* vermittle die Aura dessen, was Kindsein in seiner eigenen Generation ausgemacht habe; *Hilfe, Hilfe, die Globolinks!* hingegen sei den Kindern der neuen Generation gewidmet, für die das Magische immer auf die Realität bezogen bleibe (vgl. John Ardoin, S. 168, s. Lit.). Besonders inspiriert wurde Menotti vom Tanztheater Alwin Nikolais', seinem Sinn für Humor und phantasievolle, originale Bewegungsabläufe. Nikolais entwarf die Kostüme der Globolinks und choreographierte ihr Ballett. Auch der Einsatz elektronischer Klänge beim Erscheinen der Globolinks geht auf seine Anregung zurück.
Handlung: In Amerika.
Prolog, »Die Invasion unseres Planeten durch die Globolinks«: Die Globolinks, seltsame und bedrohliche Wesen von einem andern Stern, landen auf der Erde. Jeder Mensch, der von ihnen berührt wird, verwandelt sich in einen der Ihren.
1. Bild, »Die belagerten Kinder«, eine Landstraße in gespenstischem Licht: Eine Gruppe von Kindern ist auf dem Rückweg zur Schule, als ihr Bus, vom Blitz eines Globolinks getroffen, stehenbleibt und von den außerirdischen Wesen umringt wird. Aus dem Radio erfährt der Busfahrer Tony, daß Globolinks nur durch Musik vertrieben werden können. Emily hat als einziges Kind ihre Geige bei sich, und so muß sie spielend den Weg zur Schule wagen, um Hilfe zu holen.
2. Bild, »Die Lehrer«, das Büro des Schuldirektors: Das Lehrerkollegium macht sich große Sorgen um den Verbleib der Kinder, denn auch die Lehrer haben die Radiomeldung gehört und werden von den Globolinks bedroht. Direktor Dr. Stone wird von ihnen berührt und verwandelt sich fast unmerklich in einen Globolink, indem er zunächst seine Sprache verliert. Angeführt von der alternden, zudem unglücklich in Stone verliebten Musiklehrerin Madame Euterpova, machen sich die Lehrer auf die Suche nach den Kindern, ausgerüstet mit Musikinstrumenten.
3. Bild, »Die Rettung«, Landstraße mit dem Bus: Die Globolinks sind den Kindern bedrohlich nahe gekommen, doch gerade rechtzeitig treffen die Lehrer ein, und beim Klang ihrer Instrumente fliehen die fremden Wesen. Nur Emily wird vermißt; sie hat sich auf dem Weg zur Schule verirrt.
4. Bild, »Der Stahlwald«, eine seltsame Landschaft aus riesigen stahlglänzenden Gebilden: Emily, die unentwegt Geige gespielt hat, schläft erschöpft ein. Ein Globolink erfaßt das Instrument, doch kaum hat er die Saiten gezupft, läßt er es erschrocken fallen, so daß es zerbricht, und flieht. Erleichtert sieht die erwachte Emily Stone kommen und will sich schutzsuchend in seine Arme werfen. Doch Stone kann ihr gerade noch ausweichen. Vor ihren Augen verwandelt er sich endgültig in einen Globolink und entschwindet. Emily ist gerettet, die Musik der Kinder und Lehrer hat die Globolinks verjagt.
Kommentar: *Hilfe, Hilfe, die Globolinks!* ist, wie Menotti sagt, »eine Oper für Kinder und Leute, die Kinder mögen«. Folglich sind seine Außerirdischen nicht eben gefährliche Wesen. Sein Stück zeichnet sich durch eher harmlose Liebenswürdigkeit und feine Ironie aus, obwohl es im Szenario und in der Dramaturgie an einen vor allem in den Vereinigten Staaten entwickelten Typus des Science-fiction-Romans und -Films anknüpft, in dem Fremdartigkeit immer zugleich Bedrohung der menschlichen Zivilisation bedeutet. Entsprechende Motive sind bei den *Globolinks* ihre von vornherein feststehende Feindseligkeit, ihre Unverwundbarkeit gegenüber Waffen, die menschenleere Gegend, von der aus die Invasoren den Angriff auf die vertraute Zivilisation starten, schließlich das Radio als Medium zur Außenwelt und als Vermittler vom Stand des Kampfs (dies wohl eine Anspielung auf jenes panikauslösende Hörspiel, das Orson Welles 1938 nach H. G. Wells' Roman *The War of the Worlds*, 1897, schuf). Doch gemessen an Wells, der engagierte Kritik am Imperialismus seiner Zeitgenossen übt, ist Menottis Ansatz eher unpolitisch moderat; allenfalls läßt sich der »Stahlwald« im Schlußbild als Warnung vor übersteigerter Technologiegläubigkeit verstehen. Die Globolinks stellen nur für Musikignoranten eine Gefahr dar, die, wie Stone, Musik für eine

überflüssige Sache halten. Folglich ist Stone dazu verurteilt, ein Globolink zu werden; zur Strafe verringert sich nach der Berührung mit einem Globolink sein Sprachschatz auf die Silbe »la« und den dazugehörigen Ton (a), den er bis zum Ende beharrlich zum besten geben muß. Und den Kindern werden die Globolinks gefährlich, weil sie alle, mit Ausnahme von Emily, zum großen Leidwesen von Madame Euterpova ihre Musikinstrumente nicht zum Üben mit in die Ferien genommen, sondern in der Schule liegen gelassen haben. Pädagogisch und besserwisserisch geht es in den *Globolinks* schon deshalb nicht zu, weil die menschlichen Gegenspieler dieser Kobolde, insbesondere die Lehrer, durchaus humorvoll gezeichnet sind. Euterpova, die Personifikation einer Musikenthusiastin, ist eine überzeichnete Figur und erfüllt die Funktion der komischen Alten: unverheiratet und unglücklich verliebt. – Musikalisch bezieht das Werk seine Bühnenwirksamkeit aus der effektvollen Gegenüberstellung elektronischer und tonaler Klänge. Die elektronischen Klänge (für Tongenerator, nach ungefährer Tonhöhe, Lautstärke und Dauer notiert) sind dabei, neben Lichtblitzen, sackartigen Kostümen und abstrakt-technischer Architektur, die Erkennungszeichen der Globolinks, die tonalen, mit dem gewohnten Orchesterapparat produziert und im Stil von Menottis früheren Opere buffe wie *Amelia Goes to the Ball* (1937) oder *The Telephone* (1947) gehalten, bleiben der Welt der Menschen vorbehalten. Menotti dabei zu unterstellen, er habe elektronischer Musik den Kampf ansagen und sie mit tonaler Musik austreiben wollen, hieße aber, dem Werk eine kunsttheoretische Dimension beizulegen, die es nicht hat.

Wirkung: Der große Erfolg der Uraufführung (Dirigent: Matthias Kuntzsch; Emily: Edith Mathis/Judith Blegen, Tony: William Workman) verdankt sich nicht zuletzt der Tatsache, daß es Menottis Inszenierung gelang, die *Globolinks* zu einem phantastischen, theatralisch eindrucksvollen Spiel auszugestalten. Zu erwähnen sind hier auch Nicolas Schöffers magische Lichteffekte und die originellen Kostüme der Globolinks, die an übereinandergeschachtelte Hüte erinnerten. Die amerikanische Premiere als *Help, Help, the Globolinks!* fand 1969 in Santa Fe (NM) statt (Dirigent: Gustav Meier); im selben Jahr kam das Stück am City Center New York heraus. Diese Produktion wurde 1970 auch in Los Angeles gezeigt. Das Stadttheater Luzern inszenierte die Oper 1970. Seitdem steht sie, vor allem um die Weihnachtszeit, immer wieder auf den Spielplänen internationaler Bühnen. Daß Menottis Kinderopern ihr Publikum finden, bezeugt auch sein jüngstes Werk dieser Art: *The Boy who Grew Too Fast* (Wilmington, DE 1983, Text: Menotti), eine 45-Minuten-Oper, die Menotti 1984 in Cannes in europäischer Erstaufführung inszenierte.

Autograph: beim Komponisten. **Ausgaben:** Kl.A, engl./dt.: Schirmer [1969], Nr. ED 2801; Textb., engl.: Schirmer [1969], Nr. ED 2815. **Aufführungsmaterial:** Sikorski; engl.: Schirmer
Literatur: s. S. 54

Gisela Franke

Goya

Goya
3 Akte (5 Bilder)

Text: Gian Carlo Menotti
Uraufführung: 15. Nov. 1986, John F. Kennedy Center, Washington (DC)
Personen: Francisco Goya, Maler (T); Martín Zapater, sein Freund (Bar); Cayetana, Herzogin von Alba (Mez); María/Maria Luisa, Königin von Spanien (S); Charles IV/Karl IV., König von Spanien (T); Manuel Godoy, Premierminister (Bar); Leocadia, Goyas Haushälterin (S oder Mez); eine Sängerin (S); Gastwirt (B); ein Mädchen (S); ein Majordomus (T); Don Basilio (stumme R). **Chor:** Spieler und Tänzer in der Taverne, Büßende, Gefolge der Herzogin. **Statisterie oder Chor:** Dienerschaft der Herzogin, Besucher in Goyas Atelier, Goyas Frau, Goyas Sohn, Goyas Enkel, Bauern, Bettler, Prostituierte, Mönche, Soldaten, Satan, Hexen usw. **Ballett:** spanische Volkstänzer, eine Tänzerin
Orchester: Picc, 2 Fl, 2 Ob, E.H, 2 Klar, B.Klar, 2 Fg, 4 Hr, 3 Trp, 3 Pos, Tb, Pkn, Schl (kl.Tr, gr.Tr, Bck, hängendes Bck, Kastagnetten, Tamburin, Trg, Holzblock, Gong, Glocken, Tamtam, Glsp, Xyl), Hrf, Kl, Cel ad lib., Streicher; BühnenM auf d. Szene: Git; hinter d. Szene: Glocke in g
Aufführung: Dauer ca. 2 Std.

Entstehung: *Goya* entstand über einen Zeitraum von nahezu zehn Jahren. Angeregt wurde die Oper durch Plácido Domingo, der Menotti 1977 um ein Werk mit einer großen Tenorpartie für sich bat. Domingo war es auch, der Menotti das Leben des Malers Francisco José de Goya als Sujet vorschlug. Zahlreiche Kompositionsverpflichtungen hinderten Menotti zunächst an der Ausführung des Werks; 1984 konnte er Domingo die ersten Szenen vorlegen, aber erst 1986 war das großdimensionierte und ambitionierte Werk vollendet, ein Werk, dessen Handlung um eine Hauptgestalt zentriert und kompositorisch stark auf die sängerische Domäne Domingos, der großen Belcantopartien des 19. Jahrhunderts, abgestimmt ist.
Handlung: In Madrid und Bordeaux, um 1785 bis 1828.
I. Akt, 1. Bild, eine Taverne in einem Vorort von Madrid: Goya und sein Freund Martín Zapater betrachten weinselig die tanzenden Mädchen, als eine besonders anziehende Frau mit ihren Freunden hereinkommt. Beeindruckt von ihrer Schönheit, stellt sich Goya ihr als der beste Maler Spaniens vor; er schlägt ihr vor, sie zu malen. Sie verabreden sich für den nächsten Abend im Alba-Palast, wo sie angeblich Zimmermädchen ist. 2. Bild, ein Saal im Palast der Herzogin von Alba: Herzogin Cayetana tritt mit ihrem Gefolge ein. Goya erkennt in ihr die schöne Unbekannte und fühlt sich hintergangen. Sie jedoch drängt ihn, sie zu malen, ja sogar, ihr Gesicht als Leinwand zu benutzen und aus ihr die Frau seiner Träume zu gestalten. Als er mit dem Pinsel ihren

Mund berührt, läßt er ihn fallen und küßt sie leidenschaftlich.
II. Akt, eine Galerie neben dem Ballsaal des königlichen Palasts: María Luisa, Königin von Spanien, beklagt sich bei ihrem Gatten Charles und bei Premierminister Godoy, ihrem Liebhaber, über das schlechte Benehmen der Herzogin. Sie beneidet Cayetana um ihre vornehme Garderobe aus Paris, hat sich heimlich die Adresse des Schneiders besorgt und sich selbst dort ein Kleid machen lassen, das jedoch auf sich warten läßt. Da sie von Cayetanas Beziehung zu Goya gehört hat, wünscht sie, den Maler kennenzulernen. Zum Empfang bei Hof erscheint als erster der französische Botschafter und überreicht ihr das erwartete Kleid, mit dem sie sich zurückzieht, um es anzulegen. Als sie zurückkommt, rauscht Cayetana herein, umgeben von ihren Hofdamen, die alle eine exakte Kopie des neuen Kleids tragen. María Luisa fällt in Ohnmacht, Cayetana genießt ihren Triumph, wird aber von Godoy gewarnt, sie sei zu weit gegangen. Als auch Goya ihr Benehmen mißbilligt, beschimpft sie ihn als Opportunisten und erklärt ihre Liebesaffäre für beendet. Charles unterrichtet Goya von seiner Absicht, ihn zum Hofmaler zu ernennen. Während sie miteinander sprechen, erleidet Goya einen Hörsturz; er ruft verzweifelt nach Cayetana.
III. Akt, 1. Bild, Räume der Herzogin in ihrem Palast: Cayetana ist auf mysteriöse Weise vergiftet worden und weiß, daß sie nicht mehr lange zu leben hat. Sie schickt nach Goya, den sie noch immer liebt. In ihrem letzten Willen vermacht sie ihren Schmuck ihren Adoptivkindern und ihren Dienern. Sie stirbt, ohne Goya noch einmal gesehen zu haben. María Luisa entwendet ihre Halskette und ihren Ring. Von draußen ist das Klagen Goyas zu hören, der noch einmal die gemeinsame Liebe beschwört. 2. Bild, Goyas Atelier in Bordeaux, viele Jahre später: Leocadia, Goyas Dienerin, weist alle Besucher aus dem Haus des sterbenden Malers. Dieser, inzwischen taub und blind, liegt matt in einem Sessel und wird von Visionen heimgesucht: Er glaubt seine Ehefrau Pepa zu sehen, der gegenüber er sich schuldig fühlt, weil er sie vernachlässigte; Hexen und Teufel umringen ihn, hämisch lachend tritt die Inquisition als seine Richterin auf. In seiner Not ruft er nach Cayetana. Sie erscheint, überzeugt ihn von seiner Unschuld und nimmt ihn mit sich in den Tod.
Kommentar: Wie seine »neuromantische« Oper *Juana la Loca* (San Diego 1979, Text: Menotti), die Menotti für die Sopranistin Beverly Sills schrieb, ist auch *Goya* eine typische Staroper. Sie ist thematisch und musikalisch auf eine überragende Hauptgestalt ausgerichtet, mit ausladenden, arienartigen Abschnitten, weiträumigen Kantilenen und einer insgesamt an der Oper des 19. Jahrhunderts orientierten Dramaturgie. Zugleich ist *Goya* ein auf üppige Ausstattung berechnetes Werk, das in unterschiedlichsten Bildern spanisches Lokalkolorit und höfische Pracht in Szene setzt und dabei aus dramaturgischen Gesichtspunkten frei mit den nicht immer gesicherten historischen Begebenheiten umgeht. Menotti reizte vor allem die zwiespältige Persönlichkeit Goyas, in dem er einerseits den opportunistischen Hofkünstler sah, andrerseits den klaren Realisten, den Visionär des Schreckens und Ankläger gegen die Greuel des Kriegs und die Leiden der Menschen, wie er aus den *Caprichos* (1794) und den *Desastres de la guerra* (1816) spricht. So ist es neben der Schlußszene des II. Akts, in der Goyas Verlust des Gehörs durch die Einblendung von Momenten absoluter Stille in die Musik des Hofballs musikalisch sinnfällig wird, insbesondere der große Schlußmonolog als Apotheose des Künstlers in seiner Zeit. Obwohl Menotti selbst für diese Szene Mussorgskis *Boris Godunow* (1874) und Brittens *Peter Grimes* (1945) als seine Vorbilder nennt, erscheint das Werk insgesamt als deutliche Rückbesinnung auf die italienische Belcantotradition des 19. Jahrhunderts, auf Sanglichkeit innerhalb einer klar fixierten Dur-Moll-Tonalität, auf dramaturgisch motivierte Wechsel von großen ariosen und sparsam instrumentierten rezitativischen Abschnitten, und damit als Hinwendung zu einem Opernstil, wie Menotti ihn exemplarisch bereits in *Maria Golovin* (Brüssel 1958, Text: Menotti) und später in *Juana la Loca* entwickelt hat.
Wirkung: Die Oper wurde bisher nicht nachgespielt und fand trotz überwiegend kritischer Stellungnahmen in der Presse eine positive Aufnahme beim Publikum. Die Uraufführung inszenierte Menotti, Dirigent war Rafael Frühbeck de Burgos.

Autograph: beim Komponisten. **Ausgaben:** Textb.: Schirmer 1986. **Aufführungsmaterial:** Schirmer; BR Dtld.: Sikorski
Literatur: D. SNOWMAN, The Creation of an Opera, in: Washington Opera Magazine, Frühjahr/Sommer 1986; weitere Lit. s. S. 54

Gisela Franke

Louis Mérante

Louis François Mérante; geboren am 23. Juli 1828 in Paris, gestorben am 17. Juli 1887 in Courbevoie (bei Paris)

Sylvia ou La Nymphe de Diane
Ballet en trois actes

Sylvia oder Die Nymphe der Diana
3 Akte

Musik: Léo Delibes. **Libretto:** Jules Paul Barbier und Baron Jacques de Reinach, nach dem pastoralen Drama *Aminta* (1573) von Torquato Tasso
Uraufführung: 14. Juni 1876, Opéra, Salle Garnier, Paris, Ballett der Opéra
Darsteller: Sylvia, Nymphe der Diane; Diane/Diana; L'Amour/Amor; Aminta, Schäfer; Orion, der schwarze Jäger; Terpsichore; Thalie/Thalia; eine Najade; ein Waldgott; 2 äthiopische Sklaven; ein junger

Schäfer; eine Bäuerin; eine Negerin; ein alter Satyr; ein Bauer; Corps de ballet: Nymphen (Najaden, Dryaden, Jägerinnen), Schäfer, Schäferinnen, Sklavinnen von L'Amour, Bacchantinnen, Faune, Waldgötter, Mimen in Thalies Folge
Orchester: 2 Fl (2. auch Picc), 2 Ob (2. auch E.H), 2 Klar (2. auch Sax hoch Es), 3 Fg, 4 Hr (3. u. 4. auch Hr à piston), 2 Kornette (auch Kornette à piston), 2 Trp (auch Trp à piston), 3 Pos, Ophikleide, Pkn, Schl (gr.Tr, Bck, Trg, Crotales, Tambour de basque, kl. Tambour arabe, Tamtam), 4 Hrf, Donnermaschine, Streicher; BühnenM: Hr, 2 Kornette, 2 Trp à piston
Aufführung: Dauer ca. 1 Std. 45 Min.

Entstehung: *Sylvia* war das erste Ballett, das für das am 5. Jan. 1875 eröffnete neue Pariser Opernhaus in Auftrag gegeben wurde. Erst nach der Fertigstellung des Librettos durch den routinierten Opernlibrettisten Barbier und seinen Mitarbeiter Reinach wurde Delibes hinzugezogen. Dieser schrieb dann die Musik entsprechend den Wünschen des relativ unerfahrenen Choreographen Mérante und der für die Sylvia vorgesehenen Primaballerina Rita Sangalli. Mérante, ehemals Schüler von Lucien Petipa, hatte sich bis dahin vor allem einen Namen als Tänzer gemacht; er galt als einer der besten Ballerinos seiner Zeit. 1869 zum Ballettmeister der Opéra ernannt, hatte er vor *Sylvia* erst ein Ballett geschaffen, *Gretna-Green* (Paris 1873, Musik: Ernest Guiraud).
Inhalt: I. Akt, geweihter Hain im Mondlicht, im Hintergrund ein Marmorschrein mit der Statue von L'Amour: Die Spiele der Faune und Waldnymphen werden durch das Erscheinen Amintas gestört. Er ist auf der Suche nach der Nymphe Sylvia, in die er sich verliebt hat. Kaum hat Aminta von Amour erfleht, Sylvia noch einmal sehen zu dürfen, nahen auch schon die Nymphen. Aminta versteckt sich im Schrein. Währenddessen ist der schwarze Jäger Orion hinzugekommen und beobachtet wie Aminta unbemerkt das Treiben der Nymphen. Als eine von ihnen Amintas Stab und Mantel findet, wird nach dem Eindringling gesucht. Bald entdecken die Nymphen Aminta und schleppen ihn vor Sylvia, die seine Liebeserklärung entrüstet zurückweist. Als Hüterin Dianes schwor sie einst, niemals zu lieben. Erzürnt über das unziemliche Verhalten eines Sterblichen, will Sylvia Aminta mit einem Pfeil durchbohren, doch besinnt sie sich: Nicht Aminta ist für seine Liebe verantwortlich, sondern Amour. So richtet sie ihren Bogen auf die Statue. Als sich Aminta schützend in den Weg stellt, wird er tödlich getroffen. Daraufhin schießt die plötzlich zu Leben erwachte Statue einen Pfeil in Sylvias Herz. Scheinbar unverwundet zieht sie den Pfeil heraus und steckt ihn in ihren Köcher. Der Tag bricht an, und die Waldgeister eilen davon. Bauern ziehen zur Weinlese; Schäfer folgen ihnen. Nur ein junger Hirte bleibt zurück und versteckt sich, als er Orion nahen sieht. Orion schwört Aminta Rache, weil er es gewagt hat, mit ihm um Sylvias Gunst zu rivalisieren. Als er ihn tot findet, schmiedet er neue Pläne, Sylvia in seine Gewalt zu bringen. Ihre Rückkunft erwartend, verbirgt er sich. Zwischenzeitlich haben die übernatürlichen Kräfte von Amours Pfeil Sylvias Gefühle gewandelt; sie fühlt sich so stark zu Aminta hingezogen, daß sie ohne ihre Nymphen zurückkommt. In diesem Moment wirft Orion eine Schlinge über Sylvia und trägt sie fort. Der junge Hirte tritt aus seinem Versteck und ruft seine Kameraden herbei. Einige eilen Orion nach, andere versuchen vergeblich, Aminta zu helfen. Ein Zauberer erscheint und erweckt Aminta wieder zum Leben, indem er dessen Lippen mit einer Rose berührt. Aminta erfährt, daß Sylvia nun seine Liebe erwidert. Als die Schäfer mit Sylvias zerrissenem Mantel zurückkehren und Aminta von ihrer Entführung berichten, beschließt er, sie zu befreien. Bevor er aufbricht, kniet er vor Amours Statue nieder. Wieder erwacht sie zum Leben und weist Aminta den Weg zu Orions Versteck. Aminta erkennt, daß der Zauberer kein anderer als Amour gewesen ist.
II. Akt, Orions Grotte: Orion bewacht die bewußtlose Sylvia. Als sie die Augen öffnet und ihren Entführer erblickt, versucht sie zu fliehen. Nach vergeblichen Bemühungen versperrt Orion den Eingang der Grotte mit einem Felsen. Ihre hoffnungslose Lage erkennend, gibt Sylvia vor, in ihr Schicksal einzuwilligen. Äthiopische Sklaven erscheinen und tanzen zur Unterhaltung. Orion beteuert Sylvia immer wieder seine Liebe, doch sie weist ihn zurück. Beim anschließenden Gelage gibt Sylvia Orion Wein zu trinken, doch der Alkohol verstärkt nur seine Leidenschaft. Um Zeit zu gewinnen, tanzt Sylvia zu Ehren Bacchus' und ermuntert Orion, mehr Wein zu trinken, bis er einschläft. Da sie den Felsblock nicht bewegen kann, erfleht sie Amours Hilfe. Als Gegenleistung bietet sie ihm ihre Waffen an. Amour erhört sie: Ein Lichtstrahl hebt sie empor, während die Grotte in der Tiefe versinkt. Für einen Moment erblickt Sylvia das Bild Amintas.
III. Akt, Meeresufer, im Schatten einer großen Eiche; im Hintergrund der Dianetempel: Bauern feiern die Weinlese; der Festzug zu Ehren Bacchus' erscheint. Auch Thalie und Terpsichore mit ihren Gefolgen sind darunter. Vergeblich versuchen junge Mädchen, den trauernden Aminta zu trösten. Ein Schiff legt an; Amour, diesmal als Pirat verkleidet, betritt mit seinen verschleierten Sklavinnen das Ufer. Eine von ihnen hindert Aminta am Fortgehen; ihr Tanz erweckt in ihm den Wunsch, ihr Gesicht zu sehen. Doch die Erinnerung an Sylvia holt ihn ein, und er wendet sich ab. Als aber Amour den Schleier der Sklavin hebt, erkennt Aminta Sylvia. Überglücklich sinkt er ihr zu Füßen. Da erscheint Orion, dem sich Aminta sogleich zum Kampf stellen will. Sylvia flieht in den Tempel. Orion ist ihr gefolgt und schlägt wütend an die Tore. Beim dritten Mal öffnen sie sich, und Diane steht mit gespanntem Bogen vor ihm. Als er sich auf die kniende Sylvia stürzen will, tötet ihn Diane. Ihr Zorn richtet sich jetzt gegen Sylvia, die ihren Schwur gebrochen hat. Aminta kommt hinzu und will alle Schuld auf sich nehmen. Doch Sylvia macht Amours Pfeil für ihre Liebe verantwortlich. Ein Donnerschlag erschallt, und Amour steht vor Diane. Er erinnert sie

an ihre einstige Liebe zu dem jungen Schäfer Endymion. Nun verzeiht Diane Sylvia und gibt den beiden Liebenden ihren Segen.
Kommentar: Zeitgenössischen Berichten zufolge soll *Sylvia* von recht geringer Qualität gewesen sein. Dies lag sicher in der Person Mérantes begründet, der mehr über handwerkliche Fähigkeiten denn Phantasie und Kreativität verfügt haben soll. Seine einzige Empfehlung für die Position des Ballettmeisters der Opéra war anscheinend seine bisherige Zuverlässigkeit als Tänzer gewesen. Ernsthafte Konkurrenz hatte er nicht zu befürchten; der renommierte Arthur Saint-Léon war 1870 gestorben, und der gleichfalls sehr angesehene Jules Perrot hatte sich 1861 vom aktiven Theaterleben abgewandt. Doch muß Mérante im Fall von *Sylvia* zugute gehalten werden, daß er ein Libretto zu benutzen hatte, das wegen seiner ungenügenden Stringenz (der Held ist schwach; die Heldin wird durch einen Deus ex machina gerettet) nur geringe Bühnenwirksamkeit aufweist. Es mutet insofern überraschend für das zu Ende gehende romantische Ballett an, als nach vielen Jahren wieder einmal auf die griechische Mythologie zurückgegriffen wurde (im vorromantischen Ballett waren antikisierende Stoffe ein bevorzugtes Sujet gewesen). Ein Nachteil des Szenarios ist außerdem, daß es wenig Gelegenheit für umfangreichere Tanznummern bietet. Im Gegensatz etwa zu Saint-Léons *Coppélia* (1870) enthält *Sylvia* kein Divertissement, das das glückliche Ende der vorangegangenen Verwicklungen als feierliches Ereignis demonstriert; lediglich im III. Akt finden sich mit dem Festzug vergleichsweise kurze Abschnitte von verschiedenen Tänzen, die in keinen unmittelbaren thematischen Zusammenhang eingebunden sind. Dennoch fungiert das Ballett, in dieser Hinsicht ganz der Tradition verhaftet, als Vehikel für die Ballerina, denn nur dieser wird genügend Möglichkeit gegeben, sich effektvoll in Szene zu setzen: entweder durch überwiegend solistische Tanzpassagen oder durch spektakuläre pantomimische Einlagen, wie im I. Akt das Balancieren auf den Lianen nach dem Spiel mit den andern Nymphen, bevor Aminta entdeckt wird. Als sicher kann gelten, daß Sangalli nicht nur das letzte Wort über Delibes' Musik hatte, sondern ebenso über die von Mérante für sie entworfenen Tänze. Dies entsprach den damaligen Gepflogenheiten, daß nämlich die Primaballerina die Hauptrolle eines neuen Werks tanzen durfte und daß sie sich, da ja die Präsentation ihrer Person im Vordergrund stand, ein entsprechend großes Mitspracherecht herausnahm; auch später konnte sie nach Belieben die Choreographie ihrer Rolle abändern. – Delibes schrieb eine gefällige, teilweise elegante Ballettmusik. Sie besteht aus stimmungsmäßig abwechslungsreichen und leicht faßlichen kürzeren Tanznummern und Szenen, und wie auch *Coppélia* hebt sie sich durch größere Originalität von andern Ballettkompositionen dieser Zeit ab. Gleichwohl steht sie ganz im Dienst der Choreographie und liefert den Tänzern eine problemlose Begleitung. Die rhythmische Komponente bleibt einfach und immer klar erkennbar; Melodik, Harmonik

Sylvia ou La Nymphe de Diane, I. Akt; Illustration: Knut Ekwall; Königliches Opernhaus, Berlin 1885. – Schaukelnd löst sich Sylvia aus dem Kreis der Träumerisch-Tändelnden, um, von Amour gelenkt, den Gefilden der Liebe zuzustreben.

und Instrumentation entsprechen den Konventionen einer Ballettmusik im 19. Jahrhundert.
Wirkung: In Mérantes Original hielt sich *Sylvia* bis 1894 im Repertoire. Neuchoreographien an der Opéra erfolgten durch Léo Staats 1919 (mit Carlotta Zambelli und Albert Aveline), Serge Lifar 1941, Aveline 1946 (beide mit Lycette Darsonval) und Darsonval 1979 (mit Noëlla Pontois, Jean-Yves Lormeau und Cyril Atanasoff). Die Wiener Erstaufführung 1877 choreographierte Karl Telle (mit Bertha Linda), die Berliner 1885 Charles Guillemin. In Petersburg sollte auf Anregung von Alexandr Benua 1900/01 eine Produktion von *Sylvia* entstehen, deren Oberaufsicht Sergei Diaghilew übertragen wurde; sich daraus ergebende Kompetenzstreitigkeiten mit altgedienten Beamten führten letztlich zu dessen Entlassung aus dem Verband der Kaiserlichen Theater. Statt der zunächst vorgesehenen Brüder Nikolai und Sergei Legat schufen Lew Iwanow und Pawel Gerdt die Choreographie (1901). In einer einaktigen Version von Fred Farren erlebte *Sylvia* seine britische Erstaufführung (London 1911; mit Lydia Kyasht). 1922 brachte Heinrich Kröller das Ballett an der Staatsoper Berlin heraus. Delibes' Partitur benutzte Leonid Lawrowski für sein Ballett *Fadetta* (Leningrad 1934), dessen Libretto Juri Slonimski nach George Sands Roman *La Petite Fa-*

dette (1849) gestaltet hatte. George Balanchine choreographierte einen Pas de deux *Sylvia* (New York 1950; mit Maria Tallchief und Nicholas Magallanes, später André Eglevsky). Wesentlicher Anteil an der Ehrenrettung von *Sylvia* außerhalb Frankreichs kommt Frederick Ashton mit seiner Choreographie (1952) zu, da er die Musik und das Libretto als nach wie vor ernstzunehmende Vorlagen für ein abendfüllendes Handlungsballett auffaßte. Aufsehen erregte die mit einem aktualisierten Libretto versehene Choreographie von László Seregi (1972).

Abschriften: Part: Bibl. de l'Opéra Paris (A. 629a I-II). **Ausgaben:** Part, Suite: Heugel [1880], Nr. 6577; Kl.A: Heugel 1876, Nr. 6041; L: Paris, Calmann-Lévy [1876]. **Aufführungsmaterial:** M: Heugel; Ch: Bibl. de l'Opéra, Paris
Literatur: X.Y.Z., Le Nouvel opéra, Paris 1875, S. 299–305 [R. Sangalli]; E. HANSLICK, Ballette von Leo Délibes, in: DERS., Musikalische Stationen. Der »Modernen Oper« II. Theil, Bln. 1885, Nachdr. Farnborough 1971, S. 96–105; L. VAILLAT, Ballets de l'Opéra de Paris, Bd. 1, Paris 1943, S. 23–40; I. GUEST, Sylvia. From M. to Ashton, in: BA 8:1954, S. 67–70; DERS., Le Ballet de l'Opéra de Paris, Paris 1976, S. 128f., 132, 135–137; C. DUPÊCHEZ, Histoire de l'Opéra de Paris. Un siècle au palais Garnier 1875–1980, Paris 1984, S. 125–127

Diana Graß

Les Deux pigeons
Ballet en trois actes

Die beiden Tauben
3 Akte

Musik: André Messager. **Libretto:** Henry Régnier und Louis Mérante, nach der Fabel aus dem 9. Buch (1679) der *Fables choisies* von Jean de La Fontaine
Uraufführung: 18. Okt. 1886, Opéra, Salle Garnier, Paris, Ballett der Opéra
Darsteller: Gourouli; Pepio; Mikalia, Gouroulis Mutter; Djali; die Königin der Zigeuner; Zarifi, Anführer der Zigeuner; Franca-Trippa, Zigeuner; 2 Zigeunerinnen; 2 Zigeuner; der Hauptmann; Stefano, ein alter Diener; der Rechtsbeistand; Corps de ballet: Gouroulis Freunde, Zigeuner, Kinder, Diener, Volk
Orchester: Picc, 2 Fl, 2 Ob, E.H, kl. Klar, 2 Klar, 2 Fg, 4 Hr (auch Hr à piston), 2 Kornette à piston, 2 Trp, 3 Pos, Tb, Kb.Tb, Bombardon, Pkn, Schl (gr.Tr, Bck, kl.Tr, Trg, Tambour de basque), Hrf, Streicher
Aufführung: Dauer ca. 1 Std. 30 Min.

Entstehung: Camille Saint-Saëns bemühte sich seit 1883, für seinen Schüler Messager einen Kompositionsauftrag der Pariser Opéra für ein Ballett zu erreichen. Erst 1885 hatte er damit Erfolg; als Resultat entstand *Les Deux pigeons*.
Inhalt: In Thessalien, 18. Jahrhundert.
I. Akt, Wohnzimmer in einem Landhaus; durch ein Fenster ist eine Landschaft zu sehen: Diener schmükken das Haus von Mikalia. Gourouli kommt hinzu und ärgert sie. Mikalia erscheint und weist Gourouli darauf hin, daß Pepio, deren Verlobter, einen unglücklichen Eindruck machte. Als Pepio das Zimmer betritt, ignoriert er zunächst Gourouli. Diese zeigt auf zwei Tauben, die vor dem Fenster turteln, und animiert ihn zu einem ähnlich verliebten Treiben. Doch bald verfällt Pepio wieder in seine melancholische Stimmung. Plötzlich sind Zigeuner zu hören; Mikalia läßt die Musikanten hereinbitten. Gourouli stellt fest, daß Pepio von einer Zigeunerin besonders angetan ist. Um seine Gedanken wieder auf ihre Person zu lenken, nähert sich Gourouli ihm verführerisch. Da ihre Bemühungen erfolglos bleiben, verjagt sie die Zigeuner. Zur Überraschung aller verkündet Pepio seinen Entschluß, sich den Zigeunern anzuschließen. Mikalia bittet Gourouli, ihm heimlich zu folgen und auf ihn aufzupassen.
II. Akt, Platz am Eingang eines Dorfs; in der Mitte eine Eiche, links das Zelt der Zigeuner, rechts eine Herberge: Die Zigeuner bereiten ein Fest vor. Pepio erscheint und widmet sich dem Zigeunermädchen, das ihm in Mikalias Haus aufgefallen war. Inzwischen hat sich die verkleidete Gourouli genähert. Sie verhandelt mit Zarifi und verspricht ihm Geld, wenn er ihr hilft, Pepio zu bestrafen. Als erstes möchte sie, daß die schöne Zigeunerin mit ihr Kleider tausche. Zarifi willigt ein; die beiden Mädchen gehen in das Zelt. Im gleichen Augenblick treten die Dorfbewohner hinzu; das Fest kann beginnen. Gourouli, jetzt als Zigeunerin, schließt sich dem Tanz an. Pepio, der sie nicht erkennt, ist von der vermeintlichen Zigeunermädchen hingerissen; beim Glücksspiel verliert er deshalb sein ganzes Geld. Ein Sturm zieht auf. Pepio möchte der Zigeunerin ins Zelt folgen, doch Zarifi versperrt ihm den Weg. In die Herberge wird er ebenfalls nicht eingelassen, da er mittellos ist. Selbst die Eiche bietet keinen Schutz vor dem Unwetter, da der Blitz in sie einschlägt. Pepio stürzt erschöpft nieder. Stefano kommt aus der Herberge und verjagt die Kinder, die Schabernack mit Pepio treiben.
III. Akt, wie I. Akt: Mikalia, umgeben von Gouroulis Freundinnen, beklagt ihr Schicksal. Plötzlich kehrt Gourouli zurück. Wenig später erscheint auch Pepio und bittet um Verzeihung für sein Verhalten. Mit Freude wird er wieder in Mikalias Familie aufgenommen.
Kommentar: Unter der Leitung von Mérante vermochte das Ballett der Opéra keine aufsehenerregenden Produktionen herauszubringen. Der künstlerische Niedergang nach Saint-Léons *Coppélia* (1870) wird außerdem dokumentiert durch die geringe Zahl von neuen Balletten, die zwischen 1876 (Mérantes *Sylvia*) und 1886 *(Les Deux pigeons)* an der Opéra entstanden: ganze sechs, von denen Mérante fünf schuf (*Le Fandango*, 1877, Musik: Gaston Salvayre; *Yedda*, 1879, Olivier Métra; *La Korrigane*, 1880, Charles-Marie Widor; *La Farandole*, 1883, Théodore Dubois; *Les Jumeaux de Bergame*, 1886, Théodore de Lajarte). Die Tatsache, daß Mérante offensichtlich keinen andern Choreographen neben sich duldete, fiel angesichts einer eigentlich erforderlich gewesenen Neuorientierung des französischen Balletts um so schwerer ins Gewicht, als er über keine ausgeprägte

Les Deux pigeons, I. Akt; Carlotta Zambelli als Gourouli, Antonine Meunier als Pepio; Opéra, Paris 1912. – Künstlichkeit ziert Technik und Rollenfach der Ballerinen: abgezirkelte Pose bei der Italienerin, Pikanterie des »en travestie« bei der Französin.

künstlerische Potenz verfügte. Auch sein letztes Werk, *Les Deux pigeons,* fügt sich ein in die Reihe seiner vorangegangenen Ballette, die lediglich einen handwerklich fähigen Choreographen erkennen lassen. Das Libretto, das auch Grundstrukturen der biblischen Parabel vom verlorenen Sohn enthält, erfüllt in ausreichendem Maß die Forderungen, die gegen Ende des 19. Jahrhunderts an ein Ballettszenario gestellt wurden: daß zum einen die Primaballerina in einer ihrem Rang entsprechenden Rolle präsentiert wird, zum andern genügend purer Tanz geboten wird, dessen Bezug zur Rahmenhandlung durchaus lose sein kann. Die Festivitäten liefern hierfür ideale Vorwände. Sicherlich aus diesem Grund wurde auch die in La Fontaines Fabel vorgezeichnete ursprüngliche Konzeption bald aufgegeben, die vorsah, daß nicht der Mann, sondern die Frau die häusliche Geborgenheit verläßt. Durch diesen Geschlechtertausch erhielt die Primaballerina Rosita Mauri die Möglichkeit, zwei immer wieder aufgegriffene Klischees des Weiblichen zu demonstrieren: unschuldige Liebe einerseits, verführerische Fremdartigkeit andrerseits, vergleichbar etwa Reisingers *Lebedinoje osero* (1877). Den Pepio entwarf Mérante für die auf »en travestie« spezialisierte Marie Sanlaville; dies läßt sich als ein weiteres Indiz für die damalige Fixierung auf Tänzerinnen und die damit verbundene Vernachlässigung des männlichen Nachwuchses ansehen. Bis 1929 wurde Pepio in Paris von Frauen getanzt. – Messagers Komposition besticht durch ihre vorzügli-

che Eignung als Ballettmusik, durch ihre atmosphärische Stimmigkeit also, wenngleich sie in den Charakterszenen Schwächen aufweist und nicht das Niveau seiner Operetten erreicht. In einer Hinsicht ist *Les Deux pigeons* von historischer Bedeutung: Es handelte sich um das erste Ballett in Paris, das zu Klavierbegleitung einstudiert wurde; bis dahin war dies immer mit Violine und Viola erfolgt.

Wirkung: Die Uraufführung, in der Mérante trotz seines hohen Alters einen Zigeuner tanzte, wurde vor allem wegen der Leistungen der beiden Solistinnen gerühmt. *Les Deux pigeons* blieb, mit Unterbrechungen, bis nach dem zweiten Weltkrieg im Repertoire der Opéra, ab 1919 in einer neuen Choreographie von Albert Aveline; von der Ballettschule der Opéra wird *Les Deux pigeons* in ständig aktualisierten Choreographien bis heute aufgeführt. Während seiner Zeit als Manager für Covent Garden London brachte Messager das Werk 1906 in einer Choreographie des damaligen Ballettmeisters des Théâtre de la Monnaie Brüssel, François Ambroisiny, heraus. 1912, als Messager Direktor der Pariser Opéra war, überarbeitete er seine Komposition. Diese revidierte Fassung endet nach dem II. Akt; als neuen Schluß sieht man, wie Mikalia und Gourouli den erschöpften Pepio unter der Eiche finden. – Wie bei *Sylvia* war auch bei *Les Deux pigeons* Frederick Ashton für eine Neubelebung verantwortlich. In seiner erfolgreichen Choreographie (1961) modernisierte er die Handlung, die er im Umfeld der Pariser Boheme Ende des 19. Jahrhunderts ansiedelte.

Autograph: M: Bibl. de l'Opéra Paris (Rés. A 647). **Abschriften:** ebd. (A. 647a I-II). **Ausgaben:** Kl.A: Enoch, Paris [nach 1912], Nr. 1317; L: Paris, Ollendorf 1886. **Aufführungsmaterial:** Bibl. de l'Opéra, Paris
Literatur: H. Février, André Messager, mon maître, mon ami, Paris 1948, S. 33–37; M. Augé-Laribé, André Messager, Paris 1951, S. 56–60; I. Guest, Les Deux Pigeons. The History, in: DT 1961, Febr., S. 286f., 309; weitere Lit. s. S. 66

Klaus Kieser

Saverio Mercadante

Giuseppe Saverio Raffaele Mercadante; getauft am 17. September 1795 in Altamura (bei Bari), gestorben am 17. Dezember 1870 in Neapel

Elisa e Claudio ossia L'amore protetto dall'amicizia
Melodramma semiserio

Elisa und Claudio oder Die aus Freundschaft geschützte Liebe
2 Akte (8 Bilder)

Text: Luigi Romanelli, nach der Komödie *Rosella* (um 1820) von Filippo Casari

Uraufführung: 30. Okt. 1821, Teatro alla Scala, Mailand
Personen: Elisa, eine liebenswerte Bäuerin, Waisenmädchen, heimliche Braut Claudios (S); Claudio, der schüchterne Sohn Graf Arnoldos (T); Graf Arnoldo, ein hochmütiger und herrschsüchtiger Mann (B); Carlotta, Vertraute und liebenswürdiger Gast Elisas (A); Marquis Tricotazio, Bologneser, ein wenig cholerisch, aber gutherzig und gutgläubig, Silvias Vater (B.Buffo); Silvia, versprochene Braut Claudios und heimliche Geliebte Celsos (S); Celso, ist in den Dienst des Marquis getreten, um Silvia nahe zu sein (T); Luca, Diener des Grafen, Drahtzieher und Werkzeug der Herrschsucht des Grafen (B); 2 Kinder Elisas (2 stumme R). **Chor:** Bedienstete des Grafen, Gärtnerinnen, Schergen
Orchester: 2 Fl (1 auch Picc), 2 Ob, 2 Klar, 2 Fg, 4 Hr, 2 Trp, 3 Pos, Pkn, gr.Tr, Streicher, B.c; BühnenM: Banda (nicht spezifiziert)
Aufführung: Dauer ca. 2 Std.

Entstehung: Mercadante trat 1808 in das Collegio della Pietà dei Turchini Neapel ein, wo er unter anderm Kompositionsschüler Nicola Antonio Zingarellis wurde. Als er 1820 das Institut verließ, hatte er bereits mit der Opera seria *L'apoteosi d'Ercole* (Neapel 1819, Text: Giovanni Schmidt) auf sein Talent aufmerksam gemacht. Nach Aufführungen seiner Opera semiseria *Violenza e costanza ossia I falsi monetari* (Leone Andrea Tottola) sowie der Opera seria *Anacreonte in Samo* (Schmidt nach Jean-Henry Guy; beide Neapel 1820) verließ er seine Heimatstadt und erfüllte Scritture in Rom (*Il geloso ravveduto*, B. Signorini; *Scipione in Cartagine*, Jacopo Ferretti; beide 1820) und Bologna (*Maria Stuarda regina di Scozia*, 1821, Gaetano Rossi), bevor er mit *Elisa e Claudio* den Grundstein für seine lange Karriere als der neben Bellini und Donizetti wohl bedeutendste Opernkomponist der Ära zwischen Rossini und Verdi legte.
Handlung: In Florenz. I. Akt, 1. Bild: Galerie im Haus des Grafen; 2. Bild: ländliches Zimmer; 3. Bild: wie I/1; 4. Bild: Garten des Hauses des Grafen; 5. Bild: wie I/1; II. Akt, 1. Bild: wie I/4; 2. Bild: ebenda, Nacht; 3. Bild: unterirdischer Raum im Haus des Grafen.
I. Akt: Graf Arnoldo hatte seinen Sohn Claudio, heimlicher Geliebter der jungen Bäuerin Elisa, mit der er zwei Kinder hat, für ein Jahr eingesperrt, damit er zur Besinnung komme und sich seinem Willen beuge: Er soll Silvia, Tochter des Marquis Tricotazio, heiraten, die Celso liebt, Claudios einstigen Kommilitonen aus Pisa, der sich als Diener des Marquis verdingt hat, um Silvia nahe zu sein. Um nicht erneut eingesperrt zu werden, gibt Claudio dem Verlangen seines Vaters nach, zumal er nun endlich Elisa aufsuchen kann, die von seiner Gefangenschaft nichts wußte und ihn für treulos hielt. Kaum ist es zum glücklichen Wiedersehen des Paars gekommen, bricht neues Unglück über Elisa herein: Von Luca angeführte Schergen des Grafen rauben ihr die Kinder. Während ihre Vertraute Carlotta Claudio informiert, eilt Elisa aufgebracht zum Haus des Grafen und trifft im Garten den Marquis, den sie für Claudios Vater hält. Dieser hält Elisa für verrückt, als sie ihm den Raub der Kinder vorwirft, erkennt jedoch seinen Irrtum, als es zu einer Begegnung aller im Haus des Grafen kommt, der Elisa zur Verzweiflung Carlottas und Claudios abführen läßt.
II. Akt: Silvia und Celso wollen Claudio zur Flucht verhelfen. Mit Geld entlockt Celso dem intriganten Luca das Versteck der Kinder. Derweil hat der Graf Elisa vergeblich zu bestechen versucht, Claudio zu entsagen. Die nächtliche Zusammenkunft Claudios, Elisas und Carlottas im Garten wird durch den Grafen und seine Schergen gestört, die Elisa erneut abführen. Heimlich übergibt Celso Claudio die Kinder. In einem unterirdischen Raum, wo Elisa gefangengehalten wird, kommt es zu einem weiteren Zusammentreffen aller Beteiligten. Alle bis auf den Grafen sind auf Elisas Seite, die ihre sich über alle Standesschranken hinwegsetzende Liebe zu Claudio beschwört. Nun geben sich auch Silvia und Celso als Paar zu erkennen, dem der Marquis nolens volens seinen Segen gibt. Endlich läßt auch der Graf die Liebe siegen und vereint Claudio mit Elisa und den Kindern.
Kommentar: Die aus der »comédie larmoyante« hervorgegangene Opera semiseria wurde in Italien in der 2. Hälfte des 18. Jahrhunderts populär (als Pars pro toto sei Paisiellos *Nina ossia La pazza per amore*, 1789, genannt), brachte jedoch auch im 19. Jahrhundert noch eine Reihe vielgespielter Werke hervor. Der sentimentale, auf Rührung des Publikums angelegte Charakter dieser Stücke, die in der Regel im ländlichen Milieu spielen und oft die über Standesdenken sich hinwegsetzende Liebe zwischen einem Adligen und einem Bauernmädchen zum Inhalt haben, erhält in *Elisa e Claudio* durch den Kindsraub eine besondere Facette. Mit seiner breit angelegten Introduktion und dem umfangreichen 1. Finale, den in der Regel zweisätzig angelegten Arien mit Chor und/oder »pertichini« sowie einer »aria finale« der Protagonistin erfüllt die Oper in formaler Hinsicht die um 1820 herrschenden Gattungsnormen. Stilistisch war Merca-

Elisa e Claudio ossia L'amore protetto dall'amicizia, II. Akt, 3. Bild; Bühnenbildentwurf: Alessandro Sanquirico; Uraufführung, Scala, Mailand 1821.

dante zu dieser Zeit wie alle seine Zeitgenossen dem Opernschaffen Gioacchino Rossinis verpflichtet. Spuren von dessen Buffakunst sind vor allem in den »strette« der Ensemble- und Chorszenen, aber auch in den Buffoarien Tricotazios und dem Duett Tricotazio/Graf im II. Akt nicht zu übersehen. Einen andern Ton findet Mercadante hingegen für Elisas Part (besonders die populär gewordene Arie »Giusto ciel«, I/2), der in den Lyrismen wie in den dramatischen Aufschwüngen eher retrospektiv ist, als daß er melodische Züge erkennen läßt, wie sie Jahre später Bellinis *La sonnambula* (1831) und Donizettis *L'elisir d'amore* (1832) aufweisen.

Wirkung: Die mit Teresa Belloc-Giorgi (Elisa), Domenico Donzelli (Claudio), Nicola De Grecis (Tricotazio) und Luigi Lablache (Graf) in einer Spitzenbesetzung uraufgeführte Oper wurde zu Mercadantes erstem internationalen Erfolgswerk. Nicht nur in Italien (unter anderm Scala Mailand 1822 und 1826, Teatro Rè Mailand 1839, Parma 1821, 1830 und 1834, Rom, Genua und Triest 1823, Turin 1826, Florenz 1829), sondern vor allem im Ausland wurde *Elisa e Claudio* bis 1840 kontinuierlich aufgeführt (unter anderm Her Majesty's Theatre London 1823, Théâtre-Italien Paris 1823–28, Barcelona 1823, Kärntnertortheater Wien und Lissabon 1824, Dresden 1825, Petersburg 1829, New York 1832). In deutscher Übersetzung von Johann Christoph Grünbaum wurde das Werk 1827 in Graz und 1828 in Berlin gegeben. Vermutlich schloß eine Aufführung 1874 in Neapel die Erfolgsserie ab. Erst nahezu 100 Jahre später, 1971, grub das Teatro San Carlo Neapel das Werk wieder aus. Rubino Profeta rekonstruierte seine Bearbeitung aus den Handschriften der Konservatoriumsbibliotheken von Mailand und Neapel und fügte für Paris nachkomponierte Stücke ein, unter anderm die Ouvertüre und das Quintett im II. Akt. Unter der Leitung von Ugo Rapalo (Regie: Alberto Maria Fassini) sangen Virginia Zeani (Elisa), Agostino Lazzari (Claudio), Ugo Trama (Graf) sowie Domenico Trimarchi (Tricotazio).

Autograph: Vlg.-Arch. Ricordi Mailand. **Abschriften:** Civ. Museo Bibliogr. Musicale Bologna, Public Libr. Boston (M. 40. 23), Cons. Royal de Musique Brüssel, Bibl. Cherubini Florenz (A. V. 152-153, B. I. 150-151), Cons. di Musica N. Paganini Genua (C. 7. 21), BL London (Add. 30906/08), Bibl. Verdi Mailand (Part. Tr. ms. 229, Noseda), Bibl. S. Pietro a Maiella Neapel (Rari 29. 6. 78), Bibl. Musicale Greggiati Ostiglia (Mss. Musiche B. 142/1-2), BN Paris (D. 7917-18), Cons. di Musica G. Rossini Pesaro (Rari Ms. I. 10/1-2), Bibl. S. Cecilia Rom (G. Mss. 738-741), LOC Washington (M1 500 M55 E5). **Ausgaben:** Kl.A: Ricordi [1821?], Nachdr.: Garland, NY, London 1990 (Italian Opera 1810–1840. 14.); Carli, Paris [um 1825]; Marquerie frères, Paris 1842; Schlesinger, Paris; Pacini, Paris [1859] (Coll. des opéras classiques. 23.); Textb.: Mailand, Pirola 1821, 1822; Parma, Carmignani 1821; Rom, Puccinelli 1823; Triest, Weis 1823; Genua, Pagano 1823; Turin, Derossi 1826; Florenz, Fantosini 1829; Textb., ital./engl. v. L. Da Ponte: NY, Turney 1832 **Literatur:** I. TRANCHINI, L. TARANTINI, Omaggio a M., Neapel 1844; W. NEUMANN, S. M., Kassel 1855; H. BLAZE DE BURY, M., in: Musiciens contemporains, Paris 1856, S. 191–197; R. COLUCCI, Biografia di S. M., Venedig 1867; F. FLORIMO, Cenno storico sulla scuola musicale di Napoli, Neapel 1869–71, [2]1880–83: La scuola musicale di Napoli e i suoi conservatorii, Bd. 3, S. 110–127, Nachdr. Bologna 1969; B. GAMUCCI, Monografia intorno alle opere di S. M., in: Atti del regio istituto musicale, Bd. 9, Florenz 1871, S. 15–129; G. BUSTICO, S. M. a Novara, in: RMI 28:1921, S. 361–396; A. POMÈ, Saggio critico sull'opera musicale di S. M., Turin 1925; G. PANNAIN, Saggio su la musica a Napoli nel sec. XIX, in: RMI 35:1928, S. 198–331; G. DE NAPOLI, La triade melodrammatica altamurana: Giacomo Tritto (1733–1824), Vincenzo Lavigna (1776–1836), S. M. (1795–1870), Mailand 1931, S. 67–256; B. NOTARNICOLA, S. M. nella gloria e nella luce, Rom 1948; F. WALKER, M. and Verdi, in: ML 33:1852, S. 311–322, 34:1953, S. 33–38; [Bei-H. zur Antologia Discografica Mercadantiana], Bd. 1, hrsg. Associazione Civica »S. M.«, Altamura 1968, Bd. 2, hrsg. EMI-Italiana in Zusammenarbeit mit der Associazione Civica »S. M.«, Altamura [um 1970]; M. RINALDI, Significato di M., in: Ritratti e fantasie musicali, Rom 1970, S. 147–150; R. CELLETTI, Ma in fondo M. ci piace?, in: Discoteca 10:1970, H. 105; G. CARLI BALLOLA, Incontro con M., in: Chigiana 26/27:1971 (Nuova serie. 6/7.), S. 465–500; S. A. LUCIANI, S. M. nei giudizi dei musicisti contemporanei, ebd., S. 459–463; DERS., S. M. e la critica, ebd., S. 453–457; G. CARLI BALLOLA, Saggio di una visione critica su M., in: Annuario del Conservatorio di Musica »S. Pietro a Majella« 1965–1971, S. 24–36; P. SCHMID, Rediscovering M., in: Opera 26:1975, S. 332–337; R. JACKSON, M.'s Résumé of Opera Reform, in: Ars musica – musica scientia. H. Hüschen zum 65. Geburtstag, hrsg. D. Altenburg, Köln 1980, S. 271–276; S. PALERMO, S. M. Biografia epistolario, Fasano 1985; R. A. ZONDERGELD, Die Wüste des dunklen Lebens. S. M.s Reformopern, in: NZfM 150:1989, H. 11, S. 10–15

Sabine Henze-Döhring

I normanni a Parigi
Tragedia lirica in quattro parti

Die Normannen in Paris
4 Teile (6 Bilder)

Text: Felice Romani
Uraufführung: 2. Febr. 1832, Teatro Regio, Turin
Personen: Odone, Graf von Paris (T); Berta, Witwe Karls des Großen, des Königs von Frankreich (S); Osvino, ein junger französischer Ritter (C); Ordamante, Heerführer der vor den Mauern von Paris stehenden Normannen (B); Tebaldo, ein französischer Prinz (B); Ebbone, ein französischer Ritter (T). **Chor:** französische Ritter, Edelfräulein, französische und normannische Soldaten, Pagen. **Statisterie:** Wachen
Orchester: Picc, 2 Fl, 2 Ob, E.H, 2 Klar, 2 Fg, 4 Hr, 2 Trp, 3 Pos, Serpent, Pkn, Schl (gr.Tr, Catuba), Streicher; BühnenM: 4 Trp, Banda (Fl, 4 Clarini, 2 Fg, 2 Hr, 2 Trp, 2 Pos, gr.Tr, RührTr)
Aufführung: Dauer ca. 2 Std. 30 Min.

Entstehung: Nach *Elisa e Claudio* (1821) schrieb Mercadante bis zu vier Opern jährlich für alle bedeutenden Bühnen Italiens (unter ihnen *Adele ed Emerico ossia Il posto abbandonato*, Mailand 1822, Text: Romani; *Didone abbandonata*, Turin 1823, nach Pietro Metastasio; *Costanzo ed Almeriska*, Neapel 1823, Leone Andrea Tottola), erhielt 1824 von Domenico

Barbaja Scritture für Wien (*Doralice*; *Le nozze di Telemaco ed Antiope* und *Il podestà di Burgos ossia Il signore del villaggio*, Texte: Calisto Bassi), konnte jedoch erst mit *Donna Caritea regina di Spagna ossia La morte di Don Alfonso re di Portogallo* (Venedig 1826, Paolo Pola) ein weiteres Erfolgswerk verbuchen. Mit dieser Oper begann sich Mercadante zumindest partiell von Rossini als seinem großen Vorbild zu lösen und sich jenen Tendenzen zu öffnen, die mit Bellini und Donizetti in das Melodramma Eingang fanden. Die Popularität dieses Werks verdankte sich darüber hinaus der Tatsache, daß der Chor »Chi per la gloria muor« als »Chi per la patria muor« zu einer Art Hymne des Risorgimento wurde, die die Brüder Attilio und Emilio Bandiera noch am 25. Juli 1844 sangen, als sie in Cosenza wegen Hochverrats erschossen wurden. Nach einem längeren Aufenthalt auf der Iberischen Halbinsel, wo Mercadante Scritture für Lissabon, Madrid und Cádiz erfüllte, vertonte er im Auftrag Barbajas *Zaira* (Neapel 1831, Romani nach Voltaire), bevor er die Scrittura des Teatro Regio für *I Normanni a Parigi* annahm. Anfang Nov. 1831 zog er sich für die Komposition aufs Land zurück (Brief an Francesco Florimo vom 31. Okt. 1831, in: Santo Palermo, *Saverio Mercadante*, S. 109, s. Lit.). Am 12. Dez. berichtet er von der Fertigstellung des I. Teils, dessen »adagi«, wie er schreibt, zu seiner Zufriedenheit, dessen Cabalette hingegen elend ausgefallen seien. Wäre die Saison nicht so weit fortgeschritten, so ließe er sich ein Dutzend Cabaletten von Placido Mandanici, Gaetano Pugnani und Pietro Raimondi, neapolitanischen Kleinmeistern, schicken (ebd., S. 121). Daraus erhellt, daß er sich bereits lange vor seiner sogenannten »Opernreform« mit der Cabaletta als dem zentralen Problem der Gattung auseinandersetzte.

Handlung: In Paris.
Vorgeschichte: Berta, Tochter des Grafen von Tours und Verlobte Karls des Großen, hatte heimlich den französischen Ritter Roberto von Poitiers geheiratet und ihm einen Sohn, Osvino, geboren, den sie im verborgenen aufzog. Als der Graf von der Verbindung erfuhr, ließ er den Ritter verfolgen und machte Berta glauben, Roberto sei tot, worauf sie in die Ehe mit Karl einwilligte, aus der ein weiterer Sohn, Terigi, hervorging. Roberto konnte indes seinen Häschern entkommen, schloß sich den feindlichen Normannen an und nannte sich fortan Ordamante. Karl fiel im Kampf. Der französische Thron blieb verwaist, da Terigi sich als zu schwächlich erwies, die Erbfolge anzutreten. Ohne Kenntnis seiner Abstammung wuchs Osvino am Hof auf und wurde zu einem der erfolgreichsten Krieger auf der Seite der Franzosen.
I. Teil, 1. Bild, gotischer Saal im Königspalast der Karolinger: Tebaldo erhebt Ansprüche auf den Thron, fürchtet jedoch, daß sein Plan durch eine Wiederverheiratung Bertas durchkreuzt werden könnte. Berta liegt indes ein solcher Gedanke fern, zumal ihr eines Nachts beim Gebet Roberto erschien und ihr Rache für die ihm angetane Schmach und, wie er meint, Bertas Verrat schwor. Seit dieser Begegnung bangt sie um Osvinos Leben. Ritter melden Odones und Osvinos Sieg über die Normannen. Odone bittet Berta um ihre Hand, doch sie weist ihn zurück, nicht ohne sich seiner Zuneigung zu vergewissern und ihn um Schutz zu bitten. 2. Bild, Waffensaal: Die Königin hat gerade Osvino zum Grafen von Poitiers ernannt, als Tebaldo von Unruhen berichtet, worauf Odone und Osvino erneut in den Kampf eilen wollen. Aus Angst um ihren Sohn will Berta Osvino zurückhalten. Sie eröffnet ihm, er könnte seinen eigenen Vater töten. Darüber verzweifelt, normannischer Abstammung zu sein, tröstet ihn Berta mit dem Hinweis, sein Vater sei ein zum Feind übergelaufener Franzose; seine Mutter sei tot, doch solle er sie an Mutter Statt annehmen.
II. Teil, Atrium im Königspalast, auf einer Seite eine gotische Kapelle: Tebaldo hat sich unterdessen mit Ordamante verschworen, dessen Ambitionen insofern die seinen sind, als er mit der Ermordung Terigis das Hauptshindernis zur Machtübernahme aus dem Weg geräumt sieht. Ohne sich zu erkennen zu geben, warnt Ordamante Osvino vor dem Anschlag eines Höflings auf Terigi, doch er schenkt ihm keinen Glauben. Ordamante spricht ihn daraufhin auf die Existenz seines Vaters an, die Osvino jedoch nur als belastend empfindet. Da verkünden Stimmen Terigis Ermordung. Sogleich richtet Osvino sein Schwert auf Ordamante, der nun endlich bekennt, sein Vater zu sein, worauf Osvino ihn zur Flucht auffordert. Zum Entsetzen Bertas und Odones beschuldigt Tebaldo Osvino des Verrats, da er ihn mit einem Fremden gesehen habe. Osvino weist seine Beteiligung an dem Komplott zurück, gesteht die Begegnung mit dem Fremden, gibt jedoch dessen Namen nicht preis, so daß er für schuldig befunden wird.
III. Teil, 1. Bild, unterirdisches Gewölbe; Lampenbeleuchtung: Ordamante konnte mit Tebaldos Hilfe in den Kerker eindringen und will nun seinen Sohn befreien. Da dieser einer Flucht den Tod vorzieht, berichtet Ordamante ihm von seinem Schicksal und behauptet, daß Osvinos Mutter den Sohn vernichten wolle, so wie sie ihn selbst vernichtet habe. Auf einen Warnruf hin ergreifen alle die Flucht. 2. Bild, Ratssaal: Zum Entsetzen der Ratsversammlung verkündet Tebaldo Osvinos Flucht, beschuldigt Odone der Mithilfe und legt als Beweis einen Brief vor. Weil Odone den Rat nicht von seiner Unschuld überzeugen kann, wird er eingekerkert. Da erscheint Osvino und entlastet ihn. Der Rat fällt über Osvino das Todesurteil; gerührt nehmen die Freunde Abschied, doch Berta zerreißt das Dekret, da kein Beweis für Osvinos Schuld vorliege. Gerade will sie sich als seine Mutter zu erkennen geben, als Ebbone einen erneuten Angriff der Normannen meldet. Alle eilen in den Kampf, unter ihnen Osvino, der nicht nur sein Vaterland, sondern auch seine Ehre retten will.
IV. Teil, wie II. Teil, gesehen von der gegenüberliegenden Seite: Verwirrt gesteht Ordamante seine Kampfesschwäche ein, da er in jedem Gegner seinen Sohn vermutet. In der Kapelle sieht er die ins Gebet vertiefte Berta und gibt sich ihr zu erkennen. Alle Mißverständnisse werden nun aufgedeckt, das Paar

versöhnt sich in der Hoffnung, im Himmel vereint zu sein. Als Ebbone den Sieg über die Normannen verkündet, scheint das Glück vollkommen. Doch Osvino wurde im Kampf gegen den Verräter Tebaldo, der seine gerechte Strafe fand, tödlich verletzt. Sterbend erfährt er, daß Berta, die über seinem Leichnam zusammenbricht, seine Mutter ist.
Kommentar: Mercadantes Lösung von Rossini, die in diesem Werk noch entschiedener vollzogen zu sein scheint als in *Donna Caritea*, wurde und wird auf die Tatsache zurückgeführt, daß Donizettis *Anna Bolena* (1830) und Bellinis *Norma* (1831) Maßstäbe setzten, die eine Fixierung auf Rossini nicht länger zuließen: eine Entwicklung, die etwa auch Giovanni Pacinis Œuvre spiegelt. Bedauerlicherweise hatte Romani mit *I normanni* einen Text geliefert, der qualitativ nicht an seine Libretti für Donizetti und Bellini, etwa *Il pirata* (1827), *Anna Bolena* oder *Norma*, heranreicht. Der nur nach gründlicher Lektüre des Textbuchs und der im »programma« erläuterten Vorgeschichte begreifbaren Handlung mangelt es vor allem an einer stringenten Konzeption. Dem Stück liegt der für das Melodramma übliche Dreieckskonflikt als »Produzent« der emotionalen Spannungen zugrunde, doch fehlen gleichsam die Protagonisten: Der Gatte Karl ist verstorben, der Geliebte Ordamante/Roberto wird zwar ebenso geschickt wie in *Il pirata* über eine Traumerzählung in die Handlung eingeführt, doch kommt es zu einer Begegnung des Paars erstmals am Schluß der Oper. Ins Zentrum des Geschehens rücken statt dessen die Randaspekte, Tebaldos Versuch, die Macht an sich zu reißen, sowie Bertas und Ordamantes Liebe zu ihrem gemeinsamen Sohn Osvino. Tebaldo hat keine einzige Arie, wirkt lediglich in den größeren Ensembles mit und bleibt folglich musikdramaturgisch bedeutungslos. Ein potentielles Spannungsverhältnis zwischen Ordamante, Berta und Osvino entwickelt sich jedoch ebenfalls nicht, da es zu keiner Konfrontation der fraglichen Personen kommt, die Begegnungen zwischen Berta und Osvino auf der einen, Ordamante und Osvino auf der andern Seite vielmehr unabhängig voneinander verlaufen. Als weiteres Manko des Textbuchs ist schließlich noch hervorzuheben, daß das fiktive historische Sujet, dem jeglicher Bezug zu realen geschichtlichen Ereignissen fehlt, nicht in der Weise verarbeitet ist, daß der Komponist eine am Lokalkolorit orientierte Vertonung hätte realisieren können, so wie dies bereits in den Neapler Opern Rossinis üblich wurde. – Den Rang und auch die historische Bedeutung des Werks begründen mithin einzelne Nummern, vor allem die Szenen Bertas und Ordamantes (die Partien Osvinos und Odones sind noch weitgehend dem »canto fiorito« Rossinis verpflichtet). Entscheidende Charakteristika dieses neuen, auf einen engeren Bezug zur dramatischen Situation zielenden Stils sind die Verknappung der Formen, die Pointierung innerer wie äußerer Handlung mit orchestralen Mitteln, schließlich die Annäherung der Melodik an einen deklamatorischen Gesang, wie er bislang nur in den Rezitativen begegnete, eine Annäherung, die oftmals stufenweise verläuft, so daß der Eindruck entsteht, als entwickelten sich die Arien gleichsam aus dem Rezitativ heraus. Exemplarisch läßt sich dies Verfahren an Bertas Traumerzählung verdeutlichen: Im Rezitativ verkündet sie Ebbone zunächst, nicht an eine Wiederheirat zu denken, deckt in einem zwischen Rezitativ und Arioso oszillierenden Abschnitt das Geheimnis »ihrer einstigen Liebe zu Roberto/Ordamante auf (»quando dal padre«) und verfällt erst bei der Traumerzählung (»era la notte«), hier beginnt die Kavatine, in ein Melos, das immer noch stark deklamatorische Züge aufweist, sich bereits nach wenigen Takten rezitativisch auflöst und sich auch nach neuerlichem Wiederaufgreifen nicht zu einer Kantilene im traditionellen Sinn ausweitet. Ist in dieser Art der Nummernvertonung das Vorbild Donizettis zu erkennen, so nicht in den neuen harmonischen Mitteln, unerwarteten Rückungen zum Beispiel, die Mercadante ebenfalls zur Steigerung der Ausdrucksintensität einsetzt und die in dieser Form erst wieder beim mittleren Verdi vorkommen. Nicht erst als Folge seines Aufenthalts 1836 in Paris beschäftigte Mercadante mithin die Reform des Melodramma, bereits Jahre zuvor entwickelte er teils in Anlehnung an Donizetti und Bellini, teils eigenständig musikalische Techniken, die im Rahmen der tradierten Gattung dem neuen ästhetischen »point de vue« Rechnung trugen.
Wirkung: Nach der erfolgreichen, wenn auch nicht unumstrittenen Uraufführung (Berta: Adelaide Tosi, Ordamante: Giovanni Orazio Cartagenova, Osvino: Amalia Brambilla, Odone: Giovanni Battista Verger) wurde das Werk noch im selben Jahr an zahlreichen bedeutenden Bühnen Italiens gegeben. Bis 1840 kamen *I normanni a Parigi* in Italien zur Aufführung (unter anderm in Genua 1833, Neapel 1834 und Venedig 1838) und fanden auch im Ausland Resonanz, unter anderm in Barcelona 1833, Wien (deutsch von Georg Ott 1834 im Theater in der Josefstadt, italienisch 1844 im Kärntnertortheater), Berlin (in der Wiener Übersetzung) 1835 und Lissabon 1836.

Autograph: Verbleib unbekannt. **Abschriften:** Civ. Museo Bibliogr. Musicale Bologna, Public Libr. Boston (M40. 24), Bibl. Cherubini Florenz (D. IV. 715-717), Bibl. S. Pietro a Maiella Neapel (Rari 29. 6. 16/17), Bibl. Musicale Greggiati Ostiglia (Mss. Musiche B. 156/1-2), BN Paris (D. 7939-40), Bibl. S. Cecilia Rom (G. Mss. 743-745). **Ausgaben:** Kl.A: Ricordi [um 1832], Nr. 6098, 5979-90; Lucca, Mailand [1832], Nr. 655, 639-51, 643-45; Textb.: Turin, Derossi 1832; Bologna, Sassi 1832; Florenz, Fantosini 1832; Mailand 1832; Venedig 1832, 1834; Rom, Puccinelli 1834; Genua, Pagano 1834; Wien, Ullrich **Literatur:** s. S. 69

Sabine Henze-Döhring

Il giuramento
Melodramma in tre atti

Der Schwur
3 Akte (6 Bilder)

Text: Gaetano Rossi, nach dem Drama *Angelo, tyran de Padoue* (1835) von Victor Marie Hugo

Mercadante: Il giuramento (1837)

Uraufführung: 11. März 1837, Teatro alla Scala, Mailand
Personen: Manfredo, Graf von Syrakus (B); Bianca, seine Frau (C); Elaisa, eine fremde Dame (S); Viscardo di Benevento (T); Brunoro, Sekretär des Grafen (T); Isaura, Gesellschafterin Biancas (S). **Chor:** Edelleute, bewaffnete Ritter, Würdenträger, Hofdamen, Ehrenjungfrauen, Handwerker, Volk, Fischer. **Statisterie:** Ritter, Wachen, Schildknappen und Diener Manfredos, ein Haushofmeister, Pagen und Ehrenjungfrauen Elaisas
Orchester: Picc, 2 Fl, 2 Ob, E.H, 2 Klar, 2 Fg, 4 Hr, 2 Trp, 3 Pos, Serpent, Pkn, Schl (gr.Tr, Trg, Glocke in c), Hrf, Streicher; BühnenM: 2 Trp, 2 Hrf, Harm, Banda (nicht spezifiziert)
Aufführung: Dauer ca. 2 Std.

Entstehung: 1833 wurde Mercadante als Nachfolger von Pietro Generali zum Leiter der »cappella musica« der Kathedrale von Novara ernannt. Obwohl er jetzt in erster Linie Kirchenmusik zu komponieren hatte, gab er seine theatralische Karriere keineswegs auf, vielmehr entstanden in den nächsten Jahren mehrere Opern, unter denen *Emma d'Antiochia* (Venedig 1834, Text: Felice Romani) und *Francesca Donato ossia Corinto distrutta* (Turin 1835, Romani nach Lord Byron) erwähnenswert sind. Der Mißerfolg von *Francesca* veranlaßte Romani zu einer längeren Laudatio über Mercadantes Musik, die freilich eher einem versteckten Selbstlob gleicht (in der *Gazzetta piemontese*, 13. Febr. 1835). Von einem Zerwürfnis zwischen Romani und Mercadante kann hier noch keinesfalls die Rede sein, und es bleibt unklar, warum der vielgefragte Librettist auf Mercadantes Bitte nach einem neuen Textbuch nicht reagierte. Die geradezu flehentlichen Briefe aus Novara und ab Sept. 1835 aus Paris blieben offenbar ohne Antwort. Rossini hatte Mercadante wie auch Bellini und Donizetti nach Paris eingeladen mit der Bitte, für das von ihm betreute Théâtre-Italien ein neues Werk zu komponieren. Der enorme Erfolg von Bellinis *I Puritani* (1835) und die gemäßigtere, aber durchaus nicht negative Aufnahme von Donizettis *Marino Faliero* (1835) setzten Mercadante einem starken Erwartungsdruck aus und ließen ihn um so angestrengter nach einem guten Textbuch suchen. Da Romani, der nie wieder für Mercadante arbeiten sollte, weiterhin nichts von sich hören ließ, entschloß er sich zur Komposition von *I briganti*, einer Bearbeitung von Friedrich von Schillers *Räubern* (1780) durch den als Librettist so gut wie unerfahrenen Jacopo Crescini. Am 22. März 1836 fand die Uraufführung im Théâtre-Italien mit demselben Sängerquartett statt, das zum Triumph der *Puritani* nicht unwesentlich beigetragen hatte. Giulia Grisi, Giovanni Battista Rubini, Antonio Tamburini und Luigi Lablache verhalfen *I briganti* aber nur zu einem Achtungserfolg, und Mercadante, der knapp einen Monat früher die umjubelte Premiere von Meyerbeers *Les Huguenots* (1836) hatte erleben können, ein Ereignis, das für seine musikalische Entwicklung nicht ohne Folgen blieb, reiste eher verbittert ab. Mercadantes *Räuber*-Bearbeitung, die Verdis blassen *Masnadieri* (1847) durchaus den Rang abläuft, verbreitete sich rasch über die italienischen Bühnen. Für *Il giuramento* hatte er sich mit Rossi einen der erfahrensten Librettisten seiner Zeit besorgt. Aus dem Uraufführungslibretto geht hervor, daß das Duett Elaisa/Manfredo, das für das Verständnis der wirren Handlung nicht unwesentlich ist, »per brevità« gestrichen wurde.
Handlung: In Syrakus, 14. Jahrhundert.
Vorgeschichte: Bianca, Gattin Manfredos, des Grafen von Syrakus, liebt einen unbekannten jungen Mann, der sich als Viscardo herausstellen wird. Sie wird von ihm wiedergeliebt. Früher hat sie einmal dem Vater der reichen Elaisa das Leben gerettet, und diese hat damals das Gelübde abgelegt, dem Mädchen immer Dankbarkeit zu bewahren. Die beiden Frauen verloren sich aus den Augen, und bei ihrer Suche nach Bianca traf Elaisa Viscardo, der sie aus den Händen von Räubern befreite. Sie verliebte sich in ihn, wurde aber von ihm nicht wiedergeliebt.
I. Akt, 1. Bild, festlich erleuchteter Garten in Elaisas Palast: Die Menge, darunter Manfredo, Viscardo und Brunoro, jubelt Elaisa zu. Viscardo gedenkt schwärmerisch der unbekannten Schönen, in die er sich verliebt hat. Manfredo, der seine Frau versteckt hält und sich Elaisa zugewandt hat, ist eifersüchtig. Elaisa gibt Viscardo als ihren Bruder aus, da er sich, aus politischen Gründen verbannt, nicht in Syrakus aufhalten darf. Sie erzählt, daß sie immer noch das Mädchen suche, das ihrem Vater einst das Leben rettete. 2. Bild, schwach beleuchtete schattige Allee: Brunoro, der sich Viscardos Freundschaft erschlichen hat, verspricht ihm ein Rendezvous mit der Frau, die er liebt. Dann teilt er Elaisa mit, daß Viscardo eine andere liebe, und bittet sie, ihm zu folgen. 3. Bild, Biancas Zimmer in Manfredos Palast: Hofdamen, unter ihnen Isaura, versuchen Biancas Melancholie zu verscheuchen. Sie denkt an den jungen Mann und

Il giuramento, III. Akt; Beverley Wolff als Bianca, Michele Molese als Viscardo, Patricia Wells als Elaisa; Regie: Tito Capobianco, Bühnenbild: Ming Cho Lee, Kostüme: José Limón: Festival, Spoleto 1970. – Die Gestaltung der Schlußszene als Ensemble der Protagonisten, und nicht wie bislang üblich als Chortableau oder »aria finale«, zeigt die italienische Oper auf dem Weg zu einer neuen Finaldramaturgie.

hofft, ihn wiederzusehen. Allein gelassen, versinkt Bianca im Gebet. Inzwischen hat Brunoro Viscardo auf heimlichem Weg in Biancas Zimmer geführt. Er bleibt vorerst unbemerkt. Als Bianca ein Lied zur Harfe singt, das sie einst von Viscardo gehört hat, stimmt er ein. Die Liebenden umarmen sich. Auf einmal sehen sie ein Licht nahen. Viscardo versteckt sich, während sich Bianca schlafend stellt. Elaisa betritt das Zimmer und wirft Bianca vor, ihr den Geliebten geraubt zu haben. Sie droht, Manfredo zu rufen, wenn Viscardo sein Versteck nicht verläßt. Kaum ist er hervorgetreten, fleht er Elaisa um Gnade an. Bianca erinnert sich, daß sie dem Vater einer gewissen Elaisa einst das Leben gerettet hat, worauf Elaisa mit Bestürzung reagiert. In diesem Augenblick kommt Manfredo in Begleitung seiner Wachen herein. Elaisa beschützt Viscardo mit einer Ausrede vor Manfredos Wut. Draußen entsteht Lärm: Die Truppen von Agrigent greifen Syrakus an. Manfredo, Viscardo und die Soldaten ziehen in die Schlacht, die Frauen bleiben in Verwirrung zurück.

II. Akt, 1. Bild, Platz neben Manfredos Palast: Syrakus hat gesiegt. Viscardo, der inzwischen Brunoros Verrat entdeckt hat, erfährt, daß dieser gefallen ist. Da stürzen weinende Hofdamen herbei und melden den Tod Biancas. Viscardo ist verzweifelt. 2. Bild, Friedhof in der Nähe des Palasts: Manfredo kniet im Gebet vor dem Grabgewölbe seiner Vorfahren. Ein Klagegesang für Bianca ertönt. Schuldgefühle hindern Manfredo am Gebet. Sein Gefolge versucht ihn aufzuheitern und weist darauf hin, daß Agrigent noch nicht endgültig besiegt sei. Alle verlassen den Friedhof. Elaisa begegnet unerwartet Bianca, deren Tod nur ein Täuschungsmanöver war. Von Elaisa erfährt sie, daß Manfredo vorhabe, sie zu töten, und sie mit dieser Aufgabe betraut habe. Sie werde aber, ihrem Schwur gehorchend, Bianca retten und das Gift durch einen Trank ersetzen, der einen todesähnlichen Schlaf hervorruft. Manfredo kehrt zurück, um festzustellen, ob seine Anweisungen befolgt worden sind. Bianca trinkt Elaisas Trank und sinkt zu Boden.

III. Akt, Zimmer in Elaisas Palast: Bianca liegt in todesähnlichem Schlaf auf dem Sofa. Elaisa versteckt die Schlafende hinter einem Vorhang. Sie kniet vor dem Bild ihrer Mutter nieder und fleht sie um Beistand an. Da stürzt Viscardo ins Zimmer und wirft Elaisa vor, Bianca getötet zu haben. Elaisa gesteht ihm, der sie nur hassen kann, noch einmal ihre Liebe. Als er kalt bleibt, bekennt sie sich mit höhnischem Stolz zum Mord an ihrer Rivalin, worauf Viscardo ihr einen Dolch ins Herz stößt. In diesem Augenblick erklingt Biancas Stimme, und die sterbende Elaisa erklärt dem entsetzten Viscardo, sich ausschließlich für sein Glück geopfert zu haben.

Kommentar: Hugos Drama (es liegt auch Ponchiellis *La Gioconda*, 1876, zugrunde) enthält alle Elemente einer frenetischen Schauerromantik. Rossi ist es zwar gelungen, die weitschweifige Handlung zu raffen, aber keineswegs, sie übersichtlich zu gestalten. Die Verlagerung von Padua nach Syrakus, die Verwandlung von Venedig in Agrigent und das Ersetzen des Kruzifixes, mit dessen Hilfe die Gesuchte erkannt werden kann, durch ein Medaillon sind einige von Rossis wesentlichen Änderungen. Ohne genaue Kenntnis der Vorgeschichte bleiben die Ereignisse auf der Bühne weitgehend im dunkeln. – Mit diesem Werk führte Mercadante einen Prozeß der Verknappung der musikalischen Strukturen, deren Ansätze auch schon in *I briganti* deutlich werden, mit großer Konsequenz durch, so daß es üblich geworden ist, von *Il giuramento* als der ersten seiner »Reformopern« zu sprechen. Rossis Libretto bot ihm die gewünschte Konzentration auf eine Reihe dramatischer und pittoresker Einzelszenen. Als direkter Ausgangspunkt dieser Opernform könnte Bellinis *La straniera* (1829) gelten, in der Mercadantes erfolgreicher Rivale und sein Textdichter Romani sich auf ihrer Suche zwischen klassizistischen und romantischen Formvorstellungen am konsequentesten in die Richtung eines neuen romantischen Melodrams bewegen. Auch Mercadante kommt es in *Il giuramento* weniger darauf an, eine Entwicklung als vielmehr eine Serie von spannungsgeladenen und desaströsen Einzelsituationen vorzuführen, die schließlich alle in Tod und Unheil enden. Diesem Wunsch nach dem Melodram in seiner Idealform kam daher gerade das Unzusammenhängende der Handlung Rossis entgegen, enthielt sie doch eine wahre Fülle an fesselnden Bildern und Ereignissen, die den Zuschauer außerdem aus den immer noch populären Schauerromanen vertraut waren. Mercadantes Vorstellungen von Operndramatik berühren sich hier eindeutig mit denen Verdis, der bei seinen Librettisten immer wieder auf Knappheit der Formulierung und des szenischen Ablaufs drängte. Zumindest zwei Szenen aus *Il giuramento* könnten bei Verdi einen solchen Eindruck hinterlassen haben, daß er sich später bewußt oder unbewußt an sie erinnerte: Die Übereinstimmung zwischen der ersten Wiederbegegnung Biancas und Viscardos und dem Auftritt des Troubadours im nächtlichen Garten in *Il trovatore* (1853) ist auffallend, und der Schluß der Oper bis hin zu den »himmlischen Klängen«, die Elaisas Sterben begleiten, scheint Gildas Opfertod in *Rigoletto* (1851) vorwegzunehmen, auch wenn die erotischen und emotionalen Elemente verschoben sind. Wie sich die Raffung des dramatischen Geschehens auf die musikalische Struktur auswirkt, verdeutlicht der Anfang des I. Akts: Eingebaut in den Jubelchor der Gäste Elaisas (Mercadante verzichtet auf eine Ouvertüre) ist die schwärmerische Kavatine Viscardos, der an seine schöne Unbekannte denkt. Ihm folgt keine Cabaletta, sondern, wiederum vom Chor umrahmt, eine zweite Kavatine, diesmal des Basses Manfredo. Die beiden männlichen Hauptfiguren und Gegenspieler sind damit auf knappstem Raum und dennoch höchst charakteristisch vorgestellt. Zu ihnen gesellen sich Elaisa und Brunoro, und aus einem vorüberhuschenden kurzen Quartett entwickelt sich die dritte Kavatine, diesmal Elaisas, die von einem die Handlung bestimmenden Ereignis berichtet, der Errettung ihres Vaters durch Bianca und ihren Schwur. Immer präsent bleibt der Chor, dem wie dem Orchester die Funktion zuteil

Il giuramento; Piero Visconti als Viscardo; Regie: Lamberto Puggelli, Bühnenbild: Paolo Bregni; Festival, Martina Franca 1984.

wird, die Übergänge möglichst elastisch zu gestalten. Ein solches Zusammenschmieden der Soli und Ensemblesätze, das Mercadante als Folge des Verzichts auf jedes rein formale Beiwerk gelingt, ist nicht nur bezeichnend für seine Reformopern, es läßt sich in dieser Konsequenz in der italienischen Oper vorher nicht feststellen, auch wenn Rossini (*Ermione*, 1819) und Bellini *(La straniera)* den Ausgangspunkt für Mercadantes neue dramatische Wahrheit bilden. Erst Verdi in seiner mittleren Periode wird auf ähnliche Weise aus den skelettierten alten Formen Neues schaffen. Die Bedeutung des Orchesters bei diesen Reformbestrebungen wurde schon hervorgehoben: An manchen Stellen verselbständigt es sich auf so pronancierte Weise, daß es bisweilen die Funktion der veristischen Intermezzos vorwegzunehmen scheint. Mercadante zeigt dabei eine Vorliebe für solistische Verwendung einzelner Instrumente und greift auch hier Anregungen Rossinis und Bellinis auf. Sie werden häufig auf so überraschende Weise erweitert, daß sie, wie die Orchestereinleitung mit Solocello zur großen Szene Manfredos im II. Akt, wie Miniaturkonzerte wirken. Man hat in der Aufwertung des Orchesters bei Mercadante häufig einen Einfluß Meyerbeers und der französischen Grand opéra entdecken wollen. Schon vor dem Pariser Besuch jedoch lassen sich ähnliche Tendenzen feststellen. Von großer dramatischer Wirkung ist der nur 20 Minuten dauernde III. Akt. Aus einer Romanze Elaisas entwickelt sich, mit jähem Umschlag der Stimmung beim Auftritt des rasenden Viscardo, ein immer stürmischer werdendes Duett, in dem Mercadante die von Rossi betonten sadomasochistischen Elemente musikalisch höchst wirkungsvoll auf die Spitze treibt: Dies atemlose Hasten auf den Tod zu verwischt die Grenzen zwischen Deklamation und Gesang; Verzierungen entfallen, und erst bei den Schlußworten der sterbenden Elaisa (»Per me già s'apre il cielo«) löst sich die aufgestaute Spannung. Daß hier für eine traditionelle »aria finale« kein Platz mehr ist, sondern Mercadante mit den entsetzten Worten Biancas und Viscardos (»Vittima dell'amor!«) die Oper auf wahrhaft revolutionäre Weise beschließt, unterstreicht sein Bestreben nach einem neuen Realismus auf der Opernbühne, der schon auf den Verismo hinzuweisen scheint.

Wirkung: In einem Brief an Francesco Florimo vom April 1837 schreibt Mercadante, daß er nie geglaubt habe, nach dem Erfolg von *Elisa e Claudio* (1821) je wieder einen solchen Triumph zu erleben. Es sangen Sophie Schoberlechner (Elaisa), Francesco Pedrazzi (Viscardo), Marietta Brambilla (Bianca) und Giovanni Orazio Cartagenova (Manfredo). Die Mailänder *Gazzetta musicale* hob Mercadantes Verdienste gebührend hervor, betonte dabei vor allem die gelehrten Harmonien und die gefällige (»gradevole«) Melodik. Die Oper verbreitete sich rasch über die italienischen Bühnen. 1838 fand in Neapel die gleichfalls bejubelte Erstaufführung am Teatro San Carlo statt, in deren Mittelpunkt Adolphe Nourrit als Viscardo stand (neben Adelina Salvi, Eloisa Buccini und Paul Barroilhet). Auch das Ausland bemühte sich rasch um die erfolgreiche Novität. Schon 1838 konnte Wien, noch in italienischer Sprache, die Oper erleben. Es folgten Aufführungen unter anderm in Barcelona 1839, London 1840, Brüssel 1842, Kopenhagen 1843, New York und Petersburg 1848, Buenos Aires 1851 und am Théâtre-Italien Paris 1858. In Paris, das *Il giuramento* im Gegensatz zu *I briganti* wohlwollend aufnahm, sangen Elena Rosina Penco, Marietta Alboni, Francesco und Lodovico Graziani. Eine erste deutsche Übersetzung (von Georg Ott) wurde 1839 in Graz und Brünn gespielt, während in Berlin 1839 eine Übersetzung von Johann Christoph Grünbaum benutzt wurde. In dieser Version hatte die Oper zeitweilig auf deutschen Bühnen Erfolg. Die Aufführungsserie von *Il giuramento* läßt in der zweiten Jahrhunderthälfte immer stärker nach, und um 1900 ist Mercadantes berühmteste Oper von den Bühnen verschwunden. Nur in Altamura wurde die Erinnerung an den berühmtesten Sohn des Orts lebendig gehalten und das Werk 1911 und 1937 aufgeführt. Die zunehmende Auseinandersetzung mit dem italienischen Repertoire von Rossini bis Verdi erweckte in den letzten Jahrzehnten ein immer größeres Interesse auch an Mercadante. Es schlug sich in einer Reihe von Aufführungen nieder, die *Il giuramento*, als einziger Oper Mercadantes, zumindest wieder eine Randstellung im Repertoire verschafften. 1955 brachte San Carlo Neapel die Oper neu heraus (Bianca: Pia Tassinari, Manfredo: Rolando Panerai), 1967 folgte wiederum Altamura. Im Jubiläumsjahr 1970 gab es eine Inszenierung in Spoleto unter Thomas Schippers. Die Inszenierung war vorher mit andern Interpreten unter Bruno Maderna in New

York an der Juilliard School gezeigt worden. Von großer Bedeutung waren gekürzte konzertante Aufführungen unter Gerd Albrecht 1974 in Berlin (Viscardo: José Carreras, Elaisa: Annabelle Bernard, Bianca: Agnes Baltsa) und 1979 in Wien (Plácido Domingo, Mara Zampieri, Baltsa) sowie unter Maurizio Arena 1975 in Paris (Michele Molese, Teresa Zylis-Gara, Benedetta Pecchioli). Die bislang wichtigste Neuinszenierung fand im Sommer 1984 beim von Rodolfo Celletti organisierten Festival von Martina Franca statt (Piero Visconti, Jolanta Omilian, Carmen Gonzales; Dirigent: Bruno Campanella).

Autograph: Vlg.-Arch. Ricordi Mailand. **Abschriften:** Bibl. Cherubini Florenz (D. III. 221-222), Bibl. Verdi Mailand (Part. Tr. ms. 231, Noseda), Bibl. S. Pietro a Maiella Neapel (Rari 29. 6. 14-15), Bibl. Musicale Greggiati Ostiglia (Mss. Musiche B. 148/1-22), Bibl. S. Cecilia Rom (G. Mss. 746-747), ÖNB Wien (O. A. 3), LOC Washington (M1500 M55 G3). **Ausgaben:** Kl.A: Ricordi [1837], Nr. 9927, Nachdr.: Garland, NY, London 1986 (Italian Opera 1810–1840. 18.); Veuve Launer, Paris 1840, 1842; Pacini, Paris [1859]; Ricordi [um 1870], Nr. 42049; Kl.A, ital./dt. Übers. v. J. C. Grünbaum: Ricordi 1865; **Textb.:** Mailand, Truffi 1837; Genua, Pagano 1838; Neapel, Flautina 1838; Venedig, Molinari 1838; Florenz, Galletti 1839; Parma, Carmignani 1839; Macerata, Cortesi 1843; Ricordi 1953; Wien, Wallishausser; Textb., dt. u.d.T. *Das Gelübde*: Wien, Benko; Textb., dt. v. J. C. Grünbaum: Bln., Schlesinger 1839
Literatur: Il giuramento, in: Gazzetta musicale, Mailand, 11.3. 1837; Il giuramento, in: Lucifero, Nr. 42, Neapel 1838; P. Scudo, ›Il giuramento‹ au Théâtre-Italien, in: Revue des deux mondes, 15.12. 1858; F. Chieco, Riesumazione de ›Il giuramento‹, in: Bollettino dell'Arch. Bibl. Museo Civico, Nr. 1, Altamura 1953; G. Roncaglia, Il giuramento, in: Scala 1954, H. 61, S. 81–84; G. Lanza Tomasi, ›Il giuramento‹ nel quadro dell'opera romantica, in: [Ph. d. 13. Festival dei Due Mondi], Spoleto 1970; G. Carli Ballola, [Bei-H. d. Schallplattenaufnahme Cetra], 1986; weitere Lit. s. S. 69

Rein A. Zondergeld

Le due illustri rivali
Melodramma in tre atti

Die beiden berühmten Rivalinnen
3 Akte (5 Bilder)

Text: Gaetano Rossi
Uraufführung: 10. März 1838, Teatro La Fenice, Venedig
Personen: Bianca, Königin von Navarra (S); Elvira (S); Gusmano, Fürst von Pardos, Marschall im königlichen Schloß, Elviras Vater (B oder B.Bar); Alvaro, Herzog von Olivarez (T); Armando di Foix (T); Inigo, Wächter der königlichen Gräber (B); Enellina, seine Frau (S). **Chor, Statisterie:** Herren, Ritter, Würdenträger, Richter, Deputierte, Hofdamen, Ehrenfräulein, Pagen, königliche Wachen, Waffenträger, Herolde, Soldaten, Bürger, Volk
Orchester: Picc, 2 Fl, 2 Ob, E.H, 2 Klar, 2 Fg, K.Fg, 4 Hr, 2 Trp, 3 Pos, Serpent, Pkn, Schl (gr.Tr, Trg, Sistro), Hrf, Org, Streicher; BühnenM: Tr, Trp, Harm, Banda (nicht spezifiziert)

Aufführung: Dauer ca. 2 Std. 30 Min. – Mit der Orgel dürfte ein Portativ gemeint sein.

Entstehung: Die ersten Pläne zu *Le due illustri rivali* reichen ins Jahr 1836 zurück, als der Impresario des Teatro La Fenice, Alessandro Lanari, Mercadante um eine neue Oper für den Karneval 1837/38 bat. Aus verschiedenen Gründen wurde erst im Sommer 1837 ein Vertrag abgeschlossen, wie aus einem Brief Mercadantes vom 9. Aug. 1837 hervorgeht. Inzwischen hatte der Komponist mit Domenico Barbaja einen Vertrag über eine neue Oper für das Teatro San Carlo Neapel abgeschlossen und mit dem Librettisten Salvatore Cammarano die Planungen für das Werk begonnen (*Elena da Feltre*, 1839), das Ende 1837 fertig vorlag (Brief an Cammarano vom 1. Jan. 1838). Die Arbeiten an *Elena da Feltre* und *Le due illustri rivali* müssen sich zeitweilig überschnitten haben. Letztere konnte der Komponist wegen eines Augenleidens, das ihn zwang, Teile der Partitur zu diktieren, nur unter Schwierigkeiten beenden. Während der Schlußphase der Komposition, am 30. Jan. 1838, fand im Teatro La Fenice die Premiere von Donizettis *Maria di Rudenz* statt; ihre kühle Aufnahme steigerte die Erwartungen in Mercadantes neue Oper.

Handlung: In Pamplona, 14. Jahrhundert.
I. Akt, 1. Bild, Thronsaal im königlichen Schloß: Der Hof huldigt Bianca, der neuen Königin von Navarra. Zur Verblüffung aller ernennt Bianca den Fremden Armando di Foix zum »Ritter der Königin«. Dies mißfällt insbesondere Gusmano und Alvaro. Bianca hat sich in den jungen Ritter verliebt, ohne zu wissen, daß ein Liebesverhältnis zwischen ihm und ihrer Jugendfreundin Elvira besteht. Alle schwören der neuen Königin Treue. Nachdem sich Bianca zurückgezogen hat, teilt Gusmano seiner Tochter Elvira mit, daß sie am nächsten Morgen Alvaro heiraten soll. Ihr Geständnis, Armando zu lieben, ändert nichts an Gusmanos Entschluß. Nach heftigen Drohungen willigt Elvira ein, kündigt aber an, daß sie am Altar sterben werde. 2. Bild, Galerie im königlichen Palast mit Ausblick auf den Garten: In Erwartung Armandos singt Bianca eine Liebesballade. Im Gespräch der beiden wird deutlich, daß Armando Elvira liebt. Bianca, die sich nur mit Mühe beherrschen kann, schickt Armando als ihren Friedensbotschafter zum Fürsten von Aragonien. Zu spät hat Armando die Situation durchschaut, ihm bleibt nichts als abzureisen. Gusmano bittet Bianca um die Erlaubnis, Elvira am nächsten Tag mit Alvaro verheiraten zu dürfen. In dem Augenblick, da Bianca ihre Zustimmung gibt, sinkt Elvira wie entseelt zu Boden.

II. Akt, ein an Inigos Wohnung anschließendes Vestibül in der Kirche, in der sich die königlichen Gräber befinden; Nacht: Inigo und seine Frau unterhalten sich über den plötzlichen Tod Elviras und die Trauer Armandos. Da erscheint dieser, in tiefe Melancholie versunken; er faßt den Entschluß, ins Heilige Land zu ziehen, um dort im Kampf mit den Sarazenen sein Leben zu opfern, und bittet Inigo um Erlaubnis, die aufgebahrte Elvira noch einmal zu sehen. Nachdem er hinabgestiegen ist, hört man seinen Schrei »Elvira!«. Gleich darauf bringt er die aus dem Scheintod Erwachte zu Inigo. Noch einmal versichern sich Elvira und Armando ihrer Liebe. Als Bianca und ihr Gefolge eintreffen, ziehen sich die andern in Inigos Wohnung zurück. Bianca gibt ihrer Reue Ausdruck und wird dabei von Elvira belauscht, die jetzt die Zusammenhänge durchschaut. Nachdem Bianca sich entfernt hat, kommt der ebenfalls von Reue gepeinigte Gusmano. Armando und Alvaro fordern nun beide Elviras Hand. Gusmano entscheidet sich für Armando als Schwiegersohn, worauf sich ein heftiger Streit zwischen den drei Männern entspinnt. Bianca beschließt, daß der Hohe Gerichtshof den Fall entscheiden solle. III. Akt, 1. Bild, abgelegener Ort am Ufer des Arga, ein altes Tor führt in den Palast: Gusmano trifft sich heimlich mit Armando, der ihm als einzige Lösung Elviras Entführung vorschlägt. Sie werden von Alvaro überrascht. Als Ergebnis der immer erregteren Diskussion kommt es zum Duell zwischen Gusmano und Alvaro, der Armandos Duellforderung abgelehnt hat, da er ihm nicht ebenbürtig sei. 2. Bild, Saal des Hohen Gerichts: Die Richter urteilen, daß nur die Königin den Fall entscheiden könne. Verzweifelt bittet Elvira Bianca um ein Gespräch unter vier Augen. Als sie begreift, daß Bianca noch immer nicht gewillt ist, Armando zu entsagen, droht sie der Königin, ihre geheime Liebe dem Hof zu offenbaren. Es kommt zu keiner Einigung, und Bianca ruft Gericht und Hof wieder in den Saal. Nach langem inneren Kampf erklärt sie den Ehevertrag zwischen Alvaro und Elvira für nichtig. Bianca und Elvira umarmen sich, alle huldigen der Königin.

Kommentar: Wie in *Il giuramento* (1837) kämpfen zwei Frauen, die einander freundschaftlich verbunden sind, um die Liebe eines Manns. Diesmal gelang es Rossi, eine wesentlich logischer aufgebaute Handlung zu konstruieren, die dennoch nicht der ungewöhnlichen und effektvollen Einzelsituation entbehrt, wie sie der Musikdramatiker Mercadante verlangte. Dabei berücksichtigte Rossi speziell dessen Vorliebe für Duette des gleichen Stimmtyps. Eine auffallende Eigenheit der Oper ist, daß in mehreren Duetten die Beteiligten nicht miteinander, sondern nebeneinander agieren. Das gilt sowohl für das Duett Armando/Bianca im I. Akt als auch für einen Höhepunkt des Werks, das Duett Bianca/Elvira im II. Akt: Obwohl sich die Stimmen der beiden Frauen vereinen, sind sie in jeder Hinsicht getrennt, da Bianca weder weiß, daß Elvira lebt, noch, daß sie belauscht wird. Die morbide Atmosphäre des II. Akts erinnert an den Schlußakt von Bellinis *I Capuleti e i Montecchi* (1830), wobei Rossi freilich den elegischen Grundton durch grelle Theatereffekte durchbricht, die die Szene der Frenetik des Schauerdramas annähern. Ihre größte Wirkung erreichen *Le due illustri rivali* im III. Akt. Sowohl das Terzett der Tenöre und des Basses als auch das Duett Bianca/Elvira im Schlußbild zeigen Mercadante wiederum als Meister dramatisch inspirierter Ensemblekomposition, auch wenn die melodische Erfindung

Le due illustri rivali, III. Akt, 1. Bild; Vasso Papantoniu als Elvira, Claudia Parada als Bianca; Regie: Lamberto Puggelli, Ausstattung: Mischa Scandella; Teatro La Fenice, Venedig 1970.

hier im Vergleich zu *Il giuramento* und *Elena da Feltre* schwächer wirkt. Strukturell wenig glücklich für die Gesamtwirkung ist der sehr in die Länge gezogene I. Akt (80 Minuten), da der geringe melodische Einfallsreichtum hier besonders ins Gewicht fällt und noch nicht durch musikdramatische Hochspannung ausgeglichen wird. Formal ungewöhnlich ist die Introduktion: Nach wechselnden Jubelchören und einigen knappen solistischen Einwürfen entwickelt sich ein Concertato (»Quali sguardi [...] fier sospetto!«), das wie ein vorweggenommenes 1. Finale wirkt und nicht nur den Ensemblecharakter der Oper (sie enthält nur drei Arien), sondern auch die Vereinzelung der Personen, die sich gegenseitig mißtrauisch beobachten, als Grundcharakteristikum des Werks exemplarisch hervorhebt. Das Thema des Concertatos, das Belauern der andern, wird dann ja auch im II. Akt auf konsequente Weise zum bestimmenden Teil der Handlung. Seiner Vorliebe für längere Orchestereinleitungen mit einem Soloinstrument gibt Mercadante in der großen Szene Armandos im II. Akt nach, in der das Fagott treffend die Einsamkeit und Trauer des zum Sterben entschlossenen jungen Ritters charakterisiert.

Wirkung: In der Uraufführung sangen Karoline Unger (Bianca), Eugenia Tadolini (Elvira), Ignazio Marini (Gusmano) und Napoleone Moriani (Armando). Der Erfolg der zweiten Reformoper Mercadantes war so groß, daß der Maestro und die Sänger nach jeder Nummer vor den Vorhang treten mußten. Unter den Zuschauern befand sich auch Franz Liszt, der sich in der *Gazzetta musicale* lobend über das Werk und über die Rolle Mercadantes im italienischen Opernleben äußerte. *Le due illustri rivali* war nicht nur in Venedig erfolgreich, sondern überall dort in Italien und zeitweilig auch im Ausland, wo zwei große Sopranistinnen für die anspruchsvollen, sehr dankbaren Hauptrollen zur Verfügung standen. In Mercadantes späterem Wirkungsort Neapel, wo die Oper 1840 zum erstenmal gespielt wurde (Bianca: Matilde Palazzesi, Elvira: Almerinda Granchi, Armando: Giovanni Basadonna), brachte sie es freilich nur auf drei Aufführungen. 1970 fand, wiederum im Teatro La Fenice, die erste Wiederaufführung im 20. Jahrhundert statt, als Beitrag zu den Mercadante-Feiern, die einen wesentlichen Anstoß zur Wiederbeschäftigung mit den Opern des Komponisten gegeben haben. Es sangen Claudia Parada (Bianca), Vasso Papantoniu (Elvira), Giorgios Pappas (Gusmano), Antonio Liviero (Armando) und Amedeo Zambon (Alvaro); Dirigent: Ettore Gracis.

Autograph: Vlg.-Arch. Ricordi Mailand. **Abschriften:** Bibl. S. Pietro a Maiella (Rari 29. 5. 4-5), Arch. Teatro La Fenice Venedig. **Ausgaben:** Kl.A v. T. Mabellini: Lucca, Mailand, Lucherini, Florenz, Euterpe, Chiasso, Nr. 1908-27; Textb.: Venedig, Molinari 1838; Mailand, Truffi 1839; Florenz, Galletti 1840; Neapel, Flautina 1840
Literatur: Le due illustri rivali, in: Gazzetta di Venezia, 22.3. 1838; P. MIOLI, Tradizione melodrammatica e crisi di forme nelle ›Due illustri rivale‹ di S. M., in: Studi musicali 9:1980, S. 317–328; weitere Lit. s. S. 69

Rein A. Zondergeld

Elena da Feltre
Dramma tragico in tre atti

Elena aus Feltre
3 Akte (7 Bilder)

Text: Salvatore Cammarano
Uraufführung: 1. Jan. 1839, Teatro San Carlo, Neapel
Personen: Boemondo, Stellvertreter Eccelinos III. (T); Imberga, seine Tochter (S); Sigifredo, Elenas Vater (B); Elena, Witwe (S); Guido (Bar); Ubaldo (T); Gualtiero (B). **Chor, Statisterie:** Damen und Ritter am Hof Boemondos, Verwandte und Freunde Ubaldos, Schildknappen und Wachen Boemondos
Orchester: 2 Fl (2. auch Picc), 2 Ob, 2 Klar, 2 Fg, 4 Hr, 2 Trp, 3 Pos, Serpent, Pkn, Schl (Bck, gr.Tr, Glocke in f), Org, Streicher; BühnenM: Banda (nicht spezifiziert)
Aufführung: Dauer ca. 2 Std. – Mit der Orgel dürfte ein Portativ gemeint sein.

Entstehung: 1837 hatte Mercadante mit dem Impresario Domenico Barbaja einen Vertrag über eine neue Oper für das Teatro San Carlo abgeschlossen, für die Cammarano das Textbuch lieferte. Aus einem Brief an Francesco Florimo, der offenbar um den 20. April 1837 geschrieben wurde, geht Mercadantes positive Reaktion auf Cammaranos *Elena degli Uberti* hervor; allerdings beklagt er, daß es zu viele Arien gäbe. Wie sehr ihm gerade *Elena da Feltre* als weitere »Reformoper« am Herzen lag, belegt eine Reihe von Briefen an Florimo. Nachdem Mercadante am 1. Jan. 1838 seinem Textdichter den Abschluß der Komposition mitgeteilt und die Hoffnung ausgesprochen hatte, Cammarano möge sich Verstöße gegen seine Verse nicht zu sehr zu Herzen nehmen, schrieb er von Mailand aus noch am selben Tag einen Brief an Florimo mit der wohl prägnantesten Aussage zu den von ihm angestrebten Reformen: »Ich habe die im *Giuramento* angefangene Revolution weitergeführt: Die Formen werden variiert, mit den trivialen Cabaletten wird Schluß gemacht. Ich habe das Crescendo verbannt und auf Knappheit geachtet: Es gibt weniger Wiederholungen, gewisse Neuerungen in den Kadenzen und besondere Rücksicht auf das dramatische Element. Das Orchester ist üppig, aber es verdeckt die Stimmen nicht. Lange Soli in den Ensemblesätzen wurden vermieden, da sie ja, zum Schaden der Handlung, die andern zu sehr kaltstellen. Auf die große Trommel und die Banda habe ich weitgehend verzichtet« (in: Florimo, *La scuola musicale di Napoli e i suoi conservatorii*, Bd. 3, Neapel 1883, S. 115f.). In Anbetracht dieser Sorgfalt verwundert es kaum, daß Mercadante sowohl Cammarano als auch Florimo und Barbaja bedrängte, nichts zu ändern oder zu streichen. Insbesondere hob er immer wieder die Bedeutung der Baßpartie Sigifredos für das 1. Finale hervor und verlangte für die Partie ausdrücklich »un primo basso, buono«. Die ungewöhnliche Besetzung des Liebhabers Guido mit einem Bariton und des »Verräters« mit einem Tenor erklärte Mercadante in einem Brief an Florimo vom 26. Sept. 1838 damit, daß ursprünglich für den Ubaldo der Tenor Domenico Reina vorgesehen war, der inzwischen freilich durch Adolphe Nourrit ersetzt wurde. Im selben Brief betonte Mercadante noch einmal, *Elena* mit der gleichen Sorgfalt wie *Il giuramento* (1837) komponiert zu haben, sowohl in bezug auf den Gesang als auch auf die Instrumentierung, so daß die Oper, gut einstudiert und aufgeführt, von großer Wirkung sein müsse.

Handlung: In Feltre (Venetien), um 1250.
I. Akt, 1. Bild, Zimmer in Ubaldos Haus: Ubaldos Freunde versuchen vergeblich, ihn aufzuheitern; noch weniger gelingt dies Ubaldos Freund Guido, der ihm seine heimliche Liebe zu Elena degli Uberti, der Tochter des vom Tyrannen der Stadt, Boemondo, zum Tod verurteilten, aber geflohenen Rebellen Sigifredo, gesteht. Es gelingt Ubaldo nur mit Mühe, seine Erregung zu verbergen, da auch er in Elena verliebt ist. Das Gefühl der Freundschaft scheint aber vorläufig die Eifersucht zu besiegen, und Ubaldo verspricht Guido Hilfe bei dessen Plan, in der Nacht Elena zu entführen. 2. Bild, Park bei Sigifredos Schloß: Elena denkt schwärmerisch an Guido, als der Diener Gualtiero ihr die Ankunft eines Fremden meldet, der sich als der heimlich zurückgekehrte Sigifredo entpuppt. Das Wiedersehen zwischen Vater und Tochter wird von Ubaldo unterbrochen. Sigifredo versteckt sich, während Ubaldo versucht, Elena zu zwingen, seine Frau zu werden. Da verläßt Sigifredo sein Versteck und eilt ihr zu Hilfe. Als er Ubaldo beschimpft, gerät dieser außer sich und will Sigifredo töten. Elena fleht um Gnade für ihren Vater. Ubaldos Gefolge ist auf den Streit aufmerksam geworden und will ihm helfen. Die Wachen schleppen Sigifredo davon. Elena sinkt in Ohnmacht, Ubaldo entfernt sich verzweifelt.
II. Akt, 1. Bild, Saal in Boemondos Palast: Elena bittet Boemondo und Ubaldo um Gnade für ihren Vater. Boemondo verläßt den Saal, und Ubaldo teilt ihr mit, wie sie ihren Vater retten kann: Guido soll Imberga, Boemondos Tochter, heiraten, und sie selbst soll seine, Ubaldos, Frau werden. Nach langem Zögern willigt Elena ein. Durch eine Geheimtür ist Guido eingetreten; er wird von dem zurückgekehrten Boemondo über Elenas angeblichen Verrat aufgeklärt. Guido ist fassungslos. 2. Bild, prächtiger Saal im Palast: Boemondos Anhänger preisen den Sieg der Gibellinen. Boemondo kündigt an, daß Elena heiraten werde. Sie selbst soll ihren Erwählten bekanntgeben. Zögernd nennt sie Ubaldo. Daraufhin bittet der wütende Guido um die Hand Imbergas.
III. Akt, 1. Bild, Elenas Zimmer: Erregt versucht Guido die Wahrheit über Elenas Sinneswandel herauszufinden. Sie bleibt jedoch standhaft und behauptet weiterhin, Ubaldo zu lieben. 2. Bild, wie I/1: Ubaldo hat feststellen müssen, daß Boemondo ihn betrogen hat: Sigifredo ist enthauptet worden. Er ist verzweifelt und erwartet mit Beklemmung Elenas Reaktion. Ubaldo bereitet sein Gefolge darauf vor, gegen Boemondo zu kämpfen. Alle schwören, ihm Gefolgschaft zu leisten. 3. Bild, Elenas Zimmer: Während von draußen der Hochzeitschor für Guido und Imberga erklingt, gibt sich Elena ihrer Verzweiflung hin. Ubaldo tritt mit seinem Gefolge ein. Elena fragt nach ihrem Vater. Gualtiero stürzt herbei und berichtet von Sigifredos Tod. Elena fällt in Ohnmacht und kommt erst langsam wieder zu sich. In einer Vision sieht sie sich mit dem Vater im Himmel vereint. Wieder sinkt sie zu Boden. Der reuige Ubaldo verspricht, ihr sein ganzes Leben zu weihen.

Kommentar: Im Gegensatz zu Gaetano Rossi verstand es Cammarano, neben Felice Romani der wichtigste Librettist der italienischen Romantik, nicht nur melodramatische Ereignisse in höchster dramatischer Zuspitzung und Verknappung zu bieten, sondern in der Regel auch, sie zu einer überschaubaren Handlung zusammenzufügen. Ähnlich wie Rossi gelingt es auch ihm, mehrdimensionale Charaktere auf die Bühne zu bringen. Die Figur des Ubaldo, kein Bösewicht aus Prinzip, sondern wie Graf Luna in Verdis *Trovatore* (1853) aus Liebe zu Untaten getrieben, ist dafür ein Beispiel. Diese Ambivalenz wird noch durch die Wahl des seit den Anfängen der Romantik weitgehend mit dem Guten im Bunde stehenden Tenorfachs für Ubaldo verstärkt, obwohl ursprünglich durchaus pragmatische Überlegungen diese Wahl bestimmten. Deutlicher noch als im *Giuramento* konzentriert sich die Handlung auf drei Hauptfiguren, deren tragische Verstrickung durch das historische Umfeld und die politischen Intrigen nur stärker hervorgehoben wird. Es hat fast den Anschein, als ob die weiteren Personen und der Chor lediglich zur Erweiterung des Klangspektrums in den eindrucksvollen Finale vorgesehen sind; die mehr als unglückliche Rolle Imbergas zeigt dies am deutlichsten. Daß *Elena da Feltre* nicht ganz die Konzentration von *Il giuramento* erreicht, dürfte mit einer Eigenheit des Textbuchs zu erklären sein, die schon Mercadante vorsichtig rügte und mit der knappen Formel »zu viele Arien« zusammenfaßte. Dennoch konnte er das Florimo beschriebene Programm durchführen. Der weitgehende Verzicht auf ausladende formale Brillanz zugunsten einer Intensivierung des dramatischen Elements macht sich vor allem in den drei großen Finale bemerkbar, von denen insbesondere das 2. hervorzuheben ist. Den rauschhaften Klangentfaltungen Vincenzo Bellinis, die seine überzeugendste Lösung des problematisch gewordenen Finale darstellen (1. Finale der *Sonnambula*, 1831), setzt Mercadante in seinen Reformopern eine die Spannung anheizende Zusammenballung entgegen: Mit Elenas Worten »Ahi! dura terra, e non ti schiudi ancora?« beginnt ein geradezu gewalttätiger Ausbruch aller Solisten und des Chors, der unvermittelt abbricht, um Boemondo die Möglichkeit zu geben, Elena nach ihren »wahren« Gefühlen zu befragen. Die musikalische Entwicklung scheint zu stagnieren, bis Elenas erzwungenes stockendes Geständnis, sie liebe Ubaldo, zum erwarteten Wutausbruch bei Guido führt, dessen herausgeschleudertes »Un demone presieda, spergiuri, al vostro imene« eine konzentrierte Stretta einleitet, deren rhythmische Forciertheit jede subtilere Regung hinwegzufegen scheint, so wie in

Guido die Wut zur einzig beherrschenden Emotion wird. Ein solches Finale, in dem sich die musikalische Struktur zum ausschließlichen Träger der überbordenden Emotionen macht, in dem eine realistische über eine formalistische Sicht obsiegt, wird es erst wieder bei Giuseppe Verdi geben. Beim 3. Finale drängt sich ein Vergleich mit dem 2. Finale aus Bellinis *La straniera* (1829) auf. Hier wie dort hat die Heldin gezwungenermaßen auf ihren Geliebten verzichten müssen, hier wie dort muß sie sich gefallen lassen, die Hochzeitszeremonie des geliebten Manns mit einer andern akustisch mitzuerleben. Während Bellinis hinreißender Schlußszene das traditionelle, wenn auch einer wahren Zerreißprobe ausgesetzte Schema der »aria finale« zugrunde liegt, geht Mercadante darüber hinaus. Nach Elenas Gebet »Per quest'orrendo strazio«, dem ein elegisches Cellosolo vorangegangen ist (eine der schönsten lyrischen Eingebungen Mercadantes, die schon in der Ouvertüre erklingt), folgen in raschem Tempo die über die unglückselige Heldin hereinbrechenden Schicksalsmeldungen. Keine »triviale Cabaletta« schließt sich an, der Komponist bleibt seinem Reformprogramm auch hier treu, denn Elenas »No, non è spento il padre« erfüllt zwar rein formal die Funktion der Cabaletta, verharrt aber in der elegischen Stimmung des Gebets, das hier ins Entrückt-Visionäre gesteigert wird: eine deutliche Parallele zu Elaisas Himmelsvision am Schluß des *Giuramento*.

Wirkung: Von den ursprünglich vorgesehenen Sängern Matilde Palazzesi, Reina und Paul Barroilhet (Guido) sang schließlich nur letzterer in der Uraufführung. Elena war Giuseppina Ronzi de Begnis, Ubaldo Nourrit. Die Oper wurde eher kühl aufgenommen, und es blieb bei einer einzigen Vorstellung in der Wintersaison, da Barroilhet erkrankte. Der an zunehmenden Depressionen leidende Nourrit beging zwei Monate nach der Premiere Selbstmord. Trotz dieses mißlichen Auftakts verbreitete sich *Elena* rasch über die italienischen Bühnen. So wurde sie 1839 in Pavia, Bologna, Genua, 1840 in Florenz, 1841 in Parma und 1842 in Venedig gespielt. An der Mailänder Scala erlebte sie 1843 20 Vorstellungen. Auch im Ausland war die Oper nicht ohne Erfolg: Aufführungen in Lissabon, Barcelona, Wien und Malta 1840, Korfu und Amsterdam 1842 sind zu verzeichnen. 1842 erlebte *Elena da Feltre* in englischer Übersetzung von Henry Chorley als *Elena Uberti* ihre Erstaufführung an Covent Garden London, es folgten im selben Jahr italienische Aufführungen an Her Majesty's Theatre London. Für eine der späteren Aufführungen in Italien ersetzte Mercadante auf Bitten der Sängerin Luigia Boccabadati die Romanze der Elena aus dem I. Akt durch eine Kavatine in einem wesentlich verzierteren Stil (»Parmi che alfin dimentica«). Die einzige nachweisbare Aufführung im 20. Jahrhundert, und zwar von Ausschnitten, die etwa die Hälfte der Partitur ausmachen, fand im Mercadante-Jubiläumsjahr 1970 bei der Radiotelevisione Italiana statt. Orianna Santunione, Angelo Mori und Guido Guarnera sangen die Hauptrollen; es dirigierte Armando Gatto.

Autograph: Verbleib unbekannt. **Abschriften:** Bibl. Cherubini Florenz (D. IV. 655-657), Bibl. Verdi Mailand (Part. Tr. ms. 234), Bibl. Musicale Greggiati Ostiglia (Mss. Musiche B. 141). **Ausgaben:** Kl.A: Ricordi 1838, Nr. 11204-24, 11586, Nachdr.: Garland, NY, London 1985 (Italian Opera 1810–1840. 20.); Textb.: Neapel, Flautina 1838; Genua, Pagano 1839; Bologna, Sassi 1839; Florenz, Galletti 1840; Venedig, Molinari 1842; Mailand, Truffi 1843
Literatur: Elena da Feltre, in: Omnibus, Neapel, 20.12. 1838; Elena da Feltre, in: Lucifero, Neapel 9.1. 1839; weitere Lit. s. S. 69

Rein A. Zondergeld

Il bravo
Melodramma in tre atti

Der Bravo
3 Akte (8 Bilder)

Text: Gaetano Rossi, unter Mitarbeit und nach Vorarbeiten von Antonio Bindocci, Marco Marcelliano Marcello und Felice Romani, nach dem Drama *La Vénitienne* (1834) von Auguste Anicet-Bourgeois (eigtl. Auguste-Anicet Bourgeois), nach *The Bravo. A Venetian Story* (1831) von James Fenimore Cooper
Uraufführung: 9. März 1839, Teatro alla Scala, Mailand
Personen: Foscari, Patrizier (B); Cappello (T); Pisani, ein verbannter Patrizier (T); der Bravo (T); Marco, Teodoras Gondoliere (B); Luigi, Foscaris Diener (B); Teodora (S); Violetta (S); Michelina, Teodoras Dienerin (S); Maffeo (stumme R); der Doge (stumme R). **Chor, Statisterie:** Senatoren, Ritter vom Goldenen Stern, Ratsvorsteher, Patrizier, Herren, Damen, Bürger, Handwerker, Gondolieri, Frauen aus dem Volk, Nachtwachen, Schergen, verschiedene Masken, dalmatinische Wachen, Soldaten, Waffenträger des Dogen, Bedienstete Teodoras
Orchester: Picc, 2 Fl, 2 Ob, 2 Klar, 2 Fg, 4 Hr, 2 Trp, 3 Pos, Serpent, Pkn, Schl (gr.Tr, Glocke in c), 2 Hrf, Streicher; BühnenM: Banda (nicht spezifiziert)
Aufführung: Dauer ca. 3 Std. 15 Min.

Entstehung: Während sich die Aufführungen von *Elena da Feltre* (1839) nach der kühl aufgenommenen Premiere an andern italienischen Häusern häuften, schloß Mercadante mit Bartolomeo Merelli einen Vertrag über eine neue Oper für die Karnevalssaison 1839 der Scala ab. Durch Vermittlung Romanis erhielt dessen Freund, der Sieneser Anwalt und Schriftsteller Bindocci, den Auftrag, das Libretto zu schreiben. Dieser schlug Anicet-Bourgeois' Drama vor. Er erwies sich jedoch als unzuverlässig und verschwand im Sept. 1838 für längere Zeit. Wie der verzweifelte Mercadante seinem Freund Romani am 3. Okt. mitteilte, sah er sich nun gezwungen, den bewährten Rossi um Hilfe zu bitten. Daß Rossi auf schon von Bindocci gedichtete Gedichte zurückgriff, bestätigt ein Vergleich zwischen dem Libretto und der 1839 von Bindocci in Turin veröffentlichten Tragedia lirica *Il bravo*. Da Rossi erkrankte, wurde ein weiterer Mitarbeiter, der Veroneser Marcello, hinzugezogen. Mercadante war offenbar mit dem auf so verwirrende Weise entstandenen Ergebnis nicht zufrieden, denn er bat seinen »immenso Romani«, das Ganze zu begutachten und eventuell zu überarbeiten. Dieser kam Mercadantes Wunsch nach und veröffentlichte in der *Gazzetta piemontese* (1. Febr. 1839) einen Rechtfertigungsbericht über das Libretto. Er setzt sich darin vor allem mit dem Vorwurf auseinander, die italienischen Librettisten hätten keine Phantasie, da sie immer wieder auf französische Vorlagen zurückgriffen. Dies, so Romani, sei ein unberechtigter Vorwurf, da die Impresari immer wieder französische Stoffe haben wollten. Ein neues Thema sei ihnen grundsätzlich verdächtig. Romanis Hilfe mag zur Glättung des unterschiedlichen Materials beigetragen haben, doch auch ihm gelang es nicht, den komplexen Stoff zu einem dramatisch übersichtlichen Ganzen umzuformen. Aus einem Brief Mercadantes an den Verleger Francesco Lucca vom 17. Jan. 1839 geht hervor, daß sich der Komponist damals noch intensiv mit dem Werk beschäftigte und alle andern Verpflichtungen hintangestellt hatte.

Handlung: In Venedig, 16. Jahrhundert.

Vorgeschichte: Carlo Ansaldi, Abkömmling einer alten venezianischen Familie, liebte seine Eltern abgöttisch. Die Heirat mit einer angebeteten Frau machte sein Glück vollkommen, war jedoch nur von kurzer Dauer, da er sie aus Eifersucht tötete, wie er glaubte. Als angebliche Komplizen einer Verschwörung wurden er und sein Vater eingesperrt, während die Mutter vor Kummer starb. Ihre Unschuldsbeteuerungen waren vergeblich: Carlo wurde zu ewiger Verbannung, der Vater zum Tod verurteilt. Verzweifelt bat Carlo, für seinen Vater sterben zu dürfen. Auf grausame Weise machte sich das Tribunal Carlos Vaterliebe zunutze und schloß mit ihm folgenden Pakt: Mit einer schwarzen Maske für jedermann unkenntlich, sollte er sich, fortan »der Bravo« genannt, als Mörder dem Rat der Zehn verdingen. Als Geisel und Garant für Carlos Treue blieb der Vater im Gefängnis. – Es vergingen 17 Jahre. Eine Fremde, die sich Teodora nannte, kam in die Stadt und gibt in ihrem Palast als Kurtisane glänzende Feste. Seit einem Monat weilt eine junge Genueserin in der Stadt, die von einem alten Mann, Maffeo, streng bewacht wird und die Teodora schon mehrere Male heimlich besucht hat. In dies Mädchen hat sich der Patrizier Foscari verliebt.

I. Akt, 1. Bild, Platz der SS. Apostoli, im Hintergrund der Kanal mit einer Brücke, links Maffeos Haus; Nacht: Anhänger Foscaris, unter ihnen Luigi, warten auf sein Kommen. Kaum ist er erschienen, berichtet er den Männern von seiner Liebe zu einem von Maffeo in seinem Haus versteckt gehaltenen Mädchen. Zu seinem Zorn hat ihm Maffeo den Zutritt verwehrt. Als Maffeo sein Haus verläßt und eine Gondel besteigt, gibt Foscari Luigi ein Zeichen, der mit Schergen Maffeos Gondel verfolgt. Während Foscari sein nahes Glück mit dem Mädchen beschwört, erklingt aus Maffeos Haus das klagende Lied einer Frau. 2. Bild, Zimmer im Haus des Bravo: Der schwarz gekleidete Bravo, maskiert und mit dem Dolch am Gürtel, beklagt sein Los und den Tag, an dem er seine Frau, Violetta, tötete. Der junge Pisani begehrt stürmisch Einlaß. Einst aus Venedig verbannt, sei er heimlich zurückgekehrt, da er in Genua eine Frau lieben lernte, die jetzt in Venedig sei. Mit Hilfe des Bravo hoffe er, sie zu finden. Als der Bravo sich zu erkennen gibt, überredet Pisani ihn, ihm für zwei Tage Maske, Gewand und Dolch zu leihen. 3. Bild, Markusplatz mit Blick auf die Insel S. Giorgio: Die Menge jubelt dem Dogen zu. Der Bravo, jetzt als dalmatinischer Edelmann gekleidet, und Foscari treffen aufeinander, wobei der Bravo warnend andeutet, Foscaris Pläne zu kennen. Da macht sich Erregung in der Menge breit: Man hat Maffeos Leichnam gefunden, hält den Bravo für schuldig und fordert seinen Tod. Violetta, die von Maffeo bewachte geheimnisvolle Schöne, kommt trauernd herbei. Der Bravo bietet ihr seinen Schutz an und will ihr ein Vater sein. Auch Foscari möchte sie aufnehmen, doch sie stürzt sich in die Arme des Bravo. In diesem Augenblick betritt der verkleidete Pisani den Platz. Er erkennt Violetta als die von ihm gesuchte Frau und sieht zu seiner Freude, daß der Bravo sie vor Foscaris Angriffen schützt.

II. Akt, 1. Bild, Zimmer in Teodoras Palazzo: Teodora erfährt, daß Maffeo ermordet wurde und Violetta, von der niemand weiß, daß sie ihre Tochter ist, sich in der Hand eines Fremden befindet. Allein von dem Bravo erhofft sie sich Rettung. Sie läßt ihn, in Wirklichkeit den verkleideten Pisani, zu sich kommen, bittet ihn, Violetta zu finden, und schwört, ihm als Lohn alles zu geben, was er begehrt. 2. Bild, wie I/2: Der Bravo offenbart Violetta seine schicksalhafte Existenz. Kaum hat er das Zimmer verlassen, kommt Pisani. Er erzählt Violetta, daß Teodora ihre Mutter sei. Nachdem sich Violetta zurückgezogen hat, betritt der Bravo abermals das Zimmer. Pisani bittet ihn, Violetta zu Teodora bringen zu dürfen. Der Bravo reagiert entsetzt und verspricht seinem jungen Schützling, Violetta selbst hinzubringen. 3. Bild, festlich geschmückter Saal in Teodoras Palast: Der Bravo führt Violetta herein und enthüllt, daß sie die Tochter der Kurtisane Teodora ist. Während die Anwesenden

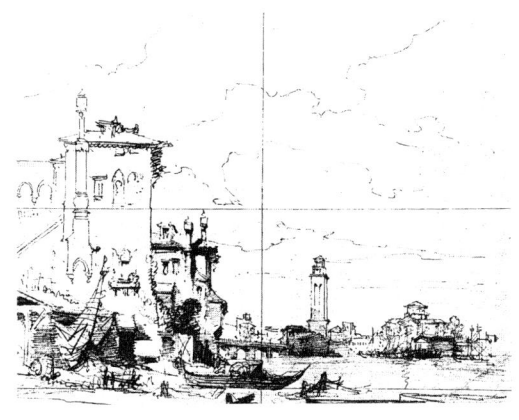

Il bravo, I. Akt, 1. Bild; Bühnenbildentwurf: Carlo Ferrario; Uraufführung, Scala, Mailand 1839.

ihren unterschiedlichen Gefühlen Ausdruck geben, bricht im Palast ein Brand aus. Teodora zieht Violetta mit sich, alle fliehen.
III. Akt, 1. Bild, wie II/1: Mutter und Tochter finden zueinander, und Teodora bittet Violetta um Verzeihung. Der Bravo betritt das Zimmer. Aus den Worten Teodoras wird ihm klar, daß sie seine vermeintlich getötete Frau, Violetta seine Tochter ist. Pisani kommt herein. Er verlangt Violettas Hand, doch Teodora, die glaubt, daß er der Bravo sei, verweigert sie ihm. Als Pisani den wahren Sachverhalt aufdecken will, hindert der Bravo ihn daran, denn noch sind die zwei Tage nicht verstrichen. 2. Bild, einsamer Platz mit Blick aufs Kastell: Wachen des Rats machen ihre nächtliche Runde. Der Bravo und Teodora finden sich ein wie auch Violetta und Pisani, dessen letzte Handlung als Bravo das Überreichen eines neuen Auftrags an den wirklichen Bravo ist. Teodora und der Bravo segnen Violetta und Pisani, die schon heimlich in Genua geheiratet hatten. Vom Bravo gedrängt, fliehen die beiden jungen Leute in einer Gondel. Jetzt liest der Bravo seinen Auftrag: Er soll Teodora als Strafe für den Brand in ihrem Palast, den sie selbst gelegt haben soll, töten. Als er dazu unfähig ist, entreißt ihm Teodora das Messer und ersticht sich. Ein Bote erscheint und teilt dem Bravo mit, daß er endlich frei sei, da sein Vater im Kerker gestorben ist. Über dem Leichnam Teodoras bricht der Bravo zusammen.

Kommentar: Venedig, auch zur Zeit der Romantik schon Inbegriff eines Sterbens in Schönheit und damit der die Dekadenzmotivik vorwegnehmenden Verbindung von Tod und Wollust (August Graf von Platens *Sonette aus Venedig*, 1824, seien hier stellvertretend für vieles andere genannt), gibt den Hintergrund für einige der finstersten Libretti der italienischen romantischen Oper ab. Ausweglose Konflikte zwischen Liebe in allen ihren unterschiedlichen Formen und Pflicht, der Verzicht auf das eigene Glück zugunsten eines oder einer geliebten andern bestimmen die Handlungen auch von Donizettis *Marino Faliero* (1835), Verdis *I due Foscari* (1844), Gomes' *Fosca* (1873) und Ponchiellis *La Gioconda* (1876). Nächtliche Szenen auf einsamen Plätzen, leise vorübergleitende Gondeln und die im Mondlicht glitzernde Lagune bilden den Hintergrund für grausame Morde und Verschwörungen und stehen im wirkungsvollen Kontrast zu üppigen Festszenen, bei denen indes der Tod mit zu Tisch sitzt. Eine überaus gelungene szenische Metapher für die immer angstvoll gespürte Präsenz des Tods ist der Entsetzen verbreitende Auftritt des (falschen) Bravo am Ende des I. Akts, der sich folgerichtig im Herzen Venedigs abspielt, auf dem Markusplatz. Ohne sich dem verbreiteten negativen Urteil über das Libretto völlig anschließen zu wollen (Julian Budden hält es sogar für »incomprehensible«, wenn man die literarische Quelle nicht kenne; in: *The Operas of Verdi*, Bd. 2, London 1978, S. 67), muß man wie im Fall des *Giuramento* (1837) feststellen, daß die vielen eindrucksvollen Einzelszenen sich nicht zu einer klaren Handlung zusammenfügen. Dafür gelang es den Librettisten, wohl in erster Linie Rossi, den

Il bravo; William Johns als Bravo; Regie: Roberto Guicciardini, Ausstattung: Edoardo Janich; Opera, Rom 1976. – Die traumhaft-doppelbödige Atmosphäre Venedigs und die seelischen Abgründe der Personen in symbolistische Chiffren des Schreckens und der Bedrohung zu übersetzen mag als visuelle Vergröberung erscheinen, trifft aber durchaus den romantisch-»frenetischen« Charakter des Werks.

Hauptfiguren jene psychologische Vielschichtigkeit zu verleihen, die Mercadante offenbar zur musikdramatischen Inspiration brauchte. Sogar dem schurkischen Foscari gibt Mercadante, wie schon Manfredo im *Giuramento*, durch die noble Lyrik seiner Liebesromanze in I/1 (»Della vita nel sentiero«) einen positiveren Anstrich. – *Il bravo* wird im allgemeinen als eine weitere Reformoper betrachtet, ein Urteil, das nur zum Teil berechtigt ist. Obwohl sich auch hier Mercadantes Fähigkeit bewährt, in sich geschlossene musikalische Gebilde zu einer dramatisch überzeugenden Einheit zu verschmelzen (ein besonders glückliches Beispiel dafür ist die Introduktion), sind doch zwei von ihm selbst aufgestellte Forderungen, die er in *Il giuramento* und *Elena da Feltre* mit großer Konsequenz erfüllt hatte, anscheinend jetzt nicht mehr von Bedeutung für ihn. Die Cabaletten haben weitgehend ihren angestammten Platz wieder eingenommen; zumeist gelingt es Mercadante allerdings, die Strettateile als zwingende Höhepunkte einer emotional ansteigenden Handlungskurve zu entwickeln. Dies gilt insbesondere für die Ensembleszenen, wie die beiden großen Finale des I. und II. Akts, die mit ihren Massenauftritten zudem einen wirkungsvollen Kontrast zu den jeweils vorangehenden intimeren Privatszenen bilden. Aber sowohl Foscaris Cabaletta »Abellita da un tuo riso« (I/1) als auch Teodoras »Balza, balza di contento« (II/1) unterscheiden sich in ihrer recht trivialen Melodik und ihren virtuosen Ausschmückungen kaum von den Cabaletten Giovanni Pacinis oder anderer Zeitgenossen in der direkten Rossini-Nachfolge. Noch überraschender als diese freilich nur in beschränktem Umfang vollzogene Rückkehr zur traditionellen Cabaletta ist die Tatsache, daß die dramatische Konzentrierung, die Knappheit der musikalischen Formulierung, wieder aufgegeben wurde. *Il bravo*, den mehrere Kommentatoren mit gutem Grund als Mercadantes Hauptwerk ansehen, leitet bereits den Spätstil des Komponisten ein und bedeutet den eigentlichen Abschied vom neuen Realismus und von der Modernität des Reformmodells, dessen Errungenschaften Mercadante in seinem Spätwerk mit einer Rückkehr zu den formalen Üppigkeiten der älteren Seriaoper verbindet. Sofort nach der Premiere wurde das große Tenorduett Bravo/Pisani (I/2) als Höhepunkt der Oper hervorgehoben. Immer wieder gestaltet Mercadante in seinen Opern die Konfrontation zweier von den verschiedensten Emotionen hin und her gerissener Hauptfiguren zu dramatischen Kernszenen, ja es ist wohl nicht verfehlt, ihn als den Meister des dramatischen Duetts zu bezeichnen, das sehr viel weniger als die Arie vom melodischen Einfallsreichtum, nicht eine der stärksten Seiten Mercadantes, abhängig ist. Daß er dabei eine auffallende Vorliebe für Duette zwischen zwei Männern oder zwei Frauen, häufig sogar desselben Stimmtyps, zeigt, muß als weitere Eigenart des Komponisten gewertet werden. Gewiß finden sich ähnliche Szenen auch bei Rossini und Bellini (man denke etwa an die Szene Oreste/Pilade in *Ermione*, 1819, oder die Duette Norma/Adalgisa aus *Norma*, 1831), aber die Häufung dieser Art von Duetten und die starke emotionale Intensität, die sie beflügelt und die häufig weit über den vom Text gebotenen Anlaß hinauszugehen scheint, ist eins der erstaunlichsten Phänomene in Mercadantes Werk. Das Duett Bravo/Pisani verbindet Parlando-Dialog-Teile, die an spannungsgeladenen Höhepunkten fast in ein reines Sprechen überwechseln, mit größeren melodischen Einheiten, ein von Mercadante immer wieder eingesetztes Mittel. In dieser emotionserfüllten Begegnung der beiden Männer verdichtet sich die Verbindung von Reformbestrebungen und reflektierenden Rückgriffen auf ältere formale Modelle auf geradezu paradigmatische Weise: Nach leidenschaftlichen ariosen und rezitativischen Teilen, die in ihrer Schmucklosigkeit und realistischen Direktheit Mercadantes neuem Weg folgen, setzen die beiden Tenöre an der Stelle »Ah, mi compiangi« zu ihrem eigentlichen Duett an; auf einmal bewegen sich die Stimmen gleichsam in Engführung, Polyphonie wird zitathaft angedeutet, bleibt aber konsequenzlos und verwandelt so mit formalen Mitteln das gegenseitige Sichbemitleiden der Männer in eine rein narzißtische Selbstbemitleidung, die nicht enden will. Beide sind allein in der Wüste ihres dunklen Lebens, wie es der Librettist an anderer Stelle ausdrückt (»il deserto di mia vita oscura«), und begegnen sich erst in der Stretta wieder, die in ihrer brutalen Knappheit vom jungen Verdi stammen könnte. Das Tenorduett ist gleichsam die Quintessenz des Musikdramatikers Mercadante, dessen besondere Fähigkeit es war, unter der Oberfläche schlummernde Gefühle ans Tageslicht zu bringen. Dabei wird sadistischen und masochistischen Regungen genauso nachgespürt wie homoerotischen und narzißtischen, und es könnte sein, daß es gerade dieser verstörende Kern von Mercadantes Operndramatik ist, der ihren endgültigen Erfolg schließlich verhinderte. Das harfenbegleitete Doppelgebet der beiden Frauen »Cielo di grazia« (III/1) besitzt zwar nicht diese ungewöhnliche, die Bühnensituation weit übersteigende emotionale Intensität, läßt aber die Rückgewandtheit Mercadantes in eine polyphone Vergangenheit noch deutlicher werden. Die dramatische Funktion dieser lang ausgesponnenen Szene von großer melodischer Exquisität, die direkt Mercadantes geistlichem Hauptwerk, *Le sette parole di Nostro Signore* (1838), entstammen könnte, ist, im Gegensatz zum Tenorduett, freilich nihil.

Wirkung: Die Premiere wurde zu einem der größten Triumphe für Mercadante. Nach Meinung der Kritiker sang Domenico Donzelli den Bravo auf unnachahmliche Weise, in den andern Rollen überzeugten Sophie Schoberlechner (Teodora), Eugenia Tadolini (Violetta), Andrea Castellan (Pisani) und Pietro Balzar (Foscari). In zahlreichen, auch späteren, Kritiken wurde immer wieder das Tenorduett als besonders gelungen hervorgehoben. Die Oper verbreitete sich rasch über italienische und ausländische Bühnen, nachdem sie in Mailand an 40 Abenden nacheinander gezeigt worden war. Wien, Lissabon und Barcelona lernten *Il bravo* 1841 kennen. In deutscher Übersetzung von Johann Christoph Grünbaum wurde *Il bravo* 1840 in Berlin und 1851 in Hannover gespielt. In Paris hatte Mercadantes Hauptwerk gegen Marco Aurelio Marlianis Oper *Il bravo* (Text: Antonio Berettoni), die am Théâtre-Italien 1834 (wenn auch ohne allzu großen Erfolg) uraufgeführt worden war, anzukämpfen und erschien dort erstmals 1853 im Théâtre-Italien (mit Giovanni Belletti, Giuditta Beltramelli, Camillo Giudotti und Anne-Caroline de Lagrange). Schon Mitte der 40er Jahre hatte ein neapolitanischer Kritiker anläßlich einer Wiederaufführung beklagt, daß es keine Sänger wie Donzelli oder Tadolini mehr gäbe, und es mag sein, daß die hohen Anforderungen, die Mercadante an seine Protagonisten und das Orchester stellt, zum verhältnismäßig raschen Verschwinden der zeitweilig außerordentlich beliebten Oper geführt haben. Eine der letzten italienischen Aufführungen dürfte jene am Teatro Manzoni Mailand 1893 gewesen sein. Die bisher einzigen Inszenierungen von *Il bravo* im 20. Jahrhundert fanden 1976 in Rom (William Johns, Antonio Savastano, Maria Parazzini; Dirigent: Gabriele Ferro) und 1990 in Martina Franca (Dino Di Domenico, Sergio Bertocchi, Adelisa Tabiadou; Bruno Aprea) statt. Diese sowohl beim Publikum als auch bei der Kritik sehr positiv aufgenommenen Wiederbegegnungen mit einem Schlüsselwerk der italienischen romantischen Oper haben in besonders eindrücklicher Weise zur Wiederbeschäftigung mit Mercadantes Werk angeregt.

Autograph: Vlg.-Arch. Ricordi Mailand. **Abschriften:** BL London (Add. 30790/91), Bibl. Verdi Mailand (Part. Tr. ms. 221, Nosoda), BN Paris (D. 7902-7907), Bibl. S. Cecilia Rom (G. Mss. 748-750). **Ausgaben:** Kl.A: Ricordi 1839, Nr. 11376-405, Nachdr.: Garland, NY, London 1990 (Italian Opera 1810–1840. 21.); Textb.: Mailand, Truffi 1839; Rom, Puccinelli 1840; Triest, Weis 1840; Neapel, Flautina 1840; Florenz, Galletti 1841; Genua, Ponthenier 1842; Turin, Fodratti [1856/57]; Wien 1856; Textb., dt. v. J. C. Grünbaum: Ricordi
Literatur: [Kritik d. UA], in: Gazzetta privilegiata, 10.3. 1839; G. CARLI BALLOLA, M. e ›Il bravo‹, in: Il melodramma italiano dell'Ottocento. Studi e ricerche per M. Mila, Turin 1977, S. 365–401; B. CAGLI, Il bravo, in: Sipario 32:1977; [Bei H. d. Schallplattenaufnahme Fonit Cetra], 1978; weitere Lit. s. S. 69

Rein A. Zondergeld

La vestale
Tragedia lirica in tre atti

Die Vestalin
3 Akte (6 Bilder)

Text: Salvatore Cammarano
Uraufführung: 10. März 1840, Teatro San Carlo, Neapel
Personen: Licinio Murena (T) und Lucio Silano (B), Konsuln; Metello Pio, Hoherpriester (B); die Große Vestalin (S); Emilia (S) und Giunia (A), Vestalinnen; Decio, Murenas Sohn (T); Publio (Bar). **Chor, Statisterie:** Vestalinnen, Priester, Senatoren, Soldaten, Volk
Orchester: Picc, 2 Fl, 2 Ob, 2 Klar, 2 Fg, 4 Hr, 2 Trp, 3 Pos, Serpent, Pkn, Schl (gr.Tr, Tamtam), 2 Hrf, Streicher; BühnenM: 12 Trp, RührTr, Banda (nicht spezifiziert)
Aufführung: Dauer ca. 2 Std.

Entstehung: In einem Brief an Francesco Florimo vom 7. Jan. 1839 berichtet Mercadante seinem Freund von Vertragsabschlüssen über zwei Opern für San Carlo Neapel und La Fenice Venedig. Für Venedig wählte Mercadante Felice Romanis für Coccias Oper *La solitaria delle Asturie* (Mailand 1838) verfaßtes Libretto, dem auch in Mercadantes Vertonung (12. März 1840) nur mäßiger Erfolg beschieden war. Bei der Stoffwahl für die Neapler Oper, deren Libretto Cammarano verfassen sollte, lehnte Mercadante *Monaldeschi ossia Cristina di Svezia* ab; er begründete dies in einem programmatischen Brief an Cammarano vom 8. Aug. 1839: Die Handlung sei ihm zu monoton, und eine Oper mit ausschließlich unsympathischen (»odiosi«) Charakteren interessiere ihn nicht; er wünsche sich ein *Elena da Feltre* (1839) vergleichbares Buch, mit »bewegenden, nicht wilden Leidenschaften, ›colpo di scena‹, Abwechslung der Gattungen und Formen, Gelegenheiten für weiche und robuste Gesänge, Orchesterfarben, originelle und außergewöhnliche Chöre, große ›pezzi concertati‹, nicht alle aufgewühlt, sondern auch gesanglich«. Zu Recht weist er darauf hin, daß es in *Elena* nur einen völlig negativen Charakter, den Tyrannen Boemondo, gegeben habe, und der sei eine Nebenrolle. Diese Äußerung unterstreicht noch einmal Mercadantes Vorliebe für psychologisch vielschichtige Charaktere, die seine ganze reifere Opernproduktion prägt. Als eventuellen Komponisten für *Monaldeschi* nannte Mercadante Alessandro Nini, der dann tatsächlich das Libretto unter dem Titel *Cristina di Svezia* (Genua 1840) komponierte. Cammarano schlug daraufhin *La vestale* als Stoff vor, eine Wahl, die Mercadantes klassizistisch geprägtem Geschmack ebenso entgegenkam wie den konservativen Wünschen des neapolitanischen Publikums, die inzwischen im Gegensatz zu den modernen, romantischen Theatervorstellungen der Zeit standen. Mercadante begann im Spätherbst 1839 mit der Komposition, deren Abschluß er am 25. Jan. 1840 Florimo meldete. Er hatte sich, wie bei *Elena da Feltre*, entschlossen, die Uraufführung nicht selbst zu inszenieren, sondern dies Florimo und Cammarano zu überlassen. Statt dessen begab er sich nach Venedig zur Vorbereitung der Premiere von *La solitaria delle Asturie*.

Handlung: In Rom, zur Zeit der Republik.
I. Akt, 1. Bild, heiliger Hain beim Tempel der Göttin Vesta: Emilia, Giunia und andere Vestalinnen erflehen den Segen der Gottheit. Die Große Vestalin verkündet die Rückkehr des siegreichen Feldherrn Decio aus Gallien. Emilia ist erschüttert, da sie ihn, den Geliebten, tot glaubte; nur deswegen wurde sie Vestalin. Sie beichtet der Freundin ihr Geheimnis und ihre Verzweiflung; Giunia rät zur Vorsicht. 2. Bild, Forum: Das Volk huldigt Decio. Der Hohepriester bittet die Große Vestalin, ihm die Priesterin zu bestimmen, die heute nacht das heilige Feuer hüten soll. Als Emilia hervortritt, ist Decio wie vom Blitz getroffen. Während Emilia Decio den Siegerkranz aufsetzt, wechseln die Liebenden einige heimliche Worte, die Aufklärung schaffen. Vergeblich sucht Publio seinen Freund Decio davon abzuhalten, Emilia nachts im Tempel zu treffen; ein unterirdischer Gang werde ihn zu der Geliebten führen.
II. Akt, 1. Bild, das Innere des Vestatempels mit der Statue der Göttin und der heiligen Flamme: Giunia betet zu Vesta und erfleht Hilfe für ihre Freundin. Als alle außer Emilia den Tempel verlassen haben, erscheint Decio. Während sich die beiden noch einmal ihre Liebe gestehen, erlischt die Flamme. Publio kommt, sieht das Unheil und zieht den widerstrebenden Decio mit sich. Während die Freunde fliehen, betreten die Große Vestalin, Giunia, Metello, Priesterinnen und Priester den Raum; alle außer Giunia verfluchen die nachlässige Emilia. 2. Bild, der heilige Wald: Licinio, Lucio und Senatoren warten auf Metello. Dieser berichtet von Emilias Versäumnis und der Profanierung des Tempels durch zwei Männer. Giunia versucht die Schuld auf sich zu nehmen, aber Emilia gesteht ihr Vergehen, ohne den Namen des Geliebten zu nennen; sie wird verurteilt. Decio und Publio kommen hinzu; als Decio seine Schuld gesteht, sagt sich sein Vater von ihm los. Senatoren und Priester verfluchen abermals Emilia und weihen sie dem Tod. Decio schwört Rache, aber Emilia bittet ihn, Rom zu verzeihen.

III. Akt, 1. Bild, Atrium im Palast des Konsuls: Publio bittet Licinio Murena, auch im Namen seines Sohns, vergeblich um Gnade für Emilia. 2. Bild, Richtplatz: Emilia hat den Verstand verloren und glaubt, daß ihre Hochzeit mit Decio bevorstünde. Beim Anblick des geöffneten Grabs sinkt sie entsetzt in die Arme Giunias. Metello meldet, daß Decio mit seinen Truppen zum Richtplatz unterwegs sei. Emilia, wieder zu sich gekommen, verabschiedet sich von Giunia und wird im Grab eingeschlossen. Decio kommt zu spät und ersticht sich.

Kommentar: Obwohl das Motiv der schuldig gewordenen Vestalin hervorragend geeignet ist, den traditionellen dem Barock wie dem Klassizismus gleichermaßen teuren Konflikt zwischen Liebe und Pflicht beziehungsweise Staatsräson dramatisch darzustellen, blieb die Zahl der Bearbeitungen dieses Stoffs verhältnismäßig gering. Ein Grund könnte sein, daß das im 18. und frühen 19. Jahrhundert unvermeidliche Lieto fine sich hier besonders unwahrscheinlich ausnimmt und selbst die berühmteste Vertonung, Spontinis *La Vestale* (1807), um einen wirkungsvollen Schluß bringt. Verschiedene antike Quellen bilden den Ausgangspunkt sowohl für Spontinis Librettisten Victor-Joseph Etienne de Jouy wie für Cammarano, der sich, im Hinblick auf den tragischen Schluß und den vergeblichen Rettungsversuch Decios, auf zwei zusätzliche Quellen stützen konnte: Luigi Marchionnis Schauspiel (1825) und Salvatore Viganòs Ballett (Mailand 1818, Musik: Viganò), deren Heldin gleichfalls Emilia heißt (statt Julia wie bei Gaspare Spontini). Danielle Porte (s. Lit.), die die Verästelungen der Stoffgeschichte dargelegt hat, nennt als eine weitere Quelle Johann Joachim Winckelmann. Während sich Jouy und Spontini auf das rührende Einzelschicksal der Vestalin vor einem farbig-pompösen Hintergrund konzentrieren, stellen Cammarano, der mit *La vestale* eins seiner überzeugendsten Textbücher schrieb, und Mercadante den sich immer mehr steigernden, schließlich in die Katastrophe mündenden Konflikt zwischen privaten und öffentlichen Interessen dar. Emilia und Decio, der stärker in den Vordergrund tritt und sehr viel weniger schablonenhaft gezeichnet ist als Spontinis Licinius, vertreten die romantische Position der Verabsolutierung des Gefühls gegenüber der von der Großen Vestalin, Metello, dem Konsul und den Priestern verkörperten Staatsmacht, die auf ausschließliche Wahrung von Gesetz und Ordnung bedacht ist, freilich zum Wohl aller. Wiederholt läßt sich Decio zu Äußerungen hinreißen, die jedes Maß durchbrechen: Das Schicksal Roms ist ihm gleichgültig, solange er nur die Erfüllung seiner Wünsche erreichen kann. Emilia widersetzt sich zwar zuerst seinem gotteslästerlichen Werben vor dem Altar, gibt aber rasch nach. Der ekstatische Jubel des Liebespaars kann nicht darüber hinwegtäuschen, daß es öffentliches Interesse rücksichtslos zugunsten privaten Glücks opfert: Die Wende mit dem Erlöschen der Flamme führt die Folge von Decios hemmungslosem Ich-Anspruch (Emilia ist wenig mehr als sein Opfer) bildhaft vor Augen. Während *La vestale* in ihrer außerordentlich wirksamen Knappheit, in ihrem schmucklosen Gesangsstil äußerlich als Musterbeispiel von Mercadantes Reformstil wirken kann, scheint sich beim Komponisten ein Unbehagen gegenüber der mit dieser formalen Erneuerung verknüpften »modernen«, romantischen Lebenseinstellung bemerkbar zu machen. Die Wahl des römischen Themas, nach einer Reihe von typisch romantischen Stoffen, ist ein erster Hinweis, die keineswegs nur positive Darstellung des Liebespaars, die Emilia und vor allem Decio zu schuldigen, wenn auch bemitleidenswerten Außenseitern stempelt, ein anderer. In diesem Zusammenhang fällt auf, daß beiden Hauptfiguren keine Arie zugeteilt wird und ihr Liebesduett, das in einer romantischen Konzeption des Stoffs das musikalische Zentrum bilden müßte, nicht nur überraschend kurz, sondern auch ungewöhnlich floskelhaft geraten ist. Diese distanzierte Position Mercadantes gegenüber den beiden Hauptfiguren mag neben seiner prononcierten Vorliebe für Männer- bzw. Frauenduette die Aufwertung der Nebenfiguren Publio und Giunia bewirkt haben. Beide vertreten, vor dem Hintergrund ihrer freilich unerschütterlichen Freundschaft, eine gemäßigte, gleichsam vermittelnde Haltung zwischen Emotion und Ratio, individuellen und öffentlichen Ansprüchen, romantischer und klassizistischer Lebenshaltung. In den Duetten Emilia/Giunia und Decio/Publio, im Gebet Giunias und in der Arie Publios im III. Akt, die ein Übermaß an innerer Erregung auf Glucksche Weise in eine Gesangslinie von größter Klarheit, ja Kargheit zwingt, spielt sich das eigentliche dramatische und musikalische Geschehen der Oper ab. Sie entfalten ihre volle Wirkung im Wechselspiel mit den blockartig-streng strukturierten Massenszenen, die von Marschrhythmen und Trompetenglanz bestimmt werden. *La vestale* ist ein Übergangswerk, das seine starke Wirkung aus der dialektischen Spannung zwischen Romantik und Klassizismus bezieht, es blieb ein unwiederholbares Experiment; in der nächsten Römeroper *Orazi e Curiazi* (1846) entschied sich Mercadante für einen andern Weg. – Zwei Szenen aus dem III. Akt mögen Mercadantes Reformanspruch, seine Vorstellung von einer neuen, realistischen Opernsprache belegen. Während Donizetti in der Wahnsinnsszene seiner *Lucia di Lammermoor* (1835) die Titelheldin zu einem virtuosen Wettstreit mit der Glasharmonika bzw. Flöte animiert, wird den vom Text her so ähnlichen Äußerungen Emilias in einem arios erhöhten, dramatischen Rezitativ, das nie wirklich den Charakter einer Arie annimmt, sondern Teil eines Ensembles bleibt, jede rein äußerliche Wirkung genommen. Und wenn Decio in der trauermarschähnlichen Todescabaletta »Su quella tomba« zunächst dem sterbenden Edgardo nachzueifern scheint, so bricht er sie nach wenigen Takten ab. Mit den nur noch gestammelten Worten »La vita io lascio... ma... non... l'amor!« stellt er noch einmal seinen absoluten Gefühlsanspruch unter Beweis.

Wirkung: In der erfolgreichen Uraufführung sangen Domenico Reina (Decio), Adelina Salvi (Emilia) und Paul Barroilhet (Publio). *La vestale* erreichte in dieser und der nächsten Saison an die 50 Vorstellungen und blieb in Neapel auch im Repertoire anderer Theater, nachdem das San Carlo die Oper abgesetzt hatte, an das sie freilich schon 1845 zurückkehrte. Von den folgenden Inszenierungen an zahlreichen italienischen Bühnen dürften zwei von besonderem Interesse sein: Während der Karnevalssaison 1841 lernte Giuseppe Verdi die Oper in Genua kennen; er konnte diese Kenntnis im selben Jahr in Mailand vertiefen, als *La vestale* dort im Herbst ihre erfolgreiche Premiere hatte. An der Scala sangen Carlo Guasco (Decio), Felice Varesi (Publio) und Marietta Brambilla (Giunia). Frank Walker (s. Lit.) weist auf eine Reihe auffallender Parallelen zwischen *La vestale* und *Aida* (1871) hin, auch wenn bei Verdi von einer nur eingeschränkten Sympathie für das grenzüberschreitende Liebespaar Aida/Radamès keine Rede sein kann. *La vestale* blieb in Italien lange populär, wurde 1877 noch einmal an der Scala aufgeführt und war noch 1895 in Altamura und Neapel zu sehen. Paris lernte die Oper 1841 (Théâtre-Italien) in einer außerordentlichen Besetzung kennen (Decio: Mario, Emilia: Giulia Grisi, Publio: Antonio Tamburini, Giunia: Emma Albertazzi). Von den weiteren Aufführungen im Ausland seien Barcelona 1841, Wien und Lissabon 1842, Berlin 1844, Rio de Janeiro 1849 und Buenos Aires 1855 erwähnt. Im 20. Jahrhundert gab es Neuinszenierungen 1969 in Altamura mit Gastspielen in weiteren Städten Süditaliens (Dirigent: Giuseppe Ruisi; mit Maria Angela Rosati und Salvatore Puma) und 1987 in Split (Vjekoslav Šutej; Dunja Vejzovic, Gianfranco Cecchele).

Autograph: Vlg.-Arch. Ricordi Mailand. **Abschriften:** Bibl. Cherubini Florenz (D. III. 217-218), Bibl. Verdi Mailand (Part. Tr. ms. 233, Noseda). **Ausgaben:** Kl.A: Ricordi [1840], Nr. 12208-54, Nachdr.: Garland, NY, London 1986 (Italian Opera 1810–1840. 22.); Kl.A: Latte, Paris; Textb.: Neapel, Flautina 1840; Florenz, Galletti 1841; Genua, Pagano 1841; Turin, Favali 1841; Parma, Carmignani 1842; Mailand, Truffi 1841, 1851
Literatur: [Kritik d. UA], in: Lucifero, Neapel, 18.3. 1840; D. PORTE, Les Femmes brisées, in: Roma Diva. L'Inspiration antique dans l'opéra, Bd. 1: L'Histoire romaine dans les œuvres de 1800 à nos jours, Paris 1987, S. 217–221; weitere Lit. s. S. 69

Rein A. Zondergeld

Il reggente
Tragedia lirica in tre atti

Der Regent
3 Akte (6 Bilder)

Text: Salvatore Cammarano, nach dem Libretto von Augustin Eugène Scribe zu der Opéra-historique *Gustave ou Le Bal masqué* (Paris 1833) von Daniel François Esprit Auber
Uraufführung: 1. Fassung: 3. Febr. 1843, Teatro Regio, Turin; 2. Fassung: 11. Nov. 1843, Teatro Grande, Triest
Personen: Graf Murray, Regent von Schottland (T); Herzog Hamilton, sein Minister (Bar); Amelia, seine Gattin (S); Lord Howe (T) und Kilkardy (B), Granden des Reichs; Oscar, Page des Regenten (Mez); Meg, Zauberin (S); Scoto, Soldat (T); ein Diener Hamiltons (T). **Chor, Statisterie:** Hofdamen, Ritter, Offiziere, Pagen, Soldaten, Matrosen, Volk, Masken; Hexen (nur 2. Fassung)
Orchester: Picc, 2 Fl, 2 Ob, 2 Klar, 2 Fg, 4 Hr, 2 Trp, 3 Pos, Ophikleide, Serpent, Pkn, Schl (gr.Tr, Trg), Hrf, Streicher; BühnenM: 4 Hr, Banda (nicht spezifiziert)
Aufführung: Dauer ca. 2 Std. 45 Min.

Entstehung: Am 18. Juni 1840 wurde Mercadante als Nachfolger Nicola Antonio Zingarellis Direktor des Konservatoriums von Neapel. Seine nächste Oper, wiederum eine Zusammenarbeit mit Cammarano, hatte das 1839 in Paris erfolgreich aufgeführte Drama *Le Proscrit* von Frédéric Soulié und Timothée Dehay als Ausgangspunkt, wobei Cammarano freilich die Handlung aus Rücksicht auf die bourbonische Zensur ins englische 17. Jahrhundert verlegte. *Il proscritto* war zwar erfolgreicher als Nicolais gleichnamige Oper (Mailand 1841), aber die Begeisterung des Publikums hielt sich dennoch in Grenzen. Bei der Uraufführung am 4. Jan. 1841 im Teatro San Carlo wurde nur der I. Akt ausgiebig beklatscht. Als nächstes gemeinsames Projekt wählten Mercadante und Cammarano Scribes Libretto für Aubers *Gustave*, das sich mit der Ermordung des schwedischen Königs Gustav III. während eines Maskenballs beschäftigt. Schon Vincenzo Bellini hatte mit dem Gedanken gespielt, Scribes Libretto als Vorlage einer Oper zu wählen, aber sein früher Tod verhinderte den Plan. Zweifellos hätten Cammarano und Mercadante aus Zensurgründen den Stoff nicht gewählt, wenn es sich um eine Auftragsarbeit des San Carlo gehandelt hätte. Cammarano wollte freilich auch der wesentlich großzügigeren Piemonteser Zensur keinen fast zeitgenössischen Königsmord zumuten und verlegte die Handlung daher in das schottische 16. Jahrhundert. Eine ähnliche Lösung mußten später Giuseppe Verdi und Antonio Somma widerwillig für ihre Version des Stoffs (*Un ballo in maschera*, 1859) akzeptieren. Obwohl Cammarano in derselben Zeit Libretti für Giovanni Pacini (*La fidanzata corsa*, Neapel 1842) und Achille Peri (*Ester d'Engaddi*, Parma 1843) übernommen hatte und in beträchtliche Zeitnot geriet, konnte sich Mercadante in einem Brief vom 16. Juni 1842 für das Finale des I. Akts bedanken. Im selben Brief bittet er den gestreßten Textdichter, von seinem Vorhaben abzusehen, einen weiteren Mitarbeiter hinzuzuziehen. Offenbar ließen sich die Terminprobleme lösen, und die Uraufführung konnte wie geplant stattfinden.
Handlung: In Schottland, um 1570.
I. Akt, »Die Wahrsagung«, 1. Bild, großer Saal im Palast des Regenten Murray: Der siegreich zurückkehrende und im Triumph empfangene Regent gesteht sich gedankenverloren ein, daß seine heimliche Liebe zu Amelia, der Gattin seines Freunds Hamilton, noch größer geworden ist. Als er von Hamilton erfährt, daß Verschwörer unter den Höflingen nach seinem Leben

trachten, entschließt er sich, Amelia aus Freundestreue zu entsagen. Die ihm vom Pagen Oscar überreichte Liste der zu einem Maskenball Geladenen erregt weniger sein Interesse als das Verbannungsdekret für die Zauberin Meg, das er so lange nicht zu unterschreiben gedenkt, bis er sich selbst ein Bild von ihr gemacht hat. Er beschließt, sie in Begleitung Hamiltons inkognito aufzusuchen. 2. Bild, die Hütte der Zauberin: Verkleidet als Matrose, gesellt sich Murray unter das um Meg versammelte Volk. Sie sagt gerade dem Soldaten Scoto Geldeinnahmen und eine Beförderung voraus. Heimlich steckt Murray ein Offizierspatent und Münzen in Scotos Tasche, so daß der Jubel um Meg groß ist, als Scoto die Tasche leert. Murray wird heimlich Zeuge, als Amelia Meg um ein Mittel bittet, das ihre Liebe zu einem Fremden vertreibt: Ein um Mitternacht auf dem Richtplatz gepflücktes Kraut werde ihre Erinnerung auslöschen. Nun läßt sich Murray das Schicksal voraussagen: Er werde von dessen Hand sterben, die sich ihm als nächste entgegenstreckt. Da erscheint der verspätete Hamilton und schüttelt Murray die Hand. Das Volk hat in dem Fremden inzwischen den Regenten erkannt und jubelt ihm zu.

II. Akt, »Die verschleierte Dame«, ein wüster Ort in der Nähe Edinburghs, im Hintergrund ein von Felsen umgebenes Tal, der Friedhof der Verurteilten sowie ein Fluß; Mitternacht: Murray ist Amelia heimlich gefolgt und wirft ihr vor, sie einst verlassen zu haben. Auf dem Sterbelager ihres ihm feindlich gesinnten Vaters, so erwidert sie, habe sie in die Ehe mit Hamilton einwilligen müssen. Auf das flehentliche Bitten Murrays gesteht sie, ihn noch immer zu lieben, bittet ihn jedoch, ihr zu entsagen. Da erscheint unerwartet Hamilton, berichtet, daß die Verschwörer das Tal umzingelt haben, und rät Murray, zu seiner Rettung durch den Fluß zu schwimmen. Unter der Bedingung, daß Hamilton die verschleierte Frau zur Stadtmauer bringt, ohne zu fragen, wer sie sei, ergreift Murray die Flucht. Als die Verschwörer sich auf Hamilton stürzen, wirft sich Amelia schützend vor den Gatten, wobei ihr der Schleier entgleitet. Entsetzt erkennt Hamilton, daß er Opfer des Verrats seines besten Freundes geworden ist, und schließt sich aus Rache den Verschwörern an.

III. Akt, »Der Maskenball«, 1. Bild, Zimmer in Hamiltons Palast: Hamilton ändert seinen Entschluß, seine Gattin zu töten. Höhnisch zeigt er ihr Amelias Einladung zum Maskenball und schwört ihr ein noch bitteres Schicksal als den Tod. 2. Bild, Geheimzimmer oder Waffenkabinett in einem Turm von Hamiltons Palast: Hamiltons Rachegefühle und sein Wunsch, den einstigen Vertrauten zu töten, steigern sich bei dem Gedanken, daß sein Sohn nicht ehelich, sondern aus Amelias Verbindung mit Murray hervorgegangen sein könnte. Hamilton, Howe und Kilkardy beschließen, Murray auf dem Maskenball umzubringen. Das Los entscheidet über Hamilton als Ausführer des Anschlags. 3. Bild, Ballsaal in Murrays Palast: Während des Fests läßt sich Amelia von Oscar Murrays Maske beschreiben, um ihn vor dem Anschlag warnen zu können. Murray hat sich unterdessen entschlossen, Amelia zu entsagen und das Paar nach England zu entsenden. Kaum sind die Verschwörer in den Ballsaal eingedrungen, sticht Hamilton den Dolch in Murrays Brust. Sterbend bezeugt er Amelias Reinheit und vergibt seinem Mörder.

Kommentar: Cammarano hatte die Verlegung der Mordgeschichte nicht ohne Bedacht vorgenommen: James Stuart, Earl of Murray, unehelicher Sohn von König Jakob V. von Schottland und Halbbruder von Maria Stuart, war nach deren Abdankung 1567 zum Regenten von Schottland ernannt worden. James Hamilton, der nach wie vor Maria die Treue hielt, erschoß den Regenten am 21. Jan. 1570 vom Fenster aus. Die in der Oper erwähnten privaten Gründe für die Ermordung übernahm Cammarano von Scribe. Im Gegensatz zu Scribe aber bietet er für die Liebe zwischen Murray und Amelia einen über die rein erotische Attraktion hinausgehenden Grund mit dem Hinweis auf die frühere Beziehung des Paars und den von Amelias Vater erzwungenen Verzicht. Auf diese Weise konnte Amelia weitgehend vom Odium der untreuen Ehefrau befreit werden, zumal sie sich wesentlich vehementer als Verdis Heldin gegen das Liebeswerben des Tenors sträubt. Weniger leichtlebig und egoistisch als Riccardo, entspricht Murray vielmehr dem traditionellen Bild des leidenschaftlichen tenoralen Liebhabers, freilich ohne die hysterischen Neigungen eines Viscardo (*Il giuramento*, 1837). Da auch Mercadantes melodische Charakterisierung seines Titelhelden eher pauschal ausgefallen ist, verlagert sich das Interesse eindeutig auf die dramatisch wesentlich wirkungsvollere Gestalt Hamiltons, der eher als treuer Diener seines Herrn denn als verratener Freund gezeichnet wird. Für seine Gefühlsschwankungen im großen dreisätzigen Duett mit Amelia, das den III. Akt eröffnet und den Höhepunkt der Oper darstellt (»Sì, perversa [...] a'piedi miei!«), fand Mercadante eine beeindruckende Vielfalt an melodischen und rhythmischen Entsprechungen; sie reichen vom naturalistischen Deklamationston in den Wutausbrüchen bis zur ätherischen Kantabilität seiner Reaktion auf Amelias Bitte, noch einmal ihr Kind sehen zu dürfen. Diese Bitte (»Pria che mi chiuda il gelido sonno«), durchaus keine Arie, sondern ein vom Bariton kommentierter längerer monologischer Einwurf, ist im Tonfall eine direkte Vorwegnahme der entsprechenden Szene Amelias bei Verdi (»Morrò ma prima in grazia«). Noch verblüffender ist die Übereinstimmung der Sterbeszenen Murrays und Riccardos, wobei Mercadantes Held besonders Amelias Reinheit wiederholt betont; sein »Ella è pura« findet sich wörtlich bei Riccardo wieder. Gemäß den Gesetzen der Reformoper braucht Murray wesentlich weniger Zeit zum verklärten Sterben als sein Nachfolger in Boston, zum 13maligen »Addio« bleibt ihm keine Zeit. Während bei Verdi Komisches und Ernstes sich durchdringen, beläßt Mercadante beide Ebenen im spannungsvollen Nebeneinander. Die Zeichnung des Pagen ist überaus originell, sein Auftritt auf dem Maskenball von dramatischer Raffinesse: Cammarano läßt den

Jungen als Zauberin verkleidet auftreten, die den Gästen unverblümt die Wahrheit sagt und insbesondere einige recht derbe Scherze zum Ehebruch von sich gibt; auf diese Weise wird eine Beziehung zu I/2 hergestellt, die nicht nur Megs fatale Vorhersage, die sich gleich anschließend erfüllt, auf fast zynische Weise ins Gedächtnis ruft, sondern auch die Affäre Murray/Amelia, über die nicht nur die Verschwörer, sondern wohl auch alle Höflinge Bescheid wissen, ohne Namensnennung dem Gelächter preisgibt. Einen weiteren Höhepunkt der Oper stellt die von dunklen Streichertremoli wirkungsvoll eingeleitete große Soloszene Hamiltons im III. Akt dar, die sich unmittelbar dem Duett mit Amelia anschließt. Mercadantes Äquivalent zu Verdis »Eri tu« zeigt einen noch keineswegs zum Mord entschlossenen, sondern von Selbstzweifeln geplagten Macbeth-Vorläufer, der erst beim Gedanken, er sei vielleicht nicht der Vater seines Sohnes, widerwillig den Entschluß faßt, sich an der Verschwörung zu beteiligen. Die außerordentlich knapp gehaltene Verschwörungsszene selbst fungiert im Formaufriß der zweisätzigen Arie als Überleitungspartie zwischen Kavatine und Cabaletta. Die ersten beiden Akte wirken wesentlich schematischer, als hätte die fast zu glatte, Scribes kühler Routine verpflichtete Struktur des Texts Mercadantes Vorstellungen vom emotionsgeladenen, lebendigen Drama nicht zur Entfaltung kommen lassen. Eindrucksvoll dennoch sind die Ouvertüre, die Motive der Oper verwendet, und die Choreröffnung des I. Akts, in dem Mercadante den von außen hereindringenden Jubel der Anhänger Murrays mit den dunklen Verwünschungen der Verschwörer kontrastiert.

Wirkung: Die Uraufführung war ein großer Erfolg, laut der *Gazzetta musicale di Milano* wurde jede Nummer stürmisch beklatscht. Es sangen Lorenzo Salvi (Murray), Luciano Fornasari (Hamilton) und Ottavia Malvani (Amelia). Rasch verbreitete sich die Oper über die italienischen Bühnen und war noch 1843 unter anderm in Padua und Triest zu sehen. Anläßlich der Aufführung in Triest brachte Mercadante einige Änderungen an, vor allem in der Partie der Amelia; sie wurde von der virtuosen Eugenia Tadolini gesungen, die sich häufig in Mercadante-Opern bewährt hatte. So wurde die Kavatine »Sì, d'amor, d'amore insano« in I/2 wesentlich diffiziler gestaltet, während das Duett Amelia/Hamilton eine Gewichtsverlagerung zugunsten der leidenden Gattin erlebte. Die kurze einleitende Szene des II. Akts, ein Dialog zwischen Hamilton und Amelia, in der er ihr von Megs Prophezeiung berichtet, findet sich zwar bereits im Originallibretto, wurde aber erst in Triest aufgeführt. Da hier keine bedeutende Sängerin für die Meg zur Verfügung stand, vereinfachte Mercadante die Beschwörungsszene und versuchte, die so verlorengegangene Wirkung durch den Einsatz eines Hexenchors auszugleichen. Obwohl die Oper in Italien lange erfolgreich blieb und erst durch Verdis *Ballo* verdrängt wurde, sind nur wenige ausländische Aufführungen verzeichnet, darunter eine in Barcelona 1844. 1854 kehrte die Oper nach Turin zurück, diesmal ins Teatro Carignano. Die letzte Inszenierung im 19. Jahrhundert scheint 1870 in Palermo stattgefunden zu haben. Im Mercadante-Jahr 1970 erlebte die Oper in Siena ihre erste szenische Wiederaufführung im 20. Jahrhundert. Unter der Leitung von Bruno Martinotti sangen Giorgio Merighi (Murray), Licinio Montefusco (Hamilton), Maria Chiara (Amelia) und Elena Zilio (Oscar). Für diese Aufführung wurde eine Mischung aus der 1. und der 2. Fassung hergestellt.

Autograph: Vlg.-Arch. Ricordi Mailand. **Ausgaben:** Kl.A: Lucca, Mailand, Euterpe, Chiasso, Pacini, Paris, Nr. 4001-19; Textb.: Turin, Favale [1842]; Padua, Penada 1843; Triest, Weis 1843; Rom, Puccinelli 1845; Mailand, Lucca 1851
Literatur: F. D'AMICO, Il ›Ballo in maschera‹ prima di Verdi, in: Bollettino [...] dell'Istituto di Studi Verdiani 1:1960, S. 1251–1328 (dt. u. engl. Übers. S. 1663–1714), auch in: Chigiana 26/27:1971 (Nuova serie. 6/7.), S. 501–583; DERS., Notes on ›Il reggente‹, in: [Bei-H. d. Schallplattenaufnahme MRF], 1971; weitere Lit. s. S. 69

Rein A. Zondergeld

Orazi e Curiazi
Tragedia lirica in tre atti

Horatier und Curiatier
3 Akte (9 Bilder)

Text: Salvatore Cammarano, nach der Tragödie *Horace* (1640) von Pierre Corneille
Uraufführung: 10. Nov. 1846, Teatro San Carlo, Neapel
Personen: Camilla (S); Sabina (S); Curiazio (T); Orazio (Bar); der alte Orazio (B); der Oberpriester (T); 2 Brüder Orazios (2 Bar); 2 Brüder Curiazios (2 T); eine Stimme (B); ein Bote aus Alba (stumme R).
Chor, Statisterie: Frauen, Mädchen, Senatoren, römisches Volk, Priester, Angehörige der Orazi beiderlei Geschlechts, römische und albasche Soldaten, römische und albasche Heerführer, Flaminier im Gefolge des Oberpriesters, vornehme Römerinnen im Gefolge Sabinas
Orchester: Picc, 2 Fl, 2 Ob, E.H, 2 Klar, 2 Fg, 4 Hr, 2 Trp, 3 Pos, Ophikleide, Pkn, Schl (gr.Tr, Tamtam), Hrf, Streicher; BühnenM: 4 Hr, 6 Trp, 3 Pos, Ophikleide, Pkn, Banda (nicht spezifiziert)
Aufführung: Dauer ca. 2 Std. 45 Min.

Entstehung: Im April 1843 schloß Mercadante mit dem Teatro San Carlo einen Vertrag über zwei Opern ab, beide zu Texten von Cammarano, von denen die erste nicht später als im Nov. 1845 und die andere in der Saison 1847/48 aufgeführt werden sollte. Außerdem sollte eine ältere Oper des Komponisten, *Francesca Donato* (Turin 1835, Text: Felice Romani), in Cammaranos Librettobearbeitung auf den Spielplan gesetzt werden. Dies geschah im Jan. 1845, aber die Oper hatte keinen Erfolg. Das Jahr 1844 hatte Mercadante zwei erfreuliche Ereignisse gebracht, seinen ersten und einzigen Besuch in Altamura auf Einladung der Stadtväter und die umjubelte Premiere der Opera semiseria *Leonora* (Text: Marco D'Arienzo) im Teatro Nuovo Neapel. Die Rückkehr Mercadantes zu dem Genre, das seinen Ruhm begründet hatte (*Elisa e Claudio*, 1821), gelang so überzeugend, daß die Oper über Jahre zu den erfolgreichsten des Komponisten gehörte. Für die erste neue San-Carlo-Oper (*Il vascello de Gama*, Neapel 1845) wählte Cammarano Charles Desnoyers Drama *Le Naufrage de la Méduse* (1839) als Vorlage. Die Schiffskatastrophe der »Méduse« im März 1816 gehörte zu den erschütterndsten Ereignissen ihrer Zeit und hatte weit über die französischen Grenzen hinaus Bekanntheit erlangt, nicht zuletzt durch das Gemälde *Le Radeau de la Méduse* (1819), Hauptwerk Théodore Géricaults und eins der Schlüsselwerke der französischen romantischen Malerei. Es war wohl nur ein Zufall, daß Cammaranos nächstes Libretto für Mercadante wiederum mit einem berühmten Bild in Verbindung gebracht werden kann, diesmal mit einem Hauptwerk des Klassizismus, Jacques Louis Davids *Le Serment des Horaces* (1784). Cammaranos Libretto war ursprünglich für Giovanni Pacini konzipiert worden, der damit freilich nichts anfangen konnte und Cammaranos *Stella di Napoli* (Neapel 1845) vorzog. Um so mehr kam der schon mehrfach, so von Domenico Cimarosa 1796, vertonte Stoff Mercadantes Geschmack entgegen.

Handlung: In Rom, legendäre Zeit.
I. Akt, 1. Bild, Teil der Stadt nahe der Mauer, im Hintergrund der Janustempel: Frauen erflehen im Gebet den Sieg für Rom in der bevorstehenden Schlacht gegen Alba. Die Albanerin Sabina, Schwester Curiazios und durch ihre Heirat mit Orazio Römerin geworden, und Camilla, Schwester Orazios und Verlobte Curiazios, geben ihren verzweifelten Gefühlen Ausdruck. Senatoren berichten, daß die Schlacht nicht stattfinden werde. Statt dessen werden drei Albaner gegen drei Römer kämpfen. Als der alte Orazio Curiazio die baldige Hochzeit mit Camilla ankündigt, ist das Paar überglücklich. 2. Bild, Vorhalle im Haus der Orazi: Orazio, dem die Ehre Roms über alles geht, möchte als Kämpfer gewählt werden. Senatoren teilen ihm mit: Man hat ihn und seine Brüder als Vertreter Roms ausgewählt. 3. Bild, Venustempel: Die Hochzeit zwischen Camilla und Curiazio wird abrupt abgebrochen, als Orazio mit der Meldung herbeistürzt, daß Alba als seine Vertreter Curiazio und seine Brüder gewählt habe. Camilla versucht Curiazio zurückzuhalten und verflucht Rom, den Krieg und die Götter.
II. Akt, 1. Bild, wie I/2: Orazio und seine Brüder verabschieden sich von ihrem Vaterhaus, als Curiazio eintritt. Nachdem die Brüder gegangen sind, bleibt er mit seinem engsten Freund Orazio, der ihm einst das Leben rettete, zurück. Gefühle der Freundschaft und der Liebe bewegen ihn zu diesem letzten Versuch, eine Versöhnung herbeizuführen. Der zuerst ablehnende Orazio läßt sich erweichen, und gerührt umarmen sich die Freunde. Dennoch weigert sich Orazio, den Kampf aufzugeben. 2. Bild, Ebene vor den Toren Roms in der Nähe der beiden Lager: Römer und Albaner schwören, den Ausgang des Kampfs zu respektieren. Da erscheint unerwartet der Oberpriester und teilt mit, daß die Vorzeichen ungünstig seien: Ein Kampf zwischen Blutsverwandten mißfalle den Göttern, man möge ihm zur Befragung des Orakels zum Aventin folgen. 3. Bild, Höhle am Fuß des Aventin: Camilla fleht Apollo an, den Kampf zu verhindern. Das Orakel verkündet, daß der Kampf stattfinden solle. Camilla und Sabina bleiben verzweifelt zurück, während die Männer davonstürzen.
III. Akt, 1. Bild, vor den Mauern Roms, im Hintergrund das Lager der Albaner: Curiazio begreift voller Verzweiflung, daß er, wie der Kampf auch ausgehen mag, Camilla verlieren werde. Diese erscheint jetzt mit Sabina und bittet ihn, sie zu töten. Die Albaner rufen Curiazio jedoch bereits zum Kampf. 2. Bild, wie I/2: Der alte Orazio wartet voller Spannung auf das Ergebnis. Verwandte berichten ihm, daß zwei seiner Söhne gefallen, der dritte, Sabinas Gatte, geflohen sei. Er ist über diese Feigheit verzweifelt. Bald schon stellt sich heraus, daß Orazios Flucht nur eine List war und er alle drei Curiazi getötet hat. 3. Bild, Platz nahe der Porta Capena: Das Volk huldigt dem Sieger. Camilla stört die Feier, indem sie ihren Bruder bittet, sie zu töten. Orazio erinnert sie an die Pflichten einer Römerin, aber Camilla verflucht Rom und bittet die Götter, die Stadt durch Feuer zu zerstören. Außer sich vor Wut ersticht Orazio seine Schwester, die zu seinen Füßen ihr Leben aushaucht.

Kommentar: Der Kunsthistoriker Walter Friedlaender meint in einer Analyse von Davids *Serment des Horaces*, das weit über seine vorrevolutionäre Entstehungszeit hinaus Wirkung ausübte und Cammarano und Mercadante stärker geprägt haben dürfte als die eigentliche literarische Vorlage, David habe »ein extrem männliches Vorbild geschaffen, eine moralische Leuchte ist aufgesteckt – Begeisterung in sich tragend und gebend – gegen alles Weibische, Schwächliche, Persönliche« (*Hauptströmungen der französischen Malerei von David bis Cézanne*, Bd. 1, Bielefeld/Leipzig 1930, S. 21). *Orazi e Curiazi* könnte, Friedlaenders Formulierung in etwa folgend, tatsächlich als der dramatisch erregende Kampf zwischen dem männlichen und dem weiblichen Prinzip gesehen werden, wobei letzteres unterliegt. Dieser Konflikt stimmt zum Teil mit jenem in *La vestale* abgehandelten zwischen öffentlichen und privaten Interessen überein, nur daß in der zweiten großen Römertragödie Mercadantes der Austragungsort sich ausschließlich in die Brust der einzelnen Beteiligten verlagert hat. Der alles entscheidende Kampf, dessen wiederholte Verschiebung für eine kontinuierliche Spannungssteigerung sorgt, interessierte den Komponisten und seinen Dichter in erster Linie wegen seiner Wirkung auf die Seelen der Protagonisten. Obwohl Cammarano dem Handlungsgang von Corneilles Tragödie recht genau folgt, erreicht er zum einen eine größere Konzentration durch Reduktion oder Streichung einiger Nebenfiguren, zum andern verändert er den Charakter Orazios. Während er bei Corneille zum Prototyp des einsamen Helden wird, der jedes private Gefühl einer höheren Idee, der Vaterlandsliebe, unterordnet, gibt Cammarano ihm menschliche Gefühle. Das wird am deutlichsten in der zentralen Szene der Oper, der Konfrontation zwischen den Freunden und Blutsverwandten Orazio und Curiazio in II/1, als Curiazio in einem arienähnlichen Abschnitt (»In fera pugna stanco«) innerhalb des eher traditionell strukturierten Duetts den Freund mit bewegten Worten daran erinnert, daß er, Orazio, ihm einst das Leben gerettet habe. Schon während dieser gerade durch ihre raffiniert einfache melodische Linie von Mercadante wie eine Verführung gestalteten Szene kann sich Orazio dem Begehren des Freunds nicht länger verschließen. Mit der wie in einem Taumel wiederholten Worten »Ah! rimembranze! Io son commosso!« umarmt er förmlich Curiazios vom Sog der emotional aufgeladenen Erinnerung gesättigten Gesang, bis sich beide, in Tränen aufgelöst, um den Hals fallen und Orazio mit dem Satz »Hanno i Romani un cor!« für einen Moment die Aura eines männlichen Helden ablegt. Durch diese Vermenschlichung Orazios wird nicht nur größere Sympathie für ihn geweckt, er wird auch zu einer in jeder Hinsicht vielschichtigeren Persönlichkeit und hat weniger gemeinsam mit Corneilles beklemmendem Symbolhelden als mit den zur Hysterie neigenden, aber nicht grundsätzlich unsympathischen Hitzköpfen aus Mercadantes Reformopern, in denen wiederholt seine Vorliebe für leidenschaftliche Duette zwischen Angehörigen des gleichen Geschlechts hervortritt. Daß sich die beiden feindlichen Freunde schließlich in einer vor Kampfeslust und Vaterlandsliebe schier platzenden Cabaletta (»Ardente amor di gloria«) vereinigen, steht selbstverständlich nicht im Widerspruch zur vorhergegangenen Gefühlsüberflutung, sondern ist deren natürliche Konsequenz. Da Sabina im Gegensatz zu Corneille in der Oper kaum eine Rolle spielt und Julie, die in der Vorlage wichtige Vertraute von Sabina und Camilla, nicht in Erscheinung tritt, hat Camilla als einzige in dieser vom männlichen Prinzip bestimmten durchritualisierten Welt das Prinzip der Weiblichkeit und damit den Anspruch des absolut gesetzten Gefühls gegenüber jedem moralischen Gesetz zu vertreten. Diese Außenseiterposition Camillas hebt Mercadante durch ihren in Fiorituren schwelgenden, koloraturgeschmückten, in krassem Gegensatz zu dem der Männer stehenden Gesangsstil überzeugend hervor. Die wenig sympathische Gestalt des alten Orazio, der freilich kein solches moralisches Monstrum wie bei Corneille ist, erhält durch die einschmeichelnde Weichheit seiner großen Arie im III. Akt (»Oh! se morendo«) freundlichere Konturen, auch wenn diese in einem perfiden Gegensatz zum Text steht, in der er die vermeintliche Feigheit seines Sohns beklagt. Von den großen Ensembleszenen verdient insbesondere II/2, der Schwur, hervorgehoben zu werden. Nach einem kleinen Einleitungschor kündigt eine bläserbestimmte Orchesterüberleitung den feierlichen Charakter der anschließenden Szene an. Der Sakralcharakter des Ereignisses wird noch dadurch betont, daß die sechs Männerstimmen den ersten Teil des Schwurs (»Giuriamo per la gloria«) unbegleitet vortragen, wobei in der Folge durch das immer im Wechsel mit dem zweiten Teil (»O vincere o morir«) wiederholte »giuriamo«, dem sich Orchester und Chor anschließen, eine gewaltige Steigerung erreicht wird. Es war insbesondere diese Szene, die von den Zeitgenossen, allen voran Francesco Florimo, als Höhepunkt der Oper und zu Tönen gewordenes heroisches Römertum gepriesen wurde. Für ein wirkungsvolles Finale im Stil der Reformopern sorgt die erregte Konfrontation zwischen Orazio und Camilla, die mit ihrem Tod endet. Noch im Sterben rafft sie sich ähnlich wie Elaisa (*Il giuramento*, 1837) und Elena (*Elena da Feltre*, 1839) zu einigen ekstatisch-verklärten Äußerungen im Anblick des Himmels auf. Trotz dieser Elemente hat sich Mercadante in *Orazi e Curiazi* von seinen Reformvorstellungen weitgehend abgewandt; er folgt jetzt einem Weg, der eine absolut eigene und faszinierende Lösung innerhalb der Entwicklung der italienischen Oper des 19. Jahrhunderts darstellt, die allerdings, im Gegensatz zu den Reformopern, kaum zu einem Vorbild für junge Komponisten werden konnte. Das Spätwerk Mercadantes darf aber nicht als Rückschritt bezeichnet werden, es ist vielmehr ein Schritt aus der Zeit. Nur scheinbar rückwärts gewandt ist die musikalische Formenwelt von *Orazi e Curiazi*, *Pelagio* (Neapel 1857, Text: D'Arienzo) oder *Virginia* (1866), denn es findet keine Identifizierung mit der gewählten Form mehr statt, sie wird vielmehr zitathaft eingesetzt, das heroische Aufbegehren wird zur grandiosen und bewußt melodramatischen Geste, die Haltung erstarrt zur Pose. Die Römertragödien können als musikalisches Pendant zur antikisierenden, akademischen Malerei der Jahrhundertmitte aufgefaßt werden: Die Gefühle sind zu Erinnerungsbildern gefroren, die Welt ist zum Zitat ihrer selbst geworden.

Wirkung: In der Uraufführung sangen Pietro Balzar (Orazio), Gaetano Fraschini (Curiazio) und Erminia Frezzolini (Camilla). König Ferdinand II. und seine Familie wohnten der Aufführung bei und führten den sich zu großer Begeisterung steigernden Applaus an. Unter den vielen folgenden Aufführungen in Italien verdient jene in Venedig 1847 Erwähnung, über die wir aus Mercadantes Korrespondenz Genaueres erfahren und in der Achille De Bassini, Raffaele Mirate und Anne-Caroline de Lagrange, die für Frezzolini einsprang, die Hauptrollen weitgehend zur Zufriedenheit Mercadantes verkörperten. Der Erfolg im Ausland hielt sich in Grenzen. Barcelona lernte die Oper 1848, Lissabon und Petersburg 1849 und Rio de Janeiro 1856 kennen. Die letzte Aufführung in Neapel war 1882. Die erste Wiederaufführung im 20. Jahrhundert fand 1975 konzertant in der Queen Elizabeth Hall London durch die Opera Rara statt (Dirigent: Kenneth Montgomery; mit Christian Du Plessis, Richard Greager und Janet Price).

Autograph: Vlg.-Arch. Ricordi Mailand. **Abschriften:** Civ. Museo Bibliogr. Musicale Bologna, Bibl. Verdi Mailand (Part. Tr. ms. 235, Noseda), Bibl. S. Pietro a Maiella Neapel (Rari 29. 6. 19-21). **Ausgaben:** Kl.A v. E. Muzio: Ricordi [1847], Nr. 19421-41; Blanchet, Paris; Textb.: Neapel, Flautina 1846; Venedig, Rizzi 1847; Ricordi 1847. **Aufführungsmaterial:** Weinberger

Literatur: A. ROSSI, Orazi e Curiazi, in: Museo di scienze e di lettere, 26.11. 1846; [Bei-H. d. Schallplattenaufnahme MRF], 1975; D. PORTE, Vincit amor patriae, in: DIES., Roma Diva. L'Inspiration antique dans l'opéra, Bd. 1: L'Histoire romaine dans les œuvres de 1800 à nos jours, Paris 1987, S. 97ff.; weitere Lit. s. S. 69

Rein A. Zondergeld

Virginia
Tragedia lirica in tre atti

Virginia
3 Akte (7 Bilder)

Text: Salvatore Cammarano, nach der Tragödie (1778) von Vittorio Graf Alfieri, nach einer Episode aus dem 3. Buch des Geschichtswerks *Ab urbe condita libri* (um 5 v. Chr.) von Titus Livius
Uraufführung: 7. April 1866, Teatro San Carlo, Neapel
Personen: Virginio (Bar); Virginia (S); Appio (T); Icilio (T); Marco (B); Tullia (S); Valerio (T). **Chor, Statisterie:** Patrizier, Gäste, Priester, Verbündete und Freunde Virginios, Mägde und Gefährtinnen Virginias, Liktoren, Gefolgsleute Marcos, Sklaven, Volk
Orchester: 2 Fl (1 auch Picc), 2 Ob, E.H, 2 Klar, 2 Fg, 4 Hr, 2 Trp, 3 Pos, Ophikleide, Pkn, Schl (gr.Tr, kl.Tr, Bck), Hrf, Streicher; BühnenM: Banda (nicht spezifiziert), Fanfara
Aufführung: Dauer ca. 2 Std. 30 Min.

Entstehung: Seit Jahren hatte sich Mercadante aus dem Kampf mit Giuseppe Verdi um die Vorherrschaft auf den Opernbühnen Italiens zurückgezogen. Während er seinen einflußreichen Posten als Direktor des Konservatoriums in Neapel, den er seit 1840 als Nachfolger seines Lehrers Nicola Antonio Zingarelli innehatte, nur noch nach außen hin behaupten konnte, versuchte er mit *Pelagio* (Neapel 1857) noch einmal so ehrgeizig wie erfolgreich sein Ideal gegen Verdis rücksichtslos die Konvention zertrümmerndes Konzept des »inventar il vero« zu verteidigen. *Virginia*, dem Hauptwerk aus Mercadantes reifster Schaffensperiode, sollte Jahre später noch *L'orfana di Brono ossia Caterina dei Medici* (Text: Cammarano) folgen, eine melodramatische Oper aus romantischem Geist, die der Komponist seinen Schülern in die Feder diktierte. Eine *Virginia*-Oper nach Alfieris Tragödie hatte Mercadante bereits 1839 dem Teatro La Fenice Venedig vorgeschlagen. Seine Begeisterung für den Stoff mag später durch die Erfolge seiner ebenfalls auf Ereignissen aus der Frühgeschichte der römischen Republik beruhenden Opern *La vestale* (1840) und *Orazi e Curiazi* (1846) zusätzliche Bestätigungen erfahren haben. Daß sich in diesen Jahren auch Cammarano näher mit *Virginia* als möglichem Opernstoff auseinandergesetzt haben dürfte, geht aus Sujetvorschlägen hervor, die er Verdi 1848 für ein gemeinsames, dann allerdings von *La battaglia di Legnano* (1849) gekröntes Opernprojekt unterbreitete. Die von Livius überlieferte Begebenheit, wie der Plebejer Virginius durch die Tötung seiner von der Schändung bedrohten Tochter das Zeichen zum Aufstand gegen die Macht der Dezemvirn gibt, war im 18. Jahrhundert mehrfach, unter anderm von Gotthold Ephraim Lessing in *Emilia Galotti* (1772), als eine klassische Parabel für das Verhältnis von Bürgertum und absolutistischer Gewalt aufgegriffen worden. Mercadantes *Virginia* gingen eine Version von Nicola Vaccai voraus (Rom 1845, Text: Camillo Giuliani) sowie eine von Alessandro Nini (Genua 1843). Domenico Bancalaris Libretto zu Ninis Oper wurde später der ersten Oper eines venezolanischen Komponisten zugrunde gelegt, der 1873 an dem zunächst ganz italienischen Traditionen verpflichteten Opernhaus in Caracas uraufgeführten *Virginia* von José Angel Montero. 1822 bereits war in Reggio nell'Emilia ein *Virginia*-Ballett von Giovanni Galzerani erschienen, das im Karneval 1825 an La Fenice Venedig (Musik: Luigi Maria Viviani) und 1831 am San Carlo Neapel gegeben wurde. Als Mercadantes *Virginia* längst fertiggestellt war, aber seit dem Veto der Zensur jahrelang einer Aufführung harrte, ging 1861 ebenfalls am San Carlo Petrellas *Virginia* erstmals in Szene (Text: Domenico Bolognese). Cammarano dürfte sich der Arbeit an seinem Textbuch für Mercadante frühestens nach Fertigstellung seiner *Luisa Miller* (1849) für Verdi, also ab Mitte Aug. 1849, gewidmet haben. Am 17. Dez. 1849 wurde *Virginia* den neapolitanischen Zensurbehörden vorgelegt. Zu der für 1851 ins Auge gefaßten Aufführung kam es jedoch nicht. Aufgestört durch die Revolutionsnachrichten aus allen Teilen Europas, verbot die Zensur das Werk, das Mercadante fortan als sein Hauptwerk ansehen sollte. In den kommenden Jahren öfter auf *Virginia* angesprochen, meinte der Komponist: »Sie schläft gut, eingebettet in einer Mappe [...] Laßt sie schlafen, es ist sicher kein ewiger Schlaf. Wenn die Zeiten sich geändert haben werden, wird sie aufwachen, und das Publikum wird sie sehen und vor der Vergessenheit bewahren« (nach: John Black, S. 129, s. Lit.). 1866 folgte Mercadante schließlich dem Angebot einer Aufführung von *Virginia* am San Carlo, gute 15 Jahre nach der Entstehung seines Werks und zu einem Zeitpunkt, als sich in Verdis Schaffen bereits die Wendung zum Spätwerk vollzog (*La forza del destino*, 1862; *Don Carlos*, 1867).

Handlung: In Rom, um 450 v. Chr.
I. Akt, 1. Bild, Festsaal im Palast der Dezemvirn: Die römischen Patrizier haben sich zu einem Gelage versammelt. Da wird der festliche Jubel durch düstere Klänge unterbrochen: Erschreckt sehen die Gäste, wie in der Entfernung der ermordete Siccio Dentato, der Anführer eines plebejischen Aufruhrs gegen die Herrschaft der Dezemvirn, in feierlichem Trauerzug zu Grabe geleitet wird. Während die Gäste rasch zur früheren Heiterkeit zurückfinden, hängt Appio, das Haupt der patrizischen Partei, trüben Gedanken nach: Wenig ist ihm am Unmut und an den Drohungen der Plebejer gelegen, deren Aufstand ihm sogar zur Begründung des eigenen Ruhms willkommen ist, aber seine Gedanken sind erfüllt von der unerwiderten Liebe zu Virginia, der Tochter des Plebejerführers

Tafel 1

Tafel 1

oben
Joseph Mazilier, *Le Corsaire* (1856), I. Akt, 1. Bild; Bühnenbildentwurf: Hugues Martin; Uraufführung, Opéra, Paris 1856. – Die Darstellung des exotischen Ambientes, in das der Europäer seine erotischen Phantasien projiziert, folgt der zeitgenössisch-abendländischen Vorstellung vom Morgenland. Ornamentik und Farbe stehen in ihrer Aufgesetztheit im Widerspruch zum sinnlichen Charakter des Orients.

unten links
Joseph Mazilier, *Paquita* (1846), II. Akt, 2. Bild; Carlotta Grisi als Paquita, Lucien Petipa als Lucien d'Hervilly; Illustration: Alexandre Lacauchie nach den Kostümentwürfen von Paul Lormier und Hippolyte Boug d'Orschwiller; Uraufführung, Opéra, Paris 1846. – Temperament, Virtuosität und der Zauber ihrer Ausstrahlung ließen die Tänzerin zu einer der Königinnen des romantischen Balletts werden. Mit Petipa, zu dessen Technik sich noble Eleganz gesellte, verband sie eine Partnerschaft, durch die beide die ersten einer Reihe von »Traumpaaren« wurden.

unten rechts
Etienne Nicolas Méhul, *Joseph* (1807), I. Akt; Jean Elleviou als Joseph; Illustration: Ch. Charlé; Uraufführung, Opéra-Comique, Paris 1807. – Elleviou, der zunächst 1790 als Bassetaille und dann 1791 ein zweites Mal als Tenor debütierte, erlebte den Höhepunkt seiner Laufbahn zwischen 1801 und 1813 an der Opéra-Comique. Dort gehörte zu seinen wichtigsten Partien die des Joseph, die Méhul speziell für die stimmlichen Qualitäten dieses Sängers konzipiert hatte.

Virginio. In hellen Zorn gerät er, als ihm Marco gegenübertritt und gestehen muß, ein Anschlag auf die Geliebte, die entführt werden sollte, sei durch die Wachsamkeit und Unbestechlichkeit ihrer Amme mißlungen. Nun verfolgt er nur noch den einen Plan, das Mädchen öffentlich zu diffamieren und vor Gericht zu bringen. Bei dieser ungewissen Aussicht auf Erfolg kann sich Appio nur mühsam zwingen, den Gästen heiter gegenüberzutreten. 2. Bild, bescheidenes Vestibül in Virginios Haus: Umgeben von ihren Freundinnen und Dienerinnen sucht sich Virginia von den trüben Gedanken zu befreien, die ein Besuch am Grab ihrer Mutter in ihr geweckt hat. Die Mädchen muntern sie auf, preisen ihr Glück, daß sie den strahlendsten unter den Helden Roms, den Tribun Icilio, für sich gewonnen habe. Nachdem die Freundinnen das Haus verlassen haben, schickt Virginia aus ängstlicher Vorahnung Tullia zu ihrem Vetter Valerio, damit dieser den Vater über die Vorkommnisse in Kenntnis setze und ihn zu schleuniger Rückkehr bewege. Sie fürchtet um ihre Ehre, aber mehr noch um das Leben Icilios, sollte der frühere Tribun Appio erkennen, daß er außer der Rivalität mit dem Politiker und Krieger noch einen andern Grund zur Eifersucht habe. Unversehens ist Appio eingetreten, um Virginia durch seine Gegenwart dahin zu bringen, daß sie aus Neigung oder Angst ihm ihre Gunst schenke. Sie erinnert ihn daran, daß kein Patrizier die Tochter eines Plebejers zur Frau nehmen dürfe. Er antwortet höhnisch, daß er als Dezemvir jederzeit das Recht ändern könne. Ihre schroffe Zurückweisung seiner Werbung bringt ihn auf den Verdacht, Virginia müsse einen andern lieben. Ihre Verwirrung bestätigt seinen Argwohn. Aber noch ehe er ihr den Namen abpressen kann, erklärt sich der eintretende Icilio als der Mann, dem Virginias Neigung gehöre. In auflodernden Haß fordert er den Feind und die Götter heraus: Je heftiger Icilios Liebe zu Virginia sei, um so größer der Triumph, wenn er ihm die Geliebte nehme. Blasphemisch stellt Appio den Drohungen Virginias und Icilios, die das Schicksal und die Götter gegen ihn beschwören, die eigene Macht der göttlichen Allmacht entgegen. Mit der Bemerkung, es werde sich zeigen, wer der größere Gott sei, verläßt er das Haus. II. Akt, 1. Bild, Virginios Haus, Morgen: Nur für einen Tag ist Virginio aus dem Heerlager zurückgekehrt. Die Nachricht seiner Tochter hat den kampfbewährten Krieger beunruhigt. Nun erfährt er über sie von Appios Drohung. Er ist empört über dessen Anschläge auf Virginias Tugend. Verächtlich weist er Anträge auf eine heimliche Verbindung mit dem Patrizier Appio zurück. Er sieht aber keine andere Rettung als die sofortige Vermählung Virginias mit Icilio. Als dieser eintritt, überrascht, Virginio in Rom zu treffen, begrüßt er den jungen Mann als seinen Sohn. Überstürzt werden die Vorbereitungen zur Hochzeit getroffen, während der Tribun vergeblich versucht, Virginia Mut zuzusprechen. Tullia und die Mädchen erscheinen, um die Braut abzuholen. Ihre Segenswünsche erwecken für einen Augenblick Hoffnung auf eine gute Wendung des Geschehens. 2. Bild, Ismenetempel: Die Priester erflehen für Virginia und Icilio den Segen des Himmels. Marco erkennt zu seinem Schrecken, daß diese Vorbereitungen seinen Plan zunichte machen könnten, und eilt in den Palast der Dezemvirn. Die Hochzeitsgesellschaft wiegt sich im Glauben, daß die Liebenden gleich von Göttern und Menschen zusammengegeben werden, da kehrt Marco in Begleitung zahlreicher Sklaven zurück. Er fordert Virginia als sein Eigentum. Sie sei seine Sklavin und solle in sein Haus zurückgebracht werden. Im allgemeinen Entsetzen will Icilio mit dem Schwert auf den Gegner losgehen. Da aber erscheint der angesichts des Aufruhrs erstaunte und beunruhigte Appio mit den Liktoren und fordert Aufklärung. Marco behauptet, Virginia sei die Tochter einer seiner Sklavinnen, die sie nach dem Tod ihres eigenen Kinds heimlich aufgenommen habe. Appio lädt die Parteien für den nächsten Tag vor die Dezemvirn. Da schaltet sich Virginio ein, der von der Treppe des Tempels aus unbemerkt zum Zeugen der Intrige wurde. Er weist Marcos Anschuldigungen zurück und erklärt sie als Teil einer Kabale, die gegen seine Tochter gerichtet sei. Nach einem Moment der Überraschung besteht Appio darauf, daß Marcos Anspruch am nächsten Morgen vor den Dezemvirn beraten werden solle. Die Empörung der Anwesenden über das offenkundige Unrecht ist vergeblich. Die Heirat wird aufgehoben.
III. Akt, 1. Bild, Appios Wohnung, später Abend: Appio ist entschlossen, seinen Rivalen zu beseitigen. Er will Icilio das ehrenvolle Amt des Prätors im Feld übertragen, wenn er Rom sofort verläßt. Andernfalls soll er noch in derselben Nacht ermordet werden. Marco, sein gefügiges Werkzeug, hält sich bereit. Als der mißtrauisch gewordene Icilio eintritt, unterrichtet ihn Appio von dem Entschluß der Dezemvirn, ihn zum obersten Feldherrn zu bestallen. Icilio weiß, daß diese Ehre, die dem Plebejer nicht zukommt, nur seiner Entfernung aus Rom dienen soll. Er zerreißt die Urkunde mit der Bemerkung, er verweigere nicht Rom, sondern Appio den Gehorsam. Und Appio werde Rom selbst bald nicht länger gehorchen. Icilio will darüber wachen, daß am nächsten Morgen die Gerechtigkeit siegt. Als er das Zimmer verläßt, folgt ihm sein Mörder Marco. 2. Bild, wie I/2, Morgen: Verzweifelt wartet Virginia auf den Gang zum Tribunal. Virginio hat umsonst versucht, Appios Haltung durch seine Bitten zu ändern. Beide wissen, daß sie vor den Dezemvirn keine Gerechtigkeit finden werden. Von der Teilnahme der Freunde begleitet, brechen sie auf, Virginia in der Gewißheit, das väterliche Haus nicht wiederzusehen; da stürzt Valerio herein und bringt die Nachricht von Icilios Ermordung. 3. Bild, das Forum: Das Mitleid des Volks mit Virginio und seiner Tochter droht in Aufruhr überzugehen. Nur mühsam halten die Liktoren die Plebejer zurück. Das Tribunal versammelt sich. Vor Virginio wiederholt Marco seine Behauptung, der Virginias Vater vergeblich sein Ehrenwort entgegenhält. Daraufhin entscheidet Appio zu Marcos Gunsten. Virginio muß seine Tochter diesem übergeben. Zu Virginias Entsetzen beugt sich ihr Vater dem Richterspruch und bittet die Dezemvirn

nur, sie ein letztes Mal umarmen zu dürfen. Appio ist damit einverstanden. In Tränen fleht Virginia ihren Vater an, ihr die Wahrheit zu sagen. Während Appio sich seines Triumphs sicher ist, stößt Virginio unversehens seinen Dolch in Virginias Herz. »Du bist wahrhaft mein Vater!« ruft sie sterbend. Mit dem Bewußtsein, die Ehre der Tochter, der Familie und Roms gegen die Willkür verteidigt zu haben, übergibt sich Virginio den Wachen, die ihn auf Appios Geheiß ins Gefängnis führen. Der Aufruhr gegen die Herrschaft der Patrizier steht unmittelbar bevor.

Kommentar: »Die Stimmkultur erscheint als Selbstzweck, die Orchestrierung wird schwer und schwerfällig, und die Neigung ist unverkennbar, große Energie zum Erreichen kleinerer Zwecke einzusetzen.« Michael Roses Einschätzung in seinem Artikel im *New Grove Dictionary* (Bd. 12, S. 173) wiederholt ein seit dem Ende des 19. Jahrhunderts verbreitetes Klischee, dem zufolge einer der am genauesten ihre Wirkungsmöglichkeiten kontrollierenden Musiker aus unerklärten Gründen bei seinen späteren Werken in einen überholten Anfangszustand zurückgefallen sei. Jeder Blick in die Noten eines beliebigen Werks aus seinem letzten Lebensjahrzehnt, erst recht jede neue Bühnen- und Konzertaufführung, widerlegt dies Gerücht eines senilen Kräfteverfalls. Von *Leonora* (Neapel 1844) bis zu dem mit vollem Selbstbewußtsein geschriebenen *Pelagio* behauptet Mercadante auf gleicher Stilhöhe die Absichten, die ihn bei seiner Opernreform nach eigenem Zeugnis geleitet hatten. Wahrscheinlich war es der unvorteilhafte Eindruck, den *Virginia* bei ihrer späten Uraufführung auf die Musikkritik machte, auf dem dies kritiklos tradierte Vorurteil beruht: Im Vergleich zur entwickelten Dramatik Verdis mußten Mercadantes Bühnenwirkungen rückständig erscheinen. Aber ein solches Zeiturteil kann heute keinen Bestand haben, wo beim Studium der Partitur wie bei der Vergegenwärtigung auf dem Theater der historische Abstand in beiden Fällen gleichermaßen mitspielt. Hier bestätigt sich Mercadantes Einschätzung völlig, daß *Virginia* neben dem ihr vorausgehenden Römerdrama sein erklärtes Meisterwerk darstellt. Cammarano hat die Szenen aus Roms Frühzeit mit gelegentlich erkennbarem Desinteresse aus Alfieris streng gebauter, jede Situation sprachmäßig beschwörender Tragödie auf den Pragmatismus der Opernbühne zurechtgeschnitten. Er schwelgte in extremen Bildern, in romantischen Schauerszenen und in Ausnahmezuständen der Leidenschaft, während ihm sorgfältige Motivationen aus der Vorgeschichte, ein beherrschter Dialog und eine gleichmäßig sich entwickelnde Verkettung von Seelenproblemen eher lästig waren. In den für Mercadante geschriebenen Antikenstücken konzentriert sich Cammarano entsprechend auf das Herausarbeiten exaltierter Seelenzustände, und zwar vor allem in den Arien und Duetten, sowie auf das wirkungsgewisse Arrangement der drei Finalszenen. Die Motivierung des Geschehens, ein Sinnfälligmachen der politischen Spannungen und ihrer Voraussetzungen, eine plausible Begründung für das Dreiecksverhältnis, in das Virginia gerät, oder eine kohärente Charakterzeichnung des rächend-liebenden Vaters wird von Cammarano gar nicht erst versucht, als ob ihm die Selbstverständlichkeit und Folgerichtigkeit des gewählten Modells lästig wäre. Aber das grob gezimmerte Gerüst hält und gibt Mercadante genügend Freiraum, um seine »tragedia lirica« der Gattungsbezeichnung entsprechend allein aus der Musik zu entfalten. Wie in *Orazi e Curiazi* ist die Oper ganz aus den Ensemble- und Chorszenen heraus geschaffen. Schon die Eingangsnummer, die das knappe, charakteristisch den lugubren Marsch der Popularen und die leidenschaftlichste Kantilene kontrastierende Vorspiel, das Festgelage der Patrizier und den eingeschobenen Trauerkondukt für den erschlagenen Siccio Dentato zu einer großen Einheit zusammenzwingt, steht programmatisch für Mercadantes Streben nach einem weitgespannten, aber in sich geschlossenen Musikdrama: »Introduzione, Orgia Patrizia e Coro«, die in den Inhalt eingreifende Bezeichnung der ersten Nummer, macht zugleich deutlich, daß der Chor hier in doppelter Funktion, als aktiver Partner des Konflikts, der ja ein öffentlicher mehr als ein privater ist, und als klage- und mitleidsfähige Stimme des Kommentars, eingeführt wird, daß aber vor allem das Orchester an der Gestaltung der Bühnenvorgänge und des atmosphärischen Kontinuums hinter den Ereignissen beteiligt wird. Grundsätzlicher als in den Opern vor *La vestale* ist hier die reiche, vor allem in den Holzbläsern sehr ausdifferenzierte Instrumentierung des Teils der Dramaturgie, nicht nur Mittel zu einer schillernden Tonfarbigkeit, wie das von Simon Mayr bis zum frühen Verdi zur Rechtfertigung des schweren Orchesterklangs propagiert wurde. Auffallend an der Eingangsszene ist freilich auch, daß Mercadante bestrebt ist, die Linien des Dramas so ins Plausible zu vereinfachen, daß sie sich unmittelbar in musikalische Strukturen übertragen lassen: Die sprechende Gestik der beiden Themen aus dem Präludium wird im Leichenkondukt des Chors und in den durch ihn aufgewühlten Leidenschaften gesteigert wiederaufgenommen. Die festliche Heiterkeit der zechenden Patrizier lagert sich in betonter, melodisch ein wenig ins Banale geratener Nonchalance um den Augenblick des Erschreckens, so daß sich daraus eine Art Scherzo mit eingeschobenem Trio in kontrastierender Stimmung ergibt, das sein Gleichgewicht in der Erinnerung an das »Preludio« findet. Das Bemühen um solche unmittelbar einleuchtenden Äquivokationen von Bühnen- und Musikvorgang kennzeichnet Mercadantes musikdramatische Auffassung in diesem Werk. Immer sucht er nach einfachen, aber zwingenden Wirkungen, nach der eindringlichsten, aber nicht forcierten Bewegung, nach einem Äußersten der Emotion, aber ohne die Gewalttätigkeit, die er an Verdi nicht ertragen konnte. Die wenigen Arien der Oper, vor allem die einander gegenübergestellten Kavatinen Appios (»Ah! tant'oltre non credea«) und der vom Grab der Mutter zurückkehrenden Virginia (»Sulle materne ceneri«) aus dem I. Akt, zeigen die abgeklärte Selbstgewißheit Mercadantes in der Gestaltung des hohen Stils. Immer war er der glänzende und in seinem

Gedankenreichtum unerschöpfliche Melodiker, auch seinem bedeutendsten Rivalen ebenbürtig in der Erfindung der Arien und deren einheitlichen Stimmungshaltung, während seine Schwächen in der überanstrengten, manchmal darüber ins Landläufige abgleitenden Handhabung der Cabaletta lagen. Nirgends ist er dieser Gefahr so erfolgreich wie hier begegnet: Zwar zeigt auch *Virginia* gelegentlich, vor allem am Anfang des I. und des III. Akts, uninspirierte, nur der Routine angehörende Episoden. Aber einmal werden diese im Detail immer wieder abgefangen, zum andern hat er in allen Arien die beiden Teile, bei durchgehend hohem Niveau des Einfalls, sorgsam zu einer Kunstform zusammengefügt. Der geheime Klassizismus in Mercadantes Schaffen, der ihn schon in seinen inspiriertesten Frühwerken ganz nah an Gioacchino Rossini heranrückte, wird durch das klassische Sujet seiner letzten Opern auf das vorteilhafteste für die Bühne nutzbar gemacht. Die das Stück tragenden bedeutenden Szenen, das Duett »Allor che avvinti sarem dai Numi« im II. Akt, eins der schönsten Liebesduette Mercadantes, und als Pendant die Abschiedsszene von Virginia und ihrem Vater »Sacri Penati, ah! l'ultimo« (III. Akt), haben an Haltung und Feuer, an Wirkungskraft und Reichtum in seinem Werk nicht leicht ihresgleichen. Aber den Rang der Oper bestimmen die drei großen Finalszenen. Genügt das vom Chor begleitete Terzett am Ende des I. Akts, das den Konflikt der beiden Liebhabertenöre um die geliebte Sopranistin zum Gegenstand hat, auf geistreiche Weise einer vertrauten Konvention, so ist die mächtige Tempelszene, in der Appio vor den Augen des empörten Rom die Hochzeitsgäste der Dezemvirn fordert, auch im Vergleich zu vielen ähnlichen dramatischen Szenen von gewaltigen Ausmaßen und sicherstem Zugriff auf die Bühne. Chor, aufgeregtes Ensemble, Binnensteigerung in einem nicht zur Ruhe gelangten Gegeneinander der singenden Parteien und schließlich eine mitreißende Stretta: auf der Grundlage der italienischen Oper der Zeit um 1840 ist hier eine Komposition entstanden, die sich auch vor den Leistungen der späteren Generation nicht zu verstecken braucht. Im III. Akt schließlich schichten sich die Ensembleszenen übereinander; die Auftritte des Frauenchors und des gemischten Chors, unterbrochen von den Duett- und Einzelszenen, die aber immer wieder in das Ganze zurückstreben, führen im Nacheinander der »Marcia e Coro«, des Sextetts, der Preghiera Virginias und der überwältigenden Finalcabaletta zu einer einzigartigen, so kraftvollen wie gemessenen Schöpfung zusammen, von der Mercadante zu Recht annehmen mußte, daß sie mit den Mitteln der italienischen ernsten Oper nicht zu übertreffen war.
Wirkung: Die sorgfältig einstudierte und mit Francesco Pandolfini (Virginio), Marcella Lotti Della Santa (Virginia), Raffaele Mirate (Appio) und Giorgio Stigelli (Icilio) glanzvoll besetzte Premiere wurde ein triumphaler Erfolg, getragen von einer Welle der Sympathie für den greisen Komponisten wie vom Enthusiasmus der inzwischen erreichten Freiheit im Königreich beider Sizilien. Der Reichtum an melodischer Erfindungskraft, die sorgfältige Herausarbeitung der dramatischen Höhepunkte, die Meisterschaft in der Stimmen- und Orchesterbehandlung wurden lautstark akklamiert. Bei längerem Nachdenken allerdings mußte den Zuhörern und Kritikern der Unterschied zur zeitgleichen Musikdramatik Verdis auffallen. So geriet Mercadantes Werk rasch in den Verdacht, nicht nur hinter der Musik der Gegenwart zurückzubleiben, sondern auch hinter den Zielsetzungen seiner eigenen früheren Werke. So konnte die Aufführung am San Carlo, ungeachtet ihres äußerlichen Erfolgs, dem Werk keine dauerhafte Geltung auf der Bühne verschaffen. Nur drei spätere Aufführungen sind nachweisbar. 1872 wurde *Virginia* in Rom, 1877 am Teatro Regio Turin gegeben, 1901 noch einmal in Neapel. Eine Wiederbegegnung mit dem Werk bot sich 1976 über eine konzertante Aufführung beim University Festival in Belfast. Der Schallplattenmitschnitt dieser wohl auf weite Sicht einzigen Wiederaufnahme gibt, obwohl nur Virginia mit Janet Price und Virginio mit Christian Du Plessis erstklassig besetzt waren, einen vorzüglichen Eindruck vom Rang der Oper.

Autograph: Bibl. S. Pietro a Maiella Neapel (Z. 1. 7-8).
Abschriften: Bibl. S. Pietro a Maiella Neapel (III. 5. 22-24).
Ausgaben: Kl.A: Cottrau, Neapel, Nr. 14601-38; Lucca, Mailand, Nr. 17602-24, Nachdr.: Forni, Bologna 1978 (Bibl. Musica Bononensis. IV/220.); Textb.: Neapel, Stamperia vico Giardinetto 1866. **Aufführungsmaterial:** Weinberger
Literatur: J. BLACK, The Italian Romantic Libretto. A Study on S. Cammarano, Edinburgh 1984, S. 128f., passim; weitere Lit. s. S. 69

Norbert Miller

Aarre Merikanto

Geboren am 29. Juni 1893 in Helsinki, gestorben am 29. September 1958 in Helsinki

Juha
Kolminäytöksinen ooppera

Juha
Oper in 3 Akten

Text: Aino Ackté-Jalander (eigtl. Aino Achté), nach dem Roman (1911) von Juhani Aho (eigtl. Johannes Brofeldt)
Uraufführung: konzertant: 3. Dez. 1958, Finnischer Rundfunk, Helsinki; szenisch: 28. Okt. 1963, Stadttheater, Lahti (komponiert 1922)
Personen: Juha, Einödsbauer aus der Landschaft Savo (B.Bar); Marja, Juhas junge Frau (S); Shemeikka, ein karelischer Handelsmann (T); Anoppi, Juhas Mutter (A); Kaisa, Magd auf Juhas Hof (S); Kalamatti, Fischer (B); Mummo, eine alte Frau (A); Emäntä, Shemeikkas Mutter (Mez); 2 Köhler aus der Landschaft Savo (B, Bar); Anja (S), Serahviinan

(stumme R) und 2 Mädchen (S, A), Shemeikkas Sommerliebchen. **Chor:** Männer und Frauen von Shemeikka
Orchester: 3 Fl (3. auch Picc), 2 Ob, E.H, 2 Klar, B.Klar, 2 Fg, 4 Hr, 3 Trp, 3 Pos, Tb, Pkn, Schl (gr.Tr, kl.Tr, Tamburin, Bck, Tamtam, Trg, Glsp), Cel, Hrf, Streicher; BühnenM: 3 Vl, Trp, Tb, Glocken
Aufführung: Dauer ca. 1 Std. 45 Min.

Entstehung: Das politische und kulturelle Selbständigkeitsstreben in Finnland, das seit 1809 als Großfürstentum zu Rußland gehört hatte, wirkte seit dem späten 19. Jahrhundert stimulierend auf die Entwicklung aller Künste. Finnische Architektur und bildende Künste fanden auch in Westeuropa, nicht zuletzt durch die Pariser Weltausstellung von 1900, erhebliche Anerkennung. Im Zug der nationalen Emanzipation drängten musikalische Kreise auf die Entwicklung eines eigenständigen finnischsprachigen Opernschaffens, für das sich besonders die weltberühmte Sopranistin Ackté engagierte. Sie gründete 1912 die Opernfestspiele von Savonlinna, die bis zu ihrem vorläufigen Ende 1916 vor allem neuen finnischen Opern eine Aufführungsmöglichkeit geboten haben. Als der Roman *Juha* des von Ackté schon lange geschätzten Aho erschien, glaubte sie, ein geeignetes Sujet für eine wirklich finnische Oper gefunden zu haben. Nachdem Armas Järnefelt eine Vertonung von Acktés Libretto abgelehnt hatte, trat die Sängerin vergeblich an Jean Sibelius heran. Ihre Wahl fiel nun auf Merikanto, der schon als 19jähriger den später vernichteten Operneinakter *Helena* (Helsinki 1912, Text: Jalmari Finne) komponiert hatte. *Juha*, heute als finnische Nationaloper geltend, kam erst mehr als vier Jahrzehnte nach seiner Entstehung 1920–22 auf die Bühne. Selbst Ackté glaubte schließlich nicht mehr an eine Aufführung und gab ihr Libretto Leevi Madetoja, der es mit geringfügigen Änderungen vertonte, mit seinem *Juha* (Helsinki 1935) aber nicht an seinen Erfolg von *Pohjalaisia* (1924) anknüpfen konnte. Merikanto überreichte seinen Klavierauszug im Febr. 1922 der Operndirektion in Helsinki. Als er im Mai noch keine Entscheidung erhalten hatte, verlangte er ihn zurück. Daß er keinerlei Versuche mehr unternahm, *Juha* zur Aufführung zu bringen, erklärt sich aus seiner allgemeinen Situation. In seiner mittleren Schaffensperiode während der 20er Jahre verließ Merikanto für das Empfinden seiner Landsleute zu radikal die in Finnland immer noch bestimmende Grundhaltung tonal gefestigten, romantisch geprägten Komponierens. Merikanto, zunehmend depressiv und nach einer Gallenkrankheit Morphinist geworden, vernichtete einige seiner Werke, so Teile seiner bedeutenden *Symphonischen Studie* (1935), und schrieb unter den Klavierauszug der Oper: »Unaufgeführt, und so möge es auch bleiben. Des Teufels eigene Musik.«

Handlung: In Nordkarelien, nahe der russischen Grenze, nach der Hungersnot von 1867/68.
I. Akt, 1. Bild, Juhas Hof mit Scheunen und Sauna: Der Bauer Juha lebt auf einsamem Gehöft in der kargen Landschaft Nordostfinnlands mit seiner viel jüngeren Frau Marja zusammen, die, unzufrieden mit ihrem Schicksal, heftig gegen ihren Mann aufbegehrt. Willkommene Abwechslung bringt der Besuch des reisenden karelischen Handelsmanns Shemeikka. Durch verführerische Reden und kleine Geschenke gewinnt er Marjas Gunst. Juha lädt ihn ein, auf seinem Hof zu übernachten. 2. Bild, ebenda: Am nächsten Tag versucht Shemeikka, Marja zu überreden, mit ihm zu gehen. Sie ist verunsichert, ihr fehlt aber der Mut, ihrem Herzen zu folgen. Juha ist derweilen über den See gefahren, um seine Mutter zu holen, die sogleich ihre Schwiegertochter beschimpft. Für Marja, die sich immer mehr zu Shemeikka hingezogen fühlt, gibt dies den Ausschlag, ihm zu folgen.
II. Akt, 1. Bild, vor Shemeikkas Fischerhütte: Marja wartet seit Wochen auf den wieder im Land umherziehenden Shemeikka. Von einem Fischer erfährt sie, daß er in jedem Sommer eine neue Braut nach Haus bringt, die er, wenn er ihrer überdrüssig ist, seiner Mutter und dem Gesinde seines Hofs zuführt. Marja sieht sich getäuscht, möchte zu Juha zurück und weist den heimkehrenden Shemeikka ab. Die Tatsache, daß sie von ihm ein Kind erwartet, hält sie aber davon ab, zu ihrem Mann zurückzukehren. 2. Bild, die gute Stube von Shemeikkas Gutshof, Winter: Vergeblich versuchen Emäntä und Anja Marja, die inzwischen ihr Kind geboren hat, zu trösten. Juha kommt auf der Suche nach Marja auf den Hof, findet sie aber nicht, da sie sich vor ihm versteckt. Shemeikka feiert mit Serahviinan, einer neuen Geliebten. Für Marja hat er kein Wort übrig.
III. Akt, 1. Bild, Bauernstube bei Juha: Juha wartet immer noch auf Marjas Rückkehr. Er glaubt, sie sei von Shemeikka entführt worden, und weist seine Mutter zurecht, die ihm klarzumachen sucht, daß seine Frau aus freien Stücken dem andern gefolgt ist. Plötzlich erscheint Marja. Die Schwiegermutter beschimpft sie als »Russenhure«. Marja belügt Juha und überzeugt ihn, Shemeikka habe sie geraubt und vergewaltigt. Juha beschließt, von Shemeikka Marjas Kind zu verlangen. 2. Bild, vor Shemeikkas Fischerhütte: Juha und Marja kommen, um das Kind abzuholen. Als

Juha, III. Akt, 2. Bild; Ana Bonaque als Anja, Gunnar Drago als Shemeikka, Horst Fiehl als Juha; Regie: Manfred Schnabel, Ausstattung: Peter Umbach; Städtische Bühnen, Hagen 1976.

Shemeikka den alten Mann verhöhnt, wachsen diesem ungeahnte Kräfte, und er schlägt den Kraftprotz zum Krüppel. Im Augenblick seines Triumphs erfährt er von dem schwerverletzten Shemeikka, daß Marja freiwillig gefolgt ist und Juha, den sie haßte, den Tod gewünscht hat. Die verzweifelte Marja, die erst jetzt Juha zu schätzen lernt, gesteht ihm, alles sei wahr. Juha geht zum Wasserfall, um sich zu ertränken.
Kommentar: Aho, einerseits vom norwegischen und russischen Realismus (Henrik Ibsen und Lew Graf Tolstoi) beeinflußt, andrerseits angeregt von den psychologischen Romanen Guy de Maupassants und Alphonse Daudets, gehört zu den führenden Vertretern einer realistischen Literatur in Finnland. Wie nicht selten in der finnischen Literatur dieser Zeit, verklärt *Juha* das harte Landleben und die Bauern, hier in der Gestalt Juhas, der auch unter miserablen Lebensverhältnissen und nach persönlichen Schicksalsschlägen sowie körperlichen Blessuren Ehrenhaftigkeit und Menschlichkeit bewahrt. Sucht er einerseits die äußere Handlung durch eine genaue Analyse von Gefühlen und Stimmungen zu intensivieren, wobei er sich mit besonderer Sorgfalt der Figur Marjas widmet, so ist er andrerseits um eine kulturhistorische Schilderung bemüht, das heißt um die Schilderung der kulturellen Grenzsituation Kareliens, in dem finnische und russische Kultur zusammenprallen. Die Oper verleiht der genauen Milieuschilderung eine von der literarischen Vorlage nur begrenzt angedeutete neue Dimension und überführt die Handlung in einen psychologischen Realismus, dem die Innenwelt der beiden Hauptfiguren genauso wichtig wird wie die äußeren Vorgänge. Die rhythmische und die melodische Struktur ergeben sich aus der vokalreichen finnischen Sprachmelodie, der die Musik genau folgt und aus der auch eine Besonderheit der Chorbehandlung (in der Tanzszene, II/2) entsteht: Der Chor ist zumeist unisono geführt und nur selten (und nur in gleichsam textlosen Partien, bei Lauten wie »ha« und »hei«) bis zur Vierstimmigkeit ausgeweitet. Aus der Priorität der Sprachmelodie erklärt sich überdies der Verzicht auf Ensembles, und auch der Bau der Motive ergibt sich daraus. Wie ein Netz durchziehen einige rhythmische und melodische Grundmotive die Oper; sie haben Bezug zu Personen (vor allem das Shemeikka-Motiv) und Handlung und bestimmen zugleich die musikalische Grundstruktur. Der Ausdruck strebt zu einem bewegten, sich fortwährend neu entzündenden Espressivo, das nicht vornehmlich auf Kantabilität zielt. Musikalisch-Folkloristisches wird, mit Ausnahme der gleichsam zitierten Spielmannsweisen auf Shemeikkas Fest, streng vermieden. Merikanto sah die Aufgabe des Opernkomponisten, der nicht wie der Schriftsteller Begebenheiten schildern könne, in der Darstellung von Gefühlszuständen, die er in eindringlicher Form durch das Orchester zum Ausdruck bringt. So sind, kulminierend in der langen Zwischenaktmusik in Sonatenform im III. Akt, einige bedeutende szenische Momente (Marjas Erregtheit über den sie suchenden Juha in II/2 und die Kampfszene zwischen Juha und Shemeikka in III/2) wie auch Stimmungsbilder (vor allem die Verzweiflung der mit einem Schatten von Hoffnung auf Shemeikka wartenden Marja in II/2) dem Orchester anvertraut. Das große Instrumentarium ist sehr variabel behandelt mit vergleichsweise kühnen spieltechnischen Mitteln (Flatterzunge und Posaunenglissandi). Dunkler Klang, eine oft bizarre Harmonik, schrille Farben und Reibungen unterstreichen die eigenwillige musikalische Diktion Merikantos, die in der finnischen Musik seiner Zeit ganz isoliert dasteht.
Wirkung: Kurz vor seinem Tod übergab Merikanto nach beständigem Drängen dem Rundfunk die Partitur von *Juha*. 1957 wurde der III. Akt gesendet, einige Wochen nach Merikantos Tod dann, unter Nils-Eric Fougstedts Leitung, das gesamte Werk. 1967 folgte die erste Inszenierung in Helsinki (Dirigent: Ulf Söderblom). Matti Lehtinen sang den Juha, ebenso wie bei den Festspielen in Savonlinna, die das Werk 1970/71 sowie 1972 bei einem Gastspiel in Helsinki zeigten. In einer Inszenierung von Sakari Puurunen (wieder unter Söderblom) mit Jorma Hynninen (Juha) und Anita Välkki (Emäntä) gehört *Juha* seit 1986 zum Repertoire der Nationaloper Helsinki. Die deutsche Erstaufführung 1976 in Hagen (Dirigent: Reinhard Schwarz) und mehrere Gastspiele der Nationaloper Helsinki (unter anderm bei den Edinburgher Festspielen 1987) haben *Juha* auch im Ausland Beachtung verschafft.

Autograph: Yleisradio Helsinki. **Ausgaben:** Kl.A, finnisch/engl. Übers. v. G. Buckbee: Luouvau Säveltaiteen Edistämissäätiö 1973. **Aufführungsmaterial:** Fazer, Helsinki
Literatur: S. HEIKINHEIMO, A. M. Säveltäjänkohtalo itsenäisessä Suomessa, Porvoo 1985; H. SUILAMO, A. M. – a Battered Genius, in: Finnish Music Quarterly 1986, Nr. 1, S. 48–59

Peter Dannenberg

Auguste Mermet
Geboren am 5. Januar 1810 in Brüssel,
gestorben am 4. Juli 1889 in Paris

Roland à Roncevaux
Opéra en quatre actes

Roland bei Roncesvalles
4 Akte

Text: Auguste Mermet
Uraufführung: 3. Okt. 1864, Opéra, Salle de la rue Le Peletier, Paris
Personen: Roland (T); Ganelon (B.Bar); der Erzbischof Turpin (B); Alde, eine junge Waise (Mez); der Emir von Zaragoza (B); Saïda, seine Tochter (S); ein Hirte (T); ein Page (S); eine maurische Sklavin (S); Charlemagne/Karl der Große (stumme R). **Chor:** 10 Paladine Charlemagnes, fränkische Ritter und Soldaten, Pagen, sarazenische Krieger, maurische Sklaven

und Sklavinnen, Aldes Vasallen und Gefährten, Landleute. **Ballett:** baskische Landleute, maurische Sklaven und Sklavinnen, Marketenderinnen
Orchester: Picc, 2 Fl, 2 Ob, 2 Klar, 2 Fg, 4 Hr, 2 Trp, 2 VentilTrp, 3 Pos, Ophikleide, Pkn, Schl (gr.Tr, kl.Tr, Tamburin, Bck, Trg, Tamtam, Glsp), 2 Hrf, Streicher; BühnenM: 8 Tamburine, 4 VentilTrp, 2 VentilPos, 2 SaxHr
Aufführung: Dauer ca. 2 Std. 45 Min. – Ballett im II. und III. Akt.

Entstehung: Mermet, Kompositionsschüler von Jean François Le Sueur und Fromental Halévy, debütierte als Theaterkomponist mit der Opéra-comique *La Bannière du roi* (Versailles 1835, Text: Pierre François Adolphe Carmouche). Erfolg war ihr ebensowenig beschieden wie *Le Roi David* (Text: Alexandre Soumet und Félicien Mallefille), der 1846 mit Rosine Stoltz in der Titelrolle an der Opéra herauskam. *Roland à Roncevaux* lag schon in den 50er Jahren der Direktion der Opéra vor, zur Aufführung kam er jedoch erst sehr viel später nach zahlreichen Umarbeitungen.
Handlung: Nördlich und südlich der Pyrenäen, während des Kriegs der Franken mit den Sarazenen, 778.
I. Akt, Saal auf der Burg Ganelons: Man bereitet die Heirat des Feudalherrn Ganelon mit seinem Mündel Alde vor. Alde, deren Herz für den vielgerühmten Krieger Roland schlägt, konnte zwar bei Ganelon die Freilassung der arabischen Geisel Saïda erwirken, nicht aber den Verzicht auf ihre Hand. So eröffnet sie ihr Herz Saïda, die Alde vorschlägt, mit ihr nach Zaragoza zu fliehen. Da zwingt ein Gewitter Roland, auf der Burg Schutz zu suchen. Alde bittet den Fremden um Hilfe gegen Ganelon, und so tritt Roland dazwischen, als Turpin Alde mit Ganelon verheiraten will. Da die fränkischen Truppen nach Spanien weiterziehen sollen, fordert Turpin die Rivalen dazu auf, ihr Duell erst nach dem Feldzug auszutragen.
II. Akt, der Palast des Emirs von Zaragoza: Saïda beklagt den militärischen Erfolg der Franken, deren Delegation vom Emir mit einem pompösen Fest empfangen wird. Nachdem Roland dem Emir die Bedingungen eines Friedens (Unterwerfung unter die Franken und Taufe oder Vernichtung) diktiert hat, sieht er sich unvermutet der verschleierten Alde gegenüber, die sich in Saïdas Kleidung in den Garten gewagt hat. Nach der Erklärung gegenseitiger Liebe werden sie vom Emir überrascht, der die vermeintliche Tochter zurechtweisen will. Als sich Alde aber zu erkennen gibt, schwört der hinzugekommene Ganelon Roland Rache und schlägt dem Emir vor, zum Schein auf die Bedingungen einzugehen, dann aber Roland in einem Hinterhalt zu vernichten.
III. Akt, das Tal von Roncesvalles: Der Hirte beklagt die Störung durch die durchmarschierenden Truppen. Während die fränkischen Truppen in der Vorfreude auf die Heimat ein lärmendes Fest feiern, offenbart sich Roland Turpin: Obwohl er beim Empfang seines Durandal genannten Wunderschwerts geschworen hat, für immer der Liebe zu entsagen, kann er Alde nicht vergessen. Aldes Erscheinen stürzt ihn in neue Konflikte, erst die Nachricht vom Vormarsch der sarazenischen Truppen läßt ihn die Liebe vergessen, furchtlos führt er seine Truppen gegen die Feinde.
IV. Akt, ebenda: Roland konnte zwar den Verräter Ganelon töten, aber alle Franken sind gefallen, und auch er selbst ist schwer verwundet. Sterbend erklärt er Alde, er nehme seinen Tod als gerechte Strafe dafür an, daß er die Geliebte nicht vergessen konnte. Mit letzter Kraft ruft er die herbeigeeilten fränkischen Truppen zur Entscheidungsschlacht. Als Rolands Kameraden seinen Leichnam hinaustragen, erscheint Charlemagne, der voller Schmerz seinen toten Neffen erkennt.
Kommentar: *Roland à Roncevaux* kann als typisches Beispiel für den Geschmack des Pariser Opernpublikums im Second Empire gelten: Mit 67 Aufführungen an der Opéra war das Werk erfolgreicher als etwa Verdis *Don Carlos* (1867), mit dem es charakteristische Züge wie die Schleierszene im II. Akt und die ins Mystische überhöhte Erscheinung eines »Weltherrschers« am Schluß teilt. Offenbar hatte Mermet mit Recht auf den Nationalismus des Publikums spekuliert, als er sich in freier Anlehnung an die *Chanson de Roland* (um 1100) selbst das Libretto schrieb: Im Gegensatz zu den großen Opern Giacomo Meyerbeers ist der historische Rahmen dabei kaum mehr als Vorwand für martialische Rhythmen und patriotische Melodien in der Tradition Halévys, an dessen *Charles VI* (1843) Mermet hier in mehrfacher Hinsicht anknüpft. Während aber Halévy immer versucht hatte, die Psychologie seiner Figuren differenziert zu gestalten, sind hier die Charaktere kaum zu greifen; im Detail ausgearbeitet, wenngleich in Stereotypen verharrend, erscheinen nur die Rollen Aldes und Rolands. Auch sonst erweist sich die musikalische Sprache als epigonal: Das im Ballett des II. Akts aufgebotene maurische Lokalkolorit und die Harmonik gehen kaum über die Vorbilder der 30er Jahre hinaus, die Instrumentation ist zwar durchdacht, aber nirgends innovativ. Auch formal schlägt Mermet keine neuen Wege ein; zwar reduziert er den Anteil der mehrsätzigen Solonummern in der italienischen Tradition, sucht aber nicht einen die einzelne Nummer überschreitenden Zusammenhang. Der Erfolg der Oper scheint so vor allem in den eingängigen Melodien begründet zu sein, die Mermet im patriotischen Kampflied Rolands »Dans les combats, soldats de France« und in der Anrufung der »superbes Pyrénées« im Finale des I. Akts gelangen. Angesichts des großen Publikumserfolgs, der indirekt auch von der am 27. Dez. 1864 im Théâtre des Bouffes-Parisiens mit Hervés Musik uraufgeführten Parodie *La Revue pour rien ou Roland à Rouge-Veau* (Text: Clairville, Paul Siraudin und Ernest Blum) bestätigt wird, stellte auch die Berufskritik kritische Einwände hintan und besprach diese »Marseillaise aus sagenhafter Zeit« (Paul Smith, s. Lit.) sehr wohlwollend.
Wirkung: Die Uraufführung (Roland: Louis Gueymard, Alde: Pauline Gueymard) fand in Anwesenheit Kaiser Napoleons III. statt. Noch in den 60er Jahren folgten Inszenierungen in vielen französischen Städ-

ten (unter anderm Bordeaux, Lyon, Marseille, Toulouse, Troyes), aber auch in Antwerpen, Gent, Brüssel, selbst in New Orleans. Als Mermet aber mit einem weiteren Werk in dieser Art an seinen ersten großen Erfolg anknüpfen wollte, konnten auch die gefälligen und eingängigen Züge seiner Partitur nicht mehr das Interesse der musikalischen Öffentlichkeit gewinnen. Zwar hatte die Pariser Operndirektion seine *Jeanne d'Arc* (Text: Mermet) als erste Uraufführung in der gerade eröffneten Salle Garnier angesetzt; nach der kühlen Aufnahme am 5. April 1876 überboten sich aber die Kritiker in vernichtenden Besprechungen dieses »Triumphs der ausdruckslosen Musik« (Adolphe Jullien, s. Lit.). Nach nur 15 Aufführungen verschwand Mermets letzte Oper vom Spielplan, und selbst die Neuinszenierung seines *Roland à Roncevaux*, mit der am 13. Okt. 1883 im Pariser Théâtre du Château d'eau die Opéra-Populaire eröffnet wurde, fand trotz späterer Wiederholungen in Amsterdam und Gent kaum noch Resonanz.

Autograph: Bibl. de l'Opéra Paris (Rés. A. 615a, Rés. 181). **Abschriften:** Bibl. de l'Opéra Paris (A. 615b). **Ausgaben:** Part: Choudens [1865], Nr. 1135; Kl.A v. A. Schimon: Choudens [1864], Nr. 1088; Textb.: Paris, Lévy/Jonas 1864
Literatur: P. SMITH, Roland à Roncevaux, in: Revue et gazette musicale de Paris 31:1864, S. 321–323; A. JULLIEN, Jeanne d'Arc, ebd. 43:1876, S. 113–115; A. DUPEUTY, A. M. (Notes intimes), in: Chronique musicale 11:1876, S. 57–63; G. L. CHINN, The Académie Impériale de Musique. A Study of Its Administration and Repertory from 1862–1870, NY 1969, Diss. Columbia Univ., S. 111–118

Anselm Gerhard

Bob Merrill

Eigentlich Henry Robert Merill Lavan; geboren am 17. Mai 1921 in Atlantic City (New Jersey)

Carnival!
Musical Comedy

Karneval!
Lili
2 Akte (10 Bilder)

Buch: Michael Stewart (eigtl. Michael Stewart Rubin), nach dem Drehbuch von Helen Deutsch zu dem Film *Lili* (1953) von Charles Walters, nach der Erzählung *Love of Seven Dolls* (1953) von Paul William Gallico. **Gesangstexte:** Bob Merrill. **Orchestration:** Philip Emil Joseph Lang. **Choreographie:** Gower Champion. **Arrangeur der Tanzmusik:** Peter Howard (eigtl. Howard Peter Weiss)
Uraufführung: 13. April 1961, Imperial Theatre, New York
Personen: Jacquot; Mr. Schlegel; Grobert; 4 Handlanger; Radfahrer; Miguelito; Hundetrainer; Garderobenfrau; 3 Haremgirls; Bärengirl; Prinzessin Olga; Band (2 Herren); Stelzengänger; Jongleure; 2 Clowns; starker Mann; Gladys Zuwicki; Gloria Zuwicki; Zigeunerin; Marco The Magnificent; The Incomparable Rosalie; Greta Schlegel; Lili; Paul Berthalet; Blue Birds (4 Damen); Trapezkünstler; Dr. Glass; Zirkusleute, Stadtvolk
Orchester: 5 Holzbläser (I: Picc, Fl; II: Picc, Fl, Klar, A.Sax; III: Fl, Klar, B.Klar, A.Sax; IV: Ob, Klar, T.Sax; V: Klar, B.Sax, Fg), Hr (auch 3. Trp), 2 Trp, 2 Pos, Hrf, Git (auch Mand), Cel, Akkordeon, Pkn, Schl (2 Spieler: kl.Tr, gr.Tr, Tomtom, hängendes Bck, Tamburin, Kastagnetten, Ratsche, Kuhglocke, StempelFl, Marimba, Xyl, 2 Trg, HolzröhrenTr, Hihat, Tamtam, Glsp), Streicher (Kb auch Tb); BühnenM: SchifferKl, Trp, gr.Tr
Aufführung: Dauer ca. 2 Std. – Die Handlanger wirken bei den Umbauten mit. Zaubertricks, Schwertertanz. – Die 3. Trompete wurde nach der Uraufführung gestrichen. Für Tourneeunternehmen erstellte Lang eine reduzierte Orchestration.
Gesangsnummern: Direct from Vienna (Wir zieh'n hier aus Wien her); A Very Nice Man (Ein so netter Mann); Fairyland (Märchenland); I've Got to Find a Reason (Man muß doch schließlich wissen); Mira; Sword, Rose and Cape (Ein Ros' und ein Cape und ein Schwert); Humming (Immer summt er); Yes, My Heart (Ja, mein Herz); Everybody Likes You (Jeder hat dich gerne); Magic, Magic (Magisch! Magisch!); Tanz mit Mir (Tanz mit mir); Love Makes the World Go 'Round (Liebe geht ein und aus); Yum Ticky (Tom Tiki Tiki Tom); The Rich (Für Geld gibt's Erdbeeren mit Sahne); Beautiful Candy (Ein Marzipanschwein); Her Face (Ihr Gesicht); I Hate Him (Ich hass' ihn); Always, Always You (Immer du); She's My Love (Sie ist mein)

Entstehung: In Umkehrung der häufigen Praxis, ein erfolgreiches Musical zu verfilmen, adaptierten Merrill und Stewart den Film *Lili* (mit Leslie Caron, Mel Ferrer und Jean-Pierre Aumont) für die Bühne. Um rechtliche Probleme zu vermeiden, gaben sie den Film nicht als Vorlage an.
Handlung: Am Rand einer Stadt in Südeuropa, um 1930. I. Akt, 1. Bild: Festplatz; 2. Bild: Puppenstand; 3. Bild: Schlegels Büro; 4. und 5. Bild: wie I/1; 6. Bild: Hauptzelt; 7. Bild: Festplatz bei Nacht; II. Akt, 1. Bild: Hauptgasse; 2. Bild: Wohnwagenkolonie; 3. Bild: vor dem Hauptzelt.

Das Waisenkind Lili kommt zu einem mittelmäßigen Vergnügungsunternehmen, dem »Grand Imperial Cirque de Paris«, um bei einem Freund ihres verstorbenen Vaters eine Anstellung zu finden. Sie erfährt, daß dieser inzwischen auch gestorben ist. Da gerät sie an den Weiberhelden Marco, von Beruf Zauberer, der ihr seine Hilfe verspricht. Doch als Souvenirverkäuferin und Gehilfin bei den Zauberkunststücken ist Lili ein Reinfall; sie wird entlassen. In ihrer Verzweiflung will sie sich das Leben nehmen, doch der behinderte Puppenspieler Paul, ein früherer Tänzer, kann sie mit

Carnival!; Regie und Choreographie: Gower Champion, Bühnenbild: Will Steven Armstrong, Kostüme: Freddy Wittop; Uraufführung, Imperial Theatre, New York 1961.

seinem Spiel davon abhalten. Lili tritt in der Puppenshow auf, die deshalb rasch zu einer Publikumsattraktion wird. Seit er sie gesehen hat, ist Paul in Lili verliebt, kann dies aber nur durch seine Puppen ausdrücken. Zudem verwirrt es ihn, daß Lili weiterhin für Marco schwärmt. Dies verstärkt die Eifersucht von Marcos Partnerin Rosalie, noch dazu, weil dieser ihre Liebe immer zurückweist. Deshalb verspricht sie ihm ein lukratives Engagement anderswo. Marco möchte bleiben und beabsichtigt, im Fall von Rosalies Abreise mit Lili zusammenzuarbeiten. Dies wiederum verärgert Paul. Nun versucht Marco gar, Lili zu bewegen, mit ihm fortzugehen, was Paul zu Handgreiflichkeiten verleitet. Schließlich erkennt Lili, daß Paul von Anfang an in sie verliebt war, und erwidert seine Zuneigung.
Kommentar: Vor dem ersten Weltkrieg gab es in Amerika eine wichtige Tradition in der Populärliteratur, in der verbitterte und verkrüppelte Personen durch die unschuldige Zuneigung eines vor ihrer Tür zurückgelassenen Waisenkinds zu neuem Leben erwachen. Stücke mit dieser Thematik galten als Rührseligkeitsübungen, und daran knüpfte *Carnival!* an. Jedoch ist Lili insofern keine prototypische Heldin für dies melodramatische Genre, als sie am Ende gereift und erwachsen erscheint. Bei *Carnival!* handelt es sich um eine Show, in der es ganz um eine romantische Geschichte geht; sozialkritische Aussagen, beispielsweise für bessere Arbeitsbedingungen im Zirkus, sind nicht enthalten. Das im Musiktheater häufige Zirkusmilieu stellt vielmehr eine Abenteuer verheißende Umgebung dar, die per se ideale Voraussetzungen für publikumswirksame Einlagen (Tanz-, Akrobatik- und Puppennummern) bietet. Diese machen denn auch wesentlich den spezifischen Charme dieses Musicals aus. – Ist Merrills Partitur im ganzen eher routiniert denn originell, so gelang ihm doch mit »Love Makes the World Go 'Round« ein Hit, der ähnlich bekannt wurde wie zuvor der Filmschlager »Hi Lili, Hi Lo« aus *Lili*.
Wirkung: *Carnival!* war von den ersten Tryouts in Washington und Philadelphia an ein großer Erfolg. Ganz entscheidend trugen zu diesem die ausgesprochen tänzerische Inszenierung des erfahrenen Champion und die Hauptdarsteller Anna Maria Alberghetti (Lili), James Mitchell (Marco), Jerry Orbach (Paul), Kaye Ballard (Rosalie) und Pierre Olaf (Jacquot) bei (Dirigent: Saul Schechtman). Das Musical erlebte 719 Vorstellungen am Broadway; umfangreiche Gastspielserien schlossen sich an. Im Lauf der Broadway-Aufführungen wurde Alberghetti von Susan Watson und ihrer Schwester Carla Alberghetti abgelöst. Wenngleich *Carnival!* ohne aufwendige Ausstattung und geeignete Künstler leicht wie eine banale Liebesgeschichte in einer schäbigen Umgebung wirken kann, erwies es sich schnell als ein Lieblingsstück für Sommertheater, kleine Tourneekompanien, Amateurtruppen und Colleges. – Die deutschsprachige Erstaufführung fand 1962 am Stadttheater Zürich statt (Regie: Lotfi Mansouri, Dirigent: Samuel Krachmalnick).

Ausgaben: Textb.: NY, DBS Publ. 1968. **Aufführungsmaterial:** Tams-Witmark, NY; dt. Übers. v. R. Gilbert: Bloch

Glenn Loney

André Messager

André Charles Prosper Messager; geboren am 30. Dezember 1853 in Montluçon (Allier), gestorben am 24. Februar 1929 in Paris

Les Deux pigeons
→ Mérante, Louis (1886)

Les P'tites Michu
Opéra-comique en trois actes

Die kleinen Michus
3 Akte

Text: Albert Guillaume Florent Vanloo und Georges J. Duval
Uraufführung: 16. Nov. 1897, Théâtre des Bouffes-Parisiens, Paris
Personen: General des Ifs (T oder Bar); Michu, Händler in den Hallen (T oder Bar); Aristide, sein Kommis (T oder Bar); Gaston Rigaud, Kapitän der Husaren (Bar); Bagnolet, Ordonnanz (T); Marie-Blanche (S); Blanche-Marie (S); Mme. Michu (A); Mlle. Herpin, Leiterin eines Mädchenpensionats (S); Mme. du Tertre, Mme. Rousselin, Mme. Saint-Phar

und Mme. d'Albert, geladene Damen; Claire (S), Palmyre (S), Ida (S), Francine (S), Irma, Paméla und Estelle, Pensionatsschülerinnen; eine Erzieherin.
Chor: Pensionatsschülerinnen, Damen, Offiziere, zivile Festgäste, Händler und Kunden der Hallen
Orchester: 2 Fl, Ob, 2 Klar, Fg, 2 Hr, 2 Trp, Pos, Pkn, Schl (gr.Tr, Bck, Trg, Tr), Streicher
Aufführung: Dauer ca. 2 Std.

Entstehung: Messagers Ruf als vielseitiger Komponist war 1896 durch den Mißerfolg seines *Chevalier d'Harmental* (Paris 1896, Text: Paul Ferrier nach Alexandre Dumas und Auguste Maquet) etwas überschattet worden. Angeblich wollte er nicht mehr für die Bühne komponieren, wurde aber von seinen Freunden Vanloo und Duval umgestimmt.
Handlung: In Paris, 1810.
I. Akt, Garten des Pensionats Herpin: Mlle. Herpin erzieht die jungen Mädchen im militärischen Geist der Epoche Napoleons. Deshalb wird zur Pause nicht geklingelt, sondern getrommelt. Im Mittelpunkt der Pausenspiele stehen die unzertrennlichen Schwestern Michu, Blanche-Marie und Marie-Blanche. Blanche-Marie soll beim Pfänderspiel den ersten eintretenden Fremden küssen. Es ist der junge Offizier Gaston, von dem sich rasch herausstellt, daß er beiden Mädchen gleich gut gefällt. Gaston ist der Neffe Mlle. Herpins. Sein General will ihn dadurch auszeichnen, daß er ihm seine Tochter zur Frau gibt. Die Eltern Michu kommen mit dem wöchentlichen Proviant. Madame Michu, die die Hosen anhat, kann es nicht lassen, ihrem Mann noch einmal die alte Geschichte vorzuwerfen, die sie vom Land vertrieben und zu Händlern in den Pariser Hallen gemacht hat. Vor 17 Jahren hat die aristokratische Ortsherrschaft auf der Flucht vor den Revolutionären ihnen die neugeborene Tochter zur Pflege anvertraut. Michu hat den adligen Säugling mit der eigenen neugeborenen Tochter im Bad vertauscht. Oder doch nicht? Jedenfalls versuchte man die Angelegenheit geheimzuhalten, auch von den beiden Mädchen. Der bärbeißige Stubenbursche des Generals (und früheren Marquis) des Ifs erschreckt die Michus mit der Meldung, sie hätten die überlassene Tochter umgehend zurückzugeben, damit sie einem verdienten Offizier vermählt werde. Für Blanche-Marie und Marie-Blanche heißt das erfreulicherweise, daß sie das Pensionat verlassen dürfen.
II. Akt, Salon beim General des Ifs: Die Winkelzüge der Michus können nur kurzzeitig die ungestümen Forderungen des Generals hintertreiben. Auch die Mädchen zögern nicht lange, als sie erkennen, daß es Gaston ist, den die »Adlige« heiraten soll. Die zupackende Marie-Blanche wählt nun als erste den Palast, und Blanche-Marie wird Braut des scheuen Kommis Aristide, der sich bisher zwischen den Schwestern nicht entscheiden konnte.
III. Akt, Stand der Michus in den Hallen: Blanche-Marie hat noch kein Zeichen der Liebe für Aristide von sich gegeben, und in einer Stunde soll doch Hochzeit sein. Auch Marie-Blanche fühlt sich wenig wohl und nimmt, obwohl bereits im Brautkleid, der Schwester gern das Bedienen der Kundschaft ab. Dann hat sie die rettende Idee: Sie kleidet und frisiert ihre sanftere und feinere Schwester so, daß sie dem Porträt der verstorbenen Marquise des Ifs täuschend ähnlich ist. Der General akzeptiert diesen Abstammungsnachweis, und den Bräutigamen ist der Wechsel gleichfalls recht.
Kommentar: Frau ist Frau? Nein, darauf läuft es nicht hinaus. Die Moral des Stücks ist eine andere: Adlige und handfeste Art sind offensichtlich erblich, und das wahre Wesen kommt am Ende zum Vorschein, natürlich rechtzeitig, bevor die Eheschließung unveränderliche Fakten schafft. Dieser Genugtuung für kleinbürgerliche Mentalität entspricht auch die eigentlich konfliktlose, episodenhafte Handlung. Die Figuren, auch die komischen, haben also keine Gelegenheit, sich zu profilieren, sich zu entwickeln. Für Abwechslung sorgen eigentlich nur einige beinah stereotype Milieuschilderungen, das Pensionat, die Hallen. Messager hat das gefällige Ideal der »opérette gentille« erfüllt und eine Musik ohne Anstößigkeit, ohne Ecken und Kanten und ohne Widerhaken geschrieben, freilich auf höchstem Niveau. Dementsprechend hat er sich auch das anspruchsvollste Stilvorbild genommen: Emmanuel Chabrier. Viele melodische und harmonische Wendungen könnten direkt aus dessen Operetten stammen, sprächen nicht die Glättung, eine gewisse Wohlerzogenheit und jeglicher Mangel an Frechheit dagegen. Rein musikalisch ist das Werk durchaus nicht langweilig und voller Reiz, wie Funk und Schallplatte beweisen.
Wirkung: Mit 150 Aufführungen hatten *Les P'tites Michu* einen beträchtlichen Premierenerfolg, der sich in der französischen Provinz, aber auch international fortsetzte: Rom und Berlin 1898 (Metropoltheater, deutsch von Heinrich Bolten-Baeckers), Brüssel und Wien 1899, Reval 1900, Lissabon und Prag 1901, Algier 1904, London (Daly's Theatre, über 400 Aufführungen) 1905, New York (Garden Theatre) 1907 und Zürich 1908. Dennoch wurde ein harmlos-gefälliges Werk wie *Les P'tites Michu* vom Erfolg deftiger Novitäten und von der Wiederbelebung der ursprünglichen, von Phantasie und Überraschung geprägten Operettengenres überschattet.

Autograph: Verbleib unbekannt. **Ausgaben:** Kl.A: Choudens 1897, Nr. 10908, Nachdr. Nr. 11310; Textb.: Paris, Libr. Théâtrale; Paris, Billaudot Successeur. **Aufführungsmaterial:** Choudens
Literatur: H. Février, A. M., Paris 1948; M. Augé-Laribé, A. M., musicien de Théâtre, Paris 1951

Josef Heinzelmann

Véronique
Opéra-comique en trois actes

Véronique
3 Akte

Text: Albert Guillaume Florent Vanloo und Georges J. Duval

Uraufführung: 10. Dez. 1898, Théâtre des Bouffes-Parisiens, Paris
Personen: Florestan de Valaincourt (Bar); Coquenard (T); Loustot (T); Séraphin (T); Hélène de Solanges (S); Agathe Coquenard (S); Ermerance de Champ d'Azur (Mez); Sophie, Céleste, Irma, Héloise, Zoé und Elisa, Floristinnen (3 S, 3 A); Octave; Félicien; ein Tambour; ein Gerichtsvollzieher; Denise; Tante Benoît; ein Hoffräulein; Julie. **Chor:** Floristinnen, Blumenkäufer und -käuferinnen, Nationalgardisten, Hochzeitsgäste, Hofdamen, Ballgäste, Personal des Restaurants
Orchester: 2 Fl, Ob, 2 Klar, Fg, 2 Hr, 2 Trp, Pos, Pkn, Schl (kl.Tr, Trg, gr.Tr, Bck), Streicher
Aufführung: Dauer ca. 2 Std. 30 Min.

Handlung: In und bei Paris, um 1840, zur Zeit des Bürgerkönigs Louis Philippe.
I. Akt, der »Temple de Flore«, der feinste Blumenladen der Stadt: Coquenard, der Besitzer, denkt nur daran, daß im Moment die Wahl des Hauptmanns der Nationalgarde stattfindet. Kein Wunder, daß er wenig Augen für seine charmante Frau Agathe hat, die gerade von ihrem derzeitigen Liebhaber Florestan de Valaincourt (einem der besten Kunden Coquenards) den Abschied erhält: Florestan soll noch an diesem Abend seiner künftigen Frau vorgestellt werden, und zwar bei der Königin selbst. Er hat nur die Wahl zwischen Ehe und Schuldturm, denn sein Onkel hat einen ungedeckten Wechsel von ihm angenommen und läßt ihn nun von einem auf ähnliche Weise verarmten Adligen, dem Gerichtsvollzieher Loustot, bewachen. Nun, er wird eben diese kleine Pute Hélène de Solanges heiraten, erklärt Florestan und lädt alle Anwesenden ein, mit ihm seinen Abschied vom Junggesellenleben zu feiern. All das hat Hélène mitgehört, die mit ihrer Tante Ermerance und dem Diener Séraphin (der nur an seine auf den Nachmittag festgelegte Hochzeit denkt) Blumenschmuck besorgen wollte. Wie, eine kleine Pute sei sie? Sie wird beweisen, daß sie einen spitzen Schnabel hat. Verkleidet kommt sie mit ihrer Tante zurück: Als Grisetten Véronique und Estelle lassen sich Hélène und Ermerance von Coquenard engagieren und von Florestan mit den andern Ladenmädchen einladen. Coquenard darf sich endlich als Capitaine feiern lassen. Er bestellt seine Kompanie nach Romainville aufs Fest, wo Florestan für ihn die Zeche zahlen kann: wenn er es kann.
II. Akt, das Gartenrestaurant »Tourne-Bride« im Wald von Romainville: Séraphin feiert seine Hochzeit. Florestan und seine Gäste erscheinen. Unterwegs hat ihm die angebliche Véronique schon ganz schön den Kopf verdreht; Coquenard umwirbt Estelle, und Loustot macht Agathe den Hof. Florestan beendet um so leichter die Affäre mit Agathe, je sterblicher er sich nun in Véronique verliebt. Diese kann mit ihrer Tante den Ort des Fests nur verlassen, indem sie im Wagen ihres Dieners verschleiert als Braut und deren Tante davonfährt. Florestan schwört, er werde niemanden heiraten als diese »Véronique« und läßt sich widerstandslos von Loustot ins Gefängnis abtransportieren.
III. Akt, ein kleiner Salon in den Tuilerien, im Hintergrund eine große Fensterfront und eine Galerie, die zu den großen Empfangssälen führt: Beim Hofball trifft sich alles, nur Hélène wartet vergeblich auf Florestan, den sie damit überraschen möchte, daß sie ihre Rolle als Véronique aufdeckt. Endlich bringt Loustot, der vom Einkerkern Florestans weniger profitiert als von einer Heirat mit dem damit verbundenen Wechseleinlösung, den Arrestanten auf den Ball. Agathe verrät Florestan die wahre Identität Véroniques. Hélène findet ihren geliebten und zum Ehemann bestimmten Florestan sehr ablehnend, aber nur zum Schein, so daß es doch zur Heirat kommt, durch die auf sechs Monate aus dem sanierten Loustot wieder der Baron de Merlettes wird.

Kommentar: Getreu der französischen Tradition von Offenbach und Lecocq, Audran und Planquette trägt *Véronique* den Gattungsvermerk Opéra-comique. Opérette, gar Opéra-bouffe könnte sie mit ebensolcher Berechtigung heißen, wie Véronique Véronique heißt. Tatsächlich ist sie doch eine bessere Dame, die sich die Freude macht, als Grisette aufzutreten, um ohne Aufmachung und Titel durch ihr bloßes Wesen zu bezaubern. Insofern ist das Werk eine Parodie im weitesten Sinn: Es tut so, als wär' es eine Operette der 70er Jahre. – Trommelwirbel, lärmender Marsch: so beginnt die Ouvertüre mit Aplomb. Die Melodie hat gleichwohl etwas Gepflegtes an sich; vielleicht ist sie ein Zitat, denn sie ähnelt überaus dem Thema von Beethovens lange verschollenem *Andante con variazioni D-Dur* für Mandoline (1796). Für den dramaturgischen Betrachter zählt mehr, daß zu dieser Musik später die Nationalgarde auftritt und ihren neuen Hauptmann preist. Wie ernst das gemeint ist, sieht man dort gleich: Das Lob wird von Florestan angestimmt, der eben den gefeierten »héros citoyen« Coquenard zum Hahnrei gemacht hat. Genau wie im Finale des I. Akts folgt in der Ouvertüre die Auftrittsmusik der falschen Grisetten, freilich sequenziert und moduliert hier (bei sonst gleicher Tonart) der Übergang noch symphonischer, aparter. Die harmonisch fremdartigen Couplets, mit denen sich daraufhin im 1. Finale Hélène als Floristin Véronique andient, erscheinen nicht in der Ouvertüre, sondern dienen als beifallheischendes Schlußcouplet des Werks. Die Ouvertüre indessen geht weiter mit knappster Anspielung auf jene Musik, mit der sich Véronique von Florestan wieder verabschiedet: ein Briefcouplet, das seinen Vorbildern bei Offenbach und in den *Manon*-Opern Aubers (1856) und Massenets (1884) in nichts nachsteht, außer in der Berühmtheit. Es ist ein Teil des 2. Finales und geht dort in den Galopp »Marié ou coffré!« über, der auch die Ouvertüre beschließt, die eingebunden ist in die dramaturgische Disposition des Ganzen und eben nur äußerlich eine Potpourriouvertüre darstellt, denn es sind längst nicht die zugkräftigsten Nummern der Partitur darin ausgestellt. Messager verläßt sich auch sonst nicht auf ein paar zugkräftige Einzelnummern, sondern findet für jede Situation neue hübsche, charakteristische Melodien, eingebunden in vertraute, immer überschaubare Formmuster, selbst wo diese so reich gegliedert sind wie im Schaukelduett (»Poussez, poussez l'escarpolette«, II. Akt), das in jeder der beiden Strophen fast unmerklich vom ¼-Takt des »Andante con moto« zum ¾-Takt und dann erst zum »Mouvement de valse modéré« sich aufschwingt. Ausbalanciert ist Messagers Musik auch zwischen einer gestischen Identifikation mit den Personen und einem Wunschkonzert für das ohrwurmbegierige Publikum, ebenso wie zwischen einer Imitation der »musiquette passée« und einer Anbiederung ans Modisch-Moderne. Konkrete Vorbilder für einzelne Nummern ließen sich am ehesten bei Offenbach benennen, etwa dessen volkstümelnde Musettemelodien für Agathes Rondo »Lisette avait peur du loup« (II. Akt), oder für Ermerances Harfenromanze im III. Akt, die sich in der zweiten Strophe ein wenig parodiert, dessen Romanzen für etwas überdrehte Damen, insbesondere die Herzogin in *La Fille du tambour-major* (1879; es ist geradezu eine Kontrafaktur ihres Migränecouplets). Offenbachs oder gar Hervés outrierte Komik indessen liegt Messager fern; seine fast aristokratische Art läßt sich aber auch nicht als Fortsetzung der brav-bürgerlichen Operetten vom Schlag eines Edmond Audran verstehen. Es handelt sich eben um ein Werk sui generis, das nur so tut, als sei es eine Operette. Harmonische, rhythmische und vor allem orchestrale Subtilität im Detail entschädigen dafür, daß die Gesamtanlage so einfach, fast simpel gehalten ist. Auch das Libretto verläßt sich auf hergebrachte Formen und bildet zugleich eine Beschwörung der guten alten Zeit: der Biedermeier-Epoche, die in Frankreich keine war. Auch vom Text her ist Einfühlung in die Personen vermieden, sie werden aber auch nicht zu Karikaturen deformiert. Einige dramaturgische Unvollkommenheiten scheinen geradezu vorsätzlich konstruiert zu sein: Nebenhandlungen bleiben offen, es gibt nicht pedantisch auf jedes Töpfchen ein Deckelchen. Und wie zu ihren Figuren verhalten sich die Autoren zu ihrem Werk: Weder identifizieren sie sich mit ihm, noch distanzieren sie sich von ihm, praktizieren vielmehr die klassischen französischen Tugenden der Ausgewogenheit, der Klarheit, des Charmes und des Humors. Man mag *Véronique* als die charakteristische Operette des Fin de siècle bezeichnen, mithin als eine künstliche Operette, und sie mit der Malerei des Impressionismus in Verbindung bringen. Ihre pastellenen Farbtupfer sind dementsprechend blaß, und die historisierende Handlung schließt eine gewisse Müdigkeit nicht aus. In *Véronique* gibt es eben für die hergebrachten Muster keine Blutauffrischung von unten, aus dem Tingeltangel etwa oder dem zeitgenössischen Tanzsaal, sondern nur eine von

Véronique, I. Akt; Mariette Sully als Hélène, Léonie Laporte als Ermerance, Jean Périer als Florestan, Anna Tariol-Baugé als Agathe; Regie: Félix Grégoire, Bühnenbild: Alphonse Visconti, Kostüme: Félix Fournery; Uraufführung, Théâtre des Bouffes-Parisiens, Paris 1898. – Im üppigen Interieur des Blumenladens vollzieht sich ein Spiel auf schwankendem Boden. Hinter einem Palmenwedel versteckt belauschen Hélène und ihre Tante Florestans Balanceakt: der bisherigen Geliebten scheinbar den Laufpaß zu geben in der lässigen Voraussicht auf die finanzsichere, doch ansonsten, wie er glaubt, kaum bindende Heirat.

oben, aus gescheiter Literatur, repräsentativer Musik und geschichtsbewußter Bildung. Daß dies in Paris (im Gegensatz zu Berlin und Wien) möglich war, sagt durchaus etwas aus über das dortige kennerhafte und kulturtragende Publikum. Es sollte bald Grund haben, den hier heraufbeschworenen alten Zeiten nachzutrauern.
Wirkung: *Véronique*, die graziös die Summe der französischen Operette im 19. Jahrhundert zog, wurde und blieb auch das Summum opus des Komponisten. Charakteristisch ist, daß *Véronique* bei der Uraufführung und der Wiederaufnahme 1909 an den Folies-Dramatiques zwar durchaus erfolgreich war, einen breiten Publikumserfolg aber erst bei der Wiederaufnahme 1920 (Gaîté-Lyrique) erzielen konnte. An der Spitze der Besetzung stand 1898 wie 1920 Jean Périer (Florestan). Zum Uraufführungsensemble gehörten ferner Mariette Sully (Véronique), Anna Tariol-Baugé (Agathe) und Regnard (Coquenard). 1925 wurde das Werk erstmals an der Opéra-Comique gespielt, 1943 am Théâtre Mogador. *Véronique* hat nicht nur das französische Publikum und die kritische Fachwelt nun schon bald ein ganzes Jahrhundert gefesselt; das Stück hat auch weitergewirkt auf Komponisten, die mit ähnlichem Kunstverstand den Stil jenes anmutig ironisierten geschichtlichen »Es war einmal« fortsetzten, vor allem Hahn mit *Ciboulette* (1923). Auch außerhalb Frankreichs wurde *Véronique* mehrfach inszeniert, so 1900 in Brüssel und (deutsch als *Brigitte* von Heinrich Bolten-Baeckers) in Wien und Köln, 1901 in Lissabon und Riga, 1902 in Genf und Berlin, 1904 in Mailand, 1905 in New York, 1907 in Bukarest, 1935 in Athen, 1938 in Kairo. Das Werk war nicht zuletzt in London (Apollo Theatre 1904, englisch von Henry Hamilton, Lilian Eldée und Percy Greenbank) mit 495 Aufführungen außergewöhnlich erfolgreich. Neuinszenierungen gab es unter anderm 1976 in Bordeaux, 1978 in Paris (Opéra-Comique) und 1987 in Saint-Etienne.

Autograph: Verbleib unbekannt. **Ausgaben:** Kl.A: Choudens [1898], Nr. 11310; Textb.: Paris, Libr. Théâtrale 1907; Paris, Billaudot. **Aufführungsmaterial:** Choudens; dt. Übers. v. H. Bolten-Baeckers: ebd.
Literatur: R. POURVOYEUR, Véronique. Toute de rubans, de fleurs et de fanfreluches, in: Opérette Nr. 63, April–Juli 1987, S. 28–31; weitere Lit. s. S. 99

Josef Heinzelmann

Fortunio
Comédie-lyrique en cinq actes

Fortunio
5 Akte

Text: Gaston Arman de Caillavet und Robert de Flers (eigtl. Marie Joseph Louis Camille Robert Pellevé de La Motte-Ango Marquis de Flers), nach der Komödie *Le Chandelier* (1835) von Louis Charles Alfred de Musset
Uraufführung: 5. Juni 1907, Opéra-Comique, Salle Favart, Paris

Personen: Meister André (Bar); Jacqueline, seine Frau (S); Fortunio (T); Clavaroche (Bar); Landry (T oder Bar); Meister Subtil, Fortunios Onkel (T); Guillaume (B); Leutnant d'Azincourt (T); Leutnant de Verbois (Bar); Madelon (S oder Mez); Gertrude (Mez); Frau des Amtmanns; einige Bürger und Bürgerinnen; ein Boulespieler; der Spielführer. **Chor:** Bürger, Bürgerinnen, Boulespieler, Soldaten, Notariatsangestellte, Ballgäste
Orchester: 2 Fl (auch Picc), 3 Ob, 2 Klar, 3 Fg, 4 Hr, 3 Trp, 3 Pos, Pkn, Schl (gr.Tr, Tambour, Glocke), Hrf, Streicher
Aufführung: Dauer ca. 2 Std. 30 Min.

Entstehung: Das Werk entstand in enger Absprache mit dem Direktor der Opéra-Comique, Albert Carré, dessen Frau Marguerite die weibliche Hauptrolle singen sollte. Messagers letzte Opéra-comique lag zehn Jahre zurück, es war der verunglückte *Chevalier d'Harmental* (Paris 1896), seitdem hatte er neben seinen Dirigierverpflichtungen drei erfolgreiche Operetten geschrieben (*Les P'tites Michu*, 1897; *Véronique*, 1898; *Les Dragons de l'impératrice*, Paris 1905, Text: Georges Duval und Albert Vanloo). Noch während der Vorbereitungen zu *Fortunio* erhielt Messager die Berufung zum Direktor der Pariser Opéra. Die Stoffwahl war in doppelter Hinsicht riskant: Es handelt sich um eine der »klassischen« Lesekomödien Mussets, und Offenbachs für die Zweitaufführung (1850) an der Comédie-Française komponierte »Chanson de Fortunio« war (nicht zuletzt durch ihre Verwendung in seinem Einakter *La Chanson de Fortunio*, 1861) legendär geworden. Während Offenbachs Librettisten Hector Crémieux und Ludovic Halévy die Handlung in die Zukunft hinein fortspannen, erfanden die Messagers eine neue Exposition, den lebhaften und farbenreichen I. Akt. Der bunteren Kostüme halber wurde die Handlung aus der Zeit Mussets ins 18. Jahrhundert verlegt, eine Couleur, die auch Messager aufgriff, etwa mit dem Menuett in der Szene Jacqueline/Madelon im II. Akt.
Handlung: In einer kleinen französischen Provinzstadt.
I. Akt, Promenade nahe der Kirche: Sonntagmorgens um zehn spielt man Boule. Fortunio kommt mit seinem Onkel, der ihm eine Lehrstelle als Schreiber bei Meister André verschafft hat, und erhält von seinem neuen Kollegen Landry gute Ratschläge. Begehrenswert findet er die Stelle aber erst, als er Andrés Frau sieht. Auch Capitaine Clavaroche, neu in der Garnison, begeistert sich für Jacqueline, macht ihr Avancen (die sie halb naiv, halb kokett abweist) und versucht, die Freundschaft ihres Manns zu gewinnen.
II. Akt, Jacquelines Zimmer: André weckt seine Frau. Man habe heute nacht einen Mann in ihr Zimmer steigen sehen. Jacqueline gelingt es, seinen Verdacht zu beschwichtigen und seine Liebe in Frage zu stellen. Beschämt und beruhigt zieht er sich zurück, schamlos und beunruhigt befreit Jacqueline Clavaroche aus seinem Versteck. Sie verlangt von ihm keine Klagen über die Unbequemlichkeit des Schranks, sondern ein Mit-

tel gegen den Verdacht ihres Manns. Clavaroche rät zu einem »Chandelier«, einem »Leuchter«, der Aufmerksamkeit und Eifersucht des Gatten auf sich zieht, etwa einen jungen Clerk, so daß er, der eigentliche Liebhaber, im Dunkeln bleibt. Jacqueline fällt es nicht schwer, von Fortunio ein Gelöbnis zu erhalten, für sie in den Tod zu gehen. So viel verlangt sie freilich nicht.
III. Akt, Garten bei André: Die Intrige scheint geglückt, wie ein Diner à quatre zeigt. Fortunio erkennt, welches Spiel mit ihm getrieben wird.
IV. Akt, derselbe Garten, festlich beleuchtet, Nacht: André gibt einen Ball. Neuer Verdacht wird in ihm geweckt, und er plant mit Clavaroche eine tödliche Falle für den unbekannten Liebhaber. Jacqueline läßt Fortunio warnen, doch dieser will, und koste es sein Leben, getreu die Order seiner Angebeteten befolgen.
V. Akt, Jacquelines Zimmer, Kerzenlicht: Jacqueline wird gewahr, daß Fortunio ihr Doppelspiel durchschaut hat und sich dennoch für sie aufopfern will. Sie versteckt ihn vor ihrem Mann und ihrem Liebhaber, um ihm endlich in die Arme fallen zu können.

Kommentar: Messager faßt, in Weiterführung der Dramaturgie Jules Massenets, die romantische Rhetorik in ein überaus geschmeidig fließendes Parlando, das sich fast unmerklich immer wieder zu kleinen Nummern konkretisiert, die aber niemals den eleganten Strom der Komödie aufhalten oder sich aus ihm mehr isolieren als etwa das schon bei Musset versifizierte Lied Fortunios. Es ist eine Musik der Andeutung, des Mezzoforte, des Mezzotinto, der Mezzokomik und der Mezzolyrik. Nirgends sind die Orchesterfarben dick aufgetragen, nirgends ereignen sich Aufmerksamkeit heischende harmonische Eskapaden, nirgends setzt sich die Musik egoistisch über den Text hinweg. Doch gerade diese Sparsamkeit der musikalischen Mittel und ihre Zurückhaltung adeln das Werk in einer Weise, daß man sogar mit der weiblichen Hauptfigur versöhnt wird: Diese kokette, genußsüchtige Frau in einer Welt lächerlicher und egoistischer Männer wie Clavaroche und André muß sich ja mit List und Heuchelei gegen Gewalt und gesellschaftliche Präpotenz wehren. Daß sie am Ende Gespür für das naive Werben des Knaben Fortunio aufbringt, verändert die satirische Komödie Mussets, in deren Schlußszene Fortunio sich zum dritten, raffiniertesten Mann um Jacqueline mausert: Nicht mehr das Erwachsenwerden eines Cherubino wird uns vorgeführt, sondern die moralische, zumindest sentimentale Erziehung einer durchtriebenen und doch liebenswerten Frau. Trotz dieser Abmilderung des Endes und des Ziels wirkt die musiktheatralische Version von *Fortunio* nicht platt und glatt, was dem durchgängig ironischen (bei den »positiven« Figuren auch selbstironischen) und zugleich einfühlsamen Ton der Verse und der Musik zu verdanken ist, die alles allzu Grelle zurücknehmen, die Komik nie zur Karikatur, die Spannung nie zur Dramatik werden lassen. Ein Geschehen als kunstvoll zu bewundern, als menschlich, allzu menschlich zu belächeln wird vorgeführt, das schon in sich wie eine musikalische Durchführung wirkt. Messagers auf den ersten Blick so dezente

Fortunio, III. Akt; Hector Dufranne als Clavaroche, Lucien Fugère als André, Fernand Francell als Fortunio; Regie: Albert Carré, Bühnenbild: Lucien Jusseaume; Uraufführung, Opéra-Comique, Paris 1907.

Musik bezieht aus der Musikalisierung des Geschehens ihre Sinnlichkeit. Gabriel Fauré rühmte an ihr »eine erlesene Geschmacklichkeit [...] Die flinke, reiche, überschwengliche melodische Erfindung verrät nie ihre Herkunft aus der Distinktion« (nach Henry Février, S. 133, s. Lit.).

Wirkung: Die von Messager geleitete Uraufführung mit Carré (Jacqueline) und dem jungen Fernand Francell (Fortunio) sowie Jean Périer (Landry) gewann *Fortunio* Zustimmung sowohl beim Publikum als auch bei der Kritik; geringfügige Änderungen der Werkgestalt, darunter eine neue Zählung der Bilder durch die Zusammenfassung des III. und IV. Akts zu einem Akt mit zwei Bildern, erfolgten noch 1907. Bis 1953 gab es an der Opéra-Comique 77 Aufführungen. Das Werk hat sich bis heute in Frankreich auf den Bühnen gehalten, so 1983 in Bordeaux und 1987 in Lyon. Zwei Nummern Fortunios, das fast nur deklamierte »J'aimais la vieille maison grise« (II. Akt) und die im Vergleich zu Offenbachs Vertonung ganz zurückhaltende und auf die Situation abgestimmte Chanson »Si vous croyez que je vais dire« (III. Akt), hatten einen gewissen Erfolg außerhalb des musikdramatischen Kontexts.

Autograph: Verbleib unbekannt. **Abschriften:** Bibl. de l'Opéra Paris (Fonds Opéra-Comique Rés. 2282 [1-5]). **Ausgaben:** Kl.A: Choudens [1907; 362 S.]; Kl.A (Comédie lyrique en quatre actes et cinq tableaux): Choudens [1907; 299 S.]; Kl.A, dt. Bearb. v. W. Ehrenberg: Choudens [357 S.; alle Kl.A: Pl.Nr. A. C. 13849]; Textb.: Choudens. **Aufführungsmaterial:** Choudens
Literatur: L. VALOIS, ›Fortunio‹ de A. M., in: Revue musicale de Lyon 5:1907, S. 169–172; H. DE CURZON, Fortunio, in: Théâtre 10:1907, Nr. 205, S. 19–21; A. CARRÉ, Souvenir de théâtre, hrsg. R. Favart, Paris 1950; R. POURVOYEUR, Fortunio, in: Opérette Nr. 50, Jan. 1984, S. 39ff.; weitere Lit. s. S. 99

Josef Heinzelmann

Monsieur Beaucaire
A Romantic Opera in Three Acts

Herr Beaucaire
Vorspiel, 3 Akte

Text: Frederick Lonsdale (eigtl. Frederick Leonard), nach dem Schauspiel *Beaucaire* (1901) von Newton Booth Tarkington und Evelyn Greenleaf Sutherland (geb. Baker), nach Tarkingtons Roman *Monsieur Beaucaire* (1900); Gesangstexte: Adrian Ross (eigtl. Arthur Reed Ropes)
Uraufführung: 7. April 1919, Prince of Wales Theatre, Birmingham
Personen: Monsieur Beaucaire (Bar); Philip Molyneux, sein Freund (T); der Herzog von Winterset (Bar); Beau Nash (Bar); Frederick Bantison (T); Townbrake; Rakell; Capitain Badger (B); Bicksit; Joliffe; Marquis de Mirepoix, Gesandter Frankreichs; François, Beaucaires Diener; Lady Mary Carlisle (S); Lady Lucy, ihre Cousine (S); Gräfin von Greenbury; 2 junge Mädchen. **Chor:** Damen und Herren der Gesellschaft, Offiziere, Diener
Orchester: 2 Fl, Ob, 2 Klar, 2 Fg, 2 Hr, 2 Pistons, 2 Pos, Pkn, Schl (Trg, Tambour, gr.Tr, Bck), Hrf, Streicher
Aufführung: Dauer ca. 3 Std.

Entstehung: *Monsieur Beaucaire* wurde Messagers letzte aufwendige Operette mit großem Orchester und reichen Chorpartien. Der Komponist hatte nicht nur mit *La Basoche* (Paris 1890, Text: Albert Carré), *Les P'tites Michu* (1897) und *Véronique* (1898) in London seine bedeutendsten Auslandserfolge erzielt, er war auch 1901–08 künstlerischer Leiter von Covent Garden gewesen.
Handlung: In Bath, dazumal Englands feinstem Kurort, um 1750.
Vorspiel, Beaucaires Wohnung, früher Abend: Leidenschaftlich, doch bislang par distance liebt Beaucaire die vielumworbene Lady Mary Carlisle. Um sich ihr nähern zu können, lockt er ihren vornehmsten Bewerber, den charakterlosen Herzog von Winterset, in eine Falle. Wie erwartet, betrügt der geldgierige Winterset beim Kartenspiel, wird überführt und kann mit Diskretion nur unter einer Bedingung rechnen: Heut noch muß er beim exklusiven Ball der Aristokratie Beaucaire als Herzog von Châteaurien der schönen Mary vorstellen. Wer aber ist dieser Beaucaire, dieser plebejische Barbier mit den edlen Manieren und dem stolzen Gebaren? Nur sein Freund Molyneux und sein Diener François wissen, daß sich dahinter der Herzog von Orléans verbirgt, Cousin des Königs von Frankreich. Das Inkognito muß er wahren, um Marquis Mirepoix, den Gesandten der französischen Krone, nicht zu gefährden. Der nämlich hat ihn aus dem Gefängnis in Vincennes nach England geschmuggelt: als sein Barbier. Die Strafe hatte der Weigerung gegolten, eine dynastisch verordnete Ehe einzugehen.
I. Akt, Lady Rellertons Ballsaal, derselbe Abend: Die Beaus und Belles von Bath spiegeln sich ineinander mit zierlichen Wechselgesängen. Garstiger geht Lady Lucy mit ihrem Herzensfreund Molyneux um, weil er ihr partout nicht verrät, was es auf sich hat mit seinem geheimnisvollen Freund. Noch pikierter verhalten sich Baths ewige Liebesschlachtenbummler, die adligen Gecken Bantison, Townbrake und Reckell, denen allemal im rechten Augenblick das rechte Bonmot ausgeht, das Marys Aufmerksamkeit wecken soll. Widerwillig muß Winterset der Dame seiner Wahl den vermeintlichen Châteaurien vorstellen. Und prompt ist sie angetan. Sie spürt, daß die feinsinnigen und eigenwilligen Komplimente dieses formvollendeten Draufgängers von Herzen kommen. Aber Wintersets Rache läßt nicht auf sich warten. Er hat Capitain Badger, den berüchtigtsten Totschläger von Bath, gedungen, Beaucaire zu beleidigen und zum Duell zu zwingen. Der folgt gleichmütig in den Garten, tötet Badger und kehrt ebenso gleichmütig zurück, um, bejubelt von allen, die alte Gräfin von Greenbury anmutig zum Tanz zu führen. Jetzt reicht Mary ihm die rote Rose, um die er schon beim ersten Wortwechsel gebeten hatte.
II. Akt, ein pastorales Kostümfest in Bantisons Garten, drei Wochen später: Bantison und die andern Liebesschlachtenbummler hadern so geist- wie furchtlos über die Erfolge jenes Châteaurien bei Mary. Der ältliche Beau Nash, fast schon so tot wie Jacques Offenbachs Styx, stimmt ihnen bei mit dem wehmütigen Nachruf auf seine verblichenen erotischen Siege dereinst. Auch Lucy zankt mit Molyneux, der sich mehr um Châteaurien kümmert als um sie. Einen ungetrübten Ton ins pastorale Fest bringt Marys zarte Ode auf die Nachtigall. Und mit Châteaurien singt sie aus, was keines weiteren Worts bedarf: »Say no more!« Jetzt schlägt Winterset erneut zu, abermals durch vorgeschickte Hilfstruppen: die adligen Gecken mit gezogenem Degen und mit einer Peitsche der Aufseher der Kurbäder, der schon einmal den plebejischen Barbier vertrieben hat. Der Angegriffene wehrt sich wacker, verwundet mehrere Gegner. Mary mag nicht glauben, daß er, den sie liebt, jener hergelaufene Beaucaire sei. Doch er steht dazu. Danach sinkt er, selbst verletzt, in Molyneux' Arme. Blut? Nein: »Only red, red rose!«
III. Akt, das Kurhaus, eine Woche später: Gespannt erwartet die feine Gesellschaft hohen Besuch, den Gesandten des Königs von Frankreich. Die Liebesschlachtenbummler dagegen lauern furchtsam rachelüstern, ob wohl der unverfrorene Beaucaire den Hausfriedensbruch wagen wird an einer Stätte, die ihm hochnotpeinlich untersagt ist. Er wagt's. Zunächst abseits von den andern spricht er Mary an, die zwiespältig darauf reagiert. Immer noch liebend, immer gekränkt, weil sie sich öffentlich seiner schämen mußte. Dennoch vertraut sie seinem Wort, mit Beaucaire stünde es anders, als alle meinen. Auf Namen und Titel, so Marys Antwort, komme es ihr nicht an. Und sowie Winterset mit seinen Helfershelfern herbeieilt, um Beaucaire notfalls wie einen Hund totzuschlagen, stellt sie sich tapfer an die Seite des Geliebten. Auch Lucy und Molyneux, vollauf versöhnt,

treten dazwischen. Doch eh es zum Kampf kommen kann, wird der Gesandte angekündigt. Mirepoix, der Beaucaire ehrfürchtig begrüßt als Prinz und zugleich, im königlichen Namen, den Herzog von Orléans rehabilitiert. Beklommener Jubel seitens der High-Society, die, von blauem zu blauem Blut, Seine Hoheit so gar nicht erwittert hatte. Nun stellt der abgedankte Beaucaire all den Blamierten nicht sich selbst vor, sondern die Braut des Herzogs von Orléans: Mary.

Kommentar: *L'Amour masqué*: dies Titelmotto von Messagers vier Jahre späterer musikalischer Komödie trifft, andersartig, auch zu auf *Monsieur Beaucaire*. In mehrerlei widerstreitenden Bedeutungen. Der lieblose Winterset maskiert sich als Liebender, wenn er in Mary ihr Vermögen hofiert und wenn er im Nebenbuhler nur den gleichfalls mitgiftgierigen Konkurrenten aus- und abstechen will. Der Herzog von Orléans, andrerseits, maskiert sich gleich zweifach, aus zweifacher Liebe. Er maskiert sich sozial hinab, zum Barbier, um Freund Mirepoix zu schützen. Und von drunten maskiert er sich wieder halbwegs empor, ungefähr auf die gleiche Höhe wie Mary, um ihre Liebe zu gewinnen. Eine Liebe soll es sein, die sich nicht blenden läßt vom tatsächlich viel höheren Rang des Werbenden. Unbefangen soll sie aufflammen für den Abenteurer aus dem Nirgendwo, für den herkunftslosen »Herzog von Châteaurien«. Hiervon handelt Messagers Musik: von den Maskenspielen zwischen zierlichem Zeremoniell und leidenschaftlichem Wagnis; zwischen wahren, entstellten und verstellten Gefühlen. Zunächst entwirft sie, besonders in Introduktionsnummern und Finale, den höfisch-repräsentativen Rahmen, der die einzelnen wie die Gruppen scheinbar zwanglos umgreift. Hierbei maskiert sie sich mit Stilgewändern des 18. Jahrhunderts: vom Minuetto maestoso der Ouvertüre über die feinsinnig im ⅜-Takt gesetzte Pastorale mit Tanz zu Beginn des II. bis hin zum heraldisch trutzigen Schlußgesang des III. Akts. Harmonisch und rhythmisch hält sich Messager hier an Formen jener Zeit, während die Melodik geradezu kokettiert mit einem quasi ungeschichtlichen »Es war einmal«. Nur bisweilen tänzeln einzelne Orchesterstimmen kurzfristig aus der Reihe, lassen wie in Strawinskys *Pulcinella* (1920) Klangfarben aufblitzen, die jünger sind als jene Rokokowelt. Sanft ironisch spreizen sich da die Gänsefüßchen der Zitation. – Nicht allein um den historischen Spielraum Bath zu markieren, braucht Messager den höfisch-repräsentativen Rahmen. Erst recht, um die handelnden Figuren innerhalb des Rahmens zu umreißen und voneinander abzuheben. Aber auch, um sie in heiklen Augenblicken aus dem Rahmen fallen zu lassen, wenn sie impulsiv den gemessenen Umgangsstil sprengen. Winterset freilich tut dies nie, obwohl er insgeheim jenen Umgangsstil schon immer unterläuft. Seine brutalen Neigungen äußert er fast nur im gesprochenen Dialog, also abseits der offiziellen Sprache des Musiktheaters. Während sogar Randfiguren wie Beau Nash eigene Couplets anstimmen, schweigt Winterset solistisch sich aus. Er scheut die Angriffsfläche eines persönlichen Lieds. Auch in Ensembles (Terzett Nr. 3, Quartett Nr. 8), sogar im 1. und 2. Finale, die er doch selbst intrigant entfacht hat, tut sich seine Stimme kaum je hervor. Beaucaire, andrerseits, ist auch musikalisch im Vorteil. Da er nicht als ganze Person und zu üblem Zweck sich maskiert, vielmehr spielerisch und zugleich mit aufrichtigem Sinn, kann er ungehemmt die musikalischen Masken tragen, die ihm der höfische Rahmen überreich bietet. Lauter vorhandene Romanzen und Madrigale, gesungene und getanzte Galanterien macht er sich zu eigen: aber nicht, um als Person in ihnen zu verstummen, sondern um durch sie hindurch seinen persönlichen Ton an die persönliche Geliebte zu richten. Vor aller (feinen) Welt ist das eine ungemeine Vertraulichkeit. Schwereloser entsteht sie, als wenn Beaucaire und Mary unmittelbar aufeinander träfen. Wenn nun gar der Chor noch einstimmt ins scheinbar nur unverbindliche amouröse Spiel, dann dürfen die beiden Liebenden ein allgemeines »d'accord« genießen, dessen schönster Genuß darin besteht, den insgeheimen Ernst ihrer öffentlichen Intimität ja doch nicht zu teilen mit den andern ringsum. So muß Beaucaire die schwärmerische Liebeslyrik seines ersten Lieds auf die »Red rose« (Nr. 2) keinesfalls drosseln, wenn er ihr später leibhaftig begegnet im Kreis andrer Aristokratinnen. Er muß nur, bei gleicher melodischer Intensität, übergehend von Allegro zu Allegretto, die Geliebte aus dem Metaphernbereich der Blumen hinauf in das der nächtlichen Sterne versetzen (»Under the moon«). Auch Mary bewahrt und äußert schadlos ihr erotisches Entzücken in gekürten musikalisch-poetischen Formeln. Die anmutige Ode auf die Nachtigall (»Philomel«), in graziösem Walzertakt, soll nicht nur die herabgerufenen anakreontischen Götter betören und das erlesene Publikum divertieren. Sie zielt erst recht aufs Ohr und Herz des Geliebten, der unter all den andern adligen Schäfern und Schäferinnen ihr lauscht. Weil er solche persönlichen Verlautbarungen nur mittelbar zuläßt, erzeugt der preziöse höfische Rahmen inneren Über- und Gegendruck. Vor allem in zwei Nummern schlagen unbändigere Impulse durch, die sich auch in noch so reizvollen musikalischen Masken nicht Luft machen können. Es sind, notabene, Duette von zweierlei Paaren unterschiedlichen dramatischen Rangs; mal zwischen Lucy und Molyneux, mal zwischen Mary und Beaucaire. Hier rührt sich also so etwas wie egalitäres Ungestüm. Das Buffopaar, adlig zwar wie alle andern, ist von vornherein rüder miteinander umgesprungen, als es die allgemeine Schicklichkeit gestattet. So wird denn auch die endliche Aussöhnung zwischen Lucy und Molyneux zum herzhaft kratzbürstigen, leicht absurden Schlagwechsel (»We are not speaking now«). Der unverkennbare, aber namenlose Tanztakt, den die beiden lustvoll herbeizucken, ist eine struppige Promenadenmischung aus Polka und Onestep. Vulgär genug, um die Perücken derer zu sträuben, die sich immer nur in Menuetten, Gavotten, Pavanen ergehen. Und das Orchester, das sonst in solistischen Arabesken die Singstimmen umspielt, heizt hier geradezu reißerisch ein; im Tutti suggeriert es die motorische Begleitung eines übergroßen Banjos. Fast so ungebärdig wirkt das Duett »Lightly, lightly«, der erste musikalische Dialog zwischen Mary und dem eigenwilligen fremden Kavalier, der soeben erst förmlich und zugleich verwegen den Edlen von Bath seine klingende Visitenkarte überreicht hat. Wenige Gesten und Blicke haben genügt, um Mary für ihn einzunehmen und wie gebannt ihn ins Duett zu ziehen. Auch hier ist es das Orchester, das im heftig federnden Vorlauf, aber auch weiterhin, den Rhythmus einer aufrührerischen unter- und antiaristokratischen Kultur ausspielt, die der Music-halls gegen die der Spiegelsäle. Dieser gebieterische Rhythmus des Orchesters macht Mary Mut zum eigenen übererregten Pulsschlag, indem er ihn objektiviert: So leidenschaftlich kann, darf, muß man sein, selbst als Lady. Liebe auf den ersten Blick und Ton prägt ihren schier atemlos dahereilenden melodischen Laufschritt, den Beaucaire scheinbar mit Einwürfen bremst, um ihn letztlich zu beschleunigen. Den nichts als artig artifiziellen Text (»If you ask a rose as guerdon«) laden die beiden, einander steigernd, mit einer feurigen Inbrunst auf, die auch späterhin in kühleren musikalischen Szenen noch fortschwelt.

Wirkung: *Monsieur Beaucaire* fand großen Anklang. Quasi als Probeläufe für die Premiere in London waren Aufführungen in Birmingham angesetzt, bevor das Werk zwölf Tage später (und mit dem kurzfristig nachkomponierten »Philomel«) am Londoner Prince's Theatre herauskam (Beaucaire: Marion Green, Mary: Maggie Teyte, Lucy: Alice Moffatt). Im Juli 1919 wechselte das Stück ans Palace Theatre und wurde nach Ende der Spielzeit (221 Aufführungen) mit teilweise umbesetztem Ensemble (für Teyte kam Blanche Tomlin) an den New Yorker Broadway transferiert (New Amsterdam Theatre 1919; 143 Aufführungen). Erst 1925 kam die französische Bearbeitung von André Rivoire und Pierre Veber auf die Bühne (Paris, Théâtre Marigny; Mary: Marcelle Denya, Beaucaire: André Baugé). Es folgten Aufführungen unter anderm 1920 in Montreal, 1927 in Monte Carlo, 1929 und 1935 am Gaîté-Lyrique Paris, 1931 eine Wiederaufnahme am Londoner Daly's, 1938 in Buenos Aires und zuletzt 1954 an der Pariser Opéra-Comique (Mary: Denise Duval, Beaucaire: Jacques Jansen). Für Messager war es die letzte Operette in großem Stil und mit historischem Stoff, zumal Christinés *Phi-Phi* (1918) die neue Phase einer frivolen und jazznahen Opérette-légère hervorgerufen hatte. Messagers letzte Werke gingen dann, ohne Abstriche an der vielbewunderten kammermusikalischen Subtilität, in die Richtung eben jener lockeren Kleinformate: *L'Amour masqué* (1923), *Passionnément* (Paris 1926, Text: Maurice Hennequin und Albert Willemetz) und *Coups de roulis* (Paris 1928, Text: Willemetz nach Maurice Larrouy). Auf deutschsprachige Bühnen ist *Monsieur Beaucaire* leider nie gelangt. Eine wünschenswerte Aneignung des reizvollen Stücks sollte wählerisch sowohl die französische wie die englische Version heranziehen. (Die englischen Verse beispielsweise sind ungleich stilvoller.)

Autograph: Verbleib unbekannt. **Ausgaben:** Kl.A: Ascherberg, Hopwood, London [1919?], Nr. 9910; Kl.A, frz. Bearb. v. A. Rivoire, P. Veber: Salabert 1925, 1926, Nr. 3655; Textb.: London, Ascherberg, Hopwood; Textb., frz.: Salabert 1931.
Aufführungsmaterial: Salabert
Literatur: s. S. 99

Volker Klotz

L'Amour masqué
Comédie-musicale en trois actes

Die maskierte Liebe
3 Akte

Text: Sacha Guitry (eigtl. Alexandre Pierre Georges Guitry)
Uraufführung: 15. Febr. 1923, Théâtre Edouard VII, Paris
Personen: Sie (S); 1. und 2. Zofe (2 S); Er (Bar); der Dolmetscher (T); der Baron (Bar); der Maharadscha (T); der Maître d'hôtel (Bar). **Chor:** Gäste (4 Damen, 4 Herren)
Orchester: Fl, Ob, 2 Klar, Fg, 2 Hr, Kl, Streicher
Aufführung: Dauer ca. 2 Std. – Die Gesangspartien können von Schauspielern übernommen werden.

Entstehung: Beginnend mit *La Petite fonctionnaire* (Paris 1921, Text: Alfred Capus und Xavier Roux) hatte Messager, der keine Dirigierverpflichtung mehr einging, sich auf die Comédie-musicale mit zeitgenössischen Stoffen verlegt. *J'ai deux amants* war der geplante Titel von Guitrys neuem Stück *L'Amour masqué*, in dem Yvonne Printemps neben ihrem Mann Guitry die Hauptrolle spielen sollte. Wie bereits in *Je t'aime* (1920) nannte Guitry die beiden Rollen »Sie« und »Er«. Messager ersetzte den ursprünglich als Komponist vorgesehenen Ivan Caryll. Die musikalischen Mittel mußte er einer Schauspieltruppe und einem kleinen Saal mit beschränktem Orchesterraum anpassen.
Handlung: Bei »ihr«.
I. Akt, Zimmer: Die beiden Zofen schenken ihrer jungen Herrin zum Geburtstag nur bescheidene Rosen. Nächstes Jahr, bei höherem Gehalt, könnte es vielleicht etwas mehr sein. »20 Jahre«, so gibt »sie« sich Rechenschaft, und sie hat schon mehr erreicht, als sie als Kind sich vorgenommen hatte: Nicht einen, nein 20 Rubine, nicht drei, sondern 14 Brillanten. Nur, glücklich ist sie nicht gerade, denn sie hat sich verliebt, in die Aufnahme eines jungen Manns, die sie beim Photographen kurzerhand an sich genommen hat. Als der erste Verehrer, der Baron, eintritt, verhält sie sich gemäß ihrer Maxime »j'ai deux amants«: Jeder soll glauben, er sei der Geliebte des Herzens und der andere der für den Unterhalt, woraufhin ihr der Baron ein noch schöneres Kollier als das eben mitgebrachte verspricht. Daß der Baron sich scheiden lassen will, um sie zu heiraten, kann sie verhindern, indem sie die Baronin umgehend davor bewahrt, in flagranti ertappt zu werden. Nächster Besucher ist nicht der Nuntius, sondern ein Maharadscha mit einem strah-

Tafel 2

Tafel 2

oben links
Saverio Mercadante, *I normanni a Parigi* (1832), IV. Teil; Adelaide Tosi als Berta, Giovanni Orazio Cartagenova als Ordamante; Bühnenbild: Fabrizio Sevesi und Luigi Vacca; Illustration nach der Uraufführung, Teatro Regio, Turin 1832. – Nur scheinbar leitet die Wiederbegegnung Bertas und Ordamantes »vor Gott« die glückliche Auflösung der zerstörerischen Logik verletzten Ehrgefühls ein. Das Verhängnis nimmt ohne ihr Zutun seinen Lauf: Der gemeinsam verleugnete Sohn Osvino wird noch im selben Moment zum tödlichen Opfer.

oben rechts
Saverio Mercadante, *Il giuramento* (1837), I. Akt, 3. Bild; Sophie Schoberlechner als Elaisa; Illustration nach der Uraufführung, Scala, Mailand 1837. – Im Rahmen des genretypischen Dreieckskonflikts übernimmt Elaisa, obwohl allein auf der Suche nach der eigenen Liebe, dennoch die Rolle der Schreckensbotin. Vom Fatum gelenkt, knüpfen sich Bedrängnis und Tod an all ihr Tun und richten sich, als handelte es sich um eine Verkehrung der romantischen Femme fatale, letztlich auf die eigene Person.

unten
Giacomo Meyerbeer, *Il crociato in Egitto* (1824), I. Akt, 5. Bild; Bühnenbildentwurf: Alessandro Sanquirico; Scala, Mailand 1826. – Das Bühnenbild schafft hier nicht allein den dekorativen Rahmen für das dramatische Geschehen, sondern hat selbst an ihm teil, indem es, im Einklang mit der Musik, die Szene als Handlungsraum erschließt. Wie aus dem Uraufführungslibretto hervorgeht, öffnen sich auf dem Höhepunkt der Auseinandersetzung zwischen Ägyptern und Kreuzfahrern die Tore der Moschee und geben den Blick in deren erleuchtetes Innere frei.

lenden Brillanten (nur einer, und sie hat doch zwei Ohren) und seinem Dolmetscher. Folgt der Auftritt von »ihm«, dem Besitzer der Photographie, einem bereits grauen Herrn »zwischen den Altern«. Sie hält ihn für den Vater des bildlichen Geliebten. Er verspricht, sein Sohn werde zu dem Ball kommen, den der Maharadscha am Abend für sie geben will, freilich maskiert. Sie reicht ihm für den Sohn eine der Rosen, die andere wird sie selbst tragen.

II. Akt, für den Ball geschmückter Salon: Sie hat die Order ausgegeben, daß alle sich maskieren. Sie trägt das gleiche durchscheinende birmanische Kostüm wie ihre Zofen, nur die Schmuckstücke unterscheiden die drei: Eine Zofe schmückt der Brillant des Maharadschas, die andere das Kollier des Barons, sie aber trägt die Rose. Unter der Maske hoffen die andern Gäste auf Partnertausch, schließlich glaubt fast jeder, sie sei seine Dame des Abends. Die Zofen spielen ihre Rolle exzellent, und sie hat die atemberaubende Begegnung mit dem angeblichen Sohn. Jedes Paar hat sich heimlich verabredet, um Mitternacht unauffällig den Ball zu verlassen. Als es dann alle gleichzeitig tun wollen und sich nun genieren, preisen der Baron und sie ungeheuchelt den Aufbruch zur Liebe, und alle stimmen ein.

III. Akt, ebenda, der nächste Morgen: Voller Begeisterung über die Nacht und die Geliebte verläßt »er« das Haus. Die erste Zofe hat ihre Sache gut gemacht, zu gut vielleicht. Sie bringt nicht nur das schönere Kollier, sondern auch das erste. Und offensichtlich hat sie den Baron (immer maskiert) derart beglückt, daß dieser mit ihr, die er noch immer für »sie« hält, auf eine Reise ins Land der Liebe, nach London, gehen will. Bei der zweiten Zofe verlief die Nacht in unvorhersehbarer Weise; der Dolmetscher berichtet davon in klassischen Versen: Der Maharadscha entblößte sie, im Glauben, es sei sie, nicht nur des kärglichen Kostüms, sondern schließlich auch der Maske. In seiner Wut, nicht die wahre »sie« vor sich zu finden, zog er den Revolver und zwang den betagten Dolmetscher, sich zu entkleiden und jenen Akt zu vollziehen, den er selbst nicht mehr vollziehen wollte. Sie beläßt nun ihren Zofen den hingebungsvoll verdienten Schmuck und die errungenen Liebhaber oder gar Ehemänner. Sie begnügt sich mit dem Vater von »ihm«, der ja auch »er«, der Sohn, ist. So bleibt sie wörtlich wie übertragen bei ihrer alten Maxime: »J'ai deux amants«.

Kommentar: Recht eigentlich spielt sich das Stück in den teils witzigen, teils poetischen, immer maniriert klangvollen Versen ab, die selbst für den komischen Bericht des Dolmetschers vom erzwungenen Beilager genau den rechten Ton treffen, der so ziemlich jede Deftigkeit und Freizügigkeit unkörperlich in die Sphäre des Vorgestellten und Erträumten hebt. Diese Ebene der gehobenen Sprache geht mühelos in die der Musik über, und diese selbst gibt nur eine Ahnung von einer direkten Vertonung, bildet eher ihre Stilisierung. Vieles von der Körperhaftigkeit der Operette ist reduziert (und wirkt in der leicht verhüllten Andeutung um so verführerischer): Das Orchester, der Chor, die ausladende Form, stimmliche Extreme sind zurückgenommen. In den Ensembles wird oft unisono, bestenfalls homophon gesungen, auch die Partie der Sie ergeht sich nicht in Spitzentönen und vereint sich derart im »Duett« des II. Akts reizvoll und natürlich mit der Sprechstimme des Er. Die Harmonik verläßt nicht einmal in den exotisierenden »birmanischen« Nummern oder im »Tango chanté« des Barons (I. Akt) die sparsamen Mittel einer modal erweiterten Tonalität, die in der französischen Kunstmusik des späten 19. Jahrhunderts von Emmanuel Chabrier bis Gabriel Fauré so intelligent und geschmackvoll eingesetzt wurden, wie es auch hier noch in einer beinah stilisierten Spätform durch Messager geschieht. Der fast unauffällig freie Umgang mit der anerkannten Tonsprache erstreckt sich im 2. Finale sogar in den Bereich der Parodie: Der Preis der Liebe wird mit dem Wortlaut der Habanera aus Bizets *Carmen* (1875) zugleich einbezogen und freigestellt: »Ich weiß sehr wohl, 's ist nicht von mir [...] Das ist mir gleich, ich sag's trotzdem! Wozu braucht man ein neues Wort?« Aber das Werk ist auch insgesamt parodistisch, nämlich als Variante jener dreiteiligen Form, in deren Mitte der zur orgiastischen Selbstverwirklichung umschlagende Ball steht (wie in Offenbachs *La Vie parisienne*, 1866, oder in Strauß' *Fledermaus*, 1874), Parodie auf alle Komödien mit der sich unter dem Schutz der Maske frei äußernden Begierde. Doch folgt hier kein Katzenjammer, keine Reue, sondern die Amoralität siegt, das Personal der Halbwelt wird nicht naturalistisch zum Untergang verurteilt, sondern mit Vers und vorläufigem Happy-End in einer Weise verklärt, die man selbst in den frivolen Zwanzigern und in Paris nur als gewagt bezeichnen kann. Gewagt auch in dem Sinn, daß die höchst künstliche Darstellung höchst natürlicher Verhaltensweisen äußerst persönlichen Charmes, ja Zauber der Darstellung und interpretatorischer Intelligenz bedurfte, um weder ins Ordinäre noch ins Rhetorische abzustürzen.

Wirkung: Guitry und Printemps waren die Rollen auf den Leib geschrieben, was wörtlich zu übertragen ist zu verstehen. Der Erfolg der Uraufführung war groß und anhaltend, vor allem Printemps' als Selbstpreis zu verstehendes »Elle est charmante« (II. Akt) und der gesungene grotesk melancholisierende »Chant birman« (II. Akt) mußten allabendlich wiederholt werden. Wiederaufnahmen gab es nicht. Doch Neuinszenierungen folgten zumindest im französischen Sprachraum bis heute. In Deutschland gab es keinen Versuch der Einbürgerung dieses in Inhalt, Ton und Form ganz auf die Mentalität des noch immer aristokratische Eleganz hochhaltenden Publikums im siegreichen Frankreich der Art-déco-Zeit zugeschnittenen kleinen Kunstwerks. Ein Stück, das selbst im Dekor auf Aufwand und große Wechsel verzichtet, aber Erlesenheit verlangt und bietet, kann nur sehr äußerlich dem heutigen Ruf nach Kammeroperetten Genüge tun, da es in seiner Konzentration höchsten Geschmacks weitaus anspruchsvoller als aufwendig dröhnendes Effekttheater ein zugleich kultiviertes und unvoreingenommenes Publikum verlangt.

Autograph: Verbleib unbekannt. **Ausgaben:** Kl.A: Salabert [1923], Nr. 2354; Textb.: Paris, Stock 1923. **Aufführungsmaterial:** Salabert
Literatur: s. S. 99

Josef Heinzelmann

Olivier Messiaen

Olivier Eugène Prosper Charles Messiaen; geboren am 10. Dezember 1908 in Avignon

Saint François d'Assise
Scènes franciscaines
Opéra en trois actes et huit tableaux

Der heilige Franz von Assisi
Franziskus-Szenen
3 Akte (8 Bilder)

Text: Olivier Messiaen
Uraufführung: 28. Nov. 1983, Opéra, Salle Garnier, Paris
Personen: der Engel (S); Saint François/heiliger Franz (Bar); der Leprakranke (T); Bruder Léon (Bar); Bruder Massée (T); Bruder Elie (T); Bruder Bernard (B); Bruder Sylvestre (B); Bruder Rufin (B). **Chor** (10stimmig): Brüder, Stimme Christi
Orchester: 3 Picc, 3 Fl, A.Fl, 3 Ob, E.H, 2 kl. Klar, 3 Klar, B.Klar, Kb.Klar, 3 Fg, K.Fg, 6 Hr, Trp in D, 3 Trp, 3 Pos, 2 Tb, Kb.Tb, 3 Ondes Martenots, Schl (5 Spieler: Spiel v. Röhrenglocken, Claves, MilitärTr, Windmaschine; Trg, Claves, 6 in Terzen gestimmte Tempelblöcke, sehr kl. Bck, kl. Bck, hängendes Bck; Trg, Claves, Holzblock, Peitsche, Maracas, Réco réco, Glass chimes, Shell chimes, Wood chimes, baskisches Tamburin, hoher, mittlerer u. tiefer Gong; Trg, Claves, Jeu de crotales [$c'''-c''''$], gr. Bck, hängendes Bck, mittleres u. tiefes Tomtom, mittleres, tiefes u. sehr tiefes Tamtam; Spiel v. Röhrenglocken, Claves, Wellblech, gr.Tr, Geophon), Xyl, Xylorimba, Marimba, Glsp, Vibr, Streicher
Aufführung: Dauer ca. 4 Std. 15 Min. – Der Chor ist mit 150 Sängern zu besetzen. Claves und Triangel sollen von verschiedener Tonhöhe sein. Es sind unbedingt zwei Spiele von Röhrenglocken erforderlich. Das Geophon (Sandmaschine), eine Erfindung von Messiaen, ist eine flache Trommel mit zwei Fellen im Abstand von 20 Zentimetern, die miteinander durch einen Holzring verbunden sind; im Innern befinden sich Bleikörner, so daß durch Schwenkbewegungen ein Geräusch erzeugt wird, das dem Rollen von Sand und Kieseln in der Meeresbrandung ähnelt. – Das Textbuch enthält genaue Angaben zu Schauplätzen und Kostümen.

Entstehung: 1975 erhielt Messiaen die Anfrage von Rolf Liebermann, dem Leiter der Pariser Opéra, ob er ein Werk für dies Haus komponieren wolle. Messiaen zögerte, da er bis dahin nie für die Bühne geschrieben hatte. Die Anregungen zu einem Werk über den heiligen Franz gehen auf Messiaens Jugendjahre zurück, insbesondere auf Gabriel Piernés Orchesterwerk *Paysages franciscains* (1920), Indys *Légende de Saint-Christophe* (1920), Debussys *Martyre de Saint-Sébastien* (1911) und André Caplets *Mystère de Jésus* (1923). Diese Werke erhoben einen hohen religiösen Anspruch und versuchten, diesen auch im profanen Bereich, im Konzert und auf dem Theater, durchzusetzen. Messiaen wählte schließlich den heiligen Franz als Zentrum seiner Oper, weil dieser Christus am nächsten sei. Wie in allen seinen vokalen Werken schrieb sich Messiaen den Text selbst, der ihm nicht nur als Vehikel zu einer guten Musik diente, sondern als religiöses, theologisches Bekenntnis ebenso wichtig war wie die Töne. Bei der Erarbeitung des Texts stützte er sich unter anderm auf die *Vita beata Francisci* (1228) von Tommaso da Celano, Werke des heiligen Bonaventura und die volkstümlichen Legenden, die in *I fioretti di San Francesco* (um 1300–50) zusammengestellt sind. Dabei hat er Texte des heiligen Franz zum Teil wortgetreu übernommen (teilweise auch Bibelzitate). Die Komposition entstand 1975–83.

Handlung: In Italien, 13. Jahrhundert.
I. Akt, 1. Bild, »Das Kreuz«, Straße: Saint François erklärt Bruder Léon, daß man die tiefsten Demütigungen, die die Welt dem Menschen antun kann, um der Liebe Christi willen mit Gelassenheit zu tragen habe, denn dies sei die »vollkommene Freude«. 2. Bild, »Die Lobgesänge«, das Innere einer kleinen Klosterkirche: François preist die Geschöpfe. Er schließt mit der Bitte an Gott, ihm einen Leprakranken zu schicken, den er vollkommen lieben könne. 3. Bild, »Der Kuß des Leprakranken«, Hospital San Salvatore bei Assisi: Nach einigem Zögern vor dem schrecklichen Anblick eines Leprakranken, der Gott und die Welt verwünscht, gelingt es Franz, den Häßlichen zu küssen und zu erlösen.
II. Akt, 1. Bild, »Der reisende Engel«, der Berg La Verna: Ein Engel klopft an die Tür des Hauses der Brüder, wird zuerst nicht als himmlischer Bote erkannt und von Bruder Elie zornig abgewiesen, um später bei Bruder Bernard einen verständigen Partner im Gespräch über das Leben nach dem Tod zu finden. 2. Bild, »Der musizierende Engel«, ebenda: François hört die überirdische Musik des Engels, unter deren Einwirkung er fast stirbt. 3. Bild, »Die Vogelpredigt«, Eremitage der Carceri: François predigt den Vögeln, und zwar nicht nur denjenigen Umbriens, sondern auch denen aus Neukaledonien, von den Antipoden, die er im Traum zu sehen glaubt.
III. Akt, 1. Bild, »Die Stigmata«, La Verna, Nacht: François erhält nach inbrünstigem Beten und langem Kampf die fünf Wunden Christi. 2. Bild, »Der Tod und das neue Leben«, Portiunkulakapelle in Santa Maria degli Angeli: François nimmt Abschied von seinen Brüdern, faßt den Sinn und Zweck seines Lebens zusammen und stirbt als ein Erleuchteter.

Kommentar: *Saint François d'Assise* kann wohl zu Recht als gewaltiger Schlußstein von Messiaens Lebenswerk angesehen werden, denn Messiaen hat hier eine Bilanz seines bisherigen Schaffens gezogen und seine Arbeit in dem Gefühl abgeschlossen, daß er nach diesem Werk »nichts Gutes« mehr schreiben könne. *Saint François* ist einzig und allein zum Ruhm Gottes geschrieben, was für Messiaen beispielsweise hieß, dramatische Konfliktsituationen fast vollständig auszusparen und ebenso Themenkomplexe von menschlicher Schuld oder Sünde in der Vita des heiligen Franz wegzulassen, die man dem Komponisten als subjektive Deutung der Legende hätte anlasten können. Er verzichtete deshalb, wie er in einem Gespräch mitteilte, auf eine Darstellung der Beziehungen zwischen Franz und seiner Freundin, der heiligen Klara von Assisi, da sonst auf der Bühne unweigerlich der fatale Eindruck eines Liebesduetts entstanden wäre, und er hat ebenso den Konflikt zwischen Franz und seinem Vater Pietro Bernardone ausgelassen, um sich nicht dem Verdacht auszusetzen, öffentlich den eigenen Ödipuskomplex abreagieren zu wollen: eine erstaunliche Bemerkung, die aber zum tieferen Verständnis eines Werks führt, das wegen seiner episodischen, Konflikte vermeidenden Konzeption (nur in der Szene mit dem Leprakranken kommt konflikthafte Stimmung auf) weniger eine Oper zu sein scheint als ein Oratorium von ungeheuren zeitlichen Dimensionen, das zudem mit seinem gewaltigen Ensemble von Sängern und Instrumentalisten selbst größte Bühnenhäuser vor kaum überwindliche aufführungstechnische Probleme stellt. »Gloria Dei« ist auch in den andern religiösen (nicht liturgischen) Werken Messiaens fast das ausschließliche Thema und nicht etwa die Passion Christi, die für deutsch-protestantische Kreise im Vordergrund steht. Das Werk ist auch in dem Sinn katholisch (weltumspannend), daß exotische Vögel im Orchester wiedergegeben werden und die Dramaturgie mit ihrer extremen Langsamkeit beim Auftritt des Engels, der sachte einen Fuß vor den andern setzt, und der Länge der Lobpreisungen und der Vogelpredigt an das japanische No-Spiel anknüpft. Die Musik arbeitet mit sehr einprägsamen Leitmotiven, die intervallisch, harmonisch und rhythmisch streng definiert sind. Vor allen übrigen Intervallen tritt der Tritonus deutlich hervor, der für Messiaen weder eine dominantische Spannung noch eine extrem atonale Qualität besitzt, sondern das schönste, mildeste und ruhigste Intervall darstellt. Die Leitmotive sind aber auch durch die Klangfarbe voneinander abgehoben, und zwar im zweifachen Sinn: Bestimmte Instrumentenfamilien sind bestimmten Motiven zugeordnet, und die Akkorde selbst sind auskomponierte Klangfarben. Diese Technik geht auf Claude Debussy zurück, der schon,

Saint François d'Assise, II. Akt, 2. Bild; José Van Dam als François, Christiane Eda-Pierre als Engel; Regie: Sandro Sequi; Ausstattung: Giuseppe Crisolini-Malatesta; Uraufführung, Opéra, Paris 1983. – »Gott blendet uns durch die Überfülle an Wahrheit. Die Musik trägt uns zu Gott durch den Mangel an Wahrheit. Du sprichst durch die Musik zu Gott: Er wird dir durch die Musik antworten.« Mit diesen Worten des Engels vermittelt Messiaen zugleich eine Grundposition seiner Musikphilosophie. Der Gesang erinnert François an die eigene irdische Begrenztheit.

ohne das Procedere theoretisch zu erklären, Klangfarben in real klingende Töne transformierte. Messiaen formulierte diese Theorie in seiner *Technique de mon langage musical* (1944) und machte damit Schule bei den Jüngeren (Pierre Boulez, Gérard Grisey), die von den Instrumenten und deren klanglichen Möglichkeiten aus komponieren; diese Instrumente sind nicht mehr nur ein mehr oder weniger vollkommenes Werkzeug, um, wie bei Arnold Schönberg und Anton von Webern, »musikalische Gedanken« auszudrücken. Messiaen spricht selten von abstrakten Intervallen, sondern nur von Farben. Die rhythmische Gestaltung entspricht der anderer Werke Messiaens: Nicht pulsierende Metren durchwalten das Stück, sondern irrationale Werte (Quintolen, Septolen), und sogenannte »valeurs ajoutées« (geringe Verlängerungen) und die »rhythmes non-rétrogradables«, in sich symmetrische Gebilde. Sie bewirken, daß keine auf ein Ziel gerichtete Dynamik aufkommt, sondern das Stück mit seiner immensen Länge als ein feststehendes und vom Publikum fraglos hinzunehmendes Ritual aufgefaßt werden muß. In diesem Werk finden sich die verschiedensten Stilebenen, die zwei Extrempunkte aufweisen: einerseits die kaum getrübten Dreiklänge des Ondes Martenot bei der Musik des Engels, die auf die *Fêtes des belles eaux* (1937) zurückgehen und in der »Louange à l'éternité de Jésus« im *Quatuor pour la fin du temps* (1941) wiederaufgenommen wurden, andererseits die äußerst konstruktivistische Technik in III/1, wo François die Stigmata empfängt, die auf *Mode de valeurs et d'intensités* (1949) verweist, der für die Entstehung des Serialismus der 50er Jahre von entscheidender Bedeutung war. Zwei große Orchesterinterludien spielen sich bei offener Szene ab, was die Statik der Bühnenhandlung noch akzentuiert: Das erste steht in I/3 (nach der Heilung des Leprakranken) und wird von Messiaen »La danse du Lépreux« genannt, das zweite findet sich in der Vogelpredigtszene (II/3) und heißt »Le grand concert d'oiseaux«. Hier beginnt jedes Instrument auf ein Zeichen des Dirigenten in einem frei gewählten Tempo zu spielen; es herrscht also eine gewisse Aleatorik, die Messiaen sonst ablehnt. Im gesamten Werk sind die Vogelrufe omnipräsent, die Messiaen auf der ganzen Welt sammelte und die in vielen seiner Werke wiederkehren. Problematisch ist und bleibt, daß er glaubt, sie in unser gleichschwebend temperiertes Tonsystem aufnehmen zu können: Die Töne müssen verlangsamt, bis zu vier Oktaven tiefer und mit zum Teil größeren Intervallen transkribiert werden, doch garantierten die Vogelrufe schon früh, gegen Ende der 40er Jahre, das Entstehen einer neuen musikalischen Syntax, die auch auf den Serialismus eingewirkt hat. Die Vögel verkünden nach seiner Überzeugung die Liebe Gottes und die Liebe zu Gott, und Schritt für Schritt durch die sinnlich erfahrbare Natur hindurch will er sich der göttlichen Wahrheit nähern. Deshalb sind François' letzte Worte auch Messiaens künstlerisches Glaubensbekenntnis: »Herr! Herr! Musik und Dichtung haben mich zu Dir geführt: durch Bild, durch Symbol und weil mir die Wahrheit fehlt.« In diesem Sinn stellt sich Messiaen in die Tradition eines religiösen Theaters, das mit Debussys *Martyre* begann und mit Paul Claudels Texten zu Milhauds *Christophe Colomb* (1930) und zu Honeggers *Jeanne d'Arc au bûcher* (1938) fortgesetzt wurde.

Wirkung: Die Uraufführung entsprach fast durchweg den Wünschen Messiaens, der die Inszenierung beratend überwachte (Dirigent: Seidschi Osawa, Regie: Sandro Sequi; François: José Van Dam, Leprakranker: Kenneth Riegel): Die Brüder trugen franziskanische Kutten, der Engel mit seinen in allen Farben schillernden Flügeln schien aus einem Bild von Fra Angelico zu stammen, und der Hintergrund war in Landschaft und Architektur »echt« umbrisch. Nur bei der Erwähnung der exotischen Vögel in der Vogelpredigt verdunkelte sich die Szene und machte einen träumerischen, unwirklichen Eindruck; das Flattern der Vögel wurde mit Laserstrahlen wiedergegeben. Das weiße Licht beim Tod des Heiligen war aber Messiaen, der es in seiner Eigenschaft, alle Farben in sich zu umfassen, als weltumspannendes (katholisches) Symbol verstanden wissen wollte, nicht hell genug, obwohl die Opéra alles an Beleuchtung hergab, was ihr zur Verfügung stand. Außerdem konnte man ihm aus Platzgründen nur 100 Choristen und je zwölf 1. und 2. Violinen statt 16 gewähren. Die Holzbläser waren auf einem Rost links zum Zuschauer, die Tasteninstrumente rechts ebenfalls auf einem Gerüst über dem Orchestergraben plaziert, in dem sich die Streicher und Schlagzeuger befanden, während das Blech und die Ondes Martenots in den Proszeniumslogen untergebracht waren. Dennoch sah Messiaen vor allem den rituellen Charakter des Werks vollkommen verwirklicht, denn nie wurden in Paris während der acht Aufführungen im Nov. und Dez. 1983 öffentliche Proteste laut, obwohl die Presse sich zum Teil post festum in schnöden Tiraden erging. Messiaen verstand es, sich mit unbeirrter Sanftheit und zum Teil gewaltsam beschwörender Klangmagie beim Publikum durchzusetzen. Bei dem ungeheuren Aufwand an Instrumentalisten und Sängern und der Länge des Werks ist es verständlich, daß seither nur einzelne Szenen konzertant aufgeführt wurden, so in Salzburg 1985 (mit Dietrich Fischer-Dieskau). Eine vollständige konzertante Aufführung brachte die Opéra Lyon 1988 mit dem London Philharmonic Orchestra unter Kent Nagano (mit David Wilson-Johnson).

Autograph: beim Komponisten. **Ausgaben:** Part: Leduc, Paris [in Vorb.]; Textb.: Paris, Leduc [1983]. **Aufführungsmaterial:** Leduc, Paris

Literatur: J. BARRAQUÉ, Rhythme et développement, in: Polyphonie 1954, Nr. 9/10, S. 47–73; D. DREW, M. A Provisional Study, in: Score 1954, Nr. 10, S. 33–49, 1955, Nr. 13, S. 59–73, Nr. 14, S. 41–61; C. ROSTAND, O. M., Paris 1957; Melos 25:1958, H. 12; A. GOLÉA, Rencontre avec O. M., Paris 1960; P. MARI, O. M., Paris 1965; C. SAMUEL, Entretiens avec O. M., Paris 1967; DERS., Musique et couleur. Nouveaux entretiens avec O. M., Paris 1986; T. HOLD, M.'s Birds, in: ML 52:1971, S. 113–122; R. S. JOHNSON, M., London 1975; R. NICHOLS, M., London 1975; P. BOULEZ, O. M., in: DERS., Anhaltspunkte, Stuttgart, Zürich 1975, S. 154–162; A. PÉRIER,

M., Paris 1979; H. HALBREICH, O. M., Paris 1980; Musik-Konzepte 1982, Nr. 28; O. MESSIAEN, [Inhalt, Erläuterungen u. »analyse de chaque tableau«], in: Ph. Opéra, Paris, Nov. 1983, S. 13–25; A. RÖSSLER, Beiträge zur geistigen Welt O. M.s, Duisburg 1984 [mit Originaltexten M.s]; P. GRIFFITHS, O. M. and the Music of Time, London, Boston 1985; A. MICHAELY, Die Musik O. M.s. Untersuchungen zum Gesamtschaffen, Hbg. 1987 (Hbg. Beitr. zur Mw. Sonder-Bd.); T. HIRSBRUNNER, O. M. Leben u. Werk, Laaber 1988

Theo Hirsbrunner

Giacomo Meyerbeer

Auch Jacob Meyerbeer; eigentlich Meyer Beer; geboren am 5. September 1791 in Vogelsdorf oder Tasdorf (Niederbarnim, bei Berlin), gestorben am 2. Mai 1864 in Paris

Romilda e Costanza
Melodramma semiserio in due atti

Romilda und Costanza
2 Akte (4 Bilder)

Text: Gaetano Rossi
Uraufführung: 19. Juli 1817, Teatro Nuovo, Padua
Personen: Teobaldo (T) und Retello (B), Zwillingsbrüder, Fürsten der Provence; Romilda, Tochter des Herzogs der Bretagne (C); Lotario, Graf von Cisteran (T); Costanza, seine Tochter (S); Albertone, Kastellan von Senanges (B); Annina, seine Nichte (S); Pierotto, Milchbruder Teobaldos (B); Ugo, Knappe Teobaldos (B); stumme R: 2 Bäuerinnen, 2 Wachen. **Chor:** Ritter, Adlige, Bauern, Knappen, Pagen, Volk. **Statisterie:** Edeldamen, Bäuerinnen, Herolde, Wachen, Knappen, Pagen
Orchester: Fl (auch Picc), 2 Ob, 2 Klar, Fg, 2 Hr, 2 Trp, Pos, Pkn, Schl (gr.Tr, Trg), Streicher, B.c; BühnenM hinter d. Szene: Kanone
Aufführung: Dauer ca. 2 Std. 30 Min.

Entstehung: Meyerbeer, Kind reicher jüdischer Großbürger aus Berlin, erhielt seine erste musikalische Ausbildung als Siebenjähriger durch den Musiklehrer am preußischen Hof, den Komponisten und Pianisten Franz Lauska. Schnelle Fortschritte im Klavierspiel schienen dem Wunderkind den Weg zu einer Pianistenkarriere vorzuzeichnen; seine kompositorische Begabung zu voller Entfaltung zu bringen, war Lauska freilich ebensowenig in der Lage wie der Leiter der Berliner Musikakademie Carl Friedrich Zelter und der Berliner Hofopernkapellmeister Bernhard Anselm Weber, die sich in den folgenden Jahren als Meyerbeers Lehrer ablösten. Immerhin vermittelte der Theaterroutinier Weber Meyerbeer die ersten Erfahrungen auf dem Gebiet der dramatischen Komposition. Unter seiner Anleitung entstand die einaktige Ballettpantomime *Le Passage de la rivière ou La Femme jalouse*, die Etienne Lauchery als *Der Fischer und das Milchmädchen oder Viel Lärm um einen Kuß* (Berlin 1810) entworfen und choreographiert hatte. Noch im selben Jahr eröffneten sich für den jungen Komponisten neue und weitere künstlerische Perspektiven, als ihn der berühmte Musiktheoretiker und Komponist Georg Joseph Vogler neben Carl Maria von Weber und Johann Gänsbacher in Darmstadt als seinen Schüler annahm. Die kompositorische und ästhetische Entwicklung Meyerbeers wurde durch den gelehrten Kosmopoliten Vogler maßgeblich und auf Dauer geprägt. Die künstlerische Summe seiner zweijährigen intensiven Studien bildeten das Oratorium *Gott und die Natur* (1811) und die Oper *Jephtas Gelübde* (München 1812; Texte: Aloys Schreiber). Mit *Jephtas Gelübde* hielt sich Meyerbeer nur noch formal, wegen der gesprochenen Dialoge, an den Gattungsrahmen des Singspiels; die Differenziertheit der musikdramatischen Sprache, in der Einflüsse Glucks, Mozarts und Voglers auf eigenständige Weise verarbeitet erscheinen, weist jedoch weit darüber hinaus. Die Uraufführung am Hoftheater trug Meyerbeer zwar den Beifall der Kenner ein, erbrachte aber insgesamt trotz glänzender Besetzung (Helene Harlaß, Georg Weixelbaum und Georg Mittermayr) lediglich einen Achtungserfolg. Bereits während der *Jephta*-Proben hatte Meyerbeer mit der Komposition einer neuen, diesmal komischen Oper begonnen: *Wirt und Gast oder Aus Scherz Ernst*, deren Text Johann Gottfried Wohlbrück nach *Tausendundeiner Nacht* verfaßt hatte. Ein Vergleich mit Webers kurz zuvor entstandenem *Abu Hassan* (1811) offenbart, daß Meyerbeers Beitrag zum Genre der »Türkenoper« seine stärksten Wirkungen aus der Charakterisierung des Bizarren und Beinahtragischen zieht. Das Werk ging, von Meyerbeer mehrfach überarbeitet und erweitert, während der folgenden Jahre über verschiedene Bühnen: Der Uraufführung in Stuttgart 1813 (mit Johann Baptist Krebs als Alimelek und Karoline Wilhelmine Mayer als Irene) folgten unter anderm Inszenierungen in Wien 1814 *(Die beiden Kalifen)*, Prag 1815 und Dresden 1820 (jeweils als *Alimelek, Wirt und Gast oder Aus Scherz Ernst*). Ende 1814 brach Meyerbeer mit großen Plänen nach Paris auf, dem »ersten und hauptsächlichsten Punkt für meine dramatisch-musikalische Bildung«, wie er es gegenüber seinem Vater Jacob bekannte (*Briefwechsel und Tagebücher*, Bd. 1, S. 248, s. Lit.). Die überwältigenden Eindrücke der kulturellen Metropole Europas lösten bei ihm eine produktive Schaffenskrise aus, deren Beendigung durch die Übersiedlung nach Italien nur auf den ersten Blick paradox erscheinen. Zum einen bestärkte das Erlebnis Paris Meyerbeer in seinen kosmopolitischen künstlerischen Überzeugungen, was ihm sogleich sein eigenes Italiendefizit bewußt machte; zum andern vollzog sich gerade damals in der italienischen Oper durch Gioacchino Rossini (dessen Werke in Paris noch unbekannt waren) ein ästhetischer Prozeß, der einen allem Neuen aufgeschlossenen Komponisten faszinieren mußte. In Italien vollendete Meyerbeer als erstes Werk die szenische Kantate *Gli* *amori di Teolinda* für Sopran, Männerchor, Ballett ad libitum und Orchester mit obligater Klarinette (Venedig [?] 1816, Text: Rossi), komponiert für die Sängerin Harlaß und den Klarinettisten Heinrich Joseph Bärmann. Das pastorale Monodram (im Kreis der Hirten verzehrt Teolinda sich in Liebe zum untreuen Armidoro, dessen erträumte Nähe sich ihr im Klang der Klarinette gleichsam personalisiert) gestaltete Meyerbeer als Kabinettstück ausgefeilter vokal-instrumentaler Virtuosität noch weitgehend nach älteren melodischen Modellen italienischer Herkunft. Seine genuin theatralischen Qualitäten hat das kleine Werk, das ein konzertantes Genre auf neuartige Weise dramatisch aufbricht, in jüngster Zeit wieder unter Beweis gestellt (Ludwigsburg 1981, Montpellier 1989). Nach einem weiteren Jahr als aufmerksamer Beobachter der italienischen Musikszene übernahm Meyerbeer dann in Padua seine erste Scrittura: Am 14. Mai 1817 akzeptierte Rossi den Librettoauftrag für *Romilda e Costanza*, am 1. Juni unterzeichnete Meyerbeer den Vertrag.

Handlung: In Aix-en-Provence und auf dem Schloß von Senanges. I. Akt, 1. Bild: große Vorhalle im Palast der Fürsten der Provence; 2. Bild: Thronsaal des Palasts; II. Akt, 1. Bild: vor dem gotischen Schloß von Senanges, zu dem eine Zugbrücke führt; links eine einfache Hütte, rechts der Rand eines Walds; in der Ferne hohe schneebedeckte Berge; 2. Bild: verlassener Park, der an verfallene Festungsanlagen grenzt; durch die Bäume Blick auf das fürstliche Schloß.

I. Akt: Die Ankündigung der siegreichen Rückkehr Teobaldos aus dem Krieg löst bei seinem Zwillingsbruder Retello Mißmut aus, denn nun scheint besiegelt, daß Teobaldo die Erbfolge des verstorbenen Vaters antreten wird. Teobaldo hatte einst Costanza Treue gelobt, sich fern der Heimat jedoch in Romilda verliebt, die ihm, als Page verkleidet, heimlich gefolgt ist. Mißtrauisch beobachtet Costanza den fremden Pagen und Teobaldos Verhalten, zumal ein ihr zugespielter Brief von einem Treuebruch berichtet. Bei der Testamentseröffnung scheinen sich Teobaldos Wünsche mehr als zu erfüllen, wird er doch nicht nur zum Nachfolger bestimmt, sondern heißt der Vater auch, anstelle Costanzas Romilda zu heiraten. Die Unruhe, die unter den Anwesenden ob der Kränkung Costanzas entsteht, weiß Retello für seine Zwecke zu nutzen: Er zettelt einen Aufruhr und einen Kampf an, in dem Teobaldo unterliegt. Daraufhin läßt Retello den Bruder einkerkern.

II. Akt: Während Retello und seine Kumpanen Teobaldos Ermordung planen, sucht Romilda, noch immer als Page verkleidet, nach Rettung. So überredet sie Costanza, sich für Teobaldo zu verwenden, und dringt mit ihr und der Hilfe Pierottos in den Kerker ein, wobei sie jedoch gestellt werden. Als die Lage aussichtslos erscheint, naht Rettung von Teobaldos Knappen Ugo und seinen Getreuen, denen es gelingt, Retello und seine Anhänger zu überwältigen. Teobaldo indes vergilt nicht Gleiches mit Gleichem, sondern gewährt seinem Bruder wie den Mitverschwörern Verzeihung.

Kommentar: Das Libretto bewegt sich dramaturgisch und stofflich in den vertrauten Bahnen des »gemischten« Genres der italienischen Oper, für das sich die Gattungsbezeichnung »melodramma semiserio« erst um 1815 einzubürgern begann. Hier allerdings setzt *Romilda* nicht die Tradition der Comédie-larmoyante fort, die erst wenige Wochen zuvor durch Rossinis *La gazza ladra* (1817) ihre zeitgemäße Erneuerung erfahren hatte, sondern jene andere, gleichfalls französische der »pièce à sauvetage«, wie sie vor allem die einschlägigen Werke Simon Mayrs und Ferdinando Paers verkörperten. Ihre gattungstypischen Ingredienzen beherrschen auch die *Romilda*-Handlung: pittoreske Schauplätze (gotisches Schloß mit Gebirgspanorama), Verkleidung als Schutz vor Verfolgung (Romilda), Befreiung aus Kerkerhaft (Teobaldo) und eine komische Kontrastfigur aus dem bäuerlichen Milieu (Pierotto). Ungewöhnlich, wenn auch keineswegs einmalig (man denke an die verschiedenen Leonoren-Opern) erscheint allein, daß die Rollen vertauscht sind: Die verfolgte Unschuld ist hier nicht wie im Regelfall die Frau, der Retter nicht der Mann. – Jedes Urteil über die Musik hat von der bemerkenswerten Tatsache auszugehen, daß Meyerbeer das ihm bislang fremde musikdramatische Idiom offenbar auf Anhieb zu beherrschen gelernt hat. Ob es ihm darüber hinaus gelang, dem neu Erworbenen auch schon seinen individuellen Stempel aufzudrücken, drängt sich vor allem im Licht seiner späteren Entwicklung als Frage auf. Dabei wird man das typisch Meyerbeersche weniger auf musikalisch-materialer als vielmehr auf stilistischer Ebene zu suchen haben. Schon daß die Hinwendung zur italienischen Oper sich bei ihm weder als selbstverständliches Hineinwachsen in eine Tradition noch als deren bloß fremdbestimmte Übernahme, vielmehr als bewußte Wahl und persönliche Entscheidung vollzog, prägte den individualästhetischen Habitus seines Komponierens. So adaptiert Meyerbeer das Opernmodell der Rossini-Zeit zwar als Rahmen, doch nicht im Sinn einer Kopie; zumal in der Melodik bedient er sich vielfach auch älterer italienischer, besonders Mozartscher Vorbilder, die er harmonisch oder durch die Instrumentation nicht selten überraschend verfremdet. Das zeigt beispielhaft das Favoritstück der Oper, der langsame 1. Satz von Romildas Arie »Se il fato barbaro« (II. Akt), dessen Melodie, die für sich genommen von Giovanni Paisiello stammen könnte, durch Umdeutung der satztechnischen Parameter eine quasi klangliche und damit eine neuartige dramatische Qualität gewinnt. Höchstem zeitgenössischen Standard entspricht die großräumige Formdisposition, so wenn im weiteren Verlauf dieser Arie längere szenische Partien (Auftritt Ugos mit seinen Getreuen) in die Nummer integriert werden oder wenn umgekehrt (Quartett II. Akt) die Szene in klangräumlicher Entfaltung (Romanze als Bühnenlied zur Kontaktaufnahme mit dem im Turm gefangenen Teobaldo, dessen Stimme »di dentro« zu vernehmen ist) die musikalische Faktur der Nummer konstituiert.

Wirkung: Für die Uraufführung hatte man ein ausgezeichnetes Ensemble aufgeboten: Luigi Campitelli und Eliodoro Bianchi als Teobaldo und Retello, Adolfo Bassi als Pierotto, Catterina Lipparini als Costanza, vor allem aber die Contraltistin Benedetta Rosmunda Pisaroni als Romilda. Sie ersang dem Werk einen eindeutigen Premierenerfolg, dessen positives Presseecho auch über die Grenzen Italiens hinausdrang. *Romilda e Costanza* wurde von verschiedenen Bühnen nachgespielt: mit mäßigem Erfolg noch 1817 in Venedig, mit einem Quasifiasko 1820 im Teatro Carcano Mailand, bedingt durch eine miserable Einstudierung, von der Meyerbeer sich im voraus distanzierte. Eindeutig positiv war demgegenüber die Reaktion auf die Inszenierung im Teatro della Pergola Florenz ebenfalls 1820 (Domenico Bertozzi, Antonio Parlamagni, Nicola Tacci, Maria Marchesini, Rosa Mariani). Außerhalb Italiens gab es Einstudierungen 1822 in München und in Kopenhagen.

Autograph: Verbleib unbekannt. **Abschriften:** Civ. Museo Bibliogr. Musicale Bologna (S. 321), Bibl. Cherubini Florenz (A. 227), Bayer. SB München (Mus. Mss. 7097), Istituto Musicale C. Pollini Padua (rari 1/III/1), LOC Washington (M 1500 M 61 C 5). **Ausgaben:** Textb.: Padua, Penada 1817; Venedig, Cocchi 1817; Florenz, Fantosini 1820; Mailand 1820
Literatur: H. HEINE, Über die französische Bühne. Vertraute Briefe an A. Lewald, 9. Brief [1837], in: DERS., Sämtliche Schriften, hrsg. K. Brieglieb, München, Wien 1969ff., Bd. 3, S. 332–345; L. VÉRON, Mémoires d'un bourgeois de Paris, 6 Bde., Paris 1853–55; E. DE MIRECOURT, M., Paris 1856; C. BOIGNE, Petits mémoires de l'Opéra, Paris 1857; A. DE LASALLE, M., sa vie et le catalogue de ses œuvres, Paris 1864; A. POUGIN, M. Notes biographiques, Paris 1864; [C. E.] BEULÈ, Eloge de M., Paris 1865; H. BLAZE DE BURY, M., sa vie, ses œuvres et son temps, Paris 1865; L. QUICHERAT, Adolphe Nourrit. Sa vie, son talent, son caractère, sa correspondance, Paris 1867; H. MENDEL, G. M. Sein Leben u. seine Werke, Bln. 1869; J. P. SCHUCHT, M.s Leben und Bildungsgang, seine Stellung als Operncomponist im Vergleich zu den Tondichtern der Neuzeit. Nebst noch ungedruckten Briefen M.s, Lpz. 1869; E. HANSLICK, M. (Mit bes. Berücksichtigung seiner drei letzten Opern), in: DERS., Die moderne Oper. Kritiken u. Studien, Bln. ²1875, S. 138–173, Nachdr. Farnborough 1971; DERS., G. M. Zur hundertsten Wiederkehr seines Geburtstages, 5. Sept. 1891, in: DERS., Aus dem Tagebuch eines Musikers. »Der Modernen Oper« VI. Theil. Kritiken u. Schilderungen, Bln. ²1892, S. 101–110, Nachdr. Farnborough 1971; E. DESTRANGES, L'Œuvre théâtral de M. Etude critique, Paris 1893; L. DAURIAC, La Psychologie dans l'opéra français (Auber, Rossini, M.), Paris 1897; J. WEBER, M. Notes et souvenirs d'un de ses secrétaires, Paris 1898; H. CURZON, M., Paris 1910 (Les Musiciens célèbres); J. KAPP, Richard Wagner und M., in: Mk 10:1910/11, S. 79–94, 171f.; C. SAINT-SAËNS, M., in: Echo de Paris, 18.2., 3.3., 10.3. 1912, Nachdr. in: DERS., Ecole buissonnière, Paris 1913, dt. in: DERS., Musikalische Reminiszenzen, hrsg. R. Zimmermann, Wilhelmshaven 1979 (Taschenbücher zur Mw. 53.), S. 99–119; L. DAURIAC, M., Paris 1913 (Les Maîtres de la musique); H. ABERT, G. M., in: JbPet 25:1918, auch in: DERS., Gesammelte Schriften und Vorträge, hrsg. F. Blume, Halle 1929, S. 397–420, Nachdr. Tutzing 1968; G. R. KRUSE, M.s Jugendopern, in: ZfMw 1:1919, S. 399–413; J. KAPP, M., Bln. 1920; H. STRELITZER, M.s Deutsche Jugendopern, Diss. Münster 1921; J. KAPP, Wagner – M. Ein Stück Opern-Gesch. nach zum Teil unveröff. Dokumenten zusammengestellt, in: Mk 16:1923, S. 25–42; E. ISTEL, M.s Way to Mastership. Employment of the Modern Leading-Motive Before Wagner's Birth, in: MQ 12:1926, S. 72–109; R. HAUDEK, Scribes Operntexte für M., Diss. Wien 1928; B. V. DIEREN, M., in: DERS., Down Among the Dead Men and Other Essays, London 1935, S. 142–174, Nachdr. NY 1967; J. A. KREMLEV, M., Leningrad 1936; J. J. SOLLERTINSKIJ, M., Leningrad 1936; W. L. CROSTEN, French Grand Opera. An Art and a Business, NY 1948, Nachdr. 1972; H. BECKER, Der Fall Heine–M., Bln. 1958; DERS., M.s erstes Bühnenwerk ›Der Fischer und das Milchmädchen‹, in: Kl. Schriften d. Ges. für Theater-Gesch., H. 16, Bln. 1958, S. 26–36; G. MEYERBEER, Briefwechsel und Tagebücher, hrsg. H. Becker (ab Bd. 3 zusammen mit G. Becker), Bd. 1 (bis 1824), Bln. 1960, Bd. 2 (1825–36), Bln. 1970, Bd. 3 (1837–45), Bln. 1975, Bd. 4 (1846–49), Bln. 1985; M. COOPER, G. M., 1791–1864, in: Proceedings of the Royal Musical Association 90:1963/64, S. 97–129; H. BECKER, G. M. On the Occasion of the Centenary of His Death, in: Publ. of the Leo Baeck Inst., Year Book 9:1964, S. 178–201; M. BROD, Some Comments on the Relationship between Wagner and M., ebd., S. 202–205; H. KIRCHMEYER, Zur Frühgeschichte der M.-Kritik in Deutschland, in: NZfM 125:1964, S. 298–303; DERS., Die deutsche Librettokritik bei Eugène Scribe und G. M., ebd., S. 372–376, 471–476; C. FRESE, Dramaturgie der großen Opern G. M.s, Bln. 1970; P. GÜLKE, Der verdrängte M. Versuch einer Wiedergewinnung, in: TdZ 25:1970, S. 37f.; J. L. THOMSON, M. and His Contemporaries, NY 1972, Diss. Columbia Univ.; H. BECKER, G. M.s Mitarbeit an den Libretti seiner Opern, in: Bericht über den internationalen musikwissenschaftlichen Kongreß Bonn 1970, hrsg. C. Dahlhaus, H. J. Marx, M. Marx-Weber, G. Massenkeil, Kassel 1973, S. 155–160; R. CELLETTI, M. a Venezia, in: NRMI 9:1975, S. 35–41; S. DÖHRING, Les Œuvres tardives de M., in: SMZ 115:1975, S. 57–65; J. L. THOMSON, G. M. The Jew and His Relationship with R. Wagner, in: Musica Judaica 1:1975/76, S. 55–86; F. CLAUDON, G. M. et V. Hugo. Dramaturgies comparées, in: Regards sur l'opéra. Du »Ballet Comique de la Reine« à l'opéra de Pékin, Paris 1976, S. 101–111; N. WILD, Un Demi-siècle de décors à l'Opéra de Paris: Salle Le Peletier (1822–1873), ebd., S. 11–22; C. DAHLHAUS, Motive der M.-Kritik, in: Jb. d. Staatl. Inst. für M.Forschung Preußischer Kulturbesitz 1978, Bln. 1979, S. 35–41; R. T. LAUDON, Sources of the Wagnerian Synthesis. A Study of the Franco-German Tradition in 19th-Century Opera, München, Salzburg 1979 (Mw. Schriften. 2.); K. PENDLE, Eugène Scribe and French Opera of the Nineteenth Century, Ann Arbor, MI 1979 (Studies in Musicology. 6.); H. BECKER, G. M. in Selbstzeugnissen und Bilddokumenten, Reinbek 1980 (rm. 288.); W. DEAN, M.'s Italian Operas, in: Music and Bibliography. Essays in Honour of A. Hyatt King, hrsg. O. Neighbour, NY, London, München, Paris 1980, S. 170–183; J. FULCHER, M. and the Music of Society During the Monarchy of July, in: MQ 67:1981, S. 213–229; R. M. LONGYEAR, Political and Social Criticism in French Opera 1827–1920, in: Essays on the Music of J. S. Bach and Other Divers Subjects. A Tribute to G. Herz, hrsg. R. Weaver, Louisville 1981, S. 245–254; C. JOIN-DIÉTERLE, Les Décors à l'Opéra de Paris à l'époque romantique, in: Revue international de musique française 2:1981, H. 4, S. 57–72; D. PISTONE, L'Opéra de Paris au siècle romantique, ebd., S. 7–56; S. DÖHRING, Die Autographen der vier Hauptopern M.s. Ein erster Quellen-Ber., in: AfMw 39:1982, S. 32–63; C. AULT, Design, Operation, and Organization of Stage Machinery at the Paris Opera 1770–1873, Ann Arbor 1983, Diss. Univ. of Michigan; H. BECKER, G. BECKER, G. M. Ein Leben in Briefen, Wilhelmshaven 1983 (Taschenbücher zur Mw. 85.), Lpz. 1987, erw. amerik. Ausg.: G. M. A Life in Letters, Portland 1989; S. DÖHRING, G. M. Grand opéra als Ideendrama, in: Lendemains 8:1983, S. 11–22, ital.: G. M. Il grand opéra come dramma d'idee, in: La drammaturgia musicale, hrsg. L. Bianconi, Bologna 1986 (Problemi e prospettivi. Serie di musica e spettacolo), S. 365–381; Hudební věda 21:1984, H. 4 [Spezial-H. G. M.]; C. DAHLHAUS, Wagner, M. und der Fortschritt. Zur Opernästhetik d. Vormärz, in: Festschrift Rudolf Elvers zum 60. Geburtstag,

hrsg. E. Herrtrich, H. Schneider, Tutzing 1985, S. 103–116; H. BECKER, Zwischen Oper und Drama. Zu M.s Konzeption der dramatischen Szene, in: Wagnerliteratur – Wagnerforschung. Ber. über d. Wagner-Symposium München 1983, hrsg. C. Dahlhaus, E. Voss, Mainz 1985, S. 86–94; S. DÖHRING, M.s Konzeption der historischen Oper und Wagners Musikdrama, ebd., S. 95–100; S. SEGALINI, Diable ou Prophète? M., Paris 1985; J. FULCHER, The Nation's Image. French Grand Opera as Politics and Politicised Art, Cambridge 1987; A. GERHARD, Die französische »Grand Opéra« in der Forschung seit 1945, in: Acta musicologica 59:1987, S. 220–270; M.-H. COUDROY, La Critique parisienne des »grands opéras« de M. ›Robert le Diable‹ – ›Les Huguenots‹ – ›Le Prophète‹ – ›L'Africaine‹, Saarbrücken 1988 (Studien zur frz. Oper d. 19. Jh. 2.); F. DELLA SETA, L'immagine di M. nella critica italiana dell'Ottocento e l'idea di »dramma musicale«, in: L'opera tra Venezia e Parigi I, hrsg. M. T. Muraro, Florenz 1988 (Studi di musica veneta. 14.), S. 147–176; F. REININGHAUS, Tot oder wiedererweckt? M.s Opern auf d. dt. Bühnen nach 1945, in: NZfM 149:1988, H. 6, S. 4–10; F. DELLA SETA, Il profeta dell'opera, in: Musica e dossier 3:1988, Nr. 22, S. 70–75; A. EVERETT, »Bewitched In a Magic Garden«. G. M. in Italy, in: Journal of the Donizetti Soc. 1988, Nr. 6, S. 163–192; Giacomo Meyerbeer. Mittler zwischen Bln. u. Paris. Ausstellung d. SB Preußischer Kulturbesitz 1991. Kat., bearbeitet v. H. Becker, Wiesbaden 1991; R. ZIMMERMANN, G. M. Eine Biographie nach Dokumenten, Bln. 1991; S. DÖHRING, G. M.: Grand opéra als Ideendrama, Laaber [in Vorb.] (Thurnauer Schriften zum M.Theater)

Sieghart Döhring

Emma di Resburgo
Melodramma eroico in due atti

Emma von Roxburgh
2 Akte (6 Bilder)

Text: Gaetano Rossi, nach dem Libretto von Leone Andrea Tottola zu dem Melodramma eroico-comico *Elena e Costantino* (Neapel 1814) von Simon Mayr, nach dem Libretto von Jean Nicolas Bouilly zu der Opéra-comique *Héléna* (Paris 1803) von Etienne Nicolas Méhul
Uraufführung: 26. Juni 1819, Teatro di S. Benedetto, Venedig
Personen: Edemondo, Graf von Lanerk (C); Emma von Resburgo, seine Gattin (S); Egildo, ihr sechsjähriger Sohn, unter dem Namen Elvino (stumme R); Norcesto von Cumino, gegenwärtiger Herrscher von Lanerk (T); Olfredo von Tura (B); Donaldo von Solis (T); Etelia, Tochter Olfredos (S); der Herold (B); stumme R: ein Hirte, 2 Knappen. **Chor, Statisterie:** Herolde, Ritter, Knappen, Wachen, Hirten, Hirtinnen, Jungen, Mädchen, Volk
Orchester: 2 Fl (auch Picc), 2 Ob (auch E.H), 2 Klar, 2 Fg (2. auch K.Fg), 4 Hr, 2 Trp, 2 Pos, Pk, Schl (gr.Tr, Bck, RührTr), Hrf, Streicher, B.c; BühnenM: 2 Hr, Banda (nicht spezifiziert)
Aufführung: Dauer ca. 2 Std. 45 Min. – Banda im 1. Finale.

Entstehung: Meyerbeers erfolgreiches italienisches Operndebüt mit *Romilda e Costanza* (1817) erregte die Aufmerksamkeit zahlreicher Impresarios. Unter verschiedenen Angeboten wählte er für seine nächste Scrittura das Teatro Regio Turin und als Stoff einen der klassischen Texte der italienischen Oper des 18. Jahrhunderts, Pietro Metastasios vielvertonte *La Semiramide riconosciuta* (1729), die ihm Rossi zu einem zeitgemäßen Melodramma serio umgestaltete. Die Titelpartie stimmte Meyerbeer ganz und gar auf die phänomenalen sängerischen Fähigkeiten der als Rossini-Interpretin gefeierten Contraltistin Carolina Bassi Manna ab; auch für die übrigen Partien erlaubte ihm das hohe Besetzungsniveau (Claudio und Lodovico Bonoldi) eine vokal anspruchsvolle Schreibweise. Die Uraufführung am 3. Febr. 1819 fand große Resonanz und unterstrich Meyerbeers Sonderstellung innerhalb der zeitgenössischen Opernszene Italiens, die man mit der Formel umschrieb, sein Werk vermittle zwischen »italienischer und deutscher Schule«. Einer weiteren Verbreitung von *Semiramide* stand entgegen, daß Bassi Manna das alleinige Recht an der Partitur erworben hatte, von diesem aber nur zurückhaltend Gebrauch machte, da sie ihre Glanzrolle als »cheval de bataille« für schließlich doch nicht zustande gekommene Auslandsgastspiele schonen wollte. Um so größeren Wert mußte Meyerbeer auf einen Anschlußerfolg mit seiner nächsten Oper legen: *Emma di Resburgo* für die Frühjahrsstagione des San Benedetto Venedig, mit dem Meyerbeer bereits für *Romilda* in Verhandlungen gestanden hatte. Als Librettist firmierte wiederum Rossi, der sich in den Grundzügen der Handlung an seine Vorlage hielt, den Schauplatz jedoch aus der Provence nach Schottland verlegte. Daß die Uraufführung von *Emma* die einer neuen Oper Rossinis vorausgehen sollte, des Pasticcios *Eduardo e Cristina* (Text: Tottola und Gherardo Bevilaqua-Aldobrandini nach Giovanni Schmidts Libretto für Pavesis *Odoardo e Cristina*, Neapel 1810), bedeutete für Meyerbeer Risiko und Chance zugleich. Auch wenn spätere Berichte deutscher Korrespondenten, Meyerbeers Oper habe Rossinis geradezu in den Schatten gestellt, auf Ressentiments gegenüber dem Pesareser und nicht auf Tatsachen beruhen, so steht doch fest, daß der Eindruck von *Emma* außerordentlich gewesen sein muß. Das Werk wurde Meyerbeers erster großer internationaler Erfolg.
Handlung: In der schottischen Grafschaft Lanarkshire. I. Akt, 1. Bild: Umgebung der Burg von Tura, Morgendämmerung; 2. Bild: Innenhof der Burg von Tura; II. Akt, 1. Bild: Galerie im Schloß Lanerk; 2. Bild: Rittersaal im Schloß Lanerk; 3. Bild: wie II/1; 4. Bild: Friedhof der Grafen von Lanerk, Abenddämmerung.

I. Akt: Graf Edemondo von Lanerk, fälschlicherweise des Mords an seinem Vater Roggero angeklagt, konnte sich der drohenden Gefahr für sein Leben nur durch die Flucht entziehen. Seine Gattin Emma ist ihm gefolgt, ohne bisher seine Spur zu finden. Zuvor hatte sie ihren Sohn vor der Burg des befreundeten Olfredo aussetzen lassen, der das Kind in Pflege nahm. Der neue Herr auf Lanerk, Norcesto, ist fieberhaft bemüht, des flüchtigen Edemondo habhaft zu werden, und fordert durch einen Herold die Bevölkerung zur

Suche auf. Um ihr Kind wiederzusehen, begibt sich Emma, als Barde verkleidet, zur Burg Olfredos; im Gewand eines Hirten erscheint dort gleichzeitig auch Edemondo. Die Gatten erkennen einander und werden auch von Olfredo erkannt, der sie jedoch, überzeugt von Edemondos Unschuld, nicht verrät. Beide nehmen inkognito an einem für Olfredo veranstalteten Fest teil, zu dem unerwartet auch Norcesto mit Gefolge erscheint. Dieser bemerkt sogleich die Ähnlichkeit des Knaben mit dem gesuchten Edemondo und verschafft sich durch wenige Fragen Gewißheit über die Herkunft des Kinds. Als er es fortschleppen lassen will, wirft sich Emma dazwischen und gibt sich als Mutter des Knaben und Gattin Edemondos zu erkennen, den Olfredo nur mit Mühe davon abhalten kann, seine Identität ebenfalls preiszugeben.

II. Akt: Norcesto verstärkt nun die Suche nach dem in der Nähe vermuteten Flüchtling, ohne ihn indes finden zu können. Als daraufhin die Ritter und das Volk aus Rache Anstalten machen, den Knaben zu töten, stellt sich Edemondo. Obwohl er seine Unschuld beteuert, wird er zum Tod an der Grabstätte seines Vaters verurteilt. Die verzweifelte Emma klagt Norcesto an, selbst den Mord begangen zu haben und ihn durch den Tod eines Unschuldigen vertuschen zu wollen. Erst unmittelbar vor Edemondos Hinrichtung bricht Norcesto sein Schweigen: Zwar nicht er, aber sein verstorbener Vater Duncalmo, dessen Ansehen er unbefleckt halten wollte, habe die Tat begangen. Emma preist ihr Glück, mit dem Gatten wieder vereint zu sein.

Kommentar: Intensiver noch als an den vorausgegangenen Opern entzündeten sich an *Emma di Resburgo* Diskussionen über Meyerbeers Personalstil. Sowenig einerseits zweifelhaft sein konnte, daß sich das Werk im ganzen jenem neuen musikdramatischen Idiom verpflichtet zeigte, das sich im Urteil der Zeitgenossen vor allem mit dem Namen Rossinis verband, so evident war andrerseits ein eigener unverwechselbarer »Ton«, der den Schöpfer von *Emma* aus der Reihe der gewöhnlichen »Rossinisten« heraushob. Von einer bloßen Mischung italienischer mit deutschen Elementen zu sprechen bliebe zu pauschal und hieße, das Spezifische des Stils zu verkennen. Genauer hat der Kritiker der *Gazzetta privilegiata di Venezia* (in: Meyerbeer, *Briefwechsel und Tagebücher*, Bd. 1, S. 667f., s. Lit.) das Phänomen beschrieben, wenn er in der Rezension der Uraufführung sein Lob für die technische Meisterschaft und den Erfindungsreichtum des Komponisten mit einem vorsichtigen Tadel für die Elaboriertheit seiner Schreibweise verbindet und fordert, die Kunst solle die Begleiterin der Natur, nicht ihre Herrin sein (»l'arte dev'essere la scorta e non la tiranna della natura«). Gegen den Strich gelesen, enthält diese Besprechung, die ein zentrales Motiv der späteren Meyerbeer-Kritik vorwegnimmt, die treffende Charakterisierung der musikdramatischen Konzeption des Komponisten, die in der Tat bereits in seinen frühen Opern bestimmend hervortritt. Das wird besonders deutlich am Umgang mit dem romantischen Sujet. Die neuen musikalischen Farben (noch vor ähnlichen Entwicklungen in Rossinis *La donna del lago*, 1819) dienen nicht der Darstellung von Natur, sondern der situationsrealistischen Umsetzung des Dramas: So vergegenwärtigt Emmas Auftrittskavatine (»Sulla rupe triste, e sola«) eine romantische Couleur in den Ossian-Chiffren des harfenbegleiteten Lieds und des Da-lontano-Effekts (1. Strophe) als Teil des szenischen Vorgangs; Edemondos Sortita (»Io vi lasciai, deserte, gelate rive degli Ebridi [...] Ciel pietoso, tu che vedi«) wiederum übersetzt das Pittoreske der Situation in ein virtuoses Spiel mit pastoralen Topoi (Echo), die das äußere Geschehen als Reflex seelischer Prozesse erkennbar werden lassen; Emmas Szene und Rondo (»Ecco di morte l'ora [...] Il dì cadrà«) aus dem Friedhofsbild, das mit dem Grabmal Roggeros und seiner den Mörder anklagenden Inschrift Mozarts *Don Giovanni* (1787) im optischen Zitat evoziert, verliert sich nicht in Stimmungsmalerei, sondern verdichtet Atmosphärisches in strenger musikalischer Form- und Affektsprache. Die historische Ambivalenz von *Emma* zwischen Reminiszenzen an Mozart und die ältere Oper sowie direkten Rossinismen und gelegentlichen Anleihen bei der französischen Oper ist nicht Resultat künstlerischer Unentschlossenheit, vielmehr Konsequenz einer pluralistischen Ästhetik, mithin Kennzeichen eines entschiedenen Stilwillens, der das vorhandene musikdramatische Vokabular auf neue Weise zum Sprechen zu bringen vermag. Zukunftsweisend geschieht dies in den großen Tableaus: dem seinerzeit zu Recht bewunderten, durchgehend als »Aktion« auskomponierten Richterchor und dem kontrastdramaturgisch ebenso sublim wie effektvoll gesteigerten 1. Finale.

Wirkung: Der Premierentriumph von *Emma di Resburgo* (mit Rosa Morandi als Emma, Carolina Cortesi als Edemondo und Eliodoro Bianchi als Norcesto), der sich in 74 Wiederholungen fortsetzte, festigte ohne Zweifel Meyerbeers Position in Italien. In schneller Folge übernahmen zahlreiche Bühnen in und außerhalb Italiens die neue Oper, die über ein Jahrzehnt zum europäischen Repertoire gehörte. Unter den italienischen Einstudierungen seien hervorgehoben diejenige am Teatro della Pergola Florenz 1820 (Ester Mombelli, Cortesi, Carlo Cardini) und am Teatro Nuovo Padua (Carolina Passerini, Fanny Eckerlin, Bianchi). Bereits 1820 begann die Rezeption in Deutschland: italienisch in Dresden unter Carl Maria von Webers Leitung, in der Übersetzung von Joseph von Seyfried als *Emma von Leicester oder Die Stimme des Gewissens* zuerst im Theater an der Wien (Mad. Pfeiffer, Julie Schwarz, Franz Jäger), in der Übersetzung von Christoph May als *Emma von Roxburgh* zuerst in Berlin (Karoline Seidler, Josephine Schulze, Heinrich Stümer). Für die Berliner Aufführung hatte Meyerbeer *Emma* überarbeitet und einige neue Nummern hinzugefügt, darunter einen neuen Schluß. In einer polnischen Übersetzung von Ksawery Godebski erschien *Emma di Resburgo* 1821 in Warschau.

Autograph: Verbleib unbekannt. **Abschriften:** Arch. d. Teatro La Fenice Venedig, SBPK Bln. (N. Mus. ms. 163 [teilweise autograph], N. Mus. ms. 164 [nur II. Akt, teilweise autograph],

Mus. ms. 14413, Mus. ms. 14413/1), Publ. Libr. Boston (M. 40. 25.), Bibl. Royale Brüssel (F. 2618. Ms. II 4039), Bibl. Cherubini Florenz (A. 229, A. V. 142-143), StUB Ffm. (Mus Hs Opern 363 [1]), BN Paris (Cons. D. 8121-8122), Württ. LB Stuttgart (H. B. XVII, No. 442 a. b.), ÖNB Wien (K. T. 128).
Ausgaben: Kl.A v. J. P. Schmidt, ital./dt. Übers. u.d.T. *Emma von Roxburgh*: Schlesinger, Bln. [um 1822], Nr. 1040; Textb.: Venedig, Casali 1819; Florenz, Fantosini 1821; Parma, Carmignani 1821; Padua, Penada 1826; Textb., dt. v. J. C. C. May: Bln. 1820
Literatur: s. S. 113

Sieghart Döhring

Margherita d'Anjou
Melodramma semiserio in due atti

Margarete von Anjou
2 Akte (8 Bilder)

Text: Felice Romani, nach dem Mélodrame *Marguerite d'Anjou* (1810) von René Charles Guilbert de Pixérécourt in der Übersetzung (1812) von Francesco Gandini
Uraufführung: 14. Nov. 1820, Teatro alla Scala, Mailand
Personen: Margherita d'Anjou/Margarete von Anjou, Witwe Heinrichs IV. (= VI.), Königs von England (S); Edoardo/Eduard, ihr fünfjähriger Sohn (stumme R); der Herzog von Lavarenne, ehemals Seneschal der Normandie (T); Isaura, seine Braut, unter dem Namen Eugenio (C); Riccardo, Herzog von Glocester/Gloucester (B); Carlo Belmonte, ein von Margherita verbannter Feldherr, jetzt Anführer eines Trupps im Sold Glocesters stehender Bergbewohner (B); Michele Gamautte, ein französischer Chirurg (B); Gertrude, eine schottische Bäuerin, Carlos Dienerin (S); Bellapunta (T) und Orner (B), Margheritas Offiziere; 2 Soldaten (T, B); 2 Bergbewohner (T, B).
Chor, Statisterie: Marketenderinnen, Pagen Margheritas, englische und französische Soldaten, Bergbewohner
Orchester: 2 Fl (auch Picc), 2 Ob, 2 Klar, 2 Fg, 4 Hr, 2 Trp, 3 Pos, Serpent, Pkn, Schl (gr.Tr, Bck, RührTr, Trg), Streicher, B.c; BühnenM: 2 Hr, 2 Trp, Schl (RührTr, Kanone); Banda (Picc, kl. Klar in F, 4 Klar, 2 Fg, 4 Hr, 4 Trp, 2 Pos, Serpent, gr.Tr, Bck, RührTr, MilitärTr)
Aufführung: Dauer ca. 2 Std. 45 Min. – Banda in der Introduktion und im 1. Finale.

Entstehung: Nach dem Triumph von *Emma di Resburgo* (1819) übernahm Meyerbeer seine nächste Scrittura für die Karnevalssaison 1819/20 der Scala, die für den Komponisten einen Wechsel des Librettisten mit sich brachte: An die Stelle des befreundeten Gaetano Rossi, der für alle bisherigen italienischen Bühnenwerke Meyerbeers die Texte verfaßt hatte, trat der nicht minder angesehene Romani. Als Stoff war zunächst an *Francesca da Rimini* gedacht, nach Meyerbeers Worten gegenüber Franz Sales Kandler »eines der schönsten lyrischen Drama's die je geschrieben worden sind« (Brief vom 2. Nov. 1819, in: *Briefwechsel und Tagebücher*, Bd. 1, S. 391, s. Lit.); der Einspruch der Zensur vereitelte jedoch das Projekt (Romani realisierte es später für Feliciano Strepponi, Vicenza 1823). Die Suche nach einem neuen Stoff erforderte Zeit, und da Meyerbeers Wunsch nach Verschiebung der Premiere seines Auftragswerks auf einen späteren Termin innerhalb der Stagione nicht stattgegeben wurde, trat er von dem Vertrag zurück. Über die Umstände, die zur neuerlichen Scrittura an der Scala für die Herbstsaison 1820 wie zur Wahl des Sujets führten, desgleichen über die Vorgeschichte der Premiere ist bislang nichts bekannt geworden.
Handlung: An der schottischen Grenze, 1462, zur Zeit der Rosenkriege. I. Akt, 1. Bild: weite Flußlandschaft mit Heerlager; 2. Bild: im Innern eines Zelts; 3. Bild: wilder Gebirgswald; II. Akt, 1. Bild: wie I/1; 2. Bild: Gebirgsdorf, heller Tag; 3. Bild: wie I/2; 4. Bild: im Innern einer Hütte; 5. Bild: wie II/2.
Die Königinwitwe Margherita ist vor den Nachstellungen des Herzogs von Glocester, eines Führers der Lancaster-Partei, zusammen mit ihrem kleinen Sohn Edoardo nach Frankreich geflüchtet. Nachdem es ihr gelang, am dortigen Hof Unterstützung für ihren Thronanspruch zu erwirken, kehrt sie an der Spitze eines französischen Heers nach England zurück. Dessen Befehlshaber, der Herzog von Lavarenne, ist in Margherita verliebt und hat ihretwegen seine Braut Isaura in Frankreich zurückgelassen. Diese ist ihm jedoch heimlich gefolgt und hat sich in Männerkleidung unter dem Namen Eugenio dem Heer angeschlossen in der Hoffnung, den Geliebten zurückgewinnen zu können. Nach anfänglichen Erfolgen geraten Margheritas Truppen in schwere Bedrängnis: Ein Gefecht geht verloren, und Margherita wird von Bergbewohnern gefangengenommen, die auf der Seite Glocesters kämpfen. Doch deren Anführer Carlo, einst von Margherita verbannt und daher zu ihrem Feind geworden, nimmt unter dem Eindruck der persönlichen Begegnung erneut Partei für die Königin und versteckt sie mit Edoardo in einer einsamen Hütte. Dort wird sie von Glocester aufgespürt, der sie töten lassen will, doch kommt im letzten Augenblick Hilfe durch Lavarenne, der Glocester entwaffnet. Dessen Truppen unterliegen in der Entscheidungsschlacht, in der sich Isaura durch besondere Tapferkeit auszeichnet und Margherita und Lavarenne das Leben rettet. Schon vorher hatte sie ihre wahre Identität der Königin enthüllt, die sich sofort bereit erklärte, auf Lavarenne zu verzichten, der sich seinerseits nach längerem Schwanken seiner Liebe zur vermeintlich fernen Isaura bewußt geworden ist. Überglücklich wirft er sich ihr zu Füßen, als er erfährt, daß sie es ist, der er sein Leben verdankt. Isauras Hoffnungen haben sich erfüllt, so wie es der schlaue Michele vorausgesagt hatte, der als einziger von Anfang an Mitwisser ihres Geheimnisses war.
Kommentar: Mit *Margherita d'Anjou* komponierte Meyerbeer zum erstenmal ein historisches Sujet, aber obwohl die Historie hier noch nicht wie in seinen späteren französischen Opern den Gegenstand der

Handlung selbst, sondern lediglich die Folie für einen Privatkonflikt abgibt, überrascht es doch zu sehen, in wie hohem Maß sie bereits die Couleur des Werks beeinflußt, dem dramatischen Geschehen Relief verleiht. Der nationale Gegensatz bestimmt sowohl die kriegerischen Massenszenen als auch die Charaktere; insbesondere die komische Figur des Arztes Michele Gamautte, der vor allem die Oper ihre Gattungsbezeichnung »Melodramma semiserio« verdankt, erscheint hier nicht als Buffotyp, vielmehr als Verkörperer nationaler Eigenschaften. Mit diesem Libretto sah sich auch der Komponist vor neue Aufgaben gestellt. Deutlicher noch als in *Emma* ist die Tendenz zu formaler Integration, insbesondere in den großen Tableaus. So exponiert die ungewöhnlich ausgedehnte Introduktion sowohl das Ambiente als auch den zentralen Konflikt der Handlung in einer einzigen musikalisch geschlossenen Szene: Mehrere Genrechöre, die das Treiben im französischen Heerlager schildern, und die anschließende Auftrittsarie Margheritas werden kontrastiert und zugleich verbunden durch A-parte-Kommentare Carlos, der verkleidet das Lager auskundschaftet; die Stretta (zugleich die Cabaletta von Margheritas Arie) bringt über die Zusammenfassung hinaus eine zusätzliche Steigerung durch eine sich nähernde Banda, die die Ankunft des siegreichen Lavarenne signalisiert und so bereits auf dessen späteren Auftritt vorausweist. In vergleichbarer Weise klangräumlich entfaltet ist auch das 1. Finale, in dem das Ertönen der Banda hinter der Szene die dramatische Wende (das Vorrücken der Truppen Glocesters) ankündigt. Die zahlreichen romantisch-pittoresken Situationen dienen nicht nur als Anlaß für Couleurlocale-Effekte, sondern werden schon in Romanis Libretto ganz bewußt als Versatzstücke eines Spiels mit idyllischen und pastoralen Topoi benutzt, mitunter sogar in ironischer Brechung, etwa wenn die Bergbewohner (Chor: »Che bell'alba«) auf ihre Naturverbundenheit im Vergleich mit dem »dummen Städter« (»sciocco cittadino«) verweisen. Die einfache Hütte, in der Margherita als Bäuerin verkleidet Zuflucht findet, erscheint so zu einem von Gefahren umgebenen »locus amoenus« stilisiert, dem Meyerbeer mit der filigranen Künstlichkeit einer virtuos konzertierenden Szene und Arie Margheritas (»Dolce albergo di pace«; mit obligater Violine) auch musikalisch quasi »Exterritorialität« verleiht. Von besonderer Bedeutung für den ganz neuartigen Charakter dieser Oper ist schließlich die komische Figur Micheles, die als eine Art »humoristischer Kontrapunkt« des Geschehens fungiert, so wenn Michele gleich zu Beginn Isauras pathetische Liebesklagen in funkelndem Parlando selbstgefällig kommentiert (Duett: »Ah! tu non sai com'io l'adoro«). Mit der Partie des Michele scheint bei Meyerbeer erstmals jener französische Lustspielton auf, der eine wichtige Komponente seiner späteren Opern werden sollte. Durch ihn gewinnt die gesamte musikalische Faktur eine außergewöhnliche Eleganz und Geschmeidigkeit sowie jene latente Ironie und Preziosität des Ausdrucks, die dem Werk einen singulären Rang unter den Opern seiner Zeit zuweisen.

Wirkung: *Margherita d'Anjou* wurde »mit vielem Beyfall gegeben, und der Meister [...] in den ersten drey Abenden nach jedem Acte auf die Scene gerufen« (Leipziger *Allgemeine musikalische Zeitung*, 3. Jan. 1821). In den Bühnenbildern Alessandro Sanquiricos agierte ein glänzendes Sängerensemble: Carolina Pellegrini als Margherita, Rosa Mariani als Isaura, Nicola Tacchinardi als Lavarenne, Nicolas-Prosper Levasseur als Carlo und Nicola Bassi als Michele. In dem von Vincenzo Lavigna geleiteten Orchester wirkte als Konzertmeister Alessandro Rolla, dem hier besonders anspruchsvolle Aufgaben gestellt sind. Als folgenreich erwies sich die erste Begegnung Meyerbeers mit dem bedeutenden Sängerdarsteller Levasseur, der später in Frankreich sein bevorzugter Bassist werden sollte. Unter den italienischen Einstudierungen seien die in Bologna 1824 (Isaura: Fanny Corri Paltoni) sowie die Wiederaufnahme an der Scala 1826 (Margherita: Luigia Boccabadati, Isaura: Isabella Fabbrica, Lavarenne: Giovanni Battista Verger, Carlo: Vincenzo Felice Santini) hervorgehoben. Fast noch größeren Anklang fand die Oper außerhalb Italiens, so in München 1822, Dresden 1824 (Friederike Funk, Costanza Tibaldi, Giuseppe Fink, Alfonso Zezi, Gioachino Benincasa; Dirigent: Carl Maria von Weber), Barcelona 1825, London 1828, Königstädtisches Theater Berlin 1831 (Betty Spitzeder-Vio, Amalie Haehnel, Eduard Holzmiller, Wilhelm Fischer, Joseph Spitzeder), Prag 1831 (Katharina Podhorsky, Marie Emmering, Joseph Derska, Karel Strakatý, Franz Feistmantel), Madrid 1836, Lissabon 1837. Eine spezielle Rezeption erfuhr das Werk im französischsprachigen Raum. Wohl unter dem noch frischen Eindruck der Aufführungen des *Crociato in Egitto* (1824) im Pariser Théâtre-Italien 1825 stellte das Pariser Théâtre de l'Odéon, dessen Repertoire in den 20er Jahren schwerpunktmäßig aus Opéra-comique-Adaptionen italienischer und deutscher Opern bestand, 1826 auch Meyerbeers Erfolgsstück als Dialogoper vor: Die freie französische Textbearbeitung in drei Akten schuf Thomas Marie François Sauvage, die Einrichtung der Musik besorgte der Hauskapellmeister Pierre Crémont, für das Bühnenbild zeichnete Pierre Luc Charles Cicéri verantwortlich (Mlle. Lemoule, Mme. Montano, Lecomte). Die refranzösierte *Marguerite d'Anjou* wurde sehr beifällig aufgenommen; eine Reihe von Bühnen spielte diese Bearbeitung nach, darunter Brüssel 1826 (Isaure: Laure Cinti-Damoreau), Amsterdam 1835 und Den Haag 1839.

Autograph: Verbleib unbekannt. **Abschriften:** SBPK Bln. (Mus. ms. 14 414), Bayer. SB München (St. th. 266), ÖNB Wien (K. T. 278; S. m. 25 169). **Ausgaben:** Part, Bearb. v. T. M. F. Sauvage, P. Crémont: Kretschmer, Paris [1826]; Kl.A, dass.: ebd. [1826]; Kl.A: Schlesinger, Paris [um 1830], Nr. 556; Meissonier, Paris [1843]; Textb.: Mailand, Pirola [1820]; Venedig, Casali 1822; Mantua 1823; Bologna, Nobili 1824; Florenz, Fantosini 1825; Turin, Derossi 1825; Mailand, Fontana 1826; Textb., ital./dt.: München, Hübschmann 1822; Dresden 1824; Textb., dt.: Bln. 1831; Textb., engl.: London, Brettell 1828
Literatur: s. S. 113

Sieghart Döhring

Il crociato in Egitto
Melodramma eroico in due atti

Der Kreuzritter in Ägypten
2 Akte (10 Bilder)

Text: Gaetano Rossi
Uraufführung: 7. März 1824, Teatro La Fenice, Venedig
Personen: Aladino, Sultan von Damiata (B); Palmide, seine Tochter (S); Osmino, Wesir (T); Alma, Vertraute Palmides (S); Mirva, ein fünfjähriger Knabe (stumme R); Adriano von Montfort, Großmeister der Rhodiser (T); Felicia, Nichte Adrianos, in Männerkleidung (C); Armando von Orville, Rhodiserritter, unter dem Namen Elmireno (S). **Chor, Statisterie:** Emire, Imane, ägyptisches Volk, Rhodiserritter, europäische Sklaven verschiedener Nationen, Wachen des Sultans, Günstlinge, ägyptische Soldaten, schwarze Sklaven, Sklavinnen, Herolde, Waffenträger der Ritter, Soldaten, Pagen, Seeleute. **Ballett Orchester:** 2 Fl (auch Picc), 2 Ob (1 auch E.H), 2 Klar, 4 Fg, K.Fg, 4 Hr, 4 Trp, 3 Pos, Pkn, Schl (gr.Tr, Bck, Trg), Hrf, Streicher, B.c; BühnenM: 8 Trp, K.Fg, 3 Pos, 3 kl.Tr, gr.Tr, Bck, 4 RührTr, Banda (Picc, 2 Fl, 2 Ob, kl. Klar in F, 5 Klar, 2 Fg, 4 Hr, 2 KlappenTrp, 6 Trp, 3 Pos, Serpentone, kl.Tr, gr.Tr)
Aufführung: Dauer ca. 3 Std. 30 Min. – Im 1. Finale zwei Bande (maximal 37 Spieler). Armando wurde in der Uraufführung von einem Kastraten gesungen.

Entstehung: Wenige Wochen nach der Uraufführung von *Margherita d'Anjou* (1820) schloß Meyerbeer einen Vertrag ab über eine neue Oper für die bevorstehende Karnevalssaison des Teatro Argentina Rom: *L'Almanzore* auf ein Libretto Rossis, für die Carolina Bassi Manna als Protagonistin vorgesehen war. Warum Meyerbeer mit der Vertonung begann, sie jedoch nicht abschloß, ließ sich bislang ebensowenig klären wie die Frage, ob es sich bei dem ein Jahr später angenommenen Libretto Felice Romanis, *L'esule di Granata*, um die Überarbeitung der (verschollenen) römischen Vorlage handelt. Über die Umstände von Meyerbeers zweiter Scrittura für die von ihm als führende Bühne Italiens geschätzte Mailänder Scala wie über die Entstehung des Werks schweigen die Quellen. Die Uraufführung am 12. März 1822 brachte trotz spektakulärer Bühnenbilder Alessandro Sanquiricos (Löwenhof der Alhambra an den beiden Aktschlüssen) und eines glänzenden Sängerensembles (Benedetta Rosmunda Pisaroni, Adelaide Tosi, Bernardo Winter, Luigi Lablache) lediglich einen Achtungserfolg. Der sublime musikdramatische Kalkül der Großszenen (Introduktionstableau) wie das kompositorische Niveau im allgemeinen fanden zwar die Anerkennung der Fachleute, hielten das breite Publikum jedoch eher auf Distanz. So wurde *L'esule* denn auch von nur wenigen Theatern nachgespielt. Daß Meyerbeer selbst bald die Hoffnung auf eine Bühnenzukunft des Werks aufgab, erhellt aus der Tatsache, daß er es schon für seine nächste und dann für fast alle seine späteren Opern als musikalischen Ideenfundus benutzte. – Während des Winters 1822/23, den Meyerbeer überwiegend in Venedig verbrachte, konkretisierte sich der Plan, eine neue Oper für das Fenice in der nächsten Karnevalssaison zu schreiben, abermals mit Rossi als Librettisten. Als Sujet schlug der Komponist zunächst den Roman *Mathilde ou Mémoires tirés de l'histoire des croisades* (1805) von Marie Cottin vor; nach mehrmonatigen Diskussionen wurde das Projekt nicht weiter verfolgt, statt seiner wandte man sich einem andern Sujet aus der Kreuzritterepoche zu, für das erst später der Titel *Il crociato in Egitto* gewählt wurde. Ausschlaggebend für den Wechsel des Sujets scheinen Besetzungsgründe gewesen zu sein: Nach einer Phase der Ungewißheit zeichnete sich ab, daß Giovanni Battista Velluti, der letzte bedeutende Kastrat der italienischen Oper, als Star des Ensembles zur Verfügung stehen würde; für ihn bot sich die Rolle des Armando geradezu an. Rossis Briefe an Meyerbeer während der Entstehung des Werks (*Briefwechsel und Tagebücher*, Bd. 1, S. 519–580, s. Lit.) dokumentieren wie keine andere zeitgenössische Quelle Praxis und Ästhetik der italienischen Oper des frühen 19. Jahrhunderts, aber auch Meyerbeers Rolle als Spiritus rector, die ihn von allen übrigen Komponisten der Epoche unterschied. Gerade neuartige und zukunftsweisende Passagen der Oper wie die »magica scena delle Romanze« (Terzett Felicia/Palmide/Armando, I. Akt) und die »scena classica del Gran Maestro« (Kerkerszene Adrianos, II. Akt) gehen in Idee und Ausführung auf Vorschläge des Komponisten zurück. Meyerbeer und Rossi nahmen sich viel Zeit: Nachdem die »ossatura«, wie man in der Theatersprache das szenische »Skelett« einer Oper nannte, bereits im Juli 1823 festgelegt war, zog sich die Arbeit noch nahezu ein dreiviertel Jahr hin. In der Schlußphase gab es die zeitüblichen Diskussionen mit der Zensurbehörde, die an dem »illegitimen« Sohn des Kreuzritters Anstoß nahm; die Bedenken konnten durch Einfügung weniger Rezitativtakte mit dem Hinweis auf eine heimliche christliche Verbindung Armandos und Palmides ausgeräumt werden (bei Inszenierungen an andern Orten, erstmals 1824 in Triest, wurde diese Passage wieder gestrichen).
Handlung: In und bei der ägyptischen Hafenstadt Damiette, um 1250, während des 6. Kreuzzugs. I. Akt, 1. Bild: an den Strand grenzender großer Hof im Palast des Sultans in der Nähe des Hafens; hinter den Gittern die Türme des Palasts, rechts ein Gebäude als Aufenthaltsort der Sklaven, links Teile des Palasts und Gärten; 2. Bild: an Palmides Gemächer angrenzender reizender entlegener Garten mit Pavillon; 3. Bild: Hafen von Damiette mit prächtigen Gebäuden und Schiffen verschiedener Nationen; 4. Bild: reizender Ort in den Gärten; 5. Bild: prächtiger Ort im Palast, umgeben von hängenden Gärten; im Hintergrund eine prächtige Moschee; auf einer Seite ein Thron; II. Akt, 1. Bild: wie I/5; 2. Bild: wie I/4; 3. Bild: abgelegener Strand; im Hintergrund der Nil; am Ufer das Schiff der Ritter; auf einer Seite das Hospiz der Kreuzritter mit einer angrenzenden kleinen

Kirche; Palmen, Zypressen, Ruinen antiker Denkmäler; 4. Bild: Kerker; 5. Bild: großer Platz in Damiette mit Blick auf den Palast, die Moschee, Nebengebäude und Gärten.

Vorgeschichte: Eine Abteilung des Rhodiserheers ist bei Damiette in einen Hinterhalt der Ägypter geraten und nahezu vollständig aufgerieben worden. Als einzigem Überlebenden gelang es Armando von Orville, einem jungen provenzalischen Ritter, in der erbeuteten Rüstung eines gefallenen Ägypters im Heer der Feinde unterzutauchen. Unter dem angenommenen Namen Elmireno errang er wegen seiner Tapferkeit großes Ansehen. Nachdem er Sultan Aladino das Leben gerettet hatte, zog dieser ihn als Vertrauten an seinen Hof. Dort lernte er die Sultanstochter Palmide kennen und lieben, die unbemerkt von der Umgebung seine Liebe erwiderte und seinen Glauben annahm. Aus der Verbindung ging ein Sohn hervor, der heimlich im Harem aufgezogen wird.

I. Akt: Sultan Aladino kündigt seiner Tochter an, daß er sie dem gerade siegreich aus einer Schlacht heimkehrenden Elmireno (Armando) zur Frau geben will. Anlaß für die Hochzeit soll der bevorstehende Friedensschluß mit den Kreuzrittern sein, deren Gesandtschaft zu abschließenden Verhandlungen über die Gefangenenfreigabe in Damiette erwartet wird. Armando gerät dadurch in doppelte Bedrängnis, denn er erscheint nun beiden Seiten als Betrüger und Verräter: Der enttäuschten Geliebten muß er seinen Ritterstand und sein früheres Verlöbnis mit der Provenzalin Felicia bekennen; von Adriano di Montfort wiederum, der als Großmeister der Rhodiser deren Gesandtschaft anführt, wird er des Gelöbnisbruchs beschuldigt und zu sofortiger Umkehr aufgefordert. Zudem ist mit den Kreuzrittern auch Felicia in Männerkleidung nach Damiette gekommen, um nach dem verschollenen Verlobten zu forschen. Im Gespräch mit Palmide gibt sie sich zunächst als dessen Bruder aus, läßt jedoch alle Verstellungen fallen, als sie in ihr die Geliebte Armandos und Mutter seines Kinds erkennt. Obwohl tief enttäuscht, ist sie um des Kinds willen bereit, ihrer Liebe zu entsagen. Armando, der sich seinerseits zum Verzicht auf Palmide durchgerungen hat und ihr ein letztes Lebewohl sagen will, verliert vollends die Fassung, als er bei ihr auf Felicia trifft, die ihren Entschluß auch ihm gegenüber aufrechterhält. Es kommt zum Eklat, als Armando vor dem versammelten Hofstaat und den zum Fest geladenen Kreuzfahrern im Gewand eines Rhodiserritters erscheint, seinen Glauben und seine Herkunft bekennt und Palmides Hand zurückweist. Tödlich beleidigt zieht Aladino den Dolch gegen Armando, doch Felicia, die sich als sein Bruder ausgibt, wirft sich dazwischen und rettet ihm das Leben. Den Befehl des Sultans, Armando in den Kerker zu werfen, beantwortet der Großmeister mit der Kriegserklärung. Aus der Moschee ertönt das Signal zum heiligen Kampf. Im allgemeinen Tumult sammeln sich die Ägypter und Kreuzritter um ihre Fahnen.

II. Akt: Der intrigante Wesir Osmino, der selbst nach

Il crociato in Egitto, II. Akt, 3. Bild; Bühnenbildentwurf: Francesco Bagnara; Uraufführung, Teatro La Fenice, Venedig 1824. – Fast bis aufs Detail greift Bagnara später auf diesen Entwurf für die Aufführung von Donizettis *Lucia di Lammermoor* (siehe Band 2, S. 1) in Venedig 1836 zurück. Das Bild wird so zum Muster für pittoreske Landschaftsdarstellungen in der italienischen romantischen Oper.

Palmides Hand trachtet, verrät dem Sultan, daß seine Tochter ein Kind von Armando hat. Der wütende Aladino will zunächst den Knaben töten lassen, wird jedoch von Palmide besänftigt. Er gibt Armando die Freiheit, seinen Segen für den Bund mit Palmide und bietet auch Adriano die Versöhnung an. Als dieser jedoch von der Existenz des Knaben erfährt, überschüttet er Armando erneut mit Vorwürfen und läßt sich erst umstimmen, als Palmide sich zum christlichen Glauben bekennt. Im Beisein Felicias und der Ritter nimmt Adriano ihr Gelöbnis entgegen und erfleht den Segen des Himmels für das Paar. Doch die heimliche Zusammenkunft ist von Osmino und den Emiren ausgekundschaftet und verraten worden. Der Sultan, der sich in seiner Großmut abermals getäuscht sieht, läßt alle verhaften und droht ihnen mit dem baldigen Tod. Im Kerker verpflichtet Adriano die Ritter, das Märtyrertum auf sich zu nehmen, doch eine überraschende Wende bringt die endgültige Rettung: Osmino hat sich mit den Emiren zum Sturz des Sultans verschworen; dabei setzt er auf die Hilfe der Ritter, die er heimlich bewaffnen läßt. Kurz vor deren öffentlicher Hinrichtung gibt er das Zeichen zur Erhebung und stürzt sich selbst auf Aladino, um ihn zu ermorden. Doch Armando vereitelt den Plan, indem er Osmino überwältigt und seine Glaubensbrüder zum Schutz des Sultans auffordert. Die Verschwörung bricht zusammen. Gerührt von so viel Treue, gibt Aladino allen Rittern die Freiheit und bekräftigt den Bund seiner Tochter mit dem Mann, der ihm erneut das Leben gerettet hat.
Kommentar: Wie kaum eine andere Oper aus dem 1. Drittel des 19. Jahrhunderts erscheint *Il crociato in Egitto* als ein Werk »zwischen den Zeiten«. In seiner Auseinandersetzung mit den Traditionen des Melodramma reizte Meyerbeer hier alle Möglichkeiten, die die Gattung bot, bis zum letzten aus, ohne sie doch als solche in Frage zu stellen. Weniger konsequent als Rossini, der in seinen Neapler Opern eine Transformation der Gattung in Richtung französische Oper vornahm, setzte Meyerbeer einerseits diese Tendenzen in gesteigerter Form fort, hielt aber andrerseits auf geradezu irritierende Weise an älteren, um diese Zeit bereits obsoleten Konventionen fest: etwa dem Secco an Szenenschlüssen. Zwischen isolierter Nummer und integralem Solo-Chor-Tableau, traditioneller Gesangsvirtuosität und moderner Klangfarbendramaturgie, melodischen Modellen des 18. Jahrhunderts und Antizipationen des mittleren Verdi spannt sich der Bogen der Darstellungsmittel, deren Zusammenhang allein durch die prägende Kraft des individuellen Stils geschaffen wird. Stärker noch als in *Margherita d'Anjou* und *L'esule di Granata* öffnet sich im *Crociato* das Melodramma zur historischen Oper: Zwar ist auch hier der Privatkonflikt, der die Dramaturgie bestimmt, er erscheint jedoch auf ein historisches Geschehen projiziert, das vor allem durch die Figur des religiösen Fanatikers Adriano eine zusätzliche Ideenkomponente erhält. Während des ganzen Stücks wird der Antagonismus von Kreuzrittern und Ägyptern bis zu ihrer schließlichen Versöhnung in Großmut und Liebe als Konfrontation zweier Kulturen und Religionen mit musikalischen Mitteln kontrastdramaturgisch vergegenwärtigt. Den adäquaten formalen Rahmen für eine derartige Dramaturgie bilden auch im *Crociato* die Tableaus. Vor allem die Introduktion hatte Meyerbeer inzwischen in ganz persönlicher Weise entwickelt. Ihm lag daran, bereits mit der ersten Szene das dramatische Potential des Sujets so vorzustellen, daß über den privaten Konflikt hinaus auch das soziale Umfeld der Handlung mit möglichst vielen lokalen und historischen »Farben« als musiktheatralischer Zusammenhang rezipierbar wird. Das Verfahren erscheint somit als Vorstufe zur Expositionsdramaturgie seiner späteren großen Opern, bei denen jeweils der integrale I. Akt als Introduktion gestaltet ist. Daß der Komponist in dieser Hinsicht schon damals als Innovator galt, erhellt aus einer Bemerkung Rossis (Brief vom 28. Okt. 1822), er habe für Rossinis *Semiramide* (1823) eine »introduzione alla Meyerbeer« verfaßt, wobei er den Auftritt der Protagonistin innerhalb eines »quadro imponente« besonders hervorhebt. In der Tat bildete in den großen Introduktionen von *Margherita* und *L'esule* jeweils die weibliche Hauptfigur (Margherita, Azema) den dramatischen Mittelpunkt des Tableaus, und gleiches gilt für *Il crociato* (Palmide). Auch hier ist die Exposition des Privatkonflikts in ein historisches Panorama gefaßt, das die religiös-politischen Motivationen des Geschehens sogleich sinnfällig werden läßt (Fronarbeit der Christensklaven am Hof des Sultans). Die Vorgänge sind nicht nur chorisch, sondern zusätzlich als Pantomime gestaltet, bei der die Musik vorgeschriebene Bewegungen von Gruppen und Einzelpersonen (Arbeitsabläufe, Informationsaustausch unter den Gefangenen, Aktivitäten der Aufseher) minuziös illustriert. Die Plastizität der szenischen Vorgänge wird ergänzt durch die klangliche Erschließung des Bühnenraums: Die Fanfaren, die gegen Ende der Introduktion das Eintreffen des Schiffs mit der Rhodisergesandtschaft verkünden, sind auf nicht weniger als vier verschiedene Positionen fixiert (sechs Trompeten im Verhältnis 1-1-2-2, dazu zwei Trompeten im Orchester). Entsprechend verfährt Meyerbeer im 1. Finale mit den drei Trommeln, zu deren Klängen sich auf dem Höhepunkt der Auseinandersetzung die Heere der Ägypter und der Kreuzfahrer sammeln, denen jeweils eine selbständige typisierende Banda beigegeben ist (dem ägyptischen eine in schriller »Janitscharen«-Besetzung). Die Stretta faßt beide Bande mit dem regulären Orchester, den Solisten und dem Chor in einer mächtigen Steigerung zusammen, die trotz der klanglichen Massierung von absoluter »clarté« geprägt bleibt (»All'armi vi chiama la gloria, la fede«). In der Direktheit der dramatischen Attacke und der stählernen Härte der musikalischen Faktur kündigt sich in diesem Finale eine neue Epoche der Oper an. – Eine singuläre dramatische Lösung fand Meyerbeer für die zentrale Szene der Begegnung Armandos mit seinen beiden Frauen in dem Terzett »Giovinetto cavalier« (I. Akt): die Geschichte einer Liebe als »Geschichte« einer Romanze. Zunächst beschwört Felicia (1. Strophe) ihr

einstiges Liebesglück, indem sie gegenüber Palmide jene Romanze anstimmt, die der totgeglaubte Armando ihr einst in der Provence vortrug und die ihrerseits in noch fernere Vergangenheit weist, indem sie die Geschichte eines treulosen Ritters erzählt; die Freundin stimmt in das Lied ein (2. Strophe; Duett), denn auch ihr Herz hat einst ein fremder Ritter mit ebendieser Weise bezwungen, dessen Stimme man plötzlich vernimmt und der gleich darauf selbst erscheint (3. Strophe; Terzett): Armando, Felicias einstiger und jetzt Palmides Geliebter, die Inkarnation jenes treulosen Ritters aus der Romanze. Die musikdramatische Umsetzung des Geschehens vollzieht sich über die Ineinanderspiegelung von vier Zeitebenen (Ritter, Armando/Felicia, Armando/Palmide, Armando/Felicia/Palmide); dargestellte Zeit und Darstellungszeit fallen schließlich zusammen im zeitlosen erfüllten Augenblick, der die Erinnerung fixiert. Die Melodie der Romanze, die den Weg durch die europäischen Salons machte, erhält ihre Aura vor allem durch die Instrumentation aus einem Ensemble von sieben Soloinstrumenten (Englischhorn, Klarinette, Horn, Harfe, Violine, Violoncello, Kontrabaß; wahrscheinlich angeregt durch die Romanze »Ov'è la bella vergine« aus dem II. Akt von Mayrs *Alfredo il grande, re degli anglo-sassoni*, Bergamo 1819, Text: Bartolomeo Merelli). Sie verbinden sich mit den drei Frauenstimmen zu einem sublimen Klangamalgam, das die Barkarolenmelodie der Romanzenstrophen in ein verfremdendes Sfumato taucht. – Melodische Modelle des 18. Jahrhunderts treten vielfach hervor, wenngleich in neuen formalen oder harmonischen Zusammenhängen. So wird im Duett Palmide/Armando (»Ah non ti son più cara«, I. Akt) die Gefühlskontrapunktik der dramatischen Situation zwar aus der Linearität der Stimmführung heraus entfaltet, der Satz insgesamt aber einem modern anmutenden Montageprinzip unterworfen. Palmides große Arie »D'una madre disperata« (II. Akt) beginnt als virtuos übersteigerte Paraphrase von »Fuor del mar« aus Mozarts *Idomeneo* (1781), doch werden die rollenden Sechzehntelskalen bald von dissonanten Orchesterakzenten überlagert, die dem Gesamtkontext eine zusätzliche Ausdrucksdimension verleihen. Anderes weist voraus auf spätere Entwicklungen der italienischen Oper: Der von Rossini seit *Tancredi* (1813) eingeführte besondere Typus des virtuosen Frauenduetts erhielt im *Crociato*, etwa im Mittelsatz des genannten Duetts Palmide/Armando (»Non v'è per noi più speme«), eine neue spezifisch klangliche Dimension, an die später Bellini in vergleichbaren Stücken anknüpfen konnte. Adrianos Kerkerarie (»Suona funerea l'ora di morte«, II. Akt) kreierte den Prototyp der großen Tenorszene, wie er bis zum mittleren Verdi verbindlich bleiben sollte; der dreiteilige Formverlauf mit einem Affektbogen von düsterem Moll zum emphatisch sich aufschwingenden Dur (»Speriamo in te, Signore«) wurde zum Vorbild für zahlreiche langsame Ariensätze Donizettis und Verdis. Schließlich enthält *Il crociato* mit dem Verschwörerchor der Emire (»Nel silenzio fra l'orror«, II. Akt) auch schon das Modell für zahlreiche Chöre aus Risorgimento-Opern, deren charakteristischer melodischer »slancio« von tänzerischer Gespanntheit hier bis ins Detail vorgebildet scheint. Mit *Il crociato* war Meyerbeer zum führenden Vertreter der italienischen Oper nach Rossini aufgestiegen. Es ist müßige Spekulation, sich vorzustellen, welche Entwicklung die Gattung hätte nehmen können, wenn Meyerbeer den mit *Il crociato* eingeschlagenen Weg in Italien weitergegangen wäre; doch nicht weitere Reformarbeit an der italienischen Oper war sein Ziel, sondern Paris, das ihm als Mekka der dramatischen Musik seit Beginn seiner Laufbahn stets als Ziel vor Augen stand.

Wirkung: *Il crociato in Egitto* brachte dem »maestro-dilettante«, wie man den ohne berufliche Verpflichtung komponierenden Meyerbeer in Italien nannte, den bislang größten Triumph seiner Laufbahn. Bei der Premiere und den Folgeaufführungen feierte man ihn inmitten eines Ensembles, dem außer Velluti als Armando vor allem Henriette Méric-Lalande (Palmide), Brigida Lorenzani (Felicia) und Gaetano Crivelli (Adriano) Glanz verliehen. Die Begeisterung, mit der man bald allerorten die neue Oper empfing, beschrieb wenige Jahre später Heinrich Heine: »Habe ich jemals menschliche Raserei gesehen, so war es bei einer Aufführung des *Crociato in Egitto*, wenn die Musik manchmal aus dem weichen, wehmütigen Ton plötzlich in jauchzenden Schmerz übersprang. Jene Raserei heißt in Italien: furore« (*Reisebilder. 3. Teil: Reise von München nach Genua* [1828], Kapitel 27). Die beifällige Aufnahme des *Crociato* hielt Meyerbeer nicht davon ab, in der Folgezeit sukzessive zahlreiche Veränderungen vorzunehmen, die teils das Werk lediglich neuen Besetzungserfordernissen anpaßten, teils aber auch in seine dramaturgische Struktur eingriffen. So wurden für die Aufführung im Teatro Pergola Florenz am 7. Mai 1824 (Armando: Velluti, Palmide: Tosi, Adriano: Domenico Reina) die Protagonistenauftritte im I. Akt neu geordnet: Armandos Auftritt ist aus dem 2. Bild (seine Arie und das anschließende Duett mit Palmide entfallen) ins 3. Bild verlegt (neue Sortita »Cara mano dell'amore« mit Chor und Ballett anstelle derjenigen Felicias, für die Ankunft der Kreuzfahrer mit Adriano und Felicia (ohne Arien) wird statt dessen ein neues 4. Bild (wie II/3 in Venedig) eingeschoben; im früheren 4., jetzt 5. Bild erscheint das Romanzenterzett in neuer Fassung; in II/1 ist die Arie der Felicia gegen eine der Alma (»D'un genio che l'ispira«, aus *Semiramide*, Turin 1819; für Teresa Ruggeri) ausgetauscht, in II/2 Palmides Arie »D'una madre disperata« knapper gefaßt; das gesamte 4. Bild (Kerker) entfällt; im abschließenden 5. Bild bleiben von dem ausladenden Finalrie Armandos lediglich das einleitende Rezitativ und der Doppelchor der Sarazenen und Kreuzritter, ursprünglich zum »tempo d'attacco« gehörig, erhalten, denen sich ein Finalduett Armando/Palmide (»Ravvisa qual alma«) anschließt. Wiederum anders disponierte Meyerbeer für die Aufführung in Triest am 10. Nov. 1824, in deren Mittelpunkt Nicola Tacchinardi als Adriano stand (außerdem Bassi Manna und

Katharina Wallbach-Canzi): Armandos Auftritt wird in das 2. Bild zurückverlegt, das Duett mit Palmide, nicht jedoch seine Arie restituiert; dafür erhält in I/3 Adrianos Auftritt durch eine heroische Arie (»Queste destre l'acciaro di morte« mit Banda) schärferes Profil, woraufhin das in Florenz eingefügte neue 4. Bild entfällt; im früheren 4. Bild wird die ältere Struktur des Romanzenterzetts wiederhergestellt; II/1 ist ins Innere des Palasts verlegt (die Arie entfällt); II/4 wird restituiert und durch Neufassung von Adrianos Cabaletta gesanglich wie dramatisch aufgewertet; ausschließlich als Sängerkonzessionen zu werten sind demgegenüber der Austausch von Palmides Arien im 2. Bild durch eine Arie aus *Margherita d'Anjou* (»Dolce albergo di pace«) und von Armandos Finalarie in II/5 durch eine aus Übernahmen von *L'esule di Granata* (»Oh! come rapida«) und *Semiramide* (»Col piacer la pace scende«) kompilierte neue Nummer. Trotz partieller Uneinheitlichkeit bewirkten diese und noch weitere Änderungen insgesamt eine deutliche dramaturgische Gewichtsverlagerung vom privaten auf den politisch-religiösen Konflikt, ablesbar vor allem an der Herabstufung Felicias und der Aufwertung Adrianos innerhalb der Rollenhierarchie. Damit wird eine ohnehin im Werk angelegte Tendenz weiter verstärkt. Obwohl nach Meyerbeers eigener Einschätzung die Oper durch diese Eingriffe »unendlich gewonnen hat« (Brief an Heinrich Joseph Bärmann vom 9. März 1828), ist es zu einer definitiven Fassung des *Crociato* nie gekommen. Einen Anlauf dazu unternahm Meyerbeer, als er das Werk zu einer französischen Grand opéra für Paris umzuarbeiten begann; er brach das Unternehmen jedoch bald ab, da neue Projekte (vor allem *Robert le diable*, 1831) sein Interesse okkupierten. – Inzwischen war das Werk von zahlreichen Bühnen nachgespielt worden, zumeist in unautorisierten Mischfassungen. Historische Bedeutung kommt den Premieren 1825 in London und Paris zu, in Städten, die in den folgenden Jahrzehnten zu Zentren von Meyerbeers Ruhm werden sollten. Im King's Theatre London sah man noch einmal Velluti, neben ihm die junge María Malibran als Felicia, außerdem Rosalbina Caradori-Allan, Alberico Curioni und Ranieri Remorini (vgl. dazu *The Harmonicon*, s. Lit.); im Théâtre-Italien Paris, dessen damaliger Direktor Rossini Meyerbeer eingeladen hatte, garantierten Giuditta Pasta, Ester Mombelli, Adelaide Schiasetti, Domenico Donzelli und Nicolas-Prosper Levasseur den Erfolg. Herausragende Einstudierungen in Italien brachten Mailand (Bassi Manna, Teresa Melas, Crivelli), Neapel (als *Il cavaliere Armando d'Orville*; Lorenzani, Méric-Lalande, Winter), Bologna (Francesca Festa, Santina Ferlotti, Tacchinardi), alle 1826, sowie Venedig 1827 (Tosi, Crivelli). Im selben Jahr erschien *Il crociato* in Dresden (Schiasetti, Matilde Palazzesi, Alfonso Zezi) sowie in Neueinstudierungen 1828 an Covent Garden London (Velluti, Henriette Sontag, Marietta Brambilla, Curioni, Carlo Ottolino Porto) und am Théâtre-Italien Paris (Armando: Pisaroni), 1829 in Wien (deutsch von Josef Kupelwieser; Armando: Amalie Haehnel), wiederaufgenommen 1838 (Sabine Heinefetter), 1832 am Königstädtischen Theater Berlin (Haehnel, Katharina Kraus-Wranitzky). In Prag wurde die Oper nach einer ersten Aufführungsserie 1828 (als *Der Ritter von Rhodus*; Katharina Podhorsky, Marianne Katharina Ernst, Sebastian Binder, Josef Wolfgang Kainz), 1836 als Festoper zur Krönung Kaiser Ferdinands I. zum König von Böhmen in prunkvoller Ausstattung neu inszeniert (Wilhelmine Schröder-Devrient, Jenny Lutzer, Friedrich Demmer, Josef Pöck). Bis zur Jahrhundertmitte wurde das Werk in ganz Europa und selbst in Übersee (Havanna 1826, Mexiko 1837) häufig gespielt, um dann schnell in den Schatten von Meyerbeers französischen Opern zu geraten. Als die Mailänder Scala 1859 für Barbara Marchisio und das Pariser Théâtre-Italien 1860 für Adelaide Borghi-Mamo das Werk erneut ansetzten, vermochten selbst diese Interpretinnen den einstigen Zauber nicht mehr zu vermitteln. Zu einer Zeit, da auch das Seriarepertoire Rossinis bereits weitgehend von den Bühnen verschwunden war, wirkten die Aufführungen nur noch als Abgesang auf eine vergangene Epoche. Erst in neuerer Zeit haben eine Reihe von konzertanten Einstudierungen (Opera Rara, London 1972, mit Patricia Kern, Dirigent: Roderick Brydon; New York 1979, mit Felicity Palmer, Dirigent: Gianfranco Masini; Radio France, Montpellier 1990, mit Martine Dupuy, Dirigent: Massimo de Bernart; Opera Rara, London 1991, mit Diana Montague, Dirigent: David Parry; Dresden und Ludwigsburg 1991, mit Ning Liang, Dirigent: Jörg-Peter Weigle) die operngeschichtliche Bedeutung von *Il crociato in Egitto* wieder ins Bewußtsein gerückt.

Autograph: Verbleib unbekannt. **Abschriften:** Arch. d. Teatro La Fenice Venedig, SBPK Bln. (Mus. ms. 14418), Civ. Museo Bibliogr. Musicale Bologna (S. 320), Public Libr. Boston, Univ. Music Libr. Chicago, Lipp. LB Detmold (Mus-n 178), Bibl. Comunale Federiciana Fano (XV. 282), Bibl. Cherubini Florenz (A. 228), StUB Ffm. (Mus Hs Opern 362 [1]), Staats- u. UB Hbg. (M A/302, 1-2), Bibl. BL London (Egerton 2497/2498), Bibl. Verdi Mailand (Part. Tr. ms. 238), Bayer. SB München (St. th. 168), Bibl. S. Pietro a Maiella Neapel (Direzione 11. 1.2.3, XXIX. 5. 1-2), Bibl. Musicale Greggiati Ostiglia (Mss. Musiche B. 30/1-2), Istituto Musicale C. Pollini Padua (ATVa 84/I-II), BN Paris (D. 8115-8117), Bibl. S. Cecilia Rom (A. Ms. 55-56), Württ. LB Stuttgart (H. B. XVII, No. 443 a.b.), LOC Washington (M1500 M61 C7), ÖNB Wien (S. m. 25168, O. A. 15). **Ausgaben:** Part, Faks.-Nachdr. d. Abschrift Venedig: Garland, NY, London 1979 (Early Romantic Opera. 18.); Part, krit. Ausg., hrsg. S. Döhring: Laaber [in Vorb.] (Concentus Musicus); Kl.A v. L. Truzzi: Ricordi [um 1826]; Kl.A: Schlesinger, Paris [um 1826], Nr. 404; Pacini, Paris [um 1826], Nr. 1081ff.; Kl.A v. C. Zulehner, ital./dt. Übers. v. F. Ellmenreich: Simrock [um 1826], Nr. 2365; Kl.A: Marquerie frères, Paris 1839, 1844; Girard, Neapel; Textb.: Venedig, Casali 1824, 1827; Florenz, Fantosini 1824, 1833; Triest, Weis 1824; Padua, Penada 1825; Paris, Roullet 1825; Parma, Carmignani 1825; Bologna, Frulli 1826; Genua, Pagano 1826; Mailand, Fontana 1826, 1830; Turin, Derossi 1827; Madrid, Sancha 1827; Venedig, Commercio 1835; Mexiko, Ojeda 1837; Ricordi 1858; Paris, Lévy 1860; Textb. u.d.T. *Il cavaliere Armando d'Orville*: Neapel, Flautina 1826; Textb., ital./dt.: München, Hübschmann 1825; Dresden 1826; Textb., dt.: Bln. 1832, 1840; Bln., Mode 1879; Textb. ital./engl. v. W. J. Walter: London, Ebers 1826. **Aufführungsmaterial:** Weinberger

Literatur: The Harmonicon. A Journal of Music 3:1825, H. 3; F. CLAUDON, M.: ›Il crociato‹. Le Grand opéra avant le Grand opéra, in: L'opera tra Venezia e Parigi I, hrsg. M. T. Muraro, Florenz 1988 (Studi di musica veneta. 14.), S. 119–131; weitere Lit. s. S. 113

Sieghart Döhring

Robert le diable
Opéra en cinq actes

Robert der Teufel
5 Akte (6 Bilder)

Text: Augustin Eugène Scribe, nach einem Entwurf (1827) von Germain Delavigne
Uraufführung: 21. Nov. 1831, Opéra, Salle de la rue Le Peletier, Paris
Personen: Robert, Herzog der Normandie (T); Bertram, sein Freund (B); Raimbaud, ein normannischer Bauer (T); ein Priester (B); ein Zeremonienmeister des Königs von Sizilien (T); ein Waffenherold (T); Alberti, Ritter (B); 4 Ritter (2 T, 2 B); 5 Spieler (3 T, 2 B); 8 Waffenherolde (4 T, 4 B); Isabelle, Prinzessin von Sizilien (S); Alice, eine normannische Bäuerin (S); eine Ehrendame Isabelles (S); Héléna, Äbtissin (TanzR); stumme R: der König von Sizilien, der Prinz von Granada, der Kaplan Roberts. **Chor, Statisterie:** Ritter, Knappen, Wachen, Herolde, Pagen, Hofdamen, Pilger, Mönche, Bauern, Bäuerinnen, Zigeuner, Hofstaat des Königs von Sizilien, Gefolge des Prinzen von Granada, Engel, Dämonen. **Ballett:** Bauern, Bäuerinnen, Nonnen
Orchester: Picc, 2 Fl (2. auch Picc), 2 Ob (1. auch E.H), 2 Klar, 4 Fg, 4 Hr, 4 Trp, 3 Pos, Ophikleide, 4 Pkn, Schl (gr.Tr, Bck, Tamtam, Trg, Glocke in h), 2 Hrf; BühnenM: Picc, 4 Hr, 4 Trp, 3 Pos, B.Pos, Ophikleide, Bck, Trg, RührTr, Tamtam, 2 Hrf, Org, Donnermaschine
Aufführung: Dauer ca. 4 Std. – Ballett im II. und III. Akt. Im I. Akt können die Ritter und Spieler mit denselben Darstellern besetzt werden. Im III. Akt Sprachrohre für den Dämonenchor. Im V. Akt zwei Trompeten im Souffleurkasten.

Entstehung: Mit dem Erfolg von *Il crociato in Egitto* (1824) im Théâtre-Italien Paris am 25. Sept. 1825 sah Meyerbeer die Erfüllung seiner künstlerischen Pläne, in der musikalischen Hauptstadt Europas als dramatischer Komponist zu reüssieren, in greifbare Nähe gerückt. Zwar hielt er sich die Option Italien noch eine Weile offen, zumal man ihn von dort mit Aufträgen bedrängte, von denen einer sogar bis zur Vertragsreife gedieh (*Ines de Castro* auf ein Libretto Gaetano Rossis für das Teatro San Carlo Neapel); das Interesse an einer Fortsetzung seiner italienischen Karriere schwand jedoch in dem Maß, in dem neue Pariser Projekte Gestalt annahmen. Es lag nahe, daß Meyerbeer den Einstieg in die französische Oper zunächst über sein italienisches Œuvre versuchte: Er beschäftigte sich zeitweilig intensiv mit einer französischen Neufassung von *Il crociato* für die Opéra; nachdem das Théâtre de l'Odéon 1826 seine *Margherita d'Anjou* (1820) in einer Opéra-comique-Bearbeitung herausgebracht hatte, begann er ein weiteres Werk in diesem Genre, *La Nymphe de Danube*, dessen Text ihm Thomas Marie François Sauvage nach Kauers *Donauweibchen* (1798) einrichtete und dessen Musik er als Pasticcio aus seinen italienischen Opern plante. Diese und noch eine Reihe anderer Projekte traten jedoch in den Hintergrund, als er von René Charles Guilbert de Pixérécourt, dem Direktor der Opéra-Comique, den Auftrag für ein neues Werk, *Robert le diable*, erhielt. Als Librettist war zunächst Delavigne vorgesehen, der ein erstes Exposé lieferte; Anfang 1827 wurde Scribe hinzugezogen, der bald darauf die Federführung übernahm. Inspiriert von den theatralischen Qualitäten des Stoffs, begann Meyerbeer sogleich mit der Komposition, die schnell Fortschritte machte. Eine längere Eintragung in seinem Taschenkalender aus der zweiten Jahreshälfte 1829 in der Art eines dramaturgischen »brain storming« (*Briefwechsel und Tagebücher*, Bd. 2, S. 593f., s. Lit.) zeigt indes an, daß er zu diesem Zeitpunkt das Projekt von Grund auf neu überdachte und dabei eine Konzeption entwarf, die sich kaum noch in den ursprünglichen Gattungsrahmen fügte. In diesem Zusammenhang muß in ihm der Plan Gestalt angenommen haben, sein französisches Debüt im Genre der Grand opéra zu unternehmen, das gerade nach einer langen Phase der Stagnation mit Aubers *Muette de Portici* (1828) auf dramaturgischem und mit Rossinis *Guillaume Tell* (1829) auf musikalischem Gebiet wieder den Anschluß an die zeitgenössische Ästhetik gefunden hatte. Eine Zeitlang scheint er geschwankt zu haben, ob er ein völlig neues Sujet wählen oder *Robert* umarbeiten sollte. Der Vertrag, den er am 1. Dez. 1829 mit der Opéra abschloß, nennt noch keinen Titel; bald darauf entschied er sich endgültig für den alten Stoff. Zwar machte die Julirevolution zunächst einen Strich durch alle Pläne, doch schon im folgenden Jahr setzte der neue Direktor der Opéra, der ebenso geschäftstüchtige wie als Organisator visionäre Louis-Désiré Véron, als erste große Opernpremiere seines Direktorats *Robert* an. Für diese Aufführung hatte Véron die Elite des französischen Theaters an sein Haus verpflichtet: als »chef du service de la scène« Edmond Duponchel, der sich mit Adolphe Nourrit, dem Darsteller des Robert, und Scribe die Regie teilte, als Bühnenbildner Pierre Luc Charles Cicéri, als Choreographen Filippo Taglioni, als Dirigenten François Antoine Habeneck, dazu ein erstklassiges Ensemble von Sängern und Tänzern und das zur damaligen Zeit wohl beste Opernorchester der Welt. Während der monatelangen Proben nahm Meyerbeer in enger Abstimmung mit dem künstlerischen Team noch zahlreiche, auch konzeptionelle, Änderungen vor. – Mit der in verschiedenen literarischen Genres überlieferten mittelalterlichen Legende von »Robert le diable«, die seit dem späten 18. Jahrhundert durch Aufnahme in die »Bibliothèque bleue« sowie durch Melodram- und Pantomimenbearbeitungen bekannt geworden war, hat das Opernlibretto lediglich den Charakter des Titelhelden und

Robert le diable, III. Akt, 1. Bild; Jenny Lind als Alice, Joseph Staudigl als Bertram; Illustration; Her Majesty's Theatre, London 1847. – Die mittlere der drei Begegnungen Alice/Bertram und die einzige, in der sie sich allein gegenübertreten, fixiert die dramatische Situation zum symbolträchtigen Bild: Das »Böse« bedrängt das »Gute«, dem allein die göttliche »Vorsehung« (providence), das Kreuz im Hintergrund, Schutz verheißt.

die Couleur der Epoche gemeinsam. Tatsächlich bezieht es sich in der dramaturgischen Struktur und in zentralen Motiven auf den Schauerroman *Das Petermännchen. Geisterschichte aus dem dreizehnten Jahrhunderte* (1791) von Christian Heinrich Spieß, der 1820 in französischer Übersetzung von Henri de Latouche als *Le Petit-Pierre ou Aventures de Rodolphe de Westerbourg* erschienen war. Für einzelne Motive und Szenen wird man weitere Vorbilder aus der literarischen schwarzen Romantik annehmen dürfen (zur Stoffgeschichte vgl. Catherine Join-Diéterle und Hermann Hofer, s. Lit.). Die Aufwertung Bertrams zur eigentlichen Hauptrolle erfolgte erst im Zuge der Umarbeitung des Werks und geht wohl auf Meyerbeer selbst zurück.

Handlung: In und bei Palermo, um 1250.
Vorgeschichte: Berthe, Tochter des Herzogs der Normandie, erlag den Verführungskünsten eines dämonischen Ritters, der, insgeheim im Dienst Satans stehend, seine irdische Existenz nur dadurch erkaufen kann, daß er andere Menschen der Hölle zuführt. Aus der Verbindung ging ein Sohn, Robert, hervor, der sich ganz in die Richtung seines Vaters entwickelte und deshalb den Beinamen »der Teufel« erhielt. Wegen zahlreicher Freveltaten aus der Heimat verbannt, gelangte er schließlich nach Sizilien, wo er sich in die Prinzessin Isabelle verliebte. Diese erwiderte seine Gefühle, doch Roberts unbeherrschtes Verhalten trug ihm die Kampfansage der dortigen Ritterschaft ein. Im Gefecht wäre er der feindlichen Übermacht erlegen, wenn nicht das Eingreifen eines unbekannten Ritters ihn vor dem Tod bewahrt hätte. Der Fremde, der sich Bertram nennt, ist niemand anders als Roberts Vater, der sich seinem Sohn jedoch vorerst nicht zu erkennen gibt. Obwohl er ihn über alles liebt, ist er unablässig bemüht, ihn zum Bösen zu verführen, da er nur in gemeinsamer Verdammnis mit ihm vereint sein kann.

I. Akt, Zeltlager der Ritter am Strand von Palermo mit Blick auf den Hafen; mehrere elegante Zelte im Schatten von Bäumen; Morgen: Die Ritter erwarten den Beginn eines vom König angesetzten Turniers, dessen Sieger die Hand Isabelles winkt. Unter ihnen ist auch Robert, der sich durch einen Erfolg vor der Geliebten rehabilitieren möchte. Der gerade aus der Normandie angereiste Raimbaud soll die Ritter mit einem Lied unterhalten: Er trägt die Geschichte von Robert dem Teufel, seiner makabren Abstammung und seinen Untaten vor. Wegen der ihm angetanen öffentlichen Kränkung will der zornige Robert seinen Untertan hängen lassen, ist aber sofort besänftigt, als er erfährt, daß Raimbaud von seiner Braut begleitet wird. In der Hoffnung auf ein galantes Abenteuer läßt er sie zu sich kommen und erkennt in ihr seine Milchschwester Alice. Sie überbringt ihm das Testament und den Segen seiner verstorbenen Mutter. Der erschütterte Robert fühlt sich nicht wert, das Testament anzunehmen, und bittet Alice, es für ihn aufzubewahren. Er gesteht ihr seine unglückliche Liebe zu Isabelle, und Alice verspricht, sich zur Prinzessin zu begeben, um noch vor dem Turnier ein Versöhnungsgespräch zwischen ihr und Robert zu erwirken. Der leichtsinnige Robert erliegt erneut den Versuchungen seines bösen Alter ego: Von Bertram zum Würfelspiel mit den andern Rittern gedrängt, verliert er seine ganze Habe einschließlich der Waffen. Als er sich wütend auf die spottenden Ritter stürzt und Gefahr läuft, von ihnen getötet zu werden, läßt ein Zauber Bertrams alle zu einer regungslosen Gruppe erstarren.

II. Akt, großer Saal im Palast; im Hintergrund eine Galerie, die in die Landschaft hinausführt; Mittag: Alice überbringt Isabelle die Botschaft Roberts. Die Prinzessin empfängt den bereits Wartenden, gewährt ihm Verzeihung und stattet ihn mit neuen Waffen für das bevorstehende Turnier aus. Doch Bertram vereitelt den möglichen Erfolg: Durch das Erscheinen eines Waffenherolds, der die Duellforderung eines angeblichen Rivalen überbringt, des Prinzen von Granada, lockt er Robert in den nahen Wald. Als Isabelle das Zeichen für den Aufbruch zum Turnier gibt, ist Robert nicht zur Stelle. Der Prinz von Granada, ein im Dienst Bertrams stehendes Phantom, tritt als Bewerber auf und gewinnt Isabelles Hand.

III. Akt, 1. Bild, Felsen bei Saint-Irène, düstere Gebirgslandschaft, rechts Ruinen eines antiken Tempels und ein Höhleneingang im Hintergrund, auf der anderen Seite ein hölzernes Kreuz; Nachmittag: Alice und Raimbaud haben sich in einer einsamen Kapelle zur Trauung verabredet. Auf dem Weg dorthin wird Raimbaud von Bertram zum Verlassen seiner Braut angestiftet. Der leichte Triumph lindert jedoch nicht Bertrams Seelenqualen, denn Satan fordert von ihm als nächstes Opfer Robert. Aus einer Höhle dringen die Stimmen der Dämonen. Vergeblich sucht Bertram eine Fristverlängerung zu erwirken: Wenn er nicht bis Mitternacht Roberts Seele gewinnt, fährt er selbst zur Hölle und verliert seinen Sohn für immer. Alice, die auf der Suche nach Raimbaud durch die Schlucht irrt, wird unfreiwillig Zeugin des Geschehens, doch zwingt Bertram sie mit Todesdrohungen zum Schweigen. Dem verzweifelten Robert offeriert Bertram als angeblich letztes Mittel, seinen »Rivalen« zu überwinden, einen magischen Zweig vom Grabmal der heiligen Rosalie. Es befindet sich in den Ruinen eines Nonnenklosters, das einst als Stätte der Ausschweifung berüchtigt war. Durch den Raub des Talismans, der absolute Macht verleiht, soll Robert endgültig dem Bösen verfallen. Mit hereinbrechender Nacht macht Robert sich auf den Weg zum verrufenen Ort. 2. Bild, Säulengang eines verlassenen Klosters, links ein verfallener Friedhof, rechts mehrere Gräber mit den Standbildern von Nonnen, unter ihnen die Statue der heiligen Rosalie, die einen grünen Zypressenzweig in der Hand hält; Abend, Mondschein: Noch vor Robert ist Bertram zur Stelle. Er erweckt die Nonnen aus ihren Gräbern zu kurzem Scheinleben und fordert sie auf, Robert zum Raub des Zweigs zu veranlassen. In der Gestalt verführerischer Frauen vereinigen sie sich, geleitet von der Äbtissin Héléna, zu einem Bacchanal. Als Robert erscheint, schrickt er zurück, denn er erkennt in der Statue Rosalies die Züge seiner Mutter. Schon zur Flucht entschlossen, wird er von den Nonnen aufgehalten; noch zweimal zögert er, dann raubt er den Zweig und eilt davon. Unter dem Triumphgeschrei hervorstürzender Dämonen verwandeln sich die Nonnen in Gespenster.

IV. Akt, Schlafgemach Isabelles, im Hintergrund drei große Türen, die sich zu langen Galerien öffnen; später Abend: Isabelle empfängt die Glückwünsche zur bevorstehenden Hochzeit mit dem Prinzen von Granada. Da erscheint Robert und versenkt mit dem magischen Zweig alle in Schlaf. Von Isabelle löst er den Zauber und versucht sich ihrer mit Gewalt zu bemächtigen. Als sie entsetzt zurückweicht und die Gnade des Himmels für ihn und für sich erfleht, entsagt er der Macht des Bösen und zerbricht den Zweig. Wieder erwacht, stürzen sich alle auf Robert, dem nur mit Bertrams Hilfe die Flucht gelingt.

Robert le diable, III. Akt, 2. Bild; Nicolas-Prosper Levasseur als Bertram; Choreographie: Filippo Taglioni; Illustration: Eugène Cicéri, Philippe Benoist und Adolphe Jean-Baptiste Bayot nach dem Bühnenbild von Pierre Luc Charles Cicéri und Charles-Polycarpe Séchan; Uraufführung, Opéra, Paris 1831. – Die Idee, den Kreuzgang eines mittelalterlichen Klosters anstelle der ursprünglich vorgesehenen antiken Ruinenlandschaft zum Schauplatz der nächtlichen Verführungsszene zu machen, stammt vom Regisseur der Uraufführung, Edmond Duponchel. An der phantastisch-unirdischen Wirkung des Bühnenbilds hatte eine am Diorama orientierte neuartige Technik der Gasbeleuchtung wesentlichen Anteil.

V. Akt, Vorhalle der Kathedrale von Palermo, im Hintergrund ein Vorhang, der das erleuchtete Kirchenschiff abtrennt; kurz vor Mitternacht: Auf der Flucht vor seinen Verfolgern rettet sich Robert in das Asyl bietende Heiligtum. An seiner Seite ist Bertram, der Gelegenheit zur Rache verspricht, wenn er ihm seine Seele verschreibe. Als Robert, bewegt vom Klang der Orgel und der frommen Hymnen, das schwarze Pergament zurückweist, spielt Bertram seinen letzten Trumpf aus: Er gibt sich als Roberts Vater zu erkennen, gesteht ihm die Täuschung mit dem Phantom seines Rivalen und fleht ihn an, den Pakt zu unterzeichnen, da sie beide sonst um Mitternacht für immer getrennt seien. Schon ist Robert bereit einzuwilligen, als Alice mit der Nachricht kommt, daß der Prinz von Granada die Schwelle der Kirche nicht überschreiten konnte und Isabelle, vom bösen Zauber befreit, am Altar auf Robert warte. Dem Zögernden überreicht sie das Testament seiner Mutter, in dem diese den Sohn vor Bertram warnt und ihm ihre Fürbitte zusichert. Als irdische Stellvertreterin der im Himmel wachenden Mutter ringt Alice mit dem der Hölle verfallenen Vater um die Seele des bis zuletzt schwankenden Robert. Beim Ertönen der Mitternachtsglocke versinkt Bertram in ewige Finsternis. Der sich öffnende Vorhang im Hintergrund gibt den Blick frei auf das mit betenden Gläubigen gefüllte Kirchenschiff. Während Engelsstimmen erklingen, führt die vom Hofstaat des Königs umgebene Isabelle Robert zum Altar.

Kommentar: Das gängige Urteil, dem Libretto mangele es an dramatischer Logik, wird erst verständlich vor dem Hintergrund einer tiefgreifenden Korrumpierung der Werkgestalt im Zuge einer immer läßlicher werdenden Theaterpraxis. Entstellende Kürzungen und die Nichtbeachtung wichtiger Szenenanweisungen hatten zur Folge, daß zwei dramaturgisch essentielle Aspekte der Handlung nicht erkannt wurden: die Einheit der Zeit und der Phantomcharakter des Prinzen von Granada. Daß die Handlung während eines Tags spielt, ist hier alles andere als das Produkt klassizistischer Regelpoetik; durch die theatralische Visualisierung des Tagesablaufs wird ein Spannungssog erzeugt, der das Verrinnen der Zeit vor der erwarteten Entscheidung um Mitternacht unmittelbar vergegenwärtigt. Und daß der Prinz von Granada, Roberts »Rivale«, als Geschöpf Bertrams keine wirkliche Person, sondern eine Spukgestalt ist, bildet die eigentliche Pointe von Bertrams Intrige, aus der die alles durchdringende Atmosphäre des Unheimlich-Zweideutigen erwächst: Das scheinbar reale Geschehen offenbart sich als von Bertram gelenkte Phantasmagorie. In dieser Figur des dämonischen Bertram verbinden sich Himmel und Hölle zu einem bizarr-paradoxen, gleichwohl psychologisch stringent entwickelten Charakter: Sein Verführungs- und Zerstörungswerk an Robert ist ein Akt der Liebe, ja der Leidenschaft. Diese Liebe darf insofern das Prädikat »tragisch« beanspruchen, als sie einerseits schicksalhaft auferlegt ist, andrerseits ihre Erfüllung nur in der Vernichtung ihres Objekts finden kann. Bertrams an Robert gerichtete, noch vor der Premiere gestrichene Arie im V. Akt (»Jamais c'est impossible«) entfaltet in extenso die ansonsten nur angedeutete mythische Erklärung: Die unauslöschliche Liebe zu seinem Sohn ist die von Gott auferlegte Buße für den »ange révolté«. Als Liebender trotzt der »gefallene Engel« auch der Hölle, aber im Gegensatz zu Robert hat er keine wirkliche Wahl, denn sein Aufbegehren gegen die Hölle bringt ihn dem Himmel nicht näher. Ebendiese unheilbare Gespaltenheit des Charakters hebt die Figur über die Sphäre des Melodrams und des Schauerromans hinaus und offenbart ihre romantischen Wurzeln, etwa bei *Melmoth the Wanderer* (1820) von Charles Robert Maturin. Hier wie dort ist »Verdammnis« eine mythische Chiffre für die Tragik der auf sich selbst zurückgeworfenen, in unlösbare Widersprüche verstrickten Existenz. Demgegenüber besitzt Alice kein ebenbürtiges Profil; dramatische Funktion erhalten ihre Auftritte vor allem aus der Konfrontation mit ihrem Widerpart im I., III. und V. Akt. Anders als die passive Alice ist der ebenfalls passive Titelheld ein differenzierter Charakter. Sein Schwanken zwischen Gut und Böse erscheint psychologisch als Unentschiedenheit zwischen Mutter und Vater plausibel motiviert. Wenn er sich dann doch entscheidet, so bezeichnenderweise nicht aus eigenem Antrieb, sondern veranlaßt durch Bitte und Fürbitte einer andern Person, Isabelles: Indem er den durch Frevel erworbenen Zauberzweig zerbricht, begibt er sich freiwillig der Macht des Bösen und erweist sich so der Gnade als würdig, die ihm am Schluß zuteil wird. Mit der Figur des reuigen Sünders konnten Scribe und Meyerbeer sowohl an den »Robert le diable« der mittelalterlichen Legende als auch an den Rudolph von Spieß/Latouche anknüpfen. Wesentliche Züge des Charakters entsprechen dem aus der Literatur vertrauten Typ des amoralischen Verführers, wie er mit Zampa in Hérolds (und Mélesvilles) Oper *Zampa* (1830) um diese Zeit ins französische Musiktheater Eingang gefunden hatte. Gerade im Vergleich mit Zampa erweist sich freilich die ganz andere, größere Dimension Roberts sowohl hinsichtlich der Psychologie des Charakters als auch seiner Einbindung in einen übergreifenden Ideenkontext. Der Titelheld einer Oper als Antiheld: das war innerhalb der Gattung nicht weniger neu und kühn als die Rollenkonzeption Bertrams und hat die Zeitgenossen je nach ästhetischer Position teils fasziniert, teils abgestoßen. Heinrich Heines forciert politische Deutung von Roberts Charakter als Spiegel »des moralischen Schwankens damaliger Zeit« (s. Lit.) trifft wohl nicht die Intention Meyerbeers, erhellt jedoch die Wirkung der Oper auf das Publikum der Epoche. Übereinstimmend bekundeten die kompetentesten Kritiker ihre Überzeugung, daß die dramatische Musik mit *Robert* eine neue Stufe der Entwicklung erreicht habe, die zugleich eine Epochenwende bedeute. Den Tenor der Urteile brachte Jean François Le Sueur in einem Gratulationsbrief an Meyerbeer (*Briefwechsel und Tagebücher*, Bd. 2, S. 156) auf diese Formel: Während in der zu Ende gehenden Kunstperiode, deren Exponent Rossini gewesen sei, die dramatische

Musik hedonistischen Prinzipien gehorchte (»l'âge de plaisir«), habe sie in der nunmehr von Meyerbeer heraufgeführten neuen aktiv-gestalterische Kräfte entfaltet und damit erst eigentlich zu sich selbst gefunden (»l'âge actuel de force, d'énergie, de maturité de l'homme«). Der Gedanke der Epochenwende bestimmte auch während der folgenden Jahre die musikalischen und literarischen Feuilletons. Noch Giuseppe Mazzinis in Paris veröffentlichte *Filosofia della musica* (1836), Heines wahrscheinlich von Mazzini beeinflußter *Neunter Brief. Über die französische Bühne* (1837) und Honoré de Balzacs *Gambara ou La Voix humaine* (1837) reflektieren die Diskussionen mit direktem Bezug auf dies Werk. Franz Liszts aus der Distanz Weimars, aber mit der Autorität des historischen Zeugen verfaßter Essay (1854) schildert einfühlend das geistige Klima jener Zeit, deren führende Repräsentanten in *Robert* nicht eine beliebige erfolgreiche Oper, sondern ein revolutionäres Gesamt- und Ideenkunstwerk erkannten. Obwohl noch keine historische Oper, enthält *Robert* in reichem Maß Couleur locale und Couleur de temps, vor allem aber einen Ideenkonflikt, der die Totalität menschlicher Existenz erfaßt: Tragisches und Komisches, Erhabenes und Groteskes, Gut und Böse, eben »Himmel und Hölle«. Mag der wendige Scribe das religiös gefärbte Pathos des Stoffs auch als Konzession an eine Zeitströmung verstanden haben, so galt das gewiß nicht für Meyerbeer, den gerade dieser Zug erkennbar persönlich berührte und künstlerisch inspirierte. – Die neue musikalische Sprache von *Robert* läßt sich charakterisieren als Verschmelzung von Elementen aus Tragédie-lyrique, Opéra-comique, Melodramma, Singspiel und präromantischem Ballett zu einem eigenständigen, eklektisch-kosmopolitischen Stil, der freilich eher als folgerichtige Weiterentwicklung schon bestehender Tendenzen in Meyerbeers Œuvre denn als Reaktion auf Rossini und Auber erscheint. Die bislang unerhörte dramatische Bildhaftigkeit, mit der seine Musik Personen und Situationen vergegenwärtigt, erwächst aus einer zu äußerster Konsequenz vorangetriebenen Interaktion ihrer Wirkungsmittel, insonderheit Form, Klangfarbe, Motivik und Melodik. Daß diese Konzeption jetzt erstmals kompromißlos hervortritt, liegt vor allem an der neuartigen Ideenstruktur des Sujets, die den Rahmen für eine konzise musikalische Dramaturgie absteckt. Dies erweist besonders eindringlich die Entwicklung des Tableaus; in *Robert* wird es vollends zum beherrschenden Gestaltungsprinzip einer Dramatisierung des musikalischen Verlaufs. Was die Exposition betrifft, so brauchte Meyerbeer lediglich die in den Introduktionen seiner italienischen Opern bereits zu hoher Vollkommenheit entwickelten Techniken weiterzuführen, indem er sie auf den gesamten I. Akt ausdehnte: Zwei musikalisch wie szenisch weiträumig strukturierte Komplexe (Bacchanal, Spielszene) mit je einer eingelegten Solonummer (Raimbauds Ballade, Roberts Sicilienne), die eine Duoszene (mit Alices Romanze) einschließen, bilden den Rahmen eines einzigen Tableaus, das die Entfaltung der Hauptcharaktere sowie des privaten und Ideenkonflikts unter Einschluß wesentlicher Teile der Vorgeschichte in ein kontrastreiches Bild mittelalterlichen Ritterlebens faßt. Bedeutete die Expositions-

Robert le diable, IV. Akt; June Anderson als Isabelle, Alain Vanzo als Robert; Regie und Bühnenbild: Petrika Ionesco, Kostüme: Florica Malureanu; Opéra, Paris 1985. – Isabelles Kavatine, die sogenannte »Gnadenarie«, verdankt ihre auratische Wirkung dem Zusammenspiel außergewöhnlicher dramaturgischer und musikalischer Mittel: Der läuternde Appell an die »grâce«, der die Peripetie der Handlung auslöst, findet seine Entsprechung in der aufbrechenden Kraft einer quasi Klang gewordenen Melodik.

dramaturgie von *Robert* Fortsetzung und Abschluß einer Entwicklung, so wurde mit der Ausbildung einer entsprechenden Finaldramaturgie in dieser Oper Neuland betreten. Die suggestive Wirkung des Schlusses beruht denn auch nicht auf dem »colpo di scena« von Bertrams Höllensturz, sondern auf der stufenweisen Vorbereitung des Ereignisses während des V. Akts mit dem Höhe- und Schlußpunkt des großen Terzetts Alice/Robert/Bertram (»Que faut-il faire?«). Daß der musikalische Prozeß ganz aus der Situation entfaltet wird und diese selbst den Ideenkonflikt des Stücks in der Gegenüberstellung der drei Protagonisten ein letztes Mal quasi bildsymbolisch zuspitzt, verleiht dieser Szene ihren unwiderstehlichen dramatischen Sog. Opern- und Ballettgeschichte zugleich machte die legendäre Klosterszene (III/2). Der Tanz ist hier nicht als »Einlage« aus der Handlung motiviert, sondern essentieller Bestandteil des Dramas und nicht ohne Sinnverlust vom szenischen Kontext ablösbar. Robert (wie schon zu Beginn des Bilds Bertram) wird zwar vokal eingeführt, bestreitet dann aber seine Rolle bis zum Schluß pantomimisch. »The message of Romanticism« (Ivor Guest, *The Romantic Ballet in Paris*, S. 112, s. Lit.), die von dieser magischen Szene ausging, bestand in der Totalität des Phantastischen, herbeigeführt durch das perfekte Zusammenspiel aller Theatermittel. Meyerbeer entwarf dazu eine gläsernverfremdete Elfenmusik von diabolischer Eleganz, die sich bis zur spektakulären Schlußattacke quasi »auf Spitzen« bewegt (auf weite Strecken piano/pianissimo). – Zum Mittel der Dramaturgie wird in *Robert* auch die Klangfarbe, insofern sie nicht nur die Couleur der Szene erstellt, sondern auch zur Verdeutlichung des zentralen Konflikts beiträgt. Hier konnte Meyerbeer zwar an Webers *Freischütz* (1821) anknüpfen, jedoch stellte sich für ihn die Aufgabe ungleich diffiziler: Es konnte nicht nur darum gehen, die Ideenantithese des Stücks als musikalisches Helldunkel zu vermitteln; darüber hinaus war gefordert, analog zur dramatischen Dominanz Bertrams die Grundfarbe des Dämonischen auf mannigfache Weise auszudifferenzieren. Das geschah mittels eines »Leitklang«-Spektrums (Klarinette und Fagott in tiefer Lage, Horn, Trompete, Posaune, Ophikleide, Pauken, Tamtam), dessen unterschiedliche Abmischungen die wechselnden Erscheinungsformen des Dämonischen in Richtung des Chevaleresken (Raimbauds Ballade, Auftritte des Waffenherolds und des Prinzen von Granada) oder des Spukhaften (Klosterszene) präzis charakterisieren. Davon abgehoben wird der »ton céleste« Alices (Flöte, Oboe, Streicher), der im Kirchenbild des V. Akts durch das Hinzutreten der Orgel eine sakrale Dimension erhält. Ganz eigene Farben kennzeichnen die höfische Welt der Ritter und der Damen, die in Chören und Tänzen, vor allem aber in Isabelles melancholisch überschatteter Auftrittsarie (»Envain j'espère«, II. Akt) als romantischer Traum vom Mittelalter beschworen wird. Eine Verdichtung erfährt die Klangfarbendramaturgie durch zwei Motive, die beide der Bertram-Sphäre angehören und deren Auftreten an entscheidenden Momenten der Handlung die im Verborgenen wirkende Macht des Bösen indirekt evoziert. Das eine entstammt Raimbauds Ballade (»Jadis régnait en Normandie«, I. Akt), die in skurril-bizarren »Höllenfarben« ein Porträt des Dämons entwirft. Die Wiederholung des Themas an Schlüsselstellen des I. und V. Akts (erste Begegnung Bertram/Alice; Bertrams Bekenntnis gegenüber Robert) gibt der dramatischen Idee eine konkret inhaltliche Perspektive. In solcher Funktion erscheint die Ballade als unmittelbare Vorläuferin der Senta-Ballade aus Wagners *Fliegendem Holländer* (1843), mit der sie auch im musikalischen Detail Ähnlichkeit aufweist (dreistrophige Anlage mit Auflösung in der letzten Strophe; melodisch-rhythmische Struktur der Themeninitiale). Eine weitere Akzentuierung der dämonischen Farbe bewirkt das Thema des Prinzen von Granada (II., III., IV. Akt), dessen pointierte Instrumentation (vier Pauken, Kontrabässe) das Spukhafte der Erscheinung effektvoll unterstreicht. Die auf das Fanfarenthema von Bertrams Beschwörung gestellte Ouvertüre begründete den im 19. Jahrhundert vorherrschenden Typus des kurzen, meist monothematischen »Vorspiels«, das den dramatischen Leitgedanken und die musikalische Grundfarbe des Werks prägnant antizipiert. In hohem Maß zukunftsweisend war auch die Faktur zahlreicher Melodien, die ihre spezifischen Wirkungen vielfach erst im Zusammenhang eines durch die dramatische Idee strukturierten musikalischen Satzes entfalten. So weitet das Melos den Rezitativduktus zum freien Arioso aus (Bertrams »Evocation« »Nonnes qui reposez«, III. Akt) oder zieht Arienhaftes in »veristisch« gesteigerte Deklamation zusammen (Isabelles »Robert, toi que j'aime [...] Grâce pour toi même«, IV. Akt). – Die von *Robert* ausgehenden Einflüsse auf die Oper des 19. Jahrhunderts lassen sich schwerlich überschätzen; sie reichen musikalisch über Verdis *Macbeth* (1847) und *La Traviata* (1853) bis zur »nuova scuola italiana«, dramaturgisch über Wagners *Tannhäuser* (1845) und Bizets *Carmen* (1875) bis zu Korngolds *Toter Stadt* (1920). Schließt das Werk einerseits jene operngeschichtliche Phase ab, welche zur Konstituierung der Grand opéra führte, bildet es andrerseits unter stofflichem wie unter dramaturgischem Aspekt, vor allem mit der Exponierung des metaphysischen Handlungsmoments als »vermittelter Gegensatz« (Carl Dahlhaus), das Bindeglied zwischen *Freischütz* und *Fliegendem Holländer*.

Wirkung: Auch schwerwiegende bühnentechnische Pannen konnten den Premierenerfolg von *Robert* nicht in Frage stellen. Die »phantastische« Ausstattung, die mit neuen Lichteffekten arbeitende Mise en scène, dazu die Elitebesetzung (Isabelle: Laure Cinti-Damoreau, Alice: Julie Dorus-Gras, Robert: Nourrit, Bertram: Nicolas-Prosper Levasseur, Raimbaud: Marcelin Lafont, Héléna: Maria Taglioni) ließen die Aufführung zu einem Theaterereignis werden, das die Gattung Oper in Frankreich und bald in ganz Europa in den Brennpunkt der aktuellen Kunstdiskussion rückte. Die bis 1893 mit nur kurzen Unterbrechungen kontinuierlich verlaufende Aufführungsgeschichte des

Werks an der Opéra (758 Reprisen) zeitigte eine zunächst kaum merkliche, später immer deutlichere Entfernung von den ästhetischen Voraussetzungen seiner Entstehung. Den ersten Einschnitt markierte nach nur wenigen Aufführungen der Besetzungswechsel in der Rolle der Héléna von der ätherischen Taglioni zur tänzerisch ebenso perfekten, aber der Auratik der Vorgängerin entbehrenden Pauline Duvernay. Marie-Cornélie Falcons Debüt als Alice 1832 prägte die für die Folgezeit verbindliche dramatische Ausrichtung der Rolle. Während die italienisierende Interpretation Marios, für dessen Robert-Debüt 1838 Meyerbeer als Einlage im II. Akt eine »Scène et prière? («»Où me cacher? [...] Oh! ma mère, ombre si tendre«) komponierte, den Rollencharakter vorwiegend idiomatisch veränderte, kreierte Gilbert Duprez 1840 mit seinem das Brustregister favorisierenden Gesangsstil einen dramatischeren, aber auch gröberen Rollentyp. Weitere herausragende Debüts gaben in jenen Jahrzehnten: als Isabelle Constance Jawureck 1832, Maria Nau 1836, Anne-Caroline de Lagrange 1848; als Alice Mlle. Treillet-Nathan 1842, Emma La Grua 1852, Jeanne Sophie Charlotte Cruvelli 1854; als Robert Lafont 1833, Italo Gardoni 1845; als Bertram Prosper Dérivis 1832, Hippolyte Brémond 1842, Adolphe Alizard 1847; als Héléna Amélie Legallois und Louise Fitzjames 1832, Flora Fabbri-Bretin 1845, Célestine Emarot 1847. Eine spektakuläre Neuinszenierung, für die Meyerbeer eine Reihe von Kürzungen sanktionierte, kam 1860 heraus (Caroline Duprez, Marie-Constance Sass, Louis Gueymard, Belval). In dieser Inszenierung debütierten 1865 Marie Battu als Isabelle und Eugénie Mauduit als Alice, die ihre Rollen während mehrerer Jahre innehatten. In die Salle Garnier wechselte *Robert* 1876 mit einer abermaligen Neuinszenierung, deren Sänger die für die Hauptrollen inzwischen üblich gewordenen Stimmtypen verkörperten: Caroline Carvalho (Isabelle) den leichten Koloratursopran, Gabrielle Krauss (Alice) den dramatischen Sopran, Marius Salomon (Robert) und Auguste-Acanthe Boudouresque (Bertram) das schwere Tenor- und Baßfach; Laure Fonta tanzte die Héléna. Zu den herausragenden *Robert*-Interpreten an der Opéra am Ausgang des 19. Jahrhunderts gehörten: Adèle Isaac (Isabelle 1884), Marie Lureau-Escalaïs (Isabelle 1883, Alice 1884), Joséphine de Reszke (Alice 1878), Léon Gresse (Bertram 1886) und vor allem Léonce Escalaïs (Robert 1884), welcher der Titelrolle noch einmal unzeitgemäß virtuosen Stimmglanz verlieh. – Mit großer Schnelligkeit verbreitete sich *Robert* über alle Bühnen der Welt. Für die von ihm selbst betreuten Inszenierungen in London (Haymarket Theatre) und Berlin, beide 1832, nahm Meyerbeer musikalische und szenische Änderungen vor, die teilweise in die gedruckten Partituren Eingang fanden. London sah nahezu die Uraufführungsbesetzung (bis auf Joséphine de Méric als Alice und Therese Heberle als Héléna); in Berlin setzten die hervorragende Pauline von Schätzel (Alice) und Taglioni (Héléna) die stärksten interpretatorischen Akzente. Der Erfolg der Berliner Aufführung erregte erstmals in voller Schärfe den Widerstand national gesinnter Kritiker, welche die kosmopolitische Haltung des Komponisten als »unmoralisch« denunzierten. Überregionale Bedeutung hatten in jenen Jahren die Einstudierungen in Wien 1833 (Sophie Loewe, Marianne Katharina Ernst, Hermann Breiting, Joseph Staudigl), Prag 1835 (Jenny Lutzer, Katharina Podhorsky, Friedrich Demmer, Karel Strakatý) sowie Florenz 1840 (Isabelle: Sophie Méquillet, später Marianna Barbieri-Nini; Alice: Maschinka Schubert, später Teresa Brambilla-Ponchielli). Diese Produktion Alessandro Lanaris markiert den eigentlichen Beginn der italienischen Meyerbeer-Rezeption und wirkte gleichsam als Katalysator für die nun einsetzende ästhetische Debatte um eine »Reform« des Melodramma. Durch ihre Besetzungen ragen weiterhin heraus: Her Majesty's Theatre London 1847 (Jenny Lind als Alice, Staudigl als Bertram), Petersburg 1848 (Teresa De Giuli Borsi, Erminia Frezzolini), Covent Garden London 1850 (Giulia Grisi, Jeanne Anaïs Castellan, Enrico Tamberlik, Karl Johann Formes), Genua 1852 (Marcella Lotti Della Santa als Isabelle), Madrid 1853 (Clara Novello als Alice), Wien 1854 (Mathilde Wildauer, Therese Tietjens, Joseph Erl, Staudigl; Héléna: Leopoldine Brussi) und 1870 (Maria von Rabatinsky, Marie Wilt, Georg Müller, Carl Schmid; Héléna: Guglielmina Salvioni), Deutsches Theater Prag 1891 (im Rahmen von Angelo Neumanns Meyerbeer-Zentenarzyklus; Betty Frank, Marie Rochelle, Adolf Wallnöfer, Georg Sieglitz; Héléna: Marie Diem). Um die Jahrhundertwende, als das nachwagnersche Musikdrama und die veristische Oper den Publikumsgeschmack bestimmten, schwand das Verständnis für die Stilqualitäten von *Robert* ebenso rapide wie die Fähigkeit zur Erfüllung seiner Besetzungsanforderungen. Daß selbst um diese Zeit mit guten, wenn auch nicht die authentischen Stimmtypen verkörpernden Sängern beeindruckende Aufführungen möglich waren, zeigt die an der Originalgestalt orientierte Berliner Inszenierung 1902 (Emilie Herzog, Ida Hiedler, Wilhelm Grüning, Rudolf Wittekopf; Dirigent: Richard Strauss). Nach 1900 wurden *Robert*-Einstudierungen allenthalben zu seltenen Ereignissen, etwa im Théâtre Gaîté-Lyrique Paris 1911 (Robert: Escalaïs), Hamburg 1917 (Martha Winternitz-Dorda, Vera Schwarz, Richard Schubert, Max Lohfing; Dirigent: Karl Alwin), Volksoper Wien 1921 (Hedwig von Debicka, Rena Pfiffer, Albin von Rittersheim, Leo Kaplan; Felix von Weingartner), Florenz 1968 (Renata Scotto, Stefania Malagù, Giorgio Merighi, Boris Christoff; Nino Sanzogno). Die Rückkehr von *Robert le diable* an die Opéra 1985 geschah bereits im Zeichen einer Neubewertung Meyerbeers und wurde getragen von einem Sängerensemble, das sich den stilistischen und gesangstechnischen Anforderungen der Partien überwiegend gewachsen zeigte (June Anderson, Michèle Lagrange, Alain Vanzo / Rockwell Blake, Samuel Ramey; Dirigent: Thomas Fulton). Die Rekonstruktion von Taglionis Nonnenballett unternahm 1985 Knud Arne Jürgensen für das London Studio Center (vgl. Anne Hutchinson Guest, s. Lit.).

Autograph: I. Akt: verschollen; II.–V. Akt: Bibl. Jagiellońska Krakau (Mus. Mb. 939); unveröff. Material: Bibl. de l'Opéra Paris (A. 500 a² Rés.). **Ausgaben: Part:** Schlesinger, Paris [1832], Nr. 1155, Faks.-Nachdr.: Garland, NY, London 1980 (Early Romantic Opera. 19.); Brandus, Dufour, Paris [um 1837]; Part, ital.: Guidi, Florenz [1869], Nr. 2343; Ricordi [um 1887], Nr. 51627; Kl.A v. J. P. Pixis: Schlesinger, Paris [1831], Nr. 1157; Kl.A: Brandus, Dufour, Paris [1848], [1854], [1870], [1880], Nr. 9197; Kl.A, frz./dt.: Schlesinger, Paris, Bln. [1831], Nr. 6656; Kl.A v. J. P. Pixis, ital. Übers. v. A. C. Di Siena: Ricordi [um 1842]; Kl.A, frz./dt. Übers. v. T. Hell: Schlesinger, Bln. 1832, [um 1850], Nr. 1674; Kl.A, ital.: Lucca, Mailand [um 1840], Nr. 10045; Kl.A, ital./dt.: Brandus, Paris [1850], Nr. 5284; Kl.A, hrsg. A. Sullivan, J. Pittman, ital./engl. Übers. v. J. Oxenford: Bo&Ha 1871 (Royal Ed. of Operas); Kl.A, russ./ital.: Jurgenson, Moskau [1888]; Kl.A, hrsg. G. F. Kogel, dt. Übers. v. T. Hell: Peters [1899]; Kl.A, ital. Übers. v. A. C. Di Siena: Ricordi, Bo&Ha [nach 1900], Nr. 109799; Kl.A, dt., hrsg. R. Kleinmichel: UE [nach 1900], Nr. 3178; **Textb.:** Paris, Bezou 1831; Paris, Barba 1832, 1834; Paris, Didot [um 1832]; Durand 1843; Den Haag, Groot 1846; Paris, Tresse 1851, 1853, 1859, 1860, 1866, 1871, 1872, 1882, 1888; Textb., dt.: Bln. 1832; Wien 1835; Preßburg, Korn 1839; Textb., ital.: Mailand, Lucca; Textb., dt. v. T. Hell: München 1884; Textb., dass., hrsg. C. F. Wittmann: Lpz., Reclam [um 1895] (rub. 3696.). **Aufführungsmaterial:** Salabert, Ricordi **Literatur:** F. J. FÉTIS, [Rez.], in: RM 11:1831, S. 336–339; J. D'ORTIGUE, Robert le Diable, in: Le Balcon de l'Opéra, Paris 1833, S. 114–137, Nachdr. Genf 1981; F. LISZT, Scribe's und M.s ›Robert der Teufel‹ [1854], in: DERS., Sämtliche Schriften, Bd. 5 (Dramaturgische Bl.), hrsg. D. Redepenning, B. Schilling, Wiesbaden 1989, S. 31–41; A. JULLIEN, ›Robert le Diable‹: Le Mystère – l'Opéra-comique avant l'opéra, in: Revue et gazette musicale de Paris 46:1879, S. 386ff., 395f., 403f.; H. TARDEL, Die Sage von ›Robert dem Teufel‹ in neueren deutschen Dichtungen und in M.s Oper, Bln. 1900, Nachdr. Hildesheim 1977 (Forschungen zur neueren Lit.-Gesch. 14.); M. MILNER, Le Diable dans la littérature française de Cazotte à Baudelaire 1772–1861, Paris 1960, Bd. 1, S. 607–615; I. GUEST, The Romantic Ballet in Paris, London 1966, ²1980, S. 109–112; W. KELLER, Von ›Robert der Teufel‹ zu ›Parsifal‹, in: DERS., Parsifal-Variationen. 15 Aufsätze über R. Wagner, Tutzing 1979, S. 81–89; C. JOIN-DIÉTERLE, ›Robert le Diable‹: le premier opéra romantique, in: Romantisme 28/29:1980, S. 147–166; H. HOFER, Scribe, M. et la mise en scène du Moyen Age. Essai sur le diable à l'opéra en 1831, in: La Licorne. Publ. de la Faculté des Lettres et des Langues de l'Univ. de Poitiers 1:1982, S. 65–87; M. BRZOSKA, ›Mahomet‹ et ›Robert-le-Diable‹: L'esthétique musicale dans ›Gambara‹, in: Année Balzacienne 1983, S. 51–78; A. HUTCHINSON GUEST, A Trip to the Nunnery, in: MT 75:1984/85, S. 498f.; Robert le Diable. Ausstellungs-Kat. Opéra, hrsg. M. Kahane, Paris 1985; L'Avant-scène, Opéra, Nr. 76, Paris 1985; A. GERHARD, Ballade und Drama. F. Chopins Ballade op. 38 u. d. frz. Oper um 1830, in: AfMw 48:1991, S. 110–125; weitere Lit. s. S. 113

Sieghart Döhring

Les Huguenots
Opéra en cinq actes

Die Hugenotten
5 Akte (7 Bilder)

Text: Augustin Eugène Scribe, Gaetano Rossi und Emile Deschamps (eigtl. Emile Deschamps de Saint-Amand)

Uraufführung: 29. Febr. 1836, Opéra, Salle de la rue Le Peletier, Paris
Personen: Marguerite/Margarete von Valois, Verlobte von Henri IV (S); Graf von Saint-Bris, ein katholischer Edelmann (B); Valentine, seine Tochter (S); Graf von Nevers (B), Cossé (T), Thoré (B), Tavannes (T), de Retz (B) und Méru (B), katholische Edelleute; Raoul von Nangis, ein protestantischer Edelmann (T); Marcel, sein Diener (B); Urbain, Page von Königin Marguerite (S); Bois-Rosé, ein protestantischer Soldat (T); Maurevert (B); eine Ehrendame der Königin (A); ein Diener des Grafen von Nevers (T); 2 katholische Mädchen (S, A); 2 Zigeunerinnen (2 S); ein Bogenschütze (B); ein Student (T); 3 Mönche (T, 2 B); Henri IV/Heinrich IV. (stumme R); ein Bote (stumme R). **Chor, Statisterie:** katholische Edelleute, Ehrendamen, Herren und Damen des Hofs, protestantische Edelleute, katholische Studenten, Mädchen, Schreiber, Grisetten, Handwerker, Kaufleute, Straßenmusikanten, Mönche, Bürger, Bürgerinnen, Volk, protestantische Soldaten, katholische Frauen, Damen und Herren des Hochzeitszugs von Nevers, Zigeunerinnen, Zigeuner, Wachoffiziere, Bogenschützen, Pagen und Wachen im Gefolge Marguerites, Musiker, Gerichtsdiener, Vorsteher der Stadtviertel, bewaffnete Anführer des Volks, Novizinnen, protestantische Frauen mit ihren Kindern, katholische Soldaten. **Pantomime, Ballett:** Mädchen, Zigeunerinnen, Zigeuner, Schreiber, Grisetten, Damen und Herren des Hofs
Orchester: Picc, 2 Fl, 2 Ob (1 auch E.H), 2 Klar, B.Klar, 2 Fg, 4 Hr, 4 Trp, 2 Trp à pistons, 3 Pos, Ophikleide, Pkn, Schl (gr.Tr, Bck, Trg, MilitärTr, Tambour de basque, Tamtam), 2 Hrf, Streicher (mit obligater Va d'amore); BühnenM: Picc, 2 Ob, kl. Klar in F, 6 Klar, 2 Fg, 4 Hr, 4 Trp, Trp à pistons, 2 Pos, Ophikleide, gr.Tr, Bck, Trg, Tr, MilitärTr, 3 Glocken in f, c', a'
Aufführung: Dauer ca. 4 Std. – Pantomime im II., Ballett im III. und V. Akt. Die Gewehrsalven im V. Akt sollen von einer Ratsche auf der Bühne ausgeführt werden. – Meyerbeers »Prospectus I, vereinfachte Rollenbesetzung und scenische Bemerkungen« abgedruckt in *Briefwechsel und Tagebücher*, Bd. 2, S. 688ff. (s. Lit.).

Entstehung: Schon bald nach *Robert le diable* (1831) wandte sich Meyerbeer seinem nächsten Opernprojekt zu. Verschiedene Pläne wurden aufgegriffen und wieder verworfen, darunter *Le Brigand* (Text: Alexandre Dumas d. Ä. und Scribe) und *Le Portefaix* (Scribe). Schließlich kristallisierte sich eine fünfaktige Grand opéra über die historische »Bartholomäusnacht« heraus: *Léonore ou La St. Barthélemy*, wiederum mit Scribe. Der Vertrag mit dem Direktor der Opéra, Louis-Désiré Véron, wurde am 23. Okt. 1832 geschlossen, die Aufführung auf Anfang 1834 angesetzt. Bereits nach Lektüre des I. Akts äußerte Meyerbeer Bedenken gegen den Text, in dem er die »Couleur der gewählten Epoche« vermißte (*Briefwechsel und Tagebücher*, ebd., S. 232). Schon im Planungsstadium begann er mit textlichen und musikalischen Milieustudien, ein Indiz, daß er auf qualitativ neue Weise die Idee einer historischen Oper dramaturgisch und musikalisch zu realisieren trachtete. In der Gewißheit, daß Scribes Text dafür nicht die erforderlichen Voraussetzungen bot, entschloß er sich, die Komposition zu unterbrechen, löste sich durch Zahlung der vereinbarten Konventionalstrafe aus dem Vertrag und reiste im Okt. 1833 nach Italien. In Mailand traf er sich mit dem ihm freundschaftlich verbundenen erfahrenen Librettisten Rossi, um das Projekt grundlegend zu überdenken. Wichtigstes Ergebnis der gemeinsamen Bemühungen waren die Umgestaltung der Rolle des Marcel, den Meyerbeer zum eigentlichen Protagonisten und Ideenträger der Handlung aufwertete, sowie, damit in Zusammenhang stehend, die Einbeziehung des Martin-Luther-Chorals *Ein feste Burg ist unser Gott* (1528) als textlichmusikalisches Emblem der Epoche (Heinz Becker, »... *der Marcel von Meyerbeer*«, S. 84, s. Lit.). Nach Paris zurückgekehrt, verschwieg Meyerbeer Rossis Mitarbeit und ließ im Einverständnis mit Scribe die italienischen Textpassagen, die er als eigene Entwürfe ausgab, von Deschamps ins Französische übersetzen. In Zusammenarbeit mit Deschamps feilte Meyerbeer ständig weiter an dem Text, wie eine Mitte 1834 entstandene Kopistenabschrift mit zahlreichen Änderungen, Zusätzen und Kommentaren des Komponisten belegt. Zu diesem Zeitpunkt enthielt der III. Akt noch ein später gestrichenes 1. Bild (Saint-Bris' Pariser Stadtpalast) mit dem als Teichoskopie geschilderten Mordanschlag auf Coligny (in der Neuausgabe von Bernd Böhmel und Reiner Zimmermann [s. Ausg.] ist dies Bild teilweise restituiert). Nach dem erneuten Vertragsabschluß mit der Opéra am 29. Sept. 1834 wurden aufgrund der von Edmond Duponchel, dem Verantwortlichen für die Mise en scène, geltend gemachten Wünsche noch zahlreiche Veränderungen vorgenommen. Außer der Tatsache, daß Meyerbeer wegen Überlänge des Werks vier Wochen vor der Uraufführung »¾ Stunden Musik aus 3 Akten« streichen mußte (im Autograph erhalten), sind der Einspruch der Zensur sowie die Änderungswünsche Adolphe Nourrits, des Interpreten des Raoul, für das Duett im IV. Akt hervorzuheben. Während Meyerbeer auf Nourrits Vorschläge nach anfänglichem Zögern bereitwillig einging und mit der Neufassung (vermutlich nur des Mittelteils) des Duetts eine wesentliche musikalische und dramatische Vertiefung erreichte, sah er sein Werk durch die Intervention der Zensurbehörde ernstlich bedroht. Nach zermürbenden Kontroversen beharrte die Zensur außer auf der Änderung des Titels schließlich nur noch auf Streichung des Auftritts Katharinas von Medici in der »Schwerterweihe«, so daß Meyerbeer gezwungen war, die Partie für eine Baßstimme (Saint-Bris) umzuschreiben. – Die Bartholomäusnacht-Thematik hatte im Lauf der Jahrhunderte zahlreiche literarische Ausformungen erfahren. Überwiegt in älteren Darstellungen das psychologische Interesse an den Charakteren der Hauptbeteiligten, so tritt später die politisch-soziale Konstellation des Konflikts in den Vordergrund. Während der 20er Jahre des 19. Jahrhunderts wurde der Stoff in Frankreich zum literarischen Modethema; Romane, Dramen und Essays bezogen sich auf das historische Ereignis als Exempel in den kontroversen Debatten über Staatsräson und religiöse Toleranz, welche die Schlußphase der Restauration begleiteten. Weder von Scribe noch von Meyerbeer sind präzise Aussagen über die Herkunft des Stoffs überliefert. Daß Scribe historische Darstellungen als Quellen benutzte, unterliegt wohl keinem Zweifel (Michael Walter, *Hugenotten-Studien*, S. 22–46, s. Lit.); daß er darüber hinaus für bestimmte Charaktere und Situationen wie für die Couleur der Epoche Anregungen auch aus literarischen Quellen zog, hier vor allem aus Prosper Mérimées anonym erschienenem Roman *1572. Chronique du temps de Charles IX* (1829), entsprach zeitgenössischer librettistischer Praxis. Der vielschichtige Überarbeitungsprozeß zeitigte indes eine zunehmende Entfernung von den historischen und literarischen Vorlagen im Zuge der Ausprägung einer zutiefst individuellen Werkgestalt.

Les Huguenots; Nicolas-Prosper Levasseur als Marcel; Kostüm: Paul Delaroche; Illustration: Pierre Maleuvre; Uraufführung, Opéra, Paris 1836. – In der vielschichtigen Figur des Marcel, jener »ehernen Statue, umhüllt von Büffelleder, beseelt vom göttlichen Feuer« (George Sand), verbinden sich in einer für die Opernbühne völlig neuen Weise musikdramatische Personencharakteristik und die Explikation einer geschichtsphilosophischen Idee.

Handlung: In der Touraine (I.–II. Akt), bei und in Paris (III.–V. Akt), Aug. 1572.

I. Akt, ein Saal im Schloß des Grafen von Nevers; im Hintergrund Blick in die Gärten: Der Graf hat am Vorabend seiner Hochzeit befreundete Adlige zu einem Bankett geladen, unter ihnen als einzigen Hugenotten Raoul von Nangis. Auf skeptische Fragen der katholischen Ritter erklärt Nevers, er wolle mit dieser Einladung ein Zeichen der Versöhnung setzen, wie man es bereits am Hof mit der bevorstehenden Heirat zwischen Marguerite und Henri von Navarra getan habe. Zur Unterhaltung bei Tisch soll jeder der Herren ein Liebeserlebnis berichten. Den Anfang macht Raoul: Er erzählt von der Begegnung mit einer schönen Unbekannten, die er gegen aufdringliche Studenten verteidigt habe und seitdem nicht mehr vergessen könne. Raouls alter Diener Marcel erscheint in der Runde. Der asketische Soldat nimmt Anstoß an den lockeren Reden der zechenden Ritter; mit provozierender Schroffheit schleudert er ihnen sein Glaubensbekenntnis (Luther-Choral) entgegen und stimmt anschließend ein hugenottisches Kampflied an, erntet jedoch beide Male nur Spott. Der Gastgeber wird herausgerufen, da eine Dame ihn zu sprechen wünsche. Heimlich beobachten die Edelleute die Begegnung mit der Fremden, in der Raoul konsterniert jene Frau wiedererkennt, von der er soeben erzählte. Nach der Rückkehr wird Nevers von den Rittern umringt, die ihm zu seiner neuen »Eroberung« gratulieren. So kommt er nicht dazu mitzuteilen, wen er gerade empfangen hat: seine Braut Valentine, die Tochter des Grafen von Saint-Bris und Hofdame Margueriets, die im Auftrag der Königin, aber auch aus eigenem Wunsch, Nevers um die Annullierung der geplanten Hochzeit bat. Großmütig, wenn auch in seiner Eitelkeit getroffen, hat Nevers zugestimmt. Der Page Urbain erscheint als Bote einer »vornehmen Dame«; er überbringt einen Brief für Raoul, in dem dieser aufgefordert wird, sich mit verbundenen Augen an einen unbekannten Ort geleiten zu lassen. Die Ritter erkennen Marguerites Handschrift und versichern Raoul, den sie für einen Günstling der Königin halten, ihrer besonderen Wertschätzung. Gern ist dieser bereit, der geheimnisvollen Einladung zu folgen.

II. Akt, Schloß und Gärten von Chenonceaux bei Amboise; rechts eine vom Schloß zu den Gärten führende breite Steintreppe: Marguerite empfängt Valentine, die von ihrem Besuch bei Nevers berichtet. Befriedigt nimmt sie zur Kenntnis, daß dieser nicht auf einer Heirat mit Valentine bestehe. Die den Vergnügungen des Hoflebens zugewandte, politisch aber ausgleich bedachte Marguerite verfolgt den Plan, durch eine Heirat zwischen der Katholikin Valentine und dem Hugenotten Raoul Versöhnung zwischen den streitenden Parteien zu stiften. Damit entspricht sie zugleich dem Wunsch Valentines, die Raoul seit jener ersten und einzigen Begegnung liebt. Marguerite eröffnet ihr, daß sie den Ritter hierher bestellt habe, um ihm ihren Plan zu unterbreiten. Als Raoul hereingeführt wird, verliebt er sich spontan in Marguerite. Doch die Königin, wiewohl selbst einem Abenteuer nicht abgeneigt, verpflichtet ihn auf eine Heirat mit Valentine; dafür stellt sie ihm eine Vertrauensposition an ihrem Hof in Aussicht. Vor den versammelten katholischen und protestantischen Notabeln gibt sie die geplante Eheschließung bekannt und nimmt vor allen den Friedensschwur entgegen. Beiläufig übermittelt sie Saint-Bris und Nevers eine Botschaft König Karls IX., deren Bedeutung weder ihr noch den Adressaten bewußt ist: Beide werden für denselben Abend in wichtiger Angelegenheit nach Paris gebeten, wie sich herausstellen wird, zur Vorbereitung des Anschlags auf Gaspard de Coligny, der jede Hoffnung auf religiösen Frieden zunichte machen soll. Doch schon jetzt scheitert Marguerites Ausgleichsversuch. Als die Braut hereingeführt wird, erkennt Raoul in Valentine jene von ihm angebetete Fremde, die er seit ihrem Besuch bei Nevers für dessen Mätresse hält. Zum Entsetzen Valentines weist er in beleidigenden Worten ihre Hand zurück, einzig unterstützt von Marcel, dem die Ehe seines Herrn mit einer »Heidin« ohnehin ein Greuel war. Nur mit Mühe gelingt es Marguerite, einen offenen Kampf zwischen Katholiken und Protestanten zu verhindern.

III. Akt, Schreiberwiese am Seineufer; rechts und links je eine Schenke; hinten der Eingang zu einer Kapelle; sechs Uhr abends: Die latenten religiösen Spannungen spalten auch das einfache Volk: Katholiken und Hugenotten feiern jeweils in ihrer eigenen Schenke. In feierlichem Zug wird Valentine nach ihrer Trauung zu einer Kapelle geleitet, in der sie den Abend im Gebet verbringen will. Als hugenottische Soldaten den Marienhymnus der Prozession mit einem Kampf- und Trinklied zu übertönen versuchen, drohen sofort tätliche Auseinandersetzungen, die nur durch den Auftritt einer Zigeunertruppe abgewendet werden. Marcel überbringt eine Duellforderung Raouls an Saint-Bris. Dieser vereinbart mit Maurevert, seinen Gegner während des Zweikampfs aus dem Hinterhalt zu ermorden. Valentine wird unbemerkt Zeugin ihrer heimlichen Verabredung. Um Raoul, den sie noch immer liebt, zu warnen, verläßt sie bei hereinbrechender Nacht für kurze Zeit die Kapelle. Dabei trifft sie auf Marcel, den sie von dem geplanten Anschlag unterrichtet. Als nach Beginn des Duells Maurevert mit seinen Leuten erscheint, gelingt es Marcel, rechtzeitig die hugenottischen Soldaten in der Schenke zur Unterstützung zu mobilisieren. Der Tumult ruft die Katholiken in der gegenüberliegenden Schenke auf den Plan, so daß sich schnell beide Parteien drohend gegenüberstehen. Die Ankunft Margueriets, die mit ihrem Gefolge aus der Touraine heimkehrt, beendet abrupt die Auseinandersetzung. Als Raoul und Saint-Bris sich gegenseitig eines heimtückischen Anschlags beschuldigen, bietet Marcel als Beweis für die Behauptung seines Herrn das Zeugnis einer Dame an. Saint-Bris reißt der Fremden den Schleier vom Gesicht und erkennt entsetzt seine Tochter. Zu spät begreift Raoul sein Unrecht gegenüber Valentine. Während Nevers auf einer festlich geschmückten Barke erscheint, um die Gattin im Hoch-

zeitszug heimzuführen, gehen Katholiken und Hugenotten haßerfüllt aufeinander los. Nur unter Aufbietung ihrer ganzen Autorität vermag Marguerite den Frieden noch einmal zu bewahren.
IV. Akt, ein Raum im Stadtpalast des Grafen von Nevers; an den Wänden Familienporträts; im Hintergrund eine Tür und ein gotisches Fenster; links eine Tür zum Schlafzimmer Valentines, rechts ein Kamin sowie eine Tapetentür: Valentine beklagt ihre erzwungene Ehe und gedenkt Raouls, den sie mehr denn je liebt. Da naht dieser selbst: Zum Sterben entschlossen, begibt er sich bewußt in Gefahr, um seine Geliebte noch einmal zu sehen. Als Schritte zu hören sind, versteckt er sich auf Bitten Valentines hinter einem Gobelin. Saint-Bris erscheint mit den führenden Vertretern der Katholiken, um ihnen im Auftrag Katharinas und Karls den Schwur auf ein Mordkomplott abzunehmen, dem noch in derselben Nacht sämtliche Hugenotten zum Opfer fallen sollen. Lediglich Nevers verweigert die Beteiligung an dem Verbrechen, woraufhin er von Saint-Bris in Schutzhaft genommen wird. Dieser weist den einzelnen Mordtrupps ihre Aufgaben zu und vereinbart das Mitternachtsgeläut von Auxerrois als Signal für den Beginn des Gemetzels. Während Mönche die Schwerter segnen, werden als Erkennungszeichen an die Verschwörer weiße Schärpen verteilt. Nachdem alle sich entfernt haben, will Raoul davoneilen, um seine Glaubensbrüder zu warnen, wird aber von Valentine zurückgehalten, die um sein Leben fürchtet. Die Angst verleiht ihr den Mut, Raoul ihre Liebe zu gestehen. Für einen Augenblick gibt er sich seinen Gefühlen hin, bis Glockengeläut und Waffenlärm ihn in die Wirklichkeit zurückreißen. Trotz verzweifelter Bitten Valentines, sie nicht zu verlassen, stürzt Raoul davon.
V. Akt, 1. Bild, Ballsaal im Hôtel de Nesle: Zur Feier der Hochzeit Marguerites mit Henri hat sich die Festgesellschaft versammelt. Mehrmals halten die Tanzenden lauschend inne, als sie aus der Ferne Glockengeläut vernehmen, stürzen sich jedoch gleich wieder ins Vergnügen. Blutüberströmt erscheint Raoul; er berichtet von dem Massaker und fordert die anwesenden Hugenotten auf, Colignys Tod, dessen Zeuge er soeben geworden ist, zu rächen. Bestürzt drängen die Gäste aus dem Saal. 2. Bild, Friedhof, im Hintergrund eine verfallene protestantische Kirche, durch die Fenster Blick auf die Empore; links der Eingang, rechts ein Gitter; Nacht: Raoul und Marcel sind hierher geeilt, um ihren Glaubensbrüdern beizustehen und mit ihnen zu sterben. Auf der Suche nach ihrem Geliebten erscheint bald darauf Valentine. Sie ist frei, nachdem Nevers von seinen eigenen Leuten getötet wurde, und überbringt Raoul eine weiße Schärpe: Mit ihr könne er den Louvre erreichen, wo Marguerite sich für ihn verwenden werde, sofern er seinem Glauben abschwöre. Als Raoul nach kurzem Schwanken diesen Weg der Rettung zurückweist, entschließt sich Valentine, seinen Glauben anzunehmen. Marcel segnet sie und ihren Bund mit Raoul. Ein Mördertrupp dringt in die Kirche ein und metzelt Frauen und Kinder nieder, die dort Zuflucht gesucht haben. Auch Valentine, Raoul und Marcel, nun zum gemeinsamen Märtyrertod entschlossen, werden von einer Salve niedergestreckt. 3. Bild, Quais von Paris; sternklare Nacht: Den Schwerverletzten gelingt es, sich hierher zu schleppen, wo sie einem andern Mördertrupp begegnen, den Saint-Bris anführt. Nachdem Raoul sich auf Zuruf als Hugenotte zu erkennen gegeben hat, werden alle drei von tödlichen Schüssen getroffen. Saint-Bris erkennt seine Tochter, die sterbend dem Vater verzeiht. Marguerite, die in einer Sänfte zurück zum Louvre eskortiert wird, sucht vergeblich dem Morden Einhalt zu gebieten.

Kommentar: »[...] die Fabel ist fast ganz erfunden, und nur die Epoche und der eigentliche Schluß des Stückes historisch.« Meyerbeers Charakterisierung des Stoffs aufgrund des ersten Librettoentwurfs (Brief vom 10. Okt. 1832) beschreibt das gängige Bauprinzip historischer Romane und Dramen: Die Realien der Geschichte sollen der dichterischen Fiktion den Schein des Authentischen verleihen und sie so in der Wirkung erhöhen. Gerade Mérimées *1572*, aber auch andere Romane und Dramen jener Zeit zeigen jedoch, daß die Kategorie des Geschichtlichen im literarischen

Les Huguenots; Clementine Schuch-Proska als Urbain; Hofoper, Dresden 1879. – In nur wenigen, dabei mit höchster musikdramatischer Prägnanz gezeichneten Auftritten erhält der Page ein unverwechselbares Rollenprofil als mondäner Bruder Cherubinos.

Kontext inzwischen eine weiter reichende Funktion gewonnen hat. Die Rekonstruktion einer vergangenen Epoche ist jetzt nicht mehr Mittel, sondern Zweck der literarischen Darstellung, die zwar nach wie vor nicht des fiktionalen Moments entbehrt, aber doch insgesamt empirischer, wissenschaftlicher wird. Mit *Les Huguenots* erfährt dieser neue Ansatz seine erste modellhafte Verwirklichung auf der Opernbühne. Die Quellen erweisen, daß Meyerbeer und nicht Scribe als Schöpfer einer solcherart »historischen Oper« anzusehen ist; sein Einwirken auf die Gestaltung des Librettos zielte konsequent auf die Umformung des Intrigenstücks im historischen Gewand, wie es Scribe ursprünglich entworfen hatte, zum historischen Ideendrama. Die Methode, einen musikdramatischen Kontext ideenmäßig zu strukturieren, hatte Meyerbeer bereits in *Robert le diable* zu hoher Vollkommenheit entwickelt. Während jedoch der Intrigenhandlung in *Robert* eine im herkömmlichen Sinn dramatische Struktur zugrunde lag, erzwang die doppelte Handlungsführung der *Huguenots* eine dramatisch-epische Mischstruktur. Meyerbeers textliche Eingriffe vor allem in den ersten drei Akten legten den Grund für die neue Dramaturgie: Aus illustrierenden Genreszenen, wie sie Scribe zunächst entworfen hatte, wurden weiträumige historische Panoramen, die ein differenziertes Bild des gesellschaftlichen Lebens in Frankreich am Vorabend der Bartholomäusnacht entfalten, in dem sich als drohender Schatten bereits die bevorstehende Katastrophe abzeichnet (Christhard Frese, s. Lit.). Die Privathandlung (Margueritos scheiternde Heiratsintrige) ist durch den politischen Konflikt motiviert, nicht umgekehrt. Mit dem Finale des III. Akts, in dem politische und private Handlung erstmals kollidieren, sind die Voraussetzungen des historischen Ereignisses exponiert, dessen Ablauf dann die letzten beiden Akte schildern. Um der Geschlossenheit seiner Konzeption willen scheute sich Meyerbeer nicht, die theatralische Präsenz der Privathandlung während der ersten drei Akte streckenweise in einem Maß zurückzudrängen, das nach den Konventionen der Zeit befremdlich wirken mußte. Dies betraf vor allem die Rolle Valentines, die nach Scribes Entwurf im I. und II. Akt mit einer Romanze beziehungsweise einem Terzett eingeführt werden sollte; in der Endfassung blieben davon ein stummer Auftritt und eine kurze Rezitativszene; die erste Gesangsnummer mit Beteiligung Valentines ist jetzt das 2. Finale. Abgesehen von der Romanze des IV. Akts, die aber nicht zum festen Werkbestand gehört, verfügt Valentine mithin über keine eigene Solonummer. Der Zwang zu einschneidenden Kürzungen unmittelbar vor der Premiere hat Meyerbeer veranlaßt, diese Tendenz noch zu verstärken: So strich er fast ausschließlich in den ersten drei Akten, und zwar vorzugsweise solistische Passagen, zum Beispiel im 3. Finale, das auf etwa ein Drittel seines ursprünglichen Umfangs reduziert wurde. – Meyerbeer hat sich über sein Schaffen nie programmatisch geäußert, doch lassen vereinzelte private Bemerkungen (so spricht er von seinem »ästhetischen Point de vue« und seinem »dramatischen System«) darauf schließen, daß er sich wohl bewußt war, mit diesem Werk eine neue Konzeption der Oper kreiert zu haben. Im Zentrum stehen dabei die Entwicklung des Chorals *Ein feste Burg* und seine Beziehung auf die Person Marcels. Die historische Inkorrektheit des Luther-Lieds als Bekenntnisgesang der Kalvinisten war Meyerbeer bewußt, sie erschien ihm aber bedeutungslos angesichts seiner Symbolkraft, da es wie kein anderes den Geist kämpferischer Religiosität im Jahrhundert der Glaubenskämpfe zu repräsentieren vermochte. Wenn der Choral auf Nevers' Bankett (I. Akt) erstmals von Marcel angestimmt wird, erscheint er denn auch, zumal in Verbindung mit der »Chanson huguenote«, als Fanal des religiösen Fanatismus. Gleiches gilt für den II. und III. Akt, wo er ebenfalls als Kampf- und Trutzlied Marcels fungiert. Erst im V. Akt, als das Schicksal der Hugenotten besiegelt ist und Valentine, Raoul und Marcel sich zum Märtyrertod entschlossen haben, erhält er eine neue Bedeutung, die sich in der Verwandlung seiner textlichen und musikalischen Gestalt im Sinn fortschreitender Entsakralisierung entschlüsselt. Dieser Prozeß findet im Terzett als der dramatischen »summa« des Werks

Les Huguenots; Leo Slezak als Raoul; Hofoper, Wien 1902. – Der vor allem als Wagner-, aber auch als Mozart-Sänger populär gewordene österreichische Tenor gehörte am Beginn seiner Laufbahn zu den führenden Interpreten dieser Rolle, der er, wie es der authentischen Aufführungstradition entsprach, nicht nur heroischen Glanz, sondern auch lyrische Intensität zu verleihen vermochte.

statt: Wächst dem Choral als Todesgebet der in die Kirche geflüchteten Frauen zunächst eine neue Ausdrucksdimension zu, erfährt er im weiteren Verlauf der Szene, als die Mörder die Kirche stürmen, eine Deformierung, insofern die Melodie verfremdet und aufgebrochen wird; den Schlußpunkt markiert die »Vision« als letzter Satz des Terzetts, in deren Koda die Choralinitiale in immer kürzeren Montageschnitten durch Sequenzierung, Diminuierung, Kontraktion und Abspaltung zu einer knappen Affektphrase (»Je ne crains rien de vous!«) umgedeutet wird, die über ein dreitöniges Motivfragment auch noch den Mörderchor (»Oui, renégats, abjurez ou mourez!«) in den Satz integriert. Dies kompositorische Verfahren, das Techniken motivischer Verarbeitung dramatisiert, macht den musikalischen Prozeß auf symbolische Weise lesbar. Daß die Umdeutung des Sakralzitats auf die zentrale Idee des Werks verweist, signalisiert bereits die Ouvertüre, die ebendiesen Prozeß in der Form von »Choralvariationen« musikalisch chiffriert. Seine vollständige inhaltliche Bestimmung als verschlüsselte Religionskritik erhält der Choraldiskurs jedoch erst im Zusammenhang mit der Figur Marcels. Meyerbeer war sich der irritierenden Neuheit dieses Charakters bewußt: »Marcels Rolle ist mehr werth als alle übrige Musik die ich in meinem Leben gemacht habe, Robert mit inbegriffen. Ob er verstanden werden wird, das weiß ich nicht. Ich fürchte im Anfang wahrscheinlich nicht« (Brief vom 15. Sept. 1835). Der erste Auftritt zeigt Marcel als glaubensstarken und fanatischen Krieger, der sich in den Ausdrucksbizarrerien der »Chanson huguenote« (»Pour les couvents c'est fini«, I. Akt) zu dämonischer Größe erhebt. Gleiches Profil zeigen seine Auftritte im II. und zu Beginn des III. Akts: Sein zur Schau getragener Triumph über das Scheitern von Marguerites Versöhnungsplan und seine Weigerung, der Marienprozession Reverenz zu erweisen, schüren die latenten Spannungen zwischen Katholiken und Protestanten bis zum drohenden offenen Konflikt. Erst im weiteren Verlauf des III. Akts vollzieht sich eine Nobilitierung des Charakters. Die Angst um das Leben des ihm anvertrauten Raoul läßt den Panzer des Hasses aufbrechen und väterliche Liebe als beherrschenden Zug seines Wesens hervortreten. Diesen Augenblick der seelischen Verwandlung hatte Meyerbeer zunächst in einen großen Monolog gefaßt (»Je veux ici l'attendre«), nach dessen Zurückziehung dann in das Duett mit Valentine verlegt (»Dans la nuit où seul je veille«). Im V. Akt schließlich ist jegliche dogmatisch-kämpferische Attitüde von Marcel abgefallen. Seine feierliche Befragung Valentines und Raouls verpflichtet sie auf eine menschheitliche, Martyrium und Tod transzendierende Liebe (»Dieu nous donne le courage en donnant l'amour«). Diese »Interrogatoire« genannte Passage (drei Fragen Marcels, drei gemeinsame Antworten des Paars) rückt den Vorgang aus christlich-sakraler in eine magisch-rituelle Sphäre. Der den Vorgang begleitende Klagesang einer solistischen Baßklarinette, der auf das zeitgenössische Publikum, das dies Instrument erstmals im Opernorchester vernehmen konnte, von einer heute kaum mehr nachvollziehbaren Wirkung gewesen sein muß, verleiht Marcel die mystische Aura eines alttestamentarischen Sehers und Propheten. Erst von hier aus erhält die »Zerschlagung« der textlichen und musikalischen Struktur des Luther-Chorals ihre Bestimmung nicht als Kritik an der christlichen Religion überhaupt, sondern an ihrer geschichtlichen Pervertierung, deren Kennzeichen ihre Unterwerfung unter den Machtkalkül der Politik darstellt. Für Meyerbeer manifestiert sich diese Selbstaufgabe der Religion in der historischen Rolle des Christentums, für welche die Glaubenskämpfe des 16. Jahrhunderts ein blutiges Exempel liefern. – Als Subjekte der Geschichte agieren neben den Führern auch die Geführten: nicht das »Volk« (peuple) als ideale Gemeinschaft von Individuen, sondern die »Masse« (foule) als anonymes, seinem Wesen nach destruktives Kollektiv. In den gesellschaftlichen und künstlerischen Erfahrungshorizont trat die Masse mit der Französischen Revolution und fungierte fortan in der Oper als Leitbild für große Chorszenen, von Le Sueurs *La Caverne* (1793) über Spontinis *Fernand Cortez* (1809) und Aubers *La Muette de Portici* (1828) bis zu Halévys *La Juive* (1835). Blieben die Chöre in den genannten Werken nach wie vor eingebunden in eine vom Privatkonflikt bestimmte traditionelle Dramaturgie, so avancierten sie in *Les Huguenots* erstmals zu Repräsentanten gesellschaftlicher Kräfte und Parteiungen, welche die religiöspolitischen Antagonismen historischer Prozesse quasi »von unten« sichtbar werden ließen. Zur Perfektion gelangt das Verfahren, wenn im Schreiberwiesen-Tableau selbst die Gattungskonvention des für den III. Akt obligaten Balletts für die neue Dramaturgie in Dienst genommen wird, insofern der plötzliche Auftritt einer Zigeunertruppe die Tanzeinlage und damit die vorübergehende Aussetzung des Konflikts als Ablenkung der verfeindeten Parteien motiviert. Lange vor Gustave Le Bons Analysen (*La Psychologie des foules*, 1895) explizieren die großen Chorszenen der *Huguenots* mit musikdramatischen Mitteln eine »Psychologie der Massen« als zwar manipulierbarer, aber im letzten unberechenbarer Mächte. Für das kollektive Gedächtnis des gläubigen Juden Meyerbeer, dies belegen private Äußerungen, offenbart die Masse ihren wahren, nämlich diabolischen Charakter im Pogrom. Von daher bestimmt sich auch die dramaturgische Schlüsselfunktion der großen Verschwörungsszene des IV. Akts (Schwertweihe). Die von Saint-Bris im Namen des Königshauses ausgegebene Mordparole (»Pour cette cause sainte«) entbindet einen Furor des blutrünstigen Fanatismus von schauerlicher Blasphemie: Das realpolitische Geschehen enthüllt sich als eine »schwarze Messe«, in der die dämonischen Mächte der Geschichte ihre Herrschaft feiern. Dabei wird der Untergang des Individuums durch die Gewalttätigkeit aufgeputschter Massen präzis über die musikalische Form vermittelt, deren Prinzip in einer sukzessiven Auflösung von Arien- und Ensemblestrukturen in eine zum Unisono gesteigerte Chorklimax besteht. – Mit äußerster Konsequenz sind alle

Teile des Werks auf diese geschichtsphilosophische Idee bezogen. So entfalten die Ritter- und Hofszenen zumal der ersten beiden Akte mit unerhörter koloristischer Brillanz das »Prachtspektakel [...] einer zum Sterben verurteilten Feudalgesellschaft« (Norbert Miller, S. 71, s. Lit.). Vom »Liebeshof« Chenonceaux aus fädelt Marguerite ihren Heirats- und Versöhnungsplan ein, dessen Scheitern die aufklärerisch-liberale Utopie einer repressionsfreien Gesellschaft als Chimäre enthüllt. Der Auflösungsprozeß spiegelt sich in der schwindenden vokalen Präsenz Marguerites: von der Koloraturequilibristik ihrer Auftrittsarie »O beau pays de la Touraine«, deren Echostrukturen eine romantisch-manieristische Kunstwelt beschwören (II. Akt), über die Einbindung ins Ensemble (Finale III. Akt) und den stummen Auftritt (V/1) bis zum Entsetzensschrei vor den Leichen Valentines und Raouls. Entsprechend vollzieht sich der Rückzug des Liebespaars aus der Idylle Chenonceaux': Raouls Bericht von seiner ersten Begegnung mit Valentine (Romanze »Plus blanche que la blanche hermine«, I. Akt), dem die begleitende Viola d'amore eine fremdartige, das Troubadourgenre imitierende Klanglichkeit verleiht, und sein chevalereskes Werben um die Königin (Duett »Beauté divine enchanteresse«, II. Akt) zeigen ihn als ungebrochenen Galanthomme. Im Verlauf der Ereignisse, endgültig nach der Schwerterweihe, deren Zeugen Raoul und Valentine geworden sind, wird das Paar dann in jenen Spannnungszustand zwischen Gefühl und Realität versetzt, der im Wachtraum eines »erfüllten Augenblicks«, im Liebesverlangen und Todesahnung gleichermaßen gegenwärtig sind, seine äußerste Steigerung erfährt. Die latente Gefährdung ist auf differenzierte Weise musikalisch erfaßt: zunächst durch harmonische Störungen des melodischen Verlaufs, sodann durch Dynamisierung des Affektkontrasts auf den Moment hin, da Valentine Raouls Phrase übernimmt, ihr jedoch eine andere Bedeutung aufprägt. Diese »Tu l'as dit«-Passage, die man »Meyerbeers unsterbliche Melodie« und »Melodie des Jahrhunderts« genannt hat, bildet den Mittelsatz des »Grand duo«, das durch die Auflösung der traditionellen Duettform in eine Folge freier dialogischer Episoden die Entwicklung des Ensembles bis zu den großen Duetten Wagners (*Tristan und Isolde*, 1865) und Verdis (*Otello*, 1887) maßgeblich beeinflußt hat. – *Les Huguenots* wurde als ein kulturelles Ereignis begriffen, das die kunsttheoretische Diskussion über Jahre hinweg bestimmte. Umfassender noch als *Robert*, weil erstmals in die Historie ausgreifend, sah man in diesem Werk die Idee des von der zeitgenössischen Philosophie und Literatur favorisierten Gesamtkunstwerks verwirklicht. In einem seinerzeit unveröffentlichten Aufsatz (s. Lit.) faßte der junge Richard Wagner den Tenor der Kritik zusammen: »Meyerbeer schrieb Weltgeschichte, Geschichte der Herzen und Empfindungen, er zerschlug die Schranken der Nationalvorurteile [...] er schrieb Taten der Musik [...]« Die eigentliche geschichtsphilosophische »Botschaft« blieb indes zumeist unverstanden, und Meyerbeer selbst tat nichts dazu, die verbreitete Fehldeutung des Werks als Apotheose des Protestantismus, die er privat als »drollig« bezeichnet hat, zurechtzurücken. Das Mißverständnis der zentralen religiösen Aussage hatte zur Folge, daß man den tiefen Pessimismus, wie er sich in der Destruktion der Idylle und der Negation einer emanzipatorischen Rolle der Massen manifestierte, nicht begriff.

Wirkung: Die mit ungeheuren Erwartungen belastete Premiere löste verhaltene Zustimmung, keineswegs Begeisterung aus. Man hatte einen zweiten *Robert* erhofft und fühlte sich zunächst von der ganz andern, neuartigen dramatischen Gestalt irritiert; erst die letzten beiden Akte entschieden über den Erfolg des Abends. Schon während der nächsten, von Mal zu Mal enthusiastischer aufgenommenen Aufführungen bahnte sich indes ein Theatertriumph an, der sich als einer der größten und folgenreichsten des 19. Jahrhunderts erweisen sollte. Die Reaktion der Presse war nicht einhellig; in den Chor hymnischer Zustimmung mischten sich vereinzelt ablehnende Stimmen, vor allem von Vertretern der »Italienerpartei«, die ihre schon anläßlich von *Robert* erhobene Kritik an Meyerbeers Kompositionsstil auf die angeblich verfehlte Dramaturgie ausweiteten, welche sie, den offiziellen Angaben über die Autorschaft des Werks vertrauend, fälschlicherweise Scribe anlasteten. Gleichwohl mußte es Meyerbeer als Genugtuung empfinden, »daß selbst die Gegner dieser Oper von ihr als einer der bedeutendsten musikalischen Erscheinungen der neueren Zeit sprechen« (Brief vom 6. März 1836). Meyerbeers Stellung als führender Opernkomponist erfuhr mit *Les Huguenots* ihre definitive Bestätigung, und Heinrich Heines Voraussage (s. Lit.), jeder dramatische Komponist müsse künftig dies Werk studieren, sollte sich zumindest für das 19. Jahrhundert als prophetisch erweisen. Für lange Zeit Modellcharakter erhielt auch die in monatelangen Proben erarbeitete Inszenierung der Opéra in den Bühnenbildern von Charles-Polycarpe Séchan, Léon Feuchère, Jules Pierre Michel Diéterle und Edouard Désiré Joseph Désplechin. Unter der musikalischen Leitung von François Antoine Habeneck präsentierte sich ein Ensemble, das mit Meyerbeers Vokalstil vertraut war und die enormen gesanglichen und darstellerischen Anforderungen des Werks offenbar perfekt zu erfüllen vermochte: Julie Dorus-Gras als Marguerite, Marie-Cornélie Falcon als Valentine, Marie Fléchaux als Urbain, Nourrit, dem auch die Mise en scène oblag, als Raoul, Nicolas-Prosper Levasseur als Marcel, Jacques Emile Serda als Saint-Bris, Prosper Dérivis als Nevers. Die Aufführungsgeschichte der *Huguenots* an der Opéra entwickelte sich zu einer beispiellosen Erfolgsserie (als erstes Werk konnte es über 1 000 Aufführungen verbuchen), die seitdem lediglich von Gounods *Faust* (1859) übertroffen wurde. Unter den bedeutenden Sängern und Sängerinnen des Hauses, die die Hauptrollen während der ersten Jahrzehnte interpretierten, sind hervorzuheben: Maria Nau, Claire Dobré (Marguerite); Mlle. Treillet-Nathan, Rosine Stoltz, Kathinka Heinefetter, Dejean Jullienne (Valentine); Gilbert Duprez, Félix Mécène Marié de l'Isle, Fort-Arthur Espinasse, Gustave-Hippolyte Roger (Raoul); Dérivis, Serda, Luciano Bouché (Marcel). Für die Wiederaufnahme 1853 (Rosalie-Henriette Laborde, Mlle. Poinsot, Louis Gueymard, Louis-Henri Obin) akzeptierte Meyerbeer eine Reihe von Kürzungen und erweiterte das Ballett im III. Akt um einige zusätzliche Nummern (Choreographie: Joseph Mazilier). In die Salle Garnier wurde die Oper noch im Eröffnungsjahr 1875 in einer Neuinszenierung übernommen (Caroline Carvalho, Gabrielle Krauss, Pierre François Villaret, Belval). Eine weitere gab es an der Opéra 1897 (Lucy Berthet, Lucienne Bréval, Albert-Raymond Alvarez, Léon Gresse). – Die anhaltende Popularität des Werks konnte nicht verhindern, daß das Verständnis für die Intentionen des Komponisten rapide dahinschwand. Robert Schumanns und Wagners Polemik gegen den Kosmopolitismus der Grand opéra, die sich binnen weniger Jahrzehnte von einer Außenseiterposition zur herrschenden Meinung entwickelt hatte, dazu der Schlendrian der Theater, die vor den aufführungstechnischen Schwierigkeiten in sinnentstellende Kürzungen flüchteten, beförderten das Mißverständnis der *Huguenots* als Ausstattungsstück und Sängeroper. Abgesehen von Paris, wo man noch verhältnismäßig lange an der authentischen Werkgestalt festhielt, hatte sich in der Praxis der meisten Bühnen die historische Oper zum romantischen Melodrama gewandelt. Umfangreiche Striche vermeintlicher Genreszenen vor allem im II. und III. Akt, der Wegfall zunächst von V/1, schließlich des gesamten V. Akts reduzierten die politische Handlung zur bloßen Staffage für eine tragische Liebesgeschichte, die man durch Manipulation des Duettschlusses des IV. Akts (Raouls als Todessturz umgedeuteter Sprung aus dem Fenster) zum oberflächlich effektvollen Ende brachte. Da sich das »dramatische System« der historischen Oper erst vom V. Akt her erschließt, mußte dessen Amputation das Erscheinungsbild des Werks irreparabel verfälschen. Dazu kamen zahlreiche kleinere Striche, welche die musikdramatisch subtil ausbalancierten Tableaustrukturen beschädigten, wenn nicht zerstörten. Als zusätzliches Hindernis für das Verständnis der tatsächlichen ästhetischen Dimension der *Huguenots* erwies sich vielerorts auch das Wirken der Zensur, die zumal in katholischen Ländern jahrelang Aufführungen wenn überhaupt, dann in Bearbeitungen zuließ, welche die religiös-politische Thematik eliminierten oder zumindest entschärften. So erschien das Werk in München 1838 als *Die Anglikaner und Puritaner* in einer Textbearbeitung von Charlotte Birch-Pfeiffer, die das Geschehen nach England in die Epoche Oliver Cromwells verlegte. Dieser Text lag auch der italienischen Erstaufführung (*Gli Anglicani*; Übersetzung: Francesco Guidi) in Florenz 1841 zugrunde. Eine noch freiere, massiv in die musikalischen Strukturen eingreifende Version schuf Georg Ott für das Theater in der Josefstadt Wien 1839 als *Die Gibellinen in Pisa*, die im selben Jahr auch im Kärntnertortheater Wien, hier als *Die Welfen und Gibellinen*, gegeben wurde

Les Huguenots, III. Akt; Rolf Tomaszewski als Saint-Bris, Paul Glahn als Marcel, Armin Ude als Raoul, Achim Wichert als Nevers (Treppe), Hildegard Bondzio als Marguerite, Jitka Kovaříková als Valentine, Ruth Asmus als Urbain; Regie: Joachim Herz, Ausstattung: Bernhard Schröter; Opernhaus, Leipzig 1974. – Wenn Heinrich Heine in Übereinstimmung mit den tonangebenden Kritikern der Zeit Meyerbeers Musik bescheinigte, sie sei »mehr sozial als individuell«, so zielte sein Urteil vor allem auf die neuartige Darstellung der Massen, die hier als eigenständige Dramatis personae und als Repräsentanten historisch-politischer Kräfte in Erscheinung treten.

(Jenny Lutzer, Wilhelmine van Hasselt-Barth, Joseph Erl, Joseph Staudigl). Diese Verballhornung zu einem Ritterdrama aus der Zeit der oberitalienischen Geschlechterkämpfe des 12. Jahrhunderts blieb in den habsburgischen Ländern bis 1848 verbindlich (Pest und Brünn 1839, Prag 1840), wurde aber auch andernorts gespielt (Kassel 1839, Petersburg 1850, hier als *I Guelfi ed i Ghibellini* in der Übersetzung von Calisto Bassi). Im protestantischen Teil Europas hielt man sich im allgemeinen an die Originalgestalt, so in Leipzig 1837 (deutsch von Ignaz Franz Castelli), Dresden 1838 (deutsch; Maschinka Schubert, Wilhelmine Schröder-Devrient, Joseph Tichatschek, Carl Risse), Stockholm 1842 (schwedisch von Pehr Westerstrand; Matilda Gelhaar, Julius Günther, Giovanni Belletti), Kopenhagen 1844 (dänisch von Thomas Overskou). Aber auch in diesen Ländern verlief die Aufnahme der *Huguenots* nicht problemlos; militanter Protestantismus, der an der Verwendung des Luther-Chorals Anstoß nahm, und latenter Antisemitismus verbanden sich im Ressentiment gegen die erfolgreiche Oper. In Berlin kam sie erst 1842 zur Aufführung, als Meyerbeer im Zuge einer Liberalisierung des kulturellen Klimas nach dem Regierungsantritt König Friedrich Wilhelms IV. zum Generalmusikdirektor ernannt worden war (Leopoldine Tuczek, Schröder-Devrient, Eduard Mantius, August Zschiesche). In Covent Garden London spielte man das Werk nach vorherigen Gastspielen deutscher (1842) und französischer Ensembles (1845) in eigener Inszenierung erstmals 1848 (italienisch von Manfredo Maggioni). Anläßlich dieser unter anderm mit Jeanne-Anaïs Castellan, Pauline Viardot-García, Mario und Ignazio Marini besetzten Aufführung arbeitete Meyerbeer für Marietta Alboni die Partie des Urbain für Contralto um und bereicherte sie im II. Akt um ein virtuoses Rondo (später als »Non [...] vous n'avez jamais, je gage« bekannt geworden). Um die Mitte des 19. Jahrhunderts setzte, auch als Folge gelockerter Zensurbestimmungen, die Rezeption in voller Breite ein; die Oper galt nun allenthalben als ein Modell für moderne Musikdramatik. In Prag, Wien und München konnte das Werk erstmals 1848 im Original gespielt werden. Unter den großen Bühnen Italiens folgte auf das Teatro Canobbiana Mailand 1855, Venedig 1856 (Valentine: Joséphine Médori, Raoul: Emilio Pancani) und Genua 1857 endlich im selben Jahr die Scala (Giuditta Beltramelli, Maria Spezia Aldighieri, Antonio Giuglini, Alfredo Didot). Aus der Fülle der Inszenierungen können hier nur wenige, nicht zuletzt aufgrund ihrer Besetzung herausragende erwähnt werden: Die Londoner 1858 mit Albine Maray, Giulia Grisi, Mario und Henri Charles Joseph Zelger setzte die lokale Tradition der Besetzung des Urbain mit einem Contralto fort (Constance Nantier-Didiée, später Sofia Scalchi); des weiteren sind die Valentine-Debüts Therese Tietjens' (1860), Pauline Luccas (1863) und Adelina Pattis (1871) hervorzuheben. Eine ebenfalls gewichtige Aufführungstradition stellt die russische dar: Die ersten russischsprachigen Einstudierungen (Übersetzung: Pjotr Kalaschnikow) gab es am Mariinski-Theater Petersburg 1862 (Raoul: Iossif Setow, Saint-Bris: Ossip Petrow), am Bolschoi-Theater Moskau 1879 (Raoul: Anton Barzal) und 1895 (Valentine: Marija Deischa-Sionizkaja, Raoul: Lawrenti Donskoi). In Wien erfuhr die Oper Neuinszenierungen 1869 (Maria von Rabatinsky, Amalie Materna, Gustav Walter, Hans von Rokitansky) sowie 1876 im neuen Haus an der Ringstraße (Emilia Tagliana, Marie Wilt, Georg Müller, Rokitansky). In Prag erschien das Werk 1891 innerhalb von Angelo Neumanns Meyerbeer-Zentenarzyklus (Valentine: Leonore Better, Urbain: Sarolta von Rettich-Pirk, Marcel: Johannes Elmblad). – Die durch fortschreitende Spezialisierung gekennzeichnete Entwicklung der Stimmfächer während des späten 19. Jahrhunderts hatte wie bei andern Opern des italienischen und französischen Repertoires so auch im Fall der *Huguenots* zu einer Vereinfachung der komplexen Rollenprofile und ihrer Anpassung an inzwischen entstandene Fächer geführt: Marguerite wurde zum Koloratursopran, Valentine zum dramatischen Sopran, Urbain zur Soubrette (seltener Mezzosopran), Raoul zum dramatischen Tenor, Marcel zum tiefen, Saint-Bris zum hohen Baß, Nevers zum Bariton. Mit einer Besetzung nach diesen Stimmtypen firmierte das Werk um die Jahrhundertwende an der Metropolitan Opera New York wie Gounods *Faust* als eine Sängeroper par excellence, als »opera of the seven stars«: 1894 mit Nelli Melba, Lillian Nordica, Scalchi, Jean de Reszke, Edouard de Reszke, Pol Plançon, Victor Maurel; 1905 mit Marcella Sembrich, Nordica, Edyth Walker, Enrico Caruso, Marcel Journet, Plançon, Antonio Scotti. Die einschneidendsten Folgen der modernen Fächerentwicklung, die à la longue das Bühnenschicksal dieser Oper berühren mußten, ergaben sich für die zugleich Durchschlagskraft und Beweglichkeit der Stimme erfordernde Partie des Raoul. Die sich einbürgernde Besetzung mit »schweren«, im Wagner- und Verismorepertoire geschulten Stimmen garantierte allein das erste Erfordernis und ließ sich nur durch Streichung der »leggero«-Passagen im I. und II. Akt sowie durch Transposition und Auslassung verschiedener Spitzentöne auch in den übrigen Akten realisieren. So stellte im 20. Jahrhundert die Besetzung dieser Partie das größte Problem jeder Einstudierung dar; selbst bei bedeutenden Tenören mußten Mängel in der Ausführung der virtuosen Passagen, nur notdürftig durch Striche kaschiert, in Kauf genommen werden. Solche Ausnahmestimmen mit einem durch die Strahlkraft des Höhenregisters bestimmten charakteristischen »squillo« besaßen John O'Sullivan und Giacomo Lauri-Volpi. Der irische Tenor, dessen Stimme im Werk seines Bewunderers James Joyce ein literarisches Echo fand, zählte Raoul zu seinen Spezialpartien und sang ihn während der 20er und 30er Jahre an zahlreichen europäischen Bühnen, unter anderm an der Opéra Paris 1920 (Valentine: Josefa Gozatégui, Marcel: Albert Huberty), in Bologna und Parma 1922, Venedig 1926, Covent Garden London 1927 (Bianca Scacciati, Alexander Kipnis) sowie nochmals an der Opéra 1930. Lauri-Volpis als phänomenal beschriebene Interpretation bildete den vokalen Glanzpunkt der legendären Aufführung in der Arena von Verona 1933 (Adelaide Saraceni, Rosa Raisa, Gianna Pederzini, Tancredi Pasero, Giacomo Rimini; Dirigent: Antonino Votto, Regie und Bühnenbild: Pericle Ansaldo). – Darüber hinaus hat es nicht an Versuchen gefehlt, das vielgespielte Werk aus den Konventionen der Sängeroper zu lösen und seine in Theaterroutine verschlissenen musikdramatischen Qualitäten wiederzuentdecken. Auf spektakuläre Weise gelang dies Arturo Toscanini mit einer modellhaften Einstudierung an der Mailänder Scala 1899 (Adelina Padovani, Hariclea Darclée, Emilio De Marchi, Francesco Navarrini), für die er zahlreiche Striche aufmachte und dabei auch große Teile des V. Akts restituierte. Als Monument einer nostalgisch beschworenen Tradition stellten die Hofopern in Wien 1902 (Frances Saville, Sophie Sedlmair, Selma Kurz, Leo Slezak, Vilém Heš) und in Berlin 1908 (Frieda Hempel, Emmy Destinn, Karl Jörn, Paul Knüpfer) das Werk in musikalisch wie szenisch hochrangigen Einstudierungen vor, die im deutschsprachigen Raum auf Jahre hinaus Maßstäbe der Meyerbeer-Interpretation setzten. Auch diese Aufführungen erhielten ihre besondere Note durch überragende Dirigentenpersönlichkeiten: in Wien Gustav Mahler, in Berlin Leo Blech, der sich auch in der Folgezeit als Sachwalter Meyerbeers an dessen einstiger Wirkungsstätte verstand. Den wohl ersten Zugriff auf *Les Huguenots* mit den Mitteln eines modernen Bewegungstheaters unternahm 1932 an der Staatsoper Berlin Gustaf Gründgens als Regisseur und Choreograph, assistiert vom Ausstatter Rochus Gliese; die musikalische Leitung oblag wiederum Blech, der über ein vorzügliches Sängerensemble gebot: Margherita Perras, Anny Konetzni, Marcel Wittrisch, Emanuel List. Trotz entstellender Eingriffe in die Werksubstanz durch den musikalischen Bearbeiter Julius Kapp, der die Grand-opéra-Züge ängstlich zu kaschieren bemüht war, hinterließ die Aufführung nach dem Zeugnis der Kritiker als Ganzes einen tiefen Eindruck und bekräftigte eine sich seit den 20er Jahren abzeichnende Tendenz zur vorsichtigen Korrektur des überkommenen Meyerbeer-Bilds. Galt in Deutschland nach dem ästhetischen Paradigmenwechsel vom Musikdrama zurück zur Oper die Aufmerksamkeit vor allem den musikalischen Qualitäten des lange unterschätzten Werks, so entzündete sich in den Aufbruchsjahren der jungen Sowjetunion das Interesse vorzugsweise am revolutionären Flair der Oper. Nicht nur erschien sie an den führenden Häusern in ambitionierten Neuinszenierungen, unter anderm am Bolschoi-Theater 1925 (Valentine: Xenija Derschinskaja, Raoul: Nikolai Oserow; Dirigent: Wassili Nebolsin, Regie: Wladimir Losski) sowie am Kirow-Theater Leningrad 1935 (Valentine: Walentina Pawlowskaja, Raoul: Georgi Nelepp, Marcel: Wladimir Kastorski; Dirigent: Wladimir Dranischnikow, Regie: Nikolai Smolitsch); darüber hinaus betrieb man das Projekt einer aktualisierenden Neutextierung als *Dekabristi (Die Dekabristen)*, das allerdings nicht verwirklicht wurde. Verlief die Aufführungsgeschichte zunächst auch weiterhin zwischen den Polen eines vorwiegend sängerischen und eines auf die Werkkonzeption gerichteten Interesses, so zeichnet sich neuerdings durch die Wiederbelebung älterer Gesangstechniken und Stimmtypen und damit möglich gewordene werkgerechtere Besetzungen eine Annäherung der Positionen ab. So gewiß sich die Meyerbeersche Grand opéra nicht in vokalem Exhibitionismus erschöpft, so wenig läßt sie sich ohne das Mitwirken technisch wie stilistisch qualifizierter Sänger überzeugend realisieren. *Les Huguenots* als Sängeroper mit den üblichen großen Strichen, wenn auch mit einem fragmentarischen V. Akt, boten unter anderm Gent 1955 (Valentine: Huberte Vécray, Raoul: Guy Fouché), Mailand 1962 (Joan Sutherland, Giulietta Simionato, Franco Corelli, Nicolai Ghiaurov), Wien 1971 konzertant (Raoul: Nicolai Gedda), Barcelona 1971 (Marcel: Justino Díaz) sowie Sydney 1981 (Marguerite: Sutherland, Raoul: Anson Austin, Marcel: Clifford Grant) und 1990 (Sutherland, Austin, Grant, Urbain: Suzanne Johnston). Die bislang fundierteste szenische Auseinandersetzung mit dem Ideenkontext der historischen Oper lieferte die Inszenierung von Joachim Herz in Leipzig 1974, deren sängerisches Niveau dem szenischen nicht voll entsprach; die Aufführung basierte auf der von Böhmel und Zimmermann besorgten Neuübersetzung und Neuausgabe, die auch von Meyerbeer nicht freigegebenes Material (älteres 1. Bild des III. Akts; Marcels Monolog im III. Akt) einbezog. Dieselbe Ausgabe lag der Aufführung in Gelsenkirchen 1976 (Valentine: Sabine Hass; Dirigent: Ljubomir Romansky) zugrunde. Philologisch hinter diesen Standard zurück-

Les Huguenots, I. Akt; Franco Corelli als Raoul; Regie: Franco Enriquez, Ausstattung: Nicola Benois; Scala, Mailand 1962. – Mit der Verflechtung von privater und politischer Handlung im Rahmen einer großen Gesellschaftsszene liefert der I. Akt der *Huguenots* ein Modell für die Expositionsdramaturgie der historischen Oper.

fallend, schuf John Dew für die Deutsche Oper Berlin 1987 eine Inszenierung, welche die eminente Theaterwirkung des Werks zur Geltung zu bringen vermochte (Marguerite: Angela Denning, Valentine: Pilar Lorengar, Raoul: Richard Leech; Dirigent: Jesús López Cobos; Wiederaufnahme 1991: Valentine: Lucy Peacock; Dirigent: Stefan Soltesz).

Autograph: Part: Bibl. Jagiellońska Krakau (Mus. Mb. 944); weiteres Material: Bibl. de l'Opéra Paris (A. 512 a. suppl^{ts}. Rés) [Teil-Veröff. in Ausg. Peters 1973]. **Ausgaben:** Part: Schlesinger, Paris [1836], Nr. 2134, Faks.-Nachdr.: Garland, NY, London 1980 (Early Romantic Opera. 20.); Part, mit Suppl.: Brandus, Dufour, Paris [um 1860], Nr. 2134, 4880; Part, ital.: Guidi, Florenz [1861], Nr. 2201; Kl.A v. C. Schwencke: Schlesinger, Paris [1836], Nr. 2136; Kl.A, frz./engl. Übers. v. W. Ball: London [1836]; Kl.A, frz./dt. Übers. v. I. F. Castelli: B&H, Nr. 321.322; dass., hrsg. C. Schwencke: B&H [um 1837], Nr. 5720; Kl.A, Bearb. v. G. Ott u.d.T. *Die Gibellinen in Pisa*: Lpz. [um 1840]; Kl.A, ital. Übers. v. M. Maggioni: Addison, London [um 1848]; Kl.A, ital.: Brandus, Paris [um 1852]; Kl.A, ital. Übers. v. M. Marcello: Ricordi [um 1855], Nr. 109797; Kl.A, mit Suppl.: Brandus, Dufour, Paris [um 1855], Nr. 9209; Benoit, Paris [um 1860], Nr. 9209; Kl.A, ital. Übers. v. M. Maggioni, engl. Übers. v. F. Romer, hrsg. A. Sullivan, J. Pittman: Bo&Ha 1871 (Royal Ed. of Operas); Kl.A: Macquet, Paris [1888]; Kl.A, krit. rev.: Benoit, Paris [um 1900]; Kl.A, dt., hrsg. G. F. Kogel: Peters, Nr. 20009; Kl.A, frz./dt. Übers. v. B. Böhmel, hrsg. R. Zimmermann: Peters 1973; Textb.: Paris, Schlesinger 1836; Paris, Barba 1837; Paris, Tresse 1885; Paris, Calmann-Lévy 1898, 1908; Textb., dt. v. I. F. Castelli, hrsg. C. F. Wittmann: Lpz., Reclam (rub. 3651.); Textb.: Paris, Braun (Libr. théâtrale) 1965, 1970; Textb., frz./dt. v. B. Böhmel: Peters 1979, Nr. 10015. **Aufführungsmaterial:** Salabert; Ricordi; Ausg. Zimmermann: Peters
Literatur: H. BERLIOZ, [Rez. d. UA], in: Revue et gazette musicale de Paris 3:1836, S. 73–77, 81ff., 89ff.; DERS., [Rez. d. Part], in: Journal des débats, 10.11., 10.12. 1836, auch in: DERS., Les Musiciens et la musique, Paris [1903], S. 83–105, auch in: DERS., Cauchemars et passions, hrsg. G. Condé, Paris 1981, S. 317–331; J. JANIN, [Rez. d. UA], in: Journal des débats, 7.3. 1836; G. PLANCHE, [Rez. d. UA], in: Chronique de Paris 3:1836, S. 250–253, auch in: DERS., Etudes sur les arts, Paris 1855, S. 315–344; G. SAND, Lettres d'un voyageur, VIII: A G. M., in: Revue des deux mondes 8:1836, S. 444–462, rev. Nachdr.: Lettre XI: A G. M., in: DIES., Lettres d'un voyageur, Brüssel 1837, Neu-Ausg. Paris 1971, S. 294–311; R. SCHUMANN, Fragmente aus Leipzig 4, in: NZfM 7:1837, S. 73ff., auch in: DERS., Gesammelte Schriften über Musik und Musiker, hrsg. M. Kreisig, Lpz. 1914, Bd. 1, S. 318–321; R. WAGNER, [über ›Les Huguenots‹; 1840], in: DERS., Gesammelte Schriften, hrsg. J. Kapp, Bd. 7, Lpz. o. J., S. 48–58; J. G. PROD'HOMME, Die ›Hugenotten‹-Premiere, in: Mk 3:1903/04, S. 187–200; P. A. MERBACH, Die Wandlungen des ›Hugenotten‹-Librettos, in: Bl. d. Staatsoper (Bln.) 12:1932, S. 11ff.; E. ISTEL, Act IV of ›Les Huguenots‹, in: MQ 22:1936, S. 87–97; H. FREDERICHS, Das Rezitativ in den ›Hugenotten‹ G. M.s, in: Beiträge zur Geschichte der Oper, hrsg. H. Becker, Regensburg 1969 (Studien zur M.Gesch. d. 19. Jh. 15.), S. 55–76; J. HERZ, Für einen lebendigen M. Zur Inszenierung ›Die Hugenotten‹ (1974), in: W. FELSENSTEIN, J. HERZ, Musiktheater. Beitr. zur Methodik u. zu Inszenierungskonzeptionen, Lpz. 1976, S. 270–274; H. LOVE, Lyster's 1862 ›Huguenots‹: a Milestone of Musical Theatre in Australia, in: Studies in Music 11:1977, S. 49–59; M. POSPÍŠIL, Die Stellungnahmen zur Revolutionsproblematik, dargestellt an Wandlungen in der Auffassung des historischen Stoffes bei Chénier und M., in: Colloquia musicologica Brno 11/12:1976/77, hrsg. R. Pečman, Brünn 1978, S. 498–505; H. BECKER, »... der Marcel von M.«. Anm. zur Entstehungs-Gesch. d. ›Hugenotten‹, in: Jb. d. Staatl. Inst. für M.Forschung Preußischer Kulturbesitz 1979/80, Bln. 1981, S. 79–100; DERS., Das Duett in der Oper, in: Musik – Edition – Interpretation. Gedenkschrift G. Henle, hrsg. M. Bente, München 1980, S. 82–99; M. WALTER, »Man überlege sich nur Alles, sehe wo Alles hinausläuft!« Marginalien zu Schumanns ›Hugenotten‹-Rez., in: Mf 36:1983, S. 127–144; N. MILLER, Große Oper als Historiengemälde. Überlegungen zur Zusammenarbeit v. E. Scribe u. G. M. (am Beispiel d. I. Akts v. ›Les Huguenots‹), in: Oper und Operntext, hrsg. J. M. Fischer, Heidelberg 1985 (Reihe Siegen. Beitr. zur Lit.- u. Sprach-Wiss. 60.), S. 45–79; M. WALTER, Zwei ›Hugenotten‹-Bearbeitungen des 19. Jahrhunderts, in: Jb. für Opernforschung, Bd. 1, Ffm. 1985, S. 122–143; DERS., ›Hugenotten‹-Studien, Ffm. 1987 (Europäische Hochsch.-Schriften, Reihe 36: Mw. 24.); M. BRZOSKA, Historisches Bewußtsein und musikalische Zeitgestaltung, in: AfMw 45:1988, S. 50–66; R. STEPHAN, G. M.: ›Die Hugenotten‹, in: Das musikalische Kunstwerk. Gesch. – Ästhetik – Theorie. Festschrift C. Dahlhaus zum 60. Geburtstag, hrsg. H. Danuser, H. de la Motte-Haber, S. Leopold, N. Miller, Laaber 1988, S. 205–222; L'Avant-scène, Opéra, Nr. 134, Paris 1990; J. SCHLÄDER, Das Opernduett. Ein Szenentypus d. 19. Jh. u. seine Vor-Gesch., Tübingen 1991 (Theatron. 6.); weitere Lit. s. S. 113

Sieghart Döhring

Ein Feldlager in Schlesien
Singspiel in drei Akten, in Lebensbildern aus der Zeit Friedrichs des Großen

Text: Heinrich Friedrich Ludwig Rellstab, nach einem Entwurf von Augustin Eugène Scribe
Uraufführung: 7. Dez. 1844, Königliches Schauspielhaus, Berlin
Personen: Saldorf, Hauptmann außer Diensten (B); Therese, seine Nichte (S); Vielka (S); Conrad (T); Tronk, Anführer eines Trupps ungarischer Reiter (B); ein ungarischer Reiter (T); ein Grenadier-Unteroffizier (B); ein Artillerie-Unteroffizier (B); ein Zietenscher Husar (T); ein schwarzer Husar (T); ein brauner Husar (Spr.); 2 Unteroffiziere (2 Spr.); ein Soldat (Spr.); Steffen, ein alter Landmann (T); Nanette (S); 2 Mädchen (2 S). **Chor, Statisterie:** ungarische Reiter, preußische Soldaten aller Waffengattungen, Marketenderinnen, Bauern, Bäuerinnen, Pagen, Diener.
Ballett: Marketenderinnen
Orchester: 2 Picc, 4 Fl, 4 Ob, E.H, 4 Klar, B.Klar, 4 Fg, 4 Hr, 4 Hr à pistons, T.Hr, 4 Trp, 4 Trp à pistons, 3 Pos, Tb, Ophikleide, 3 Pkn, Schl (gr.Tr, Bck, kl.Tr, Trg, MilitärTr, Tamburin, Kastagnetten), 2 Hrf, Streicher; BühnenM hinter d. Szene: Fl, 2 Kornette, 2 Hr, 4 Trp, 2 T.Hr, 2 T.Trp, B.Trp, Tb, Kanone; auf d. Szene: 4 Tr, Banda (8 Picc, 2 Fl, 2 Ob, 2 kl. Klar in F, 8 Klar, K.Fg, 6 Kornette, 2 Hr, 6 T.Hr, 2 WaldHr, 10 Trp, 3 Pos, 2 Tb, Serpent, Schl: gr.Tr, Bck, kl.Tr, 4 Tr, 6 MilitärTr)
Aufführung: Dauer ca. 2 Std. 45 Min. – Gesprochene Dialoge. Ballett im II. Akt. Bühnenorchester in der Ouvertüre und im II. Akt, im 2. Finale drei Bühnenorchester gleichzeitig (maximal 60 Spieler).

Entstehung: Schon bald nach der Entscheidung König Friedrich Wilhelms IV., das am 18./19. Aug.

1843 durch Feuer zerstörte Berliner Opernhaus wieder aufzubauen, muß der Plan gefaßt worden sein, die Neueröffnung mit einem eigens für diesen Anlaß verfaßten Festspiel über einen Stoff aus der Geschichte Preußens feierlich zu begehen. Daß Meyerbeer, seit einem Jahr preußischer Generalmusikdirektor und Leiter der Hofmusik, die Komposition übernahm, stand von Anbeginn außer Frage, möglicherweise ging sogar die Idee auf ihn selbst zurück. Hochachtung vor dem »geistreichen, echt humanen König« (Meyerbeer an Heinrich Heine am 28. Sept. 1841), dessen Regierungsantritt 1840 im kulturellen Leben des Lands eine liberale Ära eingeleitet hatte, aber auch die Absicht, antisemitische Ressentiments gegen seine Person durch ein »patriotisches« Werk zu entkräften, mögen dabei gleichermaßen eine Rolle gespielt haben. Es kam hinzu, daß Meyerbeers Pariser Projekte zu jener Zeit stagnierten: *Le Prophète* (1849) und *L'Africaine* (1865) waren zwar weitgehend abgeschlossen, ihre Aufführung scheiterte jedoch immer wieder an Besetzungsproblemen. Bei der Angabe des Librettisten glaubte sich Meyerbeer zur Rücksichtnahme auf nationale Empfindlichkeiten verpflichtet: Tatsächlicher Textautor war auch diesmal sein bevorzugter französischer Librettist Scribe, dessen Verfasserschaft jedoch im Einvernehmen der Beteiligten geheimgehalten wurde; der offiziell als Librettist zeichnende Rellstab hatte Scribes Prosaentwurf lediglich übersetzt und versifiziert. Daß auch bei dieser Oper Meyerbeer die entscheidenden Anregungen gab, erhellt aus seiner Taschenkalendereintragung vom 28. Okt. 1843: »*An Scribe:* [...] Der Plan muß Scene für Scene enthalten. Wenigstens 2 Akte. 2 starke Stunden Dauer. – Féerie. Schausp.: Ballet: Oper: Dessauer Marsch. Müller Arnold – 7jähriger Krieg. patriotisch. Flöte – Nicht Friedrich persönlich« (*Briefwechsel und Tagebücher*, Bd. 3, S. 455, s. Lit.). Meyerbeers Entscheidung für einen mit der Person König Friedrichs II. verbundenen Stoff (den Hinweis darauf erhielt er von seinem Freund Alexander von Humboldt) fällt in eine Zeit verstärkter wissenschaftlicher und künstlerischer Auseinandersetzungen mit dem Preußenkönig. Vor allem Adolph von Menzels Illustrationen zu Franz Kuglers *Geschichte Friedrichs des Großen* (1840), seit 1849 dann seine Friedrich-Gemälde zeichneten ein neues, stärker musisch getöntes Bild der friderizianischen Epoche, an das Meyerbeer hier erkennbar anknüpft. Schon im Okt. 1843 stand also fest, daß die Person des Königs durch seine Flöte vergegenwärtigt werden solle. Dieser Gedanke wurde am 13. Nov. präzisiert: »Der König nicht auf das Theater kommen, aber seine Flöte« (ebd., S. 464). Eine weitere wichtige Vorentscheidung fiel, als Meyerbeer im Herbst 1843 erstmals Jenny Lind hörte und spontan beschloß, für sie die Hauptrolle der neuen Oper zu schreiben. Berliner Intrigen nötigten ihm später den Kompromiß ab, für die Uraufführung Leopoldine Tuczek zu akzeptieren und Linds Debüt auf eine spätere Aufführung zu verschieben.
Handlung: In Schlesien und in Potsdam gegen Ende des Siebenjährigen Kriegs (1756–63).

I. Akt, Gartensaal auf einem Landgut in Schlesien: Während eines Ausritts aus seinem Feldlager wird Friedrich II. von einem Trupp ungarischer Reiter überrascht. Er kann gerade noch in ein nahe gelegenes Haus flüchten, das der ihm ergebene alte Hauptmann Saldorf mit seiner Nichte Therese, dem Pflegesohn Conrad und der Pflegetochter Vielka, Zigeunerin und Geliebte Conrads, bewohnt. Als die Verfolger eintreffen, hält Saldorf ihren Anführer Tronk mit dem Versprechen hin, ihm bei der Suche nach dem König zu helfen, verlangt dafür aber als Gegenleistung einen Freipaß nach Berlin, ausgestellt auf den Namen seines Pflegesohns. Das Dokument läßt er mit Conrads Kleidern und Reiseutensilien, darunter dessen Flöte, von Vielka heimlich dem König übergeben, so daß dieser inkognito sein Versteck verlassen kann. Zwar wird er bald darauf von einem argwöhnischen Posten festgenommen, jedoch sogleich wieder freigelassen, nachdem er sich durch ein von Tronk gefordertes Probespielen auf der Flöte anscheinend zweifelsfrei als Besitzer des Instruments und damit als Saldorfs Pflegesohn legitimieren konnte.
II. Akt, preußisches Feldlager, im Hintergrund das Riesengebirge mit der Schneekoppe: Unter den Soldaten löst die Nachricht von der Gefangennahme des Königs große Unruhe aus; erst Saldorfs Bericht von der Rettung Friedrichs reißt die Soldaten aus ihrer Verzagtheit und begeistert sie zu neuen Taten.
III. Akt, Vorsaal in Sanssouci: Nach der für Preußen siegreich verlaufenen Schlacht wird Saldorf mit seiner Familie vom König nach Sanssouci bestellt. Hier soll er endlich Klarheit über das Schicksal seines Sohns Leopold erhalten, des Bräutigams von Therese, der wegen eines Disziplinarvergehens zum Tod verurteilt, jedoch vor der Urteilsvollstreckung in Gefangenschaft geraten war. Obwohl er sich später selbst befreit und in der Entscheidungsschlacht zum preußischen Sieg wesentlich beigetragen hatte, ist das Todesurteil unverändert rechtsgültig. Doch der König läßt nicht nur Gnade walten, sondern bezeugt darüber hinaus seine Dankbarkeit, indem er Leopold zum Kapitän befördert. Als auch noch Conrad, der zuvor seine Virtuosität auf der Flöte bewiesen hat, zum Mitglied der Hofkapelle ernannt wird, ist das Glück Saldorfs und der beiden Paare vollkommen. Visionär prophezeit Vielka dem Königshaus und dem Land eine Zukunft voll Glück und Ruhm.
Epilog: In der Uraufführung folgten noch sechs Tableaux vivants aus der Geschichte Preußens, mit der Handlung nur locker verbunden als »Träume« des schlafenden Friedrich: 1. Allegorie des Kriegs; 2. Allegorie des Friedens; 3. Friedrich der Große mit dem Kapellmeister Carl Heinrich Graun im Opernhaus; 4. die Freiwilligen von 1813 vor dem Breslauer Rathaus; 5. das Brandenburger Tor mit Enthüllung der Quadriga; 6. Apoll und die Musen über dem neuen Opernhaus, Schlußworte der Borussia.
Kommentar: Die auf authentische Episoden aus dem Leben Friedrichs II. zurückgehende Handlung verbindet idyllische und pittoreske Bilder, aber auch Anekdoten in der Art eines »Preußischen Märchens«

(Heinz Becker, *Meyerbeer*, S. 76, s. Lit.). Die Figur des Monarchen bleibt, obwohl ständiger Bezugspunkt allen Geschehens, als mythische Inkarnation des Preußentums quasi »entrückt«, sinnlich gegenwärtig nur im Medium der Musik, wenn zweimal (1. Finale; Vielkas Arie im III. Akt) Flötenspiel hinter der Szene seine Anwesenheit suggeriert. Ausschließlich in verdeckter Handlung vermittelt wird das Geschehen um Saldorfs Sohn Leopold mit seiner »Prinz von Homburg«-Thematik der Gesetz und Gefühl, Gesellschaft und Individuum versöhnenden königlichen Gnade. Die indirekte, aussparende Darstellungsweise schafft jenen Freiraum, der es dem Komponisten erlaubt, die Hommage auf den historischen Herrscher als Friedens- und Musenfürst ins Archetypisch-Ideale zu überhöhen. So erscheint Sanssouci nicht als nationale Weihestätte, sondern als preußisches Arkadien und Exempel einer utopischen Idylle, in der nicht die Waffen, sondern die Liebe und die Künste herrschen. – Der biedermeierlich-schlichte Ton einiger Gesänge vor allem Saldorfs (»So geh getrost mit Gottes Segen«, Introduktion; »Gott! Dir danken meine Zähren!«, II/15) hat staunende Bewunderung selbst bei Adolf Bernhard Marx (*Erinnerungen*, S. 235, s. Lit.) und Eduard Hanslick (*Meyerbeer. Mit besonderer Berücksichtigung seiner drei letzten Opern*, S. 151f., s. Lit.) hervorgerufen, die dem Komponisten diese Seite seiner Kunst nicht zugetraut hatten. Darin eine generelle Stilkorrektur im Sinn einer womöglich noch berechnend-anbiedernden Hinwendung zur deutschen Musik zu sehen verbietet sich freilich schon deshalb, weil solche und ähnliche Stellen keinesfalls typisch für das Werk insgesamt sind; der »deutsche Ton« dient hier lediglich zur Kennzeichnung eines bestimmten Milieus. Gänzlich anderer Mittel bedient sich Meyerbeer zur Charakterisierung der Zigeunersphäre. So wird in Vielkas Erzählung vom Tod der Mutter (Romanze, I. Akt) die Gesangsstimme in instrumentale Valeurs aus hohen sordinierten Solostreichern gebettet, deren klangliche Textur bei der Wiederholung im 3. Finale noch subtilere Aufspaltungen erfährt (Solostreicher »con sordino« und im Flageolett, dazu zwei Harfen und Englischhorn sowie Frauenchor hinter der Szene). In Vielkas Virtuosenarie aus dem III. Akt mit zwei räumlich getrennt postierten obligaten Flöten erscheint auch die Gesangsstimme im manieristisch übersteigerten Koloraturfiligran aus doppelten Echospiegelungen in reinen Klang verwandelt. Das Schau- und Prunkstück der Oper, das den gesamten II. Akt einnehmende Feldlagertableau, faßte Meyerbeer als komplexes Problem der Couleur-locale-Darstellung, mithin als primär kompositionstechnische Herausforderung auf. Den gewaltigen Apparat (außer dem stark besetzten regulären Orchester, Solisten und Chören noch drei Bühnenorchester) mißbraucht er nicht zu grob-plakativen, den Hörer zur Identifikation zwingenden Effekten, sondern setzt ihn ein für ein differenziertes Spiel mit Formen, Farben und Klangraumperspektiven von quasi abstrakter Kombinatorik. Das Prinzip einer räumlichen Durchorganisation der klanglichen Totale erscheint besonders ausgeprägt in der für Meyerbeer überhaupt charakteristischen, hier aber auf die Spitze getriebenen Technik der Vertikalmontage: Kontrastierende Themen, darunter als Zitat der »Dessauer Marsch«, erklingen zuerst einzeln, dann simultan. Daß der Feldlagerakt trotz allen äußerlichen militärischen Gepränges nicht auf eine Verherrlichung des Kriegs zielt, signalisiert das kontrastdramaturgisch ins Zentrum des Tableaus gerückte, von herber Melodik geprägte Lied des Bauern Steffen »Den Waffen Ruhm, dem Frieden größ're Ehre!« (II/12), das im Refrain der 1. Strophe unmißverständlich pazifistische Konterbande enthüllt: »Seid ihr bereit, fürs Vaterland zu sterben, dafür zu leben, das ist unser Teil!« Vor der Sprengkraft dieses Appells, der Meyerbeers persönliches Kredo formuliert, glaubte man das Publikum bewahren zu müssen: Schon bei der Premiere wurde diese Strophe, später der ganze Auftritt gestrichen.

Wirkung: Unter Meyerbeers musikalischer Leitung sangen in der Uraufführung die führenden Kräfte des Hauses (Vielka: Tuczek, Therese: Pauline Marx, Conrad: Eduard Mantius, Saldorf: Louis Bötticher), die Bühnenbilder schufen Johann Karl Jakob Gerst (I. und II. Akt) und Carl Wilhelm Gropius (III. Akt), für die Choreographie zeichneten Michel François Hoguet und Paolo Taglioni, Regisseur war Karl Stawinsky. Den Rang des Sensationellen erhielt *Das Feldlager* durch den Auftritt Linds in den folgenden Vorstellungen. Die Kritik gab sich gegenüber dem Werk wohlwollend, bemängelte jedoch die zuwenig heldische Darstellung Friedrichs II. Trotz des Erfolgs war sich Meyerbeer stets bewußt, daß *Das Feldlager* außerhalb seines Bestimmungsorts kaum eine Wirkungsmöglichkeit besaß. Durch zwei Umarbeitungen versuchte er Abhilfe zu schaffen, doch war die ganz auf Lind zugeschnittene erste (*Vielka*, Wien 1847) nicht tiefgreifend genug, während die zweite (*L'Etoile du nord*, 1854) praktisch ein neues Werk zeitigte. In Berlin hielt sich *Das Feldlager in Schlesien* jahrzehntelang im Repertoire als eine Art preußischer Nationaloper und kam bis 1891 auf 67 Aufführungen; der II. Akt wurde bei besonderen höfischen Anlässen auch einzeln gegeben. Eine konzertante Aufführung gab es in Berlin 1984 (Dirigent: Fritz Weisse; Vielka: Norma Sharp, Therese: Ruthild Engert, Conrad: Volker Horn, Saldorf: Jörn Wilsing).

Autograph: Verbleib unbekannt. **Abschriften:** SBPK Bln. (N. Mus. ms. 10 115, mit autographen Eintragungen; frz./dt. L mit Dialogen), LOC Washington (M1500 M61 F4). **Ausgaben:** Textb. d. Gesänge: Bln. 1844 usw.; Bln. 1871, 1879
Literatur: J. P. S[CHMIDT], [Rez. d. UA], in: AMZ 46:1844, Sp. 860ff.; A. B. MARX, Erinnerungen. Aus meinem Leben, Bd. 2, Bln. 1865; H. BECKER, G. M. und seine Vaterstadt Berlin, in: Studien zur Musikgeschichte Berlins im frühen 19. Jahrhundert, hrsg. C. Dahlhaus, Regensburg 1980 (Studien zur M.Gesch. d. 19. Jh. 56.), S. 429–450; DERS., »Es ist ein ernstes Lebensgeschäft für mich«. Zur Genese von M.s Preußenoper ›Ein Feldlager in Schlesien‹, in: Festschrift Anna Amalie Abert zum 85. Geburtstag, hrsg. K. Hortschansky, Kassel [in Vorb.]; weitere Lit. s. S. 113

Sieghart Döhring

Le Prophète
Opéra en cinq actes

Der Prophet
5 Akte (9 Bilder)

Text: Augustin Eugène Scribe und Emile Deschamps (eigtl. Emile Deschamps de Saint-Amand)
Uraufführung: 16. April 1849, Opéra, Salle de la rue Le Peletier, Paris
Personen: Jean de Leyde/Johann von Leiden (T); Zacharie (B); Jonas (T); Mathisen (B oder Bar); Graf von Oberthal (B); 2 Bauern (T, B); ein Soldat (T); 4 Bürger (2 T, 2 B); Fidès (Mez oder A); Berthe (S); 2 Chorknaben (KnabenS, A); 2 Bäuerinnen (S, Mez); 4 Wiedertäufer (T, 3 B); 2 Offiziere (T, B). **Chor, Statisterie:** Bäuerinnen, Bauern, Herren, Soldaten und Pagen im Gefolge des Grafen von Oberthal, Wiedertäufer mit ihren Frauen und Kindern, Gefangene (reich gekleidete Frauen und Männer, Schloßdamen, Barone, ein Mönch, Kinder), Wachen, ein Trommler, Bürgerinnen, Bürger, Trabanten, Kurfürsten, Hellebardiere, Volk, Blumenmädchen, Würdenträger, Offiziere, 10 Chorknaben, Pagen, Diener, Mädchen, kaiserliche Soldaten, der Bischof von Münster, der Kurfürst von Westfalen, die ersten Offiziere der kaiserlichen Armee, die Prinzen des Reichs. **Ballett:** Bäuerinnen, Bauern, Schlittschuhläuferinnen, Schlittschuhläufer, Mädchen
Orchester: Picc, 2 Fl, 2 Ob, E.H, 2 Klar, B.Klar, 4 Fg, 4 Hr, 2 Hr à pistons, 4 Trp (2 auch Trp à pistons), 3 Pos, Ophikleide, 4 Pkn, Schl (gr.Tr, Bck, Trg, Tamtam, MilitärTr), 4 Hrf, Streicher; BühnenM hinter d. Szene: Klar, 4 Trp, 4 MilitärTr, Org (4händig); auf d. Szene: 2 kl. SaxHr in Es oder kl. Bugles, 4 A.SaxHr oder Bugles, 2 Hr à cylindres oder Hr à pistons, 2 Trp à cylindres oder Trp, 4 T.SaxHr oder Hr à cylindres oder Hr à pistons, 2 SaxHr baryton oder Pos, 4 B.SaxHr à cylindres oder Ophikleiden, 2 Kb.SaxHr oder Bombardons, 4 MilitärTr, Glöckchen in a″, Klangstein, Klapper
Aufführung: Dauer ca. 4 Std. – Tanz im II., Ballett im III. und IV. Akt.

Entstehung: Bereits während der ersten Aufführungsserie von *Les Huguenots* (1836) an der Opéra äußerte Meyerbeer die Absicht, sein »dramatisches System durch ein drittes Werk [...] auf unzerstörbare Pfeiler hinzupflanzen« (Brief vom 20. Mai 1836, in: *Briefwechsel und Tagebücher*, Bd. 2, S. 527, s. Lit.). Ein Briefentwurf Scribes vom 23. April 1836 gibt den frühesten Hinweis auf die neue Oper und ihren Stoff: *Le Prophète*, hier noch unter dem Titel *Les Anabaptistes*. Daß bis zu ihrem Erscheinen 13 Jahre vergehen würden, war durchaus nicht absehbar. Jedenfalls lag schon im Dez. 1836 das Szenario vor, denn zu diesem Zeitpunkt machte Meyerbeer in einem Brief an Scribe in detaillierter Form dramaturgische und aufführungspraktische Bedenken geltend. Vielleicht aus diesem Grund wurde die Wiedertäuferoper zugunsten eines neuen Projekts zurückgestellt, *L'Africaine* (1865), das

schnell bis zur Vertragsreife gedieh. Unzufriedenheit auch mit diesem Libretto sowie der Ausfall der für die Hauptrolle vorgesehenen Marie-Cornélie Falcon veranlaßten Meyerbeer im Sommer 1838, nun doch *Le Prophète* den Vorzug zu geben. Damit begann jene bis unmittelbar vor der Premiere sich hinziehende Periode des Planens und Verwerfens von Aufführungen, die für den Komponisten eine extreme Belastungsprobe darstellte und seinem öffentlichen Ansehen vor allem in Paris schadete. Aufführungen, die für die Wintersaison 1841/42 avisiert und für die Rosine Stoltz und Gilbert Duprez als Interpreten der Fidès und des Jean in Erwägung gezogen worden waren, scheiterten ohne Zweifel daran, daß Meyerbeer seine Partitur nur unter Schwierigkeiten und in weiten Teilen provisorisch bis zum Abgabetermin (27. März 1841) erstellen konnte. Alle weiteren Bemühungen des Direktors der Opéra, Léon Pillet, mit dem Komponisten einen Vertrag über die Premiere zu schließen, schlugen nicht nur deswegen fehl, weil Meyerbeer sich im Juni 1842 zum preußischen Generalmusikdirektor ernennen ließ und folglich künstlerisch weitgehend an Berlin gebunden war (unter anderm komponierte er das Singspiel *Ein Feldlager in Schlesien*, 1844, und die Musik zum Schauspiel *Struensee*, 1846, seines Bruders Michael Beer). Im Dez. 1843 hatte er nämlich Gelegenheit, sich davon zu überzeugen, daß Duprez nicht mehr für die Rolle des Jean in Frage kam. Wie die zahlreichen Briefe der nächsten Jahre zwischen Meyerbeer und

Le Prophète; Pauline Viardot-García als Fidès; Kostüm: Paul Lormier; Illustration; Uraufführung, Opéra, Paris 1849. – Die archetypisch-überindividuellen Züge der Rolle der »Propheten«-Mutter als »Mater dolorosa« und »Erlöserin« haben ihren Ursprung in der französischen Religions- und Geschichtsphilosophie etwa Félicité de Lamennais', die hier auf eigenwillige Weise umgedeutet wurde.

seinem Sekretär Louis Gouin belegen, war Pillet offensichtlich nicht bereit oder in der Lage, den Wünschen des Komponisten nach einem andern Tenor entgegenzukommen, so daß sich dieser im Okt. 1845 dazu entschloß, beide Opern, *Prophète* und *Africaine*, vorerst liegenzulassen und sich einer neuen *(Noëma ou Le Repentir)* zuzuwenden, zu der ihm Scribe und Henri Vernoy de Saint-Georges das Libretto anfertigten. Im Nov. 1846 ließ er indes auch diesen Plan fallen und griff erneut die Verhandlung um die Besetzung des *Prophète* auf, die jedoch zu keinem Ergebnis führte, so daß er sich erst wieder Hoffnungen machte, als Nestor Roqueplan und Edmond Duponchel am 1. Juli 1847 die Direktion der Opéra übernahmen und bald darauf mit ihm in Kontakt traten. Die Verhandlungen mit den neuen Direktoren verliefen nicht weniger schwierig, vor allem weil die von Meyerbeer geforderten Engagements von Pauline Viardot-García als Fidès und Gustave-Hippolyte Roger als Jean auf Hindernisse stießen. Erstmals nach vier Jahren las Meyerbeer im Sept. 1847 die ihm, wie er an Gouin schrieb, völlig fremd gewordene Partitur wieder durch. Von diesem Zeitpunkt an begannen Scribe und (ohne dessen Wissen) Deschamps, das Libretto nach Meyerbeers Wünschen zu revidieren, und dieser selbst mit einer grundlegenden Umarbeitung der Partitur. Die revolutionären Ereignisse im Febr. 1848, die der im Entstehen begriffenen Oper unerwartete Aktualität verliehen, registrierte der Komponist als aufmerksamer Beobachter des Geschehens mit zurückhaltender Teilnahme: »Fast den ganzen Tag auf der Straße zugebracht, um den Verlauf des Aufstandes mit anzusehen, der sich im Laufe des Tages zur förmlichen Revolution entwickelte [...] Abends und morgens ein wenig an der Stretta der Prêche [der Aufstandspredigt der Wiedertäufer im I. Akt] gearbeitet« (Tagebucheintragung vom 24. Febr. 1848, ebd., Bd. 4, S. 368f.). Auch im Fall des *Prophète* inspirierte die monatelange Probenarbeit den Komponisten zu umfangreichen Eingriffen in die Partitur, die auf weite Strecken erst jetzt ihre endgültige Gestalt erhielt, und wiederum erzwang die für die Opéra verbindliche Begrenzung der Aufführungsdauer unmittelbar vor der Premiere einschneidende Kürzungen. – Die Handlung vergegenwärtigt den Höhepunkt in der Geschichte der Wiedertäuferbewegung, Gründung und Fall des »Königreichs Zion« in Münster. Die historischen Vorgänge sind im Libretto zum Teil umgedeutet: Tatsächlich eroberten die Wiedertäufer Münster nicht durch einen Angriff von außen, sondern im Zuge stadtinterner Auseinandersetzungen; ihre Niederlage erfolgte erst nach längerer Belagerung; Johann von Leiden endete nicht durch Selbstmord, sondern wurde hingerichtet. Es handelt sich mithin um eine freie und neuartige Bearbeitung des Stoffs, die zu den zahlreichen früheren literarischen Adaptionen keine spezifischen Beziehungen aufweist. Entgegen einer vielfach vertretenen Auffassung kommt auch Voltaires *Essay sur l'histoire générale et sur les mœurs et l'esprit des nations depuis Charlemagne jusqu'à nos jours* (1756) als Vorlage nicht in Frage, was nicht ausschließt, daß Scribe ihn wie auch den in François Adolphe Loève-Veimars' Übersetzung (1843) in Frankreich populären Roman *Die Wiedertäufer* (1821) von Carl Franz van der Velde als Quelle benutzt haben könnte.

Handlung: In den Niederlanden und in Westfalen, 1530.

I. Akt, ländliche Gegend in der Nähe von Dordrecht, im Hintergrund die Maas; rechts ein Schloß, links Landhäuser und Mühlen: Bei Tagesanbruch versammeln sich die Bauern und Mühlknappen zur Arbeit. Berthe, eine arme Waise, erwartet die bevorstehende Hochzeit mit dem Gastwirt Jean aus Leiden. Dessen Mutter Fidès ist gekommen, der jungen Braut den Ring zu überbringen und sie in ihr künftiges Heim zu geleiten. Als sie sich zum Schloß begeben wollen, um die Eheerlaubnis des Grafen einzuholen, erblicken sie drei schwarz gekleidete Männer: Berthe erkennt sie sogleich als Wiedertäufer, die seit einiger Zeit Umsturz predigend durchs Land ziehen. Jonas, Mathisen und Zacharie schüren durch Gebete und flammende Reden den Haß der Bauern auf ihre Unterdrücker, deren Besitz sie ihnen als lohnende Beute versprechen. Die schnell fanatisierte Menge rüstet sich zum Sturm auf das Schloß, doch der revolutionäre Elan weicht kleinmütiger Verzagtheit, als plötzlich Oberthal mit seinem Gefolge erscheint. Ohne daß sich Widerstand regt, befiehlt der Graf, die Aufrührer zu verjagen. Unterstützt von Fidès, bittet Berthe um die Eheerlaubnis, aber der lüsterne Oberthal gibt sie nicht frei und läßt beide Frauen gewaltsam ins Schloß schaffen. Die Bauern weichen der Drohung der Waffen, doch empört und gedemütigt leihen sie den zurückkehrenden Wiedertäufern um so williger ihr Ohr.

II. Akt, Jeans und Fidès' Schenke in einer Vorstadt von Leiden, im Hintergrund eine Tür; durch die Fenster Blick in die Landschaft; links und rechts Türen: Unter den zechenden Bauern und Soldaten befinden sich auch Jonas, Mathisen und Zacharie. Fasziniert beobachten sie Jean, der sie an die Darstellung König Davids auf einem in Münster als wundertätig verehrten Bild erinnert; in ihm glauben sie den geeigneten Führer ihrer Bewegung gefunden zu haben. Als die Gäste bei Einbruch der Dunkelheit die Schenke verlassen, suchen die Wiedertäufer Jean in ein Gespräch zu ziehen. Besorgt wegen des Ausbleibens seiner Mutter und seiner Braut, erzählt er ihnen einen unheimlichen Traum: In einem prächtigen Tempel stehend und mit dem Königsdiadem geschmückt, habe er die Huldigungen des Volks entgegengenommen, das ihn als Messias und Sohn Gottes feierte; da sei auf der Wand eine unheilverkündende Flammenschrift erschienen, gleich darauf sein Thron von einer Woge Bluts fortgespült und er selbst unter Feuer und Blitz von Satan zu Füßen Gottes gezerrt worden; einem dreifachen »Verflucht«, das von der Erde emporschallte, habe eine Stimme aus der Tiefe mit einem dreifachen »Erbarmen« geantwortet; darauf sei er voll Schrecken erwacht. Die Wiedertäufer deuten ihm den Traum als Prophezeiung künftiger Herrschaft, doch Jean weist die Versuchung von sich: Berthes Liebe bedeute ihm mehr als Glanz und Macht. Kaum ist er allein, stürzt seine Braut in die Schenke, verfolgt von Oberthal. Gerade noch kann sie sich verstecken, als auch schon der Graf erscheint und seine Forderung stellt: Wenn Jean Berthe nicht unverzüglich preisgebe, werde er dessen Mutter auf der Stelle töten lassen. Als die Soldaten Fidès mit dem Tod bedrohen, sieht Jean keinen andern Ausweg, als seine Braut Oberthal auszuliefern, der triumphierend mit ihr davonzieht. Die Mutter tröstet ihren in ohnmächtiger Wut verstummten Sohn und erfleht für ihn den Segen des Himmels. Die zurückkehrenden Wiedertäufer haben mit ihrem Appell zum Kampf gegen die Tyrannei jetzt leichtes Spiel. Vom Wunsch nach Rache beseelt, erklärt Jean sich bereit, die Bewegung anzuführen. Nach schmerzlichem Abschied von der schlafenden Mutter bricht er noch in derselben Nacht auf.

III. Akt, 1. Bild, Lager der Wiedertäufer in einem Wald in Westfalen, im Vordergrund ein zugefrorener Weiher; rechts und links der angrenzende Wald; auf einer Seite die Zelte der Wiedertäufer; Abenddämmerung: Nach militärischen Erfolgen unter der charismatischen Führung des »Propheten« Jean ist der Vormarsch der Wiedertäufer zum Stehen gekommen. Inzwischen ist es Winter geworden. Das Heer hat um die Stadt einen Belagerungsring gezogen; immer wieder kommt es zu Gefechten, doch steht die Entscheidungsschlacht noch aus. Längst ist die gerechte Empörung der ehemals Unterdrückten zu rachsüchtiger Grausamkeit pervertiert, in der sich Jonas, Mathisen und Zacharie besonders hervortun. Bäuerinnen und Bauern kommen mit Schlitten über einen vereisten See; sie bringen Speisen und Getränke, die sie gegen Beutegut eintauschen, und unterhalten die Belagerer mit Tänzen. Als es dunkel wird und zu schneien beginnt, schickt Zacharie die Soldaten in ihre Zelte.

2. Bild, Zacharies Zelt mit einem Tisch und Stühlen; Nacht: Ohne Wissen Jeans entfalten die Anführer der Wiedertäufer eigene politische Aktivitäten. Von Geheimverhandlungen aus Münster zurückgekehrt, erstattet Mathisen Zacharie Bericht: Der Kommandant der Verteidigungstruppen, der Vater des Grafen von Oberthal, sei unter keinen Umständen zur Übergabe der Stadt bereit. Für die Belagerer drängt aber die Zeit, denn schon naht das Heer des Kaisers, um Münster zu entsetzen. So gibt Zacharie von sich aus den Befehl, im Schutz der Dunkelheit den Sturm auf die Stadt zu wagen. Jonas erscheint mit einem Fremden, der soeben im Lager aufgegriffen wurde. Es ist der junge

Le Prophète, IV. Akt, 2. Bild; Bühnenbildentwurf: Emil Roberg; Königliche Oper, Stockholm 1852. – Die Dekoration der Domszene in der schwedischen Erstaufführung folgt bis ins Detail dem Entwurf Charles-Antoine Cambons für die Pariser Premiere. Konstitutiv für die präzis auskomponierte neuartige Raumwirkung sind die Perspektive aus dem Seitenschiff in das diagonal angelegte erhöhte Hauptschiff sowie die verbindende Treppe als szenisches Zentrum.

Oberthal, der sich verkleidet zu seinem Vater nach Münster durchschlagen will. Um den Argwohn seiner Bewacher zu täuschen, gibt er sich als Sympathisant der Bewegung aus. Jonas und Zacharie laden ihn zum Trinken ein und enthüllen ihm mit zynischer Offenheit ihre amoralischen Prinzipien. Als sie endlich den verhaßten Grafen erkennen, lassen sie ihn zur sofortigen Hinrichtung abführen. Jean betritt das Zelt, in schwermütige Erinnerungen an die Braut und die Mutter versunken. Voller Ekel über die in seinem Namen verübten Greueltaten ist er entschlossen, sein »Propheten«-Amt niederzulegen. Als Oberthal zur Exekution vorbeigeführt wird, gebietet er Einhalt, um mit dem Feind ein letztes Mal zu reden. Dabei erfährt er, daß Berthe erneut ihren Bewachern entkommen konnte und sich jetzt in Münster aufhalte. Oberthal, der Reue über seine Verbrechen heuchelt, wird von Jean begnadigt: Berthe allein möge ihn richten. Um seine Braut zurückzugewinnen, ist Jean nunmehr zur Eroberung der Stadt entschlossen. Als Mathisen meldet, daß die Wiedertäufer eine Niederlage erlitten hätten und sich Meuterei unter den Soldaten ausbreite, begibt sich Jean unverzüglich ins Lager. 3. Bild, wie III/1; Nacht: Die durch Siege verwöhnten Soldaten, denen Münster als leichte Beute versprochen war, lasten den unerwarteten Rückschlag dem »falschen Propheten« an und fordern immer dringlicher seinen Tod. Das überraschende Erscheinen des Beschuldigten und sein überlegenes Auftreten lassen jedoch die Drohungen schnell verstummen. Jean weist jegliche Verantwortung für den mißglückten Angriff zurück und bezeichnet die Niederlage als Folge strafwürdigen Ungehorsams, für den er Gottes Vergebung im gemeinsamen Gebet erfleht. Während Trompetensignale den Beginn des Entscheidungskampfs anzeigen, steigert sich Jean immer mehr in religiöse Ekstase: Als neuer David preist er den »König des Himmels und der Engel«, der seine Getreuen zum Sieg führt, und gibt im Schein der über Münster aufgehenden Sonne der enthusiasmierten Menge das Zeichen zum Sturm auf die Stadt.

IV. Akt, 1. Bild, Marktplatz in Münster; rechts das Rathaus, mehrere einmündende Straßen: In der eroberten Stadt haben die Wiedertäufer ein Schreckensregiment errichtet. Unter den verängstigten Bürgern macht die Nachricht die Runde, daß der »Prophet« noch heute zum »König der Wiedertäufer« gekrönt werden solle. Fidès irrt als Bettlerin durch die Straßen und erbittet Almosen, um für den totgeglaubten Sohn eine Messe lesen zu lassen. Überraschend trifft sie auf Berthe, der in Pilgerkleidung die Flucht nach Münster geglückt ist. Ihre Hoffnung auf ein Lebenszeichen vom Bräutigam muß Fidès zerstören: Eines Morgens habe sie Jeans blutbefleckte Kleider gefunden, und eine Stimme habe ihr zugerufen, daß der Himmel das Haupt ihres Sohns verlange, den sie nach des »Propheten« Willen niemals wiedersehen werde. Berthes Entsetzen weicht wütendem Haß auf den Verbrecher; um den vermeintlichen Tod des Geliebten zu rächen, will sie den Tyrannen in seinem Palast ermorden. 2. Bild, Dom von Münster; Seitenschiff mit Blick ins Hauptschiff, zu dem Stufen emporführen: Eine große Menschenmenge beobachtet den Einzug des »Propheten« und seines Gefolges. Während am (unsichtbaren) Hochaltar unter Bittgebeten die Krönung vollzogen wird, verflucht Fidès den Wiedertäuferkönig und wünscht ihm den Tod von Berthes Hand. Begleitet vom Jubel des Volks, das den Gekrönten als »Sohn Gottes« preist, bewegt sich der Zug zum Ausgang zurück. Als Jean in Gedanken an die nun erfüllte Prophezeiung vor dem Eingang zum Seitenschiff verharrt, trifft ihn der Blick von Fidès. Ihr von allen vernommener Ausruf »Mein Sohn!« droht die Pläne der Wiedertäufer zum Scheitern zu bringen. Nach kurzem Zögern und von Mathisen zur Beherrschung ermahnt, verleugnet Jean seine Mutter. Als Fidès' fortgesetzte Beteuerungen Unruhe auslösen und das Volk immer herausfordernder den »Propheten« als Betrüger bezeichnet, entschließt sich Jean zur Vortäuschung eines Beschwörungsrituals, das seine Autorität wiederherstellen und zugleich der Mutter das Leben retten soll. Er zwingt die vermeintlich Geistesgestörte auf die Knie und ruft Gottes Beistand zu ihrer Heilung an; nach der Aufforderung an die Wiedertäufer, ihre Dolche auf seine Brust zu setzen und zuzustoßen, wenn er sich als Lügner erweise, fragt er Fidès erneut, ob sie sein Sohn sei. Als diese aus Angst um sein Leben widerruft, feiert die Menge den »Propheten« als Wundertäter. Während der Krönungszug unter Gebeten und Jubelrufen seinen Weg fortsetzt, erinnert Fidès sich an den Mordplan Berthes. Sie will Jean nacheilen, um ihn zu warnen, wird aber von dessen Gefolge abgedrängt.

V. Akt, 1. Bild, unterirdisches Gewölbe im Stadtpalast in Münster, links eine Steintreppe, in der Mitte eine Steinplatte, rechts eine Eisentür: Jonas, Mathisen und Zacharie treffen sich zu einem konspirativen Gespräch. Eine geheime Botschaft des Kaisers, der mit starken Truppen vor Münster steht, sichert ihnen Leben und Besitz zu, wenn sie den »Propheten« auslieferten. Ohne zu zögern, nehmen sie das Angebot an. Nachdem sie sich entfernt haben, wird Fidès von Soldaten hereingeführt. Zunächst hin und her gerissen zwischen Mutterliebe und Empörung über den Verrat des Sohns, ist sie schließlich doch zur Vergebung bereit. Demütig um Nachsicht werbend, tritt Jean vor seine Mutter, doch diese zwingt ihn zum Eingeständnis seiner Schuld und nimmt ihm das Versprechen ab, seiner »Propheten«-Existenz für immer zu entsagen. Durch die Seitentür tritt Berthe herein, in der Hand eine brennende Fackel. Sie ist auf der Suche nach einem unterirdischen Pulvermagazin, das sie zur Explosion bringen will, um den verhaßten Tyrannen zusammen mit seinen Anhängern, aber auch sich selbst zu töten. Überrascht und entzückt sieht sie plötzlich Fidès und den totgeglaubten Geliebten vor sich. Die gemeinsamen Träume vom künftigen Glück werden jäh zerstört durch die Meldung eines Offiziers an den »Propheten«, daß Verräter während des Krönungsbanketts seine Ermordung planten. Nun erkennt auch Berthe die tatsächliche Rolle Jeans. Trotz seiner inständigen Bitten ist sie nicht bereit zu verzeihen: Das von ihm vergossene Blut trenne sie auf ewig; zur Sühne dafür, daß sie ihn noch immer liebe, ersticht sie sich vor seinen Augen. Jean wünscht sich jetzt nur noch sein eigenes Ende, zuvor aber will er abrechnen mit jenen, die ihn ins Verderben gezogen haben. Er läßt seine Mutter in der Obhut von Soldaten und begibt sich auf das Fest. 2. Bild, großer Saal im Stadtpalast, in der Mitte ein Podium mit einem Tisch; im Hintergrund Eisengitter: Jean tafelt im Kreis der führenden Wiedertäufer, die von Jonas, Mathisen und Zacharie bereits in den Verrat eingeweiht sind. Während sie in Wahrheit auf das Eintreffen der kaiserlichen Truppen warten, bringen sie dem »Propheten« scheinheilig Huldigungen dar, nicht ahnend, daß dieser für alle hier Versammelten den Untergang vorbereitet: Er hat die Sprengung des Palasts befohlen, und damit niemand entkommen kann, gibt er zwei ihm ergebenen Offizieren heimlich Anweisung, auf sein späteres Zeichen die Eisengitter des Saals von außen zu verschließen. Als Jean in gespielter Heiterkeit einen Trinkspruch an seine Gäste richtet, betritt Oberthal an der Spitze der kaiserlichen Truppen den Saal. Sogleich fordern alle den Tod des »falschen Propheten«, doch der kommt seinen Gegnern zuvor: Nachdem die Gitter sich geschlossen haben, erschüttern mehrere Explosionen das Gebäude, dessen Mauern nach und nach einstürzen. Durch Rauch und Flammen bahnt Fidès sich den Weg zu ihrem Sohn; in den Armen seiner Mutter stirbt Jean den Sühnetod.

Kommentar: Auf den ersten Blick will es scheinen, als würde *Le Prophète* eine mit *Les Huguenots* überwundene Dramaturgie wiederbeleben: Anders als im älteren Werk sind politische und private Handlung nicht mehr unabhängig voneinander exponiert, sondern miteinander identisch, insofern Jeans persönliches Schicksal von Anfang bis Schluß auch das Schicksal der Wiedertäuferbewegung bestimmt. So erscheinen Jeans drei Entscheidungen, von denen Aufstieg und Fall des »Königreichs Zion« abhängen, jeweils als Ergebnis eines Konflikts zwischen persönlichen Wünschen (seiner unerfüllten Liebe zu Berthe) und öffentlichen Forderungen (den Konsequenzen der Prophetenrolle), den Jean stets in der Weise löst, daß er die politische Aktion zur Förderung seiner privaten Ziele benutzt. Sein Entschluß, sich den Revolutionären als Führer zur Verfügung zu stellen, entspringt

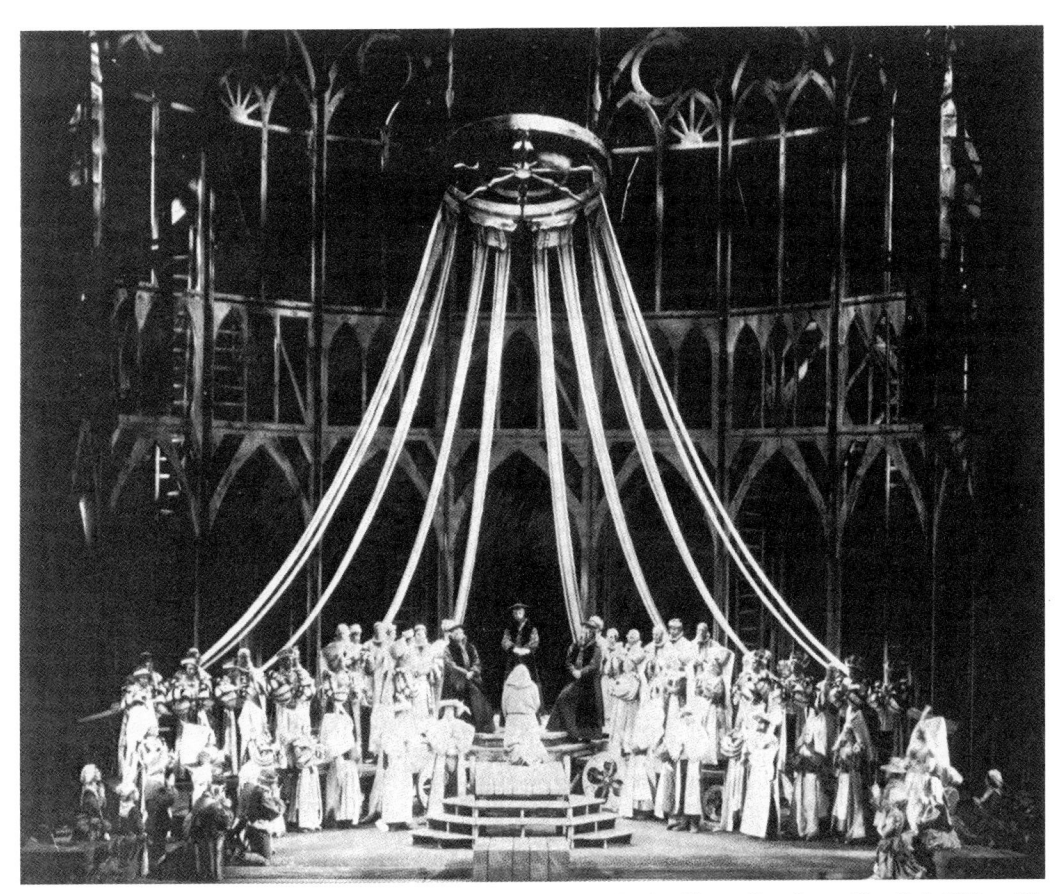

Le Prophète, IV. Akt, 2. Bild; Regie: John Dexter, Ausstattung: Peter Wexler; Metropolitan Opera, New York 1977. – Die stilisierende symbolische Inszenierung, so überzeugend ihre Lösungen insgesamt auch ausfallen, stößt an ihre Grenzen, wo sie die klangräumliche Stufung der Szene optisch angleicht und so die Musik aus ihrem dramatischen Zusammenhang herauslöst.

dem Wunsch, Oberthals Verbrechen an Berthe zu rächen (II. Akt); den Befehl zum Sturm auf Münster, dessen Eroberung für die Wiedertäufer den Höhepunkt ihrer Machtentfaltung bedeutet, gibt er, sobald er von Berthes Anwesenheit in der Stadt erfährt (II/3); seine Entscheidung, sich zusammen mit den Verrätern in die Luft zu sprengen, womit er das Ende der Bewegung besiegelt, ist die unmittelbare Reaktion auf die Verfluchung durch Berthe und deren Selbstmord (V/1). Diese Privatmotivation des Politischen erscheint um so ostentativer, als sie durch Abrücken von den historischen Fakten erkauft werden mußte und auch handlungsimmanent eher gesucht als plausibel wirkt (Berthes nur durch eine »verdeckte« Handlung zu begründende Anwesenheit in Münster). Die kompromißlose, selbst Ungereimtheiten nicht scheuende Systematik dieses Ansatzes läßt nur einen einzigen Schluß zu: Die Privatmotivation des Politischen ist im *Prophète* selbst Bestandteil des Ideenkontexts, insofern das konkrete historische Ereignis zum Paradigma für das Verhältnis von Individuum und Geschichte überhaupt wird. Auf *Les Huguenots* als historische Oper folgt *Le Prophète* als Oper über die Historie. Die Privatmotivation des Politischen stützt nicht etwa die Vorstellung eines geschichtsmächtigen Individuums, sondern entlarvt sie als Ideologie. Dies Moment des Zweideutigen kommt schon im Titel zum Ausdruck: *Les Anabaptistes*, wie das Werk ursprünglich heißen sollte, wäre für eine historische Oper in der Art der *Huguenots* gewiß angemessener gewesen; das ironisch-polemische *Le Prophète*, zugleich Apotheose und Demontage, trifft die Werkidee des historischen »Pamphlets« (Théophile Gautier, s. Lit.) ungleich genauer. – Die Radikalität von Meyerbeers Geschichtspessimismus erschließt sich vollständig erst vor dem Hintergrund des Idyllendiskurses. Die Morgendämmerung über der holländischen Landschaft zu Beginn der Oper exponiert mit der pastoralen Chiffre des Echoduetts zweier Klarinetten den Frieden der Natur, dessen Hineinwirken in die menschliche Sphäre sich beim Auftritt der Wiedertäufer als trügerisch herausstellt. Ihren symbolischen Ausdruck findet die Negation der Idylle in dem Paradox, daß die Liebe zwischen Jean und Berthe zwar das alleinige dramatische Movens ist, es aber gleichwohl niemals zu einer erfüllten Beziehung (Liebesduett) kommt, sondern lediglich zu zwei zufälligen Begegnungen, die beide katastrophisch enden. Enttäuscht und fehlgelenkt, fördern Jeans Gefühle nicht seine Liebesbeziehung, sondern seine politische Karriere, bis er am Ende die Geliebte und die Macht gleichermaßen verloren hat. Mit der schillernden Persönlichkeit des Wiedertäuferkönigs hatten Scribe und Meyerbeer eine weitere Verkörperung des von ihnen bevorzugten Rollentyps des »schwankenden« Helden geschaffen. Diese Ambivalenz als Charakteristikum der Figur zu erkennen fiel zumal der deutschen Kritik überaus schwer. Selbst der eines provinziellen Urteils unverdächtige Richard Wagner irrte hier zweimal auf entgegengesetzte Weise, wenn er zunächst (Brief an Theodor Uhlig vom 13. März 1850) Jean als »den Propheten der neuen welt« feierte, um ihn sodann (*Oper und Drama*, 1851) als unwürdigen Schwächling zu verspotten, dessen Charakter dem für ihn errichteten grandiosen theatralischen Ambiente nicht adäquat sei. Gerade die Heerlagerszene mit dem Sonnenaufgang, auf die Wagners Kritik vor allem zielte, widerlegt das in überzeugender Weise: Jeans Auftritt vor den meuternden Soldaten zeigt durchaus einen charismatischen Führer, demonstriert aber zugleich die Wirkungsweise und die Folgen von Charisma in der Politik. Es macht den Führer zum Verführer, der die Menge beherrscht wie ein Schauspieler das Publikum. Der Rausch, den er erzeugt, entspringt nicht der Begeisterung, sondern der Berechnung, und so symbolisiert die aufgehende Sonne denn auch nicht das Einverständnis der Natur mit menschlichen Hochgefühlen, wie es Wagner zu Unrecht vermißte; ihr kalter technischer Glanz, der nicht durch musikalische Überhöhung kaschiert wird, leuchtet keinem Volksbefreier zum Sieg, sondern einem Massenverführer zum Gericht. Daß Meyerbeers Zeitgenossen, die in Jean einen neuen Masaniello oder Rienzi sehen wollten, auf Szenen wie diese mit Verstörung reagierten, kann nicht verwundern. Für das Verständnis von musikdramatischen Umsetzungen derartiger politischer und massenpsychologischer Einsichten oder Ahnungen, die quer standen zu den Utopien des Jahrhunderts, war die Zeit noch nicht reif. – Das Umschlagen der historischen Realistik ins Phantasmagorische, das den *Huguenots* gänzlich fremd ist, bestimmt wesentlich den neuen »Ton« des *Prophète*, und es bedarf nicht einmal der direkten Apostrophierung von Gott und Satan in der Traumerzählung, um hier Assoziationen an *Robert le diable* (1831) zu wecken. Tatsächlich erweist sich *Le Prophète* dramaturgisch wie ideenmäßig als eine Synthese beider Werke: historische Oper als romantisches »Mysterienspiel«. Beide Male besteht Sünde im Streben nach Macht, wobei der Unterschied zwischen den Sphären der Magie und der Politik im Grunde sekundär ist, denn hier wie dort geht es um Gewalt über Menschen, und die funktioniert auch in der Politik, so suggeriert es *Le Prophète*, nach den Wirkungsgesetzen der Magie. Das Reich des »Bösen«, das schon in *Robert* kein nur nächtliches, sondern schattenhaft allgegenwärtig war, enthüllt sich hier als die Geschichte schlechthin. Den versöhnlichen Legendenschluß von *Robert* auf das historische Drama zu übertragen hätte freilich nicht nur gegen die Gattungsnorm verstoßen, sondern auch die Werkidee verfälscht. – Die nuancierte Charakterzeichnung des Jean findet bei den übrigen Personen keine Entsprechung. Zwar ist Jeans Mutter Fidès dramaturgisch eine gleichrangige Rolle, dabei jedoch eher personifizierte Idee denn fest umrissener Charakter, wie schon der Symbolname zum Ausdruck bringt. Obwohl alle ihre Worte und Handlungen immer nur Reaktionen auf das Verhalten des Sohns sind, wirkt sie dennoch ebenbürtig als auratische Repräsentantin des göttlichen Gesetzes, dessen Einhaltung sie fordert, dessen Bruch sie verurteilt und dessen Wiederherstellung sie erzwingt. Jeans Verleugnung und Exorzierung der eigenen Mutter bei der

Begegnung im Dom bedeutet als Absage an die natürlichste menschliche Bindung auch die Absage an das göttliche Gesetz und zugleich das Sigel auf die von ihm verantworteten Verbrechen der Wiedertäuferbewegung; damit hat er sich definitiv dem Bösen verschrieben, das in den gleisnerischen Reden der politischen Drahtzieher an seiner Seite und im lärmenden Jubel der verblendeten Menge seine triumphierende Stimme erhebt. Nur noch die Mutterliebe bleibt jetzt als Brücke zum Heil für den Gefallenen, der nach dem Gesetz Gottes verloren ist. Jeans erneutes Zusammentreffen mit der Mutter im Kerker bringt dann die Peripetie: Nachdem Fidès die Absage an die Macht (»Renonce à ton pouvoir«) zur Bedingung gestellt hat, erteilt sie Jean als bevollmächtigte Mittlerin der göttlichen Gnade die Absolution (»Oui par lui [...] je te l'atteste, tous tes crimes s'effaceront«), bis die gegenseitige Anrede »mon fils – ma mère« als Wiederherstellung der von Jean verleugneten Bindung die Vergebung für den Sünder bestätigt. Durch Jeans selbstgewählten Sühnetod erhält folglich der Untergang der Wiedertäuferbewegung eine metaphysische Dimension; die Flammen, in denen Reaktionäre und Revolutionäre gemeinsam zugrunde gehen, signalisieren das Ende der Geschichte als »Weltgericht«. – Mit großer Stringenz hat Meyerbeer das gegenüber den *Huguenots* weiter differenzierte gesamte musikdramatische Ausdrucksvokabular in den Dienst seiner Konzeption gestellt. Der dramatischen Integration dient die hochentwickelte Motivtechnik, die *Le Prophète* eine wichtige Rolle in der Vorgeschichte des Leitmotivs zuweist: Nicht weniger als acht Motive sind hier zu einem subtilen semantischen Bezugsnetz verknüpft. Aus dem düsteren Ambiente des Sujets (Meyerbeer nannte es »sombre et fanatique«) resultiert eine intensive Anwendung gedeckter Klangfarben, vor allem der Bläser, in wechselnden Mischungen und Kontrasten, die das dramatische Moment in seiner ganzen Nuancenfülle erschließen. In den Vokalpartien tritt an die Stelle herkömmlicher Periodensymmetrie stärker noch als in den vorangehenden Werken ein flexibles Melos, das den kaleidoskopischen Wechsel der Ausdrucksfacetten präzis abbildet. Es ist entweder von zwar arienhafter, dabei aber »mosaikartig« zusammengesetzter Struktur (Berthes »Dieu me guidera« im Duett mit Fidès, IV/1), oder es changiert zwischen gebundenem Duktus und freier Deklamation (Jeans Traumerzählung »Sous les vastes arceaux«; Fidès' Arioso »Ah! mon fils«, beide II. Akt). Mit derartigen Bildungen hat Meyerbeer den Vokalstil der französischen und italienischen Oper nach der Jahrhundertmitte maßgeblich beeinflußt. Noch konsequenter als in früheren Opern erscheint im *Prophète* gesangliche Virtuosität in den Dienst des Dramas gestellt. In ihrer reinen Form vermittelt sie die Gefühlsflucht in eine exterritoriale Idylle (italienisierende Doppelkadenzen in den Duetten Berthe/Fidès, I. und IV. Akt; Jeans Pastorale »Pour Bertha, moi je soupire«, II. Akt) oder in religiöse Ekstase (Cabaletta »Comme un éclair« aus Fidès' Kerkerarie, V. Akt); häufiger prägt sie lediglich indirekt den Habitus einer melodischen Phrase, so

in der »allure nerveux« von Jeans Trinklied (»Versez! que tout respire«, V. Akt). Konzeptionelle Bedeutung gewinnen auch satztechnische Mittel, am hervorstechendsten ein schon von *Les Huguenots* her bekannter neobarocker Stil zur Darstellung des blasphemischen Charakters der Wiedertäufer (Quartett »Gémissant sous le joug et sous la tyrannie«, II. Akt; Chor »Du sang! que Judas succombe«, Couplet des Zacharie »Aussi nombreux que les étoiles«, beide III. Akt). Einen ingeniösen musikdramatischen Kunstgriff stellt die Porträtierung der drei Wiedertäuferführer als »Trio« dar; die Individualität der Figuren durch ihre stimmliche Verschmelzung im Ensemble als imaginäre Einheit wirken zu lassen verleiht ihren Auftritten die Aura des Mysteriösen, gelegentlich auch Skurril-Makabren. Musikalisches Emblem dieser diabolischen »Dreieinigkeit« ist der zitatartig die Oper durchziehende Choral »Ad nos, ad salutarem undam«, den Meyerbeer nach Modellen aus dem 16. Jahrhundert selbst entworfen hatte. Wie in *Les Huguenots* nehmen auch in dieser Oper Tableaus als historische Panoramen breiten Raum ein, fungieren jedoch aufgrund der andersartigen Werkdramaturgie nicht als eigenständige Handlungsträger. Das geringere dramaturgische Gewicht der Massenszenen wird allerdings mehr als ausgeglichen durch größere Tiefenschärfe in

Le Prophète, IV. Akt, 2. Bild; Margarethe Matzenauer als Fidès, Enrico Caruso als Jean; Metropolitan Opera, New York 1918. – Die Mutter-Sohn-Begegnung im Dom als ideelles Zentrum der Oper wurde durch eine biblische Szene inspiriert, Jesu Replik an Maria auf der Hochzeit zu Kana (*Johannesevangelium* 2,4): »Weib, was habe ich mit dir zu schaffen?«

der Darstellung des ambivalenten Charakters der Massen selbst, so wenn sich im I. Akt die Bauern von der Predigt der drei Wiedertäufer zur Revolte gegen den Grafen aufputschen, durch dessen plötzliches Erscheinen aber wieder in die Unterwerfung zwingen lassen. Daher erscheint es nur konsequent, daß das Verhältnis Solo/Chor hier auf andere Weise bestimmt ist als in der von der dramatischen Idee her verwandten »Schwerterweihe«; während dort die Ensemblestrukturen sukzessive in den Chorstrukturen aufgehen, werden sie hier in den beiden von Choral und Marsch bestimmten großen Steigerungsbögen lediglich von diesen überlagert. Unbestrittener Höhepunkt der Tableaukomposition im *Prophète* und zugleich dramatisches Zentrum der Oper ist die Domszene: Den Rahmen bildet ein nach dem Kontrastprinzip entworfener großdimensionierter Bühnen- als Klangraum, dessen dreiteiliger Aufriß aus Vordergrund, sichtbarem und unsichtbarem Hintergrund durch diagonale Optik zusätzliche Tiefenwirkung erhält (Krönungsmarsch mit Banda; A-cappella-Ensemble hinter der Szene, Chor auf der Szene zu Fidès' Fluch; zwei gemischte Chöre und Kinderchor; Orgel). Durch motivische Verknüpfung mit der Traumerzählung, in der Jean seine spätere Krönung in mythischen Bildern imaginierte, erscheint nun das sichtbare Geschehen als Reminiszenz des vorgestellten in die Sphäre des Magisch-Irrealen zurückgespiegelt (»Jean! tu règneras, ah! [...] c'est donc vrai!«). Mit dem Eklat der Mutter-Sohn-Begegnung und der folgenden Exorzierung der Mutter durch den Sohn bricht dann die Ambiguität der Bewußtseinsebenen ins Katastrophische auf. Dem entspricht musikalisch eine multiperspektivische Montagetechnik, deren kompromißlose Ausdrucksrealistik auch das Häßliche und Triviale der dramatischen Wahrheit verpflichtet. Die rein dekorativen Momente dieses Tableaus wurden vielfach rezipiert (am individuellsten im Autodafé von Verdis *Don Carlos*, 1867) und prägten fortan den Typus der großen Repräsentationsszene. In der Durchdringung von »spectacle« und »drame« im Zuge der theatralischen Umsetzung einer geschichtsphilosophischen Idee blieb diese Szene unerreicht.

Wirkung: Die von der Musikwelt Europas mit steigender Spannung erwartete Premiere gestaltete sich zu einem einhelligen Triumph und bestätigte, auch im Urteil von Meyerbeers Gegnern, die Stellung des Komponisten als »le plus digne représentant de la musique dramatique en Europe« (Paulo Scudo, s. Lit.). Die Opéra behauptete mit dieser Modellinszenierung ihre Spitzenposition unter den zeitgenössischen Opernbühnen. Unter der musikalischen Leitung Narcisse Girards präsentierte sich, bis auf den Veteranen Nicolas-Prosper Levasseur als Zacharie, ein völlig neues Meyerbeer-Premierenensemble: Viardot-García (Fidès), Roger (Jean), Jeanne Anaïs Castellan (Berthe), Louis Gueymard (Jonas), Euzet (Mathisen), Hippolyte Brémond (Oberthal). Einen gesanglich wie schauspielerisch gleichermaßen überwältigenden Eindruck vermittelte Viardot-Garcías Rollengestaltung der Fidès, mit Abstrichen galt das auch für Rogers Darstellung des Jean. Zumal die Konfrontation der beiden Protagonisten in der Domszene wurde allgemein als interpretatorischer Höhepunkt der Aufführung gewürdigt. Aber auch jenem Großteil des Publikums, dem die neuartige musikdramatische Struktur des Werks verschlossen blieb, bot sich ein Theaterereignis von sinnenhafter Pracht: die alten niederländischen Gemälden nachempfundenen Bühnenbilder (Charles-Antoine Cambon, Edouard Désiré Joseph Désplechin, Charles-Polycarpe Séchan, Joseph François Désiré Thierry) und Kostüme (Paul Lormier); die suggestive Realistik einer ausgefeilten Mise en scène (Scribe) mit sensationellen Schaueffekten wie Schneefall, Krönungszug, Palastbrand und einem erstmals durch elektrisches Licht realisierten Sonnenaufgang; nicht zuletzt das aparte Schlittschuhballett (Auguste Mabille, Paolo Taglioni) mit dem neuen Modetanz des »Redowa« als Pas de deux (Adeline Plunkett, Lucien Petipa). — Schon nach wenigen Jahren gehörte *Le Prophète* zum Repertoire aller größeren Bühnen in Europa und Übersee. Bisweilen gestaltete sich die Aufnahme kontrovers, vor allem in Deutschland, wo sich der Widerstand der national eingestellten Kritik gegen den Kosmopolitismus der Grand opéra immer vernehmlicher artikulierte; bei weitem überwog jedoch die Bewunderung für das Werk, in dem man einen Höhepunkt moderner Musikdramatik erblickte. Einen wesentlichen Faktor für die Rezeption bildete von Anfang an die Besetzung der beiden Hauptrollen. Wurde mit Jean ein älterer Rollentyp lediglich weiterentwickelt, so mußte Fidès in ein völlig neuer geschaffen. In beiden Fällen sind die stimmlichen Anforderungen außergewöhnlich: Die Partie Jeans verlangt mehr Kraft und weniger Beweglichkeit als Raouls; ihre Besetzung mit Heldentenören, wie sie später zur Regel werden sollte, geschah also mit größerer Berechtigung, führte aber doch zu einer Verengung des Rollenprofils und ließ sich nicht ohne Striche bewerkstelligen. Demgegenüber stellt die ganz auf Viardot-Garcías Individualität zugeschnittene Partie Fidès' als Synthese aller Ausdrucksmöglichkeiten einer Frauenstimme ein Unikum in der Geschichte der Oper dar; ihre adäquate, allen Anforderungen gerecht werdende Besetzung wird immer nur in Ausnahmefällen zu realisieren sein. — Bereits 1849 brachte als zweite Bühne Covent Garden London die Oper (italienisch von Manfredo Maggioni; Viardot-García, Mario; Dirigent: Michael Costa). 1850 ging das Werk (deutsch von Ludwig Rellstab) über eine lange Reihe von Bühnen, unter anderm Hamburg (Johanna Wagner, Franz Ditt), Amsterdam, Dresden (Aloysia Krebs-Michalesi, Joseph Tichatschek; Dirigent: Karl Gottlieb Reißiger), Frankfurt a. M., Wien (Anne-Caroline de Lagrange, Alois Ander), Leipzig, Darmstadt, Berlin (Viardot-García, Louise Köster, Tichatschek), München (Viala-Mittermayr, Martin Härtinger; Dirigent: Franz Lachner), Prag (Auguste Knopp, Josef Reichel). Erstaufführungen in den jeweiligen Landessprachen brachten 1852 Stockholm (Übersetzung: Carl Vilhelm August Strandberg; Jean: Olof Strandberg) und Florenz (Fidès: Giulia Sanchioli), das damit seine Rolle als Zentrum der italienischen Meyerbeer-Pflege abermals bestätigte. Sanchioli interpretierte Fidès noch an weiteren italienischen Bühnen, unter anderm Parma 1853, Mailand 1855, Venedig 1855 und 1859, Genua 1857. In Petersburg erfolgte nach einer Aufführung durch eine italienische Operngesellschaft 1852 die erste russischsprachige (Übersetzung: Pjotr Kalaschnikow) als *Ioann Leidenski* 1869 (Jelisaweta Lawrowskaja, Fjodor Nikolski; Dirigent: Eduard Nápravník). An der Opéra stand *Le Prophète* jahrzehntelang fast ununterbrochen auf dem Spielplan. Als Fidès debütierten unter anderm Marietta Alboni (1850), Palmyre Wertheimber (1854), Rosine Stoltz (1855), Adelaide Borghi-Mamo (1856), Désirée Artôt (1858); als Jean unter anderm Gueymard (1850) und Alfred Chapuis (1851). In die Salle Garnier zog das Werk 1876 mit einer Neuinszenierung ein (Rosine Bloch, Pierre François Villaret; Dirigent: Edouard Deldevez); in verschiedenen Wiederaufnahmen blieb es hier bis 1912 im Repertoire. Zu den bedeutenden Interpreten der Hauptrollen auf den großen Bühnen gehören in jenen Jahrzehnten außer den bereits genannten: Giulia Grisi (London 1852), Rosa Csillag (Paris 1859, London 1860), Therese Tietjens (London 1869), Sofia Scalchi (London 1878, New York 1884), Marianne Brandt (New York 1884), Blanche Deschamps-Jehin (Paris 1892), Anna Elsbeth Stöbe-Hofmann (Prag 1891), Marie Delna (Paris 1898), Ernestine Schumann-Heink (New York 1900) als Fidès; Enrico Tamberlik (London 1860), Albert Niemann (Berlin 1864), Julián Gayarre (London 1878), Roberto Stagno (New York 1884), Francesco Tamagno (Mailand 1884, Rom 1888, London 1895), Jean de Reszke (Paris 1887, London 1890, New York 1892), Albert-Raymond Alvarez (Paris 1898 und 1903, New York 1900), Charles Dalmorès (Brüssel 1904) als Jean. Eine weithin beachtete Ehrenrettung des Werks zu einer Zeit fortgeschrittener Abkehr von der Meyerbeerschen Ästhetik gelang der Hofoper Berlin 1910, allerdings unter Zurückdrängung des Konzepts der historischen Oper, in der Inszenierung Georg von Hülsens; Leo Blechs Dirigat und die Gesangsleistungen von Marie Goetze (Fidès), Frieda Hempel (Berthe) und Rudolf Berger (Jean) ließen die rein musikdramatischen Qualitäten der Oper überzeugend deutlich werden. Im allgemeinen erschien *Le Prophète* in den folgenden Jahrzehnten nur noch dann auf den Spielplänen, wenn es galt, Starinterpreten für die beiden Hauptrollen herauszustellen. So präsentierte die Hofoper Wien 1911 Margarethe Matzenauer und Leo Slezak, die Simin-Oper Moskau 1915 Wassili Damajew, das Mariinski-Theater Petersburg 1916 Iwan Altschewski, die Metropolitan Opera New York 1918 Matzenauer und Enrico Caruso (in der Wiederaufnahme 1927 Giovanni Martinelli), Hamburg 1922 Sabine Kalter und Wilhelm Wagner (1928 Lauritz Melchior), die Städtische Oper Berlin 1927 Sigrid Onegin (1930 mit Melchior), Monte Carlo 1932 Georges Thill. – Nach dem zweiten Weltkrieg stellten sich nur wenige Bühnen den interpretatorischen Herausforderungen des Werks, allerdings durchweg mit ambitionierten Einstudierungen. So inszenierte Lotfi Mansouri in Zürich 1962 in den vielfach mit Projektionen arbeitenden Bühnenbildern Hainer Hills (Sandra Warfield, James McCracken; Dirigent: Samuel Krachmalnick). McCracken gestaltete den Jean auch 1966 an der Deutschen Oper Berlin (Warfield; Dirigent: Heinrich Hollreiser) sowie an der Met New York 1977 (Marilyn Horne; Dirigent: Henry Lewis; Wiederaufnahme 1979 mit Guy Chauvet als Jean). Blieb in Berlin Bohumil Herlischka mit einem abgegriffenen »Theater-auf-dem-Theater«-Regiekonzept der Individualität des Stücks nahezu alles schuldig, so gelang es John Dexter in New York, die intelligible Werkstruktur parabelhaft aufscheinen zu lassen. Mit ihrem weitgehend intakten musikalischen Kontext und der stupenden Interpretation der Fidès durch Horne knüpfte die New Yorker Einstudierung an eine ebenfalls von Lewis geleitete konzertante Aufführung der Radiotelevisione Italiana Turin 1970 an, in der Nicolai Gedda als Jean den Rollentyp des Meyerbeerschen »ténor héroïque« nahezu perfekt zu verkörpern wußte. John Dews unvoreingenommen radikale Auseinandersetzung mit der Oper in Bielefeld 1986 (Krystyna Michałowska, Christine Weidinger, Stephen Algie; Dirigent: David de Villiers) überzeugte eher durch ihre Haltung als durch ihre Methode eines assoziativen Umgangs mit Text und Musik. – Aus der Musik zum Schlittschuhballett sowie einigen Sätzen aus *L'Etoile du nord* (1854) kompilierte Constant Lambert die Partitur zu Ashtons Ballett *Les Patineurs* (1937).

Autograph: Part: Bibl. Jagiellońska Krakau (Mus. Mb 957); Fragmente: Bibl. de l'Opéra Paris (Rés. A. 566[suppl.]). **Ausgaben:** Part, mit Suppl.: Brandus, Troupenas, Paris [1851], Nr. 5101, Faks.-Nachdr.: Garland, NY, London 1978 (Early Romantic Opera. 21.); Kl.A v. A. de Garaudé: ebd. [1849], Nr. 5103-09, 2. Aufl. mit Suppl. [um 1850], Nr. 5191, 5103-04; Kl.A: Cramer, Beale, London [1849]; Chappell [1849?]; Kl.A, frz./ dt. Übers. v. L. Rellstab: B&H, Nr. 8012 [26 H.], Nr. 8047 [1 Bd.]; Kl.A, dt.: B&H [1867], Nr. 11296; Kl.A: Brandus, Dufour, Paris, Nr. 9244; Benoit, Paris, Nr. 9244; Brandus-Maquet, Paris [nach 1886], Nr. 9244; Kl.A, ital.: Ricordi, Nr. 33256-301; Ricordi [1882], Nr. 45561 (Ed. economiche); Kl.A, dt., hrsg. G. F. Kogel: B&H, Nr. 323; Peters [1899], Nr. 20008 (Ed. Peters. 2772.); Textb.: Paris, Brandus 1849, 1851, 1855, 1866; Paris, Den Haag, De Groot 1850; Paris, Lévy frères 1851; Textb., dt. v. L. Rellstab: B&H 1849; München, Wolf 1852, 1876, 1886; Wiesbaden, Friedrich; Wien, Steyrermühl 1927 (Tag-Bl.-Bibl. 447.); Textb.: Paris, Calmann-Lévy 1904; Paris, Stock-Delamain-Boutelleau 1924; Brüssel, Lombaerts 1926; Textb., dt.: Bln., Funkdienst 1928; Textb., dt. v. L. Rellstab, hrsg. C. F. Wittmann: Lpz., Reclam (rub. 3715.). **Aufführungsmaterial:** Salabert, Ricordi

Literatur: H. BERLIOZ, [Rez.], in: Journal des débats, 29.4. 1849, Nachdr., gekürzt, in: DERS., Les Musiciens et la musique, Paris 1903, S. 106–117; F.-J. FÉTIS, [Rez.], in: Revue et gazette musicale de Paris 16:1849, S. 121–126, 129ff., 137–140, 153–157, 169–174; T. GAUTHIER, [Rez.], in: La Presse, 23.4. 1849, Nachdr. in: Histoire de l'art dramatique en France depuis vingt-cinq ans (1er série), Bd. 6, Paris 1859, S. 80–92; P. SCUDO, [Rez.], in: Revue des deux mondes, 22.4. 1849, Nachdr. in: DERS., Critique et littérature musicales, Paris 1852, S. 208–225, [3]1856, S. 231–250, Nachdr. Genf 1986; A.-F. MOREL, ›Le Prophète‹. Analyse critique de la nouvelle partition de

G. M., Paris 1849; E.-O. LINDNER, M.s ›Prophet‹ als Kunstwerk beurtheilt, Bln. 1850; J. SCHLADEBACH, M.s ›Prophet‹. Ein krit. Versuch über d. Werk v. mus.-dramaturgischen Standpunkte, mit besonderer Berücksichtigung d. Vorstellung auf d. Dresdner Bühne, Dresden 1850; C. BELLAIGUE, Le Drame lyrique et le ›Prophète‹, in: L'Année musicale, Paris 1889, S. 69–83; G. SERVIÈRES, ›Le Prophète‹ jugé par la presse en 1849, in: Revue internationale de musique 1898, S. 348–354; W. RAUCH, Johann von Leyden, der König von Sion, in der Dichtung, Borna, Lpz. 1912; H. HERMSEN, Die Wiedertäufer zu Münster in der deutschen Dichtung, Stuttgart 1913 (Breslauer Beitr. zur Lit.-Gesch. Neuere Folge. 33.); R. W. GIBSON, M.s ›Le Prophète‹. A Study in Operatic Style, Evanston, IL 1972, Diss. Northwestern Univ.; J.-M. BAILBÉ, Les Représentations parisiennes du ›Prophète‹ de M., in: Revue internationale de musique française 1:1980, S. 386–394; R. H. COHEN, On the Reconstruction of the Visual Elements of French Grand Opera. Unexplored Sources in Parisian Coll., in: International Musicological Soc. Report of the Twelfth Congress Berkeley 1977, hrsg. D. Heartz, B. Wade, Kassel 1981, S. 463–480; S. DÖHRING, Multimediale Tendenzen in der französischen Oper des 19. Jahrhunderts, ebd., S. 497–500; C. DAHLHAUS, Gattungsgeschichte und Werkinterpretation. Die Historie als Oper, in: Gattung und Werk in der Musikgeschichte Norddeutschlands und Skandinaviens. Referate d. Kieler Tagung 1980, hrsg. F. Krummacher, H. W. Schwab, Kassel 1982 (Kieler Schriften zur Mw. 26.), S. 20–29, auch in: DERS., Vom Musikdrama zur Literaturoper. Aufsätze zur neueren Opern-Gesch., München, Salzburg 1983, S. 49–58, überarb. Neu-Ausg.: München, Mainz 1989, S. 50–66 (Serie Piper. 8238.); DERS., Musikalischer Realismus. Zur M.Gesch. d. 19. Jh., München 1982 (Serie Piper. 239.), S. 105–110; S. DÖHRING, Grand opéra als historisches Drama und als private Tragödie: M.s ›Le Prophète‹ und Verdis ›Don Carlos‹, in: Atti del XIV congresso della Società Internazionale di Musicologia. Trasmissione e recezione delle forme di cultura musicale, hrsg. A. Pompilio, D. Restani, L. Bianconi, F. A. Gallo, Bologna 1990, Bd. 3, S. 727–733; weitere Lit. s. S. 113

Sieghart Döhring

L'Etoile du nord
Opéra-comique en trois actes

Der Stern des Nordens
Der Nordstern
3 Akte

Text: Augustin Eugène Scribe
Uraufführung: 1. Fassung: 16. Febr. 1854, Opéra-Comique, Salle Favart, Paris (hier behandelt); 2. Fassung in italienischer Übersetzung von Manfredo Maggioni als *La stella del nord*: 19. Juli 1854, Covent Garden, London
Personen: Péters Michaeloff, Zimmermann (B); George Skawronski, Tischler und Dorfmusikant (T); Catherine, seine Schwester (S); Prascovia, seine Braut (S); Danilowitz, Zuckerbäcker (T); Gritzenko, ein Kalmück (B); Meister Reynolds, Schankwirt (B); General Tchérémeteff (Spr.); Oberst Yermoloff (B); Nathalie und Ekimonna, Marketenderinnen (2 S); Ismaïloff, ein kosakischer Offizier (T); 2 Arbeiter (T, Spr.).
Chor, Statisterie: Soldaten, Rekruten, Zimmerleute mit ihren Frauen und Kindern, Dorfbewohner, Kalmücken, Dorfmusikanten, Mädchen und Jungen als Hochzeitsgäste, Marketenderinnen, Soldaten verschiedener Ränge und Waffengattungen, Frauen in Kadetten- oder Rekrutenuniform, Bäuerinnen, Damen und Herren am Zarenhof, Ehrendamen
Orchester: 2 Picc, 2 Fl, 2 Ob, E.H, 2 Klar, 2 Fg, 4 Hr (auch Hr à pistons), 2 Trp (auch Trp à pistons, auch Cornets à pistons), 3 Pos, Pkn, Schl (gr.Tr, Bck, Tr, MilitärTr, Tamburin, Trg), 2 Hrf, Streicher; BühnenM auf d. Szene: 4 Picc, 4 kl. Klar in F, 5 Cornets à pistons, 2 Trp à pistons, 3 SaxHr baryton, 4 Tr; hinter d. Szene: 2 Fl, 2 kl. SaxHr in Es oder kl. Bugles oder Trp à pistons, 4 Cornets à pistons, 3 Trp à pistons, SaxHr baryton oder T.Pos, B.SaxHr oder B.Pos oder Ophikleide, Kb.SaxHr oder Bombardon oder Ophikleide, MilitärTr, 2 Glocken in d, Kanone
Aufführung: Dauer ca. 3 Std. – 1. Fassung mit gesprochenen Dialogen. Tänze im II. Akt, Bühnenorchester während der Ouvertüre bei geschlossenem Vorhang (zehn Spieler), zwei Bühnenorchester (22 Spieler) im II. Akt. Varianten für die Besetzung des Péters mit einem hohen Baß oder Bariton im Anhang der Partitur.

Entstehung: Nur einen Tag, nachdem der Direktor der Opéra-Comique, Emile Perrin, bei Meyerbeer mit dem Wunsch vorstellig geworden war, ein Werk für sein Haus zu schreiben, besprach der Komponist, ungeachtet der Inanspruchnahme durch die Vorbereitungen für die Uraufführung des *Prophète* (1849) an der Opéra, das Thema mit seinem Librettisten. Die diesbezügliche Eintragung im Taschenkalender vom 29. Jan. 1849: »Konferenz mit Scribe wegen ›Propheten‹ und wegen des ›Feldlagers‹« (*Briefwechsel und Tagebücher*, Bd. 4, S. 471, s. Lit.) deutet den möglichen Grund seines spontanen Interesses für den Vorschlag an. Ganz offensichtlich stand ihm sogleich die Idee vor Augen, für das neue Werk Material aus seinem zur Wiedereröffnung des Berliner Opernhauses komponierten Singspiel *Ein Feldlager in Schlesien* (1844) zu verwenden. Ein früherer Versuch, das musikalisch interessante Werk durch einen neuen Text von Charlotte Birch-Pfeiffer und einen weitgehend neukomponierten III. Akt vom Preußenambiente zu lösen (*Vielka*, Wien 1847), hatte nur einen halben Erfolg gezeitigt. Um so zwingender bot sich jetzt die radikale Lösung an: eine völlig neue Oper mit musikalischen Rückgriffen auf das ältere Werk. Eine weitere Taschenkalendereintragung vom 3. Juni 1849 (die Premiere des *Prophète* hatte inzwischen stattgefunden) läßt erkennen, daß der neue Stoff gefunden war. Mit der Komposition des Werks, dessen Titel zunächst *La Vivandière*, dann *La Cantinière*, endlich *L'Etoile du nord* lautete, begann Meyerbeer im Spätsommer 1849; sie zog sich über mehrere Jahre hin, nicht zuletzt, weil weit weniger Musik aus dem *Feldlager* übernommen werden konnte, als ursprünglich beabsichtigt (es waren schließlich nur sechs Nummern, darunter allerdings das umfangreiche Finale des II. Akts). – Scribes Libretto folgt einer Stofftradition, in der zwei örtlich wie zeitlich unterschiedene Überlieferungen aus der Biographie Zar Peters I. miteinander verknüpft erscheinen: sein Inkognitoaufenthalt als

Zimmermann in Holland und seine Brautwerbung um die litauische Bauernmagd Katharina, die spätere Kaiserin Katharina I. Die Verbindung findet sich bereits in Jean Nicolas Bouillys Libretto für Grétrys *Pierre le Grand* (1790), das die Handlung in ein livländisches Dorf verlegt. Grétrys Oper bildete den Ausgangspunkt für zunächst getrennte, später sich wechselseitig beeinflussende Adaptionsstränge des Sprech- und Musiktheaters in Frankreich, Deutschland und Italien, deren Werke Scribe und Meyerbeer ein umfangreiches Stoff- und Motivreservoir boten. Nach zeitgenössischen Berichten soll Scribe Anregungen für die Intrige auch dem Drama *Henriette* (Paris 1782) von Mlle. Raucourt entnommen haben.

Handlung: In Finnland (I. Akt), im russischen Heerlager (II. Akt) und im Zarenpalast in Petersburg (III. Akt).

I. Akt, Dorf bei Wiborg, links ländliche Häuser, rechts der Eingang zur Dorfkirche, im Hintergrund Felsen und Blick auf den Finnischen Meerbusen: Zar Peter der Große arbeitet inkognito unter dem Namen Péters Michaeloff als Zimmermann auf einer Werft. Verärgert muß er miterleben, wie die mit den Schweden sympathisierenden Arbeiter deren König Karl XII. hochleben lassen. Fast kommt es zu Tätlichkeiten, als der russische Zuckerbäcker Danilowitz sich weigert, in den Toast auf den Gegner des Zaren einzustimmen, und deswegen von Péters in Schutz genommen wird. Dieser ist verliebt in die Marketenderin Catherine. Um ihr nahe zu sein, läßt er sich von ihrem Bruder George im Flötenspiel unterrichten, doch wird sein Werben um Catherine vorerst nur mit zurückhaltender Sympathie aufgenommen. Sie erinnert sich an die Prophezeiung ihrer verstorbenen Mutter, daß ein »Stern des Nordens« ihre Geschicke lenke und ihr ein hochgestellter und heldenhafter Mann als Gatte bestimmt sei. Von Péters, dessen herrischer Charakter sie zugleich fasziniert und abstößt, hofft sie, daß er in Zukunft zu einem solchen Mann werden könne. Sie selbst beweist Klugheit und Mut, als sie einem Trupp kalmückischer Soldaten, die unter Führung Gritzenkos ins Dorf eingefallen sind, als wahrsagende Zigeunerin entgegentritt und erfolgreich ihrem Treiben Einhalt gebietet. Als die Soldaten junge Männer des Dorfs für das russische Heer rekrutieren und dabei auch George nicht verschonen, obwohl dieser gerade seine Hochzeit mit Prascovia vorbereitet, faßt Catherine den Entschluß, sich in Männerkleidung anstelle ihres Bruders einziehen zu lassen. Im Trubel des Hochzeitsfests verläßt sie mit den übrigen Rekruten unerkannt das Dorf auf einem Schiff.

II. Akt, russisches Heerlager; im Hintergrund Zelte: Catherine wird weder von Gritzenko noch von Danilowitz wiedererkannt, der inzwischen zum Vertrauten des Zaren aufgestiegen ist. Dieser wahrt auch hier sein Inkognito und gibt sich als »Kapitän« aus. Durch Zufall erfährt Catherine, daß im Lager aus Empörung über die despotische Herrschaft des Zaren ein Aufstand vorbereitet wird; das vereinbarte Zeichen zur Erhebung und anschließenden Übergabe des Lagers an die Schweden soll das Ertönen des »Heiligen Marschs« sein. Zum Postenstehen vor Péters' Zelt abkommandiert, wird Catherine Zeuge, wie dieser mit Marketenderinnen trinkt und tändelt. Als sie aus Eifersucht ihre Ablösung verweigert, gibt der wütende Péters, der sie im Rausch nicht erkennt, den Befehl zu ihrer Erschießung. Im letzten Augenblick gelingt ihr die Flucht; zuvor aber läßt sie Péters eine Nachricht zukommen, die ihre Identität enthüllt und zugleich Details über die geplante Verschwörung enthält. Kühn meistert der so Gewarnte die gefährliche Situation, indem er den versammelten Soldaten überraschend als Zar entgegentritt und sie durch die Kraft seiner Persönlichkeit erneut in den Gehorsam zwingt. Zu den Klängen des »Heiligen Marschs« jubeln alle dem Herrscher zu, während zuvor herbeibeorderte zarentreue Regimenter ins Lager einmarschieren.

III. Akt, vornehmes Zimmer im Palast des Zaren; ein großes Fenster mit goldenem Rahmen; links eine Tür zum Garten: Der Zar beklagt den Verlust Catherines. Danilowitz findet schließlich die Totgeglaubte, die aus Kummer über die vermutete Treulosigkeit ihres Geliebten den Verstand verloren hat. Der Zar läßt sie zu sich in den Palast bringen, wo er eine naturgetreue Kulisse ihres Heimatdorfs mit den aus Finnland herbeigerufenen Verwandten und Freunden errichtet hat. Die Erinnerungen an das frühere Glück lassen Catherines Umnachtung allmählich weichen: Beim vertrauten Klang der Flöten von George und Péters sinkt sie geheilt in die Arme des Geliebten und künftigen Gatten. Der versammelte Hofstaat huldigt Catherine als der neuen Kaiserin; die Prophezeiung der Mutter hat sich erfüllt.

Kommentar: Die Behandlung historischer Stoffe im Rahmen des gemischten Genres hatte in der Opéra-comique durchaus Tradition, wie etwa Hérolds *Le Pré aux clercs* (1832) und Halévys *Les Mousquetaires de la reine* (Paris 1846, Text: Henri Vernoy de Saint-Georges) bezeugen. Nicht wegen des Sujets also sprengt *L'Etoile du nord* den Rahmen der Gattung, sondern wegen des aufwendigen musikalischen und szenischen Apparats, der das Werk streckenweise, vor allem im II. Akt, als Grand opéra mit Dialogen erscheinen läßt. Anders als in älteren Schauspielen und Opern über Peter I. ist der Zar nicht als volkstümlicher Regent und sentimentaler Liebhaber, vielmehr als ambivalenter Charakter mit durchaus auch abstoßenden Zügen dargestellt, was dem Komponisten Gelegenheit zu einem musikalischen Porträt voll schillernder Ausdrucksfacetten bietet. Dabei wird das Gewalttätig-Cholerische besonders herausgehoben durch ein häufig wiederkehrendes, ausschließlich personenbezogenes Motiv, das in Klangfarbe (Fagotte, tiefe Streicher) und Satzstruktur (chromatisch verfremdete Skalenmelodik) traditionelle Meyerbeersche Topoi für die Darstellung des Dämonischen aufbietet. Ganz im Sinn der vom Komponisten inzwischen zur Perfektion entwickelten Expositionsdramaturgie wird in der Introduktion die Privathandlung im Zusammenhang mit ihren historischen und lokalen Determinanten entfaltet. Das »kriegerische Rokoko« (Eduard Hanslick, *Meyerbeer*, [2]1875, S. 155, s. Lit.) des II. Akts wurde

L'Etoile du nord, II. Akt; Caroline Duprez als Catherine; Illustration; Uraufführung, Opéra-Comique, Paris 1854.

durch Neukompositionen, welche die Catherine/Péters-Handlung in den bestehenden Kontext integrieren, um einige musikalische Pretiosen von manieristischem Reiz bereichert, darunter das Quartett Nathalie/Ekimonna/Danilowitz/Péters (»Sous les remparts du vieux Kremlin«), in dem tonmalerische Realistik (Würfelrollen, Säbelstöße) durch Repetition, Imitation und eine hoketusartige Satztechnik in vokal-instrumentale Strukturen von filigraner Virtuosität umgesetzt ist. Ganz singulär und losgelöst vom gängigen Gattungstypus erscheint auch die ebenfalls neukomponierte Wahnsinnsszene Catherines: ein zum Tableau ausgeweitetes großes freies Rondo, das die musikalischen und szenischen Reminiszenzen aus den ersten beiden Akten als »Erinnerungsfragmente« zu einer Zitatcollage verbindet. Den Abschluß der Szene bildet die aus dem *Feldlager* übernommene Arie mit zwei obligaten Flöten, durch deren Echofigurationen (eine Chiffre pastoraler Glückseligkeit) die musikalische »Reprise« handlungspsychologisch als »Restitution« der einstigen Idylle motiviert ist.

Wirkung: Die Ovationen für die Premiere und die in großer Zahl folgenden Reprisen galten durchaus nicht nur einer bis in die kleinen Rollen glanzvoll besetzten Aufführung (Catherine: Caroline Duprez, Péters: Charles Battaille, Prascovia: Caroline Faure, Danilowitz: Ernest Mocker, George: Pierre Victor Jourdan, Gritzenko: Hermann-Léon, Nathalie: Mlle. Lemercier), sondern auch einem Werk, das gleichermaßen das große Publikum zu fesseln wie den Kennern Bewunderung abzunötigen vermochte. Nachdem binnen Jahresfrist bereits die 100. Aufführung erreicht war, brachte die Weltausstellung 1855 einen neuerlichen Anstieg des Publikumsinteresses. Inzwischen hatte eine Reihe von Umbesetzungen stattgefunden, unter anderm Delphine Ugalde (Catherine), Charles Marie Auguste Ponchard (Danilowitz), vor allem Jean-Baptiste Faure (Péters), für dessen Baritonstimme Meyerbeer die Partie neu einrichtete. Auch die nächsten beiden Inszenierungen von *L'Etoile du nord* an der Opéra-Comique standen im Zusammenhang mit Weltausstellungen: 1867 (Catherine: Marie Cabel, Péters: Battaille) und 1878 (Cécile Ritter-Ciampi, später Adèle Isaac). Seine letzte Wiederaufnahme erfuhr das Werk 1885 (Isaac, Victor Maurel); bis 1887 kam es an der Opéra-Comique auf 406 Aufführungen. – In kürzester Zeit wurde die Oper von zahlreichen Bühnen nachgespielt, noch 1854 in Brüssel (Catherine: Anna Lemaire) und Stuttgart (deutsche Übersetzung: Ludwig Rellstab; Catherine: Mathilde Marlow). Anläßlich der ebenfalls deutschsprachigen Dresdner Aufführung 1855 legte Meyerbeer für Joseph Tichatschek als Danilowitz zwei neue Tenorarien ein (Polonaise »Wenn Mut und Vertrau'n im Herzen wohnen«, I. Akt; Arioso »Ach, wie so matt, schmachtend und bleich«, III. Akt). Beide Nummern gingen auch in die von Meyerbeer favorisierte durchkomponierte 2. Fassung ein, deren Uraufführung dem Komponisten einen weiteren Triumph bescherte (Catherine: Angiolina Bosio, Péters: Karl Johann Formes, Danilowitz: Italo Gardoni, Gritzenko: Luigi Lablache). Gegen Ende des Jahrhunderts verkam das Werk, einst wegen der Originalität der Einfälle und des kombinatorischen Raffinements der Verarbeitung von Hector Berlioz (s. Lit.) bewundert, durch radikale Striche bis zur Unkenntlichkeit entstellt, zum Paradestück großer Koloratursopране: Mathilde Wildauer, Caroline Carvalho, Adelina Patti, Zina Dalti, Marcella Sembrich, Emma Albani, Betty Frank. Die »Flötenarie« behielt ihren Nimbus als einer der Gipfel virtuoser Gesangskunst des 19. Jahrhunderts auch im Zeitalter der Schallplatte. Die erste Wiederbegegnung mit dem Gesamtwerk vermittelte eine Aufführung beim Camden-Festival London 1975 (Catherine: Janet Price, Péters: Malcolm King; Dirigent: Roderick Brydon). – Mehrere Orchesterstücke (zum Teil bereits aus dem *Feldlager*) übernahm Constant Lambert in sein Arrangement für Ashtons Ballett *Les Patineurs* (1937).

Autograph: Verbleib unbekannt. **Ausgaben:** Part, mit Suppl.: Brandus, Paris [1854?], [1856?], Nr. 9404, Faks.-Nachdr.: Garland, NY, London 1980 (Early Romantic Opera. 22.); Part: Brandus, Paris [1854; 783 S.]; ebd. [787 S.]; Kl.A v. A. de Garaudé: ebd. [1854], [um 1860], Nr. 9406; Kl.A: Schlesinger, Bln., Nr. 4220 (1 Bd.), Nr. 4222 (3 Bde.); Kl.A v. A. de Garaudé, frz./dt. Übers. v. L. Rellstab: ebd. [1854], Nr. 4220; Kl.A: Chappell; Kl.A, ital.: Brandus, Dufour, Paris, Nr. 9650; Kl.A v. F. Mori, ital. Übers. v. M. Maggioni/engl. Übers. v. H. F. Chorley: London [1856]; Kl.A, ital. Übers. v. S. Cammarano/ dt. Übers. v. L. Rellstab: Schlesinger, Bln., Nr. 4222; Textb.: Paris, Brandus [1854]; Bln., Schlesinger 1854; Paris, La Haye-de Groot 1854; Paris, Lévy frères 1855, [1858]; Textb., ital. v. M. Maggioni/engl.: London, Brettell [1855]; NY, Darcie [um 1856]; Textb.: London, Miles; Calmann-Lévy, Paris 1895;

Textb., dt. v. L. Rellstab: München, Schurig [1856]; München, Wolf [um 1880]. **Aufführungsmaterial:** Salabert
Literatur: H. BERLIOZ, [Rez.], in: Journal des débats, 24.2. 1854; P. SCUDO, [Rez.], in: DERS., L'Art ancien et l'art moderne. Nouveaux mélanges de critique et de littérature musicales, Paris 1854, S. 370–387; E. PASQUÉ, Die Genealogie einer Oper, in: Dt. Bühnengenossenschaft 15:1886 (6.6., 27.6., 4.7., 26.9.); W. ALTMANN, M.s ›Nordstern‹, eine mit Unrecht vergessene Oper, in: Die Deutsche Bühne, Dresden, Bln. 1919, S. 212ff., 230f.; M. LOPPERT, An Introduction to ›L'Etoile du Nord‹, in: MT 116:1975, S. 130ff.; weitere Lit. s. S. 113

Sieghart Döhring

Le Pardon de Ploërmel
Opéra-comique en trois actes

Die Wallfahrt von Ploërmel
Dinorah
3 Akte (4 Bilder)

Text: Jules Paul Barbier, Michel Florentin Carré und Giacomo Meyerbeer
Uraufführung: 1. Fassung: 4. April 1859, Opéra-Comique, Salle Favart, Paris (hier behandelt); 2. Fassung in italienischer Übersetzung von Achille de Lauzières als *Dinorah*: 26. Juli 1859, Covent Garden, London
Personen: Hoël (Bar); Corentin (T); Loïc (Spr.); Claude (Spr.); ein Jäger (B); ein Schnitter (T); Dinorah (S); 2 kleine Hirten (2 S); 2 Ziegenhirtinnen (2 S).
Chor, Statisterie: Bauern, Bäuerinnen, Ziegenhirten, Holzfäller mit ihren Frauen, Dudelsackspieler, 4 Mädchen, Blumen streuende Kinder
Orchester: 2 Picc, 2 Fl, 2 Ob, E.H, 2 Klar, B.Klar, 2 Fg, 4 Hr, 3 Hr à pistons, 2 Cornets à pistons, 2 Trp, 2 Trp à pistons, 3 Pos, Pkn, Schl (gr.Tr, Bck, MilitärTr, Trg, Glöckchen in fis'''), Hrf, Streicher; BühnenM hinter d. Szene: Harm, Glocke in as', Windmaschine, Donnermaschine
Aufführung: Dauer ca. 2 Std. 30 Min. – 1. Fassung mit gesprochenen Dialogen. In der Ouvertüre Chor auf der Bühne bei geschlossenem Vorhang. Mitwirkung einer lebenden weißen Ziege erwünscht. Die Hirten sind mit Frauenstimmen zu besetzen.

Entstehung: Der ursprüngliche Librettoentwurf sah einen Einakter im »leichten Genre« vor, dessen zugleich intimes und fremdartiges Kolorit Meyerbeer spontan inspirierte. Wenn er sich später dazu entschloß, den Einakter zu erweitern, so gewiß nicht allein auf Drängen des Direktors der Opéra-Comique, Emile Perrin, der sich von dem berühmten Komponisten ein weiteres abendfüllendes Werk für sein Haus erhoffte; offensichtlich war Meyerbeer während der Arbeit selbst zu der Überzeugung gekommen, die dramatischen Möglichkeiten des Stoffs noch keineswegs erschöpft zu haben. Jedenfalls begann nun eine mehrjährige Phase der Neukonzeption, des Ergänzens und Umarbeitens, die den Komponisten nicht nur, wie so oft, als Anreger seiner Librettisten, sondern auch als seinen eigenen Textautor sah. – Als Hauptquelle des Librettos diente die bretonische Erzählung *La Chasse aux trésors* von Emile Souvestre aus der Reihe *Les Récits de la muse populaire*, erschienen in der *Revue des deux mondes* (15. Jan. 1850). Übernommen wurden allerdings nur das Grundmotiv und die Couleur des Stoffs; die Charaktere und die Beweggründe ihres Handelns sowie der Ausgang der Erzählung erfuhren einschneidende Veränderungen. Verschiedene Motive und die Namen der Hauptpersonen entnahmen die Autoren einem weiteren Werk Souvestres, der Sammlung *Le Foyer breton. Traditions populaires* (1845), nicht jedoch die Idee, eine lebende Ziege auf die Opernbühne zu bringen. Es liegt nahe (Albert Gier, s. Lit.), hier Esmeraldas Ziege Djali aus Victor Hugos Roman *Notre-Dame de Paris. 1482* (1831) als Vorbild zu vermuten, zumal in der populären Ballettversion von Jules Perrot (*La Esmeralda*, 1844). Vor allem Fanny Elßler und Fanny Cerrito wußten aus dem gemeinsamen Auftritt mit einer dressierten Ziege Effekte von rührender Bizarrerie zu ziehen. Für die Virtuosenrolle der Dinorah hatte Meyerbeer ursprünglich Caroline Carvalho vorgesehen; vertragliche Bindungen machten ihr Engagement an der Opéra-Comique zu diesem Zeitpunkt unmöglich, woraufhin der Komponist Marie Cabel akzeptierte. Wie stets bei neuen Opern Meyerbeers gingen der Uraufführung langwierige Proben voraus, während derer das Werk erst seine definitive Gestalt erhielt.
Handlung: In der Bretagne.
Vorgeschichte: Alljährlich veranstalten die Bewohner von Ploërmel eine Prozession zur nahe gelegenen Marienkapelle. An einem solchen Festtag schlossen sich auch der Ziegenhirt Hoël und seine Braut Dinorah, die Tochter des Meiereibesitzers Herbier, dem Zug an, um sich in der Kapelle trauen zu lassen. Da brach ein Gewittersturm herein, der die Festgesellschaft zerstreute und die Meierei durch Blitzschlag vernichtete. Der verzweifelte Hoël, der für seine Braut eine Zukunft in Armut vor sich sah, erlag daraufhin den Einflüsterungen des alten Zauberers Tonyk, der von einem geheimnisvollen Schatz zu berichten wußte, den das Geistervolk der Korigane bewache: Um in seinen Besitz zu gelangen, müsse Hoël mit ihm ein Probejahr in völliger Einsamkeit verbringen, ohne etwas von seiner Absicht verlauten zu lassen. Zum Äußersten entschlossen, machte Hoël sich sogleich mit Tonyk auf den Weg. Die unglückliche Dinorah, die glauben mußte, ihr Bräutigam habe sie verlassen, verfiel dem Wahnsinn und irrt seitdem in Begleitung einer Ziege durch die Wälder. Kurz vor Ablauf der Frist starb Tonyk; er konnte jedoch noch die geheimen Anweisungen zur Bergung des Schatzes an Hoël weitergeben. Am Vorabend des Wallfahrtsfests kehrt dieser nach Ploërmel zurück.
I. Akt, »Der Abend«, wilde hügelige Landschaft mit einer Strohhütte im Vordergrund; Sonnenuntergang: Bauern und Hirten ziehen heimwärts ins Dorf. Die wahnsinnige Dinorah singt ihrer Ziege ein Schlummerlied. Von Geisterfurcht geplagt, kehrt der Dudelsackpfeifer Corentin in seine Hütte zurück, wird aber bald von Dinorah aufgeschreckt. Kaum hat er sich von

der Aufregung erholt, naht ein weiterer ungebetener Gast, dessen Klopfen Dinorah zur Flucht durchs Fenster veranlaßt. Es ist Hoël, der für sein bevorstehendes Unternehmen einen Kompagnon sucht, denn die Bergung des Schatzes ist an eine geheime Bedingung geknüpft: Wer den Schatz als erster berührt, muß binnen eines Jahrs sterben. In dem habgierigen Sackpfeifer glaubt Hoël das geeignete Opfer gefunden zu haben; er verspricht ihm die Hälfte des Schatzes, wenn er noch in dieser Nacht mit ihm aufbrechen wolle. Beim Wein entwickelt er Corentin seinen Plan, natürlich unter Verschweigen der ihm eigentlich zugedachten Rolle: Eine Ziege werde ihnen den Weg zum Schatz weisen; mit Hilfe eines Zauberstabs und einer Beschwörungsformel könnten sie die bösen Geister bannen. Von der Aussicht auf Reichtum geblendet, läßt Corentin sein Mißtrauen fahren und erklärt sich einverstanden. Während von fern ein Gewitter heraufzieht, erklingt das Glöckchen der Ziege, für die Schatzsucher das Zeichen zum Aufbruch. Unbemerkt von beiden folgt auch Dinorah dem vertrauten Ton.
II. Akt, »Die Nacht«, 1. Bild, Birkenwald; Mondschein: Auf dem Heimweg von Yvons Schenke ziehen Holzfäller mit ihren Frauen durch den Wald. Als alle sich entfernt haben, erscheint Dinorah. In Schwermut versunken, beklagt sie ihr Unglück in der Liebe, das ein Wahrsager ihr einst prophezeit habe, um gleich darauf in exaltierter Fröhlichkeit einen Tanz mit ihrem Schatten aufzuführen, den das Mondlicht auf eine Felswand wirft. Das näherkommende Gewitter ruft in ihr Erinnerungen wach, als sie zusammen mit Hoël zur Marienkapelle zog. 2. Bild, Rand einer an das Meer grenzenden Felsenschlucht, hier und da große Druidensteine, im Hintergrund ein die Schlucht überbrückender Baumstamm; finstere Nacht: Hoël und Corentin haben, dem Glockenton der Ziege folgend, den Rand einer finstern Schlucht erreicht. Während sich Hoël entfernt, um das Gelände zu erkunden, tritt Dinorah aus der Dunkelheit zu dem angstschlotternden Corentin. Sein Reden von einem Schatz weckt bei ihr die Erinnerung an eine alte Legende, in der es heißt: »Wer den Schatz zuerst berührt, stirbt in einem Jahr.« Sofort begreift Corentin, was Hoël mit ihm vorhat. Als dieser zurückkehrt (Dinorah ist inzwischen verschwunden), weigert sich der Sackpfeifer, als erster in die Schlucht hinabzusteigen. Nochmals erscheint Dinorah, was Corentin auf den Gedanken bringt, die arme Irre für die tödliche Aufgabe zu mißbrauchen. Mit lockenden Schilderungen versucht er sie zum Abstieg zu überreden, doch Dinorah, durch ein mit Macht losbrechendes Gewitter in heftige Erregung versetzt, nimmt Corentins Worte kaum wahr. Auf dem Höhepunkt des Unwetters ertönt das Glöckchen der Ziege, die auf dem Baumstamm die Schlucht überquert. Dinorah eilt ihr nach und verliert dabei ihr Halsband, an dem Hoël sie als seine Braut erkennt. Als sie sich über dem Abgrund befindet, spaltet ein Blitz den Stamm: Vor den Augen des entsetzten Hoël stürzt Dinorah in die Tiefe.
III. Akt, »Der Morgen«, ländliche Gegend; Sonnenaufgang: Das Gewitter hat sich verzogen. Hoël kommt mit Corentin; in seinen Armen hält er die ohnmächtige Dinorah, deren Sturz von einem Baum aufgehalten wurde. Er legt sie an jener Stelle nieder, an der vor einem Jahr das Unwetter über die Prozession hereinbrach. Von Reue übermannt, daß er um einer Chimäre willen seine Braut verlassen hat, sucht er sie ins Leben zurückzurufen. Als Dinorah die Augen aufschlägt, zeigt sich, daß der Schock die Geschehnisse des letzten Jahrs aus ihrem Bewußtsein getilgt hat: Sie glaubt, heute sei ihr Hochzeitstag, an dem sie in den Armen des Bräutigams aus einem bösen Traum erwa-

Le Pardon de Ploërmel, III. Akt; Angelo Romero als Hoël, Luciana Serra als Dinorah; Regie: Alberto Maria Fassini, Ausstattung: William Orlandi; Teatro Comunale, Triest 1983.

che. Der Erinnerungskreis schließt sich, als der Marienhymnus erklingt, der das Erscheinen der Prozession anzeigt. Während Dinorah zum Gebet niederkniet, bittet Hoël die anwesenden Bauern und Bäuerinnen, die Illusion seiner Braut nicht zu zerstören. In den Lobgesang einstimmend, ziehen beide mit zur Kapelle, in der nun endlich ihre Trauung stattfinden wird. Noch einmal fragt Corentin Hoël nach dem Schatz, doch dieser winkt ab: Dinorahs Liebe wiegt alles auf.

Kommentar: *Le Pardon de Ploërmel* stellt den originellen Versuch dar, das alte »Pastorale« mit den avancierten Mitteln der zeitgenössischen Operndramaturgie, wie sie nicht zuletzt von Meyerbeer selbst entwickelt worden waren, zu erneuern und damit zugleich als Gattung zu reflektieren: Im verfremdenden Spiel mit den überlieferten Topoi verwandelt sich die klassische Helle der »Idylle« in das romantische Dunkel des »Nachtstücks«. Das Naturphänomen des Tag-Nacht-Gegensatzes erhält hier eine religiöse und eine psychische Dimension. Zum einen spiegelt sich in ihm die Konfrontation von Marienkult und Dämonenglauben: Im Unwetter, das über die Prozession hereinbricht und Dinorahs bürgerliche Existenz vernichtet, schließlich während des nächtlichen Gewitters im »val maudit«, das Dinorahs Leben bedroht, entfesseln die bösen Geister ihre zerstörerische Macht; erst der Sonnenaufgang am nächsten Morgen und das abermalige Erscheinen der Prozession bannen den Spuk und stellen die Ordnung in Natur und Gesellschaft wieder her. Zugleich fungieren Tag und Nacht als psychische Metaphern: Der durch die Katastrophe ausgelöste Schock stürzt Dinorah in geistige »Umnachtung«, aus der sie im Licht der Erinnerung als Geheilte wieder erwacht. Dabei bedeutet Heilung lediglich die Restitution eines »empfindlichen Gleichgewichts« der seelischen Kräfte durch Verdrängung des Schrecklichen in den Bereich des Traums, was dem Lieto fine die Spuren fortdauernder Gefährdung aufdrückt. Beide Sphären berühren sich in der bewußtlosen Kreatur, deren Symbol die Ziege ist: Innerhalb des Plans der dämonischen Mächte soll eine geheimnisvolle Ziege den Weg zum Schatz weisen; tatsächlich ist es dann die Ziege Bellah, Dinorahs freundliche Begleiterin, die Hoël zu seinem wirklichen Schatz, Dinorah, führt. Wird Magie auch in Zweifel gezogen, so doch keineswegs rational entzaubert; das Spiel mit den Versatzstücken der romantischen Oper bedeutet ihre Neuschöpfung im Medium der Ironie. So erscheint durch die komische Kontrastfigur des geistergläubigen Corentin das Phantastische nicht aufgehoben, vielmehr nach innen gewendet: Mögen die Dämonen sich auch aus der realen Welt zurückgezogen haben, so wirken sie doch um so mächtiger in Träumen und Halluzinationen. – Die Konzeption des Librettos, die maßgeblich auf den Komponisten selbst zurückgeht, kommt den artifiziellen Tendenzen des Meyerbeerschen Spätstils in besonderer Weise entgegen. Als Exempel eines musikalischen Neumanierismus bezeichnet das Werk den Höhe- und Endpunkt einer Entwicklung, die mit

Le Pardon de Ploërmel; Adelina Patti als Dinorah; Covent Garden, London. – Zwischen 1869 und 1884 trat Patti in 37 Vorstellungen an der Covent Garden Opera als Dinorah auf. Deren »Schattenarie«, der virtuose Höhepunkt der Partie, knüpft an einen Szenentypus des zeitgenössischen Balletts an, den von Fanny Cerrito in Perrots *Ondine* (1843) kreierten »Schattentanz«.

L'Africaine (1865) nicht mehr fortgesetzt, vielmehr teilweise zurückgenommen wird. Dramatisches Zentrum der Oper ist Dinorahs große Szene im II. Akt, die aus drei kontrastierenden, textlich und musikalisch stringent aufeinander bezogenen Nummern besteht: einer melancholisch-pittoresken Romanze (»Le vieux sorcier«), einem exaltiert-virtuosen Rondo (»Ombre légère«, der sogenannten »Schattenarie«) sowie einem als Motivmontage gestalteten Melodram (»Ah! voilà Hoël! Donne ton bras et partons!«), das nicht nur durch thematische Rückverweise mit den andern Nummern verbunden ist, sondern darüber hinaus als eine Art »Traumprotokoll« dramaturgisch die Brücke zwischen den beiden Katastrophen herstellt. Als Kabinettstücke hintergründiger Komik bestechen Corentins Couplets durch rhythmische, harmonische und instrumentale Bizarrerien (»Dieu nous donne à chacun en partage«, I. Akt; »Ah! que j'ai froid«, II. Akt). Die Schatzarie Hoëls (»O puissante magie«, I. Akt) bietet eine Charakterstudie dämonischer Besessenheit, dessen Ausdrucksambivalenzen der Komponist mit vorweggenommenen Nélusko-Tönen *(L'Africaine)* ausstattet. Unter den satztechnisch meisterhaften Ensembles ragt das »Terzettino de la clochette« (»Ce tintement que l'on entend«, I. Akt) heraus, das mit der Simultanität von Donnergrollen und Glöckchenton ein

Beispiel für die ins Extrem gesteigerte Spaltklanginstrumentation bietet. In einem Augenblick, da sich Opéra-comique wie Grand opéra dem Gefühlskult des Drame-lyrique zu öffnen begannen, mußte die kühle Intellektualität dieses »Freischütz à l'aquarelle« (Arthur Heulhard) befremdend wirken. Zu seiner Zeit allenfalls Offenbachs geistreichen Causerien vergleichbar, erweist sich *Le Pardon de Ploërmel* als Vorläufer von Ravels ironisch verfremdeter Idyllenrekonstruktion *L'Enfant et les sortilèges* (1925).

Wirkung: Seine letzte abgeschlossene Oper brachte dem Komponisten zwar erneut einen großen und dauerhaften Erfolg, trug ihm jedoch insgesamt eher distanzierte Bewunderung als spontane Zustimmung ein. Begeistert akklamiert wurden die drei Hauptdarsteller: Cabel für ihre equilibristisch-virtuose Interpretation der Dinorah, Sainte-Foy für seine sängerisch wie schauspielerisch gleichermaßen überzeugende Charakterstudie des Corentin, Jean-Baptiste Faure für seine faszinierende Bühnenpräsenz als Hoël, Meyerbeers erste große Baritonrolle. In anspruchsvollen, jeweils mit einer charakteristischen Solonummer ausgestatteten Nebenrollen wirkten Barrielle als Jäger und Victor Alexandre Joseph Warot als Schnitter. Den Charakter des Sensationellen hatte die in den Bühnenbildern Edouard Désiré Joseph Désplechins und Chérets entworfene Mise en scène im 2. Finale, mit deren komplizierter Technik Joseph und Wilhelm Karl Mühldorfer betraut worden waren. Die Kritik äußerte geteilte Bewunderung über die Originalität der magistralen Partitur, während sie dem Libretto, als dessen maßgeblichen Koautor niemand Meyerbeer vermutete, ebenso einhellig Unverständnis, wenn nicht Spott entgegenbrachte. Während der ersten Serie von 87 Aufführungen bis 1860 kam es zu Umbesetzungen unter anderm für Dinorah mit Mme. Monrose und für Hoël mit der Contraltistin Palmyre Wertheimber. Wiederaufnahmen an der Opéra-Comique gab es 1874 (Zina Dalti, Paul Lhérie, Jacques Bouhy), 1881 (Dinorah: Marie van Zandt), 1886 (Cécile Merguiller), 1896 (Jane Marignan) und zuletzt 1912 (Marianne Nicot-Vauchelet, Maurice Capitaine, Henri Albers). – Noch positiver als in Paris war die Aufnahme des Werks an Covent Garden London (als *Dinorah*), wo Carvalho die ihr zugedachte Titelrolle interpretierte (Corentin: Italo Gardoni, Hoël: Francesco Graziani, später Faure). Wie schon im Fall von *L'Etoile du nord* (1854) hatte Meyerbeer die gesprochenen Dialoge durch Rezitative ersetzt, darüber hinaus die Rolle des Hirten (Constance Nantier-Didiée) durch eine technisch anspruchsvolle Canzonetta (II/1) aufgewertet. Kurzzeitig kam es an Covent Garden auch zu englischsprachigen Aufführungen (Übersetzung: Henry Chorley) der Pyne-Harrison Opera Company mit Louisa Pyne und Euphrosyne Parepa als Dinorah sowie Charles Santley als Hoël. 1862 erlebte London die junge Adelina Patti als Dinorah, deren vokale Perfektion neue Maßstäbe setzte. Während zweier Jahrzehnte trat sie immer wieder in dieser Rolle in London auf, mit wechselnden Partnern, zumeist aber in der Standardbesetzung mit Sofia Scalchi, Alessandro Bettini und Santley. Neben und nach Patti sangen Dinorah unter anderm Ilma di Murska, Marcella Sembrich und Ella Russell; als Hoël wirkten unter anderm Victor Maurel, Jean-Louis Lassalle, Antonio Cotogni und Francisco d'Andrade. Außerhalb des französischen Sprachraums, nicht nur in London, wurde die Oper fast ausschließlich in der 2. Fassung aufgeführt. Um 1900 war sie zum Favoritstück der großen Sängerinnen vom »soprano lirico-leggero«-Fach geworden: außer den bereits genannten Angela Peralta (Venedig 1875), Betty Frank (Prag 1891), Luisa Tetrazzini (Madrid 1896, Manhattan Opera New York 1908), Regina Pinkert (Neapel 1900, Buenos Aires 1904 mit Giuseppe De Luca als Hoël, Dirigent: Arturo Toscanini) und María Barrientos (Mailand 1904). Bald nach 1900 brach die Aufführungstradition ziemlich abrupt ab; Einstudierungen für Amelita Galli-Curci in Chicago 1917 und 1923 (Hoël: Giacomo Rimini) und New York 1925 (De Luca) sowie für Clara Clairbert in Brüssel 1932 (Corentin: André D'Arkor, Hoël: Emile Colonne) wurden lediglich als Konzessionen an die Virtuosität von Primadonnen gewertet. Die für lange Zeit letzte Inszenierung gab es in Brüssel 1953 (Giulia Bardi, Francis Bartel, Gilbert Dubuc). Das Signal für eine Wiedergewinnung des Werks setzte erst die philologisch akribische Schallplatteneinspielung der vollständigen Oper in der 2. Fassung durch Opera Rara London 1979 (Deborah Cook, Alexander Oliver, Christian Du Plessis; Dirigent: James Judd); ihr folgte eine musikalisch hochrangige Aufführung in Triest 1983 (Luciana Serra, Max René Cosotti, Angelo Romero / Brian Kemp; Dirigent: Baldo Podić), für die Alberto Maria Fassinis Regie und William Orlandis an der Uraufführungsinszenierung orientierte Ausstattung einen historisierenden Rahmen schufen.

Autograph: Verbleib unbekannt. **Ausgaben:** Part: Brandus, Dufour, Paris [1859], Nr. 10.100, Faks.-Nachdr.: Garland, NY, London 1981 (Early Romantic Opera. 23.); B&B, Nr. 10.100; Kl.A: Brandus, Dufour, Paris [1859], [1874], Nr. 10.104; Kl.A, frz./dt. Übers. v. J. C. Grünbaum: B&B [1859], Nr. 4501-22; Kl.A, dt./ital.: B&B [um 1860], Nr. 4870; Kl.A, engl./ital.: Boosey, London [um 1860]; Kl.A, ital./engl. Übers. v. H. F. Chorley: London [1861]; dass., hrsg. A. Sullivan, J. Pittman: Bo&Ha [1872] (Royal Ed. of Operas); Kl.A: Brandus, Paris 1885; Benoît, Paris 1885; Textb.: Paris, Lévy frères 1860, Faks.-Nachdr. in: Part Garland [s. o.]; Textb., dt. v. J. C. Grünbaum: B&B [1860]; Paris, Calmann-Lévy 1882; Textb., 2. Fassung: London, Davidson; Ricordi [um 1900]; Textb., dt. v. J. C. Grünbaum, hrsg. C. F. Wittmann: Lpz., Reclam [um 1900] (rub. 4215.). **Aufführungsmaterial:** Weinberger, Salabert, Ricordi

Literatur: H. BERLIOZ, [Rez.], in: Journal des débats, 10.4. 1859; M. SCOTT, G. M., in: [Bei-H. d. Schallplattenaufnahme Opera Rara 1980]; H. SCHNEIDER, Die Bearbeitungen des ›Pardon de Ploermel‹ von G. M. im Jahre der Uraufführung, in: Festschrift Heinz Becker zum 60. Geburtstag am 26. Juni 1982, hrsg. J. Schläder, R. Quandt, Laaber 1982, S. 152–161; A. GIER, Terzett mit obligater Ziege. G. M.s romantische Oper ›Dinorah‹, in: Neue Zürcher Zeitung, 30./31.5. 1987, S. 69; J. K. LAW, M.'s Variations on a Theme by Laurence Sterne; or, Why a Goat?, in: Opera Journal 22:1989, Nr. 4, S. 3–8; weitere Lit. s. S. 113

Sieghart Döhring

L'Africaine
Opéra en cinq actes

Die Afrikanerin
5 Akte (6 Bilder)

Text: Augustin Eugène Scribe. **Endbearbeitung der Partitur:** François Joseph Fétis
Uraufführung: 28. April 1865, Opéra, Salle de la rue Le Peletier, Paris
Personen: Don Pédro, Präsident des Rats des Königs von Portugal (B); Don Diégo, Admiral, Mitglied des Rats (B); Inès, seine Tochter (S); Vasco de/da Gama, Marineoffizier (T); Don Alvar, Mitglied des Rats (T); der Großinquisitor von Lissabon (B); Nélusko, Sklave (Bar); Sélika, Sklavin (S); der Oberpriester des Brahma (B); Anna, Begleiterin der Inès (S); ein Ratsdiener (T); ein Priester (T); 4 Matrosen (2 T, 2 B); 8 Bischöfe (8 B); ein Diener (stumme R). **Chor, Statisterie:** Mitglieder des Rats des Königs von Portugal, Ratsdiener, Wachen der Admiralität, Marineoffiziere, portugiesische Gefangene, Matrosen, Soldaten, Gefolge Inès', Priester des Brahma, Inder und Inderinnen verschiedener Kasten, madegassische Brahminen beiderlei Geschlechts, Portugiesinnen, Bajaderen, Volk. **Ballett:** Priesterinnen, Brahminen, die weibliche Wache, Jongleure, Krieger, die Königin, Inderinnen
Orchester: 4 Fl (2 auch Picc), 2 Ob, 2 E.H, 2 Klar, 2 B.Klar, 4 Fg, 4 Hr, 2 Hr à pistons, 2 Cornets à pistons, 2 Trp, 2 Trp à pistons, 2 Pistons, 3 Pos, Ophikleide, 3 Pkn, Schl (gr.Tr, Bck, Trg, Tr, MilitärTr, Tamtam, Glsp), 4 Hrf, Streicher; BühnenM hinter d. Szene: 2 Fl, 2 Klar, 2 Fg, 2 Hr à pistons, 2 Hrf, Kanone; auf d. Szene: 2 kl. SaxHr in D, 4 S.SaxHr, 4 A.SaxHr, 4 T.SaxHr, 2 SaxHr baryton, 4 Trp, 6 B.SaxHr, Bck, Trg, MilitärTr, Glocke in f'
Aufführung: Dauer ca. 4 Std. – Ballett und Tänze im IV. Akt.

Entstehung: Die erste Beschäftigung mit dem Werk fällt in den Anfang von 1837, also in jene fruchtbare Zeit, da Meyerbeer, vom Erfolg der *Huguenots* (1836) beflügelt, eine ganze Reihe neuer Pläne entwarf und teilweise auch schon ihre Ausführung in Angriff nahm. Zunächst stand ohne Zweifel das Projekt *Les Anabaptistes* im Vordergrund, aus dem später *Le Prophète* (1849) erwachsen sollte. Doch Unzufriedenheit mit dem Szenario, das Ende 1836 vorlag, veranlaßte Meyerbeer, dies Vorhaben zugunsten eines anderen zurückzustellen: einer Oper mit exotischem Sujet und mit einer weiblichen Hauptrolle, als deren Interpretin er sich Marie-Cornélie Falcon dachte, die ausdrucksstarke Valentine aus den *Huguenots*. Am 24. Mai 1837 unterzeichneten Meyerbeer und Scribe den Kontrakt über die neue große Oper *L'Africaine*; das Libretto sollte in drei Monaten, die Partitur in drei Jahren abgeschlossen sein. Ob Meyerbeer bereits zu diesem Zeitpunkt mit der Komposition begann, ist nicht bekannt, jedenfalls wandte er sich im Sommer 1838 wieder von dem Projekt ab, zum einen, weil er erkennen mußte, daß die von einer schweren Stimmkrise betroffene Falcon auf absehbare Zeit nicht zur Verfügung stehen würde, zum andern, weil ihm gegenüber dem Libretto künstlerische Bedenken gekommen waren, und kehrte statt dessen zu *Le Prophète* zurück. Was die Zweifel an *L'Africaine* erweckte, läßt sich aufgrund von Szenario und Libretto, beide von 1837, vermuten (ausführliche Handlungsbeschreibung nach dem Szenario bei Christhard Frese, S. 219–226, nach dem Libretto bei John Howell Roberts, S. 89–92, s. Lit.): Die Geschichte von der unglücklichen Liebe der afrikanischen Königstochter Gunima (so im Szenario; im Libretto Sélica [sic]) zum portugiesischen Seeoffizier Fernand, dessen Gegenliebe sie nicht zu erwecken vermag und den sie schließlich an seine ursprüngliche und wirkliche Geliebte verliert, die Gouverneurstochter Estrelle (Vizekönigstochter Inès), woraufhin sie den tödlichen Blütenduft des Manzanillobaums einatmet, diese Geschichte konnte nach *Robert le diable* (1831) und *Les Huguenots* nicht anders denn als Rückfall in die Konventionen der älteren Oper erscheinen. Meyerbeers Randglossen und Änderungsvorschläge im Szenario zeigen, daß er diese Schwäche erkannt hatte und offensichtlich bestrebt war, das Sujet um historische Züge (etwa den Gegensatz Christen/Mauren im I. Akt) zu bereichern, doch blieb die Grundstruktur der Privathandlung davon unberührt. Ein durch Zusammenfassung der ersten beiden Akte entstandenes vieraktiges Libretto Scribes und Germain Delavignes von 1838 und eine abermalige, nun wieder fünfaktige, Version Scribes von 1843 bilden weitere Stationen einer von seiten Meyerbeers wohl nur halbherzig betriebenen Auseinandersetzung mit dem Projekt, denn in verschiedenen privaten Äußerungen aus dieser Zeit stellte der Komponist unmißverständlich klar, daß er Text und Musik der *Africaine* für weit geringer achte als die des *Prophète* und daß er nach einer so langen Zeit des Schweigens unbedingt mit diesem Werk an die Opéra zurückzukehren gedenke. So ließ er denn die provisorisch abgeschlossene *Vecchia Africana*, wie er diese Version später nannte, zunächst liegen, zumal seine Verpflichtungen als preußischer Generalmusikdirektor ihn immer mehr in Anspruch nahmen. Erst nach Abschluß des *Prophète* konnte die Frage nach der Wiederaufnahme beziehungsweise gründlichen Umgestaltung des alten Projekts erneut gestellt werden. Ob die für Ende 1849/Anfang 1850 nachweisliche Beschäftigung Meyerbeers mit Luís de Camões' Epos *Os Lusíadas* (1572) und mit zeitgenössischer Reiseliteratur über Indien seinen Blick auf die Gestalt des portugiesischen Seehelden und Indienfahrers Vasco da Gama als neuen Protagonisten seiner alten Oper lenkte oder ob diese Entscheidung bereits der Lektüre vorausging, muß offenbleiben. Jedenfalls nahmen Meyerbeer und Scribe im Herbst 1850 ihre Diskussion über das Werk wieder auf. In einem Brief vom 27. Okt. 1851 erinnerte Meyerbeer den Librettisten an sein früheres Versprechen, »das Stück auf ganz neue Grundlagen vor einen *historischen* und noblen Hintergrund zu stellen« (Heinz und Gudrun Becker, *Giacomo Meyerbeer. Ein Leben in Briefen*, S. 196,

s. Lit.). Scribe lieferte verschiedene Szenario- und Librettoentwürfe, die Meyerbeer mit »remarques générales« versah. Das umfangreiche Material erlaubt einen tiefen Blick in die Werkstatt des Musikdramatikers und zeigt einmal mehr den Komponisten als Initiator auch von Text und Szene. Teils beschreibend, teils argumentativ entwirft er für den Librettisten die Hauptlinien der Charaktere Vascos, Sélikas und Yorikos (Néluskos) sowie zentraler Situationen der Handlung (Ratssitzung, Adamastor-Ballade). Auf »ganz neue Grundlagen« freilich wurde *Vasco de Gama* (so der veränderte Titel des Werks) lediglich in den ersten beiden Akten gestellt, die dramaturgische Struktur der weiteren Akte dagegen blieb in den Grundzügen unangetastet. Im I. und II. Akt wechselte der Schauplatz von Cádiz beziehungsweise Sevilla nach Lissabon, im IV. und V. von einem Ort »nahe den Quellen des Niger und im Innern Afrikas«, wie es im Libretto der *Vecchia Africana* hieß, nach Indien; der Schauplatz des III. Akts, ein Schiffsdeck, wurde beibehalten. Eine Zeitlang verliefen die Arbeitskontakte zwischen Scribe und Meyerbeer recht intensiv, im Frühjahr 1852 kam es auch zu einem Treffen in Berlin, jedoch wurde das Projekt 1853 erneut zurückgestellt. In den folgenden Jahren flackerte des Komponisten Interesse für das Werk immer wieder kurzzeitig auf, etwa im Zusammenhang mit Plänen für die Besetzung der Hauptrollen, jedoch erhielten, abgesehen von einer kurzen Phase Ende 1857, als das Duett Vasco/Sélika (II. Akt) und zwei Arien Néluskos entstanden, andere Projekte Vorrang: die Opéras-comiques *L'Etoile du nord* (1854) und *Le Pardon de Ploërmel* (1859), die Musik zu Ange-Henri Blaze de Burys Schauspiel *La Jeunesse de Goethe ou L'Etudiant de Strasbourg* (1860–62, unaufgeführt), die dreiaktige Grand opéra *Judith* (1854–58, unvollendet, Text: Scribe) sowie zahlreiche kleinere Gelegenheitswerke. Die 1860 gerade wiederaufgenommene Arbeit an *Vasco* wurde bald darauf unterbrochen durch Scribes Tod am 20. Febr. 1861. Charlotte Birch-Pfeiffer trat an Scribes Stelle und verfertigte nach Meyerbeers Anweisungen Änderungen und Ergänzungen in deutschen Versen, die Julius Duisberg ins Französische übertrug. Die Zusammenarbeit dauerte bis zum vorläufigen Abschluß der Partitur an (29. Nov. 1863). Noch in dieser Phase wurden bedeutende dramaturgische Eingriffe vorgenommen, darunter die Eliminierung des Sklavenmarkts im I. Akt und, als Folge davon, die Einfügung des Sélika/Nélusko-Auftritts in die Ratsszene sowie die Neumotivierung der Liebesszene Sélika/Vasco im IV. Akt durch den Liebestrank. Nachdem Meyerbeer im Sept. 1863 seine Entscheidung über die Besetzung der Hauptrollen gefällt hatte, begab er sich zur Arbeit mit den Sängern nach Paris. Als er wenige Wochen nach Probenbeginn überraschend starb, war die Partitur bis auf das Ballett abgeschlossen, was jedoch angesichts der Gewohnheit des Komponisten, erst während der Proben und auf der Grundlage der durch sie gewonnenen Erfahrungen die definitive Werkgestalt festzulegen, noch eine Fülle musikalischer und dramaturgischer Probleme offenließ. – Nach vertraglicher Klärung komplizierter Rechtsfragen zwischen der Direktion der Opéra und den Witwen Meyerbeers und Scribes unternahm es der belgische Musikwissenschaftler Fétis (in Textfragen assistiert von Camille Du Locle, Delavigne, Mélesville und Marie Joseph François Mahérault), aus dem zu umfangreichen Partiturmaterial eine spielbare Fassung anzufertigen. Der verantwortungsvollen Aufgabe hat er sich mit Kompetenz und Geschmack gestellt und einen insgesamt akzeptablen Kompromiß zwischen dem oft nur zu vermutenden künstlerischen Willen Meyerbeers und aufführungspraktischen Notwendigkeiten erreicht (vgl. Vorwort zum Klavierauszug, s. Ausg.). Für das obligate Ballett arrangierte er zwei gestrichene Nummern: eine Variante der Schlummerarie Sélikas (II. Akt) und »Ronde bacchique« der Matrosen (III. Akt). Lediglich von Fétis hingenommen, aber nicht gebilligt wurde die Verlegung einer Duettpassage Sélika/Nélusko aus dem III. in den V. Akt, um dem Auftritt Néluskos in der Schlußszene stärkeres Gewicht zu verleihen. Hingegen setzte sich Fétis mit dem Vorschlag durch, anstelle von *Vasco de Gama* den alten Titel *L'Africaine* zu restituieren. Durch die Beibehaltung der historischen Figur des Vasco sowie des Brahmakults ergaben sich irreparable Ungereimtheiten in der Handlung, wie die unterschiedlichen Schauplatzangaben für den IV. und V. Akt im gedruckten Libretto (s. u.), im Klavierauszug (»eine Insel an der Ostküste Afrikas«) und in der Partitur (»eine Insel des indischen Archipels«) bezeugen. Erst zu diesem Zeitpunkt wurden auch der Name Yoriko in Nélusko geändert, der Name Zanguebar für den Oberpriester gestrichen und die definitive Schreibweise von Sélika eingeführt. – Wie für alle späteren Opern Meyerbeers gibt es auch für *L'Africaine* keine unmittelbare textliche Vorlage, doch lassen sich für einzelne stoffliche Motive literarische Quellen nachweisen, so für die Gestalt des Meeresriesen Adamastor (Ballade Néluskos, III. Akt) Camões' Epos und für Sélikas Liebestod unter dem legendären Manzanillobaum (V. Akt) Charles Millevoyes Elegie *Le Mancenillier* (in: *Elégies*, Paris 1812) und Alexandre Dumas' d. Ä. gleichnamiges Gedicht (1829).

Handlung: In Lissabon und auf einer Insel im Indischen Ozean, Ende des 15. Jahrhunderts.

I. Akt, der Ratssaal des Königs von Portugal in Lissabon; im Hintergrund und an den Seiten Türen, rechts auf einem Podest der Sessel des Präsidenten, zu beiden Seiten die Sitze der Räte: Die Admiralstochter Inès wartet sehnsüchtig auf die Rückkehr ihres Geliebten Vasco de Gama, der seit zwei Jahren schon als Diaz' Offizier auf einer Entdeckungsfahrt zum Kap der Guten Hoffnung fern von Portugal weilt. Ihre Zuversicht weicht blankem Entsetzen, als sie von ihrem Vater erfährt, daß sie nach seinem und dem Wunsch des Königs Don Pédro heiraten soll, und ihr zugleich die Nachricht überbracht wird, daß Diaz und seine Begleiter, unter ihnen Vasco, Opfer eines Schiffbruchs geworden sind. Vasco konnte sich indes als einziger retten und erscheint nun vor dem Rat des

Königs von Portugal mit der Bitte, ihm ein Schiff anzuvertrauen, um die Expedition, bei der er ein jenseits von Afrika gelegenes Land zu entdecken hofft, fortsetzen zu können. Zum Beweis der Existenz eines noch unbekannten Volks präsentiert er Sélika und Nélusko, Sklaven, die er in Afrika erwarb. Die Abstimmung des Rats fällt jedoch zu seinen Ungunsten aus. Kaum hat Vasco die Abweisung vernommen, zeiht er wutentbrannt die versammelten Ratsmitglieder des Obskurantismus, worauf er vom Großinquisitor mit dem Bannfluch belegt und zu lebenslangem Kerker verurteilt wird.

II. Akt, Gefängnis der Inquisition in Lissabon; links im Hintergrund eine Bank, in der Mitte ein Pfeiler mit einer geographischen Karte: Der zusammen mit seinen Sklaven eingesperrte, tief schlafende Vasco gibt im Traum den Namen seiner Geliebten, Inès, preis. Voll Wehmut singt ihm Sélika, die in Liebe zu ihm entflammt ist, nun jedoch alle Hoffnungen fahren sieht, ein Schlummerlied und beugt sich über ihn zu einem Kuß. Nélusko, der seinerseits Sélika liebt, wird Zeuge des zärtlichen Augenblicks und beschließt, ohnehin von Haß auf den Christen erfüllt, Vasco zu töten. Dies kann Sélika im letzten Moment verhindern. Auf der Landkarte zeigt sie Vasco den sicheren Weg in die Heimat; dankbar schließt er sie in seine Arme. Noch während Vasco Sélika umschlungen hält, betreten Inès und Pédro das Gefängnis, so daß es zu einem verstörenden Mißverständnis kommt: Inès glaubt, Vasco sei in Sélika verliebt; Vasco deutet Inès' vermeintliche Kälte als Zeichen der Entfremdung. Als Vasco Inès' Mißtrauen spürt, überläßt er ihr Sélika als Treuebeweis. Zeigt sich diese ob Vascos eigensüchtiger Tat verzweifelt, gerät jener außer Fassung, als er erfahren muß, daß Pédro vom König den Auftrag zur Expedition, Vascos Pläne und Karten nutzend, erhalten und Inès, als Bedingung für seine Freilassung, in die Ehe mit Pédro eingewilligt hat.

III. Akt, ein Schiff; das zweite Deck geteilt in zwei Räume, auf der einen Seite Inès', auf der andern Pédros Zimmer: Pédros Schiff befindet sich auf hoher See. An Bord sind außer Matrosen, Offizieren und dem Ratsmitglied Don Alvar auch Inès mit ihrem Gefolge und Sélika, außerdem Nélusko, der sich Pédro als Steuermann angedient hat. Bei Sonnenaufgang vollzieht sich das Weckritual mit Glockengeläut, Morgengesängen und Gebeten. Alvar bekundet Pédro tiefes Mißtrauen gegenüber Nélusko, unter dessen Kommando schon zwei Schiffe verlorengegangen sind. Alvar täuscht sich nicht, denn in der Tat plant Nélusko, der zeichenhaft die Legende von Adamastor, dem Riesen der Stürme, vorträgt, das Schiff auf falschem Kurs gegen die Felsen zu lenken und so sein Volk an den Christen zu rächen. Pédro schenkt Alvar jedoch sowenig Gehör wie Vasco, der mit einem eigenen Schiff nachgekommen ist und nun ebenfalls auf den sicheren Untergang hinweist. Er warnt nicht nur vor den Felsen, denen schon Diaz zum Opfer fiel, sondern auch vor den kriegerischen Eingeborenen. Pédro, der eifersüchtig erkennt, daß Vascos Sorge vor allem Inès gilt, läßt den Widersacher nach heftigem Disput gefangennehmen und befiehlt seinen Tod. In höchster Not richtet Sélika die Waffe auf Inès und droht, sie zu ermorden, sollte Vasco sterben. Pédro gibt nach, übt jedoch grausame Rache an Sélika, deren Ermordung er von Nélusko verlangt. Da Nélusko sich weigert, entschließt sich Pédro, beide Sklaven eigenhändig zu töten. In diesem Moment bricht der Sturm los, und das Schiff zerschellt am Fels. Inder stürzen an Bord, wo Nélusko sie willkommen heißt: Keinem der Europäer soll Schonung zuteil werden. Vor der ohnmächtigen Sélika, die Nélusko als ihre Königin vorstellt, knien die Inder ehrfürchtig nieder.

IV. Akt, links der Eingang zu einem indischen Tempel, rechts ein Palast, im Hintergrund prächtige Denkmäler: Mit einem feierlichen Ritual wird Sélika in ihrer Heimat empfangen und ihr der Schwur auf das Gesetz abgenommen, das die sofortige Tötung jedes Fremden verlangt. Alle Portugiesen, mit Ausnahme der Frauen und eines Gefangenen, der im Schiffsgrund in Ketten gefunden wurde, sind Opfer des Massakers geworden. Die Frauen beabsichtigt man zum Manzanillobaum zu führen, dessen Gift sie erst betäuben, dann töten soll. Der Gefangene ist, wie Sélika heimlich hoffte, niemand anders als Vasco, der mit verhaltener Faszination die Natur des »wunderbaren Lands« auf sich wirken läßt. Der Forderung der Priester, den Fremden augenblicklich zu töten, gebietet Sélika mit der Behauptung Einhalt, dieser sei ihr

L'Africaine, II. Akt; Gabrielle Krauss als Sélika; Regie: Adolphe Mayer, Bühnenbild: Jean-Emile Daran, Kostüm: Pierre Eugène Lacoste; Opéra, Paris 1877. – Nadars Photographie deutet durch die Pose dekorativer Fremdheit, mit der sie die Protagonistin ins Bild setzt, das Exotische der Figur ins Effektvoll-Theatralische um.

Gatte, was Nélusko bezeugen könne. Schweren Herzens, da Sélikas Tod unausweichlich scheint, sollte er widerrufen, bestätigt Nélusko die Ehe und rettet damit nach Landesrecht Vascos Leben. Entsprechend den Gesetzen wird die Ehe nun auch nach hindustanischem Ritual vollzogen. Der Oberpriester des Brahma reicht Vasco und Sélika einen heiligen Trank, der Vasco in rauschhaften Zustand versetzt. Sélika, die Vasco lediglich vor dem Tod bewahren, ihm jedoch nicht die Freiheit nehmen wollte, weist auf Vascos Schiff, dessen Besatzung ihn voll Ungeduld erwarte. Doch Vasco denkt nicht an Flucht, sondern einzig an Sélika, als deren Gatte er sich emphatisch erklärt. Sélika wiegt sich in ihrem Glück, das durch Vascos Schwur, seine alte Liebe zu vergessen, vollkommen scheint. Der Oberpriester segnet das Paar, die Braut wird geschmückt und ihr mit Tänzen gehuldigt. Den aus der Ferne ertönenden Abschiedsgesang von Inès und den Portugiesinnen deutet Vasco als Erscheinung von Inès' Schatten zum letzten Lebewohl.

V. Akt, 1. Bild, die Gärten der Königin mit tropischen Bäumen, Blumen und Früchten; links der Eingang zum Palast: Inès konnte sich als einzige vor dem Gift des Manzanillobaums retten und begegnete auf ihrer Flucht Vasco. Von Sélika in aufflammender Eifersucht zur Rede gestellt, glaubt Inès die Königin mit dem Bekenntnis beruhigen zu können, sie selbst werde den Bund achten, und auch Vasco sei entschlossen, seinen Schwur nicht zu brechen. Als Sélika bewußt wird, daß sie wohl Vascos Treue erzwingen kann, nicht hingegen seine Liebe, die, wie sie schmerzlich spürt, immer Inès gehören werde, erteilt sie Nélusko den Auftrag, Inès und Vasco auf das Portugieserschiff zu geleiten und sie selbst auf einem ins Meer ragenden Felsvorsprung zu erwarten. Der überglückliche Nélusko warnt vor dem Gift des Manzanillobaums, der sich in der Nähe des verabredeten Orts befindet. 2. Bild, ein Vorgebirge, das das Meer beherrscht; in der Mitte ein großer Baum: Sélika begibt sich unter den Manzanillobaum, von wo sie den Blick über das Meer schweifen läßt. Berauscht durch das Gift, wähnt sie, Vasco sei zu ihr zurückgekehrt. Ein Kanonenschuß, der die Abfahrt des Schiffs signalisiert, holt die Sterbende im Augenblick in die Wirklichkeit zurück. Als Nélusko ihr die Nachricht von der Abfahrt überbringt, gibt sie ihm ein letztes Zeichen des Abschieds und stirbt. Das Volk stürzt herbei, wagt sich indes nicht in die Nähe des Baums. Nélusko kniet regungslos vor Sélika nieder.

Kommentar: Daß Meyerbeers letzte Oper über äußere Ungereimtheiten der Handlung hinaus in ihrer Dramaturgie an zentraler Stelle einen Bruch aufweist, der sich vor allem auf die Figur Vasco de Gamas auswirkt, ist sogleich nach Erscheinen des Werks von sensiblen Kritikern empfunden, wenn auch nicht immer schlüssig begründet worden. So beruht etwa Eduard Hanslicks Sottise, Vasco werde »weniger zwischen zwei Welttheilen als zwischen zwei Frauen hin- und hergeworfen, von denen er stets diejenige liebt, mit welcher er sich gerade allein befindet« (*Meyerbeer. Mit besonderer Berücksichtigung seiner drei letzten Opern*, S. 146, s. Lit.), vordergründig auf einem Mißverständnis. Tatsächlich lassen nämlich Text und Szenenanweisungen nicht den geringsten Zweifel, daß Vasco ausschließlich Inès liebt und daß seine Beteuerungen von Zuneigung und Leidenschaft gegenüber Sélika lediglich Ausdruck überschwenglichen Danks (II. Akt) oder eines durch den Liebestrank ausgelösten Rauschs (IV. Akt) sind. Angesichts der theatralischen Evidenz beider Begegnungen Sélika/ Vasco als »Liebesszenen«, von der Musik auf suggestive Weise bekräftigt, erscheint es allerdings begreiflich, wenn nicht nur Hanslick ihre latente Zweideutigkeit nicht wahrzunehmen vermochte, zumal Vascos Bindung an Inès keinerlei sinnliche Vergegenwärtigung erfährt. Tatsächlich verläuft der Bruch, den Hanslick empfand, an einer andern Stelle, nämlich bereits innerhalb des Stücks, und zwar in einer Weise, die eine überzeugende dramatische Profilierung der Figur, die Meyerbeer sich bis zuletzt als Titelfigur vorstellte, unmöglich machte. Der visionäre Politiker und Entdecker sowie unerschrockene Kämpfer gegen Intoleranz und Obskurantismus, wie ihn die Akte I–III exponieren, wandelt sich in den Akten IV und V zum Abhängigen einer in Gefühlsillusionen verstrickten fremden Frau, den allein die Sorge um das Leben seiner Geliebten umtreibt. Äußerungen Meyerbeers während der Probenvorbereitungen lassen erkennen, daß er sich des Problems bewußt war und auf Abhilfe sann. In seinem Arbeitslibretto finden sich Texte für Alternativschlüsse »pour réhabiliter le caractère de Vasco«, darunter eine Version, nach der Vasco zur sterbenden Sélika zurückkehrt, um ihren Tod als notwendiges, wenn auch schmerzliches Opfer für seine politische Mission zu begründen: »Le Portugal dans l'Inde va régner.« Daß Meyerbeer versucht haben würde, für Vascos Abgang eine überzeugendere Lösung zu finden, kann man unterstellen, daß es ihm, zumal mit dieser oder einer ähnlichen Version, gelungen wäre, muß bezweifelt werden, denn die Verzeichnung von Vascos Charakter ließ sich nicht einfach durch einen zusätzlichen Auftritt beheben, beruhte sie doch auf dem Zusammenprall zweier unvereinbarer Werkkonzeptionen im Zuge der Umarbeitung der privaten Tragödie (*Vecchia Africana*) zum historischen Drama (*Vasco de Gama*). Die unter Gattungsaspekten zwar konventionelle, aber in sich geschlossene Ur-*Africaine* »vor einen *historischen* und noblen Hintergrund zu stellen«, wie es Meyerbeer mit der Neufassung beabsichtigte, hätte ein radikaleres Abrücken von der Vorlage erfordert, letztlich wohl ein völlig neues Werk zeitigen müssen. Zu dieser Konsequenz wollten sich Librettist und Komponist offenkundig nicht verstehen, zunächst vielleicht in der Absicht, möglichst viel Text und Musik aus der Urfassung zu »retten«. Das Ergebnis war ein Kompromiß, da die mit der Einführung Vasco da Gamas zunächst eröffnete weltgeschichtliche Perspektive im weiteren Verlauf der Handlung wieder verlassen wurde. Spätestens mit den Akten IV und V bewegt sich Vasco ganz und gar in den Spuren Fernands, seines Vorgängers aus der Urfassung. Anders als im *Prophète* treten historische und private Handlung nicht in ein produktives Spannungsverhältnis, das als Konflikt zwischen Geschichte und Individuum die Dramaturgie des Werks insgesamt bestimmt, vielmehr löst sich hier die historische Handlung quasi beiläufig in die private auf. Fragt man, was Meyerbeer gleichwohl bewogen haben könnte, nach *Le Prophète* ein derartiges Werk als »historische Oper« in Angriff zu nehmen, so bietet sich als Antwort vor allem der Stoff an. Das Geschehen aus der heroischen Frühzeit des Kolonialismus entfaltete neuartige politisch-gesellschaftliche Antagonismen, deren musikdramatische Umsetzung der Komponist als Herausforderung begriff. Wie immer vermied er es, die historischen Parteien in einen nur oberflächlich effektvollen Schwarzweißgegensatz zu stellen und hier die Fremden als »edle Wilde« zu idealisieren. Sowohl Portugal als auch »Indien« sind als totalitäre Machtstaaten gezeichnet, in denen die jeweiligen Hüter der Religion, der Großinquisitor und der Oberpriester des Brahma, ihr starres, allem Neuen abholdes Regiment führen. Auch die fremde Königin und ihr unheimlicher Diener sind schillernde Charaktere, wie Meyerbeer schon in den »remarques générales« von Scribe forderte: »l'impétuosité et la jalousie que le climat brûlant de sa patrie inspire aux passions« (Sélika); »un mélange de haine, de méchanceté et d'ironie contre tout chrétien« (Nélusko). Ihre spätere Großherzigkeit weist sie nicht als Vertreter der »nouveau monde« aus, sondern, durch die moralische Tat des Opfers ihres Lebens, als Angehörige einer universalen Menschheit. Auch wenn die mehrdeutige Überlieferung der Schlußszene verschiedene Interpretationsmöglichkeiten offenläßt, so steht doch zweifelsfrei fest, daß Sélikas Liebestod unter dem Manzanillobaum aus der Ur-*Africaine* als symbolischer Ausdruck von Weltentsagung auch der historischen Oper als Finale erhalten werden sollte. Bleiben der Beginn der Oper, die Ratssitzung in Lissabon als Ereignis imperialer Politik, und ihr intim-naturhafter Schluß auch dramaturgisch unvermittelt, so zeitigt dieser Bruch doch eine besondere inhaltliche Qualität als neuerlicher Ausdruck von Meyerbeers Geschichtspessimismus, der hier nicht, wie in *Les Huguenots* und *Le Prophète*, im historischen Diskurs, sondern in einem poetischen Bild in Erscheinung tritt. – Der im Vergleich mit den vorangegangenen Opern eher lyrische Charakter des Sujets vor allem in den letzten Akten veranlaßte den Komponisten, vielfach neue Wege zu gehen, die mitunter gar als Abkehr von früheren Prinzipien erscheinen. Abgesehen von der Ratsszene (I. Akt), die mit der Exposition von politischer und privater Handlung noch einmal das grandiose Flair der historischen Oper beschwört, hat das Tableau seine frühere dramaturgische Bedeutung eingebüßt und dient nur noch als Rahmen für Genreszenen (Seebild, III. Akt). Desgleichen beschränkt sich die für den *Prophète* so bedeutungsvolle Motivdramaturgie hier auf das zweimalige Zitat der Initiale von Inès' Ro-

L'Africaine, III. Akt; Regie: Hermann Bachmann, Bühnenbild: Hans Kautsky, szenisch-dekorative Einrichtung: Friedrich Brandt; Hofoper, Berlin 1916. – Der bühnentechnisch sensationelle Maschineneffekt einer zweimaligen Verschiebung der Dekoration als illusionistische Darstellung zunächst der Kursänderung, dann der Havarie des Schiffs wird im musikalisch-dramatischen Kontext zur optischen Metapher einer Reise in den Untergang.

manze »Adieu mon doux rivage« aus dem I. Akt, die als melodisches Emblem der »Ferne« jenen intimen Ton einbringt, der dem Werk insgesamt eignet. So entwickelte Meyerbeer, anknüpfend an frühere Versuche in dieser Richtung, wie Hoëls Romanze »Ah! mon remords te venge« (*Le Pardon de Ploërmel*, III. Akt), ein fließendes Melos von äußerlicher Schlichtheit, das freilich den Nuancen von Text und Szene auf sublime Weise nachspürt. Néluskos Kavatine »L'avoir tant adorée« (IV. Akt) sowie die beiden Duette Sélika/Vasco »Combien tu m'es chère« (II. Akt) und »O transports, ô douce extase« (IV. Akt) geben prägnante Beispiele für einen Melodietypus, zu dessen Habitus auch eine für Meyerbeer ungewöhnliche Homogenität des Satzes und der Instrumentation gehören. Nicht selten tritt ein »italianisierender« Ton hervor, der sich aber nicht wie im Frühwerk am Stil Gioacchino Rossinis orientiert, sondern an der Kantabilität der zeitgenössischen Italiener, vor allem Giuseppe Verdis, dessen künstlerischen Werdegang Meyerbeer seit den späten 40er Jahren aufmerksam verfolgte; später hat dann *L'Africaine* ihrerseits wieder auf Verdi, besonders *Aida* (1871), zurückgewirkt. Diese Bereicherung seines musikalischen Idioms nutzte Meyerbeer zur Intensivierung der lyrisch-kontemplativen Situationen; für die dramatischen Höhepunkte, aber auch für die psychologisch hintergründigen Momente der Handlung, etwa die Gefühlsambivalenzen Sélikas (Schlummerarie »Sur mes genoux«) und Néluskos (Arie »Fille des rois«, beide II. Akt), verfügte er nach wie vor über das gesamte Spektrum vokaler Ausdrucksmittel, wie er es in seinen früheren Opern zu hoher Vollkommenheit entwickelt hatte. Hier wie in Néluskos bizarr-dämonischer Ballade (»Adamastor, roi des vagues profondes«, III. Akt) kommt in begrenztem Maß auch stimmliche Virtuosität zu ihrem Recht, während sie ansonsten die Gesangslinie allenfalls facettiert, zumeist aber gänzlich fehlt. Vascos emphatischer Gruß an die »nouveau monde« (Arie »Pays merveilleux«, IV. Akt) läßt in der Perfektion der anscheinend frei ausschwingenden melodischen Linie den streng deklamatorischen Zuschnitt, und damit ihr französisches Erbe, fast vergessen. Die dramatische Summe des Werks wird in Sélikas Schlußmonolog gezogen, der in der völlig neuartigen Disposition jeden vorgegebenen Rahmen sprengt und nur noch ganz von fern die Herkunft aus der Tradition der Final- und Wahnsinnsarie verrät. Zur vollen Wirkung dürfte die Szene freilich erst in jener Gestalt kommen, die sich nach den Quellen als die ursprünglich gewollte abzeichnet und so wohl noch nie in einer Aufführung realisiert wurde. Dazu gehört vor allem die Beschränkung des Nélusko-Auftritts auf das dramaturgisch gebotene Minimum, die Eliminierung der unautorisiert eingefügten Duettpassage Sélika/Nélusko aus dem III. Akt, aber auch die Aufhebung zweier von Fétis vorgenommener Kürzungen: Die virtuose »O douce extase«-Episode vor dem Einsetzen der Vision erweitert das musikalische Spektrum ins ansonsten völlig fehlende Allegro, und die »O moment enchanteur«-Partie (das allmähliche Versinken in Todesschlaf) bringt den von der Situation her unerläßlichen Morendoschluß des Monologs vor dem Sphärenchor.

Wirkung: Als die in jahrzehntelanger Erwartung bereits zur Legende gewordene Oper endlich auf der Bühne erschien, konnte das Ereignis in künstlerischer wie in gesellschaftlicher Hinsicht nur den Charakter des Sensationellen tragen. Die Anteilnahme der musikalischen Öffentlichkeit, durch zahlreiche Vorberichte in der internationalen Presse angefacht, hatte eine noch nie dagewesene Höhe erreicht und provozierte die Gesellschaft des Second Empire zu ihrer wohl exaltiertesten Selbstdarstellung im Rahmen einer Opernpremiere. Die Aufführung in Anwesenheit von Kaiser Napoleon III. und seiner Frau Eugénie gestaltete sich zu einem postumen Triumph des Komponisten, dessen von Jean-Pierre Dantan verfertigte Büste man am Schluß auf der Bühne enthüllte. Auch modernste Technik wurde in den Dienst des Ereignisses gestellt: Während der Aufführung gingen stündlich telegraphische Berichte über die Aufnahme des Werks in die europäischen Hauptstädte. Von wenigen Ausnahmen abgesehen, feierte die Kritik *L'Africaine* als Meyerbeers »chef d'œuvre«, und so gut wie einhellig geriet auch das Lob für die glänzende Einstudierung (Dirigent: Georges-François Hainl, Regie: Alexis Colleuille), mit der die Opéra ihrem Ruf als führendes Opernhaus Europas einmal mehr gerecht wurde. Innerhalb des Sängerensembles hinterließen Marie-Constance Sass als Sélika, die man als große Tragödin und würdige Nachfolgerin Falcons feierte, sowie der gesanglich wie darstellerisch magistrale Jean-Baptiste Faure als Nélusko die stärksten Eindrücke, aber auch Marie Battu als Inès vermochte zu überzeugen; dagegen mußte sich Emilio Naudin als Vasco wegen seines italienischen Gesangsstils neben Lob auch Kritik gefallen lassen. Auch die Interpreten der zum Teil anspruchsvollen Nebenrollen, für die erfahrene Kräfte des Hauses aufgeboten waren, fanden Anerkennung: Victor Alexandre Joseph Warot (Alvar), Louis-Henri Obin (Oberpriester), Belval (Pédro) und Castelmary (Diégo). Von den Bühnenbildern, für die Auguste-Alfred Rubé, Philippe Chaperon, Charles-Antoine Cambon, Joseph François Désiré Thierry, Jean-Baptiste Lavastre und Edouard Désiré Joseph Desplechin verantwortlich zeichneten, zog das letzte mit dem Manzanillobaum wegen seiner Originalität die Bewunderung auf sich. Vielleicht aufgrund überspannter Erwartungen erzielten die mit ungeheurem personellen Aufwand ausgeführten Bühneneffekte des III. Akts (Kurswechsel und Havarie des Schiffs), resümiert man das Presseecho, einen eher enttäuschenden Eindruck; gleichwohl rechnete später Arthur Pougin (*Dictionnaire historique et pittoresque du théâtre*, Paris 1885, S. 523) dies Bild zu den Höhepunkten der Mise en scène an der Opéra. Die opulenten Kostüme schufen Paul Lormier und Alfred Albert; für die diesmal weniger wichtige Choreographie sorgte Arthur Saint-Léon. Während der nächsten Jahre blieb die Einstudierung eine Attraktion der Opéra. Nach dem Umzug in die Salle Garnier gab es dort 1877 eine Neuinszenierung (Sélika: Gabrielle Krauss, Vasco: Marius Salomon, Nélusko: Jean-Louis Lassalle; Dirigent: Charles Lamoureux), eine weitere 1902 (Vasco: Auguste Affre, Nélusko: Jean Noté). – Überall beeilten sich die Bühnen, die neue Erfolgsoper nachzuspielen. Den Anfang machte, wie so oft, noch 1865 Covent Garden London mit einer italienischsprachigen Aufführung (Übersetzung: J. Nicodemo), die mit Pauline Lucca als Sélika eine lange Zeit schon von Meyerbeer für diese Rolle favorisierte Sängerin vorstellte (Vasco: Theodor Wachtel, Nélusko: Francesco Graziani; Dirigent: Michael Costa). Im selben Jahr folgten an Covent Garden englischsprachige Aufführungen (Übersetzung: Charles Lamb Kenney) der Pyne-Harrison Opera Company (Sélika: Louisa Pyne). Ebenfalls 1865 erschien *L'Africaine* in Madrid (italienisch von Marco Marcelliano Marcello), Bologna (Nélusko: Graziani), Berlin (deutsch von Ferdinand Gumbert; Sélika: Lucca), Antwerpen, Brüssel (Vasco: Jean Morère), New York, Parma (Vasco: Giuseppe Capponi) und Den Haag; 1866 unter anderm in Wien (Sélika: Karoline Bettelheim, Nélusko: Johann Nepomuk Beck) und Mailand (Sélika: Antonietta Fricci, Vasco: Xavér Ferenc Stéger, Nélusko: Leone Giraldoni). Die schwedische Erstaufführung 1867 in Stockholm (Übersetzung: Ernst Wallmark; Sélika: Louise Michaëli, Nélusko: Fritz Arlberg) machte Theatergeschichte vor allem aufgrund der spektakulären Inszenierung des Schiffbruchs im III. Akt, die allgemein als der Pariser Uraufführung überlegen angesehen wurde (Regie: Ludvig Josephson, Bühnenbild: Fritz Ahlgrensson). Wie für andere Opern Meyerbeers entwickelte sich auch für *L'Africaine* im späten 19. Jahrhundert Covent Garden zur wichtigsten Bühne. Vor allem Luccas Darstellung der Sélika galt hier während zweier Jahrzehnte geradezu als Institution, neben ihr gaben herausragende Debüts Naudin (1866) und Pietro Mongini (1871) als Vasco, Antonio Cotogni (1867) und Victor Maurel (1874) als Nélusko. Den Höhe- und zugleich Schlußpunkt dieser Aufführungstradition setzte die von Luigi Mancinelli geleitete Einstudierung 1888 mit Lillian Nordica als Sélika, Lassalle als Nélusko sowie den Brüdern Jean und Edouard de Reszke als Vasco und Pédro. In gleicher Besetzung der Hauptrollen erschien das Werk 1892 an der Metropolitan Opera New York, wo man 1907 mit Olive Fremstad (Sélika), Enrico Caruso (Vasco) und Riccardo Stracciari (Nélusko) abermals die Spitzen des zeitgenössischen Meyerbeer-Gesangs vereinigte. Die im Vergleich zu den früheren großen Opern des Komponisten weitaus geringeren virtuosen Anforderungen der Rollen erleichterten ihre sängerische Aneignung zu einer Zeit, da ein vor allem an Kraft und Tonschönheit orientiertes neues Stimmideal sich mehr und mehr durchsetzte. Dies »moderne« Profil der Rollen dürfte wesentlich dazu beigetragen haben, daß *L'Africaine* als Sängeroper neuen Typs einen bevorzugten Platz im internationalen Repertoire behauptete und im 20. Jahrhundert zu Meyerbeers meistgespielter Oper avancierte. Wann immer es galt, herausragende Soprane, Tenöre oder Baritone des dramatischen Fachs in Glanzrollen vorzustellen, kam *L'africana* (auf international orientierten Bühnen gab man das Werk zumeist in italienischer Sprache) in die engste Wahl. Als vielleicht bedeutendste Sélika-Darstellerin um die Jahrhundertwende galt die stimmlich noch dem Falcon-Typ zugehörige Félia Litvinne, die mit dieser Rolle an zahlreichen Bühnen der Welt Triumphe feierte, unter anderm in Brüssel 1886, Paris 1889, New York 1897, Monte Carlo 1905, Paris (Gaîté-Lyrique) 1910. Neben und nach ihr profilierten sich in dieser Rolle neben andern Lucienne Bréval (Paris 1902), Ester Mazzoleni (Neapel und Mailand 1910) und Rosa Raisa (Buenos Aires 1915). Raisas Partner als Nélusko in dieser Aufführung (neben Amelita Galli-Curci als Inès und Bernardo De Muro als Vasco) war der phänomenale Titta Ruffo, dessen Interpretation die heroischen Aspekte der Partie auf eindrucksvolle Weise zu unterstreichen wußte. Er sang diese Rolle auch noch in Neapel 1908 (mit Salomea Krusceniski als Sélika und Francisco Viñas als Vasco) und Madrid 1912. Eine gesanglich bedeutende Darstellung der Sélika bot Rosa Ponselle, die über ein Jahrzehnt in dieser Rolle an der Met brillierte (zuerst 1923 mit Beniamino Gigli, später auch mit Giovanni Martinelli als Vasco). Gigli, Carusos Erbe der Vasco-Partie an der Met, entwickelte sich in den 20er und 30er Jahren zum bedeutendsten Interpreten dieser Rolle, die er auch in der Arena von Verona 1932 (Sélika: Lina Bruna Rasa, Nélusko: Armando Borgioli) sowie in Rom 1937 (Maria Caniglia, Mario Basiola) sang. Die besondere Popularität, die innerhalb von Meyerbeers Œuvre *L'Africaine* in jenen Jahren international genoß, besaß sie in nicht

L'Africaine, IV. Akt; Gian Giacomo Guelfi als Nélusko, Jessye Norman als Sélika; Regie: Franco Enriquez, Ausstattung: Fiorella Mariani; Teatro Comunale, Florenz 1971.

geringerem Maß an den deutschsprachigen Bühnen. Wieder war es eine spektakuläre Einstudierung Leo Blechs an der Berliner Hofoper 1916 mit Barbara Kemp (Sélika), Hermann Jadlowker (Vasco) und Joseph Schwarz (Nélusko), die für lange Zeit Maßstäbe setzen sollte. In den folgenden Jahren schlossen sich unter anderm die Hofoper Wien 1924 unter Clemens Krauss, Hamburg 1928 (Sélika: Sabine Kalter, Nélusko: Hans Reinmar), Frankfurt a. M. 1930 (Sélika: Beatrice Sutter-Kottlar, Vasco: John Gläser) sowie abermals die Wiener Hofoper 1935 (Sélika: Anny Konetzni) an. – Nach einer Zäsur von nahezu 20 Jahren, einer Periode, in die das Aufführungsverbot von Meyerbeers Opern während der Nazizeit fällt, unternahm 1950 das Opernhaus Kassel die erste deutsche Einstudierung des Werks nach dem zweiten Weltkrieg, und zwar in der Übersetzung und Bearbeitung von Julius Kapp (Sélika: Hildegard Jonas, Vasco: Karl Ostertag; Dirigent: Karl Elmendorff). Schlossen sich dieser Aufführung, stets in Kapps Version, auch vereinzelte weitere an, so 1951 an der Städtischen Oper Berlin (Elfriede Wasserthal, Hans Beirer, Nélusko: Josef Metternich; Leopold Ludwig, Regie: Kapp), 1960 in Aachen (Gloria Davy, Rudolf Lustig; Wilhelm Pitz) und 1962 in München (Ingrid Bjoner, Jess Thomas; Heinrich Bender), erwiesen sich, wie Presseberichte unzweifelhaft belegen, die alten ästhetischen Vorurteile als äußerst zählebig und verhinderten eine unvoreingenommene Rezeption zumindest in Deutschland bereits im Ansatz (vgl. Frieder Reininghaus, s. Lit.). So blieb es, von Ausnahmen wie Neapel 1963 (Sélika: Antonietta Stella) abgesehen, belgischen und französischen Bühnen vorbehalten, an die Aufführungstradition der 30er Jahre anzuschließen. Auf die Inszenierung 1955 in Marseille (Wiederaufnahme 1964) folgte 1956 eine mit großer Sorgfalt vorbereitete in Gent, für die mit Huberte Vécray als Sélika und Jean Lafont als Nélusko Interpreten gewonnen werden konnten, die dem Meyerbeerschen Gesangsstil weitgehend gerecht zu werden vermochten. (Entsprechendes gilt für die Wiederaufnahme 1961 mit Geri Bruninckx als Sélika und Guy Fouché als Vasco.) Auch die Einstudierungen 1962 in Bordeaux (Sélika: Martina Arroyo, Vasco: Gustave Botiaux) und 1963 in Toulouse (Bruninckx, Botiaux) sind im Kontext dieser ganz auf den Gesangsaspekt konzentrierten Rezeption zu sehen. Anders als bei den neueren Inszenierungen der *Huguenots* und des *Prophète*, bei denen die politische oder geschichtsphilosophische Dimension der Werke einen zusätzlichen Ansatz bildete, verdanken sich die jüngeren Aufführungen der *Africaine* wohl einzig und allein den dankbaren Rollen. Nicht die verdienstvolle Einstudierung 1971 in Graz (Sélika: Roberta Knie), wohl aber die im selben Jahr im Rahmen des Maggio Musicale Florenz von Riccardo Muti dirigierte mit der fulminanten Jessye Norman als Sélika und mit Veriano Luchetti als Vasco (Regie: Franco Enriquez, Ausstattung: Fiorella Mariani nach den Premierenentwürfen) initiierte eine bis in die 80er Jahre reichende Aufführungsserie. Die Florentiner Inszenierung wurde 1978 von Covent Garden London übernommen (Grace Bumbry, Plácido Domingo, Dirigent: Peter Maag; Wiederaufnahme 1981: Bumbry, Franco Bonisolli, Dirigent: David Atherton). Immer mit Domingo, dessen farbenreichem und kräftigem Tenor die Partie des Vasco in besonderer Weise entgegenkam, war es zuvor schon zu Aufführungen 1972 in San Francisco (mit Shirley Verrett als Sélika; Wiederaufnahme 1988 mit Verrett, Ruth Ann Swenson als Inès und Justino Díaz als Nélusko) und 1977 in Barcelona gekommen (Montserrat Caballé, Christine Weidinger, Guillermo Saràbia). Alle neueren Einstudierungen präsentierten das Werk mit starken, oft entstellenden Kürzungen; eine Ausnahme bildete bislang lediglich die konzertante Aufführung des Bayerischen Rundfunks 1977 unter der stilsicheren musikalischen Leitung Gerd Albrechts, die mit verhältnismäßig wenigen Strichen auskam (Arroyo, Evelyn Brunner, Giorgio Casellato Lamberti, Sherrill Milnes).

Autograph: Part, I.–IV. Akt: Bibl. Jagiellońska Krakau (ohne Signatur); Part, V. Akt u. Suppl.: SB Bln. (Mus. ms. autogr. G. Meyerbeer 2); Skizzen: ebd. (Mus. ms. autogr. G. Meyerbeer 1), Bibl. de l'Opéra Paris (A. 616. suppl^t Rés.); Urfassung *(Vecchia Africana)* u. weitere Skizzen: Verbleib unbekannt. **Abschriften:** Part: Bibl. de l'Opéra Paris (A. 616.a. I-V; A. 616.b. I-VI [mit F.-J. Fétis' BallettM]). **Ausgaben:** Part, Bearb. v. F.-J. Fétis: Brandus, Dufour, Paris [1865], Nr. L.B. 1. 0-22 u. L.B. 1. 1er–4e Sup. B, Nachdr.: Garland, NY, London 1980 (Early Romantic Opera. 24.); dass.: B&B; Boosey & Chappell, London; Lucca, Mailand; Part, Bearb. v. J. Kapp: A&S 1951; Kl.A, Vorw. v. F.-J. Fétis (22 bei der UA nicht berücksichtigte Nrn. u. Fragmente): Brandus, Dufour, Paris [1865], Nr. 10903 (1-23); Kl.A v. E. Vauthrot: ebd. [1865], Nr. 10902-04, 10909 [405 S.]; ebd. [1865], Nr. 10905 [425 S.]; ebd. [1865], Nr. 10906 [379 S.]; Kl.A, ital./dt. Übers. v. F. Gumbert: ebd. [1865], Nr. 10910 [475 S.]; Kl.A: Choudens [1865], Nr. 16545; Kl.A, ital.: Boosey & Chappell, London [1865], Nr. 12912, 12919, 12923; Kl.A, frz./dt. Übers. v. F. Gumbert: B&B [1865], Nr. 6627-46, 6649, 6651-55, 6657-61, 6679; Kl.A, ital./dt. Übers. v. F. Gumbert: B&B [1865], Nr. 6664, Kl.A, ital. Übers. v. M. Marcello: Lucca, Mailand [um 1865], Nr. 15501-33, 15534; Ricordi, Nr. 109804; Kl.A, frz./dt. Übers. v. F. Gumbert, Neu-Ausg., bearb. v. A. Kleffel: B&B [um 1905], Nr. 15731 [Ed. Peters. 2773.]; Kl.A, dt. Übers. u. Bearb. v. J. Kapp: A&S 1949; Kl.A. frz./dt. Übers. v. M. Haedler: B&B 1990; Textb.: Paris, Brandus, Dufour [85 S.], auch in: E. SCRIBE, Œuvres complètes, Paris 1874–85, Serie 3, Bd. 6, S. 301–371; Textb.: ebd. [um 1870]; Textb., frz. v. F. Gumbert: B&B 1865; dass., hrsg. G. R. Kruse: Lpz., Reclam (rub. 6728.); Textb., ital. v. M. Marcello: Ricordi; Textb.: Paris, Stock 1924; Textb., dt. v. M. Haedler: B&B 1991. **Aufführungsmaterial:** Salabert; Ricordi; B&B; Bearb. Kapp: A&S **Literatur:** F.-J. FÉTIS, [Vorw. zum Kl.A, s.o.]; E. BOCK, Die Entstehungsgeschichte der ›Afrikanerin‹ und die Arbeitsweise M.s, in: Neue Berliner M.Zeitung, 22.11. 1865; E. NAUMANN, M.s ›Afrikanerin‹, in: DERS., Nachklänge. Eine Sammlung v. Vorträgen u. Gedenk-Bl. aus d. M-, Kunst- u. Geistesleben unserer Tage, Bln. 1872, S. 132–157; G. SERVIÈRES, Les Transformations et tribulations de ›L'Africaine‹, in: RMI 34:1927, S. 80–99; G. L. CHINN, The Académie Impériale de Musique. A Study of Its Administration and Repertory from 1862 to 1870, NY 1969, Diss. Columbia Univ., S. 118–129; J. H. ROBERTS, The Genesis of M.s ›L'Africaine‹, Berkeley 1977, Diss. Univ. of California; weitere Lit. s. S. 113

Sieghart Döhring

František Václav Míča

Auch Franz Anton Mitsch; geboren am 5. September 1694 in Trebitsch (Třebíč; Südmähren), gestorben am 15. Februar 1744 in Jarmeritz (heute Jarmeritz; Jaroměřice nad Rokytnou; Südmähren)

L'origine di Jaromeriz in Moravia
Dramma per musica

Der Ursprung von Jarmeritz in Mähren
2 Akte

Text: Nicodemo Blinoni
Uraufführung: Dez. 1730, Schloßtheater, Jarmeritz
Personen: Gualtero, mährischer Herzog und Herrenhofbesitzer von Jarmeritz (T); Eduige, schlesische Fürstin (S); Genovilde, Tochter des böhmischen Königs, Verlobte von Gualtero (A); Frigedildo, Eduiges Bruder, Häftling Gualteros (T); Draomira, Gualteros Schwester (S); Ottocaro, mährischer Fürst, Geliebter Draomiras (B); Aidalacco, Städter aus Jarmeritz (B); Bumbalca, seine betrunkene Gemahlin (S)
Orchester: Chalumeau, Streicher, B.c
Aufführung: Dauer ca. 1 Std. 15 Min. – Die Schauplatzangaben wurden aus der Handlung ermittelt.

Entstehung: Míča war seit 1723 bei Johannes Adam Graf Questenberg in Jarmeritz als Kammerdiener und Kapellmeister tätig und komponierte neben Opern vor allem Ballett- und Theatermusiken sowie festliche Kantaten. Unterstützt durch den Grafen, erhielt er seine Ausbildung in Wien, wo ihm vor allem die Werke Antonio Caldaras zum Vorbild wurden. *L'origine di Jaromeriz in Moravia* entstand auf ein italienisches Libretto, das vom Hofdichter Heinrich Rademin ins Deutsche und von Antonín Ferdinand Dubrava ins Tschechische übertragen wurde.
Handlung: In Mähren, 11. Jahrhundert. I. Akt: Wald; II. Akt: in der Umgebung des Schlosses.
Die schlesische Fürstin Eduige hat mit ihren Soldaten den mährischen Herzog Gualtero während eines Jagdausflugs überfallen, um ihren Bruder Frigedildo, der von Gualtero gefangengehalten wird, zu befreien. Bei ihrer Begegnung jedoch verlieben sich beide und beabsichtigen zu heiraten. Ihrer Ehe steht aber Genovilde, Gualteros Verlobte, im Weg, die heimlich Gefühle für Frigedildo hegt, die mit dessen Freilassung offenbar werden. Beide Paare verständigen sich untereinander, und zur Feier ihres Glücks und des damit verbundenen Friedensschlusses läßt Eduige die Stadt Jarmeritz erbauen, deren Wappen das Geweih eines von Gualtero erlegten Hirschs trägt.
Kommentar: Jarmeritz war in der 1. Hälfte des 18. Jahrhunderts ein bedeutendes Opernzentrum, wo regelmäßig mehrmals im Jahr vor allem italienisches Repertoire aufgeführt wurde. Míča richtete die Werke für das eigene Ensemble ein und trat auch häufig selbst als Tenor auf. *L'origine*, die einzige überlieferte seiner Opern, geht auf die Gründungssage des Städtchens Jarmeritz zurück. Obwohl musikalisch dem italienischen Stil verpflichtet, enthält das Werk lokale Anspielungen wie etwa die Namen des Buffopaars Bumbalca (»bumbat«: schnapsen) und Aidalacco (»hajdalák«: Schlamper). Da das deutsche Libretto drei Akte umfaßt und zwei Intermezzi von Míčas Hand erhalten sind, ist es wahrscheinlich, daß die Musik zum III. Akt komponiert wurde, jedoch verlorengegangen ist. Der III. Akt schildert den Aufbau der Stadt, von dem aber bereits am Ende des II. Akts die Rede ist, so daß die Handlung auch hier einen logischen Schluß findet.
Wirkung: Zu Lebzeiten Míčas wurde *L'origine di Jaromeriz in Moravia* in drei Sprachen für verschiedene soziale Schichten gespielt. Míča sang den Gualtero. Nach seiner Wiederentdeckung (1916) durch Vladimír Helfert wurde das Werk erstmals 1980 im Rahmen des Brünner Festivals auf Schloß Jarmeritz einstudiert (Dirigent: Jiří Pinkas, Regie: František Preisler). Die Intermezzi wurden zusammengezogen und zwischen den beiden Akten gespielt; das Orchester erweiterte man um eine Flöte und zwei Oboen. Die Aufführung fand in der tschechischen Übersetzung von Věra Wasserbauerová statt.

Autograph: ÖNB Wien (17. 952). **Ausgaben:** Textb., dt.: Wien 1730. **Aufführungsmaterial:** M.Arch. d. tschechoslowakischen Rundfunks, Brünn
Literatur: V. HELFERT, Hudební barok na českých zámcích, Prag 1916; DERS., Hudba na Jaroměřickém zámku: F. M. 1696–1745, Prag 1924; T. STRAKOVÁ, Jaroměřice nad Rokytnou, in: Opus musicum 5:1973, S. 57–60; J. VYSLOUŽIL, F. A. M., ein mährischer Komponist aus der Ära Händels, in: Probleme der Händelschen Oper, Halle 1982 (Wiss. Beitr. d. Univ. Halle-Wittenberg), S. 106–112; J. TROJAN, Čeština na zámecké scéně v Jaroměřicích, in: Opus musicum 16:1984, S. 101–105

Jiří Vysloužil

Ödön Mihalovich

Ödön Péter József de Mihalovich; auch Edmund von Mihalovich; geboren am 13. September 1842 in Fericence (Slawonien), gestorben am 22. April 1929 in Budapest

Eliána
Költemény három felvonásban

Eliána
Dichtung in 3 Aufzügen

Text: Hans Herrig, nach *Idylls of the King* (1859) von Alfred Lord Tennyson; Übersetzung aus dem Deutschen: Emil Ábrányi
Uraufführung: 16. Febr. 1908, Königliches Opernhaus, Budapest
Personen: König Artusz/Artus (Bar); Ginevra, seine Gemahlin (S); Lancelot (T); Eliána, Tochter Lord

Astolats (S); Laviniusz, ihr Bruder (T); Kyot, Marschall (B); ein Einsiedler (B); 4 Greise, Barden (2 T, 2 B). **Chor:** Ritter, Mönche, Volk
Orchester: 3 Fl (3. auch Picc), 2 Ob, E.H, 2 Klar, B.Klar, 2 Fg, 4 Hr, 3 Pos, Tb, Pkn, Schl (Bck, Trg), Hrf, Streicher; BühnenM: E.H, 3 Hr, kl. u. gr. Glocken
Aufführung: Dauer ca. 2 Std. 30 Min. – Die Glocken können durch ein Tamtam ersetzt werden.

Entstehung: Mihalovichs Bedeutung für die Musikgeschichte Ungarns liegt in erster Linie in großangelegten pädagogischen Unternehmungen, die nicht zuletzt die Voraussetzungen für Béla Bartóks und Zoltán Kodálys Reformideen schufen, sowie im systematischen Aufbau eines öffentlichen Musiklebens, das mitteleuropäisch geprägt war. Franz Liszt, dessen Nachfolger er an der Akademie in Budapest wurde, und Richard Wagner waren seine Leitbilder. Sein kompositorisches Œuvre ist demnach ganz der Neudeutschen Schule verpflichtet, die er im Studium bei Peter Cornelius in München kennenlernte. Neben einer Reihe symphonischer Werke und Chorkompositionen schrieb Mihalovich mehrere Opern, die allerdings mit wenigen Ausnahmen wie *Hagbart und Signe* (Dresden 1882, Text: Adolf Stern nach Adam Gottlob Oehlenschläger), *Toldi szerelme* (*Toldis Liebe*, Budapest 1893, Text: Gergely Csiky und Ábrányi nach János Arany) und *Eliána* unaufgeführt blieben.

Handlung: I. Akt, bewaldete Berglandschaft in der Nähe der Burg von Lord Astolat: Eliána begegnet beim morgendlichen Spaziergang dem Eremiten, der die Schönheit der Natur besingt. Ein Hirtenlied aus den Bergen erinnert sie an jenen Morgen, als ihr Bruder mit einem Fremden zum königlichen Turnier aufbrach. Hornsignale und Hilferufe unterbrechen die beschauliche Stimmung. Der Eremit erkennt die Stimme Laviniusz' und eilt ihm entgegen. Die beiden kehren mit einem verwundeten Ritter zurück; während man diesen versorgt, berichtet Laviniusz vom Turnier: Der Unbekannte, der sich Garin nennt, wurde kurz vor dem Sieg, als der König zur letzten Probe der Tugend die Liebe und Treue beschwor, schwer verletzt, worauf die Königin in Ohnmacht fiel. In rätselvollen Worten beklagt der Verwundete seine Schande, die ihn zum Heimatlosen gemacht habe. Er wird bewußtlos. Laviniusz und der Eremit holen Hilfe und überlassen den Verwundeten der Obhut Eliánas. Erwachend

Eliána, III. Akt; Italia Vasquez als Eliána, Elemér Pichler als Laviniusz; Regie: Kálmán Alszeghy, Bühnenbild: Jenő Kéméndy; Uraufführung, Königliche Oper, Budapest 1908. – Der ausladende spätromantische Stil der Wagner-Nachfolge, wie er Mihalovichs Musik eigen ist, spiegelt sich auch szenisch im mythischen Bild der Überfahrt, das die tödliche Verstrickung der Liebenden wirkungsvoll versinnlicht.

greift der Ritter zu seinem Schwert und will sich das Leben nehmen, kann aber von Eliána daran gehindert werden. Sie gesteht ihm ihre Liebe, wie im Rausch schwören sie sich ewige Treue. Laviniusz und der Eremit sind mit Helfern zurückgekehrt, um den Ritter in das Lager des Eremiten zu bringen.
II. Akt, 1. Bild, Wald: Königin Ginevra möchte ihren Liebhaber, den verschwundenen Ritter Lancelot, unter dem Vorwand einer Jagd aufspüren. Sie trifft Eliána, die ihr ahnungslos ihre Liebe zu dem Ritter Garin offenbart. Ginevra vermutet in ihr die Rivalin und prophezeit ihr ein unglückliches Ende. 2. Bild, vor der Grotte des Eremiten: Eliána eilt zu dem genesenden Ritter und erzählt von ihrer Begegnung mit der Jägerin, in der dieser Ginevra erkennt. Eliána nimmt ihm ein Treueversprechen ab. Der Eremit führt Eliána fort. Ein Blitz erhellt die Grotte, in der dem Ritter das Bild eines Totenkopfs erscheint. Beim Nachlassen des Sturms kündigen Jagdhörner Ginevra an, in der Garin, der niemand anders als Lancelot ist, nun seine königliche Geliebte wiedererkennt. Kyot, der Hofmeister, ist erfreut, Lancelot wiedergefunden zu haben, da dieser dem König im bevorstehenden Feldzug gegen die Dänen zur Seite stehen soll. Unter Begleitung Ginevras entfernt sich die Gesellschaft, Eliána bleibt verzweifelt bei dem Eremiten zurück.
III. Akt, die königliche Burg, Nacht: Heimlich treffen sich Lancelot, aus der Schlacht zurückgekehrt, und Ginevra auf den Treppen der Burg. Um dem Volk den Sieg über die Dänen kundzutun, bläst Lancelot ins Horn, worauf sich Männer und Frauen zum Einzug des Königs sammeln und seinen Ruhm besingen. Der Jubel verstummt, als sich ein Boot mit der sterbenden Eliána nähert, die Lancelot an seinen Treueschwur erinnert. Lancelot legt ein Geständnis seiner Liebe zu Ginevra ab, worauf beide vom König in die Verbannung geschickt werden. Der Eremit kann Lancelots Selbstmord verhindern und weist ihm den Weg der Reue. Als Mönche die Leiche Ginevras, die sich das Leben genommen hat, entdecken, gelobt Lancelot, den Rest seines Lebens als Mönch zu verbringen.
Kommentar: Als Beispiel für die ungarische Wagner-Rezeption im ausgehenden 19. Jahrhundert, die neben den nationalen Bestrebungen der älteren Komponistengeneration um Ferenc Erkel und der jungen Generation um Bartók verlief, ist Mihalovichs Schaffen von Bedeutung, obwohl es ohne Fortsetzung blieb. Der epigonale Grundzug seiner frühen Bühnenwerke, unter denen sich auch eine Vertonung (1878) von Wagners Text *Wieland der Schmied* (1850) befindet, erscheint in *Eliána* insofern relativiert, als Mihalovich hier einen mehr eigenständigen Umgang mit den kompositorischen Errungenschaften Wagners erreicht, obwohl manche geradezu zitathaften Passagen wie Lancelots »Schon dehnen sich dämmernde Schatten« (II. Akt), das im Rhythmus und in der Instrumentation dem »Lied der Nacht« (II. Aufzug) aus *Tristan und Isolde* (1865) nachgebildet ist, die unmittelbare Nähe des Vorbilds betonen. Herrigs Libretto setzt andere Akzente als seine Vorlage, indem es die Titelfigur, die bei Tennyson als Nebenrolle fungiert, ins Zentrum rückt und damit den Aspekt der unerwiderten Liebe hervorhebt. Der überwiegend lyrische und an Allegorien reiche Text regte Mihalovich zu musikalischen Stimmungsbildern an wie etwa der einleitenden Naturszene. Dem pentatonisch gefärbten Klangcharakter dieser Sphäre steht die Chromatik der Liebesmotive kontrastierend gegenüber. Mihalovich arbeitete mit einer Reihe von Motiven, deren flexible Verbindung mit verschiedenen Inhalten und deren variierte Gestalt einer starren leitmotivischen Technik aus dem Weg gehen. Entsprechend wechselt der Satz zwischen durchkomponierten Passagen und lied- und arienhaften Gebilden wie Lancelots »O Sommerluft« (II. Akt). Im Vergleich mit früheren Werken Mihalovichs kommt dem Chor eine weitaus größere Bedeutung zu, die sich einerseits in der szenischen Verschiedenheit seines Einsatzes, andrerseits in der Aufteilung in bewegliche Gruppen zeigt.

Wirkung: Zunächst wurde *Eliána* 1887–90 wiederholt von europäischen Opernhäusern abgelehnt. Selbst die Aufführung im eigenen Land gelang erst nach 21 Jahren, brachte allerdings einen großen Erfolg, der durch die anerkennenden Kritiken internationaler Zeitschriften bestätigt wurde. Eine von Felix von Weingartner geplante Aufführung an der Wiener Hofoper kam nicht zustande. Die Wiener Premiere erfolgte am 17. April 1909 an der Volksoper.

Autograph: Part, dt./ung.: Bibl. d. Franz-Liszt-Musikhochschule Budapest (Ms. 12336); Textb., dt.: ebd. (Ms. 2219).
Ausgaben: Kl.A, dt.: Bárd, Budapest, Wien, Lpz. 1908; Kl.A, dt./ung.: ebd. 1908; Textb., dt.: ebd. 1909
Literatur: A. APPONYI, M.s Oper ›Eliane‹, in: Leipziger Illustrirte Zeitung, 19. 3. 1908, S. 490–492; K. SZERZŐ, Eine Oper der ungarischen Wagnerschule: ›Eliane‹, in: Studia Musicologica Acad. Scientiarum Hungaricae 19:1977, S. 109–160; DIES., Ö. M. zenemüveinek jegyzéke, in: Magyar zene 4:1979, S. 374 bis 390

Katalin Szerző

Marcel Mihalovici
Geboren am 22. Oktober 1898 in Bukarest, gestorben am 12. August 1985 in Paris

Krapp oder Das letzte Band
Oper in einem Akt

Text: Samuel Barclay Beckett und Pierre Leyris, nach Becketts Stück *Krapp's Last Tape* (1958); Übersetzung aus dem Französischen: Elmar Tophoven
Uraufführung: 25. Febr. 1961, Städtische Bühnen, Bielefeld
Personen: Krapp (Bar)
Orchester: Fl, Ob, 2 Klar, 2 Fg, 2 Hr, 2 Trp, Schl (4 Spieler: gr.Tr, Bck, kl.Tr, RührTr, hängendes Bck, Wood block, Tempelblock, Gong, Glsp, Trg, Xyl, Vibr), Cel (auch Kl), Streicher
Aufführung: Dauer ca. 50 Min.

Entstehung: Mihalovici erhielt seine musikalische Ausbildung bei Vincent d'Indy. Zunächst der »Groupe des Six« nahestehend (insbesondere Darius Milhaud und Arthur Honegger), schloß er sich 1928 der »Ecole de Paris« an, der unter anderm Bohuslav Martinů, Conrad Beck, Tibor Harsányi und Alexandr Tscherepnin angehörten. 1932 war er Mitbegründer von »Triton«, einer Vereinigung, die den Austausch zwischen mittel- und osteuropäischen kompositorischen Strömungen anregte. Mihalovici komponierte mit chromatischem Material und bediente sich bewußt unsystematisch polytonaler, atonaler und dodekaphoner Techniken. Diesen Eklektizismus stellte er in den Dienst des jeweils Auszudrückenden. Neben Instrumentalwerken schrieb Mihalovici weitere Einakter wie *L'Intransigeant Pluton ou Orphée aux enfers* (Rundfunk 1938, Text: Jean-François Regnard), *Phèdre* (Rundfunk 1950, Text: Yvan Goll nach Jean Racine), *Die Heimkehr* (Rundfunk 1954, Text: Karl Heinrich Ruppel nach Guy de Maupassant) und die Opéra-bouffe *Les Jumeaux* (Braunschweig 1963, Text: Claude Rostand nach Titus Maccius Plautus). 1958 bat Mihalovici Beckett, ihm einen Operntext zu schreiben; der Dichter erklärte sich zunächst außerstande, legte dem Komponisten aber einige Werke, unter ihnen *Krapp's Last Tape*, vor. Roger Blin spielte ihm das Stück mehrmals vor und machte ihn so mit Tonfall und Rhythmus des Texts vertraut. Erst nachdem Mihalovici den französischen Text unter ständiger Kontrolle des Autors vertont hatte, ließ sich Beckett zur Rolle des Librettisten herab und schuf eine singbare englische Version. Beckett hat sich nie über seine Arbeit mit Mihalovici geäußert, dennoch ist bekannt, daß ihm *Krapp oder Das letzte Band* sehr gefallen hat. Ein weiteres Beispiel ihrer Zusammenarbeit ist das Hörspiel *Cascando* (1963).

Handlung: In Krapps Bude, eines Abends, spät, in der Zukunft: Der ziemlich erfolglose 69jährige Autor Krapp, äußerlich eine groteske Erscheinung, spielt sich ein von ihm besprochenes Tonband vor und kommentiert es, reflektiert seine gegenwärtige Situation und gibt sich Rechenschaft über die zwischen Aufnahme und Wiedergabe des Bands verstrichenen 30 Jahre. Schon der 39jährige bilanzierte die Vergangenheit: Zur Zeit seines Geburtstags hörte er ein ungefähr zehn Jahre altes Band ab und distanzierte sich von den Erfahrungen des »dummen, blöden Kerls« ebenso, wie nun der alte Krapp die Selbstdokumentation des 39jährigen kritisiert. Er schaltet das Band ungeduldig dort ab und spult es weiter, wo sich der 39jährige in abstrakten Ausführungen ergeht, die das Metaphysische berühren. So bleibt uneinsichtig, welcher Umstand eigentlich das schriftstellerische Feuer in ihm angeblich entzündete. Im Gegensatz zur Erinnerung an das »denkwürdige Äquinoktium« (Krapps Registerstichwort zur genannten Tonbandstelle), die Krapp verdrängen will, spielt sich der Schriftsteller die Passage, die im Register als »Abschied von der Liebe« gekennzeichnet ist, noch einmal vor und kommentiert sie schließlich auf einem eigenen Band. Daß es sich um das Ende der Beziehung Krapps zu einem Mädchen handelt, wird erst beim zweiten, den weiteren Kontext einbeziehenden Anhören dieser Episode deutlich. Nachdem der 69jährige unter anderm festgestellt hat, er habe »17 Exemplare verkauft, davon elf zum Grossopreis an öffentliche Büchereien in Übersee«, spielt er die Passage ein drittes Mal ab. Jetzt sind die letzten Sätze des Bands zum erstenmal zu hören; sie dokumentieren Zuversicht und Selbstvertrauen des 39jährigen. Der alte Krapp reagiert darauf nicht mehr: Er »starrt bewegungslos vor sich hin. Das Band läuft weiter, in der Stille«.

Kommentar: *Krapp oder Das letzte Band* ist die erste Oper nach einem Text Becketts. Später wandten sich etwa Haubenstock-Ramati (*La Comédie*, Saint-Paul-de-Vence 1969), Morton Feldman (*Neither*, Rom 1977), Fortner (*That Time*, Baden-Baden 1977) und Holliger (*Come and Go – Va et vien – Kommen und Gehen*, 1978) in musiktheatralischen Werken der Kunst Becketts zu. Mihalovici reagiert auf die wiederholend-variativen Bezüge in Becketts Einakter, das heißt auf die vergleichbare Scheinkommunikation zwischen dem 39jährigen und dem 27–29jährigen einerseits, zwischen dem 69jährigen und dem 39jährigen Krapp andrerseits, in makroformaler Hinsicht durch die um 1900 oft praktizierte Verschränkung von Sonate als Satz- und als zyklischer Form, unter dem Aspekt mikromotivischer Verknüpfung durch die Verwendung von leitmotivischen Zellen. Sinnvoll erscheint folgende Gliederung: Der erste Satz des durchkomponierten Einakters, also die Exposition der So-

Krapp oder Das letzte Band; William Dooley als Krapp; Regie: Joachim Klaiber, Bühnenbild: Franz Hosenfeldt, Kostüm: Jeanette Andreae; Uraufführung, Städtische Bühnen, Bielefeld 1961.

natenmakroform, besteht aus einer langsamen instrumentalen Einleitung, die Krapps Anfangspantomime begleitet, und einem Sonatensatz, in dessen Exposition leitmotivische Zellen der Suche Krapps nach der gewünschten »Schachtel drei, Spule fünf« und seiner vorwiegend verständnislosen Lektüre des Registers für diese Tonbandaufzeichnung zugeordnet sind. So folgt beispielsweise dem gesungenen Registerstichwort »Mutter endlich tot« ein Terzentremolo, das nach dem Sprechgesang des 39jährigen mit dem Text »Letzte Krankheit seines Vaters« und später zu den Worten »das Haus am Kanal, wo Mutter im Spätherbst im Sterben lag« wieder erscheint. Daß Mihalovici die Oper mit diesem Terzentremolo ausklingen läßt, mag als leitmotivischer Blick in Krapps Zukunft verstanden werden, nämlich in Richtung auf sein Lebensende. Beckett selbst erklärte 1969 während einer Inszenierung am Schillertheater Berlin dem Schauspieler Martin Held, der Tod stehe hinter Krapp, und er sehe sich unbewußt nach ihm um. Die Durchführung dieses Satzes umfaßt den vom Tonband abgespielten Gesang des 39jährigen Krapp bis zu dessen Gelächter nach den Worten »ein Ankläffen der Vorsehung«, in das der alte Krapp einfällt. Hier wird Mihalovicis Auswahlprinzip aus Becketts Prosa deutlich, das auf die Verwendung rein musikalischer Formmodelle abzielt. Krapp deutet zum Beispiel das Wort »Weizen«, das er zuvor im Kontext der Redewendung »die Spreu vom Weizen scheiden« gebraucht hat. Diese Deutung singt der 39jährige »più animato«, begleitet von ostinaten Sechzehnteln, in arienhaftem Ton. Später, wenn Krapp die in Kneipen vergeudete Zeit aufrechnet, also autobiographisch-inhaltlich die »Spreu vom Weizen« trennt, erklingt eine Variation mit Sprechgesang dieses Abschnitts. Die elliptische Reprise greift unter anderm die kleine None wieder auf, die einen scherzohaften Abschnitt prägte: »Kaum zu glauben, daß ich damals ein so dummer, blöder Kerl gewesen.« Das Abendlied des 69jährigen Krapp (»Der Schatten kommt schon von den Bergen«) beschließt in der Art einer Koda den Satz und damit die Exposition der Sonatenmakroform. Deren Durchführung bilden zwei große Abschnitte, wovon der erste Motive und Charaktere der Exposition variiert und der zweite, den man als langsamen zweiten Satz des Sonatenzyklus begreifen kann, Passagen zum Registerstichwort »Abschied von der Liebe« verwendet. Die Reprise der Makroform greift zunächst die einleitende Pantomime auf, um danach entscheidende Episoden der Sätze der Großform zum Abschluß des Zyklus zusammenzufassen. Mihalovici begleitet diese Passagen jeweils in anderer Instrumentation, das heißt, die »Orchestermelodie« steht in Beziehung zur Bühnengegenwart und wird gleichsam zum Abbild des emotionalen Innenlebens des 69jährigen Krapp. – Wer begründet über *Krapp* ästhetisch urteilen will, sollte nicht die expressionistische Emphase anprangern, beflügelt etwa von musikgeschichtsphilosophischen Fortschrittsideen, vielmehr stellt sich die Frage nach der Adäquatheit solcher Emphase im Hinblick auf Becketts Kunst. Und da es einen wenngleich irisch-ironisch gebrochenen Expressionismus bei Beckett gibt, der die Bühnenaktion zum nach außen gekehrten innermenschlichen Theater werden läßt, erscheint Mihalovicis Ansatz durchaus gerechtfertigt. Bei Beckett singt Krapp zwar nicht; bei Mihalovici hingegen singt er während der ganzen Oper. Dies sollte aber nicht, im Vergleich zum Stück, als versöhnlichere, weil mit der humanen Qualität der Musik operierende Interpretation von Krapp verstanden werden, sondern bedeutet, auch mit Blick auf die von Lethargie abgelöste Verzweiflung des Schriftstellers am Ende der Oper, eine Absage an die romantisch-metaphysische Vorstellung, daß der Mensch in der Musik Glück und Erfüllung finde.

Wirkung: *Krapp oder Das letzte Band* wurde zusammen mit Zilligs *Verlobung in St. Domingo* (Rundfunk 1957, Text: Zillig nach Heinrich von Kleist) uraufgeführt (Regie: Joachim Klaiber, Dirigent: Bernhard Conz; Krapp: William Dooley). Es kam zu einem Theaterskandal. Ebenso verständnislos wie das Publikum reagierte die Kritik. 1961 gastierten die Bühnen Bielefeld im Théâtre Sarah Bernhardt Paris im Rahmen des Festival des Nations mit dem gleichen Programm und großem Erfolg. Weitere Inszenierungen kamen 1965 an der Akademie der Künste Berlin (Regie: Winfried Bauernfeind, Dirigent: Ulrich Weder; Krapp: Dooley) und 1984 in Oldenburg (Klaus-Henning Eschrich, Gerhard Markson; Claus-Peter Corzilius; zusammen mit Mussorgskis *Schenitba*, 1868) heraus.

Autograph: Verbleib unbekannt. **Ausgaben:** Kl.A, frz./engl./dt.: Heugel 1960, Nr. 31716. **Aufführungsmaterial:** Heugel/Leduc

Literatur: G. BECK, M. M., Paris 1954; M. MIHALOVICI, Zur Entstehung der ›Krapp‹-Partitur, in: [Ph. d. UA], Bielefeld 1960; J. KNODT, Zwei Premieren mit Fragezeichen, in: Ow 2:1961, H. 7, S. 29f.; H. O. SPINGEL, West-Östliche Unterschiede. Festwochen-UA in d. Berliner Akad. d. Künste, in: Ow 6:1965, H. 11, S. 20f.; M. MIHALOVICI, Un Collaborateur: M. M., in: P. MÉLÈSE, S. Beckett, Paris 1966, S. 155; J.-J. MAYOUX, Beckett and Expressionism, in: Modern Drama 9:1966, Nr. 3, S. 238–241; M. MIHALOVICI, My Collaboration With S. Beckett, in: Beckett at 60. A Festschrift, London 1967, S. 20–22; Marcel Mihalovici. Catalogue de l'œuvre, Paris 1968

Stefan Orgass

Minoru Miki

Geboren am 16. März 1930 in Tokuschima (Schikoku)

Schunkin-scho
Opera sanmaku

Die Geschichte von Schunkin
Oper in 3 Akten

Text: Dschun Maeda, nach dem Roman (1933) von Dschunitschiro Tanisaki
Uraufführung: 1. Fassung: 24. Nov. 1975, Jubin-

tschokinkaikan-Saal, Tokio; 2. Fassung: 21. März 1981, Tokio Bunka Kaikan, Tokio (hier behandelt)
Personen: Schunkin, eine blinde Koto- und Schamisenlehrerin (S); Sasuke, Angestellter in Mosujas Geschäft (Bar); Jasusaemon Mosuja, Schunkins Vater (Bar); Schigedscho, Schunkins Mutter (Mez); Terudscho, Dienerin und Schülerin Schunkins und Sasukes (Spr.); Ritaro, ein junger Herr, Schüler Schunkins (T); Sobee, Geschäftsführer von Mosuja (Bar); Kiusuke (T) und Densuke (Bar), Laufjungen von Mosuja; Hatsu (A) und Sajo (S), Dienstmädchen von Mosuja; Okoma (Mez) und Oito (S), Dienstmädchen in Schunkins Haus; Mokusu (Bar) und Takeso (T), Laufjungen in Schunkins Haus; Zutako, eine Geisha (A); Sampei und Schinpei, Clowns (2 T); ein Mädchen (stumme R); ein Arzt (stumme R); Sängerin (S). **Chor:** Frauen. **Statisterie:** Geishas, Schüler, Partygäste. **Ballett:** Tänzerinnen
Orchester: 2 Fl (2. auch Picc), Ob, Klar, Fg, 2 Hr, 2 Trp, 2 Pos, Pkn, Schl (3 Spieler: japan. gr.Tr, LeinenTr, Tempelblock, Schimedaiko oder Kakko, Binsasara, 2 Tomtoms, 3 Mokuscho, 2 Mokugio, Trg, kl. Zimbel, Zimbel, Gong, Tamtam, Glocke, Glsp, Holzklotz, Sarara oder Guiro), Nidschugenso, Sangen, Streicher
Aufführung: Dauer ca. 2 Std. – Die Spieler der Nidschugenso (20saitige Koto) und der Sangen (Schamisen) tragen den traditionellen schwarzen Kimono und sitzen, getrennt vom Orchester, auf Bühnenhöhe.

Entstehung: Miki gehört mit Mitschio Mamija, Toru Takemitsu und andern zu jener Gruppe von Komponisten, die nach 1945 eine Synthese von traditioneller japanischer und moderner europäischer Musik anstrebten. Mit der 1964 erfolgten Gründung eines Ensembles für neue Musik mit traditionellen Instrumenten (Nihon ongaku schudan) fand diese Idee ein Forum in der musikalischen Praxis. Mit Ausnahme einiger kleiner Bühnenkompositionen wie der Operette *Mendori teischu* (*Ein unter dem Pantoffel stehender Ehemann*, Tokio 1963, Text: Tetsuodschi Kono und Hiroschi Matsuki nach Guy de Maupassant) schrieb Miki zunächst Instrumentalwerke, Lieder und Chöre, bis er 1972 von der Japanischen Operngesellschaft den Auftrag für *Schunkin-scho* erhielt. Fast zwei Jahre des Experimentierens vergingen, bis Miki den geeigneten Stil für das Werk fand, das Mai–Nov. 1975 entstand. Bei der Wiederaufnahme 1981 fügte Miki im I. Akt eine Arie für Schunkin und im II. den komischen Gesang »Tanukibuschi« hinzu. Wie die in der Folge entstandenen Bühnenwerke *An Actor's Revenge* (London 1979, Text: James Kirkup nach Otokitschi Mikami) und *Joruri* (Saint Louis 1985, Colin Graham) zeigen, hat Miki mit seiner ersten Oper sowohl den Zugang zu diesem Genre als auch eine Möglichkeit des japanischen Musiktheaters gefunden.

Handlung: In Osaka, 1839–65.
I. Akt, »Juki«, Mosujas Haus im Stadtteil Doschomatschi: Die schöne, blinde Schunkin, Lehrerin in der Kunst des Koto- und Schamisenspiels, und Sasuke, der bei ihrem Vater angestellt ist und von ihr unterrichtet wird, haben eine verborgene Liebesbeziehung. Die rücksichtslose Strenge, die Schunkin im Unterricht gegen Sasuke übt, ruft bei ihren Eltern und den Hausangestellten Kritik hervor, Sasuke gegenüber zeigt man mitleidvolle Sympathie. Unvermittelt fragen die Eltern Schunkin, ob es wahr ist, daß sie schwanger sei. Schunkin und Sasuke bestreiten entschieden, daß Sasuke der Vater sei. Die Forderung der Eltern nach ihrer Heirat weist Schunkin zurück; sie erklärt, sie wolle für immer allein leben, und zieht sich zurück. Sasuke, seinen Kummer verbergend, folgt ihr.
II. Akt, »Schunkin«, 1. Bild, Kiubei Minojas Haus im Stadtteil Tenkadschaja: Ritaro, der in Schunkin verliebt ist, gibt ein Fest im Garten seines Vaters. Schunkin, von Sasuke geführt, wird wegen ihrer Schönheit bewundert, was Ritaros Eifersucht weckt. 2. Bild, Nukuis Wohnung in der Jodoja-baschi-Straße: Die Dienerin Terudscho erzählt aus der Lebensgeschichte Schunkins und Sasukes, während Schunkin im Hintergrund Toilette macht. Anschließend unterrichtet sie ein kleines Mädchen, eine spätere Geisha, das sie aus Ungeduld nach kurzer Zeit wegschickt. Ihr nächster Schüler ist Ritaro, dem sie seine Unfähigkeit vorwirft und den sie in der Aufregung mit dem Plektrum an der Stirn verletzt. Ritaro verläßt wütend das Zimmer. Sasuke fürchtet, daß er Rache üben werde.
III. Akt, »Tenko«, wie II/2: Eines Tags dringt jemand in der Nacht ins Schlafzimmer Schunkins ein und gießt ihr kochendes Wasser ins Gesicht. Sasuke, der neben ihrem Zimmer eine schlaflose Nacht mit Schamisenspiel verbrachte, eilt zu ihr und ruft einen Arzt. Schunkin fürchtet am meisten, daß Sasuke ihr entstelltes Gesicht sehen würde. Er verspricht ihr, niemals in ihr Gesicht zu sehen. Am Morgen nimmt Sasuke eine Nadel und sticht sich in beide Augen. Schunkin ist glücklich über dies Opfer Sasukes, da sie nun beide in der Dunkelheit um so stärker verbunden sind.
Kommentar: Tanisakis Roman verbindet fiktive und dokumentarische Elemente zu einer Einheit, die so-

Schunkin-scho, I. Akt; Schigeko Ogasawara als Schunkin, Mitsumasa Sato als Sasuke; Regie: Masajoschi Kurijama, Bühnenbild: Naodschi Kawagutschi, Kostüme: Kikuko Ogata; Tokio Bunka Kaikan, Tokio 1985. – Nicht allein textlich und musikalisch, sondern auch in der szenischen Form gelang mit diesem Werk eine erfolgreiche Synthese von europäischer und japanischer Musiktheatertradition.

wohl westlich orientierte sozialkritische Aspekte des 20. Jahrhunderts als auch ein Stück japanische Musikgeschichte des 19. Jahrhunderts umfaßt. Eine ähnliche Verschränkung verschiedener Kulturebenen stellt die Integration klassischer japanischer Kunstmusik in die europäische Gattung der Oper dar. Miki zitiert eine Reihe originaler »Dschiuta« (vom Schamisen begleitete Vokalstücke), die als Symbole jeweils eines Akts fungieren: »Juki« (Schnee, I. Akt), »Kurokami« (schwarze Haare, II/2), »Sangetsu« (der bleiche Mond am Morgen, III. Akt). Der Handlungsverlauf, der den wichtigsten Stationen des Lebens von Schunkin und Sasuke folgt, wird immer wieder von solchen Einschüben aufgehalten, die musikalisch und auch optisch die kulturelle Sphäre porträtieren, wie etwa in dem silhouettenhaften Bild einer Badeszene (II/2) vor dem Hintergrund einer Klangkulisse aus Frauenchor und Orchester, in die Terudschos retrospektive Erzählung von den Liebenden eingewoben ist. Demgegenüber ist die Dramatik des Geschehens in rezitativische Partien gefaßt, die einerseits den sprachlichen Intonationen der im 19. Jahrhundert in Osaka lebenden Menschen nachgebildet sind, andrerseits ariosen Charakter entfalten, kraft dessen sich auch dem europäischen Hörer der Konflikt mitteilt. Das Hauptinstrument, das Schunkin zugeordnet ist, ist eine 20saitige Koto, ein von Miki und Keiko Nosaka entwickelter Typus der japanischen Langzither. Besonders wirkungsvoll ist sein Einsatz im Vorspiel zum III. Akt, das ein Zitat der Kotomusik »Midare« (Beunruhigung) im Stil eines Instrumentalkonzerts verarbeitet. Vermutlich eine Komposition von Schunkin ist das die Oper abschließende Zitat »Schunnoden« (Gesang der Nachtigall).
Wirkung: Die Uraufführung wurde 1976 von der Staatlichen Japanischen Rundfunkgesellschaft und 1978 von der British Broadcasting Corporation in England gesendet. Weitere Aufführungen fanden 1976, 1980 und 1985 in Tokio statt.

Autograph: Showa-Musikhochschule Kanagawa; Mikrofilm: Print Center Tokio. **Ausgaben:** Kl.A: Zenon Gakufu shuppan, Tokio 1985; Textb. in: [Ph. d. UA], Tokio. **Aufführungsmaterial:** Zenon Gakufu shuppan, Tokio
Literatur: S. KIMURA, Shunkin-shō, in: Meikyoku kaisetu zenshū, Ongakunotomo Bd. 20, Tokio 1980; M. MIKI, Mikisan to ›Shunkin-shō‹ o yomu, in: Asahishinbun, Tokio, 1.9. 1985; DERS., Furikaette asu o miru, in: Ongakunotomo, Tokio, Dez. 1985

Kioko Kawada / Reiko Sekine

Darius Milhaud

Geboren am 4. September 1892 in Aix-en-Provence, gestorben am 22. Juni 1974 in Genf

L'Homme et son désir
→ **Börlin, Jean (1921)**

La Création du monde
→ **Börlin, Jean (1923)**

Le Train bleu
→ **Nijinska, Bronislava (1924)**

Les Malheurs d'Orphée
Opéra en trois actes

Die Leiden des Orpheus
3 Akte

Text: Armand Lunel
Uraufführung: 7. Mai 1926, Théâtre de la Monnaie, Brüssel
Personen: Orphée/Orpheus (Bar); Eurydice/Eurydike (S). **Chor:** Handwerker: Schmied (T), Wagner (Bar), Korbmacher (B); Tiere: Fuchs (S), Wolf (Mez), Eber (T), Bär (B); Zigeunerinnen: die Zwillingsschwester Eurydices (S), ihre jüngere Schwester, ihre ältere Schwester
Orchester: Fl (auch Picc), Ob, Klar, B.Klar, Fg, Trp, Pkn, Schl (gr.Tr, Bck, kl.Tr, SchellenTr, Tamburin, Tamtam), Hrf, Streicher
Aufführung: Dauer ca. 35 Min.

Entstehung: Milhaud beschäftigte sich bereits seit 1921 mit der Konzeption seiner Oper über den Orpheus-Mythos. Die Idee der Stoffgestaltung stammt von ihm und wurde nach seinen Vorstellungen von seinem Freund Lunel zum Operntext ausgearbeitet. Das Werk entstand zwischen dem 22. Sept. und 2. Nov. 1924 in Aix-en-Provence und in Malines. Es ist ein Auftragswerk der für die Musik dieser Jahre wichtigen Mäzenin Prinzessin Winnaretta Eugénie de Polignac.
Handlung: In neuerer Zeit.
I. Akt, Straße in einem kleinen Dorf der Camargue: Die Handwerker verrichten öffentlich ihre Arbeit. Orphées Haus steht dagegen einsam; er nimmt am Dorfleben nicht teil. Die Leute fürchten sich vor ihm, denn er kümmert sich mehr um die Tiere als um die Menschen; selbst die wilden Tiere haben Zutrauen zu ihm, und er heilt sie. Orphée will die Zigeunerin Eurydice heiraten, was auf Mißbilligung stößt. Auch Eurydices Eltern sind gegen eine Verbindung mit einem Seßhaften, doch sie liebt Orphée und will sich von ihrer Sippe lösen. Ihre Familie will sie mit Gewalt zurückholen. Die Dorfbewohner stellen sich auf die Seite des jungen Paars und raten ihm zur Flucht.
II. Akt, in den Bergen: Die wilden Tiere berichten, daß Eurydice von einer rätselhaften Krankheit befallen ist. Auch Orphée vermag ihr nicht zu helfen. Eurydice bittet die Tiere, Orphée zu beschützen. Sie stirbt, die Tiere geleiten sie zu Grabe.
III. Akt, Orphées Haus: Orphée ist zurückgekehrt. Er heilt nun die Dorfbewohner und hilft den Tieren, die sich auch um ihn kümmern. Unter dem Verlust von Eurydice leidet er schwer. Ihre drei Schwestern, die

Les Malheurs d'Orphée, I. Akt; Bühnenbildentwurf: Jean Delescluze; Uraufführung, Théâtre de la Monnaie, Brüssel 1926. – Der luftig-pittoreske Stil des Bühnenbilds nimmt Elemente der französischen Landschaftsmalerei dieser Zeit auf und entspricht zugleich der durchsichtigen Faktur von Milhauds Komposition.

die wilde Gewalt der mythischen Bacchantinnen verkörpern, machen Orphée für deren Tod verantwortlich und ermorden ihn. Im Sterben sieht er sich mit Eurydice vereint. Da erkennen auch die Schwestern ihr Unrecht.

Kommentar: Die Verlegung des Schauplatzes in eine dörfliche Umgebung der Camargue mit dem wundertätigen Bauern Orphée und der Zigeunerin Eurydice bedeutet eine Neudeutung des Mythos aus dem spezifisch mediterranen Geist und der Lebenserfahrung einer Landschaft, der Milhaud und Lunel heimatlich verbunden waren. Es ist zugleich eine Vermenschlichung des Mythos, unter anderm mit der Konsequenz, daß Orphée nicht imstande ist, die verstorbene Eurydice wieder zum Leben zu erwecken, und die Vereinigung mit ihr daher erst im Tod erfolgen kann. Die Kräfte des Volksglaubens, wie er sich in den wunderheilenden Fähigkeiten Orphées und seinem besonderen Verhältnis zu den Tieren darstellt, wirken in einer Gegend, die in unmittelbarer Nähe zu Saintes-Maries-de-la-Mer liegt, dem wunderumwobenen Wallfahrtsort der Zigeuner, nicht als Verfremdung, sondern glaubhaft. – Milhauds Musik richtet sich gegen die Tradition der großen romantischen Oper. Die drei Akte sind, orientiert an vorromantischen Traditionen, in je sieben knappe Nummern in der Art einer »suite en tableaux« gegliedert. In ihnen werden die verschiedenen Situationen der Handlung beleuchtet und aus der Sicht der einzelnen Personen und Gruppen reflektiert. Die personelle Besetzung ist reduziert, die Chorgruppen sind solistisch besetzt, Eurydices Schwestern haben zudem solistische Aufgaben (Nr. 17–19); das Orchester ist klein gehalten. Damit wird ein klarer, durchsichtiger kammermusikalischer Klang verwirklicht. Diese Konzeption weist auf die bald danach entstandenen Minutenopern voraus. Die musikalische Struktur mit ihrer polytonalen Klangart, den Einflüssen von Tanzrhythmen (Rumba in Nr. 1) und ostinaten Bildungen entspricht Milhauds individueller Kompositionsart in dieser Zeit.

Wirkung: Das Werk ist seit der erfolgreichen Uraufführung (Dirigent: Corneil De Thoran, Regie: Georges Dalman, Kostüme: James Thiriar; Orphée: John Charles Thomas, Eurydice: Lina Bianchini) im internationalen Repertoire geblieben und aufgrund seiner Kürze und kleinen Besetzung besonders für Studiobühnen geeignet. Die amerikanische Erstaufführung dirigierte Milhaud 1927 in der Town Hall New York. Aus jüngerer Zeit sind erwähnenswert die Aufführungen in Aix-en-Provence 1962 (Dirigent: Pierre Dervaux, Regie: Michel Crochot, Bühnenbild: Jean-Denis Malclès; Robert Massard, Denise Duval), an der Piccola Scala Mailand 1963 (Nino Sanzogno, Louis Ducreux, Bernard Daydé; Henri Gui, Adriana Martino) und an der Opera stabile Hamburg 1978 (Klauspeter Seibel, Johannes Klett, Titina Masselli; Charles Van Tassel, Audrey Michael).

Autograph: Verbleib unbekannt. **Ausgaben:** Kl.A: Heugel 1926, Nr. 29202; Textb.: Heugel 1926, Nr. 29343. **Aufführungsmaterial:** frz./dt. Übers. v. H. Nordberg: Heugel/Leduc
Literatur: B. DE SCHLOEZER, D. M., in: RM 1925, Nr. 5, S. 251–274; P. COLLAER, D. M., Antwerpen 1947, Neu-Ausg. [mit Werk-Verz.] Genf 1982; D. MILHAUD, Notes sans musique, Paris 1949, ²1974: Ma vie heureuse, dt. [erw.] München 1962; C. ROSTAND, The Operas of D. M., in: Tempo 19:1951, S. 23–28; D. MILHAUD, Entretiens avec Claude Rostand, Paris 1952, dt. Hbg. 1954; P. CLAUDEL, D. MILHAUD, Correspondance. 1912–1953, Cahiers Paul Claudel III, Paris 1961; J. ROY, D. M., Paris 1968; C. PALMER, M., London 1976; H. KNOCH, Orpheus und Eurydike. Der antike Sagenstoff in d. Opern v. D. M. u. E. Krenek, Regensburg 1977 (Kölner Beitr. zur M.Forschung. 91.); B. WIEDERSPAHN, Erinnerung an Orpheus. Zur Inszenierung v. ›Renard‹ u. ›Les Malheurs d'Orphée‹, in: Jb. d. Hbg. Staatsoper, Hbg. 1979; J. DRAKE, The Operas of D. M., Diss., Oxford Univ. Press 1982; D. MILHAUD, Notes sur la musique. Essais et chronique, hrsg. J. Drake, Paris 1982; M. MILHAUD, Catalogue des œuvres de D. M., Paris, Genf 1982

Peter Andraschke

Die Entführung der Europa
Opéra-minute in acht Szenen

Text: Henri Etienne Hoppenot; Übersetzung aus dem Französischen: Walter Klein
Uraufführung: 17. Juli 1927, Stadthalle, Baden-Baden
Personen: Agenor (B); Pergamon (Bar); Zeus als Stier (T); Europa (S). **Chor** (solistisch, auch hinter d. Szene): 3 Dienerinnen (S, Mez, A), 3 Krieger (T, Bar, B)
Orchester: Fl, Ob, Klar, Fg, Trp, Schl (gr.Tr, kl.Tr, RührTr, Trg), Vl, Va, Vc, Kb
Aufführung: Dauer ca. 9 Min.

Entstehung: *Die Entführung der Europa* wurde von Paul Hindemith für das Baden-Badener Musikfest 1927 in Auftrag gegeben, das 1927–29 die Tradition der Donaueschinger Musiktage fortsetzte. Milhaud komponierte die Oper (als *L'Enlèvement d'Europe*) im April/Mai 1927 in Budapest und Wien. Hoppenot und der Komponist kannten sich aus Rio de Janeiro, wo sie unter Paul Claudel an der französischen Botschaft gearbeitet hatten.

Die Entführung der Europa; Karl Giebel als Zeus, Gerhard Pechner als Pergamon; Regie: Walther Brügmann, Ausstattung: Heinz Porep; Uraufführung, Stadthalle, Baden-Baden 1927.

Handlung: Auf einem Platz vor dem Haus des Königs Agenor von Theben, im Hintergrund das Meer; mythische Zeit: Europa, die Tochter des Königs, entzieht sich ihrem Verlobten Pergamon. Ihre Liebe gilt statt dessen den Tieren, insbesondere einem Stier, dem sie ihre Zuneigung in aller Öffentlichkeit zeigt. Zeus hatte die Gestalt dieses Stiers angenommen, um sich so der schönen Europa zu nähern. Er begehrt sie glühend. Beide freuen sich auf ein Treffen nach Sonnenuntergang am Strand. Pergamon rast vor Eifersucht. Er will den Stier töten, doch sein von Zeus abgelenkter Pfeil tötet ihn selbst. Europa entflieht auf dem Rücken des Stiers. Aus der Verbindung mit Zeus wird der Sohn Minos hervorgehen.

Kommentar: Mit der *Entführung der Europa* setzt Milhaud konsequent seinen Weg fort, weg von der großen romantischen Oper bis an die möglichen Grenzen seines Musiktheaters. Ein direkter Vorläufer dieser Konzeption ist *Les Malheurs d'Orphée* (1926). Bei aller Reduktion verzichtet er aber nicht auf Handlungsfülle und eine reich gegliederte Szenenfolge. Die für die Oper typischen Merkmale sind vorhanden, allerdings verkürzt eingesetzt, im Sinn einer Parodie, die jedoch keinesfalls als Ulk zu verstehen ist, wie dies in mancher Rezension im deutschsprachigen Raum zum Ausdruck kommt. Bedeutend und in ihrem Bezug zum antiken Theater auffallend ist die Rolle der Chöre, die die entscheidenden Handlungsmomente vermitteln und darüber hinaus formbildende Funktion haben.

Wirkung: Die Baden-Badener Musiktage standen 1927 unter dem Thema »Kammermusik« und wollten auch für das Musiktheater neue, kammermusikalische Qualitäten entdecken. *Die Entführung der Europa* wurde zusammen mit Tochs *Prinzessin auf der Erbse*, Weills Songspiel *Mahagonny*, Hindemiths Sketch *Hin und zurück*, Reutters *Saul* und Walter Gronostays *In zehn Minuten* (Text: Gronostay) uraufgeführt. Milhaud dirigierte sein Werk, der kürzeste Beitrag des Abends, selbst (es sangen Irene Eden und Gerhard Pechner). Die Resonanz der Presse war zunächst zwiespältig, Beachtung fand das Werk vor allem in wissenschaftlichen Kreisen als Erneuerungsversuch des Musiktheaters.

Autograph: Kl.A: Madeleine Milhaud, Paris. **Ausgaben:** Kl.A, frz./dt.: UE 1927; Kl.A, frz./dt. Übers. v. K. Gutheim, W. Reinking: UE 1953, Nr. 8898; dass., engl. Übers. v. E. Smith: UE 1963; Textb., frz./dt.: UE 1927, Nr. 8899. **Aufführungsmaterial:** UE
Literatur: W. WEISMANN, Deutsche Kammermusik Baden-Baden 1927, in: ZfM 94:1927, S. 503–505; H. MERSMANN, H. SCHULTZE-RITTER, H. STROBEL, L. WINDSPERGER, Kurzopern, in: Melos 7:1928, S. 347–349; H. F. REDLICH, M.s Minuten-Opern in Wiesbaden, in: M.Blätter d. Anbruch 10:1928, S. 174f.; E. KŘENEK, D. M., in: Anbruch 12:1930, S. 135–140; G.-A. MIES, Die Kurzoper. Materialien zur Gesch. u. Ästhetik d. experimentellen musikdramatischen Kleinform im ersten Drittel d. 20. Jh., Diss. Bln. 1971; P. ANDRASCHKE, D. M.s opéras minutes. Komposition u. Rezeption, in: Geschichte und Dramaturgie des Operneinakters, hrsg. S. Döhring, W. Kirsch, Laaber 1991 (Thurnauer Schriften zum M.Theater. 10.), S. 337–343; weitere Lit. s. S. 174

Peter Andraschke

Le Pauvre matelot
Complainte en trois actes

Der arme Matrose
3 Akte

Text: Clément Eugène Jean Maurice Cocteau
Uraufführung: 1. Fassung: 16. Dez. 1927, Opéra-

Comique, Salle Favart, Paris; 2. Fassung: 15. Nov. 1934, Grande Théâtre, Genf
Personen: der Matrose (T); seine Frau (S); sein Freund (Bar); sein Schwiegervater (B)
Orchester: 1. Fassung: 2 Fl, 2 Ob, 3 Klar, 3 Fg, 2 Hr, 3 Trp, Pos, Pkn, Schl (gr.Tr, 2 Bck, kl.Tr, RührTr, Tamburin, Trg, Tamtam), Hrf, Streicher; 2. Fassung: Fl, Ob, Klar, Fg, Hr, Trp, Pos, Pkn, Schl (gr.Tr, Bck, kl.Tr, RührTr, Tamburin, Trg, Tamtam), 2 Vl, Va, Vc, Kb
Aufführung: Dauer ca. 40 Min.

Entstehung: Seit dem Zusammenschluß der »Groupe des Six« nach dem ersten Weltkrieg gestaltete sich die Zusammenarbeit Milhauds mit Cocteau immer fruchtbarer. Nach dem pantomimischen Divertissement *Le Bœuf sur le toit* (Paris 1920; Regie: Cocteau), dem Shimmy *Caramel mou* (1921), der Mitarbeit an Börlins Ballett *Les Mariés de la Tour Eiffel* (1921) und an Nijinskas Ballett *Le Train bleu* (1924) und der *Pièce de circonstance* (1926) entwarf Cocteau 1926, angeregt durch eine Zeitungsmeldung, das Libretto der Moritat *Le Pauvre matelot*. Eigentlich sollte Georges Auric die Musik komponieren, doch da dieser mit andern Aufträgen beschäftigt war, übernahm Milhaud die Vertonung. Im Auftrag Hermann Scherchens, der den *Pauvre matelot* gemeinsam mit Strawinskys *Histoire du soldat* (1918) aufführen wollte, entstand 1930 eine 2. Fassung.
Handlung: In einer Hafenschenke.
I. Akt: Lange schon ist die Frau des Matrosen ohne Nachricht von ihrem Mann, der auszog, sein Glück zu machen. Doch obwohl ihre kleine Schenke fast ruiniert und so gut wie kein Geld mehr im Haus ist, will sie dem Drängen ihres Vaters nicht nachgeben und sich wieder verheiraten. Eines Abends kommt der Matrose in seine Hafenstadt zurück, reich »wie in den Märchen aus Tausendundeiner Nacht«. Zunächst geht er zu seinem Freund, der ihn erst kaum wiedererkennt, dann aber in die Arme schließt und ihm von der Treue seiner Frau berichtet. Der Matrose beschließt, sich unerkannt bei ihr einzumieten, um sich einige Zeit »sein Glück von außen anzusehen«.
II. Akt: Gegenüber seiner Frau, die ihn nicht erkennt, gibt sich der Matrose als Freund ihres Manns aus und berichtet, dieser sei arm und heruntergekommen, auf dem Heimweg, während er selbst in der Ferne zu Reichtum gelangt sei; er zeigt der Frau und ihrem Vater einen Beutel voller Perlen, bevor er sich zur Ruhe begibt.
III. Akt: Die Frau schleicht des Nachts in die Kammer des Matrosen und erschlägt ihn mit einem Hammer, um ihm die Perlen abzunehmen und damit für sich und ihren Mann die Zukunft zu sichern. Gemeinsam mit ihrem Vater schleppt sie die Leiche zum Hafen.
Kommentar: Auch wenn man nicht daran zu zweifeln braucht, daß ein Zeitungsbericht die erste Idee des Stücks lieferte, so ist doch der Stoff, den Cocteau in seinem *Pauvre matelot* dramatisiert hat, in verschiedenen Versionen überliefert. Die früheste, die Cocteau allerdings kaum gekannt haben dürfte, hat bereits 1809 Zacharias Werner mit der Tragödie *Der vierundzwanzigste Februar* geschrieben. Albert Camus erwähnte (möglicherweise unter dem Einfluß Cocteaus) den Stoff in seinem Roman *L'Etranger* (1938, ebenfalls als Zeitungsmeldung), bevor er ihn in seinem Schauspiel *Le Malentendu* (1944) ausführlich bearbeitete. Auch in der Volksüberlieferung ist der Stoff bekannt, etwa durch das französische (oder frankokanadische) Volkslied *Le Funeste retour* aus dem 17. Jahrhundert. *Le Pauvre matelot* ist das vielleicht gelungenste Beispiel für den poetischen Realismus des Musiktheaters, eine Richtung, die zwischen den Weltkriegen besonders aktuell war und zu der Werke wie Hindemiths *Mörder, Hoffnung der Frauen* (1921), Křeneks *Jonny spielt auf* (1927) und Schönbergs *Von heute auf morgen* (1930) rechnen. Die Verwendung alltäglicher Klangmittel, etwa die Java eines Musikautomaten zu Beginn des I. Akts, trifft den Tonfall der Moritat ebenso genau wie die über weite Strecken ostinate Behandlung des Orchesters. Die Vertonung ist fast durchgehend syllabisch und in ihrer Metrik dem natürlichen Sprachgestus angenähert; ihre Intervallstruktur aber nutzt jede Möglichkeit der melodischen, fast lyrischen Gestaltung des Texts. Sowohl textlich als auch musikalisch zielt *Le Pauvre matelot* auf eine Minimalisierung des Stoffs ab, auf äußerste Konzentration der Mittel; die Redundanz, die man vielen andern Bühnenwerken Milhauds (vor allem den Paul-Claudel-Vertonungen) vorwerfen könnte, ist hier vermieden.
Wirkung: Cocteaus Uraufführungsinszenierung (Dirigent: Georges Lauweryns, Ausstattung: Guillaume Monin; Frau: Madeleine Sibille, Matrose: Legrand, Schwiegervater: Félix Vieulle, Freund: Louis Musy) war ein Mißerfolg, der zum einen auf die mangelhafte Einstudierung zurückzuführen ist; zum andern spielte man das Werk abwechselnd mit Massenets *Werther* (1891) und Puccinis *Tosca* (1900), was weder das normale Publikum noch die Liebhaber zeitgenössischer Musik befriedigte. Erst die noch 1927 erfolgte Inszenierung in Brüssel (zusammen mit der Uraufführ-

Le Pauvre matelot, II. Akt; Jane Rolland als Frau, René Bonneval als Matrose; Regie: Jean Cocteau, Bühnenbild: Guillaume Monin; Opéra-Comique, Paris 1945. – Eine Art stilisierter Improvisation kennzeichnet die Szene. Auf der Bühne, die mit dem Notwendigsten karg ausgestattet ist, spult sich das Drama als Film in Zeitlupe ab.

rung von Honeggers *Antigone*) stieß auf breite Zustimmung. Die deutsche Erstaufführung fand 1929 an der Krolloper Berlin statt, wo das Werk drei Jahre im Programm blieb (deutsch von Marie Pappenheim; Dirigent: Alexander von Zemlinsky, Regie: Gustaf Gründgens, Bühnenbild: Caspar Neher; Moje Forbach, Erik Wirl, Martin Abendroth, Leonhard Kern). Für die Premiere der 2. Fassung (Dirigent: Scherchen) hatte ebenfalls Cocteau die Inszenierung übernommen. Es war eine Art stilisierter Improvisation, beeinflußt von der Zeitlupenbewegung des Films; zwei Bänke, ein paar Wandschirme, Darsteller in Trikots, die Gesichter maskenhaft weiß geschminkt (wie im No-Theater), um das Licht zu reflektieren. Scherchen führte das Werk 1934 auch in Turin und Florenz auf. Weitere Inszenierungen gab es 1935 in Prag, 1937 in Wien, Salzburg, Philadelphia (englisch von Lorraine Noel Finley; Frau: Anna Leskaya) und am New Amsterdam Theatre New York (Dirigent: Fritz Reiner). Nach dem Krieg wurde *Le Pauvre matelot* eins der meistgespielten Werke des modernen Musiktheaters, das bis 1970 international weit über 200 Inszenierungen erlebte, so Buenos Aires und München 1948, Mailand 1949 (Dirigent: Nino Sanzogno, Regie: Guido Salvini, Ausstattung: Alberto Savinio; Mafalda Favero, Giovanni Malipiero, Giovanni Inghilleri, Augusto Beuf), Opera Club im Fortune Theatre London 1950 (Dirigent: Edward Renton, Regie: Joan Cross; Jennifer Vyvyan, Ian Wallace, Francis Loring, Arthur Servent), Holland-Festival 1951, Staatsoper Berlin 1968 (Dirigent: Ulrich Weder, Regie: Johann Georg Schaarschmidt, Ausstattung: Werner Schwenke; Kirsten Huehn, William Wu, Günter Weber, Karl Schreiber) und Staatsoper Wien 1970 (Hans Swarowsky, Axel Corti, Hubert Aratym; Biserka Cvejić, William Blankenship, Kostas Paskalis, Manfred Jungwirth). 1986 spielte die Academy of Music and Drama in Glasgow das Werk zusammen mit Purcells *Dido and Aeneas* (1689), und 1989 inszenierte es Bernhard Sinkel im Rahmen des Cocteau-Festivals auf dem Olympiagelände München. 1991 wurde *Le Pauvre matelot* in Heidelberg aufgeführt (Bodo Reinke, Peter Rasky, Klaus Teepe; Elke Andiel, Guy Renard, Werner Volker Meyer, Heinz Feldhoff).

Autograph: 1. Fassung: Part u. Kl.A: Madeleine Milhaud, Paris; 2. Fassung: Verbleib unbekannt. **Ausgaben:** 1. Fassung: Kl.A: Heugel 1927, Nr. 29532; Kl.A, dt. Übers. v. M. Pappenheim: Heugel 1930; Textb.: Heugel 1927, Nr. 29810; Textb., dt. v. W. Riemerschmid, in: Spectaculum. Texte moderner Opern, hrsg. H. H. Stuckenschmidt, Ffm. 1962; 2. Fassung: Part: Heugel [ca. 1960]. **Aufführungsmaterial:** Heugel/Leduc **Literatur:** J. Cocteau, Théâtre de poche, Paris 1949; L'Avantscène, Théâtre, Spécial Cocteau, Paris 1966, Nr. 365/366; Cahiers Jean Cocteau 7. Avec les Musiciens, Paris 1978; A. Hoérée, Le Pauvre matelot, in: Lyrica 60:1980, S. 12–22; M. Kelkel, Le Mythe de la fatalité dans le ›Pauvre matelot‹ de Jean Cocteau et D. M., Paris 1981; J. Cocteau, Le Testament d'Orphée / Le Sang d'un poète, Monaco 1983; M. Stegemann, Jean Cocteau, librettiste, in: Les Ecrivains français et l'opéra, Kongreß-Ber., Köln 1986; weitere Lit. s. S. 174

Michael Stegemann

Die verlassene Ariadne
Opéra-minute in fünf Szenen

Text: Henri Etienne Hoppenot; Übersetzung aus dem Französischen: Rudolf Stephan Hoffmann
Uraufführung: 20. April 1928, Staatstheater, Wiesbaden
Personen: Ariadne (S); Phädra (S); Theseus (T); Dionysos (Bar). **Chor** (solistisch)**:** 3 gestrandete Schiffer (T, Bar, B), 3 Zigeunerbacchantinnen (S, Mez, A)
Orchester: 2 Fl, Ob, 2 Klar, Fg, Hr, 2 Trp, Pkn, Schl (gr.Tr, kl.Tr, 2 Bck, RührTr, Tamtam), 2 Vl, Va, Vc, Kb
Aufführung: Dauer ca. 10 Min.

Entstehung: Auf Empfehlung von Emil Hertzka komponierte Milhaud nach der Uraufführung der *Entführung der Europa* (1927) zwei weitere Opérasminutes und schuf damit eine Werkgruppe von größerem Eigengewicht und günstigeren Aufführungsmöglichkeiten. Der Klavierauszug der *Verlassenen Ariadne* (*L'Abandon d'Ariane*) wurde am 6. Aug., der des *Befreiten Theseus* (*La Délivrance de Thésée*) am 18. Aug. 1927 beendet; noch im selben Monat lagen die Partituren vor.
Handlung: In einer wilden Felslandschaft auf der Insel Naxos, Strand; mythische Zeit: Ariadne liebt ihren Gatten Theseus nicht, ihre Schwester Phädra dagegen begehrt ihn vergeblich. Beide geben dem als Bettler verkleideten Dionysos eine milde Gabe. Er wird ihnen dafür danken, indem er ihre persönlichen Probleme löst. Theseus erscheint, Ariadne flieht vor ihm. Dionysos bietet Theseus Wein an, der ihn betrunken macht. Seine Sinne verwirren sich: In der verschleierten Phädra, die Dionysos herbeiwinkt, meint Theseus Ariadne zu sehen und folgt ihr. Sie verlassen die Insel. Ariadne ist froh, von Theseus befreit zu sein, und dankt Dionysos. Beide entledigen sich ihrer Lumpen und tragen plötzlich strahlende weiße Gewänder. Dionysos erfüllt Ariadnes Wunsch, neben Diana als eigenes Sternbild am Himmel zu erscheinen.
Kommentar: Die äußerst knapp gehaltenen Szenen sind durch wiederkehrende musikalische Charaktere zu größeren Einheiten zusammengefaßt. So dominiert in der *Verlassenen Ariadne* der Barkarolenrhythmus, dem Einschübe wie der Tango der gestrandeten Schiffer und das Arioso der Ariadne kontrastierend gegenüberstehen. Besonders wirkungsvoll ist der weiträumig instrumentierte, zwischen $\frac{5}{8}$- und $\frac{6}{8}$-Takt wechselnde Schlußchor, der Ariadnes Sternbild besingt. Bei aller Einfachheit der musikalischen Mittel gelingt es Milhaud, durch den Unterschied chromatischer und diatonischer Melodiebildung emotionale Gehalte zu vermitteln.

Autograph: Kl.A: Madeleine Milhaud, Paris. **Ausgaben:** Kl.A, frz./dt.: UE 1928; Kl.A, frz./dt. Übers. v. K. Gutheim, W. Reinking: UE 1953; dass., engl. Übers. v. E. Smith: UE 1963. **Aufführungsmaterial:** UE
Literatur: s. S. 174, 175

Peter Andraschke

Der befreite Theseus
Opéra-minute in sechs Szenen

Text: Henri Etienne Hoppenot; Übersetzung aus dem Französischen: Rudolf Stephan Hoffmann
Uraufführung: 20. April 1928, Staatstheater, Wiesbaden
Personen: Aricia (Mez); Phädra (S); Hippolytos (Bar); Theramenes (Bar); Theseus (T). **Chor** (solistisch, hinter d. Szene): 4 Stimmen aus der Ferne (S, A, T, B)
Orchester: Fl, Ob, Klar, Fg, Hr, Trp, Pk, Schl (gr.Tr, kl.Tr, RührTr, 2 Bck), 2 Vl, Va, Vc, Kb
Aufführung: Dauer ca. 6 Min.

Handlung: In einem Saal im Palast des Königs Theseus, Athen; mythische Zeit; die Einrichtung repräsentiert einen spezifisch ägäischen Stil: Hippolytos wird von seiner Stiefmutter Phädra begehrt. Seine Zuneigung aber gilt Aricia, die ihn auch liebt. Theseus kehrt vom Krieg heim. Phädra bezichtigt ihren Stiefsohn, er habe sie mit schamlosen Anträgen verfolgt. Theseus verbannt ihn aus der Stadt und befiehlt ihm, gegen das grauenhafte Untier zu kämpfen, mit dem Poseidon sie heimgesucht hat. Während Theseus Phädra und Aricia von seinem Kampf gegen die Skythen erzählt, berichten Stimmen im Hintergrund, daß Hippolytos vom Untier getötet worden sei. Sein Freund Theramenes erscheint und rächt ihn, indem er Phädra ersticht. Theseus läßt ihn dafür hängen. Das Volk und Aricia trauern. Theseus beklagt dieses von den Göttern bewirkte Unglück und tröstet sich mit Aricia.
Kommentar: Die Opéras-minutes bezeugen Milhauds Sicherheit in der Gestaltung klarer Formen, die es dem Hörer ermöglichen, den bisweilen abrupt sich ereignenden Entwicklungen der Handlung zu folgen. Der Zusammenhang der drei Stücke bezieht sich allein auf die chronologische Abfolge von in sich abgeschlossenen berühmten Begebenheiten aus der griechischen Mythologie; dementsprechend ist eine gleichzeitige Aufführung nicht unbedingt notwendig. *Der befreite Theseus* besitzt gegenüber den beiden andern Stücken verstärkt komische Effekte, die durch den kommentierenden Chor hinter der Szene akzentuiert werden.
Wirkung: *Die verlassene Ariadne* und *Der befreite Theseus* wurden im Rahmen der Wiesbadener Mai-Festspiele zusammen mit der bereits 1927 gespielten *Entführung der Europa* in der Inszenierung von Paul Bekker uraufgeführt und mit großem Beifall aufgenommen (Dirigent: Joseph Rosenstock, Bühnenbild: Alfred von Beckerath). Als Gruppe konnten sich die Werke nach vereinzelten Aufführungen in New York, Paris, Brüssel und Budapest (1932) erst nach dem zweiten Weltkrieg stärker durchsetzen. Die Schweizer Erstaufführung kam 1958 in Zürich heraus (Regie: Emil Jucker; mit Hilde Büchel und Eva Maria Rogner). Paul Hindemith griff im Zusammenhang mit der Uraufführung seiner Oper *Das lange Weihnachtsmahl* (Mannheim 1961) auf Milhauds drei Werke zurück. Besonderes Interesse finden sie vor allem an Studiobühnen und Musikhochschulen. Für deutschsprachige Aufführungen haben Karlheinz Gutheim und Wilhelm Reinking einen die Stücke verbindenden Text geschaffen, wodurch ein Sprecher notwendig wird.

Autograph: Kl.A: Madeleine Milhaud, Paris. **Ausgaben:** Kl.A, frz./dt.: UE 1928, Nr. 8978; Kl.A, frz./dt. Übers. v. K. Gutheim, W. Reinking: UE 1953. **Aufführungsmaterial:** UE
Literatur: s. S. 174, 175

Peter Andraschke

Christophe Colomb
Opéra en deux parties et vingt-quatre tableaux

Christoph Kolumbus
2 Teile (24 Bilder)

Text: Paul Louis Charles Marie Claudel, nach seinem Schauspiel *Le Livre de Christophe Colomb* (1927)
Uraufführung: 1. Fassung in 27 Bildern in der Übersetzung von Rudolf Stephan Hoffmann als *Christoph Kolumbus*: 5. Mai 1930, Staatsoper Unter den Linden, Berlin; 2. Fassung, konzertant: 31. Mai 1956, Théâtre des Champs-Elysées, Paris; szenisch: 21. Juni 1968, Opernhaus, Graz (hier behandelt)
Personen: Isabelle/Isabella, Königin von Spanien (S); Christophe Colomb/Christoph Kolumbus I (Bar); Christophe Colomb II (Bar); der Erzähler (Spr.); der Ankläger (Spr.); der Abgesandte der Matrosen (Spr.); der Haushofmeister (T); der Zeremonienmeister (T); der Koch (T); der König von Spanien (B); der Kommandant (B); der Bote (Bar); Chorsoli: Offizier (Spr.), der Verteidiger (T, Bar, B), der Mann am Fenster (2 T, 2 B), 3 Gitarristen (T, Bar, B), 3 Gläubiger (T, Bar, B), ein junger Mann (T), ein Gelehrter (B), der Werbeoffizier (Spr.), der Werber (Spr.), der Henker (Spr.), Huichtlipochtli (B), Quetzalcoatl (B), Tlaloc (T), Ixtlipetzloc (Bar), 3 Andere (T, Bar, B), ein Offizier (Bar), eine Stimme vom Ausguck (T), 3 Weise (T, Bar, B), das Weib von Christophe Colomb (S), die Mutter von Christophe Colomb (A), ein junger Mann (T), ein reifer Mann (Bar), der Schatten von Christophe Colomb (B), der Hausknecht (T), der Wirt (B), die Herzogin von Medina-Sidonia (S), der Sultan Miramolin (T). **Chor:** Volk, Matrosen, Leichenzug der Königin Isabelle, Hofstaat der Königin Isabelle, Seelen im Paradies, Standartenträger, Prozession, Hellebardiere, Hofstaat des Königs von Spanien, Nereiden, junge Männer, die sich als Matrosen anwerben lassen, Götter und Dämonen Amerikas, Seeleute. **Ballett:** der Neid, die Dummheit, die Eitelkeit, der Geiz, Königin Isabelle als Kind; der Hofstaat der Königin: Soldaten, Magistrate, Würdenträger, Gelehrte, Hofdamen (von Kindern dargestellt); der Sultan von Miramolin als Kind, die Jungfrau Maria, die Mutter von Colomb, die Schwester von Colomb, ein Matrose, der heilige Jakob, Hellebardiere, Trommler, Pfeifer, Tänzer der vier Quadrillen
Orchester: 3 Fl (3. auch Picc), 2 Ob, E.H, kl. Klar in Es, 2 Klar, B.Klar, 2 Fg, K.Fg, 4 Hr, 3 Trp, 3 Pos,

Tb, Pkn, Schl (gr.Tr, Bck, kl.Tr, RührTr, baskische Tr, Tamburin, hängendes Bck, Tamtam, Trg, Kastagnetten, Peitsche, Schellengeläut, Xyl), Cel, Hrf, Streicher; BühnenM hinter d. Szene: 2 Ob, 4 Hr, 3 Vl, Harm; auf d. Szene: 2 Picc, 2 Trp, Tb, 2 Kb
Aufführung: Dauer ca. 2 Std. – Der gesamte Bühnenhintergrund besteht aus einer Filmleinwand.

Entstehung: Die Anregung für Claudels Auseinandersetzung mit dem Kolumbus-Stoff ging von dem Maler José María Sert aus, der diese Thematik Max Reinhardt für eine Aufführung oder Verfilmung in Hollywood vorgeschlagen hatte. Als Komponist war zunächst Richard Strauss vorgesehen, Claudel regte jedoch die Mitarbeit Milhauds an. Reinhardt schwebte ein groß angelegtes Schauspiel vor, im Stil der von ihm inszenierten Pantomime Karl Gustav Vollmoellers, *Das Mirakel* (Prag 1913, Musik: Engelbert Humperdinck; gedruckt 1912 als *Das Wunder*), die Ende der 20er Jahre über die großen amerikanischen Bühnen ging. Das Projekt scheiterte bald aufgrund künstlerischer Meinungsverschiedenheiten zwischen Claudel und Reinhardt, woraufhin Milhaud, der, entgegen Claudels Absicht, keine Schauspielmusik, sondern eine Oper schrieb, *Christophe Colomb* der Berliner Staatsoper anbot. – Der Unterschied zwischen den Fassungen besteht im wesentlichen in der Umstellung der beiden Teile, wobei geringfügige Striche vorgenommen wurden: »Ich hatte mehrere Male ein gewisses Mißverhältnis zwischen dem ersten, episch-anschaulichen, und dem zweiten, nach innen gewandten mystischen, abstrakten Teil meiner Oper *Christophe Colomb* beobachtet. Nach der Entfaltung des ersten Aktes mußte das Publikum angesichts eines so statischen zweiten Aktes einer gewissen Ermüdung erliegen« (Milhaud, *Noten ohne Musik*, S. 243, s. Lit.). *Christophe Colomb* bildet den ersten Teil einer Amerikatrilogie, die mit der Oper *Maximilien* (Paris 1932, Text: Armand Lunel nach Franz Werfel) und der Schauspielmusik zu Jules Supervielles *Bolivar* (Paris 1936; als Oper mit neu komponierter Musik, Paris 1950, Text: Madeleine Milhaud) fortgesetzt wurde. 1953 inszenierte Jean-Louis Barrault Claudels Schauspiel in Bordeaux, wofür Milhaud unabhängig von der Oper eine Schauspielmusik für zehn Instrumente komponierte.
Handlung: I. Teil, »Ouvertüre«, leere Bühne: Colomb kniet, ins Gebet versunken, auf der Bühne; um ihn herum verbreitet sich im Volk die Kunde, daß man jenseits des Meers eine neue Welt entdeckt habe, eine zweite Erde, eine Erde aus purem Gold. Der Erzähler tritt an seinen Platz und schlägt »Das Buch von Christophe Colomb« auf. 1. Bild, »Der König von Spanien und die drei Weisen«, Thronsaal: Der König bespricht mit seinen Beratern, was er nun mit Colomb machen solle, der ihm die Welt zu Füßen gelegt habe. Die Weisen raten ihm, den Entdecker nicht zu mächtig werden zu lassen. 2. Bild, »Christophe Colomb hält den Mast«, an Bord einer Karavelle: Der König ist dem Rat gefolgt und hat Colomb gefangennehmen lassen; in Ketten bringt ihn ein Schiff aus der neuen Welt zurück nach Spanien, doch ein entsetzlicher Sturm tobt, und die Karavelle droht zu sinken. Der Kommandant und die Matrosen flehen Colomb an, sie zu retten. Nur der Koch (der Teufel) flüstert ihm zu, ihnen nicht zu helfen und das Schlechte, das man ihm getan, nicht mit Gutem zu vergelten. Colomb wird von seinen Ketten befreit, tritt an den Mast und besänftigt mit zwei Sätzen den Aufruhr der Elemente: »Im Anfang war das Wort« und »Da war ein Mann, genannt Johannes«. 3. Bild, »Das Gewissen des Christophe Colomb«, wie I/2: Plötzliche Stille, das Schiff befindet sich im Auge des Zyklons. Alles versinkt, nur hin und her eilende Schatten, Colombs Gewissen, sind zu sehen. Der Koch zeigt Colomb die Schuld, die er sich aufgeladen hat: Die niedergemetzelten Indianer, die schwarzen Sklaven, die Colomb auf dem Markt von Sevilla verkauft hat, seine Frau und seine Mutter, die ihn anklagen, sie verlassen zu haben, den jungen und den alten Colomb, die ihm vorwerfen, ihr Leben vernichtet zu haben, schließlich seinen eigenen Schatten, der ihn verspottet: nichts von dem, wofür er ausgezogen war, habe er gefunden; die neue Welt trage nicht einmal seinen Namen, sondern den eines italienischen Krämers, Amerigo Vespucci. Mit einem Aufschrei sinkt Colomb zu Boden. 4. Bild, »Christophe und Isabelle«, eine spanische Hafenstadt: Colomb ist zurückgekehrt und hofft nun, von Königin Isabelle Gerechtigkeit zu erfahren. Ein Bote der Königin berichtet, daß diese ihm bis zuletzt treu geblieben sei, doch er dürfe nicht mehr auf ihre Fürsprache rechnen: Die Königin ist tot. 5. Bild, »Die Herberge von Valladolid«: Arm und verlassen haust Colomb in einer schäbigen Herberge. Der Wirt drängt ihn, seine Schulden zu bezahlen, sonst müsse er ihm das Maultier nehmen, das letzte, was ihm geblieben ist. Colombs Schatten fleht das Volk an, sich des Weltentdeckers zu erbarmen, doch niemand erhört sein Bitten. 6. Bild, »Im Paradies der Idee«, im himmlischen Majorca, eine Landschaft wie im Rauhreif: Isabelle und ihr Hofstaat vergnügen sich im Garten. Der Sultan von Miramolin überbringt Isabelle die Schlüssel des Paradieses. Einst hatte er ihr eine weiße Taube (»colomba«: Taube) gebracht, doch nun ist der Käfig leer. Colombs Maultier, ebenfalls ganz in Silber und Weiß, wird hereingeführt; es bleibt auf einem kostbaren Teppich stehen. Der Teppich ist Amerika, die neue Welt, die Colomb Isabelle zu Füßen gelegt hat und durch die sie in die Ewigkeit eingeht. 7. Bild, »Halleluja«, wie I/6: Stück für Stück verschwinden das Silber und das Weiß, zurück bleibt die tiefblaue Nacht. Vor dem Schattenbild des amerikanischen Kontinents führt der heilige Jakob, von weißen Tauben umschwirrt, Isabelle ins Paradies. Gemeinsam mit ihrem Hofstaat und den Seelen der Verstorbenen fleht sie Maria an, sich Colombs zu erbarmen.
II. Teil, 1. Bild, »Prozession«, leere Bühne: Soldaten und Hellebardiere tragen in einer feierlichen Prozession »Das Buch von Christophe Colomb« auf die Bühne, hinter ihnen der Erzähler. Das Buch wird auf ein Pult gelegt und aufgeschlagen. 2. Bild: Die Prozession verschwindet, der Erzähler beginnt seinen

Bericht über das Leben Colombs. 3. Bild, »Und die Erde war wüst und leer«: Auf der Leinwand erblickt man inmitten von Chaos und Finsternis einen gewaltigen Globus, über dem in strahlendem Licht eine weiße Taube schwebt. 4. Bild, »Christophe Colomb und die Nachwelt«: Die Nachwelt ruft Colomb zu sich, um ihn von seinen Leiden zu erlösen: Ein Schritt über die Grenze des Todes, und er werde sehen, wie man ihn ehre für die Entdeckung, die er selbst nie erkannt habe. Colomb überschreitet die Grenzlinie und nimmt auf dem Ehrensessel Platz, der ihm bestimmt war und von dem aus er auf sein Leben zurückblickt. 5. Bild, »Die vier Quadrillen«, Thronsaal, auf der Leinwand die Landkarte Amerikas in den ersten Jahren nach der Entdeckung: Auf dem schachbrettartigen Boden formieren sich vier Quadrillen, angeführt von Neid, Dummheit, Eitelkeit und Geiz. Während der Tanz fortfährt, tritt der Ankläger Colombs auf, um den König zu verteidigen; Colombs Verteidiger dagegen klagt den König und die ganze Welt an, dem Genie feindlich zu sein. Es entbrennt ein Streit darüber, wer der Schuldige sei. Colomb erscheint und verteidigt sein Tun: Er habe nur aus Liebe zur Erde des Herrn nach einer neuen Welt gesucht. 6. Bild, »Angriff der Tauben«, wie II/5: Ein Schwarm weißer Tauben taucht auf und vertreibt die Tänzer. Einem von ihnen gelingt es, eine Taube zu fangen. 7. Bild, »Der Hof Isabelles der Katholischen«, Garten in Aragonien: Isabelle (als Kind) vergnügt sich mit ihren Gespielinnen und Hofdamen. Der Sultan von Miramolin überreicht ihr eine weiße Taube in einem Käfig; Isabelle streift ihr einen Ring über den Fuß und läßt sie frei. 8. Bild, »Die Taube über dem Meer«: Das Bild verschwindet, nur die Taube bleibt zu sehen, die nach Genua fliegt. 9. Bild, »Die Berufung von Christophe Colomb«, ärmliche Weberstube in Genua: Colomb (als Kind) liest ein Buch über die Reisen des Marco Polo. Mutter und Schwester beugen sich über das Buch. Am Fenster erscheint ein Mann und ruft Colomb zum Hafen: Der Wille Gottes fordere von ihm, seine Heimat zu verlassen und ins Unbekannte aufzubrechen, gen Westen. Die Menschen warnen ihn, doch Colomb ist bereit, der Berufung zu folgen und Vater, Mutter und Schwester zu verlassen. Eine Taube erscheint, die Colombs Schwester einfängt und dem Bruder gibt. 10. Bild, »Christophe Colomb am Ende der Welt«, Strand auf den Azoren: Colomb hat sich auf die Reise begeben. Am Strand findet er einen sterbenden Matrosen, den das Meer herangespült hat; er berichtet von einer neuen, unbekannten Welt, die der heilige Brendan von Irland aus in einem Nachen erreicht habe, eine Welt aus purem Gold. Die Nereiden verspotten Colombs Leichtgläubigkeit: Die Inseln, die der Matrose gesehen haben will, seien Wale gewesen, die Atem holten. Doch Colomb bleibt unbeirrt; er macht sich auf, die neue Welt zu suchen. 11. Bild, »Christophe Colomb und seine Gläubiger«, Lissabon: Nachdem er seinen Besitz und das Erbe seiner Frau darangesetzt hat, die Expedition auszurüsten, ist Colomb noch immer nicht am Ziel; seine Gläubiger, drei Gitarristen, lachen ihn aus und fordern ihr Geld. Er verspricht ihnen, sie mit dem »Gold der sinkenden Sonne« zu bezahlen, und da ihnen ohnehin keine andere Wahl bleibt, finden sie sich damit ab. 12. Bild, »Christophe Colomb will vor den König«, am Hof: Colomb ist gekommen, dem König seine Dienste anzubieten. Der Haushofmeister verweigert ihm die Audienz, die Höflinge verspotten ihn; auch die Taube, deren Ring Colomb als Beweis seiner göttlichen Berufung vorzeigt, wird verlacht. Ein junger Mann und ein Gelehrter mischen sich ein: Die Erde sei eine Scheibe und Colomb ein Narr und Träumer. Schließlich kann er aber doch mit seinem letzten Geld den Haushofmeister bestechen. 13. Bild, »Isabelle und der heilige Jakob«, Kapelle: Isabelle ist ins Gebet versunken und bittet Gott, sie zu sich zu nehmen. Im Geist (auf der Leinwand) erlebt sie noch einmal den Krieg der Spanier gegen die Mauren, da verwandelt sich ein Fenster der Kapelle in die Gestalt Jakobs, über dessen Haupt eine weiße Taube schwebt. Er befiehlt ihr, Colomb zu empfangen und gen Westen zu entsenden. 14. Bild, »Die Anwerbung der Besatzung für die Karavellen«, Hafen von Cádiz: Ein Anschlag des Königs bestätigt, daß Colomb im höchsten Auftrag für eine Expedition nach Westindien rüste. Ein Offizier und der Anwerber rekrutieren junge Männer als Matrosen für die Karavellen »Santa Maria«, »Niña« und »Pinta«; sie versprechen ihnen Gold und Land, aber da auch das nicht genügt, werden mehrere Männer ergriffen und in Fesseln abgeführt. 15. Bild, »Die Götter peitschen das Meer auf«, am Strand Amerikas: Alle Götter und Dämonen Amerikas, von einem Zeremonienmeister aufgerufen, haben sich versammelt und erwarten ängstlich die Ankunft der Karavellen. Sie haben das Wasser auf den Schiffen vergiftet, das Fleisch verseucht und den Verstand der Matrosen verwirrt, um die Fahrt zu verhindern, doch vergebens. Nun ergreifen sie ein gewaltiges Tau und peitschen das Meer auf, damit es im Sturm die Eroberer verschlinge. 16. Bild, »Christophe Colomb und die Mannschaft«, an Bord der »Santa Maria«: Die Matrosen meutern und fordern, man solle zurückkehren. Colomb verlangt, man möge ihm noch drei Tage gewähren, doch die Mannschaft erwartet ein Zeichen des Himmels. Da erscheint eine weiße Taube über dem Mast, und aus dem Ausguck meldet eine Stimme: »Land in Sicht!« 17. Bild, »Der Erlöser«, Landschaft an der Küste Amerikas: Ein gewaltiges steinernes Götzenbild blickt über das Meer. In der Ferne tauchen die Segel der Karavellen auf, man hört die Matrosen ein Tedeum singen. Tief im Wald erklingt das verzweifelte Murmeln der Götter und Dämonen, das immer mehr vom Gesang der Matrosen übertönt wird. Kanonensalven erschallen, auf dem Mast des ersten Schiffs wird die Flagge Kastiliens gehißt.

Kommentar: Mysterienspiel und Revue, Oper und multimediales Gesamtkunstwerk, Glaubensbekenntnis und Anklage, Historienspektakel und Ideenlehre, Psychogramm und Action-Thriller, Filmkunst und Bühnenkunst, Parodie und Experiment: Milhauds *Christophe Colomb* enthält in nuce so ziemlich alle Elemente, die das Musiktheater seit dem zweiten

Christophe Colomb, I. Teil, 18. Bild der 1. Fassung; Bühnenbildentwurf: Panos Aravantinós; Uraufführung, Staatsoper, Berlin 1930. – Diese Szene, von Paul Claudel und Milhaud mit »Christophe Colomb und die Mannschaft« überschrieben, wirkt wie ein Reflex jener suggestiv-bedrängenden Kraft, wie sie für die Massenszenen des expressionistischen Films der 20er Jahre typisch war.

Weltkrieg als »modern«, »avantgardistisch« oder »experimentell« entdeckt zu haben vorgibt. Diese Tatsache macht das 1928 entstandene Werk nicht nur innerhalb seines musikdramatischen Schaffens zum Meisterwerk Milhauds, sondern unbestritten zu einem Höhepunkt des gesamten Genres. Die 24 Bilder unterschiedlicher Länge, die durch den erklärenden Text eines Erzählers (von Schlagzeugimpulsen begleitet) miteinander verknüpft werden, sind ein wahres Kaleidoskop szenischer Effekte, wobei besonders die Einbeziehung von Filmszenen (vielleicht ein Nachklang der geplatzten Zusammenarbeit mit Reinhardt) für die Darstellung von Innen- und Außenwelt ebenso neuartige wie faszinierende Möglichkeiten bot. Musikalisch gibt sich Milhaud sehr viel gemäßigter als etwa in der ein Jahrzehnt früher komponierten *Orestie* (1963): Tonale Bezüge bleiben stets erkennbar (auch in den bi- und polytonalen Texturen), die Stimmbehandlung entspringt der Tradition des 19. Jahrhunderts, die Orchestration ist bei aller Farbigkeit maßvoll im Einsatz der Schlaginstrumente und greller Klangverbindungen. Angesichts der überaus komplizierten Dramaturgie erweist sich diese Zurückhaltung allerdings als

glücklich, wenn nicht sogar notwendig: Szenarium und Text stehen für sich, die Musik beschränkt sich auf wenige, aber um so wirkungsvollere Eingriffe in das Bühnengeschehen. Anders hätte sich Claudels Idee kaum vermitteln lassen.
Wirkung: Für die Uraufführung der 1. Fassung war weder an Zeit noch an Kosten gespart worden: 100 Chor- und 25 Orchesterproben garantierten eine mustergültige Einstudierung, und auch die zu jener Zeit nicht unproblematische Verbindung von Bühnen- und Filmgeschehen wurde hervorragend gelöst (Dirigent: Erich Kleiber, Regie: Franz Ludwig Hörth, Bühnenbild: Panos Aravantinós; mit Karl Armster, Emanuel List, Margherita Perras, Delia Reinhardt, Max Roth, Theodor Scheidl und Fritz Soot). Zwei Jahre lang stand das Werk hier auf dem Spielplan, doch der gewaltige Aufwand verhinderte vorerst weitere szenische Aufführungen. In Frankreich war man überrascht und fast erbost darüber, daß Milhaud die Uraufführung nicht im eigenen Land hatte stattfinden lassen; und selbst als er die Uraufführung von *Maximilien* der Opéra anvertraute, wollten sich die Wellen des Unmuts lange nicht beruhigen. Von den konzertanten

Aufführungen, die der Berliner Inszenierung folgten, sind vor allem die französische Premiere in Nantes 1937 (Dirigent: Pierre Monteux), die von Milhaud dirigierte englische Erstaufführung (London 1937) und die amerikanische Erstaufführung 1952 durch Dimitri Mitropoulos in New York zu nennen. Die konzertante Premiere der 2. Fassung dirigierte Manuel Rosenthal im Rahmen des Festival de Paris (mit Robert Massard, Jean Marchat, Janine Micheau), die szenische wurde zum herausragenden Ereignis der Grazer Sommerspiele (Dirigent: Berislav Klobučar, Regie: Adolf Peter Rott, Ausstattung: Wolfram Skalicki; Wassilios Janulakos, Jürg Holl, Althea Bridges). Weitere Inszenierungen gab es 1969 in Wuppertal (Reinhard Schwarz, Kurt Horres, Wilfried Sakowitz und Edith Biskup; Willi Nett, Günter Begeré, Barbara Rondelli) und 1984 in Marseille (Henri Gallois, Jacques Karpo, Wolfram und Amrei Skalicki; Armand Arapian, Jean-Pierre Aumont, Christine Barbaux).

Autograph: 1. Fassung: Part: BN Musique Paris (Mus. Ms. 15372); Kl.A: Madeleine Milhaud, Paris. **Ausgaben:** 1. Fassung: Kl.A, frz./dt. Übers. v. R. S. Hoffmann: UE 1930, Nr. 9708; 2. Fassung, dass.: UE 1977, Nr. 9708; Textb., frz./engl. Übers. v. A. Perry, D. Varèze, in: [Bei-H. d. Schallplattenaufnahme Disques Montaigne], 1987. **Aufführungsmaterial:** UE **Literatur:** H. H. STUCKENSCHMIDT, Oper in dieser Zeit, Velber 1964; S. STIEL, Die Erneuerung des Mysterienspiels durch Paul Claudel, Diss. München 1968; M. LIOURE, L'Esthétique dramatique de Claudel, Paris 1971; weitere Lit. s. S. 174

Michael Stegemann

Medea
Opera in drie tafereelen

Medea
3 Bilder

Text: Madeleine Milhaud, nach den Tragödien *Medeia* (431 v. Chr.) von Euripides, *Medea* (um 50 n. Chr.) von Lucius Annaeus Seneca d. J. und *Médée* (1635) von Pierre Corneille (1635); Übersetzung aus dem Französischen: Auguste Baeyens
Uraufführung: 7. Okt. 1939, Flämische Oper, Antwerpen
Personen: Medea (S); Creusa/Kreusa (S); die Amme (A); Jason (T); Creon/Kreon (B); die beiden Kinder Jasons und Medeas (stumme R). **Chor:** korinthische Frauen und Männer. **Statisterie:** Wachen
Orchester: 3 Fl (3. auch Picc), 2 Ob, E.H, 2 Klar, B.Klar, A.Sax, 2 Fg, K.Fg, 2 Hr, 3 Trp, 3 Pos, Tb, Pkn, Schl (gr.Tr, Bck, kl.Tr, RührTr, Tamburin, Tomtom, hängendes Bck, Trg), Cel, Hrf, Streicher
Aufführung: Dauer ca. 1 Std. 15 Min.

Entstehung: *Medea* entstand im Sommer 1938 als staatliches Auftragswerk und ist Milhauds letztes Bühnenwerk vor seiner 1940 erfolgten Emigration in die Vereinigten Staaten. Die Idee, diesen Stoff zu vertonen, verfolgte er bereits in den 20er Jahren.

Handlung: In Korinth, sagenhafte Zeit.
Vorgeschichte: Jason konnte mit Hilfe der Zauberkünste Medeas das goldene Vlies von Kolchis nach Griechenland holen. Inzwischen vermählt, werden beide wegen gemeinsam verübter Verbrechen aus der Heimat vertrieben. Sie fliehen nach Korinth, wo sie lange Zeit glücklich mit ihren beiden Kindern leben. Später verstößt Jason Medea, um Creusa zu heiraten.
1. Bild, Platz in Korinth, rechts der Palast Creons, links, auf einer Terrasse erhöht, das Haus Medeas, im Hintergrund Medeas Höhle: Während sich Creusa auf ihr kommendes Glück freut, erflehen die Korinther den Segen der Götter für sie und ihren zukünftigen Gemahl. Medea beklagt bei ihrer Amme Jasons Verrat und schmiedet Rachepläne. Creon verweist Medea binnen Tagesfrist des Landes, um sich und seine Tochter zu schützen. Doch durch Verstellung gelingt es Medea, Creon umzustimmen; er gewährt ihr einen Tag Aufschub und die Erlaubnis, ihre Kinder noch einmal zu sehen.
2. Bild, Medeas Höhle: Medea erfleht die Hilfe Hekates zur Vergiftung eines Mantels und eines goldenen Kranzes, jener tödlichen »Geschenke«, die sie durch ihre Kinder Creusa überbringen läßt.
3. Bild, wie 1. Bild: Creusa sieht in den Geschenken zunächst ein Zeichen der Versöhnung; als sie sich jedoch in den Mantel hüllt und das Geschmeide anlegt, wird sie von unsichtbaren Flammen zu Tode gepeinigt; auch Creon, der sie zu retten sucht, fällt dem Gift zum Opfer. Jason stürzt herbei und beklagt das Schicksal der Sterbenden. Die Amme rät Medea zur Flucht, doch diese will ihre Rachepläne vollenden. Zwischen ihrem Haß gegenüber Jason und ihrer Liebe zu den Kindern schwankend, ringt sie sich schließlich zu deren Ermordung durch. Dem entsetzten Jason offenbart sie ihre Tat.
Kommentar: Im Rahmen der französischen Antikenrezeption der frühen Jahrzehnte des 20. Jahrhunderts, deren ästhetische Maßstäbe, von Jean Cocteau mit dem Schauspiel *Antigone* (1922) gesetzt, in Musiktheaterwerken wie Honeggers *Antigone* (1927) und Strawinskys *Oedipus Rex* (1927) weiterwirkten, verfolgte Milhaud zunächst einen eigenen Weg. Seine Resultate reichen von der reinen Schauspielmusik in *Agamemnon* (1927) aus der *Orestie* (1963) über die Kammeroper *Les Malheurs d'Orphée* (1926) bis hin zur durchkomponierten großen Oper *Les Euménides* (1949), dem III. Teil der *Orestie*. Demgegenüber erscheint *Medea*, Milhauds letztes Bühnenwerk nach einem griechisch-mythologischen Stoff, als die gelungene Verbindung seiner eigenen Erfahrungen mit Cocteaus Grundsätzen, die vor allem in der Reduktion auf die essentiellen Handlungsereignisse und einer entsprechend knappen Sprache wirksam werden. Das Libretto vereint Charakteristika aus den verschiedenen Vorlagen: Von Euripides übernimmt es den in die Handlung integrierten Chor; die Darstellung des Kindermords auf offener Szene geht auf Seneca zurück, und die Rolle der Creusa orientiert sich an Corneille. Die Dramaturgie der einaktigen Anlage mit ineinander übergehenden Bildern basiert auf dem Kontrast der

Gegenspielerinnen Medea und Creusa und vermittelt sich musikalisch durch eine charakteristische Gestaltung ihrer Gesangspartien. So ist Creusas Melodik durch geschmeidige Laszivität gekennzeichnet, während Medeas Gesang eine hysterisch auffahrende Gestik kennzeichnet, die nur im Zusammenhang mit den Kindern einem lyrischem Ausdruck weicht. Der szenisch-dramatischen Konzentration entspricht eine durchsichtige und sehr flexible musikalische Satztechnik, die den solistischen Einsatz der Instrumente bevorzugt. Als übergreifendes Gestaltungsmittel dominieren gegenüber wenigen motivischen Bezügen die instrumentalen Farben, die jeweils speziellen Sphären zugeordnet sind, wie zum Beispiel das Saxophon der des Hasses und der Rache.

Wirkung: Die Uraufführung (Dirigent: Joris Diels, Regie: Hendrik Caspeele; Medea: Solange van Hoecke, Creusa: Jos Calewaert, Jason: Dago Meybert, Creon: Robert van Aert) fand zusammen mit Strauss' *Daphne* (1938) statt. 1940 kam das Werk mit großem Erfolg an der Opéra Paris heraus, konnte jedoch aufgrund der kritischen politischen Situation nur dreimal gespielt werden (Dirigent: Philippe Gaubert, Regie: Charles Dullin, Ausstattung: André Masson, Choreographie: Serge Lifar; mit Marisa Ferrer, Janine Micheau, José de Trevi, Arthur Endrèze). Presse und Publikum feierten die Aufführung als eine der letzten Manifestationen des freien Frankreich. Nach dem Krieg wurde *Medea* 1962, anläßlich des 70. Geburtstags von Milhaud, in Mills (CA) gespielt. 1966 inszenierte Yves Bonnat das Werk zusammen mit Jean Riviers Comédie-musicale *Vénitienne* (Paris 1937, Text: René Kerdyk) in Mühlhausen (Dirigent: Reynald Giovaninetti).

Autograph: Verbleib unbekannt. **Ausgaben:** Kl.A: Heugel 1939, Nr. 31062; Textb.: Heugel, Nr. 31061. **Aufführungsmaterial:** Heugel/Leduc
Literatur: s. S. 174

Andreas Zadéyan

'Adame Miroir
→ Charrat, Janine (1948)

David
Opera in cinque atti e dodici quadri

David
5 Akte (12 Bilder)

Text: Armand Lunel, nach den Büchern Samuel des *Alten Testaments*
Uraufführung: konzertant in der Übersetzung von Aharon Aschman: 1. Juni 1954, Edison-Kino, Jerusalem; szenisch in der Übersetzung von Claudio Sartori: 2. Jan. 1955, Teatro alla Scala, Mailand (hier behandelt)
Personen: Samuele/Samuel (B); Iesse/Isai (Bar); Iesses Frau (A); die sieben Schwestern Davids (S, A, T, Bar); Eliab (Bar), Abdinadab/Abinadab (Bar) und Sciamma/Schamma (T), Davids Brüder; 4 weitere Brüder Davids (stumme R); David (Bar); Abner (B); Saul (Bar); Golia/Goliath (B); Gionathan/Jonathan (T); Michol/Michal (S); Abissai/Abisai (T); der Priester Abiathar/Abjathar (Bar); Abigail (Mez); die Dienerin Abinoam/Ahinoam (Mez); die Wahrsagerin von Endor (A); ein Amalekiter, Bote (T); 4 Thronwächter Davids (4 Spr.); Gioab/Joab (Bar); stumme R: die 6 neuen Frauen Davids, jede mit einem Kind, Assalonne/Absalon, Adoniah; Benayah (T), Isoboamo (T), Eleazar (Bar) und Sammah (Bar), Feldherren; ein Wächter (Bar); Betsabea/Bathseba (S); der Prophet Nathan (Bar); der Hohepriester Zadok (B); Ahimaaz (T) und ein Äthiopier (Bar), Kuriere; Simei (T); Abisag (S); Salomone/Salomo als Kind (A). **Chor, Kinderchor, Statisterie:** Israeliten, die königliche Garde, israelitische Soldaten, Philister, junge Dorfmädchen, Volk in Jerusalem, Vorsänger und junge Mädchen in Begleitung der Bundeslade, Frauen im Königspalast; hinter d. Szene: die Garde Assalonnes, die Partisanen Adoniahs
Orchester: 2 Fl (2. auch Picc), 2 Ob, 2 Klar, 2 Fg, 4 Hr, 3 Trp, 3 Pos, Tb, Pkn, Schl (gr.Tr, kl.Tr), Hrf, Streicher
Aufführung: Dauer ca. 2 Std. 45 Min. – Theater, deren Mittel die detailliert vorgeschriebene Ausstattung nicht zulassen, sollten sich mit auswechselbaren Vorhängen, Zwischenwänden und ähnlichem behelfen, um die Schauplätze anzudeuten. Der modern gekleidete Chor der Israeliten kann an den Seiten der Bühne plaziert werden und aus der Zuschauerperspektive die Handlung kommentieren.

Entstehung: Im Frühjahr 1951 traf Milhaud in San Francisco mit Sergei Kussewizki zusammen, der ihn mit seinen Plänen für ein Israel-Festival bekannt machte, einer Reihe von Auftragswerken, in deren Mittelpunkt der Psalmensänger David stehen und die an die Erhebung Jerusalems zur Hauptstadt des geeinten Volks Israel vor 3 000 Jahren erinnern sollten. Milhaud dachte an ein Opernprojekt mit seinem Freund Lunel, der, wie er selbst, einer alten provenzalisch-jüdischen Familie entstammte und in jüdischer Geschichte und Tradition bewandert war. 1937 hatten sie gemeinsam die in südfranzösischem Milieu spielende heitere Oper *Esther de Carpentras* (Rundfunk, Paris 1937) geschaffen. Eine Einladung der israelischen Regierung bot Milhaud und Lunel Gelegenheit, sich mit den Aufführungsmöglichkeiten vertraut zu machen und die Interpreten kennenzulernen. Milhaud war tief beeindruckt von den traditionellen Gesängen jüdischer Volksstämme, vermied es aber, in seiner Oper liturgische oder volkstümliche Weisen zu zitieren. Mit der Komposition begann er im Sommer 1952 in Aspen (CO); er vollendete den Klavierauszug des umfangreichen Werks in nur drei Monaten in Mills (bei Oakland, CA), wo er unterrichtete. Im Febr. 1953 lag die Partitur vor.

Handlung: I. Akt, 1. Bild: in der Nähe Bethlehems, im Haus Iesses; 2. Bild: Lager König Sauls auf einem Hügel; II. Akt, 1. Bild: auf einer Hügelkette; 2. Bild: die Höhle der Wahrsagerin von Endor; 3. Bild: Ruinen der Festung Kiklag; III. Akt: Thronsaal zu Hebron; IV. Akt, 1. Bild: im Innern der Burg Zion; 2. Bild: Terrasse des königlichen Palasts; 3. Bild: am Ölberg; 4. Bild: bei Machanaim; V. Akt, 1. Bild: Davids Schlafgemach; 2. Bild: die heilige Quelle von Gichon. Der Prophet Samuele wählt unter den Söhnen Iesses David zum Nachfolger König Sauls, der von Gott abgefallen ist. Sauls liebevolle Zuneigung für David, dessen Gesang und Harfenspiel ihn quälende Visionen vertreiben helfen, verwandelt sich bald in Eifersucht, als David im Kampf gegen die Philister Golia tötet und vom Volk gepriesen wird. Saul trachtet David nach dem Leben, doch seine Tochter Michol, inzwischen Davids Frau, kann diesem zur Flucht verhelfen. Als David Saul im Schlaf überrascht und entwaffnet, ihm aber das Leben schenkt, verspricht Saul, seine Verfolgung aufzugeben. In seiner Verzweiflung sucht er die Wahrsagerin von Endor auf, um von dem inzwischen gestorbenen Samuele Rat einzuholen. Er muß erfahren, daß Gott ihn verstoßen und David zu seinem Nachfolger bestimmt hat. Im Kampf mit den Amalekitern unterliegt das Heer der Israeliten, Saul findet den Tod; David kann mit seinen Leuten den Feind einholen und die Gefangenen befreien. David, wieder mit Michol vereint, wird zum König gekrönt und schließt mit Abner einen Bund, der den Bruderkrieg zwischen Israel und Juda beendet. Auf der Burg Zion gründet er die Hauptstadt Israels und läßt die Bundeslade holen. Der Prophet Nathan kündet David, der mit Betsabea Ehebruch begangen hat, von Gottes Zorn. David bekennt seine Sünde und bittet um Vergebung. Betsabeas Kind stirbt. Assalonne, Davids Sohn, erhebt sich gegen den Vater, bedroht die Hauptstadt und besetzt den Palast. Betsabea bringt ihr zweites Kind von David, Salomone, zur Welt. David besiegt schließlich Assalonnes Truppen, dieser wird von Gioab getötet, als er sich auf der Flucht mit seinem Haar in den Ästen eines Baums verfängt. In der Trauer um ihn findet David Trost in dem heranwachsenden Salomone. Betsabea berichtet von einem erneuten Aufruhr unter Führung Adoniahs. David bestimmt Salomone zu seinem Nachfolger, segnet ihn und läßt Nathan und den Priester Zadok rufen, die ihn an der Quelle von Gichon zum König Israels salben werden. Das Volk preist David und den Ruhm seiner Herrschaft und dankt Gott für die Rettung Israels.

Kommentar: Im Rahmen von Milhauds Bühnenschaffen kommt *David* aufgrund des biblischen Stoffs eine besondere Bedeutung zu. Keine andere seiner Opern hat in so vielen Ländern und Sprachen Kritik und Publikum nachhaltig beeindruckt. Auf eindringliche Weise verdeutlicht Milhaud durch die dramatische und musikalische Gestaltung die Parallelen zu modernen Geschichte. Wie bereits in den *Eumeniden* (aus der *Orestie*, 1963) und in *Christophe Colomb* (1930) nutzt Milhaud die Konfrontation zwischen Volksmenge und Individuum als Gestaltungsmittel der dramaturgischen Großstruktur. Die Gesangsstimmen sind deklamatorisch so prägnant geführt, daß der Hörer das Geschehen unmittelbar verfolgen kann. Obwohl Milhaud es vermeidet, seiner Partitur orientalisch-jüdisches Kolorit zu verleihen, verzichtet er nicht auf die Verarbeitung israelischer Volkstanzrhythmen wie etwa in den Jubelgesängen des Volks. In *David* gelingen Milhaud musikdramatische Höhepunkte, wie er sie in nur wenigen seiner Werke erreicht hat, wie zum Beispiel die Kampfszene zwischen David und Golia: In unflätigen Worten fordert der Riese »das kleine Opferlamm« heraus, das Orchester wechselt zwischen heftig bewegten Figuren und scharfen Akkordschlägen; David antwortet darauf zuerst zurückhaltend lyrisch, dann stark und stolz, aber stets melodiös; die Szene endet mit den in leeren Quintparallelen klagenden Philistern und dem rhythmisch scharf akzentuierten Sprechgesang sowie der akkordischen Vierstimmigkeit der beiden Gruppen jubelnder Israeliten. Herausragend sind jene Szenen, in denen David vor Saul singt und spielt. Sein erster Psalmgesang ist von solcher Zartheit, daß er Saul zu Tränen rührt und zum Mitsingen bringt. Voll banger Unruhe singt David zum zweitenmal, bis ihn Saul unterbricht und den Speer nach ihm wirft. Zu Davids ausdrucksvollem Gesang artikuliert das Orchester Motive von Furcht und Erregung vor Sauls Zorn. Voll Dramatik ist der Umschwung vom fröhlichen Gesang des Volks zum Bericht des Amalekiters von Sauls und Gionathans Tod und Davids psalmodischem Klagelied um die Gefallenen (II/3). Wenn Nathan David Gottes Zorn über den sündigen Bund mit Betsabea kündet (IV/2) und ein Gebet um Vergebung fordert, erinnert Milhaud durch eine musikalische Anspielung an eine ähnliche Szene: die Mahnung des Komturs in der Finalszene von Mozarts *Don Giovanni* (1787).

Wirkung: Die konzertante Uraufführung wurde das bedeutendste Ereignis des 28. Weltmusikfests der Internationalen Gesellschaft für Neue Musik. George Singer dirigierte das durch Bläser der Polizeikapelle verstärkte Rundfunkorchester und den mit Studenten erweiterten Rundfunkchor; den David sang Heinz Rehfuß. Milhaud beschreibt diesen Abend als einen der »bewegendsten seines ganzen Lebens: Die Sänger waren wie verwandelt, sie sangen ihre eigene Geschichte, und das Publikum nahm an der Verherrlichung seines Nationalhelden teil« (*Ma vie heureuse*, s. Lit.). Der szenischen Uraufführung (Dirigent: Nino Sanzogno, Regie: Margarethe Wallmann, Ausstattung: Nicola Benois; David: Anselmo Colzani, Saul: Nicola Rossi-Lemeni, Samuele: Italo Tajo, Michol: Disma De Cecco, Betsabea: Marcella Pobbe) folgte 1955 die deutsche Erstaufführung (konzertant; deutsch von R. G. Wolfsohn) durch den Norddeutschen Rundfunk Hamburg (Dirigent: Hans Schmidt-Isserstedt). Mit Einverständnis der Autoren wurde das Werk etwas gekürzt wiedergegeben. David wurde von zwei Sängern gestaltet: Hermann Prey sang den jungen, Hans Herbert Fiedler den älteren. Die erste französische Einstudierung kam ebenfalls 1955 am Théâtre de la Monnaie Brüssel heraus (Dirigent: Maurice Bastin). Die stärkste Publikumsreaktion rief Harry Horners Inszenierung einer Freilichtaufführung vor 20 000 Zuschauern in Hollywood 1956 hervor (Dirigent: Izler Solomon).

Autograph: LOC Washington (Koussevitzky Foundation). **Ausgaben:** Kl.A, frz./hebr. Übers. v. A. Ashman: Israeli Music Publications, Tel Aviv 1954, Nr. 2001. **Aufführungsmaterial:** Israeli Music Publications, Tel Aviv
Literatur: P. GRADENWITZ, Analisi del ›David‹, in: La Scala. Rivista dell'opera 1955, Nr. 62, S. 43–45; weitere Lit. s. S. 174

Thomas Steiert

Die Orestie
3 Teile

Text: Aischylos, *Oresteia* (458 v. Chr.) in der französischen Übersetzung als *L'Orestie (Agamemnon; Les Choéphores; Les Euménides)* von Paul Louis Charles Marie Claudel; deutsche Übersetzung von Peter Funk
Uraufführung: 24. April 1963, Deutsche Oper, Berlin (einzeln: I. Teil, konzertant: 14. April 1927, Salle Gaveau, Paris; II. Teil als *Les Choéphores*, konzertant: 8. März 1927, Opéra, Salle Garnier, Paris; szenisch: 27. März 1935, Théâtre de la Monnaie, Brüssel; III. Teil als *Les Euménides*, konzertant: 18. Nov. 1949, Radio Flamande)

Entstehung: Durch die Vermittlung von Francis Jammes, der das Libretto zu Milhauds erster Oper *La Brebis égarée* (Opéra-Comique, Paris 1923) lieferte und auch Milhauds *Sept poèmes de la connaissance de l'Est* (1913, nach Claudel) kannte, fand im Sommer 1913 die erste Begegnung des Komponisten mit Claudel statt. Bereits hier schlug dieser vor, eine Musik zu seiner Aischylos-Übersetzung zu schreiben, über deren Beschaffenheit er sehr konkrete Vorstellungen hatte. Wie Milhaud berichtet, habe er ihm Szenen beschrieben, deren lyrische Intensität geradezu nach einer Vertonung verlangte, aber auch andere, in denen nur das Wort die Entwicklung der Charaktere schildern konnte. So entstand im Winter 1913/14 zunächst die Musik zur vorletzten Szene aus *Agamemnon* (1896). Claudel zufolge sollte die Musik erst dann einsetzen, wenn Klytämnestra mit der blutigen Axt aus dem Palast kommt und dem Chor der Greise gegenübertritt, und bereits mit dem Auftritt Ägisths wieder enden, um so den Schluß des Stücks nur von den Schauspielern sprechen zu lassen. Die Trilogie enthielt bei Aischylos ursprünglich noch das Satyrspiel *Proteus*, das verloren ist. Claudel entwarf ein eigenes Szenarium *(Protée)*, das Milhaud zwischen 1913 und 1919 in vier Versionen vertonte (konzertante Uraufführung: Groningen 1929). Unmittelbar nach Abschluß der *Agamemnon*-Szene entstand die siebenteilige Schauspielmusik zu *Les Choéphores*. Die Freundschaft zwischen Claudel und Milhaud war inzwischen so eng geworden, daß der Dichter den Komponisten einlud, ihn im Dez. 1916 für rund zwei Jahre nach Brasilien zu begleiten, wohin er als französischer Botschafter entsandt worden war. In Rio de Janeiro brachte Milhaud die ersten Skizzen zu den *Euménides* zu Papier, an deren Partitur er bis 1923 arbeitete.

I. Agamemnon

Personen: Klytämnestra (S); Ägisth (Spr.). **Chor:** die Greise der Stadt Argos
Orchester: Picc (auch 3. Fl), 2 Fl, 2 Ob, E.H, 2 Klar, B.Klar, 3 Fg, K.Fg, Hr, 3 Trp, 3 Pos, Tb, Pkn, Schl (gr.Tr, Bck), Hrf, Streicher
Aufführung: Dauer ca. 10 Min.
Handlung: Vor dem Königspalast von Argos, mythische Vorzeit: Gemeinsam mit ihrem Geliebten Ägisth hat Königin Klytämnestra ihren Mann Agamemnon erschlagen, der aus dem Trojanischen Krieg heimgekehrt ist. Blutbespritzt und mit der Axt in der Hand tritt sie den Greisen gegenüber, die sie des Mords anklagen und ihr Rache und Untergang voraussagen. Ägisth, der sich zum König hat ausrufen lassen, tritt aus dem Palast und gebietet den Greisen zu schweigen.

II. Die Choephoren

Personen: Elektra (S); Orest (Bar); Ägisth (Spr.); Klytämnestra (Spr.); 1. Choephore (S, Spr.). **Chor, Sprechchor:** Choephoren
Orchester: Picc (auch 3. Fl), 2 Fl, 2 Ob, E.H, 2 Klar, B.Klar, 4 Fg, 4 Hr, 3 Trp, 3 Pos, Tb, Pkn, Schl (2 gr.Tr, Bck, kl.Tr, RührTr, baskische Tr, Tambour voilé, Tambourin provençal, Tamtam, Schellengeläut, Trg, Holz- u. Metallkastagnetten, Peitsche, Hammer, Rassel, Windmaschine), Cel, Hrf, Streicher
Aufführung: Dauer ca. 30 Min.
Handlung: In Mykene, das Grab Agamemnons, im Hintergrund der Palast der Atriden, mythische Vorzeit: Elektra und die Choephoren beklagen den Tod Agamemnons. Orest und Elektra rufen die Götter an. Die Choephoren sagen den Untergang des Atridengeschlechts voraus und flehen zu Zeus, die Mordtat zu rächen. Orest tötet Ägisth und Klytämnestra und sühnt damit den Mord an seinem Vater; die Choephoren preisen die Gerechtigkeit der Götter.

III. Die Eumeniden
Oper in drei Akten

Personen: Apollon (Bar); Orest (Bar); der Geist Klytämnestras (S); Athene (S, Mez, A); Pythia, Seherin (S). **Chor, Sprechchor:** die Erinnyen, das Volk Athens
Orchester: Picc (auch 3. Fl), 2 Fl, 2 Ob, E.H, kl. Klar, 2 Klar, B.Klar, Sarrusophon, 3 Fg, K.Fg (auch 3. Fg), 4 Hr, 4 Trp, 3 Pos, Tb, 4 SaxHr, 4 Sax, Pkn, Schl (gr.Tr, Bck, kl.Tr, hängendes Bck, baskische Tr, 2 Tambours voilés, Tambour détendu, RührTr, Tamburin, Tamtam, Wood block, Trg, Schellengeläut, Peitsche, Holz- u. Metallkastagnetten, Glsp, Xyl, Crotales), Streicher
Aufführung: Dauer ca. 1 Std. 15 Min.
Handlung: In Delphi und Athen, mythische Vorzeit. I. Akt, vor dem Apollonheiligtum, Delphi: Nach dem Sühnemord an Klytämnestra und Ägisth wird Orest

von den Erinnyen verfolgt und hat sich nach Delphi geflüchtet. Die Seherin Pythia und Apollon selbst bewahren ihn davor, von den Erinnyen und dem Geist Klytämnestras zerfleischt zu werden.
II. Akt, auf dem Areopag am Fuß der Akropolis von Athen: Durch Apollons Vermittlung hat Orest auch den Schutz Athenes gewonnen, die das Gericht der Athener einberufen hat, um über das Schicksal des Mörders zu entscheiden. Athene verteidigt Orests Tat. Die Abstimmung bringt zunächst Stimmengleichheit, dann aber wirft Athene selbst den letzten weißen Stein in die Urne, der Orest von seiner Schuld freispricht.
III. Akt, ebenda: Die Erinnyen sind besänftigt und führen gemeinsam mit Athene und den Areopagiten Orest in die Freiheit.

Kommentar: So gering der Musikanteil in *Agamemnon* auch ist, so intensiv hat sich Milhaud mit der Gestaltung der Szene auseinandergesetzt. Seiner eigenen Aussage nach war er bemüht, den üblichen Typus einer Begleitmusik zu vermeiden. Nichts schiene ihm verkehrter als das Erklingen einer musikalischen Phrase, während die Schauspieler ruhig fortfahren, ihren Text zu sprechen; Melodie und Sprache liefen auf zwei ganz und gar unvereinbaren Ebenen ab. Den Wechsel zwischen den Strophen Klytämnestras und den Antwortstrophen der Greise gestaltete er in Form von Variationen über ein festes Thema, das sich in der Mitte jeder neuen Strophe in derselben Tonlage wiederholt. Diesem Prinzip der »variations mélodiques« entspricht das der »variations harmoniques« der *Choephoren*. Die beiden Partituren sind (die eine horizontal, die andere vertikal) Versuche, traditionelle Kompositionsmodelle auf eine zeitgenössische Tonsprache zu übertragen. Die vertonten Partien in den *Choephoren* konzentrieren sich ganz auf die Szene an Agamemnons Grab; Ägisth und Klytämnestra fehlen in der Schauspielmusik ebenso wie der Bericht über ihren Tod, der allerdings auch bei Aischylos nur mittelbar, durch die Stimmen des Dieners und der Choephoren zu erfahren ist. Bei einer szenischen Aufführung sind daher unbedingt die gesprochenen Teile des Stücks hinzuzufügen. Kompositorisch folgt Milhaud hier den gleichen Prinzipien wie in der Musik der *Agamemnon*-Szene. Als problematisch erwies sich die Vertonung der »wilden, kannibalischen Szenen« (Milhaud) »Présages« und »Exhortation«. Die Lösung findet Milhaud durch einen rhythmisch gebundenen, nur von Schlaginstrumenten begleiteten Sprechchor. *Die Choephoren* war außerdem das erste Werk, in dem er mit den für sein späteres Schaffen immer wichtiger werdenden bi- und polytonalen Modellen (A-cappella-Chor in »Libation«) experimentierte. Um die archaische Wucht des Stücks zu unterstreichen, verwendet Milhaud über Claudels Text hinaus (vor allem in »Présages«) vom Chor

Die Orestie, III. Teil *(Die Eumeniden)*, II. Akt; Ingrid Reinmann als Athene, William Dooley als Apollon, Thomas Stewart als Orest; Regie: Gustav Rudolf Sellner, Ausstattung: Michel Raffaëlli; Uraufführung, Deutsche Oper, Berlin 1963. – Die würdevolle Statuarik dieser Szene, Ausdruck der herrschenden Vorstellung von griechischen Theaterformen, läßt kaum noch etwas von der furiengehetzten Flucht Orests vermuten, nur noch die Schwere seiner Schuld ahnen: Die Athener werden verzeihen, die Erinnyen sich beruhigen.

skandierte einzelne Vokale, Konsonanten und Silben, ein Verfahren, das Olivier Messiaen in seinem Chorwerk *Cinq rechants* (1949) wieder aufgegriffen hat. Während es sich bei *Agamemnon* und den *Choephoren* um Schauspielmusiken handelt, sind *Die Eumeniden* als durchkomponierte Oper konzipiert, für sich die musikalischen Mittel der andern beiden Teile als problematisch erweisen. Der Wechsel zwischen der archaischen Wucht der Sprechchöre und der rhythmischen Sequenzen einerseits und einem getragenen, oft fast süßlichen Lyrismus andrerseits kann im Rahmen dieser Großform keine überzeugende Dramaturgie gewährleisten. »[...] Milhauds barocke Klangphantasie wächst ins Hypertrophische. Die letzten beiden Szenen, namentlich das zweiunddreißig Minuten lange Finale mit der Wandlung der Furien in Lobrednerinnen, treten über ihre Ufer wie Ströme nach der Schneeschmelze. Zum Unmaß der Dauer gesellt sich das des Klangs, wo unersättlich Stimme zu Stimme, Instrument zu Instrument addiert wird. Das polytonale Gewebe wird undurchsichtig, es entsteht ein seltsamer Filzklang, der sich dem nähert, was die Physiker farbiges Rauschen nennen« (Hans Heinz Stuckenschmidt, S. 185, s. Lit.). Allerdings sah Stuckenschmidt auch, daß die späte Uraufführung manches dazu beigetragen hat, die musikhistorische Bedeutung der *Eumeniden* zu verzerren. Die Wirkung einzelner Szenen, etwa der Auftritt Athenes, deren Rolle Milhaud mit drei (nicht unisono geführten) Frauenstimmen besetzt hat, oder die Szene der Pythia (I. Akt), wird freilich durch die erwähnten Schwächen des Ganzen nicht gemindert.

Wirkung: Die Uraufführung von *Agamemnon* in einem der Konzerte Walter Strarams (Klytämnestra: Marcelle Bunlet) kam zu spät, um eine Diskussion über den Zukunftsgehalt dieser Musik auslösen zu können; Milhaud selbst war über die Partitur bereits hinausgewachsen. Das Werk geriet bald in Vergessenheit. Eine Wiederbelebung ging Anfang der 60er Jahre von Deutschland aus, wo Karl Amadeus Hartmann *Agamemnon* 1962 auf das Programm der Münchner »musica viva«-Konzerte setzte. Bereits 1919 hatte Félix Delgrange im Rahmen seiner Konzertreihe in der Pariser Salle Huyghens neben Strawinskys *Pétrouchka* (1911) und Saties *Parade* (1917) Teile aus *Les Choéphores* (1. Choephore: Jane Bathori) aufgeführt; da der gewaltige Schlagzeugapparat der 4., 5. und 7. Szene das Budget Delgranges bei weitem sprengte, engagierte er lediglich für die Trommeln Berufsmusiker und bat Jean Cocteau, Georges Auric, Lucien Daudet, Francis Poulenc und Arthur Honegger, die andern Instrumente zu übernehmen. Die Aufführung wurde mit großem Interesse aufgenommen, die »Exhortation« mußte sogar wiederholt werden. 1927 dirigierte Milhaud die Uraufführung (Elektra: Claire Croiza); ihr folgte durch die Vermittlung des Musikforschers Paul Collaer, der der »Groupe des Six« ihren Namen gegeben hatte, im Nov. 1927 eine weitere konzertante Aufführung in Antwerpen (Dirigent: Louis De Vocht); hier wurde auch das Finale aus *Les Euménides* zum erstenmal gespielt. Die szenische Uraufführung dirigierte Corneil De Thoran (Regie: Georges Dalman), mit Ida Rubinstein als Klytämnestra und Hervé als Orest. – Die so unterschiedlich konzipierten Teile der Trilogie waren a priori nicht für eine geschlossene szenische Aufführung gedacht. Daß sich Gustav Rudolf Sellner 1963 dennoch entschloß, die szenische Uraufführung der *Eumeniden* mit *Agamemnon* und den *Choephoren* zu einem Abend zusammenzufassen, war sicher eine mutige, aber nicht unbedingt dem Werk zuträgliche Tat (Dirigent: Heinrich Hollreiser; Klytämnestra: Gladys Kuchta, Elektra: Patricia Johnson, Pythia: Vera Little, Orest: Thomas Stewart, Apollon: William Dooley, die dreifache Stimme Athenes: Catherine Gayer, Jonako Nagano und Gitta Mikes, Chorführerinnen: Marina Türke und Ruth Hesse). Die Bearbeitung eines antiken Stoffs, wie sie gerade in Frankreich seit der Jahrhundertwende sehr en vogue war, mußte vier Jahre nach Blomdahls elektroakustischer *Aniara* (1959) und zwei Jahre vor Zimmermanns *Soldaten* (1965) einigermaßen »démodée« wirken, und Milhaud selbst war spätestens seit *Christophe Colomb* (1930) über die musikalische Sprache seiner *Orestie* hinausgewachsen.

Autograph: I. Teil: Verbleib unbekannt; II. Teil: Kl.A: Madeleine Milhaud, Paris; III. Teil: ebd. **Ausgaben:** I: Kl.A: Heugel 1927, Nr. 29412; II: Part: Heugel 1926, 1947, Nr. 30244; Kl.A: Heugel 1926, Nr. 29413; III: Kl.A: Heugel 1927, Nr. 29414.
Aufführungsmaterial: Heugel/Leduc
Literatur: P. COLLAER, La Musique moderne, Brüssel 1955; P. CLAUDEL, Vom Sichtbaren und Unsichtbaren. Gedanken zur Kunst u. M, München 1962; H. H. STUCKENSCHMIDT, Oper in dieser Zeit, Velber 1964; R. E. ZINAR, Greek Tragedy in Theatre Pieces of Strawinsky and M., NY 1968, Diss. NY Univ.; M. LIOURE, L'Esthétique dramatique de Claudel, Paris 1971; weitere Lit. s. S. 174

Michael Stegemann

Carl Millöcker

Carl Joseph Millöcker; geboren am 29. April 1842 in Wien, gestorben am 31. Dezember 1899 in Baden (bei Wien)

Das verwunschene Schloß
Komische Operette in fünf Akten

Text: Alois Berla (eigtl. Alois Scheichel)
Uraufführung: 23. März 1878, Theater an der Wien, Wien
Personen: Großlechner, ein reicher Bauer (B); Mirzl, seine Tochter (S); Simon, der Kreuzwirt; Lamotte, Haushofmeister; Sepp (T); Andredl (Buffo); Regerl (Soubrette); Traudl; Coralie (Sängerin); Geiersburg (T); Laura, Stella, Rosamunde, Adele, Minna und Felicitas, Gäste bei Geiersburg; Hahnentritt; Bonneville; Capponi. **Chor:** Bauern, Bäuerinnen, Burschen, Mägde, Herren, Damen, Lakaien

Orchester: 2 Fl (2. auch Picc), 2 Ob, 2 Klar, 2 Fg, 4 Hr, 2 Trp, 3 Pos, Pkn, Schl (kl.Tr, gr.Tr, Bck, Trg, Glöckchen in B, Schellen, Glsp, Tamtam, Sporen), Zither, Git, Hrf ad lib., Streicher; BühnenM: Fl, 2 Ob, 2 Klar, 4 Hr, 2 Trp, kl. Glocke in G, Streicher
Aufführung: Dauer ca. 2 Std. 30 Min.

Entstehung: Mit dem *Verwunschenen Schloß* beginnt die fruchtbarste und erfolgreichste Periode in Millöckers kompositorischem Schaffen. Bis dahin hatte der 36jährige als Kapellmeister am Theater an der Wien (vorausgegangen waren Kapellmeisterstellen in Graz, Budapest und Wien) die Musik zu einer ganzen Reihe von Possen und Ausstattungsrevuen, jedoch nur für zwei mehraktige Operetten verfaßt (*Abenteuer in Wien*, 1873, *Die Musik des Teufels*, 1875; beide Wien, Texte: Berla).
Handlung: I. Akt, Dorfplatz mit Wirtshaus und geschmücktem Tanzboden vor einer Gebirgskulisse: Auf dem nahen Schloß des frömmelnden Grafen Geiersburg scheint es zu spuken: Unheimliche Geräusche, Lichter und Schatten versetzen die Dorfbewohner in Angst und Schrecken. Tatsächlich aber finden dort nachts die ausschweifenden Feste Geiersburgs statt, der durch seinen Haushofmeister Lamotte die Bauern nur in ihrem Glauben bestärken läßt. Als die Sennen heimkehren, unter ihnen Sepp, der mit Mirzl liiert ist, der Tochter des reichen Bauern Großlechner, zeigt sich, daß Sepp als einziger dem Gespensterzauber keinen Glauben schenkt. Dies bringt ihm den Vorwurf der Gottlosigkeit ein. Großlechner zwingt Mirzl zur Trennung von Sepp. Einzig Andredl, Sepps Geisbub, hält zu ihm; beide verlassen das Dorf.
II. Akt, Vorraum einer Hütte mit Herd und Windfang, im Hintergrund Wald im Nebel: Sepp und Andredl gelangen zur Hütte der alten Traudl, die im Ruf steht, eine Hexe zu sein. Doch Traudl ist nicht zu Haus; statt ihrer finden die beiden die alt und häßlich wirkende Regerl, Traudls Tochter. Regerl mußte sich in dies Kostüm werfen, weil Traudl sie während ihrer Abwesenheit so besser geschützt glaubt. Sie verweigert den beiden standhaft ein Nachtquartier, als plötzlich das am Horizont sichtbare Schloß hell erleuchtet wird. Sepp will dem Geheimnis auf die Spur kommen und in das Schloß gehen. Nur zögernd folgt ihm Andredl, der Regerls Verkleidung durchschaut hat.
III. Akt, altertümlicher Prunksaal im Schloß: Gerade ist eins jener rauschenden Feste im Gange, zu dem die Gäste über die vom Dorf aus nicht einsehbare Seite des Schlosses eingelassen werden. Als Sepp und Andredl durch das Fenster einsteigen, stoßen sie zunächst auf Coralie, Geiersburgs Geliebte. Sie nimmt belustigt zur Kenntnis, von den beiden für ein Gespenst gehalten zu werden, und suggeriert ihnen, alle Geister könnten durch einen Kuß erlöst werden. Andredl wagt dies beim Wiedereintreten der Gesellschaft und erntet dafür zunächst Prügel, die nach Coralies Erklärung in allgemeine Belustigung übergehen. In ausgelassener Stimmung erschrecken einige als Satyrn verkleidete Gäste Andredl so, daß er aus Angst zu Boden sinkt.
IV. Akt, wie II. Akt: Als Andredl am nächsten Morgen erwacht, erscheinen ihm seine Erlebnisse wie ein Traum. Regerl, die von den Machenschaften des Grafen weiß, ist bemüht, ihn in seinem Glauben zu lassen. Von Lamotte erfahren sie und Traudl, daß die Herrschaften auf dem Schloß inzwischen ihre heimliche Abreise planen und Sepp ein Schlafmittel gegeben haben, damit dieser nach dem Aufwachen endgültig vom Spuk überzeugt sei. Doch Andredl belauscht dies Gespräch. Kaum haben die »Verschwörer« die Hütte verlassen, kommt Mirzl, die ihren Sepp verzweifelt sucht; beide beschließen einen Befreiungsplan.
V. Akt, Schloßgarten: Heimlich gelangen Mirzl und Andredl in den Schloßhof, von wo aus sie nach Sepp suchen wollen. Tatsächlich findet sehr bald ein Wiedersehen zwischen den Liebenden statt. Doch die Freude währt nicht lange: Geiersburg, der inzwischen auf Andredl stieß, erscheint mit seiner Gesellschaft und fordert Bestrafung. Die Situation spitzt sich mit dem Auftreten der Bauern zu: Sie wollen das Schloß vom Spuk befreien und bringen Geiersburg in Zugzwang. Die hinzueilende Coralie rettet alles, indem sie erklärt, alle Feierlichkeiten hätten anläßlich ihrer Verlobung mit Geiersburg stattgefunden; außerdem verhilft sie Mirzl und Sepp zu einem Gut, als Hochzeitsgeschenk Geiersburgs. Unter diesen Umständen willigt auch Großlechner in die Ehe ein, und mit

Das verwunschene Schloß, II. Akt; Alexander Girardi als Andredl, Josefine Gallmeyer als Regerl; Uraufführung, Theater an der Wien, Wien 1878. – Die Pose von Girardi in dieser Szene macht seine spätere überzeugende Wiedergabe des damals berühmten Couplets vom »dalkaten Buam« im V. Akt nachvollziehbar.

Regerl und Andredl findet sich ein weiteres glückliches Paar.

Kommentar: Die Tendenz zum Volkstümlichen, Millöckers Œuvre überhaupt inhärent, tritt im *Verwunschenen Schloß* erstmals prägnant in Erscheinung und rückt das Werk in die Nähe der »Volksoper«. Das Idyllenambiente der alpenländischen Gebirgswelt, nur locker verbunden mit den beiden Liebesromanzen und der »Spukgeschichte«, die eine erstaunliche Reihe struktureller Übereinstimmungen mit Planquettes *Cloches de Corneville* (1877) aufweist, fügt sich in den zeitgenössischen Trend der »Entdeckung der Alpen« innerhalb der populären literarischen Genres. Vom »poetischen Realismus« eines Ludwig Anzengruber, für dessen Theaterstücke Millöcker übrigens auch einige Gesangsnummern zu vertonen hatte, sind Berlas Bauern allerdings weit entfernt: *Das verwunschene Schloß* stellt nichts anderes dar als eine triviale bäuerliche Maskerade, gewürzt mit synthetischem Tiroler »Bühnendialekt«, was auch von der zeitgenössischen Presse zum Teil kritisiert wurde. Die Musik erweist sich als Millöckers bislang fundierteste und effektvollste Arbeit, wovon nicht nur die Erfolgsnummern wie »Oh, du himmelblauer See« (Nr. 11) und »A bisserl Liab und a bisserl Treu« (Nr. 15) zeugen, deren Volksliedhaftigkeit eine erstaunliche Affinität zu den Liedsammlungen des Kärntner Zeitgenossen Thomas Koschat (etwa *Verlassen bin i* und *Am Wörther See*) hervortreten läßt, was auch die Popularität jenes volkstümlichen Stils in dieser Zeit untermauert. Millöckers Stärke zeigt sich ebenfalls bei Couplets und kürzeren Gesangsnummern, weniger jedoch bei Ensembleszenen. Dort wird ein Streben nach Opernhaftigkeit evident, die, wie der Kritiker Karl Eduard Schelle bemerkte, »sich dann von den populären Tanzrhythmen seltsam abhebt«. Das Finale des III. Akts weist schon voraus auf die umfangreichen Schlußtableaus späterer Millöcker-Operetten und zugleich zurück auf das 2. Finale von Strauß' *Fledermaus* (1874). Dessen Aufbau mit Trinklied und anschließender »Duidu-Verbrüderung« findet hier seine Entsprechung, ebenfalls in einem Trinklied (»Füllt uns die Schale mit funkelndem Wein«) und einem sentimentalen Rührstück nach Schnaderhüpfelmanier.

Wirkung: Trotz erfolgreicher Uraufführung verschwand *Das verwunschene Schloß* bereits nach 16 weiteren Vorstellungen vom Spielplan. Dennoch war es Millöckers erster größerer Bühnenerfolg, an dem insbesondere die überragenden Protagonisten Josefine Gallmeyer (Mirzl), Alexander Girardi (Andredl), Karoline Tellheim (Regerl), Jani Szika (Sepp) und Bertha Olma (Coralie) einen nicht geringen Anteil hatten. Gerade der Versuch, alpenländisches Lokalkolorit in die Operette aufzunehmen, dürfte einen internationalen Erfolg vereitelt haben. Dennoch kann ein gewisser Einfluß auf spätere Operetten, wie Zellers *Vogelhändler* (1891) oder Falls *Fideler Bauer* (1907), nicht übersehen werden. Dem Usus der Zeit folgend, faßte Millöcker die bekanntesten Melodien seiner Operette in dem Konzertwalzer *Himmelblauer See* zusammen. Einen nahezu größeren Erfolg als bei der Uraufführung feierte das Werk dann noch einmal in der Bearbeitung Hugo Wittmanns 1893 im Theater an der Wien (mit Therese Biedermann, Girardi, Josef Joseffy, Lilli Lejo und Julius Spielmann). Als *Das verwünschte Schloß* erschien eine weitere Bearbeitung (Text: Gustav Quedenfeldt und Walther Brügmann, Musik: Arthur Bauckner) 1934 in Leipzig.

Autograph: Städt. Rollett-Museum Baden. **Abschriften:** StB u. LB Wien (M 37342). **Ausgaben:** Kl.A: Cranz, Lpz., Nr. 26651; Kl.A ohne Text: ebd.; Regiebuch: Weinberger; Textb.: Lpz., Cranz, Nr. 26852. **Aufführungsmaterial:** Weinberger
Literatur: F. J. BRAKL, Moderne Spieloper, München 1886, S. 126ff.; C. PREISS, Versuch einer Biographie K. M.s, in: Wochenschrift für Kunst u. M 3:1905, S. 18ff.; F. HADAMOWSKY, H. OTTE, Die Wiener Operette, Wien 1947; R. HOLZER, Die Wiener Vorstadtbühnen. A. Girardi u. d. Theater an d. Wien, Wien 1951; A. T. LEITICH, Lippen schweigen, flüstern Geigen. Ewiger Zauber d. Wiener Operette, Wien, Hannover, Basel 1960, S. 125ff.; F. RACEK, Das Tagebuch C. M.s, Wien 1969

Alexander Dick

Der Bettelstudent
Operette in drei Akten

Text: Friedrich Zell (eigtl. Camillo Walzel) und Franz Friedrich Richard Genée
Uraufführung: 6. Dez. 1882, Theater an der Wien, Wien
Personen: Palmatica Gräfin Nowalska (A); Laura (S) und Bronislawa (Soubrette), ihre Töchter; Oberst Ollendorf, Gouverneur von Krakau (Komiker); von Wangenheim, Major, von Henrici, Rittmeister, von Schweinitz, Leutnant, von Rochow, Leutnant, und von Richthoffen, Kornett, im sächsischen Heer; Bogumil Malachowski, Musikgraf von Krakau, Palmaticas Vetter; Eva, seine Gattin; Jan Janicki (T.Buffo) und Symon Rymanowicz (T), Studenten der jagellonischen Universität in Krakau; der Bürgermeister von Krakau; Bartomanski, Czerkiewicz, Jaworski, Wolonski und Stanowski, Stadträte von Krakau; Onuphrie, Palmaticas Leibeigener; ein Kurier; Enterich, sächsischer Invalide und Kerkermeister (Komiker), und Piffke und Puffke, Schließer auf der Zitadelle zu Krakau; Rej, Wirt; Waclaw, Gefangener; ein Weib.
Chor: Edelleute, Edelfrauen, Bürger, Bürgersfrauen, Kaufleute, Meßbesucher, polnische Juden, eine Musikbande, sächsische Soldaten, Fahnenträger, Pagen, Diener, Bauern, Leibeigene, Kinder, Gefangene
Orchester: 2 Fl (2. auch Picc), 2 Ob, 2 Klar, 2 Fg, 4 Hr, 2 Trp, 3 Pos, Pkn, Schl (kl.Tr, gr.Tr, Bck, 2 Holzlatten, Trg, Glocken in E u. A), Streicher; BühnenM hinter d. Szene: Banda (MilitärM), gr.Tr
Aufführung: Dauer ca. 2 Std. 45 Min. – Richthoffen ist eine Hosenrolle.

Entstehung: Mit dem bedeutendsten Wiener Librettistenpaar hatte Millöcker zuvor schon zwei bemerkenswerte Werke herausgebracht: *Apajune, der Wassermann* (Wien 1880), märchenhaft mit slawischen Tönen, und *Die Jungfrau von Belleville* (Wien 1881), munter-frivol nach dem Roman *La Pucelle de Belleville* (1834) von Paul de Kock. Damit war er dem Engpaß seiner ersten Erfolgsoperette entronnen, der allzu gemütvollen älplerischen Anzengruberei vom *Verwunschenen Schloß* (1878). Fürs Buch des *Bettelstudenten*, das laut Anekdote zunächst Johann Strauß angeboten, aber von ihm abgelehnt wurde, haben die Librettisten wie so oft aufs populäre französische Theaterreservoir zurückgegriffen. Zwei Vorlagen, Victorien Sardous Schauspiel *Fernande* (1870) und Halévys Opéra-comique *Le Guitarréro* (Paris 1841, Text: Eugène Scribe), haben Grundmotive geliefert fürs schiere Handlungsgerüst. Erstens, daß da ein gekränkter Bewerber sich rächt, indem er der abweisenden Schönen einen trügerischen und blamablen Ehepartner zuführt. Zweitens, daß ein Bekenntnisbrief des gewissensgeplagten Bräutigams vor der Trauung abgefangen wird. Drittens, daß letztlich aufrichtige Liebe den Skandal überlebt, mithin den rächenden Betrüger zum Betrogenen macht. Die dramatische Durchführung und Ausführung, zumal das spannende Widerspiel von persönlichen und politischen Konflikten im sächsisch unterdrückten Polen, sind dagegen eigenständiges Produkt von Zell und Genée.

Handlung: In Krakau, Frühjahr 1704, unter der Fremdherrschaft König Augusts des Starken.

I. Akt, 1. Bild, düsterer Gefängnishof: Die sächsische Bonhommie des Aufsehers Enterich bekommt ihm selbst bestens. Ordnungswidrig dürfen die polnischen Frauen ihren gefangenen Männern Speis und Trank bringen, die Enterich streng untersucht und nach eigenem Gusto konfisziert. Das Glück des Wiedersehens währt diesmal nicht lang. Kollernd vor Grimm naht der Gouverneur der Stadt, Oberst Ollendorf. Ein gewaltiger Maulheld und Säbelraßler, doch in mächtiger Position. Tief beleidigt, vor allen feinen Leuten auf einem Ball, hat ihn Komtesse Laura Nowalska. Mit einem Fächer schlug sie ihm ins Gesicht, wo er sie doch nur auf die Schulter geküßt hatte. Und die Gräfinmutter hat zudem noch en bloc die »sächsische Soldateska« heruntergemacht, als viel zu ordinär für ihre Töchter. Ehrensache also, daß das ganze Offizierskorps sich beteiligt an Ollendorfs Racheaktion. Die Kränkung ist heimzuzahlen durch eine noch viel größere öffentliche Kränkung der hochmütigen, dabei völlig verarmten Sippschaft Nowalski. Laura soll einen schwerreichen Fürsten kriegen, aber einen aus Enterichs Verliesen, ausstaffiert mit feinen Kleidern und praller Börse. Der Oberst läßt die Gefangenen vorführen und wählt zwei besonders ansehnliche und kecke Burschen aus: den Bettelstudenten Symon, der wegen gefährlicher Rumtreiberei, und Jan, der als Anhänger des vertriebenen Königs Stanislaus I. einsitzt. Die beiden sind durchaus geneigt, sich die Freiheit durch abenteuerlichen Mummenschanz zu erkaufen: Symon als Fürst Wybicki und Jan als dessen Privatsekretär. 2. Bild, der Ringplatz zu Krakau mit gotischen Tuchlauben, Basar und offener Gartenschenke: Gräfin Nowalska, flankiert von der stolzen Laura und der immer hungrigen jüngeren Tochter Bronislawa, mustert betont wählerisch die ausgestellten Waren der reichhaltigen Frühjahrsmesse, gerade weil sie nichts kaufen kann. Da kreuzt wie zufällig Ollendorf mit Offiziersgefolge ihren Weg, ungewohnt artig. Wie, sie habe noch nichts vernommen von dem exzentrischen, dabei millionenschweren Fürsten Wybicki? Soeben ist er angekommen mit der fixen Idee, unter den vielgerühmten schönen Krakauerinnen sich sofort eine Braut auszusuchen. Schon die farbige Beschreibung des Fürsten spricht die Fürstin lebhaft an. Vollends sein leibhaftiges Auftreten, glanzvoll und mit feuriger Eloquenz, ist angetan, Mütter- wie Töchterherzen höher schlagen zu lassen. Das von Laura gewinnt er im Nu. So überwältigend, daß auf der Stelle, im allgemeinen frohen Markttreiben, eine üppige Verlobungsfeier ausgerichtet wird. Der Fürst hat's ja, das Geld von Ollendorf. Die hungrige Broni-

Der Bettelstudent; Marie Geistinger als Symon; Theater an der Wien, Wien um 1885. – Bald nach der Uraufführung wandelte Wiens Starsoubrette die Tenorpartie des Symon in eine Hosenrolle um und wurde so zum »Hauptdarsteller« in dem populären Werk.

slawa aber, nachdem der erste Appetit gestillt ist, hat einzig Augen für den charmanten Jan, obwohl er nur des Fürsten Sekretär ist.

II. Akt, prächtiger Salon im Palais der Gräfin: Geziert und aufgeregt schmücken sich die drei Damen Nowalska fürs heutige Hochzeitsfest. Laura verspricht sich davon vor allem Glanz und Reichtum. Bronislawa dagegen will nichts als den Mann Jan, so wie er ist, der ihr gleichfalls seine Liebe bekennt. Daß er tatsächlich Graf Opalinski ist, engster Vertrauter des Herzogs Adam, der in diesen Tagen losschlagen wird gegen die sächsische Fremdherrschaft, das darf sie vorerst nicht wissen. Den Symon dagegen will Jan partout für die vaterländische Sache gewinnen. Aber der hat mehr persönliche als patriotische Begierden. Es ist ihm zwar, abseits des Trubels, gelungen, seiner Braut persönliche Liebesregungen zu entlocken, die er für sie schon lang empfindet. Doch seine wahre Herkunft freiweg einzugestehen, das hat er nicht über die Lippen gebracht. Allenfalls im plänkelnden Konditional, den Laura nur als zärtliches Spiel auffassen konnte: »Ich setz' den Fall, ich wär' durchaus nicht hochgeboren« (Nr. 10). Schleunigst, eh die Trauung beginnt, holt Symon das unumwundene Geständnis brieflich nach. Doch Ollendorf fängt das Schreiben ab, um nur ja seine Racheaktion bis zur Neige auskosten zu können. Auch anderweitig ist er auf der Hut. Soeben hat er von Jans engen Beziehungen zu Herzog Adam erfahren. Prompt bietet er ihm, der auf Todesdrohungen pfeift, eine hohe Summe für den Kopf des fürstlichen Aufrührers. Verschmitzt treibt Jan den Judaslohn hoch auf 200 000 Gulden. Just so viel nämlich hat der bestechliche Kommandant der Zitadelle gefordert, um die Tore heimlich den Aufständischen zu öffnen. Fristpunkt fürs eine wie fürs andre unsaubere Geschäft: nach der Hochzeitsfeier, die jetzt beginnt. Sobald das Fest, bei dem Krakaus beste Kreise sich an Champagner und Mazurkatänzen berauschen, den Höhepunkt erreicht hat, brechen jäh, auf Ollendorfs heimlichen Wink, ungeladene Gratulanten ein: der besoffene Enterich an der Spitze seiner zerlumpten Gefangenen, die ihren Kumpan Symon samt adliger Braut johlend hochleben lassen. Alle sind entsetzt, außer dem Drahtzieher und seiner Offiziersclique. Die Rache ist gelungen. Bis auf weiteres.

III. Akt, Garten beim Palais der Gräfin, im Hintergrund der Berg Wawel mit der Zitadelle: Wütend streift Symon umher, den man mit Schimpf vom Fest verjagt hat. Um so bereitwilliger nimmt er Jans riskanten Vorschlag an, vor Ollendorf nun Herzog Adam zu spielen, als Gegenwert für das verabredete Kopfgeld. Der Oberst, der schon immer hinter dem allzu kecken Bettelstudenten etwas Besonderes gewittert hatte, fällt darauf herein. Sogar die fadenscheinige Bedingung akzeptiert er, für eine halbe Stunde noch seinen Triumph zurückzuhalten, daß er das Haupt der Verschwörung gefangen hat und um einen Kopf kürzer machen will. Diese Spanne benötigt Jan, um die Bestechungssumme, rumgedreht, als »Sesam, öffne dich!« für die Zitadelle zu benutzen. Noch weniger Zeit hat Ollendorf, genießerisch und unterwürfig die wüsten Grobheiten des vermeintlich königlichen Gefangenen einzustreichen. Denn nun macht sich die blamierte Gräfin samt honoriger Vetternschaft über den Bettelstudenten her, der so schamlos die feinsten Kreise durcheinandergebracht hat. Das erbitterte Gekeife umzingelt ihn immer mehr, bis Ollendorf stolz die vermeintlich wahre und erhabene Identität seines Gefangenen enthüllt. Herzog Kasimir? Prompt rutschen die schimpfenden Feudalen vom hohen Roß in schmeichelnde Unterwürfigkeit. Jetzt erst kommt Laura hinzu, ahnungslos, die seit dem Eklat ihre unerschütterliche Liebe entdeckt hat für den Bräutigam, wer und was auch immer er sei. Ihm zulieb bittet sie sogar ihren verachteten Beleidiger Ollendorf um Gnade. Unnötigerweise. Kanonendonner von der Zitadelle zeigt an, daß der polnische Aufstand gelungen ist. Schlag auf Schlag: wird Ollendorf entwaffnet; wird Symon befreit und für seine wahren (nolens volens) patriotischen Verdienste geadelt. Im Namen des Herzogs, den er eine halbe Stunde lang gespielt hat. Somit können beide Paare unbehindert sich vereinen. Wohlgemut entfachen sie den allgemeinen Jubel der Befreiung.

Kommentar: Ein bemerkenswertes Fazit zieht der Schlußgesang. Seine Vorstrophe singt der Titelheld; und alle andern, außer den Ollendorflern, pflichten ihm vielstimmig bei. Der Reim, den sie sich selbst machen auf das, was war und was zu guter Letzt daraus geworden ist, klingt unglaublich, aber wunderschön. Er offenbart, wie hier persönliches und gesellschaftliches Wohlergehen, wie Liebe und Politik geradezu zauberhaft harmonieren. »Marschtempo« zwar bestimmt den Schlußgesang, doch viel zu behend, bizarr und eigensinnig in den polkanahen Spreizsprüngen der Melodie, als daß er militärisch oder gar nationalhymnisch zu vereinnahmen wäre. Symon: »Befreit das Land! / Geknüpft das Band! / Ein kühnes Spiel / bracht' uns ans Ziel! / Der Liebe Macht / hat es vollbracht, / daß unsre List / gelungen ist.« Solchermaßen also läßt sich ein ganzes unterjochtes Land befreien, dank der List und mächtigen Liebe von zwei beherzten Kerlen, die unvorhersehbar dem Gefängnis entkommen sind. Auch im ganzen ergeht's der Fremdherrschaft der Sachsen so wie ihrem einzelnen Exponenten Ollendorf. Als betrogene Betrüger schleichen sie ab, sofern sie nicht in jener Grube herumpurzeln, die sie andern gegraben haben. Denn: »Was von Feinden gegen uns ersonnen war, / führte grad zum Ruhm, zum Siege wunderbar! / Eben noch ringsum bedroht von Gefahr, / stehn wir vereint für immerdar!« – Daß diese Operettengeschichte persönliche und politische Belange gerade nicht trennt, sondern gründlich verquickt; daß sie, mehr noch, deren wohlvertraute spezifische Gewichte mutwillig verlagert und verkehrt, das geht erst recht hervor aus Millöckers Musik. Ihre Proportionen widersprechen entschieden den gängigen Vorstellungen: wie und wann erotische und patriotische Leidenschaften sich zu äußern hätten; wo Fühlen und wo Handeln fällig sei; und mit welcher Art von Pathos sie jeweils erklingen müßten. Das knappe zweiteilige Orchestervorspiel deutet schon drauf hin. Das energische Mazurkathema, mit dem es einsetzt, nimmt ein patriotisch schwärmendes Duett Jan/Symon vorweg (enthalten als Nr. 10 nur im Manuskript der Partitur). Und das anschließende Andantino versetzt Symons lyrische Melodie »Höchste Lust und tiefstes Leid« aus dem 1. Finale in eine dunklere Tonart, als zunächst ungestilltes Verlangen. Zwei zu eins: für den Vagabunden Symon mit seinen Liebestönen, gegen den zielbewußten vaterländischen Kämpfer Jan. So lautet eine erste quantitative Bilanz. – Fortan setzt sich der Titelheld musikalisch noch deutlicher durch, mag er auch oft gemeinsame Wege gehen mit dem Freund, wie schon zu Anfang: bezeichnenderweise nicht je und je solistisch, sondern zwillingshaft in einem Auftrittsduett (Nr. 3). Beide haben dann je einen großen Zwiegesang mit ihren Geliebten (Nr. 9 und 10). Doch auf die Dauer gewinnt Symon ungleich schärferen Umriß und reicheren Ausdrucksspielraum als Jan. Namentlich durch zwei markante Sololieder im I. und III. Akt, die mehr bedeuten als nur ein quantitatives Plus. Im I. beweist sich das komödiantische Genie des vormals abgerissenen Stromers, wenn er mit der Gebärde des weltläufigen Fürsten und erotischen Feinschmeckers das Preislied singt auf Polens Frauen (Nr. 6). So ergriffen und ergreifend malt er die »zarten Bande« aus, die er in der Ferne da und dort geknüpft, doch enttäuscht wieder gelockert hat: daß keine der angesungenen Schönen auf Krakaus Ringplatz etwa schiere Schmeichelei wittern kann; nicht mal die sonst eher argwöhnische Laura. Was er da singt, ist eine verschleierte, aber doch spürbare Mazurka mit ungewöhnlich geschmeidiger Dynamik, die als verstohlener tänzerischer Heimatwink vorweg schon die begehrte Schlußpointe verrät: »Der Polin Reiz bleibt unerreicht.« Zu Beginn des III. Akts dann beweist Symon seinen ungebrochenen abenteuerlichen Schwung, wenn er seine vorläufige Liebesniederlage und den schmählichen Rauswurf quittiert mit dem Des-Dur-Couplet: »Ich hab' kein Geld, bin vogelfrei« (Nr. 16). Aus dem Tiefpunkt federt es hoch, trotzig aufbegehrend mit insistenten melodischen Gesten, zu einer ausdrücklichen Kampfansage ans Schicksal: »Wir wollen sehn, wer früher müd, / ich oder du!« Es klingt daraus ein hemdsärmeliges Pathos der Landstraße, zunächst Kräfte sammelnd im Mazurkatakt, um dann im ungestümen Polkatempo des Refrains anzurennen gegen Gegner, die sich etwa als einschüchterndes Fatum maskieren könnten. Gleichwohl versteigt sich Symon nicht in titanisches Gefuchtel. Er bleibt, konträr zum selbstbetrügerischen Größenschwindler Ollendorf, im eigenen Format eines arglosen und wagemutigen plebejischen Glücksritters. Dem entspricht das lustig-schnöde Understatement, mit dem er sich an Jans letzten flammenden Vaterlandsappell erinnert. Ein achselzuckendes »Na denn eben«: »Kein Obdach, kein Kredit, kein Geld – / es ist zum Teufel holen! / Ah bah! Der Freund sagt: ›Sei ein Held!‹ / Gut, retten wir halt Polen.« Hier zumal rührt sich der gesungene Widerspruch gegen die ebenso geistlosen wie quälenden Pathosformen des gesellschaftlichen Alltags. Der ganze *Bettelstudent* und sein rundum gutgeheißener Titelheld haben zwar durchaus etwas übrig für Polens Rettung. Sie betreiben und erwirken sie ja auch, wiewohl auf kapriolenreiche, doch keineswegs satirisch herabsetzende Weise. Aber: dem offiziell betriebenen menschenverächtlichen Nationalismus samt seinem pomphaft niederschmetternden Ritual (in Wien, Berlin und überall), dem fahren sie lustvoll in die Parade. Wenn denn, so tönt der Gegenzungenschlag, im Augenblick keine andern Abenteuer anstehen, dann »retten wir halt Polen«. Interimsweise, solang Laura von Symon nichts wissen will. Doch sobald die Geliebte ihm wieder gut ist, besser sogar noch als zuvor, da ist auch Polens Rettung schon fast vollbracht. – Kein Beitrag also zum Nationalismus. Statt dessen interessiert Millöcker sich und sein Publikum dafür: wie hier zwei Vagabunden, ein echter und ein falscher, sich recken und strecken, wenn sie unverhofft der engen Gefängniszelle entkommen; wie der eine in seine erste und der andere in seine zweite Rolle hineinwächst, um sich im feudalen Gelände zu tummeln; wie sie dann aus den falschen Rollen herauskippen und nunmehr ihr und andrer Leute Glück machen aus eigner Kraft und Pfiffigkeit, nachdem sie sich freigestrampelt haben von fremden Interessen, Zielen und Hilfsmitteln. – Ein weitgespannter, auch spannungsvoller Bogen

Der Bettelstudent; Maria Cebotari als Laura, Fred Liewehr als Symon; Staatsoper in der Volksoper, Wien 1949. – In ihrer letzten Premiere vor dem frühen Tod stellte sich die berühmte Sopranistin noch einmal in den Dienst jener alten Tradition der Operettenpflege durch Opernsänger, der sich auch Schauspieler, wie in diesem Fall der Burgtheatermime Liewehr, gern widmeten.

also, aus vielfarbigen, aber nicht lokalfarbigen Situationen. Perspektiviert in seinem Gesamtverlauf und markiert in seinen wichtigsten Teilstrecken hat ihn Millöcker durch einen ganz bestimmten Tanzrhythmus: den der Mazurka. Mit den ersten Takten des Orchestervorspiels formuliert die Mazurka Startsignal und Wegweiser des Geschehens. Fortan prägt ihr markanter Rhythmus die entscheidenden Lebensregungen und abenteuerlichen Stationen des Titelhelden: in vielerlei Ausdrucksnuancen des Tempos, der Dynamik, der Harmonik. Erst ruppig-burschikos im Auftrittsduett; dann höfisch-elegant in der werbenden Huldigung an die Polin schlechthin; dann scheinbar kokett plaudernd, dabei zweifelnde Liebesbefürchtungen überspielend im Duett »Ich setz' den Fall«. Hernach schäumt das Hochzeitsfest hoch und höher bis zur allgemein getanzten, gewaltig auftrumpfenden Orchestermazurka, die jäh abbricht, als krachten Steine ins metrische und choreographische Getriebe: wenn Enterich mit seiner Horde in mühsam gestrafftem ¾-Takt und gellend zerfledderter Tonart dazwischenstakst und -johlt. Doch Symon, bald darauf, kurbelt den kurz nur abgewürgten Leib-und-Seele-Rhythmus wieder an, der auch noch die letzte Strophe seines letzten Couplets beschwingt: »Hurra, der Leichtsinn lebe hoch!« – Die Mazurka, obwohl dazumal schon in ganz Europa heimisch, ist Millöckers einziges musikalisches Merkmal des polnischen Milieus. Doch so, wie er sie dramatisch einsetzt, hat sie mehr zu tun mit einem prägnanten Emblem als mit ausgemalter Folklore. Und dies Emblem bezeichnet gerade nicht einmalig polnische Lebensart, gleichsam als klingendes Banner im Widerstand gegen andersartige Rhythmen der sächsischen Fremdherrschaft. Die Mazurka wirkt vielmehr, wann immer sie auffällig oder untergründig sich geltend macht, als Ausdruck allgemeineren und zugleich sinnlicheren Aufbegehrens. Ihr vorstoßender, trotzig angriffslustiger Rhythmus tanzt los gegen lebensfeindliche Hemmnisse jeder Art, gegen Festungen des Status quo, ob aus Stein oder aus Fleisch. Die Mazurka wird zum eigentlichen Pulsschlag des Bettelstudenten, der ihn bewegt, sich und andre über solche Widerstände hinwegzusetzen. – Ebenso sinnig und wirksam wie die Hauptfigur hat Millöcker deren verschiedenartige Gegenspieler charakterisiert: Oberst Ollendorf und Gräfin Nowalska. Bei der Rolle der Gräfin liegt der Witz in ihrer passend-unpassenden musikalischen Machtposition. Im Mißverhältnis zwischen beanspruchter gesellschaftlicher und wirklich erklingender Prominenz. Der Dame, die stets behauptet, sie überrage die gewöhnlichen Leute ringsum, ist es nicht gegeben, durch eine außergewöhnliche Soloarie hervorzuragen. Da ihre einmalige Persönlichkeit erloschen ist in der gesichtslosen Standesperson, erheischt sie Flankenschutz durch den Clan, wenn sie ihre hochnäsigen Töne absondert. Nur Terzette gewähren den nötigen imposanten Halt, um sich, stimmlich korsettiert, der Umwelt zu verlautbaren: zweimal mit den Töchtern, dabei Szenen und Akte eindrucksvoll eröffnend (Nr. 5 und 8); einmal mit Cousin und Cousine, im 3. Finale,

Der Bettelstudent, I. Akt; Suzanne Rodas als Bronislawa, Camilla Ueberschaer als Gräfin Nowalska, Gerda Leypoldt als Laura; Regie: Werner Saladin, Ausstattung: Olaf Zombeck; Staatstheater, Darmstadt 1985.

losschimpfend auf den Bettelstudenten. Ganz anders Ollendorf. Er schaut nicht runter auf andre, sondern um sich herum, ob denn auch jeder ihn sieht und hört: mitfühlend, bewundernd, Beifall spendend. Als uniformiertes, doch strikt bürgerliches Individuum will er singend alle Achtung auf sich ziehen, den einzigartigen »Helden, ungeschlagen«. Sein Auftrittslied expandiert in alle Richtungen. Keine andre Figur im ganzen Stück hat derart raumgreifende Intervallsprünge: Oktav hinab mit sogleich gegenläufiger Sext (»[...] gegen schöneres Geschlecht«). Keine andre Figur macht sich so breit in einer derart weiten Spanne ständig wechselnder Tempi: vom gradtaktigen Allegro über mäßiges Walzertempo über abermals gradtaktiges Allegro bis zu eiligem Allegretto. Gewahrt bleiben dabei, trotz aller rhythmischen und dynamischen Turbulenzen, die Einheit und Einmaligkeit von Ollendorfs einfältigem Gemüt in der gleichbleibenden Tonart F-Dur. Auch weiterhin geht er aufs Ganze: namens Ollendorf. Dem zu Ehren macht er die Szene zur Rampe und die Rampe zur Szene. Nicht nur solistisch in seinem selbstgefällig großzügigen Polkacouplet (Nr. 12a), das jeglichen Kleinkram des Lebens wegwischt mit der Geste (Oktavsprung runter) »Schwamm drüber!«. Auch in den weiträumigen, vielfach verästelten Ensembleszenen (Nr. 6, 11, 13, 17) sorgt Millöcker dafür, daß Krakaus maulheldischer Gouverneur sich seine eigenen groben Schneisen schlägt durchs feinere Spalier der andern Stimmen. – Ollendorf ist Symons Gegenspieler und sein Gegentyp. Oberflächlich betrachtet ist er mehr noch Lauras Gegenspieler. Doch da sie selbst, nach ihrem sowieso reagierenden Fächerschlag in der Vorgeschichte, am Schluß erst aktiv handelt, bis dahin jedoch sich vom handelnden Symon mehrmals erobern läßt, schrumpft jenes dramatische Widerspiel zur einseitigen Aktion des rachedurstigen Obersten. Um so nachdrücklicher macht Millöcker die Rolle der Laura zu Ollendorfs Gegentypus. Inwiefern? Ollendorfs musikalischer Ausdruck deckt sich in jeder Lage restlos mit dem, wie er sich verhält und spricht. Lauras Gesänge dagegen sind durchaus nicht von Anfang bis

Ende kongruent mit ihren gelebten und ausgesprochenen Haltungen, die da ehrgeizig einem vornehmen reichen Gatten entgegenstreben. Wenn sie sich löst aus den affektierten Walzerterzetten unter der Leitung von Mama, wenn sie statt dessen impulsiv eigenen Stimmungen und eigenen Gefühlen nachgeht, dann vergißt sie prompt das hochfahrende Gebaren. Lauras unwillkürlichen ersten Ausbruch aus der eingefleischten Standesschale hat Millöcker genau markiert im 1. Finale. Er ereignet sich in jenem Moment, wo auch aus dem allseits hofierten Fürsten Wybicki, der soeben noch in weltmännischer Courtoisie eine weitere, diesmal engere »zarte Bande« geknüpft hat mit der Tochter der Gräfin Nowalska, wo just aus dieser männlich-glanzvollen Inkarnation einer nichts als guten Partie plötzlich Symons schlichte, aber eindringliche Töne hervorbrechen, im innigen, so gar nicht siegesgewissen, fast beklommen Andante »Höchste Lust und tiefstes Leid«. Wie vom Blitz getroffen, spricht Laura an auf diesen wohl nie zuvor vernommenen Ton, obwohl Symon ihn als »vaterländisch Lied« ausgegeben hat. Mit ebenso schlichter Leidenschaft, weit entfernt von den gestanzten Exaltationen der Salons, reißt sie den elegischen Duktus herum ins Allegretto: »Doch wenn's im Lied hinaus dann klinget: La la la la la, / wenn jubelnd sich's zum Himmel schwinget: La la la la«. Adversativ wie im Text, so auch im aufleuchtenden A-Dur und im ausgelassenen ¾-Takt, stimmt Laura da ein frohlockendes Locklied an und steigert sich dann in eine schwerelose Hymne auf die Hochzeitsglocken. So unbefangen drauflos, daß darüber jeder edelschäbige Hintergedanke an eine fürstliche Konvenienzehe zerstiebt. Diesen geläuterten Glückston erneuert und erweitert sie später, beschwingt von Symon, im Refrain des Duetts Nr. 10 und im 2. Finale. Auch darin ist Laura ein Gegentypus zu Ollendorf: Während er unentwegt so singt, wie er lebt, und so lebt, wie er immer gesungen hat, eilt sie singend ihren dahergeredeten und dahingelebten Meinungen voraus. Zukunftslustig wie ihr Bettelstudent, der wohl auch die eigene happyendliche Nobilitierung fürderhin noch überleben wird.

Wirkung: *Der Bettelstudent* gehört zu jenen wenigen Werken des Genres, die bis heute ununterbrochen ihren Platz im Repertoire großer und kleiner Bühnen behaupten. Nach der sensationellen Uraufführung (Laura: Caroline Finaly, Bronislawa: Lore Jona, Ollendorf: Felix Schweighofer, Jan: Josef Joseffy, Symon: Alexander Girardi, Enterich: Alexander Guttmann, Wangenheim: Franz Eppich, Henrici: Alois Pokorny, Schweinitz: Wilhelm Eichenwald, Richthoffen: August Kormann, Malachowski: Carl Adolf Friese, Eva: Auguste Schönfeldt, Bürgermeister: Eduard Liebold), die zwei Monate lang täglich gespielt wurde, erschien das Werk in kürzester Zeit auf den Bühnen aller europäischen Haupt- und Großstädte, teils in deutscher Sprache, später zunehmend in Übersetzungen. Für den deutschen Sprachraum ging von der am 24. Jan. 1883 erfolgten Inszenierung des Friedrich-Wilhelmstädtischen Theaters Berlin (Dirigent: Millöcker; Eugenie Erdösy, Anna Grünfeld, Reinhold Wellhof, Sigmund Steiner, Jani Szika, Moritz Broda), die bis Juni 1884 300 Aufführungen erreichte, Signalwirkung aus. In New York erschien 1883 innerhalb eines Monats neben einer deutschsprachigen Produktion eine englische Version der McCaull's Company, mit der De Wolf Hopper als Ollendorf seinen ersten großen Erfolg verbuchen konnte. 1884 folgte das Alhambra Theatre London mit Marion Hood in einer Symon-Travestie. Weniger Aufsehen erregte 1889 die Pariser Premiere im Théâtre des Menus-Plaisirs. Neben den internationalen Erfolgen, die nebenbei Millöckers Existenz so weit sicherten, daß er seinen Kapellmeisterposten aufgeben konnte, erschien *Der Bettelstudent* in zahllosen Inszenierungen, die in regelmäßigen Abständen durch unterschiedlichste Bearbeitungen dem Zeitgeschmack angepaßt wurden. Herausragende Einstudierungen brachte die Wiener Staatsoper 1936 mit Egon Neudeggs Inszenierung (Dirigent: Felix von Weingartner, Bühnenbilder: Alfred Roller) sowie 1949, während der Interimszeit in der Volksoper, mit Adolf Peter Rotts Produktion (Dirigent: Anton Paulik, Choreographie: Erika Hanka), in der Fred Liewehr (Symon) Partner von Maria Cebotari (Laura) war. In Deutschland waren es zunächst die Inszenierungen Ernst Poettgens (Hamburg 1958) und Friedrich Petzolds (Stuttgart 1970; Palmatica: Martha Mödl, Symon: Horst Hoffmann, Laura: Urszula Koszut), die überregionale Resonanz hatten. In jüngster Zeit (1980) erarbeitete Uwe Wand an der Komischen Oper Berlin eine Version, die nahezu Millöckers Original entspricht (Dirigent: Joachim Willert; Symon: Uwe Peper). Vom Glanz großer Namen ist Uwe Drechsels Präsentation im Congress Centrum Hamburg (1982) bestimmt: Sylvia Geszty (Laura), Iwan Rebroff (Ollendorf) und Robert Woroniecki (Symon), der als Neuentdeckung begeisterte. Weitere Inszenierungen gab es 1983 von Robert Herzl an der Wiener Volksoper, 1984 von Bernhard Krook im Jarlatheater Stockholm und 1985 von Roland Velte am Gärtnerplatztheater München. Unter den Verfilmungen des *Bettelstudenten* (zuerst 1927 als Stummfilm von Luise und Jakob Julius Fleck mit Harry Liedtke, Agnes von Esterhazy und Maria Paudler) gilt die von Georg Jacoby (1936, mit Johannes Heesters, Marika Rökk und Ida Wüst) als die gelungenste, wenngleich sie sich weit von der Vorlage löste.

Autograph: Städt. Rollett-Museum Baden. **Abschriften:** Part: StB u. LB Wien (M. J. 31729). **Ausgaben:** Kl.A: Cranz, Hbg. [ca. 1882]; Cranz, Lpz. [1885], Nr. 25834; Kl.A, Bearb. v. C. Hagemann: ebd. 1935, Nr. 25801; Kl.A, Bearb. v. O. Stalla: Weinberger 1961, Nr. 2722; Textb.: Lpz., Cranz [ca. 1898]; Stuttgart, Reclam 1972; Regiebuch, Bearb. v. R. Bars, G. Quedenfeldt: Weinberger [ca. 1950]; Regiebuch, Bearb. v. C. Hagemann: Weinberger [ca. 1950]; Regiebuch, Bearb. v. W. Saladin: A&S [ca. 1955]. **Aufführungsmaterial:** Original u. Bearb.: Weinberger / M u. Bühne, Wiesbaden
Literatur: C. ALTMANN, Der französische Einfluß auf die Textbücher der klassischen Wiener Operette, Diss. Wien 1935, S. 135ff.; weitere Lit. s. S. 189

Volker Klotz

Gasparone
Operette in drei Akten

Text: Friedrich Zell (eigtl. Camillo Walzel) und Franz Friedrich Richard Genée
Uraufführung: 26. Jan. 1884, Theater an der Wien, Wien
Personen: Carlotta, verwitwete Gräfin von Santa Croce (S); Nasoni, Podestà von Syrakus (Komiker); Sindulfo, sein Sohn (B); Conte Erminio (T); Luigi, dessen Freund; Benozzo, Wirt (T); Sora, dessen Frau (Soubrette); Zenobia, Duenna bei der Gräfin (A); Marietta, Kammerzofe; Massaccio, Schmuggler, Benozzos Onkel; Corticelli, Oberst; Guarini, Leutnant; Pamfilio, Pietro, Giuseppe und Dominico, Schmuggler; ein Gerichtsdiener; Bianca, Marguerita und Isabella, Soras Freundinnen; Lucia, Fiametta, Sybilla und Giugliana, Milchverkäuferinnen; Beata, Eleonora, Emilia und Renata, Bäuerinnen. **Chor:** Herren und Damen aus Syrakus, Gendarmen, Karabinieri, Zollwächter, Schmuggler, Schiffer, Bauern, Bäuerinnen. **Ballett**
Orchester: 2 Fl (2. auch Picc), 2 Ob, 2 Klar, Fg, 2 Hr, 2 Trp, 3 Pos, Pkn, Schl (kl.Tr, gr.Tr, Bck, Trg, Gong, Glsp), Hrf, Streicher
Aufführung: Dauer ca. 2 Std. 30 Min.

Entstehung: Anregungen für einige Motive und Konfigurationen bezogen die Librettisten aus Offenbachs *Les Brigands* (1869) und *Les Braconniers* (Paris 1873, Text: Henri Charles Chivot und Alfred Duru), deren deutsche Bearbeitung sie verfertigt hatten. Der genial verrückte Einfall jedoch (ein Titelheld, den es leibhaftig nicht gibt) stammt von ihnen selbst. Sechs Jahre zuvor hatten sie ihn nicht ganz so wirksam in Suppès *Fatinitza* (1876) durchgespielt.
Handlung: In und um Syrakus, Sizilien, 1820.
I. Akt, am Meer, kurz vor Morgengrauen: Schmuggler, angeführt von Massaccio, verstauen Waren im Keller seines Neffen, des Gastwirts Benozzo. Neuerdings halten sie sich die Polizei vom Hals durch das Gerücht, der gefährliche Räuber Gasparone aus der Romagna treibe sich jetzt in Sizilien herum. Wann immer sie heimliche Ware erwarten, fingieren sie, weit weg, Spuren von Gasparone und lenken so die Aufmerksamkeit der Staatsorgane von sich ab. Conte Erminio, ein unternehmungslustiger Aristokrat vom Festland, der gerade unterwegs ist durch Sizilien, erlauscht diesen Trick und will ihn nun für seine eigenen Liebeszwecke nutzen. Er tut sich mit den Schmugglern zusammen, um die schöne, aber vorerst unzugängliche Gräfin Carlotta zu gewinnen. Hindernis ist Nasoni, der korrupte Podestà von Syrakus, der sie ihres reichen Erbes wegen mit seinem leichtfertigen Sohn verheiraten will. Erminio inszeniert mit den Schmugglern einen Überfall Gasparones auf die Gräfin samt Gefolge. Er selbst haut Carlotta heraus, gewinnt so ihr dankbares Interesse und warnt sie vor Nasoni, der mit seinen Karabinieri wieder mal zu spät gekommen ist, um den Räuber zu erwischen. Carlotta jedoch fühlt sich dem Podestà verpflichtet: Sie vertraut seiner Lüge, er habe vor Gericht ihr angefochtenes Erbe gerettet. So verspricht sie öffentlich ihre Hand seinem Sohn Sindulfo, doch der ist nicht zur Stelle. Wo er steckt, erfährt die erschreckte Menge durch Benozzo, der atemlos dahergehechelt kommt. Er meldet, Gasparone habe soeben ihn und Sindulfo im Wald überfallen, aber nur den letzteren als saftigen Erpressungshappen erachtet, 10 000 Zechinen wert. Zum Bedauern Erminios kommt Carlotta sofort für die Summe auf.
II. Akt, Carlottas Schloß: Die Verlobung wird vorbereitet, obwohl die Gräfin unausgesprochen Erminios Liebe erwidert. Doch sie fühlt sich im Wort gegenüber dem immer noch abgängigen Sindulfo. Keine Spur auch von Benozzo, der ihn auslösen sollte. Nasonis Nervosität steigt noch an, als draußen Schüsse knallen. Der ersehnte Sindulfo? Nein, der erfolglose Benozzo: Aus Angst vor Gasparone habe er die Geldübergabe seinem kühneren Onkel Massaccio anvertraut. Bevor er frisch ermutigt mit weiteren 10 000 Zechinen losgeht, muß er seiner eifersüchtigen Frau Sora Rede stehen, wo er denn immerfort nachts sich herumtreibt. Erleichtert erfährt sie, daß es um heiße Waren und nicht um heiße Frauen geht. Erminio hat inzwischen erkannt, daß sein äußerer Erfolg bei Carlotta dem inneren Erfolg nicht nachkommt. Drum ändert er die Strategie: vom indirekten zum direkten Gasparone-Spiel. Bei nächtlichem Gewitter dringt er durchs Fenster in ihr Gemach, zwingt ihr mit vorgehaltener Pistole die Millionen ab und verschwindet damit. Sie ist tief enttäuscht, weil er es anscheinend von Anfang an nur auf ihr Geld abgesehen hat. Dennoch verrät sie ihn nicht, als Nasoni mit den andern Schloßgästen, abermals verspätet, zu Hilfe kommt. Der Podestà rast, und seine Häscher fangen nun im Dunkeln draußen einen falschen Gasparone nach dem andern ein. Schlag auf Schlag lauter vermummte Gestalten: erst Benozzo, dann Massaccio, schließlich den lang vermißten Sindulfo. Der Bräutigam ist nun da, aber die Millionen sind dahin.
III. Akt, freier Platz vorm Rathaus von Syrakus: Erminio alias Gasparone hat Nasoni durch den Raub in eine Klemme manövriert. Nicht nur privat, auch beruflich. Denn die Regierung will ihn seines Amts entheben, wenn er nicht schleunigst die geraubten Millionen herbeischafft. Zum Entsetzen Carlottas, die um ihn bangt, erscheint Erminio, der sie nun einweiht in die ganze Mystifikation. Danach führt er das listige Gasparone-Spiel zum guten Ende. Vorm aufgeregten Volk bringt Benozzo dem Podestà einen Abschiedsbrief des Räubers: er verlasse samt Raub Sizilien. Als schwachen Trost steckt Nasoni das großzügig rückgezahlte zweite Lösegeld in die eigene Tasche. Gleich drauf sitzt er Erminios schlau berechnetem Schlußbluff auf. Weil ihm ohne Millionen die so eifrig belagerte Schwiegertochter in spe buchstäblich gegenstandslos geworden ist, kann er es allenfalls als höhnischen Witz auffassen, als ihm Erminio ein gut verpacktes Hochzeitsgeschenk für Carlotta überreicht. Schleunigst gibt er es an sie weiter, samt dem lästigen Jawort. Zu spät merkt er, daß just dies Päck-

chen die Millionen enthält. Carlotta ist nun frei für Erminio.

Kommentar: Alles in allem ist *Gasparone* eine mustergültige Operette. Ein glückliches Beispiel dafür, was diese heitere Spielart des Musiktheaters kann und ausmacht. Fürs Sujet gilt das ebenso wie für die Musik und erst recht für die szenische Schwungkraft, mit der sie es zum Sprechen bringt. Nicht nur die Ereignisse in *Gasparone* bekräftigen das operetteneigene Prinzip der komischen Inversion. Auch die musikalische Dramaturgie vollstreckt es, namentlich an besonders hervorragenden Stellen des Werks. Den I. Akt und damit das ganze Stück eröffnet der Chor der Schmuggler, die heimlich, aber erfolgssicher einem lichtscheuen Gewerbe nachgehen. Wohlgemutes Ges-Dur nimmt der erzwungenen Leisetreterei den Stachel; läßt die Vorsichtsmaßnahmen von stakkatierten Zehenspitzen runterkippen in breitbeinigen Jubel auf die Freiheit der Meere; verfällt schließlich in geschwinden Walzertakt, wenn die Ladung verstaut wird. Zweifellos, die musikalische Komik dieser Eingangsszene begünstigt die Schmuggler. Man hört, daß sie trotz behördlicher Hemmnisse können, was sie wollen. Ihre Haltung deckt sich mit ihrer äußeren Situation, die sie listig meistern. Ganz anders wirkt die musikalische Komik in der nächsten Nummer. Hier geht sie zu Lasten der Gesetzeshüter, die zunächst im gleichen tatkräftigen Dur den Gesetzesbrechern auf dem Fuß folgen. Auf vielen gestiefelten Füßen, in amtsmartialischem Gleichschritt. Er stolpert allerdings bald in eine eher private Munterkeit. Aufgekratzter Fatalismus der Mißerfolgsverwöhnten: »Erscheinen wir als Rächer / mit lautem Trarara, / so wissen die Verbrecher / von weitem, daß wir da!« Lauthals, mit kräftigem Rückenwind der Blechbläser, schicken sie sich drein in ihr gewohntes Umsonst. Nicht so ihr Anführer Nasoni, der sich in Tonart und Takt davon absetzt, um seinen eigenen Groll auf den ungreifbaren Gasparone zu äußern. In vielerlei Wallungen. Erst entrüstet er sich in kollernden Zweivierteln; dann in behäbigem Walzertakt, der episch breit all die Löcher und Ecken aufrührt, wo man für nix und wieder nix dem Räuber nachgekrochen ist; dann beschwört Nasoni in zähneklappernden Vierteln, unterstützt von schaurigfinsteren Orchesterläufen, das Grauen vor dem blutrünstigen Bösewicht, um schließlich in einem fußstampfenden Allegretto vor sich hin zu knottern. Millöckers parteiliche Komik stellt diese geballte Obrigkeit gleich dreifach bloß. Erstens: wenn die Mannschaft durch militanten Radau die Verbrecher planvoll verscheucht, um gefährliches Handgemenge zu vermeiden. Zweitens: wenn sie sich solchen amtswidrigen Selbstschutz auch noch stolz zugute hält. Drittens: wenn beides, der Selbstschutz wie der Genuß der eigenen Pfiffigkeit, schlechterdings grundlos ist. Denn dem man da mit so viel dummdreister Taktik zu Leibe rückt, um ihm aus dem Weg zu gehen, diesen fürchterlichen Banditen gibt es ja gar nicht. Genausowenig wird er später aufzutreiben sein, wenn der III. Akt nochmals mit einem kühnen Marsch der Karabinieri einsetzt: zur vielkehligen Schutz- und Trutzversicherung an die Bevölkerung von ganz Syrakus, die den Räuber weder kennt noch fürchtet. – Komische Inversion der Alltagsverhältnisse: Zumal in der absonderlichen Rolle der Titelfigur liegt die besondere Wendung, die Zell/Genée/Millöcker diesem allgemeinen Operettenprinzip abgewinnen. All die Überanstrengungen der fragwürdigen Obrigkeit gelten einem imaginären Gegner. Also keinem leibhaftigen Briganten wie Offenbachs Falsacappa, dem gleichfalls die Karabinieri nachstiefeln. Bald hitzig, bald geruhsam, bald kleinlaut, bald großmäulig bekämpft man hier ein Vakuum, dem die Phantasie mancherlei Schreckgestalt geben kann, je nachdem, wie ängstlich oder wütend sie darauf starrt. In dies erregende Loch der Phantasie springt Erminio. Anders würde er sein Ziel verfehlen. Denn der grade Weg zur Geliebten ist ihm verlegt durch die krummen Wege Nasonis, der Carlotta umgarnt mit bürgerlicher sanfter Gewalt: durch den Kredit seiner Amtsmacht, durch moralische Verpflichtung, durch Eigentumsinteresse. Nur andersartig kann Erminio den Podestà übertrumpfen. Indem er direkt, als scheinbarer Räuber mit scheinbar körperlicher Gewalt, genau das vollführt, was jener nur indirekt vollführen kann im zivilen Leben. Nasoni will Carlottas Millionen rauben. Dazu nutzt und manipuliert er allgemeingültige bürgerliche Verkehrsformen: Einheirat, Verzögerung des günstigen Gerichtsbescheids über ihr Vermögen, vertragsartiges Gelöbnis. Innerhalb dieser Verkehrsformen könnte Erminio schwerlich mit ihm konkurrieren. Also muß er, wenngleich fiktiv, aus dem anarchischen Abseits zuschlagen. – Hieraus bezieht diese Operette ihre unverwechselbare gesellschaftskritische Spitze. Hieraus auch bezieht sie ihren genauso unverwechselbaren szenischen Witz, der mit einer weiteren komischen Inversion zu tun hat. Nämlich: die tatsächlichen, aber indirekten und verhohlenen, somit unanschaulichen Übeltaten Nasonis gehen auf offener Bühne vor sich. Wohingegen die nur gespielten, aber direkten und unverhohlenen, somit anschaulichen Übeltaten Gasparones hinter der Bühne vor sich gehen. Einzige Ausnahme, ziemlich genau in der Mitte des Stücks, ist Erminios pistolenbewaffneter Einbruch bei Carlotta. Aus gutem Grund. Denn hier soll der Gewaltakt weniger auf den Widersacher Nasoni einwirken als auf die geliebte Frau. Es ist ein Gefühlstest, der positiv ausfällt. Carlottas tiefe Kränkung, daß Erminio offenbar nicht sie, sondern ihr Geld will, beweist ihm und dem Publikum ihre Liebe. Ansonsten aber kriegen die Zuschauer von Gasparones wildem Treiben hier und jetzt weder was zu sehen noch zu hören. Nur mittelbar erfahren sie davon aus erregten Zeugenmündern. Carlotta berichtet vom Überfall im Wald und von ihrer Befreiung. Die ältliche Duenna Zenobia vermeldet empört, wie die Räuber sich über sie hergemacht haben, ohne ihre bewährte Jungfräulichkeit anzukratzen. Benozzo malt seinen erschütterten Zuhörern mehrfach seine diversen Abenteuer aus, die mit der Kidnapperei Sindulfos zusammenhängen. Und dieser selbst, endlich in die väterlichen Arme zurückgekehrt, teilt die eigenen schlimmen Erlebnisse mit. – Hieraus entspringt der eigentliche szenische Witz von *Gasparone*: aus einer Echodramaturgie. Die meisten Ereignisse, die da vor aller Augen passieren, sind Echos auf Ereignisse, die anderswo bereits passiert sind. So verlagert sich die Aufmerksamkeit von kunterbunten Aktionen auf ebenso kunterbunte Reaktionen. Was die Bühne vorführt, sind weniger handelnde Leute als Leute, auf die eingewirkt wird. Ganz egal, wo sie stehen im komischen Kampf zwischen dem edlen Rechtsbrecher Gasparone und dem üblen Rechtsvertreter Nasoni, sie kämpfen nicht, sie nehmen nur Stellung dazu. Empört oder belustigt, verschreckt oder beglückt, scheinheilig oder ernsthaft betroffen sprechen sie an auf das, was ihnen draußen in der unheimlichen Räubersphäre widerfahren ist oder was von dort durch Greuelberichte hereindringt. So erscheint die Bühnenhandlung als eine Reaktionskette aus Kettenreaktionen. Nur von daher läßt sich der eigenartige Reiz von Millöckers musikalischen Szenen begreifen. Unter den 16 Nummern ist keine einzige, die selbstgenügsam nur hervormusiziert, was eben geschieht, die rücksichtslos die augenblickliche Situation derer äußert, die hier gerade singen. Jede Nummer vielmehr bezieht sich, reagierend, auf ein Anderswo. Nicht alle freilich im gleichen Maß, aber doch spürbar genug, sogar in den beiden Chören, dem Auftritt der Schmuggler und dem Auftritt der Truppen unter Nasoni. Nicht mal die erfolgsverschmitzten Schmuggler kommen drum herum, mit Vorsicht einzugehen auf den Druck der Ordnungshüter. Nasonis Schar sodann erschöpft sich gar in ärgerlichem Reagieren auf den unfaßbaren Gasparone. Damit startet, gesungen und gespielt, Millöckers Echodramaturgie, die das ganze Stück steuern wird. Am auffälligsten in musikalischen Szenen, die von Benozzo geprägt sind, dem umtriebigen Schmuggelwirt. Er ist der eigentliche Agent der Echodramaturgie. Von ihm ging die Gasparone-Legende aus, die alle Welt reagieren läßt auf eine schreckenerregende Null. Vollends spielt er dann, in Erminios Intrige, den rastlosen Grenzgänger und Hiobsbotschafter zwischen räuberischer Ferne und bürgerlicher Nähe. Zusätzlich befeuert ihn dabei sein komödiantischer Wildwuchs, der ihn weit über alle intriganten Ziele hinaustreibt. So begnügt er sich nicht damit, seine erlogenen Greuelberichte aufs aberwitzigste zu begründen und auszupinseln. Er staut und bremst sie auch noch, rafft und dehnt sie wie ein gerissener Schmierenregisseur: um den Resonanzkörper seiner bebenden Zuhörerschaft noch mehr zum Schwingen zu bringen. Das geschieht vor allem im 1. und 2. Finale. Beidemal eine Reaktionskette, die das Geschehen, überraschungsreich, Stufe um Stufe steigert und zu einem Höhepunkt treibt. – 1. Finale: Volk strömt zusammen, dazu Zenobia und Sora, in erregtem Allegro vivo, überspringend in Marschtempo, als Echo auf Nasonis Ankunft, der das Urteil im Erbschaftsprozeß überbringt. Bange Spannung bei Carlotta, Erminio und allen andern, wenn Nasoni nun, moderato maestoso, dazu ansetzt, die frohe Botschaft zu verkünden. Freudige Reaktion und erhöhte Spannung, wie denn wohl Carlotta auf seine anschließende Werbung reagiert. Erminio, diesmal in F-Dur, wiederholt seine dringende Warnung aus dem Duett; Carlotta zögert; Nasoni drängt; sie willigt ein. Jubelnde Resonanz beim Volk, gipfelnd in Zoras sizilianischem Tanzliedchen, dem überdrehten ⅝-Walzer »Anzoletto sang: Komm, mia bella!«. Da: klägliche Schreie hinter der Bühne. Jäh schlägt die Stimmung um, von Es-Dur zu f-Moll, von Allegretto zu Allegro. Benozzo taumelt herein. Ohne Sindulfo. Was dem widerfahren ist, wird Benozzo dem Podestà und der atemlos gebannten Menge erst sagen können nach einer eigenen Verschnaufpause, die er herzhaft auskostet. Dann legt er sich ins Zeug. Aber nicht in das, worauf die andern brennen: auf die bündige Nachricht, was mit dem Verschwundenen los ist, damit man unverzügliche Gegenmaßnahmen ergreife. Genüßlich vielmehr und weitschweifig, wie es Benozzo in den Kram paßt. Er macht sich auf zu einer egozentrischen Ballade aus dem Räuberwald, mit Sindulfo als unerheblichem Fellow-traveller, der nun mal

Gasparone; Alexander Girardi als Benozzo; Uraufführung, Theater an der Wien, Wien 1884. – Die unnachahmliche Art seines Vortrags verschaffte Girardi in Wien eine riesige Popularität: Kaum eine Operette ist ohne sein Mitwirken uraufgeführt worden, er galt geradezu als Verkörperung des Wiener Lebensstils.

eben verschütt ging bei Gasparone. Dies Ballädlein, eine aufreizend gemächliche Polka mit zickigen Intervallhopsern, wird der gegebenen Situation zum komischen Sprengstoff. Zumal der Refrain, den keiner wissen will, dem Benozzo aber desto größeres Gewicht gibt: daß er höchstselbst im wilden Wald zum Zeitvertreib »ein lustig Liedchen sang«. Ein lustig Liedchen, das ihm die Räuber, laut letzter Strophe, sarkastisch dann auch noch für den Heimweg anempfahlen: Er möchte sich sonst zu einsam fühlen, ohne Sindulfo, den sie verschnürt und verschleppt haben. So Benozzos geräumiges Echo auf den fernen Überfall, das wiederum unter den Anwesenden ein vielfältiges verstörtes Echo auslöst. Darüber fällt der Vorhang. – Ähnlich erheiternd verläuft das 2. Finale. Einsetzend mit der chorischen Erregung über den Millionenraub aus Carlottas Gemach, staffelt es die enttäuschten Reaktionen auf die buchstäblichen Enthüllungen von dreierlei eingefangenen mutmaßlichen Gasparones. Schlag auf Schlag. Auch hier gibt Benozzo, als erster Fehlgriff von Nasonis vorlaut triumphierenden Greifern, den Ton an, den hernach die beiden andern Entlarvten aufnehmen, allemal mit unwirschem Echo der Anwesenden. Sobald ihm die Kapuze weggezogen wird, wirft sich Benozzo in die Brust. Gewaltiges habe er geleistet im Kampf mit dem Räuber. Gasparone endlich also gestellt und Sindulfo rausgehauen? »Noch nicht, noch nicht – doch tat ich meine Pflicht.« Diese stolz-bescheidene Floskel geht von Mund zu Mund bis zum letzten Vermummten; dem mittlerweile fast schon vergessenen Sindulfo, der sich, umgurrt vom Restensemble, endlich in den Armen seines Papas wiegen lassen darf. – Benozzo ist es denn auch, der in der witzigsten Nummer der Operette ihre Echodramaturgie besiegelt: indem er Schall und Widerhall, Dort und Hier, rünstige Räuberei und bürgerliches Leben, mittelbares und unmittelbares Geschehen komödiantisch vereint. Das geschieht nicht etwa in seinem vielberühmten Walzer »Er soll dein Herr sein«, wo er alle Register seiner Gaukellust zieht, um den niederschmetternden Alltag eines sizilianischen Ehemanns zu beschreiben. Vielmehr im

Gasparone, I. Akt; Friedrich Kotscha als Benozzo; Regie: Kurt Wilhelm, Ausstattung: Walter Dörfler; Gärtnerplatztheater, München 1969. – Mit den Mitteln der suggestiven Illusion des Lichtspiels, dem sich Wilhelm als Film- und Fernsehregisseur von Haus aus verpflichtet weiß, wird in der Inszenierung ein Stückprinzip vertreten: Überdimensional und dennoch unfaßbar legt sich Gasparones Schatten auf alle Pläne.

Duett (Nr. 10) mit seiner kapriziösen Gattin Sora. Es veranstaltet ein heiter-grimmiges Doppelkreuzverhör, worin die Partner einander ausfragen über einen dunklen Zeit- und Raumpunkt des gemeinsamen, nicht immer überschaubaren Eheweges. Was sie und was er denn da kürzlich nach dem Abendessen getrieben haben, ist schwer zu sagen. Denn (1. Strophe) »stockfinster war die Nacht«, als Sora im Wald umherirrte und auf einen Mann stieß, der ihr einen Kuß raubte; und (2. Strophe) »stockfinster war die Nacht«, als Benozzo im Wald umherirrte, auf eine Frau stieß, der er einen Kuß raubte. Wenn hier die Musik bedrohliche Unheimlichkeitstöne hochgrollen läßt, um schließlich den ganzen Doppelargwohn in einer bieder-ehelichen Seifenblase zerplatzen zu lassen, umspielt sie in nuce, was die Gasparone-Legende im ganzen Stück ausrichtet. Eine überdimensionale Platzpatrone, laut, aber ungefährlich. Doch ihr schmerzloser Knall reicht aus, um das friedliche Bürgertreiben, einschließlich Nasonis unfriedlicher Gaunerei, die eben davon lebt, durcheinanderzubringen. Das passiert in der Buffoszene dieses Duetts auch noch mit einem Schwung illusionslockernder Selbstironie. Denn Benozzo und Sora spielen hier nicht nur voreinander Theater, sie spielen auch miteinander Theater vorm Publikum. Bewußt bewegen sie sich im geregelten Spielraum eines komponierten Duetts, an dessen Regeln sie mutwillig rütteln. Benozzo zu Soras Reprise: »Ich kenne sie, / die Melodie.« Und Sora, als er ihre Wendung »Stockfinster war die Nacht« kurzerhand für sich beansprucht: »Fang selbst dir deine Lieder an!« Millöckers Echodramaturgie, die viel schönes Lärmen um Nichts als bürgerlichen Widerhall auf einen erdachten Anarchisten inszeniert, bezieht hier also auch das eigene Genre noch in den Witz mit ein. Operette, so bekräftigt *Gasparone*, fasziniert nur, wenn sie ernst macht mit dem Unernst.

Wirkung: Nicht minder erfolgreich als *Der Bettelstudent* ging *Gasparone* unmittelbar nach der Uraufführung (Carlotta: Marie Massa, Nasoni: Felix Schweighofer, Sindulfo: Alexander Guttmann, Erminio: Josef Joseffy, Benozzo: Alexander Girardi, Sora: Rosa Streitmann, Massaccio: Franz Eppich, Guarini: Moritz Broda) über die internationalen Bühnen. Im Friedrich-Wilhelmstädtischen Theater Berlin verband man die Premiere (1884) mit den Feierlichkeiten zum 25jährigen Bühnenjubiläum seines Leiters Julius Fritzsche. An ein und demselben Tag kam das Werk in New York am Standard Theatre (Carlotta: Emma Seebold, Nasoni: Richard Mansfield) und am deutschen Thalia Theater (Nasoni: Max Lube) auf die Bühne. Inszenierungen in den jeweiligen Landessprachen folgten in Budapest 1884, Moskau und Stockholm 1885, Warschau 1886, Zagreb 1888, Petersburg und Mailand 1889 und Kopenhagen 1897. Die häufig übliche Praxis der Bearbeitung von Text und Musik führte auch bei diesem Werk zu einer Reihe unterschiedlicher Versionen, die unter Einbeziehung neuer musikalischer Nummern und modischer instrumentatorischer Effekte die Intentionen des Originals zunichte machten. Erst in jüngster Zeit, wie Johannes Felsensteins Inszenierung in Karlsruhe (1978) zeigt, legt man in zunehmendem Maß auch im Bereich der Operette den Maßstab der Werktreue zugrunde. Als aufführungsgeschichtlicher Höhepunkt vor dem zweiten Weltkrieg gilt die 1932 im Theater am Nollendorfplatz Berlin entstandene Inszenierung mit Margret Pfahl und Leo Slezak, dessen Nasoni-Darstellung im Film von Georg Jacoby (1937; mit Marika Rökk und Johannes Heesters) bis heute lebendig geblieben ist. Nach 1945 ist zunächst Oscar Fritz Schuhs Inszenierung (Wiener Staatsoper in der Volksoper 1950) erwähnenswert. Hier sangen unter Anton Pauliks Leitung Esther Réthy (Carlotta), Kurt Preger (Nasoni) und Mizzi Günther (Zenobia). 1969 inszenierte Kurt Wilhelm am Gärtnerplatztheater München eine eigene Version (Dirigent: Harry Pleva) mit Marion Briner (Carlotta) und Hans Kraemmer (Nasoni). An der Wiener Volksoper hatte das Werk 1980 unter Robert Herzls Regie und Rudolf Bibls musikalischer Leitung Premiere (Marjon Lambriks, Karl Dönch). Unter den zahllosen Neuauflagen des Werks an kleineren Bühnen im deutschsprachigen Raum wären die des Metropoltheaters Berlin (1982) und der Musikalischen Komödie Leipzig (1983) zu nennen.

Autograph: Städt. Rollett-Museum Baden. **Ausgaben:** Kl.A: Cranz, Hbg. [ca. 1920], Nr. 26103; Kl.A, Bearb. v. E. Steffan, P. Knepler: Bloch 1932; Kl.A, Bearb. v. E. Rogati, P. Burkhard: Weinberger 1938; Kl.A, Bearb. v. R. Bars, P. Burkhard: Weinberger 1964; Regiebuch, Bearb. v. E. Steffan, P. Knepler: Bloch 1931; Regiebuch, Bearb. v. R. Bars: Weinberger [ca. 1940]; Regiebuch, Bearb. v. K. Nachmann, G. Zelibor: Weinberger 1957; Regiebuch, Bearb. v. R. Bibl, H.-D. Roser: Weinberger 1972; Textb.: Lpz., Cranz [ca. 1920]; Peters 1986; Textb., Bearb. v. E. Rogati: Sikorski [ca. 1940]. **Aufführungsmaterial:** Weinberger
Literatur: s. S. 189

Volker Klotz

Der Feldprediger
Operette in drei Akten

Text: Hugo Wittmann und Alois Wohlmuth, nach der Erzählung *Das seltsame Brautgemach* (1828) von Friedrich Gustav Schilling
Uraufführung: 31. Okt. 1884, Theater an der Wien, Wien
Personen: Heidekrug, Amtmann in Trautenfeld (Bar); Minna und Rosette, seine Töchter (2 S); Hellwig (T); Kühnwald (T); Piffkow, Gemeindediener (Komiker); Barbara, Wirtschafterin bei Heidekrug (A); De Thorillière (T) und D'Alencourt, französische Offiziere; von Rübke, preußischer Offizier; ein Hetman der Donschen Kosaken; Bliemchen, Schauspieler; Frauen des Kirchenverwalters, Truppenverpflegers, Gestütedirektors, Steuerbuchhalters, Revierförsters und Staatskassierers; ein Hausierer; ein Rattenfänger; ein Invalide; ein Wunderdoktor; ein Kolporteur; ein Scherenschleifer; Frommsinn, Treibein, Kümmelhold, Gierschlund und Hausdarm, Bürger von Trautenfeld. **Chor:** Bürger, Bürgerinnen, Honoratioren von Trautenfeld, preußische Soldaten, französische Soldaten, Kosaken, Volk

Orchester: 2 Fl (auch Picc), 2 Ob, 2 Klar, 2 Fg, 4 Hr, 2 Trp, 3 Pos, Pkn, Schl (2 kl.Tr, gr.Tr, Bck, Trg, 2 gr. Glocken in Es u. B, kl. Glocke in B, Tamburin, Maschine), Streicher; BühnenM auf u. hinter d. Szene: Flageolett, 2 Trp, 3 Pos, Schl (gr.Tr, kl.Tr, Trg)
Aufführung: Dauer ca. 2 Std. 30 Min.

Entstehung: Fast unmittelbar an die Premiere von *Gasparone* (1884) schloß sich die des *Feldpredigers* an. Sie markiert gleichsam den Abschluß von Millöckers fruchtbarster und erfolgreichster Schaffensperiode, die ihm ein ansehnliches Maß an Attraktivität für die Theaterbranche bescherte. Schon während der Arbeit am *Feldprediger* wurde Millöckers Wohnung, wie aus seinen Tagebüchern hervorgeht, zum Treffpunkt von Librettisten und Theaterdirektoren mit diversen Kontraktangeboten. Ähnlich dem Erfolgsrezept des *Bettelstudenten* (1882) wurde auch hier der Handlung eine reale historische Situation zugrunde gelegt.
Handlung: In Trautenfeld, einem preußisches Städtchen an der russischen Grenze, 1812/13.
I. Akt, Zimmer bei Amtmann Heidekrug: Aufgeregt verlangen die Bürger Aufklärung über die bevorstehenden Kriegshandlungen; Heidekrug, Amtmann und Bürgermeister, verspricht das Ende der Einquartierungen, doch kurz darauf eintreffende preußische und französische Quartiermacher verlangen von der Bevölkerung wiederum ihren Tribut. Der Feldprediger Hellwig fordert zum Widerstand gegen die französische Armee auf. Er gehört, ebenso wie der ihn erkennende Kühnwald, dem geheimen Tugendbund an, dessen Ziel es ist, Trautenfeld zum Durchgangsort für die deutschen Truppen zu machen. Zu diesem Zweck ist es zunächst notwendig, den Amtmann als Risikofaktor auszuschalten. Kühnwald wird als Aufrührer von den Franzosen verhaftet, kurz darauf jedoch von Hellwig befreit, dem es in der Zwischenzeit gelang, sich bei Heidekrug einzuquartieren. Die beiden verlieben sich in die Bürgermeisterstöchter Minna und Rosette, als diese die zu ihrem Schutz vom Vater verordnete Kostümierung ablegen. Nur Piffkow entdeckt durch Zufall die Romanze der Pärchen.
II. Akt, Platz vor dem Amtshaus: Es kursiert das Gerücht, ein Verräter sei von Piffkow gefangengenommen worden. Der Gefangene jedoch ist der Schauspieler Bliemchen, dessen Probe zu Friedrich von Schillers *Räubern* der Gemeindediener für bare Münze nahm; der Irrtum klärt sich auf. Inzwischen finden sich zahlreiche verkleidete Tugendbündler ein, die Hellwig im Auftrag des Freiherrn von Lützow mitteilen, er solle noch heute den Bürgermeister außer Gefecht setzen, da dieser unfreiwillig einen Einmarsch der Befreiungstruppen vereiteln könne. Große Verwirrung entsteht, als Russen und Franzosen gemeldet werden. Die zunächst einmarschierenden Russen kann der bauernschlaue Heidekrug mit einem Porträt des Zaren begrüßen. Was diese nicht wissen: Es handelt sich um ein Drehbild, das auf der Rückseite Napoleon zeigt. Es dauert nicht lange, und die inzwischen betrunkenen Kosaken werden von einfallenden französischen Truppen überwältigt. Heidekrug soll erschossen werden, weil man entdeckt, daß ein von Hellwig verfaßter und den Franzosen in die Hände gespielter Steckbrief genau auf ihn paßt. Da ertönt ein Signal der preußischen Landwehr; die Tugendbündler werfen ihre Verkleidung ab und vertreiben die Franzosen. Hellwig läßt Heidekrug verhaften.
III. Akt, Wald- und Wiesenlandschaft: Minna und Rosette, die hierher in Sicherheit gebracht wurden, entdecken in einer hohlen Eiche Piffkow. Da wird die Nachricht vom Sieg der Preußen gebracht, an dem Kühnwald und vor allem Hellwig beträchtlichen Anteil haben. Heidekrugs Haushälterin Barbara berichtet, daß sie den Amtmann aus dem Gefängnis befreit habe, worauf er sich mit ihr im Siegestaumel auf ein Pferd stürzte, um sich an den Kämpfen zu beteiligen: Dem »heldenhaften« Gebaren wurde aber durch den Abwurf vom Sattel ein jähes Ende gesetzt. Heidekrugs Zorn kann rasch besänftigt werden, denn der vermeintliche Hochverräter Hellwig, in Wirklichkeit reich begüterter Adliger, hält um die Hand Minnas und ebenso in Kühnwalds Namen, den er zu seinem Verwalter bestimmt hat, um die Rosettes an. Mit einem Hoch auf Liebe und Freiheit wird das Glück der beiden Paare besiegelt.
Kommentar: Mit dem *Feldprediger* war Millöcker seiner Vorstellung einer Operettengenese in Richtung »Volksoper« einerseits ein weiteres Stück nähergekommen, andrerseits offenbarte sich damit auch schon das Scheitern dieses Konzepts. Zwar lag dem Werk ein Libretto zugrunde, das sich von der üblichen Schwank- und Lustspielszenerie nach französischem Vorbild löste, doch war es gerade diese neue Tendenz, die beim Publikum wenig Anklang fand, zumal sie hier eindeutig politisch getönt erschien. War den Konservativen »die heilige Sache«, der deutsche Befreiungskrieg, zu leichtfertig, lustspielhaft behandelt worden, so erschien andern das Sujet zu historisierend und zuwenig wienerisch. Dabei modifizierten die Librettisten das Handlungsgerüst der Vorlage nur wenig, verstärkten lediglich die komische Komponente durch Hinzufügung des Gemeindedieners Piffkow. Zudem können die Figuren ihre Ähnlichkeit mit Typen der Wiener Lokalposse und der Commedia dell'arte nicht verleugnen, Piffkow erinnert an Hanswurst und Arlecchino, Heidekrug an Pantalone; außerdem werden Ähnlichkeiten mit Lortzings Bett aus *Zar und Zimmermann* (1837) deutlich, insbesondere in seinem Auftrittslied »Ein Diplomat, so schlau« (Nr. 2). Musikalisch weist *Der Feldprediger* eine ganze Reihe gelungener Einfälle auf, allen voran wieder einmal die Walzer hervorragen, allen voran »Nur ein Traum« (Nr. 15) und »Bin ich nicht zierlich« (Nr. 6). In den Ensembles zeigt sich erneut eine gekonnte opernhafte Ausweitung der Themenkomplexe: Millöckers Technik einer Dramatisierung mit Hilfe von Erinnerungsmotiven wird sehr schön im 2. Finale sichtbar, wo er geschickt eine Reihe eigener Themen mit dem Zitat von Carl Maria von Webers »Lützows wilde Jagd« aus dessen *Körner-Gesängen* (1814) als

Signal der Befreiung verbindet. Von der musikalisch-formalen Anlage her erweist sich *Der Bettelstudent* als Vorbild: Nicht nur haben beide Werke je 18 Musiknummern, wie überhaupt die Wiener Operette in dieser Hinsicht zu Standardisierungen neigt, auch stimmen Aufbau und Struktur bis hin zu weitgehend identischem Charakter der Stücke merklich überein.

Wirkung: Obwohl das Libretto zur Zeit der Uraufführung noch nicht jene politische Brisanz besaß, die es im Zug der imperialistisch-nationalen Tendenzen zu Beginn des 20. Jahrhunderts bekam, wurde *Der Feldprediger* nicht zuletzt dank des überragenden Alexander Girardi als Piffkow den ganzen Nov. 1884 ohne Unterbrechung gespielt und erreichte bis 1887 50 Vorstellungen, was trotzdem keinem übermäßigen Erfolg gleichkommt. Als *The Black Husar* bekam das Werk in der Bearbeitung Sydney Rosenfelds 1885 in New York größere Popularität. Unter dem Einfluß der patriotischen Zeitströmung gelangte *Der Feldprediger* 1914 dann doch noch zu großem Erfolg in Deutschland, allerdings in einer veränderten Form, die das Toben der Russen und Franzosen und die Niederwerfung des brandschatzenden Gesindels durch die deutschen Lützowjäger mit Texten wie »Jedem Russ' ein Schuß, ein Schuß! Jedem Franzos' ein Stoß, ein Stoß« in den Mittelpunkt hob. So entwickelte sich das Werk als »vaterländische Spieloper« gewissermaßen zu einer antifranzösischen Parabel des kaiserlichen »Hurrapatriotismus«. Bis 1921 wurden rund 400 Aufführungen im deutschsprachigen Raum gezählt. Eine weitere Bearbeitung als *Husarenstreiche* (Nürnberg 1941, Musik: Rudolf Kattnigg, Text: Hans Rainer) mißbrauchte die Operette erneut als Werkzeug für die Durchhalteparolen der deutschen Kriegspropaganda. Bereits 1938 gelangten die Nummern »Nur ein Traum« und »Wenn Lieb' und Freiheit sich zum schönen Bund gesellen« (Nr. 18) in Theo Mackebens Bearbeitung (*Die Dubarry*, Berlin 1931) von Millöckers *Gräfin Dubarry* (Wien 1879, Text: Friedrich Zell und Richard Genée) in einer zeitgemäß adaptierten, wenig geschmackvollen Form noch einmal zu zweifelhaftem Erfolg.

Autograph: Städt. Rollett-Museum Baden (MS 208 HS). **Abschriften:** StB u. LB Wien (M. J. 51415). **Ausgaben:** Kl.A: Cranz, Hbg.; Kl.A, Bearb. v. R. Kattnigg, H. Rainer u.d.T. *Husarenstreiche*: Sikorski 1942, [später:] Cranz, Lpz.; Regiebuch, dass.: Sikorski 1941; Regiebuch: Weinberger; Textb.: Hbg., Cranz [ca. 1890]; Lpz., Cranz [ca. 1897]. **Aufführungsmaterial:** Weinberger
Literatur: s. S. 189

Alexander Dick

Der Vizeadmiral
Komische Operette in drei Akten und einem Vorspiel

Text: Friedrich Zell (eigtl. Camillo Walzel) und Franz Friedrich Richard Genée
Uraufführung: 9. Okt. 1886, Theater an der Wien, Wien

Personen: Don Mirabolante, Graf de Miraflores y Villalar Bermudez, Grand von Spanien (T oder Bar); Serafina (S) und Sybillina (Mez), seine Töchter; Gilda, eine Waise, in Mirabolantes Haus erzogen (S); Don Miguel di San Ildefonso, Admiral und Eskadrekommandant der französisch-spanischen Flotte; Henri, Herzog von Villeneuve, Vizeadmiral in französischem Dienst (T); Brigiboule, Schiffsleutnant, Villeneuves Adjutant; Donna Candida de Quesada y Mendizabal (Mez oder A); Deodato (T) und Narcisso (Bar), ihre Söhne; Carambolo, Barbier (T oder Bar); Lovel, ein englischer Seeoffizier (Bar); Don Felipe de Cevalos, Kommandant; Don Fernando de Arguelles, Leutnant; Lerma, Bootsmann (B); Punto, Matrose (T); Alberto, Ugo, Miguel, Ernesto, Ubaldo, Carlos, Petro, Juan, Riccardo, José, Diego und Gonzales, Schiffsjungen; Don Manrique, Admiralitätsschreiber; Juan, Mirabolantes Diener. **Chor:** Matrosen, Schiffsjungen, Hochzeitsgäste, Volk. **Statisterie:** französische, spanische und englische Seeoffiziere, Soldaten, Gäste, Alkalden, Matadore, Volk
Orchester: 2 Fl (2. auch Picc), 2 Ob, 2 Klar, 2 Fg, 4 Hr, 2 Trp, 2 Pos, Pkn, Schl (gr. Tr, Kastagnetten, Tamburin, Trg), Mand, Streicher
Aufführung: Dauer ca. 2 Std. 30 Min.

Handlung: An Bord des spanischen Admiralsschiffs Guadeloupe und in Cádiz, um 1804. Vorspiel: an Bord; I. und II. Akt: auf Don Mirabolantes Schloß Miraflores, Cádiz; III. Akt: vor dem königlichen Admiralspalast, Cádiz.
Vizeadmiral Henri will den mit den Engländern geschlossenen Waffenstillstand nutzen, um sich binnen dreier Tage an Land eine Frau zu suchen, denn nur im Fall einer Verehelichung darf er eine reiche Erbschaft antreten. Den aus Vorsichtsgründen vorgenommenen Kleidertausch machen die beiden kurz vor der Ankunft auf Don Mirabolantes Schloß, in dessen Töchtern Henri eine gute Partie glaubt, wieder rückgängig. Diese, Serafina und Sybillina, erfuhren jedoch von der ersten Transaktion und sehen nun in dem verkleideten Herzog. Man bereitet die Verlobung vor; als sich Punto für keine der Schwestern entschließen kann, entscheidet das Los für Sybillina. Henri hat inzwischen tiefe Zuneigung zu Gilda gefaßt, einer in Mirabolantes Haus lebenden armen Waisen. Bei der am nächsten Tag stattfindenden Hochzeit geben sich die beiden heimlich das Jawort; Punto wird von Henri zur Vermählung mit Sybillina gezwungen. Die Trauungszeremonie wird jedoch von den Brüdern Deodato und Narcisso, als Notar und Alkalde verkleidet, vorgenommen, die in einem zusammen mit Serafina geplanten Racheakt der Ehe jegliche Rechtsgrundlage entziehen wollen. Plötzlich dringen feindliche Engländer ein und nehmen den vermeintlichen Vizeadmiral fest. Nach Niederwerfung der Briten klären sich alle Verwicklungen auf: Die Trauungen können annulliert werden; Deodato und Narcisso finden in den Schwestern die Frauen fürs Leben, und einer Hochzeit von Henri und Gilda, ebenfalls von adligem Geblüt, steht nichts mehr im Weg.

Der Vizeadmiral, I. Akt; Bühnenbildentwurf: Carlo Brioschi; Uraufführung, Theater an der Wien, Wien 1886. – Nachdem er seinen Vater Giuseppe 1856 als Vorstand des Malerateliers der Hofoper abgelöst hatte, wirkte Brioschi in den folgenden 30 Jahren als bedeutendster Vertreter dieser für die Entwicklung der Wiener Szenographie im 19. Jahrhundert maßgeblichen Theatermalerfamilie.

Kommentar: Es ist eine auffällige Tatsache, daß in Millöckers Œuvre Stoffe mit historisch-kriegerischem Hintergrund dominieren, wenngleich dieser lediglich das Ambiente für Liebes- und Verwechslungsepisoden darstellt. Nicht anders im *Vizeadmiral*: Die militärischen Auseinandersetzungen der Napoleonischen Kriege bilden lediglich einen lockeren Rahmen, der ebenso auch durch eine Fiktion gespannt werden könnte. Dabei halten sich die Autoren an ein dramaturgisches Modell, das erst ein Jahr früher einen großen Publikumserfolg erzielte: Strauß' *Zigeunerbaron* (1885), nur mit dem Unterschied, daß dort durch die Einbeziehung Österreichs patriotische Gefühle im Publikum geweckt wurden. Vor dem historischen Hintergrund, der natürlich auch Gelegenheit zu einem prächtigen Ausstattungsstück gibt, entwickelt sich eine Liebes- und Verwechslungsgeschichte mit deutlichen Parallelen zum Aschenbrödel-Stoff, aber auch zu Sullivans *H.M.S. Pinafore* (1878) und vor allem dessen *Pirates of Penzance* (1879), in denen das Marinemilieu bereits mit Erfolg auf die Operettenbühne gebracht worden war. Im übrigen fungierten Zell und Genée später als Übersetzer von Sullivan-Operetten und dürften gut mit jenen Werken vertraut gewesen sein. Eine Schwäche des *Vizeadmirals* liegt in seiner durchsichtigen und dünnen Handlung, die zudem ab dem II. Akt, wie Millöcker in seinem Tagebuch richtig vermerkte, noch mehr abfiel; auch die Musik zeugt nicht mehr von seiner früheren Einfallskraft, so daß sie dem Werk über dramatische Leerläufe nicht hinwegzuhelfen vermag. Das wienerische Lokalkolorit dominiert, gelegentlich werden spanische Klangfarben durch die Instrumentation oder spezifische Tanzmodelle evoziert. Adam Müller-Guttenbrunn resümierte deshalb in der Premierenkritik der *Deutschen Zeitung* treffend: »Die Musik Millöckers reiht sich, was die technische Ausführung betrifft, seinen saubersten und gefälligsten Schöpfungen an, was aber die Eigenartigkeit und Ursprünglichkeit der Musik anbelangt, so kann man darüber nicht viel Gutes sagen.«

Wirkung: Der Erfolg der Uraufführung ist wohl vor allem Alexander Girardi als Punto zuzuschreiben; in weiteren Rollen wirkten Ottilie Collin als Gilda und Sebastian Stelzer als Mirabolante mit. Laut Millöckers Tagebuch wurde das Stück nach der 24. Vorstellung abgesetzt; er selbst habe sich dann aber für die Ehre bedankt, die 25. Vorstellung als Benefizaufführung dirigieren zu können. Berlin übernahm den *Vizeadmiral* unmittelbar nach der Uraufführung (Friedrich-Wilhelmstädtisches Theater); auch hier stand Millöcker teilweise selbst am Pult. Belegt sind ferner Aufführungen in Graz 1887 sowie in Prag, von wo Millöcker am 15. April 1888 berichtete: »[...] in Heines Sommertheater den I. Akt vom *Viceadmiral* gesehen, der an diesem Tage dort seine erste Aufführung erlebte. Darstellung im großen Ganzen mäßig, Orchester schauderhaft.« Mit gut 300 Vorstellungen an deutschsprachigen Bühnen bis 1921 liegt das Werk zweifellos weit hinter Millöckers großen Erfolgen. Auch dem Versuch einer textlichen (Kurt Nachmann) sowie musikalischen (Anton Paulik, Franz Salmhofer) Bearbeitung (Volksoper Wien 1957; mit Lotte Rysanek) blieb keine größere Resonanz beschieden. Immerhin konnte sich die Melodie einer Nummer dauerhaft im Repertoire großer Sänger behaupten: das Terzett »Geh'n wir in den Garten« (Nr. 5) mit dem neuen Text »Dunkelrote Rosen« als Einlage in der Bearbeitung (1932) von Millöckers *Gasparone* (1884) durch Paul Knepler und Ernst Steffan.

Autograph: Städt. Rollett-Museum Baden (MS 203 HS). **Abschriften:** StB u. LB Wien (Kopie FIMT). **Ausgaben:** Kl.A: Cranz, Hbg., Nr. 27122; Textb., Bearb. v. K. Nachmann: Weinberger 1957. **Aufführungsmaterial:** Weinberger
Literatur: s. S. 189

Ursula Kramer

Der arme Jonathan
Operette in drei Akten

Text: Hugo Wittmann und Julius Bauer
Uraufführung: 4. Jan. 1890, Theater an der Wien, Wien
Personen: Mister Vandergold, ein reicher Amerikaner (T); Jonathan Tripp (T); Tobias Quickly, Impresario (B); Catalucci, Sänger und Komponist (T); Brostolone, Bassist (B); Professor Dryander; Harriet, seine Nichte (S); Graf Nowalsky; Arabella, seine Schwester; Holmes, Advokat; Billy und Molly, Bedienstete bei Vandergold; François, Inspektor; Big, Hunt und Grant, Studentinnen der Universität Boston; ein Sheriff; ein Hausbeamter. **Chor:** Gäste im Haus Vandergolds, Besucher von Monaco, Inspektoren, Neger, Chinesen, Diener
Orchester: 2 Fl (2. auch Picc), 2 Ob, 2 Klar, 2 Fg, 4 Hr, 2 Trp, KinderTrp, 3 Pos, Pkn, Schl (gr.Tr, Bck,

kl.Tr, Trg, Telegraphenapparat, Glöckchen, Messingblech mit Ruten geschlagen, Teller), Streicher; BühnenM hinter d. Szene: Fl, Glsp, Kl, 2 Vl, Va, Vc
Aufführung: Dauer ca. 2 Std. 30 Min.

Entstehung: Der Premiere des *Armen Jonathan* ging eine für Millöckers Verhältnisse ungewöhnlich lange Schaffenspause von drei Jahren voraus, in der der Komponist offensichtlich das Scheitern seiner als »Volksoper« konzipierten und titulierten *Sieben Schwaben* (Wien 1887, Text: Wittmann und Bauer) überdenken mußte. Aufgrund der durch die Erfolge des *Bettelstudenten* (1882) und von *Gasparone* (1884) bedingten soliden finanziellen Situation war Millöcker auch nicht mehr auf reine Serienproduktion angewiesen, die zudem seine nachlassende Schaffenskraft am Ende dieses Jahrzehnts nicht mehr zugelassen hätte. Der Wechsel vom volkstümlich-historisierenden Sujet zum Gegenwartsmilieu kann als Reaktion auf die mangelnde Publikumsakzeptanz der letzten Werke verstanden werden.
Handlung: In Amerika und Europa.
I. Akt, prächtiger Festsaal in Vandergolds Palast in Boston: Vandergold hat Gäste zur Feier seines Geburtstags eingeladen, die ihren Wirt in übermütiger Laune immer wieder hochleben lassen; er jedoch ist seines Reichtums und der ganzen Welt überdrüssig. Opfer dieser Untergangsstimmung ist der Koch Jonathan, der nach einem »Kunstfehler« (zu einem Eiffelturm aus Himbeereis nahm er statt der Himbeeren Seife) aus dem Haus gejagt werden soll. Man schreibt es einer Laune zu, als Vandergold aus den Händen seines Advokaten Holmes eine im eigenen Auftrag angefertigte Urkunde über die Schenkung seines gesamten Besitzes entgegennimmt; nur der Name des Empfängers und Vandergolds Unterschrift fehlen noch. Harriet, eine Professorennichte und frischgebackene Doktorin, Vandergolds Angebetete, erscheint mit Studentinnen zur Feier. Ein Lied, das sie zum Besten gibt, offenbart ihre außergewöhnliche Stimme, was schließlich zum Engagement durch den mit Vandergold befreundeten Impresario Quickly führt. Nach ihrem nächsten Lied, »Willst du mein Liebster sein?«, eigentlich an Vandergold gerichtet, der aber nichts begreift, entschließt sie sich zur Gesangskarriere und macht sich mit Quickly davon. Der entlassene Jonathan weiß nicht mehr, was er auf der Welt soll, da nun aus der Hochzeit mit der Zofe Molly auch nichts wird. Nachdem Harriet ihn sitzen ließ, ist Vandergold selbst nicht weniger entschlossen, seinem Leben ein Ende zu machen. Im letzten Moment jedoch kommt ihm die rettende Idee: Durch die Schenkungsurkunde macht er den Koch zum Herrn seines Besitzes, und er selbst sucht irgendwo sein Auskommen zu finden. Einzige Bedingung: Wenn einer von beiden wiederum lebensüberdrüssig werden sollte, muß er den andern verständigen, damit beide in den Tod gehen können. Das Zeichen dafür ist Harriets Lied: »Willst du mein Liebster sein«.
II. Akt, Monaco, Saal mit Ausblick aufs Meer: Jonathan hat Molly geheiratet und lebt mit ihr in mondäner Gesellschaft an der Côte d'Azur, allerdings in steter Furcht, daß Vandergold ihm eines Tags das verabredete Zeichen geben könnte. Als Harriet zum Konzert in Monaco eintrifft, ist auch Vandergold, der als eine Art Maskottchen mit ihr reist, nicht weit. Aufgrund

Der arme Jonathan, II. Akt; Ferry Gruber als Jonathan, Eva-Maria Görgen als Molly; Regie: Arno Assmann, Ausstattung: Max Bignens; Gärtnerplatztheater, München 1959. – Inszenierung und Bühnenbild, deren verzerrte Dimension die Übermacht des Gelds gegenüber den beiden Protagonisten symbolisiert, nehmen so den sozialkritischen Ansatz des Werks wieder auf.

einiger Intrigen um Molly und einen gewissen Grafen Nowalsky sowie Harriet und Jonathan will Vandergold sein Leben beenden, doch fällt ihm das Lied nicht ein. Jonathan will ihm gerade den ganzen Reichtum zurückgeben, da entdeckt man Harriets Flucht. Vandergold eilt ihr verzweifelt nach.

III. Akt, bei New York, Palmengarten mit Ausblick zum Hafen vor Jonathans Schloß: Jonathan hat, wie es die Schenkungsurkunde erlaubt, Vandergolds Namen angenommen. Harriet, die den richtigen Vandergold liebt, will diesem zu neuem Lebensmut verhelfen und setzt einiges in Szene, was Jonathan das Millionärsdasein verleiden soll: einen Streik des Personals, Verwicklungen, die sich aus einem angeblich von Jonathan geleisteten Eheversprechen ergeben, die Eintreibung von Schenkungen und Pensionen, die der echte Vandergold zugesagt hatte, eine Duellforderung, eine Haftstrafe wegen Ehrbeleidigungen. Die Polizei rückt an, um Jonathan zu verhaften, da dieser zusätzlich in den Verdacht gerät, am Verschwinden Vandergolds schuld zu sein. Da kehrt der richtige Vandergold als Gelegenheitsarbeiter in sein Haus zurück. Jonathan will das bewußte Lied singen, Harriet gesteht jedoch, Urheberin aller Verwicklungen zu sein. Sie ist nun entschlossen, Vandergolds Frau zu werden, und Jonathan ist heilfroh, den Reichtum abgeben und in Vandergolds Diensten bleiben zu können.

Kommentar: Die Gegenwart als zeitlicher Rahmen bildete in den ersten Jahrzehnten der Wiener Operette den Ausnahmefall. Einerseits ließen sich vor diesem Hintergrund satirische und kritische Anspielungen vor der Zensur zu schlecht tarnen, andrerseits wies der Wunsch nach einer Traumwelt beim spätbürgerlichen Publikum in der 2. Hälfte des 19. Jahrhunderts der Operette ohnehin einen andern Weg. Viele Wiener Operetten kamen diesem Verlangen nach, indem sie als moderne Märchen, jenseits jeder sozialkritischen Tendenz, in prunkvollen Ausstattungen und schönen Melodien schwelgten. Gerade Millöckers Hang zu Kostümstücken mag hierfür als symptomatisch gelten. *Der arme Jonathan* bedeutet aus dieser Perspektive einen Bruch mit der Konvention: Plötzlich fällt ein Schimmer sozialer Konflikte der Gegenwart auf die Operettenbühne. Der Abgrund zwischen der Willkür des durch seinen Reichtum gelangweilten Vandergold, für dessen Namen der amerikanische Millionär Cornelius Vanderbilt Pate stand, und dem in seiner Existenz bedrohten Jonathan erscheint um so größer, als die unterschiedlichen Ursachen für den Lebensüberdruß der beiden deutlich werden. Der Ausgang des Stücks, der die soziale Struktur des Status quo wiederherstellt, nimmt die sozialkritische Tendenz wieder zurück. Ähnlich verhält es sich mit der Entwicklung Harriets: So revolutionär und beinah »suffragettenhaft« ihre Erscheinung am Anfang wirkt, so bieder und brav endet ihr Anflug von Emanzipation als Ehefrau in den Armen Vandergolds. Immerhin: der Versuch, jenseits der üblichen »Kostümmonotonie« für die Operette neue Wege beschreiten zu wollen, ist achtbar und wurde von der zeitgenössischen Kritik durchweg positiv angenommen. Die Schwächen des Textbuchs liegen in der inkonsequenten Durchführung des interessanten Ansatzes sowie einem allmählichen Verebben der Spannung, besonders im II. Akt, in dem sich die Handlung nur schleppend von Szene zu Szene fortbewegt. Nicht allein darin freilich mag der Grund für den nur kurzzeitigen Erfolg des Werks liegen, sondern auch in der Musik, mit der Millöcker an die Qualität von *Bettelstudent* und *Gasparone* nicht mehr anknüpfen konnte. Dennoch darf *Jonathan* als das erfindungsreichste und ausgereifteste Spätwerk Millöckers angesehen werden. Trotz nachlassender Frische der Melodik läßt die musikalische Anlage der meist umfangreichen Nummern in der häufigen Chromatik, der farbigen Instrumentation und der satztechnischen Gestalt die Handschrift des alternden Meisters erkennen. Der Refrain von Jonathans Auftrittslied »Ich bin der arme Jonathan« (Nr. 5) gehört sicherlich zu den besten Walzerschöpfungen Millöckers; Harriets »Willst du mein Liebster sein« (Nr. 4), das eine zentralmotivische Funktion im Handlungsverlauf gewinnt, wirkt wie ein Vorgriff auf Franz Lehárs Salonstil 15 Jahre später. Darüber hinaus verraten die Ensemblenummern die geübte Hand des Theaterkapellmeisters und Arrangeurs; interessant erscheint die Erweiterung des Schlagwerks durch Teller, Messingblech und Telegraphenapparat zur Schilderung moderner Umweltgeräusche.

Wirkung: Nach der Uraufführung mit Alexander Girardi in der Titelrolle und Emma Seebold als Harriet wurde *Der arme Jonathan* gut 50mal ohne Unterbrechung im Theater an der Wien gespielt. Der Erfolg des Stücks ist enger mit der Person Girardis verbunden als bei andern Millöcker-Werken. Bis 1921 sind rund 640 Aufführungen zu verzeichnen, davon etwa 250 in Amerika, wo das Stück bereits 1890 im Casino Theatre New York (mit Jefferson De Angelis) herauskam. Darüber hinaus kommt dem *Armen Jonathan* gewissermaßen Modellcharakter zu, weil in ihm ein neuer Operettenschauplatz aufgetan wurde: Die Vereinigten Staaten als Handlungsort eroberten gerade in der »silbernen Ära« die Bühne, so in Falls *Dollarprinzessin* (1907) und Kálmáns *Herzogin von Chicago* (Wien 1928). In Bearbeitungen wurde versucht, dem Stoff eine wirkungsvollere dramatische Gestalt zu geben, so unter anderm 1939 im Admiralspalast Berlin von Heinz Hentschke (Text), Günther Schwenn (Liedtexte) und Josef Rixner (Musik), die unter Verwendung der Grundidee eine dem nationalsozialistischen Zeitgeschmack gemäße Handlung im Stil eines UFA-Filmlustspiels konzipierten. Die musikalische Leitung hatte Werner Schmidt-Boelcke, als Jonathan und Franzi waren Rudi Godden und Lizzi Waldmüller zu sehen. Den erneuten Versuch einer Belebung erfuhr das Werk in der textlichen und musikalischen Bearbeitung von Walter Felsenstein und Willy Mattes (Gärtnerplatztheater, München 1959; Regie: Arno Assmann). In beiden Fällen führten die musikalischen Eingriffe zu stilistischen Verfälschungen, hingegen ließ sich die Überarbeitung des Texts durch Felsenstein durchaus mit dem Charakter des Originals vereinbaren.

Autograph: Städt. Rollett-Museum Baden (Ms. 209 HS). **Abschriften:** StB u. LB Wien, Staats-Arch. Coburg (Kopie: FIMT). **Ausgaben:** Kl.A: Cranz, Hbg. [1890], Nr. 28949; Kl.A, engl. Übers. v. R. A. Saalfield: NY [1890]; Kl.A, Bearb. v. H. Hentschke, J. Rixner: Weinberger 1940, Nr. 2674; Regiebuch, dass.: ebd. 1940; Regiebuch: Cranz, Hbg.; Textb.: ebd. [1890]. **Aufführungsmaterial:** M u. Bühne, Wiesbaden
Literatur: E. RIEGER, Offenbach und seine Wiener Schule, Wien, Bln. 1920 (Theater u. Kultur. 4.); weitere Lit. s. S. 189

Alexander Dick

Aurel von Milloss

Eigentlich Aurél Milloss de Miholy; geboren am 12. Mai 1906 in Újozora (heute Uzdin; Serbien), gestorben am 21. September 1988 in Rom

Le Portrait de Don Quichotte
Mystère chorégraphique

Das Bildnis Don Quichottes

Musik: Goffredo Petrassi, *Ritratto di Don Chisciotte* (1945). **Libretto:** Aurel von Milloss
Uraufführung: 21. Nov. 1947, Théâtre des Champs-Elysées, Paris, Les Ballets des Champs-Elysées
Darsteller: der Mann, der Don Quichotte wird; Dulcinée; Sancho; der Geist Don Quichottes; Corps de ballet: Diener, Dienerinnen
Orchester: Picc, Fl, Ob, 2 Klar, Fg, 2 Hr, Trp, Pos, Pkn, Schl (Tr, MilitärTr, Xyl), Streicher
Aufführung: Dauer ca. 20 Min.

Entstehung: Zunächst als Tänzer, 1928–35 dann in den Kreationen, die er als Ballettmeister für Breslau, Augsburg und Düsseldorf schuf, erregte Milloss durch seinen Stil, der die Errungenschaften der klassisch-akademischen Schule mit denen des freien Tanzes vereinte, überregionales Aufsehen. Seine expressiv-groteske Tanzmanier, die er auch als zeitweiliges Mitglied der Berliner Staatsoper demonstrierte, hinterließ ebenso großen Eindruck wie der ästhetische und intellektuelle Ansatz seines choreographischen Werks. Italien wurde zum idealen kulturellen Raum für sein künstlerisches Schaffen. So arbeitete er seit 1938 wiederholt an der Oper Rom, an der Scala Mailand, für das Maggio Musicale in Florenz und die Biennale in Venedig. Schon in den späten 40er Jahren zeichneten sich in seinem Werk drei Schwerpunkte ab: Sein Interesse galt zum einen dem bestehenden Ballettrepertoire, besonders dem der Ballets Russes, das er unter Beibehaltung der Grundkonzeption in eigener choreographischer Sicht herausbrachte; zum zweiten suchte er, ausgehend von Sergei Diaghilews künstlerischem Anspruch, bildende Künstler zur Zusammenarbeit anzuregen; zum dritten wandte er sich Meisterwerken des Balletts zu, die er für das Repertoire zurückgewinnen wollte (etwa Viganòs *Geschöpfe des Prometheus*, 1801, für Augsburg 1933); schließlich galt seine besondere Liebe Genreballetten wie denen Léonide Massines. – Als Komponisten für sein *Portrait de Don Quichotte* wählte Milloss Petrassi, dessen *Coro di morti* (1941) er 1942 für Rom (Bühnenbild: Mario Mafai) und dessen *La follia di Orlando* er 1947 für Mailand (Bühnenbild: Felice Casorati) choreographiert hatte.

Inhalt: Auf leerer Bühne; im Hintergrund eine Wand mit Aufschriften und halb heruntergerissenen Plakaten; links und rechts Seitenbühnen mit grünen Vorhängen. 1. Tanz, »Der Mann wird Don Quichotte«: Von seinen Dienern umgeben, liest ein Mann das Buch über die erhebenden Abenteuer des Ritters Don Quichotte; er identifiziert sich mit ihm und will selbst Quichotte werden. Die Diener erkennen seinen Wahn, unterstützen ihn aber: Er wird angekleidet und ist nun ein zweiter Quichotte. 1. Intermezzo: Die Bühne links wird erleuchtet. Sancho tanzt um den eben erstandenen Quichotte, als wolle er ihm für seine ersten Abenteuer das Gefühl realer Kraft vermitteln. Er verschwindet im Hintergrund seiner Nebenbühne, und deren Vorhang fällt. 2. Tanz, »Die ersten Abenteuer«: In seinen Dienern glaubt der Mann Personen, Gegenstände, Dinge zu erkennen, die seine Phantasie anregen und ihn zu ritterlichen Taten veranlassen. So gerät er in die Windmühlenflügel und stürzt. 2. Intermezzo: Der Vorhang der rechten Nebenbühne öffnet sich; engelsgleich tritt Dulcinée auf ihren Ritter zu, um ihm mit dem Geist für seine Mission zu erfüllen. Der Vorhang senkt sich. 3. Tanz, »Religiöse und asketische Übungen«: Quichotte ist erfüllt vom Ideal, das Dulcinée verkörpert; deshalb fühlt er sich stark genug, allen Gefahren zu trotzen, bei denen ihm, wie er glaubt, göttlicher Beistand nicht versagt bleiben wird. So unterzieht er sich körperlichen Leiden, um die Gnade des letzten Siegs zu erringen. 3. Intermezzo: Beide Nebenbühnen öffnen sich gleichzeitig; Sancho und Dulcinée ermutigen Quichotte mit suggestivem Tanz. Danach verschwindet jeder hinter seinem Vorhang. 4. Tanz, »Die letzten Abenteuer und der Tod«: Quichotte läßt sich auf geheimnisvolle Unternehmungen ein, die, wie er meint, das Los der Menschheit erleichtern werden, doch seine Gesten erscheinen der ihn umgebenden Menge als Wahn. Er wird in einen Käfig gesperrt, den er in erbittertem Kampf aufzubrechen versucht, bis er sich mit seiner Lanze verletzt. Jetzt kehrt der Verstand zurück, und vergebens besteht die Dienerschaft darauf, das klägliche Spiel fortzusetzen: Quichotte weist traurig auf Dulcinées leere Bühne. Nun tritt Sancho von seiner Bühne herab, auch er versucht vergeblich, Quichotte Mut einzuflößen und ihn in seiner Kampfentschlossenheit zu stärken, indem er ihm das Buch mit den Abenteuern reicht, die ihn so verzaubert hatten. Desillusioniert stirbt Quichotte unter einem Regen von Buchseiten, die er in die Luft geschleudert hat. Epilog: Dulcinée erscheint mit einem Veilchenstrauß. Dem toten Quichotte entsteigt sein Geist. Ritterlich verneigt er sich vor ihr, nimmt aus ihren Händen den Strauß und legt ihn auf den toten

Körper. Wieder verneigt sich Quichotte vor seiner Dame, ekstatisch führt er sie mit sich und umschlingt sie in einem kurzen, tröstlichen Tanz. Die beiden nehmen schließlich einander gegenüber ihre Plätze auf den Nebenbühnen ein. Sancho setzt dem Schauspiel ein Ende.

Kommentar: Milloss' neuartiges, ohne jede modische Attitüde geschaffenes szenisches Konzept zum *Portrait de Don Quichotte* paßte zu jener Ästhetik, die die Ballets des Champs-Elysées mit Jean Cocteau als Schirmherrn und Roland Petit als Hauptchoreographen vertraten. Petits mit extrovertiertem Raffinement geschaffene Ballette, sein eigenwilliger Gebrauch der klassischen Sprache, den man zur Entstehungszeit als das Ergebnis eines Entschlackungsprozesses des althergebrachten Vokabulars ansah, wurden in ganz Europa als Beispiele der Ballettmoderne gefeiert. Allerdings würde, so Milloss, der akademische Tanz, also ein Mittel des 19. Jahrhunderts, »elastischer« gehandhabt, er erführe dadurch eine Umwertung. Eine solche Modernisierung und Bereicherung genüge aber nicht, um die neuartigen thematischen Konzeptionen zu realisieren, und so werde die »Motivik« des erneuerten akademischen Tanzes mit fremden Bewegungsstilelementen gemischt: ein, so Milloss, überaus fragwürdiges Unterfangen. Milloss sah sich ebenfalls in der, allerdings anders gefärbten, Ballettmoderne stehend; er definierte sie stilistisch als »Synthese der darstellerischen und ausdrücklich tänzerischen Elemente«. Um sein Konzept realisieren zu können, griff er zu neuartigen dramaturgischen Mitteln. Wie der Untertitel »mystère chorégraphique« andeutet, handelt es sich bei dem *Portrait* nicht um den Versuch, die literarische Vorlage in einer Reihe von Episoden mit den Mitteln des Balletts nachzuerzählen, sondern um eine Projektion der Person und ihres Dramas auf die eigene Psyche: das Drama des Idealismus, der in Wahnsinn und traurige Berühmtheit abgleitet, die der Lohn für jede Art von Idealismus sind. Getragen von der feierlich-kalten, aber rhythmisch stark gegliederten, daher überaus tänzerischen Musik Petrassis, polarisierte Milloss das Drama Don Quichottes zwischen der irdischen (Sancho) und der idealen Wirklichkeit (Dulcinée). Diese Figuren sieht Milloss aber auch als allgegenwärtige Personifikationen des ewigen Idealismus, die nur als Abbilder der Qualen des Helden in Erscheinung treten. Als Sinnbild phantastisch-hochfliegenden visionären Wahns entsteigt dem toten Helden ein Geist. Wenn Sancho das Spiel schließt, tut er es mit der Gewißheit, daß die einzig geltende Wahrheit das Ideal ist, eine Wahrheit, die es im Grunde nur im Theater gibt. Diese für die Ballettbühne neuartige Konzeption des Librettos erforderte auch eine andersgeartete szenische Aufbereitung. Einer Simultanbühne gleich, führt Milloss links und rechts der Hauptbühne Nebenschauplätze ein, die als Aktionsfeld eines Symbolspiels für Sancho und Dulcinée gedacht sind; das Geschehen des Symbolspiels auf den Nebenbühnen steht nicht kontrastierend, sondern »gradualistisch« zu dem auf der Hauptbühne. Auf ihr, die keine reale Umgebung vorstellt, soll der Eindruck vermittelt werden, daß jedes Ereignis, jede Erscheinung sich in der unendlichen Abstraktheit der Dramatik der Figur manifestiert. Hier werden summarisch die Fakten geschildert, an denen diese Dramatik deutlich wird. Während der Intermezzi stehen der Held und seine Dienerschaft, tiefenräumlich vielfältig gestuft, völlig ohne Bewegung.

Wirkung: Wesentlichen Anteil an der Ausstrahlung der Ballets des Champs-Elysées hatten ihre Tänzer, allen voran Jean Babilée, der mit der Rolle des jungen Manns in Petits *Le Jeune homme et la mort* (1946) zu einem Begriff geworden war. So war es auch Babilée, der im Mittelpunkt der insgesamt sehr positiven Rezensionen stand. Aber auch Nathalie Philippart (Dulcinée) wurde Anerkennung gezollt. Kritische Einschränkungen fand allein die Ausstattung des Amerikaners Tom Koegh (Dirigent war André Girard). Durch die Tournee der Truppe wurde *Le Portrait de Don Quichotte* vielfach gezeigt. Es stand an erster Stelle eines in dieser Zeit wiedererwachten Interesses an dem Stoff. 1949 brachte Tatjana Gsovsky in Berlin ihre Sicht der Thematik heraus *(Don Quixote*, Musik: Leo Spies), 1950 folgten Valois' *Don Quixote* (London, Roberto Gerhard) und Lifars *Le Chevalier errant* (Paris, Jacques Ibert), später dann Balanchines *Don Quixote* (1965). Milloss studierte *Le Portrait* mit einer neuen Ausstattung von Afro 1957 in Rom und 1960 in Köln ein, 1961 zeigte man das Ballett beim Holland-

Le Portrait de Don Quichotte; Jean Babilée als der Mann, der Don Quichotte wird; Uraufführung, Les Ballets des Champs-Elysées, Paris 1947. – Allein die pathetische Geste zeugt vom Status des Ritters; in Lumpen gehüllt, tritt er, seine Wahnwelt verlassend, als traurige Gestalt in die Realität des Lebens.

Festival. In Köln war Winfried Krisch ein vielaklamierter Quichotte, besonderes Interesse fanden das aus der Welt des Mysterienspiels kommende Bühnenbild und einige inszenatorische Effekte, wie der Ausritt des Helden hinter einem Stück Papier mit den Umrissen Rosinantes oder ein imaginärer Sturm auf die Windmühlen, die durch schwingende und kreisende Armbewegungen der Diener, die zugleich seine Widersacher sind, vermittelt wurden. – Inspiriert von Antonio Vivaldis *Concerti grossi L'estro armonico* (1711), wandte sich Milloss in den 50er Jahren wiederholt dem handlungslosen Ballett zu. Ihm schwebte eine Reihe von »Estro«-Tanzstücken vor, mit denen er auf dem Gebiet des konzertanten Balletts Wege zu gehen suchte, »auf denen sich der Tanz im Zeichen eines definierbaren Geistes entfalten kann« (in: Peter Hauser, S. 98, s. Lit.). Blieb der Plan zu dem Vivaldi-Ballett unausgeführt, so choreographierte er *Estro arguto* (Rom 1957, Musik: Sergei Prokofjew), das er wiederholt einstudierte; darauf folgten *Estro barbarico* (Köln 1963, Musik: Béla Bartók) und *Estri* (Spoleto 1968, Musik: Petrassi). Ab den 60er Jahren, in denen Milloss an den Opern von Köln und Wien tätig war, gerieten seine Arbeiten zunehmend ins Kreuzfeuer der Kritik. Milloss' Balletten, so hieß es, fehle es an Ursprünglichkeit und Elan, er streife zudem der Musik eine Choreographie über, die daran Genüge fände, Takt für Takt mit Bewegung zu bepflanzen, wobei sich der Formenvorrat nur allzu schnell erschöpfe; Milloss' Choreographien wurden als blutleer und konstruiert angesehen, ihre Realisationen stünden insgesamt weit hinter ihrem geistigen Anspruch zurück.

Ausgaben: Part: UE 1948, Nr. 11840; Kl.A: UE 1948, Nr. 11841. **Aufführungsmaterial:** UE
Literatur: R. BUCKLE, in: Ballet 5:1948, S. 20–22; B. DE ZOETE, A. M., ebd., S. 19–28; DIES., A. M., in: DIES., The Thunder and the Freshness, London 1963, S. 83; A. M. MILLOSS, Das Erbe des Expressionismus im Tanz, in: Maske u. Kothurn 11:1965, S. 329–343; P. H. HAUSER, Der Choreograph A. v. M. und sein Wiener Wirkungsbereich, Diss. Wien 1975; G. TANI, Il balletto e l'opera di A. M. al Maggio Musicale Fiorentino, Florenz 1977; G. ZOSI, Ricerca e sintesi nell'opera di Goffredo Petrassi, Rom 1978; V. OTTOLENGHI, L. ROSSI, G. TANI, A. TESTA, L. TOZZI, Il balletto nel Novecento, Turin 1983, S. 81–87

Alberto Testa / Gunhild Schüller

Louis Jacques Milon

Louis Jacques Jessé Milon; geboren 1765/66, gestorben am 25. November 1845 in Neuilly-sur-Seine (bei Paris)

Nina ou La Folle par amour
Ballet-pantomime en deux actes

Nina oder Die Wahnsinnige aus Liebe
2 Akte

Musik: Louis-Luc Loiseau de Persuis, nach der Comédie (Paris 1786) von Nicolas Dalayrac. **Libretto:** Louis Jacques Milon
Uraufführung: 23. Nov. 1813, Opéra, Salle Montansier, Paris, Ballett der Opéra
Darsteller: der Graf; Nina, seine Tochter; Germeuil, in Nina verliebt; der Gouverneur der Provinz; Blinval, der Sohn des Gouverneurs; Georges, Diener des Grafen; Elyse, Gouvernante Ninas; Georgette, Tochter von Georges; Victor, Bauer, verliebt in Nina; der Bürgermeister; Corps de ballet: Damen, Herren, Bedienstete, Begleitung des Grafen, Begleitung des Gouverneurs, Seeleute, Dorfbewohner, Bauernmädchen
Orchester: 2 Fl, 2 Ob, 2 Klar, 2 Fg, 4 Hr, 2 Trp, 3 Pos, Pkn, Schl (kl.Tr, Bck, Tamburin), Streicher
Aufführung: Dauer ca. 45 Min.

Entstehung: Zunächst als Tänzer der Opéra, ab 1799 als Choreograph und Assistent von Pierre Gardel, war Milon zugleich Zeuge und Protagonist jener umstürzlerischen Jahre, die die Kunstgattung Ballett von einer dem Hof anhängigen Lustbarkeit zum beliebten Vergnügen neuer Gesellschaftsschichten machten. Die Revolution hatte mit ihren »fêtes révolutionnaires«, den großangelegten durchchoreographierten Aufmärschen, nicht nur die Form und die Art der theatralischen Präsentation des Balletts aufgebrochen, sie hatte auch den Tänzern geholfen, ihren Rokokohabitus endgültig abzulegen, und damit die Grundlage für einen neuen Darstellungsstil geschaffen. Alte Stoffe, wie sie Milon in seinem Erstling *Héro et Léandre* (Paris 1799, Musik: François-Charlemagne Lefebvre) verwendete, bekamen durch die mit körperlichen Ausdrucksmitteln erzielte »natürliche« Interpretation neue Akzente; schon im Vorwort zum Libretto erläuterte Milon seine Intentionen: Nicht das mythologische Thema an sich stünde im Vordergrund seines Balletts, sondern die mit gestischem Pathos an die englische Schauspielkunst der Zeit angelehnte »bewegte« Art der Realisierung. Milons *Pygmalion* (Paris 1800, Musik: Lefebvre), jener Stoff, der schon Marie Sallé 1734 zu einem (Kostüm-)Reformballett angeregt hatte, war ebenso konzipiert; das heitere *Les Noces de Gamache* (Paris 1801, Musik: Lefebvre) brachte thematisch Alltagsleben auf die Bühne. Auf der Suche nach geeigneten Vorlagen für den neuen Darstellungsstil hatten schon Maximilien und Pierre Gardel durch Seitenblicke auf die übrige Pariser Theaterszene dem Ballett neue Sujets eröffnet; Milon führte diese Praxis weiter. – Seit Dalayrac wechselten in den folgenden Jahrzehnten der Nina-Stoff ständig die theatralischen Gattungen. Nachdem Dalayracs »Schauspiel mit Gesang« durch eingelegte Tanznummern eine starke tänzerische Note erhalten hatte, entstanden zahlreiche Nina-Ballette: Luigi Dupin (Genua 1796, Musik: Giovanni Scannavino), Giuseppe Traffieri (Wien 1797, Persuis nach Dalayrac), Gaetano Gioia (Turin 1799, Vittorio Amedeo Canavasso), Salvatore Viganò (Mailand 1798, Viganò [?]); 1801 erarbeitete Dupin den Stoff erstmals für die Mailänder Scala. Als *Nina eller*

Den vanvittige af kærlighed (Musik: Claus Schall) brachte Vincenzo Galeotti das Ballett 1802 in Kopenhagen heraus. Unter den Opernversionen war Paisiellos *Nina* (1789) am erfolgreichsten.

Inhalt: An der Küste in der Nähe von Marseille.
I. Akt, Platz vor dem Schloß des Grafen: Von Germeuil und Georges angeleitet, sind die Dorfbewohner, unter ihnen Georgette und Victor, mit dem Schmücken des Schlosses beschäftigt. Nina überwacht die Arbeiten, sie und Germeuil bitten den hinzugekommenen Grafen um seinen Segen. Da wird die Ankunft des Gouverneurs gemeldet. Als dieser eine Verbindung zwischen seinem Sohn Blinval und Nina vorschlägt, stimmt der Graf freudig zu, bittet aber, die Vereinbarung einstweilen geheimzuhalten. Ohne von dieser Vereinbarung zu wissen, macht Blinval der verstörten Nina einen Antrag; der Graf hat keine andere Wahl, als sein Versprechen vor Nina zu bestätigen. Erstaunt sehen der Gouverneur und Blinval die verzweifelte Nina vor ihrem Vater knien; es gelingt ihm, von Ninas Verstörung abzulenken. In einem Brief bittet er Germeuil, Nina freizugeben. Die verzweifelte Stimmung, in der Germeuil das Schloß verläßt, wird von freudig tanzenden Dorfbewohnern unterbrochen. Wegen der Standesunterschiede ist man nun auch gegen die Verbindung zwischen Georgette und Victor. In der Dämmerung kehrt Germeuil noch einmal ins Schloß zurück, um sich von Nina zu verabschieden. Blinval überrascht die Liebenden. Dem Grafen und dem Gouverneur gelingt es, die Kämpfenden zu trennen; Germeuil stürzt sich ins Meer. Nina, die noch nicht weiß, daß es den Dorfbewohnern gelungen ist, ihn zu retten, sinkt ohnmächtig zu Boden; langsam kommt sie zu sich, doch entsetzt müssen die Umstehenden erkennen, daß sich ihr Geist verwirrt hat.
II. Akt, Landschaft, links die Einmündung in eine breite Straße, in der Entfernung führt ein Weg ins Dorf: Der Graf, einige Freundinnen und Dorfbewohner bemühen sich um Nina, die sich in ihrer Verwirrung an die verschiedenen Stationen ihrer Beziehung zu Germeuil erinnert; sie scheint sich zu erholen, aber der Anblick von Germeuils Ring läßt sie erneut zusammenbrechen. Nina nimmt am Tanz teil, den Georgette und Victor aus Freude über die gewährte Eheerlaubnis beginnen, aber bald wird sie schwach, erkennt den eigenen Vater nicht und zieht sich zurück. Da kommt der Gouverneur mit Blinval und Germeuil; überglücklich schließt der Graf den Totgeglaubten in die Arme. Ninas Rückkehr wird erwartet. Um sie vor einem Schock zu bewahren, verbirgt sich Germeuil; Elyse bereitet sie auf das Wiedersehen mit ihm vor. Als Germeuil vor Nina tritt, erkennt sie ihn nicht; er versucht ihr die Stationen ihrer Liebe ins Gedächtnis zu rufen und küßt sie schließlich. Schlagartig kehrt Ninas Erinnerungsvermögen zurück. Der Graf gibt dem Paar den Segen, und man feiert die glückliche Vereinigung.

Kommentar: Die Fülle der um die Jahrhundertwende entstandenen Nina-Ballette dokumentiert, daß der Stoff in der theatralischen Form des Balletts seine geeignetste Präsentation gefunden hatte. Als Comédie-larmoyante fand die literarische Vorlage in dem neuen »natürlichen« Tanzstil ihre vollkommene Entsprechung. Milons Konzeption der großen Wahnsinnsszene, im Ballett bis dahin ein Szenentyp ohne besondere Tradition, ist entstehungsgeschichtlich zwischen dem »Rührstück« und der zum Topos gewordenen Wahnsinnsszene als Couleur locale anzusiedeln. Wurzeln die auf »Wirkung, Rührung und Erschütterung des menschlichen Herzens« abzielenden Darstellungsmittel ebenso wie das Interesse am Phänomen Wahnsinn überhaupt noch in der Ästhetik des 18. Jahrhunderts, bezeugen das Demi-caractère-Ambiente und die der »gothic novel« verpflichtete Atmosphäre bereits romantisches Empfinden. Die aktbeherrschende Dauer der Wahnsinnsszene, zu der sich Milon als sein eigener Librettist entschloß, ergibt sich aus der sujetbedingten Formauflösung, die aus der Darstellung der verschiedenen Stufen des Wahnsinns (vom Verlieren des Verstands bis zu seiner Heilung) resultiert. Geschickt weiß Milon diesen Prozeß noch zuzuspitzen, indem er den Ausbruch von Ninas Wahnsinn, im Unterschied zu den meisten andern Versionen, nicht in die Vorgeschichte verlegt, sondern zum Gegenstand der Darstellung macht. Die Besonderheit von Milons Konzeption wird besonders im Vergleich mit Dalayracs Oper deutlich, in der der Wahnsinn in idealisierter und theatralisch stilisierter Weise durch deklamatorische Führung der Singstimme oder einen freien musikalischen Monolog dargestellt wird. Hinzu kommen die virtuose Gestaltung und der tanzartige Duktus des Accompagnatos. Das Ballett hingegen vermeidet bewußt das Virtuose und zielt durch die der »freien« szenischen Anlage entsprechende Verwendung »freier« Darstellungsmittel auf einen Realismus im theatralischen Sinn ab. Die Gemütsveränderung Ninas entwickelt sich graduell: dramaturgisch geschickt plaziert in das Zentrum eines großen Tableaus am Schluß des I. Akts. Die Bewegungen der Tänzerin beziehen bewußt das »Häßlich-Realistische« mit ein und entwickeln durch die Monotonie automatenhaft-mechanischer Wiederholungen ein und desselben Motivs eine darstellerische Intensität, die ihre Peripetie mit dem Einsatz der Motivreminiszenzen (Ring) erreicht.

Wirkung: Die realistische Darstellung des hochgesteigerten Gefühlsüberschwangs fand um so mehr das Gefallen des Publikums, da die Tänzer durch die neue Körperlichkeit und die gestische Art der Zustands- und Charakterzeichnung einen direkteren Kontakt zum Zuschauer erzielten. Großen Anklang fand auch die neue Demi-caractère-Technik, die sich seit der Jahrhundertwende aus der theatralischen Stilisierung der Nationaltänze, aus Bewegungselementen der Pantomime und der Kunst der Gaukler und Akrobaten entwickelt hatte. Durch ihre Interpretation der Nina begründete Emilia Bigottini, die oft als Milons Muse bezeichnet wurde, ihren europäischen Ruhm. Milon verkörperte Ninas Vater, Albert tanzte den Germeuil. Vor allem war es die Rollengestaltung der Nina, die das Werk in allen Ballettzentren Europas zu einem

Kassenschlager werden ließ. »Verstand und Gefühl« werden durch Nina angesprochen, schreibt Adolf Bäuerle (s. Lit.) in einer Rezension der Wiener Einstudierung durch Jean-Pierre Aumer 1814, in der Bigottini ebenfalls die Nina tanzte. Bäuerle analysiert die Konzeption der Rolle in ihrer Mehrteiligkeit, beschreibt weiter das sehr naturalistische krampfartige Zucken der Lippen, das Schlottern der Arme und das Zittern der Knie. Von größtem Effekt sei der Einsatz des Rings als Erinnerungsmotiv und Auslöser eines erneuten Ausbruchs des Wahnsinns. »Die lichten Zwischenräume, die nach gewaltigen Momenten, die Spannung der Wahnsinnsszene noch steigerten«, schreibt Bäuerle, »erhöhen den Werth des psychologischen Studiums unendlich.« – Neben Bigottini profilierte sich Lise Noblet als Nina zunächst in Paris und 1821 in London, wo das Ballett »nach Milon« einstudiert wurde. 1834 erfuhr *Nina* dort eine Wiederaufnahme. Antonia Pallerini war die herausragende Nina des oberitalienischen Raums, wo Aumer 1822 das Ballett als *Nina, pazza per amore* an der Mailänder Scala herausbrachte. In Wien wurde die Rolle von Théodore Aumer (Wiederaufnahme 1816) getanzt. In Berlin besorgte Michel François Hoguet 1820 eine Einstudierung, in Petersburg folgte Charles Louis Didelot 1828 (mit Awdotja Istomina) und in Kopenhagen August Bournonville 1834 (Nina: Johanne Heiberg, Germeuil: Bournonville). Von größerer Wichtigkeit ist Pierre-Jean Aniels Wiener Einstudierung für Fanny Elßler 1837. Sie wurde nicht nur zur überragenden Darstellerin dieser Zeit, ihre Interpretation beeinflußte wahrscheinlich Henri Vernoy de Saint-Georges in seiner Konzeption der Wahnsinnsszene von Corallis *Giselle* (1841). Hier gewinnt der Wahnsinn, auch gegenüber seiner Darstellung in der Oper, eine weitere Dimension, er wird zum Durchgangsstadium von der Realität zur Irrealität, in die sich die Ge- und Enttäuschte zurückzieht. Diesem Höhepunkt der Wahnsinnsdarstellung könnte man Gardels *Dansomanie* (1800) als Beginn der Auseinandersetzung mit krankhaften Gemütszuständen gegenüberstellen, wobei freilich die Tanzsucht hier noch nicht im pathologischen Sinn zu verstehen ist. Innerhalb dieser Grenzen nimmt *Nina* eine mittlere Position ein. Im Unterschied zu Cortesis *Ines de Castro* (1827), wo die Titelfigur »außer sich« gerät, und Aumers *La Somnambule* (1827), die auf dem Grat zwischen zwei Bewußtseinsebenen wandelt, wechselt Nina zwischen diesen beiden Ebenen hin und her. Der anhaltende Erfolg von *Nina* (sie wurde in Paris bis 1840 gegeben) sicherte Milons führende Position im Haus. Zum wichtigsten Ballett seiner späteren Schaffensperiode wurde *Clari* (Paris 1820, Musik: Rodolphe Kreutzer).

Abschriften: M: Bibl. de l'Opéra (A. 435 I-II). **Ausgaben:** L: Paris, Dondey-Dupré [1813]; Wien, Geistinger [1816]; Kopenhagen, Thiele [1834]
Literatur: A. BÄUERLE, [Rez.], in: Wiener Theaterzeitung 7:1814, Nr. 124, S. 494f.; C. BEAUMONT, Complete Book of Ballets, London 1937, S. 6–12; P. MIGEL, The Ballerinas. From the Court of Louis XIV to Pavlova, NY 1972, S. 93–111; I. GUEST, Le Ballet de l'Opéra, Paris 1979, S. 71–74; S. DÖH-RING, Die Wahnsinnsszene, in: Die »Couleur locale« in der Oper des 19. Jahrhunderts, hrsg. H. Becker, Regensburg 1976, S. 279–314 (Studien zur M.Gesch. d. 19. Jh. 42.); The Ballet Poems of August Bournonville, in: DC 6:1983, S. 63–70; J. CHAPMAN, Forgotten Giant: Pierre Gardel, in: Dance Research 1987, S. 3–20; J. CHAZIN-BENNAHUM, Dance in the Shadow of the Guillotine, Carbondale, Edwardsville 1988

Gunhild Schüller

Ludwig Minkus

Alois Ludwig Minkus; geboren am 23. März 1826 in Großmeseritsch (Velké Meziříčí; bei Iglau, Südmähren), gestorben am 7. Dezember 1917 in Wien

Don Kichot
→ Petipa, Marius (1869)

Bajaderka
→ Petipa, Marius (1877)

Schuko Misuno

Eigentlich Nobutaka Misuno; geboren am 24. Februar 1934 in Tokuschima (Schikoku)

Tenschu-monogatari
Kageki

Eine Sage des Schloßturms
Oper (1 Akt)

Text: Schusaku Kanakubo, nach dem Schauspiel (1917) von Kioka Isumi (eigtl. Kiotaro Isumi)
Uraufführung: 1. Fassung (für das Fernsehen): 31. Juli 1977, Staatliche Japanische Rundfunkgesellschaft, Tokio; 2. Fassung (für die Bühne): 8. März 1979, Jubintschokin-Saal, Tokio (hier behandelt); 3. Fassung: 25. Mai 1983, Schindschuku-Bunka-Zentrum, Tokio
Personen: die Geister: Tomihime, Herrin des Schloßturms von Schirasagidscho, etwa 27–28 Jahre alt (S); Susuki, Tomihimes Hauptdienerin (A oder Mez); Kikio (S), Hagi (S), Kusu (S), Ominaeschi (S) und Nadeschiko, Tomihimes Dienerinnen; Kamehime, jüngere Schwester von Tomihime, etwa 20jährige Prinzessin von Kamenoschiro (S); Schunobanbo, ein häßlicher Mann mit zinnoberrotem Gesicht, Kamehimes Begleiter (B); Schitanagauba, eine geschwätzige Alte (A); die Menschen: Suschonosuke, ein junger Falkner (Bar); Takedaharimanokami, der Herr des

Schlosses Himedschidscho (stumme R); Kuhei Jamasumi (B) und Odawara Schuri (T), Lehnsleute von Takedaharimanokami; Ominodschotoroku, Schnitzer (stumme R). **Chor, Ballett:** 6 Mädchen, Samurais, Verfolger
Orchester: 3 Fl (auch Picc), 3 Ob, 3 Klar (auch B.Klar), 3 Fg, 4 Hr, 4 Trp, 3 Pos, 2 Tb (2. ad lib.), Pkn, Schl (9 Spieler: 4 Tomtoms, 3 Tamtams, B.Tr, LeinenTr, ein Paar Bck, hängendes Bck, 3 japan. Tempelglocken versch. Größen, antike Zimbeln, 2 Röhrenglocken, Tsukeita [ein Paar Holzklötze auf einem Brett], japan. gr.Tr, Schimedaiko, Hiradaiko, Tschantschiki [Surigane], ein Paar Steine, Vibr, Xyl, Tsusumi oder Kotsusumi, ein Satz JazzTr), Hrf, Kl, Streicher
Aufführung: Dauer ca. 1 Std. 30 Min.

Entstehung: 1976 erhielt Misuno den Auftrag, eine Oper nach Isumis Schauspiel für das Fernsehen zu komponieren. Ihm gefiel vor allem die phantastisch-romantische Seite des Sujets, so daß er plante, eine Oper mit vielen phantastischen Szenen, Tänzen, Pantomimen und einer dem Medium des Fernsehens entsprechend ausgeklügelten Lichtregie zu entwerfen. Die Textvertonung sollte möglichst klar verständlich sein, die Verbindung zwischen arienhaften und rezitativischen Partien fließend gestaltet werden. Formal sollte das Werk zudem als eine Art Symphonie mit Solisten und Chor angelegt sein. Die Fernsehproduktion enttäuschte Misuno, da die Konzeption der Oper ihm nun doch ungeeignet für dies Medium schien. Aus diesem Grund stellte er eine Neufassung her, die er später noch einmal überarbeitete.
Handlung: Im vierten Stockwerk des Schloßturms von Schirasagidscho in Himedschi, während der japanischen Feudalzeit, Spätherbst, vom Sonnenuntergang bis spät in der Nacht: Tomihime, Herrin des Schloßturms, in dem die Geister wohnen, kehrt von einem Besuch bei der Fee des Teichs Jaschagaike zurück, die sie um Regen angefleht hat. Der einsetzende Regen beendet die Falkenjagd Takedaharimanokamis. Tomihime verlangt nach Ruhe, weil sie den Besuch ihrer jüngeren Schwester Kamehime erwartet, mit der sie eine Liebesbeziehung verbindet. Kamehime kommt mit ihren Begleitern Schunobanbo, Schitanagauba und einem Mädchen. Als Geschenk überreicht sie Tomihime den abgeschnittenen Kopf Takedaemonnosukes, des Bruders von Takedaharimanokami. Es wird getrunken, getanzt und gespielt. Vom Turm aus beobachten sie, wie Takedaharimanokami von der Jagd zurückkehrt. Tomihime entführt ihm seine Beute, einen weißen Falken, durch Zauber und schenkt sie Kamehime. Dann bleibt sie allein im Turm zurück. Der junge Falkner Suschonosuke steigt auf Befehl seines Herrn Takedaharimanokami auf den Turm, um den Falken zu suchen. Tomihime verliebt sich in den jungen Mann und befreit ihn vom Bann des Geisterturms unter dem Versprechen, daß er nie zurückkehrt. Doch da das Licht verlöscht, muß er erneut auf den Turm steigen. Vergebens versucht Tomihime ihn zu überreden, die menschliche Welt zu verlassen und bei ihr in der Geisterwelt zu bleiben. Zum Abschied schenkt sie ihm einen kostbaren Helm. Nachdem er in die Menschenwelt zurückgekehrt ist, können die Dienerinnen Tomihimes vom Turm aus beobachten, wie Suschonosuke als Räuber des Helms, eines von den Menschen lange vermißten Schatzes, verfolgt wird. Verzweifelt und trotz seines Versprechens besteigt er erneut den Turm. Zusammen mit Tomihime versteckt er sich unter dem grünen Mantel der blauen Löwenmaske, die die Lebenskraft der einst als Mensch geborenen Tomihime birgt. Die Augen der Maske werden von den Verfolgern ausgestochen, woraufhin Tomihime und Suschonosuke ihr Augenlicht verlieren. Als Tomihime Takedaemonnosukes Kopf auf die Verfolger wirft, weichen sie zurück. Bevor die Liebenden sich töten können, erscheint Ominodschotoroku und schnitzt der Maske neue Augen. Nun erhalten Tomihime und Suschonosuke ihr Augenlicht zurück und steigen gemeinsam in den Himmel.
Kommentar: Kanakubo wählte aus Isumis Schauspiel, das erst 1976 uraufgeführt wurde, die inhaltlich wichtigsten Stellen, die er dann wörtlich übernahm. Obgleich Isumis Dichtung für moderne Leser vor allem sprachlich nicht leicht nachzuvollziehen ist, eignete sie sich wegen der ihr innewohnenden Musikalität insgesamt gerade als Vorwurf für einen Operntext. Bei der Vertonung orientierte sich Misuno vor allem an der spezifischen sprachlichen Diktion Isumis. Dabei wurden der Klang und die charakteristische Rhythmik des Japanischen hervorgehoben. Misuno verwendete verschiedene Kompositionstechniken, um die Eigenarten des Sujets, die mystisch-zauberhafte, geheimnisvolle und phantastische Welt des Dramas zu gestalten. Tomihimes und Kamehimes Vokalisen in hohen Registern kennzeichnen die gleichsam rauschhafte Erotik zwischen den Schwestern. In der Einleitung werden Glockenklänge vorgestellt, die als motivische Elemente mehrfach wiederkehren. Japanische Schlaginstrumente erscheinen vor allem in einigen Tänzen und charakterisieren zusammen mit Volksliedern, die von den spielenden Mädchen gesungen werden, das volkstümliche japanische Moment. Das Orchester wird entsprechend den jeweiligen Stimmungen vielfältig und mit großem Sinn für Klangfarben eingesetzt. Auffällig ist der häufige Einsatz von Clustern, der vor allem als Gegensatz zu den mehr traditionell-japanischen Elementen hervorsticht. Zudem verwendete Misuno auch an Jazz erinnernde Mittel. Einige der »phantastischen« Effekte werden durch den Einsatz elektronischer Verfremdungen verstärkt.
Wirkung: Die dritte Bühneninszenierung von *Tenschu-monogatari* hatte im Mai 1987 in Tokio Premiere. Als phantastische Oper wird sich das Werk in Japan vermutlich einen Platz im Repertoire sichern.

Autograph: Showa-Musikhochschule Kanagawa. **Aufführungsmaterial:** Bibl. Nihon Kindai Ongakukan, Tokio, Nr. L J 209

Kioko Kawada / Reiko Sekine

Pia Mlakar

Geborene Pia Beatrice Marie Louise Scholz; geboren am 28. Dezember 1908 in Hamburg

Pino Mlakar

Geboren am 2. März 1907 in Novo Mesto (Rudolfswert; Slowenien)

Der Teufel im Dorf
Ballett in drei Akten (acht Bilder)

Musik: Fran Lhotka. **Libretto:** Pia und Pino Mlakar
Uraufführung: 18. Febr. 1935, Stadttheater, Zürich, Ballett des Stadttheaters
Darsteller: der Teufel; die Teufelswirtin; Jela, ein Mädchen; Mirko, ein Junge; Jelas Mutter; Jelas Onkel; eine Freundin; eine Nachbarin; der Brautwerber; der Bräutigam; 2 Mädchen; eine Tanzpuppe; 8 Lockgestalten; Corps de ballet: Dorfmädchen, Burschen, Teufel, Gesindel, Musikanten, Kinder
Orchester: 3 Fl (2. u. 3. auch Picc), 2 Ob, E.H, 3 Klar (3. auch B.Klar), 2 Fg, K.Fg, 4 Hr, 3 Trp, 3 Pos, Tb, Pkn, Schl (gr.Tr, MilitärTr, HolzTr, Tamburin, Bck, Trg, Xyl, Glsp, Peitsche, Tamtam, Glocke in cis), Hrf, Kl, Cel, Streicher, St., Chor; BühnenM: Vl, Pos, Harmonika, Chor
Aufführung: Dauer ca. 1 Std. 30 Min.

Entstehung: Der gebürtige Tscheche Lhotka, Schüler von Antonín Dvořák, ließ sich 1909 in Kroatien nieder. Wie die meisten seiner kroatischen Zeitgenossen schloß auch er sich einer nationalen Richtung an. Seine erste Ballettmusik, *Davo i njegov šegrt* (Zagreb 1931), komponierte Lhotka nach einem Volksmärchen von Zlatko Grgošević. Das Ehepaar Mlakar, das Ausdruckstanz bei Rudolf von Laban in Berlin und Ballett bei Jelena Poljakowa in Belgrad studiert hatte, machte sich 1934 mit Lhotkas Stück vertraut. Sie schlugen dem Komponisten vor, das einaktige Werk um weitere vier Bilder auf abendfüllende Länge zu ergänzen.
Inhalt: Im kroatischen Hinterland.
I. Akt, 1. Bild, Frühlingslandschaft: Mirko erwartet Jela am verabredeten Ort beim Brunnen. 2. Bild, des Teufels Hände: Ein Bild taucht aus dem Dunkel auf: Die Hände des Teufels winden sich um zwei Herzen und entreißen eins. 3. Bild, am Brunnen: Mädchen kommen, um Wasser zu schöpfen; sie haben sich eine Neuigkeit mitzuteilen. Jela tritt ahnungslos hinzu, worauf die Mädchen sich schweigend entfernen. Jela erwartet sehnsüchtig ihren Geliebten. Da naht Mirko, umschlungen von zwei Mädchen; die drei bemerken Jela nicht und ziehen weiter zum Jahrmarkt. Jela bleibt mit ihrem Schmerz allein. 4. Bild, Jahrmarkt: Auch der Teufel hat als Kaufmann seinen Stand aufgebaut. Mirko kauft bei ihm einen Gürtel, der ihn in die Gewalt des Teufels bringt. Die Leute wollen Mirko zurückhalten, werden aber von einem diabolischen Rhythmus mitgerissen und fliehen, als Mirko fortgeschleppt wird. Triumphierend verschwindet der Teufel. Jela irrt durch die Einsamkeit.
II. Akt, 1. Bild, Wirtshaus »Zur Teufelsbrücke«: Mirko flieht aus dem Wirtshaus; der Teufel folgt ihm. Um Mirko seine Macht zu beweisen, zaubert er einen Spuk hervor: ein Junge, dessen Arme, Beine und Kopf sich vom Körper lösen und dessen Arme weibliche Lockgestalten hereinziehen. Deren Verführungen erreichen ihren Höhepunkt, als die Hexen Platz machen für eine Schöne. Mirko verfällt ihrem Glanz und stürzt vor ihre Füße. Da verwandelt sich die Schöne in die häßliche Teufelswirtin, bei der er von nun an in die Lehre gehen muß. Jela kommt vor das Wirtshaus, flieht aber schnell den gespenstischen Ort. 2. Bild, Hölle: Lüstern zieht die Teufelswirtin Mirko mit in ihre stampfenden Bewegungen hinein; sie weidet sich an dessen Verzweiflung. Plötzlich kehrt der Teufel zurück; er legt sein Mäntelchen ab und gibt sich den Vergnügungen der Hölle hin. Mirko gelingt es, das Teufelsmäntelchen zu packen; auf diese Weise erfaßt er des Teufels Macht und kann entfliehen.
III. Akt, 1. Bild, Jelas Haus: Jelas Familie begrüßt den Brautwerber mit dem komischen Bräutigam. Anders als ihre Familie möchte Jela mit keinem der beiden zu tun haben. Alle wollen Jela zur Heirat überreden. Als

Der Teufel im Dorf, 1. Bild; Pino Mlakar als Mirko, Pia Mlakar als Jela; Bühnenbild: Ludwig Sievert, Kostüme: Irmingard Prestel; Ballett der Staatsoper, München 1939. — Im innigen und zugleich kraftvollen Gleichklang der Bewegungen wächst die Liebe zwischen Jela und Mirko. In ihn fließt eine Gleichgestimmtheit ein, die den Auftritten des Interpretenpaars eine spezifische Aura verleiht.

ihr Sträuben nachzulassen scheint, wird sie sofort dem Bräutigam zur Frau gegeben. 2. Bild, vor der Dorfkapelle: Mirko, vom Teufel verfolgt, bricht zusammen. Der Hochzeitszug naht. Mirko erkennt Jela und springt auf. Der Teufel reißt das Mäntelchen an sich; Blitz und Donner treiben die Gesellschaft auseinander. Nur Jela und Mirko bleiben; er bittet sie um Verzeihung. Schließlich siegt in Jela ihre Liebe zu Mirko über ihren Stolz. Die Hochzeitsgäste versammeln sich wieder, und mit Mirko als neuem Bräutigam zieht die Gemeinde in die Kapelle.

Kommentar: Die Geschichte vom *Teufel im Dorf* ist der Märchen- und Sagenwelt des jugoslawischen Volkstums entnommen; insbesondere wurde eine kroatische Version des Faust-Stoffs verarbeitet. Um die ländliche Idylle plastisch vorzuführen, sind die einzelnen Bilder mit breiten Genreszenen aus dem bäuerlichen Leben ausgefüllt. Dennoch präsentiert sich die Handlung als wohldurchdacht in ihren theatralischen Kontrasten: Der unschuldigen jugendlichen Liebe steht profane Sexualität gegenüber; die Abgründe der Hölle werden abgesetzt gegen die heile Welt der Bauern; und die tragische Entwicklung erfährt immer wieder eine Auflockerung durch derbe Komik. Die Choreographie dieses ganz auf unbeschwerte Unterhaltung abzielenden Balletts zeigte sich als Synthese von Elementen des Ausdruckstanzes, kroatischen Volkstanzschritten und Bewegungen des klassischen Tanzes. Bewußt verzichteten die Choreographen darauf, die Handlung mit pantomimischen Einlagen voranzubringen; ihre Konzentration auf tänzerische Mittel und Fähigkeiten verlieh dem Bühnengeschehen eine eindringliche Spannung. Besonders glückten ihnen das lyrisch-verträumte Duo Jela/Mirko zu Beginn von I/1 und die lasziv-energischen Verführungstänze der Lockgestalten wie der Teufelswirtin. Die epischen Schilderungen bäuerlichen Lebens finden eine ideale Stütze in Lhotkas Musik, die kroatische Volksmelodien in geistreicher Stilisierung mit einer an Igor Strawinskys frühen Werken geschulten Harmonik und farbigen Instrumentation verbindet.

Wirkung: Gerade wegen seiner Volkstümlichkeit wurde die Uraufführung des Balletts mit dem Choreographenpaar in den Hauptrollen zu einem gefeierten Erfolg. Noch 1935 brachte Valeria Kratina in Karlsruhe die deutsche Erstaufführung heraus. Nach der Übernahme der Ballettdirektion an der Staatsoper München 1938 studierten Pia und Pino Mlakar den *Teufel im Dorf* 1939 dort ein, 1943 auch an der Staatsoper Berlin. In Jugoslawien stand das Ballett erstmals 1937 in Zagreb auf dem Programm; seitdem erlebte es zahlreiche Produktionen auch durch andere Kompanien auf dem Balkan. Ihre erfolgreiche Zusammenarbeit mit Lhotka setzten Pia und Pino Mlakar mit der *Ballade von einer mittelalterlichen Liebe* (Zürich 1937) und der Tanzdichtung *Der Bogen* (München 1939) fort.

Autograph: M: Nacionalna i sveučilišna bibl. Zagreb. **Ausgaben:** Kl.A: Lhotka-Mlakar, Zagreb 1935; Kl.A, rev. v. I. Lhotka-Kalinski: Schott 1964, Nr. 5442. **Aufführungsmaterial:** M: Schott; Ch: P. u. P. Mlakar, Novo mesto

Literatur: P. MLAKAR, O plesu, in: Gledališki list SNG Ljubljana, Opera, Nr. 11, 1945/46, S. 123f.; C. W. BEAUMONT, Ballets Past and Present, London 1955, S. 123–135; Yugoslav Ballet, hrsg. S. Durić-Klajn, Belgrad 1958; K. KOVAČEVIĆ, Hrvatski kompozitori i njihova djela, Zagreb 1960, S. 253f.; P. MLAKAR, Značajan i plodonosan susret, in: Zvuk, Nr. 54, 1962, S. 401

Manica Špendal

Louis de Mollier

Geboren um 1615 in Paris, gestorben am 18. April 1688 in Paris

Le Ballet royal de la nuit
Ballet en quatre parties

Das königliche Ballett der Nacht
4 Teile

Musik: Louis de Mollier, Michel Mazuel, Vertpré und Jean-Baptiste Lully (?); Vokalmusik: Jean de Cambefort, François de Chancy und Jean-Baptiste Boësset Sieur de Dehault; Récit: Michel Lambert.
Libretto und Verse: Isaac de Benserade
Uraufführung: 23. Febr. 1653, Salle du Petit-Bourbon, Paris, Mitglieder des Hofs und des königlichen Haushalts
Darsteller: die Nacht; Protée/Proteus; ein Krämer; ein Kutscher; ein Schürzenjäger; eine Kokette; der Meister des Wunderhofs; das Alter; die Traurigkeit; Vénus/Venus; das Lachen; das Spiel; der glückliche Geist; Hymen; Comus/Komos; Roger; Bradamante; Médor; Angélique; Marphise; Richardet; Fleur d'Epine/die Blume des Dornbuschs; Guidon; Vulcain/Vulkan; Thémis; Thésée/Theseus; Ganimède/Ganymed; Hébé/Hebe; Bacchus; Cérès/Ceres; Janus; Apollon/Apollo; Clio; Euterpe; Erato; die Zwietracht; Jupiter; Amphitryon; Alcmène/Alkmene; ein Spanier; der Mond; Endimion/Endymion; Ptolémé/Ptolemäus; Zoroastre/Zoroaster; ein Bock; ein Dämon; ein großer Mensch; eine Zauberin; der Schlaf; das Schweigen; ein Zorniger; Ixion; ein Furchtsamer; ein Dichter; ein Philosoph; eine Frau; ein verzagter Liebhaber; eine Geliebte; der Morgenstern; die aufgehende Sonne; L'Aurore/Aurora; Corps de ballet: die 12 Stunden, 5 Nereiden, 6 Jäger, 2 Hirten, 2 Hirtinnen, 4 Banditen, 2 Schürzenjäger, 2 Kokette, 4 Ägypter, 2 Ägypterinnen, 2 ambulante Scherenschleifer, Händler, Händlerinnen, 3 Laternenanzünder, 2 Laternen, 2 Bürgerinnen, 2 Lumpen, Bettler, Krüppel, die Parzen, die Spiele, 4 Zyklopen, 2 Satyrn, 3 Musen, 4 Bewunderer, 4 kleine Spanierinnen, 4 Bauern, 6 Korybanten, 8 Irrlichter, Dämonen, 6 kleine Dämonen, 4 Ungeheuer, 4 Hexen, 6 Werwölfe, 3 Neugierige, halbnackte Männer und Frauen, 2 Diebe, Genien des Feuers, der Lüfte, des Wassers und der Erde, türkische und christliche Abenteurer, 2 Schatten, 2 Frauen,

3 Falschmünzer, 6 Schmiede, Genien der Ehre, der Anmut, der Liebe, der Tapferkeit, des Siegs, der Milde, des Ruhms und des Friedens
Orchester: Fl, Hr, Lt (oder Lauten), Streicher, B.c
Aufführung: Dauer ca. 12 Std.

Entstehung: Während der Minderjährigkeit König Ludwigs XIV. richtete sich ein Aufstand (die Fronde) gegen Königinmutter Anna von Österreich und gegen Kardinal Jules Mazarin, die in dieser Zeit die Regierungsgeschäfte übernommen hatten. Nachdem es dem Hof gelungen war, die gespannte Lage zu entschärfen, stellte sich der Adel an die Spitze der Bewegung, die jedoch bald wegen selbstsüchtiger Interessen ihrer Führer zerfiel und in der Folge von Königstreuen niedergeschlagen wurde. Die vom Parlament betriebene Rückkehr des Königs 1652 wurde mit Festen gefeiert, die im *Ballet royal de la nuit* ihren Höhepunkt fanden. Der König hatte 13jährig im *Ballet de Cassandre* (1651) als Tänzer debütiert. Das »livret« zu diesem Ballett war Benserades erste Arbeit für die Bühne. Lambert, der gefeierte Sänger und Komponist der »airs de cour«, und Lully gehörten dem Haushalt der Herzogin von Montpensier an; beide wechselten im Okt. 1652 in den Haushalt des Königs.

Inhalt: I. Teil, in der Stadt und auf dem Land zwischen sechs und neun Uhr abends: Die Sonne geht unter, und die Nacht fährt auf einem von Eulen gezogenen Wolkenwagen herein. Die sie begleitenden zwölf Stunden, die Schleiereulenköpfe tragen, tanzen das erste Entree. Protée führt seine Meeresherden in eine Grotte, verwandelt sich mehrmals und erteilt fünf Najaden Befehle. Fünf ermüdete Jäger treten auf und blasen auf ihren Hörnern. Zwei Hirten und zwei Hirtinnen bringen ihre Herden heim, vier Banditen greifen einen Händler an. Ein Kutscher ruft zwei Galane und zwei Kokette, die Süßigkeiten kaufen. Vier Ägypter und vier Ägypterinnen sagen wahr und versuchen dabei, Geldbörsen zu stehlen. Zwei Scherenschleifer kommen von der Arbeit und schleifen ihre Messer. Die Kaufleute schließen ihre Läden und ziehen sich zurück. Drei Laternenanzünder stecken die Lichter an, ihnen folgen zwei Laternen, die sich im Takt öffnen und schließen. Zwei Bürgerinnen werden in einer Sänfte hereingetragen und von Ganoven überfallen. Am Wunderhof werden Krüppel und Bucklige geheilt; sie bringen dem Meister des Wunderhofs eine komische Serenade dar.
II. Teil, zwischen neun Uhr und Mitternacht, in der Zeit der Feste und Bälle: Drei Parzen, das Alter und die Traurigkeit singen ein »récit«. Vénus steigt mit Comus vom Himmel herunter; der glückliche Geist, das Lächeln und das Spiel begleiten sie. Zwei Pagen bereiten den Saal für drei Ballette vor. Zuerst wird der heroische Mythos »Les Noces de Thétis« getanzt, an dem Vulcain, vier Zyklopen, Thésée, Ganymède, Hébé, Bacchus, Cérès, Janus, zwei Satyrn, Apollon und drei Musen teilnehmen. Hierauf folgt eine Maskerade mit Personen aus Ludovico Ariostos *Orlando furioso* (1516): Roger und Bradamante, Médor und Angélique, Marphise, Richard und Fleur d'Epine und Guidon tanzen Couranten und Branles. Schließlich wird die pantomimische Komödie »Comédie muette d'Amphitryon« gegeben. Eine Sarabande wird von vier kleinen Spanierinnen und einem Spanier getanzt.
III. Teil, Nacht, von zwölf bis drei Uhr: Der Mond erscheint auf seinem Wagen, von Sternen umgeben, die sich zurückziehen, damit er Endimion bewundern kann. Eine Wolke verbirgt die Liebenden vor den Blicken der Zuschauer. Die Astrologen Ptolémé und Zoroastre erforschen den Himmel. Vier durch die Mondfinsternis beunruhigte Bauern fragen einander um Rat. Sechs Korybanten rufen mit dem Klang ihrer Zimbeln den Mond zum Himmel zurück. Acht Irrlichter tauchen auf. Aber schon erscheint, auf einem Bock reitend, ein Dämon, der sechs andern Dämonen befiehlt, die Hexe vor dem Sabbat zu warnen. Aus Schneckenhäusern kommen vier kleine Ungeheuer hervor und werden in die Luft gehoben. Eine Zauberin und ihre vier Hexen folgen ihnen in die Lüfte, dahinter sechs Werwölfe. Die Bühnenrückwand öffnet sich, man sieht den Hexensabbat, der wie ein Zauber beim Nahen der drei Neugierigen verschwindet. Ein Haus geht in Flammen auf; halbnackte Männer und Frauen stürzen heraus, während Diebe von der Wache ins Gefängnis abgeführt werden.

Le Ballet royal de la nuit; Ludwig XIV. als aufgehende Sonne; Uraufführung, Paris 1653. – Im Spiel mit der eigenen Identität prägte der König, sich im Tanz zur Schau stellend, sein Image: Er, die erstrahlende Sonne, stellte sich selbst ins Zentrum des Staats.

IV. Teil, zwischen drei und sechs Uhr morgens: Der Schlaf und das Schweigen lobpreisen den jungen Ludwig XIV. und legen sich dann am Eingang einer Grotte schlafen; aus ihr treten die Träume und die Dämonen der Elemente (Feuer, Luft, Wasser und Erde) heraus. Auf ihren Befehl beleben sich die vier Temperamente des Menschen. Der Traum des Cholerikers ist von aufgebrachten türkischen und christlichen Abenteurern bevölkert. Ixion, der König der Lapither, der eine Wolke umarmt, beherrscht den Traum des Sanguinikers. Der Traum des Phlegmatikers zeigt einen Furchtsamen, der sich vor zwei Schatten ängstigt, der Traum des Melancholikers einen grotesken Philosophen, den die Seelenwanderung fasziniert. Die ist durch eine sich ständig verändernde Frau versinnbildlicht. Ein Dichter bewundert seine mit Rosen, Pfeil und Bogen geschmückte Geliebte. Gleichzeitig befragt ein schüchternes Liebespaar in Orakel, das mit einem Echo antwortet. Drei Falschmünzer kommen aus ihrer Behausung, sechs Schmiede beginnen mit der Arbeit. Umgeben von guten Geistern erscheint der Morgenstern. Aurore folgt ihm auf ihrem Wagen, sie wird von den zwölf Stunden des Tags begleitet. Sie ziehen sich beim Aufgang der Sonne zurück. Die Sonne, Ludwig XIV., bildet den Mittelpunkt des abschließenden Balletts. Um sie scharen sich die Geister der Ehre, der Grazie, des Siegs, der Liebe, des Ruhms und des Friedens.

Kommentar: In dem rivalisierenden Dialog zwischen italienischem und französischem Stil bildet *Le Ballet royal de la nuit* den frühen Höhepunkt einer neuen Ära, dessen Bedeutung aufgrund des spektakulären und im buchstäblichen Sinn »imageprägenden« Auftretens des jungen Königs als »aufgehende Sonne« in der Ballettgeschichte kaum zur Kenntnis genommen wurde. Gattungsgeschichtlich steht das Werk am Schnittpunkt jener Entwicklungslinien, die im Schaffen Lullys mündeten. Durch Rückgriff auf die französische Tradition des Ballet de cour suchten Komponisten, Dichter, Choreographen und Szenographen ein Gegengewicht zu der vom französischen Publikum ungeliebten, wenn auch auf Betreiben Mazarins in Paris gepflegten italienischen Oper. Im Lauf des Jahrhunderts hatte das Ballet de cour verschiedene Ausprägungen erfahren, ohne die Intention repräsentativer Machtentfaltung im Dienst einer Glorifizierung der königlichen Familie einzubüßen. Schon das vom »inventeur« der Aufführung, dem Haushofmeister des Herzogs von Nemours, Sieur Clement, entwickelte Gesamtkonzept unterschied sich in seiner Dramaturgie von den vorangegangenen Produktionen. In seinem »livret« huldigte Benserade der während der Regierungszeit König Ludwigs XIII. verbreiteten Vorliebe für das »Ballet à entrée« mit seiner Abfolge in sich geschlossener Nummern, wobei er in der Konzeption der Rolle den Charakter des jeweiligen Darstellers berücksichtigte. Das kunstvolle Geflecht von auch den Alltag miteinbeziehenden Themenkreisen, die auf wechselnden Realitätsebenen dargeboten wurden, erfuhr auf diese Weise eine nuancenreiche Verdichtung. Zitate und bekannte Stückkonstellationen erhöhten den Reiz des Dargebotenen für das adlige Publikum, dessen Mitglieder oft selbst, gleichsam die Fronten wechselnd, als Darbietende agierten. Ebenfalls neu waren Cambeforts »récits«, die als Einführung und gleichzeitig als Kommentar des Geschehens vor jedem Entree standen. Sein Rückgriff auf den deklamatorischen Stil, wie er im »ballet-mélodramatique« gepflegt wurde, gab dem *Ballet royal* dramatische Akzente; sein häufiger Gebrauch »von daktylischem Rhythmus, die Berücksichtigung von Versmaß und Reim sowie bestimmter melodischer Merkmale« können als Vorwegnahme der Manier Lullys gesehen werden (Joyce Newman, S. 24, s. Lit.). In dem Tänzer und Komponisten Lully stand Cambefort der wohl prominenteste Debütant der Aufführung zur Seite. Lully oblag die Betreuung der Szenen am Wunderhof. Obwohl die Choreographie, die als Gemeinschaftsarbeit zu verstehen ist (außer Mollier und Lully waren auch Vertpré und Lambert ausgebildete Tänzer), häufig Raum für Spontanität ließ, war die Anlage des Balletts im wesentlichen symmetrisch und wurde am vorteilhaftesten von vorn betrachtet, nicht von oben, wie es zu Beginn des 17. Jahrhunderts üblich gewesen war. Der Tanz war abwechselnd figurativ, eine bestimmte Situation oder einen Charakter darstellend, oder abstrakt und dabei vornehmlich auf der Schönheit der Figuration der Tanzwege aufbauend, zum Beispiel beim Schlußballett. Im Kontrast dazu standen die pantomimischen Episoden wie die »Comédie muette« im II. Teil.

Wirkung: 21 Tage nach der triumphalen Rückkehr des von der Fronde vertriebenen Mazarin wurde in seiner und Annas Gegenwart das Ballett mit unvorstellbarem Prunk auf die Bühne gebracht. Größte Bewunderung erregten die variablen Dekorationen Giacomo Torellis, die sich blitzschnell verwandeln ließen. »Niemals hat man auf unserem Theater etwas so Vollkommenes dargestellt«, schrieb Claude-François Menestrier in seinem Traktat *Des Ballets anciens et modernes selon les règles du théâtre* (S. 176, s. Lit.) über das *Ballet royal de la nuit*, in dem er das Modell einer Gattung sah. Das Besondere ergebe sich aus der Schönheit der Gesamtkonzeption, dem ständigen Wechsel von poetischen und grotesken Entrees, von erhabener Mythologie zu burlesken Szenen, von Magie und Allegorie. Durch die Beobachtung und Einbeziehung der Realität, das Spiel der verschiedenen Ebenen, die im Auftritt des Königs gipfelte, ein Ereignis, das ihm den Namen »Sonnenkönig« eintrug, habe das Ballett seine Eigenart erhalten. Frauen traten nicht auf, die weiblichen Rollen wurden »en travestie« getanzt. Doch schon ein Jahr später tanzten in dem *Ballet des noces de Pélée et de Thétis* (Paris 1654, Musik: Carlo Caproli) Damen des Hofs als Musen und schöne Künste, und vom Ballet de cour der Jahre 1655–65 sind die Namen anerkannter Berufstänzerinnen überliefert. Das Ballett wurde am 25. und 27. Febr. und am 2., 4., 6. und 16. März wiederholt, später aber nicht wiederaufgenommen. Lully wurde für seine Leistung vom König zum »compositeur de la musique instrumentale du Roi« ernannt.

Autograph: M: BN Musique Paris (Coll. Philidor). **Ausgaben:** L: Paris, Ballard 1653 (BN Paris, Rés. VM. 7270.40 Yth. 317). **Aufführungsmaterial:** M: BN Musique, Paris **Literatur:** C.-F. MENESTRIER, Des ballets anciens et modernes selon les règles du théâtre, Paris 1682, S. 176; C. S. SILIN, Benserade and His Ballet de Cour, Paris 1940; M.-F. CHRISTOUT, Le Ballet de Cour de Louis XIV (1643–1672). Mise en scène, Paris 1967, S. 68–71; L. KIRSTEIN, Movement and Metaphor, NY 1970; J. NEWMAN, Jean-Baptiste de Lully and his Tragédies Lyriques, Ann Arbor, MI 1979 (Studies in Musicology. 1.); J. R. ANTHONY, French Baroque Music from Beaujoyeulx to Rameau, London 1974, 2., erw. Aufl. 1978, S. 361; M.-F. CHRISTOUT, Le Ballet de cour au XVIIe siècle, Genf 1987 (Iconographie musicale. 8.); J. DE LA GROCE, H. SCHNEIDER, Lully, musicien soleil [Ausstellungs-Kat.], Versailles 1987

Marie-Françoise Christout

Lionel Monckton

John Lionel Alexander Monckton; geboren am 18. Dezember 1861 in London, gestorben am 15. Februar 1924 in London

Howard Talbot

Eigentlich Howard Munkittrick; geboren am 9. März 1865 in Yonkers (New York), gestorben am 12. September 1928 in Reigate (bei London)

The Arcadians
A Fantastic Musical Play in Three Acts

Die Arkadier
3 Akte

Text: Mark Ambient und Alexander Mattock Thompson; Gesangstexte: Arthur Harold Wimperis
Uraufführung: 28. April 1909, Shaftesbury Theatre, London
Personen: James Smith, auch unter dem Namen Simplicitas (Bar.Buffo); Peter Doody (Komiker); Jack Meadows (Bar); Bobby (Bar, auch Tänzer); Mrs. Smith (Komikerin); Eileen Kavanagh (S); Sombra (Kol.S); Chrysea (Mez); Astrophel (T); Strephon (B); Time (Bar); Sir George Paddock (Spr.); Percy Marsh; Reggie; Sir Timothy Ryan; Harry Desmond; Lady Barclay; Lucy Selwyn; Honourable Maud Barclay; Marion; Beatrice; Amaryllis; Daphne; Dryope; Damoetas; Psyche. **Chor:** Arkadier, Besucher der Rennen, Londoner Bürger
Orchester: Fl, Ob, 2 Klar, Fg, 2 Hr, 2 Kornette, 2 Pos, Pkn, Schl (kl.Tr, gr.Tr, Bck, Trg, Holzblock), Streicher
Aufführung: Dauer ca. 2 Std. 30 Min.

Entstehung: *The Arcadians* wurde unter Robert Courtneidge erarbeitet. Er war Manager am Prince's Theatre Manchester gewesen und gab sein Regiedebüt in London 1905 am Lyric Theatre mit *The Blue Moon* von Talbot und Paul Rubens (Northampton 1904, Text: Harold Ellis, Percy Greenbank und Rubens); es folgten *The Dairymaids* von Rubens und Frank Tours (London 1906, Text: Thompson, Courtneidge, Rubens und Wimperis) und Germans *Tom Jones* (Manchester 1907, Thompson, Courtneidge und Charles Taylor nach Henry Fielding), mit denen er sich als einer der wichtigsten Musicalproduzenten in London etablierte. Die Idee zum Sujet der *Arcadians* stammte von dem exzentrischen Ambient, der sie Courtneidge vortrug, der seinerseits Thompson und Wimperis mit dem Libretto beauftragte. Wimperis hatte bereits am Text der *Dairymaids* mitgearbeitet. Wie in den Musical comedies dieser Zeit durchaus üblich, hatte Courtneidge mit Monckton und Talbot gleich zwei gestandene Komponisten verpflichtet, die zudem hervorragende Kenner der leichten englischen Musik waren. Die beiden teilten sich in etwa paritätisch die Vertonung des Werks. Talbot gelangte nach einer Handvoll netter Shows zu »ausgewachsenem« Ruhm mit *A Chinese Honeymoon* (London 1899, Text: George Dance), der ersten Musical comedy, die 1 000 Vorstellungen en suite erlebte. Eine Vielzahl erfolgreicher Comedies folgten; sie waren im etablierten Stil britischer Musicals gehalten und verbanden Balladen und romantische Lieder mit komödiantischen Nummern. Monckton hatte ebenfalls seinen Ruhm mit dieser Art von Werken erlangt. Unter der Obhut von George Edwardes, dem bedeutendsten viktorianischen und eduardianischen Musicalproduzenten, hatte er eine einzigartige Folge von Hit-Shows geschrieben, teils zusammen mit Ivan Caryll am Gaiety Theatre (*The Circus Girl*, 1896, Text: James Tolman Tanner und Walter Palings; *A Runaway Girl*, 1898, Seymour Hicks, Harry Nicholls, Aubrey Hopwood und Harry Greenbank; *The Messenger Boy*, 1900, Tanner, Alfred Murray, Adrian Ross und Percy Greenbank; *The Toreador*, 1901, Tanner, Nicholls, Ross und Greenbank; *The Orchid*, 1903, Tanner, Ross und Greenbank; *The Spring Chicken*, 1905, George Grossmith, Ross und Greenbank nach Adolphe Jaime und Georges Duval), teils mit Sidney Jones am Daly's Theatre, wo Monckton später der alleinige Komponist der höchst erfolgreichen Shows *A Country Girl or Town and Country* (1902, Text: Tanner) und *The Cingalee or Sunny Ceylon* (1904, Tanner) war. Für die Besetzung seines neuen Stücks griff Courtneidge größtenteils auf ihm vertraute Schauspieler zurück: Florence Smithson wurde für die Sombra verpflichtet, Dan Rolyat mit der führenden Komödiantenrolle des Simplicitas betraut, Phyllis Dare spielte die naive Eileen, Harry Welchman den jugendlichen Liebhaber, Ada Blanche trat in der Komödiantinnenrolle der Mrs. Smith auf, Alfred Lester war der klägliche Jokkey Doody, und Nelson Keys spielte den Jockey Bobby. Während der Proben wurde die Show beträchtlich verändert. Keys erhielt zusätzliche Texte und die Nummer »Back Your Fancy« (II. Akt), einen jener modellhaften Songs mit Chorrefrain, dem noch ein instrumentales Tanzstück angehängt wurde, nachdem Keys auch seine tänzerischen Qualitäten unter Beweis gestellt hatte.

Handlung: I. Akt, Arkadien: In dem glücklichen Land Arkadien, irgendwo in der Nähe des Nordpols, herrschen Wahrheit und Tugend; Lüge und Unglück sind unbekannt. Aber es ist Kunde von weniger glücklichen Ländern hierher gedrungen, in denen gräßliche Menschen in steinernen Käfigen inmitten von Rauch und Ruß leben sollen. Die Arkadier mögen solch traurige Dinge kaum glauben und wünschen sich, eins dieser Ungeheuer einmal selbst zu sehen. Ihr Wunsch geht in Erfüllung, als der Londoner Lebensmittellieferant James Smith mit seinem Flugzeug eine Bruchlandung bei ihnen macht. Smith sorgt mit seinen modernen Londoner Moralbegriffen bald für Ärger, und als er beim Lügen ertappt wird, tauchen ihn die erschreckten Einwohner in ihren »Brunnen der Wahrheit«. Als Smith dem Brunnen entsteigt, ist er ein echter Arkadier geworden; mit goldenen Locken und die Tugend in Person, erhält er den Namen Simplicitas. Aber größere Aufgaben sind zu erfüllen, denn nun wissen alle, daß es eine Welt gibt, in der Männer und Frauen nicht nach den Gesetzen von Wahrheit und Tugend leben. Sombra und ihre Schwester beschließen, Simplicitas zurück nach London zu begleiten, um diesen armen Menschen die Erleuchtung zu bringen.

II. Akt, die Rennbahn von Askwood: Simplicitas wird von den Damen bewundert, besonders von seiner Frau, die ihn wegen der goldenen Haare nicht erkennt. Sie kam in Begleitung ihrer Nichte Eileen, die die Blicke des gutaussehenden Jack Meadows auf sich gezogen hat. Jacks Pferd »The Deuce« nimmt an dem Rennen teil und ist dessen letzte Hoffnung, den drohenden Ruin abzuwenden. Das Pferd scheint aber nur geringe Chancen zu haben, denn Jack ist verletzt und kann nicht selbst reiten; Ersatzjockey Doody wurde soeben von dem Tier angefallen. Also spricht Sombra beruhigend auf das Pferd ein, und mit Simplicitas auf dem Rücken gewinnt es das Rennen.

III. Akt, das arkadische Restaurant: Mrs. Smith, eine gewiefte Geschäftsfrau, hat ein arkadisches Restaurant eingerichtet, das mit Simplicitas als Aushängeschild eine große Attraktion wird. Arkadisch ist das Restaurant jedoch nur an der Oberfläche; zu Sombras Leidwesen scheinen Wahrheit und Tugend dort nicht zu gedeihen. Immer wenn sie versucht, auf arkadische Weise zu handeln, gibt es Ärger. So führt ein freundlicher Kuß für Jack, den Eileen mitansieht, zu einem Streit zwischen dem Liebespaar. Auch Simplicitas ist verdächtig: Ängstlich achtet er darauf, keine Lüge zu erzählen, denn das würde ihn augenblicklich zurückverwandeln. Mrs. Smith hat einen noch schwereren Stand, denn sie bemerkt nicht, daß es ihr Ehemann ist, in den sie sich verliebt hat. Schließlich wird Smith doch bei einer Lüge ertappt und, nachdem er seine ursprüngliche Gestalt zurückbekommen hat, wieder mit seiner Frau vereint; Jack und Eileen räumen ihre Mißverständnisse aus der Welt, Sombra und Chrysea, die die Aussichtslosigkeit ihres missionarischen Feldzugs erkannt haben, fliegen zurück nach Arkadien.

Kommentar: *The Arcadians* ist vielleicht die vollkommenste aller eduardianischen Musical comedies. Das Libretto ist phantastisch und originell in der satirischen Beschreibung des Londoner Lebens und der Moralbegriffe seiner Bürger. Es bringt eine ganze Reihe typischer Charaktere und Standardsituationen auf die Bühne, in denen sich die Darsteller glänzend profilieren können. Spaß und Witz dominieren in den komödiantischen Rollen; in den Szenen zwischen Jack und Eileen geht es romantisch zu; ihre Songs (oft mit Chorrefrain) und Duette sind im besten Stil des Gaiety Theatre geschrieben mit einem leichten, bezaubernden Flair. In den Partien der Sombra und der Chrysea kommen artistische und virtuose Gesangselemente hinzu. Auch die Schauplätze, Arkadien, der Rennplatz und das bizarre Restaurant, bieten Gelegenheit zu üppiger Ausstattung (Kostüme: C. Wilhelm). Die Garderobe der Damen auf dem Rennplatz (das Bild wurde in Loewes *My Fair Lady*, 1956, kopiert) zeigte als Kontrast zu den einfachen Kleidern der arkadischen Damen die neuesten Kreationen. Als Schlußgag zerrte man »The Deuce« als leibhaftiges Pferd auf die Bühne. – Die brillantesten Stücke dieser insgesamt glänzend gemachten und abwechslungsreich gestalteten Partitur sind die in einem leichten Opernstil gehaltenen Songs für Sombra »The Pipes of Pan« (Monckton, I. Akt) und »Arcady Is Always Young« (Monckton, II. Akt), das Quartett »The Joy of Life« (Talbot, I. Akt) und das Finale des I. Akts (Talbot). Aber auch die harmloseren, mehr der Musical comedy verpflichteten Songs wurden außerhalb der Show zu langlebigen Standards, vor allem Eileens »The Girl with a Brogue« (Monckton) und ihre beiden Duette mit Jack, »Half-past Two« (Talbot) und »Charming Weather« (Monckton), ferner Chryseas fröhliches »I Like London« (Talbot) und Doodeys »My Motter« (Talbot) sowie Simplicitas' »All Down Piccadilly« (Monckton), das kurz nach der Premiere eingefügt wurde.

Wirkung: Die Mischung von Phantasie und Narretei, von konventioneller Komödie und zeitbezogener Satire verhalf *The Arcadians* bei Publikum und Kritik zu einem Erfolg, der die artifizielleren klassischen Musikkomödien in den Schatten stellte. Bis Juli 1911 erlebte das Werk 809 Aufführungen en suite, wurde anschließend in vielen englischsprachigen Ländern gegeben und hielt sich in den folgenden 40 Jahren auf den Spielplänen zahlreicher englischer Theater. 1910 kam es in New York heraus (Liberty Theatre, wenig später ans Knickerbocker Theatre transferiert), 1911 erschienen *Die Arkadier* erstmals am Wiener Stadttheater. 1913 wurde das Werk als eins der wenigen englischsprachigen Musicals, die jemals in Frankreich Erfolg gehabt haben, im Pariser Olympia produziert. 1927 entstand ein Stummfilm von Victor Saville (mit Jeanne De Casalis und John Longden), der die Partitur nur so weit verwendete, wie die Pianisten sich um ihre Realisierung im Kino kümmerten. Als nach dem zweiten Weltkrieg das Interesse an amerikanischen Musicals auch England ergriff, verschwanden *The Arcadians* aus dem Repertoire, und da die englischen Stadttheater schon immer auf das leichte Musiktheater herabgesehen haben, sofern es sich nicht durch Namen wie Johann Strauß, Jacques Offenbach oder Franz Lehár auszeichnete, gelangten sie nicht wieder ins Repertoire. Erst 1984 wurde ein glänzendes Revival von Stewart Trotter in Exeter auf die Bühne gebracht. In der durch den internationalen Erfolg des englischen Musicals erzeugten neuen Atmosphäre der 80er Jahre scheint *The Arcadians* auf dem Sprung, in die englischen Musiktheater zurückzukehren. – Das Japanspektakel *The Mousmé* (London 1911, Text: Courtneidge, Thompson, Wimperis und Greenbank) war der vergebliche Versuch der Autoren, an den Erfolg der *Arcadians* anzuknüpfen. Nur mit *The Quaker Girl* (London 1910, Tanner, Ross und Greenbank), das noch während der Laufzeit der *Arcadians* herauskam, hatte Monckton ein gleichwertiges Stück geschrieben. Als Ragtime und Jazz ihren Einzug ins Musiktheater hielten, verlor seine Musik an Beliebtheit, und obgleich Monckton und Talbot 1917 noch einmal mit *The Boy* (London, Text: Fred Thompson, Ross und Greenbank nach Arthur Wing Pinero) Erfolg hatten, zog Monckton sich nach einigen Versuchen auf dem Gebiet der Revue ins Privatleben zurück. Talbot ließ bis 1921 noch eine Reihe guter, aber wenig erfolgreicher Musical comedies folgen, bevor er das Feld für eine jüngere Generation und ihre Partituren mit neuartiger Tanzmusik räumte.

Autograph: Verbleib unbekannt. **Ausgaben:** Kl.A: Chappell 1909, Nr. 23981 [mindestens 3 divergierende Ausg.: 192, 194, 202 S.]; Chappell [um 1945], Nr. 23981 [178 S.]; Textb. [Typoskript]: NY, Rosenfield [1909?]; Textb., rev.: London, French 1945. **Aufführungsmaterial:** rev. Fassung: French, London
Literatur: K. GÄNZL, The British Musical Theatre, London 1985, Bd. 1, S. 1029–34, 1041–43; R. COURTNEIDGE, I Was an Actor Once, London 1930; J. P. CARSTAIRS, Bunch. A Biography of N. Keys, London 1941; C. COURTNEIDGE, Cicely, London 1953

Kurt Gänzl

Jean Joseph Cassanéa de Mondonville

Eigentlich Jean Joseph Cassanéa; getauft am 25. Dezember 1711 in Narbonne (Aude), gestorben am 8. Oktober 1772 in Belleville (bei Paris)

Titon et l'Aurore
Pastorale-heroïque

Titon und Aurora
Prolog, 3 Akte

Text: Antoine Houdar de La Motte (Prolog) und Abbé de La Marre

Uraufführung: 9. Jan. 1753, Opéra, Palais Royal, Paris
Personen: Prolog: Prométhée/Prometheus (B); L'Amour/die Liebe (S); Chor: Geister des Feuers, Frauen, Gefolge von L'Amour; Ballett: Geister des Feuers, Grazien. **Handlung:** Titon, Hirte (H-C); L'Aurore/Aurora (S); L'Amour/die Liebe (S); Eole/Äolus (B); Palès (S); eine Nymphe (S). **Chor, Ballett:** Hirten, Hirtinnen, Nymphen, Faune, Waldgötter, Winde, Gefolge von L'Amour, Plaisirs/Vergnügungen
Orchester: 2 Fl (auch Picc), 2 Ob, 2 Fg, Tamburin, Streicher, B.c
Aufführung: Dauer ca. 2 Std. 30 Min.

Entstehung: Mondonville, als Violinist und Komponist virtuoser Instrumental- und ausdrucksstarker Kirchenmusik (Motetten) eine der herausragenden Figuren im französischen Musikleben um die Mitte des 18. Jahrhunderts, hatte seinen ersten großen Erfolg als Musikdramatiker mit dem Ballet-heroïque *Le Carnaval du Parnasse* (Paris 1749, Text: Louis Fuzelier), das an der Opéra bis 1774 zahlreiche Aufführungen und Neuinszenierungen erfuhr. Der 1746 verstorbene La Marre hinterließ unvollendet ein Libretto *Titon et l'Aurore*. Ob sich Mondonville des Textbuchs unmittelbar nach La Marres Tod oder erst unter dem Eindruck des Buffonistenstreits annahm, kann nicht mit Bestimmtheit gesagt werden; auch ist der Umfang seiner Mitarbeit am Libretto ungeklärt, allerdings bescheinigt der Nekrolog auf Mondonville (1773) dem Komponisten, den Textvorwurf La Marres so einfühlsam ergänzt zu haben, daß seine Einfügungen nicht vom Original zu unterscheiden gewesen seien. Neben Mondonville arbeitete am Textbuch auch Abbé de Voisenon, dessen Anteil sich ebenfalls nicht mehr genau ermitteln läßt.

Handlung: Prolog, Prométhées Palast, geschmückt mit Statuen: Prométhée attackiert die Götter wegen ihrer Passivität: Mit Hilfe des von ihm geraubten himmlischen Feuers werde er sie aus ihrer Gleichgültigkeit reißen, indem er ihnen den Menschen als Ebenbild schaffe. Er beschwört die Geister des Feuers, dem von ihm geformten Lehmklumpen Leben einzuhauchen, und schon begrüßen die Sterblichen verwundert das Licht der Welt. L'Amour möchte ihnen ihr Dasein versüßen und fordert sie auf, sich der Wollust hinzugeben, denn ein Sterblicher, der sich auf die Liebe verstünde, sei sogar den Göttern überlegen.
I. Akt, auf der einen Seite Bäume, auf der andern ein Weiler, im Hintergrund üppige Wiesen; gegen Ende der Nacht: Titon sorgt sich über L'Aurores Ausbleiben und fürchtet die Götter als Nebenbuhler. Als die Ersehnte endlich eintrifft, vermag sie mit ihrem Glanz Titons düstere Stimmung zwar zu verscheuchen, von seiner Eifersucht aber kann sie ihn nicht befreien, obwohl sie ihn ihrer Liebe versichert. Wütend tritt Eole auf den Plan und schwört Titon Rache, da er selbst Aurore zur Geliebten begehrt. Bei Palès meint er Unterstützung für sein Vorhaben zu finden. Sie verbündet sich allerdings nur mit Eole, um Titon, den von ihr insgeheim Geliebten, auf diese Weise für sich

zu gewinnen. Daher rät sie Eole ab, Titon zu töten, weil er durch eine solche Tat Aurore auf immer verlöre. Sie empfiehlt, Titon zu entführen und dann die zurückgelassene Aurore zu trösten, denn wer einer Schönen in der Trauer beizustehen wüßte, könne leicht ihr Bezwinger werden. Eole läßt sich von Palès umgarnen, die schon jubelt, den Geliebten gewonnen und der Rivalin Aurore Tränen verursacht zu haben. II. Akt, liebliches Tal, in der Ferne Aurores Palast: Eole macht Aurore allzu plump den Vorschlag, sich mit ihm einzulassen, so daß sie ihm eine unzweideutige Abfuhr erteilt. In seinem Jähzorn gibt sich Eole jetzt als Entführer Titons zu erkennen, erntet jedoch nur Aurores Haß. Sein Groll ist dermaßen stark, daß auch Palès ihn nicht zu besänftigen weiß. Obwohl sie ihm ihre Liebe zu Titon offenbart, will er den Hirten töten. Erst als sie ihm verspricht, sie wolle den Nebenbuhler überreden, von seiner Liebe zu Aurore abzulassen, stellt Eole einstweilen die Verwirklichung seiner Drohungen zurück. Um den von Aurore getrennten trauernden Titon abzulenken, schickt Palès ihre Nymphen. Doch der Hirte gibt ihrem Werben nicht im geringsten nach, gelobt Aurore ewige Treue und verläßt Palès brüsk. Nun schlagen deren Gefühle in Haß um, und Palès verflucht den eben noch Geliebten. III. Akt, Titons heimatlicher Weiler, eine Quelle: Eole befragt Palès, ob sie bei Titon zum Ziel gekommen sei, und erfährt, daß ihr Haß auf ihn noch größer als der seine ist: Sie will ihn nicht nur töten, vielmehr soll er beim Aufwachen Altersschwäche, Blindheit, Liebesleid spüren, um schließlich vor den Augen der Geliebten zu sterben. Tatsächlich nimmt Titon, sich von seinem Ruhelager erhebend, seinen Zustand wahr und stürzt in tiefe Verzweiflung. Doch Aurore hört seine Klagen und fleht Amour um Beistand an, der Titons Treue belohnt, ihm Körperkraft wie Augenlicht zurückschenkt und ihn in den Rang eines Gotts erhebt; dem ewigen Bündnis von Titon und Aurore steht nichts mehr im Weg.

Kommentar: Zeitgenössische Kritiker warfen Mondonville vor, mit *Titon et l'Aurore* lediglich den von Jean-Philippe Rameau ausgetretenen Pfad beschritten zu haben. In der Tat ließ Mondonville, wie Rameau, den älteren Typus der französischen Ouvertüre hinter sich, verzichtete auf ihre Dreiteiligkeit mit fugiertem Kern und komponierte statt dessen eine zweiteilige instrumentale Einleitung; wie Rameau bevorzugte er für seine Chöre den vierstimmigen Satz; den um 1750 bereits als stilistisch veraltet geltenden Rameau ahmte Mondonville überdies in den Divertissements nach, denen er breiten Raum gab. So verknüpfte er gegen Ende des Prologs eine »Air pour la Suite de L'Amour« mit einer »Air pour les Graces« nach dem Prinzip von Vor- und Nachtanz; indem er ihnen ein Gavottenpaar folgen ließ, vergrößerte er die Tanzeinlage zur Suite und akzentuierte mit ihr einen dramaturgischen Höhepunkt. Auch in dem Bemühen, größere Einheiten der Oper motivisch-thematisch zu verzahnen, zeigte sich Mondonville dem großen Vorbild verpflichtet: Zu Beginn der 2. Szene des Prologs, nachdem Amour seinen Sieg über das Chaos besungen hat (»Lorsque les éléments j'ai terminé la guerre«), greift Prométhée das Kopfmotiv dieser tanzliedhaften Arie Amours auf (»Qu'on ne chante que ta victoire«). Aber Mondonville bleibt nicht bei dem satztechnischen Kunstgriff stehen, sondern erfüllt ihn mit Inhalt. Er legt Prométhée die Töne Amours in den Mund, um anzuzeigen, daß sich auch der Schöpfer des Menschen dem Gott der Liebe unterordnet. Den Willen, größere Einheiten zu schaffen, dokumentiert Mondonville ebenso im II. Akt, dessen Abschluß ein folkloristisch anmutendes Gavottenpaar bildet, das bereits zuvor (in II/5) erklungen war. Schließlich folgte Mondonville auch hinsichtlich der Instrumentation den Spuren Rameaus, indem er einem relativ kleinen Klangkörper ein Maximum an Farben entlockt: Eoles Wutarie (»Vous me fuyez en vain«, I/4) läßt er vom Pizzikato der Violinen kommentieren; die Begleitung eines amourösen Nymphenlieds (»Que je plains les cœurs amoureux«, II/5) überantwortet er einem Solofagott; und beim fröhlichen Kehraus des III. Akts rasselt frech ein Tamburin. Insgesamt jedoch präsentiert sich *Titon* keinesfalls als innovatives Werk, wie es die spektakulären Umstände nahelegen könnten, von denen die Oper noch Jahre nach ihrer Uraufführung begleitet wurde.

Wirkung: Der beachtliche Erfolg von *Titon* ist eng mit der legendären »Querelle des Bouffons« verknüpft, jenem Opernstreit, der 1752 durch Pariser Gastspiele einer italienischen Operntruppe entfacht und 1754 durch deren Ausweisung bürokratisch gelöst wurde. In ihm standen sich die Anhänger italienischer und französischer Musik unversöhnlich gegenüber: Die einen sahen ihre ästhetischen Forderungen beispielhaft in Pergolesis Intermezzo *La serva padrona* (1733) konkretisiert, einem der bei dem Gastspiel gezeigten Werke, während die frankophile Partei sich zu *Titon* bekannte. Bei der Querelle ging es aber nur vordergründig um die Priorität von französischer oder italienischer Musik; das offenbart schon die Aufspaltung des französischen Herrscherhauses in dieser Frage: Königin Maria unterstützte das italienische Lager, Ludwig XV. wie auch die Marquise de Pompadour nahmen für die französische Partei Stellung. Hinter der Frage, ob man der Opera buffa oder der höfischen Tragédie en musique den Vorrang geben solle, verbarg sich ein politischer Dissens zwischen Buffonisten/Republikanern und Antibuffonisten/Royalisten. Nach der Uraufführung (Titon: Pierre de Jélyotte, L'Aurore: Marie Fel, L'Amour: Marie-Angélique Couppé, Palès: Mlle. Chevalier, Eole: Claude de Chassé) erlebte die Oper bis Juni 1753 35 Aufführungen; beredte Zeichen für die ungewöhnliche Resonanz sind Parodien wie Charles Simon Favarts *Raton et Rosette ou La Vengeance inutile* (1753). Im Nov. 1753 startete eine neue Folge von Aufführungen von *Titon*, und als es im März 1754 zu einer weiteren Wiederaufnahme kam, sah sich Friedrich Melchior von Grimm, der sich erst kurz zuvor auf die Seite der Italiener geschlagen hatte, zu einer heftigen Attacke gegen Mondonville und sein Werk veranlaßt. In einer (später in der *Correspondance littéraire* veröffentlichten) Kritik warf er ihm Epigonentum vor und unter-

Tafel 3

oben
Giacomo Meyerbeer, *Robert le diable* (1831), I. Akt; Bühnenbildentwurf: Josef Svoboda; Maggio Musicale Fiorentino, Florenz 1968. – Svoboda verwandelt die realen Schauplätze durch Abstrahierung der Bildelemente in imaginative Räume von geometrischer Strenge und transparenter Farbigkeit. In der spezifischen Verbindung des Konstruktiven mit dem Phantastischen gelingt eine überzeugende szenische Umsetzung des romantischen Charakters dieser Oper.

unten
Giacomo Meyerbeer, *Les Huguenots* (1836), V. Akt, 2. Bild; Pilar Lorengar als Valentine, Richard Leech als Raoul, Jan-Hendrik Rootering als Marcel; Regie: John Dew, Ausstattung: Gottfried Pilz; Deutsche Oper, Berlin 1987. – Trotz kurzlebiger Aktualisierungen (hier das Bildzitat der Berliner Mauer) gelingt es der Inszenierung durchaus, psychologische Tiefenschichten von Meyerbeers Oper, etwa die Erfahrung bedrohlich entfesselter großstädtischer Massen, in eine zeitgemäße Bildersprache zu übersetzen.

stellte ihm, der Erfolg von *Titon* sei inszeniert gewesen. Grimms harschen Angriff relativieren allerdings die historischen Fakten: Das Werk wurde 1754 in Brüssel, 1758 (italienisch von Carlo Innocenzo Frugoni) in Parma nachgespielt und ist 1763 ein weiteres Mal auf dem Programm der Opéra zu finden (Aurore: Marie-Jeanne Larrivée, Eole: Nicolas Gélin). Erst der Brand in der Opéra am 6. April unterbrach eine weitere Serie, doch die Sänger reagierten spontan auf die Katastrophe, zogen nach Rouen und gaben dort (zumindest im April) weitere Vorstellungen. Den Winter verbrachten sie wieder in Paris, wo man in der »Salle des machines« der Tuilerien provisorisch eine Oper eingerichtet hatte; hier gab man *Titon et l'Aurore* vom 24. Jan. bis 17. April 1764 mit Joseph Legros als Titon. Auch bei der Wiedereröffnung der brandgeschädigten Opéra fand das Werk Berücksichtigung; es folgten Aufführungen im Okt. 1764 auf Schloß Fontainebleau. Eine letzte Wiederaufnahme an der Opéra mit 16 Aufführungen gab es 1768, außerdem sind Inszenierungen in Kassel (1767) und Marscille (1777) belegt. – Unter den späteren musikdramatischen Werken Mondonvilles, darunter eine wenig erfolgreiche Neuvertonung (Paris 1765) von Philippe Quinaults *Thésée*, der 1675 exemplarisch von Lully in Musik gesetzt worden war, ragen hervor die Pastorale languedocienne *Daphnis et Alcimadure* (Paris 1754), deren Text Mondonville in seinem heimatlichen Dialekt verfaßte, sowie das Ballet-heroïque *Les Fêtes de Paphos* (Paris 1758, Text der drei Entrees: Charles Collé, Charles-Antoine Le Clerc de La Bruère und Voisenon), dessen 3. Entree *L'Amour et Psyché* in wechselnden Zusammenstellungen mit andern Werken oder Werkteilen bis 1772 auf der Bühne der Pariser Opéra erschien.

Autograph: Verbleib unbekannt. **Abschriften:** Bibl. de l'Opéra Paris. **Ausgaben:** Part: L'Auteur/Mme. Boivin/Le Clerc, Paris [1753], Nachdr., hrsg. G. Sadler: Westmead 1972; Textb.: Paris, Lormel 1763; Marseille, Morsy 1775
Literatur: J.-J. GALIBERT, J.-J. C. de M., Narbonne 1856; F. DE VILLARS, M. et ›Titon et l'Aurore‹, in: L'Art musical, 8.3. 1866; F. HELLOUIN, M.: sa vie et son œuvre, Paris 1903; R. MACHARD, J.-J. C. de M. Virtuose, compositeur et chef d'orchestre, Béziers 1980

Matthias Henke

Stanisław Moniuszko

Geboren am 5. Mai 1819 in Ubiel (heute Ubel; bei Minsk), gestorben am 4. Juni 1872 in Warschau

Halka
Opera w czterech aktach

Halka
Oper in 4 Akten

Text: Włodzimierz Dionizy Wolski, nach der von Kazimierz Władysław Wójcicki in der Sammlung *Stare Gawędy i Obrazy* (1840) nacherzählten Volksdichtung *Góralka*
Uraufführung: 1. Fassung in 2 Akten: 1. Jan. 1848, Müllers Salon, Wilna (konzertant); 16. Febr. 1854, Theater, Wilna (szenisch); 2. Fassung: 1. Jan. 1858, Teatr Wielki, Warschau (hier behandelt)
Personen: Stolnik, Gutsbesitzer und Truchseß des Königs (B); Zofia, seine Tochter (S); Dziemba, Verwalter Stolniks (B); Janusz, Edelmann und Gutsherr (Bar); Halka (S) und Jontek (T), Leibeigene Janusz'; ein Dudelsackpfeifer (Bar); ein Bergbauer (T). **Chor:** Edelleute, Gäste, leibeigene Bauern und Bäuerinnen.
Ballett
Orchester: 2 Fl (2. auch Picc), 2 Ob (2. auch E.H), 2 Klar, 2 Fg, 4 Hr, 2 Trp, 3 Pos, Tb, Pkn, Schl (kl.Tr, gr.Tr, Trg, Bck), Hrf, Streicher; BühnenM: Glocke, Org
Aufführung: Dauer ca. 2 Std. 15 Min.

Entstehung: Nach Studien in Berlin bei Carl Friedrich Rungenhagen übernahm Moniuszko 1840 das Organistenamt in Wilna, wurde durch den 1. Band seiner Liedersammlung *Spiewnik domowy* (1843) als Komponist bekannt und sammelte mit einigen kleineren Bühnenwerken erste Erfahrungen mit dramatischer Musik. 1846 ging er nach Warschau, wo er seine Operette *Loteria* (Minsk 1843, Text: Oskar Milewski) im selben Jahr zur Aufführung bringen konnte; zudem kam er in Kontakt mit dem Musikkritiker Józef Sikorski, dem Volksliedsammler Henryk Oskar Kolberg und dem revolutionären Schriftsteller Wolski. Mit diesem diskutierte er über die politischen Ereignisse, vor allem über den wenige Monate zuvor ausgebrochenen Bauernaufstand in Galizien. Wolski machte Moniuszko auf *Góralka* aufmerksam und bot ihm an, ein Libretto daraus zu machen. Moniuszkos erstes Bühnenwerk im ernsten Genre konnte wegen der revolutionären Tendenz seines Texts zunächst nur konzertant gespielt werden; und erst als 1856 eine Periode des politischen Tauwetters begann, stand einer Aufführung in Warschau nichts mehr im Weg. Innerhalb von zwei Monaten erweiterte Moniuszko *Halka* auf vier Akte, überarbeitete den Text und komponierte mehrere effektvolle Arien und einige polnische Tänze hinzu.
Handlung: In Podhale, dem hügeligen Tatravorland, Ende des 18. Jahrhunderts.
I. Akt, Saal in Stolniks Schloß: Zur Verlobung von Zofia und Janusz gratulieren zahlreiche Adlige. Von fern hört man den Gesang eines Mädchens: Ohne von der Verlobung zu wissen, ist Halka gekommen, um Janusz wiederzusehen, den lang entbehrten Geliebten, von dem sie ein Kind erwartet. Er erkennt ihre Stimme; da er fürchtet, seine Liebesbeziehung könne bekannt werden und ihn in Schwierigkeiten bringen, versichert er Halka seiner Liebe, vertröstet sie auf ein baldiges Treffen und drängt sie zum Verlassen des Parks, da er bereits von der Gesellschaft gesucht wird.
II. Akt, von einer Mauer umgebener Garten, im Hin-

tergrund Stolniks hell erleuchtetes Schloß: Jontek, seit Kindheitstagen Halkas Vertrauter, versucht, ihr das Treffen mit Janusz auszureden und sie von der Aussichtslosigkeit ihrer Liebe zu überzeugen. Halka aber glaubt an Janusz' Liebe. Sie will von ihm die Wahrheit erfahren und macht sich verzweifelt am Schloßtor bemerkbar. Beunruhigt von dem Lärm, öffnet ihr Janusz, heißt sie jedoch schroff gehen. Jontek verspricht er eine Belohnung, wenn er Halka mit sich nehme. Schließlich erscheinen Zofia und die über die Störung verärgerte Festgesellschaft, deren Mitleid für Halka Jontek zu erregen sucht, ohne freilich den wahren Grund ihres Unglücks zu nennen. Janusz verleugnet Halka und läßt sie vom Verwalter Dziemba gewaltsam entfernen.

III. Akt, Bergdorf mit Janusz' Landgut in der Abendsonne, links ein Wirtshaus: Nach der Andacht versammeln sich die Bergbewohner, um den Feiertag zu genießen. Die freudige Stimmung erfährt eine jähe Unterbrechung, als Halka verzweifelt mit Jontek zurückkehrt. Er berichtet, wie kaltherzig und ungerecht Halka behandelt wurde. Die Bergbewohner sind erschüttert über Halkas Los und verfluchen das Schicksal aller Armen.

Halka; Leonid Sobinow als Jontek; Regie: Anton Barzal, Bühnenbild: Karl Walz; Bolschoi-Theater, Moskau 1898. – Der mit einer reich gebildeten lyrischen Tenorstimme ausgestattete Sobinow feierte seit 1897 Triumphe an den Hofopern von Moskau und Petersburg und war der vergötterte Sängerstar der Gesellschaft des zaristischen Rußland.

IV. Akt, Platz vor der von einem Friedhof umgebenen Dorfkirche, im Hintergrund Hügel und Felsen, durch die sich ein Fluß windet; Abend: Vor der Trauung von Zofia und Janusz, während die Bergbewohner schon von Dziemba zur Hochzeitshuldigung herbeigezwungen werden, beklagt Jontek sein Los; er hat Angst, daß auch Halka der Trauung beiwohnen will. Überwältigt von Schmerz, faßt sie den Entschluß, die Kirche mit einer Fackel in Brand zu setzen, doch der einsetzende Gesang der betenden Gemeinde hält sie zurück. Noch einmal erklärt sie ihre Liebe zu Janusz, dem sie seine Untreue verzeiht, dann stürzt sie sich in den Fluß.

Kommentar: Obwohl sich die Handlung auf die Ereignisse des galizischen Bauernaufstands von 1846 bezieht, verlegte Wolski sein Libretto in die Zeit der Adelsrepublik in der 2. Hälfte des 18. Jahrhunderts. Der Ort des Geschehens, eine Gegend, in der während des Aufstands das meiste Blut vergossen worden war, gemahnt jedoch unmittelbar an den historischen Hintergrund. Behandelt wird ein für die damalige Zeit typischer Konflikt: Der Edelmann Janusz verstößt zugunsten einer standesgemäßen Heirat das Mädchen, das er zu lieben vorgegeben hatte, um es für sich zu gewinnen; Halka, Vertreterin der unterdrückten Bauern, wird von Janusz ausgenutzt, ohne daß dieser je an eine feste Verbindung gedacht hätte. Das Werk changiert zwischen der eher privaten Geschichte und den unüberhörbaren sozialkritischen Untertönen. Zwar ist *Halka* nicht frei von fremden Einflüssen und lehnt sich an Vorbilder vor allem aus der französischen und italienischen Oper an (Auber, Donizetti), doch ist die Partitur erstaunlich sicher und mit handwerklichem Geschick gearbeitet. Ihr nicht nur in den Volksszenen und Tänzen eigener national geprägter Ton ist von einigem Reiz und sicherte Moniuszko einen hervorragenden Platz in der polnischen Musikgeschichte. Neben volkstümlichen Arien und Tänzen sowie der effektvollen Einbeziehung von Polonaise, Mazurka und Goralentänzen treten jedoch auch immer wieder die für Moniuszkos Stil charakteristischen lyrischen Momente in den Vordergrund: etwa in den liedhaften Arien Halkas (I. Akt) und in ihrer mit starker Empfindung getragenen großen Szene (II. Akt; nachkomponiert für Paulina Rivoli) sowie in Jonteks Baritonpartie, die Moniuszko für die 2. Fassung zu einer Tenorpartie umwandelte und damit Jontek zur dritten Hauptperson aufwertete (unter anderm mit so gelungenen musikalischen Erweiterungen wie seiner melancholischen Dumka im IV. Akt). Trotz der wenig avancierten Harmonik und einer eher konventionellen Orchesterbehandlung stellt der musikalische Ablauf des Werks aufgrund des geschickten Einsatzes von Erinnerungsmotiven und eines kontrastvollen Formenreichtums eine weithin überzeugende Spiegelung der Handlung dar.

Wirkung: Die Uraufführung der 2. Fassung (Dirigent: Jan Ludwik Quattrini, Regie: Leopold Matuszyński, Bühnenbild: Antonio Sacchetti, Choreographie: Roman Turczynowicz; Halka: Rivoli, Stolnik: Wilhelm Troszel, Zofia: Kornelia Quattrini, Janusz: Adam Ziółkowski, Jontek: Julian Dobrski) wurde zu

Halka, II. Akt; Marcel Wittrisch als Jontek, Tiana Lemnitz als Halka; Regie: Heinrich Strohm, Bühnenbild: Wilhelm Reinking; Staatsoper, Berlin 1936. – Die im damaligen Deutschland denkwürdige Aufführung präsentierte *Halka* erstmals in Berlin und bildete auch einen Höhepunkt in der Karriere der beiden Protagonisten, die zu den herausragenden Solisten der Staatsoper in dieser Zeit gehörten.

einem sensationellen Erfolg und trug Moniuszko das Angebot eines Dirigentenpostens an der Warschauer Oper ein. Mit *Halka* begann die selbständige Entwicklung der polnischen Oper, und in diesem Sinn betonten die patriotisch gesinnten Kritiker die Bedeutung der Uraufführung, hoben die Originalität von Moniuszkos musikalischem Stil hervor, während der reaktionären Presse die politische Tendenz des Werks mißfiel. Noch zu Lebzeiten Moniuszkos erlebte *Halka* in Warschau 150 Aufführungen; die 500. wurde 1900, die 1 000. 1935 gegeben. Zehn Jahre nach der Uraufführung begann das Werk auch außerhalb Polens Popularität zu erlangen: 1868 wurde es in Prag (Dirigent: Bedřich Smetana, Regie: František Sák), 1869 in Moskau (russisch von Nikolai Kulikow) und 1870 in Petersburg (Übersetzung und Dirigent: Zesar Kjui) aufgeführt. Es folgten Inszenierungen in Kiew 1874, Riga 1888 (erstmalig in deutscher Sprache), Posen 1898 (deutsch von Maximilian Moris), New York 1903 und Mailand 1905, wo *Halka* im Teatro Lirico (italienisch von Achille Bonoldi) von einer Amateurgruppe gegeben wurde. In der Übersetzung von Walter Klein inszenierte Henryk Kowalski *Halka* 1926 an der Volksoper Wien (Dirigent: Emil Młynarski; Halka: Marie Schwarz-Förster, Zofia: Anny Ko-

netzni, Jontek: Albin von Rittersheim). Die deutsche Erstaufführung setzte Heinrich Strohm (Übersetzung: Felix Greißle) 1935 in Hamburg in Szene (Dirigent: Hans Schmidt-Isserstedt, Bühnenbild: Wilhelm Reinking; Hertha Faust, Hans Hotter, Lisa Jungkind, Władisław Ladis). War die 1. Fassung zunächst in Vergessenheit geraten, so entdeckte man sie 1926 in Wilna wieder und spielte sie 1931 in Krakau. Zu einer richtungweisenden Aufführung der 2. Fassung kam es nach Aufführungen in Belgrad 1933, Zürich 1935 (Dirigent: Kurt Rothenbühler, Regie: Viktor Pruscha; Halka: Judith Hellwig, Janusz: Georg Oeggl), Helsinki 1936 und Berlin 1936 (mit Tiana Lemnitz und Marcel Wittrisch exzellent besetzt) erst wieder mit Leon Schillers Inszenierung in Berlin 1953 (Halka: Liselotte Losch, Janusz: Kurt Rehm, Jontek: Erich Witte), die im selben Jahr auch in Warschau gezeigt wurde. Von den jüngeren Inszenierungen des Werks seien genannt: Leipzig 1951, Budapest 1952, Lüttich 1956, Toulouse 1957, Dresden 1958, Volksoper Wien 1965 (Übersetzung: Marcel Prawy; Regie: Aleksander Bardini, Dirigent: Jan Krenz; Halka: Christiane Sorell), Saarbrücken 1966, Breslau 1978, Warschau, wo 1986 von der Kammeroper wiederum die 1. Fassung gespielt wurde, und Oberhausen 1990.

Autograph: Sekcja im. Stanisława Moniuszki, Warszawskie Towarzystwo Muzyczne, Warschau; Kl.A, 1. Fassung: Ges. d. Freunde d. Wissenschaften Posen. **Ausgaben:** Part, poln./ital. Übers. v. A. Bonoldi: Gebethner i Wolff, Warschau 1900; Part: Polskie Wydawnictwo Muzyczne, Krakau 1978, Nr. 448; Kl.A, poln./ital.: Gebethner i Wolff, Warschau; Kl.A v. W. Raczkowski, poln./ital.: Polskie Wydawnictwo Muzyczne, Krakau 1952; Textb.: ebd. 1953. **Aufführungsmaterial:** Stowarzyszenie Autorów Zaiks, Warschau
Literatur: H. v. Bülow, S. M., ›Halka‹, in: NZfM 39:1858, S. 209–212, 222f.; H. Opieński, S. M., Lemberg, Posen 1924; W. Rudziński, J. Prosnak, Almanach M.wski, Warschau 1952; W. Rudziński, S. M., 2 Bde., Krakau 1955–61; Z. Jachimecki, M., Krakau 1961; T. Kaczyński, Dzieje sceniczne ›Halki‹, Krakau 1969; K. Mazur, Pierwodruki S. M., Warschau 1970; W. Rudziński, M. Studia i materiały, Krakau 1978; B. M. Maciejewski, M. Father of Polish Opera, London 1979; J. Prosnak, S. M., Krakau 1980; G. Abraham, The Operas of S. M., in: Essays on Russian and East European Music, Oxford 1985, S. 156–171; A. Lischke, Commentaire musical et littéraire, in: L'Avant-scène, Opéra, Nr. 83, Paris 1986, S. 125–135; A. Opalinski, M.'s Romantic Operas, in: Opera Journal 23:1990, Nr. 1, S. 23–33

Karol Bula

Hrabina
Opera w trzech aktach

Die Gräfin
Oper in 3 Akten

Text: Włodzimierz Dionizy Wolski, nach dem Roman *Suknia balowa* (1842) von Józef Dzierzkowski
Uraufführung: 7. Febr. 1860, Teatr Wielki, Warschau
Personen: Gräfin (S); Chorąży, Fahnenträger (B); Bronia, seine Enkelin (S); Kazimierz (T); Podczaszyc, Mundschenk (Bar); Dzidzi, sein Neffe (Bar);

Ewa, Freundin der Gräfin (S). **Chor:** Damen, Herren, Gäste, Jäger, Diener. **Ballett**
Orchester: 2 Fl (2. auch Picc), 2 Ob, 2 Klar, 2 Fg, 4 Hr, 2 Trp, 3 Pos, Tb, Pkn, Schl (gr.Tr, kl.Tr, Bck, Trg), Streicher
Aufführung: Dauer ca. 2 Std. 15 Min. – Gesprochene Dialoge.

Entstehung: In der zehnjährigen Wartezeit auf eine Warschauer Aufführung (1858) von *Halka* (1848) begann Moniuszko an seinen Fähigkeiten als Opernkomponist wie an der Gattung Oper zu zweifeln und wandte sich statt dessen der Komposition lyrischer und dramatischer Kantaten zu (*Milda*, 1848; *Nijoła*, 1852). Erst der *Halka*-Erfolg lenkte seine Entwicklung wieder in eine andere Richtung: Finanziell waren ihm nun die Kündigung seines Organistenamts sowie die längst erwünschte Studien- und Kunstreise möglich, auf der er Franz Liszt in Weimar und Bedřich Smetana in Prag kennenlernte. Auch sein Interesse an der Oper erwachte wieder, und er arbeitete im Sommer 1858 gleichzeitig an *Rokiczana* (1859, unvollendet, Text: Józef Korzeniowski), *Paria* (1869) und (zum letztenmal mit Wolski) an *Hrabina*.

Handlung: In Warschau und Umgebung, Anfang des 19. Jahrhunderts.
I. Akt, Salon im Palast der Gräfin: Die unlängst verwitwete Gräfin will einen Kostümball geben, bei dessen Vorbereitungen Dzidzi und der von der Schönheit der Gräfin betörte Kazimierz um die Gunst der Gastgeberin buhlen. Bronia, eine junge Verwandte der Gräfin vom Land, fühlt sich in der fremden Umgebung nicht wohl, die Verehrung des alternden Podczaszyc ist ihr fremd, ihre Zuneigung zu Kazimierz aber bleibt unerwidert.
II. Akt, ebenda: Ballszenen von Zephyr und Flora, Neptun und Satyr werden einstudiert; die Gräfin probiert voll Stolz und in Vorfreude auf die Bewunderung, deren sie sich gewiß ist, vor dem Spiegel ihr Dianakostüm. Wirklich übertrifft es alle andern: das schlichte Bronias, die Nationaltracht von Kazimierz und Chorąży und auch das Neptunkostüm von Podczaszyc. Während der Probe wird hoher Besuch gemeldet: die erste Dame der polnischen Elite, Freundin des Prinzen Józef Poniatowski, Madame de Vauban, habe ihr Kommen zugesagt. In der Aufregung tritt Kazimierz auf das Kostüm der Gräfin, das zerreißt; die ihm erwiesene Gunst ist vertan, und er verläßt untröstlich das Haus, während Dzidzi triumphiert.
III. Akt, Chorążys Haus, einige Jahre später: Bronia erwartet den aus dem Krieg zurückkehrenden Kazimierz, den auch die Gräfin begrüßen will. Kazimierz ist während seiner Abwesenheit die Tiefe von Bronias Gefühlen klargeworden, so daß er der Gräfin kühl begegnet. Zu schüchtern, um selbst um Bronia zu werben, bittet er Podczaszyc um Hilfe, der schließlich wegen seines Alters zum Verzicht auf Bronia bereit ist. An der allgemeinen Freude über die Verbindung des Paars vermag nur die Gräfin nicht Anteil zu nehmen; sie verläßt stolz das Haus.

Kommentar: Wolski und Moniuszko ging es weniger um eine Zeichnung individueller Charaktere als um eine Gegenüberstellung zweier Gesellschaftsschichten. Intendiert war eine Satire der am Raffinement französischen Salonlebens orientierten polnischen Aristokratie, verbunden mit einer Apologie des polnischen Patriotismus, den sie vom einfachen Volk verkörpert sahen. In ihrem ursprünglichen Konzept viel offensichtlicher zutage tretend, scheint dieser Gegensatz in der durch die Zensur um vieles undeutlicheren Endversion hauptsächlich auf der Ebene der Mode bewahrt zu sein: Die Blasierten, Attitüdenhaften sind ganz auf die französische Mode eingeschworen, während die Patrioten skrupulös die Nationaltrachten tragen. Das an sich blasse Sujet erhält erst durch Moniuszkos Musik einige Farbe: Da sind die Gräfin, mit ihren kapriziösen, dabei absichtsvoll charakterlosen Arien, und ihre Gegenfigur, das schlichte Landmädchen Bronia, die selbst zum aufwendigen Kostümfest

Hrabina; Alojzy Żółkowski als Podczaszyc; Uraufführung, Teatr Wielki, Warschau 1860. – Einer berühmten polnischen Schauspielerfamilie entstammend, war Żółkowski als Schauspieler und Sänger ein Komiker von außergewöhnlicher Begabung, ausgestattet mit einer warmen Baritonstimme. Der Podczaszyc wurde zu seiner bedeutendsten Opernrolle.

nur eins ihrer rührenden Lieder beisteuern kann; Kazimierz steht zwischen beiden Frauen und läßt sich von der Welt aristokratischer Äußerlichkeiten blenden, bis er begreift, daß nur ein Leben mit Bronia Erfüllung geben wird. Den Kontrast musikalischer Ausdruckssphären zeigt Moniuszko besonders im Übergang vom II. zum III. Akt. Im II. Akt reiht er in buntem Wechsel kleine Szenen in verschiedenen musikalischen Stilen: Einem farbenprächtigen Ballett von Zephyr und Flora folgt die von der Gräfin während ihrer Kostümprobe gesungene prunkvolle italienische Arie; nach einer weiteren Balletteinlage, in der Podczaszyc auf einem Triumphwagen als Neptun erscheint, wechselt die Stimmung nur vorübergehend ins Intime, wenn Bronia mit schöner Einfachheit einen polnischen Gesang vorträgt. Dem stellt Moniuszko am Anfang des III. Akts die mit Solocello und tiefen Streichern ungewöhnlich instrumentierte Polonaise gegenüber: Es ist eine seiner *Polonaisen* (1845) für Klavier, die er auf Anregung des Cellisten Józef Szabliński erst am Tag vor der Uraufführung eingefügt hatte und die vom Premierenpublikum mit donnerndem Applaus beantwortet wurde und mehrfach wiederholt werden mußte. Der III. Akt, sowohl wenn Kazimierz sich vor Chorążys Landhaus alten Erinnerungen hingibt als auch im Chor der Jäger, für den Moniuszko erstmalig die Originalversion eines polnischen Volkslieds verwendet, ist ganz in diesem Ton gehalten.
Wirkung: Unter Moniuszkos Leitung (Regie: Leopold Matuszyński, Choreographie: Roman Turczynowicz) sangen in der Uraufführung Paulina Rivoli (Gräfin), Wilhelm Troszel (Chorąży), Józefa Chodowiecka (Bronia), Mieczysław Kamiński (Kazimierz), Alojzy Żółkowski (Podczaszyc), Matuszyński (Dzidzi) und Bronisława Dowiakowska (Ewa). 1926 wurde das Werk in polnischer Sprache in New York gespielt, jedoch konnte sich keine Aufführungstradition im Ausland entwickeln, während in Polen *Hrabina* häufig gespielt wurde. Als fortschrittliche Inszenierung nach dem zweiten Weltkrieg gilt die von Leon Schiller 1951 in Warschau.

Autograph: Sekcja im. Stanisława Moniuszki, Warszawskie Towarzystwo Muzyczne, Warschau. **Ausgaben:** Part: Gebethner i Wolff, Warschau 1860; Kl.A: Warszawskie Towarzystwo Muzyczne, Warschau 1900; Gebethner i Wolff, Warschau 1901; Textb.: ebd. 1860. **Aufführungsmaterial:** Stowarzyszenie Autorów Zaiks, Warschau
Literatur: s. S. 221

Karol Bula

Straszny dwór
Opera w czterech aktach

Das Gespensterschloß
Oper in 4 Akten

Text: Jan Konstanty Chęciński, nach der Erzählung (1840) von Kazimierz Władysław Wójcicki
Uraufführung: 28. Sept. 1865, Teatr Wielki, Warschau
Personen: der Marschall (Bar); Hanna (S) und Jadwiga (Mez), seine Töchter; Herr Damasy, Rechtsbeistand und Faktotum des Marschalls (T); Stefan (T) und Zbigniew (B), Ritter und Gutsherren; die Truchsessin, ihre Tante (S); Maciej, ehemaliger Soldat, alter Diener von Stefan und Zbigniew (Bar); Skołuba, Verwalter des Marschalls (B); Marta, Wirtschafterin bei Stefan und Zbigniew (S); Grześ, Bauernjunge (T); eine ältere Frau (Mez); ein Vogt (stumme R). **Chor:** Ritter, Soldaten, Reitknechte, Bauern, Bäuerinnen, Gesinde, Dorfmädchen, Jäger, Knechte, Musikanten. **Ballett:** Gäste des Marschalls
Orchester: 2 Fl (2. auch Picc), 2 Ob, 2 Klar, 2 Fg, 4 Hr, 2 Trp, 3 Pos, Tb, Pkn, Schl (gr.Tr, Bck, Tamburin, Trg), Streicher; BühnenM: Fl, Hrf, Kl, Harm, Glsp
Aufführung: Dauer ca. 2 Std. 45 Min. – Im Finale ist eine bedeutende Mazurka eingefügt, die weder in Moniuszkos Klavierskizze noch in der Partitur vorkommt. Sie ist in zwei Handschriften überliefert: Orchestral, getanzt und in chorischer Version mit anscheinend auf Bestellung hinzugedichteten Worten, worauf die Ausführung der Chorpartitur schließen läßt. In der Bühnenpraxis folgt die getanzte Mazurka meist in Anschluß an den »Kulig«, während die chorische Version an den Schluß der Oper gestellt wird. Von der letzten Szene der Oper gibt es zwei als authentisch zu betrachtende Fassungen, die in Partitur und Klavierauszug (Warschau 1937) alternativ publiziert sind. – Die Truchsessin kann auch mit einem dramatischen Mezzosopran besetzt werden.

Entstehung: Der herausragende Erfolg der 2. Fassung (1858) von *Halka* (1848), heute als Geburtsstunde der polnischen Nationaloper betrachtet, überstieg Moniuszkos kühnste Erwartungen und brachte ihm erstmals eine gewisse finanzielle Unabhängigkeit. Noch bevor er, zum Dirigenten und wenig später zum Operndirektor berufen, im Okt. 1858 nach Warschau übersiedelte, konnte er im Sept. 1858 dort die einaktige Volksoper *Flis* (Text: Stanisław Bogusławski) herausbringen. In erneuter Zusammenarbeit mit Włodzimierz Wolski folgte *Hrabina* (1860). Ein weiteres satirisches Werk war der Einakter *Verbum nobile* (Warschau 1861); Librettist war diesmal Chęciński, von nun an Moniuszkos bevorzugter Mitstreiter. Den Aufstand vom Jan. 1863 in Kongreßpolen, der nach seinem Scheitern eine beispiellose Unterdrückung nationalpolnischer Lebensäußerungen und eine versuchte Russifizierung nach sich zog, erfuhr Moniuszko als auch persönlich einschneidendes Ereignis: Nach einer Periode völliger kompositorischer Untätigkeit vollendete er seine Ende 1862 musikalisch skizzierte Oper *Straszny dwór*, mit der das nach dem Januaraufstand geschlossene Warschauer Opernhaus wiedereröffnet wurde. Unter diesen Umständen geriet die Premiere zu patriotischen Demonstration. Die von Abend zu Abend sich steigernden Ovationen weckten das Mißtrauen der Zensurbehörde: Nach drei Aufführungen fiel das Werk der zaristischen Zensur zum Opfer und wurde zu Moniuszkos Lebzeiten nicht mehr gespielt.

Handlung: In Polen, Ende des 18. Jahrhunderts.
I. Akt, 1. Bild, Gelage vor einer Waldschenke: Die Brüder Stefan und Zbigniew, junge Adlige, verabschieden sich nach einem Feldzug von ihren Waffengefährten und geloben, ledig zu bleiben, um dem Vaterland jederzeit dienen zu können. 2. Bild, Gutshof der Brüder: Die Brüder bekräftigen nochmals den Verzicht auf den Ehestand. Aber ihre Tante, eine zielbewußte hochgestellte Witwe, überrascht die beiden mit einer erfolgreichen Brautwerbung. Die Brüder erklären jedoch eilends ihre Abreise zum Schloß des Marschalls, um dort die Rückzahlung eines Darlehns zu betreiben. Die Tante warnt, in höchster Sorge um ihre Pläne, vor dessen fluchbeladenem Schloß.
II. Akt, Schloß des Marschalls: Hanna und Jadwiga bereiten den Silvesterabend vor. Herr Damazy macht Hanna wieder einmal einen Antrag. Übermütig verspricht sie ihm Erhörung, wenn ihr beim Wachsgießen sein Konterfei erscheint; es kommen aber zwei Ritter zum Vorschein. Damazy ist untröstlich, zumal auch der Marschall sich Schwiegersöhne mit ritterlichen Tugenden wünscht: heimatverbunden und tapfer, traditionsbewußt und glaubensstark, großmütig und gerecht, echte Patrioten. Zur Rettung ihrer Pläne eilt die Tante aufs Schloß, sagt den Besuch ihrer Neffen an, erzählt von deren Junggesellenschwur und bezichtigt sie, feige Memmen zu sein. Mit einer Jagdgesellschaft treffen die Brüder ein. Insgeheim bewundern Stefan und Zbigniew die Schönheit ihrer ehemaligen Spielgefährtinnen Hanna und Jadwiga, die ihrerseits an der vermeintlichen Feigheit der so ansehnlichen Ritter zu zweifeln beginnen. Zusammen mit Hanna, Jadwiga und Skołuba plant Damazy, in Gespensterverkleidung den Brüdern einen Schreck einzujagen.
III. Akt, Saal mit lebensgroßen Ahnenbildern und einer alten Standuhr: Skołuba weist den Gästen ihre Nachtlager an und erzählt dem verschüchterten Maciej Gespenstergeschichten: Die Ahnenbilder würden zu nächtlicher Stunde bisweilen lebendig, und die Uhr werde wie von Geisterhand in Bewegung gesetzt. Während Stefan sich eingesteht, wie sehr Hanna in ihm Erinnerungen an seine Mutter und seine glückliche Kindheit weckt, und Zbigniew aus Sehnsucht nach Jadwiga nicht einschlafen kann, halten sich Hanna und Jadwiga hinter den Gemälden verborgen, um die Brüder als Gespenster zu erschrecken. Zum gleichen Zweck sitzt Damazy im Uhrkasten, dem er um Mitternacht polternd entsteigt; die Schwestern können unerkannt entwischen, er aber wird vom todesmutigen Maciej gestellt und rettet sich in die Verleumdung, auf dem Schloß laste ein Fluch, weil es mit durch Vaterlandsverrat gewonnenem Geld erbaut sei. Die Brüder beschließen ihre sofortige Abreise.
IV. Akt, wie II. Akt: Nach dem Spuk verkündet Damazy triumphierend die Abreise der »Feiglinge«. Der bestürzte Marschall vermag die beiden jedoch zum Bleiben zu bewegen, feiert man doch, wie stets zur Jahreswende, den »Kulig«, ein Maskenfest. Auf dem Höhepunkt des Trubels wird Damazy als Harlekin entlarvt; vom Marschall befragt, erklärt er seine Verleumdung mit seiner unglücklichen Liebe zu Hanna. Nun endlich halten Stefan und Zbigniew um die Hand der Töchter des Marschalls an, der vor seiner Zustimmung erzählt, warum sein Haus in den Ruf eines Gespensterschlosses kam: Ein Urahn habe neun Töchter gehabt, die ihrer Schönheit wegen schnell Freier fanden, so daß die Mädchen der Nachbarhöfe unverheiratet blieben und sich als Gespensterschar gerächt hätten. Mit dem Segen des Marschalls knien die Brüder vor ihren Bräuten, und auch die Tante glaubt zu wissen, daß Damazys Herz nur noch für sie schlägt.

Kommentar: Als Vorlage diente, wie bei *Halka*, eine Erzählung Wójcickis, die Chęciński in ein vordergründig heiteres, aber stets die ironische Tiefe auslotendes Libretto umwandelte. Beide ließen sich von Adam Mickiewicz' nationalem Versepos *Pan Tadeusz*

Straszny dwór; Wilhelm Troszel als Zbigniew; Illustration: Juliusz Kossak; Uraufführung, Teatr Wielki, Warschau 1865. – Kurz nach der Uraufführung von *Straszny dwór* verabschiedete sich Troszel 1865 in einer Aufführung von Moniuszkos *Halka* (1848) von der Bühne des Teatr Wielki, dem er seit seinem Debüt 1843 als erster Bassist angehört hatte.

(1834) inspirieren, das eine Besinnung auf die nationale Vergangenheit und auf das Leben des eigenen Volks einleitete. Kennzeichnend für Moniuszkos Stil ist die Verwendung polnischer Volkstänze, insbesondere der Polonaise und der Mazurka, mit neuen, nichttänzerischen Inhalten, die sich mehr und mehr von der ursprünglich lebensbejahenden Heiterkeit entfernen. In *Strazny dwór* erscheinen viele Stellen in ebenso strengen wie eleganten Formen des Tanzes, die der äußeren Haltung, dem Lebensstil der Polen entsprechen. Der Marschall entwirft seine Vorstellungen von den zukünftigen Schwiegersöhnen zu den Klängen einer Polonaise, also in einer Tanzform, mit der man jeden Empfang, jeden Ball, jedes große Gesellschaftsereignis paradeähnlich, fast rituell eröffnete und die zum festen Bestandteil der polnischen Adelstradition gehörte. Stefans Glockenspielarie (III. Akt), in der er beschreibt, wie er im elterlichen Haus zur Vaterlandsliebe erzogen wurde, enthält als Zwischenspiel eine Mazurka, die an die polnische Nationalhymne erinnert. In der Auftrittsarie der Tante, dem heiteren Terzett Nr. 4, ist in den polkaartigen Ariosi der fröhliche Rhythmus des Krakowiak herauszuhören. Und schließlich ist die hinzukomponierte Mazurka im IV. Akt mit dem klangprächtigen, zündenden Chor von melodischer Prägnanz und spezifischer Urwüchsigkeit ein Manifest polnischer Volksmusik. Mit der balladenhaften Dumka Jadwigas von nostalgischer Romantik und schmerzlich-melancholischer Besinnlichkeit (II/7) oder Hannas brillant-artifizieller Koloraturarie, unzweifelhaft französisch inspiriert (IV/17), ebenso mit den transparent gestalteten Ensemblesätzen und Chorszenen (Finale des II. Akts) gelang Moniuszko Musik von überwältigender Bühnenwirksamkeit. Die Leitidee seines Opernschaffens, Gesellschaftskritik und Volkstümlichkeit, oder, wie Leon Schiller (s. Lit.) treffend umschrieb: die Verbindung der »Kunst der Unterhaltung mit einem edlen Moralisieren«, offenbart sich in Moniuszkos Streben nach einer eigenen, nationalen Tonsprache, die er in *Straszny dwór* in farbiger Lebendigkeit entfaltete.

Wirkung: Neben *Halka* ist *Straszny dwór* Moniuszkos geschlossenstes und nach neuerer Einschätzung künstlerisch bedeutendstes Werk und die im Ausland am meisten gespielte polnische Oper. Auf Verlangen der Zensur wurde sie bis zum ersten Weltkrieg nur in einer textlich nichtauthentischen Version aufgeführt; gleichwohl fand sie kontinuierliches Interesse. Nach der Uraufführung unter Moniuszkos Leitung (Hanna: Bronisława Dowiakowska, Stefan: Julian Dobrski, Zbigniew: Wilhelm Troszel, Truchsessin: Honorata Majeranowska, Maciej: Jan Koehler) stand das Werk 1891 in Kiew und in Prag (tschechisch von Jindřich Böhm), 1926 in Köln, 1939 (erstmals deutsch, Übersetzung: Jan Śliwiński), 1948 in Bern und Pilsen, 1952 in Minsk und 1953 in Görlitz und Leningrad auf dem Spielplan. Für die Krefeld-Mönchengladbacher Aufführung (1971) schuf Ilka Boll unter Mitarbeit von Kurt Klippstätter eine beachtenswerte neue Übersetzung. Es folgten 1979 gleich zwei deutsche Inszenierungen: In Bonn sangen unter der Leitung von Jan Krenz Bożena Betley-Sieradzka und Hildegard Hartwig (Töchter), Wiesław Ochman (Stefan) und Günter Schneider (Zbigniew), in Hagen unter Leitung von Yoram David Ligia Grosu und Mary Henderson, Ronald Pries und Hans-Joachim Porcher. In Polen gehört die Oper zum festen Repertoire. Sie wurde in Warschau mehrfach neu inszeniert: 1926 von Adolf Popławski in werkgetreuerer Fassung (Dirigent: Emil Młynarski), 1935 mit Eugeniusz Mossakowski (Marschall), Edward Bender (Zbigniew) und Wiktor Brégy (Stefan), der als Regisseur der nächsten Inszenierung (1949) wiederbegegnet. Um die Erarbeitung einer neuen, durch Kürzungen und Zusammenfassung des I. Akts im Ablauf beschleunigten Konzeption machten sich besonders Bohdan Wodiczko und Aleksander Bardini (1963) sowie Krenz und Maciej Prus (1972; Marschall: Andrzej Hiolski, Hanna: Urszula Trawińska) verdient. In den folgenden Jahren wurde *Straszny dwór* gleich an drei polnischen Bühnen gespielt: 1978 in Lodz (Hanna: Delfina Ambroziak, Zbigniew: Zdzisław Krzywicki), 1980 in Danzig (Dirigent: Zbigniew Chwedczuk) und Stettin. Die bislang letzte Inszenierung in Warschau gab es 1983 (Dirigent: Robert Satanowski).

Autograph: Sekcja im. Stanisława Moniuszki, Warszawskie Towarzystwo Muzyczne, Warschau. **Ausgaben:** Part u. Kl.A: Towarzystwo Wydawnicze Muzyki Polskiej, Warschau 1937; Kl.A: Polskie Wydawnictwo Muzyczne, Krakau 1984, Nr. 896; Kl.A v. J. Lefeld, poln./dt. Übers. v. J. Śliwiński: ebd. 1958; Textb.: Warschau, Gebethner i Wolff 1865; Krakau, Polskie Wydawnictwo Muzyczne 1949. **Aufführungsmaterial:** Henschel-Vlg., Bln.; Moeck, Celle
Literatur: Z. JACHIMECKI, S. M. A Polish Composer of the XIXth Century, in: MQ 14:1928, S. 54–62; W. RUDZIŃSKI, The Dramaturgy of S. M.'s Operas, in: Ze studiów nad sztuka, romantyzmu, Warschau 1972; L. SCHILLER, S. M., in: Ph., Bonn 1979; W. RUDZIŃSKI, Tradycje demokratyczne utworach S. M., in: Muzyka a rewolucja, hrsg. K. Musioł, Kattowitz 1982; weitere Lit. s. S. 221

Helmut Lux

Paria
Opera w trzech aktach z prologiem

Der Paria
Oper in drei Akten mit Prolog

Text: Jan Konstanty Chęciński, nach der Tragödie *Le Paria* (1821) von Jean François Casimir Delavigne
Uraufführung: 11. Dez. 1869, Teatr Wielki, Warschau
Personen: Idamor, Anführer der Krieger (T); Ratef, sein Vertrauter (T); Akebar, Hoherpriester, Anführer der Brahminen (B); Neala, Akebars Tochter (S); Mirra, Priesterin (Mez); Dżares, Paria, Idamors Vater (Bar); Bettler (stumme R). **Chor:** Brahminen, Priesterinnen, Krieger, Volk
Orchester: 2 Fl (2. auch Picc), 2 Ob, 2 Klar, 2 Fg, 4 Hr, 2 Trp, 3 Pos, Ophikleide, Tb, Pkn, Schl (Bck, gr.Tr, Trg), 2 Hrf, Streicher
Aufführung: Dauer ca. 2 Std. 30 Min. – Ballett im III. Akt.

Entstehung: Delavignes Tragödie mit ihrer sozialen Thematik und ihrem in der Romantik so gefragten Exotismus interessierte Moniuszko seit seinem 17. Lebensjahr. Ende der 50er Jahre bat er Chęciński, sie zu einem Libretto umzuarbeiten, und begann mit der Komposition. Die Arbeit wurde jedoch bald unterbrochen und erst nach den Erfolgen von *Verbum nobile* (Warschau 1861) und *Straszny dwór* (1865) fortgesetzt; der größte Teil des Werks entstand 1868/69.
Handlung: In der indischen Stadt Benares, um 1500. Prolog, heiliger Hain; Nacht: Idamor vertraut seinem Freund Ratef seine Liebe zur Priesterin Neala an. Das Gespräch wird von einem Zuflucht suchenden Bettler unterbrochen, den die Krieger verfolgen, um ihn als Paria zu steinigen. Idamor, der sich seiner eigenen Herkunft als Paria erinnert, beschließt, seinen Vater aufzusuchen und ihn um Vergebung zu bitten, daß er sich von seinem Stand losgesagt habe.
I. Akt, 1. Bild, Ufer des Ganges; Sonnenaufgang: Die Priesterinnen huldigen der aufgehenden Sonne. Neala kämpft mit sich, ob sie ihrer Berufung als Priesterin folgen oder ihrer Liebe zu Idamor nachgeben soll. Allein geblieben, entscheidet sie sich, ihrer Liebe den Vorrang zu geben. Als ihr Geliebter kommt, verkündet sie ihm, daß ihr Vater sie von ihrem Gelübde entbinden und ihre Hand einem auserwählten Mann geben will; Idamor fürchtet, für immer von ihr getrennt zu werden. 2. Bild, Tempel: Eine Orakelbefragung wird vorbereitet. Vor den Brahminen kritisiert Akebar den Hochmut der Krieger, die die Macht der Priester bestreiten; dabei fällt Idamors Name. Trotzdem, verkündet Akebar, sei es sein Wille, Idamor, der sich im Kampf für das Vaterland verdient gemacht hat, seine Tochter Neala zur Frau zu geben.
II. Akt, heiliger Hain: Idamor gesteht Neala seine Herkunft. Zunächst reagiert sie mit Verachtung und Abscheu, schließlich jedoch siegt in ihr die Liebe über das Standesbewußtsein und die Angst vor der ihnen beiden drohenden Gefahr. Von Ratef erfährt Idamor, ein geheimnisvoller Greis suche ihn. Als dieser herbeigeführt wird, erweist er sich als der Paria Dżares. Er erkennt in Idamor seinen Sohn und bittet ihn, nach Haus zurückzukehren; Idamors Flehen, bei ihm und Neala in Benares zu bleiben, schenkt er kein Gehör.
III. Akt, Ufer des Ganges: Als Neala zur Hochzeitszeremonie herbeigeführt werden soll, erscheint der wahnsinnige Dżares und ruft die Versammelten auf, ihn gemäß dem Gesetz als Paria zu töten. Idamor versucht das zu verhindern und bekennt sich zu seinem Vater. Der begreift nun, daß er seinen Sohn in Todesgefahr gebracht hat, und verleugnet ihn vergeblich. In fanatischem Haß gegen die Parias ersticht Akebar Idamor. Da erscheint Neala und verkündet, sie wolle das Schicksal von Dżares teilen und dem Greis seinen verlorenen Sohn ersetzen. Gemeinsam verlassen sie Benares.
Kommentar: *Paria* ist Moniuszkos einzige Oper mit einem nicht nationalen Thema. Der Grund dafür war, neben der von der literarischen Vorlage ausgehenden Faszination, Moniuszkos Hoffnung, mit einem nicht spezifisch polnischen Stoff das Interesse ausländischer Bühnen erwecken zu können. Musikalisch blieb das Werk der einzige Versuch des Komponisten, in Auseinandersetzung mit Wagner (vor allem *Lohengrin*, 1850) zu einer Erneuerung der eigenen musikalischen Sprache zu finden. Er beeinflußte jedoch nicht Moniuszkos Stil, sondern wirkte lähmend auf seine schöpferischen Fähigkeiten. Ebensowenig traf Moniuszko das Lokalkolorit: Er verfiel in einen routinierten Ton, der Persönliches allenfalls im falschen Moment offenbarte, nämlich wenn die indischen Helden »polnisch« gefärbte Arien singen. Moniuszko fühlte sich selbst auf unvertrautem Boden, wie aus seinem Brief an Aleksander Walicki hervorgeht: »in einer fremden Oper […] sehe ich aus wie ein weiß bemalter Neger« (in: Witold Rudziński, *Stanisław Moniuszko*, S. 712, s. Lit.). Zu den interessantesten Partien des Werks gehört die ausdrucksvolle, dramatische Ouvertüre (zwischen Prolog und I. Akt).
Wirkung: Nach der Uraufführung (Dirigent: Moniuszko, Regie: Leopold Matuszyński, Choreographie: Virgilio Calori; Idamor: Daniel Filleborn, Neala: Bronisława Dowiakowska, Dżares: Jan Koehler) erlebte *Paria* lediglich sechs Vorstellungen. Die Kritiker beurteilten die Oper mit großer Zurückhaltung und fanden nur Anerkennung für Moniuszkos kompositorische Routine. Anders als Moniuszko es erhofft hatte, blieb *Paria* im Ausland unbeachtet, und selbst in Polen verging beinah ein halbes Jahrhundert bis zur nächsten Einstudierung: Warschau 1917 (Dirigent: Julian Hirszfeld, Regie: Henryk Kowalski, Choreographie: Michał Kulesza). In Breslau stand das Werk 1951 auf dem Spielplan; es folgten 1958 (Dirigent: Antoni Wicherek, Regie: Karol Urbanowicz) und 1969 Inszenierungen in Posen.

Autograph: Sekcja im. Stanisława Moniuszki, Warszawskie Towarzystwo Muzyczne, Warschau. **Ausgaben:** Part u. Kl.A: Warszawski Towarzystwo Muzyczne, Warschau 1913; Kl.A: Gebethner & Wolff, Warschau 1870; Textb.: ebd. 1869; Part, Ouvertüre: Krakau 1952. **Aufführungsmaterial:** Bibl. d. Polskie Wydawnictwo Muzyczne, Warschau
Literatur: s. S. 221

Ewa Burzawa

Meredith Monk

Geboren am 20. November 1943 in Lima

Turtle Dreams

Schildkrötenträume
Tanzstück

Musik: Meredith Monk. **Film:** Robert Withers, nach einem Szenario von Meredith Monk
Uraufführung: 19. Mai 1981, The Space, City Center, New York, Meredith Monk and Company

Darsteller: Tänzerin, 2 Darstellerinnen, 2 Darsteller
Orchester: 2 elektr. Org, 2 Frauen-St., 2 Männer-St.
Aufführung: Dauer ca. 20 Min.

Entstehung: 1964, als Monk nach ihrer Ausbildung am Sarah Lawrence College nach New York kam, war die »Judson-Church«-Bewegung gerade im Begriff, ihre ikonoklastischen Innovationen im Bereich des Tanzes zu konsolidieren. Inmitten dieses postmodernen Umfelds gehörte Monk bald mit zur Spitze der amerikanischen Avantgarde. Werke wie *The Beach* (1965), *Blueprint* (1967), *Juice* (1969; alle New York), *Needle-Brain Lloyd and the Systems Kid* (New London, CT 1970), *Vessel* (1971), *Education of the Girlchild* (1973), *Quarry* (1976; alle New York), in denen sie mit bewußt unvirtuosen Bewegungen experimentierte und die sie oft in für Theaterproduktionen nicht vorgesehenen Räumen aufführte, etablierten ihre Reputation. *Turtle Dreams* entstand zunächst als Koda zu Monks Oper *Specimen Days* (New York 1981). Zuvor hatte sie mit *Recent Ruins* (New York 1979) schon ein Stück produziert, in dem Schildkröten eine Rolle spielten.
Inhalt: Rechts auf der Bühne stehen die Orgeln. Im Hintergrund läuft ein leicht blaustichiger Film im Negativ ab: Eine riesige Gipsschildkröte kriecht langsam über eine Landkarte mit den verschiedenen Kontinenten, verirrt sich in den ausgestorbenen Straßenschluchten einer Stadt. Geparkte Autos und Wolkenkratzer erscheinen neben ihr winzig. Die Schildkröte setzt ihre Wanderung fort auf dem Mond, der ebenso unbewohnt ist wie die Erde. Während des Films folgen die dunkel gekleideten Sänger/Tänzer einer schlichten Choreographie. – Die Akteure stehen, Mann und Frau abwechselnd, in einer Reihe und sehen ins Publikum. Wenn die Musik beginnt, beugen sie ihre Köpfe nach links und rechts, schwingen abwechselnd das rechte und linke Bein nach vorn und schreiten, mit pendelnden Armen, zunehmend heftiger und großflächiger ein Viereck aus. Sie bilden Paare und fassen sich an den Händen. Der Höhepunkt wird erreicht, als sich alle vier beim Einsatz von Sirenengeheul auf den Rücken fallen lassen und, mit den Füßen in Richtung Publikum, bis nach einer musikalischen Generalpause reglos liegen bleiben. Schließlich stehen sie wieder auf und fahren mit ihren tänzelnden Bewegungen fort. Gegen Ende hin kommt aus der rechten Kulisse in einer knöchellangen Krinoline eine Tänzerin; sie dreht sich im Walzerrhythmus, wobei sie die Arme vor dem Körper gerundet hat, so als hielte sie einen Tanzpartner fest. Zu den letzten Klängen bewegt sie sich links wieder hinaus; währenddessen wandern die vier Akteure vor zur Rampe und stellen sich zur Verbeugung auf.
Kommentar: Monks Musik zu *Turtle Dreams* erscheint zeitenüberdauernd, Vorgeschichte und Zukunft gleichermaßen umfassend. Sie beginnt mit monotonen, repetitiven, nur allmählich variierten Orgeldreiklängen, über die sich bald die Stimmen der Sänger legen, zunächst einer Beschwörungsformel gleich, dann in klagenden Vokalen und Silben; Frauen- und Männerstimmen sind als solche nicht mehr eindeutig auszumachen. Einzelne Buchstaben oder Vokalisen mögen zwar keinen Wortsinn ergeben, aber sie sind doch derart verbunden, daß man etwa mit »FaFaFa« eindeutig Vogelrufe assoziiert. Als Endzeitelegie von lustvollen, heiteren Kanons unterbrochen, steigert sich der Vierergesang in Sirenengeheul zur Generalpause hin. Es fällt nicht schwer, in dieser Generalpause mit der dazugehörigen Szene (die Akteure liegen reglos am Boden) eine Vision des »Tags danach« zu erkennen. Monk selbst interpretiert *Turtle Dreams* als apokalyptisches Stück, entstanden aus der Angst vor der nuklearen Bedrohung und gedacht als Protest gegen die Rüstungspolitik des amerikanischen Präsidenten Ronald Reagan, gemeint als Warnung und als Trost zugleich. Die Schildkröte gilt ihr als Lebewesen, das die Menschheit überdauern wird. – Monks Rückgriff auf Archaisches findet sich nicht nur in bildlichen Symbolen, sondern überhaupt in allen ihren Kompositionen. Wenn sie einfache, auf modalen Harmonien basierende Stücke schreibt, so geschieht dies, um eine in allen Menschen vorhandene ursprüngliche Musikalität anzusprechen. Diese Simplizität und das begrenzte Klangmaterial, mit dem sie arbeitet, stellen sie jedoch nicht in eine Reihe mit Minimal-music-Komponisten wie Steve Reich, Philip Glass oder Terry Riley. Zwar bedient sich Monk durchaus minimalistischer Verfahrensweisen wie der mehrfachen Wiederholung einer Figur, der Addition oder Subtraktion von Notenwerten innerhalb einer zeitlich fixierten Sequenz, doch fehlt ihren Stücken das Unendlichmuster streng minimalistischer Kompositionen. Beim Gesang stützt sie sich auf völlig verschiedene Techniken. Sie nutzt in ihren Stimmexperimenten sämtliche Resonanzräume, weshalb man aus dem Heulen, Keckern, Lachen, Lispeln, Flüstern die Gesänge der unterschiedlichsten Kulturen herauszuhören glaubt. Für Monk soll Musik eine allgemein verständliche Sprache sein. Aus diesem Grund hat sie den Text aus ihren Werken verbannt; Sprache im Theater empfindet sie als nur eine Ebene der Wahrnehmung. Ihre Ausprägung von Theater gleicht eher einem Teppich, in dem alle Elemente verwoben sind: Sprache, Bewegung, Musik, Licht und Bild. Wenngleich sich Monk zuerst als Musikerin begreift, fungiert Bewegung doch als ein entscheidender Bestandteil ihrer theatralen Produktionen. Es handelt sich dabei um eine Bewegung, die emotional aus den Gegebenheiten des jeweiligen musikalischen Themas entspringt, die sich aus dem Solarplexus und dem Rückgrat heraus entwickelt und die grundsätzlich vom westlichen Modern Dance und von östlicher Meditation ausgeht. Der freie Umgang mit den verschiedenen Kompositions-, Gesangs- und Tanztechniken eröffnet Monk eine nahezu unbegrenzte Wahl ihrer Ausdrucksmittel für ihre intermedialen Werke. Um sich und ihre Stücke nicht festzulegen oder einer einzelnen Sparte zurechnen zu lassen, bezeichnet sie sich als »performer«, als aufführende Künstlerin. Sie erarbeitet ihre Produktionen mit ihrer Theatergruppe »The House«, gegründet 1968, und dem »Vocal Ensem-

ble«, das sie 1978 formierte. In beiden Gruppen haben sich Künstler zusammengefunden, die sich von überkommenen Kategorisierungen in den darstellenden Künsten lösen wollten. So ist bei Monk eine Theateraufführung immer auch ein Tanzabend, ein Film Komposition, und ein Konzert trägt theatrale Züge. Deshalb ist auch *Turtle Dreams* nicht eindeutig einzuordnen; es ist eine »performance« aus Film, Musik, Tanz und Licht, bei der die einzelnen Elemente sehr puristisch eingesetzt sind: archaisch und futuristisch zugleich, bedrohlich und humorvoll in einem.
Wirkung: *Turtle Dreams* wurde später als »Waltz« in die abendfüllende Produktion *Turtle Dreams. Cabaret* (New York 1983) eingegliedert.

Autograph: M. Monk, NY. **Ausgaben:** Video, color: WBGH Boston TV 1983. **Aufführungsmaterial:** M. Monk, NY **Literatur:** S. BANES, Terpsichore in Sneakers. Post-Modern Dance, Boston 1980, S. 149–167; A. SMITH, M. M. [Turtle Dreams], in: DM 55:1981, Nr. 11, S. 100, 102; B. ASHOFF, Im Zeichen der Schildkröte, in: Frankfurter Allgemeine Zeitung, 2./3.10. 1982; P. GREENAWAY, M. M. [Filmdokumentation; Channel 4 TV], 1983; E.-E. FISCHER, Die eigene Geschichte tanzen. Neue Ausdrucksformen amerik. Choreographinnen, in: Süddt. Zeitung, 6./7.8. 1983, S. 95; DIES, Die zarte, zähe Kultfigur. Begegnungen mit M. M., ebd., 19./20.5. 1984, S. III; Further Steps. Fifteen Choreographers on Modern Dance, hrsg. C. Kreemer, NY 1987, S. 251–264

Eva-Elisabeth Fischer

Marguerite Monnot

Marguerite Angèle Monnot; geboren am 26. Mai 1903 in Decize (Nièvre), gestorben am 12. Oktober 1961 in Paris

Irma la douce
Comédie-musicale

Irma die Süße
2 Akte (22 Bilder)

Buch und Gesangstexte: Alexandre Breffort, nach seiner Erzählung *La Jalousie du Fripé ou Les Harengs terribles* aus *Les Nouveaux contes du grand-père Zig* (1952)
Uraufführung: 12. Nov. 1956, Théâtre Gramont, Paris
Personen: Irma la douce; Nestor le fripé; Bob le hotu; Polyte le mou; Jojo les yeux sales; Roberto les diams; Frangipane; Dudu la praline; Polizeiinspektor; Persil le noir; Ankläger; Verteidiger; 2 Wärter; 5 Kunden; Gerichtsvollzieher; Arzt
Orchester: Kl, Kb, Git
Aufführung: Dauer ca. 2 Std. 30 Min. – Die Darstellerin der Irma sollte singen und tanzen können; der Darsteller des Nestor muß seiner Doppelrolle als junger und älterer Mann (anderer Charakter, verstellte Stimme) gerecht werden.

Gesangsnummern: Valse milieu (Das ist so unser Milieu); Chœur des mecs (Die Crème de la crème); Sur le vieux pont Caulaincourt (Auf der Brücke von Caulaincourt); Avec les anges (Du brauchst gar nichts zu sagen); Elle a du chien (Sie ist 'ne Wucht); Ah, dis-donc; J'suis un mec taré (Der letzte Dreck von 'nem Mec); Chœur des mecs (Ein kalter Mord, das geht zu weit); L'Aventure est morte (In Paris im Hafen); Chœur des clients (Kundensong); Irma la douce (Hat für mich das Leben überhaupt noch einen Sinn?); Au bagne (Bagno-Song); Hardi, joli gondolier (Vorwärts, braver Steuermann); Y a qu'à Paris pour ça (In Paris am Strand der Seine); Il est né

Entstehung: *Irma la douce* folgt in groben Zügen einer Geschichte Brefforts, dessen Absicht es war, unkomplizierte, von philosophischen Betrachtungen unbelastete Charaktere zu schaffen. Für Monnot, die in erster Linie als Komponistin von Edith Piafs Chansons berühmt geworden ist, war es das erste Bühnenwerk.
Handlung: In Paris und auf der Teufelsinsel, 30er Jahre des 20. Jahrhunderts. I. Akt, 1. Bild: vor der »Bar des Inquiets«; 2. Bild: in der Bar; 3. Bild: Irmas Zimmer; 4. und 5. Bild: der Pont Caulaincourt; 6. Bild: Hotel Rapid; 7. Bild: Bar; 8. Bild: Hotel Rapid; 9. und 10. Bild: Zimmer von Irma und Nestor; 11. Bild: eine enge Straße; 12. Bild: Seineufer; 13. Bild: Bar; II. Akt, 1. Bild: vor Gericht; 2. Bild: Sträflingsschiff; 3. Bild: die Straße vor Irmas Haus; 4. Bild: Teufelsinsel; 5. Bild: Floß; 6. Bild: eine Straße in Paris; 7. Bild: Polizeirevier; 8. Bild: die Straße; 9. Bild: Irmas Zimmer.
I. Akt: In den Nebenstraßen der Place Pigalle verdient sich Irma ihren Lebensunterhalt als vielbeschäftigte Prostituierte. In der »Bar des Inquiets« lernt sie eines Abends den mittellosen Jurastudenten Nestor kennen, der sich für sie einsetzt, als sie von ihrem Zuhälter schlecht behandelt wird. Nestor und Irma verlieben sich ineinander und leben schon bald in Nestors Dachkammer zusammen. Um ihren Lebensunterhalt bestreiten zu können, geht Irma weiter »anschaffen«, sehr zum Leidwesen des eifersüchtigen Nestor. Deshalb beschließt er, Irmas einziger Stammkunde zu werden: Mit Hut und Bart als »Monsieur Oscar« verkleidet, besucht er sie jeden Tag und gibt ihr 10 000 Francs. Irma, die nun keine weiteren Kunden mehr empfangen muß, liefert glücklich diese 10 000 Francs regelmäßig bei Nestor ab, der ihr ebenso regelmäßig am nächsten Tag als Oscar das Geld wieder zukommen läßt. Da auf diese Weise nichts zum Leben übrigbleibt, muß er sich als Parkettbohnerer verdingen, um wenigstens etwas Geld zu verdienen. Die übermäßige Belastung erschöpft Nestor im Lauf der Zeit immer mehr; obendrein wird er eifersüchtig auf Oscar, der Irma von Tag zu Tag besser gefällt. Als Irma schließlich zu diesem zieht, kehren sich die Verhältnisse um: Oscar ist von Müdigkeit geplagt und muß bohnern, und Nestor wird Irmas Dauerkunde. Um das Doppelspiel aufzulösen, »ertränkt« Nestor seinen Nebenbuhler. Als er sich vor seinen Kollegen

mit dieser Tat brüstet, wird er verhaftet und die andern Zuhälter wegen Beihilfe zum Mord gleich mit.
II. Akt: Nestor, der seine Unschuld nicht beweisen kann, wird mit den Zuhältern zu Zwangsarbeit auf der Teufelsinsel verurteilt. Er hat Sehnsucht nach Irma, und als sie ihm schreibt, daß sie von ihm schwanger sei, flieht er mit seinen Kumpanen auf einem selbstgebauten Floß. Zurück in Paris, verkleidet er sich wieder als Oscar und beweist so, daß es nie einen Mord gegeben hat. Das Urteil wird aufgehoben; Nestor ist rehabilitiert und kann Vaterfreuden genießen, nachdem Irma Zwillinge zur Welt gebracht hat, die auf die Namen Nestor und Oscar getauft werden.
Kommentar: *Irma la douce* ist ein Musical in der Tradition Bert Brechts und Kurt Weills, in Stil und Atmosphäre aber unverwechselbar französisch. Zum gallischen Flair dieses »Märchens für Erwachsene«, in dem zwar »sittlich verkommene«, aber doch sympathische Charaktere die Hauptrollen spielen, gehören auch die typisch französische Unbeschwertheit, der Spaß an Verwirrungen und die lässige Einstellung zum Sexuellen. Monnots Musik ist reich an Café-chantant-Melodien mit ihren beschwingten Rhythmen und dem unverwechselbaren Musetteklang, ohne, abgesehen von der Schlußnummer, ins Sentimentale abzugleiten. In ihr spiegelt sich einfühlsam die Stimmung der wechselnden Schauplätze und Lebensumstände wider; durch Verwendung exotischer Elemente erfährt auch die Szenerie der Teufelsinsel eine entsprechende musikalische Ausprägung. Ähnlich wie in den Stücken von Brecht und Weill gibt es auch in *Irma la douce* einen nur am Rand an der Geschichte beteiligten Erzähler: Als eine Art Conférencier führt der Barbesitzer Bob le hotu das Publikum durch das Musical; mit Ironie und Witz informiert er über das Ambiente der Place Pigalle, über die Menschen und die dort herrschenden Sitten. Charakteristisch ist der schnelle Übergang von Bildern ernsteren Gehalts mit solchen, in denen zur Auflockerung der französische Witz in den Vordergrund drängt, beispielsweise wenn sich vor Gericht die Vertreter der Anklage und der Verteidigung über die Urheberschaft der berühmten Streitschrift *J'accuse* in die Haare geraten. Insgesamt handelt es sich bei *Irma la douce* um ein ungewöhnlich humorvolles, hintersinniges Musical mit einer dem Sujet fein angepaßten Musik.
Wirkung: Die Uraufführungsproduktion (Regie: René Dupuy) mit Colette Renard (Irma), Michel Roux (Nestor) und Dupuy (Bob) erwies sich als so erfolgreich, daß sie im größeren Théâtre de l'Athénée fortgesetzt wurde; sie lief über vier Jahre. 1958 brachte das Lyric Theatre London *Irma la douce* heraus (englisch von Julian More, David Heneker und Monty Norman); in dieser um Tanznummern erweiterten Inszenierung von Peter Brook (mit Elizabeth Seal, Keith Michell und Clive Revill) gelangte das Werk 1960 an den Broadway (Plymouth Theatre), wo es zu den erfolgreichsten Musicals der Saison zählte. Bei der Verfilmung (1963) von Billy Wilder (mit Shirley MacLaine, Jack Lemmon und Bruce Yarnell) wurde auf die Songs verzichtet; Monnots Komposition fand nur als Hintergrundmusik Verwendung. Revivals des Werks gab es in Paris 1967 und London 1979. Eine deutschsprachige Version mit neuer musikalischer Einrichtung und einem in Edinburgh spielenden zusätzlichen Bild erlebte ihre Premiere 1961 in Baden-Baden (Regie: Hannes Tannert, Bühnenbild: Jean-Pierre Ponnelle); eine weitere Version von Max Colpet wurde in der Münchner »Kleinen Freiheit« 1962 vorgestellt. *Irma la douce* gehört zu den wenigen europäischen Musicals, die ein Welterfolg wurden.

Ausgaben: Gesangstexte, dt. v. H. Bernhardt: Bosworth, Köln 1963. **Aufführungsmaterial:** Ed. Micro, Paris; engl. Übers. v. J. More, D. Heneker, M. Norman, Orchestration (1960) v. A. Popp, R. Ginzler: Tams-Witmark, NY; dt. v. I. Kohorte [d.i. H. Tannert], H. Bernhardt, mus. Einrichtung v. W. Meissner: Lauke, München
Literatur: Alexandre Breffort, hrsg. R. Bacri, Paris 1976

Vicky Bähren

Pierre Alexandre Monsigny

Geboren am 17. Oktober 1729 in Fauquembergues (bei Saint-Omer, Pas-de-Calais), gestorben am 14. Januar 1817 in Paris

Le Cadi dupé
Opéra-bouffon en un acte

Der betrogene Kadi
1 Akt

Text: Pierre-René Lemonnier, nach einem Märchen aus *Tausendundeiner Nacht*
Uraufführung: 4. Febr. 1761, Théâtre de la Foire Saint-Germain, Paris
Personen: der Kadi (T); Fatime, seine Frau (S); Zelmire (S); Nouradin, ihr Geliebter (H-C); Omar, Färber (B); Ali, die häßliche Tochter Omars (T); ein Aga des Kadis (H-C); ein Lastenträger (stumme R).
Statisterie: Gefolge des Agas
Orchester: Ob, 2 Hr, Streicher, B.c
Aufführung: Dauer ca. 1 Std. – Gesprochene Dialoge.

Entstehung: Monsignys Bühnenwerke wurden von den Zeitgenossen hochgeschätzt und gehörten neben denen von Egidio Romualdo Duni und François André Philidor, später von André Ernest Modeste Grétry und Nicolas Dalayrac zu den populärsten ihrer Zeit. Einige standen bis zur Revolution und darüber hinaus regelmäßig auf den Spielplänen der Opéra-Comique. An die Öffentlichkeit trat Monsigny erstmals 1759 (Paris) mit einem Einakter, dem Intermède *Les Aveux indiscret* (Text: La Ribardière). Es folgte die Opéra-bouffon *Le Maître en droit* (Paris 1760, Text: Lemonnier), die so große Resonanz fand, daß sie 1762 in einer erweiterten Neufassung am Hof in Fontainebleau gegeben wurde. *Le Cadi dupé* war Monsignys dritte komische Oper.

Handlung: In der Empfangshalle des Kadis: Der Kadi will die junge und schöne Zelmire heiraten, die er noch nie gesehen hat. Zelmire hat den Kadi abgewiesen, weil sie ihn für zu alt hält. Um sich zu rächen, will er Zelmire mit einem Abenteurer verheiraten, den er als reichen Kaufmann ausgibt. Der junge Mann, Nouradin, ist aber kein andrer als der Geliebte Zelmires. Zelmire stellt dem Kadi eine Falle, um sich für seine Arglist zu rächen und ihn von seinen Heiratsplänen zu kurieren: Sie gibt sich als Ali aus, Tochter des Färbers Omar. Ihr Vater habe ihr wegen ihrer Häßlichkeit alle Ehen abgeschlagen. Der Kadi, fasziniert von Zelmires Schönheit, schickt nach Omar und schließt mit ihm einen Kontrakt, um dessen Tochter heiraten zu können. Fatime hat von den Absichten ihres Gatten erfahren und gerät mit ihm in Streit, weil er sein Herz einer andern schenken will. Die wahre Ali, eine Art Monstrum, erscheint und verlangt, vom Kadi geheiratet zu werden. Der kann sich nur noch mit einer ansehnlichen Summe von seinem Heiratsversprechen lösen.

Kommentar: Diese »pièce mêlé d'ariettes« lebt vor allem vom lustigen Text; besonders die letzten Szenen sind komisch und bühnenwirksam. Die 19 Gesangsnummern (eine Ouvertüre ist nicht in den Partituren, sondern nur in gedruckten Stimmen überliefert) sind in einem liedhaft-schlichten Melos gehalten. Sie sind geschickt auf die Akteure verteilt und machen die Vaudevilles entbehrlich, von denen die Partitur noch neun verzeichnet. Auf harmonische Raffinessen oder instrumentatorische Differenzierungen hat Monsigny weitgehend verzichtet. Die kleinen Arietten und Ensemblesätze, vom kurzen 16taktigen Chanson über die zweiteilige Liedform bis zur einfachen Dakapoform (a-b-a), wurden von den Zeitgenossen vor allem wegen ihrer eingängigen und geschmackvollen Melodien geschätzt. Berühmt und von Grétry in seinen *Mémoires ou Essais sur la musique* (1789) als dasjenige Stück gepriesen, das Monsignys Namen unsterblich mache, wurde das Duett Zelmire/Nouradin »Mon destin est assez doux«. Es ist neben der Ouvertüre, die zwei Hörner vorschreibt, die einzige Nummer der Oper mit einem zusätzlichen Blasinstrument (Oboe). Die Prestoariette der 6. Szene, ein Triumphlied des Kadis, läßt in ihrem wirbelnden ⅜-Takt und in den prasselnden Wortwiederholungen des »Roi je vais, vais, vais« Couleur-locale-Elemente spürbar werden.

Wirkung: *Le Cadi dupé* stand bis 1781 auf dem Spielplan der Opéra-Comique und erlangte auch im Ausland, zum Teil in deutscher (von Johann Heinrich Faber), holländischer (Jacob Toussaint Neyts), dänischer (Lars Knudsen) und schwedischer Übersetzung (Carl Magnus Envallsson und Carl Stenborg) große und dauernde Popularität. Gluck, der wenige Monate nach Monsigny dasselbe Sujet vertonte, konnte trotz der stärkeren Charakteristik und Farbigkeit seiner Partitur an den Erfolg des Vorgängerwerks nicht anknüpfen. Eine Wiederaufführung gab es 1988 beim Montmartre-Festival in Paris.

Autograph: Verbleib unbekannt. **Ausgaben:** Part (ohne Ouvertüre): La Chevardière, Paris 1761; Le Goux, Lyon 1761; Part (»avec les ariettes & airs notés«): Duchesne, Paris 1761; Part u. St.: La Chevardière, Paris 1761; Le Goux, Lyon 1761; Textb.: Paris, Duchesne 1761, auch in: *Nouveau Théâtre de la Foire*, Bd. 3, Paris 1765; Kopenhagen, Philibert 1767; Textb. in: *Suite du répertoire du théâtre français*, Paris 1822, Bd. 57, S. 1–47
Literatur: A. G. CONTANT D'ORVILLE, Histoire de l'opéra bouffon, Amsterdam, Paris 1768, Nachdr. Genf 1970, S. 251–266; P. J. NOUGARET, De l'art du théâtre, Paris 1769, Bd. 1 (H. 4), S. 297–304, Nachdr. Genf 1971, S. 86–88; F. M. v. GRIMM, Correspondance littéraire, philosophique et critique, adressée à un souverain d'Allemagne, 17 Bde., Paris 1812–14, Bd. 4, 5, 7–9, 11/12; P. HÉDOUIN, Notice historique sur P. A. de M., Paris 1821; M. J. SEDAINE, Quelques réflexions inédites [...] sur l'opéra-comique, in: C. GUILBERT DE PIXÉRÉCOURT, Théâtre choisi, Bd. 4, Nancy 1843, Nachdr. Genf 1971, S. 501–516; A. ADAM, M., in: DERS., Derniers souvenirs d'un musicien, Paris 1871; L. GÜNTHER, L'Œuvre dramatique de Sedaine, Paris 1908; A. POUGIN, M. et son temps, Paris 1908; F. GAIFFE, Le Drame en France au XVIIIe siècle, Paris 1910, Nachdr. 1971; G. CUCUEL, Notes sur la Comédie Italienne de 1717 à 1789, in: Vierteljahresschrift d. Internationalen M.-Ges. 15:1913, S. 159ff.; DERS., Les Créateurs de l'opéra-comique français, Paris 1914, S. 135–151; L. P. ARNOLDSON, Sedaine et les musiciens de son temps, Paris 1934, S. 113–125; C. D. BRENNER, Dramatizations of French Short Stories in the Eighteenth Century with Special Reference to the »Contes« of La Fontaine, Marmontel, and Voltaire, in: Univ. of California Publ. in Modern Philology 33:1947, S. 1ff.; P. DRUILHE, M., Paris 1955; M. A. RAYNER, The Social and Literary Aspects of Sedaine's Dramatic Work, Diss. London 1960; C. D. BRENNER, The Théâtre Italien, Its Repertory 1716–1793, in: Univ. of California Publ. in Modern Philology 63:1961; C. R. BARNES, The Théâtre de la Foire (Paris 1697–1762), Its Music and Composers, Los Angeles 1965, Diss. Univ. of Southern California; K. M. SMITH, Egidio Duni and the Development of the »Opéra-comique« from 1753 to 1770, Ithaca 1980, Diss. Cornell Univ.; J. B. KOPP, The »drame lyrique«. A Study in the Esthetics of Opéra-comique, 1762–1791, Philadelphia 1982, Diss. Univ. of Pennsylvania

Rudolph Angermüller

On ne s'avise jamais de tout
Opéra-comique en un acte en prose, mêlé de morceaux de musique

Man kann nicht immer an alles denken
1 Akt

Text: Michel Jean Sedaine, nach der Verserzählung aus dem 2. Band (1666) der *Contes et nouvelles en vers* von Jean de La Fontaine, nach der Novelle aus *Les Cent nouvelles nouvelles* (anonym, 1462?)
Uraufführung: 14. Sept. 1761, Théâtre de la Foire St. Laurent, Paris
Personen: Monsieur Tue, Arzt und Vormund von Lise (T); Lise, sein Mündel (S); Dorval (H-C); Margarita, Dienerin und Bonne von Lise (S); der Kommissar (B); ein Marktweib (S); ein Lastenträger (B). **Statisterie:** ein Schreiber, ein Gerichtsdiener
Orchester: 2 Ob, 2 Hr, Streicher, B.c
Aufführung: Dauer ca. 1 Std. – Gesprochene Dialoge.

Entstehung: La Fontaines frivole Erzählungen sind zusammen mit Jean-François Marmontels *Contes moraux* (1761) fest mit der Librettistik und der Geschichte der Opéra-comique im 18. Jahrhundert verbunden. Bereits 1741 ist La Fontaines *On ne s'avise jamais de tout* von Charles-François Panard für die Opéra-comique *Le Registre inutile* bearbeitet und inszeniert worden. Nachdem Sedaine, der ursprünglich Architekt und Baumeister war und sich nach dem Buffonistenstreit der Opéra-comique zuwandte, mit den Libretti zu *L'Huître et les plaideurs ou Le Tribunal de la chicane* (Paris 1759) und *Le Jardinier et son seigneur* (Paris 1761) von François André Philidor große Erfolge erzielt hatte, schrieb er das Buch zu Monsignys drittem Bühnenwerk, wobei er zwei Figuren La Fontaines (den Ehegatten und dessen Frau) durch den Doktor Tue und sein Mündel Lise ersetzte, um so einer kritischen, moralischen Intention mehr Gewicht zu geben.

Handlung: Auf einer Gasse in Paris: Dorval, ein junger Mann aus vornehmer Familie, der sich in Lise verliebt hat und es einzurichten wußte, sie bei ihrer Rückkehr aus der Klosterschule nach Paris zu begleiten, wartet vergeblich vor dem Haus ihres Vormunds Doktor Tue. Tue, argwöhnisch und entschlossen, sein reiches Mündel zu heiraten, um sein mageres Einkommen aufzubessern, befiehlt seiner Dienerin Margarita, Lise streng zu bewachen, und übergibt ihr ein Erziehungsbuch. Da erscheint Dorval als Diener verkleidet, um Tue fortzulocken. Doch der ist viel zu beschäftigt, Margarita seine reichlich veralteten Wertvorstellungen über die Erziehung junger Mädchen zu erklären, um in ihm einen Konkurrenten zu erkennen. Margarita jedoch kennt bereits alle Schliche junger Mädchen. Während Tue Krankenbesuche macht, nähert sich Dorval, diesmal als Bettler, dem Haus seiner Angebeteten. Als Margarita mit Lise heraustritt, gibt sich Dorval Lise zu erkennen und erzählt Margarita, um sie abzulenken, von den Martern seiner angeblichen Gefangenschaft in Marokko. Während Margarita und Lise weitereilen, schüttet Dorval, nun als alte Frau verkleidet, aus dem Fenster hinaus eine Schachtel voller Puder auf Lise (später ist allerdings, wie bei La Fontaine, von einem »panier d'ordure«, einem Schmutzkübel, die Rede). Sogleich erscheint Dorval unten in der Haustür, um sich zu entschuldigen und den Schaden wiedergutzumachen. Margarita glaubt Lise in guten Händen und eilt nach Haus, um frische Kleider zu holen. Nun sind Dorval und Lise endlich allein, um sich ihre Liebe zu gestehen, doch da taucht Tue auf. Schnell verschwinden die Liebenden im Haus. Margarita kommt zurück und erzählt Tue, sie wolle Lise frische Kleider bringen. Der wütende Tue ahnt Schlimmes und läßt sofort den Kommissar samt Schreiber und Büttel holen mit der Behauptung, sein Mündel sei entführt worden. Der Kommissar will die Haustür aufbrechen lassen, als Dorval heraustritt, bereit, Lise zu verteidigen. So bleibt dem übertölpelten Tue nichts übrig, als in die Heirat seines Mündels einzuwilligen.

Kommentar: Dieser Einakter über die alte Komödienthematik von Vormund und Mündel besteht aus einer Reihe skizzenhafter und stegreifartiger Szenen, die in ihrer Farbe, Mentalität und in ihrem Aktionsstil der italienischen Commedia dell'arte gleichen. Beispiele dafür sind der permanente Kleider- und Rollenwechsel Dorvals, der Lazzieffekt mit dem ausgeschütteten Puder, die Überlistung Margaritas durch Dorval und die Figur des mißtrauischen, trotteligen Doktors. In Tues Rationalismus und seinen Moralpredigten, in Margaritas lächerlichen Anstandsregeln und unnatürlichen Zwangsmaßnahmen sowie in der Unwissenheit der naiven Lise karikiert Sedaine mit den Mitteln der Typenkomödie veraltete gesellschaftliche Verkehrsformen und Erziehungsregeln, die nach dem Erscheinen von Jean-Jacques Rousseaus Erziehungsroman *Emile ou De l'éducation* (1762) einer noch schärferen Kritik unterzogen wurden. – Wenngleich Handlungskomik und vordergründige Elemente der derb-komischen Sittenkomödie im Vordergrund stehen, so liegt in den Ariettes und im einzigen Duett des Liebespaars eine rousseauistisch einfache, volkstümliche Empfindsamkeit. Der Einakter, der von einer kurzen dreiteiligen Sinfonia nach italienischer Art eingeleitet wird, enthält neben den vielen Ariettes je ein Terzett, Quartett und ein verhältnismäßig groß angelegtes Quintett mit einfachen, formelhaften musikalischen Personencharakteristiken. Am Schluß steht ein Vaudeville mit der Schlußmoral. Musikalisch-komische Elemente enthalten die Ariettes Margaritas, die mit entrüsteten Oktavsprüngen und losschnatternd die unbeugsame Tugendwächterin spielt. Plappernde syllabische Achteldeklamationen und Wortwiederholungen im französischen Buffostil kennzeichnen die Gesangsnummern Tues, der in seiner ersten Ariette, »Vive un marchand«, die Vis comica eines ins Geld vernarrten, aufgeplusterten Alten bloßstellt. Besonders reizvoll, trotz ihrer Schlichtheit, ist eine Ariette Dorvals, in der er mit türkischem Kauderwelsch den entflohenen Sklaven mimt, um dann im Mittelteil mit einer sehnsüchtigen Mollromanze um Lise zu werben. Ein Stimmungs- und Tempowechsel auf engstem Raum, schwankend zwischen larmoyantem Affettuoso und impulsivem Presto, prägt Lises »Ah! ma bonne, que votre bonté me pardonne«, ein erster Ansatz für Monsignys spätere Accompagnatos. Typisch für Monsigny sind auch die pseudokanonischen Passagen im Terzett Margarita/Dorval/Tue. Der meist aus Streichern bestehende einfache Orchestersatz enthält einige für Monsignys frühe Werke charakteristische harmonische Ungeschicklichkeiten, die allerdings durch eine frische, einfallsreiche Melodik gemildert werden.

Wirkung: Über das Erfolgsstück *On ne s'avise jamais de tout* schrieb Friedrich Melchior von Grimm nach der Uraufführung in der *Correspondance littéraire* (s. Lit.), daß sein talentierter Verfasser Sedaine seit 60 Jahren der einzige Dichter sei, der an Molières Komödien erinnere, womit Grimm zweifellos auf eine Sujetverwandtschaft mit *L'Ecole des femmes* (1662) anspielte. Pierre Augustin Caron de Beaumarchais benutzte das Stück später als Vorlage für seinen *Barbier* *de Séville* (1775). Bemerkenswert ist eine Aufführung in Versailles am 2. Dez. 1761, die mit Darstellern der Comédie-Italienne, der Comédie-Française und der Académie de Musique besetzt war, weil nur diese Theater, nicht aber die Opéra-Comique Spielerlaubnis bei Hof hatten. Für das Schlußvaudeville wurden zwei weitere Strophen für den Lastenträger und das Marktweib hinzugedichtet; der entsprechende Librettodruck enthält darüber hinaus Besetzungsangaben für ein Ballett und die Aufführung einer Commedia dell'arte. Interessanterweise gab diese nach Sedaines Bericht geschmacklose, durch höfische »grande manière« verpatzte Aufführung den Anstoß zur Fusion von Comédie-Italienne und Opéra-Comique, weil der Hof das Stück von dem »natürlicheren« Ensemble der Uraufführung gespielt sehen wollte. Bis 1780 stand der Einakter auf dem Spielplan der Opéra-Comique und wurde bis 1790 an zahlreichen europäischen Bühnen, zum Teil übersetzt, nachgespielt, so in Brüssel, Den Haag, Wien und Amsterdam 1762, Petersburg 1764, Dresden 1766, Frankfurt a. M. 1772, Turin 1774, Augsburg 1779, Warschau 1782 und Stockholm 1790. Die Oper erlebte 1906 eine Wiederaufführung in Brüssel (Théâtre Molière), 1910 und 1928 in Paris. Eine deutsche Übersetzung von Lothar Metzl als *Das Lebenselixier* (musikalische Bearbeitung: Hans Gál) wurde 1936 in Baden (bei Wien) herausgebracht.

Autograph: Verbleib unbekannt. **Ausgaben:** Part (als Opérabouffon): Hue, Monthulay, Bailleux, Paris [1761]; Castaud, Lyon [1761]; Brunet, Toulouse [1761]; Part [seconde éd. augmentée]: Hérissant, Paris 1761, 1775; Chambreau, Avignon 1761; Kl.A v. C. Lecocq: Legouix, Paris [1905?]; Textb.: Paris, Hérissant 1761, 1775; Avignon, Chambreau 1764; Dresden, Walther 1766; Kopenhagen, Philibert 1767; Textb., dt. v. J. H. Faber u.d.T. *Man sieht niemals alles voraus*: Ffm., Andreä 1772
Literatur: D. HEARTZ, The Beginnings of the Operatic Romance. Rousseau, Sedaine, and M., in: Eighteenth Century Studies 15:1981/82, S. 149–178; weitere Lit. s. S. 230

Barbara Zuber

Le Roi et le fermier
Comédie en trois actes

Der König und der Pächter
3 Akte

Text: Michel Jean Sedaine, nach *The King and the Miller of Mansfield. A Dramatic Tale* (1737) von Robert Dodsley in der Übersetzung in *Choix de petites pièces du théâtre anglois* (1756) von Claude Pierre Patu
Uraufführung: 22. Nov. 1762, Comédie-Italienne, Paris
Personen: der König (H-C); Lurewel (T); ein Höfling (H-C); Richard, Pächter und Jagdaufseher (B); seine Mutter (S); Betsy, seine Schwester (S); Jenny, Nichte der Mutter und Geliebte Richards (S); Rustaut (B), Charlot (T) und Miraut (Spr.), Jagdknechte
Orchester: 2 kl. Fl, 2 Ob, 2 Hr, 2 Fg, Streicher, B.c
Aufführung: Dauer ca. 2 Std. – Gesprochene Dialoge. Richard verlangt einen hohen Bariton bis g'.

Entstehung: Sedaines Libretto war zunächst François André Philidor zur Komposition angeboten worden, der jedoch ablehnte.
Handlung: In England.
I. Akt, Wald: Richard befürchtet, daß seine geliebte Jenny ihm untreu ist. Jenny kann ihn jedoch von ihrer Unschuld überzeugen, indem sie ihre Erlebnisse berichtet: Von Lurewels Leuten in dessen Schloß gelockt, habe sie der Verführung ihre Tugend entgegengesetzt und sei schließlich entflohen. Dennoch ist ihre Hochzeit mit Richard gefährdet, denn die Schafherde, Jennys einziges Heiratsgut, ist im Schloß geblieben. Am nächsten Tag will Jenny den König, der sich in der Umgebung auf der Jagd befindet, um Hilfe anflehen.
II. Akt, wie I. Akt: Der König hat seine Jagdgesellschaft verloren und irrt hilflos umher. Richard findet ihn, und ohne zu ahnen, wer der Fremde ist, der sich als Jagdgenosse des Monarchen ausgibt, lädt er ihn zu sich nach Haus ein. Unterdessen nehmen Rustaut und Charlot zwei vermeintliche Wilddiebe fest: Lurewel und einen Höfling.
III. Akt, Richards Pachthof: Richard und der Fremde kehren heim und werden von den drei Frauen freudig empfangen und bewirtet. Dabei kommt es zu einem äußerst freimütigen Dialog, in dem Richard Kritik an den Herrschenden übt, der unerkannte Monarch sich entgegen allen Vorurteilen als menschlich und aufgeklärt erweist. Zum Dank für die Gastfreundschaft verspricht er, die Angelegenheit mit Jennys Schafherde zu regeln. Als Rustaut und Charlot ihre beiden Gefangenen herbeibringen, wird die Identität des Gasts aufgedeckt. Der König jagt Lurewel davon, erhebt Richard in den Adelsstand und sagt Jenny zu, für ihre Mitgift zu sorgen. Er reitet davon und läßt alle glücklich und gerührt zurück.
Kommentar: Sedaines Text hatte zunächst einige Hindernisse zu überwinden, denn in der Opéra-Comique galten historische Sujets als ungeeignet, und es war dort nicht üblich, einen König auf die Bühne zu stellen. Die Änderungen gegenüber dem Theaterstück bestanden, der Zensur zuvorkommend, in einer Abschwächung der Kritik an den Sitten des Hofs und darin, daß Jenny nicht verführt und verlassen wird, sondern sich durch die Flucht retten kann (vgl. Félix Gaiffe, S. 71f., s. Lit.). Die Darstellung eines Königs bedeutete zugleich eine Erweiterung der musikalischen Ausdrucksmittel, die nun auch pathetische Momente einschlossen. Sentimentale Züge erhielten größeres Gewicht, gesprochene Dialoge wurden nicht mehr durch Vaudevilles unterbrochen, mit dem Ergebnis einer größeren dramatischen Geschlossenheit. Berühmtheit erlangte das Duett Richard/Jenny im I. Akt, nicht zuletzt wegen der bemerkenswerten Parallelisierung der seelischen Vorgänge mit dem Naturgeschehen: Während in den wechselseitigen Versicherungen der Liebe noch die Erregung über den Vorfall mit Lurewel nachzittert, zieht ein Gewitter herauf; im

zweiten Teil wird durch Jagdlärm, der von fern erklingt, eine zusätzliche verdeckte Handlung exponiert und der musikalischen Form integriert. Der folgende Entreakt setzt die Gewitterschilderung fort und läßt sie einmünden in die Schilderung des Einbruchs der Nacht, in der sich der verirrte König wiederfindet. Sein langes Rezitativ »Je me suis égaré, sans doute« drückt Melancholie und Verlassenheit aus. Über den Umweg, daß Natur als Metapher für Gefühle eingesetzt wird, erobert so die charakteristische Musik, deren Metier bislang das Abbilden von Naturvorgängen war, einen neuen Bedeutungsbereich: Sie spricht von den Seelenregungen der handelnden Personen. Jennys Romanze »Que le soleil« (III. Akt), ein Muster, an dem sich andere Komponisten orientierten, zitiert die Topoi empfindsamer Musik: einfachste melodische Disposition, durchgehende Triolenbegleitung, Dur-Moll-Wechsel und Verwendung einer Solooboe. Komische Elemente kommen deshalb nicht zu kurz, doch greift Monsigny hier auf bewährte Effekte zurück, so zum Beispiel im großen Duett Betsy/Richard »Non, non, vous ne m'avez jamais« (I. Akt) oder in der Verwechslungsszene zwischen Rustaut und Charlot »Tu résister, tu te défends« zu Beginn des II. Akts.

Wirkung: Offenbar wurden bei der Uraufführung (König: Clairval, Richard: Joseph Caillot, Jenny: Marie-Thérèse Laruette) die Novitäten des Werks zunächst nicht so zustimmend aufgenommen wie die aus der Gattungstradition geläufigen Elemente, doch schließlich setzte sich *Le Roi et le fermier* mit dauerhaftem Erfolg durch. Friedrich Melchior von Grimm geißelte in der *Correspondance littéraire* (1. Dez. 1762, s. Lit.) die Fehlerhaftigkeit von Monsignys Tonsatz, lobte aber die eingängigen Melodien (»des chants agréables«) und hob vor allem den Textdichter hervor. Die erste Vorstellung in Versailles fand am 15. Febr. 1763 statt. Im selben Jahr gelangte das Stück an den Wiener Hof, wo es begeistert aufgenommen wurde. Es folgten unter anderm Warschau, Genf und Dresden 1766, Lübeck 1769, Petersburg 1776 und Kassel 1782. In deutscher Übersetzung von Gottlieb Konrad Pfeffel kam es 1772 in Köln, 1774 (?) in Frankfurt a. M., 1781 in München und Karlsruhe auf die Bühne. Währenddessen nahm die Beliebtheit des Werks in Paris nicht ab. Zwischen 1771 und 1780 wurde es an der Comédie-Italienne 141mal gespielt. 1780 berichtete Grimm über eine Aufführung im Trianon zu Versailles, bei der die Königin Marie Antoinette als Jenny auftrat. 1806 gab es an der Pariser Opéra-Comique eine Wiederaufnahme.

Autograph: Verbleib unbekannt. **Ausgaben:** Part: Herissant (Hue), Paris [1762]; Des Lauriers, Paris [1762], Nr. 40, Nachdr.: Pendragon, NY [in Vorb.] (French Opera in the 17th and 18th Centuries. 57.); Textb.: Brüssel, Paupié 1765; Dresden, Walther [1766]; Paris, Herissant 1768; Paris, Duchesne 1770, 1779; Textb. in: *Suite du répertoire du théâtre français*, Bd. 57, Paris 1822, S. 49–135; Textb., dt. v. G. K. Pfeffel: Ffm., Garbe 1766; dass., Dialoge v. J. H. Faber: Ffm. 1773
Literatur: s. S. 230

Ruth E. Müller

Rose et Colas
Comédie en un acte, prose et musique

Rose und Colas
1 Akt

Text: Michel Jean Sedaine
Uraufführung: 8. März 1764, Opéra-Comique, Hôtel de Bourgogne, Paris
Personen: Colas, Pierre Le Roux' Sohn (T); Rose, Mathurins Tochter (S); Mathurin, Pächter (B); Pierre Le Roux, Weinbauer (T); Mutter Bobi, Mathurins und Colas' Amme (S)
Orchester: 2 Ob, 2 Fg, 2 Hr, Streicher, B.c
Aufführung: Dauer ca. 1 Std. – Gesprochene Dialoge.

Entstehung: Nach dem großen Erfolg von *Le Roi et le fermier* (1762), der zweiten Opéra-comique des Gespanns Sedaine/Monsigny, die aufgrund ihres neuartigen Sujets großes Aufsehen erregte, griff Sedaine nochmals zu einem ländlichen Stoff.
Handlung: Im Haus des Pächters Mathurin: Colas liebt Rose, die ihn immer dann zum Stelldichein erwartet, wenn ihr Vater das Haus verlassen hat. Diesmal aber will Mathurin nicht weggehen, denn er hat gegen seine Tochter Verdacht geschöpft. Auch die alte Mutter Bobi weiß von der Liebschaft der jungen Leute und ermahnt Rose zur Tugend. Rose geht das Geschwätz der Amme auf die Nerven; sie versucht, den Vater wegzuschicken, um Colas hereinlassen zu können. Aber Mathurin bleibt, denn er wartet auf Pierre Le Roux, um ihm von der Liebschaft ihrer Kinder zu erzählen. Pierre weiß nur einen Rat: Die beiden müssen heiraten. Aber so schnell wollen sich die Väter noch nicht aufs Altenteil zurückziehen. Sie überlegen sich allerlei Tricks, um die Heirat hinauszuschieben, und einigen sich schließlich darauf, in Gegenwart von Rose einen Streit zu simulieren. Rose trennt die Streitenden und wirft Pierre aus dem Haus. Mathurin verbietet Rose, Colas zu sprechen, verschließt die Tür und verschwindet. Colas kommt zum Fenster herein. Rose erzählt ihm vom Streit der Väter. Plötzlich kommt Mathurin zurück. Colas versteckt sich, und Rose versucht verzweifelt, den Vater wieder loszuwerden. Mathurin aber schimpft Colas einen liederlichen Burschen und behauptet, dieser sei von seinem Vater für drei Jahre in die Fremde geschickt worden. Da fällt Colas, der sich auf einem an der Wand hängenden Sattel versteckt hielt, mit lautem Gepolter herunter. Als Pierre und schließlich noch Bobi auftauchen, wird die ganze Heimlichtuerei der Verliebten aufgedeckt. Die Väter sehen ein, daß die jungen Leute sofort heiraten müssen.
Kommentar: Ein hitziger, tolpatschiger Liebhaber, zwei bauernschlaue, nicht sehr edelmütige Väter, eine halb naive, halb clevere Tochter und eine kluge, aufgeklärte, moralisierende Amme: Monsignys und Sedaines Einakter ist in seinen Dialogen nicht mehr ganz vom Schlag einer pastoralen Rokokotändelei. Mag er auch noch Züge einer idealisierten bäuerlichen

Sittsamkeit im Stil Jean-Jacques Rousseaus tragen, so hat er doch schon unverkennbar realistisch-parodistische Momente. In Molières Komödien siegte noch die Gerechtigkeit, in Alain René Lesages Stücken für die Opéra-comique blieb trotz Bestrafung der Gauner alles beim alten. Beim philosophisch aufgeklärten, mit Denis Diderot befreundeten Sedaine siegt die Natur, wie es im Refrain des Schlußvaudevilles zur Sprache kommt: »Il faut seconder la nature, puisqu'elle vous fait la loi.« Während aber noch Rousseau die Überlegenheit tugendhafter Ländlichkeit pries, distanziert sich Sedaine von einem hochfliegenden, naiven Rousseauismus und ist damit näher an der Wirklichkeit. Natürlich soll die Natur der Liebenden zu ihrem Recht kommen, aber zunächst ist diese Heirat ein Handel wie jeder andere auch. Die Grenze zwischen Schurkerei und Selbstlosigkeit ist bei den Vätern, die ihre plumpe Selbstsucht schamlos enthüllen, zuweilen kaum noch ausfindig zu machen. Eben das macht das pastorale Stück im musikalischen Kostüm einer einfachen ländlichen Idylle zur buffonesken Farce. Handelt es sich bei den Vätern um bürgerliche Charaktere in Bauerntracht, die zuallererst an ihren Erwerb denken, so sind Rose und Colas jene Naturkinder der Aufklärung, die man mit Vorliebe auf das Land oder in ein exotisches Ambiente projizierte. Aber auch hier steht nicht mehr allein die verfeinerte und ungekünstelte Gefühlsdurchwärmung im Vordergrund wie noch in Rousseaus *Devin du village* (1752). Colas ist zwar noch der naive, unverdorbene Naturbursche, aber zugleich ein »ingénu« in karikierter Form. Naiv, wie sie sind, verstricken sich Rose und Colas in eine farcenhafte Situation, deren Komik darin besteht, daß sie ihre Väter hintergehen wollen, aber schon längst durchschaut sind. – Monsignys Melodik ist frisch. Zwei rustikale Chansons und ein volkstümliches Vaudeville für Rose, für die er auch ein empfindsames Entree mit Seufzerketten geschrieben hat, weiterhin Colas' pastorales Rondeau (mit Oboenterzen) und ein gefühlsgeladenes, mit einem Streichertremolo aufgeheiztes Liebesduett: alle diese Nummern kontrastieren sehr reizvoll mit der realistischen, natürlichen Prosa der Dialoge. Den buffonesk polternden obligaten Komödienton in Mathurins Arietten, der lieber eine Herde Schafe ohne Hund hüten als eine Tochter bewachen will, hat Monsigny mit einfachen, aber treffenden musikalischen Mitteln dargestellt. So in einer Dakapoariette, in der Mathurin sarkastisch übertrieben den Schmerzenston unglücklicher Liebe karikiert: mit schmachtenden Orchestersynkopen, Ausrufen in hoher Lage und großen Intervallen. Die musikalischen Auftritte des Liebespaars sind dagegen einfach und sensibel nuanciert. Musikalischer Höhepunkt ist neben dem Quintett kurz vor Schluß das Streitterzett Rose/Pierre/Mathurin in Form einer Prestofuge, die Monsigny auch in andern Opern, etwa im *Déserteur* (1769), als musikdramatisches Mittel benutzt hat, um Auseinandersetzungen darzustellen. Auf dem Höhepunkt der Fuge vereinigt Monsigny alle Stimmen in einer erregten homophonen Parlandodeklamation, wobei er das Fugenthema in abgewandelter Form auf den reinen Rhythmus reduziert, begleitet von rasenden Achtelfiguren im Orchester.

Wirkung: Die Partitur von *Rose et Colas* soll Grétry bewogen haben, nach Paris zu gehen, um dort sein Glück als Opernkomponist zu versuchen. Voltaire, der zuerst die Opéra-comique wenig schätzte, später aber Monsignys Ouvertüre zum *Déserteur* ein Meisterwerk nannte, veranlaßte, daß 1767 in Ferney mehrere Opéras-comiques, darunter auch *Rose et Colas*, aufgeführt wurden. Bis 1790 wurde der sehr erfolgreiche Einakter 193mal in Paris gespielt. Im Ausland folgten Inszenierungen, meist in der Landessprache, unter andern in Warschau 1765, Genf und Brüssel 1766, Kopenhagen 1767 (französisch; 1777 dänisch von Nils Krog Bredal), Lüttich 1770, Amsterdam 1774 (französisch; 1783 holländisch von Philip Frederik Lynslager), Wien 1776 und Moskau 1784 (russisch von Marija Suschkowa). Deutsch (von Johann Heinrich Faber) wurde das Stück erstmals 1770 in Hamburg, 1771 in Mannheim und Frankfurt a. M. und 1786 in Berlin gegeben. Eine Wiederaufnahme an der Pariser Opéra-Comique 1862 dirigierte François Auguste Gevaert. Eine weitere Wiederaufführung in Paris erfolgte 1918 am Théâtre-Lyrique.

Autograph: Verbleib unbekannt. **Ausgaben:** Part: Hérissant, Paris [1764]; Bailleux, Paris [1764]; Des Lauriers, Paris [1764], Nr. 37; Kl.A v. F. A. Gevaert: Girod, Paris 1862; Kl.A, frz./dt. Übers. v. F. Rellstab u.d.T. *Röschen und Colas*: Rellstab, Bln. [1787]; Textb.: Paris, Hérissant 1764; Besançon, Fautet 1764; Paris, Duchesne 1770, 1779; Textb., dt.: Mannheim, Schwan 1771; Ffm., Andreä 1772; Textb., dän. v. N. K. Bredal: Kopenhagen [1777]
Literatur: s. S. 230

Barbara Zuber

Le Déserteur
Drame en trois actes (en prose) mêlé de musique

Der Deserteur
3 Akte (4 Bilder)

Text: Michel Jean Sedaine
Uraufführung: 6. März 1769, Opéra-Comique, Hôtel de Bourgogne, Paris
Personen: Louise, Alexis' Geliebte (S); Alexis, Milizsoldat (B); Jean-Louis, Louises Vater (T); Alexis' Tante (S); Bertrand, Alexis' Vetter (H-C); Jeannette, eine junge Bäuerin (S); Montauciel, Dragoner (T); Courchemin, Brigadier von Maréchaussée (B); Kerkermeister (Spr.); 3 Wachsoldaten (H-C, 2 T). **Chor:** Soldaten, Volk
Orchester: Fl, 2 Ob, 2 Fg, 2 Hr, Streicher, B.c; BühnenM hinter d. Szene: Tr
Aufführung: Dauer ca. 2 Std. – Gesprochene Dialoge. Alexis ist eine hohe Baritonpartie bis g'.

Entstehung: Von einschneidender Bedeutung für Monsignys Werdegang als Opernkomponist war seine Anstellung 1768 als »maître d'hôtel« bei seinem alten

Tafel 4

Tafel 4

Giacomo Meyerbeer, *L'Africaine* (1865); Enrico Caruso als Vasco; Metropolitan Opera, New York 1907. – Carusos Debüt in der Partie des Vasco, als deren Interpret an der Met er Jean de Reszke ablöste, bedeutete für den Sänger einen wichtigen Schritt in seiner stimmlichen Entwicklung vom lyrischen zum dramatischen Tenor. Die zur gleichen Zeit entstandene Schallplatteneinspielung der Arie »Pays merveilleux« dokumentiert in exemplarischer Weise, wie »souveräne Gesangstechnik und eine Stimme von berauschender Klangpracht ineinander aufgehen« (Jürgen Kesting).

Gönner, dem Herzog Louis Philippe von Orléans, für dessen Privattheater in Bagnolet er die Opéras-comiques *Philémon et Baucis* (1766, Text: Sedaine) und *L'Isle sonnante* (1767, Charles Collé) komponierte. In dieser Zeit verfaßte er auch sein einziges Werk für die Opéra, das Ballet-héroïque *Aline, reine de Golconde* (1766, Sedaine nach Stanislas-Jean de Boufflers). Mit *Le Déserteur*, dessen Text Sedaine bereits 1766 abgeschlossen hatte, kehrte Monsigny nach mehrjähriger Pause an die Opéra-Comique zurück.

Handlung: Bei einem einige Meilen vor der flandrischen Grenze gelegenen Dorf, nahe dem Lager der französischen Armee.

I. Akt, ländliche Gegend mit Blick auf einen Berg; in der Ferne ein kleines Dorf, im Vordergrund eine Ulme, darunter ein kleiner Hügel: Das Bauernmädchen Louise ist dem Milizsoldaten Alexis versprochen, der in seinem Dorf zurück erwartet wird. Angestiftet von Louises Vater Jean-Louis, lassen sich die Tante, Jeannette und Bertrand darauf ein, den Wunsch ihrer Herrschaft, der Herzogin, zu erfüllen und Alexis die Hochzeit seiner Geliebten Louise mit dem Bauern Bertrand vorzuspielen. Alexis kehrt heim, und seine Vorfreude, Louise wiederzusehen, schlägt um in Entsetzen, als er den fingierten Hochzeitszug sieht. Aus Wut und Verzweiflung beschließt er zu desertieren. Courchemain und seine Wachen setzen ihm nach.

II. Akt, Gefängnis, einige Steintische und Schemel: Alexis wurde gefangengenommen und eingekerkert; nun sieht er dem Tod entgegen. Sein trinkfreudiger Zellengenosse Montauciel hat für das Desertieren kein Verständnis. Louise besucht Alexis, erklärt ihm ihre Liebe und bedauert, in welche Lage sie ihn durch die Maskerade gebracht hat. Fassungslos hören sie und ihr hinzukommender Vater, daß Alexis bereits zum Tod verurteilt ist. Alexis spricht Louise Trost zu. Während Jean-Louis die Herzogin um Hilfe ersuchen möchte, beschließt Louise, beim König um Gnade zu bitten; in der Hoffnung, daß der Gefängniswärter die Vollstreckung des Urteils hinauszögert, eilt sie fort. Bertrand, der eigentlich Alexis besuchen will, trifft auf Montauciel, mit dem er zecht und ein Trinklied anstimmt.

III. Akt, 1. Bild, ebenda: Die Tante, Jeannette und Bertrand machen sich Vorwürfe. Sie nehmen Abschied von Alexis und versprechen ihm, Louise zu suchen und sofort zu ihm zu schicken. Alexis schreibt Louise einen Abschiedsbrief. Courchemin erscheint und berichtet von der Ankunft des Königs im Feld sowie von einem jungen Mädchen, das sich dem König zu Füßen geworfen und um Gnade für ihren Geliebten gefleht habe, die der König gewährte. Eine Trommel ruft zum Appell. Alexis erkennt, daß draußen die letzten Vorbereitungen zur Hinrichtung getroffen werden. Montauciel bringt ihm Wein, Soldaten wollen ihn zum Richtplatz führen; da stürzt Louise mit zerzaustem Haar und den Schuhen in den Händen herein. Atemlos fällt sie Alexis in die Arme und verliert die Besinnung. Verwirrt nimmt Alexis von ihr Abschied und wird abgeführt. Louise erwacht aus ihrer Ohnmacht; von draußen hört sie die Hochrufe auf den König und bemerkt entsetzt, daß sie noch das Begnadigungsschreiben bei sich trägt. In höchster Erregung eilt sie hinaus und verfehlt so die Tante und ihren Vater, die ihr die Nachricht von Alexis' Rettung bringen wollen. 2. Bild, öffentlicher Platz: Der König hat dem Hinrichtungsprozeß Einhalt geboten. Alexis ist frei; endlich kann Louise den Geliebten in die Arme schließen. Alle stimmen ein in das Hoch auf den König.

Kommentar: Bereits die Gattungsbezeichnung »Drame« (statt der gebräuchlichen Opéra-bouffon oder Comédie mêlée d'ariettes) verweist auf die Neuartigkeit und Ausnahmestellung des Werks, das sich in seiner dramaturgischen Struktur für die Geschichte der Opéra-comique als höchst folgenreich herausstellen sollte. Schon früher hatte es Tendenzen gegeben, die Gattung um Elemente des Rührstücks zu erweitern, und nur zwei Monate vor *Le Déserteur* schufen Jean-François Marmontel und André Ernest Modeste Grétry mit *Lucile* (1769) ein Werk dieses neuen Typs der »Comédie-comique-larmoyante«. Sedaines dramatische Konzeption geht zwar in die gleiche Richtung, erweist sich jedoch als ungleich neuartiger und radikaler: zum einen durch Vertiefung des Rührend-Empfindsamen ins Tragische, zum andern durch unmittelbare Konfrontation von Ernstem und Komischem, schließlich durch Entwicklung einer schnörkellos finalen Dramaturgie, die ganz maßgeblich den Typus der später so genannten »Rettungsoper« (»pièce à sauvetage«) prägte. »Das für die zeitgenössische Gattungspoetik schockierend Neue des Verfahrens, Erhabenes und Burleskes miteinander zu verschränken und wechselseitig zu spiegeln, dürfte zu allererst dramaturgisch motiviert gewesen sein, bot es doch zum einen die erwünschte Möglichkeit, Bühnenzeit zu füllen, ohne daß für die Handlung Relevantes geschieht, zum anderen eben dadurch beim Zuschauer jene Irritation auszulösen, die sich im Kontext der Situation als Spannung vermittelt« (Sieghart Döhring, S. 113f., s. Lit.). Mit eminentem theatralischen Gespür hat Sedaine in die gleichbleibende szenische Situation (Gefängniszelle) hinein genau kalkulierte, spannungssteigernde Akzente gesetzt, welche die verdeckte Handlung kenntlich machen: Courchemins Bericht, den nicht die Personen des Stücks, sondern

Le Déserteur, II. Akt; Illustration: Cornelis Bogerts nach einer Zeichnung von Pieter Barbiers; Bühnenbild: Barbiers; Amsterdam 1772. – Während der Vorstellung am 11. Aug. 1772 gab es im Amsterdamer Theater einen Brand, den Bogerts nach Zeichnungen von Barbiers in einer Serie von Stichen festhielt.

allein der Zuschauer richtig auf Louises Rettungsversuch bezieht; schließlich Louises vom zeitgenössischen Publikum als schockierend empfundenen zweiten Auftritt (mit aufgelöstem Haar, barfuß mit den Schuhen in den Händen, nach einem Stoßseufzer dem Geliebten ohnmächtig in die Arme sinkend). – Zweifellos war sich Monsigny der schwierigen Vorgaben des Librettos bewußt, und es ist erstaunlich zu sehen, mit welchen für die Geschichte der Gattung folgenreichen musikalischen Mitteln er den Anforderungen gerecht wurde. Schon die äußerliche Faktur des Werks macht dies deutlich: die größere Personenzahl, die Einführung eines Chors, die fast vollständige Zurückdrängung des Vaudevilles. Die Ouvertüre trägt programmatische Züge; so beginnt und endet sie mit dem Huldigungschor auf den König aus dem Finale (»Oubliez jusqu'à la trace d'un malheur peu fait pour vous: quel plaisir il a sa grâce, c'est nous la donner à tous«). Die im empfindsamen Ton gehaltenen Sologesänge, etwa Louises Ariette »Peut-on affliger ce qu'on aime« (I. Akt) oder Alexis' Briefszene »Il m'eut été si doux de t'embrasser« (III. Akt), verleihen den Personen ein charakteristisches, den pathetischen Habitus der Oper der Revolutionsepoche antizipierendes Profil. Nicht weniger glücklich sind die komischen Szenen um die Figur des Trunkenbolds Montauciel gelungen, allen voran das den II. Akt beschließende Duett Bertrand/Montauciel (»Tous les hommes sont bons, vive le vin, vive l'amour«) als Simultanmontage ihrer beiden zuvor solistisch exponierten Chansons. Obwohl Monsigny harmonisch und instrumentatorisch mit einfachen Mitteln arbeitet, trifft er dennoch sehr genau die Emotionalität der jeweiligen Situation und zeichnet sehr präzis das Schwanken zwischen Zweifel und Zuversicht, Liebe und Zorn. Vor allem ragen heraus die mehrteiligen Finale des I. und III. Akts, in denen sich die Handlung ganz in der Musik, nicht mehr im Dialog vollzieht. Insbesondere das 3. Finale ist über den offenen Schauplatzwechsel hinweg als musikalische Großform gestaltet. Es hat maßgebliche Topoi der späteren Rettungsoper geprägt: mit dem Trommelwirbel hinter der Szene das Signal der Bedrohung; mit den »Vive-le-roi«-Rufen ebenfalls hinter der Szene das Zeichen der Rettung; mit dem instrumentalen Zitat der Abschiedsklage (»Adieu, chère Louise«) das Moment wehmütiger Erinnerung. – Aus der späteren Zusammenarbeit von Sedaine und Monsigny sind 1771 *Le Faucon* und 1777 *Félix ou L'Enfant trouvé* (beide Fontainebleau) hervorgegangen. In diesen Stücken ist jedoch keine Konsequenz aus den operngeschichtlich bedeutenden Neuerungen des *Déserteur* gezogen worden. Erst 1784 mit *Richard Cœur de Lion*, den Grétry vertonte, stellt Sedaine wieder das Rettungsmotiv ins Zentrum der Dramaturgie.

Wirkung: *Le Déserteur* wäre bei der Premiere beinah durchgefallen; die Irritation über die Neuartigkeit des Werks schlug jedoch schon nach wenigen Vorstellungen in emphatische Zustimmung um, die der Oper auf Jahrzehnte ihren Ruhm sicherte. In der Uraufführung sangen Joseph Caillot (Alexis), Marie-Thérèse Laruette (Louise), Clairval (Montauciel) und Jean-Louis Laruette (Jean-Louis). Eine Wiederaufnahme fand am 8. Okt. 1769 in Fontainebleau in Anwesenheit von König Ludwig XV. statt. *Le Déserteur* eroberte sich in kürzester Zeit zahlreiche europäische Bühnen, darunter Amsterdam 1769, Hamburg (deutsch von Johann Joachim Eschenburg) und Kopenhagen 1770, Dresden 1772 als *Alexis ou Le Déserteur*, London 1773 (Drury Lane Theatre; bearbeitet von Charles Dibdin), Wien 1775, Stockholm 1777 (schwedisch von Carl Stenborg), Petersburg 1785, schließlich auch New York 1787 und Boston 1793. Die Popularität des Werks in Deutschland verdankte sich nicht zuletzt dem Umstand, daß es vor allem in den 70er Jahren zum Repertoire zahlreicher Wanderbühnen gehörte: Theobald Hilarius Marchands Theatergesellschaft führte es 1771 in Frankfurt a. M. auf, Gottfried Heinrich Kochs Truppe 1772 in Berlin, Abel Seylers Truppe 1775 in Gotha, später in Dresden und Mannheim, die Truppe von Friedrich Ludwig Schröder und Sophie Charlotte Ackermann 1778 in Hamburg, die Kurkölnische Hofschauspielergesellschaft (unter Gustav Friedrich Wilhelm Großmann) in den 80er Jahren noch einmal in Frankfurt. Wie zahlreiche andere Opéras-comiques des Ancien régime erhielt auch die Rezeption des *Déserteur* während der Revolutionszeit neue Impulse. So kam es anläßlich einer Aufführung am 6. März 1792 im Théâtre-Italien Paris zu einem Eklat, als Teile des Publikums die Aufführung im Finale des III. Akts, beim »Vive-le-roi«-Chor, störten und forderten, Bécourts Chanson *Ça ira* (Text: Ladré), den sogenannten *Carillon national*, anzustimmen (vgl. Adélaïde de Place, S. 28, s. Lit.). Bis in diese Zeit blieb Monsigny nach Grétry und Dalayrac der meistgespielte Komponist in Frankreich, *Le Déserteur* sein erfolgreichstes Werk mit mehr als 250 Vorstellungen allein in Paris. Am 30. Okt. 1843 gelangte es nach einer Voraufführung im Schloß Saint-Cloud an der Opéra-Comique zur Wiederaufführung, die unter anderm Hector Berlioz und Heinrich Heine zu höchst rühmenden Urteilen über Monsignys Musik veranlaßten (»heiterste Anmut«, »Frische, die den Waldblumen gleichkommt«). Gespielt wurde allerdings Adolphe Adams stark gekürzte und neuinstrumentierte Bearbeitung, die Alexis mit einem Tenor (Gustave-Hippolyte Roger) besetzte (Louise: Sophie Anne Thillon, Montauciel: Ernest Mocker). Diese Bearbeitung erlebte zahlreiche Wiederaufnahmen (1848, 1853, 1877). 1893 restituierte Vincent d'Indy Monsignys Partitur in leicht gekürzter Form und brachte sie ebenfalls an der Opéra-Comique zur Aufführung (Alexis: Louis-Achille Delaquerrière, Louise: Mme. Crétu, Montauciel: Gabriel Soulacroix). Die letzte Reprise dieser Version fand 1911 statt (Alexis: Fernand Francell).

Autograph: Verbleib unbekannt. **Ausgaben:** Part: Hérissant, Paris [1769]; Bailleux, Paris; Des Lauriers, Paris, Nr. 38; Part, Nachdr. d. Ausg. [?]: Pendragon, NY [in Vorb.] (French Opera in the 17th and 18th Centuries. 58.); Kl.A: Launer, Paris [um 1841], Nr. 3307; Litolff 1897; Kl.A, Bearb. v. A. Adam: Heugel [um 1843], Nr. 275; Kl.A, engl. Bearb. v. C. Dibdin: Broderip & Wilkinson, London [1773?]; Kl.A, dt. v. C. D. Stegmann:

Hartung, Lpz. 1775; Kl.A, dt. v. R. Kleinmichel: Senff, Lpz. [um 1890], Nr. 2208; Textb.: Paris, Hérissant 1769 [68 S.]; ebd. 1770 [84 S.]; Kopenhagen [1770?]; Paris, Marchand 1843 (Magazin théâtral. 36/8.); Textb., engl. Bearb. v. C. Dibdin: London, Becket 1773, auch in: A Collection of the Most Esteemed Farces and Entertainments, Edinburgh 1792, S. 22–48; NY, Campbell 1787; London, Cawthorn 1805, auch in: A Collection of Farces and Other Afterpieces, London 1809, S. 293–321; Text d. Gesänge, dt.: o.O. [um 1770] (Herzog-August-Bibl. Wolfenbüttel); Textb., dt.: Mannheim 1770, 1771; Textb., dt. v. J. J. Eschenburg: Ffm. [1773]; Mannheim 1775. **Aufführungsmaterial:** Choudens
Literatur: Les Ecrits de Paul Dukas sur la musique, hrsg. F. Bonnet-Roy, R. Dumesnil, B. Gavoty, Paris 1948, S. 122–127; T. A. BAUMAN, Music and Drama in Germany. A Traveling Company and Its Repertory, 1767–81, Berkeley 1977, Diss. Univ. of California, bes. S. 592–617; L. M. STONES, Musical Characterisation in Eighteenth-Century »Opera Comique«: ›Tom Jones‹, ›Le Déserteur‹ and ›Richard Cœur-de-Lion‹, Chicago 1985, Diss. Univ. of Illinois, S. 59–101; S. DÖHRING, Die Rettungsoper. M.Theater im Wechselspiel politischer u. ästhetischer Prozesse, in: Beethoven. Zwischen Revolution u. Restauration, hrsg. H. Lühning, S. Brandenburg, Bonn 1989, S. 109–136; A. DE PLACE, La Vie musicale en France au temps de la révolution, Paris 1989; weitere Lit. s. S. 230

Rainer Franke

Michel Pignolet de Montéclair

Eigentlich Michel Pignolet; getauft am 4. Dezember 1667 in Andelot (bei Chaumont, Haute-Marne), gestorben am 22. September 1737 in Aumont (bei Senlis, Oise)

Jephté
Tragédie tirée de l'Ecriture Sainte

Jiftach
5 Akte

Text: Simon-Joseph Pellegrin, nach dem Buch der Richter, Kapitel 11, des *Alten Testaments*
Uraufführung: 1. Fassung: 20. Febr. 1732, Opéra, Palais Royal, Paris (hier behandelt); 2. Fassung: 4. März 1732, Opéra, Palais Royal, Paris
Personen: Prolog: Apollon/Apollo (B); Polhymnie/Polyhymnia (S); Terpsicore/Terpsichore (S); Vénus/Venus (S); La Vérité/die Wahrheit (S); Chor: mythische Gottheiten, Volk, Les Vertus/die Tugenden im Gefolge von La Vérité; Ballett: Gefolge von Terpsicore. **Handlung:** Jephté/Jiftach, Prinz von Gilead, Anführer der Hebräer (B); Phinée, Hoherpriester (B); Ammon, ammonitischer Prinz, Gefangener (H-C); Almasie, Jephtés Gemahlin (S); Iphise, Jephtés und Almasies Tochter (S); Elise, Iphises Gefährtin; Abdon, Jephtés Vertrauter (H-C); Abner, Ammons Vertrauter (B); ein Hebräer (H-C); ein Einwohner von Mizpah (B); eine Einwohnerin von Mizpah (S); eine Schäferin (S); 2 Israelitinnen (2 S). **Chor:** hebräische Krieger, Priester, Leviten, Einwohner von Mizpah, Stammeshäuptlinge und ihr Gefolge, Schäfer, Schäferinnen und Gefolge Iphises, ammonitische Rebellen. **Statisterie:** Wachen. **Ballett:** israelitische Krieger, Einwohner von Mizpah, Schäfer, Schäferinnen, Gefolge Iphises, Priester, Leviten, Stammeshäuptlinge und ihr Gefolge
Orchester: 2 Fl, 5 BlockFl (»petit dessus« in f″, »haute-contre« in c″, »taille« in f′, »quinte« in c′, »basse« in f), 2 Ob, Fg, Trp, Pkn, Tamburine, Streicher, B.c; BühnenM: 2 Ob, 2 Musettes, Fg
Aufführung: Dauer ca. 1 Std. 45 Min. – Die Blockflöten haben die Lagen Diskant, Sopran, Alt, Tenor und Baß (vgl. Jürgen Eppelsheim, S. 72ff., s. Lit.).

Entstehung: *Jephté* gilt als die erste Opéra-sacré, was jedoch nur insoweit stimmt, als sie die erste Oper mit biblischem Sujet war, die an der Académie Royale de Musique aufgeführt wurde. Auch aus dem Vorwort des Librettos geht hervor, daß dies Genre als Tragödiensuijet nicht neu sei. Damit wird offenbar auf Charpentiers geistliche Oper *David et Jonathas* (1688) angespielt sowie auf die biblischen Tragödien *Esther* (1689) und *Athalie* (1691), die Jean Racine nach Art des Jesuitendramas für Marquise de Maintenons Mädchenschule Saint-Cyr geschrieben und die Jean-Baptiste Moreau, Montéclairs einstiger Lehrer in Langres, mit Chor-, Solo- und Instrumentaleinlagen ausgestattet hatte. Bereits 1724, acht Jahre nach der Uraufführung von Montéclairs erstem Bühnenwerk, des *Ballet en musique Les Fêtes de l'été* (Paris 1716, Text: Pellegrin zusammen mit Marie-Anne Barbier), sollen im Jesuitenkolleg von Caen zumindest Auszüge seines *Jephté* aufgeführt worden sein (vgl. Robert Lowe, S. 161, s. Lit.). Damit wäre aber die Oper weitaus früher entstanden als bisher angenommen.
Handlung: In Mizpah, biblische Zeit.
Prolog, ein den Aufführungen bestimmter Ort, an dem alle mythischen Gottheiten versammelt sind: Apollon, Polhymnie und Terpsicore rufen die Sterblichen herbei, sich dem Schauspiel als Vergnügen zu widmen. Beim Erscheinen La Vérités werden die Gottheiten verbannt, um nun im Namen der Wahrheit dem einzigen Gott im folgenden Stück die Ehre zu geben.
I. Akt, das Feldlager der Israeliten diesseits des Jordans; jenseits des Flusses die Zelte der Ammoniter, im Hintergrund die Mauern von Mizpah: Jephté preist seine Rückkehr aus dem Exil an die Ufer des Jordans. Sein Land ist von Feinden bedroht, den Ammonitern, gegen die er den Kampf aufnehmen will, ohne zuvor seine Frau und seine einzige Tochter wiederzusehen. Mit Soldaten und dem Priester Phinée fleht er zu Gott um Stärke und Mut für den Kampf, als die heilige Trompete ertönt. Die Bundeslade erscheint in einer Wolke. Dies deuten die Israeliten als Zeichen dafür, daß ihre Bitten erhört worden sind. Jephté schwört, den zu opfern, der ihm, sollte er siegreich heimkehren, als erstes aus seinem Palast entgegentritt. Vor den Augen Jephtés teilen sich die Fluten: Die Israeliten ziehen durch den Jordan dem Feind entgegen.

II. Akt, Jephtés Palast: Abner fordert Ammon vergeblich zur Flucht aus dem Palast auf, wo ihm der Tod drohe, wenn Jephté siegen sollte. Ammon weigert sich, denn er liebt Iphise, Jephtés und Almasies Tochter. Seine Liebesbeteuerungen aber weist Iphise zurück; sie fleht zu Gott, den Blitz seiner Rache auf Ammon herabzusenden. Almasie wurde von einem bösen Traum gequält und kommt in Sorge um Iphise. Abdon verkündet Jephtés Sieg; die Bewohner von Mizpah jubeln und tanzen. Iphise, gefolgt vom Volk, tritt als erste Jephté entgegen.

III. Akt, öffentlicher Platz mit Triumphbögen, Obelisken und einem Richterstuhl: Jephtés erster Blick ist auf Iphise gefallen, die er indes nicht als seine Tochter erkennt, da er sie zuletzt im Kindesalter sah. Inzwischen bereut er seinen Schwur und zögert, das Blutopfer zu bringen. Als die beiden Frauen ihm entgegentreten, muß er erkennen, daß es die eigene Tochter ist, auf die das Los fiel. Almasie gegenüber bekennt er seinen Schwur. Sie ist entsetzt und fordert ihn auf, Gott um Rat zu fragen, weil sie nicht glauben mag, daß er ein solches Opfer annehmen kann. Die Stammesfürsten und ihr Gefolge wollen Jephté krönen und preisen ihren Sieg. Im Zwiespalt seiner Gefühle schwört Jephté dem Herrn Treue.

IV. Akt, ein von Bächen bewässerter Garten: Iphise fragt sich, warum sich Jephté von ihr abgewandt hat. Schäfer und Schäferinnen versuchen, sie mit Tanz und Spiel aufzuheitern. Da bringt Almasie ihrer Tochter die Botschaft, daß sie geopfert werden soll. Ammon erscheint, um Iphise zu retten, doch abermals weist sie ihn zurück, eher bereit, den Tod auf sich zu nehmen, als ihm zu folgen. Ammon schwört Rache und eilt zum Tempel, um gegen Gott aufzubegehren.

V. Akt, im Innern des Tempels von Mizpah, Altar: Das Volk gibt Iphise den Weg frei, die zum Altar schreitet, wo der verzweifelte Jephté sie erwartet. Ammon und sein Gefolge wollen sich Zugang zum Tempel erzwingen, als ein Blitz vom Himmel fährt und ihn und seine Rebellen erschlägt. Almasie fleht zu Gott, diejenigen zu verschonen, die sich seinem Willen beugen. Phinée fordert Iphises Tod und reicht Jephté das heilige Messer. Da verkündet Gott dem Priester durch einen Donner das Ende seines Zorns. Iphise ist gerettet, und alle preisen Gott.

Kommentar: Als *Jephté* dem Pariser Publikum präsentiert wurde, hatte es der französische Klassizismus bereits seine Glanzzeit hinter sich. Ebenso zu Ende ging es im Zuge der Frühaufklärung mit der Tradition des französischen Bibeldramas, das seit der Gegenreformation vorwiegend von den Jesuiten (im Gegenzug zum kalvinistischen Bibeldrama) gepflegt, in der 2. Hälfte des 17. Jahrhunderts mit der zeitgenössischen Ästhetik in Einklang gebracht wurde. Pellegrins Libretto, das dem Bibelstoff die Dramaturgie der Tragédie en musique sowie die Eleganz seiner eigenen Zeit und Gesellschaft einverleibt, steht zwar quer zur Ächtung des christlichen »merveilleux« durch Nicolas Boileau-Despréaux und dem Klerus, die es für unstatthaft hielten, die christliche Lehre mit den Fiktionen der Poesie oder gar mit einer Liebesgeschichte zu vermengen. Eine religiöse oder geistliche Oper ist *Jephté* dennoch nicht. Sie enthält nur einen biblischen Stoff, der als heroisch-historisches Drama zur Unterhaltung eines Opernpublikums aufbereitet wurde. Wiederholte Anrufungen Gottes, das mirakulös zurückweichende Wasser des Jordans, Jephtés Schwur oder das Einschreiten des Hohenpriesters Phinée als Sprachrohr Gottes, all dies ändert nichts daran, daß vorwiegend menschliche Konflikte und Gefühle nach dem Muster des klassischen Dramas und der Tragédie en musique behandelt werden. Darüber hinaus ist das Stück darauf angelegt, mit Maschinenkünsten, Kampfszenen sowie einer pompös vorbereiteten, im letzten Moment verhinderten Opferungsszene den Sensationshunger und die Schaulust des Publikums zu befriedigen. – Montéclair sorgt für prunkvolle Aufzüge, zum Beispiel im berühmten Chor von Jephtés Kriegern (»La terre, l'enfer, le ciel même, tout tremble devant le Seigneur«, I/4). Ebenso prunkvoll, mit Pauken und Trompete, wird die Ankunft der Bundeslade angekündigt (I. Akt). Musikalisch aufsehenerregend ist die hochdramatische Schwurszene (I/7): Die Streicher brechen vor Jephtés Eid in einen Sturm von Sechzehnteln aus, während Jephtés Gelöbnis mit langen Streicherakkorden gestützt wird. Montéclair verzichtete aber auch nicht auf ein ausgiebiges Divertissement für die Siegesfeier im III. Akt, mit prachtvollen Chor-Solo-Szenen und Tänzen wie einer sehr abwechslungsreich instrumentierten Chaconne und einem exotisch wirkenden provenzalischen Tamburin. Für den IV. Akt komponierte er eine anmutige Pastoralszene mit einem fünfstimmigen Blockflötenchor, dazu eine getanzte Schäferidylle zum Spiel der Oboen und der damals sehr beliebten Musette. In jeder Szene schimmern also die musikalisch-dramatischen Topoi von Lullys Tragédie en musique nach wie vor durch. Die religiöse und ethische Bedeutung des *Alten Testaments* spielt eine eher untergeordnete Rolle. Klassizistisches Tragödiengut, das Vorbild von Philippe Quinaults Libretti in Divertissements und Kampfszenen, nicht zuletzt die Empfindsamkeit des frühen 18. Jahrhunderts vermengen sich mit dem biblischen Sujet zu durchaus typischen Szenen und Gestalten. Die sonst in der französischen Oper übliche galante Erotik des Liebespaars ist hier allerdings durch die Geschichte einer verbotenen Liebe zwischen Iphise und Ammon ersetzt. Geht das Thema des Opfertods einer Fürstentochter, der im letzten Moment durch den Priester als Stimme Gottes verhindert wird, möglicherweise auf Racines *Iphigénie* (1674) zurück, wie die Kampfszenen und Divertissements nach Lullys Vorbild komponiert und eingefügt wurden, so gab die Wendung Montéclairs in Richtung einer neuen musikalischen »sensibilité« der Oper eine Chance, sich noch lange im Spielplan zu halten, trotz aller Angriffe von seiten des französischen Klerus. Kennzeichnend für diese »sensibilité« ist unter anderm ein markantes leichtes Timbre, in dem sich hohe Stimmen mit den Farben hoher Instrumente mischen: Nur zwei Flötenstimmen und eine Violine begleiten zum Beispiel Vérités Gesang im Prolog. Der kleine zweistimmige Chor der Vertus (Soprane) wird nicht vom Generalbaß, sondern nur von Flöten, Violinen und Violen gestützt. Montéclair, der sich längere Zeit in Italien (vor 1695) aufhielt, ist ein Mittler zwischen Campra, Destouches auf der einen und Rameau auf der andern Seite. Obwohl er noch an der Lullyschen Gewohnheit festhält, die Instrumentation in den Airs nicht zu ändern, variiert er doch das Timbre von Szene zu Szene durch stets neue Mischungen sowie durch eine bewegliche und selbständige Führung der Orchesterstimmen. Immer wieder setzt er vor allem Flöten in stets neuen Kombinationen mit andern Instrumenten ein. Wie bei Campra enthalten die Arien, aber auch die Duette (Jephté/Phinée, I/3) häufig Koloraturen italienischer Provenienz.

Wirkung: Nur in der Pariser Abschrift und der ersten Ausgabe der Partitur findet sich das fünfstimmige Blockflötenensemble als Begleitung einer Arie der Iphise (IV/1). In der 2. Fassung hat Montéclair an dieser Stelle eine »modernisierte« Instrumentation vorgeschrieben, mit nur einer Blockflöte, Querflöte und Streichern. Außerdem hat er das Werk besonders im V. Akt einer straffenden, aktionsbezogeneren Revision unterzogen mit Streichungen von Arien, Neuvertonungen und veränderten szenischen Anweisungen. Dramaturgisch entscheidend sind die Änderungen am Schluß: Laut Erstausgabe saust nur ein Blitz wie eine Feuerkugel über die Bühne und zeigt damit die Vernichtung Ammons und seiner Rebellen hinter der Szene an. In der 2. Fassung dagegen wird der Untergang der Ammoniter mit Blitz und Donner auf offener Bühne gezeigt: eine deutliche Abkehr von den Regeln der »bienséance« des klassizistischen Theaters. Nach Claude und François Parfaict (*Dictionnaire des théâtres de Paris*, Paris 1756, Bd. 3, S. 130) wurde die 2. Fassung nicht, wie in der Druckausgabe angekündigt, am 28. Febr., sondern erst am 4. März gespielt. Außerdem schloß sich dem V. Akt ein Divertissement an. Die dritte Partiturausgabe für die Aufführung am 26. Febr. 1733 am selben Ort ändert wiederum den Schluß und streicht die »fête« zugunsten »des actions de graces«, gesungen von drei der schönsten Stimmen der Opéra (ebd., S. 131). Wiederholungen gab es 1734 und 1735. Die Oper wurde zu einem Erfolg, den der französische Klerus, der das Werk als Skandal empfand, nicht zu schmälern vermochte. Erzbischof Charles Vintimille verurteilte sie und sorgte 1736 für ein Verbot; 1737 allerdings wurde sie wiederaufgenommen und bis 1738, dann nochmals 1740, 1744 und 1761 überaus erfolgreich gespielt. 1735 wurde das Werk in Marseille aufgeführt. Vermutlich gab *Jephté* auch den Anstoß zu Voltaires *Samson* (1734 für Rameau geschrieben, ebenfalls nach dem Buch der Richter).

Autograph: Verbleib unbekannt. **Abschriften:** BN Paris (Fond du Cons. X 31). **Ausgaben:** Part, 1. Fassung: Boivin, Paris [1732] [249 S.; S. 137–140 als Suppl.]; Part, 2. Fassung: ebd. [1732] [2. Ed.]; ebd. [; 238 S.]; Part: ebd. [nach 1733] [3. Ed.; 232 S.; in 2 Versionen]; Part, Nachdr. d. Ausg. [?]: Pendragon, NY [in Vorb.] (French Opera in the 17th and 18th Centuries. 33.); Textb.: Paris, Ballard 1732; ebd. 1738 [57 S.]; ebd. 1739, auch in: Recueil général des opéras, Bd. 15, ebd. 1739, Nachdr.: Genf, Slatkine, Bd. 3, S. 404–422; Straßburg, Leroux 1733. **Aufführungsmaterial:** 3. Fassung: Billaudot, Paris **Literatur:** J. CARLEZ, Un Opéra biblique au XVIIIe siècle, in: Mémoires de l'Académie nationale des sciences, arts et belles-lettres de Caen, Paris 1879; E. VOILLARD, Essai sur M., Paris 1879; E. BORREL, Notes sur l'orchestration de l'opéra ›Jephté‹ de M. (1733) et de la symphonie des ›Eléments‹ de J. F. Rebel (1737), in: RM 1955, Nr. 226, S. 105–116; J. EPPELSHEIM, Das Orchester in den Werken Jean-Baptiste Lullys, Tutzing 1961 (Münchner Veröff. zur M.Gesch. 7.); R. W. LOWE, Marc-Antoine Charpentier et l'opéra de collège, Paris 1966; C. GIRDLESTONE, Voltaire, Rameau et Samson, in: Recherches sur la musique française classique 6:1966, S. 133ff.; S. MILLIOT, Le Testament de M. P. de M., ebd. 8:1968, S. 131ff.

Barbara Zuber

Italo Montemezzi

Geboren am 31. Mai 1875 in Vigasio (bei Verona, Venetien), gestorben am 15. Mai 1952 in Vigasio

L'amore dei tre re
Poema tragico in tre atti

Die Liebe der drei Könige
3 Akte

Text: Sem Benelli, nach seinem »poema tragico« (1910)
Uraufführung: 10. April 1913, Teatro alla Scala, Mailand
Personen: Archibaldo (B); Manfredo (Bar); Avito (T); Flaminio (T); ein Jüngling (T); ein Kind (Kinder-St.); 2 Stimmen hinter d. Szene (S, T); Fiora (S); Ancella (S); eine junge Frau (S); eine alte Frau (Mez).
Chor: Volk von Altura
Orchester: 3 Fl (3. auch Picc), 2 Ob, E.H, 2 Klar, 3 Fg (3. auch K.Fg), 4 Hr, 3 Trp, 3 Pos, B.Tb, Pkn, Schl (gr.Tr, Bck, Trg, Tamtam), 2 Cel, Hrf, Streicher; BühnenM hinter d. Szene: Fl, 3 Trp, Glocken
Aufführung: Dauer ca. 1 Std. 45 Min. – Die Flöte der Bühnenmusik wird aus dem Orchester besetzt.

Entstehung: *L'amore dei tre re* ist nach *Giovanni Gallurese* (Turin 1905, Text: Francesco D'Angelantonio) und *Hellera* (Turin 1909, Luigi Illica nach Benjamin Constant) Montemezzis dritte und zugleich erfolgreichste Oper; ihr folgten *La nave* (Mailand 1918, Tito Ricordi nach Gabriele D'Annunzio), *La notte di Zoraima* (Mailand 1931, Mario Ghisalberti) und *L'incantesimo* (Rundfunk 1943, Benelli).
Handlung: In einem entlegenen Kastell in Italien, Mittelalter, 40 Jahre nach einem Barbareneinfall. I. Akt: weiträumiger Saal; II. Akt: Terrasse über den alten Mauern; III. Akt: die Krypta der Kirche. Archibaldo hat das Königreich Altura erobert, sich zum König gemacht und seinen Sohn Manfredo mit

der schönen Fiora verheiratet. Jetzt ist er alt und erblindet, und obwohl er spürt, daß Fiora nicht Manfredo liebt, sondern einen andern, ist es ihm doch unmöglich zu erkennen, wer Fioras Geliebter ist. Fioras Liebe gilt Avito, dem rechtmäßigen Prinzen von Altura, der ihre Liebe nicht minder leidenschaftlich erwidert. Gerührt von Manfredos Liebe macht Fiora einen Versuch, die Beziehung zu Avito zu lösen, aber die Liebe ist stärker, und Fiora ist mehr denn je bereit, sich ihr ganz hinzugeben. Als Archibaldo sie erneut zur Rede stellt, gesteht sie darum die heimliche Beziehung, die für sie das Leben bedeutet, weigert sich aber, den Namen ihres Geliebten zu verraten. Archibaldo erwürgt sie. Um ihren Geliebten zu überführen und seinen Sohn zu rächen, läßt er Fiora aufbahren und auf ihre Lippen ein starkes Gift auftragen. Wie von Archibaldo erwartet, küßt Avito die tote Fiora und stirbt an dem Gift. Aber auch Manfredo, dem das Leben ohne Fiora nichts mehr bedeutet, vergiftet sich. Archibaldo findet nicht den Liebhaber, sondern den eigenen Sohn sterbend neben der Leiche Fioras.

Kommentar: Der Titel der Oper liefert zugleich deren Interpretation: Auch Archibaldo liebt, wenn auch verdeckt und ihm selbst kaum bewußt, die schöne Fiora. So betrachtet wäre sein Mord an Fiora die Rache dafür, daß sie nicht ihn, sondern einen andern liebt, und die Falle, die er Avito stellt und in die auch Manfredo gerät, bedeutete zugleich Rache an denen, die Fioras Gunst genießen durften. Er selbst versteht sich allerdings als Held mit tragischem Geschick, ist ein Herrscher von renaissancehafter Rigorosität und Selbstherrlichkeit, der nichts neben sich duldet, auch nicht seinen im Grunde schwachen Sohn Manfredo, der den Mord an Fiora bezeichnenderweise widerstandslos hinnimmt. Insbesondere die Figur Archibaldos entstammt dem »decadentismo« D'Annunzioscher Prägung, aber auch das Paar Fiora/Avito gemahnt an Konstellationen, wie sie bei D'Annunzio vorkommen. Diese Eigenschaft hat ihre musikalische Entsprechung im Wagnerismus der Komposition. Das Werk ist ein später Nachfahre von *Tristan und Isolde* (1865), an dessen Dramaturgie es stellenweise sogar erinnert. Neben dem Einfluß Wagners, der sich insbesondere in der Auflösung vorgegebener Formen, der dominierenden Rolle von Orchestermotiven, in Harmonik und Instrumentation zeigt, sind impressionistisch anmutende Klangflächen kennzeichnend, die an Claude Debussy gemahnen, sowie hochgeführte Geigenkantilenen, deren Überschwang man von Richard Strauss kennt. In der Führung der Singstimmen dagegen folgt Montemezzi eher italienischen Traditionen und macht bisweilen sogar Anleihen beim Verismo, obwohl er insgesamt eine Gegenposition dazu vertritt. Die Vorliebe für dunkle, geheimnisvolle Töne, die Tendenz zu überbordender Üppigkeit und maximaler Potenzierung der Mittel sowie die Merkmale von Eklektizismus und Epigonentum erweisen die Oper als typisches Werk des Fin de siècle.

Wirkung: Die Uraufführung leitete Tullio Serafin (Fiora: Luisa Villani, Archibaldo: Nazzareno De Angelis, Manfredo: Carlo Galeffi, Avito: Edoardo Ferrari-Fontana). *L'amore dei tre re* erlebte an der Scala eine Reihe von Wiederaufnahmen und Neuinszenierungen (1914, 1926, 1932, 1937), hatte seine großen Erfolge jedoch in den Vereinigten Staaten, ausgelöst durch die Premiere an der Metropolitan Opera New York am 2. Jan. 1914, die Arturo Toscanini dirigierte (mit Lucrezia Bori, Adam Didur, Pasquale Amato und Ferrari-Fontana). In Amerika setzten sich besonders Mary Garden, Rosa Ponselle, Claudia Muzio und Ezio Pinza für das Werk ein, das bis Ende der 20er Jahre über alle großen Bühnen ging, darunter Paris, London und Buenos Aires 1914, Prag 1916, Berlin 1919 und Wien 1922, jedoch kein Repertoirestück wurde. Nach dem zweiten Weltkrieg kehrte die Oper vereinzelt auf den Spielplan der Scala (1948, 1953), der Metropolitan Opera (1949, Dirigent: Montemezzi) sowie der Opernhäuser von Chicago, San Francisco und Genua zurück. Eine Inszenierung von Stewart Trotter (Bühnenbild: Douglas Heap) hatte 1979 auf dem Festival in Wexford (Irland) Premiere. 1981 kam das Werk in Washington in einer Inszenierung von Beni Montresor heraus, die 1982 auch an der New York City Opera zu sehen war (mit Noëlle Rogers, Samuel Ramey, James McCray und Richard Fredricks).

Autograph: Verbleib unbekannt. **Ausgaben:** Part: Ricordi, Nr. 119942; Kl.A v. U. Solazzi: Ricordi 1913, Nr. 114651, Neu-Ausg. 1941, Nachdr. 1974; Textb.: Ricordi 1953; Textb., dt. v. A. Brüggemann: Ricordi. **Aufführungsmaterial:** Ricordi **Literatur:** L. GILMAN, A Note on M., in: DERS., Nature in Music and Other Studies, NY 1914, S. 155; A. LUALDI, ›L'amore dei tre re‹ di M. alla Scala, in: Serate musicali, Mailand 1928, S. 237; Omaggio a Italo Montemezzi, hrsg. L. Tretti, L. Fiumi, Verona 1952; A. TONI, I. M., in: Ricordiana, Mailand 1956, S. 229; R. MARIANI, Ricordo di M., in: DERS., Verismo in musica e altri studi, Florenz 1976, S. 171–174; DERS., Congedo Veronese di M.: Incantesimo, ebd., S. 175–177

Egon Voss

L'amore dei tre re, II. Akt; Adam Didur als Archibaldo, Lucrezia Bori als Fiora; Metropolitan Opera, New York 1914. – Der aus Polen stammende Bassist und die spanische Sopranistin gehörten Anfang des 20. Jahrhunderts zu den führenden Vertretern ihrer Stimmfächer vorzugsweise im italienischen und französischen Repertoire.

Claudio Monteverdi

Claudio Zuan (Giovanni) Antonio Monteverdi; getauft am 15. Mai 1567 in Cremona (Lombardei), gestorben am 29. November 1643 in Venedig

L'Orfeo
Favola in musica

Orpheus
Prolog, 5 Akte

Text: Alessandro Striggio d. J.
Uraufführung: 24. Febr. 1607, Palazzo Ducale, Mantua
Personen: Prolog: La Musica/die Musik (S). **Handlung:** Orfeo/Orpheus (T); Euridice/Eurydike (S); Botin (S); Speranza/Hoffnung (S); Caronte/Charon (B); Proserpina (S); Plutone/Pluto (B); Apollo (T); 4 Hirten (A, 2 T, B); Nymphe (S); 2 Unterweltsgeister (2 T); Eco/Echo (T). **Chor:** Nymphen, Hirten, Unterweltsgeister. **Ballett:** Hirten
Orchester: 2 Flautini alla vigesima seconda, Clarino, 3 Trombe, 2 Cornetti, 5 Tromboni, 2 Gravicembali, 3 Chitarroni, mehrere Ceteroni, 2 Organi di legno, Regale, Arpa doppia, 2 Violini piccoli alla francese, 10 Viole da braccio, 3 Bassi da gamba, 2 Contrabassi da viola
Aufführung: Dauer ca. 2 Std. – Die Partiturdrucke von 1609 und 1615 verzeichnen zwar ein überaus reiches Instrumentarium, jedoch sind nur an wenigen Stellen, an denen es Monteverdi offenkundig auf besondere klangliche Effekte ankam, den notierten Tonsystemen bestimmte Instrumente zugeordnet. Auch gibt es nur sporadische Hinweise auf die wechselnde Besetzung der Continuogruppe. Vor allem aus diesem Grund ist eine gleichsam deutende Bearbeitung des Werks nötig, um eine Spielfassung zu erstellen.

Entstehung: Über den Auftrag zur Komposition von *L'Orfeo*, der ersten dramatischen Arbeit Monteverdis, sind wir nicht genau unterrichtet. Treibende Kraft war auf jeden Fall der Erbprinz Francesco Gonzaga. Monteverdi hat ihm den Partiturdruck von 1609 gewidmet und sagt in der Widmungsvorrede, daß die Aufführung des Werks »sotto gl'auspitij di V[ostra] A[ltezza]« in der Accademia degli Invaghiti stattgefunden habe. Gonzaga war wie der hohe Hof- und Regierungsbeamte Striggio Mitglied dieser Akademie. Das 1607 in Mantua gedruckte Libretto gibt im Titel an, *Orfeo* sei »sotto i felice auspizij del Serenissimo Sig. Duca benignissimo lor protettore« aufgeführt worden, unter der Schirmherrschaft des Herzogs Vincenzo Gonzaga, ihres (der Akademiker) Schutzherrn. Die Akademie tagte im Herzogspalast zu Mantua. *L'Orfeo* muß in einem nicht sehr großen Saal aufgeführt worden sein, denn Monteverdi spricht in der Widmung von »angusta scena« (enge Bühne). Er ließ wohl aus diesem Grund die Trompeten in der Eröffnungstoccata mit Dämpfer blasen, weshalb sie um einen Ganzton unter dem gewollten Klang (D-Dur) notiert ist. Von den Darstellern sind nur Francesco Rasi (Tenor), der Kastrat Giovanni Gualberto Magli und ein »pretino« dokumentiert. Dieser (vielleicht der Kastrat Girolamo Bacchini) sang Euridice. Magli könnte nach Ansicht Jack Allan Westrups (1958, s. Lit.) die Botin gesungen haben, auf jeden Fall sang er den Prolog (La Musica) und Proserpina. Rasi hatte wahrscheinlich die Titelpartie inne.
Handlung: In Thrakien, mythische Antike.
Prolog: La Musica preist ihre Macht und will vom Sänger Orfeo erzählen. Sie fordert die Zuschauer zu absoluter Bewegungslosigkeit und Ruhe auf, die in der Natur durch Orfeos Gesang bewirkt wurden, wie die antiken Quellen besagen.
I. Akt: Die Hirten freuen sich über das Ende der Liebesqualen Orfeos, da er heute Euridice heiraten wird. In ihren Hochzeitsgesang sollen auch die Musen einstimmen, Bergnymphen mit einem Reigen des nächtlichen Tanz der Sterne übertreffen. Orfeo wendet sich, zum Singen eines Liebeslieds aufgefordert, zuerst gebetsartig der Himmelsrose, das heißt der Sonne und damit seinem Vater Apollo zu, dann preist er sein Glück und spricht Euridice an. Sie bestätigt, ihm ihr Herz ganz geschenkt zu haben. Ein Hirt fordert dazu auf, im Tempel dem göttlichen Weltenherrscher zu opfern und ihn um Dauer des Glücks zu bitten, andere Hirten preisen die Überwindung des Leids, des Unwetters und des Winters: Orfeo solle nach dem Seufzen und Klagen sein jetziges Glück würdigen.
II. Akt, Landschaft: Orfeo kehrt glücklich zu den Hainen und Hängen zurück, denen er vorher sein Liebesleid geklagt hatte. Die Hirten lagern sich zu ihm und singen zum Murmeln der Quellen von Pan und den Waldnymphen. Von den Hirten aufgefordert, erinnert Orfeo die Natur an seine frühere Liebesqual und preist die Wende seines Schicksals. Während ein Hirt ihn auf die lachenden Haine und Fluren hinweist, tritt die Botin auf, Schicksal und Himmel anklagend. Nach mehrmaligem Wortwechsel mit den Hirten verkündet sie Orfeo die schreckliche Nachricht: Seine Gemahlin ist tot. In einem langen Bericht erzählt sie, wie Euridice beim Blumenpflücken von einer Schlange gebissen wurde und mit Orfeos Namen auf den Lippen starb. Nach längerem Schweigen stimmt Orfeo eine Totenklage an: Mit seinem Gesang wolle er den König der Unterwelt zur Rückgabe der Geliebten bewegen. Bleibe ihm dies versagt, werde er bei ihr im Totenreich bleiben. Die Botin beschließt, sich in der Einsamkeit zu verbergen, da es ihr zufiel, mit der Unglücksnachricht Orfeos Herz zu durchbohren.
III. Akt, an den Unterweltsflüssen: Bis hierhin hat Speranza Orfeo geleitet. Die Inschrift auf dem Tor zur Unterwelt »Lasciate ogni speranza ò voi ch'entrate« (aus Dante Alighieris *Divina commedia*, um 1320, Inferno III/9: »Laßt jede Hoffnung, die ihr mich durchschreitet«) verbietet ihr, weiterzugehen. Mit einem schönen Gesang will Orfeo »la città dolente« (»die Stadt des Schmerzes«, Inferno III/1) betreten; doch er weiß nicht, wie er ohne Hoffnung bestehen

soll. Caronte verweigert ihm die Überfahrt, da er noch nicht gestorben sei. Orfeo fleht ihn gebetsartig mit all seiner Sangeskunst an, da er ohne Euridice nicht mehr leben wolle. Caronte weist Mitleid als seiner unwürdig zurück. Orfeo ruft verzweifelt die Unterweltsgötter um Rückgabe Euridices an. Inzwischen ist Caronte eingeschlafen. So besteigt Orfeo die Barke und rudert über die Unterweltsflüsse. Geister kommentieren: Dem Menschen ist kein Unternehmen unmöglich; die Natur vermag sich nicht mehr gegen ihn zu wehren, der die wilden Gefilde pflügte, der säte und, das Meer überquerend, den Winden trotzte.

IV. Akt, Unterwelt: Proserpina ist von Orfeos Klagegesang gerührt. Sie bedrängt ihren Gemahl, Euridice ins Leben zurückkehren zu lassen. Plutone kann ihr dies (obwohl im Widerspruch zum Schicksal) nicht verwehren. Orfeo soll Euridice erhalten, doch darf er sie vor dem Verlassen der Unterwelt nicht ansehen. Ein einziger Blick würde Verlust für immer bedeuten. Auf Plutones Befehl geben zwei Geister den Bewohnern der Unterwelt seinen Beschluß bekannt. In ihrem Dank preist Proserpina den Tag, an dem Plutone sie entführt hat. So möge sie, entgegnet er, auf ihren alljährlichen Aufenthalt im Olymp verzichten. Geister verkünden, daß heute Mitleid und Liebe in der Unterwelt triumphieren. Orfeo führt Euridice der Oberwelt entgegen und preist die Allmacht seiner Leier: Sie werde unter die Sternbilder versetzt werden, zu ihrem Klang würden die andern Gestirne tanzen. Indes überkommen ihn Zweifel, ob Euridice ihm folge; Amor ist mächtiger als Plutone. Und da er bei einem Geräusch argwöhnt, daß Furien ihm die Gemahlin entreißen könnten, dreht er sich um und sieht Euridice in die Augen. Schon verdunkelt ein Schatten die Geliebte, sie kann nur klagen, daß Orfeo sie wegen seiner zu großen Liebe wieder verliere. Ein Geist befiehlt Euridice die Rückkehr in die Unterwelt. Orfeo will ihr folgen, fühlt sich jedoch von einer unbekannten Macht zum verhaßten Licht gezogen. Die Geister stellen eine Betrachtung über »virtute« an: Orfeo habe zwar die Unterwelt, nicht aber seine Gefühle bezwungen.

V. Akt, thrakische Oberwelt: Orfeo ist an den Ort zurückgekehrt, an dem ihm die Nachricht vom Tod Euridices das Herz durchbohrt hat. Ohne Hoffnung fordert er die Natur auf, mit ihm zu klagen. Das Echo antwortet (von ihm als Person, als die unglücklich in Narziß verliebte Nymphe, angeredet). Zur letzten Verherrlichung der Gemahlin opfert Orfeo Leier und Gesang. Sein Lob von Euridices einzigartiger Schönheit, Weisheit und Anmut schlägt um in eine Abwertung aller andern Frauen. Der Liebe zu ihnen schwört er deshalb ab. Da schwebt sein Vater Apollo auf einer Wolke herab und wirft ihm vor, daß er sich zu sehr dem Schmerz überlasse so wie früher der Freude. Da nichts auf Erden erquicke und dauere, solle ihm der Sohn zu ewigem Leben in den Himmel folgen. Orfeo unterwirft sich, fragt aber, ob er dort Euridice wiedersehe. Apollo antwortet, er werde ihr Antlitz in den Gestirnen wahrnehmen. So steigen beide zum Himmel auf, wo wahre »virtù« mit Freude und Frieden

L'Orfeo, III. Akt; Regie: Leopold Lindtberg, Choreographie: Rosalia Chladek, Bühnenbild: Sepp Nordegg; Festwochen, Konzerthaus, Wien 1954. – Das um Originaltreue bemühte Klangkonzept des musikalischen Bearbeiters Paul Hindemith fand seine szenische Entsprechung im Historismus des Bühnenbilds, das sich an den Dekorationen von Lodovico Ottavio Burnacini für Cestis *Il pomo d'oro* (1668?) orientierte.

belohnt wird. Die Hirten opfern dem Vergöttlichten und tanzen eine Moresca.
Kommentar: Monteverdis *L'Orfeo* ist nach den vorangegangenen Opernversuchen in Florenz, an die er stofflich anknüpft (Ottavio Rinuccinis *Euridice*, 1600, wurde von Iacopo Peri, 1600, und Giulio Caccini, 1602, vertont), das erste musikalische Drama, das weitgehend werkhaften Charakter hat. Die humanistische, zum Teil auch neuplatonische Tradition des Texts läßt sich auch auf lokaler mantuanischer Ebene bis zu Angelo Polizianos *Orfeo* (1480), dem ersten weltlichen Theaterstück in italienischer Sprache, zurückverfolgen. In dramatischer Hinsicht ist das Werk eine Synthese von Elementen des höfischen Fests (toccata: Tusch, Moresca), der Tragödie (Prolog, Botenbericht mit Totenklage, Schlußchöre des III. und IV. Akts), der Pastorale (I. und II. Akt) und der Intermedienphantastik (Unterweltsszenarium des III. und IV. Akts, Apotheose des V. Akts). Diese Sphären sind dem Gang der Handlung entsprechend großenteils durch wechselndes Grundinstrumentarium charakterisiert: Trompetenchor für die Toccata, vorwiegend Saiteninstrumente für Prolog und Oberwelt, Organi di legno für Botenbericht und Klagegesänge (besonders Orfeos), Posaunen, Zinken und Portative (Instrumente der Kirchenmusik) für die Unterwelt. Im einzelnen werden musikalische Gattungen der Theatermusik des 16. und frühen 17. Jahrhunderts verwendet wie Strophenvortrag über Baßgerüsten (Prolog), madrigaleske Ensembles jeder Art, virtuoser Sologesang (Orfeo, besonders im III. Akt) und französierende »airs de cour« (II. Akt). Hinzu treten repräsentative und illustrative Instrumentalformen, die auch gliedernde und sinngebende Funktion haben, wie etwa das Ritornell, das den Prolog begleitet und damit auch den I. Akt eröffnet, dann das Oberweltbild beschließt (Schluß des II. Akts) und endlich aus der Unterwelt in die Oberwelt zurückführt (zwischen IV. und V. Akt). Vor allem besitzt das neue »parlar cantando« (singend, das heißt mittels des Singens sprechen, siehe Monteverdis Brief an Striggio vom 16. Dez. 1616) nicht nur eine ungekannte Ausdrucksstärke, sondern auch musikalische Substanz und Struktur, die an das spätere Rezitativ kaum denken lassen. Sein wichtigster Träger ist Orfeo, der musikalisch sprechend seinen Weg aus der Hut Apollos über Liebe, Verlust, Todesüberwindung, Anfechtung und Trauerexzeß zurück zum göttlichen Vater geht. Daß es Monteverdi hierbei um die Darstellung des spezifisch Menschlichen mittels des »parlar cantando« und nicht eines »cantar parlando« (Singen mit zusätzlichem, sekundärem Text) ging, wissen wir aus dem genannten Brief. Das weitverbreitete Interesse an dem Werk ist durch den zweimaligen Druck der Partitur (1609, 1615) dokumentiert. Von diesen Drucken weicht der Librettodruck (1607) ab. Nach Orfeos Abwendung von den Frauen (V. Akt) treten Bacchantinnen auf, Orfeo versteckt sich vor ihnen, die sich an ihm als ihrem Feind und Verächter (und damit auch Verächter des Dionysoskults) rächen wollen; sie trösten sich über Orfeos Entkommen mit einem Trink- und Preislied auf ihren

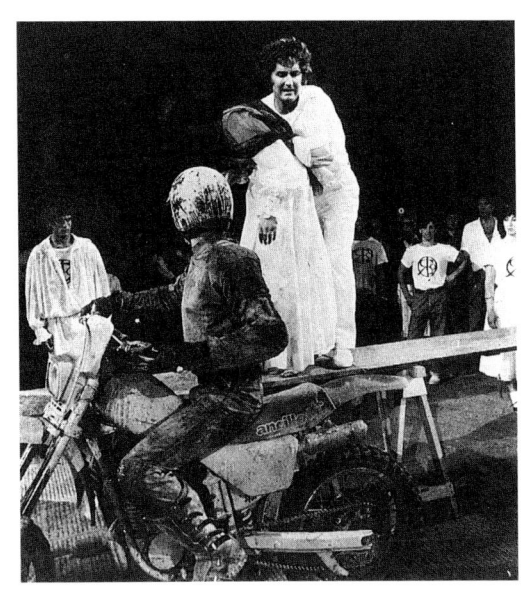

L'Orfeo, IV. Akt; Kimball Wheeler als Euridice, Peter Knapp als Orfeo; Regie und Ausstattung: Pier Luigi Pizzi; Maggio Musicale, Palazzo Pitti, Florenz 1984. – Euridices Entführung ins Totenreich durch schwarzgekleidete Motorradfahrer ist ein Zitat aus Jean Cocteaus Film *Orphée* (1950).

Gott. Welche Schlußfassung 1607 gespielt wurde, kann nicht definitiv gesagt werden, doch dürfte es wohl die der Partitur gewesen sein.
Wirkung: Die erste Aufführung von *L'Orfeo* war so erfolgreich, daß es sofort zu Wiederholungen kam, wobei man vielleicht in das Hoftheater überwechselte, denn am 1. März 1607 wurde das Stück »con l'intervento di tutte le dame di questa città« gegeben (im Beisein aller Damen der Stadt, das heißt der höheren Gesellschaft). Aufführungen in andern Residenzen bleiben Vermutung. Laut Remo Giazotto ist *Orfeo* noch 1630 im Theater der Familie Adorno in Genua aufgeführt worden. Die neuzeitliche Beschäftigung mit *Orfeo* setzt ein mit Robert Eitners fehlerhafter und nicht vollständiger Ausgabe von 1881 und mit der Bearbeitung und Aufführung einer Auswahl durch Vincent d'Indy in der Pariser Schola Cantorum am 25. Febr. 1904 (konzertant). Indy betonte den legitimen Aspekt, daß sich für eine künstlerische Wiederbelebung die archäologische Rekonstruktion verbiete: eine Ansicht, die noch Curt Sachs hinsichtlich von Carl Orffs Version vertrat. Dies führte in den auf Indy folgenden Bearbeitungen, die großenteils im Klavierauszug veröffentlicht wurden, nicht nur zu Kürzungen, sondern auch zu Umstellungen, Zusätzen, willkürlicher Instrumentation und so weiter. Auf der Basis der Bearbeitung Indys kam es zum ersten zaghaften Versuch einer szenischen Wiederaufführung am 2. Mai 1911 im Pariser Théâtre Réjane unter Marcel Labey mit Sängern Pariser Opernhäuser und mit Claire Croiza (Botin) vom Théâtre de la Monnaie Brüssel, allerdings in den Dekorationen der für den

Abend angesetzten Premiere von Maurice Maeterlincks Märchendrama *L'Oiseau bleu* (1908; nur eine Aufführung; 1913, nun in eigenen Dekorationen, wiederholt). Größere Beachtung fand aber erst die Aufführung Breslau 1913 in einer immer noch stark verkürzten deutschen Bearbeitung von Hans Erdmann. Es folgte Orff mit drei Versionen seiner »freien Neugestaltung« (Mannheim 1925, Regie: Richard Meyer-Walden, Bühnenbild: Heinz Grete; München 1929; Dresden 1940). Trotz ihrer expressionistischen Umbiegung (besonders in der Textfassung Dorothee Günthers) ist es im deutschsprachigen Raum weitgehend Orffs Bearbeitung gewesen, die das Interesse an Monteverdis Werk dauerhaft gemacht hat. Nachgespielt wurde sie unter anderm 1940 in Gera, 1942 in Hamburg, 1943 in Frankfurt a. M. und Berlin, 1953 in Nürnberg, 1954/55 in München, 1956 in Mannheim, 1962 in Oldenburg, 1963 in Salzburg, 1965 in München, 1980 in Augsburg, München und Hannover. Für die Aufführungen in Gera 1940 und Berlin 1943 hatte Orff sie mit seinen andern Monteverdi-Bearbeitungen (*Klage der Ariadne*, 1925, nach dem *Lamento d'Arianna*, 1608, und *Tanz der Spröden*, 1925, nach *Il ballo delle ingrate*, 1608) zu einem »Trittico teatrale« vereinigt; 1958 kam dieser Zyklus in Schwetzingen unter Orffs neuem Titel *Lamenti* heraus. Die erste moderne und vollständige Bühnenaufführung fand 1925 in Oxford in der englischen Übersetzung von Robert Stuart und der musikalischen Bearbeitung von Westrup statt. In Italien kam *Orfeo* 1934 in Perugia wieder auf die Bühne in der Bearbeitung von Giacomo Orefice und in den Dekorationen des Opernhauses Kairo, wo das Werk 1928 aufgeführt worden war. Noch 1934 folgte Rom (in Giacomo Benvenutis Bearbeitung; Dirigent: Tullio Serafin). Weitere Bearbeitungen stammen unter anderm von Gian Francesco Malipiero (1923), der das Werk auch in der von ihm betreuten Monteverdi-Gesamtausgabe herausbrachte, Ottorino Respighi (1935), Vito Frazzi (1943), Paul Hindemith (1943; seine Bearbeitung unter anderm 1954 in Wien, 1963 in Rom und Perugia), Bruno Maderna (1967), Valentino Bucchi (1968) und Luciano Berio (1968?). (Eine grundlegende Darstellung der mehr als 40 nachweisbaren Bearbeitungen gibt Renate Reichhardt, s. Lit.). Respighis Bearbeitung kam zuerst an der Mailänder Scala 1935 heraus, im selben Jahr noch in Modena, 1936 in Budapest, 1937 in Buenos Aires. 1949 wurde das Werk (in Frazzis Bearbeitung) erstmals in Florenz anläßlich des Maggio Musicale (Dirigent: Antonio Guarnieri, Ausstattung: Giorgio De Chirico; Orfeo: Fedora Barbieri, Euridice: Elena Rizzieri) und in Vicenza gezeigt, 1957 nochmals in Florenz (Boboligärten). Seit August Wenzinger (Hitzacker 1955 und Platteneinspielung) orientiert man sich bei Noten und Instrumentarium vorwiegend am Original. Die Wenzinger-Version lag auch den Inszenierungen in New York 1960 (City Opera; Dirigent: Leopold Stokowski), Hannover-Herrenhausen 1966, München 1968, Lyon 1973, Heidelberg und Wiesbaden 1977 zugrunde. Die Zürcher Aufführungen von 1975/76 unter Nikolaus Harnoncourt haben *Orfeo* erneut ins Blickfeld gerückt. Jean-Pierre Ponnelles phantasievolle, etwas outrierte Inszenierung (Kostüme: Pet Halmen; Orfeo: Philippe Huttenlocher) wurde zusammen mit den anschließenden Monteverdi-Produktionen des Teams Harnoncourt/Ponnelle/Halmen (*Il ritorno d'Ulisse in patria*, 1640, und *L'incoronazione di Poppea*, 1642/43) 1978 in Hamburg, Wien, Edinburgh, Berlin und Mailand sowie 1979 in Wiesbaden gezeigt. Von den zahlreichen weiteren Inszenierungen von *Orfeo* seien genannt: Wuppertal 1961 als Ballett (Bearbeitung: Erich Kraack), London 1965 (Sadler's Wells; Bearbeitung: Raymond Leppard), Amsterdam 1967 (Théâtre Carré; Bearbeitung: Maderna), Antwerpen 1977 (Bearbeitung: Edward Tarr), New York 1979 (Juilliard American Opera Center, in den Dekorationen der Produktion Lissabon 1967; Bearbeitung: Denis Stevens), Bad Hersfeld 1980 und Frankfurt 1981 (beide in der Bearbeitung von Siegfried Heinrich), Paris (Théâtre Chaillot; Regie: Antoine Vitez) und London 1981 (National Opera; Bearbeitung: John Eliot Gardiner; mit Della Jones, Anthony Rolfe Johnson und John Tomlinson), Florenz (Innenhof des Palazzo Pitti; diverse Bearbeiter unter Leitung von Berio) und Graz 1984 (Bearbeitung: Nikša Bareza), Aix-en-Provence 1985 (Regie: Claude Goretta; mit Gino Quilico und Audrey Michael) und Dallas 1987 (Bearbeitung: Stevens).

Autograph: nicht erhalten. **Ausgaben:** Part: Amadino, Venedig 1609, Faks.-Nachdr., hrsg. A. Sandberger: Filser, Augsburg 1927, ²1615, Faks.-Nachdr., hrsg. D. Stevens: Gregg, Farnborough 1972; Part [unvollst.]: Publikationen älterer praktischer und theoretischer Musikwerke, hrsg. R. Eitner, Bd. 10, B&H 1881, Nachdr.: Broude, NY 1966; Part: C. MONTEVERDI, Tutte le opere, hrsg. G. F. Malipiero, Bd. 11, [Asolo 1931], Nachdr.: UE [1966], Nr. 9609; Part u. Kl.A, Bearb. v. G. F. Malipiero: Chester, London 1923; Part, Bearb. v. E. Tarr: Costallat, Paris 1974; Kl.A, Bearb. u. frz. Übers. v. V. d'Indy: Ed. de la Schola Cantorum, Paris 1905, ³1915; Kl.A, Bearb. v. G. Orefice: Associazione italiana di Amici della Musica, Mailand 1909; Kl.A, Bearb. v. C. Orff, dt. Übers. v. D. Günther, 1. Fassung: [Selbst-Vlg.] 1923, Schott 1931; dass., 3. Fassung: Schott 1940, Nr. 3188; Kl.A, Bearb. v. G. Benvenuti, 1. Fassung: Ricordi [1934]; dass., 2. Fassung: Classici Musicali Italiani, Mailand 1942; Kl.A v. G. Salviucci. Bearb. v. O. Respighi: Carisch, Mailand 1935; Kl.A, Bearb. v. P. Hindemith: [Selbst-Vlg.?, USA 1953]; Kl.A, Bearb. v. A. Wenziger: Bär 1955; Kl.A, Bearb. v. R. Leppard: Faber 1965; Kl.A, Bearb. v. D. Stevens: Novello, London 1967; Kl.A, Bearb. v. B. Maderna: ESZ 1967; Kl.A, Bearb. v. V. Bucchi: Carisch, Mailand 1968; Particell, Bearb. v. J. E. Gardiner: Chester/Hansen, London 1980; Textb.: Mantua 1607; Textb. in: A. SOLERTI, Gli albori del melodramma, Bd. 3, Mailand 1904, Nachdr.: Hildesheim, Olms 1969, S. 246–274; Textb., dt. Bearb. v. H. Erdmann-Guckels, Einl. v. O. Kinkeldey: Breslau, Hainauer 1913; Textb., ital./dt. v. J. Oeschger: Bär [1955]; Textb., ital./dt./engl./frz., in: [Beih. d. Schallplattenaufnahme Dt. Grammophon], 1987. **Aufführungsmaterial:** Bearb. Malipiero: UE; Bearb. Orff: Schott; Bearb. Maderna: ESZ/Schott; Bearb. Leppard: Faber/Bär; Bearb. v. R. Wangermée: Bibl. Musicale d. RTBF, Brüssel; Bearb. Indy: RTBF, Brüssel; Bearb. Westrup: UB, Oxford **Literatur:** A. HEUSS, Die Instrumental-Stücke des ›Orfeo‹, in: SIMG 4:1902/03, S. 175–224; A. W. AMBROS, Geschichte der Musik, 3., verbesserte Aufl. v. H. Leichtentritt, Lpz. 1909, Nachdr. Hildesheim 1968, S. 553–574; G. CESARI, ›L'Orfeo‹ di

C. M. all'»Associazione di Amici della Musica« di Milano, in: RMI 17:1910, S. 132–178; O. LANG, C. M.s ›Orfeo‹ in der Neugestaltung von Carl Orff, Mainz 1925; J. A. WESTRUP, M. and the Orchestra, in: ML 21:1940, S. 230–245; DERS., Two First Performances: M.'s ›Orfeo‹ and Mozart's ›La clemenza di Tito‹, ebd. 39:1958, S. 327–333; R. ALLORTO, Il prologo dell'›Orfeo‹. Note sulla formazione del recitativo monteverdiano, in: Claudio Monteverdi e il suo tempo [s. u.], S. 157–168; N. PIRROTTA, E. POVOLEDO, Li due Orfei, Turin 1969, engl.: Cambridge 1982; C. ORFF, Lehrjahre bei den alten Meistern, Tutzing 1975 (Carl Orff und sein Werk. Dokumentation. 2.), S. 15–28, 70–115, 119; R. DONINGTON, The Rise of Opera, London, Boston 1981, S. 143–190; L. SIRCH, »Violini piccoli alla francese« e »Canto alla francese« nell'›Orfeo‹ (1607) e negli ›Scherzi musicali‹ (1607) di M., in: NRMI 15:1981, S. 50–65; W. OSTHOFF, Contre le legge de' Fati. Polizianos u. M.s ›Orfeo‹ als Sinnbild künstlerischen Wettkampfs mit d. Natur, in: Studien zur ital. M.Gesch., Bd. 13, Laaber 1984 (Analecta musicologica. 22.), S. 11–68; R. MÜLLER, Der stile recitativo in C. M.s ›Orfeo‹. Dramatischer Gesang u. Instrumentalsatz, Tutzing 1984 (Münchner Veröff. zur M.Gesch. 38.); Claudio Monteverdi: Orfeo, hrsg. J. Whenham, Cambridge 1986 (Cambridge Opera Handbooks); R. REICHHARDT, C. M.s ›L'Orfeo‹ und seine Bearbeitungen, Diss. Wien 1986; **zu Monteverdi:** H. PRUNIÈRES, La Vie et l'œuvre de C. M., Paris 1926, engl.: London 1926, Nachdr. Westport 1974; D. DE' PAOLI, C. M., Mailand 1945, Nachdr. 1979; H. F. REDLICH, C. M. Leben u. Werk, Olten 1949; L. SCHRADE, M., Creator of Modern Music, NY 1950, Nachdr. 1979; A. A. ABERT, C. M. und das musikalische Drama, Lippstadt 1954; W. OSTHOFF, Das dramatische Spätwerk C. M.s, Tutzing 1960 (Münchner Veröff. zur M.Gesch. 3.); D. ARNOLD, M., London 1963, ²1975 (Master Musicians Series); G. BARBLAN, C. GALLICO, G. PANNAIN, C. M. nel quarto centenario della nascita, Turin 1967; Claudio Monteverdi e il suo tempo. Relazioni e comunicazioni al Congresso Internazionale. Venezia – Mantova – Cremona 3–7 Maggio 1968, hrsg. R. Monterosso, Verona 1969; A. A. ABERT, C. M.s Bedeutung für die Entstehung des musikalischen Dramas, Darmstadt 1979 (Erträge d. Forschung. 107.); C. GALLICO, M. Poesia musicale, teatro e musica sacra, Turin 1979; The Letters of Claudio Monteverdi, hrsg. D. Stevens, London 1980, dt.: München 1989; S. LEOPOLD, C. M. und seine Zeit, Laaber 1982; The New Monteverdi Companion, hrsg. D. Arnold, N. Fortune, London 1985 [mit umfangreicher M.-Bibliographie]; P. FABBRI, M., Turin 1985; Claudio Monteverdi. Festschrift R. Hammerstein zum 70. Geburtstag, Laaber 1986; G. TOMLINSON, M. and the End of the Renaissance, Berkeley, Los Angeles 1987; K. G. ADAMS, D. KIEL, C. M. A Guide to Research, NY, London 1989 (Garland Composers Resource Manuals. 23.); S. MCCLARY, Constructions of Gender in M.'s Dramatic Music, in: Cambridge Opera Journal 1:1989, Nr. 3, S. 203–223; E. ROSAND, Opera in Seventeenth-Century Venice. The Creation of a Genre, Berkeley, Los Angeles 1990

Wolfgang Osthoff

Il ballo delle ingrate

Der Tanz der spröden Damen
1 Bild

Text: Ottavio Rinuccini
Uraufführung: 4. Juni 1608, Ad-hoc-Theater, Mantua
Personen: Amore/Amor (S); Venere/Venus (S); Plutone/Pluto (B); 4 Schatten aus der Unterwelt (A, 2 T, B); 8 spröde Seelen, die tanzen (4 davon singen: 3 S, A)

Orchester: 5 Viole da braccio, Clavicembalo, Chitarrone
Aufführung: Dauer ca. 40 Min. – Laut Hinweis in der Partiturausgabe von Gian Francesco Malipiero kann das Orchester nach Bedarf verdoppelt werden. Hinsichtlich der angegebenen originalen Stimmcharaktere gilt für diese frühe Zeit prinzipiell, daß die Sopranpartien eher dem Umfang unseres Mezzosoprans entsprechen.

Entstehung: *Il ballo delle ingrate* entstand für die Mantuaner Feierlichkeiten zur Hochzeit des Erbprinzen Francesco Gonzaga mit Margarete von Savoyen.
Handlung: Im höhlenartigen Eingang zur Unterwelt, innen und außen von Flammen umzüngelt: Der von seiner Mutter Venere herbeigeführte Amore holt Plutone aus der Unterwelt. Venere ermahnt inzwischen die Damen, sich in ihrer Jugend Amore nicht zu widersetzen, da es sie später reuen werde. Auf Plutones Frage, wer Amore ungehorsam sei, weist Venere auf gewisse Mantuaner (bzw. deutsche = Wiener) Frauen. Amore bittet Plutone, einige früher spröde und jetzt bereuende Damen zur Abschreckung aus der Unterwelt heraufsteigen zu lassen. Plutone widerstrebt zunächst, läßt sie dann aber durch seine Gehilfen holen. Sie bieten einen so elenden Anblick, daß Venere und Amore sich zurückziehen. Die Damen tanzen und nehmen schließlich vor der Herzogin (Königin) Aufstellung, die von Plutone gepriesen wird. Das schlimme Beispiel soll die lebenden Damen ermahnen, ihre Gunst nicht zu verweigern. Dann müssen die spröden Seelen tanzend und Abschied nehmend in die Unterwelt zurückkehren, nicht ohne den Damen Mitleid zu empfehlen.
Kommentar: *Il ballo delle ingrate* repräsentiert eine jener seltsamen musikdramatischen Mischformen, die sich im Umfeld der frühen Oper aufgrund der damals herrschenden Modellvorstellungen vom Theater der Antike entwickelten. Die Wurzeln für die gleichermaßen gesungenen wie getanzten Balli des beginnenden 17. Jahrhunderts reichen jedoch auch bis zu den höfischen Festen der Frührenaissance zurück, in denen die zu integrierenden Bestandteilen zählenden Tänze bereits Handlungselemente aufwiesen. Die hochentwickelte italienische Tanzkultur gab auch die entscheidenden Impulse zur Entstehung des französischen Ballet de cour, wobei der Transfer Italien–Frankreich insbesondere über Katharina von Medici, Gattin des französischen Königs Heinrich II., funktioniert haben dürfte. Italienische Tanzformen, durch eine Reihe namentlich bekannter italienischer Tanzmeister ab Mitte des 16. Jahrhunderts am französischen Hof etabliert, entwickelten sich dort in der Folgezeit durch ein philosophisches und sozialpolitisches Konzept (der Académie de Poésie et de Musique unter Leitung von Jean Antoine de Baïf) zu einem profanen Ritual, einer irdischen Projektion kosmischer Ordnung, in dessen Zentrum der König oder Fürst zu tanzen hatte (vgl. Rudolf zur Lippe, s. Lit.). Diese Konzeption wirkte auch bestimmend auf die nach 1600 an italienischen Fürstenhöfen zur Aufführung gelangenden

Balli, wobei vor allem Rinuccini, der um 1600 am französischen Königshof weilte, in erster Instanz als Mittler fungierte. – Die rezitativisch vorgetragene dürre Handlung des *Ballo* wird durch strophische Gesänge aufgelockert; nur beim Abgang der Götter kommt es zu einem Duett. Gestisch ausdrucksvoll sind die kurzen Ensembles, besonders der a cappella gesungene Refrain des Schlußgesangs. Der eigentliche Tanz (beim Auftritt der spröden Seelen) besteht musikalisch aus differenziert gestalteten reinen Instrumentalstücken: einer 16taktigen Entrata und sechs weiteren Abschnitten, von denen der erste die Entrata wiederholt (beginnend mit Takt 364 der Ausgabe Malipiero, s. Ausg.). Dieser Ballo läßt sich leicht mit den von Marco Fabrizio Caroso und Cesare Negri, den beiden großen italienischen Tanzmeistern der Zeit, überlieferten Choreographien und den in deren Schriften mitgeteilten Schrittfolgen in Bezug setzen. Die von Monteverdi in der Vorbemerkung zum Werk für die Entrata vorgeschlagenen »passi gravi e naturali« entsprechen der von Caroso in *Nobiltà di Dame* (s. Lit.) verwendeten Terminologie für wichtige Grundschritte der damals gebräuchlichen Tänze. Gleiches gilt auch für die andern von Monteverdi erhalten gebliebenen Balli, insbesondere für den Ballo *Tirsi e Clori* (1615), aber auch für *Movete al mio bel suon* und *Della bellezza le dovute lode*.

Wirkung: Wichtigste Quelle für die Aufführung des *Ballo delle ingrate* ist der Augenzeugenbericht von Federico Follino, Hofkaplan und Historiograph der Gonzaga (s. Lit.). Diesem Bericht zufolge wurden die Tänze von Herzog Vincenzo selbst und seinem Sohn Francesco sowie von acht Damen und sechs Kavalieren (im Musikdruck nicht bezeichnet) ausgeführt. Nur bei Sängern und Instrumentalisten habe es sich um Professionisten gehandelt. Der Bericht informiert auch über die Kostüme der acht Tanzpaare, die aus Asche und Glut zu bestehen schienen. Das Werk wurde für Kaiser Ferdinand II. oder III. (Regierungswechsel 1637), dem das achte Madrigalbuch, *Madrigali guerrieri et amorosi* (1638), gewidmet ist, leicht modifiziert und deshalb vielleicht auch in Wien aufgeführt. Auf die moderne Bühne kam es zum erstenmal 1925 in Karlsruhe in »freier deutscher Neugestaltung« von Carl Orff als *Der Tanz der Spröden* (Regie: Otto Krauß, Dirigent: Ferdinand Wagner), und zwar als Satyrspiel zu *L'Orfeo* (1607), der kurz zuvor (*Orpheus*, April 1925) in Mannheim gegeben worden war. Eine stark revidierte 2. Fassung Orffs erschien 1931 am Residenztheater München. Orff vereinigte diese Fassung (nach offenbar nochmaliger Revision) mit seiner Bearbeitung von *L'Orfeo* und des *Lamento d'Arianna* (1608) zu einem abendfüllenden Monteverdi-Zyklus und brachte diesen erstmals 1940 in Gera heraus. Dieser Zyklus wurde 1943 auch an der Berliner Staatsoper inszeniert sowie 1958 in Schwetzingen unter Orffs neuem Titel *Lamenti. Trittico teatrale liberamente tratto da opere di Claudio Monteverdi*. Weitere szenische Aufführungen gab es unter anderm 1937 in Cremona, 1954 an der Mailänder Scala (Regie und Choreographie: Margarethe Wallmann, Ausstattung: Nicola Benois), 1956 in Rom (Wallmann und Benois), 1958 in Aldeburgh (Bearbeitung: Raymond Leppard; Choreographie: John Cranko), 1959 in Wuppertal im Rahmen des Balletts *Ariadne* in der Bearbeitung von Erich Kraack (zusammen mit dem *Combattimento di Tancredi e Clorinda*, 1624), 1979 in Zürich als eine Art Puppenspiel im Rahmen einer szenischen Gestaltung des gesamten achten Madrigalbuchs (Inszenierung und Bühnenbild: Jean-Pierre Ponnelle, Kostüme: Pet Halmen, Dirigent: Nikolaus Harnoncourt) und 1980 in der National Gallery London durch das Ensemble Musica nel Chiostro (zusammen mit dem *Combattimento*).

Autograph: nicht erhalten. **Ausgaben:** St. in: C. MONTEVERDI, Madrigali guerrieri, et amorosi con alcuni opusculi in genere rappresentativo, che saranno per brevi Episodii frà i canti senza gesto. Libro ottavo, Venedig 1638; Part in: C. MONTEVERDI, Tutte le opere, hrsg. G. F. Malipiero, Bd. 8, rev. Neu-Aufl. UE 1967, S. 314–347; Kl.A u.d.T. *Der Tanz der Spröden*, freie dt. Bearb. v. C. Orff, 1. Fassung: Schott 1931, Nr. 3246; Part, Kl.A u. Textb., dass., 2. Fassung: Schott 1940; Kl.A, ital./engl. Übers. u. Bearb. v. D. Stevens: Schott, London [1960]; Textb. mit zeitgen. Auff.-Ber. in: A. SOLERTI, Gli albori del melodramma, Bd. 2, Mailand, Palermo, Neapel 1904, Nachdr.: Hildesheim, Olms 1969, S. 247–259; Textb., ital./dt. v. R. Bletschacher, in: DERS., Die Stimme des Lorbeers [Operntexte d. 17. Jh.; Wien 1990] (dramma per musica. 3.). **Aufführungsmaterial:** Bearb. Orff: Schott; Bearb. Stevens: Schott, London **Literatur:** F. CAROSO, Il ballarino [...], Venedig 1581, Nachdr. NY 1967; DERS., Nobiltà di Dame [...], Venedig 1600, Nachdr. Rom 1630, Nachdr. Bologna 1980, Neu-Ausg., engl. Einl. u. hrsg. J. Sutton, M transkribiert v. F. M. Walker: Oxford, NY 1986; C. NEGRI, Le gratie d'Amore [...], Mailand 1602; DERS., Nuove inventioni di balli, Mailand 1604; F. FOLLINO, Compendio delle sontuose feste fatte per le reali nozze del sr. prencipe D. Francesco Gonzaga, infante con la ser. Margherita di Savoia, Mantua 1608; R. ZUR LIPPE, Naturbeherrschung am Menschen. Geometrisierung d. Menschen u. Repräsentation d. Privaten im frz. Absolutismus, Ffm. 1974; weitere Lit. s. S. 245

Il ballo delle ingrate; Raffaele Arié als Plutone; Regie und Choreographie: Margarethe Wallmann, Ausstattung: Nicola Benois; Scala, Mailand 1954. – Der Bassist, durch seine stilistische Vielseitigkeit im traditionellen wie im zeitgenössischen Repertoire gleichermaßen ausgewiesen, sang seit 1947 an der Scala und gastierte an zahlreichen großen Opernhäusern der Welt.

Sibylle Dahms / Wolfgang Osthoff

Combattimento di Tancredi e Clorinda

Kampf zwischen Tankred und Clorinda
1 Bild

Text: Torquato Tasso, Canto XII, Stanzen 52–62 und 64–68 aus *La Gierusalemme liberata ovvero Il Goffredo* (1575)
Uraufführung: Karneval 1624 (1625?, 1626?), Palazzo Mocenigo, Venedig
Personen: Testo, Erzähler (T); Clorinda (S); Tancredi/Tankred (T)
Orchester: 4 Viole da braccio, Contrabasso da gamba, Clavicembalo
Aufführung: Dauer ca. 25 Min.

Entstehung: *Combattimento di Tancredi e Clorinda* entstand, wenn man den Angaben Monteverdis im Vorwort des achten Madrigalbuchs, *Madrigali guerrieri et amorosi* (1638), folgt, als ein Probestück im Zusammenhang mit seinen Überlegungen zur musikalischen Wiedergabe der menschlichen Affekte. Monteverdi führt aus, daß den drei menschlichen Hauptleidenschaften bzw. -affekten, »ira, temperanza, ed humiltà ò suplicatione« (Zorn, Mäßigung und Demut), in der Musik die Begriffe des »concitato« (Erregten), »temperato« (Gemäßigten) und »molle« (Weichen) entsprächen, daß er aber in den Werken früherer Komponisten wohl Beispiele für das »temperato« und »molle«, niemals aber für das »concitato genere« gefunden habe, obwohl doch dies Genus von Plato ausdrücklich beschrieben worden sei. Da nun unser Geist gerade durch Gegensätze bewegt werde, gelte es, dies extreme »concitato genere« (nicht »stile concitato«, wie man oft liest) als Vervollständigung der Affektdreiheit in der Musik wiederzufinden. Monteverdi ging dabei von der antiken Metrik aus, in der der Pyrrhichios, ein aus zwei Kürzen bestehender Versfuß, schon dem Namen nach sich als »zum Waffentanz gehörig« erweist. Diesem schnellen »tempo« (Zeitmaß) stehe im Spondeus (zwei Längen) ein langsames Tempo für Tänze entgegengesetzten Charakters gegenüber. Monteverdi wandte dies nun auf die Semibrevis (unsere ganze Note) an, die er ungeteilt einem Schlag des Spondeus (also einer Länge) gleichsetzte, während er sie, in 16 Semicrome (Sechzehntel) unterteilt, als dem Pyrrhichios analog empfand. In Verbindung mit einer Zorn und Ärger enthaltenden Rede enthüllte sich diese Folge von im Prinzip auf gleicher Tonhöhe hervorgebrachten Sechzehnteln als Ausdruck des Affekts, den Monteverdi in der Musik suchte, obwohl es für die Sprache schwierig war, den schnellen Tönen des Instruments zu folgen. Hieraus ergibt sich, daß Monteverdi sein Experiment zunächst instrumental durchführte. Erst im *Combattimento* wandte er es auf die Gesangsstimme an und griff dabei zu Tassos Epos, das die Leidenschaften enthält, die er musikalisch wiederzugeben suchte. Zur Komposition von Gegensätzen, vor allem des noch fehlenden »concitato genere«, bot sich der Zweikampf zwischen Tancredi und Clorinda an.

Handlung: Vor den Toren Jerusalems, gegen Ende des 11. Jahrhunderts, während des ersten Kreuzzugs. Vorgeschichte: Der Kreuzritter Tancredi hat sich vor längerer Zeit in die edle Mohammedanerin Clorinda verliebt, die in männlicher Rüstung die Kreuzfahrer bekämpft. In einer Nacht während der Belagerung der Stadt beschließt Clorinda, den Belagerungsturm der Feinde in Brand zu setzen. Um sie von ihrem gefährlichen Vorhaben abzubringen, offenbart ihr ein alter Diener ihre äthiopische, also christliche Herkunft; allerdings sei sie nicht getauft. Unbeirrt führt sie das Unternehmen erfolgreich mit Argante durch, doch bleibt sie beim Rückzug im Dunkel der Nacht versehentlich außerhalb des Stadttors. – Tancredi will sich mit dem feindlichen Ritter im Zweikampf messen und verfolgt den Fliehenden. Nach heftigem Gefecht ermatten sie vorübergehend. Tancredis Bitte nach Nennung des Namens kommt Clorinda nicht nach. Der Kampf entbrennt aufs neue. Schließlich trifft Tancredi Clorinda tödlich. Ein neuer Geist aus Glaube, Liebe und Hoffnung (den christlichen Kardinaltugenden) läßt sie Tancredi verzeihen und ihn sogar um Verzeihung bitten. Da sie die Taufe verlangt, holt er Wasser von einer Quelle. Indem er ihr den Helm löst, erkennt er Clorinda. Sie stirbt nach Erhalt des Sakraments mit den Worten: »Der Himmel öffnet sich, ich gehe in Frieden.«

Kommentar: Hält man sich an den Titel von Monteverdis achtem Madrigalbuch sowie an die verschiedenen Angaben des Bands, ist der *Combattimento* nicht als eigenständiges Theaterstück, sondern als eine szenische oder quasiszenische Einlage in einer Folge konzertanter Madrigaldarbietungen gedacht. Hierbei sollen Tancredi und Clorinda die in der Rede Testos ausgedrückten Schritte und Gesten ausführen, das heißt wohl mehr oder weniger andeuten. So ist das Werk nicht nur seinem ausdrucksstarken künstlerischen und musikalischen Gehalt nach, sondern auch hinsichtlich seiner Gattung völlig einmalig. Es ist weder Oper noch Oratorium, weder Madrigal noch Kantate. Ein Dublieren der Sänger durch Tänzer entspricht nicht der Konzeption Monteverdis. Die zur Verdeutlichung des Geschehens eingesetzten musikalischen Mittel entstammen dem Arsenal der sich um diese Zeit entfaltenden und verselbständigenden Instrumentalmusik für Streicher, in erster Linie für Violine, und sind von höchster Anschaulichkeit. Die Musik enthält Motive für das herangaloppierende Pferd Tancredis, die verschiedenen Schwertstreiche, das Stoßen der Schwertknäufe, Helme und Schilde (Pizzikato) und das Sich-im-Kampf-Umschlingen ebenso wie für die differenzierten seelischen Regungen, die Affekte. Hier ist vor allem das »concitato genere« zu nennen. In ihm gehaltene instrumentale Stellen (Tonrepetitionen in Sechzehnteln) sind entgegen einer weit verbreiteten Meinung nicht mit dem späteren, insbesondere romantischen Streichertremolo zu verwechseln. Beim »concitato genere« kommt es gerade auf die präzisen Schläge an. Der *Combattimento* ist das erste dramatische Werk, das als Ganzes von einem vierstimmigen Streicherensemble begleitet wird. Die Hinwendung zum gestischen und die Abkehr vom ornamentalen Gesang als Selbstzweck zeigt sich in der Anweisung, daß der Sänger des Testo nur in der mit »Notte« beginnenden Strophe Verzierungen anbringen darf. Diese Strophe hat im Gegensatz zu den andern einen rein betrachtenden Charakter und ist in der Art eines Opernprologs komponiert.

Wirkung: Das Stück führte Monteverdi bei einer abendlichen Veranstaltung während des Karnevals 1624 (wie es in der Vorrede an den Leser heißt) oder 1626 (wie man der speziellen Vorbemerkung zum *Combattimento* entnehmen muß) oder aber auch 1625 (falls Monteverdi das »1624« in venezianischer Zählung gemeint hat) in einem Saal des Palasts seines venezianischen Gönners Girolamo Mocenigo vor. Der Adel war so bewegt, daß beinah Tränen flossen. Der Beifall war stark, da (wie Monteverdi bemerkt) ein »canto« dieser Art noch nicht gesehen und gehört worden war. Monteverdi machte von den Errungenschaften des *Combattimento* in der eigenen Musik ausgedehnten Gebrauch, vor allem im achten Madrigalbuch. Nachrichten von weiteren Aufführungen des Stücks im 17. Jahrhundert fehlen. Während das vokale »concitato genere« kaum Nachfolge fand, läßt sich das Weiterwirken des instrumentalen über die venezianische Oper bis weit in die Operngeschichte des 18. Jahrhunderts hinein verfolgen, wo es besonders im Accompagnato zur Anwendung kam (dies gilt natürlich auch für verwandte Gattungen wie das Oratorium usw.). Als Zeugnis für die Verbreitung des *Combattimento* ist aus dem 17. Jahrhundert ein Manuskript der Testo-Stimme (und damit der bei weitem umfangreichsten und wichtigsten Partie des Werks) mit einem deutschen Text erhalten, der von Heinrich Schütz oder aus seinem Umkreis stammt (Wolfgang Osthoff, *Monteverdis ›Combattimento‹*, s. Lit.). So könnte der *Combattimento* deutsch etwa in Dresden aufgeführt worden sein. Moderne Wiederaufführungen in mehr oder weniger szenischer Form setzten etwa 1937 ein (Turin, Teatro Carignano). 1940 folgte eine Inszenierung an der Mailänder Scala (freie Transkription von Alceo Toni). Hier wie in der dort 1951 folgenden Bearbeitung durch Giorgio Federico Ghedini wurden die Sänger durch Tänzer dubliert. Weitere Aufführungen gab es unter anderm 1955 in Palermo, 1956 (?) in Venedig, 1959 bei den Bregenzer Festspielen in einer Version von Marcello Cortis (Wiederaufnahme 1979), 1959 in Wuppertal (von Erich Kraack im Rahmen des Balletts *Ariadne* von Erich Walter), 1979 in Zürich (innerhalb einer szenischen Realisierung des gesamten achten Madrigalbuchs) und 1980 in London (National Gallery, zusammen mit *Il ballo delle ingrate*, 1608) aus Anlaß einer Ausstellung venezianischer Malerei des 17. Jahrhunderts. *Combattimento di Tancredi e Clorinda* wurde außerdem 1977 in Batignano gezeigt, 1978 bei den Festspielen in Avignon (die Sänger von Tänzern dubliert) und 1983 in Freiburg i. Br. (Musiktheaterwerkstatt).

Autograph: nicht erhalten. **Ausgaben:** St. in: C. MONTEVERDI, Madrigali guerrieri, et amorosi con alcuni opuscoli in genere rappresentativo, che saranno per brevi Episodii frà i canti senza gesto. Libro ottavo, Venedig 1638; Part in: C. MONTEVERDI, Tutte le opere, hrsg. G. F. Malipiero, Bd. 8, rev. Neu-Aufl. UE 1967, S. 132–156; Part, Bearb. v. V. Mortari: Carisch, Mailand 1946; Part, Bearb. v. L. Berio: UE, Nr. 13727; Kl.A (?), Bearb. v. G. F. Ghedini: Sonzogno/Schott; Kl.A (?), Bearb. v. D. Stevens: Novello, London; Textb., Bearb. v. G. F. Ghedini: Sonzogno, Nr. 4673-10; Textb., ital./dt. v. R. Bletschacher, in: DERS., Die Stimme des Lorbeers [Operntexte d. 17. Jh.; Wien 1990] (dramma per musica. 3.). **Aufführungsmaterial:** Bearb. Malipiero: Sonzogno/UE; Bearb. Ghedini: Sonzogno/Schott; Bearb. Berio: UE; Bearb. Stevens: Novello, London

Literatur: W. OSTHOFF, Das dramatische Spätwerk C. M.s, Tutzing 1960, S. 23–31; DERS., M.s ›Combattimento‹ in deutscher Sprache und Heinrich Schütz, in: Festschrift Helmuth Osthoff zum 65. Geburtstag, Tutzing 1961, S. 195–227; F. FANO, ›Il combattimento di Tancredi e Clorinda‹ e ›L'incoronazione di Poppea‹ di C. M., in: Studi sul teatro veneto fra rinascimento ed età barocca, hrsg. M. T. Muraro, Florenz 1971, S. 345–371; G. LE COAT, The Rhetoric of the Arts, 1560–1650, Bern 1975 (European Univ. Papers. XVIII/3.), S. 125–181, 187–189; weitere Lit. s. S. 245

Wolfgang Osthoff

Il ritorno d'Ulisse in patria
Dramma per musica

Die Heimkehr des Odysseus ins Vaterland
Prolog, 3 Akte

Text: Giacomo Badoaro, nach den Gesängen XIII–XXIV aus der *Odyssee* (um 700 v. Chr.) von Homer
Uraufführung: Frühjahr oder Herbst 1640, Teatro di S. Cassiano (?), Venedig
Personen: Prolog: L'Humana fragilità/die menschliche Gebrechlichkeit (S); Il Tempo/die Zeit (B); La Fortuna/das Schicksal (S); Amore/Amor (S). **Handlung:** Giove/Jupiter (T); Nettuno/Neptun (B); Minerva (S); Giunone/Juno (S); Ulisse/Odysseus (T); Penelope, seine Frau (S); Telemaco/Telemach, sein Sohn (T); Antinoo/Antinoos (B); Pisandro (T) und Anfinomo/Amphinomos (A), Penelopes Freier; Eurimaco/Eurymachos, Melantos Liebhaber (T); Melanto, Penelopes Dienerin (S); Eumete/Eumaios, Ulisses Hirt (S); Iro/Iros, ein tölpelhafter Schmarotzer bei den Freiern (T); Ericlea/Eurykleia, Ulisses Amme (S).
Chor: Phäaken, Himmlische, Meereswesen
Orchester: Streicher (5st.), B.c
Aufführung: Dauer ca. 2 Std. 30 Min. – Die Wiener Partitur verzeichnet Prolog und drei Akte; in den überlieferten Libretti ist die Handlung in fünf Akte eingeteilt.

Entstehung: Im gedruckten »Argomento e scenario« von Monteverdis verschollener Oper *Le nozze d'Enea con Lavinia* (Venedig 1640) schreibt ihr Textdichter (Badoaro?), schon nahe sich das Ende des Jahrs, in dem zum erstenmal die wunderschöne Tragödie *Il ritorno d'Ulisse in patria* aufgeführt wurde (nach Robert Haas, s. Lit.). Daß es sich hierbei, der später einsetzenden Überlieferung entsprechend, um eine Oper Monteverdis handelte, geht aus einem Brief Badoaros an Monteverdi hervor, der einer Librettoabschrift des *Ritorno* aus dem 18. Jahrhundert vorangestellt ist. Badoaro beteuert, sein Drama in erster Linie im Hinblick auf Monteverdi geschrieben zu haben: »Nicht um mit jenen geistvollen Autoren zu wetteifern, die in diesen Jahren ihre Schöpfungen auf den venezianischen Theatern bekannt gemacht haben, sondern um die Fähigkeiten Eurer Herrlichkeiten anzustacheln, daß sie diese Stadt erkennen lehrten, wie hinsichtlich der Wärme der Affekte ein großer Unterschied zwischen einer wahren und einer abgemalten Sonne besteht, machte ich mich anfangs daran, *Ritorno d'Ulisse in patria* zu schreiben.« Er fährt fort, daß die Patrizier Pietro Loredano und Gasparo Malipiero, denen er seine ersten Szenen gezeigt habe, ihn gedrängt und beauftragt hätten, das Stück zu vollenden. Danach habe er es Monteverdi übergeben, damit sich dessen »musicale furore« austobe. Badoaro deutet auch an, daß diese (und vielleicht auch andere) Patrizier die Aufführung finanziell unterstützten, wie es in der Frühzeit der venezianischen Oper allgemein üblich war. Malipiero hat dem Brief zufolge überdies die Kostüme ausgearbeitet.

Handlung (nach der Wiener Partiturabschrift): Auf Ithaka, mythische Zeit, nach dem Trojanischen Krieg. Prolog: Humana fragilità beklagt sich als Opfer von Zeit, launischem Schicksal und Liebestrieb, was von Tempo, Fortuna und Amore bestätigt wird.
I. Akt, 1. Bild, Königspalast: Penelope wartet vergeblich auf Ulisses Rückkehr. Er ist in den Trojanischen Krieg gezogen, der indessen schon seit geraumer Zeit siegreich beendet ist. Penelopes Amme Ericlea stimmt in die Klage ein. Melanto und Eurimaco genießen dagegen ihre Liebe. Eurimaco, der das Treiben der Freier begünstigt, fordert Melanto auf, ihre Herrin zu bewegen, einen von ihnen zu erhören. 2. Bild, Küste: Während die Phäaken, von Scheria kommend, auf Ithaka landen und den schlafenden Ulisse ans Ufer bringen, beschwert sich der Ulisse feindlich gesinnte Nettuno bei Giove über die Rettung des Helden. Giove überläßt die Phäaken der Rache Nettunos, der ihr abfahrendes Schiff in einen Felsen verwandelt. Der erwachende Ulisse weiß nicht, wo er ist, und klagt die Götter und die, wie er meint, betrügerischen Phäaken an. Ein junger Hirt klärt ihn auf, daß er sich auf Ithaka befindet. Auf die Gegenfrage lügt Ulisse, er sei ein Grieche, der aus Kreta komme. Der Hirt läßt sich nicht täuschen und gibt sich als Minerva zu erkennen, die ihn stets beschützt hat. Sie läßt ihn sich als alten Bettler verkleiden und schickt ihn zunächst zu dem bejahrten treuen Hirten Eumete, wohin sie auch Ulisses Sohn Telemaco führen will. Ulisse jubelt über das zu erwartende Ende seiner Leiden. 3. Bild, Königspalast: Melanto redet Penelope zu, nicht die Toten, sondern die Lebenden zu lieben. Doch Penelope sinnt über die Unbeständigkeit der Liebe und will sich nicht aufs neue auf sie einlassen. 4. Bild, Hain: Eumete stellt sein Hirtendasein in der Natur über das gefährliche Leben der Großen. Iro lobt seine Völlerei bei den königlichen Freiern. Während Eumete an den großzügigen Ulisse denkt, den er dem Zorn der Götter zum Opfer gefallen glaubt, erscheint dieser als Bettler.

Nachdem Eumete ihm Gastrecht gewährt hat, kündigt der Bettler Ulisses Rückkehr an.
II. Akt, 1. Bild, wie I/4: Minerva führt auf ihrem Wagen Telemaco herbei, der nach Pylos und Sparta gereist war, um das Schicksal seines Vaters zu erkunden. Da es hohe Zeit sei, das Königshaus vor dem Untergang zu bewahren, preist Eumete zusammen mit dem Bettler Telemacos Rückkehr. Nachdem er dem Königssohn die Voraussage des Bettlers mitgeteilt hat, schickt Telemaco ihn zu Penelope, die Heimkehr des Sohns zu melden. Ein Feuerstrahl fährt vom Himmel auf das Haupt des Bettlers, der in der Erde versinkt. Während Telemaco noch glaubt, der Bettler werde für seine Lügen bestraft, ersteht Ulisse in seiner wahren Gestalt und gibt sich dem Sohn zu erkennen. Er schickt ihn zu Penelope und will dann, wieder als Bettler, folgen. 2. Bild, Königspalast: Melanto berichtet Eurimaco, daß Penelope sich nicht erweichen läßt. Vergeblich bitten die Freier Penelope, einen von ihnen zu erhören. Da sich Penelope auf ihre Traurigkeit beruft, lassen sie acht Mohren tanzen und singen. Eumete meldet Telemacos Rückkehr und gibt der Hoffnung Ausdruck, daß auch Ulisse lebt und bald wiederkommt. Die Freier fürchten beider Rache und wollen Telemaco töten. Doch nachdem Gioves Adler über ihre Häupter geflogen ist, fürchten sie den Zorn des Himmels und beschließen, Penelope vor Telemacos Ankunft durch Geschenke umzustimmen. 3. Bild, Hain: Minerva kündigt Ulisse an, daß sie Penelope zu der Bogenprobe veranlassen wird. Eumete berichtet dem Bettler, daß schon die Nennung von Ulisses Namen die Glut der Freier zum Vereisen gebracht habe. Er fordert ihn auf, mit ihm zum Palast aufzubrechen. 4. Bild, Königspalast: Telemaco preist seiner Mutter die Schönheit Helenas, die ihm in Sparta prophezeit hat, daß Ulisse zurückkehren, die Freier töten und die Herrschaft festigen werde. Eumete mit Ulisse und Antinoo mit Iro kommen herein. Antinoo wirft Eumete vor, den Bettler herzuführen. Da Iro diesen verjagen will, kommt es zum Ringkampf, in

Il ritorno d'Ulisse in patria, II. Akt, 4. Bild; Antonio Boyer als Ulisse; Regie: Maner Lualdi, Ausstattung: Piero Zuffi; Piccola Scala, Mailand 1964. – Enthüllt ist das Räderwerk der barocken Bühnenmaschinerie. Nur einzelne Versatzstücke, die rundlichgeballten Wolken zum Beispiel, zeugen vom großen Welt- und Zaubertheater.

dem Iro besiegt wird. Penelope lädt den Bettler zum Bleiben ein. Pisandro und Anfinomo treten hinzu, und ein Freier nach dem andern überreicht Penelope seine Geschenke. Penelope entschließt sich daraufhin, dem ihre Hand und die Herrschaft zu versprechen, der Ulisses auf Ithaka verbliebenen Bogen zu spannen vermag. Sie erschrickt über sich selbst: Nur die Götter können ihr diese Worte eingegeben haben. Ein Freier nach dem andern scheitert. Da unterzieht sich auch der Bettler der Probe; er spannt den Bogen. Während die Freier staunend erstarren, ertönt Gioves Donner. Ulisse erkennt darin das Rachezeichen und tötet die Freier mit seinen Pfeilen.

III. Akt, 1. Bild: Da Iro nach dem Tod der Freier nicht mehr an ihrer Tafel schmarotzen kann und nicht Hungers sterben will, nimmt er sich das Leben. 2. Bild, Königspalast: Eumete enthüllt Penelope, daß der Todesschütze Ulisse war, doch sie glaubt es nicht. Auch Telemaco kann sie nicht überzeugen. 3. Bild, am Meer: Minerva bittet Giunone, daß sie ihr helfe, Nettunos Zorn gegenüber Ulisse zu besänftigen. Sie durchschreiten die Himmelstore. Giove wird schnell günstig gestimmt, und auch Nettuno will sich mit seiner Rache an den Phäaken begnügen. Die Bewohner des Himmels und des Meeres preisen die göttliche Gnade. Giove beauftragt Minerva, eine Rache der Griechen für den Tod der Freier zu verhindern. 4. Bild, Königspalast: Ericlea hat Ulisse erkannt, weiß aber nicht, ob sie, seinem Befehl folgend, schweigen oder ihre Herrin trösten soll. Da Penelope es für Zauberei hält, als Ulisse in seiner wahren Gestalt erscheint, gibt Ericlea ihr Wissen preis: Sie hat beim Fußwaschen die Narbe einer Wunde entdeckt, die Ulisse einst von einem Eber geschlagen wurde. Penelopes letzten Zweifel besiegt Ulisse, indem er die von ihr gewebte Decke des Ehebetts mit dem Bild Dianas nennt. Nur Ulisse weiß von ihr. Penelope bricht in Jubel aus, beide preisen das Ende ihrer Leiden.

Kommentar: Die Authentizität des *Ritorno d'Ulisse in patria* wird heute nicht mehr angezweifelt. Die Abweichungen der Partitur vom Text sind kein Argument gegen sie, da vom Text weder ein Originaldruck noch das Autograph, sondern nur neun Abschriften (wohl sämtlich aus dem 18. Jahrhundert) vorliegen, die alle unter sich Divergenzen aufweisen. Beispielsweise kommen als Untertitel sowohl »Dramma per musica« als auch »Tragedia di lieto fine« vor (die Partitur nennt keinen). Eine Reihe von kleineren Abweichungen, die Haas 1922 noch verzeichnete (s. Lit.), entfällt inzwischen, da sich Konkordanzen mit der einen oder andern Librettoabschrift ergeben (vgl. Wolfgang Osthoff, *Zu den Quellen*, S. 71–73, s. Lit.). Von den größeren generellen Abweichungen hat man den Austausch des Prologs und die Reduzierung der Schlußszene als für den damaligen Opernbetrieb typische Änderungen erkannt. Möglicherweise hängen sie mit der geplanten und vielleicht ausgeführten zweiten »Inszenierung« 1641 zusammen. Die dramaturgisch eher überzeugende Fünfaktigkeit der Libretti im Gegensatz zur Dreiaktigkeit der Partitur dürfte auf die klassizistische Einstellung Badoaros

zurückgehen: Auch sein *Ulisse errante* für Francesco Sacrati (Venedig 1644, Musik verschollen) ist fünfaktig. Der Librettist der *Nozze d'Enea con Lavinia* (Venedig 1640) begründet die Fünfaktigkeit auch dieser Oper damit, daß sich die Zuschauer öfter ausruhen könnten. – Unabhängig von allen diesen Erwägungen entspricht das Werk nicht nur der Haltung der frühvenezianischen Oper, sondern auch der geistigen und musikalischen Einstellung des späten Monteverdi. Das typisch venezianische Motiv der Verstellungen, Verwandlungen und Verkleidungen erscheint hier dergestalt, daß die Handlung ein schrittweises Lösen von ihm bringt (die angebliche Täuschung Ulisses durch die Phäaken, seine Verstellung Minerva und später den Menschen gegenüber, Minervas Verkleidung usw.). Mit dem Grundthema der »Rückkehr«, der »Kehr« und damit der Wandlung durchzieht das Drama eine einheitliche Gestimmtheit: Klage Penelopes, Versteinerung der Phäaken durch Nettuno (die menschliche Reise, wenn ihr der Himmel entgegensteht, »non ha ritorno«), Rückkehr Telemacos (»ride il ciel al bel ritorno«), Rückkehr Ulisses zu Penelope, was allerdings zugleich Verzicht auf Unsterblichkeit (bei Kalypso) bedeutet (Ulisse in der Schlußszene: »um den Glanz deiner Augen verschmähte ich die Unsterblichkeit; freiwillig wandelnd Stand und Los, treu zu bewahren mich, kam ich zu Tode«). – Diese überwiegend skeptisch-verhaltene Grundstimmung entfaltet sich in großen dramatischen Konstellationen wie dem Prolog, dem Eröffnungsmonolog Penelopes (vielleicht der stärksten Szene der Oper) und den großen Freierszenen des II. Akts (Bedrängung Penelopes bis zum Mohrentanz, Schwanken zwischen den Plänen zur Ermordung Telemacos und der Bestechung Penelopes durch Geschenke, Bogen- und Tötungszene). Monteverdi arbeitet hier sowohl mit eindrücklichen Refrains als auch mit vielfältigen Möglichkeiten der Steigerung und des Kontrasts. Kontrast und Steigerung werden auch in überlegener dramatischer Psychologie dadurch verwendet, daß dieselbe Musik (Sinfonia da guerra) zu der komischen Besiegung Iros und der ernsten Tötung der Freier ertönt. Die Grundstimmung des Werks spiegelt sich überhaupt in fast unheimlicher Weise in der verächtlich-komischen Zeichnung Iros mit dem Höhepunkt seines Selbstmords zu Beginn des III. Akts. Monteverdis Musik erreicht hier die größte Beweglichkeit ihrer gestenhaften Dramatik in der hervorhebenden Gestaltung der instrumentalen Komponente. Diese tritt besonders auch mit Penelopes Jubel in der Schlußszene hervor, in der Arien- und Konzertanlage des frühen 18. Jahrhunderts sich ebenso anbahnen wie überhaupt die neue musikgeschichtliche Würde und Bedeutungshaftigkeit des Instrumentalen (vgl. Claudio Gallico, S. 84 und Anm. 48, s. Lit.). Insgesamt erweist sich *Il ritorno* mit allen genannten Zügen nicht nur als ein musikdramatisches Werk eigenen Gewichts, sondern stellt auch gegenüber den einzig erhaltenen Zeugnissen aus der frühesten Zeit, Cavallis *Nozze di Teti e di Peleo* (Venedig 1639, Text: Orazio Persiani) und *Amori d'Apollo e di Dafne* (Venedig

Tafel 5

Tafel 5

André Messager, *Véronique* (1898), II. Akt; Danielle Chlostawa als Hélène, François Le Roux als Florestan; Regie: Jean-Laurent Cochet, Bühnenbild: François de La Mothe, Kostüme: Rosine Delamare; Opéra-Comique, Paris 1978. – Mit dem Schaukelduett als Herzstück der Operette bedienen sich die Autoren eines überaus beliebten Theatermittels: Nicht nur Hélène und Florestan können sich mit jedem »poussez, poussez l'escarpolette« behender aufeinander einlassen, der mit dem Hin und Her verbundene Schwebezustand erzielt auch seine gewünschte erotische Wirkung beim Publikum.

1640, Text: Giovanni Francesco Busenello), einen entscheidenden Schritt der frühvenezianischen Oper dar.
Wirkung: Über die Uraufführung des *Ritorno* läßt sich nur einiges aus der Bologneser Aufführung schließen, die noch für 1640 durch eine Gedichtsammlung dokumentiert ist (vgl. Osthoff, *Zur Bologneser Aufführung*, s. Lit.). Aus dieser geht hervor, daß die Musiker aus Venedig kamen. Minerva wurde von Maddalena Manelli gesungen, der Frau des Komponisten Francesco Manelli, Penelope von Giulia Paolelli. Dies dürfte der venezianischen »Inszenierung« entsprochen haben. Maddalena Manelli war bereits in der allerersten venezianischen Oper (Manellis *L'Andromeda*, 1637, Text: Benedetto Ferrari; Musik verschollen) und danach kontinuierlich in Venedig aufgetreten. *Il ritorno* und Manellis von denselben Musikern bei diesem »Gastspiel« aufgeführte *La Delia ossia La sera sposa del sole* (Venedig 1639/40, Text: Giulio Strozzi; Musik verschollen) waren die ersten venezianischen Opern, die in Bologna aufgeführt wurden. Sie erhielten dort enthusiastischen Beifall. Was den Erfolg in Venedig betrifft, so schreibt Badoaro in dem erwähnten Brief, daß die Oper nun zehnmal bei immer gleichem Publikumsandrang gegeben worden sei. Der Autor von *Le nozze d'Enea* erwähnt, daß sein Werk »nach neuerlicher Aufführung des Werks des Freunds« (des *Ritorno*) aufgeführt werden solle. Demnach ist es wohl noch Ende 1640 oder Anfang 1641 zu einer Wiederaufnahme des *Ritorno* gekommen, wofür auch die Jahresangabe »1641« in den Librettoabschriften spricht (die Karnevalssaison 1640/41 begann am 26. Dez. 1640). Über die Aufführung erfahren wir aus dem »Argomento e scenario« der *Nozze* außerdem, daß der Iro »maravigliosamente dilettato« habe, was sich wahrscheinlich sowohl auf die dichterische als auch auf dessen musikalische Rolle und vermutlich in erster Linie auf Bild III/1 bezieht. Eine direkte Folge der venezianischen Aufführung war eine Prosanacherzählung des Stoffs durch Federico Malipiero, Mitglied der Accademia degli Incogniti (*La peripezia d'Ulisse overo la casta Penelope*, 1640). Der Antrieb hierzu war dem Autor, wie er in der Vorrede berichtet, »von einer Muse und von einem Schwan« (Badoaro und Monteverdi) gekommen: »Mich führte der Zufall in die venezianischen Theater, wo ich *Ulisse in patria* sah«, dichterisch beschrieben und musikalisch glanzvoll ausgeführt (nach Ellen Rosand, s. Lit.). Badoaro deutet aber auch an, daß das Werk auf Mißgunst und Kritik stieß, wahrscheinlich seitens jüngerer Künstler. So schreibt er in seinem Brief, Monteverdi habe der Welt gezeigt, »welches der wahre Geist der dramatischen Musik sei, der in den modernen Kompositionen nicht recht erfaßt ist«. In seinem Szenario zu Sacratis *Ulisse* schreibt er über den *Ritorno* noch deutlicher: »Damals hörte ich manchen Hund kläffen, aber ich war nicht faul, mich mit Steinen in den Händen zu wehren.« Auf welchem Weg die einzige heute existierende (anonyme) Handschrift der Oper nach Wien in die Musiksammlung des Kaiserhauses gelangte, ist nicht bekannt. Auf ihrem Einband ist das Bild Kaiser Leopolds I. eingepreßt, Monteverdis direkte Beziehungen gingen allerdings zu dessen Vorgängern Ferdinand II. und Ferdinand III., dem er das achte Madrigalbuch, *Madrigali guerrieri et amorosi* (1638), gewidmet hat (die *Selva morale e spirituale*, 1640/41, ist Ferdinands II. Witwe Eleonora Gonzaga gewidmet). Eine immer wieder behauptete Aufführung des *Ritorno* in Wien bleibt eine reine Hypothese, die sich auf die dortige Existenz der Partitur stützt. – Zeugnisse über den *Ritorno* im weiteren 17. und im 18. Jahrhundert fehlen, ebenso in den ersten drei Vierteln des 19. Jahrhunderts. Erst 1878 wies August Wilhelm Ambros im 4. Band seiner *Geschichte der Musik* (s. Lit.) auf die Wiener Partitur hin. Deren Zuschreibung an Monteverdi wurde 1887 von Emil Vogel (s. Lit.) aufgrund einer »Vergleichung des Badoaroschen Textes mit dem Wiener Manuskript« angezweifelt (doch die verschiedenen Libretti differieren auch untereinander). Hugo Goldschmidt (s. Lit.) entkräftete 1903 dies Argument und würdigte 1908 die Musik als Werk Monteverdis. Mit stilistischen und ästhetischen Erwägungen wurde aber auch später bisweilen gegen die Echtheit des *Ritorno* argumentiert, am heftigsten von Giacomo Benvenuti durch einen Artikel im *Gazzettino* (Venedig, 17. Mai 1942) anläßlich der bevorstehenden Wiederaufführung auf dem Maggio

Il ritorno d'Ulisse in patria, III. Akt, 4. Bild; Frederica Von Stade als Penelope, Richard Stilwell als Ulisse; Regie: Peter Hall, Ausstattung: John Bury; Festival, Glyndebourne 1979. – Fremd und vertraut zugleich begegnen sich die Eheleute. Dieser spürbaren Sensibilität der szenischen Darstellung entspricht die musikalische Interpretation: Die Sopranistin wie der Bariton zeichnen sich durch eine stilsichere und differenzierende Stimmführung aus.

Musicale Florenz in der Bearbeitung von Luigi Dallapiccola (23. Mai 1942; mit Cloe Elmo, Fedora Barbieri, Giovanni Voyer und Tancredi Pasero; Dirigent: Mario Rossi). Dallapiccola setzte sich überzeugt für das Werk ein, erklärte sich an den Zuschreibungsfragen jedoch für uninteressiert. Seine Version gelangte 1943 an der Mailänder Scala (mit weitgehend dem gleichen Team wie in Florenz; Ulisse: Fiorenzo Tasso), 1964 an der Piccola Scala (mit Irene Companeez, Bianca Maria Casoni, Antonio Boyer und Nicola Zaccaria; Dirigent: Piero Bellugi) und in Karlsruhe (deutsch von Carl-Heinrich Kreith) sowie 1965 in Stuttgart (Ulisse: Wolfgang Windgassen) zur Aufführung. Mit den Untersuchungen Leo Schrades, Anna Amalie Aberts und Wolfgang Osthoffs hat sich die Ansicht von der Echtheit des *Ritorno* durchgesetzt. Man hält die Differenzen zwischen dem Wiener Manuskript und den Libretti für zeittypisch und sieht in der uns bekannten Partitur »das auf das Wesentliche konzentrierte Abbild einer der ältesten venezianischen Aufführungen der Oper« (Gallico, *Monteverdi*, Turin 1979, S. 80). Nach dem bis dahin nur ganz vereinzelten Auftauchen auf der Bühne, dem Bearbeitungen von Vincent d'Indy (1927), Hans Ferdinand Redlich (1948) oder Erich Kraack (Wuppertal 1959) zugrunde lagen, wird der *Ritorno* seit Mitte der 60er Jahre immer wieder gespielt. 1965 kamen in Hamburg die »freie Neufassung« von Kraack und Günther Rennert und in London (St. Pancras Arts Festival) die Bearbeitung von Frederick Marshall (szenische Erstaufführung in England) heraus. Im Sept. 1966 brachte die Komische Oper Berlin das Werk in eigener Einrichtung heraus (Bearbeitung: Siegfried Matthus, Regie: Götz Friedrich). Diese Version lag auch den Inszenierungen in Kopenhagen 1969, Bielefeld 1971, Wiesbaden 1976, Nürnberg 1978 und Gelsenkirchen 1979 zugrunde. Für England ist ferner die Bearbeitung von Raymond Leppard zu nennen (Glyndebourne 1972 und 1973 mit Janet Baker, 1979 mit Frederica Von Stade), die 1976 auch an der New York City Opera und 1983 in Göteborg zu sehen war. Zunächst 1969 in Darmstadt unter Hans Drewanz (Regie: Harro Dicks, Ausstattung: Ekkehard Grübler), dann unter eigener Leitung bei den Wiener Festwochen 1971 (Theater an der Wien) führte Nikolaus Harnoncourt seine Bearbeitung des *Ritorno* auf (Regie: Federik Mirdita, Ausstattung: Hannes Rader). 1977 fügte er sie seinem Zürcher Monteverdi-Zyklus ein (Regie und Bühnenbild: Jean-Pierre Ponnelle, Kostüme: Pet Halmen; mit Ortrun Wenkel und Werner Hollweg) und zeigte sie (zusammen mit *L'Orfeo*, 1607, und *L'incoronazione di Poppea*, 1642/43) auf Gastspielreisen 1978 in Hamburg, Wien, Edinburgh, Berlin und Mailand. Eine »libera ricostruzione« (1981) bot Hans Werner Henze 1985

Il ritorno d'Ulisse in patria, II. Akt, 4. Bild; Josef Protschka, Douglas Ahlstedt und Harald Stamm als die Freier, Alejandro Ramirez als Telemaco, Kathleen Kuhlmann als Penelope, Robert Tear als Eumete, Thomas Allen als Ulisse; Regie: Michael Hampe, Ausstattung: Mauro Pagano; Festspiele, Felsenreitschule, Salzburg 1985. – Die Szene wird beherrscht von der Armillarsphäre, die das Himmelsgewölbe durchmißt: einen Kosmos, der die Makro- und Mikrodimension in sich vereint, das Kräftespiel der Gestirne und das Schicksal der Menschen.

bei den Salzburger Festspielen (Regie: Michael Hampe, Dirigent: Jeffrey Tate). Diese Inszenierung wurde 1985 auch in Köln gezeigt (Dirigent: Steuart Bedford; mit Hanna Schwarz und Claudio Nicolai). – Gegen alle diese Versionen, die von der generell unzutreffenden und irreführenden Prämisse ausgehen, daß die überlieferte Handschrift »fragmentarisch« sei und die daher die authentische Konzeption nicht nur durch übermäßige Verzierungen entstellen, sondern vor allem instrumental übertünchen, wendet sich Denis Arnold: »Orchestrierung, insbesondere der rezitativischen Passagen, hat sich in den letzten Jahren als unnütz herausgestellt; tatsächlich verdunkelt sie die spezifische Dramatik des Originals mit ihrer völligen Hervorhebung der Sänger« (*The New Monteverdi Companion*, S. 333, s. Lit.). Noch dezidierter betont Christoph Wolff (s. Lit.) hinsichtlich des *Ritorno d'Ulisse in patria* und der *Incoronazione di Poppea*, daß »sich keinerlei Anhaltspunkte für eine von Monteverdi intendierte reichere, mit Bläsern durchsetzte Instrumentierung« ergeben. »In der musikalischen Signifikanz des Basso continuo scheint recht eigentlich das instrumentale Element in Monteverdis späten Opern sich zu erschöpfen oder, zutreffender, zu kulminieren [...] Die Begleitung der Vokalpartien ist allein dem Continuo vorbehalten, der keiner weiteren kompositorischen Konkretisierung, geschweige denn Instrumentation und Neukomposition von Obligati bedarf. Es hat den Anschein, als zeichne sich die Rezeption von Monteverdis dramatischem Spätwerk vor allem in den vergangenen Jahrzehnten dieses Jahrhunderts nicht nur dadurch aus, daß Initiativen zur ›originalgetreuen‹ Wiedergabe von Instrumentalensembles ausgehen, die sich auf das Spiel mit historischen Instrumenten spezialisierten und von daher ein genuines Interesse an dem musikdramatischen Effekt von instrumentierten Opern haben mußten. Vielmehr hat die hierdurch erfolgte Akzentverschiebung dazu beigetragen, von der eindeutig vokalbetonten musikalischen Konzeption Monteverdis und der sich allein darauf gründenden Dramaturgie abzulenken.« Es sei ein Kuriosum, daß die auf Originalklang zielende historische Aufführungspraxis »mit unbewußtem, mindestens aber unreflektiertem Rekurs auf die ›instrumentale‹ Opernästhetik des 19. Jahrhunderts zur Umsiedlung« des musikgeschichtlichen Orts dieser Werke »sowie zu einer Umdeutung ihres Verständnisses einen folgenschweren Beitrag« geleistet habe.

Autograph: Verbleib unbekannt. **Abschriften:** Part, reduziert: ÖNB Wien (Ms. 18763); Textb.: Bibl. Marciana Venedig (Dramm. 909,2; Dramm. 1294,1; Dramm. 3449,9), Bibl. del Museo Correr Venedig (Ms. Cicogna 192, Nr. 3330; Ms. Cicogna 564; Ms. Correr 220,1), Bibl. della Casa Goldoni Venedig (Vol. 1, Nr. 5), Univ. of California Los Angeles, Music Libr. (Vol. 2, Nr. 17), Dt. hist. Inst. Rom, M-Gesch. Abt. **Ausgaben:** Part, hrsg. R. Haas: DTÖ 29/1:1922, Bd. 57, Nachdr.: Akad. Druck- u. Vlg.-Anstalt, Graz 1960; Part: C. MONTEVERDI, Tutte le opere, hrsg. G. F. Malipiero, Bd. 12, Vittoriale degli Italiani, [Venedig] 1930, [Nachdr. UE 1942] [mit vielen Fehlern, bes. hinsichtlich d. Texts]; Kl.A, Bearb. v. L. Dallapiccola: ESZ 1942; Kl.A, Bearb. v. S. Matthus: Henschel-Vlg., Bln.; Kl.A, ital./engl./dt., Bearb. v. R. Leppard: Faber; Kl.A, freie Neugestaltung v. H. W. Henze: Schott 1982, Nr. 7367; Textb.: ESZ, Nr. 3979-10 [Dallapiccola]; Textb., ital./engl.: Faber 1972, Nr. 496; Textb., ital./dt.: Faber, Nr. 496 [Leppard]; Textb., ital./dt./engl./frz., in: [Bei-H. d. Schallplattenaufnahme Teldec] 1971 [Harnoncourt]. **Aufführungsmaterial:** Bearb. V. d'Indy: Sonzogno; Bearb. Dallapiccola: ESZ/Schott; Bearb. Malipiero: Ricordi; Bearb. Matthus: Henschel-Vlg., Bln./A&S; Bearb. v. E. Kraack: Bär; Bearb. Leppard: Faber/Bär; Bearb. Henze: UE/Schott

Literatur: E. VOGEL, C. M., in: VfMw 3:1887, S. 315–450, bes. S. 403f.; H. GOLDSCHMIDT, M.s ›Ritorno d'Ulisse‹, in: SIMG 4:1902/03, S. 671–676; DERS., C. M.'s Oper: ›Il ritorno d'Ulisse in patria‹, ebd. 9:1907/08, S. 570–592; R. HAAS, Zur Neuausgabe von C. M.s ›Il Ritorno d'Ulisse in Patria‹, in: StMW 9:1922, S. 3–42; L. DALLAPICCOLA, Per una rappresentazione de ›Il ritorno di Ulisse in patria‹ di C. M., in: Musica, Florenz 1943, Bd. 2, S. 121–136; W. OSTHOFF, Zu den Quellen von M.s ›Ritorno di Ulisse in Patria‹, in: StMW 23:1956, S. 67–78; DERS., Zur Bologneser Aufführung von M.s ›Ritorno di Ulisse‹ im Jahre 1640, in: Anzeiger d. phil.-hist. Klasse d. Österr. Akad. d. Wissenschaften 1958, Nr. 8, S. 155–160; DERS., Maske und Musik. Die Gestaltwerdung d. Oper in Venedig, in: Castrum Peregrini 65:1964, S. 10–49, auch in: Garland Libr. of the History of Western Music, Bd. 11, NY, London 1985, S. 102–141; E. ROSAND, Seneca and the Interpretation of ›L'incoronazione di Poppea‹, in: JAMS 38:1985, S. 34–71, bes. S. 47ff. u. Anm. 39; C. WOLFF, Zur Frage der Instrumentation und des Instrumentalen in M.s Opern, in: Claudio Monteverdi. Festschrift R. Hammerstein zum 70. Geburtstag, Laaber 1986, S. 495, 497; weitere Lit. s. S. 245

Wolfgang Osthoff

L'incoronazione di Poppea
Opera musicale

Die Krönung der Poppäa
Prolog, 3 Akte

Text: Giovanni Francesco Busenello
Uraufführung: 1643 oder Winter 1642, Teatro dei SS. Giovanni e Paolo (Teatro Grimani), Venedig
Personen: Prolog: Fortuna/Schicksal (S); Virtù/Tugend (S); Amore/Amor (S). **Handlung:** Poppea/Poppäa (S); Nerone/Nero, Kaiser (S); Ottavia/Octavia, Kaiserin (S); Ottone/Otho, ehemaliger Liebhaber Poppeas (Mez oder A); Seneca (B); Drusilla (S); Ottavias Amme (A); Arnalta, Poppeas Amme (A); Lucano/Lukan (T); Liberto, Hauptmann (T); Gerichtsdiener (B); Page (S); Hoffräulein (S); Pallade/Pallas Athene (S); Mercurio/Merkur (B); Venere/Venus (S); 2 Soldaten (2 T). **Chor** oder solistisches Ensemble: Senecas Angehörige, Konsuln, Tribunen
Orchester: Trompeten (?), Streicher, B.c
Aufführung: Dauer ca. 2 Std. 30 Min. – Teils ungenaue Schauplatzangaben im Szenario. Die Ammen sind Männerrollen en travestie.

Entstehung: Im Textdruck von 1656 wird als Aufführungsjahr der *Incoronazione* 1642 angegeben; das unmittelbar mit der Uraufführung zusammenhängende Szenario zeigt das Druckjahr 1643. Beides zusammengenommen legt die Datierung der Aufführung in der Karnevalsstagione 1643 nahe (Beginn:

26. Dez. 1642). »1642« kann überdies »more veneto« (nach venezianischem Brauch) gemeint sein, wonach der Jahreswechsel erst auf den 25. März fällt, das heißt »1642« noch für die Anfangsmonate von 1643 gilt (die Datierung »Herbst 1642«, die sich in Dramenkatalogen des 18. Jahrhunderts findet, wäre demnach ungenau beziehungsweise inkorrekt). Die Oper dürfte also 1642 entstanden sein. Dies wird durch ein kaum bekanntes, 1655 in Venedig einzeln gedrucktes Libretto Busenellos bestätigt: *La Statira* (Musik: Francesco Cavalli; Teatro Grimani, Venedig, Karneval 1655). Die Widmungsvorrede Busenellos an Giovanni Grimani ist auf den 18. Jan. 1655 datiert (wohl allgemeine Zeitrechnung gemeint) und beginnt: »Vostra Eccellenza, che gradì benignamente la mia obedienza ad un comando suo nel Drama della mia Popea (già tredici anni sono) [...]« Wenn man dies wörtlich nimmt, wäre der Auftrag Grimanis Anfang 1642 ergangen. Giovanni hatte zusammen mit seinem Bruder Antonio Grimani von den 30er bis in die späten 50er Jahre des 17. Jahrhunderts die Direktion des Teatro SS. Giovanni e Paolo inne.

Handlung: In Rom, 62 n. Chr., zur Zeit Kaiser Neros.

Prolog, in höheren Gefilden: Fortuna und Virtù schmähen sich gegenseitig, Amore verlangt von beiden seine Anerkennung als übergeordnete Macht. Er will durch die heutige Handlung beweisen, daß Fortuna und Virtù von ihm besiegt werden und die Welt sich auf seinen Wink hin ändert.

I. Akt, 1. Bild, vor Poppeas Palast: Ottone fühlt sich immer wieder hierhergezogen und klagt um seine verlorene Liebe. Doch er bemerkt zwei schläfrige Soldaten, die den bei Poppea weilenden Kaiser bewachen. Ihre sarkastischen Reden werden durch das Hervortreten des Liebespaars beendet. Nerone nimmt zärtlich Abschied von Poppea und verspricht ihr, seine Gemahlin Ottavia zu verstoßen. Die zurückbleibende Poppea gibt sich ihrer Hoffnung hin, doch Arnalta warnt davor, den Großen zu trauen und auf die Hilfe Amores und Fortunas zu bauen. 2. Bild, [Kaiserpalast]: Ottavia zürnt über ihre Kränkung durch Nerone und beklagt das Geschick der Frauen. Die Amme rät ihr, Nerones Treuebruch dadurch zu rächen, daß sie sich einen neuen Liebhaber suche, doch Ottavia weist dies empört von sich. Der Philosoph Seneca, Nerones früherer Erzieher, fordert sie auf, allem Unbill zu trotzen und tugendhaft zu bleiben. Sie kann damit wenig anfangen und wird vom Pagen unterstützt, der Seneca schmäht und verspottet. Ottavia bittet den Philosophen jedoch, sich bei Senat und Volk für sie gegen Nerones Absichten zu verwenden. Der zurückbleibende Seneca stellt Betrachtungen über den zweifelhaften Wert des hohen Rangs an. Pallade erscheint in den Lüften und prophezeit ihm seinen baldigen Tod. Nerone bekundet Seneca seinen Entschluß, Ottavia zu verstoßen und Poppea zu heiraten. Seneca mahnt vergeblich zu Loyalität und Vernunft. Der Wortwechsel gipfelt in einem Wutausbruch Nerones, der Seneca hinausjagt. Ottone belauscht Nerones Versprechen gegenüber Poppea, sie zur Kaiserin zu erheben. Da sie Senecas Einfluß fürchtet, verleumdet sie ihn bei Nerone. Dieser läßt daraufhin Seneca den Tod auferlegen. Ottone wirft Poppea ihre Abwendung von ihm vor. Sie beruft sich auf Fortuna: sie gehöre nun Nerone an. Ottone bleibt allein zurück; er schwankt zwischen dem Willen zur Selbsteinkehr und der Anklage gegen Poppea. Da er fürchtet, sie werde ihn bei Nerone verleumden, erwägt er in seiner Verzweiflung, sie zu töten. Seine frühere Geliebte Drusilla versucht ihn abzulenken. Er geht zum Schein auf das Liebesspiel ein, behält aber Poppea im Herzen.

II. Akt, 1. Bild, Senecas Villa bei Rom: Seneca preist die Beschaulichkeit seines Landlebens. Der von Pallade geschickte Mercurio kommt vom Himmel und kündigt ihm seine letzte Stunde und den Übergang zum ewigen Leben an. Seneca ist gemäß seiner Lehre darüber glücklich. Mercurio entschwindet. Der von Nerone gesandte Liberto zögert, sich seines Auftrags zu entledigen. Seneca errät indessen alles: Er wird Nerones Befehl befolgen und aus dem Leben scheiden. Er versammelt seine Angehörigen um sich, die ihn zurückzuhalten versuchen. Doch er läßt das Bad bereiten, in dem er sich die Pulsadern öffnen will. 2. Bild, Rom: Der Page treibt mit dem Hoffräulein sein verliebtes Spiel. Nun, da Seneca tot ist, besingt Nerone mit Lucano die Reize Poppeas. Ottone ist entsetzt, daß er daran dachte, Poppea zu töten. Doch nun beauftragt ihn Ottavia damit, wie sehr er sich innerlich auch dagegen sträubt. Er soll die Tat in Frauenkleidern verüben. Unterdessen freut sich Drusilla, Ottone wiedergewonnen zu haben. Der Page zieht die Amme mit ihrem Alter auf. Ottone offenbart Drusilla seinen Mordauftrag und verabredet mit ihr, die Kleider zu tauschen. 3. Bild, Poppeas Garten: Nachdem Seneca tot ist, bittet Poppea Amore, sie mit Nerone zu vermählen. Arnalta fordert sie auf, auch hinfort ihr und nicht den Höflingen zu trauen. Poppea wird müde und ermahnt Arnalta, nur Drusilla oder andere Vertraute einzulassen. Die Amme singt sie in den Schlaf. Amore steigt zu ihrem Schutz vom Himmel herab. Ottone naht sich unter Hemmungen, setzt jedoch zur Tat an. Amore verhindert sie, läßt aber Ottone fliehen. Arnalta läßt die vermeintliche Drusilla verfolgen, während Amore seine Verteidigung Poppeas preist und verkündet, er wolle sie zur Kaiserin machen.

III. Akt, 1. Bild, Rom: Drusilla freut sich über den vermeintlichen Tod Poppeas, wird jedoch auf Anzeige Arnaltas verhaftet. Sie merkt, daß das Attentat gescheitert ist, und bedauert, ihre Kleider dafür zur Verfügung gestellt zu haben. Von Nerone befragt, nimmt sie schließlich die Tat auf sich, um Ottone zu retten. Nerone befiehlt ihren Tod, doch nun bekennt sich Ottone als Täter. Zwischen ihm und Drusilla erhebt sich ein edler Wettstreit, doch am Ende offenbart Ottone, daß er im Auftrag Ottavias gehandelt hat. Nerone schenkt beiden das Leben, nimmt Ottone allerdings alle Titel und Rechte und verbannt ihn; Drusilla darf ihn begleiten. Nerone verkündet nun Ottavias Verstoßung: Auf einer Barke soll sie den Meereswinden ausgeliefert werden. Nerone berichtet Poppea das Ergebnis der Untersuchung und verspricht ihr, sie noch heute zu heiraten. Arnalta freut sich, die Vertraute einer Kaiserin zu werden, und malt sich aus, wie man ihr schmeicheln wird. Ottavia nimmt mit Klage und Anklage Abschied von Rom und überläßt sich verzweifelt ihrem Schicksal. 2. Bild, Nerones Palast: Nerone geleitet Poppea zur Krönung. Die Konsuln und Tribunen ziehen festlich ein, schmücken sie mit dem Diadem und huldigen ihr. Vom Himmel schwebt nun auch Amore mit seiner Mutter Venere herab, die Poppea als »Venus auf Erden« krönt. Poppea und Nerone preisen ihr Liebesglück.

Kommentar: Vor die Würdigung stellt sich heute, besonders infolge des durch Alan Curtis (s. Lit.) aufgeworfenen Authentizitätsproblems, die Frage nach der Urheberschaft Monteverdis beziehungsweise nach seinem Anteil an der Musik, die in zwei Abschriften, einer venezianischen und einer neapolitanischen, überliefert ist. Eine Untersuchung der zahlreichen erhaltenen Librettodrucke und -abschriften führt in dieser Hinsicht kaum zu zwingenden Ergebnissen (vgl. Wolfgang Osthoff, 1954, und Alessandra Chiarelli; s. Lit.). Daß das neapolitanische Manuskript musikalische Zusätze von späterer Hand enthält, war niemals zweifelhaft. Osthoff (1954) sieht jedoch einen Teil der Abweichungen von dem venezianischen Manuskript als Frühfassungen Monteverdis an (Anna Mondolfi Bossarelli versuchte wenig überzeugend, sie Pietro Andrea Ziani zuzuschreiben). Andrerseits enthält das venezianische Manuskript Transpositionsanweisungen von der Hand Cavallis (neuerdings ist von Peter Jeffery auch nachgewiesen, daß der I. und III. Akt des venezianischen Manuskripts von Cavallis Frau Maria geschrieben wurden; vgl. Curtis, S. 27, s. Lit.). Überdies erweist sich die lange Zeit als Autograph angesehene Prologsinfonia des venezianischen Manuskripts als in der Substanz identisch (Osthoff, 1958, s. Lit.) mit der Prologsinfonia aus Cavallis *La Doriclea* (Venedig 1645, Text: Giovanni Faustini). Osthoff schloß daraus, daß das venezianische Manuskript mit jener Wiederaufnahme der Oper 1646 zusammenhängt, die seit Cristoforo Ivanovich (*Minerva al tavolino [...] Nel fine Le Memorie Teatrali di Venezia*, Venedig 1681, S. 435) in der Literatur immer wieder erwähnt wird. Cavalli hätte diese Wiederaufnahme dann betreut. Ein Szenario beziehungsweise Libretto von 1646 hat sich jedoch nicht gefunden (Chiarelli, S. 124f.). Die Datierungen und Zuschreibungen Ivanovichs sind zudem von Thomas Walker (s. Lit.) generell und vielfach begründet in Zweifel gezogen worden, so daß Osthoffs Annahme in der Schwebe bleibt. Ein weiterer Zweifel wurde hinsichtlich der Authentizität des berühmten Schlußduetts »Pur ti miro, pur ti godo« laut, seitdem man diesen Text auch in dem Bologneser Libretto von *Il pastor regio* (1641, Widmung 18. Mai) gefunden hat, dessen Text und (verschollene) Musik von Benedetto Ferrari stammte (zuerst Venedig, Jan. 1640 oder 1641, dort aber noch ohne das Duett). Hat Busenello Ferraris Text übernommen, oder hat Ferrari einen bereits existierenden Text Busenellos adaptiert? Stammt dies Duett von Ferrari? Die Situation kompliziert sich noch dadurch, daß der Text 1647 auch in Rom auftaucht: im Libretto eines »carro musicale« *Il trionfo della fatica*, dessen (verschollene) Musik von Filiberto Laurenzi stammte (vgl. Lorenzo Gennaro Bianconi, s. Lit.; Bianconi erhielt diesen Hinweis von Claudio Annibaldi). Auch dieser Musiker war mit der frühvenezianischen Oper verbunden (vgl. Osthoff, 1976, s. Lit.). Alessandro Magini (S. 280ff., s. Lit.) ist geneigt, die Musik des Duetts Ferrari zuzuschreiben, doch stehen dem Qualitätsunterschiede zu dessen sonstiger Musik entgegen. Nachdem Bianconi 1984 Sacratis bislang verschollene berühmte Oper *La finta pazza* (Venedig 1641, Text: Giulio Strozzi) wiedergefunden hatte, konnte Curtis (1989, s. Lit.) seine schon früher geäußerten Zweifel präzisieren. Das Manuskript der *Finta pazza* enthält als Prologsinfonia (nur der Baß ist notiert) die beiden Sinfonie aus dem III. Akt der *Incoronazione* (Gesamtausgabe Bd. 13, S. 243 und 239f.). Wurden diese Stücke also nachträglich in die *Incoronazione* eingefügt, oder wurden sie aus der *Incoronazione* in die *Finta pazza* übernommen? Denn wir wissen nicht, zu welcher Inszenierung der überaus erfolgreichen *Finta pazza* das von Bianconi gefundene Manuskript gehört. Curtis räumt ein, daß ihre Funktion in der *Incoronazione* natürlicher wirkt. In der Tat ist die Sinfonia S. 239f. eine Art

L'incoronazione di Poppea, II. Akt, 1. Bild; Matti Salminen als Seneca; Regie und Bühnenbild: Jean-Pierre Ponnelle, Kostüme: Pet Halmen; Opernhaus, Zürich 1977. – Die Tapisserie des Bühnenhintergrunds ist der Malerei Jan Breughels nachempfunden, der, zeitgleich mit Monteverdi, den »Kunstkammerstil« des Frühbarocks in seinen Landschaftsbildern verfeinerte.

Aufzugsmarsch der Konsuln und Tribunen, während man die Sinfonia S. 243 sinnvoll mit dem Herabschweben von Venere und Amore in Zusammenhang bringen kann (vorausgesetzt, daß man sie nicht, wie zumeist, durch ein zu schnelles Tempo verzerrt). Seine partiellen Zweifel gründet Curtis zunächst, unabhängig von der *Finta pazza*, auf Diskrepanzen der Mensur und der Tonart, die bei der Partie des Ottone zwischen Gesang und zugehörigen Instrumentalritornellen im venezianischen Manuskript auftreten. Er schließt daraus, daß der Part Ottones zum Teil von einem jüngeren Autor für einen Sänger mit etwas höherer Stimme als der des ursprünglichen oder ursprünglich vorgesehenen Sängers umgeschrieben worden sei. (Der Part des Ottone erscheint im venezianischen Manuskript im I. und II. Akt zumeist im Mezzosopranschlüssel, im III. Akt dagegen im Altschlüssel.) Selbst wenn man dieser Hypothese folgen wollte, würde es sich jedoch in allen Fällen, wo Substanzgleichheit zwischen Gesang und (laut Curtis originalem) Ritornell beziehungsweise Ritornellbaß besteht, lediglich um Modifikationen in der Singstimme handeln, nicht um Neukomposition. Hinsichtlich der tonartlichen Diskrepanzen hat Osthoff (1956) eine vom Komponisten gemeinte Verwendung gedämpfter (und daher transponierender) Trompeten in den betreffenden Ritornellen suggeriert, was jedoch nicht unwidersprochen blieb (Edward Tarr und Thomas Walker, s. Lit.). – Aufgrund von Quellendiskrepanzen, vor allem aber aus stilistischen Gründen will Curtis Monteverdi neben dem größeren Teil der Partie des Ottone die gesamte Schlußszene der Oper (S. 232–250), also nicht nur das Schlußduett, absprechen sowie für den Prolog und für II/1 und 5 (S. 2–11, 115–120, 135–140, auch die ohnehin verderbte Sinfonia von S. 198) Neukomposition oder Revision von jüngerer Hand annehmen (vgl. auch die Zusammenfassung bei Curtis, S. 53f.). Das Schlußduett möchte Curtis nicht Ferrari, sondern eher Sacrati zuschreiben, doch wirkt die Parallele aus *La finta pazza*, das schwache Trio »Il canto m'alletta«, wenig überzeugend. Nicht zu leugnen sind dagegen die stilistischen Parallelen anderer Partien der Schlußszene mit Wendungen von Ferrari (Curtis, S. 38; vgl. schon Magini) und vor allem aus Sacratis *Finta pazza* (Curtis, S. 43 ff.). Curtis formuliert vorsichtig (S. 46), daß Sacrati »diejenigen Teile der Poppea, möglicherweise mit Hilfe von Ferrari, beendet zu haben scheint, die, wie wir annehmen können, Monteverdi unvollständig hinterlassen hatte«. Alle diese Thesen harren allerdings noch der Überprüfung anhand wertender Argumente, die sich auf die Musik, ihre dramatische Funktion und ihr Verhältnis zum Text beziehen. Eine andere Antwort auf die offenen Fragen bestünde darin, daß wir lediglich mit Einflüssen zu rechnen haben. Dann müßte aber entschieden werden, wer wen beeinflußt hat. Daß die jüngeren Musiker von dem alten Meister gelernt haben, ist genauso denkbar wie die Möglichkeit, daß Monteverdi sich von seiner jüngeren Umgebung anregen ließ. – Was das Dokumentierbare betrifft, bleibt festzuhalten, daß die älteste gesicherte Zuschreibung der *Incoronazione* an Monteverdi die bei Ivanovich ist. Daß sie indessen nicht zu dessen »errori« (Irrtümern) gehört, ist durch eine Wiederaufführung der Oper in Genua erwiesen, die im Teatro del Falcone 1681/82 stattfand, also zu Ivanovichs Lebzeiten. Die Musik wird dort als »del signor Monte Verde« beziehungsweise »del signor Monteverde venetiano« bezeichnet (vgl. Remo Giazotto, s. Lit.). Auf dem Einbandrücken des venezianischen Manuskripts der Oper war ursprünglich »Monteverde« gedruckt (später mit »Il Nerone« überdruckt; vgl. Curtis, S. 26f., Anm. 10). Einband und Namensdruck wurden vermutlich im späteren 17. Jahrhundert vorgenommen, als sich das Manuskript im Besitz der Familie Contarini befand und in deren Privattheater in Piazzola sul Brenta (bei Padua) auch aufgeführt wurde. An Monteverdis genereller Autorschaft ist also nicht zu zweifeln, und auch Curtis (S. 25) tut dies trotz seines provokativen Titels nicht. – Ungeachtet all der genannten Probleme wird *L'incoronazione*, wenn man von Monteverdis *L'Orfeo* (1607) absieht, als die bedeutendste italienische Oper des 17. Jahrhunderts angesehen. Busenellos »historischer« Ausgangspunkt (er beruft sich auf Tacitus) veranlaßt ihn zu einem vorher in der Oper kaum bekannten Realismus in Handlungsführung und Personencharakteristik. Die Moral siegt nicht, und ob ihr Vertreter Seneca überhaupt ganz ernst gemeint ist, bleibt zweifelhaft, obwohl Busenello sich wohl auch durch *Octavia* des (Pseudo-)Seneca hat anregen lassen (vgl. Kurt von Fischer und Ellen Rosand, 1985, S. 42ff.; s. Lit.). Rosand ist allerdings der Meinung, daß Seneca in der Musik Monteverdis »eine neue moralische Integrität erlangt« (S. 55). Gewiß ist, daß Monteverdi die Begehrlichkeit und tyrannische Hysterie Nerones und die Sinnlichkeit und Eitelkeit Poppeas ebenso wie ihrer beider echte Leidenschaft musikdramatisch einfängt. Genauso direkt charakterisiert er den gedemütigten Stolz Ottavias, den liebenswerten Vorwitz des Pagen und die hintergründige Komik der Ammen. Mit besonderer psychologischer Sensibilität ist Ottone gezeichnet. Der Psychologie Monteverdis dienen auch seine eigenwilligen Eingriffe in den Text. Die Dialoge, in denen die Handlung sich im wesentlichen abspielt, sind in ihrem musikalischen Aufbau oft als dynamische Steigerung angelegt (etwa in I/2 die beiden Soldaten; I/3 Poppea/Nerone; I/4 Poppea/Arnalta; I/9 Nerone/Seneca). In besonders stringenter Entwicklung präsentiert sich, trotz aller Problematik der Überlieferung, der III. Akt von kanzonettenhafter Leichtigkeit (III/1, Drusilla) über Handlungskrise (III/2–4), ausladende Liebesszene (III/5), Juxtaposition von komischem (III/6, Arnalta) und tragischem Abschied (III/7, Ottavia) bis zur steigernden Staatsaktion mit Göttersegen (III/8) und schließlich zur reinen Feier des Eros (Schlußduett). – Im Rezitieren der *Incoronazione*, das noch weit entfernt ist vom späteren stereotypen Secco, vollzieht Monteverdi die gestische Vielfalt der italienischen Sprache und des italienischen Verses mit musikalischen Mitteln nach und setzt diese Vielfalt in musikdramatische Gebärden um, wodurch, wie es in einem Nachruf heißt (Matteo Caberlotti, 1644, bei Gian Francesco Malipiero, S. 53f., s. Lit.), »die Affekte von Augenblick zu Augenblick wechseln«. Hierzu gehört auch das Umschlagen in die wenigen größeren arienhaften und in viele kurze ariose Episoden, was durch das Libretto keineswegs vorgegeben ist. Ermöglicht wird diese Behandlung der Sprache durch Einbeziehung einer instrumentalen Geschmeidigkeit in die vokale Diktion. Musikdramatische Struktur entsteht vor allem dadurch, daß der freie Gesang des Akteurs sich oft über einem (dem Rahmen der Guckkastenbühne analogen) instrumentalen Gerüst entfaltet (wie Ostinati, gehende oder laufende Bässe). Demgegenüber tritt repräsentative oder ornamentale reine Instrumentalmusik in *L'incoronazione* völlig zurück. Da die instrumentale Konzeption ganz primär vom Generalbaß ausgeht, muß die Aussetzung der Ritornellbässe weder des venezianischen noch des neapolitanischen Manuskripts als »authentisch« angesehen werden. – Da es sich in der Hauptsache um Musikalisierung der sprachlichen Gestik und nicht um autonome Musik handelt, die auch für größere Zusammenhänge zu autonomen musikalischen Formen führen würde, ist ein Abgehen vom sprachlichen Original (Übersetzung) im Grunde sinnlos. Auch erscheint es nicht adäquat, hier den Begriff eines musikalischen Werks uneingeschränkt anzuwenden. Darin liegt die Problematik jedes heutigen Wiedererweckungsversuchs.

Wirkung: Spuren der Uraufführung und ihres Erfolgs finden sich bereits (Rosand, S. 49) in Federico Malipieros Vorwort zu seinem Buch *L'imperatrice ambiziosa* (1642) und in einem Brief vom 25. März 1643 an Kardinal Jules Mazarin (Curtis, S. 42, Anm.). Dokumentiert ist die hervorragende Darstellung der Ottavia durch Anna Renzi in einer dieser Sängerin gewidmeten poetischen Anthologie, die 1644 in Venedig herauskam. In mehreren Gedichten werden ihr Monolog in I/5 und vor allem ihre Abschiedsszene III/7 gerühmt, so unter anderm von Ferrari; doch auch die Szene II/9 wird erwähnt. 1651 kam in Neapel *Il Nerone ovvero L'incoronazione di Poppea* heraus. Das gedruckte Textbuch verrät weder Librettisten noch Komponisten, spielt aber auf die venezianische Herkunft der Oper an. Sie wurde in Neapel von der reisenden Truppe »I Febi Armonici« aufgeführt; daß das neapolitanische Manuskript der Oper mit dieser Aufführung zusammenhängt, ist nicht schlüssig erwiesen. Für die 70er oder 80er Jahre des 17. Jahrhunderts wird von einer Aufführung (oder mehreren) in der Villa des Prokurators Marco Contarini in Piazzola berichtet (vgl. Osthoff, 1958, S. 134; aus der Sammlung Contarini stammt das venezianische Manuskript der Oper). Im Zusammenhang hiermit dürfte die mögliche Parodie (im Sinn von Satire) auf das Schlußduett der *Incoronazione di Poppea* stehen, die sich in einer Kantatensammlung von Carlo Grossi findet, dessen Opern ebenfalls in Piazzola aufgeführt wurden (vgl. Reinhard Wiesend, s. Lit.). 1681/82 wurde *L'incoronazione* im Teatro del Falcone Genua aufgeführt. Vom späten 17. bis zum späten 19. Jahrhundert scheint sie völlig vergessen gewesen zu sein. Nachdem durch Taddeo Wiel (*I codici musicali Contariniani*, Venedig 1888, S. 81) die Existenz des venezianischen Manuskripts der Oper nachgewiesen worden war, konnte sie Hermann Kretzschmar 1894 monographisch behandeln. Aber erst nach Hugo Goldschmidts erster wissenschaftlicher Teilausgabe von 1904 (s. Lit.) beginnt die aufführungspraktische Wiederbelebung des Werks, angefangen mit Vincent d'Indy, der am 24. Febr. 1905 mit seiner Pariser Schola Cantorum eine Auswahl der Musik konzertant aufführte; 1913 erfolgte auch ihre szenische Darbietung im Théâtre des Arts Paris (Dirigent: Indy, Bühnenbild: Charles Guérin; Poppea: Claire Croiza, Ottavia: Hélène Demellier). Ungedruckt blieb der Versuch einer »Rekonstruktion«, den Gaetano Cesari um 1907 unternahm; Cesaris Version wurde erst 1968 in Cremona szenisch aufgeführt. Auf Indy folgten weitere Auswahlbearbeitungen von Charles van den Borren (Brüssel, Institut des Hautes Etudes 1922; konzertant) und Jack Allan Westrup (Northampton, Smith College 1926). Die Bearbeitung Giacomo Benvenutis kam 1937 in Auswahl in Florenz zur Aufführung (Boboligärten; Dirigent: Gino Marinuzzi; Poppea: Gina Cigna, Nerone: Giovanni Voyer, Ottavia: Giuseppina Cobelli, Ottone: Elena Nicolai, Seneca: Tancredi Pasero); sie wurde 1943 auch in Rom gespielt (Dirigent: Tullio

L'incoronazione di Poppea, III. Akt, 2. Bild; Eiddwen Harrhy als Poppea, Arthur Davies als Nerone; Regie: Michael Geliot, Ausstattung: Annena Stubbs; Welsh National Opera, Cardiff 1980. – Der überladene Pomp der Dekorationen evoziert das barocke Venedig, illustriert den kunsthistorischen Hintergrund für Monteverdis Werk.

Serafin; Poppea: Gabriella Gatti). Ebenfalls 1937 kam Ernst Křeneks sehr willkürliche deutsche Bearbeitung an der Wiener Volksoper (Nerone: Hans Joachim Heinz, Poppea: Hertha Glatz) heraus, und an der Pariser Opéra-Comique wurde Gian Francesco Malipieros Version aufgeführt (Dirigent: Gustave Cloez; mit Renée Gilly, Georges Jouatte, Madeleine Sibille und André Gaudin). Nach dem zweiten Weltkrieg erlebte sowohl die wissenschaftliche Befassung mit der *Incoronazione* (angefangen 1954 mit Anna Amalie Abert, s. Lit.) als auch die praktische Auseinandersetzung mit ihr in Gestalt oft sehr freier Bearbeitungen und Inszenierungen einen gewaltigen Aufschwung. Die erste Schallplatte bot Walter Goehr 1952 mit einer Kurzfassung, die 1959 auch der szenischen Aufführung in Hamburg zugrunde lag (Dirigent: Ernest Bour; Anneliese Rothenberger, Ernst Haefliger, Gisela Litz, Ernst Wiemann). Von bemerkenswerten szenischen Aufführungen seien weiterhin erwähnt: Mailand 1953 (Bearbeitung: Giorgio Federico Ghedini, Dirigent: Carlo Maria Giulini, Regie: Margarethe Wallmann; Clara Petrella, Renato Gavarini, Marianne Radev, Mario Petri) und 1967 (Benvenuti, Bruno Maderna, Wallmann; Grace Bumbry, Gavarini / Giuseppe Di Stefano, Leyla Gencer), Köln 1954 (Bearbeitung: Hans Ferdinand Redlich, Dirigent: Otto Ackermann), Aix-en-Provence 1961 (Malipiero, Bruno Bartoletti; Jane Rhodes, Robert Massard, Teresa Berganza), Dallas 1963 (Ghedini, Nicola Rescigno; Patrice Munsel, Ramón Vinay, Caterina Mancini; amerikanische Erstaufführung), Wien 1963 (Bearbeitung: Erich Kraack, Dirigent: Herbert von Karajan, Regie: Günther Rennert; Sena Jurinac, Gerhard Stolze, Margarita Lilowa) und Bern 1964 (Kraack) sowie Amsterdam 1971 (Bearbeitung: Curtis, Dirigent: Gustav Leonhardt). Curtis' Version wurde schon 1966 in Berkeley konzertant dargeboten. Besondere Verbreitung für längere Zeit fand die Version von Raymond Leppard, die zuerst in Glyndebourne 1962 (Rennert, John Pritchard; Magda László, Richard Lewis, Frances Bible, Carlo Cava) gegeben wurde, dann unter anderm auch in London 1971 (Sadler's Wells; Dirigent: Leppard; Janet Baker, Robert Ferguson, Katherine Pring, Clifford Grant), Paris 1978 (Opéra; Julius Rudel; Gwyneth Jones, Jon Vickers, Christa Ludwig, Nicolai Ghiaurov), an der Komischen Oper Berlin 1980 (Dirigent: Volker Rohde, Regie: Göran Järvefelt; Elisabeth Hornung, Günter Neumann, Nelly Boschkowa), in Glyndebourne 1984 (Leppard, Peter Hall; Maria Ewing, Dennis Bailey, Cynthia Clarey) sowie in Paris 1989 (Châtelet; Regie und Bühnenbild: Pierre Strosser, Dirigent: Peter Schneider; Patricia Schuman, Hans Peter Blochwitz, Martine Dupuy). Doch wurde Leppards Version seit den 70er Jahren von Nikolaus Harnoncourts Bearbeitung verdrängt (zuerst Darmstadt 1970; Dirigent: Hans Drewanz, Regie: Harro Dicks; Martha Morris, George Maran, Anita Kristel), die 1977 in Zürich unter seiner Leitung herauskam (Regie: Jean-Pierre Ponnelle; Rachel Yakar, Eric Tappy, Trudeliese Schmidt, Matti Salminen) und in den folgenden Jahren auch auf Gastspielreisen des Ensembles Triumphe feierte. Harnoncourts Haltung, so anfechtbar das Ergebnis auch in vielerlei Hinsicht ist (entgegen einer weit verbreiteten Meinung kann von historischer Orientierung keine Rede sein), bedeutet insofern einen Fortschritt, als er seiner Version keinen »Werkcharakter« beimißt und sie daher auch nicht veröffentlicht. Hier bricht sich die Einsicht Bahn, daß jeder Interpret seine eigene Realisation des historisch Gegebenen erarbeiten muß. Neueste Bearbeitungen stammen von Philippe Boesmans (Brüssel 1989; Dirigent: Sylvain Cambreling, Regie: Luc Bondy; Catherine Malfitano, Schmidt), von René Jacobs (Montpellier 1989; Jacobs, Gilbert Deflo; Danielle Borst, Carolyn Watkinson, Jennifer Larmore, Michael Schopper) und von Clifford Bartlett (Schallplatte 1990). Auf die Eigenart und vor allem auf die Problematik aller modernen Versionen kann hier nicht eingegangen werden. Die sich erhebenden Fragen sind zum großen Teil mit denjenigen identisch, die am Schluß des Artikels über Monteverdis *Ritorno d'Ulisse in patria* (1640) berührt werden. Besonders zum Problem der instrumentalen Begleitung der *Incoronazione* hat sich im Hinblick auf die italienischen Bearbeiter Guido Salvetti (s. Lit.) geäußert. Nach allem, was man heute über die Quellen der Oper sowie über die mit ihr verbundenen vokalen und instrumentalen Aufführungsgepflogenheiten weiß, muß betont werden, daß der Radius vertretbarer Realisierungsmöglichkeiten keineswegs so weit ist, wie zumeist von Bearbeitern, Dramaturgen und so weiter behauptet wird. Ebensowenig stichhaltig ist die immer wieder vorgebrachte Beteuerung, daß *L'incoronazione di Poppea* fragmentarisch überliefert sei, insofern man sich dafür auf die Generalbaßaufzeichnung der Oper beruft. Wollte man dies Argument ernstlich akzeptieren, wären sämtliche einfachen Rezitative von Bach oder Mozart ebenfalls fragmentarisch überliefert.

Autograph: Verbleib unbekannt. **Abschriften:** Part: Bibl. Marciana Venedig (cod. It. Cl. IV, 439 [= 9963]), Bibl. S. Pietro a Maiella Neapel (Rari 6,4,1.); Textb.: Bibl. Nazionale Centrale Florenz (Magl. VI. 66), Bibl. dell'Accademia dei Concordi Rovigo (Silvestriana 239), Bibl. Comunale Treviso (Rossi 83), Bibl. Comunale Udine (55.), Bibl. del Museo Civico Correr Venedig (Cicogna 585). **Ausgaben:** Part, zugleich Kl.A: C. MONTEVERDI, Tutte le opere, hrsg. G. F. Malipiero, Bd. 13, Vittoriale degli Italiani, [Asolo] 1931, Nachdr. UE [1967/68], Nr. 9608; Part, Faks.-Nachdr. d. Abschrift Venedig, Einl. v. G. Benvenuti: Bocca, Mailand 1938; dass., Vorw. v. S. Martinotti: Forni, Bologna 1969 (Bibl. Musica Bononiensis. IV/81.); Part, hrsg. A. Curtis: Novello, London, Sevenoaks 1989; Szenario: Venedig, Pinelli 1643, Neudr. in: ›L'incoronazione di Poppea‹ [...] con una nota di Piero Nardi, Venedig, Pozza 1949, S. 7–17, Neudr. in: C. GALLICO, M. Poesia musicale, teatro e musica sacra, Turin 1979, S. 92–96; Textb. u.d.T. *Il Nerone ovvero L'incoronazione di Poppea*: Neapel, Mollo 1651; Textb. in: G. F. BUSENELLO, Delle hore ociose. 1. Teil, Venedig, Giuliani 1656, S. [3]–61, Neudr. in: H. GOLDSCHMIDT [s. Lit.], S. 33–56, Neudr. in: ›L'incoronazione di Poppea‹ [...] con una nota di Piero Nardi, a.a.O., S. 19–80, Neudr. in: Drammi per musica dal Rinuccini allo Zeno, hrsg. A. Della Corte, Bd. 1, Turin 1958, S. 431–509; Bearbeitungen. Kl.A, frz. Bearb. (gekürzt) v. V. d'Indy: Paris, Schola Cantorum 1908, Nr. 1802; Kl.A, Bearb. v. C. v. d. Borren: Brüssel 1914; Kl.A, Bearb. v. J.

A. Westrup: OUP 1927; Kl.A, Bearb. v. E. Křenek: UE 1937; Kl.A, Bearb. v. G. Benvenuti: ESZ 1937, 1965; Kl.A, Bearb. v. G. F. Ghedini: Ricordi 1953, 1965; Kl.A, Bearb. v. G. F. Malipiero: Heugel 1954; Kl.A, ital./dt., Bearb. v. H. F. Redlich: Bär 1958; Kl.A, Bearb. v. W. Goehr: UE 1960, Nr. 13035; Kl.A, ital./engl./dt., Bearb. v. R. Leppard: Faber 1964, Nr. 11; Kl.A (?), Bearb. v. P. Boesmans: Jobert, Paris 1989. **Aufführungsmaterial:** Bearb. Křenek: UE; Bearb. Benvenuti: ESZ; Bearb. Malipiero: Heugel/Leduc; Bearb. Redlich: Bär; Bearb. Goehr: UE; Bearb. Leppard: Faber; Bearb. Boesmans: Jobert, Paris

Literatur: H. KRETZSCHMAR, M.'s ›Incoronazione di Poppea‹, in: VfMw 10:1894, S. 483–530; H. GOLDSCHMIDT, Studien zur Geschichte der italienischen Oper im 17. Jahrhundert, Bd. 2, Lpz. 1904, Nachdr. Hildesheim 1967; G. F. MALIPIERO, C. M., Mailand 1929; G. BENVENUTI, Il manoscritto veneziano della ›Incoronazione di Poppea‹, in: RMI 41:1937, S. 176–184; R. GIAZOTTO, La musica a Genova, Genua 1951, S. 323; A. A. ABERT, C. M. und das musikalische Drama, Lippstadt 1954, S. 65–99; W. OSTHOFF, Die venezianische und neapolitanische Fassung von M.s ›Incoronazione di Poppea‹, in: Acta musicologica 26:1954, S. 88–113; DERS., Trombe sordine, in: AfM 13:1956, S. 77–95; DERS., Neue Beobachtungen zu Quellen und Geschichte von M.s ›Incoronazione di Poppea‹, in: Mf 11:1958, S. 129–138; DERS., Das dramatische Spätwerk C. M.s, Tutzing 1960, S. 51–177; D. ARNOLD, ›L'Incoronazione di Poppea‹ and Its Orchestral Requirements, in: MT 104:1963, S. 176–178; W. OSTHOFF, Maske und Musik. Die Gestaltwerdung d. Oper in Venedig, in: Castrum Peregrini 65:1964, S. 10–49; A. MONDOLFI BOSSARELLI, Ancora intorno al codice napoletano della ›Incoronazione di Poppea‹, in: RIM 2:1967, S. 294–313; G. SALVETTI, Alcuni criteri nella rielaborazione ed orchestrazione dell'›Incoronazione‹, ebd., S. 332–339; C. SARTORI, La prima diva della lirica italiana: Anna Renzi, in: Nuova RMI 2:1968, S. 430–452; K. V. FISCHER, Eine wenig beachtete Quelle zu Busenellos ›L'incoronazione di Poppea‹, in: Claudio Monteverdi e il suo tempo, Verona 1969, S. 75–80; F. DEGRADA, Gian Francesco Busenello e il libretto della ›Incoronazione di Poppea‹, ebd., S. 81–102, auch in: DERS., Il palazzo incantato. Studi sulla tradizione del melodramma dal Barocco al Romanticismo, Bd. 1, Fiesole 1979, S. 3–26; A. CHIARELLI, ›L'incoronazione di Poppea‹ o ›Il Nerone‹. Problemi di filologia testuale, in: RIM 9:1974, S. 117–151; L. BIANCONI, T. WALKER, Dalla ›Finta pazza‹ alla ›Veremonda‹. Storie di Febiarmonici, ebd. 10:1975, S. 379–454; J. STENZL, M. 1976, in: SMZ 116:1976, S. 291–297; B. BRIZI, Teoria e prassi melodrammatica di G. F. Busenello e ›L'incoronazione di Poppea‹, in: Venezia e il melodramma nel Seicento, hrsg. v. M. T. Muraro, Florenz 1976, S. 51–68; W. OSTHOFF, Filiberto Laurenzis Musik zu ›La finta savia‹ im Zusammenhang der frühvenezianischen Oper, ebd., S. 173–194; T. WALKER, Gli errori di »Minerva al tavolino«, ebd., S. 7–16; E. H. TARR, T. WALKER, »Bellici carmi, festivo fragor«. D. Verwendung d. Trompete in d. ital. Oper d. 17. Jh., in: Hbg. Jb. f. Mw. 3:1978, S. 155f.; L. BIANCONI, Il Seicento. Storia della musica, Bd. 4, Turin 1982, S. 195f.; R. MÜLLER, Basso ostinato und die »imitatione del parlare« in M.s ›Incoronazione di Poppea‹, in: AfMw 40:1983, S. 1–23; E. ROSAND, Seneca and the Interpretation of ›L'incoronazione di Poppea‹, in: JAMS 38:1985, S. 34–71; A. MAGINI, Le monodie di Benedetto Ferrari e ›L'incoronazione di Poppea‹. Un rilevamento stilistico comparativo, in: RIM 21/2:1986, S. 266–299; L'Avant-scène, Opéra, Nr. 115, Paris 1988; A. CURTIS, ›La Poppea impasticciata‹ or Who Wrote the Music to ›L'incoronazione‹ (1643)?, in: JAMS 42:1989, S. 23–54; E. ROSAND, M.s Mimetic Art: ›L'incoronazione di Poppea‹, in: Cambridge Opera Journal 1:1989, S. 113–137; R. WIESEND, Siciliana. Literarische u. mus. Traditionen [in Vorb.]; weitere Lit. s. S. 245

Wolfgang Osthoff

Alexandre Montfort

Geboren 1803 in Paris, gestorben am 13. Februar 1856 in Paris

La Chatte métamorphosée en femme
→ Coralli, Jean (1837)

Aleida Montijn

Aleida Elfriede Montijn; geboren am 7. August 1908 in Mannheim, gestorben am 23. August 1989 in Bad Homburg v. d. H.

Vita nostra
→ Rogge, Lola (1950)

Douglas Stuart Moore

Geboren am 10. August 1893 in Cutchogue (New York), gestorben am 25. Juli 1969 in Greenport (Long Island, New York)

The Ballad of Baby Doe
Opera in Two Acts

Die Ballade von Baby Doe
2 Akte (11 Bilder)

Text: John Treville Latouche
Uraufführung: 1. Fassung: 7. Juli 1956, Opera House, Central City (CO); 2. Fassung: 3. April 1958, New York City Opera, New York (hier behandelt)
Personen: Horace Tabor, Bürgermeister von Leadville (Bar); Augusta, seine Frau (Mez); Mrs. Elizabeth, genannt Baby Doe, Frau eines Bergarbeiters (S); Mutter McCourt, ihre Mutter (A); William Jennings Bryan, Präsidentschaftskandidat (B); Chester A. Arthur, Präsident der Vereinigten Staaten (T); Pater Chapelle, Trauungspriester (T); ein alter Silberminensucher (T); ein Buchhalter des Clarendon-Hotels (T); der Stadtverwalter von Leadville (T); der Pförtner des Tabor Grand (T); ein Rausschmeißer (Bar); Albert, Hoteldiener (Bar); ein Lakai (Bar); ein Politiker aus Denver (Bar); Sarah, Mary, Emily und Effie, alte Freundinnen von Augusta (2 S, 2 Mez); Sam, Bushy, Barney und Jacob, Freunde und Vertraute Tabors (2 T, 2 Bar); 4 Dandys aus Washington (2 T, 2 Bar); Kate, Animierdame (S); Elizabeth, 12 Jahre alt (S), und Silver Dollar, 7 Jahre alt (stumme R), Kinder von Horace Tabor und Baby Doe; Meg, Animierdame (Mez); Silver Dollar, erwachsen (Mez); Samantha,

Dienstmädchen (Mez); 2 Zeitungsjungen (2 S, hinter d. Szene). **Chor, Ballett:** Animierdamen, Baby Does Familie, Hochzeitsgäste, Bergleute mit ihren Frauen
Orchester: 2 Fl (2. auch Picc), Ob, 2 Klar, Fg, 2 Hr, 2 Trp, 2 Pos, Tb, Pkn, Schl (Bck, kl.Tr, Gong, Tempelblöcke, Xyl, Klanghölzer), Kl, Hrf, Streicher
Aufführung: Dauer ca. 2 Std. 15 Min. – Tanz in I/1 und I/4.

Entstehung: Die Idee zum Libretto kam Moore 1935 beim Lesen eines Zeitungsberichts über den Tod des Cabaretgirls Elizabeth McCourt Doe, genannt Baby Doe, deren Heirat mit Horace Tabor, einem der reichsten Minenbesitzer seiner Zeit, überregionales Aufsehen erregt hatte. Als 1953 die Koussevitzky Foundation anläßlich der 200-Jahr-Feier der Gründung der Columbia University mit dem Auftrag einer Oper mit amerikanischem Sujet an ihn herantrat, wurde die Geschichte von Latouche zum Libretto ausgearbeitet. Die Uraufführung, die am Heimatort Baby Does stattfand, ging in einer Produktion von Donald Oenslager (Regie: Hanya Holm und Edwin Levy, Dirigent: Emerson Buckley) mit Dolores Wilson als Baby Doe, Walter Cassel als Tabor und Martha Lipton als Augusta mit großem Erfolg über die Bühne. Nach der Uraufführung erwogen Moore und Latouche einige kleinere Änderungen (etwa bei den Arien von Baby Doe). Eine grundlegende Revision ergab sich in II/2, an dessen Beginn die Pokerszene gestellt wurde.
Handlung: In Leadville, Denver (Colorado) und Washington, 1881–99. I. Akt, 1. Bild: vor dem Tabor Opera House, Leadville, daneben der Saloon und das Clarendon-Hotel, 1880; 2. Bild: vor dem Clarendon-Hotel, später am Abend; 3. Bild: in einem großen Hotelapartment, einige Monate später; 4. Bild: im Foyer des Clarendon-Hotels, kurz danach; 5. Bild: Augustas Wohnzimmer in Denver, ein Jahr später; 6. Bild: Suite im Willard-Hotel, Washington, 1883; II. Akt, 1. Bild: Ballsaal des Windsor-Hotels, Denver, 1893; 2. Bild: ein Klubzimmer, Denver, 1895; 3. Bild: die Matchless-Mine, ein sonniger Nachmittag, 1896; 4. Bild: Augustas Arbeitszimmer, einige Wochen später, Nov. 1896; 5. Bild: die Bühne des Tabor Grand Theatre, April 1899.
I. Akt: Während im Opernhaus von Leadville, das der reiche Silberminenbesitzer Horace Tabor erbauen ließ, Adelina Patti singt, schleichen sich Tabor und seine Freunde zu den Animiermädchen des benachbarten Saloons. Bald aber werden sie von Augusta, Tabors puritanischer und kunstliebender Frau, und ihren Freundinnen wieder in das Konzert genötigt. Vor dem Hotel lernt Tabor Baby Doe kennen, die ihren Mann verlassen hat, um in Leadville ihr Glück zu versuchen. Die sich anbahnende Liebesbeziehung wird von Augusta entdeckt. Vergeblich versucht sie die Rivalin auszuschalten: Tabor nimmt die Geliebte zur Frau und feiert in illustrer Gesellschaft Hochzeit.
II. Akt: Nach über zehn Jahren treffen Tabor und seine Frau auf einem Ball des Gouverneurs mit Augusta zusammen. Sie rät Baby Doe, Tabor angesichts der fallenden Silberpreise zum Verkauf der Mine zu überreden. Erzürnt weist Tabor den Rat zurück. Baby Doe muß versprechen, die Silbermine zu behalten, was immer auch geschehe. Augustas Prognose trifft ein: Der Bankrott der Mine steht bevor. Vergeblich sucht Tabor Schutz und Hilfe bei seinen Freunden. Verarmt und vereinsamt landet er auf der Bühne des Tabor Grand Theatre. In einer Vision ziehen vergangene Hoffnungen und böse Zukunftsahnungen an ihm vorüber; seine kleine Tochter Silver Dollar erscheint als Prostituierte. Liebevoll singt Baby Doe ihren Mann in den ewigen Schlaf. Während Jahre vergehen, wird sie zur Greisin. Im eisigen Schnee verharrt sie vor der Silbermine.
Kommentar: Moore, der zunächst durch Collegesongs und Schlager bekannt wurde, griff bereits in Orchesterwerken (*Moby Dick*, 1928; *Overture on an American Tune*, 1931) auf amerikanische Sujets zurück, die auch sein späteres Opernschaffen prägten. Beeinflußt durch Vincent d'Indy, bei dem er Komposition studiert hatte, gelangte Moore, anknüpfend an die europäische Tradition des 19. Jahrhunderts, zu einem konventionell-eingängigen Stil, der durch die Aufnahme folkloristischer Elemente eine Bereicherung fand. *The Ballad of Baby Doe* hat diesbezüglich paradigmatische Bedeutung. Durch die Konfrontation von Westernsongs und opernhafter Arienmelodik, so zu Beginn des I. Akts (»I Came This Way from Massachusetts«, Tabor und Chor; Augustas Auftritt »Horace, What Is This?«), werden dramatische Spannungsmomente pointiert, die im Aufeinanderprallen unterschiedlicher musikalischer Ausdruckssphären (Belcantoidiom–Folksong) amerikanisches Kulturempfinden im Zwiespalt von europäischer Tradition und Gegenwartsbewußtsein reflektieren. Insofern spiegeln die kontrastierenden kompositorischen Stilmittel die im Textbuch exponierte Antinomie zwischen amerikanischem Pioniergeist und viktorianischer Prüderie, die in der Konfrontation von Augustas moralischer Disziplin und Tabors Abenteuerlust Ausdruck findet und in der Gegenüberstellung von Augustas spießbürgerlichen Freundinnen und Tabors Silberminensuchern immer wieder kulminiert. Die Buntheit, Leichtlebigkeit, auch die Aufbruchsstimmung des amerikanischen Westens im ausgehenden 19. Jahrhundert musikalisch einzufangen und zur kompositorischen Folie zu erheben gelingt Moore durch die kaleidoskopartige Verbindung verschiedener Stil- und Ausdrucksmittel: Folkloristische Westernmelodik und opernhafte Arientypen, sentimentaler Operettenton (Liebesduett Tabor/Doe, I/2) und Walzerseligkeit (Beginn des II. Akts), funktional-harmonisch konzipierte Abläufe und dramaturgisch bedingte, kurz aufleuchtende Dissonanzen, ostinate Begleitfloskeln, Marsch- und Tanzrhythmen der Zeit (Blues) ergeben eine effektvolle Mixtur, die dem Werk Tempo und musicalhafte Kurzatmigkeit verleiht.
Wirkung: Neben *The Devil and Daniel Webster* (New York 1939, Text: Stephen Bénet) und *Giants in the Earth* (1. Fassung New York 1951, 2. Fassung New

York 1963, Text: Arnold Sundgaard nach Ole Edvart Rølvaag) gehört *The Ballad of Baby Doe* zu den meistgespielten Opern Moores. Aufgrund des typisch amerikanischen Sujets und des Lokalkolorits in der Musik konnte sich das Werk, das als einzige Oper Moores auch außerhalb der Vereinigten Staaten bekannt wurde (so durch Gastspiele der Santa Fe Opera in Berlin und Belgrad 1961), einen festen Platz im Repertoire amerikanischer Bühnen erobern. Die Uraufführung der 2. Fassung (Regie: Vladimir Rosing; mit Beverly Sills) ging mit großem Erfolg über die Bühne. An der New York City Opera blieb das Werk bis 1976 ziemlich kontinuierlich im Spielplan. Einige Nummern, wie Tabors »Willow-Song« (I/2), seine Arie »Warm as the Autumn Light« (I/2) sowie Baby Does »Silversong« (I/6) »Gold Is a Fine Thing«, fanden auch Eingang in den Konzertsaal.

Autograph: bei d. Erben d. Komponisten. **Ausgaben:** Kl.A, 1. Fassung: Chappell 1958; Textb., 2. Fassung, in: [Bei-H. d. Schallplattenaufnahme Polydor], 1959. **Aufführungsmaterial:** Chappell, NY
Literatur: R. G. PAULY, Music and the Theater, Englewood Cliffs, NJ 1970, S. 375–388

Julia Liebscher

Federico Moreno-Torroba

Federico Moreno-Torroba Ballesteros; geboren am 3. März 1891 in Madrid, gestorben am 12. September 1982 in Madrid

Luisa Fernanda
Comedia lírica en tres actos, el segundo dividido en tres cuadros

Luisa Fernanda
3 Akte (5 Bilder)

Text: Federico Romero Sarachaga und Guillermo Fernández Shaw e Iturralde
Uraufführung: 26. März 1932, Teatro Calderón, Madrid
Personen: Luisa Fernanda (Mez); Herzogin Carolina (S); Javier, ein junger Oberst der königlichen Armee (T); Vidal Hernando, ein reicher Gutsbesitzer aus der Estremadura (Bar); Mariana (Mez) und Rosita (S), Madriderinnen; der Savoyarde, Bettler (T); Don Florito, Luisa Fernandas Vater (B); Nogales und Anibal, Anhänger der liberalen Partei (2 B); Jeromo; Bizco Porras; Don Lucas; 1. und 2. Bursche; ein Mann; eine Bäckerin; 1. und 2. Mädchen; Hauptmann; ein Pflücker; Dienstmädchen; eine Nachbarin; eine Verkäuferin; 1. und 2. Blinder; 2 Männer aus dem Volk; die Frau des Blinden; ein Bürger; eine Bürgerin. **Chor:** junge Damen und Herren, Straßenmusikanten, Volk von Madrid, Verkäufer, Verkäuferinnen, Pflücker.
Statisterie: Soldaten, Husaren, Flüchtlinge
Orchester: Picc, Fl, Ob, Klar, Fg, 2 Hr, Trp, 2 Pos, Pk, Schl (gr.Tr, Bck, Trg), Cel, Hrf, Streicher; BühnenM auf u. hinter d. Szene: Banda (Klar, Trp, Pos, Glocken, Tr)
Aufführung: Dauer ca. 2 Std.

Entstehung: Moreno-Torroba gehört mit Pablo Sorozábal zur vierten Generation von Zarzuelakomponisten (seit Emilio Arrieta y Corera und Francisco Asenjo Barbieri), die dem spanischen Singspiel zu Anfang der 30er Jahre noch einmal zu neuer Blüte verhalfen. Beide Komponisten hatten eine gründliche akademische Ausbildung genossen (Sorozábal weitgehend in Deutschland), und Moreno-Torroba begann seine Karriere denn auch mit symphonischer Musik. Aus der Freundschaft mit Andrés Segovia erwuchs das nach Manuel de Fallas Homenaje »Le Tombeau de Claude Debussy« (1920) repräsentativste zeitgenössische spanische Repertoire für Gitarre. Neben seiner kompositorischen Tätigkeit war Moreno-Torroba 20 Jahre lang Direktor des Teatro Calderón und des Teatro de la Zarzuela. Vor allem half er, die Sociedad General de Autores neu zu organisieren. Er sorgte für internationale Verbreitung spanischer Musik und erreichte sogar, daß seine Zarzuela *La Chulapona* (1934) englisch in New York gegeben wurde. Seine ersten musikdramatischen Erfolge erzielte er 1925 mit *La mesonera de Tordesillas* (Text: Rafael Sepúlveda und José Manzano) im Zarzuela und der einaktigen Oper *La virgen de mayo* (Text: Paul Max) im Teatro Real. Das letzte seiner mehr als 80 Bühnenwerke ist die 1980 im Zarzuela uraufgeführte Oper *El poeta* (Text: José Méndez Herrera), die eine Episode aus dem Leben des romantischen Dichters José Leonardo de Espronceda y Delgado behandelt.
Handlung: In Madrid und Piedras Albas, 1868.
I. Akt, der Platz San Javier, Madrid, in einer Ecke das Haus der Herzogin Carolina: Politische Unruhen haben zu einem Prestigeverlust der Monarchie geführt und ein Klima der Radikalität geschaffen. Carolina, die die Partei Königin Isabellas II. vertritt, kann den zunächst nur ehrgeizigen Frauenhelden Javier auf ihre Seite ziehen. Ihre politische Propaganda verfängt jedoch nicht beim reichen Gutsbesitzer aus der Estremadura, Vidal Hernando, der für die liberalen Tendenzen nach dem Vorbild der Französischen Revolution votiert, wie auch alle andern Anwohner des kleinen Platzes. Kein Wunder, daß diese die schöne Luisa Fernanda überreden wollen, nicht Javier, sondern Vidal zum Ehemann zu nehmen. Doch zunächst stellt sich diese Alternative gar nicht. Der schmucke Oberst Javier erscheint, gibt seine sozialen Aufstiegswünsche bekannt und wendet sich ungeniert Carolinas Haus zu. Vidal macht Luisa wieder einmal einen Antrag, den diese zurückweist, da sie sich einem andern, Javier, verbunden fühlt. Schmerzlich ist für sie indessen, daß dieser andere zur Zeit für Carolina entflammt ist.
II. Akt, 1. Bild, vor der Kirche San Antonio de la Florida, Madrid: Anläßlich der alljährlichen Wallfahrt entwickelt sich buntes Volksleben, in dessen Mittelpunkt Carolina steht. Sie ist jedoch nicht nur an Javiers

Gesellschaft interessiert, sondern versucht, auch Vidal auf die Seite der Königstreuen zu ziehen. Als Javier wenig später Luisa mit Vidal zusammen sieht, macht er ihr eine Szene; sie weist ihn jedoch ab. Da die Kollekte anläßlich der Wallfahrt zuwenig eingebracht hat, greift Carolina auf einen Brauch ihrer Heimat Granada zurück und setzt einen Tanz mit ihr zur Versteigerung aus. Javier bietet eine Unze, Vidal setzt 50 Unzen dagegen und überläßt den Tanz dann hochmütig dem beschämten Javier, der ihm den Fehdehandschuh vor die Füße wirft. 2. Bild, Straße nach Toledo mit Bizcos Herberge, Morgendämmerung: Die Revolte der Liberalen gegen »el trono y sus camarillas« beginnt. 3. Bild, Innenhof von Bizcos Herberge: Die Liberalen schleppen den gefangenen Javier herbei, den Vidal im Straßenkampf vom Pferd gestürzt hat. Luisa stellt sich der Mordabsicht der Menge entgegen. Schließlich befreien königliche Husaren Javier, der mit Carolina davongeht. Die Revolte hat zunächst ihr Ende gefunden.

III. Akt, Vidals Gut an der Grenze zu Portugal: Inzwischen hat sich das Blatt gewendet; Isabella hat abgedankt. Während man die Hochzeit mit Luisa vorbereitet, stürzt Javier in unglücklichster Verfassung herein. Vidal muß erkennen, daß er gegen Luisas Liebe zu Javier nichts ausrichten kann. Er gibt beiden großmütig den Weg frei. Ihm selbst bleibt nur die melancholische Erinnerung.

Luisa Fernanda; Pilar Jiménez als Luisa Fernanda; Teatro del Liceo, Barcelona 1949.

Kommentar: Mit *Luisa Fernanda* ist Moreno-Torroba in besonderer Weise dem Zeitgeist entgegengekommen: 1931 war nach der Abdankung von König Alfons XIII. die zweite spanische Republik errichtet worden; die Zarzuela schildert die Anfänge der ersten spanischen Republik 1868, indem sie die Zeit der »reina de los tristes destinos«, Isabella II., lebendig werden läßt. Die Monarchin, die nach der Regentschaft ihrer Mutter Maria Christine schon mit 13 Jahren (1843) den Thron bestieg und zeit ihrer Herrschaft in der Abhängigkeit einer Generals- und Hofkamarilla blieb, erscheint als Symbolfigur des traditionalistischen katholischen Spanien, das sich vor jeder Reform verschließt. Wie schon die Gattungsbezeichnung »comedia lírica« signalisiert, löst sich *Luisa Fernanda* streckenweise vom gängigen Zarzuelaschema und gewinnt, zumal in größeren durchkomponierten szenischen Partien, opernhafte Züge. Gleichwohl bleibt sie im musikalischen Habitus der Einzelnummern der Tradition des Genres weithin verbunden und enthält eine Anthologie der schönsten und populärsten Melodien des spanischen Musiktheaters, wie etwa die Habanera des Savoyarden (Nr. 1b), ein farbig instrumentiertes (Celesta, instrumentale Soli) Bravourstück für hohen Tenor, und die darauffolgende Romanze Javiers (»De este pacible rincon de Madrid«) mit einem von Militärmusik untermalten effektvollen Schluß. Veristische Züge tragen das Duett (Nr. 7) Vidal/Carolina, die Auseinandersetzung zwischen Vidal und Javier, der jenem mit einem »cri du cœur« den Fehdehandschuh hinwirft, vor allem aber die Revolutionsszene (II/2). In der Volksszene (II/1) leiten die im Habanerarhythmus kadenzierten Rufe der Händler nach einem Violinsolo die berühmte »Mazurca de las sombrillas« (Carolina, Javier mit Chor) ein. Zu Beginn des III. Akts intonieren Vidal und der Chor der Pflücker den mehrmals wiederkehrenden Refrain »Ay, I mi morena, morena clara!«, der auch den resignativen Schluß des Werks bildet. Der Finalchor, ein Fandango, wird durch sogenannte »bombas« (scheinbar spontane solistische Texte der Beteiligten im vorgegebenen Rhythmus) erweitert.

Wirkung: *Luisa Fernanda* hatte seit der Uraufführung (Luisa Fernanda: Selica Pérez Carpio, Carolina: Laura Nieto, Javier: Faustino Arregui, Vidal: Emilio Sagi Barba) einen fulminanten Erfolg und erscheint auch in Ausschnitten in José Tamayos »Antologia de la Zarzuela« (ab Dez. 1987 im Nuevo Teatro Apolo Madrid). Anläßlich seiner Aufnahme in die Academia de Bellas Artes de San Fernando 1935 hat Moreno-Torroba die Gesetzmäßigkeit seines Kompositionsstils dargelegt. Er erkannte grundsätzlich den zutiefst nationalen Charakter jeder Musik. Im Sinn dieses »casticismo musical« sei die spanische Zarzuela Pendant zum Beispiel der italienischen Oper und habe eine entsprechende Funktion als »opera nacional« zu erfüllen. Die Zeit hat diese Ansicht überholt. Moreno-Torroba selbst hat denn auch in späteren Werken die Dekadenz der Zarzuela und damit die schwindende Hoffnung auf eine »opera nacional« spielerisch abgehandelt. In *La Maravilla* (Madrid 1941, Text: Jesús

María de Arozamena und Joaquín und Serafín Alvarez Quintero) wird am Beispiel des Lebens einer berühmten Sängerin des »género chico« eine resignative Selbstreflexion der Gattung geliefert. *La Caramba* (Madrid 1942, Luis Fernández Ardavín) verlagert die musikhistorische Perspektive mit ähnlichem Akzent auf das 18. Jahrhundert und seine »tonadilla«-Tradition.

Autograph: Verbleib unbekannt. **Ausgaben:** Kl.A: Unión Musical Española, Madrid 1932, Nr. 16806; Textb.: Barcelona, Cisne. **Aufführungsmaterial:** Sociedad General de Autores de España, Madrid
Literatur: A. FERNÁNDEZ-CID, Cien años de teatro musical en España (1875–1975), Madrid 1975; Historia de la Zarzuela, H. 48

Henning Mehnert

La Chulapona
Comedia lírica en tres actos

Die Chulapona
3 Akte (5 Bilder)

Text: Federico Romero Sarachaga und Guillermo Fernández Shaw e Iturralde
Uraufführung: 31. März 1934, Teatro Calderón, Madrid
Personen: Manuela, Besitzerin einer Bügelstube (S); Rosario, Angestellte bei Manuela (S); Venustiana, Geldverleiherin, Rosarios Mutter; Emilia, Pura, Lolita, Concha und Ascensión, Angestellte bei Manuela; José Maria, Liebhaber von Manuela (T); Don Epifanio, Manuelas Vater; Señor Antonio, Emilias Vater, Besitzer des Konzertcafés »de Naranjeros« (Bar); Juan de Dios, Manuelas Halbbruder (T.Buffo); El Chalina, Drehorgelspieler (T.Buffo); Manolito; Agustin; Guadalupe; eine Chula; ein Chulo; ein Liebhaber; seine Frau; sein Sohn; ein dunkelhaariges Mädchen; eine Blondine; der Geschäftsführer des Cafés; eine Tänzerin; ein Tänzer; eine Flamencosängerin; 3 Anfeuerer der Tänzer; 2 Kellnerinnen; 2 Kellner; 3 Gäste; 2 Drehorgelspieler; ein Gitarrist; 2 Wachen; 2 Männer; ein Dienstmann; Hausmeisterin; 2 Dienstmädchen; eine Amme; 2 Infanteristen; ein Reiter; ein Kavalleriesoldat; ein Soldat im Urlaub; 6 Arbeiterinnen; ein Tauber; ein Viehzüchter; ein Betrunkener; ein Tölpel; eine Frau; 3 Nachbarinnen; der Junge in der Taverne; ein Priester; ein Pfarrkind; ein neuvermähltes Paar. **Chor, Statisterie, Ballett:** Verkäufer, Verkäuferinnen, Nachbarn, Nachbarinnen, Büglerinnen, Händler, Lieferanten vom Schlachthaus, Cafébesucher, Hochzeitsgäste
Orchester: Picc, Fl, Ob, 2 Klar, Fg, 2 Hr, 2 Trp, 3 Pos, Pkn, Schl (gr.Tr, Bck, kl.Tr, Tamburin, Kastagnetten, Trg, Glöckchen), Hrf, Git, Streicher; BühnenM: DrehOrg, verstimmtes Kl
Aufführung: Dauer ca. 2 Std. 30 Min.

Entstehung: Moreno-Torroba hatte bereits mehrere Zarzuelas herausgebracht, darunter zwei beträchtliche Erfolgswerke (*La marchenera*, Madrid 1928, Text: Ricardo González del Toro und Fernando Luque; *Luisa Fernanda*, 1932), als er sich wiederum mit dem berühmtesten zeitgenössischen Librettistengespann vereinigte zu *La Chulapona*, einem Stück aus dem Volksleben von Madrid, nostalgisch rückblickend aus 40jährigem Abstand. Es greift noch einmal mit beachtlicher musikdramatischer Kunstfertigkeit die Muster jener Werke des »género chico« auf, die in ebenjenen 80er Jahre Epoche gemacht hatten, durchweg den Genius loci der spanischen Hauptstadt umkreisend: Bretóns *La Verbena de la Paloma* (1894), Chuecas *Agua, azucarillos y aguardiente* (1897), Chapís *La revoltosa* (1897). Mittlerweile zitatfähige Motive daraus werden demonstrativ ausgespielt: so der berühmte »mantón de manila«, sogar der Coupletstart »tiene razón« aus *La Verbena*. Wie im Fall von Vives' *Doña Francisquita* (1923) ist auch aus dem Muster jener kurzen und bündigen Einakter ein abendfüllendes Stück erwachsen.

Handlung: In Madrid, Ende des 19. Jahrhunderts.
I. Akt, Manuelas Bügelstube im Stadtviertel Cava: Manuelas Mädchen, darunter Rosario und Emilia, sind eifrig am Bügeln. Dabei scherzen und singen sie, begleitet vom Drehorgelspieler Chalina. Der Vater der jungen Chefin, Don Epifanio, huscht in den Laden, auf der Flucht vor der rabiaten Geldverleiherin Venustiana. Daß ihre Tochter Rosario just bei seiner, des ewigen Schuldenmachers, Tochter sich den Wochenlohn erbügelt und sich gar noch heimlich nach deren Liebhaber verzehrt, gibt der Lage besondere Spannung. Noch heikler wird es, sobald Manuela selbst auftritt, eine schöne und energische Frau, die im Viertel den Ehrennamen La Chulapona trägt. Beschwingt von den Komplimenten der Männer auf der Straße, kann sie hier im Laden sogar einen Heiratsantrag entgegennehmen und zurückweisen, von Antonio. Der Besitzer eines Konzertcafés und Vater der Büglerin Emilia hat schon lang ernste Absichten. Manuela indes denkt nur an ihren Geliebten, den flotten José Maria. Als sie doch sehen muß, daß er auch auf Rosario anspricht, wirft sie ihn kurzerhand hinaus. Auch mit den Querelen ihres Vaters wird sie fertig, den Venustiana, flankiert von zwei Polizisten, inzwischen gestellt hat. La Chulapona begleicht seine Schulden fürs erste mit einer kostbaren Seidenstola.
II. Akt, 1. Bild, kleiner Platz im Stadtviertel Moreria mit einer Taverne und Rosarios Haus; einige Tage später: Festlich herausgeputzte Leute schlendern zum Stierkampf, darunter Manuelas mittelloser Bruder, der mit Gesang und Kunststückchen sich das Eintrittsgeld für die Corrida zusammenkratzt. José kommt aus Rosarios Haus und trifft auf Antonio. Der möchte, in allen Ehren, wissen, wie es mit Manuela stehe. Aus und vorbei, so José Maria. Sie sei zu stolz und eigensinnig, während Rosario ihn anbete. Beglückt sieht Antonio seine Chancen bei der Chulapona wieder steigen. Während José Maria mit Rosario und ihrer Mutter, in schönster Robe, sich auf den Weg zur Corrida macht, kommt Manuela, um die Schulden des Vaters zu zahlen. Da sieht sie den ungetreuen Exgeliebten am Arm der Rivalin und auch noch ihre Stola um deren Schultern. Zornig wirft sie Rosario vor, sich

mit fremden Federn zu schmücken. Von José Maria, so betont sie, will sie ohnehin nichts mehr wissen. 2. Bild, der Platz La Cebada mit dem Café »de Naranjeros«; Mondnacht, mehrere Wochen später: Die beunruhigte Rosario fragt Juan de Dios, der hier Nachtwächterdienste macht, nach José Maria, den sie seit acht Tagen nicht mehr gesehen hat. Vergebens. Kaum ist sie davon, erscheint der Vermißte, der im Café seine wirkliche Liebe vergessen will, die Chulapona. 3. Bild, Café: Ausgelassen bei Musik und Tanz feiert man ein Vorfest zur baldigen Hochzeit von Emilia, der Tochter des Hausherrn. Manuela kommt mit einem Geschenk vorbei und stößt unerwartet auf den vereinsamten José Maria. Nach kurzem Wortwechsel versöhnen sich die beiden wieder, sehr zum Leidwesen des ebenso beharrlichen wie dezenten Antonio, der unverdrossen auf Manuelas Hand hofft. III. Akt, die Gärten von Lazaro; Herbstbeginn: Unter den Gästen bei Emilias Hochzeit begegnen sich Manuela und Rosario, die ihre Chefin inständig bittet, José Maria freizugeben. Aus blinder Eifersucht habe sie ihr den Geliebten abspenstig gemacht, und nun ist sie schwanger von ihm. Manuela verzeiht ihr großmütig und verzichtet auf José Maria, damit das Kind einen rechtmäßigen Vater habe. Sie selbst reicht ihre Hand Antonio, dem sie eine gute Ehefrau sein will. Zugleich allerdings bekennt sie, in ihren schlaflosen Nächten werde sie wohl immer mal wieder an José Maria denken.

Kommentar: Ein vergleichbares Gezerre von erotischen und finanziellen, verwandtschaftlichen und beruflichen Interessen, das am Ende mit Ach und Krach matrimonial geschlichtet wird, hat Johann Nepomuk Nestroy dereinst auf die sarkastische Possenformel gebracht: *Liebesgeschichten und Heiratssachen* (1843). Indes, das Madrid der 90er Jahre, erinnerungssüchtig heraufbeschworen, ist etwas ganz andres als das zeitgenössisch kritisierte Provinznest im Umkreis des vormärzlichen Wien. Und die Dramaturgie einer Zarzuela, auch wenn sie hier sich »comedia lírica« nennt, hat es auf andre Aspekte des Alltagslebens abgesehen als die einer »Lokalposse mit Gesang«. Schon der Titel des Stücks gibt den Unterschied zu erkennen. »La Chulapona«, was soviel heißt wie die Erzmadriderin, bezeichnet einen Inbegriff, keine einzigartige Person. Zwar überragt die Bügelprinzipalin Manuela, die stolz den Ehrennamen trägt, den Durchschnitt ihrer Umgebung, wirkt also doch individuell. Ebendies hat ihr auch den Ehrennamen eingebracht. Doch die Leute ringsum begreifen sie, und daraufhin auch sie sich selbst, als hochprozentige Verkörperung des Genius loci in seiner kleinbürgerlich-plebejischen Mischung. – Dergestalt wird die Titelheldin auch vom Komponisten und von seinen Textdichtern eingeschätzt und eingesetzt: Sie erscheint als weiblicher Typus, der so nur in Madrid gedeiht wie auch, umgekehrt, Madrid so nur in ihm. Dramatisch beherrscht die Chulapona das Zentrum des szenischen Geschehens. Die andern drumrum wissen sich nicht zu helfen ohne Manuelas herzenskluge, selbstbewußte Entscheidungen und Taten: vom liederlichen Vater bis zum redlichen Bewerber Antonio. Nicht minder dramatisch behauptet die Titelheldin das Zentrum des musikalischen Geschehens. Von ihr gehen die Impulse aus, wann immer hier gesungen und getanzt wird. Und zwar durchweg im unverwechselbaren klanglichen und rhythmischen Idiom von Madrid. Klangliches Kennzeichen ist das Organillo, ein mechanisches Walzengerät unterschiedlicher Formate, von der Drehorgel übers elektrische Klavier bis zum Orchestrion, das nirgends so heimisch war wie in dieser Stadt. Dessen überscharfen Klirrklang setzt Moreno-Torroba, faktisch als Drehorgel auf der Bühne und nachgeahmt vom Orchester im Graben, als markantes Alpha und Omega seiner Partitur: in der ersten und in der letzten Nummer. Somit wirkt das Organillo wie Gänsefüßchen für die Nummernfolge als ganze und diese wiederum wie ein abendfüllendes Zitat aus dem schier unaufhörlichen Klangtext der Stadt, die in der Chulapona pulsiert und um sie herum. – Dieser Klangtext wiederum bezieht seinen Elan aus den heimischen Tanzrhythmen von Madrid. Die Gesänge wie die Körperbewegungen der handelnden Personen, umspielt von der Vielfalt anonymer Straßenpassanten und Cafébesucher, sind geprägt durch die dahinschnellende Pasacalle, durch die auftrumpfende Mazurka, durch den vulgär dahergeschlurften Schottisch. Durch lauter Tänze, die nirgends sonst in Spanien so drastisch, so unbekümmert gassenhauerisch die Leute auf die Beine bringen. Gesteigert noch wird dieser allgemeine tänzerische Umgangston in der Caféhausszene des II. Akts, wo gleichsam als Extrakt dessen, was die handelnden Personen bewegt, berufsmäßige Tänzer die Gäste von den Hockern reißen: durch anstachelnden und angestachelten Tanguillo, Petenera und Zapateado. Innige Gefühle dagegen, die freilich ebenfalls den Partner, meist sogar die Öffentlichkeit suchen, ertönen im getragenen Takt der Habanera. Zumal die Romanzen und Duette José Marias, mit der Chulapona oder um sich von ihr loszureißen, sind erfüllt von diesem ebenso leidenschaftlichen wie melancholischen Duktus. – Die Titelheldin im Zentrum des musikalischen Geschehens, das muß nicht heißen, sie sei an jeder Nummer maßgeblich beteiligt. Es heißt vielmehr, daß sie auch dort, wo sie leibhaftig nicht mitsingt, dennoch im Spiel ist. Es ist dann, wie in der Auftrittsmazurka der Bügelmädchen mit dem Organillospieler, von ihr die Rede. Oder es macht sich ein Anonymus zum singenden Anwalt eben einer urbanen Vitalität, die Gestalt geworden ist in der Chulapona. So der professionelle Sänger im Caféhaus, der, befeuert durch ein übergeschwindes Organillo, die stürmischste Pasacalle des Stücks entfesselt und damit die Gäste mitwirbelt, so daß die Wände des Etablissements nachgerade zu eng werden. Kein Wunder, hier singt Madrid von sich selbst und seinem kessen Straßenvolk.

Wirkung: *La Chulapona* wurde bei der von Moreno-Torroba dirigierten Uraufführung (mit Selica Pérez Carpio, Felisa Herrero, Vicente Simón und José Marín) sofort begeistert aufgenommen und hat auch weiterhin von seiner Popularität wenig verloren. Als

Musicaladaption von Mary Lynn Whitman (nach einer englischen Übersetzung von Tracy Samuels und Max Leavitt) kam es 1959 als *Olé!* am Greenwich Mews Theatre New York heraus. In Spanien galt indes jahrzehntelang *Luisa Fernanda* als Höhepunkt im Schaffen des Komponisten. Vor allem wegen des Librettos, das von konservativen Kritikern gepriesen wurde ob seiner heroischen Zungenschläge in Sachen Liebe und Vaterland. *La Chulapona* ist jedoch musikalisch, auch textlich, jenem vermeintlichen Hauptwerk deutlich überlegen. Hier gelang so etwas wie eine späte Quintessenz dessen, was das Genre »Zarzuela« im Lauf von drei Generationen hervorgebracht hatte in jener pointiert urbanen Variante, die in und von Madrid handelt. Zweifellos eklektisch, aber doch immer noch vital. Nach *La Chulapona* gab es nur noch zwei Werke, die ähnlich treffsicher die Physiognomie Madrids auf die Bühne musizierten: Sorozábals *La de manojo de rosas* (1934) und Alonso López' *Me llaman la presumida* (Madrid 1935). Danach wurden zwar noch viele Zarzuelas geschrieben und aufgeführt, doch das Genre als Ganzes verfiel alsbald der Agonie. Das gilt auch für Moreno-Torrobas weitere Produktion. Während *La Chulapona* kontinuierlich in allen Medien gepflegt wurde (mit großem inszenatorischem Aufwand noch 1988 im Teatro Lirico Nacional La Zarzuela Madrid), ernteten seine mehr als 20 späteren Bühnenwerke nur kurzfristige Zuneigung.

Autograph: Sociedad General de Autores de España Madrid.
Ausgaben: Kl.A: Unión Musical Española, Madrid [1934], Nr. 17081; Textb.: Barcelona, Cisne. **Aufführungsmaterial:** Sociedad General de Autores de España, Madrid
Literatur: s. S. 263

Regina Fitl / Volker Klotz

Francesco Morlacchi

Francesco Giuseppe Baldassare Morlacchi; geboren am 14. Juni 1784 in Perugia, gestorben am 28. Oktober 1841 in Innsbruck

Raoul de Crequi
Dramma semiserio per musica in tre atti

Raoul de Créquy
3 Akte (5 Bilder)

Text: Niccolò Perotti, nach dem Libretto von Jacques-Marie Monvel (eigtl. Jacques-Marie Boutet) zu der Comédie *Raoul, Sire de Créqui* (Paris 1789) von Nicolas Dalayrac
Uraufführung: 2. Mai 1811, Hoftheater, Dresden
Personen: Raoul, Herzog von Créquy (T); Adele, seine Frau (S); Gerardo, Raouls Vater (B); Gastone, Usurpator, Raouls Cousin (B); Ugoccione, Raouls treuer alter Diener (B); Sabina und Lelia, Adeles Vertraute (2 S); Medonte, Aufseher des Bergwerks (B); Saberio, Vorarbeiter der Bergleute (T); Riccardo, Raouls kleiner Sohn (S); ein Ritter (B). **Chor:** Damen, Ritter und Pagen im Gefolge Adeles, Bergleute mit ihren Frauen und Kindern, Schmiede, Hammerschmiede, Volk. **Statisterie:** Wachen, Gastones Soldaten, Schergen
Orchester: 2 Picc, 2 Fl, 2 Ob, 2 Klar, 2 Fg, 4 Hr, 4 Trp, T.Pos, B.Pos, Pkn, Schl (gr.Tr, Banda turca [nicht spezifiziert], Hämmer, Hacken), Streicher; BühnenM: 2 Trp
Aufführung: Dauer ca. 3 Std. – Tänze in allen drei Akten.

Entstehung: Nach ersten Studien bei Nicola Antonio Zingarelli wurde Morlacchi 1804 Schüler Stanislao Matteis am Liceo Filarmonico in Bologna und erhielt 1805 das Diplom als »maestro compositore«. Bereits 1807 machte er mit der Farsa *Il poeta in campagna* (Florenz) als Opernkomponist auf sich aufmerksam und konnte weitere große Erfolge mit der Opera seria *Corradino* (Parma 1808, Text: Antonio Simone Sografi), der Opera buffa *La principessa per ripiego* (Rom 1809, Jacopo Ferretti) und der Opera seria *Le Danaidi* (Rom 1810, Stefano Scatizzi nach Pietro Metastasio) verbuchen. Auf Empfehlung der Contraltistin Marietta Marcolini wurde er im Juli 1810 als »maestro di cappella« und Nachfolger Ferdinando Paers nach Dresden berufen, wo er im Jan. 1811 in einer revidierten Fassung *Corradino* zur Aufführung brachte. Mit *Raoul de Crequi* nahm er sich eines Opernstoffs an, der in Dalayracs Vertonung populär und, wie damals üblich, sogleich von den italienischen Librettisten adaptiert wurde, unter anderm von Giuseppe Carpani für die italienische Version (Monza 1791) von Dalayracs *Raoul*, von Leone Andrea Tottola für Valentino Fioravanti (Lissabon 1803, Neapel 1811), von Giulio Artusi für Luigi Antonio Calegari (Parma 1808) sowie von Luigi Romanelli für Simon Mayr (Mailand 1809).
Handlung: Auf Schloß Créquy an der Grenze Flanderns, 13. Jahrhundert.
I. Akt, 1. Bild, Galerie mit den Bildnissen der Herren von Créquy, darunter das von Raoul als am deutlichsten sich hervorhebende: Adele, Gattin des seit sechs Jahren verschollenen und für tot gehaltenen Raoul, soll auf Drängen von dessen Vater Gerardo dem Verlangen Gastones nachgeben und ihn heiraten, um das Leben ihres Sohns Riccardo zu retten, den Gastone zu töten droht, sollte sie sich weiterhin widersetzen. Nach erneuten Drohungen Gastones folgt ihm Adele zum Traualtar, obwohl sie geschworen hatte, ihrem Gatten nie untreu zu werden. 2. Bild, offene Landschaft, auf der einen Seite das Schloß, auf der andern die Kirche, im Hintergrund das stürmische Meer: Nach einem Unwetter ist als Folge eines Schiffbruchs ein Körper an Land geschwemmt worden: Raoul, wie Ugoccione, sein alter Diener, erkennt. Ugoccione unterrichtet seinen Herrn von Adeles und Gastones bevorstehender Heirat und führt ihn zum Hochzeitsfest, das in Aufruhr endet, als Raoul sich zu erkennen gibt, Gastone mit der Waffe bedroht und daraufhin mit Ugoccione gefangengenommen wird.

II. Akt, 1. Bild, antikes Kabinett: Adele ist sich inzwischen sicher, daß es sich bei dem Fremden um Raoul handelt, und bittet Gerardo, ihn im Bergwerk aufzusuchen, wo die beiden Gefangenen auf Weisung Gastones zur Arbeit gezwungen werden. Gastone droht Adele ein weiteres Mal, Riccardo vor ihren Augen zu töten. 2. Bild, ein großes Eisenbergwerk, im Hintergrund eine bergige Straße mit den Hütten der Bergleute: Der Aufseher Medonte hält die Bergleute und nun auch die Gefangenen zur Arbeit an. Ugoccione fragt die Bergleute, was sie tun würden, wenn Raoul wiederkäme. Diese erklären, selbstverständlich für ihn kämpfen zu wollen. Da gibt sich Raoul zu erkennen, dessen Identität der hinzugekommene Gerardo bestätigt, der seinen Sohn erleichtert in die Arme schließt. Es gelingt, Medonte einzusperren, so daß dem Aufbruch nichts mehr im Weg steht.

III. Akt, innerer Teil des Schlosses mit Türmen und Bollwerken: Gastone erteilt seinen Soldaten den Befehl, Riccardo zu töten, läßt ihn jedoch in einen Turm sperren, als ein Herold, in Wirklichkeit Ugoccione, verkündet, Raouls Asche zu überbringen. Adele wird ohnmächtig, während Gastone triumphiert. Da tragen Geschworene (verkleidete Bergleute) zu den Klängen eines Trauermarschs auf einer Bahre die Urne herein. Die Überraschung ist groß, als Raoul sich auf der Bahre erhebt und die Bergleute auf die Soldaten losstürmen und Gastone überwältigen. Raoul, nun wieder in seine alten Rechte eingesetzt, preist den Tag seiner Befreiung sowie die Treue seiner Frau und vergibt großmütig Gastone seine Schuld.

Kommentar: Ebenso wie Romanelli adaptierte Perotti das Modell der französischen Rettungsoper nur partiell und paßte das Werk den Gattungsspezifika der Opera semiseria an. Von daher ist es Ugoccione (mit zahlreichen Buffaparlandi auch musikalisch eine komische Figur), der Raouls Befreiung herbeiführt, und zwar nicht in einer dramatischen Rettungsaktion, sondern mit einer einfachen, durch Verkleidung bewirkten List. Darüber hinaus wurden zahlreiche Elemente der Opéra-comique beibehalten, die dem Werk innerhalb der italienischen Oper eine Sonderstellung verleihen und seine Individualität ausmachen: das Unwetter als Ausdruck äußerer wie innerer Turbulenzen (es erhebt sich nicht nur zu Beginn von I/2, wenn der schiffbrüchige Raoul an Land kommt, sondern auch am Schluß von I/1, als Gastone Adele zum Traualtar zwingt); die Lokalkolorit vermittelnden Chöre der Bergleute und Schmiede mit notierten Hammer- und Hackenschlägen im II. Akt; das Instrumentalstück zu Beginn des III. Akts mit gedachtem Programm (laut Textbuch soll es Sonnenuntergang und Heimkehr der Hirten, die Stille der Nacht, Morgendämmerung und Arbeitsbeginn zum Ausdruck bringen). Diese Nummern sind wie die oftmals fließend gestalteten Übergänge von Nummer zu Rezitativ, die Substitution des Seccos durch das mit Streichern besetzte Accompagnato und der gleichsam durchkomponierte III. Akt für die italienische Oper der Zeit äußerst ungewöhnlich. Gleichwohl sind Schwächen der Vertonung, das zahlreiche Wiederholen desselben musikalischen Materials, die einfache Struktur des Satzes (die Erweiterung des Klangspektrums wird in der Regel durch Stimmverdopplung herbeigeführt) nicht zu übersehen. Der Reiz des Werks beruht auf dessen experimentellem Charakter, der womöglich darauf zurückzuführen ist, daß die Oper nicht für eine italienische Bühne, sondern für Dresden komponiert wurde, wo Morlacchi offensichtlich weniger an die Konventionen der Gattung gebunden war.

Wirkung: Trotz des unbestrittenen Uraufführungserfolgs (Adele: Luigia Caravoglia-Sandrini, Raoul: Antonio Benelli) fand das Werk keine große Verbreitung und wurde auch in Dresden nur noch 1812 wiederaufgenommen.

Autograph: BN Paris. **Abschriften:** Sächs. LB Dresden (Mus. 4657-F-506, Mus. 4657-F-2). **Ausgaben:** Textb., ital./dt.: Dresden 1811

Literatur: G. B. Rossi Scotti, Della vita e delle opere del cavaliere F. M., Perugia 1860; G. Ricci des Ferres-Cancani, F. M. (1784–1841). Un maestro italiano alla corte di Sassonia, Florenz 1958 (»Historiae Musicae Cultores« Bibl. 11.); R. Sabatini, F. M. (1784–1841), Perugia 1977; Francesco Morlacchi e la musica del suo tempo (1784–1841). Atti del convegno internazionale di studi, Perugia, 26–28 ottobre 1984, hrsg. B. Brumana, G. Ciliberti, Florenz 1986 (Quaderni della RIM. 11.); Catalogo delle composizioni musicali di Francesco Morlacchi: 1784–1841, hrsg. B. Brumana, G. Ciliberti, N. Guidobaldi, Florenz 1987 (»Historiae Musicae Cultores« Bibl. 47.)

Sabine Henze-Döhring

Tebaldo e Isolina
Melodramma eroico in due atti

Tebaldo und Isolina
2 Akte (10 Bilder)

Text: Gaetano Rossi
Uraufführung: 1. Fassung: 4. Febr. 1822, Teatro La Fenice, Venedig (hier behandelt); 2. Fassung: 5. März 1825, Hoftheater, Dresden
Personen: Boemondo d'Altemburgo (T); Tebaldo, sein Sohn, unter dem Namen Sigerto (S); Ermanno di Tromberga (B); Geroldo (T) und Isolina (S), seine Kinder; Clemenza, Trombergas Verwandte (S).
Chor: Ritter verschiedener Nationen, Ermannos Freunde, Ritter im Gefolge Boemondos, Altemburgos Vasallen. **Statisterie:** Kampfordner, Kampfrichter, Herolde, Knappen, Pagen, Edelfräulein, Wachen, Soldaten, Vasallen, Bauern, Bergbewohner, Volk
Orchester: Picc, 2 Fl, 2 Ob, 2 Klar, 2 Fg, 4 Hr, 2 Trp, 3 Pos, Pkn, Schl (gr.Tr, Bck, Trg, Banda turca [nicht spezifiziert]), Streicher, B.c; BühnenM: Banda militare (6 Klar, 2 Fg, 6 Hr, 6 Trp, 2 B.Pos, 2 kl.Tr), Hrf
Aufführung: Dauer ca. 3 Std.

Entstehung: Nachdem sich Morlacchi fest in Dresden etabliert, als Kapellmeister zwar großes Ansehen erworben, in dieser Zeit jedoch nur wenige Bühnenwerke komponiert hatte (*Raoul de Crequi*, 1811; *La capricciosa pentita*, Dresden 1816, Text: Luigi Romanelli; *Il barbiere di Siviglia*, Dresden 1816, Giu-

Tafel 6

Tafel 6

oben
Claudio Monteverdi, *L'Orfeo* (1607), II. Akt; Bühnenbildentwurf: Emil Preetorius; Staatsoper, Dresden 1940. – »Das Land der Griechen mit der Seele suchend«, dies scheint der Grundgedanke für Preetorius' immer wiederkehrendes, nur leicht variiertes Motiv (zum Beispiel auch für Glucks *Iphigénie en Tauride*, 1779, Band 2, Tafel 13): Durch einen klassizistischen Säulenrahmen richtet sich der Blick in eine mythische Ferne als Bild der Sehnsucht nach einer geträumten unbestimmbar-freien Vergangenheit.

unten
Claudio Monteverdi, *Il ritorno d'Ulisse in patria* (1640), I. Akt, 8. Bild; Philippe Huttenlocher als Eumete; Regie und Bühnenbild: Jean-Pierre Ponnelle, Kostüme: Pet Halmen; Oper, Zürich 1977. – In ihrem Zeichen setzenden Monteverdi-Zyklus wollten Nikolaus Harnoncourt und Ponnelle einen Theaterkomponisten von Shakespeareschem Format vergegenwärtigen. Grausamen Pragmatismus, Realismus der Darstellung, Vielfalt der Figuren und ständigen Wechsel von Komik und Tragik betonten sie als Widerschein des englischen Zeitgenossen in ihrem lebendig-lustvollen Spielkonzept.

seppe Petrosellini; *La semplicetta di Pirna*, Pillnitz 1817), erhielt seine Karriere als Opernkomponist neue Impulse, als er 1817 erstmals wieder nach Italien reisen und mit *Baodicea* (Neapel 1818, Text: Giovanni Battista Bordese) eine Scrittura für das renommierte Teatro San Carlo erfüllen konnte. Hieran schlossen sich in den folgenden Jahren weitere Italienaufenthalte an, während derer er unter andern zwei seiner meistgespielten Werke schuf: das Melodramma comico *Gianni di Parigi* (Mailand 1818, Text: Felice Romani nach dem Libretto von Claude Godard d'Aucour zu Boieldieus *Jean de Paris*, 1812) und *Tebaldo e Isolina*, seine zweifellos bedeutendste Oper. Morlacchi begann mit der Komposition am 15. Nov. 1821 und schloß die Partitur am 25. Dez. ab.

Handlung: In und bei Schloß Altenburg (Meißen). Vorgeschichte: Den Entschluß, die Zwietracht unter den Familien Altemburgo und Tromberga durch Heirat zwischen Isolina, der Tochter Ermannos di Tromberga, und Tebaldo, dem Sohn Boemondos d'Altemburgo, beizulegen, brachte Ermannos Bruder Corrado zum Scheitern, als er aus Eifersucht Boemondos Gattin tötete und seinen Widersacher zu ihrem Mörder erklärte. Boemondo wurde mit seinen Kindern Tebaldo und Costanza verbannt, seine Güter erhielt Corrado. Dieser verfolgte seine Rachepläne weiter und bezichtigte Boemondo einer Verschwörung gegen den Herzog von Franken, bei dem er Zuflucht gefunden hatte. Tebaldos Versuch, den Vater zu verteidigen, schlug fehl (vermeintlich fand der Sohn hierbei den Tod), Vater und Tochter wurden eingekerkert. Boemondo ließ man frei, als der Herzog seine Unschuld erkannt hatte, während Costanza noch im Gefängnis starb. Teobaldo glaubte seine Familie ausgelöscht, nahm den Namen Sigerto an und begab sich in seine alte Heimat, um Boemondo an den Trombergas zu rächen. Hier lernte er Isolina kennen, der nach Corrados Tod Altemburgos Besitz zugefallen war, verliebte sich in sie, gab seine Herkunft jedoch nicht preis. Verdienste erwarb er sich, als er in einer schon verloren geglaubten Schlacht den Trombergas zum Sieg verhalf und Ermanno das Leben rettete.

I. Akt, 1. Bild, Rittersaal im Schloß: Ermanno wird im Triumph empfangen und ihm zu Ehren ein Turnier veranstaltet werden, dessen Sieger Isolina zur Frau erhalten soll. Isolina begrüßt ihren Vater, schweift in Gedanken jedoch zu ihrem Geliebten Sigerto, dessen Rückkehr sie sehnsüchtig erwartet. Von Ermanno erfährt sie, daß er einem unbekannten Ritter, der durch harfenbegleitete Liebesgesänge aufgefallen sei, Sieg und Leben verdanke. Isolina hofft, daß es sich bei dem Unbekannten um Sigerto handelt, da er ihr in gleicher Weise seine Liebe bekundet hat. 2. Bild, außerhalb des im Hintergrund sich erhebenden gotischen Schlosses; in der Mitte der Turnierplatz: Als Sieger des Turniers geht ein unbekannter Ritter hervor, Sigerto, wie sich beim Öffnen des Visiers herausstellt. Isolina setzt dem Geliebten den Lorbeerkranz auf, Ermanno huldigt seinem Retter, und Geroldo, Ermannos Sohn, empfängt ihn als seinen Bruder. Mit zwiespältigem Gefühl nimmt Sigerto/Tebaldo die Einladung an, im Schloß seiner Väter den Sieg zu feiern. 3. Bild, von dichten Bäumen umgebener einsamer Platz im Schloß mit halbverfallener Kapelle: Boemondo beklagt sein Schicksal. Heute, 15 Jahre nach der Ermordung der Gattin und seiner Verbannung, will er sich mit Hilfe seiner Getreuen rächen. Plötzlich sieht er einen fremden Ritter, Tebaldo, der sich zurückgezogen hat, da ihn inmitten der Festesfreude die Erinnerung an das Los seiner Familie übermannt hat. Nach wenigen Augenblicken erkennen sich Vater und Sohn, die jeweils den andern für tot gehalten hatten, und fallen sich glücklich in die Arme. Boemondo weiht seinen Sohn in den Plan ein, die Trombergas auszulöschen. Tebaldos Geständnis seiner Liebe zu Isolina schokkiert ihn nur kurz, denn schon bald kann er Tebaldo das Versprechen abnehmen, die Trombergas, Isolina eingeschlossen, zu töten. 4. Bild, Saal im Schloß: Inzwischen hat sich bei den Trombergas die Kunde verbreitet, daß unbekannte Krieger Altenburg bedrohen. Sollte es Sigerto gelingen, sie zu vertreiben, erhält er Isolina endgültig zur Frau. Er läßt sich zum Anführer der Truppe ernennen, steht jedoch im Zwiespalt zwischen Gehorsam dem Vater gegenüber und Liebe zu Isolina. Da erscheint mit geschlossenem Visier Boemondo. Der grotesken Situation, daß Boemondo als Sigertos Vater einerseits wie ein Freund von den Trombergas empfangen wird, durch Rachedrohungen andrerseits jedoch Argwohn auslöst, entzieht sich Tebaldo durch raschen Aufbruch, bei dem er Boemondo verzweifelt mit sich fortzieht.

II. Akt, 1. Bild, Saal: Geroldo nährt in seinem Vater Zweifel an Sigerto, so daß er von ihm den Auftrag erhält, eine eigene Truppe aufzustellen. 2. Bild, ein zu den Gärten führendes Atrium: In einem Brief gibt Sigerto sich Isolina als Tebaldo d'Altemburgo zu erkennen: Ein Schwur trenne sie für immer, er selbst werde fliehen und sterben. 3. Bild, Grotte im Erzgebirge mit zwei Grabmälern: Die Trauer, die Boemondo am Grab seiner Frau umfängt, wandelt sich in Rachegefühl, als die Gefährten sich kampfbereit

Tebaldo e Isolina, II. Akt, 4. Bild; Bühnenbildentwurf: Francesco Bagnara; Uraufführung, Teatro La Fenice, Venedig 1822. – Die Übersetzung des Schauplatzes ins Monumentale diente der bildlichen Vergegenwärtigung des »Schreckens« aus romantischer Sicht.

erklären und ihm schwören, den Tod von Gattin und Tochter zu sühnen. 4. Bild, erleuchtetes Atrium: Ermanno schreckt seine Tochter mit der Nachricht auf, daß der für tot gehaltene Boemondo in das Schloß eingedrungen sei, und eilt Geroldo zu Hilfe. Isolina wird von Tebaldo überrascht, der ihr auf Clemenzas Andeutungen hin gesteht, Geroldo in einer für seinen Vater lebensbedrohlichen Situation getötet zu haben. Vergeblich bittet er die Geliebte, ihn zu erdolchen. 5. Bild, Platz vor dem teilweise erleuchteten Schloß mit gotischen Gebäuden und einer prachtvollen Kirche; Nacht: Tebaldo sucht den von seinen Gefährten verlassenen Boemondo, als er Isolina auf der Harfe jenes Lied spielen hört, bei dem er sich in sie verliebte. Aus seinen wehmütigen Gedanken reißen ihn die Siegesrufe von Ermannos Soldaten. Ermanno, der noch immer glaubt, in Tebaldo Sigerto vor sich zu haben, bittet ihn, Boemondo zu suchen und zu töten. Als dieser aus der Kirche stürzt, um Ermanno niederzustrecken, stellt sich Tebaldo schützend vor ihn, verteidigt jedoch auch seinen Vater, als Ermannos Ritter Boemondo entwaffnen. Nun klärt sich alles auf: Tebaldo gesteht, Geroldo getötet zu haben, bittet Ermanno um seinen Tod und um Gnade für Boemondo; Isolina dringt in ihren Vater, die Familienfehde beizulegen und sie mit Tebaldo zu vereinen. 6. Bild, altes Gewölbe im Schloßturm mit verschlossenen Gittern: Boemondo und Tebaldo sind im Begriff, sich gemeinsam das Leben zu nehmen, als die Gitter geöffnet werden und Ermanno verkündet, allen zu verzeihen: Das Leben, das ihm Tebaldo wiedergeschenkt habe, gebe er ihm zurück; der alte Haß sei ausgelöscht, von nun an herrschten Freundschaft und Liebe.

Kommentar: Mit *Tebaldo e Isolina* näherte sich Morlacchi wohl am engsten dem Opernstil Gioacchino Rossinis an. Ihn nachzuahmen war um 1820 in Italien keine Frage des Ob, sondern des Wie, sollte einer Oper Erfolg beschieden sein; und was für Michel Carafa, Pietro Generali, den jungen Giacomo Meyerbeer, Giovanni Pacini, Stefano Pavesi und all die weniger bedeutenden Komponisten galt, galt auch für Morlacchi. Rossinis Werke intensiv zu studieren hatte er möglicherweise während seiner Italienaufenthalte, mit Sicherheit jedoch in Dresden Gelegenheit, wo zahlreiche seiner Opern mit großem Erfolg aufgeführt worden waren. Bemerkenswert an *Tebaldo e Isolina* ist die Perfektion, mit der Morlacchi Rossinis Techniken anwandte, den »canto fiorito«, das auskomponierte Crescendo, die auf äußerst differenzierte Klangfarben zielende Instrumentation sowie die Rhythmik. Hinzu kam, daß Rossis Libretto eine Fülle sogenannter »quadri« (Bilder) aufbot, die es ermöglichten, Tableaus von großer Bühnenwirkung zu vertonen: Die Introduktion mit dem Aufmarsch der Turnierritter, dem durch exzessiven Einsatz der Banda auch musikalisch Kolorit verliehen wurde; die Siegesehrung nach dem Turnier (I/5), als Folge von Chor, Szene und Kavatine und wiederum mit Banda zu einer Großszene gestaltet; das 1. Finale mit dem »colpo di scena«, dem Auftritt Boemondos; schließlich die »gran scena ed aria« Boemondos in der Grotte (II/5–6), die, beginnend mit der Kontemplation des Protagonisten, den Auftritt der Ritter, die feierliche Verschwörung und den gemeinsamen Abmarsch umfaßt. Diesem szenischen Aufwand steht ein eher dürftiges, über die üblichen Schemata nicht hinausweisendes Handlungsgerüst gegenüber, ein Sachverhalt, aus dem ein Uraufführungsrezensent zu Recht das Fazit zog: »Man erzählt wenig und macht viel« (*La gazzetta privilegiata di Venezia*, 5. Febr. 1822). Mit dieser auf die Vertonung von Bühnenereignissen zielenden Kompositionsweise auf Kosten der Affektgestaltung lag Morlacchi im Trend der Gattungsentwicklung. Die unter dramaturgischer Hinsicht auffallende Nähe zu Rossinis *Semiramide* (1823, Text: Rossi) sollte jedoch nicht darüber hinwegtäuschen, daß das Werk sowohl von seiner kompositorischen Inspiration her als auch in der Anwendung der technischen Mittel beim mittleren Rossini anzusiedeln ist. Die Adaption dieses Idioms gelingt in *Tebaldo e Isolina* jedoch wie in nur wenigen Werken anderer Vertreter des »rossinismo«. Stücke wie die Duette »Quest'acciaro, che del sangue« (I/8) und »Ah! t'intendo« (II/10), Tebaldos Sortita »Si ravvisa quel guerriero« (I/5), vor allem jedoch seine mit Flöte und Harfe instrumentierte Romanze »Caro suono lusinghier« (II/12), die wenige Monate nach der Uraufführung beziehungsweise in den darauffolgenden Jahren als Einzeldrucke publiziert wurden, sind Kompositionen von großer Wirkung und unbestreitbarem Rang. Daß die Akklamation, die ihnen während der Aufführungsserie am La Fenice 1822 zuteil wurde, in hohem Maß auch auf der außergewöhnlichen Interpretation Giovanni Battista Vellutis (Tebaldo), Gaetano Crivellis (Boemondo) und Francesca Festas (Isolina) beruhte, spricht nicht gegen, sondern für Morlacchi, der damit bewies, daß er eine der vornehmsten Aufgaben eines Opernkomponisten damaliger Zeit trefflich beherrschte: die Fähigkeit, die virtuosen Stimmeigenschaften gerade der bedeutendsten Interpreten in den Dienst des dramatischen Ausdrucks zu stellen.

Wirkung: Wie aus den Rezensionen hervorgeht, verdankte sich der außerordentliche Erfolg der Uraufführung zu einem großen Teil den Gesangsleistungen Vellutis und Crivellis, die das Werk von nun an zum »cheval de bataille« ihrer Karrieren machten. Mit diesem Gespann wurde die Oper noch 1822 in Parma, Reggio nell'Emilia und Verona gegeben; Velluti sang die Partie unter anderm 1823 in Florenz und Triest, 1826 am King's Theatre London und 1830 in Lugo, Crivelli den Boemondo 1823 in Padua, 1825 in Bologna, Perugia und Genua, 1828 in Pisa und 1830 in Venedig. Bis 1835 wurde das Werk kontinuierlich in ganz Italien aufgeführt, und auch im Ausland fand es große Resonanz. Noch bevor Morlacchi es für Dresden revidierte, wurde es in Barcelona und Lissabon 1824, danach 1825 in Porto, 1826 in Madrid und 1831 in Mexiko gegeben. 1827 führte man es im Théâtre-Italien Paris auf. In der 2. Fassung kam das Werk bis 1829 alljährlich in Dresden, in deutscher Übersetzung von Theodor Hell 1826 in Leipzig auf den Spielplan.

Autograph: Civ. Museo Bibliogr. Musicale Bologna (UU 16[1,2]). **Abschriften:** Sächs. LB Dresden (Mus. 4657-F-508), Bibl. Cherubini Florenz, Bibl. Municipal Madrid, Bayer. SB München, Bibl. S. Pietro a Maiella Neapel (29. 5. 28/29), Bibl. Musicale Greggiati Ostiglia, BN Paris, Bibl. Cons. di Musica B. Marcello Venedig. **Ausgaben:** Kl.A v. H. Marschner, ital./dt. Übers. v. T. Hell: Arnold, Dresden [um 1825], Nachdr.: Garland, NY, London [in Vorb.] (Italian Opera 1810–1840. 24.); Textb.: Venedig, Casali 1822; Reggio 1822; Florenz, Fantosini [1823]; Florenz, Fabbrini [1823]; Neapel, Flautina 1824 [u.d.T. *Isolina*]; Lissabon 1824; Venedig, Rizzi 1825, 1830; Bologna, Sassi [1825]; Ravenna, Roveri [1827]; Madrid 1827; Textb., ital./dt.: Dresden 1825; Textb., ital./span.: Mexiko, Guiol 1831
Literatur: J. BUDDEN, German and Italian Elements in M.'s ›Tebaldo e Isolina‹, in: Francesco Morlacchi e la musica del suo tempo (1784–1841), hrsg. B. Brumana, G. Ciliberti, Florenz 1986 (Quaderni della RIM. 11.), S. 19–27; M. MARINO, M. e Pavesi: due occasioni di confronto, ebd., S. 29–38; E. SURIAN, M. compositore operistico: sua carriera e circolazione delle sue opere in Italia, ebd., S. 77–86; M. GIRARDI, M. e i suoi rapporti con Venezia, ebd., S. 107–130; weitere Lit. s. S. 266

Sabine Henze-Döhring

Jerome Moross
Geboren am 1. August 1913 in New York, gestorben am 25. Juli 1983 in Miami (Florida)

Frankie and Johnny
→ Stone, Bentley (1938)

The Golden Apple
Musical in Two Acts

Der goldene Apfel
2 Akte (10 Bilder)

Buch und Gesangstexte: John Treville Latouche, nach Motiven aus der *Ilias* und der *Odyssee* von Homer (um 700 v. Chr.). **Orchestration:** Jerome Moross and Hershy Kay. **Choreographie:** Hanya Holm (eigtl. Johanna Eckert)
Uraufführung: 11. März 1954, Phoenix Theatre, New York
Personen: Helen (Mez); Lovey Mars (K.A); Mrs. Juniper (Mez); Miss Minerva Oliver (S); Mutter Hare (K.A); Penelope (S); Menelaus (T); Captain Mars, Ajax (B.Bar), Agamemnon, Nestor (B), Bluey, Thirsty, Silas, Homer, Diomede (T), Achilles (Bar), Patroclus (T) und Doc MacCahan (T), Helden; Ulysses (Bar); Theron; Mayor Juniper; Paris (stumme R); Hector Charybdis (B); Stadtbewohner
Orchester: Fl, Ob, Klar (auch A.Sax), Klar (auch B.Klar u. T.Sax), Fg, 2 Hr, 2 Trp, Pos, Pkn, Schl (gr.Tr. mit Bck, RührTr, Tomtom, kl.Tr, hängendes Bck, Hihat, Trg, HolzröhrenTr, Kuhglocke, Kastagnetten, Xyl, Glsp, Vibr), Hrf, Kl (auch Cel), Streicher

Aufführung: Dauer ca. 2 Std. 15 Min. – Die mit Stimmfächern angegebenen Rollen sollen mit ausgebildeten Sängern besetzt werden. Paris und die Helden ohne Stimmfachangabe werden von Tänzern dargestellt. Die Tänze werden überwiegend von den Helden ausgeführt. Choreographierte Verführungsszene Helen/Paris; choreographierter Boxkampf Ulysses/Paris.
Gesangsnummern: Nothing Ever Happens in Angel's Roost; Mother Hare's Seance; My Love Is on the Way; The Heroes Come Home; It Was a Glad Adventure; Come Along, Boys; It's the Going Home Together; Mother Hare's Prophecy; Helen Is Always Willing; The Church Social; Introducin' Mr. Paris; The Judgement of Paris; Lazy Afternoon; The Departure for Rhododendron; My Picture in the Papers; The Taking of Rhododendron; Hectors's Song; When We Were Young (nur am Phoenix Theatre) / Windflowers (nur am Alvin Theatre); Store-bought Suit; Calypso; Scylla and Charybdis; Goona-Goona; Doomed, Doomed, Doomed; Circe, Circe; Ulysses' Soliloquy; The Sewing Bee; The Tirade

Entstehung: *The Golden Apple*, bereits mehrere Jahre vor seiner Premiere mit Hilfe eines Guggenheim-Stipendiums entstanden, konnte zunächst nicht aufgeführt werden, da das Werk von vielen Theaterproduzenten als zu unorthodox für das amerikanische Publikum abgelehnt wurde. Schließlich riskierte das Phoenix Theatre, eine auch an experimentellen Stücken interessierte Off-Broadway-Bühne, für nur 75 000 Dollar die Erstproduktion.
Handlung: Im Staat Washington, zwischen 1900 und 1910. I. Akt: die Kleinstadt Angel's Roost am Fuß des Mount Olympus; 1. Bild: Obstgarten; 2. Bild: die Stadtwiese; 3. Bild: eine von der Kirche organisierte Geselligkeit; 4. Bild: Helens Haus; II. Akt, 1. Bild: die Hafenstadt Rhododendron; 2. Bild: die Hauptstraße von Rhododendron; 3. Bild: Penelopes Wohnung in Angel's Roost; 4. Bild: wie II/2; 5. Bild: die große Tour; 6. Bild: wie I/1.
I. Akt: Lovey Mars, Mrs. Juniper und Miss Minerva preisen beim Äpfelpflücken das ruhige Leben in Angel's Roost, während Helen ihr Dasein langweilt. Die Seherin Mutter Hare prophezeit, daß Helen die Stadt verlassen und es einen langen Krieg geben werde. Als kurz darauf die Helden aus dem spanisch-amerikanischen Krieg zurückkehren, schenkt man ihren Prophezeiungen keinen Glauben mehr. Die Männer werden gefeiert, und Ulysses erzählt ironisch von der Begeisterung, mit der die amerikanischen Truppen auf den Philippinen und auf Kuba empfangen worden sind. In diesen Jubel mischt sich Hare und beschwört Visionen einer düsteren Zukunft herauf, die bei Ulysses erneute Reiselust auslösen; nur mit Mühe kann Penelope ihn zum Bleiben bewegen. Die andern Helden drängen sich um Helen, die fröhlich drauflosflirtet, um dann ihre vor einem Jahr erfolgte Vermählung mit dem Sheriff Menelaus bekanntzugeben. Trotz ihrer Enttäuschung darüber schwören die Männer, Helen zu ehren und zu beschützen. Während eines Fests erscheint Paris, ein gutaussehender Handelsrei-

sender aus Rhododendron, in einem Freiballon und überreicht den Frauen kleine Geschenke. Lovey, Juniper und Minerva bitten Paris zu entscheiden, wer von den dreien das feinste Gebäck mitgebracht hat. Jede versucht, den jungen Mann zu bestechen, indem sie ihm außergewöhnliche Fähigkeiten in Aussicht stellen. Er spricht Lovey den Siegespreis zu, einen von Hare als Symbol für den Staat Washington gestifteten goldenen Apfel, und zum Dank bringt sie ihn mit Helen zusammen, die sofort Feuer fängt und mit ihm in seinem Ballon flieht. Die Männer von Angel's Roost schwören Rache und ziehen nach Rhododendron, um Helen zurückzuholen.

II. Akt: Helen genießt es, in der großen Stadt als Berühmtheit behandelt zu werden, als Ulysses mit seinen Soldaten auftaucht, um sie heimzuführen. Ihm gelingt es, die Bürger von Rhododendron im Streit um Helens Rückkehr in zwei Lager zu spalten. Bürgermeister Hector schlägt deshalb einen Boxkampf zwischen Paris und Menelaus vor; der Gewinner soll Helen bekommen. Da Menelaus nicht kämpfen kann, tritt Ulysses gegen Paris an und schlägt ihn nieder; Helen kehrt mit ihrem Mann nach Haus zurück. Der rachsüchtige Hector stiftet daraufhin Ulysses und seine Männer zu einer alptraumhaften Irrfahrt an, die zehn Jahre dauert und auf der Ulysses einen Kameraden nach dem andern verliert: Die elegante Madame Calypso (Juniper) macht die Helden in einem Salon der feinen Gesellschaft lächerlich; Scylla (Menelaus) und Charybdis nehmen sie an der Börse aus; in einer Hafenkaschemme werden sie von einer Sirene (Lovey) verführt und dann zum Dienst auf hoher See gezwungen; in einem Laboratorium erschreckt eine Wissenschaftlerin (Minerva) die Männer mit Bildern aus der Zukunft und schießt Ulysses' Gefährten Doc MacCahan mit einer Rakete in den Weltraum; Circe (Penelope) lauert als die personifizierte Verworfenheit über der Stadt und lockt Ulysses mit dem goldenen Apfel. Paris, der ebenfalls Interesse an Circe hat, stürzt sich mit einem Messer auf Ulysses; Achilles wirft sich dazwischen und stirbt anstelle seines Freunds. Ulysses bleibt betrübt allein zurück. Er weiß jetzt endlich, wohin er gehört, und kehrt heim nach Angel's Roost, wo seine Frau auf ihn wartet.

Kommentar: Im Vergleich mit andern Musicals jener Jahre, besonders mit deren sentimentalen, oft sogar banalen Gesangstexten, stellt Latouches originelles Buch zu *The Golden Apple* eine außergewöhnliche Abwechslung dar. Indem er Homers Epen adaptierte und parodierte, wobei die Namen von griechischen und römischen Göttern und Helden unbekümmert vermengt sind, bot er einen witzigen Einblick in Mentalität und Sitten Amerikas, dabei an die Arbeiten Cole Porters erinnernd und die von Stephen Sondheim vorwegnehmend. Zwar milderten Latouche und Moross das satirische Moment ein wenig ab, indem sie die Handlung ins beginnende 20. Jahrhundert verlegten und so das Publikum nicht direkt mit seinen eigenen Fehlern konfrontierten; trotzdem aber sind die gezeigten Eigenheiten und Schwächen der Menschheit fast allgemeingültig. Die Doppelbesetzungen (die Einwohner von Angel's Roost stellen auch Personen dar, denen Ulysses auf seiner Irrfahrt begegnet) erklären sich hauptsächlich daraus, daß auch die Schattenseiten der Charaktere aufgezeigt werden sollten. Daneben bringt *The Golden Apple* aber auch einen gehörigen Schuß komischer Nostalgie. Im Gegensatz zu Musicals wie Rodgers' *Oklahoma!* (1943) und Arlens *Bloomer Girl* (1944), die die Vergangenheit Amerikas verklären, ist sein Blick auf die Geschichte eher satirisch als sentimental. Anleihen im II. Akt bei der älteren Theaterform der Revue tun ein übriges, um bestimmte satirische Elemente hervorzuheben. Moross' Partitur bietet einen brillanten Streifzug durch amerikanische Populär- und Tanzmusik und paßt sich dabei gekonnt den Erfordernissen des Librettos an. Obgleich *The Golden Apple* verschiedene Stilelemente in sich vereinigt, wirken diese nicht wie bei vielen andern Musicals (zumindest vor *Oklahoma!*) einfach zusammengewürfelt, sondern sind integriert in eine parodistische Showbusineßversion von Homers Epen, die dem Publikum eine Vielfalt von Aufführungstechniken vorführt und es visuell, emotional und intellektuell anspricht. – Aus historischer Sicht bemerkenswert ist der Einsatz eines Tänzers in einer stummen Rolle. So ungewöhnlich dies war, hat dieser Kunstgriff aber mit der stummen Tänzerin Susan in Burton Lanes Musical *Finian's Rainbow* (New York 1947, Text: Edgar Harburg und Fred Saidy) bereits ein Vorbild. Ebenso war es in den 50er Jahren noch eine Seltenheit, größere Tanzeinlagen nur von Männern ausführen zu lassen.

Wirkung: In der Regie von Norman Lloyd (Dirigent: Hugh Ross, Beleuchtung: Klaus Holm) und mit Kaye Ballard, Stephen Douglass, Jonathan Lucas, Bibi Osterwald und Jack Whiting erwies sich *The Golden Apple* schnell als erfolgreich genug, um nach wenigen Wochen (20. April) in das größere Alvin Theatre am Broadway umzuziehen. Besonders hervorgehoben wurden die witzigen Texte, die schwungvollen Melodien und die Choreographie, die ein integraler Bestandteil der Konzeption darstellte. Die Erstproduktion unterstrich dies noch durch farbenfrohe, an Cartoons erinnernde Kostüme von Alvin Colt und die Bühnenbauten von William und Jean Eckart, die sich fast ein wenig über frühere Shows lustig machten. Obgleich *The Golden Apple* mit dem Donaldson Award und dem Drama Critic's Circle Award als bestes Musical der Saison ausgezeichnet wurde, vermochten die Anspielungen auf die klassischen Epen und die populären Songs (»Lazy Afternoon« wurde ein Schallplattenhit) nicht genügend Zuschauer anzuziehen. Nach nur 125 Vorstellungen im Alvin Theatre wurde *The Golden Apple* vom Spielplan abgesetzt. 1962 gab es eine Off-Broadway-Neuproduktion (in einer Bearbeitung für zwei Klaviere).

Ausgaben: Kl.A: Chappell; Textb.: Random House, NY 1954.
Aufführungsmaterial: Tams-Witmark, NY
Literatur: M. M. Smith, Six Miles to Dawn. An Analysis of the Modern American Musical Comedy, Ithaca, NY 1971, Diss. Cornell Univ., S. 110–122

Glenn Loney

Ignaz von Mosel

Ignaz Franz de Paula Vinzenz Ferrerius Joseph Edler von Mosel; geboren am 1. April 1772 in Wien, gestorben am 8. April 1844 in Wien

Salem
Lyrische Tragödie in vier Akten

Text: Ignaz Vinzenz Franz Castelli und Matthäus Casimir von Collin, nach dem Drama *Olympie* (1761) von Voltaire (eigtl. François Marie Arouet)
Uraufführung: 5. März 1813, Kärntnertortheater, Wien
Personen: Salem, Sohn Feridouns, König von Iran (T); Tur, dessen Bruder, König von Turan (B); Homai, Witwe Zohaks, des letzten Königs der arabischen Dynastie (S); Sulicha, ihre Tochter (S); der Obermagier (B); Markad, königlicher Richter (T). **Chor:** Edle, Frauen, Magier, Krieger, Volk
Orchester: Fl, 2 Ob, 2 Klar, 2 Fg, 2 Hr, 2 Trp, 3 Pos, Pkn, Streicher, B.c
Aufführung: Dauer ca. 2 Std. 30 Min.

Entstehung: Mosel, auf musikalischem Gebiet Autodidakt, arbeitete sich vom einfachen Beamten bis zum Hofsekretär und Kustos der Wiener Hofbibliothek empor. 1821–29 bekleidete er den Posten eines Vizedirektors der Hoftheater an der Seite Moritz Graf von Dietrichsteins. Außer Opern, Kantaten, Schauspielmusiken und Liedern stammen aus Mosels Feder Bearbeitungen Händelscher Oratorien. Auch als Literat tat sich Mosel hervor; neben zahlreichen Zeitschriftenartikeln zu musikalischen Fragen hat er zwei größere Schriften im Druck hinterlassen: *Versuch einer Ästhetik des dramatischen Tonsatzes* (Wien 1813) und *Über das Leben und die Werke des Anton Salieri* (Wien 1827). Mosels Laufbahn als Bühnenkomponist wurde entscheidend geprägt durch den Eindruck, den die Wiener Einstudierung 1807 von Glucks *Iphigénie en Tauride* (1779) in der Übersetzung von Johann Baptist von Alxinger hinterließ. Seitdem galt ihm Glucks dramatisches Œuvre als Modell einer modernen deutschen »großen Oper«, wie man damals die durchkomponierte Oper auf klassische Sujets nannte, die als Komponist zu schaffen und als Kritiker zu fördern ihm zur Lebensaufgabe wurde. Nach dem Achtungserfolg mit der einaktigen Operette *Die Feuerprobe* (Wien 1811, Text: Josef Sonnleithner nach August von Kotzebue) sollte die Vertonung von Voltaires *Olympie* sein opernästhetisches Ideal erstmals an einem eigenen Werk demonstrieren. Nachdem Castellis Libretto im Aug. 1811 vorlag, begann Mosel mit der Komposition. Eine unvorhergesehene Komplikation ergab sich, als bekannt wurde, daß Spontini gerade an einer Oper über dasselbe Sujet arbeitete (seine *Olimpie* kam allerdings erst 1819 in Paris heraus). Daraufhin adaptierte Collin das Libretto unter weitgehender Beibehaltung seiner dramaturgischen Struktur auf einen ähnlichen Stoff aus der persischen Geschichte. Mosels Partitur wurde im April 1812 fertiggestellt.

Handlung: In Istacar, der Hauptstadt Persiens, Mittelalter.
I. Akt, freier Platz vor dem königlichen Palast: Hochzeitsvorbereitungen sind im Gange; Salem wird eine Sklavin, Sulicha, zur Braut nehmen. Er vertraut Markad ein Geheimnis an: Sulicha ist in Wahrheit die Tochter Zohaks, des letzten Königs der arabischen Dynastie, der durch seine, Salems, Hand ermordet wurde, als sein Vater Feridoun das arabische Volk aus Persien vertrieb, um selbst den Thron zu besteigen. Das ganze arabische Königsgeschlecht sollte ausgelöscht werden, doch die kindliche Sulicha erweckte Salems Mitleid; er ließ sie am Leben und nahm sie als seine Sklavin an. Nun ist in beiden Liebe erwacht. Tur überredet seinen Bruder, das Reich mit ihm zu teilen. Als Pfand verlangt Tur eine Sklavin: Sulicha. Salem schlägt diesen Wunsch aus, woraufhin Tur Verdacht schöpft. Er schwört sich, Sulicha dennoch zu besitzen. Der Obermagier traut Salem und Sulicha.
II. Akt, Wohnung der Magier: Auch Sulichas Mutter Homai ist knapp dem Tod durch Salem entronnen und trifft nun, Jahre später, mit ihrer tot geglaubten Tochter zusammen. Homai verlangt von Sulicha, Salem auf ewig zu meiden und zu hassen; Sulicha jedoch fleht Homai an, Verzeihung zu üben, und ist zwischen Mutter- und Gattenliebe hin und her gerissen.
III. Akt, Saal im Palast: Homai und Sulicha treten vor Salems Thron. Homai verlangt ihre Tochter zurück. Sie will die ehelichen Bande zerreißen, die Sulicha und Salem einen. Tur bietet Homai seine Dienste an. Er wird ihr wieder zu ihrem Thron verhelfen und alle Schmach rächen. Sulicha sei sein Lohn. Homai willigt ein.
IV. Akt, heiliger Hain: Sulicha will der Welt entsagen und hat sich an diesen Ort zurückgezogen. Salem versucht, sie zur gemeinsamen Flucht zu bewegen. Da erscheint Tur mit Kriegern. Sulicha soll sich zwischen Salem und Tur entscheiden. Vor versammeltem Volk ersticht sie sich mit Salems Schwert.

Kommentar: Als deutsche »große« (also durchkomponierte) Oper steht *Salem* in der Tradition der französischen Opern Glucks. Im Bestreben, den dramatischen Fluß der Handlung nirgends zu unterbrechen, sind die einzelnen Nummern knapp gehalten (Sulichas Kavatine »In Niedrigkeit geboren«; Schlußchor »O Tag des Schreckens«). Die Arien halten sich fern von aller italienischen Bravour, die Mosel als »Effekthascherei« verabscheute. Es dominieren ein schlichtes Deklamationsmelos und einfache Formen, darunter als Relikt vergangener Zeiten gelegentlich die verkürzte Dakapoform. Höchst kunstvoll und mit Geschmack gearbeitet sind die Rezitative; thematisch nicht selten mit der folgenden Nummer verknüpft, zeichnen sie sich durch Vielfalt der Instrumentation und Harmonik, durch eingeflochtene Ariosi und Malerei der Gefühle aus. Den Chören kommt lediglich statische, dekorative Funktion zu. Das 1. Finale faßt das szenische Ereignis, die Trauungszeremonie, in ein

Tableau von beeindruckender Kontrastdramaturgie: Tur begleitet die Treueschwüre der Brautleute mit einem Gebet an die Mächte des Bösen. Im ganzen herrscht ein dramatischer, ausdrucksvoller Stil vor. Mosel hat sein musikdramatisches Kredo so formuliert: »Sie [die dramatische Musik] soll [...] bloß eine erhöhte Declamation, ein kräftiger, lebhafter, warmer Ausdruck der Gefühle seyn, welche in dem Gedichte vorkommen« (*Versuch einer Ästhetik*, S. 301).

Wirkung: *Salem* wurde 1813 neunmal gegeben. Unter der Stabführung Joseph Weigls sangen Giuseppe Siboni (Salem), Johann Michael Vogl (Tur), Anna Milder-Hauptmann (Homai) und Antonie Laucher (Sulicha); die Dekorationen schuf Antonio De Pian, die Kostüme Philipp von Stubenrauch. Wie von Antonio Salieri vorausgesagt, dem Mosel die Partitur zur Begutachtung vorgelegt hatte, wurden die Schönheiten der Oper nur von Kennern gewürdigt. Das große Publikum fühlte sich wenig angesprochen. So kam es denn auch zu keiner Wiederaufführung im Kärntnertortheater. Ebensowenig auf Dauer durchsetzen konnte sich Mosel mit seiner nächsten Oper im gleichen Genre, *Cyrus und Astyages* (Wien 1818, Text: Collin nach Pietro Metastasios *Ciro riconosciuto*, 1736), die angesichts des durch Rossinis Opern inzwischen auch in Wien ausgelösten Geschmackswandels chancenlos bleiben mußte. Unaufgeführt blieb das Alterswerk *Die Horatier* (1833, Text: Mosel nach Nicolas François Guillard). Carl Maria von Weber (s. Lit.) zählte *Salem* sowie *Cyrus* unter die wenigen gelungenen Beispiele der deutschen großen Oper.

Autograph: ÖNB Wien (Muss. 18. 613). **Abschriften:** ÖNB Wien (Muss. KT 395). **Ausgaben:** Kl.A, 4händig (Ouvertüre, 3 Arien, Duett): Mechetti, Wien, Nr. 339, 229-232; Textb.: Wien, Wallishausser 1813
Literatur: C. M. v. WEBER, Sämtliche Schriften. Krit. Ausg., hrsg. G. Kaiser, Bln., Lpz. 1908, S. 311; T. ANTONIČEK, I. v. M. (1772–1844). Biographie u. Beziehungen zu d. Zeitgenossen, Diss. Wien 1962

Teresa Hrdlicka

Mihály Mosonyi
Eigentlich Michael Brand; geboren am
2. September 1815 in Frauenkirchen
(Burgenland), gestorben am 31. Oktober
1870 in Pest (heute zu Budapest)

Szép Ilonka
Eredeti regényes magyar dalmű négy felvonásban

Schöne Ilonka
Echte romantische ungarische Oper in 4 Akten

Text: Mihály Fekete, nach dem Gedicht (1833) von Mihály Vörösmarty
Uraufführung: 19. Dez. 1861, Nationaltheater, Pest (heute zu Budapest)

Personen: König Mátyás/Matthias (T); Peterdi (Bar); Ilonka, seine Tochter (S); Turi, Peterdis alter Kampfgenosse (B); Andor, Turis Sohn (T); ein Jäger (Bar).
Chor: Jäger, Dorfbewohner, Städter
Orchester: 2 Fl (1 auch Picc), 2 Ob, 2 Klar, 2 Fg, 4 Hr, 3 Trp, 3 Pos, Ophikleide, Schl (gr.Tr, Bck, Zimbal), Streicher
Aufführung: Dauer ca. 2 Std. 30 Min.

Entstehung: Mosonyi, neben Ferenc Erkel die bedeutendste Gestalt der ungarischen Musikgeschichte um die Mitte des 19. Jahrhunderts, orientierte sich als Komponist lange an klassisch-romantischen Vorbildern (Ludwig van Beethoven, Johann Nepomuk Hummel). Auch seine erste Oper, *Kaiser Max auf der Martinswand* (1858, nicht aufgeführt, Text: Ernst Pasqué), dessen Premiere in Weimar Mosonyi vergeblich erhoffte, lag stilistisch noch auf dieser Linie. Erst mit einigen Klavierwerken der späten 50er Jahre bahnte sich die Wende zu einem eigenständigen ungarischen Nationalstil an, den Mosonyi in der Folgezeit mit wissenschaftlicher Akribie, theoretisch ebenso wie praktisch, zu begründen und zu entwickeln bestrebt war. Bis zum Auftreten Mosonyis war in der ungarischen Oper das »Ungarische« ganz überwiegend durch die Sprache und das Sujet definiert. Zwar hatten András Bartay (*Csel*, 1839), Károly Thern (*Gizul*, 1841, Text: Dániel Lengyel; *Tihany ostroma*, 1845, Ferenc Császár; beide Pest), Erkel (*Hunyadi László*, 1844), György Császár (*Kunok*, 1848), Albert Franz Doppler (*Ilka*, 1849) und Károly Huber (*A székely leány*, Pest 1858, Text: Guyla Bulyovszky) auch Elemente ungarischer Musik eingeflochten, dennoch blieb das musikalische Idiom ihrer Werke insgesamt italienisch-französischen, in geringerem Maß auch deutschen Vorbildern verhaftet. Demgegenüber zielte Mosonyi auf die Schaffung einer durchgängig die Werkstruktur bestimmenden »ungarischen« musikdramatischen Sprache. Mit *Szép Ilonka* wollte er seine Vorstellung von einer genuin ungarischen Oper in die Tat umsetzen. – Das handschriftliche Zensurlibretto vom Herbst 1861 zeigt das Werk in einer fünfaktigen Gestalt; der ursprüngliche III. Akt (in Peterdis Haus) wurde noch vor der Uraufführung fortgelassen.

Handlung: In Ungarn, 2. Hälfte des 15. Jahrhunderts, zur Zeit König Matthias' I.
I. Akt, in den Wäldern des Vértesgebirges: Eine Jägergesellschaft wartet auf König Mátyás, der durch einen Boten melden läßt, daß man ihn nicht vor dem frühen Morgen erwarten möge. Turi sucht seinen Sohn Andor zu überreden, die wenig hübsche, aber reiche Nachbarstochter zu ehelichen, doch Andor, der Ilonka liebt, bleibt unnachgiebig; im Streit verlassen sie sich. Einem Schmetterling nachjagend, erscheint Ilonka auf der Waldwiese; Mátyás folgt ihr als Jäger verkleidet. Verzaubert lauscht er den Worten des Mädchens und nimmt freudig ihre Einladung an, daß ihr Zuhause immer für einen müden Wanderer offenstehe.
II. Akt, Garten vor Peterdis Haus; Abend: Um den gedeckten Tisch sitzen Peterdi, seine Tochter Ilonka

und der unbekannte Jäger. Peterdi erzählt von siegreichen Kämpfen und leert sein Glas auf die Gesundheit des Königs. Der Jäger folgt zögernd seinem Beispiel. In seinem Trinkspruch wünscht er jedoch nur so lange das Wohlergehen des Königs, solange er tätig für das Land und die Heimat lebe. Auf Wunsch Peterdis erzählt der Jäger von seiner schweren Kinder- und Jugendzeit, lüftet jedoch nicht sein Inkognito; Ilonka hört immer interessierter zu. Auf ein Hornsignal hin bricht er auf; zuvor lädt er seine Gastgeber nach Buda ein, an den Hof des Königs.

III. Akt, die Burg von Buda: Bei Böllerschüssen und Glockengeläut erwartet das Volk die Heimkehr des siegreichen Königs. Auch Turi und Andor haben sich eingefunden, später kommen Peterdi und Ilonka dazu; umsonst suchen sie ihren ehemaligen Gast unter den Hofleuten. An der Spitze des Zugs erscheint der König. Ilonka stößt einen leisen Schrei aus, als sie in ihm ihren heimlichen Geliebten wiedererkennt. Der Vater und die Umstehenden hören betroffen ihre verzweifelten Worte, daß ihre Liebe nie in Erfüllung gehen und nur der Tod ihre Leiden beenden könne.

IV. Akt, 1. Bild, wie II. Akt: Es ist Herbst, Peterdi pflegt traurig seine immer schwächer werdende, im Liebeskummer versunkene Tochter. 2. Bild, im Hintergrund die Berge, vorn zwei Gräber; Abenddämmerung: Das trauernde Volk, darunter Turi und Andor, bestattet Ilonka und Peterdi. Aus der Ferne, dann immer näher, hört man den Gesang Mátyás', der kommt, um seine Geliebte wiederzusehen. Als er erfährt, was geschehen ist, sinkt er gebrochen auf Ilonkas Grab. Das Volk betrauert die Toten.

Kommentar: »Schaffen wir durch künstlerische Entwicklung der ungarischen Musik (neben dem deutschen, italienischen und französischen Musikstil) als vierten weltberühmten Stil den ungarischen.« So proklamierte Mosonyi in der Zeitschrift *Zenészeti Lapok* (17. Juli 1861) sein Programm einer nationalen ungarischen Musik, wie es auch *Szép Ilonka* und seiner folgenden Oper *Álmos* (Budapest 1934, komponiert 1862, Text: Ede Szigligeti) zugrunde liegt. Schon früh ist auf die dramaturgischen Schwächen des Librettos hingewiesen worden, etwa durch den Kritiker Kornél Ábrányi, Mosonyis späteren Biographen: Fekete habe sich zu eng an die Handlung des Gedichts angelehnt und zuwenig für Kontraste gesorgt; die Zeichnung der Charaktere sei zu gleichförmig und nicht genügend ausgearbeitet (in: *Zenészeti Lapok*, 9. Jan. 1862). Diese Mängel zu erkennen und womöglich musikalisch zu mildern war dem wenig theatererfahrenen, als Komponist auf theoretische Postulate fixierten Mosonyi nicht gegeben. Im wesentlichen schöpfte er aus dreierlei musikalischen Quellen: Zur Ausformung einer genuin »ungarischen« Orchestersprache griff er auf die Tradition der Verbunkosmusik zurück; das damals »Volkslied« genannte volkstümliche Kunstlied diente ihm nicht nur zur Illustration des ländlichen Milieus, sondern auch zur musikalischen Zeichnung des Königs; schließlich konnte er allgemein an den aus diesen Stilarten entwickelten, mit klassisch-romantischen Formmodellen verbundenen stilisierten ungarischen National-»Ton« anknüpfen, den er selbst in seinen früheren Klavierwerken ausgebildet hatte. Auf die Dramaturgie der romantischen Oper verweist die Arbeit mit Erinnerungsmotiven. Eine auch dramatisch überzeugende Synthese dieser Elemente vermochte Mosonyi zwar nicht zu verwirklichen, wohl aber schuf er ein nationales musikalisches Idiom für Rezitativ, Arie, Ensemble und Chor, das der Entwicklung der ungarischen Oper neue Perspektiven eröffnete. »Das Werk ist zwar kein Musikdrama, aber eine wirklich hinreißende Reihe von lyrischen Bühnenbildern und herrlichen Massenszenen« (Ferenc Bónis, S. 153, s. Lit.). Mag Mosonyis Streben nach einer nationalen ungarischen Oper die persönliche Erfüllung letztlich versagt geblieben sein, bleibt doch die historische Bedeutung von *Szép Ilonka* für die Musikgeschichte Ungarns im 19. Jahrhundert unbestritten.

Wirkung: Die Uraufführungsinszenierung (Dirigent: Erkel, Regie: Szigligeti; Mátyás: Josef Ellinger, Peterdi: Lajos Bignio, Ilonka: Kornélia Hollósy, Turi: Károly Kőszeghy) erlebte neun Vorstellungen. Eine Wiederaufnahme erfolgte 1865 (Huber, Gusztáv Böhm; Mátyás: Richard Pauli, Ilonka: Ilka Markovits). 1959 schuf Jenő Vécsey eine Bearbeitung von *Szép Ilonka*.

Autograph: Verbleib unbekannt. **Abschriften:** Textb. (ZensurL): Arch. d. Oper Budapest. **Ausgaben:** Kl.A: Rózsavölgyi, Pest [nach 1861]; Textb.: Pest, Herz [1861]
Literatur: K. ÁBRÁNYI, Szép Ilonka, in: Zenészeti Lapok 2:1861/62, S. 13–17; J. KÁLDOR, M. M., Dresden 1936, Diss. Univ. Lpz.; E. SEBESTYÉN, A Magyar operajátszás Budapesten 1793–1937, Budapest 1937, S. 87; F. BÓNIS, M. M., Budapest 1960; DERS., Die ungarischen Opern M. M.s, in: Studia Musicologica 2:1962, S. 139–167; D. LEGÁNY, A Magyar zene krónikája, Budapest 1962, S. 323–338; Magyar zenetörténeti tanulmányok. M. M. és Bartók B. emlékére, hrsg. F. Bónis, Budapest 1973; D. LEGÁNY, Erkel, Budapest 1975, S. 80; A. NÉMETH, A Magyar operatörténete, Budapest 1987, S. 127–131

Katalin Szerző

Jean-Joseph Mouret

Geboren am 16. April 1682 in Avignon, gestorben am 20. Dezember 1738 in Charenton (bei Pouilly-sur-Loire, Nièvre)

Les Fêtes de Thalie
Opéra-ballet
Prologue
I. Entrée: La Fille
II. Entrée: La Veuve coquette
III. Entrée: La Femme
IV. Entrée: La Provençale

Die Feste Thalias
Prolog
I. Entree: Das Mädchen

II. Entree: Die kokette Witwe
III. Entree: Die Ehefrau
IV. Entree: Die Provenzalin

Text: Joseph de Lafont
Uraufführung: 1. Fassung als *Les Fêtes ou Le Triomphe de Thalie* mit Prolog und I.–III. Entree: 19. Aug. 1714, Opéra, Palais Royal, Paris; 2. Fassung mit IV. Entree *(La Critique des Fêtes de Thalie)*: 9. Okt. 1714, Opéra, Palais Royal, Paris; 3. Fassung mit neuem II. Entree *(La Veuve coquette)*: 12. März 1715, Opéra, Palais Royal, Paris; 4. Fassung mit neuem IV. Entree: 17. Sept. 1722, Opéra, Palais Royal, Paris (hier behandelt)
Personen: Prolog: Melpomène/Melpomene (S); Thalie/Thalia (S); Apollon/Apollo (B); Chor: Gefolge Melpomènes und Thalies, Les Jeux/die Spiele, Les Plaisirs/die Vergnügungen; Ballett: Heroen aus dem Gefolge Melpomènes, Les Jeux, Les Plaisirs. **I. Entree:** Acaste, Schiffskapitän, Geliebter Léonores (B); Cléon, Vater Léonores, französischer Gefangener, in Algerien von Acaste befreit (B); Bélise, Mutter Léonores und Frau Cléons (T); Léonore, Cléons und Bélises Tochter (S); ein algerischer Gefangener (B); ein Mädchen aus Marseille (S); Chor: algerische Gefangene, Matrosen aus Marseille; Ballett: algerische Gefangene, Matrosen und Frauen aus Marseille. **II. Entree:** Isabelle, Witwe (S); Doris, ihre Vertraute (S); Léandre, ein Offizier, Geliebter Isabelles (H-C); Chrisogon, ein reicher Finanzpächter, ebenfalls Isabelles Geliebter (B); eine Schäferin (S); Chor: Schäfer, Schäferinnen; Ballett: Schäfer, Schäferinnen, Vater und Mutter von Braut und Bräutigam, die Braut, der Bräutigam, Schäfer, Schäferinnen, Bauern, Bäuerinnen. **III. Entree:** Caliste, Frau Dorantes (S); Dorine, Dienerin Calistes (S); Dorante, Ehemann Calistes (B); Zerbin, Diener Dorantes (T); Thalie (S); Chor: Masken; Ballett: Arlequin, Arlequine, Polichinelle, Masken. **IV. Entree:** Nérine (S); Crisante (B); Florine (S); Léandre (H-C); ein Matrose (H-C); Chor, Ballett: Matrosen
Orchester: 2 Fl, 2 Ob, 2 Fg, provenzalisches Tamburin, Streicher, B.c
Aufführung: Dauer ca. 2 Std. 30 Min.

Entstehung: Mouret kam 1707 nach Paris und wurde 1708 oder 1709 zum »Surintendant de la musique« der Herzogin von Maine ernannt, für deren berühmte »Grandes nuits de Sceaux« er von Mai 1714 (5. Nacht) bis Mai 1715 (15. Nacht) verschiedene Divertissements komponierte, darunter die äußerst erfolgreiche Opéra-pastoral *Le Mariage de Ragonde et de Colin ou La Soirée de village* (1714, Text: Philippe Destouches). 1714–18 leitete er das Orchester der Pariser Opéra. Zu Beginn dieser Tätigkeit komponierte er die 1. Fassung der *Fêtes de Thalie*. Das etwa zwei Monate nach der Premiere hinzugefügte IV. Entree, in der Momus als Richter in den Streit zwischen Polyhymnia, Thalia und Terpsichore um die Vorherrschaft ihrer Künste schlichtend eingreift und ihnen den Lorbeer zu gleichen Teilen zukommen läßt, war eine Reaktion auf jenes Publikum, das die öfter am Rand des Karikaturistischen sich bewegenden Komödien als Ärgernis, ja als Skandal empfunden hatte.
Handlung: Prolog, auf der Bühne der Pariser Opéra: Melpomène, die Muse der Tragödie, will die Bühne allein beherrschen, Thalie, die Muse des Lustspiels, jedoch auch komische Stücke durchsetzen. Apollon erscheint als Vermittler und weist darauf hin, daß man in Italien Tragik und Komik noch heute vermische und nun auch in Paris beide Musen die Szene zu teilen hätten. Daraufhin zieht sich Melpomène zurück und überläßt Thalie den Triumph.
I. Entree, der Hafen von Marseille: Léonore widersetzt sich dem Liebeswerben Acastes und stellt aus Koketterie die Liebe als Sklaverei hin. Um dies Spiel zu beenden, geben ihre Mutter Bélise, die schon zehn Jahre auf die Rückkehr ihres Manns Cléon wartet, und Acaste vor, ineinander verliebt zu sein. In diesem Augenblick kehrt Cléon mit zahlreichen Gefangenen aus Algier zurück. Acaste erkennt in ihm den Mann, den er in Algier aus der Gefangenschaft befreite. Nachdem alle Mißverständnisse ausgeräumt sind und Léonore sich bereit erklärt hat, Acaste zu heiraten, gibt dieser allen Gefangenen die Freiheit.
II. Entree, ein Dorf: Die schöne Witwe Isabelle hat sich in ein Dorf zurückgezogen, wo sie von vielen Männern umworben wird. Doris beschreibt ihr die Vorzüge zweier Bewerber, Léandre und Chrisogon, die sich um sie streiten. Als Isabelle bekennt, sich für keinen entscheiden zu können, da sie noch immer trauere, läßt Chrisogon ihr zur Unterhaltung die Pastorale »Die Dorfhochzeit« aufführen: Schäfer und Schäferinnen tanzen und singen von einem glücklichen Paar. Kaum ist das Spiel beendet, verkündet Isabelle, keinen der Bewerber zu lieben. Die Männer tragen keine Trauer, da eine Mätresse weniger kein Unglück bedeute.
III. Entree, Ballsaal: Caliste ist glücklich, ihren Mann in neuer Liebe zu ihr entflammt zu wissen. Dorine dagegen ist wütend auf ihn, weil er einer unbekannten Geliebten ein Fest geben will. Da lüftet Caliste ihr Geheimnis: Ihr Mann Dorante hat sich, ohne es zu bemerken, bei einem Maskenfest in sie verliebt und will auf dem bevorstehenden Ball die vermeintlich Unbekannte kennenlernen. Zerbin gibt seinem Herrn zu verstehen, daß er amouröse Abenteuer nicht schätzt. Kaum hat der Ball begonnen, macht Dorante der Angebeteten Komplimente. Während der ebenfalls maskierte Zerbin der konsternierten Dorine gegenüber behauptet, mit einer schrecklichen Frau verheiratet und nur aus Gewohnheit treu zu sein, gelingt es Caliste, Dorante zu dem Versprechen zu bewegen, seine Frau zu vergessen und fortan nur sie zu lieben. Nach der Demaskierung ist die Überraschung groß: Zerbin ist verstört, Dorante glücklich, in Caliste Frau und Rivalin vereint zu sehen. Thalie freut sich, über Melpomène triumphiert zu haben.
IV. Entree, Landhaus in der Provence mit einem von Mauern umgebenen Garten und Blick auf das Meer: Crisante, Florines alter Vormund, schirmt seine Pflegetochter gegen die Außenwelt ab und will mit allen

Mitteln die Heirat mit ihrem Geliebten Léandre verhindern, nicht zuletzt, um sie selbst zu ehelichen. Léandre gelingt es jedoch, den Alten zu überlisten: Während Crisantes Abwesenheit nähert er sich vom Meer mit einem Boot und huldigt Florine zusammen mit Matrosen und Provenzalen während eines Fests, an dessen Ende sie Florine entführen. Crisante kommt zu spät und kann nur noch mit ansehen, wie die Festgesellschaft sich entfernt.

Kommentar: Mit *Les Fêtes de Thalie* schufen Lafont und Mouret ein Werk, dessen Neuartigkeit bereits von den Zeitgenossen erkannt wurde. Zusammen mit Campras *Les Fêtes vénitiennes* (1710) gilt es als eins der ersten Opéra-ballets mit komischen Sujets. Über *Les Fêtes vénitiennes* geht es mit seiner »realistischen« Komik indes weit hinaus. Die Entrees bilden in sich abgeschlossene Handlungen, Szenen aus dem Alltagsleben, deren Zusammenhang allenfalls durch das Motto der Überschrift (»Die Feste Thalias«) gestiftet wird. Aufsehen, da in der Académie Royale bis dahin undenkbar, erregten die zeitgenössischen Kostüme und die in der Diktion des »Alltags« verfaßten Texte (das IV. Entree in provenzalischem Dialekt). Daß sich Lafont des Verstoßes gegen die »Gebote« der Institution bewußt war, geht aus dem Vorwort zum Libretto der 2. Fassung hervor, ganz offensichtlich eine Reaktion auf den bei der Premiere erregten »Unmut«. Über Michel Blondys Choreographie der Tänze ist aus der einschlägigen Literatur nichts zu erfahren. Das Divertissement des II. Entrees mit der »Dorfhochzeit« besteht aus Tänzen für die Bauern, einer Loure für das Hochzeitspaar, einer Musette und einem Menuettpaar sowie einer Arie mit konzertanter Violine. Der »Ball« mit den Tänzen Menuett, Air und Forlane (III. Entree) wurde bei den Reprisen des Werks stets prunkvoller gestaltet. *La Provençale* wird zu Recht als die gelungenste Bühnenkomposition Mourets angesehen. Bereits in der Ouvertüre kündigt sich Crisantes Erregung an. Zu den Höhepunkten gehören Florines von zwei Flöten begleitete Arie »Mer paisible, où cent fois j'ai cherché mon image« und die beiden Arien Léandres. Das über den Text wie über die Instrumentation erzeugte provenzalische Kolorit ist in den Arien und Tänzen greifbar.

Wirkung: Der anfängliche Skandal konnte den Erfolg des Werks nicht beeinträchtigen, vergrößerte ihn im Gegenteil noch, wovon das lebhafte Echo in der Musikliteratur der Zeit Zeugnis ablegt. Nach der Premiere kam es zu einer ungewöhnlichen Serie von 57 Aufführungen en suite, und auch die Wiederaufnahmen (1724–26, 1733, 1735, 1738, 1745–47, 1754, Prolog und III. Entree 1765 zusammen mit Rousseaus *Le Devin de village*, 1752, sowie Reprisen einzelner Entrees) waren stets erfolgreich. *La Provençale* wurde eingefügt in die Aufführung 1725 von Campras *L'Europe galante* (1697) und 1726 in *Le Ballet des ballets*, *La Fille* ebenfalls 1726 in *Le Ballet sans titre*. Das Théâtre-Italien trug durch mehrere Parodien, darunter Dunis Provençale-Parodie *La Fille mal gardée ou Le Pédant amoureux* (1758, Text: Charles Simon Favart, Justine Favart und Jean-Baptiste Lourdet de Santerre), zur Popularität des Werks bei. 1778 (Paris) vertonte Pierre Joseph Candeille *La Provençale* erneut.

Autograph: Verbleib unbekannt. **Abschriften:** BN Paris (Vm^2 253). **Ausgaben:** Part (reduziert): Ballard, Paris 1714; Part (mit II. Entree d. 3. Fassung): ebd. 1720; Part, IV. Entree d. 2. u. 3. Fassung: ebd. 1714, 1735, 1737; Part, II. Entree d. 3. Fassung: ebd. 1715; Part, IV. Entree d. 4. Fassung: ebd. 1722; Textb., 2. Fassung, in: Recueil général des opéras, Bd. 11, Paris, Ribou 1720, Nachdr.: Genf, Slatkine 1971, Bd. 2, S. 555–568; Textb. d. IV. Entrees d. 4. Fassung: Bibl. de l'Opéra Paris (Liv. 18 [R 33 (7)])

Literatur: P.-M. MASSON, Le Ballet-héroïque, in: RM 9:1928, S. 132–154; R. VIOLLIER, ›Les Fêtes ou Le Triomphe de Thalie‹ de M., in: Bulletin de la Soc. Française de Musicologie 1935; C. LE GRAS, J.-M., le musicien des Grâces (1682–1738), in: Mémoires de l'Académie de Vaucluse, 3. Serie, Bd. 3, Avignon 1939, S. 115ff.; R. VIOLLIER, J.-J. M., le musicien des Grâces (1682–1738), Paris 1950, Nachdr. Genf 1976; J. R. ANTHONY, French Baroque Music from Beaujoyeulx to Rameau, London 1973, frz.: La Musique en France à l'époque baroque, Paris 1981; G. LE COAT, J.-J. M. (1682–1738), musicien provençal, in: Revue musicale de la Suisse Romande 1982; Jean-Joseph Mouret. Journées d'études d'Aix-en-Provence 28 et 29 avril 1982, hrsg. Univ. de Provence C.A.E.R. XVIII, Aix-en-Provence 1983

Herbert Schneider

Wolfgang Amadeus Mozart

Eigentlich Johannes Chrysostomus Wolfgang Gottlieb Mozart; geboren am 27. Januar 1756 in Salzburg, gestorben am 5. Dezember 1791 in Wien

Apollo et Hyacinthus
Intermedium

Apollo und Hyacinth
3 Teile

Text: Rufinus Widl
Uraufführung: 13. Mai 1767, Große Aula der Universität, Salzburg
Personen: Oebalus, König von Lakedämonien (T); Melia, Oebalus' Tochter (S); Hyacinthus/Hyacinth, Oebalus' Sohn (S); Apollo, von Oebalus als Gastfreund aufgenommen (A); Zephyrus/Zephyr, Vertrauter Hyacinthus' (A); 2 Opferpriester Apollos (T, B)
Orchester: 2 Ob, 2 Hr, Streicher, B.c
Aufführung: Dauer ca. 1 Std. – Wie aus den Szenenanweisungen des Textbuchs hervorgeht, ist die im Prologus als »Chorus« bezeichnete Nummer mit dem Solistenensemble zu besetzen (Sopran: Hyacinthus, Melia; Alt: Zephyrus; Tenor und Baß: je ein Opferpriester). Ohne Angabe der Gründe fordert der Ersteller des im Rahmen der »Neuen Mozart-Ausgabe« erschienenen Aufführungsmaterials hier einen gemischten Chor (Volk von Lakedämonien).

Entstehung: Nach Salzburger Tradition brachten die Schüler des Universitätsgymnasiums jeweils am Ende des Schuljahrs ein lateinisches Drama auf die Bühne. Doch auch während des Jahrs gab es zuweilen Aufführungen einzelner Klassen. Für eine dieser gleichsam außerordentlichen Einstudierungen, die wegen eines nicht näher bezeichneten Gelöbnisses zustande kam, erhielt der elfjährige Mozart den ehrenvollen Auftrag, die Musik zu dem vor beziehungsweise zwischen den Akten von Widls Tragödie *Clementia Croesi* aufgeführten lateinischen Intermedium zu komponieren. Nach der Vertonung des 1. Teils des geistlichen Singspiels *Die Schuldigkeit des ersten und fürnehmsten Gebots* (Salzburg 1767, Text: Ignaz Anton von Weiser; Musik des 2. Teils: Michael Haydn, des 3. Teils: Anton Cajetan Adlgasser) war dies Mozarts erste Scrittura für ein vollständiges Bühnenwerk. Weder der Titel noch die Bezeichnung des Werks sind authentisch (die Überschrift *Apollo und Hyacinth* fügte Mozarts Schwester Nannerl ergänzend zu Leopold Mozarts Eintragung der Komposition in das von ihm angelegte Verzeichnis der frühen Werke seines Sohns hinzu, als sie es 1799 dem Verlag Breitkopf & Härtel übersandte).

Handlung: In mythischer Zeit.
Prologus: Das zu Ehren Apollos am Hof des Lakedämonierkönigs Oebalus dargebrachte Opferfest findet ein jähes Ende, als ein Blitz das Feuer löscht und den Altar zerstört. In diesem Augenblick erscheint der als Hirte gekleidete Apollo und bittet um Aufnahme, da Jupiter ihn verbannt habe. Während Melia sich über den Gast erfreut zeigt, ist Zephyrus mißtrauisch.
Chorus primus: Melia wartet sehnsüchtig auf Apollo, der inzwischen um ihre Hand angehalten hat, als Zephyrus meldet, daß der Gott Hyacinthus mit dem Diskus tödlich verletzt habe (in Wirklichkeit beging er selbst die Tat). Während Oebalus beschließt, den Gott sogleich außer Landes zu weisen, zweifelt Melia, ob Apollo einer solchen Tat fähig sei. Da erscheint Apollo, beschuldigt Zephyrus des Mords und läßt ihn durch die Winde in Äolus' Höhle bringen. Melia wirft dem Gott nun vor, nicht nur ihren Bruder, sondern auch Zephyrus getötet zu haben, und weist ihn ab.
Chorus secundus: Unmittelbar bevor er starb, konnte Hyacinthus seinem Vater, der ihn gerade noch rechtzeitig am Strand von Eurotas auffand, Zephyrus als seinen Mörder nennen. Oebalus und Melia fürchten nun Apollos Zorn, doch der Gott läßt aus Liebe zu Hyacinthus den Leichnam mit Blumen bedecken und reicht Melia versöhnt die Hand.

Kommentar: Die Aufführung des Intermediums, dessen Text Widl auf der Basis mehrerer Quellen (vgl. Alfred Orel, Vorwort der »Neuen Mozart-Ausgabe«) frei erstellt hatte, gestaltete sich in der Weise, daß der Prologus vor der Tragödie, Chorus primus zwischen dem II. und III. und Chorus secundus zwischen dem IV. und V. Akt gespielt wurde. Die drei Teile des Intermediums bilden ein integrales Bühnenwerk, dessen Besonderheit Salzburger Tradition entsprechend darin besteht, daß es mit dem Sprechdrama in lockerem inhaltlichen Bezug steht. Mit der sich aus einer Intrada, einer Ensemble-Solo-Szene, einem Terzett, zwei Duetten sowie fünf Arien zusammensetzenden, im italienischen Idiom komponierten Partitur legte Mozart ein beredtes Zeugnis seines früh entwickelten Talents ab. Daß die vielfältigen Erfahrungen, die Mozart während seiner unter anderm nach Paris und London führenden großen Reise (1763–66) vor allem durch die Begegnung mit Johann Christian Bach sammeln konnte, in der Partitur ihren Niederschlag gefunden haben, ist naheliegend, wenn auch nicht im Detail nachweisbar.

Wirkung: Nach der Uraufführung mit den Schülern aus verschiedenen Klassen des Gymnasiums (Zephyrus: Joseph Vonderthon) sowie dem Studenten Mathias Stadler (Oebalus) geriet die Komposition in Vergessenheit. Erst zu Beginn des 20. Jahrhunderts, im Zuge einer wie auch immer verstandenen Mozart-»Pflege«, nahm man sich seiner wieder an. Einer Aufführung in deutscher Übersetzung in Rostock 1922 folgten Einstudierungen, nun in einer Bearbeitung von Karl Schleifer und übersetzt von Erika Mann, 1932 in München sowie 1935 im Marionettentheater Salzburg (Bühnenbild: Franz Graf Schaffgotsch). In einer weiteren Bearbeitung von Roland Tenschert wurde das Werk in Linz 1937 und in Wuppertal 1942 (Regie: Heinrich Köhler-Helffrich, Dirigent: Carl Gorvin, Bühnenbild: Heinrich Wendel) aufgeführt. Die Idee einer Aufführung mit Marionetten aufgreifend, spielten das Intermedium 1974 die »Augsburger Puppenkiste« und 1975 das Salzburger Marionettentheater (Übersetzung: Walther Kraus, Regie: Klaus Gmeiner). Zu konzertanten Aufführungen kam es 1977 im Kloster Eberbach sowie im Foyer des Landtags in Wiesbaden in einer Einstudierung des Staatstheaters Wiesbaden, 1981 anläßlich der Mozartwoche unter der Leitung von Leopold Hager im Festspielhaus Salzburg. Ebenfalls 1981 führte die Hochschule für Musik »Hanns Eisler« das Werk in Berlin sowie in Dresden auf.

Autograph: SBPK Bln. **Ausgaben:** Part, krit. Ausg.: W. A. MOZART, Werke, Bd. V/2, [rev. v. P. v. Waldersee], B&H 1879, Nachdr.: Edwards Music Reprints, Serie A, Ann Arbor, MI 1951–56; W. A. MOZART, Neue Ausg. sämtl. Werke, Serie II/5, Bd. 1, hrsg. A. Orel, Bär 1959, krit. Ber., hrsg. D. Berke, Bär 1975; Text *(Clementia Croesi)*: Salzburg 1767. **Aufführungsmaterial:** Bär
Literatur: R. TENSCHERT, M.s ›Apollo und Hyacinth‹, in: SMZ 75:1935, S. 546–549; D. BERKE, Apollo und Hyacinth, in: Ph. M.-Woche Salzburg 1975, S. 12–16; S. DAHMS, Apollo und Hyacinth, ebd. 1981, S. 19–24; **zu Mozart:** *Bibliographien:* R. ANGERMÜLLER, O. SCHNEIDER, M.-Bibliographie (bis 1970), Kassel 1976, (1971–75 mit Nachträgen), ebd. 1978, (1976–80 mit Nachträgen), ebd. 1982, (1981–85 mit Nachträgen), ebd. 1987; B. HASTINGS, W. A. M. A Guide to Research (Garland Composer Resource Manuals. 16.), NY, London 1989 (Garland Reference Libr. of the Humanities. 910.); *Briefe, Dokumente, Verzeichnisse:* W. A. MOZART, Briefe und Aufzeichnungen. Gesamt-Ausg., hrsg. Internationale Stiftung Mozarteum Salzburg, gesammelt u. erläutert v. W. A. Bauer, O. E. Deutsch, Bd. 1–4 (Text), Bd. 5–6 (Kommentar, bearb. v. J. H. Eibl), Bd. 7 (Register, zusammengestellt v. J. H. Eibl), Kassel 1962–75; Mozart. Die Dokumente seines Lebens, gesammelt u. erläutert v. O. E. Deutsch, Kassel 1961 (Neue Ausg. sämtl. Werke. X/34,

Suppl.); Mozart und seine Welt in zeitgenössischen Bildern, begründet v. M. Zenger, vorgelegt v. O. E. Deutsch, Kassel 1961 (Neue Ausg. sämtl. Werke. X/32, Suppl.); R. BORY, La Vie et l'œuvre de W.-A. M. par l'image, Genf 1948; L. v. KÖCHEL, Chronologisch-thematisches Verzeichnis sämtlicher Tonwerke W. A. M.s, 6. Aufl., bearb. v. F. Giegling, A. Weinmann, G. Sievers, Wiesbaden 1964; *Literatur:* A. D. OULIBISCHEFF, M.s Opern. Krit. Erläuterungen, Lpz. 1848; O. JAHN, W. A. M., 4 Bde., Lpz. 1856–59, Nachdr. Hildesheim, NY, Wiesbaden 1976, 2. Aufl. in 2 Bdn., ebd. 1867; H. MERIAN, M.s Meisteropern, Lpz. 1900; T. DE WYZEWA, G. SAINT-FOIX, W. A. M. Sa Vie musicale et son œuvre. Essai de biographie critique, 5 Bde., Paris 1912–46; E. DENT, M.'s Operas. A Critical Study, London 1913, Oxford [6]1975, dt. Bln. 1922; H. COHEN, Die dramatische Idee in M.s Operntexten, Bln. 1915; E. LERT, M. auf dem Theater, Bln. 1918; H. ABERT, W. A. M. Neu bearb. u. erw. Ausg. v. O. Jahns »M.«, 2 Bde., Lpz. 1919–21, Bd. 1 [8]1973, Bd. 2 [8]1975, Register v. E. Kapst (1966) [8]1983; H. GOERGES, Das Klangsymbol des Todes im dramatischen Werk M.s, München 1937, Neu-Ausg. 1969; R. TENSCHERT, M. Ein Leben für d. Oper, Wien 1941; L. CONRAD, M.s Dramaturgie der Oper, Würzburg 1943 (Nationaltheater. 8.); A. EINSTEIN, M. His Character, His Work, NY 1945, [4]1959, dt. Zürich 1953, Neu-Ausg. Ffm. 1968; C. BENN, M. on the Stage, London 1946; A. HYATT KING, M. in Retrospect. Studies in Criticism and Bibliography, London, NY, Toronto 1955; F. M. BREYDERT, Le Génie créateur de W. A. M. Essai sur l'instauration musicale des personnages dans ›Le noces de Figaro‹, ›Don Juan‹ et ›La flûte enchantée‹, Paris 1956; A. GREITHER, Die sieben großen Opern M.s. Versuche über d. Verhältnis d. Texte zur M, Heidelberg 1956, [3]1977; L. F. TAGLIAVINI, L'Opéra italien du jeune M. Les influences étrangères dans l'œuvre de M., Paris 1956; A. DELLA CORTE, Tutto il teatro di M., Turin 1957; C. NIESSEN, M. auf dem Theater, Köln 1957; B. PAUMGARTNER, M., Zürich 1957; A. GREITHER, W. A. M. in Selbstzeugnissen und Bilddokumenten, Reinbek 1962 (rm. 77.); B. BROPHY, M. the Dramatist. A New View of M., His Operas, and His Age, London 1964; L. SCHRADE, W. A. M., Bern 1964; R. MOBERLY, Three M. Operas, ›Figaro‹, ›Don Giovanni‹, ›The Magic Flute‹, London 1967, NY 1968; H. WEBER, Studien zu M.s Musiktheater. M.s Verhältnis zum Theater u. seine Wirkung auf d. Beziehung v. M u. Bühne in dessen dramatischen Werken, Diss. Wien 1968; A. A. ABERT, Die Opern M.s, Wolfenbüttel, Zürich 1970; D. J. GROUT, M. in the History of Opera, Washington 1972; J. LIEBNER, M. on the Stage, NY, Washington 1972; C. GIANTURCO, Le opere del giovane M., Pisa 1976, engl. erw. Fassung London 1981; W. MANN, The Operas of M., London 1977; F. NOSKE, The Signifier and the Signified. Studies in the Operas of M. and Verdi, Den Haag 1977; C. FLOROS, M.-Studien I. Zu M.s Sinfonik, Opern- u. KirchenM, Wiesbaden 1979; Mozart und die Oper seiner Zeit. Opernsymposium 1978 in Hbg. (2. Teil), in: Hbg. Jb. für Mw. 5:1981, S. 144ff.; S. PUNTSCHER RIEKMANN, M. Ein bürgerlicher Künstler. Studien zu d. L ›Le Nozze di Figaro‹, ›Don Giovanni‹ u. ›Così fan tutte‹, Wien, Köln, Graz 1982 (Junge Wiener Romanistik. 4.); S. KUNZE, M.s Opern, Stuttgart 1984; I. NAGEL, Autonomie und Gnade. Über M.s Opern, München, Wien 1985, 3., stark veränderte Aufl. 1988; A. TYSON, M. Studies of the Autograph Scores, Cambridge, London 1987; R. ANGERMÜLLER, M. Die Opern v. d. UA bis heute, Ffm., Bln. 1988; A. STEPTOE, The M.-Da Ponte Operas. The Cultural and Musical Background to ›Le nozze di Figaro‹, ›Don Giovanni‹, and ›Così fan tutte‹, Oxford 1988; S. KUNZE, M. und die Tradition des Bühnenlieds. Zur Bestimmung eines musikdramatischen Genres, in: Liedstudien. W. Osthoff zum 60. Geburtstag, hrsg. M. Just, R. Wiesend, Tutzing 1989, S. 229–278; P. GALLARATI, Music and Masks in Lorenzo Da Ponte's M.ian Librettos, in: Cambridge Opera Journal 1:1989, S. 225–247

Sabine Henze-Döhring

Bastien und Bastienne
Singspiel in einem Akt

Text: Friedrich Wilhelm Weiskern und Johann Heinrich Müller (eigtl. Johann Heinrich Friedrich Schröter), *Bastienne* (1764), nach dem Vaudeville *Les Amours de Bastien et Bastienne* (1753, Musik: Carlo Sodi) von Marie Justine Benoîte Favart (geb. Cabaret Du Ronceray), Harny de Guerville und Charles Simon Favart, und Johann Andreas Schachtner, *Bastienne* (1767?), nach Weiskern und Müller
Uraufführung: 2. Okt. 1890, Architektenhaus, Berlin (komponiert 1768)
Personen: Bastienne, Schäferin (S); Bastien, ihr Geliebter (T); Colas, ein vermeintlicher Zauberer (B).
Statisterie: Schäfer, Schäferinnen
Orchester: 2 Fl, 2 Ob, 2 Hr, Streicher, B.c
Aufführung: Dauer ca. 50 Min. – Gesprochene Dialoge.

Entstehung: Die Entstehungsgeschichte von *Bastien und Bastienne* liegt weitgehend im dunkeln. Lediglich zwei Eintragungen Leopold Mozarts, die Datierung 1768 im Autograph und der Vermerk in dem von ihm selbst angelegten Werkverzeichnis seines Sohns »die operetta Bastien und Bastienne, im Teutsch, hat er kürzlich hier [Wien] in die Musik gesetzt«, dokumentieren Ort und Jahr der Entstehung. Ebenfalls sicher ist die Textvorlage, die Übersetzung des Vaudevilles, die Weiskern und Müller wohl auf Anweisung des Wiener Generalspektakeldirektors Giacomo Graf Durazzo anfertigten. Wann und zu welchem Zweck Schachtner Weiskerns und Müllers Prosaübersetzung bearbeitete und versifizierte, ist unbekannt. Mozart berücksichtigte beide Versionen: Häufig wird Weiskerns und Müllers Vorlage oder eine Mischung von Weiskerns und Schachtners Text vertont. Ungereimtheiten in der Entstehungsgeschichte ergeben sich aus der Tatsache, daß in den Seccos, die lediglich zwischen den ersten sieben der 16 Nummern stehen, die Partie des Colas im Altschlüssel und nicht, wie in den Nummern, im Baßschlüssel notiert ist. Franz Wüllner, der Editor des Werks innerhalb der alten Mozart-Ausgabe, schloß daraus in seinem Revisionsbericht, daß, zumal die Rezitative auf Einlageblättern beziehungsweise leer gebliebenen Stellen der Partitur mit einer entwickelteren Schrift Mozarts notiert worden seien, die Dialoge für eine weitere, möglicherweise ebensowenig wie die erste zustande gekommene Einstudierung durch Rezitative ersetzt sowie die Partie des Colas für eine Altstimme transponiert werden sollte. Zu neuen Erkenntnissen über diese und andere Fragen kann möglicherweise eine Untersuchung des lange Zeit für verschollen gehaltenen Autographs führen. – Die in zahlreichen Mozart-Biographien vertretene These, daß Mozart das Werk für eine Aufführung im Wiener Gartenhaus des Magnetiseurs Franz Mesmer komponiert habe, ist nicht zu halten. Mesmers Gartentheater, ein aus Buchsbaumhecken geschnittenes Freilichttheater, war 1768 noch nicht fertiggestellt. Oder sollte die Aufführung im Okt. 1768 wegen der vorgerückten

Bastien und Bastienne; Karl Dumphart als Colas, Amanda Benda als Bastienne; Regie: Robert Herzl, Ausstattung: Pantelis Dessyllas; Kammeroper, Wien 1980.

Jahreszeit im Gartenhaus Mesmers stattgefunden haben, wie es der Mozart-Biograph Georg Nikolaus Nissen nennt, also in den Räumen des Landhauses Mesmers? Nissen spricht von einem »Gesellschaftstheater«, das heißt von einer Amateurbühne, nicht aber von einem Gartentheater oder einer Freilichtbühne. Möglicherweise ist *Bastien und Bastienne* überhaupt nicht in Wien gegeben worden. Die Quellen lassen uns in all diesen Fragen im Stich.

Handlung: In einem Dorf mit der Aussicht ins Feld: Bastienne glaubt sich von ihrem Geliebten Bastien verlassen und bittet Colas um Rat, wie sie ihn, der sich von den Geschenken des Schloßfräuleins hat blenden lassen, wiedergewinnen könne. Colas rät der jungen Schäferin, zum Schein untreu zu werden, um Bastiens Eifersucht zu wecken. Bastien, inzwischen der leeren Schmeicheleien des Edelfräuleins überdrüssig, will zu Bastienne zurückkehren. Colas versetzt ihn in Schrekken, als er ihm erzählt, daß Bastienne eine andere Wahl getroffen und ihm den Abschied gegeben habe. Ihm zum Trost befragt Colas sein Zauberbuch und kann dem Unglücklichen Hoffnung machen. Wie Colas ihr geraten, gibt Bastienne dem Geliebten einen Korb. Beide denken nun an neue Liebschaften: Bastienne an einen jungen reichen Herrn, der trotzige Bastien an das schöne Edelfräulein. Bastien will sterben, da Bastienne ihn nicht erhört. Sie versöhnen sich jedoch, als sie sich an die gemeinsam verbrachte schöne Zeit erinnern, und preisen die Zauberkunst des weisen Colas.

Kommentar: Mozarts Vertonung des bekannten Stoffs, einer Parodie auf Rousseaus *Le Devin du village* (1752), ist im Kontext der Beliebtheit der Opéra-comique in Wien zu sehen. Bereits um 1760 war die Gattung äußerst populär, für deren deutsche Version sich erst allmählich die Bezeichnung »Singspiel« einbürgerte (Leopold Mozart nennt *Bastien* eine »operetta«, auf dem Frontispiz von Weiskerns Libretto steht »Eine Französische Operacomique. Auf Befehl in einer freyen Ueberselzung nachgeahmt«). Durazzo stand in engem Kontakt mit Favart, erbat seinen Rat und neue Stücke. Einer der führenden Komponisten dieser Gattung in Wien war Gluck, von dem zahlreiche Opéras-comiques in französischer Sprache aufgeführt worden waren. Das Singspiel, das mit seiner Folge von gesprochenem Dialog und liedartigen Gesängen äußerlich der Opéra-comique verhaftet blieb, erfuhr in Wien eine Bereicherung durch die Opera buffa. Davon legt auch *Bastien* ein Zeugnis ab: Trotz der Bindung an den Typus der zweiteiligen Liedform weiß Mozart die Gattung durch buffoneske Ausdrucksmittel, textgenaue Vertonung und Anmut der melodischen Erfindung zu beleben.

Wirkung: Der Aufführung in Berlin 1890 (Regie: Ferdinand von Stantz) schlossen sich, mit einem neuen Text von Max Kalbeck, Einstudierungen 1891 in Wien und 1892 in Brünn, Graz, Hamburg, Berlin und Basel an. Kalbecks Version wurde vielfach übersetzt und in ganz Europa sowie in New York gegeben. Die Herausgabe von *Bastien und Bastienne* im Rahmen der »Neuen Mozart-Ausgabe« führte zu einer Reihe von Neuinszenierungen (so Bielefeld 1976, Chicago und Kammeroper Wien 1980, Salzburg, Neapel und Gelsenkirchen 1981, Tokio 1985).

Autograph: Bibl. Jagiellońska Krakau. **Ausgaben:** Part, krit. Ausg.: W. A. MOZART, Werke, Bd. V/3, [rev. v. F. Wüllner], B&H 1879, Nachdr.: Edwards Music Reprints, Serie A, Ann Arbor, MI 1951–56; W. A. MOZART, Neue Ausg. sämtl. Werke, Serie II/5, Bd. 3, hrsg. R. Angermüller, Bär 1974, krit. Ber. 1975; Part, engl. Übers. v. O. Paul, hrsg. F. Guenther: Marks, NY [um 1941]; Kl.A, hrsg. R. Kleinmichel: Peters, Nr. 9001; Kl.A: UE [1926], Nr. 3180, 8336; Textb. v. F. W. Weiskern, J. H. F. Müller: Wien 1764; Textb. v. J. A. Schachtner, hrsg. R. Angermüller, in: Mitt. d. Internationalen Stiftung Mozarteum 22:1974, S. 4–28; Textb.: Bln., Hoffschläger 1890; Textb. (mit *Der Schauspieldirektor*), hrsg. W. Zentner: Stuttgart, Reclam 1971. **Aufführungsmaterial:** Bär
Literatur: A. LOEWENBERG, Some Stray Notes on M. II. An Unknown Ed. of the ›Bastien und Bastienne‹ Text, in: ML 23:1942, S. 319–321; DERS., ›Bastien und Bastienne‹ Once More, ebd. 25:1944, S. 176–181; A. OREL, Zu M.s ›Bastien und Bastienne‹, in: Rundschreiben d. Mozartgemeinde Wien (Wiener Figaro) 2:1944, Nr. 5/6, S. 1–8; DERS., Die Legende um M.s ›Bastien und Bastienne‹, in: SMZ 91:1951, S. 137–143; K. ARNOLD, M. und die Landstraße. 200 Jahre ›Bastien und Bastienne‹ u. ›Waisenhausmesse‹, Wien 1968 (Sonder-H. d. Landstraßer Heimatmuseums); R. ANGERMÜLLER, Johann Andreas Schachtners ›Bastienne‹-Libretto [s. Ausg.]; DERS., M. und Rousseau. Zur Textgrundlage v. ›Bastien und Bastienne‹, in: Mitt. d. Internationalen Stiftung Mozarteum 23:1975, H. 1/2, S. 22–37; weitere Lit. s. S. 276

Rudolph Angermüller

La finta semplice
Dramma giocoso per musica

Die vorgeblich Einfältige
3 Akte (5 Bilder)

Text: Marco Coltellini, nach dem Libretto von Carlo Goldoni zu dem Dramma giocoso (Venedig 1764) von Salvatore Perillo, nach der »comédie en prose« *La Fausse Agnès ou Le Poète campagnard* (1736) von Philippe Destouches (eigtl. Philippe Néricault)

Uraufführung: 1769, Hoftheater, Salzburg (?)
Personen: Fracasso, ein ungarischer Kommandant (T); Rosina, Baronin, Schwester Fracassos, die vorgeblich Einfältige (S); Giacinta, Schwester Don Cassandros und Don Polidoros (S); Ninetta, Kammermädchen (S); Don Polidoro, ein einfältiger Edelmann, Bruder Cassandros (T); Don Cassandro, ein einfältiger und geiziger Edelmann, Bruder Polidoros (B); Simone, Hauptmann des Kommandanten (B)
Orchester: 2 Fl, 2 Ob, 2 E.H, 2 Fg, 2 Hr (auch »corni da caccia«), Streicher, B.c
Auffführung: Dauer ca. 2 Std. 30 Min. – Die Personen- und Schauplatzangaben richten sich nach dem Salzburger Libretto.

Entstehung: Hinweise zur Entstehungsgeschichte geben einzig Schriftstücke aus der Feder Leopold Mozarts, die den Sachverhalt aber aus verständlichen Gründen möglicherweise nicht immer objektiv darstellen. Die Anregung, »eine opera zu componieren, und selbe in einem Brief an den Salzburger Bekannten Johann Lorenz Hagenauer vom 30. Jan./3. Febr. 1768) erhielt der knapp zwölfjährige Wolfgang von Kaiser Joseph II., wohl anläßlich einer Audienz am 19. Jan. 1768 in Wien. Der Hof hatte jedoch keinen direkten Einfluß auf die Wiener Theater, die Verantwortung lag allein bei deren Pächter Giuseppe Afflisio. Dieser hat mit den Mozarts offensichtlich bald nach der Audienz eine vertragliche Vereinbarung getroffen und wohl auch das Textbuch bestimmt. Er hielt sie über Monate mit der Aussicht auf eine Aufführung der anstehenden Oper hin, so daß Wolfgang, der die Komposition wohl nicht erst, wie gelegentlich vermutet, im April begonnen hat, bis zum Sommer 1768 das Werk weitgehend fertiggestellt und zum Teil auch schon mit den Sängern geprobt hatte. So konnte er auch im Haus des jungen Gottfried van Swieten (der später für Mozart so wichtig werden sollte) »die ganze Opera beym Clavier producieren«. Spätestens im Sept. 1768 stand jedoch fest, daß Afflisio, der wegen anderer Mißerfolge in finanziellen Schwierigkeiten steckte, die Oper nicht geben wollte, was den erzürnten Leopold veranlaßte, dem Kaiser in einer Audienz am 21. Sept. 1768 eine Beschwerdeschrift mit einer ausführlichen Darstellung der Vorgeschichte aus seiner Sicht (»Species facti«) zu überreichen, die allerdings ohne Wirkung blieb (vgl. Mozart, *Briefe und Aufzeichnungen*, Bd. 1, S. 279–283, s. Lit.). Schon am 29. Juni 1768 vermutet Leopold in einem Brief an Hagenauer als Opponenten einer Aufführung neben Afflisio auch den kaiserlichen Hofpoeten Coltellini, der das ursprüngliche Libretto Goldonis für die Aufführung einzurichten hatte, sowie »alle Compositores, darunter Gluck eine Hauptperson ist« (dieser hatte wenige Monate zuvor seine *Alceste* herausgebracht), die auch die Sänger auf ihre Seite gebracht hätten. – Erstmals gegeben wurde *La finta semplice* wahrscheinlich 1769 auf Veranlassung des Fürsterzbischofs Sigismund Graf von Schrattenbach. Dies läßt ein auf dies Jahr datiertes Libretto vermuten, es fehlt allerdings jeglicher andere Beleg. Die Tatsache, daß der Komponist im Libretto als zwölfjährig vorgestellt wird, könnte ein Hinweis auf eine Aufführung im Fasching, vor dem 27. Jan. 1769, sein; ein gelegentlich genanntes Aufführungsdatum 1. Mai läßt sich wohl nicht halten.

Handlung: I. Akt, 1. Bild, Garten beim Landhaus Cassandros und Polidoros: In das Landhaus ist der ungarische Kommandant Fracasso mit seinem Hauptmann Simone einquartiert. Fracasso hat sich in Giacinta verliebt, Simone in das Kammermädchen Ninetta. Es steht zu erwarten, daß die reichen Brüder Giacintas, die notorische Weiberfeinde sind, sich einer Heirat widersetzen. Ninetta entwickelt einen Plan, wie die Brüder zu einer Zustimmung überlistet werden können. 2. Bild, Zimmer im Landhaus: Inzwischen ist Fracassos Schwester angekommen, die ungarische Baronin Rosina. Von Ninetta wird sie in den Intrigenplan eingeweiht. Es gelingt Rosina, die sich einfältig gibt, nacheinander den dümmlichen und gehemmten Polidoro und den aufgeblasenen und schrulligen Cassandro in sich verliebt zu machen. Als Liebesbeweis fordert sie von Polidoro einen Brief, von Cassandro einen Ring. Bei der Überreichung des Briefs wird Polidoro bloßgestellt und gedemütigt, Rosina gelingt es außerdem, dem geizigen Cassandro den Ring abzuluchsen.

II. Akt, 1. Bild, Loggia im Landhaus: Ninetta will geliebt werden, Simone aber will zuerst gut essen; Giacinta ist besorgt über einen Streit zwischen Fracasso und Cassandro, Simone dagegen freut sich auf eine Prügelei; Polidoro spinnt sich in den Gedanken ein, Rosina ein Knäblein zu schenken und von ihr bald geheiratet zu werden. 2. Bild, Saal mit Stühlen und Leuchtern, Nacht: Rosina unterzieht Polidoro einer lächerlichen Prüfung; die Brüder bemerken, daß sie Rivalen sind; der betrunkene Cassandro schläft von Rosina verwirrt ein, sie steckt ihm, um ihn zusätzlich aus dem Konzept zu bringen, heimlich den Ring wieder an; Fracasso und Cassandro geraten in Streit und duellieren sich mit Schwertern; die störrischen Brüder geraten eifersüchtig aneinander; um sie endgültig mürbe zu machen, wird fingiert, Giacinta sei mit dem gesamten Geld verschwunden.

III. Akt, zum Landhaus führende Straße: Ninetta und Simone freuen sich über ihre bevorstehende Heirat, Giacinta dagegen sieht ihre Felle davonschwimmen und muß von Fracasso getröstet werden; Rosina kann Polidoro wie Cassandro zunächst noch hinhalten, bevor sie letzterem ihre Hand gibt. Nach kurzem Sträuben gibt Cassandro schließlich die Einwilligung zur Heirat seiner Schwester mit Fracasso, nur Polidoro ist leer ausgegangen.

Kommentar: Mozarts ersten Beitrag zur italienischen Oper gerecht zu beurteilen fällt schwer, selbst wenn man vermeidet, ihn vor dem Hintergrund der drei alles überragenden Lorenzo-Da-Ponte-Opern zu sehen. Von deren glücklicher Konstellation ist die Talentprobe des Zwölfjährigen weit entfernt. Goldonis Komödie mit Musik des sonst so gut wie unbekannten Perillo blieb bei der Uraufführung offensichtlich ohne größere Resonanz und gehört sicher nicht zu den

Glanzstücken des Autors. Alleiniger Gegenstand ist der fast zuständliche, von Anfang an bestehende Heiratswunsch aller Personen mit den Versuchen seiner Realisierung. Die auf der Verstellung Rosinas basierende Intrige reicht kaum aus, das Stück zu tragen. Wichtiger ist die Reihung komischer Situationen, die viele Requisiten der Komödie bemüht: Feste Typen sind etwa der streitsüchtige Soldat Fracasso (wörtlich: »Lärm«), der auf den Capitano der Commedia dell'arte zurückgeht, letztlich auf den antiken Miles gloriosus, sodann die Figur des skurrilen Alten (Pantalone), die hier in zweifacher Form im Brüderpaar erscheint, sowie das Dienerpaar mit der intrigierenden Zofe und dem hungrigen Simone. Ein altes Opernrequisit ist auch die Schlummerszene. In besonderem Maß vernachlässigt Goldoni in *La finta semplice* die strikte Konsequenz einer dramatischen Entwicklung zugunsten eines mit leichter Hand gefügten Nebeneinanders komischer Situationen, die um so mehr mit improvisatorischen Fähigkeiten der Sängerschauspieler rechnen. Coltellini hat nur wenig in das Stück eingegriffen, am meisten noch in den III. Akt, den er im Hinblick auf ein großes und wirkungsvolles Finale umgestaltet hat, während Goldoni seinem Typus des weniger auftrumpfenden Opernschlusses treu geblieben war. Rosina und Fracasso, das in der sozialen Hierarchie am höchsten angesiedelte Geschwisterpaar, ist schon im Libretto, vollends aber in Mozarts Vertonung von den andern Rollen differenziert, obwohl sie im gleichen Maß wie diese die komische Handlung mittragen. Die Tradition der »parti serie« in der Opera buffa wird etwa mit der sonst nicht verwendeten altertümlichen Form der Dakapoarie greifbar, in der zwei der drei Arien Fracassos angelegt sind (Nr. 5 und 25), oder in den besonders empfindsamen und tonartlich hervorgehobenen Arien Rosinas, vor allem ihrer duftig instrumentierten E-Dur-Kavatine »Amoretti« (Nr. 15). – Neben den drei großen Finale enthält die Oper 21 Arien, ein Duett, eine Quartettintroduktion und Rezitative. Von besonderem Reiz sind die als Accompagnato gestaltete Pantomime Rosina/Cassandro (II/7) und die komische große Duellszene Fracasso/Cassandro (Duett Nr. 19). Daß Mozarts Komposition insgesamt manchmal nicht restlos befriedigt, ist sicherlich damit zu erklären, daß dem Knaben die letzte virtuose Souveränität im Umgang mit den musikdramatischen Mitteln noch fehlte. Andrerseits sollte man nicht überhören, daß sich in der Partitur im Vergleich mit den Konventionen der zeitgenössischen Opernproduktion etwas Neues und vor allem Frisches ankündigt, das auch der schalen und flachen Routine des Librettos nicht mehr recht korrespondiert. – Ob es eine definitive Werkgestalt der *Finta semplice* gibt und worin genau sie besteht, kann wohl nicht eindeutig bestimmt werden. Vermutlich im Hinblick auf die Salzburger Aufführung nahm Mozart einige Veränderungen an der Partitur vor, andere Varianten resultieren offensichtlich aus der Probenarbeit in Wien (manche Eintragungen verraten dabei redaktionelle Eingriffe durch Leopold Mozart). Die Ouvertüre ist eine gekürzte und umgearbeitete Fassung der *Symphonie D-Dur Nr. 7*, die im Jan. 1768 entstanden war. Die Arie Nr. 7, »Cosa ha mai la donna indosso«, ist eine gekürzte Bearbeitung der Arie des Christgeists (Nr. 7) aus dem geistlichen Singspiel *Die Schuldigkeit des ersten und fürnehmsten Gebots* (Salzburg 1767), ein für Mozart seltener Fall sogenannter Parodie.

Wirkung: Das Salzburger Libretto sieht folgende Besetzung vor: Fracasso: Joseph Meißner, Rosina: Maria Magdalena Lipp, Giacinta: Maria Anna Braunhofer, Ninetta: Maria Anna Fesemayr, Polidoro: Franz Anton Spitzeder, Cassandro: Joseph Hornung, Simone: Felix Winter. Das Werk wurde 1921 in einer Bearbeitung von Anton Rudolph als *Die verstellte Einfalt* in Karlsruhe inszeniert. In Rudolphs Bearbeitung kam es zu weiteren Aufführungen 1925 in Wien, 1927 in Breslau und 1928 in Prag (Dirigent: William Steinberg). 1923 wurde die Oper in einer dänischen Übersetzung von Rudolphs Version in Kopenhagen gegeben. In einer Bearbeitung von Bernhard Paumgartner *(Das schlaue Mädchen)* wurde das Werk 1956 im Rahmen der Mozartwoche Salzburg (Dirigent: Paumgartner, Regie: Géza Rech; George Maran, Dorothea Siebert, Edith Oravez, Karin Küster, August Jaresch, Alois Pernerstorfer, Walter Raninger), 1959 in Ludwigsburg, 1960 anläßlich der Salzburger Festspiele (Bernhard Conz, Georg Reinhardt), 1964 in Schönbrunn und 1977 an der Volksoper Wien (Reinhard Schwarz, Wolfgang Weber; Jerome Pruett, Regina Winkelmayer, Marjon Lambriks, Julia Migenes, Murray Dickie, Ernst Gutstein, Robert Granzer) aufgeführt. Ein neues Interesse an der *Finta semplice* erwachte durch die Herausgabe der Partitur im Rahmen der »Neuen Mozart-Ausgabe«. Einer konzertanten Aufführung 1983 während der Mozartwoche Salzburg folgten Einstudierungen 1985 im Park Lane Theatre London, 1988 in Bern, 1989 in Lübeck und Hof und 1990 in Darmstadt (Übersetzung und Regie: Peter Brenner, Dirigent: Jun Märkl).

La finta semplice, III. Akt; Bianca Maria Casoni als Giacinta, Manfred Schmidt als Fracasso, Edith Mathis als Ninetta, Ingeborg Hallstein als Rosina, Peter Branoff als Simone, Franz Mazura als Cassandro, Erwin Wohlfahrt als Polidoro; Regie: Georg Reinhardt, Bühnenbild: Heinrich Wendel, Kostüme: Xenia Chris; Festspiele, Residenz, Salzburg 1960. – Fast wie im Chambre séparée eines großräumigen Palasts rollt Mozarts Jugendkomödie ab als leichtfüßiges Kammerspiel.

Autograph: I. Akt: Bibl. Jagiellońska Krakau; II.–III. Akt: SBPK Bln. **Ausgaben:** Part. krit. Ausg.: W. A. Mozart, Werke, Bd. V/4, [rev. v. F. Wüllner], B&H 1882, Nachdr.: Edwards Music Reprints, Serie A, Ann Arbor, MI 1951–56; W. A. Mozart, Neue Ausg. sämtl. Werke, Serie II/5, Bd. 2, hrsg. R. Angermüller, W. Rehm, Bär 1983; Part, Bearb. v. B. Paumgartner, ital./dt.: Ricordi 1955; Kl.A, dass.: Ricordi 1955; Kl.A, ital./dt. Übers. v. P. Brenner: Bär [in Vorb.]; Textb.: Salzburg, Stamparia di Corte 1769; Textb., ital./dt., in: R. Angermüller 1982 (s. Lit.). **Aufführungsmaterial:** Bär; Bearb. Paumgartner: Ricordi
Literatur: P. Epstein, M.s erste Oper: ›La finta semplice‹, in: Mk 20:1927/28, S. 508–512; B. Paumgartner, ›La finta semplice‹ – ›Das schlaue Mädchen‹ – ›La Fausse ingénue‹. Opera buffa in 3 Akten v. W. A. M. (KV 51), in: Ph. Mozartwoche, Salzburg 1956, S. 3–7; ders., Prefazione alla ›Finta semplice‹, in: Ricordiana 2:1956, S. 15–17; G. Rech, M.s ›La finta semplice‹, in: ÖMZ 11:1956, S. 12–14; ders., M.s Jugendoper ›La finta semplice‹ im Rahmen der Salzburger M.-Woche 1956, in: Schweizer Monats-H. 35:1956, S. 672–674; ders., ›La finta semplice‹ und ›Der Schauspieldirektor‹, in: Ph. zum 8. Dt. Mozartfest, Ludwigsburg 1959, S. 25–27; M. Zijlstra, Een Weense première van M.s ›La finta semplice‹, in: Mens en melodie 19:1964, S. 274–276; Vita di Giuseppe Afflisio. Aus d. Nachlaß v. B. Paumgartner hrsg. G. Croll, H. Wagner, Kassel 1977 (Schriftenreihe d. Internationalen Stiftung Mozarteum. 7.); R. Angermüller, Ein neuentdecktes Salzburger Libretto (1769) zu M.s ›La finta semplice‹, in: Mf 31:1978, S. 318–322; ders., ›La finta semplice‹. Goldoni/Coltellinis L zu M.s erster Opera buffa (ital./dt.), in: Mitt. d. Internationalen Stiftung Mozarteum 30:1982, S. 15–72 (auch separat: Kassel 1982); ders., La finta semplice, in: Ph. Mozartwoche, Salzburg 1983, S. 17–39; ders., Die vorgesehenen Sänger für die Wiener (1768) und Salzburger (1769) Erstaufführung von M.s ›La finta semplice‹, in: Wiener Figaro 50:1983, Nov., S. 3–17; weitere Lit. s. S. 276

Reinhard Wiesend

Mitridate re di Ponto
Dramma per musica

Mithridates, König von Pontus
3 Akte (8 Bilder)

Text: Vittorio Amedeo Cigna-Santi zu dem Dramma serio (Turin 1767) von Quirinio Gasparini, nach der Tragödie *Mitridate* (1673) von Jean Baptiste Racine in der italienischen Übersetzung (um 1765) von Giuseppe Parini
Uraufführung: 26. Dez. 1770, Teatro Regio Ducale, Mailand
Personen: Mitridate/Mithridates, König von Pontus und andern Reichen, Liebhaber Aspasias (T); Aspasia, Verlobte Mitridates, bereits als Königin proklamiert (S); Sifare, Sohn Mitridates und Stratonicas, verliebt in Aspasia (S); Farnace/Pharnakes, ältester Sohn Mitridates, ebenfalls verliebt in Aspasia (A); Ismene, Tochter des Königs von Parthien, Braut Farnaces (S); Marzio, römischer Tribun, Freund Farnaces (T); Arbate, Statthalter von Ninfea (S); ein Mohr (stumme R); ein Römer (stumme R). **Statisterie:** Beamte, Soldaten, Priester, Wachen, königliche Leibgarde
Orchester: 2 Fl, 2 Ob, 2 Fg, 4 Hr, 2 Trp, Streicher, B.c

Aufführung: Dauer ca. 3 Std. 15 Min. – Sifare, Farnace und Arbate wurden in der Uraufführung von Kastraten gesungen.

Entstehung: Während seiner ersten Reise nach Italien erhielt Mozart durch Karl Joseph Graf von Firmian eine Scrittura für die Eröffnungsoper der Saison 1770/71 am Teatro Regio Ducale. Erst vier Monate später wurde ihm mitgeteilt, welches Libretto er zu vertonen habe, so daß dem 14jährigen nur fünf Monate blieben, um die Komposition termingerecht fertigzustellen. Cigna-Santis Text wurde für Mozarts Oper bis auf kleine Änderungen wörtlich übernommen. In erster Linie mußte Mozart den Wünschen und Möglichkeiten der Sänger gerecht werden; zudem hatte er gegen die Zweifel anzukämpfen, ob ein so junger, außerdem deutscher Komponist eine Opera seria schreiben könne. Auch der von Leopold Mozart übel vermerkte, jedoch durchaus zeitübliche Versuch der Sänger, Arien aus Gasparinis *Mitridate* zu übernehmen, ist teilweise auf dies Mißtrauen zurückzuführen, das sich jedoch nach der ersten Orchesterprobe in Anerkennung und Wohlgefallen wandelte.

Handlung: Am Pontus, um 63 v. Chr., zur Zeit des dritten Kriegs König Mithridates' VI. gegen Rom. I. Akt, 1. Bild: Platz in Ninfea mit Blick auf das Stadttor; 2. Bild: Venustempel, mit Myrten und Rosen geschmückter Altar; 3. Bild: Hafen am Meer mit Blick auf zwei ankernde Flotten und einen Teil Ninfeas; II. Akt, 1. Bild: Gemächer; 2. Bild: Mitridates Feldlager, rechts das große Königszelt mit Sitzen, dahinter dichter Wald und Heerscharen; III. Akt, 1. Bild: hängende Gärten; 2. Bild: das Innere eines Turms der Stadtmauern von Ninfea; 3. Bild: Atrium, an das der große Schloßhof von Ninfea anschließt, in der Ferne das Meer mit brennenden Schiffen.
In Ninfea trifft die Nachricht ein, Mitridate sei im Kampf gegen die Römer gefallen. Seine Söhne, ohnehin politische Gegner (Farnace ist Freund der Römer, Sifare steht auf seiten der Griechen), werden nun auch zu Rivalen um die Gunst Aspasias, der Verlobten Mitridates. Aspasia vertraut Sifare ihre Befürchtung an, Farnace könne seinen Heiratsantrag mit Gewalt einlösen. Arbates Botschaft, Mitridate sei mit seiner Flotte unvermutet zurückgekehrt, ändert die Situation. Mitridate, der selbst das Gerücht von seinem Tod verbreiten ließ, um die Loyalität seiner Söhne zu prüfen, bringt Ismene als Braut Farnaces mit. Sie spürt, daß Farnace sie nicht mehr liebt; Mitridates Mißtrauen und Eifersucht erwachen erneut, und er beschließt, den Abtrünnigen zu töten. Er will Aspasia, die ihre Neigung zu Sifare verbirgt, heiraten; sie beugt sich der Pflicht, gesteht jedoch Sifare ihre Liebe und bittet ihn zu fliehen. Mitridate plant, die Niederlage gegen die Römer wettzumachen. Vor Ismene und Arbate versucht er, Farnaces Bund mit den Römern zu entlarven; der Verrat scheint sich zu bestätigen, als Farnaces Freund Marzio ein Friedensangebot der Römer bringt und Farnace rät, es anzunehmen. Sifare hingegen ist bereit zu kämpfen. Die Brüder denunzie-

ren sich gegenseitig, Mitridate ringt Aspasia mit List das Geständnis ihrer Liebe zu Sifare ab. In rasendem Zorn will er, trotz der Fürsprache Ismenes, alle drei vernichten. Aspasia ist entschlossen, den Giftbecher zu trinken, doch Sifare kann ihren Tod verhindern. Er eilt in den Kampf, um Mitridate beizustehen. Dieser hat sich jedoch, um den Römern nicht in die Hände zu fallen, in sein Schwert gestürzt. Sterbend erfährt er, daß Farnace das Feuer an die Flotte der Römer gelegt und diese zum Rückzug gezwungen hat. Er verzeiht seinen Söhnen und bestimmt Aspasia zur Gemahlin Sifares.

Kommentar: Mit Cigna-Santis Textbuch bot Mozart für seine erste Opera seria die typischen Ingredienzen der Gattung: die Verschränkung einer Haupt- und Staatshandlung mit einer konfliktreichen Liebeshandlung, die Wandlung des Despoten zum gerechten Herrscher, den Widerstreit zwischen Pflicht und Neigung, zwischen Treue und Verrat. Daß sich der junge Komponist dieser Aufgabe mit Erfolg stellte, belegen nicht nur die Briefe Leopold Mozarts, sondern auch die Aufführungszahlen (22 Wiederholungen) und die folgenden Aufträge für italienische Opern. Erfolgreich aber war *Mitridate*, eben weil er die Standards der Seria in allen wesentlichen Bereichen erfüllte, in den Seccos, den knappen Accompagnatos und in den (meist in der üblichen verkürzten Dakapoform komponierten) Arien der Protagonisten. Die Beurteilung von Mozarts erster italienischer Oper in der älteren Forschung nach dem Maßstab der späteren, »ausgereiften« Opern führte entweder zu dem Schluß, Mozart sei mit *Mitridate* überfordert gewesen, habe deshalb nur »schematisch« komponiert, oder zum Versuch, auch in diesem Werk Beispiele seines genuinen Komponierstils nachzuweisen. Neueste Untersuchungen betonen die Notwendigkeit, das Werk vor dem Hintergrund des zeitgenössischen Musiklebens zu sehen. Für die saisoneröffnende Oper am Teatro Regio Ducale, das zu den wenigen Bühnen gehörte, die die Karnevalssaison ausschließlich für Aufführungen von Opere serie reservierten, bedeutete dies Anpassung an die für dies Haus typische konservative Tradition. Mozart stand ein vergleichsweise großes Orchester mit starker Streicherbesetzung (60 Instrumente, davon je 14 1. und 2. Violinen) zur Verfügung, dessen Möglichkeiten er in den Accompagnatos, Orchestervorspielen und in der die Bläser exponierenden differenzierten Arienbegleitung nutzte. Unter den affektträchtigen Situationen der Handlung, etwa der von einem Marsch eingeleiteten Auftrittsarie Mitridates und seinen Zornesausbrüchen im I. und II. Akt, dem elegischen Abschiedsduett Sifare/Aspasia am Schluß des II. Akts, ragen zwei Szenen sowohl durch die komplexe musikalische Gestaltung als auch durch die dramaturgische Faktur hervor, in der sich Mozarts Gespür für wirkungsvolle Szenenverknüpfung zeigt:

Mitridate re di Ponto, II. Akt, 2. Bild; Arleen Augér als Sifare, Pilar Lorengar als Ismene, Helen Watts als Farnace, Reingard Didusch als Arbate; Regie: Wolfgang Weber, Ausstattung: Peter Heyduck; Festspiele, Felsenreitschule, Salzburg 1971. – Die Vorstellung, die Personen der Opera seria hätten in steifer Statuarik in Erscheinung zu treten, entspricht eher einem Rezeptionsklischee denn dem Wesen der Gattung.

die traditionell im III. Akt erscheinende große Ombraszene Aspasias, eine Es-Dur-Kavatine mit ausgedehntem Accompagnato, die durch die folgende Arie Sifares zu einem leidenschaftlich-düsteren Szenenkomplex erweitert ist, sowie Aspasias Arie im I. Akt »Nel sen mi palpita dolente il core«, in der sie verzweifelt ihrer Liebe zu Sifare entsagt. In dieser »aria agitata« offenbart sich eindringlich Mozarts aus dem Impuls des Dramatischen schöpfende Gestaltungsintensität.

Wirkung: Die Premiere mit Guglielmo D'Ettore (Mitridate), Antonia Bernasconi (Aspasia), Pietro Benedetti (Sifare), Giuseppe Cicognani (Farnace), Anna Francesca Varese (Ismene), Gaspare Bassano (Marzio) und Pietro Muschietti (Arbate) war erfolgreich, ebenso die folgenden Aufführungen. Das Werk wurde zusammen mit drei Balletten gegeben, Noverres *Le Jugement de Paris* (Lyon 1751), das von Francesco Caselli, einem Schüler Noverres, der 1770/71 Ballettmeister des Theaters war, einstudiert wurde, sowie die von ihm selbst geschaffenen Ballette *Il trionfo della Virtù a fronte d'Amore* und *Dame e cavalieri, che applaudano alle nozze d'Aspasia e d'Ismene*. Da die Vorstellung über sechs Stunden dauerte, kürzte man schon in der zweiten Aufführung die Ballette. *Mitridate* wurde in Mailand 23mal aufgeführt, weitere Aufführungen im 18. und 19. Jahrhundert scheint es nicht gegeben zu haben. Erst 1971 (nach der Edition des Werks in der »Neuen Mozart-Ausgabe«) erschien *Mitridate re di Ponto* wieder auf der Bühne, und zwar in einer Inszenierung von Wolfgang Weber im Rahmen der Salzburger Festspiele (Mitridate: Peter Schreier, Aspasia: Edda Moser, Sifare: Arleen Augér, Farnace: Helen Watts; Dirigent: Leopold Hager). Es folgten Düsseldorf und Duisburg 1971 (Nicola Tagger, Meredith Zara, Rachel Yakar, Julia Hamari; Dirigent: Günther Wich, Regie: Ernst Poettgen) sowie Aix-en-Provence 1983 (Rockwell Blake, Yvonne Kenny, Ashley Putnam, Sandra Browne; Theodor Guschlbauer, Jean-Claude Fall). Weitere Inszenierungen erfolgten in Koproduktion mit der Regie Jean-Pierre Ponnelles: Schwetzingen 1983 (Gösta Winbergh, Kenny, Ann Murray, Hamari; Nikolaus Harnoncourt), Vicenza 1984 als Voraufführung für Venedig 1984 (jeweils mit Curtis Rayam, Jenny Drivala, Lella Cuberli, Bernadette Manca di Nissa; Roderick Brydon), Zürich 1985 (Blake, Kenny, Felicity Lott, Hamari; Harnoncourt), sowie als eigene Produktion (Regie: Lucy Bailey) beim Wexford-Festival 1989 (Martin Thompson, Lena Nordin, Cyndia Sieden, Lurette Bybe; Mario Guidarini).

Autograph: Verbleib unbekannt; ältere Fassungen u. Entwürfe: BN Paris (MS. 244). **Abschriften:** Part: Bibl. de Ajuda Lissabon (45/III/22, 23, 24), BL London (Add. Ms. 16. 058), BN Paris (D 8541 1, 2, 3). **Ausgaben:** Part, krit. Ausg.: W. A. MOZART, Werke, Bd. V/5, [rev. v. P. v. Waldersee], B&H 1881, Nachdr.: Edwards Music Reprints, Serie A, Ann Arbor, MI 1951–56; W. A. MOZART, Neue Ausg. sämtl. Werke, Serie II/5, Bd. 4, hrsg. L. F. Tagliavini, Bär 1966; Textb.: Mailand, Montani 1770.
Aufführungsmaterial: Bär
Literatur: F. CHRYSANDER, ›Mitridate‹; italienische Oper von M., in: AMZ 16:1881, Sp. 785–788, 801f., 817–821, 17:1882, Sp. 8–12, 25–27, 36–42, 54–59, 70–74, 85–89, 103–107, 122–124, 893; R. ANGERMÜLLER, Mitridate, re di Ponto, in: Ph. Mozartwoche, Salzburg 1977; L'Avant-scène, Opéra, Nr. 54, Paris 1983; weitere Lit. s. S. 276

Gabriele Brandstetter

Il sogno di Scipione
Azione teatrale

Der Traum Scipios
1 Akt, Licenza

Text: Pietro Metastasio (eigtl. Pietro Antonio Domenico Bonaventura Trapassi; 1735)
Uraufführung: 20. Jan. 1979, Großes Festspielhaus, Salzburg (konzertant); 4.(?) Juni 1984, Teatro Olimpico, Vicenza (komponiert 1771)
Personen: Scipione/Scipio (T); La Costanza/die Beständigkeit (S); La Fortuna/das Glück (S); Publio/Publius, Scipiones Adoptivgroßvater (T); Emilio/Aemilius, Scipiones Vater (T). **Chor:** Helden
Orchester: 2 Fl, 2 Ob, 2 Hr, 2 Clarini, Pkn, Streicher, B.c
Aufführung: Dauer ca. 2 Std. – Die Licenza wird von einem Sopran gesungen.

Entstehung: In der Mozart-Literatur wurde bisher die Ansicht vertreten, das Werk sei zur Inthronisation des Fürsterzbischofs Hieronymus Graf von Colloredo-Waldsee 1772 komponiert worden. Eine Untersuchung des Autographs der Licenza I (Nr. 11a) durch Ultraviolettphotographie ergab jedoch, daß unter dem Namen des endgültigen Widmungsträgers »Girolamo« (Hieronymus) »Sigismondo« stand. Das Werk wurde also für Fürsterzbischof Sigismund Graf von Schrattenbach geschrieben, wahrscheinlich zum 50. Jahrestag seiner Priesterweihe am 10. Jan. 1772. Doch Sigismund starb am 16. Dez. 1771. Für die veränderte Funktion, die Inthronisation seines neuen Brotherrn, hat Mozart lediglich eine zweite Licenza neu komponiert, wobei er wiederum dem Wortlaut von Metastasios Vorlage genau folgte. Das Stück, so heißt es bei Metastasio, spielt auf die »sfortunate campagne delle armi austriache in Italia« (den glücklichen Feldzug der österreichischen Truppen in Italien) an. Aus der Gegenüberstellung der allegorischen Figuren der »Costanza« und der »Fortuna« könnte dem Ausgang des Stücks entsprechend die versteckte Aufforderung an den Erzbischof herausgelesen werden, er möge seine konservative Haltung und Politik fortsetzen und dem wankelmütigen und trügerischen Glück der Aufklärung folgen. Letzteres hat dann aber Colloredo getan, weshalb das Libretto für seine Person gänzlich unpassend war. Zu einer Aufführung anläßlich der Wahl Colloredos ist es aller Wahrscheinlichkeit nach nicht gekommen.
Handlung: Im Königreich Massinissas, Afrika: Im Haus König Massinissas erscheinen dem schlafenden Scipione Fortuna und Costanza und fordern ihn auf, sich für eine von ihnen zu entscheiden. Scipione bittet

um Bedenkzeit. Fortuna weist auf Flatterhaftigkeit, Ruhelosigkeit und Wandlungsfähigkeit als ihre Vorzüge. Costanza versucht Scipione von der Unzulänglichkeit des Menschen zu überzeugen. Im Himmelstempel begegnen sich Scipione und die Tugenden erneut. Scipione will wissen, wer die himmlische Stätte bewohne, worauf römische Helden erscheinen, unter ihnen Emilio und Publio. Publio erklärt seinem Enkel, nur durch tugendhaftes Leben könne er in die Schar der Himmlischen aufgenommen werden. Nachdem sein Vater Emilio ihn von der Bedeutungslosigkeit alles Menschlichen überzeugt hat, will Scipione im Himmel bleiben. Doch Fortuna und Costanza belehren ihn, daß er erst sein irdisches Leben beenden müsse. Fortuna bedrängt ihn erneut, sich zu entscheiden, und weist ihn darauf hin, daß alles, was er tue, fehlschlüge, wenn ihm das Glück nicht hold sei. Doch Scipione wendet sich Costanza zu, worauf Fortuna ein Unwetter entfesselt. Als Scipione erwacht, erkennt er, daß der Traum ein göttliches Zeichen war. Licenza: Die Huldigung Scipiones bezieht sich zuerst und vor allem auf Colloredo, der stets ein Zeugnis seiner Tugendhaftigkeit ablege.

Kommentar: *Il sogno di Scipione*, dessen Stoff Metastasio dem Schluß, »Somnium Scipionis«, von Marcus Tullius Ciceros *De re publica* (51 v. Chr.) entnahm, bildet innerhalb von Mozarts dramatischem Frühwerk insofern eine Ausnahme, als es ausschließlich als Huldigungsallegorie konzipiert war. Von einer gewöhnlichen Oper unterscheidet sich das Werk mithin durch das Fehlen einer dramatischen Handlung. Statt dessen werden in loser Folge Betrachtungen über die Tugend, das irdische und das himmlische Leben aneinandergereiht. Der Text bot Mozart also kaum Gelegenheit, sich zu einer Vertonung inspirieren zu lassen, wie sie ihm die Libretti zu seinen nur wenig später entstandenen Mailänder Opern boten. Dem Usus der Zeit entsprechend kürzte Mozart in den zehn Arien das Dakapo.

Wirkung: Die Uraufführung anläßlich der Salzburger Mozartwoche war außergewöhnlich gut besetzt (Scipione: Peter Schreier, Costanza: Lucia Popp, Fortuna: Edita Gruberová, Publio: Claes Håkan Ahnsjö, Emilio: Thomas Moser, Licenza: Edith Mathis; Dirigent: Leopold Hager). Nach einer szenischen Laieneinstudierung im Rahmen des Jugendfestspieltreffens Bayreuth 1982 erfolgte 1984 die szenische Uraufführung anläßlich des 2. Festival di Vicenza (Dirigent: Christopher Hogwood).

Autograph: SBPK Bln. **Ausgaben:** Part, krit. Ausg.: W. A. MOZART, Werke, Bd. V/7, [rev. v. P. v. Waldersee], B&H 1880, Nachdr.: Edwards Music Reprints, Serie A, Ann Arbor, MI 1951–56; W. A. MOZART, Neue Ausg. sämtl. Werke, Serie II/5, Bd. 6, hrsg. J.-H. Lederer, Bär 1977, krit. Ber. 1979.
Aufführungsmaterial: Bär
Literatur: J.-H. LEDERER, Il sogno di Scipione, in: Ph. Mozartwoche, Salzburg 1979, S. 24–28; DERS., Zu Form, Terminologie und Inhalt von M.s theatralischen Serenaden, in: MJb 1978/79, S. 94–101; DERS., Uraufführung einer M.-Oper, in: ÖMZ 34:1979, S. 26f.; [Bei-H. d. Schallplattenaufnahme DGG], 1980; weitere Lit. s. S. 276

Rudolph Angermüller

Ascanio in Alba
Festa teatrale

Ascanius in Alba
2 Teile

Text: Giuseppe Parini
Uraufführung: 17. Okt. 1771, Teatro Regio Ducale, Mailand
Personen: Venere/Venus (S); Ascanio/Ascanius (S); Silvia, Nymphe aus dem Geschlecht des Herkules (S); Aceste, Priester (T); Fauno, Anführer der Hirten (S).
Chor, Ballett: Genien, Grazien, Hirten, Hirtinnen, Nymphen
Orchester: 2 Fl, 2 Ob, 2 »serpentini«, 2 Fg, 4 Hr, 2 Trp, Pkn, Streicher, B.c
Aufführung: Dauer ca. 2 Std. 30 Min. – Die »serpentini« können mit Englischhörnern besetzt werden. Ascanio und Fauno wurden bei der Uraufführung von Kastraten gesungen.

Entstehung: Auf Empfehlung des österreichischen Generalgouverneurs für die Lombardei, Karl Joseph Graf von Firmian, wurde Mozart von Kaiserin Maria Theresia wohl im März 1771 beauftragt, anläßlich der Hochzeit Erzherzog Ferdinand Karls mit Maria Beatrix von Este (am 15. Okt.) eine »serenata« oder »cantata teatrale« zu vertonen, die zusammen mit Hasses *Ruggiero ovvero L'eroica gratitudine* den musikdramatischen Beitrag zu den spektakulären Feierlichkeiten bilden sollte. Im Juli begann der renommierte Parini mit der Abfassung des Textbuchs, das nicht vor dem 19. Aug. in Mozarts Besitz gelangte. Mozart komponierte zunächst die Ouvertüre, mußte dann auf Bitten Parinis das Libretto zurückschicken und konnte sich infolgedessen erst am 7. Sept. wieder dem Werk widmen, um es am 23. Sept. zu vollenden, dem Tag, an dem die Proben begannen, die sich bis zum 14. Okt. hinzogen. Die Ballette choreographierten Jean Favier und Charles Le Picq. Die Wahl Hasses und Mozarts als Komponisten der Festopern entbehrte nicht einer gewissen Hintergründigkeit: Stand der 15jährige Mozart am Anfang seines Schaffens, beschloß Hasse mit dem Werk seine Jahrzehnte währende glanzvolle Karriere.

Handlung: Erst die Landschaft, dann die Stadt Alba, mythische Zeit; zu feierlichen Versammlungen der Hirten bestimmte weite Fläche, begrenzt durch dichtbelaubte hohe Eichen; in der Mitte ein roher Altar mit der Skulptur des wunderbaren Tiers, das angeblich der Stadt Alba den Namen gab; dazwischen eine liebliche Landschaft mit Hütten, Hügeln sowie wasserreichen klaren Bächen; im Hintergrund blaue Berge, deren Gipfel sich in einem klaren, heiteren Himmel verlieren.
I. Teil: Umtanzt von Genien und Grazien, erscheint Venere in Begleitung ihres Sohns Ascanio und verkündet, daß von nun an er in Alba regieren und heute seine Braut Silvia heiraten werde. Um Silvias Tugend zu prüfen, dürfe er ihr zwar begegnen, sich ihr jedoch nicht zu erkennen geben. Silvia kommt in Begleitung des Priesters Aceste, der ihr verspricht, daß sie noch

heute Ascanios Braut wird. Während Ascanio sie aus dem Verborgenen betrachtet, gesteht Silvia, daß sie sich in das Antlitz eines Manns verliebt habe, der ihr im Traum erschienen sei, sie folglich Ascanio, dessen Tugend sie schätze, nur noch achten könne. Aceste versichert ihr, daß das Gesicht mit Sicherheit Ascanios Züge trage. Der Göttin soll nun mit einem Opferfest gehuldigt werden. Ascanio bittet seine Mutter, das Verbot aufzuheben, damit er sich Silvia endlich offenbaren könne, doch Venere fordert weiterhin seine Geduld. Inzwischen schmücken Hirten und Hirtinnen die Bäume, die sich in nach und nach eine architektonische Ordnung bildende Säulen verwandeln: die Anfänge Albas.

II. Teil: Die Zurückhaltung Ascanios, der ihr als Fremder begegnet und die Züge des ihr im Traum Erschienenen trägt, läßt Silvia zu der Gewißheit kommen, daß er nicht der Bräutigam sein kann. Bestürzt, daß sie offenbar doch einen andern liebt, beschließt sie, tugendhaft zu sein und allein Ascanio zu gehören. Als sie ihren Entschluß verkündet, spricht sie der vermeintlich Fremde an, denn nun hat sie ihre Tugendhaftigkeit bewiesen, so daß der Vereinigung des Paars nichts mehr im Weg steht. In einer Wolke erscheint Venere im Kreis ihrer Grazien und Genien und vermählt Ascanio und Silvia. Ascanio solle Alba errichten und klug und weise regieren.

Kommentar: Die Gattung »festa teatrale« oder »azione teatrale«, eine zwischen »serenata« beziehungsweise »cantata« und »dramma per musica« vermittelnde Zwischenform, war außerhalb Italiens am Habsburger Hof in Wien verbreitet, wo sie im 17. Jahrhundert in Antonio Draghi und Johann Joseph Fux, im 18. in Florian Gaßmann und Christoph Willibald Gluck ihre bedeutendsten Exponenten fand. Zur Festoper prädestinierten sie vor allem die mythologischen Stoffe, die es erlaubten, im allegorischen Gewand den Souverän und seine Gäste zu ehren. Als eine verschleierte Huldigung ist auch *Ascanio in Alba* zu deuten, dessen Handlung sich schlüssig auf das Haus Habsburg, ja auf den konkreten Anlaß beziehen läßt: Ascanio als Gründer der neuen Stadt Alba ist das allegorische Ebenbild Ferdinand Karls, der einen weiteren habsburgischen Staat in Italien gründen sollte, wozu die Ehe mit der Prinzessin von Este Voraussetzung war. Mit Venere ist ohne Zweifel Maria Theresia gemeint, die vom fernen Wien aus die Ehe gestiftet hat. Mit Silvia schließlich wird auf die Braut angespielt, die wie jene ihren Bräutigam nicht vor der Hochzeit zu Gesicht bekam. Ebenso gattungstypisch wie das Sujet ist zumindest die äußere musikalische Faktur des Werks. Die große Anzahl der Chöre (16 der 33 Nummern), während der zum Teil auch getanzt wird, die umfangreichen Accompagnatos, ferner die Tatsache, daß keine Solonummer als sogenannte Abgangsarie jeweils am Schluß einer Szene eine Zäsur setzt, entsprachen dem ästhetischen Postulat, daß die Handlung leicht faßlich sein und vor allem auch in den Nummern anschaulich werden solle. In der Arienvertonung unterscheidet sich *Ascanio* weder unter formalem (überwiegend verkürzter Dakapoanlage) noch unter stilistischem Aspekt von *Mitridate re di Ponto* (1770) und belegt wie dies Auftragswerk, wie umfassend sich Mozart in der kurzen Zeit, die ihm zur Verfügung gestanden hat, das Metier der zeitgenössischen italienischen Opernkomponisten, deren Einflüsse im einzelnen zu spezifizieren die Partitur nicht erlaubt, anzueignen vermochte.

Wirkung: Die Uraufführung in der Ausstattung der Brüder Bernardino, Fabrizio und Giovanni Antonio Galliari (Venere: Geltrude Falchini, Ascanio: Giovanni Manzuoli, Silvia: Antonia Maria Girelli, Aceste: Giuseppe Tibaldi, Fauno: Adamo Solzi) muß ein großer Erfolg gewesen sein: Viermal, am 19., 24., 27. und 28. Okt., wurde das Werk wiederholt, Leopold Mozart kam zu der Überzeugung, daß die »serenata« seines Sohns Hasses Oper »niedergeschlagen« habe (Brief vom 19. Okt.), und Ferdinand Karl trug sich mit dem Gedanken, den jungen Mozart in seine Dienste zu stellen. Die eigens für den Anlaß komponierte Oper wurde weder zu Mozarts Lebzeiten noch im 19. und frühen 20. Jahrhundert wieder aufgeführt. Erst 1958 kam es zu einer Einstudierung in der Bearbeitung Bernhard Paumgartners in Salzburg (Dirigent: Robert Kuppelwieser, Bühnenbild: Gustav Vargo; mit Dodi Protero), der sich weitere 1961 in Bern, 1962 in Würzburg und 1969 in Essen anschlossen. Die Salzburger Festspiele brachten das Werk 1967 zur Aufführung (Dirigent: Leopold Hager, Regie: Hellmuth Matiasek, Ausstattung: Ekkehard Grübler, Choreographie: Wazlaw Orlikowsky; mit Simone Mangelsdorff). Konzertante Aufführungen gab es 1959 in Mailand (Dirigent: Carlo Felice Cillario) und 1976 in Salzburg (Hager). 1983 kam es zu einer Einstudierung im Teatro Olimpico Vicenza.

Autograph: SBPK Bln. **Ausgaben:** Part, krit. Ausg.: W. A. MOZART, Werke, Bd. V/6, [rev. v. P. v. Waldersee], B&H 1879, Nachdr.: Edwards Music Reprints, Serie A, Ann Arbor, MI 1951–56; W. A. MOZART, Neue Ausg. sämtl. Werke, Serie II/5, Bd. 5, hrsg. L. F. Tagliavini, Bär 1956, krit. Ber. 1959; Textb.: Mailand, Bianchi 1771. **Aufführungsmaterial:** Bär **Literatur:** H. ENGEL, Hasses ›Ruggiero‹ und M.s Festspiel ›Ascanio‹, in: MJb 1960/61, S. 29–42; S. DAHMS, M.s Festa teatrale ›Ascanio in Alba‹, in: ÖMZ 31:1976, S. 15–24; K. HORTSCHANSKY, M.s ›Ascanio in Alba‹ und der Typus der Serenata, in: Colloquium »Mozart und Italien« (Rom 1974). Ber., hrsg. F. Lippmann, Köln 1978 (Analecta musicologica. 18.), S. 148–159; K. K. HANSELL, Opera and Ballet at the Regio Ducal Teatro of Milan, 1771–1776. A Musical and Social History, 2 Bde., Berkeley 1980, Diss. Univ. of California, Bd. 1, S. 36–63, 80–97; weitere Lit. s. S. 276

Sabine Henze-Döhring

Lucio Silla
Dramma per musica

Lucius Sulla
3 Akte (8 Bilder)

Text: Giovanni De Gamerra
Uraufführung: 26. Dez. 1772, Teatro Regio Ducale, Mailand

Personen: Lucio Silla/Lucius Sulla, Diktator (T); Giunia, Tochter von Gajus Marius, Cecilio als Braut versprochen (S); Cecilio, ein verbannter Senator (S); Lucio/Lucius Cinna, römischer Patrizier, Cecilios Freund und heimlicher Feind Lucio Sillas (S); Celia, Lucio Sillas Schwester (S); Aufidio, Tribun, Lucio Sillas Freund (T). **Chor, Statisterie:** Wachen, Senatoren, Edle, Soldaten, Volk, Mädchen
Orchester: 2 Fl, 2 Ob, 2 Fg, 2 Hr, 2 Trp, Pkn, Streicher, B.c
Aufführung: Dauer ca. 4 Std. – Cecilio wurde bei der Uraufführung von einem Kastraten gesungen.

Entstehung: Am 14./18. März 1771 schrieb Leopold Mozart seiner Frau Anna Maria aus Verona, daß er aus Mailand einen Brief erhalten habe mit zwei für Wolfgang äußerst günstigen Nachrichten: Die eine betraf den Auftrag für *Ascanio in Alba* (1771), die andere die Scrittura für die Karnevalssaison 1772/73. Kaum waren Vater und Sohn aus Italien zurückgekehrt (am 28. März), traf in Salzburg der vom 4. März datierte Vertrag ein, der Wolfgang verpflichtete, im Okt. 1772 die Rezitative nach Mailand zu schicken, sich dort Anfang Nov. einzufinden, um die Arien zu komponieren, und sämtlichen Proben beizuwohnen. Im Spätsommer 1772 gelangte De Gamerras Libretto in Mozarts Besitz. Einem Brief Leopolds vom 14. Nov. aus Mailand, wo er mit seinem Sohn am 4. Nov. eingetroffen war, sind weitere Details der Entstehung von *Lucio Silla* zu entnehmen: Die wenigen Rezitative, die Wolfgang in Salzburg geschrieben hatte, mußte er ändern beziehungsweise neu schreiben, da De Gamerra sein Textbuch in der Zwischenzeit Pietro Metastasio zur Korrektur nach Wien gesandt hatte. Umfang und Art von Metastasios Bearbeitung, für die sich De Gamerra im Vorwort des Librettos ausdrücklich bedankt, lassen sich nicht aus den Quellen erschließen. Da die Sänger zum Teil verspätet in Mailand eintrafen, zögerte sich die Vertonung der Arien hinaus. Noch im Dez. 1772 stand der Sänger des Silla nicht fest, da der ursprünglich vorgesehene Arcangelo Cortoni erkrankt war. Ersatz bot der wenig erfahrene Bassano Morgnoni, der erst am 17. Dez. in Mailand eintraf und nicht überzeugt haben muß, denn er erhielt nur zwei der zunächst vier vorgesehenen Arien. Zu diesem Zeitpunkt war man bereits mitten in den Proben, während der Mozart außer den Nummern für Morgnoni noch zwei Interludien für den I. Akt komponierte. Die Zwischenaktballette sowie das Schlußballett für die von Bernardino, Fabrizio und Giovanni Antonio Galliari ausgestattete Oper schufen Charles Le Picq (*La gelosia del serraglio*, *La giaccona*) und Giuseppe Salamoni (*La scuola di negromanzia*).
Handlung: Im Palast Lucio Sillas und in seiner Umgebung, Rom, um 80 v. Chr.
I. Akt, 1. Bild, einsamer Ort am Ufer des Tiber mit Ruinen und vielen Bäumen; in der Ferne Blick auf den Quirinal und einen kleinen Tempel auf dessen Spitze: Cecilio, von Lucio Silla aus Rom verbannt, ist unerkannt zurückgekehrt und fragt Cinna nach dem Schicksal Giunias. Silla habe Giunia glaubhaft gemacht, Cecilio sei tot, berichtet Cinna und rät seinem Freund, die Geliebte heimlich am Grab ihres Vaters zu treffen. 2. Bild, Gemächer Giunias mit den Statuen der berühmtesten Römerinnen: Vergeblich versucht Silla Giunias Liebe zu gewinnen. Ihre unwiderrufliche Ablehnung läßt seine Gefühle in Haß umschlagen. 3. Bild, prächtiges, ein wenig düsteres Atrium, das an die Gräberstätte mit den prunkvollen Denkmälern der Helden Roms angrenzt: Cecilio verbirgt sich, als er Giunia mit ihrem Gefolge kommen sieht. Kaum ist Giunia in Klage über den Tod ihres Vaters und Verlobten ausgebrochen, gibt er sich ihr zu erkennen, woraufhin es zu einem glücklichen Wiedersehen kommt.
II. Akt, 1. Bild, mit militärischen Trophäen ausgestatteter Bogengang: Silla trägt sich mit dem Gedanken, Giunia gewaltsam vor den Altar zu bringen. Seiner Schwester Celia verspricht er, daß sie Cinnas Gattin werde. Cecilio glaubt, an der Gräberstätte Marius' Aufforderung zu sofortigem Aufruhr vernommen zu haben. Cinna rät ihm jedoch von einem Anschlag ab, nicht zuletzt, um Giunias Leben zu schützen. Um Rom von dem Tyrannen zu befreien, schlägt Cinna Giunia vor, zum Schein auf die Ehe mit Silla einzugehen und diesen im Brautbett zu töten. Giunia weist jedoch einen derart heimtückischen Anschlag ab. Daraufhin beschließt Cinna, den Mord selbst zu begehen. 2. Bild, hängende Gärten: Nachdem Giunia Silla noch einmal bestätigt hat, daß sie eher sterben als ihn heiraten werde, trifft sie auf Cecilio, drängt ihn zu fliehen und beschließt, beim Senat für ihn um Gnade zu flehen. 3. Bild, Kapitol: Silla bittet den Senat, der Ehe zwischen ihm und Giunia zuzustimmen. Als sich kein Widerspruch erhebt, droht Giunia, sich das Leben zu nehmen. Da erscheinen Cecilio und bald darauf auch Cinna, um den Tyrannen zu ermorden. Als der Anschlag fehlschlägt, behauptet Cinna listig, er habe Silla schützen wollen. Cecilio wird abgeführt.
III. Akt, 1. Bild, zu den Kerkern führendes Atrium: Cinna verspricht Celia die Ehe, sofern sie versucht, ihren Bruder zum Verzicht auf Giunias Hand zu überreden. Giunia nimmt Abschied von Cecilio, dessen Tod nun unabwendbar scheint. 2. Bild, Halle: Celia und Cinna vergegenwärtigen Silla, daß er den Haß des römischen Volks auf sich ziehen werde, wenn er Cecilio umbringen läßt. Daraufhin beschließt der Diktator, die Öffentlichkeit zum Zeugen seiner Gerechtigkeit werden zu lassen. Er läßt Cecilio vorführen, begnadigt ihn sowie alle andern Verbannten und gibt ihm Giunia zur Gattin. Cinna, der reuevoll seine Verschwörung gesteht, erhält Celia zur Frau.
Kommentar: *Lucio Silla* gilt als das reifste unter Mozarts für Italien geschriebenen Werken. In der älteren Forschung erkannte man die »Fortschrittlichkeit« der Oper in der Anzahl der obligaten Rezitative, Ensembles und Chöre, in der Vielfalt der Arienformen und in einer Art Bildhaftigkeit der Vertonung. Heute indes weiß man, daß die Faktur des Librettos und die Disposition der Nummern sich nur unwesentlich von zahlreichen andern Opere serie jener Jahre unterscheiden, daß aus den im wesentlichen poetologischen Spezifika des Textbuchs keine Qualitätsmerkmale un-

ter gattungsgeschichtlichem Aspekt abgeleitet werden können und daß das, was man als genuinen Kompositionsstil Mozarts zu erkennen glaubte, mehr oder weniger Lingua franca der zeitgenössischen italienischen Oper war. Die in der wissenschaftlichen Literatur vielfach gerühmte Verknüpfung von obligatem Rezitativ, Solo und Chor zu einem größeren Komplex in I/3 stellte in der Opera seria keine Neuerung dar. Sie spiegelt zudem weniger die Intentionen Mozarts als die De Gamerras wider, der sich hier wie so viele seiner Zeitgenossen der auf Vermischung von metastasianischer Oper und Tragédie-lyrique zielenden Ästhetik Francesco Graf Algarottis verpflichtet zeigt. Die Wahl eines Rondos für den Protagonisten, einer Es-Dur-Ombraszene für die Protagonistin und ihre Position gegen Ende des III. Akts waren ebenfalls weit verbreitet; selbst das für das Rondo (»Pupille amate«, III/4) genommene Tempo (»Tempo di menuetto«) bedeutete kein Eingehen Mozarts auf die besondere szenische Situation, sondern wurde auch sonst und durchaus nicht selten in Verbindung mit diesem Arientyp gewählt. Der Versuch, *Lucio Silla* von der Opera seria seiner Zeit abzugrenzen, muß mithin in Auseinandersetzung mit andern als den gängigen Parametern beginnen. Wie Kathleen Kuzmick Hansell überzeugend dargelegt hat (S. 405–427, s. Lit.), reichte Mozart in der Vertonung der Seccos nicht an die Standards heran. Fraglich ist, ob die ausgedehnten Orchesterzwischenspiele in den obligaten Rezitativen, die Hansell als für *Lucio Silla* charakteristisch hervorhebt, sowie die trotz ihrer vielfach originellen tonartlichen und motivischen Disposition überwiegend altertümlichen Dal-segno-Arien nicht ebenfalls ein Indiz für Mozarts Unerfahrenheit mit der Gattung sind, die seit den späten 60er Jahren Tendenzen zu Verknappung und Ausdruckskonzentration zeitigte. Lösungen beim Rätseln über *Lucio Silla* sind, so scheint es, im Detail zu suchen: in der ungewöhnlichen instrumentatorischen Differenziertheit, in der Vielschichtigkeit des Satzes, in der voller Überraschungsmomente steckenden Melodik und Harmonik. Die Komplexität der kompositorischen Faktur terminologisch als »Sonatenprinzip« fassen zu wollen (Hansell) greift indes ohne Zweifel zu kurz, wird dabei doch außer acht gelassen, daß der kompositorische Reichtum in Mozarts musikalisch-dramatischer Imaginationskraft, in der Interdependenz von Musik und Drama gründet. Zwar hat Mozart mit *Lucio Silla* keine Gattungsgeschichte gemacht, indes ein Ausnahmewerk hervorgebracht, das sich historischer Betrachtung seltsam entzieht.

Wirkung: Das nicht gerade enthusiastisch aufgenommene Werk wurde in der Premierenbesetzung (Silla: Morgnoni, Giunia: Anna Lucia De Amicis, Cecilio:

Lucio Silla, III. Akt, 2. Bild; Ann Murray als Cecilio, Anthony Rolfe Johnson als Lucio Silla, Mariana Nicolesco als Cinna, Patrizia Pace als Celia, Aldo Bottion als Aufidio, Lella Cuberli als Giunia; Regie: Patrice Chéreau, Bühnenbild: Richard Peduzzi, Kostüme: Jacques Schmidt; Scala, Mailand 1984. – Die Mauer als eine die ganze Bühne abschließende Einheitsdekoration ist mit engen Öffnungen versehen und läßt sich stück- und blockweise vor- und zurückschieben. Sie bildet die Folie für das Spiel der schwarzgewandeten Personen und vergegenwärtigt im Wechsel von Licht und Farbe zugleich das Spiel der Affekte.

Venanzio Rauzzini, Cinna: Felicità Suardi, Celia: Daniella Mienci, Aufidio: Giuseppe Onofrio) 26mal aufgeführt. Danach geriet die Oper in Vergessenheit. Zu Mozarts Lebzeiten wurden lediglich Arien Giunias im Rahmen von Konzerten vorgetragen, so 1778 von Aloysia Weber in Kirchheimbolanden und Mannheim sowie 1783 von Therese Teyber in Wien. Der wohl ersten Aufführung in neuerer Zeit 1929 in Prag (Dirigent: Max Rudolf) folgten vereinzelte Inszenierungen 1954 in Dresden (Übersetzung und Regie: Erich Geiger, Dirigent: Rudolf Neuhaus; Silla: Karl Heinz Thomann, Giunia: Ruth Glowa-Burckhardt), 1964 bei den Salzburger Festspielen (Regie: Christoph Groszer, Dirigent: Bernhard Conz, Ausstattung: Ekkehard Grübler; mit William Dooley, Melitta Muszely und Donald Grobe), 1972 in Bern (Regie: Walter Oberer, Dirigent: Ewald Körner; Cecilio: Helena Döse) und eine konzertante Aufführung unter Leopold Hager wiederum in Salzburg. Im Zuge eines wachsenden Interesses für die Opera seria im allgemeinen und Mozarts Frühwerk im besonderen nahmen Nikolaus Harnoncourt (Dirigent) und Jean-Pierre Ponnelle (Regie und Bühnenbild) das Werk 1981 in ihren Zürcher Mozart-Zyklus auf (mit Eric Tappy, Edita Gruberová und Ann Murray). Große Resonanz, nicht zuletzt aufgrund der ausgefeilten Personenregie in den so häufig vernachlässigten Rezitativen, fand 1984 die Inszenierung von Patrice Chéreau als Gemeinschaftsproduktion der Scala Mailand, des Théâtre des Amandiers Nanterre und des Théâtre de la Monnaie Brüssel (Aufführung hier 1985) mit Anthony Rolfe Johnson / John Stewart, Lella Cuberli und Murray / Martine Dupuy (Dirigent: Sylvain Cambreling). Julius Rudel studierte *Lucio Silla* 1987 in Barcelona ein.

Autograph: Bibl. Jagiellońska Krakau. **Ausgaben:** Part, krit. Ausg.: W. A. MOZART, Werke, Bd. V/8, [rev. v. P. v. Waldersee], B&H 1880, Nachdr.: Edwards Music Reprints, Serie A, Ann Arbor, MI 1951–56; W. A. MOZART, Neue Ausg. sämtl. Werke, Serie II/5, Bd. 7, hrsg. K. K. Hansell, Bär 1986; Textb.: Mailand, Bianchi [1773], Faks.-Nachdr., Einf. v. R. Angermüller: München 1975, Faks.-Nachdr. auch in: Ph. Scala, Mailand 1984, S. 10–28. **Aufführungsmaterial:** Bär
Literatur: E. KRAUSE, M. und die Opera seria. Zu Auff. d. ›Lucio Silla‹, ›Idomeneo‹ u. ›Titus‹, in: M u. Ges. 6:1956, S. 12–16; B. PAUMGARTNER, Zu M.s Drama per musica ›Lucio Silla‹, in: Ph. Salzburger Festspiele 1964; K. K. HANSELL, Opera and Ballet at the Regio Ducal Teatro of Milan, 1771–1776. A Musical and Social History, 2 Bde., Ann Arbor, MI 1983, Bd. 1, S. 289–318, 367–383 u. passim; E. WARBURTON, ›Lucio Silla‹ – by M. and J. C. Bach, in: MT 126:1985, S. 726–730; weitere Lit. s. S. 276

Sabine Henze-Döhring

La finta giardiniera
Dramma giocoso in tre atti

Die verstellte Gärtnerin
3 Akte (8 Bilder)

Text: 1. Fassung: Giuseppe Petrosellini (?), für das Dramma giocoso (Rom 1773/74) von Pasquale Anfossi; 2. Fassung: Johann Franz Joseph Stierle (?)

Uraufführung: 1. Fassung: 13. Jan. 1775, Opernhaus St. Salvator, München; 2. Fassung als Singspiel *Die verstellte Gärtnerin*: 1. (?) Mai 1780, Komödienstadl, Augsburg
Personen: Don Anchise, Podesta von Lagonero, Sandrinas Geliebter (T); Gräfin Violante Onesti, Geliebte des Grafen Belfiore, für tot gehalten, unter dem Namen Sandrina, als Gärtnerin verkleidet (S); Graf Belfiore, zunächst Violantes, jetzt Armindas Geliebter (T); Arminda, eine vornehme Dame aus Mailand, zunächst Geliebte des Ritters Ramiro, jetzt Graf Belfiore als Braut versprochen (S); Ritter Ramiro, Armindas Geliebter, von dieser verlassen (S); Serpetta, Kammerzofe des Podesta, in diesen verliebt (S); Roberto, Violantes Diener, der sich unter dem Namen Nardo als ihr Vetter ausgibt, als Gärtner verkleidet, Liebhaber Serpettas, von ihr nicht beachtet (B)
Orchester: 2 Fl, 2 Ob, 2 Fg, 4 Hr, 2 Trp, Pkn, Streicher, B.c
Aufführung: Dauer ca. 3 Std. 30 Min. – 2. Fassung mit gesprochenen Dialogen.

Entstehung: Vieles hinsichtlich der Entstehungsgeschichte der *Finta giardiniera* ist bis heute nicht eindeutig geklärt. Dies betrifft die Frage, wer Mozart die Scrittura für das Werk verschafft hat (Ferdinand Christoph Graf Waldburg-Zeil oder der Hofmusik- und Hoftheaterintendant Joseph Anton Graf von Seeau), sowie die nach Stoffwahl und Librettovorlage. Allem Anschein nach hat Mozart das Libretto von Anfossis *Finta giardiniera* benutzt. Doch auch der Autor dieses Librettos ist nicht mit Sicherheit nachweisbar. Über den Kompositionsprozeß liegen uns ebenfalls keine konkreten Informationen vor. Stellungnahmen Mozarts oder seines Vaters existieren nicht. Leopold Mozarts Berichte aus München (wohin er und sein Sohn am 6. Dez. 1774 reisten) beinhalten nur die äußeren Umstände und Schwierigkeiten hinsichtlich der Proben und Aufführungen.
Handlung: Im Gebiet von Schwarzensee. I. Akt, 1. Bild: lieblicher Garten mit einer breiten Treppe, über die man zum Palast des Podesta hinaufsteigt; 2. Bild: Galerie im Palast; 3. Bild: Dachgarten im Palast; II. Akt, 1. Bild: Halle im Palast; 2. Bild: Saal im Palast; 3. Bild: verlassener Ort in bergiger Gegend mit einer dunklen Grotte; III. Akt, 1. Bild: Vorhof im Palast; 2. Bild: wie I/1.
Gräfin Violante Onesti war die Geliebte des Grafen Belfiore. Er hat sie in einem Anfall von Eifersucht verwundet, glaubt jedoch, er habe sie ermordet, und flüchtet. Violante tritt auf der Suche nach ihrem Geliebten unter dem Namen Sandrina als Gärtnerin in Don Anchises Dienste. Sie wird dabei von ihrem Diener Roberto begleitet, der sich als ihr Vetter Nardo ausgibt. Der Podesta verliebt sich sofort in Sandrina. Serpetta, seine Kammerzofe, hat das Nachsehen und will daher von den beiden Neuankömmlingen nichts wissen, wiederum sehr zum Leid von Nardo, der sich in sie verliebt hat. Ramiro hält sich bei Anchise auf, um über seinen Liebeskummer hinwegzukommen, ohne zu wissen, daß seine einstige Geliebte Arminda,

jetzt Belfiores Braut, die Nichte des Gastgebers ist. Im Palast des Podesta bereitet man die Hochzeit von Arminda und Belfiore vor. Nacheinander treffen die hochnäsige Nichte des Podesta und der ihr zugedachte Bräutigam ein. Die Verwicklungen und Turbulenzen beginnen, als die beiden ehemaligen Paare wieder zusammentreffen: Belfiore erkennt in Sandrina die tot geglaubte einstige Geliebte, während Arminda genauso überrascht ist, Ramiro im Palast ihres Onkels wiederzusehen. Alle vier sind völlig verwirrt, und auch der Podesta versteht die Welt nicht mehr. Nachdem sich alle Beteiligten mit der neuen Situation auseinandergesetzt haben, aber zu keinem konkreten Ergebnis gekommen sind, überbringt Ramiro eine Depesche aus Mailand, in der Belfiore des Mords an Violante beschuldigt wird. Im anschließenden Verhör stellt sich Belfiore sehr ungeschickt an und gesteht schließlich die Tat. Daraufhin entlastet Sandrina den Grafen, indem sie erklärt, selbst die tot geglaubte Violante zu sein. Man zieht sich zur Beratung zurück. Arminda nutzt die Gelegenheit und läßt ihre unbequeme Konkurrentin verschleppen. Sandrina wird in einer Grotte zurückgelassen. Sie steht Todesängste aus. Doch nach und nach erscheinen mit unterschiedlichen Intentionen auch alle andern Personen an diesem Schreckensort. In der Dunkelheit entsteht ein groteskes Verwirrspiel, dem erst die Fackeln Ramiros und seiner Helfer ein Ende bereiten. Sandrina und Belfiore werden wahnsinnig. In den Palast des Podesta zurückgekehrt, fallen sich Sandrina und Belfiore, vom Wahnsinn befreit, glücklich in die Arme. Sandrina klärt alle Verwicklungen auf. Ramiro bekommt seine Arminda, Nardo seine Serpetta. Dem Podesta bleibt nur die Hoffnung auf eine »andere Sandrina«.

Kommentar: Daß Mozarts reife Opern, vor allem die Lorenzo-Da-Ponte-Opern sowie *Die Entführung aus dem Serail* (1782) und *Die Zauberflöte* (1791), im Opernschaffen des späten 18. Jahrhunderts eine Sonderstellung einnehmen, zieht heute niemand mehr ernsthaft in Zweifel. Die Bedeutung von *La finta giardiniera* wurde bisher jedoch meist unterschätzt. Das Neue von Mozarts Musikdramatik kündigt sich hier nämlich in vielerlei Beziehung sehr vernehmlich an, und man kann nachweisen, daß sich Mozart mit diesem Werk schon weit von der zeitgenössischen Konvention, genauer: vom Gattungsstil der Opera buffa, entfernt hat. Mozarts Personalstil muß dabei im Sinn einer Mittel-Zweck-Relation auf der Basis seiner neuen musikdramatischen Grundauffassung verstanden werden, die von der gängigen Opernästhetik des 18. Jahrhunderts in zentralen Punkten abweicht. Durch einen Vergleich von Mozarts und Anfossis *Finta giardiniera* läßt sich die Richtigkeit dieser Thesen unschwer verifizieren. (Es handelt sich dabei insofern um einen Glücksfall, als ein solcher Vergleich bei keiner andern Opera buffa Mozarts auf ähnlich günstigen Bedingungen, gleiches Libretto, nur ein Jahr zeitliche Differenz, basiert.) Als Frühwerk kann *La finta giardiniera* jedenfalls nicht länger abgetan werden. Vielmehr ist es angebracht, mit ihr den Beginn einer neuen Periode in Mozarts Entwicklung als Musikdramatiker anzusetzen. Was Mozart in seinen reifen Werken von den Zeitgenossen unterscheidet, ist auch schon hier die Grundlage seiner Komposition: Er denkt in theaterspezifischen Kategorien, psychologisiert die Bühnenvorgänge und achtet auf einen dramaturgisch schlüssigen Aufbau der Nummern (auch und gerade in den Arien, was zahlreiche formale Innovationen nach sich zieht); die Musik erhält teilweise dramaturgische Funktion, sei es, daß sie szenische Vorgänge aufgrund der formalen und kompositorischen Anlage lenkt, sei es, daß sie Gefühle oder Gedanken der Personen ausdrückt oder kommentiert; Arien werden zu Dramen im kleinen. Was *La finta giardiniera* im Vergleich zu den reifen Werken allerdings noch fehlt, ist der alles überspannende Bogen, der aus der Aufeinanderfolge der in sich folgerichtig gestalteten Einzelsituationen ein homogenes Ganzes macht. Die Ursache hierfür ist hauptsächlich in der unterschiedlichen Qualität der Libretti zu suchen, nicht zuletzt im Hinblick auf die Ensembles, die (bis auf die Finale und zwei Duette) in *La finta gardiniera* gänzlich fehlen. Die Arien der »parti buffe« (Podesta, Nardo, Serpetta) und der »parti di mezzo carattere« (Sandrina, Belfiore) bilden Mozarts formales Experimentierfeld. Bei den Buffaarien dominiert, neben zweiteiligen Stücken und einer mehrsätzigen Arie (Nr. 14), die zweisätzige Form mit Tempowechsel. Bei den Arien der Protagonisten entwickelt Mozart außergewöhnliche formale Abläufe: AB-

La finta giardiniera; Carl Seydel als Podesta, Anny van Kruyswyk als Violante; Regie: Seydel, Ausstattung: Leo Pasetti; Residenztheater, München 1935. – Beide Interpreten, die in den 30er und 40er Jahren zu den führenden Vertretern ihrer Fächer an der Münchner Oper gehörten, hatten entscheidenden Anteil an dieser für die Wiedergewinnung von Mozarts Werk in der Originalgestalt maßgeblichen Aufführung.

A'*CD* (Allegro), ABA'C (mehrsätzig) oder ABA'B' (mehrsätzig). Gegenüber diesen formalen Innovationen bei den Buffaarien und jenen der Protagonisten, die sich immer im Sinn einer »Dramaturgie der Arie« begründen lassen, beeindruckt bei den Seriaarien vor allem die Darstellung extremer Ausdrucksregionen. Doch auch wenn Mozart auf konventionelle Formen zurückgreift, besteht häufig die Tendenz, die Form mit »dramatischem Leben« zu füllen, sie durch rein kompositorische Mittel auf die Ebene einer dramaturgisch schlüssigen Entwicklung zu heben: Oft wird der Wiederholungsteil durch einen entsprechenden Mittelteil dramaturgisch begründet und im Sinn des Steigerungsprinzips modifiziert. Mozart komponiert Prozesse. Mit dem psychischen oder szenischen Wechsel geht daher oft auch ein stilistischer einher, der eben diesen Vorgang mit musikalischen Mitteln verdeutlicht und interpretiert. Dramaturgische Stringenz dominiert über stilistische Einheitlichkeit. Was von den Arien gesagt wurde, gilt in modifizierter Form auch für die Finale. Mozarts Neuerungen schlagen sich hier in erster Linie in der Binnenstruktur der Einzelteile nieder, während die Architektur der Großform, wie auch noch in den reiferen Werken, der Konvention des Kettenfinales entspricht. Zu den musikalischen Höhepunkten des Werks zählen neben den Finale des I. und II. Akts (den III. Akt beschließt ein »coro«) Stücke wie Sandrinas Kavatine »Geme la tortorella« (Nr. 11), eine Gleichnisarie von bezaubernd-ätherischer Wirkung, oder die große Verzweiflungsszene der weiblichen Protagonistin, in der Mozart die Aria agitata c-Moll »Crudeli, fermate« (Nr. 21) mit der atemlos dahinhuschenden Kavatine a-Moll »Ah dal pianto« (Nr. 22) zu einer großen dramatischen Einheit verbindet. – Die Qualitäten des Werks werden in der im Herbst/Winter 1779/80 in Salzburg entstandenen 2. Fassung insofern geschmälert, als die enge Text-Musik-Beziehung weitgehend verlorengeht. Autor der deutschen Übersetzung ist vermutlich Stierle, Sänger und Schauspieler in Johann Böhms Schauspielergesellschaft. Für die 2. Fassung ersetzte er die Seccos durch frei an den Originaltext angelehnte deutsche Dialoge. Die vier Accompagnatos (Nr. 19, 21, 22, 27) hat Mozart den neuen textlichen Gegebenheiten angepaßt. Den deutschen Text der übrigen Nummern hat Leopold Mozart in das Autograph übertragen. Ob die für die Augsburger Erstaufführung höchstwahrscheinlich vorgenommenen Striche (im gedruckten Textbuch zu dieser Aufführung fehlen Nr. 17, 19, 21, 24 und 26) von Mozart autorisiert waren, ist nicht bekannt. Zwar liegen beide Fassungen seit 1978 in der »Neuen Mozart-Ausgabe« erstmals vollständig und weitestgehend authentisch vor, doch ist Stierles Text von so mangelhafter Qualität, daß er für die heutige Praxis nicht akzeptabel erscheint.

Wirkung: Nach der Premiere (Sandrina: Rosa Manservisi) und weiteren Aufführungen am 2. Febr. und 2. März wurde das Werk abgesetzt und zu Lebzeiten Mozarts in seiner ursprünglichen Gestalt nie mehr in Szene gesetzt, während Anfossis Oper sehr erfolgreich war und in ganz Europa gespielt wurde. Zwar äußern sich Mozart und sein Vater in Briefen vom 14. und 18. Jan. 1775 geradezu überschwenglich über den Erfolg der Oper, aber in Anbetracht der Aufführungsgeschichte sollte man diesen Äußerungen skeptisch gegenüberstehen. Dieser Eindruck wird durch Mozarts Brief an seinen Vater vom 12. Nov. 1778 bekräftigt, in dem die Rede davon ist, daß »der verfluchte kerl seau« behauptet habe, *La finta giardiniera* sei ausgepfiffen worden. Ob der geringe Erfolg als Indiz dafür gewertet werden kann, daß das Publikum die Neuartigkeit des Werks gespürt hat, mag dahingestellt bleiben. Sicher ist dagegen, daß Christian Friedrich Daniel Schubart sie erkannt und sogar positiv beurteilt hat. Seine enthusiastische Stellungnahme in der *Deutschen Chronik* vom 27. April 1775 dürfte jedoch eine Ausnahme geblieben sein. Nach Mozarts Tod wurde die 1. Fassung im 18. Jahrhundert nur noch einmal, und zwar 1796 in Prag, aufgeführt. Die 2. Fassung wurde nach der Uraufführung noch einmal wiederholt. Anschließend gastierte die Böhmsche Truppe im Sommer in Ulm und Nürnberg, im Sept. 1780 in Frankfurt a. M. und im Winter 1780/81 in Köln, Düsseldorf und Aachen; ob *La finta giardiniera* dabei aufgeführt wurde, ist unbekannt. Am 2. April 1782 hat Böhm das Werk als *Sandrina oder Die verstellte Gräfin* in Frankfurt aufgeführt (Sandrina: Mariane Böhm, Nardo: Franz Anton Gatto). Eine zweite Frankfurter Aufführung ist am 12. Sept. 1782 *(Die edle Gärtnerin)* nachweisbar; weitere Aufführungen in deutscher Sprache fanden 1789 in Frankfurt und Mainz sowie 1797 in Oels *(Die schöne Gärtnerin)* statt. Danach verschwand *La finta giardiniera* für 95 Jahre von der Bühne. Erst Ende des 19. Jahrhunderts sind wieder Aufführungen zu verzeichnen: Wien 1891 (Bearbeitung von Max Kalbeck und Johann Nepomuk Fuchs), Bremen und Leipzig (Bearbeitung von Richard Kleinmichel) 1892, Basel und Berlin 1893 sowie Graz 1896. Die nachweisbaren Produktionen des Werks im 20. Jahrhundert setzen 1915 (Mainz, Bearbeitung: Rudolf Bamberger und Ludwig Berger) ein; es folgten 1915 Darmstadt (Bearbeitung als Einakter:

La finta giardiniera, III. Akt, 2. Bild; Andrea Andonian als Ramiro, Janice Hall als Arminda, Michael Myers als Anchise, John La Pierre als Belfiore, Teresa Ringholz als Violante, Reinhard Dorn als Roberto, Darla Brooks als Serpetta; Regie: Willy Decker, Bühnenbild: Wolfgang Gussmann, Kostüme: Martin Rupprecht; Oper, Köln 1989.

Oscar Bie), 1916 Berlin, 1918 Karlsruhe (Bearbeitung: Anton Rudolph), 1935 München (Bearbeitung von Siegfried Anheißer als Versuch der Restitution der Originalgestalt mit Anfossis Rezitativen) und Basel. Ungarisch als *Mirandolina* (Textbearbeitung auf der Basis von Carlo Goldonis Komödie *La locandiera*, 1753, von Sándor Hevesi) kam das Stück 1924 in Budapest auf die Bühne. Englisch erschien *La finta giardiniera* 1927 in New York und 1930 in London (mit Rezitativen von Leslie Heward). Italienisch, allerdings musikalisch bearbeitet (Valdo Garulli), zeigte man sie 1928 in Triest und Mailand. Nach dem zweiten Weltkrieg kam es, beginnend mit Aachen 1953, zu einer beachtlichen Aufführungsserie in Anheißers Bearbeitung (bis 1977/78 30 Produktionen im deutschsprachigen Raum, unter anderm in Augsburg, Darmstadt, Düsseldorf, Freiburg i. Br., Gelsenkirchen, Graz, Karlsruhe, Mannheim, Nürnberg, Wien und Zürich). In einer Bearbeitung von Karlheinz Gutheim wurde das Werk 1956 in Stuttgart, in einer von Bernhard Paumgartner 1965 in Salzburg (Regie: Ernst Poettgen, Dirigent: Bernhard Conz; Anchise: Cesare Curzi, Sandrina: Colette Boky, Belfiore: Donald Grobe, Arminda: Jeanne Cook) gegeben. 1971 wurde *La finta giardiniera* an der Piccola Scala Mailand aufgeführt. Mit dem Erscheinen der »Neuen Mozart-Ausgabe« 1978 und sicherlich auch im Zusammenhang mit den neuen Forschungsergebnissen hinsichtlich Mozarts frühem Opernschaffen setzte ab 1979 (Staatsoper München mit Aufführungen in Schwetzingen; Regie: Ferruccio Soleri, Dirigent: Bernhard Klee) eine sehr erfolgreiche Renaissance von Mozarts Originalfassungen ein, auch auf internationaler Ebene: 1979 Salzburg, 1980 Wuppertal und Antwerpen, 1981 Hamm und Herford (konzertant) und Baden-Baden, 1983 Hagen (Regie: Samy Molcho), Philadelphia, Kiel und Saarbrücken, 1984 Passau, Landshut, Karlsruhe und Aix-en-Provence (Dirigent: Semyon Bychkov), 1985 Straßburg, Santa Barbara, London und Lyon, 1986 Bordeaux und Orléans, 1988 Drottningholm (Regie: Göran Järvefelt, Dirigent: Arnold Östman). Den bisherigen Höhepunkt der Aufführungsgeschichte des 20. Jahrhunderts stellt dabei zweifellos die Inszenierung Brüssel 1986 dar (Regie: Karl-Ernst Herrmann, Dirigent: Sylvain Cambreling), die *La finta giardiniera* szenisch-musikalisch adäquat auf der Bühne umsetzte.

Autograph: I. Akt: Verbleib unbekannt; II. u. III. Akt: Bibl. Jagiellońska Krakau. **Ausgaben:** Part, krit. Ausg.: W. A. MOZART, Werke, Bd. V/9, [rev. v. P. v. Waldersee], B&H 1881, Nachdr.: Edwards Music Reprints, Serie A, Ann Arbor, MI 1951–56; W. A. MOZART, Neue Ausg. sämtl. Werke, Serie II/5, Bd. 8, hrsg. R. Angermüller, D. Berke, Bär 1978; Part, hrsg. J. Rietz: B&H, Nr. 1483; Part: Peters; Part, hrsg. K. Schleifer, Text-Bearb. v. E. Legal, H. H. Jahnn u.d.T. *Die Gärtnerin aus Liebe*: Ugrino, Hbg., Henschel-Vlg., Bln. 1956; Kl.A v. H. Moehn (nach d. krit. Ausg. 1978): Bär 1979; Kl.A, Bearb. v. F. Haas: Heckel, Mannheim 1829 (Wohlfeile Ausg. v. W. A. M.s sämmtl. Opern. 6.); Kl.A, dt., Bearb. v. R. Kleinmichel: Senff, Lpz. [1891]; Kl.A v. F. H. Schneider, dt. Bearb. v. R. u. L. Berger [d. i. R. u. L. Bamberger]: B&H, Nr. 4927; Kl.A, Bearb. v. O. Bie: UE; Kl.A, dt., Bearb. v. A. Rudolph: Zierfuß, München 1917; Kl.A, Bearb. v. B. Paumgartner: Ricordi; Kl.A, hrsg. K. Schleifer: Ugrino, Hbg., Henschel-Vlg., Bln. 1956; Textb., 2. Fassung: Augsburg, Slansky [1780]; Textb., ital./dt. Übers. v. R. Angermüller: Bär 1979 (M.s ital. Texte mit dt. Übers. 6.); Textb., hrsg. K. Schleifer: Hbg., Lpz., Ugrino 1956. **Aufführungsmaterial:** Bär
Literatur: R. MÜNSTER, Die verstellte Gärtnerin. Neue Quellen zur authentischen Singspielfassung v. W. A. M.s ›La finta giardiniera‹, in: Mf 18:1965, S. 138–160; DERS., Die Singspielfassung von W. A. M.s ›La finta giardiniera‹ in den Augsburger Aufführungen von 1780, in: Acta Mozartiana 13:1966, S. 43–48; A. A. ABERT, ›La Finta giardiniera‹ und ›Zaide‹ als Quellen für spätere Opern M.s, in: Musik und Verlag. K. Vötterle zum 65. Geburtstag, Kassel 1968, S. 113–122; R. MÜNSTER, W. A. M.s ›Gärtnerin aus Liebe‹. Ital. opera buffa u. dt. Singspiel, in: 19. Dt. Mozartfest, 23.–28. Mai 1970 in Augsburg, S. 22–35; DERS., Einführung in die Ausstellung ›La finta giardiniera‹, in: La finta giardiniera. M.s Münchener Aufenthalt 1774/75 (Kat.), München 1975, S. 5–11; DERS., M.s Münchener Aufenthalt 1774/75 und die Opera buffa ›La finta giardiniera‹, in: Acta Mozartiana 22:1975, S. 21–37; R. ANGERMÜLLER, Wer war der Librettist von ›La Finta Giardiniera‹?, in: MJb 1976/77, S. 1–8; V. MATTERN, Das dramma giocoso ›La finta giardiniera‹. Ein Vergleich d. Vertonungen v. P. Anfossi u. W. A. M., Laaber 1988 (Neue Heidelberger Studien zur Mw. 13.); DERS., M. und Grétry. Spuren d. opéra comique in M.s ›Finta giardiniera‹?, in: NZfM 1987, H. 1, S. 10–17; DERS., Zur Entwicklung von M.s Personalstil, in: MJb 1984/85, S. 207–218; weitere Lit. s. S. 276

Volker Mattern

Les Petits riens
→ Noverre, Jean Georges (1778)

Zaide
Singspiel in zwei Akten

Text: Johann Andreas Schachtner; Dialoge: Friedrich Carl Gollmick (1838)
Uraufführung: 27. Jan. 1866, Opernhaus, Frankfurt am Main (komponiert 1780 als *Das Serail*)
Personen: Zaide (S); Gomatz (T); Allazim (B); Sultan Soliman (T); Osmin (B); 4 Sklaven (4 T); Zaram, Oberster der Leibwache (Spr.)
Orchester: 2 Fl, 2 Ob, 2 Fg, 2 Hr, 2 Trp, Pkn, Streicher, B.c
Aufführung: Dauer ca. 1 Std. 30 Min. – Gesprochene Dialoge sind zu ergänzen, da originale Dialoge verloren. Von den 15 erhaltenen Musiknummern sind eine (Nr. 2) ganz und eine (Nr. 9) teilweise als Melodram gestaltet.

Entstehung: 1779/80 vertonte Mozart in Salzburg einen Singspieltext von Schachtner, einem Freund der Familie. Diesem hatte vermutlich ein von Joseph Friebert vertontes Libretto *Das Serail oder Die unvermutete Zusammenkunft in der Sklaverei zwischen Vater, Tochter und Sohn* (Erlangen 1778?; gedruckt Bozen 1779), das wahrscheinlich von Franz Joseph Sebastiani stammte, als Vorlage gedient. Es handelt sich, wie bei der *Entführung aus dem Serail* (1782), um eins der damals so beliebten »türkischen« Sujets. Dies Singspiel dürfte zunächst für Salzburg bestimmt gewesen sein, aber vielleicht hat Mozart auch an eine mögliche Verwendung für das von Kaiser Joseph II. in Wien ins Leben gerufene »Nationalsingspiel« gedacht. Nicht vertont hat Mozart das Finale und die Ouvertüre, die er in der Regel erst am Schluß seiner Arbeit an einer Oper zu komponieren pflegte. Die 15 erhaltenen Nummern hatte er vermutlich schon vor seiner Übersiedlung nach Wien fertiggestellt oder doch zumindest so weit konzipiert, daß er sie in Wien problemlos hätte vollenden können. Tatsächlich hat Mozart wohl an die Möglichkeit einer Aufführung von *Zaide* in Wien gedacht, ließ den Plan aber fallen, nachdem ihm Gottlieb Stephanie und wohl auch andere bedeutet hatten, daß das nicht sonderlich heitere Sujet für Wien, das heißt für den Geschmack der Wiener, völlig ungeeignet sei. An die Stelle von *Zaide* trat die *Entführung*. *Zaide* blieb Fragment und wurde erst 1799 von Maximilian Stadler und Mozarts Frau Konstanze im Nachlaß aufgefunden.

Handlung: Gomatz, ein Christ, ist in die Hände des Sultans Soliman gefallen und muß, gemeinsam mit andern Sklaven, in einem Steinbruch arbeiten. Ermattet sinkt er, nachdem er sein Schicksal beklagt hat, in Schlaf. Zaide, die vom Sultan vergeblich umworben wird, liebt Gomatz und hinterläßt ihm, als sie ihn schlafend findet, ihr Bildnis. Als beide wieder zusammentreffen, gestehen sie sich ihre Liebe und beschließen zu fliehen. Allazim, der die besondere Gunst des Sultans besitzt, soll und will ihnen bei der Flucht helfen. Der Plan wird jedoch verraten. Zaram, der Oberste der Leibwache, nimmt die Fliehenden gefangen und bringt sie vor den wütenden Sultan, der alles Bitten und Flehen um Gnade zurückweist.

Kommentar: Da Schachtners Libretto, das neben den Arientexten auch den gesprochenen Dialog enthielt, verlorengegangen ist, läßt sich über die ursprünglich geplante Gestalt und Anlage des Werks nichts Genaues sagen. So ist zum Beispiel unklar, ob das Singspiel zwei oder drei Akte haben und ob es mit einem Lieto fine enden sollte oder nicht. Schon Alfred Einstein hat die Vorlage, nach der sich Schachtner wahrscheinlich gerichtet hat, in dem von Friebert vertonten Libretto gesehen. Da sich Schachtner bei seiner Bearbeitung offenbar sehr eng an die Vorlage anlehnte, kann der geplante Ausgang des Singspiels in etwa vermutet werden. Es sollte doch wohl ein gutes Ende geben, und so vermag schließlich Allazims Bereitschaft, sein Leben für die Freiheit des Paars zu opfern, den Sultan umzustimmen. Die Gefangenen werden in die Freiheit entlassen. – Während in der *Entführung* der Türke Osmin die im Zentrum des Geschehens stehende Persönlichkeit ist, hat er in *Zaide* als Diener nur eine untergeordnete Rolle. Entsprechend ist er auch musikalisch gekennzeichnet, indem er nur eine einfache, liedhafte »Aria«, wie ein Lachlied, zu singen hat. Zur Aufnahme melodramatischer Abschnitte in den Partien von Gomatz und Soliman ist Mozart vermutlich durch seinen Mannheimer Aufenthalt 1778 angeregt worden, bei dem er Melodramen Georg Anton Bendas kennenlernte. Unsicher ist, ob die *Symphonie G-Dur Nr. 32* (1779) als Ouvertüre oder, da eine spezielle Ouvertüre fehlt, als Ouvertürensatz zu diesem Singspiel gedacht war. Bei heutigen Aufführungen wird diese *Symphonie* allerdings häufig anstelle der Ouvertüre vorangestellt. Auffallend ist im Vergleich mit der Partitur der *Entführung* (trotz gleichen »exotischen Sujets«) das Fehlen der »türkischen« Musik. Sie scheint in Salzburg, anders als in Wien, nicht so sehr in Mode gewesen zu sein. Die erhaltenen Nummern legen jedenfalls Zeugnis von Mozarts Bemühen ab, schon hier Elemente der verschiedenen Operngattungen miteinander zu verknüpfen. – Der Titel *Zaide* stammt nicht von Mozart, sondern wurde erst 1838 von Johann Anton André für seine Partiturausgabe erfunden.

Wirkung: Als »Vorstudie« zur *Entführung aus dem Serail* beziehungsweise allgemein zum deutschen Singspiel haben diese 15 Nummern sicher ihren Stellenwert. Sie sind aber offensichtlich zu Lebzeiten Mozarts nie erklungen. Erst am 110. Jahrestag von Mozarts Geburt kam dies Singspiel (mit der Ouvertüre zur *Entführung* und nicht mit der von André sowie mit einem ebenfalls von André ergänzten Finale) zur Aufführung (Zaide: Anna Deinet, Gomatz: Georg Müller, Allazim: Carl Pichler, Soliman: Carl Baumann, Osmin: Robert Ossenbach). Ein Klavierauszug und die Partitur waren schon 1838/39 erschienen. In neuer Bearbeitung von Robert Hirschfeld kam *Zaide*, ergänzt durch Auszüge aus Mozarts Schauspielmusik *Thamos, König in Egypten* (1779), 1902 in Wien auf die Bühne. Weitere Aufführungen, zum Teil wiederum mit »revidierten« Fassungen, folgten nur zögernd, so unter anderm in Karlsruhe 1903 und 1917, Mannheim 1915 (Bearbeitung: Anton Rudolph), Oldenburg 1927, Berlin 1928, Würzburg 1933, Potsdam 1939 und London 1955. Die Rezeption setzte kontinuierlicher erst mit dem Erscheinen des Werks innerhalb der »Neuen Mozart-Ausgabe« ein, für die Werner Oehlmann den Text nach dem »Bozner Textbuch« und Schachtners Fragment bearbeitet hatte; Aufführungen gab es unter anderm in der Kammeroper Wien 1961, in Darmstadt und bei den Salzburger Festspielen 1968 (Dirigent: Bernhard Conz, Regie: Gandolf Buschbeck) und in Potsdam 1973. In einer umstrittenen

Zaide, I. Akt; Horst Laubenthal als Gomatz, Ingeborg Hallstein als Zaide; Regie: Gandolf Buschbeck, Ausstattung: Erni Kniepert; Residenz, Salzburg 1968.

neuen Textfassung von Italo Calvino wurde *Zaide* anläßlich des Klosterfestivals in Battignano 1981, im Old Vic Theatre London 1982 sowie in Montpellier 1986 einstudiert. Ebenfalls auf der Basis von Schachtners Text und des Bozner Librettos bearbeitete Werner Hollweg die Dialoge und brachte das Werk unter seiner Regie 1983 am Theater an der Wien heraus (Dirigent: Leopold Hager, Ausstattung: Hannes Rader). Der fragmentarische Charakter dieses Singspiels stand sowohl einer nachhaltigeren Wirkung als auch einem gesicherten Platz auf den Spielplänen im Weg. Die Musik jedoch rechtfertigt jedes Bemühen um das Werk.

Autograph: SBPK Bln. **Ausgaben:** Part., krit. Ausg.: W. A. MOZART, Werke, Bd. V/11, [rev. v. F. Wüllner], B&H 1881, Nachdr.: Edwards Music Reprints, Serie A, Ann Arbor, MI 1951–56; W. A. MOZART, Neue Ausg. sämtl. Werke, Serie II/5, Bd. 10, hrsg. F.-H. Neumann, Bär 1957, krit. Ber. 1963 [mit Abdruck d. »Bozner Textbuchs«]; Part: André, Offenbach [1838], Nr. 6256; Kl.A: ebd. [1838], Nr. 5351; Kl.A, Bearb. v. A. Rudolph: B&H, Nr. 4925. **Aufführungsmaterial:** Bär **Literatur:** A. EINSTEIN, Die Text-Vorlage zu M.s ›Zaide‹, in: Acta musicologica 8:1936, S. 30ff.; W. SENN, M.s ›Zaide‹ und der Verfasser der vermutlichen Textvorlage, in: Festschrift Alfred Orel zum 70. Geburtstag, hrsg. H. Federhofer, Wien, Wiesbaden 1960, S. 173–186; F.-H. NEUMANN, Zur Vorgeschichte der ›Zaide‹, in: MJb 1962/63, S. 216–247; W. HOLLWEG, M.s ›Zaide‹ im Theater an der Wien, in: ÖMZ 38:1983, S. 215–218; weitere Lit. s. S. 276

Christoph-Hellmut Mahling

Idomeneo
Dramma per musica in tre atti

Idomeneus
3 Akte (7 Bilder)

Text: Giambattista Varesco (eigtl. Girolamo Giovanni Battista Varesco), nach dem Libretto von Antoine Danchet für die Tragédie-lyrique *Idoménée* (Paris 1712) von André Campra
Uraufführung: 1. Fassung: 29. Jan. 1781, Hoftheater, München (hier behandelt); 2. Fassung: 13. März 1786, Bauernfeindscher Saal im Palais von Johann Adam Fürst Auersperg, Wien (konzertant)
Personen: Idomeneo/Idomeneus, König von Kreta (T); Idamante, sein Sohn (S); Ilia, trojanische Prinzessin, Tochter Priamos' (S); Elettra/Elektra, Prinzessin, Tochter Agamemnons, des Königs von Argos (S); Arbace, Vertrauter des Königs (T); Oberpriester des Neptun (T); die Stimme (B). **Chor:** Trojaner, Kreter, Krieger aus Argos und Kreta, Schiffsleute, Priester, Volk. **Statisterie:** Gefolge Idamantes, Gefolge Idomeneos, Gefolge Ilias. **Ballett:** Kreterinnen, Kreter **Orchester:** Picc, 2 Fl, 2 Ob, 2 Klar, 2 Fg, 4 Hr, 2 Trp, 3 Pos, Pkn, Streicher, B.c
Aufführung: Dauer ca. 3 Std. (mit Ballett ca. 3 Std. 30 Min.). – Idamante wurde in der Uraufführung von einem Kastraten gesungen. Ballette im I. und III., Pantomimen im II. und III. Akt.

Entstehung: Im Frühjahr 1775, wenige Wochen nach der Premiere von *La finta giardiniera,* erhielt Mozart vom Salzburger Hof den Auftrag für eine Komposition, die im Rahmen der Festlichkeiten anläßlich des Besuchs von Erzherzog Maximilian Franz, des jüngsten Sohns von Kaiserin Maria Theresia, in der erzbischöflichen Residenz am 23. April uraufgeführt wurde: *Il re pastore* (Text: Pietro Metastasio in anonymer Bearbeitung). Dies in zeitgenössischen Quellen mal »Serenada«, mal »Cantate« genannte Werk wurde, wie Pierluigi Petrobelli plausibel dargelegt hat (»›Il Re pastore‹: una serenata«, in: *Mozart-Jahrbuch 1984/85,* S. 109–114), aller Wahrscheinlichkeit nach konzertant aufgeführt, ist mithin nicht als Komposition für das Musiktheater anzusehen. Die Gelegenheit zu einer neuen Oper sollte Mozart erst Jahre später erhalten. Im Sommer oder Frühherbst 1780 bekam er den Auftrag, für München, wohin Kurfürst Karl Theodor von der Pfalz, inzwischen Herzog von Bayern, samt Theaterensemble, Sängerensemble und Orchester Ende 1778 übersiedelt war, die »große« Karnevalsoper 1781 zu schreiben. Nicht nur das Mannheimer Orchester, von dem man sagen kann, daß es »Musikgeschichte gemacht« hat, und über das Mozart an seinen Vater Leopold schrieb: »hören sie – bewundern sie das Orchester«, sondern auch das Opernensemble war unter Karl Theodor weltberühmt. Man neigte, wie in Stuttgart und Parma, zu dem italienisch-französischen Mischstil, der, wenn auch in geringerem Maß als Glucks Bestrebungen, von den Zeitgenossen als Opernreform empfunden wurde. Daß man Mozart als Textvorlage, die zum Drama per musica umgearbeitet werden sollte, eine Tragédie-lyrique von Danchet gab, ist demnach nicht erstaunlich. Mozart durfte sich den Librettisten aussuchen, der die italienische Fassung herstellen sollte, wobei die Rezitative zu einem großen Teil übersetzt werden konnten, die Arien und Ensembletexte aber neu gedichtet werden mußten, und die Wahl fiel auf Varesco, Kaplan am Salzburger Hof, der kein ingeniöser Dramaturg, aber ein geschickter Versemacher war. Er war, und das mildert seine Verantwortung für dramaturgische Schwächen, an einen »Plan« gebunden, der in München ausgearbeitet worden war. (In einem Brief Leopold Mozarts heißt es am 22. Dez. 1780: »Es ist nach dem französ: so wie der Plan es verlangte, übersetzt.«) Änderungen der Vorlage waren vor allem im III. Akt notwendig, weil Varesco das tragische Ende der Tragédie-lyrique in ein Lieto fine, wie es der Konvention der Opera seria entsprach, umwandeln mußte. Im »argomento« steht der Hinweis: »Si legga la Tragedia Francese, che il Poeta Italiano in qualche parte imitò, riducendo il tragico a lieto fine.« (Man lese die französische Tragödie, die der italienische Dichter in einigen Teilen nachahmte, wobei er das tragische in ein glückliches Ende umwandelte.) Bei der Umformung des III. Akts lehnte sich Varesco, wie Daniel Heartz (s. Lit.) gezeigt hat, an die Disposition der Szenen oder Szenentypen in Glucks *Alceste* (1767) an. Die Orientierung an einer Dramaturgie, in der die Stringenz der Handlungsführung dominiert, brachte Mozart allerdings in Konflikt mit dem Prinzip der Opera seria, die Handlung als Vehikel zu benutzen, um Situationen zu schaffen, die einen Ausbruch von Affekten rechtfertigen. Ein Duett Ilia/Idamante wurde entworfen, aber nicht komponiert, und eine Idamante- sowie eine Elettra-Arie wurden kurz vor der Premiere gestrichen. Der Grund war immer der gleiche: Mozart fürchtete eine Verzögerung des dramatischen Fortgangs. In der Opera seria, und das gilt auch für die ersten beiden Akte von *Idomeneo*, bedeutete jedoch eine geschlossene musikalische Nummer immer eine Unterbrechung der Handlung; und die dramaturgische Unsicherheit angesichts des III. Akts zeigt demnach einen Zwiespalt, in dem Mozart befangen war. Die Premiere bedeutete denn auch für ihn, obwohl sie erfolgreich war, noch nicht den Abschluß des Werks. Der Plan einer Aufführung in Wien 1781 zerschlug sich zwar, ist aber insofern aufschlußreich, als Mozart sich mit der Absicht trug, das Werk in einem mehr französischen Stil umzuarbeiten, mit Idomeneo als Baß und Idamante als Tenor, was nur heißen kann, daß er mit Gluck auf dessen eigenem Gebiet in Konkurrenz treten wollte. Dagegen sind die Veränderungen, die Mozart 1786 für Wien vornahm (er ersetzte die Arbace-Arie Nr. 10 durch ein Rondo Idamantes und formte das Duett Ilia/Idamante Nr. 20 von Grund auf um), weniger dramaturgisch als musikalisch von Bedeutung. Wenn Richard Wagner in späteren Jahren sagte, er sei der Welt noch den *Tannhäuser* (1845) schuldig, so gilt Analoges für Mozarts *Idomeneo*.

Handlung: In Kydonia, der Hauptstadt von Kreta.
I. Akt, 1. Bild, Ilias Gemächer im Königspalast; im Hintergrund eine Galerie: Ilia, Priamos' Tochter, die als trojanische Gefangene auf Kreta lebt, liebt Idamante, den Sohn des Königs, kann aber die Schrecken der Zerstörung Trojas durch die Griechen nicht vergessen. Idamante schenkt auf die Nachricht hin, daß die Schiffe seines aus Troja zurückkehrenden Vaters gesehen worden sind, den gefangenen Trojanern die Freiheit und bekennt Ilia seine Liebe. Sie aber vermag sich aus dem Zwiespalt, in dem sie befangen ist, noch nicht zu lösen. Trojaner und Kreter feiern den Frieden. Elettra, die nach dem Mord an ihrer Mutter auf Kreta Zuflucht gefunden hat, liebt Idamante, und die Befreiung der Trojaner erregt ihre Eifersucht. Die Nachricht, daß Idomeneo in einem Seesturm umgekommen sei, reißt sie, da nun nichts mehr Idamante hindern kann, Ilia zu heiraten, vollends zu einem Ausbruch von Haß und Verzweiflung hin. 2. Bild, abschüssiger Strand am noch bewegten Meer; Schiffstrümmer am Ufer: Idomeneos Schiffe sind in äußerster Seenot. Poseidon aber, der über dem Meer erscheint, beschwichtigt den Sturm, und Idomeneo kann an Land gehen. Er hat dem Gott, der ihn mit seinem Zorn verfolgte, in Todesangst versprochen, den ersten Menschen zu opfern, der ihm nach seiner Rettung begegnen würde; zur Besinnung gekommen, ist er verzweifelt über sein Gelübde. Idomeneo und Idamante, die sich am Strand begegnen, erkennen sich zunächst nicht. Als Idomeneo begreift, daß Idamante sein Sohn ist, wendet er sich entsetzt ab; Idamante fühlt sich durch die Bestürzung seines Vaters, die ihm unverständlich ist, ohne Grund zurückgestoßen. Die Truppen der Kreter gehen an Land und feiern ihre glückliche Heimkehr.
II. Akt, 1. Bild, königliche Gemächer: Arbace, der Vertraute Idomeneos, rät dem König, Idamante dadurch zu retten, daß er ihn zusammen mit Elettra nach Argos schickt, um dort die Rechte der Königstochter geltend zu machen. Ilia beginnt Kreta als ihre Heimat und Idomeneo als ihren Vater zu empfinden. Für Idomeneo wird, als er die Liebe Ilias zu Idamante erkennt, die Last des Gelübdes, das ihn zwingt, seinen Sohn zu opfern, noch drückender. Elettra ist glücklich über eine Wendung der Dinge, die ihrer Liebe und zugleich ihrem Ehrgeiz entgegenkommt; sie ist überzeugt, Idamante für sich gewinnen zu können. Marschmusik aus der Ferne kündigt den Aufbruch nach Argos an. 2. Bild, Hafen mit Schiffen entlang der Küste: Die Seeleute gehen an Bord. Elettra und Idamante nehmen Abschied von Idomeneo, der in einem Vorgefühl des Unglücks befangen ist, das der Versuch, das Gelübde an Poseidon zu umgehen, heraufbeschwören kann. Ein Gewitter bricht los, und ein furchterregendes Ungeheuer steigt aus dem Meer. Idomeneo bittet Poseidon, ihn statt Idamante als Opfer anzunehmen. Die Kreter flüchten entsetzt.
III. Akt, 1. Bild, Garten des Königs: Ilia klagt den Lüften, den »zeffiretti«, ihre Liebe. Als Idamante, verzweifelt über die Zurückweisung durch Ilia und die unbegreifliche Härte seines Vaters, den Entschluß faßt, im Kampf mit dem Ungeheuer den Tod zu suchen, gesteht ihm Ilia ihre Liebe. Idomeneo und Elettra kommen überraschend hinzu. Die gegensätzlichen Gefühle, Elettras Eifersucht, Idamantes Todesentschlossenheit, Ilias Mitleid und Idomeneos Zerknirschung, bilden die Gefühlssubstanz eines Ensemblesatzes. Arbace meldet, daß das Volk vom König Rettung vor dem Ungeheuer verlangt; er beklagt die Grausamkeit der Götter, die vor allem die Großen der Welt trifft. 2. Bild, mit Statuen geschmückter großer Platz vor dem Palast: Der Oberpriester fordert von Idomeneo, daß er den Namen des Opfers preisgibt, durch das Poseidon versöhnt werden kann. Als Idomeneo bekennt, daß es sein Sohn sei, ist das Volk bestürzt. 3. Bild, der Poseidontempel von außen, umgeben von einem Atrium, durch das man in der Ferne das Meeresufer sieht: Die Priester bereiten das Opfer vor. Idomeneo bittet Poseidon, es anzunehmen. Arbace berichtet, daß Idamante das Ungeheuer getötet habe; Idomeneo aber sieht darin kein Zeichen einer Versöhnung, sondern weiß, daß der Gott um so dringender das Opfer fordern wird. Idamante, glücklich darüber, seinem Vater nicht mehr entfremdet zu sein, ist zum Tod bereit. Als Idomeneo das Schwert hebt, fällt Ilia ihm in den Arm und erklärt, sich statt Idamante opfern zu wollen. Eine unterirdische Stimme aber verkündet: »Idomeneo soll abdanken, Idamante sei König und Ilia seine Gemahlin.« Elettra verflucht ihr Geschick. Idomeneo dankt den Göttern, daß sie ihm im Alter Frieden gewähren. Das Volk wünscht dem neuen König Glück und huldigt ihm mit Tänzen.

Kommentar: Die Dramaturgie von *Idomeneo* ist die des »vermischten«, zwischen französischer und italienischer Oper vermittelnden Stils, der von Francesco Graf Algarotti 1754 propagiert worden war und um 1780 in München ebenso eine Tradition darstellte wie in Parma oder Stuttgart. Aus der Tragédie-lyrique stammten die spektakulären Momente, die dem Bühnenbildner Lorenzo Quaglio erlaubten, seine Künste zu zeigen: der Seesturm, die Erscheinung Poseidons, das Meerungeheuer und die Tempelszene. Und französischen Ursprungs waren auch die großen Chorszenen sowie die Aufzüge und Ballette. Andrerseits sollte nicht verkannt werden, daß die Grundlagen der Opera seria, des metastasianischen Operntypus, in einigen wesentlichen Zügen unangetastet geblieben sind. Die Handlung ist nicht eine Fabel, deren Darstellung die Substanz des Dramas bildet, sondern erfüllt primär die Funktion, Situationen herbeizuführen, die einen kontrastreichen musikalischen Affektausdruck herausfordern. Wäre die Verkettung von Ereignissen das entscheidende, für das Drama konstitutive Moment, so müßte die Rolle der Elettra, die nirgends in die Aktion eingreift, sondern stets nur auf Wechselfälle reagiert, gestrichen werden. In der Konfiguration der Affekte aber, auf die es in der italienischen Oper ankommt, sind die Eifersuchts- und Verzweiflungsausbrüche der Elettra-Arien unentbehrlich. Die Streichung von drei Arien im III. Akt (Nr. 27, 29 und 30), zu der sich Mozart im letzten Augenblick vor der Premiere bereit fand, ist nur mit dem Druck der Einsicht, daß die Überlänge der Oper das Risiko eines Mißerfolgs bedeutete, erklärbar, sonst aber schwer begreiflich. Die Elettra-Arie mag insofern, als sie inmitten einer Menschenmenge an niemanden gerichtet ist, szenisch prekär sein. Die Arien Idamantes und Idomeneos aber bilden als Ausdruck der Versöhnung des Sohns mit dem Vater und des Abschieds Idomeneos von einer Herrschaft, die ihm nichts als Unglück brachte, Zielpunkte von Rezitativen, die ohne sie gewissermaßen ins Leere gehen. Außerdem verfällt auch das ingeniöseste Accompagnato, wenn es, einzig von drei Zeilen der unterirdischen Stimme unterbrochen, mehr als 200 Takte dauert, dem Überdruß am Rezitativ, von dem schon im 17. Jahrhundert die Rede war. In den Grundzügen ist *Idomeneo*, obwohl nicht zu Unrecht von einer »Transzendierung« der Gattung gesprochen wurde, eine Opera seria. Sogar das Quartett (Nr. 21) ist dramaturgisch, so modern es als Form erscheint, noch den Prinzipien der italienischen Tradition unterworfen. Es stellt, anders als Mozarts Buffoensembles, eine Gefühlskonstellation lediglich dar, ohne daß sich an ihr das Geringste ändert. Abstrakt musikalisch ist die am Schema des Suitensatzes orientierte zweiteilige Form insofern »dramatisch«, als der Anfang des 2. Teils den des 1. durchführungsartig, mit abrupten Modulationen, modifiziert. Die innere Handlung aber

Idomeneo, I. Akt, 2. Bild; Bearbeitung von Ermanno Wolf-Ferrari; Fritz Krauss als Idomeneo, Sabine Offermann als Idamante; Regie: Kurt Barré, Ausstattung: Leo Pasetti; Staatsoper, München 1931. – Die Dramatik der Situation, Idomeneos fatale Begegnung mit seinem Sohn, schlägt sich in der Szenerie nieder. Der aufgewühlte Himmel, eingeklemmt in schwarz drohende Felsenklippen, kündet von heraufziehendem Unheil, aus dem es nach menschlichem Ermessen kein Entrinnen gibt.

bleibt gewissermaßen auf der Stelle stehen. Und aus dem Widerstreit der Affekte, Idamantes Entschluß, im Kampf mit dem Ungeheuer den Tod zu suchen, Ilias Bereitschaft, sein Geschick zu teilen, Idomeneos Bitte an Poseidon, selbst das Opfer sein zu dürfen, und Elettras Eifersucht, resultiert insofern ein Quartett im Sinn eines »pezzo concertato«, als die Personen sich zu gemeinsamem Ausdruck der Betroffenheit durch die Härte des Schicksals zusammenfinden. Versteht man unter »innerer Handlung« die Veränderungen der Konfiguration zwischen den Personen, so gehören zu den wesentlichen Ereignissen im III. Akt Ilias Bekenntnis, daß sie Idamante liebt, ferner Idamantes Einsicht, daß die Entfremdung von seinem Vater tragischer Schein war, und schließlich Ilias die Versöhnung Poseidons herausfordernder Entschluß, sich statt Idamante zu opfern. Daß von den drei Wendungen der inneren Handlung nur die erste emphatischen Ausdruck in einer geschlossenen musikalischen Nummer findet, entsprach nicht Mozarts ursprünglichen Vorstellungen: Eine Arie Idamantes wurde, wie erwähnt, gestrichen, und ein Duett Ilia/Idamante blieb ungeschrieben. In den Schwierigkeiten aber, in die Mozart bei der Konzeption des III. Akts geriet, manifestiert sich ein Konflikt zwischen gegensätzlichen dramaturgischen Prinzipien: dem Prinzip einer unaufhaltsam fortschreitenden Handlung, in der auch die geschlossenen musikalischen Nummern eine Funktion erfüllen, und dem einer Aneinanderreihung von Situationen, deren Substanz ein sich ausbreitender musikalischer Affektausdruck ist. Die Arien, die noch das Gerüst der Oper bilden, wechseln, abgesehen von dem Rondo Nr. 10 (2. Fassung) und der formal offenen Arie Nr. 6, zwischen Zweiteiligkeit (Nr. 1, 4, 7, 11, 13 und 29) und Dreiteiligkeit (Nr. 2, 10, 12, 19, 22, 27 und 30). Beide Formen lassen sich, wenn auch nicht mit restloser historischer Gewißheit, aus der großen fünfteiligen Dakapoarie ableiten, und zwar durch Reduktion des Schemas A'A''BA'A'' zu A'A''

Idomeneo, III. Akt, 3. Bild; Bühnenmodell: Alfred Roller; Staatsoper, Wien 1931. – Roller war 1918–34 Ausstattungsleiter der Wiener Staatstheater. Seine an Adolphe Appia und Edward Gordon Craig anknüpfende Bühnenreform wurde für das moderne Musiktheater wegweisend: Mit der Abwendung vom realistischen Szenenbild war dem Impressionismus im Theater Raum gegeben.

oder A'BA''. A' und A'' unterscheiden sich dadurch, daß der erste Teil zur Dominant- oder Parallelltonart moduliert, der zweite dagegen die Grundtonart festhält. Wesentlicher als die Herkunft von der Dakapoarie ist allerdings der Ausbau der Teile in Analogie zur Exposition und Reprise der Sonatenform, einer Form, die in der ästhetischen Theorie nicht selten als »dramatisch« charakterisiert wurde. Eine Durchführung, die den Eindruck vermittelt, daß in ihr ein Konflikt ausgetragen werde, fehlt allerdings in den *Idomeneo*-Arien, und sogar Mittelteile, die durch modulatorische Bewegtheit, durch »wandernde Tonalität«, wie Arnold Schönberg sagen würde, an symphonische Durchführungen erinnern, sind selten (Nr. 12 und 19). Nicht, daß es an Kontrasten mangelt, in denen sich die Widersprüchlichkeit dramatischer Situationen ausdrückt, aber die Ausprägung von Gegensätzen bleibt vom tonalen Schema der Sonatenform weitgehend unabhängig. Ein Gefühlskonflikt kann, statt das Haupt- und das Seitenthema miteinander zu konfrontieren, auch innerhalb des Abschnitts exponiert werden, der die modulatorische Funktion einer Überleitung erfüllt, in der Arie aber melodisch prägnant ist (Nr. 1); oder der Umschlag in einen entgegengesetzten Affekt ereignet sich inmitten des Seitenthemas (Nr. 11) oder beim Übergang vom Seitenthema zur Schlußgruppe. Die Ausdruckscharaktere, von denen die innere dramatische Form der Arien abhängt, sind durch den Text motiviert; die Lokalisierung der Kontraste innerhalb der sechs oder acht Zeilen eines Arientexts und die Verteilung der Verszeilen über die Abschnitte der Sonatenform aber sind keiner Regel unterworfen. Die formale Gliederung kann mit der Verteilung der Verszeilen übereinstimmen (etwa Nr. 1, 4, 5); es ist jedoch nicht ausgeschlossen, daß die Textpartikel a und b nach dem Schema Hauptthema: a, Überleitung: b-a, Seitenthema: b-a disponiert werden (Nr. 30). So wenig demnach der Umriß der Sonatenform, deren »dramatischer« Charakter paradoxerweise eher in der Symphonie als in der Oper fühlbar ist, über die expressive Substanz einer Arie besagt, so entschieden sind andrerseits die Relikte der Suitensatzform, die in den Elettra-Arien Nr. 4 und 30 unverkennbar hervortreten, dramaturgisch wirksam. Daß im Suitensatz der 2. Teil, der motivisch dem 1. entspricht, nicht mit der Grundtonart einsetzt, sondern zu ihr zurückmoduliert, bildet in Nr. 4 die formgeschichtliche Rechtfertigung einer ungewöhnlichen Tonartendisposition (1. Teil: d-Moll, f-Moll, F-Dur; 2. Teil: c-Moll, d-Moll), deren Sprunghaftigkeit als Ausdruck von Elettras Paroxysmus erscheint. Und in Nr. 19 ist die aus dem Suitensatz stammende Technik, den 2. Teil mit einer »Durchführung« anzufangen, ein Mittel, um durch modulierende Sequenzen die Steigerung von Elettras todessüchtigen Affekten zum Exzeß darzustellen. Der Sonatenform in vokaler Ausprägung, einer Ausprägung ohne Durchführung, die auch in langsamen Instrumentalsätzen vorkommt, die man aber nicht nach dieser sekundären Erscheinungsform benennen sollte, einen »dramatischen« Charakter gänzlich abzusprechen wäre eine Übertreibung. Denn sieht man das »Dramatische« weniger in der Durchführung als in den Gegensätzen, die in der Exposition aufeinanderstoßen, so geht eine Arie wie Nr. 7 weit über das hinaus, was in Instrumentalsätzen der Zeit, in Formen ohne inhaltliche Begründung von Extremen, sinnvoll möglich war. Der Hauptsatz umfaßt nicht weniger als vier miteinander kontrastierende musikalische Gedanken, die dadurch zusammengehalten werden, daß die Stufen einer Kadenz, I-IV-II-V-I, »auskomponiert« sind, und das Seitenthema steht, ungewöhnlich genug, in der Dominantvariante (c-Moll in F-Dur).

Wirkung: *Idomeneo* ist, wie Webers *Euryanthe* (1823), eine der Opern, die man in der Überzeugung, daß die Musik durch ein schlechtes Libretto um ihre Bühnenwirkung gebracht worden sei, anderthalb Jahrhunderte lang durch Bearbeitungen zu »retten« versuchte. Seit einigen Jahren aber scheint es, als könne sich das Werk in der Originalfassung im Repertoire behaupten. Im 19. Jahrhundert ist *Idomeneo* ausschließlich in Deutschland, und zwar in Übersetzungen, gespielt worden. Über eine Aufführung in Kassel 1802 (Elettra: Christiane Elisabeth Haßloch), der die Übersetzung von David August von Apell zugrunde lag, schrieb die *Allgemeine musikalische Zeitung* (17. Febr. 1802): »Unser Theater hat etwas gewagt, das noch keine deutsche Bühne unternommen: Mozarts Idomeneus auf das Theater zu bringen, und wenn man nur billig seyn will, muss man sagen, mit viel Glück.« Weniger Zustimmung fand (ebd., 11. Juni 1806) die Wiener Aufführung 1806 in der Bearbeitung von Georg Friedrich Treitschke: »Das Publikum war ausschliessend mit Herrn Vogel als Idomeneus zufrieden.« Treitschkes gesprochener Dialog wurde in einer Kritik über eine Berliner Aufführung (Idomeneo: Johann Christian Franz, Idamante: Friedrich Eunicke) als ästhetisch inadäquat verworfen (ebd., 20. Aug. 1806): »Heroen, wie in dieser Oper, können und dürfen gar nicht sprechen, wie andre Leute; ihre Sprache muss *überall* nur Gesang seyn, oder sie heben sich selbst auf.« Obwohl es zu keiner Aufführung kam, verdient Anton Wilhelm Florentin von Zuccalmaglios Versuch Erwähnung, der Oper eine neue Handlung zu unterlegen, ohne eine einzige Note zu ändern (*Der Hof in Melun*, 1835): »Mein Streben war, die Gestaltung dem Auge näher zu rücken und die Maschinengötter zu verbannen.« In neuen Übersetzungen wurde *Idomeneo* 1845 in München (Leopold Lenz; Idomeneo: Martin Härtinger, Ilia: Sophie Diez), 1854 in Dresden (Karl Friedrich Niese; Dirigent: Karl Gottlieb Reißiger; Idomeneo: Joseph Tichatschek, Idamante: Aloysia Krebs-Michalesi, Elettra: Jenny Bürde-Ney) und 1879 in Wien (Johann Nepomuk Fuchs; Idomeneo: Leonard Labatt, Idamante: Georg Müller, Ilia: Bertha Ehnn, Elettra: Amalie Materna, Arbace: Theodor Lay, Oberpriester: Eduard Nawiasky) gegeben. Die Bearbeitungen von Niese und Fuchs wurden auch von andern Bühnen übernommen. Die Tendenz, die man bei den Arrangements, den Eingriffen in den Text und den Streichungen von Rezitativen und einigen geschlossenen Nummern ver-

Idomeneo, I. Akt, 1. Bild; Sena Jurinac als Ilia; Regie: Carl Ebert, Ausstattung: Oliver Messel; Festival, Glyndebourne 1951. – Durch die Kunst der Phrasierung und die Natürlichkeit des Vortrags war die Sopranistin vor allem für Mozart-Partien prädestiniert.

folgte, die man für dramaturgisch entbehrlich hielt, wurde von Ernst Lewicki, dessen Bearbeitung 1917 in Karlsruhe (Dirigent: Fritz Cortolezis; Idomeneo: Hans Bussard, Idamante: Helmuth Neugebauer) und in veränderter Fassung 1925 in Dresden (Dirigent: Hermann Kutzschbach, Regie: Georg Toller; Idomeneo: Waldemar Staegemann) aufgeführt wurde, am deutlichsten formuliert: Er wolle »die Merkmale der alten Opera seria so weit als möglich entfernen« und das Werk dadurch »menschlich näher bringen«. 1931 wurde *Idomeneo* zum erstenmal wieder italienisch gespielt (konzertant in Basel; Dirigent: Paul Sacher; Idomeneo: Max Meili). Im selben Jahr bearbeiteten Richard Strauss und Lothar Wallerstein das Werk für Wien (Ausstattung: Alfred Roller; Josef Kalenberg, Eva Hadrabová, Elisabeth Schumann, Mária Németh, Viktor Madin, Richard Mayr, Josef von Manowarda). Elettra, die nach modernen dramaturgischen Kriterien, das heißt: unter dem Gesichtspunkt der Handlungsführung und nicht der Affektkonstellation, aus dem Drama herausfällt, wurde durch eine Priesterin des Poseidon ersetzt, die Ilia weniger aus Eifersucht als aus Chauvinismus mit ihrem Haß verfolgt. Daß Strauss die Arbace-Arien strich, ist selbstverständlich. Gleichfalls 1931 bearbeitete Ermanno Wolf-Ferrari das Werk für München (Textbearbeitung: Ernst Leopold Stahl, Dirigent: Hans Knappertsbusch,

Regie: Kurt Barré, Bühnenbild: Leo Pasetti; Fritz Krauss, Sabine Offermann, Elisabeth Feuge, Felicie Hüni-Mihacsek, Andreas Leopold, Julius Pölzer, Julij Betetto). Wiederum fielen die Arien des Arbace den modernen Vorstellungen darüber, was eine Opernhandlung ist, zum Opfer. Vor allem aber fügte Wolf-Ferrari in den III. Akt eine Vision Idomeneos ein, in der die Geister der von dem Ungeheuer getöteten Kreter den König zwingen, sein Gelübde zu erfüllen. Musikalisch ist die Szene aus Partikeln zusammengesetzt, die aus verschiedenen Teilen der Oper stammen. Seit Heartz in der »Neuen Mozart-Ausgabe« 1972 eine Edition vorlegte, in der sowohl die Ersatzstücke der 2. Fassung als auch die drei 1781 gestrichenen Arien aus dem III. Akt enthalten sind, unterscheiden sich Aufführungen im wesentlichen durch die Auswahl, die sie unter den authentischen Versionen treffen. Daß Heartz die Alternativen von 1786 im Haupttext abdruckt, die 1781 gestrichenen Arien dagegen in den Anhang verweist, suggeriert Grade von Authentizität; die Herausgeberentscheidung ist jedoch nicht zwingend, da nicht feststeht, in welchem Maß Mozarts einige Tage vor der Premiere gewonnene Einsicht, daß der III. Akt zu lang sei, als äußere Rücksicht oder als von innen heraus begründete dramaturgische Erkenntnis zu verstehen ist. – Das Mannheimer (später Münchner) Sängerensemble war kaum weniger berühmt als das Orchester; und die Uraufführung (Choreographie: Claude Legrand; Idomeneo: Anton Raaff, Idamante: Vincenzo Del Prato, Ilia: Dorothea Wendling, Elettra: Elisabeth Wendling, Arbace: Domenico De Panzacchi, Oberpriester: Giovanni Vallesi) muß glänzend gewesen sein, obwohl Mozart über stimmliche Schwächen bei Raaff, der ein alter Mann war, und über Del Pratos schauspielerisches Ungeschick klagte. In der Uraufführung der 2. Fassung sangen Giuseppe Antonio Bridi (Idamante), Anna von Pufendorf (Ilia) und Hortensia Gräfin von Hatzfeldt (Elettra). – Die Inszenierungen der letzten Jahrzehnte waren, da man auf eingreifende Bearbeitungen im Sinn von Strauss und Wolf-Ferrari verzichtete, vor allem ein Regieproblem, und es ist darum kein Zufall, daß es immer wieder dieselben Regisseure sind, von denen Aufführungen des Werks inspiriert wurden. Carl Ebert inszenierte die Oper 1951 in Glyndebourne (Bearbeitung: Hans Gál, Dirigent: Fritz Busch, Ausstattung: Oliver Messel; Richard Lewis, Léopold Simoneau, Sena Jurinac, Birgit Nilsson, Alfred Poell, Alexander Young) und 1956 an der Städtischen Oper Berlin (Bühnenbild: Wilhelm Reinking). Die Inszenierung in Glyndebourne, seit 1952 dirigiert von John Pritchard, wurde 1964 von Peter Ebert, der das Werk bereits 1956 in Hannover in Szene gesetzt hatte, revidiert; Idomeneo wurde wiederum von Lewis, Idamante nunmehr von Luciano Pavarotti und Ilia von Gundula Janowitz gesungen. In Salzburg wurde *Idomeneo* 1956 von Oscar Fritz Schuh inszeniert (Bearbeitung: Bernhard Paumgartner, Dirigent: Karl Böhm, Bühnenbild: Caspar Neher; Rudolf Schock, Waldemar Kmentt, Hildegard Hillebrecht, Christel Goltz, Eberhard Wächter, Kurt Böhme). Im Teatro San Carlo Neapel 1962 wirkte Hermann Scherchen nicht nur als Dirigent seiner eigenen Bearbeitung, sondern führte auch Regie (Bühnenbild: Hans-Ulrich Schmückle). Im letzten Jahrzehnt ist das Werk mehrfach von Jean-Pierre Ponnelle inszeniert worden: 1971 in Köln, 1978 in Chicago, 1980 in Zürich und 1981 in Wien (Dirigent: Nikolaus Harnoncourt) und 1982 an der Metropolitan Opera New York (wo Pavarotti nunmehr Idomeneo statt Idamante sang) und bei den Salzburger Festspielen 1984, beide Male mit James Levine als Dirigenten. Götz Friedrich inszenierte 1978 *Idomeneo* an Covent Garden London (Dirigent: Colin Davis; Idamante: Janet Baker). 1987 erlebte *Idomeneo* eine weitere Inszenierung (von Johannes Schaaf, Dirigent: Harnoncourt; Idomeneo: Peter Schreier) an der Staatsoper Wien.

Autograph: I. u. II. Akt: Bibl. Jagiellońska Krakau; III. Akt: SBPK Bln. (Mus. ms. autogr. W. A. Mozart 366). **Ausgaben:** Part, krit. Ausg.: W. A. MOZART, Werke, Bd. V/13, [rev. v. P. v. Waldersee], B&H 1881, Nachdr.: Edwards Music Reprints, Serie A, Ann Arbor, MI 1951–56; W. A. MOZART, Neue Ausg. sämtl. Werke, Serie II/5, Bd. 11, hrsg. D. Heartz, Bär 1972; Part: Simrock [1805], Nr. 444; Frey, Paris [um 1825] (Coll. des opéras de M. 5.); Part, ital./frz.: Richault, Paris [um 1860], Nr. 13429 R; Part, ital./dt. Übers. v. C. F. Niese, hrsg. J. Rietz: B&H, André, Offenbach [1868], Nr. 11504; Part, Bearb. L. Wallerstein, R. Strauss: Heinrichshofen, Magdeburg, B&B [1931]; Part, Bearb. v. B. Paumgartner: Bär 1955; Kl.A v. H. Moehn (nach d. krit. Ausg. 1972), ital./dt. Übers. v. K. Honolka: Bär 1973; Kl.A v. J. Wenzel: Schmid u. Rauh, Lpz., Berka, Prag [1796/97], Nr. V 19; Kl.A v. A. E. Müller, ital./dt.: B&H [1797]; Kl.A, ital./dt. Übers. v. J. D. Apell: Simrock [1798], Nr. 51; Kl.A: Schlesinger, Paris, Bln. [1822], Nr. 16; Kl.A, ital./dt.: Heckel, Mannheim [1830] (Wohlfeile Ausg. v. W. A. M.s sämmtl. Opern. 7.); Meyer, Braunschweig [um 1835]; Weidle, Bln. [um 1845]; Litolff, Nr. 2323; Peters [1874], Nr. 5668; Kl.A v. A. Horn: B&H [1880]; Nr. V. A. 202; Kl.A v. F. Neupert, ital./dt. Bearb. v. E. Wolf-Ferrari: Serano, München [1938]; Kl.A, Bearb. v. B. Paumgartner: Bär 1964; Textb., ital./dt.: München, Thuille [1781]; Textb., ital./dt. v. E. Neunteufel: Bär 1973 (M.s ital. Texte mit dt. Übers. 1.). **Aufführungsmaterial:** Bär; dt. Bearb.: B&H
Literatur: A. v. WOLZOGEN, ›Idomeneus‹ von M. auf der Dresdener Hofbühne, in: DERS., Recensionen und Mittheilungen über Theater und Musik, Wien 1864, S. 715–718; E. LEWICKI, Zur Wiederbelebung des M.schen Musikdramas ›Idomeneus‹. Ein Wort d. Anregung u. praktische Vorschläge, in: Mk 4:1904/05, H. 11, S. 317–325; DERS., Die Stimmencharaktere im ›Idomeneus‹, in: Bericht über die musikwissenschaftliche Tagung der Internationalen Stiftung Mozarteum in Salzburg, Aug. 1931, Lpz. 1932, S. 158–160; L. WALLERSTEIN, M.s ›Idomeneo‹ in der Wiener Bearbeitung, ebd., S. 161–166; L.K. MAYER, M.s ›Idomeneo‹. Ein Vergleich d. Originalfassung mit d. Bearb. v. L. Wallerstein u. R. Strauss, in: SMZ 71:1931, S. 209–215; E. BÜCKEN, ›Idomeneo‹ und die »hohle Prätension« der heroischen Oper, in: Mk 34:1941, S. 61 f.; H. DAMISCH, M.s Festspieloper ›Idomeneo‹ in München, Wien und Salzburg, in: ÖMZ 6:1951, S. 171–175; B. PAUMGARTNER, Die beiden Fassungen des ›Idomeneo‹. Ein Beitr. zur Dramaturgie M.s, in: Musica 9:1955, S. 423–429; DERS., Anmerkungen zu ›Idomeneo‹, in: ÖMZ 11:1956, S. 7–11; K. BÖHM, Aufführungspraxis der Opera seria am Beispiel des ›Idomeneo‹, in: Wissenschaft und Praxis. Eine Festschrift zum 70. Geburtstag v. B. Paumgartner, Zürich 1958, S. 17–21; D. HEARTZ, The Genesis of M.s ›Idomeneo‹, in: MJb 1967, S. 150–164, auch in: MQ 55:1969, S. 1–19; R. ANGERMÜLLER, ›Idomeneo‹-Aspekte, in: ÖMZ 28:1973, S. 308–317;

Tafel 7

Tafel 7

oben
Wolfgang Amadeus Mozart, *Die Entführung aus dem Serail* (1782), II. Aufzug; Bühnenbildentwurf: Julius Lechner, Königliches Opernhaus, Berlin 1884. – Lechner, Dekorationsmaler an den königlichen Bühnen in Berlin, schafft in seinem Entwurf zwar kein spezifisch türkisches Ambiente. Dennoch ist dieser typisch für ein mehr europäisch geprägtes Verständnis des Orients, wie es die Szenographien der »Türkenopern« seit dem 18. Jahrhundert insgesamt charakterisiert.

unten
Wolfgang Amadeus Mozart, *La finta giardiniera* (1775), III. Akt, 2. Bild; Mireille Mossé als »...«, Marek Torzewski als Belfiore, Joanna Kozlowska als Sandrina; Regie: Karl-Ernst und Ursel Herrmann, Ausstattung: Karl-Ernst Herrmann; Théâtre de la Monnaie, Brüssel 1986. – Transparenz, Leichtigkeit, Verspieltheit, Witz, Musikalität charakterisieren die Inszenierung. Durchsichtig und dennoch Terrain für selbstverlorene Irritation ist auch der Bühnenraum, fast eine Reminiszenz Herrmanns an das eigene Birkenwäldchen für Peter Steins Schaubühnen-Aufführung von Maxim Gorkis *Sommergästen* (Berlin 1975). Eine namenlos-stumme Rolle mit den Attributen des Amor personalisiert das irrationale Movens in Mozarts verwirrendem Liebes-Spiel.

DERS., Eine französische ›Idomeneo‹-Bearbeitung aus dem Jahre 1822. Ein Beitr. zu M.-Bearb. im 19. Jh. in Frankreich, in: Mitt. d. Internationalen Stiftung Mozarteum 21:1973, S. 1–43, 22:1974, S. 42; C. GIRDLESTONE, Idoménée... Idomeneo: transformation d'un thème 1699–1781, in: Recherches sur la musique française 13:1973, S. 102–132; S. SADIE, ›Idomeneo‹ and Its Textual History, in: Opera 25:1974, S. 389–398; A. A. ABERT, ›Idomeneo‹ zwischen Opera buffa und Singspiel, in: MJb 1973/74, S. 158–166; R. ANGERMÜLLER, Bemerkungen zum Idomeneus-Stoff, ebd., S. 279–297; M. DIETRICH, »Wiener Fassungen« des ›Idomeneo‹, ebd., S. 56–76; W. DÜRR, ›Idomeneo‹: Sprache und Musik, ebd., S. 180–190; D. HEARTZ, Idomeneus Rex, ebd., S. 7–20; E. REESER, ›Idomeneo‹ auf dem Theater, ebd., S. 46–55; A. A. ABERT, M.s italianità in ›Idomeneus‹ und ›Titus‹, in: Colloquium »Mozart und Italien« (Rom 1974). Ber., hrsg. F. Lippmann, Köln 1978 (Analecta musicologica. 18.), S. 205–216; W. GERSTENBERG, Betrachtungen über M.s ›Idomeneo‹, in: Festschrift Georg von Dadelsen zum 60. Geburtstag, hrsg. T. Kohlhase, V. Scherliess, Neuhausen 1978, S. 148–154; K. KRAMER, Antike und christliches Mittelalter in Varescos ›Idomeneo‹, dem Libretto zu M.s gleichnamiger Oper, in: Mitt. d. Internationalen Stiftung Mozarteum 28:1980, S. 6–20; Wolfgang Amadeus Mozart. Idomeneo. 1781–1981. Essays, Forschungs-Ber., Kat., München 1981; R. MÜNSTER, Neues zum Münchener ›Idomeneo‹ 1781, in: Acta Mozartiana 29:1982, S. 10–20; C. MAZOUER, ›Idomeneo, re di Creta‹. M. et la tragédie, in: Revue Belge de musicologie 36–38:1982–84, S. 133–144; L'Avant-scène, Opéra, Nr. 89, Paris 1986; W. A. MOZART, Idomeneo. Texte, Materialien, Kommentare, hrsg. A. Csampai, D. Holland, Reinbek 1988 (rororo. 8405.); weitere Lit. s. S. 286

Carl Dahlhaus

Die Entführung aus dem Serail
Singspiel in drei Aufzügen

Text: Johann Gottlieb Stephanie der Jüngere, nach dem Libretto von Christoph Friedrich Bretzner zu der Operette *Belmont und Constanze oder Die Entführung aus dem Serail* (Berlin 1781) von Johann André
Uraufführung: 16. Juli 1782, Burgtheater, Wien
Personen: Selim, Bassa (Spr.); Konstanze, Geliebte Belmontes (S); Blonde, Mädchen Konstanzes (S); Belmonte (T); Pedrillo, Bedienter Belmontes und Aufseher über die Gärten des Bassas (T); Osmin, Aufseher über das Landhaus des Bassas (B); Klaas, Schiffer (Spr.); ein Stummer; Wache (Spr.). **Chor:** Janitscharen. **Statisterie:** Wachen, Gefolge
Orchester: Flageolett, 2 Fl, 2 Ob, 2 Klar, 2 BassettHr, 2 Fg, 2 Hr, 2 Trp, Pkn, Schl (gr.Tr, Bck, Trg), Streicher, Hammerflügel oder Cemb; BühnenM auf d. Szene: Banda (2 Fl, 2 Klar, 2 Fg, 2 Hr, 2 Trp, MilitärTr [dt. Tr], gr.Tr [türk. Tr])
Aufführung: Dauer ca. 2 Std. 30 Min. – Gesprochene Dialoge.

Entstehung: Am 30. Juli 1781 erhielt Mozart von dem in Wien überaus erfolgreichen Librettisten und Autor Stephanie ein »Opernbüchel« und zugleich den kaiserlichen Auftrag, eine deutsche Oper zu komponieren. Mozart selbst hatte sich, gleich nachdem er 1778 von der Absicht Kaiser Josephs II. gehört hatte, ein »deutsches Nationaltheater« zu errichten, um einen solchen Opernauftrag bemüht. Als er sich im Frühjahr 1781 auf Befehl seines Dienstherrn, des Salzburger Fürsterzbischofs Hieronymus Graf von Colloredo-Waldsee, in Wien aufhielt, nutzte er daher die Zeit, sich um eine Zusammenarbeit mit Stephanie zu bemühen und sich beim »General-Spektakel-Direktor« Franz Xaver Wolf Fürst Rosenberg-Orsini für die Komposition einer Oper zu empfehlen. Diese Bemühungen hatten letztlich Erfolg. Dabei war es sicher nicht ungünstig, daß Mozart infolge des Bruchs mit Hieronymus in Wien bleiben konnte. Die ursprüngliche Absicht, die in Salzburg auf einen Text von Johann Andreas Schachtner begonnene *Zaide* (1780/1866) für eine Aufführung in Wien, vielleicht mit Hilfe Stephanies, fertigzustellen oder zu bearbeiten, wurde offenbar nach einem Gespräch mit Stephanie verworfen. Dafür stellte dieser ein neues Libretto in Aussicht. Für Mozart mag es daher zunächst etwas enttäuschend gewesen sein, als Stephanie ihm nun an jenem 30. Juli kein »Originalbüchel«, sondern die Bearbeitung eines bisher allerdings recht erfolgreichen Librettos zur Komposition vorschlug. Da das türkische Sujet dem damaligen Geschmack der Wiener sehr entgegenkam und schon allein deswegen ein gewisser Erfolg sicher war, stimmte Mozart zu. Während der nächsten zehn Monate stand die Komposition dieses Singspiels im Zentrum seiner Arbeit, was auch im Briefwechsel mit dem Vater Leopold einen deutlichen Niederschlag gefunden hat. Stephanie hatte bei der Übergabe des Librettos auch deutlich gemacht, mit welchen Sängerinnen und Sängern die Rollen besetzt werden sollten. Mozart nennt in einem Brief vom 1. Aug. 1781, in dem er dem Vater erstmals von dem Projekt der *Entführung* berichtet, folgende Namen: »Mad:^{selle} Cavalieri, Mad:^{selle} teyber, M:^{r} fischer, M:^{r} Adamberger, M:^{r} Dauer und M:^{r} Walter, werden dabey singen.« Die Rolle des Bassas war also auch als Gesangsrolle geplant, blieb dann aber infolge der plötzlichen Entlassung des Tenors Ignaz Walter durch Joseph II. eine Sprechrolle. Mozart kannte also von Anfang an die Fähigkeiten der Sänger, für die er die entsprechenden Partien zu schreiben hatte. Ludwig Fischer beispielsweise war ein vorzüglicher Bassist, der über einen großen Stimmumfang verfügte, und so hat Mozart vor allem in der großen Arie des Osmin im I. Aufzug »seineschöne tiefe töne [...] schimmern lassen« (Brief an den Vater vom 26. Sept. 1781). Andrerseits mußte er in der Gestaltung der Partie der Konstanze »ein wenig der geläufigen gurgel der Mad:^{selle} Cavalieri« aufopfern (ebd.). Mozart hatte sofort nach Erhalt des Auftrags mit der Arbeit begonnen. Bereits am 22. Aug. war der I. Aufzug fertiggestellt, der II. und III. lagen im Mai 1782 vor. Mozart hatte den I. Aufzug deswegen so rasch komponiert, da schon für Sept. 1781 anläßlich eines Besuchs des Großfürsten Paul von Rußland in Wien eine Aufführung vorgesehen war. Dieser Besuch wurde jedoch verschoben, und so bestand, auch zur Erleichterung Mozarts, kein Grund mehr zu übertriebener Eile. Am 3. Juni 1782 wurde mit den Proben begonnen. Sie zogen sich, unter anderm wegen einer Grippeepidemie, über sechs Wochen hin.

Handlung: In und bei dem Palast des Bassas Selim. I. Aufzug: Platz vor dem Palast am Ufer des Meers; II. Aufzug: Garten am Palast; an der Seite Osmins Wohnung; III. Aufzug, 1. Bild: Platz vor dem Palast; auf einer Seite der Palast; gegenüber Osmins Wohnung, im Hintergrund das Meer; Mitternacht; 2. Bild: Zimmer des Bassas.

Bei einem Überfall auf das Schiff des vornehmen Spaniers Belmonte Lostados fielen dessen Verlobte Konstanze mit ihrer Dienerin Blonde sowie sein Diener Pedrillo, der mit Blonde verlobt ist, in die Hände von Seeräubern. Alle drei wurden vom Bassa Selim, einem (spanischen) Renegaten, auf dem Sklavenmarkt gekauft und auf dessen Landgut gebracht. Belmonte, durch eine Nachricht Pedrillos von dem Aufenthaltsort unterrichtet, ist heimlich eingetroffen, um die Gefangenen zu befreien. Als erstes begegnet er dem Aufseher über den Palast des Bassas, dem gutmütig-groben Osmin. Dieser verwehrt Belmonte den Einlaß. Nach Pedrillo gefragt, gerät er in Wut, die sich ins Unmäßige steigert, als dieser auch noch erscheint. In höchster Erregung zieht sich Osmin zurück. Jetzt kann sich Belmonte Pedrillo zu erkennen geben. Dieser berichtet seinem Herrn, daß Konstanze zwar die Favoritin des Bassas sei, sich diesem aber trotz seiner Bitten und Drohungen bisher mit Erfolg widersetzt habe. Blonde ist vom Bassa dem alten Osmin geschenkt worden und muß sich gegen dessen Nachstellungen wehren. Pedrillo konnte sich die Gunst des Bassas dadurch erwerben, daß er sich mit Geschick als Gärtner betätigte. Eine weitere Vorliebe des Bassas ist das Bauwesen. Pedrillo schlägt daher vor, ihm Belmonte als Baumeister vorzustellen, um seinem Herrn auf diese Weise Zutritt in den Palast zu verschaffen. Belmonte wird tatsächlich vom Bassa aufgenommen und kann nun auch Konstanze wiedersehen und sprechen. Der mit Pedrillo gefaßte Plan, die Gefangenen durch eine nächtliche Entführung zu befreien (Belmontes Schiff steht hierfür bereit), wird den beiden Frauen mitgeteilt. Um von Osmin nicht gestört zu werden, verführt ihn Pedrillo vor Einbruch der Nacht zum Genuß einer größeren Portion Zypernweins, der er einen Schlaftrunk beigemengt hat. Dennoch wird die schon geglückte Entführung im letzten Moment durch Osmin verhindert, da er von einem Sklaven geweckt und auf das Treiben der Fremden aufmerksam gemacht wurde. Beide Paare werden zur Freude Osmins dem Bassa vorgeführt. Dieser erkennt in Belmonte den Sohn seines verhaßtesten Feinds, verzichtet aber, für Osmin völlig unverständlich, auf die Vergeltung des ihm einst zugefügten Unrechts und schenkt den Gefangenen die Freiheit.

Kommentar: Stephanie und Mozart haben mit der *Entführung aus dem Serail* ein Sujet aufgegriffen, das sich bei den Zeitgenossen größter Beliebtheit erfreute. Bretzners Text, der Stephanie als Vorlage diente, war 1781 in Leipzig erschienen und von André sowie 1784 (Stuttgart) von Christian Ludwig Dieter in Musik gesetzt. Als Bretzner von der Bearbeitung seines Stücks erfuhr, protestierte er öffentlich und versuchte, sich seine Rechte zu sichern. Wie in ähnlichen Opern der Zeit, zum Beispiel in Glucks *Cadi dupé* (1761) und *Rencontre imprévue* (1764), in Gaetano Martinellis sowohl von Niccolò Jommelli (Ludwigsburg 1768) als auch von Joseph Schuster (Dresden 1777) vertonter *Schiava liberata*, in Haydns *Incontro improvviso* (1775) und in Neefes *Adelheit von Veltheim* (Frankfurt a. M. 1780) spielen das türkische Milieu und das Motiv der Entführung eine wichtige Rolle. Mozart selbst hatte sich schon in den letzten Salzburger Jahren mit einem ähnlichen Sujet befaßt, dies Werk (Johann Anton André gab ihm später den Titel *Zaide*) jedoch nicht vollendet. – Stephanies wichtigste Änderung gegenüber Bretzners Vorlage war die Aufwertung Osmins von einer untergeordneten herkömmlichen Dienerrolle zur zentralen Figur. Mozart hat hierzu durch entsprechende Vorschläge selbst beigetragen. Während Osmin bei Bretzner außer seinem Auftrittslied nur in Ensembles zu singen hat, erhält er bei Mozart neben dem Auftrittslied eine große Arie und ist außerdem einschließlich der Ensembles in nicht weniger als einem Drittel aller Abschnitte beteiligt. Zugleich wird mit der Verwandlung Osmins von einem gängigen Typus zu einer ausgeprägten Individualität ein lebensvolles musikalisches Charakterbild geschaffen. Aber nicht nur durch die Gestaltung der Rolle

Die Entführung aus dem Serail, II. Akt; Ivar Andrésen als Osmin, Erna Berger als Blonde; Regie: Otto Erhardt, Bühnenbild: Max Hasait und Arthur Pältz; Staatsoper, Dresden 1927. – Unter anderm durch seine komödiantischen Interpretationen von Buffopartien machte sich der norwegisch-schwedische Bassist einen Namen. Wie er, so war auch die Sopranistin, die über eine technisch perfekt geführte Stimme verfügte, auf den Bühnen von Dresden, Berlin, Bayreuth, Wien, Salzburg, London und New York geschätzt.

Osmins, sondern auch durch das hohe musikalische Niveau der andern Partien erhebt sich die *Entführung* über die zeitüblichen Werke der Singspielgattung. Zugleich hatte Mozart aber durchaus auf den Geschmack des Wiener Publikums Rücksicht genommen und beispielsweise die überaus beliebte Janitscharenmusik nicht nur in der Ouvertüre und der Arie Osmins, sondern auch im Chor des I. Aufzugs, den er »ganz für die Wiener geschrieben« hatte, und im Schlußchor eingesetzt, Janitscharenmusik, die hier nicht nur zur Verdeutlichung des türkischen Kolorits, sondern zugleich auch als Einheit stiftendes Element dient. – Über die Entstehung und Aufnahme der Oper berichtet Mozart in Briefen an den Vater vom 19. und 26. Sept., vom 13. Okt. 1781 sowie vom 20. und 27. Juli 1782. Zugleich vermitteln diese Briefe einen Eindruck von seinen kompositorischen und insbesondere opernästhetischen Vorstellungen, zumal er an der Einrichtung des Textbuchs wohl maßgeblich beteiligt war. Seria- und Buffopaar sind wie üblich durch den musikalischen Tonfall deutlich voneinander abgehoben, wobei die Partie der Konstanze eine dramatische, aber trotzdem sehr bewegliche Stimme erfordert. Die wichtigste Partie ist jedoch die Osmins, da sie nicht nur einen großen Stimmumfang, sondern auch hervorragende darstellerische Fähigkeiten verlangt. Den »leibseelischen« Verhaltensweisen Osmins hat Mozart in der Musik Ausdruck verliehen. Bedeutsam und neu ist außerdem, daß es ihm in der *Entführung* gelungen ist, eine Übereinstimmung, ja eine Einheit von Musik und Drama zu erzielen. Damit hatte er nicht nur für das Singspiel, sondern für die Oper überhaupt neue Maßstäbe gesetzt. Dies unterstreicht zum Beispiel auch eine spätere Äußerung von Carl Maria von Weber, der die Meinung vertrat, »daß in der ›Entführung‹ Mozarts Kunsterfahrung ihre Reife erlangt hatte und dann nur die Welterfahrung weiter schuf« (s. Lit.). Wichtig ist schließlich noch der Hinweis, daß durch das Auffinden eines zum 6. Auftritt des I. Aufzugs gehörenden Marschs der Janitscharen (s. Vorwort zur »Neuen Mozart-Ausgabe«, S. XXVIf.), der von einer »Banda« auf der Bühne auszuführen ist, alle bisherigen Regieprobleme dieser Szene hinfällig geworden sind, da er seinen Platz vor dem entsprechenden Chor der Janitscharen einnimmt.

Wirkung: *Die Entführung aus dem Serail* war von ihrer Uraufführung an und trotz einiger »Störversuche« an den ersten beiden Abenden ein voller Erfolg (Konstanze: Catarina Cavalieri, Blonde: Therese Teyber, Belmonte: Valentin Adamberger, Pedrillo: Johann Ernst Dauer, Osmin: Fischer, Bassa: Dominik Jautz). 1782/83 gab es nicht weniger als 14 Aufführungen. Nachdem das »Nationalsingspiel« seine Tore geschlossen hatte (am 4. März 1783), wurde die *Entführung* zunächst vom Spielplan verdrängt, so daß es erst im Nov. 1785 eine erfolgreiche Wiederaufnahme gab (Konstanze: Aloysia Weber). Um so freudiger wurde das Werk außerhalb Wiens aufgenommen. Schon im Herbst 1782 kam es zu einer ersten Aufführung in Prag (Truppe Carl Wahr), der 1783 weitere in Warschau, Bonn, Frankfurt und Leipzig, 1784 in Mannheim, Karlsruhe, Köln und Salzburg (Konstanze: Margarethe Danzi) sowie 1785 in Dresden (Belmonte: Friedrich Franz Hurka), Riga, München (Elisabeth Augusta Wendling, Marianne Lang, Anton Langlois, Maximilian Piloti, Anton Huck, Franz Heigel), Weimar und Kassel folgten. In den nächsten Jahren eroberte sich die *Entführung* alle größeren Städte Europas, so deutsch Hamburg 1787 (Konstanze: Minna Brandes, Belmonte: Joseph Karl Ambrosch, Osmin: Gottfried Eule), Berlin 1788, Buda 1789 (Truppe Hubert Kumpf), Amsterdam und Pest 1791, Paris 1801, übersetzt polnisch Warschau 1783, holländisch (von Gerrit Brender à Brandis) Amsterdam 1797, französisch (von Pierre Louis Moline) Paris 1798, russisch Moskau 1810 und (von Alexandr Scheller) Petersburg 1816, dänisch (von Niels Thoroup Bruun) Kopenhagen 1813, schwedisch (von Mårten Altén) Stockholm 1814. Zur raschen Verbreitung haben nicht nur das Sujet und Mozarts Musik beigetragen, sondern auch die Tatsache, daß reisende Schauspieltruppen (Pasquale Bondini, Johann Böhm, Johann Ludwig Schmidt, Gustav Friedrich Wilhelm Großmann) sie sehr bald in ihr Repertoire aufgenommen haben. Alle übrigen Vertonungen desselben Sujets wurden in kurzer Zeit durch Mozarts Oper verdrängt. Mozart selbst hat am 19. Mai 1789 zufällig einer Aufführung in Berlin (als *Belmonte und Constanze*; Franziska Hellmuth, Henriette Baranius, Friedrich Karl Lippert, Ernst Wilhelm Friedrich Greibe, Franz Frankenberg, Karl Czechtitzky) beigewohnt, was auch in einer Abbildung festgehalten wurde (Aquatinta, 1833, von Franz Hegi). Die *Entführung* war nicht nur der größte Bühnenerfolg Mozarts zu seinen Lebzeiten, sondern, neben der *Zauberflöte* (1791), zumindest in Deutschland und Österreich, wohl der größte Erfolg überhaupt. Im 19. Jahrhundert kam sie vor allem in stark bearbeiteten Versionen auf den Spielplan, zum Beispiel von William Dimond als *Seraglio* 1827 an Covent Garden London

Die Entführung aus dem Serail, I. Akt; Anneliese Rothenberger als Konstanze, Michael Heltau als Selim; Regie: Giorgio Strehler, Ausstattung: Luciano Damiani; Kleines Festspielhaus, Salzburg 1965. – Zum Schattenriß der zerbrechlichen Gefühle stilisiert Strehler in seiner ersten Salzburger Inszenierung die oftmals deftig überquellende »Türkenoper«

und von Prosper Pascal 1859 im Théâtre-Lyrique Paris. Zunächst stand *Die Entführung* deutlich im Schatten der späteren Mozart-Opern. Zumal an großen Bühnen wurde sie, abgesehen von Wien und Berlin, verhältnismäßig selten gegeben, einige bedeutende Häuser blieben ihr sogar jahrzehntelang verschlossen. Herausragende Einstudierungen gab es an Covent Garden 1881 (Konstanze: Marcella Sembrich), in Brüssel 1902 (Osmin: Hippolyte Belhomme) in der französischen Version von Maurice Kufferath und Lucien Solvay, die auch der Ersteinstudierung an der Pariser Opéra 1903 zugrunde lag (Regie: Raoul Lapissida, Dirigent: Paul Vidal; Osmin: André Gresse); in der Neuaufführung 1921 sang Gabrielle Ritter-Ciampi die Konstanze (Dirigent: Reynaldo Hahn). Erst 1935 fand in Florenz anläßlich des Maggio Musicale (Dirigent: Bruno Walter, Regie: Herbert Graf) die italienische Erstaufführung statt (Konstanze: Margherita Perras, Blonde: Lotte Schöne, Belmonte: Charles Kullman). Bei den Salzburger Festspielen erschien *Die Entführung* erstmals 1922 (Dirigent: Franz Schalk, Regie: Hans Breuer, Bühnenbild: Alfred Roller; Konstanze: Selma Kurz, Blonde: Elisabeth Schumann, Belmonte: Richard Tauber, Pedrillo: Hermann Gallos, Osmin: Nikola Zec, Bassa: Gerhard Stehmann). 1932 gab es eine Neuinszenierung mit dem Team Fritz Busch, Carl Ebert, Wilhelm Reinking (Ritter-Ciampi, Erna Berger, Helge Rosvænge, Gallos, Karl Norbert, Luis Rainer), 1935 eine mit Walter, Graf, Oskar Strnad (Perras, Margit Bokor / Schöne, Kullman, William Wernigk, Berthold Sterneck / Ludwig Hofmann, Alfred Muzzarelli), 1939 eine weitere mit Karl Böhm, Wolf Völker, Robert Kautsky (Maria Cebotari, Irma Beilke, Rosvænge / Anton Dermota, Richard Sallaba, Salvatore Baccaloni, Albin Skoda). Langjährige Popularität errang die erste Inszenierung der Wiener Staatsoper nach dem zweiten Weltkrieg (Theater an der Wien 1946; Dirigent: Rudolf Moralt, Regie: Oscar Fritz Schuh, Bühnenbild: Reinking), die fast ein Jahrzehnt hier und bei zahlreichen Gastspielen den Rahmen für die Präsentation des legendären Mozart-Ensembles an diesem Haus bot (Elisabeth Schwarzkopf, Wilma Lipp, Emmy Loose, Dermota, Peter Klein, Ludwig Weber). – Seit dem späten 19. Jahrhundert war es üblich geworden, die Dialoge zusammenzustreichen oder umzudichten. Diesen die Werkfaktur tangierenden Experimenten stehen in heutiger Zeit

Die Entführung aus dem Serail, II. Akt; Andrea Bolton als Blonde, Peter Rose als Osmin; Regie: Giles Havergal, Bühnenbild: Russell Craig; Welsh National Opera, Cardiff 1989. – Nackte Stadtfassade und orientalischer Haremshof stehen in einem spannungsvollen Kontrast, der sich in der Konfrontation der modernen Engländerin mit dem traditionsverhafteten Osmanen wiederholt.

solche der Regie und der Ausstattung gegenüber. Begnügte man sich lange Zeit mit realistischen, dem jeweiligen Zeitgeschmack nur locker angepaßten Bühnenbildern orientalischen Kolorits, setzte sich in den letzten Jahrzehnten eine Tendenz zur Stilisierung durch. Pars pro toto ist hier Giorgio Strehlers fulminante, in der Ausstattung Luciano Damianis realisierte Inszenierung hervorzuheben, die er für die Salzburger Festspiele 1965 schuf (Anneliese Rothenberger, Reri Grist, Fritz Wunderlich, Gerhard Unger, Fernando Corena, Michael Heltau; Dirigent: Zubin Mehta). Diese Inszenierung wurde bis 1974 siebenmal wiederaufgenommen, 1969 im Rahmen des Maggio Musicale in Florenz gezeigt sowie 1972 und 1978 an der Mailänder Scala einstudiert (Konstanze: 1972 Elizabeth Harwood, 1978 Lella Cuberli / Edita Gruberová, Blonde: 1972 Elke Schary, 1978 Daniela Mazzucato, Belmonte: Luigi Alva, Pedrillo: Unger, Osmin: Helmut Berger-Tuna / Kurt Moll): Seitlich eingerahmt von Prospekten, die das türkische Ambiente andeuten, agieren die Personen vor einer weißen Wand wie Schattenfiguren, ein Effekt, der vielfach kopiert wurde. Eine entsprechende, indes mit andern Mitteln verwirklichte Intention läßt auch Filippo Sanjusts Inszenierung für die Salzburger Festspiele 1980 erkennen (Ileana Cotrubas, Carol Malone, Peter Schreier, Norbert Orth, Martti Talvela, Frank Hoffmann; Lorin Maazel). Auf drastische Weise, zuweilen auf politische Gegebenheiten anspielend, zuweilen psychologisierend, inszenierten das Werk John Cox (Glyndebourne 1972), Jean-Pierre Ponnelle (Köln 1974), Dieter Dorn (Wien 1979) und Ruth Berghaus (Frankfurt 1981). Im Zuge des aktuellen Trends zu historisierenden Aufführungen schuf Elijah Moshinsky (Bühnenbild: Sidney Nolan und Timothy O'Brien) seine Inszenierung an Covent Garden London 1987 (Dirigent: George Solti).

Autograph: I. u. III. Akt: Bibl. Jagiellońska Krakau; II. Akt: SBPK Bln. **Ausgaben:** Part. krit. Ausg.: W. A. MOZART, Werke, Bd. V/15, [rev. v. F. Wüllner], B&H 1882, Nachdr.: Edwards Music Reprints, Serie A, Ann Arbor, MI 1951–56; W. A. MOZART, Neue Ausg. sämtl. Werke, Serie II/5, Bd. 12, hrsg. G. Croll, Bär 1982; Part, dt./frz.: Simrock [1813], Nr. 949; Part, hrsg. J. Rietz: B&H [1868], Nr. 10876; Part, hrsg. H. F. Redlich: Eulenburg, Nr. 6185 (Ed. Eulenburg. 919.); Kl.A (nach d. krit. Ausg. 1982): Bär; Kl.A v. J. F. X. Starck: Schott [1785?], Nr. 44; Kl.A, dt./frz., hrsg. C. G. Neefe: Simrock 1799, Nr. 76; Kl.A v. A. E. Müller: B&H 1799, Nr. 2268; Kl.A, dt./ital.: Meyer, Braunschweig [um 1840]; Weidle, Bln. [um 1845]; André, Offenbach [um 1850]; Kl.A, dt./frz.: Litolff [1870]; Kl.A, hrsg. G. F. Kogel: Peters [um 1897], Nr. 6445; Kl.A, hrsg. R. Kleinmichel: UE [um 1912], Nr. 3182; Textb.: Wien 1782; Stuttgart, Reclam 1976 (rub. 2667.). **Aufführungsmaterial:** Bär, B&H
Literatur: C. M. v. WEBER, ›Die Entführung aus dem Serail‹, Oper von M. [1818], in: DERS., Sämtliche Schriften, hrsg. G. Kaiser, Bln., Lpz. 1908, S. 303; W. PREIBISCH, Quellenstudien zu M.s ›Entführung aus dem Serail‹. Ein Beitr. zur Gesch. d. Türkenoper, in: SIMG 10:1908/09, S. 430–476; E. ANDERSON, A Note on M.'s Bassa Selim, in: ML 35:1954, S. 120–124; S. HOCHSTÖGER, Gottlieb Stephanie der Jüngere. Schauspieler, Dramaturg u. Dramatiker d. Burgtheaters (1741–1800), in: Jb. d. Ges. für Wiener Theaterforschung 12:1960, S. 3–82; C. H. MAHLING, Die Gestalt des Osmin in M.s ›Entführung‹. Vom Typus zur Individualität, in: AfMw 30:1973, S. 96–108; E. R. MEYER, Turquerie and Eighteenth-Century Music, in: Eighteenth-Century Studies 7:1973/74, S. 474–488; R. ANGERMÜLLER, »Les Epoux esclaves ou Bastien et Bastienne à Alger«. Zur Stoff-Gesch. d. ›Entführung aus dem Serail‹, in: MJb 1978/79, S. 70–88; G. CROLL, Ein Janitscharen-Marsch zur ›Entführung‹, in: Mitt. d. Internationalen Stiftung Mozarteum 28:1980, S. 2ff., 31; J.-V. HOCQUARD, L'Enlèvement au Sérail précédé de Zaïde, Paris 1980; R. WÜRTZ, Das Türkische im Singspiel des 18. Jahrhunderts, in: Das deutsche Singspiel im 18. Jahrhundert. Colloquium d. Arbeitsstelle 18. Jh. Gesamt-Hochsch. Wuppertal, Univ. Münster, Heidelberg 1981, S. 125–137; W. A. MOZART, Die Entführung aus dem Serail. Texte, Materialien, Kommentare, hrsg. A. Csampai, D. Holland, Reinbek 1983 (rororo. 7757.); L'Avant-scène, Opéra, Nr. 59, Paris 1984; T. BAUMAN, W. A. Mozart. ›Die Entführung aus dem Serail‹, Cambridge 1987 (Cambridge Opera Handbooks); weitere Lit. s. S. 276

Christoph-Hellmut Mahling

Der Schauspieldirektor
Komödie mit Musik in einem Akt

Text: Johann Gottlieb Stephanie der Jüngere
Uraufführung: 7. Febr. 1786, Orangerie, Schloß Schönbrunn (bei Wien)
Personen: Frank, Schauspieldirektor (Spr.); Eiler, Bankier (Spr.); Buff, Schauspieler (B); Herz, Schauspieler (Spr.); Madame Pfeil, Madame Krone und Madame Vogelsang, Schauspielerinnen (3 Spr.); Monsieur Vogelsang, Sänger (T); Madame Herz und Mademoiselle Silberklang, Sängerinnen (2 S)
Orchester: 2 Fl, 2 Ob, 2 Klar, 2 Fg, 2 Hr, 2 Trp, Pkn, Streicher
Aufführung: Dauer ca. 1 Std. – Gesprochene Dialoge.

Entstehung: Der Auftrag Kaiser Josephs II., für ein Lustfest zu Ehren der Generalgouverneure der k. k. Niederlande, Herzog Albert Kasimir von Sachsen-Teschen und seine Frau Erzherzogin Maria Christine, eine Oper zu komponieren, erreichte Mozart mitten in der Arbeit an *Le nozze di Figaro* (1786), die knapp drei Monate nach Fertigstellung des *Schauspieldirektors* uraufgeführt werden sollte. Joseph II., der längst italienischen Musikern den Vorrang gegeben und die Opera buffa dem Singspiel vorgezogen hatte, erteilte auch Antonio Salieri einen Kompositionsauftrag für diesen Festakt, bei dem die besten Mitglieder des kaiserlichen Schauspiels wie der deutschen und italienischen Oper mitwirken sollten. Der vom Kaiser intendierte Wettstreitcharakter wurde durch die Errichtung zweier gegenüberliegender Bühnen unterstrichen, auf denen nach aufgehobener Galatafel zunächst Mozarts *Schauspieldirektor*, danach Salieris *Prima la musica e poi le parole* (Text: Giambattista Casti) zur Aufführung gelangen sollten. Daß Stephanie in seinem »Gelegenheitsstück« (so der Untertitel des Originaltextbuchs) der Idee des Kaisers zufolge eine Parodie auf die zerrütteten Opernverhältnisse Wiens zu entwerfen hatte, vermochte ihn jedoch weniger zu einer zündenden Satire auf den Theaterbetrieb zu inspirieren als seinen Gegenspieler Casti, der zu einer bissigen Karikatur Lorenzo Da Pontes ausholte und damit die uneingeschränkte Publikumsgunst gewann. Der Sieg Castis und Salieris über Stephanie und Mozart bedeutete aber auch einen Sieg der Opera buffa über das Singspiel, das sich gegenüber der italienischen Konkurrenz nicht durchzusetzen vermochte. Stephanie analysierte dies Problem im Vorwort (S. XIX) zur Ausgabe seiner Singspiele (*Stephanie des Jüngern sämmtliche Singspiele*, Liegnitz 1792): Neben der Begünstigung der italienischen Sänger gegenüber den deutschen hob er vor allem die mangelnden schauspielerischen Fähigkeiten der deutschen Opernsänger hervor. Daß sich die allgemeinen Mißstände auch auf Mozarts Produktivität nicht gerade günstig auswirken konnten, belegen zahlreiche briefliche Äußerungen des Komponisten, die diesen Streitpunkt ebenso beleuchten wie Mozarts Wunsch, angesichts der zunehmenden Erfolge der italienischen Oper in Wien auf diesem Sektor tätig zu werden, ohne allerdings die deutsche Oper ganz aufgeben zu wollen. Daß die Suche nach geeigneten »welschen Opernbücheln« schwierig war, spiegeln die beiden nicht zuletzt aufgrund textlicher Mängel fragmentarisch gebliebenen Opere buffe *L'oca del Cairo* (Text: Giambattista Varesco) und *Lo sposo deluso ossia La rivalità di tre donne per un solo amante* (Text: vermutlich Da Ponte; beide Ende 1783 abgebrochen) wider. Den aus Ouvertüre, zwei Arien, einem Terzett sowie einem Vaudeville nur locker zusammengefügten *Schauspieldirektor* komponierte Mozart zwischen dem 18. Jan. und dem 3. Febr. 1786.

Handlung: Schauspieldirektor Frank ist mit der Aufstellung einer Wandertruppe beschäftigt, die in Salzburg Spielerlaubnis erhalten hat. Der geschäftstüchtige Buff entwickelt dem an seiner Rechtschaffenheit und am »guten Geschmack« schon fast zugrunde gegangenen Impresario eine gewinnbringende Taktik, der zufolge es gilt, möglichst billige Kräfte anzuheuern, die Vorstellungen sensationell anzukündigen, bei der Wahl des Stücks weniger auf den künstlerischen Rang als auf Publikumswirksamkeit zu achten und die Kritiker durch Bestechung zu günstigen Urteilen zu animieren. Noch bevor der zögerliche Frank den vorgeschlagenen Praktiken zustimmen kann, wartet Eiler mit einem verlockenden Angebot auf. Als Gegenleistung für ein Engagement seiner als Sängerin erfolglosen Freundin, Madame Pfeil, verspricht er, das Unternehmen zu finanzieren. Zum Beweis ihres Könnens führt Pfeil, die Frank vergeblich von ihren Qualitäten zu überzeugen sucht, zusammen mit Eiler eine Szene aus dem »Aufgehetzten Ehemann« auf. Da naht auch schon die nächste Kandidatin, die sich als große Tragödienspielerin rühmt und in Franks Truppe unterkommen will. Mit einer Szene aus »Bianca Capello« gelingt es ihr, Frank von ihrem Talent zu überzeugen. Obwohl sich Buff gegen das weitere Spielen von Tragödien ausspricht, wird Madame Krone zusammen mit ihrem Partner Herz engagiert. Auch die nächste Aspirantin, Madame Vogelsang, die sogleich mit Buff eine Szene aus der »Galanten Bäuerin« vorführt, erhält als komische Aktrice ihr Engagement. Nun beginnen die Gesangsproben. Herz hat, kaum ist er selbst unter Vertrag gekommen, sogleich seine Frau vorgestellt. Mit ihrer »Ariette« vermag sie Frank ebenso zu entzücken wie danach Mademoiselle Silberklang, die im »Rondeau« zum besten gibt. Als nun auch Vogelsang ihren Mann vorführt, entsteht ein heftiger Streit um die Höhe der Gagen. Als Frank angesichts der Zwistigkeiten droht, auf die Errichtung einer Truppe zu verzichten, wird der Streit durch allseits versöhnliche Gesten beigelegt und durch ein Loblied auf die Moral des Künstlers besiegelt.

Kommentar: Stephanie, mit dem Mozart bereits in der *Entführung aus dem Serail* (1782) zusammengearbeitet hatte, adaptierte in den Schauspielszenen seines im Nationalitätenstreit zwischen italienischer und deutscher Oper angesiedelten Einakters bekannte Stücke des Wiener Komödienrepertoires. Der Reiz dieser zur Handlung erhobenen Einlagen bestand in den für das Publikum wohl verstandenen Anspielungen auf die damaligen Theaterverhältnisse und wurde dadurch verstärkt, daß die berühmten Darsteller, die in diesen Szenen gewöhnlich zu sehen waren, auch tatsächlich von berühmten (teilweise denselben) Schauspielern und Sängern gespielt wurden. Während Stephanie bei »Bianca Capello« (Szene Krone/Herz) direkt auf eine Schauspielvorlage zurückgriff (das Trauerspiel *Bianca Capello*, 1786, von Johann Friedrich Jünger, eine Bearbeitung des gleichnamigen Romans, 1784, von August Gottlieb Meißner), sind für »Der aufgehetzte Ehemann« (Pfeil/Eiler) und »Die galante Bäuerin« (Vogelsang/Buff) keine unmittelbaren Vorlagen nachzuweisen. Stephanie ging es hierbei wohl eher um die Anlehnung an ein beliebtes Genre, das auf den Stil englischer Lustspiele der Restaurationszeit anspielte. Eins dieser in Wien viel gespielten Stücke, Johann Christian Bocks *Wie man eine Hand umkehrt oder Der flatterhafte Ehemann* (1778), eine Übersetzung der Komödie *The School for Wives* (1773) von Hugh Kelly, könnte Stephanie zu der Szene aus dem »Aufgehetzten Ehemann« inspiriert haben. Auch »Die galante Bäuerin« dürfte zumindest Anregungen erfahren haben durch ein Stück, das sich seit 1776 im Repertoire des Burgtheaters befand: Röschen und Michel, die Figuren der »Galanten Bäuerin«, scheinen dem Lustspiel *Der Jurist und der Bauer* (1773) von Johann Rautenstrauch zu entstammen, in dem bezeichnenderweise Maria Anna Adamberger, die Darstellerin der Madame Vogelsang (alias Röschen), als Rosine ihre größten Erfolge gefeiert hatte. Auch hinsichtlich der Gesangstexte scheint Stephanie aus fremden Quellen geschöpft zu haben: So zeigt Madame Herz' Arie »Da schlägt die Abschiedsstunde« Ähnlichkeit zu Johann Joachim Eschenburgs Gedicht *Die Trennung* (1770; vgl. Otto Erich Deutsch, *Kettenlieder*, s. Lit.), Mademoiselle Silberklangs Rondo »Bester Jüngling! Mit Entzücken« könnte dem später häufig imitierten und parodierten Gedicht *Der Liebesbund* von Johann Martin Miller (im *Musen-Almanach für 1779*, herausgegeben von

Johann Heinrich Voß) entlehnt sein, das Terzett Nr. 3 Glucks *Rencontre imprévue* (1764; seit 1776 als *Die unvermutete Zusammenkunft oder Die Pilgrime von Mekka* in der Übersetzung von Johann Heinrich Faber), das Mozart nachweislich kannte. Glucks im Terzett Nr. 28 angewandten Kunstgriff, die Wörter »Adagio«, »Allegro«, »Andante« und die jeweils zugehörigen Passagen in die entsprechenden musikalischen Tempi zu übersetzen, hat Mozart direkt übernommen, indem er im Terzett die floskelhaften Wendungen der Mitwirkenden »Adagio«, »Allegro« und »Piano« musikalisch analog ausführte. Nicht nur aufgrund der pasticciohaften Zusammenziehung damals bekannter, heute jedoch wenig aussagekräftiger Schauspielszenen, sondern auch aufgrund der Tatsache, daß der Anteil der Musik so gering ist, kann *Der Schauspieldirektor* für die Opernbühne nur geringes Interesse erregen. Das Autograph enthält die Ouvertüre und die vier Gesangsnummern, nicht jedoch die gesprochenen Dialoge (diese sind nur im Originaltextbuch von 1786 überliefert) sowie die Orchesterritornelle der beiden Arien, die jedoch schon zu Mozarts Lebzeiten zum festen Bestandteil des Werks wurden und auch in allen bekannten Abschriften, Partituren und Klavierauszügen überliefert sind. Obwohl der Beweis für die Echtheit dieser in der »Neuen Mozart-Ausgabe« kleingedruckt wiedergegebenen instrumentalen Zwischenspiele bislang nicht erbracht werden konnte, ist, wie Stefan Kunze (s. Lit.) überzeugend dargelegt hat, davon auszugehen, daß es sich um authentische Kompositionen Mozarts handelt. – Vor allem wohl dem Fehlen einer stringenten Handlung, dem Mangel an dramatischer Steigerung sowie den sprachlichen Schwächen ist es zuzuschreiben, daß das Stück so vielfach bearbeitet wurde. Trotz seiner intimen Kenntnisse des Theateralltags ist es Stephanie auch nicht gelungen, die parodistischen Momente, etwa die Angriffe auf das italienische Primadonnenwesen, entsprechend pointiert herauszustellen. Am meisten überzeugt der einleitende Dialog zwischen Frank und Buff, eine gelungene Glosse auf die Theaterverhältnisse und den schlechten Geschmack des Publikums. Während Mozart bereits durch das lärmende, leicht ironisierte Pathos der Ouvertüre den komödiantischen Charakter der späteren »Aufführungen« einfängt, verfällt Stephanie bereits nach diesem Dialog in eine statuarische Szenenfolge, die, wenn überhaupt, dann im Terzett eskaliert: Sich gegenseitig förmlich das Wort aus dem Mund nehmend, geraten die Rivalinnen Herz und Silberklang in Streit, und während sie sich durch Koloraturen und hohe Spitzentöne (c′′′) zu überbieten trachten, versucht Vogelsang die erhitzten Gemüter zu beschwichtigen. Doch auch in den eher stereotypen Probestücken der beiden Damen ist es Mozart gelungen, eine musikalische Charakterzeichnung zumindest im Ansatz zu verwirklichen. Im Vaudeville wartet er noch einmal mit einer witzigen Pointe auf, indem er den Schauspieler Buff, zum Zeichen seines sängerischen Unvermögens, in groteskem c-Moll zum Gesangsensemble hinzutreten läßt.

Wirkung: Wegen des »sehr mittelmäßigen« Texts fand *Der Schauspieldirektor* bei der Uraufführung weniger Zuspruch als Salieris Intermezzo. Die Gesangspartien bestritten Aloysia Weber (Herz), Catarina Cavalieri (Silberklang) und Valentin Adamberger (Vogelsang), als Schauspieler wirkten mit Stephanie (Frank), seine Frau Anna Maria (Vogelsang), Johanna Sacco (Pfeil), Maria Anna Adamberger (Krone), Johann Franz Hieronymus Brockmann (Eiler), Joseph Lange (Buff) und Joseph Weidmann (Herz). Zusammen mit Salieris *Prima la musica* wurde das Werk 1786 noch dreimal (am 11., 18. und 25. Febr.) am Kärntnertortheater Wien gegeben, danach erst wieder 1797 im Freihaustheater Wien von Emanuel Schikaneder. Die erste Bearbeitung erfuhr *Der Schauspieldirektor* 1796 durch Christian August Vulpius, der das Werk auf Johann Wolfgang von Goethes Wunsch den *Theatralischen Abenteuern* (1791), Goethes Übertragung von Cimarosas *L'impresario in angustie* (1786), einverleibte und 1797 als *Die theatralischen Abenteuer* in Weimar zur Aufführung brachte. Unter allen weiteren der zahlreichen Bearbeitungen erzielte die von Louis Schneider (Berlin 1845) den nachhaltigsten Erfolg (Aufführungen unter anderm in Wien 1845, Leipzig 1852 und Pest 1864). Mozart sowie Schikaneder wurden in dieser als *Mozart und Schikaneder* bekannt gewordenen Bearbeitung als Personen eingeführt, die Handlung in wesentlichen Punkten modifiziert. Die wohl erste Wiederaufführung des Originals fand 1916 an der Volksoper Wien statt. In neuerer Zeit kam es zu Inszenierungen unter anderm 1958 (Bearbeitung und Dirigent: Bernhard Paumgartner, Regie: Géza Rech) und 1964 in Salzburg, 1965 in Leipzig, 1971 in Amsterdam und Lyon, 1976 in Bielefeld, 1986 in Würzburg, 1987 in Tokio und 1989 in Lyon.

Autograph: Pierpont Morgan Libr. NY. **Ausgaben:** Faks.-Druck d. Autographs: Pierpont Morgan Libr., NY 1976; Part, krit. Ausg.: W. A. MOZART, Werke, Bd. V/16, [rev. v. F. Wüllner], B&H 1882, Nachdr.: Edwards Music Reprints, Serie A, Ann Arbor, MI 1951–56; W. A. MOZART, Neue Ausg. sämtl.

Der Schauspieldirektor; Jaroslaw Radionik als Buff, Boris Tarchow als Frank, Ljudmila Sokolenko als Silberklang; Regie: Boris Pokrowski, Ausstattung: Alla Koschenkowa; Gastspiel Moskauer Kammeroper, Freie Volksbühne, Berlin 1976.

Werke, Serie II/5, Bd. 15, hrsg. G. Croll, Bär 1958; Part: B&H 1869; Part, Bearb. v. B. Paumgartner: UE; Kl.A v. S. Schmiedt: B&H 1792; Kl.A v. C. Zulehner: Simrock [1801], Nr. 139; Peters 1884, Nr. 6776; Kl.A (nach d. krit. Ausg. 1958): Bär; Kl.A, frz. u.d.T. *L'Impresario* v. L. Battu, L. Halévy: Brandus/Lévy, Paris 1856; Kl.A, engl. Übers. u.d.T. *The Impresario* v. D. Previn: Bryn Mawr, Presser 1968; Textb.: Wien 1786; Stuttgart, Reclam 1956 (rub. 4823.). **Aufführungsmaterial:** Bär; Text-Bearb. v. G. Walter: B&H
Literatur: R. HIRSCH, M.s ›Schauspieldirektor‹. Mus. Reminiscenzen, Lpz. 1859; R. GENÉE, Zur Geschichte des M.schen ›Schauspieldirektor‹ und der verschiedenen Bearbeitungen, in: Mitt. für d. M.-Gemeinde in Bln. 1896, H. 2, S. 60–62; O. E. DEUTSCH, M. und die Schönbrunner Orangerie, in: ÖMZ 9:1954, S. 37–44, Erg. 12:1957, S. 384ff., 13:1958, S. 3; DERS., Kettenlieder, in: SMZ 1957, S. 344–349; C. RAEBURN, Die textlichen Quellen des ›Schauspieldirektor‹, in: ÖMZ 13:1958, S. 4–10; S. KUNZE, M.s ›Schauspieldirektor‹, in: MJb 1962/63, S. 156–167; A. P. MCLANE, M.'s ›Der Schauspieldirektor‹. An Introduction and Translation of the Original Libretto, Ann Arbor, MI 1984; weitere Lit. s. S. 276

Julia Liebscher

Le nozze di Figaro
Commedia per musica in quattro atti

Die Hochzeit des Figaro
Figaros Hochzeit
4 Akte (5 Bilder)

Text: Lorenzo Da Ponte (eigtl. Emanuele Conegliano), nach der Komödie *La Folle journée ou Le Mariage de Figaro* (1778) von Pierre Augustin Caron de Beaumarchais (eigtl. Pierre Augustin Caron)
Uraufführung: 1. Fassung: 1. Mai 1786, Burgtheater, Wien; 2. Fassung: 29. Aug. 1789, Burgtheater, Wien
Personen: Graf Almaviva (B); Gräfin Almaviva (S); Susanna, Figaro als Braut versprochen (S); Figaro (B); Cherubino, Page des Grafen (S); Marcellina (A); Bartolo, Arzt aus Sevilla (B); Basilio, Musiklehrer (T); Don Curzio, Richter (T); Barbarina, Antonios Tochter (S); Antonio, Gärtner des Grafen und Susannas Onkel (B); 2 Frauen (2 S). **Chor:** Bauern, Bäuerinnen, Bauernmädchen, Jäger, Leute vom Gericht, Diener
Orchester: 2 Fl, 2 Ob, 2 Klar, 2 Fg, 2 Hr, 2 Trp, Pkn, Streicher, B.c
Aufführung: Dauer ca. 3 Std. – Bartolo/Antonio und Basilio/Curzio können von je einem Sänger übernommen werden.

Entstehung: Beaumarchais' fünfaktige Komödie war nach dem sensationellen Erfolg der ersten öffentlichen Pariser Aufführung (17. April 1784) schnell über Frankreich hinaus berühmt geworden und schon Anfang 1785 von Johann Rautenstrauch ins Deutsche übersetzt worden. Am 3. Febr. 1785 sollte das Werk in dieser Übersetzung von der Truppe Emanuel Schikaneders und Hubert Kumpfs im Kärntnertortheater Wien aufgeführt werden; Kaiser Joseph II. veranlaßte aber die Zensur einzugreifen, da »dieses Stück viel Anstößiges enthält«, und der Text wurde zwar zum Druck, aber nicht zur Aufführung freigegeben. Ausschnitte erschienen im *Wienerblättchen* am 28. Febr., 1. und 2. März. Der vollständige Druck *(Der närrische Tag oder Die Hochzeit des Figaro)* dürfte kurz danach erschienen sein, ebenso eine zweite, anonyme Übersetzung. In Mozarts Nachlaß befand sich ein Exemplar eines dieser Texte. – Der Plan, aus der Komödie eine Oper zu machen, ist wahrscheinlich von Mozart ausgegangen; Da Ponte, der seine eigenen Verdienste sonst sehr in den Vordergrund stellt, bezeugt es in seinen Memoiren. Das komplizierte und lange Stück bot sich nicht unbedingt für ein Opernlibretto an, aber es hatte politischen Sensationswert, es hatte außerordentlich theaterwirksame Situationen und Charaktere, und außerdem paßte es gut ins Repertoire der Hofoper, die seit 1783 Paisiellos *Barbiere di Siviglia* (1782) im Repertoire hatte. Wenn Da Pontes Erinnerungen zu trauen ist, dann war er es, der in der Folgezeit alle Widerstände mit Hartnäckigkeit und Diplomatie besiegte, die Bedenken des Kaisers zerstreute, Mozart zum Vorspiel einiger Nummern vor Joseph II. brachte und so schließlich den Kaiser veranlaßte, die Aufführung auf der Hofopernbühne zu befehlen, offenbar gegen einige Widerstände des Intendanten Franz Xaver Wolf Fürst Rosenberg-Orsini und seines Protegés Giambattista Casti. Die Arbeit an Text und Musik ging nach Da Ponte Schritt für Schritt voran, und in sechs Wochen sei das Stück fertig gewesen. Nimmt man die spärlichen Zeugnisse zusammen, so könnte diese Angabe (die sich natürlich nur auf das Partiturgerüst, nicht auf die Instrumentation beziehen) stimmen; die sechs Wochen waren wahrscheinlich Mitte Okt. bis Ende Nov. 1785. Mozart komponierte zuerst die geschlossenen Nummern, und zwar nicht in ihrer endgültigen Reihenfolge, sondern in Gruppen ungefährer inhaltlicher Ähnlichkeit (lyrische, pathetische, aktionsbetonte Nummern), dann die Rezitative, schließlich die Sinfonia. Das fertige Werk trug er erst am 29. April 1786 in sein Werkverzeichnis ein, so spät wahrscheinlich deshalb, weil er ab Ende Nov. 1785 zunehmend mit andern Arbeiten belastet war, unter anderem mit drei Subskriptionskonzerten, die er aus Geldnot geben mußte, und sich deshalb die Vollendung der Instrumentation hinzog.
Handlung: Im Schloß des Grafen Almaviva.
I. Akt, ein unmöbliertes Zimmer, ein Lehnstuhl in der Mitte: Figaro, Kammerdiener des Grafen, und Susanna, Zofe der Gräfin, möchten heiraten. Der Graf, Doktor Bartolo und dessen Haushälterin Marcellina möchten es verhindern; der Graf, weil er mit Susanna das Ius primae noctis, das er übereilt aufgegeben hat, erneuern möchte; Bartolo, um sich an Figaro dafür zu rächen, daß dieser dem Grafen bei der Entführung von Bartolos Mündel, jetzt die Gräfin, geholfen hat; Marcellina, weil sie selbst Absichten auf Figaro hat, der ihr Geld schuldet und ihr für den Fall, daß er es nicht zurückzahlen kann, ein schriftliches Heiratsversprechen gegeben hat. Susanna und Figaro haben ein Zimmer zwischen den Gemächern des Grafen und denen der Gräfin zugewiesen bekommen. Susanna

klärt Figaro darüber auf, daß die Lage dieses Zimmers günstig vor allem für den Grafen ist, der ihr nachstellt, unterstützt vom Musiklehrer Basilio, bei dem sie Gesang studiert. Figaro beschließt, solche Anschläge mit List zu parieren. Marcellina bittet Bartolo um Hilfe gegen die bevorstehende Hochzeit Figaros. Bartolo sieht darin eine Gelegenheit, sich an Figaro zu rächen. Die eifersüchtige Marcellina legt sich mit Susanna an, bekommt aber eine Abfuhr. Cherubino sucht bei Susanna Hilfe: Der Graf hat ihn mit Barbarina, der Tochter des Gärtners Antonio und Cousine Susannas, überrascht und entlassen, jetzt soll Susanna die Gräfin bitten, sich für ihn zu verwenden, sonst sieht er all die schönen Frauen, die er alle zugleich liebt, nie wieder. Der Graf kommt, Cherubino versteckt sich hinter dem Lehnstuhl und hört mit an, wie der Graf Susanna umwirbt, sie um ein Rendezvous im Garten bittet und ihr sogar Geld anbietet. Von außen hört man Basilio, der den Grafen sucht; dieser versteckt sich hinter dem Lehnstuhl, Cherubino kauert sich gerade noch rechtzeitig in den Stuhl, und Susanna deckt ihn mit einem Morgenrock zu. Basilio erscheint und gibt Susanna Ratschläge: Sie solle lieber den Grafen erhören statt sich mit Figaro abzugeben oder gar mit dem liebestollen Cherubino, der zugleich mit Barbarina anbandele, auf die wiederum der Graf Absichten habe. Hier kann der Graf sich nicht länger beherrschen, er kommt aus seinem Versteck hervor und befiehlt Basilio, Cherubino fortzujagen. Als Susanna und Basilio Cherubino bedauern, schildert der Graf, wie er den Pagen bei Barbarina unter der Tischdecke versteckt fand; dabei hebt er den Morgenrock vom Lehnstuhl, und Cherubino wird entdeckt. Wütend befiehlt der Graf, nach Figaro zu schicken, damit er diese Szene sehe, aber Susanna und Cherubino machen ihm klar, daß Cherubino sein Gespräch mit Susanna gehört hat und plaudern könnte. Figaro erscheint mit einem weißen Brautkleid und einer Gruppe von Bauern und Bäuerinnen, die den Grafen feiern wollen, weil er das Ius primae noctis abgeschafft hat; nun soll er für die erste Hochzeit der neuen Ära seinen Segen geben und Susanna das Hochzeitskleid anlegen, Symbol der Sittsamkeit und Unberührtheit. Aber die Überrumpelung mißlingt, der Graf verschiebt das Fest, um es prunkvoll richten zu lassen. Dann schafft er sich Cherubino vom Hals, indem er ihm eine Offiziersstelle in Sevilla verleiht und ihm befiehlt, sofort abzureisen. Schadenfroh malt Figaro dem unglücklichen Offizier das Soldatenleben aus.

II. Akt, reich ausgestattetes Zimmer mit Alkoven und drei Türen: Susanna erzählt der Gräfin, daß der Graf sie verführen wolle. Figaro kommt und erklärt die Pläne des Grafen: Der Graf wird Botschafter in London; Figaro wird sein Kurier und ist dadurch oft und lange aus dem Weg; widersetzt sich Susanna dann immer noch, wird Figaro mit Marcellina verheiratet. Figaros Gegenplan: Durch Basilio wird dem Grafen ein Brief zugespielt, in dem die Gräfin einem Liebhaber ein Rendezvous verspricht; dadurch wird der Graf abgelenkt und schließlich von der Hochzeit überrumpelt. Als Susanna einwendet, dann werde immer noch Marcellina Einspruch erheben, macht er einen zweiten Plan: Susanna verspricht dem Grafen ein Rendezvous, Cherubino erscheint als Susanna verkleidet, die Gräfin überrascht beide, und der Graf muß seinen Segen zur Hochzeit geben. Figaro geht ab und schickt Cherubino, der der Gräfin, von Susanna begleitet, ein von ihm selbst geschriebenes Liebeslied vorsingt. Sie beginnen, Cherubino zu verkleiden; er zeigt ihnen das schon ausgestellte Offizierspatent, dem aber noch das Siegel fehlt. Susanna geht ins Nebenzimmer; Cherubino und die Gräfin geraten in eine zärtlich-gerührte Abschiedsstimmung. Da klopft der Graf an die verschlossene Tür, Cherubino schließt sich in Panik im zweiten Nebenzimmer ein, die Gräfin öffnet verwirrt, der Graf (der inzwischen den Brief über ihr angebliches Rendezvous bekommen hat) ist mißtrauisch. Als Cherubino im Nebenzimmer Möbel umwirft, behauptet die Gräfin, es sei Susanna. Der Graf fordert, Susanna solle erscheinen; die Gräfin sagt, sie probiere

Le nozze di Figaro; Illustration; Marianna Bondini als Gräfin; Théâtre-Italien, Paris. – In der ersten italienischsprachigen Pariser Aufführung 1807 sang die Sopranistin den Cherubino und hatte besonderen Erfolg mit der Ariette »Voi che sapete« (II. Akt), die sie in französischer Sprache wiederholte. Als sie in den folgenden Jahren bis 1811 auch in der Rolle der Gräfin auftrat, erweiterte sie die Partie um ihr Favoritstück.

das Brautkleid an und es sei unschicklich, sie zu stören. Susanna ist heimlich aus ihrem Zimmer gekommen und hört die Auseinandersetzung. Der Graf, überzeugt, daß hinter der verschlossenen Tür ein Liebhaber der Gräfin verborgen ist, schließt auch die Tür zu Susannas Zimmer ab, zwingt die Gräfin, mit ihm den Raum zu verlassen, während er Werkzeug zum Öffnen der andern Tür holt, und verschließt den Raum. Kaum sind sie gegangen, holt Susanna Cherubino aus seinem Versteck, er springt durch ein Fenster in den Garten, und sie schließt sich an seiner Stelle ein. Graf und Gräfin kommen zurück. Die Gräfin, verzweifelt, gesteht nach und nach, daß hinter der Tür Cherubino sei, in kompromittierender Kleidung. Der Graf rast vor Eifersucht, zwingt die Gräfin zur Herausgabe des Schlüssels und öffnet die Tür. Heraus kommt Susanna. Der Graf ist verwirrt; die Gräfin faßt sich und überschüttet ihn mit Vorwürfen, assistiert von Susanna, aber schließlich versöhnen sie sich. Dabei gesteht die Gräfin, daß der Rendezvousbrief, der den Argwohn des Grafen erregte, von Figaro stammt. Als Figaro erscheint, um erneut zur Hochzeit zu drängen, stellt der Graf ihn zur Rede, ob er diesen Brief kenne. Figaro leugnet, und es dauert eine Weile, bis die Frauen ihm klarmachen können, daß die kleine Intrige enthüllt, vergeben und vergessen ist. Sofort kommt Figaro auf die Hochzeit zurück, unterstützt von Susanna und der Gräfin, da erscheint Antonio und berichtet, daß ein Mann in den Garten gesprungen sei und dabei Nelken zertreten habe. Figaro versucht zuerst, diesen Bericht als Phantasie des notorischen Trunkenbolds Antonio hinzustellen; als herauskommt, daß Antonio den Flüchtenden nicht erkannt hat, »gesteht« er, daß er selbst es gewesen sei: Er habe auf Susanna gewartet und sei dann aus Angst vor dem wütenden Grafen geflohen. Antonio will ihm Papiere geben, die er beim Sprung verloren habe; der Graf nimmt sie ihm ab und fragt, was für Papiere das denn wohl seien? Die Gräfin erkennt, daß es Cherubinos Offizierspatent ist; sie und Susanna können Figaro schließlich zuflüstern, daß das Siegel auf dem Patent noch fehle, und für den Moment ist er aus der Schlinge. Da naht neues Unheil: Marcellina, Bartolo und Basilio klagen Figaro an, er habe Marcellina die Ehe gegen ein Darlehen versprochen, das Versprechen aber nicht eingelöst. Der Graf, froh über den neuen Aufschub, beraumt eine ordentliche Verhandlung an.

III. Akt, zur Hochzeit vorbereiteter reich ausgestatteter Saal mit zwei Thronsesseln: Der Graf hat Basilio nach Sevilla geschickt, um herauszufinden, ob Cheru-

Le nozze di Figaro, II. Akt; Irene Eisinger als Susanna, Fritz Krenn als Graf, Käthe Heidersbach als Gräfin; Regie: Gustaf Gründgens, Ausstattung: Teo Otto; Krolloper, Berlin 1931. – »Nichts mehr also von musealem ›reizendem‹ Rokokoschnörkel, nichts mehr von ›entzückend‹ stilechtem Kostüm, keine Dekoration mehr mit üppigem Ornament – nur noch ein recht summarisch gemaltes Schloß, nur noch der von der menschlichen Natur angestiftete Wirbel, nur noch die Musik der sich ablösenden Leidenschaften und Freudenschaften.« So charakterisierte Hans Curjel, Mitdirektor der Krolloper, 1931 die zweite Operninszenierung von Gründgens an diesem Haus.

bino, wie befohlen, dort angekommen ist. Susanna verabredet zum Schein ein Stelldichein mit dem Grafen; die Gräfin belauscht die Szene. Als Susanna geht, trifft sie auf Figaro und flüstert ihm zu, daß nun der Prozeß schon gewonnen sei. Der Graf hört diese Worte und beschließt, nun erst recht Figaro mit Marcellina zu verheiraten. Don Curzio bringt das Urteil: zahlen oder heiraten. Figaro wendet ein, er sei Edelmann, und ohne Zustimmung seiner Familie könne er nicht heiraten; als er schildert, wie er als Kind geraubt worden sei, erkennen Marcellina und Bartolo, daß er ihr illegitimer Sohn ist. Susanna kommt mit Geld, um Figaro auszulösen, gerade, als Marcellina, Figaro und Bartolo einander umarmen, und es dauert eine Weile, bis sie alles begreift. Der Graf geht wütend ab, Marcellina/Bartolo und Susanna/Figaro beschließen, jetzt eine Doppelhochzeit zu feiern. Barbarina will Cherubino als Mädchen verkleiden, damit er im Schloß bleiben kann. Die Gräfin bangt dem Rendezvous im Garten entgegen, bei dem sie Susannas Rolle übernehmen soll. Antonio berichtet, daß Cherubino noch immer im Schloß sei und sich bei ihm im Haus als Mädchen verkleidet habe. Susanna berichtet der Gräfin, daß der Graf in die Falle gegangen sei; die Gräfin diktiert ihr einen Brief, in dem der Ort des Stelldicheins festgelegt wird, und verschließt den Brief mit einer Nadel. Cherubino, Barbarina und andere Mädchen bringen der Gräfin Blumen. Der Graf und Antonio kommen hinzu und demaskieren Cherubino; als der Graf ihn bestrafen will, bittet Barbarina für ihn und plaudert aus, wie lebhaft sich der Graf um sie kümmert. Ohne es zu ahnen, erlöst Figaro ihn aus dieser Verlegenheit; er kommt, um die Mädchen zum Fest zu holen. Sofort treibt der Graf ihn wegen des angeblichen Sprungs aus dem Fenster in die Enge, aber Figaro weicht aus. Der Graf ist nun überzeugt, daß die Gräfin ihn mit Cherubino betrogen hat, aber er muß die Auseinandersetzung verschieben, weil jetzt die Hochzeit gefeiert werden muß. Beim Tanz steckt Susanna dem Grafen das Billett zu; als er es öffnet, sticht er sich mit der Nadel in den Finger. Figaro hat alles gesehen, nur nicht, wer dem Grafen den Brief zugesteckt hat. Alle freuen sich auf das Fest, was dem Grafen wie blanker Hohn klingen muß.

IV. Akt, 1. Bild, Zimmer: Der Graf hat Barbarina die Nadel gegeben, damit sie sie, als ein Zeichen, Susanna zurückbringe, aber sie hat die Nadel verloren. Figaro und Marcellina treffen sie bei der Suche, und sie plaudert aus, daß Susanna den Brief geschrieben hat und wo das Rendezvous sein wird. Figaro ist von Susannas Untreue überzeugt, Marcellina sucht ihn zu besänftigen: Sie hält es für möglich, daß alles eine Intrige gegen den Grafen ist, außerdem nimmt sie nun Partei für Susanna, denn Frauen müssen zusammenhalten, und eilt fort, sie zu warnen. 2. Bild, dichter Garten mit zwei parallelen zugänglichen Nischen; es wird Nacht: Barbarina bereitet ein Rendezvous mit Cherubino vor; sie hat Gebäck und Früchte besorgt, für die sie in der Küche mit einem Kuß bezahlen mußte. Figaro erscheint mit Mantel und Laterne, gefolgt von Basilio und Bartolo. Er trifft Vorbereitun-

Le nozze di Figaro, II. Akt; Elisabeth Schwarzkopf als Gräfin; Regie: Herbert Graf, Ausstattung: Stefan Hlawa; Festspielhaus, Salzburg 1953. – Eine Zauberin der Detailarbeit, eine Künstlerin, die mit den Wortnuancierungen eines subtilen Schauspielers und den feinen Farben eines großen Malers singt: so feierten Kritiker die Sopranistin, deren Bühnenrepertoire sich in den drei Jahrzehnten ihrer Karriere zunehmend auf die Mozart- und Strauss-Partien ihres Fachs konzentrierte.

gen, um Susanna mit dem Grafen zu überraschen. Basilio philosophiert über das Ungestüm der Jugend und die Lebensklugheit, die erst die reiferen Jahre bringen. Figaro, allein und verzweifelt, sinnt über das Wesen der Frauen. Susanna und die Gräfin erscheinen in vertauschten Kleidern; Marcellina folgt und versteckt sich in der Laube, in der schon Barbarina wartet. Susanna entdeckt Figaro und singt, um ihn für sein Mißtrauen zu strafen, eine Liebesarie, die er als an den Grafen gerichtet verstehen muß. Cherubino kommt und will zu Barbarina in die Laube, da trifft er auf eine Dame, die er im Dunkeln für Susanna hält und der er sogleich den Hof macht. Die vermeintliche Susanna wehrt sich, der Graf tritt dazwischen, Cherubino flieht in die Laube; der Graf will ihm eine Ohrfeige mit auf den Weg geben, trifft aber Figaro, der sich eifersüchtig herbeigeschlichen hatte. Nun beginnt der Graf, die vermeintliche Susanna zu umwerben, beobachtet von der echten Susanna und von Figaro, der die Verkleidung noch nicht durchschaut hat. Der Graf will die vermeintliche Susanna in die zweite Laube ziehen, aber Figaro stört ihn, und er schickt sein Opfer zunächst allein ins Versteck. Figaro will sich anschicken, beide, die er in der Laube glaubt, in flagranti zu erwischen, da greift die vermeintliche Gräfin ein. Figaro will ihr demonstrieren, daß der Graf sie betrügt, als sie sich durch ihre Stimme verrät: Er

Le nozze di Figaro, II. Akt; Teresa Stich-Randall als Gräfin, Teresa Berganza als Cherubino; Regie: Maurice Sarrazin, Bühnenbild: Antoni Clavé; Festspiele, Aix-en-Provence 1960. – Mit beiden Sopranistinnen sind die Höhepunkte des Festivals in Aix-en-Provence untrennbar verbunden. Insbesondere Stich-Randall sang dort von 1953 bis 1973 in allen großen Opern Mozarts.

merkt, daß sie die verkleidete Susanna ist, spielt aber weiter, als sei er die Gräfin, und macht ihr eine feurige Liebeserklärung. Susanna, wütend, gibt ihm eine Ohrfeige, da lenkt er ein, gesteht, daß er sie an der Stimme erkannt habe, und sie versöhnen sich. Der Graf kommt zurück, glaubt sich unbeobachtet und will in die Laube schlüpfen. Figaro und Susanna spielen ihm eine Liebesszene Figaro/Gräfin vor. Rasend ruft der Graf seine Diener, man kommt mit Fackeln, so daß es allmählich heller wird. Das Rendezvous Cherubino/Barbarina wird entdeckt. Die vermeintliche Gräfin und Figaro fallen auf die Knie und bitten den Grafen um Verzeihung, auch alle andern knien nieder, um für das Paar zu bitten, aber der Graf bleibt hart. Da erscheint aus der Laube die wirkliche Gräfin und bittet um Gnade für die angeblichen Sünder. Der Graf, beschämt, bittet nun sie um Verzeihung, die liebevoll gewährt wird.

Kommentar: Da Pontes Verdienste um *Le nozze di Figaro* könnte nur ein genauer und ausführlicher Vergleich zwischen seinem Text und Beaumarchais' Komödie zeigen. Der Schwierigkeit seiner Aufgabe und der Neuartigkeit des Ergebnisses war er sich wohl bewußt; im Vorwort zum italienischen und deutschen Textbuch der Uraufführung spricht er von der »fast neuen Art des Schauspieles«, entschuldigt dessen Länge mit der Kompliziertheit, aber auch Neuartigkeit und Größe der Handlung und betont, daß er »dieses vortreffliche Lustspiel nicht übersetzet sondern nachgeahmt« habe, aus Rücksicht auf eine praktikable Spieldauer und Personenzahl, aber auch auf die guten Sitten, auf Wien und das Wiener Publikum (beide Vorreden abgedruckt in: *Mozart. Die Dokumente seines Lebens*, S. 239f., s. Lit.). Der Hinweis auf die guten Sitten und das Publikum einerseits und die Unbefangenheit andrerseits, mit der Beaumarchais' von der Zensur nicht zur Aufführung freigegebenes Werk »vortrefflich« genannt wird, stimmen gut zusammen mit der Haltung der josephinischen Zensur, die in moralischen Dingen streng, in politischen vergleichsweise liberal war; vor diesem Hintergrund wird man auch die Bedenken des Kaisers gegen das »Anstößige« des Stücks eher moralisch als politisch verstehen müssen. In der Tat hat Da Ponte vieles moralisch Bedenkliche gestrichen oder gemildert und satirische Details, die in Wien kaum getroffen hätten, fortgelassen, die politische Tendenz der Vorlage aber weniger verwässert, als meist behauptet wird (vgl. Wolfgang Ruf, s. Lit.). Vor allem aber hat er es mit außerordentlichem Geschick verstanden, Beaumarchais' Dialoge in Handlung umzusetzen, die Sprache der Komödie zu entrhetorisieren und sinnlicher zu machen, Situationen und Charaktere zu verdeutlichen und emotional reicher auszustatten, die Finale des II. und IV. Akts kunstvoll und bühnenwirksam aufzubauen (in der besonderen Akzentuierung des II. und IV. Aktschlusses, die durch Mozarts Komposition noch enorm verstärkt wird, schimmert das zweiaktige Modell der späteren Opera buffa deutlich durch). Rückfälle in Buffakonventionen (Marcellinas Arie »Il capro e la capretta«, IV/4, und Basilios Arie »In quegl'anni«, IV/7) wiegen gegenüber solchen Vorzügen nicht schwer. – Mozart hat Da Pontes Tendenz, das Intrigengeflecht und die politischen Spannungen der Komödie vor allem als Beziehungen zwischen handelnden Menschen aufzufassen, zu versinnlichen und zu emotionalisieren, gewissermaßen weiterkomponiert, in inhaltliche Akzente setzenden Eingriffen in die Textformen der Arien, in der Differenzierung der Stände, Personen, sogar Generationen durch Tonfälle und Arienformen, in der Verdeutlichung und Vertiefung von Situationen durch musikalische Anspielungen und durch eine bis dahin unerhörte semantische Mehrschichtigkeit des Orchester- und Singstimmensatzes, nicht zuletzt in einer Ensemblekunst, die auch in *Don Giovanni* (1787) nicht übertroffen und später vielleicht nie wieder erreicht worden ist. In so extrem individualisierter Gestalt war *Le nozze* notwendig ein Werk, das quer zu allen Konventionen der Opera buffa stand. Nicht zufällig hat es länger als die andern großen Mozart-Opern gebraucht, um sich durchzusetzen, und nicht zufällig hat der scharfsinnige Beaumarchais-Kenner und sensible Mozart-Liebhaber Stendhal an *Le nozze* getadelt, daß die Musik aus der Komödie Ernst mache. Die Tiefe und Vielschichtigkeit dieses Ernsts auch nur anzudeuten kann hier nicht der Ort sein. Hingewiesen sei auf die Detailanalysen, vor allem die Arbeiten von Robert Moberly und Frits Noske, dazu auf die noch immer anregende Darstellung von Hermann Abert in seinem *Mozart* (s. Lit.) und auf dessen grundlegende Analyse von Mozarts Tonartenregie im Vorwort der Taschenpartitur (s. Ausg.). Hingewiesen sei auch darauf, daß *Le nozze* in besonderem Maß ein Gegenstand ästhetischer Reflexion im 19. und 20. Jahrhundert geworden ist und daß große Denker den besonderen Rang des Werks oft klarer gesehen und gültiger zur Sprache gebracht haben als die Fachleute: Für Ernst Bloch (*Das Prinzip Hoffnung*, 1957) war *Le nozze*, mit der *Zauberflöte* (1791), ein »progressives Meisterwerk«, das »im nobelsten Genuß gleichzeitig das aktivierendste humane Wunschbild« gibt.

Wirkung: Die Uraufführung und die erste Wiederholung am 3. Mai wurden von Mozart am Cembalo geleitet, die späteren Aufführungen dirigierte der junge Joseph Weigl. Die Besetzung war die beste, die Wien zu bieten hatte: Stefano Mandini als Graf, Luisa Laschi-Mombelli als Gräfin, Nancy Storace als Susanna, Francesco Benucci als Figaro, Dorothea Bussani als Cherubino, Maria Mandini als Marcellina, Francesco Bussani als Bartolo und Antonio, Michael Kelly als Basilio und Curzio und die zwölfjährige Anna Gottlieb (später Mozarts erste Pamina) als Barbarina. Die Honorierung war nach damaligen Verhältnissen angemessen: Mozart erhielt 450, Da Ponte 200 Gulden aus der Hoftheaterkasse. Der Erfolg des Werks war groß, aber nicht unumstritten, und er hielt nicht lange an. Bei der zweiten und dritten Aufführung wurden so viele Wiederholungen verlangt, daß der Kaiser am 9. Mai regulierend eingriff, damit einerseits die Opern nicht zu lange dauerten, andrerseits die Ruhmsucht der Sänger befriedigt wurde: Von nun an durften nur Solonummern, keine Ensembles mehr wiederholt werden. Nach dem relativ ausführlichen Bericht der *Wiener Realzeitung* vom 11. Juli 1786 scheinen diese Aufführungen wesentlich besser geglückt zu sein als die Premiere, die »nicht am besten von statten gieng«, »weil die Komposition sehr schwer ist«. Aber trotz des Erfolgs der späteren Aufführungen formierte sich offenbar eine Anti-*Nozze*-Partei, die auch publizistisch die Nachricht verbreitete, das Stück habe nicht gefallen. Da Ponte berichtet, daß es dem Kaiser und allen wahren Kennern ausnehmend gefallen habe, daß aber Rosenberg-Orsini, Casti und ihre Anhänger skeptisch bis feindlich gewesen seien. Jedenfalls konnte es sich, nachdem die erste Sensation vorbei war, nicht lange halten, und nach dem nächsten Sensationsstück, Martín y Solers *Una cosa rara* (1786), erlebte *Le nozze* nur noch eine Aufführung. Die Änderungen der 2. Fassung beruhen auf der Neubesetzung der Susanna und des Grafen. Für die neue Susanna, Adriana Ferraresi del Bene, schrieben Da Ponte und Mozart die Ariette »Un moto di gioia« (anstelle von »Venite, inginocchiatevi«, II/2) und das Rondo mit konzertierenden Bläsern »Al desio di chi t'adora« (anstelle von »Deh vieni«, IV/10); für den neuen Sänger des Grafen (wahrscheinlich Francesco Albertarelli) wurde die Arie »Vedrò mentre io sospiro« teilweise umgearbeitet, vielleicht aber nicht von Mozart, sondern von einem Helfer oder dem Sänger selbst. Diese Änderungen sind aber nicht

Le nozze di Figaro, III. Akt; Gabriel Bacquier als Graf, Lucia Popp als Susanna; Regie: Giorgio Strehler, Ausstattung: Ezio Frigerio; Opéra, Paris 1973. – Strehler inszenierte das Werk in seinem komödiantischen und psychologischen Reichtum als Spiel in Clairobscur, den »tollen Tag« in Lichtdramaturgie umsetzend.

musikdramatische Verbesserungen, sondern Kompromisse mit den neuen praktischen Gegebenheiten, bei Albertarelli mit dessen höherer Baßlage, bei Ferraresi vermutlich mit deren Wunsch, lieber dankbare Vortragsstücke als szenisch und musikalisch so anspruchsvolle Nummern wie »Venite« und »Deh vieni« zu singen (oder auch mit ihrer von Mozart resignierend erkannten Unfähigkeit, diese Stücke sängerisch und szenisch zu gestalten). Besonders »Un moto di gioia« ist auch dramaturgisch ein Rückschritt, ein für die Situation unspezifischer Text in konventioneller Dakapoanlage anstelle einer handlungsbezogenen Nummer in offener Form. – Le nozze ist bis weit ins 19. Jahrhundert hinein ein Werk vor allem für Kenner gewesen, dem der große, breite und anhaltende Publikumserfolg von *Zauberflöte*, *Don Giovanni* und selbst *La clemenza di Tito* (1791) lange versagt blieb. Immerhin waren, nach dem schnellen Erlöschen des Wiener Interesses, die Prager Aufführungen 1786/87 außerordentlich erfolgreich (Graf: Luigi Bassi, Susanna: Caterina Bondini, Figaro: Felice Ponziani; Dirigent: Joseph Strobach); sie begründeten Mozarts besonderen Prager Ruhm und zogen den Kompositionsauftrag für *Don Giovanni* nach sich. Aufführungen in den österreichischen Provinzen Oberitaliens (Monza 1787 und Florenz 1788) blieben dagegen folgenlos, und bis heute ist *Le nozze* in Italien ein ungeliebtes Stück. Weitere Verbreitung fand es vor allem in deutschen Übersetzungen und mit gesprochenen Dialogen statt der Rezitative; in dieser Gestalt spielten es die Wandertruppen, aber auch große Stadt- und Hoftheater bis ins späte 19. Jahrhundert, und in dieser Gestalt setzte es sich etwa um die Jahrhundertmitte endgültig durch. Erst die Pionierarbeit und die Autorität Hermann Levis, der die Rezitative wieder einführte und eine neue Übersetzung schrieb (1895), setzten die Originalgestalt des Werks für die Bühnenpraxis durch. Dagegen waren Versuche, die Oper enger mit Beaumarchais' Komödie zu verknüpfen, erfolglos. Eine Aufführung des Schauspiels unter Verwendung von Mozarts Musik (Paris 1793), an der Beaumarchais selbst beteiligt war, blieb ebenso Episode wie die Bearbeitung von Max Kalbeck und Gustav Mahler (Wien 1906), die, neben andern Eingriffen, die Gerichtsszene in die Oper einfügte. – Um Da Pontes Text haben sich wahrscheinlich mehr deutsche Übersetzer bemüht als um irgendeinen andern Operntext, aus guten Gründen. Einmal war wegen der ungewohnten Kompliziertheit von Text und Musik eine Übersetzung sowohl für die Wandertruppen als auch für die stehenden Theater nötig, wenn das Stück einigermaßen verstanden werden und erfolgreich sein sollte (schon der Uraufführung war ja eine deutsche Prosaübersetzung beigegeben worden). So entstanden sehr schnell einerseits einige wenige deutsche Bearbeitungen, mit denen die Wanderbühnen reisten, und andrerseits eine außerordentlich große Zahl von Übersetzungen für lokalen Gebrauch. Zum andern reizten die ungewöhnliche literarische und dramatische Qualität des Texts und seine Beziehung zu Beaumarchais' historisch folgenreichem literarischen Meisterwerk, sobald sich die Oper um die Mitte des 19. Jahrhunderts durchgesetzt hatte, immer wieder dazu, die eingeführten Übersetzungen zu überarbeiten oder neue mit immer genauerer Anpassung der Worte an die Musik zu suchen. Dementsprechend zerfällt die Geschichte der deutschen Übersetzungen von *Le nozze* in zwei deutlich getrennte Abschnitte. In den ersten gehören die Übersetzungen, die vor allem von den Wandertruppen benutzt und die schon deshalb die folgenreichsten wurden (Adolph und Philippine von Knigge mit Benutzung von Beaumarchais' Text, zuerst Lübeck 1788; Christian August Vulpius, zuerst Frankfurt a. M. 1788), daneben die lokalen Texte (Prag 1787 [?] von Vincenc Mašek [?], Donaueschingen 1787 von Michael Held und Franz Walter, Berlin 1790, Wien 1792 von Karl Ludwig Giesecke, Passau 1793). In den zweiten gehören die Übersetzungen, deren Zahl parallel mit der Erfolgskurve des Werks steigt: Franz Ignaz von Holbein 1834, Emilie Seidel 1844, Eduard Devrient 1847, Franz Kugler 1854, Carl Graedener 1864, Hermann Mendel 1867, Karl Friedrich Niese 1874, Michel Schletterer um 1880, Karl Engel um 1887, Otto Neitzel 1890, Levi 1895, Kalbeck 1906, Karl Wolfskehl um 1928, Karl Geiringer 1930, Siegfried Anheißer 1931, Willy Meckbach 1937, Georg Schünemann (nach Levi) 1941, Kurt Honolka 1976. – Vor 1850 gab es kontinuierliche Aufführungstraditionen für *Le nozze* vor allem an der Hofoper Wien und am Théâtre-Italien Paris. In Wien brachte man das Werk in Neuinszenierungen 1798, 1814 (Graf: Anton Forti, Susanna: Kathinka Buchwieser, Figaro: Karl Friedrich Weinmüller, Cherubino: Henriette Forti), 1818 (Gräfin: Therese Grünbaum, Figaro: Anton Forti), 1829 (Gräfin: Grünbaum, Susanna: Marianne Katharina Ernst), schließlich 1870 im neuen Haus an der Ringstraße heraus (Graf: Johann Nepomuk Beck, Gräfin: Marie Wilt, Susanna: Minnie Hauk, Figaro: Carl Mayerhofer, Cherubino: Bertha Ehnn). Am Théâtre-Italien erschien die Oper erstmals 1807 (Cherubino: Marianna Bondini) und hielt sich dort in wechselnden Besetzungen bis 1840 im Repertoire. In einer französischen Übersetzung und Bearbeitung als Dialogoper von François Castil-Blaze spielte man das Werk 1826 auch im Théâtre de l'Odéon; vorausgegangen waren Aufführungen dieser Version bereits in Nîmes 1818, Nantes, Brüssel und Gent 1822, Lilles 1823 und Antwerpen 1826. Eine neue Übersetzung von Jules Barbier und Michel Carré lag der Einstudierung am Théâtre-Lyrique 1858 zugrunde (Gräfin: Caroline Duprez, Susanna: Delphine Ugalde, Cherubino: Caroline Carvalho). Diese Version übernahm 1872 die Opéra-Comique, die für ein Jahrhundert mit verschiedenen Neueinstudierungen und Wiederaufnahmen sowie in wechselnden Übersetzungen (Paul Ferrier 1919, Adolphe Boschot 1939, 1956 wieder Barbier und Carré) die Pariser Aufführungsgeschichte von Mozarts Oper bestimmte. Mit der historisierenden Annäherung an das Original (Wiederherstellung der Rezitative) beginnt um 1900 vor allem an deutschsprachigen Bühnen die moderne Inszenierungsgeschichte von *Le nozze* als musikalisch-szenische Werkinterpretation. Hier sind es vor allem Ernst von Possarts Münchner Einstudierung von 1895 (Graf: Eugen Gura, Gräfin: Milka Ternina, Figaro: Anton von Fuchs; Dirigent: Levi) sowie die von Mahler musikalisch und szenisch betreute Aufführung an der Hofoper Wien 1906 (Graf: Friedrich Weidemann, Susanna: Marie Gutheil-Schoder, Figaro: Richard Mayr; Ausstattung: Alfred Roller), denen wegweisende Bedeutung zukam. In einer Reihe von Inszenierungen aus den folgenden Jahrzehnten setzen Bühnenbild und Kostüme die stärksten, oft neuartigen künstlerischen Akzente zwischen Impressionismus, Konstruktivismus und Neuer Sachlichkeit: Straßburg 1911 (Georg Daubner), Stuttgart 1912 (Bernhard Pankok), Duisburg/Bochum 1922 (Johannes Schröder), Frankfurt 1924 (Ludwig Sievert), Oberhausen 1928 (Gustav Singer), Krolloper Berlin 1931 (Teo Otto). Die von Otto Klemperer dirigierte und von Gustaf Gründgens inszenierte Aufführung der Krolloper, unbestritten einer der Höhepunkte in der Geschichte dieses Hauses, bildete für lange Zeit Maßstäbe moderner Musiktheaterregie heraus. Einen wichtigen Beitrag zur musikalischen Neubewertung von *Le nozze* leisteten Thomas Beechams Londoner Aufführungen an His Majesty's Theatre und Covent Garden 1910. Ebenfalls hohes Niveau hielt die Inszenierung am Old Vic Theatre 1920 (Dirigent: Charles Corri, Regie: Clive Carey) in der neuen englischen Übersetzung von Edward Dent, der die Aufführung auch wissenschaftlich betreute. Hieran knüpften die Mozart-Aufführungen im Rahmen des Glyndebourne-Festivals an, das 1934 mit einer italienischsprachigen Einstudierung von *Le nozze* seinen Anfang nahm. Der Rang dieser Interpretation gründete vor allem in der akribischen Ensemble- und Orchesterarbeit des Dirigenten Fritz Busch (Graf: Roy Henderson, Gräfin: Aulikki Rautawaara, Susanna: Audrey Mildmay, Figaro: Willi Domgraf-Fassbaender, Cherubino: Luise Helletsgruber; Regie: Carl Ebert). Bei den ebenfalls auf Mozarts Opern konzentrierten Festspielen von Aix-en-Provence erschien *Le nozze* erstmals 1952 in einer Produktion von Maurice Sarrazin (Regie) und Antoni Clavé (Ausstattung) unter der stilprägenden musikalischen Leitung Hans Rosbauds, die bis 1964 verschiedene Wiederaufnahmen erfuhr (1960 und 1962 dirigiert von Michael Gielen, 1964 von Peter Maag). Zu den herausragenden Interpreten des Mozart-Ensembles von Aix zählten in dieser Oper Teresa Stich-Randall als Gräfin, Heinz Rehfuß und Hermann Prey als Graf, Graziella Sciutti als Susanna, Michel Roux, Rolando Panerai und Erich Kunz als Figaro. Die breiteste Aufführungstradition prägten indes auch für diese Mozart-Oper naturgemäß die Salzburger Festspiele, zumeist in Kooperation mit der Wiener Staatsoper, nach dem zweiten Weltkrieg auch mit der Mailänder Scala. Die erste Einstudierung von 1922 blieb in ihrem szenischen Rahmen (Robert Kautsky nach Entwürfen Rollers) bei wechselnder Regie (seit 1930 zumeist Lothar Wallerstein) und wechselnder musikalischer Leitung (unter anderm Franz Schalk 1922 und 1925, Clemens Krauss 1930 und 1942, Felix von Weingartner 1935, Bruno Walter 1937, Karl Böhm 1941, Josef Krips 1947) über ein Vierteljahrhundert hinweg weitgehend unverändert. Aus der Zusammenarbeit dieser drei Bühnen entstand 1948 auch die Einstudierung Herbert von Karajans in der Regie von Oscar Fritz Schuh und der Ausstattung von Caspar Neher. Elisabeth Schwarzkopf (Gräfin), Irmgard Seefried (Susanna) und Sena Jurinac (Cherubino), Mitglieder des legendären Wiener Mozart-Ensembles, dazu Giuseppe Taddei (Figaro) erwiesen sich einmal mehr als überragende Interpreten. Seit den 60er Jahren war die Bühnenrezeption des Werks vielfach durch die Auseinandersetzung mit Beaumarchais' Schauspiel beeinflußt. So akzentuierte Luchino Visconti in seiner Inszenierung in Rom 1964 das Spannungsverhältnis der Personen als ein sozialrevolutionäres und betonte das mediterrane Ambiente (Gärten von Bomarzo als Bildzitat im IV. Akt). Ihr musikalisches Profil erhielt diese Aufführung durch die Interpretationen Carlo Maria Giulinis (Dirigent), Ilva Ligabues (Gräfin) und Panerais (Figaro). Unter den zahlreichen weiteren Aneignungen des Stücks aus dem Geist Beaumarchais' (unter anderm John Copley, Stefano Lazaridis, Colin Davis: Covent Garden London 1971; Jean-Pierre Ponnelle, Karajan: Salzburg 1972; Peter Hall, John Bury, John Pritchard: Glyndebourne 1973) ist Giorgio Strehlers Inszenierung an der Pariser Opéra 1973 hervorzuheben (Erstaufführung in Versailles unter der musikalischen Leitung von George Solti mit Gundula Janowitz, Mirella Freni, Friderica Von Stade, Gabriel Bacquier, José Van Dam, Michel Sénéchal; anschließend an der Opéra mit Tom Krause als Graf). Im Unterschied zu vielen andern Regisseuren funktionierte Strehler *Le nozze di Figaro* nicht zum politischen Ideenstück um, sondern pointierte die Vielschichtigkeit der Interaktionen und beließ den Charakteren jene Ambiguität, die ihnen Mozart verliehen hatte.

Autograph: I. u. II. Akt: SB Bln.; III. u. IV. Akt mit Bläser- u. Pkn.Part d. Finale d. II. Akts: Bibl. Jagiellońska Krakau; Figaros Accompagnato »Tutto è disposto«: Memorial Libr. of Music Stanford. **Ausgaben:** Part, krit. Ausg.: W. A. MOZART, Werke, Bd. V/17 [rev. v. F. Wüllner], 1879, Nachdr.: Edwards Music Reprints, Serie A, Ann Arbor, MI 1951–56; W. A. MOZART, Neue Ausg. sämtl. Werke, Serie II/5, Bd. 16, hrsg. L. Finscher, Bär 1973; Part, ital./frz./dt.: Simrock [1819], Nr. 1603; Part, ital./frz.: Frey, Paris [1821], Nr. 566 (Coll. des opéras de M. 1.); Part, ital./frz.: Richault, Paris; Part, ital./dt.: B&H, Nr. 2559; Part, ital./dt., hrsg. J. Rietz: B&H [1869], Nr. 1309; Part, ital./dt.: Peters [1880]; Part, ital./dt., hrsg. H. Abert: Eulenburg [um 1920], Nachdr. 1977, 1983 (Ed. Eulenburg. 916.); Part, hrsg. A. Boschot: Durand 1938; Part, ital./dt. Übers. v. G. Schünemann, hrsg. K. Soldan: Peters [1939] (Ed. Peters. 4504.), Nachdr. 1968 (Ed. Peters. 4504a.), Nachdr. Dover, NY 1979; Kl.A v. H. Moehn, ital./dt. Übers. v. K. Honolka (nach d. krit. Ausg. 1973): Bär 1976; Kl.A, ital./dt. Übers. v. A. v. Knigge, hrsg. C. G. Neefe: Simrock [1796], [1810?], Nr. 28; Kl.A, ital./dt.: B&H, Nr. 2442, Nr. 3030; Kl.A v. A. E. Müller: Böhme, Hbg. [1805?]; Kl.A: Monzani & Hill, London [um 1810]; Kl.A, ital./frz.: Carli, Paris [1810?]; Chemische Druckerei, Wien [1811], Nr. 1571-1601; Kl.A, ital./dt.: Simrock [1815?]; Heckel, Mannheim [1829?] (Wohlfeile Ausg. v. W. A.

M.s sämmtl. Opern. 9.), Nr. 197; Meyer, Braunschweig [um 1830], Nr. 135, ²[1835]; Kl.A, ital./dt.: Schlesinger, Paris [1822?], Nr. 12; Kl.A v. J. André: André, Offenbach [um 1835], Nr. 5722; Kl.A: Londsdale, London [1840], [1860]; Kl.A, ital./dt.: Weidle, Bln. [um 1845]; Kl.A, ital./engl.: Bo&Ha [1847]; Kl.A, hrsg. F. Brißler: Peters [1865], Nr. 4462; Kl.A: Litolff [um 1870], Nr. 1708; Kl.A, ital./dt. Übers. v. H. Levi, hrsg. P. Klengel: B&H [1899] (Ed. Breitkopf. 1716.); Kl.A, ital./dt., hrsg. I. Brüll: UE [1905?], Nr. 177; Kl.A, ital./dt. Übers. v. M. Kalbeck: Peters [um 1906], Nr. 9332; Kl.A, ital./dt., hrsg. G. F. Kogel: Peters [um 1925]; Kl.A, ital./dt. Übers. v. S. Anheißer: Bln. 1931; Kl.A, ital./dt. Übers. v. G. Schünemann, hrsg. K. Soldan: Peters [1939], Nr. 11432 (Ed. Peters. 4472.); Kl.A, ital./engl. Übers. v. R. u. T. Martin: Schirmer 1947; Ricordi; Textb.: Wien, Kurzböck [1786]; Textb., dt., hrsg. H. Levi: B&H (Text-Bibl. Opern. 260.); Textb., dt. v. G. Hartmann: Bln., Ahn [um 1920]; Textb., dt., hrsg. G. R. Kruse: Lpz., Reclam [1930] (rub. 8.); Textb., dt. v. S. Anheißer: Bln. 1931; Textb., dt.: ebd.; Textb., dt. v. K. Wolfskehl, Nachwort u. hrsg. K. Schultz: Marbach 1978 (Marbacher Schriften. 15.); Textb., dt. v. W. Dürr: Bär 1978 (M.s ital. Texte mit dt. Übers. 5.); Textb., ital./dt. v. W. Felsenstein: Peters 1980 (Peters Textb. 10004.).
Aufführungsmaterial: Bär, B&H
Literatur: S. LEVARIE, M.'s ›Le Nozze di Figaro‹. A Critical Analysis, Chicago 1952, Nachdr. NY 1977; R. B. MOBERLY, Three M. Operas, London 1967, NY 1968, S. 35–143; K.-H. KÖHLER, M.s Kompositionsweise. Beobachtungen am ›Figaro‹-Autograph, in: MJb 1967, S. 31–45; DERS., Figaro-Miscellen. Einige dramaturgische Mitt. zur Quellensituation, ebd. 1968/69, S. 119–131; F. R. NOSKE, Musical Quotations as a Dramatic Device. The Fourth Act of ›Le Nozze di Figaro‹, in: MQ 54:1968, S. 185–199; DERS., Social Tensions in ›Le Nozze di Figaro‹, in: ML 50:1969, S. 45–62; G. K. KENDE, Gustav Mahlers Wiener ›Figaro‹, in: ÖMZ 26:1971, S. 295–302, auch in: Acta Mozartiana 18:1971, S. 60–67; A. LIVERMORE, Rousseau, Beaumarchais, and M., in: MQ 57:1971, S. 466–490; J. PROUST, Beaumarchais et M. Une mise au point, in: Studi Francesi 46:1972, S. 32–45; H. GOLDSCHMIDT, Die Cavatina des Figaro. Eine semantische Analyse, in: Beitr. zur Mw. 15:1973, S. 185–207; H. L. SCHEEL, ›Le Mariage de Figaro‹ von Beaumarchais und das Libretto der ›Nozze di Figaro‹ von Lorenzo da Ponte, in: Mf 28:1975, S. 156–173; W. RUF, Die Rezeption von M.s ›Le nozze di Figaro‹ bei den Zeitgenossen, Wiesbaden 1977 (Bei-H. zum Arch. für Mw. 16.); J.-V. HOCQUARD, ›Le nozze di Figaro‹ de M., Paris 1979; M. MILA, Lettura delle ›Nozze di Figaro‹. M. e la ricerca della felicità, Turin 1979 (Piccola Bibl. Einaudi. 371.); L'Avant-scène, Opéra, Nr. 21, Paris 1979; A. TYSON, Le nozze di Figaro. Lessons from the Autograph Score, in: MT 122:1981, S. 456–461; W. A. MOZART, Die Hochzeit des Figaro. Texte, Materialien, Kommentare, hrsg. A. Csampai, D. Holland, Reinbek 1982 (rororo. 7667.); W. J. ALLANBROOK, Rhythmic Gesture in M., ›Le nozze di Figaro‹ and ›Don Giovanni‹, Chicago 1983; S. DUDLEY, Les Premières versions françaises du ›Mariage de Figaro‹ de M., in: RDM 69:1983, S. 55–83; R. ANGERMÜLLER, Figaro. Mit einem Beitr. v. W. Pütz: ›Le Nozze di Figaro‹ auf d. Theater, München 1986; T. CARTER, W. A. M.: ›Le nozze di Figaro‹, Cambridge 1987 (Cambrige Opera Handbooks); A. TYSON, Some Problems in the Text of ›Le nozze di Figaro‹. Did M. Have a Hand in Them?, in: Journal of the Royal Music Association 112:1987, S. 99–131; W. RUF, M.s ›Figaro‹, in: Mozart oder die Physiognomie des Schöpferischen, in: Freiburger Univ.-Bl. 27:1988, S. 73–83; W. SEIDEL, Figaros Cavatina ›Se vuol ballare signor contino‹. Ein Degen- oder Fintenstück?, in: Neue Musik und Tradition. Festschrift R. Stephan zum 65. Geburtstag, hrsg. H. de la Motte-Haber, J. Kuckertz, C. M. Schmidt, W. Seidel, Laaber 1990, S. 149–170; weitere Lit. s. S. 276

Ludwig Finscher

Il dissoluto punito ossia Il Don Giovanni
Dramma giocoso in due atti

Der bestrafte Wüstling oder Don Giovanni
2 Akte (9 Bilder)

Text: Lorenzo Da Ponte (eigtl. Emanuele Conegliano)
Uraufführung: 29. Okt. 1787, Gräflich Nostitzsches Nationaltheater, Prag
Personen: Don Giovanni, ein äußerst ausschweifender junger Edelmann (B); Donna Anna, Dame, Braut Don Ottavios (S); Don Ottavio (T); Komtur (B); Donna Elvira, Dame aus Burgos, von Don Giovanni verlassen (S); Leporello, Diener Don Giovannis (B); Masetto, Liebhaber Zerlinas (B); Zerlina, Bäuerin (S). **Chor, Statisterie:** Bauern, Bäuerinnen, Diener, Musikanten, Gerichtsdiener
Orchester: 2 Fl, 2 Ob, 2 Klar, 2 Fg, 2 Hr, 2 Trp, 3 Pos, Pkn, Mand, Streicher, B.c; BühnenM auf d. Szene: 2 Ob, 2 Klar, 2 Fg, 2 Hr, Streicher
Aufführung: Dauer ca. 2 Std. 45 Min.

Entstehung: Der überwältigende Erfolg der Prager Aufführung von *Le nozze di Figaro* im Dez. 1786 zog den Auftrag zu einer neuen Oper nach sich. Zweifel sind gegenüber Da Pontes Behauptung (*Memorie*, s. Lit.) angebracht, daß Mozart ihm die Wahl des Stoffs vollständig überlassen habe. Der Griff nach dem Don-Juan-Stoff lag allerdings nahe. In den 80er Jahren war eine Reihe von italienischen Don-Juan-Opern mit Erfolg über die Bühnen gegangen, knapp neun Monate vor Mozarts Werk in Venedig Gazzanigas *Don Giovanni* (Text: Giovanni Bertati). Insbesondere diese Oper dürfte Da Ponte (und Mozart) veranlaßt haben, das erfolgversprechende Sujet der neuen Oper zugrunde zu legen. Über Art und Ausmaß der Mitwirkung Mozarts an der Ausarbeitung des Textbuchs sind Einzelheiten nicht bekannt geworden. Aus inneren, an der Handlungskonstruktion ablesbaren Gründen ist allerdings eine enge Zusammenarbeit anzunehmen. Im Frühjahr 1787 (März?) begann Mozart die Komposition in Wien; er beendete sie in Prag (Ankunft 4. Okt.). Die Aufführung, die ursprünglich als Festoper (!) aus Anlaß der Durchreise der Erzherzogin Maria Theresia von Toskana und ihres Gemahls, des späteren Königs Anton I. von Sachsen, am 14. Okt. 1787 angesetzt war, wurde nicht zuletzt wegen der Schwierigkeiten bei der Einstudierung (vgl. Mozarts Brief an Gottfried von Jacquin vom 15.–25. Okt. 1787) mehrfach verschoben und fand schließlich am 29. Okt. unter Mozarts Leitung statt. Zum fürstlichen Besuch wurde nochmals *Le nozze di Figaro* gegeben. Auch Da Ponte hatte sich zur Regieführung nach Prag begeben, war jedoch bei der Premiere wegen seiner Wiener Verpflichtungen nicht mehr anwesend. Mozart äußerte sich über die Aufführung nur mit wenigen Worten in dem Brief vom 4. Nov. an seinen Freund Jacquin: »den 29.:ᵗ ocktᵇ: gieng meine oper D: Giovanni in scena, und zwar mit dem lautesten beyfall.« – Die Sänger der verhältnis-

Tafel 8

Tafel 8

oben
Wolfgang Amadeus Mozart, *Così fan tutte ossia La scuola degli amanti* (1790), I. Akt, 4. Bild; Peter Schreier als Ferrando, Gundula Janowitz als Fiordiligi, Renate Holm als Despina, Eberhard Wächter als Don Alfonso, Brigitte Fassbaender als Dorabella, Bernd Weikl als Guglielmo; Regie: Otto Schenk, Ausstattung: Jürgen Rose; Staatsoper, Wien 1975. – »Die Dekorationen Jürgen Roses [...] decken den saftigen, prallen, vitalen Realismus Schenks, und gemeinsam ist beiden Inszenatoren die Entschiedenheit, damit ein Gegenbild zur Kunstgewerblichkeit langjähriger *Così*-Traditionen zu zeigen« (Gerhard Brunner).

unten
Wolfgang Amadeus Mozart, *Idomeneo* (1781), I. Akt, 1. Bild; Regie: Alfred Kirchner, Ausstattung: Rosalie; Hamburgische Staatsoper, Hamburg 1990. – Weiträumige Flächen und Körper in leuchtenden Farben beherrschen und gliedern den Bühnenraum großzügig und souverän. Die Installationen und Kostüme, in denen Natur und Technik eine Symbiose eingehen, sind präzis gestaltet. Liebe zum Detail, aber auch zur großen Linie, Verspieltheit und Strenge verbinden sich.

mäßig kleinen Truppe des Impresarios Pasquale Bondini, der einer der bedeutendsten Theaterunternehmer seiner Zeit war und dem in Prag seit 1787 Domenico Guardasoni als Kodirektor zur Seite stand, scheinen ihrer Aufgabe gewachsen gewesen zu sein. Der auch wegen seiner schauspielerischen Fähigkeiten gerühmte Baß Luigi Bassi, der 1786 schon den Almaviva in *Le nozze* gesungen hatte, war erst 22 Jahre alt, muß also einen aus heutiger Sicht ungewohnt jugendlichen Giovanni gegeben haben, meinte jedoch später, er sei zu jung für die Rolle gewesen. Der Tenor Antonio Baglioni, der in Gazzanigas Oper den Giovanni gesungen hatte und in Prag den Ottavio übernahm, kreierte später die Titelrolle in *La clemenza di Tito* (1791). Caterina Bondini, die Frau des Impresarios und erste Zerlina, hatte in der Prager Nozze-Aufführung die Susanna gesungen. Ein besonders vielseitiges Mitglied des Ensembles war die Sopranistin Teresa Saporiti, Mozarts erste Anna, die (allerdings mit wenig Erfolg) gelegentlich auch Kastratenpartien in Seriaopern übernahm und später unter andern in Petersburg als »prima buffa assoluta« engagiert war. Die übrigen Sänger der Prager Aufführung (Komtur und Masetto: Giuseppe Lolli, Elvira: Caterina Micelli, Leporello: Felice Ponziani) scheinen weniger namhaft gewesen zu sein, doch müssen ihrem Erfolg nach zu urteilen ihre Leistungen genügt haben. – In der auf ausdrücklichen Wunsch Kaiser Josephs II. zustande gekommenen Aufführung in Wien (Premiere 7. Mai 1788) waren die Hauptrollen mit Francesco Albertarelli (Giovanni), Aloysia Weber (Anna) und Catarina Cavalieri (Elvira) keinesfalls weniger gut besetzt (Ottavio: Francesco Morella, Komtur und Masetto: Francesco Bussani, Leporello: Francesco Benucci, Zerlina: Luisa Laschi-Mombelli). Es gibt auch keine Indizien dafür, daß die Aufführung zu wünschen übrig ließ. Daß *Don Giovanni* in Wien nicht ebensolchen Anklang fand wie in Prag, mag man auf den Geschmack des Wiener Publikums zurückführen. In diesem Zusammenhang nicht unerheblich ist die Tatsache, daß sämtliche wahrscheinlich auf Veranlassung der Sänger für Wien neu komponierten Stücke entgegen der Darstellung Da Pontes nicht etwa im Verlauf der Aufführungen, sozusagen um den Erfolg herbeizuführen, entstanden, sondern bereits vor der Wiener Premiere.

Handlung: In einer Stadt in Spanien.

I. Akt, 1. Bild, Garten; Nacht: Vor dem Palast des Komturs hält Leporello Wache und macht seinem Ärger über die Mühsal seines Diensts Luft. Als von innen Lärm hörbar wird, verbirgt er sich. Don Giovanni, der sich unerkannt bei Donna Anna eingeschlichen hatte, stürzt hervor, verfolgt von Anna, die ihn festzuhalten sucht. Der Komtur eilt zu Hilfe, Anna entflieht. Es kommt zum Zweikampf, der mit dem Tod des Komturs endet. Leporello und sein Herr flüchten. Anna hat inzwischen Don Ottavio geholt, der sie zu trösten sucht. Doch Anna weist ihn ab, wünscht sich den Tod und fordert Ottavio schließlich den Schwur ab, den Mord zu rächen. 2. Bild, Straße; Morgendämmerung: Leporello und Giovanni streiten, als Donna Elvira in flammender Empörung auf der Suche nach ihrem treulosen Bräutigam kommt. Giovanni spricht sie an, sie erkennen sich, und Elvira überschüttet den Ungetreuen mit bitteren Vorwürfen. Giovanni überläßt es Leporello, Elvira zu beschwichtigen. Er tut dies in der »Registerarie« und macht sich danach davon. Voller Verzweiflung und mit dem Wunsch nach Rache zieht auch Elvira sich zurück. Zerlina und Masetto wollen mit den Landleuten ihre bevorstehende Hochzeit feiern. Giovanni mischt sich mit Leporello unter die Gesellschaft, läßt sich Braut und Bräutigam vorstellen und lädt alle zu sich auf sein Schloß. Masetto wird gezwungen, Zerlina allein bei Giovanni zurückzulassen. Er macht ihr den Hof, verspricht ihr die Heirat und bringt die Widerstrebende dazu, ihm zu folgen. Sie werden von Elvira aufgehalten, die Zerlina warnt und sie mit sich nimmt. Giovanni bleibt ärgerlich zurück. Anna und Ottavio gehen Giovanni, den Anna nicht erkennt, um Hilfe an. Da stürzt Elvira herbei und erhebt warnend ihre Stimme. Anna und Ottavio sind betroffen, während Giovanni Elvira als arme Geistesverwirrte hinstellt. Doch Anna und Ottavio beginnen zu zweifeln. Als Elvira geht, folgt Giovanni ihr unter dem Vorwand, ihr beistehen zu müssen. Kaum ist er gegangen, erkennt Anna in ihm den Mörder ihres Vaters. Sie fordert Ottavio nochmals zur Rache auf. Leporello, der sich wieder

Il dissoluto punito ossia Il Don Giovanni, I. Akt, 2. Bild; Bessie Abott als Zerlina, Maurice Renaud als Don Giovanni; Opéra-Comique, Paris 1904. – Die Illusion der Begegnung zweier Menschen auf gleicher Ebene, wie sie die Musik des »Là ci darem la mano« für einen Moment evoziert, wird durch die Szene gebrochen: Zerlinas nach oben gerichteter Blick und Giovannis ziehend-drängender Bewegungsduktus bilden ein Interpretationsmuster bis in unsere Tage.

Il dissoluto punito ossia Il Don Giovanni; Ezio Pinza als Don Giovanni. – Im Lauf seiner Karriere sang Pinza an allen großen Opernbühnen Italiens und an der New Yorker Metropolitan Opera, wo er 1926–48 als erster Bassist für das italienische Fach verpflichtet war. Bei den Salzburger Festspielen feierte man ihn 1934–39 als Figaro und als Giovanni, den er während seiner Karriere mehr als 200mal verkörperte.

mit dem Gedanken trägt, den Dienst zu quittieren, berichtet Giovanni, wie er die Bauerngesellschaft unterhalten hat und von Elvira losgekommen ist. Giovanni beabsichtigt, ein großes Fest zu veranstalten und sein Register zu erweitern. 3. Bild, Garten mit zwei von außen verschlossenen Türen; zwei Nischen: Zerlina bittet den eifersüchtigen Masetto um Verzeihung. Von innen hört man Giovanni. Zerlina möchte mit Masetto fliehen. Erneut erwacht Masettos Eifersucht. Er versteckt sich, um Zerlina auf die Probe zu stellen. Giovanni sucht die Widerstrebende beiseite zu ziehen, stößt dabei auf Masetto und lädt beide ein, am Fest teilzunehmen. Anna, Elvira und Ottavio kommen maskiert heran, werden von Leporello ebenfalls eingeladen und treten, nachdem sie das Rachegelöbnis erneuert haben, ins Schloß ein. 4. Bild, erleuchteter und für einen großen Ball vorbereiteter Saal: Der Ball ist in vollem Gange, Giovanni bemüht sich um Zerlina. Man tanzt Menuett, Kontertanz und den Deutschen. Zerlina wird von Giovanni in einen Nebenraum gedrängt. Ihr Hilferuf läßt die Tanzmusik abbrechen. Alle dringen auf Giovanni ein, der Leporello als den Schuldigen vorschiebt und, als die Irreführung mißlingt, im Tumult entkommt.
II. Akt, 1. Bild, Straße: Giovanni bringt Leporello durch ein Geldgeschenk dazu, den Dienst nicht zu kündigen, und erteilt ihm neue Weisungen. In Leporellos Kleidung möchte er sich bei Elviras Kammermädchen einschleichen. Sie wechseln die Kleider. Da tritt Elvira auf den Balkon. Giovanni heuchelt, indem er Leporello vorschiebt, Liebe und Reue. Elvira läßt sich bewegen, ihr Haus zu verlassen. Giovanni zwingt nun Leporello, seine Stelle einzunehmen, und geht beiseite. Leporello gewinnt an seiner Rolle zusehends Gefallen. Giovanni verscheucht das Paar und bringt dem Kammermädchen ein Ständchen. Durch Masetto, der mit einer Bauernschar nach Giovanni fahndet, wird er um die Früchte seiner Bemühungen gebracht. Er gibt sich für Leporello aus, weist die Bauern in verschiedene Richtungen zurück und bleibt mit Masetto allein zurück, listet ihm seine Waffen ab und verprügelt ihn. Zerlina findet den Jammernden und tröstet ihn. 2. Bild, dunkle Halle in Annas Haus: Leporello, der mit Elvira auftritt, sieht Fackeln herannahen und möchte sich davonmachen. Da kommen Anna und Ottavio mit Dienern. Als Elvira und Leporello ungesehen die Flucht ergreifen wollen, versperren ihnen Zerlina und Masetto den Weg. Man glaubt Giovanni vor sich zu haben. Elvira bittet um Erbarmen für ihren vermeintlichen Gatten. Nun gibt sich Leporello zu erkennen und fleht um Gnade. Durch überstürzte Flucht entgeht er der Bestrafung. Auch für Ottavio ist nun der letzte Zweifel an Giovannis Täterschaft beseitigt. (In der für die Wiener Aufführung von 1788 eingeschalteten Szenenfolge treibt Zerlina mit dem wiedereingefangenen Leporello ihr Spiel, bis dieser sich aus seinen Fesseln befreit.) 3. Bild, von einer Mauer umgebener Friedhof; mehrere Reiterstatuen, darunter die Statue des Komturs: Giovanni und Leporello berichten sich gegenseitig von ihren Abenteuern. Auf dem Höhepunkt der Heiterkeit ertönt die Stimme der Statue. Während sich Leporello ängstigt, sucht Giovanni die Herkunft der Stimme auszumachen, die sich nochmals vernehmen läßt und Ruhe für die Toten fordert. Giovanni wird auf das Grabmal aufmerksam, dessen Inschrift besagt, daß der Komtur auf die Bestrafung des Mörders wartet. Er kommt auf den Gedanken, die Statue zum Mahl einzuladen, und zwingt den vor Angst zitternden Leporello, die Einladung vorzubringen. Die Statue nimmt sie an. Herr und Diener verlassen eilig den Friedhof. 4. Bild, dunkles Zimmer: Ottavio sucht Anna mit der Gewißheit zu beruhigen, daß die Strafe den Übeltäter bald ereilen werde, und versichert sie seiner Liebe und seines Mitgefühls. Anna bekundet Schmerz und Hoffnung auf das Mitleid des Himmels. 5. Bild, Saal; ein gedeckter Tisch: Während Leporello seinen Herrn bedient und dieser mit seinem Diener Späße treibt, erklingt Tafelmusik. Unerwartet erscheint Elvira, um Giovanni ein letztes Mal zur Umkehr zu bewegen. Er antwortet mit einem ausgelassenen Toast auf die Frauen und auf den Wein. Als Elvira den Saal verlassen will, prallt sie mit einem Schrei zurück und flieht.

Leporello, der nachsehen geht, berichtet entsetzt von der Ankunft der Statue und versteckt sich. Giovanni läßt den steinernen Gast eintreten, der seinerseits seinen Gastgeber zum Mahl lädt und dessen Hand zum Pfand fordert. Giovanni schlägt ein. Todesschauer durchdringen ihn. Die Weigerung zu bereuen zieht seinen Untergang im Inferno höllischer Flammen nach sich. Die übrigen Personen, die unmittelbar danach den Schauplatz betreten, treffen den Übeltäter nicht mehr an. Leporello, der einzige Augenzeuge, berichtet über das Strafgericht. Der Himmel hat die Rache vollzogen. Anna will ein Jahr der Trauer verbringen, Elvira sich in die Einsamkeit zurückziehen, Leporello sich einen besseren Herrn suchen. Zerlina und Masetto möchten nach Haus gehen, um zusammen zu essen. Gemeinsam verkünden sie den alten Sinnspruch: »So endet, wer Böses tut. Und stets gleicht der Tod der Übeltäter ihrem Leben.«

Kommentar: Mozarts zweite der großen Musikkomödien in Zusammenarbeit mit Da Ponte unterscheidet sich von den Schwesterwerken unter anderm darin, daß ihr ein in der damaligen Theaterwelt außerordentlich populärer Stoff zugrunde liegt, der zudem die Zeichen des Archetypischen und Exemplarischen trug. Da Ponte benutzte außerdem die als Opernlibretto ausgearbeitete Fassung Bertatis für Gazzaniga. Wie die Mehrzahl der damaligen Don-Juan-Opern war auch Bertati/Gazzanigas Oper ein Einakter, stand demnach formal dem neu aufkommenden, inhaltlich der Posse vergleichbaren Genre der »farsa« nahe. Durch die Einaktigkeit gaben die betreffenden Don-Juan-Opern ihre Zugehörigkeit zu einem nicht als vollgültig, sondern eher als Ausnahmefall im Rahmen der musikalischen Komödie eingeschätzten Typus zu erkennen. Es war bereits eo ipso ein Schritt zur Nobilitierung des Don-Juan-Stoffs, daß Da Ponte (übrigens nicht als erster) seine Vorlage zu einer zweiaktigen Komödie erweiterte und zugleich vervollständigte. Dennoch hielt er sich denkbar eng an die Handlungsführung des Vorgängerstücks. Sie reichte im I. Akt bis einschließlich zur Situation des Quartetts »Non ti fidar, o misera« (I/12) aus. (Die entsprechende Szenenfolge beschloß Bertati allerdings mit einem Duett. Danach wechselte der Schauplatz zur Kirchhofszene.) Die gesamte anschließende Handlung des I. Akts (Szene 13–20) und des II. Akts bis zur Kirchhofszene (II/11) ist hingegen Da Pontes Erfindung. Erst von der Kirchhofszene an bis zum Schluß ließ er sich wiederum von Bertatis Einakter leiten. Doch selbst in den von der Vorlage abhängigen Teilen des Dramas weicht Da Ponte beträchtlich und in wesentlichen Punkten von seinem Vorgänger ab. Dies gilt ebenso für den Wortlaut des rezitativischen Dialogs wie für den der Arien und Ensembles. Poetisches Vermögen, Prägnanz und Witz erweisen Da Pontes Überlegenheit. Bemerkenswerter ist aber, daß Da Ponte mit Arien und Ensembles ein dramaturgisches Konzept verfolgte, das darauf abzielt, die musikalischen Nummern an Schlüsselstellen im Aktionsgeflecht zu verankern, und zwar nicht nur dort, wo dies bei Bertati ebenfalls der Fall war (zum Beispiel in der Introduktion, im Duett der Kirchhofszene und im Finale). Sogar die Arien sind größtenteils so disponiert, daß sie nicht nur wie vielfach in der italienischen Musik-

Il dissoluto punito ossia Il Don Giovanni, I. Akt, 4. Bild; Bühnenbildentwurf: Max Slevogt; Staatsoper, Dresden 1924. – Neben einer Vielzahl von Illustrationen zu Bühnenwerken, unter anderm auch zur *Zauberflöte* (1791), schuf Slevogt einen einzigen Dekorationsentwurf. Dieser zeigt typische Eigenheiten seines Spätwerks, das höchste Kraft der Bewegung und Leidenschaft visualisiert.

komödie integrierender Bestandteil einer Ensemblesituation sind, sondern Ausgangs- und Knotenpunkte der Handlung. Mozarts Mitwirkung am dramatischen Plan zu vermuten ist daher durchaus nicht abwegig (siehe die vergleichende Analyse der beiden Textbücher in: Stefan Kunze, *Don Giovanni vor Mozart*, S. 59–71, s. Lit.). Von Bertati übernahm Da Ponte außer dem Grundriß der Handlung das in wesentlichen durch die Tradition der Don-Juan-Stücke seit Tirso de Molinas *El burlador de Sevilla y convidado de piedra* (um 1624) festgelegte, doch zum Teil mit andern Namen eingeführte Personal, strich aber zwei Rollen (Donna Ximena, eine der betrogenen Geliebten, und Lanterna, Don Giovannis zweiten Diener). Dafür gewannen die übrigen Rollen durch Da Ponte ein neues eigenes Profil. Insbesondere die Figur der Anna, die bei Bertati/Gazzaniga nach den ersten Szenen aus der Handlung verschwindet, wurde als Widersacherin Giovannis und neben Elvira, die ursprünglich aus Molières *Dom Juan ou Le Festin de pierre* (1665) stammt, als heroische Hauptfigur aufgebaut. Wenn man von der dominierenden, zentrierenden Titelrolle absieht, die sich jeder zuhandenen Kategorisierung entzieht, verkörpern Elvira und Anna die Höhen heroischen Schmerzes. Gerade diese beiden Figuren hatten sich in früheren Don-Giovanni-Opern, einschließlich der Bertati/Gazzanigas, stets im Rahmen allenfalls ins Seriöse hinüberspielender Komik bewegt, die oft drastisch oder die Seriaoper parodierend ausfiel. Das possenhafte Niveau, auf dem die von Giovanni betrogenen beziehungsweise seiner Gewalt ausgesetzten Frauen angesiedelt sind, könnte nicht präziser demonstriert werden als durch das Schimpfduell, das sich Maturina (bei Da Ponte: Zerlina) und Elvira in Form eines Duetts in der 18. Szene von Gazzanigas Oper liefern. Zweifellos trug zudem Mozarts Entscheidung, die Titelrolle für einen »basso cantante« und nicht wie Gazzaniga für Tenor zu komponieren, wesentlich dazu bei, die Figur des Giovanni aus den Rollenschemata der Musikkomödie (Opera buffa) und der Seriaoper herauszuheben. (Die Tenorrollen waren, von Nebenpartien abgesehen, in der Musikkomödie dem Typus des empfindsamen Liebhabers, in der Opera seria der Herrscherfigur vorbehalten.) Daß Mozart die Rolle des Ottavio dem Tenor zuteilte, mag unumgänglich gewesen sein. Tatsächlich setzte er sich damit über den Usus hinweg, in der Musikkomödie die männliche Hauptrolle stets mit einem Tenorsänger zu besetzen und für die zweitrangige männliche Rolle einen »zweiten« Tenor (»secondo«) heranzuziehen. Durch Mozarts Rollendisposition (Baß/Tenor) erscheint der Tenor zwar als untergeordnete Rolle, trotzdem aber musikalisch durchaus nicht als Sekundarier. Der Rollenstatus Ottavios ist singulär. Aber auch Anna und Elvira lassen sich musikalisch auf keine der gängigen ernsten oder komischen Rollentypen (»parte seria« oder »parte buffa« der Musikkomödie) festlegen. Typologisch deutlichere Züge weisen Leporello (der Diener), Zerlina (das Landmädchen) und Ottavio (der Liebhaber) auf, denen die Musik allerdings unvergleichliche Dimensionen eröffnet. – Seiner Vorlage verdankt Da Ponte den dramatischen Kunstgriff, die wechselseitige Einladung und ihre Folgeleistung einmal durch die Statue, dann durch Giovanni dergestalt zusammenzuziehen, daß bereits der Besuch der Statue im Haus Giovannis und dessen durch Handschlag besiegelte Zusage, sich gleichfalls zum Mahl bei dem Komtur einzufinden, den Untergang herbeiführen. Die im Schauspiel erträgliche, in der Oper jedoch mißliche Verdopplung der Begegnung zum gemeinsamen Mahl, die nach dem Vorbild Tirsos in die Schauspielbearbeitungen, aber auch in die Opernlibretti übernommen wurde, entfiel demnach. Die Auftritte der Statue konzentrierten sich auf die Kirchhofszene und auf das Finale im Haus Giovannis. – Den dramaturgischen Ausnahmecharakter aller Don-Juan-Stücke, der aus der Fabel resultierte und Anlaß zu meist barscher Kritik bot, haben Da Ponte und Mozart weder ausschalten können noch ausschalten wollen. Seine Hauptkriterien sind folgende: 1. Die dramatischen Schwerpunkte sind (gegen jede Regel) am Anfang und am Ende der Handlung plaziert: die Untat und die Bestrafung des Übeltäters. 2. Dazwischen kommt es zu einer dramatisch durchaus lockeren, nur durch die Person Don Juans miteinander verbundenen Reihung burlesker Abenteuer, die in ihrer Zahl und Abfolge eher zufällig anmuten, weil sie stets das gleiche Ziel anvisieren. Juan ist seiner Natur nach der von einem einzigen Trieb besessene Wiederholungstäter. Den andern Personen bleibt nur die Reaktion. 3. Juan ist eine schlechthin unsoziable Figur, die in ihren Aktionen nicht Beziehungen zwischen sich und andern Personen stiftet, vielmehr, indem er Beziehungen knüpft, der Bedingung ihrer Möglichkeit den Boden entzieht. 4. Der Umstand, daß Juan immer neue Verbindungen knüpft, daß somit immer neue Personen ins Spiel kommen, die einander unbekannt sind und deren Gemeinschaft nur zufällig als Gemeinschaft der Opfer Juans zustande kommt, steht einer konsistenten Dramaturgie entgegen. Die Fabel verlangt nach einer Dramaturgie des Disparaten und der Wiederholung (siehe 2.). 5. Was in spanischen und englischen Drama des 17. Jahrhunderts sowie im Freiraum der Komödien Molières und seiner Zeit integrierbar war, verstieß gegen das Grundgesetz der italienischen Musikkomödie im 18. Jahrhundert, nicht zu reden vom metastasianischen Dramma per musica, daß nämlich die Rückkehr in die gesellschaftliche Ordnung, das heißt die versöhnliche Lösung der Konflikte in jedem Fall als immerhin möglich erscheinen sollte. Aber Juan, der sich über jede Regel humanen Zusammenlebens hinwegsetzt, muß aus der Gemeinschaft ausgestoßen werden. Dies Thema steht derart im Zentrum, daß alle Elemente des Dramas in einer für das 18. Jahrhundert kaum akzeptablen Weise im Dienst der heillosen Destruktion des sozialen Sinns stehen statt umgekehrt im Zeichen einer wiederherzustellenden Gemeinschaft. Die Don-Juan-Fabel fiel daher sowohl aus dem Rahmen der Musikkomödie (Opera buffa) wie aus der Seriaoper. Dies zeigen vor allem die Schlußlösungen in den Don-Giovanni-

Opern. Die theatralische Spektakel- und Finalwirkung der Katastrophe geriet in Widerspruch zu dem insbesondere in der Komödie grundsätzlich geforderten Lieto fine, dem heiteren, versöhnlichen Ende. 6. Dem geläuterten, aufgeklärten Geschmack des 18. Jahrhunderts mußte in hohem Maß anstößig sein, daß Giovannis Abenteuer der derben Komödiantik und Komik nicht entbehrten und das Lehrstück, statt Abscheu zu erregen, dem Publikum vor allem Vergnügen bereitete. – Unter der nicht aufhebbaren Bedingung einer Wiederholungsdramaturgie, die zudem ausschließlich von der Hauptperson in Gang gehalten wird, und einer gegenüber den Schauspielversionen in der Oper notwendigerweise reduzierten Personenzahl, die es ausschloß, mit neuen Personen auch stets neue Konstellationen herbeizuführen, bewies Da Ponte mit der eigenen Weiterführung der Handlung erhebliches Geschick, indem er durch den Rückgriff auf die elementaren Formen des komödiantischen Verkleidungs- und Täuschungsspiels sowie auf die spezifisch venezianische Tradition des karnevalesken Wirbels ein Höchstmaß an Abwechslung (»varietà«) erreichte. Die vielfach abwertende Beurteilung der besagten Episoden (zum Beispiel bei Otto Jahn und Hermann Abert, s. Lit.) läßt sich daher kaum aufrechterhalten. Es ist Da Ponte vielmehr zugutezuhalten, daß er der damals durchaus naheliegenden Versuchung widerstand, das Don-Juan-Drama etwa nach dem Muster von Carlo Goldonis (nach eigenem Zeugnis mißlungener) Schauspielversion (1736) oder von Vincenzo Righinis (Da Ponte wahrscheinlich bekannter) Oper *Il convitato di pietra ossia Il dissoluto punito* (Prag 1776, Wien 1777, Text: Nunziato Porta) zu »regulieren« und dadurch zu »nobilitieren«. Die im II. Akt zunehmend disparaten Ereignisse, in denen sich die schon vorher nur scheinbar »folgerichtige« Handlung in das Chaos burlesker Zufälle auflöst, bringen den immanenten Beweggrund der Fabel, die Aufkündigung jeglicher Ordnung, als dramatisches Gesetz erst an den Tag. In der Person Giovannis ist die Auflösung angelegt. Sein Hauptattribut des »dissoluto« erhielt er durch Da Pontes Dramaturgie gerade dort, wo sie das Unzusammenhängende unübersehbar hervorkehrte, eine reale Bedeutung, die den vordergründig moralischen Wortsinn (der Ausschweifende) hinter sich läßt. Giovannis Taten können nichts anderes als die Unordnung hervorbringen, die expressis verbis von ihm selbst im Vorfeld des Fests (Finale des I. Akts) in der Arie »Fin ch'han dal vino« (I/15) angekündigt wird: »Senz'alcun ordine / la danza sia«. Man wird die Unordnung nicht nur auf Tanz und Fest beziehen dürfen. Da Ponte ergänzte die burlesken Szenen des II. Akts im Sinn einer dramatischen Konzeption, die sich bereits mit dem explosiven Beginn der Handlung als mit jeder Regelpoetik unvereinbar erweist. *Don Giovanni* fügte sich weder den aristotelischen beziehungsweise den im Anschluß an Aristoteles formulierten Grundsätzen der klassizistischen Theatertheorie noch denen einer späteren normativen Dramenästhetik naturalistischer oder realistischer Provenienz. Allgemeine Kriterien des »Dramatischen«, die um so fragwürdiger sind, je mehr sie dem abstrakten Begriff einer dramatischen »Logik« verhaftet bleiben, zielen an den eigentlichen Wirkungsmomenten des Don-Juan-Spiels und an der Theatertradition vorbei, aus der es hervorging. Die Theaterkenner des 18. Jahrhunderts bewiesen hingegen mehr Einsicht in den Ausnahmestatus der Fabel und ihrer Dramaturgie, indem sie beide aus »aufgeklärter« Sicht prinzipiell ablehnten. In der Tat verstießen schon die Voraussetzungen der dramatischen Konstruktion gegen die ungeschriebene Grundregel, daß dramatisch entfaltete Konflikte, sei es in der Komödie, sei es in der Tragödie, von Personen ausgetragen werden, die, schon bevor die Handlung beginnt, in einem bestimmten Verhältnis zueinander stehen. Im Don-Juan-Spiel bilden die handelnden Personengruppen keine vorfindliche Gemeinschaft. Elvira auf der einen Seite, Anna/Ottavio auf der andern und Zerlina/Masetto werden als einander unbekannte Personen eingeführt, Giovanni hingegen löst die Handlung, von Anna unerkannt, aus. Erst im Verlauf der Aktion werden die Beziehungen geknüpft. Doch diese Gemeinschaft kommt paradoxerweise durch eine Person zustande, deren Aktivität darauf gerichtet ist, die Grundlagen jeglicher Gemeinschaft zu zerstören. – Die Schwierigkeit, Mozarts *Don Giovanni* einem der bestehenden Operngenres (Opera buffa / Opera seria) zuzuordnen, vor allem jedoch der inkommensurable Rang von Mozarts Musik, die E. T. A. Hoffmann »allumfassend« nannte, weil sie in gleichem Maß die Charaktere des komödienhaften Spiels, der uneingeschränkten Welthaltigkeit und des erhabenen Leids ausprägte, haben zu der Annahme verleitet, daß Da Ponte und Mozart ein neuartiges, besonderes dramatisches Genre beabsichtigt hätten, in dem »tragische« und »komische« Züge beziehungsweise (um die gängige Typologie des damaligen musikalischen Theaters aufzugreifen) Buffa und Seria miteinander verschmolzen sind. Als Indiz dafür, daß eine

Il dissoluto punito ossia Il Don Giovanni, I. Akt, 4. Bild; Bühnenbildentwurf: Cassandre; Festspiele, Aix-en-Provence 1949, Ensemble der Opéra, Paris. – Cassandre suchte, so seine Worte, »eine eindeutige Lösung des gestellten Problems, ohne Spielereien, ohne Überraschungseffekte, ohne pittoreske Elemente; denn nur eine solche Lösung gewährleistet die grundlegende Eigenschaft, die ein Bühnenbild haben sollte: in einem einzigen Augenblick erfaßt, verstanden und wieder vergessen zu werden«.

Mischgattung vorliegt, wird gewöhnlich die Bezeichnung »dramma giocoso« (im Originallibretto) angeführt. Wie immer Gehalte und Gestalt von Mozarts *Don Giovanni* verstanden werden mögen, der Name »dramma giocoso« gibt keine Richtung vor. Abgesehen davon, daß Mozart in seinem eigenhändigen Werkverzeichnis das Werk »opera buffa« nannte, war »dramma giocoso (per musica)« der damals geläufige, allgemeine Terminus für die italienische Musikkomödie. Er scheint auf Goldoni zurückzugehen und meinte ursprünglich allenfalls eine Spielart des Buffatheaters, in der seriöse Rollen (»parti serie«) von den komischen (»parti buffe«) unterschieden werden, ohne daß eine Mischgattung zwischen Seria und Buffa angestrebt worden wäre. Zu Mozarts Zeit war dieser Typus längst (seit den 50er Jahren) allgemein geworden, der Bezeichnung kam eine qualifizierende Bedeutung, wenn sie eine solche je besaß, nicht mehr zu. Musikalisch waren die Grenzen zwischen den Genres (Buffa und Seria) zu Mozarts Zeit ohnehin längst durchlässig geworden. Andrerseits wäre zu fragen, ob die Arien der »ernsten« Partien (Elvira, Anna, Ottavio) in ihrem äußeren Zuschnitt (um von ihren Gehalten zu schweigen) sich wirklich der Seriatypik zuordnen lassen oder ob sie nicht auch aus diesem Rahmen fallen, ohne dabei »komische« Einschläge aufzuweisen. Am weitesten von der Rollentypik der zeitgenössischen Oper entfernt aber ist zweifellos die Figur Giovannis. Seine beiden Arien (»Fin ch'han dal vino« und »Metà di voi qua vadano«, II/4) stehen zwar komödiantischen Modellen nahe (dem Typus der aufzählenden Arie beziehungsweise dem der »Aktionsarie«), doch ihr bedrohlich forcierter Ton überschreitet die Grenzen des komischen Genres. – Der dramatischen Form nach indessen ist *Don Giovanni* eine Opera buffa, in der die Ensembles dominieren und die Arien mit nur wenigen Ausnahmen in Ensemblesituationen eingebunden sind. Den Grund für die Ausnahmestellung auf dem Feld der musikalischen Komödie sahen die Zeitgenossen in erster Linie im Sujet. Es wurde selbst dort, wo es nach dem Usus des herrschenden Buffatheaters bearbeitet wurde, als regelwidrig, bizarr und dem aufgeklärten guten Geschmack zuwiderlaufend beurteilt. Unter den Kennern des Theaters war die Ablehnung allgemein. Man fühlte sich einerseits durch den dumpfen Wunderglauben, die herausfordernde Unmoral, durch die groben Späße, denen das Don-Juan-Spiel seine Beliebtheit verdankte, und andrerseits durch die Tradition des niederen, farcenhaften, volkstümlichen Stegreiftheaters, die auch keine der Don-Juan-Opern verleugnete, abgestoßen und betrachtete den Stoff als Relikt aus einer Epoche des europäischen Theaters, die zu klaren Grundsätzen, ziviler Rationalität und geläuterter Empfindung noch nicht gelangt war. Die Tatsache, daß sich im Don-Juan-Spiel christlich-moralisches Lehrstück, Grundformen des Komödientheaters in Gestalt der spanischen »Mantel-und-Degen-Komödie« (»de capa y espada«) und Elemente des barocken Parabel- und Welttheaters verbanden, stieß auf ästhetisches Unverständnis. Die Vorbehalte verstummten erst, als der Don-Juan-Stoff zu Beginn des 19. Jahrhunderts immer mehr im Licht von Mozarts Musik begriffen wurde. Noch zu Mozarts Lebzeiten kam es vielfach zu einer charakteristischen Spaltung des Urteils: Man rühmte die Komposition und bedauerte zugleich, daß die Stoffwahl auf die »tollste, unsinnigste Aftergeburt einer verirrten spanischen Einbildungskraft« (Johann Friedrich Schinks *Dramaturgische Monate*, Schwerin 1790) gefallen war. Mozarts Oper setzte sich zweifellos vornehmlich der Musik wegen durch. Der ungebrochene Erfolg, den die zahlreichen Don-Juan-Stücke, Opern und Schauspiele, vor Mozart ungeachtet des ästhetischen Verdikts davontrugen, ist dagegen auf die Fabel zurückzuführen. Ihre unwiderstehliche Anziehungskraft, die man zuweilen spöttisch dem Pakt mit dem Teufel zuschrieb, büßte sie nur dann ein, wenn der Versuch gemacht wurde, die Anstößigkeiten zu vermeiden und (wie Goldoni dies tat) Teufel samt Hölle zu eliminieren. Nichts wäre dem Publikum des 18. Jahrhunderts und den kennerischen Verächtern der Don-Juan-Stücke abwegiger vorgekommen als eine »tragische« Deutung. Diese setzte sich, und zwar in romantisch abgeschwächter Färbung, erst unter dem Eindruck der Musik Mozarts durch. Mit präformierten Kategorien ist freilich der Mehrdimensionalität von *Don Giovanni* nicht beizukommen. Undurchschaut blieb, daß in Mozarts Musik nicht die glühende Leidenschaft, nicht der unstillbare Schmerz, nicht das Schicksal der Personen und nicht der Untergang Giovannis allenfalls Tragik zum Vorschein bringen, sondern der jeden Ton durchwirkende Widerspruch, daß dort, wo in der Komödie trotz aller ausgetragenen Konflikte vornehmlich das Fundament für mitmenschliche Gemeinschaft gelegt wird, nämlich in den Ensembles und in den Arien (sofern sie in einer Ensemblesituation stehen), die Möglichkeit humaner Gemeinschaft immer wieder aufs neue zerfällt. In der Tanzszene des 1. Finales werden durch die Überlagerung verschiedener Zeitordnungen sogar die musikalischen Elemente vom Zerfall erfaßt. Auch kommt es in der Scena ultima trotz der Ausstoßung des Frevlers nicht zu der nach dem Komödiengesetz erwarteten allgemeinen Wiederherstellung der gesellschaftlichen Harmonie. Versöhnung und Befriedigung findet allein zwischen Zerlina und Masetto statt (durch Zerlinas Arie »Vedrai carino«, II/6). Wenn sich die Personen am Schluß zur Verkündung der Moral versammeln, dann kommt kein Schlußjubel auf. Die lodernde Dynamik des Fugatothemas, das am Ende chromatisch abstürzt, läßt keinen Zeifel, daß die Personen den Schauplatz als Gezeichnete verlassen. Nichts kann mehr so sein, wie es war. – Grundsätzliche Probleme des Werkverständnisses warfen neuerdings die Eingriffe auf, die Mozart für die Wiener Aufführung von 1788 vornahm. Es ist unbekannt, welche Gründe ihn zu den Änderungen veranlaßten, falls es nicht nur Sängerwünsche waren. Gemessen jedoch an der üblichen Praxis, die Opern bei Wiederaufführung den Gegebenheiten des jeweiligen Theaters anzupassen, sind Mozarts Eingriffe eher unerheblich. Da der Grundbestand des Werks in Wien weitestgehend unangetastet blieb, kann strenggenommen von einer »Wiener Fassung«, die einer »Prager Fassung« gegenübersteht, nicht die Rede sein. Der Sachverhalt wäre zutreffender eher so zu beschreiben: Die in Prag vollendete und (soweit wir wissen) in dieser Gestalt aufgeführte Oper erfuhr in Wien lediglich einige Änderungen. Ungeachtet der Tatsache, daß die Quellenlage nicht alle Einzelheiten der Wiener Aufführungen klärt und es möglicherweise im Lauf der Aufführungsserie nicht dokumentierte wechselnde Abweichungen von der Partitur gab (Striche, Umstellungen usw.), gehört alles, was Mozart je für *Don Giovanni* komponiert hat, unterschiedslos zum authentischen Werkbestand. Die ideelle Einheit des Werks, die grundsätzlich selbst dann mit den verschiedenen Aufführungsgestalten nicht gleichzusetzen ist, wenn man (wie im Fall der Prager *Don-Giovanni*-Vorstellungen) annehmen kann, daß die Aufführung zunächst an die ursprüngliche Gestalt hielt, die Textdichter und Komponist dem Werk gaben, umfaßt beide »Fassungen«. Nur wenn der Nachweis gelänge, daß die für Wien nachkomponierten Stücke gegen den ausdrücklichen Willen Mozarts entstanden wären, könnte die »Prager Fassung« den Vorrang beanspruchen, der ihr neuerdings gegenüber der »Wiener« und den auf der Opernbühne üblichen »Mischfassungen« zugeschrieben wird. Es gibt indessen keinen triftigen Grund, die in Wien nachkomponierten Nummern, insbesondere Ottavios Arie »Dalla sua pace« (I/14) und Elviras Szene »In quali eccessi, o Numi« (II/10d), von der szenischen Wiedergabe auszuschließen. Das gleiche gilt im Prinzip für die eingeschobenen Szenen mit Zerlina und Leporello (II/10a–c mit dem Duett »Per queste tue manine«). Gegen die Aufnahme dieser ziemlich ausgedehnten burlesken Episode spricht allerdings die unbestreitbare Tatsache, daß sie eine bereits abgeschlossene Situation (Leporellos Flucht, II/9) wiederholt und ausspinnt, dem Profil der Personen und der Handlung keine neuen Züge hinzufügt und sich wie eine Konzession an den Geschmack des Wiener Publikums ausnimmt. Das Duett erreicht überdies kaum das Niveau der übrigen *Don-Giovanni*-Musik. Begreiflicherweise vermochte sich die komödiantische Szenenfolge auf der Bühne nicht durchzusetzen. Dagegen stellen die zusätzlichen Arien Ottavios und Elviras eine musikalische Bereicherung dar, sind dramatisch überzeugend plaziert und haben ihre Bewährungsprobe auf dem Theater überdies längst bestanden. – Im Zusammenhang mit der Wiener Aufführung stellte sich erstmals das mit der Wirkungs- und Bühnengeschichte des Werks eigenartig verschränkte Problem der Scena ultima. Obwohl sie im Wiener Libretto fehlt, steht nicht fest, daß sie in Wien entfiel. Immerhin könnte Mozart, wie aus dem Autograph hervorzugehen scheint, vorübergehend (schon in Prag oder erst in Wien?) daran gedacht haben, das Werk mit dem Untergang Giovannis enden zu lassen. Jedenfalls hat er diese in Don-Giovanni-Opern dem damaligen theatralischen Usus durchaus nicht fremde Lösung wieder verworfen. Die Scena ultima, der Form nach ein echter Komödienschluß, gehört zur Grundkonzeption von Mozarts Werk und wurde vom Komponisten

Il dissoluto punito ossia Il Don Giovanni, II. Akt, 5. Bild; Elisabeth Schwarzkopf als Elvira, Cesare Siepi als Don Giovanni, Otto Edelmann als Leporello; Regie: Herbert Graf, Bühnenbild: Clemens Holzmeister; Felsenreitschule, Salzburg 1953. – Holzmeister baute in der Felsenreitschule die »Don-Giovanni-Stadt«, eine Simultanbühne, an deren verschiedenen Schauplätzen, hier der Ausschnitt »Saal«, sich die einzelnen Szenen abspielen.

offensichtlich zu keinem Zeitpunkt zurückgenommen, was nicht ausschließt, daß in Wien im Anschluß und als Konzession an eine gängige Praxis die Schlußszene vielleicht das eine oder andere Mal gestrichen wurde. Durchaus irrig aber wäre es, die Gepflogenheit, Don-Giovanni-Opern mit dem bühnenwirksamen Untergang des Titelhelden im höllischen Feuer enden zu lassen, als Bestätigung für die bald aufkommende romantische, »tragische« Deutung in Anspruch zu nehmen. Der Spektakelschluß, der in Don-Giovanni-Opern eher die Regel als die Ausnahme war, ist vielmehr ein Indiz für die Hervorkehrung von Momenten des Stegreiftheaters, der volkstümlichen Farce, die sich um Gattungskonventionen nicht schert. Dort aber, wo nach dem effektvollen Strafgericht ein stereotyper Komödienschluß, nämlich die heitere, freudige Auflösung in Wohlgefallen, vorgesehen war (zum Beispiel in Gazzanigas Oper, die sich somit auch in dieser Hinsicht als Vorgängerwerk erweist), blieb er in den Aufführungen meist weg. Dies bedeutet, daß die Herstellung komödiengerechter Eintracht unter den zurückbleibenden Personen nach der Höllenfahrt des Übeltäters aus der Sicht des 18. Jahrhunderts kein »Abstieg«, sondern ein »Aufstieg« zur Komödie, das heißt eine Nobilitierung war, der Verzicht auf das Lieto fine beziehungsweise seine Streichung ein Rückfall ins populäre Spektakel. Die authentische Scena ultima von *Don Giovanni* ist zwar im weitesten Sinn ein Komödienschluß, jedoch kein »komischer« Schluß. Von einer Lösung in Heiterkeit, Festesfreude und Harmonie (anders als bei Gazzaniga) kann nicht die Rede sein. Mit der Wiederherstellung gesellschaftlicher Ordnung im Namen der gemeinschaftlichen Verkündung der Moral und gebunden an die »antichissima canzon« des Schlußfugatos vollzieht sich statt festlicher Ausgelassenheit ein katharischer Vorgang.

Wirkung: Seit Tirsos *Burlador* verbreitete sich die exemplarische Don-Juan-Fabel als christlich-moralisches Lehrstück in den verschiedensten, meist dem populären Theater nahestehenden Versionen und bis gegen Ende des 18. Jahrhunderts (nicht zuletzt durch die Opern) mit beispiellosem und anhaltendem Erfolg über alle Bühnen Europas, erreichte jedoch ihre Kulmination im 17. Jahrhundert (unter anderm Molières *Dom Juan*, Thomas Shadwells *The Libertine*, 1675). Mozarts Oper erschien in der Endphase der vielfältig verzweigten Geschichte des Don-Juan-Spiels, die ausschließlich im Theater stattfand, und markiert nicht nur eine Wende, sondern führte diese auch herbei. Von nun an sind alle Formen der Rezeption des Don-Juan-Fabel mit der Rezeption von Mozarts *Don Giovanni* untrennbar verknüpft. Was immer zum Thema der großen Verführergestalt und des Donjuanismus gedacht, geäußert und in künstlerische Form gebracht wurde, ging mittelbar oder unmittelbar von der Interpretations- und Wirkungsgeschichte von Mozarts Oper aus. Im Licht von Mozarts Musik und in der Auseinandersetzung mit ihren Gehalten entstand das Bewußtsein, daß mit der Don-Juan-Fabel eine der großen symbolischen Figuren des europäischen Theaters auf den Plan getreten war. Durch Mozarts Musik erhob sich der alte, populäre Stoff zu mythischem und archetypischem Rang. – Die Wirkungsgeschichte von *Don Giovanni* spaltete sich alsbald auf in eine Bühnengeschichte des Werks und in eine Geschichte seiner Deutung. Im letztgenannten Fall war entweder das Werk selbst Gegenstand der Interpretation, oder Momente seiner Interpretation ergaben mehr oder weniger direkt die Voraussetzung für künstlerische Neuformungen (zum Beispiel Hoffmann, *Don Juan. Eine fabelhafte Begebenheit, die sich mit einem reisenden Enthusiasten zugetragen*, 1813) und denkerische Ansätze (zum Beispiel Søren Kierkegaard). Es versteht sich von selbst, daß die verschiedenen Fäden der Deutungsgeschichte ineinander verflochten sind. Allerdings besteht gewiß auch eine freilich mehr in allgemeinen Zügen (»romantische«) Auffassung) greifbare Wechselwirkung zwischen der Bühnenschicksal von *Don Giovanni* und gewissen Aspekten der Werkdeutung. Außerdem war und ist die szenische Erscheinungsform von Mozarts Oper im 19. und 20. Jahrhundert geprägt durch die Theaterkonventionen der Zeit, die keinerlei Verbindung mit der Deutungsgeschichte des Mozart-Theaters aufweisen. – In der ersten Phase der Wirkungsgeschichte, die von 1787 bis etwa ins 1. Jahrzehnt des 19. Jahrhunderts reicht, kann von der erwähnten Aufspaltung jedoch noch nicht die Rede sein. Die Oper, die noch zu Mozarts Lebzeiten auf zahlreichen Bühnen vornehmlich Deutschlands erschien, wurde zunächst in der Perspektive aufgeklärter Opernästhetik aufgenommen. Dies bedeutet: Das Urteil war meist zwiespältig. Man rühmte allenfalls »die über jeden Ausdruck erhabene Musik«, verwarf jedoch durchwegs die Fabel und bedauerte, »daß der vortreffliche *Mozart* nicht sorgfältiger bei seiner Wahl war« (*Chronik von Berlin*, 1791, zitiert nach *Mozart. Die Dokumente seines Lebens*, S. 342–344, s. Lit.). Viele Kenner hielten *Don Giovanni* für »ein Singschauspiel, in welchen [...] *das Auge gesättigt, das Ohr bezaubert, die Vernunft gekränkt, die Sittsamkeit beleidigt werden, und das Laster Tugend und Gefühl mit Füßen tritt*« (ebd.). Bei aller Anerkennung des unvergleichlichen musikalischen Rangs werden indessen in dieser ersten Phase vielfach Einwände gegen die »Schwierigkeit«, »Künstlichkeit« und orchestrale »Überladenheit« der Komposition laut. Mozart habe die Statue ins Orchester und das Postament auf die Bühne versetzt, somit das traditionelle Verhältnis von Gesang und Orchester umgekehrt, meinte noch Stendhal, der ein glühender Verehrer von Mozarts Oper war. In dem Maß jedoch, wie dergleichen an der italienischen Operntradition orientierte Einwände verstummten, schwand mit der Bewunderung für Mozarts Musik auch die Geringschätzung der Fabel. Daß man ihr einen tieferen, »ernsthafteren« Sinn beilegte, ist ein deutliches Indiz für den Umschwung in der Beurteilung. Johann Wolfgang von Goethe, der bereits seit seinem ersten Italienaufenthalt an der Popularität des Don-Juan-Spiels im Unterschied zu den meisten seiner Zeitgenossen keinen Anstoß nahm, dürfte als einer der ersten die

Einheit von dramatischem Stoff und Musik sowie den Ausnahmecharakter des Werks erkannt haben. Als Friedrich von Schiller brieflich die Hoffnung äußerte (29. Dez. 1797), daß aus der Oper »das Trauerspiel in einer edlern Gestalt [sich] loswickeln sollte«, lautete die Antwort (30. Dez.): »Ihre Hoffnung, die Sie von der Oper hatten, würden Sie neulich in Don Juan auf einen hohen Grad erfüllt gesehen haben, dafür steht aber auch dieses Stück ganz isoliert und durch Mozarts Tod ist alle Aussicht auf etwas Ähnliches vereitelt.« Es ist im übrigen unwahrscheinlich, daß Goethe sich mit seiner viel späteren berühmten Bemerkung, die Musik zu *Faust* (1806) »müßte im Charakter des ›Don Juan‹ sein; Mozart hätte den ›Faust‹ komponieren müssen«, an die damals bereits gängige »romantische« Deutung angeschlossen hat (Johann Peter Eckermann, *Gespräche mit Goethe*, 12. Febr. 1829). In den 20er Jahren hatte sich im Zeichen der Romantik die ursprüngliche Mißbilligung des Sujets jedoch längst in ihr Gegenteil verwandelt. Der Umschlag des Urteils führte dazu, daß *Don Giovanni* gelegentlich als »mystisches Drama« und »Sittengemälde« begriffen wurde (zum Beispiel *Wiener Zeitschrift für Kunst, Literatur, Theater und Mode*, 1822, S. 543). Die entschieden romantische Farbe erhielt die *Don-Giovanni*-Deutung vor allem durch Hoffmann. Damit begann die neue Phase der eigentlichen Deutungsgeschichte. – Die Aufführungsgeschichte wird durch die romantisierende, zunehmend »tragische« Deutung insofern berührt, als sich sehr bald die Tendenz abzeichnete, das Werk als »große« Ausstattungsoper zu inszenieren. Der in diesem Sinn schwerstwiegende Eingriff war die Streichung der Scena ultima, die sich allgemein durchsetzte. Im Unterschied zur früheren Praxis, Don-Juan-Opern mit der Katastrophe enden zu lassen, geschieht das gleiche nunmehr ausdrücklich aus romantisch-tragischer Sicht. *Don Giovanni* verbreitete sich bereits seit 1789 zunächst vornehmlich über die deutschen Bühnen, und zwar fast ausschließlich als Singspiel, das heißt in deutscher Sprache und mit gesprochenen Dialogen. Aus dem Jahr 1789 stammen die ersten deutschen Übersetzungen (Heinrich Gottlieb Schmieder, Christian Gottlob Neefe und Friedrich Ludwig Schröder), die trotz der Vielzahl von späteren Übersetzungsversuchen noch Spuren in den letzten deutschen Textfassungen hinterließen

Il dissoluto punito ossia Il Don Giovanni, II. Akt, 5. Bild; Karsten Mewes als Masetto, Magdaléna Hajóssyová als Donna Anna, Celestina Casapietra als Donna Elvira, Eberhard Büchner als Don Ottavio, Gerd Wolf als Leporello, Carola Nossek als Zerlina; Regie: Ruth Berghaus, Ausstattung: Marie-Luise Strandt; Staatsoper, Berlin 1985. – Die Feier der gerächten Ehre wird unversehens zum Leichenschmaus, der Richter und Gerichtete vereint. Zu Grabe getragen von einer männlichen Moral ist nicht nur der Anarchist des Leibs, sondern sind auch die Hoffnungen und Sehnsüchte nach menschlicher Erfüllung, wie sie in den Frauen erwachten.

(weitere deutsche Textbearbeitungen unter anderm von Friedrich Rochlitz, bis um 1850 am gebräuchlichsten, Eduard Devrient, Karl Hermann Bitter, Bernhard Gugler, Karl Friedrich Niese, Michel Schletterer, Max Kalbeck, Hermann Levi, Siegfried Anheißer und Georg Schünemann). Aufführungen in italienischer Sprache, zum Beispiel 1813 in Weimar, blieben die Ausnahme. Mit der biedermeierlich-biederen, zum Teil philiströsen Diktion der deutschen Übersetzungen, in denen Mozarts Musik in deutschsprachigen Gebieten populär wurde und die selbst in den letzten Bearbeitungen (20. Jahrhundert) den faden Ton einer gestelzten Librettosprache nicht vollständig ablegten, ging nicht nur Da Pontes meisterlicher, prägnanter und geistreicher Text verloren. Vielleicht noch schwerer wiegend war die von Hoffmann mißbilligte strukturelle Angleichung an das Genre des deutschen Singspiels beziehungsweise der deutschen Oper. Dadurch, daß mit dem gesprochenen Dialog die rezitativische Verbindung zwischen den Musiknummern entfiel und das Werk sich als Schauspiel mit Musik darbot, geriet Mozarts Oper zunehmend in Widerspruch zu der allgemeinen Tendenz, die nach romantischem Verständnis störenden gesprochenen Dialoge möglichst durch orchestral auskomponierte Rezitative zu ersetzen. Die eher lockere Fügung im Sinn des Schauspiels mit Musik gab einerseits der Einschaltung von Schauspielszenen, andrerseits der Aufnahme von Musikeinlagen (vielfach aus andern Werken Mozarts) Raum. Es begann die variantenreiche Geschichte der an den jeweils herrschenden Zeitgeschmack angepaßten »Bearbeitungen«, die sich aus der Rückschau meist als Verunstaltungen ausnehmen, zu ihrer Zeit jedoch dem Ansehen des Werks trotz zum Teil heftiger Kritik der Kenner gegen die effektorientierten und nicht zuletzt aus Sängerwillkür resultierenden Eingriffe offenbar wenig Abbruch taten. Den Höhepunkt der Verballhornung erreichten die französischen Wiedergaben der Oper in Paris: In der Opéra erstmals 1805 (arrangiert von Christian Kalkbrenner, Text: Joseph Thuring und Denis Baillot) und ebenda in der bis 1872 erfolgreichen fünffaktigen Bearbeitung von François Castil-Blaze, Ange-Henri Blaze de Bury und Emile Dechamps von 1834. Als *Don Juan ou Le Festin de pierre* erschien das Werk 1827 im Théâtre de l'Odéon Paris, bearbeitet von Castil-Blaze unter Verwendung von Dialogen aus Molières *Dom Juan*. Dennoch kann Paris als Ausgangspunkt für die Rezeption nicht überschätzt werden: Hier nahmen sich die berühmtesten Sänger ihrer Epoche der *Don-Giovanni*-Rollen an, das Théâtre-Italien brachte das Werk auch auf italienisch (1811). Partituren und Klavierauszüge sorgten indessen für die Verbreitung und Kenntnis der Originalgestalt, obwohl die erste nach Mozarts Autograph edierte Partitur erst 1868 erschien. – Die Hauptprobleme in der Bühnenpraxis ergaben sich jedoch auch weiterhin durch den Wegfall der Seccos. Bezeichnenderweise konzentrierte sich Richard Wagners (verlorene) Bearbeitung (Zürich 1850) auf den Dialog und die Rezitative (wahrscheinlich Kürzung und orchestrale Ausführung). Giacomo Meyerbeer ließ in einer Berliner Aufführung (1845) die wiederhergestellten Rezitative durch Streicher begleiten. – In Italien setzte sich *Don Giovanni* zögernd und erst seit 1811 durch, erwies sich aber danach als die populärste von Mozarts Opern. Im allgemeinen waren die Inszenierungen des 19. Jahrhunderts gekennzeichnet durch gesteigertes Pathos in der musikalischen Darstellung und romantisch historisierende und illusionistisch überladene Bühnenbilder in einem eklektisch mittelalterliche, spanisch-barocke, orientalische und altdeutsche Elemente vermittelnden Stil, der das Zeitkostüm und den der eigenen Gegenwart zugehörigen Schauplatz ablöste. Unverkennbar sind in der 2. Hälfte des 19. Jahrhunderts auch die ideellen und szenischen Anleihen beim Musikdrama Wagnerscher Prägung. Dagegen wirkten die auf die Originalgestalt des Werks zurückgeführten Wiedergaben am Hoftheater München durch Ernst von Possart, Levi (erstmals 1896) und Richard Strauss auf der kleinen Bühne des Residenztheaters epochemachend. Hier wurde auch die Scena ultima wieder eingeführt. Die von Karl Lautenschläger erfundene Drehbühne ermöglichte nicht nur plastische Aufbauten, sondern vor allem einen beweglicheren Spielrhythmus. Bedeutende darstellerische und sängerische Akzente setzte in und seit diesen Aufführungen Francisco d'Andrade. Neue Impulse gingen gleichfalls von Gustav Mahlers Inszenierung 1905 in Wien aus (Bühnenbild: Alfred Roller). Vor allem die Nutzung des Bühnenraums, der Farbe und des Lichts wurde als völlig neuartig empfunden und wirkte bis heute nach. Mahler allerdings verzichtete in Übereinstimmung mit der Tradition auf die Scena ultima, die konsequent erst seit den 50er Jahren wiederhergestellt wurde. Es verwundert kaum, daß der Expressionismus besonders in *Don-Giovanni*-Aufführungen seinen Niederschlag fand (zum Beispiel Leipzig 1917, Regie: Ernst Lert). Dagegen griff Max Slevogt (Dresden 1924) mit Bühnenbildern, die einen fiktiven, ekstatischen Barockstil beschworen, in die Ausstattungsgeschichte des Werks ein. Nur wenig später trugen Aufführungen an der Krolloper Berlin 1928 unter Otto Klemperer (Bühnenbild: Ewald Dülberg) deutliche Zeichen der Modernität. Die Erinnerung an die Romantisierung erschien ausgelöscht. Unterstützt durch ein ideales Sängerensemble (Giovanni: Cesare Siepi, Anna: Elisabeth Grümmer, Ottavio: Anton Dermota, Komtur: Raffaele Arié, Elvira: Elisabeth Schwarzkopf, Leporello: Otto Edelmann, Masetto: Walter Berry, Zerlina: Erna Berger), vermochte Wilhelm Furtwängler in den Salzburger Aufführungen von 1953 den Grundton glühender, schicksalhafter Tragik und unerbittlicher Dämonie nach Geist und Buchstaben der Partitur herauszuarbeiten, ohne ihre universalen, auch die burleske Komödiantik umfassenden Züge zu schmälern. Die Inszenierung in der Salzburger Felsenreitschule (»Don-Giovanni-Stadt« als Simultanbühne von Clemens Holzmeister, Regie: Herbert Graf), die Ideen Max Reinhardts aufnahm, evozierte ein mythisches Mysteriendrama, eine Deutung, gegen die sich damals auch Widerspruch erhob. Als nicht weniger bedeutend und beispielhaft muß die Leidenschaft, komödiantische Verve und ein Höchstmaß an Werkgerechtigkeit vereinigende Interpretation von Fritz Busch (Regie: Carl Ebert) beim Glyndebourne-Festival 1936 eingeschätzt werden, mit der das Werk in die auf Tonträgern dokumentierte Epoche seiner Wiedergabe eintrat (John Brownlee, Ina Souez, Kálmán Pataky, David Franklin, Luise Helletsgruber, Salvatore Baccaloni, Roy Henderson, Audrey Mildmay). Wenn bei Furtwängler die Welthaltigkeit von Mozarts Musik im Vordergrund stand, dann kam bei Busch mehr die von verzehrender Dynamik geprägte Seite des Werks zur Geltung. Eine Mittelstellung nimmt etwa die bedeutsame Interpretation Bruno Walters 1941 an der Metropolitan Opera New York ein (Regie: Graf) mit Ezio Pinza, dem nach Andrade renommiertesten Giovanni-Darsteller. Seit den 50er Jahren setzten sich allmählich an den größeren Opernhäusern die Aufführungen in der Originalsprache durch. Die leitenden Motive waren zweifellos die zunehmende Hinwendung zur Idee der »Werktreue«, das Abrücken von den aus dem 19. Jahrhundert weitergeschleppten Opernkonventionen sowie die Einsicht, daß der von Mozart komponierte italienische Text weder »übersetzbar« noch aus dem Gefüge der Partitur herauslösbar ist. Desgleichen wurde die Scena ultima wieder durchgängig in die Wiedergabe einbezogen. Nach dem zweiten Weltkrieg begann die Ära des stark von der Schauspielregie und der Theatertheorie Bert Brechts beeinflußten »Regietheaters«. Ausgangspunkt waren vor allem die »Fabel« und die szenisch ausdeutende Präsentation ihrer psychologischen und gesellschaftlichen Motivationen. »Musiktheater« lautet die Formel für eine Regiearbeit, die programmatisch gegen die konventionellen Inszenierungsformen der Oper antrat und die zur Lehrhaftigkeit neigte. Während szenische Vorgänge und Bühnenbild der der Regiekonzeption unterworfenen freien Disposition überlassen blieben, wurde in der musikalischen Wiedergabe auf peinlichste philologische »Werktreue« geachtet. In manchen Aufführungen hielten »historisches« Instrumentarium und »historische Aufführungspraxis« Einzug. Im Zeichen eines auch wissenschaftlich abgestützten Rigorismus wurde gelegentlich der »Prager Fassung« alleinige Gültigkeit zugesprochen, die bislang üblichen »Mischfassungen« verworfen, ohne daß sich freilich diese Auffassung bisher durchgesetzt hätte. Als Hauptaspekte meist kontrovers diskutierter gegenwärtiger Inszenierungen sind gesellschaftskritische Aktualisierung und Psychologisierung zu nennen. – Erst in der Epoche der Romantik eröffnete sich das weite Feld der direkt oder indirekt und jedenfalls ideell von Mozarts Oper angeregten geistigen Auseinandersetzungen mit dem Don-Juan-Stoff, der durch Mozart seine weltliterarische Dimension gewonnen hatte. Vom Schicksal des Werks auf dem Theater war diese ungemein vielfältige Auseinandersetzung relativ unabhängig, wenngleich Wechselwirkungen keineswegs auszuschließen sind. Neben die ausdeutenden Bemühungen, die der Oper selbst galten, traten die denkerischen und dichterischen Interpretationen der Fabel mit selbständigem künstlerischen oder philosophischen Anspruch. Poetische Neudeutungen begegnen ebenso im Sprechdrama wie im musikalischen Theater und nicht selten auch in den bildenden Künsten. Die Beziehungen zur Oper Mozarts sind zum Teil vordergründig, zum Teil kaum auszumachen. Doch letztlich dürfte jegliche Beschäftigung mit dem Don-Juan-Stoff gewollt oder ungewollt Mozart vorausgesetzt haben. – Die früheste und einflußreichste literarische Behandlung erfuhren Fabel und Oper Mozarts durch Hoffmanns Novelle *Don Juan*. Damit war der entscheidende Schritt zur Romantisierung getan. Nach Hoffmanns Anschauung steht Annas tragische Liebe zu Giovanni, dem Rebellen aus Idealismus, im Mittelpunkt des Geschehens. Damit setzte auch die Psychologisierung des Titelhelden ein. Im romantischen Spannungsfeld von Idealisierung, sinnlicher Dämonie, Erlösung, Verdammung, Weltschmerz und Lebensüberdruß stehen Lord Byrons unvollendetes satirisches Versepos *Don Juan* (1824), Alexander Puschkins dramatisches Gedicht *Kamenny gost* (*Der steinerne Gast*, 1830), Nikolaus Lenaus *Don Juan. Ein dramatisches Gedicht* (1844), Charles Baudelaires Dramenentwurf über »Don Juans Ende« und sein Gedicht *Don Juan aux enfers* (1846), Alfred de Mussets dramatische Szene *Une Matinée de Don Juan* (1833) und sein Gedicht *Namouna* (1832), Blaze de Burys Drama *Le Souper chez le commandeur* (1834), der dem reuigen Verführer durch die Liebe Annas Erlösung zuteil werden läßt, Prosper Mérimées Novelle *Les Ames du purgatoire* (1834), Alexandre Dumas' d. Ä. »mystère« *Don Juan de Marana ou La Chute d'un ange* (1836) sowie das in Spanien populär gewordene Erlösungsdrama *Don Juan Tenorio* (1844) von José Zorrilla y Moral, das den Einfluß von Goethes *Faust* nicht verleugnet. Aus romantischer Sicht (Don Juans Sehnsucht nach dem Ideal) ergaben sich über die gemeinsamen Motive der Verführung und des Duells hinausgehende Berührungspunkte mit dem Faust-Stoff, die Christian Dietrich Grabbe in seiner Tragödie *Don Juan und Faust* (1829) auf die Idee brachten, beide Figuren als antithetisch rivalisierende Verkörperungen des maßlosen Strebens nach Sinnengenuß und nach Erkenntnis darzustellen (Ouvertüre und Zwischenaktmusiken komponierte Albert Lortzing nach Motiven aus Mozarts *Don Giovanni* und Spohrs *Faust*, 1816). – In der modernen Don-Juan-Rezeption kommen vornehmlich Desillusionierung, Absurdität, Ironie, Zynismus und Überdruß, somit eine fast vollständige Abkehr vom romantischen Don-Juan-Bild, zum Vorschein, was der Fabel jedoch zu erneuter Aktualität verhalf. Ob nach dieser von Psychologisierung, Entmythologisierung und Synkretismus geprägten Phase der Stoffgeschichte der Don-Juan-Mythos als Gegenstand poetischer und dramatischer Werke nochmals aufleben wird, scheint fraglich. – Ungebrochen hingegen ist noch heute die Faszination, die Mozarts Oper auf Publikum und Interpreten ausübt. Das Werk hörte nicht auf, sich als die über die Zeiten hinweg gültige und lebensfähige Ausformung der Don-Juan-Fabel zu erweisen. Es ist daher kein Zufall, daß die bedeutsamste Auseinandersetzung mit der Gestalt Don Juans, der Abschnitt »Die unmittelbaren erotischen Stadien oder das Musikalisch-Erotische« in Kierkegaards lebensphilosophischem Hauptwerk *Enten-Eller* (*Entweder/Oder*, 1843), bei Mozarts Musik ansetzte und eine bahnbrechende Interpretation der Oper bot. Für Kierkegaard verkörpert Don Juan durch die Musik das Prinzip und die Macht des absolut Sinnlichen, die ästhetische Existenz gegenüber der ethischen. In Juan wirkt nach Kierkegaards Auffassung die elementare, dämonische und folglich unwiderstehliche Kraft des Lebens selbst, die Oper sei daher »in ihrer definitiven Tendenz eminent moralisch [...] weil in allem Größe ist«. Für das erste der »erotischen Stadien« steht Cherubino als Ahnender, für das zweite Papageno als Begehrender, für das dritte, erobernde aber Don Juan. – Sieht man von der bühnenbildnerischen Auseinandersetzung mit Mozarts Oper ab, so ist der Niederschlag von Don-Juan-Darstellungen in der Malerei eher spärlich. Immerhin nahmen sich Künstler wie José Francisco de Goya (*Don Juan und der Komtur*, 1798) und Eugène Delacroix (*Le Naufrage de Don Juan*, 1840) des Themas an. Singulär sind allerdings die von der Darstellung des berühmten Baritons Andrade als Giovanni inspirierten bedeutenden Don-Juan-Porträts, Holzschnitte, Radierungen und Lithographien von Slevogt (den Anstoß gaben die Aufführungen in Berlin 1901, wahrscheinlich schon vorher die »Reform«-Aufführungen in München von Possart, Levi, Strauss): Der *Weiße Don Giovanni* (1902) in der Situation der »Champagnerarie« (mehrfach ausgeführt), der *Schwarze Don Giovanni* (1906) vor dem Untergang, der *Rote Don Giovanni* (1912) in der Kirchhofszene. Die eigenen Szenenbilder der Dresdner Aufführung von 1924 hielt Slevogt in Lithographien fest.

Autograph: BN Paris. **Ausgaben:** Faks.-Nachdr. d. Autographs: Maisonneuve, Paris [1967]; Part, krit. Ausg.: W. A. MOZART, Werke, Bd. V/18, [rev. v. F. Wüllner], B&H 1880, Nachdr.: Edwards Music Reprints, Serie A, Ann Arbor, MI 1951–56; W. A. MOZART, Neue Ausg. sämtl. Werke, Serie II/5, Bd. 17, hrsg. W. Plath, W. Rehm: Bär 1968; Part, ital./dt.: B&H [1801]; Part, ital./frz.: Frey, Paris [1820] (Coll. des opéras de M. 2.); Richault, Paris [um 1825] (Coll. des opéras de W. A. M. en grande partitions. 2.); Part, ital./frz. Übers. v. Castil-Blaze: A la Lyre Moderne, Paris [1821], Nr. 334; Part, mit Suppl., ital./dt.: B&H [1839], Nr. 6093; Part, ital./dt., hrsg. B. Gugler: Leuckart, Breslau [1869], Lpz. [1877]; Part, hrsg. J. Rietz: B&H [1871]; Part, ital./dt., hrsg. A. Dörffel: Peters [1882?], Nr. 5648; Part, ital./dt. Übers. v. F. Grandaur, hrsg. A. Einstein: Eulenburg [1931], Nr. 4808 (Kl. u. Taschen-Ausg. 918.), [um 1960], Nr. 918; Part, ital./dt., hrsg. G. Schünemann, K. Soldan: Peters [1941], Nachdr.: Dover, NY 1974; Kl.A (nach d. krit. Ausg. 1968) v. H. Moehn, ital./dt. Übers. v. W. Dürr: Bär [1975]; Kl.A v. C. Zulehner: Schott [1792?], Nr. 138; Kl.A, ital./dt. Übers. v. F. L. Schröder, hrsg. C. G. Neefe: Simrock [1797], Nr. 42; Kl.A, ital./dt.: Mollo, Wien [1800?]; Kl.A, ital./dt., hrsg. A. E. Müller: B&H [1803], [1811], [1818]; Peters [um 1810]; Steiner, Wien [um 1810]; Kl.A, ital./dt.: Böhme, Hbg. [1810?]; Kl.A: Monzani & Hill, London [1810?]; Kl.A, ital./frz.: Carli, Paris [1810?]; Kl.A, ital./dt.: Schlesinger, Paris [1811?], [1822]; Kl.A: Birchell, London [1812]; Kl.A, ital./dt. Übers. v. F. Schneider: Tauchnitz, Lpz. [1823?]; Kl.A, ital./dt.: Heckel, Mannheim [1827] (Wohlfeile Ausg. v. W. A. M.s sämmtl. Opern. 1.); Meyer, Braunschweig [um 1830], Nr. 116; Kl.A, ital./dt. Übers. v. J. André: André, Offenbach [1835]; Kl.A, ital./dt.: Hirsch, Bln. [1840?]; Kl.A: Londsdale, London [1840]; Kl.A, ital./dt.: Leo, Bln. [um 1845]; Kl.A, ital./dt.: Hartung, Lpz. [1845]; Kl.A, ital./dt., hrsg. A. E. Marschner: Knapp, Halle [1848]; Schott [um 1855]; Kl.A, ital./engl. Übers. v. J. W. Mould, hrsg. W. S. Rockstro: Bo&Ha [1850]; Kl.A, dt.: Reclam, Lpz. [um 1860]; Kl.A, dt./frz.: Litolff [1868]; Kl.A, hrsg. A. Sullivan: Bo&Ha [1870] (Royal Ed. of Operas); Kl.A, ital./engl., hrsg. N. Macfarren: Novello, Ewer, London [1871]; Kl.A, dt. Übers. v. F. Grandaur, hrsg. F. Wüllner: Ackermann, München 1872; Kl.A: Ricordi [1874?], Nr. 31163/39964; Kl.A v. F. Kogel: Peters [um 1900], Nr. 2941; Kl.A, dt. Übers. v. J. F. Rochlitz, hrsg. W. Kienzl: UE [1901], Nr. 279; Kl.A, dt. Übers. v. J. F. Rochlitz, J. P. S. Schmidt, hrsg. C. F. Wittmann: Litolff [1903]; Kl.A, dt. Übers. v. H. Levi, hrsg. F. Wüllner: Ackermann, München [1910], [1921]; Kl.A, ital./dt. Übers. v. A. Bodanzky, hrsg. O. Lindemann: Bln. [1917]; Kl.A, ital./dt. Übers. v. M. Kalbeck, hrsg. B. Paumgartner: DreiMasken [1922]; Kl.A, dt. Übers. v. S. Anheißer: Bln. [1937]; Kl.A, ital./dt., hrsg. G. Schünemann, K. Soldan: Peters [1940], Nr. 11436 (Ed. Peters. 4473.); Kl.A, ital./engl. Übers. v. E. J. Dent, hrsg. E. Roth: Bo&Ha 1947 (Royal Ed. of Operas); Kl.A, ital./engl. Übers. v. W. H. Auden, C. Kallman: Schirmer 1961; Textb.: Prag, Schönfeld 1787, Faks.-Nachdr.: Prag 1987; Wien 1787, Faks.-Nachdr. mit Nachw. v. O. Biba: Wien 1987 (Wiener Bibliophile Ges.); Wien 1788, Faks.-Nachdr. in: Ph., Scala, Mailand 1987; Textb., dt. v. H. M. Schletterer: B&H [1888] (Text-Bibl. 20.); Textb., dt. v. J. F. Rochlitz, J. P. S. Schmidt, hrsg. C. F. Wittmann: Lpz., Reclam [um 1900] (rub. 2646.); Textb., dt. v. W. Dürr: Bär 1977 (M.s ital. Texte mit dt. Übers. 4.); Textb., ital./dt. v. T. Flasch, Nachw. v. S. Kunze: Stuttgart, Reclam 1986 (rub. 7481.). **Aufführungsmaterial:** Bär; Ausg. Schünemann: Peters; B&H; Ricordi

Literatur: L. DA PONTE, Memorie scritte da esso, NY 1823–27, dt. Tübingen 1969, S. 127–130; P. SCUDO, Le ›Don Juan‹ de M., in: Critique et littérature musicales, Paris 1856, 1ere série, S. 150–230, Faks.-Nachdr. Genf 1986; P. I. ČAJKOVSKIJ, W. A. M. (1873), in: DERS., Erinnerungen und Musikkritiken, hrsg. R. Petzoldt, L. Fahlbusch, Lpz. 1974, S. 122–125; F. CHRYSANDER, Die Oper ›Don Giovanni‹ von Gazzaniga und von M., in: VfMw 4:1888, S. 351–435; R. DUMESNIL, Le ›Don Juan‹ de M., Paris 1927, Neu-Ausg. 1955; J. TIERSOT, ›Don Juan‹ de M. Etude historique et critique, analyse musicale, Paris 1927; P. STEFAN, Don Giovanni. Die Opernlegende v. Don Juan. d. Versucher u. Sucher, Wien 1938; P. J. JOUVE, Le ›Don Juan‹ de M., Fribourg 1942, Paris 1968; T. W. ADORNO, Huldigung an Zerlina (1952), in: DERS., Moments musicaux, Ffm. 1964, S. 37–39; E. BLOCH, Don Giovanni, alle Frauen und die Hochzeit, in: DERS., Das Prinzip Hoffnung, 5. Teil, Bd. 2, Ffm. 1959, S. 1180–88; C. BITTER, Wandlungen in den Inszenierungsformen des ›Don Giovanni‹ von 1787 bis 1928. Zur Problematik d. mus. Theaters in Deutschland, Regensburg 1961 (Forschungs-Beitr. zur Mw. 10.); J. HERZ, Revolte der Sinne (1962), in: W. FELSENSTEIN, DERS., Musiktheater. Beitr. zur Methodik u. zu Inszenierungskonzeptionen, hrsg. S. Stompor, Lpz. 1976 (rub. 458.), S. 168–173; W. OEHLMANN, Don Juan. Zur Gesch. eines Mythos, in: Dichtung u. Wirklichkeit, Bd. 14, Ffm. 1965, S. 5–45; A. E. SINGER, The Don Juan Theme, Versions, and Criticism. A Bibliography, Morgantown, WV 1965; G. MACCHIA, Vita avventure e morte di Don Giovanni, Bari 1966 (Universale Laterza. 48.), Turin 1978 (Piccola Bibl. Einaudi. 334.); W. FELSENSTEIN, Donna Anna und Don Giovanni (1966), in: DERS., J. HERZ, Musiktheater, a.a.O., S. 174–179; A. ROSENBERG, ›Don Giovanni‹. M.s Oper u. Don Juans Gestalt, München 1968; S. KUNZE, ›Don Giovanni‹ vor M. Die Tradition d. Don-Giovanni-Opern im ital. Theater d.

18. Jh., München 1972 (Münchener Univ.-Schriften. 10.); H. H. EGGEBRECHT, Versuch über die Wiener Klassik. Die Tanzszene in M.s ›Don Giovanni‹, Wiesbaden 1972 (Bei-H. zum AfMw. 12.); R. DAMMAN, Die »Register-Arie« in M.s ›Don Giovanni‹, in: AfMw 33:1976, S. 278–309; F. D'AMICO, Attorno al ›Don Giovanni‹ di M., Rom 1977/78; S. KUNZE, ›Don Giovanni‹ und die Tanzszene im ersten Finale. Grenzen d. klassischen Komponierens, in: Colloquium »M. und Italien« (Rom 1974), Köln 1978 (Analecta musicologica. 18.), S. 166–197; P. PETROBELLI, ›Don Giovanni‹ in Italia, ebd., S. 30–51; L'Avant-scène, Opéra, Nr. 24, Paris 1979; H. MAYER, Don Juans Höllenfahrt, in: DERS., Doktor Faust und Don Juan, Ffm. 1979, S. 102–132; DERS., Leporello, ebd., S. 133–157; K. WERNER-JENSEN, Studien zur ›Don Giovanni‹-Rezeption im 19. Jahrhundert (1800–1850), Tutzing 1980 (Frankfurter Beitr. zur Mw. 8.); W. A. MOZART, Don Giovanni. Texte, Materialien, Kommentare, hrsg. A. Csampai, D. Holland, Reinbek 1981 (rororo. 7329.); W. REHM, Zur Dramaturgie von M.s ›Don Giovanni‹. Die beiden Fassungen Prag 1787 u. Wien 1788 – ein philologisches Problem?, in: Hbg. Jb. für Mw. 5:1981, S. 247–254; J. RUSHTON, W. A. M. ›Don Giovanni‹, Cambridge 1981; G. GRONDA, Da Ponte e la l'aria del catalogo, in: DIES., Le passioni della ragione. Studi sul Settecento, Pisa 1984 (Saggi critici. 16.), S. 157–197; S. HENZE-DÖHRING, E. T. A. Hoffmann-»Kult« und ›Don Giovanni‹-Rezeption in Paris des 19. Jahrhunderts. Castil-Blazes ›Don Juan‹ im Théâtre de l'Acad. Royale de Musique am 10.3. 1834, in: MJb 1984/85, S. 39–51; DIES., Opera seria, Opera buffa und M.s ›Don Giovanni‹. Zur Gattungskonvergenz in d. ital. Oper d. 18. Jh., Laaber 1986 (Analecta musicologica. 24.); Mozart's ›Don Giovanni‹ in Prague, Prag 1987 [Beitr. v. J. Hilmera, T. Volek, V. Ptáčková]; Mozart's ›Don Giovanni‹. Ausstellungs-Kat., hrsg. T. Volek, J. Pešová, Prag 1987; E. GIUDICI, Appunti per una discografia comparata del ›Don Giovanni‹, in: Musica. Trimestrale di informazione musicale e discografica 1987, Nr. 46, S. 39–55; Wege zu Mozarts ›Don Giovanni‹, hrsg. H. Zeman, Wien 1987; L. FINSCHER, ›Don Giovanni‹ 1987, in: MJb 1987/88, S. 19–27; W. REHM, ›Don Giovanni‹: Nochmals »Prager Original« – »Überarbeitung Wien« – »Mischfassung«, ebd., S. 195–203; S. KUNZE, Werkbestand und Aufführungsgestalt, ebd., S. 205–214; M. MILA, Lettura del ›Don Giovanni‹ di M., Turin 1988 (Piccola Bibl. Einaudi. 494.); J. BUŽGA, Die Aufführungen der Opern W. A. M.s in Prag unter Carl Maria von Weber, in: Festschrift Wolfgang Rehm zum 60. Geburtstag am 3. Sept. 1989, Kassel 1989, S. 167–172; H. J. KREUTZER, Von Don Juan zu Don Giovanni. Wandlungen eines Dramenthemas, in: Ph. Internationale Stiftung Mozarteum. Mozartwoche, Salzburg 1990; weitere Lit. s. S. 276

Stefan Kunze

Così fan tutte ossia La scuola degli amanti
Dramma giocoso in due atti

So machen's alle oder Die Schule der Liebenden
2 Akte (8 Bilder)

Text: Lorenzo Da Ponte (eigtl. Emanuele Conegliano)
Uraufführung: 26. Jan. 1790, Burgtheater, Wien
Personen: Fiordiligi und Dorabella, Damen aus Ferrara und Schwestern, in Neapel wohnend (2 S); Guglielmo, Offizier, Liebhaber Fiordiligis (B); Ferrando, Offizier, Liebhaber Dorabellas (T); Despina, Kammermädchen der Damen (S); Don Alfonso, ein alter Philosoph (B). **Chor:** Soldaten, Diener, Musiker, Männer, Frauen
Orchester: 2 Fl, 2 Ob, 2 Klar, 2 Fg, 2 Hr, 2 Trp, Pkn, Streicher, B.c; BühnenM: MilitärTr
Aufführung: Dauer ca. 3 Std. – Die Arie »Ah lo veggio« (II/6) wird häufig gestrichen, da sie in der überwiegend lyrischen Partie des Ferrando starke dramatische Akzente setzt. Die ursprünglich für den Sänger des Guglielmo, Francesco Benucci, komponierte und schon in der Uraufführung substituierte Arie »Rivolgete a lui lo sguardo« wird selten anstelle von »Non siate ritrosi« (I/11) eingesetzt.

Entstehung: Im Anschluß an die Wiederaufnahme von *Le nozze di Figaro* (1786) am 29. Aug. 1789 in Wien erhielt Mozart vom Hof einen Kompositionsauftrag für eine Opera buffa. Friedrich Heinse zufolge erging der Auftrag von Kaiser Joseph II. selbst, was jedoch nicht belegt und angesichts der angespannten politischen Lage (Türkenkriege) und des Kaisers Erkrankung, die schließlich zu seinem Tod führte, auch kaum wahrscheinlich ist. Eine zeitgenössische Anekdote besagt, daß das Sujet auf eine Begebenheit aus Wiener Adelskreisen zurückzuführen sei. Da Pontes Dichtung weist jedoch deutliche Bezüge auf zum antiken Mythos von Kephalos und Prokris, den er aus dem 7. Buch von Ovids *Metamorphoseon libri* (um 5 n. Chr.) kannte und der im Mittelalter zur moralischen Unterweisung für eheliche Treue Verwendung fand. Da Ponte bezog aus Ludovico Ariostos Version des Treueprobemythos, *Orlando furioso* (1516), die Namen der weiblichen Figuren, die bei Ariosto Doralice und Fiordespina heißen. Aus Pietro Metastasios *Demetrio* (1731) stammt das Bild des »Phönix aus Arabien«, das wie zahlreiche andere mythologische Verweise auf die Herkunft des Sujets deutet. In Gestalt von Anfossis Dramma giocoso *Il curioso indiscreto* (1777), das die Treueprobe aus dem 1. Buch (1605; 33.–34. Kapitel) von Miguel de Cervantes Saavedras *Don Quijote* übernahm und den Schluß ins Versöhnliche wendete, kannte Mozart den Stoff. Für die Wiener Aufführung von Anfossis Oper 1783 hatte er drei Arien komponiert. Im Finale des I. Akts spielt Despinas »Magnet«-Kur der »Vergifteten« an auf den Wiener Arzt und Erfinder des »Mesmerismus«, Franz Mesmer. – In einer Zeit größter finanzieller Bedrängnis sollte die Komposition Mozart 200 Dukaten einbringen. Schon bald war die Vertonung so weit fortgeschritten, daß Mozart Joseph Haydn und den Kaufmann Johann Michael Puchberg zu einer »kleinen Opernprobe« am 31. Dez. 1789 einlud, um ihnen das Werk vorzuspielen; am 21. Jan. 1790 erfolgte eine zweite Einladung, nun zur ersten Orchesterprobe im Theater. Im Jan. 1790 trug Mozart ins »Verzeichnüss aller meiner Werke« ein: »Così fan tutte; o sia la scuola degli amanti. Opera buffa in 2 Atti. pezzi di musica. Attori. Signore. [Adriana] Ferraresi del Bene [Fiordiligi], [Louisa] villeneuve [Villeneuve; Dorabella] e [Dorothea] Bußani [Bussani; Despina]. Signori [Vincenzo] Calvesi [Ferrando], Benucci [Guglielmo] e Bußani [Alfonso].« Die Uraufführung fand unter Mozarts musikalischer Leitung statt, Regie führte wahrscheinlich Francesco Bussani; die Dekorationen gehörten möglicherweise zu dem Dekorationssatz, den Joseph Platzer 1784 für das Burgtheater gemalt hatte.

Handlung: In Neapel.

I. Akt, 1. Bild, Kaffeehaus: Die Offiziere Ferrando und Guglielmo streiten mit dem alten Philosophen Don Alfonso um die Treue der Frauen. Gereizt über seinen Zweifel, ob die Treue dem »Phönix aus Arabien« gleiche, von dem jeder spreche, obgleich ihn keiner noch sah, stimmen sie siegesgewiß einer Wette zu, die Treue ihrer Bräute einen Tag lang zu erproben. 2. Bild, Garten am Meeresstrand: Fiordiligi und Dorabella betrachten schwärmerisch die Bildnisse ihrer Verlobten, die sie erwarten. Da kündigt ihnen Alfonso deren unerwarteten Aufbruch in den Krieg an. Unter Tränen nehmen die Paare Abschied. Soldaten, Männer und Frauen preisen das Soldatenleben. Alfonso mokiert sich über den Gefühlsausbruch der Frauen, deren Treue er für leicht wandelbar hält. 3. Bild, hübsches Zimmer mit mehreren Stühlen, einem Tischchen und so weiter; drei Türen: zwei an den Seiten, eine in der Mitte: Die Kammerzofe Despina ist mit ihrem arbeitsreichen Leben unzufrieden. Die Damen kommen herein, und Dorabella überläßt sich dem Ausbruch ihrer Verzweiflung. Despina rät den Damen, die Situation zu vergnüglichen Abenteuern mit andern Männern zu nutzen, da Männer und besonders Soldaten ohnehin nicht treu seien. Empört ziehen sich die Bräute zurück. Alfonso will Despina als Gehilfin seines Plans gewinnen, die beiden Damen mit zwei »edlen Albanern« bekannt zu machen. Als er die verkleideten Liebhaber hereinführt, reizt ihre Aufmachung Despina zum Lachen. Sie werden den Damen vorgestellt und versuchen sich einzuschmeicheln. Trotz Alfonsos Bitte um höfliche Nachsicht weisen die Damen die Werbung brüsk zurück. Die Offiziere glauben die Wette schon gewonnen zu haben, doch noch ist die Frist nicht verstrichen. 4. Bild, Ziergarten, an jeder Seite eine Bank: Fiordiligi und Dorabella beklagen ihre traurige Langeweile. Da brechen die Verkleideten in die Idylle ein und spielen den Damen einen Selbstmordversuch aus Verzweiflung über ihre abgewiesene Liebe vor. Despina, verkleidet als Arzt, will die »Vergifteten« mit einer Magnetkur à la Mesmer retten; die Damen sollen ihnen die Köpfe halten. Kaum zum Leben erwacht, fordern die »Selbstmörder« einen Kuß und werden erneut abgewiesen.

II. Akt, 1. Bild, Zimmer: Despina unterweist die Damen in Verstellung und Liebeskunst. Schließlich sind sie bereit, zum Scherz die Werbung der Fremden anzunehmen, und wählen sich dazu die Partner aus. 2. Bild, Garten am Ufer des Meers mit Rasenbänken und zwei steinernen Tischen; am Ufer eine blumengeschmückte Barke: Alfonso hat ein Gartenfest arrangiert und führt mit Despina die neuen Paare zusammen. Während Dorabella Guglielmos Werben schnell erliegt und für ein Medaillon in Herzform, das dieser ihr beziehungsreich verehrt, bereitwillig das Bildnis ihres Geliebten eintauscht, zeigt sich Fiordiligi gegenüber Ferrando zunächst standhaft. Sie bereut, schon in Gedanken untreu geworden zu sein. Ferrando muß vom Freund die bittere Wahrheit erfahren, doch während dieser zynisch seine Illusionen begräbt, kämpfen in Ferrando die Liebe zu Dorabella und die Enttäuschung miteinander. 3. Bild, Zimmer mit mehreren Türen, Spiegeln und Tischchen: Dorabella gibt sich den Freuden der neuen Liebe hin. Fiordiligi will dem Verlobten aufs Schlachtfeld folgen, um der Versuchung zu entfliehen. Da stürzt Ferrando herein und bedrängt sie, ihm mit der Hoffnung auf die Erfüllung seiner Liebe das Leben zu nehmen. Überwältigt von seinem Überschwang, gibt Fiordiligi ihren Widerstand auf. Die Offiziere sind verzweifelt und wollen sich von den untreuen Bräuten trennen, doch Alfonso rät, sie zu heiraten, da alle Frauen es so machten, indem sie einer Notwendigkeit des Herzens folgten. Despina bringt die Nachricht, daß die Damen zur Hochzeit bereit sind. 4. Bild, festlich erleuchteter Saal, im Hintergrund ein Orchester, Tafel für vier Personen mit silbernen Armleuchtern: Die Hochzeitsgäste wünschen den Paaren Glück. Fiordiligi beschwört Vergessen des Vergangenen, Ferrando und Dorabella stimmen ein, nur Guglielmo verwünscht die ehrvergessenen Frauen. Als Notar verkleidet legt Despina die Ehekontrakte vor, und kaum haben die Paare unterschrieben, künden die Gäste die Rückkehr der Offiziere an. Die Damen verstecken die soeben Angetrauten vor der drohenden Rache der heimkehrenden »alten Liebsten«, die sie in Angst erwarten. Die Offiziere überführen anhand der Ehekontrakte die nun tief beschämten Bräute des Treuebruchs, dann geben sie sich selbst als ihre Verführer zu erkennen. Alfonso, von den Damen angeklagt, beteuert die Absicht, die Freunde nur zu belehren, und bittet alle, sich nun zu versöhnen. Die Damen schwören erneut Treue, die Herren versprechen, sie nicht mehr zu erproben. Vernunft soll ihnen durch alle Wechselfälle des Lebens hindurch Ruhe und den heiteren Sinn erhalten.

Kommentar: Da Pontes Libretto gibt dem fürs 18. Jahrhundert charakteristischen Stoff eine streng symmetrische Form, die die »klassischen« aristotelischen Einheiten von Ort, Zeit und Handlung wahrt. Metastasios Intrigenschema, das Da Ponte kaum veränderte (zwei nahezu gleichwertige Paare verlieren sich über Kreuz durch das Werk eines Intriganten und einer Intrigantenhelferin, werden aber wieder zusammengeführt), bildet einen akademisch fixierten Rahmen für diese »Schule der Liebenden« mit ihrer heiklen Balance der Widersprüche von Grausamkeit und Zärtlichkeit, Tragik und buffoneskem Spaß, Scham und Sinnlichkeit. Die Psychologie der Aufklärung läßt dabei keinen Raum für Zufälligkeiten eines anekdotischen Realismus, und der zeitgenössische Ehrenkodex der Soldaten verpflichtet die Offiziere, die Wette mit dem Einsatz der ganzen Person und bis zum bitteren Ende mitzuspielen. Gleichzeitig gibt ihnen die exotische Maskierung eine neue Freiheit, aus klischeehaftem Normverhalten auszubrechen und bisher unbekannte Seiten der Persönlichkeit an den Bräuten und an sich selbst zu entdecken. Ein Kokettieren mit den Freiheiten anderer Stände zeigen auch Despinas Verkleidungen als Arzt und als Notar, hier verbunden mit den Traditionen der Commedia dell'arte und der Opera buffa. Die Rückkehr der Damen zu den »alten Liebsten« nach gerade vollzogener Vermählung mit den »neuen« ist die wohl problematischste Handlungsfortschreitung des Werks. Sie gehorcht bestimmten Konventionen der Entstehungszeit: Ungestraft frohlockende Treulosigkeit galt als unsittlich, und eine Konfliktlösung war unabdingbar, die die politisch und sozial stabilisierende Funktion von Lebensgemeinschaften zu bestätigen hatte, wie freizügig sie intern auch gehandhabt werden mochten. Der Rationalismus der Aufklärung rät folglich, sich mit der Unzulänglichkeit der Welt zu arrangieren, und ein melancholisches Wissen ums Menschlich-Allzumenschliche breitet sich am Ende über naives Glück und Lebensfreude. – Das Werk mit insgesamt zwölf Arien und 18 Ensembles hat zwei Akte von fast gleicher Länge und je drei Verwandlungen. Beide Akte beginnen mit einer »scène à trois«: im I. Akt die Herren bei der Wette, im II. Akt die Damen bei der Wahl der neuen Liebhaber. Jede Figur wird in zwei Arien charakterisiert, Ferrando als einzige in drei;

beide Finale bringen überraschende Wendungen, wobei das 2. Finale differenzierter gestaltet ist als das 1. Der I. Akt enthält, bedingt durch Abschied, Rückkehr und Vorstellung der verkleideten Liebhaber im Haus der Damen, mehr große Ensembles als der II. Akt, wo der Fortgang der Handlung, die Verführung der Damen, sich in Duetten vollzieht und Hochzeit und Dénouement im Finale zusammengefaßt sind. Die Musik kommentiert die Situationen, Konflikte und die Schlußlösung mit Empathie, Ironie und Kritik, ohne für einzelne Figuren Partei zu nehmen. Mozart bedient sich verschiedener konventionalisierter Ausdrucksgesten, erfüllt traditionell vorgegebene Formen und enthüllt sie zugleich als Klischees. Durch Satz, Instrumentation, Zitate und tonsymbolische Verknüpfungen trennt er Übertreibung von »echten« Empfindungen, deckt die Ambivalenz der Gefühle auf und legt ein Bezugssystem an, das die Positionen von Rationalismus (Alfonso), emphatischer Idealisierung (Fiordiligi und Ferrando), Realismus (Despina), Pragmatismus (Dorabella) und aufgeklärtem Skeptizismus (Guglielmo im II. Akt) umgreift. Durch ihren Stimmcharakter und Gesangsstil werden die Paare als eigentlich zusammengehörig bestätigt, die sich über Kreuz fin-

Così fan tutte ossia La scuola degli amanti, I. Akt, 3. Bild; Willi Domgraf-Fassbaender als Guglielmo, Heddle Nash als Ferrando, Ina Souez als Fiordiligi, Luise Helletsgruber als Dorabella; Regie: Carl Ebert, Bühnenbild: Hamish Wilson, Kostüme: Ann Litherland; Festival, Glyndebourne 1934. – Ein Anfang in vielerlei Hinsicht war diese Aufführung: Mit *Le nozze di Figaro* (1786) stand sie am Beginn der Festspiele; fast als Novität, weil so gut wie unbekannt, wirkte das Werk, und auch die Bühne hatte für *Così* noch keine eigene Form. Wilson übernahm seinen jugendstilhaften Dekorrahmen von *Figaro*.

Così fan tutte ossia La scuola degli amanti, II. Akt, 4. Bild; Graziella Sciutti als Despina, Elisabeth Schwarzkopf als Fiordiligi, Nan Merriman als Dorabella, Rolando Panerai als Guglielmo, Luigi Alva als Ferrando, Franco Calabrese als Don Alfonso; Regie: Guido Cantelli, Ausstattung: Eugene Berman; Piccola Scala, Mailand 1956.

den: Sopran und Tenor, beide mit der »aristokratischen« Koloratur als das »seriöse« Liebespaar, und tiefer Sopran und hoher Baß als »leichteres« Paar. Die ursprünglichen Paare bringen sich musikalisch nicht zur Existenz und werden auch nach der Versöhnung nicht bestätigt. Die Damen gewinnen musikalisch-stilistische Eigenständigkeit als Zeichen ihrer Individualität erst mit der unterschiedlichen Reaktion auf die Herausforderung, indem sich Fiordiligi gegenüber der leichtfertigeren Schwester als der ernsthaftere Charakter erweist. Die subjektive Seriosität ihrer entschiedenen Zurückweisung der Fremden in der Arie »Come scoglio« (I/11) unterstreicht Mozart durch die Form der großen Opera-seria-Arie im Andante maestoso mit weiten, emphatischen Intervallsprüngen und Koloratur, ferner durch zwei Zitate: Auf »così ognor« steht tongetreu eine Wendung aus dem Kyrie der *Krönungsmesse* (1777), und zu »nella fede« erklingt ein Orchestermotiv aus *Thamos, König in Egypten* (1779), das Mozart selbst dort mit »Aufrichtigkeit des Thamos« bezeichnet hatte. Doch auch das Komische ist gegeben: Es liegt in der Situation und in der Unangemessenheit einer so heftig vorgebrachten moralischen Proklamation. Vom pathetischen Affektausbruch Dorabellas, die in Opera-seria-Manier und mit barocker Metaphorik die Rache der Eumeniden heraufbeschwört (»Smanie implacabili«, I/9), unterscheidet sich Fiordiligis Arie durch die dramaturgische Funktion, die die Übersteigerung des Affekts abmildert. Umgekehrt gerät Fiordiligis tiefernste Bitte um Vergebung für einen treulosen Gedanken (»Per pietà«, II/7) in grotesken Widerspruch zur dramatischen Situation, denn unmittelbar zuvor hatte Guglielmo Dorabella verführt. Dorabellas erotischer Opportunismus in »E amore un ladroncello« (II/10) entwertet die ohnehin schon parodistisch überzeichnete erste Arie noch zusätzlich. Ferrando besingt in seiner ersten Arie »Un aura amorosa« (I/12) seine glückliche Liebesgewißheit, die die formale Disposition der Nummer (dreiteilige Reprisenform) zu stützen scheint. In der zweiten Arie »Ah lo veggio« (II/6) steht die Siegesgewißheit im 1. Teil der drohenden Verzweiflung im kontrastierenden 2. Teil entgegen. Was hier allerdings noch im Rahmen des zweckgebundenen Spiels erscheint, kehrt sich in der zweiteiligen Cavatina (»Tradito, schernito«, II/9) um: Der Widerspruch zwischen der Verzweiflung über Dorabellas Untreue und der Liebe zu ihr bricht auf. Erst diese Erfahrung verleiht Ferrandos dritter Werbung um Fiordiligi jene Entschiedenheit, die sie umstimmen kann. Im Hochzeitskanon der Paare weigert sich Guglielmo, der Aufforderung zu vergessen nachzukommen: Statt strenger Imitation bildet er einen Kontrapunkt zu den drei andern Stimmen (II/16, Takt 197ff.). Seine ursprünglich leichtfertige Frivolität (»Non siate ritrosi«; für Benucci: »Rivolgete a lui lo sguardo«, I/11) schlägt um in ein pauschales Aburteilen aller Frauen: »Donne mie la fate a tanti« (II/8), als er die Wette halb verloren sieht und schon die Hälfte der Wettsumme einstreichen will. Die Erfahrung, daß auch er zu den Verlierern gehört, macht aus ihm einen Frauen verachtenden Zyniker. Despinas »Aufmüpfigkeit«, ihre aus Enttäuschung und Realitätssinn entstandene opportunistische Amoralität, wird eingebunden in die Konventionalität der Formen und Tonarten ihrer Arien (»In uomini, in soldati«, I/9; »Una donna a quindici anni«, II/1). Das musikalische Aktionsfeld des manipulierenden Intriganten Alfonso ist vorrangig das Rezitativ. Sein kurzes Arioso im Terzett Nr. 2 (»E la fede delle femmine«, I/1) steigt zum Zeichen, daß er weiß, wovon die Freunde reden, auf die »Liebesart« (E-Dur) ein, um sie dann nach C-Dur zu führen, der Rahmentonart des Werks, die zugleich für Rationalismus, die Intrige und ihre Folgen sowie für die Illusionslosigkeit des Finales steht. E-Dur erscheint noch im Terzett »Soave sia il vento« und in Fiordiligis Rondo »Per pietà«. Eine Quinte tiefer liegen das A-Dur des Duetts »Ah guarda sorella«, Ferrandos Arie »Un'aura amorosa« und Fiordiligis Entschluß, dem Verlobten ins Feld zu folgen (»Fra gli amplessi«, II/12), Inhalte mithin, die auf eine Sphäre naiv-idealistischer Liebe deuten. Das Walten der Schicksalsmächte (»Sento, o Dio«, I/5) im Abschiedsquintett kommentiert Mozart mit einem Zitat: Auf »mi si divide il cor, bell'idol mio« (Takt 15–19) erscheint aus der *Motette »Ave verum corpus«* (1791) die Tonfolge zu »in mortis examine«. Der Abschied auf Zeit wird wohl zu einem Abschied von unbeschwerter Liebe auf immer. Barockes Pathos in Dorabellas Rebellion gegen das grausame Schicksal (»Smanie implacabili«) und das Spiel mit dem Schicksal am Wendepunkt der Handlung (II/4, »Secondate aurette amiche«) kennzeichnet die Tonart Es-Dur. Der zitierende Rückgriff im Verführungsduett des »seriösen« Paars auf das Quintett (I/4) ironisiert die emphatische Übersteigerung hier wie dort und ruft die ehemaligen Partner ins Gedächtnis des Hörers zurück: Fiordiligis »deh partite« zitiert das Motiv von »il destin« (Fiordiligi und Dorabella in I/4, Takte 47 und 76), und Ferrandos »Con quel ferro di tua mano questo cor tu ferirai« nimmt Dorabellas »voglio pria cavarmi il core« (I/4, Takte 38 und 67) wieder auf. – Ironische Distanz schaffen Melodieführung und Artikulationsweise an zahlreichen Stellen der Partitur, ferner Despinas in Trillern auskomponiertes Lachen und magnetisierendes Zittern, die Klangfarbe der Fagotte (zum Beispiel I/2, Takt 84–90) über dem Liebesschwur der Damen sowie die Gleichzeitigkeit von Aktion und »a parte« gesungenen Kommentaren. Die Ironie in Text und Ausdruck zwischen den Figuren der Handlung, eine (wissende?) Selbstpersiflage, parodierender Kommentar der Musik zu Text, Handlung und ihren musikalischen »Äquivalenten« verschleiern jede Eindeutigkeit von Tragischem oder Komischem und öffnen der musikalischen und szenischen Interpretation ein weites Feld.

Wirkung: *Così fan tutte* erlebte nach der Uraufführung eine kurze Aufführungsserie von zehn Vorstellungen bis Anfang Aug. 1790. Wegen der Erkrankung des Kaisers und der Staatstrauer, die seinem Tod am 20. Febr. 1790 folgte, blieb das Burgtheater vom 13. Febr. bis zum 11. April geschlossen. Der anfängliche Erfolg des Werks stellte sich danach nicht wieder ein. Die politische Situation hatte sich verändert, und die Verständnisbasis für die Psychologie, den Humor und auch die Ironie der Oper schien nicht mehr gegeben. Die Resonanz war zwiespältig. Einerseits bescheinigte Karl Graf von Zinzendorf in seinem Tagebuch dem Werk: »Mozarts Musik ist bezaubernd, der Inhalt sehr ergötzlich«, andrerseits schrieb das *Journal des Luxus und der Moden* am 3. Aug. 1792: »Gegenwärtiges Singspiel ist das albernste Zeug von der Welt, und seine Vorstellung wird nur in Rücksicht der vortrefflichen Komposition besucht.« Eine Serie von Bearbeitungen folgte mit dem Ziel, die Frivolität und Unwahrscheinlichkeit im Libretto zu beseitigen und Mozarts »göttliche Musik« für die Opernbühne zu retten. In den meisten dieser Bearbeitungen kam man der Moral des 19. Jahrhunderts entgegen, indem die Damen um die geplante Treueprobe wissen und mitspielen, um die Prüfenden zu kompromittieren. In den Zauberopervarianten werden die Offiziere verwandelt, um die Unwahrscheinlichkeit zu vermeiden, daß die Bräute die verkleideten Liebhaber nicht erkennen. Der Bearbeitung Johann Daniel Antons, *Die Guerillas* (Frankfurt a. M. 1837), attestierte die zeitgenössische Kritik, »weit wichtigere Motive, z. B. Vaterlandsliebe, Nationalstolz und Haß, Geiz« anstelle der »armseligen, unwahrscheinlichen und schlüpfrigen Handlung« des Originals gefunden zu haben. Der musikali-

Così fan tutte ossia La scuola degli amanti, I. Akt, 4. Bild; Jerome Pruett als Ferrando, Claudio Nicolai als Don Alfonso, Alicia Nafé als Dorabella, Mikael Melbye als Guglielmo, Barbara Madra als Fiordiligi; Regie: Luc Bondy, Bühnenbild: Karl-Ernst Herrmann, Kostüme: Jorge Jara; Théâtre de la Monnaie, Brüssel 1984. – Die musikalisch-poetische Personenführung, die phantasievolle Wandeldekoration (ein bemaltes Band, auf dem Landschaften wie Seelenbilder vorübergleiten) und die charakterisierenden Kostüme machten die Aufführung zu einem Höhepunkt der Brüsseler Opernarbeit in der Ära Gérard Mortier.

sche Ablauf wurde im Zuge der Bearbeitungen meist völlig verändert, zahlreiche Nummern gestrichen. Die Singspielversionen verzichteten auf sämtliche Rezitative, die zum Teil in Bernhard Guglers *Sind sie treu?* (Stuttgart 1856), dann bei Eduard Devrient in der Streichquartettbearbeitung von Wilhelm Kalliwoda (*So machen's alle*, Karlsruhe 1860) wieder auftauchten (Devrients Bearbeitung enthält überdies noch starke Eingriffe in die Textgestalt). Für die Gesamtausgabe der Werke Mozarts griff Karl Friedrich Niese 1871 auf die Originalgestalt zurück, verwendete jedoch Guglers Bearbeitung mit. Die erste textgetreue Übersetzung besorgte Hermann Levi auf Anregung von Richard Strauss und Ernst von Possart für die Aufführung 1898 innerhalb des Münchner Mozart-Zyklus, die dann eine Renaissance des Werks eröffnete. Nach Siegfried Anheißers deutschtümelnder Übersetzung von 1936 griff Georg Schünemann auf Levi zurück, dessen Formulierungen er 1940 unter dem Deckbegriff »Überlieferung« verbergen mußte. Peter Wittig fertigte eine Übersetzung für Harry Kupfers Inszenierung in Berlin 1984 an; Dieter Dorn verwendete in Ludwigsburg 1984 die neue Übersetzung von Kurt Honolka. – Die Inszenierungsgeschichte des Werks im 20. Jahrhundert setzte die Bearbeitungsgeschichte des 19. Jahrhunderts fort, indem in Text und Musik nun zwar die Originalgestalt verwendet wurde, in Ambiente und Personenregie jedoch häufig konkrete Positionen zum Werk bezogen wurden. Gustav Mahler übernahm für seine Wiener Inszenierung 1900 zwar die von Karl Lautenschläger für München wiederentdeckte Drehbühne, griff aber noch merklich in die Werkgestalt ein. Für die Regisseure stand im Mittelpunkt das Problem der Unwahrscheinlichkeiten in der Fabel. Lothar Wallerstein (Frankfurt 1928, Wien 1929, Salzburg 1931–36) hob den Marionettencharakter der Protagonisten hervor in der Symmetrie der Personenführung und entband sie damit der Eigenverantwortlichkeit ihres Handelns. Das Symmetrie- bzw. Marionettenprinzip als späte Chiffre für Julien Offroy de La Mettries Lehre vom *L'Homme machine* (1748) stützt die Abhängigkeit der »Schüler« vom Drahtzieher Alfonso. Noch in Carl Eberts Berliner Inszenierung von 1955 sollte das Prinzip der Unselbständigkeit und Unreife die dramaturgischen Unstimmigkeiten des Librettos lösen. Mit Ironie und argloser Genußfreude erklärte sie Günther Rennert (Salzburg 1960 und 1972). Jean-Pierre Ponnelle, 1955 noch Eberts Bühnenbildner, inszenierte das Werk 1969 in Salzburg, wobei seine derb-plebejische Despina auffiel, dann 1972 im Kölner und 1986 im Zürcher Mozart-Zyklus mit stets gesteigerter Ausdrucksdifferenzierung in der Personenführung. Während anfangs das Leiden der betrogenen Verführer am Scheitern ihrer Illusionen im Vordergrund stand, entwickelte Ponnelle in der Zürcher Version seines Konzepts einen Variantenreichtum an Gefühlsschattierungen zum Zeichen eines bewußt reflektierten Handelns, so daß sich die Frage nach rationaler Rechtfertigung im Spiel des Bewußtseins der Protagonisten mit den dramatischen Situationen völlig aufhob. In seiner Verfilmung (1988) läßt Ponnelle die Damen bei der Verführung selbst ihren Verführern die Masken abnehmen. Die Paare wissen mithin genau, was sie tun, und dadurch eskaliert das rechthaberische Auftrumpfen der Männer im Dénouement in blanken, irrationalen Zynismus. András Fricsay realisierte 1974 in Frankfurt und 1981 in Bremen Konzepte, die die Brutalität der Männer bei den Verführungen mit Erpressung und Sentimentalität der hilflosen Offenheit der Frauen gegenüberstellte. Götz Friedrich löste die dramaturgische Willkür im Stück (Chorauftritte, Idee der Verkleidungen, Rollentausch), indem sein Alfonso mit einer Theatertruppe zusammenarbeitet. Friedrich erklärte die Verführbarkeit der Damen als Dialektik von Spiel und Wahrheit und als Einbruch der Theatererfahrungen der Männer in ihr reales Leben, wo durch die Inszenierung eines Spiels Tiefenschichten des Gefühls freigelegt werden (Berlin 1962, Hamburg 1975; weitere Inszenierungen in Stuttgart 1979 und Berlin 1983). Otto Schenk (Berlin 1972, Wien 1975) blieb »werktreu« nah an den Vorgaben des Stücks und ließ wie Michael Hampe (Salzburg 1982) und Helmut Wlasak (Innsbruck 1986) das Unauslotbare auch unausgelotet sein. Peter Windgassen (Kassel 1977) deutete die Verführbarkeit zur Untreue als den Mechanismus jener »Notwendigkeit des Herzens«, den Enttäuschung und Bewußtsein außer Kraft setzen können: Am Schluß finden die Paare den Schlüssel der Spieluhr, die sie bewegt hatte. Bei Friedrich Meyer-Oertel (Wuppertal 1978) werden unter anderm mittels »Brecht-Gardinen« Konventionen durch den »Charme des Zufalls« zynisch entlarvt. Für Ulrich Melchinger (Freiburg i. Br. 1978) ist der Bruch beim bitteren Ende nicht mehr zu kitten, Verstörtheit und Verzweiflung stürzen die Protagonisten aus ihrer vermeintlichen Sicherheit ins Bodenlose. Auch für Ulrich Brecht (Essen 1978) hat das Experiment des »Verhaltensforschers« Alfonso zu nichts als Entfremdung und Auflösung geführt. Ein neues Selbstbewußtsein der Frauen zeigt Bohumil Herlischka (München 1981), indem die Frauen den »Sieg« der Männer wie eine Beerdigung begehen und nach rechtzeitig vollzogenem Partnertausch die neuen Partner annehmen. Despinas Forderung nach Freiheit und Gleichheit in der Liebe wertet Bernd Reutler (Pforzheim 1981) zur revolutionär feministischen Triebfeder der Handlung auf, um zu zeigen, daß die Bräute Opfer eines frauenfeindlichen Zynismus werden, den es bewußt zu machen gilt. Nikolaus Lehnhoff (Bonn 1981) sieht für die Paare nach ihrer Verirrung nur ein leeres Niemandsland, während Colin Graham (New York 1982) die neuen Paare heiraten läßt und David Freeman (Zürich, Opera Factory 1982) einen männerverachtenden Eklat der Frauen als Schluß inszeniert. Kupfer (Berlin 1984) kombinierte das »Karussell der Liebe« als ironisch leichtfertige und oberflächliche Spielart oder Sport mit dem Theater-auf-dem-Theater-Effekt als Spiegelung des Zuschauerraums im Bühnenfond und mit einer plebejischen Aufmüpfigkeit der Zofe. Eine quasi strindbergsche Seelentragödie mit trost- und hoffnungslosem Fazit der Austauschbarkeit der Partner, inszeniert von Alfonso als einem menschenverachtenden Fanatiker, stellte Marcel Bluwal (Gelsenkirchen 1984) vor. Das gefährliche Umkippen von Spiel in Ernst, durchsetzt von Pausen des Nachdenkens, führte Dorn (Ludwigsburg 1984) weiter in die Unsicherheit und Vereinzelung der Liebenden am Ende. Den Wunsch, solche kalte Ernüchterung wieder ungeschehen zu machen aus Ratlosigkeit und Schmerz, zeigte Luc Bondys Brüsseler Inszenierung 1984, die durch eine Plazierung der Wette im Zuschauerraum und unkonventionelle Personenregie eine große Publikumsnähe erzielte. Für Ruth Berghaus (Freiburg 1985) ist das Spiel in einer Sphäre von erotischer Anarchie angesiedelt, wo Zärtlichkeit sich unmittelbar verströmt, egal wohin. Solche physische erotische Ausstrahlung, eine Art frei flottierender Venusberg-Erotik, korrumpiert Rationalität und Ironie als jene Mittel, die Distanz und gesellschaftliche Ordnungen schaffen. In undinenhaft lockenden Wesen personifiziert sich eine naturgegebene »Notwendigkeit des Herzens«, instinktive Sinnenfreude auszuleben: Natur steht gegen Moral, matriarchale Kultur der Sinne gegen patriarchale Ordnungssysteme. Die reale Liebeslust in der Verführung der Verkleideten erweist sich als eine dem Rechtbehalten überlegene Kraft. Peter Sellars (New York, PepsiCo Summerfare 1986) inszenierte in Despinas »Schnellimbiß« am Rand einer US-Großstadtautobahn und während der 50er Jahre eine dunkle Tragödie der Irrungen von Enttäuschten, kaum noch zu tieferen Gefühlen Fähigen. Um das pessimistische Konzept realisieren zu können, nimmt er ähnlich gravierende Eingriffe in Mozarts Partitur vor wie die Bearbeiter im 19. Jahrhundert, nur mit umgekehrtem Vorzeichen. – Erst im Zuge der Wiederannäherung an die Originalgestalt um 1900 gewann die Aufführungsgeschichte von *Così* auch musikalisch als Interpretationsgeschichte Konturen. Den Anstoß gab Mahlers auch sängerisch hochrangige Einstudierung 1900 in Wien (Fiordiligi: Frances Saville, 1905 Selma Kurz, Dorabella: Laura Hilgermann, Despina: Marie Gutheil-Schoder, Ferrando: Franz Naval, 1905 Leo Slezak, Guglielmo: Leopold Demuth, Alfonso: Vilém Heš). Am selben Ort machte sich Strauss 1920 als Dirigent zum Anwalt dieser von ihm besonders geschätzten Oper (Berta Kiurina, Felicie Hüni-Mihacsek, Elisabeth Schumann, Georg Maikl, Hermann Wiedemann, Josef von Manowarda). Strauss war auch der Dirigent der ersten *Così* im Rahmen der Salzburger Festspiele 1922 (Hüni-Mihacsek, Rosette Anday, Schumann, Fritz Krauss, Wiedemann, Manowarda). Neueinstudierungen in Salzburg leiteten Bruno Walter 1928 (Fiordiligi: Maria Gerhart, Guglielmo: Alfred Jerger) und Clemens Krauss 1931 (Fiordiligi: Viorica Ursuleac, Despina: Adele Kern, Ferrando: Franz Völker; bis 1936 jährlich wiederaufgenommen, seit 1935 dirigiert von Felix von Weingartner). Die zum Teil parallelen Aufführungen von Wien und Salzburg prägten in diesen Jahren für *Così fan tutte* jenen kammermusikalisch gedämpften, in den Affekten geglätteten Gesangs- und Instrumentalstil, der für lange Zeit als ideale Mozart-Interpretation galt. Von den großen Bühnen außerhalb des deutschsprachigen Raums setzten sich in dieser Zeit lediglich die Opéra-Comique Paris 1920 (Fiordiligi: Gabrielle Ritter-Ciampi; Dirigent: André Messager; französisch von Jean Chantavoine) und die Metropolitan Opera New York 1922 (Fiordiligi: Florence Easton, Despina: Lucrezia Bori, Guglielmo: Giuseppe De Luca, Alfonso: Adam Didur; Dirigent: Artur Bodanzky) mit Erfolg für Mozarts Oper ein. Als Ensembleleistung lange Zeit unerreicht blieb Fritz Buschs legendäre Einstudierung für das Glyndebourne-Festival 1934 (Ina Souez, Luise Helletsgruber, Irene Eisinger, Heddle Nash, Willi Domgraf-Fassbaender, Vincenzo Bettoni; jährlich wiederaufgenommen mit zum Teil anderer Besetzung bis 1939). Theatergeschichte machte nach vorausgehenden Einstudierungen desselben Teams an der Staatsoper Wien (Redoutensaal) 1943 und bei den Salzburger Festspielen (Landestheater) 1947 die von Karl Böhm dirigierte und von Oscar Fritz Schuh und Caspar Neher szenisch realisierte Aufführung bei den Salzburger Festspielen (Residenzhof) 1953, die wie kaum eine andere den kammermusikalischen Mozart-Stil Wiener Provenienz auch in der Nachkriegszeit prägte. In der bis 1959 wiederaufgenommenen Inszenierung sangen Irmgard Seefried und Elisabeth Schwarzkopf (Fiordiligi), Dagmar Hermann und Christa Ludwig (Dorabella), Lisa Otto, Rita Streich und Graziella Sciutti (Despina), Anton Dermota, Luigi Alva und Nicolai Gedda (Ferrando), Erich Kunz und Rolando Panerai (Guglielmo), Paul Schöffler, Franco Calabrese und Karl Dönch (Alfonso). Die 1958 einsetzende Italianisierung der Besetzung orientierte sich an der von Guido Cantelli musikalisch und szenisch betreuten Einstudierung der Piccola Scala Mailand 1956 (Schwarzkopf, Nan Merriman, Sciutti, Alva, Panerai, Calabrese). In ihrer bei aller mediterranen Leichtigkeit stärkeren dramatischen Gespanntheit bedeutete Cantellis Interpretation wie schon zuvor die von Hans

Così fan tutte ossia La scuola degli amanti, II. Akt, 4. Bild; Sanford Sylvan als Don Alfonso, Sue Ellen Kuzma als Despina, Janice Felty als Dorabella, Susan Larson als Fiordiligi; Regie: Peter Sellars, Bühnenbild: Adrianne Lobel, Kostüme: Dunya Ramicova; PepsiCo Summerfare 1986, Gastspiel Stuttgart 1987. – »Despina's Dinner«, ein Coffee shop, bildet den Rahmen, in dem Sellars das Dramma giocoso mit theatralischen Elementen des amerikanischen Musicals vorstellt.

Rosbaud in Aix-en-Provence 1950 und von Fritz Stiedry an der Met 1951 eine der wenigen Alternativen zum vorherrschenden Wiener Mozart-Stil. Dieser verlor erst in den letzten beiden Jahrzehnten seine prägende Kraft. Unter den neuen Einstudierungen, die musikalisch wie szenisch an einer imaginären »Italianità« orientiert schienen, sind hervorzuheben die von Riccardo Muti dirigierte im Rahmen der Salzburger Festspiele 1982 (Margaret Marshall, Agnes Baltsa, Francisco Araiza, James Morris und José Van Dam) sowie jene des Brüsseler Mozart-Zyklus von 1984 unter der musikalischen Leitung von John Pritchard (Barbara Madra, Patricia Schuman, Sunny-Joy Langton, Jerome Pruett, Mikael Melbye, Claudio Nicolai).

Autograph: I. Akt: Bibl. Jagiellońska Krakau; II. Akt: SBPK Bln. (Mus. ms. autogr. Mozart 588); II. Akt, 13. Szene, Nr. 30: StUB Ffm. **Ausgaben:** Part, krit. Ausg.: W. A. MOZART, Werke, Bd. V/9, [rev. v. P. v. Waldersee], B&H 1881, Nachdr.: Edwards Music Reprints, Serie A, Ann Arbor, MI 1951–56; W. A. MOZART, Neue Ausg. sämtl. Werke, Serie II/5, Bd. 18, hrsg. W. Rehm, F. Ferguson, Bär 1990; Part, dt./ital.: B&H [1810], Nr. 1363; Part: Frey, Paris [um 1820] (Coll. des opéras de M. 6.); Part, ital./dt., hrsg. J. Rietz: B&H [1871], Nr. 11685; Part, ital./dt. Übers. v. G. Schünemann: Peters [1941] (Ed. Peters. 4506.); Part, dt./ital., hrsg. H. F. Redlich: Eulenburg 1962 (Ed. Eulenburg. 920.); Kl.A, dt., hrsg. K. Zulehner: Schott [1796]; Kl.A, ital./dt. Übers. v. C. F. Bretzner, hrsg. C. G. Neefe: Simrock, Nr. 91 [1799]; Kl.A, ital./dt., hrsg. S. Schmiedt: B&H [um 1800]; Kl.A, ital./dt.: Böhme, Hbg. [1800]; Simrock [1811]; Heckel, Mannheim [1828]; Meyer, Braunschweig; Schlesinger, Paris; Kl.A, ital./dt., hrsg. F. Schneider: B&H [1819], Nr. 2906; Kl.A, ital./dt., hrsg. F. Brissler: B&H [1871], Nr. 12442; Kl.A, dt. Übers. v. E. Devrient, C. Niese, hrsg. H. Levi: B&H [um 1898] (Ed. Breitkopf. 1666.); Kl.A, dt. Übers. v. S. Anheißer: Neuer Theater-Vlg., Bln. 1936; Kl.A, ital./dt. Übers. v. G. Schünemann, hrsg. K. Soldan: Peters [1940], Nr. 11446; Kl.A: Ricordi; Textb.: Wien, Soc. tipografica 1790; Prag, Elsenwanger 1791; Textb., dt. v. E. Devrient, C. Niese: B&H (Text-Bibl. Opern. 118.); Textb., dt.: B&H (Text-Bibl. Opern. 19.); Textb., dt.: Lpz., Reclam [1940]; Textb., hrsg. W. Zentner: ebd. 1966 (rub. 5599.); Textb., dt. v. G. Schünemann: Köln, Bühnen d. Stadt Köln 1970. **Aufführungsmaterial:** Bär, B&H **Literatur:** R. STRAUSS, M.s ›Così fan tutte‹ (1910), in: DERS., Betrachtungen und Erinnerungen, Zürich 1949, S. 98–105; A. NEF, Das Orchester in M.s Oper ›Così fan tutte‹, in: SMZ 24:1933, S. 787–793; E. J. DENT, M.'s ›Così fan tutte‹, in: Sadler's Wells Opera Books, Nr. 2, London 1945/46, S. 23–42; E. H. GOMBRICH, Così fan tutte, in: Journal of the Warburg and Courtauld Inst., London 1954, S. 372ff.; G. FRIEDRICH, Zur Inszenierungskonzeption von ›Così fan tutte‹, in: Jb. d. Komischen Oper 3:1963/64, S. 34–56; B. PAUMGARTNER, Gustav Mahlers Bearbeitung von M.s ›Così fan tutte‹ für seine Aufführung an der Wiener Hofoper, in: Musik und Verlag. K. Vötterle zum 65. Geburtstag, Kassel 1968, S. 476–482; K. KRAMER, Da Pontes ›Così fan tutte‹, in: Nachrichten d. Akad. d. Wiss. in Göttingen (Phil.-hist. Klasse) 1:1973, S. 3–27; S. KUNZE, Über das Verhältnis von musikalisch autonomer Struktur und Textbau in M.s Opern. Das Terzettino ›Soave sia il vento‹ (Nr. 10) aus ›Così fan tutte‹, in: MJb 1973/74, S. 217–232; J.-P. PONNELLE, J. L. MARTINOTY, Réflexions sur ›Così‹, in: Ph. Opéra, Paris 1975; Così fan tutte. Beitr. zur Wirkungs-Gesch. v. M.s Oper, hrsg. FIMT, Redaktion: S. Vill, Bayreuth 1978 (Thurnauer Schriften zum M.Theater. 2.) [mit Bibliographie u. Auff.-Statistik 1790–1975]; L'Avant-scène, Opéra, Nr. 16/17, Paris 1978; H. MAYER, ›Così fan tutte‹ und die Endzeit des Ancien Régime, in: DERS., Versuch über die Oper, Ffm. 1981, S. 9–52; G. BRANDSTETTER, So machen's alle. Die frühen Übers. v. Da Pontes u. M.s ›Così fan tutte‹ für dt. Bühnen, in: Mf 35:1982, S. 27–44; W. A. MOZART, Così fan tutte. Texte, Materialien, Kommentare, hrsg. A. Csampai, D. Holland, Reinbek 1984 (rororo. 7823.); S. VILL, Das psychologische Experiment in de Laclos' ›Les Liaisons Dangereuses‹ und in M.s ›Così fan tutte‹. Zur Frage v. Rationalismus u. Ironie in M.s M.Theater, in: Aufklärungen. Studien zur dt.-frz. M.Gesch. im 18. Jh. Einflüsse u. Wirkungen, hrsg. W. Birtel, C.-H. Mahling, Heidelberg 1986, S. 132–142; G. SPLITT, Gespielte Aufklärung. Così fan tutte oder d. Umkehrung d. Moral, in: Mozart oder die Physiognomie des Schöpferischen, in: Freiburger Univ.-Bl. 27:1988, S. 47–71; L'Avant-scène, Opéra, Nr. 131/132, Paris 1990; weitere Lit. s. S. 276

Susanne Vill

La clemenza di Tito
Dramma serio per musica in due atti

Die Milde des Titus
Titus
2 Akte (7 Bilder)

Text: Caterino Tommaso Mazzolà, nach dem Dramma per musica (1734) von Pietro Metastasio (eigtl. Pietro Antonio Domenico Bonaventura Trapassi)
Uraufführung: 6. Sept. 1791, Gräflich Nostitzsches Nationaltheater, Prag
Personen: Tito Vespasiano/Titus Vespasianus, Kaiser von Rom (T); Vitellia, Tochter Kaiser Vitellius' (S); Servilia, Sestos Schwester, Annios Geliebte (S); Sesto, Titos Freund, Vitellias Geliebter (S); Annio, Sestos Freund, Servilias Geliebter (S); Publio, Präfekt der Prätorianer (B). **Chor:** Senatoren, Gesandte der unterworfenen Provinzen, Liktoren, Prätorianer, Patrizier, Volk. **Statisterie:** Wachen
Orchester: 2 Fl, 2 Ob, 2 Klar (1. auch BassettKlar u. BassettHr), 2 Fg, 2 Hr, 2 Trp, Pkn, Streicher, B.c
Aufführung: Dauer ca. 2 Std.

Entstehung: Die böhmischen Stände schlossen mit dem Impresario des Nationaltheaters, Domenico Guardasoni, am 8. Juli 1791 einen Vertrag über eine Oper, die zur Prager Krönung Kaiser Leopolds II. im Sept. 1791 aufgeführt werden sollte. Die Oper sollte »da un cellebre Maestro« komponiert werden, und das Libretto sollte Guardasoni nach einem von zwei »soggetti« ausarbeiten, die ihm der Oberstburggraf des Königreichs Böhmen, Heinrich Franz Graf von Rottenhan, überreicht hatte; nur für den Fall, daß die Zeit dafür zu knapp werden würde, solle auf das »Suggetto del Tito di Metastasio« zurückgegriffen werden. Guardasoni traf am 14. Juli 1791 in Wien ein und nahm vermutlich sofort Verhandlungen mit Mazzolà und Mozart auf; danach reiste er nach Italien weiter, um die erstklassigen Sänger zu engagieren, die der Vertrag vorsah (»un primo musico, di prima sfera [...] una prima donna, medeamente di prima sfera«). Mit Mozart hatte er schon 1789 über einen Opernplan beraten, aus dem aber nichts geworden war (Brief Mozarts an seine Frau Konstanze aus Prag vom

10. April 1789). Mazzolà, sächsischer Hofdichter in Dresden, war seit Mai 1791, vermutlich vom Dresdner Hof beurlaubt, in Wien als Hofdichter anstelle des beim neuen Kaiser in Ungnade gefallenen Lorenzo Da Ponte engagiert und damit für Guardasoni die nächstliegende Wahl. Ebenso nahe lag, nachdem schon die böhmischen Stände den Hinweis gegeben hatten, die Wahl von Metastasios *Clemenza* als Textgrundlage, die sich seit ihrer ersten, ebenfalls für das Haus Habsburg bestimmten Komposition (Antonio Caldara, Wien 1734) als höfische Festoper par excellence und als »Fürstenspiegel« bewährt hatte. Voltaire nannte sie eine »ewige Lehre für alle Könige und ein Entzücken für alle Menschen« (Vorrede zu *Sémiramis*, 1748). Daß die Vorstellung von der Krönungsoper als Fürstenspiegel noch im späten 18. Jahrhundert und noch in den Reformdiskussionen eine Rolle spielte, zeigen die entsprechenden Ausführungen im Artikel »Oper« in Johann Georg Sulzers *Allgemeiner Theorie der Schönen Künste* (1771–74). Hinzu kam, daß die Verherrlichung des vernünftigen, unerschütterlich gütigen und weisen Herrschers, wie sie in Metastasios Text angelegt war, als Fürstenspiegel für Leopold II. eine besondere Bedeutung haben konnte: Von Leopold versprachen sich, nach seinem Wirken als Großherzog von Toskana seit 1765, die aufgeklärten und reformwilligen Bürger aller Stände eine besonnene Fortsetzung der Reformen Kaiser Josephs II. und deren Weiterführung zur konstitutionellen Monarchie, für die die Organisation eben der böhmischen Stände ein Modell war (und tatsächlich hat Leopold in dieser Richtung gearbeitet, wenn auch ohne Erfolg). Zugleich hatte die Stoffwahl auch noch einen Bezug zu Joseph II., den Wilhelm Ludwig Wekhrlin 1786 den »deutschen Titus« genannt hatte. Für Mozart hatten diese Aspekte des Librettos allerdings wohl weniger Bedeutung als die in den Grenzen des metastasianischen Librettoschemas ungewöhnlich differenzierte Charakterzeichnung Vitellias und vor allem Sestos. Mazzolàs Umarbeitung des Librettos ist vermutlich in engem Kontakt mit Mozart entstanden; dafür spricht vor allem, worauf Helga Lühning (*Zur Entstehungsgeschichte von Mozarts »Titus«*, s. Lit.) hingewiesen hat, daß der entscheidende Eingriff, die Streichung von Metastasios II. Akt und die Umgestaltung von dessen 1. Szene zu einem großen Finalequintett für den I. Akt, eine ziemlich genaue Parallele in Mozarts Eingriffen in Gottlieb Stephanies Libretto zur *Entführung aus dem Serail* (1782) hat. Die Komposition führte Mozart dann (nach den Ergebnissen der

La clemenza di Tito, I. Akt, 2. und 4. Bild; Bühnenbildentwurf: Friedrich Beuther; Hoftheater, Weimar 1815. – Beuther zählt zu den bedeutendsten Theatermalern des 19. Jahrhunderts. Als Schüler von Giorgio Fuentes wurde er von Johann Wolfgang von Goethe 1815 an das Weimarer Hoftheater berufen. Beuther trat in seinen Arbeiten dafür ein, daß die Bühne als eine Totalität begriffen werde, in der die einzelnen Dekorationsteile sich zu einem harmonischen Ganzen fügen. Er wandte sich gegen die bloße »Maskierung« der Bühnenmaschinerie durch Kulissen und Soffitten.

Papieruntersuchungen Alan Tysons, s. Lit.) in Gruppen von geschlossenen Nummern, nicht nach Szenen oder nach dem Gang der Handlung aus: zuerst die beiden Duette und das Terzett des I. Akts (mit den erwähnten Particellentwürfen für das erste Duett und das Duettino), dann Nr. 3, 5, 6, 15, 18, 19, 20, 24 und 26, danach 9, 13, 14, 16 und 17, den zweiten Teil von 19, 20, 21, 22 und den Larghettoteil von 23. In Prag, wo Mozart und wahrscheinlich auch Mazzolà am 28. Aug. eintrafen, entstanden die letzten Stücke der Partitur, der Marsch Nr. 4, Titos Arie Nr. 8 und sein großes Accompagnato »Che orror! che tradimento« (II/8) und die Ouvertüre. Der Allegroteil von Nr. 23 ist, nach dem verwendeten Papier zu schließen, früher als alle übrigen Teile der Oper geschrieben worden; über den Anlaß und den genauen Zeitpunkt gibt es nur widerstreitende Vermutungen (Tomislav Volek, s. Lit.; Lühning, ebd.). Insgesamt stand Mozart für die Komposition die Zeit von etwa Ende Juli bis zu den ersten Tagen des Sept. 1791 zur Verfügung (wenn auch sicherlich mit Unterbrechungen). Die Behauptung, *La clemenza* sei in 18 Tagen geschrieben worden, ist eine Legende der Mozart-Literatur; immerhin war aber der Zeitdruck so groß, daß Mozart die Seccos (außer II/8, Takte 44–51) von einem Helfer, wahrscheinlich Franz Xaver Süßmayr, komponieren ließ.

Handlung: In Rom, 79 n. Chr.
I. Akt, 1. Bild, Vitellias Gemächer: Vitellia, die Tochter des Soldatenkaisers Vitellius, liebt Kaiser Tito, fühlt sich jedoch zurückgesetzt, weil dieser die »Barbarin« Berenike, Tochter von Herodes Agrippa I., des Königs von Judäa, heiraten will, und sinnt auf Rache. Sie versucht Sesto, den engsten Freund Titos, zum Aufstand anzustacheln; er liebt sie und läßt sich nach einigem Zögern überreden. Da bringt Annio die Nachricht, Tito habe sich aus Staatsräson von Berenike getrennt. Vitellia beginnt, sich neue Hoffnungen zu machen, und läßt ihren Plan fallen. Annio bittet Sesto, dieser möge bei Tito für seine Heirat mit Sestos Schwester Servilia intervenieren. 2. Bild, ein Teil des Forum Romanum mit dem Kapitol: In einer öffentlichen Zeremonie empfängt Tito aus der Hand des Prätorianerpräfekten Publio den Tribut der unterworfenen Provinzen. Die Römer wollen mit dem Gold einen Tito-Tempel bauen, aber Tito bestimmt es für die Opfer des Vesuvausbruchs. Dann teilt er Annio und Sesto mit, er habe beschlossen, Servilia zu heiraten. Sesto ist sprachlos; Annio beugt sich dem kaiserlichen Willen, ohne seine Liebe zu Servilia zu verraten, und muß ihr die Nachricht auch noch überbringen. 3. Bild, Gemach in der kaiserlichen Wohnung auf dem Palatin: Servilia, mutiger als ihr Geliebter, gesteht

La clemenza di Tito, II. Akt, 3. Bild; Judith Beckmann als Servilia, Anton Trommelen als Annio, Raili Kostia als Sesto, William Holley als Tito, Franziskos Voutsinos als Publio, Rachel Mathes als Vitellia; Regie: Georg Reinhardt, Bühnenbild: Heinrich Wendel, Kostüme: Günter Kappel; Deutsche Oper am Rhein, Düsseldorf 1967. – Vor dem imposanten Hintergrund des römischen Kolosseums erscheint die Geschichte von der Milde des einsamen Herrschers illustrativ als Konfliktstoff von strenger Schönheit und begrenzter Wirksamkeit. Solch klassizistische Aneignung wurde zum Ausgangspunkt für die Renaissance der Mozart-Oper in den folgenden Jahren.

Tito ihre Liebe zu Annio. Tito verzichtet auf sie und preist ihre Aufrichtigkeit. Vitellia fühlt sich durch Titos Heiratsplan erneut gedemütigt und befiehlt Sesto, den Aufstand zu beginnen und Tito zu töten; zum Lohn verspricht sie ihm, als er erneut zögert, ihre Liebe. Sesto eilt zur Tat, da melden Annio und Publio, Tito habe beschlossen, Vitellia zu heiraten. Sie ist verzweifelt, da Sesto nicht mehr zurückzurufen, der Aufstand schon im Gange ist. 4. Bild, wie I/2: Sesto zögert wieder. Aus dem Hintergrund hört man Lärm, das Kapitol beginnt zu brennen, Sesto eilt in den Kampf. Als Vitellia und die andern erscheinen, kann er nur noch melden, daß Tito tot sei; mit Mühe verhindert Vitellia, daß er sich als Täter zu erkennen gibt. Es herrschen Trauer und Verwirrung.
II. Akt, 1. Bild, Gemach in der kaiserlichen Wohnung auf dem Palatin: Annio bringt die Nachricht, daß Tito lebt. Sesto gesteht ihm, daß er selbst Urheber des Aufruhrs war, und will in die Verbannung gehen. Annio beschwört ihn, zu bleiben und Tito um Vergebung zu bitten; Vitellia dagegen drängt ihn, auch um ihretwillen, zur Flucht. Er ist unschlüssig, da kommt Publio, um ihn festzunehmen: Sein Mitverschwörer Lentulus hat ihn verraten. Vitellia bleibt reumütig zurück. 2. Bild, großer Saal für öffentliche Audienzen: Tito will nicht glauben, daß Sesto ihn verraten hat, aber dieser gesteht vor dem Senat seine Schuld und wird mit den übrigen Verschwörern verurteilt, den Tieren in der Arena vorgeworfen zu werden. Annio bittet um Gnade für Sesto; Tito ringt um eine gerechte Entscheidung und befiehlt, Sesto zu bringen. Er versucht die Gründe des Verrats vom Freund selbst zu erfahren. Als Sesto schweigt, weil er Vitellia nicht verraten will, schickt Tito ihn zornig fort, aber er bringt es nicht über sich, das Todesurteil zu unterzeichnen, und befiehlt alle in die Arena. Vitellia glaubt, nun sei alles verloren, aber Annio berichtet, Tito bereite schon die Hochzeit mit ihr vor. So weiß sie, daß Sesto auch in Todesgefahr geschwiegen hat; sie weint um ihn, aber Servilia hält ihr vor, dies passive Mitleid sei grausam. Vitellia ringt sich durch, Tito ihre Schuld zu gestehen, um Sesto zu retten; sie verzichtet damit auf den Platz an der Seite des Kaisers. 3. Bild, in das Amphitheater mündender prächtiger Platz: Als Tito das Urteil über Sesto verkünden will, wirft sich Vitellia ihm zu Füßen und gesteht ihre Schuld. Tito glaubt, die Sterne verschwören sich gegen ihn: In dem Moment, in dem er den einen Schuldigen begnadigen will, findet er einen zweiten. Aber er läßt sich nicht entmutigen und ist entschlossen, Milde walten zu lassen und zu verzeihen. Alle vereinen sich zu einem Preisgesang auf Tito und zur Bitte an die Götter, in ihm das Glück Roms zu bewahren.

Kommentar: Mazzolà hat Metastasios Dichtung, wie Mozart es in seinem eigenhändigen Werkverzeichnis formulierte, »ridotta à vera opera«, das heißt auf den formal-dramaturgischen Entwicklungsstand der Opera seria der 80er und 90er Jahre des 18. Jahrhunderts gebracht. Metastasios Text bestand aus 25 Arien und zwei Chören (abgesehen von den Rezitativen),

La clemenza di Tito, I. Akt, 1. oder 3. Bild; Tatiana Troyanos als Sesto, Carol Neblett als Vitellia; Regie und Ausstattung: Jean-Pierre Ponnelle; Festspielhaus, Salzburg 1976. – Durch die Stilisierung von Dekor, Kostüm und Gestik reißt der Regisseur die Widersprüche auf zwischen dem höfischen Hintergrund der Opera seria und heutigem Zeitgefühl, zwischen dem Verhaltenskorsett der Protagonisten und ihrem individuellen Glückssehnen.

verteilt auf drei Akte mit einer Haupthandlung (die Verschwörung und ihr Scheitern an Titos Güte, durch die Sesto und Vitellia geläutert werden), Liebesbeziehungen der Primarier und Sekundarier über Kreuz und einer für Verwirrung sorgenden Nebenintrige (Vertauschung der Mäntel von Sesto und Annio, um Sesto zu retten). Die Qualitäten des Texts zeigen sich weniger in der wie meist bei Metastasio komplizierten, aber glatten Konstruktion der Handlung als vielmehr in der differenzierten Zeichnung der inneren Konflikte Sestos und Vitellias und in der großartigen Formulierung der philosophischen Haltung Titos, vor allem in dem großen Dialog mit Sesto und im anschließenden Monolog, den Stücken, die Voltaire so bewunderte. – Mazzolà hat dies Drama modernisiert, soweit es überhaupt möglich war, ohne es gänzlich umzuschreiben; in der Einteilung in zwei Akte, im Einbau von Ensembles (zuungunsten der Arien) und in der Entwicklung von großen Handlungsfinale entspricht seine Fassung dem Stand der Opera seria der Zeit. Der II. Akt Metastasios, der im wesentlichen von der Nebenintrige gefüllt ist, wurde fast ganz gestrichen, nur seine 1. Szene zur Schlußszene des I. Akts ausgebaut; an die Stelle der Arienkette trat ein abwechslungsreicher Wechsel von Arien, Duetten und Terzetten; beide

Aktschlüsse wurden zu großen Finale mit Solistenensembles und Chören erweitert. Zwar sind die meisten Arien und Ensembles noch immer Abgangsnummern, die Dramaturgie ist aber entscheidend dadurch verändert, daß die Zahl der Monologarien (bei Metastasio sieben) auf eine einzige reduziert ist, Vitellias »Non più di fiori« (II/15), die dadurch, zusammen mit den monologischen Accompagnatos Sestos und Titos, besonders herausgehoben wird. Mazzolàs teils aus Rezitativen und Arien Metastasios kondensierte, teils neu gedichtete Ensembles führen ferner zu einer Umverteilung der Gewichte der Partien, die sich an der Zahl der Arien und der Beteiligungen in Ensembles ablesen läßt: Bei Metastasio haben Sesto, Vitellia und Servilia je fünf, Tito und Annio je vier, Publio zwei Arien; bei Mazzolà treten die Nebenpersonen deutlich in den Hintergrund, Sesto und Vitellia hervor. Die Rolle des Tito wird nicht eigentlich reduziert, aber formal und inhaltlich von Sesto und Vitellia abgehoben: Er spricht, wenn schon nicht monologisch, so doch allein (die größte Zahl von Arien und die geringste von Ensemblebeteiligungen), und seine drei Arien sind sämtlich sentenziös. Umgekehrt tritt an die Stelle einer sentenziösen Gleichnisarie Vitellias die unmittelbar handlungsbezogene, von Mazzolà aus Rezitativen Metastasios entwickelte Arie »Non più di fiori«, wodurch die Konzentration und Polarisierung der Handlung auf Sestos und Vitellias Konflikte einerseits und Titos Güte andrerseits noch deutlicher wird. Nicht zu dieser Tendenz paßt allerdings Mazzolàs merkwürdige Entscheidung, Titos großen Monolog nach der Auseinandersetzung mit Sesto umzuschreiben und zu emotionalisieren, die Sentenz »Il torre altrui la vita è facoltà comune al più vil della terra; il darla è solo de' numi, e dei regnanti«, die Voltaire »l'éternelle leçon de tous les rois, et le charme de tous les hommes« genannt hatte, zu streichen (die Stelle wird noch merkwürdiger dadurch, daß Mozart ausgerechnet diesen Monolog nicht als Accompagnato komponiert, sondern seinem Adlatus für die Seccokomposition überlassen hat). In Mozarts Vertonung verschieben sich die Gewichte noch etwas weiter. Die meisten Arien und sogar die Ensembles sind außerordentlich kurz, einfach gebaut, bescheiden instrumentiert, ganz konzentriert auf knappste und intensivste melodische Affektformulierung mit einfachsten Mitteln. Von dieser Grundhaltung, die durch die zeremoniellen Märsche und Chöre noch verstärkt wird und die schon auf die klassizistische Opera seria der Jahrhundertwende vorauszuweisen scheint, heben sich um so deutlicher die Ausnahmen ab: die je erste und letzte Arie Vitellias und Sestos und die letzte Arie Titos, große, formal komplizierte, virtuose und aufwendig komponierte Nummern, die zusammen mit der ersten Nummer der Handlung überhaupt, dem Duett Vitellia/Sesto, die besondere Rolle dieses Paars einerseits und die des Kaisers andrerseits noch deutlicher machen. Hinzu kommt, daß die letzten Arien Sestos und Vitellias, in denen sich die Situation aufs äußerste zuspitzt (Sestos Abschied von Tito im Angesicht des Tods, Vitellias Entschluß zur Umkehr), als Rondos komponiert sind,

also in der Form, die in der italienischen Opera seria der 80er Jahre für die letzten Entscheidungen und Situationen im Drama bevorzugt wurde und die schon so modisch geworden war, daß Francesco Galeazzi sie »la vera peste del moderno teatro« nannte (*Elementi teorici-pratici di musica*, Rom 1791). Die so überaus sorgsame Verteilung der Arienformen und Ariendimensionen zur Akzentuierung von Personen und Handlungsmomenten, die Subtilität und Klarheit des kompositorischen Details in vielleicht nicht allen, aber fast allen Teilen des Werks schließen jeden Zweifel daran aus, daß der quasiklassizistische Grundton der Partitur und die scheinbare Simplizität der meisten Nummern künstlerischer Absicht, nicht etwa dem Zeitdruck bei der Komposition entsprangen. Für Mozart war *La clemenza di Tito* eine »vera opera«, keineswegs eine lästige Verpflichtung. Historisch war sie ein höchst moderner Beitrag zur Verwandlung der metastasianischen Opera seria in die klassizistisch-heroische Oper der Jahrhundertwende, vergleichbar nicht den drei inkommensurablen Da-Ponte-Opern, sondern den Opere serie Cimarosas und Paisiellos. Jeder derartige Vergleich zeigt aber nur, wie unendlich hoch Mozarts Musik über der seiner italienischen Zeitgenossen steht. Das Problem des Werks liegt in dem, was Mozart nicht komponierte: in den Rezitativen, die uninspirierte und undifferenzierte Routinearbeit sind.

Wirkung: Die von Mozart geleitete, mit großem Aufwand ausgestattete Uraufführung war gut, teilweise glänzend besetzt. Antonio Baglioni (der erste Don Ottavio im *Don Giovanni*, 1787) sang den Tito, und er muß sich seit 1787 nicht unerheblich entwickelt haben, denn die Ansprüche der Rolle sind beträchtlich. Die junge Maria Marchetti-Fantozzi sang die Vitellia, später ihre Paraderolle, in der noch Alexandr Ulibischew sie 1816 in Paris hörte. Domenico Bedini, der als Sopankastrat in Italien eine bedeutende Karriere gemacht hatte und der eigens für die Krönungsoper nach Prag engagiert wurde, sang den Sesto. Publio wurde von Gaetano Campi gesungen. Die obligaten Partien für Bassettklarinette und Bassetthorn spielte Mozarts Logenbruder Anton Stadler. Der Erfolg scheint zunächst nur mäßig gewesen zu sein; Karl Graf von Zinzendorf, der schon *Le nozze di Figaro* (1786) langweilig gefunden hatte, nennt das Werk in seinem Tagebuch ein »plus ennuyeux spectacle«, vermerkt aber auch, daß Marchetti-Fantozzi »chante fort bien« und daß Leopold II. darüber »entousiasmé« gewesen sei. Die durch August Gottlieb Meißner überlieferte Behauptung, Kaiserin Maria Ludovica habe das Werk »una porcheria tedesca« genannt, ist durch nichts belegt und äußerst unwahrscheinlich. Der Erfolg scheint bei den späteren Aufführungen gewachsen zu sein, und die letzte Vorstellung am 30. Sept., dem Uraufführungstag der *Zauberflöte* (1791), wurde, wie Mozart am 7. Okt. nach einem Bericht Stadlers schreibt, »mit ausserordentlichen beifall« aufgenommen. *La clemenza* war bis ins 19. Jahrhundert hinein die erfolgreichste Mozart-Oper nach *Don Giovanni* und *Zauberflöte*; um 1805 waren schon mehr Klavierauszüge (mit deutscher Übersetzung) erschienen als von *Le nozze*; klassizistisch denkende Zeitgenossen (Franz Xaver Niemetschek) rühmten die strenge Einfachheit und stille Erhabenheit des Werks und verglichen es mit Johann Wolfgang von Goethes *Torquato Tasso* (1790). Als höfische Festoper hatte das Werk allerdings bald ausgedient. 1802 wurde *La clemenza* in Mannheim zur Feier der Abtretung der rheinpfälzischen Oberämter Ladenburg, Bretten und Heidelberg von Bayern an Baden gegeben; dabei wurde in einem gesprochenen Epilog ausdrücklich die Beziehung zwischen Titus und Markgraf Karl Friedrich von Baden hergestellt. 1824 erschien es in München (zu Cäsar Max Heigels neuem Libretto *König Garibald*) als »allegorisches Fest« *Garibald der Agilolfinger* (mit Adelheid Fries, Ludwig Hölken, Georg Mittermayr, Nanette Schechner, Wilhelm Urban und Katharina, Klara und Wilhelm Vespermann) zum 25. Jahrestag des Regierungsantritts Kurfürst Maximilians IV. Joseph, eine passende Würdigung für den aufgeklärten Fürsten, der Bayern als König Maximilian I. 1816 seine erste Verfassung gegeben hatte. Im Revolutionsjahr 1848 feierte noch einmal Prag mit *La clemenza* einen habsburgischen Herrscher, Franz Joseph I., der am 2. Dez. nach der Abdankung Ferdinands I. österreichischer Kaiser geworden war und an den sich begründete Hoffnungen auf eine von Liberalität und »clemenza« geprägte Herrschaft knüpfen konnten. Als Opera seria und als Mozarts »letztes Meister-Werk« (Konstanze Mozart) eignete sich *La clemenza* aber auch besonders gut für wohltätige Zwecke. So organisierte Konstanze Mozart Aufführungen zu ihrem Vorteil in Wien 1794 und 1795 und in Berlin (konzertant) 1796; in Graz gab es 1795 eine konzertante Aufführung »zum Besten von Mozarts Witwe und Sohn«. – Ihre eigentliche Karriere machte die Oper aber als ein »normales« Repertoirestück, das sie bis um 1820 blieb. Den ersten Wiener Aufführungen (ab 1794) folgten Inszenierungen 1796 in Dresden und 1797 in Kassel (beide deutsch von Friedrich Rochlitz), 1798 in Pest, Altona, Brünn und Bautzen, 1799 in Breslau, Graz, Frankfurt a. M. (deutsch von Johann Jakob Ihlee; Bühnenbilder: Giorgio Fuentes; Tito: Friedrich Schulz, Servilia: Josephine Cannabich, Annio: Joseph Demmer, Publio: Franz Anton Maurer), Weimar (deutsch von Christian August Vulpius), 1801 in Leipzig, München, Dessau, Berlin, Bremen und Wien (deutsch von Ignaz von Seyfried). 1806 folgten als erste Bühnen außerhalb des deutschen Sprachbereichs London (mit Elizabeth Billington) und Lissabon (mit Marianna Sersi), 1809 Amsterdam und Neapel, 1816 Paris und Teatro Re Mailand (Tito: Domenico Ronconi), 1818 Scala Mailand (alle italienisch) und schließlich russisch (von Alexander Scheller) Petersburg 1817 und Moskau 1818, dänisch (von Niels Thoroup Bruun) Kopenhagen 1823 und schwedisch (von Anders Lindeberg) Stockholm 1823. Mit der Verbreitung des Werks ging von Anfang an die Tendenz zur Bearbeitung Hand in Hand; schon die Dresdner Aufführung 1796 war »frey

La clemenza di Tito, II. Akt, 1. Bild; Alicia Nafé als Sesto, Daphne Evangelatos als Annio; Regie und Ausstattung: Karl-Ernst Herrmann; Théâtre de la Monnaie, Brüssel 1982. – Leer und kalt wirkt der Raum, gebrochen und wie verloren wirken in ihm die Figuren: Ihre Seelenkonflikte bilden die menschliche Insel und sind dennoch nur die Reihung von Entsagung und Verzicht.

La clemenza di Tito, II. Akt, 2. Bild; Roberta Alexander als Vitellia; Regie: John Dew, Ausstattung: Gottfried Pilz; Oper, Zürich 1989. – Dramatische Leidenschaft und intensiver Behauptungswille machen Vitellia zu einer exzeptionellen Gestalt, die jene Spannung der Gattung zwischen zerbrechlicher Künstlichkeit und affektiver Seelenentäußerung in sich vereint, die Regisseure und Darsteller heute immer wieder herausfordert.

bearbeitet«, und für spätere Bearbeitungen wurden gelegentlich, wie bei *Così fan tutte* (1790), ganz neue Libretti hergestellt (so das »ernste Singspiel nach Mozart« *Karl in Pavia*, 1837, von Anton Wilhelm Florentin von Zuccalmaglio und Heigels Münchner Libretto von 1824). Für manche Aufführungen wurde auch zusätzliche Musik komponiert beziehungsweise schon vorhandene eingefügt, so in München 1805 (unter anderm Stücke von Peter von Winter und Christian Cannabich) und für die Festaufführung *Garibald* 1824 (Introduktion und 2. Finale von Joseph Hartmann Stuntz). Dagegen scheint der Opera-seria-Charakter des Stücks weitgehend jene Bearbeitungen als deutsches Singspiel (also mit gesprochenen Dialogen) verhindert zu haben, denen *Le nozze*, *Don Giovanni* und *Così* im 19. Jahrhundert unterworfen wurden. – *La clemenza* scheint zwischen etwa 1820 und dem Ende des 19. Jahrhunderts in der Bühnenpraxis so gut wie vergessen gewesen zu sein; die durchweg negative Beurteilung des Werks in der frühen Mozart-Literatur (gelegentlich, wie bei Otto Jahn, verstärkt durch eine dem politischen Liberalismus entstammende generelle Abneigung gegen die höfische Opera seria) mag dazu beigetragen haben. Erst die Mozart-Renaissance des späten 19. Jahrhunderts belebte auch das Interesse an *La clemenza* neu; erstes Zeugnis dafür ist die Bearbeitung von Wilhelm Kienzl (München 1893), der Bearbeitungen von Anton Rudolph (Mannheim 1919), Willy Meckbach (1940) und Hans Curjel mit Bernhard Paumgartner (diese mit Rezitativen aus andern Werken Mozarts; 1949) folgten. Eine wirkliche und offenbar dauerhafte Wiederbelebung, die das Werk fast schon zu einem Repertoirestück hat werden lassen, hat es aber erst seit den 60er Jahren des 20. Jahrhunderts gegeben. In Düsseldorf erschien es 1967 im Rahmen eines vielbeachteten Zyklus der sieben Hauptopern Mozarts (Dirigent: Günther Wich, Regie: Georg Reinhardt). Die Aufführungsgeschichte von *La clemenza* in jüngster Zeit verbindet sich vor allem mit den Namen einiger Regisseure und auf die Hauptrollen spezialisierter Sängerdarsteller: Jean-Pierre Ponnelle in Köln 1969 (Tito: Manfred Schmidt, Vitellia: Janet Coster, Sesto: Yvonne Minton, Servilia: Lucia Popp; Dirigent: István Kertész), München 1971 (Sven Olof Eliasson, Julia Varady, Brigitte Fassbaender, Lilian Sukis; Reynald Giovaninetti) mit zahlreichen Wiederaufnahmen bis in die 80er Jahre, Salzburg 1976 (Werner Hollweg, Carol Neblett, Tatiana Troyanos, Catherine Malfitano; James Levine) mit Wiederaufnahmen 1977 und 1979, sowie New York 1983 (Kenneth Riegel, Renata Scotto, Ann Murray, Troyanos; Levine); Winfried Bauernfeind an der Deutschen Oper Berlin 1974 (Horst Laubenthal, Annabelle Bernard, Agnes Baltsa; Eugen Jochum), Federik Mirdita im Theater an der Wien 1976 (Hollweg, Edda Moser, Teresa Berganza; Julius Rudel), 1977 an die Staatsoper (Hollweg, Marita Napier, Berganza), 1979 an die New York City Opera (Thomas Moser, Carol Vaness, Murray; Rudel) und 1980 an das Teatro San Carlo Neapel (Hollweg, Celestina Casapietra, Alexandrina Milcheva; Ulrich Weder) übernommen; Knut Hendriksen in Stockholm 1978 (Gösta Winbergh, Margareta Hallin, Edith Thallaug; Elio Boncompagni); Ruth Berghaus in Berlin 1978 (Peter Schreier, Casapietra, Ute Trekel-Burckhardt; Wolfgang Rennert), Jorge Lavelli in Hamburg 1986 (Hermann Winkler, Roberta Alexander, Trekel-Burckhardt; Hans Zender). Der Brüsseler Mozart-Zyklus begann 1982 mit *La clemenza di Tito* in einer Inszenierung von Karl-Ernst Herrmann (Stuart Burrows, Christiane Eda-Pierre, Alicia Nafé; Sylvain Cambreling). 1989 inszenierte John Dew das Werk in Zürich (David Rendall, Alexander, Murray; Nikolaus Harnoncourt).

Autograph: Part (unvollst.): SPKB Bln.; Fragmente, Nr. 2, 11 u. 12: Bibl. Jagiellońska Krakau, Nr. 3: engl. Privatbesitz, als Leihgabe in BL London, Nr. 25: verschollen; Seccos (außer II/8, Takte 44–51, diese im Autograph d. SBPK Bln. nur in Abschr. überliefert). **Ausgaben:** Part, krit. Ausg.: W. A. Mozart, Werke, Bd. V/21, [rev. v. F. Wüllner], B&H 1882, Nachdr.: Edwards Music Reprints, Serie A, Ann Arbor, MI 1951–56; W. A. Mozart, Neue Ausg. sämtl. Werke, Serie II/5, Bd. 20, hrsg. F. Giegling, Bär 1970; Part (ohne Rezitative): B&H [1809], Nr. 620; Part, ital./frz.: Frey, Paris [1822] (Coll. des opéras de M. 4.); Richault, Paris; Kl.A v. H. Moehn, ital./dt. Übers. v. K. Honolka (nach d. krit. Ausg. 1970): Bär 1971; Kl.A v. A. E. Müller, ital./dt.: Chemische Druckerei, Wien, Nr. 40; Steiner, Wien, Nr. 40; B&H 1803; B&H, Nr. 2213, 1815, Nr. 2269,

1821, Nr. 3610; Böhme, Hbg. [um 1810], Nr. 350; Kl.A, ital./dt.: Heckel, Mannheim (Wohlfeile Ausg. v. W. A. M.s sämmtl. Opern. 8.); Meyer, Braunschweig [um 1845], Nr. 130; Kl.A v. H. Cramer: André, Offenbach [um 1840], Nr. C. e G. 270; Weidle, Bln. [um 1845]; Kl.A, dt.; Reclam, Lpz. [um 1850]; Kl.A v. R. Metzdorff: Litolff [1880?]; Kl.A, ital./dt., hrsg. G. F. Kogel: Peters [um 1895], Nr. 7392; Kl.A, engl./dt., hrsg. H. Curjel, B. Paumgartner: Zürich, Apollo [1953] (Ed. Peters. 746a.); Kl.A, engl./dt., hrsg. J. Rietz: NY [um 1952]; Textb.: Prag, Schönfeld 1791; Textb., ital./dt. v. E. Neuneufel: Bär 1976 (M.s ital. Texte mit dt. Übers. 2.). **Aufführungsmaterial:** Bär; Bearb. v. W. Kienzl: Weinberger; Bearb. v. W. Meckbach: Schott; Bearb. Paumgartner: Peters
Literatur: P. NETTL, M. in Böhmen, Prag 1938; W. J. WEICHLEIN, A Comparative Study of Five Musical Settings of ›La clemenza di Tito‹, Ann Arbor 1956, Diss. Univ. of Michigan; J. A. WESTRUP, Two First Performances: Monteverdi's ›Orfeo‹ and M.'s ›La clemenza di Tito‹, in: ML 39:1958, S. 327–335; T. VOLEK, Über den Ursprung von M.s Oper ›La clemenza di Tito‹, in: MJb 1959, S. 274–286; M. CALZAVARA IN MAZZOLÀ, Caterino Mazzolà. Poeta teatrale alla Corte di Dresda dal 1780 al 1796, Rom 1964; F. GIEGLING, Zu den Rezitativen von M.s Oper ›Titus‹, in: MJb 1967, S. 121–126; DERS., Metastasios Oper ›La clemenza di Tito‹ in der Bearbeitung durch Mazzolà, in: MJb 1968/70, S. 88–94; S. SADIE, M.'s Last Opera, in: Opera 20:1969, S. 837–843; R. B. MOBERLY, C. RAEBURN, The M. Version of ›La clemenza di Tito‹, in: MR 31:1970, S. 285–294; R. B. MOBERLY, The Influence of French Classical Drama on M.'s ›La clemenza di Tito‹, in: ML 55:1974, S. 286–298; H. LÜHNING, Zur Entstehungsgeschichte von M.s ›Titus‹, in: Mf 27:1974, S. 300–319 (dazu J. H. EIBL in: Mf 28:1975, S. 75–81, u. H. LÜHNING, ebd., S. 311–314); A. TYSON, ›La clemenza di Tito‹ and Its Chronology, in: MT 116:1975, S. 221–227; A. WANDRUSZKA, Die Clementia Austriaca und der aufgeklärte Absolutismus. Zum politischen u. ideellen Hintergrund v. ›La clemenza di Tito‹, in: ÖMZ 31:1976, S. 186–193; F. GIEGLING, La clemenza di Tito. Metastasio–Mazzolà–M., ebd., S. 321–328; J. H. EIBL, »… una porcheria tedescha«? Zur UA v. M.s ›La clemenza di Tito‹, ebd., S. 329–334; D. NEVILLE, ›La clemenza di Tito‹. Metastasio, Mazzolà, and M., in: Studies in Music from the Univ. of Western Ontario 1:1976, S. 124–148; DERS., ›Idomeneo‹ and ›La clemenza di Tito‹. Opera seria and »vera opera«, ebd. 2:1977, S. 138–166, 3:1978, S. 97–126, 5:1980, S. 99–121, 6:1981, S. 112–146, 8:1983, S. 107–136; D. HEARTZ, M.'s Overture to ›Titus‹ as Dramatic Argument, in: MQ 64:1978, S. 29–49; DERS., M. and His Italian Contemporaries: ›La clemenza di Tito‹, in: MJb 1978/79, S. 275–293; W. DÜRR, Zur Dramaturgie des ›Titus‹. M.s L u. Metastasio, ebd., S. 55–61; J. P. PARAKILAS, M.'s ›Tito‹ and the Music of Rhetorical Strategy, Ithaca 1979, Diss. Cornell Univ.; W. PROSS, Neulateinische Tradition und Aufklärung in Mazzolà/M.s ›La clemenza di Tito‹, in: Die österreichische Literatur. Ihr Profil an d. Wende v. 18. zum 19. Jh. (1750–1830), hrsg. H. Zeman, Eisenstadt 1979, S. 379–401; H. LÜHNING, Die Rondo-Arie im späten 18. Jahrhundert. Dramatischer Gehalt u. mus. Bau, in: Hbg. Jb. für Mw. 5:1981, S. 219–246; D. HEARTZ, M.s ›Titus‹ und die italienische Oper um 1800, ebd., S. 255–264; H. LÜHNING, ›Titus‹-Vertonungen im 18. Jahrhundert. Untersuchungen zur Tradition d. Opera seria v. Hasse bis M., Laaber 1983 (Analecta musicologica. 20.), bes. S. 76–108; M. MCCLYMONDS, M.s ›La Clemenza di Tito‹ and Opera seria in Florence as a Reflection of Leopold II's Musical Taste, in: MJb 1984/85, S. 61–70; W. SEIDEL, Seneca – Corneille – M. Ideen- u. Gattungsgeschichtliches zu ›La clemenza di Tito‹, in: Musik in Antike und Neuzeit, hrsg. M. v. Albrecht, W. Schubert, Ffm. 1987 (Quellen u. Studien zur M.Gesch. v. d. Antike bis in d. Gegenwart. 1.), S. 109–128; weitere Lit. s. S. 276

Ludwig Finscher

Die Zauberflöte
Große Oper in zwei Aufzügen
14 Bilder

Text: Emanuel Schikaneder (eigtl. Johann Joseph Schickeneder)
Uraufführung: 30. Sept. 1791, Freihaustheater auf der Wieden, Wien
Personen: Sarastro (B); Tamino (T); Sprecher (B); 1. Priester (T); 2. Priester (B); 3. Priester (Spr.); Königin der Nacht (S); Pamina, ihre Tochter (S); 1. Dame (S); 2. Dame (S); 3. Dame (S); 1. Knabe (S); 2. Knabe (S); 3. Knabe (S); Papageno (B); ein altes Weib, später Papagena (S); Monostatos, ein Mohr (T); 1. geharnischter Mann (T); 2. geharnischter Mann (B); 1., 2. und 3. Sklave (3 Spr.). **Chor:** Priester, Sklaven, Gefolge
Orchester: 2 Fl (2. auch Picc), 2 Ob, 2 Klar (auch BassettHr), 2 Fg, 2 Hr, 2 Trp, 3 Pos, Pkn, Glsp, Streicher
Aufführung: Dauer ca. 3 Std. – Gesprochene Dialoge.

Entstehung: Wann Mozart mit der Komposition der *Zauberflöte* begonnen hat, ist nicht genau festzustellen. Es scheint aber, als habe er sich nicht erst im März 1791, sondern schon im Herbst 1790 mit der neuen Oper beschäftigt. Darauf läßt jedenfalls ein Brief Schikaneders vom Herbst 1790 an Mozart (im Besitz der Stadtbibliothek Wien [Ja N 8.355]) schließen, in dem von der Rücksendung des Duetts Papageno/Papageno der vorletzten Szene des II. Aufzugs die Rede ist. Demnach dürfte der Plan, gemeinsam ein Opernprojekt anzugehen, schon verhältnismäßig kurze Zeit nach der Ankunft Schikaneders in Wien klarere Konturen angenommen haben. Schikaneder hatte das Freihaustheater auf der Wieden gemeinsam mit Joseph von Bauernfeld im Frühjahr 1789 übernommen und im Sommer mit dem Spielbetrieb begonnen. Mozart und Schikaneder kannten sich schon seit dem Gastspiel der Schikanederschen Truppe 1780 in Salzburg sehr gut, und es ist nicht auszuschließen, daß schon zu diesem Zeitpunkt über Möglichkeiten einer Zusammenarbeit gesprochen wurde. Beschäftigten sich also Mozart und Schikaneder wohl schon länger, als bisher angenommen, mit dem Plan der *Zauberflöte*, und mag es vielleicht auch Skizzen und Entwürfe gegeben haben, so scheint Mozart intensiv erst im Frühjahr 1791 mit der Kompositionsarbeit begonnen zu haben. Ende Mai/Anfang Juni 1791 reiste Konstanze Mozart zur Kur nach Baden bei Wien. Diesem Umstand verdanken wir einige Informationen, die sich direkt oder indirekt auf *Die Zauberflöte* und ihr Umfeld beziehen und sich in Briefen Mozarts an seine Frau finden. So teilt er u. a. unter anderm am 7. Juni mit, daß er »heute [...] bey Schicaneder esse«; am 11. Juni, gerade von einem Besuch in Baden zurückgekehrt, berichtet er: »Aus lauter langer Weile habe ich heute von der Oper eine Arie componirt«, und schließt mit einem deutlichen Hinweis auf das *Zauberflöten*-Libretto: »[...] und sage in Gedanken mit Dir: Tod und Verzweiflung war sein Lohn !« Am 2. Juli bittet er Konstanze, »dem Süssmayer« zu sagen, er möge »vom ersten Ackt, von der Introduion an bis zum *Finale*, meine Spart schicken, damit ich instrumentiren kann«. Offensichtlich hatte also Franz Xaver Süßmayr um diese Zeit schon das Particell nahezu des ganzen I. Aufzugs, um es zu kopieren. Am 3. Juli wiederholt Mozart: »Ich hoffe Süssmayer wird nicht vergessen daß was ich ihm herausgelegt, auch gleich zu schreiben – auch hoffe ich mir heute die Stücke von meiner Partitur | so ich verlanget | zu erhalten.« Außerdem teilt er mit, daß er wieder bei Schikaneder gespeist habe. Vermutlich dürfte bei diesen Begegnungen auch über die neue Oper gesprochen worden sein. Textdichter und Komponist standen also ständig in engem Kontakt. Am 5. Juli drängt Mozart, Süßmayr solle ihm noch Nr. 4 und 5 von seiner »schrift« schicken. Im Juli dürfte die Komposition der Oper, mit Ausnahme von Ouvertüre und Priestermarsch, abgeschlossen gewesen sein. Mozart trägt in das »Verzeichnüss aller meiner Werke« ein: »*die Zauberflöte*. – aufgeführt den *30:ᵗ September*. – eine Teutsche Oper in 2 Aufzügen. von Eman. Schickaneder. bestehend in 22 Stücken. – *frauenzimmer.* – Mad:ˢᵉˡˡᵉ [Anna] Gottlieb [Pamina]. Mad:ᵐᵉ [Josepha] Hofer [Königin der Nacht]. Mad:ᵐᵉ Görl [Barbara Gerl; Papagena]. Mad:ˡˡ klöpfler [Klöpfer; 1. Dame]. Mad:ˢᵉˡˡᵉ HofMann [2. Dame]. *Männer.* Hr: Schack [Benedikt Schak; Tamino]. Hr: Görl [Franz Xaver Gerl; Sarastro]. Hr: Schickaneder der ältere [Urban Schikaneder; 1. Priester]. Hr: [Johann Michael] kistler [2. Priester]. Hr: Schickaneder der Jüngere [Papageno]. Hr: [Johann Joseph] Nouseul [Monostatos]. – Chöre.« Danach versiegen die Briefquellen zunächst, da Konstanze Mitte Juli zurückkehrt. Außerdem ist Mozart jetzt sehr stark mit der Komposition von *La clemenza di Tito* (1791) beschäftigt. In wenigen Wochen mußte diese Oper zur Krönung Kaiser Leopolds II. zum König von Böhmen fertiggestellt werden. Am 25. Aug. reisen Mozart, Konstanze und Süßmayr nach Prag, wo sie am 28. Aug. eintreffen. Am 6. Sept. wird *La clemenza* dort uraufgeführt, Mitte Sept. 1791 die Rückreise nach Wien angetreten, sodann die Komposition der *Zauberflöte* abgeschlossen. Danach beginnen die Vorbereitungen für die Aufführung. Die Ouvertüre und der Priestermarsch werden nachkomponiert und am 28. Sept. ins »Verzeichnüss« nachgetragen. – Mozart dirigierte die ersten beiden Vorstellungen selbst und gab dann die Leitung an Johann Baptist Henneberg ab, den Kapellmeister des Theaters, der auch weitgehend die Proben betreut hatte. Der Erfolg der Oper scheint bei der Uraufführung nicht so durchschlagend gewesen zu sein wie erhofft. Dies änderte sich jedoch sehr schnell, und der Erfolg steigerte sich von Aufführung zu Aufführung. Ein Textbuch erschien rechtzeitig zur Uraufführung bei dem Wiener Buchdrucker Ignaz Alberti, der auch den Freimaurerkreisen nahestand. In diesem Textbuch sind zwei Kupferstiche enthalten, die wenigstens einen vagen Eindruck von der Inszenierung vermitteln können. Aufschlußreicher sind in dieser Beziehung die 1795 von Joseph und Peter Schaffer hergestellten (vermutlich der Szenerie der Uraufführung nachgebildeten) Kupferstiche, die drei Szenen aus dem I. Aufzug abbilden: Tamino, Papageno und die drei Damen; Tamino, die Flöte blasend, mit den wilden Tieren (auf der Abbildung sind es allerdings nur Affen); das Erscheinen Sarastros auf einem von sechs Löwen gezogenen Wagen sowie seines Gefolges. Im übrigen dürfte die Inszenierung alle Möglichkeiten der Bühnenmaschinerie für die Darstellung von wirksamen und überraschenden (Zauber-)Effekten ausgenutzt haben.

Handlung: I. Aufzug, 1. Bild, felsige Gegend, hier und da mit Bäumen überwachsen; auf beiden Seiten gangbare Berge nebst einem runden Tempel: Prinz Tamino hat sich, einem Wild nachjagend, von seinem Jagdgefolge getrennt und in der unwegsamen Gegend verirrt. Von einer Schlange verfolgt, ruft er vergeblich um Hilfe, bevor ihn seine Kräfte und Sinne verlassen. Daher kann er auch nicht bemerken, daß drei Damen, Abgesandte der Königin der Nacht, kurz darauf das Ungeheuer töteten und ihm dadurch das Leben retteten. Von der Schönheit des ohnmächtigen Jünglings tief beeindruckt, möchte jede der drei Frauen bei ihm als Wache und Schutz bleiben. Nach einem kurzen Streit fassen sie jedoch den Entschluß, gemeinsam zu ihrer Herrin zurückzukehren und sie über das Geschehene zu informieren. Als Tamino erwacht, sieht er verwundert die getötete Schlange neben sich. Zugleich erscheint eine wundersame Gestalt in buntem Federkleid, die einen großen Vogelkäfig auf dem Rücken trägt, eine Lockpfeife in der Art einer Panflöte um den Hals hängen hat und ein lustiges Liedchen trällert. Es ist Papageno, der seine gefangenen Vögel bei der »sternflammenden Königin« gegen Speise und Trank einzutauschen pflegt. Von Tamino befragt, ob er die Schlange getötet habe, bejaht er dies nicht nur, sondern brüstet sich darüber hinaus noch mit seinen ungeheuren Kräften. Darauf erscheinen die Damen wieder. Sie überbringen Papageno jedoch nicht wie üblich Zuckerbrot und Wein, sondern nur einen Stein und einen Krug voll Wasser. Außerdem hängen sie dem Lügner zur Strafe ein Schloß vor den Mund. Tamino erklären sie den Hergang seiner Rettung und überreichen ihm sodann im Auftrag der Königin ein kleines Bild ihrer Tochter Pamina. Tamino verliebt sich sogleich in das unbekannte Mädchen und schwört, als die Damen ihm berichten, daß ein Bösewicht und Tyrann namens Sarastro sie entführt habe und nun in seiner Gewalt halte, diese Tat zu rächen und Pamina zu retten. 2. Bild, ein prächtiges Gemach: Die Königin der Nacht erscheint, klagt über das Leid, das ihr als Mutter zugefügt wurde, und fordert Tamino auf, Pamina aus der Macht Sarastros zu befreien. Gelingt ihm dies, so soll er Pamina zur Frau erhalten. 3. Bild, wie I/1: Nachdem die Königin wieder verschwunden ist, nehmen die Damen Papageno mit der Ermahnung, nie mehr die Unwahrheit zu sagen, das Schloß ab. Er soll nun gegen seinen Willen Tamino zu Sarastros Burg begleiten. Zum Schutz gegen alle Gefahren werden ihnen zwei Instrumente übergeben:

Tamino erhält eine Zauberflöte, Papageno ein silbernes Glöckchenspiel. Weiter werden ihnen drei Knaben als Schutzgeister beigegeben, die ihnen den rechten Weg weisen und mit gutem Rat zur Seite stehen sollen. 4. Bild, ein prächtiges ägyptisches Zimmer: In Sarastros Palast wird Pamina von Monostatos, dem Mohren und Oberaufseher über die Sklaven, unsittlich bedrängt, nachdem er gerade einen Fluchtversuch Paminas vereitelt hat. Da erscheint Papageno. Monostatos und Papageno erschrecken beim jeweiligen Anblick des andern und halten sich gegenseitig für den Teufel. Beide laufen entsetzt voreinander davon. Papageno faßt als erster wieder Mut und kehrt zurück. Er findet Pamina unbewacht vor und berichtet ihr von Tamino, der gekommen sei, sie zu befreien, da er sie liebe. Auch er, Papageno, wünsche sich sehnlichst ein Weibchen. Pamina versteht ihn nur zu gut, und so singen sie ein Loblied auf die Liebe zwischen Mann und Frau. 5. Bild, ein Hain, im Hintergrund der »Tempel der Weisheit«; Säulen zu zwei weiteren Tempeln, rechts der »Tempel der Vernunft«, links der »Tempel der Natur«: Die drei Knaben haben inzwischen Tamino in den Tempelbezirk Sarastros gebracht und ihn, bevor sie ihn verließen, ermahnt, »standhaft, duldsam und verschwiegen« zu sein. Als Tamino nun versucht, voller Haß und Wut auf Sarastro in einen der Tempel einzudringen, wird er an zwei Toren von geisterhaften Stimmen zurückgewiesen. Schließlich tritt ihm aus einem dritten Tor ein Priester, der Sprecher von Sarastros Priesterrat, entgegen und fragt ihn nach seinem Begehr. Erregt beschuldigt Tamino Sarastro des Kindesraubs und nennt ihn einen Unmenschen und Tyrannen. Der Weise belehrt ihn jedoch, daß er durch ein Weib irregeführt sei, daß Sarastro Gründe für sein Handeln gehabt habe und daß er den vermeintlich Bösen hier nicht finden werde. Erst als Taminos Frage, ob Pamina überhaupt noch am Leben sei, positiv beantwortet wird, beruhigt er sich und beginnt auf der Zauberflöte zu spielen. Er hofft mit diesem Flötenton, der selbst wilde Tiere, die sich nun um ihn versammeln, anzulocken und zu besänftigen vermag, letztlich auch Pamina zu finden. Plötzlich erklingt Papagenos Pfeifensignal. Tamino beantwortet dies und läuft dem Signal nach. Papageno und Pamina sind inzwischen aus dem Palast geflohen und haben ihrerseits Taminos Zauberflöte gehört, der sie entgegeneilen. Sie werden jedoch von Monostatos und seinen Sklaven entdeckt und eingefangen. Als sie gefesselt werden sollen, läßt Papageno geistesgegenwärtig seine Glöckchen erklingen und zwingt dadurch die Mohren, zu singen, zu tanzen und sich zu entfernen. Da künden Jubelrufe aus der Ferne die Ankunft des

Die Zauberflöte; Rekonstruktion des Bühnenbildmodells von Antonio De Pian; Kärntnertortheater, Wien 1818. – Der Venezianer De Pian wurde 1816 zum »Decorateur der k.k. Oberst Hoftheater-Direction« ernannt. Bis in die Jahrhundertmitte schuf er in Wien zahlreiche Bühnenbilder im Stil der Romantik, die oft exotischen Charakter trugen.

344   Mozart: Die Zauberflöte (1791)

Die Zauberflöte, II. Akt, 8. Bild; Dora Komarek als Papagena, Willi Domgraf-Fassbaender als Papageno; Regie: Herbert Graf, Bühnenbild: Hans Wildermann; Festspielhaus, Salzburg 1937. – Während seines amerikanischen Exils hatten die Arbeiten mit Bruno Walter und Arturo Toscanini nicht nur eine besondere Bedeutung für den österreichischen Regisseur selbst, sondern sie trugen auch wesentlich zu einer glanzvollen Periode der Salzburger Festspiele bei.

mächtigen Sarastro an. Papageno zittert vor Angst und fragt Pamina besorgt, was sie denn nun sagen werden. Sie aber entscheidet gefaßt: »die Wahrheit«. Als Sarastro erscheint, erklärt sie ihren Fluchtversuch mit der Sehnsucht nach ihrer Mutter und vor allem auch mit den Nachstellungen Monostatos'. Sarastro verzeiht Pamina, erklärt ihr aber zugleich, daß es im Hinblick auf ihr ferneres Glück besser sei, ihr die Freiheit nicht zu geben. Allerdings wolle er sie auch nicht dazu zwingen, ihn selbst zu lieben, da er wisse, daß sie schon einem andern Mann sehr zugetan sei. Monostatos hat inzwischen auch Tamino gefangengenommen und führt ihn Sarastro und der Versammlung triumphierend vor. Pamina und Tamino erkennen sich beim ersten Anblick und fallen sich in die Arme. Monostatos reißt die Liebenden wütend auseinander und fordert ihre Bestrafung. Er erhält statt des erhofften Lohns jedoch 77 Sohlenstreiche, was von den Versammelten als Beweis für das gerechte Handeln Sarastros begrüßt wird. Die beiden Fremdlinge, Tamino und Papageno, läßt Sarastro in den Prüfungstempel bringen, wo sie geläutert und »gereinigt« werden sollen. Die Anwesenden huldigen Sarastro mit einem Lobpreis auf seine Tugend und Gerechtigkeit.
II. Aufzug, 1. Bild, ein Palmenwald, alle Bäume sind silberartig, die Blätter von Gold, 18 Sitze von Blättern; auf jedem Sitz stehen eine Pyramide und ein großes schwarzes Horn mit Gold gefaßt; in der Mitte die größte Pyramide, auch die größten Bäume: Sarastro teilt den versammelten Priestern mit, daß Tamino dazu ausersehen sei, einer der Eingeweihten zu werden, vorausgesetzt, er bestehe alle Prüfungen. Auch sei Pamina ihm von den Göttern zur Frau bestimmt. Bedenken, Tamino könne die schweren Prüfungen nicht lebend überstehen, werden von Sarastro entkräftet. Die Priester billigen schließlich das Vorhaben ihres Oberhaupts und erbitten den Beistand der Götter für die Prüflinge. Den Prüfungen müssen sich nicht nur Tamino, sondern auch Papageno und Pamina unterziehen. 2. Bild, kurzer Vorhof des Tempels mit Resten von eingefallenen Säulen und Tempeln sowie einigen Dornbüschen; an beiden Seiten hohe altägyptische Türen, die Seitengebäude vorstellen; Nacht: Tamino und Papageno wird ein strenges Redeverbot auferlegt und die Mahnung erteilt, sich vor »Weibertücken« zu bewahren. Kaum haben die Priester die beiden Fremdlinge verlassen, erscheinen die drei Damen der Königin der Nacht und versuchen, allerdings vergeblich, sie durch die Mitteilung, es erwarte sie der Tod, zum Reden zu bringen. Während Tamino standhaft bleibt, erliegt Papageno beinah der Versuchung. Unter Donnerschlägen, Papageno fällt vor Schreck zu Boden, werden die drei Damen vertrieben. 3. Bild, ein angenehmer Garten; wie ein Hufeisen gesetzte Bäume; in der Mitte eine Laube aus Blumen und Rosen; im Vordergrund eine Rasenbank; Mondschein: Monostatos findet Pamina schlafend. Der Versuch, sie zu küssen, scheitert an dem Erscheinen der Königin der Nacht. Sie übergibt Pamina einen Dolch, mit dem sie Sarastro töten und ihr den siebenfachen Sonnenkreis, den ihr verstorbener Mann auf dem Totenbett Sarastro übergeben hatte, zurückholen soll; andernfalls werde sie die Tochter verstoßen. Nach Anrufung aller Rachegötter verschwindet die Königin wieder. Monostatos hat das Gespräch zwischen Mutter und Tochter belauscht. Er bietet Pamina an, Sarastro zu töten, wenn sie ihm dafür ihre Liebe schenke. Pamina will und kann weder Sarastro umbringen noch Monostatos' Forderung erfüllen. Als dieser daraufhin den Dolch ergreift und ihn gegen Pamina richtet, tritt Sarastro dazwischen. Monostatos wird verstoßen und beschließt, ins Lager der Königin überzuwechseln, um sich auf diese Weise Pamina doch noch zu sichern. Pamina bittet Sarastro, ihre Mutter nicht zu strafen. Sarastro erklärt ihr, daß man »in diesen heil'gen Hallen« die Rache nicht kenne. Tamino möge hoffentlich alle Prüfungen erfolgreich bestehen, dann werde er glücklich mit ihr, Pamina, leben können. Diese Tatsache sei Strafe genug für die Mutter, die sich dann beschämt zu »ihrer Burg zurückkehren« muß. 4. Bild, eine Halle, wo das Flugwerk gehen kann; das Flugwerk ist mit Rosen und Blumen umgeben, wo sich sodann eine Tür öffnet; ganz vorn zwei Rasenbänke: Tamino und Papageno sollen in einem weiteren Prüfungsteil ihre Fähigkeit zu schweigen unter Beweis stellen. Papageno findet dies überaus langweilig und beschwert sich, daß man noch nicht einmal ein Glas Wasser bekomme. Da erscheint ein häßliches altes Weib und überbringt ihm das Gewünschte. Auf Befragen Papagenos erzählt sie ihm, daß sie genau 18 Jahre und zwei Minuten alt sei und einen Liebhaber namens Papageno habe. Erstaunt fragt dieser nach ihrem Namen, doch als sie ihn nennen will, ertönt starker Donner, und die Alte verschwindet schnell. Papageno beschließt vor Schreck, nun auch zu schweigen. Die Knaben erscheinen in dem Flugwerk und bringen den beiden Prüflingen Flöte und Glockenspiel zurück, die ihnen abgenommen worden waren. Außerdem über-

geben sie einen schön gedeckten Tisch mit Speisen und Getränken. Papageno stürzt sich gierig darauf, Tamino aber spielt versonnen auf seiner Flöte. Da erscheint Pamina. Sie hat den Flötenton gehört und ist ihm gefolgt. Freudig spricht sie Tamino an, dieser jedoch gibt ihr keine Antwort und bedeutet ihr, sich wieder zu entfernen. Auch Papageno schweigt. Betrübt wendet sich Pamina ab, glaubt, Taminos Liebe zu ihr sei schon erloschen, und sieht in ihrer Kränkung und Verzweiflung allein den Ausweg des Tods. 5. Bild, Gewölbe von Pyramiden: Die Priester huldigen den Göttern Isis und Osiris voller Dank dafür, daß Tamino die auferlegten Prüfungen gut bestanden hat. Zuversichtlich sehen sie einer Aufnahme dieses ihrer würdigen Manns in ihre Reihen entgegen. Sarastro erklärt Tamino, daß er noch zwei Prüfungen zu bestehen habe. Pamina wird hereingerufen, um Tamino das letzte Lebewohl zu sagen. Voller Verzweiflung versucht sie, ihn vor den drohenden Gefahren zurückzuhalten. Sarastro versichert, daß die Liebenden sich froh wiedersehen werden, und drängt zum Aufbruch. Tamino legt sein Schicksal in die Hände der Götter. Papageno irrt in den unterirdischen Gewölben des Tempels umher, sucht Tamino und vor allem einen Ausgang. An allen Türen wird er zurückgewiesen. Da erscheint der Priestersprecher und teilt ihm mit, daß er nicht in den Kreis der Eingeweihten aufgenommen werden könne. Papageno ist recht froh darum und wünscht sich ein gutes Glas Wein, das ihm sofort gereicht wird. Nachdem er den Wein gekostet hat, wird es ihm »ganz wunderlich ums Herz«, und er wünscht sich ein »Mädchen oder Weibchen«. Dabei läßt er seine Zauberglöckchen erklingen. Die häßliche Alte erscheint wieder. Sie stellt sich als sein »Weibchen« vor. Nur die Drohung, bei Wasser und Brot immer eingesperrt bleiben zu müssen, kann Papageno zu einem Heiratsversprechen bewegen. Da verwandelt sich die Alte vor seinen Augen in ein hübsches junges Mädchen, das ebenso wie er ein Federkleid trägt: Papagena. Noch bevor er sie umarmen kann, tritt der Priestersprecher dazwischen und führt sie weg. Papageno versinkt im Erdboden. 6. Bild, ein kurzer Garten: Wieder erscheinen die Knaben. Sie entdecken die verzweifelte Pamina und können gerade noch verhindern, daß sie den von ihrer Mutter erhaltenen Dolch gegen sich selbst richtet. Sie teilen ihr mit, daß Tamino sie nach wie vor liebe, und erbieten sich, sie zu ihm zu bringen. 7. Bild, zwei große Berge; in einem ein Wasserfall; der andere speit Feuer; jeder Berg hat ein durchbrochenes Gitter, wodurch man Feuer und Wasser sieht; wo das Feuer brennt, ist der Horizont hellrot, wo das Wasser ist, liegt schwarzer Nebel; Felsen: Tamino wird von zwei geharnischten Männern an die Schreckenspforten geführt, hinter denen sich der letzte Prüfungsweg verbirgt, die Reinigung der Seele durch Feuer und Wasser. Da erscheint Pamina. Vereint durchschreiten die beiden Liebenden die Feuer- und Wasserhöhle. Mit Hilfe der Zauberflöte bestehen sie alle Gefahren und treten unter dem Triumphgesang der Priesterschaft als Geweihte in den Tempel ein. 8. Bild, wie II/6: Papageno sucht verzweifelt nach Papagena. Da er sie nicht finden kann, aber auch nicht ohne sie leben will, beschließt er, sich zu erhängen. Wieder greifen die Knaben rechtzeitig ein und erinnern ihn an seine Zauberglöckchen. Mit ihrer Hilfe gelingt es, Papagena herbeizuholen. Überglücklich fallen sie sich in die Arme und hoffen auf einen reichen Kindersegen. Unter der Führung des ortskundigen Monostatos versuchen die Königin der Nacht und ihr Gefolge in den Tempel einzudringen. Pamina soll aus der Gewalt der »Frömmler« befreit und Monostatos zur Frau gegeben werden. Doch mit Donner, Blitz und Sturm werden sie von Sarastro vernichtet und in »ewige Nacht« gestürzt. 9. Bild, Sonne: In krassem Gegensatz zur »Welt der Nacht« erscheint nun die »Welt der Sonne«. Hier werden Pamina und Tamino unter dem Jubelgesang der Priester von Sarastro in den Kreis der Eingeweihten aufgenommen.

Kommentar: Mozart und Schikaneder stehen mit der *Zauberflöte* ganz in der Tradition der Wiener Kasperl- und Zauberoper, die sich vor allem in der 2. Hälfte des 18. Jahrhunderts entfaltete. Grundidee und immer wiederkehrender Stoff dieser Opern, der Sieg der Liebe über vielerlei Gefahren, werden auf die unterschiedlichste Weise dargestellt. Dabei spielt das Eingreifen von Geistern, Zauberern, guten und bösen Mächten in die Geschicke der Menschen eine große Rolle. Phantastisches und Reales verbinden sich hierbei ebenso wie Ernst und Humor. Insbesondere Karl von Marinelli trug dazu bei, seit er das Theater in der Leopoldstadt 1781 übernommen hatte, daß durch die Angleichung der Kasperliade an das deutsche Singspiel dies Genre in den Rang einer deutschen Oper erhoben wurde. Dabei waren ihm seine Theaterdichter Joachim Perinet und Karl Friedrich Hensler (seit 1786) ebenso behilflich wie die Komponisten Wenzel Müller und Ferdinand Kauer. Bei diesen Opern nahm neben Zaubereien oder dem Auftreten wilder Tiere,

Die Zauberflöte, II. Akt, 3. Bild; Jarmila Novotná als Pamina, Alexander Kipnis als Sarastro; Regie: Herbert Graf, Ausstattung: Richard Rychtarik; Metropolitan Opera, New York 1941. – Die hervorragend durchgebildete, voluminöse Stimme und die schauspielerische Begabung des Bassisten wurden in dieser Oper ebenso bewundert wie die lyrische Gestaltungskraft der Sopranistin.

die selbstverständlich von Menschen dargestellt wurden, die szenische Ausstattung einen ganz wichtigen Stellenwert ein. Die Schaulust des Wiener Publikums war ebenso zu befriedigen wie die Lachlust und der Hang zur Sentimentalität. Die Musik hatte sich hier einzuordnen, ohne jedoch auf ihren eigenständigen Qualitätsanspruch zu verzichten. – Schikaneder hatte also, als er das Theater auf der Wieden übernahm, gegen eine harte Konkurrenz anzukämpfen. Einen ersten großen Erfolg erzielte er mit Wranitzkys *Oberon, König der Elfen* (1789, Text: Karl Ludwig Giesecke nach Christoph Martin Wieland und Sophie Friederike Hensel). Da sich Mozart und Schikaneder lange kannten, war es nahezu selbstverständlich, eine bereits länger ins Auge gefaßte Zusammenarbeit in die Tat umzusetzen. Daß Schikaneder sich in finanziellen Schwierigkeiten befunden und Mozart gebeten habe, ihm durch die Komposition der Oper zu Hilfe zu kommen, muß wohl endgültig als eine Legende angesehen werden, da das Schikanedersche Unternehmen zu dieser Zeit in höchster Blüte und wirtschaftlich auf festen Füßen stand. Eher wäre sogar der umgekehrte Fall denkbar, daß nämlich Schikaneder beabsichtigte, Mozart zu helfen. – Die stofflichen Vorlagen der *Zauberflöte* sind vielfach erörtert worden. Als wichtigste Quelle auch für viele andere Wiener Zauberopern, zum Beispiel *Oberon*, ist Wielands Märchensammlung *Dschinnistan oder auserlesene Feen- und Geister-Mährchen teils neu erfunden, teils neu übersetzt und umgearbeitet* zu nennen. Schikaneder scheint diese Sammlung auch schon für seinen Text zu Schaks (verschollener) Oper *Der Stein der Weisen oder Die Zauberinsel* (Wien 1790) benutzt zu haben. Bei der *Zauberflöte* hat Schikaneder jedoch nicht einfach August Jakob Liebeskinds im 3. Band (1789) dieser Sammlung enthaltenes Märchen *Lulu oder Die Zauberflöte* dramatisiert, sondern Motive auch aus andern Erzählungen der Sammlung sowie aus verschiedenen andern Vorbildern zusammengefaßt. Hierbei haben sicher freimaurerische Ideen, vielleicht sogar stärker unter Mozarts Einfluß, eine gewichtige Rolle gespielt. Ignaz von Born, der Herausgeber des *Journals für Freimaurer*, hatte 1784 einen Aufsatz »Über die Mysterien der Ägypter« und die Fortsetzung entsprechender Traditionen bei den Freimaurern veröffentlicht, der sowohl Schikaneder wie Mozart bekannt gewesen sein dürfte. Gleiches gilt für Matthias Claudius' deutsche Übersetzung (1777/78) von Jean Terrassons *Sethos, histoire ou vie. Tirée des monumens anecdotes de l'ancienne Egypte. Traduite d'un manuscrit grec* (1731). Nicht ohne Einfluß auf Mozart und Schikaneder war sicher auch Tobias Philipp von Geblers »heroisches Drama« *Thamos, König in Egypten* (1774), zu dem Mozart 1779 Chöre und Zwischenaktmusiken schrieb, und das unter anderm Schikaneder bei seinem Salzburger Gastspiel zur Aufführung gebracht hatte. Eine gewisse Bedeutung der Zahl Drei hängt vermutlich ebenfalls mit freimaurerischen Ideen zusammen (drei Prüfungen; drei Damen; drei Knaben; drei Akkorde; dreimal sechs Priester; dreimaliges Erscheinen der Knaben usw.). Anderes, wie die Verwendung von Zauberinstrumenten oder das Erscheinen von wilden Tieren, die durch Musik gezähmt werden, ist in zahlreichen weiteren Zauberopern ebenfalls zu finden. Priesterchöre spielen nicht nur in Wranitzkys *Oberon*, sondern auch in Müllers Singspiel *Das Sonnenfest der Brahminen* (1790) eine Rolle. Alle diese Traditionen und Merkmale der deutschsprachigen Wiener Oper wurden von Schikaneder und Mozart beachtet und, soweit es ihnen sinnvoll erschien, aufgenommen. Der wesentliche Unterschied aber lag in der musikalischen Gestaltung durch Mozart. – Mozart dürfte sich keineswegs auf die Komposition von Schikaneders Text allein beschränkt, sondern auch bei der textlichen und dramatischen Gestaltung mitgewirkt haben. Noch 1795 schreibt Schikaneder von der *Zauberflöte* als von »einer Oper, die ich mit dem seligen Mozart fleißig durchdachte«. Tatsächlich hat Mozart keineswegs alles komponiert, was im Textbuch steht (häufig waren davon allzu banale Texte Papagenos betroffen), sondern hat in etwa 50 Fällen den Text durch Zusätze, Streichungen oder andere Veränderungen nach seinen Wünschen gestaltet. In Mozarts Autograph finden sich außerdem wesentlich knappere Regieanweisungen als im Textbuch, was ebenfalls auf eine nachträgliche Korrektur durch Mozart schließen läßt. Gelegentlich stößt man in der Literatur noch immer auf die Vermutung, so etwa zuletzt bei Wolfgang Hildesheimer (s. Lit.), daß Giesecke an der Abfassung des Texts beteiligt gewesen sei. Dies kann nach neuesten Forschungsergebnissen endgültig verneint werden, zumal auch im Textbuch selbst sowie auf dem Theaterzettel ausschließlich Schikaneder als Textautor genannt wird. Dies schließt nicht aus, daß Giesecke, der seit 1789 Mitglied der Schikanederschen Schauspielgesellschaft war, gelegentlich Ratschläge oder Empfehlungen gegeben haben mag. Die Diskussion um eine mögliche Mitwirkung Gieseckes bei der Textgestaltung entzündete sich zumeist an dem Problem des sogenannten »Bruchs« in der *Zauberflöte* vor dem Finale des I. Aufzugs. Am 8. Juni 1791 hatte Müllers Singspiel *Der Fagottist oder Die Zauberzither* in Wien Premiere. Das Sujet ist mit dem der *Zauberflöte* überaus nah verwandt. Da Müllers Singspiel vor der *Zauberflöte* herauskam, lag es nahe, anzunehmen, daß Schikaneder und Mozart, um sich von dieser neuen Zauberoper abzuheben, den Gang der Handlung ihrer Oper kurzfristig veränderten. Auf diese Weise sei der »Bruch« entstanden und zu erklären. Die Idee zu dieser kurzfristigen Handlungsänderung aber habe Giesecke gehabt und so gleichsam das Werk gerettet. Dies ist nun allerdings ebensowenig zu belegen wie die Annahme, *Die Zauberflöte* sei vor Müllers Singspiel anders konzipiert gewesen. Schließlich, so wird argumentiert, sei es Schikaneder und insbesondere Mozart von Anfang an darum gegangen, den Gegensatz zwischen der bösen Nachtwelt und der guten Sonnenwelt herauszuarbeiten. In diesem Zusammenhang sei auch der Wechsel des »bösen Mohren« auf die Seite der Königin der Nacht nach seiner Bestrafung durch Sarastro keineswegs verwunderlich. – In der Tat hat Mozart die Welt Sarastros, die

Tafel 9

Tafel 9

Wolfgang Amadeus Mozart, *Il dissoluto punito ossia Il Don Giovanni* (1787); Adolphe Nourrit als Don Giovanni; Illustration: Eugène Du Faget nach dem Kostümentwurf von Edmond Duponchel; Opéra, Paris 1834. – Nicht so sehr die Tatsache, daß Nourrit, einer der gefeiertsten Sänger der Opéra, hier die Praxis seines Lehrers Manuel García aufgriff, sich als Tenor die Basso-cantante-Partie des Giovanni anzueignen, gibt dieser Aufführung einen besonderen Stellenwert in der Rezeptionsgeschichte des Werks. Vor allem die Bearbeitung von Mozarts Partitur als fünfaktige Grand opéra durch François Castil-Blaze, der sie mit neu komponierten Rezitativen, Umtextierungen von Arien und Ensembles, Einfügungen von Nummern und Entreakten sowie einem geänderten Schluß im Sinn des damaligen Pariser E.-T.-A.-Hoffmann-Kults dessen Novelle *Don Juan* (1813) anpaßte, prägt ihren wenn auch zweifelhaften Ruhm.

Priesterszenen, mit besonderer Sorgfalt und Liebe gestaltet. Allerdings scheinen gerade sie den Erfolg zunächst eher behindert denn gefördert zu haben. Ist es doch bezeichnend, daß bei den Aufführungen nicht etwa Sarastros »In diesen heil'gen Hallen«, sondern »das Duetto *Mann* und *Weib* etc: und das Glöckchen Spiel im ersten Ackt [...] – auch im 2:^{t} Ackt das knaben Terzett«, wie Mozart berichtet (Brief an Konstanze vom 7. Okt.), wiederholt werden mußten. Ebendiese Nummern trugen neben den aufwendigen Dekorationen und Kostümen, den Maschineneffekten und der Flugmaschine wohl wesentlich zum Erfolg der Oper bei. Und der Besucher, von dem Mozart berichtet, daß er »so sehr den *bayern*« zeigte, »daß ich nicht bleiben konnte, oder ich hätte ihn einen Esel heissen müssen« (Brief an Konstanze vom 8./9. Okt.), war sicher kein Einzelfall. Mozart fährt in seiner Schilderung fort: »Unglückseeligerweise war ich eben drinnen als der 2:^{te} Ackt anfieng, folglich bey der feyerlichen Scene. – er belachte alles; anfangs hatte ich gedult genug ihn auf einige Reden aufmerksam machen zu wollen, allein – er belachte alles; – da wards mir nun zu viel – ich hiess ihn *Papageno*, und gieng fort [...]« Im übrigen hat Mozart in der *Zauberflöte* auf geniale Weise die Einheit zwischen niederer und hoher Kunst zu realisieren vermocht. – Was schließlich den möglichen Einfluß auf die Gestaltung der *Zauberflöte* durch Müllers *Fagottist* betrifft, so bleibt nachzutragen, daß Mozart selbst in einem Brief vom 12. Juni 1791, also vier Tage nach der Uraufführung, an Konstanze in Baden berichtet: »[...] ich gieng dann um mich aufzuheitern zum Kasperl in die neue Oper der *Fagottist*, die so viel Lärm macht – aber gar nichts daran ist.« Ob Mozart wirklich so unberührt davon war, wie er vorgibt, oder ob er nicht eher seine Frau beruhigen wollte? Es findet sich jedenfalls keine Andeutung hinsichtlich einer möglichen Auswirkung auf die eigene geplante Oper. So kann auf die Frage nach dem »Bruch« und seinen Ursachen nach wie vor keine eindeutige Antwort gegeben werden. Wie immer, so hat Mozart auch in der *Zauberflöte* die Fähigkeiten der einzelnen Sängerinnen und Sänger sowie des Orchesters und des Chors in hohem Maß berücksichtigt. Trotzdem darf man sich die musikalische Realisation keineswegs zu »idealistisch« vorstellen. Darauf weist zum Beispiel die Charakterisierung hin, die Friedrich Ludwig Schröder, der am 23. Mai 1791 eine Aufführung von Wranitzkys *Oberon* in Wien besuchte, von einigen Sängern der Hauptpartien gibt, die später auch in der *Zauberflöte* sangen. So heißt es etwa über die Darstellerin der Königin der Nacht, Mozarts Schwägerin Hofer: »Oberon, Madam Hofer, ehemals We-

Die Zauberflöte, I. Akt, 3. Bild; Manfred Hopp als Tamino, Irmgard Arnold als 1. Dame, Hanna Schmoock als 3. Dame, Evelyn Bölicke als 2. Dame; Regie: Walter Felsenstein, Ausstattung: Rudolf Heinrich; Komische Oper, Berlin 1962. – Mit den Mitteln des Barocktheaters erzählte Felsenstein *Die Zauberflöte* auf märchenhaft-poetische Weise als Geschichte vom Sieg der Liebe in ihrer Einheit von Eros und Humanitas über die Macht des Bösen. Seit der Premiere 1954 über 200mal gezeigt, war die Inszenierung auch in ihrem Ensemblegeist über wechselnde Besetzungen hinweg eine der herausragenden Arbeiten der Komischen Oper.

ber. Eine sehr unangenehme Sängerin, hat nicht Höhe genug zu dieser Rolle, und erquickt sie. Dabei reißt sie den Mund auf, wie Stephanie der Aeltere.« Oder über Schak, den Darsteller des Tamino: »Hüon, Schack, ein braver Tenorist, aber mit Österreichischer Mundart und Vorstadtsdeclamation.« Als »sehr brav« wird dagegen Gerl bezeichnet, der spätere Sarastro. – Mozart hatte, wie erwähnt, die ersten beiden Vorstellungen selbst dirigiert. Die dritte Vorstellung hörte er sich, wohl enttäuscht über die zurückhaltende Aufnahme der Oper, aus einer Loge an. Aber auch danach besuchte er immer wieder Vorstellungen als Zuhörer oder auch aktiv Mitwirkender und beobachtete mit Zufriedenheit den langsam wachsenden Erfolg. So heißt es in dem bereits zitierten Brief vom 7./8. Okt.: »Eben komme ich von der Oper; – Sie war eben so voll wie allzeit.« Dann berichtet er über die Stücke, die wie üblich wiederholt werden mußten, und fährt fort: »[...] was mich aber am meisten freuet, ist, der *Stille beifall!* – man sieht recht wie sehr und immer mehr diese Oper steigt.« Sollte sich dieser »Stille beifall« vielleicht insbesondere auf die Priesterszenen beziehen, die sich ja auch nicht für den spontanen Beifall eigneten?

Wirkung: Der Erfolg des Werks war, wie schon erwähnt, bei der Uraufführung zunächst recht mäßig, steigerte sich aber sehr schnell von Vorstellung zu Vorstellung. Allein im Okt. 1791 gab es über 20 Aufführungen. Offensichtlich mußte sich das Publikum erst daran gewöhnen, daß diese Oper nicht nur ein Spektakelstück nach gängiger Wiener Manier war, sondern darüber hinaus ernsthaftes und zutiefst humanistisches Ideengut mit einbezog. Die Priesterwelt war hier nicht, wie etwa in *Oberon*, nur Staffage, und eine so kunstvolle Komposition wie der Gesang der Geharnischten, in dem Mozart Wolff Heintz' Melodie (1537) zu Martin Luthers Choral *Ach Gott, vom Himmel sieh darein* (1524) fast unverändert übernahm und kontrapunktisch verarbeitete, mag den damaligen Hörern fremd oder zumindest in einer Kasperloper ungewohnt erschienen sein. Andrerseits mag dieser Umstand auch andere Publikumsschichten, als üblicherweise in den Vorstadttheatern vertreten, angezogen haben. Am 23. Nov. 1792 konnte Schikaneder bereits die 100. Vorstellung (sie war allerdings erst die 83.) in Wien ankündigen. Die 135. Vorstellung, angekündigt als 200., fand am 22. Okt. 1795 statt. Bis zum 6. Mai 1801 wurde das Werk 223mal gespielt. Am 24. Febr. 1801 erklang es erstmals in der Wiener Hofoper und erlebte dort bis 1893 nicht weniger als 400 Aufführungen. – Außerhalb Wiens stand *Die Zauberflöte* erstmals am 21. Sept. 1792 in Lemberg (Franz Bullas Truppe; Dirigent: Józef Elsner) und am 25. Okt. 1792 in Prag auf dem Spielplan. Im selben Jahr fand eine offenbar konzertante Aufführung in Zittau statt. Das Augsburger Theater brachte die Oper am 21. Jan. 1793 auf die Bühne. Von nun an fand das Werk allgemeine Verbreitung auf den Spielplänen. So kam es 1793 zu Erstaufführungen in zahlreichen Städten, unter anderm in Leipzig (25. Jan.), Passau (31. Jan.), Pest (3. März), Graz (29. Mai), Brünn (Juni), Godesberg (Juni), Magdeburg (nur Teile), München (11. Juli), Warschau (27. Juli), Dresden (7. Aug.), Frankfurt a. M. (16. Aug.), Linz (25. Aug.) und Hamburg (15. Nov.). 1794 erklang die Oper in Weimar (15. Jan.; Text von Christian August Vulpius überarbeitet), Königsberg, Mannheim (29. März; ebenfalls Vulpius), Hannover (25. April), Berlin (12. Mai), Lauchstädt (3. Juli) und Erfurt (27. Sept.). Petersburg folgte 1797. Schon verhältnismäßig früh kam es zu Erstaufführungen im weiteren Ausland mit zumeist in die Landessprache übersetztem Text. Hier seien genannt: Prag 1794 (italienisch), Amsterdam 1799 (Übersetzung: Jan Coenraad Meyer), Moskau 1801, Paris 1801 (freie Bearbeitung von Etienne Morel de Chédeville und Ludwig Wenzel Lachnith als *Les Mystères d'Isis*), Warschau 1802 (Übersetzung: Wojciech Bogusławski), London 1811 (italienisch), Stockholm 1812 (Herman Anders Kullberg), Mailand 1816, Kopenhagen 1826 (Niels Thoroup Bruun), New York 1833 (Charles Edward Horn), Helsinki 1841 (deutsch) und 1877 (Antti Törneroos), Budapest 1877 (Gusztáv Böhm), Buenos Aires 1923 (italienisch), Riga 1923, Ljubljana 1927 und Sofia 1931 (Bojan Danowski). Ergänzend sei noch folgendes erwähnt: In Paris hielt sich *Die Zauberflöte* von 1801 bis 1922 ohne Unterbrechung auf dem Spielplan (in der Originalgestalt erstmals 1865). In Berlin fand am 2. Okt. 1802 bereits die 100. Aufführung statt. In Dresden führte unter anderm Carl Maria von Weber die Oper 1818 wieder auf. – Schon frühzeitig, im Grunde kurz nach der Uraufführung, begann die Diskussion um Qualität, Form und Inhalt der *Zauberflöte*, gab es doch keineswegs nur Zustimmung. In seinem Tagebuch notiert Karl Graf von Zinzendorf am 6. Nov. 1791 über eine Wiener Aufführung: »La musique et les Decorations sont jolies, le reste une farçe incroyable.« Besonders wurde immer wieder die Qualität des Textbuchs in Frage gestellt. So heißt es in einem anonymen Korrespondentenbericht aus Wien vom 9. Okt. 1791, abgedruckt im Dez. 1791 im Berliner *Musikalischen Wochenblatt*: »Die Zauberflöte, mit Musik von unserm Kapellmeister Mozard, die mit grossen Kosten und vieler Pracht in den Dekorationen gegeben wird, findet den gehofften Beifall nicht, weil der Inhalt und die Sprache des Stücks gar zu schlecht sind.« Diese Einwände führten dann beispielsweise dazu, daß für die Aufführung in Weimar Johann Wolfgang von Goethe seinen Schwager Vulpius mit der Überarbeitung des Texts beauftragte. Diese Version wurde dann auch andernorts übernommen, obwohl sie keineswegs zu überzeugen vermochte, ja manches sogar durch die Änderungen schlechter singbar geworden war. Schikaneders Originaltext wurde erst wieder Ende des 19. Jahrhunderts durch Ernst von Possart in München restituiert und von da an allgemein verbindlich. Obwohl Schikaneders Libretto sicher Schwächen hat, so ist es doch keineswegs verdammungswürdig oder gar unbrauchbar. Kein Geringerer als Ferruccio Busoni hielt es sogar für das beste Operntextbuch überhaupt. Die Diskussion ist im Grunde bis heute nicht abgebrochen und findet ihren Ausdruck zum Beispiel in der Fragestellung, ob *Die Zauberflöte* ein »Kunstwerk« oder ein »Machwerk« sei (*Musik-Konzepte*, s. Lit.). Weitere Diskussionspunkte beziehen sich auf inhaltliche Probleme. Immer wieder haben hier Fragen der (allegorischen) Ausdeutung eine Rolle gespielt. So wurde die Oper im Zuge der Französischen Revolution im Sinn der Jakobiner dahin gehend interpretiert, daß man in der Königin der Nacht die despotische Regierung König Ludwigs XVI., in Pamina die Freiheit und in Tamino das Volk sah (vgl. zum Beispiel die anonyme *Geheime Geschichte des Verschwörungs-Systems der Jakobiner in den österreichischen Staaten. Für Wahrheitsfreunde*, London [in Wirklichkeit Heilbronn] 1795). Andrerseits galt die Oper gerade als ein Schutzwall gegen Revolution und Jakobinismus (vgl. hierzu Joseph Valentin Eybels *Göttergespräche über die Jakobiner. Eine Wochenschrift*, anonym erschienen Linz 1794). Schließlich sah man in der *Zauberflöte* ein Symbol für die »Befreyung des französischen Volkes aus den Händen des alten Despotismus durch die Weisheit einer bessern Gesetzgebung« (Franz Gräffer, *Josephinische Curiosa oder ganz besondere, theils nicht mehr, theils noch nicht bekannte Persönlichkeiten, Geheimnisse, Details, Actenstücke und Denkwürdigkeiten der Lebens- und Zeitgeschichte Kaiser Josephs II.*, anonym erschienen Wien 1848, Bd. 3, S. 183). Mozart und Schikaneder hatten bei ihrer gemeinsamen Arbeit sicher nicht an derartige Interpretationen ihrer Oper gedacht; daß für sie allerdings freimaurerisches Ideengut eine wichtige Rolle spielte, ist unbestritten. Vermutlich ist in Logenkreisen die Oper in diesem Sinn rezipiert worden. In der 2. Hälfte des 19. Jahrhunderts kommt es zunehmend auch außerhalb dieser Kreise zu entsprechenden Deutungen (Leopold von Sonnleithner, Georg Friedrich Daumer). Inwieweit derartige Gedanken auch durch Romantik und Klassizismus befördert wurden, sei dahingestellt. – Mehrfach ist der Versuch unternommen worden, *Die Zauberflöte* weiterzuführen. So schrieb Goethe nach der Aufführung in Weimar 1794 *Der Zauberflöte zweiter Teil*. Den Text sollte, nach mehreren andern Überlegungen, schließlich Paul Wranitzky, der Komponist von *Oberon*, in Musik setzen. Der Plan gelangte jedoch nicht zur Ausführung. Eine weitere Fortsetzung wurde von Peter von Winter auf einen Text von Schikaneder komponiert: *Das Labyrinth oder Der Kampf mit den Elementen* (1792). Diese Oper war außergewöhnlich erfolgreich und hielt sich verhältnismäßig lange auf dem Spielplan, wurde auch außerhalb Wiens recht häufig gespielt. Gegen Ende des 19. Jahrhunderts verfaßte Wilhelm Rintel, der Enkel Carl Friedrich Zelters, ebenfalls einen 2. Teil der *Zauberflöte*. Schließlich erschien noch in Darmstadt 1908 der Klavierauszug von Heinrich August Schultzes *Nitokris, der Zauberflöte 2. Teil* (Text: Martin Schultze, komponiert 1857 als *Domenico Fontana oder Der Obelisk*). Danach hörten derartige Fortsetzungsversuche auf. – Vielfältige inhaltliche wie szenische Deutungen hat *Die Zauberflöte* auch durch die verschiedensten Inszenierungen und Bühnenbildgestaltungen erfahren. Von der Inszenierung der Uraufführung in Wien können die Kupferstiche der Brüder Schaffer einen Eindruck vermitteln.

Die Zauberflöte, II. Aufzug, 7. Bild; Francisco Araiza als Tamino, Patricia Wise als Pamina; Regie: August Everding, Ausstattung: Jürgen Rose; Nationaltheater, München 1978. – Projektionen tauchen Tamino und Pamina in die Welt des Wassers. Sie schaffen unter dem Zeichen der philosophischen Läuterungsidee des Ordens einen ätherischen Raum von Entrückung und Gefahr.

Schon 1793 waren mehrere Kalenderkupfer erschienen, die offensichtlich einige Szenen aus der Hamburger Erstaufführung unter Schröder, allerdings gegenüber Wien in vereinfachter Aufmachung, vom 15. Nov. 1793 wiedergeben. Gemäß den Wiener Gepflogenheiten verlangte diese aufwendige Maschinenkomödie eine gut funktionierende Bühnentechnik. Diese Tatsache mag manche Bühne zunächst davon abgehalten haben, die Oper in das Programm aufzunehmen. In diesem Sinn antwortete zum Beispiel am 8. März 1792 der Direktor des Berliner Nationaltheaters, Johann Jakob Engel, König Friedrich Wilhelm II., als dieser gebeten hatte, die Möglichkeiten einer Aufführung in Berlin zu prüfen: »Der Verfasser scheint es darauf abgelegt zu haben, alle nur ersinnlichen Schwierigkeiten für den Maschinisten und Dekorateur zuammenzudrängen, und so ist eine Arbeit entstanden, deren ganzes Verdienst Pracht für das Auge ist. Wenigstens kann das Publikum, das gewisse Mysterien nicht kennt und durch die schwere Hülle der Allegorie nicht durchzublicken vermag, derselben unmöglich einiges Interesse abgewinnen. Ich bedaure hierbei, daß der große Tonkünstler Mozart sein Talent an einen so undankbaren, mystischen und untheatralischen Stoff verschwenden hat müssen.« Die hier angesprochenen Verständnisschwierigkeiten des Stoffinhalts, die sich offensichtlich auch schon bei der Uraufführung vor allem in den Priesterszenen dokumentierten, haben sicher spätere Interpretationen als »Mysterienspiel« gefördert. Vielleicht mag es neben dem Geheimnisvoll-Feierlichen gerade diese »Unverständlichkeit« gewesen sein, die dazu beitrug, bei den Inszenierungen den Schwerpunkt auf die Darstellung und Verdeutlichung des sakralen Bereichs zu verlagern. War dies bei der Aufführung in München 1793 noch nicht so sehr der Fall, zu der Giuseppe Quaglio das Bühnenbild geschaffen hatte und bei der sich eine verstärkte Tendenz zum historisch »Wahren und Echten« zeigte, so hat die vom Direktor der Königlichen Theater, Karl Moritz Graf von Brühl, veranlaßte Berliner Aufführung vom 18. Jan. 1816, die durch die außerordentlichen Bühnendekorationen Karl Friedrich Schinkels, die die Sphäre des Heiligen in Verbindung mit dem ägyptischen Element besonders hervorhoben, Berühmtheit erlangte, ebenfalls in diese Richtung gewirkt. Und wenn E. T. A. Hoffmann in seiner Besprechung einer Berliner Aufführung im Mai 1816 davon berichtet, daß ebendiese »sakrale« Sphäre noch über die Oper hinaus durch ein angefügtes Ballett verdeutlicht wurde, so ist auch dies symptomatisch für die genannte »Schwerpunktverlagerung«, die die Inszenierungen bis in die neueste Zeit wesentlich bestimmt hat. Hierbei mag außerdem die Vorstellung, daß es sich um Mozarts »letztes Werk« gehandelt habe, eine Rolle gespielt haben. Bei Schinkels Bühnenbildern fand vor allem der »symbolische Hintergrund« Beachtung. Er wurde, wie auch die übrigen Dekorationen, häufig nachempfunden. So etwa in Weimar (17. Aug. 1817, Bühnenbild: Friedrich Beuther) und in München (27. Nov. 1818, Simon Quaglio). Das Symbolische der *Zauberflöte* betonten um die Jahrhundertwende Adolphe Appia und Edward Gordon Craig. 1917 gab es in Mannheim eine Neuinszenierung; Carl Hagemann (s. Lit.) machte dazu folgende Bemerkungen: »Die Zauberflöte ist ein Menschheitsstück, ein Weltanschauungsdrama – eine abgekürzte Chronik des Daseins überhaupt […] die Zauberflöte ist ein Märchen. Kein Haus- und Kindermärchen. Oder doch nicht allein das. Sondern ein Märchen-Mysterium. Ein deutsches Märchen-Mysterium […] Wie wir heute die Zauberflöte sehen und als Kunstwerk erleben, hat sie mit der Freimaurerei wenig, mit Aegypten aber garnichts zu tun. Sie ist weder ein philosophisches noch ein geschichtliches Tendenzstück. Und wenn sie es jemals war, ist sie es heute nicht mehr – heute weniger als je.« Und entsprechend dieser Auffassung inszenierte Hagemann die Oper dann auch konsequent als »Märchen-Mysterium«. Max Slevogt schuf für die Aufführung in der Staatsoper Berlin 1928 seine impressionistischen Bühnenbilder, die die mystischen und mythischen Seiten der Oper besonders hervorhoben. – Nach 1945 sind einige wichtige Inszenierungen und Aufführungen zu erwähnen: Bei den Salzburger Festspielen arbeiteten 1949 Caspar Neher (Sarastro: Josef Greindl, Tamino: Walther Ludwig, Königin: Wilma Lipp, Pamina: Irmgard Seefried, Papageno: Karl Schmitt-Walter; Dirigent: Wilhelm Furtwängler, Regie: Oscar Fritz Schuh), unter Betonung wieder des Märchenhaft-Mythischen 1955 Oskar Kokoschka (Gottlob Frick, Anton Dermota, Erika Köth, Elisabeth Grümmer, Erich Kunz; George Solti, Graf), mit metallisch glänzenden Bühnenbildern 1967 Teo Otto (Franz Crass, Peter Schreier, Sylvia Geszty, Helen Donath, Hermann Prey; Wolfgang Sawallisch, Schuh). Beachtung fand die Inszenierung von Walter Felsenstein (Bühnenbild: Rudolf Heinrich) an der Komischen Oper Berlin 1954 (Sigmund Roth, Richard Holm, Jutta Vulpius, Sonja Schöner, Benno Kusche; Meinhard von Zallinger). 1967 brachte die Metropolitan Opera New York *Die Zauberflöte* heraus, die Günther Rennert inszenierte und zu der Marc Chagall seine berühmt gewordenen Dekorationen und Kostüme schuf (Entwürfe schon 1965), wobei auch die Akteure in das Gesamtbild einbezogen wurden (Jerome Hines, Nicolai Gedda, Lucia Popp, Pilar Lorengar, Prey; Josef Krips); die drei Ebenen der Oper (Mysterium, Drama und Volksstück) sollten herausgearbeitet werden. 1970 verwendete Josef Svoboda (Regie: Rennert) in München erstmals eine Laserprojektion bei der Feuer-und-Wasser-Probe: *Die Zauberflöte* als ein Traumspiel (Crass, Adolf Dallapozza, Rita Shane, Edith Mathis, Prey; Rafael Kubelik). Unter Verzicht auf Freimaurersymbolik, das Märchenspiel als Lehrstück interpretierend, inszenierte Joachim Herz (Bühnenbild: Heinrich) die Oper 1974 in Wien (Hans Sotin, Rudolf Laubenthal, Urszula Koszut, Donath, Heinz Holecek; Christoph von Dohnányi). Suggestive Bühnenbilder schuf David Hockney (Regie: John Cox) für Glyndebourne 1978 (Thomas Thomaschke, Kolos Kováts, Leo Goeke, May Sandoz, Isobel Buchanan, Benjamin Luxon; Andrew Davis). Heute zeichnet sich deutlich die Tendenz ab, das Werk wieder als »Märchen-Mysterium« zu inszenieren. – *Die Zauberflöte*: eine Maschinenkomödie, ein Märchen oder ein Mysterienspiel? Von der Entstehungsgeschichte her sicher eher eine Maschinenkomödie, bei der auch das Reich Sarastros die Möglichkeit zu überaus wirksamen Bühneneffekten bot. *Die Zauberflöte* ist jedoch ein überaus vielschichtiges Werk. Jeder Regisseur, der sich anschickt, diese Oper in Szene zu setzen, muß sich daher genau darüber im klaren sein, welche Seite, die trivial-weltliche oder die geistig-sakrale, beziehungsweise welche Schicht er besonders in den Vordergrund rücken will und wie er diese verschiedenen Ebenen sinnvoll und werkgerecht miteinander in Beziehung setzen kann. August Everdings Inszenierung in München 1978 zielte, unter Berücksichtigung des »historischen Sachverhalts«, in diese Richtung (Siegfried Vogel, Francisco Araiza, Edita Gruberová, Patricia Wise, Wolfgang Brendel; Sawallisch). Die in dieser Hinsicht vielleicht sachgerechteste Lösung hat Jean-Pierre Ponnelle in seiner Salzburger Inszenierung von 1978 gefunden (Martti Talvela, Eric Tappy, Gruberová, Ileana Cotrubas, Christian Boesch; James Levine). Für ihn zeigten sich die Schwierigkeiten bei einer Inszenierung der *Zauberflöte* darin, den drei wesentlichen Aspekten des Werks gerecht zu werden: 1. dem Abstrakt-Philosophisch-Metaphysischen, 2. dem Märchen mit Maschinenzauber und 3. dem Phantastischen: »*Die Zauberflöte*, eine Mischung von Märchen und Volksstück, orientalischem und europäischem, freimaurerischem Gedankengut in ihrer Vielschichtigkeit zu erfassen ist eine Herausforderung an jeden Regisseur.« Als ein besonders geglückter Versuch, die Oper auch für das Medium Film umzusetzen, muß die Produktion von Ingmar Bergman (1974) genannt werden. – Und die Musik Mozarts? Sie ist das eigentlich »konstante« Element dieser Oper. Sie vermag das Bühnengeschehen zu unterstreichen, zu verdeutlichen, aber auch zu bestimmen. Die Partitur ist daher für die Mise en scène, bei allem notwendigen Freiraum für den Regisseur, als maßgebend und verbindlich anzusehen. Daß aus der *Zauberflöte* mehr geworden ist als nur eine »gewöhnliche« Maschinenkomödie, ist allein das Verdienst Mozarts und seiner Musik.

Autograph: SB Bln. **Ausgaben:** Faks.-Nachdr. d. Autographs, hrsg. K.-H. Köhler: Dt. Vlg. f. M. 1979, Bär (Documenta Musicologica. 2. Reihe. Hs. Faksimiles. VII.); Part, krit. Ausg.: W. A. Mozart, Werke, Bd. V/20, [rev. v. P. v. Waldersee], B&H 1879, Nachdr.: Edwards Music Reprints, Serie A, Ann Arbor, MI 1951–56; W. A. Mozart, Neue Ausg. sämtl. Werke, Serie II/5, Bd. 19, hrsg. G. Gruber, A. Orel, Bär 1970; Part, ital./dt.: Simrock [1814]; Part, dt./ital.: Simrock [um 1820], Nr. 1092; Part, ital./frz.: Frey, Paris [1821] (Coll. des opéras de M. 3.); Part, hrsg. O. Jahn: Simrock [1862], Nr. 1092; Part, hrsg. J. Rietz: B&H [1870], Nr. 10923 (M.s Opern. 5.); Part: Peters [1880?], Nr. 5714; Part, hrsg. K. Soldan: Peters [um 1925] (Ed. Peters. 912.); Part, hrsg. A. A. Abert: Eulenburg [1953], [²um 1960], Nr. 4355 (Ed. Eulenburg. 912.); Part, hrsg. M. v. Zallinger: Peters [1957]; Part, bearb. v. E. Morel u.d.T. *Les Mystères d'Isis*, hrsg. L. W. Lachnith: Sieber, Paris [um 1801], Nr. 1661; Kl.A: Magazin in d. untern Breunerstraße, Wien [1791, 1792], Nr. 1158; Artaria, Wien [1791–93], Nr. 377; Kl.A, dt./ital.: Chemische Druckerei, Wien, Nr. 1335; Kl.A v. F. Eunike: Simrock [um 1800], Nr. 4; Kl.A v. C. D. Stegmann: Simrock, Nr. 4; Kl.A: Simrock, Nr. 191; Kl.A v. C. Zulehner: Schott [um 1800], Nr. 178; Kl.A: Rellstab, Bln. [um 1800]; Götz, Mannheim, Nr. 443; Kl.A v. A. E. Müller: Kühnel, Lpz. [1808, 1809]; Peters [um 1815], Nr. 660; dass., dt./ital.: Steiner, Wien [1810]; Kl.A: Mollo, Wien [um 1810], Nr. 1352; Kl.A, ital./dt., hrsg. M. G. Fischer: B&H [um 1818], Nr. 2236; Kl.A, dt./ital., Bearb. v. A. Conradi, J. C. Grünbaum: Cranz, Hbg.; Heckel, Mannheim [1828], Nr. 117 (Wohlfeile Ausg. v. W. A. M.s sämmtl. Opern. 2.); Kl.A, dt./ital.: Schlesinger, Paris [um 1822] (Coll. complètes des opéras de W. A. M. 3.); Meyer, Braunschweig [um 1836], Nr. 134; Kl.A, dt./ital.: Challier, Bln. [1850], Nr. 400; Kl.A, dt./ital., Bearb. v. A. Conradi, J. C. Grünbaum: B&B [um 1852]; André, Offenbach; Kl.A, dt./ital. Übers. v. M. Schultze: Litolff, Nr. 11; Kl.A: B&H [1880], Nr. 208 (M.s Opern. 7.); Kl.A, dt./ital., hrsg. G. F. Kogel: Peters [1893], Nr. 7794; Kl.A, hrsg. M. v. Zallinger: Peters [1955]; Kl.A v. H. Moehn (nach d. krit. Ausg. 1970): Bär 1970; Textb.: Wien, Alberti 1791, Faks.-Nachdr.: Wiener Bibliophile Ges., Wien 1942; B&H (Text-Bibl. Opern. 21.); Textb., hrsg. W. Zentner: Lpz., Reclam 1962, 1976 (rub. 2620.). **Aufführungsmaterial:** Bär, B&H

Literatur: F. L. Meyer, Friedrich Ludwig Schröder, Hbg. 1819; A. Fuchs, Beitrag zur Geschichte der Oper ›Die Zauberflöte‹, in: Allgemeine Theaterzeitung, Wien 1842, Nr. 31, S. 142f.; L. Nohl, Die Zauberflöte. Betrachtungen über d. Bedeutung d. dramatischen M in d. Gesch. d. menschlichen Geistes, Ffm. 1862; M. A. Zille, Die Zauberflöte, Lpz. 1866; V. Junk, Goethes Fortsetzung der M.schen ›Zauberflöte‹, Hbg. 1900; E. v. Komorzynski, Emanuel Schikaneder, Bln. 1901; E. J. Dent, The Magic Flute, Cambridge 1911; C. Hagemann, Die Zauberflöte und ihre Mannheimer Neuinszenierung. Ein Vortrag, Mannheim 1917; H. W. v. Waltershausen, Die Zauberflöte. Eine operndramatische Studie, München 1920 (Mus. Stillehre in Einzeldarstellungen. 1.); E. K. Blümml, Ausdeutungen der ›Zauberflöte‹, in: MJb 1, München 1923, S. 109–146; E. Istel, M.'s ›Magic Flute‹ and Freemasonry, in: MQ 13:1927, S. 510–527, dt.: Die Freimaurerei in M.s ›Zauberflöte‹, Bln. 1928; P. Nettl, M. und die königliche Kunst. Die freimaurerische Grundlage d. ›Zauberflöte‹, Bln. 1932, Neu-Ausg.: Musik und die Freimaurerei, Esslingen 1956; P. Stefan, Die Zauberflöte. Herkunft, Bedeutung, Geheimnis, Wien 1937; E. v. Komorzynski, Die Zauberflöte. Entstehung u. Bedeutung d. Kunstwerkes, in: Neues MJb 1:1941, S. 147–174; ders., Die Wiener Zauberoper, in: Arbeits- und Kultur-Ber. der M.-Gemeinde [Wien], in: Wiener Figaro, Nr. 5/6, Aug./Sept. 1943, S. 6–9; A. H. King, The Melodic Sources and Affinities of ›Die Zauberflöte‹, in: MQ 36:1950, S. 241–258; O. Rommel, Die Alt-Wiener Volkskomödie, Wien 1952; E. v. Komorzynski, Das Urbild der Zauberflöte, in: MJb 1952, S. 101–109; ders., ›Zauberflöte‹ und ›Oberon‹, ebd. 1953, S. 150–161; ders., ›Zauberflöte‹ und ›Dschinnistan‹, ebd. 1954, S. 177–194; G. Friedrich, Die humanistische Idee der ›Zauberflöte‹. Ein Beitr. zur Dramaturgie d. Oper, Dresden 1954; E. Schmitz, Formgesetze in M.s ›Zauberflöte‹, in: Festschrift Max Schneider zum 80. Geburtstag, Lpz. 1955, S. 209–214; R. Hammerstein, Der Gesang der geharnischten Männer. Eine Studie zu M.s Bachbild, in: AfMw 13:1956, S. 1–24; G. Friedrich, ›Die Zauberflöte‹ in der Inszenierung Walter Felsensteins an der Komischen Oper Berlin 1954, Bln. 1958; W. Schuh, Über einige frühe Textbücher zur ›Zauberflöte‹, in: Bericht über den Internationalen musikwissenschaftlichen Kongreß Wien 1956, Graz, Köln 1958, S. 571–578; A. Rosenberg, Die Zauberflöte. Gesch. u. Deutung v. M.s Oper, München 1964; E. Bloch, ›Die Zauberflöte‹ und Symbole von heute (1930), in: ders., Verfremdungen 1, Ffm. 1965, S. 97–103; G. Gruber, Das Autograph der ›Zauberflöte‹, in: MJb 1967, S. 127–149; J. Chailley, La Flûte enchantée. Opéra maçonnique. Essai d'explication du livret et de la musique, Paris 1968; E. M. BATLEY, A Preface to the Magic Flute, London 1969; G. GRUBER, Bedeutung und Spontaneität in M.s ›Zauberflöte‹, in: Festschrift Walter Senn zum 70. Geburtstag, München, Salzburg 1975, S. 118–130; W. FELSENSTEIN, Warum flieht Pamina?, in: DERS., J. HERZ, Musiktheater. Beitr. zur Methodik u. zu Inszenierungskonzeptionen, hrsg. S. Stompor, Lpz. 1976 (rub. 458.), S. 183–190; DERS., Die Königin der Nacht und ihr Kampf um den Sonnenkreis, ebd., S. 190–196; J. HERZ, R. HEINRICH, L. KNESSL, Betrachtungen über die Zauberflöte, ebd., S. 197–207; L'Avant-scène, Opéra, Nr. 1, Paris 1976; W. HILDESHEIMER, M., Ffm. 1977, S. 326–332 u. passim; T. G. GEORGIADES, Der Chor »Triumph, du edles Paar« aus dem 2. Finale der ›Zauberflöte‹, in: DERS., Kleine Schriften, Tutzing 1977, S. 145–156; G. JAACKS, Höllenfahrt und Sonnentempel. Das Bühnenbild␣D.␣M.-Opern, in: Mozart – Klassik für die Gegenwart, Hbg. 1978; Kasperletheater für Erwachsene, hrsg. N. Miller, K. Riha, Ffm. 1978; Ph. Staatsoper, München 1978; Ist die Zauberflöte ein Machwerk?, hrsg. H.-K. Metzger, R. Riehn, München 1978 (M-Konzepte. 3.); E. NEUMANN, Zu M.s ›Zauberflöte‹, in: DERS., Zur Psychologie des Weiblichen, München ³1980; Werk und Wiedergabe. M-Theater exemplarisch interpretiert, hrsg. S. Wiesmann, Bayreuth 1980 (Thurnauer Schriften zum M.Theater. 5.), S. 99–184; H. MAYER, Sarastro und Papageno, in: DERS., Versuche über die Oper, Ffm. 1981, S. 53–70; W. A. MOZART, Die Zauberflöte. Texte, Materialien, Kommentare, hrsg. A. Csampai, D. Holland, Reinbek 1982 (rororo. 7476.); I. FABIAN, I. Fabian im Gespräch mit Jean-Pierre Ponnelle, Zürich, Schwäbisch Hall 1983; Die Zauberflöte. M. Slevogts Randzeichnungen zu M.s Hs. Mit d. Text v. E. Schikaneder, hrsg. F. Dieckmann, Bln. 1984; V. BRAUNBEHRENS, M. in Wien, München, Zürich 1986, S. 273–285, 395–407 u. passim; J. A. ECKELMEYER, Structure as Hermeneutic Guide to ›The Magic Flute‹, in: MQ 72:1986, S. 51–73; L'Avant-scène, Opéra, Nr. 101, Paris 1987; M. MILA, Lettura del ›Flauto magico‹, Turin 1989; F. WEINBRENNER, »… Männer wie Blumauer, M.«. Aus d. »Denkwürdigkeiten« (1829), in: Acta Mozartiana 36:1990, S. 11f.; weitere Lit. s. S. 276

Christoph-Hellmut Mahling

Adolf Müller

Adolf Müller der Jüngere; geboren am 15. Oktober 1839 in Wien, gestorben am 14. Dezember 1901 in Wien

Wiener Blut
Operette in drei Akten

Musik: Johann Strauß (Sohn), arrangiert von Adolf Müller. **Text:** Viktor Léon (eigtl. Viktor Hirschfeld) und Leo Stein (eigtl. Leo Rosenstein)
Uraufführung: 26. Okt. 1899, Carl-Theater, Wien
Personen: Fürst Ypsheim-Gindelbach, Premierminister von Reuß-Schleiz-Greiz (Bar); Balduin Graf Zedlau, Gesandter von Reuß-Schleiz-Greiz in Wien (T); Gabriele, seine Frau (S); Demoiselle Franziska Cagliari, Tänzerin am Kärntnertortheater (S); Kagler, ihr Vater, Karussellbesitzer (Komiker); Pepi Pleininger, Probiermamsell (Soubrette); Josef, Kammerdiener des Grafen Zedlau (Buffo); Graf Bitowski; Graf Swendsen; Marquis de la Torsada; Lord Percy; Principe de Luzardo; Marquis Tortilla; Fürst Megaroff; Lord Eastlereagh; Vicomte de Latigny; Graf Stanislav; Baron Eckstein von Rhoden; von Lichteneck; Komtessen Tini Grubau-Imsfing, Libussa Vrtlk-Nachoda, Mini Pelserberg, Lori Stetten, Fanny zu Hagersbach, Poldi Framingen-Liersen, Cilli Wiertz auf Wiertzheim, Werk-Werkhausen, Dolores de Trajo-Albas, Vicki Beugers, Hansi Witten auf Wittersteig, Mali Schilderitz, Loni Jekelfalussy, Gusti Timpfen, Rosi Haders zu Hadersbrunn und Milli Isenburg; Marquis de Caramen, französischer Gesandter; Aggerhuus, schwedischer Gesandter; Baron von Dillenburg, preußischer Gesandter; Großfürst Nicolaus von Rußland; Lord Stewart, englischer Gesandter; Oberst von Schotterer, Kommandierender von Wien; Haushofmeister des Grafen Bitowski; Anna, Stubenmädchen der Demoiselle Cagliari; ein Fiakerkutscher; Wirt vom Kasino in Hietzing; ein Grenadier; ein Deutschmeister; Daminiani, genannt »der Mozart-Harfenist«; Franz Gruber, genannt »das picksüße Hölzl«; Mayer, genannt »Zwickerl«, Violinspieler; Franz, Kellner. **Chor:** Kavaliere, Hofdamen, Gardekürassiere, Kosaken, Schotten, Herolde, Läufer, Pagen, Diener, Kellner, Volk
Orchester: 2 Fl (2. auch Picc), 2 Ob, 2 Klar, 2 Fg, 4 Hr, 2 Trp, 3 Pos, Pkn, Schl (kl.Tr, gr.Tr, Bck, Glocken), Hrf, Streicher; BühnenM: 3 Trp, SchrammelM (2 Vl, Klar, Git)
Aufführung: Dauer ca. 2 Std. 45 Min.

Entstehung: Nach dem *Zigeunerbaron* (1885) war Strauß keine Operette mehr gelungen, der ein annähernder Erfolg beschieden sein sollte; seit dem Scheitern seiner einzigen Oper *Ritter Pásmán* (1892) verlor er zunehmend das Interesse an Bühnenkompositionen, deren Bedeutung er ohnehin meist nur nach wirtschaftlichen Gesichtspunkten bemaß. Der Gedanke, aus der Vielzahl Straußscher Tanzkompositionen eine neue Operette zu formen, nahm gegen Ende der 90er Jahre mehr und mehr Gestalt an. Strauß verfügte immer über Skizzenbücher, und es ist davon auszugehen, daß diese auch häufig melodisches Material für die Bühnenwerke lieferten. Dennoch scheint er gerade im Fall von *Wiener Blut* wenig Interesse am Erstellen eines solchermaßen synthetischen Werks gehabt zu haben; so lehnte er, wie in Eduard Hanslicks Nachruf auf Strauß zu lesen ist, beispielsweise für die Komposition des etwa zeitgleich entstehenden Balletts *Aschenbrödel* (1901) einen Zugriff auf seinen Tanzkompositionsfundus ab. Deshalb darf das frühzeitige Einverständnis Strauß', den langjährigen Kapellmeister des Theaters an der Wien, Sohn Adolf Müllers, des Komponisten der Schauspielmusik für Johann Nepomuk Nestroys *Der böse Geist Lumpazivagabundus* (1833), und selbst Komponist zahlreicher Operetten, mit Auswahl und Arrangement der Stücke für *Wiener Blut* zu betreuen, auch auf mangelndes Interesse an dem Projekt zurückgeführt werden. Müller war im übrigen mit Strauß' Œuvre nachhaltig vertraut und hatte, ähnlich Richard Genée, bei der

Dramatisierung von Melodien des »Walzerkönigs« mitgewirkt. Der Kontrakt um die Eigentumsrechte an der neuen Operette wurde im April 1899 zunächst mit Alexandrine von Schönerer geschlossen, der Direktorin des Theaters an der Wien. Außer einem mehr halbherzigen Mitwirken beim Sichten der Tänze kann Strauß wenig zum Entstehen beigetragen haben, da er bereits im Mai durch Krankheit ans Bett gefesselt war und am 3. Juni einer Lungenentzündung erlag. Inzwischen hatte das Interesse des Theaters nachgelassen, wohl aufgrund horrender Honorarforderungen der Librettisten, so daß das Carl-Theater unter Franz Jauner sich die Uraufführungsrechte für die Operette sichern konnte, von der man Rettung vor dem drohenden finanziellen Ruin erhoffte.
Handlung: In Wien, 1814/15, zur Zeit des Wiener Kongresses.
I. Akt, Villa des Grafen Zedlau in Döbling: Seitdem Balduin Graf Zedlau als Gesandter des deutschen Duodezfürstentums Reuß-Schleiz-Greiz beim Wiener Kongreß weilt, wurde der Provinzadlige zum Bonvivant und Casanova, was seiner wieder bei ihren Eltern lebenden Wiener Gattin Gabriele bislang scheinbar entging. Doch noch bevor sie eines Vormittags in dem ehemals gemeinsamen Sommersitz nach dem Rechten sehen will, überschlagen sich dort die Ereignisse: Franziska Cagliari, derzeitige Liaison Zedlaus und jetzige Bewohnerin seiner Villa, erscheint, um Zedlau, von dem sie sich betrogen fühlt, zur Rede zu stellen. Es gelingt ihm, sie zu beschwichtigen, doch hat er ganz andere Probleme; zum einen befürchtet er einen Besuch seiner Frau, zum andern plant er wieder ein amouröses Abenteuer: mit seiner jüngsten Begegnung, einer Probiermamsell. Kammerdiener Josef ist ihm bei der Organisation des Rendezvous behilflich, ohne zu ahnen, daß es sich bei Zedlaus neuer Flamme um Pepi Pleininger handelt, seine eigene Braut. Um sich von der Richtigkeit der Gerüchte über Zedlaus Lebenswandel ein Bild zu machen, erscheint sein Vorgesetzter, Fürst Ypsheim-Gindelbach. Er trifft in der Villa ausgerechnet auf Kagler, Franziskas Vater, der glaubt, Zedlau sei ledig und habe Ambitionen, sein Schwiegersohn zu werden. Kagler stellt Ypsheim seine Tochter vor, was diesen zu der Annahme verleitet, die Gräfin mit ihrem Vater vor sich zu haben. Die Situation verkompliziert sich mit dem Auftritt der richtigen Gräfin; Ypsheim erinnert sich, sie kurz zuvor mit Zedlau in einem Fiaker gesehen zu haben, und vermutet in ihr Zedlaus Geliebte; infolgedessen wirken seine Äußerungen auf beide Frauen verwirrend und beleidigend zugleich. Alles scheint mit Zedlaus Erscheinen zu eskalieren; er kann die Situation für den Augenblick retten, indem er Ypsheim bittet, seine Geliebte als seine eigene Frau vorzustellen, worauf dieser sich natürlich der Gräfin zuwendet. Sie widersetzt sich dem Spiel nicht, fühlt sich jedoch in ihrem Verdacht gegenüber Zedlau bestärkt.
II. Akt, Palais des Grafen Bitowski, am Abend desselben Tags: Auf dem Ball bei Graf Bitowski kehrt Gabriele nach längerer Abstinenz in die Gesellschaft zurück. Sie fordert von ihrem Mann Aufklärung über die Ereignisse des Vormittags. Zedlaus krampfhafte Ausführungen, Franziska sei die Geliebte Ypsheims, von der er sich trennen wolle, bestärken Gabrieles Neugier und Mißtrauen; trotzdem kommen sich beide wieder näher. Gegenüber Franziska, die als Ballerina auf dem Fest auftreten soll, gesteht Zedlau den realen Ablauf der Ereignisse, erreicht damit jedoch nur, daß sie in Gabriele seine Geliebte vermutet. Kurz darauf trifft er mit Pepi zusammen, die für den Ball zur Tänzerin avancierte; er übergibt ihr den mit Josef verfaßten Brief, der eine Einladung zu einem Stelldichein in Hietzing im Anschluß an das Fest enthält. Pepi zöge jedoch einen Besuch mit ihrem Josef in Hietzing vor. Nachdem dieser ihr das abschlägt, beschließt sie, Zedlaus Einladung nachzukommen. Wiederum sind es Kagler und Ypsheim, die das Verwechslungsspiel fortspinnen: Ypsheim trifft auf den vermeintlichen Schwiegervater Zedlaus und ermutigt ihn zum Disput mit Gabriele; Kagler droht Gabriele mit einer Rückversetzung Zedlaus in seine Heimat, wenn sie nicht von ihm ablasse, was diese als Intrige gegen Zedlau interpretiert. Sie stellt ihn auf die Probe: Ihre Bitte, sie nach Hietzing zu begleiten, schlägt er ihr ebenso wie kurz darauf Franziska ab. Daraufhin überredet Franziska Ypsheim zu dem Ausflug, indem sie ihm Absichten vortäuscht. Als beim Ball die beiden Damen und später Pepi aufeinandertreffen, scheint das Chaos abermals perfekt: Ypsheim macht sie einander mit vertauschten Namen bekannt, und der hinzueilende Josef gibt vor, in keiner der Frauen Franziska zu erkennen. Um so größer ist die Verwunderung bei dieser und bei Ypsheim, als Zedlau der Gesellschaft Gabriele als die Gräfin präsentiert.
III. Akt, Kasinogarten in Hietzing, wenig später: Um Zedlau auf die Schliche zu kommen, finden sich nach und nach Kagler, Gabriele in Begleitung Ypsheims sowie Franziska mit Josef ein; sie begeben sich in verschiedene Lauben. Pepi und Zedlau erscheinen getrennt und verfehlen sich zunächst ständig, bis sie aufeinandertreffen und es Zedlau gelingt, die zaudernde Pepi in eine freie Laube zu locken. Josef, der

Wiener Blut, III. Akt; Gertrud Ottenthal als Gabriele, Peter Minich als Ypsheim-Gindelbach, Lotte Leitner als Pepi, Adolf Dallapozza als Zedlau, Josef Luftensteiner als Josef, Ulrike Steinsky als Franziska; Regie: Peter Gruber, Choreographie: Susanne Kirnbauer, Bühnenbild: Rudolf Rischer, Kostüme: Susanne Birke; Volksoper, Wien 1989.

nur widerwillig mitgekommen ist, will Zedlau warnen, ohne zu ahnen, daß der gerade seine eigene Braut verführt. Er eröffnet Zedlau vor dessen Laube die Anwesenheit Franziskas, und die beiden beschließen erst einmal einen »Frauentausch«. Doch als Josef eintritt und Pepi gewahrt, wird ihm alles klar; er sagt sich von ihr los. Inzwischen haben sich Gabriele und Franziska zufällig vor den Lauben getroffen; jetzt erst erfährt Gabriele die wahre Identität ihres Gegenübers. Um die richtige Begleiterin Zedlaus kennenzulernen, verbünden sich die beiden: Auch sie tauschen ihre Lauben. Als Zedlau jene Franziskas betreten will, stürzt Gabriele heraus und versucht ihn am Eintreten zu hindern, indem sie ihm einen Liebhaber im Innern suggeriert. Zedlau verschafft sich Einlaß und fühlt sich blamiert. So versucht er sich mit der Behauptung zu entlasten, er sei mit Franziska zu diesem Rendezvous gekommen, um sich endgültig von ihr loszusagen; anschließend wolle er sich noch mit Ypsheim treffen. Währenddessen öffnet Gabriele den Vorhang der dritten Laube, in der sich Franziska und Ypsheim befinden. Jetzt muß Zedlau Farbe bekennen; doch Frau und Exgeliebte verzeihen ihm, als sie in Pepi den Grund für seine Anwesenheit entdecken; auch Josef muß feststellen, daß er seine Braut zu Unrecht beschuldigte. So dürfen sich zwei Paare versöhnen, und ein drittes hat sich neu gefunden.

Kommentar: Man kann *Wiener Blut* durchaus als »Pasticcio-Operette« bezeichnen: Aus einer Reihe erfolgreicher, zum Teil vergessener Tanzkompositionen, jedoch nicht bühnenmusikalischen Schöpfungen, wurde ein Werk geformt, das den Erfordernissen der Operettenfabrikation um die Jahrhundertwende gerecht werden sollte. Aus diesem Umstand entwickelt sich auch die Problematik des Stücks; *Wiener Blut* unterscheidet sich von den originären Strauß-Operetten schon deshalb, weil seine Macher, Léon und Stein, weniger Müller, nicht mehr den Typus der sogenannten »klassischen Operette« repräsentierten, sondern bereits auf der Suche nach neuen Wegen für das Genre waren. Eine Betrachtung des Librettos zeigt dies deutlich: Schon die Wahl des Schauplatzes, das Wien der Kongreßzeit, impliziert eine verklärende Sichtweise, eine Realitätsflucht, die dem Zuschauer die Legende von der »guten alten Zeit« suggerieren soll; solch eine sentimentale Tendenz zeichnete sich nach dem *Zigeunerbaron* gegen Ende des 19. Jahrhunderts immer deutlicher ab und bezeugt einen Wechsel des dramaturgischen Paradigmas in den Operettentexten; ferner ist in *Wiener Blut* die Entwicklung hin zur »Zwei-Paare-plus-Komiker«-Struktur fast vollzogen, die nach 1900 immer mehr zur Regel wird; schließlich deutet sich in der einer Vielzahl von Fürstlichkeiten jener muntere »Schwanengesang« auf die Monarchie an, der nach 1918 in fast allen Operetten seine Fortsetzung finden wird. Dennoch sollte man hier nicht wie Karl Kraus, der in der *Fackel* den Librettisten »Talentlosigkeit« und »Mangel an Pietät« gegenüber dem verstorbenen Komponisten vorgeworfen hatte, den Vorwurf der Dekadenz erheben. Vielmehr ließe sich nüchtern eine auffallende strukturelle Ähnlichkeit des Librettos mit denen von Heubergers *Opernball* (1898) und von Lehárs *Lustiger Witwe* (1905) konstatieren, bei denen Léon jeweils als Koautor mitwirkte: Ein Ball im Zentrum des Geschehens, Lauben beziehungsweise Séparées oder ein verschwiegener Pavillon sind häufig verwendete lokale Topoi seines Handlungsarsenals, das zweifelsohne einer starken Serienproduktion unterworfen war. Immerhin konstruierten Léon und Stein im Fall von *Wiener Blut* einen biederen Text, der in der Hauptsache von den Verwechslungssituationen und der aus ihnen resultierenden Komik lebt. In deren Zentrum steht die Figur des Premierministers des fiktiven Fürstentums, der in seiner schier grenzenlosen Naivität der Handlung immer wieder neue Knoten aufbürdet. Daß er als sächselnder Deutscher mit den Zügen der Vertrotteltheit charakterisiert wird, kennzeichnet das Ansehen des wilhelminischen Deutschlands in weiten Teilen Österreichs; ähnlich tendenziöse »Unpersonen« finden sich häufig in den Operetten nach 1900, so um noch einiges pointierter in der Figur des Grafen Lothar in Straus' *Walzertraum* (1907). Auf der Gegenseite agieren die Wiener mit all jenen Attributen, die sie für sich selbst am liebsten in Anspruch nehmen: Herz, Scharfsinn und eine gehörige Portion Schlitzohrigkeit, allen voran der Wahlwiener Zedlau. Die Überlegenheit des Wiener Lebensgefühls demonstriert am besten der Schluß, der die Läuterung des hartnäckigen Deutschen und Moralisten Ypsheim zum überzeugten Wiener so weit treibt, daß er die einstige Liaison des Grafen selbst weiterführt. – Die rechte musikalische »couleur locale« für dies Szenario liefert Strauß' Musik, die ihre dramatische Wirksamkeit erst durch das Arrangement entfaltet: Ergebnis jener langjährigen Bühnenerfahrung des Theaterkapellmeisters, die Strauß abging. Schon in der Zusammenstellung der Stücke macht sich das bemerkbar: Müller traf eine äußerst geschickte Auswahl aus bekannten und vergessenen Werken Strauß', die er meisterlich zu montieren wußte. Auffällig scheint die Konzentration auf eine begrenzte Werkzahl, etwa von Opus 310 bis 390, also eine fruchtbare Schaffensperiode, markiert einerseits durch die Komposition von *An der schönen blauen Donau* (1867), andrerseits den unglücklichen Eheschluß (1878) mit Angelika Dittrich. Darüber hinaus griff Müller auf eine Reihe vergessener Tänze aus der ganz frühen Phase, wie die Walzer *Gunstwerber* (1845; Nr. 1b) und *Serailtänze* (1845), zurück. Bei letzterem liefert dessen Introduktion das zentrale Thema des I. Akts, das gleich zu Beginn des Vorspiels ertönt. An ihm wird exemplarisch Müllers geschickte Arrangementtätigkeit deutlich: Aus dem biedermeierlich-beschaulichen auftaktigen Andante entsteht ein munteres, volltaktig beginnendes Allegretto im Rheinländertempo, mit etwas kräftigeren orchestralen Farben, dessen punktierte Rhythmen über das Originalthema hinaus sequenzartig fortgeführt werden und dem Stück so mehr Spannung verleihen. Auf ähnliche Weise modifizierte Müller sehr häufig Straußsche Motive, verkettete innerhalb einer Nummer eine ganze Reihe von Melodien aus diversen Werken, wobei ihm einige zwingende Verbindungen gelangen. Die Dominanz des Walzers offenbart sich im 2. Finale, in dem, für bisherige Operetten untypisch, explizit eine Huldigung an diesen ausgesprochen wird. Die Themen für die Walzerfolgen entstammen den Konzertwalzern *Freut euch des Lebens* (1870), *Wein, Weib, Gesang* (1869), *Wiener Blut* (1873) und *An der schönen blauen Donau*. Als Grundlage für weitere Nummern dienten unter anderm aus der gleichen Ära: *G'schichten aus dem Wienerwald* (1868; Vorspiel); *Postillon d'amour* (1867) und *Louischen-Polka* (1871; beide Nr. 1a); *Ballsträußchen* (1878; Nr. 1b); *Waldine* (1879; Nr. 1b, 1. Finale); *Feenmärchen* (1867; Nr. 1b); *Stadt und Land* (1868; Nr. 2); *Neu-Wien* (1870; Nr. 3); *Leichtes Blut* (1867; Nr. 4); *Freikugeln* (1869; 1. Finale); *Fest-Polonaise* (1872; Nr. 6); *Wiener Blut* (Nr. 7); *Ein Herz und ein Sinn* (1868; Nr. 8); *Wo die Zitronen blüh'n!* (1874; Nr. 9); *Lob der Frauen* (1867; 2. Finale, Nr. 12½); *Bei uns z'Haus* (1874; Nr. 12); darüber hinaus wären noch der *Feuilletonwalzer* (1865; Nr. 1b), *Morgenblätter* (1864) für das wirkungsvolle Auftrittslied Gabrieles (1. Finale), der *Deutsche Kriegermarsch* (1864; Nr. 10) und *Vergnügungszug* (1864; 2. Finale) anzuführen. Nicht bei allen Themen ist die Autorschaft geklärt, doch ist davon auszugehen, daß alle Rezitative, Überleitungen und Modulationen aus der Feder Müllers stammen. Einige Änderungen gegenüber der heute üblichen Version sind bemerkenswert: So wurde das Finale des III. Akts auf Kosten der reflektierenden Textpassage »S' ist die ganze Wienerstadt, die hier Strauß gehuldigt hat« stark gekürzt; das bei Strauß-Operetten obligate Couplet (Nr. 12½) war zwar ursprünglich vorhanden, wurde aber, wohl aufgrund seiner schlechten dramaturgischen Adaption, in neuere Ausgaben nicht mehr aufgenommen: Die große Zeit der Couplets endete mit Beginn des 20. Jahrhunderts; insofern steht *Wiener Blut* auch hier an der Schwelle einer neuen Operettenära.

Wirkung: Weshalb *Wiener Blut* bei der Uraufführung nicht auf Anhieb zum großen Erfolg wurde, ist schwer zu erklären. Der Termin, einen Tag nach Strauß' Geburtstag, war ideal gewählt; eine gefällige Verwechslungskomödie, die Apotheose des Wienertums als Quintessenz, prächtige Ausstattung, verbunden mit vielen Melodien von Strauß, all das hätte als Erfolgsgarantie genügen müssen. Statt dessen erlebte das Carl-Theater ein finanzielles Fiasko, das wohl einen Mitgrund für Jauners Selbstmord kurze Zeit später darstellte. Es läßt sich vermuten, daß zum Zeitpunkt der Uraufführung den meisten Wienern Strauß' Tanzweisen noch allzu vertraut waren, so daß man ihre Verwendung auf der Bühne als nicht außergewöhnlich, wenn nicht gar unpassend empfand, wie es zum Teil auch in der Presse anklang. Dabei wartete Jauner mit seiner damaligen Erstbesetzung auf, etwa dem Star des Hauses, Betty Stojan, als Pepi, der Komikerin Tini Senders als Stubenmädel Anna und Louis Treumann als Josef. Belegt ist ferner eine Aufführung im Raimundtheater Wien am 17. Jan. 1900. Seinen Durchbruch erzielte *Wiener Blut* erst am 23. April 1905, ausgerechnet im Theater an der Wien, in dem, von einer Ausnahme abgesehen, alle Operetten von Strauß Premiere hatten. Unter der Leitung von Artur Bodanzky spielten und sangen die Librettisten Robert Bodanzky (Bitowski) und Julius Brammer (Percy), Regisseur Siegmund Natzler (Ypsheim), Karl Meister (Zedlau), Phila Wolff (Gabriele), Dora Keplinger (Franziska), Gerda Walde (Pepi) und Carlo Böhm (Josef). Die Besetzungsliste zeigt gegenüber der der Uraufführung eine Reduktion des aufwendigen Personenarsenals sowie die Neueinführung der beiden Wäschermädchen für den Vortrag der »G'stanzeln« im III. Akt, die bei der Uraufführung noch von einem anonymen Chor gesungen wurden. Der große Erfolg, den *Wiener Blut* daraufhin in kurzer Zeit erreichte, ging einher mit einer Reihe weiterer Pasticci mit »Wiener Musik«. Darunter fallen Ernst Reiterers *Frühlingsluft* (1903) nach Josef Strauß, Emil Sterns *Alt-Wien* (1911) nach Josef Lanner und Otto Römischs *Die tolle Therese* (Wien 1913, Text: Leopold Krenn und Julius von Ludassy) nach Johann Strauß (Vater), aber auch Bertés *Dreimäderlhaus* (1916) mit Musik Franz Schuberts. Nach dem ersten Weltkrieg setzte dann eine Bearbeitungsflut Straußscher Bühnenwerke ein. Als Pasticci sind noch zu nennen: *Walzer aus Wien* (Wien 1931, Text: Alfred Maria Willner, Heinz Reichert und Ernst Marischka) von Julius Bittner und Erich Wolfgang Korngold und *Die Tänzerin Fanny Elßler* (Berlin 1934, Hans Adler) von Bernhard Grün und Oskar Stalla. In den 30er Jahren wurde *Wiener Blut* auch für die Leinwand entdeckt: 1942 landete Willi Forst mit der Verfilmung (mit Maria Holst, Dorit Kreysler und Willy Fritsch) einen großen Kassenschlager. Doch auch auf den Brettern der großen Opernhäuser in Berlin (Staatsoper 1932; Städtische Oper 1951, Bearbeitung: Adolf Peter Rott und Hans Lenzer), Wien (Staatsoper im Redoutensaal 1943; Staatsoper in der Volksoper 1955, Hans Jaray und Anton Paulik; Volksoper 1967, Otto Schenk, Peter Weiser und Paulik; Volksoper 1989, Franz Bauer-Theussl) und München (Gärtnerplatztheater 1936; 1938; 1978, Peter Kertz) hielt die Operette ihren Einzug. Bereits 1907 wurde *Wiener Blut* ins Italienische übersetzt; ferner belegen Übersetzungen ins Englische, Französische, Niederländische, Türkische und Finnische, meist erst aus den 70er Jahren, die internationale Beliebtheit des Werks. Im deutschsprachigen Raum zählt *Wiener Blut* zu den meistgespielten Operetten.

Autograph: Verbleib unbekannt. **Abschriften:** Danmarks Radio Nodebiblioteket (Kopie: StB u. LB Wien). **Ausgaben:** Kl.A: Cranz, Lpz. [1901], Nr. 39958; Textb. d. Gesänge: ebd. [1899]; Textb.: Cranz, Wiesbaden 1953. **Aufführungsmaterial:** Cranz, Wiesbaden

Literatur: K. KRAUS, in: Fackel 1:1899, Nr. 21, S. 27f.; H. ARNOLD, Wiener Blut, in: Ph. Stadttheater, Basel 1961/62; K. SCHUMANN, ›Wiener Blut‹ – Meisterwerk aus zweiter Hand, in: [Bei-H. d. Schallplattenaufnahme EMI], 1976; N. LINKE, Musik erobert die Welt oder Wie die Wiener Familie Strauß die »Unterhaltungsmusik« revolutionierte, Wien 1987; F. MAILER, Erfolge mit Kompilationsmusik, in: Ph. Volksoper, Wien 1989/90

Alexander Dick

Wenzel Müller

Geboren am 26. September 1767 in Markt Thürnau (Městečko Trnávka; Ostböhmen), gestorben am 3. August 1835 in Baden (bei Wien)

Das Sonnenfest der Brahminen
Heroisch-komisches Original-Singspiel in zwei Aufzügen

Text: Albrecht Karl Friedrich Hensler
Uraufführung: 9. Sept. 1790, Theater in der Leopoldstadt, Wien
Personen: Medan Solana, Gouverneur der Insel (B); Oberpriester der Brahminen (T); Oberpriesterin (S); Kaleph, ein alter Insulaner (B); Bella und Lora, seine Töchter (2 S); Lord Jansen, Seekapitän (B); Eduard, ein junger Engländer (T); Laura Windsor (S); Barzalo, Eduards Bedienter (B); Pirokko, Gärtner (T); Mika, seine Frau (S). **Chor:** Priester, Priesterinnen, Hofstaat und Gefolge Medans, englische Seeoffiziere, Schiffssoldaten, Matrosen, indianisches Volk, Sklaven, Kinder, Mädchen. **Ballett:** Tänzer und Tänzerinnen beim Opferzug
Orchester: 2 Fl (2. auch Picc), 2 Ob, 2 Klar, 2 Fg, 2 Hr, 2 ClarinTrp, 2 Trp, Pkn, Schl (kl.Tr, gr.Tr, Donnerschlag), Streicher; BühnenM: Schellen, Tamburine
Aufführung: Dauer ca. 2 Std. – Gesprochene Dialoge. Die Bühnenmusik ist nicht notiert.

Entstehung: Müllers frühe musikalische Entwicklung wurde Ende der 70er Jahre durch die Begegnung mit Karl Ditters von Dittersdorf auf Schloß Johannesberg (Schlesien) beeinflußt, wo dieser als Kapellmeister wirkte. Seit 1782 war Müller als Geiger und Komponist am Theater in Brünn engagiert. 1786 verpflichtete ihn Karl von Marinelli als Kapellmeister und Komponisten ans Leopoldstädter Theater. Mit Ausnahme der Zeit von 1807–13, während der er in Prag wirkte, blieb er bis zu seinem Tod mit diesem Theater verbunden, für das er etwa 250 Werke schrieb (Singspiele, Pantomimen, Schauspielmusiken, Ballette und Gesangseinlagen). Hensler war neben Joachim Perinet Theaterdichter am selben Theater.
Handlung: Auf einer indianischen Insel. I. Aufzug, 1. Bild: indianische Gegend, im Hintergrund ein See, auf einer Seite eine von Bäumen umgebene Hütte, auf der andern ein Felsen, in der Mitte ein Feuer, Gewitter; 2. Bild: Zimmer im Kastell des Gouverneurs; 3. Bild: Meeresküste; II. Aufzug, 1. Bild: wie I/1; 2. Bild: Palmenhain; 3. Bild: wie II/1; 4. Bild: wie II/2; 5. Bild: Sonnentempel mit Opferaltar, auf dem das heilige Feuer brennt.
Betende Brahminen bereiten sich auf das Sonnenfest vor, als ein Boot an die Küste getrieben wird. Auf Bitten von Bella und Lora nimmt Kaleph die Gestrandeten, den Briten Eduard und seinen Diener Barzalo, auf, obwohl 20 Jahre zuvor sein einziger Sohn von einem Engländer geraubt worden war. Der Oberbrahmine eröffnet Bella, daß sie am folgenden Tag Brahma zum Opfer gebracht werden solle. Sie fleht Eduard, in den sie sich verliebt hat, um Hilfe an. Doch dieser denkt nur an seine Verlobte Laura, die mit ihm Schiffbruch erlitten hat. Diese wird vom Gouverneur gefangengehalten; zudem fordert er ihre Liebe. Sie jedoch hat sich freie Bewegung auf der Insel erbeten, da sie etwas über Eduards Schicksal herauszufinden hofft. Außerdem bringt sie den Gouverneur dazu, die Ankömmlinge eines fremden Schiffs friedlich zu empfangen. Darunter ist Lord Jansen, der nicht nur seine Tochter Laura, sondern auch seinen Pflegesohn Eduard, der soeben auf der Suche nach Laura einem Indianerüberfall entronnen ist, in die Arme schließen kann. Brahminen und Priesterinnen schmücken Kalephs Hütte, der nun vom Oberpriester erfahren muß, daß Bella zum Opfer ausersehen ist. Jansen und Eduard beschließen, Bella zu retten; Eduards Plan ist es, daß Barzalo anstelle Bellas sich als Opfer verkleidet. Als im Tempel die Opferzeremonie beginnt, verfinstert sich das Symbol der Sonne, und eine Stimme ertönt: »Bella soll leben.« Jansen und Eduard stürmen den Tempel und befreien Barzalo. Jansen eröffnet Kaleph, daß Eduard sein Sohn sei, den er ihm geraubt habe. Alle stimmen in den Schlußgesang ein: »Wir ehren die Verbrüderung und ehren Menschenhuldigung.«
Kommentar: Die dramaturgische Qualität des Werks liegt in Müllers ingeniöser Kombination der für das Wiener Singspiel typischen Elemente: in der Mischung von Wiener Lokalposse, Opera-buffa- und Opéra-comique-Bestandteilen, in der losen Verknüpfung von »heroischer« Haupt- und »komischer« Nebenhandlung. Zum heroischen Bereich gehören etwa Eduards Schiffbruch und Rettung durch Kaleph, die Landung des englischen Schiffs und Bellas Befreiung, zum komischen die Tändeleien, Eifersuchts- und Verkleidungsszenen der Diener. Stofflich reiht sich das Werk in die damals weit verbreitete Exotismustradition ein. Sowohl Kaleph als auch Medan verkörpern den im 18. Jahrhundert beliebten Typus des »edlen Wilden«. Auffällig sind die Anklänge an aufklärerische Ideen, wie sie etwa auch in Andrés *Belmont und Constanze* (1781) und Mozarts *Entführung aus dem Serail* (1782) auftreten. Freimaurerisches Gedankengut wird in allgemeiner Form aufgegriffen, ohne daß, anders als in Mozarts *Zauberflöte* (1791), Symbole und Rituale Darstellung finden. Die musikalische Faktur im *Sonnenfest* ist, dem Genre entsprechend, denkbar einfach; die Anforderungen an die Sänger, ohnehin in Marinellis Theater keine Virtuosen, halten sich in Grenzen. Es herrscht ein volksliedähnlicher Ton vor, der in den Dienerszenen mit komischen Elementen angereichert ist (Pirokkos Lied »Die Katze läßt das Mausen nicht«, II. Aufzug). Aus diesem eher bescheidenen musikalischen Kontext ragen die zumeist mit spektakulären szenischen Ereignissen gekoppelten Chöre hervor. Beachtung verdient hier vor allem die Introduktion, die verschiedene szenische Vorgänge verknüpft: Auf die Ouvertüre nach dem

Typus der Gewitterszene folgt der Chor der Brahminen, in den die Beschwörung Brahmas als Melodram des Oberpriesters eingebettet ist; die Wiederholung des Chors, immer noch vor dem Hintergrund der Gewitterdarstellung im Orchester, wird weitergeleitet zur mehrteiligen Szene der Rettung Eduards und Barzalos.
Wirkung: Mit dem *Sonnenfest der Brahminen* erzielte Müller seinen ersten großen Erfolg in Wien. Den Eduard sang Bartolomäus Bondra, einer der vier Theaterleiter, die Marinellis Nachfolge angetreten hatten, Laura war Babette Sartory, Mika wurde von Magdalena Müller gesungen. 1791 nahm das Kärntnertortheater das Stück in seinen Spielplan auf, 1815 erschien es im Theater in der Josefstadt. Die erste Aufführung außerhalb Wiens fand 1792 in Prag statt. Es folgten Graz und Hamburg 1793, Brünn und Nürnberg 1794, Weimar, Berlin und Breslau 1795 (in Weimar unter Johann Wolfgang von Goethes Leitung) und bis 1800 zahlreiche andere deutsche Bühnen. Eine holländische Version (von Salomon Bos) wurde 1798 in Amsterdam präsentiert, eine polnische (von Wojciech Bogusławski) 1800 in Warschau.

Autograph: Verbleib unbekannt. **Abschriften:** StUB Ffm. (Mus. Hs. Opern 410 [1]), ÖNB Wien (Mus. Hs. 25. 261). **Ausgaben:** Part, Faks.-Nachdr. d. Abschrift Wien: Garland, NY, London 1986 (German Opera 1770–1800. 16.); Kl.A: Mus. Magazin auf d. Höhe, Braunschweig, Nr. 78; Textb.: Wien, Schmidt 1790, Faks.-Nachdr. in: Librettos V, NY, London, Garland 1986 (German Opera 1770–1800. 22.); Wien, Goldhann 1792; Textb., holl. u.d.T. *Het feest der Braminnen*: Amsterdam, Helders u. Mars 1798
Literatur: W. Krone, W. M. Ein Beitr. zur Gesch. d. komischen Oper, Bln. 1906; L. Raab, W. M. Ein Tonkünstler Altwiens, Baden, Wien 1928; O. Rommel, Die Alt-Wiener Volkskomödie. Ihre Gesch. v. barocken Welt-Theater bis zum Tode Nestroys, Wien 1952; R. Haas, W. M., in: MJb 1953, S. 81–84; H. Geyer-Kiefl, Die heroisch-komische Oper, Tutzing 1987, S. 138–146; A. Schmitt, Der Exotismus in der deutschen Oper zwischen Mozart und Spohr, Hbg. 1988 (Hbg. Beitr. zur Mw. 36.), S. 216–223

Ruth E. Müller

Der Fagottist oder Die Zauberzither
Singspiel in drei Aufzügen

Text: Joachim Perinet, nach dem Märchen *Lulu oder Die Zauberflöte* von August Jakob Liebeskind aus dem 3. Band (1789) der Sammlung *Dschinnistan oder auserlesene Feen- und Geister-Mährchen teils neu erfunden, teils neu übersetzt und umgearbeitet* von Christoph Martin Wieland
Uraufführung: 8. Juni 1791, Theater in der Leopoldstadt, Wien
Personen: Armidoro, Prinz von Eldorado (T); Kaspar Bita, sein Begleiter (Bar); Bosphoro, Zauberer (B); Perifirime, die strahlende Fee (S); Sidi, ihre Tochter, Favoritin Bosphoros (S); Palmire (S); Azili (S); Idilis (S) und Bisi (S), ihre Vertrauten; Zumio, Frauenwächter (T); Alma, Oberjäger des Prinzen (T); Pizzichi, ein kleiner Genius (S); ein Jäger (Spr.); ein Sklave (Spr.).
Chor: Jäger und Gefolge des Prinzen, Sklaven, Sklavinnen, Schützen, Geister
Orchester: 2 Fl, 2 Ob, 2 Klar, 2 Fg, 2 Hr, 2 Trp, Pkn, Cemb, Streicher
Aufführung: Dauer ca. 2 Std. – Gesprochene Dialoge. Kaspar sollte mit einem Schauspieler besetzt werden.

Entstehung: Zur gleichen Zeit wie Müller und Perinet bearbeiteten Emanuel Schikaneder und Mozart das *Lulu*-Märchen; es ist eine von mehreren Quellen der *Zauberflöte* (1791).
Handlung: Im Land Owitschiwitsch, märchenhafte Zeit. I. Aufzug, 1. Bild: Gebirgsgegend; 2. Bild: Zauberhöhle; 3. Bild: Gebirgsgegend mit Bosphoros Palast; II. Aufzug, 1. Bild: Arbeitszimmer in Bosphoros Schloß; 2. Bild: Teich mit einer Brücke; III. Aufzug, 1. Bild: Bosphoros Garten; 2. Bild: Speisesaal in Bosphoros Palast; 3. Bild: Perifirimes Palast.
Prinz Armidoro, der das Lieblingsreh der Fee Perifirime erlegt hat, soll als Buße den goldenen Feuerstahl, der Macht über die Geister gewährt, zurückgewinnen. Der Zauberer Bosphoro hat ihn der Fee geraubt, überdies hat er ihre Tochter Sidi entführt. Sie gibt Armidoro eine Zauberzither und einen magischen Ring, seinem Knappen Kaspar ein Zauberfagott. Armidoro verwandelt sich in einen Greis und gelangt mit Kaspar in Bosphoros Schloß, in dem sie sich als Musiker ausgeben. Bosphoro und sein Diener Zumio sind in Palmire, Sidis Sklavin, verliebt. Sidi ist niedergeschlagen, denn Bosphoro will sie heiraten, um Perifirime zu demütigen. Armidoro und Kaspar sollen mit ihrer Musik die Mädchen aufheitern; prompt verlieben sie sich in sie. Bosphoro wittert Verrat und will Armidoro und Kaspar während einer Bootsfahrt umbringen lassen. Perifirime jedoch rettet die beiden durch Pizzichi, einen Geist aus ihrem Gefolge, der sie rechtzeitig warnt. Nun sollen die beiden vergiftet werden, doch auch dieser Anschlag mißlingt, ebenso Zumios Versuch, die Zauberzither zu stehlen. Mit ihrer Musik schläfern Armidoro und Kaspar Bosphoro und Zumio ein, so daß sie den Feuerstahl entwenden können. Perifirime verbannt den Zauberer auf 300 Jahre und macht Armidoro und Sidi zum Königspaar; auch Kaspar und Palmire können nun heiraten.
Kommentar: Das Grundhandlungsmuster von Liebeskinds Feenmärchen, das auch den Stoff für Kuhlaus Oper *Lulu* (1824) bildete, behielt Perinet, der produktive Librettist des Leopoldstädter Theaters (er schrieb bis 1816 etwa 110 Stücke), bei. Durch Hinzufügung der beiden Mordanschläge wird die Spannung geschickt erhöht. Die Zauberwelt ist mit den Mitteln des barocken Bühnenspektakels gestaltet (Ballonfahrt, Brückeneinsturz, Sturm). Die eigentliche Leistung des Librettisten besteht jedoch in der Verbindung des Märchens mit der volkstümlichen Hanswurstiade durch Integration Kaspars in die Zauberhandlung. Die Rolle des komischen Dieners wurde für Johann Joseph La Roche geschrieben, den berühmtesten aller Wiener Kasperledarsteller. Mit seinen derben Späßen wird er zur eigentlichen Hauptfigur, deren

äußerst deftige Ausdrucksweise das Märchen der Posse annähert. In der Verbindung von kindlicher Naivität und klamaukhaftem Spaß gelang Perinet der Prototyp des Märchensingspiels Wiener Prägung. – Müllers Musik verläuft durchgehend in den Bahnen eines liedhaften Singspieltonfalls ohne besondere dramatische Höhepunkte. Von dieser einheitlichen, die Charaktere der Rollen nivellierenden Gestaltungsweise heben sich lediglich die »neapolitanischen« Bravourarien Perifirimes (Koloratursopran bis c''') und Bosphoros (Baßbuffo, F–g'), ebenfalls mit schwierigen Koloraturen) ab. Dominierend sind Kaspars schlagerhafte Ländler in Strophenform. Sein Zauberfagott hat einige drollige Solopassagen, während die Zauberzither nur einmal erklingt: Die einlullende Macht der Musik wird im III. Aufzug realisiert von Fagott und Cembalo (das nur an dieser Stelle eingesetzt wird).

Wirkung: Wegen des großen Erfolgs (125 Vorstellungen bis 1819) konnten Müller und Perinet am 2. Okt. 1792 einen 2. Teil unter dem Titel *Pizzichi* nachreichen, der es bis 1895 auf 47 Wiederholungen brachte. Zumeist unter dem Titel *Kaspar, der Fagottist*, den auch das Autograph verzeichnet, ging das Werk in den folgenden Jahren über zahlreiche Bühnen. Für die Münchner Erstaufführung 1795 als *Die Zauberzither* wurde Perinets Text von einem nicht genannten Autor literarisch »veredelt«; diese Bearbeitung lag auch der Frankfurter Erstaufführung 1805 zugrunde. Hier wurde Müllers Musik ergänzt durch zwölf Arien von deutschen und italienischen Komponisten. Damit wurde aus dem Singspiel eine große Zauberoper, es profitierten vor allem die Rollen von Perifirime (sie wurde von Aloysia Weber gesungen), Sidi und Palmire. – In neuerer Zeit gab es eine Einstudierung der Wiener Kammeroper 1970.

Autograph: Part: ÖNB Wien (S. m. 25253). **Abschriften:** Cons. Royal de Musique Brüssel; Bearb. Ffm. 1805: StUB Ffm. (Mus. Hs. Opern 406); Textb. (1795): Bayer. SB München (St. th. 216). **Ausgaben:** Kl.A: Hilscher, Dresden [1795], Nr. 79, 80, 82, 83, 100-125; Textb.: Wien, Schmidt 1791; Prag, Calve 1796; Textb. auch in: Deutsche Literatur. Slg. lit. Kunst- u. Kulturdenkmäler in Entwicklungsreihen. Reihe Barock. Bd. 1: Die Maschinenkomödie, hrsg. O. Rommel, Lpz. 1935, S. 206–262; Kasperletheater für Erwachsene [s. Lit.], S. 113–173; Textb., Bearb. u.d.T. *Die Zauberzither*: München, Huebschmann 1795
Literatur: H. H. HAUSNER, Zur Wiederaufführung von ›Kaspar, der Fagottist‹, in: Mitt. d. Internationalen Stiftung Mozarteum 18:1970, H. 3/4, S. 18–21; N. MILLER, Hans Wurst und Kasperl Larifari auf dem Wiener Theater des 18. Jahrhundert, in: Kasperletheater für Erwachsene, hrsg. N. Miller, K. Riha, Ffm. 1978, S. 9–41; weitere Lit. s. S. 357

Robert Didion

Die Schwestern von Prag
Komisches Singspiel in zwei Aufzügen

Text: Joachim Perinet, nach der Farce *Der von dreien Schwiegersöhnen geplagte Odoardo oder Hanswurst und Crispin, die lächerlichen Schwestern von Prag* (1755) von Philipp Hafner

Uraufführung: 11. März 1794, Theater in der Leopoldstadt, Wien
Personen: Herr von Brummer (B); Kunigunde, seine Frau (S); Wilhelmine, seine Tochter aus erster Ehe (S); Lorchen, Wilhelmines Kammermädchen (S); Kaspar, Hausknecht bei Herrn von Brummer (B); Herr von Gerstenfeld (T); Herr von Sperlinghausen (T); Chevalier Chemise (T); Johann Krebs, Gerstenfelds Diener (Bar); Krispin, Schneidergeselle (T); ein Nachtwächter (B). **Chor:** Nachtwächter, Laternenanzünder
Orchester: 2 Fl, 2 Ob, 2 Klar, 2 Fg, 2 Hr, 2 Trp, Pkn, Hrf, Streicher; BühnenM: Fl, Pos, Vl, Leier, »hölzernes Gelächter« (Hackbrett), NachtwächterHr
Aufführung: Dauer ca. 2 Std. 15 Min. – Gesprochene Dialoge.

Handlung: I. Aufzug, 1. Bild: Straße vor Brummers Haus, Abend; 2. Bild: Zimmer in Brummers Haus; 3. Bild: Straße, Nacht; II. Aufzug, 1. Bild: Straße, Tag; 2. Bild: Zimmer in Brummers Haus; 3. Bild: Straße mit Bäumen; 4. Bild: Zimmer mit zwei Kabinettüren in Brummers Haus.

Brummers Tochter Wilhelmine hat sich zwischen ihren drei Verehrern, Gerstenfeld, Sperlinghausen und Chemise, für ersteren entschieden. Ihr Vater hatte dem Diener Kaspar eingeschärft, niemand ins Haus zu lassen. Doch Gerstenfelds Diener Johann Krebs überlistet ihn, indem er, seinem Namen alle Ehre machend, rückwärts ins Haus kriecht, um Wilhelmine einen Brief Gerstenfelds zu bringen. Johann selbst ist in Lorchen verliebt, für die aber noch der Schneidergeselle Krispin, Sperlinghausens Diener, Feuer gefangen hat; zu Lorchens Verehrern gehört auch noch Brummer selbst, der sich durch ein Briefchen mit ihr verabredet hat, während Brummers Frau Kunigunde brieflich ein Stelldichein mit Sperlinghausen plante. Diese Überkreuzverabredungen führen zu fünf Ständchen, die von Gerstenfeld und Chemise für Wilhelmine, von Johann, Krispin und Kaspar für Lorchen gesungen werden. Brummer fühlt sich in seiner Nachtruhe gestört, schnell ist eine Schlägerei im Gang, die erst durch den Nachtwächter unterbrochen wird. Brummer läßt Kaspar verhaften; die Entscheidung über seinen Schwiegersohn macht er von seiner Schwester abhängig, deren Ankunft aus Prag bevorsteht. Gerstenfeld und Wilhelmine wollen sich durch eine List der Zustimmung der »Schwester« versichern: Johann soll sich als Schwester verkleiden, Gerstenfeld will sich als Arzt verkleidet Zutritt zu der sich krank stellenden Wilhelmine verschaffen. Krispin hat alles belauscht, tritt auch als »Schwester« auf, enttarnt sich aber beim Auftritt Johanns. Als Kaspar den Schwindel aufdeckt, scheint alles vergebens. Doch Gerstenfeld und Johann haben noch ein Druckmittel, nämlich die Liebesbriefe Brummers und Kunigundes für ihre Stelldicheins. So steht einer Hochzeit nichts mehr im Weg.
Kommentar: Perinets Eigenanteil an der Gestaltung des bühnenwirksamen und sprachlich sehr geglückten Librettos ist erheblich. Er betrifft vor allem die Szenen

um den dummen (Kaspar), den tölpelhaften (Krispin) und den schlauen Hanswurst (Johann). Die Auftritte der beiden »Schwestern« sind »lazzi« in bester Commedia-dell'arte-Tradition. Auf Perinet gehen ferner die Seitensprünge Kunigundes und Brummers zurück, die beide Rollen deutlicher profilieren, und die nächtliche Ständchenszene. – Neun der 21 Nummern sind Strophenlieder. Ihre Funktion ist vielfältig: Einlagecouplets (Kaspars »Die großen und stattlichen Herrn«, Nr. 2) stehen neben Auftrittsliedern (Krispins berühmtes »Ich bin der Schneider Kakadu«, Nr. 6) und komischen Charakterstücken (Kunigunde und Brummer vertrauen ihre Eheleiden den Klängen der Harfe bzw. des Cellos an, Nr. 11 und 12). Auffallend ist Müllers Neigung, die starre Strophenabfolge durch variierte Orchesterbegleitung aufzulockern. Die Ensembles sind sowohl am Singspiel orientiert (Duett Lorchen/Krispin, Nr. 7) als auch an der Opera buffa (Duett Kaspar/Johann, Nr. 5). Durch betont gewichtige Arien hebt Müller das Liebespaar hervor, in Wilhelmines Rondo-Polacca (Nr. 17) riskiert er sogar Virtuosität. Ausgesprochen witzige Parodien sind die Arie des verkleideten Gerstenfeld (»Ich bin des Doktor Sassafras geschickter Substitut«, Nr. 18) und Johanns Accompagnato und Arioso als »Schwester« im 2. Finale. Das Pathos der musikalischen Form wird durch die Banalität des Texts travestiert; daß in einer für eine Männerstimme »olympischen« Koloratur (bis f″) der Spitzenton der Königin der Nacht zitiert wird, ist sicher kein Zufall. Ebenfalls Zitat ist der Auftritt des Nachtwächters im 1. Finale. Obwohl dem Vorbild von Dittersdorfs *Hieronymus Knicker* (1789) verpflichtet, ist dies Finale das bedeutendste Ensemble Müllers überhaupt. Die nächtliche Szene mit den fünf verhinderten Ständchen ist außerordentlich komisch und bühnenwirksam. Jeder Sänger begleitet sich auf einem Soloinstrument: Gerstenfeld auf der Violine, Chemise auf der Flöte, Johann auf der Posaune, Krispin auf einer Leier und Kaspar auf einem »hölzernen Gelächter«. Wie nicht anders zu erwarten, endet die Szene in einem Tumult, der mit dem Auftritt des Nachtwächters abbricht, eine Konstellation, die bis zu Wagners *Meistersingern von Nürnberg* (1868) weiterwirkte.

Wirkung: *Die Schwestern von Prag* (in der Uraufführung sang Josefa Sartory das Lorchen) erreichten zwar zunächst nicht die hohen Aufführungszahlen etwa vom *Neusonntagskind* (Wien 1793, Text: Perinet nach Hafner), konnten sich aber mit der Zeit unangefochten als Müllers beste Oper durchsetzen und wurden vereinzelt noch in der 2. Hälfte des 19. Jahrhunderts aufgeführt (München 1863, Königsberg 1870). 1935 wurde in Baden (bei Wien) eine Bearbeitung von Cornelius Czarniawski gespielt. – Eine eigene Wirkungsgeschichte hatte Krispins populäres Lied »Ich bin der Schneider Kakadu«: Thaddäus Weigl komponierte *Sechs Variationen für Klavier* (1798) darüber und Beethoven seine *Variationen für Klavier, Violine und Violoncello G-Dur* (vor 1816). Zitiert wird es ferner in dem vielgespielten Quodlibet *Rochus Pumpernickel* (1809, Text: Ignaz von Seyfried) von Matthäus Stegmayer.

Autograph: Verbleib unbekannt. **Abschriften:** StUB Ffm. (Mus. Hs. Opern), Bayer. SB München (St. th. 210), ÖNB Wien (S. m. 19904, 19905). **Ausgaben:** Kl.A: Mus. Magazin auf d. Höhe, Braunschweig [1795], Nr. 343; Mus. Magazin, Amsterdam, Nr. 37; Kl.A, hrsg. R. Kleinmichel: Senff, Lpz., Bln. [1890], Nr. 2079; Kl.A, Bearb. v. C. Czarniawski: UE 1935, Nr. 10709; Textb.: Wien, Schmidt 1794. **Aufführungsmaterial:** Bearb. Czarniawski: UE
Literatur: s. S. 357

Robert Didion

Thea Musgrave

Geboren am 27. Mai 1928 in Barnton (heute zu Edinburgh)

Beauty and the Beast
→ Darrell, Peter (1969)

Mary, Queen of Scots
Opera in Three Acts

Maria, Königin der Schotten
3 Akte (8 Bilder)

Text: Thea Musgrave, nach einer Idee von Amalia Alida Elguera
Uraufführung: 6. Sept. 1977, King's Theatre, Edinburgh, Ensemble der Scotish National Opera
Personen: Mary/Maria, Königin von Schottland (S); James Stewart, Earl of Moray (Bar); James Hepburn, Earl of Bothwell (T); Henry Stuart, Lord Darnley (T); David Riccio (Bar); Kardinal Beaton (Bar); Lord Gordon (B); Earl of Morton (Bar); Earl of Ruthven (T); die 4 Maries (2 S, Mez, A). **Chor:** Mönche, Soldaten, Hofleute, Lords, Bürger von Edinburgh
Orchester: 2 Fl (auch Picc), 3 Ob (2. u. 3. auch E.H), 2 Klar (auch B.Klar), 2 Fg (auch K.Fg), 3 Hr, 2 Trp, Pos, Pkn, Schl (kl.Tr, gr.Tr, MilitärTr, Bck, hängendes Bck, Gong, Tabor, Bongos, Tamtam, Tomtom, Glocken, Org, Hrf, Streicher; BühnenM: Fl (auch Picc), Ob, E.H, Fg, Trp, Schl (kl.Tr, Trg, Tamburin, Kastagnetten)
Aufführung: Dauer ca. 2 Std. 15 Min. – Riccio, Beaton und Gordon können vom selben Sänger dargestellt werden. Die Bühnenmusik in I/3 kann aus dem Orchester besetzt werden.

Entstehung: Musgraves Karriere als Bühnenkomponistin begann mit ihrer ersten abendfüllenden Oper *The Decision* (London 1967, Text: Maurice Lindsay nach Ken Taylor). Nach Jahren des Suchens und Experimentierens fand die einstige Schülerin Hans Gáls und Nadia Boulangers hier erstmals zu einer konzisen musikdramatischen Sprache von eklektischer Grundhaltung. Auf die Musik zu Darrells Ballett *Beauty and the Beast* (1969) folgte als Auftragswerk

für die English Opera Group die Kammeroper *The Voice of Ariadne* (Aldeburgh 1974) auf ein Libretto der mit Musgrave befreundeten peruanischen Schriftstellerin Elguera (nach *The Last of the Valerii*, 1874, von Henry James). Die von Musgrave geleitete Uraufführung (Regie: Colin Graham; mit Thomas Allen und Jill Gomez) war ein großer Erfolg.
Handlung: In Schottland, 1561–68.
I. Akt, 1. Bild, im Haus von Kardinal Beaton: Nachdem Marys Gemahl, Franz II. von Frankreich, nach nur einjähriger Regierungszeit gestorben ist, wird sie in Schottland zurück erwartet, wo sie ihr königliches Erbe antreten will. Während ihrer Abwesenheit hatte ihr Halbbruder James die Regierungsgeschäfte geführt, und noch kurz vor ihrer Ankunft verhaftet er seinen Ziehvater Beaton unter dem Vorwand, er habe bei Mary gegen ihn intrigiert. 2. Bild, Kai im Hafen von Leith, vor Anbruch des folgenden Tags; der Bug eines Schiffs ist durch den Nebel sichtbar: Als zu ihrer Begrüßung niemand erscheint, ahnt Mary ihre ungewisse Zukunft auf dem Thron und trauert der glücklichen Zeit in Frankreich nach. Plötzlich steht Bothwell mit seinen Soldaten vor ihr, versucht sie gegen James einzunehmen und will sie auf geheimen Wegen nach Edinburgh bringen. James tritt dazwischen, entkräftet Bothwells Vorwürfe und kann Marys Vertrauen gewinnen. 3. Bild, Ballsaal im Palast von Holyrood, ein Jahr später: Während das Volk Mary preist, weil sie mit James als engstem Berater dem Land Frieden gegeben hat, klagt der Mary ergebene Lord Gordon James des Mords an Beaton an, der inzwischen im Gefängnis gestorben ist; Gordon wird von Morton und Ruthven, Gefolgsleuten von James, unter Drohungen zum Schweigen gebracht. Zu Ehren ihres englischen Gasts Lord Darnley gibt Mary einen Ball, in dessen Verlauf ihre Sympathie für Darnley immer offenkundiger wird, was sowohl James als auch Bothwell mißfällt. Riccio, ein Musiker aus Darnleys Begleitung, steigert mit seiner italienischen Musik Bothwells Unmut, der mit seinen Soldaten provokativ einen schottischen Tanz beginnt, bei dem seine Aversionen zum Ausbruch kommen: Er beleidigt Darnley und wird von Mary verbannt.
II. Akt, 1. Bild, Vorraum zum Versammlungssaal der Lords: Mary hat Darnley geheiratet, erwartet ein Kind von ihm und will ihn zum Mitregenten machen, aber die Lords verweigern ihre Einwilligung. Morton und Ruthven gelingt es, einen Keil zwischen Mary und Darnley zu treiben, indem sie Darnleys Eifersucht auf Riccio wecken, der inzwischen Marys einflußreicher Privatsekretär ist. Dennoch will Mary die Mitregentschaft für Darnley durchsetzen und bittet James um Hilfe, der aber als Gegenleistung fordert, selbst mit Macht ausgestattet zu werden. Ohne verläßliche Hilfe, glaubt Mary sich am Ende: Ihr bleibt als letzter Weg eine Regentschaft ohne jegliche Unterstützung. 2. Bild, Marys Speisesaal: Riccio, der mit seinem Gesang Mary aufzuheitern sucht, wird als vermeintlicher Nebenbuhler von Darnley erstochen. 3. Bild, Ratssaal: Im Chaos gelingt es James beinah, die Herrschaft an sich zu reißen; im letzten Moment kann Mary das Volk und die Lords auf ihre Seite bringen und verbannt auch James.
III. Akt, 1. Bild, wie II/2: Mary hat einen Sohn geboren. Gordon bringt ihr die Warnung, James rücke mit einem Heer gegen Edinburgh vor; sie hat zu ihrem Schutz bereits Bothwell aus der Verbannung zurückgerufen. Als Lohn fordert er Mary; sie verweigert sich und wird von ihm vergewaltigt. James findet die beiden und tötet Bothwell. Mary hat als Bothwells »Hure« keine Chance mehr: Das Volk fordert ihre Absetzung; Gordon, der ihr die Nachricht von Darnleys Ermordung bringt, drängt sie zur Flucht und bringt ihren Sohn in Sicherheit. 2. Bild, Tor mit Fallgitter im Palast von Holyrood: James, der sich schon als Sieger glaubt, wird von Gordon getötet. Während Mary nach England flieht, wird ihr Sohn als König Jakob VI. ausgerufen.
Kommentar: Während noch Friedrich von Schiller in seinem Trauerspiel *Maria Stuart* (1800) die von Buße und Leid geprägten letzten Lebensjahre der katholischen Glaubenszeugin in den Vordergrund rückt und damit der jahrhundertelang vorherrschenden Tendenz in der Behandlung des historischen Stoffs folgt, wenden sich die Dramatisierungen des 19. Jahrhunderts im wesentlichen Marias Regierungszeit in Schottland zu, zeigen Maria als leidenschaftliche, ja verbrecherische Frau, die in ihrem Verhältnis zu Riccio, Darnley und Bothwell in emotionale und politische Verstrickungen gerät. Auf dieser Linie liegt auch Elgueras Schauspielentwurf, aus dem Musgrave durch geschickte Konzentration der verwickelten historischen Geschehnisse ein psychologisch differenziertes, dabei bühnenwirksames Libretto formte. Die Ausarbeitung des Texts habe dabei, so Musgrave, ihre Sensibilität für das ausbalancierte Ineinandergreifen von Musik und Dramaturgie wachsen lassen. Tatsächlich enthält die Partitur musikalisch ausdrucksstarke kontrastierende Momente: Situationen, in denen Mary einsam, zutiefst verwundet und zunehmend mutlos in sich versinkt, wechseln mit aggressiven Ausbrüchen etwa in ihrer Auseinandersetzung mit James (II/1). Andererseits folgt die Komposition streckenweise zu deskriptiv und stilistisch unspezifisch den dramatischen Geschehnissen. Dennoch liegt gerade im Pluralismus der Stile und Materialien Musgraves kompositorische Eigenart, die in der Ballszene am Ende des II. Akts ihre musikdramatischen Qualitäten erweist. Die Simultanität der überreizten Gefühle stellt Musgrave als ein musikalisch effektvolles und überzeugendes Ganzes dar, das aus gegensätzlichen Schichten zusammengesetzt ist: Die Szene ist durchzogen von einer Gruppe höfischer Tänze (von der Bühnenmusik gespielte Originalzitate von Renaissancetänzen), über die hinweg sich die lyrischen Melodiebögen von Mary und Darnley breiten, während das Orchester die anwachsende Aggression von Bothwell und seinen Soldaten zum Ausdruck bringt, die schließlich in einem ungestümen Reel kulminiert.
Wirkung: In der Uraufführung im Rahmen des Edinburgh-Festivals sangen unter Musgraves Leitung Catherine Wilson (Mary), David Hillman (Darnley) und

Gregory Dempsey (Bothwell); Regie führte Graham, die Choreographie besorgte Darrell. Im April 1978 wurde das Werk von der Virginia Opera Association Norfolk nachgespielt (Dirigent: Peter Mark; mit Ashley Putnam, Jon Garrison, Barry Busse). Aufführungen der Norfolk-Produktion gab es auch in San Francisco 1979 (Mary: Claudia Cummings) und New York (City Opera) 1981; die Uraufführungsinszenierung wurde 1980 an der National Opera London gezeigt. Die deutschsprachige Erstaufführung (Übersetzung: Martin Griesemer) fand 1984 in Bielefeld statt (Regie: John Dew, Dirigent: Rainer Koch; Christine Weidinger, John Pickering, James O'Neal).

Autograph: bei d. Komponistin. **Ausgaben:** Kl.A: Novello, Sevenoaks 1978, Nr. 7042808. **Aufführungsmaterial:** Novello, Sevenoaks
Literatur: S. WALSH, M.'s ›The Voice of Ariadne‹, in: MT 115:1974, S. 465–467; T. MUSGRAVE, Mary, Queen of Scots, ebd. 118:1977, S. 625–627; C. HAWS, ›Mary, Queen of Scots‹: Fact or Fiction, in: Opera 28:1977, S. 730–734; J. W. LePAGE, Women Composers, Conductors, and Musicians of the Twentieth Century. Selected Biographies, Metuchen 1980, S. 145–164; D. L. HIXON, T. M. A Bio-Bibliography, London 1984

Susanne Rode

Modest Petrowitsch Mussorgski

Geboren am 21. März 1839 in Karewo (bei Pskow), gestorben am 28. März 1881 in Sankt Petersburg (heute Leningrad)

Salambo
Opera w tschetyrjoch deistwijach

Salambo
Oper in 4 Akten

Text: Modest Petrowitsch Mussorgski, nach dem Roman *Salammbô* (1862) von Gustave Flaubert
Uraufführung: komponiert 1866; Bearbeitung von Zoltán Peskó als *Salammbô*, konzertant: 10. Nov. 1980, Radiotelevisione Italiana, Mailand; szenisch: 29. März 1983, Teatro San Carlo, Neapel (hier behandelt)
Personen: Salambo, Tochter Hamilkars, Priesterin der Göttin Tanit (Mez); Mato, Libyer, Anführer des Söldneraufstands gegen Karthago (B); Spendius, freigelassener Sklave Hamilkars (T); ein Mann von den Balearen (T); Aminachar (B); Oberpriester des Gotts Moloch (B); 4 Pentarchen (2 T, 2 B). **Chor:** libysche und karthagische Krieger (mit 3 solistisch ausgegliederten T), 12 Priesterinnen der Göttin Tanit, 6 Priester des Gotts Moloch, 8 karthagische Knaben (S, A), Frauen, Volk

Orchester: 3 Fl (2. u. 3. auch Picc), 2 Ob, E.H, 2 Klar, B.Klar, 2 Fg, K.Fg, 4 Hr, 3 Trp, 3 Pos, Tb, Pkn, Schl (gr.Tr, Zimbeln, kl.Tr, Glsp, Xyl, Trg, Tamburin, Kastagnetten), Hrf, Cel, Org, Streicher
Aufführung: Dauer ca. 1 Std. 30 Min. – Detaillierte szenische Anweisungen in den Autographen, reiche Auffächerung der Chöre bis zu zehn Stimmen.

Entstehung: Mussorgski strebte ursprünglich die Militärlaufbahn an, und mit Ausnahme eines gründlichen Klavierunterrichts (unter anderm bei dem Adolf-von-Henselt-Schüler Anton Herke) deutete zunächst wenig auf seine spätere kompositorische Berufung hin. Erst die Bekanntschaft mit Alexandr Dargomyschski und wenig später mit Mili Balakirew und Wladimir Stassow führte ihn seiner eigentlichen Begabung zu. Als Mitglied jener Gruppe von fünf Komponisten, für die sich Stassows Bezeichnung »mächtiges Häuflein« eingebürgert hat, versagte er sich zeit seines Lebens eine akademisch geregelte musikalische Ausbildung. Die Vermittlung theoretischer Grundlagen verdankte er einzig den unorthodoxen Lehrmethoden Balakirews. Mussorgskis erste Kompositionen zeigen ihn kaum als den national orientierten Künstler, als den ihn seine späteren Werke ausweisen. Neben zwei Opernplänen nach russischen Vorlagen, *Notsch na Iwanow den* (*Johannisnacht*, 1858) nach Nikolai Gogol und *Leschi* (*Der Waldgeist*, 1859) nach Alexei Pissemski, finden sich Bühnenprojekte 1856 nach Victor Hugos Roman *Han d'Islande* (1825) und 1861 (*Zar Edip*) nach der Sophokles-Bearbeitung *Edip w Afinach* (1804) von Wladislaw Oserow. – Flauberts in Frankreich heftig umstrittener Roman wurde in Rußland enthusiastisch aufgenommen. Die Übersetzung erschien 1863 in den Nummern 6 und 7 der *Otetschestwennyje sapiski* (*Vaterländische Blätter*), und bereits Ende 1863 begann Mussorgski mit seiner Vertonung. Als große Oper geplant, blieb *Salambo* jedoch ein Torso. Vertont wurden lediglich folgende Ausschnitte: 1863 das gesamte 2. Bild des II. Akts, 1864 die Opferung an Moloch (III/1), das Lied des Manns von den Balearen (I. Akt) und die Szene im Verlies der Akropolis (IV/1). Der Tod von Mussorgskis Mutter Julija und eigene Krankheit infolge übermäßigen Alkoholkonsums ließen die Arbeit stagnieren. Erst zwei Jahre später entstanden der Chor der Priesterinnen (IV/2) und das Kriegslied der Libyer (I. Akt). Außerdem ist eine undatierte Klavierskizze ohne Gesang zum Lied des Manns von den Balearen erhalten, die nach 16 Takten abbricht. Für sein Libretto verarbeitete Mussorgski in IV/1 den Beginn von Alexandr Poleschajews Gedicht *Pesn plennowo irokesa* (*Lied des gefangenen Irokesen*, 1828). Oskar von Riesemann (s. Lit.) will im Libretto darüber hinaus Anklänge an Heinrich Heine, Wassili Schukowski und Apollon Maikow entdeckt haben. Flauberts ausführliche Schilderungen dekorativer Details kompilierte Mussorgski zu präzisen Anmerkungen, die sowohl die Ausstattung als auch die Regie betreffen. Er entwarf allerdings kein durchgehendes Szenarium, so daß der Handlungsablauf der Oper nicht mit letzter Sicherheit rekonstruiert werden kann. Mit Ausnahme der Szene des gefangenen Mato lassen sich jedoch alle komponierten Teile von *Salambo* auf Flauberts Romanhandlung zurückführen. Nikolai Tscherepnin nutzte die *Salambo*-Fragmente zu seiner Komplettierung von *Sorotschinskaja jarmarka* (1881/1911), Nikolai Rimski-Korsakow instrumentierte lediglich den Chor der Priesterinnen, und erst Peskó unternahm den Versuch, alle Fragmente der Oper in einer von ihm zu Ende instrumentierten Version komplett aufzuführen. Seine Instrumentation stützt sich auf folgende Quellen: Mussorgskis mit zahlreichen Instrumentationsangaben versehene Klavierfassung, die teils skizzenhaft zum Particell ergänzt ist, die Partiturskizze »Hymnus an Tanit« (II/2) sowie Mussorgskis Instrumentation zum Kriegslied der Libyer und zur Szene im Verlies der Akropolis. Nicht nachprüfbar ist Peskós Angabe, auch das Lied des Manns von den Balearen sei von Mussorgski instrumentiert; laut Rubens Tedeschi (s. Lit.) ist das in Paris aufbewahrte Manuskript unauffindbar.

Handlung: In Karthago, 241 v. Chr., nach Abschluß des 1. Punischen Kriegs.
I. Akt, die Gärten Hamilkars: Die von den Karthagern gedungenen Söldner feiern den Jahrestag des Siegs am Eryx auf Sizilien. Ein Mann von den Balearen singt von Liebe, die Libyer stimmen ein Kriegslied an.
II. Akt, Tempel der Tanit: Salambo opfert der Göttin und schläft zu Füßen ihres Bilds ein. Mato und Spendius schleichen in den Tempel, um den Schleier der Göttin zu rauben, der Karthago und seine Bewohner schützt und ihnen die Macht erhält. Mato erklärt der erwachenden Salambo seine Liebe, sie aber verflucht ihn und beklagt mit dem Volk und den Priesterinnen den Raub des heiligen Schleiers.
III. Akt, Tempel des Moloch: Nach dem Raub des Schleiers hat sich das Kriegsglück zugunsten der aufständischen Söldnerheere gewendet. Die Karthager opfern Moloch, und Salambo verkündet ihren Entschluß, zur Rettung Karthagos den Schleier der Göttin aus dem feindlichen Lager zurückzuholen.
IV. Akt, 1. Bild, das unterirdische Verlies der Akropolis von Karthago: Nachdem Salambo aus Matos Zelt den Schleier zurückgebracht hat, sind die aufständischen Söldner geschlagen und Mato gefangengenommen worden. Die Pentarchen verkünden ihm sein Todesurteil. 2. Bild: Die Priesterinnen schmücken die bedrückte Salambo für ihre Hochzeit mit Narrawas, durch dessen Verrat die Söldnerheere besiegt werden konnten.

Kommentar: In *Salambo* wendet Mussorgski sich dem Bereich musikalischer Exotik zu, der in jenen Jahren en vogue war, den er allerdings in Alexandr Serows *Judif* (1863) kritisierte. Sein Verhältnis zu Serows Oper ist für die Einschätzung *Salambos* nicht uninteressant: Mussorgski bemängelte die unzureichende dramatische Gestaltung der Massenszenen. Er selbst legte demzufolge in *Salambo* auf die Ausarbeitung der Chorpartien besonderes Gewicht, während das Interesse an der Charakterisierung der Titelfigur in den Hintergrund trat; zeitweise nannte er seine Oper sogar *Liwijez (Der Libyer)*. Entsprechend dem exotischen Kolorit des Stoffs finden sich in den Skizzen zu *Salambo* zahlreiche ungewöhnliche Klangeffekte. Vor allem in bezug auf die Schlaginstrumente beweist Mussorgski kühnen Einfallsreichtum, und deshalb muß eine Rücknahme derartiger Klangeffekte in der Orchestrierung von *Boris Godunow* (1874) als bewußte Entscheidung aus künstlerisch-ästhetischen Gründen gedeutet werden (vgl. Tedeschi). Auch in anderer Hinsicht ist der Vergleich von *Salambo* und *Boris Godunow* aufschlußreich, denn vieles aus der fertiggestellten Musik der frühen Oper ging mehr oder weniger deutlich in das spätere Werk ein. Pawel Lamm hat diese von Wjatscheslaw Karatygin entdeckten Parallelen im Vorwort seiner Mussorgski-Werkausgabe ergänzt. Sie reichen von Ähnlichkeiten der Intonation bis hin zu direkten Zitaten. Darüber hinaus verwendete Mussorgski die *Salambo*-Musik in andern Werken: im Chor *Iissus Nawin* (*Jesus Nawinus*, 1877), im *Mlada*-Fragment (1872), in der Oper *Sorotschinskaja jarmarka* und im *Intermezzo symphonique in modo classico* (1867). Zwei Abschnitte der Musik zu *Salambo* stammen allerdings selbst aus früheren Kompositionen, nämlich aus dem einzig erhaltenen Stück, einem Chor, des Opernprojekts *Zar Edip* und aus einer früheren Fassung von *Iwanowa notsch na lyssoi gore* (*Johannesnacht auf dem kahlen Berg*, 1867). Der Gesang des Manns von den Balearen wurde in die Liedersammlung *Junyje gody* (*Jugendjahre*, 1866) aufgenommen.

Wirkung: In der szenischen Uraufführung führte Juri Ljubimow Regie (Bühnenbild: Dawid Borowski); Peskó dirigierte (wie auch schon die konzertante Uraufführung). Es sangen Annabelle Bernard (Salambo) und Boris Bakow (Mato). In Zusammenarbeit mit dem Teatr Wielki Warschau brachte das Staatstheater Karlsruhe 1988 die konzertante deutsche Erstaufführung von *Salambo* heraus. Unter der Leitung von Robert Satanowski sangen Ryszarda Racewicz und, besonders überzeugend, Georgij Zelezniew.

Autograph: verteilt auf: Bibl. Saltykov-Ščedrin Leningrad, Bibl. d. Kons. Leningrad, Bibl. du Cons. Paris. **Ausgaben:** Kl.A (auch d. original instrumentierten Teile mit Particell d. Hymnus an Tanit), hrsg. P. Lamm: M. MUSORGSKIJ, GA, Moskau 1939; Textb. in: M. MUSORGSKIJ, Literaturnoe nasledie, Bd. 2, Moskau 1972. **Aufführungsmaterial:** Bearb. v. Z. Peskó: Cetra, Mailand

Literatur: V. STASOV, Sobranie statej Stasova o M.om i ego proizvedenijach, Moskau, Petrograd 1922; O. v. RIESEMANN, Eine Oper ›Salambo‹ von M., in: M.Blätter d. Anbruch 7:1925, S. 526–530; R. TEDESCHI, Salammbô, in: Modest Mussorgski. Aspekte d. Opernwerks, München 1981 [s. u.], S. 23–40; Z. PESKÓ, Geschichtlicher Hintergrund. Erfahrung. Kreativität: Über d. Probleme bei d. Bearb. u. Orchestrierung d. Oper ›Salammbo‹, in: Ph. Staatstheater, Karlsruhe 1988; **zu Mussorgski:** V. STASOV, M., Petersburg 1881; P. D'ALHEIM, M., Paris 1896; M. O. D'ALHEIM, Le Legs de M., Paris 1908; V. KARATYGIN, M., Petrograd 1922; I. GLEBOV, M. Opyt charakteristika, Moskau 1923; O. v. RIESEMANN, M. P. M., München 1926 (Monographien zur russ. M.Gesch. 2.); P. MARKOVATZ, Die Harmonik in den Werken M. M.s, Diss. Wien 1926; K. v. WOLFURT, M., Stuttgart 1927; Modest Petrovič Musorgskij. K

Tafel 10

Tafel 10

oben
Wolfgang Amadeus Mozart, *Die Zauberflöte* (1791), I. Aufzug, 5. Bild; Bühnenbildentwurf: David Hockney; Festival, Glyndebourne 1978. – Die für das Glyndebourne-Festival entstandenen, 1985 von der Mailänder Scala sowie 1991 von der New Yorker Metropolitan Opera wiederverwendeten acht Szenenbilder Hockneys sind stilisierte Märchenlandschaften in kräftigen Farben. Surreale geometrische Kombinationen von ägyptischer Architektur, französischem Garten, Felsen und Palmenwald bestimmen sie. Von Karl Friedrich Schinkel über Marc Chagall zu Hockney spannt sich der Bogen einer immer wiederkehrenden malerisch inspirierten Ausstattung der *Zauberflöte*.

unten
Wolfgang Amadeus Mozart, *Die Zauberflöte* (1791), II. Aufzug, 9. Bild; Bühnenbildentwurf: Karl Friedrich Schinkel; Königliches Opernhaus, Berlin 1816. – Schinkels zwölf Entwürfe zur *Zauberflöte*, jeweils die abschließenden Prospekte des späteren Gesamtbühnenraums, bilden den Beginn eines neuen Prinzips der Theaterdekoration, das mit der Teilung des Raums in bespielbaren Vordergrund und bildartigen Hintergrund den tiefenperspektivischen barocken Bühnenaufbau ablöste. Sie sind zugleich der Ausgangspunkt für eine Ausstattungstradition des Werks, die den Spielort in einem fiktiven Ägypten ansiedelt.

pjatidesjatiletiju so dnja smerti. Stati i materialy, hrsg. J. KELDYŠ, V. JAKOVLEV, Moskau 1932; Modest Petrovič Musorgskij. Pisma i dokumenty, hrsg. A. N. RIMSKIJ-KORSAKOV, Moskau, Leningrad 1932, ital., hrsg. F. D'AMICO, Mailand 1981; N. TUMANINA, M. P. M. Žizn i tvorčestvo, Moskau, Leningrad 1939; G. GAVAZZENI, M. e la musica russa dell'Ottocento, Florenz 1943; The Musorgskij Reader, hrsg. J. Leyda, S. Bertensson, NY 1947; C. SAUKE, M. M., Halle 1953; M. D. CALVOCORESSI, M. M. His Life and Works, London 1956; M. MARNAT, M., Paris 1962; A. OGOLEVEC, Vokalnaja dramaturgija M.ogo, Moskau 1966; I. SEROV, M. M., NY 1968; V. BELJAEV, M. – Skrjabin – Stravinskij, Moskau 1972; M. MUSORGSKIJ, Literaturnoe nasledie. Pisma, biografičeskie materialy i dokumenty, hrsg. A. Orlov, M. Pekelis, Moskau 1971; S. I. ŠLIFŠTEJN, M. Chudožnik, vremja, sudba, Moskau 1975; B. ASAFEV, Ob opere. Isbrannye stati, Leningrad 1976; H. C. WORBS, M. P. M. in Selbstzeugnissen und Bilddokumenten, Reinbek 1976 (rm. 247.); E. R. REILLY, A Guide to M.: a Scorography, NY 1980; Modest Mussorgski. Aspekte d. Opernwerks, hrsg. H.-K. Metzger, R. Riehn, München 1981 (M-Konzepte. 21.); M. MUSORGSKIJ, Pisma, Moskau 1981; DERS., Musica e verità, hrsg. F. D'Amico, Mailand 1981; R. ŠIRINJAN, Opernaja dramaturgija M.ogo, Moskau 1981; M. MUSORGSKIJ, Briefe, hrsg. D. Lehmann, Lpz. 1984; Mussorgskij. L'opera, il pensiero. Atti del Convegno Internazionale, Milano 1981, hrsg. A. M. Morazzoni, Mailand 1985 (Quaderni di musica/realtà. 5.)

Kadja Grönke

Schenitba
Opyt dramatitscheskoi musyki w prose Sowerschenno newerojatnoje sobytije w trjoch deistwijach

Die Heirat
Versuch einer dramatischen Musik in Prosa
Eine vollkommen unwahrscheinliche Begebenheit in 3 Akten

Text: Nikolai Wassiljewitsch Gogol, *Schenitba. Sowerschenno newerojatnoje sobytije w dwuch deistwijach* (1842)
Uraufführung: 6. Okt. 1868, Haus Zesar Antonowitsch Kjuis oder Alexandr Sergejewitsch Dargomyschskis (konzertant, Klavierfassung); Bearbeitung von Alexandr Nikolajewitsch Tscherepnin, deutsch von Heinrich Burkard als Oper in 2 Bildern *Die Heirat*: 14. Nov. 1937, Opernhaus, Essen (hier behandelt)
Personen: Podkoljossin, Hofrat im Dienst (Bar); Kotschkarjow, sein Freund (T); Stepan, Diener Podkoljossins (B); Fjokla Iwanowna, Heiratsvermittlerin (A); Agafja Tichonowna, Kaufmannstochter (S); Arina Panteleimonowna, ihre Tante (Mez); Dunjaschka, Zimmermädchen im Haus Agafja Tichonownas (S)
Orchester: 2 Fl (2. auch Picc), 2 Ob (2. auch E.H), 2 Klar (2. auch kl. Klar), 2 Fg, 4 Hr, 2 Trp, 2 Pos, B.Pos, Tb, Pkn, Schl (kl.Tr, gr.Tr, Bck, Glsp, Trg, Xyl, Glöckchen, Tamburin, Kastagnetten, Tamtam, Türglocke hinter d. Bühne), Hrf, Streicher
Aufführung: Dauer ca. 1 Std. 15 Min. – Die letztgenannten drei Personen treten nur im 2. Bild (der Tscherepnin-Bearbeitung) auf.

Entstehung: Die Intensität, mit der Dargomyschski 1866–69 an seiner letzten Oper, *Kamenny gost* (1872), arbeitete, regte auch die Mitglieder des »mächtigen Häufleins« an, sich mit Bühnenprojekten zu beschäftigen. Dabei orientierte sich Mussorgski am stärksten an Dargomyschskis Stil der vokalen Deklamation, ging aber noch über sein Vorbild hinaus. Nicht mehr eine in metrischen Versen verfaßte Dichtung diente als Vorlage; vielmehr wurde reine Theaterprosa nahezu Wort für Wort vertont. Die Wahl von Gogols Zweiakter *Schenitba*, berichtete Mussorgski, sei von Dargomyschski im Scherz, von Kjui jedoch ernsthaft angeregt worden. Den I. Akt seiner Oper schrieb Mussorgski in weniger als einem Monat in Petersburg und auf dem Gut Schilowo (Gouvernement Tula), wo er seinen Urlaub verbrachte. Das akribisch durchdatierte Autograph bezeichnet als Arbeitsbeginn den 23. Juni 1868, am 2. Juli war die 1. Szene, am 14. die 2., am 18. die 3. und am 20. Juli die 4. Szene und damit der gesamte I. Akt fertiggestellt. Auch der II. Akt beschäftigte Mussorgski; er machte jedoch keine Aufzeichnungen dazu.

Handlung: In Petersburg, 1. Hälfte des 19. Jahrhunderts.
1. Bild, Podkoljossins Junggesellenzimmer: Podkoljossin liegt auf dem Diwan und sinniert. Seit Wochen empfängt er die Heiratsvermittlerin Fjokla Iwanowna, läßt sich einen neuen Frack nähen und kostet den Gedanken aus, bald eine Ehe zu schließen. Sein Zögern und reifliches Überlegen haben bisher konkrete Schritte verhindert. Der Diener Stepan meldet Fjokla. Sie preist die Kaufmannstochter Agafja Tichonowna und deren Mitgift in höchsten Tönen. So gern Podkoljossin ihr zuhört, letztlich bleibt er unschlüssig, und nur Fjoklas verärgerte Bemerkung über seine ergrauten Haare rüttelt ihn kurzzeitig aus seiner Lethargie auf. Podkoljossins Freund Kotschkarjow, der an seiner durch Fjokla vermittelten Ehe wenig Freude hat, errät bei seinem Eintreten sofort den Grund für Fjoklas Anwesenheit und beschließt spontan, den Gang der Dinge zu beschleunigen. Nachdem er Fjokla listig den Wohnort der Braut entlockt und sie dann fortgeschickt hat, malt er Podkoljossin ein phantasievolles Idealbild des Ehestands und veranlaßt ihn, seine zukünftige Braut sofort zu besuchen.
2. Bild, Agafja Tichonownas Haus: Fjokla bringt Bilder von vier Freiern, deren Vorzüge sie Agafja und deren Tante anpreist; Agafja kann sich jedoch nicht entscheiden. Als es an der Tür klingelt, wird in Eile etwas Ordnung geschaffen: Der unerwartete Besucher ist Kotschkarjow. Er will den Freund auf seine Weise verheiraten, verspottet Fjokla und hat Podkoljossin gleich mitgebracht. Die Tante wird von ihm abgelenkt, so daß Agafja und Podkoljossin einige Worte unter vier Augen wechseln können. Dieser ist dabei so verwirrt, daß es Kotschkarjow einige Mühe kostet, bis der Heiratsantrag gemacht ist; unverzüglich soll geheiratet werden. Während Kotschkarjow einen Wagen holt, bedenkt Podkoljossin die Lage, und seine Begeisterung schlägt um in Entsetzen über seinen nun festgelegten Lebensweg. Er flieht durch einen Sprung

aus dem Fenster und entkommt in einer Droschke. Erfolglos sucht Agafja, inzwischen im Brautkleid, mit den andern nach ihm. Am Ende vernehmen alle entsetzt Dunjaschkas Augenzeugenbericht von Podkoljossins Flucht und der Schadenfreude der Nachbarn.
Kommentar: Gogols Komödie geht auf seinen Entwurf *Schenichi* (*Die Freier*, 1833) zurück und wurde 1842 nach zahlreichen Umarbeitungen mit mäßigem Erfolg in Petersburg uraufgeführt. Gogol verzichtet in seiner »vollkommen unwahrscheinlichen Begebenheit« auf die bewährten und gattungsüblichen Handlungsmuster, die das zeitgenössische Publikum bei einer Komödie erwartete. Weder derber Witz noch Liebesintrigen werden eingesetzt, um ein harmonisches Ende zu verzögern. Statt dessen verlagert Gogol das Gewicht auf eine satirische Typisierung der einzelnen Figuren, was sich bereits durch bedeutungtragende Namen ausdrückt (Podkoljossin etwa wäre mit »unter den Rädern« zu übersetzen). Die Komik des Stücks resultiert vor allem aus dem Kontrast von Schein und Sein, denn das Publikum vermag die unerschütterliche Selbstdarstellung der Bühnenfiguren als Dünkel zu entlarven. Die Schablonenhaftigkeit der agierenden Personen wird durch die Redeweise noch unterstützt; Podkoljossin wirkt wie eine Vorwegnahme des für die russische Literatur so prägend gewordenen *Oblomow* (1859) von Iwan Gontscharow. – Durch die fortlaufende und nahezu unveränderte Vertonung eines dramatischen Texts unterscheidet sich Mussorgskis *Schenitba* wie schon Dargomyschskis *Kamenny gost* radikal von traditionellen Operntypen. Obwohl Arien und Chöre fehlen, plädierte Mussorgski dennoch nachdrücklich dafür, sein Werk als Oper zu bezeichnen. »Wenn man sich von Operntraditionen überhaupt lossagt«, schrieb er an Nikolai Rimski-Korsakow, dann sei *Schenitba* eine Oper. In andern Briefen sprach Mussorgski von einer »opéra dialogué«, und neben dem Bemühen um eine möglichst einfache und prägnante musikalische Charakterisierung der Personen und ihres Milieus gehörte sein Interesse primär der Darstellung der Sprache selbst. Kleinste Intonationsschwankungen der alltäglichen Rede wollte er in seiner Musik künstlerisch nachbilden. Ähnlich wie Leoš Janáček, der die Gespräche seiner Mitmenschen in Notenskizzen festhielt, beobachtete auch Mussorgski seine Umwelt sehr genau. Wahrhaftigkeit und künstlerische Gestaltung sollten in seinen Werken zusammenfließen. Dies Ziel trachtete er zu jener Zeit nicht nur in *Schenitba*, sondern auch in seinen Liedern zu verwirklichen. Sosehr sich Mussorgski der Neuartigkeit und Kühnheit seines Vorhabens bewußt war, so genau sah er auch die Gefahr, in Monotonie zu verfallen. Ein Brief an Wladimir Nikolski vom 27. Aug. 1868 belegt, daß der Komponist *Schenitba* im Grunde als Vorbereitung, als eine Vorstufe zur Erreichung seines »geheimen Lebensziels« betrachtete. Die Erfahrungen, die er bei der Vertonung gewonnen hatte, kamen ihm in seinen späteren Werken zugute. Die Intensität und Natürlichkeit der Rezitative in *Boris Godunow* (1874) und *Chowanschtschina* (1879/1886) sind nicht denkbar ohne sorgfältige Auslotung der musikalischen Darstellungsmöglichkeiten von Sprache, wie Mussorgski sie in *Schenitba* erprobte. Durch solch bewußte Bindung an die menschliche Rede ist die Komposition des Gesangs nicht mehr frei, sondern unmittelbar mit der inhaltlichen Aussage verquickt. Deshalb scheint es nicht verwunderlich, daß Mussorgski ebenso wie schon sein Anreger Dargomyschski als Textvorlage für *Schenitba* das Werk eines der bedeutendsten russischen Dichter wählte und es weitgehend unverändert als Opernlibretto nutzte. Ursprüngliches Sprechtheater wurde mit musikalischen Mitteln erweitert, so daß eine Literaturoper im wahrsten Sinn des Worts entstand.
Wirkung: Am 6. Okt. (nicht am 18.; vgl. Brief Alexandr Borodins, zitiert bei Pawel Lamm, s. Ausg.) 1868 stellte Mussorgski seinen Freunden den I. Akt vor. Die Aufführung, bei der Dargomyschski den Kotschkarjow und Mussorgski den Podkoljossin sangen, wurde fortwährend durch lautes Lachen der Sänger und Zuhörer unterbrochen, die den Humor von Gogols Vorlage musikalisch treffend umgesetzt fanden. Aber auch kritische Stimmen meldeten sich, die in Mussorgskis Werk lediglich ein Kuriosum sahen, das durch die Ausschließlichkeit seines Deklamationsstils die Belange praktischer Aufführbarkeit aus den Augen verloren habe (Borodin, Kjui). Das Manuskript der unvollständig gebliebenen Oper schenkte Mussorgski seinem Freund Wladimir Stassow zum 49. Geburtstag. Stassow untersagte zeit seines Lebens eine öffentliche Kenntnisnahme des Werks, wohl im schien, daß es erst in ferner Zukunft hinreichend gewürdigt werden könne. Anläßlich einer Privataufführung im Haus Sigismund Blumenfelds erteilte er 1906 dann doch die Erlaubnis, die Oper zu veröffentlichen. Rimski-Korsakow revidierte das Werk, konnte allerdings vor seinem Tod einen eigenen Orchestrierungsvorschlag nicht mehr beenden, so daß *Schenitba* 1908 lediglich als Klavierfassung publiziert wurde. Diese bildete 40 Jahre nach Entstehung der Oper die Grundlage ihrer öffentlichen Uraufführung, die am 3. Jan. 1909 in der Reihe der Matineen des Zirkels der Liebhaber russischer Musik in Moskau stattfand und, ebenso wie die Aufführung im Suworin-Theater Petersburg am 2. April 1909, konzertant dargeboten wurde. Erst am 26. Okt. 1917 wurde die Oper in der Orchestrierung von Alexandr Gauk im Theater des musikalischen Dramas Petersburg szenisch (zusammen mit Kjuis Bearbeitung von *Sorotschinskaja jarmarka*, 1881/1911) gespielt. In den folgenden Jahren wurde mehrfach der Versuch unternommen, die Oper zu vollenden: Kjuis Plan führte zu keinem Resultat; Maurice Ravel, der in einem Brief an den *Figaro* vom 17. Mai 1911 *Schenitba* als sein Vorbild für *L'Heure espagnole* (1911) auswies (in: Marcel Marnat, *Maurice Ravel*, S. 308, s. Lit.) und 1913 zusammen mit Igor Strawinsky *Chowanschtschina* bearbeitet hatte, instrumentierte *Schenitba* für eine Privatinszenierung im April 1923 in Paris (französisch von Raoul d'Harcourt); Daniel Ruyneman vollendete das Werk (*Le Mariage*) im Aug. 1929 (siehe *Die Musik* 1929,

S. 859), ohne daß es zu einer Aufführung gekommen zu sein scheint; eine Bearbeitung von Marguerite d'Harcourt wurde am 7. Jan. 1930 in Monte Carlo aufgeführt, und eine weitere Version arrangierte Gennadi Roschdestwenski. 1931 erklang im Moskauer Rundfunk eine Bearbeitung von Michail Ippolitow-Iwanow, die eine ergänzende Vertonung des restlichen Texts von Gogols Komödie enthält: Podkoljossin und Kotschkarjow treffen in Agafjas Haus auf vier Heiratskandidaten; durch geschicktes Agieren und Intrigieren gelingt es Kotschkarjow, die Konkurrenten auszustechen und die Heirat zwischen seinem Freund und der Kaufmannstochter zu vermitteln; im letzten Augenblick kommen Podkoljossin jedoch Zweifel, und als die Hochzeitsvorbereitungen beendet sind, entzieht er sich seinem Schicksal durch einen Sprung aus dem Fenster. Auch Tscherepnin legte 1934 neben einer Instrumentierung des I. Akts eine Komplettierung vor, die im Gegensatz zur Version von Ippolitow-Iwanow nicht abendfüllend ist, da sie Gogols Text nicht wortgetreu übernimmt, sondern die Handlung rafft und auf ein Auftreten der vier weiteren Freier ganz verzichtet. Tscherepnin gab Mussorgskis Aktzählung zugunsten einer Gliederung in zwei Bildern auf. Diese Bearbeitung wurde 1937 zusammen mit *Sorotschinskaja jarmarka* gespielt (Regie: Wolf Völker, Bühnenbild: Ernst Rufer, Dirigent: Albert Bittner; Podkoljossin: Manfred Huebner). Sie lag auch der Oberhausener Inszenierung zugrunde, die Fritzdieter Gerhards 1981 besorgte (Dirigent: Dietfried Bernet; Agafja: Judith Wilkinson, Podkoljossin: Achim Niedziella, Kotschkarjow: Steven Gifford), und wurde gleichfalls von Klaus-Henning Eschrich 1984 in Oldenburg benutzt (Gerhard Markson; Marcia Parks, Paul Bicos, Arthur Friesen). Peter Ustinov schuf zu Mussorgskis 100. Todestag eine Bearbeitung, die 1984 auf der Werkstattbühne Bonn (Podkoljossin: Niedziella, Kotschkarjow: Alois Perl) wieder aufgegriffen wurde: In einer Rahmenhandlung stellt Ustinov die Probenarbeit zu der Oper dar, auf deren Vervollständigung die Akteure sehnsüchtig warten; am angekündigten Premierentermin kann man dem Publikum jedoch nur die ersten vier Szenen vorführen.

Autograph: Bibl. Saltykov-Ščedrin Leningrad (Nr. 32a, 326, 32v und g). **Ausgaben:** Kl.A, I. Akt: M. MUSORGSKIJ, GA, Bd. IV/1, hrsg. P. Lamm, Moskau 1933; Kl.A, Bearb. v. N. Rimskij-Korsakov: Bessel, Petersburg 1908, 1911; Kl.A, Bearb. v. A. Čerepnin, dt. Übers. v. H. Burkard: UE 1938, Nr. 10997.
Aufführungsmaterial: UE
Literatur: C. KOECHLIN, Le ›Mariage‹. Comédie musicale de M., in: RM 4:1923, Mai, S. 73–77; R. F. TARUSKIN, ›The Stone Guest‹ and Its Progeny, in: DERS., Opera and Drama in Russia. The Preachment and Practice of Operatic Esthetic in the Eighteen Sixties, NY 1976, Diss. Columbia Univ., S. 389–529; P. SANTI, Über ›Die Heirat‹, in: Modest Mussorgski. Aspekte d. Opernwerks, hrsg. H.-K. Metzger, R. Riehn, München 1981 (M-Konzepte. 21.), S. 41–44; E. ANTIPOVA, Dva varianta ›Ženitby‹, in: Sovetskaja muzyka 1964, Nr. 3, S. 77–85; M. MARNAT, Maurice Ravel, Paris 1986; weitere Lit. s. S. 362

Kadja Grönke

Boris Godunow
Opera w tschetyrjoch deistwijach s prologom

Boris Godunow
Oper in 4 Akten mit Prolog

Text: Modest Petrowitsch Mussorgski, nach der »dramatischen Chronik« (1825) von Alexander Sergejewitsch Puschkin, nach dem 10. und 11. Band (1821–24) der *Istorija gossudarstwa rossiskago (Geschichte des russischen Reichs)* von Nikolai Michailowitsch Karamsin
Uraufführung: Fassung 1869 (»Ur-Boris«): 5. März 1929, Stanislawski-Nemirowitsch-Dantschenko-Musiktheater, Moskau; Fassung 1872 (»Original-Boris«): 8. Febr. 1874, Mariinski-Theater, Petersburg (hier behandelt)
Personen: Boris Godunow (Bar oder hoher B); Fjodor (Mez) und Xenija (S), seine Kinder; Xenijas Amme (Mez); Fürst Wassili Iwanowitsch Schuiski (T); Andrei Schtschelkalow, Geheimschreiber bei der Duma (Bar); Pimen, Chronist, Mönch (B); Prätendent, unter dem Namen Grigori, Novize in Pimens Obhut (T); Marina Mnischek, Tochter des Woiwoden von Sandomir (Mez oder dramatischer S); Rangoni, geheimer Jesuit (B); Warlaam und Missail, entlaufene Mönche (B); eine Schenkwirtin (Mez); ein Gottesnarr (T); Nikititsch, Polizeioffizier (B); Mitjucha, Bauer (B); ein Leibbojar (T); Bojar Chruschtschow (T); Lawizki und Tschernikowski, Jesuiten (B); Rusja, Dienerin Marinas (stumme R). **Chor, Statisterie:** Bojaren, ihre Kinder, Strelitzen, Soldaten, Polizeioffiziere, polnische Edelleute (Magnaten und Damen), Mädchen von Sandomir, blinde Bettler, Volk von Moskau, Vagabunden, Straßenjungen
Orchester: 3 Fl (3. auch Picc), 2 Ob (2. auch E.H), 2 Klar, 2 Fg, 4 Hr, 2 Trp, 3 Pos, Tb, Pkn, Schl (gr.Tr, kl.Tr, Bck, Tamburin, Tamtam), Hrf, Kl, Streicher; BühnenM hinter d. Szene: Trp
Aufführung: Dauer ca. 3 Std. 15 Min. – Wohl an vergleichbare, schon in der Uraufführung von 1874 geübte Praktiken anknüpfend, schlägt Nikolai Rimski-Korsakow in seiner Bearbeitung (s. Wirkung) Mehrfachbesetzungen vor (Schenkwirtin/Amme, Pimen/Rangoni, Schuiski/Gottesnarr), und für den Fall, daß Marina mit einem dramatischen Sopran besetzt wird, eröffnet er durch entsprechende Übergangsvarianten die Möglichkeit, die Arie III/1 und das Duett III/2 zu transponieren.

Entstehung: Während einer kritischen schöpferischen Phase, in der nach *Salambo* (1866/1980) auch die kompositorische Auseinandersetzung mit Nikolai Gogols Komödie *Schenitba* Fragment zu bleiben drohte, wurde Mussorgski 1868 von einem Freund, dem Historiker Wladimir Nikolski, auf Puschkins *Boris Godunow* als höchst zeitgemäße Vorlage für ein musikalisches Drama hingewiesen: Das 1831 veröffentlichte Schauspiel war 1866 endlich zur Aufführung freigegeben worden (Uraufführung Petersburg 1870), und diese liberalere Haltung der Zensurbehörden ließ hoffen, daß eine 1837 durch Kaiser Nikolaus I. errichtete Barriere (das für die Oper prinzipiell geltende Verbot, die Figur eines Zaren auf die Bühne zu bringen) ebenfalls nicht mehr unüberwindbar bleiben würde. Mussorgski nahm Nikolskis Impuls begeistert auf; ab Okt. 1868 widmete er sich seinem neuen Vorhaben mit großer Intensität und kam staunenswert rasch voran. Bereits im Juli 1869 waren Text sowie Klavierauszug fertiggestellt, fünf Monate später lag auch die Partitur vollständig vor. Indem Mussorgski aus den 25 Szenen der Vorlage lediglich eine Minderzahl auswählte, von diesen Abschnitten wiederum nur wenige nahezu unverändert übernahm und die übrigen, unbeschadet eigener Ergänzungen oder gar freier Extrapolationen, kürzte und auch miteinander kombinierte, gelangte er in dieser ursprünglichen Fassung zu einer konzentrierten, in vier »Teile« gegliederten Folge von sieben Bildern: I. Teil: »Hof des Nowodewitschi-Klosters«, Krönungsszene auf einem »Platz im Moskauer Kreml«; II. Teil: »Zelle im Tschudow-Kloster«, »Schenke nahe der litauischen Grenze«; III. Teil: »Zarengemach im Moskauer Kreml«; IV. Teil: »Platz vor der Wassili-Blaschenni-Kathedrale«, Todesszene in einem großen »Empfangssaal im Moskauer Kreml«. Mussorgskis zuversichtliche Erwartung, seine (vermutlich im Frühjahr 1870 eingereichte) Oper würde in dieser Form vom Musiktheaterkomitee der Kaiserlichen Theater zur Aufführung angenommen, wurde mit dem Ablehnungsbescheid vom Febr. 1871 bitter enttäuscht; sechs der sieben Gremiumsmitglieder hatten sich gegen die Oper ausgesprochen, wohl vor allem wegen des für sie befremdlichen Verzichts auf eine repräsentative weibliche Partie. Wenngleich Mussorgski mit der Einfügung des »Polenakts« gerade an diesem Punkt ansetzte, braucht seine veränderte Planung keinesfalls als vordergründige Erfüllung einer Opernkonvention gedeutet zu werden, denn Mussorgskis Freund und Berater Wladimir Stassow bezeugt, Mussorgski habe bereits 1869 eine »Szene am Springbrunnen« entworfen; folglich hatte er schon selbst die Einführung einer tragenden Frauenrolle erwogen. Die weiteren Schritte, die Mussorgski auf seinem Weg zum »Original-Boris« unternahm, lassen sich erst recht nicht aus äußerlichen Zwängen erklären; sie dokumentieren vielmehr den Übergang zu einer neuartigen Konzeption, in der das an Dargomyschskis *Kamenny gost* (1872) orientierte Ideal einer durchkomponierten »opéra dialogué« stilistisch wie opernästhetisch vehement zurückgedrängt wird. Mit geringfügigen (Krönungsszene) oder signifikanten Kürzungen (»Hof des Nowodewitschi-Klosters« sowie Todesszene), mit behutsamen Ergänzungen (Schenkenszene) sowie mit gleichermaßen verknappenden und erweiternden Eingriffen (»Zelle im Tschudow-Kloster«) versehen, übernahm Mussorgski fünf Bilder des »Ur-Boris« (die ersten vier, nun Prolog und I. Akt, sogar in ursprünglicher Reihenfolge). Der III. Teil aber erfuhr bei seiner Umwandlung in den II. Akt eine durchgängige Transformation, und nach dem Einschub des zwei Bilder umfassenden gänzlich neuen III. Akts (»Polenakt«) kulminieren Mussorgskis innovatorische Absichten in der Gestaltung des IV. Akts: Das Bild »Vor der Wassili-Blaschenni-Kathedrale« wird getilgt, wodurch das modifiziert übernommene letzte Bild (Todesszene) jetzt als 1. Bild des IV. Akts nach vorn rückt; lediglich zwei Segmente des »Wassili-Blaschenni«-Bilds erscheinen in die (wie sie Mussorgski gegenüber Stassow nannte) »Vagabundenszene« (IV/2) integriert, die, unabhängig von jeglicher Anregung durch Puschkins Vorlage, den fulminanten Schluß des »Original-Boris« bildet. – Da es sich beim »Ur-« und »Original-Boris« somit im Grunde um zwei selbständige Opern jeweils eigenen Rechts handelt, sind jene seit langem eingeführten Begriffe gewiß nicht unproblematisch; sie können jedoch wohl auch weiterhin einer raschen Verständigung ebensogut dienen wie die korrekteren, aber umständlicheren und im Hinblick auf die nachfolgenden Bearbeitungen anderer Komponisten wenig trennscharfen Bezeichnungen »Fassung von 1869« und »Fassung von 1872«, zumal die Zweiteilung in »Ur-« und »Original-Boris« inzwischen nicht mehr wegen ihrer zu großen Schlichtheit kritisiert werden dürfte, denn die durch Robert William

Boris Godunow; Iwan Melnikow als Boris; Regie: Gennadi Kondratjew; Uraufführung, Mariinski-Theater, Petersburg 1874. – Nach ersten Erfolgen im italienischen Repertoire konzentrierte sich der Bariton zunehmend auf die großen russischen Partien seines Fachs. Er kreierte eine Reihe tragender Rollen wie Don Karlos in Dargomyschskis *Kamenny gost* (1872), Fürst Wjasminski in Tschaikowskis *Opritschnik* (1874), die Titelrolle in Rubinschteins *Demon* (1875), Kurljatew in Tschaikowskis *Tscharodeika* (1887) und Igor in Borodins *Knjas Igor* (1890).

Oldani und Richard Taruskin (s. Lit.) vertretene jüngste Forschung hat plausibel gemacht, daß die zuvor beharrlich fortgeschriebene Unterscheidung dreier authentischer Fassungen, das heißt die zusätzliche Differenzierung zwischen Partitur und Klavierauszug des »Original-Boris« als 2. Fassung von 1872 und 3. Fassung von 1874, schwerlich aufrechtzuerhalten ist. – Die möglicherweise allzu tiefgreifend revidierte Oper stieß 1872 bei den Gremien des Mariinski-Theaters zunächst auf neuerliche Ablehnung. Erst eine Reihe offiziöser Bemühungen und privater Initiativen, die vor allem das öffentliche Interesse weckten und am 5. Febr. 1873 zu einer mit Begeisterung aufgenommenen, aus nur drei Bildern (I/2 und III. Akt) bestehenden Aufführung führten, bewegte schließlich im Okt. 1873 die Direktion des Opernhauses dazu, das Werk anzunehmen und sich dabei sogar über das Negativvotum des immer noch zaudernden Komitees hinwegzusetzen. Derart war der Weg zur Premiere zwar geebnet; angesichts der komplizierten Vorstufen entbehrt es aber nicht einer gewissen Zwangsläufigkeit, daß die Uraufführung ihrerseits einen doppelgesichtigen Charakter annahm. Unter den verschiedenen Kürzungen, die der Dirigent der Premiere, Eduard Nápravník, mit Mussorgski vereinbarte, war die gravierendste, daß die Szene I/1 gänzlich entfiel (sie wurde erst am 28. Jan. 1879 in einem Konzert der musikalischen Freischule Petersburg uraufgeführt); daraufhin ließ sich I/2 mit den beiden zusammengezogenen Bildern des Prologs zu einem zweiteiligen I. Akt kombinieren. Der II. und III. Akt folgten der Disposition des »Original-Boris«, während IV/1 und IV/2 in jeweils eigenständige Akte umgewandelt wurden. Folglich repräsentiert die Uraufführung, die einesteils den Endpunkt der Entstehungsgeschichte bildet, bereits den Anfang einer wechselvollen Wirkungsgeschichte, die von vielfältigen Eingriffen und Adaptionen geprägt werden sollte.
Handlung: In Rußland (vor allem Moskau) und Polen, 1598–1605.
Prolog, 1. Bild, Hof des Nowodewitschi-Klosters bei Moskau: Das Volk drängt sich faul herum und muß auf Befehl eines Polizeioffiziers Bittgesänge anstimmen, bis Schtschelkalow die Notwendigkeit dieses Flehens erläutert: Es scheint nach den vergeblichen Bemühungen der Bojaren und des Patriarchen das letzte Mittel, Boris Godunow, den bisherigen Regenten, der sein Amt niedergelegt und sich ins Kloster zurückgezogen hat, doch noch zur Annahme der Zarenkrone zu bewegen. Es nähert sich eine Prozession blinder Pilger, die das Volk auffordern, Boris als neuem Zaren zu huldigen. 2. Bild, Platz im Moskauer Kreml: Die Bojaren, deren vornehmste die Herrschaftsinsignien mit sich führen, schreiten in die Uspenski-Kathedrale; Schuiski gibt dem Volk vom Kirchenportal herab ein Zeichen, mit dem Lobpreis des Zaren zu beginnen. Daran beteiligen sich auch die nach der Krönung aus der Kathedrale zurückkehrenden Bojaren, die sich in das vom Volk gebildete Spalier einreihen. Am Ende des feierlichen Zugs erscheint Boris selbst. Er präsentiert sich seinen Untertanen zunächst als demütiger, Gottes

Boris Godunow; Fjodor Schaljapin als Boris; Regie: Romuald Wassilewski, Bühnenbild: Karl Walz; Bolschoi-Theater, Moskau 1901. – Aufgrund seiner hervorstechenden Bühnenpräsenz erregte der Bassist erstmals Aufsehen, als er 1895 in Petersburg den Bertram in Meyerbeers *Robert le diable* (1831) sang. Sein Boris-Debüt gab er 1899 in Moskau, seinen letzten Auftritt in dieser Rolle absolvierte er 1937 in Monte Carlo. Schaljapins Name wurde bald zum Inbegriff einer kongenialen Boris-Interpretation.

Hilfe erbittender Landesvater und lädt sie dann majestätisch zum Krönungsfest ein. Während des neuerlich anhebenden Jubels besucht er die Archangelski-Kathedrale, um dort an den Sarkophagen der Zaren zu beten; darauf begibt er sich in den Palast.
I. Akt, 1. Bild, Zelle im Tschudow-Kloster; Nacht: Pimen arbeitet an der Aufzeichnung einer letzten Geschichte, die seine in langen Jahren verfaßte Chronik der Geschicke Rußlands abschließen wird. Grigori erwacht, von Angstträumen gepeinigt; er sehnt sich nach Gefahren und Glanz weltlichen Lebens, das er im Unterschied zu Pimen niemals kennengelernt hat. Am Beispiel der letzten beiden legitimen Zaren, des reuevollen Iwan wie des frommen Fjodor, will der Alte ihm die Überlegenheit weltabgewandten Glaubens verdeutlichen; dabei bezeichnet er nicht nur den gegenwärtigen Herrscher, dessen Verbrechen Gegenstand jener letzten Geschichte sei, als Zarenmörder, sondern entdeckt dem geschickt nachfragenden Grigori auch, daß dieser und der vor Jahren getötete

Zarewitsch Dmitri jetzt gleichaltrig wären. Pimen wünscht, Grigori möge die Chronik fortführen, dieser aber sieht sich als auserwähltes Werkzeug des über Boris notwendigerweise hereinbrechenden göttlichen Gerichts. 2. Bild, Schenke nahe der litauischen Grenze: Die Wirtin singt ein schlüpfriges Lied vom grauen Enterich; Missail, Warlaam sowie der in Bauernkleidung auftretende Grigori kehren bei ihr ein und lassen sie auf lustige Stunden hoffen. Die beiden trinkfesten älteren Vagabunden, insbesondere Warlaam, der alsbald das alte kriegerische Lied von der Stadt Kasan anstimmt, genügen dieser Erwartung vollauf, nicht jedoch ihr junger Kumpan; ihn treibt die Sorge, rasch die Grenze zu erreichen. Die Wirtin erzählt ihm von verschärften Kontrollen, verrät aber einen ungefährdeten Nebenweg nach Litauen. Als kurz darauf eine Polizeistreife erscheint, die nach dem entlaufenen Novizen Grigori Otrepjew, einem Ketzer, fahndet, trifft dies Grigori mithin nicht unvorbereitet: Er lenkt durch falsches Vorlesen des Haftbefehls den Verdacht auf Warlaam; als dieser, seine letzten Lesefertigkeiten mobilisierend, den wirklichen Grigori identifiziert, nutzt er die allgemeine Verwirrung und rettet sich mit einem Sprung durch ein Fenster.

II. Akt, prunkvoll ausgestattetes Zarengemach im Kreml: Weder die Amme noch Fjodor können mit ihren kindlichen Liedern und Spielen die um ihren verstorbenen Bräutigam trauernde Xenija trösten. Ihr Leid rührt auch den hinzutretenden Boris, der seine Tochter und die Amme alsbald freundlich entläßt. Von Gewissensqualen heimgesucht, offenbart er, daß er Xenijas Schicksal ebenso wie alle innen- und außenpolitischen Bedrohungen und die schreiende Not des Volks als gerechte göttliche Strafe für seinen Frevel empfindet. Plötzlich erhebt sich lautes Geschrei; Boris schickt Fjodor hinaus, damit er den Anlaß der Störung ergründe. Bevor dieser zurückkehrt und ausführlich vom verzogenen Papagei erzählt, der die Amme malträtierte, ist Schuiski vorgelassen worden. Er berichtet, in Litauen trete ein Prätendent auf, der sich Dmitri nenne. Verstört will Boris vom damaligen Augenzeugen Schuiski nochmals bestätigt bekommen, daß jenes einst in Uglitsch getötete Kind tatsächlich der Zarewitsch Dmitri gewesen sei. Schuiski bejaht zwar die Frage, stürzt Boris aber durch die Schilderung des scheinbar nur schlafenden, unverweslichen Knabenleichnams in eine neuerliche, viel schrecklichere Unsicherheit. Er verläßt einen angstvollen, verzweifelten Zaren, den sein schlechtes Gewissen bis zum Wahnsinn treibt: Die Klänge des Glockenspiels dröhnen ihm wie Hammerschläge in den Ohren, und in einer gräßlichen Vision erscheint ihm das hingeschlachtete Kind.

III. Akt, 1. Bild, Gemach Marina Mnischeks im Schloß in Sandomir: Die so stolze wie schöne Marina ist der anspielungsreichen, ihr schmeichelnden Gesänge ihrer Mädchen überdrüssig und schickt diese mit der Ermahnung fort, ihr zukünftig Lieder darzubieten, in denen Polens Größe und Ruhm gefeiert werden. Sobald sie sich allein glaubt, bekennt sie ihre Liebe zum Prätendenten Dmitri, die nicht zuletzt ihrem Ehrgeiz entspringt, Zarin von Rußland zu werden. Selbstgewiß in einen Spiegel blickend, entdeckt sie erschrocken Rangoni. Dieser will sie dazu verleiten, ihre Verführungskünste skrupellos in den Dienst der Kirche zu stellen und Dmitri nur zu erhören, wenn er Rußlands Konversion zum Katholizismus gelobt. Marinas heftige Gegenwehr ist erfolglos: Angesichts der Drohung, sie sei eine Ausgeburt Satans, muß sie sich Rangonis Willen unterwerfen. 2. Bild, Schloß der Mnischek in Sandomir, Garten mit Springbrunnen; Mondnacht: Rangoni knüpft sein Intrigennetz noch enger, gibt sich als Vertrauter Marinas aus, entlockt Dmitri das Geständnis seiner Zuneigung zu ihr und will sich ihm zudem als Freund und geistlicher Berater empfehlen. Beide verstecken sich, sobald Marina im Garten erscheint; den zechenden Magnaten scheint Moskau so gut wie erobert. Nachdem die Gäste wieder im Schloß verschwunden sind und Dmitri sich von Rangoni hat trennen können, treffen die beiden Liebenden endlich zusammen. Dmitri, noch aufrichtiger Gefühle fähig, erfährt, daß Liebe und Macht für Marina untrennbar miteinander verwoben sind; um sie nicht zu verlieren, muß er seine politische Rolle weiterspielen: Rangonis Kalkül ist aufgegangen.

IV. Akt, 1. Bild, großer Empfangssaal im Kreml: Die Bojaren beschließen feierlich, den falschen Dmitri und alle, die ihn unterstützen, dem Henker zu überantworten. Während Schuiski, der verspätet zur Sitzung gekommen ist, den ungläubig lauschenden Bojaren noch das Bild des von Phantasmagorien gequälten Boris entwirft, erscheint dieser, taumelnd und vermeintlich von der Gestalt des auferstandenen Dmitri verfolgt. Nachdem Boris wieder zu sich gekommen ist, versetzt Schuiski ihm den letzten Stoß: Er präsentiert der Versammlung Pimen, der in bewegenden Worten von einer Wunderheilung am Grab des ermordeten Dmitri berichtet. Boris bricht zusammen; ihm bleibt nur noch Zeit, Fjodor zu seinem rechtmäßigen Erben einzusetzen und um Vergebung seiner Sünden zu flehen, dann stirbt er. 2. Bild, Waldlichtung bei Kromy: Aufständisches Volk quält den Bojaren Chruschtschow; man will ihn töten, unterwirft ihn zuvor einem pervertierten Krönungszeremoniell. Buben luchsen einem Gottesnarren seinen stolzen Besitz, ein Kopekchen, ab. Warlaam und Missail prangern Boris' Ungerechtigkeiten an und preisen den von Gott auserkorenen legitimen Thronfolger Dmitri; als kurz darauf Lawizki und Tschernikowski die gleiche Botschaft verkünden, sich dabei jedoch des zu ihrem Unglück unverständlichen Lateins bedienen, stacheln die anarchistischen Bettelmönche den Pöbel dazu auf, jene beiden »Raben« zu hängen. Diese Morde, wie auch denjenigen an Chruschtschow, verhindert das Erscheinen des falschen Dmitri, der, hoch zu Roß, alle unterschiedslos auffordert, ihm zu folgen. Zurück bleibt einzig der Gottesnarr, der im Widerschein einer Feuersbrunst das Elend des hungernden russischen Volks beklagt.

Kommentar: Aus den Annalen der russischen Geschichte tritt Boris Godunow als ein besonders schillernder Charakter hervor. Ebenso hochbegabt wie machthungrig, avancierte er 1586 zum Stellvertreter des regierungsunfähigen Zaren Fjodor I. Iwanowitsch; mit staatsmännischem Geschick, aber auch mit unnachsichtiger Härte wußte der »Emporkömmling« seine Position gegenüber den Intrigen der Bojaren zu verteidigen, und es gelang ihm sogar, daß er, fast ohne dynastische Legitimierung, nach Fjodors Tod (1598) von einer Versammlung aller Stände zum Zaren gewählt wurde. Nach seiner Krönung blieb der zunächst gewiß gutwillige und durchaus fortschrittlich gesinnte Boris allerdings glücklos. Im krassen Gegensatz zum selbstgesetzten Ziel, eine segensreiche neue Dynastie zu begründen, hob mit seiner Regentschaft die »Smuta« an: die »wirre Zeit«, deren Turbulenz sich nach seinem plötzlichen Tod (1605) noch verstärkte und die erst 1613 (durch die Wahl Michail Romanows) ihr Ende fand. Mussorgskis Auseinandersetzung mit dieser widersprüchlichen Herrschergestalt und sein künstlerischer Zugriff, jene Periode des geschichtlichen Übergangs in ihrer Vielschichtigkeit zu erfassen, knüpfen an Puschkins Vorbild an. Wie der Dichter geht er von der Grundannahme aus, daß Boris ein schuldbeladener »Thronräuber« gewesen sei, und rückt dessen vergeblichen Kampf gegen die Schatten der Vergangenheit ins Zentrum des Sujets. Diese Konzeption bezieht ihren historischen Wahrheitsgehalt weniger aus einer vordergründigen Detailtreue denn aus ihrer schlüssigen Einbettung in die irrationale Vorstellungswelt der »wirren Zeit«. In ihr konnte das Scheitern aller Bemühungen des Zaren, die sozialen und wirtschaftlichen Probleme des Lands zu lösen, nicht als Ergebnis einer fehlgeleiteten Politik verstanden werden, sondern verdichtete nur den bis heute unbewiesenen, damals aber beharrlich genährten Verdacht, Boris habe den unmündigen Thronfolger Dmitri 1591 in Uglitsch ermorden lassen. Für seine Untertanen trug der Zar das unauslöschliche Stigma eines freventlichen Usurpators, auf den bald jedes Unglück, insbesondere die furchtbare Hungersnot 1601–04, als Auspizium des ihm drohenden unvermeidlichen Gottesgerichts zurückgeführt wurde. Angesichts dieser Dialektik, durch die der Herrscher immer weiter in eine fatale Isolation getrieben wurde, zieht Puschkin die Parallelen zwischen Boris und William Shakespeares Macbeth (*Macbeth*, 1606?) noch deutlicher aus. Unter verschiedenen Aspekten zeichnet er das Bild eines Tyrannen, der mißtrauisch jeglichen Adelsintrigen zuvorzukommen trachtet und, indem das einstmalige Unrecht fortzeugend immer neue, gräßlichere Verbrechen gebiert, seine schwindende Macht zunehmend durch Willkür und Terror zu sichern sucht. Mussorgski hingegen konzentriert sich auf die entsetzliche Erfahrung, daß die Ermordeten, der Zarewitsch beziehungsweise Banquo, wiederauferstehen, um das Gewissen der Täter zu peinigen. Dieser Betonung der psychischen Problematik entspricht Mussorgskis Bestreben, die Bewußtseinslage auch der unteren sozialen Schichten zu charakterisieren und dabei zu verdeutlichen, daß dem Volk in jener geschichtlichen Situation ebenfalls alle Möglichkeiten zu vernünftigem, zukunftsträchtigem Handeln verschlossen bleiben mußten. Ob es in Lethargie verharrt (wie im Prolog) oder sich von der dumpfen Sehnsucht nach einem »legitimen« Rächer und Retter, nach dem »wahren« Dmitri, zur anarchistischen Revolte anstacheln läßt, stets erweist sich das Volk als Opfer des geschichtlichen Prozesses: Durch feudalistische Machtverhältnisse niedergehalten, vermag es aus eigener Kraft nicht einmal den Bannkreis ideologisch pervertierter überkommener Denkmuster zu überschreiten. Indem Mussorgski diese schicksalhafte Verstrickung in der Schlußszene thematisiert, verleiht er seinem Sujet einen offenkundigen Gegenwartsbezug; stellte sich im Kontext der Entstehungszeit doch die bedrängende Frage, in welchem Maß das russische Volk auch im späteren 19. Jahrhundert noch zur Unmündigkeit verdammt war. Jenseits solch demonstrativer Korrespondenzen verweist die gesamte Konzeption des szenischen Geschehens über dessen ursprünglichen historischen Raum hinaus. Zum einen bergen gewissenhafte Schilderungen von Vorfällen früherer Zeiten eine Botschaft an die Nachgeborenen. Es sind, mit den Worten, die Puschkin sein Alter ego, den guten Pimen, sprechen läßt, gerade diese »wahrhaften Berichte«, die den »Enkeln der Rechtgläubigen« dereinst »des Heimatlands vergangenes Geschick« vermelden können. Zum andern wissen sich Puschkin wie Mussorgski aber nicht nur dem Ethos des Chronisten, sondern auch dem des kritischen Historikers verpflichtet. Die Präsentation des geschichtlichen Stoffs (quasi jene Kopie der Chronik, die sich Pimen von nachfolgenden Zeitaltern erhofft hat) soll zugleich die Historie selbst als komplexe, widersprüchliche Einheit kenntlich machen und so das Bewußtsein für deren fortwährende Aktualität schärfen. Nahezu zwangsläufig führen solche künstlerischen Intentionen zu einem dramatischen Gebilde, das dem Typus der »offenen Form« nahesteht; denn gerade ein derartiger theatralischer Wirklichkeitsentwurf erlaubt, die Mannigfaltigkeit wie Unabgeschlossenheit geschichtlicher Vorgänge zu akzentuieren. Orientierte sich Puschkin bereits an den Strukturprinzipien der »offenen Form«, deren faszinierende Möglichkeiten ihm am oben genannten Beispiel Shakespeares aufgegangen waren, so bleibt diese Entscheidung auch für Mussorgski verbindlich, und zwar unbeschadet der Tatsache, daß er gegenüber seiner Vorlage einerseits die Anzahl der Abschnitte erheblich verkleinert und andrerseits die Handlungssegmente hinsichtlich ihrer Ausdehnung und ihres dramaturgischen Gewichts stärker aneinander angleicht. Die neun Bilder der Oper werden keineswegs zu einer geschlossenen Folge verkettet, sie bilden vielmehr in sich abgerundete Ganzheiten, die an separaten Stationen und unter wechselnden Aspekten Momente der nur locker koordinierten Handlungen erfassen und szenisch wie musikalisch jeweils ein unverwechselbares, eigenes Profil erhalten. Die prachtvolle Klangentfaltung der Krönungsszene und die Weite des Kremlplatzes, die dort durch eine regelrechte Choreographie erschlossen wird, stehen etwa neben den volkstümlich-burlesken Liedern und der bedrohlichen Enge der Schenkenszene; das nächtliche Bild des Aufruhrs mit seinen wilden Gesängen plündernder Russen trennen anscheinend stilistische Welten von den Auftritten Marinas, die ein aus kompositorischen Merkmalen der Mazurka geschneidertes »polnisches« musikalisches Gewand trägt; und auch der wiederum eigenständige, die Abgeschiedenheit der Klosterzelle erfüllende ruhige Ton von Pimens Reflexionen und Erzählungen belegt eindringlich Mussorgskis Tendenz zur Autonomie der Einzelszenen. Diese Interessen leiten freilich, weil das Werk sein strukturbildendes Prinzip sonst allein in vielfältigen Kontrastierungen fände, nur einen Teil der künstlerischen Bestrebungen; ein andrer ist offenbar darauf gerichtet, den Zusammenhang des Gesamtgefüges zu verstärken. Diesem Ziel dient etwa der Versuch, die kaum ineinandergreifenden Handlungsstränge in eine zumindest formal plausible Ordnung zu bringen: Die Dmitri gewidmeten Akte I und II werden mit den drei Boris-Szenen (Prolog/2, II und IV/1) verschränkt, und die beiden Volksbilder sollen als Rahmenteile die so gewonnene Symmetrie des Aufbaus nochmals verdeutlichen. Überdies wird die Partitur von einem Geflecht korrespondierender Motive durchzogen, die den einzelnen Figuren präzis (zuweilen wie eine illustrative Kennung) zugeordnet sind, in einer noch rudimentären oder späterhin variierten Form Vorahnungen beziehungsweise Erinnerungen der Akteure bezeichnen oder eher beiläufig assoziiert erscheinen, in jedem Fall aber die musikalisch-dramatische Textur vereinheitlichen. Zudem verklammert Mussorgski die disparaten Szenen, indem er, über die psychologisch interpretierende Funktion der Leitmotive hinaus, die imaginativen Kräfte seiner Musiksprache freisetzt, um die Mehrdeutigkeit einer gegenwärtigen Erfahrungswelt, vor allem die Fluktuation zwischen der labilen »Wirklichkeit« und einer jeweiligen »Vergegenwärtigung« in den Projektionen individuellen Erlebens, spannungsvoll auszugestalten; denn dieser Ansatz betrifft keineswegs nur die Phantasmagorien der Protagonisten, sondern auch die oft leichtfertig unterschätzte Papageienepisode (II. Akt), in der unvermittelt hereinbrechende beängstigende Schreckenslaute gerade noch eine nachträgliche rationale Erklärung finden, sowie die Traumerzählung Dmitris (I/1), die visionäre Entrückung des Gottesnarren (IV/2) oder selbst Warlaams Lied »War einst ein Mann« (I/2), bei dem das Anklopfen an eine Wirtshaustür, von dem der Trunkene singt, plötzlich in die szenische Realität der Einlaß begehrenden Häscher umschlägt. Diese Bemühungen, das dargebotene Geschehen als vielschichtige »Wirklichkeit« zu erfassen, verweist schließlich auf Mussorgskis Vorstellungen von einer »wahren« Kunst, die eigenwillige instrumentatorische Kunstgriffe für ihn ebenso rechtfertigen wie die freimütige Verwendung modaler Skalen, unregelmäßiger Metren oder überraschender harmonischer Fortschreitungen und die sich insbesondere in der subtilen Auseinandersetzung mit der Spezifik der Sprache, mit Intonation und Gestus des Redenden, niederschlägt. Der Komponist weiß in ungewöhnlichem Ausmaß paralinguistische Elemente einzelner Äußerungen kompositorisch umzusetzen, Nachdenklichkeit, Ironie oder Zynismus auszudrücken oder seine Figuren verzweifelt lachen oder stotternd einen Haftbefehl entziffern zu lassen. Aufgrund dieser Intentionen mußte Mussorgski mit wesentlichen Opernkonventionen seiner Zeit brechen; und obwohl gegenläufige Komponenten (im »Polenakt« oder in der authentischen, nicht erst von Rimski-Korsakow vorgenommenen Markierung einzelner »Nummern«) kaum zu übersehen sind, darf *Boris Godunow* als singuläres, auf spätere Entwicklungen vorausdeutendes Phänomen der Gattungsgeschichte gelten.

Wirkung: Die Uraufführung der schon im Vorfeld vielbesprochenen Oper fand als Benefizvorstellung für Julija Platonowa statt. Diese einflußreiche Sängerin, die wesentlich dazu beigetragen hatte, daß *Boris Godunow* trotz aller Widerstände letztlich von der Theaterdirektion akzeptiert worden war, übernahm die Partie der Marina. Unter Nápravníks Leitung sangen Iwan Melnikow (Boris), Wassili Wassiljew (Schuiski), Wladimir Wassiljew (Pimen), Fjodor Komissarschewski (Prätendent) und Ossip Petrow (Warlaam). Regie führte Gennadi Kondratjew; für die Bühnenausstattung wurden, angepaßt und geringfügig ergänzt, Dekorationen, Kostüme und Requisiten verwendet, die für die erste Inszenierung von Puschkins Drama entworfen worden waren. Nach überwältigendem Premierenerfolg blieb die Oper sieben Jahre im Repertoire, wobei Bilanzen des Theaters und andere Dokumente ein stetiges Publikumsinteresse belegen. Daß die Inszenierung nach insgesamt 26 Aufführungen im Okt. 1882 endgültig abgesetzt wurde, dürfte somit primär auf externe Ursachen zurückzuführen sein: Nach dem geglückten Attentat auf Zar Alexander II. im März 1881 verschärfte sich die innenpolitische Situation, so daß eine Darbietung vergleichbarer Vorgänge selbst auf der Opernbühne wohl von allzu großer Aktualität und Brisanz gewesen wäre. Im Kontrast zum Publikumsvotum wurde die veröffentlichte Meinung vornehmlich durch die erklärten Gegner des »mächtigen Häufleins« geprägt. Kritiker wie Nikolai Solowjow oder der mit Pjotr Tschaikowski eng befreundete unermüdliche German Larosch übertönten mit ihren Stellungnahmen die wenigen positiven Gegenstimmen, von denen die Wladimir Baskins Erwähnung verdient (in: *Peterburgski listok*, 11. Febr. 1874). Die heutige Wertschätzung von *Boris Godunow* mag dazu verleiten, die Mehrzahl der damaligen Rezensenten als verblendete Parteigänger einzustufen; solch pauschale Diskreditierung würde aber unbilligerweise unterstellen, daß die epochale Bedeutung des Werks, die ihm erst in seiner Rezeptionsgeschichte zugewachsen ist, bereits für die Zeitgenossen hätte unmißverständlich erkennbar werden müssen. Es wäre wohl angemessener, jenen Kritikern, ungeachtet ihrer feindlichen Gesinnung, die Position von ernsthaften Kontrahenten einzuräumen. Sie leugneten weder Mussorgskis insbesondere, wie sie meinten, zur komischen Oper taugendes beachtliches Talent noch die Wirkkraft seines Werks, dem sie, wenngleich vor allem aufgrund der überragenden Darstellerleistungen, für einige Zeit durchaus einen festen Platz innerhalb des Spielplans zubilligten. Eine langfristige Lebensfähigkeit sah übrigens auch Baskin nicht voraus; selbst für ihn markierte die Oper lediglich den Beginn einer vielversprechenden Musikdramatikerkarriere. Erst recht war allen Rezensenten die Neuartigkeit des Werks bewußt, nur mußte sie als Fehlentwicklung erscheinen: Ihre Attacken gegen die Verstümmelung und eigenmächtige Ergänzung des Puschkin-Texts, ihr Bemühen, die Triftigkeit der artistischen Leitbegriffe »Wahrheit« und »Realismus« zu bestreiten, und das beharrliche Anmahnen schulgerechter und gattungsgemäßer Kompositionsverfahren konnten sich auf ästhetische Normen berufen, die seinerzeit noch von unzweifelhafter Allgemeingültigkeit waren und die es vor den vehementen Angriffen Mussorgskis nicht minder heftig zu schützen galt. Daß sich die verschiedenen Kritikerreaktionen schwerlich nur aus einer vordergründigen Freund-Feind-Polarität erklären lassen, belegt auch jene berüchtigte Rezension von Zesar Kjui, einem Mitglied des »mächtigen Häufleins« (in: *Peterburgskije wedomosti*, 18. Febr. 1874). Der Text, ein frühes Dokument für das drohende Auseinanderbrechen des Mili-Balakirew-Kreises, berechtigt kaum dazu, Kjui persönliche Motive wie Neid oder Eifersucht zuzuschreiben. Eine adäquate Interpretation hätte vielmehr darauf zu verweisen, daß Mussorgski mit seinen unkonventionellen Gestaltungsansätzen sogar für einen kompetenten Rezensenten, der die Intentionen der Neuerer doch ausdrücklich guthieß, offenbar die Grenzen des kompositionstechnisch Akzeptablen und künstlerisch Denkbaren überschritten hatte und daß zudem etliche Kritikpunkte (etwa im Hinblick auf den bis heute keineswegs einhellig angenommenen III. Akt) nicht einmal nur nach zeitgebundenen Maßstäben plausibel zu nennen sind. Die im Grunde unparteiische Haltung Kjuis manifestiert sich auch in seinem Urteil über die Geschlossenheit der musikdramatischen Gesamtstruktur. Er behauptete, die als separate Einheiten konzipierten Bilder ließen jegliche Verknüpfung vermissen und könnten umgestellt, um zusätzliche Partien ergänzt oder ebenso leicht ausgelassen werden, ohne daß das Gefüge der Oper dadurch wesentliche Veränderungen erfahren würde. Die These erfaßte nicht nur die großformale Offenheit von *Boris Godunow*, sondern unterstellte eine darüber weit hinausgehende Mobilität der Handlungssegmente, und selbst wenn diese relative Beliebigkeit der Szenenkombinationen auch späterhin von Mussorgski-Apologeten immer wieder bestritten wurde, hat sie sich doch letztlich als zentrales Moment der Rezeptionsgeschichte erwiesen. Somit scheint, im nachhinein betrachtet, der zugespitzten Argumentation des vermeintlichen Feinds Kjui geradezu prognostische Qualitäten zu eignen; denn bei wohl kaum einer andern Komposition der Opernliteratur bezeichnet, wie im vorliegenden Fall, der Titel eines Stücks heute weniger ein definitives »Werk« denn vielmehr ein reichhal-

Boris Godunow; Regie: Juri Ljubimow, Ausstattung: Dawid Borowski; Scala, Mailand 1979. – Die Statik der Einheitsdekoration (eine Madonnenikone auf dem Hintergrundprospekt, eingerahmt von einem auf Gerüsten postierten Chor) wird in dieser Inszenierung von fahrbaren Kästen durchbrochen, die auf die verschiedenen Handlungsorte verweisen.

tiges Ensemble gleichberechtigter dramaturgischer Fassungen, die überdies aufgrund verschiedener Bearbeitungen auch noch jeweils in mehreren ebenfalls gleichberechtigten Versionen des Notentexts vorliegen. – Das offene Gefüge der Oper ermöglichte mit Beginn der zweiten Petersburger Aufführungssequenz 1876 eine neuerliche gravierende Amputation: Das Schlußbild (IV/2) wurde nicht mehr gezeigt. Diese Maßnahme dürfte als Vorbote der staatspolitischen Erwägungen zu deuten sein, die 1882 wohl zum Absetzen der Inszenierung führten und ihren bestimmenden Einfluß bis zum Ende der frühen Wirkungsgeschichte geltend machten: Erst um 1887 hatte die Gefährdung des autokratischen Zarismus durch terroristisch-revolutionäre Zellen zumindest ihre chronische Virulenz verloren; angesichts dessen nimmt es kaum wunder, daß die ungewöhnlich lang verzögerte Erstaufführung des Bolschoi-Theaters Moskau 1888 zwar zustande kommen konnte, die heikle Kromy-Szene aber weiterhin tabuiert bleiben mußte. Die Bolschoi-Produktion (Dirigent: Ippolit Altani; Boris: Bogomir Korsow, Schuiski: Anton Barzal, Prätendent: Lawrenti Donskoi, Marina: Marija Klimentowa) gemahnte schon an den eher verhaltenen Nachklang eines einstmals großartigen Erfolgs, und bald darauf geriet Mussorgskis Oper nahezu in Vergessenheit; ihren Ort im Gedächtnis der Nachwelt hätte sie vermutlich bestenfalls (wie Dargomyschskis *Kamenny gost*) als musikhistorisches Dokument der an experimentierfreudigen Phasen reichen Gattungsentwicklung in Rußland zugewiesen bekommen. Allein aus dieser Perspektive können die Taten Rimski-Korsakows, des späterhin heftig gescholtenen ersten *Boris*-Bearbeiters, angemessen eingeschätzt werden. Rimski-Korsakow hegte den Wunsch, das Werk für die Bühnenpraxis wiederzubeleben, war sich allerdings bewußt, daß dies nur zu erreichen war, wenn die Partitur stärker auf die gängigen Erwartungshaltungen des Publikums zugeschnitten würde. Deshalb begann er (ab 1892) mit seiner tiefgreifenden Redaktion: Kaum ein Takt des Originals vermochte seinem akademisch geschulten Blick standzuhalten. Fast überall galt es, die Stimmführung zu »korrigieren« oder harmonische und rhythmische »Unebenheiten« zu glätten; Mussorgskis »befremdliche« Instrumentation wich einem sehr viel üppigeren spätromantischen Klangbild; die Szenen I/1 und IV/2 (letztere fiel noch bis ins erste Dezennium des 20. Jahrhunderts hinein der Zensur zum Opfer) wurden zwar verdienstvollerweise berücksichtigt, demgegenüber nahm Rimski-Korsakow jedoch an andern Stellen (vor allem im II. Akt) drastische Streichungen vor oder sah sich auch zu eigenmächtigen Erweiterungen (III/2) und zur substantiellen Neukonzeption des Revolutionschors (IV/2 nach dem Auftritt der beiden entlaufenen Mönche) gedrängt. Das hierin bereits manifeste Streben nach mehr äußerlicher Bühnenwirksamkeit und dramaturgischer Eindeutigkeit, das zu manchen Vergröberungen psychologisch differenzierterer Charakterzeichnungen führte, kulminierte in der Vertauschung der beiden Bilder des IV. Akts, durch die nun im Finale, angelehnt an die Schlußgestaltung des »Ur-Boris«, der individuelle Konflikt des Zaren wiederum den Hauptakzent erhielt. Gleichwohl übertrug Rimski-Korsakow während seiner Redaktion den (seitdem fest eingebürgerten) Untertitel »narodnaja musykalnaja drama« (musikalisches Volksdrama), den Mussorgski ursprünglich nur *Chowanschtschina* (1879/1886) zu geben beabsichtigte, auch auf *Boris Godunow*. In dieser Version (uraufgeführt am 10. Dez. 1896 im Konservatorium Petersburg) eroberte *Boris Godunow* rasch die Opernbühnen etlicher russischer Provinzhauptstädte, aber auch die der beiden Kulturzentren: nach der ersten Moskauer Inszenierung, an Sawwa Mamontows Privattheater (als Boris debütierte dort Fjodor Schaljapin), fand die Komposition 1901 am Bolschoi-Theater und 1904 sogar am Mariinski-Theater Petersburg neuerliche Aufnahme ins Repertoire. Trotz dieser gelungenen Wiedererweckung unterzog Rimski-Korsakow das Werk ab 1906 einer nochmaligen Revision, die er 1908 abschloß. Dabei handelte er einerseits, entsprechenden Vorhaltungen begegnend, demonstrativ als Sachwalter für Mussorgskis originale Konzeption, denn nachträglich instrumentierte er nun die meisten der zuvor von ihm ausgelassenen Partien und fügte sie seiner Bearbeitung ein, um derart einer jeweils individuellen Entscheidung über mögliche Striche nicht länger vorzugreifen. Andrerseits blieb er auch jetzt seinen Vorstellungen von einer notwendigen »Verbesserung« treu, indem er sich, schon im Hinblick auf die bevorstehende Pariser Erstaufführung, der immer noch »unbefriedigenden« Krönungsszene zuwandte und diesen Handlungsteil durch satztechnisch komplizierende Anreicherungen, durch massive Erweiterung der Huldigungschöre sowie durch das musikalische Ausfüllen jener Freiräume, die Mussorgskis Partitur noch den szenischen Vorgängen gelassen hatte, in ein gewiß klangprächtiges, aber gänzlich konventionelles Chortableau verwandelte. Mit seiner zweiten Revision hatte Rimski-Korsakow dem Werk eine Gestalt gegeben, in der es die internationalen Bühnen für sich zu gewinnen vermochte. Am Anfang dieses Siegeszugs stand die von Sergei Diaghilew initiierte Produktion (und erste Darbietung der Oper außerhalb Rußlands) 1908 an der Opéra Paris (Dirigent: Felix Blumenfeld, Regie: Alexandr Sanin, Bühnenbild: Alexandr Golowin und Alexandr Benua, Kostüme: Iwan Bilibin; Boris: Schaljapin). 1909 folgte eine Aufführung an der Scala Mailand (Dirigent: Edoardo Vitale; mit Schaljapin und Giulio Cirino) in der italienischen Übersetzung von Michel Delines und Ernesto Palermi, die alsbald in Südamerika übernommen wurde (Buenos Aires 1909, Rio de Janeiro 1910), 1913 die Metropolitan Opera New York (Dirigent: Arturo Toscanini; Boris: Adam Didur, Marina: Louise Homer) und 1915 Barcelona erreichte. In rascher Folge entstanden nun Übersetzungen ins Tschechische (Rudolf Zamrzla, Prag 1910), Schwedische (Sven Nyblom, Stockholm 1911), Polnische (Lemberg 1912), Ungarische (Sándor Hevesi, Budapest 1913), Französische (Delines und Louis Laloy, Lyon 1913 und Brüssel 1921),

Deutsche (Max Lippold, Breslau 1913) und Englische (Rosa Newmarch, Birmingham 1917). Parallel dazu fand die Oper auch in der Originalsprache weite Verbreitung (Monte Carlo 1912, Drury Lane London 1913, Schanghai 1918, New York und San Francisco 1922). Der weltweite Erfolg der zweiten Rimski-Korsakow-Bearbeitung bedeutete allerdings nicht, daß die Fragen des Szenenarrangements eine verbindliche Antwort gefunden hätten. Vielmehr scheint schon Rimski-Korsakow selbst, geradeso wie einstmals Mussorgski, vom breiten Spielraum zwischen dem für den Druck fixierten Werk und der lebendigen Bühnenpraxis ausgegangen zu sein, denn bereits die Pariser Inszenierung beruhte auf der erheblich divergierenden Szenenfolge: »Hof des Nowodewitschi-Klosters«, »Zelle im Tschudow-Kloster«, »Platz im Moskauer Kreml« (I. Akt); »Schloßgarten in Sandomir«, »Zarengemach im Kreml« (II. Akt); »Waldlichtung bei Kromy«, »Großer Empfangssaal im Kreml« (III. Akt). In Zusammenschau mit der früheren russischen Aufführungspraxis erlaubt diese Pariser Konzeption, die von Kjui prognostizierte Mobilität der ursprünglichen neun Bilder genauer zu bestimmen: Prolog/1 und die drei Szenen der Boris-Handlung (Prolog/2, II und IV/1) repräsentieren den Kernbereich, zu dem das nach, aber auch vor dem II. Akt einzuordnende zweite »Polenbild« hinzutritt. Diese Gruppierung macht mit Notwendigkeit offenbar nur noch die Eröffnung der Dmitri-Handlung erforderlich, die alternativ von I/1 oder I/2 übernommen werden kann. Als prinzipiell entbehrlich dürfen das 1. Bild des »Polenakts« und die »Waldlichtung bei Kromy« gelten. Die Entbehrlichkeit des letzteren war bislang lediglich von der zaristischen Zensur bewiesen worden; bereits in der Pariser Szenenfolge kündigte sich jedoch an, wie leicht das Revolutionsbild auch aus inneren Gründen seine Bedeutung zu verlieren drohte: Sobald es (nach Rimski-Korsakows Vorgabe) seiner architektonischen Rahmenfunktion (als Pendant zu Prolog/1) beraubt war, zeigte sich, daß die »Volkshandlung« in der Gesamtstruktur keineswegs derart stabil verankert ist wie das »Drama Boris'«. Inhaltlich rückte die Kromy-Szene somit nahe an die Dmitri-Handlung heran und gehörte in späteren Inszenierungen bald gänzlich zu den disponiblen Partien. Die konzeptionellen Probleme, aber auch künstlerischen Möglichkeiten einer solch variablen Handlungsführung erfuhren ab Mitte der 20er Jahre eine noch weiter gehende Differenzierung. Bemühungen um eine Wiederbegegnung mit dem »wirklichen« Mussorgski führten zunächst zu einigen Erst- bzw. Neudrucken authentischer »Boris«-Materialien; sie wurden von Pawel Lamms kritischer Werkausgabe von 1928 gekrönt. (Indiz für die Abwendung von Rimski-Korsakows Bearbeitung bildet auch die Neuinstrumentation, die Emīlis Melngailis im unmittelbaren Rückgriff auf den Klavierauszug von 1874 geschaffen hatte; uraufgeführt am 3. Mai 1924 in Riga.) Lamms Edition machte nicht nur die Partitur des »Original-Boris« bekannt, sondern gab sämtliche erreichbaren Varianten der kompositorischen Vorstufe, des »Ur-Boris«, wieder. Die Operntheater in Moskau (1927) und Leningrad (1929), die die Anregungen seiner Herausgebertätigkeit umzusetzen versuchten, beschränkten sich nicht allein auf die Wiedergewinnung dieser puristischen »Minimalfassung«, sondern vergrößerten das Spektrum dramaturgischer Konzeptionen zur Gegenseite: Die musikdramatisch effektvolle (1871/72 unterdrückte) Szene »Vor der Wassili-Blaschenni-Kathedrale«, in der Mussorgski den Zaren nochmals, und zwar im schärfsten Kontrast zur Krönungsszene, direkt mit dem Volk konfrontiert hatte und die in dem öffentlichen Vorwurf des Gottesnarren kulminiert, Boris sei der »König Herodes«, ließ sich nahezu problemlos den beiden Schlußbildern des »Original-Boris« vorschalten und führte mithin zu einer zehnteiligen »Maximalfassung«. Die Fragen des Szenenarrangements waren somit nochmals kompliziert worden, hatten zugleich aber eine gewisse bis heute gültige Klärung erfahren. Die offene Struktur der Oper stellt nunmehr bei einer Inszenierung grundsätzlich vier Bildkomplexe zur Auswahl: Zum einen die Reihenfolge des »Ur-Boris«, in die regelmäßig der dort überzeugender ausgearbeitete II. Akt des »Original-Boris« übernommen wird (Komische Oper, Berlin 1983; Übersetzung: Eberhard Schmidt; Dirigent: Rolf Reuter / Winfried Müller, Regie: Harry Kupfer; Boris: Siegfried Vogel, Fjodor: Jochen Kowalski); zum andern der um das abschließende Kromy-Bild erweiterte »Ur-Boris« (Cirque Royal, Brüssel 1986; Dirigent: Michael Schønwandt, Regie: Adolf Dresen; Boris: José Van Dam, Pimen: Malcolm King, Schuiski: Robert Tear, Dmitri: John Stewart); zum dritten die neun Bilder des »Original-Boris«, an deren Ende entweder der Tod des Zaren (Münster 1983; Dirigent: Alfred Walter, Regie: Frank-Bernd Gottschalk) oder die Revolutionsszene steht (Barcelona 1985; Dirigent: Woldemar Nelsson, Regie und Ausstattung: Piero Faggioni; Boris: Matti Salminen, Marina: Ruža Baldani, Dmitri: Peter Lindroos); zum vierten letztlich die gegenwärtig am häufigsten gespielte »Maximalfassung« mit der eingebauten Basilius-Szene (National Opera, London 1980; Dirigent: David Lloyd-Jones, Regie: Colin Graham; Boris: Richard Van Allan, Marina: Elizabeth Connell, Schuiski: Robert Ferguson, Pimen: John Tomlinson). – Die in der 2. Hälfte der 20er Jahre geführte intensive Auseinandersetzung mit den autographen Quellen hatte es nicht erreicht, daß Mussorgskis originale Instrumentation wieder ins Zentrum des allgemeinen Interesses gerückt wäre. Sie wurde weiterhin als unbefriedigend empfunden und vermochte die international akzeptierte Rimski-Korsakows keineswegs zu verdrängen, zumal Michail Ippolitow-Iwanow bereits 1926 eine in dessen Geist gehaltene Instrumentation der Basilius-Szene geschaffen und dadurch die Möglichkeit eröffnet hatte, selbst die »Maximalfassung« ohne einen Rückbezug auf Mussorgskis Partitur produzieren zu können. Daß dessen Orchestrierung überhaupt gewählt wurde, blieb lange Zeit Einzelexperiment; so wurde der Impuls der ersten Wiederaufführung der Originalpartitur (Staatliches Theater für Oper und Ballett, Leningrad

16. Febr. 1928) beispielshalber in Deutschland mit ziemlicher Verzögerung aufgenommen, und zwar 1936 in der Hamburger Inszenierung der »Maximalfassung« (in der von Heinrich Möller revidierten Übersetzung Lippolds; Dirigent: Eugen Jochum, Regie: Rudolf Zindler; Boris: Hans Hotter, Fjodor: Tilly Lüssen, Xenija: Lisa Jungkind, Amme: Irmgard Gerz, Schuiski: Peter Markwort, Prätendent: Stefan Schwer), die bis zum Ende der 40er Jahre keine Nachfolge fand. Auch eine Rückkehr zum »Ur-Boris«, die die Verwendung von Mussorgskis Instrumentation wenn nicht erzwang, so doch nahelegte, wurde in England erst reichlich sechs Jahre nach der Leningrader Premiere erprobt (Sadler's Wells, London 1935; englisch von Michel-Dimitri Calvocoressi; Boris: Ronald Stear) und ließ in Deutschland sogar bis 1970 auf sich warten (Köln; Dirigent: István Kertész, Regie: Jean-Pierre Ponnelle; Boris: András Faragó / Gerd Nienstedt, Schuiski: Herbert Schachtschneider / Eberhard Katz, Dmitri: Hermann Winkler / Jean van Ree). Angesichts der geringen Durchsetzungskraft von Mussorgskis Partitur, mit der zugleich doch wesentliche Aspekte der ursprünglichen kompositorischen Gestalt verborgen blieben, unterzog sich Dmitri Schostakowitsch 1939/40 der Aufgabe, auf der Grundlage des von Lamm edierten Klavierauszugs eine eigene Bearbeitung vorzunehmen, die sich auf die behutsame Modifikation der Orchestrierung beschränkte. Diese heute hochgeschätzte Version wurde der Öffentlichkeit erst mit erheblicher Verspätung bekannt: Die Uraufführung fand am 4. Nov. 1959 im Kirow-Theater Leningrad statt. In der Zwischenzeit hatte auch Karol Rathaus für eine Produktion der Metropolitan Opera 1953 (Dirigent: Fritz Stiedry, Regie: Dino Yannopoulos; Boris: George London / Cesare Siepi, Marina: Blanche Thebom) einen ähnlichen direkt von Mussorgskis Partitur ausgehenden Versuch unternommen, dem jedoch kein längerfristiger Erfolg beschieden war. Mit Schostakowitschs Einrichtung waren die Wege zum originalen Werk geebnet, denn diese ausgewogene, klangintensive Version bot eine einleuchtende Alternative zu der Rimski-Korsakows. Sodann weckte ihre zunehmende Berücksichtigung das Verständnis für die kompositorisch-strukturellen Spezifika von *Boris Godunow* und bereitete derart erst den Übergang zu Mussorgskis eigenwilliger Instrumentation vor. Inzwischen hat seine Partitur längst den Ruch des Exotischen oder gar den Makel des Dilettantischen verloren und behauptet sich neben der fest etablierten Schostakowitsch-Version. Rimski-Korsakows Bearbeitung hingegen hat ihre überragende Position eingebüßt; voreilig wäre jedoch die Erwartung, daß sie deshalb in absehbarer Zeit von den Spielplänen verschwände; Vermutlich wird sie einen nicht geringen Teil ihrer Geltung bewahren, sei es aus Gewöhnung des Publikums oder weil sie das Interesse der Nachwelt schon bald als wirkungsgeschichtliches Zeugnis eigenen Rechts erregen dürfte.

Autograph: Fassung 1872: Bibl. Kirov Leningrad (MS 3695); I/1 (für d. »Original-Boris« rev.): Bibl. Saltykov-Ščedrin Leningrad (MS-Gruppe 640, Nr. 422). **Abschriften:** nach d. Autograph MS 3695: Pavel-Lamm-Arch. d. Glinka-Museums Moskau (MS-Gruppe 192). **Ausgaben:** Part u. Kl.A, Bearb. v. N. Rimskij-Korsakov: Bessel, Petersburg 1896; Part, 2. (um einige Partien erw.) Bearb. v. N. Rimskij-Korsakov: ebd. 1908; dass., frz. Übers. v. M. Delines [d.i. M. O. Aškinazi], L. Laloy: Bessel, Paris 1908; Part: M. MUSORGSKIJ, GA, Bd. I/ 1–4, hrsg. P. Lamm, B. Asafev, Moskau 1928 [Kompilation beider Fassungen Musorgskijs]; Part, 2. Bearb. v. N. Rimskij-Korsakov, erw. um d. Bild »Vor der Vasilij-Blažennyj-Kathedrale« in d. Instrumentation v. M. Ippolitov-Ivanov, hrsg. I. Iordan, G. Kirkor: Muzgiz, Moskau 1959; Part, Bearb. v. D. Šostakovič: Sovetskij kompozitor, Moskau 1963; Part u. Kl.A, hrsg. D. Lloyd-Jones: OUP 1975 [beide Fassungen Musorgskijs deutlich, wenngleich nicht strikt trennend]; Kl.A: Bessel, Petersburg 1874; Kl.A (nach d. GA), russ./frz./engl./dt. Übers. v. M. Hube: Muzgiz, Moskau / OUP 1928, rev. u. erg. 1931; Kl.A, 2. Bearb. v. N. Rimskij-Korsakov, russ./frz. Übers. v. M. Delines: Bessel, Petersburg, Paris / B&H 1908; dass., russ./ dt. Übers. v. M. Lippold: Bessel, Petersburg / B&H 1910; dass., dt. Übers. v. H. Möller: Bessel, Paris / B&H 1951, Nr. 5162; Kl.A (nach d. v. Iordan/Kirkor hrsg. Part): Muzgiz, Moskau 1962; Kl.A, Bearb. v. D. Šostakovič, dt. Übers. v. W. Pieschel, G. Schumann: Henschel-Vlg., Bln. 1962, 1970; Textb.: Petersburg, Bessel 1873; Textb., Bearb. v. N. Rimskij-Korsakov, ital. v. M. Delines, E. Palermi: Sonzogno 1908; dass., dt. v. M. Lippold: B&H 1910, 1924; dass., dt. v. H. Möller: B&H 1950; alle Textfassungen u. -entwürfe in: M. MUSORGSKIJ, Literaturnoe nasledie, Bd. 2, Moskau 1972. **Aufführungsmaterial:** »Ur-Boris« u. Bearb. Rimskij-Korsakov: Bessel, B&H, Sonzogno; »Original-Boris« (zu d. Ausg. Lloyd-Jones): OUP, Bo&Ha; Bearb. Šostakovič: Sikorski

Literatur: D. SINCERO, ›Boris Godunow‹ al teatro »alla Scala« di Milano, in: RMI 16:1909, S. 385–394; K. v. WOLFURT, Das Problem M.–Rimskij-Korssakoff, in: Mk 17:1924/25, S. 481–491; E. WELLESZ, Die Originalfassung des ›Boris Godunow‹, in: M.Blätter d. Anbruch, Sonder-H. 1925, S. 132–138; R. GODET, En marge de ›Boris Godunof‹, Paris 1926; M. D. CALVOCORESSI, La Révélation intégrale du ›Boris Godunov‹ de M., in: RM 9:1927/28, Nr. 6, S. 202–215; I. GLÉBOV, M., musicien – dramaturge, ebd., S. 216–243; DERS., Der Ur-Boris in Leningrad, in: M.Blätter d. Anbruch 10:1928, S. 176–178; S. GODDARD, Editions of ›Boris Godunov‹, in: ML 10:1929, S. 278–286; Boris Godunov. Stati i issledovanija, hrsg. Musiksektion d. Staatl. Akad. d. Kunstwissenschaften d. UdSSR, Moskau 1930; V. BELAEV, M.ogo ›Boris Godunov‹, Moskau 1930; K. NILSSON, Die Rimskij-Korssakoffsche Bearbeitung des ›Boris Godunoff‹ von M. als Objekt der Vergleichenden Musikwissenschaft, Münster 1937; I. SOLLERTINSKIJ, Boris Godunow (1939), in: DERS., Von Mozart bis Schostakowitsch. Essays, Kritiken, Aufzeichnungen, Lpz. 1979, S. 242–250; D. SCHOSTAKOWITSCH, Die Partitur einer großen Oper (1941), in: DERS., Erfahrungen. Aufsätze, Erinnerungen, Reden, Diskussionsbeiträge, Interviews, Briefe, Lpz. 1983, S. 46ff.; G. ABRAHAM, The Mediterranean Element in ›Boris Godunov‹ (1942) – M.'s ›Boris‹ and Pushkin's (1945), in: DERS., Slavonic and Romantic Music. Essays and Studies, London 1968, S. 188–194, 178–187; R. KLEIN, Die Fassungen des ›Boris Godunow‹, in: ÖMZ 16:1961, S. 204-209; M. SCHULZE, Puschkin. ›Boris Godunow‹. Dichtung u. Wirklichkeit, Ffm. 1963; J. HANDSCHIN, M. und sein ›Boris Godunow‹ (1953), in: ÖMZ 20:1965, S. 404–406; G. MEYER, Puschkins und M.s ›Boris Godunow‹, ebd., S. 400–404; L. HOFFMANN-ERBRECHT, Die russischen Volkslieder in M.s ›Boris Godunow‹, in: Festschrift Walter Wiora, hrsg. L. Finscher, C. H. Mahling, Kassel 1967, S. 458–465; M. A. CARR, Keys and Modes, Functions and Progressions in M.'s ›Boris Godunov‹, Madison 1972, Diss. Univ. of Wisconsin; G. FULLE, M.s ›Boris Godunow‹. Gesch. u. Werk, Fassungen u. Theaterpraxis, Wiesbaden 1974; R. W. OLDANI, New Perspectives on M.'s ›Boris Godunov‹, Univ. of Michigan 1978; DERS., ›Boris Godunov‹ and the Censor, in: 19th Century Music 2:1979, S. 245–253; M. SCHANDERT, Das Problem der originalen Instrumentation des ›Boris Godunow‹ von M. P. M., Hbg. 1979 (Schriftenreihe zur M. 15.); M. LE ROUX, M. ›Boris Godounov‹, Paris 1980; L'Avant-scène, Opéra, Nr. 27/28, Paris 1980; D. LLOYD-JONES, Zum Schicksal der ›Boris‹-Komposition, in: Modest Mussorgski. Aspekte d. Opernwerks, hrsg. H.-K. Metzger, R. Riehn, München 1981 (M-Konzepte. 21.), S. 45–68; M. MUSSORGSKI, Boris Godunow. Texte, Materialien, Kommentare, hrsg. A. Csampai, D. Holland, Reinbek 1982 (rororo. 7466.); M. MUSSORGSKY, Boris Godunov, London 1982 (English National Opera Guides. 11.); C. DAHLHAUS, Gattungsgeschichte und Werkinterpretation. Die Historie als Oper, in: Gattung und Werk in der Musikgeschichte Norddeutschlands und Skandinaviens, hrsg. F. Krummacher, H. W. Schwab, Kassel 1982 (Kieler Schriften zur Mw. 26.), S. 20–29, auch in: DERS., Vom Musikdrama zur Literaturoper. Aufsätze zur neueren Opern-Gesch., München, Salzburg 1983, S. 49–58, rev. Neu-Ausg. München 1989 (Serie Piper. 8238.), S. 50–66; R. W. OLDANI, Editions of ›Boris Godunov‹, in: Mussorgsky. In Memoriam, 1881–1981, hrsg. M. H. Brown, Ann Arbor, MI 1982; R. TARUSKIN, M. vs. M.: The Versions of ›Boris Godunov‹, in: 19th Century Music 8:1984/85, S. 91–118, 245–272; M. PAPP, How Should ›Boris Godunov‹ Be Performed?, in: Hungarian Music Quarterly 1:1989, S. 2–10; weitere Lit. s. S. 362

Erik Fischer

Chowanschtschina
Narodnaja musykalnaja drama w pjati deistwijach

Chowanschtschina
Volksdrama in fünf Akten

Text: Modest Petrowitsch Mussorgski
Uraufführung: komponiert 1879; Bearbeitung von Nikolai Andrejewitsch Rimski-Korsakow: 21. Febr. 1886, Privatbühne im Saal Kononows, St. Petersburg; Bearbeitung von Dmitri Dmitrijewitsch Schostakowitsch: 25. Nov. 1960, Kirow-Theater, Leningrad (hier behandelt)
Personen: Fürst Iwan Chowanski, der Strelitzenführer (B); Fürst Andrei Chowanski, sein Sohn (T); Fürst Wassili Golizyn (T); Bojar Schaklowity (Bar); Dosifei, Haupt der Altgläubigen (B); Marfa, eine Altgläubige (A); Sussanna, eine Altgläubige (S); Schreiber (T); Emma, ein Mädchen aus der deutschen Vorstadt (S); Pastor (B); Warsonofjew, Vertrauter Golizyns (B); Kuska, Strelitze (T); Streschnew, ein junger Bojar (T); 2 Strelitzen (2 B); Helfershelfer Golizyns (T). **Chor:** Moskauer, zugewanderte Leute, Strelitzen, Raskolniki, Hausmädchen, Petrowzen, Volk.
Ballett: persische Sklavinnen Iwan Chowanskis
Orchester: 3 Fl (3. auch Picc), 3 Ob (3. auch E.H), 3 Klar (3. auch B.Klar), 3 Fg (3. auch K.Fg), 4 Hr, 3 Trp, 3 Pos, Tb, Pkn, Schl (gr.Tr, kl.Tr, Bck, Trg, Tamburin, Tamtam, Glöckchen, Glocken), 2–4 Hrf, Kl, Streicher; BühnenM: Hr, Trp, Pos
Aufführung: Dauer ca. 3 Std. 15 Min. – Orchester von Rimski-Korsakows Bearbeitung: 3 Fl (3. auch Picc), 2 Ob (2. auch E.H), 2 Klar, 2 Fg, 4 Hr, 2 Trp, 3 Pos, Tb, Pkn, Schl (gr.Tr, kl.Tr, Bck, Tamburin, Tamtam), Glocken, Hrf, Kl, Streicher; BühnenM: 3 Pos, BlasOrch (Banda).

Entstehung: Noch während der Endredaktion an *Boris Godunow* (1874) begann sich Mussorgski 1872, auf Anregung Wladimir Stassows, mit einem neuen historischen Opernsujet zu beschäftigen, einer Episode aus der Zeit des Strelitzenaufstands gegen Zar Peter I. und die Regentin Sophie Alexejewna. Nicht zuletzt unter dem Einfluß der zeitgenössischen Publizistik entfernte er sich aber schon bald von den Intentionen Stassows, da es ihm um den Gegenwartsbezug eines Stoffs ging. Seit der Mitte des 19. Jahrhunderts verbanden russische Historiker ihre Untersuchungen über den Strelitzenaufstand und die Rolle Peters mit der Frage, wie sich der neue Staat auf das Leben des Volks ausgewirkt habe; zentrale Bedeutung kam dabei Afanassi Schtschapows Buch *Semstwo i raskol* (1862) zu. Am historischen Beispiel der Altgläubigen, die mit Peter auch den modernen Staat ablehnen, diskutierte man die Probleme jener Gruppe russischer Intellektueller, die den zaristischen Staat ebenfalls ablehnten, eine Erneuerung der Gesellschaft von unten anstrebten, »ins Volk gingen« und deshalb »narodniki« genannt wurden. Wie sensibel die Zensur auf diesen Zusammenhang zwischen Geschichte und Gegenwart reagierte, wird an der Erstpublikation des Librettos von *Chowanschtschina* 1883 deutlich, in der nicht nur das Wort »raskol«, sondern auch alle andern mit der Selbstvernichtung der Altgläubigen zusammenhängenden Wörter und Wendungen gestrichen werden mußten. Mussorgski hatte bis zum Sommer 1875 entscheidende dramaturgische Zusammenhänge, ja selbst einzelne Nummern, Klangfarben und musikalische Verläufe skizziert. Zwischen der genauen Beschreibung der »Morgendämmerung an der Moskwa« am 4. Aug. 1873 und deren Niederschrift am 14. Sept. 1874 liegt jedoch ein Jahr. Ende 1876 verlangsamte sich das Tempo der Arbeit, aber nicht, weil andere Projekte, wie die Oper *Sorotschinskaja jarmarka* (1881/1911), dazwischentraten, sondern weil Mussorgskis Lebens- und Schaffenskraft abzunehmen begann. 1879 kam es zu dem verhängnisvollen Vorspielen der fast fertigen Oper im Haus Terti Filippows, auf das die Freunde des »mächtigen Häufleins« mit Ablehnung und Unverständnis reagierten. Mussorgski ließ *Chowanschtschina* liegen, instrumentierte die Oper nicht, obgleich sie bis auf zwei Nummern im Klavierauszug fertig war. Die fehlenden Schlußtakte des II. Akts aber hängen nicht mit dieser Entmutigung zusammen, sondern mit der Unmöglichkeit, das Unvollendbare zu vollenden. »Das Bild schließt mit einem drohenden pp-Akkord bei Fallen des Vorhangs«, schrieb Mussorgski am 18. Aug. 1873 an Stassow; er plante zwar später ein Schlußquintett, führte es aber nie aus, weil er kein Ende, sondern den Beginn eines neuen Dramas hörbar machen wollte.
Handlung: In Moskau und Umgebung, 1682.
I. Akt, Roter Platz; Morgendämmerung: Die Strelitzen bewachen den Kreml und beherrschen die Stadt.

Ein Schreiber beginnt sein Tagewerk: Ihm wird eine Denunziation diktiert, in der dem Zaren von einer geplanten Verschwörung der Strelitzen Kunde gegeben wird. Für den Schreiber zahlt sich die gefährliche Arbeit aus, denn hinter dem Denunzianten verbirgt sich der reiche Bojar Schaklowity. Hingegen schlägt er fremden armen Analphabeten die Bitte ab, ihnen amtliche Mitteilungen vorzulesen. Der Strelitzenführer Iwan Chowanski wirbt um die Gunst des Volks und präsentiert sich den Moskauern als Wohltäter und Beschützer. Sein Sohn Andrei hat ein deutsches Mädchen entführt und will ihm Gewalt antun, wird aber von seiner ehemaligen Geliebten Marfa daran gehindert. Vater und Sohn geraten in Streit um den Besitz des geraubten Mädchens. Der Führer der Altgläubigen, Dosifei, rettet das Mädchen und bittet Gott, Rußland vor diesen »Beschützern« zu bewahren.

II. Akt, Arbeitszimmer bei Fürst Wassili Golizyn; Sommer, später Abend: Der ehrgeizige Golizyn hat Karriere gemacht und steht in der Gunst der Regentin. Briefe warnen ihn, die Gunst der Mächtigen sei ein wankender Grund. Von einer Wahrsagerin erhofft sich der beunruhigte Fürst Auskunft über sein Schicksal. Marfa beherrscht die Kunst der Prophezeiung und sagt ihm baldige Verbannung voraus. Er bezahlt ihr den Dienst und befiehlt, sie zu ermorden. Auf einer Versammlung der Fürsten versuchen Golizyn und Iwan, ihre Machtinteressen gegeneinander abzugrenzen, können sich aber nicht einigen. Dosifei mahnt vergeblich die Interessen des Lands ein. Marfa ist dem Mordanschlag entkommen. Schaklowity sprengt die geheime Zusammenkunft mit der Nachricht, daß sich die Strelitzen erhoben haben und Peter I. unerbittlich gegen die »Chowanschtschinerei« vorgehe.

III. Akt, die Moskauer Strelitzenvorstadt gegenüber Belgorod; Mittag: Die Altgläubigen fürchten den baldigen Sieg des Bösen auf Erden. Marfa wird von der Eiferin Sussanna sündhafter Liebe zu Andrei angeklagt und im Namen eines unerbittlichen Gotts verflucht, von Dosifei aber im Namen eines gütigen Gotts getröstet. Schaklowity träumt von einem durch gerechte Herrscher beruhigten mächtigen russischen Reich. Ein Teil der Strelitzen kehrt nach Haus zurück, doch bringt der Schreiber die Nachricht, daß die in Moskau Verbliebenen von den Petrowzen niedergemetzelt werden. Die Menge wendet sich um Hilfe und Rat an Iwan, der sie mit Versprechungen beruhigt.

IV. Akt, 1. Bild, prunkvoll eingerichteter Speisesaal in Iwans Gemächern: Bäuerinnen warten dem Strelitzenführer auf; ihm mißfällt jedoch ihr trauriger Gesang. Er fordert ein lustiges Lied und befiehlt die persischen Tänzerinnen herbei. Schaklowity gelingt es, ihn unter dem Vorwand wegzulocken, die Zarin brauche seinen Rat; an der Tür läßt er ihn ermorden. 2. Bild, Platz vor der Basiliuskathedrale: Golizyn tritt seinen Weg in die Verbannung an. Dosifei hat durch Marfa ausspähen lassen, was die neuen Machthaber beschlossen haben: den Untergang der Altgläubigen. Er beschließt, ihnen durch einen kollektiven Selbstmord zuvorzukommen. Als Andrei sieht, wie seine Leute zur Hinrichtung geführt werden, flüchtet er zu Marfa. Peter begnadigt die Strelitzen auf dem Gang zur Hinrichtung in letzter Sekunde.

V. Akt, Fichtenwald, Einsiedelei; Mondnacht: Die Altgläubigen sind umringt von Petrowzen; es gibt kein Entkommen. Dosifei bereitet seine Glaubensgenossen auf den Tod vor. Marfa macht Andrei klar, daß es auch für ihn keinen Ausweg gibt. Die Altgläubigen enden in den Flammen des selbst errichteten Scheiterhaufens.

Kommentar: Eine Fährte von Trompeten- und Hornsignalen und Glockengeläut durchzieht die Oper. Obgleich Mussorgski sein »musikalisches Volksdrama« nicht mehr instrumentierte, hat er doch bestimmte Instrumente in der Klavierfassung vorab notiert und mit ihnen eine »Klangspur« besonderer Art gezogen. Die musikalische Handlung hebt, nach der Einleitung, mit einem Trompetensignal der Strelitzen an. Die Trompete dient hier nach alter Tradition als Königsinstrument: Als Zeichen von Herrschaft hat sie bald aus der Nähe, bald aus der Ferne zu erklingen, findet Bekräftigung und Echo. Mit diesen Signalen wird der Raum des Geschehens abgesteckt: ein konkreter und zugleich sinnbildhafter Ort. Gemeint ist eine Macht, die ihre Gewaltherrschaft laut und öffentlich artikuliert. Eingesprengt ist eine Szene, die im Verborgenen spielt: Flüstern, unterdrücktes Aufschreien, Seufzer und verstellte Stimmen. Je übermütiger sich die Strelitzentrompete gibt, desto maskenhafter wird der Ton der andern, des Denunzianten Schaklowity und des Schreibers. Maskenhaft ist aber auch der im »carattere russo« zu singende Chor, mit dem das Moskauer Volk den Strelitzenführer Iwan Chowanski grüßt und geleitet. Die Einheit dieses musikalisch-geistigen Raums wird erst durchbrochen, wenn der Strelitzenführer die Szene verläßt. Nun behauptet ein Glockengeläut den Platz. Es ist von Mussorgski in dokumentarischem Ton gewünscht. In Vorwegnahme eines später von der russischen formalen Schule vertretenen Gedankens wollte der Komponist hier einen nicht bearbeiteten, quasi authentischen Klang, das Geläut der Kremlkirche, der russischen Staatskirche. Sie scheint Antwort auf Dosifeis Gebet zu geben. Aber zwischen dem Sektierer und dem Ton der Glocke entsteht kein Dialog, vielmehr kontrastiert und zerschlägt das Glockengeläut mit seinem harten, strengen Maß das fließende äolische Melos im A-cappella-Gesang der Altgläubigen: Die Staatskirche tut ihren unbeirrbaren Schritt. Bevor das Wort »raskol«, Spaltung, ausgesprochen wird, ist es bereits Klang geworden. Zeiten und Existenzen, Menschen und Situationen klaffen wie die Klänge auseinander. Es ist eine analytische Musik, die einzelne Elemente scharf profiliert und auf komplexe gedankliche und politische Zusammenhänge gerichtet ist. Ein Gleichnis anderer Art ist mit dem Hornsignal des Fürsten Andrei Chowanski gemeint. Der junge Strelitzenfürst ruft mit diesem Signum romantischer Hoffnung seine Truppen zu Hilfe. Erst nach dem zweiten Ruf erhält er Antwort. Doch anstelle des erwarteten fröhlichen Zurufs der Seinen kündet die Totenglocke die Ohnmacht und das Ende der Strelitzen. Aus diesem Grabgeläut heraus entspringt ganz unversehens erneut der Trompete Ton, nun aber nicht mehr als Zeichen der Strelitzen, sondern als Zeichen einer neuen Kraft: des Zaren Peter und seiner Reiter. Ein scharfer Riß zwischen der fis-Moll-Klage der Strelitzen und dem As-Dur-Marsch der Petrowzen tut sich auf. Auch auf harmonischer Ebene finden Polarisierungen statt. Die Tonart es-Moll ist ein das Stück mit Bedeutung überspannendes musikalisches Element, das immer dann in Erscheinung tritt, wenn vom heiligen Rußland die Rede ist, doch werden dieselbe Tonart und der gleiche Gestus von konträren Personen, so von Dosifei und von Schaklowity, dem Heiligen und dem Denunzianten, in unterschiedlichen Situationen gebraucht: Die Tonart konfiguriert eine politische Attitüde. Die Musik strebt nicht nach Vermischung, Synthese, hat keine sanften Übergänge, keine Mitte: Vorherrschend ist das tiefe Register, bestimmt durch Männerstimmen in tiefen Lagen. Ein hoher, heller Klang ist die Ausnahme, kennzeichnet das Außer-sich-Sein. Der »dünne, kreischende Sopran« der Eiferin Sussanna steht gegen den »sinnlichen, leidenschaftlichen Alt« Marfas, der kurzatmige, gehetzte Tenor des Schreibers rennt vergeblich gegen den weit ausschwingenden Bariton des Denunzianten Schaklowity an, das »heulende Glissando« der Strelitzenweiber brandet gegen den ruhevoll diatonischen Wall der Strelitzenbässe. Motive erhalten in dieser Oper keine übergreifende, zusammenhangstiftende Funktion, sondern dienen der Charakterisierung einer Person oder Situation. So ist dem Strelitzenführer Iwan eine instrumentale Gebärde zugeordnet, eine sein Volk patriarchalisch umschließende imitative Geste, die beim ersten Erklingen durch die Worte »Djeti, djeti, moi« (»Kinder, Kinder mein«) auch unmißverständlich in Sprache übertragen wird, um ihn dann bis zu seinem gewaltsamen Ende zu begleiten. Das musikalische Etikett wird durch ein sprachliches ergänzt, die ständig wiederholte Floskel »Spasi bog«. Musikalische Gebärde und Sprachformel bleiben von den wechselnden Situationen unbeeinflußt. Der Wechsel des szenischen Raums vermittelt sich auch musikalisch. So wandelt sich im Geflecht der Trompeten- und Hornsignale das Wesen der Stadt Moskau. Im instrumentalen Vorspiel war sie zu morgendlichem Leben erwacht. Nun aber wird sie zunehmend fremd, erweist sich als Ort, wo Menschen aufeinander Jagd machen, wird zum akustischen Dickicht, beherrscht von den weithin klingenden Signalen der Jäger. Die Instrumente geben zwar Couleur locale, sind aber zugleich und vielmehr dramatische Akteure der musikalischen Handlung. Zum metaphysischen Akteur wird die Trompete schließlich im Finale der Oper, in einem der letzten von Mussorgski entworfenen Takte. Er notiert hier: »Trompeten hinter der Szene«; trotz oder gerade wegen seiner Unbestimmtheit klingt dies Signal dem Führer der Altgläubigen wie die »Trompete des Ewigen«. Ob es die nahenden Reiter Peters ankündigt oder eine Vision Dosifeis bezeichnet, läßt Mussorgski offen. Mit dem Aufgang der Sonne, mit der Hoffnung auf eine »Morgendämmerung an der Moskwa« beginnt die Oper; mit dem Feuer des Scheiterhaufens, dem Licht zerstörerischer Vernunft und Leidenschaft, einer Art menschlicher »Gegensonne«, endet die Oper. Die deutsche Übersetzung der von Mussorgski gewählten Genrebezeichnung wird dem russischen Begriff des »narodnaja musykalnaja drama« nicht ganz gerecht. Die treffendere Übersetzung könnte lauten: Volks-Musikdrama, denn Mussorgski diskutiert am Volksbegriff den Musikbegriff und umgekehrt. So beginnt der IV. Akt mit einer Szene, in der als »Bäuerinnen« bezeichnete Frauen unter sich sind und sich ein schwermütiges Lied in respondierenden

Chowanschtschina, I. Akt; Regie: Leonid Baratow, Bühnenbild: Fjodor Fjodorowski; Bolschoi-Theater, Moskau 1950.

Stimmgruppierungen als Variation einer musikalischen Keimzelle entfaltet. Das waren Kennzeichen russischer Volksmusik, und sie standen in Kontrast zur Struktur der damaligen Kunstmusik. Der Herr aber, Iwan Chowanski, hört dies Lied und verbietet es, befiehlt, ein anderes, fröhlicheres zu singen. Das traurige Lied wird abgebrochen, es folgt die bestellte Ware, das fröhliche Lied, doch als dies der Stimmung des Herrn noch immer nicht Genüge tut, fordert er exotische Musik, persische Gesänge und Tänze. Als Geschichtsdrama ist *Chowanschtschina* keine bloß folkloristische Illustration historischer Ereignisse, vielmehr die Tragödie der Entfremdung zwischen Macht und Volk, Intelligenz und Volk, aber auch der Entfremdung des Menschen von sich selbst, seiner Spaltung in ein »natürliches« und ein »politisches« Wesen. Dies betrifft vor allem die zentrale Gestalt der Oper, die Altgläubige Marfa, eine ehemalige Fürstin und unglücklich liebende leidenschaftliche Frau. Sie ist die kühnste und modernste Figur unter allen, ein zerrissener, unheilbar zerstörter und zerstörender Mensch. 1874 änderte Mussorgski seine Absicht, den Vorgang der Selbstverbrennung musikalisch zu verklären, und strebte danach, die Raskolniki in ihrer »widerspruchslosen Ergebenheit gegenüber allem Ungemach« ohne Beschönigung darzustellen (Brief an Ljubow Karmalina vom 4. Aug. 1874). Noch ein halbes Jahr vor seinem Tod teilte er Stassow (am 17. Aug. und 3. Sept. 1880) mit, daß die Oper bis »auf ein kleines Stückchen der Szene der Selbstverbrennung« vollendet sei. Tatsächlich hatte er bereits einen 19taktigen Largoschlußchor in es-Moll komponiert, beginnend mit einem Unisonofrauenchor im Piano und endend in einer kurzen, mächtigen Anrufung Gottes durch den gesamten Chor. Mussorgski versuchte, *Chowanschtschina* ohne kommentierenden oder wertenden Schluß enden zu lassen: Die Stützakkorde haben auf dem Grundton Es hängenzubleiben, während sich die Stimmen ritenuto im Einklang auf As zu finden haben. Wenn Mussorgski behauptete, ihm fehle in seiner Oper noch das »kleine Stückchen« Finale, dann hielt er seinen Versuch eines offenen Schlusses noch nicht für abgeschlossen.

Wirkung: Ausschnitte aus *Chowanschtschina* kamen bereits am 9. Dez. 1879 in einem Konzert der musikalischen Freischule in Petersburg unter Rimski-Korsakows Leitung zur Aufführung: Marfas Lied (»Ischodila mladjoschenka«) und der Strelitzenchor (»Podnimaisja, molodzy«) sowie, von Rimski-Korsakow instrumentiert, die Persischen Tänze. 1882 planten Rimski-Korsakow und der Musikpublizist Semjon Kruglikow eine aus drei Bildern bestehende Aufführung für das Alexandrinische Theater Petersburg, doch entschied das zaristische Opernkomitee (hauptverantwortlich dabei der einflußreiche Dirigent und Komponist Eduard Nápravník) im April 1883 ablehnend. So kam es erst 1886 unter der Leitung von Eduard Goldschtein zu jener legendären Uraufführung durch den Musikalisch-dramatischen Liebhaberzirkel. Von daher datiert das Vorurteil, es handle sich um gute Musik zu einem verworrenen Text voller dramaturgischer Ungereimtheiten (Karl Dietrich Gräwe, s. Lit.). Zwei Gründe bieten sich zur Erklärung an: Erstens hatte Rimski-Korsakow mehr als 800 Takte Musik gestrichen, darunter die Eingangsszene des I. Akts, die Auseinandersetzung des Schreibers mit dem Volk, aber auch III/1 und damit die zentrale Auseinandersetzung unter den Altgläubigen. Zweitens lag der Aufführung die zensierte Librettofassung von 1883 zugrunde (Marina Rachmanowa, s. Lit.). Hier waren nicht nur alle Bekenntnisaussagen der Altgläubigen gestrichen, sondern auch jene die Selbstverbrennung erklärenden Passagen; statt des Sektenführers Dosifei gab es einen Starez Koren. Entscheidend für das Schicksal der Oper wurde die Inszenierung an Sawwa Mamontows Privatoper 1897 (?) in Moskau (Soldonikow-Theater), in der Fjodor Schaljapin den Dosifei sang. Dies schuf die Voraussetzung dafür, daß sich Schaljapin als Sänger und Regisseur mit zwei Inszenierungen, am Mariinski-Theater Petersburg 1911 und am Bolschoi-Theater Moskau 1912 (mit Jewgenija Sbrujewa und Andrei Labinski; Dirigent: Daniil Pochitonow), für *Chowanschtschina* einsetzte und der Oper jenen Bekanntheitsgrad verschaffte, der die erste westeuropäische Inszenierung (Alexandr Sanin) 1913 in Paris ermöglichte (Schaljapin, Jelisaweta Petrenko, Wassili Damajew; Emil Cooper), die im selben Jahr auch in London (Drury Lane) gezeigt wurde. Nach verschiedenen Inszenierungen der Rimski-Korsakow-Bearbeitung in den 20er Jahren wie Paris 1923 (Marcel Journet, Lise Charny, Paul Goffin; Sergei Kussewizki; französisch von Raoul und Marguerite d'Harcourt), Frankfurt a. M. 1924 (Robert vom Scheidt, Magda Spiegel, Jean Stern, Adolf Jäger; Wolfgang Martin; deutsch von Ernst Fritzheim) und Buenos Aires 1929 (Journet, Luisa Bertana; Ettore Panizza) konnte Pawel Lamm 1931 die authentische Klavierfassung publizieren und das Werk damit erstmals in seiner originalen Gestalt der Öffentlichkeit zugänglich machen. 1950 am Bolschoi-Theater nochmals in der Rimski-Korsakow-Bearbeitung inszeniert (Regie: Leonid Baratow, Dirigent: Nikolai Golowanow), war das Werk in fast allen Inszenierungen der folgenden Jahre in der 1939–59 entstandenen Instrumentierung von Schostakowitsch zu hören, nach der Uraufführung (Regie: Baratow, Dirigent: Sergei Jelzin, Bühnenbild: Fjodor Fjodorowski; Nikolai Kriwulja, Wladimir Uljanow) in einer Inszenierung am Bolschoi-Theater (Dirigent: Boris Chaikin; Alexander Ogniwzew / Iwan Petrow, Wera Borissenko / Irina Archipowa, Artur Eisen, Anton Grigorjew), deren Verfilmung von Wera Strojewa (Jewgeni Swetlanow; Mark Reisen, Kira Leonowa, Alexei Kriwtschenja, Grigorjew) und einer Inszenierung in Belgrad, die beim Edinburgh-Festival 1962 gezeigt wurde (Krešimir Baranović / Dušan Miladinović; Miroslav Čangalović / Djordje Djurdjević, Melanija Bugarinović / Milica Miladinović, Žarko Cvejić, Zvonimir Krnetić) und diese Bearbeitung im Westen bekannt machte. Im Unterschied zu Rimski-Korsakow strich Schostakowitsch keine Note, nahm kaum Umstellungen oder gar Veränderungen in der harmonischen Struktur und Stimmführung vor und entsprach in seiner auf Dissoziation der Register bedachten Instrumentation weitgehend den ästhetischen Positionen Mussorgskis. Gegen seine Ergänzungen im II. und V. Akt wurden jedoch seit Anfang der 80er Jahre kritische Stimmen laut. Läßt Rimski-Korsakow den II. Akt mit einer Reminiszenz aus der »Morgendämmerung an der Moskwa« enden, so Schostakowitsch mit einem Vorgriff auf den Petrowzenmarsch. Beide aber verstoßen gegen die musikalische Gesamtdramaturgie, in der nirgends mit musikalischen Vor- bzw. Rückgriffen gearbeitet wird. Gleich problematisch ist die Version des Schlusses. Schostakowitsch gab der Oper eine Art Epilog. Er läßt nicht nur, wie Rimski-Korsakow auch, die Preobraschensker auftreten, er bringt überdies die sogenannten zugewanderten Leute vom Anfang der Oper noch einmal ins Spiel und schließt das Ganze mit einer Reminiszenz aus der Einleitungsmusik. Bereits 1913 hatte Igor Strawinsky im Auftrag Sergei Diaghilews für die Pariser Aufführung den Versuch einer Neubearbeitung unternommen und Maurice Ravel für die Instrumentierung gewinnen können. Beider Bemühungen um eine veränderte Werkgestalt mußten allerdings abgebrochen werden, weil Schaljapin sich weigerte, eine neue Version zu singen. Immerhin konnte Strawinsky eine andere Schlußversion schaffen: Auf Aufzeichnungen Mussorgskis zurückgreifend, komponierte er einen Schlußchor, der als die dem Original am nächsten kommende Lösung anzusehen ist; dennoch häuften sich Stimmen, die dafür sprechen, Mussorgskis Werk ohne jede Ergänzung aufzuführen, den II. Akt, wie von ihm geplant, mit einem »drohenden Akkord in pp« zu beschließen beziehungsweise beim Finale des V. Akts auf die von Mussorgski aufgezeichneten Raskolnikigesänge aus dem Nachlaß zurückzugreifen, diese unbearbeitet und ohne Ergänzungen zu spielen (Sergei Slonimski, s. Lit.), mithin die Oper als »vollendetes Fragment« zu belassen. Slonimski stellte auch die von Mussorgski (Brief an Stassow vom 29. Juli 1876) verbreitete Meinung in Frage, daß Marfa eine »typisch russische Frau« sei, machte demgegenüber musikalische Ähnlichkeiten der Marfa mit Bizets *Carmen* (1875) und Verdis Azucena (*Il trovatore*, 1853) geltend. Wie das Bekanntwerden der Schostakowitsch-Bearbeitung eine Aufführungsserie nach sich zog (Covent Garden London, Florenz und Frankfurt 1963, Köln 1966, Mailand 1967, Chicago 1969, Rom 1971, Hamburg 1974), so folgten auch zu Mussorgskis 100. Todestag eine Reihe von Inszenierungen (Gent 1982; Turin 1985, italienisch von Fedele D'Amico). Vor allem ist die von Juri Ljubimow 1981

Chowanschtschina, V. Akt, Finale; Regie: Alfred Kirchner, Choreographie: Bernd Bienert, Bühnenbild: Erich Wonder, Kostüme: Joachim Herzog; Staatsoper, Wien 1989. – In dieser Inszenierung, in der die Bühnenmaschinerie Wonders in faszinierender Weise dominiert, verbrennen die Altgläubigen nicht in den Flammen, sondern sie erstarren in eisiger Kälte: ein Tableau, das der strengen Kühle der Schlußkomposition Igor Strawinskys entspricht.

(Bühnenbild: Dawid Borowski) an der Mailänder Scala zu erwähnen (Ruslan Raitschew; Nikola Gjuselew, Alexandrina Milcheva, Stefan Elenkow, Carlo Bini). In ihrer klaren zeitgenössischen Sprache und der ungeschminkten Darstellung des Gefüges von Macht und Intelligenz, der unheilvollen Verstrickung von Volk und Herrschenden, erscheint sie als ein Vorläufer der Inszenierung von Alfred Kirchner (Bühnenbild: Erich Wonder) in Wien 1989 (Claudio Abbado; Paata Burchuladse, Ludmilla Schemtschuk, Nicolai Ghiaurov / Aage Haugland, Wladimir Atlantow). Die für Wien erstellte Mischversion versucht Mussorgskis Intentionen möglichst getreu zu verwirklichen: Sie hält sich an die von Mussorgski vorgenommenen Kürzungen, greift auf die von ihm instrumentierten Episoden zurück, lehnt sich ansonsten an die Schostakowitsch-Instrumentation an und endet mit der von Strawinsky komponierten Finalszene.

Autograph: Bibl. Saltykov-Ščedrin Leningrad. **Ausgaben:** Original: Kl.A, hrsg. nach d. Hs. v. P. Lamm, russ./dt. Übers. v. M. Hube: Muzgiz, Moskau 1931, UE 1932; Kl.A, hrsg. (nach d. Kl.A v. P. Lamm unter Angabe d. Abweichungen, d. D. Šostakovič bei seiner Instrumentation vorgenommen hat) A. Dmitriev, A. Vulfson: Muzyka, Leningrad 1976; Part u. Kl.A, Bearb. v. N. Rimskij-Korsakov: Bessel, Petersburg 1883; Kl.A, dass. (Finale v. I. Strawinsky): ebd. 1913, B&H 1913, Nr. 7396; Kl.A, dass., dt. Übers. v. E. Fritzheim: Bessel, Paris 1924; B&H 1956; Part, Bearb. v. D. Šostakovič: Muzyka, Moskau 1963; Textb.: Petersburg, Bessel 1883; Textb. auch in: M. MUSORGSKIJ, Literaturnoe nasledie, Bd. 2, Moskau 1972; Textb., Bearb. v. N. Rimskij-Korsakov, dt. v. E. Fritzheim: Zürich, Apollo 1949; Textb., Bearb. v. D. Šostakovič, dt. v. E. Fried [d.i. P. Sülwald]: Sikorski 1965; Textb., dt. v. U. Fahringer, S. Macht, in: Ph. Staatsoper, Wien 1989, S. 107–141. **Aufführungsmaterial:** VAAP; Bearb. Rimskij-Korsakov: B&H; Bearb. Šostakovič: Sikorski
Literatur: I. GLEBOV, Die ästhetischen Anschauungen Mussorgskijs, in: Mk 21:1929, S. 561–575; E. FRID, Prošedšaja, nastojaščeje i buduščeje v ›Chovanščine‹ M.ogo, Leningrad 1974; M. BARONI, Chovanščina, in: Modest Mussorgski. Aspekte d. Opernwerks, hrsg. H.-K. Metzger, R. Riehn, München 1981, S. 69–94 (M-Konzepte. 21.); K. D. GRÄWE, Die »ungeordnete« Dramaturgie der ›Chowanschtschina‹, in: Jb. d. Staatsoper 1974/75, Hbg. 1976, S. 17–24; A. VULFSON, K problemam tekstologii, in: Sovetskaja muzyka 1981, März, S. 103–110; R. THRELFALL, The Stravinsky Version of ›Khovanshchina‹, in: Studia musicologica Academiae scientarium hungaricae 15:1981; L'Avant-scène, Opéra, Nr. 57/58, Paris 1983; M. RACHMANOVA, K 100-letiju premery ›Chovanščiny‹, in: Sovetskaja muzyka 1986, März, S. 88–96; J. FAJN, Pravna na ›Chovanščinu‹, ebd. 1987, Aug., S. 77–84; C. EMERSON, M.'s Libretti on Historical Themes. From the Two ›Borises‹ to ›Khovanshchina‹, in: Reading Opera, hrsg. A. Groos, R. Parker, Princeton, NJ 1988, S. 235–267; H. LINDENBERGER, Opera as Historical Drama. ›La Clemenza di Tito‹, ›Khovanshchina‹, ›Moses und Aron‹, in: Idee – Gestalt – Geschichte. Festschrift K. v. See. Studien zur europäischen Kulturtradition, hrsg. G. W. Weber, Odense 1988, S. 605–626; S. NEEF, Oper als Kunst der Zeit und auf der Höhe der Zeit. S. Mamontows Russ. Privatoper in Moskau, in: Oper heute. Ein Almanach d. M.Bühne, hrsg. H. Seeger, W. Lange, Bln. 1988, S. 50–65; G. NEKRASOVA, Ob odnom tvorčeskom principe M.ogo, in: Sovetskaja muzyka 1988, März, S. 67–72; S. NEEF, »… nachts, ›ohne Sonne‹ «. Zum 150. Geburtstag v. M. M., in: M u. Ges. 39:1989, S. 132–135; V. ANTIPOV, Neopublikovanye rukopisi, in: Sovetskaja muzyka 1989, März, S. 77–95; J. TREMBOVELYKIJ, Monodijno-geterofannaja priroda myšlenija, ebd., S. 52–64; S. SLONIMSKIJ, Tragedija rasobščennostij ljudej, ebd., S. 20–30; C. ABBADO, Zur Fassung der ›Chowanschtschina‹ an der Wiener Staatsoper, in: Ph. Staatsoper, Wien 1989, S. 4f.; M. NAGY, Notate zu den Fassungen. Zurück zu M., ebd., S. 5–8; weitere Lit. s. S. 362

Sigrid Neef

Sorotschinskaja jarmarka
Opera w trjoch deistwijach

Der Jahrmarkt von Sorotschinzy
Oper in 3 Akten

Text: Modest Petrowitsch Mussorgski, nach der Erzählung aus dem 1. Teil (1831) der *Wetschera na chutore blis Dikanki* (*Abende auf dem Vorwerk bei Dikanka*) von Nikolai Wassiljewitsch Gogol
Uraufführung: komponiert 1881; 30. Dez. 1911, Komödientheater, St. Petersburg; Bearbeitung von Zesar Antonowitsch Kjui: 26. Okt. 1917, Theater des musikalischen Dramas, Petrograd; Bearbeitung von Alexandr Nikolajewitsch Tscherepnin, französisch von Louis Laloy als *La Foire de Sorotchintzi*: 17. März 1923, Opéra, Monte Carlo; Bearbeitung von Wissarion Jakowlewitsch Schebalin und Pawel Alexandrowitsch Lamm: 21. Dez. 1931, Maly-Theater, Leningrad (hier behandelt)
Personen: Tscherewik, Bauer (B); Chiwrja, seine Frau (Mez); Parasja, Tscherewiks Tochter, Chiwrjas Stieftochter (S); Gevatter (Bar); Grizko, Bauernbursche (T); Afanassi Iwanowitsch, Popensohn (T); ein Zigeuner (B); Tschernobog, Oberteufel (B).
Chor: Jahrmarktshändler und -händlerinnen, Zigeuner, Mädchen, Burschen, Juden, Kosaken, Gäste, Teufel, Hexen, Zwerge. **Ballett:** Teufel, Hexen, Zwerge, Burschen
Orchester: 3 Fl (3. auch Picc), 2 Ob, 2 Klar, 2 Fg, 4 Hr, 2 Trp, 3 Pos, Tb, 2 Cornetti, Pkn, Schl (kl.Tr, gr.Tr, Bck, Trg, Tamburin, Tamtam), Hrf, Kl, Streicher
Aufführung: Dauer ca. 2 Std.

Entstehung: Am 4. Aug. 1874 teilte Mussorgski der Sängerin Ljubow Karmalina mit, er habe mit der Komposition begonnen, das Gogol-Sujet sei für ihn gleichsam Gegengewicht zu den beiden großen »Volksdramen« *Boris Godunow* (1874) und *Chowanschtschina* (1879/1886), die Charaktere und Situationen seien durch eine andere Gegend, einen andern historischen Hintergrund und einen für ihn neuen Volksstamm geprägt, doch die Arbeit an *Chowanschtschina* wolle er deshalb nicht vernachlässigen. Nikolai Rimski-Korsakows Berichten zufolge arbeitete Mussorgski äußerst unsystematisch: Obwohl für den I. und III. Akt weder Szenarium noch Text vorlagen, komponierte er Bruchstücke einzelner Szenen; einen großen Teil der Jahrmarktsszene entnahm er aus der unvollendet gebliebenen Ballettoper *Mlada*, die 1872 als Gemeinschaftsarbeit Kjuis, Mussorgskis, Rimski-Korsakows und Alexander Borodins geplant war; zwischen dem II. und III. Akt wollte er ein phantastisches Intermezzo, den Traum des Bauernburschen Grizko, einfügen. Dafür verwendete er seine Orchesterfantasie *Iwanowa notsch na lyssoi gore* (*Johannesnacht auf dem kahlen Berg*, 1867), die bereits für eine Tschernobog-Szene in *Mlada* zu einem Chorstück mit einer Phantasiesprache der Dämonen, nach dem Vorbild von Hector Berlioz' *La Damnation de Faust* (1846), textiert worden war (die Worte entstammen einer 1841 erschienenen Sammlung von russischen Volkssagen). Die Librettogrundlage bereitete Mussorgski offenbar wegen zahlreicher ukrainischer Ausdrücke und Redewendungen Schwierigkeiten. Er erwog zeitweilig, das Projekt wegen dieser sprachlichen Besonderheiten aufzugeben. Daß es dann doch nicht dazu kam, ist möglicherweise dem aus der Ukraine stammenden Bassisten Ossip Petrow zu verdanken, der Mussorgski zur Komposition ermunterte und bei der Textbehandlung unterstützte. Jedenfalls beschäftigte sich Mussorgski 1876/77 erneut mit der Oper. Nach einer weiteren Unterbrechung (Petrow, für den Mussorgski die Oper eigentlich schrieb, war am 12. März 1878 gestorben) entstand die Überarbeitung der Tschernobog-Szene; 1879 kamen zahlreiche Volkslieder hinzu, die Mussorgski während einer Gastspielreise mit der Altistin Darja Leonowa in der Ukraine aufgezeichnet hatte. Hier spielte er auch einzelne Szenen vor und konnte Wladimir Stassow erfreut berichten, daß die Ukrainer die Musik »durchweg volkstümlich« fanden. Als sich abzeichnete, daß Mussorgskis Gesundheit zunehmend verfiel und er weder *Chowanschtschina* noch *Sorotschinskaja jarmarka* vollenden würde, versuchten zwei anonyme Liebhaberkreise, die Arbeit an je einer Oper durch regelmäßige finanzielle Hilfe zu fördern. Von Mussorgskis Fragment sind neben zahlreichen Skizzen und Aufzeichnungen ukrainischer Volkslieder folgende Bestandteile überliefert: ein detaillierter, nach Szenen gegliederter Plan der Handlung vom 31. Mai 1877; ein Entwurf von Grizkos Traumszene (als Beilage zu einem Brief an Stassow vom 3. Sept. 1880); das vollständig instrumentierte Vorspiel. Als Klavierauszug liegen vor: die Jahrmarktsszene (I. Akt, 1. Teil), eine Szene zwischen Tscherewik und dem Gevatter, die torkelnd aus einer Schenke kommen (von Lamm in den I. Akt eingefügt), die 1. Hälfte des II. Akts, die Traumszene Grizkos (von Lamm in den III. Akt vor das Schlußbild plaziert), das Lied der Parasja (III. Akt, mit Instrumentationsfragmenten), der »Hopak lustiger Burschen« (ohne ausgeschriebene Chorstimmen; von Lamm als Finale des III. Akts verwendet). Dies verdeutlicht, welche Probleme bestanden, als die Oper nach Mussorgskis Tod zum Druck vorbereitet werden sollte.

Sorotschinskaja jarmarka, I. Akt; Rainer Scholze als Tscherewik, Ingeborg Schneider als Parasja; Regie: Hellmuth Matiasek, Choreographie: Ivan Sertić, Ausstattung: Monika von Zallinger; Gärtnerplatztheater, München 1983. – Im rustikalen Rahmen von Scheune und Dorfkirche spielt sich das prall-bäuerliche Volksleben eines russischen Jahrmarkts ab.

Handlung: In dem ukrainischen Dorf Sorotschinzy. I. Akt, Jahrmarkt: Händler bieten ihre Waren an, Burschen und Mädchen necken sich, ein Zigeuner erzählt vom »blutroten Kittel«, der den Platz verhext habe. Währenddessen sehen sich Parasja und Grizko wieder, verlieben sich und beschließen zu heiraten. Tscherewik ist nach anfänglichem Murren mit der Hochzeit einverstanden. Als er und sein Gevatter spät abends betrunken heimkehren, beschimpft die energische Chiwrja ihren Mann wegen seiner Trunksucht und weil er einen nichtswürdigen Bräutigam für Parasja gewählt habe. Grizko, der das Gespräch belauscht hat, beklagt sein verlorenes Glück. Da bietet ihm der Zigeuner seine Hilfe gegen Chiwrja an, wenn er ihm seine Ochsen verkaufe. Schnell handelseinig, beginnen beide einen Freudentanz.

II. Akt, Tscherewiks Hütte: Chiwrja bereitet ein Essen, während Tscherewik seinen Rausch ausschläft. Als er erwacht, kommt es zum Streit: Chiwrja jagt ihren Mann aus der Hütte und befiehlt ihm, den Wagen auf dem Jahrmarktsplatz zu bewachen. Kaum ist er fort, tischt sie in Erwartung ihres jungen Liebhabers allerlei Köstlichkeiten auf und vertreibt sich die Zeit mit Gesang. Ein Geräusch erschreckt sie: Es ist der sehnlich erwartete Afanassi, der in der Dunkelheit gestürzt ist. Nach überschwenglicher Begrüßung beginnt Afanassi mit großem Appetit zu essen. Als er sie küssen will, klopft es: Tscherewik ist mit dem Gevatter und einigen Gästen zurückgekommen. Chiwrja versteckt den Stoßgebete plappernden Popensohn im Hängebett, dann öffnet sie. Die Gesellschaft beginnt zu trinken und über die Gerüchte vom »blutroten Kittel« zu sprechen. Als alle ein Kosakenlied singen, fällt vom Hängebett ein Blechgefäß herunter. Mehr und mehr steigern sich die Versammelten in ihre abergläubische Angst. Vom Alkohol ermutigt, beschwört Tscherewik den »blutroten Kittel« herbei. Die Gäste protestieren gegen sein gotteslästerliches Verhalten; dann erzählt der Gevatter die Geschichte: Einst wurde ein Teufel aus der Hölle vertrieben; aus Langeweile begann er zu trinken, verpfändete zuletzt beim Schankwirt von Sorotschinzy seine blutrote Jacke, um sie nach Jahresfrist einzulösen; der Wirt aber verkaufte die Jacke; der Teufel rächte sich damit, daß der Wirt nachts ein Grunzen hörte und in allen Fenstern Schweinerüssel sah. Bei dem Stichwort glauben die Männer, ein Grunzen zu hören; Chiwrja schilt sie Feiglinge. Der Gevatter fährt fort, die Schweine hätten den Schankwirt fürchterlich verprügelt, der Wirt habe seine Schuld bekannt, und nun suche der Teufel alljährlich auf dem Jahrmarkt nach seiner Jacke. In dem Augenblick zerbirst das Fenster, eine Schweinefratze sieht herein. Alle ergreifen die Flucht; Afanassi stürzt aus dem Hängebett.

III. Akt, 1. Bild, eine Straße in Sorotschinzy, Abend: Tscherewik und der Gevatter werden als vermeintliche Diebe von Bauernburschen festgehalten; Grizko befreit die beiden unter der Bedingung, daß Tscherewik in Grizkos Hochzeit mit Parasja einwilligt. Nachdem Grizko dem Zigeuner seine Ochsen verkauft hat, schläft er in Gedanken an Parasja ein und träumt von Hexen und Teufeln, die in unverständlicher Sprache singen und den Teufel beschwören. Von Gestalten der Unterwelt begleitet, erscheint Tschernobog (Schwarzgott); in einer schwarzen Messe huldigen ihm Zwerge, Hexen und Teufel. Der Oberteufel lädt sein singendes und tanzendes Gefolge zu einem Fest ein, das bis zum frühen Morgen dauert, an dem Grizko verwundert erwacht. 2. Bild, Straße vor der Hütte des Gevatters, Morgen: Parasja sehnt sich nach Grizko. Sie vertreibt ihre düsteren Gedanken mit einem lustigen Lied, während ihr Vater beginnt, vor Freude einen Hopak zu tanzen. Grizko und der Gevatter erscheinen. Tscherewik segnet das Paar, und als Chiwrja erneut protestiert, befiehlt der Zigeuner den Burschen, sie wegzutragen. Mit Jubelgesängen und Hopaktanzen wird Hochzeit gefeiert.

Kommentar: Mussorgski hat *Sorotschinskaja jarmarka* offenbar als eine Weiterführung von *Schenitba* (1868) verstanden, denn 1877 macht er die ästhetischen Grundsätze jenes unvollendet gebliebenen Einakters auch für seine letzte Oper geltend. Es gehe ihm darum, »die Intonationsschwankungen der menschlichen Rede in jener unmittelbaren, wahrheitsgetreuen Art und Weise, in der sie der überaus geniale Gogol wiedergegeben hat, zu studieren und zu erfassen«. Er wolle erreichen, »daß alle schlichten Geschehnisse von der Hörerschaft unschwer empfunden werden und für sie zugleich künstlerisch interessant sind« (*Briefe*, S. 249, s. Lit.). Die Oper ist von einem Netz charakteristischer personengebundener Leitmotive durchzogen, was formale wie dramaturgische Geschlossenheit garantiert. Dennoch ist bei Begriffen wie »Leitmotiv« oder »Geschlossenheit« Vorsicht geboten, da Mussorgski die Oper als Torso hinterlassen hat und ungewiß ist, ob er eine konsequente Wiederkehr von Themen und Motiven beabsichtigt hat. Die Motive dienen der Differenzierung der Figuren und verstärken zugleich die Situationskomik, etwa wenn Mussorgski dem Popensohn kirchliche Wendungen zum Ausdruck sexueller Begierde in den Mund legt. Ein zentrales Motiv repräsentiert den »blutroten Kittel«, es erklingt stets bei diesem Stichwort und auch, wenn vom Teufel oder vom Aberglauben die Rede ist. Charakteristisch für dies Motiv sind die fallende kleine None und die Harmonisierung mit übermäßigen Dreiklängen, die zur Ganztönigkeit tendiert. In der Gespenstergeschichten-Szene am Schluß des II. Akts spielt dies Motiv eine so entscheidende Rolle, daß auch der Ganztonklang, beim Erscheinen des Schweinekopfs am Fenster, darauf bezogen wird. Eine zentrale Funktion kommt den ukrainischen Volksliedern zu: Sie bedeuten weitaus mehr als nur Couleur locale; vielmehr durchziehen sie das ganze Werk, und auch die Abschnitte, die nicht explizit auf Volksliedern beruhen, sind von ukrainischer Folklore inspiriert. Die originalen Volkslieder verwendet Mussorgski in den Chorszenen (ähnlich wie in *Boris Godunow* und *Chowanschtschina*) als Sprache des Volks, in Dialogen und in ariosen Szenen, etwa wenn Chiwrja, als sie auf Afanassi wartet, drei Volkslieder intoniert, die sich bruchlos in ihren Monolog fügen (die ersten beiden,

Fragmente von Liebesliedern, sind so eingearbeitet, daß man sie als ariose Partien in einem ohnehin arios gestalteten Rezitativ wahrnimmt; das dritte Volkslied, ein freches Liebeslied, das formal die Position einer Arie einnimmt, wird vollständig vorgetragen). Tscherewik äußert seine (vorläufigen) Einwände gegen Grizkos Werbung um Parasja (I. Akt) mit einem Volksliedzitat; das Gespräch zwischen Tscherewik und dem Gevatter, als sie aus der Schenke heimkehren (I. Akt), beruht auf drei Volksliedern, wobei die Übergänge zwischen wirklichem Zitat (die angetrunkenen Männer singen Lieder) und Dialog auf der Basis von Volksliedmelodien fließend sind, und auch der Streit zwischen Chiwrja und Tscherewik (II. Akt) basiert auf drei Volksliedern. Diese Szene wirkt vielleicht gerade wegen der Zitatreihung wie ein kaum stilisierter Dialog. Dies ist eine Neuerung, mit der Mussorgski sein ästhetisches Postulat natürlichen, wahrhaftigen Sprachausdrucks erfüllt. Der sogenannte Realismus bei Mussorgski gewinnt hier durch die konsequente Durchdringung von Kunstmusik und nationaler Folklore eine neue Dimension.

Wirkung: Rimski-Korsakow, der Mussorgskis Nachlaß verwaltete, bat Anatoli Ljadow, *Sorotschinskaja jarmarka* zu vollenden; Arseni Golenischtschew-Kutusow sollte das Libretto erstellen. Ljadow beschränkte sich jedoch darauf, einzelne Nummern zu instrumentieren. Gleichzeitig arbeitete Wjatscheslaw Karatygin an der Instrumentierung einiger Nummern, die in einer konzertanten Aufführung anläßlich von Mussorgskis 30. Todestag in Petersburg mit großem Erfolg aufgeführt wurden. Nach einer Aufführung mit Klavierbegleitung im Komödientheater Petersburg 1911 folgte am 16. Nov. 1913 am Freien Theater Moskau die Aufführung der fragmentarischen Version von Juri Sachnowski (gesprochene Dialoge ergänzt von Konstantin Mardschanow), der die von Ljadow, Karatygin und Rimski-Korsakow instrumentierten Abschnitte zugrunde lagen, während die fehlenden Teile als gesprochene Dialoge eingefügt wurden. 1915/16 komponierte Kjui die fehlenden Teile hinzu und instrumentierte die ganze Oper, die somit erstmals vollständig aufgeführt werden konnte; die Uraufführung dieser Bearbeitung blieb jedoch wegen der Oktoberrevolution nahezu unbeachtet, so daß die Oper erst nach der Uraufführung der die Arbeiten Ljadows, Karatygins und Kjuis einbeziehenden Tscherepnin-Bearbeitung (Dirigent: Nikolai Tscherepnin; Tscherewik: Louis Arnal, Chiwrja: Germaine Bailac, Parasja: Emma Luart, Grizko: John McCormack) internationale Verbreitung fand. In dieser Gestalt wurde das Werk während der folgenden Jahre mehrfach nachgespielt: 1924 russisch in Barcelona, 1925 am Bolschoi-Theater Moskau (Sachnowski-Bearbeitung), 1927 an der Städtischen Oper Berlin (Regie: Issai Dobrowen, Dirigent: Fritz Zweig), in Brüssel (französisch), Zagreb (kroatisch), Breslau (deutsch von Heinrich Möller) und Buenos Aires 1929 sowie 1930 in New York und im Konzerthaus Wien (Dirigent: Gottfried Kassowitz). Die heute gebräuchliche Schebalin-Bearbeitung, von Schebalin und Lamm 1932 nach für das Stanislawski-Nemirowitsch-Dantschenko-Musiktheater Moskau überarbeitet und für die Gesamtausgabe vorbereitet, richtet sich in der Szenenanordnung nach Mussorgskis Handlungsentwurf; sie lag etwa den Inszenierungen in Stockholm 1938 (schwedisch von Eugénie Söderberg), Moskau 1952, Rom 1959 (Regie: Tatiana Pavlova, Dirigent: Peter Hermann Adler), Passau und Luzern 1977 (Karel Němec, Norbert Strolz) sowie Coburg (Michael Leinert, Paul Theissen) und München (Gärtnerplatztheater; Hellmuth Matiasek, Peter Falk) 1983 zugrunde. Daneben wurde aber auch weiterhin Tscherepnins Bearbeitung gespielt, so in Riga 1932, London 1934, Sofia 1936, Triest 1940 und Berlin 1948 (Komische Oper). Diese Version war auch Grundlage für Lothar Wallersteins Bearbeitung für die Wiener Staatsoper (Übersetzung: Georg Maliniak), die 1935 unter der Leitung von Felix von Weingartner zusammen mit Ravels *L'Heure espagnole* (1911) zur Aufführung gelangte. In dieser Kombination wurde die Oper auch 1966 in Stuttgart gespielt.

Autograph: vollst. Szenarium u. Part d. Vorspiels, Kl.A d. Szene Gevatter/Čerevik, u. v. Grickos Traum: Bibl. Saltykov-Ščedrin Leningrad; Slg. ukrainischer Lieder, Kl.A d. Jahrmarktsszene, d. 1. Hälfte d. II. Akts, d. Träumerei Parasjas u. d. »Hopaks lustiger Burschen«: Arch. d. Hs.-Slg. d. Čajkovskij-Kons. Moskau; Kl.A. v. Traum d. Burschen: Bibl. d. Rimskij-Korsakov-Kons. Leningrad. **Ausgaben:** Part u. Kl.A, hrsg. C. Kjui: Bessel, Petrograd 1916; Kl.A, hrsg. N. Čerepnin: Bessel, Paris 1923, später: B&H; Kl.A, dt. Übers. v. H. Möller: Muzgiz, Moskau 1933; UE 1938; Part u. Kl.A, hrsg. P. Lamm, V. Šebalin, russ./dt. Übers. v. A. Gabričevskij, N. Viljam-Vilmont: M. MUSORGSKIJ, GA, Bd. III/1 u. 2, Moskau 1933/34; Kl.A: Muzyka, Moskau 1982 [Nachdr. v. Bd. III/2 d. GA]; Kl.A, dt. Übers. v. M. Schandert: Sikorski 1975; Textb., dt. v. H. Möller: B&H 1924; Textb. auch in: M. MUSORGSKIJ, Literaturnoe nasledie, Bd. 2, Moskau 1972. **Aufführungsmaterial:** Bearb. Čerepnin: B&H; Bearb. Šebalin: Sikorski/Henschel-Vlg. **Literatur:** N. ŠUMSKAJA, Soročinskaja jarmarka, Moskau 1952; N. A. RIMSKIJ-KORSAKOV, Chronik meines musikalischen Lebens, hrsg. L. Fahlbusch, Lpz. 1967; G. L. TOMASI, ›Der Jahrmarkt von Soročincy‹ und sein Beitrag zur Suche des spezifisch Russischen in der Musik, in: Modest Mussorgski. Aspekte d. Opernwerks, hrsg. H.-K. Metzger, R. Riehn, München 1981, S. 95–110 (M-Konzepte. 21.); B. ASAFEV, ›Soročinskaja jarmarka‹ i ›Ženitba‹ v teatre »Muzykalnaja Drama«, in: DERS., Ob opere, izbrannye stati, Leningrad 1985; weitere Lit. s. S. 362

Dorothea Redepenning

Antonio Muzzarelli

Geboren 1744 in Bologna (oder Mailand?), gestorben am 7. August 1821 in Wien

Die wiedergefundene Tochter Otto des II., Kaisers der Deutschen
Heroisches Ballett in fünf Akten

Musik: Leopold Kozeluch (eigtl. Jan Antonín Koželuh). **Libretto:** Antonio Muzzarelli

Uraufführung: 1. Fassung als *La principessa Adelaide ritrovata*: 1782, Teatro della Cannobiana, Mailand; 2. Fassung: 24. Febr. 1794, Burgtheater, Wien, Ballett des Burgtheaters (hier behandelt)
Darsteller: Otto II., Kaiser der Deutschen; Theophania/Theophanu, seine Gemahlin; Adelasia und Mathilde, seine Töchter; Aleramo, Prinz von sächsischem Geblüte; Evander, General des Kaisers und Aleramos Bruder; Corps de ballet: Gefolge des Kaisers und der Kaiserin, Offiziere, Soldaten, Bauern, Volk
Orchester: 2 Fl, 2 Ob, 2 Fg, 2 Hr, 2 Trp, Pkn, Mand ad lib., Streicher
Aufführung: Dauer ca. 45 Min.

Entstehung: Der als Mimiker gefeierte Muzzarelli begann seine choreographische Tätigkeit Ende der 70er Jahre in Norditalien. Als Ballettmeister wirkte er dort unter anderm in Florenz (1782), Venedig (1789 und 1791) und Mailand (1789 und 1791); seit 1791 arbeitete er vorzugsweise in Wien. Der Beginn seiner Auseinandersetzung mit dem Otto-Sujet fällt offenbar schon in das Jahr 1779, als er *Adelasia riconosciuta* (Musik: Alessandro Rolla) im Cannobiana Mailand herausbrachte.
Inhalt: In einem Tal in der Gegend von Alba Pompeja, um 980, zur Zeit Kaiser Ottos II. I. Akt: Hütte Adelasias und Aleramos; II. Akt: Lager in der Nähe der Stadt; III. Akt: Kerker; IV. Akt: Waffenplatz; V. Akt: festlich geschmückte Galerie.
Ein aufziehendes Gewitter zwingt Kaiser Otto und seine Jagdgesellschaft, in der Hütte von Adelasia und Aleramo Zuflucht zu suchen. Otto muß in Adelasia seine eigene Tochter erkennen, die sich gegen seinen Willen verheiratet hat und in ein fremdes Land geflohen ist. Außer sich vor Zorn läßt Otto das Paar verhaften. Krieger erweisen der eben angekommenen Kaiserin Theophania und ihrer Tochter Mathilde die Ehre. Auch Theophania macht Adelasia und Aleramo, die als Gefangene Ottos mitgekommen sind, Vorwürfe, doch Mathilde bittet um Milde für die Schwester. Im Kerker wird Aleramo von Traumbildern gequält; als Adelasia, Mathilde und Evander durch eine geheime Tür in das Gefängnis eindringen, um Aleramo zu befreien, wird das Komplott von Otto entdeckt; er befiehlt Aleramos Hinrichtung. Adelasia ist entschlossen, Aleramo unter Einsatz ihres Lebens zu retten. Sie durchbricht die Reihen der Soldaten, die aufmarschiert sind, um Aleramo zu richten; Otto weist die Bittende zurück und befiehlt, den Strafvollzug zu beschleunigen; auch die hinzugekommene Theophania kann Otto nicht umstimmen. Als alle Offiziere ihre Waffen niederlegen, ändert Otto seine Gesinnung und läßt, gerührt über die Haltung der Kameraden, Geschenke verteilen. Man feiert die erneute Aufnahme der Tochter in den Kreis der Familie.
Kommentar: Nach dem Wiener Wirken Gasparo Angiolinis und Jean Georges Noverres und vor dem Durchbruch der aufklärerischen Ideen zu einer Ballettreform entstanden, erweist sich *Die wiedergefundene Tochter* als später Prototyp der Gattung »ballet en action« im Noverreschen Sinn. In dem in den 90er Jahren ausgebrochenen Streit zwischen Traditionalisten und Fortschrittlichen verteidigte ein anonymer Autor (es handelte sich wahrscheinlich um Cornelius Hermann von Ayrenhoff) die in Muzzarellis Ballett seiner Meinung nach vollkommen verwirklichten Forderungen Noverres gegenüber den viel akklamierten Neuerungen, wie sie Salvatore Viganò etwa in seinem Ballett *Die Tochter der Luft oder Die Erhöhung der Semiramis* (Wien 1793, Musik: Viganò) realisiert hatte. In der Wahl des Sujets, dem dramaturgischen Aufbau und der szenischen Realisierung erfüllte *Die wiedergefundene Tochter* alle Forderungen der Gattung der »heroisch-tragischen Pantomime«, die allein berechtigt war, auf einer »seriösen« Bühne eines »Nationaltheaters«, wie das Burgtheater seit der Theaterreform Kaiser Josephs II. hieß, zu existieren. Der in der *Wiedergefundenen Tochter* herangezogene dramatische Stoff kommt der von Noverre in seinen *Lettres sur la danse, et sur les ballets* (1760) aufgestellten Forderung nach »pantomimischer Malerei« entgegen, gibt er doch Gelegenheit zu »großen, hinreißenden, erschütternden Gemälden«; er erweist sich als »simpel« im Sinn einer Konzentration auf eine Haupthandlung, in die geschickt eine Nebenhandlung eingeflochten wird. Schließlich ist das Sujet »edel, interessant und moralisch«; »edel«, weil alle Personen der »erhabenen« Klasse angehören, also jener Gesellschaftsschicht, deren Vertreter allein, dem Verständnis der Zeit nach, auch bei den heftigsten Gemütsbewegungen Anstand bewahren könnten; »interessant«, weil »Herz und Verstand« am Geschehen Anteil nehmen; »moralisch« endlich, weil das Ballett glücklich endet und damit Gelegenheit für die zum Finale geforderte »belle danse« gegeben ist. Auch in seiner Form entspricht Muzzarellis Ballett vollkommen Noverres Regeln; bewahrt werden neben der Einheit des Orts und der Zeit auch die »Einheit des Zwecks«, die Motivation und Verbundenheit der einzelnen Auftritte untereinander, und die »Einheit des Tons«, denn die einzelnen »Gattungen«, das »Ernsthafte, das Komische, das Edle, das Niedrige, das Artige und das Burleske«, erscheinen nicht miteinander vermischt. Muzzarelli vermeidet es, den Tanz, der allein als Ausdruck der Freude eingesetzt wird, in »falschen« Situationen zu verwenden; die Ankunft der Kaiserin und ihrer Tochter im Lager des Kaisers sei, so Ayrenhoff, Anlaß zu »natürlicher« Freude und daher Grund zum Tanzen. Auch die Tänzer entsprachen in Technik und Interpretationsstil ganz Noverres Idealen: Therese Muzzarelli-Vulcani als Adelasia und Andrea Vulcani als Aleramo tanzten mit dem geforderten »Anstand«, mit »Grazie, Naivität, Feuer«, mit gestischen Mitteln und »lebhaftem Ausdruck der Seele«, sie blieben zudem innerhalb des vom Rollencharakter vorgegebenen Bewegungskanons: Die zum »ernsthaft-heroischen« Fach gehörigen Bewegungen wurden nicht mit denen der »edlen hohen Komödie« oder denen der Groteske vermischt. Als modellhaft wurde auch das Zusammenspiel der Liebenden im Pas de deux angesehen: Stellungen, Haltungen und Wendungen des Kopfs wurden mit der »schön abwechselnden Entge-

genstellung der Arme« kontrastiert. Besonders gelungen und ganz den Regeln entsprechend eingesetzt wurden die »Figuranten« (Corps de ballet), deren Aufgabe es unter anderm war, den Zeitraum zwischen den »schönen« Tänzen auszufüllen. Ihre beiden Aufmärsche (im II. und IV. Akt) waren besonders eindrucksvoll. Kozeluchs Musik entsprach den Erwartungen, die man in Ballettmusik setzte: »Das bewegliche Gemälde erhalte durch die Musik noch mehr an Deutlichkeit und Feuer. Sein zärtlicher Ausdruck ist rührend schön, seine Märsche sind prächtig, in Ganzen herrscht eine Harmonie und Einheit des Stils, die von einem vollkommen gebildeten Geschmacke des Meisters zeugen.«

Wirkung: Von Anhängern der Noverreschen Regeln zum Modell erhoben, wurde *Die wiedergefundene Tochter Otto des II., Kaisers der Deutschen* von Parteigängern Viganòs, der diese Regeln aufbrach, völlig verworfen. Das Ballett sei seiner »Simplizität« wegen, so eine ebenfalls anonym gehaltene Antwort auf das Pamphlet, langweilig, die Aktion zudem ohne schriftliche Erklärungen des Choreographen nicht zu verstehen. Das Ballett blieb bis Muzzarellis Abgang aus Wien 1796 auf dem Spielplan. – Simon Mayr griff den Stoff in dem Melodramma serio *Adelasia ed Aleramo* (Mailand 1806, Text: Luigi Romanelli) auf.

Abschriften: Kl.A: ÖNB (MS 7578); L: Wien 1794
Literatur: Über die theatralischen Tänze und die Balletmeister Noverre, M. und Viganò, Wien 1794, 2. Aufl. [?]: C. v. AYRENHOFF, Über die theatralischen Tänze und die Balletmeister Noverre, M. und Viganò, Wien 1799; Dank eines Ungenannten im Nahmen der Jugend Wiens Herrn M., dem Verfasser des neuen Balletts der ›Raub der Helena‹, Wien 1795; Versuch über die pantomimische Tanzkunst, o. O., o. J.; J. OELER, Geschichte des gesamten Theaterwesens zu Wien. Von d. ältesten, bis zu d. gegenwärtigen Zeiten, Wien 1803; M. POŠTOLKA, Leopold Koželuch, Prag 1964; M. H. WINTER, The Pre-Romantic Ballet, NY 1974; S. RICE, A. M., Seattle 1987, Diss. Washington Univ.

Gunhild Schüller

Gustav Wasa
Heroisch-pantomimisches Ballett in fünf Akten

Musik: Adalbert Gyrowetz. **Libretto:** Antonio Muzzarelli
Uraufführung: 30. Nov. 1811, Kärntnertortheater, Wien, Ballett des Kärntnertortheaters
Darsteller: Christiern/Christian, König von Dänemark; Gustav, königlicher Prinz von Schweden; Adelheit, Königin von Schweden; Casimir, Vertrauter der Königin; Astolph, Herold und Vertrauter Christierns; ein Alter, Chef der Bergleute; Corps de ballet: dänische Ritter und Soldaten, schwedische Damen, Bergleute, ihre Frauen
Orchester: nicht zu ermitteln
Aufführung: Dauer ca. 45 Min.

Entstehung: Nachdem er in den 90er Jahren in Wien als Verfechter von Jean Georges Noverres Ideen zunächst seine Position noch gegen Salvatore Viganò verteidigen konnte, war Muzzarelli im 1. Jahrzehnt des 19. Jahrhunderts fast ausschließlich im oberitalienischen Raum tätig. Mit *Gustav Wasa* kehrte er nach Wien zurück, wo inzwischen Ballettmeister wie Carlo und Filippo Taglioni Fuß gefaßt hatten.

Inhalt: In Schweden, um 1525, zur Zeit König Gustavs I. von Schweden. I. Akt: Vorplatz eines Bergwerks, im Hintergrund führt ein Schacht in das Innere des Bergs; II. Akt: Saal der königlichen Residenz in Stockholm, in der Mitte ein Standbild Gustavs; III. Akt: vor der Residenz in Stockholm, im Hintergrund ein Fluß, Morgendämmerung; IV. Akt: wie II. Akt; V. Akt: Vorhof zwischen der Residenz und dem Tempel.

Als Bauer verkleidet mischt sich der von dem dänischen König Christiern vertriebene Gustav Wasa unter die Bergleute. Als Bewaffnete anrücken, um das Standbild Gustavs zu entfernen, zieht er sich zurück; währenddessen wird das empörte Volk gezwungen, den dänischen Unterdrücker, dessen Standbild nun aufgestellt wird, mit Tänzen zu feiern. Die Betroffenheit und die Ähnlichkeit des vermeintlichen Bergmanns mit dem vertriebenen König erregen die Neugier der andern Knappen. Als die Dänen abgezogen sind, gibt sich Gustav zu erkennen; das Volk wirft sich ihm zu Füßen, gemeinsam beschließt man, die Dänen zu vertreiben. In der königlichen Residenz in Stockholm bedrängt Christiern Adelheit, sich mit ihm zu verbinden; entsetzt weist sie seinen Antrag zurück. Als der Däne sie in Ketten legen will, erklärt sie ihr Nachgeben, entschließt sich aber zur Flucht. Beim Verlassen des Schlosses trifft sie auf Gustav, der sich jedoch nicht zu erkennen gibt. Christiern holt Adelheit ein und schöpft angesichts Gustavs Verdacht, den dieser jedoch durch List zerstreuen kann: Gustavs Kleider, die er mit sich trägt, so versichert er glaubhaft, habe er bei einem Toten gefunden. Über diese Nachricht erfreut, bringt Christiern die vollkommen gebrochene Adelheit ins Schloß zurück. Gustav gelingt es, in die Residenz einzudringen, er gibt sich einigen Höflingen zu erkennen, sie schwören ihm ewige Treue. Wieder schöpft der hinzugekommene Christiern Verdacht, den Gustav abermals zu zerstreuen weiß. Christiern wähnt sich nun sicher und befiehlt, Gustavs Bild zusammen mit der Kleidung zur öffentlichen Ehrenbezeugung freizugeben. In einem Trauermarsch tragen dänische Ritter die Insignien des Totgeglaubten. Außerstande, den Anblick zu ertragen, versucht Adelheit sich das Leben zu nehmen; da gibt sich Gustav zu erkennen und verhindert die Tat. In dem folgenden Aufstand gelingt es den Schweden unter Führung Gustavs, die dänischen Besetzer zu überwinden.

Kommentar: Der Forderung nach einem knappen Erzählungsverlauf folgend, konzentrierte sich Muzzarelli in seinem Libretto auf die wesentlichsten Handlungsträger; die Vorlage der Stoffbearbeitung kann daher nicht mehr festgestellt werden. Als sicher kann gelten, daß der Choreograph die in Wien gegebenen Versionen kannte: das Trauerspiel *Gustav Wasa* (1782), das Friedrich Ludwig Schröder nach *Gustavus*

Vasa, the Deliverer of His Country (1739) von Henry Brooke bearbeitet hatte; August von Kotzebues Schauspiel *Gustav Wasa* (1800) und das historische Schauspiel *Gustav in Dalekarlien oder Die Minengräber in Schweden* (1805) von Ignaz Franz Castelli (nach Jean Henri Ferdinand La Martelière). Erste Pläne zu dem Ballett stammen jedoch vermutlich aus den 90er Jahren, in denen Leopold Kozeluch, mit dem Muzzarelli in der *Wiedergefundenen Tochter Otto des II., Kaisers der Deutschen* (1794) zusammenarbeitete, eine Oper dieses Sujets komponiert hatte, die jedoch unaufgeführt blieb. Das Motiv des Vaterlandsbefreiers, das die Gustav-Wasa-Überlieferung bestimmt, mochte zu Beginn des 19. Jahrhunderts, da Österreich durch den verlorenen Krieg gegen Frankreich starke Gebietsverluste zu beklagen hatte, auf stärkere Resonanz gestoßen sein als in den 90er Jahren. Gattungsgeschichtlich steht *Gustav Wasa*, noch immer dem von Muzzarelli verfochtenen »ballet en action« im Noverreschen Sinn verpflichtet, nicht nur am Ende einer Ära, sondern wirkt angesichts der aus Frankreich einfließenden Neuerungen wie das Relikt einer vergangenen Epoche. Ausgehend von der Prämisse, daß ein Ballett ein »Gemälde« zu sein habe, biete, so ein ungenannt gebliebener Rezensent, *Gustav Wasa*, was von einem fünfaktigen Ballett zu erwarten sei: »Aufzüge, Märsche, Evolutionen und Gefechte, Tänze, Gruppe und Dekorationen« (*Wiener Theaterzeitung*, s. Lit.). Eine aus Anlaß der Ballettpremiere in derselben Zeitung erschienene Artikelserie *Über das Ballett* präzisiert die Forderungen nach einem klar gegliederten Aufbau in Einleitung, Knoten und Entwicklung, nach Beschränkung der Handlung auf eine Hauptlinie, die allerdings von »Kontrasten und Gegenstellungen« in ein »Helldunkel« gegliedert sein solle. In der Gruppenkomposition werden Homogenität und »Unordnung in der Ordnung der Symmetrie« gefordert. Die Einheit des Genres müsse gewahrt bleiben: Das Ernsthafte dürfe nicht mit dem Lustigen, das Edle nicht mit dem Gemeinen, das Galante nicht mit dem Burlesken vermischt werden. Daraus ergibt sich das Beibehalten der Themenkreise: große geschichtliche Persönlichkeiten, Fabeln, National- und Bauernballette. Dementsprechend unterteilten sich die Typen von Tänzern. Der Tänzer selbst mußte in seinen Schritten das Geschmeidige mit dem Glänzenden verbinden; das Senkrechte, die Festigkeit, die Geschmeidigkeit, die Leichtigkeit, die Genauigkeit und das gegenseitige Spiel von Beinen und Armen müßten beachtet werden. Insgesamt sei der Tanz aber nur dann interessant, wenn er von Empfindung und Ausdruck erfüllt sei, bloße Tanzübung sei kein Kunstprodukt und ähnele daher der »Kunst« eines Seiltänzers. Nicht nur in seiner Ästhetik erweist sich *Gustav Wasa* als dem 18. Jahrhundert verhaftet, sondern auch durch die Zugehörigkeit der Ausführenden an berühmte Tänzerfamilien dieser Zeit wie die der Angiolinis, Viganòs und Vestris (darunter die Brüder Niccolò und Pasquale Angiolini, das Ehepaar Giulio Cesare und Marianne Viganò und Carlo Vestris). Das Ensemble des Kärntnertortheaters, seit den frühen Wiener Muzzarelli-Jahren kaum verändert, rekrutierte sich in der Hauptsache aus Italienern, deren Typen- und Fächerzugehörigkeit bereits in der Regel aus dem Besetzungszettel abgelesen werden konnte. Waren handlungstragende Mimiker und Tänzer des noblen Fachs als Protagonisten aufgelistet, so wurden Halbcharakter- und Grotesktänzer (die die Aufgabe hatten, zu tanzen, wenn die Handlung es zuließ) auf dem Besetzungszettel nicht vermerkt. Dies führte dazu, daß berühmte Tänzer oft mit feststehenden Nummern reisten, die ohne Rücksicht auf den thematischen Bezug in ein stehendes Ballett eingelegt wurden. Diese Praxis wurde auch in *Gustav Wasa* geübt. War der Pas de huit im V. Akt eine Erfindung Muzzarellis, so waren die Soli im III. Akt, der Pas de six und der als Schaltanz konzipierte Pas de trois im V. Akt feststehende Nummern. Den berühmtesten Namen unter den Ausführenden hatte Paolo Rainoldi, dessen Wiener Karriere als »Pantomimenmeister«, die ihn an die Seite Ferdinand Raimunds stellte, erst seinen Anfang nahm.

Wirkung: Nach nur sechs Vorstellungen wurde *Gustav Wasa* abgesetzt, nach und nach schwand der Einfluß italienischer Choreographen auf das Wiener Ballettgeschehen; infolgedessen verließen nach und nach auch die italienischen Tänzer Wien. Der in den folgenden Jahren spürbar werdende Wandel in der Ballettästhetik wurde mit dem Engagement Jean-Pierre Aumers 1814 endgültig in Richtung Frankreich entschieden.

Ausgaben: L: Wallishausser, Wien 1811 [ÖNB MS 9873421]
Literatur: Wiener Theaterzeitung 1811, Nr. 39, S. 153–155, Nr. 40, S. 156, Nr. 41, S. 161; A. Gyrowetz, Autobiographie, Wien 1848, Neu-Ausg., hrsg. A. Einstein, in: Lebensläufe deutscher Musiker, Bd. 3/4, Lpz. 1915; weitere Lit. s. S. 385

Gunhild Schüller

Josef Mysliveček

Geboren am 9. März 1737 in Ober-Šárka (Horní Šárka; bei Prag), gestorben am 4. Februar 1781 in Rom

Il gran Tamerlano
Dramma per musica

Der große Tamerlan
3 Akte (8 Bilder)

Text: Agostino Graf Piovene, zu dem Dramma per musica *Tamerlano* (Venedig 1711) von Francesco Gasparini, nach der Tragödie *Tamerlan ou La Mort de Bajazet* (1675) von Jacques Pradon
Uraufführung: 26. Dez. 1771, Teatro Regio Ducale, Mailand
Personen: Tamerlano/Timur-Leng, Herrscher der Tataren (S); Bajazette/Bajasid, türkischer Sultan (B);

Asteria, seine Tochter (S); Andronico, ein griechischer Prinz (A); Irene, Prinzessin von Trapezunt (S); Daspe, Tamerlanos Heerführer (A). **Chor:** tatarisches Volk, Herrschaft, Soldaten, Wächter
Orchester: 2 Fl, 2 Ob, 2 Hr, 2 Trp, Pkn, Streicher, B.c
Aufführung: Dauer ca. 3 Std. – Tamerlano, Andronico und Daspe wurden in der Uraufführung von Kastraten gesungen. Zwischen den Akten und am Schluß wurden die Ballette *Gli amanti protetti dell'Amore*, *Il capitano fortunato che scopre un' isola e se ne impadronisce* und *Festeggiamento nelle nozze di Tamerlano* von Charles Le Picq und Luigi Paladini aufgeführt.

Entstehung: Mysliveček gehörte zur letzten Komponistengeneration der sogenannten »neapolitanischen« Opera seria. Nach seiner Ausbildung in Prag bei Franz Habermann und Josef Seger übersiedelte er 1763 nach Italien und wurde Schüler von Giovanni Battista Pescetti in Venedig. Seinen ersten und entscheidenden Erfolg erzielte er mit der für Neapel komponierten Oper *Bellerofonte* (1767, Text: Giuseppe Bonecchi). Von seinen nachweislich 26 Opere serie basiert der größte Teil auf Libretti von Pietro Metastasio, zum Beispiel *Semiramide riconosciuta*, *Il Demofoonte* (beide Venedig 1769), *L'Ipermestra* (Florenz 1769), *La Nitteti* (Bologna 1770), *Il Demetrio* (Pavia 1773), *La clemenza di Tito* (Venedig 1773), *Ezio* (Neapel 1775) und *L'Olimpiade* (Neapel 1778). Seit *Armida* (Lucca 1778, Text: Giovanni Ambrogio Migliavacca) verlieren Myslivečeks Opern zunehmend die Gunst des Publikums. *Il gran Tamerlano* entstand auf dem Gipfel seines Ruhms für die Hochzeitsfeierlichkeiten von Erzherzog Ferdinand Karl und Maria Beatrix von Este. Zu diesem Anlaß wurden auch Mozarts *Ascanio in Alba* sowie Hasses *Ruggiero* uraufgeführt.
Handlung: Im Mongolenreich, 1403. I. Akt, 1. Bild: Gefängnis in Tamerlanos Lager; 2. Bild: großes Quartier im Lager; 3. Bild: Gewölbe für Bajazette und Asteria in Tamerlanos Palast; 4. Bild: freier Platz mit Triumphbogen; II. Akt, 1. Bild: Palastinterieur mit zwei Gemächern; 2. Bild: Thronsaal; III. Akt, 1. Bild: bewachter Hof; 2. Bild: reich verzierter großer Saal.
I. Akt: Der Tatarenherrscher Tamerlano hat den osmanischen Sultan Bajazette in der Schlacht bei Angora besiegt, seinen Sohn und seine Gattin getötet und ihn mit seiner Tochter Asteria gefangengenommen. Während Bajazette haßerfüllt Rachepläne schmiedet, gedenkt Tamerlano, seinen Feind freizulassen, da er sich in Asteria verliebt hat. Er beauftragt den griechischen Prinzen Andronico, ohne zu wissen, daß dieser Geliebte Asterias ist, Bajazette zur Freigabe seiner Tochter zu überreden. Als Lohn verspricht er ihm den griechischen Thron sowie seine Verlobte Irene. Asteria versucht er durch sein Liebesgeständnis und die Nachricht zu gewinnen, daß er Irene Andronico überlassen habe. Über diesen angeblichen Treuebruch ihres Geliebten ist Asteria erschüttert; sie treibt Andronico zur Verzweiflung, indem sie seinen Liebesbeteuerungen keinen Glauben schenkt. Irene erfährt vom Heerführer Daspe von Tamerlanos Absichten und beschließt, als Gesandte verkleidet, seine Liebe wiederzugewinnen. Da Bajazette jeder Demütigung durch Tamerlano widersteht, versucht dieser, Asteria durch die Androhung umzustimmen, den Vater zu töten. Um das Leben des Vaters zu retten, gibt Asteria schließlich vor, Tamerlano zu lieben.
II. Akt: Bajazette beschimpft Asteria als Verräterin, da sie Tamerlano nachgegeben habe. In ihrer ausweglosen Lage faßt sie den Entschluß, Tamerlano zu ermorden. Irene, die davon erfährt, ist bestürzt, da sie Tamerlano noch immer liebt. Die Hochzeit wird vorbereitet. Als Bajazette sich umzubringen droht, gibt Asteria ihren Mordplan bekannt. Sie gewinnt damit die Liebe ihres Vaters zurück, während Tamerlano fürchterliche Rache androht, was wiederum Andronico in Angst um seine Geliebte versetzt.
III. Akt: Bajazette und Asteria erwarten das Schlimmste. Sie konnten sich Gift verschaffen und sind bereit zu sterben. Erneut wird Andronico als Unterhändler gesandt, der aber Asteria ein Liebesgeständnis macht, wobei ihn Tamerlano überrascht. Zur Strafe soll Asteria nun als Sklavin dienen. Als Tamerlano befiehlt, ihm den Becher zu reichen, nutzt sie die Gelegenheit und vergiftet den Wein. Im letzten Augenblick kann Irene Tamerlano warnen, woraufhin Asteria sich selbst zu vergiften versucht, was Andronico jedoch verhindert. Überraschend erscheint Bajazette: Er hat vom Gift getrunken und nimmt Abschied von der Tochter. Tamerlano versöhnt sich mit Irene und gibt den Weg zur Hochzeit von Asteria und Andronico frei.
Kommentar: Mit *Il gran Tamerlano* vertonte Mysliveček ein typisches Libretto im Stil Metastasios. Die historischen Fakten bilden lediglich den Rahmen einer fiktiven Handlung, deren verwickeltes Intrigenspiel schließlich einen versöhnlichen Ausgang findet. Die Geschichte von Timur-Leng und Bajasid war einer der beliebtesten Opernstoffe des 18. Jahrhunderts. Mysliveček hat Piovenes Libretto leicht gekürzt, den traditionellen Aufbau der Opera seria mit seiner konsequenten Trennung von Handlungsrezitativen und reflektierenden Arien und sechs Personencharakteren aber bewahrt. Die Figur des Tamerlano ist nicht nur als rachsüchtiger Krieger, sondern auch als gefühlvoller Liebhaber aufgefaßt. Die 25 Nummern der Oper sind mit Ausnahme eines Duetts und eines Quartetts sowie drei Chören Dakapoarien, die bis auf Bajazettes Arie (Nr. 12), in der er Asteria des Verrats bezichtigt, alle in Dur stehen. Das Orchester bleibt im allgemeinen auf die Instrumentalfarben der Streicher, Oboen und Hörner beschränkt. Tamerlanos Liebeserklärung (Nr. 4) und Asterias Arie (Nr. 18), in der sie ihren Entschluß bekräftigt, sich zu ergeben, bekommen durch die Flöten einen besonderen Charakter; Bajazettes Widerstand wird in seiner Arie (Nr. 10) durch den Einsatz von Trompeten und Pauken hervorgehoben. Die dramatischen Höhepunkte, etwa die Auseinandersetzung zwischen Asteria und Tamerlano (II. Akt) und Bajazettes Tod (III. Akt), sind durch das Accompagnato hervorgehoben. Weder hierin noch an anderer Stelle geht Mysliveček über den formalen

Standard der Gattung um 1770 hinaus, versteht ihn jedoch mit Phantasie und Geschmack zu erfüllen.
Wirkung: In der Uraufführung sangen Giuseppe Millico (Tamerlano), Giovanni Battista Zonca (Bajazette), Antonia Maria Girelli (Asteria) und Giuseppe Cicognani (Andronico). Das Werk wurde 1772 wiederaufgenommen. Im 20. Jahrhundert wurde *Il gran Tamerlano* 1967 in einer Bearbeitung von Václav Nosek in Brünn einstudiert. Nosek kürzte das Werk und transponierte die Kastratenpartien. Seine Bearbeitung lag auch den Inszenierungen in Prag 1977 und Reggio nell'Emilia 1979 zugrunde.

Autograph: ÖNB Wien (Mus. Hs X-17797). **Abschriften:** Bibl. Cherubini Florenz. **Ausgaben:** Textb.: Mailand 1771. **Aufführungsmaterial:** Bearb. v. V. Nosek: Staatstheater, Brünn
Literatur: H. WILKEMANN, J. M. als Opernkomponist, Diss. Wien 1915; M. ŠAGINJAN, Voskresenie iz mjortvych, Moskau 1964; R. PEČMAN, J. M. und sein Opernepilog, Brünn 1970; T. VOLEK, Splacený dluh, in: Hudební rozhledy 31:1978, S. 8–11; K. K. HANSELL, Opera and Ballet at the Regio Ducal Teatro of Milan, 1771–1776. A Musical and Social History, Berkeley 1980, Diss. Univ. of California; R. PEČMAN, J. M., Prag 1981; S. SCHADLE, J. M. v dopisech, in: Opus musicum 19:1987, S. 24–32 u. passim, 20:1988, S. 26–45

Helena Havlíková

Nicolas Nabokov

Eigentlich Nikolai Dmitrijewitsch Nabokow; geboren am 17. April 1903 in Lubscha (bei Minsk), gestorben am 6. April 1978 in New York

Don Quixote
→ Balanchine, George (1965)

Gerd Natschinski

Gerd Joachim Natschinski; geboren am 23. August 1928 in Chemnitz

Mein Freund Bunbury
Musical in sieben Bildern

Buch: Helmut Alfred Bez und Jürgen Degenhardt, nach der Komödie *The Importance of Being Earnest* (1895) von Oscar Fingall O'Flahertie Wills Wilde.
Gesangstexte: Jürgen Degenhardt. **Orchestration:** Gerd Natschinski. **Choreographie:** Nina Feist
Uraufführung: 2. Okt. 1964, Metropoltheater, Berlin
Personen: Jack Worthing; Cecily Cardew; Algernon Moncrieff; Lady Augusta Bracknell; Gwendolen, ihre Tochter; Frederic Chasuble; Laetitia Prism; Jeremias, Butler; John, Butler; Entertainer; Tom, Freddy, Maud und andere Freunde Algernons; Lord Ipswich; Lady Ipswich; Lady Plumpering; Lady Greenham; Ladys; Lords; Girls; Sportler; Passanten; Reporter; Slim; Anthony; Arbeitslose; Rumtreiber; Heilsarmee
Orchester: 2 Fl (auch Picc), 2 Ob, 2 Klar, 2 Fg, 4 Hr, 3 Trp, 3 Pos, B.Tb, Pkn, Schl (kl.Tr, gr.Tr, kl. Bck, gr. Bck, Charlestonmaschine, Glsp, Röhrenglocken, Trg, Xyl, Vibr, Tempelblöcke, Tomtom, Tamburin, Bongos), Git ad lib., Hrf, Streicher; BühnenM: Git, Banjo, Schl (gr.Tr, Bck)
Aufführung: Dauer ca. 2 Std. 30 Min. – Jeremias und John werden vom selben Darsteller gespielt. Mit Ausnahme der Rollen von Jeremias, John, Prism und Entertainer ist eine Sängerbesetzung erforderlich. Nach Möglichkeit sollten im 1. Bild Worthing, Chasuble und Prism die Bühnenmusik selbst spielen. Die Klavierbegleitung von Nr. 9 kann aus der Gasse kommen, wenn die Sängerin der Lady Augusta dies Instrument nicht spielen kann. Das Bühnenbild sollte schnelle Verwandlungen erlauben.
Gesangsnummern: Kommt und seid fröhlich; Die ernsten Pflichten; Von morgens bis nach Mitternacht; Die kleinen Freuden; Black Bottom; Mein Freund Bunbury; So wie du; Ein bißchen Horror und ein bißchen Sex; Piccadilly; Fatima; Die Upper Ten; Weil ich verliebt und glücklich bin; Hochstaplertango; Ich halt' dich fest fürs ganze Leben; Ich glaube, es war der Jasmin; Ich bin perplex; Sunshine-Girl; Damals in Soho; Wie die Männer lügen; Gluck, gluck, ein guter Schluck

Entstehung: *Mein Freund Bunbury* entstand in einer langjährig vom Musiktheater geprägten Schaffensphase Natschinskis, die sich seinen Erfolgen mit zahlreichen Liedern, Chansons und Schlagern sowie Filmmusiken und Orchesterwerken der Unterhaltungsmusik anschloß. Seinem Bühnenerstling, dem Vaudeville *Der Soldat der Königin von Madagaskar* (Görlitz 1959, Text: Maurycy Janowski), folgten die Operette *Messeschlager Gisela* (Berlin 1960, Jo Schulz), das musikalische Lustspiel *Servus Peter* (Karl-Marx-Stadt 1961, A. Berg und H. Hardt) und die Revue *Die Frau des Jahres* (Berlin 1963, Bez und Degenhardt).
Handlung: In London, um 1925. 1. Bild: Victoria-Bahnhof; 2. Bild: Wohnung von Algernon Moncrieff; 3. Bild: Music hall; 4. und 6. Bild: Salon von Lady Augusta Bracknell; 5. und 7. Bild: Quartier der Heilsarmee im East End.
Cecily Cardew, Jack Worthing, Laetitia Prism und Frederic Chasuble sind als Abteilung der Heilsarmee auf dem Victoria-Bahnhof im Einsatz. Sie verbindet nicht nur der gemeinsame Dienst, sondern auch der Zwang eines Doppellebens. Während Frederic öffentlich Wasser predigt und heimlich weiter dem Bier zusprechen kann, hat Laetitia die Möglichkeit, unbemerkt Kriminalromane zu schreiben, die der Dandy Algernon Moncrieff gut honoriert. Cecily, die 30 000 Pfund nur erben kann, wenn sie bis zu ihrem 25. Geburtstag in der Heilsarmee dient, tritt allabendlich als Sunshine-Girl auf. Und Jack, ihr Vormund, will in die

bessere Gesellschaft aufsteigen; so besucht er des öfteren einen vermeintlich lasterhaften Freund Bunbury zwecks moralischer Besserungsversuche: ein Alibi für seine vergnüglichen Ausflüge ins West End zu Algernon. Dieser bedient sich seinerseits ebenfalls eines »Freunds Bunbury«. Nur ist dieser angeblich schwerkrank und bedarf der aufopferungsvollen Pflege: ein Alibi, um die Auftritte des attraktiven und von ihm geliebten Sunshine-Girls erleben zu können. Eines Tags lädt Algernon Cecily zu einer Verlobung ein. Was sie aber nicht weiß, ist, daß es sich dabei um die Verlobung ihres Vormunds mit der zwar mittellosen, aber adligen Gwendolen Bracknell handelt. Glaubt Jack, durch diese Verbindung in die höhere Gesellschaft zu gelangen, so vermutet Gwendolens Mutter, die Prisms Kriminalromane mit Horror und Sex würzende Lady Augusta Bracknell, bei Jack enorme Reichtümer. Während das Sunshine-Girl schnell wieder verschwinden will, als es erfährt, wer sich verlobt, kommt es zum Eklat, als sich herausstellt, daß der Bräutigam ein armer Soldat der Heilsarmee und noch dazu ein Findelkind ist. Die Reichtümer gehören nämlich nicht ihm, sondern seinem Mündel Cecily, und ihn selbst fand man als Baby in einer Reisetasche auf dem Victoria-Bahnhof. Algernon hat sich die Adresse des schwerreichen Mündels notiert. Bei seinem Besuch stellt sich heraus, daß Cecily und das Sunshine-Girl ein und dieselbe Person sind. Jack ist verzweifelt, nimmt er doch an, daß Gwendolen ihn, nachdem sie erfahren hat, daß er nichts besitzt, nicht mehr liebe. Cecily gelingt die Aussöhnung. Am folgenden Tag wird Cecilys 25. Geburtstag gefeiert. Dabei stellt sich heraus, daß sie in einer Music hall aufgetreten ist und damit den Anspruch auf ihre Erbschaft verloren hat. Durch rechnerische Überlegungen weiß Cecily jedoch ihr Erbe zu sichern. Nachdem sich nun auch Jacks Herkunft klärt und er als Bruder Algernons zu den besseren Kreisen zählt, hat Lady Augusta nichts mehr gegen seine Heirat mit Gwendolen einzuwenden. Ebensowenig erhebt sie Einspruch gegen die Ehe ihres Neffen Algernon mit Cecily. Und schließlich erscheint noch ein gewisser Bunbury: Es ist jener diskrete Butler, der als Jeremias bei Algernon und als Zwillingsbruder John bei Augusta zugleich diente und sich im Lauf der Jahre ein Vermögen von 12 000 Pfund ersparen konnte, was bei Augusta große Zuneigung zu ihm zu erwecken vermag.

Kommentar: Grundthema des Werks ist das zeitlose Bedürfnis des Menschen nach einem andern Ich, das in seiner Konsequenz zur Notwendigkeit eines Doppellebens im privaten oder beruflichen Bereich führt. Wird das in Wildes Komödie als launiger Einfall zweier junger Gentlemen vorgeführt, die sich durch einen fiktiven Bunbury mehr Spielraum für ihre Freizeit schaffen, so waren zur Verstärkung der Wirksamkeit als Musicaladaption kräftigere Kontraste erforderlich. Aus diesem Grund wurde die Handlung vom viktorianischen Zeitalter in die 20er Jahre verlegt; Heilsarmee, Music hall und Slums kamen als aktuelle Gegenmilieus hinzu. Bez und Degenhardt verliehen den Hauptpersonen glaubhafte Motivationen für das

Mein Freund Bunbury, 2. Bild; Maria Alexander als Cecily und Kompanie; Regie: Charlotte Morgenstern, Choreographie: Nina Feist, Ausstattung: Manfred Grund; Uraufführung, Metropoltheater, Berlin 1964.

Führen ihrer Doppelleben. Das Vortäuschen falscher Tatsachen, auch über die eigene Person, zum Erreichen eines Ziels wird unabdingbar zur gesellschaftlichen und geschäftlichen Notwendigkeit; ausgesetzt dem polarisierenden Kräftefeld von Schein und Sein muß jeder dem andern zum Zweck des eigenen Überlebens etwas vormachen. Die aufgebrochenen gesellschaftlichen Gegensätze, das trügerische Spiel der Schein-Sein-Widersprüchlichkeit in den »Goldenen Zwanzigern«, gaben Natschinski breiten Raum für wirkungsvolle musikdramatische Gestaltungsmöglichkeiten. In allen Nummern dominiert der melodische Einfall; immer wird Natschinskis Bemühen deutlich, die Ausdrucksmittel traditioneller musikalischer Formen neu zu entdecken, indem sie in neue dramatisch-funktionale Zusammenhänge gestellt werden. *Mein Freund Bunbury* kann durch die gelungene Integration von aktionsreichen Szenen, intelligent-witzigen Texten, attraktiven Tänzen und einer eingängigen, schlagerwirksamen Musik als ebenbürtiges Pendant zu den klassischen Broadway-Musicals gelten.

Wirkung: Nach der spektakulären Uraufführung (Dirigent: Werner Krummbein; Jack: Leo de Beer, Algernon: Waldemar Arnold, Jeremias und John: Fred Kronström, Frederic: Richard Westemeyer) nahmen innerhalb weniger Jahre viele Bühnen dies Musical in ihren Spielplan auf. Es erlebte bisher über 100 Inszenierungen vor allem in der DDR und andern osteuropäischen Ländern, aber auch in Deutschland und Österreich. – Zu Textvorlagen von Bez und Degenhardt schrieb Natschinski noch die Musicals *Terzett* (Leipzig 1974) und *Casanova* (Berlin 1976). Es folgten *Das Dekameronical* (Folgen 1–3: Halle 1979, 4 und 5: Wittenberg 1982, Buch: Heinz Kahlow), *Ein Fall für Sherlock Holmes* (Erfurt 1982, Degenhardt), *Planet der Verliebten* (Berlin 1984, Kahlow und Natschinski) und *Caballero* (Leipzig 1988, Degenhardt).

Autograph: beim Komponisten; Kopie: Arch. Metropoltheater Bln. **Ausgaben:** Kl.A u. Textb.: Lied d. Zeit, Bln. 1964. **Aufführungsmaterial:** Lied d. Zeit, Bln.

Karl-Heinz Siebert

Johann Gottlieb Naumann

Geboren am 17. April 1741 in Blasewitz (heute zu Dresden), gestorben am 23. Oktober 1801 in Dresden

Cora
Oper in 3 Akten

Text: Johann Leopold Neumann, nach dem Libretto von Gudmund Jöran Adlerbeth zur 1. Fassung, nach dem Roman *Les Incas ou La Destruction de l'empire du Pérou* (1777) von Jean-François Marmontel
Uraufführung: 1. Fassung als *Cora och Alonzo*: 30. Sept. 1782, Königliches Opernhaus, Stockholm; 2. Fassung: Winter 1779/80, Bassemannsches Konzert, Dresden (konzertant); 20. Sept. 1786, Markgräfliches Opernhaus, Schwedt (hier behandelt).
Personen: Cora, Jungfrau aus königlichem Geschlecht (S); Alonzo, Spanier und Freund des Königs (S); Ataliba, König zu Quito (S); Rocca, Coras Vater (B); Elina, Coras Mutter (S); Zulma, Oberpriesterin (S); Oberpriester (B). **Chor:** Priesterinnen, Priester, Geschwister und Verwandte Coras, Volk
Orchester: 2 Fl, 2 Ob, 2 Klar, 2 Fg, 2 Hr, 2 Trp, 4 Pos, Pkn, Streicher, B.c
Aufführung: Dauer ca. 3 Std. – Rocca heißt in der 1. Fassung Palmor.

Entstehung: Nach seinem Debüt als Opernkomponist mit *Il tesoro insidiato* (Venedig 1763) wurde Naumann 1764 zunächst Hofkirchenkomponist, avancierte 1765 zum Kammerkomponisten mit reichlich gewährtem Urlaub für eine Italienreise zu weiterer Ausbildung als Opernkomponist und komponierte dort *L'Achille in Sciro* (Palermo 1767, Text: Pietro Metastasio). Für Dresden folgte *La clemenza di Tito* (1769, Metastasio); wieder in Italien entstanden *Solimano* (Text nach Giovanni Ambrogio Migliavacca) und *L'isola disabitata* (Metastasio; beide Venedig 1773) sowie *Armida* (Padua 1773, Giovanni Bertati). Für *Cora* erhielt Naumann den Text und den Kompositionsauftrag während seines ersten Aufenthalts in Stockholm (1777/78); er begann dort die Arbeit und beendete sie in Dresden 1779. Nach Richard Engländer (s. Lit.) fand am 11. Juni 1780 im Stockholmer Schloß bereits eine Durchlaufprobe statt. Wann beschlossen wurde, das Werk erst zur Eröffnung des neuen Opernhauses zu geben, scheint ungeklärt. Jedenfalls ist es seit 1782 in 50 Jahren 42mal gespielt worden. Die Uraufführung leitete Naumann. Um eine deutsche Version war man in Dresden offenbar sofort nach Fertigstellung der Partitur bemüht, und der Dresdner Kriegsrat Neumann schuf vermutlich 1779 eine Textfassung, die der Musik derart unterlegt wurde, daß das Ergebnis als Original wirken konnte; überdies hat er die Komposition zweier zusätzlicher Nummern angeregt (III. Akt: Chor der Priester nach des Königs Verfügung, das Blutgesetz aufzuheben, sowie Coras Arie nach Ausspruch ihrer Begnadigung; beide Nummern sind handlungspsychologisch motiviert und für das Werkganze von Gewinn). Da bereits 1780 ein Klavierauszug (mit aufschlußreichem Subskribentenverzeichnis und ausführlicher Vorrede Neumanns) in Leipzig erschien, wurde die Oper in Deutschland, und zwar in ihrer dramaturgisch verbesserten Form, fast zwei Jahre vor ihrer schwedischen Erstaufführung bekannt.
Handlung: In Quito (= Peru).
I. Akt, 1. Bild, Hain am Sonnentempel: Zulma ermahnt Cora zu letzter innerer Einkehr vor ihrer von den Eltern gewünschten Weihe zur Priesterin. Cora, unglücklich über die Lebenswende, wehrt sich gegen Zulmas verständnislose Härte, die extrem wird bei der Entdeckung, daß Cora heimlich liebt. Nachdem Zulma die einer »Untreue« gegen den Inkagott folgenden Strafen erläutert hat, schleift sie Cora mit sich fort zum Tempel. 2. Bild, Tempelvorhof: König Ataliba bringt Alonzo, seinen europäischen Freund und Gast, zum Sonnenfest mit, damit der Sonnengott auch ihn und sein Wirken zum Wohl der Peruaner segne. Alonzo bekundet Vorbehalte gegen die erzwungene Priesterinnenweihe, zumal er fürchtet, in der diesjährigen Kandidatin eine ihm nicht gleichgültige Person zu finden. Doch verteidigt Ataliba die »alten Sitten«.
3. Bild, Tempelinneres: Die Zeremonien beginnen mit Priesterchören und Gebeten, worin die Bitte um Läuterung von Coras »schwachem Herzen« eingeschlossen ist. Zulma führt die verschleierte Cora herein, die »mit bebender Stimme« ihren Eid spricht. Als man sie entschleiert, damit sie ihren »Gott und Gatten« schaue, fällt Coras Blick auf Alonzo, und sie sinkt ohnmächtig nieder. Während Cora fortgetragen wird, vereinen sich die Priester und der Hofstaat im Gebet, um größeres Unheil nach diesem Vorfall zu verhüten.
II. Akt, Garten am Priesterinnenhaus, Nacht: Alonzo zieht es in die Nähe Coras, die er zwar am Leben, doch für sich unerreichbar weiß. Ein Vulkanausbruch treibt die Priesterinnen zur Flucht. Cora erscheint als Nachzüglerin, offenbar die Situation nicht erfassend, doch spontan Alonzos Hände ergreifend, die er ihr entgegenstreckt. Als er fragt, ob sie mit ihm die Flucht für immer wagen wolle, beginnt ein schwerer Kampf in ihr. Als Atalibas Freund kämpft auch Alonzo mit seinem Gewissen. Noch im Zweifel, was zu geschehen habe, wollen sie aufbrechen, als Zulma ihnen entgegentritt. Sie führt Cora zum Strafvollzug mit sich fort. Voll Verzweiflung über das selbst ausgelöste Unheil beschließt Alonzo, die Todesstrafe mit Cora gemeinsam zu erleiden.
III. Akt, 1. Bild, Vorhof des königlichen Palasts mit Thron: Der Oberpriester erhebt Anklage gegen Coras »Tat«, auf die das Volk empört reagiert. Anders Ataliba, der vor der Aufgabe steht, Mitglieder der eigenen Familie in den Tod zu schicken, und erstmals gegen seinen Willen handeln muß. Cora, ihre Eltern und Geschwister werden hereingeführt, Zulma erweitert die Anklage auf Alonzo. Von Ataliba befragt, bekennt sich Cora als dem Buchstaben des Gesetzes verfallen, weist jedoch Zulmas Anschuldigung zurück und bittet um Schonung ihrer Angehörigen. Ebenso ist

Rocca bereit, die Strafe allein auf sich zu nehmen, zumal er bereut, die Tochter zur Priesterschaft gezwungen zu haben. Zulma aber drängt zur Verurteilung, und der Oberpriester verkündet: Cora soll lebendig eingemauert und die Familie in den Feuertod geschickt werden. Alonzo bahnt sich gewaltsam den Weg zum Thron, fällt dort nieder und verlangt, allein oder zumindest als erster verurteilt zu werden, falls er Ataliba nicht von Coras Schuldlosigkeit und vom Widersinn eines Gesetzes zu überzeugen vermöge, das von einem guten Gott nicht stammen könne. Das Volk reagiert mit Zustimmung. Auch Ataliba bekennt sich zu Alonzos Plädoyer für einen »menschlichen« Gottesdienst. Er hebt sowohl das Gesetz auf, das den Tod unschuldiger Menschen verlangt, als auch den Zwang zur Priesterschaft. Unter dem Einspruch der Priester und dem Jubel des Volks spricht Ataliba die Verurteilten frei und Cora ihrem Retter zu. Er fordert alle auf, den Gerichtshof mit dem Festplatz zu vertauschen und dort »der Freude Tempel« zu bauen. 2. Bild, Festplatz: Der Oberpriester nimmt Cora den Priesterinnengürtel ab und segnet sie und Alonzo, die sich nun verloben und zugleich geloben, weiterhin tugendhaft zu leben im Vertrauen auf den Sieg des Guten über das Böse.

Kommentar: Das Libretto darf, besonders in der verbesserten deutschen Fassung, als ebenso interessant wie geglückt gelten. Zur Zeit seiner Entstehung war es zudem außerordentlich modern durch die Sujetwahl (ein fernes Land, eine ferne Zeit als Rahmen einer romantischen Liebesgeschichte, verbunden mit Ideen und Symbolen des Freimaurertums), dazu durch den hohen Anteil dreier Chorgruppen (Priesterinnen, Priester, Volk) an der Handlung und durch die Schaffung großer Szenenkomplexe bei selten wechselndem Schauplatz. Die Orientierung an Frankreich und an der Gluckschen Reformoper ist unverkennbar. Auch die Musik weist Einflüsse Glucks und vor allem der Opéra-comique Grétryscher Richtung auf: Die Ouvertüre stimmt auf die Handlung ein, das Rezitativ ist streckenweise als »mesuré« gestaltet, der Chor in den Dialog der Solisten einbezogen, dem Orchester werden vielfältige Klangfarben und Instrumentationseffekte abgewonnen. Nicht minder aber sind italienische Stilelemente wirksam: Die Ouvertüre hat trotz ihrer programmatischen Konzeption die Gestalt einer dreisätzigen Sinfonia (Alonzos Liebesklage vom Beginn des II. Akts als 2. Satz, Finalchor und Erdbebenmusik miteinander verquickt als 3. Satz), das Rezitativ folgt weiterhin auch dem metrisch freien italienischen Typus; als Form für die Solonummern wird die zweiteilige Cavatina bevorzugt (meist in Gestalt zweier einander frei entsprechender Teile, deren zweiter Elemente von Durchführung und Reprise verbindet; seltener als Kopplung eines langsamen und eines raschen Teils sowie als zweiteilige Form mit Coda), und die Vokalmelodik schließt neben syllabischem Liedgesang Virtuosität großen Zuschnitts keineswegs aus (Cora, Alonzo). Imponierend ist die Gesamtleistung Naumanns, die weit über eine Vermischung fremder Anregungen hinausreicht. In der Dresdner Tradition aufgewachsen (wo die seit Jahrhundertbeginn kultivierte Verbindung von italienischen und französischen Stilelementen zu höchster Vollendung gelangt war) und sie später selbst weiterführend, in Italien zusätzlich geschult (unter anderm bei Giuseppe Tartini, Giovanni Battista Martini und Johann Adolf Hasse), war Naumann mit der italienischen Opernpraxis und mit dem hohen Dresdner Orchesterstandard engstens vertraut und zudem bereits ein sehr erfolgreicher Opernkomponist, als er 1777 gastweise nach Stockholm gerufen wurde. Dort erlangte er wohl intensive Kenntnis von Werken Glucks (*Alceste*, 1767), Grétrys und weiterer Vertreter der neuesten französischen Richtung und probierte mit *Amphion* (Stockholm 1778, Text: Adlerbeth nach Antoine Léonard Thomas) erstmals einen »Reformstil« aus. *Cora*, Naumanns zweites schwedisches Auftragswerk, zeigt den Einsatz vielfältiger Mittel in bereits souveräner und individueller Weise. Geradezu ungezwungen gleitet beim Rezitativ das Cembalo- in die Orchesterbegleitung, das Rezitativ ins Arioso hinüber und umgekehrt; Arien und Duette können geschlossene Nummern, aber auch unmittelbar in den Rezitativdialog eingebettet sein; die Chöre singen sowohl periodisierte Sätze als auch kurze Einwürfe, sie treten als Frauen-, als Männer- und als gemischter Chor unter Ausnutzung ihrer spezifischen Klangmöglichkeiten auf; das Orchester spricht die Sprache der damaligen Zeit und weist zugleich hincin in die (deutsche) Romantik (vgl. Engländer, s. Lit.), wobei die überaus sorgfältige, lebendige Gestaltung der Mittelstimmen auffällt. Naumanns melodische und harmonische Erfindung sind von nicht geringerem Reichtum als seine Klangphantasie, und nirgends wirkt seine Musik gesucht oder im Ablauf unorganisch. – Als eine besondere Leistung darf wohl der II. Akt gelten, sowohl von der Textdramaturgie als auch von der musikalischen Umsetzung her: Aus der Statik der Liebesklage zu Beginn erhebt sich sehr rasch ein stringentes Geschehen, das in einem einzigen Bogen vom Vulkanausbruch über die Priesterinnenszene, die Begegnung der Liebenden, das katastrophale Dazwischenfahren Zulmas und die Konfrontation Alonzos mit Rocca bis zur friedlichen Rückkehr der Priesterinnen und somit zu einer neuen, nunmehr entspannten Statik führt. Die Entwicklung Alonzos vollzieht diesen Bogen von Szene 1–8 stufenweise mit, sie beginnt mit passiver Klage und endet mit dem Entschluß, die ungewollt auf sich geladene Schuld entweder zu tilgen oder zu sühnen. Der Kontrast, den die musikalisch zauberhafte Priesterinnenszene 9 zu den Szenen 1–8 schafft, ist ein großer Wurf, verwandt dem (nur wenige Takte umfassenden) Mondscheinschluß der Wolfsschlucht-Szene in Webers *Freischütz* (1821). – Musikalisch-formal gibt es reguläre Abschlüsse nur am Ende der Szenen 2, 6, 8 und 9, während im übrigen aus den verschiedenen Rezitativarten, aus Soli, Ensembles, Frauenchorsätzen und -interjektionen und unter großartigem Einsatz des Orchesters (speziell in der formal völlig frei gestalteten und mit Rezitativ und Chor eng verzahnten Erdbebenmusik) breite durchkomponierte Blöcke gebildet werden. Auf die dramaturgisch gekonnte Kontrastbildung der mit großen Volksszenen durchsetzten Außenakte zum Mittelakt, der bei allem Naturaufruhr (oder gerade deshalb) in erster Linie dem Seelenkonflikt der beiden Protagonisten gewidmet ist, sei ebenso hingewiesen wie auf die Lieblichkeit, mit der Cora musikalisch ausgestattet ist, auf die Spannweite des Ausdrucks in der Alonzo-Partie und auf die sarastroähnlichen Gesänge des Oberpriesters.

Wirkung: Im deutschsprachigen Raum häufiger konzertant als szenisch aufgeführt, gehörte *Cora* bald zu den verbreitetsten Opern ihrer Zeit. Sie wurde auch ins Französische und Dänische (von Thomas Thaarup, 1788) übersetzt. Vor allem Wien nahm das Werk begeistert als Beitrag zum »Nationalsingspiel« auf und bewahrte ihm über mehrere Jahrzehnte seine Vorliebe. – Wie Engländer darlegt, hat das Textbuch den Anstoß zur Entstehung einer ganzen Reihe von Schauspielen und Opern mit ähnlichem Sujet gegeben. Die Musik fand in Abschriften auch einzelner Nummern starke Verbreitung. In den Herrnhuter Brüdergemeinen sind mehrere Nummern aus *Cora* mit unterlegten geistlichen Texten lange beliebt gewesen.

Autograph: Verbleib unbekannt. **Abschriften:** 1. Fassung: Sächs. LB Dresden, Kungliga Musikaliska Akad. Bibl. Stockholm, Kungliga Teaterns Bibl. Stockholm; 2. Fassung: Sächs. LB Dresden, Musik-Bibl. Lpz. **Ausgaben:** Kl.A, 2. Fassung: Dyk, Lpz. 1780; Textb., 2. Fassung (als Ergänzung zum Kl.A): ebd. 1781
Literatur: R. ENGLÄNDER, J. G. N. als Opernkomponist (1741–1801). Mit neuen Beitr. zur M.Gesch. Dresdens u. Stockholms, Lpz. 1922

Ortrun Landmann

Osiride
Dramma per musica

Osiris
2 Akte (6 Bilder)

Text: Caterino Tommaso Mazzolà
Uraufführung: 27. Okt. 1781, Kleines kurfürstliches Theater, Dresden
Personen: Osiride/Osiris, König von Ägypten (A); Iside/Isis, seine Gemahlin (S); Oro/Horus, Osirides Sohn (S); Aretea, auch La Virtù/die Tugend, Ziehtochter Isides (S); Tifone, ein böser Genius (B); Gereone, sein Sohn (B). **Chor:** Priesterinnen und Jungfrauen im Gefolge Isides, böse Genien im Gefolge Tifones, Chor der Freuden und Versuchungen im Gefolge Tifones, ersterer später zum Gefolge von La Virtù bestimmt
Orchester: 2 Fl, 2 Ob, 2 Fg, 2 Hr, 2 Trp, Pkn, Streicher, B.c
Aufführung: Dauer ca. 2 Std. 30 Min.

Entstehung: Die anläßlich der Hochzeit des späteren Königs Anton I. von Sachsen mit Prinzessin Karoline von Sardinien entstandene Festoper sollte (nach der entsprechenden Rollenbezeichnung) ursprünglich den Titel *Aretea ossia La virtù* tragen. Es ist möglich, daß Anton, gleich seinem in Dresden lebenden Onkel Karl, vormals Herzog von Kurland, und gleich zahlreichen Vertretern des Dresdner Adels heimlich Freimaurer war oder zumindest mit den Freimaurern sympathisierte und daß ihm die beiden Autoren (möglicherweise seine Logenbrüder; Naumanns Mitgliedschaft in einer Dresdner Loge ist bekannt) mit dem Stoff und seiner textlich-musikalischen Behandlung ihre besondere Reverenz erwiesen haben.

Handlung: In Memphis.
I. Akt, 1. Bild, die von einem Labyrinth umgebenen Gärten Isides, darin ein kleiner Sonnentempel und davor Statuen der Bescheidenheit, der Milde, des Fleißes und des Überflusses: Priesterinnen und Jungfrauen richten mit Königin Iside und ihrer Ziehtochter Aretea ein Morgengebet an die Sonne. Iside erläutert Aretea, wie König Osiride den himmlischen Segen der Sonne durch irdischen Fleiß und weises Regieren wirksam werden lasse, und lobt die glückliche Hand, die er bei der Erziehung seines Sohns Oro hat. Der Name Oro löst bei Aretea Regungen aus, die sie nicht zu erklären vermag. Osiride bringt Iside bestürzt die Nachricht von Oros Flucht, die offenbar mit einer verheimlichten Schwermut zusammenhängt. Für Iside erlischt der Traum, Aretea und Oro könnten ein Paar werden. Doch überraschend erscheint Oro. Er gesteht Osiride, daß er Aretea sucht, die er zwar nie gesehen hat, von deren Tugend er aber sein Herz so stark entzündet fühlt, daß er das Labyrinth bezwang. Ohne es zu wissen, hat Oro damit den ersten Teil der Prüfungen bestanden, deren Überwindung als Preis vor die Verbindung mit Aretea gesetzt ist. 2. Bild, Grotte im Labyrinth mit Öffnungen in die Tiefe: Gereone entschließt sich zur Anrufung seines Vaters, der mit seinem Gefolge erscheint, und verweist auf die aus einer Verbindung Oros mit Aretea für das böse Prinzip erwachsende Gefahr. Während Tifone ratlos ist, entwickelt der Sohn ihm einen Plan zur Entführung Areteas und bittet sich Tifones Gefolge zur Mithilfe aus. 3. Bild, einsamer Ort in Isides Gärten: Aretea, die nicht begreift, warum Oro, von dessen Ankunft sie weiß, ihr nicht naht, wird von Iside durch die Aufforderung abgelenkt, sich am täglichen Pflücken und Binden von Blumen für den Altar des Sonnengotts zu beteiligen. Beide schlummern zusammen mit ihrem Gefolge ein. Erfreut treten Gereone und die bösen Geister hervor, die die Blumen mit einem Schlafmittel besprüht hatten. Ungesehen kann Gereone ein Erdbeben beschwören, wobei er mit Aretea und seinem Gefolge in der Erde versinkt. Ein Gewitter weckt die Schläferinnen. Voller Schrecken eilen sie zum Palast.
II. Akt, 1. Bild, Vorhof des königlichen Palasts: Verzweifelt sucht man nach Aretea. Doch Osiride kommt mit der Erklärung, daß alles Geschehene eine Fügung des Himmels sei und gut ausgehen könne, sofern Aretea und Oro Tugend und Standhaftigkeit bewiesen. Vom Raub Areteas unterrichtet, stellt Oro sich ein. Er will die Geliebte befreien. Osiride jedoch erklärt ihm, daß hier kein Blutvergießen gefragt sei, sondern allein Oros Bewährung. 2. Bild, Tifones

Grotte, bewacht von vier bösen Geistern: Aretea gibt ihren Ängsten Ausdruck. Gereone verspricht ihr ein schönes Los, sofern sie Oro entsage. Sie weist sein Ansinnen zurück und wird eingeschlossen. Gereone plant Oros Überwältigung. Derweil hat Osiride Oro an den Ort seiner Prüfung geleitet; er verläßt seinen Sohn, nachdem er ihm ein Bildnis Areteas überlassen hat. Nochmals erinnert Osiride Oro an die Kraft, die die Liebe ihm verleihen kann. Oro versenkt sich in den Anblick des Bilds, während Gereone eine anmutige Gegend herbeizaubert, bevölkert von den Geistern der Versuchungen und der Freuden. Dem zunächst Verwirrten den Zauber so verlockend zu machen, daß er freiwillig auf Aretea verzichtet, gelingt Gereone freilich nicht. Je länger das Gaukelspiel währt, desto entschiedener wendet Oro sich davon ab. Schließlich verwünscht Gereone seinen Gegner und verschwindet. Oro findet sich wieder in der Grotte. Die Tür zu Areteas Gefängnis ist von bösen Geistern verstellt, doch Oro erzwingt sich mit aller Kraft Zutritt. Die Geister versinken. 3. Bild, Verwandlung der Grotte in einen Sonnentempel: Osiride und Iside erwarten die Prüflinge mit dem gesamten Hofstaat. Unter dem Jubel aller erblicken Aretea und Oro einander zum erstenmal. Das Königspaar beglückwünscht die Liebenden, woraufhin alle einen Lobpreis auf die Tugend anstimmen.

Kommentar: Bereits Richard Engländer (s. Lit.) stellte das Libretto als erstaunliche Vorwegnahme von Mozarts *Zauberflöte* (1791) heraus: altägyptische Kulisse, Sonnenkult; Bewährung der Tugend durch Prüfungen; erste Begegnung des Protagonistenpaars, nachdem die Wahl beiderseits längst getroffen ist, und anderes mehr. In der Tat sind die Ideen der Freimaurerei hier, wie später auch bei Emanuel Schikaneder, mit Händen zu greifen. Kommt auch die Dynamik der Handlung bei Mazzolà noch etwas kurz, so ist doch der Hauptgedanke konsequent ausgeführt: Nicht ein blindes Schicksal oder eine Prädestination, sondern die eigene Bewährung entscheidet über Glück oder Unglück der Menschen. Somit ist der glückliche Ausgang nicht zwangsläufig programmiert, wenn man ihn bei einer Festoper auch vorauszusetzen dürfte. Vom Text vorgegeben, wird *Osiride* auch durch die Komposition zu einer regelrechten Choroper. Die Nachwirkungen von Glucks Reformwerken, namentlich von *Alceste* (1767), sind spürbar. Dennoch tritt das italienische Element hier ungleich stärker hervor als in Naumanns textlich wie musikalisch viele verwandte Züge aufweisender Oper *Cora* (1779/80). Bedingt ist dies durch das Dresdner Aufführungspersonal, das mit der hochrangigen Hofkapelle noch immer gute (wenn auch nicht mehr, wie zur Hasse-Zeit, außergewöhnliche) italienische Sänger vereinte. Über Vergleichbares verfügte man in Stockholm, für das *Cora* entstanden war, nicht. Die Italianità von *Osiride* manifestiert sich ebenso im virtuosen Glanz groß ausgearbeiteter Arien (besonders für Iside und Oro) wie in raffinierter musikalischer Theatralik und im sinnlichen Glanz der Klangfarbenmischungen. Trotz einer im Vergleich zu *Cora* eher noch konsequenter durchgeführten Dramatik im Dialog zwischen Soli und Chören, in der Komplexbildung aus rezitativischen, ariosen und Tuttielementen sowie im meisterlich behandelten Orchester treten die französischen Züge auffallend zurück. Das liegt wohl an der gesamten musikalisch-thematisch-melodisch-rhythmischen Diktion, an der durchbrochenen Satztechnik und an der Harmonik, die alle weit stärker mit Wien als mit sonstigen Einflußsphären zusammenzuhängen scheinen. Gleichwohl bleibt noch zu erforschen, ob Wien durch seine Instrumentalmusik in Dresden nicht Umsetzungen ins Musiktheatralische ausgelöst hat, die dann in Wien in der Rückwirkung rezipiert wurden. Immerhin war Dresden das einzige nördlichere deutsche Opernzentrum, das im Wiener Repertoire Widerspiegelung fand. – Aus der kostbaren Partitur von *Osiride* seien noch einige charakteristische Merkmale hervorgehoben: Die Ouvertüre mit langsamer Einleitung und langsamem Abschluß dient als Rahmen für ein auch imitatorische Techniken benutzendes Allegro, das im ganzen jedoch eher als ein Symphoniesatz modernster Wiener Prägung denn als ein französisches Ouvertürenallegro erscheint. Das gesamte Werk ist durch die es durchziehende starke bis bestimmende Präsenz des Orchesters geprägt, das in seiner auch die Mittelstimmen fordernden Plastizität zugleich beweist, was der Dresdner Hofkapelle noch damals abverlangt werden konnte (eindrucksvolle Beispiele bilden in diesem Zusammenhang die Schilderungen der »Unterwelt« und der Naturereignisse). Eindrucksvoll ist die Verbindung von chromatischer Harmonik und neuartiger Chor- und Instrumentalklangregie, die in ihrer Bedeutsamkeit auch vom damaligen Publikum erfaßt wurde, was zeitgenössische Presseberichte belegen. Von besonderer Bedeutung sind die großen musikalisch-formalen Komplexbildungen, in die die Orchester- und Chorpartien genauso gehören wie Rezitative und Solonummern. Hervorzuheben sind alle mit der »Unterwelt« verbundenen Szenen, die der kompositorischen Phantasie Naumanns besonders entgegenkamen. Gleichwohl sind die Partien der positiven Helden alles andere als blaß gestaltet, finden sich hier einige der schönsten Nummern der Oper.

Wirkung: Das außergewöhnliche Werk ist über eine öffentliche Generalprobe und eine Galavorstellung nicht hinausgekommen. Die Gründe dafür sind vollkommen unklar. Im Dresdner Repertoire blieb *Osiride* vorerst eine Ausnahmeerscheinung. Naumann begab sich alsbald auf das Gebiet der Opera semiseria, die von seinen kompositorischen Erfahrungen mit den Stockholmer Opern (*Cora* und *Gustaf Vasa*, 1786) und mit *Osiride* profitierte und ihm Anerkennung einbrachte (speziell *La dama soldato*, Dresden 1791, Text: Mazzolà). – Eine Wiederaufführung (schwedisch) fand 1984 in Malmö statt und wurde als Voraufführung auch in Kopenhagen gezeigt (Dirigent: Åke Gredler).

Autograph: Verbleib unbekannt. **Abschriften:** Sächs. LB Dresden, UB Lpz. **Ausgaben:** Textb., ital./dt.: Dresden 1781
Literatur: s. S. 392

Ortrun Landmann

Gustaf Vasa
Tragisk opera i tre akter

Gustav Wasa
Tragische Oper in 3 Akten

Text: Johan Henrik Kellgren, nach einem Entwurf (1781) von Gustav III., König von Schweden
Uraufführung: 19. Jan. 1786, Königliches Theater, Stockholm
Personen: Schweden: Gustaf Vasa/Gustav Wasa, Cousin Sten Stures (T); Christina Gyllenstjerna, Witwe Sten Stures (Mez); Cecilia af Eka, Gustafs Mutter (Mez); Margareta Vasa, Gustafs Schwester und Witwe Joachim Brahes (Mez); Anna Bielke (Mez); 4 schwedische Soldaten (2 T, 2 B); Schwedens Schutzgeist (S); Schatten: Sten Sture (T), Gustafs Vater Erik Vasa (B), Gustafs Schwager Joachim Brahe (B), 2 Söhne Ribbings (2 S); Dänen: König Christjern II/Christian II. (T); sein Großadmiral Sevrin Norby (B); ein Soldat (B); 2 Offiziere (2 B); ein Herold (B); eine Hofdame (S); ein Höfling (T); Norbys Waffenträger (B); Kinder schwedischer Adliger, darunter Sten Stures und Joachim Brahes Söhne (stumme R). Chor: Schweden: Edelfrauen, Kommandeure, Heer, Volk; Dänen: Heer, Wachen, Hofgefolge. **Ballett**
Orchester: 2 Fl (auch 2 Picc), 2 Ob, Klar, 2 Fg, 2 Hr, 2 Trp, 3 Pos, Pkn, Streicher; BühnenM: 2 Querpfeifen, 2 Klar, Fg, 2 Trp, Pkn
Aufführung: Dauer ca. 3 Std. 15 Min.

Entstehung: Nachdem der König seinen Entwurf verfaßt und seinem Privatsekretär Kellgren zur weiteren Ausarbeitung übergeben hatte, erhielt Naumann den Auftrag zur Komposition vermutlich gleichzeitig mit seiner zweiten Einladung nach Stockholm, wo er im Juni 1782 eintraf. Anfangs rasche Fortschritte bei der Vertonung lassen vermuten, daß die Oper ursprünglich zu des Königs 37. Geburtstag am 24. Jan. 1783 in Szene gehen sollte. Doch zog sich die Arbeit am III. Akt hin, möglicherweise infolge von Spannungen zwischen Kellgren und Naumann, der Stockholm im Okt. 1783 verließ. Zu einem dritten Schwedenbesuch ist es, trotz Bemühungen von Naumanns schwedischen Freunden, nicht gekommen; damit zerschlug sich auch die Absicht des Komponisten, *Gustaf Vasa* umzuarbeiten. In Abweichung vom schwedischen Untertitel lautet die Gattungsbezeichnung in der deutschen Übersetzung von *Gustaf Vasa* »heroische Oper« und die im Librettodruck (1786) »lyrisk tragedi«.
Handlung: In Schweden, nach dem Stockholmer Blutbad 1520.
I. Akt, 1. Bild, Kellergewölbe des Stockholmer Schlosses: Die Dänen sind in Stockholm eingezogen und haben ihren Sieg über die Schweden durch Massenhinrichtungen manifestiert. Die gefangenen schwedischen Edelfrauen beklagen ihre Kinder und die Ermordeten; ihre Angst wächst, als ein Soldat Sten Stures Sohn hereinführt und gleich darauf der Befehl gebracht wird, vor König Christjern zu erscheinen. Sie sind auf einen Gang in den Tod gefaßt. 2. Bild, Prunksaal mit Thron: Die Dänen feiern ihren Sieg. Christjern resümiert, daß er mehr durch List und Terror als durch Kampf ans Ziel gelangt sei. Beim Fest huldigt ihm sein Gefolge; Norby unterbricht mit der Nachricht, daß ein schwedisches Heer unter Führung Gustaf Vasas angerückt sei. Der Hof gerät in Panik, während Christjern die Gefahr bagatellisiert. Zugleich mit der Vorbereitung der Verteidigung befiehlt er die Vorführung der gefangenen Schwedinnen. Norby rät ihm, diese nicht töten, sondern als Geiseln auf Schiffe bringen zu lassen, und warnt vor dem Mut, den der Patriotismus den Schweden gebe. Christjern aber baut erneut auf einen tückischen Plan: Christina, die mit ihren Leidensgefährtinnen die Schatten der Ermordeten beschwört, erhält von Christjern den Auftrag, Gustaf zu verkünden, er solle sich kampflos ergeben, falls er seine Mutter Cecilia vor dem Tod bewahren wolle; erfülle Christina ihren Auftrag nicht, bedeute das den Tod ihres Kinds. Norby wird ihr als Begleiter zugeteilt; er kann den Frauen sein Mitleid nicht versagen, aber seine Treue bindet ihn an den König. Cecilia selbst bestärkt Christina darin, das allgemeine über das einzelne Wohl zu stellen und Gustaf ebenfalls hierzu zu ermahnen.
II. Akt, Gustafs Zelt mit Blick über das schwedische zum dänischen Lager, dazwischen der Nordstrom, rechts das Klara-Stadtviertel, links Wasser: Gustaf ruft seine Ritter zum Entscheidungskampf auf; in einer Hymne wird der Segen der toten Väter erfleht. Während Gustaf die Ritter zu Kampfvorbereitungen entläßt, kündigt ein dänischer Herold Norby an. Gustaf empfängt ihn, weist aber die Aufforderung zu kampfloser Ergebung zurück. Nun tritt Christina mit Christjerns Brief hervor; Gustaf erkennt den Mut dieser Frau. Norby rät zur Unterwerfung, aber Gustaf läßt die schwedischen Soldaten ihren Willen bekunden, die Schlacht zu schlagen. Tapfer trennt sich Christina von Gustaf: Norby gelobt vor sich selbst, sie und Cecilia zu beschützen. Nach letzten Befehlen an seine Getreuen übermannt Gustaf die Müdigkeit. Im Schlaf erscheint ihm der Schutzgeist Schwedens; Sieg wird ihm verheißen, und schwedische Bürger in der Tracht von 1785 umringen dankbar sein Denkmal.
III. Akt, 1. Bild, das prunkvolle Innere von Christjerns Zelt: Aus unruhigem Schlaf aufwachend, sucht Christjern nach einer Erklärung für seine unguten Träume; er steigert sich in glühenden Haß auf Gustaf. Norby berichtet, Christina sei wieder im Gefängnis; der Besuch bei Gustaf sei aber dazu angetan gewesen, den Gegner ernst zu nehmen und zu achten. Er rät zu diplomatischen Annäherungen, wird aber von Christjern als Verräter den Wachen übergeben. Als sie zögern, ermahnt Norby sie zum Gehorsam; er nimmt von Christjern freundschaftlich Abschied und läßt sich abführen. Christjern wird von Halluzinationen bedrängt: Es erscheinen ihm die Schatten von Ermordeten, die ihn anklagen und bedrohen. Der schwedische Überraschungsangriff wird gemeldet, und nach negativem Lagebericht läßt Christjern Norby die Botschaft bringen, es sei ihm »verziehen«, und er solle die

Schweden töten lassen. 2. Bild, Kastellholmen mit Blick auf Schloß und Stockholmer Altstadt, im Hintergrund Hafen mit dänischer Flotte, seitlich das teilweise zerstörte dänische Heerlager: Die Heere treffen aufeinander; Gustaf stürmt als erster Schwede die Stadtmauer. 3. Bild, Stockholmer Hafen, im Hintergrund die dänische Flotte, seitlich rechts Schloß und Nikolaikirche: Aus der tobenden Schlacht will Christjern sich in das Schloß retten; doch von innen tönt Siegesgeschrei. Vom Balkon bestätigt ihm Christina seine Niederlage. Christjern rettet sich zu seiner Flotte, während Gustaf die Einstellung alles weiteren Blutvergießens befiehlt. Die kapitulierenden Dänen werden gefangengenommen. Gustaf fürchtet, seine Mutter tot vorzufinden, aber ein Boot, geleitet von Norbys Waffenträger, bringt Cecilia. Die Wiedersehensfreude bewegt Gustaf dazu, Norby durch alsbaldige Freilassung aller Gefangenen zu danken. Christina eröffnet Gustaf, daß er zum König erkoren sei und im Schloß gekrönt werden solle; von Rittern wird Gustaf im Triumph zum Schloß getragen.

Kommentar: Daß mit *Gustaf Vasa* ein Werk von Ausnahmerang geschaffen werden sollte, stand von Anfang an fest: Gustav III. gab diesen Anspruch durch seine Mitwirkung vor, Kellgren bemühte sich um Verse, die (laut Richard Engländer, s. Lit.) in schwedischen Fachkreisen als Friedrich von Schillers würdig bewertet werden, und Naumann nahm sich vor, sein Chef d'œuvre zu schaffen. Der Text indessen hat nicht zu übersehende Mängel. Historische Treue des Geschehens wird durch Namen, Schauplätze, Kostüme versprochen, aber nicht eingehalten. Sten Sture etwa starb an einer auf dem Schlachtfeld empfangenen Verwundung und nicht durch das Stockholmer Blutbad; Cecilia wurde als Gefangene Christjerns umgebracht, bevor Gustaf zur Befreiung Schwedens ansetzen konnte; Christinas Rolle ist ebenso erfunden wie Gustafs Krönung im Stockholmer Schloß. So bemerkenswert der Verzicht auf eine Liebesgeschichte ist, so wenig durchgeformt sind doch die einzelnen Handlungsfäden und die meisten Charaktere. Nur Norby, Christina und, mit Abstufung, auch Cecilia ragen hervor, Gustaf tritt bereits zurück, die übrigen Schwedinnen, die nur im I. Akt mitwirken und von deren Schicksal nicht weiter die Rede ist, bleiben blaß. Christjern ist ein eindimensional angelegter Bösewicht, der nicht einmal ein Getriebensein durch böse Mächte als Motivation vorweisen kann. Alle andern Gestalten sind wenig konturierte Episodenerscheinungen. Nichtsdestoweniger besitzt die Textdramaturgie auch interessante Züge: So laufen im I. Akt die 4.–6. Szene zeitgleich mit der 1.–3. Szene ab; man hätte sie theoretisch in umgekehrter Folge oder simultan auf die Bühne bringen können. Geschickt ist, daß in der Arie I/7 Christjerns Hybris eskaliert und eine Umkehr seiner bisherigen Kriegserfolge herausfordert. Geschickt ist weiterhin die gegenläufige Abfolge der Träume und Visionen: Bei Gustaf folgen die getanzten Träume der Schutzgeistansprache und münden in einen Blick in die ferne Zukunft, während bei Christjern (unterbrochen durch den Aktwechsel, das Erwachen des Königs und die Debatte mit Norby) die

Gustaf Vasa, III. Akt, 3. Bild; Bühnenbildentwurf: Louis Jean Desprez; Königliches Theater, Stockholm 1786. – Desprez, erster Architekt am Hof König Gustavs III., erlangte Berühmtheit insbesondere wegen seiner Theater- und Festdekorationen für Stockholm, Drottningholm und Schloß Gripsholm. Die monumentale Architektur, die himmelhochragenden Fahnen, die scharf kontrastierten Lichteinwürfe lassen das wogende Kriegsgetümmel als ins Phantastische übersteigertes Schlachtengemälde erscheinen.

Traumbilder den Geistererscheinungen ermordeter Schweden, also einer Erinnerung an die Vergangenheit, vorangehen. Die Tatsache, daß diese Szenen dem weiteren Handlungsverlauf die Spannung nehmen (der Ausgang des III. Akts ist durch sie angekündigt), spricht gegen die Traumszenen, die wohl vorwiegend dem Ballett zuliebe konzipiert worden sind sowie als Vehikel für die Beteiligung der toten schwedischen Helden an der Handlung. Hauptwert und historische Bedeutung des Librettos beruhen darauf, daß hier einem Volk ein Kapitel aus seiner Geschichte vorgeführt wird, verbunden mit Beispielen von patriotischem Empfinden und hoher menschlicher Moral. – Höchst beeindruckend ist die musikalische Umsetzung: Naumann hat wohl nirgends so viel Einfluß Christoph Willibald Glucks verarbeitet wie hier, andrerseits aber vielleicht auch nirgends noch einmal so viel (deutsche) Romantik vorweggenommen. Hervorstechende Merkmale der Partitur sind die Souveränität im Umgang mit Farben und Registern des Orchesterklangs, mit Satztechniken, mit National- und Zeitstilismen (etwa polnisches, spanisches, schwedisches Kolorit, alte Tanzformen wie Gavotte und Chaconne), mit geschlossenen Formen und mit der Durchgestaltung großer Komplexe. Engländer hebt zu Recht zwei Besonderheiten hervor: Naumanns Rezitativ, das Cembalo- und Orchesterbegleitung in allen Abstufungen, rhythmisch freie und Mesuréabschnitte, Choreinwürfe und Orchesterzwischenspiele miteinander verbindet und auf diese Weise dramatisch spannungsreiche, ausdrucksstarke Verläufe ermöglicht, sowie eine bemerkenswert intensive motivische Arbeit. Unter den Nummern (die keineswegs »geschlossen« sein müssen, sondern aus dem Rezitativ herauswachsen und in dieses wieder zurückgleiten können) verdienen gerade jene Ensemble- und Chorsätze besondere Aufmerksamkeit, die aufgrund ihrer Schlichtheit und der darin ausgedrückten »positiven« Gesinnung so leicht in den Schatten der Soli von Helden und Bösewichtern geraten: so die »Hymne« Gustafs und seiner Getreuen (II/1), die Gesänge der schwedischen Edelfrauen (I) und die der schwedischen Ritter mit spürbar romantischem Einschlag. Hinzuweisen ist auf die Verwendung von drei Posaunen in der Geisterszene der Ribbing-Söhne (III/3), wozu Naumann die Anregung wohl aus Glucks *Alceste* (1767; seit Febr. 1782 im Stockholmer Spielplan) empfangen hat, und der meist solistisch eingesetzten Klarinette, die nur den Schweden (den lebenden wie den geisternden) zugeteilt wird. Der ihr hier zugewiesene Charakter unterscheidet sich erheblich von dem, den sie in der Militärmusik auf der Bühne hat. Unter den Szenen mit solcher Bühnenmusik ragt Szene II/6 hervor, in der Gustaf sich der Verzweiflung darüber hingibt, daß er zum Mörder seiner Mutter werden soll. Hierzu erklingt laut Anweisung im Textbuch »abwechselnd die Musik der Retraite bald näher, bald entfernt, die Trommel schlägt beständig ganz sachte«. Die Retraitemusik (Aufforderung an das Heer, sich zur Ruhe zu begeben), eine 16taktige Marschmelodie im ¾-Takt, läuft mehrmals ab und verbindet sich mit Gustafs im ¾-Takt stehenden Gesang. Hingewiesen sei schließlich generell auf die reinen Orchesternummern, auf die Ouvertüre, die Ballmusiken des I. und III. Akts und die Traummusiken des II. Akts.

Wirkung: Die Uraufführung (Gustaf: Carl Stenborg, Christina: Carolina Müller, Cecilia: Marie Louise Marcadet, Christjern: Christoffer Christian Karsten, Norby: Abraham de Broen; Choreographie: Louis Gallodier) leitete vermutlich Francesco Antonio Uttini, sehr zum Mißbehagen Naumanns, der befürchtete, daß die Eigenart des Werks unter fremdem Dirigat nicht zur rechten Wirkung käme. *Gustaf Vasa* gilt als schwedische Nationaloper und hat als einziges Werk der gustavianischen Epoche einen Platz im Stockholmer Repertoire bis in das 20. Jahrhundert hinein zu behaupten vermocht. Ein erheblicher Anteil am Erfolg darf den großartigen Bühnenbildern von Louis Jean Desprez zugesprochen werden (Originalentwürfe im Theatermuseum Drottningholm). Aufführungen außerhalb Schwedens sind bisher nicht nachweisbar, doch vermutet bereits Engländer, daß konzertante Aufführungen stattgefunden haben könnten, vor allem in Dresden, wo Herzog Friedrich August III. eine deutsche Übersetzung anfertigen ließ (sie ist, mit kleinen Abweichungen, auch in den I. Akt von Naumanns Autograph eingetragen), und in Wien, wo über die Jahrhundertwende hinaus allgemeine Begeisterung für »unseren Naumann« herrschte.

Autograph: Part.Reinschrift I. u. III. Akt, II/1–4 in noch nicht endgültigem Stadium: Sächs. LB Dresden. **Abschriften:** Sächs. LB Dresden (mit dt. Text). **Ausgaben:** Kl.A: Privilegierade Not Tryckeriet, Stockholm 1787; Textb.: Stockholm 1786
Literatur: H. Åstrand, J. G. N. und die gustavianische Oper in Schweden, in: Die italienische Oper in Dresden von Johann Adolf Hasse bis Francesco Morlacchi. 3. wiss. Konferenz zum Thema »Dresdener Operntraditionen« 1987, Dresden 1987 (Schriftenreihe d. Hochsch. für M »Carl Maria v. Weber« Dresden. 11.), S. 466–473; weitere Lit. s. S. 392

Ortrun Landmann

Oskar Nedbal

Geboren am 26. März 1874 in Tabor (Tábor; Südböhmen), gestorben am 24. Dezember 1930 in Zagreb (Agram)

Pohádka o Honzovi
→ Viscusi, Achille (1902)

Polenblut
Operette in drei Bildern

Text: Leo Stein (eigtl. Leo Rosenstein), nach der Erzählung *Baryschnja-krestjanka (Das gnädige Fräulein als Bäuerin)* aus *Powesti pokoinogo Iwana Petrowitscha Belkina (Erzählungen des verstorbenen Iwan*

Petrowitsch Belkin, 1830) von Alexander Sergejewitsch Puschkin
Uraufführung: 25. Okt. 1913, Carl-Theater, Wien
Personen: Pan Jan Zarémba, Gutsherr (B); Heléna, seine Tochter (S); Graf Boléslaw Baránski (T); Bronio von Popiel, sein Freund (T.Buffo); Wanda Kwasinskaja, Tänzerin an der Warschauer Oper (Soubrette); Jadwiga Páwlówa, ihre Mutter; von Mirski, von Górski, von Wolénski und von Senówicz, Edelleute, Freunde des Grafen Baránski; Komtesse Jozia Napólska; Fräulein von Drygalska; Wlastek, bedienstet bei Baránski. **Chor, Ballett, Statisterie:** Ballgäste, Edelleute, Bauernvolk, Mägde, Musikanten, eine Pfändungskommission, Lakaien
Orchester: 2 Fl, 2 Ob, 2 Klar, 2 Fg, 4 Hr, 2 Trp, 3 Pos, Pkn, Schl (kl.Tr, gr.Tr, Bck, Trg, Tamburin), Hrf, Streicher
Aufführung: Dauer ca. 2 Std. 30 Min.

Entstehung: Kompositionen zu phantastisch-märchenhaften Balletten von Achille Viscusi, *Pohádka o Honzovi* (1902) und *Z pohádky do pohádky* (*Von Märchen zu Märchen*, Prag 1908), Josef Haßreiter, *Des Teufels Großmutter* (Wien 1912), und Augustin Berger, *Andersen* (Prag 1914), eröffneten Nedbals internationale Karriere. Was für seine Ballettmusik sofort einnahm, zeichnete auch seine eigenständigen und sorgsam gefeilten Operetten aus: herbe slawische Folklore in Melodik und Rhythmik, kammermusikalische Satzkunst und Klangsinn für aparte Mischung der Orchesterfarben. Nicht nur dort, wo es der Schauplatz nahelegte, neben *Polenblut* in der kroatischen *Winzerbraut* (Wien 1916, Text: Stein und Julius Wilhelm) und im georgischen *Eriwan* (Wien 1918, Felix Dörmann), verwendete Nedbal slawische Klänge, sondern auch in der englischen *Cudná Barbora* (*Die keusche Barbara*, Wien 1911, Text: Rudolf Bernauer und Leopold Jacobson; tschechisch von Václav Štech, Prag 1910), in der holländischen *Schönen Saskia* (Wien 1917, Alfred Maria Willner und Heinz Reichert) und in der spanischen *Donna Gloria* (Wien 1925, Viktor Léon und Reichert), ebenso wie in der Oper *Sedlák Jakub* (*Bauer Jakob*, Brünn 1922, Ladislav Novák nach Lope de Vega).
Handlung: Im russischen Polen, vor dem ersten Weltkrieg.
1. Bild, »Auf dem Polenball«, Warschau: Die feine Gesellschaft von Warschau und Umgebung feiert Karneval. Bei dieser Gelegenheit soll der flotte Graf Baránski die Tochter seines väterlichen Freunds Zarémba kennenlernen. Helénas Person und Mitgift, so meint Zarémba, könnten gewiß den allzu leichtfertigen Lebemann festigen samt seinem vormals schönen, nun beinah ruinierten Gut. Doch Baránski ist der überschwappende Ball zu schade für derlei zweckmäßige Zukunftsplanungen. Keinen Blick wirft er auf die unmondäne und zurückhaltende Heléna; er sieht nur wirbelnde Kleider, Augen und Münder, zumal die kokette Tänzerin Wanda, für die sein immer nur liebesseufzender Freund Bronio ebenso vergeblich schwärmt wie für Heléna. Flugs wirft sich Baránski mit Wanda ins Tanzgewoge. Heléna, aus der Ferne begeistert von Baránskis Lebenslust und zugleich empört über seine Mißachtung, will sich rächen. Unerkannt, als dringend gesuchte Wirtschafterin, soll Bronio sie an den liederlichen Gutsherrn vermitteln.
2. Bild, »Die Wirtschafterin«, Baránskis Gut, einige Tage später: Im Herrenhaus geht es wieder mal hoch her bei Wein und Kartenspiel. Als Zarémba, der alle Schulden aufgekauft hat, mit der Pfändungskommission sogar Tisch und Stühle enteignet, spielt die muntere Schar unbekümmert auf dem Boden weiter. Doch Baránski merkt mehr und mehr, daß ihm das Wasser bis zum Hals steht. Gerade zur rechten Zeit kommt Bronio mit der gesuchten und endlich gefundenen Wirtschafterin:»Marynia«, so nennt sich die energische Person, in der niemand Heléna erkennt. Getrost soll sie die Befehlsgewalt übernehmen, meint der Herr des verlotterten Hauses. Daß sie unverzüglich die parasitären Zechkumpane hinauswirft, will ihm nicht gefallen. Dafür gefällt Marynia selbst ihm um so besser. Sie freilich hält Baránski anmutig, aber strikt auf Abstand. Damit fesselt sie ihn stärker als Wanda, die aufs Gut kommt, um ihn neuerlich für sich einzunehmen.
3. Bild, »Goldene Ähren«, ebenda, zur Erntezeit desselben Jahrs: Heléna alias Marynia hat agronomische und psychologische Wunder gewirkt. Nicht nur das Gut, auch den Gutsherrn hat sie schwungvoll zu produktiver Arbeit bezaubert. Baránski, schuldenfrei und längst nicht mehr der alte Windhund, bekränzt vor allen Gästen und Landarbeitern seine »Glücksfee« mit der Ährenkrone des Erntefests. Er will sie sogar, ungeachtet der Standeskluft, zur Frau nehmen. Da fährt Wanda dazwischen, die nun, angestachelt von ihrer habgierigen Mutter, die sanierte gute Partie begehrt: Kein argloses Bauernmädchen sei die Frau seiner Wahl, sondern eine hinterlistige Dame habe ihn in der Aschenputtelrolle hereingelegt, weil sie anders sein Herz nicht gewinnen konnte. Heléna, obwohl sie Baránski liebt, will jetzt stolz auf ihn verzichten. Doch er läßt es nicht zu. Wanda dagegen darf, wenn sie will, mit Bronio vorlieb nehmen. Dieser ist wieder einmal zu haben, nachdem seine Hoffnung auf Heléna verpufft ist.
Kommentar: Das Bühnengeschehen von *Polenblut*, so scheint es, verspricht nichts Gutes. Oder, andersherum, es verspricht zuviel von dem, was gestandener Biedersinn für gut erachtet. Die drei Bilder, betitelt wie die Kapitel eines rüstigen Bauernromans oder auch die Tafeln einer moralisierenden Bilderserie, veranschaulichen die Lebenswandlung eines Liederlichen zum Mustergültigen. Der Lotterlebemann, unter dem heilsamen Einfluß einer guten Frau, entwickelt sich zum gediegenen Bräutigam auf fruchtbarem Polenblut und -boden. Wenn gar noch das 3. Bild eröffnet wird durch ein ergriffenes Chorensemble, das den Herrn der Gehöfte samt dem im Himmel preist, aus voller Brust eines ehrerbietigen Gesindes, dann verstärkt sich noch der Eindruck, Nedbal habe eines jener subaltern verkitschten, ständestaats- und gottergebenen Rührstücke geschrieben aus Österreichs zweiter

Operettengeneration, nach dem frühen Vorbild von Strauß' *Zigeunerbaron* (1885) und in zeitgenössischer Nachbarschaft mit Georg Jarno und Edmund Eysler. Auch die Frauen, die Baránski flankieren, scheinen es zu bestätigen: Wanda, die ausgelassene Partnerin im Tanzrausch und Leichtsinn des 1. Bilds, entpuppt sich fortan als eine, die berechnend einheiraten will, während Heléna, die den anfangs der väterlichen Familienpolitik nur maßvoll widerstrebt, fortan energisch das Gute will. Trotzdem, näher besehen, läßt *Polenblut* sich nur teilweise solchen Antioffenbachiaden zurechnen. Musikalisch zumindest bleibt dem gezähmten Helden auch im 3. Bild noch viel von seinem anfänglichen Übermut. Und just dieser Übermut ist es ja, der Heléna auf den ersten Blick fasziniert und auf den zweiten dazu ermuntert, in grimmiger Lust die Rolle der untertänig regierenden rustikalen Glücksfee zu spielen. Daß mehr in Heléna steckt als nur ein nestbeflissenes Haustöchterchen ihres Vaters und Hausmütterchen ihres künftigen Manns, das offenbaren die Duette, die sie komödiantisch den sehr verschiedenartigen Männern ihres Umkreises abnötigt. Jedesmal bestimmt sie, mit vitalem Witz, den Stil und Verlauf. Im Duett mit Zarémba (Nr. 4) schmäht sie heftig die »mondänen Fadessen«, die Glitzerkleiderpuppen auf dem Ball, und beansprucht einen Mann von ähnlichem Ungestüm wie sie selbst. Wenn sie dabei auf den »Herzenslump« Baránski schimpft, will sie dennoch keinen andern als ihn: im gleichen Krakowiakrhythmus, wie er soeben mit Wanda an ihr vorübergetanzt ist, doch mit spritzigerer Melodie. In den beiden Duetten mit dem überanstrengten Liebesschwärmer Bronio findet sie ironische Töne, um seine Annäherungen heiter abzubiegen, mal plump-zierlich sich gebarend im übergezogenen Ländlertakt der Unschuld vom Land (Nr. 9), mal flott das forsche Marschtempo des Galans noch übertrumpfend, um es ins Leere laufen zu lassen (Nr. 13). Selbst beim einzigen Duett mit dem Mann, den Heléna liebt (Nr. 10), geht ihr der Witz nicht aus, wenn sie, ganz beherzte Bauernmagd, seine letztlich willkommenen Avancen auffängt. Die eigentliche Schwungkraft des musikalischen Geschehens geht freilich von Baránski aus. Seiner nicht zu bremsenden, allenfalls umzulenkenden Lebenslust entspringt sie, und sie springt über auf alle, die mit ihm zu tun haben. Nedbal hob sie hervor, indem er niemandem im ganzen Stück eine solistische Nummer zugewiesen hat. Was immer erklingt, erklingt in Ensembleszenen. Baránski zumal, das vitale Zentrum des Kreislaufs von sprudelndem Polenblut, lebt nur auf im Widerspiel mit andern. Mit dem linkisch verzückten Bronio vereint er sich, unerkannt spöttisch in schlenkernden Sechsachteln, zur verstiegenen Doppelhuldigung an eine und alle Frauen auf einmal (Nr. 1). Mit Wanda gleitet er ins lasziv lockende Walzerduett (Nr. 3), das schließlich, nach einer schroffen Modulation, umkippt und ausbricht in die überscharf skandierten Zweiviertel eines rücksichtslosen Krakowiaks. Mit beiden Frauen zugleich verquirlt er, heiter-schamlos, die intimen Walzermotive, die er bislang nur je mit der einen und je mit der andern geteilt hat, zum wirbeligen Tanzterzett (Nr. 14). Und es entlockt ihm, lustvoll ächzend, alsbald den selbstironischen Stoßseufzer: »Eine Frau kann man ertragen, aber zwei, aber zwei!« Baránskis mitreißender Überschwang gipfelt indes im Umgang mit Männern. Kein anderes erotisches Bekenntnis wirkt so bezwingend wie sein Marschlied mit Chor, ganz unter Männern (Nr. 7). Federnd vor Begeisterung, bekräftigt und zusätzlich befeuert durch die andern, jauchzt er in die Runde: »Brüder, ich bin verliebt, ich bin verliebt bis über meine beiden Ohren!« Höhepunkt nicht allein des männerlastigen und -lustigen 2. Bilds, sondern der ganzen Operette ist die wild rotierende Kartenszene (Nr. 6). Ihre rhythmische Eloquenz, ihre vielsagenden Klangfarben und ausdrucksvollen Modulationen verdichten sich zu einer ausgreifenden musikalischen Gebärdensprache, die heranreicht an brisante Ensembleszenen berühmter komischer Opern: von der Gesangsstunde in Rossinis *Barbiere di Siviglia* (1816) bis zum multiplizierten Liebesständchen in Nicolais *Lustigen Weibern von Windsor* (1849) und dem Billardquartett in Lortzings *Wildschütz* (1842). Mit ungestümem Tempo heizt das Orchester, zunächst Bläser und Schlagwerk, Baránskis Kartenrunde derart ein, daß sie vorerst nur parlando kurze Einwürfe ausstoßen kann: »Ich kaufe!« »Ich laufe.« »Ich bitte!« »Mir die dritte!« Der wortlose Klangkörper im Graben wird zum Motor triebhafter Spielraserei, die atemlos Karten fordert und ausgibt. Danach erst (sechsstimmig mit einer darüberhinschnellenden Extrastimme für Baránski, der gerade die Bank hält) setzt sich im gleichen verrannten Allegro die Liedstrophe melodisch durch. Gleichsam in monothematischer Litanei ruft sie den Namen des Spiels wieder und wieder an, wie in einem überschnell durchgeratterten Rosenkranz: »Es gibt nur ein Spiel: Ein-und-zwanzig! Ein-und-zwanzig! Ein-und-zwanzig!« Aus ihrem manischen Rausch fallen die Spieler nur, um a la marcia im Refrain als lebenslange Gottheit Fortuna anzubeten: »Glück im Spiel, Glück in der Liebe, wenn beides einem lang erhalten bliebe...« Der Widersacher erscheint sogleich in Gestalt Zarémbas, der eindringt mit seiner Pfändungskommission. Doch die Glücksspieler singen und spielen über ihn hinweg. Den Teufel, den moralisierenden Gläubiger, treiben sie aus mit Beelzebubs 32blättrigem Gebetbuch: vielstimmig, im flotten Marschtempo. Und das Orchester schickt ihnen ein lachendes Amen nach.

Wirkung: Nach seiner umjubelten und erfolgreichen Uraufführung (Regie: Karl Wallner, Dirigent: Nedbal; Heléna: Mizzi Zwerenz, Baránski: Karl Pfann, Wanda: Käthe Ehren, Zarémba: Richard Waldemar, Bronio: Josef König) ging der Kassenschlager *Polenblut* schnell über die deutschsprachigen Bühnen. Die Walzer »Hören Sie, wie es singt und klingt« und »Mädel, dich hat mir die Glücksfee gebracht« gehörten seinerzeit zu den populärsten Tanzmelodien. 1934 verfilmte Carl Lamac die Operette (mit Anny Ondra, Ivan Petrovich und Hilde Hildebrand). Für seine Inszenierung in Frankfurt a. M. 1935 bearbeitete Walter Felsenstein den Text (Bühnenbild: Caspar Neher, Dirigent: Hans Gareis; mit Lya Justus, Karl Pistorius und Trude Kollin). Im Juni 1939, wenige Monate vor dem Angriff auf Polen, ordnete Joseph Goebbels an, *Polenblut* »nicht mehr besonders herauszustellen«. 1942 erstellte Hermann Hermecke eine Umarbeitung als *Die Erntebraut*. Mit einem bearbeiteten Text versah Karlheinz Haberland seine Produktion an der Volksoper Wien 1954 (Wiederaufnahme 1986). Auch heute gehört *Polenblut* weiterhin zu den vielgespielten Operetten, allerdings überwiegend an kleineren Theatern.

Autograph: Verbleib unbekannt. **Ausgaben:** Kl.A v. G. Blasser (mit Dialogen): Doblinger 1913. **Aufführungsmaterial:** Bloch **Literatur:** J. KVĚT, In memoriam O. N., Preßburg 1931; L. NOVÁK, O. N. v mých vzpomínkách, Prag 1939; J. M. KVĚT, O. N., Prag 1947; M. ŠULC, O. N., Prag 1959; A. BUCHNER, O. N.: život a dílo, Prag 1976

Volker Klotz

Christian Gottlob Neefe

Geboren am 5. Februar 1748 in Chemnitz, gestorben am 26. Januar 1798 in Dessau

Die Apotheke
Komische Oper in zwei Akten

Text: Johann Jakob Engel, nach dem Libretto *Lo speziale* (1752) von Carlo Goldoni
Uraufführung: 13. Dez. 1771, Theater in der Behrenstraße, Berlin
Personen: Enoch, ein alter Apotheker (B); Reiger, Advokat, Crönchens Liebhaber (B); Vincent, ein Doktor Medicinae, Fieckchens Liebhaber (B); Dietrich, Provisor (T); Trist, ein hypochondrischer Barbier (B); Crönchen, Enochs Tochter (S); Fieckchen, dessen Nichte (S); Vincents Vater (Spr.). **Chor:** Nachbarn
Orchester: 2 Fl, 2 Ob, 2 Fg, 2 Hr, Cemb, Streicher
Aufführung: Dauer ca. 1 Std. 30 Min. – Gesprochene Dialoge.

Entstehung: Neefe kam 1769 nach Leipzig, um Jura, Logik und Moralphilosophie zu studieren, entschied sich dann aber rasch für ein Musikstudium bei Johann Adam Hiller, von dessen pädagogischer Tätigkeit er fasziniert war. Neefe setzte Hillers Prinzipien fort, unter anderm seit 1780 als Lehrer Ludwig van Beethovens. Hiller empfahl Neefe als Musiklehrer, erlaubte ihm die Mitarbeit an seinen *Wöchentlichen Nachrichten und Anmerkungen die Musik betreffend* (1766–70), der ersten deutschen Musikzeitschrift, und übertrug ihm 1770 die Komposition von zehn Arien zu seinem Singspiel *Der Dorfbalbier* (Leipzig 1771, Text: Christian Felix Weiße nach Michel Jean Sedaine). Seit 1764 arbeitete Hiller für die Truppe von Gottfried Heinrich Koch, in dessen Auftrag er 1771 ein Singspiel komponieren sollte. Er wandte sich an Engel, der wie Neefe zu seinem engsten Freundeskreis zählte. Engel entschied sich für eine Bearbeitung von Goldonis Libretto, das Vincenzo Pallavicini und Domenico Fischietti 1754 für Venedig, Joseph Haydn 1768 für Schloß Eszterháza vertont hatten. Vor Beginn der Komposition erkrankte Hiller und überließ Neefe das Libretto. Anfang Dez. 1771 übergab Neefe die fertige Partitur an Hiller, im Jan. 1772 den Klavierauszug, den Hiller drucken ließ.
Handlung: In Enochs Apotheke.
I. Akt: Apotheker Enoch prozessiert gegen einen unliebsamen Konkurrenten. Sein Anwalt und Schwiegersohn in spe, Advokat Reiger, verliert den Prozeß. Er will in Berufung gehen und die Richter genauso bestechen wie sein Rivale. Enoch verbietet ihm jeden Kontakt mit seiner Tochter. Vincent hat sich in Enochs Nichte Fieckchen verliebt. Da er Fieckchen für Enochs Tochter hält, bittet er um deren Hand. Enoch ist derart über die Advokaten verärgert, daß er seine Tochter Crönchen mit Vincent verheiraten möchte. Sie simuliert einen Ohnmachtsanfall. Kopflos ruft Enoch die Nachbarn zu Hilfe. Diese machen einen Heidenlärm, so daß Crönchen die Flucht ergreift. Enoch wird verspottet.
II. Akt: Fieckchen zweifelt an Vincents Treue und will in ein Kloster gehen. Enoch läßt sich vom hypochondrischen Barbier Trist rasieren, der von melancholischen Anfällen geplagt wird. Als Vincent behauptet, daß Crönchen nicht Enochs Tochter sei, beginnt dieser an seinem Verstand zu zweifeln. Fieckchen klärt das Mißverständnis auf. Da Reiger den Prozeß inzwischen gewonnen hat, steht einer Doppelhochzeit nichts mehr im Weg.
Kommentar: Neefe widmete *Die Apotheke* seinem Freund und Lehrer Hiller. Im direkten Vergleich sticht er diesen als Komponisten glatt aus: Neefes Musik ist stilistisch sehr viel einheitlicher, im Melodischen deutlich inspirierter. Die 26 Lieder, Arien und Ensembles (darunter zwei Finalchöre) sind nicht mehr oder weniger beiläufig in den Text eingelegt wie bei Hiller, sondern ergeben sich zwingend aus der jeweiligen Situation. Freilich hat Neefe den Vorteil, daß Engels Libretto pointierter und witziger ist als die von Hiller vertonten Texte von Weiße. Die Strophenlieder sind von erstaunlicher Typenvielfalt und reichen von Enochs humorvoll-ironischen Auslassungen über Dietrichs moralisierende Sentenzen bis zu Crönchens Lyrismen. Die gleiche Bandbreite findet sich bei den Arietten und Arien, die Neefe zu präziser Personencharakteristik einsetzt. Reigers süffisante Bestechungsariette steht für dessen Schlauheit. Parodierend zitiert Enoch Seriamodelle, wenn er sich über das Verhalten seines Hunds aufregt oder Fieckchens Entschluß kommentiert, in ein Kloster zu gehen. Fieckchen und Vincent artikulieren ihre Empfindungen »allegro patetico« und »allegretto ed affettuosamente« in Seriaarien. Singt Vincent ein Strophenlied, so ist es ein Menuett; »con discrezione« setzt sich davon Crönchen mit Charme und Esprit ab. Ihre eleganten Arietten und Lieder orientieren sich an der Opéra-comique. In italienischer und französischer Komödientradition stehen die satirischen Seitenhiebe gegen Modekrank-

heiten und die Justiz, die später wieder bei Dittersdorf begegnen (*Doktor und Apotheker*, 1786). Eine persönliche Anspielung enthält Trists Strophenlied, ein Lamento von parodistischem Pathos, das die damals grassierende Hypochondrie aufs Korn nimmt. Der Hintergrund ist durchaus ernst: Auch Hiller und Neefe litten daran.

Wirkung: Über den Erfolg der *Apotheke* ist wenig bekannt. Kochs Truppe spielte mehrere Wiederholungen, später wurde sie ins Repertoire der Truppe Abel Seylers übernommen, deren Kapellmeister Neefe als Nachfolger Hillers 1776–79 war. Ignaz Umlauff vertonte Engels Libretto ein zweites Mal (Wien 1778).

Autograph: Verbleib unbekannt. **Abschriften:** Cons. Royal de Musique Brüssel, Sächs. LB Dresden. **Ausgaben:** Kl.A: Junius, Lpz. 1772; Textb.: Lpz., Dyck 1772
Literatur: H. LEWY, C. G. N., Diss. Rostock 1901; I. LEUX, C. G. N. (1748–1798), Lpz. 1925 (Veröff. d. Fürstlichen Inst. für mw. Forschungen zu Bückeburg, 5. Reihe: Stilkritische Studien. 2.); C. G. Neefens Lebenslauf, von ihm selbst beschrieben. Nebst beigefügtem Karackter, 1789, eingeleitet u. hrsg. W. Engelhardt, Köln 1957 (Beitr. zur rheinischen M.Gesch. 21.); T. BAUMANN, North German Opera in the Age of Goethe, Cambridge, MA 1985, S. 68–76

Robert Didion

Amors Guckkasten
Komische Operette in einem Aufzug

Text: Johann Benjamin Michaelis
Uraufführung: Febr. 1772, Ackermanns Theater, Königsberg (Pr)
Personen: Amor (S); Psyche (S); Komus (Bar); Arkadia und Hermione, Nymphen Dianas (2 S); Myrtill (T) und Lykas (Bar), Hirten
Orchester: 2 Fl, 2 Ob, 2 Fg, 2 Hr, Cemb, Streicher
Aufführung: Dauer ca. 1 Std. 15 Min. – Gesprochene Dialoge.

Entstehung: Unmittelbar nach, möglicherweise schon während der Komposition seiner Oper *Die Apotheke* (1771) machte sich Neefe um die Jahreswende an ein neues Bühnenwerk, auch diesmal unter der Aufsicht Johann Adam Hillers. Das Libretto hatte mit Michaelis ein begabter Schriftsteller verfaßt, der auf Empfehlung Gotthold Ephraim Lessings 1770 Theaterdichter bei Abel Seyler geworden war, dessen Schauspieltruppe seit 1769 vor allem in Nord- und Mitteldeutschland gastierte, bevor sie 1770 in Weimar seßhaft wurde. In einer in Michaelis' *Gesammelten Werken* (Wien 1791) abgedruckten Vorrede berichtet der Autor, daß *Amors Guckkasten* zunächst als flüchtige Gelegenheitserzählung entstanden sei; er habe sie dann um 1770 in Osnabrück zu einer Operette umgestaltet, die als Nachspiel verwendet werden sollte. Warum das Libretto an Neefe gelangte, ist nicht bekannt, denn Komponist von Seylers Truppe war eigentlich Anton Schweitzer. Die Truppe brachte die Uraufführung während einer Gastspielreise in Königsberg heraus.

Handlung: In einer Waldung mit verwachsener Grotte und Wasserfall, Morgendämmerung: Im Auftrag Arkadias und Hermiones hat Komus Amors Guckkasten gestohlen. Als er seinen versprochenen Lohn (je einen Kuß) fordert, weisen die Nymphen dies im Hinblick auf ihre Keuschheit entrüstet zurück. Ihre Auseinandersetzung ruft Myrtill und Lykas, die in die Nymphen verliebt sind, auf den Plan; sie verfolgen Komus. Arkadia und Hermione streiten um den Guckkasten und wecken dadurch Amor. Die Hirten behaupten, Komus habe den Nymphen nachgestellt. Amor ergreift Partei für ihn und will die empörten Hirten bestrafen. Das Mädchen Psyche bittet für beide um Verzeihung; Amor verliebt sich sofort in sie. Als Psyche verrät, daß Komus den Guckkasten gestohlen hat, müssen auch die Nymphen Farbe bekennen. Amor verurteilt sie dazu, Komus zu küssen, und vereinigt sie mit den Hirten. Er selbst nimmt sich Psyche. Gemeinsam betrachten sie im Guckkasten mythologische Verführungsszenen.

Kommentar: Unter den zeitgenössischen Singspielen nimmt *Amors Guckkasten* eine einzigartige Stellung ein. Der Stoff ist zwar ein typisches Schäferspiel aus dem Geist der Anakreontik, fällt aber durch die parodistische Darstellung der mythologischen Figuren aus dem gewohnten Rahmen der Gattung, darin entfernt mit Rameaus *Platée* (1745) vergleichbar. Text und Musik sind von französischer Eleganz geprägt, im Gegensatz zur biederen Einfachheit des Singspiels eines Christian Felix Weiße und Hiller oder zur volkstümlichen Derbheit der Wiener Volkskomödie. Mit gesanglich gefälliger Melodik setzt Neefe ironische Akzente. Die einzelnen Rollen gewinnen dramatische Präsenz durch verschiedene musikalische Stillagen: Die prüde Arkadia stellt ihre Hoheit in einer virtuosen Seriaarie zur Schau; Psyche, ein naives Kind vom Land, artikuliert ihre sentimentalen Gefühle in pastoralem Opéra-comique-Tonfall; mit einer ausladenden Dakapoarie weiß sich Amor seiner Seriaherkunft verpflichtet; Spielmacher ist die Buffofigur des Komus. Die 19 Nummern werden von einer zügigen Sinfonia in Sonatenhauptsatzform eingeleitet und enden mit einem variierten Rondodivertissement in reizvollen Tonmalereien.

Wirkung: Seylers Truppe führte *Amors Guckkasten* erstmals am 10. Mai 1772 in Leipzig auf. Neefe bot die Partitur Heinrich Gottfried Koch an, für dessen Truppe er schon *Die Apotheke* komponiert hatte. Koch lehnte jedoch ab, ebenso Karl Theophilus Döbbelin in Berlin. Johann Friedrich Reichardt, der wahrscheinlich die Uraufführung gesehen hatte, vertonte das Libretto kurze Zeit später (Riga 1773). Den Text zu Neefes nächstem Singspiel *Der Einspruch* (Leipzig 1772; 2. Fassung: *Die Einsprüche*, Leipzig 1773) verfaßte wieder Michaelis.

Autograph: Verbleib unbekannt. **Abschriften:** Cons. Royal de Musique Brüssel. **Ausgaben:** Kl.A: Schwickert, Lpz. 1772; Kl.A mit Textb., hrsg. G. v. Westermann: DreiMasken 1922 (Mus. Stundenbücher); Textb.: Lpz., Dyck 1772. **Aufführungsmaterial:** DreiMasken
Literatur: s. o.

Robert Didion

Sophonisbe
Drama mit musikalischer Begleitung
2 Bilder

Text: August Gottlieb Meißner
Uraufführung: vermutlich 3. Nov. 1778, Nationaltheater, Mannheim
Personen: Sophonisbe, Königin und Witwe des Syphax (Spr.); Artaspe, die erste ihrer Frauen (Spr.); ein Bote von Massinissa (Spr.); weitere Frauen Sophonisbes (stumme R). **Chor:** Priester
Orchester: 2 Fl, 2 Ob, 2 Fg, 2 Hr, 2 Clarini oder Trp, 2 Pkn, Streicher
Aufführung: Dauer ca. 50 Min.

Entstehung: Wie Neefe im Vorbericht des Klavierauszugs ausführt, entstand sein Monodram »nicht aus Nachahmungssucht, sondern auf Verlangen des Herrn Seylers, als ich mit seinem Theater in genaue Verbindung kam«. 1776 hatte Neefe als Nachfolger Johann Adam Hillers die Stelle des Musikdirektors von Abel Seylers Schauspielergesellschaft angetreten. In dem auf den 23. Juli 1776 datierten Textbuch wird Neefe bereits als Komponist erwähnt; ob zu diesem Zeitpunkt die Musik schon vorlag, ist nicht festzustellen. Man kann jedoch davon ausgehen, daß Neefe unmittelbar nach seinem Dienstantritt mit der Komposition begann. Somit wäre er der erste, der nach Bendas *Ariadne auf Naxos* und *Medea* (beide 1775) ein Melodram in Musik gesetzt hat, früher noch als Reichardt, dessen erstes Werk in diesem Genre, *Cephalus und Prokris* (Hamburg 1777, Text: Karl Wilhelm Ramler), im Sommer 1777 entstand.
Handlung: Vorgeschichte: Sophonisbe, Tochter des berühmten karthagischen Staatsmanns Hasdrubal, wird von den Prinzen Syphax und Massinissa begehrt. Ihr Herz schlägt für Massinissa, aber sie beugt sich der Staatsräson und geht die Ehe mit Syphax ein. Daraufhin tritt Massinissa zu den Römern über, den Feinden Karthagos. Nach Jahren erbitterten Kriegs fällt Syphax in der Schlacht durch Massinissas Hand. Um Sophonisbe davor zu bewahren, als Kriegsbeute zur Schau gestellt zu werden, führt Massinissa sie in seine Stadt und bietet ihr seine Hand an. Sophonisbe zögert, willigt aber schließlich doch in die Ehe ein. 1. Bild, Sophonisbes Gemach: Nachdem Sophonisbe ihre Frauen weggeschickt hat, erwartet sie Massinissa. Erinnerungen an die frühe Zeit ihrer Liebe zu ihm verdrängen aufkommende Zweifel an ihrer Entscheidung. Mit Hilfe der Götter, so hofft sie, wird sie den Gemahl zum Römerhaß bekehren können. Da meldet ihre Dienerin Artaspe den Einfall der Römer: Sophonisbes freudige Stimmung schlägt in Zorn um: in ihrem Haß wird auch der Geliebte zum Feind. Sie erkennt die Gefahr ihrer Lage und sinnt auf Selbstmord, als ein Bote Massinissas ihr einen Giftbecher und einen Brief überbringt, in dem Massinissa seine Machtlosigkeit bekundet. Sophonisbe ruft den Geist ihres Vaters an und will den Becher in einer düsteren Vision vom Untergang Karthagos leeren. Sie zögert jedoch und entschließt sich, vor dem Altar der Götter zu sterben. Von ihrer Dienerin erfährt sie, daß der Weg in den Tempel noch frei sei. 2. Bild, Tempel der Götter: Als sie eintritt, befiehlt sie den Priestern, den Ort zu verlassen, um unter Anrufung der Götter um Gnade für sich und Massinissa den Giftbecher zu leeren.
Kommentar: Im Unterschied zu einer Reihe von Melodramen des ausgehenden 18. Jahrhunderts, deren Stoffe der Mythologie entstammen, handelt es sich bei *Sophonisbe* um ein historisches Sujet, das seit der Renaissance schon zahlreiche literarische und musikalische Bearbeitungen erfahren hatte. Im Vergleich zu Danzis *Kleopatra* (1780), wo der politische Hintergrund fast völlig außer acht gelassen ist, spielt in Meißners Text das Motiv der Vaterlandsliebe eine dominierende Rolle. Meißner folgt weder exakt der in zwei Versionen vorliegenden historischen Überlieferung (Titus Livius und Appianos), noch schließt er sich einer der literarischen Umformungen des Stoffs an. Während in der historischen Überlieferung Syphax nicht stirbt, sondern von den Römern gefangengenommen wird und Sophonisbe Massinissa heiratet, also in Bigamie mit ihm lebt und schließlich als seine Gemahlin durch das Gift stirbt, erfährt Sophonisbe in Meißners Prosatext insofern eine Nobilitierung, als sie sich aus Treue zu Karthago zunächst einer Ehe mit dem politischen Überläufer Massinissa widersetzt und mit ihrem Eheversprechen die Hoffnung verbindet, ihn wieder auf die Seite Karthagos zu ziehen. Allerdings ist Meißners Text in seiner dramatischen Stringenz und poetischen Ausdruckskraft nicht immer überzeugend, so daß die Konturen der zwischen ihrer Liebe zu Massinissa und ihrer politischen Ehre schwankenden Sophonisbe eher blaß wirken. – Neefes Komposition folgt zwar formal dem verehrten Vorbild Bendas, zeichnet sich aber durch eine bemerkenswerte Eigenständigkeit aus, wie bereits mit der relativ gewichtigen Ouvertüre deutlich wird, die die Hauptmotive des Werks vereint. Im Unterschied zu Benda läßt Neefe die Dialoge unvertont, während er Bendas Modell der Monologgestaltung durch den Wechsel von Rezitation und Zwischensätzen übernimmt beziehungsweise erweitert. Erwähnenswert ist vor allem Sophonisbes zweite Sprecharie (»Geist Asdrubals! Teurer Schatten!«), in der wohl zum erstenmal in der Geschichte des Melodrams eine rhythmische Fixierung der Sprechstimme vorgeschrieben ist. »Während der Musick nach dem Tacte, aber nicht gesungen«, vermerkt Neefe im Autograph; und in der im zweiten Weltkrieg verbrannten Darmstädter Handschrift heißt es: »Unter der Musik und soviel als möglich nach dem Zeitmaß, ohngefähr so, wie der Wert der darüberstehenden Noten anzeigt.« Die unterschiedlichen Bezeichnungen des Werks: »Musikalisches Drama mit historischem Prolog und Chören« (Textbuch), »Drama mit musikalischer Begleitung« (Autograph), »Drama« (Darmstädter Partitur) und »Monodrama« (Klavierauszug), sind kennzeichnend für ein Werk, das zwischen den damals etablierten Gattungen und überdies am Anfang einer Entwicklungsgeschichte des Melodrams als eigene Gattung steht.

Wirkung: Bevor Neefe *Sophonisbe* für den Druck als Klavierauszug einrichtete, wurde das Werk auch in Mainz (1778) und Darmstadt (1779) aufgeführt. Weitere Vorstellungen in Leipzig, Frankfurt a. M. und Münster (Westf.), von denen Neefe im Vorwort zum Klavierauszug berichtet, sind nicht zu belegen. Das Werk ist der Erbprinzessin Luise von Hessen-Darmstadt zugeeignet, die am Darmstädter Hof in der Titelrolle auftrat, während Erbprinz Ludwig X. das Orchester vom Pult der 1. Violine aus dirigierte. 1782 spielte Gustav Friedrich Wilhelm Großmanns Gesellschaft *Sophonisbe* in Bonn und Frankfurt. Neefe komponierte kein weiteres Melodram, übertrug jedoch als einer der ersten die melodramatische Technik in den Bereich der Oper. In *Adelheit von Veltheim* (Frankfurt 1780, Text: Großmann) fungiert das Szenenmelodram (II. Akt) als Ausdrucksmittel der Sphäre des Unheimlichen.

Autograph: Ges. d. Musikfreunde Wien. **Ausgaben:** Kl.A: Schwickert, Lpz. [1782]
Literatur: E. Istel, Die Entstehung des deutschen Melodrams, Bln., Lpz. 1906; J. v. d. Veen, Le Mélodrame musical de Rousseau au Romantisme, Den Haag 1955; D. Richerdt, Studien zum Wort-Ton-Verhältnis im deutschen Bühnenmelodram, Diss. Bonn 1986, S. 195–208; weitere Lit. s. S. 400

Monika Schwarz

Viktor Nessler

Auch Victor Ernst Neßler; geboren am 28. Januar 1841 in Baldenheim (bei Schlettstadt, Elsaß), gestorben am 28. Mai 1890 in Straßburg

Der Trompeter von Säckingen
Oper in drei Akten nebst einem Vorspiel

Text: Rudolf Bunge, nach dem Versepos *Der Trompeter von Säkkingen. Ein Sang vom Oberrhein* (1854) von Joseph Victor Freiherr von Scheffel
Uraufführung: 4. Mai 1884, Stadttheater, Leipzig
Personen: Werner Kirchhofer, stud. jur., Trompeter (Bar); Conradin, Landsknechttrompeter und Werber (B oder Bar); der Freiherr von Schönau (B); Maria, dessen Tochter (S); der Graf von Wildenstein (B); dessen geschiedene Gemahlin, Schwägerin des Freiherrn (Mez); Damian, Sohn des Grafen aus zweiter Ehe (T); der Haushofmeister der Kurfürstin von der Pfalz (T); der Rector magnificus der Heidelberger Universität (B); ein Student (B); 4 Herolde (2 T, 2 B); stumme R: 2 Pedelle, ein Diener des Freiherrn, ein Bote des Grafen, Kellerknechte; ein Schalksnarr (Spr.). **Chor, Statisterie:** Studenten, Landsknechte, Bauern, Hauensteiner Bauern, Schiffsleute, Bürgermädchen und -burschen, Bürgerinnen, Bürger, der Bürgermeister und Stadthonoratioren der Stadt Säckingen, höhere und niedere Geistliche, die Fürstäbtissin und Edeldamen des Hochstifts, Komture, Deutschritter, Gefolge des Grafen von Wildenstein, Volk, Schuljugend. **Statisterie:** 5 Hauensteiner Dorfmusikanten (M aus d. Orch); zusätzlich für den II. Akt (Maiaufzug): der Vater Rhein, der Main, der Stein, Lahn, Ahr, Nahe, Hirten, Jäger, Fischer, Winzer, Winzerinnen, die Ritter von Scharlachberg, Johannisberg, Nierstein, Aßmannshausen und Rüdesheim, die Edeldamen Liebfrauenmilch, Moselblümchen und Ahrbleiche, der Hochheimer Domdechant, Markgräfler, Marcobrunner, Forster Traminer, Steinberger Kabinett. **Ballett:** I. Akt (Fridolinsfest): wie Chor (vorwiegend Bauern); II. Akt (Maiidylle): König Mai, Prinz Waldmeister, Prinzessin Maiblume, Schäferinnen, Landmädchen, Frühlingsengel, Kobolde, Libellen, Laubfrösche, Maikäfer, Hummeln, Wespen, Waldteufel, Pagen
Orchester: Picc, 2 Fl, 2 Ob, 2 Klar, 2 Fg, 4 Hr, 2 Trp, 3 Pos, Tb, Pkn, Schl (gr.Tr, kl.Tr, Bck, Trg), Hrf, Streicher; BühnenM hinter d. Szene: Trp, Hr
Aufführung: Dauer ca. 2 Std. 45 Min. – Der von den Herolden gesungene Text »Hört an, ihr Völker dieser Welt« (II. Akt) kann von dem Narren zu melodramatischer Begleitung gesprochen werden (II/21). Die Laute im II. Akt ist nur Requisit; Trommelwirbel und Kanonenschläge werden im Orchester produziert.

Entstehung: Der junge Theologiestudent Nessler hatte nach dem Erfolg seiner ersten Oper *Fleurette* (Straßburg 1864, Text: Edmond Febvrel) sein Studium aufgegeben und sich neben seiner Tätigkeit als Chordirigent in Leipzig der Komposition von Opern, Operetten und einer großen Anzahl von Chorwerken und Liedern vorwiegend für Liedertafeln gewidmet. Während zweier Jahrzehnte entstanden unter anderm die romantische Oper *Dornröschens Brautfahrt* (1867, Text: Bunge), die komische Oper *Am Alexandertage* (1869, Louis Julius), die Operette *Der Nachtwächter* (1871, Ernst Engelhardt nach Karl Theodor Körner), die große Oper *Irmingard* (1876, Bunge), die Oper *Der Rattenfänger von Hameln* (1879, Friedrich Hofmann nach Julius Wolff) und die romantische Oper *Der wilde Jäger* (1881, Hofmann nach Wolff; alle Leipzig). Die weiteste Verbreitung erreichte *Der Rattenfänger*, der sich jahrzehntelang auf deutschen Bühnen behauptete. Zum *Trompeter von Säckingen*, seiner erfolgreichsten Oper, wurde Nessler durch die außerordentliche Beliebtheit von Scheffels Epos angeregt, das bereits als Vorlage für Opern unter anderm von Bernhard Scholz (Wiesbaden 1877, Text: Theobald Rehbaum) und Emil Kaiser (Olmütz 1882, Text: Kaiser) gedient hatte. Scheffel hatte auf ein Säckinger Lokalereignis zurückgegriffen und die Geschichte der nicht standesgemäßen Liebe zwischen einem Trompeter und der Tochter eines Freiherrn mit glücklichem Ausgang (der Trompeter wird in den Adelsstand erhoben) um lyrische Landschaftsbetrachtungen und Schilderungen des Studenten- und Landsknechtslebens erweitert. Konzipiert als humoristische Betrachtung einer Liebesgeschichte mit autobiographischen Zügen, wurde das

Werk als ernstes Liebesdrama (miß)verstanden und erlangte auf diese Weise eine auch von Scheffel nicht erwartete Popularität. Bunges Libretto verwendet auch die Versform, lehnt sich jedoch nur sehr äußerlich an Scheffels Handlung an. Einige Originallieder wurden mit Scheffels Zustimmung in den Text einbezogen, zum Beispiel »Alt Heidelberg, du feine« (Vorspiel), »Behüt' dich Gott! Es wär' zu schön gewesen« (II. Akt).

Handlung: In Heidelberg und Säckingen während der ersten Jahre des Dreißigjährigen Kriegs (Vorspiel) und kurz nach Ende des Kriegs (I.–III. Akt).

Vorspiel, der Heidelberger Schloßhof bei Nacht: Studenten und Landsknechte feiern ein Trinkgelage. Vom Wein ermutigt, drängen die Studenten ihren Kameraden Werner Kirchhofer, sie auf der Trompete bei einem Ständchen für die Kurfürstin zu begleiten. Werner, der das Trompetenspiel von Zigeunern erlernt hat, bei denen er aufgewachsen ist, bittet den Landsknechtstrompeter Conradin um dessen Instrument. Unter Drohungen des Hausmeisters beginnt die Studentenschaft ein Lied zu intonieren. Conradin, von Werners Trompetenkunst beeindruckt, versucht ihn für den Landsknechtsdienst zu werben. Als Werner zögert, wendet Conrad Gewalt an. Der darauf folgende Tumult wird durch das Erscheinen des Universitätsrektors unterbrochen. Die Relegation schreckt die Studenten jedoch nicht; freudig verdingen sie sich geschlossen als Landsknechte.

I. Akt, 1. Bild, Platz vor dem Fridolinmünster in Säckingen, im Hintergrund das Rheinufer: Conradin, jetzt Trompeter der Stadt Säckingen, gerät beim Fridolinsfest mit den aufsässigen Hauensteiner Bauern in Streit. Bevor es zur tätlichen Auseinandersetzung kommt, kann der hinzutretende Werner die Parteien trennen. Während die Freunde sich freudig begrüßen, nahen auf dem Rhein Maria, die Tochter des Freiherrn von Schönau, und die geschiedene Gräfin von Wildenstein, die an der Fridolinsprozession und dem Gottesdienst teilnehmen wollen. Als die Bauern das Boot an der Landung hindern wollen und die Tochter des verhaßten Freiherrn bedrohen, eilen Werner und Conradin zu Hilfe und geleiten die Damen zum Münster. Werner und Maria empfinden sogleich gegenseitige Zuneigung. 2. Bild, Zimmer des Freiherrn von Schönau: Beim Wein sitzend, hadert Schönau mit dem Leben, bis ihn ein Brief aus seinen trübsinnigen Gedanken reißt. Graf von Wildenstein möchte sich nach dem Tod seiner zweiten Frau mit seiner im freiherrlichen Schloß lebenden geschiedenen Gattin wieder versöhnen. Er hatte sie verstoßen, weil er ihr die Schuld an dem Raub seines ersten Sohns gab. Zugleich bittet der Graf für seinen Sohn aus zweiter Ehe, Damian, um die Hand von Schönaus Tochter. Dieser läßt dem Grafen seine freudige Zustimmung zur Heirat überbringen. Vom Gottesdienst zurückgekehrt, berichten Maria und die Gräfin von Werners ritterlichem Verhalten. Maria bittet ihren Vater, der seinen Plan den Damen verheimlicht, Werner als Schloßtrompeter einzustellen. Den wahren Grund der Bitte nicht ahnend, läßt Schönau Werner zu sich bestellen, findet Gefallen an ihm und bietet ihm die Stelle als Trompeter und Musiklehrer seiner Tochter an. Zur Freude Marias willigt Werner ein.

II. Akt, großer Platz mit blühenden Kastanienbäumen im Garten des freiherrlichen Schlosses: In Erwartung der Lautenstunde beklagt sich der verliebte Werner bei Conradin über die mißtrauische Gräfin, die bisher jede Gelegenheit, mit Maria allein sprechen zu können, vereitelt habe. Als die beiden Frauen zur Musikstunde erscheinen, gelingt es Conradin, die Gräfin unter einem Vorwand wegzulocken. Allein gelassen, gestehen Werner und Maria sich ihre Liebe. Die innige Umarmung wird durch das Erscheinen der Gräfin gestört. Sie berichtet Schönau, der soeben eine heftige Auseinandersetzung mit den Bauern hat, von dem Frevel der unstandesgemäßen Liebe. Daraufhin verkündet Schönau seinen Beschluß über die Heirat Marias mit Damian. Dieser erscheint mit seinem Vater beim Maiaufzug im Schloß und macht Maria seine Aufwartung. Entsetzt über Damians Unbeholfenheit, versuchen die Anwesenden, mit Ausnahme des Grafen, Schönau umzustimmen. Dieser fühlt sich, obwohl an seinem Entschluß zweifelnd, an sein Wort gebunden und weist Werner aus dem Schloß. Der nimmt schmerzerfüllt Abschied.

III. Akt, gartenartiger Hof innerhalb der Schloßmauern: Die Bauern rücken gegen das Schloß vor. Mit Wein versucht Schönau, seine Landsknechte zum Kampf zu ermutigen. Sie sollen unter Führung Damians die Bauern vor dem Tor schlagen. Damian erweist sich jedoch als Feigling und kehrt unter Hohn-

Der Trompeter von Säckingen, II. Akt; August Knapp als Werner, Anna Sorger als Maria; Regie: Max Martersteig; Hoftheater, Mannheim 1885. – Die herrschaftliche Gewandung ist Indiz für die Standesgleichheit des vermeintlich ungleichen Paars.

lachen der Bauern geschlagen zurück. Daraufhin greifen Schönau und der Graf selbst zum Schwert, müssen jedoch der Übermacht weichen und werden umzingelt. In dieser aussichtslosen Lage erscheint Werner mit einer Schar Landsknechte und vertreibt die Bauern, wird während des Getümmels jedoch am Arm verwundet und ohnmächtig ins Schloß getragen. Als Maria und die Gräfin Werners Wunde verbinden, entdecken sie ein Mal, durch das die Gräfin in Werner ihren geraubten Sohn erkennt. Nun steht der Hochzeit des Paars auch aus Standesgründen nichts mehr im Weg.

Kommentar: Nesslers *Trompeter* lehnt sich an die Spieloper vornehmlich deutscher Herkunft an, erscheint allerdings eher als eine lose Aneinanderreihung von Trink- und Volkstanzfestszenen, zuweilen unterbrochen von lyrisch-sentimentalen Partien. Dem entspricht der Potpourricharakter des musikalisch-formalen Aufbaus als einer Folge von Tänzen, Märschen und volkstümlichen Chören sowie einigen Arien und Ensembles, die das Nummernschema stark hervortreten lassen. Den nur lockeren Rahmen bildet eine äußerst dürftige Handlung, deren Klischees Scheffels Epos stark entstellen. So ist die nicht eben originelle Konfliktauflösung von Bunge frei erfunden, hinzugefügt sind die Figuren Conradins, des Grafen, der Gräfin und Damians. Die Ausdehnung der simplen Liebesgeschichte auf eine abendfüllende Oper gelang nur durch eine Häufung von Massenszenen, die großen Aufwand erfordern, für das eigentliche Geschehen jedoch unwesentlich sind. Insbesondere das die Hälfte des II. Akts ausfüllende Ballett (Maiaufzug, Maiidylle) erscheint als dramatisch unmotivierte Einlage. Allerdings zeigt sich an diesen Szenen das Gespür von Librettist und Komponist für wirksame Theatereffekte. Musikalisch an Lortzing, Marschner, Flotow und in der allerdings sehr sparsamen Leitmotivtechnik an Wagner angelehnt, zeigt die Satzstruktur alle Merkmale des Epigonalen und die Routine gewollter Volkstümlichkeit. Nur selten wird die einfache metrische Faktur durch ariose und rezitativische Teile aufgelockert. Die Melodik gleitet oft ins Sentimentale ab, was durch die Trompetensoli noch verstärkt wird, die ihre Herkunft aus den damals sehr beliebten Salonstücken für Kornett (Cornet à pistons) nicht verleugnen (Vorspiel, I. und II. Akt).

Wirkung: »Das Merkwürdigste an dieser beispiellos erfolgreichen Oper bleibt – ihr Erfolg.« Eduard Hanslick (s. Lit.) faßte mit diesem Satz ein Phänomen in Worte, das in der deutschen Operngeschichte einzigartig dasteht. Schon kurze Zeit nach der Uraufführung breitete sich der *Trompeter* über nahezu alle Bühnen Deutschlands aus. 1888 wurde das Werk allein in Norddeutschland über 900mal gegeben. Aber auch das Ausland setzte die Oper auf den Spielplan: Riga und Rotterdam 1885, Prag 1885 (Dirigent: Gustav Mahler), New York 1887, Petersburg und Brüssel 1889, London 1892, Helsinki 1900, Stockholm (schwedisch von Ernst Wallmark) und Budapest (ungarisch von Emil Ábrány) 1886, Lemberg (polnisch?) 1889. Die Popularität läßt sich auch an zahlreichen Arrangements und Potpourris ablesen. Arthur Nikisch, der mit Nessler befreundet war und die ersten Aufführungen in Leipzig leitete (Werner: Otto Schelper, Conradin: Albert Goldberg, Freiherr: Karl Grengg, Maria: Magdalena Jahns, Graf: Bernhard Köhler, Gräfin: Pauline Metzler-Löwy, Damian: Georg Marion), schuf 1884 als seine letzte Komposition eine Orchesterfantasie über Motive aus dem *Trompeter*. Auf der andern Seite war die Oper heftiger Kritik ausgesetzt, die sich gegen die Dürftigkeit der Handlung und der Musik richtete. Hanslicks Rezension ist ein Beispiel für die Fassungslosigkeit, mit der man dem Erfolg begegnete, der sich trotz des allgemein konstatierten geringen künstlerischen Werts der Oper eingestellt hatte. Die Stigmatisierung als sentimentales Rührstück ist aber eher als Resultat der Wechselwirkung von Popularität und Mißtrauen gegenüber dem Erfolg zu sehen, denn Nesslers Oper ist keineswegs minderwertiger als die meisten der im In- und Ausland hergestellten Produkte des gleichen Genres. Nach der Jahrhundertwende begann der *Trompeter* allmählich von den Opernbühnen zu verschwinden, erfuhr jedoch in den 30er Jahren eine kurzzeitige Renaissance vorwiegend an kleineren Häusern (zum Beispiel Albert-Theater Dresden 1932, Textbearbeitung: Hans Thudichum und Werner Scheffler, Musikbearbeitung: Hans Stölzner). In der Rezeption als »altdeutsche Revue« entsprach der *Trompeter von Säckingen* dem herrschenden Geschmack in Deutschland auf dem Gebiet des unterhaltenden Musiktheaters, wie ihn etwa die ebenfalls auf Scheffel zurückgehenden Stücke *Mein Schatz ist ein Trompeter* (Düsseldorf 1933; 2. Fassung als *Liebe, Trommeln und Fanfaren*, München 1938, Texte: Artur Wagner) von Peter Kreuder und *Trompeterliebe* (Leipzig 1933, Bruno Hardt-Warden und Paul Daehne) von August Pepöck repräsentieren. Heute hat sich lediglich Werners Abschiedslied aus dem II. Akt »Behüt' dich Gott! Es wär' zu schön gewesen« vorwiegend in volkstümlichen Konzerten erhalten.

Autograph: Verbleib unbekannt. **Ausgaben:** Part: Schuberth, Lpz., Hbg., Nr. 2480; Kl.A: ebd., Nr. 2481; Kl.A v. F. Stade: ebd., Nr. 2482; Textb.: ebd.; Regiebuch: ebd. **Aufführungsmaterial:** Schuberth, Hbg.
Literatur: E. HANSLICK, Der Trompeter von Säckingen, in: DERS., Musikalisches Skizzenbuch. Der »Modernen Oper« 4. Theil, Bln. 1888, Nachdr. Farnborough 1971, S. 69–76

Hans-Peter Rösler

John Neumeier

Geboren am 24. Februar 1942 in Milwaukee (Wisconsin)

Dritte Sinfonie von Gustav Mahler
Ballett (6 Teile)

Musik: Gustav Mahler, *Symphonie d-Moll Nr. 3* (1896)

Uraufführung: 14. Juni 1975, Hamburgische Staatsoper, Hamburg, Ballett der Staatsoper
Darsteller: I. Teil: 20 Tänzer; II. Teil: 9 Tänzerinnen, 3 Tänzer; III. Teil: 14 Tänzerinnen, 14 Tänzer; IV. Teil: Tänzerin, 2 Tänzer; V. Teil: 11 Tänzerinnen, 9 Tänzer; VI. Teil: 19 Tänzerinnen, 19 Tänzer
Orchester: 4 Fl (auch Picc), 4 Ob (4. auch E.H), 3 Klar (3. auch B.Klar), 2 kl. Klar (2. auch 4. Klar, 1. evtl. doppelt), 4 Fg (4. auch K.Fg), 8 Hr (1 auch PostHr), 4 (evtl. 6) Trp, 4 Pos, B.Tb, 2 Hrf, Pkn, Schl (Glsp, kl.Tr, Trg, Tamburin, 2 hängende Bck, Tamtam, Bck, gr.Tr, Rute, 4–6 Glocken), Streicher, A, Knabenchor, Frauenchor
Aufführung: Dauer ca. 1 Std. 30 Min. – Bei der Uraufführung gab es Pausen nach dem I. und III. Teil; das Ballett wird heute ohne Pause gegeben.

Entstehung: Bereits in seiner Zeit als Tänzer beim Stuttgarter Ballett 1963–69 begann Neumeier mit choreographischen Versuchen. 1969 wurde er Ballettdirektor in Frankfurt a. M., wo er durch dramaturgische Neufassungen bekannter Ballette Aufsehen erregte; herausragend waren *Romeo und Julia* (Musik: Sergei Prokofjew), *Der Nußknacker* (Pjotr Tschaikowski; beide 1971), *Der Kuß der Fee* (Igor Strawinsky und Tschaikowski) und *Daphnis und Chloe* (Maurice Ravel; beide 1972), für die der Genrebegriff »Autorenballett« geprägt wurde. Neumeiers Renommee veranlaßte August Everding, ihn 1973 an die Hamburgische Staatsoper zu holen. – Die Uraufführung des IV. Teils der *Dritten Sinfonie* (*Nacht*, Stuttgart, 6. Juli 1974) choreographierte Neumeier für die Gala zum Gedächtnis von John Cranko (mit Marcia Haydée, Richard Cragun und Egon Madsen). Diese erste Erfahrung mit Mahlers Musik führte zur tänzerischen Umsetzung der ganzen *Symphonie*.
Inhalt: Auf einer Bühne ohne Dekorationen.
I. Teil, »Gestern«: Die 20 Tänzer gruppieren sich zu immer neuen Konstellationen. Nach jeder Position bricht der Bewegungsfluß für einen Moment ab und geht in eine andere skulptural wirkende Form über: So liegen Tänzer bäuchlings mit zur Attitude abgewinkelten Beinen am Boden, Dreiergruppen verhaken sich zu bizarren Erscheinungen, Paarbildungen entstehen, bei denen einer den auf den Kopf gestützten Körper des andern an den Beinen in Richtung einer Diagonalen hält. Analog zur Kulmination in der Musik drängt sich die Gruppe pulkartig um einen Mittelpunkt und stößt einen Tänzer senkrecht in die Höhe. Dieser Aufbäumungsakt wiederholt sich noch zweimal. Im Hintergrund erscheint ein Tänzer, der »Mensch«. In diesem Moment stehen sich fünf Tänzer in der Konstellation 3 zu 2 auf einer Raumdiagonalen in leicht nach vorn geneigter Senkrechte des Körpers gegenüber. Nachdem sie zu Boden gegangen sind, geht der »Mensch« von hinten kommend zwischen ihnen hindurch und berührt einen der Tänzer. Ein Pas de deux entwickelt sich; in sich aufbäumenden Gebärden mit nach oben gerissenen Armen und Sprüngen finden kurz darauf alle sechs zusammen. In marschartigem Bewegungsgestus ziehen von beiden Seiten Tänzergruppen auf die Bühne, die, während die Bühnenmitte von den vorigen sechs belebt bleibt, aufeinander zu- und aneinander vorbeimarschieren, ab- und wieder auftreten und sich zu teilweise synchronen Abläufen verbinden. Der »Mensch« und ein weiterer Tänzer bleiben schließlich zurück. Kanonartig beginnt mit einer Bewegung à la seconde, die in eine seitliche Oberkörperneigung weiterfließt, die Passage der beiden und findet in einem parallelen Bewegungsablauf ihre Fortspinnung. Nach und nach füllt sich der Bühnenhintergrund mit Tänzern, die in starrer breitbeiniger Körperhaltung verharren. Ein nächster Höhepunkt entsteht, wenn sich alle zu fünf frontalen, quasi militärisch ausgerichteten Reihen formieren, sich in eine Spirale auflösen, die in wirbelartig konzentrische Kreise übergeht, und in einer Pyramide enden. Wieder leert sich die Bühne, und nur ein bäuchlings am Boden haftender Tänzer bleibt zurück. Er erhebt sich, durchmißt die waagrechte Raumebene und setzt zu einem kraftvollen Solo an. Von links und rechts füllt sich abermals die Bühne. Tänzer umdrängen ihn pulkartig, bis sie von ihm auseinandergerissen werden. Bis auf drei Tänzer, die in Seitenlage am Boden liegen bleiben, zerstreuen sich die andern in wildem Hin- und Herlaufen und verlassen schließlich die Bühne.
II. Teil, »Sommer«: Ohne Musik betritt der »Mensch« die Bühne, überquert sie bis zur Mitte, verharrt dort kurz und setzt sich dann am linken vorderen Rand nieder, das Folgende beobachtend. Eine Tänzerin im zartrosa Trikot kommt von rechts, geht in die Mitte und dreht sich bis in die Attitude. Ihr folgen sieben Tänzerinnen in blaßgelben Trikots, die sich in einer vom Publikum abgewandten Pose in der rechten hinteren Bühnenecke aufstellen, ihre Arme diagonal gehoben. Mit dem Musikeinsatz beginnen sie eine lyrisch bewegte Synchronpassage, die von der Tänzerin in Rosa kontrapunktiert wird. Weitere Tänzerinnen in Gelb treten zur Dreiergruppe. Ein Tänzer in hellblauem Trikot nimmt mit der Tänzerin in Rosa einen Pas de deux auf, der von den übrigen Frauen ornamental umrahmt wird. Ein zweites Paar tritt in das Geschehen ein.
III. Teil, »Herbst«: Am hinteren Bühnenrand stellen sich drei Paare nebeneinander auf, eins mehr zur Mitte gerückt. Eine Dreiergruppe (zwei Frauen, ein Mann) bezieht in der rechten hinteren Bühnenhälfte seinen Platz. Die Tänzer in braunen Trikots stehen jeweils mit dem Rücken zum Publikum, die Tänzerinnen in Rostbraun lehnen mit der Körperfront an deren Seite, Kopf und Arme auf die Schultern der Männer gelegt. Das mittlere Paar beginnt zum Stakkato der Musik, bis es von der Dreiergruppe zum pastoralartigen Thema abgelöst wird. Trippelnde Spitzenschritte und Assemblés geben die freudig-humorvolle Stimmung der Musik wieder. Eine Tänzerin verläßt die Gruppe; zwischen dem übriggebliebenen Paar entspinnt sich ein Pas de deux, der in einen Pas de quatre übergeht. In diesen mischen sich Sequenzen, die an Kinderspiele erinnern. Die andern Paare stimmen in dies Treiben ein, während weitere Paare hinzu- und wieder abtreten. Auf das Posthornsolo in der Musik brechen alle

Bewegungen ab. Die Bühne verdunkelt sich, und ein weißgekleidetes Paar erscheint, von einem weißen Spot verfolgt. Sein Pas de deux ist charakterisiert durch sich umwindende, sich ineinander verflechtende Bewegungen, die hin und wieder in Arabesques der Tänzerin aufgelöst werden. Nach Verklingen des Posthorns verschwindet dies Paar, und die Szene belebt sich wieder. Der »Mensch« und eine Tänzerin sind aufeinander aufmerksam geworden und versuchen, auf direkten Wegen zueinander zu gelangen, die jedoch von der Gruppe durchkreuzt werden. Wieder ertönt das Posthorn, und das Paar in Weiß erscheint. Nach ihrem Pas de deux, der als Abschied gedeutet werden kann, bleibt die Frau am Boden liegen. Der »Mensch« hebt sie auf seine Arme, stellt sich so vor die Gruppe und trägt sie fort.

IV. Teil, »Nacht«: Die Choreographie beginnt ohne Musik. Eine Tänzerin kommt auf die Bühne. Sie wagt sich vor, bleibt stehen, weicht zurück. Wie verzweifelt stößt sie Bewegungen in den Raum, bricht sie wieder ab, stockt. Zuletzt stellt sie sich an den hinteren Bühnenrand, den Rücken zum Publikum. Ein Tänzer erscheint von rechts, der »Mensch« von links. Ohne einander wahrzunehmen, gehen beide aufeinander zu und bleiben schließlich voreinander stehen. Der Tänzer beginnt allein eine Reihe von Bewegungen; wie die folgenden des »Menschen« wirken sie verhärtet. Mit dem Einsatz der Musik senken sich beide ins Plié, wobei sich jeder mit dem Rücken gegen den ausgestreckten Arm des andern lehnt. In langsamen Motionen vollzieht sich ihr Pas de deux. Auf das »O Mensch« der Altstimme tritt die Tänzerin zwischen beide; aus dieser Formation heraus entwickeln sich Zweier- und Dreierkonstellationen. Das Schlußbild vereint die drei; mit der Frau in der Mitte stehen sie hintereinander.

V. Teil, »Engel«: Die drei lösen ihre Position auf; erst verläßt die Tänzerin die Bühne, dann der Tänzer. Der »Mensch« bleibt zurück. Im roten Trikot kommt eine Tänzerin, der »Engel«, aus der rechten hinteren Ecke über die Diagonale auf die Bühne gelaufen, hält vor dem »Menschen« inne, blickt ihn unverwandt an, wendet sich ab und versinkt in kindlich anmutende Balancierbewegungen, Hüpfer, Sprünge und Armrotationen. Aufmerksam beobachtet der »Mensch« den »Engel«, der sich in seinen selbstvergessenen Bewegungen nicht stören läßt. Gegen Ende füllt sich die Bühne mit weißgekleideten Tänzern. Sie nehmen eine Pose ein, die an eine angehaltene Schrittbewegung erinnert, aus der heraus sie dann vor- und zurückgehen.

VI. Teil, »Was mir die Liebe erzählt«: Acht Tänzer des V. Teils bleiben über die Bühne verteilt stehen; sie beginnen mit ruhevollen Bewegungen. Weitere Tänzer treten dazu; die Männer und Frauen kommen zusammen, trennen sich wieder, verharren am Platz. Dann erscheint der »Engel« zu einem Solo, währenddessen das Ensemble abgeht. Der »Engel« schreitet auf den am vorderen Bühnenrand liegenden »Menschen« zu und führt ihn zu einem Pas de deux, der in einer hohen Hebung gipfelt. Tänzer und Tänzerinnen in Rot treten von links auf und gleich darauf wieder ab. Mit ausgebreiteten Armen hat der »Mensch« mittlerweile seinen Oberkörper über den des »Engels« gelegt. Nochmals entspinnt sich ein Duo zwischen den beiden; sie finden wieder in der vorigen Position einen Ruhepunkt. Im Hintergrund erscheint das Paar in Weiß des III. Teils; der »Engel« löst sich vom »Menschen«. Tänzer in Rot ziehen vorüber; Anflüge an Pas de deux sind zu erkennen. Immer mehr Tänzer beleben die Bühne. Ein Höhepunkt wird erreicht, wenn die Tänzerinnen auf die Nacken-Schulter-Partie ihrer Partner in eine Sphinxpose gehoben und geschlossen zur Rampe vorgetragen werden. Bis auf den »Menschen« verläßt das Ensemble schlagartig die Bühne. Mit ruhigen Schritten geht er nach hinten. Noch einmal zieht der »Engel« an der Rampe vorüber. Der »Mensch« bleibt stehen; sein Oberkörper verschraubt sich waagrecht zu einer dem »Engel« nachstrebenden Geste, bevor dieser verschwindet.

Kommentar: Wie stark Mahler bei der Konzeption seiner *Symphonie Nr. 3* von programmatischen Ideen geleitet war, lassen seine später zurückgezogenen, aber im Autograph noch enthaltenen Satzüberschriften erkennen: »Pan erwacht – Der Sommer marschiert ein« (1. Satz), »Was mir die Blumen auf der Wiese erzählen« (2. Satz), »Was mir die Tiere im Walde erzählen« (3. Satz), »Was mir der Mensch erzählt« (4. Satz), »Was mir die Engel erzählen« (5. Satz), »Was mir die Liebe erzählt« (6. Satz). Vergleicht man Mahlers poetische Bilder mit den Titeln, die Neumeier den Teilen seines Balletts zugrunde legte, so fällt eine gedanklich-geistige Übereinstimmung auf. Bis in die choreographische Zeichensprache hinein läßt sich die Vision einer stufenweisen Entwicklung des Lebens verfolgen. Es beginnt bei der leblosen Materie und endet auf der transzendenten Ebene der Liebe (Gottes), dem VI. Teil, der bis in den Wortlaut der Überschrift mit Mahlers Vorstellungswelt identisch ist. Bereits der I. Teil enthält Bilder, die auf Mahlers Vorstellung eines aus der starren Materie sich losringenden Lebens beruhen beziehungsweise verweisen, so die skulptural wirkenden Formen, aus denen der »Mensch« in einer Art Schöpfungsakt hervorgeht. Auch der Hinweis auf den Sommer erfährt bei Neumeier durch das in Variationen wiederkehrende Marschmotiv der Tänzer eine bildhafte Umsetzung. Der II. Teil deutet in seinem gesamten Bewegungsgestus auf die »Blumen«-Idee Mahlers; sie findet in den blumenartig nachempfundenen Gebärden der gelbgekleideten Tänzerinnen einen entsprechenden choreographischen Ausdruck. Neumeiers Titel »Herbst« steht Mahlers Überschrift von allen programmatischen Hinweisen am unvermitteltsten gegenüber. Er bedeutet für Neumeier die »Zeit der Sehnsucht nach menschlicher Wärme, nach einer Beziehung«, aber auch die »Zeit des Abschieds, der Konfrontation mit der Idee des Todes« (Programmheft 1988). Die hier angesprochenen Motivkreise finden in der Zeichensprache der Choreographie eine sinnbildliche und symbolhafte Umsetzung. In den auf Pas de deux, Pas de trois und Pas de quatre angelegten tänzerischen

Formen, in dem variationsreichen Wechselspiel von verschiedenen Beziehungen werden sie unmittelbar sinnfällig. Der Aspekt des Abschieds findet Gestalt in dem »Posthornpaar«, das im weiß-fahlen Spot der verstummten Szene als Reminiszenz oder Vorahnung auf eine andere Daseinsebene verweist und für den Abschied von dieser Welt schlechthin steht. Es verleiht der ansonsten humorvoll-freudigen Stimmung eine tragische Färbung. Der 4. Satz der *Symphonie* trug ursprünglich den Titel »Was mir die Nacht erzählt«; er drückte für Mahler tiefstes menschliches Empfinden aus. Im Ballett stehen sich hier »Mensch« und »Nacht« gegenüber, quasi als Verdeutlichung jener Situation, die das Stuttgarter Ballett nach Crankos Tod für Neumeier kennzeichnete. Eine erste Stufe der Transzendenz erreicht die Choreographie mit dem V. Teil; durch ein engelhaftes Kindwesen beziehungsweise ein kindhaftes Engelwesen bringt Neumeier die aus der Musik sprechende »himmlische« Freude unvergleichlich zum Ausdruck. Kindliche Reinheit, Unschuld und Anmut zeichnen die Bewegungen des »Engels« aus; Engel und Kind sind Bindeglieder zwischen Gott und der Welt, weisen zu Gott, zum Prinzip der reinen Liebe. Dieser Teil dient als Einleitung zum VI.; Neumeier äußerte sich über ihn folgendermaßen: »Die Idee, die Sehnsucht nach vollkommener Liebe, ist etwas, was unser Leben unendlich wertvoll macht. Aber sie ist nicht immer realisierbar. Die menschlichen Begegnungen [...] beginnen sehr fragmentarisch, traurig, brechen immer wieder ab [...] Das göttliche Prinzip der Liebe ist in seiner Vollkommenheit nicht faßbar. Man kann ihn spüren, in einem Menschen, für eine Zeit« (ebd.).

Wirkung: Die Uraufführung mit François Klaus (Mensch), Zhandra Rodriguez (Engel), Marianne Kruuse, Persephone Samaropoulo, Salvatore Aiello und Truman Finney erlebte eine triumphale Aufnahme bei Publikum und Presse. Die *Dritte Sinfonie* befindet sich bis heute im Repertoire des Hamburger Balletts; sie ist zu einer Art Signum der Kompanie geworden. In der Rolle des »Engels« haben seitdem Lynne Charles und Gigi Hyatt überzeugen können. – Die kongeniale tänzerisch-musikalische Einheit, die Neumeier in der *Dritten Sinfonie* erzielte, ist in dieser Weise für seine bisher geschaffenen Mahler-Ballette einmalig geblieben. In *Fourth Symphony* (London 1977) zu Mahlers *Symphonie G-Dur Nr. 4* (1900) bringen assoziativ abgeleitete Handlungsfragmente eine zusätzliche Ebene ins Spiel. Das symbolreiche, vielschichtige Ballett *Mahler. Lieb und Leid und Welt und Traum* (Brüssel 1980) zu Mahlers *Symphonie D-Dur Nr. 1* (1888) und dem Adagio aus dessen *Symphonie Nr. 10* (1911) weist eine Diskrepanz zwischen musikalischer Struktur und choreographischer Umsetzung auf und verliert dadurch an unmittelbarer Schlüssigkeit, ebenso wie das spätere Ballett *Sechste Sinfonie von Gustav Mahler* (Hamburg 1984). Mit seiner *Fünften Sinfonie von Gustav Mahler* (Hamburg 1989) erreichte Neumeier noch einmal die allein aus der Musik bezogene choreographische Dichte und formale Klarheit der *Dritten Sinfonie von Gustav Mahler*.

Ausgaben: Part: G. MAHLER, Krit. GA, Bd. 3, UE 1974, Nr. 13822; Video, Ballett d. Staatsoper Hbg.: ZDF 1976. **Aufführungsmaterial:** M: UE; Ch: J. Neumeier, Hbg.
Literatur: John Neumeier unterwegs, Darmstadt 1972; J. NEUMEIER, Traumwege, Hbg. 1980; Zehn Jahre John Neumeier und das Hamburger Ballett, hrsg. C. Albrecht, Hbg. 1983; A. S. LABARTHE, J. N. Bei d. Arbeit beobachtet. Videodokumentation, RM Arts, La Sept, WDR 1988; Standortbestimmungen. Ein Gespräch mit J. N., in: Oper in Hbg. 1984–88, Jb. 12 d. Staatsoper, Hbg., S. 53–65; Ph. Staatsoper, Hbg. 1988; P. STÖCKEMANN, Dritte Sinfonie. J. N.s Mahler-Ballett, in: Tanzdrama 1989, Nr. 9, S. 10f.; S. VILL, Was mir der Körper erzählt. Über J. N.s Ch d. Dritten Symphonie v. G. Mahler, in: Das Gustav-Mahler-Fest Hamburg 1989. Ber. über d. Internationalen G.-Mahler-Kongreß, hrsg. M. T. Vogt, Kassel 1991, S. 109–124

Patricia Stöckemann

Illusionen – wie Schwanensee
Ballett

Musik: Pjotr Iljitsch Tschaikowski, *Lebedinoje osero* (1877), Nr. 1 (Méditation) aus *Souvenir d'un lieu cher* (1878) und Elegie aus der Schauspielmusik (1891) zu *The Tragical History of Hamlet, Prince of Denmark* (um 1600) von William Shakespeare
Uraufführung: 2. Mai 1976, Hamburgische Staatsoper, Hamburg, Ballett der Staatsoper
Darsteller: der König; Prinzessin Natalia, seine Verlobte; der Mann im Schatten; die Königinmutter; Prinz Leopold; Graf Alexander, Freund des Königs; Prinzessin Claire, dessen Braut; Darsteller der Separatvorstellung *Schwanensee*: Prinzessin Odette, Prinz Siegfried, Rotbart, 2 große Schwäne, 4 kleine Schwäne, 16 Schwäne, 8 Jäger; Corps de ballet: Lakaien, Tänzer der Quadrille (4 Damen, 4 Herren), junge Adlige, Sprecher der Zimmerleute, Zimmerleute, Bauernmädchen, Handwerker, Hofdame der Prinzessin Natalia, Staatsbeamte, Bauern, Clowns, Tänzer der Cotillontouren und der Tanzpantomime »Schmetterlingsfang«, Hofgesellschaft
Orchester: Picc, 2 Fl, 2 Ob, 2 Klar, 2 Fg, 4 Hr, 2 Trp, 2 Pistons, 3 Pos, Tb, Pkn, Schl (Trg, Tamburin, Kastagnetten, MilitärTr, Bck, gr.Tr, Tamtam, Glsp), Hrf, Streicher
Aufführung: Dauer ca. 2 Std. 30 Min. – Die Tänzer können mehrere Rollen übernehmen.

Entstehung: Ausgehend von der Spekulation, daß sich für die zentrale Figur von *Lebedinoje osero*, Prinz Sigfrid, Tschaikowski und die beiden wahrscheinlichsten Autoren des Librettos, Wladimir Begitschew und Wassili Gelzer, König Ludwig II. von Bayern zum Vorbild genommen hatten, und gestützt auf den Abschnitt »Ludwig von Bayern und Peter Iljitsch Tschaikowski« aus dem Buch *Außenseiter* (1975) von Hans Mayer, machte Neumeier Parallelen zwischen der Handlung von *Lebedinoje osero* und der Biographie Ludwigs II. zum Thema seiner Klassikeradaption. Schon *Der Nußknacker* (Frankfurt a. M. 1971), seine erste Auseinandersetzung mit einem Ballett des 19. Jahrhunderts, Iwanows *Schtschelkuntschik* (1892), war bereits eine biographische Studie gewesen: nämlich über Marius Petipa, den autokratischen Ballettmeister am Zarenhof (wobei der Rat Drosselmeier mit Petipa gleichgesetzt ist). Stellte dies eine Vorstufe in seinem Bemühen um eine intuitiv-phantasievolle Belebung des Repertoires dar, so sprengte er mit dem *Kuß der Fee* (Frankfurt 1972), seiner Version (Frankfurt 1972) von Fokins *Daphnis et Chloé* (1912) und vor allem mit *Illusionen – wie Schwanensee* die Grenzen der Interpretation. Ähnlich wie Pina Bausch mit *Blaubart* (1977) mußte auch Neumeier erkennen, daß er, obwohl er dies zunächst gar nicht wollte, ein eigenständiges Werk geschaffen hatte, das er nicht mehr unter dem Titel *Schwanensee* präsentieren konnte. – Vor Neumeier hatte John Cranko in seiner Münchner Produktion (1970) von *Lebedinoje osero* eine Identifikation von Ludwig II. mit Sigfrid anklingen lassen.

Inhalt: »Wirklichkeit«: Gefesselt in einer Zwangsjacke, wird der König in den im Rohbau befindlichen Flügel eines seiner Schlösser eingesperrt und bleibt seinem Schicksal überlassen. Nur der Mann im Schatten scheint ihm nahe zu sein. In dem offensichtlich als Abstellplatz genutzten Raum stößt der König auf ein Modell zu einem der von ihm geplanten Prachtbauten. »Erste Erinnerung: Richtfest«: In Anwesenheit des Königs feiern Handwerker und Bauern die Fertigstellung des Dachstuhls eines neuen Schlosses. Auch weitere Mitglieder des Hofs sind gekommen; für sie ist das Richtfest Anlaß zu einer vergnüglichen Landpartie. Überraschend entzieht sich der König dem gesellschaftlichen Trubel; als seine Verlobte, Prinzessin Natalia, sich um ihn bemüht, tritt der Mann im Schatten zwischen die beiden. »Wirklichkeit«: Der König stolpert über ein Bühnenbildmodell zu dem Ballett *Schwanensee*. »Zweite Erinnerung: Separatvorstellung *Schwanensee*«: Nur für sich läßt sich der König *Schwanensee* vorführen. Er identifiziert sich so sehr mit der Handlung, daß er aus der Loge heraussteigt, auf die Bühne geht und die Rolle des Prinzen Siegfried übernimmt. Natalia, die sich in das Theater eingeschlichen hat, erkennt betroffen, daß der König in einer Traumwelt lebt. Am Schluß des Balletts entpuppt sich der Zauberer Rotbart als der Mann im Schatten. »Wirklichkeit«: Die Erinnerung reißt ab; der König wird sich der Realität bewußt: Man hat ihn eingesperrt, weil man ihn für verrückt erklärt hat. »Wirklichkeit«: Von Zwangsvorstellungen verfolgt, glaubt der König, der Siegeszug des neuen Regenten, Prinz Leopold, ziehe vorüber. Er entdeckt ein Gemälde, das ihn bei seiner Inthronisation zeigt. »Dritte Erinnerung: Maskenball«: Der König erinnert sich an den Ball der Nationen, mit dem diese Nacht begann. Er ist als Siegfried verkleidet; Natalia zeigt sich schließlich in einem Kostüm, das dem der Schwanen-

Illusionen – wie Schwanensee, »Erste Erinnerung: Richtfest«; Beatrice Cordua als Königinmutter, Persephone Samaropoulo als Natalia, Max Midinet als König; Bühnenbild: Jürgen Rose; Uraufführung, Ballett der Staatsoper, Hamburg 1976. – Die Segmentierung des Gipfelpanoramas durch das Gerüst kann als Bild für Ludwigs Eingeschlossensein interpretiert werden.

prinzessin Odette nachempfunden ist. Dem König gefällt dies, und er wird dadurch wieder in jene ihm eigene Traumwelt versetzt. Zwischen den beiden entsteht eine verständnisvolle Vertrautheit. Als Mitternacht gekommen ist, nehmen Clowns die fällige Demaskierung vor. Ein schwarzer Clown tritt auf den König zu und läßt seine Maske fallen: Es ist der Mann im Schatten. Des Königs Illusion zerbricht, und er gebärdet sich wie wahnsinnig. Staatsbeamte führen ihn ab. »Wirklichkeit«: Der König wird durch Klopfen an der Tür aus seinem Alptraum gerissen. Natalia, noch im Kostüm, wird hereingelassen, um sich von ihm zu verabschieden. Nachdem sie gegangen ist, entfremden ihn Phantasien von jeder Wirklichkeit. Der Mann im Schatten ist erschienen, und der König kämpft gegen ihn, bis er ihm schließlich unterliegt.

Kommentar: Neumeiers *Schwanensee*-Ballett ist wie kein zweites seiner Werke Ausdruck und Resultat eines sehr persönlichen Weltbilds und Glaubensbekenntnisses, hervorgegangen aus dem individuellen Dilemma des strenggläubigen Katholiken zwischen katholischem Dogma und dem eigenen homosexuellen Fühlen. Das Freilegen tiefenpsychologischer Schichten im Leben Ludwigs II. und Tschaikowskis stellt eine der originellsten und zugleich logischsten Auseinandersetzungen mit dem Ballettklassiker dar: Aus Sigfrid wird der historische Ludwig, aus der Schwanenkönigin Odette dessen Verlobte (genannt Natalia), und der böse Zauberer Rotbart, bei Tschaikowski eine Allegorie des »grausamen Fatums«, wird transformiert in den Mann im Schatten, eine Allegorie der Homosexualität. Nie zuvor in der Geschichte von *Lebedinoje osero* haben die Schwanensymbolik und die von Tschaikowski aus dem Zitat »Nie sollst du mich befragen« aus Wagners *Lohengrin* (1850) abgeleitete und weiterentwickelte *Schwanensee*-Melodie so sinnvoll und legitim gewirkt wie in diesem Ballett, denn Ludwig hatte sich ja mit keiner Bühnenfigur stärker identifiziert als mit dem Schwanenritter. Auch Ludwigs Tod im Starnberger See, von dem Tschaikowski und seine Librettisten nichts wissen konnten, bekommt eine fatalistische Determination, wobei Neumeier gerade den Tod im See absichtlich nur assoziativ einbringt. Dadurch, daß er eben keinen See über die Ufer treten läßt (wie sonst üblich), sondern zwei Männer miteinander ringen läßt, hat der belesene Zuschauer mehrere »Lösungen« deckungsgleich zur Hand: zum einen den realen Kampf zwischen Ludwig und seinem Arzt Bernhard von Gudden, zum andern Tschaikowskis Kampf gegen das von ihm so bezeichnete »grausame Fatum« und »dies verfluchte Z«, eine vom Komponisten in seinen Briefen und Tagebüchern verwendete Umschreibung seiner Triebhaftigkeit und seines homosexuellen Begehrens. An dieser Stelle wird die Mehrdimensionalität des Stoffs sichtbar: der innere Konflikt Tschaikowskis, der der Ludwigs und Neumeiers ist, dann der Kampf des Individuums gegen sein Schicksal (auch der Urkonflikt Trieb kontra Ordnung) und schließlich, der Handlung verpflichtet, ein simples Ertrinken im Sinn eines Sich-in-sein-Schicksal-Ergebens. Überzeugender noch als in den Szenen, die mit den historischen Gegebenheiten übereinstimmen, ist Neumeiers Ballett gerade da, wo er eine neue Wirklichkeit »erfunden« hat, wo er die Tatsachen zugunsten einer künstlerischen Wahrhaftigkeit neu gestaltet hat. Ludwig hatte ja *Lebedinoje osero* nie gesehen, nie sehen können, und schon gar nicht die Choreographie des II. Akts von Iwanow für Petersburg 1894. Doch hatte Ludwig *Lohengrin* erlebt. Indem nun Neumeier den »weißen Akt« von *Lebedinoje osero* anstelle von *Lohengrin* eingesetzt hat, ist ihm ein doppelter Coup de théâtre gelungen: Zum einen hat er mit dieser »Lüge« eines Balletts im Ballett eine neue Realität geschaffen, zum andern konnte er es sich leisten, ein historisches Juwel der Tanzkunst als Verbeugung vor einem großen Kollegen in eine eigene Inszenierung einzubauen, ohne den weitverbreiteten Etikettenschwindel bei *Schwanensee*-Produktionen mitzumachen. Neumeiers Zitieren des II. Akts von *Lebedinoje osero* (choreographisch beraten von Alexandra Danilova) ergibt verblüffenderweise eine gegenseitige Aufwertung: Iwanows symphonisch angelegte Choreographie mit ihren symmetrischen und geometrischen Mustern wirkt durch Neumeiers Form der reflektierten und postmodernen Struktur wie ein kostbares altes Bild in einem neuen Rahmen. Umgekehrt lernt man Neumeiers modernistisches, skurriles und humorvoll mit bayrischer Folklore angereichertes Bewegungsmaterial besser schätzen als in seinen Auseinandersetzungen mit den beiden andern Tschaikowski-Klassikern, *Der Nußknacker* und *Dornröschen* (Hamburg 1978), in denen er die Originale nicht unangetastet gelassen hat. In diesem Sinn stellt *Illusionen – wie Schwanensee* den Höhepunkt seines Interpretationsverständnisses dar, das letztlich nur im Erfinden neuer Stoffe seine Selbstverwirklichung finden konnte.

Wirkung: In der Uraufführung gestaltete Max Midinet den Part des Königs (in einer Maske Ludwigs II.) kongenial; weitere Hauptrollen tanzten Persephone Samaropoulo (Natalia), Beatrice Cordua (Königinmutter) und Fred Howald (Mann im Schatten). *Illusionen* sorgte für nicht geringes Aufsehen, galt es doch vielen als Beispiel für frevelhaften Umgang mit der Tradition. Einhellig gelobt wurden Bühnenbild (Schloß Herrenchiemsee nachempfunden) und Kostüme von Jürgen Rose, wie denn die ganze Konzeption ohne dessen detailversessenen Naturalismus kaum denkbar ist. Die regelmäßigen Wiederaufnahmen des Balletts bis heute sind Beweis für seine Publikumswirksamkeit. – Im Schaffen Neumeiers markiert *Illusionen – wie Schwanensee* einen Wendepunkt, konzentrierte er sich doch von da an mehr auf die Erforschung neuen Ballettterrains: die Fortsetzung der Choreographien zu Symphonien Gustav Mahlers sowie die Umsetzung literarischer Vorlagen.

Ausgaben: P. I. ČAJKOVSKIJ, Polnoe sobranie sočinenij, Bd. 11 (*Lebedinoe ozero*), 14 (Schauspielmusik *Gamlet*): Gos.muz.izdat 1958, 1962; *Souvenir d'un lieu cher*: Jurgenson, Moskau 1879. **Aufführungsmaterial:** J. Neumeier, Hbg.
Literatur: s. S. 407

Edmund Gleede

Die Kameliendame
Ballett nach dem Roman von Alexandre Dumas d. J.
Prolog, 3 Akte

Musik: Frédéric François Chopin, 3. Satz aus der *Klaviersonate h-Moll Nr. 3* (1844), *Konzert für Klavier und Orchester f-Moll Nr. 2* (1829), *Valse As-Dur Nr. 2* »Grande valse brillante« (1835), *Valse f-Moll Nr. 12* (1841), *Trois écossaises* (1826), Nr. 2, 15, 17 und 24 aus den *24 préludes* (1839), *Grande fantaisie sur des airs polonais A-Dur* (1828), *Ballade g-Moll Nr. 1* (1835), *Andante spianato* (1834), *Grande polonaise brillante Es-Dur* (1831) und 2. Satz aus dem *Konzert für Klavier und Orchester e-Moll Nr. 1* (1830)
Uraufführung: 4. Nov. 1978, Württembergische Staatstheater, Großes Haus, Stuttgart, Stuttgarter Ballett
Darsteller: Armand Duval; Monsieur Duval, Armands Vater; Nanina, Marguerites Kammerfrau; der Herzog; Prudence Duvernoy; Graf N.; ein Pianist; ein Ehepaar; der Auktionator; sein Assistent; Arbeiter auf der Auktion (4 Herren); Marguerite Gautier; Figuren des Balletts »Manon Lescaut«: Manon Lescaut, Des Grieux, Verehrer Manons (3 Herren); Olympia; Gaston Rieux; Verehrer Marguerites: Arthur, Edouard und Eugène; Theaterbesucher (5 Damen, 6 Herren); Gäste beim Bal masqué (6 Damen, 6 Herren); Gesellschaft unterwegs zur Landpartie (4 Damen, 4 Herren); Gäste auf dem Land (6 Damen, 6 Herren); Marguerites Diener (2 Herren); Spaziergänger auf den Champs-Elysées (5 Damen, 6 Herren); Ballgäste (12 Damen, 12 Herren)
Orchester: 2 Fl, 2 Ob, 2 Klar, 2 Fg, 2 Hr, 2 Trp, B.Pos, Pkn, Kl, Streicher; BühnenM: Kl
Aufführung: Dauer ca. 1 Std. 45 Min.

Entstehung: Dumas' Roman *La Dame aux camélias* (1848) wurde verschiedentlich für Tanzzwecke benutzt, unter anderm von Filippo Termanini (*Rita Gauthier*, Turin 1857, Musik: Giuseppe Verdi), Rosalia Chladek (*Ein romantisches Liebesschicksal – Die Kameliendame*, 1943), John Taras (*Camille*, New York 1946, Musik: Franz Schubert und Vittorio Rieti), Antony Tudor (*Lady of the Camellias*, New York 1951, Verdi), Ruth Page (*Camille*, Chicago 1957, Verdi), Tatjana Gsovsky (*Die Kameliendame*, Berlin 1957, Henri Sauguet), Frederick Ashton (*Marguerite and Armand*, 1963) und Alberto Mendez (*Nos veremos ayer noche, Margarita*, Havanna 1971, Sauguet). Neumeiers Version ist die erste abendfüllende Gestaltung als Handlungsballett auf klassisch-akademischer Basis.
Inhalt: In und bei Paris.
Prolog, Paris: Auf einer Auktion am 16. März 1847, die einer Haushaltsauflösung gilt, befinden sich auch Monsieur Duval und sein Sohn Armand. Angesichts der Gegenstände, darunter ein Porträt Marguerite Gautiers und eine Ausgabe des Romans *Manon Lescaut*, beginnt Armand, dem Vater die Geschichte seiner Erinnerungen zu erzählen.

I. Akt, Paris: Bei einer Vorstellung des Balletts »Manon Lescaut« im Théâtre des Variétés begegnen sich Marguerite Gautier, eine der schönsten und begehrtesten Kurtisanen von Paris, und Armand. Marguerite ist betroffen vom Schicksal der zwischen Liebe und Luxus hin und her gerissenen Manon, während Armand sich in der Gestalt ihres getreuen Liebhabers Des Grieux gespiegelt sieht. Nach der Vorstellung trifft sich in Marguerites Salon eine bunte Gesellschaft, zu der Gaston Rieux neben seiner Freundin Prudence auch Armand mitbringt. Als Marguerite einen Hustenanfall erleidet, nimmt sich Armand ihrer teilnahmsvoll an und gesteht ihr seine Liebe. Wenngleich von seiner Zuneigung gerührt, wehrt Marguerite zunächst ab. Die Liebe Marguerites und Armands vertieft sich bei ihren Begegnungen auf verschiedenen Bällen, doch werden beide immer wieder verunsichert durch die Erscheinungen der dazwischentretenden Figuren von Manon und ihren Liebhabern.
II. Akt, zuerst auf dem Land, dann in Paris: Der Herzog hat Marguerite ein Haus zur Verfügung gestellt, wohin ihr Armand folgt. Dort vergnügen sich Marguerite und Armand mit Freunden und leben ganz ihrer Liebe. Als es zur Konfrontation zwischen Armand und dem Herzog kommt, weist Marguerite diesen von sich. Die Idylle wird gestört durch Armands Vater. Er verlangt von Marguerite die Trennung von Armand, da ihr skandalöses Verhalten auch das bürgerliche Glück seiner Tochter gefährdet. Marguerite bringt das Opfer, schreibt Armand einen Abschiedsbrief und stürzt sich erneut in den Trubel des Pariser Gesellschaftslebens. Armand eilt ihr nach und findet sie in den Armen eines andern Liebhabers.
III. Akt, Paris: Auf den Champs-Elysées und bei einem Ball kommt es zu weiteren Begegnungen, bei denen Armand die sichtlich leidende Marguerite demütigt, indem er sich mit der Kurtisane Olympia abgibt und ihr für die gewährten Liebesdienste einen mit Geldscheinen gefüllten Brief überreicht, der sie zusammenbrechen läßt. Wieder im Auktionsraum, liest Armand in Marguerites Tagebuch, das ihm von ihrer Kammerfrau überbracht wird. Erschüttert erfährt er von ihrem raschen Dahinsiechen, ihrem letzten Theaterbesuch und wie die Gestalt Manons sie in ihren Fieberträumen immer mehr bedrängt und sie schließlich, von allen Freunden verlassen, ihren einsamen Tod stirbt.
Kommentar: Ganz in der Tradition der großen Handlungsballette stehend, wie sie Neumeier vor allem in Crankos *Romeo und Julia* (1962) und *Onegin* (1965) kennengelernt hat, stellt *Die Kameliendame* mit ihrer Drei-Ebenen-Dramaturgie (die Auktion, die Geschichte Marguerites und Armands, die bald als Theatervorstellung, dann als Vision immer wieder auftauchenden Reminiszenzen an die *Histoire du chevalier Des Grieux et de Manon Lescaut*, 1731, von Antoine François Prévost d'Exiles) den bisher anspruchsvollsten Versuch dar, den Stoff für die Tanzbühne zu adaptieren. Dabei kommen die verschiedentlich zwischengeschalteten, im Halbdunkel belassenen Einblendungen vom Fortgang der Auktion dem raschen

Szenenwechsel zugute. Die Spiegelung des Schicksals von Marguerite und Armand in den Theatervorstellungs- und Visionssequenzen mit Manon und ihren Liebhabern erweist sich hingegen mehr literarisch ambitioniert als dem zügigen Handlungsablauf dienlich. Das Zeitklima der Inszenierung profitiert nicht zuletzt von Neumeiers Entschluß, ausschließlich Musik von Chopin zu verwenden (bei der Auswahl wurde er unterstützt vom Dirigenten Gerhard Markson), wobei das Largo aus der *Klaviersonate h-Moll* als musikdramaturgischer Stützpfeiler und damit quasi als Schicksalsmotiv fungiert. Auf der andern Seite ist nicht zu verkennen, daß Neumeiers musikalische Gewissenhaftigkeit, die ihm nur einen einzigen Strich gestattete, die Choreographie stellenweise über alle dramaturgische Gebühr ausdehnt. Ihr Zentrum sind die großen Pas de deux Marguerite/Armand, sozusagen die Achse jedes der drei Akte, die in bester Cranko-Tradition die psychologische Entwicklung der beiden Figuren exemplifizieren. Demgegenüber haben die Gesellschaftsszenen mehr die Funktion, den Rahmen und den Hintergrund atmosphärischer und sozialer Milieuschilderungen zu bestimmen. Inspirierter als die diversen Bälle, die als Kritik an dem luxuriös-oberflächlichen Treiben der Pariser Hautevolee eher konventionell ausgefallen sind, geben sich die unbeschwert fröhlichen Tänze der Landpartie, in die Neumeier hübsche Charaktervariationen, beispielsweise für Marguerites Kammerfrau und das Paar Prudence/Gaston, eingefügt hat. Auch die nicht so im Vordergrund stehenden Rollen (Duval in seiner moralischen Rigorosität, der verklemmte Graf N., der auf seine finanzielle Überlegenheit setzende Herzog, Olympia als Armands neue Eroberung) sind von Neumeier mit feinen Charakterstrichen gezeichnet, während er die Auftritte Manons und ihrer Liebhaber mit einem leicht surrealistischen Fluidum versehen hat. Die choreographisch reichsten Parts sind gleichwohl die Rollen von Marguerite und Armand, der nicht nur als ein leidenschaftlich Liebender, sondern auch als ein poetisch verschwärmter Jüngling angelegt ist, der immer wieder Bücher lesend vorgeführt wird (so daß man verschiedentlich versucht hat, ihn mit Dumas zu identifizieren). Daneben erregen besonders Marguerites Soli Aufmerksamkeit, die den physischen Verfall dieser Figur auf beklemmende Weise deutlich werden lassen.
Wirkung: Die Uraufführung (Ausstattung: Jürgen Rose), in der Marcia Haydée die Marguerite mit überwältigender Eindringlichkeit verkörperte (ihr hat Neumeier sein Ballett gewidmet), wurde ein triumphaler Erfolg. Neben Haydée tanzten Egon Madsen (Armand), Reid Anderson (Duval), Birgit Keil (Manon) und Richard Cragun (Des Grieux). Der durch mehrere Wiederaufnahmen bestätigte Erfolg begleitete das Stuttgarter Ballett auch auf seinen Gastspielen innerhalb des deutschen Sprachraums, stellte sich indessen bei den diversen Auslandstourneen nur bedingt ein; hier hielt man dieser *Kameliendame* ihre sehr deutsche Herkunft und eine gewisse Schwerfälligkeit vor. 1981 übernahm Neumeier das Werk ins

Die Kameliendame; Birgit Keil als Manon, Marcia Haydée als Marguerite, Richard Cragun als Des Grieux; Ausstattung: Jürgen Rose; Uraufführung, Stuttgarter Ballett, Stuttgart 1978. – Das Gefühl einer seelischen Verbundenheit läßt die Kameliendame den niederbeugenden Schmerz des Bühnenpaars mittragen.

Repertoire des Balletts der Hamburgischen Staatsoper; 1986 drehte er den Ballettspielfilm *Die Kameliendame* (mit Haydée, Ivan Liška, François Klaus, Lynne Charles und Jeffrey Kirk). – Ein weiteres Ballett nach Dumas' Vorlage schuf Jorge Lefèbre (*La Dame aux camélias*, Charleroi 1980, Musik: Verdi).

Ausgaben: M: F. F. Chopin, Krit. GA, hrsg. I. J. Paderewski u. a., Warschau, Krakau 1949–61; Beneshnotation v. G. Tsinguirides, J. Bourne (1978): BIC, London. **Aufführungsmaterial:** J. Neumeier, Hbg.
Literatur: A. Dauber, Zeitgemäße Bewältigung der Vergangenheit. J. N.s ›Kameliendame‹ in Stuttgart, in: Ballett 1979, Seelze 1979, S. 6–11; weitere Lit. s. S. 407

Horst Koegler

Matthäus-Passion
Ballett

Musik: Johann Sebastian Bach, *Passion unseres Herrn Jesu Christi nach dem Evangelisten Matthäus* (1729) in der Aufnahme (1980) des Orchesters, Chors und Knabenchors der Sankt-Michaelis-Kirche Hamburg und des Knabenchors Hannover unter Günter Kurt Johannes Jena mit Peter Schreier, Bernd Weikl, Mitsuko Shirai, Marga Schiml und Franz Grundheber.
Text: Christian Friedrich Henrici
Uraufführung: 25. Juni 1981, Hamburgische Staatsoper, Hamburg, Ballett der Staatsoper
Darsteller: 20 Tänzerinnen, 21 Tänzer
Orchester: Tonb
Aufführung: Dauer ca. 3 Std. 45 Min.

Entstehung: Der Gedanke, Bachs *Matthäuspassion* zu choreographieren, beschäftigte Neumeier seit Beginn der 70er Jahre; den Entschluß, ihn zu realisieren, faßte er 1979, als er in Zusammenhang mit seinem Waslaw-Nijinski-Ballett *Vaslaw* (Hamburg 1979, Musik: Bach) eine Schallplattenaufnahme der *Matthäuspassion* abhörte. Erst dieser physisch-emotionale Zugang evozierte die intellektuelle Erarbeitung eines dramaturgisch-choreographischen Konzepts. Neumeier interessierte vorrangig nicht der religiöse Gehalt, sondern die Form. Das Epische und das Dramatische, das Bildhafte und das Abstrakte, die historische Nacherzählung und das existenzielle Echo, die der Komposition die Struktur geben, boten sich als Grundlage eines Bewegungstheaters an, in dem reine Tanzelemente neben theatralischer Schilderung stehen und das innere und das äußere Geschehen mit unterschiedlichen Mitteln gestaltet sind. Von vornherein war ihm bewußt, daß es sich bei dem Ballett weder um einen Ersatzgottesdienst noch um ein Mysterienspiel handeln konnte. Rückblickend erkannte Neumeier, daß er den Stoff eines Christusballetts bereits in *Ludus Coventriae* (Milwaukee 1961, Musik: Collage) und in *Die Stille* (Hamburg 1975, George Crumb) behandelt hatte. – Die der Uraufführung vorangehenden *Skizzen zur Matthäus-Passion J. S. Bachs* (13. Nov. 1980; erweiterte Fassung: 1. April 1981; beides Michaeliskirche, Hamburg, Ballett der Staatsoper) waren keine Kurzfassungen; inhaltlich zentrale Stellen der *Matthäuspassion* wurden gestaltet, um den musikalischen Formen gemäße choreographische Entsprechungen auszuprobieren. Das vollständige Ballett erforderte zum Teil neue Übergänge und Ausweitungen; die Übertragung aus dem sakralen Raum in den profanen des Theaters bedingte szenische Änderungen.

Inhalt und Kommentar: Die Bühne ist dunkel ausgeschlagen; im Hintergrund eine erhöhte Ebene, der Ort der Zeugen der historischen Handlung, zugänglich über wenige Stufen auf der gesamten Breite; rechts tritt eine geringfügig erhöhte dritte Ebene hinzu, ein mit rotem Velours belegtes Quadrat; Requisiten sind sieben Bänke als Sitzgelegenheit für die Zeugen, die senkrecht gestellt oder ineinander verkantet zusätzliche Verwendung finden, so bei der Gefangennahme Jesu oder in der Folterszene; Tänzerinnen und Tänzer tragen weiße Baumwollgewänder, der Tänzer des Jesus ein frei fallendes Frackhemd mit kleinem Stehkragen; die historischen Darsteller tanzen barfuß, die Zeugen in Spitzen- oder Turnschuhen: Auf der Bühne liegt das Hemd Jesu, ausgebreitet wie ein Kreuz. Die Tänzer treten auf, unter ihnen der Darsteller des Jesus; dieser faltet das Hemd zusammen und geht hinaus, um es anzuziehen. Auf den Bänken sitzend, hören die Tänzer der Musik zu. Choreographisch ist der Eingangschor nach Art einer Ouvertüre gestaltet, in der die wesentlichen formalen Elemente des Werks andeutungsweise vorgestellt werden. Ein Tänzer tritt vor und kniet nieder wie zum Gebet. Das Motiv wird aufgenommen durch vier weitere Tänzer, die aus der Gruppe heraustreten, sich an den Händen fassen und einen Kreis bilden, in den sich nach und nach das Ensemble eingliedert. Ruhiges Schreiten wirkt als Ritual, das auf das Kommende vorbereitet. Die Ordnung löst sich auf in eine Vielzahl individueller Bewegungsäußerungen und Gruppenbildungen; Beziehungen entstehen und zerbrechen wieder: Bilder von Menschen, in deren Mitte sich die Passion Jesu ereignet. Der Eingangschor endet mit der Rückkehr Jesu; auf seiner Schulter trägt er einen Menschen, der Darsteller zugleich des Pilatus und des Judas sein wird. Die folgende Szene deutet das Ende der öffentlichen Wirksamkeit Jesu an: Wenn Jesus fortan zu seinen Jüngern, seinen Richtern und dem Volk spricht, treten zwei Begleiter zu ihm, die in stilisierten Gesten seine Rede eröffnen; die beiden in Grau gekleideten Gestalten symbolisieren zusammen mit Jesus die Dreifaltigkeit. Die choreographische Umsetzung der Passion im engeren Sinn vernetzt den geschichtlichen Ablauf mit der Reaktion der Zeugen und derem existenziellen Echo in Meditation und Kommentar; einerseits fungieren die Zeugen als Zeitgenossen Jesu, andrerseits als Menschen unserer Gegenwart. Grundsätzlich findet die dramatische Entwicklung wie in Bachs Komposition im Rezitativ ihren Ausdruck. In den Arien vollzieht sich die seelisch-religiöse Vertiefung. Dennoch ergibt sich bisweilen die Notwendigkeit, historische Ebene und Zeugenebene zu vereinen. Daß solche vertiefende Besinnung nicht ausschließlich der musikalischen Form der Arie verbunden ist, belegt die schockierende Gewalttätigkeit des Männersolos zum Rezitativ »O Schmerz! hier zittert das gequälte Herz«, die Studie eines einzelnen, der gegen die untätig resignierende Haltung des bloßen Mitleidens der übrigen Jünger aufbegehrt. Auch die Choräle werden dramaturgisch unterschiedlich verwendet: »Ich will hier bei dir stehen« und »Bin ich gleich von dir gewichen« vollziehen sich im historischen Kontext, während »Mir hat die Welt trüglich gericht'« inmitten der Szene um die falschen Zeugen, in der ein Mann und eine Frau auf jeweils einem Spitzenschuh tanzen und damit ihr verwerfliches Tun versinnbildlichen, ein fast ironischer Kommentar ist. Unter den Ensembleszenen nimmt das Abendmahl durch seine pointiert sinnliche Visualisierung eine Sonderstellung ein. Während gewöhnlich eine überdeutlich realistische Schilderung durch die weitgehende Verwendung abstrakter tänzerischer Mittel vermieden wird, erscheint hier die Gemeinschaft Jesu mit seinen Jüngern im Herrenmahl geradezu materialisiert. Jesus wird nach dem Choral »Ich bins, ich sollte büßen« symbolisch hochgehoben, versinkt dann aber in der Reihe der einander eng verbundenen Körper der Jünger, die ihn gleichsam physisch verschlingen; hierbei drängt sich der Eindruck der kirchenstiftenden Bedeutung des Selbstopfers Jesu auf. Der Gedanke wird noch durch das anschließende mystische Frauensolo zum Rezitativ »Wiewohl mein Herz in Tränen schwimmt« unterstrichen, bevor sich aus einem Kreis, den die Jünger bilden, zur Arie »Ich will dir mein Herze schenken« eine Hymne an Jesus als den Christus entwickelt. Wie hier die ontologische Komponente des »Zeichens Abendmahl« optisch umgesetzt wird, ist in den Gruppenszenen nach der Ergreifung Jesu und seiner Preisgabe an Kaiphas und die Hohenpriester (ab Nr. 31) die sich steigernde Gewalttätigkeit bewußt nicht symbolisch formuliert; asynchrone Gestaltung, Kanoneffekt, disharmonische Isolationsbewegung und gestische Eindeutigkeiten erwecken den Eindruck von Realität. Damit ist das Prinzip gewahrt, das beispielsweise die Judas-Szenen (Nr. 41a–c) kennzeichnet. Die Verurteilung Jesu durch das Volk (Nr. 45a–b) folgt kanonartig der Musik und entwickelt durch Wiederholung und Intensivierung eines schmalen gestischen Vokabulars von brutal-obszönen Äußerungen die Haßorgie, die in der Folterung (Nr. 50a–e) den Gipfel erreicht. Bedeutungsvoll ist, daß die Quälereien nicht von bestimmten Macht-, Glaubens- oder Gesellschaftsgruppen ausgeführt werden, sondern von jedermann. Solche Szenen der Gewalt finden ihr Gegengewicht beispielsweise in dem Rezitativ »Er hat uns allen wohlgetan«, in der Beschreibung des inneren Konflikts Pilatus', choreographiert als Duo mit seiner Frau zu dem Choral »Befiehl du deine Wege«, oder in dem Sextett mit der davon unabhängigen Variation einer Tänzerin zu der Arie »Können Tränen meiner Wangen«, am stärksten jedoch in der Charakterisierung Petri (Nr. 38a–40), deren Skopus darin liegt, daß die historische Ebene verlassen wird und der Mensch schlechthin in den Blick tritt, der in seiner Schwäche und Feigheit den Grund für das Unheil erkennt, das er heraufführte. Der Gedanke der Einbeziehung von Hörer und Zuschauer der Leidensgeschichte erscheint auch bei der Kreuzigung. Daß Jesus das Kreuz auf sich nimmt, hat zwar eine einzigartige heilsgeschichtliche Bedeutung, jeder aber, der ihm folgt, trägt das Kreuz anderer Menschen mit. So wird der Tod Jesu als bewußtes Ritual wiedergegeben. Dazu gehört das Rezitativ »Ach Golgatha«, ein Frauensolo, in dem der Ort des Grauens mit einfachen Schritten vermessen und gleichsam als geistiger Raum erfahren wird, ebenso wie das Aufrichten des Kreuzes mit den Bänken. Das Sterben selbst wird mit sparsamen stilisierten Bewegungen ausgeführt. Die sich anschließenden Szenen unterstreichen noch einmal die Verinnerlichung des Geschehens (besonders Nr. 64 und 65). Der Schlußchor, für den choreographisch das Kreismotiv und die gegenläufige Bewegung zum Eingangschor charakteristisch sind, bringt unverkennbar das Gebot der Reinigung zum Ausdruck. – *Matthäus-Passion* überzeugt durch die Komplexität der Anlage und die Schlichtheit der choreographischen Mittel. Das Ballett geht ebenso sensibel auf die Musik wie auf den Text ein, gewinnt aber Bachs Komposition durch die dem Tanz eigene Entfaltungszeit, Dynamik, Gesetzmäßigkeit und Ausdruckskraft eine neue, gleichgewichtige Dimension hinzu. Dadurch wird die prinzipielle Frage nach der Berechtigung einer choreographischen Umsetzung gegenstandslos. Ein anderes ist es, inwieweit der Zuschauer über das optische Sensorium für Bewegungsbilder verfügt und ob seine Vorstellung der Neumeiers entspricht. Das Ballett wirkt durch seine Geschlossenheit, zu der sich die dramatische Gestaltung der historischen Leidensgeschichte Jesu, die musikalisch-theologische Exegese, das menschlich-psychologische Geschehen und die meditative Reflexion fügen. Dies wird erreicht durch organisch sich vollziehende Übergänge sowie assoziative und leitmotivische Elemente, zu denen auch die Anwendung der Zahlensymbolik gehört. Ruhe und Dramatik, Lyrisches und Expressives, Konkretes und Abstraktes sind in ein wirksames Spannungsverhältnis gesetzt. Asymmetrie und Kontradiktion bestimmen dies Bewegungstheater. Mit Bedacht wird die Tautologie vermieden; wo affirmativ choreographiert ist, gebieten es exegetische Gründe. Gestik und Tanz entbehren jeder artifiziellen Raffinesse. In welchem Maß die Visualisierung durch Tanz geeignet ist, schlagartig theologisch relevante Einsichten zu vermitteln, enthüllt sich etwa, wenn Jesus am Ende des Eingangschors den Tänzer auf seiner Schulter hereinträgt, der später Judas und Pilatus darstellt. Und wenn in der Verratsszene Jesus Judas küßt und nicht umgekehrt, wie erwartet, bezeichnet dies nicht nur eine Verstärkung der Zwangsläufigkeit des Geschehens, die Jesus bewußt ist, sondern wird zum Ausdruck der alles überwindenden Liebe. Wie der Musik tritt Neu-

Matthäus-Passion; Max Midinet als Jesus; Ausstattung: John Neumeier; Uraufführung, Ballett der Staatsoper, Hamburg 1981. – Die Szene zeigt eine für Neumeiers Choreographie typische Raumgliederung: Mit der Gebärde des Gekreuzigten trennt Jesus die Reihe seiner Jünger von den andern, die an dem Geschehen nur als Zuschauer teilnehmen.

meier auch dem Text mit großem Respekt gegenüber; nie überschreitet er die Grenzen sinnvollen exegetischen Spürsinns. Allerdings steht er unverkennbar in der theologischen Tradition des römischen Katholizismus. Das zeigt sich nicht nur in der Abendmahlsszene, die der Transsubstantiationslehre folgt, sondern auch in einem bestimmten Verständnis der Glaubensmystik und dessen ekklesiologischen Konsequenzen. Daneben haben auch liturgische Elemente der römischen Messe ihren Niederschlag gefunden. Letztendlich sieht Neumeier den historischen Jesus immer mit dem Auferstandenen in eins; daß er in seinem Buch über die *Matthäus-Passion* ausschließlich von »Christus« spricht, ist bezeichnend. Damit unterscheidet er sich deutlich von der lutherischen Christologie, der Bach verpflichtet war.

Wirkung: Schon vor der Uraufführung mit Max Midinet (Jesus; später gelegentlich auch von Neumeier getanzt), Lynne Charles, Beatrice Cordua, Chantal Lefèvre, Kevin Haigen, François Klaus, Ivan Liška und Roy Wierzbicki, beginnend mit den *Skizzen*, entspann sich eine heftige Diskussion über das Für und Wider von Neumeiers Konzeption und ihre Realisierung. Gleichwohl ist bis heute das internationale Echo anhaltend groß geblieben; *Matthäus-Passion* wurde auch im europäischen Ausland und in Nordamerika gezeigt. Als ideale Aufführungsstätte hat sich der Kirchenraum erwiesen. Die Zentralperspektive des Altarraums von Sankt Michaelis sowie die Auftritte durch den Mittelgang und die Einbeziehung von Kirchenschiff und Emporen versammeln die Zuschauer zur Gemeinde. Dagegen tritt auf der Bühne der Hamburgischen Staatsoper die graphische Gestaltung der Choreographie stärker ins Blickfeld.

Ausgaben: Beneshnotation v. S. Menck (1988): BIC, London.
Aufführungsmaterial: M: NDR, Hbg.; Ch: J. Neumeier, Hbg.
Literatur: G. KAIRAT, Johann Sebastian Bach. Skizzen zur ›Matthäus-Passion‹. Fernsehdokumentation, NDR 1980; H. SCHEIER, Spontanes Berücktsein und sachliche Reflexion. Briefe zur ›Matthäus-Passion‹, in: Spielzeit 1980/81, Jb. 8 d. Staatsoper, Hbg., S. 151–154; J. NEUMEIER, Photographien und Texte zum Ballett der Matthäus-Passion von Johann Sebastian Bach. Ein Arbeitsbuch, Hbg. 1983; weitere Lit. s. S. 407

Helmut Scheier

Endstation Sehnsucht
Ballett in zwei Teilen nach dem Schauspiel von Tennessee Williams

Musik: Sergei Sergejewitsch Prokofjew, *Mimoljotnosti* (*Visions fugitives*, 1917) in der Bearbeitung für Streicher (1978) von Rudolf Borissowitsch Barschai, und Alfred Garrijewitsch Schnittke, *Symphonie Nr. 1* (1972) in der Aufnahme der Uraufführung (1974) mit dem Philharmonischen Orchester Gorki unter Gennadi Nikolajewitsch Roschdestwenski
Uraufführung: 3. Dez. 1983, Württembergische Staatstheater, Kleines Haus, Stuttgart, Stuttgarter Ballett
Darsteller: Blanche Du Bois; Kiefaber; Shaw; ein Soldat; Stella, Blanches Schwester; Allan Gray; Allans Freund; Hochzeitsgäste in Belle Reve (5 Paare); die Verwandten: Mutter, Vater, Tante Jessie, Margarete und der General; Stanley Kowalski; Harold Mitchell, genannt Mitch; Zeitungsjunge; die Stadt New Orleans (4 Paare, 9 Damen, 8 Herren); Wärterin; Arzt
Orchester: Prokofjew: Streicher; Schnittke: Tonb
Aufführung: Dauer ca. 1 Std. 30 Min. – Nach wenigen Vorstellungen wurde die Streicherbearbeitung der *Mimoljotnosti* aufgegeben zugunsten der originalen Klavierfassung. Diese wird jedoch nicht durchgehend in der originalen Reihenfolge gespielt; stellenweise erklingt die Streicherbearbeitung vom Tonband (einmal auch eine Tonfolge für Harfe).

Entstehung: Schon während seiner Arbeit an der *Kameliendame* (1978) kam Neumeier der Gedanke an ein Ballett über Williams' Schauspiel *A Streetcar Named Desire* (1947). Nach groß dimensionierten Werken wie *Matthäus-Passion* (1981) und *Artus-Sage* (Hamburg 1982, Musik: diverse) wandte er sich wieder einem Einzelschicksal zu. Von Anfang an war die Hauptrolle für Marcia Haydée bestimmt. Mit der Verwirklichung seines Vorhabens mußte er so lange warten, weil Williams die choreographischen Rechte an Valerie Bettis vergeben hatte. Deren Ballett *A Streetcar Named Desire* (Montreal 1952, Musik: Alex North) erzielte zwar beim Slavenska-Franklin Ballet nicht mehr als einen Achtungserfolg, hielt sich aber von 1954 an ein paar Spielzeiten im Repertoire des American Ballet Theatre. Erst nach dem Tod von Williams und Bettis waren die Rechte erneut verfügbar.

Inhalt: In einer Irrenanstalt, ein Bettgestell in der Mitte der Bühne: Blanche Du Bois wird zwischen Erinnerungen und Wahnvorstellungen hin und her gerissen. Drei Männer fallen über sie her.
I. Teil, »Belle Reve«: Im alten Herrenhaus von Belle Reve sind die Vorbereitungen für Blanches Hochzeit mit Allan Gray im Gang. Zugegen ist auch Allans Freund. Als Allan die Spannung seiner Doppelexistenz zwischen Blanche und seinem Freund nicht mehr aushält, erschießt er sich. Das Leben in dem Haus erstirbt allmählich; nacheinander sinken die Familienmitglieder tot zu Boden. Im Flamingo-Hotel kommt es zu flüchtigen Begegnungen Blanches mit drei Männern.
II. Teil, »New Orleans«: Blanche ist bei ihrer Schwester Stella zu Besuch. Stella ist ihrem Mann Stanley Kowalski hörig, der Blanche als Eindringling zurückweist. Der Amateurboxer Stanley genießt seine Rolle als Champion. Sein Freund Harold Mitchell unternimmt einen schüchternen Annäherungsversuch bei Blanche. Stanley fordert sie heraus, aber als sie ihm einen Schritt entgegenkommt, deckt er brutal ihre Vergangenheit auf und zerstört das zart sich anbahnende Verhältnis zwischen Blanche und Mitch. Mehr und mehr verwirren sich für Blanche Fiktion und Realität. Als Stanley mit Blanche allein ist, vergewaltigt er sie. Um den Rest ihres Verstands gebracht, verliert Blanche jeglichen Kontakt zu ihrer Umwelt

und wird schließlich in eine Nervenklinik eingeliefert, wo sie auf dem Bett ihren Träumen nachsinnt.
Kommentar: Nur zweimal hatte sich Neumeier vor *Endstation Sehnsucht* mit dezidiert amerikanischen Stoffen befaßt: in seiner Produktion (Hamburg 1978) von Bernsteins Musical *West Side Story* (1957) und seiner Neuchoreographie (Hamburg 1979) von Robbins' *The Age of Anxiety* (1950). Was ihn an Williams' Schauspiel reizte, waren die Problematik der amerikanischen Südstaaten und das spezifische Ambiente von New Orleans, die er beide als Hintergrund in seinem Ballett prägnant in Erscheinung treten läßt: die formelle Welt der langsam vor sich hinsterbenden Farmeraristokratie in ihren nostalgisch timbrierten Gesellschaftstänzen und dagegengesetzt die hektische Geschäftigkeit von New Orleans mit den wie mit einem Lineal gezogenen Karreeformationen seiner Straßen. Seine überraschende Musikwahl zweier russischer Komponisten für dies so ausgesprochen amerikanische Ballett erklärt Neumeier damit, daß Prokofjews *Mimoljotnosti* für ihn weder etwas Russisches noch etwas Amerikanisches an sich hätten, daß die Atmosphäre dieser Musik vielmehr etwas sehr Großbürgerliches, Humanes suggeriere; auch habe er in ihrer bruchstückhaften Art Entsprechungen zur Form seines Balletts entdeckt. Was Schnittkes *Symphonie Nr. 1* angeht, so sei sie ihm insofern gespenstisch vorgekommen, als er Elemente des modernen Jazz und der freien Improvisation heraushöre: genau das, was er für sein Ballett suchte. – Im I. Teil dominieren die pantomimischen zeremoniellen Verrichtungen anläßlich der Hochzeitsfeier und die dem Ambiente entsprechenden Gesellschaftstanzformen. Die Zuneigung der beiden Männer erfüllt sich in paralleler Bewegungsharmonie; das Hinsterben der Familienmitglieder vollzieht sich als makabrer Totentanz. In der Schlußszene im Stundenhotel, einem Pas de quatre Blanches mit den drei Männern, skizziert Neumeier das erotische Vokabular, das bis ins Akrobatische gesteigert den II. Teil dominiert und in den diversen Pas de deux Stanleys erst mit Stella und dann in zunehmender Aggressivität und Brutalität mit Blanche geradezu explodiert. Dazwischen hat Neumeier immer wieder Szenen geschaltet, die unter Berücksichtigung von Lokaltypischem der Milieuzeichnung dienen, neben den gleichsam abstrakten Karreeformen und Marschformationen beispielsweise Laufbänder, die den Grundriß der Stadt strukturieren, einen freundschaftlichen Boxkampf zwischen Stanley und Mitch, ein Begräbnis oder die Mardi-Gras-Parade der Drum-Majorettes. Charakter- und identitätsbestimmend für *Endstation Sehnsucht* ist jedoch das unzweideutige sexuelle Raffinement, das Neumeier zu den kühnsten Phantasieflügen inspiriert hat.
Wirkung: Die Rollen von Blanche und Stanley scheinen den Stuttgarter Stars Haydée und Richard Cragun nicht nur exakt auf ihre individuellen tänzerischen Fähigkeiten hin choreographiert zu sein, sondern darüber hinaus auch noch autobiographische Bezüge ins Spiel zu bringen. Doch gewinnen ebenso die andern Hauptrollen individuelles Profil; in der Uraufführung tanzten diese Lisi Grether (Stella), Vladimir Klos (Mitch) und Johannes Kritzinger (Allan). 1987 wurde *Endstation Sehnsucht* ins Repertoire des Hamburger Balletts übernommen. Hier wie dort ist das Werk ein eindeutiger Publikumserfolg, während die deutsche Kritik gespalten ausfiel und die amerikanische Presse beim Gastspiel des Stuttgarter Balletts in Washington ausgesprochen negativ reagierte (wie auf die meisten Choreographien Neumeiers, die Amerika bisher zu sehen bekommen hat).

Ausgaben: M: S. Prokofev (Klavier): Benjamin, Hbg. 1925, Nr. 8373; Benesnotation v. G. Tsinguirides, J. Bourne (1983; unvollst.): BIC, London; Benesnotation v. S. Menck, P. Tierney (1987): ebd. **Aufführungsmaterial:** Prokofev: Benjamin, Hbg. (Klavier), Sikorski (Bearb. v. R. Baršaj); Ch: J. Neumeier, Hbg.
Literatur: H. REGITZ, Von der Zerstörung einer schönen Seele. Ballett u. Literatur – ein aktuelles Beispiel: ›Endstation Sehnsucht‹ v. J. N., in: Ballett 1984, Zürich 1984, S. 8f.; N. BEILHARZ, Blanche. Ein Film über d. Ballett ›Endstation Sehnsucht‹ v. J. N., HR 1984; weitere Lit. s. S. 407

Horst Koegler

Othello
Ballett nach William Shakespeare
2 Teile (20 Bilder)

Musik: Arvo Pärt, *Tabula rasa* (1977) und *Mirror in a Mirror* (1978), Alfred Garrijewitsch Schnittke, *Concerto grosso Nr. 1* (1977), Nana Vasconcelos, *Vozes, O Berimbau* und *Ondas* (alle 1979), Michael Praetorius (eigtl. Michael Schultheiß), *Resonet in laudibus* (1611), die Lieder *Bonny Sweet Robin, Calleno Custure Me* und *The Willow Song* (16. Jahrhundert) in der Interpretation von Alfred George Deller, die Tanzmusik *Lamento di Tristano* (15. Jahrhundert) und die brasilianischen Folklorestücke *Marcha de Rancho* und *Ensaio Geral*
Uraufführung: 27. Jan. 1985, Kampnagelfabrik, Hamburg, Ballett der Hamburgischen Staatsoper
Darsteller: Othello; Desdemona; Jago; Emilia; Cassio; Brabantio; Bianca; der wilde Krieger; La Primavera (3 Tänzerinnen); 5 Soldaten, Tänzer der Moresca; Venezianer (5 Tänzerinnen, 5 Tänzer)
Orchester: Cemb, präpariertes Kl, Streicher, Tonb
Aufführung: Dauer ca. 2 Std. – Das Bühnenviereck läßt hinten durch veränderbare Vorhänge sowohl Innenräume wie ein einstöckiges Haus sichtbar werden, in dessen erstem Stockwerk das Orchester plaziert ist. Musik von Tonband und Orchester fließen ineinander.

Entstehung: Neumeiers Liebe zu Shakespeares Werken hatte sich zuerst in *Romeo und Julia* (Frankfurt a. M. 1971; Neufassungen: Kopenhagen 1976, Hamburg 1981) niedergeschlagen. Für ein *Othello*-Ballett beauftragte er Gerald Humel mit der Komposition; dies Projekt hätte noch unter der Intendanz von August Everding in Hamburg, also vor Mitte 1977, realisiert werden sollen. Doch erschien Neumeier Humels Musik dann nicht geeignet für ein Ballett. Nach Everdings

Wechsel an die Staatsoper München konnte Neumeier dort 1977 Verdis *Otello* (1887) inszenieren. Erst Jahre später griff er die Idee eines Balletts nach Shakespeares Tragödie *Othello* (1604) wieder auf.

Inhalt: Auf einer Bühne ohne Dekorationen.
I. Teil, »Venedig«, 1. Bild, »Begegnung«: Inmitten des städtischen Treibens begegnen sich Desdemona und Othello und verlieben sich ineinander. 2. Bild, »Ein Bild voneinander«: Beide erblicken im andern eine Art Idealtyp: Desdemona sieht in Othello den wilden Krieger und Othello in Desdemona La Primavera. 3. Bild, »Liebe – das Tuch«: Die Liebe konkretisiert sich: Othello löst das um seine Hüften geschlungene Tuch und windet es Desdemona um die Taille als Zeichen des Eheversprechens. 4. Bild, »Moresca«: Die Moriskentänzer zeigen die Geschichte des Tuchs, Desdemonas und Othellos Liebe derb sexuell karikierend. 5. Bild, »Desdemonas Bekenntnis«: Desdemona bekennt ihre Liebe in der Öffentlichkeit; sie bittet ihren Vater Brabantio um sein Einverständnis. 6. Bild, »Brabantios Anklage«: Der Vater beklagt diese Heirat. 7. Bild, »Othellos Antwort«: Othello reagiert deutlich: Er besteht darauf, daß Desdemona als seine Frau anerkannt wird. 8. Bild, »Abschied«: Desdemona und Othello verabschieden sich. 9. Bild, »Jago«: Jago sieht seine Chance, sich dafür zu rächen, daß Othello ihm Cassio als Leutnant vorgezogen hat. Er demonstriert Facetten seines Charakters: den Besessenen, den Bühnenschurken, den Herrschsüchtigen, den latent Homosexuellen. 10. Bild, »Jago und Emilia. Aufbruch«: Diese Form der Vielgestaltigkeit legt er auch gegenüber Emilia an den Tag; seine Frau ist ihm dennoch liebend ergeben. Jago und Emilia gehen als letzte an Bord des Schiffs.
II. Teil, »Zypern«, 1. Bild, »Morgenlied. Cassio«: Othello gibt sich unbeschwert und frei, erfüllt von seiner Liebe. Cassio freut sich mit ihm. 2. Bild, »Kriegsgeschäft«: Mit Jago kehrt der Alltag ein. 3. Bild, »Ablenkungen«: Desdemona und Emilia versuchen die Männer abzulenken. Jago nutzt die ausgelassene Stimmung, um in Othello Zweifel an Desdemonas Treue zu erregen. 4. Bild, »Dialog. Verdacht«: Es gelingt ihm, den geweckten Verdacht zu vertiefen; Othello wird eifersüchtig. 5. Bild, »Verzweiflung«: Othello wird immer verzweifelter; er weiß nicht mehr, wem er vertrauen kann: Jago oder Desdemona? 6. Bild, »Wahnvisionen«: Othello verliert sich in Halluzinationen. 7. Bild, »Befremdung. Entfremdung«: Othello weist Desdemona ab. Sie läßt das Tuch, mit dem sie Othello ihre Zuwendung bezeigen wollte, verstört am Boden liegen. 8. Bild, »Das Tuch ist verloren. Die Hure Bianca«: Emilia hebt das Tuch auf und gibt es Jago in der Hoffnung, sich so Zuneigung einhandeln zu können. Jago verfolgt unbeirrt seinen Plan und schiebt es Cassio zu, der es wiederum Bianca überläßt, die damit Othello begegnet. 9. Bild, »Täuschung. Enttäuschung. Entscheidung«: Othello erblickt darin den Beweis für Desdemonas Untreue, die leichtfertig das Pfand seines Eheversprechens verschenkt habe. Verstrickt in seine Gefühle, sieht er Jagos Einflüsterungen bestätigt, daß der Ehebruch nur mit Cassio begangen worden sein kann. Othello und Desdemona glauben sich gegenseitig getäuscht zu haben (und sind damit auch von ihren Bildern enttäuscht). 10. Bild, »Mord«: Othello erwürgt Desdemona. Emilia erklärt ihm zwar die Rolle Jagos, aber sie kann nicht verhindern, daß Othello sich mit dem Tuch erwürgt.

Kommentar: Neumeier lehnt *Othello* in den zentralen Punkten der Handlung und den tragenden Rollen an Shakespeares Tragödie an. Er unterbricht aber den dramatischen Verlauf immer wieder, um innere Vorgänge darzustellen, Motivationen und Beziehungen aufzuzeigen. Aktionen und Situationen, unter Voraussetzung von deren Kenntnis, werden aneinandergereiht; mit dieser für ihn typischen Form der Literaturadaption sprengt er das Muster des herkömmlichen Handlungsballetts. Die Vielschichtigkeit der dramaturgischen Struktur (dramaturgische Mitarbeit: Angela Dauber) ergibt sich vor allem durch die Bilder Desdemonas und Othellos und die Selbstbespiegelung Jagos; wie Aspekte begleiten der wilde Krieger und Primavera, verkörpert durch drei an Sandro Botticellis Allegorie *La primavera* (um 1478) erinnernde Frauen, die handlungtragenden Personen. Auch die Geschichte des Tuchs wird mehrschichtig vorgeführt; es erscheint auf allen Ebenen und spielt in allen Formen der Liebe eine Rolle: als Symbol der Verbundenheit und Treue, als Fetisch, als Zeichen der Verlorenheit und Einsamkeit, des Verlangens und der Freude. Die Liebe wird als unerklärlich und unbeweisbar gedeutet;

Othello, II. Teil, 10. Bild; Gigi Hyatt als Desdemona, Gamal Gouda als Othello; Ausstattung: John Neumeier; Uraufführung, Ballett der Staatsoper, Hamburg 1985.

theoretisch steht sie als Glück jedem offen, doch niemand wird wirklich glücklich, da jeder sich selbst verhindert oder von andern gehindert wird. Desdemona ist letztlich von dem wilden Krieger und damit von Othello enttäuscht, ebenso wie Othello von Primavera und Desdemona. Und Jago, gefangen in der Analyse von Sein und Schein, sieht die Gelegenheit, sich in allen Möglichkeiten auf allen Ebenen (auch als Zigeunerin in den Tänzen der Moresca) darzustellen. – Einleuchtend präsentieren sich die Stationen der zwischenmenschlichen Beziehungen in den Pas de deux, vor allem bei Desdemona und Othello. Diese werden nicht zu virtuosen Kulminationspunkten der Choreographie; vorrangig bleibt vielmehr die dramaturgische und psychologische Motivation. Hinsichtlich des Bewegungsvokabulars gilt, daß Neumeier mehr als originär dem klassischen Tanz Zugehöriges pantomimische und stilisierte Gesten, in denen sich Konventionalität und Phantasie mischen, quasi leitmotivisch verwendet. Distanz und Nähe werden vor allem durch Handgesten vermittelt; sie funktionieren zwischen den Männern, aber nicht zwischen Mann und Frau. Gespreizte Finger, geballte Fäuste und manieristisch abgewinkelte Hände werden als bildhafte Zeichen emotionaler Zustände gebraucht. Darüber hinaus setzt Neumeier gelegentlich Stimme und Sprache ein. Die Dramatik des Geschehens wird unterstützt durch die Formationen der Soldaten und der venezianischen Gesellschaft; höfische Tanzformen und Verhaltensweisen bilden einen Kontrast und verfließen mit den Bewegungsbildern der Moriskentänzer. Auch Beleuchtung und Kostüme, wie die gesamte Ausstattung von Neumeier entworfen, werden theatralisch wirksam verwendet. Er abstrahiert beide Komponenten zu Stimmungsebenen; die Farben erhalten Symbolcharakter. Die Musikzusammenstellung deutet unterschiedliche, aber nicht unvereinbare Sphären an. – Detaillierter geformt und elaborierter eingesetzt als in Neumeiers früheren Shakespeare-Balletten *Hamlet Connotations* (New York 1976, Musik: Aaron Copland) und *Ein Sommernachtstraum* (Hamburg 1977, Felix Mendelssohn-Bartholdy und György Ligeti), tragen in *Othello* die Bewegungen durch das Labyrinth der menschlichen Gefühle. Es ist gleichwohl ein intimes Werk, das die Nähe zum Zuschauer sucht, dessen Emotionen und Assoziationen direkter als in der nur wenige Monate später geschaffenen Shakespeare-Adaption *Mozart und Themen aus »Wie es euch gefällt«* (Hamburg 1985, Wolfgang Amadeus Mozart) angesprochen werden. Ähnlich bedeutungsvoll wie *Othello* legte Neumeier *Amleth* (Kopenhagen 1985, Michael Tippett) an.
Wirkung: In der Uraufführung tanzten Gamal Gouda (Othello), Gigi Hyatt (Desdemona), Max Midinet (Jago), Anne Brossier (Emilia) und Jeffrey Kirk (Cassio). *Othello* stieß zwar auf geteilte Kritikerstimmen, entpuppte sich aber als Publikumserfolg. Auch auf Auslandsgastspielen wurde das Ballett gezeigt.

Ausgaben: Part: A. Pärt, *Tabula rasa*: UE, Nr. 17249; A. G. Šnitke: UE, Nr. 488; Schallplatten: N. Vasconcelos, »Saudades«: ECM; M. Praetorius: EMI; Lieder d. 16. Jh.: Harmonia Mundi; *Lamento di Tristano*: Dt. Grammophon; brasilianische Folklorestücke: Musicdisc; Beneshnotation v. S. Menck (1985; unvollst.): BIC, London; Video, color, Hamburger Ballett: ZDF 1988. **Aufführungsmaterial:** M: Pärt: UE, Šnitke: Sikorski; Ch: J. Neumeier, Hbg.
Literatur: s. S. 407

Gabi Vettermann

Edmund Nick

Edmund Josef Nick; geboren am 22. September 1891 in Reichenberg (Liberec; Nordböhmen), gestorben am 11. April 1974 in Geretsried (bei Bad Tölz)

Das kleine Hofkonzert
Musikalisches Lustspiel aus der Welt Carl Spitzwegs in zehn Bildern
3 Akte

Text: Paul Verhoeven (eigtl. Paulus Joseph Verhoeven) und Toni Impekoven (eigtl. Anton Impekoven)
Uraufführung: 19. Nov. 1935, Kammerspiele, München
Personen: Christine Holm (S); Serenissimus; Hofmarschall von Arnegg; Leutnant Walter von Arnegg, sein Sohn (T); Oberst von Flumms; Frau von Flumms; Hofmedikus; Bibliothekar; Hofkapellmeister; Polizeiminister; Kammerherr; der arme Poet; seine Wirtin; Apotheker; Mona, seine Frau; Hanne, deren Tochter; Jakob, Provisor; Herr Zunder; Bürgermeister; Schildwache; der Wirt »Zum silbernen Mond«; Hofbeamte; Lakai; Zofe; Sekretär; der Witwer; Soldaten; Bürger; Bürgerinnen; Musikanten; Damen und Herren des Hofs
Orchester: Fl (auch Picc), Ob, Klar, Sax, Fg, 2 Hr, 2 Trp, Pos, Pkn, Schl (kl.Tr, gr.Tr, HolzTr, Bck, Trg, Glsp, Vibr, Gong, Glocke), Hrf, Cel, Cemb, Kl, Streicher; BühnenM hinter d. Szene: 2 Vl, Va, Vc
Aufführung: Dauer ca. 2 Std. 30 Min. – Die Rollen von Christine und Walter sind von ausgebildeten Sängern zu übernehmen; Hanne, Jakob, Zunder, 5 oder 6 Bürgerinnen, 5 Herren des Hofs, Hofkapellmeister, der arme Poet, Serenissimus, Hofmarschall von Arnegg, Bibliothekar und Soldaten sind mit singenden Schauspielern zu besetzen.

Entstehung: Nick, der Jura und Musik studiert hatte und in Breslau musikalischer Leiter der Schauspielbühnen und dann des Rundfunks gewesen war, kam 1933 nach Berlin, wo er bis 1935 als musikalischer Leiter des Kabaretts »Katakombe« tätig war; 1936–40 übte er die gleiche Funktion am Schauspielhaus (Theater des Volkes) Berlin aus. Der ursprüngliche Titel von Nicks erstem Bühnenwerk lautete *Christine Holm*.
Handlung: In einer kleinen deutschen Residenz, um 1840.

I. Akt, 1. Bild, »Am Stadttor«: Bei der Grenzvisitation verhält sich Leutnant Walter von Arnegg der Sängerin Christine Holm gegenüber überaus liebenswürdig, während er den mitreisenden Geschäftsmann Zunder genau kontrolliert. 2. Bild, »Zwischen den Dächern«, zwei Gärten, getrennt durch eine Mauer, Abend: Die Stadthonoratioren haben sich bei Hofmarschall von Arnegg zu einer Kartenrunde eingefunden. Christine beobachtet vom Balkon des gegenüberliegenden Gasthauses das Liebespaar Jakob und Hanne. Walter erscheint im Fenster seines Zimmers und gesteht Christine, daß er sich in sie verliebt habe. 3. Bild, »Der silberne Mond«, Platz vor dem Gasthaus: Der Apotheker macht Jakob und Hanne Vorhaltungen wegen ihrer Liebelei. Zunder beschwert sich beim Bürgermeister über die Zollprüfung und deutet an, daß Walter dabei Christine nicht ordnungsgemäß kontrolliert hätte. Der Wirt gibt bekannt, daß sie ein uneheliches Kind sei und ihren Vater in der Stadt suchen wolle. Walter kommt hinzu und verlangt, daß Zunder sich entschuldigt. Dieser weigert sich, kommt der Aufforderung aber nach, nachdem Walter Christine als seine Braut ausgegeben hat.
II. Akt, 1. Bild, »Vorzimmer bei Serenissimus«: Beim Landesfürsten treffen sich der Hofmarschall und Walter; Arnegg fordert seinen Sohn auf, die Verlobung zu lösen. Serenissimus erteilt Walter den Befehl, Christine auszuweisen. 2. Bild, »Der arme Poet«: Christine besucht den Poeten Knipps, um von ihm etwas über ihren Vater zu erfahren. Sie singt ihm ein Lied vor, das von Knipps stammt und das ihre Mutter, die ebenfalls Sängerin war, einmal in der Residenz gesungen hat. Knipps erinnert sich an Christines Mutter, will aber nichts über ihren Vater sagen. Walter unterbricht das Gespräch, um Christine abzuholen. Jedoch hat er seinen Abschied eingereicht, um sie für immer zu begleiten. 3. Bild, »Der Bibliothekar«, Bibliothek: Serenissimus erfährt, daß die Sängerin für das morgige Hofkonzert abgesagt hat. Der Bibliothekar rät ihm, als Ersatz Christine zu engagieren. 4. Bild, »Wer zuletzt lacht«, Platz: Die Bürger haben sich versammelt, um mitanzusehen, wie Christine abgeführt wird. Der Hofmarschall erscheint und bittet sie auf Serenissimus' Schloß.
III. Akt, 1. Bild, »Begegnung«, Bibliothek: Christine lehnt Serenissimus' Bitte ab, beim Konzert mitzuwirken. Als er den Zweck ihrer Reise erfährt, befiehlt er dem Polizeiminister, Nachforschungen über ihren Vater anzustellen. Daraufhin erklärt sich Christine bereit zu singen. 2. Bild, »Variationen«, Christines Zimmer im Schloß: Die Nachforschungen führten zu keinem Ergebnis. Die Honoratioren bitten deshalb Christine, irgend jemand als ihren Vater auszugeben, damit Serenissimus zufrieden ist. Amüsiert wählt Christine Knipps. 3. Bild, »Finale«, Bibliothek: Serenissimus freut sich über den Erfolg der Vatersuche. Doch Christine klärt ihn über die Komödie auf. Als sie ihm das Lied vorträgt, das Knipps einst für ihre Mutter geschrieben hat, und deren Künstlernamen nennt, beginnt Serenissimus zu begreifen: Niemand anders als er ist Christines Vater. Er bittet sie, für immer in der Residenz zu bleiben, zwingt den Hofmarschall, Walters Heiratswunsch gutzuheißen, und macht Knipps zum Hofpoeten.

Kommentar: *Das kleine Hofkonzert*, das einzige bekanntere Werk Nicks, läßt eine reformerische Absicht erkennen: die Neubelebung der Operette aus den Elementen der Biedermeierposse, des Singspiels sowie des Volks- und Rührstücks. Kulturpolitisch paßte das Werk zu den Absichten der Nationalsozialisten, im unterhaltenden Musiktheater den angeblich zersetzenden Charakter der Operetten jüdischer Komponisten durch ein betont deutsches Kolorit abzulösen. Eine »Spitzwegiade« bot sich hierfür an; populäre Gemälde Spitzwegs wie *Der Kaktusfreund* (vor 1858), *Der arme Poet* (1837) oder *Der Bücherwurm* (um 1850) fungieren nicht nur als Vorlagen für einzelne Bühnenbilder, sondern geben darüber hinaus den Rahmen für die idyllische Handlung ab. Der Untertitel »Musikalisches Lustspiel« macht deutlich, daß sich die Autoren bewußt von der zeitgenössischen großen Operette à la Lehár abgrenzen wollten; der quasidramatischen Exaltiertheit sollte durch größtmögliche Innigkeit begegnet werden. Musikalisch wurde daraus eine harmlose Partitur mit gelegentlichen modernistischen Floskeln, mehr im Stil einer dezenten Schauspielmusik denn einer emphatischen Operettenkomposition; die Spieluhrmusik wie auch die Militärmusiken und gefälligen Duette passen sich dem kleinbürgerlichen Gemütston an. Mit dem originellen melodischen Witz

Das kleine Hofkonzert, I. Akt, 1. Bild; Hans Reimann als Zunder, Lola Chlud als Christine Holm, Richard Häußler als Walter von Arnegg; Regie: Walther Brügmann; Uraufführung, Kammerspiele, München 1935.

und der szenischen Schlagfertigkeit von beispielsweise Ralph Benatzkys Singspielen, die zwischen 1935 und 1938, als kulturbolschewistisch diffamiert, von den deutschen Bühnen verbannt waren, kann es dies brave Produkt einer verklärenden deutschen Biedermeiernostalgie nicht aufnehmen.
Wirkung: Die Uraufführung (Regie: Walther Brügmann, Dirigent: Nick; Christine: Lola Chlud, Serenissimus: Fritz Reiff, Hofmarschall: O. E. Hasse, Walter: Richard Häußler, Ehepaar Flumms: Carl Wery und Elisabeth Flickenschildt, Hofkapellmeister: Wilhelm Dohm, Kammerherr: Axel von Ambesser, Poet: Theodor Danegger, Hanne: Maria Nicklisch) erzielte nur einen Achtungserfolg. Nach einigen Vorstellungen wurde diese Produktion auf neun Bilder gekürzt. Am 17. April 1936 hatte *Das kleine Hofkonzert* am Kleinen Haus der Staatstheater Berlin Premiere; mit Käthe Dorsch wurde es zu einem Kassenschlager. Auf Wunsch des Intendanten Gustaf Gründgens komponierte Nick für diese Inszenierung auf Texte von Kurt Heynicke einige neue Nummern. 1936 entstand der Film *Das Hofkonzert* von Detlef Sierck (mit Martha Eggerth, Alfred Abel, Johannes Heesters und Otto Treßler), 1945 Verhoevens Film *Das kleine Hofkonzert* (Musik: Wolfgang Zeller; mit Elfie Mayerhofer, Hans Leibelt, Hans Nielsen und Erich Ponto). In den 40er, 50er und 60er Jahren wurde das Werk regelmäßig inszeniert, hauptsächlich von kleineren deutschen Bühnen; seitdem ist es seltener zur Aufführung gelangt. – 1947–49 war Nick Dirigent an der Staatsoperette München, wo seine Operette *Das Halsband der Königin* uraufgeführt wurde (1948, Text: Gerhard Metzner); danach widmete er sich vor allem musikschriftstellerischen und pädagogischen Tätigkeiten.

Autograph: Vlg.-Arch. Meisel Bln. **Ausgaben:** Kl.A u. Textb.: Meisel, Bln. 1935; Kl.A: ebd. [nach 1950]. **Aufführungsmaterial:** Meisel, Bln.

Klaus Kieser

Otto Nicolai
Carl Otto Ehrenfried Nicolai; geboren am 9. Juni 1810 in Königsberg (Pr), gestorben am 11. Mai 1849 in Berlin

Der Tempelritter
Große romantische Oper in drei Akten

Text: Girolamo Maria Marini, nach dem Roman *Ivanhoe* (1820) von Sir Walter Scott
Uraufführung: 1. Fassung als *Il templario*: 11. Febr. 1840, Teatro Regio, Turin; 2. Fassung in der Übersetzung von Siegfried Kapper: 20. Dez. 1845, Kärntnertortheater, Wien (hier behandelt)
Personen: Wilfried von Ivanhoe (T); Rovena, Mündel Cedrics (S); Cedric, der Sachse (B); Brian von Bois-Guilbert, Tempelritter (Bar); Lucas von Beaumanoir, Großmeister der Tempelritter (B); Isaac aus York, ein Israelite (T); Rebecca, Isaacs Tochter (Mez). **Chor:** Sachsen, Normannen, Tempelritter, sächsische Jungfrauen, Herolde, Soldaten, Sarazenen, Mohren, Knappen, Volk
Orchester: 2 Fl (2. auch Picc), 2 Ob (1. auch E.H), 2 Klar, 2 Fg, 4 Hr, 2 Trp, 3 Pos, Ophikleide (oder Tuba), Pkn, Schl (gr.Tr, kl.Tr, Bck, Tamtam, Trg), Hrf, Streicher; BühnenM: Banda (nicht spezifiziert)
Aufführung: Dauer ca. 2 Std. 30 Min. – Eine tragende Rolle spielt in allen Akten der Chor.

Entstehung: Der Weg Nicolais zur italienischen Oper verlief ungerade: Weder seine frühe künstlerische Prägung im klassizistischen Milieu Berlins noch seine ersten Kompositionen im Gemisch der Stile Händels, Beethovens und Webers hatten erwarten lassen, daß der 30jährige zum gefeierten Maestro der Opera seria avancieren würde. In Berlin waren es vor allem Carl Friedrich Zelter, Ludwig Berger und Bernhard Klein gewesen, die Nicolai 1828–33 neben einer gründlichen musikalischen Ausbildung die Überzeugung vermittelten, daß wahre Musik allein in »deutscher Schule« wurzele. Gleich vielen seiner Zeitgenossen hatte er bei seiner Ankunft in Rom (dort wirkte er 1834–36 als Organist) zunächst für die italienische Oper nur Verachtung übrig: freilich mehr aus Vorurteilen als aus eigener Erfahrung. Doch die unmittelbare Berührung vor allem mit den Hauptwerken Bellinis erregte in Nicolai den Wunsch, sich selbst in den Gattungen der italienischen Oper zu erproben. Aber erst nach einer Kapellmeistertätigkeit am Kärntnertortheater Wien (1837/38) vermochte er seine Absicht in die Tat umzusetzen. Im Juni 1838 verließ Nicolai Österreich in der Hoffnung, Turin könne ihm eine gleichwertige Position bieten. Diese Hoffnung zerschlug sich zwar, doch vermochte er, nach der kurzfristig übernommenen Leitung von Mercadantes *I briganti* (Paris 1836), für deren III. Akt der Impresario Vittorio Giaccone von ihm die Komposition eines Rondofinales erbeten hatte, eine Scrittura mit dem Teatro Regio abzuschließen. Zur Karnevalssaison 1839/40 hatte Nicolai eine Opera seria zu liefern; er wählte Scotts *Ivanhoe* als Sujet. Im Mai/Juni komponierte er den I., im Juli/Aug. 1839 den II. Akt des *Templario*. Dann unterbrach er die Komposition, da er die Uraufführung der bereits in Wien vollendeten Oper *Rosmonda d'Inghilterra* (Text: Felice Romani) in Triest vorbereiten mußte. Tiefgreifende Änderungen an diesem Werk nahmen Nicolai zwei Monate hindurch in Anspruch, bis das lang ersehnte Ereignis, die Aufführung einer eigenen Oper auf einer italienischen Bühne, am 26. Nov. 1839 Wirklichkeit wurde. Freilich befriedigte der mäßige Erfolg von *Enrico II* (so der neue Titel) Nicolai nicht. Ende 1839 ging er an die Fertigstellung des Turiner Auftrags; im Jan. 1840 lag die Partitur vor. Über die Premiere notierte Nicolai: »Der Erfolg ist ein ungeheurer gewesen. Er hat alle Erwartungen und Hoffnungen übertroffen. So habe ich denn, ein Deutscher, in Italien eine entschiedene Furore gemacht« (*Tagebücher*, S. 117, s. Lit.). Für

Wien, wo das Werk Nicolai zu einer erneuten Anstellung am Kärntnertortheater verhalf, wurde die Musik (vor allem die Instrumentation) umgearbeitet.

Handlung: In England, 1194, vor dem Hintergrund der Teilnahme König Richards I., genannt Löwenherz, am Dritten Kreuzzug.

I. Akt, 1. Bild, vor dem Eingang zum Turnierplatz, ein großer Baldachin zur Siegerehrung: Englische Edelleute und Tempelherren haben sich auf Einladung Cedrics in Ashby zum Turnier versammelt. Aus ihm geht ein unbekannter Ritter als Sieger über den Templer Brian hervor. Cedric fordert den Vermummten auf, die Dame zu bestimmen, die ihm den Siegeskranz überreichen solle. Die Wahl fällt auf Rovena, Cedrics Mündel. Als man ihn auffordert, seine Identität aufzudecken, erklärt er lediglich, er sei Krieger und streite für Recht und Tugend. Cedric lädt ihn ein, auf seinem Schloß zu weilen. Nach der Siegerehrung bleibt Brian allein zurück, sein Mißgeschick im Kampf beklagend. Er denkt an eine Jüdin, in die er verliebt ist. Da melden seine Gefolgsleute, Rebecca befinde sich mit ihrem Vater Isaac auf dem Weg nach York. Brian befiehlt die Gefangennahme der beiden. 2. Bild, Vorhof in Cedrics Schloß, im Hintergrund ein Garten: Während Rovena ihres Geliebten Wilfried gedenkt, stürzen Rebecca und Isaac herein und schildern den Überfall fremder Soldaten. Rovena verspricht den Geflüchteten Hilfe und beruhigt sie mit der Nachricht, daß die Helden des Turniers von Ashby anwesend seien. Die Erwähnung des unbekannten Ritters löst bei Rebecca Entzücken aus. Doch Brian stört die Freude, indem er von Cedric die Übergabe Rebeccas, seiner angeblichen Sklavin, verlangt. Auf die Weigerung reagiert er mit Drohungen. Da erscheint der unbekannte Ritter mit geöffnetem Visier. Die Versammelten erkennen Wilfried, Cedrics Sohn, den er wegen seiner Teilnahme am Kreuzzug verstoßen hat. Brian nutzt die allgemeine Überraschung zur Entführung Rebeccas.

II. Akt, 1. Bild, Turmzimmer mit großem Fenster im Hintergrund und zwei Seitentüren: Die gefangene Rebecca ist in Gedanken an ihre Heimat Palästina und die Zeit des Kreuzzugs versunken; damals hatte sie den verwundeten Wilfried gepflegt und eine tiefe Liebe zu ihm gefaßt. Aus ihren Träumen reißt sie Brians Forderung, ihm gefügig zu sein. Rebecca glaubt sich nur durch den Tod entziehen zu können, doch die Ankunft des Templergroßmeisters Lucas von Beaumanoir verhindert ihren Sturz aus dem Fenster. 2. Bild, großer Waffensaal, in der Mitte ein Portal, rechts und links Seitentüren, die linke führt in den Gerichtssaal, die rechte in andere Gemächer: In feierlichem Zug betreten die Tempelritter den Waffensaal und erneuern ihren Schwur, den Feind zu bekämpfen. Isaac hat sich Zugang verschafft und fleht Lucas um Erbarmen für seine Tochter an. Dieser weist ihn zurück: Für eine Zauberin gebe es keine Rettung. Brian bleibt stumm. Die Versammelten strömen in den Gerichtssaal. Rebecca wird zum Flammentod verurteilt, doch beschließt man zugleich die Abhaltung eines Gottesgerichts. Sollte vor dem dritten Trompetenstoß ein Ritter für die Angeklagte kämpfen wollen und dabei über den Träger des Fehdehandschuhs siegen, zu dem Brian bestimmt wird, so wäre Rebecca befreit. 3. Bild, Vorhalle in Cedrics Schloß: Cedric und Wilfried versöhnen sich; der Vater billigt die Verbindung seines Sohns mit Rovena.

III. Akt, offener Platz vor der Besitzung der Tempelritter mit einer Zugbrücke auf dem Wall; im Vordergrund ein Thronhimmel für den Großmeister, rechts ein Scheiterhaufen, links der Eingang zum Turnierplatz: Nach dem Einmarsch der Templer ertönt der erste Trompetenstoß. Rebecca wird an den Gerichtsort geführt. Nach dem zweiten Signal muß sie den Scheiterhaufen betreten. Bevor das Urteil vollstreckt werden kann, erscheint Wilfried als Retter. Während Brian und sein Herausforderer zum Turnierplatz eilen, bleiben Rebecca, Isaac und die Frauen im Gebet zurück. Die Menge verkündet den Sieg des gerechten Kämpfers. Rebecca dankt für ihre Rettung und gesteht Wilfried ihre Liebe. Doch dieser muß sie verlassen. Verzweifelt bleibt Rebecca zurück.

Kommentar: Scotts Roman hat das ganze 19. Jahrhundert hindurch Komponisten zur Vertonung angeregt: außer Nicolai etwa Marschner (*Der Templer und die Jüdin*, 1829), Pacini (*Ivanhoe*, Venedig 1832, Text: Gaetano Rossi), Bartolomeo Pisani (*Rebecca*, Mailand 1865, Francesco Maria Piave) und Sullivan (*Ivanhoe*, 1891). Während Marschners Werk noch bis zum zweiten Weltkrieg gespielt wurde, fielen die andern Opern in Vergessenheit. Scott verbindet die überfrachtete Handlung mit einer geschickten Mischung aus nationalem Geschichtsbewußtsein und Zeitkolorit, das die Welt des englischen Mittelalters, gelegentlich mit realistischen Zügen, heraufbeschwört. Die Bearbeitung zum Libretto ist nicht problemlos: Das verwickelte Personenspiel Scotts läßt sich kaum auf klare Linien zurückführen, die nationale Emphase muß zumindest neutralisiert werden, und das Zeitkolorit bietet allenfalls eine gewisse Handhabe für die Ausstattung, nicht aber für eine dramaturgisch zwingende Handlungsführung. Nicolai hat diese Schwierigkeiten offensichtlich erkannt. Mit dem ihm eigenen Theaterinstinkt reduzierte er die Zahl der Personen auf ein Minimum und übernahm lediglich einige Handlungsmotive aus Scotts Roman, aber auch nicht ohne Änderungen. So wurde aus Scotts »schwarzem Ritter«, hinter dem sich der für Ivanhoes Sache streitende Richard Löwenherz verbirgt, bei Nicolai Ivanhoe selbst. Das Ergebnis der Reduktionen ist zwar einerseits eine schlagkräftige Handlung, in der sich Massenszenen, dramatische Auftritte und lyrische Ruhepunkte wirkungsvoll abwechseln, andrerseits eine gewisse Sterilität der Personen und des Szenariums. Das Typenhafte der Anlage hat Nicolai in seiner Musik teilweise fortgeführt, namentlich die Siegeschöre und gelegentliche Strettasteigerungen sind beinah schematisch ausgeführt, teilweise aber doch durchbrochen. So vermag er in Ensembles konträre Einzelstimmen durch geschickte Gruppenbildungen und melodische Biegungen zu differenzieren. Auch die Frauengestalten, neben der selbstbewußt zupackenden, »glücklichen« Rovena die verfolgte, »tragische« Jüdin Rebecca, prägt ein je eigener Ton. Wesentlichen Anteil an solchen Wirkungen hat der sorgfältig ausgearbeitete Orchesterpart, der über das Niveau mancher zeitgenössischer italienischer Opern deutlich hinauswächst. Stilistisch steht *Der Tempelritter* in der Tradition der italienischen Opera seria des frühen 19. Jahrhunderts. Melodiebildung und Szenenbau haben ihre Vorbilder in Bellinis Beiträgen zu dieser Gattung; gelegentlich lassen sich auch Anklänge an Donizetti vernehmen. Auf die Ausarbeitung der Chorpartien hat Rossinis *Guillaume Tell* (1829), den Nicolai von seiner Wiener Tätigkeit her gut kannte, Einfluß gehabt. Die Ouvertüre orientiert sich formal an Mustern, die Weber ausgebildet hatte; besonders das Maggiore-Finale, dessen Thema eng mit dem »Süß entzückt entgegen ihm« der Agathe im *Freischütz* (1821) verwandt ist, läßt dies erkennen. Nicolai hatte sich mit diesem Werk zum »italienischen Komponisten« entwickelt.

Wirkung: Den Erfolg der 1. Fassung, bei deren Uraufführung Pio Botticelli (Cedric), Lorenzo Salvi (Wilfried), Luigia Abbadia (Rovena), Eutimio Polonini (Lucas), Cesare Badiali (Brian), Achille De Bassini (Isaac) und Antonietta Marini (Rebecca) sangen (Dirigent: Paolo Giuseppe Ghebart), konnte Nicolai mit seinen folgenden Opern zu Lebzeiten nicht wiederholen. Innerhalb kürzester Zeit spielten die größten Bühnen Italiens und bald ganz Europas das Werk nach und behielten es zum Teil über 25 Jahre lang im Repertoire. In der Uraufführung der 2. Fassung sangen Karl Johann Formes, Joseph Erl, Auguste Hein, Gustav Hölzel, Eduard Leithner, Schiele und Wilhelmine van Hasselt-Barth. Doch die 2. Fassung setzte sich, obwohl musikalisch weitgehend identisch, nicht durch, wofür die besonderen Wiener Verhältnisse im Musikleben des Vormärz verantwortlich waren. In Antwerpen (1861) und Brüssel (1862) wurde das Werk als *Le Templier* (Übersetzung: Louis Danglas) gegeben. Um 1940 veranlaßte die Reichsstelle für Musikbearbeitungen im Berliner Propagandaministerium eine Umarbeitung als *Die Sarazenin*, die Willi Hanke und Max Loy besorgten. Zur Aufführung und Drucklegung kam es infolge der Kriegsereignisse nicht mehr; das Material ist verschollen.

Autograph: Verbleib unbekannt. **Abschriften:** Part, 2. Fassung (v. Nicolai autorisiert): ÖNB Wien (O. A. 7). **Ausgaben:** 1. Fassung: Kl.A: Schlesinger, Paris, Lucca, Mailand 1841, Nr. 2426; Kl.A, frz. Übers. v. L. Danglas: Gérard, Paris [1845]; Textb.: Genua, Pagano 1840; Vicenza, Paroni 1841; 2. Fassung: Textb.: Wien, Pichler [1845]
Literatur: O. NICOLAI, Tagebücher nebst Biographischen Ergänzungen, hrsg. B. Schröder, Lpz. 1892; DERS., Musikalische Aufsätze, Regensburg 1913 (Dt. M.Bücherei. 10.); DERS., Briefe an seinen Vater, hrsg. W. Altmann, Regensburg 1924; G. R. KRUSE, O. N. Ein Künstlerleben, Bln. 1911; DERS., O. N.s italienische Opern, in: SIMG 12:1910/11, S. 267–296; O. NICOLAI, Tagebücher, hrsg. W. Altmann, Regensburg 1937; J. W. KLEIN, Verdi and N. A Strange Rivalry, in: MR 32:1971, S. 63–67; U. KONRAD, O. N. (1810–1849). Studien zu Leben u. Werk, Baden-Baden 1986 (Coll. d'Etudes Musicologiques / Slg. mw. Abhandlungen. 73.)

Ulrich Konrad

Die Heimkehr des Verbannten
Tragische Oper in drei Akten

Text: Siegfried Kapper, nach dem Libretto von Gaetano Rossi zur 1. Fassung
Uraufführung: 1. Fassung als *Il proscritto*: 13. März 1841, Teatro alla Scala, Mailand; 2. Fassung: 3. Febr. 1844, Kärntnertortheater, Wien (hier behandelt)
Personen: Graf Edmund von Pembroke, Ritter der Roten Rose (B); Lord Artur Norton, Ritter der Weißen Rose (T); Leonore, Gattin Nortons (S); Richard von Somerset, Stiefbruder Leonores, Ritter der Roten Rose (B); Georg, Leonores Bruder, Ritter der Weißen Rose (T); Irene, Freundin Leonores (Mez); Williams, Schloßvogt (T). **Chor:** Ritter der Roten Rose, Edelmänner, Edelfrauen, Freunde Nortons, Wachen, Pagen
Orchester: 2 Fl (2. auch Picc), 2 Ob (1. auch E.H), 2 Klar, 2 Fg, 4 Hr, 2 Trp, 3 Pos, Ophikleide (oder Tuba), Pkn, Schl (gr.Tr, kl.Tr, Bck, Trg), Hrf, Streicher; BühnenM: 2 Hr, 2 Trp
Aufführung: Dauer ca. 2 Std. 45 Min.

Entstehung: Nach dem fulminanten Erfolg der 1. Fassung des *Tempelritters* (*Il templario*, 1840) nutzte Nicolai die Gunst des Augenblicks, um neue Scritture an italienischen Bühnen abzuschließen. Mit Turin wurde die Komposition einer Opera seria für den Herbst 1841 vereinbart, Genua und Mailand bestellten ebenfalls Opere serie. So fand am 26. Dez. 1840 in Genua die Premiere von *Gildippe ed Odoardo* (Text: Temistocle Solera) statt; die Aufnahme war freundlich, doch keineswegs so enthusiastisch wie die des *Templario*. Mit einem (vorhersehbaren) Fiasko endete dagegen die Uraufführung von *Il proscritto*. Die Schwierigkeiten hatten bereits bei der Textauswahl begonnen: Da Nicolai Rossis Libretto mißfiel, ließ er von Solera ein anderes (*Il Nabucodonosor*; 1842 von Verdi vertont) schreiben, das ihm jedoch noch weniger zusagte, so daß er sich endlich entschloß, doch *Il proscritto* zu komponieren. Zu diesen Problemen kamen Auseinandersetzungen mit Erminia Frezzolini, der Uraufführungs-Leonora, die dazu führten, daß Nicolai sein Verlöbnis mit ihr löste. In nur sechs Wochen komponierte er unter bedrängenden Verhältnissen die Partitur. Während der Proben herrschte eine angespannte Atmosphäre, und die erste und einzige Aufführung wurde von Frezzolini boykottiert: Sie sang entweder gar nicht oder markierte ihre Partie lediglich. Die übrigen Hauptrollen waren besetzt mit Domenico Donzelli, Filippo Coletti und Andrea Castellan. Nicolai war nach diesen Vorfällen so verbittert, daß er Italien verließ; der Kontrakt mit Turin wurde gelöst. In Wien, wo Nicolai seit April 1841 tätig war, hatte er für die Saison 1843/44 eine deutsche Oper zu schreiben. Otto Prechtler übersetzte *Il proscritto*, und Nicolai wollte die neuen Verse seiner Musik anpassen. Da sich dies als nicht praktikabel erwies, mußte Kapper eine Neudichtung schaffen; Nicolai komponierte und instrumentierte dann nahezu die Hälfte der Oper neu.

Handlung: In England, 1461, zur Zeit der »Rosenkriege«.
Vorgeschichte: Nach dem Sieg der Lancaster unter Königin Margarete über Richard Herzog von York 1460 schien das Schicksal für die Partei der Roten Rose günstig. Doch bereits 1461 gelangte mit Eduard IV. ein König aus der Familie York, der Weißen Rose, auf den Thron.
I. Akt, 1. Bild, Festsaal im Schloß Graf Edmunds: Lord Artur Norton hatte nach der verlorenen Schlacht das Land verlassen müssen. Da man ihn im Schiffbruch umgekommen glaubt, hat seine Frau Leonore Graf Edmund von Pembroke, einem Anhänger der Roten Rose, ihre Hand gereicht. Sie sind soeben vermählt; Leonore ist freudig gestimmt, obwohl sie von Erinnerungen an Artur und dunklen Ahnungen heimgesucht wird. 2. Bild, prächtiges Gemach, dessen Seitentür in Leonores Zimmer führt: Nachdem Leonore in den Festsaal gegangen ist, erscheint Artur. Er hatte sich retten können und kehrt nun zurück, um Leonore wiederzusehen und sich an seinen Gegnern zu rächen. Er verbirgt sich, als Leonore naht. Plötzlich steht Artur vor ihr. Verwirrt weicht sie ihm aus, drängt ihn zur Flucht. Als die Feiernden nach ihr rufen, weist sie Artur in ihr Gemach. Das merkwürdige Verhalten Leonores hat Aufsehen erregt; auch der Schloßvogt spricht von einem Eindringling. Zusammen mit Richard Somerset, einem Anhänger der Roten Rose, sucht er nach ihm. Leonore wird verdächtigt, einem Feind Schutz zu gewähren. Sie leugnet zwar nicht, weigert sich aber, die Tür ihres Gemachs zu öffnen. Auch Edmund gegenüber beharrt Leonore auf ihrem Schutzrecht. Da tritt Artur aus dem Zimmer und stellt sich selbstbewußt seinen Häschern. Erst als er von Leonores Vermählung hört, bekennt er sich zur Weißen Rose und gibt sich dem Todesurteil preis.
II. Akt, 1. Bild, Zimmer in Edmunds Schloß: Edmund ist eifersüchtig auf den Gefangenen. Um das Geheimnis zu erhellen, ruft er Artur zu sich und teilt ihm mit, daß er frei sei. Der aber reagiert mit Spott und reizt Edmund mit Erinnerungen an Zeiten, da Leonore seine Geliebte gewesen sei. Zum Beweis zeigt er ein Medaillon der jungen Frau. Im Zorn fordert Edmund Artur zum Duell. 2. Bild, Saal im ersten Stock des Schlosses mit Balkon zum Garten, mondhelle Nacht: Leonore will Artur retten und mit ihm fliehen. Ihr Stiefbruder, dem sie alles gestanden hat, will ihr helfen, weil ihm die Ehre der Familie teuer ist. Als Artur fliehen will, entdeckt Edmund das Vorhaben. Er glaubt sich von allen verraten. Als Artur mitteilt, Leonore sei nicht seine Geliebte, sondern seine Frau, ist er betroffen. Hin und her gerissen zwischen Gesetz und Liebe, beschließt er Arturs Begnadigung. 3. Bild, Meeresufer, mondhelle Nacht: Arturs Gefolgsleute harren ihres Anführers. Georg schildert ihnen die Situation und rät zur Flucht.
III. Akt, Leonores Gemach in Edmunds Schloß: Leonore hat sich entschlossen, Artur zu folgen. Doch er lehnt dies ab: Immer werde Edmunds Schatten zwischen ihnen stehen; lieber wolle er sterben. Leonore verspricht ihm ein Pfand ihrer Liebe, worauf Artur schwört, sich nicht zu töten. Mit dem Pfand meint Leonore jedoch einen Giftbecher. Als sie ihn an die Lippen setzt, begegnet ihr Edmund. Noch einmal flammt zwischen beiden Leidenschaft auf, doch Leonore bleibt ihrem Vorhaben treu. Nachdem sie den Raum verlassen hat, zerreißt Artur das Begnadigungsschreiben, ein Zweikampf soll die Lage klären. Da wirft sich die Sterbende zwischen die Rivalen. Sie erfüllen ihren letzten Wunsch nach Versöhnung.
Kommentar: Kein Wort Nicolais wird so häufig zitiert wie jenes, in dem von der Verbindung »deutscher Schule« mit »italienischer Leichtigkeit« die Rede ist. Nicolai selbst hat diese Vorstellung, wenn überhaupt, nur in den *Lustigen Weibern von Windsor* (1849) ganz umgesetzt. Aber auf dem Weg zu einer Verschmelzung deutscher und italienischer Stilmerkmale bedeutet die *Heimkehr des Verbannten* einen wichtigen Markstein, zeigt die Partitur doch, namentlich in der Instrumentierung, den kunstvoll ausgearbeiteten Ensembles und dem Ton einzelner Arien, wie intensiv Nicolai bemüht war, als »deutscher« Musiker seine Fähigkeiten zu beweisen. Daß ihm dies nicht völlig gelungen war, sah er selbst, doch wollte er seine Bestrebungen anerkannt wissen, das dramatische Element in den Vordergrund zu rücken. Von hier aus wird auch die Schroffheit verständlich, mit der Nicolai die Opernentwicklung in Italien, zumal das Schaffen des jungen Verdi, ablehnte: Es war ein Teil seiner eigenen musikalischen Vergangenheit, den er schmähte, ohne sich aber je ganz von ihm lösen zu können. Ähnlich wie beim *Tempelritter* dienen bei der *Heimkehr* historische Ereignisse als Kulisse einer spannungsreichen Konstellation: In der *Heimkehr* bestimmt die unlösbare Verbindung von individuellen und kollektiven Leidenschaften das dramatische Geschehen. Die Liebe zweier Männer zu derselben Frau ergibt sich erst aus den Folgen politischen Hasses, und die Rivalität der Konkurrenten ist ebenso eine persönliche wie eine kollektive. Diese Verquickung führt für Leonore zu einer ausweglosen Situation. Sie ignoriert die Kämpfe zwischen Weißer und Roter Rose, ist ausschließlich Liebende und muß deshalb tragisch enden: Nur der Tod erläßt ihr jene Entscheidung, die sie nicht zu fällen vermag; nur der Opfertod führt dazu, daß Artur und Edmund sich versöhnen. Immer wieder gelingt es Nicolai, das »Ineinander der polaren Kräfte« auch musikalisch zwingend umzusetzen. In großen Tableaus, etwa dem Finale des I. Akts, konfrontiert er einerseits die Urteile der Menge mit den Stimmungen der Einzelpersonen, andererseits die sich in den einzelnen widerspiegelnden Anpassungen an das Kollektiv mit den Gefühlen, die eben aus den verschiedenen Beziehungen der Individuen zueinander erwachsen. Am Ende konzentrierte Nicolai das Geschehen allein auf die drei Hauptpersonen: Leonores Tod führt die Rivalen zusammen, nicht aber die widerstrebenden Parteien; und das Orchesternachspiel ist eine Versöhnungsmusik lediglich für den privaten, nicht für den allgemeinen Frieden.
Wirkung: In der Premiere der 2. Fassung sangen Joseph Staudigl (Edmund), Joseph Erl (Artur) und

Wilhelmine van Hasselt-Barth (Leonore). Das Werk fand, wenn auch nicht ganz einhellige, Zustimmung und Anerkennung sowohl beim Publikum als auch bei der Kritik. Es blieb mehrere Jahre im Repertoire und wurde in Berlin, unmittelbar nach Nicolais Tod 1849, noch einige Male aufgeführt. Die Reichsstelle für Musikbearbeitungen im Berliner Propagandaministerium ließ 1942 von Willi Hanke und Max Loy eine Bearbeitung anfertigen. Als *Mariana* gelangte sie Ende Febr. 1943 an der Staatsoper Berlin zur Aufführung.

Autograph: 1. Fassung: Verbleib unbekannt; 2. Fassung: SB Bln. (Mus. ms. autogr. Nicolai); Nr. 3: Lipp. LB Detmold.
Abschriften: 1. Fassung: Bibl. Verdi Mailand (Part. Tr. Ms. 263); 2. Fassung: ÖNB Wien (O. A. 34); 2. Fassung, Ouvertüre: Fitzwilliam Museum Cambridge. **Ausgaben:** 1. Fassung: Textb.: Mailand, Truffi 1841; 2. Fassung: Kl.A: Diabelli, Wien 1845, Nr. 8160-77; Textb.: Wien, Ullrich 1844; Kl.A als *Mariana*, Bearb. v. W. Hanke, M. Loy: Sikorski 1943
Literatur: s. S. 421

Ulrich Konrad

Die lustigen Weiber von Windsor
Komisch-phantastische Oper in drei Akten mit Tanz

Text: Salomon Hermann Ritter von Mosenthal, nach der Komödie *A Most Pleasant and Excellent Conceited Comedy of Sir John Falstaff and the Merry Wives of Windsor* (1597) von William Shakespeare
Uraufführung: 9. März 1849, Königliches Opernhaus, Berlin
Personen: Sir John Falstaff (B), Herr Fluth (Bar) und Herr Reich (B), Bürger von Windsor; Fenton (T); Junker Spärlich (T); Dr. Cajus (hoher B); Frau Fluth (S); Frau Reich (Mez); Jungfer Anna Reich (S); Wirt und Kellner im Gasthaus »Zum Hosenbande« (Spr.); 1. Bürger (T); 2.–4. Bürger (3 Spr.); 2 Knechte des Herrn Fluth. **Chor:** Bürger und Frauen von Windsor, Kinder, Masken von Elfen und Geistern. **Ballett:** Elfen, Feen, Mücken, Wespen, Geister, Gnomen, Kobolde, Salamander. **Statisterie:** Jäger, abenteuerliche Gestalten
Orchester: 2 Fl (2. auch Picc), 2 Ob, 2 Klar, 2 Fg, 4 Hr, 2 Trp, 3 Pos, Pkn, Schl (gr.Tr, Bck, kl.Tr, Trg); Streicher; BühnenM: Glocke in G, Hrf
Aufführung: Dauer ca. 2 Std. 45 Min. – Gesprochene Dialoge.

Entstehung: Nicolais Vertrag als 1. Kapellmeister des Kärntnertortheaters Wien verpflichtete ihn außer zur Einstudierung und Leitung von Opernaufführungen auch zur Komposition einer deutschen Oper. Um ein geeignetes Libretto zu finden, veranstaltete er im März 1842 ein Preisausschreiben, doch keine der 30 Einsendungen sagte ihm zu. Da die Stoffsuche bei Carlo Goldoni, Carlo Graf Gozzi, Lope de Vega und Pedro Calderón de la Barca zunächst ebenfalls keinen Erfolg brachte, schlug Nicolais Freund Siegfried Kapper, der Übersetzer und Bearbeiter seiner Opern *Il templario* (1840) und *Il proscritto* (1841), schließlich Shakespeares Komödie vor. Nicolai ließ sich von dem Kasseler Schriftsteller Jakob Hoffmeister probeweise den Text zu zwei Musiknummern ausarbeiten (je ein Terzett der Frauen und der Männer Windsors für den Anfang der Oper), die er zum Jahreswechsel 1845/46 komponierte. Am 3. Juni 1846 sandte Nicolai ein detailliertes Szenarium an Hoffmeister, doch der zeigte sich an einer weiteren Zusammenarbeit nicht interessiert; so übertrug Nicolai dem Hauslehrer des Prokuristen der Wiener Rothschilds, Mosenthal, die Ausarbeitung des Librettos. Der Komponist gab präzise Vorlagen für die Musiknummern; den Text der Dialoge schrieb er selbst. Der I. Akt der Partitur war am 9. Juli, der II. am 10. Sept. 1846 abgeschlossen. Intendant Carlo Balocchino lehnte jedoch eine Aufführung ab, weil laut Vertrag die Oper bereits 1845 fällig gewesen sei. Trotzdem beendete Nicolai im Okt. 1846 die Partitur des III. Akts mit Ausnahme des Finales. An einer Verlängerung des Ende April 1847 auslaufenden Vertrags waren beide Seiten nicht interessiert; so dirigierte Nicolai am 21. März 1847 sein Wiener Abschiedskonzert, in dem er den »Mondchor« und den »Tanz der Elfen und Mücken« aus dem III. Akt in einer rein instrumentalen Fassung aufführte. Im Okt. 1847 wurde Nicolai als Kapellmeister an das Berliner Königliche Theater und kurz darauf zum Nachfolger des verstorbenen Felix Mendelssohn-Bartholdy als Berliner Domkapellmeister berufen. Noch bevor er am 1. März 1848 seine Berliner Engagements antrat, komponierte er im Dez. 1847 die Ouvertüre zu seiner neuen Oper. Nach der erfolgreichen Erstaufführung des Duetts Frau Fluth/Frau Reich in einem Hofkonzert am 27. Jan. 1848 ordnete König Friedrich Wilhelm IV. die Uraufführung der *Lustigen Weiber von Windsor* an. Besetzungsprobleme am Theater und die revolutionären Ereignisse, die auf den Barrikadenaufstand vom 18. März 1848 folgten, erzwangen die Verschiebung der Uraufführung. In der Zwischenzeit schloß Nicolai die Komposition mit der Arie der Frau Fluth im I. Akt (10. Okt. 1848), der Ballade der Frau Reich und dem Finale des III. Akts (22. und 27. Jan.), der Arie der Anna und dem Trinklied Falstaffs (10. und 20. Febr. 1849) ab.
Handlung: In Windsor, Anfang des 17. Jahrhunderts. I. Akt, 1. Bild, Hofraum zwischen den Häusern von Fluth und Reich: Falstaff hat den Frauen Fluth und Reich gleichlautende Liebesbriefe geschrieben, woraufhin beide empört sind und beschließen, sich an dem dreisten Ritter zu rächen. Indes weist Reich den mittellosen Fenton ab, der seine Tochter Anna heiraten will; er favorisiert den Junker Spärlich als Schwiegersohn, seine Frau dagegen einen Franzosen namens Doktor Cajus. 2. Bild, Zimmer bei Fluth: Frau Fluth hat mit einem Brief Falstaff zu einem Rendezvous bestellt. Was dieser nicht weiß: Frau Reich hat im Einverständnis mit ihrer Freundin deren eifersüchtigen Ehemann vom Inhalt des Briefs unterrichtet. Falstaff ist gerade im Begriff, Frau Fluth den Hof zu machen, als Fluth wutentbrannt nach Haus kommt. Um dem vor Eifersucht Rasenden zu entgehen, muß sich der dicke Falstaff in einen Waschkorb zwängen;

zwei Diener tragen den Korb auf Frau Fluths Geheiß aus dem Haus, um ihn samt Inhalt in einen Wassergraben zu schütten. So kann Fluth seinen angeblichen Rivalen nicht finden und ist vor den herbeizitierten Nachbarn blamiert. Seine »tief gekränkte« Frau droht ihm überdies mit Scheidung.
II. Akt, 1. Bild, Gasthaus »Zum Hosenbande«; am Morgen des folgenden Tags: Griesgrämig sinniert Falstaff über sein Mißgeschick. Seine Laune bessert sich, als er erneut einen Brief von Frau Fluth mit der Einladung zu einem Stelldichein erhält; spontan veranstaltet er mit den Dorfbewohnern ein Wetttrinken. Unter dem Namen Bach sucht Fluth Falstaff auf; er gibt vor, Frau Fluth verführen zu wollen, hierzu aber der tatkräftigen Hilfe des Ritters zu bedürfen. Der eitle Falstaff fühlt sich geschmeichelt und erzählt Fluth nicht nur von seinem gestrigen Erlebnis, sondern auch, daß er noch am selben Nachmittag Frau Fluth erneut aufsuchen werde; Bach alias Fluth sieht die Gelegenheit für ausgiebige Rache an seiner Frau und ihrem vermeintlichen Liebhaber gekommen. 2. Bild, Garten hinter Reichs Haus: Beim heimlichen Stelldichein gestehen Anna und Fenton einander ihre Liebe. Beide werden von Spärlich und Cajus beobachtet, die unabhängig voneinander erschienen sind, um dem Mädchen ein Ständchen zu bringen. 3. Bild, wie I/2: Wieder wird Falstaffs »Rendezvous« durch Fluth unterbrochen, dessen Auftritt diesmal auch für die beiden Frauen überraschend ist. Der Ritter muß sich als die alte Muhme von Fluths Magd verkleiden, die wegen ihrer Geschwätzigkeit schon seit langem mit Hausverbot bedacht ist und deshalb nun von Fluth unter Prügeln auf die Straße getrieben wird. Vor den erneut als Zeugen herbeigeholten Nachbarn durchstöbert Fluth den Waschkorb und sieht sich, als er keinen Liebhaber findet, wiederum deren Spott ausgesetzt.
III. Akt, 1. Bild, Zimmer bei Reich: Die Frauen haben ihre Männer über die Intrigen gegen Falstaff aufgeklärt. Gemeinsam verabreden sie, ihn für Mitternacht verkleidet als Jäger Herne zu der nach diesem benannten Eiche im Wald von Windsor zu bestellen; dort könne Falstaff ungestört Liebesglück genießen. Dahinter verbirgt sich natürlich eine Falle, denn in Wirklichkeit sollen ihm alle Dorfbewohner ein böses Erwachen bereiten und ihn für seine Verfehlungen bestrafen. Zudem wollen die beiden Reichs die Gunst der Stunde nutzen und, jeder für sich, ihre Tochter mit dem jeweils favorisierten Schwiegersohn vermählen. Doch Anna durchkreuzt heimlich diese Pläne, indem sie die beiden verschiedenen Gewänder, die ihr Vater und Mutter als Erkennungszeichen für die Nacht verordneten, an die verschmähten Verehrer Cajus und Spärlich schickt und Fenton in den Wald bestellt. 2. Bild, Wald bei Windsor, im Hintergrund die Eiche des Jägers Herne, im Vordergrund ein Jagdpavillon; kurz vor Mitternacht, Mondschein: Falstaff erscheint im Jägerkostüm mit Hirschgeweih und wundert sich, Frau Fluth und Frau Reich gemeinsam anzutreffen. Sein vermeintlicher Triumph, am Ziel seiner Wünsche zu sein, wird jäh unterbrochen durch die Dorfbewohner, die sich als Feen und Kobolde, aber auch als Mücken und Wespen verkleidet haben und ihn gehörig traktieren; erschöpft gibt sich Falstaff geschlagen und gesteht seine Verfehlungen. Die allgemeine Verwirrung ausnutzend, geben sich Anna und Fenton einander im Kostüm von Titania und Oberon das Jawort; Cajus und Spärlich hingegen vermuten jeweils hinter der Maske des andern die Angebetete und gehen unter allgemeinem Gespött leer aus. Am Ende steht eine große Versöhnungsszene, in der auch der Dank an das Publikum zum Ausdruck kommt.
Kommentar: Nicolais Oper gingen bereits sechs Vertonungen eines Falstaff-Stoffs voraus, von denen Salieris Dramma giocoso per musica *Falstaff ossia Le tre burle* (Wien 1799, Text: Carlo Prospero Defranceschini) und Balfes Opera buffa *Falstaff* (London 1838, Text: Manfredo Maggioni) die erfolgreichsten waren. Bei der dramaturgischen Einrichtung des Librettos hielt sich Nicolai weitgehend an die Vorlage, die er lediglich durch Weglassung von Nebenrollen und den Verzicht auf die Intrigenhandlung um die Kupplerin Quickly operngerecht verkürzte und auf die Schwankelemente des Stoffs konzentrierte. Dabei ergibt sich eine Verlagerung des dramatischen Gewichts von den männlichen auf die weiblichen Hauptrollen: In den Händen der Frauen Fluth und Reich laufen die Fäden der Intrige zusammen, und Anna, bei Shakespeare lediglich episodenhaft gezeichnet, wird zu einer Charakterfigur: Vom Mädchen (Gartenszene, II. Akt) entwickelt sie sich zur jungen Frau, die ihr Schicksal

Die lustigen Weiber von Windsor; Frieda Hempel als Frau Fluth; Königliche Oper, Berlin 1907. – Frau Fluth war die Berliner Antrittsrolle der berühmten Sopranistin, die durch eine erstaunliche Breite des Repertoires beeindruckte, das von der Königin der Nacht in Mozarts *Zauberflöte* (1791) über Eva in Wagners *Meistersingern von Nürnberg* (1868) bis zur Marschallin in Strauss' *Rosenkavalier* (1911) reichte.

selbst in die Hand nimmt (Szene und Arie im III. Akt). In der Gartenszene freilich gerät das musikalische Gefüge der Oper ernsthaft in Gefahr: Das Duett Anna/Fenton, mit Solovioline und ausgedehnter Doppelkadenz, droht den Gattungsrahmen zu sprengen. – In der formalen Anlage schließt sich Nicolai mit der Abfolge von Musiknummern und gesprochenen Dialogen dem Typus des Singspiels und der Opéra-comique an. Die Entscheidung für gesprochene Dialoge entsprach der Konzeption des Komponisten, der die deutsche Sprache als zu schwerfällig für Bufforezitative ansah. In der Szene zwischen Falstaff und dem als Bach verkleideten Fluth erlaubte sich Nicolai den Spaß, seine These beispielhaft zu untermauern: Dies Gespräch »unter Männern« ist als gekonnt-gestelztes Accompagnato mit betont realistischer Deklamation gestaltet, die in Verbindung mit dem musikalischen Tonfall bewußt zur Situationskomik neigt. Nicolais künstlerisches Konzept lief hinaus auf eine Synthese der Vorzüge von deutscher und italienischer Oper, von »Gelehrtheit«, »Deutungs-Vergnügen« für Deutschland und »Vergnügen«, »sinnlich ansprechendem Ton« und »Vokalmusik« für Italien (Nicolai, *Italienische Studien*, s. Lit.): Seine musikalische Ausbildung in Italien (1834–37) und die Tatsache, daß er vor den *Lustigen Weibern* ausschließlich italienische Opern komponierte, mögen hierfür stellvertretend genannt sein. Am deutlichsten dieser italienischen Tradition verpflichtet sind der Parlandostil des erwähnten Buffoduetts Falstaff/Bach und die Melodiebildung in Fentons Romanze »Horch, die Lerche singt im Hain!«. Die nächtliche Feenszene im Wald von Windsor, deren Musik bereits die Ouvertüre bestimmt, erscheint als Reverenz Nicolais vor Webers *Oberon* (1826), aus dem ein Motiv des Puck im ersten Feenchor zitiert wird, und vor Mendelssohn-Bartholdys *Sommernachtstraum*-Musik (1826, 1842). Frau Reichs Ballade in III/1 »Vom Jäger Herne die Mär ist alt« evoziert in ironischer Brechung die spukhafte Atmosphäre der »schwarzen Romantik« in der Tradition von Emmys Romanze aus Marschners *Vampir* (1828) und Sentas Ballade aus Wagners *Fliegendem Holländer* (1843). Eine weitere Anspielung auf den *Holländer* könnte die markante Hornpassage mit den charakteristischen Vorschlägen am Ende der 1. Strophe von Falstaffs Trinklied »Als Büblein klein an der Mutter Brust« (II. Akt) bedeuten; es handelt sich hier um keine solistische Einlagenummer, sondern vielmehr um eine komische Szene mit Beteiligung des Chors, deren Komik vor allem das Zwischenspiel beherrscht, das sich im Gestus des Trauermarschs als »Requiem« auf eine »Alkoholleiche« gibt. Die Duette Frau Fluth/Frau Reich und die Ehepaars Fluth (I. und II. Akt) sind Musterbeispiele musikalischer Konversationsszenen, in denen Nicolais überlegene Orchesterdramaturgie auffällt. Er war als Komponist stark genug, die divergierenden Stillagen, derer er sich bediente, ohne Qualitätsverlust in seiner Partitur zu verschmelzen.

Wirkung: Die Uraufführung unter Nicolais Leitung (Regie: Karl Stawinsky, Choreographie: Michel François Hoguet; Falstaff: August Zschiesche, Fluth: Julius Krause, Reich: August Mickler, Fenton: Julius Pfister, Spärlich: Eduard Mantius, Cajus: A. Lieder, Frau Fluth: Leopoldine Tuczek, Frau Reich: Pauline Marx, Anna: Louise Köster) war zu dessen großer Enttäuschung weder beim Publikum noch bei der Presse ein Erfolg. Bereits bei der vierten Aufführung am 25. März wurde die Oper abgesetzt; völlig unerwartet starb Nicolai am 11. Mai an den Folgen eines Blutsturzes. Trotz der intendierten Stilsynthese zwischen italienischer und deutscher Oper blieben *Die lustigen Weiber* in Italien weitgehend unbekannt; zudem wurde der Stoff seit 1893 von Verdis *Falstaff* dominiert. In England hatte, im Unterschied zu den Vereinigten Staaten, wo die *Lustigen Weiber* 1863 in Philadelphia erstmals inszeniert wurden (deutsch), Nicolais Oper gegen Shakespeares Komödie keine Chance. Nur sehr zögernd konnte sich das Werk durchsetzen, fast ausschließlich auf deutschsprachigen Bühnen. Für die Wiener Erstaufführung 1852 im Kärntnertortheater (Fenton: Alois Ander) komponierte Heinrich Proch Rezitative sowie nach dem »Mondchor« im III. Akt eine Einlagearie für Fenton (»Der heißersehnte Augenblick [...] Es ist die Liebe«), die eine Bearbeitung von Nicolais Lied *Die Träne* (1843?) darstellt. Ebenfalls Rezitative komponierte Otto Neitzel für seine Partiturausgabe von 1911. Häufig wurde das Finale durch einen Chor über das zweite Thema der Ouvertüre ersetzt, das Nicolai in den Musiknummern nicht verwendet hatte. Ferdinand Gumbert komponierte über dies Thema für Pauline Lucca eine Einlagearie (vor dem Finale des III. Akts). Ebenso problematisch wie diese Hinzufügungen waren die Striche, die sich bald einbürgerten. Oft entfiel das gesamte 1. Bild des III. Akts, das jedoch dramaturgisch essentiell ist. 1853 gelangten die *Lustigen Weiber* am Deutschen Landestheater Prag zur Aufführung (Falstaff: Wilhelm Versing, Reich: Karel Strakatý, Fenton: Josef Reichel, Spärlich: Josef Emminger, Cajus: František Brava, Frau Reich: Therese Janda). Der Erfolg des bis ins 20. Jahrhundert viel gespielten Werks (allein an der Berliner Staatsoper bis 1926 mehr als 300 Aufführungen) begann erst während der letzten Jahrzehnte zu verblassen. Zumal an großen Häusern erschien es nun seltener, etwa in Wien 1935 (Staatsoper; Dirigent: Felix von Weingartner) und 1948 (Staatsoper in der Volksoper; Otto Ackermann), Berlin 1951 (Staatsoper), Zürich (Dirigent: Ferdinand Leitner) und New York (City Opera; Übersetzung: Joseph Blatt) 1981. Für die Einstudierung an der Deutschen Oper Berlin 1983 führte Winfried Bauernfeind die *Lustigen Weiber* als »Theater auf dem Theater« vor und band so das Werk gekonnt in das berlinische Genrebild des 19. Jahrhunderts ein (Dirigent: Peter Schneider; Falstaff: Alfred Kuhn, Frau Fluth: Norma Sharp). Ähnlich verfuhr Peter Beauvais in seiner Inszenierung am Nationaltheater München im selben Jahr (Wolfgang Sawallisch; Kurt Moll, Pamela Coburn). Heute gehört das Werk zum festen Repertoire kleinerer bis mittlerer Bühnen mit teilweise vielbeachteten Inszenierungen, so etwa

Hellmuth Matiaseks »biedermeierliche« Produktion 1981 am Gärtnerplatztheater München (Klaus Schneider; Kuhn, Susanne Heyng). Ähnlich gute Resonanz fand auch Gerhard Klingenbergs Inszenierung 1982 an der Wiener Volksoper, die auf die Wiener Bearbeitung zurückgriff (Rudolf Bibl; Artur Korn, Graciela de Gyldenfeldt). Eine Ausnahme unter den zumeist konventionellen Regiearbeiten bildet Herbert Gantschachers aktualisierende Version der *Lustigen Weiber von Windsor* von 1988 für die Wiener Kammeroper (Alfred Eschwé; Krassimir Kurtakov, Elizabeth Lombardini-Smith).

Autograph: Part: SB Bln. (Mus. ms. autogr. O. Nicolai 9); Part d. urspr. Einl.-Nr.: Lipp. LB Detmold. **Ausgaben:** Part: B&B [1851], Nr. 1847 (Lithographie); Part, hrsg. G. F. Kogel: Peters [um 1882], Nr. 6593; Part mit Rezitativen v. O. Neitzel: B&B [1911]; Kl.A: B&B [um 1850], Nr. 1720-28d; B&B [1875], Nr. 10777; Kl.A, rev. v. G. F. Kogel: Peters [um 1893], Nr. 7774; Kl.A: UE [um 1900]; Kl.A, rev. v. K. Soldan: Peters [um 1933], Nr. 7774; Kl.A, engl. Übers. v. J. Blatt: Schirmer [1958]; Textb.: B&B [1849]; Darmstadt, Herbert [1869]; Textb., hrsg. W. Zentner: Stuttgart, Reclam 1972; Textb., neue Dialoge v. P. Beauvais, in: Ph. Staatsoper, München 1983, S. 19–88; Textb. d. Gesänge: Stuttgart, Fein [1860]. **Aufführungsmaterial:** B&H, Peters, Ricordi
Literatur: O. NICOLAI, Italienische Studien. Einige Betrachtungen über d. ital. Oper, im Vergleich zur dt., in: NZfM 6:1837, S. 99–101, 107–109; G. WEDEL, Die deutsche Oper, ebd., S. 191–197, 199–205; G. R. KRUSE, ›Falstaff‹ und ›Die lustigen Weiber‹ in vier Jahrhunderten, in: Mk 6:1906/07, S. 63–89, 143–153, 208–222 (nebst mus. Beilage zu H. 22), 289–297; DERS., O. N.s ›Lustige Weiber‹. Entstehung, Werdegang u. Schicksal seiner einzigen Oper mit d. unbekannt gebliebenen Nrn., in: Mk 28:1936, S. 886–894; G. FRIEDRICH, Die deutsche und die italienische Gestaltung des Falstaff-Stoffes in der Oper, Diss. Breslau 1942; H. WIRTH, Natur und Märchen in Webers ›Oberon‹, Mendelssohns ›Ein Sommernachtstraum‹ und N.s ›Die lustigen Weiber‹, in: Festschrift Friedrich Blume, Kassel 1963, S. 389–397; V. KLOTZ, Bühnen-Briefe, Ffm. 1972, S. 66–74; K.-F. DÜRR, Opern nach literarischen Vorlagen. Shakespeares ›The merry wives of Windsor‹ in d. Vertonungen v. Mosenthal/N. ›Die lustigen Weiber‹ u. Boito/Verdi ›Falstaff‹. Ein Beitr. zum Thema Gattungsformation, Stuttgart 1979; D. HOLLAND, Biedermeier-Humor zwischen Shakespeare und Verdi, in: Ph. Staatsoper, München 1983, S. 7–14; J. LIEBSCHER, Biedermeier-Elemente in der deutschen Spieloper. Zu O. N.s ›Die lustigen Weiber von Windsor‹, in: Mf 40:1987, S. 229–237; weitere Lit. s. S. 421

Robert Didion

Giuseppe Nicolini

Geboren am 29. Januar 1762 in Piacenza (Emilia-Romagna), gestorben am 18. Dezember 1842 in Piacenza

Trajano in Dacia
Dramma per musica

Trajan in Dakien
2 Akte (10 Bilder)

Text: Michelangelo Prunetti
Uraufführung: 7. Febr. 1807, Teatro Argentina, Rom
Personen: Colmira, Gattin Decebalos (C); Decebalo/Decebalus, König von Dakien (S); Trajano/Trajan, römischer Kaiser (T); Zomusco, Vater Colmiras und Ormondas (B); Ormonda, Braut Massimos (S); Massimo, Befehlshaber einiger römischer Legionen (T); Decebalos kleiner Sohn (stumme R). **Chor:** dakische Priester, Römer, Daker. **Statisterie:** römische und dakische Soldaten, 2 römische Liktoren
Orchester: 2 Fl, 2 Ob, 2 Klar, 2 Fg, 2 Hr, 2 Trp, gr.Tr, Streicher, B.c; BühnenM: 2 Picc, 2 Ob, 2 Klar, Fg, 2 Hr, 2 Trp, gr.Tr
Aufführung: Dauer ca. 2 Std. 30 Min. – Decebalo wurde in der Uraufführung von einem Kastraten gesungen.

Entstehung: Nach seiner Ausbildung unter anderm bei Domenico Cimarosa in Neapel wandte sich Nicolini zunächst der Opera buffa zu, wie dies im damaligen Italien die Regel für Komponisten war, die noch am Anfang ihrer Karriere standen. Seinen ersten großen Erfolg auf dem Gebiet der Opera seria verzeichnete er mit *I baccanali di Roma* (Mailand 1801, Text: Luigi Romanelli), einer Oper, der die gefeierte Sängerin Angelica Catalani, für die Nicolini die Partie der Fecennia geschrieben hatte, zu großem Ansehen verhalf. Hieran schlossen *I Manlii* (Mailand 1801, Text: Antonio Simone Sografi) und *Quinto Fabio Rutiliano* (Florenz 1802, Gaetano Rossi) an. Die Anerkennung, die Nicolini seinerzeit zuteil wurde, läßt sich unter anderm daran ablesen, daß die der damaligen italienischen Oper sehr kritisch gegenüberstehende Leipziger *Allgemeine musikalische Zeitung* noch 1819 ein »Quartettino« aus *Quinto Fabio* im Klavierauszug veröffentlichte. *Trajano in Dacia* schrieb Nicolini für Giovanni Battista Velluti, einen der letzten und renommiertesten Soprankastraten seiner Zeit.
Handlung: In und bei Sarmizegetusa, der Hauptstadt Dakiens, um 100 n. Chr. I. Akt, 1. Bild: Feldlager mit Zelten; 2. Bild: Atrium im Königspalast Decebalos; 3. Bild: gebirgige Landschaft mit Blick auf ein Tal und eine Hütte; 4. Bild: wie I/2; II. Akt, 1. Bild: wie I/2; 2. Bild: Feldlager vor dem Stadttor; 3. Bild: ein zum Kerker führender Säulengang; 4. Bild: wie I/2; 5. Bild: unterirdisches Gefängnis; 6. Bild: Tempel, in der Mitte ein Altar.

I. Akt: Der dakische König Decebalo ist entschlossen, der römischen Usurpation standzuhalten und sich dem Feind im Kampf zu stellen. Unterstützung erfährt er von seiner Frau Colmira, während sein Schwiegervater Zomusco, der eigene Machtansprüche hegt, sich Trajano beugt. Der als Sieger aus dem Kampf hervorgegangene Trajano verlangt von Decebalo Frieden, andernfalls werde er ihn und seinen kleinen Sohn einkerkern. Decebalo ergreift daraufhin mit seiner Familie die Flucht, wird jedoch gestellt und mit seinem Sohn gefangengenommen. Um Decebalos Widerstand zu brechen, läßt ihn Zomusco glauben, auch Colmira plädiere für den Frieden. Als Decebalo verlangt, dies aus dem Mund seiner Frau zu hören,

erfährt er zu seiner Erleichterung, daß sie nach wie vor auf seiner Seite steht.
II. Akt: Zomusco will die Macht an sich reißen und durchsetzen, daß Decebalo seine Unbeugsamkeit mit dem Tod bezahlt. Dem steht jedoch Trajanos Milde entgegen, und so befiehlt er seinem zukünftigen Schwiegersohn Massimo, wenn auch vergeblich, Trajano zu töten. Mit Hilfe dakischer Soldaten gelingt es Colmira, ihrem Mann die Kerkertore zu öffnen, doch Decebalo zieht einer Flucht die Gefangenschaft vor. In Anerkennung der Charakterfestigkeit seines Gegners sieht Trajano zur Beilegung der Zwistigkeiten zwischen Dakien und Rom keine andere Möglichkeit, als Decebalo vor die Wahl zu stellen, entweder einzulenken oder seinen Sohn zu opfern. Aus Liebe zu ihrem Kind beugen sich Decebalo und Colmira der Herrschaft Roms.

Kommentar: Das Werk steht stofflich und musikalisch in der klassizistischen Tradition des Melodramma, einer Richtung, die sich trotz des immer stärker werdenden Einflusses der Opéra-comique und der zunehmenden Adaption sogenannter »romantischer« Stoffe vorwiegend aus der angelsächsischen Literatur noch bis in die 30er Jahre des 19. Jahrhunderts behaupten konnte. Nicolini gilt als Mittler zwischen Cimarosa und Gioacchino Rossini, doch blieb er eher dem Dramma per musica des späten 18. Jahrhunderts verhaftet, als daß er, wie etwa Pietro Generali oder Michel Carafa, an der Herausbildung des Melodramma rossinischer Provenienz beteiligt war. Die Ensembles (Introduktion und beide Finale), die zahlreichen Arien mit Chor sowie die Verwendung einer »banda sul palco« weisen zwar unter formalem Gesichtspunkt auf das spätere Melodramma voraus, melodisch und satztechnisch steht das Werk jedoch noch fest in der Tradition des 18. Jahrhunderts und bezeugt Nicolinis solide Ausbildung durch Cimarosa, wie dies nicht zuletzt das vielgerühmte, in die Anthologie *A Hundred Years of Italian Opera 1800–1810* (London 1983) aufgenommene Finalquartett »Gelida mano io sento« belegt. Nicolinis Traditionsverbundenheit war das Geheimnis seines Erfolgs, war er doch einer der letzten Opernkomponisten, die ihre Kunst kompromißlos in den Dienst des klassizistischen Belcantos stellten und melodische »Gerüste« schufen, denen erst der Sänger Profil verlieh. Die zahlreichen Fermatezeichen, die dem Sänger anzeigten, wann der Komponist eine Verzierung wünschte, sind hierfür ein Indiz. Daß gerade die bedeutendsten Sänger ihrer Zeit treue Anhänger Nicolinis waren und den Neuerungen der folgenden Komponistengeneration, zum Beispiel der weitgehenden Fixierung der belcantistischen Ornamente sowie der klanglichen Erweiterung und Verdichtung des Instrumentalparts, mit Skepsis begegneten, kann als Ausweis eines künstlerischen Rangs gelten, den die Tatsache, daß Nicolinis Opern schon wenige Jahre später nicht mehr mit der Ästhetik der Gattung in Einklang zu bringen waren, kaum zu schmälern vermochte.

Wirkung: Nach der erfolgreichen Uraufführung (Wiederaufnahmen 1811 und 1814), an der außer

Trajano in Dacia; Giovanni Battista Velluti als Decebalo; Uraufführung, Teatro Argentina, Rom 1807. – Als Velluti auf der Bühne agierte, war die Zeit des Kastratengesangs eigentlich vorbei. So nimmt es nicht wunder, daß er trotz seines fein ziselierten Gesangs nach großen Erfolgen in Italien, hier vor allem in den Uraufführungen von Werken Nicolinis, Rossinis *Aureliano in Palmira* (1813), Morlacchis *Tebaldo e Isolina* (1822) und Meyerbeers *Il crociato in Egitto* (1824), in London 1825 kaum mehr Anklang finden konnte.

Velluti (Decebalo) noch Marietta Marcolini (Colmira) und Nicola Tacchinardi (Trajano) beteiligt waren, verbreitete sich das Werk rasch in ganz Italien, was in der vorrossinischen Ära eher eine Ausnahme war: Teatro San Carlo Neapel 1808, Teatro Comunale Bologna 1809, Teatro Pergola Florenz 1812, Teatro San Benedetto Venedig 1812 und 1814, Teatro San Agostino Genua 1814, Teatro Ducale Parma 1815, Teatro Cocomero Florenz 1817. Velluti sang den Decebalo nicht nur in zahlreichen italienischen Aufführungen, sondern auch im Ausland, unter anderm in Wien 1810 und München 1818.

Autograph: Verbleib unbekannt. **Abschriften:** Bibl. Cherubini Florenz (A. V. 196-197; A. VI 171-174), Bibl. S. Pietro a Maiella Neapel (S. 8. 10), Bibl. Palatina Parma (ATVa 76 I-II), BN Paris, Bibl. S. Cecilia Rom (G. Mss. 620-621; A. Ms. 71-72). **Ausgaben:** Kl.A (Ausz.), in: G. NICOLINI, Excerpts from His Operas, Garland, NY, London (Italian Opera, 1810–1840. 25.) [in Vorb.]; Textb.: Rom, Puccinelli 1807
Literatur: E. DE GIOVANNI, G. N. e Sebastiano Nasolini, Piacenza 1927; A. RAPETTI, C. CENSI, Un maestro di musica piacentino: G. N., in: Bibl. storica piacentina 24, Piacenza 1944

Sabine Henze-Döhring

Louis Niedermeyer

Louis Abraham Niedermeyer; geboren am 27. April 1802 in Nyon (Waadt), gestorben am 15. März 1861 in Paris

Stradella
Opéra en cinq actes

Stradella
5 Akte (7 Bilder)

Text: Emile Deschamps (eigtl. Emile Deschamps de Saint-Amand) und Emilien Pacini (eigtl. Emilio Pacini)
Uraufführung: 3. März 1837, Opéra, Salle de la rue Le Peletier, Paris
Personen: Stradella, Maestro und Sänger (T); Herzog Pesaro, Patrizier und Senator (B); Spadoni, sein Faktotum (B); Beppo, Schüler und Freund Stradellas (B.Bar); Piétro (T) und Michael (Bar), Bravi; Léonor, eine junge Waise, Verlobte Stradellas (S); Ginevra, Beppos Mutter (A); ein Offizier der Sbirren (T).
Chor, Statisterie: Gaukler, Bravi, Sbirren, Stradellas Schüler, Maskierte, Putzmacherinnen, Frauen aus dem Volk. **Ballett:** junge Römerinnen
Orchester: Picc, 2 Fl, 2 Ob (2. auch E.H), 2 Klar, 2 Fg, 4 Hr, 2 Trp, 2 Trp à pistons, 3 Pos, Pos à pistons, Ophikleide, Pkn, Schl (gr.Tr, Tr, Tamburin, Bck, Trg), 4 Hrf, Org, Git, Glocken, Streicher
Aufführung: Dauer ca. 3 Std. 30 Min. – Großes Ballett im IV. Akt.

Entstehung: Dem in Frankreich als Komponist von Kirchenmusik und Liedern hoch angesehenen und als Lehrer einflußreichen Niedermeyer blieb der sehnlich gewünschte Opernerfolg zeitlebens versagt. Nach zwei Opere buffe für Neapel (*Il reo per amore*, 1821, Teatro del Fondo) und Paris (*La casa nel bosco*, 1828, Théâtre-Italien), in die er die Erfahrungen seiner Kompositionsstudien bei Valentino Fioravanti und Nicola Antonio Zingarelli einbrachte, bemühte er sich um einen Kompositionsauftrag für die Pariser Opéra, der ihm mit *Stradella* endlich zuteil wurde. Etwa gleichzeitig und offenbar unbeeinflußt von den Plänen der Opéra bereitete eine andere Pariser Bühne ebenfalls eine Dramatisierung jener legendären Episode aus dem Leben des Komponisten Alessandro Stradella vor, die auf spektakuläre Weise Pierre und Jacques Bonnet-Bourdelot in ihrer *Histoire de la musique et de ses effets, depuis son origine jusqu'à présent* (1715) literarisch fixiert hatten. Durch Verzögerungen bei den Proben an der Opéra wurde schließlich die Comédie *Stradella* von Paul Duport und Philippe Auguste Pittaud Deforges mit einigen Einlagestücken Friedrich von Flotows am 4. Febr. 1837 im Palais Royal vor Niedermeyers Oper uraufgeführt, die wenige Jahre nach Victor Hugos Drama *Lucrèce Borgia* (1833) und Donizettis Oper *Marino Faliero* (1835) erstmals das romantische Bild eines Venedig der tödlichen Intrigen und geheimnisvollen Leidenschaften auf die Bühne der Opéra brachte. Der für 1677 belegte Mordanschlag wurde dabei, wie in der Vorlage, von Turin nach Rom verlegt, darüber hinaus ein glückliches Ende angefügt und die Personenkonstellation so verändert, daß aus der Affäre eines libertinären Abenteurers und der enttäuschten Partnerin des venezianischen Adligen Alvise Contarini die keusche Liebe eines idealen Paars wurde. Dabei schuf der mit seinen Fertigkeiten als »décorateur« hoch zufriedene Deschamps mit der Verteilung der Handlung auf charakteristische Schauplätze in Venedig und Rom die Voraussetzungen für eine prächtige Ausstattungsoper im Gefolge von Halévys *La Juive* (1835).

Handlung: In Venedig und Rom, 1662.
I. Akt, vor dem Haus Léonors; Mitternacht: Nach langem vergeblichen Werben will Pesaro mit der Hilfe Spadonis und einiger Bravi Léonor in seine Gewalt bringen, als Stradella und seine Schüler der jungen Waise eine Serenade singen. Der von Pesaro unerkannte Musiker verspricht Léonor, am nächsten Tag mit ihr aus Venedig zu fliehen, und ist bereits verschwunden, als seine Geliebte Opfer der Entführer wird. Auch die Sbirren kommen Léonor nicht zu Hilfe; voller Respekt vor dem Rang Pesaros lassen sie sich von Maskierten in den Karnevalstrubel ziehen.
II. Akt, Saal im Palast Pesaros: Um Léonor gefügig zu machen, sollen Spadoni und Pesaros Musikmeister Stradella der Entführten höfischen Glanz vorführen. Léonor flieht aber vor der Warenschau verschiedener Putzmacherinnen in ein Nebenzimmer, so daß sie Stradella erst erkennt, als dieser nach einer Barkarole seine Liebe zu Léonor beschwört. Schnell entschließen sie sich zur Flucht; kurz bevor sie vom Balkon in eine von Beppo bereitgestellte Gondel klettern können, tritt Pesaro dazwischen, den Stradella nur mit einer Waffe in Schach halten kann.
III. Akt, 1. Bild, vor Ginevras Haus am Stadtrand von Rom: Nach gelungener Flucht haben Léonor und Stradella bei Beppos Mutter Unterschlupf gefunden. Aber auch Spadoni ist nach der Berufung Pesaros zum venezianischen Botschafter beim Papst mit nach Rom gekommen und versucht, Léonor für Pesaro zu gewinnen. Als diese sich weigert, befiehlt Pesaro, Stradella ermorden zu lassen. Unter den vielen Pilgern, die anläßlich der Karwoche nach Rom gekommen sind, findet Spadoni mit Piétro und Michael auch zwei Bravi, mit denen er handelseinig wird. 2. Bild, das Innere der Kirche Santa Maria Maggiore: Mit seinen Gesängen während der Gründonnerstagsmesse versetzt Stradella nicht nur die Gläubigen in religiöse Begeisterung, sondern auch die Bravi, die voller Reue auf den geplanten Mord verzichten.
IV. Akt, Platz des Kapitols: Die Römer bereiten dem gefeierten Stradella ein Musenfest. Die Krönungszeremonie wird jedoch von Pesaro unterbrochen, der die Auslieferung des Flüchtlings fordert. Das Volk stellt sich Pesaros Truppen in den Weg, kann aber die Gefangennahme Stradellas nicht verhindern.
V. Akt, 1. Bild, Bleikammern in Venedig: Der gefangene Stradella wartet auf sein Todesurteil, das er voller Gottvertrauen annimmt. 2. Bild, die Piazzetta

San Marco: Stradellas Hinrichtung soll gleichzeitig mit den Feierlichkeiten zur Amtseinführung des neuen Dogen Pesaro stattfinden. Léonor gelingt es aber, das Volk von Stradellas Unschuld zu überzeugen, und gemeinsam erflehen sie vom neuen Dogen die Begnadigung. Angesichts des politischen Triumphs verzichtet Pesaro auf seine Liebe, und alle außer Stradella preisen die Milde des neuen Herrschers.
Kommentar: Auch wenn von einer Auseinandersetzung mit der romantischen Künstlerproblematik, wie sie Berlioz in *Lélio* (1832) und *Benvenuto Cellini* (1838) thematisierte, keine Rede sein kann, zeichnet sich das theatergerechte Libretto immerhin durch konsequente Zuspitzung pittoresker Situationen aus. Deren musikdramatisches Potential wird aber in der Abfolge isolierter musikalischer Ereignisse kaum ausgeschöpft, beschränkte sich Niedermeyer doch fast völlig auf die einfachen Formen und gängigen Harmonien der zeitgenössischen »mélodies« und betrat nur insofern Neuland, als er die melodramatische Figur des am Ende bekehrten Schurken aus der Opéracomique in die Grand opéra übertrug. Dramatischer Atem gewinnt die Musik allenfalls in den italianisierenden langsamen Sätzen einiger Ensembles, größere Tableauwirkungen gelingen dort aber ebensowenig, wie Niedermeyer in der großen Kirchenszene darauf verzichtete, historisches Kolorit zu »erfinden«.
Wirkung: Dennoch war die Aufnahme durch die Kritik eher freundlich, was wohl nicht zuletzt auf die hervorragende Besetzung mit Marie-Cornélie Falcon, Adolphe Nourrit (in der Reprise 1840: Rosine Stoltz, Gilbert Duprez) und Nicolas-Prosper Levasseur sowie die spektakulären Bühnenbilder von Edouard Désiré Joseph Désplèchin, Jules Pierre Michel Diéterle, Léon Feuchère und Charles-Polycarpe Séchan zurückzuführen ist. Bis 1845 wurde die Oper 37mal gegeben, wobei sie jedoch von Anfang an erheblichen Kürzungen und Umstellungen ausgesetzt war. – Unter den zahlreichen weiteren Bearbeitungen des Stoffs wie den Opern, der nur als Klavierauszug konzipierten und erst 1985 an der Pariser Opéra-Comique uraufgeführten Schülerarbeit César Francks von 1844 (Text: Deschamps), *Alessandro Stradella* (Florenz 1846, Text: Leopoldo Cempini) von Adolf Schimon, *Stradella, trovatore del 1300* (Neapel 1850, Federico Quercia) von Vincenzo Moscuzza, *Alessandro Stradella* (Pinerolo 1852, Rinaldo Dall'Argine) von Luigi Boccaccio, *Alessandro Stradella* (Lugo 1863, Text: Andrea Codebò) von Giuseppe Sinico und Arthur Saint-Léons Ballett *Stradella* (Lissabon 1856, Musik: diverse), setzte sich nur Flotows *Alessandro Stradella* (1844) durch, dessen Text direkt an die Comédie von Duport und Deforges anknüpfte. – Auch mit zwei weiteren Bühnenwerken des Opéra hatte Niedermeyer wenig Glück. Mit *Marie Stuart* (1844, Text: Théodore Anne) und *La Fronde* (1853, Auguste Maquet und Jules Lacroix) versuchte er auf dem Weg der historischen Ausstattungsoper weiterzugehen. Obwohl aus *Marie Stuart* die Romanze der Titelheldin »Adieu donc, belle France« sehr erfolgreich war, kam diese Oper nicht über 24 Aufführungen hinaus und wurde anscheinend nur in Stuttgart (1877) nachgespielt. Von den beiden andern Opern sind Aufführungen außerhalb von Paris nicht nachgewiesen.

Autograph: Verbleib unbekannt; Fragmente: Bibl. de l'Opéra Paris (Rés. 176), BN Paris (Ms. 15003). **Abschriften:** Part: Bibl. de l'Opéra Paris (A. 516a). **Ausgaben:** Kl.A: Pacini, Paris [1841], Nr. 3440-95; Richault, Paris [1877]; Textb.: Paris, Pacini 1837, 1840; Textb. auch in: E. DESCHAMPS, Œuvres complètes, Bd. 5, Paris 1874, Nachdr. Genf 1973, S. 265–337
Literatur: L. QUICHERAT, Adolphe Nourrit. Sa vie, son talent, son caractère, sa correspondance, Bd. 1, Paris 1867, S. 288ff.; L.-A. NIEDERMEYER, Vie d'un compositeur moderne, Fontainebleau 1892; H. GIRARD, Emile Deschamps dilettante. Rélations d'un poète romantique avec les peintres, les sculpteurs et les musiciens de son temps, Paris 1921, Nachdr. Genf 1977, S. 67–75; L. VALLAS, La Véritable histoire de César Franck, Paris 1950, S. 73; A. SCHAFFER, Emile Deschamps and Some of His Musical Collaborators (Unpublished Letters), in: Romanic Review 44:1953, S. 197–207; P. CITRON, Les Personnages de musiciens et le rôle de la musique dans le théâtre comique à Paris de 1830 à 1840, in: Music in Paris in the Eighteen-thirties / La Musique à Paris dans les années mil huit cent trente, hrsg. P. Bloom, NY 1987 (Musical Life in 19th-century France / La Vie musicale en France au XIXe siècle. 4.), S. 117–133

Anselm Gerhard

Carl Nielsen
Carl August Nielsen; geboren am 9. Juni 1865 in Nørre-Lyndelse (bei Odense), gestorben am 3. Oktober 1931 in Kopenhagen

Saul og David
Opera i fire akter

Saul und David
Oper in 4 Akten

Text: Arne Einar Christiansen, nach dem 1. Buch Samuel des *Alten Testaments*
Uraufführung: 28. Nov. 1902, Königliches Theater, Kopenhagen
Personen: Saul, König von Israel (Bar); Jonathan, sein Sohn (T); Mikal/Michal, seine Tochter (S); David, Hirte, Freund Jonathans (T); Samuel, Prophet (B); Abner, Sauls Hauptmann (B); Zauberin in Endor (Mez); Abisaj/Abisai (S); Wache (B); eine junge Magd (S). **Chor:** Mädchen, Priester, Kriegsleute, Volk
Orchester: 3 Fl, 2 Ob, 2 Klar, 2 Fg, 4 Hr, 3 Trp, 3 Pos, Tb, Pkn, Schl (gr.Tr, Bck, Trg), Hrf, Streicher
Aufführung: Dauer ca. 3 Std. – Kriegsmusik zwischen den Bildern des IV. Akts bei geschlossenem Vorhang.

Entstehung: 1896 faßte Nielsen den Entschluß, den biblischen Stoff zur Grundlage seiner ersten Oper zu machen; 1898 begann Christiansen, der spätere Direk-

Saul og David, II. Akt; Niels Juel Simonsen als Saul, Vilhelm Herold als David (Bildmitte); Regie: Julius Lehmann; Uraufführung, Königliches Theater, Kopenhagen 1902.

tor des Königlichen Theaters, mit der Arbeit am Libretto. Das biblische Geschehen ist gestrafft, Abweichungen erklären sich aus dem Bemühen um einen klaren, konzisen Handlungsablauf mit dramatischen Qualitäten. Nielsen, der sich zu jener Zeit als Violinist in der Hofkapelle breite Repertoirekenntnisse erworben hatte, war als dramatischer Komponist bisher einzig mit Zwischenmusiken (1890) zu Andreas Munchs Schauspiel *En aften paa Giske* (1855) hervorgetreten. Erfahrungen als Vokalkomponist hatte er darüber hinaus mit Liedern und dem Chorwerk *Hymnus amoris* (1897) gesammelt.

Handlung: In Israel, 1032–12, zur Zeit König Sauls. I. Akt, Sauls Haus in Gilgal: Saul, sein Sohn Jonathan und das von den Philistern bedrängte Volk Israel warten seit sieben Tagen auf die Ankunft des Propheten Samuel; nur er darf die Opferhandlung vollziehen und Gott um den siegreichen Ausgang des Kriegs bitten. Als Saul ungeduldig selbst mit der Zeremonie beginnt, sagt ihm der eintreffende Samuel Gottes Zorn voraus. Empört und enttäuscht findet Saul erst durch Davids Gesang seinen Lebensmut wieder; er bittet diesen, am Hof zu bleiben. Als Saul sich zu seinem Heer begeben hat, erklären David und Mikal einander ihre Liebe.
II. Akt, ebenda: David singt vor Saul, als Abner meldet, der Feind sei in zehnfacher Stärke herangerückt, habe in der Nähe sein Lager aufgeschlagen, und der Anführer Goliath habe einen Zweikampf vorgeschlagen, dessen Ausgang das Ende des Kriegs bestimmen solle. Einzig David findet Mut, gegen den Riesen anzutreten; Saul verspricht dem nur mit einer Schleuder bewaffneten David zum Lohn die Hand seiner Tochter. Bald kann Jonathan der besorgten Mikal vom glücklichen Verlauf des Kampfs berichten, und für die Liebenden wird die Hochzeit vorbereitet. Weil das Volk jedoch Davids Tat höher rühmt als die Verdienste Sauls, schleudert der König zornig seinen Speer nach dem singenden Helden und verbannt ihn.
III. Akt, Sauls Lager am Hügel Hachilas in der Wüste Siph, Nacht: Jonathan tröstet Mikal, die sich nach David sehnt. Der schleicht sich heimlich ins Lager; statt aber den schlafenden Saul zu töten, stiehlt er ihm nur Lanze und Becher. Angesichts dieses Treuebeweises nimmt Saul reuevoll David als Schwiegersohn wieder auf. Als jedoch der sterbende Samuel herbeigetragen wird, um in Gottes Auftrag David zum neuen Herrscher zu salben, zwingt Sauls erneut aufflammender Zorn David und Mikal, das Lager zu verlassen.
IV. Akt, 1. Bild, eine Hütte in Endor, Nacht: Eine Zauberin beschwört Samuels Geist, der Saul den Zorn Gottes, Niederlage und Tod verkündet. 2. Bild, auf dem Berg Gilboa: Der nach verlorener Schlacht verwundet in die Berge geflohene Jonathan rühmt David als Hoffnung Israels und stirbt, während Saul sich in sein Schwert stürzt, um einem schmachvollen Ende durch die Philister zu entgehen. Davids Trauer und die Zuversicht des Volks in seinen neuen Herrscher münden in eine Lobpreisung Gottes.

Kommentar: Der starke Anteil des Chors an der Gesamtkonzeption der Oper weist auf oratorische Einflüsse hin, die dem archaischen Charakter des biblischen Stoffs entsprechen. Auch die tonmalerische Komponente, die für Davids Gesänge zur Harfe (etwa I/5) oder für die ausgedehnte Kriegsmusik (IV. Akt) bestimmend ist, trägt retrospektive Züge; ähnliches gilt für die indirekte Schilderung des Kampfs zwischen David und Goliath (vergleichbar dem Botenbericht in der antiken Tragödie). Durch eine kunstreiche Orchesterbehandlung und die feste Einbindung solcher Passagen in das übergreifende dramatische Konzept wirkt Nielsen ihrer Isolierung entgegen. In der Personenkonzeption lösen sich Nielsen und Christiansen von dem berichtenden Tonfall der Vorlage zugunsten einer psychologisch differenzierten Charakterdarstellung: Nur die kleineren Rollen neigen zu vereinfachender Typisierung, die Titelfiguren hingegen gewinnen plastische Gestalt; so werden etwa Sauls plötzliche Stimmungswechsel textlich wie musikalisch motiviert. Nielsens Ablehnung wagnerscher Leitmotive führt zu einer eher stimmungsbezogenen Charakterisierung seiner Helden. Unter dieser Prämisse muß auch die Gestaltung der instrumentalen Vor- und Zwischenspiele gesehen werden. Das Vorspiel der Oper ist äußerst kurz und geht in die ungeduldigen Rufe Sauls und seiner Krieger über.

Wirkung: Nach der von Nielsen geleiteten Uraufführung (Regie: Julius Lehmann; Saul: Niels Juel Simonsen, Jonathan: Peter Cornelius, David: Vilhelm Herold, Samuel: Helge Nissen, Zauberin: Elisabeth Dons) wurde *Saul og David* in der Saison 1902/03 noch achtmal gegeben. Die schwedische Erstaufführung fand 1928, glanzvoll besetzt mit Kirsten Flagstad (Mikal) und Jussi Björling (Jonathan), in Göteborg statt; in schwedischer Übersetzung von Sven Lindström stand das Werk 1931 unter Leitung von Armas Järnefelt auf der Bühne des Königlichen Theaters Stockholm. Dort wurde es 1986 von Folke Abenius neu inszeniert (Saul: Leif Roar). Daß sich Nielsens Oper relativ konstant im Repertoire skandinavischer Bühnen gehalten hat, konnte nicht verhindern, daß Nielsen, vor allem im Bewußtsein der angelsächsischen Länder, vornehmlich als Symphoniker gilt.

Autograph: Det kongelige Bibl. Kopenhagen. **Ausgaben:** Kl.A, dän./dt. Übers v. I. Malling: Hansen 1904, Nr. 13366; Part, Vorspiel II. Akt: Hansen 1938; Textb.: Kopenhagen, Gyldendal 1902. **Aufführungsmaterial:** Hansen
Literatur: C. NIELSEN, Min fynske barndom, Kopenhagen 1927; T. MEYER, F. SCHANDORF PETERSEN, C. N.: en kunstneren og mennesket, 2 Bde., Kopenhagen 1947/48; K. JUEL NIELSEN, Musikken og dens moend 4: C. N., Kopenhagen 1956; J. FABRICIUS, C. N. 1865–1931. En billedbiografi, Kopenhagen 1965; Carl Nielsen i hundredåret for hans fødsel, hrsg. J. Balzer, Kopenhagen 1965; R. SIMPSON, Sibelius and N. A. Centenary Essay, London 1965; C. NIELSEN, Dagbøger og brevveksling med Anne Mari C. Nielsen, hrsg. T. Schousboe, Kopenhagen 1983; J. L. CARON, C. N. Biographie et œuvre, Lausanne 1990

Kadja Grönke

Maskarade
Komisk opera i tre akter

Maskarade
Komische Oper in 3 Akten

Text: Vilhelm Rasmus Andreas Andersen, nach der Komödie (1724) von Ludvig Baron von Holberg
Uraufführung: 11. Nov. 1906, Königliches Theater, Kopenhagen
Personen: Jeronimus, Bürger in Kopenhagen (B); Magdelone, seine Frau (Mez); Leander, sein Sohn (T); Henrik, Leanders Diener (Bar); Arv, Knecht (T); Leonard (Bar); Leonora, seine Tochter (S); Pernille, Leonoras Kammerzofe (S); ein Nachtwächter (B); ein Wachtmeister (Bar); ein Maskenverkäufer (Bar); ein Magister (Bar); ein Bursche, der Waren verkauft (S); ein Festordner (Bar); 3 Mädchen (S, Mez, A); Offizier (B); 5 Studenten (4 T, Bar). **Chor:** Studenten, Offiziere, junge Mädchen, Maskierte. **Ballett:** Mars, Venus und Vulkanus als Solisten, Tanzmeister, dessen Geliebte
Orchester: 3 Fl, 2 Ob, 2 Klar, B.Klar, 2 Fg, 4 Hr, 3 Trp, 3 Pos, Tb, Pkn, Schl (gr.Tr, kl.Tr, Bck, Trg, Kastagnetten, Glocke), Streicher
Aufführung: Dauer ca. 2 Std. 30 Min. – Mädchen, Studenten und der Offizier können mit Chorsängern besetzt werden. Tänze und Tanzpantomime für drei Tänzer im III. Akt.

Entstehung: Über Neujahr 1903/04 skizzierte Nielsen einen Handlungsplan für *Maskarade*, und im Frühjahr formte der Holberg-Experte Andersen in enger Zusammenarbeit mit Nielsen Holbergs Komödie zu einem Libretto um. Persönliche Beanspruchung und Theaterintrigen erschwerten Nielsens Arbeit, so daß erst im Mai 1905 der I. Akt fertiggestellt war. Der Rest entstand hingegen in erstaunlicher Schnelle, da die Oper so bald wie möglich uraufgeführt werden sollte; eine Reihe von Gastspielen zögerte die Premiere jedoch um eine Spielzeit hinaus. Der aktive Anteil, den Nielsen an den Proben nahm, schlug sich in der Partitur nieder: Noch am Tag der Uraufführung nahm er eine einschneidende Änderung am III. Akt vor.

Handlung: In Kopenhagen, Frühjahr 1723.
I. Akt, Stube in Jeronimus' Haus, fünf Uhr nachmittags: Leander und Henrik erwachen und erinnern sich an das vergangene Maskenfest. Nach dem Willen seines Vaters soll Leander Leonards Tochter heiraten, die er nie zuvor gesehen hat; er aber hat sich auf dem Fest mit einer unbekannten Schönen verlobt. Henrik warnt ihn vor den Folgen, kann ihn aber nicht davon abbringen, sich noch am selben Abend auf dem Maskenfest mit seiner Liebsten zu treffen. Auch Magdelone möchte sich heimlich auf dem Ball amüsieren. Der despotische Jeronimus durchschaut ihre Absicht, und seine Wut steigert sich, als Leander ihm gesteht, gegen den väterlichen Willen eine andere Braut gewählt zu haben. Leonard und Jeronimus berichten einander wechselweise die Weigerung ihrer Kinder, die von ihren Vätern beschlossene Ehe einzugehen. Jeronimus verhängt, als Strenge nichts fruchtet, Hausarrest über Leander und setzt Arv als Wache ein.
II. Akt, Straße zwischen Jeronimus' Haus und dem Komödienhaus: Der als Gespenst verkleidete Henrik entlockt Arv ein Geständnis seiner Sünden. Als Gegenleistung für das Versprechen, Arvs Verhältnis mit der Köchin nicht zu verraten, dürfen Henrik und Leander das Haus verlassen. Auch Leonard schleicht sich zum Fest, auf dem Leander und seine Verlobte einander ihre Liebe erklären. Jeronimus, der das Verschwinden seines Sohns entdeckt hat, maskiert sich, um gemeinsam mit Arv nach dem Liebespaar zu suchen. Daraufhin kann Magdelone das Haus verlassen und wird, unerkannt durch ihre Maskierung, von Leonard zum Ball geführt.

III. Akt, großer Saal im Komödienhaus: In Tanz und Belustigung wird Henrik von Mädchen verfolgt, mit denen er sich am vergangenen Abend amüsiert hatte; er wendet sich jedoch lieber Pernille zu. Leonard macht Magdelone den Hof, die sich verstellt aus Angst, erkannt zu werden. Während einer Pantomime von Mars und Venus wird Jeronimus betrunken gemacht, bis er den Grund seines Kommens vergißt und sich ebenfalls dem Festtreiben hingibt. Sein Zorn gegen Leander wird vollends hinfällig, als sich bei der Demaskierung am Ende des Balls herausstellt, daß Leonards Tochter und die von Leander erwählte Schöne ein und dieselbe Person sind. Im Kehraus wendet sich Henrik an das Publikum und bittet um ein Ende mit Applaus.

Kommentar: Holberg schrieb seine Komödie für die öffentlichen Maskenfeste im Theater Grønnegade, denen in den Jahren nach dem Nordischen Krieg eine wichtige Stellung im Leben Kopenhagens zukam. Sie lösten die Hofbälle ab, zu denen zwischen 1710 und 1712 neben den Adligen auch Bürgerliche Zutritt hatten. Obwohl König Friedrich IV. die Maskenfeste im Febr. 1724 stark einschränkte, wurde Holbergs Stück zwölf Tage nach dem königlichen Dekret uraufgeführt, womit die seit Herbst 1722 bestehende Tradition fortgesetzt wurde, in Grønnegade Komödien in dänischer Sprache aufzuführen. Den wesentlichen Anstoß zu seiner Oper fand Nielsen offensichtlich im textlosen Intermezzo der Komödie. Später schien ihm die ausführliche Darstellung des bunten Treibens auf dem Maskenfest (besonders im II. Akt) Ansatzpunkt berechtigter Kritik zu sein. Der Plan, den II. und III. Akt zu einem einzigen zusammenzuziehen, wurde niemals verwirklicht, wohl aber zeigte sich Nielsen zu Kürzungen bereit. Auch erwog er noch wenige Tage vor der Premiere, dem Werk einen gesprochenen Prolog voranzustellen, um jene kritischen Stimmen zu beschwichtigen, die sich gegen die Vertonung von Holbergs Komödie aussprachen. Der auffällig hohe Anteil von Tanz und Tanzmusik prägt als integraler Bestandteil die gesamte Partitur. Hierbei konnte Nielsen auf Erfahrungen zurückgreifen, die er als Kind beim Musizieren auf Dorffesten gesammelt hatte. Etwa in Magdelones Arie (I. Akt) verknüpft er unterschiedliche Tanztypen von der Polka bis zur Folie d'Espagne, und bereits am Anfang der Oper dient die Musik eines Kotillon dazu, die Erinnerung an die zurückliegende Ballnacht heraufzubeschwören. Der heiter-unbeschwerten Grundstimmung wird auf diese Weise stets aufs neue Rechnung getragen, ohne daß die Komposition ins Belanglose abgleitet; durch den buffonesken Tonfall der Komposition werden die im Libretto angelegten Möglichkeiten nie überstrapaziert. Nielsen versteht es, auf kunstvolle Art das Gleichgewicht zwischen Heiterkeit und kompositorischem Anspruch zu bewahren.

Wirkung: *Maskarade* wurde unter Nielsens Leitung und in der Regie von Julius Lehmann uraufgeführt (Tänze: Hans Beck; es sangen Peter Jerndorff, Lars Knudsen, Karl Mantzius, Ida Møller, Jonna Neiiendam, Ingeborg Nørregaard Hansen und Emilie Ulrich). Trotz mancher Einwände, die sich vornehmlich gegen das Libretto richteten, erlebte das Werk 19 Jahre später bereits seine 50. Aufführung und wurde 1931 unter Leitung von Egisto Tango von Poul Wiedemann neu inszeniert. 1984 kam das Werk in schwedischer Übersetzung von Alf Henrikson in Stockholm heraus (Tänze: Ivo Cramér). Nach der englischen Erstaufführung 1986 (Morley Opera London) brachte die Opera North *Maskarade* 1990 (englisch von Simon Andrew Stirling) in Leeds heraus (Regie: Helena Kaut-Howson, Dirigent: Elgar Howarth).

Autograph: Det kongelige Bibl. Kopenhagen. **Ausgaben:** Kl.A v. H. Knudsen, dän./dt. Übers. v. C. Rocholl: Hansen 1906, Nr. 13883; Part, Ouvertüre: Samfundet til Udgivelse af Dansk Musik, Kopenhagen 1929; Hansen 1948; Textb.: Kopenhagen, Gyldendal 1906. **Aufführungsmaterial:** Hansen
Literatur: s. S. 431

Kadja Grönke

Bronislava Nijinska

Eigentlich Bronislawa Fominitschna Nischinskaja; geboren am 8. Januar 1891 in Minsk, gestorben am 21. Februar 1972 in Pacific Palisades (Kalifornien)

Les Noces
Scènes chorégraphiques russes en quatre parties

Die Hochzeit
4 Bilder

Musik und Libretto: Igor Strawinsky
Uraufführung: 13. Juni 1923, Théâtre de la Gaîté-Lyrique, Paris, Les Ballets Russes
Darsteller: die Braut; der Bräutigam; Mutter und Vater der Braut; Mutter und Vater des Bräutigams; ein befreundetes Paar; Corps de ballet: Freunde und Dorfbewohner
Orchester: Pkn, Schl (gr.Tr, Bck, 2 Tr, 2 kl.Tr, Tamburin, Trg, Glocke, 2 Crotales, Xyl), 4 Kl, S, A, T, B, Chor
Aufführung: Dauer ca. 35 Min. – Sänger und Chor im Orchester; in der Uraufführung (später nicht mehr) waren die Klaviere auf der Bühne.

Entstehung: Nach ihrer Ausbildung an der Petersburger Ballettschule kreierte Nijinska als Mitglied des Mariinski-Theaters und der Ballets Russes unter anderm Papillon in Fokins *Le Carnaval* (1910) und die Straßentänzerin in dessen *Pétrouchka* (1911) sowie eine Nymphe in Nijinskis *L'Après-midi d'un faune* (1912), wo sie auch als Assistentin ihres Bruders beteiligt war. Die wichtigsten Rollenübernahmen der brillanten Tänzerin in dieser frühen Phase waren die Mazurka in Fokins *Les Sylphides* (1909) und die *Pétrouchka*-Ballerina. Im Ensemble ihres Bruders

(1914) mit der Funktion der Ballettmeisterin betraut, wandte sich Nijinska schon während der Kriegsjahre, die sie in Rußland verbrachte, der Choreographie zu. In den ersten größeren Werken, die 1919–21 für das Kiewer Ballettensemble entstanden, war der Einfluß der sowjetischen Avantgarde festzustellen, insbesondere der Alexandra Exters. Die ersten Arbeiten, die Nijinska als wiederengagiertes Mitglied der Ballets Russes übernahm, die Bewegungsregie für Strawinskys *Mavra* (1922) und die überaus erfolgreiche Realisierung von dessen *Renard* (1922), lagen ganz auf der von der Choreographin vertretenen ästhetischen Linie. Die aufsehenerregende Interpretation des Fauns in *L'Après-midi* war die wesentlichste Rollenübernahme der frühen 20er Jahre. Als Nijinska von Sergei Diaghilew Anfang 1922 den Auftrag bekam, *Les Noces* zu choreographieren, lagen Strawinskys erste Pläne für eine Tanzkantate über eine russische Bauernhochzeit beinah zehn Jahre zurück. Die Texte für die szenische Zeremonie entnahm Strawinsky Iwan Kirejewskis Sammlung russischer Volkslieder *Sobrannyje pesni* (postum 1868–74); er begann die Komposition 1914 in Clarens und beendete den Klavierauszug am 4. April 1917 in Morges. Zunächst konzipierte Strawinsky das Werk für ein 150 Mann starkes Orchester, führte jedoch nur wenige Passagen aus. Im Herbst 1917 entstand eine nahezu vollständige Version, in der die einzelnen Instrumentengruppen auf der Bühne postiert werden sollten. In der Absicht, den Orchesterapparat zu vereinfachen, experimentierte Strawinsky dann mit einer Besetzung für Pianola, Harmonium, Schlagzeugensemble, zwei ungarische Zimbals sowie zwei Flügelhörnern. Nach der Ausarbeitung zweier Szenen 1919 erwies sich diese Besetzung im Hinblick auf die Koordination der mechanischen Instrumente mit den Singstimmen als problematisch. Darüber hinaus standen keine Zimbalspieler zur Verfügung, die die Schwierigkeiten ihrer Parts hätten meistern können. Erst 1921 fand Strawinsky die seinen Vorstellungen entsprechende Lösung und konnte zwei Monate vor der Uraufführung die Partitur abschließen. Auch Natalija Gontscharowas Ausstattungsentwürfe durchliefen mehrere Phasen: Anfänglich in grellem folkloristischen Ton gehalten, wurden sie in Schnitt und Farbe zunehmend einfacher. Als sich Nijinska jedoch mit ihren Entwürfen nicht einverstanden erklärte, entschied man sich auf ihr Drängen hin für einfache Probenkleidung, die auf Gontscharowas Vorschlag hin in Dunkelbraun und Weiß gehalten waren.
Inhalt: Auf einer zweistufigen dekorationslosen Bühne; auf der erhöhten Hinterbühne eine Bank, in der Bühnenmitte eine Tür. 1. Bild, »Der Zopf«: Von ihren Freundinnen umgeben, kniet die Braut auf der einen Seite der Bühne, während die Mädchen in einem Ritual ihre langen Zöpfe ordnen. Auf der andern Seite stehen die Brauteltern zunächst in starrer Haltung, bis sie als Rahmenfiguren der »Pyramide« aus den Freundinnen mit der Braut an der Spitze ihren Segen erteilen. 2. Bild, »Beim Bräutigam«: Der Bräutigam ist von seinen Freunden umgeben, die sein Haar ordnen; sie beginnen in Gruppen zunächst langsam, dann schneller und in stampfenden Sprüngen zu tanzen. Mit langsamen Armbewegungen bittet der Bräutigam seine abseits stehenden Eltern um den Segen. Er geht zum Vater, dann zur Mutter; während die Eltern die Arme über seinem Haupt halten, bilden die Freunde, an seiner Seite kniend, eine Kette. 3. Bild, »Der Abschied der Braut«: Die »Schlußpyramide« des 1. Bilds eröffnet den »Abschied der Braut«. Freunde des Bräutigams kommen, um die Braut zur Kirche zu geleiten. In langsamen und feierlichen Bewegungen tanzen die Mädchen und jungen Männer zum erstenmal gemeinsam. Sie ziehen sich zurück, während die Brautmutter mit einfachen Gesten den Verlust der Tochter beklagt. 4. Bild, »Das Hochzeitsmahl«: Die Brautleute werden einander zugeführt und setzen sich zusammen mit ihren Eltern auf die Bänke im erhöhten Bühnenhintergrund, ohne vom Geschehen im Vordergrund Notiz zu nehmen. Die Tänzer bilden zwei nach Geschlechtern getrennte Blöcke, die sich allmählich auflösen. Man tanzt mit zunehmender Geschwindigkeit und Intensität; kleinere Soli unterbrechen den Gruppentanz. Schließlich erheben sich die Eltern und öffnen die Tür des Schlafzimmers, das, nachdem das Paar hineingegangen ist, verschlossen wird. Die Hochzeitsgesellschaft bildet ein großes Tableau.
Kommentar: Obwohl die Grundlagen für die bahnbrechenden Choreographien zu *Le Sacre du printemps*

Les Noces; Felia Doubrovska als Braut; Ausstattung: Natalija Gontscharowa; Uraufführung, Les Ballets Russes, Paris 1923. – Die erbarmungslos konsequente »en-face«-Haltung zeigt die Braut in ihrer Verwundbarkeit, ihre ikonenhafte Erscheinung erhebt sie gleichzeitig zum Abbild ihres Stands.

(1913) und *Les Noces* jeweils durch kleinere Arbeiten Nijinskis und Nijinskas vorbereitet waren, scheinen diese Werke wie »Naturereignisse« in der Ballettgeschichte zu stehen und deshalb in ihrer Herkunft schwer bestimmbar. Die Gründe hierfür sind nicht allein in der Entwicklung des Tanzes zu suchen, sondern auch in seiner komplexen Wechselwirkung mit Strawinskys Musik, den jeweiligen Intentionen der Ausstattung, im Fall von *Les Noces* vor allem aber in einer Gesamtkonzeption, die auf die Entliterarisierung der Texte hinausläuft. Das bedeutet, daß die Dramaturgie allein tänzerisch-musikalischer Natur ist und nicht auf einem Libretto aufbaut. Die an sich episodenhaften Texte verweisen lediglich auf Stationen des Hochzeitsrituals, ihre eigentliche Bedeutung liegt in der Akzent- und Klangstruktur ihrer Sprache. – Mit ihrer ersten choreographischen Arbeit für die Ballets Russes, Ergänzungen (1921) zu Tschaikowskis *Spjaschtschaja krassawiza* (1890), hatte sich Nijinska als überlegene Kennerin des klassisch-akademischen Stils ausgewiesen; mit der Realisierung von *Renard* erklärte sie sich entschieden als der russisch-sowjetischen Avantgarde zugehörig. Beide Aspekte verband sie in ihrer Konzeption von *Les Noces* mit den Errungenschaften der *Sacre*-Choreographie, die durch die Aufhebung der Trennung von Inhalt vermittelnder Gestik und bloßem Tanz zur Gattung des »durchchoreographierten« Balletts führte. Wie in *Sacre*, dem heidnischen Gegenbild zum kirchlichen Ritual, ist die Zustandsschilderung alleiniger Inhalt von *Les Noces*. Entsprechend ist Nijinskas Wahl des Bewegungsprinzips von der Darstellungsweise religiöser russischer Kunst beeinflußt, die auch in der russisch-sowjetischen Avantgarde ein bevorzugtes Sujet war. An den religiösen Vorbildern orientiert sich die »En-face-Darstellung« der gesellschaftlichen Gruppen, deren aufstrebende Haltung aus der klassischen Schule kommt, ohne jedoch zum »Präsentiercharakter« des Balletts des 19. Jahrhunderts zurückzukehren. Die »Öffnung« nach vorn wird vielmehr zur isolierenden Abgrenzung der Bühne als Austragungsort des Rituals. Aus dem Bewegungsprinzip resultieren die Raumwege der vorherrschenden choreographischen Gruppenformen und »patterns« von Reihen und Kreisen. Die Bühnentiefe voll nutzend, schieben sich die Tanzenden in Reihen parallel zur Rampe vor und zurück oder in Ketten seitwärts gebeugt, den Gassen zu. Eine weitere Gruppengestalt sind die »Cluster«, nach Geschlechtern getrennte »Blöcke« in vorherrschend symmetrischen Formationen. Die aus Tänzerleibern getürmten vollkommen statisch wirkenden »Pyramiden« eröffnen und beschließen die einzelnen Bilder. Das verwendete Bewegungsvokabular ist karg und besteht im wesentlichen aus Laufen, Stampfen und Springen sowie »Gehen auf Spitze«; es ist verwoben mit verfremdeten Volkstanzelementen, zum Beispiel Kombinationen nicht zusammengehöriger Bodenmuster und Körperhaltungen oder von jeweils autonomen Bewegungen der oberen und unteren Körperhälften. Der Bewegungsablauf ist vom kollektiv geführten handlungstragenden Corps de ballet bestimmt und entwickelt seine Spannungskurven im Gegeneinander von Gruppen und einzelnen. Das Paar, in seiner sozialen Funktion als »Opfer« der Gesellschaft ausgeliefert, bildet den passiv verharrenden Gegenpol zur aktiven Gruppe. – Strawinskys Umgang mit Sprache im Sinn eines »vormusikalischen« Materials stellte ihn vor instrumentatorische Probleme, die zur wohl ausgedehntesten

Les Noces; Svetlana Beriosova als Braut; Ausstattung: Natalija Gontscharowa; Royal Ballet, London 1966. – Raumgreifende Formationen, die durch den Kontrast von Statik und Dynamik Spannungsakzente setzen, sind typisch für Nijinskas Choreographie.

Experimentierphase innerhalb seines Gesamtschaffens führten. Die intendierte Klangvorstellung zielte auf eine möglichst nahtlose Verschmelzung der vokalen und instrumentalen Farben. Sowohl die metrischen als auch die akustischen Qualitäten der Sprache widerstreben jedoch einer solchen Synchronisierung mit der Klangfarbenskala des Orchesters. Andrerseits mußten die Versuche mit mechanischen Instrumenten scheitern, da diese wiederum in ihrer absoluten Starrheit mit den minimalen, aber ausdruckstypischen Schwankungen der Sänger und Instrumentalisten nicht vereinbar waren. Erst durch die Kombination mehrerer Klaviere mit einem Schlagzeugapparat aus Geräuschinstrumenten und tonhöhenfixierten Instrumenten gelang Strawinsky die Realisierung der gegenüber der »farbigen« *Sacre*-Partitur gleichsam »Ton in Ton« gehaltenen Klangwelt von *Les Noces*. Entscheidend hierfür ist die Ambivalenz des Klaviertons hinsichtlich seiner perkussiven und klanglichen Eigenschaften analog zu den Konsonanten und Vokalen der Sprache. Ähnlich dem freien Umgang mit den Texten, bedient sich Strawinsky melodischer Motive, die folkloristischen Ursprungs beziehungsweise diesem Idiom nachgebildet sind. Die Simplizität der Einzelmotive täuscht über die komplizierte Dramaturgie des formalen Aufbaus hinweg, der keineswegs aus der insistierenden Monotonie reiner Ostinati erwächst, sondern mittels Permutation eine zielgerichtete Dynamik entfaltet, die durch Aufgreifen und geraffte Weiterentwicklung früherer Episoden eine den einzelnen Bildern übergeordnete Einheit aufweist. Das Prinzip dieser dramaturgischen Anlage basiert zum einen auf dem unmerklichen Auseinanderstreben der einzelnen Chor- und Instrumentalgruppen; imitatorische Wechsel zwischen Instrumenten und Sängern werden zum gegenseitigen Steigerungsmittel. Zum andern geht damit eine kontinuierliche Tonraumerweiterung bis zum h″ der abschließenden Glockentöne einher. Ein zusätzliches Mittel der dramatischen Spannung bildet der Kontrast zwischen den an rituellen Höhepunkten in den Ablauf eingelagerten Lamento-Ruhepunkten und »Schlagepisoden«.

Wirkung: In den Solopartien waren Felia Doubrovska (Braut), Nicholai Semenoff (Bräutigam), Lubov Tchernicheva und Leon Wójcikowski (befreundetes Paar) zu sehen; Dirigent war Ernest Ansermet, Klavier spielten Georges Auric, Edouard Flament, Hélène Léon und Marcelle Meyer. Der überwältigende Erfolg des keinesfalls publikumswirksamen Stücks überrascht und ist nur durch die irrige Annahme des Publikums zu erklären, *Les Noces* vertrete die Modewelle eines »Neoprimitivismus«. Die schärfste kritische Stimme kam von André Levinson, der seine Rezension mit »Où en sont les Ballets Russes?« (s. Lit.) überschrieb. Er beklagte den Verlust der klassischen Schule, den Einfluß der sowjetischen Kultur und der »culture physique«, worunter er die rhythmische Gymnastik von Emile Jaques-Dalcroze verstand. Levinson wehrte sich vor allem gegen die »marxistische« Behandlung der Tänzer; sie würden zu Sklaven des Rhythmus. Umgekehrt war die Aufnahme des Balletts bei der Londoner Erstaufführung 1926 (Klavier: Auric, Francis Poulenc, Vittorio Rieti, Vernon Duke): Während sich das Publikum hauptsächlich ablehnend verhielt, fand es in George Bernard Shaw seinen prominentesten Fürsprecher. Ab den späten 20er Jahren als eine der wesentlichsten Produktionen der Ballets Russes angesehen, wurde *Les Noces* aufgrund seiner aufführungstechnischen Erfordernisse relativ wenig gespielt. Nijinska studierte das Ballett für folgende Kompanien ein: Teatro Colón (Buenos Aires 1926), Théâtre de la Danse Nijinska (Paris 1933) und Col. W. de Basil's Ballets Russes (New York 1936). Nachdem das Ballett schon fast in Vergessenheit geraten schien, brachte die auf Betreiben Frederick Ashtons entstandene Einstudierung für das Royal Ballet (London 1966) eine Renaissance des Werks. Es folgten Wiederaufnahmen für das Teatro La Fenice (Venedig 1971), das Stuttgarter Ballett (1974), das Ballett der Opéra (Paris 1976), das Oakland Ballet (Berkeley 1981), das Feld Ballet (New York 1985), die Grands Ballets Canadiens (Montreal 1987), das Ballett der Staatsoper (Wien 1988), das Joffrey Ballet (New York 1989) und für Het Nationale Ballet (Amsterdam 1991).

Ausgaben: Part: Chester, London 1922, Nr. 45. **Aufführungsmaterial:** M: Chester, London; Ch: Irina Nijinska, Pacific Palisades, CA

Literatur: A. L. HASKELL, Some Studies in Ballet, London 1928; A. LEVINSON, La Danse d'aujourdhui. Etudes – Notes – Portraits, Paris 1929; DERS., Les Visages de la danse, Paris 1933; A. L. HASKELL, Diaghilew. His Artistic and Private Life, London 1935; B. NIJINSKA, Reflections on Choreography, in: DT 1937, Febr.; A. V. COTON, A Prejudice for Ballet, London 1938; C. W. BEAUMONT, The Diaghilev Ballet in London. A Personal Record, London 1940; P. MICHAUT, Le Ballet contemporain, Paris 1950; B. KOCHNO, Le Ballet, Paris 1954; R. BUCKLE, In Search of Diaghilev, London 1955; N. GONTCHAROVA, Les Ballets Russes de S. de Diaghilev et la décoration théâtrale, Paris 1955; I. STRAVINSKY, R. CRAFT, Expositions and Developments, Berkeley, Los Angeles 1959, S. 114–119; S. L. GRIGORIEV, The Diaghilev Ballet 1909–1929, London 1960; L. SOKOLOVA, Dancing for Diaghilev, London 1960; M. LARIONOV, Diaghilev and the Ballets Russes, Paris 1961; J. ANDERSON, The Fabulous Career of B/N., in: DM 1963, Aug.; J. LAWSON, A History of Ballet and Its Makers, London 1964; S. LIFAR, Ma vie, Paris 1965; P. WILLIAMS, J. PERCIVAL, N. GOODWIN, Les Noces, in: DaD 1966, Mai; B. KOCHNO, Diaghilev and the Ballets Russes, London, NY 1970; R. BUCKLE, Nijinsky, London 1971, dt. Herford 1987; L. KIRSTEIN, Movement and Metaphor, London 1971; T. LOGUINE, Gontcharova et Larionov, cinquante ans à Saint Germain-des-Près. Témoignages et documents recueillis et présentés par T. Loguine, Paris 1971; V. KRASOVSKAJA, Russkij baletnyj teatr načala XX veka, 2 Bde., Leningrad 1971/72; M. DRUSKIN, Igor Stravinskij, Leningrad 1974, dt. Lpz. 1976; B. NIJINSKA, Creation of ›Les Noces‹, in: DM 48:1974, S. 58–61; G. SCHÜLLER, B. N. Eine Monographie, Diss. Wien 1974; N. MACDONALD, Diaghilev Observed by Critics in England and the United States 1911–1929, NY, London 1975; M. BETZ, The Icon and Russian Modernism, in: Artforum 15:1977, S. 38–45; V. STRAVINSKY, R. CRAFT, Stravinsky in Pictures and Documents, NY 1978; M. TRAPP, Studien zu Strawinskys ›Geschichte vom Soldaten‹ (1918). Zur Idee u. Wirkung d. M.Theaters d. 1920er Jahre, Regensburg 1978 (Kölner Beitr. zur M.Forschung. 96.); R. BUCKLE, Diaghilev, London 1979, dt. Herford 1984; M. CHAMONT, Goncharova. Stage Designs and Paintings, London

1979; N. GONCHAROVA, The Metamorphosis of the Ballet ›Les Noces‹, in: Leonardo 12:1979, S. 137–143; S. J. WEINSTOCK, Independence Versus Interdependence in Stravinsky's Theatrical Collaborations. The Evolution of the Original Production of ›The Wedding‹, Berkeley 1981, Diss. Univ. of California; DERS., The Evolution of ›Les Noces‹, in: DM 55:1981, S. 70–75; B. ASAFYEV, A Book About Stravinsky, Michigan 1982; W. DÖMLING, Stilisierung und Spiel. Über I. Strawinskys Bühnenwerke u. ihren Zusammenhang mit d. Theaterkonzept W. E. Meyerholds. Zum 100. Geburtstag I. Strawinskys, in: Maske u. Kothurn 28:1982, S. 18–34; V. HUCKENPAHLER, Felia Doubrovska: Imperial Ballerina, in: DC 5:1982, S. 361–437; M. HUNT, The Prodigal Son's Russian Roots. Avant-Garde and Icons, in: DC 5:1982, S. 24–49; I. NIJINSKA, J. RAWLINSON, B. N. Early Memoirs, London, Boston 1982; Sergej Djagilev i russkoe iskusstvo. Stati, otkrytye, pisma, intervju, perepiska, sovremenniki o Djagileve, hrsg. J. S. Zilberštejn, A. Samkov, Moskau 1982; V. SCHERLIESS, Igor Strawinsky und seine Zeit, Laaber 1983; J. R. ACOCELLA, The Reception of Diaghilev's Ballets Russes by Artists and Intellectuals in Paris and London, 1909–1914, New Brunswick 1984, Diss. State Univ. of New Jersey; J. ENGELHARDT, Gestus und Verfremdung. Studien zum M.Theater bei Strawinsky u. Brecht/Weill, München, Salzburg 1984 (Berliner mw. Arbeiten. 24.); Strawinsky. Sein Nachlaß, sein Bild. Ausstellungs-Kat., Basel 1984; W. DÖMLING, T. HIRSBRUNNER, Über Strawinsky. Studien zu Ästhetik u. Kompositionstechnik, Laaber 1985; Bronislava Nijinska. A Dancers Legacy, hrsg. N. Van Norman Baer, San Francisco 1986; R. JOHNSON, Ritual and Abstraction in N.'s ›Les Noces‹, in: DC 10:1987, S. 147–169; M. KOLESNIKOV, Aleksandra Ekster, ot impressionisma k konstruktivismu, in: Sovetskij balet 1987, Nr. 6, S. 61–65; Oskar Schlemmer. ›Les Noces‹. Bühnenbilder, Aquarelle, Zeichnungen, Dokumente zur M v. I. Strawinsky, hrsg. M. Kahn-Rossi, Lugano 1988

Gunhild Schüller / Thomas Steiert

Les Biches
Ballet avec chant en un act

Die Hirschkühe
1 Akt

Musik und Libretto: Francis Poulenc
Uraufführung: 6. Jan. 1924, Théâtre de Monte-Carlo, Monte Carlo, Les Ballets Russes
Darsteller: die Hosteß; La Garçonne; 3 Solisten; 2 Solistinnen; Corps de ballet: 12 junge Mädchen
Orchester: Picc, 2 Fl, Ob, E.H, Klar, B.Klar, 2 Fg, 2 Hr, 2 Trp, Pos, Pkn, Schl (gr.Tr, Bck, baskische Tr, Trg), Streicher, Chor
Aufführung: Dauer ca. 35 Min.

Entstehung: Nachdem Sergei Diaghilev Poulencs Schauspielmusik (1921) zu *Le Gendarme incompris* (1921) von Jean Cocteau und Raymond Radiguet gehört hatte, regte er die Komposition eines Balletts an, das er sich in der Art einer »fête galante« des Rokokos beziehungsweise als zeitgenössische Variante von Fokins *Sylphides* (1909) dachte. Poulenc arbeitete zu dieser Zeit an einem Werk mit dem Arbeitstitel *Les Demoiselles*, wahrscheinlich eine Vorstufe des Balletts. Schon im Sept. 1922 hatte er mit dem mehrdeutigen *Les Biches* (biche: Hirschkuh; umgangssprachlich: leichtes Frauenzimmer und Liebchen; auch eine Art von kleinem Pudel) den perfekten Titel für das Ballett gefunden. Das Wort entspreche, so Poulenc, vollkommen der Aura Marie Laurencins, die Diaghilew als Ausstatterin gewählt hatte und deren von Guillaume Apollinaire als distinkt »weiblich« propagierte Ästhetik dem neuen Ballett von Anfang an eine eindeutig feminine Note verlieh. Von besonderer Raffinesse ist die Tatsache, daß Laurencin neben andern berühmten Frauen (auch aus dem Umkreis der Ballets Russes) Vorbild für die Heldin des skandalumwitterten Romans *La Garçonne* (1922) von Victor Margueritte war, der Poulenc zweifellos als Vorlage diente. Die Urheberschaft des Librettos ist wohl nicht mehr eindeutig zu klären; neben Poulenc waren mit Sicherheit Diaghilew und Boris Kochno beteiligt; zu den Ideenbringern gehörte wahrscheinlich auch Cocteau.

Inhalt: Zwischenvorhang: Die träumerische Hirtenidylle, in deren Zentrum ein Mädchen steht, erhält durch die Pastelltöne und das kontrastierende Königsblau eine elegant-frivole Note; Salon eines modernen Hauses, wahrscheinlich am Meer; auf dem Hintergrundprospekt gemalte blaue Vorhänge, die ein französisches Fenster umrahmen; einziger Einrichtungsgegenstand ist ein langes lavendelfarbenes Sofa. »Rondeau«: Zwölf junge Mädchen sind in leichte Konversation vertieft. »Chanson dansée«: Ein Tanz dreier junger Athleten in Strandkleidung versetzt die Mädchen in Entzücken; zu ihrem Kummer bleiben die Männer jedoch zurückhaltend. »Adagietto«: Der Auftritt von La Garçonne, deren Zweigeschlechtigkeit durch ihre Kleidung unterstrichen wird, erregt die Aufmerksamkeit eines der Männer; unberührt davon geht sie ab. »Jeu«: Nach einem tändelnden Spiel zwischen dem Mädchen in Rosa und den andern beiden Männern kehrt La Garçonne zurück, gibt nach anfänglichem Zögern den Avancen des jungen Manns nach und geht mit ihm ab. Weitere Flirts rund um das Sofa entspinnen sich, bis schließlich, reich und elegant, aber nicht mehr ganz jung, die Hosteß erscheint. Die beiden Athleten nähern sich ihr in fast brutaler Eindeutigkeit. »Rag-Mazurka«: Ein stürmischer Pas de trois folgt, bei dem die Hosteß aber immer bestimmend bleibt. Sie schlägt den Arm der Kavaliere aus und geht allein ab, dicht gefolgt von den beiden Männern. »Andantino«: Der dritte Athlet beginnt mit einem der Mädchen eine Beziehung zu knüpfen; triumphierend trägt er sie auf den Schultern davon. »Petite chanson dansée«: Unter gegenseitigen Liebkosungen gestehen zwei Mädchen einander ihre Zuneigung; sie werden sofort zurückhaltender, als sie merken, daß sie beobachtet werden, und gehen schnell zusammen ab. »Finale«: Nacheinander kehren alle Tänzer in den Salon zurück, ohne jedoch die vorangegangenen Flirts erkennen zu lassen.

Kommentar: Mit der Parole »Vive le néo-classicisme!«, aus dem Vorwort zur 2. Auflage seiner *Garçonne*, stellt Margueritte sein Buch, dem er spekulativ den Untertitel »roman de mœurs« gibt, unter ein Motto, das ebenso das der *Biches* sein könnte. Neoklassizismus wird hier nicht als bloßes Stilmittel verstanden, sondern als eine dem Zeitgeist entsprechende Lebenshaltung propagiert. Integraler Bestandteil ist die Diskussion um einen neuen Frauentyp, ein Thema, das auch das Ballett aufgreift. Während sich das Buch mit dem Lebensbild dieser neuen Frau moralisierend und in wenig überzeugender Weise aufklärerisch auseinandersetzt, desavouiert die choreographische Realisation des auf den ersten Blick scheinbar nichtssagenden Librettos ebendiesen Geist mittels seiner eigenen Frivolität. Damit entpuppt sich das Libretto als höchst kunstvolles und anspielungsreiches Geflecht aus den Realitätsebenen des Romans, des zeitgenössischen Lebens und der Bühne. Als satirisch-ironischer Blick auf die mondäne Gesellschaft und ihre Lebenseinstellung konzipiert, wurde *Les Biches* nicht nur zur Selbstdarstellung dieser Gesellschaft, die die Zielgruppe von Diaghilews Repertoirepolitik in der dritten Phase der Existenz der Ballets Russes geworden war, sondern auch der beteiligten Künstler und ihrer Ästhetik. Nicht von ungefähr also bekam eine der beiden weiblichen Hauptrollen den Namen La Garçonne. Neben Äußerlichkeiten (Pagenkopf und -kleidung) trägt sie auch wesentliche Charakterzüge der Romanheldin: Als emanzipierte junge Frau, deren gekünstelte Zurückhaltung den ständigen Eindruck der Doppelsinnigkeit unterstreicht, tritt sie für »freie und gleichgeschlechtliche Liebe« und »Selbstverwirklichung« ein. Wie sein Vorbild mag »das Mädchen in Blau« mit seinem besonderen (Laurencin-)Farbensinn als Innenarchitektin schnelle Karriere gemacht haben, Kokain nehmen, russische Adlige als Geschäftsführer haben und gelegentlich für das Theater arbeiten. Auch die andern Charaktere scheinen direkt dem Roman entstiegen: die Hosteß als typische Gastgeberin ihrer Zeit, eine Persönlichkeit, die nicht im Hintergrund oder gar allein bleiben kann, sondern ständig gesehen und bewundert werden muß; mit ihr kommt vielleicht zum erstenmal das, was später als »die Kluft zwischen den Generationen« bezeichnet wurde, auf die Ballettbühne; die Mädchen als kokette junge Frauen mit einem Anflug von Erfahrung und Abenteuerlust, aber auch von Frivolität und Leichtsinn, ihrer betont zur Schau getragenen »weiblichen Grazie« und dem unverhohlenen Interesse am andern Geschlecht; schließlich die dumpfen, zu Lustobjekten degradierten »Athleten«. In den Kostümen wiederholt sich die Laurencin-Farbpalette, die in Margueritte Buch stimmungsbildend eingesetzt wird und die vom Zwischenvorhang her bekannt ist: Die Cocktailkleider für die Hosteß und die Mädchen sind topasfarben und in Schattierungen von Rosa, blassem Blau, Grau und Mauve gehalten, Farben, die zum Königsblau des Garçonne-Kostüms in starkem Kontrast stehen. Dieser erst nach oftmaligen Änderungen entstandene vieldiskutierte Outfit der Garçonne gab zum erstenmal die Beine der Tänzerin zur Gänze frei und unterstrich damit nicht nur die Pagenhaftigkeit des Charakters, sondern eröffnete einen neuen Blickwinkel auf die Choreographie. In der Wahl der Stoffe (Spitze für die Kleider der Mädchen, Samt für das Wams der Garçonne) ist gleichsam eine »Materialdramaturgie« zu

erkennen; unterstreicht der weich fließende Stoff die Lebendigkeit der Mädchen, so umgibt der Samt die Garçonne mit einer Aura von Melancholie. Auch die aufdringliche Kleidung der jungen Männer verleiht ihrer mit kantig stilisierten Bewegungen zur Schau gestellten Männlichkeit den gewünschten Akzent. Margueritte Motto könnte auch für die Musik stehen, als deren Vorbilder Poulenc Strawinskys *Pulcinella* (1920) und *Mavra* (1922) und für das Adagietto eine Variation aus Tschaikowskis *Spjaschtschaja krassawiza* (1890) nannte. Insgesamt beschränkt sich die Musik auf die atmosphärebildende Begleitung der Choreographie, deren »Ton« ein halbes Jahr nach *Les Noces* in Nijinskas Werk überraschte und dazu führte, daß *Les Biches* als neoklassizistisches Musterwerk eingestuft wurde. Dies trifft insofern zu, als die Choreographin dem Charakter der Musik, des Sujets und dem Zeitgeist entsprechend die klassische Schule, mit der sie sich bei der Einstudierung von *Spjaschtschaja krassawiza* 1921 auseinanderzusetzen hatte, als Ausgangspunkt des Bewegungsprinzips zugrunde legte. Die Übereinstimmung bleibt allerdings auf die reinen Materialien beschränkt, die in ein neues ästhetisches Umfeld gestellt sind. So gesehen bedeutet die Einbeziehung der Klassik keine Rückwendung zu der durch Nijinskas erste Arbeiten für die Ballets Russes bereits

Les Biches; Wera Nemtschinowa als La Garçonne; Kostüm: Marie Laurencin; Uraufführung, Les Ballets Russes, Monte Carlo 1924. – In dem als »Entrée sublime« gefeierten Auftritt beschreitet die mondäne Junggesellin mit ihrem Gang auf Spitze das Neuland des Neoklassizismus.

überwundenen »danse d'école«, sondern im Gegenteil eine Erweiterung der Möglichkeiten ihrer choreographischen Sprache. Nijinska hob das über Jahrhunderte gewachsene Prinzip der Bewegungskoordination, das kodifizierte Zusammenspiel zwischen Kopf, Rumpf, Armen und Beinen, auf, zerlegte es in seine »Einzelteile« und setzte diese unabhängig voneinander zusammen. So entstanden neue Formen des Ports de bras, des Epaulement sowie das »Gehen« auf Spitze als weitgehender Ersatz für den üblichen Pas de bourrée; dazu kamen asynchrone Bewegungen zwischen Oberkörper und Beinen. Entscheidend für Nijinskas neuen Stil ist die Verbindung dieser Mittel mit der für die Geschwister Nijinski typischen rhythmischen und motorischen Dynamik und ihrer Ausformung zur persönlichen Manier. Inhaltsbedingt zurückgenommen ist in *Les Biches* Nijinskas kompositorisches Mittel der »Clusterbildung«, das folgerichtig nur zur Charakterisierung der jungen Männer angewandt wird. Ohne sich den sujetbedingten Ingredienzen des Zeitgeists zu unterwerfen, wie Sofa, Perlen und Zigarettenspitze, integriert sie diese wahrscheinlich in Anlehnung an die zum Topos gewordene Music-hall der sowjetischen Avantgarde und den freien Tanz als eine Art Tanzgerät in die Choreographie.

Wirkung: Der große Erfolg, den *Les Biches* bei der Uraufführung hatte, wiederholte sich bei der Pariser Erstaufführung (26. Mai 1924, Théâtre des Champs-Elysées; das Ballett wurde hier bereits ohne Chor gegeben), die André Messager dirigierte. Der gesellschaftliche wie künstlerische Umkreis der Ballets Russes (besonders die Gruppe »Les Six«, der Poulenc angehörte) feierte *Les Biches* als glänzend getroffenes Spiegelbild seiner selbst, zudem das Raffinement der Choreographie und die Brillanz der Darstellung. Als Sensation wurden die Rolle und die Interpretation der Garçonne durch Wera Nemtschinowa angesehen, ihre Auftrittsdiagonale wurde von Cocteau als »entrée sublime« gefeiert. In weiteren Rollen tanzten Lubov Tchernicheva, Lydia Sokolova, Felia Doubrovska und Ninette de Valois; die Athleten wurden von Anatole Vilzak, Leon Wójcikowski und Nicolas Zvereff verkörpert. Weniger Publikumserfolg hatte das Ballett in London 1926, wo es unter dem nicht treffenden Titel *The House Party* gegeben wurde. Dafür erwies sich das Werk als wesentlich für die Entwicklung junger Choreographen; es wurde für George Balanchine nicht nur stilistisch richtungweisend, er übernahm auch Nijinskasche Bewegungsabläufe. Nemtschinowas »Gang« findet sich sowohl in den Musenpartien in *Apollon musagète* (1928), insbesondere aber in den Rollenkreationen für Doubrovska: L'Etoile in *La Pastorale* (Paris 1929, Musik: Georges Auric) und die Sirene in *Le Fils prodigue* (1929). Die nervös-vibrierende Hektik, die die Choreographie der Hosteß bestimmte, wurde für Frederick Ashtons Œuvre maßgebend, der in Nijinska seine Lehrmeisterin sah. Die häufigen und abrupten Unterbrechungen, Pausen und Richtungsänderungen, die Schritte, die gleichzeitig formal und individuell sind, wie sie etwa im Pas de deux des »Andantino« zu finden sind, wurden zu Stilmerkmalen Ashtons. – Das Ballett blieb auf dem Spielplan der Ballets Russes und wurde später für folgende Ensembles wiederaufgenommen: Théâtre de la Danse, Nijinska (Paris 1932), Teatro Colón (Buenos Aires 1933), Markova-Dolin Company (Hammersmith 1937), Grand Ballet de Monte-Carlo (Monte Carlo 1948), Royal Ballet (London 1964), Opera Rom (1969), New York State's Niagara Frontier Ballet (Buffalo 1969), Oper Florenz (1970), Ballett der Deutschen Oper am Rhein (Düsseldorf 1972), Ballet-Théâtre Français de Nancy (1980), Oakland Ballet (Berkeley 1982) und Dance Theatre of Harlem (New York 1983).

Ausgaben: Kl.A: Heugel 1924, Nr. 28730. **Aufführungsmaterial:** M: Heugel/Leduc; Ch: Irina Nijinska, Pacific Palisades, CA
Literatur: Les Biches, hrsg. J. Cocteau, Paris 1924; B. DE SCHLOEZER, Le Festival français de Monte-Carlo, in: RM 5:1924, S. 161–167; F. ASHTON, A Word About Choreography, in: DT, Mai 1930; F. POULENC, Les Biches, in: Ballet 2:1947, Nr. 4; H. HELL, Francis Poulenc, musicien français, Paris 1958; C. BARNES, N. GOODWIN, P. WILLIAMS, Les Biches, in: DaD 1965, Jan., S. 11ff.; F. POULENC, Correspondance 1915–1963, hrsg. H. de Wendel, Paris 1967, S. 36; K. W. DANIEL, Francis Poulenc. His Artistic Development and Musical Style, Ann Arbor, MI 1982 (Studies in Musicology. 52.); E. ASCHENGREEN, Jean Cocteau and the Dance, Kopenhagen 1986, S. 116–121; weitere Lit. s. S. 435

Gunhild Schüller / Noël Goodwin

Les Fâcheux
Ballet en un acte

Die Plagegeister
1 Akt

Musik: Georges Auric. **Libretto:** Boris Jewgenjewitsch Kochno, nach dem Comédie-ballet (1661) von Molière (eigtl. Jean-Baptiste Poquelin)
Uraufführung: 19. Jan. 1924, Théâtre de Monte-Carlo, Monte Carlo, Les Ballets Russes
Darsteller: Orphise; 2 geschwätzige Damen; Najade; Kartenspieler; Vormund; Eraste; La Montagne; Lysandre (Tänzer); Elegant; Bediener des Vormunds; 2 Gefährten; Corps de ballet: Federballspieler, Ballspieler, Polizisten
Orchester: 2 Fl (2. auch Picc), 2 Ob, 2 Klar, 2 Fg, 2 Hr, 2 Trp, 2 Pos, Pkn, Schl (gr.Tr, Bck, MilitärTr, baskische Tr, Tamburin, Xyl, Glsp), Kl, Streicher
Aufführung: Dauer ca. 30 Min.

Entstehung: Die Idee, Molières Comédie-ballet zu einem Ballett umzuformen, stammt von Kochno, der als Mitarbeiter Sergei Diaghilews wesentlichen Einfluß auf das Repertoire der Ballets Russes im letzten Drittel ihrer Existenz nahm. Im Frühjahr 1922 beauftragte Diaghilew Auric, Mitglied der Gruppe »Les Six«, mit der Komposition. Auric bearbeitete und erweiterte seine für Pierre Bertins Produktion am Théâtre de l'Odéon Paris komponierte Musik zu Molières Stück. Im Herbst 1923 führte Diaghilew erste

Besprechungen mit Georges Braque, dem die Ausstattung des Balletts übertragen worden war. Die Arbeit Nijinskas, deren ebenfalls im Frankreich des 17. Jahrhunderts angesiedeltes und von einem weiteren Vertreter des Kubismus, Juan Gris, ausgestattetes Ballett *Les Tentations de la bergère ou L'Amour vainqueur* (Musik: Henri Casadesus nach Michel Pignolet de Montéclair) nur zwei Wochen vor *Les Fâcheux* in Monte Carlo zur Aufführung kam, war durch Meinungsverschiedenheiten zwischen ihr und dem ihrer Ansicht nach zu unerfahrenen Kochno beeinträchtigt. Zusätzliche Schwierigkeiten bereitete Stanislas Idzikowski, der die Partie des Lysandre als zu unbedeutend erachtete und durch Nijinska ersetzt werden mußte.

Inhalt: In Frankreich, 17. Jahrhundert. Vorspiel bei geschlossenem Vorhang mit Laubwerkmuster, der in der Mitte eine Öffnung aufweist, durch die eine wie in einer Grotte stehende Najade sichtbar ist; danach ein schattiger Dorfplatz mit viel Laubwerk und einer Reihe von Häusern: Eraste, in Orphise verliebt, sieht seine Angebetete an der Seite des Elegant in das Theater gehen. Von Eifersucht geplagt, beauftragt er seinen Diener La Montagne, seiner Geliebten zu folgen und sie zurückzubringen. Vor dem ersehnten Wiedersehen muß der Verliebte eine Reihe von Plagen erleiden. Zunächst führt der von Tanzwut ergriffene Lysandre Eraste einen von ihm erfundenen neuen Tanz vor und fordert ihn auf, ihn zu lernen. La Montagne kehrt zurück und kündigt Orphise an. Der Tänzer zieht sich zurück, da erscheinen Federballspieler, die Eraste zwingen, sich an ihren Spielen zu beteiligen. Sie bitten ihn, einen verlorengegangenen Ball zu suchen, und gehen mit ihm und La Montagne ab. Auftritt und Tanz der Orphise. Eraste eilt herbei, wird aber von zwei geschwätzigen Damen aufgehalten, währenddessen Orphise sich in das Haus ihres Vormunds zurückzieht, von wo sie das Geschehen durch das Fenster betrachtet. Ballspieler und ein Kartenspieler stellen sich Eraste in den Weg. Nachdem er sich von diesen Plagegeistern befreit hat, sieht er Orphise kommen; endlich sind sie allein. Aber ihr Zusammensein wird bald durch das Auftreten von Orphises Vormund und dessen Diener gestört, die Eraste verprügeln wollen. La Montagne ruft seine Freunde, um sich mit ihnen auf den Alten und seinen Diener zu werfen. Die Polizei greift ein. Eraste eilt dem Vormund zu Hilfe. Alle Plagegeister treten auf, sie sind über den Kampf entsetzt. Orphise erscheint am Fenster. Von der heroischen Parteinahme Erastes ergriffen, eilt sie herbei und fällt in seine Arme. Der Vormund muß seinen Segen geben.

Kommentar: Kochnos Umsetzung der amourösen Verwicklung von Molières Vorlage in ein Tanzlibretto inspirierte Nijinska zu einer Choreographie, die durch Stilisierung der Geziertheit der Epoche König Ludwigs XIV. eine moderne Form gab, in der Mimik und Tanz eng miteinander verbunden waren. Aus der Vielzahl präzis gezeichneter Charaktere ragten die von Lubov Tchernicheva getanzte Orphise, deren Solo ein brillant in tänzerische Form gebrachtes unruhiges Auf- und Abgehen versinnbildlichte, und der von Anatole Vilzak gestaltete Eraste heraus. Voll von Witz waren auch die Tänze des Lysandre und des Kartenspielers sowie die der Federballspieler, die ihre hinter dem Rücken gekreuzten Rackets wie Flügel schlugen. Nijinskas Beitrag wurde jedoch von Braques Ausstattung in den Schatten gestellt. Von der bildenden Kunst des 17. Jahrhunderts, insbesondere vom Werk Giacomo Torellis, des Szenographen des Comédie-ballet, inspiriert, verriet seine skizzenhaft ausgeführte, in Ocker, Braun, Dunkelgrün mit einer Spur von Blau gehaltene Dekoration durch die Schlagschatten der Häuser den Kubisten. Die Kostüme, die Braque auch als eine Art bewegter Dekoration einzusetzen dachte, wiesen an ihrer Vorderseite, die vertikal geteilt war, eine breitere Farbenskala auf, die Rückseiten der Kostüme waren einheitlich braun und sollten durch ein optisches Verschmelzen mit dem Hintergrund den Tänzern die Möglichkeit bieten, für das Publikum »unsichtbar« zu werden, ohne daß sie von der Bühne abgehen. Dieser originelle Einfall Braques wurde jedoch von Nijinska nicht aufgegriffen. Auch Aurics Musik evoziert, so wie die Beiträge Nijinskas und Braques, Stil und Atmosphäre des 17. Jahrhunderts.

Wirkung: Für die Pariser Erstaufführung (5. Juni 1924) choreographierte Nijinska auf Wunsch von Diaghilew und Kochno zu einem in der Partitur enthaltenen, vorher jedoch nicht verwendeten Nocturne eine in Spitzenschuhen auszuführende Variation für den Elegant. Getanzt von Anton Dolin, wurde das die überspitzte Verfeinerung der Epoche symbolisierende Solo als Sensation empfunden. Bereits nach der Premiere war die Rolle der Najade gestrichen und durch eine in der Mitte des Vorhangs gemalte Darstellung ersetzt worden. Trotz guter Aufnahme des Balletts in London (1925) entschloß sich Diaghilew, der die Ausstattung Braques schätzte, von der Choreographie Nijinskas jedoch enttäuscht war, das Ballett 1927 in neuer Choreographie herauszubringen. Léonide Massines Version blieb bis zum Ende der Ballets Russes auf dem Spielplan und wurde auch in Deutschland gegeben.

Aufführungsmaterial: M: Salabert
Literatur: B. Kochno, G. Braque, J. Cocteau, L. Laloy, G. Auric, Les Fâcheux, Paris 1924; A. Haskell, Some Studies in Ballet, London 1928; weitere Lit. s. S. 435

Alfred Oberzaucher

Le Train bleu
Opérette dansée

Der blaue Zug
Ballett

Musik: Darius Milhaud. **Libretto:** Clément Eugène Jean Maurice Cocteau
Uraufführung: 20. Juni 1924, Théâtre des Champs-Elysées, Paris, Les Ballets Russes

Darsteller: Perlouse; die Tennismeisterin; Beau-Gosse; der Golfspieler; Corps de ballet: »Hennen« (16 Damen), Gigolos (17 Herren)
Orchester: Picc, 2 Fl, 2 Ob, E.H, 2 Klar, B.Klar, 2 Fg, 4 Hr, 3 Trp, 3 Pos, Tb, Pkn, Schl (gr.Tr, kl.Tr, Tambour de basque, 2 Bck, Trg, Tamburin, Tamtam), Streicher
Aufführung: Dauer ca. 20 Min. – Ein Trampolin wird benötigt.

Entstehung: 1924 lud Sergei Diaghilew Cocteau nach Monte Carlo ein, um Pläne für ein neues Ballett zu besprechen. Cocteau beobachtete dort den jungen Anton Dolin im Trainingssaal und war von dessen athletischem Körper, akrobatischer Wendigkeit und tänzerischer Energie so beeindruckt, daß er sich zu einem Szenario inspiriert fühlte. Er betitelte es zunächst *Le Beau Gosse*, dann *Les Poules* und schließlich *Le Train bleu*, nach dem Luxusexpreß, der die feine Pariser Gesellschaft an die Côte d'Azur brachte. Milhaud komponierte in kurzer Zeit die Musik, wie von Diaghilew gewünscht, etwas »frivol«, in der Manier Jacques Offenbachs. Während der Proben kam es wiederholt zu Spannungen, da Cocteau mit teilweise sehr genauen Anweisungen im Szenario die Choreographie zu bestimmen suchte. Nijinska übernahm Anregungen (etwa Photos, die den Prinzen von Wales als Golfer zeigen, für die Bewegungsführung des Golfspielers) jedoch nur, wenn sie mit ihrer Konzeption übereinstimmten.

Inhalt: An einem mondänen Badestrand, angedeutet durch eine Reihe geometrisch verschachtelter Ebenen, geneigte Podeste und »schiefe« Badekabinen vor einem neutralen Hintergrund: Die Gigolos kommen nach dem Baden an den Strand gerannt und produzieren sich in heftigen Gymnastikübungen, während die »Hennen« sich wie auf Starpostkarten in Pose setzen. Beau-Gosse tritt im Badedreß aus der Kabine; die Mädchen gruppieren sich in verführerischen Attitüden um ihn, so als kämen sie soeben aus dem Varieté. Die Gigolos tragen Beau-Gosse auf den Schultern wie einen Sieger im Boxring, stellen sich in Profilposition auf und beobachten seine akrobatischen Sprünge auf dem Trampolin. Perlouse kommt vom Schwimmen. Die Hennen wickeln sie in ein Handtuch und führen sie zu einer Kabine, während die Gigolos sich zu einer Schulterpyramide formieren. Beau-Gosse erscheint, sich das Wasser aus den Haaren schüttelnd, und verschwindet in einer andern Kabine. Zwischen den Hennen und Gigolos beginnt ein Spiel der Neckereien; Beau-Gosse und Perlouse werden in ihre Kabinen eingeschlossen. Plötzlich legen alle den Kopf in den Nacken, um ein Flugzeug zu beobachten. Die Tennismeisterin kommt daher, in ihrem typischen sportiven Schritt, blickt auf ihre Armbanduhr, entdeckt den um Hilfe rufenden Beau-Gosse und befreit ihn aus seiner Kabine. Ihr Flirt endet abrupt, als der Golfspieler mit gemessenen, konzentrierten Bewegungen daherspaziert, seine Pfeife anzündet, Perlouse aus ihrer Kabine befreit und mit ihr flirtet. Beau-Gosse und Perlouse machen sich über die wütenden Äußerungen der Tennismeisterin und des Golfspielers lustig und rufen die Hennen und Gigolos zurück, die mit ihren Kameras erscheinen. Sie photographieren die Tennismeisterin und den Golfspieler, danach auch Perlouse und Beau-Gosse, deren Gestikulationen wie in einem Stummfilm ablaufen. Tennismeisterin und Golfspieler gehen streitend weg. Perlouse und Beau-Gosse bleiben zurück; während sie sich umarmen, weht sein Strohhut ins Meer. Mit einem Sprung vom Trampolin hechtet er ihm nach; Perlouse springt hinterher.

Kommentar: *Le Train bleu* ist ganz im Sinn der »Nouveaux Jeunes« gestaltet, jener avantgardistischen Künstlergruppe um Cocteau, die nach dem ersten Weltkrieg in Paris für Aufsehen sorgte. Die Paradoxien des Inhalts lassen sich am besten in den Worten Diaghilews wiedergeben: »Zunächst einmal kommt in dem *Blauen Zug* natürlich gar kein blauer Zug vor. Schauplatz ist ein nicht existierender Strand vor einem noch weniger existierenden Spielkasino. Oben braust ein Flugzeug vorbei, das man nicht sieht. Und die Handlung bedeutet nichts, gar nichts [...] Außerdem ist das Ballett gar kein Ballett, sondern eine getanzte Operette« (in: Richard Buckle, *Diaghilew*, S. 451, s. Lit.). Das Allgemeingültige, Klassische sollte aus den Begebenheiten des Alltags schnappschußähnlich herausgefiltert sein. Das Flair der müßiggängerischen jungen Pariser Gesellschaft, die modischem Freizeitvergnügen frönt, ist im *Train bleu* mit leichter Ironie und mit sicherem Gespür für die Themen der Zeit inszeniert. Die Photographie (ihre Technik, ihre Ästhetik und ihr Freizeitwert) besitzt deshalb in diesem Ballett eine strukturbildende Funktion. Die gymnastischen Übungen der Jungen, die graziösen Posen der Mädchen zu Beginn sollten wie gängige Postkartendarstellungen wirken; immer wieder gefrieren die Haltungen der Gruppen und Solisten zu unbeweglichen Tableaus, gestellt wie für ein Photo, und als die Tennismeisterin erscheint, nimmt sie, auf einem Bein stehend, mit offenem Mund, den Arm zum Schlag erhoben, betont artifiziell eine jener Sportposen ein, die man in den Magazinen abgebildet sah. Nijinskas Vorbild war die Wimbledon-Siegerin von 1924, Suzanne Lenglen, deren Photos und Filme sie für ihre Choreographie genau studierte. Auch andere Sport- und Alltagsbewegungen übertrug Nijinska im *Train bleu*, etwa im »Duo sportif« zwischen der Tennismeisterin und Beau-Gosse. Das sorgfältig ausgearbeitete choreographische Vokabular setzt sich aus klassischen und akrobatischen Elementen, aus sportiven und ironisch übertriebenen Alltagsgebärden und Anleihen aus dem Tanzstil der Music-hall zusammen. Der Walzer, den der Golfer und Perlouse tanzen, ist von dem populären Tanzpaar Marjorie Moss und Georges Fontana inspiriert, die damals in Monte Carlo gastierten. Neben Photo und Sport spielt der Film als drittes jener Medien, die seinerzeit die Freizeitgesellschaft eroberten, eine wichtige Rolle: nicht nur als Motiv, in der pantomimischen Filmszene zum Schluß, sondern auch als Formelement. Mehrfach werden Bewegungssequenzen in ihrem Ablauf so verzögert, daß sie die Zeitlupentechnik zu imitieren scheinen, und manche der übertriebenen Gestikulationen sind typischen Charlie-Chaplin-Bewegungen nachgebildet. Einen wichtigen Anteil am Gesamteindruck des *Train bleu* hatte Milhauds Musik, die hier auf die Schocks der Polytonalität verzichtete, eine heitere Komposition mit flotten Music-hall-Klängen, elegant instrumentiert; ebenso Coco Chanels Kostüme, nicht eigentlich »Kostüme«, sondern Sportkleidung, wie sie sie auch für ihre Kunden schneiderte, damit das Flair von Chic und Understatement der neuen, »sachlichen« Generation verbreitend, sowie Henri Laurens' spröde-kubistische Bühnenausstattung und das berühmte Vorhangbild mit den beiden Hand in Hand über einen Strand laufenden monumentalen Frauen, das Alexandr Prinz Scherwaschidse nach Pablo Picassos Gouache *La Course* (1922) malte. – Das Thema »Sport«, sowohl als mit dem Tanz konkurrierendes populäres Bewegungsmedium als auch als Gegenstand der Darstellung, ist in avantgardistischen Balletten mehrfach aufgegriffen worden: das Tennisspiel in Nijinskis *Jeux* (1913), Sportler, Athleten in Nijinskas Balletten *Les Biches* (1924) und *Touring* (Paris 1925, Musik: Francis Poulenc) wie auch, vergleichbar in der Kombination heterogener Bewegungstypen und Medien, in Börlins *Relâche* (1924).

Wirkung: *Le Train bleu*, mit Nijinska (Tennismeisterin), Lydia Sokolova (Perlouse), Dolin (Beau-Gosse) und Leon Wójcikowski (Golfer), war ein großer Erfolg. Thema und sportiver Stil fanden im Jahr der VIII. Olympischen Spiele ein weites Echo; insbesondere Dolins tänzerische Leistung, die Mischung aus akrobatischem Können und klassischer Eleganz, riß die Kritiker zu begeisterten Rezensionen hin. Als Dolin 1925 die Ballets Russes verließ, sollte Serge Lifar den Beau-Gosse tanzen; er war jedoch den hohen akrobatischen Anforderungen nicht gewachsen. Auch Nijinska hatte die Truppe wegen Spannungen mit Diaghilew verlassen. *Le Train bleu* verschwand deshalb schon nach einem Jahr aus dem Repertoire der Ballets Russes. 1926 studierte Nijinska das Werk als *A orillas del mar* am Teatro Colón Buenos Aires ein. 1931 zeigte Yvonne Georgi in Hannover und Berlin zusammen mit Harald Kreutzberg die deutsche Erstaufführung des *Train bleu*. 1979, auf der Diaghilew gewidmeten fünften Nijinski-Gala der Hamburger Ballettage, tanzte Kevin Haigen das Solo des Beau-Gosse. Eine Rekonstruktion von *Le Train bleu* erstellten Frank Ries und Irina Nijinska für das Oakland Ballet (Oakland 1989). – Das Thema Sport blieb im Ballett weiterhin aktuell: Lenglen wurde auf den »Hivernales« in Avignon 1989 in dem Tanzstück *Suzanne Lenglen, la diva du tennis* von Rachel Salik geehrt.

Ausgaben: Kl.A: Heugel 1924, Nr. 28728; L: ebd., Nachdr. in: E. ASCHENGREEN [s. Lit.], S. 270–273; L (nach J. Cocteaus Notizen) in: F. W. D. RIES [s. Lit.], S. 192–195. **Aufführungsmaterial:** M: Heugel/Leduc
Literatur: B. DE SCHLŒZER, Darius Milhaud, in: RM 6:1925, Nr. 4, S. 251–276; A. DOLIN, Divertissement, London 1931, S. 94–102; W. S. LIEBERMAN, Picasso and the Ballet, in: Dance Index 5:1946, Nr. 11/12; C. WILDMAN, Jean Cocteau and the Ballet, in: DT 64:1973/74, Nr. 757, S. 18–21; F. W. D. RIES, Acrobats, Burlesque, and Cocteau: the Creation of ›Le Train bleu‹, in: Dance Scope 11:1976/77, Nr. 1, S. 52–67; A. WHEATCROFT, Dolin. Friends and Memoirs, London 1982; F. W. D. RIES, The Dance Theatre of Jean Cocteau, Ann Arbor, MI 1986 (Theater and Dramatic Studies. 33.), S. 83–104; E. ASCHENGREEN, Jean Cocteau and the Dance, Kopenhagen 1986, S. 116–137; L. GARAFOLA, B. N. A Legacy Uncovered, in: The Body as Discourse. Women & Performance. A Journal of Feminist Theory 1987/88, Bd. 3.2, S. 78–90; E. HELLMAN, Shock of the ›Bleu‹? A Conversation with F. W. D. Ries, in: BR 18:1990, Nr. 1, S. 37–39, 41–48; weitere Lit. s. S. 435

Gabriele Brandstetter

Boléro

Bolero
Ballett

Musik: Maurice Ravel. **Libretto:** Bronislava Nijinska
Uraufführung: 22. Okt. 1928, Opéra, Salle Garnier, Paris, Les Ballets de Madame Ida Rubinstein
Darsteller: Solistin, Solist; Corps de ballet
Orchester: Picc, 2 Fl, 2 Ob (2. auch Ob d'amore), E.H, kl. Klar in Es, 2 Klar, B.Klar, 3 Sax, 2 Fg, K.Fg, 4 Hr, kl. Trp in D, 3 Trp, 3 Pos, Tb, 3 Pkn, Schl (2 kl.Tr, Bck, Tamtam), Cel, Hrf, Streicher
Aufführung: Dauer ca. 15 Min.

Entstehung: Ida Rubinstein, die Initiatorin dieses Balletts, erregte bereits mit ihrem ersten Auftritt, *Pljaska semi pokrywal* (*Tanz der sieben Schleier*, 1908), Aufsehen. In Zusammenarbeit mit Michail Fokin hatte sie diesen Tanz für eine Aufführung von Oscar Wildes *Salomé* (1896) im Michailowski-Theater Petersburg choreographiert und später auch als Solo aufgeführt; die Musik, der erste ihrer zahlreichen Kompositionsaufträge, stammt von Alexandr Glasunow; Léon Bakst war nicht nur Ausstatter, sondern auch ein Anreger des Tanzes gewesen. Unterstützt von einem Bewegungsduktus, der als »mimisch-plastisch« bezeichnet werden kann (»plastisch« hier im russischen Sinn, in der Isadora-Duncan-Nachfolge stehend), galt Rubinstein fortan als Inkarnation jener bislang allein in der Vorstellung der Décadence-Künstler existierenden Femme fatale. André Levinson schilderte ihre Schönheit als »beunruhigend und bedrohlich«, einer »mystischen Jungfrau« gleich, von »leidenschaftlicher und eisiger Kälte, deren stählerner Wille in einem zerbrechlichen Rahmen von hochmütiger und kalter Intelligenz« zu finden war (in: Michael de Cossart, S. 10, s. Lit.). Rasch wurde Rubinstein »Muse« und »befreundeter Dämon« Baksts und vorübergehend auch des Ballets-Russes-Kreises. Nachdem Fokin mit der Titelrolle von *Cléopâtre* (1909) und der Zobeïde in *Shéhérazade* (1910) Partien für sie geschaffen hatte, mit denen ihr Name bis heute verbunden ist, begann Rubinstein Werke in Auftrag zu geben, die ihrer darstellerischen und körperlichen Eigenart besonders entgegenkamen. Es entstanden

Nijinska: Boléro (1928)

Boléro; Ida Rubinstein; Ausstattung: Alexandr Benua; Les Ballets de Madame Ida Rubinstein; Staatsoper, Wien 1929. – Nur einige Tänzer schenken ihre Aufmerksamkeit der Tänzerin, die sich lockend in der Mitte des Tischs wie auf einem Präsentierteller dreht.

(meist mit Bakst als Ausstatter): Debussys *Le Martyre de Saint-Sébastien* (1911), Déodat de Séveracs Schauspielmusik (1912) zu Emile Verhaerens *Hélène de Sparte* (1901), Ildebrando Pizzettis Schauspielmusik (1913) zu Gabriele D'Annunzios *La Pisanelle ou La Mort parfumée* (1913; Choreographie: Fokin), Nicola Guerras *Artémis troublée* (Paris 1922, Musik: Paul Paray) und Léo Staats' *Orphée* (Paris 1926, Musik: Jean Roger-Ducasse). Rubinstein hatte diese Partien teils als Gast bestehender Ensembles, teils als führende Tänzerin einer eigenen Truppe kreiert. 1928 begann sie, mit Alexandr Benua als künstlerischem Berater, ein Repertoire für eine eigene klassische Kompanie aufzubauen. Zunächst beauftragte sie Ravel, einige Klavierstücke aus Isaac Albéniz' Klaviersuite *Iberia* (1906) unter dem Titel *Fandango* zu orchestrieren. Als jedoch bekannt wurde, daß jene Stücke gerade von Enrique Arbós für die berühmte spanische Tänzerin La Argentina bearbeitet wurden, schuf Ravel mit *Boléro* ein neues Werk, dessen Partitur Mitte Okt. 1928 vorlag. Seine inhaltlichen Vorstellungen einer arabisch gefärbten Szenerie im Freien zog er zugunsten von Nijinskas Konzeption zurück, die den Tanz thematisierte.

Inhalt: In Spanien; eine Taverne mit niedrigen Tischen, in der Mitte des Raums ein großer Tisch, dicht darüber eine brennende Lampe: Die Besucher der Taverne erheben sich allmählich von ihren Sitzen und beginnen zu tanzen. Eine Tänzerin springt auf den Tisch in der Mitte; ihr anfänglich langsamer, lasziver Tanz wird stetig lockender, und mit zunehmender Intensität der Musik rücken die Tänzer näher an den Tisch heran. Auf dem dynamischen Höhepunkt springen die Tänzer auf den Tisch und heben die Tänzerin hoch über ihre Köpfe.

Kommentar: Nijinska, der als Ballettmeisterin der Ballets Ida Rubinstein die schwierige Aufgabe zukam, die Wünsche der Mäzenin Rubinstein mit denen der ersten Tänzerin Rubinstein zu vereinbaren, verstand sofort, daß sie der Komposition Ravels weniger mit einer ideenreichen Choreographie als mit einem besonderen dramaturgischen Einfall begegnen mußte, um die »Monotonie« der Themawiederholungen gleichsam aufzufangen. Das wesentliche musikalische Moment besteht in der Gestaltung der beiden 18taktigen melodischen Perioden als ein kontinuierliches, zunehmend farbiger werdendes Crescendo, das auf seinem Höhepunkt für wenige Takte von der Grundtonart in die Mediante ausweicht. Das räumliche Ausweiten des Klangvolumens beantwortete Nijinska mit einer tänzerischen Aktion in sich steigernden Etappen von der Trunkenheit rund um den Tavernentisch über die überhitzte Atmosphäre auf dem Tisch bis zur Ekstase des Hochhebens der Tänzerin. Nijinska vermied ein buchstäbliches Zitieren des Schrittmaterials des fünfteiligen spanischen Paartanzes Bolero, übernahm aber neben seinem erotisch-lockenden Duktus den rhythmisch scharf markierten Gang und das ruckartige Innehalten, das der synkopierten Melodie entspricht. Benuas Ausstattung im

Stil von Francisco José de Goyas *Caprichos* (1799) unterstrich die Hispanidad des *Boléro*.
Wirkung: Als Schlußballett nach den beiden Nijinska-Kreationen *La Bien-Aimée* (Musik: Darius Milhaud nach Franz Liszt) und *Les Noces de Psyché et de l'Amour* (Arthur Honegger nach Johann Sebastian Bach), für die Benua die Libretti verfaßt hatte, erzielte *Boléro* einen überragenden Erfolg (Dirigent: Walter Straram). Kritisiert wurde allein Rubinstein selbst mit ihrem freilich vergeblichen Versuch, sich als spanische Tänzerin zu profilieren. Größte Anerkennung fand jedoch das Ensemble, in dem sich Solisten wie Ludmilla Shollar, Nina Verchinina und Anatole Vilzak und Gruppentänzer wie Frederick Ashton, William Chappell und David Lichine befanden. Das Ballett wurde 1931 erstmals ebenfalls mit großem Erfolg in London gegeben. 1932 überarbeitete Nijinska *Boléro* für die eigene Truppe; in neuer Ausstattung von Natalija Gontscharowa führte sie selbst die Haupttänzerin aus. Weitere Einstudierungen waren für die Ballets Russes de Monte-Carlo (Monte Carlo 1934) mit Alexandra Danilova und für das Ballet International (New York 1944), jene Kompanie, die ab 1947 als Grand Ballet du Marquis de Cuevas das Ballett 1954 in Paris wiederaufnahm. – *Boléro*, in seiner Beliebtheit im Konzertsaal wie auf der Ballettbühne nur mit einigen Strawinsky-Balletten vergleichbar, ist auch heute noch zum Standardrepertoire zu zählen. Zu den künstlerisch anspruchsvollsten Interpretationen ist die Version von Dore Hoyer (Dresden 1937) zu rechnen. Als Drehtanz konzipiert, bestand der Tanz aus ständig wechselnden Arm-, Oberkörper- und Kopfschwüngen, die in stetig sich steigerndem Drehen am Platz ausgeführt wurden. Effektvoll war die Version von Aurel von Milloss (Rom 1944), die wahrscheinlich auf Jan Ciepliński (Budapest 1943) zurückging. Das tänzerische Geschehen fand auf einer nach hinten steil ansteigenden Treppe statt, die, zunächst mit einigen Vorhängen verdeckt, mit jedem Dakapo durch das Aufgehen der Vorhänge mehr von der Treppe preisgab. Die heute populärste Version ist die von Maurice Béjart (Brüssel 1961), die die Nijinska-Konzeption aufgriff. Ursprünglich für eine Tänzerin und reines Männercorps konzipiert, erhält sein Ballett durch Geschlechterwechsel (einem Tänzer steht manchmal ein rein weibliches, manchmal ein rein männliches Corps gegenüber) zusätzliche erotische Spannung.

Ausgaben: Part: Durand 1929, Nr. 11839. **Aufführungsmaterial:** M: Durand
Literatur: A. LEVINSON, Les Visages de la danse, Paris 1933, S. 99; J. NIN, Comment est née le ›Boléro‹, in: RM 1938, Dez., S. 211–213; D. MACDONAGH, Interview mit F. Ashton, in: BR 3:1970; A. ORENSTEIN, Ravel. Leben u. Werk, Stuttgart 1978; K. LESTER, Rubinstein Revisited, in: Dance Research 1983, H. 1, S. 21–32; M. MARNAT, Maurice Ravel, Paris 1986; M. DE COSSART, Ida Rubinstein (1885–1960). A Theatrical Life, Liverpool 1987; M. SEVERN, Dancing With B. N. and Ida Rubinstein, in: DC 11:1988, S. 333–365; G. LECHLEITNER, Klangfarbenetude. Studien zum Bolero v. M. Ravel, Tutzing 1989 (Veröff. zur Mw. 27.); weitere Lit. s. S. 435

Gunhild Schüller

Le Baiser de la fée
Ballet-allégorie en quatre tableaux

Der Kuß der Fee
4 Bilder

Musik: Igor Strawinsky. **Libretto:** Igor Strawinsky, nach dem Märchen *Iisjumfruen* (*Eisjungfrau*, 1862) aus der Sammlung *Historier* von Hans Christian Andersen
Uraufführung: 27. Nov. 1928, Opéra, Salle Garnier, Paris, Les Ballets de Madame Ida Rubinstein
Darsteller: eine Fee; ein junger Mann; seine Braut; der junge Mann als Kind; die Mutter des Kinds; Corps de ballet: Bauern, Bäuerinnen, Freundinnen der Braut, die Geister der Fee, Musikanten beim Fest
Orchester: Picc, 2 Fl, 2 Ob, E.H, 2 Klar, B.Klar (auch 3. Klar), 2 Fg, 4 Hr, 3 Trp, Tb, Pkn, gr.Tr, Hrf, Streicher
Aufführung: Dauer ca. 45 Min.

Entstehung: Während der Entstehung von Strawinskys Ballett *Apollon musagète* (1928) bemühten sich Ida Rubinstein und ihr damaliger künstlerischer Berater Alexandr Benua zunächst um dessen europäische Aufführungsrechte. Da diese jedoch bereits an Sergei Diaghilew vergeben waren, erteilte Rubinstein Strawinsky den Auftrag zu einem Ballett »à la mémoire de Pierre Tchaikovsky«, einer naheliegenden Idee Benuas, da sich im Nov. 1928, dem voraussichtlichen Uraufführungsdatum, Pjotr Tschaikowskis Todestag zum 35mal jährte. Von Tschaikowskis Balletten ausgehend, die Benuas wie Strawinskys Wertmaßstäbe geformt hatten, galt es, ein Libretto zu gestalten, das der künstlerischen wie der menschlichen Eigenart Tschaikowskis entsprach. Obwohl Strawinsky die Konzeption des Librettos für sich in Anspruch nahm, ist Benuas Anteil an der Entstehung mit Sicherheit weit größer, als der Komponist und die Literatur es verzeichnen. Als eminenter Kenner des Märchen- und Volksguts und Verteidiger des romantischen Balletts hatte Benua bereits 1910 Diaghilew zur Aufnahme von Corallis *Giselle* (1841) in das Repertoire der Ballets Russes überredet und war darüber hinaus entscheidend an der Gestaltung von Fokins *Pétrouchka* (1911) und, zumindest während der Endphase, von Strawinskys Oper *Rossinjol* (1914) beteiligt. Wahrscheinlich geht auch der Hinweis auf Andersens Märchen auf ihn zurück, dem Strawinsky um so lieber folgte, da es in der Schweiz spielt und ihn damit an eine abgeschlossene Phase seines Lebens erinnerte. In seiner Komposition verarbeitete Strawinsky eine ganze Reihe von Themen und Motiven aus Tschaikowskis Klaviermusik (vgl. *Expositions and Developments*, S. 158, s. Lit.).
Inhalt: In der Schweiz, Mitte des 19. Jahrhunderts.
1. Bild, Prolog, »Wiegenlied im Sturm«: In den Bergen wird eine Mutter mit ihrem Kind von einem Schneesturm überrascht. Dunkle geflügelte Gestalten trennen die beiden; die Eisjungfrau drückt dem Knaben, der später von den Dorfbewohnern gefunden

wird, den Schicksalskuß auf. 2. Bild, »Kirchweihfest«: Der inzwischen erwachsene junge Mann nimmt an seinem Hochzeitstag mit seiner Verlobten an einem Fest teil. Nach einem allgemeinen Tanz läßt die Dorfjugend ihn allein zurück. Als Zigeunerin verkleidet nähert sich ihm die Eisjungfrau, liest ihm aus der Hand und sagt ihm großes Glück voraus. Er ersucht sie, ihn zu seiner Verlobten zu begleiten. 3. Bild, »Bei der Mühle«: Von der Eisjungfrau geführt, findet er die Mädchen bei Spielen und Tänzen; die Braut verschwindet, um sich für die Hochzeit zu schmücken, während der junge Mann wiederum allein zurückbleibt. Von einem Hochzeitsschleier verhüllt erscheint die Eisjungfrau. Als sie sich nach einem innigen Pas de deux zu erkennen gibt, will der junge Mann entsetzt fliehen, wird jedoch von einer geheimen Macht getrieben, der Eisjungfrau zu folgen. 4. Bild, Epilog, »Die Gefilde der Seligen«: Im Reich des ewigen Eises sind die Eisjungfrau und der junge Mann miteinander vereint.

Kommentar: Biographie und Werk Tschaikowskis und Andersens, der als Tänzer und Freund August Bournonvilles zeitlebens eine unglückliche Liebe zum Ballett hegte, stellten für Strawinsky und Benua den Inbegriff eines von dunklen Schicksalsmächten gezeichneten künstlerischen Individuums dar. Als Versinnbildlichung dieser Gedanken und als Huldigung an das romantische Ballett bildet *Le Baiser de la fée* gleichsam das komplementäre Werk zu *Apollon musagète*, jener Allegorie eines von den Musen inspirierten klassischen Kunstideals. Schon in den ersten Sätzen von *Iisjomfruen* tut sich jenes romantische Weltbild auf, das sich im dualistischen Prinzip von der realen bürgerlichen Welt und der irrealen Traum- und Wunschwelt manifestiert. »Wir wollen auf die blendend weißen Schneefelder hinaufsteigen und wieder zu den grünen Wiesen hinabgehen«, fordert Andersen den Leser auf und führt ihn damit in die Farbsymbolik des romantischen Balletts ein, die für das antithetische Denken der Zeit steht. Mit sicherem Wissen um die Dramaturgie des romantischen Ballettlibrettos lösten die Autoren die gattungsspezifischen »Ingredienzien« aus dem Märchen heraus: Als von einer höheren Macht »Gezeichneter« steht der bürgerliche Mann der Eisjungfrau gegenüber, die zur »Hälfte ein Kind der Luft, halb des Flusses mächtige Herrscherin« ist und sich somit als Elementargeist und Schwester der Sylphiden und Wilis entpuppt; der Konflikt entspringt der Doppelnatur der Eisjungfrau, die im Habitus einer Zigeunerin (Motiv der Verkleidung) ins Bewußtsein des jungen Manns tritt, um ihn dann in eine »andere Welt« (Motiv des Ortswechsels) zu »führen«. Wie in Taglionis *Sylphide* (1832) und in *Giselle* ereignet sich die Katastrophe unmittelbar vor der Hochzeit. Von übernatürlicher Macht getrieben nimmt der junge Mann die Geschehnisse des Tags nicht mehr wahr und folgt der Unbekannten. Der literarischen Vorlage gemäß wurde die Struktur des romantischen Librettos insofern verändert, als die »weißen« Akte, die Handlung im Dorf einrahmend, Beginn und Ende des Balletts bilden. Strawinskys kompositorische Auseinandersetzung mit Tschaikowski entwickelte sich im Zusammenhang mit Diaghilews Auftrag (1921) zur Instrumentation der unveröffentlichten Stücke zu *Spjaschtschaja krassawiza* (1890). Erstes Resultat dieser Beschäftigung war der Operneinakter *Mavra* (1922), aus Strawinskys Sicht ein »Propagandawerk« für jene russische Tradition (Michail Glinka, Alexandr Puschkin, Tschaikowski), die im Ausland, besonders in Frankreich, im Gegensatz zur Stilrichtung des »mächtigen Häufleins« wenig geschätzt wurde. Strawinskys Hinwendung zum 19. Jahrhundert, die mit *Le Baiser* ihren Höhepunkt erreicht, geht allerdings über die bloße Parteinahme hinaus; sie beruht vielmehr auf einer in der eigenen kompositorischen Entwicklung begründeten Affinität zur Ballettmusik des 19. Jahrhunderts, die jedoch nicht als »Rückwendung« im Sinn einer Wiedererweckung des romantischen Balletts zu verstehen ist. Der spezifische Werkcharakter von *Le Baiser* offenbart sich deshalb weniger aus dem direkten Vergleich mit seinen Vorbildern auf der Gattungsebene als vielmehr im Zusammenhang mit Strawinskys früheren Errungenschaften, hier vor allem der Überwindung des Handlungsballetts in Werken wie *Le Sacre du printemps* (1913) und *Les Noces* (1923). Die damit vollzogene Umstrukturierung des Balletts zu einer choreographisch-musikalischen Einheit hat keineswegs eine absolute Handlungslosigkeit zur Folge, sondern konzentriert das Geschehen auf einen atmosphärischen Zustand, der aus dem Wandel der charakteristischen »couleur locale« des 19. Jahrhunderts zur gleichsam »zeitlosen« Aura hervorgeht. Auf ähnlich historisch distanzierende Weise eignet sich Strawinsky kompositorisch die musikalische Physiognomie Tschaikowskis an, ein Vorgang, der mit Begriffen wie Stilkopie, Zitat oder Pasticcio nur bedingt zu erfassen ist. So authentisch eine Reihe von Motiven und Themen als Einzelelemente zwar sind, so neu ist der dynamische Verlauf, der die Komposition Strawinskys als Ganzes schließlich ausmacht; analog dazu entwickelt Nijinska in ihrem Werk mit »klassischen« Elementen eine eigenständige choreographische Dynamik.

Wirkung: Es ist nicht mehr möglich, sich ein objektives Urteil über Nijinskas Uraufführungschoreographie zu bilden. Strawinskys Aussagen sind ebenso parteiisch wie die nur aus zweiter Hand überlieferte Meinung Diaghilews (Brief an Serge Lifar, s. Lit.). Tendenziös ist auch die ausführliche Kritik André Levinsons, der als Hüter der klassischen Tradition von vornherein ein Gegner dieser ästhetischen Richtung war. Er wertete *Le Baiser* als Versuch der Wiedererweckung der Gattung des romantischen Balletts und hob die entsprechenden Passagen wie das »Tableau de genre« (2. Bild) mit Anatole Vilzak als junger Mann und Ludmilla Shollar als Braut, den Pas de deux in diesem Bild und das Schlußbild als positiv hervor. Hauptgrund für diese einseitigen Urteile war Rubinsteins unzureichende Verkörperung der Hauptrolle. Nach drei Vorstellungen in Paris, einer in Brüssel und einer in Monte Carlo wurde *Le Baiser* abgesetzt. 1933 studierte Nijinska das Ballett am Teatro Colón Buenos

Aires, wieder mit Strawinsky am Pult, erneut ein. 1937 brachte George Balanchine das Ballett für das American Ballet (Metropolitan Opera New York) heraus, das er mehrmals und für verschiedene Kompanien überarbeitete. 1972 choreographierte er *Divertimento From »Le Baiser de la Fée«*, das sich noch heute im Repertoire des New York City Ballet befindet. Kurzlebig blieb Frederick Ashtons Version für das Sadler's Wells Ballet (London 1935). Lizzie Maudrik choreographierte ihre Version für die Staatsoper Berlin 1937, Kenneth MacMillans Version folgte 1960 für das Royal Ballet (Wiederaufnahme 1989), John Neumeiers entstand 1972 für das Frankfurter Ballett, und Oscar Araiz brachte *Le Baiser de la fée* 1981 für das Genfer Ballett heraus.

Ausgaben: Part: B&H 1952, Nr. 16669. **Aufführungsmaterial:** M: B&H
Literatur: J. CORNELL, H. C. Andersen, in: Dance Index 4:1945, Nr. 9, S. 137–160; I. STRAVINSKY, R. CRAFT, Expositions and Developments, Berkeley, Los Angeles 1959, S. 79–85; C. BARNES, N. GOODWIN, P. WILLIAMS, Le Baiser de la Fée, in: DaD 1960, Juni, S. 7–11, 21, 33f.; L. MORTON, Stravinsky and Tchaikovsky. Le Baiser de la Fée, in: Stravinsky. A New Appraisal of His Works, NY 1963; S. LIFAR, Serge Diaghilev. His Life, His Work, His Legend, NY 1976, S. 338f.; M. SEVERN, Dancing With B. N. and Ida Rubinstein, in: DC 11:1988, S. 333–364; M. DE COSSART, Ida Rubinstein and Diaghilev. A One-Sided Rivalary, in: Dance Research 1983, H. 1, S. 3–21; A. BENOIS, Memoirs, London 1988; weitere Lit. s. S. 435

Gunhild Schüller / Thomas Steiert

La Valse
Poème chorégraphique

Der Walzer
Ballett

Musik: Maurice Ravel (1920). **Libretto:** Maurice Ravel
Uraufführung: 1. Fassung: 12. Jan. 1929, Opéra, Monte Carlo, Les Ballets de Madame Ida Rubinstein; 2. Fassung: 29. Mai 1929, Opéra, Salle Garnier, Paris, Les Ballets de Madame Ida Rubinstein (hier behandelt)
Darsteller: Solistin, Solist; Corps de ballet
Orchester: Picc (auch 3. Fl), 2 Fl, 2 Ob, E.H, 2 Klar, B.Klar, 4 Fg, K.Fg, 4 Hr, 3 Trp, 3 Pos, Tb, 3 Pkn, Schl (gr.Tr, Bck, Crotales, Trg, kl.Tr, Tamburin, Cel, Glsp, Kastagnetten, Tamtam), 2 Hrf, Streicher
Aufführung: Dauer ca. 20 Min.

Entstehung: Mit *La Valse*, einem Auftragswerk Sergei Diaghilews, greift Ravel auf die Idee einer Hommage an Johann Strauß zurück, die 1906 als symphonische Dichtung *Wien* geplant war. Nach der Vollendung der Partitur im Winter 1919/20 wurde das Werk von Camille Chevillard am 12. Dez. 1920 in einem Lamoureux-Konzert uraufgeführt, nachdem es Diaghilew, der ursprünglich eine Produktion mit Léonide Massine als Choreograph und José María Sert als Ausstatter vorgesehen hatte, durch sein legendär gewordenes, von Francis Poulenc überliefertes Urteil »c'est un chef-d'œuvre [...] mais ce n'est pas un ballet [...] c'est la peinture d'un ballet« (Poulenc, S. 179, s. Lit.) zurückgewiesen hatte. Als Ballett kam *La Valse* zuerst in der Realisation von Sonia Korty 1926 in Antwerpen heraus, bevor Ida Rubinstein Nijinskas Choreographie als Novität für die zweite Pariser Saison ihrer Kompanie einplante, die dann allerdings schon während eines Gastspiels der Truppe in Monte Carlo uraufgeführt wurde und heftigsten Widerspruch auslöste. Nijinska ignorierte das von Ravel der Partitur vorangestellte Programm vollkommen und schuf, von der dunkel-dämonischen Atmosphäre der Musik ausgehend, eine überaus unkonventionelle Choreographie. In ihrer 2. Fassung ging Nijinska ganz von den Vorstellungen Ravels aus, der das »Werk als Apotheose des Wiener Walzers verstand, mit der sich die Vorstellung eines phantastischen und unentrinnbaren Wirbels verbindet« (Roland-Manuel, S. 85, s. Lit.).
Inhalt: In einem Ballsaal an einem Kaiserhof, um 1855. Die Lichter der Kandelaber sind in einer Reihe von großen Spiegeln zu sehen, drei offene Türen im Hintergrund geben den Blick auf einen noch größeren zweiten Saal frei. Die Bühnenöffnung ist mit einem Gazevorhang verhängt. Beim Öffnen des Vorhangs ist die Bühne fast leer, einige Paare sind in Konversation vertieft. Zum Hauptthema hebt sich der Gazevorhang, einige Paare beginnen zu tanzen, andere kommen hinzu. Die Damen weichen ihren Kavalieren aus, einander suchend zeichnen sie die Raumwege eines Cotillon. Das Hauptpaar eilt mit einigen Mazurkaschritten herbei, sporenklingend umschwärmen vier rotgekleidete Husaren die Haupttänzerin. Alle Paare finden schließlich zu einem wirbelnden Finale zusammen.
Kommentar: Nijinskas Fassungen von *La Valse* stehen exemplarisch für die komplexe gattungsgeschichtliche Situation der späten 20er Jahre, in der sich die ästhetischen Prämissen der Schlußphase von Diaghilews Ballets Russes und die Ansätze zum handlungslosen beziehungsweise »symphonischen Ballett« der 30er Jahre überlagern, wobei »symphonisch« in diesem Zusammenhang einen Formtypus meint, der, oft mit einer Symphonie als musikalischer Basis, in erster Linie durch die Reduzierung des Sujets gekennzeichnet und nicht mit jenem in der sowjetischen Balletterminologie verwendeten Begriff der »Symphonik« zu verwechseln ist, der eine bereits im Handlungsballett des 19. Jahrhunderts verbreitete besondere Behandlung des Corps de ballet betrifft. Mit dieser Entwicklung vollzieht sich eine grundlegende Umorientierung innerhalb der Hierarchie der einzelnen Komponenten des Balletts, die Diaghilews Anmerkung über Ravels Musik im Kern trifft. Seine Worte machen deutlich, in welchem Maß die Musik für ein Ballett in ihrer Eigenständigkeit eingeschränkt ist, um im Zusammenhang mit inhaltlichen Vorgaben im Dienst der Choreographie fungieren zu können. Demnach ist es nicht ihre Aufgabe, programmhafte

La Valse; Ausstattung: Alexandr Benua; Les Ballets de Madame Ida Rubinstein; Uraufführung, Monte Carlo 1929. – Die wuchtige Draperie der dunklen Vorhänge als Todessymbol zwingt die zu »Clustern« geballten Tänzergruppen zu Boden.

Bildlichkeit zu vermitteln, sondern in erster Linie die vom Sujet vorgegebene Dramaturgie von Form und Ausdruck mitzutragen. Ravels Komponieren entzündet sich am Rhythmus des Walzers aus musikalischer Sicht, während die historische Atmosphäre zwar programmusikalisch mitgedacht wird, für die choreographische Realisation jedoch auf die Musik ohne Einfluß bleibt. Was Diaghilew negativ vermerkt, die Unvereinbarkeit von Ravels Musik mit einer szenischen Dramaturgie, vermag Nijinska in ihrer 1. Fassung zum positiven Ausgangspunkt des Neuartigen zu machen, indem sie ohne Zeit-, Ort- oder Charakterangabe, allein aus den Mitteln tänzerischer Bewegung, einen Formverlauf entwickelt, der, sozusagen eine tiefere Schicht der Walzerrhythmik aufgreifend, nicht die »walzende« Bewegung, sondern die affektive Dynamik des Tanzes als eruptive En-bloc-Aktionen sichtbar werden läßt und damit der kreisenden Walzerthematik der Musik eine kontrastierende Bewegungsebene entgegensetzt. In einer Serie von Entrees arbeitet sie mit nach Geschlechtern getrennten »Tänzerclustern«, die sich mit einfachstem Schrittmaterial bewegen und durch die in Silber und Gold gehaltenen engen Anzüge Alexandr Benuas als separate Einheiten noch hervorgehoben werden. Als geometrische Formationen markieren sie mit der ganzen Schwere ihrer Körper rhythmische Perioden oder fallen zu Boden, wie zwanghaft in einen Strudel gesogen. So fremdartig das Erscheinungsbild dieser Choreographie zunächst wirkte, so klar erweist sich Nijinskas Umgang mit den kompositorischen Mitteln als typisch für den Stil ihrer früheren Ballette wie besonders in *Les Noces* (1923) und *Holy Etudes* (Margate 1925, Musik: Johann Sebastian Bach). Der Schock, den diese Choreographie hervorrief, resultierte vor allem aus den im Zusammenhang mit der Walzerthematik enttäuschten Erwartungen. Die 2. Fassung hingegen unterwirft sich der noch dominierenden Konvention eines konkreten inhaltlichen Bezugs, indem sie den Walzer unter dem Aspekt des Gesellschaftstanzes zur Basis der Choreographie macht. Benuas geschickt gestaffelte Bühnenlösung gab Nijinska die Möglichkeit zu Wechselwirkungen zwischen den »walzenden« Tänzergruppen in den jeweiligen Räumen: Manchmal verkörpern die Tänzer des ersten Saals das Hauptthema und die des zweiten Saals das Nebenthema und umgekehrt. Rote Uniformen und aufwendige Abendkleider unterstreichen die besondere Eleganz des Geschehens. Der Vergleich beider Fassungen dokumentiert auf anschauliche Weise, inwiefern das zunehmende Verschwinden librettistischer Elemente und die damit einhergehende Auflösung spezifischer ballettmusikalischer Bedingungen die Voraussetzungen für ein tänzerisch-musikalisches Kunstwerk schufen, dem der Zugriff auf das Repertoire konzertanter Musik zum entscheidenden Entwicklungsmoment wurde.

Wirkung: Nijinskas sehr erfolgreiche, künstlerisch aber wahrscheinlich hinter ihrer 1. zurückstehende 2. Fassung von *La Valse* hielt sich nur für die Dauer der Existenz von Les Ballets de Madame Ida Rubinstein; bei einer Wiederbelebung der Kompanie 1934 wurde sie durch eine nur kurzlebige Choreographie von Michail Fokin ersetzt. Unter den zahlreichen Versuchen, das Werk choreographisch zu realisieren, ragen die von George Balanchine (1951), der Ravels *Valses nobles et sentimentales* (1911) voranstellte, und die von Frederick Ashton (Mailand 1958) heraus.

Ausgaben: Part: Durand 1921, Nr. 10080. **Aufführungsmaterial:** M: Durand
Literatur: ROLAND-MANUEL, Ravel, Potsdam 1951, S. 85; F. POULENC, Moi et mes amis, Paris 1963, S. 179; weitere Lit. s. S. 435

Gunhild Schüller / Thomas Steiert

Waslaw Nijinski

Eigentlich Wazlaw Fomitsch Nischinski; geboren am 12. März 1889 in Kiew, gestorben am 8. April 1950 in London

L'Après-midi d'un faune
Tableau chorégraphique

Der Nachmittag eines Fauns
1 Bild

Musik: Claude Debussy, *Prélude à l'après-midi d'un faune* (1894)
Uraufführung: 29. Mai 1912, Théâtre du Châtelet, Paris, Les Ballets Russes
Darsteller: der Faun; 7 Nymphen
Orchester: 3 Fl, 2 Ob, E.H, 2 Klar, 2 Fg, 4 Hr, Cymbales antiques, 2 Hrf, Streicher
Aufführung: Dauer ca. 10 Min.

Entstehung: Seit Sept. 1910 beschäftigte sich Nijinski kontinuierlich mit der Idee zu einer Choreographie, in der er sein inhaltliches und formales, vor allem von Léon Bakst beeinflußtes und von Sergei Diaghilew gefördertes Interesse an der alten orientalischen, griechischen und italienischen Kunst und am zeitgenössischen Primitivismus tänzerisch umsetzen konnte. Zu Debussys Musik verschmolzen frühkindliche Eindrücke und die Darstellungen der bildenden Kunst zu ersten Experimenten, an denen er im Winter 1910/11 in Petersburg mit seiner Schwester Bronislava arbeitete. Die offiziellen Proben zum Ballett begannen im Frühjahr 1912 in Monte Carlo; zur Fertigstellung war die ungewöhnlich große Zahl von etwa 90 Proben notwendig, da sich die klassisch ausgebildeten Tänzer nur sehr schwer an den fremden Bewegungsstil und den neuartigen Umgang mit der Musik gewöhnen konnten.

Inhalt: Der Hintergrundprospekt, auf der Höhe der zweiten Bühnengasse, gibt Felsen, Bäume und einen Wasserfall impressionistisch wieder; ein grün glänzender Felsen auf der linken Seite, der Platz des Fauns, verliert sich optisch im Hintergrund; Kostüm und Make-up des Fauns spiegeln diese Umgebung wider, während eine Kappe goldfarbiger Haare mit kleinen Hörnern an den Stirnseiten, spitz verlängerten Ohren und ein Büschel grüner Weinblätter um die Lenden hervorstechen, die in einem kleinen Schwänzchen münden; die mit hellblauen und rostroten Formen gemusterten weißen Tuniken der Nymphen und die goldfarbenen Lockenschnüre ihrer Perücken heben sich deutlich davon ab: Der Faun liegt auf dem Felsen, eine Flöte an die Lippen haltend. Er setzt sich auf, wendet sich nach links und wiederholt das Flötenspiel. Dann bewegt er sich langsam in hockender Haltung auf die vor ihm auf dem Felsen befindlichen Weintrauben zu, bevor er wieder, diesmal nach links ausgerichtet, seine Anfangsposition einnimmt. Drei Nymphen treten von links auf, die vierte folgt; nach ihrem kurzen Solo erscheinen zunächst die fünfte und schließlich die letzten beiden. Nun beginnt in der Mitte die fünfte Nymphe, eingerahmt von jeweils drei Nymphen, sich ihrer Schleier zu entledigen. Die übrigen Nymphen verharren bewegungslos, bis jene den ersten Schleier fallen läßt; dann wechseln sie, hinter dieser kreuzend, ihre Positionen. Der Faun hat die fünfte Nymphe mit den Augen verfolgt, sich aufgesetzt und die Flöte niedergelegt; er steht auf. Währenddessen geht das Ritual der Nymphen weiter; die fünfte Nymphe legt den zweiten Schleier ab, der mit dem ersten von drei Nymphen nach links weggetragen wird. Der Faun steigt rückwärts von dem Felsen herab; er trifft auf die vierte Nymphe, worauf sie, beide Arme auf Schulterhöhe hebend, kehrtmacht und rasch nach rechts abgeht. Zwei weitere Nymphen verschwinden. Daraufhin stellt sich der Faun der fünften Nymphe mehrmals mit scharfen, abrupten Richtungsänderungen und einem Sprung in den Weg; sie weist seine Annäherungen ab. Außer der vierten begeben sich die übrigen Nymphen dazu, als die fünfte Nymphe und der Faun sich einen Moment unterhaken. Sie entwindet sich wieder, läßt den dritten Schleier fallen und geht langsam nach links ab; die andern Nymphen folgen ihr. Vier Nymphen kehren kurz zurück, um den Faun zu beobachten; sie gehen ab, als er den Schleier aufhebt und zweimal den Kopf zurückwirft, die Zähne dabei zu einem stilisierten Lachen entblößend. Noch einmal treten kurz zwei Nymphen von links auf; dann trägt der Faun den Schleier zu seinem Platz auf dem Felsen, wo er niederkniet, ihn zunächst hochhält, dann auf dem Boden ausbreitet, sich auf ihn legt und seinen rechten Arm an der Körperseite entlang nach unten führt.

Kommentar: So wie Debussys Komposition nach Stéphane Mallarmés Ekloge *L'Après-midi d'un faune* (1876) am Beginn der modernen Musik steht, nimmt Nijinski mit seinem Ballett eine herausragende Stellung in der Geschichte des modernen Bühnentanzes ein. Als neuartig ist besonders das Verhältnis zwischen Musik und Bewegung zu bezeichnen. Nijinski griff zwar den expressiven Fluß von Debussys Musik auf, folgte ihm aber weniger linear und rhythmisch als vielmehr auf eine bewegungsassoziierende und häufig konfrontative Weise. Schnellen, dynamischen Phrasen schließt sich Stille an; die Aktionen zeigen eine rhythmische Ordnung, die nicht synchron zu der der Musik verläuft. Hatten Isadora Duncan und Michail Fokin noch eine Harmonie von Musik und Bewegung angestrebt, die auf dem emotionalen Gehalt der Musik aufbaute und die Atmosphäre im Tanz in den Vordergrund stellte, so realisierte Nijinski in *L'Après-midi d'un faune* die Eigenständigkeit von Musik und Bewegung. – Nicht nur durch die zukunftsweisende Verwendung der Musik ging Nijinski über Fokins formaldramaturgische, atmosphärisch-emotionale Neuerungen innerhalb des Balletts hinaus; er inaugurierte auch eine zeitgemäße Form der Choreographie, die zwar von der Idee der »Silhouette« ausging, auf der Bühnenwirkung des traditionellen Balletts beruhte, sie aber in ganz neuer Weise verwendete. Ähnlich wie andere Theaterreformer seiner Zeit ließ sich auch Nijinski von den Gestaltungsprinzipien des Basreliefs inspirieren; Baksts Tiefenwirkung vermeidendes impressionistisches Bühnenbild, das weniger naturalistisch war als seine Entwürfe für Fokins von griechischer Mythologie und Kunst beeinflußte Ballette *Narcisse* (Monte Carlo 1911, Musik: Nikolai Tscherepnin) und *Daphnis et Chloé* (1912), verstärkte den reliefartigen Eindruck. Für *L'Après-midi* bedeutete dies, daß die Tänzer fast ausschließlich von einer Bühnenseite zur andern und parallel zur Rampe bewegen. Charakteristisch für die Wirkung der Körperhaltungen von Faun und Nymphen ist die auf dem Prinzip der Linie, also silhouettenhaft, aufgebaute Anordnung der Körperteile: Füße, Unterschenkel und Gesicht weisen in die Fortbewegungsrichtung, Schultern und die meist angewinkelt gehaltenen Arme zu den Bühnenseiten. Änderungen in der Fortbewe-

L'Après-midi d'un faune, 1. Bild; Waslaw Nijinski als Faun; Ausstattung: Léon Bakst; Uraufführung, Les Ballets Russes, Paris 1912. – Vergleichbar der Mimikry in der Natur wirkt hier die bühnenkünstlerische Täuschung mit Kostüm und Maske: Die Gestalt des Fauns scheint mit ihrem Hintergrund zu verschmelzen.

gungsrichtung gestaltete Nijinski als fließende Übergänge. Eine große muskuläre Anspannung und Koordinationskontrolle ist für den Tänzer notwendig, um die beiden Fronten einzuhalten, die der Fortbewegungsrichtung und die des dagegengedrehten, dem Publikum zugewandten Oberkörpers. Diese spannungsreiche Grundposition unterscheidet sich deutlich von der Betonung der Hochtiefachse, wie sie zur traditionellen Ballettechnik gehört. Der Tänzer strebt nicht nach oben; er konzentriert statt dessen die Bewegungsenergie im Körper und ist sich des engen Verhältnisses zum Boden bewußt. Der erdbezogene Bewegungsstil zeigt sich auch darin, daß Faun und Nymphen auf flachen Füßen gehen, wobei die Knie leicht gebeugt sind; die Nymphen tragen keine Schuhe, um den Bodenkontakt noch zu intensivieren. Weil in *L'Après-midi* die Aktionen nicht mehr, wie im Illusionierungskonzept des traditionellen Balletts, Teile der von geometrischen Boden- und Bewegungsmustern bestimmten Wirkung der Bühnentiefe sind und sich in Haltung und Bewegung nicht mehr ausschließlich nach vorn, zum Publikum, orientieren, entsteht eine andere Vorstellung von dem, was »frontal« ist. Und das bedeutet, daß sich die Tänzer stärker auf den Raum, der sie unmittelbar umgibt, und ihre Aktionen selbst konzentrieren, also kontemplativer ins Geschehen involviert sind. Dem Zuschauer wird eher die Rolle des Zeugen zugewiesen; er wird zunächst einmal nicht unterhalten wie im traditionellen Ballett, und er ist auch kein »Komplize« wie beispielsweise beim Erleben der Tänze Duncans. – Die bewußte schöpferische Gestaltung des Werks hatte sich schon im Lauf des Entstehungsprozesses manifestiert. Nijinski konzipierte die Choreographie detailliert vor Probenbeginn und ließ sich auch während der Proben nicht von ihrer Genauigkeit abbringen: ein Verfahren, das sich deutlich von den damals überwiegend üblichen improvisatorischen Gepflogenheiten auf Choreographen- und Tänzerseite unterschied. Die Handlung in *L'Après-midi* ist wenig dramatisch angelegt. Sie stellt eine Alltagssituation dar, die die Mythologie ebenso rezipiert wie Mallarmés Verse, wenngleich Nijinski deren Kenntnis später abstritt. Der Faun in Nijinskis Ballett wie der in Mallarmés Gedicht scheint zwischen Vorstellung, Traum und Wirklichkeit zu schweben. Der unschuldig-sinnliche Faun zieht die Nymphen ebenso an, wie sie ihn anziehen; er stellt ihnen ebenso nach, wie sie ihn verfolgen. Das Sujet bleibt im Ballett und in der Dichtung ungreifbar; das Dichten war bei Mallarmé zum Thema des Gedichts geworden, ebenso wie jetzt der Einsatz choreographischer Mittel selbst zum Gegenstand der Choreographie wurde. Da sich Nijinski in der Doppelfunktion des Tänzers und Choreographen präsentierte, sind Unschuld und Sinnlichkeit in der Rolle des Fauns, also Sein und Handeln, reflektiert und gestaltet. Insofern oszilliert er zwischen der natürlich-kindlichen Triebhaftigkeit, seiner kreatürlichen Komponente, und dem natürlich-seelischen Wunsch nach Transzendierung, seiner menschlichen Komponente. So erscheinen in *L'Après-midi* die beiden Bereiche menschlicher Exi-

stenz nicht länger als gegensätzlich wie in der Dramaturgie des traditionellen Balletts, sondern verschmelzen zu einem Ganzen.
Wirkung: Die Uraufführung von *L'Après-midi d'un faune* (Dirigent: Pierre Monteux) wurde zu einem Skandal, auch deswegen, weil der Schluß als Masturbationsakt aufgefaßt wurde. Um den möglicherweise erwarteten Succès de scandal perfekt zu machen, ordnete Diaghilew unmittelbar nach der ersten Aufführung eine Wiederholung an. Die Presse spaltete sich in zwei Lager: »faunistische« und »antifaunistische« Kritiker, Zeitungsherausgeber und Künstler, wie Auguste Rodin und Gaston Calmette, befehdeten sich. Nicht zuletzt deshalb ließ das gewünschte Publikumsinteresse nicht auf sich warten. Die Nymphen tanzten Leokadija Klementowitsch, Genriette Maicherska, Kopyschinskaja, Nijinska, Lidija Nelidowa, Nadja Baranowitsch und Anna Tscherepanowa. 1915 fertigte Nijinski in Budapest eine tanzschriftliche Partitur seines Balletts an; wenn sie auch nicht unmittelbar die Uraufführung dokumentiert, so vermittelt sie doch profunde Einblicke in Nijinskis Gestaltungsprinzipien und steht beispielhaft für ein Entwicklungsstadium seiner Auseinandersetzung mit Bewegungsnotation. *L'Après-midi* war bis zum Ende der Ballets Russes 1929 in deren Repertoire; nach Nijinski tanzten den Faun seine Schwester, Leon Wójcikowski, Léonide Massine und Serge Lifar. Ab 1922 wurde ein neues Bühnenbild von Pablo Picasso verwendet; weil es nach Diaghilews Ansicht zuwenig dem antiken Sujet entsprach, wurde Picassos Name verschwiegen. Nijinskis Werk wurde in der Folgezeit von folgenden Kompanien übernommen: Ballet Rambert (London 1930; Neueinstudierung von Wójcikowski 1931), Les Ballets Russes de Monte-Carlo (London 1933), Colonel de Basils Ballets Russes de Monte-Carlo (zweite Kompanie: Adelaide 1936, erste Kompanie: New York 1936) und American Ballet Theatre (Mexiko-Stadt 1941; Einstudierung: Yurek Lazowski; Version für Faun und eine Nymphe). Rekonstruktionen fanden statt durch Massine für die Opéra Paris (1976), durch William Chappell und Elisabeth Schooling für das Joffrey Ballet (New York 1979), durch Schooling für das American Ballet Theatre (New York 1981) und durch Ann Hutchinson und Claudia Jeschke anhand von Nijinskis choreographischer Partitur für Les Grands Ballets Canadiens (Montreal 1989). Außerdem übernahmen *L'Après-midi d'un faune* unter anderm das Nationaltheater Prag 1976 und das Ballet-Théâtre Français de Nancy 1981. Nach dem zweiten Weltkrieg interpretierten den Faun, sowohl solo als auch in Versionen mit einer Nymphe, Tänzer wie Milorad Miskovitch, Serge Golovine, George Zoritch, Christopher Bruce, Paolo Bortoluzzi, Rudolf Nurejew und Patrick Dupond. – Von den zahlreichen späteren Balletten zu Debussys Komposition ist Robbins' *Afternoon of a Faun* (New York 1953; mit Tanaquil Le Clerq und Francisco Moncion) das bekannteste; Robbins konzipierte es als zeitgenössische Duovariante in einem Ballettstudio.

L'Après-midi d'un faune; Lidija Nelidowa als Nymphe (Bildmitte); Uraufführung, Les Ballets Russes, Paris 1912. – Die symmetrisch-flächige Anordnung der Nymphen ist den Basreliefs antiker Vasen nachempfunden.

Autograph: Ch: British Museum London. **Ausgaben:** Part u. Kl.A: Fromont, Paris 1895; Kl.A, 4händig, v. M. Ravel: ebd. 1910; Part, krit. Ausg. v. W. Austin: Norton, London 1970; Part: Peters 1970, Nr. 9151; StudienPart: Peters 1970, Nr. 9151a; Labanotation, Übertragung d. Autographs v. A. Hutchinson Guest, C. Jeschke: Gordon & Breach, NY 1991 (Language of Dance. 3.); Film, s/w, stumm, 16mm, Ballet Rambert mit F. Staff: London 1931 (National Film Arch. London; NYPL Dance Coll. MGZHB 4-1910); Video, color, Joffrey Ballet mit R. Nureev: WNET/13 1981. **Aufführungsmaterial:** M: Jobert, Paris
Literatur: G. BARBIER, F. DE MIOMANDRE, Dessins sur les danses de V. N., Paris 1912; A. E. JOHNSON, The Russian Ballet, London 1913; G. WHITWORTH, The Art of N., London 1913, Nachdr. NY 1972; Prélude à l'après-midi d'un faune [33 Photographien v. A. de Meyer], Paris 1914, Neu-Ausg. [mit Aufsatz v. J. Dunning, Beitr. v. R. Buckle, A. Hutchinson], London 1983; W. A. PROPERT, The Russian Ballet in Western Europe, 1909–1920, London 1921, Nachdr. NY 1972; C. W. BEAUMONT, V. N., London 1932; R. NIJINSKY, N., London 1933, dt.: N. Der Gott d. Tanzes, Ffm. 1974; A. BOURMAN, D. LYMAN, The Tragedy of N., NY 1936; P. LIEVEN, The Birth of Ballets-Russes, London 1936, Nachdr. NY 1973; V. NIJINSKY, Diary, hrsg. R. Nijinsky, NY 1936, dt.: Der Clown Gottes, Stuttgart 1955, Neu-Ausg. München 1985; Nijinsky, hrsg. P. Magriel, NY 1946, Nachdr. in: Nijinsky, Pavlova, Duncan. Three Lives in Dance, NY 1977; T. MUNRO, ›The Afternoon of a Faun‹ and the Interrelation of the Arts, in: Journal of Aesthetics and Art Criticism 10:1951/52, S. 95–111, auch in: DERS., Toward Science in Aesthetics. Selected Essays, NY 1956, S. 342–363; R. NIJINSKY, The Last Years of N., London, NY 1952, Nachdr. NY 1968; S. L. GRIGORIEV, The Diaghilev Ballet 1909–1929, hrsg. V. Bowen, London 1953; G. DETAILLE, G. MULYS, Les Ballets Russes de Monte-Carlo 1911–1944, Paris 1954; F. REISS, La Vie de N. N. ou la grace, Paris 1957, Nachdr. 1980; M. NIEHAUS, N. Gast aus einer anderen Welt, München 1961; M. FOKIN, Protiv tečenija. Vospominanija baletmejstera, hrsg. J. I. Slonimskij, G. N. Dobrovolskaja, Leningrad 1962, ²1981, dt.: Gegen den Strom. Erinnerungen eines Ballettmeisters, hrsg. L. Wolgina, U. Pietzsch, Bln. 1974; B. KOCHNO, Diaghilev and the Ballets Russes, NY 1970; R. BUCKLE, N., London, NY 1971, dt. Herford 1987; Nijinsky on Stage. Sketches by V. Gross, hrsg. R. Buckle, London 1971; V. KRASOVSKAJA, Russkij baletnyj teatr načala XX veka, 2 Bde., Leningrad 1971/72; M. RAMBERT, Quicksilver, London 1972; V. KRASOVSKAJA, N., Leningrad 1974; N. MACDONALD, Diaghilev Observed by Critics in England and in the United States 1911–1929, NY, London 1975; Nijinsky Dancing, hrsg. L. Kirstein, NY, London 1975; C. S. MEYER, The Influence of Leon Bakst on Choreography, in: DC 1:1977/78, S. 127–142; R. BUCKLE, Diaghilev, London, NY 1979, dt. Herford 1984; B. NIJINSKA, Early Memoirs, hrsg. I. Nijinska, J. Rawlinson, NY 1981; L'Avant-scène, Ballet/Danse,

Nr. 7, Paris 1982; R. ORLEDGE, Debussy and the Theatre, Cambridge 1982, S. 155–176; J. R. ACOCELLA, The Reception of Diaghilev's Ballets Russes by Artists and Intellectuals in Paris and London, 1909–1914, New Brunswick, NJ 1984, Diss. Rutgers Univ.; L. GARAFOLA, Art and Enterprise in Diaghilev's Ballets Russes, NY 1985, Diss. City Univ.; A. M. TURI, Lo spettro della rose. N., Genua 1985; J. ACOCELLA, Photo Call with N. The Circle and the Center, in: BR 14:1986, Nr. 4, S. 49–71; D. PARKER, God of the Dance, Wellingborough 1988; L'Après-midi d'un Faune. Mallarmé, Debussy, N., Ausstellungs-Kat. Paris 1989 (Les Dossiers du Musée d'Orsay. 29.); L. GARAFOLA, Diaghilev's Ballet Russes, NY, Oxford 1989; M. EKSTEINS, Rites of Spring. The Great War and the Birth of the Modern Age, Boston 1989, S. 9–55; Mallarmé–Debussy–Nijinsky–De Meyer. Prélude à L'Après-midi d'un faune, hrsg. J.-M. Nectoux, Paris 1989, dt. München 1989; A Revival of Nijinsky's Original ›L'Après-midi d'un faune‹, Choreography and Dance 1:1991, Nr. 3

Claudia Jeschke

Jeux
Poème dansé

Spiele
1 Bild

Musik: Claude Debussy
Uraufführung: 15. Mai 1913, Théâtre des Champs-Elysées, Paris, Les Ballets Russes
Darsteller: 1. junges Mädchen; 2. junges Mädchen; der junge Mann
Orchester: 2 Picc, 2 Fl, 3 Ob, E.H, 3 Klar, B.Klar, 3 Fg, Sarrusophon, 4 Hr, 4 Trp, 3 Pos, Tb, Pkn, Schl (Tambour de basque, Trg, Bck, Xyl), Cel, 2 Hrf, Streicher
Aufführung: Dauer ca. 20 Min.

Entstehung: Zur Entstehung von *Jeux* existieren drei Versionen; alle treffen sich darin, daß es sich bei diesem Werk um ein Ballett über den »modernen« Menschen handelt. Als konzeptioneller Auslöser wird einmal eine Diskussion über traditionelles und modernes Ballett angesehen, an der neben Nijinski, Debussy und Léon Bakst auch Sergei Diaghilew, Reynaldo Hahn, Robert Brussel und Jacques-Emile Blanche teilnahmen; in ihr soll Nijinski seinen Wunsch vorgebracht haben, zeitgenössische Themen im Ballett darstellen zu wollen. Nach einer andern Version wurde Nijinski durch das in Mode kommende Tennisspiel zu der Choreographie angeregt. Und in seinem (für die Publikation redigierten) Tagebuch schließlich beschreibt Nijinski *Jeux* als modifizierten Ausdruck eines Wunschtraums von Diaghilew: Die Mädchen sollten eigentlich zwei Männer sein, nach denen sich Diaghilew als Liebhaber sehnte; aus ihnen wurden aus Rücksicht auf die moralischen Konventionen Frauenparts. Fest steht aber, daß Diaghilew Blanche beauftragte, eine Handlungsskizze zur *Jeux*-Idee zu entwerfen, und Debussy bat, hierzu die Musik zu komponieren. Im Herbst 1912 begann Nijinski zunächst privat mit seiner Schwester Bronislava zu arbeiten; die Proben mit Tamara Karsawina und Ludmilla Shollar fanden im Frühjahr 1913 statt.

Inhalt: Der Hintergrundprospekt zeigt ein zweistöckiges Haus, teilweise versteckt hinter hohen Bäumen; gemalte Zweige und Büsche verstärken die sommerlich-dunstige Szenerie; der grüne Rasen enthält vier runde Blumenbeete; der junge Mann trägt nach dem Schnitt der Tanztrainingskleidung angefertigte weiße Hosen und ein weißes Hemd mit roter Krawatte; die Kostüme der Mädchen ähneln der zeitgenössischen Tenniskleidung (kurzärmlige, knielange weiße Kleider); die Haare, wellig gelegt, entsprechen dem Stil der Zeit: Ein Tennisball hüpft über die Bühne; der Mann überquert daraufhin springend mit einem Tennisschläger in der Hand die Bühne und verschwindet wieder. Von den einander gegenüberliegenden Seiten treten die Mädchen auf und bewegen sich auf einer parallelen Linie der Mitte zu. Nach ihrem Aufeinandertreffen tanzt erst das eine, dann das andere. Der Mann kehrt zurück und drängt sich zwischen sie. Nach einigen Unstimmigkeiten, die daraus resultieren, daß der Mann nicht den Rhythmus der Mädchen übernimmt, überzeugt er eins der beiden, mit ihm zu tanzen. Währenddessen kniet das andere nieder. – Über den weiteren Verlauf existieren zwei Beschreibungen. 1. Version: In langen, sportlichen Sprüngen überqueren der Mann und das Mädchen die Bühne; er versucht es zu küssen. Das andere verspottet ihn und lenkt so seine Aufmerksamkeit auf sich. Er bemüht sich nun, das Mädchen Walzer zu lehren. Es ahmt ihn zunächst nur nach, willigt aber schließlich ein, und sie tanzen zusammen. Das erste Mädchen will gehen, wird aber von dem andern zurückgehalten. Es folgt ein Trio; mit Unterbrechungen tanzt der Mann abwechselnd mit den Mädchen. Am Ende sinkt er zu Boden und setzt sich hin; die Mädchen rahmen ihn in der gleichen Haltung ein. Wieder hüpft ein Tennisball über die Bühne. 2. Version: Unter der Beobachtung des Manns dreht sich das stehende Mädchen zu seiner sitzenden Gefährtin und streckt seine Hand aus. Diese erhebt sich und erlaubt ihm, sie zu umarmen. Der Mann interveniert, legt seine Arme um die Schultern der Mädchen und bringt sie so näher zusammen. Sich gegenüberstehend, rahmen die Mädchen nun seinen Kopf ein. Es folgt das Trio mit dem weiteren Verlauf der 1. Version.

Kommentar: *Jeux* stellt in Debussys Œuvre den stilistischen Endpunkt dar. Auf eine extrem anmutende Weise werden metrische Gesetzmäßigkeiten negiert und scheinen melodische Einfälle, zum Teil aus nur wenigen Tönen bestehend, in keine thematische Entwicklung eingebunden zu sein. Zusammen mit einer ausziselierten Chromatik und einer breiten, subtil neue Kombinationen erprobenden Klangfarbenpalette entsteht jene für Debussy charakteristische musikalische »Entrücktheit«, jene »unendliche Variation«. – Bei der Choreographie zu dieser gleichsam pointilistischen Komposition ließ sich Nijinski von der Lehre des Schweizer Musikpädagogen Emile Jaques-Dalcroze anregen, dessen Schule in Hellerau bei Dresden er während der Berliner Gastspiele der Ballets Russes besucht hatte. In Jaques-Dalcrozes System folgen die Bewegungen den formalen musikalischen Linien, und diese geben den psychischen Impuls zur physischen Manifestation. Auf jede Note wird Bewegung gesetzt: ganzkörperliche Aktionen der Tänzer, Schritte sowie Finger- und Armbewegungen. In der ersten Probe demonstrierte Nijinski die Grundhaltung, auf der er seine Choreographie aufzubauen gedachte: Auf halber Spitze, in paralleler bis eingedrehter 2. Position stehend, weist die Körperfront nach vorn; der Kopf ist unverdreht zur Schulter geneigt; die Arme befinden sich auf Schulterhöhe; Ellbogen und Handgelenke sind nach innen gebeugt, die Finger halb zu Fäusten geschlossen. Diese Haltung variierte Nijinski und erfand auf ihrer Basis diverse Gruppierungen im Raum. Beides zusammen vermittelt zwei verschiedene Stimmungen: Die Betonung der Vertikalen in den Unterarmen zeigt Aggressivität und Abwehr; diese Armposition hält auf Distanz oder aber stellt als verfremdete Umarmung die spielerische Sehnsucht nach Nähe dar. Dazu läßt die Plazierung der Füße (vor allem in der Variante, in der das Gewicht auf einem Fuß ruht, während der andere unbelastet nach vorn gestellt ist) die gesamte Figur etwas unzentriert, deplaziert erscheinen. Der moderne Mensch, ob Mann oder Frau, wird also nicht mehr als der ideale Held oder die ätherische Ballerina des romantisch-klassischen Balletts vorgeführt, sondern er vermittelt Gebrochenheit, nervöse Innenschau, Kampf (mit sich selbst). In den eckigen, reduzierten, fragmentarisch wirkenden Bewegungen spiegelt sich der Einfluß zeitgenössischer Kunstrichtungen: der Wiederentdeckung der Antike, des Kubismus, des Neoimpressionismus und des Futurismus. Darüber hinaus setzte Nijinski, ähnlich wie in *L'Après-midi d'un faune* (1912), die besondere Expressivität antiker Stile durch die der abendländischen Humanitätstradition entlehnte geometrische Einfachheit der Bewegungen um, die in ihrem winkligen, präzis geplanten Erscheinungsbild ebenso »modern« ist. Der eigenwillig stakkatohafte Charakter des Bewegungsablaufs gleicht photographischen Momentaufnahmen; *Jeux* wurde von zeitgenössischen Kritikern deshalb häufig als »Ballet cinématographique« bezeichnet. Der Bewegungsfluß ist nicht nur durch spannungsgeladene, quasi arretierte Körpermuster unterbrochen; auch die choreographische Struktur folgt einem neuen Gestaltungsprinzip. Zu den eckigen, gewinkelten Körperbewegungen verwendete Nijinski entsprechende Fortbewegungslinien; frontal ausgerichtete und winkelbetonende Geraden ersetzen die Kreiswege und die zentralperspektivisch bestimmten Diagonalen des traditionellen Balletts. – Konsequent neu wie seine Choreographie ist auch die Dramaturgie des Werks. In *Jeux* wurde zum erstenmal das Verhältnis des modernen Menschen zu seiner Umwelt und seinen Mitmenschen in der Darstellung sportlicher Aktivitäten thematisiert. Doch brachte Nijinski nicht die sportliche Aktion an sich auf die Bühne, sondern führte die sich durch sportliche Interaktionen vermittelnde Stimmung vor. Hatte Michail Fokin Handlung, Stil und Technik seiner Choreographien der gesamttheatralischen Inszenierung, das heißt einer von Bühnenbild und Kostüm getrage-

Jeux; Tamara Karsawina, Waslaw Nijinski, Ludmilla Shollar; Ausstattung: Léon Bakst; Uraufführung, Les Ballets Russes, Paris 1913. – Die Flexionen von Ellbogen und Handgelenk und die Parallelstellung der Füße verdeutlichen Nijinskis Abkehr von den Traditionen des romantisch-klassischen Balletts.

nen Atmosphäre, untergeordnet, so wertete Nijinski in *Jeux* Thema (Handlung) und choreographische Struktur (Technik und Stil) als gleichbedeutend. Grundsätzlich beweist die Idee, Sport zum Sujet zu machen, um den modernen Menschen im Tanz darzustellen, Nijinskis Fähigkeit, das Verhältnis von Stil, Technik und Inhalt im Tanz abstrakt zu denken. Mit der zeitgemäßen Vision der Bedeutung von Bewegung als notwendig für die Entwicklung des Menschen charakterisierte Nijinski auch das Verhältnis des Manns zu den beiden Frauen und das der Frauen untereinander: In den Figuren spiegeln sich Facetten von selbstbewußter, aber nervöser Introspektion und von sozialem Verhalten. Die ständigen Wandlungen des Verhältnisses der Protagonisten untereinander, also die steten Veränderungen ihrer Emotionen (Eifersucht, Rivalität, Versöhnung, Liebe, Nähe und Distanz), werden als körperliches Erleben dargestellt. Das Ballett lebt in der Bewegung; die Gesichter können deshalb ausdruckslos sein. – Das psychologische Interesse, das Gefühl des Verlusts menschlicher Geborgenheit und die Sehnsucht nach Ganzheit teilte Nijinski mit einer Reihe von Künstlern dieser Epoche. Kaum einer jedoch wagte es, die Gefühle und deren Kommunikation metaphorisch als »Spiel«, als »Sport« zu thematisieren und zu reflektieren. Das weite Verständnisspektrum von Liebe wird so zur spielerischen Grundlage menschlicher Existenz: Freundschaft, Liebe zwischen Mann und Frau, zwischen Frauen (und auch, wenn man Nijinskis Tagebuchaufzeichnungen Glauben schenken will, zwischen Männern) wird als ein Bereich angesehen, der zugelassen wird, mit dem man spielt und der deshalb Leben repräsentiert. Insofern ist also *Jeux* durch das adäquate Verhältnis von Form und Inhalt, verglichen mit den andern Künsten, auf der Höhe seiner Zeit.

Wirkung: Die Uraufführung (Ausstattung: Bakst, Dirigent: Pierre Monteux) stieß auf ein Publikum, das verstört reagierte und höchstens halbherzig applaudierte; Debussy verließ protestierend das Theater und äußerte sich später abwertend über Nijinskis Choreographie. Auch zeitgenössische Tanzkritiker erblickten in *Jeux* primär ein neuartiges Bewegungsexperiment. Das Ballett wurde 1913 lediglich achtmal gegeben; seine Wirkung verblaßte rasch hinter Nijinskis kurz danach uraufgeführtem *Sacre du printemps*. Differenziertere Beachtung fand *Jeux* in Paris und London bei der Amerikatournee der Ballets Russes 1913. Anders als *L'Après-midi*, das verhältnismäßig originalgetreu weitergegeben wurde, und *Le Sacre*, das genügend Dokumente für eine Rekonstruktion hinterließ, muß Nijinskis *Jeux*-Choreographie als verloren gelten. – Jean Börlins Ballets-Suédois-Produktion von *Jeux* (Paris 1920) leitete die Reihe der zahlreichen Neuchoreographien ein; den Versuch einer Version nach Nijinski unternahm John Taras für das New York City Ballet (New York 1966).

Autograph: Part: BN Paris (Ms. 966); Kl.A: ebd. (Ms. 1008); Orch.Skizze: Pierpont Morgan Libr. NY. **Ausgaben:** Part: Durand 1913, Nr. 8958; Durand 1914, Nr. 8842; Peters 1971, Nr. 9152; StudienPart: Peters 1971, Nr. 9152a; Kl.A: Durand 1912, Nr. 8573. **Aufführungsmaterial:** M: Durand
Literatur: T. KARSAVINA, Theatre Street, London 1930, Neu-Ausg. London 1981; H. EIMERT, Debussys ›Jeux‹, in: Die Reihe 1959, Nr. 5, S. 5–22; C. MAURER ZENCK, Form und Farbenspiele in Debussys ›Jeux‹, in: AfMw 33:1976, Nr. 1, S. 28–47; M. SPIES, ›Jeux‹, in: Claude Debussy, hrsg. H.-K. Metzger, R. Riehn, München 1977 (M-Konzepte. 1/2.), S. 77–95; B. BARKER, N.'s ›Jeux‹, in: Drama Review 26:1982, Nr. 1, S. 51–60; weitere Lit. s. S. 449

Claudia Jeschke

Le Sacre du printemps
Tableaux de la Russie païenne en deux parties

Das Frühlingsopfer
Ballett (2 Teile)

Musik: Igor Strawinsky. **Libretto:** Nikolai Konstantinowitsch Rjorich und Igor Strawinsky
Uraufführung: 29. Mai 1913, Théâtre des Champs-Elysées, Paris, Les Ballets Russes
Darsteller: die 300jährige Alte; die Auserwählte; der Weise; Corps de ballet: 21 Tänzerinnen, 25 Tänzer
Orchester: Picc, 3 Fl (3. auch Picc), A.Fl, 4 Ob (4. auch E.H), E.H, kl. Klar in D (auch kl. Klar in Es), 3 Klar (3. auch B.Klar), B.Klar, 4 Fg (4. auch K.Fg), K.Fg, 8 Hr (7. u. 8. auch T.Tb), kl. Trp in D, 4 Trp (4. auch B.Trp), 3 Pos, 2 Tb, Pkn, Schl (gr.Tr, kl.Tr, Tamtam, Tamburin, Guiro, antike Zimbeln), Streicher
Aufführung: Dauer ca. 35 Min. – Millicent Hodson unterscheidet im Corps de ballet des 1. Teils zwischen 7 Mädchen, 3 kleinen Mädchen, 7 jungen Frauen, 3 großen jungen Frauen, 5 jungen Leuten, 5 jungen Männern, 6 Jugendlichen, 2 Gruppen von je 4 Älteren, des 2. Teils zwischen 1., 2. und 3. Gruppe von Mädchen und 1. und 2. Gruppe von 7 Ahnen, 6 großen Ahnen.

Entstehung: Der Maler, Schriftsteller und Archäologe Rjorich hatte erstmals 1907 für ein Theater in Petersburg gearbeitet, das sich »Starinny teatr« nannte und sich zur Aufgabe gemacht hatte, mittelalterliche theatralische Formen wiederzubeleben. Er galt in Rußland als Autorität und Sprecher einer »slawischen Bewegung«, die in der Rückwendung auf die eigene Geschichte eine Quelle des Neubeginns sah. Rjorich war der Grenzgänger zwischen westlichen und östlichen Einflüssen im Kreis der »Miriskusniki«, der mit seiner Ausstattung zu Fokins *Danses du Prince Igor* (1909) seinen ersten Bühnenerfolg erzielt hatte. Noch vor der Uraufführung von Fokins und Strawinskys erstem Ballett *L'Oiseau de feu* (1910) finden sich in Briefen des Komponisten wie des Malers Hinweise auf ein Ballettlibretto *Welikaja schertwa* (*Großes Opfer*), das zum Nukleus für *Le Sacre du printemps* werden sollte. Die Idee von *Welikaja schertwa*, die Realisation eines nächtlichen slawischen Ritus, in dem sich ein junges Mädchen in einem ekstatischen und zu tödlicher Erschöpfung führenden Tanz opfert, um so, mit dem Sonnengott Jarilo vereint, die weitere Fruchtbarkeit der Erde zu sichern, ging im 2. Teil des Balletts auf. Diesem der Frau und der Nacht gewidmeten Teil stellte man einen dem Mann und dem Tag zugeordneten Teil voran. Die strukturgebenden Abschnitte und ihre Titel gehen auf Rjorichs Aufzeichnungen seiner ethnologischen Forschungen zur Malerei aus dem frühchristlichen Rußland zurück. Jarilo, ein im russischen Volksglauben fest verankerter Gott, ist die mythische Verkörperung der schöpferischen Kraft des Lebens und des Lichts. Man begegnet ihm häufig in der russischen Literatur, etwa in Alexandr Ostrowskis Stück *Snegurotschka. Wesennaja skaska* (*Schneeflöckchen. Ein Frühlingsmärchen*, 1873), wo seine Strahlen die Titelheldin zum Schmelzen bringen, und in einer Verserzählung von Strawinskys Freund Sergei Gorodezki. Von entscheidender Bedeutung für die Entstehung von *Le Sacre* war die Patronanz von Marija Tenischewa, die nach dem Vorbild der von Sawwa Mamontow gegründeten Künstlerkolonie Abramzowo auf ihrem Landgut in Talaschkino eine Art »Werkbund« eingerichtet hatte. Rjorich, der unter anderm auch für die malerische Ausgestaltung der neuen Kirche von Talaschkino verantwortlich war, arbeitete dort zusammen mit Strawinsky an dem Ballett. Ständig über den Stand des Projekts informiert, gab Sergei Diaghilew schließlich im Juli 1911 den Kompositionsauftrag. Im Sommer 1911 entstanden in Ustilug wesentliche Partien des 1. Teils; vollendet wurde er in Clarens zur Jahreswende 1911/12. Ebendort begann Strawinsky im März 1912 mit der Komposition des 2. Teils, fuhr in Ustilug mit der Komposition fort und hatte, in die Schweiz zurückgekehrt, große Teile des 2. Teils im Nov. 1912 fertiggestellt, als er *Le Sacre* in Paris den Komponisten Maurice Ravel, Florent Schmitt und Maurice Delage, später auch Claude Debussy vorspielte. Im März 1913 lag das Manuskript der Partitur vollständig vor. Während eines Gastspiels der Ballets Russes in der Krolloper Berlin (Nov. 1912) begann Nijinski mit dem Solo der Auserwählten die Arbeit an der Choreographie. Im Dez. 1912 kam es mit den schon fertigen Kostümen zu ersten Ensembleproben. Nach der kühl aufgenommenen Premiere von *Jeux* (1913) folgten die Bühnenproben für *Le Sacre du printemps*, ein Titel, den Léon Bakst vorgeschlagen hatte (der russische Titel *Wesna swjaschtschennaja* wurde niemals verwendet). Am 28. Mai fand die öffentliche Generalprobe des Balletts statt. Es tanzten Marija Pilz (die Auserwählte), Ljudmila Guljuk (die Alte) und Konstantin Woronzow (der Weise).

Inhalt: Auf dekorationsloser Bühne; der Hintergrundprospekt zeigt eine vom ersten Grün überzogene sonnige Hügellandschaft. 1. Teil, »Die Anbetung der Erde«: Die in Gelb gekleidete 300jährige Alte, die umgeben von den Männern des Stamms in der vorderen linken Ecke kauert, gibt weissagend das Zeichen für den Beginn des Rituals. Stampfend, sich in den Boden bohrend, brechen die jungen Männer los, hechten in gedehnten Sprüngen durch den Raum und springen über Stöcke, die die Alte verteilt hat. Eckig zuckend lassen sich die Gestalten, ihre Schwere bewußt betonend, in kurzen Sprüngen fallen, mit ihren Armen kämpfen sie gegen einen unsichtbaren Gegner. Dann bewegen sie sich schleifend und schleppend fort. »Spiel der Entführung«: Die jungen Männer verharren zunächst ruhig, die Mädchen, von plötzlicher Panik ergriffen, flüchten mit stolpernden kleinen Sprüngen. Angst drückt daraufhin die in Gruppen zerfallenden Mitglieder des Stamms zu Boden. »Frühlingsreigen«: Dicht aneinandergedrängt und sich an den Händen haltend, erscheinen die Mädchen in Dreierformationen. Mädchen und Männer kriechen daraufhin in schleppenden Bewegungen en bloc vorüber. Die Mädchen beugen sich, in der Taille geknickt, wie um engeren Kontakt zum Boden zu bekommen. »Spiele der streitenden Stämme«: In Fünfergruppen, die sich immer neu formieren, stehen sich nun die Geschlechter in je zwei Doppellinien gegenüber. Die Unruhe wächst; voller Wucht beginnt man gegeneinander anzurennen. »Zug des Weisen«: Der Tag geht zur Neige, als die älteren Männer den Weisen in den Kreis des Stamms führen, dessen Ordnung vollkommen aufgelöst ist. Während die Männer ihren Blick auf den Weisen richten, bleiben die Mädchen starr abgewandt. Ein Angstschauer erfaßt den gesamten Stamm, als der Weise in unheimlicher Stille sich auf die Erde niederläßt und sie küßt. »Tanz aus der

Le Sacre du printemps, 1. Teil; Ausstattung: Nikolai Rjorich; Uraufführung, Les Ballets Russes, Paris 1913. – Vor dem großflächig gemalten Hintergrund einer vorzeitlichen Frühlingslandschaft aufgereiht, posieren die Mädchen, bekleidet mit reich ornamentierten Gewändern, in »en-dedans«-Haltung.

Erde«: Jedes Stammesmitglied bricht nun in ein eigenes Solo aus, der Weise als Ruhepunkt in der Mitte. In immer enger werdenden, manchmal gegeneinanderlaufenden Kreisen schließt sich der Zirkel. Zwischenvorhang: Unter leerem, fahlem Himmel, der bis in das unterste Drittel des Vorhangs reicht, ziehen sechs Menschen, von Tierfellen geschützt und mit Geweihen geschmückt, einen Hügel hinan. 2. Teil, »Das Opfer«, bläuliche Abenddämmerung; »Mystischer Reigen der jungen Mädchen«: 13 Mädchen winden sich in einem kreisförmigen Labyrinth. Unter den schreckgeweiteten Augen der andern stolpert ein Mädchen immer wieder und wird schließlich in die Mitte des Kreises gestoßen. »Verherrlichung der Auserwählten«: Die anfänglichen Versuche der Auserwählten, aus dem Kreis zu fliehen, werden durch den immer dichter sich schließenden Kreis der Ahnen zunichte gemacht. »Anrufung der Ahnen«: Die sitzenden Älteren werfen sich nun wiederholt flach auf die Erde. »Rituelle Ahnenfeier«: Die Auserwählte steht starr, den Kopf zur Seite gedreht, einen Arm wie schützend um ihre Mitte geschlungen; sie scheint die gestampften Kreise um sie herum nicht zu bemerken. »Der heilige Tanz der Auserwählten«: Zitternd beginnt sich die Auserwählte aus ihrer Erstarrung zu lösen und springt fortwährend am Platz in die Höhe. Der Boden scheint sie immer wieder zurückzuziehen. Mit tiefen Beugungen der Knie versucht sie den Fall abzufangen, immer wieder schnellt sie empor. Die Arme zu Schwingen ausgebreitet, versucht sie zu entkommen und schlägt wie eine hampelnde Puppe um sich. Sie wird schwächer, sinkt immer öfter zu Boden. Die Ahnen nähern sich ihr, da bricht sie vollends zusammen. Die Ahnen heben sie gegen die verdunkelte Sonne.

Kommentar: Der legendäre Skandal, den die Uraufführung hervorrief, war das äußere Zeichen für den Beginn einer neuen Epoche der Ballettgeschichte, mit der das ästhetische Umfeld des Balletts des 19. Jahrhunderts endgültig gesprengt wurde. Die strenge Hierarchie, die im klassischen Ballett das Zusammenwirken von Tanz, Musik und Literatur beherrschte, wich einem Freiraum, in dem sich die Künste als einzelne wie in ihrem Verhältnis zueinander neu definieren mußten. Mit dem Zurückgehen der formbildenden Funktion des Librettos erwuchs die Forderung nach einer Dramaturgie auf der Basis der tänzerischen Mittel, was zwangsläufig zur Besinnung auf neue Bewegungsmöglichkeiten des Körpers führte. In dieser Hinsicht stellen Michail Fokins Errungenschaften im Bereich einer Dramaturgie der Wechselwirkung zwischen den Künsten eine wichtige Phase auf dem Weg zum »durchchoreographierten« Ballett dar, wie es Nijinski mit *Le Sacre du printemps* schuf. Von noch größerer Bedeutung jedoch war Nijinskis erste Arbeit, *L'Après-midi d'un faune* (1912). Durch die bewußte Ausklammerung des Gedichts von Stéphane Mallarmé, an dessen Stelle eine atmosphärische Allusion tritt, wurde hier die traditionelle Ordnung des Gefüges der Künste innerhalb des Balletts umstrukturiert, wodurch der Handlungsraum gleichsam im musikalischen Raum aufging. Nijinskis Verwendung von Debussys Musik belegt seine instinktive Neigung, choreographische Gestaltung direkt aus musikalischer Bewegung zu entfalten, eine Praxis, die für das 20. Jahrhundert exemplarisch werden sollte. Die zweigleisig, konzertant und theatralisch, verlaufende Rezeptionsgeschichte von *Le Sacre* zeigt das neue Verhältnis beider Künste sozusagen auf andere Weise. Deren entscheidende Grundzüge werden im Zusammenhang mit dem künstlerischen und kulturellen Hintergrund des 1. Jahrzehnts des 20. Jahrhunderts deutlich. Es war Diaghilew, der, ohne es explizit zu formulieren, den Anspruch erhob, das Ballett als gleichrangig neben die andern Künste zu stellen. Als »Kunstagent«, das Verständnis aller Künste in sich vereinigend, hatte er wesentlichen Anteil an der Entstehung des neuen Balletts. Durch sein Charisma und seine künstlerische Vision wurde er zur motivierenden Kontaktperson zwischen den Künstlern und den Künsten, wie er es in der Petersburger Künstlervereinigung »Mir iskusstwo« um sich versammelte. Hier verbanden sich slawische mit französischen Strömungen zu einem »kulturellen Raum«, dessen Ästhetik sich weder mit dem Prädikat des »Russisch-Nationalen« deckt noch allein aus den Prämissen der »westlichen« Avantgarde zu verstehen ist. Strawinsky hatte sich innerhalb der Gruppe nicht nur als »l'homme de théâtre«, sondern als »l'homme de ballet« ausgewiesen, wie seine in Zusammenarbeit mit Fokin entstandenen ersten Ballette *L'Oiseau de feu* und *Pétrouchka* (1911) zeigen. Den unbeabsichtigten Anstoß für den neuen Weg, der mit *Le Sacre* eingeschlagen wurde, gab Rjorichs Idee, ein Ritual auf die Bühne zu stellen. Erst Strawinskys Erkenntnis der musikalisch-tänzerischen Natur des Rituals führte jedoch zur notwendigen Reduzierung des bereits in mehreren Versionen ausgearbeiteten Librettos, von dem lediglich die zweiteilige Anlage erhalten blieb. Aus der Eigendynamik des Rituals ist das Geschehen auf den Tod der Auserwählten hin gerichtet und findet sich in den Überschriften der einzelnen Abschnitte in Form eines dramaturgischen Gerüsts des Bewegungsablaufs zusammengefaßt. Mit der Eliminierung des literarischen Zwischenglieds konnte sich so das Ballett vom pantomimischen Erzählen befreien, ohne jedoch völlig auf eine inhaltliche Stütze verzichten zu müssen. Handlungs- beziehungsweise Ausdrucksträger wurden die jeweils spezifischen Mittel von Musik und Tanz, vermittelndes Bindeglied der den beiden Künsten gemeinsame Bereich des Rhythmus. Diese Entliterarisierung bringt es mit sich, daß die Entstehung eines Balletts einen völlig andern Verlauf nehmen muß. Der Choreograph verfügt nicht mehr über ein Szenarium, anhand dessen er den choreographischen Verlauf entwickeln kann und zu dem die Musik quasi begleitend hinzutritt, er muß sich nun einer bereits komponierten Musik unterwerfen, kann jedoch frei über die zu verwendenden Mittel entscheiden. Die Choreographie wird demnach zu einer allein aus tänzerischen Mitteln gebauten durchchoreographierten Struktur, die ihre inhaltlichen Aspekte aus der Atmosphäre der Musik bezieht und analog zu dieser den Charakter einer »Zustandsschilderung« annimmt. Nijinskis umwälzende Tat war es, Strawinskys Musik eine ebenbürtige szenische Komposition gegenüberzustellen, die sowohl der musikimmanenten rhythmischen Attacke gerecht wurde als auch eine Eigendynamik entfaltete und sich somit nicht in der Verdopplung des Musikalischen erschöpfte. Das Grundprinzip seiner choreographischen Konzeption ist eine Art unterschwelliger Unruhe, die die Tänzerformationen von innen heraus bewegt und als fortwährendes Pulsieren die Spannung trägt. Es konstituiert sich im differenzierten Einsatz des Corps de ballet, das nicht als unisono geführte Masse auftritt, sondern als Gemeinschaft von »individualisierten« Stammesmitgliedern, die in ständig wechselnden Gruppierungen unabhängig voneinander simultan agieren. Die Hauptstränge der Choreographie sind durch die Einzelpersonen, die 300jährige Alte, den Weisen und die Auserwählte, determiniert. Die Alte führt die rituellen Spiele an, die in der Konfrontation der Geschlechter gipfeln. Dominierend ist hier das ständige Werden und Zerfallen asymmetrischer Formationen von Männern und Frauen. Den Auftritt des Weisen erwartend, sammeln sich die Stammesmitglieder zum erstenmal in der Bühnenmitte als Ganzheit, die mit dessen Erscheinen von einem kollektiven Schauer ergriffen wird. Der 2. Teil wird von der Wechselwirkung zwischen Individuum und Gemeinschaft bestimmt, aus der sich die kreisförmigen Grundmuster der Mädchen und Ahnen ergeben. Die zweite Schicht der choreographischen Bewegung bilden die Richtungen der Körperaktionen zwischen den rituellen Polen Sonne und Erde: Im 1. Teil bohren sich die Männer des Stamms stampfend in die Erde, bewegen sich schleifend auf ihr oder springen in flachen Sprüngen über sie hinweg. Die Mädchen trippeln, eng aneinander und hochaufgerichtet, als wollten sie die Erde überwinden, auf Halbspitze fort, was ihnen, verstärkt durch die intensive Farbigkeit ihrer Kleidung, das Erscheinungsbild von Ikonen gibt; um die Erde zu erfühlen, kauern sie zuweilen in kleinen Kreisen oder legen sich flach auf den Boden, ein Motiv, das, nachdem der Weise mit dem Kuß auf die Erde endgültig den Kontakt mit ihr hergestellt hat, im 2. Teil sowohl von den Mädchen wie von den Ahnen wiederholt ausgeführt wird. Im abschließenden Tanz der Auserwählten wird ihr Hin- und Hergerissensein zwischen Sonne und Erde bewegungsbestimmend: Aus dem immer schwächer werdenden eigenen Antrieb in die Höhe geschleudert, zieht die Erde die Auserwählte bis zu ihrem Tod immer mehr zu sich herunter. Die räumliche Disposition der Choreographie entsteht aus den horizontal sich ineinanderschiebenden reliefartigen Gruppen; zu Clustern gebildet, wirken ihre in dichten Hintereinander ausgeführten Motionen wie der Umgang mit Versatzstücken. Im Gegensatz dazu stehen die nach dem Kuß der Erde einsetzenden Kreismotive, die insbesondere im 2. Teil die ganze Bühnentiefe beherrschen. Diese beiden räumlichen Aktionen sparen bewußt das mit dem klassischen Grundprinzip verbundene Präsentieren aus. Allein auf die Interaktion der Gruppenformationen mit den Einzelpersonen ausgerichtet, entsteht ein in sich geschlossener Aktionsraum, der als Ganzes gegen das Publikum steht. Vom Opfertanz ausgehend (und in Zusammenarbeit mit seiner Schwester Bronislava, die die Partie der Auserwählten verkörpern sollte), machte Nijinski, die klassischen Mittel bewußt umkehrend, das »en dedans«, das körperschützende Einwärtsdrehen der Gliedmaßen, zur Grundlage des Bewegungsprinzips. Er hatte es als Charakteristikum der Rollenkreation von Pétrouchka geschaffen. Obwohl er damit den klassischen Kanon nicht verläßt, wird er durch die Übertragung der tänzerischen Eigenart auf andere gleichsam zum »freien Tänzer«. Die Bewegungssprache für *Le Sacre* ist karg, sie besteht im wesentlichen aus Alltagsbewegungen beziehungsweise Bewegungen, die den »natürlichen« Möglichkeiten des Körpers erwachsen, wie Gehen, Laufen, Springen, Stampfen, Schleifen, Zittern, Drehen und Fallen. Darin verwoben sind Volkstanzelemente, die oft nur an den »patterns« der Raumwege zu erkennen sind. Nijinski ließ sich hierbei durch jene rituellen Motive inspirieren, die Rjorich im Bestreben nach Authentizität auf die Kostüme gemalt hatte. Diese Umsetzung visueller Motive in Bewegungsmuster hat ihr Vorbild in archaischen Zeremonientänzen. Nijinski beabsichtigte jedoch nicht eine Annäherung an Volkstanzformen, sondern die Einbindung der Kostüme als farb- und formgebendes Element in die Bewegungsstrukturen. Die Kittel, deren Schnitt für Männer und Frauen gleich ist, unterscheiden sich durch die Grundfarbe, die offensichtlich die

Le Sacre du printemps; Beatriz Rodriguez als Auserwählte; Ausstattung: Nikolai Rjorich; Rekonstruktion der Choreographie der Uraufführung, Joffrey Ballet, Los Angeles 1987. – Einer fremdgesteuerten Gliederpuppe ähnlich, sucht das Opfer mit einem Sprung der Erde zu entfliehen.

Standesunterschiede innerhalb des Stamms kennzeichnen: ein schmutziges Weiß für die niedrigsten Schichten, ein klares Rot und Mauve für die Frauen der jeweils gehobenen Schichten. Die Mädchen in Mauve (vielleicht adlige Mädchen) tragen als einzige blonde Zöpfe; ihre pelzverbrämten spitzen Hüte sind etwas höher als die der Frauen, die Bordüren ihrer Kittel breiter, ihre Muster reicher. Bei den Männern sind es die »Accessoires«, die den Stand innerhalb des Stamms kenntlich machen. Die Stammesältesten haben Bärenfelle (der Bär gilt in Rußland als der Vorfahr des Menschen) über die Schultern geworfen, Bärte betonen ihre Würde. Der ganze Stamm trägt weiche Schuhe, deren Bänder bis unter den Saum der Kittel kreuzweise gebunden sind. Die für Nijinskis eigene Rollen typische maskenhafte Schminke unterstreicht zusätzlich die Einheit des Kollektivs. – Analog dem Übergang vom Handlungsballett zum durchchoreographierten Ballett basiert die Konzeption der Partitur zu *Le Sacre* nicht mehr auf einer den Tanz stützenden Funktion, sondern auf der Integration des tänzerischen Elements in die kompositorische Technik selbst, wodurch der Rhythmus formbildend wirkt. Strawinskys vielfach bezeugte Affinität zum optischen Äquivalent musikalisch-rhythmischer Bewegung offenbart sich in einem differenzierten Verständnis der Überschriften der einzelnen Abschnitte des Werks, die er im Sinn einer dramaturgischen Leitlinie verstanden wissen wollte. Im 1. Teil zog er den englischen Titel »A Kiss of the Earth« sowohl der Variante »The Adoration of the Earth« als auch dem französischen »L'Adoration de la terre« vor; er wollte den Titel in doppeltem Sinn verstanden wissen: als Kuß der Erde und als Kuß, den man der Erde gibt. Für den letzten Abschnitt des 1. Teils bevorzugte er »The Dancing out of the Earth« oder »The Dance Overcoming the Earth« und nicht, wie es im Deutschen heißt, »Der Tanz der Erde«. Die vor allem in Zusammenhang mit *Le Sacre* häufig artikulierte kompositorische Eigenart Strawinskys, die Reihung blockhafter Segmente, relativiert sich, wenn man die formdynamische Funktion der rhythmischen Konstruktion in Betracht zieht. Diese entwickelt sich in Entsprechung zu den Polen des Rituals, dem Tanz und der kultischen Handlung, als eine zielgerichtete Struktur aus dem Kontrast zwischen extrovertierten Bewegungsformen und introvertierten »Erschütterungen«. Die Extreme dieser Charaktere bilden das jeweilige Zentrum der beiden Teile und gleichsam den übergeordneten Spannungsbogen des Werks: auf der einen Seite die Erstarrung bei der Erscheinung des Weisen, auf der andern die explosiven Schläge, durch die das Opfer aus der Gemeinschaft gestoßen wird. Ihren dramatischen Höhepunkt findet diese Kontrastierung im »Tanz der Auserwählten« durch den Wechsel von eruptiv herausgeschleuderten Motiven und in sich bebenden Tonrepetitionen. Die Stringenz des Gesamtaufbaus resultiert aus der Koordination instrumentaler Gruppen und simultan verlaufender unterschiedlicher rhythmischer Schichten, wodurch gewissermaßen »räumlich-szenische« Formationen entstehen. Dieser rhythmischen Plastizität stehen die quasi improvisatorischen Bewegungscharaktere der atmosphärebildenden Introduktionen gegenüber. Aus einem anfänglich metrisch scheinbar freien »Wuchern« der einzelnen Stimmen treten allmählich motivische Konturen hervor, die schließlich in den stampfenden Gestus des Tanzens münden. Im Verlauf der 2. Introduktion bildet sich aus sordinierten Klanggebilden das magische Motiv des »Mystischen Reigens«. – Wesentliche Anregung zur Realisierung von Strawinskys Partitur holte sich Nijinski von der »plastique animée« beziehungsweise der »rhythmischen Gymnastik« von Emile Jaques-Dalcroze, eine Tatsache, die schon zu seiner Zeit zu Mißverständnissen führte. Die Methoden des Schweizer Musikpädagogen waren Nijinski nicht nur von seinen Besuchen in Hellerau bekannt (in Marie Rambert war eine Hellerauerin als Assistentin gewonnen worden), er hatte sich damit sicherlich schon in Rußland vertraut gemacht, wo das Gedankengut von Jaques-Dalcroze ebenfalls als mögliche Grundlage für eine Erneuerung der Bühnenkünste gefeiert wurde. (Schon 1911 hatte Sergei Wolkonski, der 1899–1902 Intendant der Kaiserlichen Theater war und Diaghilew als Dramaturg an das Haus gebunden hatte, eine »Gesellschaft zur Verbreitung der Begegnung mit Jaques-Dalcroze« gegründet.) Es versteht sich von selbst, daß der Künstler Nijinski Jaques-Dalcroze nicht als Zulieferer ästhetischer Ideen verstand, sondern in dessen Methode ein geeignetes Mittel sah, Musik choreographische Form werden zu lassen. In der szenischen »Umsetzung« der Orchesterbesetzung, der Harmonik und Melodik ließ sich Nijinski von der »plastique animée« leiten, das heißt Lage und Richtung der bewegten Glieder im Raum, Verschiedenheit der Körperformen (der Geschlechter), der Folge der Einzel- und Gegenbewegung, die gleichzeitigen Gebärden einzelner oder ganzer Gruppen, die Abfolge zusammenklingender Bewegungen von Solisten- oder Gruppengebärden, die Verteilung der Bewegung in Raum und Zeit und die Gegenüberstellung und Verbindung mannigfaltiger Körperformen beziehungsweise Geschlechtern, ergaben sich den Gesetzmäßigkeiten der »plastique animée« nach aus der Musik. Um die Rhythmik der Partitur zu »realisieren«, das heißt (nach der Jaques-Dalcrozeschen Terminologie) die Musik in Bewegung umzusetzen, bediente sich Nijinski der »rhythmischen Gymnastik«, deren »Übungen« er der Dramaturgie unterwarf. So halten etwa im eröffnenden Tanz die Beine der Tänzer einen bestimmten Rhythmus durch, während die Arme einen andern ausführen; die gemeinsamen »Aufschwünge« im »Tanz der Erde« entsprechen der Tuttibewegung des Orchesters; im Chorowod des »Mystischen Reigens« nehmen die jungen Mädchen die wiegende Bewegung der Streicher auf und halten synchron mit den Bläsersignalen inne. Auch komplexere musikalische Rhythmen setzt Nijinski in entsprechend differenzierte Formationen um. Im »Tanz der Erde« teilt er das musikalische Metrum in mehrere periodische Gruppierungen, die spiralförmig ineinandergreifen und so die »Raserei« der Gemeinschaft gleichsam multiplizieren.

Wirkung: Die Einzigartigkeit des Werks findet in der sonderbar und überraschend verlaufenden Rezeption ihre Fortsetzung. Nach dem epochemachenden Skandal, den die Uraufführung entfachte, erkannten Kritiker und Kunstbetrachter sofort die herausragende Qualität und die gattungsgeschichtliche Bedeutung der Choreographie (man vergleiche etwa die unübertroffenen Betrachtungen und Analysen von Jacques Rivière, Schmitt, André Levinson, Wolkonski und Anatoli Lunatscharski, s. Lit.). In einer Art von Grundsatzdiskussion über Funktion, Aufgabe und Stellung des Rhythmus vertreten Levinson und Wolkonski entgegengesetzte Standpunkte. Für den Klassiker Levinson ist Rhythmus nur »eine nackte Form, das Maß für Bewegung in der Zeit, ohne eigenen Inhalt«. Er nennt Nijinskis Choreographie »rhythmischen Formalismus«. Für Wolkonski war Nijinskis choreographische Realisierung der Musik nicht konsequent genug. Lunatscharski schließlich sieht in der Tatsache, daß Nijinski den Aspekt des »Schönen«, der untrennbar mit dem Ballett des 19. Jahrhunderts verbunden war, bewußt meidet, ein Kennzeichen für ein Kunstwerk des 20. Jahrhunderts. Nach fünf Vorstellungen in Paris (Dirigent: Pierre Monteux) wurde das Werk unter großem Beifall dreimal in London gegeben. Der folgende Bruch zwischen Diaghilew und Nijinski und Strawinskys immer negativer werdende Äußerungen lassen die Choreographie, wie es in der offiziellen Darstellung der *Sacre*-Rezeption heißt, »in Vergessenheit geraten«. Als Diaghilew 1920 das Ballett wieder in den Spielplan aufnahm, betraute er seinen neuen Schützling Léonide Massine mit der Choreographie, die Auserwählte verkörperte Lydia Sokolova. Während sich *Le Sacre* als Ballett seinen festen Platz im internationalen Repertoire erobert (Louis Cyr zählte bis heute etwa 80 verschiedene Choreographien), verläuft seit der umjubelten konzertanten Uraufführung in Paris 1914 unabhängig davon eine separate Rezeptionslinie, die sich allein auf die musikalische Realisierung konzentriert. Nijinskis zukunftsweisende Choreographie fand allein im Œuvre Nijinskas Folgen. 1923 griff sie in *Les Noces* die von ihrem Bruder gefundenen Kompositionsprinzipien, aber auch einige Bau- und Bewegungselemente auf. Beide Werke ragen wie isolierte Blöcke aus der Landschaft des choreographischen Schaffens, sie sind bis heute Modelle für die Kunstgattung Tanz schlechthin geblieben. Die gattungsspezifischen Errungenschaften Nijinskis fanden erst Jahrzehnte später Eingang in das choreographische Schaffen. – Wichtige szenische Realisationen des *Sacre* boten: Lester Horton (Los Angeles 1937), Maurice Béjart (Brüssel 1959), Kenneth MacMillan (London 1962), Natalija Kassatkina und Wladimir Wassiljow (Moskau 1965), Hans van Manen (Amsterdam 1974), Joyce Trisler (New York 1974), Paul Taylor (New York 1981), Martha Graham (New York 1984), Mats Ek (Södertälje 1984); in Deutschland: Lasar Galpern (Köln 1930), Rudolf Kölling (München 1949), Yvonne Georgi (Düsseldorf 1953), Mary Wigman (Berlin 1957), Erich Walter (Düsseldorf 1970), John Neumeier (Frankfurt a. M. 1972), Glen Tetley (München 1974), Pina Bausch (Wuppertal 1975), Johann Kresnik (Heidelberg 1982), Tom Schilling (Berlin 1985). Als herausragende Interpretinnen der Auserwählten seien Graham in Massines und Dore Hoyer in Wigmans Version genannt. – Die immer wieder angestrebte Rekonstruktion von Nijinskis Original kam erstaunlicherweise erst 1987 durch Hodson zustande, zu einem Zeitpunkt also, da wichtige Mitarbeiter Nijinskis (wie Rambert und Nijinska) bereits gestorben waren. Nach siebenjährigem Studium von Materialien (Hauptquellen waren die mit Anmerkungen versehenen Probenpartituren von Rambert und Strawinsky, Skizzen und Zeichnungen von Valentine Gross-Hugo, aber auch Erinnerungen, Interviews und Kritiken) wurde die Rekonstruktion am 30. Sept. 1987 in Los Angeles vom Joffrey Ballet, dessen Leiter Robert Joffrey die Forschungsarbeit jahrelang unterstützt hatte, wiederaufgeführt. Die Qualität der Rekonstruktion, die später in New York und Europa gezeigt wurde (und der Hodson einen Authentizitätsgrad von etwa 80 Prozent zugesteht), bestätigten die enthusiastischen Rezensionen, die *Le Sacre du printemps* als »neues« und »wahres« Werk voll dramatischer Wucht sahen. 1991 studierte Hodson das Ballett für die Opéra Paris ein.

Autograph: Part: Paul-Sacher-Stiftung Basel. **Ausgaben:** Part: Ed. Russe de Musique, Paris 1921; Bo&Ha 1947, 1967, Nr. 19441 [rev. Fassung]; Muzyka, Moskau 1965, Nachdr.: Dover Publ., NY 1989; Kl.A, 4händig: Ed. Russe de Musique, Paris 1926; Bo&Ha 1947, Nr. 17271. **Aufführungsmaterial:** M: Bo&Ha; Ch: Joffrey Ballet, NY; Rambert Dance Company Arch., London; B. Nijinska Arch., Pacific Palisades, CA **Literatur:** S. Wolkonskij, Russkij balet v Pariš, in: Apollon 1913, Nr. 6, S. 70–74; E. Jaques-Dalcroze, Rhythmus, Musik und Erziehung, Wolfenbüttel 1922, Nachdr. 1971; N. Rjorich, Sacre. Realm of Light, NY 1931, S. 185–191; P. Boulez, Stravinsky demeure, Musique russe, Paris 1953, auch in: ders., Relevés d'apprenti, Paris 1966; H. Scharschuch, Analyse zu Igor Strawinskys ›Sacre du Printemps‹, Regensburg 1960 (Forschungs-Beitr. zur Mw. 8.); I. J. Veršinina, Rannie baleti Stravinskogo, Moskau 1967; I. Stravinsky, The Rite of Spring. Le Sacre du Printemps. Sketches 1911–1913. Facsimile Reproductions from the Autographs, London 1969; T. C. Bullard, The First Performance of Igor Stravinsky's ›Sacre du printemps‹ 1913, Diss. Univ. of Rochester 1971 [enthält d. Kritiken d. UA]; V. Krasovskaja, Russkij baletnyi teatr nachala XX veka, Bd. 1, Leningrad 1971, S. 426–446; H. Kirchmeyer, Strawinskys russische Ballette, Stuttgart 1974; A. Forte, The Harmonic Organisation of ›The Rite of Spring‹, New Haven, London 1978; V. Stravinsky, R. Craft, Stravinsky in Pictures and Documents, NY 1978, S. 75–107, 509–514; L'Avant-scène, Ballet/Danse, Nr. 3, Paris 1980; Le Sacre du printemps. Dossier de presse, hrsg. F. Lesure, Genf 1980 (Anthologie la critique musicale. 1.); G. J. Sternin, Das Kunstleben Rußlands zu Beginn des zwanzigsten Jahrhunderts, Dresden 1980; R. Taruskin, Russian Folk Melodies in ›The Rite of Spring‹, in: JAMS 33:1980, Nr. 3, S. 501–543; I. Stravinsky, R. Craft, Expositions and Developments, Los Angeles 1981, S. 140–148; J. E. Bowlt, Russian Stage Design. Scenic Innovations 1900–1930, Jackson, MI 1982; L. Cyr, ›Le Sacre du printemps‹, petite histoire d'une grande partition, in: Stravinsky. Etudes et témoinages, hrsg. F. Lesure, Paris 1982, S. 89–147; A. Levinson, Ballet Old and New, NY 1982; V. Scherliess, Igor Strawinsky. Le Sacre du Printemps, München 1982; R.

TARUSKIN, From Firebird to Rite. Folk Elements in Stravinsky's Scores, in: BR 10:1982; S. 72–87; S. KARLINSKY, Stravinsky and Russian Pre-Literature Theater, in: Nineteenth-Century Music 6:1983; M. HODSON, Ritual Design in the New Dance. N.'s ›Le Sacre du printemps‹ and N.'s Choreographic Method, in: Dance Research 1985, Nr. 3, S. 35–45, 1986, Nr. 4, S. 63–67; K. ARCHER, Roerich's ›Sacre‹ Rediscovered. The Lincoln Center Exhibition, in: BR 15:1987, Nr. 2, S. 75–81; C. BERG, Le Sacre du printemps. Seven Productions from N. to M. Graham, Ann Arbor, MI 1988; M. HODSON, N.'s Choreographic Method. Visual Sources from Roerich for ›Le Sacre du Printemps‹, in: Dance Research Journal 18:1986/87; R. GRESKOVIC, Augurs of the Dance to Come, in: New Dance Review 1988, Febr./März, S. 7–13; G. OBERZAUCHER-SCHÜLLER, ›Sacres‹ zweiter Frühling – Ein erfolgreiches Jubiläum. Betrachtungen aus Anlaß d. Rekonstruktion d. musiktheatralischen Werkes, in: Bühnenkunst 3:1988, S. 66–70; DIES., E. SURIZ, Die Musik durchdringt den menschlichen Körper und wandelt sich zur Freude für das Auge. V. N. u. d. Methode Jaques-Dalcroze, ebd. 4:1988, S. 81–85; J. E. BOWLT, Russian Art of the Avant-Garde. Theory and Criticism, London ²1988 [rev. u. erweitert]; R. CRAFT, The Rite. Counterpoint and Choreography, in: MT, April 1989, S. 170–177; J. DECTER, Nicholas Roerich. Leben u. Werk eines russ. Meisters, Basel 1989; L. GARAFOLA, Diaghilev's Ballets Russes, NY 1989; G. OBERZAUCHER-SCHÜLLER, Die Musik tönt nicht nur in meinen Ohren, mein ganzer Körper vibriert. Über d. Stellenwert v. E. Jaques-Dalcrozes' »Rhythmischer Gymnastik« in V. N.s ›Sacre‹-Choreographie, in: Bühnenkunst 1:1989, S. 68–74; DIES., N.s Choreographie zu ›Le Sacre du Printemps‹ als Modell für ein einaktiges Ballett des 20. Jahrhunderts, in: Einakter, hrsg. W. Kirsch, Laaber 1991 (Thurnauer Schriften zum M.Theater. 12.); M. HODSON, K. ARCHER, The Search for ›Le Sacre du printemps‹ [in Vorb.]; weitere Lit. s. S. 449

Millicent Hodson / Gunhild Schüller / Thomas Steiert

Alwin Nikolais

Alwin Theodore Nikolais; geboren am 25. November 1912 in Southington (Connecticut)

Imago – The City Curious

Imago – Die Stadt Wundersam
Ballett (3 Teile)

Musik: Alwin Nikolais und James L. Seawright.
Libretto: Alwin Nikolais
Uraufführung: 24. Febr. 1963, Jewish Community Center, Hartford (CT)
Darsteller: 8 Tänzer
Orchester: Tonb
Aufführung: Dauer ca. 1 Std. 30 Min.

Entstehung: Nikolais, zunächst Musiker, dann Puppenspieler, absolvierte seine Tanzausbildung, die durch ein Gastspiel von Mary Wigman angeregt worden war, bei der Ausdruckstänzerin Hanya Holm und bei den Vertretern des Modern Dance Doris Humphrey, Charles Weidman, Martha Graham und Louis Horst. Als eine der ersten Arbeiten entstand *Eight Column Line* (Hartford, CT 1939, Musik: Ernst Křenek) unter dem Einfluß seiner damaligen Lehrerin, der Wigman-Schülerin Truda Kaschmann. Seit 1948 Leiter des Henry Street Settlement Playhouse New York, gründete Nikolais ein eigenes Ensemble und war zudem wiederholt als Assistent von Holm tätig. Aus der Schwierigkeit heraus, einem Komponisten die gewünschte Form der Abstraktion verständlich zu machen, begann Nikolais selbst zu komponieren. Er experimentierte zunächst mit Tonbandcollagen und arbeitete seit 1963 mit einem Synthesizer, den er als einer der ersten auch bei Aufführungen einsetzte. *Masks, Props and Mobiles* (New York 1953, Musik: Jean Sibelius und Nikolais) wurde zum Initialwerk seines Stils, für den später der Begriff des »multimedialen« Theaters geprägt wurde.

Inhalt: 1. Teil: »Dignitaries (Würdenträger)«, »Clique«, »Mantis (Gottesanbeterin)«, »Fence (Zaun)«; 2. Teil: »Kites (Drachen)«, »Nocturn (Nokturne)«, »Chrysalis (Puppe)«, »Artisan (Handwerker)«, »Boulevard«; 3. Teil: »Rooftop (Dachfirst)«, »Arcade«.

Zu Beginn bewegen sich die Tänzer innerhalb quer über die Bühne gespannter elastischer Bänder. Das gelaufene, gesprungene und gehüpfte Hin und Her des Ensembles erinnert an das Erscheinungsbild von Notenköpfen auf Leitern. Die Bewegungsart der Geschlechter ist verschieden: Die Männer tanzen langsam, mit durch Stäbe verlängerten Armen, die Frauen mit großer Behendigkeit; in der energiegeladenen Tanzweise wird die Macht spürbar, die beide Geschlechter beherrscht. Die Tänzer, deren Arme nun mit einer Art Saugstempel verlängert sind, formen sich zu einem insektengleichen Körper, der schließlich durch die Bänder getrennt wird. In den folgenden Solo-, Duo- und Triokonstellationen, in denen eine Art »Menschwerdung« der einzelnen Körper zu erahnen, dann sogar die Entstehung eines Individuums zu konstatieren ist, sind folgerichtig die Bewegungsarten wieder geschlechtsspezifisch. Weder der Mann noch die Frau sind aber fähig, sich dem Partner anzupassen. Die Tänzer erscheinen daraufhin in sie zur Gänze verhüllenden Kostümgebilden, die den Eindruck von Gefangenschaft symbolisieren. Das Finale vereint das Ensemble zu einem einzigen Körper.

Kommentar: *Imago – The City Curious* präsentiert sich auf den ersten Blick als farbenprächtige, wie durch ein Mikroskop gesehene Welt von bewegten Körpern und Formen, die durch Lichtbündel und sichtbar gewordene Kraftfelder in einen Raum von Geräuschen, Tönen und Farben gesetzt werden und sich gleichsam pulsierend ständig verändern. Als Basis von Nikolais' abstraktem Multimediatheater erweist sich ein Vielfaches aus Bewegung, Form, Farbe und Ton. Seine Choreographie ist stets analytisch ganz auf die Bildwirkung konstruiert. Indem er das Auge einlädt, Tanz mehr als Malerei und Plastik denn als Bewegung wahrzunehmen, strebt Nikolais als sein zentrales Anliegen die Umdeutung des Tanzes von einer kinetischen in eine visuelle Kunst an. Mit dieser Art der Präsentation verbindet er die Theater- und Raumexperimente der europäischen Avantgarde der

Tafel 11

Tafel 11

oben
Waslaw Nijinski, *Le Sacre du printemps* (1913), 1. Teil; Aquarell von Valentine Gross-Hugo; Uraufführung, Ballets Russes, Paris 1913. – Mit untrüglichem Gespür für die Dimensionen des Raums erfaßt die Malerin in diesem Aquarell, einem von vieren, die sich später als die einzigen farbigen Bilddokumente des »Jahrhundertereignisses« erweisen sollten, die wesentlichsten Aspekte der choreographischen Konzeption.

unten
Waslaw Nijinski, *Le Sacre du printemps* (1913), 1. Teil; Rekonstruktion der Uraufführungsinszenierung, Joffrey Ballet, Wien 1989. – Die brutale Gewalt, mit der die jungen Männer gegen die kauernden Mädchen anrennen und vor der sich die Ahnen zu verbergen scheinen, läßt die Wucht der Musik erahnen, von der sie angetrieben werden.

20er Jahre mit den Errungenschaften der Elektronik und verarbeitet sie zudem mit der Körpergestik der Commedia dell'arte sowie dem Bewegungsduktus des Kabuki-Theaters. Ausgehend von der »abstrakten«, allein raum- und rhythmusdeterminierten Seite des Ausdruckstanzes, verfremdet Nikolais (ähnlich wie Oskar Schlemmer) den menschlichen Körper durch überdimensionierte Körpermasken, die ihn zuweilen wie wandelnde Dekorationen erscheinen lassen. Farbige Lichtprojektionen auf die sich bewegenden Figuren, die oft mit »Tanzgeräten« (Stangen, aber auch weichen Materialien) agieren, »entmenschlichen« den Tänzer vollends; die tanzenden Lichtgebilde gemahnen an die »bewegte Plastik« der amerikanischen Lichtkünstlerin Loie Fuller. Um die Aufmerksamkeit auf die Bewegung zu lenken, wird das Geschlecht der Tänzer gleichsam aufgehoben, Versatzstücken oder Mobiles ähnlich werden sie in einen Farb- und Klangraum gesetzt; wie angetrieben durch eigene Kräfte, bewegen sie sich voll betriebsamer Aktivität. Doch hinter der Abstraktion, die nicht durch »emotion«, sondern »motion« wirkt, erwecken die entmenschlichten Kostümkonstrukte Anteilnahme. Schon das mehrdeutige Wort »imago« (voll entwickeltes Insekt; auch »aus der Kindheit bewahrtes unbewußtes Idealbild einer Person, besonders eines Elternteils«; dazu »Bildsäule« und »Ahnenmaske«) eröffnet hinter den bildhaften kinetischen Vorgängen zusätzliche Dimensionen. So erweist sich *Imago* als Parabel des menschlichen Seins, gleichzeitig aber auch als ironischer Kommentar auf gesellschaftspolitische Utopien.
Wirkung: Die »emotionale Architektur«, wie Nikolais seine Choreographie einmal nannte, »die die Bewegung zu vernünftigen Zusammenhängen fügt«, wurde als neue Form des Theaters, nicht aber als Tanz angesehen. Von der »Off-Szene« sofort gefeiert, wurde *Imago*, das Don McDonagh als »wagnerisch« im Sinn eines Gesamtkunstwerks aus Musik, Bewegung und Licht bezeichnete, durch ausgedehnte Tourneen des Ensembles zum meistgespielten und bekanntesten Werk Nikolais'. Sowohl *Imago* als auch *Kaleidoscope* (New York 1953), *Totem* (New York 1960), *Somniloquy* (New York 1967) und *Tent* (Tampa, FL 1968; Musik: alle Nikolais) erregten bei der ersten Europatournee der Truppe 1968 beträchtliches Aufsehen; auch hier wurden sie in der Folge oft kopiertes Modell nicht nur der Off-Szene. Gian Carlo Menotti ließ sich durch Nikolais zu der Oper *Hilfe, Hilfe, die Globolinks!* (1968) anregen; 1973 entstand als Auftragswerk für die Hamburgische Staatsoper *Kyldex I* (Musik: Pierre Henry und Nicolas Schöffer). – Nikolais, der seit den späten 70er Jahren auch in Frankreich tätig war (hier entstand unter anderm 1980 *Schema*, Musik: David Darling und Nikolais, für die Pariser Opéra), ist bis heute eine singuläre Erscheinung innerhalb der Bewegung des Modern und des Post Modern Dance geblieben. Auch viele Mitglieder seines Ensembles waren eigenständige Tänzerpersönlichkeiten, vor allem Nikolais' langjähriger Mitarbeiter Murray Louis, der unter anderm *Imago – The City Curious* kreierte. Louis profilierte sich nicht nur durch seine Unverwechselbarkeit als Tänzer; seine Choreographien sind durch seine trocken-witzige, fast marionettenhaft anmutende Tanzweise gekennzeichnet, eine Bewegungsart, die als »isolation« zum Begriff wurde. Nikolais' und Louis' gemeinsames Studio in New York wurde zu einem Zentrum des nichtklassischen Tanzes. Ein anderes Ensemblemitglied (1965–71) war Carolyn Carlson, die als Tänzerin, später als Choreographin tätig war. An der Opéra Paris kreierte sie unter anderm Tetleys *Tristan* (1974, Musik: Hans Werner Henze), 1974–80 war sie als Danseuse étoile chorégraphique vor allem für den experimentellen Teil des Tanzrepertoires der Opéra verantwortlich.

Literatur: S. J. COHEN, The Modern Dance. Seven Statements of Belief, NY 1965; J. WENDLAND, Ein Rousseau in New York. A. N. Dance Company, in: TA 16:1968, Nr. 6, S. 171–174; W. SORELL, The Biography of an Artist, Middletown, CT 1969; D. MCDONAGH, The Rise and Fall and Rise of Modern Dance, NY 1971; M. B. SIEGEL, N. A Documentary, NY 1971 (Dance Perspectives. 48.); DIES., At the Vanishing Point, NY 1972; DIES., Watching the Dance Go by, Boston 1977; A. LIVET, Contemporary Dance, NY 1978; R. GARSKE, Art Does not Care What Form it Takes. Interview mit A. N., in: ballet international 13:1990, Nr. 6/7, S. 23–29

Andrea Amort

Luigi Nono
Geboren am 29. Januar 1924 in Venedig, gestorben am 9. Mai 1990 in Venedig

Der rote Mantel
→ Gsovsky, Tatjana (1954)

Intolleranza 1960
Azione scenica in due tempi

Intoleranz 1960
2 Teile

Text: Luigi Nono, nach einer Idee von Angelo Maria Ripellino
Uraufführung: 13. April 1961, Teatro La Fenice, Venedig
Personen: ein Flüchtling (T); seine Gefährtin (S); eine Frau (A); ein Algerier (Bar); ein Gefolterter (B); 4 Gendarmen (4 Spr.). **Chor:** Bergarbeiter, Demonstranten, Gefolterte, Gefangene, Flüchtlinge, Algerier, Bauern
Orchester: 3 Fl, 3 Ob, 3 Klar (2. u. 3. auch B.Klar), 3 Fg, 6 Hr, 4 Trp, 4 Pos, Pkn, Schl (4 gr.Tr. versch. Bck, 8 kl.Tr, 12 MilitärTr, 4 Tamburins, 4 Tamtams, 4 Trg, 3 Glocken, Glsp, Xyl, Marimbaphon, Vibr), Cel, Hrf, Streicher
Aufführung: Dauer ca. 1 Std. 15 Min. – Die 1. Szene des II. Teils wurde in der Uraufführung als Tonbandcollage aufgeführt; die Partitur enthält hierzu nur den Text.

Nono: Intolleranza 1960 (1961)

Entstehung: Den letzten Anstoß für *Intolleranza 1960* erhielt Nono (von verschiedenen politischen Ereignissen des Jahrs 1960, den großen Juli-Volksdemonstrationen in Italien gegen eine faschistische Restauration wie gegen Ausbrüche von Neonazismus, bereits menschlich herausgefordert) durch die Einladung von Mario Labroca, eine Oper für die Biennale in Venedig zu schreiben. Das Werk entstand in enger Zusammenarbeit mit dem Regisseur Vaclav Kašlík und vor allem dem Bühnenbildner Josef Svoboda, mit dem Nono seit 1958 Pläne für ein vom Verständnis der Musikdramaturgie her neues Musiktheater entwickelt hatte. Die Partitur wurde am 7. März 1961 abgeschlossen und ist Arnold Schönberg, Nonos Schwiegervater, gewidmet. Als Grundlage für seine Textcollage verwendete Nono Ripellinos *Materiali per un' opera*, ergänzt durch Teile aus den Gedichten *Vivere è stare svegli* (1960) von Ripellino, *Liberté* (1942) von Paul Eluard, *Unser Marsch* (1917) von Wladimir Majakowski, *An die Nachgeborenen* (1938) von Bert Brecht sowie dokumentarische Texte: die Parolen »Nie wieder Krieg« aus dem Nachkriegsdeutschland, »No paseran« aus dem spanischen Bürgerkrieg, »Morte al fascismo! Libertà ai popoli!« der Partisanen der italienischen Resistenza im zweiten Weltkrieg, »Down with discrimination« der Negerbefreiungsbewegung in den Vereinigten Staaten und »La sale guerre« aus dem französischen Indochinakrieg; Ausschnitte aus den Naziverhören des kommunistischen Journalisten Julius Fučík (aus *Reportáž psaná na oprátce*, 1945); Ausschnitte aus Verhören von Algeriern durch die französische Polizei (nach Henri Alleg, *La Gangrène*, 1959); Aussagen über französische Folterungen im Algerienkrieg (aus Alleg, *La Question*, 1958); Ausschnitt aus Jean-Paul Sartres Vorwort zu *La Question*; Aussagen von Pariser Polizisten (nach *La Question*).

Handlung: In einem Bergarbeiterdorf, in einer Stadt, auf dem Polizeibüro, in einem Konzentrationslager, in der Nähe eines Dorfs am Ufer eines großen Flusses bei Hochwasser.

I. Teil: Ein Bergarbeiter will in seine Heimat zurückkehren; er löst sich von seiner Frau, die ihm einziger Trost in der Fremde war und ihm nun Rache verheißt. Auf seiner Reise wird er Zeuge einer Demonstration; er wird verhaftet, gefoltert und kommt in ein Konzentrationslager, aus dem er zusammen mit einem Algerier fliehen kann. Dem Handlungsgang entspricht am Ende die Einsicht, daß er zwar durch Zufall in den Kampf geriet, sich dabei aber sein Verlangen nach der Heimat in Freiheitswillen verwandelt habe.

II. Teil: Verwirrt und fast überwältigt von den Absurditäten und Widersprüchen des gegenwärtigen Lebens bis hin zur Explosion einer Atombombe, findet der Flüchtling eine Gefährtin, die Leben und Hoffnung für ihn verkörpert. Mit ihr zusammen nimmt er den Kampf gegen Schrecken und Fanatismus auf. Noch bevor sie die Heimat erreichen, geraten beide in eine Hochwasserkatastrophe; viele Menschen fliehen vor der jährlichen Überschwemmung, der Flüchtling aber erkennt, daß es seine Aufgabe ist, hierzubleiben und hier die Lebensumstände zu ändern.

Kommentar: Nono versteht Oper als »Ideentheater [...] das für eine menschliche Lebensbedingung kämpft, ein auf sozialer, struktureller wie auch auf sprachlicher Ebene völlig engagiertes Theater, direkt verbunden mit unserem Leben« (1963; in: *Texte*, S. 86, s. Lit.). Solch »théâtre de situations« (Sartre) beruht auf Konzeptionen, wie sie in der Sowjetunion (Wsewolod Mejerchold) und in Deutschland (Erwin Piscator) in der Zwischenkriegszeit erarbeitet wurden. Nono setzt sie bewußt ein, zusammen mit neueren Möglichkeiten (etwa der Prager »Laterna magika« von Svoboda und Alfred Radok). In *Intolleranza 1960* wird Intoleranz mit ihren Ursachen und dem Widerstand gegen sie als dialektischer Bewußtwerdungsprozeß mit geschichtlicher Tiefendimension verstanden. Die Themen (Bergwerkskatastrophe in Marcinelles, Algerienkrieg, Poüberschwemmungen) dienen als Konkretisierungen dieses Prinzips, Modelle im Sinn von Sartres »situations simples et humaines et des libertés qui se choisissent dans ces situations«. Von daher ist die weitgehende Absenz von Dialogen und individuellen Auseinandersetzungen zwischen Personen zu erklären, die Nonos Konzeption der Oper als vielschichtiges Gefüge entgegenstehen würden. »[...] das Engagement erfüllt sich in ihrer [das heißt der Materialien] Verarbeitung und im technisch-expressiven Ergebnis« (1962; ebd., S. 71). Diese Verarbeitung geschieht mittels einer Dynamisierung der einzelnen musiktheatralischen Gestaltungselemente, wobei deren herkömmliche Hierarchien und Verbindungen teilweise bewußt umgangen sind. Ziel ist eine Herausforderung des Zuschauers, sein Stellungsbezug zur jeweiligen Gegenwart. Diese Gegenwartssituationen werden dabei als Resultate geschichtlicher Prozesse verstanden und mit Zeichen für Geschichtliches (siehe die internationalen Parolen in I/3) unmittelbar verbunden. Die Dynamisierung versteht Nono als ein bewußtes In-Beziehung-Setzen von Bild, Aktion, Sänger, Orchester, Bühnen- und Zuschauerraum. Teilweise realisierbar war das in der Uraufführung durch Verwendung von Projektionen, die sich kontrapunktisch, nicht platt verdoppelnd, zur Bühnenaktion verhielten, oder durch Einsatz des Tonbands: Der Gesang des Chors erklingt im Zuschauerraum und tritt zur Aktion auf der Bühne in ein Spannungsverhältnis, das bewußt angestrebte Wechselwirkungen (Steigerungen, Gegensätze, Parallelen) ermöglicht. Dialektisch versteht Nono auch das Verhältnis zwischen Individuum und Kollektiv. Die Einzelpersonen sind durch die Auswahl der zentralen musikalischen Intervalle ihrer Partien und deren auf den gesamten Handlungsverlauf bezogene Veränderungen verallgemeinernd und bewußt unpsychologisch gehalten. In den zentralen Partien für Tenor und Sopran gelangen die individuellen Konsequenzen aus jenen Situationen zur Darstellung, die durch die großen Chorszenen brennpunktartig umrissen werden. Diese Chorszenen sind nun ihrerseits aber Vergegenständlichungen von Geschichte und Gegenwart in Form von Sartres »situations simples«. Nonos Partitur ist in vielerlei Hinsicht eine Zusammenfassung jener Gestaltungsmittel, die sich in seinen Kompositionen für Gesang und Chor der 50er Jahre finden (zum Teil Übernahmen aus *Il canto sospeso*, 1956). Das dort sukzessiv Erarbeitete wird im szenischen Werk allerdings als musiktheatralisches Gefüge verwendet, die einzelnen Möglichkeiten in bezug auf dies Gefüge funktionalisiert. Die für Nonos Musik ganz allgemein charakteristischen Gegensätze, etwa zwischen aggressiven Blechbläser- und Schlagzeugblöcken und transparenten lyrischen Klängen, mit hohem Sopran, unbegleiteten Chören und Metallklängen, werden in *Intolleranza 1960* nicht mehr bloß auf einen Text bezogen, sondern in ein über die Musik hinausreichendes Ganzes gezielt integriert. Insofern markiert Nonos Opernkonzeption die radikale Gegenposition zur Literaturoper.

Wirkung: Die Uraufführung dirigierte Bruno Maderna (Regie: Kašlík, Bühnenbild: Emilio Vedova; Flüchtling: Petre Munteanu, Gefährtin: Catherine Gayer). Der Text für die deutsche Erstaufführung 1962 in Köln unter Maderna (Hans Lietzau, Chargesheimer; Lawrence White, Gayer) ist eine entschärfte Übertragung von Alfred Andersch. Für die Nürnberger Inszenierung 1970 als *Intolleranza 1970* hat Yaak Karsunke deshalb im Auftrag Nonos den Text aktualisiert, »einige pathetische Wendungen durch schlüssigere, aggressivere und genauer durchdachte Formulierungen« (Programmheft) ersetzt und durch neue Texte ergänzt; die Musik blieb unverändert (Hans Gierster, Wolfgang Weber, Peter Heyduck; Cesare Curzi, Maria de Francesca). Die französische Übersetzung (von Martine Cadieu; Nancy 1971) als *Intolleranza 71* (Wolfgang Gayler, Jean-Claude Riber, Serge Marzolff; Curzi, Francesca) beruht textlich und musikalisch auf dem Original. 1985 wurde das Werk an der Hamburgischen Staatsoper inszeniert (mit William Cochran und Slavka Taskova). Hatte sich Lietzau 1962 von der Agitpropkunst inspirieren lassen und Karsunke 1970 das Werk in die Gegenwart der Vietnamdemonstrationen geholt, so blieb in Hamburg die »szenische Aktion« trotz des hohen musikalischen Niveaus (Dirigent: Hans Zender) blutleer: Günter Krämers phantasievoll-verrätselnde Inszenierung (Bühnenbild: Andreas Reinhardt) verfehlte den tödlichen Ernst von Nonos Spiel.

Autograph: bei den Erben des Komponisten. **Ausgaben** u.d.T. *Intolleranza*: StudienPart: Schott 1962, Nr. AV 75; Textb., ital./dt. Übers. v. A. Andersch: Schott 1962. **Aufführungsmaterial:** Schott
Literatur: L. PESTALOZZA, L. N. e ›Intolleranza 1960‹, in: La Biennale di Venezia 21:1961, Nr. 43, S. 18–34; M. BORTOLOTTO, La missione teatrale di L. N., in: Paragone 13:1962, Nr. 146, S. 25–43; F. D'AMICO, La polemica su L. N., ebd., Nr. 156, S. 13–36; E. VEDOVA, Interventi, in: Collage Nr. 6, Sept. 1966, S. 93–97; L. NONO, Texte. Studien zu seiner M, hrsg. J. Stenzl, Zürich 1975; J. M. GILBERT, Dialectic Music. An Analysis of L. N.s ›Intolleranza‹, Urbana 1979, Diss. Univ. of Illinois; E. H. FLAMMER, Politisch engagierte Musik als kompositorisches Problem. Dargestellt am Beispiel v. L. N. u. H. W. Henze, Baden-Baden 1981 (Coll. d'études musicologiques/Slg. mw. Abhandlungen. 65.); Nono, hrsg. E. Restagno, Turin 1987 [Beitr. v. I. Balász, G. Borio, S. Bussotti, L. De La Hoz, D. Döpke, A. Gentilucci, E. Jabès, M. Mila, G. Morelli, L. Nono,

L. Pestalozza, W. Rihm, J. Stenzl, I. Stoianova, E. Vedova, A. Vidolin, M. Zurletti]; J. STENZL, Von Giacomo Puccini zu L. N. Ital. M 1922–1952: Faschismus–Resistenza–Republik, Buren 1990

Jürg Stenzl

Al gran sole carico d'amore
Azione scenica in due tempi

Unter der großen Sonne von Liebe beladen
2 Teile

Text: Luigi Nono und Juri Petrowitsch Ljubimow
Uraufführung: 1. Fassung: 4. April 1975, Teatro Lirico, Ensemble des Teatro alla Scala, Mailand; 2. Fassung: 26. Juni 1978, Städtische Bühnen, Oper, Frankfurt am Main (hier behandelt)
Personen: 4 S, A, T, Bar, 2 B, gr. Chor, kl. Chor: Tania (S, gr. Chor, 4 S), Thiers (T), Favre (B), Louise Michel (4 S), Beamter (T, kl. Chor), Soldat (T, kl. Chor), Bismarck (B), die Mutter (A), Deola (4 S), Pavel (Bar), Direktor der russischen Fabrik (T), Spion (T), Haydée Santamaría (S), Mutter und vietnamesische Frauen (4 S, gr. u. kl. Chor), Gramsci (Bar), Dimitrov/Dimitrow (Bar, 2 B), Fidel (B), Kommunarden und Kommunardinnen (gr. u. kl. Chor, 4 S), Guerillas (gr. Chor), Genossinnen (4 S, gr. u. kl. Chor), Genossen (gr. u. kl. Chor), Volk von Paris (kl. Chor), Arbeiter heute (gr. Chor), die Mütter (3 S, gr. u. kl. Chor), Arbeiter (gr. u. kl. Chor, 2 Bar, 2 B), sizilianische Emigranten (kl. Chor), Arbeiterinnen (4 S, kl. Chor, S u. A d. gr. Chors), Genossinnen der Emigranten (4 S, gr. u. kl. Chor), Kubanerinnen (S, A, gr. u. kl. Chor, 2 S), Gefangene (gr. u. kl. Chor).
Ballett
Orchester: 4 Picc, 4 Fl, 4 Ob, 4 Klar, B.Klar, 4 Fg, 4 Hr, 4 Trp, 4 Pos, Pkn, Schl (2 gr.Tr, 4 Bck, je 2 kl.Tr mit u. ohne Schnarrsaiten, 2 Tamtams, Glocken, Marimba, Glsp), Hrf (verstärkt), Streicher, Tonb
Aufführung: Dauer ca. 1 Std. 30 Min. – Jeweils zwei Lautsprecher sind auf der Bühne und hinten im Saal zu installieren.

Entstehung: Kurz nach der Uraufführung von *Intolleranza 1960* (1961) plante Nono eine neue Oper. Am 15. Mai 1964 nannte er in einem Brief an Carla Henius die im Entstehen begriffene *La fabbrica illuminata* (1964) »ein Fragment meines neuen Theaterwerk«. In dessen Zentrum sollten zwei Figuren Cesare Paveses stehen, Masino und das Freudenmädchen Deola. Schon damals war an eine Besetzung der Deola mit vier Sopranen, an eine spezifische Form der Simultanität ebenso wie an die umfangreiche Verwendung des Tonbands und des Chors gedacht worden. Das Thema der Pariser Kommune hatte Nono bereits 1970 gemeinsam mit Giovanni Pirelli im Hinblick auf eine szenische Arbeit aufgegriffen, die dann aber nicht ausgeführt wurde. 1972 erhielt Nono einen Kompositionsauftrag der Scala für eine neue Oper. Die Zusammenstellung der Dokumentationen, Gedichte und Texte entstand in enger Zusammenarbeit mit Ljubimow, dem Leiter des Taganka-Theaters Moskau, dessen erste Regiearbeit im Westen *Al gran sole carico d'amore* werden sollte. Verwendet wurden Texte unter anderm von Bert Brecht (*Die Tage der Commune*, 1949), Tania Bunke, Fidel Castro, Ernesto Guevara, Georgi Dimitrow, Maxim Gorki (*Mat*, 1907), Antonio Gramsci, Wladimir Lenin, Karl Marx, Friedrich Engels, Louise Michel (*Mémoires*, 1886), Pavese (*Poesie edite e inedite*, 1962) und Arthur Rimbaud (*Les Mains de Jeanne-Marie*, 1871). Durch Ljubimow wurden die schon in *Intolleranza 1960* verarbeiteten Einflüsse des russischen Avantgardetheaters der Zwischenkriegszeit noch verstärkt. Seine Theaterarbeit, die, wie auch bei Inszenierungen klassischer Werke, ausführliche Textbearbeitungen, Umstellungen, Montagen und vielschichtige Szenerien verwendet, verband sich mit Nonos Konzeption eines Ideen- und Situationstheaters. *Al gran sole* entstand auf diese Weise in Zusammenarbeit von Komponist, Regisseur, dem Dirigenten Claudio Abbado und dem Bühnenbildner Dawid Borowski. Die Komposition wurde am 15. Aug. 1974 abgeschlossen und ist Abbado und Maurizio Pollini gewidmet. Für die Frankfurter Inszenierung unterzog Nono das Werk einer Umarbeitung (Neuinstrumentation und Neukomposition von Teilen, Revision der Tonbandanteile und ihrer Länge).

Handlung: An die Stelle einer erzählbaren Handlung treten prismatisch ineinandergreifende Bilder dramatischen, lyrischen, erzählenden und reflektierenden Charakters von kämpfenden, leidenden und sterbenden Frauen in revolutionären Situationen und Prozessen, die um Michel und die Pariser Kommune von 1871, um Gorkis *Mutter* und die russische Revolution von 1905, Bunke und den Guerillakampf in Lateinamerika und die Arbeiterin Deola in den Turiner Arbeiterunruhen der frühen 50er Jahre kreisen. Diesen Märtyrerinnen meist gescheiterter Revolutionen ist keine realistische Stimme verliehen, sondern auf dem Weg einer totalen Entindividualisierung werden ihre Stimmen der Hoffnung, des Widerstands, der Schönheit zu einem zweiteiligen Gefüge geschichtet.

Kommentar: Nonos schon bei *Intolleranza 1960* erkennbare Opernkonzeption im Sinn von Jean-Paul Sartres »théâtre de situations« ist in *Al gran sole* konsequent durchgeführt. Im Zentrum steht nicht eine »Geschichte« in Form eines linear ablaufenden »récit«, auch nicht mehr ein »récit«, das Situationen miteinander verbindet, sondern bewußt aus gegenwärtiger Perspektive gesehene Aspekte und Fragestellungen an die Geschichte, an das Geschichtsbewußtsein (hier des Befreiungskampfs und der Rolle von Frauen in diesen Kämpfen, gleichzeitig der Rolle der Subjektivität) und eine Befragung von Vergessenen der Geschichte wie etwa der Pariser Kommunardin Michel. Die Dramaturgie des Werks läßt sich als ein Gefüge mit mehrfachen Zentren beschreiben. Hauptzentrum im I. Teil sind Michel und die Pariser Kommune von 1871. Deren Niederschlagung, der Tod der Kommunarden, wird in Beziehung gesetzt zu Kampf und Tod der Partisanin Bunke in Bolivien und zur russischen Revolution von 1905 (Gorkis Roman *Mat*); gleichzeitig wird aber die Pariser Kommune selbst aus verschiedenen zeitgenössischen und späteren Blickwinkeln dargestellt: Rimbaud (aus dessen Gedicht auf Michel, *Les Mains de Jeanne-Marie*, der Werktitel stammt), Marx, Lenin und Brechts *Tage der Com-*

Al gran sole carico d'amore, I. Teil; Sona Červená als Frau; Regie: Jürgen Flimm, Choreographie: Helga Heil, Bühnenbild: Karl-Ernst Herrmann, Kostüme: Nina Ritter; Uraufführung der 2. Fassung, Oper, Frankfurt a. M. 1978. – Für seine erste Opernproduktion inszenierte Flimm ein collagehaftes Mosaik aus 15 Episoden. Sie sind angesiedelt in einem großen nackten Raum, dessen Rückwand sich öffnet und durch ein Bühnenportal den Blick auf einen Saal des Second Empire freigibt.

mune. Im II. Teil nimmt die russische Revolution von 1905 eine der Kommune im I. Teil vergleichbare Stellung als Bezugszentrum ein, dem aber, weitgehend gleichbedeutend, das Turin der Arbeiteraufstände der frühen 50er Jahre, die *Intolleranza*-Thematik der aus dem Süden eingewanderten Gastarbeiter, gegenübersteht. Zur russischen Mutter kontrastiert das Freudenmädchen Deola als konkret utopisches Bild der Frau am Meer, wie es seit den 50er Jahren Nonos Schaffen durchzieht, immer als Verbindung von Meer und Natur, Liebe und befreitem Leben. In der 2. Hälfte dieses Teils wird der gescheiterten russischen Revolution von 1905 der Kampf um die kubanische Moncada-Kaserne entgegengestellt: »Für mich war Moncada wie eine Frau, die einen Sohn haben wird« (Haydée Santamaría), wobei das Paar Mutter/Sohn seine Parallele in den Gorki-Texten (Mutter/Pawel) findet. Dem Textgefüge mit seinen Parallelen, wechselnden Perspektiven und Gegensätzen, dargestellt im Hinblick auf den selbst »eingreifend mitdenkenden Zuhörer«, entsprechen ein musikalisches sowie, in der jeweiligen Inszenierung, ein szenisches, bildliches und akustisch-räumliches Gefüge (Lautsprecher im Saal). Dabei läßt Nono die szenische Realisierung offen und verzichtet weitgehend (in der 2. Fassung sogar vollständig) auf Regie- und Bühnenanweisungen. Der Musik ist, obwohl sie in allen Details ausgearbeitet und in der Partitur fixiert ist, eine spezifische Mobilität eigen, sowohl im Hinblick auf die Besetzung als auch auf die Charakteristik der einzelnen Abschnitte. So wie der Text eine szenische Erzählung stets bricht, durch andere inhaltliche und/oder zeitliche Elemente tropiert, baut sich die Musik aus vergleichsweise kurzen geschlossenen Einheiten von zwei bis fünf Minuten Dauer auf. Diese reichen besetzungsmäßig von rein pantomimischen Szenen nur mit Tonband über Soli mit Begleitung von Tonband oder solistischen Instrumenten (zum Beispiel I/1,B oder II/2,B) bis zu eigentlichen Aktionsszenen mit kleinem und großem Orchester samt Tonband (I/2, I/5 oder II/4). Eingeschoben sind immer wieder reine Orchesterstücke wie die »Rifflessioni« in I/2, 3, 6 und 9 oder das »Schieramento della macchina repressiva« jeweils zu Beginn von II/3, 4, 5 und 6. Ist der von kurzen Einheiten ausgehende Aufbau der einzelnen Szenen, Szenenabfolgen und der beiden Teile durch eine außerordentliche Vielfalt sowohl im Bereich der rein musikalischen wie der musikdramatischen Mittel gekennzeichnet, hat Nono doch gleichzeitig, bei allen Kontrasten, auf musikalischen Zusammenhang geachtet und eine zwingende Geschlossenheit erreicht, die ihre Ursache in mehr als nur der Einheitlichkeit seiner individuellen musikalischen Ausdrucksweise hat. Eine hervorragende Bedeutung kommt hier Kampfliedern zu. Sie geben nicht bloß ein einheitstiftendes Material für einzelne Szenen und Szenengruppen ab, sondern werden auch, insbesondere in den rein orchestralen Abschnitten, verarbeitet und »durchdacht« (»Rifflessioni«). Im Verlauf des Werks werden sie auf verschiedenartige Weise aufgegriffen, etwa ausgehend von einer melodischen Exposition durch die Pauken im »Come preludio« (zuerst als Kanon, dann im Schlagzeugsatz, später mit Orchester), dann mit harmonischen und/oder rhythmischen Durchführungen. Durchaus vergleichbar *Intolleranza 1960*, ist *Al gran sole carico d'amore* eine (wie die folgenden Werke erwiesen haben) weiterführende Zusammenfassung von Nonos Schaffen zwischen den *Canti di vita e d'amore* (1962) und *Como una ola di fuerza y luz* (1972).

Wirkung: Ljubimow hatte *Al gran sole carico d'amore* als fulminantes, dunkel-abstraktes Oratorium inszeniert (es sangen Mario Basiola, Luisella Ciaffi, Franca Fabbri, Eleonora Janković und Slavka Taskova), und Nono war von dieser Realisierung derart überzeugt, daß er zunächst keine andere akzeptierte. Geplante Aufführungen in Berlin und Nürnberg waren so zum Scheitern gebracht, nur eine konzertante Aufführung unter Abbado kam 1975 in Köln zustande. Jürgen Flimms Versuch in der Uraufführung der 2. Fassung (Dirigent: Michael Gielen), die Situationen zu konkretisieren und Geschichten zu erzählen, sah Nono als zwingende szenische Alternative zu Ljubimows Arbeit an. 1982 folgte in Lyon die französische Erstaufführung (Regie: Jorge Lavelli, Dirigent: Michael Luig).

Autograph: bei den Erben des Komponisten. **Ausgaben:** Part, 1. Fassung: Ricordi 1976, Nr. 132262; Part, 2. Fassung: Ricordi 1978, Nr. 132625; Textb. in: Al gran sole carico d'amore. N., Ljubimov, Abbado, Degrada, Aulenti, Pestalozza. Per un nuovo teatro musicale, hrsg. F. Degrada, Mailand 1977, S. 26–43; Textb., dt. Übers. v. J. Stenzl, K. E. Zehelein [nicht singbar], in: Ph. Oper, Ffm. 1978. **Aufführungsmaterial:** Ricordi **Literatur:** Statt einer Vorbemerkung. L. N. im Gespräch, in: Neue italienische Musik – fünf Komponisten, in: Monats-H. M.Theater Frankfurt, Ffm. 1977/78, Nr. 9; »Prozesse – nicht Modelle!«. Gespräch mit L. N., in: M.Theater Hinweise. Informationen d. Frankfurter Oper, Ffm., Juni/Juli 1978; H. H. STUCKENSCHMIDT, Die Musik eines halben Jahrhunderts. 1925–1975. Essay u. Kritik, München 1976, S. 324–328; Al gran sole carico d'amore [s. Ausg.; Beitr. v. C. Abbado, G. Aulenti, J. Borovskij, F. Degrada, J. Ljubimov, L. Nono, L. Pestalozza]; H. VOGT, ›Al Gran Sole‹ carico d'autocitazione – oder: Zwischen Patchwork und Pasticcio, in: Neuland 5:1984/85, S. 125–139; weitere Lit. s. S. 461

Jürg Stenzl

Prometeo
Tragedia dell'ascolto

Prometheus

Text: Massimo Cacciari, Collage aus Texten von Aischylos, Johann Christian Friedrich Hölderlin, Walter Benjamin, Friedrich Wilhelm Nietzsche, Rainer Maria Rilke und andern
Uraufführung: 1. Fassung: 25. Sept. 1984, Kirche San Lorenzo, Venedig; 2. Fassung: 25. Sept. 1985, Stabilimento Ansaldo, Ensemble des Teatro alla Scala, Mailand (hier behandelt)
Personen: 2 S, 2 A, T, Bar, 2 Spr. **Chor**
Orchester: B.Fl (auch Fl u. Picc), B.Klar (auch Klar u. kl. Klar), Pos (auch Tb u. Euphonium), Gläser, Va,

Vc, Kb; 4 Gruppen à Fl, Klar, Fg, Trp, Hr, Pos, 4 Vl, Va, Vc, Kb, Live-Elektronik

Aufführung: Dauer ca. 2 Std. 15 Min. – Entsprechend der musikalischen Dramaturgie des Werks kann eine konzertante Aufführung als szenisch gelten. Die vier Orchestergruppen sowie zwölf Lautsprecher sind im Raum verteilt.

Entstehung: Nonos Kompositionen nach *Al gran sole carico d'amore* (1975) können als Vorstufen zu *Prometeo* verstanden werden und wurden teilweise bewußt im Hinblick auf dies Projekt geschrieben. Von einer frühen Idee, Aischylos' Tragödie *Prometheus desmotes* (um 470 v. Chr.) zu einer »azione scenica« umzuarbeiten, rückte Nono schon in *Io, frammento del Prometeo* (1981) ab, nahm im weiteren das szenisch-visuelle Element immer mehr in die Musik hinein und führte somit die Entwicklung einer nicht-narrativen, in Italien als synthetisch bezeichneten Dramaturgie radikal fort. Die auf Studien verschiedener Farbenlehren basierenden geplanten Lichtspiele wurden in der Uraufführung stark zurückgenommen und in späteren Aufführungen weggelassen. Auch eine schiffsrumpfartige Raumkonstruktion erwies sich als entbehrlich, da sich die Raumklangwirkung mit den Mitteln der Elektronik simulieren ließ.

Handlung: »Prologo«: In der Art einer Genesis wird das göttliche Geschlecht vorgestellt, dem Prometheus entstammt. Ein Hauch der Vergangenheit, der eine schwache Kraft mit sich führt, weht in die Gegenwart des Menschen. »Isola prima«: Während Prometheus von den Menschen erzählt und dem, was er für sie getan hat, gibt Hephaistos die göttlichen Strafen kund, die über Prometheus verhängt worden sind; Mythologia befragt Prometheus nach seinen Absichten und Auffassungen von Gesetz, Herrschaft und Wahrheit. »Isola seconda«: Io beklagt die Qualen ihres von Mania bestimmten Lebens, Prometheus prophezeit ihr rastloses Gejagtsein, Mythologia beweint das Leiden der ruhelosen Menschen. »Stasimo primo«: Nur Ananke ist stark, die Personifikation unbeugsamer, unentrinnbarer Notwendigkeit. »Interludio primo«: Anankes unbeugsame Stärke in Konfrontation mit der »schwachen messianischen Kraft«. »Tre voci A«: Fragmente hörbarer Möglichkeiten einer Gegenwart, unterbrochen durch Erinnerungen. »Terza, quarta, quinta isola«: Visionen von Prometheus' Rückkehr in eine menschliche Welt, von den Mühen des Fortkommens. »Tre voci B«: Die schwache Kraft genügt, eine Epoche aus dem Lauf der Geschichte und ein Leben aus einer Epoche herauszusprengen. »Stasimo secondo«: Ausblick auf ein in der Wüste unbesiegbares prometheisches Gesetz, das verwandelt und erinnert, überschreitet und wieder begründet.

Kommentar: Werden in der verschachtelten Handlungskonstellation von *Al gran sole* klassische Formen einer linearen Einheit aufgebrochen, scheinen sie in *Prometeo* gänzlich aufgehoben und durch eine ebenso verschachtelte Konstellation von Klangbildern ersetzt. Der Musik kommt in ihrer strukturbildenden, expressiven und darstellerischen Funktion, besonders aber in der ungewöhnlichen Funktion eines thematischen Objekts eine noch größere Bedeutung zu: Im Mittelpunkt stehen auditive Vorgänge, die andere, neue Welten erschließen sollen. Gerade dadurch, daß das Schauspiel als multimediales Ereignis nicht stattfindet, lenkt es die Aufmerksamkeit auf Akustisches, auf den Hörvorgang selbst. Auch Sprachliches wird in die Musik hineingenommen: Die Worte sind kaum verstehbar, oft nicht einmal wahrnehmbar und manchmal nur noch imaginativer Teil der Partitur. Frei von literarischer, visueller oder auch ideologischer Vorbestimmung zielt das Hören auf die Erfahrung und Erfassung potentieller Wirklichkeiten. Nono wendet sich hin zu einer auf eine kosmische Ordnung bezogenen Musikauffassung, die er dahin gehend aktualisiert, daß keine allgemeingültige Weltordnung mehr dargestellt, vielmehr im Sinn einer »ars combinatoria« neue Ordnungen erkundet werden. Sein Theater ist die Summe einer zur Darstellung gebrachten Musik. Demnach ist es nicht verwunderlich, daß Nono zahlreiche Errungenschaften seiner kompositorischen Vergangenheit zusammenführt: den dissoziativen Chorsatz und die im Serialismus erprobten Mikrostrukturen, die mehrchörig gedachte Makrostrukturierung, die quasichorische Gestaltung einer Person (Io als Vokalquartett), die Auslotung feinster Flexionen der menschlichen Stimme, sprachmusikalische Elemente, elektronische Klangtransformationen, deren Rückwirkung auf den musikalischen Satz und anderes mehr. Gleichwohl entstehen Synthesen, deren einheitliche Wirkung verschiedene Ursachen hat: Einem vorwärtsstrebenden Zeitbewußtsein steht die Langsamkeit des musikalischen Geschehens entgegen, so daß an mehreren Stellen die Diachronie aufgehoben und die Zeit in einen Klangraum verwandelt scheint, und dies nicht nur im metaphorischen Sinn, da räumliche Konstellationen in der Aufführung eine große Rolle spielen. Der Raum etabliert sich (besonders durch die Live-Elektronik, etwa durch das eine räumliche Klangwanderung ermöglichende Halaphon) als zentraler kompositorischer Parameter. Die Komplexität früherer Jahre scheint zurückgenommen zugunsten einer einfacheren, klareren musikalischen Faktur, sei es durch eine mehrchörige Anlage, die Klanggruppen deutlich voneinander absetzt und der auch Solostimmen eingefügt werden, sei es durch eine Differenzierung in der Anwendung neuer Techniken des Instrumentalspiels und der Elektronik. Wo geräuschhafte Komponenten der Klang- und Lautproduktion betont werden, stehen Geräusche dem Ton nicht mehr gegenüber; sie sind kaum mehr als solche wahrnehmbar und gehen, indem sie die traditionellen Klänge erweitern, in einem integralen Hörbild auf. Das ganze Werk steht im Zeichen von »Erinnerungen«, die das Ende einer Zeit (nicht: der Zeiten) signalisieren und die zu einem guten Teil an die Stelle eines gegenwarts- und aktionsbezogenen Erlebens treten. Erinnerung verfremdet das, was einmal in größerer Unmittelbarkeit zum Ausdruck kam, und gibt dem Künstler die Möglichkeit, dasselbe in einem ganz andern Licht darzustellen. Erinnerung synchronisiert, was unterschiedlichen

Zeiten entstammt; Erinnerung muß nicht rückwärts gewandt sein: Während sie das gegenwärtige Geschehen retardiert, ermöglicht sie einen Klärungsprozeß und bildet ein Reservoir zukunftsträchtiger Reflexionen. In diesem Sinn kann das ideelle Leitmotiv der »schwachen messianischen Kraft« (Benjamin) als »ein an die Zukunft delegiertes Vermächtnis des Vergangenen« (Klaus Kropfinger, in: *Komponistenporträt*, S. 34, s. Lit.) interpretiert werden. Während die Musik einen berechtigten mystischen Anspruch vorbringt, neigen Nonos, noch mehr jedoch Cacciaris Erklärungen dazu, die inneren Kämpfe, die Erfahrungen und Horizonterweiterungen des eigenen Ichs zu mystifizieren. Mit starkem Legitimations- und Ideologisierungszwang berufen sich beide auf ein heterogenes Gedankengut, das ihnen als eklektizistische Projektionsfläche einer um Authentizität ringenden gedanklichen Selbstfindung dient. Daraus resultieren Schwächen in der philosophischen Konzeption des Werks, die in der künstlerischen Transformation jedoch überwunden sind.

Wirkung: Die Uraufführungen (Dirigent: Claudio Abbado, Raumgestaltung: Renzo Piano) lösten heftige Diskussionen aus, die die Rezeption von Nonos bisherigem Werk auf den Kopf stellten. Enttäuscht waren vor allem jene, die Nono als politische Symbolfigur verloren glaubten. Sein Wandel wurde vielfach als radikale Wende verstanden, sein provokatorischer Gestus forderte jedoch auch jetzt dazu auf, sich für oder gegen ihn zu bekennen. Die deutsche Erstaufführung (Alte Oper, Frankfurt a. M. 1987) mit der Altistin Susanne Otto, dem Ensemble Modern und der Live-Elektronik des Experimentalstudios der Heinrich-Strobel-Stiftung Freiburg i. Br. (am Mischpult Nono und Hans Peter Haller) wurde von David Schallon und Friedrich Goldmann dirigiert.

Autograph: bei den Erben des Komponisten. **Ausgaben:** Part: Ricordi 1985. **Aufführungsmaterial:** Ricordi
Literatur: Luigi Nono. Verso Prometeo, hrsg. M. Cacciari, Ph. Biennale, Venedig 1984; W. SCHREIBER, Musik aus der Stille, in: Ph. Alte Oper, Ffm. 1987, S. 98–108; J. STENZL, Prometeo, ebd., S. 84–96; Komponistenporträt: L. Nono, in: Ph. Festspiele, Bln. 1988

Joachim Noller

Per Nørgård

Geboren am 13. Juli 1932 in Gentofte (bei Kopenhagen)

Gilgamesh
Opera i seks dage og sju nætter

Gilgamesch
Oper in sechs Tagen und sieben Nächten

Text: Per Nørgård, nach dem *Gilgamesch-Epos*
Uraufführung: 4. Mai 1973, Riisskov Amtsgymnasium, Århus, Ensemble »Den jyske Opera«

Personen: Gilgamesh/Gilgamesch (T); Enkido (B); Aruru (S); Huwawa (T); Siduri (S); Ishtar (A); Utnapishtim (B); Utnapishtims Frau (A); Ishara (Mez); ein Priester (Bar); stumme R: Shamash (Dirigent), Urshanabi, Skorpionmenschen, 3 tote Männer. **Chor:** 8 Bürger von Uruk, Tiere im Wald
Orchester: Picc, 3 Fl, Ob, 3 Klar, 2 Trp, Pos, Schl (kl.Tr, 3 Tomtoms, Tamtam, Holzblock, Glocken, Vibr, Marimba, Zimbel, griech. Zimbel), Mand, Lt, Hrf, Cel, Streicher, Tonb
Aufführung: Dauer ca. 1 Std. 30 Min. – Die kostümierten Musiker sind in einem rechteckigen Raum, an dessen Längsseiten das Publikum sitzt, auf sechs Simultanspielorte verteilt, zwischen denen der Dirigent (als Sonnengott Shamash) hin und her wechselt.

Entstehung: Nørgård studierte in Kopenhagen bei Vagn Holmboe, Finn Høffding und Herman Koppel. Seine Kompositionen standen zunächst in der auf Carl Nielsen und Jean Sibelius zurückgehenden Tradition, bis sich Nørgårds Stil nach Studien bei Nadia Boulanger in Paris 1956/57 und unter dem Eindruck der Musik von Anton von Webern, Karlheinz Stockhausen und Pierre Boulez den Errungenschaften der europäischen Avantgarde öffnete. Anknüpfend an den Darmstädter Serialismus entwickelte Nørgård in *Fragmenter* (1961) einen Kompositionsstil, dessen Grundlage zum einen eine eigene Reihentechnik (von Nørgård »oändlighetsserien« genannt), zum andern eine auf den Ebenen Rhythmik, Metrik, Tempo nach Proportionen wie dem Goldenen Schnitt geregelte Zeitgestaltung ist. Nach einer experimentellen Phase gelang Nørgård in seinen Vokalwerken *Wenn die Rose sich selbst schmückt, schmückt sie auch den Garten* und *Sub rosa* (beide 1971) eine stilistische Synthese, die Ausgangspunkt für die 1971 von der »Musikdramatiska Skolan«, Stockholm, in Auftrag gegebene Oper *Gilgamesh* ist.

Handlung: In der Stadt Uruk, in Huwawas Zedernwald, im Wald, im Reich Arurus, im Reich des Tods und im Reich Utnapishtims; mythische Zeit: Die Welt wird erschaffen. Die Bewohner von Uruk werden von dem Priester vor dem schrecklichen Riesen Huwawa gewarnt, dem Hüter des Zedernwalds. Die Mondgöttin Aruru erschafft Gilgamesh; zu zwei Dritteln Gott, zu einem Drittel Mensch, ist er von unbändiger Kraft, herrscht despotisch in Uruk und erschöpft die Bewohner mit harter Fronarbeit. Über die Härte seiner Herrschaft beklagen sich die Bewohner bei Aruru, die daraufhin Gilgamesh einen Rivalen schafft, den mächtigen Enkido. Als Kind der Natur lebt er bei den Tieren in der Wildnis; erst der Dirne Ishara gelingt es, Enkido zu verführen und ihn dadurch seinen Tieren abspenstig zu machen. Darauf zieht er mit Ishara, die ihm von Gilgamesh erzählt hat, nach Uruk. Gilgamesh und Enkido begegnen sich, messen ihre Kräfte und schließen als Gleichstarke Freundschaft; zusammen besiegen sie Huwawa und stehen bei ihrer Rückkehr nach Uruk auf dem Höhepunkt ihres Ruhms. Gilgamesh wird von Ishtar, der Göttin der Liebe, zum Mann begehrt. Als er höhnisch ihren Antrag ablehnt,

schickt sie voll Zorn den Himmelsstier, den die beiden Helden erschlagen, woraufhin Enkido als Opfer der Götterrache von den Skorpionmenschen ins Reich des Tods geführt wird. Von Verzweiflung und Todesfurcht ergriffen, begibt sich Gilgamesh auf die Suche nach dem ewigen Leben. Er läßt sich auch von Siduri, der Göttin der Täuschung, nicht zurückhalten, wandert zu seinem Ahnen Utnapishtim und befragt ihn, wie das ewige Leben zu erlangen sei. Gilgamesh wird die Unsterblichkeit versprochen, wenn er sieben Tage lang wach bleiben kann. Als dies mißlingt, erschafft ihn Aruru neu, und er kehrt als guter Herrscher nach Uruk zurück.
Kommentar: Nørgårds Text folgt im wesentlichen dem *Gilgamesch-Epos*. Zunächst isoliertes Ego, schöpft Gilgamesh sein Selbstbewußtsein allein aus der Gewaltherrschaft über Uruk, bis er durch seine Begegnung mit Enkido zu der Einsicht gelangt, daß auch sein Leben ohne Wechselbeziehung zu andern Individuen nicht denkbar ist. Enkidos Tod macht ihm bewußt, ein sterblicher Mensch zu sein, aber erst nach heftigem inneren Kampf akzeptiert er, das Schicksal der Menschheit zu teilen. Durch diese Erkenntnisstufen hindurchgegangen, kann Gilgamesh in gewandelter Existenzweise, als gerechter Herrscher, wiedergeboren werden. Das Libretto ist nicht in Akte und Szenen gegliedert, sondern folgt sequenzartig dem Wechsel von Tag und Nacht. Während die Tagabschnitte rhythmisch sehr streng angelegt sind, ist den Nachtszenen ein gänzlich freier Rhythmus eigen. So sind die Schöpfungsnacht wie die kontemplativen Vokalisen der Mondgöttin Aruru über den vokalinstrumental improvisierten Klangwellen des nächtlichen Walds zeitenthoben; die Welt der von Gilgameshs Herrschaft erschöpften Bewohner Uruks ist dagegen durch eine hart pulsierende Musik gekennzeichnet, und die rhythmische Unerbittlichkeit erreicht ihren Höhepunkt, nachdem Gilgamesh und Enkido den Himmelsstier ermordet haben. Wie hier nutzt Nørgård auch für die Figur Enkidos rhythmische Mittel zur Darstellung von Bewußtseinsstufen und -veränderungen: Dieser belehrt zunächst die Tiere so weit, daß ihre freien Improvisationen sich zu rhythmisch koordinierter Musik wandeln; als er dann unter Isharas Einfluß an sich selbst neue Seiten entdeckt, entwickelt sich seine Musik dementsprechend von regelmäßigen zu irregulären, nach den Proportionen des Goldenen Schnitts organisierten Rhythmen. Insgesamt verbindet Nørgård die verschiedenen musikalischen Elemente mit dramatischen Situationen und Charakteren und verdeutlicht so unter anderm den Kontrast zwischen Gilgamesh als Repräsentant der Zivilisation und Enkido, der die Macht der Natur verkörpert, indem er ihnen verschiedene Varianten der »oändlighetsserien« zuordnet. Abgesehen von der seriellen Grundstruktur und einigen improvisierenden oder elektronischen Partien verwendet Nørgård kein neues musikalisches Material, sondern greift auf traditionelles zurück, fügt es aber zu durchaus neuer Textur, in der die Sprache (etwa in Gilgameshs egozentrischen Lautketten) nur phonetische Bedeutung hat.

Wirkung: Nachdem die Uraufführung (Dirigent: Tamás Vetö) wegen der Länge des Werks mit Zurückhaltung aufgenommen worden war, wurde die Oper im Nov. 1973 in Stockholm in einer im Schlußteil gekürzten Fassung gespielt (Dirigent: Vetö; Gilgamesh: Björn Haugan, Aruru: Britt Marie Aruhn, Ishtar: Merete Bækkelund). 1976 stand *Gilgamesh* in Stockholm wieder auf dem Programm.

Autograph: beim Komponisten. **Aufführungsmaterial:** Hansen
Literatur: I. P. LARSEN, Porträt P. N., in: Melos 39:1972, S. 220–222; P. NØRGÅRD, Gilgamesh – en 5000-årtig aktualitet, in: Nutida musik 17:1973/74, S. 5ff.; Per Nørgård artikler 1962–1982, hrsg. I. Hansen, Kopenhagen 1982; B. BJØNUM, P. N.'s kompositioner: en kronologisk-tematisk fortegnelse over værkerne 1949–1982, Kopenhagen 1983; J. I. JENSEN, P. N.'s musik, Kopenhagen 1986; J. BRINCKER, P. N., in: Musik og forskning 14:1988/89, S. 145–154

Steen Chr. Steensen

Ib Nørholm

Geboren am 24. Januar 1931 in Kopenhagen

Sandhedens hævn
Opera i prolog og to akter

Die Rache der Wahrheit
Oper in einem Prolog und 2 Akten

Text: Jørgen Heiner, nach der Marionettenkomödie (1926), Novellen aus *Seven Gothic Tales* (1934) und *Last Tales* (1957) von Isak Dinesen (eigtl. Karen Christence Baronin Blixen-Finecke) und *Digteren og Daarskaben* (1916) von Sophus Niels Christen Claussen
Uraufführung: 5. Mai 1986, Østre Gaswærk, Kopenhagen, Ensemble des Königlichen Theaters Kopenhagen und der Jütischen Oper Århus
Personen: Abraham, ein betrügerischer Wirt (B); Sabine, seine Tochter (S); Jan Bravida, ein junger Landsknecht (T); Mopsus, Oberkellner (Bar); Fortunio, sein Gehilfe (T); Amiane, eine Vagabundin (Mez). **Chor**
Orchester: Fl (auch Picc u. A.Fl), Ob (auch E.H), Klar (auch B.Klar), Hr, Trp, Pos, Tb, 4 Pkn, Schl (kl.Tr, RührTr, gr.Tr, hängende Zimbeln, Vibr, Tamtam, Marimba, Tubular bell; für d. Stundenschläge: Flexaton, 3 Holzblöcke, Glsp, Xyl, Trg, Gong, Rassel), Kl (auch Cel), Hrf, 2 Vl (1. auch Banjo), 2 Va, Vc
Aufführung: Dauer ca. 1 Std. 45 Min.

Entstehung: Noch während der Schulzeit komponierte Nørholm seine erste Kammeroper, *Sneglen og rosenhækken* (1949) nach Hans Christian Andersen. Im folgenden Jahr begann er bei Vagn Holmboe am

Kopenhagener Konservatorium zu studieren und orientierte sich in seinen während der Studienjahre entstandenen Kompositionen an der auf Carl Nielsen zurückgehenden Tradition. Ende der 50er Jahre schloß er sich einer von Per Nørgård initierten Gruppe dänischer Komponisten an, die Werke von Arnold Schönberg, Anton von Webern, Pierre Boulez und Karlheinz Stockhausen studierten und die Darmstädter Ferienkurse besuchten. Nørholm wurde zum in Dänemark führenden Vertreter eines strikten Serialismus, wie er in seinem *Klaviertrio* (1959) und dem Orchesterwerk *Fluktuationer* (1962) zutage tritt. In den folgenden Jahren durch Fluxus und die Happeningbewegung beeinflußt, experimentierte Nørholm mit neuartigen Techniken und Materialien, wandte sich dann zunehmend gegen extreme musikalische Komplexität und fand schließlich zu einem Stilpluralismus, der auf verschiedenste Mittel der Tradition zurückgreift. Nach der Fernsehoper *Invitation til skafottet* (Dänisches Fernsehen 1967, Text: Poul Borum nach Vladimir Nabokov), der Kammeroper *Den unge park* (Århus 1970, Inger Christensen) und *The Garden Wall* (komponiert 1976, Borum) entstand *Sandhedens hævn* 1983–85 als Auftragswerk des Königlichen Theaters und der Jütischen Oper.

Handlung: Im Wald, in einem Marionettentheater und in Abrahams Wirtshaus.

Prolog: Während Amiane das Publikum einlädt, seine Imaginationen spielen zu lassen, wird durch den Wald ein Marionettentheater sichtbar.

I. Akt: Im Wirtshaus hängt jeder seinen Träumen nach: Abraham wünscht sich Reichtum, Mopsus ein angenehmes Leben in Freiheit, der romantisch veranlagte Fortunio sucht nach der Wahrheit. Abraham verlangt von Mopsus, er solle Bravida, einen reichen Gast, töten; obwohl Mopsus schon viele Gäste getötet hat, will er sich diesmal weigern. Amiane verheißt, jeder werde seine eigene Natur verstehen, doch zuvor, nach Sonnenaufgang, werde ein Zauberspruch von ihr alle Lügen und Heucheleien in Wahrheit verwandeln. Abraham schwindelt, er habe kein Geld, und Mopsus müsse deswegen Bravida töten und ausrauben. Sabine, die ohne Gefühl für die Realität ihr Leben als Spiel lebt, soll ihn verführen; sie täuscht vor, in ihn verliebt zu sein. Auch Bravida spricht, ohne den Zauber Amianes zu kennen, von Liebe zu Sabine.

II. Akt, nach Sonnenaufgang: Die Liebe zwischen Sabine und Bravida ist Realität geworden; beide brennen miteinander durch. Abraham verliert so seine Tochter, aber auch sein Geld, mit dem Mopsus zu fliehen versucht. Als Abraham ihn mit einem schweren Sack überrascht, behauptet Mopsus, darin sei kein Geld, sondern nur Fledermäuse. Als sie sich tatsächlich im Sack finden, gilt es, die Wirksamkeit des Zauberspruchs anzuerkennen, von dem sich jedoch alle durch Selbsterkenntnis befreien können; nur Abraham bleibt zurück und sucht nach dem, was er verloren hat, während Amiane das Spiel beschließt.

Kommentar: Blixens Marionettenkomödie mußte zehn Jahre, bis 1936, auf eine Aufführung warten (Musik: Harald Agersnap), und die war nur als Nachtvorstellung des Königlichen Theaters möglich: Als Bühnenwerk, in dem sich psychologische Durchdringung der Personen, Märchenphantastik und fein ironischer Ton zu einer eigentümlichen Brechung verbinden, lag es jenseits aller literarischen Moden und Experimente. Wie viele von Blixens Erzählungen hat auch ihre Komödie eine Rahmenstruktur. Amiane, man weiß nicht ob Fee oder Hexe, eröffnet das Spiel mit der Erklärung, die Menschen könnten ohne Sehnsucht nach einer Zauberwelt nicht glücklich sein, und deswegen werde sie eine Geschichte erzählen, denn der Mensch müsse ohne Geschichten verschmachten. Kein Wunder, daß solches einen heutigen Opernkomponisten locken kann. Nørholm bekennt sich denn auch mit allem Nachdruck zum Stilpluralismus, und die Partitur von *Sandhedens hævn* ist dementsprechend reich an Disparatem: Cluster finden sich wie liebliche Harmonik zu wogender Melodiebewegung, wenn Amiane die Schrecken der Realität verscheucht und mit den Worten »Dagens liv og larm forsvinde« die Spielwelt mit ihren Imaginationen zum Leben erweckt; es gibt eine Fülle assoziativer Zitate wie den unvermeidlichen Tristanakkord (in der Liebesszene Sabine/Bravida), einen finsteren Blechbläserchoral (für den Mordpläne schmiedenden Abraham), kurze Auftrittsfanfaren der Trompete (für Bravida), einen kokett tänzerischen, von Flöte und Glockenspiel gefärbten Ton (für Sabine); ebenso kommen altvertraute Formen vor wie Tango, Berceuse, eine Passacaglia

Sandhedens hævn, Prolog; Edith Guillaume als Amiane; Regie: Jørgen Heiner, Choreographie: Niels Bjørn Larsen, Bühnenbild: Ves Harper; Uraufführung, Østre Gaswærk, Kopenhagen 1986. – Amiane, Vagabundin und Zauberin, beherrscht mit dämonischen Kräften das Bühnengeschehen.

über den Anfang der *Marseillaise*, ein Notturno, das von Richard Strauss stammen könnte. Ob all das in Nørholms Sinn eine Synthese eingeht, die mehr als die Umsetzung von Blixens Text in Musik ist, bleibt fraglich. So kommt Nørholms kammermusikalische Sprache zwar der Textverständlichkeit zugute, und der Text ist auch in seiner zum Libretto verkürzten Form noch von hoher stilistischer und somit auch die Oper tragender Qualität; das Orchester bleibt jedoch vielfach auf eine Kommentar- und Illustrationsfunktion reduziert, und die Gesangslinien erlangen, abgesehen von der melodischen Schönheit in Amianes Partie, über weite Strecken wenig Eigenständigkeit.

Wirkung: Unter der Leitung von Kaare Hansen sangen Edith Guillaume (Amiane), Lise Lotte Nielsen (Sabine), Ole Hedegaard (Bravida), Carl Christian Rasmussen (Mopsus), Jørgen Kristensen (Abraham) und Kim von Binzer (Fortunio) die Uraufführung der Oper, die siebenmal gespielt, im Rundfunk übertragen und insgesamt positiv aufgenommen wurde.

Autograph: beim Komponisten. **Aufführungsmaterial:** Hansen
Literatur: G. DIRCKINCK-HOLMFELD, Seks unge, in: Nutida musik 6:1962/63, S. 31ff.; B. WALLNER, Vår tids musik i Norden, Stockholm 1968; P. RUDERS, I. N. 50år, in: Dansk musiktidsskrift 55:1980/81, S. 163–167; E. KULLBERG, Da modernismen kom til Danmark, ebd. 60:1985/86, S. 114–121; M. ANDERSEN, At høre N. En samtale med komponisten, ebd. 63:1988/89, S. 176–178

Steen Chr. Steensen

Robert North

Eigentlich Robert Dodson; geboren am 1. Juni 1945 in Charleston (South Carolina)

Troy Game

Trojanisches Spiel
Tanzstück

Musik: Batucada (brasilianische Straßenmusik) und Bob Downes (eigtl. Robert Downes), *Shadow Boxing Solo*
Uraufführung: 3. Okt. 1974, Royal Court Theatre, Liverpool, London Contemporary Dance Theatre
Darsteller: 6 Tänzer
Orchester: Tonb
Aufführung: Dauer ca. 25 Min. – *Troy Game* kann auch mit bis zu zwölf Tänzern aufgeführt werden. Nach der Uraufführung gab es einige Vorstellungen des Contemporary Dance Theatre, bei denen die Batucada-Musik improvisiert wurde, doch wünschte North später wieder eine Tonbandaufnahme. Nach der Uraufführung wurde Downes' Komposition mit Panflöte, Zither, Gong und chinesischen Glocken gespielt; für die Einstudierung 1980 beim Royal Ballet instrumentierte er sie neu: 2 Fl, 2 Kb, Gong, chin. Glocken.

Entstehung: North begann seine Ausbildung mit klassischem Tanz, bevor er sich an der London School of Contemporary Dance mit modernem Tanz vertraut machte. Er tanzte sowohl in Martha Grahams Kompanie als auch beim London Contemporary Dance Theatre. Von Beginn an war es ein Postulat dieser Truppe, Choreographien ihrer Mitglieder herauszubringen. Norths erste Arbeiten, so *Dressed to Kill* (London 1974, Musik: Harry Miller und Dennis Smith), stellten eher theatrale Multimediaproduktionen dar. *Troy Game* ist Norths erstes Werk ohne Handlung; angeregt wurde er durch Literatur über antiken Tanz und Capoeira, die brasilianische Form der Selbstverteidigung.

Inhalt: Die Tänzer tragen pseudoantike Turnhosen mit breiten Gürteln, dazu Beinwärmer und Handgelenkschützer. Paarweise betreten die Tänzer die dunkle Bühne und posieren mit angespannten Muskeln gegen die Hintergrundleuchten, wobei sie Kampfgeräusche ausstoßen. Es wird heller; in einer synchronen Passage stampfen die Tänzer mit den Füßen und schlagen mit den Fäusten auf den Boden. Die Paare schließen sich wieder zusammen und zeigen Variationen zu den Posen des Beginns. Nun bildet die Gruppe eine Pyramide, die zusammenstürzt, als ein Tänzer ausbricht. Die Musik setzt ein; die Tänzer führen Aufwärmübungen vor und gehen dann in einen Abschnitt über, der geprägt ist von tiefen Haltungen mit gebeugten Knien, Ausfallbewegungen und hohen Sprüngen. Wieder kommen alle in einer skulpturalen Anordnung zusammen, die in eine wellenartige übergeht, mit der die Tänzer die Bühne verlassen. Kurze Soli schließen sich an; jedesmal schließen sich Gruppenformationen an, bei denen andere Tänzer das Bewegungsmaterial des einzelnen aufnehmen. Das letzte Solo mündet darin ein, daß ein Tänzer ständig von einem andern gepackt und zu Boden gebracht wird, aber immer weitermachen darf; dies ergibt eine verzweifelte Jagd. Die Tänzer bilden wieder eine Gruppe, deren Bewegungen sich zu zunehmend athletischeren Abfolgen von Läufen, Sprüngen und Ausfallbewegungen, sowohl synchron als auch kanonartig ausgeführt, steigern. Wenn der Höhepunkt erreicht scheint, beenden die Tänzer das Stück mit den Motionen des Anfangs.

Kommentar: *Troy Game* stellt eine spannungsgeladene Mischung aus kraftvollem, athletischem Tanz und komödiantischen Aktionen mit typisch männlichem Imponiergehabe dar. Von Anfang bis Ende werden klare Strukturen aufgebaut, die immer wieder durch humorvolle Episoden zerstört werden. Auf diese Weise erhält Norths programmatische Bemerkung zu *Troy Game*, das Wortspiel »how to turn your frieze into a light relief« (mit den Homonymen »frieze« und »freeze« und der Doppelbedeutung von »relief«), ihren Sinn. Das Bewegungsmaterial besteht aus Ballett, Modern Dance und Jazz dance; dazu kommen Elemente aus Kampfsportarten wie Aikido,

Troy Game; Männerpyramide; Kostüme: Peter Farmer; Stuttgarter Ballett, Stuttgart 1985.

Capoeira und Judo sowie Tai-chi. Diese bestimmen besonders die akrobatischen Duos und die langsamen Sequenzen. Durch die ständig wechselnde Anzahl von Tänzern entsteht eine Dichotomie zwischen Kameradschaft und Wettstreit; ersteres vermitteln die Synchronpassagen und die gemeinsamen Duos, letzteres die Soli, die Vorbereitungen zum Kampf ähneln. Gleichwohl braucht *Troy Game* nicht besonders ernst genommen zu werden; Zuschauern und Tänzern sollte es einfach nur Spaß bereiten.
Wirkung: Von der Uraufführung an wurde *Troy Game* als effektvolles Schlußstück geschätzt. Besonders den männlichen Tänzern des London Contemporary Dance Theatre (wie Micha Bergese und North) diente es als Gelegenheit, ihre Stärke und Vitalität zu demonstrieren. Wichtig für eine erfolgreiche Darbietung ist ein Tänzer mit komödiantischem Talent wie Ross McKim in der Uraufführung und später Wayne Sleep. Gerade wegen seines Witzes diente das Werk als willkommener Kontrast zu den vielen Choreographien mit emotionalen Inhalten, die in den 70er Jahren die britische Tanzszene dominierten. *Troy Game* war bis 1983 durchgehend im Repertoire des Contemporary Dance Theatre; 1986 erfolgte eine Wiederaufnahme. Es wurde unter anderm von folgenden Kompanien übernommen: Dance Theatre of Harlem (New York 1979), Royal Ballet (London 1980), Finnisches Nationalballett (Helsinki 1981), Stuttgarter Ballett (1985), Ballett des Großen Theaters Göteborg, Ballett der Scala Mailand und National Ballet of Canada (Toronto; alle 1990). – Norths eklektizistischer Stil kam vorteilhaft zur Geltung in andern Choreographien wie *Lonely Town, Lonely Street* (London 1980, Musik: Bill Withers), *Death and the Maiden* (Oakland 1983, Franz Schubert), *Entre dos Aguas* (Manchester 1984, Paco de Lucía und Simon Rodgers) und *Der Schlaf der Vernunft* (Stuttgart 1986, Dmitri Schostakowitsch).

Ausgaben: M: B. Downes: Schallplatte: Openian Records 1974; Video, London Contemporary Dance Theatre: Channel 4 TV 1983. **Aufführungsmaterial:** R. North, London
Literatur: M. CLARKE, C. CRISP, London Contemporary Dance Theatre. The First 21 Years, London 1989

Kate King

Frederic Norton

Eigentlich George Frederick Norton; geboren am 11. Oktober 1869 in Salford (bei Manchester), gestorben am 15. Dezember 1946 in Holford (Somerset)

Chu Chin Chow
A Musical Tale of the East

Chu Chin Chow
3 Akte (13 Bilder)

Buch und Gesangstexte: Thomas Stange Heiss Oscar Asche. **Orchestration:** Percy Eastman Fletcher. **Choreographie:** Edouard Espinosa und Fred Farren
Uraufführung: 31. Aug. 1916, His Majesty's Theatre, London
Personen: Abu Hasan (Bar); Kasim Baba (Bar); Ali Baba (T); Nur Al-Huda Ali (T); Abdullah (Bar); Mukbil; Baba Mustafa (Bar); Musab; Khuzaymah; Otbah (T); Alcolom (Mez); Mahbubah; Bostan; Zanim; Fitnah; Marjanah (S); Zahrat Al-Kulub; die Frau in Grün; der Fremde; Sohn des Bohnenverkäufers; Straßentänzer; der Liebhaber; Tänzerin; Youth/Jugend; Sklaven, Kaufleute, Räuber, Tänzerinnen usw.
Orchester: 2 Fl, Ob, 2 Klar, Fg, 2 Hr, 2 Trp, 2 Pos, Schl, Hrf, Cel, Streicher
Aufführung: Dauer ca. 3 Std. – Das Musical erfordert 11–14 spektakuläre Bühnenaufbauten und eine große Zahl prächtiger Kostüme. Die Rollen von Abu Hasan und Zahrat Al-Kulub stellen nur geringe stimmliche Anforderungen. – Im Lauf der Erstproduktion wurden folgende Rollen hinzugefügt: Omar, Vater, Mutter, 2 Schwestern.
Gesangsnummern: Here be Oysters Stewed in Honey; I am Chu Chin Chow of China; Cleopatra's Nile; I'll Sing and Dance; Corraline; When a Pullet is Plump; We are the Robbers of the Wood; I Shiver and Shake with Fear; Behold; Beans, Beans, Beans; All My Days Till End of Life; Mahbubah; Any Time's Kissing-Time; If I Liken Thy Shape; The Scimitar; The Cobbler's Song; We Bring Ye Fruits; From Cairo, Baghdad, Khorasan; How Dear is Our Day; I Love You So; Olive Oil; Wedding Procession. – Im Lauf der Erstproduktion wurden mehrere Nummern hinzugefügt; die wichtigsten sind: My Desert Flower; The Prayer in the Desert; I Built a Fairy Palace in the Sky; My Head, My Head; Why Should I Repine; The Lady, the Lover, and the Jealous Husband; I Long for the Sun; When a Man is Middle-Aged; Siesta Time (von Grace Torrens und Arthur Anderson).

Entstehung: Asche, ein in Australien geborener Schauspieler, der in London sehr bekannt war, konzipierte *Chu Chin Chow* für sich und seine Frau Lily Brayton. Nachdem beide in zwei Produktionen von Edward Knoblocks orientalischem Märchen *Kismet* (London 1911 und 1914) Erfolge gefeiert hatten, schrieb Asche ein gleichfalls orientalisch inspiriertes

Libretto nach »Ali Baba und den 40 Räubern« aus den *Märchen aus Tausendundeiner Nacht*. Die Vertonung bot er Norton an, der bis dahin viel für His Majesty's Theatre komponiert hatte.
Handlung: Zur Zeit und im Land der »1001 Nächte«: Bagdad, vor 1000 Jahren. I. Akt, 1. Bild: Kasim Babas Palast; 2. Bild: vor Marjanahs Fenster; 3. Bild: Kakteenhain; 4. Bild: Höhle; 5. Bild: Sklavenmarkt; II. Akt, 1. Bild: ein Verkaufsstand für Seide; 2. Bild: wie I/1; 3. Bild: Kasim Babas Harem; 4. Bild: wie I/4; III. Akt, 1. Bild: Wüste; 2. Bild: Basar; 3. Bild: Terrasse mit Rosen; 4. Bild: Obstgarten.
I. Akt: Der Räuberhauptmann Abu Hasan, als Kaufmann Chu Chin Chow verkleidet, kommt in den Palast des reichen Kaufmanns Kasim Baba, um ihn auszurauben. Nur Al-Huda Ali, Ali Babas Sohn, und Marjanah, in die er verliebt ist, beobachten Abu Hasan und seine Bande und kommen so hinter das »Sesam öffne dich« zu Abu Hasans Schatzkammer. Sie dringen in die Höhle ein und entwenden die Schätze. Bei einer Sklavenauktion stellt Abu Hasan den andern Käufern eine Falle und raubt sie aus.
II. Akt: Der eifersüchtige Kasim Baba entlockt seinem Bruder Ali Baba das Geheimnis der Räuberhöhle. Kasim Baba wird von Abu Hasan gefangengenommen, als er die Höhle plündern möchte; die Räuber schlagen ihn in Stücke.
III. Akt: Zahrat Al-Kulub sucht den Schuster Baba Mustafa auf, um Kasim Babas Leiche zusammenflikken zu lassen, so daß er beerdigt werden kann, ohne Verdacht zu erregen. Abu Hasan, auf der Suche nach Al-Kulub und dem geraubten Schatz, versucht herauszufinden, wer hinter das Geheimnis der Höhle gekommen ist. Al-Kulub erzählt Abu Hasan, daß dies Ali Baba sei, und bedrängt ihn, am folgenden Abend zur Hochzeit von Nur Al-Huda Ali und Marjanah zu kommen, um Ali Baba aufzulauern; er selbst solle sich als Ölverkäufer verkleiden und seine 40 Räuber in Ölgefäßen verstecken. Als die mit den Räubern besetzten Gefäße angeliefert sind, läßt Al-Kulub heißes Öl hineingießen und ersticht Abu Hasan. Nun kann die Hochzeit vonstatten gehen.
Kommentar: Angesichts der Vorliebe des West-End-Bühnen-Publikums für die Operetten von Sidney Jones und Arthur Sullivan einerseits und die frivolen Shows von Ivan Caryll, Lionel Monckton und Leslie Stuart andrerseits muß ein Werk wie *Chu Chin Chow* überraschen. Handelte es sich doch um ein pantomimenhaftes Stück mit zwei Hauptdarstellern, die auf andern Gebieten Rang und Namen besaßen, mit der Musik eines Komponisten ohne eigentliche Musiktheaterreputation, und noch dazu in einem Theater aufgeführt, das für Schauspielproduktionen berühmt war. Asches überdreht-burleske Adaption des Märchens zeigt dramaturgisches, kaum jedoch (vor allem in den gestelzten Dialogen) sprachliches Geschick. Gelungener fielen die Gesangstexte aus, die bewährte Themen und Formulierungen variieren. Nortons unprätentiöse, gleichwohl farbige und melodienreiche Vertonung trifft Sujet und Stil der Vorlage.
Wirkung: Mit Asche (Abu Hasan), Brayton (Al-Kulub), Charles Courtice Pounds (Ali Baba), Aileen D'Orme (Alcolom), J. V. Bryant (Nur Al-Huda Ali) und Sydney Fairbrother (Mahbuhah) hatte *Chu Chin Chow* einen sofortigen Erfolg, der ganz auf Asches spektakuläre Inszenierung zurückzuführen ist (Bühnenbild: Joseph und Phil Harker). Die Erstproduktion, die sukzessive Änderungen erfuhr, lief fast fünf Jahre lang und erzielte dabei 2 235 Vorstellungen: ein weltweiter Rekord, der etwa 40 Jahre bestand. Die amerikanische Erstaufführung (Manhattan Opera House, New York 1917) kam auf 208 Vorstellungen (Regie: E. Lyall Swete, Dirigent: Gustave Ferrari; mit Tyrone Power, Florence Reed und Henry Dixey). In der Folgezeit hatten viele britische Tourneetheater *Chu Chin Chow* in ihrem Repertoire. Eine Neuproduktion erarbeitete Robert Atkins 1940 am Alhambra Theatre Glasgow, die kurze Zeit später auch in London zu sehen war (mit Lyn Harding und Rosalinde Fuller). Einen Stummfilm drehte Herbert Wilcox 1923 (mit Herbert Langley, Betty Blythe und Randle Ayrton); 1934 entstand ein Tonfilm von Walter Forde (mit Fritz Kortner, Anna May Wong und John Garrick).

Autograph: Textb.: BL London. **Ausgaben:** Kl.A: Keith, Prowse, London 1916; Textb.: London, French [nach 1931].
Aufführungsmaterial: French, London
Literatur: O. ASCHE, His Life by Himself, London 1929

Kurt Gänzl

Jean-Charles Nouguès

Geboren am 25. April 1875 in Bordeaux, gestorben am 28. August 1932 in Paris

Quo vadis?
Opéra en cinq actes et six tableaux

Wohin gehst du?
5 Akte (6 Bilder)

Text: Henri Cain, nach dem Roman (1896) von Henryk Adam Aleksander Pius Sienkiewicz in der französischen Übersetzung (1900) von Bronisław Kozakiewicz und J. L. de Janasz
Uraufführung: 9. Febr. 1909, Théâtre de l'Opéra, Nizza
Personen: Lygie (S); Eunice, Sklavin Pétrones (S); Poppée/Poppäa, Nérons Gemahlin (A); Iras, Sklavin Pétrones (S); Myriam (Mez); Nazaire, ihr Sohn (S); Lilith, äthiopische Amme bei Poppée (S); Vinicius (T); Pétrone (Bar); Chilon (Bar); Néron/Nero (T); Pierre/Petrus, Apostel (B.Bar); Sporus, Schenkwirt (Bar); Psyllia, seine Frau (S); Lydon, ein Gladiator (Bar); Demas, Steinbrecher (B); ein junger Christ (T); Tigellin (Bar); der junge Nerva (T); Vitellius (B); Vatinius (B); 2 Zenturionen (T, B); ein Matrose (T); 2 Hetären (2 S); ein Kind; seine Mutter (S); ein Greis;

Ursus, Diener Lygies (stumme R); Croton (stumme R); Théoclès/Theokles, Arzt (stumme R); Pythagore/Pythagoras, Günstling Nérons (stumme R). **Chor, Statisterie, Ballett:** Höflinge, Patrizier, Gladiatoren, Märtyrer, Christen, Sklaven, Sklavinnen, Volk, Flöten- und Zitherspieler, Fackelträger, Standartenträger, Hafenarbeiter, Matrosen, Steinbrecher, Tierbändiger, Spieler, Trinker, Soldaten der prätorianischen Garde, Kinder, Vestalinnen, Greise, Korybanten, syrische Tänzerinnen
Orchester: Picc, 2 Fl, 2 Ob, 2 Klar, 2 Fg, 4 Hr, Kornett, 2 Trp, 3 Pos, Pkn, Schl (gr.Tr, Bck, kl.Tr, Tamtam, Trg, Glocken), Cel, 2 Hrf, Streicher; BühnenM: 2 Fl, Piston, Sistren, Crotales, Hrf; hinter d. Szene: Trp
Aufführung: Dauer ca. 3 Std.

Entstehung: Neben der Komposition von Bühnenwerken entwickelte Nouguès frühzeitig Ambitionen als Produzent prunkvoller Inszenierungen. In Zusammenarbeit mit Cain entstanden außer *Quo vadis?* die »Scènes de la vie basque« *Chiquito, le joueur de pelote* (Paris 1909) sowie die »Epopée lyrique« *L'Aigle* (Rouen 1912, Text mit Louis Payen). Während des ersten Weltkriegs wirkte Nouguès als Organisator in London. 1921 übernahm er in Paris die Schauspielleitung am Gaumont Palace und 1925 die des Foire de Saint-Germain. Eine seiner spektakulärsten Produktionen fand 1931 anläßlich der 500-Jahr-Feier zu Ehren von Jeanne d'Arc statt.
Handlung: In Rom, um 64 v. Chr., zur Zeit Kaiser Neros.
I. Akt, »Eunice küßt die Statue Pétrones«, Innenhof mit Garten von Pétrones Haus am Fuß des Janikulus in Rom: Im Haus schmücken Eunice und Iras am Vorabend des Liebesfests den Altar der Venus. Vinicius gesteht Pétrone seine Liebe zu Lygie, von der er nichts weiter als ihren Namen weiß. Chilon, der ihren Aufenthaltsort und ihre Herkunft kennt, soll herausfinden, was der Fisch bedeutet, den Lygie bei dieser Begegnung mit ihm in den Sand gemalt hat.
II. Akt, »Auf den Terrassen des Palatin«, Panorama der Stadt; helle Nacht: Néron feiert in seinem Palast ein rauschendes Fest. Seine Gemahlin Poppée fürchtet Lygie als Rivalin, wird jedoch von Pétrone beschwichtigt, der auf Vinicius' leidenschaftliche Annäherungsversuche verweist. Der Sklave Ursus, dem fast übernatürliche Körperkräfte eigen sind, befreit die unter seinem Schutz stehende Lygie aus der Bedrängnis und flieht mit ihr. Flammen erhellen den Morgen; Néron erscheint und besingt das brennende Rom.
III. Akt, »Quo vadis?«, am Tiberufer unter dem Bogen der Subricius-Brücke: Im Armenviertel Roms erfährt Chilon zweierlei: daß das Fischzeichen das geheime Erkennungsmerkmal der Christen ist sowie den Ort bezeichnet, wo Lygie sich verborgen hält. Er rät Vinicius, mit Hilfe des Gladiators Croton das Mädchen zu rauben. Doch Ursus tötet Croton. Inzwischen berichtet der Apostel Pierre, weshalb er zur verfolgten Christengemeinde in Rom zurückgekehrt ist. Jesus sei ihm vor der Stadt erschienen, und auf seine Frage »Quo vadis domine?« habe ihm Jesus geantwortet, daß er nach Rom zurückkehre, um dort noch einmal den Tod am Kreuz zu sterben, da Pierre die Gemeinde verlassen habe.
IV. Akt, 1. Bild, »Die Märtyrer«, die Tierkeller des Kolosseums: Die Christen, unter ihnen Lygie und Ursus, werden gefangengehalten, um sie wilden Tieren vorzuwerfen. Man gibt ihnen die Schuld am Brand von Rom. Verraten hat sie Chilon. Vinicius ist es gelungen, zu Lygie zu kommen; er überzeugt sie von seiner Liebe zu ihr, indem er sich bereit erklärt, ebenfalls Christ zu werden. Beide wollen mit einer List die Flucht wagen. 2. Bild, »Der Zirkus«, die kaiserliche Loge: Néron verfolgt, wie Ursus einen Auerochsen besiegt, auf dessen Rücken Lygie festgebunden ist. Vinicius verlangt von Néron Gnade für sich und Lygie. Da Vinicius das Volk an seine Siege erinnert hat, kann Néron sich dem Willen der Massen nicht widersetzen. Der Anblick der Christen, die als Märtyrer in der Arena sterben werden, bewegt Chilon, nicht nur seinen Verrat zuzugeben, sondern auch zu bekennen, daß Rom auf Geheiß Nérons angezündet wurde. Sklaven bringen Chilon um.
V. Akt, »Der Tod Pétrones«, Pétrones Haus am Laurentinischen Strand in der Nähe von Antium: Pétrone hat beschlossen, Selbstmord zu begehen, da er nicht länger im Dienst Nérons bleiben will. Während eines Fests verabschiedet er Lygie und Vinicius, die nach Sizilien aufbrechen. Eunice, die Pétrone viele Jahre lang als Sklavin gedient hat, gesteht ihm ihre Liebe. Gemeinsam gehen sie in den Tod; Nérons nahende Soldaten werden sie nicht mehr finden.
Kommentar: Nouguès' Opern wie seine übrigen Bühnenproduktionen sind gekennzeichnet durch einen ausgeprägten Sinn fürs Theatralische und ein sicheres Gespür für Publikumswirkung. Auch seinem Erfolgsstück *Quo vadis?* wird man nur gerecht, wenn man es als gigantisches Theaterspektakel eher nach den ästhetischen Kriterien zeitgenössischer Revuen oder Ausstattungsfilme als nach denen der herkömmlichen Oper beurteilt. Musikalisch bewegt sich das Werk in den Bahnen des in sich eklektischen späten Drame-lyrique und fällt gegenüber avancierten musikdramatischen Standards, etwa im Hinblick auf die kompositorische Durchstrukturierung großer Tableaus, sogar zurück. Vorsichtige Versuche in frühen Kritiken, im Blick auf den überraschenden Publikumserfolg auch positive Momente für die Musik dieses Werks anzusprechen, führen insbesondere harmonisch Reizvolles an, das der zeitgenössischen französischen Musik nahesteht, darunter auch »gewisse Seltsamkeiten der Modulation« (Richard Specht, s. Lit.). Doch scheint dies, überblickt man das Werk insgesamt, eher auf Unbeholfenheiten und Unsicherheiten zurückzuführen zu sein als auf einen auf Innovation abzielenden Klangwillen. Bedeutender ist dagegen der Sinn des Komponisten für dekorative und farbige Orchestration, wodurch der Musik eine überwiegend illustrative Funktion zukommt.
Wirkung: Es mag überraschen, daß *Quo vadis?* bei insgesamt negativen Kritiken eine wenn auch nur

kurzzeitige enorme Rezeption erfahren hat. Nach seiner Uraufführung kam das Werk am 26. Nov. 1909 im Théâtre de la Gaîté-Lyrique Paris heraus (Chilon: Jean Périer, Pétrone: Paul Séveilhac) und wurde bis 1913 auf den großen Bühnen Europas und auch in den Vereinigten Staaten gegeben. Eine der erfolgreichsten Produktionen brachte die Volksoper Wien 1910 heraus (Regie: Rainer Simon), wobei Maria Jeritza als Lygie »mit ihrem jubelnden, echt dramatischer Akzente fähigen Sopran siegreich die brausendsten Massen überstrahlt« (Specht, ebd.). Als weitere Mitwirkende werden Rudolf Ritter (Vicinius) und Alexander Nosalewicz (Pierre) hervorgehoben. Im selben Jahr wurde das Werk (teils in Übersetzungen) auch in Antwerpen, Prag, Warschau, Moskau, Brüssel und Genf gespielt. 1911 stand es zur Eröffnung des New London Opera House Kingsway sowie der neuen Volksoper Budapest auf dem Programm. Nach dem ersten Weltkrieg blieb seine Wirkung auf Frankreich beschränkt. Nach einer Aufführungsserie im Winter 1929/30 in Toulouse, Nîmes, Montpellier, Toulon, Calais und Rennes präsentierte Raoul Gunsbourg *Quo vadis?* 1930 in Monte Carlo mit Marisa Ferrer (Lygie) und John Brownlee (Pétrone). 1931 kam das Werk als Freilichtaufführung in Orange heraus.

Autograph: Verbleib unbekannt. **Ausgaben:** Kl.A: Astruc, Paris 1908; Kl.A, dt. Übers. v. H. Liebstöckl: Weinberger 1910, Nr. 1682; Kl.A, ital. Übers. v. G. Pozza: Sonzogno 1909; Textb.: Paris, Astruc 1908; Textb., ital. v. G. Pozza: Sonzogno 1909; Textb., dt. v. H. Liebstöckl: Weinberger 1910. **Aufführungsmaterial:** Weinberger
Literatur: R. Specht, [Rez.], in: Merker 2:1910, S. 74f.; M. Kosko, La Fortune de ›Quo vadis?‹ de Sienkiewicz en France, Paris 1935 (Bibl. de la revue de littérature comparée. 109.) [mit Bibliographie d. Rez.]

Edelgard Spaude

Vítězslav Novák

Eigentlich Viktor Augustin Rudolf Novák; geboren am 5. Dezember 1870 in Kamenitz an der Linde (Kamenice nad Lipou; Südböhmen), gestorben am 18. Juli 1949 in Skutsch (Skuteč; Ostböhmen)

Zvíkovský rarášek
Komická opera o jednom dějství

Das Zvíkover Teufelchen
Der Burgkobold
Komische Oper in 1 Akt

Text: Ladislav Stroupežnický (1883)
Uraufführung: 10. Okt. 1915, Nationaltheater, Prag
Personen: Kryštof ze Švamberka (B); Eliška, geb. z Rožmberka, seine Gattin (S); Petřík, ihr Sohn (S); Mikuláš Dačický z Heslova (T); Markéta Zvěřinová, ein Mädchen von Švamberks Gütern (S); Salomena, Kastellanin auf Zvíkov (A); Michálek, Page (A)

Orchester: 3 Fl (3. auch Picc), 3 Ob (3. auch E.H), 3 Klar (3. auch B.Klar), 2 Fg, K.Fg, 4 Hr, 2 Trp, 3 Pos, Tb, Pkn, Schl (gr.Tr, Bck, kl.Tr, Glsp, Trg), Cel, Hrf, Streicher
Aufführung: Dauer ca. 1 Std.

Entstehung: Stroupežnický, Dramaturg des 1881 neu eröffneten Prager Nationaltheaters und Autor beliebter historischer Komödien, ließ sich in seiner Posse möglicherweise durch die *Paměti* (*Memoiren*, 1620) des tschechischen Chronisten Dačický z Heslova inspirieren, den er zur Hauptfigur des Stücks machte. Novák plante bereits 1895 eine Vertonung des Stoffs und verhandelte mit dem Librettisten Karel Šípek, der ihm aber wegen Mangels an lyrischen Partien davon abriet. Erst 1913 griff Novák wieder auf den Stoff zurück und vertonte ihn unverändert.
Handlung: In einem großen Saal der Burg Zvíkov, Böhmen, 1585: Dačický, dem der Wein Kryštofs und die Spazierritte mit den jungen Petřík sehr behagen, fühlt sich noch mehr von Eliška angezogen, der Frau seines Gastgebers. Kryštof bleibt dies nicht verborgen, er hat Dačický deshalb zur Rede gestellt. Schon bald zeigt sich, daß auch Kryštof weiblichen Reizen gegenüber nicht gleichgültig ist, wenn er Markéta, die wegen ihrer bevorstehenden Heirat um ihre Entlassung ersucht, einen Kuß auf die Lippen drückt. Für die Entlassung ist aber auch Eliškas Zustimmung notwendig. Markéta wird inzwischen der alten Kastellanin Salomena anvertraut, die, von den Neckereien Petříks gereizt, ihren Unwillen an Markétas nicht standesgemäßer weißer Halskrause zum Ausdruck bringt und ihr erklärt, daß sie die Krause lieber ablegen solle, um Eliška nicht zu erzürnen. Salomena ahnt nicht, daß ihre eigene Halskrause von Petřík entwendet und im Saal versteckt wurde. Dačický ergreift die nächste Gelegenheit, Eliška den Hof zu machen, und überreicht ihr eine Liebeserklärung in Versen. Obwohl Eliška in ihrer ehelichen Treue unerschütterlich ist, nimmt sie das Gedicht an sich, in der Absicht, es gegen ihren Gatten zu verwenden, den sie der Untreue verdächtigt, da sie hinter dem Stuhl im Saal eine weiße Halskrause gefunden hat, die nach Dačickýs Meinung einem hübschen Mädchen gehört. Auch Kryštof hat plötzlich Grund zur Eifersucht, als Petřík, im Besitz des Liebesgedichts, es sich vom Vater erklären lassen möchte. Zornig stellt er seine Frau zur Rede, die wiederum ihm den Kuß vorwirft, von dem sie von Markéta erfahren hatte. In den Streit mischt sich noch Salomena, die nach ihrer Halskrause sucht. Die Situation ist so verwickelt, daß man glaubt, ein Kobold hätte sein Unwesen getrieben. Doch bald wird alles klar: Der übermütige Petřík hat die Krause versteckt und den Brief entwendet. Die Eltern versöhnen sich, Markéta erhält ihre Entlassung, und Dačický verabschiedet sich verschämt von der Burg.
Kommentar: Die harmlose Familienkomödie mit ihrer leicht durchschaubaren Intrige bekommt ihren Reiz durch das historische Milieu und eine entsprechende Sprache, deren unwillkürlichen Humor Stroupežnický durch geschickte Aktualisierung auszunut-

Lucerna
Hudební pohádka o čtyřech dějstvích

Die Laterne
Musikalisches Märchen in 4 Akten

Text: Hanuš Jelínek, nach dem Drama (1905) von Alois Jirásek
Uraufführung: 13. Mai 1923, Nationaltheater, Prag
Personen: die junge Fürstin (S); der Graf (Bar); Amtmann (B); Müller (Bar); seine Großmutter (A); Hanička (S); Häslein, Hilfslehrer (T); Michal (T) und Ivan (B), Wassermänner; Herr Franc (T); ein Musketier (B); Frau Klásková (A); Klásek, Zima und Sejtko, Dorfmusikanten (3 Spr.); Žan, Kammerdiener (Spr.); Terezka, Kammermädchen (Spr.); Erlkönig (stumme R). **Chor, Ballett, Statisterie:** Waldelfen, Knechte
Orchester: 2 Fl (2. auch Picc), 2 Ob (2. auch E.H), 2 Klar (2. auch B.Klar), 2 Fg (2. auch K.Fg), 4 Hr, 3 Trp, 3 Pos, Tb, Pkn, Schl (gr.Tr, Bck, kl.Tr, Tamtam, Glsp, Trg, Xyl, Windmaschine), Vibr, Cel, Org, Hrf, Streicher; BühnenM hinter d. Szene: Klar, Hr, Vl
Aufführung: Dauer ca. 2 Std. – Michal singt stets im Falsett.

Entstehung: Wie in den vorangegangenen Opern *Zvíkovský rarášek* (1915) und *Karlštejn* (Prag 1916, Text: Otokar Fischer nach Jaroslav Vrchlický) griff Novák in *Lucerna* auf ein erfolgreiches patriotisches Schauspiel zurück. Nachdem er in langwierigen Verhandlungen der Rechte von Jirásek erhalten hatte, schuf Jelínek das in Versform angelegte Libretto. Die kompositorische Arbeit begann Ende 1921, wurde jedoch durch ein plötzliches Augenleiden Nováks unterbrochen und erst mit Unterstützung František Škvors, der unter Nováks Anleitung die Instrumentation ausführte, im Juni 1922 abgeschlossen. 1930 erweiterte Novák die Schlußszene um einige Passagen des Müllers und den Chor hinter der Szene.
Handlung: In Böhmen, Mitte des 18. Jahrhunderts.
I. Akt: Stube in der Mühle; Sommerabend; II. Akt: vor der Mühle; später Sommernachmittag; III. Akt, 1. Bild: Waldwiese, am Rand eine alte Linde; Mondnacht; 2. Bild: Schloßterrasse; IV. Akt: wie III/1.
Die einzige Pflicht des Müllers, dessen Familie seit Generationen von der Fron befreit ist, besteht darin, die Obrigkeit auf dem Weg von der Mühle zum Jagdschloß mit der Laterne zu geleiten. Die Beamten versuchen jedoch, dem Müller dies Privileg streitig zu machen, und drohen, eine von seinen Ahnen gepflanzte Linde, das Symbol seiner Freiheit, zu fällen, falls er sich weigere, an der Spitze eines Reiterzugs die neue Herrin zu begrüßen. Darüber hinaus werde man seine Braut Hanička als Magd ins Schloß verpflichten. Energisch lehnt der Müller den Auftrag ab, und ebensowenig läßt er sich von dem Wassermann Michal einschüchtern, der im Bach lauert, um Hanička zu entführen. Inzwischen bereiten die Musikanten unter der Leitung Hässleins, der bei dieser Gelegenheit eine Bittschrift für eine Lehrerstelle überreichen

Zvíkovský rarášek; Eduard Haken als Petřík, Marie Podvalová als Eliška, Josef Masák als Kryštof; Regie: Ferdinand Pujman, Bühnenbild: Václav Gottlieb, Kostüme: František Tröster; Nationaltheater, Prag 1944.

zen wußte. Max Brod versuchte in seiner deutschen Übersetzung den altertümelnden Charakter wiederzugeben. Daß Novák für seine erste Oper dies Sujet gewählt hat, erklärt sich aus seiner damaligen Lebenslage, in der er nach schweren Krisen und Wirren in der Jugend nun im reifen Alter selbst das Familienglück genießen konnte. – Die durchkomponierte Anlage des Werks basiert auf einem der viersätzigen Symphonie verwandten Verlauf, wobei das Gespräch zwischen Kryštof und Dačický als einleitendes Allegro fungiert; die Szene Markéta/Kryštof im Stil eines Andante amoroso und der Auftritt Dačickýs und Eliškas sowie der Streit zwischen Petřík und Salomena in der Art eines burlesken Scherzos bilden die Mittelsätze, denen ein lärmendes Finale mit dem Streit des Ehepaars und Petříks Bestrafung folgt. Gegenüber der motivischen Konstruktion des die Handlung kommentierenden und Stimmungen nachzeichnenden Orchestersatzes sind die Vokalstimmen in ihrem deklamatorischen Charakter plastisch hervorgehoben. Eine weitere Ebene musikalischen Ausdrucks bilden die symbolhaften Zitate von Volksweisen und eines hussitischen Chorals sowie tonmalerische Effekte.
Wirkung: Die von Karel Kovařovic dirigierte und von Robert Polák inszenierte Uraufführung (Kryštof: Emil Pollert, Eliška: Gabriela Horvátová, Petřík: Ema Miřiovská, Dačický: Antonín Lebeda, Markéta: Marie Šlechtová) fand wenig Resonanz. Erst in der Nachkriegszeit (Brünn 1921, Dirigent: František Neumann; Prag 1928, Pavel Dědeček; Preßburg 1929, Karel Nedbal; Ostrau 1930, Jaroslav Vogel) wurde *Zvíkovský rarášek* zu einer der erfolgreichen neueren tschechischen Opern, die auch heute ihren Platz im Repertoire vor allem kleiner Bühnen behaupten kann.

Autograph: Museum české hudby Prag. **Ausgaben:** Kl.A: UE 1915, Nr. 5393; Textb.: Prag, Máj. **Aufführungsmaterial:** UE
Literatur: Vítězslav Novák. Studie a vzpomínky, hrsg. A. Srba, Prag 1932; V. LÉBL, V. N., život a dílo, Prag 1964; Vítězslav Novák. Mitbegründer d. tschech. M d. 20. Jh., hrsg. M. Schnierer, Prag, Brünn 1989

Věra Vysloužilová

möchte, ein Ständchen für die Ankunft der jungen Fürstin vor. Die Fürstin wird Zeugin eines Streits zwischen dem Amtmann und dem Müller, dessen Entschlossenheit sie beeindruckt. Auf ihren Wunsch hin begleitet er sie mit der Laterne zum Schloß. Unterwegs kommt es zu seltsamen Erscheinungen bei der Linde. Die Rufe des Waldgeists lassen die Musikanten und Häslein erschauern. Dieser verliert vor Schreck seine Petition, die der Müller findet und der Fürstin überreicht. Michal verfolgt Hanička, die sich in Sorge um den Müller auf den Weg zum Schloß gemacht hat; er begegnet jedoch der eifersüchtig ihrem Mann nachspürenden Frau Klásková, die von ihm verlangt, ihr den Weg zum Schloß zu zeigen. Die Fürstin und der Müller sind auf der Schloßterrasse angekommen; vom nächtlichen Zauber überwältigt, gesteht sie ihre Liebe und verspricht ihm ein hohes Amt in der Stadt. Im entscheidenden Moment kommt Klásková und berichtet von den Plänen des Grafen und des Amtmanns, die ihr Michal verraten hat. Der Müller meint, die Geschichte zu durchschauen, und wirft der enttäuschten Fürstin Heuchelei und Verrat vor. Unter der Linde haben sich Häslein, seine Petition suchend, und Hanička getroffen. Der Amtmann und seine Gehilfen nahen. In der aussichtslosen Lage kommen die Waldelfen zu Hilfe; sie bilden einen Kreis um den Baum, in dessen Innerem Hanička verschwindet. Als man versucht, den Baum zu fällen, eilt der Müller herbei und entreißt dem Knecht die Axt. Da erstrahlt die Linde in hellem Licht, öffnet sich und gibt Hanička frei, die ihrem Geliebten in die Arme fällt. Die Fürstin hat alles beobachtet und möchte das Unrecht gutmachen, das dem Müller zugefügt wurde. Sie zerbricht die Laterne und erklärt damit die Familie des Müllers auch von ihrer letzten Pflicht befreit.

Kommentar: *Lucerna* kann als außergewöhnlich charakteristische Erscheinung jener Epoche der tschechischen Operngeschichte angesehen werden, in die vor allem die späten Bühnenwerke Leoš Janáčeks kontradiktorisch situiert sind. Der ausgeprägte tschechische Traditionalismus, zuvorderst im Œuvre Josef Bohuslav Foersters repräsentiert, findet in diesem Werk einen neuen und bewußt radikalen Ansatz, der um so überraschender wirkt, als Novák nach 1900 als führende Persönlichkeit der tschechischen Moderne galt. Die Bezeichnung »musikalisches Märchen« ist wörtlich zu nehmen, wobei es sich aber keineswegs um eine Bindung an die dramatisch angelegte Märchenoper Antonín Dvořáks handelt, sondern um eine Wendung zurück zur Märchenidylle der Mitte des 19. Jahrhunderts und seiner patriotisch-nationalen Ideologie, die als Basis eines modernen Typs der Volksoper dienen sollte. Die Impulse, die davon ausgingen, reichen bis zum effektvollen Eklektizismus in Weinbergers *Švanda dudák* (1927), einem Stoff, den bemerkenswerterweise auch Novák 1917 für eine Oper in Betracht gezogen hatte. Die episodenhaft zerstückelte dramaturgische Struktur in *Lucerna* drängt der Komposition von Anfang an eine erzählerische Haltung auf, die sich der mosaikartig illustrativen Behandlung des Texts bedient. Trotz der reichen leitmotivischen Ausgestaltung, einer ausgefeilten Stilistik und eines farbenreichen vollen Satzes gelingt es nicht, auf der Grundlage dieser rein sukzessiven Bauweise die eigentliche Bühnendimension schöpferisch in den Griff zu bekommen, und zwar auch dort, wo, wie zum Beispiel im III. Akt, die Möglichkeit eines groß angelegten Sommernachtstraumspiels gegeben wäre.

Wirkung: Die Uraufführung dirigierte Otakar Ostrčil (Regie: Vladimír Wuršer, Ausstattung: Čeněk Kvíčala); es sangen Maria Bogucka, Štěpán Chodounský, Karel Hruška, Jiří Huml, Antonín Lebeda, Ema Miřiovská, Věra Pivoňková und Marie Rejholcová. Trotz Max Brods Übersetzung wurde *Lucerna* mit einer einzigen Ausnahme (Ljubljana 1931, übersetzt von Niko Štritof) nur auf tschechischen Bühnen gespielt, wo sie seit 1923 mehr als 40 Inszenierungen erlebt hat. Bald als offizielles Repräsentationswerk eingeschätzt, wurde das Werk 1924 mit dem Staatspreis ausgezeichnet. Während des zweiten Weltkriegs und in den 50er Jahren erweckte es dank seiner nationalen Tendenz und einer gewissen Konvergenz mit den künstlerischen Forderungen des sozialistischen Realismus besonderes Interesse.

Autograph: Museum české hudby Prag. **Abschriften:** Nationaltheater Prag. **Ausgaben:** Kl.A v. R. Veselý, tschech./dt. Übers. v. M. Brod: Hudební matice umělecké besedy, Prag 1923, Nr. 280; Textb.: ebd. **Aufführungsmaterial:** Dilia, Prag
Literatur: M. BROD, Prager Sternenhimmel, Wien 1966; weitere Lit. s. S. 473

Ivan Vojtěch

Ivor Novello

Eigentlich David Ivor Davies; geboren am 15. Januar 1893 in Cardiff, gestorben am 6. März 1951 in London

The Dancing Years
Musical Play

Die Tanzjahre
2 Akte (13 Bilder)

Buch: Ivor Novello. **Gesangstexte:** Christopher Vernon Hassall. **Orchestration:** Charles Whitecross Prentice und Harry Morley Acres. **Choreographie:** Freddie Carpenter (eigtl. Frederick Carpenter)
Uraufführung: 23. März 1939, Drury Lane Theatre, London
Personen: der Nachtwächter; Grete; Rudi Kleber; Hattie Watney; Lilli, Elizabeth, Sonia, Wanda, Sari, Mitze, Hilde und Emmy, Damen des Wiener Theaters; Franzel; 1. Offizier; 2. Offizier; 3. Offizier; Maria Ziegler; Prinz Charles Metterling; Cäcilie Kurt; Otto Breitkopf, Komponist; Ceruti, Tenor; Inspizient; Gräfin Lotte; Lakai; Lorelei, die Gräfin und der Liebhaber, Personen der Operette »Lorelei«; Otto; Schani,

Tafel 12

Tafel 12

oben links
Jean Georges Noverre, *Les Petits riens* (1778), 3. Bild; Figurine einer Schäferin: Louis-René Boquet (?); Paris 1778. – Anstand, Grazie und Naivität sind für das Rollenfach der Demi-caractère ebenso kennzeichnend wie die Gestaltung des Kostüms und das Repertoire der Schritte.

oben rechts
Jean Georges Noverre, *Der gerächte Agamemnon* (1771), 2. Abteilung; Figurine des Agamemnon: Louis-René Boquet; Wien 1771. – Die Plastizität des »Edlen«, dem allein Moral und Anstand zu eigen seien, fügt sich in Gebärde, Stellung und Miene, dem Denken und der Terminologie der Zeit folgend, zu einem Bild »pantomimischer Malerei«.

unten
Jean Georges Noverre, *Medea und Jason* (1763), 3. Bild; Giovanna Baccelli als Kreusa, Gaetano Vestris als Jason, Mme. Simonet als Medea; Choreographie: Vestris nach Noverre; Ausstattung: Michael Novosielski; Illustration: Francesco Bartolozzi, wahrscheinlich nach Nathaniel Dance; King's Theatre, London 1781. – Vom Ungestüm der leidenschaftlichen Empfindung hingerissen, brechen die Figuren in »wohlgeordneter Unordnung« aus der Symmetrie des barocken Regelkanons aus. Die Asymmetrie der Gruppierung findet ihre Entsprechung im Grad der nach außen getragenen inneren Bewegtheit der einzelnen Charaktere: alles typische Merkmale für das »ballet en action« im Noverreschen Sinn.

ein junger Tiroler; Madame Pelotti, Madame Kurt, Madame Sadun, Signor Valdo und Signor Ceruti, das Quintett; Oscar; ein Kellner; Kathie, Dienstmädchen; Carl; eine Bittstellerin; Goetzer und Poldi, Offiziere; Charaktere der Maskerade: der Offizier, das Mädchen aus guter Familie, der Backfisch (ihre Schwester), die Gouvernante, der Spielzeugverkäufer, das Blumenmädchen, die Modistin, der Wüstling, der Dienstmann (Bote). **Chor:** Offiziere, Kellner, Stadtvolk.
Ballett
Orchester: 2 Fl, Ob, 2 Klar, 2 Hr, 2 Trp, Pos, Pkn, Schl (gr.Tr, kl.Tr, Glsp, Bck, HolzröhrenTr, Vibr), Hrf, Streicher; BühnenM auf d. Szene: Kl
Aufführung: Dauer ca. 2 Std. 45 Min. – Einzelne Darsteller können mehrere Rollen übernehmen. Der Darsteller des Rudi sollte Klavier spielen können. – Nach I/2, II/2 und II/3 wird eine dreiteilige Maskerade aufgeführt, die in keinem Zusammenhang mit der Handlung steht.
Gesangsnummern: Uniform; Waltz of My Heart; The Wings of Sleep; My Life Belongs to You; Lorelei; I Can Give You the Starlight; My Dearest Dear; Primrose; In Praise of Love. Der Klavierauszug enthält eine zusätzliche Gesangsnummer: When It's Spring in Vienna.

Entstehung: Novello wurde zunächst als Songschreiber (vor allem mit dem Kriegshit *Till the Boys Come Home*, 1914) und als Stummfilmschauspieler bekannt, bevor er sich ganz der Komposition fürs Musiktheater widmete. Zwar datierten seine ersten Musical plays und Revuen wie *Theodore & Co.* (mit Jerome Kern, London 1916, Text: Adrian Ross und Clifford Grey) und *The Golden Moth* (London 1921, Pelham Grenville Wodehouse) aus der Zeit während und unmittelbar nach dem ersten Weltkrieg, doch erst mit Werken wie *Glamorous Night* (1935), *Careless Rapture* (1936) und *Crest of the Wave* (1937; alle London, Texte: Novello und Hassall) wurde er auch auf diesem Gebiet erfolgreich.
Handlung: In Österreich, 1911, 1914, 1927 und 1938. I. Akt, 1. und 2. Bild: Garten eines Wirtshauses außerhalb Wiens; 3. Bild: Maria Zieglers Salon; 4. Bild: leere Bühne des Theaters an der Wien; 5. Bild: Gang vor den Logen des 1. Rangs im Theater an der Wien; 6. Bild: Theater an der Wien; 7. Bild: Maria Zieglers Wohnung; II. Akt, 1. und 2. Bild: Chalet in Tirol; 3. Bild: Fest im Belvedere, Wien; 4. Bild: Lochers Wirtshaus; 5. Bild: wie I/1; 6. Bild: Zimmer im früheren königlichen Palast in Wien.
I. Akt: Da der junge Komponist Rudi Kleber mit seiner Miete im Rückstand ist, wurde ihm gekündigt; seine Wirtin hat schon einmal sein Klavier verkauft und es für den Händler auf die Straße gestellt. Als eine Gruppe von Offizieren und Schauspielerinnen einkehrt, unterhält sie Rudi, gegen Bezahlung, mit seinem Klavierspiel. Von seiner Musik ist die Primadonna des Theaters an der Wien, Maria Ziegler, so begeistert, daß sie seinen »Walzer meines Herzens« kauft und ihren Gönner, Prinz Charles Metterling, bittet, Rudi einen Kompositionsauftrag zu verschaffen. Zur Verzweiflung von Grete, der Nichte der Wirtin, zieht Rudi in die Stadt, doch verspricht er ihr, niemand anders zu heiraten. Als Rudi in Wien ist, entwickelt sich zwischen ihm und Maria eine Liebesbeziehung; und als gar seine Operette »Lorelei« erfolgreich aufgeführt wird, verläßt Maria den Prinzen und beschließt, mit Rudi zu leben.
II. Akt: Drei Jahre später leben Rudi und Maria glücklich zusammen; Maria versteht nur nicht, warum er sie nicht heiratet. Da erscheint Grete, erwachsen geworden; Rudi bittet sie, seine Frau zu werden. Maria belauscht die beiden, verläßt jedoch das Chalet mit dem immer noch treuen Charles, der sie abzuholen gekommen ist, bevor sie Gretes Nein vernehmen kann. So verhallt auch Rudis Erklärung, Maria zu heiraten. Maria und Charles feiern sogleich ihre Hochzeit. 13 Jahre später: Maria hat mittlerweile einen Sohn geboren, dessen Vater Rudi ist. Zufällig treffen sich die beiden; jeder ist berühmt geworden, doch privat unglücklich. Rudi fragt sie, ob sie nicht mit ihm gehen möchte, doch als sie ihm ihren Sohn vorstellt, der glaubt, Charles sei sein Vater, kann er das Leben des Jungen nicht zerstören. Elf Jahre später kommen Rudi und Maria noch einmal zusammen: Rudi ist verhaftet worden, weil er einigen gesuchten Personen zur Flucht verholfen hat. Dank ihrer gesellschaftlichen Stellung gelingt es Maria, seine Freilassung zu erwirken.
Kommentar: *The Dancing Years* folgt im wesentlichen dem Schema, das Novello in den drei vorangegangenen Stücken erfolgreich angewandt hatte und mit dem er später mit *Perchance to Dream* (London 1945, Text: Novello) und *King's Rhapsody* (Manchester 1949, Novello und Hassall) ähnliche Triumphe feiern sollte. In jedem Fall ist zwar die Handlung episodenhaft und ungenügend entwickelt und sind dementsprechend die Hauptpersonen kaum überzeugend charakterisiert, doch beeindrucken die Songs mit viel romantischem Gefühl (wenn auch etwas britischdistanziert) und die längeren musikalischen Passagen zu getanztem oder gespieltem Bühnengeschehen (so in *The Dancing Years* die Maskerade, das Operettenbild und das Schlußballett), die immer sinnvoll in die Geschichte integriert sind. Typisch für alle genannten Werke ist außerdem, daß sie sich Novello gewissermaßen auf den Leib schneiderte; er spielte jeweils die männliche Hauptrolle. Da er nicht singen konnte, entfiel die Mehrzahl der Gesangsnummern jedesmal auf die weibliche Hauptrolle, die deshalb auch eine gebührende Bedeutung in der Handlung erhalten mußte. Was *The Dancing Years* über die andern Shows heraushebt, ist das perfekte Amalgam von Rührseligkeit, ungekünstelter Musik und visuellem Effekt. Einen für die Musicalbühne bemerkenswerten Bezug zum politischen Zeitgeschehen arbeitete Novello in II/6 ein; gleichwohl war die unmißverständliche Parallele zur nationalsozialistischen Machtentfaltung in Österreich zu sehr ins Sentimentale gekehrt, als daß sie hätte aufschrecken können.
Wirkung: Mit Novello (Rudi), Mary Ellis (Maria, Lorelei), Anthony Nicholls (Charles), Roma Beau-

mont (Grete), Dunstan Hart (Nachtwächter, Liebhaber, Ceruti) und Peter Graves (Franzel), in der Regie von Leontine Sagan, schien *The Dancing Years* eine jahrelange Laufzeit bevorzustehen, doch der Ausbruch des Weltkriegs verhinderte eine Fortführung der erfolgreich begonnenen Aufführungsserie. Aus diesem Grund entschloß sich der Produzent des Theaters, Tom Arnold, mit dem Stück in einer dreiaktigen Einrichtung auf Tournee zu gehen. Nach der Eröffnungsvorstellung in Manchester 1940 (mit Muriel Barron als Maria neben Novello) wurde es 18 Monate außerhalb Londons aufgeführt; es folgten zwei Jahre im Adelphi Theatre London, bis auch dies Theater geschlossen werden mußte. Neuproduktionen in London gab es 1947 (Casino Theatre; Regie und Choreographie: Carpenter; mit Barry Sinclair und Jessica James) und 1968 (Saville Theatre; Regie: Joan Davis; mit David Knight und June Bronhill); an britischen Provinztheatern ist das Werk seitdem regelmäßig herausgekommen. 1950 wurde *The Dancing Years* von Harold French (mit Dennis Price und Gisèle Préville) verfilmt. Kurt Gänzl schrieb 1989 ein neues Buch. – Praktisch alle Songs des Stücks sind zu Standards geworden.

Ausgaben: Kl.A: Chappell 1939, Nr. 33871; Regiebuch: London, French 1953. **Aufführungsmaterial:** French, London
Literatur: P. NOBLE, I. N. Man of the Theatre, London 1951, Nachdr. 1975; W. MACQUEEN-POPE, I., London 1952; S. WILSON, I., London 1975

Kurt Gänzl

Jean Georges Noverre

Geboren am 29. April 1727 in Paris, gestorben am 19. Oktober 1810 in Saint-Germain-en-Laye (bei Paris)

Medea und Jason
Tragischer Tanz
9 Bilder

Musik: Jean Joseph Rodolphe (eigtl. Johann Joseph Rudolph). **Libretto:** Jean Georges Noverre
Uraufführung: 11. Febr. 1763, Hoftheater, Stuttgart
Darsteller: Medea, Prinzessin von Kolchis und Jasons Gemahlin; Jason, Prinz von Thessalien, Medeas Gemahl und verliebt in Kreusa; Kreusa, Prinzessin von Korinth, verliebt in Jason; Kreon, König von Korinth und Vater Kreusas; Oberaufseherin über die Söhne Medeas und ihre Vertraute; 2 Söhne Medeas; eine korinthische Prinzessin; 2 korinthische Prinzen; das Feuer; das Eisen; das Gift; die Rache; der Zorn; die Eifersucht; das korinthische Volk (12 Damen, 12 Herren); korinthische Sklaven (2 Damen, 2 Herren); Sklaven (4 Damen, 4 Herren). **Statisterie:** Hohepriester, Wachen, Priester
Orchester: 2 Ob, 2 Hr, 2 Trp, Pkn, Streicher, B.c

Aufführung: Dauer ca. 30 Min. – Eine Pariser Fassung von 1780 (Dauer ca. 45 Min.) hat als zusätzliche Instrumente je zwei Flöten und Klarinetten. Eine anonyme Pariser Version aus dem späten 18. Jahrhundert erfordert außerdem Chöre.

Entstehung: Noverre gilt als einer der großen Bühnenreformatoren des 18. Jahrhunderts. Seine Neukonzeption des dramatischen Handlungsballetts zum sogenannten Ballet en action vollzog sich parallel zur Reform des Sprechtheaters und der Oper etwa durch Denis Diderot, Gotthold Ephraim Lessing und Christoph Willibald Gluck. Noverres radikale Abkehr vom barocken Regelkanon, das heißt von einem begrenzten Repertoire tänzerischer Bewegung sowie von streng symmetrisch strukturierten choreographischen Formen, begann nach eigenen Angaben um 1757 während seines zweiten Engagements als Ballettmeister an der Opéra Lyon. Zuvor hatte Noverre als Tänzer und sehr bald ausschließlich als Choreograph in Berlin (1744–47), Dresden (1747), Marseille, Lyon, Straßburg (1747–52), Paris (1753–55) und London (1755–57) gewirkt. Unmittelbarer Anstoß zur praktischen Realisierung der zuvor bereits durch theoretische Schriften Louis de Cahusacs (*Traité historique de la danse*, 1754) und vermutlich auch Diderots (*Lettre sur les sourds et muets à l'usage de ceux qui entendent et qui parlent*, 1751) angeregten Reformideen war zweifellos das Zusammenwirken mit dem großen William-Shakespeare-Darsteller David Garrick, der Noverre für zwei Gastspiele an das von ihm geleitete Drury Lane Theatre nach London eingeladen hatte. Die praktische Umsetzung seiner Ideen, denen zufolge der gesamte menschliche Körper zu einem sensiblen, dynamisch höchst differenziert agierenden Instrument im Dienst eines lebendigen dramatischen Ausdrucks werden sollte, wobei gleichzeitig die Aufgabe symmetrischer Choreographien zugunsten »malerischer Gruppierungen« gefordert wurde, ging Hand in Hand mit Noverres erster schriftlicher Fixierung seiner Theorien in den berühmten *Lettres sur la danse, et sur les ballets*, die 1760 in Lyon und Stuttgart erschienen. Sie sind Karl Eugen von Württemberg gewidmet, in dessen Diensten Noverre seit dem 1. März 1760 stand. Am Hof des prunkliebenden Herzogs standen Noverre alle nur erdenklichen personellen und künstlerischen Ressourcen zur Verfügung. Für die alljährlich stattfindenden Festaufführungen anläßlich des herzoglichen Geburtstags (11. Febr.) und Namenstags (11. Nov.) wurden die bedeutendsten Tänzer der Zeit aus Paris engagiert. Die opulente Ausstattung der Stuttgarter Ballette Noverres stammte von Giovanni Niccolò Servandoni und Giovan Battista Innocenzo Colomba, die Kostüme von dem ebenfalls aus Paris berufenen Louis-René Boquet. Bedauerlicherweise kam es während der etwa sechsjährigen Tätigkeit Noverres in Stuttgart nicht zu einem Zusammenwirken mit Niccolò Jommelli, der gleichzeitig dort an einem Höhepunkt seiner Karriere angelangt war, doch gab die Zusammenarbeit mit Florian Johann Deller und Rodolphe zahlreiche Neuanstöße für Noverres Reform. Seine Stuttgarter Ballette waren ausnahmslos Einlagestücke für Opern Jommellis, wobei jeweils zwei in sich geschlossene Handlungsballette zwischen dem I. und II. beziehungsweise II. und III. Opernakt eingefügt wurden. Ein prunkvolles, eher dem traditionellen Schema folgendes Ballettdivertissement bildete den festlichen Abschluß. *Medea und Jason* sowie *Orpheus und Eurydike* (Musik: Deller) waren die Einlageballette für Jommellis Geburtstagsoper 1763, *Didone abbandonata*.

Inhalt: In Kreons Palast. Festlich dekorierte Säulenhalle. 1. Bild: Um Medeas berechtigte Ansprüche auf den Thron von Korinth abzuwehren, versucht Kreon, Jason von ihr zu trennen und mit seiner Tochter Kreusa zu verbinden. Zu diesem Zweck veranstaltet er ein großes Fest. Kreusa kann Kreons Willen leicht entsprechen, da Jason bereits in Leidenschaft zu ihr entbrannt ist. Die verzweifelte Medea zieht sich aus der Festgesellschaft zurück. 2. Bild: Kreon bietet Jason seinen Thron und Kreusas Hand an, falls er gewillt ist, Medea zu verstoßen. Dieser schwankt zwischen Pflicht und Leidenschaft. 3. Bild: Medea wirft sich ihm mit ihren Kindern zu Füßen und erinnert ihn an die gemeinsame Vergangenheit; sie übergibt ihm ihren Dolch und fleht ihn an, sie damit zu töten, falls er sie verlassen wolle. Gerührt und von Reue erfaßt, verspricht Jason, auf Machtansprüche und auf Kreusa zu verzichten. 4. Bild: Ihr Erscheinen läßt Jason alle Vorsätze vergessen; er befiehlt Medea, ihn und Kreons Reich zu verlassen. 5. Bild: Medea verharrt in starrer Verzweiflung, bevor sie sich einem Wutausbruch überläßt. Sie entfernt die Kinder und ruft alle Rachegötter an. Verwandlung in eine schauerliche Höhle. Die Furien Eifersucht, Zorn, Rache, Gift, Eisen und Feuer bieten ihre Hilfe an. Medea überantwortet ihnen Kreon und Kreusa. 6. Bild: Medea will ihre Kinder töten, doch ihr Arm erlahmt bei deren Anblick. Sie schickt die Knaben mit vergifteten Geschenken zu Kreusa. Festlicher Thronsaal. 7. Bild: Kreon übergibt Jason vor allem Volk den Thron und die königlichen Insignien. Die Korinther feiern diesen Wechsel; Jason und Kreusa schließen sich ihnen an. Kreon befiehlt, die Vermählung vorzubereiten. 8. Bild: Medeas Erscheinen löst allgemeine Verwirrung aus. Sie gibt vor, sich ihrem Schicksal zu fügen. Durch ihre Kinder läßt sie »Abschiedsgeschenke« an Kreusa und Kreon überreichen und zieht sich zurück. 9. Bild: Die Erleichterung darüber weicht bald größter Verzweiflung, als die aus Medeas Geschenken ausströmenden Gifte ihre furchtbare Wirkung tun. Medea kehrt triumphierend inmitten der dienstbaren Furien zurück. Vor Jasons Augen tötet sie ihre Kinder. Mit dem Dolch, der seine Kinder tötete, gibt sich Jason selbst den Tod und fällt in die Arme der sterbenden Kreusa. Der Himmel verdüstert sich, der Palast stürzt zusammen, und Medea entflieht durch die Lüfte.

Kommentar: Dies hochdramatische Handlungsballett ist zweifellos der erste erfolgreiche Versuch Noverres, einen tragischen Stoff fast kompromißlos, das heißt ohne Lieto fine und mit einem Minimum an Divertissements, in dem von ihm propagierten neuen dramatisch-tänzerischen Darstellungsstil zu präsentieren. Daß er dabei die höfische Geburtstagsgesellschaft, der das Werk zugedacht war, zu Furcht- und Mitleidsregungen zu bewegen vermochte, daß den Zuschauern, wie der Chronist Joseph Uriot (s. Lit.) vermerkt hat, durch die »Vereinigung aller Arten der erschröcklichsten Schönheiten« Tränen »abgelockt« wurden, oder daß sie sich genötigt sahen, »die thränenden Augen abzuwenden«, bestätigt den Eindruck, daß hier Noverres Konzept des Ballet en action erstmals voll befriedigend mit der erhofften Resonanz realisiert wurde. Ausschlaggebend für diesen Erfolg waren gewiß auch die dem neuen Stil gerecht werdenden Tänzer, allen voran die Darstellerin der Medea, die junge Nancy Trancart, eine Schülerin Noverres und Garricks. Auch der eigens aus Paris engagierte Star Gaetano Vestris als Jason, Claudine Toscani als Kreusa und Angiolo Vestris als Kreon trugen zur Gesamtwirkung bei. Ganz besonders effektvoll dürften die bei den Zuschauern wohlige Schauer erregenden Dämonenszenen gewesen sein, in denen Noverres begabteste Schüler wie etwa Charles Le Picq (als Gift) brillierten. Über die Ausstattung gerade dieser Szenen vermitteln die überlieferten Figurinen Boquets einen lebhaften Eindruck. – Von nicht geringerer Bedeutung war die Zusammenarbeit Noverres mit dem El-

Medea und Jason; die Eifersucht; Figurine: Louis-René Boquet; Uraufführung, Hoftheater, Stuttgart 1763. – Die Feuer und Qualm entfachende, von giftspeienden Schlangen umzingelte, androgyne Gestalt ist die Allegorie der Eifersucht.

sässer Rodolphe, der seit 1761 in Stuttgart wirkte. Die eine knappe Ouvertüre und 15 Nummern umfassende Partitur zeichnet sich weniger durch abwechslungsreiche Instrumentation und eingängige Melodiefindung aus, wie dies bei Deller der Fall war, als vielmehr durch reiche Zeichengebung für Tempo und Dynamik sowie unregelmäßige Periodisierung einzelner Kompositionsabschnitte. Hier ist das Bestreben erkennbar, szenisch-dramatische Abläufe musikalisch zu verdeutlichen. Besonders bemerkenswert ist die große Chaconne (Nr. 4), ein 280 Takte langes durchkomponiertes Stück, das zahlreiche Abschnitte wechselnden Charakters enthält. Zu erwähnen sind ferner die zahlreichen Temposchwankungen und Fermatenpausen in den offenbar mit der Schlußkatastrophe in Verbindung stehenden Nummern 13 und 14. Insgesamt zeigt sich, daß Noverre die vorteilhaften Stuttgarter Bedingungen in *Medea und Jason* voll und ganz zur Umsetzung seiner Theorien in die Praxis zu nutzen verstand.

Wirkung: *Medea und Jason* zählt zu jenen Werken Noverres, die in besonderem Maß zu seinem internationalen Ruhm beitrugen. Es wurde von ihm sowie von vielen seiner Mitarbeiter und Schüler mit und ohne Autorisierung in zahlreichen Versionen in vielen europäischen Kulturzentren des späten 18. und beginnenden 19. Jahrhunderts aufgeführt. Unter der Leitung von Gaetano Vestris kam das Ballett am Burgtheater Wien 1767 und an der Opéra Paris 1775 heraus, nachdem eine Szene dort 1770 gezeigt worden war. Am Kärntnertortheater Wien studierte Noverre das Werk 1776 ein. Spätestens seit einer Wiederaufnahme in Paris Ende Jan. 1780 dürfte es sich um eine durch Einfügung von Divertissements auf drei Akte erweiterte Fassung handeln (musikalische Zusätze: Rodolphe und Pierre Montan Berton; nur bruchstückhaft überliefert). 1781 brachte Noverre eine sehr erfolgreiche Produktion am King's Theatre London heraus, wobei er auf die Ouvertüre zu Glucks *Iphigénie en Aulide* (1774) zurückgriff und neue Musiknummern von Giovanni Battista Noferi hinzukomponieren ließ. An weiteren Aufführungen seien genannt: Petersburg 1791 (Einstudierung: Le Picq) und Paris 1804 (Gaetano Vestris und Pierre Gardel). Aus dem späten 18. Jahrhundert liegt in Paris eine weitgehende Neukomposition der Musik mit Schlußchören vor; der Komponist konnte bislang nicht ermittelt werden. – Eine anonym überlieferte, höchst amüsante Parodie (Paris 1780) beweist die Popularität des Balletts.

Abschriften: Part: Württ. LB Stuttgart, UB Warschau; St.: Státni arch. Třeboň Český Krumlov/Krumau; Kl.A, Pariser Fassung: Bibl. de l'Opéra Paris; Kl.A, Version London: British Museum London. **Ausgaben:** Part, krit. Ausg., hrsg. H. Abert, in: DDT, Bd. 43/44 (Ausgewählte Ballette Stuttgarter Meister aus d. 2. Hälfte d. 18. Jh.): B&H 1913, Neu-Ausg., krit. rev. u. hrsg. H. J. Moser: B&H / Akad. Druck- u. Vlg.-Anstalt, Graz 1958, S. 245–298; L, dt./ital.: Stuttgart, Cotta 1763; L, frz.: Wien, Trattner 1767; Paris, Lormel 1780; L, frz., in: Recueil de programmes de ballets de M. Noverre, Maître des Ballets de la cour impériale et royale, Wien, Kurzböck 1776; L, frz.: Preßburg, Landerer 1779; L, frz., auch in: J. G. Noverre, Lettres [s. Lit.; ab 1783]

Literatur: J. G. Noverre, Lettres sur la danse, et sur les ballets, Stuttgart, Lyon 1760; J. Uriot, Beschreibung der Feyerlichkeiten, welche bey Gelegenheit des Geburtstagsfestes Sr. Herzogl. Durchlaucht des regierenden Herrn Herzogs zu Würtemberg und Teck etc. etc. den 11ten und folgende Tage des Hornungs 1763 angestellet worden, Stuttgart 1763; G. Angiolini, Lettere di Gasparo Angiolini a Monsieur N. sopra i Balli Pantomimi, Mailand 1773; J. H. Schink, Dramaturgische Fragmente, Bd. 1, Graz 1781, S. 59–82; C. v. Ayrenhoff, Über die theatralischen Tänze und die Ballettmeister N., Muzzarelli und Vigano, Wien 1794; C. E. Noverre, The Life and Works of the Chevalier N., London 1882; R. Krauss, Das Stuttgarter Hoftheater von den ältesten Zeiten bis zur Gegenwart, Stuttgart 1908; H. Abert, J. G. N. und sein Einfluß auf die dramatische Ballettkomposition, in: JbPet 1909, S. 29–45; ders., Einleitung [s. Ausg.]; H. Niedecken, J.-G. N. 1727–1810. Sein Leben u. seine Beziehungen zur M, Diss. Halle 1914; L. Braun, Die Ballett-Komposition Josef Starzers, Diss. Wien 1923; T. Kratz, J. G. N.: »Lettres sur la danse«, ihre Stellung und ihre Beziehungen zu seiner Zeit (besonders zu Diderot), Diss. Würzburg 1923; A. Levinson, Meister des Balletts, Potsdam 1923, S. 7–68; M. Schulz, J. G. N. in Wien 1767 bis 1774, 1776. Ein Beitr. zur Gesch. d. Theaters in Wien, Diss. Wien 1937; D. Lynham, The Chevalier N. Father of Modern Ballet. A Biography, London 1950, Neudr. 1972; R. Raab, Ballettreformator J. G. N. in Wien, in: Jb. d. Vereins für Gesch. d. Stadt Wien 13:1957, S. 123–138; P. Tugal, J.-G. N. Der große Reformator d. Balletts, Bln. 1959; M. Krüger, J. G. N. und das »Ballet d'action«. J.-G. N. u. sein Einfluß auf d. Ballettgestaltung, Emsdetten 1963 (Schaubühne. 61.); G. Winkler, Das Wiener Ballett von N. bis Fanny Elßler. Ein Beitr. zur Wiener Ballett-Gesch., Diss. Wien 1967, S. 38–68; G. Zechmeister, Die Wiener Theater nächst der Burg und nächst dem Kärntnerthor von 1747 bis 1776, Wien 1971; M. H. Winter, The Pre-Romantic Ballet, London 1974; K. Petermann, [Nachwort u. Anh. zum Nachdr. d. dt. Übers. d. »Lettres« Hbg. u. Bremen 1769], Lpz. 1977 (Documenta Choreologica. 15.), S. 1–120 [S. 49–67: Angaben über d. versch. L-Übers. u. Ausg. d. »Lettres«]; K. K. Hansell, Opera and Ballet at the Regio Ducal Teatro of Milan, 1771–1776. A Musical and Social History, Berkeley 1980, Diss. Univ. of California, S. 823–1109; L. Carones, N. and Angiolini. Polemical Letters, in: Dance Research 5:1987, Nr. 1, S. 42–54; S. Dahms, J. G. N.s »Ballet en action«. Theoretische Schriften u. Werke, Habilitationsschrift Salzburg 1988; G. Brandstetter, Die Bilderschrift der Empfindungen. J. G. N.s »Lettres sur la Danse, et sur les Ballets« u. F. Schillers Abhandlung »Über Anmut und Würde«, in: Schiller und die höfische Welt, hrsg. A. Aurnhammer, K. Manger, F. Strack, Tübingen 1990, S. 77–93

Sibylle Dahms

Der gerächte Agamemnon
Tragisches Ballett in fünf Abteilungen

Musik: Franz Aspelmayr. **Libretto:** Jean Georges Noverre
Uraufführung: 8. Sept. 1771, Burgtheater, Wien
Darsteller: Agamemnon, König von Mykene; Klytämnestra, seine Gattin; Ägisth, Klytämnestras Liebhaber, welcher geheim-unrechtmäßige Ansprüche auf den Thron von Mykene macht; Orest, Agamemnons Sohn; Elektra und Iphise, Orests Schwestern; Kassandra, Priams Tochter und Gefangene Agamemnons; Pylades, Orests Freund; ein Kriegsherold; vornehme Offiziere Agamemnons; Hofdamen; griechische Soldaten; trojanische Gefangene; Volk von Mykene; der

Oberpriester; Pfaffen; Kinder; Furien; das Laster; die Rache; die Reue; die Verzweiflung; Schatten Klytämnestras
Orchester: 2 Fl, 2 Ob, E.H, Chalumeau, 2 Fg, 2 Hr, 2 Trp, 3 Pos, Pkn, Streicher, B.c ad lib.
Aufführung: Dauer ca. 45 Min.

Entstehung: Nach Neuschöpfung einer Reihe heiterer Ballette im sogenannten anakreontischen Genre, mit denen Noverre sich ab 1767 dem Wiener Publikum als Hofballettmeister vorgestellt hatte, schuf er mit dem *Gerächten Agamemnon* erstmals wieder ein tragisches Handlungsballett. Bis zu diesem Zeitpunkt hatte er in Wien nur die bereits in Stuttgart erprobten heroisch-tragischen Ballette wie *Medea und Jason* (1763) gezeigt.
Inhalt: Griechische Antike nach dem Trojanischen Krieg. 1. Abteilung, Palastgarten in Mykene: Klytämnestra und Ägisth, einander leidenschaftlich verfallen, werden von Zweifeln über ihr künftiges Los gequält. Die Ankündigung von Agamemnons Rückkehr bestätigt alle Befürchtungen. Ägisth will sich selbst oder Agamemnon töten. Die Königin stimmt den Mordplänen zu. 2. Abteilung, festlich geschmückte Säulenhalle im Palast von Mykene mit Ausblick auf den Hauptplatz der Stadt: Eine große Menschenmenge verfolgt den Triumphzug der siegreichen griechischen Truppen, die Trophäen und trojanische Gefangene mit sich führen. Agamemnon, mit Kassandra zu seiner Rechten, erscheint in einem Triumphwagen und wird von seinen Töchtern Elektra und Iphise liebevoll, von Klytämnestra und Ägisth aber mit geheuchelten Liebesbezeugungen empfangen. 3. Abteilung, Kabinett Klytämnestras mit Öffnung auf die Gärten: Klytämnestra, durch Kassandras Anwesenheit in ihrem Haß gegen Agamemnon bestärkt, schmiedet mit Ägisth Mordpläne. Elektra und Iphise belauschen die Verschwörer und eilen, den Vater zu warnen. Ägisth und Klytämnestra verbergen sich vor dem eintretenden Agamemnon, der von Kassandra vor der Gefahr gewarnt wird. Klytämnestra, mit dem Dolch in der Hand und von Furien gejagt, stachelt Ägisth zum Handeln auf. Dieser stürzt sich mit der Mordwaffe auf Agamemnon und Kassandra. Nach vollzogener Tat ziehen sich die Mörder eilends zurück. Elektra und Iphise finden den sterbenden Agamemnon, doch sie bemühen sich vergebens um Hilfe für ihn. Die Mörder erscheinen und bezichtigen die tote Kassandra des Mords. Mit letzter Kraft weist Agamemnon diese Lüge zurück. Elektra schwört, den Tod des Vaters an Ägisth zu rächen. 4. Abteilung, ein Salon der Wohnung Elektras und Iphises: Die beiden trauern mit ihren Hofdamen um den Vater. Von Reue gepeinigt, sucht Klytämnestra Trost bei ihren Kindern. Elektra weist sie wütend zurück; Iphise versucht zu vermitteln; unter Drohungen entfernt sich Klytämnestra. Zwei Fremde werden gemeldet. Elektra erkennt in einem ihren Bruder Orest. Sie berichtet ihm und seinem Freund Pylades von der Ermordung Agamemnons und gibt Orest die Mordwaffe, um den Vater zu rächen. Der ungestüm zur Tat eilende Orest wird von Pylades zur Vorsicht gemahnt. Ägisth kommt und befiehlt, Elektra in Ketten zu legen. Diese bezichtigt ihn mutig des Königsmords. Wütend übergibt Ägisth sie den Schergen und eilt fort. Elektra gelingt es, das Hofgesinde auf ihre Seite zu ziehen, und stellt den eintretenden Orest als rechtmäßigen König von Mykene vor. Überglücklich sieht sich Elektra fast am Ziel ihrer Wünsche. 5. Abteilung, Grabstätte der Könige von Argos und Mykene, in der Mitte das Grabmal Agamemnons; Nacht: Orest erscheint mit Pylades, um dem toten Vater ein Opfer darzubringen. Ein Trauerzug schwarz verschleierter Frauen, von Klytämnestra und den Töchtern Agamemnons angeführt, nähert sich. Ägisth und die Krieger bringen die Siegestrophäen Agamemnons. Priester mit Weihrauch, Kinder mit Blumen sowie Soldaten versammeln sich am Grab; Frauen mit Zypressenzweigen umtanzen es. Die Opferfeier wird von Blitz und Donner unterbrochen. Aus dem sich öffnenden Grabmal stürzt Orest, von Furien begleitet. Sein erster Todesstreich trifft Klytämnestra, die sich schützend vor Ägisth stellt. Erst nachdem Orest auch diesen erdolcht hat, erkennt er in seinem ersten Mordopfer die Mutter. Elektra und Pylades hindern den Verzweifelten am Selbstmord. Das Volk flieht entsetzt. Die von Laster, Rache, Reue und Verzweiflung angestachelten Furien sowie der Schatten Klytämnestras treiben Orest in den Wahnsinn.
Kommentar: Im *Gerächten Agamemnon* setzte sich Noverre über eine Reihe von Regeln hinweg, die er in seinen *Lettres sur la danse, et sur les ballets* (1760) empfohlen hatte: Die Einheit der Handlung, des Gesamtplans, ist durch die Zusammenfügung des gesamten Atridenstoffs einer Zerreißprobe ausgesetzt, zumal auch die Zahl der Protagonisten erheblich über das Idealmaß von vier hinaus erweitert werden mußte. Noverre war sich dieser Problematik durchaus bewußt und schickte daher der Druckfassung des Librettos 1771 eine ausführliche »Rechtfertigung der Wahl und der Anordnung des Stücks« voraus. Die Einleitung ist in mehrfacher Hinsicht bemerkenswert. Denn Noverre begründete seine Verfahrensweise mit der Gattungsproblematik des Ballet en action, mit dem hierbei dramaturgisch bedingten Zwang zur Vergegenwärtigung auch zeitlich voneinander getrennter Handlungskomplexe: »Ich war nicht willens, den griechischen Agamemnon schlechtweg nachzuahmen. Ich setzte noch die Electra und einen Teil der Eumeniden hinzu, um ein ganzes zu machen, wie es zur Handlung, zur schnellen und bestimmten Bewegung pantomimischer Auftritte nöthig war. Agamemnons Tod hätte mir nur ein einziges Bild gegeben.« Noverres Rechtfertigung des Balletts ist aber noch aus einem weiteren Grund von großem Interesse: Erstmals erhob er hier explizit Prioritätsansprüche als Ballettreformator und forderte damit seinen Kontrahenten Gasparo Angiolini zu vehementem Widerspruch heraus. Die 1773–75 in diversen Streitschriften ausgetragene Kontroverse zwischen den beiden Hauptexponenten des dramatischen Handlungsballetts führte vor allem seitens Angiolinis zu wichtigen Ergänzungen des

theoretischen Fundaments. – Noverres Libretto zu *Agamemnon* enthält eine Reihe von wichtigen Hinweisen zur Anordnung choreographischer Gruppierungen: Am Ende der 2. Abteilung beispielsweise mündet eine Serie von pantomimisch differenzierten Solotänzen (Pas en action) in ein großes pyramidenförmiges Schlußtableau. Die sehr detaillierte Beschreibung der Trauerzeremonie und der Ermordung Klytämnestras in der 5. Abteilung zeigt überdies deutliche Parallelen zur Schlußszene von Angiolinis *Sémiramis* (1765). – Aspelmayrs abwechslungsreiche, teilweise recht differenziert instrumentierte Musik besteht aus 39 Nummern. Jede Abteilung wird durch eine Sinfonia eingeleitet, was die Koordination von Musik und Ballettaktion erleichtert. Besonders ansprechend ist die 2. Abteilung, die mit einem großen Triumphmarsch beginnt und mit einer 432 Takte umfassenden Serie von Tänzen (Chaconne, Passacaglia, Gavotte) ausklingt. Erfindungsreiche Melodik, reizvolle harmonische Wendungen und hauptsächlich in der 5. Abteilung markante dramatische Akzente (ungewöhnliche Periodenbildungen, starke dynamische Kontraste, Einsatz von drei Posaunen) verleihen der vorherrschend in Moll gehaltenen Musik einen unverkennbar gestischen Charakter.

Wirkung: *Der gerächte Agamemnon* erfreute sich eines großen Publikumsinteresses und blieb bis zu Noverres Weggang aus Wien 1774 auf dem Programm der Wiener Bühnen. Für eine Benefizvorstellung 1773 fügte Noverre einen »großen heroischen und militärischen Kontratanz mit großem Gefecht« dazu. Anläßlich einer Aufführung in »Müllers Institut einer theatralischen Pflanzschule zu Wien« kritisierte Johann Friedrich Schink (s. Lit.) am *Gerächten Agamemnon* die mangelhafte Umsetzung von Noverres Theorien in die Praxis. 1774 brachte Noverre das Werk am Teatro Regio Ducal Mailand heraus.

Abschriften: St.: ÖNB Wien, Státni arch. Třeboň Český Krumlov/Krumau, Thurn u. Taxis Hof-Bibl. Regensburg; Kl.A: SBPK Bln., ÖNB Wien. **Ausgaben:** L in: Theaterkalender von Wien, für das Jahr 1772, Wien, Kurzböck 1772; L, frz.: Paris, Ghelen 1771; Wien 1772; L, frz., in: Recueil de programmes de ballets de M. Noverre, Maître des Ballets de la cour impériale et royale, Wien, Kurzböck 1776; L, frz., auch in: J. G. NOVERRE, Lettres [s. Lit.; ab 1783]. **Aufführungsmaterial:** M: Inst. für Mw. d. Univ. Salzburg
Literatur: H. RIESSBERGER, Franz Aspelmayer (1728–1786), Diss. Innsbruck 1954; weitere Lit. s. S. 478

Sibylle Dahms

Adelheid von Ponthieu
Großes tragisch-pantomimisches Ballett in fünf Abteilungen

Musik: Joseph Starzer. **Libretto:** Jean Georges Noverre
Uraufführung: 24. Juni 1773, Burgtheater, Wien
Darsteller: Renaud, Graf von Ponthieu, Vater Adelheids; Adelheid von Ponthieu; Raymond von Mayenne, Prinz von Hainault, Adelheids geheimer Liebhaber; Alphonso, ein fremder Ritter, für welchen Adelheid bestimmt ist; Prinzessinnen von Geblüt; Hofdamen; Ritter; Schiedsrichter; einige, die den Rittern im Zweikampf beistehen; Waffenträger; Pagen der Ritter
Orchester: 2 Fl, 2 Ob, 2 Fg, 2 Hr, 2 Trp, Pkn, Streicher, B.c
Aufführung: Dauer ca. 45 Min.

Entstehung: Unmittelbare Anregung zur Wahl des Sujets war aller Wahrscheinlichkeit nach die Tragédie-lyrique *Adèle de Ponthieu* von Pierre Montan Berton und Jean Benjamin de La Borde (Paris 1772, Text: Razins de Saint-Marc).
Inhalt: Auf dem Schloß von Ponthieu, Mittelalter. 1. Abteilung, Schloßpark: Adelheid ringt sich zu der Entscheidung durch, sich ihrem Vater zu fügen, der sie mit Alphonso vermählen will. Sie beschließt daher, ihrer geheimen Liebe zu Raymond zu entsagen. Die Ankunft Raymonds, der für immer Abschied von ihr nehmen möchte, versetzt die beiden in Schmerz und Verwirrung, und sie gestehen sich erstmals ihre Liebe. Nun erscheint Renaud, um seine Tochter zur Trauung mit Alphonso abzuholen. Er bittet Raymond, an der Feier teilzunehmen; dieser sieht sich dazu außerstande. 2. Abteilung, Festsaal: Ritter und Damen ziehen ein; ihnen folgen Alphonso und Renaud mit Adelheid. Als Adelheid bei der Trauungszeremonie ihr Jawort geben soll, fällt sie ohnmächtig in die Arme ihres Vaters. Sie wird in ihre Gemächer gebracht; Alphonso überläßt sich finsteren Ahnungen. 3. Abteilung, Adelheids Kabinett: Adelheid schreibt an Raymond und bittet ihn, sich ihrem Vater zu erklären. Sie selbst wolle alles unternehmen, um sich mit ihm zu verbinden. Als sie einer Vertrauten die Botschaft übergibt, erscheint Raymond, der von den Ereignissen während der Trauung erfahren hat. Adelheid bittet die Vertraute, den Brief zu verbergen, doch Raymond, der den Inhalt ahnt, bringt ihn in seinen Besitz. Überwältigt wirft er sich zu Adelheids Füßen; beide geben sich ihren Gefühlen hin. Da stürzt Alphonso herein. Rasend vor Wut, beleidigt er Adelheid und Raymond sowie den eintretenden Renaud. Raymond und Adelheid gelingt es, den Vater über die wahre Ursache der Verwirrung und ihre lang gehegte Liebe aufzuklären. Raymond bittet Renaud, seine und Adelheids Ehre im Kampf gegen Alphonso verteidigen zu dürfen. Alphonso weigert sich, die Herausforderung anzunehmen, weil Raymond kein Ritter ist. 4. Abteilung, kriegerisch dekorierter Saal: In einer feierlichen Zeremonie wird Raymond zum Ritter geschlagen. Er legt einen Schwur ab, die beleidigte Ehre Renauds und Adelheids zu rächen. 5. Abteilung, Turnierplatz, mit Barrieren abgegrenzt, im Hintergrund halbkreisförmig angeordnete Tribünen, davor eine Estrade für die Kampfrichter: Ritter marschieren auf; die Zuschauer verteilen sich auf den Tribünen; die Kampfrichter nehmen ihre Plätze ein; die Ankunft der beiden Kontrahenten wird verkündet; Adelheid und Renaud erscheinen. Zunächst scheint Alphonso im Kampf zu dominieren, doch gelingt es Raymond

schließlich, ihn zu überwinden. Adelheid, die das Geschehen verfolgt hat, fliegt in Raymonds Arme. Renaud vereint die Liebenden.

Kommentar: Mit diesem Ritterballett versuchte Noverre offenkundig, einen Kompromiß zwischen Ballet en action und einem Grand spectacle zu finden. Während die 1. und 3. Abteilung seine Reformideen konsequent repräsentieren, bieten die übrigen alle nur erdenklichen Möglichkeiten zu spektakulärer Ausstattung, Massenaufzügen und Tanzdivertissements. Werden in solche eher dekorative Szenen allerdings Ausbrüche echten Gefühls in pantomimischer »action« dramaturgisch integriert, wie etwa in der 2. Abteilung (Adelheids Zusammenbruch), ist dies für beide Darstellungsformen äußerst gewinnbringend. Eine Sonderstellung nimmt das Turnier in der 5. Abteilung ein. Noverre griff hier, wie bereits bei früheren Gelegenheiten, auf die seit der Renaissance gepflegte Tradition getanzter Kampfszenen (Combattimento, Barriera, Torneo) zurück. Anders als in dem Ballett *Les Horaces et les Curiaces* (1774), in dem das auf sechs Kombattanten ausgedehnte Kampfgeschehen durch ein längeres durchkomponiertes Instrumentalstück zeitlich, formal und inhaltlich fixiert ist, entschloß sich Noverre zu einer höchst merkwürdigen Lösung: Dumpfer Trommelwirbel begleitet die Aktion, die daher in Tempo und Dauer nicht von der Musik, sondern von den Agierenden bestimmt wird. Im Uraufführungsprogramm begründete er dies folgendermaßen: »Dieses Innehalten der Musik giebt der Handlung Licht und Schatten, und dient so zu sagen dem lebhaften Eindruck der Musik Einhalt zu thun; wenn nun der Kampf dem abgemessenen und einförmigen Tacte der Musik nicht untergeordnet ist, so erhält er dadurch mehr Wärme, Wahrheit, und Antheilnehmung. Es ist manchmal sehr vortheilhaft, einige Augenblicke sich der Musik nicht zu gebrauchen; es kömmt den Augen das zu guten, was den Ohren entzogen wird.« – Starzers 31 Nummern umfassende Partitur ist den unterschiedlichen szenisch-dramatischen Erfordernissen außerordentlich gut angepaßt. Besonders interessant sind die vorwiegend von gestisch-mimischer Aktion bestimmten Abteilungen 1 und 3. Während die 1. Abteilung aus zwei relativ kurzen durchkomponierten Abschnitten besteht, finden sich in der 3., die durchwegs pantomimisch ausgeführt wird, vier sehr regelmäßig strukturierte Stücke und nur eine durchkomponierte, 100 Takte lange Nummer. Hier zeigt es sich, daß auch satztechnisch und formal eher konventionell erscheinende Ballettkompositionen durchaus mit dem neuen Ballettstil harmonieren konnten, wenn sie dynamisch differenziert genug waren, ausdrucksstarke Melodik und abwechslungsreiche rhythmische Akzentuierung aufwiesen und sich in ihrer Abfolge klar im Charakter voneinander unterschieden. Bemerkenswert ist im übrigen, daß Starzer im großen Schlußdivertissement (5. Abteilung) ein Menuett (Nr. 20) aus Christoph Willibald Glucks Musik zu Angiolinis *Don Juan* (1761) notengetreu, wenn auch in größerer Bläserbesetzung, übernommen hat.

Adelheid von Ponthieu; Illustration: Johann Ernst Mansfeld nach einer Zeichnung von Joseph Lange. – Der Stich, im *Almanach des Theaters* 1774 in Wien erschienen, hält die zentrale Szene des Werks fest: den über Adelheids Schicksal entscheidenden Zweikampf zwischen Raymond und Alphonso.

Wirkung: Nach der Uraufführung erlebte *Adelheid von Ponthieu* über 40 Aufführungen auf beiden Wiener Bühnen. Eine Neuproduktion durch Noverres Schüler Sébastien Gallet am 26. Dez. 1775 erzielte innerhalb von zwei Monaten 13 Wiederholungen; 1791 brachte Anton Hornung das Werk am Theater in der Josefstadt Wien heraus. Die erste Einstudierung in einer andern Stadt geschah in Brünn 1774 durch Anton Rößle. Wenig erfolgreich war das Ballett am Teatro Regio Ducal Mailand 1776 und an der Opéra Paris 1777. Am King's Theatre London konnte Noverre 1782 (Wiederaufnahme 1788) mit *Adela of Ponthieu* einen großen Erfolg verbuchen; die hierfür von Ludwig August Lebrun komponierte Musik wirkt gegenüber der von Starzer recht konventionell. 1787 kam das Werk in Lyon heraus. In der Folgezeit gehörte *Adelheid von Ponthieu* zum Repertoire der Wanderbühnen.

Abschriften: Part: SBPK Bln.; St.: UB Augsburg, Státní arch. Třeboň Český Krumlov/Krumau, Nationalmuseum Prag; Kl.A: Nationalmuseum Prag, ÖNB Wien. **Ausgaben:** L, dt./frz.: Wien 1773; L in: Almanach des Theaters in Wien, Wien, Kurzböck

1774; L, frz., in: Recueil de programmes de ballets de M. Noverre, Maître des Ballets de la cour impériale et royale, Wien, Kurzböck 1776; L, ital.: Mailand 1774; L, frz.: Lyon, Olyer 1787; L, frz., auch in: J. G. NOVERRE, Lettres [s. Lit.; ab 1783].
Aufführungsmaterial: M: Inst. für Mw. d. Univ. Salzburg
Literatur: Due Lettere scritte a diversi Soggetti, Neapel 1774; weitere Lit. s. S. 478

Sibylle Dahms

Les Horaces et les Curiaces
Ballet tragique en cinq actes

Die Horatier und die Curiatier
5 Akte

Musik: Joseph Starzer. **Libretto:** Jean Georges Noverre
Uraufführung: 6. Jan. 1774, Burgtheater, Wien
Darsteller: Tullus Hostilius, König von Rom; Metius Sufetius, Oberhaupt der Albaner; der alte Horace, römischer Adliger; die drei Horaces, seine Söhne; die drei Curiaces, albanische Adlige; Camille, Schwester der Horaces und Geliebte des ältesten der Curiaces; Procule, Senator; Fulvie, Tochter Procules und Geliebte des ältesten der Horaces; Julie, Vertraute Camilles; Hauptleute der beiden Armeen; Priester; Opferpriester; Damen, Adlige und Senatoren von Alba; römische Soldaten; albanische Soldaten; Volk; Sklaven; Musiker
Orchester: 2 Fl, 2 Ob, 2 Fg, 2 Hr, 2 Trp, Pkn, Streicher, B.c; BühnenM: Trp, TanzM
Aufführung: Dauer ca. 45 Min.

Entstehung: Mit diesem letzten vor seinem Wechsel nach Mailand entstandenen Werk griff Noverre bewußt oder unbewußt auf ein für die Ballettgeschichte bedeutsames Sujet zurück: Aus der Tragödie *Horace* (1640) von Pierre Corneille soll während der vielzitierten »Grands nuits de Sceaux« 1714 erstmals ein längerer Szenenabschnitt ausschließlich pantomimisch dargestellt worden sein, wie der Augenzeuge Jean-Baptiste Dubos in seinen *Réflexions critiques sur la poésie et sur la peinture* (1719) berichtet. In der Folgezeit wurde dies Ereignis oft als Ausgangspunkt für das Ballet d'action bezeichnet. Noverre dürfte nicht nur durch Corneilles Original zu *Les Horaces et les Curiaces* angeregt worden sein, sondern sicher auch durch William Whiteheads freie Bearbeitung der Tragödie, *The Roman Father* (1750), die sich während seiner Londoner Gastspiele (1755–57) auf David Garricks Spielplan befunden hatte.
Inhalt: In Rom, zur Zeit des sagenhaften Königs Tullus Hostilius.
I. Akt, Saal im Palast des Horace: Camille befindet sich in schicksalhaftem Konflikt zwischen ihrem Verlobten, dem ältesten der Curiaces-Drillinge, und ihren Brüdern, den drei Horaces. Diese sowie die Curiaces wurden dazu auserwählt, eine kriegerische Auseinandersetzung zwischen Rom und Alba Longa stellvertretend zu entscheiden. Camille versichert dem zum Kampf eilenden Curiace ihre Liebe, die stärker als alle Familienbande sei. Während sie mit gemischten Gefühlen ihre Brüder verabschiedet, werden diese von ihrem Vater Horace, Procule und dessen Tochter Fulvie ermuntert. Mit einem Eid bekräftigen sie ihre Vaterlandsliebe.
II. Akt, das Schlachtfeld, links und rechts die feindlichen Heere, beiderseits Altäre, von Priestern umgeben, König Tullus steht an der Spitze der Horaces, Metius an der der Albaner: Eine feierliche Zeremonie leitet den Kampf der sechs Kontrahenten ein. Am Ende verläßt der älteste der Horaces-Söhne als einziger Überlebender den Platz. Die siegreichen Römer ziehen zum Kapitol; die geschlagenen Albaner tragen die Toten zu Grabe.
III. Akt, Kapitol: In einem Triumphzug ziehen die Horaces in Rom ein. Fulvie krönt den Geliebten mit einem Lorbeerkranz. Die Festfreude wird durch die verzweifelte Camille gestört, die Bruder und Vater des Mords an Curiace beschuldigt und Rom verflucht. Zum äußersten gereizt, tötet Horace seine Schwester. Im allgemeinen Tumult befiehlt Tullus, den Retter Roms in Ketten zu legen.
IV. Akt, Kerker: Horace erwartet das Todesurteil. Fulvie ist in den Kerker gelangt und versucht, den Geliebten zur Flucht zu überreden, doch dieser will sich der verdienten Strafe nicht entziehen. Umsonst bittet Fulvie Horace, auch sie zu töten. Der alte Horace bestärkt seinen Sohn in seiner heroischen Gesinnung. Procule erscheint mit dem vom Senat gefällten Urteil. Es ist nicht das erwartete Todesurteil, sondern die Begnadigung für Horace.
V. Akt, große Galerie in Tullus' Palast: Während eines Banketts zu Ehren des begnadigten Horace wird dessen Verbindung mit Fulvie vollzogen.
Kommentar: Wie in kaum einem andern seiner Werke gelang es Noverre in *Les Horaces et les Curiaces*, eine vollendete Balance zwischen konventionellem Divertissement (etwa der ganze V. Akt) und psychologisch höchst differenziertem, spannungsgeladenem Ballet en action zu schaffen. Im Verlauf seiner rund sechsjährigen Tätigkeit in Wien hatte er zweifellos die zwischen eigenem Anspruch und Publikumsgeschmack vermittelnde Kompromißformel gefunden. Zwar verstieß Noverre auch in diesem Ballett wieder gegen eine seiner früheren Thesen: Im III. Akt verlangte er von der Darstellerin der Camille, ein sechszeiliges Textzitat Corneilles »en action« verständlich zu machen, was die Verwendung eines erklärenden Programms zwingend erforderte. Dies jedoch hatte Noverre noch in der ersten Ausgabe seiner *Lettres sur la danse, et sur les ballets* (1760) strikt abgelehnt. Gasparo Angiolini und seine Parteigänger machten folgerichtig ihre Kritik an *Les Horaces* gerade an diesem Punkt fest. Allerdings ist die fragliche Szene, die dramatische Klimax des Werks (Camilles Verfluchung Roms und ihre Ermordung), musikalisch so differenziert, daß eine Annäherung an Noverres Intentionen möglich scheint. Überhaupt handelt es sich um eine der interessantesten Partituren Starzers. Szenen wie die erwähnte finden ihre musikdramatische Realisierung in instrumentalen Accompagnatos,

in denen zuweilen auch einzelne Soloinstrumente miteinander dialogisieren. Vielfach gibt es in dieser 36 Nummern umfassenden Ballettmusik Takt- und Tempowechsel innerhalb der einzelnen Sätze; eine Fülle dynamischer Vorschriften, ausdrucksstarke Fermatenpausen, weite harmonische Spannungsbögen, Chromatik und Dissonanz, aber auch kontrapunktische Linienführung dienen der Darstellung dauernd wechselnden Gefühlsausdrucks. Starzers Komposition, aller Wahrscheinlichkeit nach in enger Zusammenarbeit mit Noverre entstanden, spiegelt die Umsetzung von dessen Reformideen in die Praxis deutlicher als jedes Ballettszenario wider.

Wirkung: Über den großen Erfolg von *Les Horaces et les Curiaces* berichtete das *Wienerische Diarium* vom 12. Jan. 1774, daß »das Händeklatschen nicht eher aufhörte, bis sich Herr Noverre selbst auf der Bühne zeigte, und den Lohn für seine Bemühungen selbst empfieng«. Am 10. Sept. 1775 studierte Noverres Schüler Sébastien Gallet das Ballett am Burgtheater neu ein, das danach in kurzer Zeit etwa 20 Aufführungen erlebte. Noverre brachte das Werk 1775 am Teatro Regio Ducal Mailand heraus. Als er 1777 mit dem bis dahin so erfolgreichen Ballett auch an der Pariser Opéra reüssieren wollte, erlitt er trotz Einsatzes eines wahren Staraufgebots, angeführt von Anne Friederike Heinel (Camille), Marie-Madeleine Guimard (Fulvie) und Auguste Vestris (Horace), einen Mißerfolg. Für das französische Publikum wirkte die vertanzte Corneille-Tragödie wohl lächerlich. Möglicherweise wurde Jacques Louis Davids epochemachendes Gemälde *Le Serment des Horaces* (1784) durch die Pariser Produktion von Noverres Ballett angeregt.

Abschriften: St.: Státní arch. Třeboň Český Krumlov/Krumau, Bibl. Estense Modena, Bibl. de l'Opéra Paris, ÖNB Wien; Kl.A: ÖNB Wien, SBPK Bln. **Ausgaben:** L: Wien 1773; L in: Recueil de programmes de ballets de M. Noverre, Maître des Ballets de la cour impériale et royale, Wien, Kurzböck 1776; L: Paris, Lormel 1777; L auch in: J. G. NOVERRE, Lettres [s. Lit.; ab 1783].
Aufführungsmaterial: M: Östr. Akad. d. Wiss., Wien
Literatur: G. ANGIOLINI, Riflessioni sopra l'uso dei programmi nei Balli Pantomimi, Mailand 1775; S. F. NADEL, O. WESSELY, Les Horaces et les Curiaces. Bemerkungen zu einem Ballett v. J.-G. N. u. J. Starzer, in: StMW 32:1981, S. 111–146; weitere Lit. s. S. 478

Sibylle Dahms

Les Petits riens
Ballet-pantomime en un acte

Die kleinen Nichtigkeiten
1 Akt (3 Bilder)

Musik: Wolfgang Amadeus Mozart und anonyme Komponisten. **Libretto:** Jean Georges Noverre
Uraufführung: 11. Juni 1778, Opéra, Palais Royal, Paris
Darsteller: L'Amour/Amor; Schäferinnen; Schäfer
Orchester: 2 Fl, 2 Ob, 2 Klar, 2 Fg, 2 Hr, 2 Trp, Pkn, Streicher
Aufführung: Dauer ca. 30 Min.

Entstehung: Mozart und Noverre lernten sich 1773 in Wien näher kennen. Während seines insgesamt unglücklichen Parisaufenthalts 1778 zählte der damalige »Compositeur et Maître des ballets« der Pariser Académie Royale zu den wenigen Hoffnungsträgern Mozarts. Noverre allerdings, der sich als Protegé seiner Schülerin Königin Marie Antoinette Intrigen seiner Pariser Kollegen ausgesetzt sah, was schließlich zur vorzeitigen Aufgabe seiner Position führte, war in seinen eigenen Möglichkeiten offenbar begrenzt. *Les Petits riens*, das zusammen mit Piccinnis Oper *Le finte gemelle* (Rom 1771, Text: Giuseppe Petrosellini) aufgeführt wurde, war die Neufassung des gleichnamigen pantomimischen Balletts, das Noverre 1767 am Wiener Burgtheater choreographiert hatte (Musik: Franz Aspelmayr). In diesem kommt im 1. Bild der als Vogel verkleidete Amor kraft seiner Macht frei, nachdem ihm ein Mädchen ein Flötenständchen gebracht hat. Im 2. Bild führt eine maskierte Schäferin einen verliebten Schäfer in Fesseln mit sich; als es dem Schäfer gelingt, die Schäferin zu demaskieren, folgt dem Streit die Versöhnung. Im 3. Bild ist ein ländliches Paar einem städtischen gegenübergestellt; nach wechselseitiger Annäherung kehren beide Paare in ihren Lebensbereich zurück.

Inhalt: 1. Bild: L'Amour wird überlistet und in einen Käfig gesperrt. 2. Bild: ein Blindekuhspiel. 3. Bild: Amour führt zwei Schäferinnen einen schönen Schäfer zu, in den sich beide verlieben. Der vermeintliche Schäfer entpuppt sich als Mädchen, das erst durch das Entblößen seiner Brust die Schäferinnen über Amours List aufklärt.

Kommentar: Ganz den Forderungen Noverres entsprechend reiht dies anakreontische Ballett »lebende Bilder«, Genrebilder, aneinander, wobei den Darstellern reichlich Gelegenheit zur subtilen Nuancierung von Ausdrucksqualitäten gegeben ist. In zeitgenössischen Berichten wurden die episodischen Bilder mit Gemälden Antoine Watteaus und François Bouchers in Bezug gebracht. Die Musik besteht in erster Linie aus traditionellen Tanzsätzen (Gavotte, Menuett, Passepied, Courante), was in der Frage der Autorschaft ein definitives Urteil unmöglich macht. Mit einiger Sicherheit sind nur die ersten drei und die letzten zwei der 20 Nummern Mozart abzusprechen. Ob Mozarts einzeln überlieferte *Gavotte B-Dur* (1778) ursprünglich für die Ballettmusik gedacht war, ist ungeklärt. – Das Fehlen von Libretto und eindeutig zuzuordnenden Bühnenbild- und Kostümskizzen läßt eine ausführlichere Besprechung des Werks nicht zu.

Wirkung: Den fragmentarischen Aufführungsberichten (bei Rudolph Angermüller, s. Lit.) zufolge, in denen allerdings Mozarts Name nie auftaucht, war *Les Petits riens* nicht sehr erfolgreich. Hierfür bürgte die Besetzung mit Marie-Madeleine Guimard, Marie Allard, Mlle. Asselin, Auguste Vestris und Jean Dauberval. Das Ballett wurde während Mozarts Parisaufenthalt nachweislich siebenmal aufgeführt. Noch 1790 muß sich *Les Petits riens* auf dem Spielplan der Opéra befunden haben; in diesem Jahr wurde für Charles Louis Didelots Pariser Debüt eine von Etienne Nicolas

Méhul zu diesem Anlaß komponierte Gavotte in das Ballett interpoliert. – Für eine Einstudierung des Balletts am King's Theatre London 1781 schrieb François-Hippolyte Barthélemon eine neue Musik. – Eine Partiturabschrift, deren Datierung aber nicht zweifelsfrei möglich ist, wurde erst 1872 von Victor Wilder in der Bibliothek der Opéra entdeckt. – Das Interesse an diesem typischen Produkt des 18. Jahrhunderts setzte erst im 20. ein, wenn auch die Echtheitsdebatten und die problematische Überlieferungslage die Zahl der Neuchoreographien gering gehalten hat. 1916 brachte Max Reinhardt am Deutschen Theater Berlin eine Bearbeitung als *Die grüne Flöte* heraus (Libretto: Hugo von Hofmannsthal, Choreographie: Gyda Christensen, Musikbearbeitung: Einar Nilson; mit Lillebil Christensen, Ernst Matray, Ernst Lubitsch und Katta Sterna). Von den bedeutenden Choreographen des 20. Jahrhunderts wurden beispielsweise Frederick Ashton mit *Suite de Danses (Galanteries)* (London 1927) und *Nymphs and Shepherds* (London 1928) und Ninette de Valois (Cambridge 1928, Musikbearbeitung: Constant Lambert) zu Nachschöpfungen von *Les Petits riens* angeregt. Eine musikalische und inhaltliche Neueinrichtung besorgten Bernhard Paumgartner und Sonia Korty (Trier 1962), wobei die vermutlich nicht von Mozart stammenden Abschnitte durch andere Mozart-Kompositionen ersetzt wurden.

Abschriften: M: Bibl. de l'Opéra Paris (A. 253a). **Ausgaben:** Part, krit. Ausg.: W. A. MOZART, Werke, Bd. XXIV/10a [rev. v. V. Wilder], B&H 1886, Nachdr.: Edwards Music Reprints, Serie A, Ann Arbor, MI 1951–56; W. A. MOZART, Neue Ausg. sämtl. Werke, Serie II/6, Bd. 2, hrsg. H. Heckmann, Bär 1963; TaschenPart: Eulenburg 1924, Nr. 854; Kl.A v. V. Wilder: Heugel 1872; Kl.A in: Life of Noverre [s. Lit.], S. 90–111; Kl.A v. B. Paumgartner: Schott 1956, Nr. 4439. **Aufführungsmaterial:** M: Bär, Schott
Literatur: R. ANGERMÜLLER, W. A. Mozarts musikalische Umwelt in Paris (1778). Eine Dokumentation, München, Salzburg 1982 (Mw. Schriften. 17.); weitere Lit. s. S. 478

Sibylle Dahms

Max von Oberleithner

Max Heinrich Edler von Oberleithner; geboren am 11. Juli 1868 in Mährisch-Schönberg (Šumperk; Nordmähren), gestorben am 4. Dezember 1935 in Mährisch-Schönberg

Aphrodite
Oper in einem Aufzug

Text: Hans Liebstöckl, nach dem Roman *Aphrodite. Mœurs antiques* (1895) von Pierre Louÿs (eigtl. Pierre-Félix Louis)
Uraufführung: 16. März 1912, Hofoper, Wien
Personen: Königin Berenike (Mez); Demetrios (Bar); 1. Priester (B); Timon, ein Fremder (T); Naukrates, sein Gastfreund (B); Chrysis und Bacchis, Hetären (2 S); Myrtokleia (S), Melitta (S) und Aphrodysia (A), Chrysis' Freundinnen; Djala (A); Seso, Sklavin (stumme R); ein Neger (stumme R). **Chor:** junge Mädchen im Dienst der Göttin Aphrodite, Volk. **Statisterie:** Wächter des Tempels, Gefolge der Königin
Orchester: 3 Fl (3. auch Picc), 2 Ob, E.H, 2 Klar, B.Klar, 2 Fg, K.Fg, 4 Hr, 3 Trp, 3 Pos, B.Tb, Pkn, Schl (kl.Tr, gr.Tr, Bck, Trg, Glsp, Tamburin), Hrf, Celesta, Streicher
Aufführung: Dauer ca. 1 Std. 45 Min. – Tänze.

Entstehung: Oberleithner lebte nach seiner Promotion zum Juristen, nach Kompositionsstudien bei Anton Bruckner und Engagements als Theaterkapellmeister als international bedeutender Tuchfabrikant in Mährisch-Schönau. Diese finanzielle Unabhängigkeit gestattete ihm eine umfangreiche kompositorische Tätigkeit, in deren Mittelpunkt mehrere Opern standen. Mit *Aphrodite* gelang ihm der Durchbruch. Oberleithner begann die Komposition im Mai 1909; der Klavierauszug erschien bereits 1910. Louÿs' Roman wurde seiner erotischen Bildlichkeit wegen mehrfach als Oper bearbeitet, so von Arturo Berutti (*Khrysé*, Buenos Aires 1902), von Arturo Luzzatti (*Afrodita*, Buenos Aires 1928) und, als wichtigstes Beispiel neben Oberleithner, von Erlanger (*Aphrodite*, 1906). Auch Debussy zeigte zunächst Interesse an dem Stoff und ließ sich für zwei Jahre die Exklusivrechte für eine Vertonung sichern; er plante zunächst ein Ballett, später eine Oper. Liebstöckl, ein in Österreich bekannter Journalist, hat die Handlungsfülle geschickt dramatisiert und konzentriert. Bei der Premiere wurde im Anschluß, wohl um eine Pause anzubieten, ein kurzes Tanzdivertissement aus Bearbeitungen von Kompositionen Carl Maria von Webers, Josef Strauß' und Franz Liszts gegeben. Wahrscheinlich um eine derartige Kombination zu umgehen, bietet ein Parturautograph Oberleithners die Möglichkeit, den Einakter zu teilen und eine Pause nach »Frohlocke! juble! jauchze meine Seele!« einzuschalten.
Handlung: Auf einem Platz vor dem Tempel der Aphrodite in Alexandria, um 200 v. Chr.: Liebesdienerinnen schmücken das Haus ihrer schönen Gefährtin Chrysis. Timon und sein Gastfreund Naukrates erscheinen. Timon verliebt sich in Chrysis, die ihn jedoch abweist. Sie träumt davon, daß einst ein Gott kommen wird, um sie, die Sterbliche, zu lieben, so wie es etwa von Zeus berichtet wird. Ihre Gefährtin Bacchis wird ihr von der Frau des Priesters als die Schönste vorgezogen. Sie soll der erwarteten Königin Berenike die Blumen überreichen. Chrysis ist deswegen eifersüchtig. Die Königin erscheint mit ihrem Geliebten, dem Bildhauer Demetrios. Er hat auf ihren Wunsch eine Statue der Aphrodite geschaffen und sie zum Vorbild genommen. Die Statue wird enthüllt. Bacchis erhält als Schönste den Schleier der Königin, die Gattin des Priesters eine kostbare Haarnadel, während die Statue mit dem Perlenband der Königin gefaßt wird. Demetrios bittet, diese Nacht allein bei der Statue bleiben zu dürfen, um sie ein letztes Mal zu sehen. Die andern beginnen das Fest. Demetrios ist

der Königin während der Arbeit überdrüssig geworden. Die von ihm geschaffene Figur betrachtet er als Ideal, schöner als das Vorbild und alles, was er an Schönheit im Leben noch erwarten kann. Da erscheint Chrysis. Er ist von ihrem Anblick überwältigt. Sie will sich ihm aber nur hingeben, wenn er ihr die drei von der Königin überreichten Geschenke bringt. Er verspricht es und wird zum Verbrecher: Er stiehlt sowohl den Schleier wie auch die Haarspange und tötet sogar die Frau des Priesters. Schließlich muß er sein eigenes Werk zerstören, denn zu eng ist das Halsband mit der Statue verbunden. Nach diesen Untaten fühlt er sich so schuldbeladen, daß er Chrysis nicht mehr begehrt. Um ihn wieder für sich zu gewinnen und um sich selbst als Göttin darzustellen, schmückt sich Chrysis mit den Geschenken und nimmt den Platz der Statue ein. Das Volk bringt der Göttin Opfer dar und entdeckt Chrysis. Das Verbrechen wird aufgedeckt. Demetrios stellt sich schützend vor Chrysis und wird von Timon getötet. Chrysis muß den Giftbecher nehmen.

Kommentar: Louÿs' Roman ist seinem eigentlichen Wesen nach ein Künstlerroman und trägt teilweise autobiographische Züge: Demetrios gibt dem von ihm geschaffenen Kunstwerk den Vorzug vor der Wirklichkeit. Überwuchert wurde die Idee eines ästhetischen Idealismus von den freimütigen erotischen Schilderungen des Dirnenlebens im alten Alexandrien. Sie spielen in der Rezeption des Romans die bedeutsamste Rolle und haben sicher auch Oberleithner bei seiner Stoffwahl beeinflußt. Die Partitur verrät den versierten Musiker, der sich stark an Vorbildern wie Wagner und Strauss orientierte und sich dabei zuweilen allzu deutlich und ohne Scheu an Erfolgreiches anlehnte. Daß er dabei die Qualität seiner Vorbilder nicht erreichte, steht freilich außer Frage. Gleichwohl traf er mit seiner Musik, was auch die Rezensionen hervorhoben, zumindest den lasziv-erotischen Ton des Textes, wie etwa die Szene Chrysis/Demetrios (»Du nennst dich Chrysis?«) und Chrysis' Schlußszene (»Der schöne Traum ist zu Ende«) mit ihrer schwülen Harmonik und Instrumentation belegen.

Wirkung: Mit der glänzend vorbereiteten Uraufführung (Dirigent: Franz Schalk, Regie: Wilhelm Wymetal; Berenike: Laura Hilgermann, Demetrios: Friedrich Weidemann, Priester: Alexander Haydter) begann der rasche Aufstieg von Maria Jeritza. Als Gast der Wiener Volksoper sang sie die Chrysis zum erstenmal an der renommierten Hofoper, deren festes Mitglied sie 1913 wurde. Neben Jeritzas künstlerischer Ausstrahlung hatten das erotische Sujet und seine Darstellung wesentlichen Anteil an dem vergleichsweise großen Publikumsinteresse. Die Oper wurde innerhalb von sechs Wochen zehnmal gegeben und blieb bis 1918 auf dem Programm. Auch einige wenige andere deutschsprachige Bühnen, wie Magdeburg, übernahmen das Werk, danach geriet es in Vergessenheit. Jeritza übernahm auch in zwei späteren Opern Oberleithners die Hauptrolle: in der Uraufführung (Brünn 1916, Text: Bruno Warden und Ignaz Michael Welleminsky) sowie der Wiener Erstaufführung (Volksoper, 1918) von *La Vallière* und in der

Aphrodite; Maria Jeritza als Chrysis; Uraufführung, Hofoper, Wien 1912. – Mit der Chrysis debütierte die Sopranistin an der Hofoper. Im selben Jahr kreierte sie als Gast der Stuttgarter Oper die Titelpartie in Strauss' *Ariadne auf Naxos*. Dank der Strahlkraft ihrer Stimme und ihrer Bühnenerscheinung war sie vor allem auch als Fedora, Thaïs, Tosca, Turandot und als blonde (!) Carmen in den gleichnamigen Opern eine weltweit umworbene Sängerin.

Budapester Erstaufführung (1918) des *Eisernen Heiland*s (1917). Die künstlerische Verbindung zwischen Oberleithner und Jeritza endete bald darauf mit einem seinerzeit vielbeachteten Eklat. Besprechungen mit Jeritza und der Staatsoperndirektion mißverstand Oberleithner als Kompositionsauftrag zu einer Oper für die Sängerin; er komponierte *Adelheid* (Text: Eleonore Gräfin van der Straten) mit einer Wahnsinnsszene im Finale und erhob Schadensersatzklage (Prozeßschriftstücke: Österreichische Nationalbibliothek, F 32 Oberleithner 104) gegen Jeritza, als sie sich weigerte, die in Aussicht genommene Uraufführung tatsächlich zu verwirklichen. Sie lehnte ebenso ihre Mitwirkung in der Oberleithner statt dessen angebotenen Neuinszenierung von *La Vallière* ab, und auch die Aufführung des *Eisernen Heiland*s an der Staatsoper

1930 mußte ohne sie herausgebracht werden. Der Prozeßabschluß 1932 fand in der Presse starke Beachtung.

Autograph: Part: ÖNB Wien (OA 1268); Skizze für Kl mit Text, Vervielfältigung: ÖNB Wien (OA 2049); Schluß des 1. Teils: ÖNB Wien (S. m. 3379). **Ausgaben:** Kl.A: Weinberger 1910, Pl.Nr. 1683; Textb.: Weinberger 1912
Literatur: J. KORNGOLD, Aphrodite, in: DERS., Deutsches Opernschaffen der Gegenwart. Krit. Aufsätze, Lpz., Wien 1921, S. 292–297; M. JERITZA, Sunlight and Songs. A Singer's Life, NY, London 1924; K. FRANKE, Pierre Louÿs, Diss. Bonn 1937; H. P. CLIVE, Pierre Louÿs (1870–1925). A Biography, Oxford 1978

Peter Andraschke

Der eiserne Heiland
Oper in drei Akten

Text: Bruno Warden (eigtl. Bruno Wradatsch) und Ignaz Michael Welleminsky
Uraufführung: 20. Jan. 1917, Volksoper, Wien
Personen: Andreas Reutterer, Schmied (Bar); Annina, sein Weib (dramatischer S); der Pfarrer von St. Gertraud (Bar); der rote Klaus (B); Ridicolo (T); Liesl (S); Walburga (S); Ursula (A); Kleinthaler, Schuster (Bar); Zopf, Schreiber (T); Kümmerlich, Bäcker (B); Frau Kümmerlich (A). **Chor:** Dörfler, Handwerker, Bauern
Orchester: 2 Fl, 2 Ob (2. auch E.H), 2 Klar (2. auch B.Klar), 2 Fg, 4 Hr, 2 Trp, 3 Pos, B.Tb, Pkn, Schl (kl.Tr, gr.Tr, Bck, Trg), Hrf, Streicher; BühnenM: E.H, Amboß, Harm
Aufführung: Dauer ca. 2 Std. 30 Min. – Kleinthaler, Zopf und Kümmerlich können mit Chorstimmen besetzt werden.

Handlung: In einem Dorf in den Dolomiten, um 1860. Den Hintergrund der Ereignisse bilden die nationalen Differenzen zwischen italienischer und deutschstämmiger Bevölkerung im Grenzgebiet zwischen der Habsburgermonarchie und Italien.
I. Akt, Dorfplatz mit Linde, links ein Bach mit Wäscheplatz, im Hintergrund Schmiede und Wohnhaus: Reutterer ist mit der Italienerin Annina verheiratet. Das wird ihm von den Dorfbewohnern als Verrat an der Heimat angelastet. Bedingt durch die ständigen Anfeindungen, hat Reutterer sich in den Wahn gesteigert, schwere Schuld auf sich geladen zu haben. Als Sühneopfer schmiedet er ein riesiges eisernes Standbild des gekreuzigten Heilands; so hofft er seine Ruhe wiederzufinden. Als der fahrende Musikant Ridicolo erscheint, erweckt das sofort die Ressentiments der Dorfbewohner, die ihn beschimpfen und tätlich angreifen. Nur das Dazwischentreten Reutterers verhindert, daß er ernsthaft verletzt wird. Auf Bitten Anninas gewährt Reutterer Ridicolo Obdach für die Nacht.
II. Akt, das Innere von Reutterers Wohnhaus: Annina, die die feindselige Umgebung nicht mehr ertragen kann, fleht ihren Mann an, mit ihr nach Italien zu ziehen; schweren Herzens stimmt er zu. Selbst die Dorfbewohner, die ihre Versöhnungsbereitschaft bekunden, können ihn zunächst nicht umstimmen. Plötzlich stürzt das an die Wand gelehnte eiserne Standbild um und begräbt Reutterer unter sich, ohne ihn jedoch zu verletzen. Dieser deutet das als Zeichen des Himmels, seine starre Haltung aufzugeben. Feierlich erklärt er, im Dorf zu bleiben und friedlich mit seinen Nachbarn zusammenzuleben. Annina wirft ihm Treuebruch und Verrat vor, doch er stößt sie zur Seite und begibt sich mit den andern in die Kirche, wo der eiserne Heiland gesegnet werden soll. In ihrer Verzweiflung sucht Annina Ridicolos Nähe. Als sie in seinen Armen liegt, kommt Reutterer zurück: In rasender Wut verjagt er den Musikanten; Annina ist seiner Rache schutzlos preisgegeben.
III. Akt, Gletschergipfel in dichtem Nebel: Ridicolo hat sich ins Hochgebirge geflüchtet. Vor einem heranziehenden Sturm verbirgt er sich in einer Höhle. Auf dem Höhepunkt des Unwetters erscheint Reutterer, der alle Anzeichen beginnenden Wahnsinns erkennen läßt. Er bindet Annina an das Gipfelkreuz, wo sie ihre Schuld sühnen soll; mit der Bitte an den Himmel, sich ihres Manns zu erbarmen, stirbt sie. Ridicolo, Zeuge des Geschehens, sticht Reutterer nieder und stürzt sich daraufhin in die Tiefe. Bei Tagesanbruch erscheinen die Dorfbewohner, um den eisernen Heiland zum Gipfelkreuz zu bringen. Mit Entsetzen, auch über ihr eigenes Verhalten, erfahren sie vom sterbenden Reutterer die Einzelheiten der grauenhaften Ereignisse. Er stirbt in der Hoffnung auf eine erneute Vereinigung mit Annina in einer besseren Welt.
Kommentar: Im *Eisernen Heiland* treffen zwei zu Beginn des 20. Jahrhunderts virulente Strömungen des Musiktheaters zusammen: Einerseits ist dies Werk mit seiner Thematisierung nationaler und sozialer Konflikte sowie mit seinem oft drastischen Realismus eine der ausgeprägtesten Manifestationen des Verismo in der deutschen Oper, andrerseits repräsentiert es die sogenannte Volksoper, die in Österreich ein eigenständiges Erscheinungsbild entwickelt hatte. Wie Wilhelm Kienzl (*Das Testament*, Wien 1916, Text: Kienzl nach Peter Rosegger), Julius Bittner (*Der Bergsee*, Wien 1911, Bittner), Karel Weis (*Bojarská nevěsta*, Prag 1943, Weis nach Ludwig Ganghofer) und Josef Bohuslav Foerster knüpfte auch Oberleithner an die Tradition volkstümlichen Theaters an, zu dessen Ausprägungen das Singspiel und, als Weiterentwicklung daraus, die Spieloper gehört. Stofflich wie musikalisch rekurrierten diese Komponisten auf jene Traditionen, griffen aber zunehmend auch Elemente des Wagnerschen Musikdramas auf. Zur Pflege künstlerisch anspruchsvoller gehobener Unterhaltung und nicht zuletzt als Reaktion gegen die Wiener Operette wurde 1904 in Wien eine Institution gegründet, deren Name gleichzeitig als Programm erscheint: die »Volksoper«. Kienzl nahm das zum Anlaß, in einem Essay über den Begriff der Volkskunst zu reflektieren, wobei er implizit eine Poetik der Volksoper entwarf. – Die harmonische Faktur des *Eisernen Heilands* ist einfach, vorwiegend diatonisch gehalten. Plastische Leitmotive und ein über weite Strecken vorherrschender Deklamationsstil verweisen auf Ri-

chard Wagner. Dennoch finden sich auch formal geschlossene Nummern wie etwa das Quartett der Mädchen, Anninas Strophenlied »Kleine Wellen, blanke Wellen« und Ridicolos Auftrittslied »Schwalben fliegen um mich her« im I. Akt sowie die Chöre der Dorfbewohner und deren Hymne »Stehe fest, o Vaterland« im II. Akt. Das Zentrum des III. Akts bildet die große Szene Reutterers (»Du süße Frau«), eine der umfangreichsten Wahnsinnsszenen der Opernliteratur für einen männlichen Protagonisten.
Wirkung: Die Uraufführung (Regie: Rainer Simons, Dirigent: Wilhelm Grümmer; Reutterer: Josef von Manowarda, Annina: Julie Gelzer, Pfarrer: August Maria Markowsky) wurde mit großem Beifall aufgenommen; vor allem das Schlußbild bot, auch optisch, mehr als Alltägliches. Die weitere Rezeption des *Eisernen Heilands* blieb im wesentlichen auf den deutschsprachigen Raum und eine sehr kurze Zeitspanne beschränkt, ein Schicksal, das dies Werk mit andern »Volksopern« teilt. Noch 1917/18 folgten Inszenierungen an Theatern der Habsburgermonarchie: 1917 in Innsbruck und Brünn, 1918 in Troppau, Graz und (mit Solisten der Hofoper Wien; Annina: Maria Jeritza) Budapest. Die deutsche Erstaufführung fand 1917 in Kiel statt (Carl Alving, Otto Selberg; Reutterer: Fritz Bergmann), konnte aber nicht vor der Kritik bestehen und wurde schnell abgesetzt. Nach vereinzelten Aufführungen, etwa Breslau und Berlin 1918 (Georg Hartmann, Rudolf Krasselt; Reutterer: Julius vom Scheidt, Annina: Mafalda Salvatini, Ridicolo: Paul Hansen) und Karlsbad 1920, nahm die Wiener Staatsoper im Zuge der Förderung einheimischer Komponisten und als Wiedergutmachung nach dem Scheitern der Uraufführung von Oberleithners *Adelheid* das Werk 1930 in den Spielplan (Regie: Hans Duhan, Dirigent: Karl Alwin, später auch Hugo Reichenberger; Reutterer: Manowarda, Pfarrer: Duhan). Der Schauplatz war von Südtirol in die Schweizer Hochalpen verlegt, die Italienerin Annina in die Spanierin Anita (Wanda Achsel) und ihr Landsmann Ridicolo in Rodrigo (Josef Kalenberg) gewandelt. Die Aufführung fand jedoch kaum Resonanz: Textlich inzwischen nicht mehr aktuell, vermochte das Werk auch sonst nicht zu überzeugen; nach den musikalischen Entwicklungen der 20er Jahre trat der Eklektizismus der Musik störend zutage. Die Staatsoperndirektion, durch viele Eingaben von Oberleithners Frau Vilma 1931–36 bedrängt (Haus-, Hof- und Staatsarchiv, Wien), konnte nicht einmal die geplante, ohnehin nicht sehr umfangreiche Zahl von Aufführungen einlösen. Auch Oberleithners Versuch, 1934 seine letzte Oper *Mene Tekel* an der Staatsoper zur Aufführung zu bringen, blieb erfolglos.

Autograph: ÖNB Wien (F 32 Oberleithner 5). **Ausgaben:** Part: Wiener Vlg., Wien; Kl.A v. F. Rebay: ebd., Nr. 114; Textb.: Weinberger [ca. 1917]
Literatur: R. S. HOFFMANN, Der eiserne Heiland, in: Merker 8:1917, S. 151–153; W. KRISTIN, In memoriam Dr. M. v. O., in: Deutsch-mährisch-schlesische Heimat 22, Brünn 1936

Hartmut Wecker

Jacques Offenbach

Eigentlich Jacob Offenbach; geboren am 20. Juni 1819 in Köln, gestorben am 5. Oktober 1880 in Paris

Pépito
Opéra-comique en un acte

Pépito
Das Mädchen von Elizondo
1 Akt

Text: Léon Battu und Jules Moinaux (eigtl. Joseph-Désiré Moineaux)
Uraufführung: 28. Okt. 1853, Théâtre des Variétés, Paris
Personen: Vertigo, Gastwirt (Bar); Miguel, Soldat (T); Manuelita (S)
Orchester: 2 Fl (2. auch Picc), Ob, 2 Klar, Fg, 2 Hr, 2 Trp, Pos, Pkn, Schl (gr.Tr, kl.Tr, Bck, Tamburin, Kastagnetten, Trg), Streicher
Aufführung: Dauer ca. 45 Min. – Orchester nach der deutschen Abschrift.

Entstehung: Seit Anfang der 40er Jahre hatte Offenbach sich bemüht, für das heitere Musiktheater zu schreiben, und mit buffonesken Salonsketchen wie *Le Moine bourru* (1843, Text: Edouard Plouvier) und Vaudevilles (zuerst *Pascal et Chambord*, 1839, Text: Auguste Anicet-Bourgeois und Edouard Brisebarre; verloren) Fingerübungen und Talentproben absolviert. *L'Alcôve* (1847, Text: Philippe Auguste Pittaud Deforges und de Leuven) war in Paris nur konzertant aufgeführt worden, in Köln 1849 immerhin szenisch (deutsch von C. O. Sternau als *Marielle oder Sergeant und Kommandant*). Adolphe Adam konnte sein Versprechen, eine einaktige *Blanche* (Text: Henri Vernoy de Saint-Georges) an seinem kurzlebigen Théâtre National-Lyrique 1847/48 herauszubringen, nicht wahrmachen. Mit diesen Werken und der unvollendeten *Duchesse d'Albe* (Text: Saint-Georges) hoffte Offenbach auf Annahme bei der Opéra-Comique, in deren Ästhetik sie gehalten sind. Von 1850 bis zur Eröffnung des Théâtre des Bouffes-Parisiens arbeitete Offenbach dann als Kapellmeister und Hauskomponist der Comédie-Française. Auch mit *Pépito* zielte er noch immer auf die Opéra-comique; aus seinem am 12. Jan. 1853 an Emile Perrin, den Direktor der Opéra-Comique, gerichteten Brief (Nr. 82 im Antiquariatskatalog des Maison de L'Autographe, Paris, Herbst 1990) läßt sich erschließen, daß es sich bei dem (vergeblich) angebotenen Stück mit drei Darstellern und ohne Chor um *Pépito* handelte.
Handlung: In Elizondo, einem baskischen Dorf: Manuelita wartet seit Jahren auf ihren Verlobten Pépito, der zu den Soldaten gehen mußte. Vertigo, der das benachbarte Wirtshaus unterhält, Zähne zieht, Serpent spielt und überhaupt ein figarogleicher Hansdampf in allen Gassen, nur etwas ältlich ist, wirbt

vergeblich um ihre Hand. Aus Madrid kommt Miguel, ein Jugendfreund, und in den beiden jungen Leuten werden schöne Erinnerungen wach. Miguel will die in der Hauptstadt erlernten Künste ausprobieren, die auch Vertigo von ihm lernen will. Ein großes Gelage endet damit, daß der betrunkene Vertigo einschläft und Manuelita den zudringlichen Miguel abweist. In ihm geht eine Wandlung vor sich, und er erbietet sich, selbst zum Militär zu gehen, damit Pépito freikommt. Gerührt wollen sie Abschied voneinander nehmen, da bringt Vertigo einen Brief Pépitos, der geheiratet hat. Vertigo muß zusehen, wie sich Miguel und Manuelita in die Arme fallen.

Kommentar: Das erste Stück Offenbachs, das an einer ernstzunehmenden Bühne uraufgeführt wurde, zeigt von der ausladenden Ouvertüre über die Duette und Terzette bis zum Finale, daß es eine Opéra-comique sein will. Der musikalische Tonfall ist eine Mischung aus Adamschem Esprit, Rossinischem Brio und von der Salonromanze beeinflußter Sentimentalität. Vaudeville-Nachklänge und Opéra-bouffe-Vorahnungen mag man in dem Rossini-Zitat erkennen, das in Vertigos Auftrittsarie (Nr. 2, »Vertigo Vertigo Figaro«) eingeflochten ist: Parodie ohne jeden kritischen Unterton, nur als Ausbeutung des Aha-Effekts der »air connu«. Ähnlich mag man die schlüsselhafte Trinkszene, die Verwendung folkloristischer Rhythmen (Bolero in der Ouvertüre und im zweiten Duett, Vertigos Serenade) und das Parodieverfahren im historischen Sinn einschätzen (aus seinem deutschen Lied »Cathrein, was willst du mehr?« macht Offenbach Miguels Romanze). Die Kontinuität zwischen Opéra-comique und Opéra-bouffe zeigt sich auch darin, daß der Einakter ohne große Änderungen 1856 ins Repertoire der Bouffes-Parisiens übernommen werden konnte.

Wirkung: Zwar hatte *Pépito* nicht die von Offenbach angezielten Folgen: einen Auftrag der Opéra-Comique. Die Premiere wurde immerhin als gelungene Talentprobe angesehen: Jules Gabriel Janin lobte im *Journal des débats* diese »Idylle in drei Couplets« als eine »schöne und gute Opéra-comique im alten Stil«. Nach der Wiener Premiere im Dez. 1858 im Carl-Theater (charakteristischerweise als zweites Offenbach-Werk im Okt. 1858 nach der *Mariage aux lanternes*, 1857) berichtete die *Rheinische Musik-Zeitung*: »Diese Operette [...] lehnt sich noch zu sehr an das Opernhafte« und nennt *Das Mädchen von Elisonzo* (so der erste Wiener Titel) »prätentiöser« als *Le Mariage*, wohl wegen der weniger singspielhaften, minder idyllischen Handlung. Später zeigt sich, daß der Schritt zum fremden Lokalkolorit und zu karikierten Figuren wie Vertigo entscheidend für die Entwicklung der Operette im modernen Sinn wurde. Für die Wiener Premiere, aber auch für die Wiederaufnahmen im Treumann-Theater 1860 sowie im Theater an der Wien im Dez. 1866 oder Jan. 1867 fand wahrscheinlich eine Version Verwendung, deren Übersetzung von Karl Treumann (und Friedrich Zell?) stammen dürfte und die sich im Soufflierbuch (von 1866) erhalten hat; die Instrumentation und musikalische Bearbeitung war von Carl Binder. Eine zweite Übersetzung als *Das Mädchen von Elizondo* stammt von Theodor Gaßmann und Johann Christoph Grünbaum. Das Werk wurde bis ins 20. Jahrhundert hinein nicht selten gespielt.

Autograph: verteilt auf mehrere Privatbesitzer u. Libr. de l'Abbaye Paris. **Abschriften:** Part, dt. (Carl-Theater 1858), instrumentiert v. C. Binder: ÖNB Wien; Part, dt. (um 1910): Vlg.-Arch. Bote & Bock Wiesbaden; Part, dt. (1933?) u.d.T. *Das Mädchen von Elizondo*: Vlg.-Arch. Bote & Bock Bln.; Soufflierbuch, dt. (Theater an der Wien 1866): Privatbesitz. **Ausgaben:** Kl.A: Paris, Chaillot [1853], Nr. 1516; Grus, Paris, Nr. 5268; Kl.A, frz./dt. Übers. (Sprechtexte nur dt.) v. T. Gaßmann, J. C. Grünbaum u.d.T. *Das Mädchen von Elizondo*: B&B [vor 1862], Nr. 4426; Kl.A, frz./dt.: B&B, Nr. 4432 [93 S.]; Kl.A, dt.: B&B [1911; 88 S.]; Textb., dt.: B&B [um 1862]; Textb. d. Gesänge, dt.: B&B [um 1920]; Textb. d. Gesänge, dt., für d. Rundfunk eingerichtet v. C. Bronsgeest: Bln., Wedekind 1925 (Sendespiele. 2,9.). **Aufführungsmaterial:** Lemoine, Paris; dt. v. Gaßmann/Grünbaum, instrumentiert v. H. Lamprecht: B&B **Literatur:** A. SOUBIES, Une Première par jour. Causeries sur le théâtre, Paris 1888, S. 340; **zu Offenbach:** A. DE LASALLE, Histoire des Bouffes-Parisiens, Paris 1860; E. DE MIRECOURT, Les Contemporains: Auber – O., Paris 1869; Richard Wagner und Jakob Offenbach. Ein Wort im Harnisch v. einem Freunde d. Tonkunst, Altona 1871; ARGUS [d. i. P. GILLE], Célébrités dramatiques: J. O., Paris 1872; J. OFFENBACH, Histoire d'une valse, Paris 1877; DERS., O. en Amérique. Notes d'un musicien en voyage, Paris 1877, dt. Bln. 1957; A. MARTINET, O. Sa vie et son œuvre, Paris 1887; E. HANSLICK, J. O., in: DERS., Aus dem Opernleben der Gegenwart. Der »Modernen Oper« III. Theil, Bln. 1884, Nachdr. Farnborough 1971, S. 268–290; L. HALÉVY, Notes et souvenirs 1871–1872, Paris 1889; DERS., Carnets I 1862–1869, hrsg. D. Halévy, Paris 1929, 1935; P. BEKKER, J. O., Bln. 1909 (Die Musik. 31/32.); M. TENÉO, J. O. d'après des documents inédits, in: Mercure musical, Paris 1911; R. A. NORTHCOTT, J. O. A Sketch of His Life and a Record of His Operas, London 1917; H. DE CURZON, J. O., Paris 1919; B. WITT, J. O., in: NZfM 86:1919/20, Nr. 24/25; E. RIEGER, O. und seine Wiener Schule, Wien, Bln. 1920; L. SCHNEIDER, O., Paris 1923; Jacques Offenbach. Beitr. zu seinem Leben u. seinen Werken, hrsg. K. Soldan, Bln. 1924, Nachdr. in: Szene 15:1925, Nr. 1; K. KRAUS, O.-Renaissance, in: Fackel 29:1927, April, Nr. 757/758; R. BRANCOUR, Les Musiciens célèbres: O., Paris 1929; K. KRAUS, »O.-Zyklus« und »Um O.«, in: Fackel 31:1929, Aug., Nr. 811–819; E. KŘENEK, Dank des Musikers an Karl Kraus, in: M-Bl. d. Anbruch, Wien 1929; E. STEUERMANN, Brief an Karl Kraus, in: Fackel 31:1929, Aug., Nr. 811; A. HENSELER, J. O., Bln. 1930; K. KRAUS, O.-Renaissance, in: Auftakt 10:1930, H. 9/10, S. 197–202; E. KŘENEK, Karl Kraus und J. O., ebd., S. 212f.; P. STEFAN, J. O., in: M-Bl. d. Anbruch 12:1930/31, Nr. 7/8; A. HENSELER, O.s Operettenstil, in: Bl. d. Staatsoper Bln. 11:1930/31, Nr. 15; H. KRISTELLER, Der Aufstieg des Kölners O. Ein Musikerleben in Bildern, Bln. 1931; S. KRACAUER, J. O. und das Paris seiner Zeit, Amsterdam 1937, Nachdr.: Pariser Leben. J. O. u. seine Zeit, München 1962; S. SITWELL, La Vie Parisienne: a Tribute to O., London 1937; J. BRINDEJONT-OFFENBACH, O., mon grand-père, Paris 1940, dt. Bln. 1967; S. DÖRFFELDT, Die musikalische Parodie bei O., Diss. Ffm. 1954; A. MOSS, E. MARVEL, Cancan and Barcarolle. The Life and Times of J. O., NY 1954; A. DECAUX, O. Roi du Second Empire, Paris 1958, dt. München 1960; M. RENAUD, J.-L. BARRAULT, Le Siècle d'O., Paris 1958 (Cahiers de la compagnie M. Renaud – J.-L. Barrault. 24.); H. SCHMIDT-GARRE, O.s zeitloses Theater, in: NZfM 120:1959, S. 365–368; H. ROTH, J. O. und Bad Ems, in: Nassauische Heimat-Bl. 50:1960, H. 2, S. 57–79; A. SILBERMANN, Das imaginäre Tagebuch des Herrn J.

O., Bln. 1960, erw. Neu-Ausg. München 1991 (Serie Piper. 8317.); I. I. SOLLERTINSKIJ, O., Moskau 1962; O. E. DEUTSCH, O., Kraus und die Anderen, in: ÖMZ 18:1963, S. 408ff.; O. SCHNEIDEREIT, J. O., Lpz. 1966; P. W. JACOB, J. O. in Selbstzeugnissen und Bilddokumenten, Reinbek 1969 (rm. 155.); S. LUYKEN, J. O. Genie d. Heiterkeit, Köln 1969 (Kölner Biographien. 1.); Jacques Offenbach. Ausstellungs-Kat. d. Hist. Arch. d. Stadt Köln zum 150. Geburtstag d. Komponisten, Köln 1969; H. SCHMIDT-GARRE, O. und das Zweite Kaiserreich gehören zusammen, in: NZfM 130:1969, S. 283–289; R. L. FOLSTEIN, A Bibliography of J. O., in: Current Musicology, Bd. 12, NY 1971; R. POURVOYEUR, J. O. Essay in toegepaste Muziek- en Toneelsociologie, Brüssel 1977 (Eclectica. 27/28.); P. GAMMOND, O., His Life and Times, Turnbridge Wells 1980; Jacques Offenbach. Schauplätze eines Musikerlebens. Ausstellungs-Kat. d. Hist. Arch. d. Stadt Köln, Köln 1980; Jacques Offenbach, München 1980 (M-Konzepte. 13.) [mit Auswahlbibliographie]; A. FARIS, J. O., London 1980, dt. Zürich 1982; D. RISSIN, O. ou le rire en musique, Paris 1980; J. HARDING, J. O., London, NY 1980; Offenbach in Offenbach, hrsg. Magistrat d. Stadt, Offenbach 1980 [mit Beitr. v. W. Kirsch, R. Dietrich]; G. KNEPLER, Karl Kraus liest O. Erinnerungen, Kommentare, Dokumentationen, Bln., Wien 1984; Jacques Offenbach. Komponist u. Weltbürger, hrsg. W. Kirsch, R. Dietrich, Mainz 1985 (Beitr. zur mittelrheinischen M.Gesch. 26.); E. C. HANSEN, Ludovic Halévy. A Study of Frivolity and Fatalism in 19th Century France, Lanham, MD 1987; T. GROEPPER, Aspekte der Offenbachiade. Untersuchungen zu d. L d. großen Operetten O.s, Diss. Bonn 1990 [in Vorb.]; A. DE ALMEIDA, [kommentiertes Werk-Verz. J. O.], Oxford [in Vorb.]

Josef Heinzelmann

Les Deux aveugles
Bouffonnerie-musicale en un acte

Die beiden Blinden
1 Akt

Text: Jules Moinaux (eigtl. Joseph-Désiré Moineaux)
Uraufführung: 5. Juli 1855, Théâtre des Bouffes-Parisiens, Salle Lacaze, Paris
Personen: Patachon (T); Giraffier (T). **Statisterie:** Passanten
Orchester: Picc, Fl, Ob, 2 Klar, Fg, 2 Hr, 2 Pistons, Pos, Pkn, gr.Tr, Streicher
Aufführung: Dauer ca. 30 Min. – Orchester nach der Pariser Abschrift.

Entstehung: Das Werk erklang erstmals zur Eröffnung der Bouffes-Parisiens, jenes legendären kleinen Theaters an den Champs-Elysées, als dessen Eigentümer sich Offenbach erstmals auch als Unternehmer profilierte. Die Vorbereitungszeit für die Premiere war denkbar kurz. Noch am 10. Mai 1855, kurz nach Beginn der Weltausstellung, bemühte sich Offenbach um dies Theater, das ihm gerade erlaubte, musikalische Szenen mit maximal drei Personen, kleine Ballette, Pantomimenvorträge und Liederabende zu gestalten. Dessen Restaurierung, die Erstellung eines Ensembles und eines Programms für den ersten Abend müssen in einer schier unglaublichen Hektik vorangegangen sein. In wenigen Tagen gelang es Offenbach (nach dem Erhalt der Konzession am 22. Mai), den Saal renovieren zu lassen, eine Truppe zusammenzustellen, die Dekors zu produzieren und die Eröffnungsstücke zu komponieren. In Hippolyte Cartier de Villemessant, dem Herausgeber des *Figaro*, fand er tatkräftigen finanziellen und publizistischen Rückhalt. Die Propagandaartikel in seinem Blatt erlauben eine beinah lückenlose Dokumentation der rasanten Entstehung der *Deux aveugles* sowie der Gründungsgeschichte der Bouffes. Am 24. Juni gab er die Mitwirkenden der Eröffnung bekannt, darunter den populären Pariser Konzertsänger und Komponisten Darcier, die Protagonisten der *Deux aveugles*, den jungen Tenor Jean Berthelier und Etienne Pradeau, den ersten Komiker des Theaters Bordeaux (merkwürdigerweise im *Figaro* als Bariton charakterisiert), sowie eine kleine Ballettgruppe, einen Pantomimen, Regisseur und Bühnenbildner. Am 1. Juli ist das Programm des Premierenabends zu erfahren: der Prolog *Entrez Mesdames* von Joseph Méry und Ludovic Halévy (er ersetzte den ursprünglichen Titel *Zing, zing, boum, boum*), die Opéra-comique *Une Nuit blanche* (Text: Edouard Plouvier), *Les Deux aveugles* und eine Harlekinade *Arlequin barbier,* deren Handlung sich an *Il barbiere di Siviglia* (1816) anlehnte und die aus Musik von Rossini und Offenbach bestand.

Handlung: Am Pont St. Michel, im Hintergrund Paris: Zwei anscheinend blinde Bettler, der füllige Patachon und der hagere Giraffier, treffen aufeinander, beide in der Absicht, sich mit dem Vortrag von Liedern ihr Geld zu verdienen. Zunächst diffamieren sie sich gegenseitig als Ausländer, als Preuße und Türke, müssen aber schnell jeder für sich feststellen, daß es sich in ihrem Gegenüber jeweils um einen Mann von Welt handelt. Angeberisch überbieten sie sich nun in der Schilderung ihrer Mißgeschicke, aber auch ihres glanzvollen Lebenswegs. Ein von Passanten zugeworfener Sou entfacht einen Streit um den offenbar günstigsten Arbeitsplatz. So soll ein Kartenspiel entscheiden, wer den Platz räumen muß. Doch schließlich entlarven sich beide als Rivalen vom Vortag, an dem sie sich, als Krüppel getarnt, schon einmal begegnet waren.

Kommentar: Was hat diese kleine Bouffonerie so berühmt gemacht? Der bloße Anlaß der Eröffnung eines neuen Theaters gibt lediglich eine dem Werk äußerliche Erklärung. Daß nicht die am selben Abend uraufgeführte *Nuit blanche* den Lorbeer davontrug, liegt wohl zum Teil in der Differenz zwischen dieser eher idyllischen Paysannerie und der ungleich aktuelleren groben Posse begründet: Im urbanen Rahmen des Paris der Weltausstellung angesiedelt, stellt das Sujet realistische komische Typen vor. Zugleich transportiert dieser Einakter in viel stärkerem Maß als die zuvor komponierten Werke Offenbachs ein neuartiges ästhetisches Programm, das sich gegen das immer aufgeblähtere Genre der zeitgenössischen Opéracomique wandte. Die Alternative bestand in einer radikalen Schrumpfung der Dimensionen, der Absage an die entwickelte Struktur von Rezitativ mit Arie zugunsten einer Paarung von Dialog und Couplet im Kontext einer brutal einfach und transparent anmutenden Gesamtform. In ihr repräsentieren sich das Er-

Les Deux aveugles; Jean Berthelier als Giraffier, Etienne Pradeau als Patachon; Uraufführung, Bouffes-Parisiens, Paris 1855. – Mit dem Engagement des Komikergespanns Berthelier/Pradeau war der Erfolg der Eröffnungspremiere der Bouffes-Parisiens garantiert. In der Folgezeit wurde vor allem Berthelier der Publikumsliebling in den Werken Offenbachs.

folgsrezept und, mehr noch, der Archetyp der Offenbachschen Operette überhaupt. *Les Deux aveugles* weist nach der Ouvertüre lediglich vier Gesangsnummern auf: ein Air, ein Duett, ein ebenfalls im Duett gesungenes und als »Boléro« betiteltes Stück und ein kurzes Finale. Unschwer ist der Bolero (Nr. 3, »La lune brille«) als Kernstück und Erfolgsnummer des Werks zu erkennen. Er wird bereits im Hauptteil der Ouvertüre als »Valse« exponiert, bildet etwa die mittlere und aus dem Textzusammenhang hervorgehobene, gewissermaßen exterritoriale Position im Stück und erklingt auch zum Schluß als Kehraus. Er verleiht dem Werk jene klare zyklische Struktur, wie sie auch für die meisten folgenden Stücke Offenbachs charakteristisch ist. Dagegen erscheinen Patachons Auftrittslied (Nr. 1, »Dans sa pauvre vi' mâlhûreuse«) im Marseiller Dialekt und mit buffonesken Posauneneinschüben versehen sowie das zwischen jammerndem f-Moll und hüpfenden As-Dur-Passagen changierende Streitduett Nr. 2 (»Justinien, ce monstre odieux«) in den skurrilen Handlungsverlauf eingebettet. Ein entscheidendes Novum der Operette findet sich zu Beginn des Finales (Nr. 4, »Ah! fort«): eine ausgeprägte Parodiesequenz, ein geistreiches Zitat der Sicilienne des 1. Finales aus Meyerbeers *Robert le diable* (1831), das sich dramaturgisch vom Vorbild darin unterscheidet, daß Robert in der entsprechenden Spielszene alles verliert, während die pokernden Blinden nichts zu

verlieren haben. Auch in nachfolgenden Operetten, etwa in *Ba-ta-clan* (1855), ist die Parodiesequenz meist kurz vor Schluß der Operette postiert.

Wirkung: Allein die Aufführungszahl von über 400 in den Bouffes-Parisiens spricht für den gewaltigen Erfolg. Offenbach selbst gastierte mit dieser Bouffonnerie 1856 unter anderm in Berlin (Krolls Theater), London, Wien und Antwerpen. Rasch fand das Stück Verbreitung in den europäischen Hauptstädten, so 1858 in New York und Stockholm sowie an der Opéra-Comique Paris (1858, 1900, 1934). Die sehr freie deutsche Übertragung von Karl Friedrich Wittmann, die als *Zwei arme Blinde* bezeichnenderweise erst 1863 im Treumann-Theater Wien herauskam, verlegt die Handlung nach Wien; aus Patachon wird der Wiener Kümmelberger, aus Giraffier der Böhme Jeržabek. *Les Deux aveugles* erscheint auch heute gelegentlich auf den Spielplänen kleiner Theater (so Kammeroper Wien 1978, Essen und Köln 1980, Ulm 1981, Graz 1984) und von Studiobühnen (wie der Universität Paderborn 1989, Regie: Hans Moeller).

Autograph: Privatbesitz. **Abschriften:** Bibl. de l'Opéra Paris (Rés. 2270 [1]); Part, dt. (ohne Ouvertüre; vor 1870): Vlg.-Arch. Bote & Bock Bln. **Ausgaben:** Kl.A: Brandus, Paris [1855], Nr. 9581; Kl.A mit vollst. Text: Joubert, Paris [1855], Nr. 12542, Nachdr.: Brandus, Paris [1879]; Kl.A, frz./dt. Übers. v. C. F. Wittmann: B&B [ca. 1896], Nr. 14490; Kl.A, engl. Übers. v. H. B. Farnie u.d.T. *The Blind Beggars:* French, NY [um 1885] (French's Amateur Operas. 2.); Kl.A, engl. Bearb. v. J. Horovitz: Galliard, London, NY 1963, Nr. 18682 R; Kl.A, ital.: Ricordi; Textb.: Paris, Brandus [um 1855; 8 S.]; Textb.: Paris, Lévy [1855; 4 S.]; ebd. [26 S.]; Textb. in: [Bei-H. d. Schallplattenaufnahme Bourg], 1981; Textb., engl.: NY, French [um 1860] (French's Acting Ed. 1525.). **Aufführungsmaterial:** Heugel; Chappell; dt.: B&B
Literatur: s. S. 488

Michael Klügl

Le Violoneux
Légende bretonne

Der Fiedler
Martin, der Geiger
1 Akt

Text: Eugène Mestépès und Emile Chevalet
Uraufführung: 31. Aug. 1855, Théâtre des Bouffes-Parisiens, Salle Lacaze, Paris
Personen: Père Mathieu, Geiger (B); Pierre, Holzschuhmacher (T); Reinette, Patenkind von Père Mathieu (S)
Orchester: Picc, Fl, Ob, 2 Klar, Fg, 2 Hr, 2 Pistons, Pos, Pkn, Tambour, Streicher
Aufführung: Dauer ca. 40 Min.

Entstehung: Das Autograph macht deutlich, daß die Partien der kleinen Flöte, der zweiten Klarinette und des zweiten Pistons erst nachträglich hinzugefügt wurden. Dies dürfte gleichzeitig mit der Vergrößerung des Orchesters beim Umzug der Bouffes-Parisiens in die Passage Choiseul geschehen sein. Damit einher ging wohl auch eine Vermehrung der Streicher, die Orchesterbesetzung insgesamt stieg von 16 auf 30 (*Le Ménestrel*, Nov. 1855). Nicht in die Druckausgabe aufgenommen wurde eine 20 Takte umfassende Moderatoeinleitung zur »Demande de mariage« (Nr. 2). Nach dem »Voici l'Emp'reur!« in Nr. 4 sind 22 Takte (Wiederholungen dieses Ausrufs) gestrichen, wahrscheinlich auf Veranlassung der Zensur.

Handlung: In der Bretagne, ein Dorfplatz »in unseren Tagen«: Pierre ist bei der Musterung gezogen worden, und sein Onkel verweigert ihm die 2 000 Francs, die ein Vertreter kostet. Reinette will Père Mathieu fragen, aber vor dem hat Pierre abergläubische Angst, weil er ihn einmal nachts in einem Zwiegespräch mit seiner alten Geige gehört hat: Ein Zauberer sei er, der seine Geige über alles liebt und sie weder nach dem Tod seiner Frau noch nach dem Brand seines Hauses verkaufen wollte. Angeblich bekam er sie von seinem Vater, der einmal reich und angesehen war, mit dem Rat, sie in großer Not zu zerschlagen. Nun sieht Reinette nur noch eine Chance: Pierre muß heiraten, um freizukommen, und sie macht ihm einen Antrag, den er auch annimmt. Entweder darf er bei ihr bleiben, oder sie zieht mit ihm. Mathieu führt sie vor, wie gut sie exerzieren und sogar kämpfen könne. Er will auf dem Schloß um Hilfe für die jungen Liebenden bitten. Pierre macht seiner Reinette Vorwürfe, daß auch sie jetzt die Geige so liebe wie Mathieu, und er zerbricht sie zornig. Doch nun wird auch ihr Geheimnis offenbar: Sie enthält einen Brief von Mathieus Vater samt allen Unterlagen, daß der arme Geiger eigentlich der rechtmäßige Schloßherr ist. Doch da er auf dem Schloß volle Unterstützung für die jungen Liebesleute gefunden hat, will er die Dinge so lassen, wie sie seit vielen Jahren sind. »Schwiegersohn« Pierre wird ihm die Geige bestens reparieren lassen.

Kommentar: Der Stoff und seine Behandlung könnten (trotz des »de nos jours«) dem 18. Jahrhundert entstammen. Sie gehören zum »genre primitif et vrai«, das Offenbach mit seinen Bouffes-Parisiens wiederherstellen wollte. Selbst die relativ emanzipierte, ländlich zupackende Figur der Reinette ist dem herkömmlichen Repertoire der Opéra-comique nicht fremd; eins der letzten Beispiele war die Titelrolle in Massés *Noces de Jeannette* (1853). Auch gehören mehrere Nummern zu festen Modellen von Offenbachs Schreibweise, so Pierres Rekrutenlied (Nr. 1), vergleichbar der Salonromanze »Le Sergent recruteur«, oder Mathieus Rondo (Nr. 3), das in seiner betonten Volkstümlichkeit und Motivik der zweiten Schuster-Ballade aus *Le Financier et le savetier* (1856) entspricht. Dies Rondo bestimmt mit seiner Imitation einer Fiedlermusik von der Ouvertüre bis zum Schlußgesang die »naive« Stimmung und Haltung des Stücks, die selbst in den knapp und kontrastreich gearbeiteten drei Duetten nicht verlassen wird. Überhaupt ist die »Zaubergeige« quasi der vierte Solist des Stücks: Wenn sie zerbrochen wird, ist dies nicht ein äußerlicher Theatereffekt, nur um aus ihren Fragmenten den Deus ex machina zum Vorschein zu bringen: Für Pierre bedeutet dies die Befreiung von einem eingebildeten Zauber, erst hier wird er zur selbständig handelnden Person. Mathieu klagt um ihren Verlust in einer Romanze (Nr. 6) von 19 Takten, die in scheinbarer Einfachheit weder die psychologische noch die dramaturgische Wahrscheinlichkeit verletzt und doch derart fein gearbeitet ist, daß dies Zwiegespräch zwischen Gesang und Solocello (das quasi die Seele der zerbrochenen Geige darstellt, wenn eine derartige Allegorisierung hier angebracht wäre) zu einer der ergreifendsten Seiten in Offenbachs Werk gehört.

Wirkung: *Le Violoneux* war der zweite große Erfolg der Bouffes-Parisiens, nicht zuletzt dank seiner exzellenten Besetzung: Hortense Schneider debütierte als die keine Umstände machende Reinette, in anderm Rahmen eine Vorahnung ihrer späteren großen Rollen. Der vorzügliche Tenor Jean Berthelier (bald an die Opéra-Comique engagiert) spielte den tölpeligen Holzschuhmacher. Zentral war das Stück indes auf Darcier ausgerichtet. »Wieviel Tränen hatte er in der Stimme zu Beginn dieses so anrührenden Stücks, und mit wieviel Kunst gelangte er zum pathetischen Ausbruch des Refrains! Diese Musik ist wahrhaftig eine gute Musik und dieser Sänger ein guter Sänger« (Albert de Lasalle, S. 36, s. Lit.). Das Stück blieb fast bis zum Tod Offenbachs im Repertoire der Bouffes-Parisiens. Noch beliebter wurde es allerdings nach seiner Einbürgerung im deutschen Sprachraum. Hier spielt es in einem »Dorf in Süddeutschland« zwischen den Personen Vater Martin, Peter und Rose, und in der Geige findet sich nur Geld vom Vater des Geigers. Die Wiener Premiere (30. April 1859 im Carl-Theater) war eine der entscheidenden Stationen der Einbürgerung Offenbachscher Werke. Hier wurde die sentimentale Seite des Stücks besonders betont. Wegen dieser vermeintlichen Larmoyanz, und weil er überhaupt nicht ins Bild der Offenbachiade paßt, ist der Einakter von den Bühnen verschwunden.

Autograph: Part: BN Paris (Ms. 8080). **Ausgaben:** St.: Brandus & Dufour, Paris [1855?], Nr. 10484; Kl.A als »légende bretonne«: ebd., [1855], Nr. 9594(0-6); Kl.A als »opérette en un acte«: Joubert, Paris [um 1925], Nr. B&Cie. 12614; Kl.A, frz./dt. Übers. (Sprechtexte nur dt.) v. A. Bahn u.d.T. *Martin der Geiger (Die Zaubergeige)*: B&B [nach 1861], Nr. 13139; Kl.A, engl. Bearb. v. H. B. Farnie u.d.T. *Breaking the Spell*: Metzler, London [1870], Nr. 2780; Textb.: Paris, Dagneau 1858; Paris, Stock (»nouvelle éd.«) 1926; Textb., dt. v. A. Bahn: B&B [1860]. **Aufführungsmaterial:** Chappell; dt. v. Bahn: B&B **Literatur:** s. S. 488

Josef Heinzelmann

Ba-ta-clan
Chinoiserie musicale en un acte

Klim-Bim
1 Akt

Text: Ludovic Halévy
Uraufführung: 29. Dez. 1855, Théâtre des Bouffes-Parisiens, Salle Choiseul, Paris

Personen: Fé-ni-han, Herrscher von Ché-i-no-or (T); Ké-ki-ka-ko, im Gefolge von Fé-ni-han (T); Ko-ko-ri-ko, Kommandant der Garde Fé-ni-hans und Oberhaupt der Verschwörung (B); Fé-an-nich-ton, im Gefolge von Fé-ni-han (S). **Männerchor:** Verschwörer
Orchester: 2 Fl (2. auch Picc), Ob, 2 Klar, Fg, 2 Hr, 2 Pistons, Pos, Pkn, Schl (gr.Tr, Trg, Glöckchen in d), Streicher
Aufführung: Dauer ca. 50 Min. – Orchester nach der Abschrift Paris.

Entstehung: *Ba-ta-clan* diente als Eröffnungsnovität für das Hauptquartier der zuvor auf den Champs-Elysées nur provisorisch untergebrachten Bouffes-Parisiens in der Passage Choiseul. In diesem luxuriös renovierten Theater in der Nähe der Börse durfte Offenbach in Erweiterung seines bisherigen Privilegs jetzt vier Personen und Chor auf die Bühne bringen.
Handlung: In den Gärten von Fé-ni-hans Palast, mit Buden und Pagoden: Die Verschwörer geben sich schon durch ihr Nonsenskauderwelsch als waschechte Chinesen zu erkennen. Sie sind aufgebracht, denn Herrscher Fé-ni-han hat offensichtlich nichts Besseres zu tun, als mit seinem Hofstaat ein Quartett zu singen, bei dem jedes Wort hochbedeutend ist, obwohl es wie die lautmalerische Imitation einer Instrumentalserenade klingt. Ke-ki-ka-ko nähert sich der lesenden Fé-an-nich-ton, und sein Blick fällt über ihren Busen auf ihr Buch, einen illustrierten Groschenroman Paul de Kocks. Er gibt sich als Franzose zu erkennen, und sie legitimiert sich durch eine nostalgische Romanze. Die Erzählung ihrer Schicksale landet immer wieder bei dem fernen, glücklichen Leben in Paris, seinen Bällen und Tänzen; dorthin wollen sie fliehen. Auch Fé-ni-han enthüllt, wenn auch nur dem Publikum, wie gern er wieder in sein ländliches Brive-la-Gaillarde zurückkehren würde. Die Herrscherei hat er gründlich satt. Ständig muß er befürchten, daß die Verschwörer den Ba-ta-clan anstimmen, diese fürchterliche Marseillaise. Ko-ko-ri-ko fordert den Tod der beiden Flüchtigen, die soeben gestellt wurden. Angesichts des Tods verlangt Fé-an-nich-ton, eigentlich heißt sie Virginie Durand, als echte Pariserin noch einmal die Ronde der Fleurette zu singen. Überrascht gibt ihr der grimme Herrscher zu erkennen, daß er selbst Franzose sei. Er bittet Ke-ki-ka-ko, ihn abzusetzen, um sich in die Heimat absetzen zu können. Der aber stellt sich lieber an die Spitze der Verschwörung und singt den Ba-ta-clan. Fé-ni-han singt voller Angst den Choral aus Meyerbeers *Huguenots* (1836): »Hosanna! Mort, je t'aime!« Ke-ki-ka-ko kräht dazwischen das Trompetensignal zum Aufruhr. Da tritt finsteren Blicks der Oberputschist Ko-ko-ri-ko vor und überreicht die ultimative Rücktrittsforderung, adressiert an Anastase Nourrisson aus Brive-la-Gaillarde, genannt Fé-ni-han. Mehr noch: auch er gibt sich als Franzose zu erkennen. Am Strand der Insel fänden seine Landsleute eine Postkutsche zur Heimreise via Peking. Zu den Klängen des Ba-ta-clan besteigen sie das Fahrzeug, er selbst den Thron.

Kommentar: »Ba-ta-clan, die Marseillaise und das Auftrittslied des Meisters Jacques Offenbach!« (Jules Gabriel Janin im *Journal des débats*) war eine Zeitlang der Schlachtruf in Paris. Sogar ein kurz nach der Uraufführung eröffnetes Café-concert beim Cirque National gab sich den Namen »Ba-ta-clan«. Das Werk ist durchaus kennzeichnend für den Geschmack des tonangebenden Publikums, das Offenbach mit seinen Bouffes-Parisiens ansprach, und es ist zugleich programmatisch für den Charakter dessen, was man Offenbachiade nennt. Die Ausgangssituation ist völlig aberwitzig, aber sie wird nach allen Regeln der Kunst dramaturgisch konsequent durchgeführt. Wo die Realität von vornherein außer Kraft gesetzt ist, kann sich die Musik frei entfalten und um so leichter den Zuhörer in einen rauschhaften Zustand versetzen. Der Cancan und der Ba-ta-clan fahren nicht in den Kopf, sondern in die Beine. Es geht um eine ausgelassene Stimmung, nicht um Kritik. Die Parodie im Duo italien (Nr. 5) will nicht entlarven oder Vorbilder verhöhnen, sondern versichert sich der mitreißenden musikalischen Mittel, die auch auf völlig unsinnige Texte genauso wirksam sind wie zu italienischem Opernkauderwelsch. Der Griff zu Meyerbeers *Huguenots* (bezeichnenderweise kein originaler Meyerbeer, sondern der Choral »Ein feste Burg«) ist trotz implantierter Trompetenimitation in Fistelstimme eher eine Geste der Verehrung als der Kritik, sicher aber ein Rückgriff auf alte Vaudevilletechnik. In keinem Takt bemüht sich Offenbach um exotische Klangreize, und der chinesische Mummenschanz ist hier eine Verkleidung der eigenen gesellschaftlichen Zustände ins exotische Gewand, einem Geist verpflichtet, wie er sich etwa in Honoré Daumiers Graphikzyklus *Voyage en Chine* (1844) zeigt. Mit der Tradition der Chinesenopern Glucks oder Aubers hat dies Stück nichts zu tun. Kein Wunder, daß der Daumier-Bewunderer Paul Verlaine den Titel seines verlorenen Operettenlibrettos *Fich Ton Khan* (1865 für Emmanuel Chabrier) direkt aus dem Refrain des Ba-ta-clan entnahm (»Fich-ton-khan«, zu deutsch: »Hau ab!«). Eine Huldigung an Halévy und Offenbach? Eine Zurücknahme ist jedenfalls das ausdrücklich Bouffonerie genannte Chanson *Le Sire de Fich-ton-kan,* mit dem 1870 der abgedankte Napoleon III. verspottet wurde und das eine ungeheure Popularität gewann (Text: Paul Burani, Musik: Antonin Louis).
Wirkung: In der Uraufführung sangen Jean Berthelier, Marie Victoire Dalmont, Etienne Pradeau und Prosper Guyot. Durch den größeren Erfolg der abendfüllenden Offenbachiaden geriet das Stück bald in Vergessenheit, wurde jedoch 1863 an den Bouffes-Parisiens noch einmal inszeniert. Die englische Erstaufführung erfolgte 1857 in London (St. James's Theatre als Gastspiel der Bouffes-Parisiens), die deutsche im Okt. 1860 am Carl-Theater Wien (mit Johann Nepomuk Nestroy, in textlicher und musikalischer Bearbeitung als *Tschin-Tschin*). Eine englische Übersetzung von Thomas German Reed und William Brough als *Ching Chow Hi* kam 1865 in der Londoner Gallery of Illustration heraus, eine neue englische

Textbearbeitung von Ian Strasfogel 1969 in Boston (New England Conservatory). Das Stück wird an kleinen Theatern häufig gespielt und zeigt vor allem in seiner authentischen Gestalt »umwerfende« Wirkung.

Autograph: BN Paris. **Abschriften:** Part (orchestriert v. J. Mauran): Bibl. de l'Opéra Paris (Rés. 2272); Part, dt. Bearb. u.d.T. *Tschin-Tschin*: Öffentliche Bücherhallen Hbg. (O3q7); Part, dt.: ÖNB Wien (Mus. Hs. 36355), Vlg.-Arch. Bote & Bock Bln. **Ausgaben:** Kl.A: Escudier, Paris [1856], Nr. 1566; Kl.A, frz./engl. Bearb. v. I. Strasfogel: Schirmer 1971, Nr. ED 2886, Nachdr. Belwin-Mills 1983; Textb.: Paris, Escudier 1856. **Aufführungsmaterial:** Chappell; dt. v. J. Heinzelmann: M u. Bühne, Wiesbaden
Literatur: R. HAUSER, O. – ein Farceur?, in: Jacques Offenbach, München 1980 (M-Konzepte. 13.), S. 37–49; L. K. GERHARTZ, »Ich habe nicht das Recht, auf das Publikum einen Dreimonatswechsel auszustellen...« Einige Überlegungen zu d. Schwierigkeiten v. O.s Opera bouffe als aktueller Theaterkunst, in: Jacques Offenbach – Komponist und Weltbürger, hrsg. W. Kirsch, R. Dietrich, Mainz 1985, S. 249–262 [mit Diskussion]; weitere Lit. s. S. 488

Josef Heinzelmann

Le 66
Opérette en un acte

Die 66
1 Akt

Text: Philippe Auguste Pittaud Deforges (eigtl. Philippe Auguste Alfred Pittaud) und Laurencin (eigtl. Paul-Aimé Chapelle)
Uraufführung: 31. Juli 1856, Théâtre des Bouffes-Parisiens, Salle Lacaze, Paris
Personen: Grittly (S); Frantz (T); Barthold (Bar)
Orchester: 2 Fl (2. auch Picc), Ob, Klar, 2 Fg, 2 Hr, 2 Pistons, Pos, Pkn, Schl (gr.Tr mit Bck, Glöckchen), Streicher
Aufführung: Dauer ca. 45 Min. – Orchester nach der Abschrift Bote & Bock.

Entstehung: *Le 66* war für die zweite Sommersaison der Bouffes-Parisiens auf den Champs-Elysées bestimmt und greift deshalb wieder zu den einfachen Formen der Salonduette und -terzette und der frühen Einakter im »genre primitif et vrai« der Opéra-comique des 18. Jahrhunderts.
Handlung: Auf dem Land in der Nähe von Stuttgart: Grittly wandert aus den geliebten heimischen Bergen Tirols nach Straßburg, wo ihre Schwester in Nöte geraten ist, denn deren Mann ist auf dem Meer geblieben. Begleitet wird sie von Frantz, der zwar gern in ihren Lobpreis auf die Heimat einstimmt, aber doch von einem luxuriösen Leben zu zweit im Flachland träumt, vor allem, weil er sich eines Gewinns in der Lotterie sicher ist. Ein ambulanter Händler preist seine Waren an, er weiß auch, daß Nummer 66 100 000 Gulden gewonnen hat. Frantz schmeißt seine Zither ins Tal und eilt, sich aufs feinste einzukleiden. Grittly beklagt, daß mit dem Instrument viele Erinnerungen und Hoffnungen zugrunde gingen. Als Frantz den Händler bezahlen soll, zückt er sein Los, um es als Pfand einzusetzen. Nur, es trägt nicht die Nummer 66, sondern, »O ciel! Est-il possible!«, die 99. Der fahrende Händler entpuppt sich als der glücklicherweise nicht untergegangene, sondern reich gewordene Schwager, der den beiden aus dem Ärgsten heraushelfen, ja sogar mit einer Aussteuer aufwarten kann.
Kommentar: Alpenbewohner galten seit dem Beginn des empfindsamen Tourismus noch als Inbegriff unverdorbener, glücklicher und anspruchsloser Menschen, im Frankreich des 18. Jahrhunderts naheliegenderweise die Savoyarden, seit Rossinis *Guillaume Tell* (1829) und Adams *Chalet* (1834) auch die Bewohner der Schweiz, seit Donizettis *Fille du régiment* (1840) auch die Tirols. In *Le 66* gibt es keine psychologische Entwicklung, keine Entfaltung, aber auch keine Enthüllung oder Bloßstellung der Figuren: Sie treten einen Moment aus sich heraus, sind aber am Ende dieselben wie am Anfang, nicht einmal viel gescheiter. Das idyllische Glück der beiden und ihre genügsame Fröhlichkeit erweisen sich als durchaus zerbrechlich, zumindest doppelbödig. Offenbachs Musiken werden dem zwischen den Notenlinien vollauf gerecht, sowohl die überschwenglich fröhliche Auftrittsnummer der beiden (»Libre et joyeux [...] l'enfant du Tyrol voyage«, Nr. 1) und die unwiderstehliche Tyrolienne (Nr. 2bis), die nichts von Hervés kapriziösen Karikaturen dieser Form an sich hat, wie auch Grittlys schlichte Romanzen, zuerst das fast ergebene »Adieu Tyrol« (Nr. 2) und dann das in Frankreich zu großer Beliebtheit gelangte »C'était la compagne fidèle« (Nr. 5). Musikdramatische Miniaturen von sordino sind die beiden Terzette um die Gewinnummern. Bartholds effektvolles, fast allzu ausladendes Auftrittslied (Nr. 3) erweist sich in einzelnen Melodiefloskeln und in der Gesamtanlage als eine Kontrafaktur zu Offenbachs halbdramatischer Rollen-Salonpiece *Le Sergent recruteur* (1846, Text: Edouard Plouvier). Insgesamt wird deutlich, mit welchem Geschick hier vorgegebene Klischees mit einem Leben erfüllt werden, das gleichwohl nicht den harmlos-unterhaltsamen Rahmen sprengt.
Wirkung: Als die komische Operette 1859 im Wiener Carl-Theater herauskam, war natürlich Tirol viel zu naheliegend und vertraut. So machte der Bearbeiter Karl Treumann aus Grittly und Frantz Savoyarden namens Suzon und Piccolo. Diese »Wiener Fassung« wurde offenbar noch von Carl Binder neu instrumentiert und auf neun Nummern plus Ouvertüre erweitert und fand vermutlich erst nachträglich Offenbachs Billigung. Gestrichen wurde Nr. 5, hinzu kamen eine Ouvertüre, ein knapper Schluß, das Trinklied und Suzons Romanze »Seit der Kindheit ersten Tagen« (Nr. 7). Diese stammt aus *Ba-ta-clan* (1855) und war nicht in dessen deutsche Version *Tschin-Tschin* aufgenommen worden. *Die Savoyarden*, wie das beinah neue Stück hieß, können es mit ihrem französischen Vorbild an Witz und tieferem Sinn nicht aufnehmen, gehörten aber vielleicht gerade deshalb zu den im 19. Jahrhundert in Deutschland erfolgreichsten Offenbach-Einaktern.

Autograph: Privatbesitz. **Abschriften:** Part, frz./dt. (Mai 1860): Vlg.-Arch. Bote & Bock Bln.; LOC Washington. **Ausgaben:** Kl.A: Heugel [1856], Nr. 1911, Nachdr. [nach 1900] (Répertoire des Bouffes-Parisiens); Textb. (als »Opéra-comique en un acte«): Paris, Lévy 1857 (Théâtre contemporain illustré. 53.) [8 S.]; Kl.A, frz./dt. Übers. (Sprechtexte nur dt.) v. C. Treumann, rev. v. M. Karpa, u.d.T. *No. 66*: B&B, Nr. 5394 [um 1860], Nachdr. 1895, 1911; Textb., dt. v. R. Kießling: B&B. **Aufführungsmaterial:** Heugel/Leduc; dt. v. Treumann: B&B **Literatur:** A. Soubies, Une Première par jour. Causeries sur le théâtre, Paris 1888, S. 240f.; weitere Lit. s. S. 488

Josef Heinzelmann

Le Financier et le savetier
Opérette-bouffe en un acte

Der Finanzier und der Schuster
Schuhflicker und Millionär
1 Akt

Text: Hector Jonathan Crémieux
Uraufführung: 23. Sept. 1856, Théâtre des Bouffes-Parisiens, Salle Choiseul, Paris
Personen: Belazor, Millionär (T); Larfaillou, Schuster (T); 1. Gast (B); Aubépine, Belazors Tochter (S); ein Briefbote (stumme R); ein Diener (stumme R).
Statisterie: Gäste
Orchester: 2 Fl (2. auch Picc), Ob, 2 Klar, Fg, 2 Hr, 2 Pistons, Pos, Pkn, Trg, Streicher; BühnenM: Streicher ad lib.
Aufführung: Dauer ca. 45 Min. – Orchester nach dem Aufführungsmaterial Heugel/Leduc.

Handlung: In Belazors Salon, 1856, neun Uhr abends: Belazor, der Neureiche, ist glücklich bis auf eine Kleinigkeit: daß sein Nachbar Larfaillou beim Schuheflicken immer so laut singen muß. Und jetzt kommt der auch noch und bittet, natürlich vergeblich, um die Hand der Millionärstochter, der er seit ihrer Pensionatszeit zärtlich die Schuhe repariert. Aubépine gratuliert dem Papa im Beisein erlauchter, aber stummer Gäste. Ihr Geburtstagspräsent, die Vertonung einer Fabel von Jean de La Fontaine, bringt ihren Vater auf ein Heilmittel gegen den Störenfried: Er kauft dem Schuster das Singen für 100 Taler ab. Aubépine rät ihrem Liebsten nun, das Geld nicht zu vergraben wie der Schuster in der Fabel, sondern es wie ihr Vater an der Börse zu vervielfachen. Doch Larfaillou setzt sein Geld im Glücksspiel mit den Gästen, dann mit Belazor, dem er in fabelhafter Glückssträhne alles abgewinnt, Haus, Frack, Schatztruhe. Der verarmte Belazor versucht es nun seinerseits in der Schusterrolle, wenigstens 100 Taler zu bekommen, aber so aufdringlich er brüllt, Larfaillou will von La Fontaines Rezept nichts wissen. Er hält es mit einer andern Lösung für die krassen Standesunterschiede: Heirat der reichen Männer mit armen Mädchen und umgekehrt.
Kommentar: Dies ist das einzige Werk Offenbachs, das von sozialen Zeitproblemen und vom Finanzwesen handelt. Aber die Kritik ist so liebenswürdig oberflächlich wie die »Couplets de la bourse« und die Lösung eben nur: »Operette«. Der lächerliche Millionär kann natürlich nur ein Emporkömmling sein, so daß jegliche Ähnlichkeit mit den Herren im Parkett und den Logen der Bouffes-Parisiens ausgeschlossen scheint. In keinem Moment schimmert Anklägerisches durch, die satirische Unterminierung der singspielhaft gemütvoll geschilderten Zustände geschieht am ehesten durch den Übermut der Assoziationen: Literarisch wird La Fontaine variiert, in der großen Spielszene erklingt Blondels Lied aus Grétrys *Richard Cœur de Lion* (1784) zur gänzlichen Pleite Belazors: »Le jeu, fièvre brulante«. Wie in mehreren andern Bouffonnerien (zum Beispiel *Ba-ta-clan*, 1855, *Croquefer*, 1857, *Vent du soir*, 1857, oder *Mesdames de la Halle*, 1858) verwendet Offenbach hier ein Statistenensemble, das wie ein stummer Bewegungschor agiert und von der Ballett- oder Pantomimentruppe des Theaters ausgeführt wurde.
Wirkung: In Frankreich scheinen Offenbachs und überhaupt Einakter früher von den Spielplänen verschwunden zu sein als im deutschen Sprachraum, wo *Schuhflicker und Millionär* (übersetzt von Theodor Gaßmann oder Karl Treumann) im Jan. 1859 am Wiener Carl-Theater herauskam und sich bis ins 20. Jahrhundert hinein im Repertoire und in den Operettenführern hielt. Gaßmanns Version, die dritte Wiener Offenbach-Premiere überhaupt, hat die singspielhaften Züge verstärkt, indem sie die Eltern des Schuhflickers und des Millionärs alte Freunde sein läßt. Die neue Übertragung von Josef Heinzelmann verstärkt dagegen die grotesken Möglichkeiten, auch im Sprachgestus der Figuren, und die ansonsten zurückhaltende musikalische Einrichtung von Caspar Richter gibt dem Chor zu singen (ad libitum). Deren Erstaufführung fand 1979 bei den Wilhelmsbader Produktionen des Hessischen Rundfunks unter Richters musikalischer Leitung statt.

Autograph: Verbleib unbekannt; Part d. Nr. 1: Hist. Arch. d. Stadt Köln (Slg. Almeida). **Ausgaben:** Kl.A: Heugel [1856], Nr. 1932, Nachdr. [um 1900]; Kl.A, frz./dt. Bearb. v. T. Gaßmann: B&B [1911]; Kl.A, frz./dt.Übers. v. J. Heinzelmann, mus. Bearb. v. C. Richter u.d.T. *Der Schuster und der Millionär*: B&B 1980, Nr. 22813; Textb.: Paris, Libr. Nouvelle [1856]; Paris, Lévy frères (»nouvelle éd.«) 1863, Nachdr. 1887; Textb., dt. v. J. Heinzelmann: B&B [1980?]. **Aufführungsmaterial:** Heugel/Leduc; Bearb. Heinzelmann/Richter: B&B **Literatur:** s. S. 488

Josef Heinzelmann

Croquefer ou Le Dernier des paladins
Opérette-bouffe en un acte

Eisenfraß oder Der letzte der Paladine
1 Akt

Text: Etienne Victor Tréfeu de Tréval und Adolphe Jaime (gen. Jaime fils)
Uraufführung: 12. Febr. 1857, Théâtre des Bouffes-Parisiens, Salle Choiseul, Paris

Personen: Croquefer, Ritter ohne Furcht und Tadel (T); Boutefeu, sein Knappe und eigensinniger Diener (T); Ramasse-ta-tête, sein Neffe, Edelmann voller Herz und Geist, aber schlechter Eltern (T); Fleur-de-soufre, leidgeprüfte Prinzessin, die sich anschickt, Meuchelmörderin zu werden (S); Mousse-à-mort, unvollständiger Ritter, Vater von Fleur-de-soufre, aus Palästina heimkehrend (B). **Statisterie:** Mannen, Vasallen und Kinder in Waffen
Orchester: 2 Fl (2. auch Picc), Ob, 2 Klar, Fg, 2 Hr, 2 Pistons, Pos, Pkn, Schl (Trg, gr.Tr mit Bck, Schellen), Streicher
Aufführung: Dauer ca. 45 Min. – Orchester nach der Abschrift Paris.

Entstehung: *Croquefer* gilt wegen der »stummen« Rolle des Mousse-à-mort zu Unrecht als ein Produkt von Offenbachs Auseinandersetzung mit der Zensurbehörde. Die einschlägigen Akten verraten nur, daß das Quintett (Nr. 6), in dem Mousse-à-mort erstmals seine Stimme erhebt, das heißt mitbrummt und tierische Laute von sich gibt, ursprünglich nicht vorgesehen war und daß der Einakter *La Tour du nord* und die spätere Titelpartie anfänglich Cœur-de-fiel (Gallenherz) heißen sollten. Über die Einhaltung der Konzessionsauflagen (Genre und Länge der Einzelwerke, Zahl der Mitwirkenden) wachte sowieso nicht die Zensur, sondern die privilegierte Konkurrenz von Opéra, Opéra-Comique, Théâtre-Lyrique und Théâtre-Italien. Der Rückgriff auf die »pièces à écriteaux«, mit denen das Théâtre de la Foire seit dem 18. Jahrhundert das Verbot nichtpantomimischer Aufführungen umging, war natürlich auch hier ein Protest gegen die Konzessionsauflagen, die nicht nur für Offenbach immer mehr gelockert, sondern bald auch allgemein aufgehoben wurden.
Handlung: Auf der Plattform eines halb zerstörten Turms; zerstörte Zinnen, im Hintergrund Landschaft, rechts ein vergittertes Verlies, daneben eine Luke, links ein Tor ins Innere des Schlosses: Burgherr Croquefer macht seinem Namen (Eisenfraß) Ehre; wider Willen verschluckt er seinen letzten Säbel. Boutefeu, der letzte Mann, dem er noch gebietet, gebietet ihm: Durchhalten! Croquefers Widersacher ist furchteinflößend, wenn auch nicht mehr vollständig: Ein Bein, einen Arm, ein Auge und die Zunge hat er verloren, desgleichen seine Tochter Fleur-de-soufre, denn Croquefer hat sie in seine schwache Gewalt gebracht. Mousse-à-mort erscheint und wirft Croquefer dies vor und den Fehdehandschuh hin. Der friedenslustige letzte Paladin muß nicht lange verzweifeln, denn sein trinkfreudiger Neffe Ramasse-ta-tête tritt zu martialischen Triolen auf. In Fleur-de-soufre erkennt er eine frühere Liebe, was zu einem Duett führt, das seinerseits einen Galopp zur Folge hat. Aus Liebes- und Tanztaumel reißt jäh sie der Ruf zur Schlacht. Mousse-à-mort unterbricht den Sturmangriff, als Croquefer ihn vor die Wahl stellt: Tod der Tochter oder ihre Heirat mit ihm. Die Scharfmacher der beiden Lager hintertreiben diese Heirat: Boutefeu und Fleur-de-soufre vergiften jeweils den Versöhnungstrunk der Gegenseite. Nach dem Toast ruft Fleur-de-soufre wieder zur Schlacht. Ramasse-ta-tête mobilisiert sein letztes Menschenmaterial: Köchinnen und Küchenjungen, die den Feind mit Kochlöffeln in die sowieso leere Pfanne hauen wollen. Doch zu Kampfhandlungen kommt es nicht, weil die chemische Kriegführung ihre Auswirkungen zeitigt. Freilich war kein Gift, sondern Rizinusöl im Wein. Dringende Geschäfte zwingen die Helden auf die Töpfe. Welche Wirkung! Croquefers verschluckter Säbel tritt wieder zutage, Mousse-à-mort findet seine Sprache wieder. O Wunder! O Wink des Himmels, Frieden und die Ehe zu schließen! Da trifft noch ein philatelistisch frankierter Brief für das Publikum ein: Die Autoren des Stücks grüßen aus dem Irrenhaus.
Kommentar: Die Bezeichnung »folie carnavalesque« (Anton Henseler, S. 254, s. Lit.) entspricht dem Uraufführungstermin wie dem Charakter dieser fastnachtlichen Verrücktheit, die als übermütiger Kanevas aus Parodie, Anachronismus, Kalauer und Klamotte keinen andern Anspruch erhebt, als ihr Publikum zu unterhalten. Und Unterhaltung bietet das Stück ebenso dem Dienstmädchen, das keine Ahnung von der Doppelbödigkeit und den Kunstgriffen der Autoren hat, wie der Hautevolee, die im Goutieren der vielfältigen, freilich nie tendenziösen Anspielungen

Croquefer ou Le Dernier des paladins; Karl Treumann als Croquefer; Treumann-Theater, Wien 1862. – Als vielseitiger Bühneninterpret, als Übersetzer vor allem französischer Operetten und Vaudevilles sowie als Theaterleiter war Treumann einer der bedeutendsten Wegbereiter Offenbachs in Wien.

ihre Bildung unter Beweis stellen konnte. Schon die ersten Dialogsätze sind eine solche Anspielung: Sie entsprechen wörtlich der Bildunterschrift einer von der Zensur verbotenen Karikatur Honoré Daumiers vom 24. Okt. 1856 auf den »Bomba«-König Ferdinand II. von Neapel; auch die Situation ist in Zeichnung und Stück die gleiche. Beide Male wird das Märchen vom *Barbe-Bleue* zitiert. Ähnlich unschwer zu identifizieren sind die musikalischen Anspielungen. Unter anderm werden Ballettmusiken aus Rossinis *Guillaume Tell* (1829) und Verdis *Vêpres siciliennes* (1855) eher imitiert als parodiert. Im großen Duett (Nr. 3) vereinigen sich Zitate etwa aus Meyerbeers *Huguenots* (1836; Nr. 24, Takt 74ff.) und *Robert le diable* (1831; Nr. 18c, Takt 106ff.), Halévys *Juive* (1835; Nr. 7, Takt 119f.) und Donizettis *Favorite* (1840; Nr. 17b, Takt 138ff.) zu einem Quodlibet, wobei Komik nicht nur aus der Anhäufung und Kombination bekannter Melodien entsteht, sondern auch weil das Paar die angestammten Rollen tauscht: Sie ist die Fordernde, er ziert sich. Musikalischer Witz äußert sich noch umwerfender im Quintett (Nr. 6), das die leiblichen und seelischen Wirkungen des Rizinus schildert, und vor allem in der Ouvertüre, einem Sammelsurium instrumentaler Effekte mit Pikkoloflöte und großer Trommel und von sinnlos geschäftiger symphonischer Motivdurchführung.

Wirkung: Offenbach schätzte den Einakter immerhin so hoch, daß er *Croquefer* am Eröffnungsabend seiner zweiten Direktionszeit an den Bouffes-Parisiens (1865) aufs Programm setzte. Aufführungen außerhalb Frankreichs gab es unter anderm in London 1857 (St. James's Theatre als Gastspiel der Bouffes-Parisiens), Wien 1862 (Treumann-Theater) und 1864 (Theater an der Wien), Berlin 1865 (Wallner-Theater), London 1868 (Gallery of Illustration; englisch von Robert Reece als *The Last of the Paladins*). In den letzten Jahren wurde *Ritter Eisenfraß* im deutschen Sprachgebiet gelegentlich aufgeführt (Kammeroper Wien 1968, Münster 1972, Karlsruhe 1976, Ulm und Essen 1980).

Autograph: verteilt auf mehrere Privatbesitzer. **Abschriften:** Bibl. de l'Opéra Paris (2267). **Ausgaben:** Kl.A v. H. Salomon: Heugel [1857], Nr. 2036; Kl.A, frz./dt. Übers. v. J. Heinzelmann: Heugel/B&B 1969, Nr. 31834; Textb.: Paris, Lévy 1857 (Théâtre contemporain illustré. 54.); Textb. in: [Bei-H. d. Schallplattenaufnahme Bourg], 1981. **Aufführungsmaterial:** Heugel/Leduc; dt. v. Heinzelmann: B&B; Bearb. für Kammer-Orch v. C. Richter: B&B
Literatur: s. S. 488

Josef Heinzelmann

Vent du soir ou L'Horrible festin
Opérette-bouffe en un acte

Abendwind oder Das greuliche Festmahl
1 Akt

Text: Philippe Emile François Gille
Uraufführung: 16. Mai 1857, Théâtre des Bouffes-Parisiens, Salle Choiseul, Paris

Personen: Le Lapin courageux, Häuptling der Papas-Toutous (T); Le Vent du soir, Häuptling der Groß-Loulous (T); Atala, seine Tochter (S); Arthur (T); der Koch (stumme R). **Chor** (ad lib.), **Statisterie:** Wilde
Orchester: 2 Fl (2. auch Picc), Ob, 2 Klar, Fg, 2 Hr, 2 Pistons, Pos, Pkn, Schl (gr.Tr, Bck, Trg oder Glöckchen), Streicher
Aufführung: Dauer ca. 45 Min. – Orchester nach der Abschrift Washington.

Entstehung: Der junge Gille hatte angeblich sein Erstlingswerk Offenbach zur Beurteilung übergeben, und als er die Meinung des Direktors der Bouffes-Parisiens zu erfragen kam, hatte dieser das Libretto bereits komponiert. Diese Anekdote hat eine gewisse Wahrscheinlichkeit für sich, denn Gille war der Schwiegersohn von Victor Massé, dem Komponisten und Chordirektor der Opéra.
Handlung: Auf einer wilden Insel in Ozeanien: Staatsbesuch des Häuptlings der Papas-Toutous bei den Groß-Loulous. Zwischen den beiden Häuptlingen herrschen Spannungen, denn jeder vermutet (zu Recht), der andere habe ihm die Gattin weggefressen. Le Vent du soir hat eine weitere Sorge: Er hat keinerlei Fleisch im Vorrat, das er dem erlauchten Gast vorsetzen könnte, keinen Verbrecher, keinen Kriegsgefangenen. Der abziehende Taifun hat ein Schiff gebrochen und einen Fremden an den Strand gespült, der mit seinen Erzählungen von Europa und seiner Frisierkunst, vor allem aber mit einer Spielrepetieruhr großen Eindruck auf Atala, die Häuptlingstochter, zu machen versteht. Dies Familienerbstück mit den heimatlichen Melodien soll ihm helfen, den Vater wiederzufinden. Vent du soir begrüßt hocherfreut den hungrigen Fremden, den er sofort seinem Koch anvertraut, damit er in bester Form beim heutigen Gastmahl dabei sein kann. Le Lapin courageux scheint zufrieden mit dem, was ihm vorgesetzt wird, und er erzählt die Geschichte von seinem im fernen Europa verlorenen Sohn, der bald zurückkehren soll und für den er um die Hand von Atala bittet. Vent du soir wird klar: Er hat seinem Gast den Sohn aufgetischt. Und auch die Wahrheit wird aufgetischt, als mitten in große Duett hinein der Kriegsgesang der Papas-Toutous ertönt, nicht aus dem Mund von Lapin courageux, sondern aus seinem Magen! Er hat die Erkennungsuhr seines Sohns und mithin auch den Sohn verschluckt. Das will ihm nun gar nicht mehr, wie zuvor doch, schmecken. Rache! Blutrache! Krieg! Vent du soir ruft das Orakel seines Totemtiers an, des weißen Bären. Der wird herbeigebracht und stürzt sich auf Atala, um sie zu küssen. Arthur steckt im Fell des Tiers, das statt seiner geschlachtet wurde, denn er hat den Koch dadurch bestochen, daß er ihn kunstvoll auftoupierte. In der allgemeinen Freude über die unblutige Lösung vergißt Lapin courageux sogar, nach der Mitgift für seine zukünftige Schwiegertochter zu fragen.
Kommentar: Diese und viele andere Südseekomödien jener Zeit sind durch die Romane von Daniel Defoe und Jacques Henri Bernardin de Saint-Pierre beeinflußt. Hier ist speziell mit dem Namen der Sän-

gerin auf den Roman *Atala ou Les Amours de deux sauvages dans le désert* (1801) von François René Chateaubriand angespielt. Die verrückte Geschichte steht den Folies eines Hervé noch sehr nahe und scheint eine Kontrafaktur von *Oyayaie ou La Reine des îles* (Paris 1855) zu sein, der »Anthropophagie musicale«, die Offenbach und der Librettist Jules Moinaux für Hervés Folies-Nouvelles kurz vor der Eröffnung der Bouffes-Parisiens geliefert hatten. Freilich dürfte hier die Partitur ausladender angelegt sein, beginnend bei der prätentiös pseudoprogrammatischen Sturmouvertüre.

Wirkung: »Schwarzer Humor« solcher Art kam damals in Schwang, man denke an Offenbachs *Geneviève de Brabant* (1859) und Chabriers *L'Etoile* (1877). Dieser schwarze Humor und die parodistische Spiegelung europäischer Zustände in den »wilden Sitten« der Papas-Toutous veranlaßten Johann Nepomuk Nestroy, als vorletzte seiner Offenbach-Parodien sich den damals in Frankreich schon kaum mehr gespielten *Vent du soir* auszusuchen (er war beim Wiener Gastspiel der Bouffes-Parisiens nur zweimal, am 22. Juni und am 6. Juli 1861, aufgeführt worden) und die Dialoge mit galligen Prägungen zuzuspitzen und auszuschmücken. Die Texte der Gesangsnummern, die genau zur Musik passen, rühren wohl kaum von Nestroy. Wesentlichen Anteil am Pariser Erfolg hatten die Komiker Léonce und vor allem der an den Bouffes debütierende Désiré. Als Atala bezauberte Marie Garnier (und alternierend Mlle. Maréchal) auch dadurch, daß sie »ein Kostüm trug, das kaum 500 Gramm wog« (vgl. Albert de Lasalle, S. 56 ff., s. Lit.). – Der Wiener Premiere (mit Helene Wittmann, Louis Grois, Nestroy und Karl Treumann) der »indianischen Faschingsburleske« *Häuptling Abendwind oder Das greuliche Festmahl* am 1. Febr. 1862 folgten nur noch vier Aufführungen, da Nestroys Gastspiel schon Anfang März zu Ende ging; eine einzige Wiederaufführung fand 1914 statt (mit Mizzi Zwerenz, Josef König, Gustav Maran und Richard Waldemar). Als letzte und sehr charakteristische literarische Arbeit Nestroys (in der sehr viel mehr vom ursprünglichen Libretto enthalten ist, als man gemeinhin glaubt) ist diese Operette vor allem in deutschen und österreichischen Schauspielhäusern heimisch geworden, so in Wien 1957 (Akademietheater), in Darmstadt 1974 (mit Hans Brenner), Bochum 1986 (Regie: Claus Peymann), Konstanz 1987 und Stuttgart 1991, wobei freilich die Musik immer nur in Bearbeitungen erklang. Die grotesken Verrücktheiten des Stücks werden heute wohl eher goutiert als um die Jahrhundertwende, wo man von der Operette doch ein gewisses Wohlverhalten erwartete.

Autograph: verteilt auf 2 Privatbesitzer. **Abschriften:** LOC Washington. **Ausgaben:** Kl.A: Brandus & Dufour, Paris [1857], Nr. 9861; Joubert, Paris [nach 1900]; Part u. Kl.A, frz./dt. Übers. v. J. Nestroy u. d. T. *Häuptling Abendwind*, hrsg. M. Spohr: B&B 1990; Textb.: Paris, Calmann-Lévy [1857] (Théâtre contemporain illustré. 12,298.); Paris, Lévy [1858] (Théâtre contemporain. 60.); Textb., dt., in: J. NESTROY, Sämtliche Werke, hrsg. F. Brukner, O. Rommel, Wien 1924–30, Reprint NY 1973, Bd. 14, S. 565–618. **Aufführungsmaterial:** Chappell; dt. v. Nestroy: B&B
Literatur: W. OBERMAIER, Johann Nestroys ›Häuptling Abendwind‹. O.-Rezeption u. satirisches Element, in: Nestroyana 5:1983/84, S. 49–58; M. SPOHR, Häuptling Abendwind. Nestroys Entgegnung auf d. kulturelle Umfeld d. Pariser Operette, ebd. 9:1989, H. 1/2; weitere Lit. s. S. 488

Josef Heinzelmann

Le Mariage aux lanternes
Opérette en un acte

Die Hochzeit unter den Laternen
Die Verlobung bei der Laterne
1 Akt

Text: Michel Florentin Carré und Léon Battu
Uraufführung: 10. Okt. 1857, Théâtre des Bouffes-Parisiens, Salle Choiseul, Paris
Personen: Guillot, Pächter (T); Denise, seine Cousine (S); Fanchette und Cathérine, Witwen (2 S); Feldhüter (Spr.). **Statisterie:** Bauern, Bäuerinnen
Orchester: Fl (auch Picc), Ob, Klar, Fg, 2 Hr, Piston, Pos, Pkn, Streicher
Aufführung: Dauer ca. 45 Min. – Orchester nach dem Aufführungsmaterial Heugel.

Entstehung: Am 7. Mai 1853 hatte Offenbach in der Pariser Salle Herz als konzertante Aufführung mit Sängern der Opéra-Comique das »Tableau villageois« *Le Trésor à Mathurin* (Text: Battu) herausgebracht, um das kleine Werk in den Spielplan der Opéra-Comique zu lancieren, was trotz guter Kritiken mißlang. Für die Premiere als *Le Mariage aux lanternes* blieb der Text, der seinerzeit bei der Zensurbehörde als *Le Cadeau de l'oncle Mathurin* eingereicht wurde, unverändert; Teile der Musik jedoch (Nr. 2, 4 und 7) wurden gestrichen und durch neue Stücke ersetzt.

Handlung: Auf einem Dorfplatz mit Haus und Scheuer Guillots und einer Rasenbank bei einem großen Baum: Guillot tadelt Denise, weil sie ihre Arbeit mit betrübter Miene verrichtet. Insgeheim wirft er ihr auch vor, einem jungen Mann geschrieben zu haben. Fanchette und Cathérine würden gern Guillot heiraten, um es anders zu machen als mit ihren ersten Männern. Ein Brief von Onkel Mathurin trifft ein, den Guillot den beiden Witwen vorliest: Der Onkel schickt kein Geld, verspricht ihm aber einen Schatz, den er nach dem Vesperläuten unterm Baum fände. Guillot stimmt ein Trinklied an und küßt in seiner Vorfreude die Nachbarinnen, die daraufhin sogleich in Streit geraten. Auch Denise hat einen Brief bekommen. Beim Vesperläuten solle sie sich unter den Baum setzen, dann erschiene der ihr bestimmte Mann. Sie tut es und schläft vor Kummer und Erschöpfung ein. Guillot findet kein Gold, wohl aber seine schlafende Cousine, den Brief des Onkels in der Hand. Jetzt wird ihm klar, daß er seinen Schatz gefunden hat.

Kommentar: Die Entstehung des Werks prägte seinen Stil: Die Ensembles und Solonummern lassen kaum buffoneske oder gar parodistische Züge spüren.

Vielmehr handelt es sich um eine veritable kleine Opéra-comique von ganz besonderem Charme und sorgfältiger musikalischer Ausführung, die sogar kanonische Stimmführungen einschließt. Die idyllischen Züge werden schon in der Ouvertüre durch ein musetteartiges Allegretto nach einer drollig-liebenswürdigen Marche champêtre angeschlagen. Selbst die Plapperduette der Witwen und Guillots auftrumpfendes Trinklied bleiben im pastoralen Rahmen. Offenbach gab Denise keine Solonummer, denn diese hätte larmoyant ausfallen müssen.

Wirkung: Die feine Machart des Werkchens und sein Melodienreichtum wurden schon bei der Premiere als würdig einer großen Tradition der Opéra-comique angesehen (Guillot: Auguste Geoffroy, Denise: Mlle. Maréchal). Es ist charakteristisch, daß *Le Mariage aux lanternes* im Okt. 1858 die Wiener Offenbach-Pflege eröffnete (*Hochzeit bei Laternenschein*, Carl-Theater) und damit als erste deutschsprachige Operette überhaupt anzusehen ist. Karl Treumann spielte den Peter (Guillot) und schuf angeblich mit dem Werk seine erste Offenbach-Übersetzung (vermutlich adaptierte er nur die als Klavierauszug herausgekommene Übersetzung). Die Instrumentation erfand nach demselben Klavierauszug der Kapellmeister Carl Binder neu. Der Erfolg war immens und folgenreich. Das naiv-gemütliche Werk hat in der Folgezeit »in Deutschland weit größeren Anklang gefunden als in Frankreich, wird bei uns auch nicht auf der Operettenbühne gegeben, sondern hat seinen Einzug in die Opernhäuser gehalten, wo es bis zur Stunde«, so Johannes Scholtzes Operettenführer (Berlin 1912, S. 164), »noch dem ständigen Repertoire angehört, während fast alle übrigen Werke des fruchtbaren Komponisten mehr oder weniger schon vergessen sind«. Dies galt bis in die Nachkriegszeit, wo *Le Mariage aux lanternes* als Bestandteil von Renato Mordos *Dreimal Offenbach* (zuerst Mainz 1954) noch viel gespielt wurde. Seit sich das Hauptinteresse der Bühnen und der Kritik mehr auf die parodistischen und zeitkritischen Aspekte Offenbachs richtet, ist der hübsche, aber harmlose Einakter beinah in Vergessenheit geraten.

Autograph: verteilt auf 2 Privatbesitzer; Part, Introduktion: Pierpont Morgan Libr. NY (Koch 451). **Abschriften:** Part, dt., instrumentiert v. C. Binder (um 1858): Vlg.-Arch. Bote & Bock Bln. **Ausgaben:** Part, dt. u.d.T. *Die Verlobung bei der Laterne* (als Ms. gedruckt): B&B/Heugel [um 1869]; Vlg.-Arch. B&B Bln.]; Part u. Kl.A, dt., mus. Einrichtung v. R. Hanell: Henschel-Vlg., Bln. 1979; Kl.A mit vollst. Text: Heugel [1858], Nr. 2147; Kl.A, frz./dt. (gesprochener Text nur dt.): B&B [um 1858], Nr. 4320-27; Kl.A, frz./dt. (mit vollst. frz. Text, aber freier dt. Übertragung d. gesprochenen Textes): B&B [um 1900], Nr. 4320-27; Kl.A, engl. Übers. v. H. B. Farnie u.d.T. *Paquerette*: Boosey, London [1884]; Kl.A, engl. Übers. u. hrsg. E. Kahn: Marks, NY [1951], Nr. 12811; Kl.A (?), engl. Übers. v. V. Reed: Belwin-Mills, NY; Textb., dt.: B&B [vor 1868]; Textb. d. Gesänge, dt.: [Wien, um 1925]. **Aufführungsmaterial:** Heugel/Leduc; dt. Bearb. v. H. B. Bonnet, R. Hanell: B&B **Literatur:** E. WULF, Untersuchungen zum Operneinakter in der Mitte des 19. Jahrhunderts, Diss. Köln 1963, S. 71 ff.; weitere Lit. s. S. 488

Josef Heinzelmann

Mesdames de la Halle
Opérette-bouffe en un acte

Die Damen der Hallen
1 Akt

Text: Armand Lapointe
Uraufführung: 3. März 1858, Théâtre des Bouffes-Parisiens, Salle Choiseul, Paris
Personen: Madame Poiretapée, Fisch- und Gemüsehändlerin (T); Madame Madou, Gemüsehändlerin (T); Madame Beurrefondue, Gemüsehändlerin (T); Raflafla, Tambourmajor der französischen Garde (T); ein Kommissar (B); ein Kleiderhändler (T); Ciboulette, eine junge Obsthändlerin (S); Croûte-au-Pot, Küchenjunge (S); Süßwarenhändlerin (S); Obsthändlerin (S); Gemüsehändlerin (S); Erbsenhändlerin (S).
Chor, Statisterie: Tambours, Händler, Kunden, Gardisten
Orchester: 2 Fl (2. auch Picc), Ob, 2 Klar, Fg, 2 Hr, 2 Trp, Pos, Pkn, Schl (Trg, Bck, Tamtam, kl.Tr, gr.Tr, Marktglocken), Streicher
Aufführung: Dauer ca. 45 Min. – Orchester nach dem Aufführungsmaterial Bote & Bock. Umbesetzungen der Travestierollen Croûte-au-Pot mit Tenor und der Marktfrauen Poiretapée, Madou und Beurrefondue mit Sopran, Mezzosopran und Alt sind möglich und wurden von Offenbach nach den Bedingungen des jeweiligen Ensembles vorgenommen.

Entstehung: Der Premiere von *Mesdames de la Halle* ging eine in Pariser Musikjournalen heftig geführte Debatte über die personelle Einschränkung in den Bouffes-Parisiens voraus. In seinem Drang nach personeller und entsprechend ausstatterischer Expansion fand Offenbach unter anderm in Adolphe Adam publizistische Unterstützung. Nach *Ba-ta-clan* (1855) für die erlaubten vier Solisten und *Croquefer* (1857), wo eine fast stumme Rolle gewissermaßen als fünfte Figur eingeführt wurde, ist *Mesdames de la Halle* sein erstes Stück, das mit zehn Protagonisten, großem Chor und wahrscheinlich sogar Ballett (wie anders ließe sich das orchestrale Zwischenspiel im Finale deuten?) erstmals durch keinerlei Besetzungsauflagen eingeschränkt war. Entsprechend abrupt erscheint die Kehrtwendung Offenbachs, der zwar der opulenten Grand opéra mit bewußt reduziertem theatralischen und technischen Apparat begegnet war, nun aber erstmals die selbstgesteckten Grenzen des kleinen Genres durch die historisch getreue üppige Ausstattung überschritt. In dieser Entscheidung ist sein Weg zum Operetten-Großunternehmer vorgezeichnet. Zwangsläufig drängte diese Entwicklung über die einaktige Form hinaus, wie nicht nur das Folgewerk *Orphée aux enfers* (1858) und die weiteren mehraktigen Operetten, sondern gleichermaßen seine späten Feerien zeigen.

Handlung: In den Markthallen von Paris, zur Zeit König Ludwigs XV.: Marktrufe der Händlerinnen und Händler werden durch den heranziehenden Gardistenzug unter Führung des Majors Raflafla unterbrochen, der zu einem Loblied der schönen Verkäuferinnen anhebt und insbesondere die wohlhabenden Gemüsehändlerinnen Madame Madou und Madame Beurrefondue charmant umwirbt. Beide, von ihren Liebhabern sitzengelassene Damen, scheinen seinem Werben nicht abgeneigt, beide schwärmen aber zugleich für den wesentlich jüngeren Küchenjungen Croûte-au-Pot, der seinerseits auf die jugendliche Obstverkäuferin Ciboulette ein Auge geworfen hat. Als die Fischverkäuferin Madame Poiretapée hinzukommt, entbrennt ein heftiger Streit um die Gunst des Küchenjungen, der im Einschreiten eines Kommissars und seiner Polizeitruppe gipfelt. Nach einigen Verhaftungen bleibt Ciboulette allein zurück, sieht sich aber sogleich von Raflafla umgarnt. Die von der Wache zurückkehrende Poiretapée weiß jedoch die Aufmerksamkeit des alten Schürzenjägers auf sich zu lenken und läßt sich von ihm eine Ode darbieten, die er zuvor schon den andern Damen feilgeboten hatte. Sie erahnt in Raflafla den Partner einer längst vergangenen Liaison. Croûte-au-Pot findet Gelegenheit zu einem ungestörten Stelldichein mit Ciboulette und erklärt ihr seine Liebe. Schon scheinen sie einig, doch da: Der Einwand Poiretapées, sie würde, wäre sie die Mutter, niemals einer Heirat mit dem Küchenjungen zustimmen, ruft Ciboulette ihr Waisendasein in Erinnerung. Nach ihrer Herkunft befragt, sehen sich die herbeigeeilten Beurrefondue und Madou als die Mütter Ciboulettes. Beide wurden vor langer Zeit von einem Sergeanten verlassen. Doch ein an der Brust Ciboulettes aufbewahrter Brief löst endlich das Rätsel ihrer Herkunft. Daraus geht (fast) unzweifelhaft hervor, daß Poiretapée und Raflafla die leiblichen Eltern sind, zumal beide gleichzeitig in Ohnmacht fallen. Raflafla begnügt sich mit der gutherzigen Poiretapée, und Ciboulette erhält ihren Küchenjungen zum Mann. Das »Wirken der Natur« hat das glückliche Ende ermöglicht.

Kommentar: Lapointes Libretto mußte Offenbach insofern entgegenkommen, als es seiner Neigung zu einem Sujet und zur Musik des 18. Jahrhunderts entsprach, seiner Lust an der Parodie großer Opernstoffe, Familiendramen und dem Spaß an der Travestie. Seine nicht bloß ideelle, romantische Affinität zur alten Opéra-comique wird etwa in Raflaflas Couplet (Nr. 5, »Vous êtes la lune«) augenfällig, das nicht allein als eine einfühlsame Rekonstruktion einer Ariette im Stil Grétrys gelten darf, sondern die merkwürdig melancholische Geste vorwegnimmt, wie sie zum Beispiel in der Figur des Styx in *Orphée* wiederbegegnet. Der Lust zur Parodie der aktuellen Grand opéra ist großer Raum gelassen. Besonders das Buffosepteit (Nr. 7, »Je défendrai mon enfant«) und das Finale (Nr. 8, »Quel prodige s'opère«) lassen üppigen Platz, hochdramatische Familientragödien aufs Korn zu nehmen. Meyerbeers *Prophète* (1849) ist womöglich gemeint, obwohl sich die von Anton Henseler (S. 227 f., s. Lit.) behaupteten direkten Anspielungen nicht nachweisen lassen. Vielleicht zielt die Parodie auch auf Pierre Corneilles Tragödien, die damals an der Comédie-Française gespielt wurden. Die Parodiesequenzen am Schluß sind sogar so ausladend, daß sie eine gewisse Asymmetrie der Gesamtanlage zur Folge haben und mit dieser absichtsvollen Ungleichgewichtung auf die tatsächliche hinweisen wollen. Denn was geschieht schon, außer daß eine Waise ihre Eltern und einen Gatten findet? – Trotz der personellen Erweiterung und der damit verbundenen formalen Expansion des Genres sind strukturelle Entsprechungen mit früheren Werken Offenbachs (etwa *Ba-ta-clan*) offensichtlich. Die hier ausufernde, in ihrer Machart verfeinerte Parodiesequenz befindet sich wie üblich kurz vor Beginn des Finales. Auch die Eröffnung (Nr. 1) mit ihrem statischen Subdominant-Tonika-Grund erinnert formal an das Anfangstableau von *Ba-ta-clan*, hier freilich nicht mit pseudochinesischen Floskeln erfüllt, sondern mit Rufen der Händlerinnen und Händler, die Offenbach der Studie von Jean-Georges Kastner (s. Lit.) entnommen hat.

Wirkung: Daß *Mesdames de la Halle* zu den zwar hochgeschätzten, aber seltener gespielten Werken Offenbachs zählt, hat seinen Grund wohl darin, daß es als nicht abendfüllendes, aber für ein großes Ensemble geschriebenes Stück sich im heutigen Theateralltag, in dem in der Regel drei Einakter zu einem Abend zusammengefaßt werden, mit andern kleinen, zumeist chorlosen Stücken nur schwer kombinieren läßt. Diese Zwischenstellung mußte auch Offenbach bewußt gewesen sein, führte ihn doch mit *Orphée* sein kompositorischer Weg unmittelbar zur zweiaktigen und abendfüllenden Operette. Das Presseecho auf die *Mesdames* war äußerst positiv. Die *Revue et gazette musicale* erkannte in diesem Stück ein Chef-d'œuvre und neuerlichen Höhepunkt nach *Les Deux aveugles* (1855), *Ba-ta-clan* und *Le Violoneux* (1855). Besondere Wirkung müssen überdies Honoré Daumiers historisch getreue, sehr aufwendige Dekors hervorgerufen haben, die die Hallen zur Zeit Ludwigs XV. darstellten. Wiederaufführungen des Werks in Frankreich (Monte Carlo 1908, Théâtre des Arts Paris 1913 und Opéra-Comique Paris 1940, 1979 und 1983) blieben selten. Die deutschsprachige Erstaufführung erfolgte am 22. Febr. 1862 in Wien (Treumann-Theater) in der Übersetzung von Alois Berla; Johann Nepomuk Nestroy spielte darin als seine letzte neueinstudierte Bühnenrolle die Jungfer Barbara Kletzenstingl, Golatschenhändlerin. Eine Neuinszenierung gab es 1977 an der Deutschen Oper Berlin.

Autograph: Privatbesitz. **Ausgaben:** Kl.A v. H. Salomon: Brandus & Dufour, Paris [1858], Nr. 9956; Kl.A, frz./dt. Übers. v. J. Heinzelmann u.d.T. *Die Damen auf dem Markt*, mus. Bearb. v. C. Richter: B&B 1975; Kl.A, ital. u.d.T. *Le erbivendole*: Sonzogno; Textb.: Paris, Brandus 1858; Paris, Dagneau 1858; Paris, Tresse ³1869; Textb., dt.: B&B; Textb. d. Gesänge, dt. Bearb. v. E. Jacobson: B&B 1867; Textb. in: J. OFFENBACH, Opérettes, Paris 1983, S. 5–60; Textb., frz./dt., in: [Bei-H. d. Schallplattenaufnahme EMI], 1983; Textb., dt. v. J. Heinzelmann: B&B [1975]. **Aufführungsmaterial:** Chappell; dt. v. Heinzelmann, Bearb. für KammerOrch v. Richter: B&B **Literatur:** G. KASTNER, Les Voix de Paris. Essay d'une histoire littéraire et musicale, Paris 1857; weitere Lit. s. S. 488

Michael Klügl

Orphée aux enfers
Opéra-bouffon en deux actes et quatre tableaux / Opéra-féerie en quatre actes, douze tableaux

Orpheus in der Unterwelt
2 Akte (4 Bilder) / 4 Akte (12 Bilder)

Text: Hector Jonathan Crémieux; Gesangstexte: Ludovic Halévy
Uraufführung: 1. Fassung als Opéra-bouffon: 21. Okt. 1858, Théâtre des Bouffes-Parisiens, Salle Choiseul, Paris; 2. Fassung als Opéra-féerie: 7. Febr. 1874, Théâtre de la Gaîté, Paris
Personen: 1. Fassung: Pluton/Pluto, auch Aristée/Aristeus (T); Jupiter (T oder B); Orphée/Orpheus (T); John Styx (T); Mercure/Merkur (T); Morphée/Morpheus (T); Mars (B); Bacchus (stumme R); Eurydice/Eurydike (S); Diane/Diana (S); L'Opinion publique/die Öffentliche Meinung (S); Vénus/Venus (S); Cupidon/Cupido (S); Junon/Juno (S); Minerve/Minerva (S); Cybèle/Cybele (S); Hébé/Hebe (S). **Chor, Ballett:** Götter, Göttinnen, Furien, Erynnien
2. Fassung zusätzlich: ein Liktor (T); Minos (T); Eaque/Aiakos (T); Rhadamante/Rhadamanthys (B); MännerR: Neptune/Neptun, Plutus/Plutos, Saturne/Saturn, Vulcain/Vulkan, Pan, Hercule/Herkules, Apollon, Eole/Aeolus, Cerbère/Zerberus; Flore/Flora (S), Pomone/Pomona (S), Cérès/Ceres (S); FrauenR: Thalie/Thalia, Vesta, Polymnie/Polyhymnia, Iris, Euterpe, Clio, La Fortune/Fortuna, Pandore/Pandora, Erato; 4 Unterweltsrichter (2 T, 2 B); ein Türsteher; 4 Liebespolizisten (4 S). **Chor:** Hirten, der Stadtrat von Theben, Violinschüler (Kinder-St.), Türsteher, Gerichtsschreiber, Liebespolizisten. **Ballett:** Träume, Stunden, L'Aurore/Aurora, Fliegen, Bacchantinnen
Orchester: 1. Fassung: 2 Fl (auch Picc), Ob, 2 Klar, Fg, 2 Hr, 2 Pistons, Pos, Pkn, Schl (gr.Tr, Bck, Trg, Tambour de basque), Streicher; 2. Fassung: 2 Fl (2. auch Picc), 2 Ob, 2 Klar, 2 Fg, 4 Hr, 2 Pistons, 3 Pos, Pkn, Schl (gr.Tr, Bck, Trg, Glocke, Tambour de basque), Streicher; BühnenM: Militärkapelle
Aufführung: Dauer der 1. Fassung ca. 1 Std. 45 Min., der 2. Fassung ca. 2 Std. 45 Min. – Orchester der 1. Fassung nach der Abschrift der Bibliothèque de l'Opéra, Paris, der 2. Fassung nach dem Aufführungsmaterial Heugel.

Entstehung: Während des dreijährigen Bestehens der Bouffes-Parisiens hatte es sein Direktor Offenbach verstanden, immer wieder Erweiterungen seiner Konzession zu erwirken: drei Darsteller, vier Darsteller mit Statisterie, keine Darstellerbegrenzung, zusätzliche Mitwirkung eines Chors. Trotz enormer künstlerischer und Publikumserfolge gelang es ihm allerdings nicht, die hohen Einnahmen mit den noch höheren Ausgaben ins Gleichgewicht zu bringen. Nur ein großer Serienerfolg konnte ihn als Theaterdirektor retten. Ein Serienerfolg setzte natürlich ein abendfüllendes Stück voraus, und tatsächlich erhielt er endlich die Erlaubnis dazu. Zur Vorgeschichte des Werks ist nur wenig bekannt. Aus verschiedenen Briefstellen geht hervor, daß Halévy dramaturgisch und als Verfasser der Gesangstexte an der Entstehung des Librettos beteiligt war (Anton Henseler, S. 278ff., s. Lit.). Über eine relativ platte Vorstufe des »Quand j'étais roi de Béotie« gibt eine Skizze im Historischen Archiv der Stadt Köln Auskunft. Nach Zeitungsberichten und Briefdokumenten wurden von Vorstellung zu Vorstellung noch Einzelheiten geändert, meistens infolge von Neubesetzungen. Überhaupt hatten die Besetzungsgegebenheiten großen Einfluß auf die Gestaltung einzelner Rollen, am deutlichsten bei dem Tenor Tayau, der ausgebildeter Geiger war, sowie bei dem von der Comédie-Française kommenden Schauspieler Bache, dem die Rolle des John Styx auf seine hagere Erscheinung hin geschrieben wurde. – Nach dem Deutsch-Französischen Krieg übernahm Offenbach 1873 die Leitung des Théâtre de la Gaîté, wo er den aufwendigen und wegen seiner reaktionären Tendenz umstrittenen *Roi Carotte* (1872) herausgebracht hatte. Victorien Sardou, sein Textdichter, suchte und hatte Erfolg mit ungeheuer aufwendigen Bühnenspektakeln, und Offenbach wollte ihn auf diesem Weg noch übertrumpfen. Gleichzeitig unterhielt er eine Schauspiel- und eine Musiktheatertruppe; durch verschwenderische Prachtentfaltung sollte das Publikum angelockt werden. Daß ihm durch eine Regelung mit der Gesellschaft der Autoren auferlegt worden war, den Anteil eigener Werke im Spielplan niedrig zu halten, war ein weiterer, vielleicht der entscheidende Risikofaktor. Der Theaterdirektor Offenbach hatte 1873 hochfliegende künstlerische Pläne, bereitete William Shakespeares *A Midsummer Night's Dream* (1595?) mit der Musik Felix Mendelssohn-Bartholdys (1826, 1842) und August von Kotzebues »Nachspiel« *Die Ruinen von Athen* (1812) mit der Ludwig van Beethovens vor. Jedoch gleich das erste Wagnis, Jules Barbiers Versdrama *Jeanne d'Arc* (1869) mit Musik von Charles Gounod (1873), erfüllte nicht alle Hoffnungen. 1874 sollte ein totaler Mißerfolg, Sardous Drama *La Haine*, den endgültigen Bankrott bringen. An diesem hatte Offenbach bis zu seinem Tod finanziell zu laborieren, nachdem er in einer Art Sozialplan mit seinem persönlichen Vermögen und künftigen Tantiemen die Auszahlung aller ausstehenden Löhne und Honorare gesichert hatte. Bei der ersten Krise hatte Offenbach sich wieder des *Orphée* erinnert, der ihm 1858 aus einer ähnlichen Bredouille geholfen hatte. Und *Orphée* tat wieder seine Wirkung, freilich in gänzlich anderer Gestalt, nämlich als Opéra-féerie, als »märchenhafte Ausstattungsoper«. Entsprechend mußte die Handlung erweitert werden, was wieder Crémieux tat, wie 1858 unter Mitwirkung von Halévy, der nicht im Libretto, wohl aber im Klavierauszug als Mitautor genannt wird. Die Zutaten greifen aber nirgends in die Bedeutungsstruktur der Handlung ein. Vor allem mußte Offenbach seine Partitur erweitern, eine Praxis, die bei ihm nichts Neues war: *Les Bavards* (1862), *Geneviève de Brabant* (1859), *La Vie parisienne* (1866), *La Périchole* (1868) und andere Werke hat er, oft mehrmals, umgearbeitet oder erweitert. Bei *Orphée* wuchs jetzt die Zahl der Musiknummern von 16 auf 30 an.

Handlung: 1. Fassung: I. Akt, 1. Bild, »Der Tod der Eurydice«, auf dem Land bei Theben: L'Opinion publique verkündet in einem Prolog ihre Identität: Einerseits fungiert sie als der Chor der alten Griechen, andrerseits nimmt sie auch die Rolle eines Deus ex machina auf sich. Denn so idyllisch und heroisch wie in der Mythologie geht es in der buffonesken Wirklichkeit nicht zu: Orphée, ein begnadeter Komponist und Virtuose und als solcher Direktor des Konservatoriums zu Theben, und Eurydice, seine allzu charmante Gattin, führen ein nicht gerade vorbildliches Eheleben. Aber man wahrte den Schein, bis sich eines Tags neben dem Orpheum ein Monsieur Aristée mit Schafen und Bienen ansiedelte. So bescheiden und naturliebend wie der konnte natürlich kein Landmann sein. Es handelt sich um den echten Fall eines Wolfs im Schäferpelz: Aristée ist Pluton, der Gott der Unterwelt. Eurydice hätte für ihn wohl auch geschwärmt, wenn er in seiner Originalgestalt erschienen wäre. Der untreue, indessen doch eifersüchtige Orphée hat im Kornfeld zum täglichen Rendezvous der beiden eine Schlange ausgesetzt. Pluton lenkt Eurydice zur Natter und nimmt sie mit sich in die Unterwelt. Orphée ist mit dieser Lösung einverstanden, doch L'Opinion zwingt ihn, jenes Beispiel ehelicher Treue abzugeben, von dem die Mythologie berichten wird. Der Weg dazu führt über den Olymp. 2. Bild, »Der Olymp«, Wolken: Die Götter schlafen. Auch Cupidon und Vénus kehren von nächtlichen Umarmungen zurück, um sich nun Morphée in die Arme zu werfen. Hörnergedröhn schreckt Jupiter und die Seinen auf. Diane erscheint und klagt über das Verschwinden ihres geliebten Aktäon. Jupiter hat ihn, wie sie erfahren muß, in einen Hirsch verwandelt, aus Gründen der Wohlanständigkeit. Überhaupt hat er seine Mühe, die Ehre der Olympier zu retten, ihre Skandalgeschichten vor den Sterblichen und seine eigenen vor seiner Gattin Junon zu vertuschen. Diese beschuldigt ihn jetzt gar, an der Entführung Eurydices beteiligt zu sein. Pluton, herbeizitiert, will seine Täterschaft zunächst nicht zugeben und wiegelt gar die Götterversammlung auf, die der ewigen Ambrosia satt ist und nach den berauschenden Getränken der Unterwelt lechzt. Das Erscheinen der Opinion mit Orphée läßt Jupiter sich wieder an die Spitze der Bewegung setzen: Der Olymp bricht in den Hades auf, um die korrekte Übergabe Eurydices an ihren Gatten zu überwachen und sich ein paar schöne Stunden zu machen.

II. Akt, 1. Bild, »Ein König von Böotien«, Unterwelt, Plutons Boudoir: John Styx, ehedem König Böotiens, der bäuerlichsten Provinz des alten Griechenlands, ist dem Lethe verfallen, weshalb er zuweilen sogar vergißt, daß er über Eurydice zu wachen hat und daß er sie liebt. Auch ihre sowieso nicht vorhandene Tugend kann sie nicht davor bewahren, recht schnell an dem diesmal als Fliege metamorphierten Jupiter Gefallen zu finden. Beim allgemeinen Fest, so verabreden sie sich, wollen sie sich wiedertreffen, damit Jupiter sie im Gedränge seiner Olympier mitnehmen könne. 2. Bild, »Die Unterwelt«, im Hintergrund der Styx: Der Höllenball hat im Auftritt einer Bacchantin seinen Höhepunkt. Während eines wahrhaftig nicht infernalischen Menuetts will Jupiter mit ihr, der verkleideten Eurydice, entfliehen, doch Pluton verhindert es geistesgegenwärtig und eifersüchtig. Was nun machen mit der schönen und selbst ihrem Verführer untreuen Dame? Da melden sich der in seine Melodie »Ach, ich habe sie verloren« verliebte Gatte und L'Opinion wieder zu Wort: Orphée soll Eurydice wieder mit sich nehmen. Doch Jupiter sorgt dafür, daß er sich nach ihr umsieht und sie so verliert. L'Opinion ist es zufrieden,

Orphée aux enfers; Charlotte Brummerhoff als L'Opinion publique, Bernhard Korsch als Orphée; Regie: Walter Felsenstein, Ausstattung: Heinz Pfeiffenberger; Komische Oper, Berlin 1948.

Orphée ist es auch, denn er ist die Gattin los. Pluton und Jupiter streiten auch nicht lange um Eurydice: Sie wird eine Bacchantin und preist fürderhin als Wahrzeichen der Unterhalbwelt den Rausch.

2. Fassung (laut Textbuch von 1874; mit »douze tableaux« sind Teildekorationen, nicht komplette Bühnenbilder gemeint): I. Akt: »Der Tod Eurydices«, auf dem Land bei Theben; II. Akt: »Der Olymp«, Wolken; III. Akt: »Jupiters Metamorphose«, 1. Bild: Plutons Boudoir; 2. Bild: feines Boudoir mit Diwan; 3. Bild: wunderschönes Gewächshaus; IV. Akt: »Die Unterwelt«. Bei gleichem Handlungsverlauf (die vier Bilder der 1. Fassung sind nun als vier Akte gezählt) enthält die 2. Fassung eine Reihe von Erweiterungen. So läßt Offenbach im I. Akt, vor dem Auftritt der Opinion publique, Hirten und den Stadtrat von Theben, einen Chor von Greisen, erscheinen. Orphées Jubel über Eurydices Tod schmettert ein Chor von zunächst unsichtbaren Furien und Erynnien unter Blitz und Donner ein »Anathème!« entgegen. Das Aufbruchsduett mit L'Opinion wird durch Orphées ausführlichen Abschied von seinen Schülerinnen in die Länge gezogen. Im III. Akt urteilt über Eurydices Entführung das Jüngste Gericht der Antike: Die greisen Unterweltsrichter Minos, Eaque und Rhadamante sind so historisch, daß sie Jupiter ins Gedächtnis rufen müssen, daß sie seine Söhne von der schönen Europa sind. Während des Prozesses, der zu nichts führt, weil Pluton den Höllenhund mit Galette (das ist Hundekuchen oder Zaster) besticht, mißbraucht John Styx den Blitz des Weltenherrschers als stimulierende Elektrisiermaschine. Cupidons »Policemen« (Liebespolizistinnen) spüren die gesuchte Eurydice durch Kußgeräusche auf, die sie erwidert. Im IV. Akt wird Pluton, der die Fliege Jupiter fangen will, durch eine Vervielfältigung kleiner Styxe und deren Fliegenballett irregeführt.

Kommentar: Offenbach setzte alles auf *Orphée aux enfers*, und er gewann. Ein beispielloser Durchbruch geschah. Mit einem Schlag war das meisterliche Muster eines neuen Genres geschaffen, das binnen weniger Monate in alle europäischen Länder exportiert wurde, freilich weniger schnell nachgeahmt werden konnte, als das Modell vom Urheber selbst bereits abgewandelt wurde. *Orphée* steht, so viele Metamorphosen die Gattung auch noch erleben sollte, als Ursprung der Operette, wie wir sie heute begreifen, unwidersprochen fest, obwohl sich direkte Nachfolge nur bei Hervé und Claude Terrasse findet. Bei allen Detailübernahmen aus der französischen Theatertradition sowie aus Kölner Karnevalspossen und Parodien erweist sich bei Offenbach bereits das Genre als neu: *Orphée* ist nicht mehr ein durch Quodlibets oder Couplets vaudevilleartig gewürztes Sprechtheater, sondern ein voll entwickeltes Stück Musiktheater. Für die Gesamtform entscheidet die musikalische Entwicklung und nicht der einzelne Spaß. Auch diese Genreneuerung geschah nicht bewußt: Offenbach zielte darauf, Musiktheater zu machen, das sich an der Opéra-comique ausrichtete. Mehrmals (zuletzt am 12. Dez. 1856) hatte er beantragt, so belegen die erhaltenen Dokumente in den Pariser Archives Nationales (F^{21} 1136), sein Theater statt »Petit Théâtre des Bouffes-Parisiens« »Quatrième Théâtre lyrique« (neben Opéra, Opéra-Comique, Théâtre-Italien und Théâtre-Lyrique) nennen zu dürfen. Der Qualitätssprung war einer der Zielästhetik: Er betrieb sein Theater rein kommerziell, ohne jede Subvention und Mäzene, war also vom Kassenerfolg abhängig. Diese Entwicklung hat sogar soziologische Implikationen: Der Cancan, den Offenbach hier zum erstenmal auf eine Bühne bringt und dadurch nach großen Widerständen schließlich doch gesellschaftsfähig macht, war bis dahin ein Tanz der Kaschemmen. (Es handelt sich natürlich nicht um den Showcancan der Jahrhundertwende, wie ihn etwa Henri de Toulouse-Lautrec festgehalten hat.) Crémieux, Halévy und Offenbach hatten tatsächlich nicht nur eine neue Theaterform, sondern in ihr auch ein vielfach interpretierbares klassisches Werk geschaffen. Die Bedeutung dieses Librettos geht noch über Friedrich Nietzsches Urteil hinaus: »Die Texte Offenbachs haben etwas Bezauberndes und sind wahrscheinlich das einzige, was die Oper zugunsten der Poesie bisher gewirkt hat [...]« Betrachtet man den Text genauer, entdeckt man, daß der scheinbare Ulk seinen doppelten Boden hat. Erstens wird die antike Mythologie auf den Kopf gestellt. *Orphée aux enfers* ist ein »Orphée à l'envers«: Das Muster eines Ehemanns, der die gestorbene Gattin selbst aus dem Hades zurückholt, wird zu einem Gattenmörder, der seine Eurydice ins Natternfeld lockt; sie erleidet den Tod nicht auf der Flucht vor Aristée, sondern weil sie zu ihm eilt; und Jupiter, der sie Orphée zum Schein zurückstellt, ist selbst ein übler Schürzenjäger, freilich kein göttlicher, sondern das Gespött seiner Mitgötter. Zweitens stellt diese Travestie mythologischer Urmuster recht deutlich eine Satire auf ihre Zeit dar. Dieser vergnügungssüchtige, aus Bluff und Blendwerk bestehende »antike« Olymp meint den Hof Kaiser Napoleons III. Und die Übergöttin des Stücks, vor der die Götter und Menschen gleichermaßen kuschen, ist die öffentliche Meinung, die tatsächlich im Kaiserreich eines Emporkömmlings eine ebenso entscheidende Rolle spielte und die ja auch den Erfolg eines musikalischen Emporkömmlings wie Offenbach bestimmte. Diese Satire und Gesellschaftskritik reicht zwar sehr weit, aber es gibt noch weitere Bedeutungsschichten. Denn diese Götter-Hofschranzen werden nicht allein bloßgestellt, sondern sie werden derart vermenschlicht, daß sie sich in ihren Begierden und Schwächen und Lächerlichkeiten gar nicht mehr von den gewöhnlichen Sterblichen im Stück abheben. Überhaupt unterscheiden sich die Figuren auf der Bühne nicht sehr von ihrem Publikum im Parkett und in den Logen der Bouffes-Parisiens oder zumindest von deren Träumen und Identifikationswünschen. Selbst die Sonderrolle der Eurydice ist so zu erklären: Sie nimmt nicht teil an der allgemeinen Heuchelei, verläßt jeden Mann, der sie nicht zu befriedigen vermag, und das heißt jeden irdischen und göttlichen Mann. Am Ende muß sie tatsächlich ihre Frustration dadurch betäuben, daß sie sich dem

Rausch Bacchus' hingibt. Es ist dies zugleich eine soziale und eine Kunst(ent)rückung, markiert durch den Übergang vom manierierten Menuett (mit seiner irregulären Periodik von zwei mal drei Takten) zum musikalisch aus ganz einfachen Elementen geformten »galop infernal«, dessen Schlagkraft sich weder Götter noch das Publikum entziehen können (Nr. 15). – Bei Offenbachs Librettisten »ist das [...] absolute Wohlbehagen an einer Welt gegeben, deren Hohlheit ihnen [...] offenliegt [...] Sie haben nicht einmal jene *Après nous le déluge*-Stimmung, in der sich hinter scheinbarer Gewissenlosigkeit dennoch Gewissen regt. Vollkommen klarsichtig und skeptisch, dabei vollkommen unbefangen, amoralisch und heiter genießen sie die Schönheit der eitlen Welt.« Es ist der Literaturhistoriker Victor Klemperer mit seiner *Geschichte der französischen Literatur im 19. und 20. Jahrhundert. 1800–1925* (Berlin 1956, S. 349), der hier (in Fortführung der Schilderung von Francisque Sarcey in *40 ans de théâtre*, Bd. 6, Paris 1901) das tiefere Wesen der Offenbachiade als Ausgeburt ihrer Zeit beschreibt, die gegen niemand Stellung bezieht, selbst nicht gegen die, die sie verspottet, weil sie eben alle verspottet und sich selbst nicht ernst nimmt, ausgenommen in einem Ziel: Vergnügen zu bereiten, um Kasse zu machen. Klemperer weist dann aber auf das eigentliche Geheimnis von Offenbachs Erfolg und seiner Klassizität: »Und doch ist es auch immer noch etwas mehr [...] unter der Wiedergabe der Wirklichkeit steckt ein förmlich auf seine Erlösung durch die Musik lauerndes lyrisches Moment der Freude [...] sie ist frivol und flach, aber sie ist echt und wirklich rauschartig. Und sie zwingt Offenbachs Musik herbei, und sie wird durch Offenbachs Musik beflügelt [...] die Musik ist der genialer vertretene Teil in dieser Mischkunst« (ebd., S. 350, 353). Es überrascht, daß diese Musik bisher noch keiner eingehenden Analyse unterzogen wurde, auch das *Orphée* gewidmete Kapitel bei David Rissin (s. Lit.) ist wenig ergiebig. Auffällig ist immerhin das fast völlige Fehlen von musikalischen Travestien. Das Zitat der *Marseillaise* beim Aufstand der Götter dürfte weniger politische Bedeutung haben, als häufig behauptet wird. Neben den zahlreichen bukolischen Zügen fallen die Bild- und Aktschlüsse auf, die nicht Handlung, sondern Bewegung zum Inhalt haben: das pathetische »Viens!« der Opinion publique im Marschrhythmus, das hüpfende »Partons!« der Olympier und das infernalische »Ce bal est original« des Höllengalopps. Wie in dieser Melodie die vom Quartsprung unterstrichene halbe Note im ersten Takt als dann nicht mehr wiederholtes Signal den Anstoß gibt zu einer in sich unsymmetrischen Achttaktperiode, beweist, daß Einprägsamkeit nicht nur mit Einfachheit zu erreichen ist. – Erstaunlicherweise ließ Offenbach in der 2. Fassung die originalen Nummern bis auf einige Transpositio-

Orphée aux enfers, II. Akt, 2. Bild; Emma Zöllner als Vénus, Helene Wittmann als Diane, Johann Nepomuk Nestroy als Jupiter, Karl Treumann als Pluton, Anna Grobecker als L'Opinion publique, Philipp Grobecker als Orphée, Luise Vanini als Flora, Franz Gämmerler als Hercules, Louis Grois als Mars, Wilhelm Knaack als John Styx; Illustration: Flöge; Carl-Theater, Wien 1860.

nen, den neuen Darstellern zuliebe, unangetastet, bezog sie also als quasi klassisch in den erweiterten Rahmen ein. Natürlich wurden dabei die Proportionen spürbar verändert, weil die Zutaten fast den eigentlichen Braten überwogen. Dabei sind diese Zutaten, die mit der eigentlichen Handlung kaum je ernsthaft verknüpft sind und damit oft etwas Revuehaftes an sich haben, musikalisch durchaus ernst zu nehmen. Das beginnt bei der umfangreichen Ouvertüre, die sogar einen zusätzlichen Titel trägt: »Promenade autour d'Orphée«. Die ursprüngliche Introduktion war mit nur zwei geheuchelt archaisierenden Motiven aus dem pastoralen Lied Aristées und dem Menuett der Götter ausgekommen. Für die Wiener Premiere 1860 hatte Kapellmeister Carl Binder eine Potpourri-Ouvertüre aus *Orphée*-Motiven arrangiert. Sie wird in Deutschland noch heute als originales Werk Offenbachs (der sie immerhin sanktioniert hat) gespielt. Auch die »Promenade autour d'Orphée« ist ein Potpourri aus den wichtigsten Motiven des Stücks, aber was für ein Potpourri! Die Übergänge erweisen sich als kompositorische Zauberkunststückchen, und vor allem werden die bekannten Melodien harmonisch oft ganz überraschend neu beleuchtet oder melodisch abgebogen. Dazu gibt es ingeniöse motivische Verschränkungen, etwa zwischen dem Menuett und den Couplets des Styx. Das Ganze parodiert nicht eine symphonische Durchführung (wie etwa die Ouvertüre zu *Croquefer*, 1857), es *ist* eine Durchführung, die sich die Exposition sparen kann, weil ihre Themen weltbekannt sind, und deren Reprise von der Aufführung selbst dargestellt wird. In diesem Zusammenhang beweist Offenbach seinen musikalischen Witz gleich doppelt: Am Ende dieser *Orphée*-Promenade, die fast eine Odyssee ist, scheint alles auf den berühmten Höllengalopp hinauszulaufen (in den ja auch Binders Ouvertüre mündet). Und tatsächlich, diese Musik zum Cancan erscheint vier Takte lang, setzt noch einmal sequenziert an und entschwindet dann wieder wie eine Fata Morgana. Ein Versprechen, das erst am Ende des Abends rauschhaft eingelöst werden wird. Selten kann man Offenbachs Esprit so deutlich in rein musikalischer Faktur greifen wie hier, wo er sich ganz auf ein großes Orchester verläßt: seine Kunstfertigkeit, das Detail und die Kleinform in größere Zusammenhänge einzugliedern (was im allgemeinen die dramaturgische Anlage der Akte und Stücke besorgt), und die Ruchlosigkeit, mit der die Abwechslung als Stimulans eines fast orgiastisch sich steigernden Kontinuums der Freude und Ausgelassenheit eingesetzt wird. Auch der lethetrunkene »Prince d'Arcadie« ist nicht ein Ruhepunkt, gar ein Gegensatz zum frenetischen Schlußcancan, sondern die andere Seite, die Voraussetzung dazu. Offenbach ist eben nicht nur ein Komponist verteufelter Rhythmen und witziger Volten, er ist Schöpfer eines Gesamtkunstwerks, das nicht als Denkmal dasteht, sondern das man (von Johann Nepomuk Nestroy bis Peter Hacks) verändern kann, wie er selbst es hin zur eigentlich dem Original fernsten Form veränderte, zur Feerie. Wie er selbst den Geist der Offenbachiade in Notenzeilen bannte, läßt sich vielleicht am besten an der 2. Fassung demonstrieren, speziell am II. Akt, der im Olymp spielt. Während die Götter schlafen, gibt es einen Tanz der Stunden zwischen Mitternacht und Morgengrauen, wobei die entsprechenden Glockenschläge immer wieder in den musikalischen Ablauf hineinspielen, einmal unterbrechend, ein andermal integriert. Dann folgt ein großes Ballettdivertissement zu einem stupenden Tableau des Morgengrauens. Nähere Betrachtung verdient das neue Saltarellorondo Mercures: »Rien ne l'arrête dans son vol« heißt hier der Kehrreim, unübersetzbar, denn »vol« heißt »Flug« und »Diebstahl«. Daß Offenbach und seine Librettisten hier deutlich auf die Doppelgesichtigkeit Mercures als Gott des Handels und der Diebe anspielen, zeigt, daß er 1874 noch immer satirische Seitenhiebe liebt. Mehr noch: vor 1870 hatte er die Finanziers und Kapitalisten allenfalls versteckt angegriffen, denn sie waren das tonangebende Publikum in seinem Theater. Jetzt, für ein sehr viel breiteres Publikum und nach mehreren, auch betrügerischen, Zusammenbrüchen in der französischen Wirtschaft, bedenkt er auch sie mit offenem Spott. Genauso gut hätte auch die nächste Einlage in die 1. Fassung gepaßt. Bekanntlich hatte es einen zwar werbewirksamen, aber nicht sehr entscheidenden Skandal gegeben, als sich herausstellte, daß die viel belachten verblasenen Redensarten Plutons über die paradiesischen Zustände im Olymp wörtlich bei dem Kritiker Jules Gabriel Janin abgeschrieben waren, der *Orphée* als Sakrileg an der geheiligten Antike bezeichnet hatte. Was seit 1858 eine reine Dialogstelle war, wird nun als eine geniale »air en prose« komponiert. Wie hier die manierierte Pseudopoetik durch zunächst schier verlegene Wiederholungen und mit einem immer mehr ins Tanzen geratenden Rhythmus entlarvt wird, ist allerbester Offenbach. Der war sich dessen auch voll bewußt, wie ein Brief an seine Stellvertreter in der Theaterleitung, Etienne Tréfeu und Louis Albert Vizentini, beweist: »Morgen schicke ich die Introduktion des zweiten Aktes und das Ballett, das Rondo des Merkur und die musikalische Tirade Plutos. All das ist sehr gut geraten, und Jacques ist außerordentlich zufrieden mit Jacques« (Henseler, S. 386). Ob er auch mit seinem neuen III. Akt ebenso zufrieden war, bleibe dahingestellt. Die Couplets Eurydices, die den Hades als etwas Fades kennenlernt, und das Septett der Unterweltsrichter, die ins Jodeln geraten, könnten in ihrem lakonischen Humor auch in der 1. Fassung stehen, aber das Rondo der Liebespolizisten, Amours Couplet vom Küssen, die »Ronde du bourdon« (also vom »Brummer«) und wohl auch das abschließende Fliegenballett mit der Kinderschar, die Styx vervielfältigt darstellt, sind zwar passende, aber doch auch auf Showeffekte hin berechnete Zutaten. Der IV. Akt ist der einzige, an dem Offenbach nichts zu ändern hatte, ausgenommen unwesentliche Details. Seine Struktur war tatsächlich perfekt, nicht mehr zu verbessern. Die Präzision und Knappheit des Originals bewahrt sogar der Höllengalopp, den man auch dreifach oder vierfach wiederholen könnte, ohne daß es abgeschmackt klänge. Der Geist des Originals scheint gewahrt. Und trotzdem, indem Offenbach sein eigenes Werk als »klassisch« behandelte, machte er es auch bereits zu einem kostbaren Museumsstück in kostbarster Rahmung. Was 1858 die Explosion eines neuen Lebensgefühls gewesen war, wurde nun ein (gewiß gutes) Theaterereignis. *Orphée* war zuerst und vor allem die Emanzipation von allen Zwängen, denen des mythologischen Kanons, der Kunst-, Sittlichkeits- und der andern Gesetze und auch der dramaturgischen Logik (wenn auch Hervé in seinem Theater des inkohärenten Nonsens in dieser Richtung noch weiter ging), und die Installation eines neuen, einzigen Gesetzes: des Vergnügens, des Rauschs. 1874 herrschten Demokratie und kleinbürgerliches Wohlverhalten; Rausch konnte man sich bestenfalls noch ansehen. Die Zeit der großen Offenbachiaden war mit Napoleons Abdankung zu Ende, möglicherweise schon etwas vorher. Aber der vielgesichtige und wandlungsfähige Offenbach behauptete sich unter veränderten Bedingungen besser, als man gemeinhin meint. Er war noch immer, trotz der Konkurrenz durch Charles Lecocq und in Wien durch Johann Strauß, der (freilich nicht mehr unumschränkte) Herrscher der Operette.

Wirkung: Über die theatralische Realisierung der Uraufführung läßt sich relativ wenig Sicheres sagen: Der Besetzungszettel des Textbuchs von 1858 nennt neben Tayau und Bache Léonce als Pluton, Lise Tautin als Eurydice und Désiré als Jupiter. L'Opinion publique war bis zur Generalprobe mit dem Bariton Prosper Guyot besetzt. Die Rollen des Caron und des Cerbère wurden nach zwölf, die des Morphée nach drei Aufführungen gestrichen, nach 50 die der Amphitrite hinzugefügt. Orphée wurde später von Marchand übernommen, Eurydice von Delphine Ugalde für die Wiederaufnahme 1862. – Bei der Uraufführung der 2. Fassung beklagten die Kritiker allgemein, daß die Besetzung die Exzentrizität und die Originalität des Ensembles der Bouffes-Parisiens vermissen ließe (Orphée: Meyronnet, Styx: Augustin Alexandre, Pluton: Achille-Félix Montaubry, Eurydice: Marie Cico, Jupiter: Christian). Dafür bekamen Bühnen- und Kostümbildner in unvorstellbarem Ausmaß zu tun, wobei Arnold Mortier dem Schöpfer der Kostüme, Alfred Grévin, das Kompliment machte, niemand in Paris zeige mehr Geschmack und Witz in der Kunst, Tänzerinnen zu enthüllen; sie seien nackt, aber dezent. Trotzdem ließ die Zensur zumindest die Röcke der Schäferinnen verlängern. Die Besetzungsliste wurde auf mehr als das Doppelte erweitert, eine Unzahl von Göttern und Halbgöttern der Ober- und Unterwelt kam zur Ehre kleinerer Partien. Der Chor war mit 120 Mitgliedern mindestens vervierfacht, eingeschlossen einen Kinderchor, das Orchester verdoppelt auf 60 Musiker, ganz neu waren eine Bühnenmusikkapelle von 40 Mitgliedern und ein Ballett von acht Solisten und 60 Tänzern. Ein halbes Jahr später (14. Aug. 1874) fügte Offenbach einen weiteren Akt hinzu (»Le Royaume de Neptune«), von dem sich aber keine Spur erhalten hat. – Als Muster eines Sprechtheaters, das sich in der Operette vollendet, ist *Orphée aux enfers* von erheblichen Folgen gewesen. Während die Partitur Arrangements und Bearbeitungen eigentlich nur zweifelhafter Art über sich ergehen lassen mußte, gab es zumindest in Deutschland sehr ernsthafte Versuche, das Libretto für noch mehr Bedeutungen tragfähig zu machen. Die erste Übersetzung stammt von Ludwig Kalisch, der als Parteigänger der 1848er literarischen Ruhm errang und den Heinrich Heine als seinesgleichen pries. Er spitzte freilich den Text sozialkritisch zu, wie spätere Bearbeiter in der mißverstandenen Nachfolge Siegfried Kracauers. Kalischs Übertragung wurde zuerst am 17. Nov. 1859 in Breslau gespielt. Sein Wortlaut kommt in allen späteren Übersetzungen immer wieder vor, obwohl Kalisch meist selbst dann nicht genannt wird, wenn man seine Übersetzung pur spielt. Die erste Erweiterung erfuhr sie bereits für die Premiere im Carl-Theater Wien am 17. März 1860 (Dirigent: Binder). Zwar wurde bei der Zensur Kalischs Text eingereicht; einige Seitenhiebe auf Bigotterie mußten gestrichen werden. Ausgleich genug dafür schuf der extemporierende Darsteller des Jupiter in den Dialogen: Nestroy. Seine Version ist bis heute nicht gedruckt, sie stellt eigentlich auch nur eine wienerisch zuspitzende Variante der Kalisch-Dialoge dar. Karl Kraus hat Kalischs Offenbach-Übersetzungen (später noch *Genoveva von Brabant*, *Die Perichole* und *La Diva*, Paris 1869, Text: Henri Meilhac und Halévy) als einzige neben denen des von ihm hochgeschätzten Karl Treumann bestehen lassen, genauer gesagt, er hat sie mit nur unwesentlichen Änderungen als seine eigenen ausgegeben. (Die Nestroy-Version war ihm wohl nicht zugänglich.) Die von Offenbach einstudierte und dirigierte erfolgreiche Premiere im Friedrich-Wilhelmstädtischen Theater im Juni 1860 ebnete auch seinen späteren Werken den Weg nach Berlin. Max Reinhardt inszenierte *Orphée* erstmals 1906 im Neuen Theater Berlin in einer Version von Artur Pserhofer (Dirigent: Oskar Fried, Ausstattung: Ernst Stern; Orphée: Alexander Ekert, Pluton: Alexander Moissi, Jupiter: Georg Engels, Styx: Hans Pagay, Mercure: Hans Waßmann, Eurydice: Eva van der Osten, Opinion: Else Heims, Junon: Hedwig Wangel) und schuf für seine Inszenierung am Schauspielhaus Berlin 1921 (Selmar Meyrowitz, Max Rée; Waldemar Henke, Carl Clewing, Max Pallenberg, Waßmann, Willy Fritsch, Elisabeth Rethberg, Gussy Holl, Margarethe Kupfer) eine aus beiden Versionen gemischte eigene Texteinrichtung. Seitdem haben sich im deutschsprachigen Raum Mischfassungen eingebürgert, die teils aufs Opernhafte, meistens aber aufs Kabarettistische (Egon Friedell; Kay und Lore Lorentz) zielten. Dies waren nicht die schlechtesten, denn sie verfälschten zwar bis zu einem gewissen Grad Offenbachs Musik, aber nicht den Geist der Offenbachiade. Aus der immensen Fülle der Inszenierungen im deutschsprachigen Raum, denen überwiegend die Bearbeitung von Karlheinz Gutheim und Wilhelm Reinking zugrunde lag, ragen unter anderm heraus: Städtische Oper Berlin 1955 (Dirigent: Richard Kraus, Bühnenbild: Reinking; Orphée: Leopold Clam, Jupiter: Walter Gross, Styx: Hugo Schrader, Eurydice: Annemarie Jürgens), Gärtnerplatztheater

München 1967 (Bearbeitung: Lorentz; mit Gerhard Hofer, Robert Hoyem und Hedi Klug, Pluton: Heinz Friedrich), Düsseldorf 1977 (Dirigent: Peter Schneider; mit David Thaw, Udo Holdorf und Rachel Yakar, Pluton: Klaus-Jürgen Küper, Junon: Anny Schlemm), Deutsche Oper Berlin 1983 (Bearbeitung: Götz Friedrich und Thomas Woitkewitsch, Regie: Friedrich, Dirigent: Jesús López Cobos; mit Hans Beirer, Donald Grobe und Patricia Wise, Junon: Astrid Varnay), Wiesbaden 1984 (Bearbeitung: Siegfried Dörffeld, Dirigent: Erich Wächter; mit Heinz Peters, Wolfgang Frey und Elaine Cormany, Pluton: Peter Pietzsch) und Frankfurt a. M. 1986 (Bearbeitung: Klaus Bertisch, Raimund Rütten und Jürgen Tamchina, Dirigent: Nikos Athinäos; mit Walter Raffeiner, Hans Peter Blochwitz und Alison Hargan, Pluton: William Workman). Die 2. Fassung diente dabei bis in die letzten Jahre nur als Lieferant von Einlagen für Mischfassungen, im Gegensatz zu Frankreich, wo sie immer als Ganzes auf dem Spielplan stand. Bei der zweiten Inszenierung am Théâtre de la Gaîté Paris 1878 spielte Hervé den Jupiter. Am Théâtre Mogador 1931 waren die Hauptrollen mit Marise Beaujon, Jeanne Saint-Bonnet, Lucien Muratore und Max Dearly besetzt (Choreographie: George Balanchine), 1972 am Gaîté-Lyrique in der Regie von Louis Ducreux mit Albert Voli und Jean Giraudeau. Das Théâtre Français de l'Opérette brachte 1984 eine Bearbeitung von Jean-Michel Damase heraus (Regie: Jorge Lavelli; mit Bernadette Antoine und Ghyslaine Raphanel), die Opéra Paris 1988 eine Inszenierung der 2. Fassung von Jean-Louis Martinoty (Dirigent: Lothar Zagrosek; mit Michel Sénéchal und Danielle Borst).

Autograph: 1. Fassung: Verbleib unbekannt; Skizzen u. Varianten: verteilt auf mehrere Privatbesitzer; Part, Chanson d. Styx (Entwurf): Hist. Arch. d. Stadt Köln (1136); 2. Fassung: Verbleib unbekannt; Fragmente: Privatbesitz. **Abschriften:** 1. Fassung: Part: Bibl. de l'Opéra Paris (Rés. 2265); Part, frz./dt. [um 1860]: Vlg.-Arch. Bote & Bock Bln.; Part, dt.: StUB Ffm (Mus. Hs. Opern 427), ÖNB Wien (S. M. 23294); Part (?), dt. (?): Musik-Bibl. d. Stadt Lpz.; Part, dt. u.d.T. *Orpheus in der Hölle*: Arch. d. Gärtnerplatztheaters München (Kopie: FIMT); Mise-en-scène (mit stark erweiterten u. korrigierten Dialogen): Bibl. de l'Opéra Paris (C 341[3]). **Ausgaben:** 1. Fassung: Kl.A: Heugel [1858], Nr. 2372 [147 S.]; Kl.A, frz./dt. Übers. v. L. Kalisch (mit Dialogen frz./dt.): B&B, Nr. 10779, 4614-26; dass. (ohne Dialoge): B&B [um 1880], Nr. 10779; Textb.: Paris, Libr. Théâtrale 1858 [72 S.]; Paris, Libr. Nouvelle / Bourdilliat 1860 [108 S.]; Textb., frz./engl.: Chicago, Church, Goodman & Donnelley 1868; Textb., dt. v. L. Kalisch: Lpz., Reclam [um 1925] (rub. 6639.); 2. Fassung: Kl.A: Heugel [1874], Nr. 4425; Textb.: Paris, Lévy [1874], ²1889 [20 S.]; Textb., frz./engl., in: [Bei-H. d. Schallplattenaufnahme EMI], 1979; Bearb. u. Mischfassungen: Textb., engl.: Philadelphia, Lee & Walker; Textb., ital.: Turin, Muletti 1930; Textb., dt. Bearb. v. H. Weigel (3 Akte): Bloch [um 1950]; Textb., dt., »in der neuen Texteinrichtung des Großen Schauspielhauses«, Vorrede v. A. Kahane: Bln., Vlg. d. Bücher d. Dt. Theaters 1922 (Bücher d. Dt. Theaters. 12.); Textb. d. Gesänge, dt. (2 Akte): B&B; Textb., dt. (3 Akte, 8 Bilder), Text- u. mus. Bearb. v. W. Hochtritt: Hbg., Bahrs 1960. **Aufführungsmaterial:** Heugel (1. u. 2. Fassung); Sonzogno (2. Fassung); dt. v. Kalisch, Bearb. v. K. Gutheim, W. Reinking, Bearb. S. Dörffeld, Bearb. G. Friedrich, T. Woitkewitsch, H. Lamprecht: B&B; dt. Bearb. v. G. Fleckenstein, J. Hess, V. Reinshagen (2. Fassung): Sikorski; engl. Bearb. v. G. Dunn (3 Akte): Weinberger, London

Literatur: H. HOFER, J. O. und Hector Berlioz gegen Napoleon III., oder: Das Schweigen d. frz. Staatsanwaltschaft anstatt eines Prozesses gegen ›Orphée aux enfers‹, ›La Belle Hélène‹ u. ›Les Troyens‹, in: Jb. für Opernforschung Bd. 2, hrsg. M. Arndt, M. Walter, Ffm. 1987, S. 75–86; weitere Lit. s. S. 488

Josef Heinzelmann

Un Mari à la porte
Opérette en un acte

Ein Ehemann vor der Tür
1 Akt

Text: Delacour (eigtl. Alfred-Charlemagne Lartigue) und Léon Morand
Uraufführung: 22. Juni 1859, Théâtre des Bouffes-Parisiens, Salle Choiseul, Paris
Personen: Martel (Bar); Florestan (T); Rosita (S); Suzanne (S)
Orchester: 2 Fl, Ob, 2 Klar, Fg, 2 Hr, 2 Pistons, Pos, Pkn, Streicher
Aufführung: Dauer ca. 45 Min. – Orchester nach dem Aufführungsmaterial Heugel.

Handlung: In Paris, 19. Jahrhundert; ein Zimmer in der dritten Etage, Mitternacht: Florestan fällt durch den Kamin herein und tastet sich umher. Er muß sich verstecken, weil die Wohnungsinhaberin Suzanne erscheint, im Brautkleid. Rosita macht ihr Vorwürfe, sich bereits am Hochzeitstag mit dem Bräutigam um Lappalien gestritten zu haben. Allein geblieben, entdeckt Suzanne Florestan; sie fordert ihn auf, das Zimmer zu verlassen, am besten durch das Fenster über das Spalier. Rosita kommt zurück, aber auch Florestan, den das Spalier nicht trägt. Er stellt sich den Damen jetzt als Musiker vor, dessen Operette »Les Mystères d'Udolphe« in den Bouffes-Parisiens leider nicht gespielt werde. Außerdem komme er direkt aus dem Nachbarhaus übers Dach von einem Rendezvous mit der Schneidersfrau, deren Gatte leider dazwischenkam, ihn hinausprügelte und auch den Gerichtsvollzieher Martel auf ihn hetzte. Martel, das ist der Bräutigam Suzannes, der in diesem Moment an die Tür klopft, aber nicht eingelassen wird. Nicht einmal das in einem Quartett ständig wiederholte »Tu l'as voulu, Georges Dandin!« macht ihn eifersüchtig. Er verabschiedet sich mit einem derart ruhigen »Bonne nuit«, daß die Damen tatsächlich einschlafen. Doch zu Florestans Schrecken, der sich an die Situation Antonys im V. Akt von Alexandre Dumas' d. Ä. *Antony* (1831) erinnert, kommt Martel mit dem in den Garten geworfenen Wohnungsschlüssel gleich wieder zurück. Florestan entzieht sich der anscheinend ausweglosen Situation durchs Fenster (diesmal über ein Anstreichergerüst), aber nicht ohne Rosita noch einen Heiratsantrag zu machen, der so offen bleibt wie die Tür für den Gatten. Das Publikum muß aber von den Sängern hören: »Tu l'as voulu, Georges Dandin!«

Tafel 13

Tafel 13

Jacques Offenbach, *La Grande-Duchesse de Gérolstein* (1867); Hortense Schneider als Großherzogin; Uraufführung, Théâtre des Variétés, Paris 1867. – Von Offenbach 1855 entdeckt und an die Bouffes-Parisiens engagiert, kreierte die Sopranistin später im Théâtre des Variétés neben der Großherzogin unter anderm die Hélène (*La Belle Hélène*, 1864), die Boulotte (*Barbe-Bleue*, 1866) und die Périchole (*La Périchole*, 1868). Auch die Diva *(La Diva)* schrieb Offenbach 1869 für sie. Vor allem ihre virtuose Stimmbeweglichkeit und ihr brillantes Bühnenspiel, gepaart mit Charme, Esprit und Temperament, machten sie zum Mittelpunkt des künstlerischen und gesellschaftlichen Pariser Lebens, zur Operettenkönigin des Second Empire.

Kommentar: Anton Henseler klassifiziert Offenbachs erste Operette nach *Orphée aux enfers* (1858) zu Recht als »bürgerlichen Einakter« und zu Unrecht als »unbedeutende Operette« (S. 228, s. Lit.). Stofflich und formal unterscheidet sich das Stück nicht von vielen gleichzeitigen Novitäten in der Opéra-Comique, nur sind die Situationen etwas drastischer und die Rollen schärfer gezeichnet. Die literarischen und musikalischen Zitate (aus Meyerbeers *Huguenots*, 1836, wo sich Raoul aus dem Fenster stürzt) sind augenzwinkernde Randglossen, keinesfalls Parodien. Insgesamt ist das Libretto Dutzendware; mit den Autoren hat Offenbach auch nur hier zusammengearbeitet. Musikalisch hat die Partitur aber mehr Profil und Charme als die gängige zeitgenössische Produktion und gehört zu Offenbachs besseren Werken. Freilich ist Rositas Walzerarie (die einzige wirkliche Solonummer) zu lang geraten, wohl Lise Tautin zuliebe, die als Eurydice in *Orphée* so großen Erfolg gehabt hatte. *Un Mari à la porte* kann für eine Reihe von Offenbach-Einaktern stehen, die zeitgenössische Zustände als heiteres Musiktheater darstellen und dabei die Situationen etwa im Sinn von Eugène Labiche und Georges Feydeau zuspitzen, ohne zu den exzentrischen Rauschszenen etwa der *Vie parisienne* (1866) vorzudringen.

Wirkung: Die gedruckte deutsche Übersetzung hat das Stück mit Handlung und Atmosphäre ins deutsche Bürgertum verlegt, was ihm manchen Reiz nimmt. In der Wiener Premiere (Carl-Theater, 28. Dez. 1859) spielte Karl Treumann in dem von ihm übersetzten und nach Wien verlegten Stück mit großem Erfolg den Isidor Lerchenzahn, Carl Binder orchestrierte es aus dem Klavierauszug. »Der Text auf der Grenze des Schlüpfrigen, aber unterhaltend, die Musik leicht und tändelnd, zierlich und lebensfrisch« (Franz Hadamowsky und Heinz Otte, *Die Wiener Operette*, Wien 1947, S. 53). Bei seinem Wiener Debüt (28. Jan. 1861) dirigierte Offenbach neben *Le Violoneux* (1855) und *Le Mariage aux lanternes* (1857) auch *Un Mari à la porte* in der originalen Instrumentation. Das charmante, unproblematische Stück hat somit eine wichtige Stellung in der deutschen Offenbach-Rezeption. Es gelangt noch immer sporadisch auf die Spielpläne, zum Beispiel Luzern 1973 und Köln 1980 (Opernstudio). Auch die Bearbeitung von Just Scheu (Hessischer Rundfunk 1950, in der Reihe *Offenbachiana*) bewies, daß der Einakter seinen Charme nicht verloren hat.

Autograph: Stanford Univ., Memorial Libr., Stanford, CA (Nr. 788). **Abschriften:** Part, dt. (für d. Carl-Theater Wien), instrumentiert u. eingerichtet v. C. Binder (1859?): ÖNB Wien; Part, dt. [um 1860]: Arch. d. Gärtnerplatztheaters München (Kopie: FIMT); ZensurL, dt. u.d.T. *Der Herr Gemahl vor der Tür* v. A. Bahn, J. C. Grünbaum (»Nach d. Franz. v. Adalbert Prix«): ÖNB Wien (M 1163); ZensurL, dt. v. C. Treumann: ÖNB Wien (M 1123). **Ausgaben:** Kl.A (mit Sprechtexten): Heugel [um 1859], Nr. 2447; Kl.A, frz./dt. Übers. v. A. Bahn, J. C. Grünbaum: B&B [um 1859], Nr. 4801-07; Textb.: Paris, Libr. Théâtrale 1859; Textb. u. Text d. Gesänge, dt.: B&B [um 1860]. **Aufführungsmaterial:** Heugel; dt. v. Bahn/Grünbaum: B&B **Literatur:** s. S. 488

Josef Heinzelmann

Geneviève de Brabant
Opéra-bouffon en deux actes et six tableaux /
Opéra-bouffe en trois actes et neuf tableaux /
Opéra-féerie en cinq actes

Genoveva von Brabant
2 Akte (6 Bilder) / 3 Akte (9 Bilder) / 5 Akte (6 Bilder)

Text: 1. Fassung: Adolphe Jaime (gen. Jaime fils) und Etienne Victor Tréfeu de Tréval; 2. und 3. Fassung: Hector Jonathan Crémieux und Tréfeu
Uraufführung: 1. Fassung als Opéra-bouffon: 19. Nov. 1859, Théâtre des Bouffes-Parisiens, Salle Choiseul, Paris; 2. Fassung als Opéra-bouffe: 26. Dez. 1867, Théâtre des Menus-Plaisirs, Paris; 3. Fassung als Opéra-féerie: 25. Febr. 1875, Théâtre de la Gaîté, Paris
Personen: 1. Fassung: Sifroid, Markgraf (T); Golo (T); Charles Martel/Karl Martell (Bar); Almanzor (Bar); der junge Arthur (Falsettist); Narcisse, Hofdichter (T); 2 Gelehrte (T, Bar); Isoline, auch Mathieu Lansberg, Gracioso, Schwarzer Ritter und Zigeunerin (S); Geneviève/Genoveva (S); Eglantine, auch Ugolin, Jägerpage (S); Ida (S); Irma (S); Adeline (S); Blondette (S); Marthe (S); Odette (A); Laure (A); Silvia (A); Edvige (A); Gilda (S); Reinette (S); 2 Pagen; 4 Jägerknappen (2 S, 2 A); 4 Masken (4 S).
Chor, Statisterie: Gelehrte, Pagen, Herren und Damen bei Hof, Krieger, Herren und Damen in Masken
2. Fassung: Sifroy, Herzog von Curaçao (T); Golo, sein Günstling (T); Vanderprout, Bürgermeister der Stadt (Bar); Charles Martel/Karl Martell (B); Grabuge, Sergeant der Gewappneten (Bar); Pitou, gewöhnlicher Füsilier (T); Narcisse, Hofpoet Sifroys (T); Péterpip, erster Schöffe (T); Don Quichotte (T); Renaud de Montauban (T); der Eremit von der Schlucht (T); Drogan, Genevièves Page (S); Geneviève/Genoveva, Sifroys Gattin (S); Brigitte, ihre Vertraute (S); Isoline, Golos Gattin (Mez); Christine (S); Barberine (S); Gudule (S); Grudelinde (S); Faroline (S); Irénée (S); Houblonne (S); Grisélis (S); Dorothée (S); Yolande (S); Gretchen (S); Rodogune (S); Rosemonde (S); Armide (S); Bradamante (S); Dulcinée (S); 3 Sänger der Tyrolienne (2 S, Bar).
Chor, Statisterie, Ballett: Herren, Ritter, Schöffen, Männer und Frauen aus dem Volk, Pagen, Tambours, Küchenjungen, Musiker, Masken, Ruderdamen im Strohhut, Bacchantinnen
3. Fassung: Golo (T); Narcisse (T); Sifroy (T); Vanderprout (Bar); Charles Martel/Karl Martell (B); Pitou (T); Grabuge (Bar); Péterpip (T); Stockfisch; Raoul (T); Don Juan; Almaviva; Hercule/Herkules; Othello; Barbe-Bleue/Blaubart; Roméo; Lancelot; Hector; Lahire; Rogier; Arnold; ein Diener; Drogan (S); Biscotte (S); Geneviève/Genoveva (S); Christine (S); Brigitte (S); Gudule (S); Houblonne (S); Yolande; Bibianne; Faroline; Fideline; Margotte; Dorothée; Charlotte; Maguelonne; Ursule; Régine; Nancy; Agathe. **Chor, Ballett, Statisterie:** Schöffen, Bürger, Bürgerinnen,

Volk, Küchenjungen, Bürgermeister, Ammen, Babys, kleine Diener, 2 kleine weiße Soldaten, 2 Milchfrauen, Paladine, Chevaliers, 4 Pagen, Jagdhüter, Helden und Heldinnen berühmter Opern und Operetten zum großen Defilee im IV. Akt, Zauberinnen, indische Tänzer und Bajaderen, Krieger, Engel
Orchester: 1. u. 2. Fassung: 2 Fl (2. auch Picc), Ob, 2 Klar, Fg, 2 Hr, 2 Pistons, Pos, Pkn, Schl (kl.Tr, gr.Tr, Bck), Streicher; 3. Fassung: nicht zu ermitteln
Aufführung: 1. Fassung: Dauer ca. 1 Std. 45 Min.; mindestens ein weibliches Solistenquartett ist für die Nebenrollen erforderlich. – 2. Fassung: Dauer ca. 2 Std. 15 Min.; Drogan ist eine Hosenrolle. – 3. Fassung: Dauer ca. 3 Std.; in der Uraufführung war Golo mit einem Baß (Christian) und Vanderprout mit einem Tenor (Pierre Grivot) besetzt. – In allen Fassungen sind in den Nebenrollen zahlreiche Doppelbesetzungen möglich; Klavierauszüge und Textbücher stimmen in der Namengebung bei den weiblichen Nebenrollen nicht überein.

Entstehung: Nach dem epochalen Erfolg von *Orphée aux enfers* (1858) versuchte Offenbach als Komponist wie als Theaterdirektor diesen zu überbieten: Der mittelalterliche Legendenstoff bot Gelegenheit für ein großes Aufgebot an Mitwirkenden und für opulente Ausstattung, an der sich unter anderm die Karikaturisten Gustave Doré und Stop beteiligten. Mit nur 50 Aufführungen blieb *Geneviève de Brabant* jedoch ein Sorgenkind Offenbachs. Als sich für ihn mit dem Théâtre des Menus-Plaisirs eine weitere, bisher dem Schauspiel gewidmete, Bühne auftat, entschloß er sich zu einer gründlichen Umarbeitung. Diese 2. Fassung zielte nicht nur darauf, das Stück einer aktuelleren Dramaturgie zu unterwerfen, sondern auch, eine gute Rolle für Zulma Bouffar zu schaffen: Der Page Drogan übernimmt nicht nur die Rolle des Gracioso, sondern auch Funktionen der Isoline und des Almanzor. Golo wurde praktisch zur Sprechrolle.
Handlung: 1. Fassung: I. Akt, 1. Bild, »Der Liebestrank«, Kabinett in Sifroids Palast: Gelehrte approbieren Mathieu Lansbergs Rezept, mit einem Trank Sifroids Leiden zu heilen. Der Herrscher hat Migräne vom Tragen des dynastischen Baretts und deshalb kein Interesse an seiner Gattin Geneviève; folglich hat er keinen Thronerben und muß um das Barett bangen. Der Trunk tut Wunder: Wie ein Gockel krähend bricht Sifroid in die Kemenate auf. Golo hat inzwischen einen Monolog begonnen, um ihn mit seinem taubstummen, marionettenhaften Vertrauten Almanzor fortzuführen. Golo ist ein Scheusal und trachtet nach Sifroids Macht. 2. Bild, die Gärten des Palasts: Geneviève nimmt ein Bad. Nichts kann sie erheitern, bis ein fremder Page namens Gracioso ihr eine Ballade singt, mit der er sie an ihren einstigen Geliebten Reynold de Flandre erinnert. Er warnt sie vor Golo und zieht sich zurück, als Sifroid erscheint. Der will sich krähend an die eheliche Arbeit machen, doch Golo bestäubt ihm die Perücke mit Niespulver, so daß ihm vom Genießen nur das Niesen übrigbleibt, in das der Hof und Geneviève einniesen. 3. Bild, Sifroids Schlafgemach: Der Hausherr wird durch unaufhörliches Pochen an der Haustür gestört. Charles Martel verschafft sich Einlaß und rekrutiert Sifroid mit seinen Mannen zum Feldzug gegen die Sarazenen. Sifroid hat gerade noch Zeit, Golo zum Hausverweser zu ernennen und Geneviève voller mit »Toctoctoc« unterminiertem Opernpathos zu verstoßen, da tritt der Schwarze Ritter auf. Vor Entsetzen verstummt alles und kann sich nur noch in einem Chor mit rhythmischen Gesten und A-cappella-Vokalisen äußern. Der Schwarze Ritter blessiert Golo und lüftet die Maske: Er ist dessen Frau Isoline. Geneviève fleht Sifroid an und erinnert ihn so verzweifelt wie vergebens an sein Gockellied. 4. Bild, die Gare-du-Nord: Charles' Krieger verabschieden sich von ihren Frauen zum Klang der Brabançonne. II. Akt, 1. Bild, eine Höhle: Geneviève kann das Rehkitz, das ihr einziger Gefährte im Leid ist, vor vier Jägerknappen retten. Da tut sich neben ihr die Felswand auf: Hier haust, gleichfalls verbannt, Isoline mit ihrem Leihsohn Arthur und einer kompletten Hofgesellschaft, die der armen Geneviève Bonbons, Wein und Havannas offeriert. Isoline demonstriert, daß ihre Höhle weniger Venusgrotte als Spielhölle ist. Beim Erscheinen Golos schließt man die Felsen wieder. Der Bösewicht versucht Geneviève zu verführen, doch als seine Serenade nicht verfängt, beauftragt er den taubstummen Almanzor, die Dame zu töten. Doch dieser, kaum ist Golo fort, gibt sich als Genevièves Reynold de Flandre zu erkennen. 2. Bild, »Ein Ball bei Golo«, prächtiges Palais: Vier Follies d'Espagne kommen samt einer Zigeunerin, um die Herren zu unterhalten. Mitten ins Fest hinein platzt auch Sifroid, aus der Tür-, Tür-, Türkei zurückgekehrt. Er zieht Golo zur Rechenschaft und muß zusehen, wie Geneviève den Thron besteigt.
2. Fassung: I. Akt, 1. Bild, Hauptplatz der Stadt Curaçao in Brabant: Bürgermeister, Rat und Volk grübeln am Geburtstag des erbenlosen Herzogs Sifroy über die Modalitäten der Feier und das Schicksal des Lands nach, als der Pastetenbäckerlehrling Drogan mit einer (er weiß, ganz ordinären) Spezialpastete kommt, die das Land von der Impotenz des Herrschers heilen und ihm selbst den Posten als Page bei der heimlich angebeteten Geneviève eintragen soll. Golo enthüllt dem Hofpoeten seine finsteren Pläne, das herzogliche Barett und die Macht zu erobern. Sifroy verlangt krähend nach seiner Gattin. 2. Bild, Genevièves Boudoir: Die Ehrendamen reißen sich um den neuen Pagen Drogan. Geneviève dagegen findet es unschicklich, ihn zu behalten, obwohl sie durchaus, solang er den Ohnmächtigen spielt, Gefallen an ihm findet. Sifroy steigt geradewegs durchs Fenster bei seiner Frau ein. Aber die Pastete wirkt nicht nur anregend, sondern schlägt ihm auch auf den Magen, was ihn mehr noch als die Interventionen Golos veranlaßt, sich rasch wieder zurückzuziehen. Drogan greift seinen Mantel und sein Barett auf, um Brabant zu retten, was Golo belauscht. 3. Bild, das Schlafgemach Sifroys: Sifroy liegt im Bett und beruhigt seinen Magen mit Tee. Golos Andeutungen über Genevièves Untreue beunruhigen ihn nicht; dann muß man Gattin

und Pagen eben hinrichten. Charles Martell erscheint, und der Akt schließt wie in der 1. Fassung, nur ohne den Auftritt Isolines, aber mit dem 4. Bild, der Abfahrt von der Gare-du-Nord.
II. Akt, 1. Bild, Wald mit einer Schlucht: Im Gewitter fliehen Geneviève, Brigitte und Drogan, denen zwei Gendarmen auf den Fersen sind, die ihre ganze Standesphilosophie ausbreiten können, bevor Golo mit seinem Verbündeten erscheint, dem Bürgermeister Vanderprout. Die Depeschen, daß Sifroy in Palästina gefallen sei, hat Golo selbst gefälscht. Näheres über den Verbleib des Herzogs erfragt er beim Eremiten der Schlucht, der ihm als lebendes 2. Bild vorführt, wie Sifroy es sich im Schloß von Asnières bei Charles wohlsein läßt. Golo entdeckt Geneviève und ihre (entfliehende) Hofdame und überläßt sie den beiden Gendarmen zur Liquidation. Geneviève fleht um Gnade und ruft den Eremiten an. Drogan erscheint in dessen Gestalt und redet den beiden Polizeiorganen derart ins Gewissen, daß sie sich vorübergehend selbst umbringen. 3. Bild, Fest in der großen Galerie oberhalb der Pendeluhren im Schloß von Asnières: Charles hat es vorgezogen, sich hierher und nicht nach Palästina zu begeben und mit allen möglichen mittelalterlichen Romanfiguren ein orgiastisches Fest zu feiern. Sifroy begeistert sich für Armide, was ihm von Renaud übelgenommen wird, dann für die unbekannte Schöne, die sich als Isoline zu erkennen gibt. Als ihm von dem verkleideten Drogan die Ausführung seines Hinrichtungsbefehls gemeldet wird, läßt er sich von der Gesellschaft zum Tod Genevièves kondolieren und lädt sie alle ein, das Fest in Curaçao noch rauschender fortzusetzen.
III. Akt, 1. Bild, Eingang einer Höhle in einer Felsenschlucht: Geneviève und Brigitte leben seit drei Monaten nur in Gesellschaft einer Hindin. Drogan meldet ihnen die Rückkehr Sifroys und daß Golo heute noch die Macht übernehmen wolle. Sifroy erscheint in orientalischem Kostüm, um Charles inkognito die Treue seiner Untertanen zu demonstrieren. Doch nur die totgeglaubte Geneviève begrüßt ihn. Jetzt verbünden sich die unteren Chargen mit ihm. 2. Bild, großer Festsaal in Sifroys Palast: Golo will sich krönen lassen, Sifroys Intervention kann ihn nicht aufhalten. Da erscheint wieder der als Eremit verkleidete Drogan und konfrontiert Golo mit seinen Opfern, seinen Mordinstrumenten und vor allem mit seiner verstoßenen Frau. Die wird des Bösewichts Strafe sein.
3. Fassung: I. Akt: Platz der Stadt Curaçao in Brabant; II. Akt, 1. Bild: Genevièves Boudoir, 2. Bild: der große Platz, beflaggt; III. Akt: Hohlweg im Wald; IV. Akt: prächtig gedeckter Tisch; V. Akt: Grotte im Wald, später der Tempel der »belohnten Tugend«. Diese Fassung stellt eine Erweiterung der 2. um acht Musiknummern dar und ist begründet vor allem durch die neue Rolle der Biscotte sowie durch zwei große Balletteinlagen als Finale des I. und IV. Akts.
Kommentar: Die Librettisten übertrugen das Rezept ihres *Croquefer* (1857) auf ein abendfüllendes Stück und reicherten es mit revueartigen Szenen an. Von hier war nur noch ein Schritt zur großen Hervéade,

etwa *Chilpéric* (1868). Die Aufhebung aller Regeln klassischer Dramaturgie bewirkt ein Auseinanderfallen des Stücks in burleske Einzelszenen, denen auch keine wirklich überzeugenden Charaktere Zusammenhalt verleihen, da jede Gestalt nur eine Hohlform darstellt (vertrottelter Herrscher usw.). Ebenso fehlt eine archetypische und bekannte Grundkonstellation, die sich auf den Kopf stellen ließe, wie es in *Orphée* vorbildlich erreicht war. Freilich gelingt es im I. Akt durchaus, eine Tollheit durch die nächste zu überbieten. Dagegen fällt der II. Akt deutlich ab, auch in der 2. Fassung mit ihrem revuehaften Ballbild, das Cancan und Triumphmarsch mit einer Farandole verbindet. Eine Schwäche zeigt sich auch in der Kräftestruktur der Hauptfiguren, da die »seconda donna« Isoline eine sehr viel aktivere und interessantere Rolle als die Titelpartie darstellt. (Sie wurde von Lise Tautin, der ersten Eurydice, gespielt.) Entscheidend ist wohl auch, daß trotz der gewiß nicht allzu umfangreichen Bekleidung keine der Frauen Gelegenheit erhält, vor dem Zuschauer erotisch zu wirken. Schließlich sind alle Liebhaber und Ehemänner Trottel, komische Exzentriker oder lächerliche Schurken. – Auch mit der 2. und 3. Fassung konnte Offenbach den Schwächen des Stücks nicht abhelfen. Die moralische Abrechnung geschieht ähnlich wie in *La Vie parisienne* (1866), wo es freilich nur um kleine Seitensprünge geht. Dieser Schluß ist schwächer als in der 1. Fassung

Geneviève de Brabant, II. Akt, 2. Bild; Bourgoin als Grabuge, Emile Gabel als Pitou; Théâtre Français, New York 1868. – In ihren akkurat gestrickten Kettenhemden und ihrer demonstrativen Habachthaltung erscheinen die beiden »hommes d'armes« als gefährlich-harmlose Spießerfiguren.

und das Ganze sehr viel ordentlicher im Sinn der klassischen Dramaturgie. Aus den Hauptfiguren werden beinah Charaktere, ausgenommen der sehr eindimensionale Drogan, dem auch die Identifikation (durch drei Textzitate) mit Cherubino aus Mozarts *Nozze di Figaro* (1786) bestenfalls den erprobten Reiz der Hosenrolle bestätigt. (Diese sollte von nun an eine weitere Spezialität Bouffars werden.) An der Bearbeitung zeigt sich die stilistische Entwicklung Offenbachs von den fast absurden frühen, nicht abendfüllenden Bouffonnerien zu den großen »Operetten« für die Variétés, die um eine zentrale (Frauen-)Figur kreisen. Aufschlußreich ist auch der Vergleich von alten und hinzugefügten Nummern: Es zeigt sich eine größere Bienséance. Durchschlagend ist nur das Rondeau von der Pastete, doch es ist wohlabgerundet, von schon fast Lecocqscher Faktur, wie die übrigen neuen Musiken. Unter ihnen könnte man die »Couplets du thé« geradezu für ein Musterbeispiel Offenbachscher Lyrizismen halten, handelte es sich nicht um ein weinerliches Lob des wohltuenden Getränks. Umkomponiert und geglättet werden zum Teil auch die aus der 1. Fassung übernommenen Stücke, zum Beispiel die Ballade des Pagen. Ganz aus dem Rahmen fällt die Szene der Gendarmen Pitou und Grabuge (II/2; sie werden nach Protest der Zensur »hommes d'armes« genannt). Ihr Couplet (Nr. 14) wurde in Paris zum Schlager der Saison und als »From the Halls of Montezuma« noch 1918 zur Hymne der amerikanischen Marines. In Paris mag man dabei das Stück mit den abgehackten (melodisch aber auf der Stelle tretenden) Marschvierteln, den stupiden punktierten Auftakten und dem stereotypen Einandernachreden (kennzeichnend selbst im Dialog und für das Hinrichtungstrio Nr. 16) richtig verstanden haben: Diese marionettenhaften Polizeigestalten sind mehr als nur komisch; sie vermitteln eine geradezu shakespearische erschreckende Einsicht: Die kleinen Leute, die untergebenen Befehlsausführer sind mindestens genauso schäbig und gemein wie die großen Herren und vor allem genauso lächerlich. Erst dadurch wird dieser Kosmos der Untreue und des Verrats vollständig, den einer der neuen Refrains programmatisch benennt: »Laissons en paix les Sarrasins, car nous sommes les infidèles.« Ausgenommen von dieser allgemeinen Felonie sind nur die Frauen und die Hosenrolle Drogans. Offenbach hat Frauen in etwa gleichzeitigen Werken mehr Charakter und mehr Freiheiten von der herrschenden Moral eingeräumt, sie nie so denunziert, wie es hier allen, andernorts den meisten männlichen Figuren widerfährt. Insofern gehört *Geneviève de Brabant* (2. Fassung) noch zu den ersten Offenbachiaden, bei denen es keine irgendwie sympathischen, ja auch nur faszinierenden Protagonisten gibt; ja, sie wirkt trotz aller musikalischen Glättung als deren destruktivste, desillusionierendste, weit widersprüchlicher in sich selbst als die 1. Fassung, die eben nur verrückt war. Die skeptische Weltsicht Offenbachs und seiner Librettisten hat auch hier nichts mit Sozialkritik zu tun. Es dürfte ihnen und ihrem Publikum bewußt gewesen sein, daß das »Couplet des hommes d'armes« eine im Rhythmus identische Verballhornung der *Marseillaise* war. Blutrunst und Kadavergehorsam der Revolution waren bloßgestellt.

Wirkung: Charakteristisch für die lose Konstruktion der 1. Fassung ist die Art und Weise, wie Karl Treumann sie in Wien einrichtete als *Die schöne Magellone* (April 1861, Treumann-Theater) und eine praktisch neue Rolle für Anna Grobecker schaffen konnte (siehe Franz Hadamowsky und Heinz Otte, *Die Wiener Operette*, Wien 1947, S. 68). Die anonyme deutsche Übersetzung des Textbuchs als *Genovefa von Brabant* (Bote & Bock) ist nicht identisch mit der des französisch-deutschen Klavierauszugs (s. Ausg.) und wohl auch nicht mit der Treumanns; sie enthält eine größere Anzahl politischer Anspielungen auf die deutsche Situation nach 1848 und betont die lösende Rolle des Karnevals. Dies und ihr sprachliches Niveau lassen darauf schließen, daß sie von Ludwig Kalisch stammt, der auch *Orphée* und *La Périchole* (1868) übersetzte. Es trifft nicht zu, daß sie »den schlüpfrigen Boden des Stücks fast völlig umgeschaffen hat«, wie der Verleger glauben machen wollte. Im Gegenteil: hier nimmt am Ende der kuriose Geneviève-Liebhaber Almanzor die Apotheose mit entgegen. In der Logik der Unlogik ist diese Version dem Original zumindest ebenbürtig, an Dialogwitzen eher noch überlegen. – Weder die 2. noch die 3. Fassung waren bedeutende Erfolge oder Mißerfolge. Die 2. rettete angeblich das Théâtre des Menus-Plaisirs vor dem Zusammenbruch, und ab der 100. Aufführung übernahm Delphine Ugalde die Partie des Drogan. Als *Genovefa von Brabant* (deutsch von Julius Hopp) kam sie im Mai 1868 im Theater an der Wien heraus. Die 3. Fassung konnte den Bankrott von Offenbachs Direktorenschaft im Gaîté nicht verhindern. Die neue Rolle der Biscotte war mit Mlle. Thérésa besetzt, der berühmten Sängerin der Café-concerts (sie bekam fünf Musiknummern, darunter das ungemein erfolgreiche Chanson »La Nourrice ambulante«). Die letzte Pariser Inszenierung des Werks (3. Fassung) fand 1908 im Théâtre des Variétés mit beachtlichem Erfolg statt. Seither ist man in Frankreich in vereinzelten Rundfunkaufführungen zur 2. Fassung zurückgekehrt. Die deutsche Übertragung der 2. Fassung nahm der Gendarmenszene einiges von ihrer Abgründigkeit und reduzierte die Ballszene in Asnières zu einem Volksfest, vielleicht weil sie der Handlung aufgepfropft wirkte, vielleicht auch, weil sie als eine Parodie auf Wagners *Tannhäuser* (1845) verstanden werden konnte.

Autograph: 1. Fassung: Privatbesitz; 2. Fassung: verteilt auf mehrere Privatbesitzer; 3. Fassung: Verbleib unbekannt; Fragment eines Ensembles: Pierpont Morgan Libr. NY (Koch 92). **Abschriften:** 1. Fassung: Part, dt. (ohne Gesangstexte; 1860): Vlg.-Arch. Bote & Bock Bln. **Ausgaben:** 1. Fassung: Kl.A v. L. Rembieliński: Heugel [1860], Nr. 2528; Kl.A, frz./dt. u.d.T. *Genovefa von Brabant:* B&B 1861, Nr. 5067-93; Textb.: Heugel 1860 [22 S.]; Textb., dt. u.d.T. *Genovefa von Brabant;* 2. Fassung: Kl.A v. M. Boullard: Heugel [1867], Nr. 3610 [225 S.]; Textb.: Paris, Calmann-Lévy [1867], ³1882; Textb., dt. v. E. Dohm: B&B; 3. Fassung: Kl.A: Heugel [1875], Nr. 3610

[enthält nur ein Suppl. v. insgesamt 8 Nrn., d. sich nach genauen Angaben in d. Kl.A d. 2. Fassung einfügen; diese Ausg. teils auch mit d. Kl.A d. 2. Fassung zusammenhängend ediert; 76 S.]; Textb.: Paris, Lévy 1875 [24 S.]. **Aufführungsmaterial:** 2. Fassung: Heugel/Leduc
Literatur: s. S. 488

Josef Heinzelmann

Daphnis et Chloé
Opérette en un acte

Daphnis und Chloe
1 Akt

Text: N. Clairville (eigtl. Louis-François Nicolaie) und Jules Cordier (eigtl. Eléonore Tenaille de Vaulabelle)
Uraufführung: 27. März 1860, Théâtre des Bouffes-Parisiens, Salle Choiseul, Paris
Personen: Chloé/Chloe, eine junge Hirtin (S); Calisto, Nymphe (S); Niobé, Locoé, Amalthée, Aricie, Xanthippe und Eriphyle, Bacchantinnen (3 S, 3 Mez); Daphnis, ein junger Hirte (Mez); Pan (Bar)
Orchester: 2 Fl (2. auch Picc), Ob, 2 Klar, Fg, 2 Hr, 2 Trp, Pos, Pkn, Streicher
Aufführung: Dauer ca. 45 Min. – Orchester nach dem Aufführungsmaterial Bote & Bock.

Entstehung: Der Text von Clairville und Cordier ist schon im Nov. 1849 im Théâtre des Vaudevilles Paris gespielt und im selben Jahr publiziert worden.
Handlung: In einer ländlichen Gegend im alten Griechenland: Bacchantinnen kommen zur Statue des Gotts Pan, weil sie hier den schönen Daphnis allein anzutreffen hoffen, begegnen aber nur einander. Keine verrät der andern den Zweck ihres Kommens, und sie begeben sich recht weit weg zum Tempel. Pan ist es recht, denn er hat sich in seine Statue verwandelt, um der jungen Chloé aufzulauern, die ihn leider für häßlich hält und einen Ziegenfuß an ihm findet. Er hofft gleichwohl ihre Unschuld genießen zu dürfen, die sie beweist, als sie mit ihrem Lieblingshammel erscheint und dem Gott gesteht, daß ein merkwürdiges Gefühl sie zu Daphnis zieht. Daß die Statue ihr dumme Echoantworten und sogar einen Kuß gibt, verwundert sie nicht, zumal da Daphnis erscheint. Der weiß natürlich nichts von den Antworten, und einen Kuß hat er noch nie gegeben. Daphnis und Chloé spüren, daß ihnen etwas fehlt, und sie denken, mit einem auf Pans Flöte letztlich von diesem begleiteten Lied könnten sie sich beglücken. Chloé eilt zu ihren Schafen davon, Pan ihr nach. Daphnis schläft ein und verrät im Traum den jetzt doch gemeinsam zurückgekehrten Bacchantinnen den Namen Chloés. Daß er diese liebt, daß sein »Nerea«- ein Liebeslied ist, all das müssen ihm die Bacchantinnen erklären, die ihm auch das Küssen beibringen. Daß sie ihn freilich mit einer Flasche Lethe die geliebte Chloé vergessen machen wollen, verhindert der dazwischentretende Pan, der seinen ungetreuen Bacchantinnen das Spiel verderben will, das er nun selbst mit Chloé beginnt.

Leider versucht er dabei, sich Mut anzutrinken, und vergißt vor lauter Lethe alles, was zum Lieben gehört. Doch Chloé hat's begriffen, und auch Daphnis hat's gelernt.
Kommentar: Abgesehen von der köstlichen Rolle, die Gott Pan spielt, ist nichts an dieser Operette Karikatur oder gar Parodie. Ja, gerade dieser komische (und eigentlich zutiefst menschliche) Gott hat eine erstaunlich tiefe psychologische Dimension: Er ist ein Inbegriff unerfüllter Lebensgier wie eigentlich alle Figuren Offenbachs. Weil sie unerfüllbar ist, wirkt er zugleich tragisch und komisch in seiner Blindheit und seinem Scheitern: wie John Styx oder Baron Gondremarck. Der pastorale Ton um Pan herum verrät nicht, wie in der Einleitung von *Orphée aux enfers* (1858), eine Verkleidung, sondern malt klassische Allgemeingültigkeit, bestenfalls Lokalkolorit. An *Orphée* erinnert recht äußerlich auch die Funktion des Lethe, inhaltlich die vergebliche Liebestollheit eines Gotts. Es fehlen alle über das allgemein Menschliche hinausgehenden spöttischen Untertöne. Nicht einmal der Gegensatz der liebeserfahrenen Bacchantinnen und der unschuldsvollen Chloé wird zeitkritisch ausgereizt. Auch wird die ausgelassene Fröhlichkeit der jungen Liebesleute nicht zum Rausch, gerät sie nicht

Daphnis et Chloé; Johann Nepomuk Nestroy als Pan; Treumann-Theater, Wien 1861. – Nestroy machte sich in Wien einen Namen nicht nur als Bühnenautor, Schauspieler und 1854–60 als Direktor des Carl-Theaters, sondern auch als Sänger. Sein Operndebüt hatte er 1822 als Sarastro in Mozarts *Zauberflöte* (1791) am Kärntnertortheater, einer Partie, die ganz untypisch für ihn war. Bald faszinierte er vor allem in komischen Rollen, später insbesondere in Operetten Offenbachs.

in bacchantischen Schwung, so wie eigentlich nie aus der Rolle gefallen wird. Den erstaunlich knappen bukolischen Nummern steht ein ausgedehntes Finale gegenüber, in dem die Handlung ihren Höhepunkt erreicht. Gewichtig ist der Anteil des kleinen Chors, ein veritables Ensemble aus Solistinnen, genau wie die Schreiber im *Chanson de Fortunio* (1861). Zugleich nostalgisch und ironisch, elegisch und voll echter Heiterkeit, ist das kleine Werk in seiner Balance und Ausgewogenheit eins der gelungensten Bühnenstücke Offenbachs.

Wirkung: Die musikalisch nicht sehr schwierige zentrale Rolle des Pan scheint ihre Erfüllung nicht bei der Uraufführung durch Désiré, sondern am 2. März 1861 bei der Wiener Erstaufführung im Treumann-Theater durch Johann Nepomuk Nestroy gefunden zu haben. Man könne sich nichts Possierlicheres vorstellen als Nestroy mit Bocksfüßen und -hörnern, Pan erst als Statue und dann lebendig darstellend, berichtete die *Neue Berliner Musik-Zeitung*. Ein Jahr später verabschiedete er sich in dieser Partie von der Bühne, nachdem er sie 22mal gespielt hatte. Nestroys Bearbeitung, die keine Erwähnung bei Karl Gladt findet (*Die Handschriften Johann Nestroys*, Graz, Wien, Köln 1967), stützt sich weitgehend auf die Übersetzung von Ferdinand Gumbert. Zu Wiederaufführungen von *Daphnis et Chloé* kam es 1964 in Darmstadt mit Winfried Walk als Pan (Regie: Walter Jockisch, Dirigent: Helmut Franz) und 1985 in Dresden (Staatsoperette) in der Bearbeitung von André Müller und Manfred Grafe, die sogar den Trojanischen Krieg als Handlungselement einbezog, um »zeitkritisch« zu wirken.

Autograph: Kl.A: SB Bln.; Fragment (aus Nr. 8): Hist. Arch. d. Stadt Köln (Slg. Almeida). **Abschriften:** Part, dt. [1867]: Arch. d. Gärtnerplatztheaters München (Kopie: FIMT); Part, dt. [vor 1870]: Vlg.-Arch. Bote & Bock Bln.; Textb., dt. Bearb. v. J. Nestroy: Arch. d. Gärtnerplatztheaters München (Kopie: FIMT). **Ausgaben:** Kl.A: Bertin, Paris [1860], Nr. 53 [83 S.]; Kl.A, frz./dt. Übers. v. F. Gumbert (Sprechtexte nur dt.), Bearb. v. B. Wolff: B&B [um 1860], Nr. 4900-09 (Bibl. einaktiger Operetten in vollst. Kl.A); Textb.; Textb.: Paris, Beck [1860; 10 S.]; Textb., dt. v. G. Ernst [d.i. F. Gumbert]: B&B 1861. **Aufführungsmaterial:** Salabert; dt. v. Gumbert: B&B; dt. Bearb. v. A. Müller, M. Grafe: Lied d. Zeit, Bln.
Literatur: s. S. 488

Josef Heinzelmann

Le Papillon
→ **Taglioni, Maria (1860)**

La Chanson de Fortunio
Opéra-comique en un acte

Fortunios Lied
1 Akt

Text: Hector Jonathan Crémieux und Ludovic Halévy, als Fortsetzung der Komödie *Le Chandelier* (1835) von Louis Charles Alfred de Musset

Uraufführung: 5. Jan. 1861, Théâtre des Bouffes-Parisiens, Salle Choiseul, Paris
Personen: Maître Fortunio, Advokat und Notar (Spr.); Laurette, seine Frau (S); Valentin, Schreiber bei Fortunio (S); Paul Friquet (T); Babet, Fortunios Köchin (Mez); Guillaume, Landry, Sylvain und Saturnin, Schreiber (4 S)
Orchester: 2 Fl (2. auch Picc), Ob, 2 Klar, Fg, 2 Hr, 2 Pistons, Pos, Pkn, Trg, Streicher
Aufführung: Dauer ca. 50 Min. – Orchester nach der Abschrift Paris.

Entstehung: *Le Chandelier*, eine heiter-romantische Liebesintrige im bürgerlichen Milieu, wurde 1850, zwei Jahre nach ihrer Uraufführung im Théâtre-Historique, am Théâtre-Français aufgeführt. An dieser Sprechbühne lernte Offenbach als Kapellmeister für Gesangseinlagen und Zwischenmusiken Theaterpraxis. Er komponierte für den jugendlichen Liebhaber in Mussets Komödie ein Lied, Fortunios Lied, das vermutlich nie vorgetragen wurde, da der betreffende Schauspieler laut Überlieferung eine Baßstimme hatte, die Melodie jedoch für Tenor gesetzt ist. Offenbachs Librettisten schrieben Mussets Komödie gleichsam in die Zukunft hinein fort, im Geist Mussets und mit denselben Personen. 1860 schrieb Offenbach einen beträchtlichen Teil der Komposition bei einem seiner vielen Aufenthalte in Bad Ems nieder und fügte sein »Chanson de Fortunio« (veröffentlicht in *Les Voix mystérieuses. Six mélodies*, 1852) als musikalischen Kern in das neue Werk ein.

Handlung: In einem Garten, links ein Pavillon mit Aufgang und Balkon, rechts die Eingangspforte; zur Zeit König Ludwigs XV.: Fortunio, der alternde Notar, ist eifersüchtig: Fußspuren unter dem Fenster scheinen zu verraten, daß seine Frau Laurette einen Verehrer hat, von dem aber Laurette, ihre Treue beteuernd und bedauernd, selbst noch nichts weiß. Des Notars junge Schreiber verwünschen den Aktenkram und juristische Prozeduren: Ihnen knurrt der Magen. Von Babet, der Köchin, erhalten sie einen frugalen Imbiß und trösten sich mit einem paradoxen Trinklied, das aus der Not eine Tugend machen will: einem Lobgesang auf reines Wasser. Wein und Trunkenheit wollen sie den Greisen überlassen. Paul Friquet, gerade 15 Jahre alt, liebt die Köchin, aber vergeblich; der junge Valentin liebt Laurette, die Frau seines Herrn, aus der Ferne. Paul weiß von einem Lied, mit dem Fortunio, als er noch jung gewesen, die Herzen der Frauen gewonnen habe. Beim Ordnen alter Akten stößt Paul auf einen Verkaufsvertrag, während Valentin staunend das ersehnte und gesuchte Liebeslied Fortunios entziffert. Nun müssen alle Schreiber die magische Kraft des Lieds ausprobieren. Paul hat damit bei seiner Babet kein Glück. Fortunio, der zu ungelegener Zeit auftaucht und Valentin (zu Recht) verdächtigt, zärtliche Gefühle für Laurette zu hegen, muß durch eine List Pauls wieder weggelockt werden, damit Valentin sich endlich der heimlich Geliebten erklären kann. Halb aus Verlegenheit, halb neugierig auf die erhoffte Wirkung trägt er ihr Fortunios Lied vor. Da er aber auch in dem Lied den Namen seiner Angebeteten beharrlich verschweigt, bleibt Laurette im unklaren darüber, ob Valentins Liebe wirklich ihr gilt; vielleicht weiß sie es auch längst und will es nur laut hören. Fortunio kommt erbost zurück, ist doch ein ärgerlicher Scherz mit ihm getrieben worden, und hört entsetzt, wie die Schreiber das Lied seiner Jugend singen. Seine einstige Tollheit erscheint ihm nun, da er fürchten muß, zu den Übertölpelten zu gehören, als ein Schreckgespenst. Er tobt, will alle entlassen und zieht seine Frau ins Haus. Doch Laurette wirft Valentin eine Rose vom Balkon zu, und die Schreiber verspotten den Hausherrn: Einst ein lebenslustiger Mensch, sei er heute gerade das Gegenteil davon; dabei wollen sie doch nichts anderes tun, als was der junge Fortunio getan hat.

Kommentar: Der eifersüchtige Griesgram, der geprellt wird, die heimliche Liebe des jungen Angestellten zur angebeteten Herrin, die resolute Dienerin und ihr knabenhafter Verehrer, das Milieu des Notarhaushalts erinnern an Komödiensujets Molières, Buffotypen des 18. und Possenhandlungen des 19. Jahrhunderts. In der deutschen Übertragung von Ferdinand Gumbert wurde der Akzent der Handlung mehr auf das Gemütvoll-Altmodische, Innige und Rührend-Komische verlegt. Doch einer solchen Umdeutung ins »Kleinbürgerliche« widerstrebt in Wahrheit die gänzlich unnaive Konzeption des Stücks, ebenso der sarkastische Konversationston des Librettos, die unsentimental-komische Charakteristik der jugendlichen Liebhaber und des alten Narren wie die leicht bewegliche Allegrettoheiterkeit der Komposition. Das Werk ist aus der Sicht der Schreiber konzipiert. Zumal die Hauptfiguren Paul und Valentin sind durch Text und Musik säuberlich voneinander abgehoben. Zu Paul, dem »petit clerc«, gehört etwa das fröhliche Hüpfen, von dem schon seine kurzen Verse einen Eindruck geben: »le nez au vent, le pied en l'air«. Zu Valentin, der hingebungsvoll bis zur Ratlosigkeit eine Dame liebt, die wegen ihres Stands unerreichbar scheint, paßt eher ein Allegro con passione. Der Amorosocharakter Valentins erhält auch dadurch den Reiz jugendlich-diffuser Erotik, daß ein Sopran diese Rolle singt. – Die melodisch-rhythmische Gebärdenhaftigkeit zumal der Ensemblenummern drückt anmutige Frechheit aus. Im Trinklied (Nr. 2) und im Ronde (Nr. 4) reflektiert und verstärkt die Musik die ironischen Pointen der Rede: Die Schreiber feiern das Wasser als kostbaren Nektar, und sie amüsieren sich respektlos über den Widerspruch zwischen der einstigen Libertinage ihres Herrn und seinem gegenwärtigen Puritanismus. Selbst die »Zaubermelodie«, Fortunios Lied (Nr. 7), demonstriert kein ungetrübtes Liebesschmachten, ist vielmehr gekennzeichnet durch ein graziöses, fast schlenderndes Andante con anima im ⅝-Takt, eine beinah volksliedhafte Melodik aus Sekund- und Terzschritten bei insgesamt kleinem Ambitus, durch eine Binnenstruktur nuancierter Ritardandi und dynamischer Valeurs zwischen Piano und Mezzoforte. Von musikdramatischer Raffinesse und beispielhafter Spannungsregie zeugt vornehmlich die Szene, in der die Schreiber Fortunios Lied entdecken (Nr. 6). Der Liedanfang wird zunächst auf einem Ton zitiert, Ausdruck der Ungläubigkeit und Verblüffung, mit der die glücklichen Finder reagieren. Zwei Wiederholungen (Tonarten- und Tempowechsel) verdeutlichen die wachsende Aufregung der Kommis, bis schließlich ihre Allmachtsphantasien, ihre unzweideutigen Vorstellungen künftiger erotischer Erfolge geradezu triumphal in den aufsteigenden Linien eines Walzers durchbrechen: »Toutes les femmes sont à nous, / nous les verrons à nos genoux.« Im eigentümlichen Kontrast zu diesem Taumel kopieren sie (Schreiber sind sie ja schließlich) eifrig das Lied. Diese an Johann Nepomuk Nestroy erinnernde Gegenläufigkeit läßt die »ernste« dramatische Konstellation im Umriß sichtbar werden: Die Armut der Schreiber und ihr Glücksjubel bedingen einander wie die Leiden des Zukurzkommens und entsprechende Kompensationsträume. Insofern sind in die Konfliktmasse des Stücks auch die Erfahrungen des bürgerlichen Zeitalters eingeflossen, ins Subtile und fast Unerkennbare verwandelt durch den mozartischen Gestus und die witzigen Reflexe der Musik.

Wirkung: Nach der Uraufführung (Fortunio: Désiré, Laurette: Mlle. Chabert, Valentin: Julia Zoé Pfotzer) forderte das Publikum, daß die gesamte Partitur wiederholt werde. *La Chanson de Fortunio* war zur Zeit Offenbachs gerade in den Erstaufführungstheatern der großen Städte sehr erfolgreich, erschien noch 1861 (deutsch von Gumbert als *Meister Fortunio und sein Liebeslied*) in Wien (Treumann-Theater; Fortunio: Karl Treumann, Valentin: Anna Marek) und Berlin (Friedrich-Wilhelmstädtisches Theater), 1862 in Pest, Prag, Graz und Stockholm, 1864 in Petersburg, 1865 in Warschau und Zagreb, 1867 in New York und Basel, 1868 in Mailand, 1871 in London (Gaiety Theatre), erneut 1881 in Wien (Carl-Theater; Fortunio: Carl Blasel, Valentin: Antonie Schläger), verschwand dann aber, wie viele Einakter Offenbachs, längere Zeit von den Bühnen. 1895 gab es im Théâtre des Variétés Paris eine erfolgreiche Reprise (mit Marcelle Lender und Mathilde Auguez), 1919 und 1921 hatte das Trianon-Lyrique Paris das Werk längere Zeit auf dem Spielplan. 1907 wurde es als *The Magic Melody* in London gespielt (Royal Academy of Music; englisch von Louis Du Terreaux). Im selben Jahr kam Messagers *Fortunio* heraus, der aber nur in dem »Chanson« einen Berührungspunkt mit Offenbachs Werk aufweist, im übrigen aber Mussets Text folgt. Karl Kraus stellte *Fortunios Lied* 1929 im Rahmen seiner Wiener Offenbach-Vorlesungen vor; 1931 wurde seine Bearbeitung im Rundfunk gesendet (Dirigent: Friedrich Hollaender, Regie: Cornelis Bronsgeest; Fortunio: Peter Lorre, Valentin: Joseph Schmidt, Babette: Helene Weigel). Eine Wiederaufführung von Offenbachs Stück gab es 1979 in Cardiff (Welsh National Opera, Regie: Michael Geliot).

Autograph: ÖNB Wien (S. m. 30085), Vlg.-Arch. Heugel Paris. **Abschriften:** Part: Bibl. de l'Opéra Paris (Rés. 2269);

Part, dt. v. G. Ernst [d.i. F. Gumbert; um 1862]: Arch. d. Gärtnerplatztheaters München (Kopie: FIMT). **Ausgaben:** Kl.A mit vollst. Text: Heugel [1861], Nr. 2714; Kl.A, frz./dt. Bearb. v. G. Ernst: B&B [ca. 1861], Nr. 5001-9; Kl.A, frz./dt. Übers. v. F. Gumbert: B&B, Nr. 5000; Kl.A, ital.: Ricordi [1875]; Textb.: Paris, Bourdilliat 1861; Paris, Libr. nouvelle 1861; Paris, Lévy 1868 [»nouvelle éd.«; 48 S.]. **Aufführungsmaterial:** Heugel/Leduc; dt. v. Gumbert: B&B
Literatur: s. S. 488

Thomas Koebner

Le Pont des soupirs
Opéra-bouffon en deux actes et quatre tableaux

Die Seufzerbrücke
2 Akte (4 Bilder)

Text: Hector Jonathan Crémieux und Ludovic Halévy
Uraufführung: 1. Fassung: 23. März 1861, Théâtre des Bouffes-Parisiens, Salle Choiseul, Paris (hier behandelt); 2. Fassung als Opéra-bouffe in 4 Akten: 8. Mai 1868, Théâtre des Variétés, Paris
Personen: Cornarino Cornarini, Doge von Venedig (T); Baptiste, sein Knappe (T); Fabiano Fabiani Malatromba (T); der Vorsitzende des Rats der Zehn (Bar); Astolfo und Franrusto, Spione (2 B); Cascadetto, Straßensänger (T); Paillumido, Rigolo und Gibetto, Mitglieder des Rats der Zehn; ein Schiffer (Spr.); Gerichtsdiener des Rats (Spr.); Catarina Cornarini, Gemahlin des Dogen (S); Amoroso, ihr Page (S); Fiammetta (S); Laodice (S); Fiorina; Léandre (T oder B); Colombine (S); Pierrot (T); Isabelle (S); Arlequin (T oder B); Cassandre (T); 2 Gondolieras (2 S). **Chor:** Ratsmitglieder, Volk, Wachen, gedungene Mörder, Masken, Gondolieras
Orchester: 2 Fl (2. auch Picc), Ob, 2 Klar, Fg, 2 Hr, 2 Pistons, Pos, Pkn, Schl (gr.Tr, Trg, Bck), Streicher
Aufführung: Dauer ca. 2 Std. – Orchester nach der Abschrift München. Nur die in der Abschrift enthaltene, von Franz von Suppè nachkomponierte Balletteinlage (Nr. 8) verlangt eine größere Besetzung, mit zweifachen Holzbläsern, vier Hörnern, drei Posaunen und Ophikleide.

Handlung: In Venedig, 1321.
I. Akt, 1. Bild, »Die Heimkehr des Gatten«, eine Piazzetta: Der Doge Cornarini steht im Seekrieg. Catarina, seine junge Frau, findet keinen rechten Trost an ihrem Pagen Amoroso, der sich seines großen Namens noch würdig erweisen muß. Wie Odysseus kehrt Cornarini verkleidet und in Begleitung seines Knappen Baptiste zurück und findet seine Frau von Freiern umringt, sich selbst wegen Feigheit vor dem Feind zum Tod verurteilt. Sein ärgster Nebenbuhler um Catarinas Gunst und die Macht im Staat ist Fabiano Malatromba, der Amoroso unter die Bleidächer werfen läßt. 2. Bild, »Standuhr und Barometer«, ein Saal im Palast Cornarini: In Catarinas Gemach stellt sich nacheinander alles ein: Malatrombas Spione, Cornarini und Baptiste, schließlich Malatromba selbst. Dem flüchtigen Ehemann und seinem Begleiter gelingt es, die beiden Sbirren zu ermorden und in deren Gestalt die Störung des Schäferstündchens der widerstrebenden Catarina mit dem widerwärtigen Malatromba durch Amoroso ihrerseits zu stören. Sie erledigen dies freilich ebenso flüchtig wie ihren vorherigen Mord: Die beiden Leichen kommen aus Uhr und Barometer, wo sie verwesen sollten, wieder heraus, und dadurch wird die Amtsanmaßung der falschen Spione aufgedeckt, nicht jedoch ihre Identität. Cornarini behauptet, er habe Cornarini ermordet.
II. Akt, 1. Bild, »Der Rat der Zehn«, Sitzungssaal: Der Rat, obwohl durch Schlaf und Flirts mit den Gondelmädchen überlastet, nimmt die Beweise für Cornarinis Tod entgegen. Malatromba ist am Ziel. Freilich beruht seine Herrschaft nur auf der Aussage der angeblichen Cornarini-Mörder. Catarina und Amoroso (auch sie verkleidet) entlarven diese Subjekte. Doch welche Tragik: Unter der Maske stecken ihr Mann und dessen Knappe, die nun am Galgen enden sollen. Ein Reiter kommt vom Meer herein und bringt rettende Botschaft: totaler Seesieg nach der Flucht des Dogen, die nun als strategische Finte erscheint. 2. Bild, »Der Karneval von Venedig«, Lido: Unterdes ist der Karneval ausgebrochen. Daß man zwei Dogen sieht, beruht nicht auf Trunkenheit, sondern bildet einen verfassungsrechtlich unhaltbaren Zustand. Ein Wettkampf entscheidet: Amoroso bewirkt Cornarinis Sieg, Catarina kann sich freuen, daß die nun drei fürderhin ein Paar bilden. Und wer herrscht nun in Venedig? Der Karneval.
Kommentar: Hatte Offenbach mit *Orphée aux enfers* (1858) einen Mythos vom Tod auf höchst lebensfreudige Weise umgewandelt, in *Geneviève de Brabant* (1859) mit dem Martyrium einer Frau seinen Spott getrieben, so wandelte seine dritte abendfüllende Operette den bekannten Stoff vom alten Dogen (man denke nur an E. T. A. Hoffmanns Erzählung *Doge und Dogaresse*, 1818, und Donizettis *Marino Falieri*, 1835, vor allem aber an Aubers *Haydée*, 1847) in einen Kosmos heiterster Musik um, in der flinke Bänkelsängerstrophen »Complainte« (»Klage«) überschrieben sind, Wahnsinnsszenen in Bolerorhythmen münden und selbst die von schwarzem Humor getränkten Szenen so lächerlich wirken wie die angesichts des Themas ebenso zahlreichen »politischen«. Dabei ist höchstens eine antidemokratische Tendenz zu unterstellen, etwa in der Darstellung einer durch Wahlgeschenke gelenkten Volksentscheidung oder des korrupten Rats der Zehn. Einzige echte Tendenz ist indessen, den Zuhörer zu vergnügen, ihn in jedem Augenblick zu überraschen, auch mit Anachronismen (1321 gab es noch lange keine Seufzerbrücke) und Anatopismen (Bolerorhythmen am Rialto). Wenn *Le Pont des soupirs* mit dem Schauplatz Venedig einen Operettentopos prägte, so geschah dies durchaus nach zahlreichen musiktheatralischen Modellen. Auch für viele dramaturgische Details gibt es Vorbilder, vor allem in der Opéra-comique, zudem für einzelne Melodiemodelle. Neben den Anklängen an jüdische Melodien aus der Haggadah, die Anton Henseler (S. 29, s. Lit.) erwähnt, ist noch bemerkenswert, daß das

Dolchquartett (Nr. 7) eine Melodie aus dem Finale von Méhuls *Symphonie g-Moll Nr. 1* (1809) verwendet (die ihrerseits bereits von Felix Mendelssohn-Bartholdy eine Kontrafaktur erfahren hatte) und daß das »Ah que Vénise est belle« wie manche andere Textzeile aus Aubers *Haydée* stammt, die auch für einzelne Handlungsmotive Modell gestanden hat. In keinem Fall handelt es sich um eine Parodie im modernen Sinn. »Man versuche, nach dieser Nacht in Venedig die von Johann Strauß zu hören [...] Die ›Seufzerbrücke‹ [...] bedeutet textlich wie in ihrer unerschöpflichen, vielgeplünderten Herrlichkeit die Uroperette; es ist, als müßte aller holde Irrsinn der Gattung, der einzig dem Theater seinen Sinn gibt, darin sein Vorbild haben« (Karl Kraus, in: *Die Fackel*, Mai 1930, Nr. 834–837, S. 32). Diese Charakterisierung läßt sich höchstens detaillieren oder paraphrasieren. – Die 2. Fassung stellt bei fast gleichem Handlungsverlauf eine intensive Umarbeitung dar, bei der die Partie des Malatromba um »La colombe e l'autor« (Nr. 7) und das »kritische« Couplet von den »Allegro poco moderato« gehenden Geschäften und dem im Cancanrhythmus sich anschließenden Plaisir (Nr. 16) erweitert, die der Catarina um den an die Wahnsinnsszene anschließenden Bolero (Nr. 9A in der Zählung der ersten Ausgabe) verringert, für den ein neues Boleroensemble (Nr. 11B) eingefügt wurde, das dann auch als Schlußnummer des ganzen Werks dient. Wichtigste Änderung ist der Wegfall der sehr wirksamen 2. Hälfte des bisherigen Finales des I. Akts (Nr. 10), für die ein fulminantes neues Finale entstand: Malatromba läßt sich zum neuen Dogen designieren; je mehr Geld er durch seine Geheimagenten unters Volk werfen läßt, desto lauter wird die Zustimmung. Sie crescendiert zu einem Triumphmarsch, der vom Hauptthema der Ouvertüre zu Aubers *La Muette de Portici* (1828) kontrapunktiert wird, ein Effekt, den man als Parodie nur im ursprünglichen Sinn bezeichnen kann. Einschneidende musikalische Kürzungen erfuhr das Schlußbild: Gestrichen wurden das Lied von der Seufzerbrücke und die ausführlichen Variationen (Gesangswettstreit) darüber sowie das ebenso ausführliche Finale mit Ballett, das Suppè in Wien noch erheblich erweiterte. Hier hat Offenbach wertvolle Musik der dramaturgischen Schlagkraft geopfert.

Wirkung: Der Erfolg bereits bei der Uraufführung (Cornarino: Désiré, Baptiste: Bache, Fabiano: Potel, Cascadetto: Charles Desmonts, Catarina: Lise Tautin) war groß, ebenso der der Premiere in Wien am 12. Mai 1862 im Treumann-Theater (Karl Treumann, Wilhelm Knaack, August Markwordt, Anna Grobecker, Anna Marek), dessen Direktor Treumann offensichtlich die Dialoge im Nestroyschen Geist überarbeitet hatte. (Jedenfalls sind sie nicht mit denen von Julius Lasker, 1862, identisch.) Die 2. Fassung hatte zwei Tage nach der Uraufführung von *Le Château à Toto* (Paris 1868, Text: Henri Meilhac und Halévy) Premiere. Ob sie damals auch nach Deutschland gelangte, ist ungeklärt. Ungelöst ist auch noch die Frage, ob anläßlich der Wiederaufnahme in den Variétés 1874 (jetzt in vier Akten und fünf Bildern angekündigt) musikalische und textliche Änderungen von der Hand Offenbachs vorgenommen wurden. Das Werk blieb in Frankreich bis heute ständiger, wenn auch seltener Gast im Repertoire. Im 20. Jahrhundert nahm sich im deutschen Sprachraum zuerst Kraus der *Seufzerbrücke* an, wobei er die 1. Fassung in Treumanns Übersetzung beibehielt, erstmals 1930 in Wien (musikalische Einrichtung und Begleitung: Franz Mittler) und im selben Jahr im Rundfunk. 1933 kam in Basel die auf der 2. Fassung basierende Übersetzung von Otto Maag heraus. 1965 wurde *Le Pont des soupirs* in Wiesbaden und am Gärtnerplatztheater München aufgeführt, in einer Bearbeitung von Josef Heinzelmann, die beide Versionen Offenbachs sowie Treumanns und Maags Übersetzungen zu vereinen suchte. Diesem Ziel wurde dann 1979 gemeinsam mit Caspar Richter eine konzertante Aufführung in der Deutschen Oper Berlin vollends gerecht. Eine Pariser Aufführung (der 2. Fassung) mit der Truppe Eliane Lublins 1989 hatte nicht weniger Erfolg.

Autograph: verteilt auf mehrere Privatbesitzer. **Abschriften:** 1. Fassung: Part, dt. (mit umfangreicher Balletteinlage; 1862): ÖNB Wien (Mus Hs 36354); Part, dt. (mit Nr. 8, d. Balletteinlage v. F. v. Suppè; vor 1868): Arch. d. Gärtnerplatztheaters München; Textb., dt. (v. K. Treumann?): Arch. d. Theaters Brünn. **Ausgaben:** 1. Fassung: Kl.A: Gérard, Paris [1861], Nr. C. M. 9482 [211 S.]; Kl.A, frz./dt.: B&B 1862, Nr. 5558-84; Textb., dt. v. J. Lasker: B&B 1862; 2. Fassung: Kl.A: Gérard, Paris [1868], Nr. C. M. 9482 [227 S.]; Textb., frz./engl. als *The Bridge of Sighs*: NY, Printing Company 1871; Bearbeitungen: Kl.A, dt. (ohne Dialoge) v. O. Maag, K. Roetscher: B&B 1962, Nr. 21703. **Aufführungsmaterial:** 2. Fassung: Heugel/Leduc; dt. Bearb. Maag/Roetscher (1962), Heinzelmann/Maag/Treumann (1965), Heinzelmann/Richter (1979): B&B
Literatur: s. S. 488

Josef Heinzelmann

Monsieur Choufleuri restera chez lui le…
Opérette-bouffe en un acte

Herr Choufleuri gibt sich die Ehre am…
Salon Pitzelberger
1 Akt

Text: Saint-Rémy (eigtl. Charles Auguste Louis Joseph Herzog von Morny)
Uraufführung: 31. Mai 1861, Palais Bourbon, Paris, Ensemble der Bouffes-Parisiens
Personen: Choufleuri, Rentier (B); Chrysodule Babylas, ein junger Komponist (T); Petermann, Diener bei Choufleuri (T); Balandard, Gast (T); Ernestine, Choufleuris Tochter (S); Madame Balandard, Gast (S oder T). **Chor:** weitere Gäste
Orchester: 2 Fl (2. auch Picc), Ob, 2 Klar, Fg, 2 Hr, 2 Pistons, Pos, Pkn, Schl (gr.Tr, Trg, Bck), Streicher; BühnenM auf d. Szene: Kl; hinter d. Szene: Fg
Aufführung: Dauer ca. 1 Std. – Orchester nach der Pariser Abschrift. Die Darstellerin der Ernestine hat eine kleine pianistische Aufgabe. In der Erstaufführung an den Bouffes-Parisiens war Madame Balandard mit einem Mann, dem Komiker Léonce, besetzt.

Entstehung: Über die genauen Entstehungsbedingungen sowie die erste Aufführung im Palais Bourbon in den Räumen des Herzogs von Morny (»dans les salons de la présidence du corps législatif«), die der Librettoerstdruck nennt, ist wenig bekannt. Neben Saint-Rémy und seinem Sekretär Ernest L'Epine werden in der Abschrift der Opéra Paris als Mitautoren auch Ludovic Halévy und Hector Crémieux genannt. Ob, wie Jacques Rouchouse im Vorwort zum Textbuch erwähnt, das letzte (5.) Stück aus Hervés *Folies dramatiques* (Paris, Palais Royal 1853, Text: Dumanoir und Clairville), betitelt »Gargouillada«, als Librettovorlage diente, bleibt zu untersuchen. Welchen Anteil Saint-Rémy an der Komposition hatte (der Klavierauszug nennt ihn als Autor), scheint nicht mehr aufklärbar; die durchweg hohe Qualität der Musik, insbesondere des Trio italien (Nr. 6), spricht für die Hand Offenbachs. Daß Saint-Rémy allerdings zu komponieren verstand, hatte er mit der Operette *Un Mari sans le savoir* bewiesen (Paris 1860, Text: Jules Servières und Léon Halévy).

Handlung: In einem bürgerlich möblierten Salon im Pariser Quartier Marais, 1833: Der neureiche Choufleuri will außer Geld auch kultivierte Geselligkeit vorweisen. Für heute abend hat er zu einer Soiree geladen mit feinstem Kunstgenuß. Weltberühmte Gesangsvirtuosen der Pariser Opéra (die Koloratursopranistin Henriette Sontag, der Tenor Giovanni Battista Rubini, der Baß Antonio Tamburini) sollen italienische Arien zu Gehör bringen. Mit diesem musischen Köder will Choufleuri die Spitzen der Gesellschaft in seinen Salon locken, Minister und Botschafter, die er genausowenig kennt wie jene Künstler. Seine Nervosität ist groß. Sie steigert noch seinen Grimm, als er von der Neigung seiner Tochter Ernestine zu einem Musikus erfährt: Ein solcher Habenichts paßt nicht zu einer Choufleuri. In die familiäre Auseinandersetzung prasseln Hiobsbotschaften, die den Gastgeber empfindlich treffen. Just die vornehmsten der Geladenen schicken Absagen, sogar in reichlich maliziösem Ton, der Choufleuri freilich entgeht. Fatal wird die Lage, als nun auch noch alle drei Sänger in letzter Minute absagen. Gleichzeitig treffen, erwartungsfroh, die ersten Gäste ein. Mögen es auch nur schlichte Leute sein, denen Choufleuris versnobtes Herz nicht sonderlich entgegenschlägt, so droht doch eine schlimme Blamage. Was tun? Ernestines geliebter und gewitzter Musikus Babylas findet einen Ausweg: Die fehlenden Sänger werden simuliert. Er selbst, ein gewiefter Praktiker, wird dabei Ton und Takt angeben als Tenor Rubini. Flankieren wird ihn Madame Sontag alias Ernestine, die niemand kennt, weil sie gerade erst vom Pensionat zurückgekommen ist; sowie der Baß Tamburini alias Choufleuri höchstselbst, der sich gründlich maskieren muß. Die aberwitzige Simuliererei gelingt, in Stimme und Gestalt, in Stil und italienisch klingendem Kauderwelsch. Der begeisterte Zwischenbeifall der Gäste beweist es. Sie merken nicht einmal, wie Babylas sozusagen Ernst macht auf dem Höhepunkt leidenschaftlicher Opernthatralik: Abbrechen werde er den Gesang, mittendrin, falls Ernestine ihm nicht sofort versprochen wird. Im Schwung von Wut und Angst, Mimerei und Italianità sagt Choufleuri singend zu. Und prompt schwingt sich das Trio triumphal auf einen noch höheren Höhepunkt. Mitgerissen sind die Gäste von derart südländisch eskalierendem Scala-Geist. Auch Choufleuri ist guter Dinge, obwohl der Abend nicht einmal halbwegs seinen gesellschaftlichen Ehrgeiz befriedigen konnte. So stimmt er denn ein in den allgemeinen Schlußgesang: in die siegesfeiernde Reprise des immer schon siegessicheren, komisch lodernden Boleros, den das junge Paar bereits am Anfang hat laut werden lassen.

Kommentar: Der Neureiche, der sich kulturell übernimmt, ist zweifellos ein satirisches Sujet. Und es ist alt. Den Fall von Molières *Bourgeois gentilhomme* (1670) verlagern Offenbach und sein Librettist aus der Epoche König Ludwigs XIV. in die gegenwärtige Epoche Kaiser Napoleons III. Dabei sind die geschichtlichen Unterschiede der beiden Emporkömmlinge besonders aufschlußreich. Während Molières Bürger Jourdain sich noch rührend plagt, um seinem eigenen ungeschmeidigen Geist und Leib die edlen Künste einzuhämmern, käme Monsieur Choufleuri ohne Not nimmer auf die Idee, sich solchen Plagen selbst zu unterziehen. Wozu hat man käufliche Vollzugsorgane? So, wie ihm andere Leute (Handarbeiter) seinen materiellen Reichtum beschaffen, von dem er zehrt, so sollen ihm auch andere Leute (Stimmarbeiter) seinen ideellen Reichtum beschaffen, mit dem er glänzt. Um so größer der Schrecken, wenn plötzlich die sonst so selbstverständliche Versorgung versagt: wenn die Sänger sich Choufleuri verweigern, ungeachtet der fürstlichen Gage. Eine schlimme Panne im bisher reibungslosen Getriebe seines bürgerlichen Salons. Doch sie hatte sich schon vorher musikalisch angekündigt: im Couplet des völlig überdrehten Kammerdieners Petermann (Nr. 3). Sein zappeliger Ausbruch in manisch wiederholten melodischen Zuckungen, die schließlich mit hysterischen Oktavsprüngen sich überschlagen, zeigt einen beträchtlichen Schaden des Motors an. Herzzerreißend komisch kommt heraus, daß der rumgehetzte Kerl nicht mehr kann; daß ihm für all seine auferlegten Verrichtungen die naturgegebenen »zwei Beine, zwei Arme und zehn Finger« nicht hinreichen. Mittelbar tönt auch aus Petermanns Gejammer die Satire auf den Snob Choufleuri. Denn der will ja partout seinen Gästen eine aristokratisch entspannte Atmosphäre vorzaubern; doch gleichzeitig ist er zu knausrig, um mehr als bloß den einen Zaubergeist anzustellen, der für den ganzen Glanz aufkommen soll. Und nochmals verbündet sich die musikalische Satire mit dem überlasteten Kammerdiener: wenn die Gäste, lauter sensationspichte, büffetgierige und überkostümierte Kleinprotze vom Schlag Choufleuris, einfallen in seinen Salon. Das Ensemble Nr. 5 läßt sie, C-Dur-vergnügt, in stakkatierten Achteln hereintrappeln, bis Petermann, hochnäselnd wie ein fürstlicher Majordomus, sie mit ihren unfürstlichen Namen vorstellt. Seine gemessenen Viertel und Halben, die würdig auf die fehlende Würde pochen, erheben sich über die hastigen Rhythmen des Orchesters. Der Domestik als nörgelndes Über-Ich seiner mittelmäßigen Herrschaft: das führt zu einer Stockung von Takt und Tonart, die zur Ordnung ruft. Und prompt quälen die Gäste sich eine zierliche Menuettweise ab, nunmehr in F-Dur. – Trotz des satirischen Sujets rühren sich die eigentlichen Energien von Offenbachs Musik anderswo. Nur in zweiter Linie treiben sie Spott mit der bourgeoisen An- und Nachbeterei eines feinen Kunstgeschmacks, der ihr abgeht. Wichtiger nimmt Offenbach die unverkorksten Triebe der Hauptfiguren, die sie in diesem Milieu kleinbürgerlicher Großmannssucht trotzdem behaupten. Musikalische Gegenkräfte wider die plumpe, nicht einmal angenehme Selbstverleugnung mobilisieren von Anfang an Ernestine und Babylas. Obwohl Tochter ihres Vaters und Zögling eines zimperlichen Pensionats, verbindet Ernestine in ihrem Auftrittslied (Nr. 1) vergnügte Schauspielerei mit innigen Liebesregungen. Babylas läßt Ernestine nicht lang rufen. Er ist ein ebenso munterer Liebhaber mit gleichem komödiantischen Spieltrieb, wenn er flugs die Geliebte in einen erheiternd schmissigen Bolero hineinreißt (Nr. 2). Nicht nur das Orchester entfacht feurige Motorik, auch die beiden Duettierenden nehmen lautmalerisch das Begleitgeklimper von Gitarren und Kastagnetten in den Mund. Sprichwörtliche spanische Liebesglut wird da karikierend nachgeäfft, aber zugleich auch entfacht für die eigene Leidenschaft, die im voraus schon rhythmisch den Sieg feiert über die Widerstände von Papa Choufleuri. Und fürwahr, die beiden entwaffnen ihn beinah schon beim ersten musikalischen Treffen. Dies Terzett (Nr. 4) ist die komischste Nummer des Stücks, obwohl sie dramatisch nur als Vorgeplänkel erscheint zur späteren großen Parodie des italienischen Belcantotheaters im nächsten Terzett. Dort werden öffentlich die Gäste behext durch listig ergaukelte Opernmagie. Hier, mit dem nämlichen Mittel, wird privatim der Vater behext. Ernestine legt ihm just jenen Liebhaber ans Herz, dem er, ohne ihn zu kennen, das Haus verbot. Sie tut es in Form einer Geisterbeschwörung nach Art romantischer Schaueropern, ganz pointiert mit dem Zitat von Bertrams Nonnenbeschwörung aus Meyerbeers *Robert le diable* (1831). Während das Orchester aus tiefsten Lagen lapidare Akkorde hochgrollen läßt, ruft Ernestine mehrmals auf gleichem Ton den Namen Babylas: bis der Geliebte erscheint, fast zu hurtig beschwingt im Walzertakt. Choufleuri ist beeindruckt, doch er will wissen, wer der Fremdling ist. Ernestine, weiterhin feierlich, bremst den profanen Wunsch: »C'est un mystère!« Der Vater stammelt es nach. Aber immer noch, kleinlaut zwar, beharrt er auf dem Namen. Erneut zögert sie die Offenbarung hinaus bis zu einer atemberaubenden Generalpause. Dann kippt das angespannte Tempo in entspanntes Andante, das Moll in Dur, der gravitätisch grade Takt in geschmeidige Dreiviertel. Geradezu heilsgewiß frohlockt die Tochter: »C'est Babylas!«, bekräftigt der Genannte: »Oui Babylas!«, rätselt der Vater: »Quoi Babylas?«. Dem opernschaurig gebannten Choufleuri wird suggeriert, daß dieser Name schon an sich gehaltvoll genug ist und jede erdenkliche Biographie des Trägers überflüssig macht. Mehr noch, daß hier so etwas wie ein, diesmal namhafter, lohengrinscher Retter erschienen ist, der sogar einen Choufleuri aus der Klemme herausreißen wird. Der weitere Verlauf des Terzetts kann auf die feierliche Maske der romantischen Oper ver-

Monsieur Choufleuri restera chez lui le ...; Julian Moyle als Choufleuri, Meryl Drower als Ernestine, Mark Hamilton als Babylas; Regie: Michael Geliot, Ausstattung: Steven Gregory; Welsh National Opera, Aberystwyth 1979. – Das pseudoitalienische »Sängertreffen« ist Anlaß, die mit aberwitzigen Kostümen und Requisiten ausstaffierte Welt der Neureichen zu persiflieren.

zichten. Munter daherwalzend skizziert es Choufleuris Notlage, findet es die pfiffige Lösung und steigert sich in einen ausgelassenen Ländler. Choufleuri gewinnt dabei seine Unbefangenheit zurück. Der Adelskrampf ist ihm musikalisch ausgetrieben worden. Zugleich hat er am eigenen sonst so spröden Geschäftsgeist die Magie der Opernkunst verspürt. Die wird er jetzt, selbdritt mit Babylas und Ernestine, auf seine unbedarften Gäste loslassen. Das geschieht im Terzett Nr. 6 mit irrwitzigem singspielerischen Furor, der nicht bloß die entzückten Zuhörer, sondern auch mehr und mehr die Akteure packt. Alle Ekstasen von Donizettis Romanzenlyrismus, Rossinis atemlosen Plapperformeln, Verdis Strettageschmetter werden da entfesselt und verquirlt mit ebenso künstlichem Tuttifrutti-Italienisch.

Wirkung: Die Uraufführung fand in Gegenwart Napoleons III. statt. In Offenbachs eigenem Theater in der Salle Choiseul erklang das Werk zuerst am 14. Sept. 1861; zuvor hatte es bereits Aufführungen in Wien (Treumann-Theater; französisch) gegeben. Dort kam auch im Okt. 1861 die deutschsprachige Erstaufführung als *Salon Pitzelberger* (deutsch von Karl Friedrich Wittmann) heraus; 1862 erschien in Berlin (Wallner-Theater) und Hamburg Emil Pohls Bearbeitung als *Salon Jäschke*; 1865 stand das Werk als *Eine musikalische Soiree in der Vorstadt* auf dem Eröffnungsprogramm des Gärtnerplatztheaters (damals Volkstheaters) München. Die Londoner Erstaufführung folgte 1871 (St. James's Theatre). *Monsieur Choufleuri restera chez lui le...* gehört zu den effektvollsten und meistgespielten Einaktern Offenbachs, wobei neuere Inszenierungen, vielfach an kleinen Theatern, die Parodie der großen italienischen Oper oft überbetonen auf Kosten der eigentlichen Satire auf den bürgerlichen Salon. Wiederaufführungen gab es unter anderm in der Staatsoper Berlin 1963 (Bearbeitung von Horst Bonnet und Robert Hanell; mit Reiner Süß), im Gärtnerplatztheater München 1965 (mit Otto Storr, Rosl Schwaiger und Anton de Ridder; Regie: Gert Krämer), in Gelsenkirchen 1974, an der Opera stabile Hamburg 1978 (mit Toni Blankenheim und Audrey Michael), in Cardiff und an der Opéra-Comique Paris 1979 (mit Jean-Philippe Lafont, Marie-Christine Porta und Charles Burles), in Regensburg 1981 und Frankfurt a. M. 1982 (Regie: Jürgen Tamchina).

Autograph: verteilt auf 2 Privatbesitzer. **Abschriften:** Part: Bibl. de l'Opéra Paris (Rés. 2271); Part, dt. u.d.T. *Salon Pitzelberger*: ÖNB Wien (2 Ex.: S.m. 25689, S.m. 25276); Part, dt. (mit 2 Einlagen; 1865): Arch. d. Gärtnerplatztheaters München (Kopie: FIMT). **Ausgaben:** Part, dt. Bearb. v. E. Pohl u.d.T. *Salon Jäschke*, M v. A. Conradi, J. Offenbach (als Ms. gedruckt): B&B [1862?; Vlg.-Arch. B&B]; Kl.A: Gérard, Paris [1861], Nr. C. M. 9571; Kl.A: Ménestrel/Heugel [um 1861], Nr. 4608; Kl.A, frz./dt. Übers. v. K. F. Wittmann: B&B [1898], Nr. 14613, Nachdr. [um 1965]; Kl.A, frz./dt. u.d.T. *Salon Blumenkohl*, rev. u. bearb. v. C. Richter: B&B 1977; Kl.A, frz./engl.: Belwin-Mills, NY 1984; Textb.: Paris, Lévy 1861 [24 S.]; ebd. 1889 [45 S.]; Textb. in: J. OFFENBACH, Opérettes, Paris 1983, S. 61–105; Textb., frz./dt., in: [Bei-H. d. Schallplattenaufnahme EMI], 1983. **Aufführungsmaterial:** Heugel/Leduc; dt. v. Wittmann: B&B; dt. Bearb. v. C. Richter, P. Vasil, H. Balthes u.d.T. *Salon Blumenkohl*: B&B; dt., Instrumentation für KammerOrch v. R. Hanell: M u. Bühne, Wiesbaden **Literatur:** s. S. 488

Volker Klotz

Les Bavards
Opéra-bouffe en deux actes

Die Schwätzer
Die Schwätzerin von Saragossa
2 Akte

Text: Nuitter (eigtl. Charles Louis Etienne Truinet), nach dem Zwischenspiel *Los dos habladores* (1624) von Miguel de Cervantes Saavedra in der französischen Übersetzung als *Les Deux bavards* (1862) von Alphonse Royer
Uraufführung: 11. Juli 1862, Kursaaltheater, Bad Ems
Personen: Roland (A oder T); Sarmiento (B); Cristobal, Alkalde (B); Torribio, sein Schreiber (T); Béatrix, Sarmientos Frau (S); Inès, ihre Nichte (S); Pedro, Diener (Spr.); Catalinon, Zigarrenhändler, Torbisco, Barbier, Bernardillo, Mauleseltreiber, und Barocal, Schuster, Gläubiger (4 S). **Chor:** Gläubiger, Nachbarn
Orchester: 2 Fl (2. auch Picc), Ob, 2 Klar, Fg, 2 Hr, 2 Pistons, 3 Pos, Pkn, Schl (Trg, Tambour de basque), Streicher
Aufführung: Dauer ca. 1 Std. – Die von Offenbach autorisierte »Wiener Fassung« (vgl. Abschriften) ist mit vier Hörnern und doppelten Holzbläsern größer besetzt als die hier angegebene nach dem Aufführungsmaterial Chappell.

Entstehung: *Les Bavards* wurde 1862 in Bad Ems als *Bavard et Bavarde* angekündigt und durch die Truppe der Bouffes-Parisiens aufgeführt. Es ist sehr wahrscheinlich, aber wohl nicht mehr aufklärbar, daß noch nicht die definitive und überlieferte Version gespielt wurde, die zur Premiere am Théâtre des Bouffes-Parisiens Paris am 20. Febr. 1863 vorlag, denn in der Besetzungsliste fehlen sowohl die Gläubiger als auch das Kommunalbeamtenpaar Cristobal und Torribio. Wahrscheinlich fehlte auch der Chor, die Partie des Roland war noch nicht mit der Altistin Delphine Ugalde besetzt, sondern mit dem Tenor Potel. Zur deutschsprachigen Erstaufführung am 20. Nov. 1862 im Treumann-Theater Wien (deutsch von Karl Treumann und mit ihm als Roland, Sarmiento: Karl Mathias Rott) wurde eine Version gespielt, die bereits die gesamte Musik der französischen Fassung von 1863 enthält. Sie umfaßte zudem (neben kleinen Varianten und Transpositionen) ein später wieder ausgeschiedenes Couplet der Inès und einen durch Franz Karl Stenzl gering erweiterten Entreakt. Daraus läßt sich schließen, daß Offenbach *Les Bavards* vor der Wiener Premiere, also spätestens im Herbst 1862, vollendet haben muß. Das geht auch aus einem 1991 versteigerten Brief Offenbachs vom 24. Juli 1862 hervor, in dem

er überdies Bote & Bock den bisherigen Exklusivvertrag für Deutschland aufkündigt.
Handlung: In Zaragoza.
I. Akt, eine Straße, rechts das Haus Sarmientos: Die Geschäftsleute Zaragozas machen Jagd auf den verarmten Edelmann Roland, der bei ihnen tief in der Kreide steht. Roland findet Zuflucht vor Sarmientos Haus, dessen Nichte Inès er liebt. Niemand öffnet ihm. Was bleibt ihm übrig, als ein Lied darüber anzustimmen, daß der Mensch nicht ohne Brot und ohne Liebe leben kann. Inès kommt nun doch heraus, denn die Tante ging zum Markt, und Onkel Sarmiento zählt, eine wohlklingende Beschäftigung, die ihn gleichwohl verdrießt, Geld ab, um eine Strafe zu bezahlen: Zeit für ein kurzes Gespräch der Liebenden. Dann kommt der Onkel und schließt Inès ins Haus. Just vor der Haustür begegnet ihm die zurückkehrende Gattin, die mit großem Redeschwall beweist, daß sie wahrhaftig nicht geschwätzig ist. Nach ihr stellt sich der Alkalde ein, um Strafe zu kassieren. Auch er ist nicht auf den Mund gefallen, und daß er in seinem Schreiber ein wahres Echo hat, macht das Zuhören auch nicht erfreulicher. Dritter Intervenient ist Roland. Pekuniäre Verzweiflung macht ihn noch beredter, als er eh schon ist. Wenn Sarmiento 200 Dukaten zahle, weil er einen Nachbarn verwundete, bitte: für eine angemessene Summe verkaufe auch er seine Haut. Die einseitige Unterhaltung setzt sich in einem Duett fort. Als Sarmiento über die Redseligkeit seiner Frau klagt, erbietet sich Roland, sie zum Schweigen zu bringen, indem er sie »überschwätzt«. Hocherfreut nimmt Sarmiento den zungenfertigen Roland mit sich und bewahrt ihn so vor den Gläubigern, die nun ihre Klagen dem Alkalden vortragen. Der organisiert die Jagd auf den Zechpreller, und sein Schreiber findet dazu die meteorologisch passende Parole: »Puh, es ist schwül, fast zum Ersticken!« Kein Wunder, daß Alkalde und Schreiber die Gläubiger auf die Verfolgung schicken und selbst einschlafen. Roland ist derweil von Sarmiento neu eingekleidet worden. Vor dem Haus die Gerichtsbarkeit, im Haus die Geliebte; mit einem »Vivat!« geht er hinein.
II. Akt, eine Terrasse: Béatrix monologisiert über das schwere Los einer Hausfrau. Sarmiento stellt ihr Roland als seinen Vetter vor. Der läßt sie nicht zu Wort kommen. Nur beim Essen verstummt zeitweilig seine Suada, aber gleich darauf stimmt er einen feurigen Toast an, um Inès zu signalisieren, daß er seine Identität ihretwegen verschleiert. Béatrix hat es die Sprache verschlagen, Sarmiento ist glücklich und verkündet, Roland solle sieben Jahre bei ihm bleiben. Aber Roland treibt seine Intrige noch weiter: Gegen die Zustimmung zur Heirat mit Inès verrät er Béatrix sein Komplott mit Sarmiento und ein Mittel, sich dafür zu rächen: Sie solle sich doch einfach stumm stellen. Das bringt Sarmiento vollends aus der Fassung, und Roland wird entschuldet und vermählt.
Kommentar: Die Musik zeigt Offenbach in souveräner Beherrschung seines Metiers. Camille Saint-Saëns (s. Lit.) bezeichnete sie als ein »kleines Kunstwerk, dessen Wiederaufnahme gewiß großen Erfolg hätte«.

Les Bavards; Joachim-Alois Pieczyk als Sarmiento, Karl-Heinz Brandt als Roland, Ulrike Grimm als Béatrix, Maria Ströhmer als Inès; Regie: Thomas Kümmel, Ausstattung: Jana Zalud; Musikhochschule Westfalen-Lippe, Dortmund 1980.

Daß selbst der Schlager des Werks, Rolands Trinklied (aus Nr. 10), mit seiner aparten, bei Offenbach nicht seltenen Verwendung des Leittons als Nichtleitton kompositorisch raffiniert und doch einfach entworfen ist, belegt Georg Knepler (*Karl Kraus liest Offenbach*, S. 240f., s. Lit.). Tatsächlich gehört diese Partitur zu Offenbachs glücklichsten, inspiriertesten. War er von der Situation Rolands inspiriert: in Geldnöten dazu gezwungen sein, andere zu überzeugen? Betrachtete er diese Partitur als einen Schritt hin zur Oper, als Qualifikation für *Die Rheinnixen* (Wien 1864, Text: Alfred von Wolzogen nach Nuitter)? Freilich folgt sie einer ganz andern Stilrichtung. Daß Offenbach sich aller hispanisierenden Effekte enthält, die ihm doch sonst zu Gebote standen, deutet schon darauf hin, daß es ihm eher um eine Erneuerung der italienischen komischen Oper ging als um eine Operette mit historisch-nationalem Lokalkolorit, vor allem durch ein literarisch besseres Libretto. Trotz oder wegen dieses Eklektizismus ergibt sich die Verschmelzung von Opéra-bouffe und Opera buffa wie sonst wohl nur in den frühen Werken Georges Bizets. Wieviel Offenbach von Gioacchino Rossini gelernt hat, zeigt sich hier im Vergleich mit Hector Berlioz, dessen gleichzeitige Opéra-comique *Béatrice et Bénédict* (1862) ja auch einen rhetorischen Wettstreit zwischen Mann und Frau darstellt: Der mimische Impetus des Plapperns wird in *Les Bavards* vielfältiger und zündender variiert, als es die doch hauptsächlich von der Sprache her bestimmte Tradition der Opéra-comique zuließ. – Das Libretto, das einige Passagen wörtlich der Übersetzung Royers entnimmt, vermeidet alle operettenhaft grotesken und parodistischen Züge, ausgenommen die beiden lächerlichen Amtspersonen. Trotz seiner literarischen Herkunft und Qualität tritt es als Bedeutungsebene des Gesamtkunstwerks hinter der Musik zurück, der es beste Gelegenheit zur Entfaltung bietet. Charakteristisch dafür sind auch die für Offenbach ganz ungewöhnlich gewöhnlichen Frauenfiguren: Inès ist geradezu blaß, und Béatrix entspricht dem Typus der schwatzhaften Alten.

Wirkung: Die geistreiche, bis ins Detail fein gearbeitete Partitur paßt nicht recht zum gängigen Offenbach-Klischee, da sie weder Operette noch Oper ist. Zudem ist sie ohne eine überzeugende Besetzung des Roland wirkungslos. Wohl deshalb blieb *Les Bavards* in Frankreich zwar auf den Spielplänen (zunächst von Operettenbühnen wie den Bouffes-Parisiens 1871 und den Menus-Plaisirs 1890), doch gab es nach der Premiere an der Opéra-Comique 1924 (Regie: Albert Carré; Roland: Germaine Gallois, Sarmiento: André Allard) keine großen Serien mehr. Der Buffacharakter bewirkte, daß das Werk auch in Deutschland eine zwar spärliche, aber doch kontinuierliche Pflege fand. Georg Hartmann (1916) erlaubte sich eingreifende Striche und reduzierte so das Stück wieder auf einen Akt mit zwei Bildern (Deutsche Oper, Berlin 1919?). Karl Kraus richtete es sich 1930 in Wien zu einer Vorlesung zum 50. Todestag Offenbachs ein und präsentierte es im selben Jahr auch im Rundfunk (mit Ludwig Donath und Cornelis Bronsgeest). Beide Versionen bedienen sich Treumanns Übersetzung. Eine Neuinszenierung kam 1980 in Dortmund heraus (Dirigent: Werner Seiss).

Autograph: Part, Nr. 11: Hist. Arch. d. Stadt Köln (Slg. Almeida, Nr. 1740); weitere Fragmente verteilt auf mehrere Privatbesitzer u. SB Bln. **Abschriften:** Part, dt. Übers. v. K. Treumann u.d.T. *Die Schwätzerin von Saragossa*: StUB Ffm. (Mus. Hs. Opern 425; einschließlich Auff.-Material); Part, dt.: ÖNB Wien (S. m. 1511). **Ausgaben:** St.: Brandus & Dufour, Paris [1867], Nr. 10664; Kl.A: ebd. [1863], Nr. 10619; Kl.A, frz./dt. Übers. v. K. Treumann: Spina, Wien 1863, Nr. 17634-46, 17876; Kl.A, frz./engl. Übers. v. R. Hess u.d.T. *The Chatterboxes*: Belwin-Mills, NY [1982]; Textb.: Paris, Beck 1863, 1867; Paris, Tresse 1874; Textb. d. Gesänge, dt. v. G. Hartmann: A&S [um 1920]. **Aufführungsmaterial:** Chappell; dt. Einrichtung v. Hartmann: A&S; dt. v. K. Kraus: Kiepenheuer, Bln.; dt. v. J. Heinzelmann u.d.T. *Schwätzer!*: Ed. bouffes, Oberwesel
Literatur: C. SAINT-SAËNS, in: Echo de Paris, 10.12. 1911, dt. in: DERS., Musikalische Reminiszenzen, Wilhelmshaven 1979, S. 199; weitere Lit. s. S. 488

Josef Heinzelmann

Lischen et Fritzchen
Conversation alsacienne en un acte

Lieschen und Fritzchen
1 Akt

Text: Paulin-Louis Boisselot
Uraufführung: 21. Juli 1863, Kursaaltheater, Bad Ems
Personen: Lischen (S); Fritzchen (T)
Orchester: Picc, Fl, Ob, 2 Klar, Fg, 2 Hr, 2 Pistons, Pos, Pkn, Schl (Trg, Glsp), Streicher
Aufführung: Dauer ca. 30 Min. – Orchester nach der Pariser Abschrift.

Entstehung: Die bereits zeitgenössische Anekdote, Offenbach habe den Einakter aufgrund einer Wette in acht Tagen komponiert und einstudiert, ist wohl Reklame und Schutzbehauptung zugleich. Da das Werk für Zulma Bouffar bestimmt war, die in intimen Beziehungen zu Offenbach stand, außerdem als Spezialistin für deutsch-französisches Radebrechen galt (die Rolle der deutschbürtigen Pariserin Gabrielle in *La Vie parisienne*, 1866, wurde deshalb für sie geschrieben), dürfte es sich wohl um eine lange geplante Premiere der Truppe der Bouffes-Parisiens fern von Offenbachs Gattin Herminie handeln. Der Theaterzettel der Uraufführung kündigt das Stück als *Lischen & Fritzchen* an und nennt einen P. Dubois als Librettisten; möglicherweise stammt das Textbuch von Offenbach und Bouffar.
Handlung: An einer Straßenecke, links eine Weinschenke mit einem Tisch davor, rechts eine kleine Steinbank: Fritzchen hat seine Stellung verloren, weil er als Elsässer mit seinem ungenügenden Französisch seinen Herrn blamiert hat. Lischen hat keinen einzigen Besen verkaufen können, so musikalisch sie auch ihre »b'dits palais« (statt »petits balais«) anpreist. Die beiden gewinnen Gefallen aneinander. Nachdem Lischen erst meinte, der Fremde wolle ihr schlechtes Französisch nachäffen, entdecken sie zu ihrer Freude, daß sie Landsleute, und zu Fritzchens Bedauern auch, daß sie seit langem getrennte Geschwister sind. Fritzchen, der Lischen nun nicht mehr heiraten kann, ist darob so betrübt, daß er die gemeinsame Heimreise absagen will. Beim Abschied muß er der leseunkundigen Schwester noch einen Brief des Vaters vorbuchstabieren: Lischen ist nur ein Pflegekind! Keine Blutsverwandtschaft! Mit welcher Freude werden die beiden Liebesleute in ihr Elsaß zurückkehren!
Kommentar: Das Nichts von Handlung dieses musikalischen Sketchs erinnert an die komischen Salonduette der ersten Pariser Jahre Offenbachs und seine frühen Einakter. Die scheinbar ganz einfachen Formen der nur fünf Nummern neben der Ouvertüre verbergen ihre gar nicht simple Bogenarchitektur, die sich hinter der Wiederkehr der selbst für Offenbach ungewöhnlich schlagkräftigen Melodien verbirgt. Daß Fritzchen als komische Figur angelegt ist, beweist die Häufung übertriebener Seufzermotive in seinem Auftrittslied ebenso wie die Besetzung mit dem Komiker Désiré bei der Pariser Premiere in den Bouffes-Parisiens im Jan. 1864. Wie so oft bei Offenbach ist die Partnerin minder larmoyant: Lischens Auftrittslied wirkt frischer, ihren Mißerfolg beschreibt sie ohne Klagen. Einfach ist ihre Fabel von der Stadtmaus und der Feldmaus gehalten, die freilich nicht Offenbachs *Six fables de Lafontaine* (1842) entnommen ist, wie Anton Henseler meint, obwohl es auch dort eine Nummer »Le Rat de ville et le rat des champs« auf Jean de La Fontaines Originaltext (1668) gibt. – Wenn Lischen als Besenverkäuferin auftritt, erinnert das an die alte Vorliebe der Opéra-comique, bestimmte Berufsstände auf die Bühne zu bringen, und Elsässer sind wie etwa Savoyarden typische Vertreter einer fest umrissenen, ein wenig pittoresken Herkunft. Die komischen Effekte eines elsässisch gefärbten Französisch hatte bereits Hervé in seiner einaktigen Bouffonnerie *La Perle de l'Alsace* (Paris

1854) ausgewertet, wo Julie gleichfalls Besenverkäuferin ist und am Ende ihren Friedrich bekommt. Schon die Diminutiva bei den Personennamen zeigen, daß Offenbach es durchaus gemütlich meint. Die Betulichkeit endet freilich, wenn Lischen und Fritzchen in ihr zündendes Schnaderhüpferl »Je suis alsacienne – je suis alsacien« (Nr. 3) ausbrechen. Hier sprengt Offenbach die Liebenswürdigkeit seiner Vorbilder, und es ereignet sich der »anarchische Überschwang«, jener »holde Irrsinn der Gattung«, von dem Karl Kraus als kennzeichnendes Merkmal der Offenbachiade und überhaupt guter Operette schlechthin spricht: Nur in der Ausgelassenheit, im Übermut, im Über-die-Stränge-Schlagen können sich einfache Figuren selbst verwirklichen. Dabei darf man freilich nicht vergessen, daß Offenbach nicht für ein Publikum von einfachen Leuten schrieb, im Gegenteil: Die Uraufführung fand in Bad Ems statt, wo die Crème de la crème der europäischen Gesellschaft Unterhaltung (nicht zuletzt beim Glücksspiel) suchte.

Wirkung: Partner Bouffars in der Uraufführung war Jean-Paul, in der Premiere an den Bouffes-Parisiens im Jan. 1864 Désiré. Die deutsche Übersetzung von Poly Henrion *(Französische Schwaben)* für die Premiere am Carl-Theater Wien im April 1864 (oder erst 27. Juni 1868?) setzt geschickt auf den Effekt eines pittoresken Schwäbisch, was die idyllischen und singspielhaften Züge noch verstärkte, zumal in einer Blütezeit der »Dorfgeschichten« von Berthold Auerbach und seinen Epigonen. Nicht nur der Mangel dialektgewohnter Sänger, sondern auch das allgemeine Desinteresse am nur gefällig unterhaltenden überlieferten Repertoire hat *Lischen et Fritzchen* nach wenigen Erfolgsjahren von den Spielplänen verschwinden lassen. Bei einer Aufführung in Metz 1991 (mit Elisabeth Conquet und Alain Pâris) schuf der Dirigent Pierre Merle Portalès eine stark reduzierte Orchesterbearbeitung. Offenbach plante übrigens zusammen mit Nuitter für die Emser Saison 1866 eine Fortsetzung: *Le Mariage de Lischen et Fritzchen* (Librettomanuskript in der Bibliothèque de l'Opéra, Paris, Fonds Nuitter, Nr. 160).

Autograph: Privatbesitz. **Abschriften:** Part (orchestriert v. J. Mauran): Bibl. de l'Opéra Paris (Rés. 2270 [3]); Part, dt. Übers. als »komische Operette« u.d.T. *Lieschen und Fritzchen*: Privatbesitz; LOC Washington. **Ausgaben:** Part, dt. als »musikalisches Genrebild« u.d.T. *Fritzchen und Lieschen*: Selbst-Vlg. [um 1864; 138 S.; Schneider, Tutzing]; Kl.A v. V. Boullard: Brandus & Dufour, Paris [1864], Nr. 10701 [52 S.], Nachdr.: Joubert, Paris [um 1890]; Brandus & Dufour, Paris [1869], Nr. 11526 [58 S.]; Kl.A, frz./dt.: B&B [1864?], [1905], Nr. 15785; Kl.A, dt., hrsg. G. R. Kruse u.d.T. *Fritzchen und Lieschen*: Reclam, Lpz. [1925; 55 S.]; Kl.A, engl. Übers. v. W. Guernsey: London [1870]; Textb. als »saynète en un acte«: Paris, Lévy 1864, Nachdr. 1925; Textb., dt. v. P. Henrion u.d.T. *Fritzchen und Lieschen oder Französische Schwaben*, hrsg. G. R. Kruse: Lpz., Reclam [um 1918], Nr. 5344 (Opernbücher. 67.). **Aufführungsmaterial:** Chappell; ORTF, Paris; B&B; dt. v. J. Heinzelmann: Ed. bouffes, Oberwesel
Literatur: J. Heinzelmann, O.-Irrtümer, in: ÖMZ 35:1980, S. 356–370; weitere Lit. s. S. 488

Josef Heinzelmann

Les Géorgiennes
Opéra-bouffe en trois actes

Die Georgierinnen
3 Akte

Text: Jules Moinaux (eigtl. Joseph-Désiré Moineaux)
Uraufführung: 16. März 1864, Théâtre des Bouffes-Parisiens, Salle Choiseul, Paris
Personen: der Rhododendron-Pascha (T oder B); Jol-Hiddin, Sergeant, Férozas Mann (T); Boboli, ein türkischer Sultan (T oder B); Caporal Poterno, Nanis Mann (T oder B); Cocobo, Sklave Bobolis (B); Féroza (S oder Mez); Nani (S); Alita (S); Zada (S); Mileva (S); Nadji (S); Zora (S); Mélano (S); Mirza (S); Fatimé (S); Varvara (B); Tabako (B); 2 Trommler; 2 Trompeter; Nourika (S); Zétulbé, Trompeterin (S); MännerR: Altoka, Belanghar, Kazako, Astrakan. **Chor:** Frauen und Männer von Djégani, Sklaven des Rhododendron-Paschas, Krüppel, Soldaten, Zigeuner
Orchester: 2 Fl (2. auch Picc), Ob, 2 Klar, Fg, 2 Hr, 2 Pistons, Pos, Pkn, Schl, Streicher
Aufführung: Dauer ca. 2 Std.

Entstehung: Die weibliche Hauptrolle seiner sechsten abendfüllenden Operette bestimmte Offenbach für Mme. Saint-Urbain vom Théâtre-Italien. Als sie erkrankte, übernahm Delphine Ugalde die Partie nach fünf Aufführungen. Daraus erklären sich wohl die Alternativnoten in der Partie der Féroza. Für die Wiener Premiere am 5. Okt. 1864 im Carl-Theater fügte Offenbach eine große Ouvertüre, ein Duett und einen Marsch hinzu.
Handlung: In der Stadt Djégani, Georgien.
I. Akt, ein Weinberg: Die Frauen unterbrechen die Weinlese, als der ebenso reiche wie unfaßbar faule Boboli erscheint, der sich kaum aus seinem Palankin bewegen will. Er kam mit seinem Sklaven Cocobo hierher, weil er die junge Nani anhimmelt, genau zur rechten Zeit, um bei der über einen Brief ihres Manns empörten Féroza eine noch größere Empörung auszulösen. Die 150 Männer von Djégani, las sie, hätten gegen den 32 Mann starken Feind eine totale Schlappe erlitten. Boboli behauptet, es habe weder eine Schlacht noch eine Feindberührung gegeben. Die Frauen wollen sich nun selbst bewaffnen, die Männer beschämen und den Feind vertreiben, von dem niemand Näheres weiß. Boboli läßt sich von Cocobo für seine List, die Männer anzuschwärzen, beglückwünschen. Ein schrecklich gewandetes Wesen stellt sich als der Pascha Rhododendron vor. Sein Harem ist ihm zu alt geworden, darum kam er mit 32 Sklaven, um sich die schöneren Weiber von Georgien zu erobern. Freilich sind auch seine Sklaven vor dem Kampf geflüchtet, und daher kam er inkognito, um an die Weiber heranzukommen. Für die Männer von Djégani war schon viel zuviel Krieg. Und jetzt dieser Entschluß ihrer Frauen, die, wie Nani versichert, Mordsspaß am Soldatspielen haben! Jol-Hiddin erfindet eine Gegenlist: Während die Frauen den verkleideten Rhododendron und Boboli in ihre Dienste nehmen und die

Machtergreifung feiern, kehren nun die Männer als »kriegsversehrte Helden« heim. Sie werden ins Lazarett gesteckt, und die Frauen schwören Rache.
II. Akt, ein Zelt bei der Ambulanz: Jol-Hiddin und Poterno verwünschen ihre Krücken, Hörgeräte, Silbernasen. Und Boboli behandelt sie nach der Kneippmethode! Rhododendron kommt in einer fulminanten Verkleidung als Tambourmajor mit weiblichen Musikern. Féroza führt ein strenges Regiment, doch Nani besteht darauf, zwischen den Schlachten ab und zu ihrem kleinen Kind die Suppe kochen zu dürfen. Féroza erfährt durch Boboli, daß die Männer ihre Verwundungen nur simulieren. Jol-Hiddin verrät sich nicht, auch als Féroza Harnisch und Kettenpanzer ablegt und ihn dadurch arg erregt. Rhododendron indessen wird entlarvt. (In der deutschen Bearbeitung für Wien 1864 verspricht dann Nani ihrem Poterno, nachdem sie ihn durchschaut und bestraft hat, sie werde ihn in der Nacht befreien.)
III. Akt, Innenseite eines verrammelten Stadttors: Boboli hat die Frauen mit einem Schlafmittel dienstunfähig gemacht und sich des Stadtschlüssels bemächtigt. Er läßt Rhododendron hinaus, der ihm für diesen Dienst nicht einmal die hübsche Nani als Erfolgshonorar abtreten will. Boboli plant Rache. Nani hat, wie die andern Frauen, ihrem Gemahl in der Nacht heimlich die Flucht ermöglicht. Féroza fordert ihre Frauen zum Schwur: »Nieder mit den Männern!« Strammer denn je wird exerziert. Die Wache meldet die Ankunft tarantellatanzender Zigeunerinnen; wieder ist es der verkleidete Rhododendron. Doch anstelle der Rhododendrischen Sklaven läßt Boboli die Männer von Djégani in gleicher Verkleidung herein. Sie entwaffnen ihre Frauen und auch Rhododendron. Der häusliche Friede ist wiederhergestellt, Frauen und Männer schwören einander, die Waffen niederzulegen.
Kommentar: Die Hauptfiguren sind derart blaß gezeichnet, daß die Intrige kaum verständlich wird. Auf sie kommt es auch gar nicht an: Wesentlich ist die Bühnenwirksamkeit der komischen Männerrollen, die denn auch in ihren ersten Besetzungen geradezu legendär wurden: In Paris waren dies Etienne Pradeau, Désiré, Léonce und Jean-Paul, in Wien Karl Treumann, Karl Fink, Albert Telek und Josef Matras. Die weiblichen Hauptrollen Féroza und Nani (in Paris: Ugalde und Zulma Bouffar) sind minder komisch. Daß die Frauen trotz ihrer Machtergreifung am Ende gern scheitern, wirkt nicht komisch, sondern als Bestätigung gesellschaftlicher Ordnung. Vor allem wirken sie durch körperliche Reize, etwa im Verführungsduett, das dem Zensor zuliebe zwischen Ehegatten spielt, und vor allem in der paradehaft zur Schau gestellten Multiplikation, die (unter dem Schein des Orients ist alles möglich und außerdem aparter kostümiert) weit über den bekannten Topos »Mädchen in Uniform« hinausgeht. Von den zündenden Chören ist denn auch die Weibermarseillaise (»A bas les hommes«, III/15) musikalisch am schlagkräftigsten. Auch die komischen Couplets des Rhododendron-Paschas prägen sich stärker ein als die ausgearbeiteten und gerühmten Ensembles. Hier zeigt sich deutlich, daß Offenbach das Genre verändern mußte, um es musikalisch aufwerten zu können. Im Rahmen der Bouffes-Parisiens war dies nicht möglich, so daß es offenbleiben kann, ob das in den Monaten nach der Premiere eingetretene Zerwürfnis zwischen einer nochmals geänderten Theaterleitung und dem Komponisten, der der erste Direktor des Hauses gewesen sein sollte, nur äußere Gründe hatte. Der Boden für die neue, gewiß ideale Form der Offenbachiade, wie sie anschließend für das Théâtre des Variétés entstand, war jedenfalls bereitet, denn in einer gewissen Weise verrät *Les Géorgiennes* bereits eine Abkehr von den abendfüllenden »Bouffes«-Bouffonnerien: Es gibt keine bewußt unlogischen Umschwünge und Überraschungen mehr, freilich unter der gefährlichen Prämisse, daß die Handlung insgesamt unwichtig wird. Wenn am Ende die karnevaleske »mondo alla rovescia« wieder ins ganz normale Lot kommt, kann sich auch das Publikum in seine hergebrachte Denkweise zurückgeben. Die zeitweilige Umkehrung von männlicher Tapferkeit und weiblicher Ergebenheit hat keinen kritischen, schon gar nicht einen revolutionierenden Impetus. Es handelt sich nicht um ein antimilitaristisches oder frauenrechtlerisches Tendenzstück, nur um eine amilitaristische, falsche Ansprüche entlarvende Posse. Die in den abendfüllenden Bouffonnerien immer vorhandenen revueartigen Elemente werden systematisiert, eben auf die Zurschaustellung weiblicher Leiber, freilich ohne allzu plumpe sexuelle Direktheit.
Wirkung: Natürlich kann man *Les Géorgiennes* als einen Vorläufer der großen Girl-shows sehen; dies würde aber dem Stück nicht gerecht werden. Bis etwa zum Erscheinen der Ziegfeld-Girls war es übrigens längst vergessen, obwohl es einen sehr großen Premierenerfolg hatte. Mit *La Belle Hélène* (1864) oder der Boulotte in *Barbe-Bleue* (1866) schufen Offenbach, Henri Meilhac und Ludovic Halévy subversive Frauenfiguren von größerer Stringenz und Leuchtkraft als etwa Féroza und die Georgierinnen insgesamt. Daß Offenbach mit Bertin einen nicht sonderlich erfolgreichen Verlag wählte, mag zusätzlich zum Vergessen des Stücks beigetragen haben. Die Wirkung dieses in Offenbachs Œuvre eigentlich folgenlosen Werks innerhalb der Operettengeschichte war gleichwohl erheblich: Es wurde zum Vorbild von Strauß' erster Operette, *Indigo und die vierzig Räuber* (1871). Die bei Offenbach damals bereits überholte Dramaturgie wurde in Wien freilich nicht in jene »klassische« Richtung weiterentwickelt, die Meilhac und Halévy für Offenbach prägten.

Autograph: Pierpont Morgan Libr. NY (Koch 506); Skizzen: verteilt auf 2 Privatbesitzer. **Abschriften:** Part, dt., 2 Bde., u.d.T. *Die schönen Frauen von Georgien* (um 1865): Arch. d. Gärtnerplatztheaters München. **Ausgaben:** Kl.A: Bertin, Paris [1864], Nr. 208; Kl.A, frz./dt.: Spina, Wien [um 1864]; Kl.A, dt. Bearb. v. I. Schafheitlin, H. Gauer, K. Seibel: B&B 1962, Nr. 21762; Textb.: Paris, Lemerre/Bertin 1864; Textb., frz./engl.: NY, Metropolitan 1870; Textb., port.: Lissabon, Victoria 1868. **Aufführungsmaterial:** Salabert; Bearb. Schafheitlin/Gauer/Seibel: B&B
Literatur: s. S. 488

Josef Heinzelmann

Tafel 14

Tafel 14

oben

Jacques Offenbach, *Orphée aux enfers*, 2. Fassung (1874); Eve Lavallière als Cupidon und Albert Brasseur als Aristée/Pluton; Théâtre des Variétés, Paris 1903.

unten

Jacques Offenbach, *Les Brigands* (1869); Anna Tariol-Baugé als Fiorella und Amélie Diéterle als Herzog von Mantua; Théâtre des Variétés, Paris 1900.

Die von Offenbach nach 1870 selbst begründete Aufführungstradition seiner Operetten als Ausstattungs- und Massenspektakel kulminierte um die Jahrhundertwende in einigen Inszenierungen des Pariser Théâtre des Variétés. So ließ der Regisseur von *Orphée aux enfers*, Fernand Samuel, für 300 Darsteller 470 Kostüme anfertigen. Allein für das Finale waren 270 Mitwirkende, davon 80 Choristen, aufgeboten.

Le Fifre enchanté ou Le Soldat magicien
Opérette-bouffe en un acte

Die Zauberpfeife oder Der Soldat als Zauberer
Der Regimentszauberer
1 Akt

Text: Nuitter (eigtl. Charles Louis Etienne Truinet) und Etienne Victor Tréfeu de Tréval, nach dem Libretto von Louis Anseaume zu der Opéra-comique *Le Soldat magicien* (Paris 1760) von François André Philidor
Uraufführung: 1. Fassung als *Le Soldat magicien*: 12. Juli 1864, Kursaaltheater, Bad Ems; 2. Fassung: 30. Sept. 1868, Théâtre des Bouffes-Parisiens, Salle Choiseul, Paris (hier behandelt)
Personen: Monsieur Robin, Bürger (T); Maître Popelinet, Advokat (Bar); Rigobert, Pfeifer des Royal-Berry-Regiments (S); Madame Robin (A); Coraline, Hausmädchen bei den Robins (S); ein Kellner (Spr.).
Chor: Regimentspfeifer (8 Sängerinnen)
Orchester: Picc, Fl, Ob, 2 Klar, Fg, 2 Hr, 2 Trp, Pos, Pkn, Schl (kl.Tr, Trg), Streicher
Aufführung: Dauer ca. 1 Std. – Orchester nach dem Aufführungsmaterial Heugel.

Entstehung: 1863 hatte Offenbach die Einakter *Il Signor Fagotto* (11. Juli; Text: Nuitter und Tréfeu) und *Lischen et Fritzchen* für das Kursaaltheater Bad Ems bestimmt. *Le Soldat magicien* kam nun als erste Operette nach seinem Bruch mit den Bouffes-Parisiens dort heraus, nur eine Woche später folgte *Jeanne qui pleure et Jean qui rit* (19. Juli; Hector Crémieux und Philippe Emile François Gille), in der folgenden Saison 1865 noch der zweiaktige *Coscoletto* (11. Juli; Nuitter und Tréfeu). Mehrere im Stadtarchiv Köln erhaltene Briefe Offenbachs unter anderm an Nuitter bezeugen die sich bis unmittelbar vor die Uraufführung erstreckende Arbeit am Libretto und an den Musiknummern. Mit Rücksicht auf die begrenzten räumlichen und technischen Möglichkeiten des Kursaaltheaters mußte er sich auf wenige Sänger und ein kleines Orchester beschränken. Der Bruch mit den Bouffes-Parisiens verhinderte zunächst auch eine Premiere in Paris, so daß das Stück fast vier Jahre ruhte, ehe es, nach einer Wiederaufnahme als *Le Fifre enchanté ou Le Soldat magicien* in Ems am 15. Juli 1868, schließlich doch an den Bouffes-Parisiens aufgeführt wurde. Für diese Premiere formte Offenbach den Anfang der Nr. 4 durch das Hinzuziehen eines kleinen zweistimmigen Chors von Regimentspfeifern um und ergänzte das Finale um die Colla-parte-Beteiligung des Chors.
Handlung: Im bürgerlichen Salon des Hauses Robin, 17. Jahrhundert: Coraline erwartet mit dem Einmarsch der schon aus der Ferne zu hörenden Regimentspfeifer ihren Geliebten Rigobert zurück. Während sie von ihrem Schatz und seinem bezaubernden Flötenspiel schwärmt, kommt Advokat Popelinet, der leidenschaftliche Verehrer von Madame Robin, der noch nicht die rechte Erhörung fand. Er übergibt Coraline einen neuerlichen Liebesbrief an die Hausherrin und kann sich gerade noch entfernen, als das Ehepaar Robin erscheint, wieder einmal im Ehekrach vereint. Robin verläßt das Haus unter einem Vorwand, um heimlich auf amourösen Seitenpfaden zu wandeln. Kaum hat sich auch seine hierüber unterrichtete Gattin entfernt, da tritt Rigobert im Kreis seiner Mitpfeifer in die gute Stube. Aber aus dem erhofften Rendezvous mit Coraline wird nichts, denn Madame kehrt zurück; Coraline kann Rigobert und seine Freunde eben rechtzeitig in ein Nebenzimmer schieben. Madame hat beschlossen, die Scheidung einzureichen, und den Advokaten herbestellt. Ihr Billett nennt jedoch keinen Grund für die Einladung; so glaubt Popelinet sich endlich erhört, stimmt ein Madrigal an und hat sogar einen Kellner mitgebracht, der ein Festmahl auf den Tisch zaubert. Madame kann zwar den Sinn dieses Mahls nicht ausmachen, schlägt aber die Einladung nicht aus. Eben wollen Popelinet und Madame mit dem Essen beginnen, da hören sie den Hausherrn unerwartet früh vom geplatzten Liebesabenteuer heimkehren. Der gedeckte Tisch verschwindet hinter dem Paravent, der Advokat im zweiten Nebenzimmer, Madame und Coraline eilen davon, um mit Kerzen und scheinbar schlaftrunken Robin entgegenzutreten. Der hungrige Robin glaubt Trüffeln zu riechen, was seinen Appetit noch verstärkt. Die beiden Frauen beteuern jedoch, nichts Eßbares mehr im Haus zu haben. Da setzt sich Rigobert in Szene, der alles belauscht hat. Er erklärt zum Erschrecken und Erstaunen der Anwesenden, er könne mit seiner »Zauberflöte« das gerochene Essen herbeipfeifen. Gesagt, getan: Außer dem Souper tauchen nacheinander auch Popelinet und der Kellner auf, der sogleich einen Punsch serviert. Der Hausherr bewundert den Künstler, die andern müssen fein schweigen. Anstelle der Scheidung bringt das festliche Mahl die Versöhnung der Robins und ein Lieto fine.
Kommentar: Obwohl es sich um ein kleines, dabei in der für Offenbach typischen Eile geschriebenes Werk handelt, erweist es sich als konzis durchgearbeitet und mit einigen genialen Einfällen ausgestattet. Der auffallend langen Ouvertüre folgen acht Musiknummern, die in ihrer Differenziertheit und Architektonik als Beispiel einer subtil ausbalancierten Kammeroperette gelten können. An der Stelle des lyrischen Höhepunkts, bei Offenbach häufig eine Briefarie, steht hier Popelinets »Madrigal du bouquet« (Nr. 5), der besungene Blumenstrauß als Liebesbotschaft. Dramatischer Höhepunkt ist die Trüffelszene; damit sie auch zum musikalischen Höhepunkt werden kann, zum »Quintette de la truffe« (Nr. 6), müssen die versteckten Popelinet und Rigobert ihre Nasen durch kleine Fensterchen in den Salon stecken. Das »Herbeischnüffeln« der Delikatesse geschieht mit dem gleichen Motiv, mit dem Rigobert den gedeckten Tisch später durch seine »Zauberflöte« hervorholen. Offenbach entwickelt dies Flötenmotiv im Lauf zweier Musiknummern zu jenem Skalenmotiv über einen Quintraum, wie es Papageno auf seiner Panflöte in Mozarts *Zauberflöte* (1791) hervorbringt; auch

die Satzstruktur ist der Mozarts ähnlich. Die humoristische Anspielung auf die »flûte enchanté« ist von Nuitter gezielt gesetzt, der sich davon einen Werbeeffekt für das Stück versprach und zugleich die Tatsache verschleierte, daß er ein altes Sujet der Opéra-comique leicht abgewandelt wiederverwendet hatte. Die Anspielung auf die *Zauberflöte* könnte für Nuitter auch deshalb nahegelegen haben, weil er gemeinsam mit Louis-Alexandre Beaume eine französische Übersetzung der Oper angefertigt hatte, die 1865 im Théâtre-Lyrique Paris herausgekommen war.

Wirkung: Die Bad Emser Uraufführung verbuchte einen spontanen Erfolg: »Die Ouverture war von großer Wirkung, einzelne Stücke von blendendem Erfolg; sie gehört zu den gelungensten Dichtungen Offenbachs. Die reiche, lebensfrohe Zopfzeit bildet den Hintergrund; die Zeichnung der einzelnen Personen ist mit großer Charakteristik durchgeführt« (*Leipziger Illustrierte*, Aug. 1864, zitiert bei Hans Roth, S. 70, s. Lit.). Am 4. Febr. 1865 kam das Werk als *Der Regimentszauberer* am Carl-Theater Wien zur deutschsprachigen Erstaufführung, zur englischen als *The Magic Fife* 1873 am Gaiety Theatre London. Den Titel *Die kleine Zauberflöte* erhielt die Operette wohl erst in der Bearbeitung durch Renato Mordo (1922). Mordos Version lag auch der musikalischen Bearbeitung (für zwölf Musiker) von Manfred Schandert für die Opera stabile der Staatsoper Hamburg 1978 (mit Elisabeth Steiner, Peter Haage, Franz Grundheber) zugrunde.

Autograph: verteilt auf mehrere Privatbesitzer; Finale (ausführlichere Frühfassung): Pierpont Morgan Libr. NY (Koch Coll.). **Ausgaben:** St.: Gérard, Paris [um 1868]; Kl.A v. H. Salomon: ebd. [1868], Nr. C. M. 10.917; Kl.A, frz./dt. u.d.T. *Der Regimentszauberer*: B&B [1869?], Nr. 6000; Kl.A, dt. u.d.T. *Der Regimentszauberer*: B&B [1902], Nr. 15.448; Textb. [nennt als Librettisten fälschlich Clairville] u. Textb. d. Gesänge, dt.: B&B 1869. **Aufführungsmaterial:** Heugel; dt.: B&B **Literatur:** M. SCHANDERT, Ein wenig Alsterpavillon. Zum mus. Entstehen d. Hbg. O.-Fassung, in: Jb. d. Hbg. Staatsoper 1977/78, Hbg. 1978, S. 224–230; weitere Lit. s. S. 488

Christoph Dohr

La Belle Hélène
Opéra-bouffe en trois actes

Die schöne Helena
3 Akte

Text: Henri Meilhac und Ludovic Halévy
Uraufführung: 17. Dez. 1864, Théâtre des Variétés, Paris
Personen: Paris, Sohn des Königs Priamus (T); Ménélas/Menelaos, König von Sparta (T); Agamemnon, König der Könige (Bar); Calchas/Kalchas, Großaugur des Jupiter (B); Achille/Achill, König von Phtiotis (T); Ajax I., König von Salamis (T); Ajax II., König von Lokris (T); Philocome, Diener Calchas', Donnerfachmann; Euthyclès, Schmied; Hélène/Helena, Königin von Sparta (S); Oreste/Orest, Sohn Agamemnons (S oder T); Bacchis, Zofe Hélènes (S); Parthœnis und Lœena, Hetären (2 S); 2 junge Mädchen (2 S).
Chor: Soldaten, Sklaven, Volk, Prinzen, Prinzessinnen, Klagejungfrauen des Adonis, Dienerinnen Hélènes
Orchester: 2 Fl (2. auch Picc), 2 Ob, 2 Klar, 2 Fg, 4 Hr, 2 Pistons, 3 Pos, Pkn, Schl (Tambour de basque, gr.Tr, Trg), Streicher
Aufführung: Dauer ca. 3 Std. – Orchester nach dem Klavierauszug 1864.

Entstehung: *La Belle Hélène* wurde konzipiert, um den großen Erfolg von *Orphée aux enfers* (1858) zu wiederholen. Offenbach war während der Arbeit an der Komposition viel unterwegs (Bad Ems, Wien usw.), so daß ein reger Briefwechsel mit den beiden Librettisten die Folge war. Die Briefe dokumentieren, wieviel Einfluß der theaterkundige Musikdramatiker Offenbach auf die Ausformung der Szenen und Dialoge nahm, wie sehr er auch von der Qualität des neuen Werks überzeugt war. Die Premiere kam im Variétés zustande, da Hortense Schneider, die erste Hélène, hier aufzutreten bereit war; Offenbach hatte sie für diese ihre wohl an Esprit reichste Rolle aus einem vorzeitig und aus Trotz gewählten Ruhestand zurückgeholt. Obwohl sich die Vorbereitung wegen Offenbachs erheblicher und teurer Ansprüche an die Dekoration, wegen der streitbaren Eifersucht zwischen den Diven Schneider und Léa Silly (Oreste) schwierig gestaltete, setzte er durch, daß fast täglich im *Figaro* jubelnd über die Produktion und die Komposition berichtet wurde. Mit dem Herausgeber Hippolyte Cartier de Villemessant und dem Feuilletonredakteur war er befreundet, und er verfaßte etliche der Reklamesprüche selbst. Ein drohender Einspruch des Zensors gegen die Figur des korrupten Priesters Calchas wurde von Offenbachs Gönner, dem Herzog von Morny, rechtzeitig abgewehrt. Im Umkreis des Herzogs, beim Corps législatif, arbeitete auch Halévy als hoher Beamter. Die Zeit- und Gesellschaftskritik in der *Belle Hélène* rührt offensichtlich aus der besonders intimen Kenntnis der Verhältnisse her, über die Halévy verfügte.

Handlung: I. Akt, »Das Orakel«, vor dem Jupitertempel im antiken Sparta: Der Oberpriester Calchas ist unzufrieden mit den spärlichen Gaben, die ein anbetender Chor soeben gebracht hat. Da schleppt der Schmied die ausgebesserte Donnermaschine herbei. Sie wird dringlich gebraucht, um die Phantasie der Leute zu beflügeln, denn die Götter sind nicht mehr sehr gefürchtet. Nur Venus wird noch inbrünstig verehrt, so von Hélène, die in ihrer Anrufung beklagt, daß das Feuer der Leidenschaft in den Menschen erloschen sei. Dann erläutert sie Calchas ihre Frustration: Als Tochter Jupiters, der als Vogel ihre Mutter Leda beehrt hat, sei sie mit leichtem Sinn geboren; lieber wäre sie eine friedliche Bürgersfrau an der Seite eines tüchtigen Kaufmanns denn Gemahlin des Königs Ménélas. Dann aber erklärt sie in der Pose erhabener Erwähltheit, auf ihr ruhe die Hand des Schick-

sals. Gern ruft sie dies Schicksal an, da sich auf diese Instanz die Schuld an allen Affären abschieben, von ihr aber auch allerlei erwarten läßt. Sie habe etwa vom Urteil des trojanischen Prinzen Paris gehört, der bei einem Schönheitswettbewerb dreier Göttinnen Venus auserkoren und dafür die schönste Frau versprochen bekommen habe. Mit diesem Preis könne doch nur sie, Hélène, gemeint sein. Oreste, der Sohn des Griechenkönigs Agamemnon, kommt angeheitert und in Begleitung der Kokotten Parthœnis und Lœna von der nächtlichen Ausschweifung. Der Lotterbube verjubelt das Geld seines Papas, den das aber nicht zu stören brauche, so meint Oreste frech und scharfsichtig, denn das Volk von Griechenland werde es ihm schon wieder erstatten (müssen). Die Jeunesse dorée ist vom Rausch eines Cancans entzückt und bedrängt ungeniert den verführbaren Calchas. Der gesteht angesichts solcher Verlockung gern, er wäre lieber ein Homme de plaisir geworden. Paris tritt als Schäfer auf. Dies ist zwar mythologisch korrekt, denn er ist Hirte gewesen, als ihn die Göttinnen zum Juror gewählt haben, doch zugleich handelt es sich um die geradezu dandyhaft untertreibende Camouflage eines listigen und recht arroganten Hochwohlgeborenen. Calchas soll Paris' Begehren nach Hélène zu Willen sein und den störenden Ehemann Ménélas entfernen. Eine Taube mit einem entsprechenden Brief, einem Ukas von Venus, fliegt hernieder. Paris erzählt endlich geschmeichelt-kokett in der blasierten Haltung eines verwöhnten Manns von der Konkurrenz der Göttinnen und seiner Entscheidung auf dem Berg Ida. Paris und Hélène sehen und gefallen einander prompt. Ihre gegenseitige Neigung wächst zusehends während der folgenden öffentlichen Zeremonie, obwohl diese eine vertrauliche Begegnung, eine Liebesszene verhindert. In ironisch-pompösem Triumphmarsch ziehen die altgriechischen Helden und Könige auf und stellen sich dem Publikum vor. Da sind die beiden martialischen Ajaxe und »bouillant« Achille als tumbe Kämpfer, Ménélas als zittriger Gemahl Hélènes und der aufgeblasene Agamemnon. In einem Rätselspiel, bei dem unter anderm das anachronistische Stichwort »Lokomotive« geraten werden muß, gewinnt der gewitzte Schäfer Paris. Als er die Empörung wahrnimmt, die der Intelligenz eines Hirten gilt, enthüllt er seine wahre Identität als Gentilhomme. Das Staunen über den »homme à la pomme« (in Anspielung auf den Apfel, den Paris Venus überreicht hat) will von Hélènes feierlicher Koloratur, der schon ein platteres Jodeln folgt, in allgemeine Lustbarkeit übergehen, als Calchas unter dem Getöse der reparierten Donnermaschine von der Höhe des Tempels ankündigt, Jupiter wünsche, daß Ménélas sogleich nach Kreta fahre. Mit der Erfindung dieses absurden Reisebefehls dient Calchas Paris' Intrige. Ménélas ist verblüfft und zögert, wird aber durch chorische Vehemenz, an der sich Paris und Hélène entzückt beteiligen, regelrecht von der Bühne gejagt.
II. Akt, »Das Gänsespiel«, offene Säulenhalle in Ménélas' Haus: Hélène läßt sich in ein karges Gewand hüllen, um sich bis zur Rückkehr ihres Gatten vor jeder Versuchung zu schützen. In einer Anrufung der Venus offenbart sie allerdings, wie wenig sie selbst daran glaubt, mit solchen Maßnahmen ihre Leidenschaft eindämmen zu können. Was hilft es zu widerstreben, wenn der Olymp ihren Fall beschlossen hat? In einem pointenreichen Liebesdialog voller Pausen und falscher Ehrsamkeitsbeteuerungen wehrt sie anschließend dennoch den drängenden Paris ab, der nun des einmonatigen Werbens überdrüssig ist (so lange ist Ménélas schon weg) und es mit List zu wagen verspricht. Die Könige marschieren wieder einmal lärmend auf. Beim Gänsespiel erweist sich Calchas als habgierig, aber auch als ungeschickt. Die Könige ziehen wieder ab, um zu tafeln, und Hélène will sich schlafen legen. Ihre Bitte um einen schönen Traum will Calchas gern den Göttern weiterleiten. Denn er weiß, wer der Sklave ist, der nun im Dämmer zum Bett der ruhenden Hélène tritt: der zum zweitenmal verkleidete Paris. Er weckt Hélène und beteuert, seine Erscheinung sei nur ein Traum. Sie läßt es sich gern gefallen, denn im »Traum« darf sie auch fragen, ob sie so schön sei wie Venus, darf ihr Gewand von den Schultern fallen lassen, um Paris den Vergleich zu

La Belle Hélène; Baron als Calchas; Théâtre des Variétés, Paris 1899. – »Die Schändung der Antike«, über die das Gros der Premierenkritiker sich erboste, personifiziert sich nach Siegfried Kracauer auch in der Figur des Calchas: Er »repräsentiert eine Geistlichkeit, die kaum noch Gewicht darauf legt, auch nur als scheinheilig zu gelten«.

erlauben. Als er ergänzt, Venus habe ihn oft geküßt, und Hélène auch diesem Beispiel folgen will, tritt überraschend Ménélas ins Zimmer und ruft angesichts der prekären Situation die Könige von der Tafel herbei. Weder Hélènes Konversation noch ihr Kommentar, daß sich ein weiser Ehemann rechtzeitig ankündige, können seinen Zorn und Eifer besänftigen. Die Reaktion der herbeigeeilten betrunkenen Helden steigert sich vom Erstaunen zur Entrüstung über den Verführer, verrutscht dann allerdings in den eher fröhlichen Gestus des Wegscheuchens: Diesmal muß Paris statt Ménélas abgehen.

III. Akt, »Die Galeere der Venus«, Strand von Nauplia: Hier erfreuen sich die Menschen, zumal einander untreue Eheleute. Venus habe ein verzehrendes Feuer in ihren Seelen entzündet; mit diesen Worten verkündet Oreste, welche fundamentale Änderung zugunsten der »Lebenslust« eingetreten ist. Der Sittenverfall scheint ein Ergebnis göttlicher Rache zu sein, weil der eifersüchtige Ménélas gegen Venus' Gebot verstoßen hat, nach deren Willen Paris doch die schönste Frau zum Lohn erhalten soll. Diese Interpretation vertreten jedenfalls Agamemnon und Calchas und versuchen, Ménélas umzustimmen. Mit dem liederlichen Leben einer verderbten mondänen Gesellschaft könne es nicht mehr lange so weitergehen. Ménélas solle als Privat- und Ehemann zurückstehen; das Amt des Monarchen fordere ihm ab, die Göttin zu versöhnen und Hélène herzugeben. Ménélas, der von Hélène hört, alles sei nur ein Traum gewesen, hat bereits nach Kythera, der Insel der Venus, geschrieben und um den Besuch ihres Hohenpriesters als Ratgeber gebeten. Calchas springt auf vor Wut, als er vom Nahen eines Konkurrenten hört. Schon landet die Galeere dieses Gesandten der Venus. Es ist, zum drittenmal verkleidet, Paris, der als Priester den Versammelten diktatorisch erklärt, daß das Regiment der Venus weniger Feierlichkeit und dafür mehr ausgelassene Freude erwarte. Hélène soll ihn zur Sühne nach Kythera begleiten. Andere Opfer, eine Hekatombe an Kälbern, muß das Volk aufbringen, so verfügt es der beim »patriotischen Lastenausgleich« findige Ménélas. Hélènes anfängliches Sträuben hört auf, sobald sich Paris ihr zu erkennen gibt. Als gar der nichtsahnende Ménélas seiner Frau mitzufahren befiehlt, kann sie ihrem laut angerufenen Schicksal nicht länger widerstehen. Mit anfeuerndem Temperament werden auch diesmal die Hauptpersonen aus dem Land getrieben. Doch welche Überraschung ist es für die Menge am Strand, als sich der ehrwürdige Großaugur der Venus auf dem Schiff, das mit Hélène an Bord fortschwimmt, als Paris enttarnt. (Späterer Textzusatz des Schlußchors: Agamemnon und das Volk drohen Krieg als Vergeltung an.)

Kommentar: Mit der *Belle Hélène* ist der Formtyp von *Orphée* fortgesetzt und verändert worden: Der Akzent hat sich von der Mythenparodie zur Zeitsatire hin verschoben. Hélène bleibt an der Oberwelt. Es gibt keine imaginären Räume wie den Olymp oder Hades. Auch die Götter treten nicht mehr selbst in Erscheinung. In Sparta und am Strand von Nauplia tummelt sich eine Gesellschaft, die mit Göttern und Götterwillen ihre durchaus irdische Verfassung schmückt und entschuldigt. Hinter der nur noch dünnen antiken Kostümierung wird eine polemisch charakterisierte Herren- und Parasitenkaste sichtbar, wie sie wohl im Kaiserreich Napoleons III. geherrscht haben mag. Der Schauplatz gleicht weder dem sprichwörtlichen spartanischen »Preußen« auf dem Peloponnes noch einem der später so üblichen Operettenstaaten mit ihrem sentimentalen Feudalismus; dies Sparta weist kolportagehafte Züge auf. Listigerweise: denn die Nahaufnahmen der High-Society zeigen deren frappierende Schäbigkeit. Die ausgeliehene Aura antiker Größe umgibt die Figuren nur wie Talmiglanz. Es ist nicht einmal sicher, ob diese Hélène bei näherer Betrachtung zu Recht schön heißen darf. – Die Elemente der Mythenparodie sind in diesem Werk schneller gealtert als die Zeitsatire. Diese Art der Parodie erscheint schon 1864 fragwürdig, da sie, gebrochen durch die Selbstgefälligkeit der Spätergeborenen, nur zur groben Degradierung reicht. Die Demontage der mythologischen Heroen führt dann auch etliche, nicht alle der antiken Helden an der zeitgenössischen Realität knapp vorbei auf gängige Rollenklischees des Komödientheaters zurück: Achille als Miles gloriosus, Agamemnon als pompöser Oberherr, Ménélas als bourgeoiser Ehetrottel. Wo der Witz des Anachronismus überhand nimmt (und dies geschieht oft in den breiten Dialogpassagen), versinkt die Komik in Trivialitäten. Der Kontrast zwischen antikem Milieu und neuzeitlichem Alltagswissen, diese »Melange zweier Zivilisationen«, ist eher ein Mittel ordinärer komischer Herablassung; so lautet bereits die Kritik von Francisque Sarcey (s. Lit.) am Libretto. Sie ist um so mehr zu beherzigen, als gerade in den gesprochenen Partien Bearbeiter lokale Anspielungen und äußerliche Aktualisierungen tendenziell häufen. Die Anerkennung Sarceys gilt dagegen dem Stil der Commedia dell'arte, den er in der *Belle Hélène* wiederzufinden meint (ohne zu verraten, wo dies genau der Fall ist). Die Rollentypik, die auf komische Kontraste zielende Handlungsführung und die rampennahe, illusionsstörende Spielweise können in der Tat (auch) die Commedia als Modell gehabt haben: Figuren, die auf komische Typen wie den Bramarbas oder den Pantalone reduziert wirken, die aus der Rolle fallen und dies selbst kommentieren (Ménélas oder Paris), die sich dem Publikum vorstellen (die Könige im I. Akt); das fast absurde Aneinandervorbeireden in manchen Szenen und die Spontanität der schnellen Reaktion, die über die peinliche Lage hinweghelfen soll (Hélènes Geselligkeitsattitüde, als sie im II. Akt zusammen mit Paris von Ménélas entdeckt wird); die bedenkenlose, rabiat anfeuernde Fröhlichkeit der Menge, »der andern«, die fast immer mit einer Verkennung der Situation einhergeht (in den Finale). Von dieser schablonenhaften Theaterkonvention stechen die eigentümlichen modernen Charaktere Hélènes, Paris', Orestes und auch Calchas' ab. Allerdings gehört auch Hélène in die Reihe der empfindsam-raffinierten, sinnlich-souveränen Frauen, die seit dem 18. Jahrhundert die

Opéra-comique dominieren. Hélènes Verhalten ist widersprüchlich: Sie will (auch vor sich) als tugendhaft gelten und sehnt doch das Ende der Tugendhaftigkeit herbei. Sie wehrt sich gegen Anfechtungen, obwohl sie unter der »Liebesleere« leidet. Sie will zum Glück verführt werden, da offenbar das Glück nur außerhalb der Legalität zu finden ist. Die Suche nach der ungesetzlichen Lust erscheint als legitim, da Ménélas und die andern Karikaturen wirklich nicht den Anspruch auf Treue erheben können. Die Kluft zwischen sozialer Regel und Lebensrecht ist fast schmerzhaft weit aufgerissen. Und die Sympathie der Autoren gilt denen, die die fesselnde Regel verletzen. Andrerseits macht die Ausbeutung des Lands das enthemmte Treiben der luxurierenden Mußeschicht erst möglich. Liebeslust gerät nur in Widerspruch zur öffentlichen Gattenmoral, rauschhafte Lebensfreude aber in Widerspruch zur Wohlfahrt des ganzen Gemeinwesens. Hélène, Paris und Oreste präsentieren (abgestuft) eine Frivolität, die nicht an sich ein Übel ist, dies aber als Symptom des Egoismus einer unverantwortlichen Oberschicht sein kann, ein Übel, zumal wenn sich die charmante Scham- und Hemmungslosigkeit des »leichten Lebens« mit der Scham- und Hemmungslosigkeit des Parasitentums verschwistert, wenn die Diktatur des Amüsements (die Paris verkündet, nach der Oreste handelt) von einer gesellschaftlichen Diktatur erzeugt scheint. Das Prinzip Lust-für-(fremdes-)Geld, die Verderbtheit der Institutionen, die Lächerlichkeit des staatlichen und militärischen Pomposo lassen die Autorität der Machtelite in diesem Werk als ausgehöhlt und ruiniert erscheinen. Das Volk wirkt zwar machtlos, aber aufmerksam: Der häufig präsente Chor verhöhnt durch buffoneske Imitation zumindest das Lachhafte der Helden und beteiligt sich frohgemut, wohl auch in ironischer Distanz, an der Austreibung verschiedener Protagonisten jeweils am Schluß der Akte. – Die Satire in *La Belle Hélène* wirkt kompliziert, weil sich das Wohlgefallen an denen, die ihr Glück in der Liebe, in der Lust suchen, und der Spott über die verkommenen Autoritäten überkreuzen. Der erotische Immoralismus muß nicht unbedingt zusammen mit der üblen Gesellschaftsmoral demselben Verdikt verfallen, das dann auch pharisäisch oder philisterhaft wäre. Im Immoralismus drückt sich ein rebellierender Freiheitswunsch

La Belle Hélène, II. Akt; Regie: Max Reinhardt und Berthold Held, Ausstattung: Ernst Stern; Maria Jeritza als Hélène, Max Pallenberg als Ménélas; Künstlertheater, München 1911. – Selbst das Atelierphoto vermittelt noch »die lichte Bewegtheit, den bunten, liebenswürdigen, immer regen Tanzrhythmus, der den Nerv der Operette bildet« (Lion Feuchtwanger).

aus, ein Aufbegehren gegen sinnentleerte Konventionen und Rituale, auf Umwegen auch gegen eine überholte Gesellschaftsverfassung. Das Verlangen nach Liebe kann mit dem Verlangen nach neuen Werten identisch sein und ist keineswegs nur negativ zu verstehen, als Leitgedanke allgemeiner Sittenlosigkeit. Es nimmt der Satire dieses Werks nichts an Prägnanz, wenn die Inszenierung zwischen Hélènes Klagen und Fragen (und sei noch so viel Koketterie im Spiel) und den Zuständen in diesem Sparta (wofür es auch immer steht) zu unterscheiden weiß. – »Immoralismus« und allgemeine Korruption hält auch die Musik Offenbachs auseinander. Hélènes Kummer, der der verödeten Gegenwart gilt, ihre Bitte um Liebe werden besonders in der ersten Anrufung der Venus (»Amours divins!«, I. Akt) durch zarten, ernsten, sogar rührenden Gefühlsausdruck gerechtfertigt. Eine langsam über kleine Intervalle abfallende Melodie gibt den gemischten Affekt der Traurigkeit und Sehnsucht wieder. Selbst ihre wohl parodistisch gemeinte Koloratur im 1. Finale ist nicht von der wenig später vermerkten Artikulationsanweisung »avec sentiment« ausgenommen. Erst bei der zweiten Anrufung (II. Akt) nimmt Hélènes Part den Charakter geschmeidigen Wechsels zwischen »pressez« und »ritardando« an, zwischen dem Animato der Strophe und dem Allegretto des Refrains mit seiner Gretchenfrage »Dis-moi, Vénus«. Solch Changieren enthüllt, wie sich die Ausdrucksskala der liebenswerten Naivität mit der der liebenswürdigen Durchtriebenheit auf unlösbare Weise verquickt. Paris trägt die Erzählung vom Wettstreit der Göttinnen (»Au mont Ida«, I. Akt) mit trügerischer Unschuldsmiene vor; aber die schaukelnd-rollende, flexible Melodie verrät alles andere als Einfalt. Bukolische Akzente (die Klangfarbe des Tamburins) verstärken eher den Eindruck einer angeschminkten Stilmaske. Im Duett Paris/Hélène kulminiert die subtile Heuchelei und schlägt schon wieder in Wahrhaftigkeit um. Die Traumszene, die keine ist, wird zu einem Höhepunkt des Werks: einem dolcissimo begleiteten Zwiegesang, in dem die Beteuerung »Oui! c'est un rêve« mit ihrer Beruhigung wie Ironie signalisierenden fallenden Sext auf »rêve« die Rahmenform dieser Liebesszene im Halbdunkel bildet. Der Reiz der Komposition besteht in der Intensitätssteigerung des Dialogs, der anfangs fast atemlos, dann zärtlich dringend wirkt. Paris übernimmt auf weite Strecken die höhere Lage, so daß sich der Eindruck der Intimität zwischen den Personen durch die enge Verschlungenheit der Stimmen verstärkt. Dies Prinzip, die dramatische Situation in der Musik weiterzuentwickeln und nicht in der Coupletkomposition den Fortgang der Handlung anzuhalten, hat Offenbach 1869 in einem Brief an Halévy zu dem Urteil bewogen, der II. Akt sei eine seiner gelungensten Szenenfolgen. Oreste wird von der Komposition als eifriger Prophet dionysischen Bacchantentums durchaus nicht disqualifiziert. – Auffällig satirisch verfährt die Musik beim Umgang mit den Königen, während Calchas' Schelmen- und Karrieristenpsyche Offenbach kaum zu inspirieren vermocht hat. Die drei recht ähnlich gebauten Finale streben jeweils in beschleunigtem Tempo, das sich bis zum Vivo steigert, die Synthese von »Rasanz« und Komik an: Das Plappern der zerhackt wirkenden Partikel, die Ausrufe, die oft auf der gleichen Tonhöhe herausgestoßen werden, erhalten beim Vortrag durch das Ensemble ungeachtet der erheiternden Befremdung, die entstehen muß, fortwirbelnde Kraft. Musikalische Zitate finden sich im »Trio patriotique« des III. Akts, das das Terzett aus dem II. Akt von Rossinis *Guillaume Tell* (1829) und den Galopp aus *Orphée* collagiert. Die für Offenbachs Komposition typischen Elemente, drängendes Tempo und pointierende Ironie, wachsen in *La Belle Hélène* mehr noch als in *Orphée* zur komplexen Einheit zusammen. Rauschmomente in der Musik bezeichnen nur selten einen ungebrochenen Enthusiasmus, sondern erscheinen fast immer in einem Zusammenhang, der ihren Effekt relativiert, das losbrechende Temperament gleichsam mit einem Schatten der Bedenklichkeit umgibt (der Furor in den Finale). Die Strategien von Ausdruck und Tempo enthüllen verborgene Ambivalenzen und Triebe (etwa in der Partie Hélènes), stellen manifeste Lügen und Imponiergebärden aus, verdeutlichen also, daß die kritische und satirische »Prüfung« der Selbstdarstellung von Personen auch die musikalische Organisation bestimmt. Der Komponist verfährt doppelsinnig: Er hält getreulich die demonstrativen Inszenierungen fest, mit denen Helden in Erscheinung treten wollen. Doch mißtrauische Ungläubigkeit und Spottlust überformen diese Attitüden und lassen auf seine vielleicht nicht klare, doch tiefreichende Skepsis schließen.

Wirkung: *La Belle Hélène* wurde, ungeachtet der zunächst abwehrenden Kritik, einer von Offenbachs größten Bühnenerfolgen. Für die Uraufführung waren mit Schneider (Hélène), schon 1855 in Offenbachs *Le Violoneux* auf der Bühne der Bouffes-Parisiens, und José Dupuis (Paris) zwei Solisten verpflichtet, die in den 60er Jahren des 19. Jahrhunderts mehrfach die Hauptrollen in Offenbachs Premieren übernehmen und dadurch berühmt werden sollten. In Wien trat Marie Geistinger 1865 als Hélène auf (Theater an der Wien; deutsch von Friedrich Zell und Julius Hopp). Noch 1865 kam es zu Premieren unter anderm in Prag, Stockholm, Berlin (Friedrich-Wilhelmstädtisches Theater; mit Geistinger; Dirigent: Offenbach), Brüssel und Helsinki. 1866 folgten London (Adelphi Theatre; englisch von Francis Cowley Burnand als *Helen or Taken From the Greek*), 1867 Mailand, Petersburg und New York, 1868 Basel, 1869 Warschau. In Paris entwickelte sich eine bis heute nahezu ungebrochene Aufführungstradition: Anna Judic sang die Hélène bei den Wiederaufnahmen im Variétés 1876, 1886 und 1889, 1890 war es Jeanne Granier, 1899 Juliette Simon-Girard; Marguerite Carré verkörperte die Rolle 1919 (Gaîté-Lyrique), Géori Boué 1960 (Théâtre Mogador), Anne-Marie Grain / Susan Daniel 1983 (Opéra-Comique; Regie: Jérôme Savary) und Eva Saurova / Valérie Marestin 1986 (Théâtre de Paris). Die Inszenierungen im deutschsprachigen Raum zeichneten sich durch oft erhebliche textliche und musikalische Veränderungen aus. Zu erwähnen wäre die Bearbeitung von Ludwig Fulda für das Metropoltheater Berlin 1927 (Dirigent: Max von Schillings; Hélène: Violetta de Strozzi, Ménélas: Max Pallenberg). Bekannter wurden die Inszenierungen Max Reinhardts: 1911 Künstlertheater München (zusammen mit Berthold Held; Dirigent: Alexander von Zemlinsky) und Theater in der Josefstadt Wien, 1912 Theater des Westens Berlin, 1931 die als »tänzerisch-überladene Ausstattungsrevue« kritisierte Produktion im Theater am Kurfürstendamm Berlin in der musikalischen Einrichtung von Erich Wolfgang Korngold (Text: Egon Friedell und Hanns Sassmann, Dirigent: Korngold, Bühnenbild: Ernst Schütte, Kostüme: Ladislas Czettel; Jarmila Novotná, Hans Moser); diese Bearbeitung war auch 1932 im Großen Schauspielhaus Berlin, an der Volksoper Wien und (englisch von A. P. Herbert als *Helen*) am Adelphi London sowie 1944 (englische Bearbeitung von Gottfried Reinhardt, John Meehan und Herbert Baker als *Helen Goes to Troy*) im Alvin Theatre New York (Regie: Herbert Graf) zu sehen und wird auch heute gelegentlich aufgegriffen, so in Trier 1980. Eine platte und weitschweifig-umständliche Bearbeitung schrieb Ernst Dohm 1865; hier sind die Mängel des Originals (insbesondere in den gesprochenen Passagen) verstärkt, dem Werk weitere Scherze in der Manier eines Vorstadttheaters hinzugefügt. Neuere Bearbeitungen stammen von Werner Finck und Karlheinz Gutheim (Gärtnerplatztheater München 1946; Dirigent: Joseph Strobl, Regie: Werner Stammer; Gisela Schmidting, Erhard Siedel; Carl-Heinrich Kreith (Metropoltheater Berlin 1960), Peter Hacks (Deutsches Theater Berlin 1964) und Thomas Brennicke (Gärtnerplatztheater 1970; Regie: Jean-Pierre Ponnelle; Gisela Ehrensperger, Manfred Lichtenfeld). Hacks hat seiner Bearbeitung, die als »Operette für Schauspieler« bezeichnet ist, ein Vorspiel vorangeschickt, das Paris und die drei Göttinnen zeigt. Er hält sich sonst recht eng an den Gang und den Geist des Originals, verfeinert es sogar in manchen Teilen durch graziösen Witz, spielerischen Sarkasmus und sozialkritischen Aperçus. Hacks erkennt den doppelten Prozeß: die Entlarvung der »leisure class« und Machtelite und daneben die Apologie eines rebellischen Hedonismus, eine zwiefältige Disposition, die dies Werk in besonderem Maß prägt. Nicht zuletzt nimmt Hacks den kritischen Realitätssinn und den satirischen Impuls wahr und versucht, beidem durch den Gestus der subtilen und wissenden Anspielung gerecht zu werden, also durch eine gleicherweise um Präzision und Dezenz bemühte Methode. So wehrt er auch (jedenfalls in den meisten Fällen) der Gefahr, daß die Satire banalisiert wird: durch schnellfertig montierte Analogien, die etwa die Unterschiede zwischen den Konstellationen 1864 und heute vernebeln. Denn die Gefahr solcher Banalisierung, die der gutgemeinten Absicht entspringt, das Werk zeitgenössisch einzufärben, droht bei Offenbach-Aufführungen mindestens ebenso häufig wie die der Musealisierung, der Verfälschung des Werks zur »Operette«.

Autograph: größtenteils: BL London (Zweig Coll.); Fragmente: verteilt auf mehrere Privatbesitzer u. Vlg.-Arch. Heugel Paris, Musikkulturens främjande Stockholm (Slg. Nydahl), Libr. de L'Abbaye Paris, Courtesy Gallery St. Etienne NY, Hist. Arch. d. Stadt Köln (Slg. Almeida Nr. 1741); Skizzen: Pierpont Morgan Libr. NY (Lehman). **Abschriften:** St.: ÖNB Wien (S. m. 8716). **Ausgaben:** St.: [Gérard?], [1865], Nr. 10252; Part, frz./dt. (als Ms. gedruckt): B&B [1865], Nr. 17932; Kl.A, frz./dt. Bearb. v. E. Dohm: B&B [1865], Nr. 6906-27, Nachdr. (mit Dialogen) [nach 1945]; Kl.A v. L. Roques: Ménestrel/Heugel/Meissonier, Paris [um 1864], Nr. 4624; Gérard, Paris, Nr. C. M. 10240 [259 S.]; Kl.A, frz./russ. Übers. v. V. Krylov: Bessel, Petersburg [nach 1910], Nr. 6480; Kl.A, dt. Bearb. v. M. Reinhardt, E. Friedell, H. Sassmann, mus. Bearb. v. E. W. Korngold: B&B 1931, 1959; Kl.A, dt. Bearb. v. W. Finck, K. Gutheim: B&B 1952, Nr. 15786; Kl.A, dt. Bearb. v. P. Hacks, mus. Bearb. v. H. Kawan: Henschel-Vlg., Bln. 1969; Textb.: Paris, Lévy frères [1865], 1868 [»nouvelle éd.«; 110 S.], Nachdr. 1899; NY, Gray & Green 1868; Paris, Libr. Théâtrale, Nachdr. 1975; Paris, Billaudot 1983; Text auch in: A. MEILHAC, L. HALÉVY, Théâtre, Bd. 1, Paris 1899, S. 167–277; Textb., frz./engl.: NY, Gray & Green 1868; Textb., frz./engl.: NY, Metropolitan 1872; Textb., engl. v. E. Eager, A. Drake: [NY nach 1900; NYPL]; Textb., frz./engl.: Chicago, Church, Goodman & Donelley 1868; Textb. u. Text d. Gesänge, dt. v. E. Dohm: B&B [um 1865]; Textb. d. Gesänge, dt. v. L. Fulda: B&B [1927]; Textb., engl. v. A. P. Herbert: Chappell 1932; Textb., frz./engl., in: [Bei-H. d. Schallplattenaufnahme EMI], 1985. **Aufführungsmaterial:** Heugel/Leduc, Paris; dt. Bearb. Finck/Gutheim, dt. Bearb. Friedell/Sassmann/Korngold, dt. Bearb. Dohm: B&B; dt. Bearb. v. T. Brennicke: M u. Bühne, Wiesbaden; dt. Bearb. Hacks/Kawan (in 2 Versionen als »Operette in 3 Akten« bzw. »Operette für Schauspieler«): Henschel-Vlg., Bln.; ital. v. A. De Stefani: Sonzogno
Literatur: F. SARCEY, Quarante ans de théâtre, Paris 1901, Bd. 6, S. 177f.; U. DIBELIUS, ›La Prise de Troie‹ – doppelt bis dreifach, in: Jacques Offenbach, München 1980, S. 17–36 (M-Konzepte. 13.); T. KOEBNER, Satire bei O., in: Jacques Offenbach – Komponist und Weltbürger, hrsg. W. Kirsch, R. Dietrich, Mainz 1985 (Beitr. zur mittelrheinischen M.Gesch. 26.), S. 57–76; H. J. NEUSCHÄFER, Die Mythenparodie in ›La Belle Hélène‹, ebd., S. 111–126; L'Avant-scène, Opéra, Nr. 125, Paris 1989; weitere Lit. s. S. 488

Thomas Koebner

Barbe-Bleue
Opéra-bouffe en trois actes et quatre tableaux

Blaubart
3 Akte (4 Bilder)

Text: Henri Meilhac und Ludovic Halévy
Uraufführung: 5. Febr. 1866, Théâtre des Variétés, Paris
Personen: der Sire de Barbe-Bleue/Majestät Blaubart (T); König Bobèche (T); Graf Oscar, Großhöfling des Königs (B oder Bar); Popolani, Alchimist in Diensten von Barbe-Bleue (B); Prinz Saphir (T); Alvarez (T); ein Gerichtsschreiber; Boulotte, Bäuerin (S oder Mez); Königin Clémentine, Bobèches Frau (Mez oder A); Prinzessin Hermia, Tochter des Königs, auch unter dem Namen Fleurette, Bäuerin (S); Héloïse, Rosalinde, Isaure, Blanche und Eléonore, Frauen von Barbe-Bleue (2 S, 3 Mez); 2 Bäuerinnen; 2 Pagen; ein Kind; 2 junge Mädchen. **Chor, Statisterie:** Bauern,

Bäuerinnen, bewaffnete Männer von Barbe-Bleue, Damen und Herren am Hof, Pagen und Wachen des Königs Bobèche
Orchester: 2 Fl (2. auch Picc), Ob, 2 Klar, Fg, 2 Hr, 2 Pistons, Pos, Pkn, Schl (Tambour de basque, RührTr, gr.Tr, Bck, Trg, Glocke, Glöckchen in h), Streicher
Aufführung: Dauer ca. 2 Std. – Ausführliche Schauplatz- und Regieangaben im Textbuch.

Entstehung: Während noch die Erfolgsserie der *Belle Hélène* (1864) anhielt, bereitete das Variétés die nächste abendfüllende Offenbachiade für das gleiche Ensemble vor: José Dupuis diesmal mit Titelehren und der vielleicht dankbareren Rolle, Hortense Schneider als Bäuerin, wie schon in ihrer ersten Offenbach-Partie in *Le Violoneux* (1855). Dem neuerlichen Erfolg sollte am selben Theater noch *La Grande-Duchesse de Gérolstein* (1867) folgen und die Dramaturgie dieser Variétés-Varietät der Offenbachiade endgültig festlegen.
Handlung: I. Akt, Dorfplatz mit den Hütten Saphirs und Fleurettes, im Hintergrund ein Gebirge, am Horizont das Herrenhaus von Barbe-Bleue: Das Gezwitscher der Vögel und der posaunengleiche Klang aus der Flöte des galanten Schäfers Saphir begrüßen den jungen Tag und die junge Schäferin Fleurette. Boulotte macht weniger Umstände: Sie erklärt Saphir, daß sie ihn wegen seiner gepflegten Hände und seiner geheimnisvollen Herkunft liebe, und er müsse sie auf der Stelle küssen. Popolani und Graf Oscar treffen sich auf der Suche nach Mädchen. Der soeben zum fünftenmal verwitwete Barbe-Bleue will eine Rosenbraut krönen und zur sechsten Gattin machen, und König Bobèche sucht seine ausgesetzte Tochter wieder, weil der nachgeborene Sohn zum Krönen zu blöde ist. Als keusche Rosenbraut bestimmt das Los Boulotte: Als Königstochter (an)erkennt Oscar die junge Fleurette und läßt sie per Sänfte zur Residenz bringen. Barbe-Bleue erscheint, findet Wohlgefallen an der rubenshaften Boulotte und bricht mit ihr zu seinem Schloß auf. Sie schlägt alle Warnungen Popolanis in den Wind: Noch nie hat ein Mann ihr angst gemacht. Warum also vor Barbe-Bleue erbeben?
II. Akt, 1. Bild, »Der Palast des Königs«, der Ahnensaal mit Standbildern, der königliche Sessel neben einem Tischchen: Oscar übt mit den Höflingen die korrekte Verbeugung. Bobèche spricht das Tagesprogramm für die Vermählung seiner wiedergefundenen Tochter mit Saphir durch und läßt sich nebenbei herab, Graf Alvarez, der sich am Morgen mit der Königin im Garten traf, dem Tod zu überantworten. Die mit ihrem Ehelos unzufriedene Königin will wenigstens ihre Tochter vor einem ähnlichen Schicksal bewahren. Unnötig, denn Hermia, wie Fleurette jetzt heißt, macht von allein gewaltigen Terror gegen die aufgezwungene Ehe mit einem unbekannten Prinzen. Doch kaum sieht sie diesen, ist sie wie umgewandelt: Prinz Saphir, das ist ja ihr Schäfer Saphir! Barbe-Bleue erscheint, um seine Sechste bei Hof vorzustellen, die, statt dem König einen Handkuß zu geben, den widerstrebenden Saphir abknutscht. Barbe-Bleue hat nur noch Augen und Gedanken für Hermia und eilt mit Boulotte davon. 2. Bild, »Der Keller des Alchimisten«, Feuerstelle, Glaskolben und so weiter, im Hintergrund ein großes Mausoleum: Angesichts der Grüfte der ersten fünf Frauen beklagt Barbe-Bleue deren Los. Bald wird das halbe Dutzend voll sein, Boulotte mag da noch so mundfertig protestieren. Er überläßt sie Popolani, wie in den früheren Fällen. Vergebens erinnert sie diesen an ihre alte Freundschaft. Sie muß das fatale Tränkchen zu sich nehmen und sinkt hin. Barbe-Bleue verabschiedet sich von ihrer Leiche, die freilich von Popolani mittels einer Elektrisiermaschine wieder zum Bewußtsein erweckt wird. Sie lernt die ebenso lebendigen Damen hinter den Grabsteinen kennen, die sich über ihre kurzen Ehen mit Barbe-Bleue und die lange Zeit mit dem einen Popolani beschweren. Doch bald stimmen sie in Boulottes Lied ein und beschließen, ins Leben und in die Freiheit zurückzukehren.
III. Akt, Palais des Königs Bobèche, hell erleuchteter großer Saal; Mitternacht: Mit den zum Zeremoniell gehörigen Hymenäushymnen will man sich gerade zur Kapelle begeben. Da eilt Barbe-Bleue hinzu und gebietet Einhalt; er jammert vom Tod seiner angebeteten Gattin und verlangt die Hand der Prinzessin. Wer will ihm die verweigern, wo er doch über mehr Artillerie und Fußvolk gebietet als Bobèche. Einzig Saphir ergibt sich nicht und fordert Barbe-Bleue zum Gottesurteil. Mit einem faulen Trick obsiegt Barbe-Bleue und schreitet über die Leiche des Prinzen mit Hermia zur Hochzeit. Popolani und Oscar schütten voreinander ihr Gewissen aus: Was mit den angeblich von ihnen zu Tode gebrachten Frauen anfangen? Was mit Saphir, der unverletzt wieder zu sich kommt und zu ihnen stößt? Die Hofgesellschaft kommt aus der Kapelle zurück. Königin Clémentine rät ihrer Tochter, was sie nun zu sagen hat: »Niemals!« In den peinlichen Moment platzt eine Zigeunertruppe, deren Anführerin beim Aus-der-Hand-Lesen Blut entdecken will an Barbe-Bleues Ring, der vor Stunden noch an der Hand seiner ermordeten Gattin glänzte. Boulotte selbst ist es, und sie konfrontiert Barbe-Bleue mit seinen Opfern wie Bobèche mit den seinen. Angesichts der Unmöglichkeit, so viele Leute erneut umzubringen, entschließt man sich zur zweitbesten Lösung, einer Massenhochzeit, an der einzig das Königspaar nicht teilnimmt: Dessen Zerwürfnis ist unauflöslich.
Kommentar: Wie in vielen gleichzeitigen Bouffonnerien geht es auch hier um Leben und Tod. Und da die Handlung in der klassischen Formstrenge französischer Dramen abläuft, sind Mord und Hinrichtung hier nicht ein Akzidens für einzelne spaßige Grand-Guignol-Szenen, sondern erschreckender und glaubhafter Bühnenvorgang. Weiter ließ sich der schwarze Humor nicht steigern, und er verschwand von nun an, abgesehen von der 2. Fassung (1867) von *Geneviève de Brabant* (1859), als Movens aus Offenbachs Operetten. Das zweite klassische Handlungsmotiv, Liebe und Gier, das in den frühen Werken für die Bouffes-Parisiens relativ wenig zum Tragen kam, ist hier nach

La Belle Hélène vollends ausgespielt und geht eine Verbindung mit dem Todes- und Tötungsmotiv ein, die den psychoanalytischen Implikationen des Blaubart-Themas genauso gerecht wird wie spätere Versionen, die alles andere als Unterhaltung des Publikums bewirken wollen. Der von keiner Moralkonvention zu beschränkenden Lustenergie des deshalb nicht abstoßenden, sondern faszinierenden Titelhelden wird die Emanzipation der Frauengestalten gegenübergestellt: Die deftige Boulotte ist da natürlich besser dran und in sich minder komisch als die überdrehte Clémentine. In fast keinem andern Offenbach-Libretto ist die Konfrontation verschiedener Denk- und Lebensweisen so weit getrieben wie hier: Männlichkeit und Weiblichkeit, Herrschaft und Kriechertum, Hof und freies Ritterleben werden hier aufeinandergehetzt. Selbst die nur gespielte Pastorale wird durch die Gegenüberstellung mit der echten Bäuerin denunziert. In diesen Konstellationen übersieht man fast, daß es hier ein wirklich positives Paar gibt, dessen weiblicher Part, Fleurette/Hermia, von Anfang an nicht alles passiv mit sich geschehen läßt, den Liebsten festlegt, ihn bei der überraschenden Beförderung zum Königshof mitnimmt und Bobèche und Barbe-Bleue am Ende mit ihrer Mutter das »Jamais« entgegenschleudert, das bei diesen Popanzen Entsetzen hervorruft und ihre Entmachtung einleitet. Auch Saphir wehrt sich und verteidigt seine Braut, er wird nicht lächerlich gemacht, natürlich auch nicht heroisiert. Insofern ist *Barbe-Bleue* Offenbachs moralischste Operette, obwohl doch das titelgebende Monstrum der Männlichkeit die meiste Aufmerksamkeit auf sich lenkt. Diese Umwertung der Werte wird auch in der Musik deutlich: Karikiert werden nur die Höflinge (Bobèche hat nicht viel zu singen) mit ihrem obstinaten »Hyménée!«, der insistierend gestischen, dreifach wiederholten Taktfigur zum »qu'il s'incline – son échine«, und mit dem gespenstisch zeremoniellen Kußwalzer. Die Hauptfiguren aber können sich unbefangen in der Musik ausleben, es sei denn, daß Barbe-Bleue hin und wieder (insbesondere in der »Complainte« des III. Akts) mit Opernphrasen Trauer oder feudale Selbstdarstellung heucheln muß. Boulottes musikalisch-gestische Reichweite ist geringer, und wenn sie sich verkleidet, verliert sie an Überzeugungskraft. Das Couplet hingegen, mit dem sie Barbe-Bleues Frauen aus den Grüften ans Licht führt, ist von einer Sogwirkung, die vergessen läßt, daß man als Schluß des II. Akts eigentlich eine große Chorszene erwartet. (Nach einem Brief an Meilhac und Halévy hatte Offenbach hierfür bereits einen Cancan komponiert.) In dem sonst ständig von Barbe-Bleue, indessen zum erstenmal von Fleurette angestimmten ¾-Quadrillen- bzw. Marschrhythmus überbietet sie dramatisch und musikalisch seinen mitreißenden ⁶⁄₈-Hymnus »Amours nouvelles, changer de belles«.

Wirkung: Die Protagonisten der Uraufführung haben die musikalische Faktur wesentlich mitgeprägt: Schneider mit ihrem sehr tiefen Sopran und Dupuis, der ein exzellenter Sänger gewesen sein muß, aber auch in seinen Kostümen großen Effekt machte. Zum Ensemble gehörten außerdem Kopp (Bobèche), Aline Duval (Clémentine), Henri Couder (Popolani) und Hittemans (Saphir). Zu Lebzeiten Offenbachs kam es

Barbe-Bleue, I. Akt; Anny Schlemm als Boulotte, Ernst Gutstein als Popolani, Hermann Winkler als Blaubart; Regie: Walter Felsenstein, Ausstattung: Rudolf Heinrich; Oper, Frankfurt a. M. 1965. – Mit nachhaltigem Erfolg hatte Felsenstein 1963 den *Ritter Blaubart* in der Ausstattung von Wilfried Werz an der Komischen Oper Berlin inszeniert, der dort 1991 mit beinah 360 Reprisen einen Aufführungsrekord hält. Wie die Berliner, so war auch die Frankfurter Regiearbeit geprägt von ironisch-gebrochenem Ernst und geistsprühender Sinneslust.

nur 1872 zu einer Pariser Reprise (mit Schneider und Dupuis). 1888 (mit Jeanne Granier und Dupuis) und 1904 (mit Anna Tariol-Baugé und Eve Lavallière als Hermia) erinnerte sich das Variétés des ehemaligen Kassenfüllers. Kurz nach der Uraufführung fand *Barbe-Bleue* größte internationale Verbreitung, zum Beispiel 1866 in London (Olympic; englisch von Henry Bellingham als *Bluebeard Re-Paired*, Musikeinrichtung: James Howard Tully), in Genf und in Brüssel, 1867 in Stockholm (schwedisch von Ernst Wallmark), Budapest (ungarisch von Endre Latabár), Mailand und Kopenhagen, 1868 in Lissabon (portugiesisch von Francisco Palha), Graz, Amsterdam, New York und Neapel. Dennoch wurde das Werk nach seinen Premieren 1866 in Wien (deutsch von Julius Hopp; Boulotte: Marie Geistinger, Barbe-Bleue: Albin Swoboda) und 1867 in Berlin (Friedrich-Wilhelmstädtisches Theater; mit Josefine Gallmeyer) auch im deutschsprachigen Raum nicht recht heimisch, trotz einer berühmten Aufführung 1929 am Metropoltheater Berlin mit Käthe Dorsch und Leo Slezak. Die Vernachlässigung beruht nur zum Teil auf der Schwierigkeit, einen überzeugenden Barbe-Bleue zu finden (die andern Partien sind leichter zu besetzen). Mehr noch erschrak man vor den menschlichen Abgründen, die diesen lustigen Witwer zur beunruhigendsten Figur des unterhaltenden Musiktheaters machten, bevor es Macheath gab. Diesem Verdikt konnte auch Karl Kraus nicht abhelfen, der 1926 für seine Wiener *Blaubart*-Vorlesung eine Einrichtung nach Hopp anfertigte (Begleitung: Otto Janowitz), 1931 eine Funkfassung (mit Trude Hesterberg, Ludwig Donath und Leo Reuss; Dirigent: Paul Breisach, Regie: Cornelis Bronsgeest) besorgte und in seinem bekannten Gedicht Offenbach mit Blaubart in eins setzte. – Für seine epochemachende Inszenierung an der Komischen Oper Berlin 1963 (mit Anny Schlemm und Hanns Nocker) schuf Walter Felsenstein zusammen mit Horst Seeger eine Textbearbeitung *(Ritter Blaubart)*, die immerhin den Geist des Originals atmet. Diese Version setzte sich in den letzten Jahrzehnten auf deutschen Bühnen fast ausnahmslos durch, etwa 1978 in Kassel und Kiel, 1980 in Schweinfurt, 1981 in Aachen und Freiburg i. Br., 1982 in Wuppertal, 1986 in München (Gärtnerplatztheater) und 1989 in Mannheim. Felsensteins Version, die er in Frankfurt a. M. 1965 nachinszenierte (Dirigent: Wolfgang Rennert), etablierte allerdings zugleich die »musikalische Einrichtung« von Karl-Fritz Voigtmann, dem Dirigenten der Berliner Aufführung, eine verwerfliche Bearbeitung und Neuinstrumentierung in dickem, trägem Satz, mit zahlreichen Kürzungen und Zutaten, die zum Beispiel die Ouvertüre gänzlich entstellen. Es erscheint charakteristisch, daß in den letzten Jahrzehnten keine deutsche *Barbe-Bleue*-Inszenierung sich um Originaltreue bemühte. Die Neuübersetzung und Instrumentation von Vilmos Désy und Erich Waglechner für das Theater Hof 1984 stützt sich nicht auf das Autograph, sondern auf eine Wiener Partiturabschrift des 19. Jahrhunderts. Auch von den wichtigen französischen Produktionen, unter anderm am Théâtre de Paris 1971 und in Tours 1985, scheint nur Daniel Schmids Genfer Inszenierung von 1984 (mit Jane Berbié und Jean Dupouy / Eduardo Villa) auf größere Texteingriffe verzichtet zu haben.

Autograph: Part (ohne Nr. 13): Musikkulturens främjande Stockholm (Slg. R. Nydahl); Nr. 13 u. 3 gestrichene Nrn.: Privatbesitz; Part.Fragmente: Pierpont Morgan Libr. NY (Koch 288), Libr. de L'Abbaye Paris. **Ausgaben:** Part, dt. Übers. v. J. Hopp: B&B [vor 1870], Nr. 7327; St.: [Gérard?] (1866), Nr. C. M. 10469 (BN Paris); Kl.A: Gérard, Paris [1866], Nr. 10459, Nachdr. Belwin-Mills, NY 1985; Kl.A, frz./dt. Übers. v. J. Hopp: B&B 1867, Nr. 7300-25; Kl.A, dt. Übers. v. L. Jansen u.d.T. *Ritter von Blaubart und seine Sechste:* B&B 1956, Nr. 21296; Textb.: Paris, Lévy frères 1866 [131 S.], ²1867, ³1888; Text auch in: H. Meilhac, L. Halévy, Théâtre, Bd. 3, Paris 1900, S. 221–345; Textb. (Typoskript): Heugel [um 1960]; Textb., dt.: B&B; Textb. d. Gesänge, dt. v. J. Hopp: B&B [nach 1920]; Textb., frz./engl.: Boston, Ditson [1868]; NY, Gray & Green 1868; Textb., engl. Bearb. v. H. Bellingham u.d.T. *Bluebeard Re-Paired*: London, Hailes Lacy 1866; Textb., span. v. A. Povedano: Madrid, Nuñes Amor 1869; Textb., span. v. A. Hurtado, F. L. de Rétes: Madrid, Rodriguez 1869; Textb., port. v. F. Palha: Lissabon 1868. **Aufführungsmaterial:** Heugel/ Leduc; dt. v. K. Gutheim: B&B; Bearb. v. W. Felsenstein, H. Seeger, K.-F. Voigtmann: Henschel-Vlg., Bln./Alkor
Literatur: Offenbach und sein ›Blaubart‹. Zur Festspielpremiere v. J. O.s ›Blaubart‹ im Rahmen d. Berliner Festspiele 1929 am Metropol-Theater unter d. Direktion Rotter, Bln. 1929; weitere Lit. s. S. 488

Josef Heinzelmann

La Vie parisienne
Opéra-bouffe en cinq actes / Opéra-bouffe en quatre actes

Das Pariser Leben
5 Akte / 4 Akte

Text: Henri Meilhac und Ludovic Halévy
Uraufführung: 1. Fassung in 5 Akten: 31. Okt. 1866, Théâtre du Palais Royal, Paris; 2. Fassung in 4 Akten: 25. Sept. 1873, Théâtre des Variétés, Paris
Personen: 1. Fassung: Baron de Gondremarck, Gutsbesitzer aus Schweden (B); ein Brasilianer (T); Frick (T); Prosper (T); Bobinet (T); Raoul de Gardefeu (T); Urbain; Joseph, Fremdenführer (T); Gontran (T); Alphonse, Bedienter bei Gardefeu (T); Gabrielle (S); Métella (S); Pauline (S); Baronin Christine de Gondremarck (S); Madame de Quimper-Karadec (Mez); Madame de Folle-Verdure (Mez); Léonie (S); Louise (S); Clara (S); ein Bahnbeamter; eine Kammerfrau. **Chor, Statisterie:** Eisenbahnbeamte, Reisende aller Nationen, Träger, Handwerker, Putzmacherinnen, Gäste, Kellner
2. Fassung zusätzlich: Alfred (Spr.); Caroline, Julie, Augustine, Charlotte und Albertine (Choristinnen)
Orchester: 2 Fl, 2 Ob, 2 Klar, 2 Fg, 4 Hr, 2 Trp, 3 Pos, Pkn, Schl (gr.Tr, Bck, Trg), Streicher
Aufführung: Dauer ca. 3 Std. – Mehrere Rollen können von je einem Darsteller übernommen werden. Orchester nach der fünfaktigen deutschen Version (Bote & Bock 1984), der bisher vollständigsten Aus-

gabe mit den Ouvertüren beider Fassungen. Nach Angaben von Antonio de Almeida ist das Orchester im Autograph kleiner besetzt: 2 Fl (2. auch Picc), Ob, 2 Klar, Fg, 2 Hr, 2 Pistons, Pos, Pkn, Schl, Streicher.

Entstehung: Die Entstehungsgeschichte der beiden Fassungen, auch ihr Verhältnis zueinander, läßt sich aufgrund der Quellenlage vorerst nicht restlos klären. (Wichtige Hinweise in Josef Heinzelmanns Nachwort zu *Jacques Offenbach. Pariser Leben,* s. Lit., und in seiner Vorbemerkung zum Klavierauszug Bote & Bock). Unter dramaturgischen und szenischen Gesichtspunkten empfiehlt sich für heutige Aufführungen die 2. Fassung: Sie streicht den bremsenden und ablenkenden IV. Akt und enthält die entscheidenden musikalischen Nummern in der für Sänger geschriebenen endgültigen Form. Gleichwohl wird, um einen Gesamtüberblick zu geben, anschließend die 1. Fassung (nach dem Textbuch Paris 1875, deutsch von Heinzelmann 1982) beschrieben.

Handlung: In Paris, in unseren Tagen.

I. Akt, die Gare de l'Ouest auf dem linken Seineufer: Mitten im Trubel warten zwei elegante Herren, die einander geflissentlich übersehen; es sind die Lebemänner Gardefeu und Bobinet, einst befreundet, jetzt verkracht wegen einer allzu lockeren Grisette. Inzwischen sind sie abermals, doch unwissentlich, selbzweit einer einzigen Dame verbunden, die jetzt gleich mit dem Zug ankommen muß. Da ist sie auch schon, die Edelkokotte Métella, aber am Arm eines Dritten. Und sie behauptet dreist, sie kenne weder Gardefeu noch Bobinet. Die Wut auf Métella führt zur Versöhnung der Verzankten. Sie einigen sich darauf, fortan in die feinere Gesellschaft hineinzulieben. Gardefeu wittert auch sogleich eine Gelegenheit. Sein vormaliger Diener Joseph, nunmehr Fremdenführer des Grandhotels, soll den ältlichen schwedischen Baron de Gondremarck samt junger Gattin vom Zug abholen, um ihnen in den nächsten Tagen die Sehenswürdigkeiten von Paris zu zeigen. Gern, für ein saftiges Honorar, tritt Joseph sein Amt an Gardefeu ab, der die beiden ahnungslosen, aber erwartungsfrohen Provinzler in Empfang nimmt. Unter seiner Obhut, so verspricht er, werden sie die schönsten kulturellen und andern Genüsse der Stadt auskosten. Ganz anders als das unbeholfene Touristenpaar aus dem kalten Norden wirkt ein weiterer Ankömmling, der wie ein Kastenteufel sich aus dem Zug schnellt: der brasilianische Millionär Matadores. Alljährlich überquert er den Ozean, um sich und sein Geld hemmungslos im Pariser Nachtleben zu verschleudern.

II. Akt, Salon bei Gardefeu; Türen rechts, links und im Hintergrund: Dies sei eine feinere Filiale des Grandhotels, so hat der ungemein freundliche Gardefeu dem arglosen Schwedenpaar eingeredet. Um sich der schönen Baronin Christine besser nähern zu können, sorgt er zudem für getrennte Zimmer. Gondremarck ist das nur recht; er will ohnehin in Paris andere Wege gehen als seine Gattin. Er führt nämlich einen Empfehlungsbrief mit sich an eine gewisse Métella. Sie soll (darum bittet der Schreiber, ihr einstiger Liebhaber Frascata) den unerfahrenen Gondremarck einführen in die intimen und öffentlichen Lustbarkeiten von Paris. Wie aufs Stichwort erscheint Métella selbst. Aber nur, um Gardefeu eifersüchtige Vorwürfe zu machen: hat er doch ausgerechnet ihr Schlafgemach jener Fremden eingeräumt! Für den plumpgalanten Schweden hat sie im Moment keinen Sinn. Gardefeu kann ihn jedoch trösten mit der feierlichen Table d'hôte »seines Hotels«. In flinker Improvisation müssen die nächsten besten Ersatzleute für die fehlenden vornehmen Gäste einspringen: unter anderm die Handschuhmacherin Gabrielle als trauernde Oberstenwitwe und der Schuster Frick als Major. Alle machen sie sich ein Vergnügen daraus, den skandinavischen Hinterwäldlern vorzuführen, wie ungezwungen sogar die feineren Pariser Kreise zu feiern wissen. Gondremarck zumindest ist begeistert. Und dabei soll diese Table d'hôte nur ein Vorgeschmack sein auf die gesellschaftlichen Delikatessen des morgigen Abends! Gardefeu hat ihm nämlich die Einladung ins Haus eines Admirals verschafft. Ihm allein, ohne Gattin, die bei der erlesen gemischten Gesellligkeit vielleicht hinderlich wäre. Gondremarcks Vorfreude ist ebenso groß wie die von Gardefeu, der einem ungestörten Abend mit Christine entgegensieht.

III. Akt, der große Salon im Hôtel de Quimper-Karadec; strenge Einrichtung, Familienporträts: Die Besitzerin ist verreist. Deshalb kann ihr Neffe Bobinet, seinem Freund Gardefeu zuliebe, hier das Fest des Admirals inszenieren, den er selbst darstellt in einer prächtigen, aber zu engen Uniform. Die gesamte Dienerschaft, ebenfalls pompös verkleidet, trägt dazu bei, daß Gondremarck in dieser großen Welt sich beinah heimisch fühlt. Zumal die vorgebliche Gattin des Hausherrn, das Stubenmädchen Pauline, hat es ihm angetan. Sie weiht ihn ein in die hehren Gefilde durchgeistigter Erotik, ohne auf körperliche Kontakte ganz zu verzichten. Auch die andern Domestiken liefern ein blendendes Bild dessen, was Gondremarck für hocharistokratische Lebensart halten möchte. Nicht einmal das feixende Requiem auf die hinterrücks geplatzte Uniform des Admirals kann ihn befremden. Doch da ist er auch schon aufgesaugt vom allgemeinen, längst nicht mehr fingierten Strudel des Champagnerrausches.

IV. Akt, wie II. Akt; die Kerzen brennen, Mitternacht: Soeben ist Christine von der Oper zurückgekommen. Der falsche Fremdenführer hat alles bestens vorbereitet, um ihr endlich ungestört den Hof zu machen. Doch es kommen unverhofft Gäste: Madame de Quimper-Karadec mit Nichte, die ihre Freundin Christine besuchen will. Es sind sogar doppelt unverhoffte Gäste. Denn die grantige alte Quimper, verfrüht heimgekehrt von ihrer Reise, ist zuvor im eigenen Haus auf eine Orgie gestoßen und hat die Polizei alarmiert. Ohnedies hätte Gardefeu wenig Glück bei Christine. Ein anonymes Briefchen der eifersüchtigen Métella hat ihr die ganze Hotelschwindelei aufgedeckt. Jetzt übernimmt die resolute Quimper die Initiative. Als Gardefeu (die lästigen Besucherinnen, glaubt er, sind gegangen) seine Avancen auf Christines Schlafge-

mach ausdehnen will, steht ihm plötzlich im Negligé eine wehrhafte Alte gegenüber; mit Frechheit kann er sich ihrer eben noch erwehren. Der berauschte Gondremarck aber, der gerade heimkehrt und ins Zimmer seiner Frau torkelt, nimmt sofort Reißaus, da die Alte ihr Revier nun mit der Feuerzange verteidigt.
V. Akt, Salon eines luxuriösen Restaurants: Der Brasilianer hat sich immer noch nicht ganz verausgabt. Arm in Arm mit Gabrielle gibt er ein privates Maskenfest, das alsbald auch auf die andern Gäste überschwappen wird. Zunächst freilich erscheint der erboste Gondremarck, der nun hinter all die Possen gekommen ist, die man ihm gespielt hat. Letzten Trost erhofft er sich von der brieflich angepriesenen Métella. Doch auch sie treibt ihren Spaß mit ihm, indem sie ihm ersatzweise drei maskierte Damen ins Séparée schickt. Kaum hat er sich dafür erwärmt, lüpft die erste ihre Maske: die schreckliche Quimper! Jetzt will er sich ein für allemal an jenem Gardefeu rächen, der ihn immer wieder so gründlich übertölpelt hat. Er sucht und findet und fordert ihn zum Duell. Auf der Stelle. Gardefeu nimmt, nolens volens, an. Doch als ihnen der Brasilianer blutrünstig seine wuchtigen Macheten aufdrängt, wird's den Duellanten unbehaglich. Nun vermittelt Bobinet. Hochnotfreundlich befragt er den Gekränkten, was er denn eigentlich zu beklagen habe. Und ob er bei all den Trugspielchen sich etwa nicht amüsiert habe. Doch, durchaus! Auch Gondremarcks Gemahlin, eine jener drei maskierten Damen im Séparée, ist bester Dinge, ohne Übelnehmerei. So pfeift er denn, nur zu gern, auf seine vergnüglichen Seelenwunden und wirft sich mit den andern in den Schlußcancan, der fort und fort das Pariser Leben hochleben läßt.

Kommentar: Der besondere Witz besteht darin, ein schiefes schönes Fernbild der Stadt mit einem nicht ganz so schiefen, aber immer noch schönen Nahbild zu kreuzen: Wie sehen und erleben Fremde ihr mitgebrachtes Klischee vom prachtvollen, weltläufigen, verworfenen Pariser Leben, und wie führen und erleben es die Einheimischen selbst? Offenbach und seine Librettisten wirbeln das harmlose provinzadlige Ehepaar Gondremarck aus dem fernen Schweden durch einschlägige Luxus- und Lasterzonen der Metropole. So glauben und genießen es die beiden Zugereisten. Tatsächlich aber sind fast alle prickelnden Sensationen (Souper beim Hochadel, Kurtisanenkontakt, mitternächtliches Kasino mit Chambre séparée) nur vorgegaukelt durch ein Grüppchen verschmitzter Einheimischer: in Masken und Kostümen und dekorierten Räumen. Wenn dann schließlich die beiden Genarrten den großen Bluff erkennen, übt er trotzdem noch so viel lebendige Faszination aus, daß sie keineswegs verprellt in ihr kaltes Schweden zurückreisen. Was auch immer ihnen widerfuhr, ob echt oder fingiert, es widerfuhr ihnen in und durch Paris. Begeistert stimmen sie ein in den allgemeinen Schlußcancan: »Célebrons Paris [...] Voilà, la vie parisienne du plaisir [...]« Eine abenteuerliche urbane Exkursion, voller Umwege und Brechungen. In diesem gezielten Wirrwarr erst löst sich der gegenwärtige Alltag aus seiner dürftigen Enge und Eintönigkeit. Ausschlaggebend ist dabei, daß die Täuschungen, sobald durchschaut, keine Enttäuschungen hervorrufen. Das würde heißen, alltagsüblich aufs Reelle zu pochen, auf den angemessenen Gegenwert für den entrichteten Kaufpreis. Nein, die Opfer sind auch dann noch hingerissen vom schönen Furor des Gaukelspiels und jener, die es so unermüdlich erzeugen. Aber auch bei den Gauklern selbst, deren Hauptaffeklos, um die Schwedin, letztlich erfolglos, zu verführen, kommt keine Enttäuschung auf. Dieser Müßiggänger Gardefeu und sein Gefolge aus verkleideten Dienstmädchen, Kammerdienern, Handwerkern, sie fangen ihrerseits Feuer am turbulenten Trugspiel, das sie für die Fremden veranstalten. Sie berauschen sich an deren Rausch und zugleich an der eigenen komödiantischen Verve, die jedes unerwartete Hindernis mit einem neuen, weiterführenden Einfall überspielt. Danach herrscht am Ende Einklang, beiderseits: So erst ist das Pariser Leben lebenswert, wenn man es selbst gemeinsam hervorbringt. In Paris und mit dem unerschöpflichen Lebensstoff, den diese Stadt liefert, aber aus freien Stücken und nach eigener unberechenbarer Improvisation. – Am Ende erlischt jeder Zwist. Gefeiert wird, »célebrons Paris!«, eine unheilige Kommunion aller, die hier im Namen dieser Stadt beisammen sind. Die Zugereisten und Hereingelegten mit den Einheimischen und Hereinlegern. Die Schweden und der Brasilianer mit den Pariser Flanierern und Kurtisanen, Handwerkern und Domestiken. Die Gondremarcks sind getäuscht, geneppt, genasführt worden. Und trotzdem haben auch die Trugbilder in und von Paris noch berauschende Vitalität genug, daß die beiden keineswegs verkatert wieder ins kalte Schweden abdampfen. Diese Stadt ist zwar noch nicht ganz so faszinierend, wie die Phantasie es will. Aber doch faszinierend genug, gerade in den trügerischen Reizen, daß, wer immer kann und mag, ihr immer neu verfällt. Und wäre es auch nur, um bei ihren käuflichen Lüsten von treulosem Suff und ebenso treuloser Liebe sich ausplündern zu lassen. So ergeht es, zum wer weiß wievielten Mal, dem millionenschweren Brasilianer, wenn er als Ahle wieder hierherkommt und, wie wohl nur ein jäh begnadigter Lebenslänglicher, stracks aus dem Zugabteil ins Nachtleben entspringt. Sein besessener Hymnus auf Paris hastet so atemlos daher, als ginge ihm die Luft zum Singen ab von der zum Lieben, Tanzen, Trinken (Nr. 5a). Vom schwellenratternden Eingangschor der Eisenbahner, der dem ¾-Takt alle Salongeschmeidigkeit zerhackt (Nr. 1), bis hin zum explodierenden Schlußcancan (Nr. 27); vom kindlich geplapperten Wunschzettel der Gondremarcks, der alles Wunderschöne dieser Stadt begehrt (Nr. 4: »Moi, je voudrais voir les théâtres, / pas ceux où l'on s'embête«), bis hin zu Métellas Walzernokturno, das grollend dem mitternächtlichen Lust- und Unlustbetrieb huldigt (Rondeau Nr. 24); von Gabrielles kapriziösen Polkaschritten im Rückblick auf altmodische Liebesbräuche (Nr. 7: »Autrefois plus d'un amant«) bis hin zu ihrem majestätischen Couplet als fingierte Offizierswitwe, die dem gefallenen ungefälligen Gatten jubelschluchzend einige Handküsse ins Jenseits nachschickt (Nr. 11a: »Es-tu content, mon colonel?«); von der sehnsüchtigen Leiermelodie in Métellas Brieflied von Frascata (Nr. 9) bis hin zum strudelnden Champagnergalopp, der die Stimmen und Beine hochreißt wie in einem vorweggenommenen kollektiven Schluckauf (Nr. 18: »Tout tourne, tourne, tourne, / tout danse, danse, danse«): durchweg feiert Offenbachs Musik, heftig und zart und grotesk, das Leben der Stadt und derer, die sie beleben. Zugleich feiert sie in dieser Vita parisiana die vitalen Kräfte von Menschen überhaupt, die allen Anfechtungen von Selbstmitleid lachend die Zähne zeigen.

Wirkung: Mit Ausnahme der Gastinterpretin Zulmar Bouffar als Gabrielle war die Premiere im Palais Royal nicht mit Sängern, sondern mit singenden Schauspielern besetzt, allen voran Brasseur, der als Brasilianer, Frick und Prosper gleich drei Partien übernahm (Bobinet: Gil-Pérès, Gardefeu: Robert Auguste Priston, Baronin: Céline Montaland). *La Vie parisienne* lief dort etwa ein Jahr en suite (die 200. Aufführung am 19. Mai 1867), kam schon kurz nach der Uraufführung in der guten deutschen Übersetzung von Karl Treumann in Wien (31. Jan 1867, Carl-Theater; Josefine Gallmeyer, Treumann, Josef Matras, Franz Tewele, Marie Fontelive) und Berlin heraus (Friedrich-Wilhelmstädtisches Theater; 200. Vorstellung dort noch 1868; Wiederaufnahmen zur Heimkehr der Truppen des Deutsch-Französischen Kriegs 1871). – Mit der Wiederaufnahme in Paris 1873, nun im Variétés und mit einem Ensemble gestandener Sänger, war Offenbachs Umarbeitung des Stücks auf vier Akte verbunden, darunter die Streichung des ursprünglichen IV. Akts, die Einfügung der Rolle des Alfred für Léonce und die Komposition einer ausführlichen Ouvertüre (Gabrielle: Bouffar, Baron: José Dupuis, Brasilianer, Frick und Prosper: Jean Berthelier). Zu weiteren Einstudierungen am Variétés kam es erst 1889 (Gabrielle: Jeanne Granier), 1893 (Gabrielle: Mlle. Méaly, Baronin: Eve Lavallière, Brasilianer, Frick und Prosper: Brasseur), 1896, 1904 (noch immer mit Brasseur, Gabrielle: Anna Tariol-Baugé) und 1911 (Bobinet: Max Dearly, Gardefeu: Charles Prince). Bedeutende Inszenierungen dieser mit *Orphée aux enfers* (1858) und *La Belle Hélène* (1864) meistgespielten Operette Offenbachs gab es in Paris weiterhin 1931 im Théâtre Mogador (Regie: Dearly; mit Jane Marnac und Jeanne Saint-Bonnet), 1958 im Palais Royal (mit Jean-Louis Barrault, Simone Valère und Suzy Delair), 1974 an der Opéra-Comique, 1980 im Théâtre du Châtelet (Regie: Frantz Salieri und Yves Robert, Dirigent: Pierre Dervaux; mit Danielle Chlostawa) und 1985 im Théâtre de Paris (mit Jane Rhodes, Eliane Lublin und Gabriel Bacquier). Im Rahmen der deutschsprachigen Offen-

La Vie parisienne, I. Akt; Peter Pietzsch als Brasilianer; Regie: Jérôme Savary, Bühnenbild: Jean Marie Fiévéz; Städtische Bühnen, Frankfurt a. M. 1978. – Der die Szene beherrschende Bahnhof steht für das industrialisierte Paris, »die Hauptstadt des 19. Jahrhunderts«.

bach-Pflege kam es zu Aufführungen unter anderm in Wien 1871 (Carl-Theater), 1898 (Jantsch-Theater), 1911 (Theater an der Wien), in Berlin 1929 (Renaissance-Theater; mit Margarete Schlegel, Fritz Odemar, Camilla Spira und Hermann Vallentin). Karl Kraus nahm die Operette 1927 in die Reihe seiner Wiener Offenbach-Vorlesungen auf (musikalische Begleitung: Otto Janowitz); 1931 wurde seine Bearbeitung im Rundfunk gesendet (Regie: Cornelis Bronsgeest, Dirigent: Friedrich Hollaender; mit Irene Eisinger, Cäcilie Lvovsky, Josefine Dora, Ludwig Donath, Georg Alexander und Sigismund von Radecki). Nach dem zweiten Weltkrieg setzte sich vielfach die freie Bearbeitung von Walter Felsenstein durch, die am 30. Nov. 1945 im Hebbel-Theater Berlin herauskam: 1951 an der Komischen Oper Berlin, 1955 in Düsseldorf und 1957 in Basel. Seitdem sind mehrere meist sehr freie Bearbeitungen und Instrumentationen im Gebrauch, die erst allmählich durch die Neuausgabe von 1984 bei Bote & Bock verdrängt werden. Diese macht einen Großteil der Musik wieder zugänglich, soweit dies ohne Einsichtnahme in das offenbar vollständige Autograph möglich ist. Wichtige Aufführungen der letzten Jahre gab es unter anderm in London 1968 und 1974 (Coliseum), Berlin (Schiller-Theater), Düsseldorf und Frankfurt a. M. 1978, Wien 1980 (Volksoper), Straßburg 1988, Hamburg 1989 (Thalia-Theater), Genf und Paris 1990 (Opéra-Comique; Dirigent: Pierre-Michel Durand; mit Bacquier, Marie-Thérèse Keller und Lublin / Corinne Segretta).

Autograph: Privatbesitz; Fragment (Triolet d. Gardefeu im I. Akt): Hist. Arch. d. Stadt Köln. **Ausgaben:** 1. Fassung: Part, dt. Übers. v. K. Treumann (als Ms. gedruckt): B&B [um 1867; trotz d. Untertitels »Komische Operette in vier Akten« handelt es sich um eine 5aktige Version]; Kl.A v. V. Boullard: Heu, Paris [um 1866], Nr. 742 [291 S.]; Kl.A, frz./dt. Übers. v. K. Treumann: B&B [um 1867], Nr. 7413-44 [283 S.]; B&B, Nr. 15516 [230 S.]; Kl.A, dt. Bearb. v. W. Felsenstein: B&B 1958, Nr. 21510; Kl.A, frz./dt. Übers. v. J. Heinzelmann: B&B [1984]; Textb. (Ed. illustrée de costumes colorés, dessinés par Draner, de vignettes de P. Hadol): Paris 1875; Textb., dt. v. K. Treumann: B&B 1867; Bln., Funk-Dienst 1927; Textb., dt. u. Nachw. v. J. Heinzelmann (nach d. Ausg. Paris 1875): Ffm., Insel 1982 [mit Dokumenten]; 2. Fassung: Kl.A v. V. Boullard: Gregh, Paris [um 1880], Nr. E. H. 742 [243 S.]; Rouart/Lerolle, Paris [um 1911], Nr. 6742; Textb.: Paris, Libr. Théâtrale/ Billaudot [um 1873], Nachdr. [um 1975]; Text auch in: H. MEILHAC, L. HALÉVY, Théâtre, Bd. 4, Paris 1900, S. 263–386; Textb., frz./engl.: NY, Gray & Green 1869; Textb., frz./engl. Übers. v. B. Vierne, in: [Bei-H. d. Schallplattenaufnahme EMI], 1976; Bearbeitungen: Kl.A, 3aktige engl. Bearb. v. H. B. Farnie: Boosey, London [um 1890]; Kl.A, 3aktige engl. Bearb. v. A. P. Herbert, arr. v. A. D. Adams: ebd. 1952; Textb., dass.: London 1929. **Aufführungsmaterial:** Salabert; dt. v. Treumann: B&B; dt. Bearb. Felsenstein: B&B; dt. v. Heinzelmann: B&B; dt. v. B. Wilms: Selbst-Vlg., München; dt. Bearb. v. H. Weigel: M u. Bühne, Wiesbaden
Literatur: F. DE CROISSET, ›La Vie parisienne‹ au théâtre, Paris 1929; S. SITWELL, La Vie parisienne. A Tribute to O., London 1937; J. OFFENBACH, Pariser Leben, hrsg. J. Heinzelmann, Ffm. 1982, S. 265–290; V. KLOTZ, Bürgerliches Lachtheater, Reinbek ²1987, S. 198–205; weitere Lit. s. S. 488

Volker Klotz

La Grande-Duchesse de Gérolstein
Opéra-bouffe en trois actes et quatre tableaux

Die Großherzogin von Gérolstein
3 Akte (4 Bilder)

Text: Henri Meilhac und Ludovic Halévy
Uraufführung: 12. April 1867, Théâtre des Variétés, Paris
Personen: Großherzogin (S); Fritz (T); Prinz Paul (T); Baron Puck, Lehrer der Großherzogin (T); General Boum (Bar); Baron Grog, Diplomat (Bar); Népomuc, Flügeladjutant (T); Wanda, Bäuerin (S); Iza, Ehrenfräulein der Großherzogin (S); Amélie, Olga und Charlotte, Ehrenfräulein (3 S). **Chor, Statisterie:** Herren und Damen bei Hof, Ehrenfräulein, 2 Pagen, 2 Türsteher, Soldaten der Großherzogin, 2 Marketenderinnen, Bäuerinnen, 2 kleine Neger; für Nr. 15: 13 Verschwörer, 5 Scherenschleifer
Orchester: 2 Fl (2. auch Picc), 2 Ob, 2 Klar, 2 Fg, 2 Hr, 2 Pistons, Pos, Pkn, Schl (Tr, gr.Tr, Bck, Trg, Glsp, Schellen), Streicher; BühnenM: 2 Fl (2. auch Picc), 2 Ob, 2 Klar, 2 Fg, 2 Hr, 2 Pistons, 3 Pos, Schl (Tr, gr.Tr mit Bck)
Aufführung: Dauer ca. 2 Std. 45 Min. – Orchester nach dem Autograph (vgl. Irene Weber, Anhang S. 31, s. Lit.). Ausführliche Bild- und Regieangaben im französischen Textbuch.

Entstehung: Offenbach komponierte *La Grande-Duchesse de Gérolstein* teils parallel zu *La Vie parisienne* (1866) und feilte länger als sonst daran. Noch bis zur dritten Aufführung brachte er Ergänzungen, Transpositionen und Kürzungen an, die überwiegend, aber nicht vollständig im Supplement des ersten Klavierauszugs verzeichnet sind. Am einschneidendsten war dabei die Streichung der Nr. 15 (»Scène et chœur de la conjuration« und »Chant des remouleurs«), die bei heutigen Aufführungen meist rückgängig gemacht wird.
Handlung: Um 1720.
I. Akt, Feldlager: Der Feldzug gegen den gleichfalls winzigen Nachbarstaat von Gérolstein steht bevor. Galgenhumorig singen und walzern sich die Soldaten von ihren bäuerlichen Bräuten. Darunter der Rekrut Fritz, der gleich, wenn er heimkommt, seine Wanda heiraten will. Ausgeheckt hat den Krieg Baron Puck, Hauslehrer der 20jährigen Großherzogin. Es ist sein zweiter Versuch, die mutwillige Fürstin von unberechenbaren Launen abzuhalten, die seinen politischen Einfluß schmälern könnten. Der erste ging daneben: ein herbeiintrigierter Bewerber, der jämmerliche Prinz Paul, den sie wie einen Hofnarren behandelt. Der Versuch nun, sie durchs prickelnde Kriegspielen zu fesseln, hat Erfolg. Sie hat zwar wenig übrig für den maulheldischen General Boum, der, laut wuchtiger Selbstanpreisung, mit seinem martialischen Helmbusch im Feld die Feinde, im Salon die Damen reihenweise niedermacht. Desto entzückter ist sie vom geballten, etwas jüngeren Heereskörper, dem sie en gros ihre Liebe erklärt: »Ah! que j'aime les militaires!«

Vollends in Wallung kommt sie, en détail, durch den strammen Fritz. Zum Ärger Boums, der diesen Rekruten piesackt, wo er kann, weil der ihn schon bei Wanda ausgestochen hat. Und nun beehrt ihre Hoheit diesen Kerl auch noch, mit ihr gemeinsam das vielgeliebte Regimentslied zu singen. Zuvor macht sie Fritz zum Hauptmann. Paul, der sauertöpfisch dazwischenstakst, erntet nur Spott. Sein Kummer, dem er in einer elegischen Ballade Luft macht, rührt freilich weniger von verschmähter Liebe als von verletzter Eitelkeit. Denn alle europäischen Skandalblätter verhöhnen ihn wegen seiner kläglichen Rolle als Dauerwerber. Als Fritz gar noch den hirnlosen Schlachtplan von Boum durch einen nicht ganz so dummen ersetzt, kriegt er dessen Stelle samt Federhelm. Geadelt ist er bereits. Jetzt muß ihm die Monarchin nur noch den Säbel des Vaters überreichen als Insignie unbezwingbarer Feldherrnherrlichkeit. Mit starkem chorischen Rückenwind zieht das kleine Heer los gegen den Feind.

II. Akt, Saal im Palast: Beglückt erfahren die Hofdamen aus der Feldpost ihrer heldischen Liebhaber vom erfolgreichen Kriegsende. Dann tritt Feldherr Fritz selbst auf, mit siegestaumelndem Gefolge, vorm ebenso siegestaumelnden Hof. Feierlich gibt er der Monarchin den nun noch ruhmreicheren Vatersäbel zurück. Inhalt und musikalischer Gestus seines flotten Rondos kontern entschieden der Geisteshaltung des entmachteten Boum, um den unsoldatischen Feldzug noch anarchischer auszumalen. Die Schlacht also tobte: zwischen 120000 Kriegern des feindlichen Zwergstaats und 300 000 Flaschen Wein, die Fritz in seinem Heerlager als Köder ausgelegt hatte. Alle Feinde fielen um, man mußte sie im Kampf allenfalls anstupsen. Großer Beifall, außer bei den ohnehin rachebrütenden Traditionalisten Boum, Puck und Paul. Rasch beendet die Großherzogin den Staatsakt, um endlich mit dem jetzt noch begehrenswerteren Fritz allein zu sein. Zielstrebig pirscht sie sich an ihn heran mit einer maskierten Liebeserklärung. Eine Freundin habe sie beauftragt, ihm die Herzensbotschaft mitzuteilen: »Dites-lui que je l'aime…« Fritz spürt so ungefähr, von was, nicht aber, von wem die Rede ist. Unter seinesgleichen redet man nicht durch die Blume, man pflückt sie. Und die ihm blüht, heißt Wanda. Auf der Stelle will er sie heiraten. Tief gekränkt geht die Großherzogin sogleich zu seinen Feinden über. Die haben schon einen Mordplan ersonnen, einen ebenso umständlichen wie altehrwürdigen, wie es sich für ausgepichte Konservative schickt. Hinterm Porträt eines großherzoglichen Ahnen nämlich führt ein alter Geheimgang zum Seitenflügel des Schlosses, wo man großzügig für Fritz und Wanda ein Brautgemach herrichten will. Auf diesem Weg soll den plebejischen Emporkömmling die nächtliche Rache ereilen. Falls er sich nicht doch noch, von Wanda weg, einer Besseren besinnt, will die Großherzogin selbst das tödliche Startsignal geben.

III. Akt, 1. Bild, das rote Zimmer, ein alter gotischer Saal: Hier soll das frisch verheiratete Paar die Nacht verbringen. Durch den Geheimgang schleichen sich die Attentäter herein. Im Verschwörungschor, der im »Lied der Messerwetzer (Scherenschleifer)« gipfelt, spitzen sie sich selbst und ihre Waffen zu. Daß Fritz dennoch davonkommt, verdankt er dem Gesandten von Pauls Vater, Baron Grog, der unverhofft die Aufmerksamkeit der Großherzogin auf sich zieht. Enttäuscht vom rauhen Fritz beißt sie prompt auf den glatten Diplomaten an. Der kann sie sogar, weil er hernach ihr allemal gern verfügbar sei, zur Heirat mit Paul beschwatzen. Die Lust auf Grog lindert ihre Rachlust auf Fritz. Nicht töten sollen ihn die Verschwörer, nur seine Hochzeitsnacht zerstören. Zunächst eine akustische Invasion: Militärisches Gratulationsgetöse reißt den Bräutigam aus dem Bolerotakt mit der Braut marschmäßig zu Dankesreden ans Fenster. Dann quillt der ganze Hofstaat ins Schlafgemach: »à cheval, à cheval, / vite, monsieur le général!« Hoch im Galopp aus ungenutztem Ehebett ins Feld! Denn der Feind stürmt heran. Der großherzogväterliche Säbel ragt auf als höhnisches Symbol abgelenkter Stoßkraft. Fritz, eben erst abgerüstet, muß schleunigst wieder aufrüsten. Zurück bleibt die einsame Wanda.

2. Bild, wie I. Akt: Beim Freiluftschoppen des Hofstaats stößt man an auf Pauls Hochzeit mit der Großherzogin, deren lustig-wehmütige Trinklegende vom Riesenglas ihres Urahns auch die Erinnerung an Fritz herunterschwemmt. Doch schon ist er wieder da. Hinkend, blaugeschlagen, mit zerfetzter Uniform schleppt er die erhabene Insignie des väterlichen Säbels, verbogen wie ein Korkenzieher. Boum nämlich hat den verhaßten Rivalen nach der Falschmeldung vom anrückenden Feind in eine private Falle gelockt: ins Haus seiner eigenen Mätresse, deren aufgestachelter Gatte mit all seinen Knechten über den vermeintlichen Ehebrecher herfiel. Schadenfroh stimmen die Höflinge ein in Fritzens ächzenden Walzerbericht und steigern ihn zu einer garstig ausgelassenen Tyrolienne. So jemand kann nicht General bleiben. Hurtiger noch, als sie ihn anfangs hochbefördert hat, stuft ihn die Großherzogin wieder hinunter zum gemeinen Rekruten, der nur zu gern seinen Abschied nimmt. Zur Freude Wandas. Die Monarchin freilich hat zu früh gelacht. Denn der ausersehene Ersatzmann, Grog, ist zu Haus schon glücklicher Familienvater. So muß sie sich vorerst mit Paul begnügen. Nur Boum ist zufrieden. Er erhält seinen alten Rang samt Helmbusch zurück. Der Schlußgesang läßt nochmals den gigantischen Pokal des zechenden Urahnen hochleben.

Kommentar: Eine kapriolenreiche Abrechnung mit Kleinstaaterei, Militarismus, abgetakeltem Hofschranzentum, mit der Willkür der Mächtigen gegen die Machtlosen. Satirische Püffe muß nicht nur das zeitgenössische Deutschland einstecken (der Phantasiename Gérolstein, aus Eugène Sues damals noch allbekannten *Mystères de Paris*, 1843, bezeichnete bereits dort den deutschen Kleinstaat seines rigorosen Romanhelden Rudolph). Auch diesseits der französischen Grenzen trifft es die Hofhaltung Kaiser Napoleons III., seine kriegslüsterne Generalität. Derart hat man das Stück früh und auch weiterhin eingeschätzt. Zweifellos, solche satirischen Tendenzen sind unverkennbar. Sieht und hört man indes genauer hin, dann stellt sich heraus, daß sie die musikdramatische Hauptsache der *Grande-Duchesse de Gérolstein* nicht eigentlich ausmachen, sondern nur dazu beitragen. Hauptsache aber ist die Verstörung durch das Löcken wider lebensfeindliche, vitalitätszerquetschende Tradition. Hauptsache ist die juxig aufgeworfene, aber mit betroffener Obsession durchgespielte Frage, wie denn der scheinbar zwingende Kreislauf von Geschichte zu durchbrechen sei. Lächerliche Kleinstaaterei, Monarchenwillkür, Hofdekadenz, Militaristenstumpfsinn: sie sind hier nur besonders sinnfällige Äußerungen ebendieser Hauptsache, die dramatisch und musikalisch allenthalben durchschlägt. Die Höflinge Boum, Puck, Paul, Grog sind singende Fossilien des immerdar Gewesenen, das am Ende zu triumphieren scheint. Aber: was singt aus ihnen? Und: werden sie fertig mit dem, was aus ihnen singt? Genau hier haben wir den springenden Punkt von Offenbachs abgefeimter Musikdramaturgie. Die Personen, die da singend handeln, sind ebensowenig eins mit sich selbst wie die gesamte Bühnenhandlung, die doch allem Anschein nach den Status quo befestigt. Sie gehen nicht auf in dem, was sie verkörpern, sie widerlegen es auch. »Ce qu'on a fait, on le refait. L'histoire est comme un cercle immense«: so lautet die fatalistische Botschaft im Duett Nr. 14, das »die große Lehre der Vergangenheit« kundgibt. Boum und die Großherzogin singen es zu Beginn des III. Akts. Tief ausholend mit finsterem Andante maestoso in g-Moll, das die langsamen Sätze tragischer Symphonien nachgrollen läßt, kippen sie plötzlich um in kicherndes Allegro. Der Text bekräftigt den musikalischen Stimmungsknick, denn er belegt den soeben verkündeten Geschichtsfatalismus einzig durch die ewigen Hintertreppenhistörchen der sprichwörtlich schwatzhaften Concierge. – Es gibt also zweierlei Risse. Zwischen den Personen und innerhalb der Personen. Der Riß zwischen den Personen ist offensichtlich. Er scheidet sie in Vertreter der Staatsmacht (die Höflinge), die nur der toten Tradition leben, und in Opfer der Staatsmacht (Fritz und Wanda), die nur ihr eigenes Leben leben wollen. Dazwischen pendelt die Großherzogin, die vergeblich danach jagt, beides zu vereinigen. Die Staatsmächtigen sitzen zwar am längeren Hebel. Doch so, wie sie ihn bedienen, werden ihre Macht und auch ihr Recht fragwürdig. Die bissige Inversion der Offenbachiade macht es überdeutlich. Ausgerechnet im eigenen altehrwürdigen Terrain des Schlosses sind sie gezwungen, sich so zu gebaren, wie offizielle Klischees die subversiven Staatsfeinde ausmalen: als lichtscheue, unterirdische Wühler, die mordlustig zum Attentat schleichen. Je feierlicher sie, in der Schauerballade vom einstigen Favoriten Max und im Verschwörungschor (Nr. 15), die Traditionen berufen, desto schlimmer kompromittiert ihr gegenwärtiges Tun die Vergangenheit, die es doch verteidigen soll. Wenn sie mit 13 weiteren Verschwörern dem einen Fritz zu Leibe rücken wollen, zeigt die Unverhältnismäßigkeit, daß ihnen der harmlose Exrekrut mehr ist als bloß Rivale in der Gunst der Monarchin. Er bedroht, was sie sind und tun. Und das nicht einmal vorsätzlich, sondern einfach nur durch sein unbekümmertes Drauflos. Indem er so leichtfertig und doch wirksam die Feinde erledigt hat, zudem noch allem militärischen Brauch zuwider unblutig, hat er bewiesen, wie entbehrlich die Traditionalisten und wie untauglich ihre Praxis ist. Seine unwillkürliche Destruktion zumal des militärischen Herkommens spielt sich nicht nur in den dramatischen Ereignissen, sie spielt sich auch musikalisch ab. Man muß nur das Regimentslied (Nr. 4) mit Fritz' Rondo über seinen burlesken Sieg (Nr. 9b) vergleichen. Das Regimentslied (die Großherzogin hat es den ganzen Morgen über heimlich einstudiert, um es dann ganz spontan im Kreis ihrer Uniformierten anzustimmen) beschwört rhythmisch und melodisch eine straff trabende Kavallerieparade herauf. Hierin liegt schon der erste Witz: Hochtrabend zwar, aber zu Fuß wird es vorm infanteristischen Fußvolk gesungen, das, müßte es selbst in den scharfen Sechsachteln dieses Allegro marziale marschieren, allzu leicht aus dem Takt purzeln würde. Noch komischer klaffen zeremonieller Anspruch und Wirklichkeit auseinander, wenn Fritz der ehrenden Weisung nachkommt, solistisch die hohe Dame zu begleiten. Zunächst einmal trägt er zu dieser befristeten Gleichberechtigung bei, indem er die Anfangsphrase der Vorsängerin tongetreu wiederholt. Freilich mit einem bedenklichen rhythmischen Fauxpas. Pro Takt zerhackt er im Refrain ihre betonten Viertel in Achtel plus Achtelpause und verwandelt so den Nach-

La Grande-Duchesse de Gérolstein; Marie Geistinger als Großherzogin; Theater an der Wien, Wien 1867.

druck der Monarchin unvermerkt in keck egalisierte Notenwerte. Im Refrain dann, wo die Höflinge die melodische Führung der Monarchin mit unermüdlichem »Ratata« begleiten, mithin sich selbst zu sprachlosen Tambourinstrumenten degradieren, schnellt Fritz empor in aberwitzig hoch geplärrte Sechzehntel (a'); ebenfalls mit »Ratata«, das derart kastriert seine rituelle Selbstverständlichkeit als schiere Unnatur erweist. Wenn Fritz hernach im II. Akt als erfolgreicher, aber immer noch plebejischer General von seinem Sieg berichtet, hält er sich ebenfalls ans rhythmische und melodische Muster einer Kavallerieparade. Aber wie! Was im Regimentslied uniform in schneidig gestochenen Sechsachteln daherkam, geht hier in einen schlendernden Rhythmus über, bricht ungebärdig aus und fällt wieder zurück; wechselt die Gangart mal klobig aufstampfend, mal lässig tänzelnd. Hier singt, vorm staunenden Hof, ein Mann allein von seiner bauernschlauen Heldentat, selbst ungewiß, ob er sich brüsten oder kaputtlachen soll. Der Kerl, das hört man, pfeift auf Disziplin. – Fritz und Wanda überwinden ihn leicht: jenen Riß, zwischen Wollen und Müssen, der durch die Personen hindurchgeht. Anders die Höflinge. Obwohl Offenbach sie zu Karikaturen macht, brüllen und ächzen, seufzen und trällern aus ihnen allerlei unzerstörbare Lebenstriebe, die sie doch selbst verstümmeln. Nicht im Dialog, aber in jeder musikalischen Nummer rumoren solche Triebe, allerdings geknickt und verstaucht. General Boums berühmtes Auftrittslied (Nr. 1c) karikiert nicht nur die maßlose Angeberei des hohlköpfigen Militaristen; es sprüht auch von Selbstverzückung, die sich nach einem besseren Subjekt sehnt. Nur dadurch reißt sie mit. Prinz Pauls leiernde Jeremiade vom höhnischen Gift, das die Zeitungen gegen ihn verspritzen (Nr. 5), karikiert nicht nur diesen liebesleeren, nichts als diplomatischen Möchtegernbräutigam: Sie äußert auch grundsätzliche Trauer über solche Liebesleere. Und die Moritat vom hingemeuchelten Favoriten Max karikiert nicht nur die gefährliche Mischung von Konservatismus und Fememord der Hofkamarilla, die sich da zum Attentatsensemble zusammensingt: Sie nährt auch und belacht zugleich jedermanns Faszination durch schaurige Blutrunst. – Am tiefsten geht jener Riß durch die Titelheldin. Er nur bringt und hält die eigentliche Operettenhandlung in Schwung. Im Unterschied zu den Höflingen ist die Großherzogin von einer kaum zu bremsenden Lebensgier umgetrieben, die sich schon in der überkommenen Staatsrolle nicht stillegen läßt. Bereits ihr Auftrittslied vor versammelter Mannschaft läßt da keinen Zweifel. Was nach einem fast erhabenen, dann fast traurig verhangenen Rezitativ aus ihr hervorbricht (der Seufzerschrei »Ah!«, dem von unten rauf ein unbeherrschtes »que j'aime les militaires« nachsprudelt), ist alles andere als landesmütterliche Kameraderie. Es ist eine brünstige Umarmungsgeste, die nur deshalb verpuffen muß, weil der vielköpfige Adressat halt eben auf einmal sich nicht packen läßt. Erst recht im II. Akt, wenn die Großherzogin dann dem einen Mann Fritz umwegig ihre Liebe bekennt, prallt ihre lang gestaute

La Grande-Duchesse de Gérolstein; Fritzi Massary als Großherzogin; Metropoltheater, Berlin 1916.

Energie wider Erwarten ab. Daß die Herrscherin den Auserwählten unter höfischem und weiblichem Rollendruck nicht geradewegs sagen darf, wie ihr ist; daß sie also ihren Überschwang dämpfen muß in der Maskerade der erfundenen Freundin, die das Ich und Du zur distanzierten dritten Person des »Dites lui« verkleidet: solcher Zwang zum Stilisieren gibt ihrem melodischen Drängen den Charme hochexplosiver Verhaltenheit. Für solche Gefühlsintensität, so zeigt sich, kann kein angemessener Partner zur Stelle sein. Es ist gesungener Petrarkismus unter bürgerlichen Bedingungen. Da kann man nur, wie die Großherzogin am Ende, den Riß überspringen zwischen Begehren und dem, was zu haben ist. In ihrem Fall überspringt sie den zwischen Leben und Tradition in die ungefesselte Vergangenheit der Legende (Nr. 20b). Singend und bechernd vereinigt sie sich mit jenem fürstlichen Ahnen, der einzig seinem überdimensionalen Pokal verpflichtet war. Allenfalls so könnten lebensgierige Traditionalisten (ohne Gefahr für die Umwelt) Tradition mit Lebensgier vereinbaren: indem sie eins im andern ertränken.

Wirkung: Von Offenbachs Welterfolgen erzielte dies Werk von vornherein den sensationellsten. Die äußeren Umstände trugen wesentlich zur raschen Popularisierung bei, zumal die Pariser Weltausstellung, die im Uraufführungsjahr von überallher Fürsten und Staatsmänner in die Stadt und, geradezu mondän obligatorisch, ins Théâtre des Variétés zog, wo die legendenreiche Hortense Schneider in der Großherzogin aufging und die Großherzogin in ihr (Fritz: José Dupuis, Wanda: Emilie Garait, Boum: Henri Couder, Puck: Kopp, Paul: Pierre Eugène Grenier, Grog: Baron). Aber auch über die Uraufführungszeit hinaus wirkte die musikdramatische Modellierung der Titelfigur und ihres Schicksals fort. Obwohl nur pseudohistorische Gestalt, wurde die Großherzogin zu einem operettistischen Schnittmuster: »Große Frauen machen Geschichten.« Der Typus der singenden Femme fatale auf Thron und diplomatischem Parkett fand ein halbes Jahrhundert lang attraktive Nachfahren: von Jeanne Gräfin Dubarry bis zur Marquise de Pompadour, von Kleopatra bis Lady Emma Hamilton, von Kaiserin Joséphine bis Lola Montez. – Zu Wiederaufnahmen in Paris kam es 1878 (Théâtre des Bouffes-Parisiens) mit Paola Marié, 1887 (Variétés) mit Anna Judic und 1890 (Variétés) mit Jeanne Granier. Die deutsche Übersetzung von Julius Hopp, die in beiden Bildern des III. Akts einige Nummern umstellt, kam schon am 13. Mai 1867 im Theater an der Wien heraus (Großherzogin: Marie Geistinger, Fritz: Albin Swoboda, Boum: Karl Mathias Rott, Puck: Carl Adolf Friese, Paul: Carl Blasel). Wenig später folgten die Premieren in Berlin (1868, Friedrich-Wilhelmstädtisches Theater; mit Lina Mayr) und München (1869, Volkstheater). Wiederaufnahmen in Wien gab es 1886 (Carl-Theater) und 1899 (Jantsch-Theater). In England und den Vereinigten Staaten löste das Werk ein wahres Offenbach-Fieber aus: Die New Yorker Premiere (1867, French Theatre) war mit Lucille Tostée besetzt, später übernahm Fleury Longchamps die Partie; 1868 wurde *La Grande-Duchesse* nach 165 Vorstellungen zugunsten der *Belle Hélène* (1864) abgesetzt, doch bereits 1868 (Pike's Opera House) mit gleichem Ensemble (Tostée), 1870 (wieder French Theatre) und 1890 (Casino Theatre, mit Lillian Russell) zurückgeholt. Die Londoner Premiere (1867, Covent Garden; englische Bearbeitung: Charles Lamb Kenney) sah Julia Matthews als Großherzogin. Hier gab es 1868 eine Wiederaufnahme im Olympic, während gleichzeitig im St. James's Theatre Offenbachs Pariser Ensemble auftrat, allen voran Schneider als Eurydice, Hélène, Boulotte und Großherzogin. Revivals in London folgten unter anderm 1897 am Savoy (englisch von Charles Brookfield und Adrian Ross; Großherzogin: Florence Saint John, Boum: Walter Passmore, Paul: Henry Lytton) und 1908 am Shaftesbury Theatre (französisch, mit Anna Tariol-Baugé). Legendär wurden auch die Berliner Aufführungen 1916 im Metropoltheater (mit Fritzi Massary) und 1931 in der Volksbühne (deutsch von Edwin Denby; mit Else Elster, Kurt Mühlhardt, Hermann Vallentin und Hubert von Meyerinck; Regie: Arthur Maria Rabenalt, Dirigent: Theo Mackeben). Die *Grande-Duchesse* hat in Folge nicht nur für deutsche Bühnen zahlreiche textliche und musikalische Bearbeitungen mit teils erheblichen Eingriffen über sich ergehen lassen müssen: durch Karl Kraus, der im Rahmen seiner Wiener Offenbach-Vorlesungen 1926 die Übersetzung von Hopp bearbeitete (im Rundfunk 1930; mit Rita Georg und Hans-Heinrich von Twardowski); durch Walter Mehring (1931); durch Albert Willemetz und André Mouézy-Eon (Gaîté-Lyrique Paris 1948; mit Germaine Roger); nicht zuletzt durch Otto Schneidereit und Herbert Kawan (Leipzig 1968), Ernst Poettgen und Friedel-Heinz Heddenhausen (Stuttgart 1968), Siegfried Dörffeld (Wiesbaden 1979), durch Edmund Gleede, Thomas Münstermann und Caspar Richter 1980 (Deutsche Oper Berlin 1980; Großherzogin: Patricia Johnson, Wanda: Barbara Vogel, Fritz: Donald Grobe). Neuere Einstudierungen gab es unter andrem 1966 in Paris (Théâtre Marigny), 1981 in Toulouse, 1986 beim Carpentras-Festival (Großherzogin: Viorica Cortez, Fritz: Christian Papis) und 1991 in Hamburg (Ensemble der Staatsoper im St.-Pauli-Theater).

Autograph: Part: Privatbesitz; ZensurL: Arch. Nationales Paris F^{18}806. **Abschriften:** Part, dt.: ÖNB Wien (S. m. 33321); Part, frz./dt. (um 1900): LOC Washington. **Ausgaben:** Part: Bois, Paris [um 1983]; St.: Brandus & Dufour, Paris [1867], Nr. 11210; Part, dt. Übers. v. T. Gaßmann: B&B [1868?]; Kl.A: Brandus & Dufour, Paris [1867], Nr. 11211; Kl.A, frz./engl. Übers. v. C. L. Kenney: Boosey, London [nach 1870; 296 S.]; Kl.A, engl. Übers. v. C. L. Kenney: ebd. [279 S.], Neu-Ausg.: Boosey, NY 1897; Kl.A, engl. Bearb. v. P. Park, R. Hanmer: Weinberger, London [1969]; Kl.A, frz./dt.: B&B [um 1870], Nr. 7526-54 [285 S.]; Kl.A, dt. Übers. v. J. Hopp: B&B [um 1870], Nr. 7546; Kl.A, frz./dt. Übers. v. E. Poettgen, mus. Bearb. v. F.-H. Heddenhausen: B&B 1967; Textb.: Paris, Lévy frères 1867; Paris, Libr. Théâtrale/Billaudot [um 1975]; Text auch in: H. MEILHAC, L. HALÉVY, Théâtre, Bd. 2, Paris 1899, S. 179–305; Textb., frz./engl.: Boston, Ditson [um 1867]; NY, Gray & Green [1868f.]; Textb., engl.: ebd. 1867; NY, Koppel 1875; Textb., dt.: B&B 1868; Textb., port.: Rio de Janeiro 1899; Textb., dt. v. J. Hopp, T. Gaßmann: Bln., Funk-Dienst [um 1927]; Textb., dt. v. W. Mehring: Ffm., Fischer 1931; Textb., dt. v. J. Hopp, Bearb. v. K. Kraus: Bloch; Textb., dt. v. E. Poettgen: B&B 1975; Textb., frz./engl./dt., in: [Bei-H. d. Schallplattenaufnahme CBS], 1977. **Aufführungsmaterial:** Chappell; dt. Bearb. v. K. Kraus: B&B; dt. Bearb. Poettgen/ Heddenhausen: B&B; dt. Bearb. v. O. Schneidereit, H. Kawan: Henschel-Vlg., Bln.; engl. Bearb. Park/Hanmer: Weinberger, London; dt. v. Kraus: Kiepenheuer, Bln.
Literatur: H. MAYER, Die Wirklichkeit als Operette. Die Operette als Wirklichkeit (Anm. zur ›Großherzogin von Gerolstein‹), in: DERS., Versuche über die Oper, Ffm. 1981, S. 234–237; I. WEBER, J. O.s Opéra-bouffe ›La Grande-Duchesse de Gérolstein‹. Werk – Zensur – Presserezeption, Diplomarbeit, Fribourg 1988; weitere Lit. s. S. 488

Volker Klotz

La Leçon de chant électromagnétique
Bouffonnerie-musicale en un acte

Die elektromagnetische Gesangsstunde
1 Akt

Text: Ernest Bourget
Uraufführung: 20. Juli 1867, Kursaaltheater, Bad Ems
Personen: Pacifico Toccato, italienischer Gesanglehrer (Bar); Jean Matois, Bauer (T)
Orchester: 2 Fl (2. auch Picc), Ob, 2 Klar, Fg, 2 Hr, 2 Pistons, Pos, Pkn, Streicher
Aufführung: Dauer ca. 20 Min.

Entstehung: Als Offenbach für die Emser Saison 1866 zwei Einakter fertigstellen sollte und mit dem ersten (*La Permission de dix heures*, Bad Ems 1867, Text: Mélesville und Pierre François Adolphe Carmouche) in Verzug kam, erlaubte ihm Kurdirektor Briquiboul, statt der vorgesehenen Novität, einer Fortsetzung von *Lischen et Fritzchen* (1863), ein fertiges kleines, noch nicht aufgeführtes Werk zu liefern. Offenbach zog daraufhin die *Leçon de chant électromagnétique* aus der Schublade, die freilich wegen des Kriegs erst 1867 uraufgeführt werden konnte. Auch hier verbreitete sich, wohl mit Offenbachs Wissen, das Gerücht, das kleine Werk sei binnen weniger Tage entstanden und einstudiert worden. Auf dem autographen Titelblatt findet sich jedoch der vermutliche Entstehungsvermerk 9. Febr. 1862. Im erhaltenen Aufführungsmaterial gibt es zudem einen Hinweis auf den 4. Jan. 1864 als Datum einer vielleicht privaten Uraufführung an unbekanntem Ort.
Handlung: In einem Salon: Maestro Pacifico Toccato preist den Schöngesang und seine elektromagnetische Instantmethode, die aus dem dümmsten Kretin binnen einer Viertelstunde einen »primo tenore assoluto« zu machen imstande sei. Unter den Zuschauern findet er ihn, Jean Matois, und die Methode erweist sich als wirksam.
Kommentar: Dieser Sketch bedarf eigentlich keiner Dekoration, sondern ist eher als Einlage für ein Konzert als für eine theatralische Aufführung geeignet. Für eins seiner komisch-dramatischen Konzerte hat Offenbach ihn vermutlich auch geschrieben, um die Opéra-Comique auf sich aufmerksam zu machen. Vielleicht war er ursprünglich nur für Klavierbegleitung gedacht. Von all seinen komischen Sketchen ist, noch vor *Le Moine bourru* (1843), dies der komischste und effektvollste, weil er gleichzeitig Gelegenheit zu Musikparodie und zu schwungvollen Einlagen wie Pacificos Tarantella bietet.
Wirkung: In Bad Ems machte der Sketch kein großes Aufsehen. Nach Paris gelangte er 1873 (Théâtre des Folies-Marigny), im selben Jahr nach London (Gaiety Theatre als *Do-re-mi-fa*). Eine deutsche Übersetzung von Josef Heinzelmann kam erst 1977 mit Barry McDaniel und Donald Grobe in einem Konzert des Hessischen Rundfunks heraus. Die auf Dekorationen verzichtende Dramaturgie hat sich seitdem als äußerst wirksam erwiesen und international zu einer großen Anzahl von Aufführungen als effektvoll erheiternde Bereicherung des Konzertrepertoires (etwa zu Silvester- oder bei Opernbällen) geführt. Eine Aufführung in Dekorationen unter der Regie von Rainer Pudenz gab es 1990 in Frankfurt a. M. (Kammeroper).

Autograph: Privatbesitz; Fragmente (dabei Titelblatt): verteilt auf 2 Privatbesitzer. **Ausgaben:** Kl.A: Gérard, Paris [1873], Nr. C. M. 9860, Nachdr.: Heugel; Kl.A, frz./dt. Übers. v. J. Heinzelmann, C. Richter: B&B [1977]; Textb. in: [Begleittext d. Schallplattenaufnahme Bourg], 1983. **Aufführungsmaterial:** Heugel/Leduc; dt. v. Heinzelmann: B&B
Literatur: s. S. 488

Josef Heinzelmann

Robinson Crusoé
Opéra-comique en trois actes (cinq tableaux)

Robinson Crusoe
3 Akte (5 Bilder)

Text: Eugène Cormon (eigtl. Pierre-Etienne Piestre) und Hector Jonathan Crémieux
Uraufführung: 23. Nov. 1867, Opéra-Comique, Salle Favart, Paris
Personen: Robinson Crusoé/Crusoe (T); Sir William Crusoé (B); Toby (T); Jim-Cocks (T); Atkins (B); Vendredi/Freitag (Mez); Edwige, Sir Crusoés Nichte (Kol.S); Suzanne (S); Lady Deborah Crusoé (A).
Chor: Kannibalen, Meuterer, Matrosen
Orchester: 2 Fl (2. auch Picc), 2 Ob (2. auch E.H), 2 Klar, 2 Fg, 4 Hr, 2 Pistons, 3 Pos, Pkn, Schl (gr.Tr, Trg, Bck, Tambour de basque, RührTr), Hrf, Streicher
Aufführung: Dauer ca. 3 Std. 30 Min. – Gesprochene Dialoge. Ballett im II. Akt.

Entstehung: Die Arbeit an *Robinson Crusoé*, seinem dritten Werk für die Opéra-Comique, begann Offenbach unmittelbar nach Abschluß der *Grande-Duchesse de Gérolstein* (1867). Ein Großteil der Komposition lag sicherlich bereits vor, als er Ende Juni zur Kur nach Bad Ems reiste, wo am 20. Juli seine Einakter *La Leçon de chant électromagnétique* und *La Permission de dix heures* uraufgeführt wurden. Ab Anfang Aug. 1867 vollendete er in Paris die Partitur und überwachte die Vorbereitungen zur Uraufführung. Für die Ausstattung (Regie: Ernest Mocker) und das Sängerensemble stellte die Opéra-Comique ihre besten Kräfte zur Verfügung. Den Vendredi übernahm Célestine Galli-Marié. Um die Aufführungsdauer zu kürzen, wurden einige Passagen gestrichen (im gedruckten Klavierauszug bezeichnet). Die Uraufführung gestaltete sich als gesellschaftliches Ereignis: Im Publikum saßen der 85jährige Daniel François Esprit Auber, Alexandre Dumas d. J., Adelina Patti und Hortense Schneider, Offenbachs Diva von den Variétés. Die Stoffquelle, Daniel Defoes dreiteiliger Roman *Robinson Crusoe* (1719/20), hatte schon vor Offenbach eine Reihe von Dramatisierungen erfahren, unter anderm als Pantomime (London 1781, Musik: Thomas Linley; New York 1796, Victor Pelissier; Folies Nouvelles, Paris 1857, Olivier Métra), als Oper *Robinson Crusoè nell'isola deserta* von Vincenzo Fioravanti (Neapel 1828, Text: Leone Andrea Tottola) sowie als Operette von Jean Baptiste Edouard Montaubry (als *Robinson* in den Folies Nouvelles, Paris 1859, Text: Félix-Auguste Duvert und Augustin Théodore de Lauzanne) und von Jules François Pillevestre (Fantaisie-Parisiens, Paris 1866, William Busnach). Auf welche direkte Vorlage sich Cormon und Crémieux stützten, ist nicht bekannt.
Handlung: Im Haus von Sir William Crusoé in Bristol (I. Akt) und auf einer Insel in der Mündung des Orinoko in Südamerika (II. und III. Akt), Anfang des 18. Jahrhunderts.

I. Akt, kleiner Salon mit Ausgang zum Garten, rechts ein Fenster: Sir William liest in der Bibel das Gleichnis vom verlorenen Sohn, Lady Deborah spinnt, seine Nichte Edwige und die Dienerin Suzanne decken den Tisch für den Nachmittagstee. Wie üblich kommt Robinson zu spät, doch sein Charme besänftigt den Unmut der Wartenden. William möchte, daß sein Sohn Advokat wird und eine Familie gründet; Robinson freilich träumt von Abenteuern und von Reisen in ferne Länder, wo er sein Glück machen will. Dabei soll ihn sein Freund Toby, der Sohn eines Kaufmanns, begleiten. Suzanne, die in Toby verliebt ist, hält ihn zurück, indem sie seine Eifersucht erregt. Weniger Erfolg hat Edwige, die Robinson ihre Liebe gesteht; der erwidert zwar ihre Gefühle, läßt sich jedoch nicht von seinem Vorhaben abbringen. Während seine Eltern zu Gott flehen, ihnen den Sohn zu erhalten, folgt Robinson den Rufen der Matrosen und eilt fort zum Schiff, das ihn nach Südamerika bringen soll.

II. Akt, 1. Bild, tropische Insel, rechts der Eingang zu Robinsons Grotte, im Hintergrund das Meer; sechs Jahre später: Durch einen Schiffbruch wurde Robinson hierher verschlagen. Nach anfänglicher Verzweiflung hat er sich seinen Lebensraum geschaffen und lebt in Harmonie mit der Natur. Er ist damit beschäftigt, ein Boot zu bauen, das ihn in die Heimat und zur geliebten Edwige zurückbringen soll. Ein Jahr ist es her, daß Robinson dem Wilden Vendredi, der von Kannibalen verspeist werden sollte, das Leben gerettet hat; beide verbindet eine tiefe Freundschaft. Die friedliche Stille der Abenddämmerung wird gestört durch den Schuß einer Kanone, der die Ankunft eines Schiffs verkündet. Robinson bricht zu dessen Landeplatz auf. 2. Bild, »Die Wilden«, ein anderer Teil der Insel, felsige Gegend am Meer: An Bord befanden sich Edwige sowie Toby und Suzanne, die inzwischen geheiratet haben und auf der Suche nach Robinson sind. Nach einer Meuterei der Mannschaft finden sie sich nun in der Gewalt von Kannibalen. Deren Chefkoch entpuppt sich als Jim-Cocks, ein Abenteurer und Nachbar der Schiffbrüchigen aus Bristol, den es ebenfalls hierher verschlagen hat. Er eröffnet Toby und Suzanne, daß einer von beiden verspeist werden soll; die Entscheidung darüber, wer überleben darf, führt zu einem Streit des Ehepaars. Edwige soll dem Gott Saranha geopfert werden. Durch einen Trank versetzt Jim-Cocks sie in Ekstase. Vendredi, der die Vorbereitungen zum Opfer beobachtet, verliebt sich in Edwige. Er feuert die Pistolen ab, die er von Robinson erhalten hat, und vertreibt damit die Kannibalen.

III. Akt, 1. Bild, im Innern von Robinsons Grotte: Vendredi hat Edwige in die Grotte gebracht, wo sie in Schlaf versunken ist. Überglücklich sinken sich Edwige und Robinson in die Arme. Vendredi ist eifersüchtig; er versteht nicht, warum er die Liebe Edwiges nicht mit Robinson teilen darf. Suzanne, Toby und Jim-Cocks klären Vendredi über verschiedene Formen der Liebe auf, und er beginnt sich für Suzanne zu interessieren. Doch der friedlichen Gesellschaft droht Gefahr: Die meuternden Matrosen sind auf der Insel gelandet, und im Urwald lauern die Kannibalen. 2. Bild, Landeplatz am Meeresufer: Die Meuterer und ihr Anführer Atkins betrinken sich. Robinson gibt sich zu erkennen und verspricht ihnen alle Schätze, die er bei seinem Schiffbruch hat retten können. Während sich die Meuterer auf die Schätze stürzen, bringen Robinson und seine Freunde deren Waffen an sich. Vendredi hat seinen Stamm, die Tamoyos, verständigt und die Matrosen auf dem von den Meuterern verlassenen Schiff befreit. Während die Tamoyos die Meuterer in Schach halten, besteigen Robinson und die Freunde das Schiff, das sie in die Heimat bringt; die Meuterer müssen auf der Insel zurückbleiben.

Kommentar: Als Offenbach den Auftrag für *Robinson Crusoé* übernahm, ging es ihm um nichts Geringeres als eine Erneuerung der Gattung Opéra-comique. Im I. Akt gelingt eine mustergültige Exposition: Liebevoll, wenn auch nicht ohne Ironie wird das bürgerliche Milieu der Puritaner im England des 18. Jahrhunderts geschildert, das geprägt ist durch Familie, staatliche Ordnung und Religion. Charakteristischer musikalischer Typus dieser Gesellschaft ist das gesellige Tanzlied, das in Edwiges Ronde (»Debout c'est aujourd'hui dimanche«) seine Form findet. Sie ist gestaltet als Sololied mit Tuttirefrain; als Satzmodell fungiert eine Gigue, womit zugleich der Forderung nach Couleur locale entsprochen wird. Im Zentrum des I. Akts steht das große Liebesduett Edwige/Robinson. Als Paradigma eines romantischen Liebesduetts der französischen Oper des 19. Jahrhunderts schimmert hier deutlich das »Grand duo« Valentine/Raoul aus dem IV. Akt von Meyerbeers *Huguenots* (1836) durch. Nichts deutet im I. Akt auf den Stilwechsel hin, der sich mit dem folgenden »entr'acte symphonique«

Robinson Crusoé, II. Akt, 2. Bild; Illustration; Caroline Girard als Suzanne, Sainte-Foy als Jim-Cocks, Charles Marie Auguste Ponchard als Toby; Regie: Ernest Mocker; Uraufführung, Opéra-Comique, Salle Favart, Paris 1867. – Die Courtoisie der Begegnung verhüllt ganz im Sinn des Savoir-vivre ihren wahren Zweck: Jim-Cocks hat in einem der beiden frisches Fleisch für sein nächstes Kannibalenmahl vor Augen.

vollzieht, einer instrumentalen Einleitung von außergewöhnlicher Ausdehnung. Über einer weitgesponnenen Kantilene der Celli und Fagotte entfaltet sich ein üppiger Orchestersatz in reicher Harmonik, der die tropische Insel beschwört und in dem Offenbach die Elfenmusik aus den *Rheinnixen* (Wien 1864) nachklingen läßt, die er später als Barkarole in *Les Contes d'Hoffmann* (1881) wiederverwenden sollte. Ist dies Bild einheitlich auf Exotismus und Idylle gestimmt, so vollzieht sich im folgenden erneut ein drastischer Stilwechsel: Ein grotesker Marsch der Wilden, der bereits in der Ouvertüre erscheint, führt in das Milieu der Kannibalen, das Offenbach bereits in der »Anthropophagie musicale« *Oyayaie ou La Reine des îles* (Paris 1855) und in *Vent du soir* (1857) beschworen hatte. In die Bereiche schwärzesten Humors führt die Gestalt des Jim-Cocks, des Abenteurers aus Bristol, der sich bei den Eingeborenen unter anderm als Impresario der »opéra de l'avenir [...] avec les airs et les instruments de la localité« versuchte und damit noch einen Schritt über Richard Wagners Reformwerk hinausging. Nach dem Scheitern seines Unternehmens kann er seine Haut nur dadurch retten, daß er den Kannibalen bisher nicht veröffentlichte Menüs aus Menschenfleisch zubereitet. Das Rezept seines Eintopfs verrät er in der »Chanson du pot au feu«. Ausgerechnet einem Briten gelingt so der Triumph, vermittels der französischen Küche aus Anthropophagen Gourmets zu machen. Die Parodie erreicht ihren Gipfel im 2. Finale, das mit einem »chœur dansé« der Wilden beginnt (er zeichnet sich durch »unkultivierte« chromatische Rückungen und »kunstlose« Führung der Singstimmen in Oktav- oder Terzparallelen aus), sich wenig später zum großen Ensemble à la Grand opéra weitet und in den ekstatischen Ausbruch Edwiges mündet, die, enthemmt durch den Trank, in die Valse »Conduisez-moi vers celui que j'adore« ausbricht, ein brillantes Virtuosenstück mit riskanten Koloraturen. Natürlich ist diese Musik der Situation völlig unangemessen (schließlich soll Edwige geopfert werden), tatsächlich aber im Rahmen des zugrundeliegenden Konzepts des Absurden eine auch musikalisch außerordentlich wirkungsvolle Pointe. Der III. Akt beginnt mit einer zärtlichen Berceuse, die Vendredi für seine schlafende »Göttin« Edwige singt (»Beauté qui viens des cieux«). Als Vorbild für diese Szene ist die Air du sommeil der Sélika aus dem II. Akt von Meyerbeers *Africaine* (1865) erkennbar. Offenbach spiegelt Musik und Situation in einer raffinierten ironischen Brechung, in der die Konfrontation zweier Kulturen (Europa gegen Afrika/Südamerika), die komplexe szenische Konstellation (das Liebesgeständnis ist nur möglich, weil der Adressat schläft) und der weibliche Stimmtyp (Sopran/Mezzosopran) beibehalten, das Geschlecht der Rollen jedoch vertauscht ist: Aus der liebenden Frau wird ein liebender Mann in travestie. Vendredi, der gezähmte Wilde, ist als Hosenrolle von unwiderstehlichem Charme. Offenbach spielt dabei virtuos mit der sexuellen Ambivalenz des Rollentypus. Sein Auftrittschanson »Tamoyo mon père« in II/1 ist mit federndem Rhythmus, aparter Stimmführung und Instrumentation (Tamburin) ein Kabinettstück für musikalischen Exotismus.

Wirkung: Trotz der sorgfältig einstudierten Uraufführung (neben Galli-Marié sang Achille-Félix Montaubry als Robinson), der günstigen Aufnahme durch das Publikum und der positiven Reaktion der Kritiker errang *Robinson Crusoé* keinen dauerhaften Erfolg. Nach 32 Aufführungen wurde die Oper abgesetzt, andere Theater spielten sie nicht nach. 1869 plante Offenbach in Zusammenarbeit mit seinem Jugendfreund Ernst Pasqué, der 1859–74 Sekretär des Hoftheaters Darmstadt war, eine Neufassung für deutsche Bühnen. Pasqué übersetzte das Libretto und überarbeitete insbesondere den III. Akt, dessen Handlung der Romanvorlage angenähert wurde. Im Sept. 1869 besuchte Offenbach Pasqué in Darmstadt, im Dez. 1869 begann er in Nizza mit der Komposition der neuen Musiknummern, brach das Projekt jedoch bald ab, vielleicht weil er bei Ausbruch des Deutsch-Französischen Kriegs 1870 keine Möglichkeit sah, die Oper an deutschen Theatern herauszubringen. Unter dem Titel *Robinsonade* stellten Georg Winkler (Musik), Erich Motz und Walther Brügmann (Text) in mehr als loser Anlehnung an *Robinson Crusoé* ein Pasticcio zusammen, das 1930 in Leipzig und Zürich, 1931 in Prag aufgeführt wurde. Die British Broadcasting Corporation London veranstaltete 1937 eine konzertante Aufführung (englisch von Ashley Sterne). Erst mehr als ein Jahrhundert nach der Uraufführung ging *Robinson Crusoé* wieder in Szene, und zwar in einer Produktion von Opera Rara und Camden Festival im Collegiate Theatre London (1973; Regie: William Chappell, Ausstattung: Anthony Holland). Gespielt wurde dabei eine problematische Textbearbeitung von Don White, die in den Musiknummern Offenbachs Melodiebildung allzuoft mißachtet. White schrieb alle Dialoge neu mit deutlicher Betonung der englischen Stoffvorlage und änderte die Handlung des III. Akts (aus den Meuterern wurden Piraten). Seine Bearbeitung lag auch der Inszenierung der Kent Opera von 1983 zugrunde (Dirigent: Roger Norrington). 1986 kehrte *Robinson Crusoé* auf die Bühne der Opéra-Comique zurück in einer umstrittenen Inszenierung von Robert Dhéry, der als zusätzliche Sprechrolle einen (überflüssigen) Kommentator einfügte (Dirigent: Michel Tabachnik, Ausstattung: Bernard Daydé).

Autograph: Part: Pierpont Morgan Libr. NY; Skizzen: ebd. (Koch 236.24); Skizzen u. Fragmente verteilt auf: BN Paris (Ms. 20 652), Hist. Arch. d. Stadt Köln (1136/1752 a-d). **Ausgaben:** St.: Brandus & Dufour, Paris [1867], Nr. 11301; Kl.A v. L. Soumis: ebd. [1867], Nr. 11305; Kl.A, dt. Bearb. u.d.T. *Robinsonade* v. E. Walther [d.i. M. Rappaport, W. Brügmann], mus. Bearb. v. G. Winkler: UE 1930; Textb.: Paris: Lévy frères 1868; Textb., engl. v. H. B. Farnie: London, Swift 1886; Textb., dt. Bearb. u.d.T. *Robinsonade* v. E. Walther: UE 1930. **Aufführungsmaterial:** Chappell; Bearb. v. D. White: Weinberger, London/M u. Bühne, Wiesbaden

Literatur: U. ETSCHEIT, Frau Gräfin, das Souper ist serviert. Zur Problematik d. Ernährung im M.Theater, in: Lutziana Palatina, Heidelberg 1990, S. 35–50; weitere Lit. s. S. 488

Robert Didion

L'Ile de Tulipatan
Opéra-bouffe en un acte

Die Insel Tulipatan
1 Akt

Text: Henri Charles Chivot und Henri Alfred Duru
Uraufführung: 30. Sept. 1868, Théâtre des Bouffes-Parisiens, Salle Choiseul, Paris
Personen: Cacatois, Herzog von Tulipatan (T); Octogène Romboïdal, sein Großseneschall (T); Alexis, Cacatois' Sohn (S); Théodorine, Romboïdals Frau (S); Hermosa, Romboïdals Tochter (T); ein Offizier (Chorist). **Chor:** Offiziere, Diener, Volk
Orchester: 2 Fl (2. auch Picc), Ob, 2 Klar, Fg, 2 Hr, 2 Pistons, Pos, Pkn, Schl (gr.Tr mit Bck, Trg, Tambour), Streicher
Aufführung: Dauer ca. 45 Min. – Orchester nach dem Klavierauszug Heu.

Handlung: Auf der Insel Tulipatan, 25 000 Kilometer von Nanterre entfernt, 473 Jahre vor der Erfindung des Spucknapfs; ein Park, links der Eingang zu einem reichen Haus, rechts ein kleiner Pavillon: Romboïdal leidet darunter, daß seine Tochter Hermosa so unmädchenhaften Spaß an Jagd und Blechbläserei hat und daß er ein schicksalhaftes Geheimnis hüten muß: Er hat die dritte Tochter seines fürstlichen Gebieters bei der Anmeldung auf dem Standesamt als Sohn ausgegeben. Théodorine muß ihrerseits als Geheimnis für sich und das Publikum behalten, daß ihre Tochter Hermosa in Wahrheit ein Sohn ist. Die beiden jungen Leute, die zum jeweiligen Entsetzen des Seneschallehepaars heiraten wollen, bekommen die reziproke Geschlechtlichkeit fast ohne Beihilfe heraus. Als letzter begreift Cacatois die ganze Situation. Er läßt alles auf sich beruhen und faßt einen nicht genug zu applaudierenden Beschluß: Er wird eben noch einmal heiraten, um zu einem Thronerben zu kommen. Wen? Das wäre Thema des nächsten Einakters.
Kommentar: Obwohl es unhistorisch wäre, in die Reihenfolge der Werke Offenbachs eine konsequente Entwicklung hineinzuinterpretieren, darf man in *L'Ile de Tulipatan* doch ein Werk des Übergangs sehen: des Übergangs von der Ausgelassenheit der Parodie und der Berauschung zur phantasievollen Unterhaltung ohne doppelten Boden. Dafür stehen schon die Librettisten, deren größte Erfolge in die 70er Jahre mit Offenbach und Edmond Audran fallen werden. Sie benutzen die alten Konstellationen der Offenbachiade wie Hofsatire, Verkleidung, Musikmachen, aber alles geht sehr ordentlich auf. Der Kleidertausch von Junge und Mädchen bestätigt letztlich nur die Rollenklischees der Geschlechter, und die Trottelhaftigkeit der Schranzen unterstreicht, daß die monarchische Regierungsform nicht umzubringen ist. In diesem mit höchster Präzision falsch laufenden dramaturgischen Räderwerk müssen die Schräubchen und Achsen kunstvoll deformiert sein, um zu funktionieren. Es gibt keine Figur, an der man menschliches Interesse oder gar Anteil nehmen könnte. Distanziert läuft ein Marionettenspiel ab, selbst in dem einzigen satirischen Augenblick: in Cacatois' Couplet von der Ente mit dem gequakten Refrain (Nr. 2). Wo Offenbach sich gar zu anarchischer Schwerelosigkeit steigert, in der Barkarole mit ihrem entwaffnenden Rhythmus (Nr. 7), ist die Situation domestiziert: Romboïdal trägt sie wider Willen vor, denn Cacatois singt sie nicht selbst, sondern läßt sie (zur Verdauung) singen: ein Herrscher, der weniger seinen Vorgängern Ménélas oder Markgraf Sifroid gleicht als seinen Nachfolgern aus Audrans *Grand Mogol* (1877) oder *Mascotte* (1880) derselben Librettisten. Offenbach gibt dieser Audraniade freilich doch einen Hauch von Genialität. Wenn zum Beispiel im großen Duett (Nr. 5) eine opernhaft pathetische Einleitung in die volksliedhafte »Diguedidon«-Polka umkippt, hat das keine entlarvende, sondern »nur« eine erheiternde Wirkung. Aber es sitzt. Jede Nummer verrät, daß Offenbach sie auf dem Höhepunkt seines Ruhms und seines Könnens schrieb und wandelt er ein Stereotyp seines dramaturgischen Musterladens auf originelle Weise ab.
Wirkung: Kein Wunder, daß dieser komische, aber sehr begrenzt buffoneske Einakter mit den überaus dankbaren Rollen und dem exotisch-bekannten Kolorit, der aller zeitkritischen Anspielungen entbehrt und dessen Harmlosigkeit die Liebenswürdigkeit nur unterstreicht, nie völlig aus dem Repertoire verschwand und besonders in Deutschland sehr beliebt wurde. Die Wiener Premiere fand am 5. Mai 1869 im Carl-Theater statt (Dirigent: Offenbach); Karl Kraus nahm das Stück 1929 in den Kanon seiner Offenbach-Vorlesungen auf. In den letzten Jahren gab es zusammen mit andern Offenbach-Einaktern und oft unter neuem Titel Aufführungen unter anderm in Pforzheim 1979 *(Zu Gast bei Offenbach)*, Frankfurt a. M. 1982 *(Monsieur Beaujolais und seine Truppe spielen drei Einakter von Jacques Offenbach)*, Oldenburg und Berlin (Staatsoper) 1982, Laxenburg 1988.

Autograph: Privatbesitz. **Ausgaben:** Kl.A: Heu [1868], Nr. 1001; Kl.A, dt. Übers. (mit Sprechtexten) v. E. Pohl: B&B [nach 1960], Nr. 15462; Kl.A, frz./engl. Übers. v. M. Marvin u.d.T. *The Island Tulipatan* (mit vollst. frz. u. bearb. engl. Sprechtexten im Anh.; Vorwort v. A. de Almeida): Bellwin-Mills, NY 1982, Nr. A. 580; Textb.: Paris, Dentu 1868 (Répertoire du théâtre moderne), Nachdr.: Paris, Rouart/Lerolle [um 1890].
Aufführungsmaterial: engl. v. Marvin: Bois, Paris; dt. v. Pohl: B&B; dt. Bearb. v. H. Bonnet, R. Hanell: Henschel-Vlg., Bln.
Literatur: s. S. 488

Josef Heinzelmann

La Périchole
Opéra-bouffe en trois actes et quatre tableaux

Périchole
3 Akte (4 Bilder)

Text: Henri Meilhac und Ludovic Halévy, nach dem Schauspiel *Le Carrosse du Saint-Sacrement* (1830) von Prosper Mérimée
Uraufführung: 1. Fassung als Opéra-bouffe in 2 Akten: 6. Okt. 1868, Théâtre des Variétés, Paris;

2. Fassung: 25. April 1874, Théâtre des Variétés, Paris (hier behandelt)
Personen: Piquillo, Straßensänger (T); Don Andrès de Ribeira, Vizekönig von Peru (B); Graf Miguel de Panatellas, sein erster Kammerherr (T oder B); Don Pedro de Hinoyosa, Gouverneur von Lima (T); Marquis de Tarapote, Kammerherr des Vizekönigs; Marquis de Santarem, der alte Gefangene (Spr.); 2 Notare (2 T); 2 Trinker (2 B); Périchole, Straßensängerin (S); Guadalene, Berginella und Mastrilla, »Cousinen« (2 S, Mez); Manuelita, Ninetta, Brambilla und Frasquinella, Hofdamen (2 S, 2 Mez); ein Türsteher (Spr.).
Chor, Statisterie: Peruaner, Peruanerinnen, Indianer, Höflinge, Hofdamen, Pagen, Diener, Wachen, Gaukler, Palankinträger, Schreiber, Volk
Orchester: 2 Fl (2. auch Picc), Ob, 2 Klar, Fg, 2 Hr, 2 Pistons, Pos, Pkn, Schl (RührTr, gr.Tr, Bck, kl.Tr, Trg, baskische Tr, Schellen), Streicher
Aufführung: Dauer ca. 2 Std. 30 Min. – Orchester nach dem Aufführungsmaterial Chappell.

Entstehung: Nach dem gewaltigen Erfolg von *La Grande-Duchesse de Gérolstein* (1867) erwartete man für 1868 von Offenbach ein ähnlich sensationelles Stück, waren doch mit Meilhac und Halévy dieselben Autoren engagiert. Die Komposition konnte er wohl erst Anfang 1868 beginnen (genaue Dokumente fehlen), da ihn zuvor die Vollendung von *Robinson Crusoé* (1867) für die Opéra-Comique und die Überarbeitung von *Geneviève de Brabant* (1859) vollauf beschäftigt haben müssen. Zudem stand für den 6. Mai 1868 im Palais-Royal mit *Le Château à Toto* eine weitere Premiere an. Nach dem Deutsch-Französischen Krieg 1870/71 und seiner Rückkehr nach Paris drängte er seine Librettisten zur Umarbeitung des Stücks, um die offenkundige dramaturgische Schwäche zu beheben, die Asymmetrie von aktionsbeladenem I. und handlungsarmem II. Akt. Neben geringeren Veränderungen (Kürzungen) im II. Akt bestand die Überarbeitung im wesentlichen aus einer Verlängerung der Handlung um zwei Bilder (III. Akt) und einer entsprechenden Ergänzung der Partitur von 15 auf 23 Musiknummern.
Handlung: In Lima, Peru, 18. Jahrhundert.
I. Akt, ein Platz vor der Schenke der »Trois Cousines«: Das Volk feiert den Namenstag des Vizekönigs auf Geheiß und Staatskosten. Dieser Don Andrès mischt sich gar zu gern inkognito unter die Leute; denn er kann nicht genug kriegen vom lauthals bekundeten Untertanenglück. Daß es nur recht spontan und kräftig geäußert wird, dafür sorgen mit alkoholischen Subventionen zwei gleichfalls verkleidete Würdenträger, deren Wohlergehen vom Wohlergehen des Herrschers abhängt: sein Kammerherr Graf Panatellas und Don Pedro, der Gouverneur von Lima. Das Volk, das ihre Maske ebenso flink durchschaut wie die des alsbald auftauchenden Vizekönigs, geht trinklustig, aber höhnisch darauf ein. Weniger Verständnis hat es für das ausgehungerte Straßensängerpaar Périchole und Piquillo, das von auswärts daherkommt. Die beiden lieben sich, haben aber kein Geld zum Heiraten. Auch jetzt erzielen sie kein Honorar, trotz ihrer schmissigen, erotisch anzüglichen Balladen. Zudem wird die Sensationslust abgelenkt durch eine Akrobatentruppe. Während Piquillo der Menge nacheilt, um vielleicht doch noch was zu ersingen, fällt Périchole erschöpft in Schlaf. So findet sie der Vizekönig, verliebt sich augenblicks und kann die Hungernde zu einem gemeinsamen Souper gewinnen. Für Piquillo hinterläßt sie einen traurig begründeten Abschiedsbrief. So sehr ist der Vizekönig von Périchole hingerissen, daß er sie umgehend zur höfischen »Ehrendame« machen will. Allerdings läßt das Landesgesetz aus Moral nur verheiratete Ehrendamen zu. Also muß schleunigst ein Attrappengatte her. Er findet sich. Piquillo, bis zum Selbstmord verzweifelt über den Abschiedsbrief, kann eben noch vorm Verröcheln vom Ast abgeschnitten und den drei Cousinen zur alkoholischen Wiederbelebung übergeben werden. Schon ist er, volltrunken, zu allem bereit. Auch die nötigen Notare werden mittels Wein gefügig gemacht, so daß nunmehr der ahnungslose Piquillo der halbtrunkenen Périchole angetraut werden kann. Sie ist davon sehr beglückt. Denn was die beiden bislang aus eigenen Kräften nicht vermochten, ist jetzt durch höhere Gewalt bewirkt.
II. Akt, der Palast des Vizekönigs, am nächsten Morgen: Arg verkatert erwacht Panatellas. Ihm ist es ebenso zuwider wie den aufgeregten Hofdamen, daß eine Vagabundin zur Favoritin erkoren wurde. Nur bruchstückweise erfährt der vornehm eingekleidete Piquillo, in welcher Lage und Rolle er steckt: teils verspotteter, teils umschmeichelter, weil einflußreicher Gatte der allerhöchsten Mätresse. Weil er immer noch nicht ahnt, wer das ist, will er nichts wie weg aus diesem unbehaglichen Kreis. Er muß aber noch bleiben, um die Gattin offiziell dem Vizekönig vorzustellen. Bei dieser feierlichen Handlung erst erkennt er Périchole und bricht in böse Beleidigungen aus. Hierauf wirft man ihn ins Spezialgefängnis für »Gatten, die dagegen sind«.
III. Akt, 1. Bild, Kerker, unmittelbar danach: Périchole sucht Piquillo auf. Er will sie verprügeln, doch sie kann ihn von ihrer Liebe und Treue überzeugen. Daraufhin versucht sie, den vollbärtigen Schließer zu bestechen. Fehlschlag. Es ist der abermals verkleidete Vizekönig, der abermals heimlich die Volksmeinung in der Tiefe erkunden will. Er läßt nun auch Périchole anketten. Sollte sie ihn doch noch erhören wollen, ist er bereit, auf ein Signallied hin sie wieder zu sich zu holen. Nach seinem Abgang greift das Schicksal freundlich ein: Ein alter Gefangener hat sich mit dem Messer einen Gang gegraben, der ausgerechnet hier jetzt bei den Liebenden mündet. Er löst ihnen die Ketten, Périchole lockt den Vizekönig mit ihrem Lied herbei, sie nehmen ihm die Schlüssel ab und machen sich davon. 2. Bild, wie I. Akt: Die Flüchtlinge verstecken sich. Soldaten ziehen auf, um sie zu greifen. Vergebens. Der Vizekönig wütet. Da kommen sie von allein, Périchole und Piquillo in ihren alten Klamotten als Straßenmusikanten, und tragen ihr Schicksal öffentlich vor. Sie besingen es, begleitet vom Fagott des alten Gefangenen, in einer herzergreifenden Moritat,

»Die Milde des Augustus«. Der Vizekönig läßt sich nicht lumpen, dem herbeigeflehten Vorbild großmütiger Größen der Geschichte zu folgen. Gnade wird seine selbstgefällige Macht verklären, die er gar noch mit einem Abschiedsgeschenk verziert. So können Périchole und Piquillo, bevor sie Lima verlassen, nochmals den Refrain ihrer Ballade anstimmen, die den spanischen Edelmut spöttisch noch höher leben läßt: »Il grandira, il grandira, il grandira, car il est Espagnol!«

Kommentar: Trotz und dank aberwitziger Kapriolen ist es ein ernstes Thema, das hier komisch durchgespielt wird: Relativierung des Absolutismus. In zweierlei Gestalt wird er relativiert. Einerseits als politischer Absolutismus, als unbedingte Herrschaft, wie ihn der Vizekönig will. Andrerseits als Gefühlsabsolutismus, als unbedingte Liebe, wie ihn Piquillo will. Die Operette führt vor, wie beide scheitern. Die mächtige Hand, die der liebeshungrige Vizekönig eigensüchtig auf seine Untertanen legt, greift zu kurz. Sie listen ihm ihren eigenen Vorteil ab. Und die ohnmächtige Hand, die der liebesverzweifelte Piquillo an sich legt, greift gleichfalls zu kurz. Man hindert ihn am Sterben und zwingt ihm, unabsichtlich, sein Lebensglück auf. Die tragikomische Ironie geht noch weiter. Denn zwischen den beiden lächerlich ernsten Absolutisten pendelt Périchole, die lacht, obwohl es ihr ernsthaft ans Herz geht. Sie, die in allen musikalischen Lebenslagen die andern keck übertrumpft, stürzt denn auch dort desto tiefer, wo sie mit sich selbst statt mit andern zu kämpfen hat. Sie allein verspürt nicht nur, sie begreift auch die Niedertracht materiellen Zwangs, der alle Ansprüche des lauteren Gefühls zerstört. Die Hungernde kann nicht leben mit dem Hungernden, den sie liebt. Sie muß mit dem Satten leben, der sie sättigt. Diese bittere Einsicht wird laut im melodischen Zentrum des Werks, Péricholes Briefarie (Nr. 7). Aug in Aug könnte sie es dem Geliebten nicht gestehen, es käme ihr nicht über die Lippen: »Am Ende kriegt satt nur die Liebe, / wer vergebens zu essen begehrt.« Mit dem Geliebten adressiert Périchole auch sich selbst. Verständnis erfleht sie vom eigenen Herzen nicht minder als von Piquillo. Verständnis dafür, daß sie die jetzt lebendigen Liebesgefühle so behandelt, als wären sie vergangen. Der musikalische Duktus des Briefs offenbart es. Nur mit ärgster Anstrengung schleppt er, Andante, sein erzwungenes »Es ist vorbei« in die Gegenrichtung zum vorwärtsreißenden Drall des Walzers. Spürbar verurteilt Périchole sich selbst zum melancholischen Abgesang in c-Moll, wenn sie die traurig verhangene Rondomelodie mehr und mehr einem leiernden Drehorgelton nähert. So besiegelt Mechanik die Hinrichtung der Liebe durch den Hunger. Überspielt wird die Trauer des Briefrondos durch ein späteres Rondo, das den glücklichen Schluß der Operette herbeiführt. Diese Moritat von der »Milde des Augustus« ist unverkennbar in Tonart, Rhythmus und melodischem Fluß dem Brief verwandt. Aber ebenso karikierend überdreht, daß sie seine Schwermut im nachhinein erleichtert. Was zuvor schwärzeste Betroffenheit äußerte, gedämpft in traulicher Zwiesprache mit dem fernen Geliebten und dem anwesenden eigenen Ich: das flennt jetzt, als frontale öffentliche Schauleistung, die allerschönsten Krokodilstränen künstlichen Jammers und gemimter Treuherzigkeit. Und diese Moritat mit ihren angereizten Intervallschluchzern und ihrem schleppenden Jammertakt hat beim Empfänger genau die erstrebte Wirkung, die dem echten Ton des Briefs zwangsläufig versagt blieb. Der Vizekönig fühlt sich vizeköniglich gerührt. Das Libretto hat diesen politischen Pantalone so angelegt, daß er gleichermaßen den Gegenspieler abgibt zu Piquillos idealistischer wie zu Péricholes realistischer Liebeseinstellung. Der Vizekönig hat absolute Gewalt. Genießen kann er sie aber nur, wenn er sich und andern vormacht, das, was er machtvoll erzwingt, verdanke er dem Zauber seiner Persönlichkeit und nicht dem Druck seiner Mittel. Er will nicht lieben mit Gewalt, sondern zwanglos geliebt werden. Hierzu dient der Einsatz von Maskerade und Alkohol. Äußerlich und innerlich müssen sie Leute überrumpeln, die zögern, dem Machthaber Liebe entgegenzubringen. In Masken üben des Vizekönigs Handlanger, ohne daß er es weiß, dem Volk Sympathiekundgebungen ein. Und mit Wein erzeugen sie das Untertanenglück. Gleichfalls in Maske, wie Harun Ar Raschid, mischt sich der Vizekönig unters Volk, um die kindliche Liebe zum Landesvater unverfälscht herauszufühlen und einzuschlürfen. Die Autoren spielen hier mit einer wirksamen komischen Inversion. Sie offenbart den Herrscher als geblendeten Blender. Ihm, der zum eigenen Genuß dem Volk etwas vorspielt, spielt das Volk vor, um ihm, gönnerhaft, sein Spiel nicht zu verderben. – Relativierung des Absolutismus. *La Périchole* markiert mit diesem Hauptthema auch ihren besonderen Ort in der Geschichte des Musiktheaters. Denn das Werk parodiert damit eine bestimmte Spielart der alten Opera seria auf bestimmte Weise. Und es pointiert, ebenso bestimmt, seine eigene, sehr viel jüngere Gattung: die Operette. Parodiert wird jener barocke und nachbarocke Operntypus, der von Rameau und Händel bis zu Mozarts *La clemenza di Tito* (1791) als wohlwollend kritischer Fürstenspiegel die zeitweiligen, allemal korrigierbaren Verfehlungen eines Alleinherrschers ausmusizierte. Das lief nach dem immer gleichen Schema ab vom monarchischen Liebesübergriff, der am Ende der höheren Einsicht ebendieses Monarchen weichen muß. Gerechtigkeit kommt da nicht von draußen und drunten, sondern von drinnen und droben. Eine musiktheatralische Feier also des bestehenden Absolutismus. Ihr widersprechen 100 Jahre später Offenbach und seine Texter mit einem kunterbunten Nachruf, der jede Art von unbedingter Staats- und Lebensform absorviert. Obendrein pointiert *La Périchole* die eigene Gattung. Denn diese eine Operette vereinnahmt, was sonst zum selbstverständlichen Bestand aller Operetten gehört, ganz und gar für ihr einmaliges Thema. Das gilt für Maskenspiel und Verstellung so gut wie für komische Inversionen, für alkoholischen Rausch und Tanzrausch so gut wie für Liebeszwist und Versöhnung. Solche Momente, die sonst das Ganze der Gattung ausmachen, veranschaulichen hier, worum es sich im besonderen Fall von *La Périchole* handelt. Auch und gerade die operettengängige Folklore, die sich in auswärtigen Klängen und Rhythmen, Bräuchen und Kostümen ergeht. Die Boleros, Fandangos und Seguidillas, die Offenbach seinen heimischen Walzern, Cancans und Märschen untermischt; die Kastagnetten und Tamburins, mit denen er seinen geläufigen Orchesterklang aufstachelt, sie beschwören keine Oléstimmung schlechthin. Sie sind auch nicht bloß musikalische Signale für den Schauplatz des Geschehens. Sie sind prägnante Kennmarken der gegensätzlichen Lebensformen, die in *La Périchole* aufeinanderprallen. Spanische Haltung in spanischer Musik wird zum Angriffsobjekt, aber auch zur Waffe derer, die darunter zu leiden haben. Vor allem die beiden Balladen der Straßensänger und das Terzett Nr. 15 künden voll Spott von gespreizter spanischer Etikette, die mit ritterlicher Gebärde ebensoviel Grausamkeit wie Impotenz überspielt. Zur Waffe wird das gleiche musikalische Idiom, wenn der Chor sich rhythmisch einer Seguidilla bemächtigt, um dem Hofmummenschanz der vizeköniglichen Liebesbräuche einen höhnischen Resonanzboden zu bereiten. So ist fast jede Nummer dieser ungewöhnlich einfallsprallen Partitur dem dramatischen Hauptthema erbötig, ohne doch den je eigenen Reiz einzubüßen. Am deutlichsten im großen Walzer aus dem 2. Finale, der den landläufig geschmeidigen Schwung dieses Tanzes stotternd abbremst. Die Melodie wird zerstückelt wie in einer grausamen Häckselmaschine. Denn sie gilt jenen Ehemännern, »die dagegen sind«, daß ihre Frauen dafür sind, das vizekönigliche Bett zu teilen. Das inkriminierte Attribut »ré-cal-ci-trants« (widerborstig) kommt Silbe für Silbe unters Messer des Rhythmus. Dabei bleibt den boshaft singenden wie den verschreckt Lauschenden überlassen, sich auszumalen, wo denn wohl bei den Widerborstigen selbst das Richtschwert angesetzt wird: am Hals oder weiter unten.

Wirkung: Daß *La Périchole* schon 1868 ein grandioser Erfolg wurde, schrieben Kritiker keineswegs der überragenden Partitur zu (obwohl die lyrische Briefarie und der Marsch »Il grandira« bewundert wurden), sondern ausschließlich der Hauptdarstellerin Hortense Schneider. Neben ihr sangen unter anderm José Dupuis (Piquillo) und Pierre Eugène Grenier (Vizekönig). Der Erfolg der 2. Fassung war womöglich noch größer (wieder mit Schneider, Dupuis und Grenier). Wiederaufnahmen an den Variétés erfolgten 1877 (nun mit Anna Judic als Périchole) und 1895 (mit Jeanne Granier). Am 9. Jan. 1869 kam das Werk als *Périchole, die Straßensängerin* in Wien heraus (Theater an der Wien) in der Übersetzung von Richard Genée (mit Marie Geistinger, Albin Swoboda, Carl Adolf Friese), in der 2. Fassung am 25. April 1878 (Karoline Tellheim, Swoboda, Alexander Girardi). Das Friedrich-Wilhelmstädtische Theater Berlin zeigte das Werk 1870 in der Übersetzung von Ludwig Kalisch. *Périchole* wurde in zahlreiche Sprachen übersetzt und war weltweit bis in die 80er Jahre ein vielgespieltes Stück, wie Aufführungen etwa 1869 in New York, Rio de Janeiro und Stockholm, 1870 in London, Buenos Aires, Petersburg und Madrid, 1871 in Neapel und Graz, 1875 in London, 1876 in Mailand belegen. Im Rahmen seiner Offenbach-Vorlesungen schuf Karl Kraus eine Übersetzung und Bearbeitung (musikalische Einrichtung: Franz Mittler), die er 1931 in Wien vorstellte; seine damals hochgerühmte, aber sehr freizügige, gelegentlich verzerrende Übertragung wurde zuerst an der Krolloper von Hans Hinrich inszeniert (1931; Dirigent: Fritz Zweig, Bühnenbild: Teo Otto; mit Maria Elsner, Erik Wirl und Leo Reuss). Sie blieb auch nach dem zweiten Weltkrieg und der Renaissance dieses Werks in Deutschland eine oft gespielte Version und gelangte zum Beispiel 1958 in München zur Aufführung (Gärtnerplatztheater; mit Liselotte Ebnet, Ferry Gruber und Adolf Meyer-Bremen). Eine Bearbeitung von Heinrich Voigt und Conny Odd kam 1960 in Leipzig heraus. Die englische Version von Maurice Valency, Jean Morel und Ignace Strasfogel entstand für die Metropolitan Opera New York 1956 (Dirigent: Morel; mit Patrice Munsel /

La Périchole; Fanély Revoil in der Titelpartie. – Die Sängerin kreierte in Paris zahlreiche Soubrettenpartien, vor allem am Théâtre du Châtelet und an der Opéra-Comique. Sie gilt als die letzte »Divette« der französischen Bühne.

Laurel Hurley, Theodor Uppman und Cyril Ritchard); in Wiederaufnahmen sangen dort Anna Moffo (1961) und Teresa Stratas (1965). Andere berühmte Sängerinnen wie Suzy Delair, Jane Rhodes und Fanély Revoil haben die Titelpartie von *La Périchole* verkörpert, die seit den 70er Jahren auf den Spielplänen internationaler Bühnen wieder häufig anzutreffen ist. Eine fulminante Inszenierung schuf Jérôme Savary für das Schauspielhaus Hamburg 1977 (deutsch von Bernd Wilms; Dirigent: Joachim Kuntzsch, Bühnenbild: Michel Lebois, Kostüme: Michel Dussarat; mit Christa Berndl, Giovanni Früh und Günter König). Savary führte ebenfalls Regie in Genf 1982 (Dirigent: Marc Soustrot; mit Maria Ewing / Edith Guillaume, Neil Rosenshein und Gabriel Bacquier) und Paris 1984 (Théâtre des Champs-Elysées).

Autograph: verteilt auf mehrere Privatbesitzer; Particell, III/2, Nr. 2: Bibl. du Cons. Paris (Ms. 5925). **Abschriften:** 1. Fassung: Part, dt. Übers. als »Buffo-Oper in 3 Akten« (um 1870): Arch. d. Gärtnerplatztheaters München (Kopie: FIMT); Part in 2 Akten: NYPL NY (Music Coll., Mus. Res. MSJ); 2. Fassung: Part, dt. (nur III. Akt): ÖNB Wien (S. m. 25690). **Ausgaben:** 1. Fassung: St.: Brandus, Paris [1868; BN Paris; Schl.St. fehlt]; Kl.A v. L. Roques: Brandus & Dufour, Paris [1868], Nr. 11428 [189 S.]; Kl.A, dt. Übers. v. L. Kalisch: B&B 1870; Kl.A als »Opérabouffe en trois actes«: Joubert, Paris [nach 1870], Nr. B&D 11428 [184 S.; entgegen d. Titelblattangaben ist dies eine 3. Fassung?]; Textb.: Paris, Lévy 1868, 1869 [99 S.]; Textb., frz./engl.: NY, Gray & Green 1868; NY, Metropolitan 1869, 1872, 1873; Boston, Ditson [1869]; Textb., dt. v. L. Kalisch: B&B 1870; 2. Fassung: Kl.A v. L. Roques (»Nouvelle éd., augmentée de six morceaux inédits«): Brandus, Paris [1874], Nr. 11428 [249 S.; wie folgende Ausg., jedoch ohne Suppl.]; Kl.A (»en trois actes, avec un supplément rétablissant, ad libitum, l'ancienne version en deux actes«): Joubert, Paris [1874?], Nr. B&D 11428 [264 S.]; dass.: Maquet, Paris [um 1890], Nr. B&D 11428; Textb.: Paris, Lévy 1874 [104 S.], 1892 [103 S.], 1905, 1924; Text auch in: H. Meilhac, L. Halévy, Théâtre, Bd. 5, Paris 1900, S. 191–301; Textb.: Paris, Libr. Théâtrale/Billaudot 1975 [142 S.]; Bearb. u. Mischfassungen: Kl.A, dt. Übers. v. K. Kraus: UE 1931, Nachdr. 1958, Nr. 7606; Textb., dass.: UE 1931, Nr. 7605, auch in: K. Kraus, Werke, hrsg. v. H. Fischer, Bd. 14, München, Wien 1967, S. 367–482; Textb., engl. v. M. Valency: Bo&Ha [1956], Kl.A, engl. Bearb. v. R. Hanmer, J. Grimsey, P. Park: Weinberger, London [1974]; Kl.A, dt. Übers. v. H. Voigt, mus. Bearb. v. C. Odd: Henschel-Vlg., Bln. **Aufführungsmaterial:** 2. Fassung: Chappell, Sonzogno; Bearb. u. Mischfassungen: dt. v. Kraus: UE/Kiepenheuer, Bln.; dt. v. Voigt/Odd: Henschel-Vlg., Bln., A&S; Bearb. v. J. Morel, I. Strasfogel, dt. v. F. S. Tisch / engl. v. Valency: Bo&Ha; dt. v. B. Wilms: Selbst-Vlg., München
Literatur: L'Avant-scène, Opéra, Nr. 66, Paris 1984; weitere Lit. s. S. 488

Volker Klotz

Vert-Vert
Opéra-comique en trois actes

Vert-Vert
Kakadu
3 Akte

Text: Henri Meilhac und Nuitter (eigtl. Charles Louis Etienne Truinet)

Uraufführung: 10. März 1869, Opéra-Comique, Salle Favart, Paris
Personen: Valentin, später als Vert-Vert (T); Baladon, Tanzmeister (B); Binet, Gärtner (T); Bellecour, Sänger (T); Graf Gaston d'Arlange (B) und Chevalier de Bergerac (T), Offiziere der Dragoner; Friquet, Dragoner (T); Maniquet, Theaterdirektor (B); La Corilla, Sängerin (S); Mimi, Elevin (S); Mademoiselle Paturelle, Unterdirektorin (S); Bathilde und Emma, Elevinnen (2 S); Mariette, Magd im Gasthof (Spr.); Pacot, Bauer (Spr.); Regisseur (Spr.); Véronique, Elevin; ein Dienstmädchen im Pensionat (Spr.).
Chor, Statisterie: Elevinnen, Dragoner, Schauspieler, Schauspielerinnen, Personal im Gasthof, 2 Domestiken
Orchester: 2 Fl (2. auch Picc), 2 Ob, 2 Klar, 2 Fg, 4 Hr, 2 Trp, 3 Pos, Pkn, Schl (Tr, gr.Tr, Bck, Trg), Streicher
Aufführung: Dauer ca. 2 Std. – Gesprochene Dialoge. Orchester nach der deutschen Partitur. Der französische Klavierauszug enthält Varianten für die Besetzung der Titelpartie mit einem Sopran.

Entstehung: Das galante »poème héroï-comique« *Ver-Vert ou Les Voyages du perroquet de la visitation de Nevers* (1734) von Jean-Baptiste Louis Gresset erfuhr in Paris eine Reihe von Adaptionen für das Theater. Nicolas Dalayrac (Comédie-Italienne 1790, Text: Desfontaines) und J. A. Gaultier (*Vert-Vert ou Le Perroquet de Nevers*, Théâtre des jeunes Artistes 1800, Bernard Valville) vertonten das Sujet als Opéracomique; Joseph Mazilier und Arthur Saint-Léon brachten den Stoff 1851 als Ballettpantomime an der Opéra heraus (Musik: Edouard Deldevez und Jean Baptiste Joseph Tolbecque) und nahm dabei die Comédie-Vaudeville *Vert-Vert* (Paris 1832) von Adolphe de Leuven und Philippe Auguste Pittaud Deforges zur Vorlage. Meilhac und Nuitter griffen ebenfalls auf dies 1845 gedruckte Vaudeville zurück und entschieden sich damit für ein risikoloses, unproblematisches Sujet, das sich auf dem gesicherten Terrain von Stoffen der Opéra-comique bewegte.
Handlung: Im Klostergarten des Damenstifts von Saint-Rémy und im Gasthof »Zum goldenen Löwen« in Nevers.
I. Akt, Klostergarten, im Hintergrund eine Mauer mit der Eingangstür in der Mitte; vorn eine Laube, von Orangenbäumen in Kübeln umgeben: Der verhätschelte Liebling des Pensionats, der Papagei Vert-Vert, ist gestorben. Valentin, jugendlicher Neffe der Direktorin, muß zur Beisetzung des Vogels die Leichenrede halten, woraufhin die jungen Elevinnen ihn dazu ausersehen, die Papageienstelle einzunehmen und sich von ihnen verwöhnen und umschmeicheln zu lassen. Graf d'Arlange und Friquet klettern über die Gartenmauer herein; der Graf hofft, seine ihm erst vor zwei Wochen angetraute Bathilde endlich in die Arme schließen zu können, die ihm unmittelbar nach der kirchlichen Zeremonie kraft vormundschaftlicher Amtsgewalt entwendet und wieder ins Pensionat gesteckt worden war, während man ihn selbst zurück

zum Regiment beorderte. Das gleiche Schicksal widerfuhr seinem Freund Bergerac und dessen Braut Emma, Bathildes Schwester. Der tölpelhafte Gärtner Binet läßt sich vom Grafen dazu überreden, Bathilde zu holen; aber anschließend wacht er peinlichst darüber, daß der gestrenge Sittenkodex des Pensionats nicht weiter unterlaufen wird. Der Graf kann Bathilde noch das Versprechen zuflüstern, sie und Emma binnen acht Tagen aus dem Pensionat zu befreien, dann muß er vor der Unterdirektorin Paturelle fliehen, die ihrerseits einem heimlichen Rendezvous mit dem Tanzlehrer Baladon entgegensieht. Auch diese beiden werden gestört: durch die Zöglinge, die das heimliche Getue durchschauen und dazu ihre schnippischen Bemerkungen machen. Bathilde erzählt Emma von der bevorstehenden Entführung. Mimi, die es mit anhört, vertraut den beiden ihre schwärmerische Bewunderung für Valentin an, den sie nun alle Vert-Vert nennen. Dieser soll in Begleitung Binets auf einige Zeit zur Fortbildung verreisen. Mimi ist untröstlich, doch der junge Friquet, dem es gelingt, sich als Ersatzgärtner ins Pensionat einzuschmuggeln, verspricht ihr baldige Hilfe. Die Elevinnen nehmen tränenreich Abschied von Vert-Vert.

II. Akt, Saal im Gasthaus »Zum goldenen Löwen«, Nevers: Die Dragoner, unter ihnen der Graf und Bergerac, umjubeln die Sängerin La Corilla, die eine Probe ihrer Kunst gibt. Wenig später trifft ihr Partner ein, der großspurige Tenor Bellecour. Leider ist er heiser, weil er auf der Fahrt mit einem jungen Burschen und dessen lümmeligem Diener in Streit geraten war und ein unfreiwilliges Bad in der Loire nehmen mußte. Theaterdirektor Maniquet ist verzweifelt, denn er sieht, daß die morgige Opernvorstellung platzen wird. Auch Vert-Vert und Binet machen kurz darauf Station im Gasthaus. Mit großem Erfolg trägt Vert-Vert den Gästen ein kleines Lied vor. Bellecour erkennt in den beiden unschwer die Schuldigen seines Mißgeschicks wieder, Maniquet will sie sofort haftbar machen. Doch Corilla gewinnt Vert-Vert dafür, anstelle Bellecours mit ihr aufzutreten. Mimi ist ihrem Geliebten heimlich nachgereist und beobachtet eifersüchtig, wie Corilla Vert-Vert in ihren Bann zieht und schließlich mit ihm zur Bühnenprobe nimmt. Der Graf und Bergerac bemerken, daß es sich bei dem vermeintlichen Dragoner um Mimi und zudem um ein Mädchen aus ebenjenem Pensionat handelt, das ihre Bräute festhält. Rasch ist mit Mimis Hilfe ein Befreiungsplan entworfen. Aus Freude darüber laden sie ihre Dragoner, aber auch Maniquet samt Truppe, zum Festgelage, bei dem allen voran Vert-Vert ein Brindisi auf Corilla anstimmt und sich kräftig alkoholisiert.

III. Akt, wie I. Akt: Baladon hält die Tanzstunde ab. Paturelle und der falsche Gärtner Friquet kommen hinzu. Mimi wird vermißt, doch erscheint sie plötzlich, und auch Vert-Vert und Binet sind überraschend und vom Trinkgelage etwas derangiert zurückgekehrt. Paturelle durchschaut ihre Ausflüchte schnell: Sie nimmt Binet mit zur Direktion, um ihn hinauswerfen zu lassen. So haben Vert-Vert und Mimi einen unbelauschten Augenblick, einander ihre Liebe zu bekennen. Die laue Sommernacht bricht herein und zieht die Gestalten wie magisch herbei: Der Graf und Bergerac finden ihre Bräute; Baladon tastet sich, obwohl man ihn kräftig in die Irre führt, an seine Paturelle heran; schließlich erscheinen alle Elevinnen mit Leuchtern und öffnen das Haupttor. Herein kommt Binet, soeben entlassener Gärtner, nun Parlamentär, und fordert die Auslieferung von vier Personen, die gegen das Gesetz im Pensionat festgehalten würden. Aber Paturelle bleibt standhaft. So ruft der Graf seine Dragoner aus dem Versteck, vor deren geballter Männlichkeit Paturelle dann doch kapituliert. So findet jeder, wen er sucht.

Kommentar: Mit dem Thema des Heraustretens in die große Welt und des Erwachens erster Liebe eines wohlbehüteten Knaben im kontrastreichen Milieu von Internat und Militär vergegenwärtigt *Vert-Vert* ein Sujet, das sich wenige Jahre später, nach dem Deutsch-Französischen Krieg und in einer Zeit ganz anderer Erwartungshaltung, für die Operette als sehr erfolgreich erweisen sollte: Gemeint ist *Le Petit duc* (1878) von Charles Lecocq, für den wiederum Meilhac den Text schreiben sollte, allerdings einen gegenüber *Vert-Vert* weit distinguierteren und geglätteten. Für Offenbach und die Opéra-Comique setzten die Autoren nicht auf den ironischen und bissigen Ton der Offenbachiaden, sondern auf die Beliebtheit des historischen Kolorits (französisches Rokoko) und auf stimmungsvolle theatralische Effekte. Das Stück ist deutlich älteren Traditionen der Opéra-comique verpflichtet: in den buffonesken Verkleidungsszenen, in den Gestalten des Tanzmeisters, des tölpelhaften, doch gemütvollen Gärtners oder der schrulligen Unterdirektorin. Erinnerungen an die Commedia dell'arte, wie sie Maziliers Ballett etwa in Form der Harlekinade »Harlequin et Pierrot« als Theater auf dem Theater enthält, sind hier genutzt als feine, auch musikalische Parodie auf die Gepflogenheiten der italienischen Oper (Corillas Koloraturencouplet Nr. 7c; Bellecours verstotterte Ariette Nr. 8). Als szenische und musikalische Zentren fungieren im II. Akt das Trink- und Festgelage der Dragoner, im III. als charakteristischer Kontrast dazu ein Sommernachtsgarten; der I. Akt lebt thematisch von der Gegenüberstellung von jugendlicher und altjüngferlicher Liebeständelei. Kompositorisch steht das rauschende Trinkgelage des II. Akts auf höchstem Niveau und ist an melodischem Esprit dem Finale des III. Akts aus *La Vie parisienne* (1866) durchaus ebenbürtig. Verzichtet Offenbach auch keineswegs auf parodistische Spitzen gegen den Talmiglanz des Militärs, exponiert er sie doch nicht in so martialischer Schärfe wie im Couplet des Generals Boum aus *La Grande-Duchesse de Gérolstein* (1867; »Et pif, paf, pouf«, Nr. 3), auf das die Musik anspielt. Im Mittelpunkt steht die lyrische Partie des Vert-Vert, die auch musikalisch auf Feinsinn und zarte Ironie baut. Offenbach hat diesen Szenen seine besten musikalischen Ideen zugetragen, wie etwa Vert-Verts Barkarole »Vouz ne sauriez me plaire d'avantage« zeigt (Nr. 10): Der Held erzählt die Episode seiner ersten Liebesverwirrung, die nicht ohne Hintersinn auf einem Lastkahn auf der Loire spielt (gemeint ist: unter rauhen Leuten), an ebenjenem Ort, an dem einstmals der gelehrige Papagei aus Gressets Poem sich vom wohlerzogenen Intimus zum fluchenden, derben Lümmel wandelte. Wohl zeigt auch dieser Vert-Vert vor den Pensionärinnen, daß er das Fluchen gelernt hat (Nr. 16: »Ah ventrebleu, corbleu, morbleu«) und die Liebe als Kriegführung verstehen will (draufgängerisch läßt er dabei das »tet pif! et paf!« des 2. Finales noch einmal Revue passieren), doch dies ganz im Ton eines leicht unbeholfenen jungen Heißsporns, der im nächsten Moment in einem schwärmerischen Nokturne (Duettino Nr. 17) und im anschließenden Sommernachtssextett (Nr. 18) seinen zartesten Liebesempfindungen Ausdruck gibt. Der bekannteste und höchst komödiantische Teil der Partitur ist jene Unterrichtsstunde des Tanzmeisters zu Beginn des III. Akts, in der Baladon einen ästhetischen (musikalisch entsprechend illustrierten) Diskurs über die Geschichte des Tanzes unternimmt. Nach einer melancholischen Beschwörung der alten »distinguierten« Tänze wie Pavane, Menuett und Gavotte, die er gleichzeitig vortanzt, stellt er den spanischen Bolero, historisch aberwitzig, als Abkömmling der Sarabande vor, um zuletzt über die Valse allemande (musikalisch tatsächlich ein Deutscher Tanz) zur Fricassée (keinem Quodlibet, sondern einem Cancan) zu gelangen und den endgültigen Niedergang der Tanzkultur zu beklagen, die eben heute die schönen alten Tänze im wahrsten Sinn als »Frikassee« verarbeite.

Wirkung: Der Erfolg übertraf womöglich den von *Robinson Crusoé* am selben Haus zwei Jahre zuvor, erwies sich aber als ebenso folgenlos. Vert-Vert war mit Victor Capoul besetzt, dem Offenbach das Werk gewidmet hat (Baladon: Joseph Antoine Charles Couderc, Corilla: Caroline Girard, Mimi: Marie Cico, Graf: Achille Pierre Gaillard, Bergerac: Potel). Als *Kakadu* (deutsch von Julius Hopp) kam das Werk unter Offenbachs Leitung am 3. Febr. 1870 im Carl-Theater Wien heraus (mit Minna Wagner als Vert-Vert, ferner Carl Blasel, Albertine Stauber, Hermine Meyerhoff, Franz Eppich, Otto Karutz) und am 4. Juni 1870 im Friedrich-Wilhelmstädtischen Theater Berlin. Englisch (von Henry Herman und Richard Mansell) wurde das Werk 1874 im Saint James's Theatre London gespielt. Trotz guter Aufnahme in Wien (Eduard Hanslick, s. Lit., befand, der Ausdruck »leichter Schwermut, Sehnsucht oder Zärtlichkeit sei durchaus zart und wahr wiedergegeben«) ist das Werk sehr bald von den Spielplänen verschwunden und hat bis heute unverdientermaßen keine szenische Wiederaufführung erlebt. Karl Kraus widmete sich *Vert-Vert* 1931 im Rahmen seiner Wiener Offenbach-Vorlesungen (musikalische Begleitung: Franz Mittler). Er schuf eine Hopp weit überlegene Übersetzung und schrieb für das Couplet der Corilla, wie für viele berühmte Offenbach-Couplets zuvor, eine Reihe von Zeitstrophen. 1932 stellte er seine Bearbeitung im Rundfunk vor (Vert-Vert: Irene Eisinger und Blandine Ebinger, Bergerac: Leopold Hainisch, Paturelle: Bozena Bradsky, Friquet: Roma Bahn, Bellecour: Peter Lorre) und benannte im übrigen zutreffend jene gefällige Zeitlosigkeit des Sujets und damit wohl die Problematik des Stücks: »*Vert-Vert*, mit den uns nichts angehenden Dingen, die sich zwischen Pensionärinnen, Dragonern und Komödianten begeben, erscheint dem Übersetzer als der Gipfel der Naturschönheiten dieser musikalischen Märchenlandschaft. Vorläufig wenigstens; denn hier kommt immer etwas Besseres nach« (Vorwort zum Textbuch, s. Ausg.).

Autograph: Pierpont Morgan Libr. NY. **Ausgaben:** Part, dt. Übers. v. J. Hopp u.d.T. *Kakadu*: B&B [um 1870], Nr. 9057; Kl.A: Heu, Paris [1869], Nr. 1006, Nachdr.: Rouart/Lerolle, Paris; Kl.A, frz./dt.: B&B [um 1870], Nr. 9058; Textb.: Paris, Lévy 1869; Paris, Tresse 1869; Textb., dt. v. J. Hopp: B&B 1870; Textb., dt. v. K. Kraus: Wien, Lpz., Fackel [1932]; Bln., Kiepenheuer 1959. **Aufführungsmaterial:** Salabert; dt. v. Hopp: B&B; dt. v. Kraus: Kiepenheuer, Bln. **Literatur:** E. HANSLICK, Die moderne Oper I–III, Bln. 1875–84, Bd. 3, S. 277f.; weitere Lit. s. S. 488

Rainer Franke

La Princesse de Trébizonde
Opéra-bouffe en trois actes

Die Prinzessin von Trapezunt
3 Akte

Text: Charles Nuitter (eigtl. Charles Louis Etienne Truinet) und Etienne Victor Tréfeu de Tréval
Uraufführung: 1. Fassung in 2 Akten: 31. Juli 1869, Theater am Goetheplatz, Baden-Baden; 2. Fassung: 7. (17.?) Dez. 1869, Théâtre des Bouffes-Parisiens, Salle Choiseul, Paris (hier behandelt)
Personen: Prinz Casimir (T); Cabriolo (B); Trémolini (T); Sparadrap (T); Paola (A); Zanetta (S); Prinz Raphaël (Mez); Régina (S); Flaminio, Francesco, Brocoli, Riccardi, Finocchini und Borghetto, Pagen (6 S); Lotteriedirektor (T oder B); 2 Lotterieangestellte (2 T); 2 junge Mädchen (2 S). **Chor, Statisterie:** Volk, Bäuerinnen, Gaukler, junge Mädchen, 2 junge Männer, Jäger, Pagen, Funktionäre
Orchester: 2 Fl (2. auch Picc), Ob, 2 Klar, Fg, 4 Hr, 2 Pistons, Pos, Pkn, Schl (gr.Tr, Bck, kl.Tr, RührTr, Trg, Glöckchen), Streicher; BühnenM: Schlag-Instr. (u. a. gr.Tr, Schellenbaum)
Aufführung: Dauer ca. 2 Std. – Orchester nach dem Aufführungsmaterial Chappell.

Entstehung: Wie Briefnotizen an Nuitter (bei Jacques Brindejont-Offenbach, S. 132–134, und Anton Henseler, S. 472, s. Lit.) belegen, griff Offenbach (seit Juli?) 1869 von seinem Sommersitz in Etretat aus in seiner üblichen Manier rigoros in die Struktur des Texts zur *Princesse de Trébizonde* ein. Dabei nahm er entscheidenden Einfluß auf die dramaturgische Gestaltung der Szenen, insbesondere die Hinführung und Zuspitzung der Situationen auf die Gesangsnummern. Am 24. Juli traf er in Baden-Baden zu letzten Vorbereitungen ein; die Uraufführung mit dem Gesangsensemble der Bouffes-Parisiens und dem lokalen Kurorchester dirigierte er selbst (Wiederholungen am 1. und 2. Aug.). Zudem brachte er mit dem Ensemble am 26. Juli seine Einakter *Le Fifre enchanté* (1864) und *L'Ile de Tulipatan* (1868) zu Gehör. Die Umformung der *Princesse* zur letztgültigen Gestalt wird also im Aug. 1869 begonnen worden sein und hat sich sicherlich mit der Komposition des Folgewerks, *Les Brigands*, überschnitten, die Offenbach im Sept. 1869 in Angriff nahm.

Handlung: I. Akt, Platz, auf einer Seite das Büro der Lotterie, auf der andern die Bude der Seiltänzer: Es herrscht reger Jahrmarktsbetrieb. Soeben kündigt der Direktor des Büros den Hauptgewinn der bevorstehenden Ziehung an: ein veritables Schloß. Kein Wunder, daß die Besucher sein Gebäude stürmen und niemand sich für Cabriolos Schaustellerei interessiert. Wie ein Patron herrscht Cabriolo über seinen Familienbetrieb, zu dem neben seinen Töchtern Paola und Zanetta die Seiltänzerin Régina sowie der Clown und einstige Diener reicher Herren Trémolini gehören. Da sich die Vorstellung verzögert, staubt Zanetta derweil die Wachsfiguren des Kabinetts ab und bricht versehentlich dem schönsten Stück, der Prinzessin von Trapezunt, die Nase ab. Trémolini verzehrt sich in Liebe und Eifersucht um Régina und will sich nicht damit abfinden, daß sie sich bei ihrer Seilakrobatik von jedermann begaffen lasse. Unter den Besuchern des Markts ist auch Prinz Raphaël. Eben zeigt er seinem Erzieher und Behüter Sparadrap einen Käfig mit zwei Turteltauben, die er erworben hat. Sparadrap ist's zufrieden, hat er doch von Raphaëls Vater Casimir den Auftrag, den Sohn gut zu bewachen, so daß er nicht sein Auge auf irgendein schönes Mädchen werfe, sondern folgsam ein vom Vater ausersehenes Prinzeßchen heirate. Sparadrap winkt im Erfolgsfall eine ansehnliche Pension, doch schon ist ihm Raphaël erneut entwischt und in der Wachsfigurenausstellung verschwunden. Berauscht kommt er wieder heraus und schwärmt von der herrlichen Statue der Prinzessin, die er unbedingt wiedersehen muß. Daß sie lebendig war, hat er nicht recht gemerkt: Zanetta hatte ihren Platz eingenommen, um das Mißgeschick mit der fehlenden Nase wettzumachen. Auch das Volk strömt nun in Cabriolos Kabinett. Die Gaukler machen eine gute Kasse, in der sich zudem ein Zettel findet, den Raphaël als Obolus entrichtet hat. Es ist das Los Nr. 1313, das gleich darauf als Hauptgewinn gezogen wird. Cabriolo und seine Schar sind überwältigt, sagen ihrem Wanderdasein und ihrer »baraque héréditaire« Lebewohl und brechen auf zu einem neuen Leben als Schloßbesitzer.

II. Akt, Terrasse vor einem herrschaftlichen Schloß: Angesichts ihres neuen Reichtums und Müßiggangs verfallen die Gaukler in Nostalgie; sie sehnen sich zurück nach dem Wanderleben des Jahrmarkts. Auf der Fährte eines Hirschs hetzt ein Jäger vorüber (Zanetta erkennt in ihm sofort Raphaël), ihm folgt Sparadrap, darauf Casimir höchstselbst, sodann platzt eine ganze Jagdgesellschaft herein mit dem Vorsatz, den Zehnender zu erlegen. Auch Raphaël hat Zanetta wiedererkannt und kann ihr wenig später heimlich

seine Liebe gestehen. Casimir, der nicht nur in der großen Politik auf die Wirkung des Rohrstocks schwört, würde eine so »unstandesgemäße« Verbindung aus eigener leidvoller Erfahrung zweifellos mißbilligen. Raphaël greift deshalb zu einer List und behauptet, seine Liebe gelte der Prinzessin von Trapezunt, einer mechanischen Wachspuppe. Die will Casimir seinem Sohn gern als Spielzeug kaufen, doch da Cabriolo die Puppe allein nicht herausgeben will, einigt man sich, die komplette Figurensammlung, dazu den lebendigen Gauklerradel nebst Cabriolo als Kurator eines neuen Wachsfigurenmuseums, an Casimirs Hof zu übersiedeln.

III. Akt, Saal in Casimirs Palast, im Hintergrund eine Galerie mit den Wachsfiguren, dazu Kuriositäten aller Art: Die Pagen müssen die Figuren bewachen und langweilen sich zu Tode. Raphaël hat zur Verheimlichung seiner Liebe ebenjene Finten benutzt, die er in alten Briefen seines Vaters beschrieben fand. Casimir hat deshalb Verdacht geschöpft. Als er zur Jagd aufbricht, nicht ohne sich zuvor von seinem Volk gebührend huldigen zu lassen, und Raphaël ausgerechnet Zahnschmerzen vortäuscht, um nicht mitkommen zu müssen, beschließt er, den Sohn zu überführen. Der Abend bricht herein; Régina und Trémolini werden sich endlich einig, durch die gemeinsame Flucht sich Cabriolos Einwänden gegen ihre Heirat zu entziehen. Die Pagen erledigen ihren Wachgang vor den Wachs-

La Princesse de Trébizonde, III. Akt; Anni Frind als Régina, Friedel Schuster als Raphaël, Irene Eisinger als Zanetta, Frigga Braut als Paola; unten: Wilhelm Gombert als Casimir, Eduard Kandl als Cabriolo, Josef Burgwinkel als Trémolino; Regie: Jürgen Fehling, Bühnenbild: Wilhelm Reinking; Städtische Oper, Berlin 1932.

puppen in Erwartung des Soupers, zu dem Raphaël sie und alle andern nach der Abreise Casimirs geladen hat. Auch Zanetta und Raphaël, Paola und Sparadrap treffen ein. Während man ißt und ein infernalisches Instrumentalkonzert veranstaltet, kehrt Casimir zurück. Es hilft nichts, sich als Wachsfiguren zu verstellen. Um zu verhindern, daß er Zanetta und die Gaukler mit seinem Jagdmesser zerteilt, beginnt Raphaël, Casimirs Jugendsünden herauszuposaunen, insbesondere, daß er einst eine Zirkusakrobatin namens Plume d'Acier heiratete. Die sich nun offenbarenden Verwandtschaftsverhältnisse zwischen Casimir und Cabriolos Sippe lassen rasch alle feudalistischen Heiratseinwände verstummen: Paola bekommt ihren Sparadrap, Régina ihren Trémolini, Zanetta ihren Raphaël.

Kommentar: *La Princesse de Trébizonde* gehört zu den weniger bekannten, gleichwohl gelungenen parodistischen Offenbachiaden aus der produktivsten und ruhmreichsten Zeit des Komponisten. Das Stück ist mit leichter und schneller Hand entworfen und zielt innerhalb seines spezifischen Kolorits von Jahrmarkt und Schaustellerei auf die spielerisch-witzigen Elemente von Aktion und Reaktion, die oft jeder Wahrscheinlichkeit Hohn sprechen, zugleich über jeden Respekt vor großen und hohen Herren triumphieren. Als Handlungsmodell fungiert der alte Komödientopos einer Liebe, die an Standesunterschieden beziehungsweise elterlichen Einwänden zu scheitern droht, durch die Aufdeckung verwandtschaftlicher Bindungen oder durch List schließlich zugunsten des Liebespaars gelöst wird. Für Offenbach lag der Reiz zum einen darin, den markant und mit Witz gezeichneten Volkstypen wie Cabriolo, Trémolini und Régina und ihrem Berufsstand ein entsprechendes musikalisches Kolorit zu geben, das die Atmosphäre von Jahrmarkt und Spielbude widerspiegelt. Insbesondere im 3. Finale (Nr. 18), einem fulminanten mehrteiligen Ensemble mit Brindisi und »grand galop«, wird in überschwenglicher Schlußsteigerung ein geradezu marktschreierischer Ton angeschlagen, der nicht nur handlungsimmanent den Standesdünkel Casimirs mit Brio übertönt, sondern zugleich die Herkunft der Musik von der Straße selbstbewußt zur Schau stellt. (Ein alpenländischer Schnelltanz scheint als musikalische Vorlage gedient zu haben.) Zum andern bot die Gestalt Casimirs und seines Hofstaats beste Gelegenheit zur Parodie und zu kleinen sozialkritischen Seitenhieben auf die »bessere Gesellschaft«. Offenbachs Musik zur *Princesse* ist routiniert, dabei mit eminentem Gespür für theatralische Situationen und Finalwirkungen komponiert. Die melodischen Einfälle sind mit großer Ökonomie eingesetzt, die wichtigsten Themen durch Wiederaufnahmen in eine Gesamtkonzeption eingebunden, in der sie gleichsam zu Erkennungsmelodien des Stücks werden. Die Potpourriouvertüre antizipiert die wichtigen »Merkworte«: den Jagdchor (Nr. 7), dessen Versatzstücke sie auch zu Zwecken der Überleitung benutzt, die Melodie des Liebesduetts Zanetta/Raphaël (Nr. 8), das »Tourne, tourne« aus dem Quintett des II. Akts (Nr. 6), in dem die Gaukler der Rastlosigkeit ihres früheren Lebens nachtrauern und zu dem Trémolini seine Teller dreht. Dies wichtige Thema wird gleich zweimal angespielt, ebenso wie die im Finale des II. Akts, also zentral plazierte »Ronde de la Princesse de Trébizonde« (Nr. 11b). Dies Couplet kehrt nicht nur in der anschließenden Stretta des 2. Finales wieder, sondern auch als Schlußchor des Werks (Nr. 19), zu dem die Darsteller nach Art des Vaudevilles ihrem Publikum die Reverenz erweisen und aus der Handlung heraustreten. Mehrfach wird im Rahmen der zentralen Liebesgeschichte zwischen Zanetta und Raphaël mit der Verwechslung oder Vertauschung von Mensch und Puppe gespielt; thematisch scheint dies eine komödiantische Variante des Pygmalion-Stoffs. Psychologische Abgründe werden dabei aber nicht ausgeleuchtet, es fehlt noch jene Dämonie, wie sie im Olympia-Akt von Offenbachs *Contes d'Hoffmann* (1881) aufscheinen wird.

Wirkung: *La Princesse de Trébizonde* hatte bereits in Baden-Baden glänzende Kritiken erhalten, die der Musik und den Hauptdarstellern Désiré (Cabriolo) und Hippolyte Bonnet (Trémolini) sowie den Damen Mlle. Fonti (Zanetta) und Marie Amélie Périer (Raphaël) galten; in Paris hat sich das Werk mit teils neuer Besetzung auch nach der ersten Saison erfolgreich auf dem Spielplan der Bouffes-Parisiens behaupten können (Casimir: Jean Berthelier, Raphaël: Céline Anna Van Ghell, Cabriolo: Désiré, Trémolini: Bonnet, Sparadrap: Edouard Georges, Zanetta: Fonti, Régina: Céline Chaumont). Wiederaufnahmen gab es dort 1871, 1875 und 1876; das Théâtre des Variétés brachte das Werk 1888 heraus. Die internationalen Bühnen griffen es schon kurz nach der Uraufführung auf: Noch 1870 folgten Premieren unter anderm in Brüssel, London (Gaiety; englisch von Charles Lamb Kenney), Madrid (spanisch) und Kopenhagen (dänisch von Erik Bøgh), 1871 in Neapel, Rio de Janeiro, New York, Stockholm (schwedisch von Carl Gustaf Michal und Axel Bosin), Prag und Berlin (Friedrich-Wilhelmstädtisches Theater). Die deutsche Übersetzung von Julius Hopp wurde erstmals am 18. März 1871 im Carl-Theater Wien gespielt (Josef Matras, Karoline Tellheim, Carl Blasel, Franz Eppich, Wilhelm Knaack, Hermine Meyerhoff, Josefine Gallmeyer); Karl Kraus rühmte das Werk als eins der entzückendsten Offenbach-Wunder und nannte das Libretto einen der bestgebauten Texte Offenbachs (*Die Fackel*, 1929, Nr. 806–809, S. 61). Er legte seiner Wiener Lesung 1929 (Begleitung: Georg Knepler) Hopps Übersetzung zugrunde, die er geringfügig abwandelte; für die entsprechende Funkstunde 1930 entstand eine neue Aufnahme unter Fritz Mahler (mit Anni Frind, Leopold Hainisch, Käte König, Paul Rehkopf, Leo Reuss und Eugen Rex). 1932 gab es eine Neuinszenierung an der Städtischen Oper Berlin, doch gehört *La Princesse de Trébizonde* zu den nur selten gespielten Offenbachiaden: Das Theater an der Wien brachte das Werk 1966 unter der Regie von Wolfgang Glück heraus (Casimir: Karl Paryla, Raphaël: Liselotte Ebnet, Sparadrap: Bruno Hübner); in Braunschweig war 1975 eine Inszenierung von Andreas Meyer-Hanno zu sehen, der eine eigene Textversion vorstellte; 1985 inszenierte Fritz Muliar das Werk an der Kammeroper Wien in einer Einrichtung von Kurt Huemer.

Autograph: Privatbesitz; Introduktion (Nr. 1): Pierpont Morgan Libr. NY (Cary 321); Fragment: Hist. Arch. d. Stadt Köln. **Abschriften:** 1. Fassung (Teilautograph?): NYPL NY (Mus. Res. MSI). **Ausgaben:** 2. Fassung: St.: Brandus & Dufour, Paris [1869], Nr. 11.600 [BN Paris]; Part, dt. Übers. v. J. Hopp: B&B [um 1870; als Ms. gedruckt], Nr. 9695; Kl.A: Brandus & Dufour, Paris [1869], Nr. 11601, Nachdr.: Joubert, Paris [um 1898]; Kl.A, engl. Übers. v. C. L. Kenney, rev. v. A. Charlton: Boosey, London 1915 (One of the »Royal Ed. of Operas«); Kl.A, frz./dt., nach dem Original u. d. Übers. v. J. Hopp bearb. v. H. Kunz: B&B 1966, Nr. 22025 (961); Textb.: Paris, Lévy frères 1870, ²1872 [88 S.]; Textb., frz./engl.: NY, Metropolitan 1874; Textb., dt. v. J. Hopp: B&B 1872, 1932; Textb., engl. v. C. L. Kenney: London, Boosey [1870]; Textb., engl v. G. W. Tryon: Boston, Ditson; Philadelphia, Lee & Walker; Textb., engl.: Melbourne [1874?]; Textb., dt. v. K. Kraus nach J. Hopp: Bln., Funk-Stunde [1930]. **Aufführungsmaterial:** Chappell; dt. v. Kraus: Kiepenheuer, Bln.; dt. v. Kunz: B&B; dt. Bearb. v. A. Meyer-Hanno: B&B
Literatur: s. S. 488

Rainer Franke

Les Brigands
Opéra-bouffe en trois actes

Die Straßenräuber
Die Banditen
3 Akte

Text: Henri Meilhac und Ludovic Halévy
Uraufführung: 10. Dez. 1869, Théâtre des Variétés, Paris
Personen: Falsacappa, Räuberhauptmann (T); Fragoletto, ein junger Bauer (S oder T); Piétro, sein Vertrauter und Stellvertreter (T); Antonio, Kassierer des Herzogs von Mantua (T); Graf von Gloria-Cassis, Kammerherr der Prinzessin von Granada (T); Baron von Campotasso, 1. Schildknappe des Herzogs von Mantua (T); der Herzog von Mantua (T); Hauptmann der Karabinieri des Herzogs von Mantua (B); Carmagnola (T), Domino (T) und Barbavano (B), Räuber; Pipo, Gastwirt (T); Pipa, seine Frau (S); Pipetta, seine Tochter (S); Adolphe von Valladolid, 1. Page der Prinzessin von Granada (T); der Hofmeister der Prinzessin von Granada (B); Fiorella, Falsacappas Tochter (S); die Prinzessin von Granada (S); Zerlina, Fiametta, Bianca und Cicinella, Bäuerinnen (4 S); die Herzogin (S); die Marquise (S); ein Räuber (T); 2 Pagen (2 S); ein Türsteher (Spr.). **Chor, Statisterie:** Räuber, Karabinieri, Bäuerinnen, Küchenjungen, Pagen am Hof von Mantua, Herren und Ehrendamen vom Hof von Granada, Pagen der Prinzessin von Granada, Herren und Damen am Hof von Mantua
Orchester: 2 Fl (2. auch Picc), 2 Ob, 2 Klar, 2 Fg, 2 Hr, 2 Pistons, Pos, Pkn, Schl (kl.Tr, Kastagnetten, Tamburin, Trg, gr.Tr, Bck, Schellen, RührTr), Streicher; BühnenM hinter d. Szene: Hr, 5 Trp
Aufführung: Dauer ca. 2 Std. 15 Min. – Orchester nach dem Klavierauszug Colombier. Das Autograph schreibt bei sonst gleicher Besetzung offenbar nur eine Oboe und ein Fagott vor. Ausführliche Bild- und Regieangaben im französischen Textbuch. Fragoletto war in der Uraufführung mit einem Sopran (Zulma Bouffar) besetzt.

Entstehung: *Les Brigands* ist das letzte bedeutende Gemeinschaftswerk von Offenbach und seinen bevorzugten Librettisten Halévy und Meilhac. Die beiden Autoren wandten sich zunehmend dem Sprechtheater zu und feierten 1869, noch vor der Premiere der *Brigands*, mit *Frou-Frou* einen großen Erfolg, und zwar in einem dramatischen Genre, das der Kritik aller Frivolität Raum gibt und zudem ein glückliches Ende der Handlung tendenziell ausschließt. Im Gegensatz zu seinen Librettisten glaubte Offenbach, mit seinem neuen Werk einen weiteren ästhetischen Fortschritt erreicht zu haben. Wie in Briefen an Halévy zu lesen ist, wollte er nicht länger Couplets mit kleinen Refrains komponieren (er und das Publikum, so heißt es, seien dieser Dinge überdrüssig), sondern komplexere Situationen und Ensembles. Als Vorbild bezeichnete er den II. Akt der *Belle Hélène* (1864). Seinen Vorsatz löste Offenbach, der die Partitur in nur drei Monaten abschloß, vor allem im I. und II. Akt ein, die zu den komödiantischsten und musikdramatisch kontrastreichsten in seinem Œuvre gehören. Aber auch thematisch setzt das Werk neue Akzente: Das Räubersujet erscheint (im Vergleich mit Aubers *Fra Diavolo*, 1830) in satirischem Licht, nicht zuletzt wegen der unverkennbaren Zeitbezüge auf Skandale des Kaiserregimes und Eklats, die betrügerische Bankiers in den Jahren zuvor verursacht hatten. *Les Brigands* ist Offenbachs letzte große Opéra-bouffe vor Ausbruch des Deutsch-Französischen Kriegs, der einen nicht unerheblichen Meinungsumschwung im Publikum gegen den Komponisten bewirkte: Als »Verderber der Sitten« sei er angeblich an der Niederlage Frankreichs mitschuldig. Im Werk selbst klingen Ahnungen solch düsterer Veränderungen nicht an, es erweist Offenbach und seine Autoren als »Entlarver verderblicher Sitten«, so unverdrossen, wie sie es in früheren Stücken gewesen sind.
Handlung: I. Akt, wilde Felsengegend, eine Talsenke in der Bühnenmitte; die Szenerie soll an Landschaften des Malers Salvator Rosa erinnern: Vor der Räuberhöhle demonstrieren die Banditen bei Tagesanbruch ihre Wachsamkeit. Ein ehrwürdiger Eremit erscheint, gefolgt von acht jungen Bäuerinnen. Da wirft der angebliche Kapuziner die Kutte ab: Es ist der Räuberhauptmann Falsacappa, der nun seine Berühmtheit von allen Anwesenden feiern läßt. Offenbar handelt es sich bei ihm um einen noblen, den Frauen geneigten Wegelagerer. Die Bäuerinnen sind erschrocken und geschmeichelt zugleich. Während sich die Bande mit den Mädchen und Schnaps vergnügt, überkommt Falsacappa in Gegenwart seines Vertrauten, seines alten Mentors Piétro, der Weltschmerz, der Abscheu vor seinem Gewerbe und der Welt. Doch die scheinbar so unvermutet ausgebrochene Menschenverachtung erhält nachträglich eine Erklärung: Einige

Räuber sind unzufrieden mit den Erträgen. Die Dividenden seien lächerlich, meint Barbavano, der Bankier war und Räuber wurde, da er hoffte, mit weniger Arbeit mehr Gewinn einstreichen zu können. Falsacappa verspricht reiche Beute und schwört beim Haupt seiner Tochter Fiorella. Fiorella, »la brune«, taucht auf und stellt sich verwegen kostümiert und bewaffnet vor. Selbst wenn alle Räuber schlafen, wacht dies tüchtige und attraktive Flintenweib mit den schwarzen Augen über »la bande à papa«. Die Räuber haben einen jungen Pächter gefangen, Fragoletto, der sich bei diesem Überfall in die Banditin Fiorella verliebt hat, nun Räuber werden möchte und um die Hand des entzückten Mädchens bittet. Um den konsternierten Vater Falsacappa zu gewinnen, will er eine Aufnahmeprüfung ablegen. Nachdem die Räuber fort sind, kommt unerkannt der Herzog von Mantua, der sich bei der Jagd verirrt hat. Er hat es seinem Charme und Fiorellas erotisierter Brautstimmung zu verdanken, daß sie ihm den Weg weist, ihn entkommen und sich dafür dankbar umarmen läßt. Fragoletto kommt aufgeregt zurück: Er hat einen Kabinettskurier mit wichtigen Nachrichten abgefangen. Der Herzog wird nämlich die Prinzessin von Granada heiraten. Ferner wird er ihrer Delegation eine Schuld von drei Millionen auszahlen (hätte er sie nicht geheiratet, so erfährt man später, hätte er noch mehr zahlen müssen). Falsacappa beschließt, anstelle der Spanier nach Mantua zu gehen, um dort die beträchtliche Summe zu kassieren. Fiorella (ihr Bild wird gegen das der Prinzessin ausgetauscht und dem Kurier untergeschmuggelt) soll dabei die erwartete Braut spielen. Nach diesen glückverheißenden Ereignissen »bevollmächtigt« Falsacappa in verstiegener Präfektensprache eine kleine Ausschweifung, um die Aufnahme Fragolettos in die Bande zu feiern. Nach dem Schwur, so viel wie möglich zu stehlen, wollen sich die Räuber endlich wie Narren betrinken und lassen sich von Fiorellas Anfeuerung in Stimmung bringen; da hören sie die offenbar großen Stiefel der Gendarmen trappen. Diese traurigen Helden marschieren zweimal vorbei und flüstern und schreien ihre Schande in die Welt hinaus: Durch einen »unglücklichen Zufall« kommen sie nämlich immer zu spät, wenn ihre Hilfe gebraucht wird. Kaum sind die Gendarmen verschwunden, verlassen die Räuber ungeduldig ihr Versteck und setzen die Orgie aufs schönste fort.

II. Akt, große Herberge auf dem Land: Die Küchenjungen versichern dem Wirt, daß alles für den Empfang des hohen Besuchs, die Gesandtschaft aus Mantua und die Reisegruppe der spanischen Prinzessin, vorbereitet sei. Zunächst aber kommen die Räuber als Bettler verkleidet. Ihr heuchlerisch flehendes Betteln wird zur massiven Forderung, schließlich sperren sie den Wirt und die Seinen ein, um deren Kleider überzuwerfen und nun als Dienstpersonal in Erscheinung zu treten. Fiorella nutzt die Situation und preßt ihrem Papa das doppelte Versprechen ab: Sie will ein Fünftel des Gewinns und außerdem vom ersten greifbaren Notar mit Fragoletto getraut werden. Kaum hat Falsacappa eingewilligt und seinen Plan erläutert, trifft die Empfangsdelegation von Mantua ein. An der Spitze der schon bekannten Gendarmen zeigen sich zwei komisch-groteske Figuren: der aufgeblasene Höfling Baron von Campotasso, der sich für einen »homme d'esprit« hält, und der dumm-stolze Hauptmann der Karabinieri. Die bis an die Zähne bewaffneten falschen Wirtsleute schockieren die feinen Herren und treiben sie endlich ins Haus, die Gendarmen in den Weinkeller. Attacca erscheinen die Spanier in folkloristischer Aufzug: Ehrendamen und Pagen mit Kastagnetten und Tamburins. Der arrogante Gloria-Cassis begleitet die Prinzessin von Granada und beteuert ihr gemeinsam mit dem Troß, daß sie alle echte Spanier seien. Die sehr notdürftig zu mantuanischen Gesandten und Gendarmen umgekleideten Räuber empfangen die Truppe der Prinzessin nicht gerade standesgemäß, wodurch der spanische Stolz oder Dünkel (»la morgue espagnole«) etwas verletzt wird. Aber die Indigniertheit der Spanier schlägt in Schrecken um, als sie hören, daß Falsacappa vor ihnen steht. Campotasso führt zwar die Gendarmen aus dem Weinkeller herbei, aber sie fraternisieren, Flaschen schwenkend und selbst schwankend, mit den Räubern, anstatt auf sie loszuschlagen. Falsacappa triumphiert mit seinen Leuten zwischen den Karabinieri links, die wieder einmal ihr fatales Ungeschick, ihr beharrliches Zuspätkommen beklagen, und den Spaniern rechts, die zitternd und eingeschüchtert ihren Stolz vergessen und auf die Knie gesunken sind.

III. Akt, ein reich ausgestatteter Saal im Palast des Herzogs von Mantua: Am Ende eines üppigen Soupers verabschiedet sich der Herzog von etlichen Geliebten, denn seine spanische Braut soll bald eintreffen. Die Trauer der Hofdamen hofft er durch reiche Geschenke zu mildern. Doch des Herzogs Kassierer Antonio hat selbst großen Kummer. Auch er liebt die Frauen und will sie immer mit Geschenken überhäufen. So hat er sich zur Finanzierung seiner privaten Freuden aus dem Staatssäckel bedient und ihn geleert. Er bangt dem spanischen Gesandten entgegen; ist der nämlich ein »honnête homme«, so gibt es keine Hoffnung, ist er aber ein »homme d'esprit«, dann läßt er sich wohl durch den Rest bestechen, der in der Schatulle verblieben ist. Die Räuber ziehen als spanische Gesandtschaft auf. Auch diesmal kann ihre falsche Tracht kaum über ihre wahre Identität hinwegtäuschen, obwohl sie langsam Routine bekommen und sich bei der mittlerweile vierten Verkleidung mehr Mühe gegeben haben. Der Herzog erkennt in der angeblichen Prinzessin sofort das Mädchen aus den Bergen wieder, ebenso weiß Fiorella, wen sie vor sich hat. Zum Eklat kommt es allerdings erst, als Falsacappa die Dreimillionenschuld einfordert und sich als »honnête homme« erweist. Denn er läßt sich nicht von Antonio durch vergleichsweise kleine Trostsummen abspeisen, so trickreich und langwierig auch die Bestechungsmanöver ausfallen. Der Räuber ist über ein solches Ausmaß an Veruntreuung empört und beschimpft den Finanzmann lauthals als Dieb. Alle rennen auf das Geschrei hin herbei. Kastagnetten künden das Nahen der »echten« Spanier an. Die

Räuber werden von den wieder nüchternen Gendarmen gefangengenommen, liegen zitternd wie einst die Spanier auf den Knien und sollen zum Henker geführt werden. Da erscheint Fiorella im Banditenkostüm, Fragoletto an ihrer Seite, und bittet den Fürsten als Gegenleistung dafür, daß sie ihm seinerzeit das Leben gerettet habe, um Amnestie. Sie wird gewährt. Nachdem sich der verständige Gloria-Cassis von Antonio sofort mit einer kleinen Summe abfinden läßt, geloben die Räuber, »honnêtes gens« zu werden. Nun brauchen sie keinen Schauer mehr zu fühlen, wenn sie die Stiefel der Gendarmen trappen hören.

Kommentar: Von den unsinnigen Änderungen, die der deutsche Bearbeiter Ernst Dohm am Original vorgenommen hat, seien zwei genannt: Falsacappa soll am Ende selbst zur Polizei gehen; der Schauplatz wird von einem Phantasie-Italien in ein Phantasie-Portugal verlegt, von Mantua nach Braganza. Die szenischen Anspielungen auf das klassische Land der Banditenfiktion und Banditenoper, nämlich Italien, fallen auf diese Weise ins Leere; abgeschwächt erscheinen ebenso die auf französische Zustände im Kaiserreich Napoleons III. Die Zuschauer von damals mußten sich an das Regiment der »spanischen Kamarilla« unter Kaiserin Eugénie, einer gebürtigen Spanierin, erinnert fühlen, wenn auf der Szene so pointiert vom spanischen Wesen die Rede war. Die Figur des korrupten Finanziers gemahnte ebenso an zeitgenössische Verhältnisse und Personen (die Bankenzusammenbrüche der 60er Jahre) wie die erotische Vielseitigkeit des Fürsten von Mantua an den Kaiser selbst. Gegen Arroganz und Hoffart, Verschwendung und Dieberei in den oberen Klassen sticht die Tüchtigkeit der Banditen ab: Wie sehr strengen sie sich an, um an das große Geld zu kommen! Die aus dem Handwerkertum herrührende Arbeitsmoral, der dem Patriarchentum verpflichtete Tugendbegriff Falsacappas, der Berufs- und Zunftstolz, der nicht jeden Hergelaufenen in die Bande aufnehmen will, die sentimentalen Erinnerungen an bessere Zeiten (Piétro): all diese Eigenschaften sind altbürgerlich, wie sie einer traditionsreichen Innung anstehen. »Meister« Falsacappa versteht deshalb auch die Welt nicht mehr, als er den Lohn der ganzen Mühe nicht ernten soll. Der Räuber ist hier nicht im Kern identisch mit dem Adligen oder umgekehrt; so lautet die These von Pepuschs *Beggar's Opera* (1728) und ihrer Nachfolger. Der Räuber ist in *Les Brigands* ein besserer Mensch als die Kavaliere: eine Polarität, die im Grundriß schon in der hofkritischen Opéra-comique des 18. Jahrhunderts zu finden ist. Er ist fast ein ordentlicher Bürger. In dieser Perspektive erscheinen Höflinge wie Campotasso und Gloria-Cassis folgerichtig als Narren und Schranzen, deren Vornehmheit wie Verstiegenheit wirkt, erscheinen die Gendarmen als skurril vertrottelte Plagegeister, derer man durch einfache Schliche Herr werden kann. Dem Herzog wird ein Rest von Respekt gewährt; aber der Respekt gilt ihm als anziehendem Mann, nicht als einer Durchlaucht. Schon die Berufsbezeichnung Antonios als »Kassierer« kennzeichnet ihn als Angehörigen einer nachfeudalen, schon industriellen Gesellschaft. Er, der dem Vorbild des Herzogs nacheifert in der Verehrung der Frauen und beider Leidenschaften aus einer Kasse bezahlt, die für anderes bestimmt ist, diese Schattenexistenz gebärdet sich in ihrer traurig-komischen Gemütsverwirrung, in ihrem verzweifelten Eifer, sich aus der Notlage herauszuretten, wie eine Gestalt Johann Nepomuk Nestroys. Doch offenbart sein Verhalten auch das Zynische, Staatsschädliche der Mätressen- und Mißwirtschaft. Er wirkt mit, die Autorität dieser Herrschaft endgültig zu zersetzen. – Banditen und Hofleute erscheinen kleiner, als ihr Nimbus es haben will. Durchschnittlich oder gar schäbig, wie sie sind, lugen sie hinter ihren übergroßen Rollenmasken hervor. Der in Liedern besungene Räuber Falsacappa, der Propaganda nach so fürchterlich und den Frauen gefährlich, entpuppt sich als braver Papa und sorgengeplagter Chef, dessen Geschäftsführung von offener Kritik nicht verschont bleibt, der unter melancholischen Anfällen wie unter Migräne leidet und allenfalls durch seine relative Gerissenheit (die am Ende erfolglos bleibt) vom polternden Hausvater unterschieden ist. Fiorella, die so abenteuerlich lebende Räubertochter, schwankt zwischen Jungmädchenverliebtheit und ka-

Les Brigands, III. Akt; Gustaf Gründgens als Antonio, Ludwig Linkmann als Piétro; Regie: Gründgens, Bühnenbild: Max Schwarzmeier; Gärtnerplatztheater, München 1949. – Wie schon 1948 in Düsseldorf gestalteten die beiden Schauspieler diese Szene zwischen dem »Kassierer« des Fürsten und dem Räuber als Kabinettstück doppelbödiger Komik mit Anspielung auf die Währungssituation im Nachkriegsdeutschland.

pitalistischem Geschäftssinn. Der Fürst ist nur noch ein charmanter Liebhaber, die Aura der Macht verblaßt: Sogar der Gnadenerlaß der Amnestie muß ihm suggeriert werden. Und die Hommes d'esprit sprechen diesem Namen Hohn. Der Entzauberung des Scheins, der Verkürzung romantischen Heldenpersonals auf ziviles Maß, der Ab- und Umwertung der »großen Welt« entspricht auch der theatralische Stil: Als werde naives Budentheater ironisch imitiert, erleben wir ein rein theaterlogisches, ziemlich »unrealistisches« Klippklapp der Auftritte. Der gerade Genannte oder Erwartete erscheint umgehend auf der Bühne. Personen stellen sich dem Publikum von der Rampe aus selbst vor (Spottfiguren wie die traurigen Gendarmen handeln sich so noch die Komik der einfältigen Selbstankündigung ein). Klischeehafte Szenentypen, etwa die Vertrauten- oder die Begnadigungsszene, werden wie Versatzstücke in die Handlung hineingepreßt (so schickt man die Räuber beinah übergangslos erst zum Henker und dann nach Haus). Die Autoren führen diese Dramaturgie mit sarkastischer Grimasse vor. Alte kreischende Theatermechanismen werden in Gang gesetzt, ohne viel Rücksicht auf die Erfahrungswelt. Die parodistische Übertreibung beim Umgang mit Gattungskonventionen enthemmt das »debunking«, das ein falsches Prestige demontiert, und den burlesken Theaterspaß wie im II. Akt, als die Räuber (eine Art Virtuosenstück!) dreimal nacheinander in jeweils anderer Verkleidung ihre Gegner übertölpeln. Solche Turbulenz ist nur auf der Bühne und kaum im Leben möglich. Der auf Pointen hin geschärfte Dialog betont zusätzlich das Künstliche dieses Spiels. Die Abhängigkeit der *Brigands* von *Fra Diavolo* ist nicht beweisbar. Selbst das Motiv, daß sich der Räuber als Ehrenmann ausgibt, um leichter an sein Opfer heranzukommen, weist eine viel ältere Herkunft auf. Seine provozierend antiillusionistische »Maschinerie« verdankt das Werk eher noch der italienischen Buffa als der französischen Oper, deren Tradition der Konflikt mit der Macht, mit dem Hofwesen, der gesellschaftskritische und satirische Impuls entstammen. – Die Komposition verstärkt dies Konzept der Maskerade mit zu großen Masken, der Umverteilung von Ehre und Moral. Den Räubern wird durch die auffällig häufige Vorschrift »marcato« ein musikalisches Milieu zugeordnet. Verräterisch »falsche« Töne finden sich vorwiegend bei der Gegenseite. Der Stiefeltrab der Gendarmen in seinem eigentümlich beschleunigten Tempo dominiert in Ouvertüre und allen drei Finale. In der Steigerung vom schüchternen Sprechen bis zum fast schreienden, abgehackten Eingeständnis ewigen Zuspätkommens schwingt verborgene Angst mit; dies stellt einen höhnischen Kontrast dar zu soldatischer Diszipliniertheit und militärischem Kommandoton: Die Karabinieri verlieren auf diese Weise alles Martialische, Einschüchternde, das ihre Uniform womöglich noch prägt. Die musikdramatische Wirkung des 1. Finales beruht auf dem spannungsvollen Gegensatz von Extremen: die Feierlaune, der aufpeitschende Trinkliedjubel der Räuber und dann der geisterhaft-kuriose Auftritt der Gendarmen, der die verborgenen Räuber zum Stillsein zwingt (was kaum gelingt). Im 2. Finale wird das »Nous sommes les carabiniers« bereits von berauschten Gendarmen angestimmt, wirkt wie ein persifliertes Zitat. Im 3. Finale hat es sich völlig von den Karabinieri abgelöst und verselbständigt: Es dient den Räubern zur ironischen Bekräftigung ihres Vorsatzes, ein neues Leben zu führen, und dem ganzen Ensemble als spöttischer Schlußchor. Auf der Wanderung durch das Werk wird das Lied immer mehr zum Symbol und »Leitmotiv« unfähiger, lächerlicher Ordnungskräfte und zum Refrain, der die Gendarmen und ihre Verächter einigt. – Etliche Ausdrucksformen und -formeln in diesem Werk (in den Partien Fiorellas oder des Herzogs) erinnern an frühere Werke Offenbachs. Bemerkenswert sind neben dem 1. Finale vor allem zwei Stücke: der außerordentlich geschwind vorgetragene Saltarello Fragolettos (Nr. 6), der in beinah atemloser Hast die Erzählung seiner Heldentat, die Gefangennahme des Kabinettskuriers, heraussprudelt; schließlich der Kanon der im II. Akt als Bettler zum Wirtshaus ziehenden Räuber (Nr. 10), dessen flehender, feierlicher Gestus durch Reibungen und wachsende Massivität überformt wird, so daß das Geheuchelte des Auftritts zum Vorschein kommt. Die Umfunktionierung eines eher sakralen Musiktypus zum Mittel eines räuberischen Überfalls fügt sich in die Profanierungstendenz des Werks ein. – Bezüge zur historisch-politischen Situation kurz vor dem Ende des Kaiserreichs und Anzüglichkeiten sind dunkel geworden oder vergessen. Doch die Prinzipien des Widerspruchs in *Les Brigands* sind dem Alterungsprozeß nicht im gleichen Maß unterworfen, sie bleiben deutlich erkennbar: die Darstellung einer verkehrten Welt mit bürgerlichen Wegelagerern und verderbten Mächtigen; der Spielwitz, der über alle Wahrscheinlichkeitsgesetze erhaben ist; und die ungenierte Demaskierung dessen, was sonst Angst und Ehrfurcht einflößt (die gnädigen Herren und die fürchterlichen Räuber), im Sinn des unverbildeten Kinds, das feststellt, daß der Kaiser nackt geht.

Wirkung: In der Uraufführung sang und spielte das offenbacherfahrene Ensemble des Variétés mit José Dupuis (Falsacappa), Marie Aimée (Fiorella) und Bouffar (Fragoletto). *Les Brigands* lief bis Saisonende im Sommer 1870, ehe das Theater wegen des Kriegs schloß. Erst 1878 kam es am Théâtre de la Gaîté (dessen Direktion Offenbach 1873 übernommen hatte, 1875 aber mit Bankrott aufgeben mußte) zu einer üppig ausgestatteten Wiederaufnahme, für die Offenbach seine Partitur vermutlich tiefgreifend revidierte (Umgestaltung auf vier Akte), zumindest aber, wegen der Größe des Theaters, die Instrumentation um eine Oboe, zwei Hörner und zwei Posaunen erweiterte (siehe Brief, in: Jacques Brindejont-Offenbach, S. 55, s. Lit.). Ans Variétés kehrten *Les Brigands* 1900 zurück, 1921 folgte das Gaîté-Lyrique. Zur Erstaufführung an der Opéra-Comique mit Louis Musy, Emma Luart und Marcelle Denya (Dirigent: Georges Lauweryns) kam es erst 1931. Außerhalb Frankreichs setzte sich das Werk schon kurz nach der

Uraufführung mit großem Erfolg durch. Am 12. März 1870 hatte es Premiere im Theater an der Wien (deutsche Bearbeitung von Richard Genée; mit Albin Swoboda, Marie Geistinger, Caroline Finaly), im selben Jahr in Berlin (Friedrich-Wilhelmstädtisches Theater) und New York (Grand Opera House). Bis Mitte der 70er Jahre erschienen *Les Brigands* auf den Bühnen der Welt, unter anderm 1870 in Antwerpen, Prag, Stockholm, Madrid, Budapest, Graz, 1871 in London (Globe Theatre, englisch von Henry Leigh als *Falsacappa*), 1872 in Mailand. – Karl Kraus las seine Version (nach Genée) als *Die Briganten* 1928 im Rahmen seiner Wiener Offenbach-Lesungen; sie wurde 1930 im Rundfunk gesendet (Dirigent: Fritz Mahler; Fiorella: Anni Frind). In Karlsruhe spielte man das Stück 1930 in neuer Übersetzung von Erich Noether und Oscar Fritz Schuh. Die Bearbeitung von Gustaf Gründgens (nach der Übersetzung Dohms) wurde 1932 in der Städtischen Oper Berlin erstaufgeführt (Dirigent: Paul Breisach; mit Josef Burgwinkel, Margret Pfahl und Irene Eisinger; Gründgens spielte den Antonio. In der Regie von Gründgens und mit ihm als Antonio kamen *Die Banditen* auch 1948 in Düsseldorf und 1949 am Gärtnerplatztheater München heraus (Dirigent: Heinrich Neudhart; Emil Frikkartz, Fee von Reichlin, Ilse Hollweg). *Les Brigands* gehören heute zu den meistgespielten Operetten Offenbachs, wobei im deutschsprachigen Raum überwiegend die Bearbeitung von Karl Dietrich Gräwe und Caspar Richter benutzt wird, so in Berlin 1978 (Deutsche Oper; Regie: Peter Ustinov; Donald Grobe, Gerti Zeumer, Peter Maus) und München 1979 (Gärtnerplatztheater; Anton de Ridder, Dorothea Chryst, Willi Brokmeier). Bemerkenswerte Aufführungen gab es unter anderm 1976 in Dresden (Staatsoperette; Bearbeitung: Klaus Eidam), 1984 in Hannover, 1986 in Genf und in Wien (Jura-Soyfer-Theater) in der Übersetzung von Kraus, 1989 in Berlin (Komische Oper; Bearbeitung: Eberhard Schmidt, Harry Kupfer und Robert Hanell).

Autograph: Privatbesitz u. Lilly Libr. Indiana Univ. Bloomington. **Abschriften:** Part, dt.: ÖNB Wien (S. m. 25683); Textb., dt. v. R. Genée: LOC Washington. **Ausgaben:** Kl.A v. L. Roques: Colombier, Paris [1870], Nr. 3447 [371 S.]; Kl.A, frz./dt.: B&B [um 1870], Nr. 9114-44 [362 S.]; Kl.A, frz.: Tallandier, Paris [nach 1900; 372 S.]; Kl.A, engl. Übers. v. W. S. Gilbert, rev. v. A. Charlton: Boosey, London, NY [um 1914]; Kl.A, frz./dt. Übers. v. E. Dohm, Neu-Bearb. v. G. Gründgens: B&B 1961; Kl.A, frz./dt. Übers. v. K. D. Gräwe, Bearb. v. C. Richter: B&B 1979; Textb.: Paris, Lévy 1870 [104 S.], 1872, 1874, 1876, 1885, 1897; Text auch in: H. MEILHAC, L. HALÉVY, Théâtre, Bd. 7, Paris 1901, S. 145–267; Textb., frz./engl.: NY, Metropolitan 1870, 1872, 1879; Textb., frz./engl. Bearb. v. W. S. Gilbert: London, Boosey 1871; Textb. u. Text d. Gesänge, dt. v. E. Dohm: B&B [1870], [1932]. **Aufführungsmaterial:** Bois, Paris; dt. v. Gründgens: B&B; dt. v. Gräwe/Richter: B&B; dt. v. K. Kraus: Kiepenheuer, Bln.
Literatur: T. KOEBNER, Satire bei O., in: Jacques Offenbach – Komponist u. Weltbürger, hrsg. W. Kirsch, R. Dietrich, Mainz 1985 (Beitr. zur mittelrheinischen M.Gesch. 26.), S. 57–76; weitere Lit. s. S. 488

Thomas Koebner

Le Roi Carotte
Opéra-bouffe-féerie en quatre actes, dix-huit tableaux

König Karotte
4 Akte (18 Bilder)

Text: Victorien Sardou, nach dem Märchen *Klein Zaches genannt Zinnober* (1819) von Ernst Theodor Amadeus Hoffmann
Uraufführung: 15. Jan. 1872, Théâtre de la Gaîté, Paris
Personen: Robin-Luron, ein guter Geist (S); Rosée-du-soir (S); Cunégonde (S); Fridolin XXIV., Erbprinz von Krokodyne (T); König Carotte (T); Truck, Großnekromant der Krone (B); Pipertrunck, Chef der Polizei und der Mysteriendienste (B); Coloquinte, Hexe (Spr.); Quiribibi, Zauberer (Spr.); Baron Koffre, Großschatzmeister des Königreichs (T); Feldmarschall Trac, Schlachtenminister (T); Graf Schopp, Geheimrat (B); Psitt, Kämmerer; Ladislas, Student (B); der Referendar (B); Christiane, Studentin (S); Madame Pipertrunck (S); Feldmarschallin Trac (S); Gräfin Schopp (S); Baronin Koffre (S); Traugott, Brauer (T); Grand-Claude, Gärtner (B); Herbergswirt; Hauptmann; Leutnant; Sergeant; Herold (T); Pyrgopolynice, Offizier (B); Gurgès, Stutzer (T); Pansa; Carion; Curculion, ein griechischer Schmarotzer; Megadore, Poet; Harpax, Gladiator; Numerius, Schauspieler; Chosroès, Perser; Corinne, Kurtisane; Medulla, ihre Vertraute; Lépida, eine verheiratete Frau; Drusille, Freigelassene; Yphis, Sklavin; ein Nubier; der Dschinn; Weinhändler (B); Bäcker (T); Bader (T); Schlachter (B); Obsthändlerin; Gemüsehändlerin; Blumenhändlerin; Würstchenhändler; Brigadeführerin der Ameisen; 1. und 2. Ameise; eine Stimme; 1. Zikade (S); 2 Schmetterlinge (S, T); Bienenkönigin; 1. und 2. Bürgerin (2 S); 1. und 2. Bürger (T, B); Händlerin (S); Brigadier (T); 2 Sergeanten (2 B); ein Student (T). **Chor, Ballett, Statisterie:** junge Mädchen, Zecher, Bürger und Bürgerinnen von Krokodyne, Kellner der Brasserie, Studenten, Studentinnen, Soldaten, Gefolge der Prinzessin, Rüstungen, Gefolge des Königs Carotte, Kurtisanen, Damen bei Hof, Offiziere, 2 Trompeter, Sergeanten, Pagen, Diener, Musikanten, Gärtner, Gärtnerinnen, Sklaven, Bauern, Pompejaner, Pompejanerinnen, ein Hochzeitszug, ein Schulmeister mit seinen Kindern, Händler, Händlerinnen, Käufer, Ameisen (Arbeiterinnen, Amazonen, männliche und weibliche Ameisen, Ammen, Säuglinge), andere Insekten aller Art, Affen
Orchester: 2 Fl, 2 Ob, 2 Klar, 2 Fg, 2 Hr, 2 Pistons, 3 Pos, Pkn, Schl (gr.Tr mit Bck, kl.Tr, Trg, Tamburin, Tambour de basque, Glocke in d), Streicher; BühnenM (nicht spezifiziert)
Aufführung: Dauer ca. 2 Std. 30 Min. – Orchester nach dem Aufführungsmaterial Choudens. Großes Ballett der Insekten in III/4. Einige der kleinen Partien tragen im Klavierauszug andere Namen als im Textbuch, so Ladislas/Dagobert.

Entstehung: Bereits im Okt. 1869 schlossen Offenbach, Sardou und Maurice Boulet, der Direktor des auf Schauspiel und Feerien spezialisierten Théâtre de la Gaîté, den Vertrag über das Stück, das als Feerie mit großen Dekorationseffekten geplant war. Aus der Menge der meist anfechtbaren Darstellungen der Entstehungsgeschichte (etwa über einen Wechsel in der Tendenz des Stücks, ja über diese Tendenz selbst) kann nur so viel als sicher gelten, daß sich die Grundkonstellation der Handlung trotz des Deutsch-Französischen Kriegs, der Kommune und der Installation der Dritten Republik nicht änderte, obwohl durch diese Ereignisse die Uraufführung um über ein Jahr verschoben wurde. Zweifellos wurden die Unterteilung in Bilder wie überhaupt der theatralische Aufwand während der szenischen Proben verändert, die Zahl der Bilder angeblich sogar vermehrt, ohne die Substanz des Stücks wesentlich anzutasten. Das erst jetzt der Forschung zugängliche Partiturautograph könnte hierüber, wie über die Ergänzungen (Umbaumusiken) von Offenbachs Freund Louis Albert Vizentini, Aufschluß geben.
Handlung: In Krokodyne.
I. Akt, 1. Bild, »Die Brasserie«, Promenade vor den Mauern von Krokodyne: Unter das bunte Treiben von Bürgern und Studenten mischt sich verkleidet Erbprinz Fridolin mit seinem Hofstaat. Er erwartet die unbekannte Prinzessin des Nachbarlands, deren Mitgift seine Finanzen wieder ins reine bringen soll. Robin-Luron tritt als Student der Liebeswissenschaft auf und schlägt dem bankrotten Fridolin vor, sich durch Verkauf der Rüstungen seiner Ahnen zu sanieren. Cunégonde, gleichfalls inkognito, gibt sich als Meisterschülerin des Pariser Lebens zu erkennen, was Fridolin hinreißt. Im Ahnensaal will er den Abschied vom Junggesellendasein feiern. 2. Bild, »Rosée-du-soir«, Dachboden der Zauberin Coloquinte im großen Turm der alten Burg: Rosée-du-soir, die Fridolin liebt, wird hier von Coloquinte gefangengehalten. Robin-Luron gibt ihr ein Knäuel goldener Seide, das sie in die Freiheit führen wird, und unterhält sich mit Coloquinte über das Schicksal Fridolins: Er als dessen guter Geist gönnt diesem alle Erniedrigung durch Coloquinte, um ihn zu einem guten Regenten zu erziehen. 3. Bild, »Die Rüstungen«, Ahnensaal der Burg: Fridolin und sein Gefolge trinken, von Robin-Luron angestachelt, ihren Punsch aus Helmen und machen sich über die Opas in den Rüstungen lustig. Die werden lebendig und vertreiben die Ruhestörer. 4. Bild, »Die Verschwörungen Coloquintes«, Gemüsegarten: Coloquinte beschwört die Wurzelgemüse, menschenähnliche Gestalt anzunehmen. 5. Bild, »König Carotte«, Gärten des Residenzschlosses, Festbeleuchtung: Die Rüben, angeführt von Carotte, platzen mitten ins Verlobungsfest von Fridolin und Cunégonde. Coloquinte verzaubert die Anwesenden: Alle finden danach den häßlichen Emporkömmling entzückend, und alles, was er falsch macht, wird Fridolin angekreidet. Carotte wird zum König ausgerufen, und das Volk, unterstützt von den hereinpolternden Rüstungen, vertreibt Fridolin.

II. Akt, 1. Bild, »Die Farandole«, Hof der Herberge »Au Coq de Hongrie«: Das Volk ist auf die Seite Carottes umgeschwenkt, Fridolin wird steckbrieflich gesucht. Rosée-du-soir schließt sich in Männerkleidung seinem aus Robin-Luron und Truck bestehenden Gefolge an. Pipertrunck erscheint an der Spitze von Soldaten, um den flüchtigen Fridolin zu verhaften. Er verkündet seine Devise: Immer dem Stärkeren dienen. Einige Zauberkunststücke Robin-Lurons belehren ihn, daß Fridolin die größere Macht besitzt, und er schließt sich wieder ihm an. 2. Bild, »Quiribibi«, Quiribibis Arbeitszimmer: Der uralte Zauberer diagnostiziert Carottes Gefährlichkeit. Nur mit Salomons Ring könne man dessen Herr werden, aber den habe ein Legionär in Jerusalem erbeutet, der in Pompeji verschüttet wurde. Er gibt Fridolin eine Zauberlampe, wofür ihn dieser töten muß, indem er ihn zerstückelt und ins Feuer wirft, aus dem er verjüngt, doch ohne Zauberkraft wiedererstehtt. 3. Bild, »Die Ruinen«, Pompeji: Fridolin und die Seinen erschauern angesichts der Überbleibsel. Die Lampe läßt er stehen. 4. Bild, »Pompeji«, das blühende antike Pompeji: Im bunten Volkstreiben erregen die Fremdlinge aus der Neuzeit Aufsehen mit ihrer Kleidung, den Perücken, der Tabakspfeife und vor allem mit ihrer Erzählung von der Eisenbahn. Leicht bringen sie den Ring an sich, aber ein Dschinn Salomons muß sie davontragen, während der Vesuv ausbricht.
III. Akt, 1. Bild, »Der Ring Salomons«, Saal in Carottes Palast: Vor Carotte und seinem Hofstaat erscheinen Robin-Luron, Rosée-du-soir und Pipertrunck als persische Händler verkleidet und verkaufen allerlei Tand. Fridolin läßt sich von Cunégonde verführen, den Ring an sich bringt. Pipertrunck schließt sich Carotte an. Robin-Luron kann in letzter Sekunde seinen Schützling vor Coloquinte retten. 2. Bild, »Das vierblättrige Kleeblatt«, dunkler Wald: Rosée-du-soir pflückt auf Anleitung Robin-Lurons ein Kleeblatt, das ihr vier Wünsche läßt, beim fünften wird sie sterben. Das erste Blatt versetzt sie dorthin, wohin Robin-Luron Fridolin zur Erziehung versetzt hat, nämlich ins 3. Bild, »Die Ameisen«, das Innere eines Ameisenhaufens: Bei den geschäftigen Ameisen erfahren die Exilanten um Fridolin, daß die von Coloquinte verfolgten Bienen ihnen helfen könnten. 4. Bild, »Die Insekten«, eine herrliche Landschaft: Die prächtige Entfaltung des Insektenstaats wird von Coloquinte unterbrochen. Ein Kleeblatt liefert sie den Wespen zur Bewachung aus. Fridolin und seine Begleiter benutzen Coloquintes Tigerflugwagen, um sich zum nächsten Ziel zu versetzen.
IV. Akt, 1. Bild, »Die Affen«, Urwald: Nach einem Unwetter entdeckt Fridolin, daß Rosée-du-soir eine Frau ist und daß er sie liebt. Es gelingt ihnen, den König der Affen zu fangen. Er soll Carotte töten, da dieser gegen Menschenhand gefeit ist. 2. Bild, »Die Wüste«, eine von der Sonne verdorrte Stelle des Walds: Coloquinte verzaubert Fridolin und Rosée-du-soir, um ihre Heimkehr zu verhindern; Truck erscheint jedoch mit dem Affen, der die beiden befreit. 3. Bild, ein Saal in Carottes Palast: Die Regierung ist über des

Usurpators Abschlaffen beunruhigt. Auch Cunégonde bringt ihren Liebling nicht zum Stehen. 4. Bild, »Die Revolte«, Marktplatz von Krokodyne: Ausgehend von den Eierspeisen erfaßt Unzufriedenheit das Volk, man ruft »Nieder mit König Carotte«, und nachdem zuerst Pipertrunck und dann das Kabinett samt Cunégonde sich auf die Seite der Aufständischen geschlagen haben und die Armee mit den bewaffnenden Studenten und Bürgern fraternisiert, erscheint auch Fridolin und stellt sich an die Spitze der Bewegung. 5. Bild, »Der Gemüsegarten«, ebenda: Trotz aller Bemühungen Coloquintes wird Carotte vom Affen gefressen. Robin-Luron erklärt Rosée-du-soir, daß sie eine Prinzessin sei. 6. Bild, ein prächtiger Palast mit lebendigen Karyatiden: Fridolin triumphiert, schickt Cunégonde nach Haus. Alles mokiert sich über den lächerlich welken und faulen Leichnam, der einst Carotte war.

Kommentar: Musikalisch ist das Werk auf hohem Niveau sehr inhomogen: Es gibt noch die alten (Auftritts-)Couplets (mit meist viel zu langen Texten), von denen das Robin-Lurons ein Pendant zu dem des Brasilianers in *La Vie parisienne* (1866) ist. Karikierende Nummern wie Pipertruncks »Couplets du diplomate« (II. Akt) und Cunégondes »Couplets du panache« (IV. Akt) stehen neben relativ blassen Romanzen, der als Schlager gedachten und als Schlager erfolgreichen leierkastenhaften »Ronde des colporteurs« (III. Akt) und einer »Ronde des chemins-de-fer« (II. Akt), die begeistert den Fortschritt und die Geschwindigkeit preist. Charakteristisch sind indessen die großen Musikszenen, zu denen auch das 1. Finale gehört (zwei Akte schließen mit Dialog!). Das Bild im Ahnensaal (I/3) und das 1. Finale könnten ihrem Rang nach auch in der *Grande-Duchesse de Gérolstein* (1867) stehen: dramatisch in der Konfrontation zweier Prinzipien und satirisch in der überspitzten Situation, nicht zuletzt auch musikalisch in der Konsequenz der ständigen Steigerung bei formaler Vielfalt. Letzteres gilt auch für die inhaltlich ganz belanglosen Musiken des Insektenballetts (III/4). Sie sind von grandiosem musikalischen Effekt; man möchte in Anlehnung an die Grand opéra den Begriff Grand opérette prägen. Hier wie in der gesamten Partitur bestimmen Marschrhythmen das musikalische Klima, am stupendesten im Revoltetableau (IV/4). Sein unbeirrbares, durch immer neue Anläufe verstärktes Crescendo vom »Ah, quel gouvernement!« zum »A bas le tyran!« wetteifert mit entsprechenden Szenen aus Aubers *Muette de Portici* (1828), denen es musikalisch zumindest gleichkommt, die es aber an zeitgeschichtlicher Bedeutung übertrifft. Denn die verwendeten Motive und Rhythmen knüpfen direkt an die Revolutionsgesänge und die Hymnen der Kommune an. Freilich setzt Offenbach ihnen kein Denkmal, er parodiert sie auch nicht: Er beutet sie schlichtweg aus, zugunsten eines Theatereffekts, der, wenn er überhaupt etwas bedeuten will, konterrevolutionär genannt werden muß. Ebenso schwer faßbar sind auch der schillernde Text und Sardous Tendenz, Hoffmanns Märchen mit einer ganzen Anzahl szenischer Topoi anzureichern, wobei er eine Unmenge von Einfällen und einen noch größeren Vorrat von abgedroschenen Gemeinplätzen verbraucht, um die Handlung filmisch-assoziativ immer wieder unerwartet weiterzuspinnen. Die dramaturgischen Mittel sind

Le Roi Carotte, IV. Akt, 6. Bild; Bühnenbild: Charles-Antoine Cambon; Illustration nach der Uraufführung, Théâtre de la Gaîté, Paris 1872. – In der zeitgenössischen Kritik wurde der Erfolg der Aufführung vor allem der Ausstattung zugeschrieben.

so inflationär wie die zahlreichen verwendeten Zauberutensilien. Man könnte Sardou und Offenbach als artverwandt bezeichnen in ihrer Gedankenflucht und ihrem ständigen Bemühen, Eindruck zu machen und einen Eindruck mit dem nächsten zu überbieten. Der Aufwand eines Welttheaters, das in vielen Szenen oberflächlich auf Dekorationseffekte ausgeht, und der Anspruch einer brisanten Politparabel ergeben letztlich ein sehr schales Resultat. Selbst innerhalb des Stücks bleibt vieles im Unbestimmten. Soll man wirklich den Schluß ziehen, daß Politik davon abhängt, ob Hexen oder weiße Magier die Oberhand behalten? Auch die zeitgeschichtlichen Implikationen des *Roi Carotte* bleiben unklar, obwohl das Stück eine Schlüsselstellung in der Biographie und im Werk Offenbachs einnimmt, der etwa ab 1868 nach neuen Wegen über die Arbeit mit Henri Meilhac und Ludovic Halévy hinaus suchte. Um so rätselhafter erscheinen Deutungen des *Roi Carotte*, den vermeintlichen Mißerfolg schon der Uraufführung und das spätere Vergessen als Auswirkung einer pronapoleonischen Tendenz verstanden. Wenn die Grundstruktur offensichtlich schon Ende 1869 geschaffen wurde, sind drei Deutungen des Stücks möglich: Fridolin symbolisiert Napoleon III., dessen Herrschaft sich an ihrem Ende unter der Führung von Emile Ollivier demonstrativ populistisch auf die unteren Schichten stützte. Das Stück warnte mithin vor dem Bündnis mit dem Wurzelgemüse, den »Radikalen«, Ungeistern, die man rufen soll (so die Deutung von André Martinet, S. 164, s. Lit.). Oder Fridolin ist die Monarchie (ob nun die Bourbonen oder das Haus Orléans), Napoleon ist der Emporkömmling Carotte, dessen Sturz die Restauration des geläuterten Ancien régime zur Folge hat. Darauf wiese die Stelle, in der das alte/neue Kabinett Carotte die Stiefel küßt: »Botte« war ein Spitzname Napoleons. Oder drittens: Es gibt überhaupt keine stimmige Identifikation; die Botschaft ist entweder wirr, oder es wird mit den erregenden Themen »Sturz«, »Aufruhr«, »Belehrung« und so weiter nur Effekthascherei betrieben und die Vieldeutigkeit bewußt herbeigeführt, um möglichst heftige Debatten und theaterfüllende Zeitungsfehden zu provozieren.
Wirkung: Letzteres gelang jedenfalls, wobei das debattierende Publikum offensichtlich je nach Lager das Stück verschieden auslegte. Hauptsache für Offenbach, daß es die hohen Eintrittspreise bezahlte. Daß das Stück, in pompöser Ausstattung und mit glänzendem Erfolg gespielt (Zulma Bouffar als Robin-Luron, Anna Judic als Cunégonde), nach 149 Aufführungen abgesetzt wurde, hatte wohl damit zu tun, daß bei der 150. eine Prämie von 15 000 Francs für die Autoren fällig gewesen wäre. Das Werk ist in englischer Version von Henry Leigh 1872 in London (Alhambra Theatre) herausgekommen, 1876 in Wien (Theater an der Wien; deutsch von Julius Hopp), danach jedoch bald von der Bühne verschwunden. Erst in jüngster Zeit gibt es vereinzelte Versuche seiner Wiederbelebung. Jürgen Tamchina inszenierte den *Roi Carotte* in Bremen 1981 in einer miniaturisierten Studioproduktion und in Stuttgart 1988 (deutsch von Thomas Körner), jeweils mit eigenen Instrumentationen undefinierbaren Klangziels. Musikalisch und textlich sorgfältiger dargeboten wurde das Werk in einer konzertanten Aufführung des Hessischen Rundfunks 1986 (musikalische Bearbeitung und Leitung: Caspar Richter, Übersetzung: Karl Dietrich Gräwe), freilich in seiner Tendenz wohl zu einseitig festgelegt durch eingesprengte Kommunelieder und Diskussionen über politische Wende und Privatfunk von heute, wofür große Teile der Partitur geopfert wurden. Eine szenische Wiederaufführung, die auch in der Instrumentation auf das Original zurückgeht, hat es 1990 in Amsterdam (niederländisch) gegeben.

Autograph: Part (»avec des coupures, orchestrations et enchaînements de celle de Louis-Albert Vizentini«): BN Paris (Ms. 21015); Skizzen, Varianten u. ausgeschiedene Nrn.: Privatbesitz u. Lilly Libr. d. Indiana Univ. Bloomington. **Ausgaben:** Kl.A: Choudens [1872], Nr. A. C. 2273 [1. Ausg.: VIII, 5–340 S., 2. Ausg.: VIII, 9–340 S.]; Textb. (»Opéra-bouffe-féerie en quatre actes, vingt-deux tableaux«): Paris, Lévy frères 1872 [143 S.; falsche Zählung d. Titelseite; tatsächlich enthält d. Text 19 Tableaus, darunter 2 gleiche]; Textb.: ebd. [1872; 39 S.]; Textb. (»Opérette-féerie en trois actes, onze tableaux«): Paris, Calmann-Lévy [1872?; vielleicht Erst-Ausg.?], ²1881 [101 S.]. **Aufführungsmaterial:** Choudens; dt. Bearb. v. H. Gauer, I. Schafheitlin, H. Schindler: Desch, München; dt. v. Gräwe/Richter: A&S
Literatur: A. LE PETIT, Fleurs, fruits et légumes du jour (Légende de H. Briollet), Paris 1871; R. RÜTTEN, J. O. und die politische Bildsatire seiner Zeit, in: Musiktheater Hinweise, Oper, Ffm., Okt. 1986; weitere Lit. s. S. 488

Josef Heinzelmann

Fantasio
Opéra-comique en trois actes

Fantasio
3 Akte (4 Bilder)

Text: Paul Edme de Musset und Nuitter (eigtl. Charles Louis Etienne Truinet; ?), nach der Komödie (1834) von Louis Charles Alfred de Musset
Uraufführung: 18. Jan. 1872, Opéra-Comique, Salle Favart, Paris
Personen: Elsbeth, Prinzessin von Bayern (S); Fantasio (Mez oder T); Marinoni, Adjutant des Prinzen (T); der Prinz von Mantua (Bar); Sparck, Student (Bar oder B); der König von Bayern (B); Flamel, Page der Prinzessin (Mez); Facio (T), Max (T) und Hartmann (B), Studenten; ein Büßer (Bar); Page (Spr.); Schließer (Spr.). **Chor:** Hofdamen, Hofherren, Bürger, Studenten
Orchester: 2 Fl (2. auch Picc), 2 Ob, 2 Klar, 2 Fg, 4 Hr, 2 Trp, 3 Pos, Pk, Schl (kl.Tr, gr.Tr, Trg, Glsp, Bck, Tamburin), Hrf, Streicher
Aufführung: Dauer ca. 2 Std. 30 Min. – Orchester nach der deutschen Bearbeitung von Otto Maag und Ludwig Berger. Die Titelpartie war ursprünglich für den Tenor Victor Capoul bestimmt, wurde bei der Uraufführung aber mit der Mezzosopranistin Célestine Galli-Marié besetzt.

Entstehung: Musset veröffentlichte seine zweiaktige Lesekomödie *Fantasio* in der Neujahrsnummer 1834 der *Revue des deux mondes*. Auf die Bühne gelangte das Werk erst am 18. Aug. 1866 in der Comédie-Française, neun Jahre nach Mussets Tod, wobei Mussets Bruder Paul angeblich nach Skizzen im Nachlaß aus der vorliegenden 7. Szene und Ergänzungen einen III. Akt schuf. Für die Umarbeitung in ein Libretto, das weitgehend dieser Fassung folgt und als Gesangstexte teilweise Gedichte Mussets benutzt, soll Alexandre Dumas d. J. hinzugezogen worden sein (vgl. Albert Soubies und Charles Malherbe, *Histoire de l'Opéra-Comique. La seconde salle Favart, 1860–1867*, Paris 1893, S. 180f.). Die Angabe von Anton Henseler (s. Lit.) und im deutschen Klavierauszug von 1956, bei der Versifizierung und Einrichtung sei Nuitter beteiligt gewesen, läßt sich auch bei Einsichtnahme in den Fonds Nuitter (Bibl. de l'Opéra, Paris) bislang nicht bestätigen. Die Premiere war für Sept. 1870 vorgesehen, und die Proben hatten bereits begonnen. Der Deutsch-Französische Krieg bewirkte die Verschiebung um beinah zwei Jahre, die auch eine fast völlige Umbesetzung nötig machte.

Handlung: In München.
I. Akt, Platz vor dem Palast; Nacht: Studenten trinken, witzeln und würden sich gern einem Volksfest anschließen, das die morgige Hochzeit der melancholischen Prinzessin Elsbeth vorwegnimmt. Ihr romantischer Kumpan Fantasio, auf der Flucht vor seinen Gläubigern und dem Weltschmerz, begegnet Elsbeth; beide erfahren eine Ahnung von Liebe. Ein Trauerzug kommt vorbei: Man trägt den von allen beweinten Hofnarren Saint-Jean zu Grabe. Fantasio entschließt sich, dessen Rolle einzunehmen. Auch der Prinz von Mantua, Elsbeths Bräutigam, wechselt die Kleider. Er will nicht aus Staatsräson geheiratet werden und deshalb seine Braut auf die Probe stellen. So bittet er Marinoni, seine Rolle zu übernehmen. Noch immer schwärmen die Studenten durch die Stadt, wenn auch mit gedämpftem Gesang. Fantasio verschafft sich in Saint-Jeans Gewändern Eintritt ins Schloß.
II. Akt, Palastgarten: Elsbeth ist voller Wehmut. Saint-Jeans Tod bedrückt sie und noch mehr, daß sie um des lieben Friedens willen den ihr gänzlich unbekannten Prinzen von Mantua heiraten soll. Eine Begegnung mit dem »neuen Narren« heitert sie auch nicht auf, obwohl er ihr Interesse erweckt. Ihr Vater stellt ihr den (falschen) Prinzen vor. Dessen Adjutant (der echte Prinz) fällt unliebsam auf, auch ein Gespräch mit der Prinzessin macht ihm sein Scheitern deutlich. Er läßt es an Marinoni aus, aber verzichtet im letzten Moment darauf, die Verkleidung wieder rückgängig zu machen. Nach einem Gespräch mit dem »Narren«, der sie tatsächlich zum Lachen gebracht hat, erfährt Elsbeth, daß der Prinz von Mantua sich ihr verkleidet nähere; jedenfalls sei es nicht der, der ihr als solcher entgegentrete. Beim königlichen Verlöbnisempfang angelt Fantasio dem falschen Prinzen (Marinoni) die Perücke vom Kopf. Es kommt zum Eklat, der störende Narr wird ins Gefängnis geführt.
III. Akt, 1. Bild, Gefängnis: Fantasio monologisiert sich in den Schlaf. Elsbeth besucht ihn und erkennt in ihm den nächtlichen Gesprächspartner. Sie hält ihn für den verkleideten Prinzen, aber sie ist auch fasziniert, als er sich nur als der Student Fantasio erweist, der witzig den Wächter betrügt und mit ihr flieht. 2. Bild, Platz vor dem Palast: Marinoni möchte gern wieder seine eigenen Kleider tragen. Der echte Prinz verkündet Krieg, doch Fantasio fordert ihn zum Zweikampf und verhindert so den Krieg. Zum Dank erhält er von Elsbeth den Schlüssel zum Garten, und das Volk feiert ihn als König des Narrenreichs.

Kommentar: Während seiner Tätigkeit an der Comédie-Française hatte Offenbach Schauspielmusiken für Musset geschrieben und mit *La Chanson de Fortunio* (1861) die geistreiche Fortführung einer Komödie Mussets geschaffen. Mit *Fantasio* unternahm er einen weiteren, freilich erfolglosen Versuch, die oberflächlich gewordene Form der Opéra-comique zu erneuern, und dies auf eine gewagt widersprüchliche Weise: Die Ensembles und vor allem die Chöre haben Opernansprüche, einige Couplets sind beste Operette, viele der von Musset übernommenen Monologe und Dialoge vollführen rhetorisch-poetische Höhenflüge von Sprechtheater, die dann wieder ins Banal-Buffoneske abzustürzen scheinen. Friedenssehnsucht, zur Selbstverwirklichung drängendes Aufbegehren gegen hierarchische Ordnung, Weisheit im Narrentum, romantische Utopie kontra real existierende Gesellschaft: mit solchen Stichworten läßt sich zeigen, daß es hier nicht um ein poetisch-musikalisches Glasperlenspiel geht, sondern daß Offenbach sich (schon vor 1870) mit Mussets romantisch-ironischer Weltkritik auch 30 Jahre nach ihrem Entstehen noch identifizierte. Möglicherweise raubte die Verschiebung der Aufführung auf die Nachkriegszeit dem Werk die Aktualität; schließlich waren 1872 minder komplizierte Dramaturgien gefragt, stießen Doppelbödigkeiten, literarische Feinheiten, aber auch Naivitäten bei einem gänzlich veränderten Publikum nicht mehr auf Verständnis. Man kann *Fantasio* nicht nur wegen der Vorwegnahme des Gesangs der Mutter aus *Les Contes d'Hoffmann* (1881) als logische Vorstufe zu der späteren Oper bezeichnen. Die Welt Mussets ist der E. T. A. Hoffmanns verwandt, freilich auch durch das Fehlen aller magischen Komponenten von ihr unterschieden. Genauso deutlich aber sind die Parallelen zu den einzelnen »Operetten«, wie überhaupt Offenbachs Opéras-comiques leicht zu Operetten umfunktioniert (*Barkouf*, Paris 1860, Text: Eugène Scribe und Henry Boisseaux, zu *Boule de neige*, Paris 1871, Text: Nuitter und Etienne Tréfeu) oder als Operetten gespielt werden konnten (*Vert-Vert*, 1869, als *Kakadu* im Carl-Theater Wien und *Fantasio* im Theater an der Wien). Im Grunde ist dies damals nichts Ungewöhnliches, trifft es doch für fast das ganze zeitgenössische Repertoire der Opéra-comique zu, man denke nur an *Galathée* (Massé 1852 und Suppè 1865 vertonen das gleiche Textbuch von Jules Barbier und Michel Carré auf sehr ähnliche Weise), an Flotows *Zilda* (Paris 1866, Text: Henri Vernoy de Saint-Georges und Henri Charles Chivot; Theater an der Wien 1869) oder an

Aubers *La Circassienne* (Paris 1861), deren Libretto sich auch für die Bouffes-Parisiens oder das Théâtre des Variétés geeignet hätte (die Musik wäre dort auch nicht als seriöser aufgefallen) und die das Vorbild für Suppès *Fatinitza* (1876) abgab. *Fantasio* steht also in seiner ganzen Dramaturgie zwischen den Bouffonnerien und den *Contes*. Mehr noch, er steht in der Mitte von Offenbachs Œuvre, auch idealtypisch: Die Welt dieser deutsch-französischen Romantik erweist sich mit ihrer Brechung aller klassischen Einheiten, ihrer Mischung stilistischer Ebenen, ihrer Sprengung und Neudefinition von Formen, ihrer Künstlichkeit, ihrer Ironie, ihrer lyrischen Empfindsamkeit, ihrem Hang zum Fragment, ihrer aufklärerischen und moralischen Tendenz, vor allem aber auch in der bei aller Exklusivität intendierten Volkstümlichkeit als die zentrale Projektion idealen Musiktheaters für Offenbach.

Wirkung: *Fantasio* kam nur auf zehn Vorstellungen; ein Widerhall des verwirrten Ablehnung findet sich in dem ausführlichen Artikel im *Dictionnaire des opéras* (Paris 1897) von Félix Clément und Pierre Larousse. Eine deutsche Bearbeitung, *Fantasio oder Der Narr des Herzogs*, übersetzt von Eduard Mautner und Richard Genée, hatte bereits am 21. Febr. 1872 im Theater an der Wien Premiere, ohne nachhaltigen Erfolg. Der »häßlich-fade Text« habe »dem geistreich-faden *Fantasio* den Hals gebrochen«, befand eine Kritik (in: Franz Hadamowsky und Heinz Otte, *Die Wiener Operette*, Wien 1947, S. 208). Wie das Zensurbuch verrät, mußte die Handlung vom biedermeierlichen Königshof bei München an einen anonymen Herzogshof versetzt werden. Es gab mehrere kritische Zeitstrophen, in den II. Akt wurde nachträglich ein Quartett eingelegt. Bühnenaufführungen des Werks gab es seit Offenbachs Tod nicht mehr. 1956 versuchten Maag und Berger das Stück für die Bühne wiederzugewinnen, indem sie eine einfühlsame Übersetzung schufen, aber durch starke dramaturgische Eingriffe (vor allem Umstellungen oder größere Striche, etwa in der Introduktion, und neue Handlungselemente im III. Akt) »das dramatische Gerüst [...] durch eine größere Spannung zu verstärken« suchten. Dabei wurde das Original zu einer »Spielopern-Operette« umgewandelt, die nur zu einer Rundfunkaufnahme (Norddeutscher Rundfunk) führte.

Autograph: Part (überwiegend Autograph): BL London (Add 42064); Part (I. Akt, Nr. [Szene?] 3–7): Pierpont Morgan Libr. NY (Koch 279); Skizzen u. ausgeschiedene Nrn.: Privatbesitz. **Abschriften:** ZensurL: Arch. Nationales Paris (F^{18}699); ZensurL, dt. Übers. v. E. Mautner, R. Genée: Niederöstr. Landes-Arch. Wien (1872/14, 14a, 14b). **Ausgaben:** Part, dt.: B&B [nach 1872], Nr. 10046 [564 S.; dass. mit nachgetragenem frz. Text: LOC Washington]; Kl.A: Choudens [1872], Nr. AC 2346; Kl.A, dt. Bearb. v. O. Maag, L. Berger: B&B 1956, Nr. 21295; Text d. Gesänge, dt. v. E. Mautner, R. Genée: B&B 1873. **Aufführungsmaterial:** dt. Bearb. Maag/Berger: B&B **Literatur:** R. POURVOYEUR, ›Les Contes d'Hoffmann‹ – Bruch oder Kontinuität im Schaffen O.s?, in: Jacques Offenbachs ›Hoffmanns Erzählungen‹. Konzeption, Rezeption, Dokumentation, hrsg. G. Brandstetter, Laaber 1988, S. 329–340; weitere Lit. s. S. 488

Josef Heinzelmann

Pomme d'api
Opérette en un acte

Pomme d'api
1 Akt

Text: Ludovic Halévy und William Bertrand Busnach
Uraufführung: 4. Sept. 1873, Théâtre de la Renaissance, Paris
Personen: Catherine (S); Gustave (S); Rabastens (B); Mutter Joseph (Spr. hinter d. Szene)
Orchester: 2 Fl, Ob, 2 Klar, Fg, 2 Hr, 2 Pistons, Pos, Pkn, Schl (gr.Tr, Bck, Trg), Streicher
Aufführung: Dauer ca. 50 Min. – Orchester nach dem Aufführungsmaterial Choudens. Die Partie des Gustave, die eigentlich höher liegt als die Catherines, wird meist mit einem Tenor besetzt.

Entstehung: Der Erfolg der großen Offenbachiaden hatte nicht nur dazu geführt, daß sich immer mehr Bühnen in Paris der Operette widmen durften und widmeten, sondern auch daß der Akzent auf abendfüllende Stücke gelegt wurde. Einakter galten fast nur noch als Spielplanfüller, auch im 1873 eröffneten und zunächst dem Schauspiel gewidmeten Théâtre de la Renaissance, das unter dem Direktor Hippolyte Hostein über Einakter rasch zur Operettenbühne werden sollte, mit Offenbachs im Lecocqschen Opéra-comique-Stil gehaltener höchst erfolgreicher *Jolie parfumeuse* (29. Nov. 1873, Text: Ernest Blum und Hector Crémieux) und am 12. Nov. 1874 mit Lecocqs *Giroflé-Girofla* (1874), womit sich Offenbachs Wunsch nach einer Zweitbühne für eigene Stücke zerschlug. Als Direktor der Gaîté-Parisienne durfte er nämlich nur sehr beschränkt eigene Werke spielen. Die gleichzeitig als Pariser Novität herausgebrachte *Permission de dix heures* (Bad Ems 1867) stellte eine Wiederverwertung dar, wie charakteristischerweise mehrere der wenigen späten Einakter (so noch die angeblich postume *Mam'zelle Moucheron*, Paris 1881, Eugène Leterrier und Albert Vanloo, komponiert bereits 1870).

Handlung: In Paris; bei Rabastens, im Erdgeschoß ein Salon mit Kamin und eine Küche, in der ersten Etage Gustaves Zimmer: Rabastens, Nähmaschinenfabrikant im Ruhestand, 48 Jahre alt, für Damen 39, hat sich gerade vom Vermittlungsbüro ein neues Dienstmädchen erbeten. Als prinzipieller Junggeselle hat er seinem Neffen Gustave den Wechsel gesperrt, um diesen zu einem Wechsel der viel zu lange beibehaltenen Geliebten mit dem Spitznamen Pomme d'api zu zwingen. Hungrig erscheint Gustave. Er schwört der Liebe ab und geht auf sein Zimmer, um aus Liebeskummer weiterzuheulen. Das Dienstmädchen Catherine erscheint, und Rabastens ist in jeder Hinsicht hingerissen. Gustave erschrickt bei ihrem Anblick: Catherine ist Pomme d'api! Der Onkel hat es nicht leicht, ihn dazu zu bringen, den Grill herbeizuholen, und für zusätzliche Einkäufe muß er selbst ausgehen. Gelegenheit für Gustave, sich mit Pomme d'api auszusprechen, die freilich nicht an Vergangenes anknüpfen will. Daß Rabastens ihr eine lukrative Position als Mätresse anbietet, führt beim gemeinsamen Mahl zur Klärung: Der Onkel sieht nicht nur ein, wer Catherine ist, sondern auch, daß er gegen die jungen Leute keine Chance hat. So gibt er den beiden seinen Segen und seine Mitgift.

Kommentar: Halévy und sein Verwandter Busnach beschränkten die dramaturgische »Fantaisie« ganz bewußt auf glaubwürdige Charaktere mit psychologischen Motiven und eine realistisch-zeitgenössische Umgebung. Einzige Unwahrscheinlichkeit ist, daß Catherine anscheinend zufällig ihre Anstellung bei Rabastens findet (es wird jedenfalls nie gesagt, daß sie dies Engagement bewußt gewählt hätte). Gleichwohl wird die Bühnenwirklichkeit nicht hermetisch abgeschlossen. Zu Beginn und am Ende wenden sich Rabastens und Pomme d'api direkt ans Publikum. Und daß Musiknummern die Realität zumindest im Zeitmaß sprengen, wird besonders deutlich an dem charmanten Terzett vom Grill (Nr. 4). Offenbachs Partitur verzichtet auf allen rauschhaften Überschwang und auf persiflierend komische Effekte. Natürlich sind die ausgespielt sentimentalen Romanzen Gustaves (Nr. 2 und 7) wie sein angebliches Herzeleid um ein Gran übertrieben, und Catherines Rondeau (Nr. 6) entspringt ihrer angeschwipsten Aufgekratztheit. Der psychologischen Stimmigkeit entspricht die Geschlossenheit des musikalischen Stils, der sich kaum von dem noch 50 Jahre später bei André Messager und Reynaldo Hahn gültigen unterscheidet und sogar harmonisch-melodische Muster schafft (etwa zu Beginn des Allegrettos im großen Duett Nr. 5), die erst im 20. Jahrhundert zu Gemeinplätzen unterhaltender Musik wurden. Wichtiger ist freilich die selbst bei Offenbach seltene Qualität von Musik und Libretto, die inspiriert und charmant die Darsteller tragen und durch echte Empfindsamkeit und menschlichen Humor das Publikum bezaubern.

Wirkung: Der Erfolg für das Stück und die im Caféconcert entdeckte debütierende Louise Théo als Catherine war groß, aber angesichts des wachsenden Desinteresses an Einaktern recht folgenlos. Charakteristisch ist, daß eine deutsche Übersetzung erst 1877 herauskam (Theater an der Wien als *Nesthäkchen*) und sich gleichfalls nicht durchsetzen konnte. Erst in den letzten Jahren wurde *Pomme d'api* wieder für die Spielpläne entdeckt. Produktionen der Opéra-Comique Paris 1979 mit Christiane Isartel und Jean-Philippe Lafont (Rabastens), 1983 mit Marie-Christine Porta und Lafont und in Wilhelmsbad 1979 mit Carol Malone und Manfred Röhrl führten zu Schallplatten- und Fernsehaufzeichnungen.

Autograph: Verbleib unbekannt. **Ausgaben:** Kl.A: Choudens [1873], Nr. 2572; Kl.A, dt. Übers. v. K. Herbst u.d.T. *Was sagt Onkel…*: Fürstner, Nr. 491-499; Textb.: Paris, Tresse 1873 [32 S.]; Text auch in: J. OFFENBACH, Opérettes, Paris 1983, S. 107–151; Textb., frz./dt., in: [Bei-H. d. Schallplattenaufnahme EMI], 1983. **Aufführungsmaterial:** Choudens; dt. v. J. Heinzelmann, C. Richter: M u. Bühne, Wiesbaden
Literatur: s. S. 488

Josef Heinzelmann

Le Voyage dans la lune
Opéra-féerie en quatre actes et vingt-trois tableaux

Die Reise auf den Mond
4 Akte (23 Bilder)

Text: Albert Guillaume Florent Vanloo, Eugène Leterrier und Arnold Mortier (eigtl. Adolphe Mortjé)
Uraufführung: 26. Okt. 1875, Théâtre de la Gaîté, Paris
Personen: Caprice (S); Fantasia (S); Popotte (Mez); Flamma (S), Adja, Ita, Stella, Nébuleuse, Azurine, Phoebe, Hyperba, Microma, Litella und Asphodèle, Ehrendamen der Prinzessin Fantasia; 2 Bürgerinnen (2 S); eine Schmiedin (S); V'lan (B); Qui pass'par-là (T); Microscope (T); Cactus (T); Cosmos (B); der Kommissar (B); Parabase, Wächter im Observatorium; Cosinus, A-Plus-B, Phichipsi, Omega, Rectangle und Coefficient, Astronomen; eine Wache (B); ein Bürger; ein Poet; ein Schmied (T); ein Händler; 2 Spekulanten; Grosbedon, Herbergswirt bei den Dicken; Gerichtsdiener. **Chor:** Bürger und Bürgerinnen aus dem Volk, Wachen, Höflinge, Astronomen, Schmiede, Schmiedinnen, Artillerie, Mondbewohner, Räte, Ehrendamen, Händler, Kunden, Börsianer, Spekulanten, Marktwächter, Richter, Bewohner des Lands der Dikken. **Ballett:** irrende Schatten, Chimären, Sterne, Schneeflocken, blaue Schwalben
Orchester: 2 Fl, 2 Ob, 2 Klar, 2 Fg, 2 Hr, 2 Trp, 3 Pos, Pkn, Schl (Tambour, gr.Tr, Bck, Trg), Streicher
Aufführung: Dauer ca. 2 Std. – Orchester nach dem Aufführungsmaterial Choudens.

Entstehung: Jules Vernes Romane (*De la terre à la lune, trajet direct en 97 heures* entstand 1865) regten zahlreiche Bühnenbearbeitungen an: In Paris machte 1874 am Théâtre de la porte Saint-Martin *Le Tour du monde en quatre-vingt jours* von Adolphe Philippe Dennery und Verne Furore, eine deutsche Version für das Victoria-Theater Berlin 1875 als *Reise um die Erde* (Musik: Karl Alexander Raida) erreichte 710 Wiederholungen. Wien feierte 1886 einen *Flug um die Welt*. Das Sujet der *Voyage dans la lune* lag also, wenige Jahre vor den ersten erfolgreichen Flugversuchen, genau im Trend der Zeit und buchstäblich in der Luft. Es war jedoch nicht der einzige Stoff, dem sich Offenbach in jenen Wochen widmete. Binnen eines halben Monats brachte er drei gewichtige Werke zur Uraufführung: *La Boulangère a des écus* (Text: Henri Meilhac und Ludovic Halévy) am 19. Okt. 1875, nur sieben Tage später die *Voyage* und am 3. Nov. *La Créole*. Siegfried Kracauers (s. Lit.) Bemerkung über die Rastlosigkeit des alten Offenbach ist durch zeitgenössische Journale verbürgt. Sie schildern, wie er, von Ort zu Ort eilend, in seiner Kutsche an drei Partituren gleichzeitig arbeitete.
Handlung: Auf der Erde und auf dem Mond. I. Akt, 1. Bild: »Prinz Caprice«, vor König V'lans Palast; 2. Bild: das Observatorium; 3. Bild: die Schmiede; 4. Bild: »Der Abflug«, eine gigantische Kanone;

II. Akt, 1. Bild: Anflug auf den Mond; 2. Bild: »Die Ankunft«, Stadt auf dem Mond; 3. Bild: »Der Glaspalast«, ein Saal in Cosmos' Palast; 4. Bild: »Die Perlmuttgalerie«, ein anderer Saal; 5. Bild: der Park; 6. Bild: »Die irrenden Schatten«, der Park, Nacht; 7. Bild: die Gärten des Königs Cosmos; III. Akt, 1. Bild: »Die Konsultation«, Raum in Cosmos' Palast; 2. Bild: »Der Frauenmarkt«, Marktplatz; 3. Bild: »Das Land der Dicken«, Herberge; IV. Akt, 1. Bild: »Die Apfelplantage«; 2. Bild: »Der Gletscher«, eine Grotte mit Stalaktiten und Eisblöcken und Verbindung zum Krater eines Vulkans; 3. Bild: »Der Krater«, eine Art Schacht; 4. Bild: »Das Innere des Vulkans«; 5. Bild: »Die Eruption«; 6. Bild: »Der Aschenregen«; 7. Bild: »Der Vulkangipfel nach der Eruption«; 8. Bild: »Der Schein der Erde«, Aufgang der leuchtenden Erde.

I. Akt: Microscope, vielseitiger Berater König V'lans, kündigt dem schaulustigen Volk die Rückkehr des Prinzen Caprice von einer zweijährigen Weltreise an. V'lan selbst beabsichtigt, nach 30jähriger Amtszeit die Regierungsgeschäfte niederzulegen und dem Sohn zu übertragen. Doch Caprice denkt nicht daran, die Nachfolge des Vaters anzutreten, im Gegenteil: Da gerade die Nacht hereinbricht, offenbart sich seine schwärmerische, unbestimmte Sehnsucht, die in dem Wunsch gipfelt, »la Lune« zu besitzen, die Königin des Monds. Da die höfischen Astronomen in umständlichen Erörterungen über die Möglichkeit einer Reise zum Mond nicht weiterhelfen können, muß Microscope als zugleich erster Ingenieur des Lands selbst ans Werk. Mit riesigem Werkzeug wird in der Schmiede sogleich eine überdimensionale Kanone konstruiert, die den Prinzen in einer vergrößerten Tabaksdose zum Mond befördern soll. Aus väterlicher Fürsorge kommt König V'lan mit, und da sich beide der technischen Fertigkeiten Microscopes nicht gewiß sind, muß auch dieser einsteigen, obwohl ihn die Reise um ein Rendezvous mit der Tänzerin Cascadine bringt. Als Proviant werden schnell noch Äpfel geladen, dann folgt der Abschuß.

II. Akt: Voller Besorgnis sehen die Mondbewohner, Cosmos und dessen Berater Cactus das Nahen der Tabaksdose. Nach einer Bruchlandung der Irdischen sind Mißverständnisse darüber rasch ausgeräumt, ob der Mond oder nicht eigentlich die Erde unbewohnbar sei. Aus Furcht verfügt Cosmos sogleich, die Fremden zu inhaftieren, läßt sich aber durch die Bitten seiner Tochter Fantasia gnädig stimmen. Caprice verliebt sich in Fantasia, Microscope findet Gefallen an Königin Popotte. Während die Könige und ihre Berater (Microscope nutzt einen unbeobachteten Moment, an Cascadine zu telegraphieren) Erfahrungen im Glaspalast austauschen und die Erdbewohner so die moralischen Verkehrungen der Mondbewohner erkunden, versucht Caprice in der Perlmuttgalerie sein Glück bei Prinzessin Fantasia. Erstaunt muß er erfahren, daß Liebesgefühle auf dem Mond nicht existieren. Cosmos klärt seine Gäste darüber auf, daß Liebe als Krankheit geächtet wird, daß Kinder aus einer andern Mondgegend, wo man sich solcher Tätigkeiten nicht zu schade sei, importiert und zweimal jährlich unter den Mondbewohnern verteilt werden. Dies trage zu größerer Nützlichkeit der weiblichen Bevölkerung bei. Einer Einladung zu Speise (man ißt Mücken) und Tanz bleibt Caprice fern. Deprimiert beklagt er im nächtlichen Park sein chancenloses Werben, frustriert beißt er in einen Apfel. Doch als auch Fantasia, die diese Frucht noch nicht kennt, neugierig probiert, erwachen Herz und Gefühl, schließlich die Liebe in ihr. Schokkiert entdeckt Cosmos das schmusende Paar. Irrende Schatten durchstreifen den Park, Schimären und Sterne tanzen in Cosmos' Gärten.

III. Akt: Soldaten bewachen die von jener merkwürdigen Seuche befallene Fantasia. Obwohl nervös und fiebrig, kann sie Caprices Plänen folgen, der der gesamten Königsfamilie selbstgepreßten Cidre einflößen will. Da Cosmos beschließt, seine Tochter auf dem Frauenmarkt zu verkaufen, muß Caprice Fantasia ersteigern, um gemeinsam mit ihr fliehen zu können. Aber Qui pass'par-là, der König der Börse, kommt ihm zuvor und bietet am meisten. Caprice gelingt es lediglich, als Händler getarnt, den Apfeltrank an Cosmos zu verkaufen. Dieser fühlt sich vergiftet, als er ihn trinkt, aber auch Popotte probiert einen Schluck. Damit hebt eine wilde Verfolgungsjagd an: Cosmos hat sich in seine eigene Frau verliebt, diese aber stellt Microscope nach, Caprice verfolgt Fantasia, die Qui pass'par-là in seine Frauensammlung aufzunehmen gedenkt. Zwar gelingt es Caprice, Fantasia aus den Händen des Börsenkönigs zu befreien, doch Cosmos hat die Gegend umstellen lassen und die Flucht vereitelt. Überdies werden die Streitenden von heftigem Schneefall überrascht, der alles gefrieren läßt.

IV. Akt: Jungen und Mädchen sind bei der Apfelernte. Die weibliche Bevölkerung hat die verblüffende Wirkung der Früchte erkannt und konspirativ eine Plantage errichtet. Cosmos kann sich der zudringlichen Liebesbezeugungen der Damen kaum noch erwehren. Die Irdischen wurden gefangengenommen und dem Gericht übergeben. V'lans Bitten um Gnade und um die Hand Fantasias für Caprice finden bei Cosmos kein Gehör. Er verhängt zwar nicht die Todesstrafe, die auf dem Mond abgeschafft wurde, aber fünf Jahre Haft in einem erloschenen Vulkan ohne jegliche Ernährung. Gegenseitige Schuldzuweisungen der Irdischen auf dem Gletscher am Kraterrand werden durch Cascadines Funksprüche unterbrochen: V'lans Krone sei in Gefahr, wenn er nicht umgehend zurückkehre. Unbeeindruckt führt Cosmos selbst die Häftlinge in den Krater hinab. Als er sich jedoch im Vulkan verirrt und überdies eine Depesche seiner Frau erhält, die Rache für Microscopes Verhaftung ankündigt, lenkt Cosmos zu der Verbindung Caprices mit Fantasia ein und verspricht allen die schnelle Rückkehr zur Erde. Zu spät: Der Vulkan explodiert und befördert alle nach oben. Versöhnt, aber leicht lädiert, finden sie sich auf dem Gipfel wieder. Am Mondhorizont erscheint die Erde und wird voller Glück begrüßt.

Kommentar: Den Aufeinanderprall zweier divergierender Welten hat Offenbach in seinem Œuvre gleich mehrfach thematisiert: in mythologischer Verkleidung als Olymp und Hades in *Orphée aux enfers* (1858), beinah unverschleiert als zwei Regierungssysteme im *Roi Carotte* (1872). Vernes Roman vom Mondflug scheint eher Anregung als wirkliche Vorlage gewesen zu sein, denn mehr als das technische Abenteuer interessieren Offenbach und seine Librettisten gesellschaftliche Implikationen ihres Sujets, indem sie einem leidlich liberalen, von Forschergeist geprägten und Gefühle gestattenden Staatsgefüge ein anderes, überaus straff geführtes entgegensetzen, das jegliches Recht des einzelnen negiert, eine verwaltete Welt, die Gefühle tabuisiert. Dennoch sind die Welten V'lans und Cosmos' nicht bloß antagonistisch zu verstehen. Im Sinn einer aufklärerischen Erzähltechnik steht der eisige Rationalismus der fiktiven Mondgesellschaft für die der realen Gesellschaft innewohnende Möglichkeit zu ähnlicher Verrohung. Aus der Sphäre dusseliger Gelehrter (Chor der Astronomen »Les cieux!«, I/5) und einer potenten Industriegesellschaft (Chor der Schmiede »A l'ouvrage«, I/6) ist es ein kleiner Schritt zu einem perfektionierten System, in dem Wachsoldaten sehr modern anmutende tumbe Chöre anstimmen (Nr. 19, »Je suis le garde«), Frauen wie Waren auf einer Börse versteigert, Kinder aus einem andern Land importiert werden, da der Zeugungsakt als verpönt gilt und eine funktionslose Gerichtsbarkeit lächerliche Aufmärsche hält (Nr. 29, Chor des Tribunals »Voici le tribunal«). Offenbach hat für die Zeichnung der beiden Welten musikalisch verschiedene Farben gemischt. Für die Charakterisierung der Irdischen erscheint V'lans etwas kasperlehaftes Auftrittscouplet (Nr. 2, »V'lan, V'lan, je suis V'lan«), das gleichzeitig als Finalstück des I. Akts fungiert, ebenso signifikant wie der im Wechsel von ¾- und ²⁄₄-Takt stolpernde Finalchor (Nr. 7, »En route par la lune«), der auch am Beginn der Ouvertüre erklingt und bereits an das Chormenuett im Olympia-Akt der *Contes d'Hoffmann* (1881) gemahnt. Auf dem Mond herrscht, besonders in den Chorszenen (Nr. 9, 10, 13) zu Beginn des II. Akts, phantastisches Mollkolorit vor, das gelegentlich an die »Höllentöne« in *Orphée* erinnert. Im Zentrum der interstellaren Konfrontation steht freilich das merkwürdige Liebespaar Prinz Caprice und Prinzessin Fantasia. Musikalisch dominiert Caprice durch sein Auftrittslied »Ah! j'en ai vu« (I/3), die sehnsüchtige Romanze »Oh reine de la nuit« (Nr. 4) und eine Valse chantée (Nr. 7) im I. Akt wie durch ein Rondo (Nr. 11), ein Madrigal (Nr. 15, »Je regarde vos jolis yeux«) im II. und die Ronde des charlatans (in Nr. 24 »Ohé, ohé, petits et grands«) im III. Akt. Doch seine häufig mit chromatisch abgleitenden Elementen durchsetzten Melodien zeichnen ein eher naives Gemüt. Dagegen wartet Fantasias kleines, aber technisch anspruchsvolles Couplet »Tu devais le jour de ma fête« (Nr. 12) mit vertrackten Koloraturen und exotischen Einfärbungen auf. Sie bringen ihre der Figur der Olympia ähnelnde Gefühlskälte ebenso hervorragend zum Ausdruck wie die Ariette »Je suis nerveuse« (Nr. 21), ein mit Koloraturen gespickter kleiner Walzer, ihre spätere Gefühlsverwirrung, ja Hysterie. Das musikalische Kernstück der *Voyage* ist das »Duo des pommes« (Nr. 17), ebenfalls ein durch szenische Einschübe sich stetig verdichtender Walzer, in dem Fantasias Kälte schmilzt. Nur ist es diesmal, in Umkehrung zum Schöpfungsmythos, gewissermaßen Adam, der Eva zum Biß in den Apfel verführt. An die Stelle großer Finale treten hier ausladende Ballette, so am Ende des II. und des III. Akts, aber auch szenische Musik etwa beim Vulkanausbruch im IV. Akt, einer spektakulären Naturschilderung im Stil der Grand opéra. Naturromantik blitzt auch in andern Nummern auf, so im »Finale de la neige« (Nr. 26), wo sie freilich durch ein humoristisches, onomatopoetisch verspieltes Zitterensemble (»Il neig'... Brrrr ...«) eine ironische Brechung erfährt.

Wirkung: *Le Voyage dans la lune* kam unter Theaterdirektor Louis Albert Vizentini in verschwenderischer Ausstattung heraus (Caprice: Zulma Bouffar, V'lan: Christian, Microscope: Pierre Grivot, Cosmos: Léonard Alexandre Tissier) und war mit 185 Aufführungen en suite sehr erfolgreich. Noch 1876 wurde das Stück an die traditionsreichen internationalen Offenbach-Bühnen transferiert: London (Alhambra Theatre; englisch von Henry Leigh), Wien (16. April, Theater an der Wien; deutsch von Julius Hopp als *Die Reise in den Mond*; mit Bertha Steinher, Carl Adolf Friese, Alexander Girardi, Clemens Grün) und Berlin,

Le Voyage dans la lune, III. Akt, 2. Bild; Zulma Bouffar als Caprice; Uraufführung, Théâtre de la Gaîté, Paris 1875. – Mit faszinierender Bühnenpräsenz und schauspielerischem Talent kreierte die Soubrette mit großem Erfolg zahlreiche Rollen in Werken Offenbachs.

jedoch ohne dauerhaften Erfolg. 1877 kam das Stück in New York (Booth's Theatre) und am Théâtre du Châtelet Paris, 1894 in Genf heraus. Dauerhafte Berühmtheit erlangte jene Melodie aus der Ouvertüre, die als Spiegelarie später in *Les Contes d'Hoffmann* interpoliert wurde. In Linckes *Frau Luna* (1899) fand Offenbachs Feerie eine weitaus schwächlichere Nachfolge, die die Dualität von Erde und Mond zugunsten eines omnipräsenten Berliner Grundtons verwischte. Karl Kraus stellte das Werk 1932 in Wien als vorletzte Lesung von Offenbachs Werken vor. – Eine erfolgreiche Wiederbelebung der *Voyage* gelang Jérôme Savary 1979 an der Komischen Oper Berlin in einer auf 14 Bilder verkürzten Bearbeitung von Hans-Jochen Irmer, Karl-Fritz Voigtmann und Robert Hanell (Dirigent: Hanell; Caprice: Günter Neumann, Fantasia: Ursula Reinhardt-Kiss, V'lan: Rudolf Asmus, Microscope: Werner Enders) und nochmals 1985 in Genf in einer Koproduktion mit der Oper Lüttich (Dirigent: Marc Soustrot; Caprice: Joseph Evans, Fantasia: Marie McLaughlin, V'Lan: Michel Trempont, Qui pass'par-là: Ricardo Cassinelli). Vor allem der Schluß des Werks wurde dabei aber bis zur Unkenntlichkeit verändert: Nicht nur V'lan und seine Begleiter, sondern auch Cosmos und Fantasia kehren mit dem Raumschiff zur Erde zurück, wiederum per Bruchlandung mitten hinein ins Trauerballett um den vermeintlich toten König V'lan auf der Bühne der Opéra-Comique Paris.

Autograph: Part (ohne Ouvertüre): ÖNB Wien (S. m. 2341 A); Fragmente: Vlg.-Arch. Heugel/Leduc Paris, Privatbesitz. **Abschriften:** Part, dt.: ÖNB Wien (S. m. 25695). **Ausgaben:** Kl.A v. L. Roques: Choudens 1875, Nr. 3340 [255 S.]; Kl.A, frz./engl. Übers. v. H. S. Leigh: London [1883]; Kl.A, dt. Bearb. v. H.-J. Irmer, mus. Einrichtung v. K.-F. Voigtmann, R. Hanell: Henschel-Vlg., Bln. 1980; Textb.: Paris, Tresse 1877. **Aufführungsmaterial:** Choudens; dt. Bearb. Irmer/Voigtmann/Hanell (14 Bilder): Henschel-Vlg., Bln.
Literatur: s. S. 488

Michael Klügl

La Créole
Opéra-comique en trois actes

Die Kreolin
3 Akte

Text: Arthur David Paul Albert Samuel Millaud
Uraufführung: 3. Nov. 1875, Théâtre des Bouffes-Parisiens, Passage Choiseul, Paris
Personen: Dora de la Butte-Jonvel, Kreolin (S); René de Feuillemorte, Neffe des Kapitäns (S); Antoinette, Mündel des Kapitäns (S); Mesdemoiselles Stop und Lucie, Ehrendamen (2 S); Clorinde; Marthe; Cécile; Adhémar de Feuillemorte, Kapitän (T); Monsieur de Frontignac (T); Saint-Chamas, Bootsmann (Bar); Jannick (T) und Cartahut (Bar), Matrosen; 2 Notare (2 T); der Admiral (Spr.). **Chor:** Hochzeitsgäste, Dienerschaft des Kapitäns, Matrosen
Orchester: 2 Fl (2. auch Picc), Ob, 2 Klar, Fg, 2 Hr, 2 Trp, Pos, Pkn, Schl (gr.Tr, kl.Tr, baskische Tr, Bck, Trg), Streicher

Aufführung: Dauer ca. 1 Std. 45 Min. – Orchester nach dem Aufführungsmaterial Choudens.

Handlung: In Frankreich, 1685.
I. Akt, Terrasse des Hauses von Kapitän Feuillemorte in La Rochelle: Bevor er zu einer langen Seereise nach Guadeloupe aufbricht, will Feuillemorte unbedingt noch zu Haus klar Schiff machen und sein Mündel Antoinette mit seinem Neffen René verheiraten. Daß die Brautleute sich eine Stunde vor der Hochzeit noch nicht einmal kennen und das Mädchen überhaupt einen andern liebt, nämlich den sie umwerbenden Frontignac, stört ihn dabei nicht im geringsten. Alles muß sich seinem Diktat fügen, bis er, wenige Minuten vor Beginn der Trauungszeremonie, auf sein Schiff beordert wird. So gibt er schriftlichen Befehl zum Vollzug der Trauung, den René jedoch dahin gehend verfälscht, daß er die Liebenden, Frontignac und Antoinette, verheiraten läßt. René selbst denkt noch nicht an Heirat: Er versprach vor Jahr und Tag bei einem Landgang in Guadeloupe einer Kreolin die Ehe.
II. Akt, elegant eingerichteter Salon auf dem Landgut des Kapitäns bei La Rochelle, wenige Wochen später: Das junge Eheglück wird jäh gestört, als der Kapitän unerwartet zurückkehrt. René gibt sich nun als stürmischer Ehemann Antoinettes aus, was den Kapitän begeistert, Frontignac aber wütend macht. Als Mitbringsel führt der Kapitän die Kreolin Dora herein, ebenjene Dora, der René einst die Ehe versprach. Der Kapitän hat sie als Frau für Frontignac ausersehen. Bald findet sich Gelegenheit, Dora in das Verwechslungsspiel einzuweihen. Wieder scheint ein plötzlicher königlicher Abreisebefehl an den Kapitän die Rettung in letzter Minute zu bringen und die Doppelverheiratung Frontignacs zu verhindern. Der Kapitän ist jedoch gewitzter und nimmt alle mit auf sein Schiff, dazu zwei Notare, damit die Trauung auf hoher See nach seinen Vorstellungen vollzogen werden kann.
III. Akt, an Deck eines Kriegsschiffs, wenig später: Der Kapitän hat die beiden Paare jeweils zu zweit eingeschlossen, um jeden weiteren »kreuzweisen Verkehr« zu unterbinden. Schließlich haben die Paare schon an Land immer wieder ihre wahren Liebesneigungen zu erkennen gegeben. Laut königlichem Befehl muß der Kapitän auf hoher See ein versiegeltes Kuvert mit einem Staatsgeheimnis vor versammelter Mannschaft öffnen und vorlesen. Dabei stellt sich heraus, daß der Abreisebefehl nicht vom König kam, sondern von Dora gefälscht war. Das natürlich auch gefälschte »Staatsgeheimnis« stellt den Kapitän nicht nur als Trunkenbold bloß, es klärt ihn auch über die wahren Ehe- und Liebesbande auf und ernennt ihn zudem zum Konteradmiral ohne geschäftsführendes Kommando. Er ist's zufrieden und gibt sich geschlagen; seine Überrumpelung wird schnell genutzt, um auch die Unterschriften unter den Ehevertrag von René und Dora zu setzen.

Kommentar: Die Handlung dieser Operette ist etwas verworren und hat daher im Zuge der Offenbach-Renaissance der 20er und frühen 30er Jahre zur Bearbeitung herausgefordert: Albert Willemetz (Text) und Georges Delance (Musik) modernisierten die Handlung zwar, machten sie aber trotz eingreifender Umstellungen nicht plausibler. Sie kamen durch einige neu erfundene Szenen dem Geschmack des Operettenpublikums (Verkleidungsszene im III. Akt) entgegen und führten die Protagonistin schon zu Beginn des I. Akts ein, während ihr Erscheinen im Original dramaturgisch spannungsvoller für den Beginn des II. Akts aufgespart wird. Die deutsche Bearbeitung von Ika Schafheitlin und Helmut Gauer (musikalische Einrichtung: Hans Schindler) blieb dem Original näher und beließ es bei der ursprünglichen Handlungsentwicklung. – Offenbachs Musik wirkt ordnungstiftend auf das Libretto. Zwar hat er das Stück eilig und mit einer gewissen Routine komponiert, doch fehlt es den Einfällen nicht an charakteristischem Esprit. Er zeigt sich ebenso in Doras temperamentvoller Chanson créole im Finale des II. Akts wie in der melodiösen Villanelle Antoinettes (Nr. 8). Komische Nummern, wie die Romanze des Kapitäns (Nr. 3), dessen Lobpreisung seiner Ahnen doppeldeutig in einen Abgesang auf abgestorbene Blätter umschlägt, kontrastieren mit lyrischen Stücken wie der Barkarole (Nr. 13), in deren wiegendem Rhythmus sich das Spiel der Wellen im Seebild des III. Akts spiegelt.

Wirkung: Trotz der unbestreitbaren Beliebtheit, die Offenbach Mitte der 70er Jahre in Paris genoß (anders lassen sich drei gleichzeitige Aufträge benachbarter Theater nicht begründen), konnte *La Créole* (Dora: Anna Judic, René: Céline Anna Van Ghell, Feuillemorte: Daubray, Frontignac: Cooper) nicht an die großen Erfolge der Offenbachiaden anknüpfen. Wie gewohnt folgte die Wiener Premiere wenige Wochen später (8. Jan. 1876, Theater an der Wien; Übersetzung: Julius Hopp, Dirigent: Offenbach; Marie Geistinger, Henriette Wieser, Felix Schweighofer, Jani Szika), mit ebenfalls nur mäßigem Erfolg. 1935 trug Karl Kraus als letzte öffentliche Vorlesung seine Bearbeitung in Wien vor (musikalische Begleitung: Franz Mittler). Das Seefahrermilieu schien, wie die Londoner Erfolge seiner Grand opéra-bouffe *Whittington* (London 1874, Text: Henry Brougham Farnie) zeigen, eher dem englischen Geschmack zu entsprechen; so gab es Aufführungen in London (Folly Theatre) und Boston (Royal Theatre) 1877 und in einer Bearbeitung als *The Commodore* wiederum in London (Avenue Theatre) und in New York 1886. Die Bearbeitung von Willemetz und Delance kam 1934 im Pariser Théâtre Marigny heraus; die Erweiterung der Titelpartie war sicherlich im Hinblick auf ihre Besetzung mit Josephine Baker geschehen. In Deutschland wurde die Bearbeitung von Schafheitlin und Gauer gespielt, zum Beispiel am Gärtnerplatztheater München (Regie: Arno Assmann; mit Liselotte Ebnet und Harry Friedauer) und in Lübeck.

Autograph: verteilt auf mehrere Privatbesitzer. **Ausgaben:** Kl.A: Choudens [1875], Nr. 3339; Kl.A, Bearb. v. A. Willemetz, G. Delance: Choudens [1935], Nr. 17571; Kl.A, engl. Bearb. v. H. B. Farnie, R. Reece u.d.T. *The Commodore*: Cramer, London 1886; Saalfield, NY [um 1890]; Textb.: Lévy, Paris 1875; Textb., span.: Madrid, Moraleda 1877; Textb., dt. v. J. Hopp: Aachen, Och [um 1875]. **Aufführungsmaterial:** Choudens; Bearb. Willemetz/Delance: Choudens; dt. Bearb. v. I. Schafheitlin, H. Gauer, H. Schindler: Desch, München **Literatur:** s. S. 488

Christoph Dohr

Madame Favart
Opéra-comique en trois actes

Madame Favart
3 Akte

Text: Henri Alfred Duru und Henri Charles Chivot
Uraufführung: 28. Dez. 1878, Folies-Dramatiques, Paris
Personen: Favart (B); Marquis de Pontsablé (T oder Bar); Hector de Boispréau (T); Major Cotignac (B); Biscotin, Gastwirt (B); Sergeant Larose (T); Madame Favart (S); Suzanne (S); Jolicœur (Spr.); Sans-Quartier; Larrissolle; Babet und Jeanneton, Dienerinnen.
Chor, Statisterie: Reisende, Gäste, Offiziere, Soldaten, Militärpfeifer, Marketenderinnen, Küchenjungen, Tapezierer, Bedienstete im Gasthaus, Schauspieler von »La Chercheuse d'esprit«
Orchester: 2 Fl (2. auch Picc), Ob, 2 Klar, Fg, 2 Hr, 2 Trp, Pos, Pkn, Schl (Trg, Tr, gr.Tr mit Bck, Glöckchen), Streicher
Aufführung: Dauer ca. 2 Std. – Orchester nach dem Aufführungsmaterial Choudens.

Entstehung: Das Werk gehört zu den spielopernhaften Operetten, mit denen Offenbach den erfolgreichen Konkurrenten Charles Lecocq in dessen eigenem Genre zu übertrumpfen suchte. Mit *Madame Favart* gelang ihm dies endlich unbestritten, nachdem er zuvor auf diesem Gebiet nur Achtungserfolge wie *La Jolie parfumeuse* (1873), *Madame l'Archiduc* (1874, Text: Ludovic Halévy und Albert Millaud) und *La Boulangère a des écus* (1875) oder gar Mißerfolge wie *La Boîte au lait* (1876, Eugène Grangé und Jules Noriac), *La Foire Saint-Laurent* (1877, Hector Crémieux und Albert de Saint-Albin) und *Maître Péronilla* (1878, Offenbach, Nuitter und Paul Ferrier; alle Paris) verbuchen konnte.

Handlung: In Nordfrankreich, um 1750.
I. Akt, ein Gasthaus in Arras: Major de Cotignac will seine Tochter auf keinen Fall dem jungen Hector de Boispréau geben, der nur eine vage Aussicht auf den Posten des Polizeichefs von Douai hat. Den Posten und die Hand Suzannes hat Cotignac einem sehr alten Freund zugedacht. Gastwirt Biscotin hat in seinem Haus den Schauspieler und Dichter Favart versteckt, der wie seine Frau vom mächtigen Marschall von Sachsen verfolgt wird, weil sie sich weigert, dessen Mätresse zu werden. Verkleidet erscheint Madame Favart. Um mit ihrem Mann in Sicherheit zu gelangen und den jungen Liebesleuten zu helfen, begibt sie sich als Hectors Frau zu dem alten Schürzenjäger Pontsablé und kommt tatsächlich mit der Ernennungsurkunde zurück. Die Favarts entgehen als Dienerpaar Hectors der nächsten Razzia.

II. Akt, Salon bei Hector de Boispréau in Douai: In die Ruhe platzt der Besuch des Marquis de Pontsablé, der die Verfolgung der Favarts fortsetzen, vor allem aber die Versprechungen der falschen Madame Boispréau einlösen will. Suzanne muß also verschwinden, sie kommt aber als Dienerin zurück. Favart gelingt es, das Tête-à-tête seiner Frau mit dem Marquis immer wieder zu stören. Dieser erwartet die alte Comtesse de Montgriffon, die die gesuchte Madame Favart entlarven kann. Daß Madame Favart nun maskiert als ebendiese Comtesse erscheint und ihn täuschen kann, hilft nicht weiter, denn auch die echte erscheint und verrät, die Gesuchte verberge sich in der Rolle einer Dienerin. Favart, der sich zu früh zu erkennen gegeben hat, und Suzanne, die man für seine Frau hält, werden zum Marschall abgeführt.

III. Akt, Lager des Marschalls von Sachsen in Fontenoy: Suzanne macht sich Sorgen um Hector und weil sie am Nachmittag als Madame Favart in deren berühmtester Rolle (»La Chercheuse d'esprit«) auftreten soll. Hector und Madame Favart erscheinen als Tiroler verkleidet. Sie wagt es, den König in die Intrigen einzuweihen, die freilich während der Aufführung noch weitergehen. Die Gnade des Königs beglückt schließlich die beiden Ehepaare.

Kommentar: Die zeitgenössischen Illustrationen zu den Werken Offenbachs aus den 70er Jahren zeigen in Stil und Technik den Unterschied zu denen aus dem Second Empire. Das Stück, das auf Verkleidung, Theater und Rollentausch basiert, ist selbst eine Vortäuschung: Das dazumal sehr beliebte Kolorit des 18. Jahrhunderts wird nie als Mimikry benutzt, sondern ist Maskerade. Daß die falsche alte Comtesse mit einem Menuett auftritt, wirkt aus der Sicht des Publikums anachronistisch, aus der des Stücks keineswegs (da hätte es wohl eine Sarabande sein müssen). Die Maskeraden geben fast immer Veranlassung, bekannte dramaturgische Modelle zu wiederholen, freilich in Offenbachs bester Manier, was wohl den Reiz und den Erfolg des Stücks ausmacht, zu dem natürlich die vorzüglichen Rollen beitragen. Die Handlung ist beinah filmisch angelegt, sie läßt sich leichter in Einzelszenen als in Akte einteilen. Dem bürgerlichen Zeitgeist entspricht es, daß zu keiner Minute der Partnertausch der beiden Ehepaare erotische Implikationen herbeiführt, daß überhaupt niemals echte Zweifel an der ehelichen Treue selbst der Schauspieler aufkommen können, obwohl doch die Titelfigur immer wieder zur Verführung der karikierten Macht- und Nebenfiguren in verführerische Rollen schlüpfen muß. Die beiden beliebtesten Einzelnummern waren ihr unschuldig doppeldeutiges Couplet im Volksliedton »Ma mère aux vignes m'envoyit« (I/6) und ihre an William Shakespeares *Twelfth Night* (1602) erinnernde Erzählung, wie sie den König zum Lachen brachte (III/20). Beide Nummern sind als einmaliger Schatz in (natürlich späteren) Aufnahmen mit Juliette Simon-Girard, der Madame Favart der Uraufführung, erhalten.

Wirkung: Mit über 200 Aufführungen en suite an den Folies-Dramatiques (neben Simon-Girard sangen Conchita Gelabert als Suzanne, Max Simon als Hector und Edouard Maugé als Pontsablé) konnte das Werk Planquettes *Cloches de Corneville* (1877) vergessen machen. Im Febr. 1879 kam *Madame Favart* auch in Wien (Theater an der Wien, deutsch von Julius Hopp) mit Marie Geistinger heraus, im selben Jahr folgten Aufführungen unter anderm in London (Strand Theatre), New York (Park Theatre), Berlin (Friedrich-Wilhelmstädtisches Theater), Stockholm, Leipzig, Brüssel, Neapel (Teatro Sannazaro) und Budapest. Im deutschsprachigen Raum wurde der Esprit des Stücks kaum je getroffen: Charakteristisch, ja geradezu symbolisch ist, daß in Favarts »Chanson de l'échaudé« (II/10) bei Hopp aus dem schmackhaften Nichts eines Windbeutels ein pappiger Krapfen wurde. Deshalb konnte *Madame Favart* hier nie besondere Popularität gewinnen, trotz oder wegen der entstellenden Bearbeitungen etwa von Siegfried Anheißer (Köln 1930), Fritz Fischer (*O là là Madame,* 1954?, Mainz 1984) oder von Heinrich Voigt und Conny Odd (Bielefeld 1959, Metropoltheater Berlin 1990), die mit einer völligen Neuinstrumentierung und teilweisen Neukomposition einhergingen. In Paris kam es dagegen bis 1934 zu sechs Neuinszenierungen. Dies hängt mit Machart und Qualität des zu Recht als Opéra-comique betitelten Werks zusammen, kaum damit, daß Justine und Charles Simon Favart historische Gestalten und wichtige Figuren der französischen Theater- und Literaturgeschichte sind. Die stoffliche Parallele zum Schauspiel *Adrienne Lecouvreur* (1849) von Eugène Scribe und Ernest Legouvé (1902 vertont als *Adriana Lecouvreur* von Cilea) beschränkt sich auf eine Äußerlichkeit: die Beziehung des Marschalls Moritz von Sachsen zu einer Schauspielerin.

Autograph: Pierpont Morgan Libr. NY (Koch 94); ausgeschiedene Nrn.: Privatbesitz. **Ausgaben:** Kl.A: Choudens [1878], Nr. 3825, Nachdr. [um 1890; 224 S.]; Kl.A, engl. Übers. v. H. B. Farnie: London [1879]; Ditson, Boston [1881; 207 S.]; Kl.A, dt. Übers. v. S. Anheißer: Weinberger [um 1930]; Kl.A, dt. Übers. v. H. Voigt, mus. Bearb. v. C. Odd: Henschel-Vlg., Bln. [um 1955], Nr. 7815; Kl.A, frz./engl. Übers. v. T. Pole, B. Bowman: United Music Publ., London [1980]; Textb.: Paris, Stock, Neu-Ausg. 1930; Textb., frz./engl.: NY 1879; Textb., engl. v. H. B. Farnie: London, Cramer [um 1880]; Textb., engl.: Boston, Ditson [um 1881]; Textb., dt. Rundfunk-Bearb. v. S. Anheißer: Köln, Rufu 1930; Regiebuch, dass.: Weinberger 1930; Textb., dt. v. H. Voigt: Henschel-Vlg., Bln. **Aufführungsmaterial:** Choudens; dt. Bearb. Voigt/Odd: Henschel-Vlg., Bln., A&S; Bearb. Anheißer: Weinberger
Literatur: s. S. 488

Josef Heinzelmann

La Fille du tambour-major
Opéra-comique en trois actes

Die Tochter des Tambourmajors
3 Akte (4 Bilder)

Text: Henri Alfred Duru und Henri Charles Chivot
Uraufführung: 13. Dez. 1879, Théâtre des Folies-Dramatiques, Paris

Personen: Monthabor, Tambourmajor (B); Leutnant Robert (Bar); der Herzog della Volta (T); Griolet, Tambour (T); Marquis Bambini (T); Clampas, Gastwirt (Bar); Grégorio, Gärtner (Spr.); Sergeant Morin (Spr.); Graf Zerbinelli (Spr.); Chevalier del Ponto (Spr.); ein Sergeant (Spr.); ein Diener (Spr.); Stella (S); die Herzogin della Volta (Mez); Claudine (S); die Priorin (S); Francesca, Lorenza und Lucrezia, Internatsschülerinnen; 2 Stimmen hinter der Szene (T, Bar). **Chor:** Soldaten, Nonnen, Internatsschülerinnen, adlige Herren und Damen, Männer und Frauen aus dem Volk
Orchester: 2 Fl, Ob, 2 Klar, Fg, 2 Hr, 2 Trp, 3 Pos, Pkn, Schl (Tambour, Tamburin, Trg, Glocken, gr.Tr, Bck), Streicher; BühnenM auf d. Szene: Militärkapelle (Fanfare, Petit bugle in Es oder FlügelHr, 2 Bugles in B oder FlügelHr, 2 Pistons, 2 Altos oder SaxHr, 2 Barytons, 2 Pos, Basse in B oder SaxHr, Contrebasse in Es oder SaxHr, Contrebasse in B oder SaxHr, Tr, gr.Tr)
Aufführung: Dauer ca. 2 Std. – Orchester nach dem Aufführungsmaterial Choudens. Ausführliche Schauplatzangaben im Textbuch.

Entstehung: Offenbach hatte in den vorangehenden Spielzeiten fast regelmäßig je eine Operette für die Bouffes-Parisiens und eine für die Variétés oder die Folies-Dramatiques geschrieben. Das Théâtre de la Renaissance war ganz auf seinen Konkurrenten Charles Lecocq eingeschworen, dessen Stil er übernahm und übertraf. Seine letzten Arbeiten für die Bouffes-Parisiens, *Maître Péronilla* (1878) und die um Kolonialkolorit bemühte, besonders verschwenderisch ausgestattete *La Marocaine* (1879, Text: Paul Ferrier und Ludovic Halévy), waren Mißerfolge, so daß Offenbachs Schwiegersohn Charles Comte die Direktion an Louis Cantin abgeben mußte. An den Folies-Dramatiques (1878 unter Victor Blandin) hatte sich Offenbach nach der wenig beachteten *Foire Saint-Laurent* (1877) mit *Madame Favart* rehabilitieren können, die 1879 den Lecocqiaden in der Gunst des Publikums zuvorkam. In dieser Situation, die an den Variétés durch die Geburt einer Abart des Genres, der Vaudeville-Operette (Lecocqs *Le Grand Casimir* und Hervés *La Femme à Papa*, beide 1879) und durch die erfolgreichen Debüts von Robert Planquette und Edmond Audran akzentuiert wurde, blieb Offenbach mit seinen letzten beiden Operetten der nun herausgebildeten Dramaturgie treu, der er freilich in der *Fille du tambour-major* einen ganz neuen Inhalt verlieh, wohingegen *Belle Lurette* (Paris 1880, Text: Ernest Blum, Edouard Blau und Raoul Toché), postum und von Léo Delibes beendet, bis auf kleine parodistische Capricen sich Lecocq anpaßte.
Handlung: In Italien, 1800.
I. Akt, Garten des Klosterinternats von Biella: Obwohl sie eine Tochter des Herzogs della Volta ist, entgeht Stella nicht der Strafe für ihre kecken Lieder, die sogar die Verbrüderung mit den französischen Revolutionstruppen preisen. Die Priorin sperrt sie in Arrest und vergißt sie prompt, als sie bei der Annäherung französischen Militärs mit ihren Zöglingen überstürzt flieht. Stella wird von einer kleinen Einheit unter Leutnant Robert befreit. Bei einem fröhlichen Mahl werden sich die beiden gegenseitiger Zuneigung gewahr, sehr zum Unwillen der Marketenderin Claudine, die selbst in Robert verliebt ist und nicht daran denkt, den Exschneider Griolet zu erhören, der ihr eine prächtige Uniform nähen will. Aber Stella empfindet, und auch das beruht auf Gegenseitigkeit, überdies Zuneigung zu dem Tambourmajor Monthabor, den vor 18 Jahren seine Frau samt Tochter verließ. Der herzogliche Vater holt Stella nach Haus.
II. Akt, reicher Salon im Palast des Herzogs della Volta bei Novara mit Ausgang auf eine Terrasse: Der Herzog will Stella mit dem dümmlichen Marquis Bambini verheiraten. Der Herzogin bereitet es Migräne, wie sie dem künftigen Schwiegersohn beibringen soll, daß Stella ihre Tochter aus einer früheren, natürlich adligen Ehe ist. Bambini findet ihre Geschichte romantisch und ist geradezu entzückt von Stellas resoluter Weigerung, ihn zu heiraten. Unerwartet erscheinen die Franzosen; ausgerechnet Robert und seine Tambours weisen einen Einquartierungsschein beim Herzog vor. Beim Eröffnungswalzer der Verlobungsfeier gibt es den ersten Eklat: Monthabor erkennt in der Herzogin seine durchgebrannte Frau wieder. Sie bringt ihn zum Schweigen und macht ihn glauben, die gemeinsame Tochter lebe in einem Pariser Internat. Robert erklärt seiner Geliebten Stella, aus Liebe auf sie verzichten zu wollen, da er nicht standesgemäß zu sein glaubt. Stella macht sich wenig aus dem Standesunterschied, der sich bald als Erfindung herausstellt. In der für Claudine bestimmten Uniform schockiert sie, die Tochter des Tambourmajors, die wieder hereingetanzte Festgesellschaft. Der Herzog will sie und die Franzosen festsetzen; diese schlagen sich aber durch.
III. Akt, 1. Bild, Saal im Gasthaus zum »Goldenen Löwen« in Mailand: Bei Claudines Onkel und seinen demokratischen Freunden erzählen Claudine und Robert in einer zuweilen durch observierende Sbirren unterbrochenen Tarantella, wie sie ihre Freunde auf der Flucht verloren haben. Die aber erscheinen bald, als Geistliche verkleidet, mit Stella im Kostüm eines Grooms. Der Herzog und der noch immer heiratswütige Bambini sowie die Herzogin vermehren die Verwirrung. Auf dem Höhepunkt des Quiproquo wird Robert festgenommen, und die Herzogin beichtet einem Kapuziner, der in Wirklichkeit ihr erster Mann ist, daß sie diesen viel mehr liebe als die Nummer zwei. 2. Bild, Platz in Mailand: Der Hochzeitszug Bambinis und seiner verschleierten Braut wird von Robert aufgehalten, der glaubt, einem Opfer Stellas seine Freilassung zu verdanken. Weil er den Schleier lüftet und darunter Claudine erscheint, ist die Intrige verpatzt. Aber die Franzosen und die Liebe triumphieren doch: Unter dem Geschmetter von Etienne Nicolas Méhuls *Chant du départ* ziehen die französischen Truppen siegreich in Mailand ein.
Kommentar: Dieser ungenierte Rückgriff auf Méhuls Revolutionshymne (1793), die damals in Frankreich

so populär, aber nie so umstritten wie die *Marseillaise* war, geschieht ohne jeden distanzierenden oder gar parodistischen Unterton. Ihr »Chantons tous honneur à la France, et gloire au grand mot liberté« ist eindeutig patriotisch und nostalgisch gemeint, und es hatte beim Auditorium die erwünschte Wirkung: statt Cancanrausch patriotische Begeisterung. Anton Henseler deutete Offenbachs Wandlung später als Abbitte für die vielen parodistischen Marseillaisen, die ironischen Gloirechöre und die höhnenden Säbelcouplets (S. 400, s. Lit.). Offenbachs Zurücknahme wird bereits deutlich in Roberts Auftrittslied, dessen martialisches »Pif! paf!« wesentlich gefälliger klingt als das karikierende »Et pif, paf, pouf« des Generals Boum in der *Grande-Duchesse de Gérolstein* (1867). Daß es im ¾-Takt steht, dient der musikalischen Ökonomie, denn so bleiben die dem Sujet angemessenen Marschrhythmen den drei Finale vorbehalten (Stellas Couplet vom französischen Soldaten, dann das von der »Fille du tambour-major«, ⅚, und schließlich das ausführliche Méhul-Zitat sowie eine weitere Strophe der »Fille« als Abschlußcouplet). Überhaupt triumphiert Offenbachs Sinn für Abwechslung und knappste Formulierung. Ausgedehnte Nummern sind selten, und fast immer sind sie durch einen Coupleteinschub akzentuiert. Musikdramatische Neuerungen fehlen, aber die bekannten Schemata sind höchst geistreich variiert und schlagkräftig erfüllt. Beispiel dafür ist die »Tarantella interrotta« im III. Akt, die sich dramaturgisch vom überhaupt parallelen *Comte Ory* (1828), musikalisch von der »Tarantelle pur sang (avec traversé de la procession)«, also doppelt von Rossini herleiten läßt. Auch die vielen Stereotypen der Handlung werden nie abgedroschen, angefangen bei dem Kontrast Internat – Militär, den Lecocq mit dem *Petit Duc* (1878) musikdramatisch ausgebeutet hatte und auf den sich mit gleichem Erfolg auch Varney (*Les Mousquetaires au couvent*, 1880) und Hervé (*Mam'zelle Nitouche*, 1883) fast gleichzeitig verließen. Das endet bei der Gesamtkonstellation, die Donizettis *Fille du régiment* (1840) abwandelt. Der Rückgriff auf diese sehr beliebte Opéra-comique ist eher als Remake zu sehen, keineswegs als Parodie. Offenbach und seinen Librettisten kam es dabei vor allem darauf an, französische Soldaten aus einer heroischen, nämlich der napoleonischen Epoche als humorvolle und sympathische Figuren zu zeigen. Damit appellierten sie an den im Deutsch-Französischen Krieg so gedemütigten französischen Nationalismus, verspotteten hier also nicht Napoleon III., sondern verneigten sich vor Napoleon I., historisch korrekt vor dem Konsul Napoléon Bonaparte zur Zeit seines Italienfeldzugs. – An keinem andern Werk läßt sich so deutlich machen, wohin es mit Offenbach kam, als er sein Publikum nicht mehr mit Persiflage unterhalten konnte. Nichts darf mehr negativ sein, außer ein paar Spitzen gegen den Adel des Ancien régime; Offenbach besticht skrupellos mit »positiven« Werten wie Nostalgie und Patriotismus. Wenn seine auf dem tödlichen Krankenlager entstandene Partitur wegen der kompositorischen Meisterschaft auch von Fachkollegen wie Reynaldo Hahn und Camille Saint-Saëns bewundert wurde, beruht der Publikumserfolg dieser Operette in Frankreich doch mehr auf den außermusikalischen, patriotischen Momenten. Mit ihnen, insbesondere dem Schlußbild mit dem Einzug französischer Truppen in Mailand zum *Chant du départ*, machte sie Geschichte. Fünf Jahre später übernahmen mit ähnlichem Resultat André Messager und Johann Strauß das Erfolgsrezept: *La Fauvette du temple* (Paris 1885, Text: Eugène Humbert und Paul Burani) spielt während der Eroberung Algeriens; und *Der Zigeunerbaron* (1885), der auch mit dem »Weil ich dich liebe, muß ich dich verlassen« und der Trennung der Rollen in komische und seriöse Figuren Entwicklungen der *Fille du tambour-major* verhängnisvoll weitertrieb, beschwört ganz ähnlich, nur in die Doppelmonarchie versetzt, eine gute alte Zeit, in der man noch militärische Erfolge hatte, hier freilich erfabelte.

Wirkung: In der Uraufführung sangen Juliette Simon-Girard die Stella und Edouard Maugé den Herzog. Noch einmal hatte Offenbach sein Pariser Publikum gefunden, und noch einmal griffen zahlreiche internationale Bühnen wie Brüssel, Buenos Aires, New York (Standard Theatre), Göteborg, Budapest und Neapel die Operette mit kurzzeitigem Erfolg auf (alle noch 1880). Die deutsche Bearbeitung von Julius Hopp verlegt die Handlung nach Holland und verwandelt dabei die Tarantella des III. Akts in einen »Holländischen Tanz« im ¾-Takt (französische Erfolge in Oberitalien waren in der Habsburgermonarchie ein wunder Punkt); sie wurde zuerst am 10. April 1880 im Theater an der Wien gespielt, mit Marie Geistinger (Stella), Maximilian Steiner (Robert), Carl Adolf Friese und Lori Hild als Herzogspaar (holländisiert zu Van Hokenbroing). In Berlin (Walhalla-Theater) kam *La Fille* 1883 in einer revidierten »Holland«-Version von Albin Rheinisch heraus, die von der Presse jedoch ebenso kritisch beurteilt wurde wie zuvor die Wiener Premiere. In Paris erlebte *La Fille du tambour-major* 1881 im Théâtre Cluny eine Neuinszenierung, 1884 eine Wiederaufnahme in den Folies-Dramatiques, 1888, 1907 und 1920 Wiederaufnahmen im Théâtre de la Gaîté. Die neue deutsche Übersetzung von Josef Heinzelmann hatte 1977 in Berlin (Deutsche Oper) konzertante, 1980 in Heidelberg szenische Premiere.

Autograph: verteilt auf mehrere Privatbesitzer; Fragmente: Libr. de L'Abbaye Paris. **Ausgaben:** Kl.A: Choudens [um 1879], Nr. 4740; Tallandier, Paris [um 1880] (Ed. musicales économiques), Nachdr. (mit 8 Illustrationen v. C. Clérice) [um 1900] (Bibl. musicale illustrée); Kl.A, dt. Bearb. v. J. Hopp: Choudens [1880], Nr. 4920; Kl.A, engl. Übers. v. H. B. Farnie: London [1880]; Kl.A, engl. Übers. v. G. Wilson, mus. Bearb. v. M. Morris: Paris, London, Amsterdam [1976]; Kl.A, dt. Übers. v. J. Heinzelmann, mus. Bearb. v. C. Richter: A&S 1977; Textb.: Paris, Tresse [1880], Nachdr. 1939; Textb., frz./engl.: NY, Metropolitan [1885]. **Aufführungsmaterial:** Choudens; dt. v. Heinzelmann: A&S

Literatur: R. HAHN, Reprise de la ›Fille du tambour-major‹, in: DERS., L'Oreille au guet, Paris 1937, S. 199ff.; weitere Lit. s. S. 488

Josef Heinzelmann

Les Contes d'Hoffmann
Opéra-fantastique en cinq actes

Hoffmanns Erzählungen
5 Akte (7 Bilder)

Text: Jules Paul Barbier, nach dem Drame-fantastique (1851) von Barbier und Michel Florentin Carré
Uraufführung: 10. Febr. 1881, Opéra-Comique, Salle Favart, Paris
Personen: Hoffmann (T); Lindorf, auch Coppélius, Doktor Miracle und Kapitän Dapertutto (B); Andrès, auch Cochenille, Frantz und Pitichinaccio (T); Meister Luther (B); Nathanaël (T); Wolfram (T); Hermann (B); Wilhelm (B); Spalanzani (T); Crespel (B); Peter Schlemil (T); La Muse/die Muse, auch Nicklausse (Mez); Olympia, auch Antonia, Giulietta und Stella (S); das Phantom, Stimme der Mutter (Mez); Hauptmann der Sbirren. **Chor, Statisterie:** Geister des Biers, des Weins und des Rums, Kellner, Studenten, 6 Lakaien, Gäste Spalanzanis, Gäste Giuliettas, Diener, Sbirren
Orchester: 2 Fl (2. auch Picc), 2 Ob, 2 Klar, 2 Fg, 4 Hr, 2 Pistons, 3 Pos, Pkn, Schl (Trg, Tr, Bck), 2 Hrf, Streicher
Aufführung: Dauer ca. 4 Std. – Gesprochene Dialoge. Sehr schnelle Dekorationswechsel zur Einblendung des Bilds IV/2, das nur pantomimisch dargestellt wird. Personen, Stimmfächer und Orchester nach den handschriftlichen Quellen und dem Zensurlibretto.

Entstehung: Barbiers und Carrés Stück war am 21. März 1851 im Théâtre de l'Odéon Paris mit Musik von Joseph Jacques Augustin Ancessy uraufgeführt worden. 1866 arbeiteten die Autoren es zu einem »spectacle« für das Théâtre de la porte Saint-Martin um, für das Hector Salomon, der Chordirektor der Opéra, Melodramen und Couplets komponierte. Zu einer Aufführung kam es jedoch nicht. Nach einem Rechtsstreit wurden die Autoren 1870 mit 2 500 Francs Schadenersatz abgefunden. (Als Quelle für Offenbachs Oper ist dies erst 1989 von Josef Heinzelmann wiedergefundene Libretto ohne Belang.) Offenbach begann mit der Arbeit an den *Contes d'Hoffmann* wohl kaum vor seiner großen Gastspielreise nach Amerika von April bis Juli 1876. Im Mai 1876 war in Paris das Théâtre de la Gaîté-Lyrique unter der Direktion von Offenbachs Freund Louis Albert Vizentini eröffnet worden. Spätestens 1877 verhandelte Offenbach mit Vizentini über die *Contes* als Opéra-lyrique aus Musiknummern und orchesterbegleiteten Rezitativen. Auch die Sängerbesetzung wurde besprochen. Die ältesten Musikmanuskripte sind mit 27. und 29. Mai 1877 datiert und beziehen sich auf das Terzett Antonia/Miracle/Mutter und das Duett Antonia/Hoffmann im III. Akt. Offenbach vertonte kein fertiges Libretto, sondern arbeitete jede Nummer in enger Zusammenarbeit mit Barbier aus (Carré war 1872 gestorben). Einige Nummern, wie die Barkarole und die Couplets bachiques im IV. Akt, die er aus seiner erfolglosen Oper *Die Rheinnixen* (Wien 1864) übernahm, wurden nachträglich von Barbier neu textiert. Vizentini machte jedoch im Jan. 1878 bankrott. Am 15. Mai 1879 veranstaltete Offenbach in seiner Pariser Wohnung ein Konzert und stellte dabei einige Nummern der *Contes* mit Klavierbegleitung vor. Der Erfolg war so groß, daß Léon Carvalho, der Direktor der Opéra-Comique, das Werk zur Uraufführung annahm. Offenbach änderte nun das Konzept: Aus der Opéra-lyrique wurde eine Opéra-comique mit gesprochenen Dialogen. Die Titelpartie wurde statt einem Bariton einem Tenor übertragen, die weibliche Hauptrolle umbesetzt, was teils Änderungen, teils Neukompositionen zur Folge hatte. Offenbach arbeitete daran in Paris, Saint-Germain-en-Laye und Wildbad; seine letzten datierten Musikmanuskripte sind vom 26. Juni und 19. Juli 1880 (die beiden Fassungen von Dapertuttos Chanson im IV. Akt). Anfang Aug. 1880 teilte er seiner Tochter Pepita mit, daß er noch das Finale des IV. und den V. Akt zu komponieren und die Instrumentation der gesamten Oper auszuarbeiten habe. Am 11. und 13. Sept. fand die »lecture musicale« in Anwesenheit Offenbachs in der Opéra-Comique statt. Als er in der Nacht vom 4. zum 5. Okt. starb, hinterließ er die *Contes* unvollendet. Sein Sohn Auguste konnte Ernest Guiraud dafür gewinnen, die Partitur aufführungsfertig zu machen. Guiraud war vom 10. Okt. an in enger Zusammenarbeit mit Barbier tätig. Die Bühnenproben begannen am 4. Nov. unter der Leitung Carvalhos, der nun mit einer Reihe von Änderungen erheblich in die Substanz des Werks eingriff. So wurde die Doppelrolle Muse/Nicklausse am 19. Okt. umbesetzt und ab dem 21. Jan. 1881 in eine Gesangspartie (Nicklausse) und eine Sprechrolle (Muse) aufgeteilt. Nach einem Gesamtdurchlauf am 1. Febr. 1881 verfügte Carvalho, den ganzen IV. Akt zu streichen. In dieser Version wurden die *Contes* uraufgeführt.

Handlung (nach dem Zensurlibretto, das am 5. Jan. 1881 bei der Zensurbehörde eingereicht und am 6. Jan. genehmigt wurde; es ist die einzige vollständige Textquelle)**:** In Deutschland und Italien, Anfang des 19. Jahrhunderts.
Vorgeschichte: Hoffmann, ein junger Dichter, und Stella, eine begabte Sängerin, sind leidenschaftlich ineinander verliebt. Nach einiger Zeit verläßt Stella den Dichter. Sie wird eine berühmte Sängerin, während Hoffmann der Erfolg versagt bleibt. Er findet sein Publikum hauptsächlich bei den Studenten in Luthers Weinkeller. Nach Jahren gastiert Stella als Donna Anna in Mozarts *Don Giovanni*. Hoffmann wohnt dieser Aufführung bei.
I. Akt, »Meister Luthers Weinstube«, Inneres einer deutschen Weinstube, im Hintergrund rechts eine zur Straße führende große Tür, links ein Fenster mit Butzenscheiben, in der Mitte und in einer Vertiefung kleine Fässer, die symmetrisch um ein gewaltiges Faß mit der Aufschrift »Au Tonneau de Nuremberg« aufgeschichtet sind; vor dem großen Faß ein kleiner Schanktisch, vorn links ein großer Ofen, rechts eine Standuhr und eine in der Wandtäfelung versteckte Tür; Tische und Bänke; Nacht, ein Mondstrahl: Die

Geister des Biers und des Weins tanzen. Die Muse des Dichters Hoffmann entsteigt dem größten Weinfaß. Sie befürchtet, Hoffmann könne sich wieder in Stella verlieben und damit seiner Berufung zum Dichter untreu werden. Hoffmann muß sich entweder für Stella oder für die Muse entscheiden. Um ihn beobachten zu können, nimmt die Muse die Gestalt des Studenten Nicklausse an und verpflichtet die Geister der Trunkenheit zur Hilfe. Lindorf, ein vermögender älterer Ratsherr, sieht in Stella das Objekt seiner Begierde. Durch Bestechung fängt er einen Brief ab, den Stella an Hoffmann geschickt hat. Darin bittet sie Hoffmann um Verzeihung und schickt ihm den Schlüssel zu ihrer Garderobe. Lindorf wird seinen Rivalen beobachten, bis es zu einer Begegnung von Hoffmann und Stella kommt. Der I. Akt von *Don Giovanni* ist beendet. Eine Gruppe von Studenten, darunter Hoffmanns Freunde Nathanaël, Hermann und Wilhelm, macht sich geräuschvoll im Weinkeller breit. Sie trinken auf das Wohl Stellas. In Begleitung von Nicklausse erscheint Hoffmann. Er ist bedrückt; Stella auf der Bühne zu sehen hat ihn nachhaltig verstört. Nathanaël fordert ihn auf, zur Unterhaltung der Gesellschaft die Geschichte der grotesken Mißgeburt Klein-Zach vorzutragen. Luther serviert Punsch. Während des Trinkens geraten Hoffmann und Lindorf in Streit: Der mittellose Schriftsteller und der selbstzufriedene Bürger provozieren sich gegenseitig. Die Fronten des Streits verlagern sich, als Hoffmann die Geliebten seiner drei Freunde als »Virtuosin«, »leblose Puppe mit einem Herz aus Eis« und als »unverschämte Kurtisane« bezeichnet. Freilich denkt er in diesem Moment längst an seine eigene Geliebte Stella mit ihren »drei Seelen in einer einzigen Seele«. Die Freunde und Studenten stimmen begeistert zu, daß Hoffmann von diesen »drei« Geliebten erzählen will. Während im Theater der II. Akt von *Don Giovanni* beginnt, versammeln sich die Studenten um ihn, und er beginnt mit der Erzählung von Olympia.

II. Akt, ein reich ausgestattetes physikalisches Kabinett, im Hintergrund eine Galerie, deren Türen durch Tapisserien verschlossen sind; Seitentüren sind mit Portieren verschlossen, die Bühne ist von Kerzen erleuchtet: Der Physiker Spalanzani hat einen Apparat in Gestalt einer jungen Frau konstruiert, der sich über einen komplizierten Mechanismus menschenähnlich bewegen und singen kann. Mit dieser »Tochter« Olympia möchte er möglichst viel Geld machen, um über den Verlust von 500 Dukaten durch den Bankrott des Bankiers Elias hinwegzukommen. Hoffmann hat sich in Olympia verliebt, ohne sie näher gesehen zu haben; Nicklausse macht sich über die blinde Schwärmerei seines Freunds lustig. Olympias Augen hat der Optiker Coppélius hergestellt, der sich nun angemessen bezahlen lassen will. Coppélius verwickelt Hoffmann und Nicklausse in ein Gespräch über seine optischen Geräte und verkauft Hoffmann für drei Dukaten ein Lorgnon, durch das dieser zu sehen glaubt, was er sehen will: daß Olympia lebt. Spalanzani zahlt Coppélius mit einem Wechsel über 500 Dukaten auf Elias aus. Olympias Debüt vor zahlreichen geladenen Gästen ist ein großer Erfolg. Besonders beeindruckt ihr effektvoller Vortrag einer schwierigen Koloraturarie. Nachdem die Gäste sich zum Essen zurückgezogen haben, macht Hoffmann der Puppe ein leidenschaftliches Liebesgeständnis; auch nachdrückliche Warnungen von Nicklausse bringen ihn nicht zur Vernunft. Olympia und Hoffmann eröffnen den Ball. Sie beschleunigt ihren Walzer derart, daß Hoffmann zu Boden geht; dabei zerbricht sein Lorgnon. Während er aus seiner Benommenheit erwacht, zerstört Coppélius, entdeckt hat, daß Spalanzanis Wechsel nicht gedeckt ist, im Nebenraum Olympia. Unter dem Hohngelächter der Gäste muß Hoffmann erkennen, daß er eine Puppe geliebt hat.

III. Akt, ein bizarr möbliertes Zimmer, rechts ein Cembalo, ein Kanapee, ein Sessel und ein Leuchtertisch; an der Wand hängen Violinen; links ein abgeschrägtes Fenster, das eine Nische bildet und auf einen Balkon führt; im Hintergrund zwei abgeschrägte Türen, zwischen den Türen ein großes Frauenporträt: Hoffmann hat sich mit der jungen Sängerin Antonia verlobt, der Tochter eines berühmten Sängers und des Geigenbauers Crespel. Nach dem Tod der Mutter hat Crespel Antonia zur überstürzten Abreise und zur Trennung von Hoffmann gezwungen; nun verbietet er ihr auch das Singen. Sie fügt sich, ohne das Verhalten des Vaters zu verstehen. Seinem schwerhörigen Diener Frantz schärft Crespel ein, niemanden ins Haus zu lassen. Das hält Frantz nicht davon ab, freudig Hoffmann und Nicklausse zu begrüßen, die Antonia end-

Les Contes d'Hoffmann, III. Akt; Hippolyte Belhomme als Crespel, Adèle Isaac als Antonia; Regie: Léon Carvalho; Uraufführung, Opéra-Comique, Salle Favart, Paris 1881. – Antonia hält liebevoll die Geige ihres Vaters Crespel, welche die schöne und todbringende, von ihrer Mutter ererbte Stimme ersetzen und zugleich verkörpern soll: die Geige, technisches Instrument und Ausdruck der Seele, als Metapher für die Künstlerexistenz der Sängerin, die am Leben zerbricht.

lich gefunden haben. Hoffmann und Antonia fallen sich überglücklich in die Arme. Als Antonia zu singen beginnt, muß Hoffmann krankhafte Veränderungen an ihr feststellen. Er belauscht ein Gespräch zwischen Crespel und Doktor Miracle, dem Crespel die Schuld am Tod seiner Frau gibt. Miracle kennt Antonias Krankheit: Sollte sie je wieder singen, würde dies zu ihrem Tod führen. Als er seine Arzneien verkaufen will, setzt Crespel ihn vor die Tür. Hoffmann nimmt Antonia das Versprechen ab, nie wieder zu singen, verschweigt aber den Grund seines Wunschs. Miracle suggeriert der ratlosen Antonia eine glänzende Karriere, die sie nicht zugunsten einer bürgerlichen Ehe aufs Spiel setzen solle. Als er die Stimme von Antonias Mutter heraufbeschwört, kann sich Antonia nicht mehr beherrschen: Sie singt sich zu Tode. Crespel findet seine sterbende Tochter, Hoffmann kommt zu spät.

IV. Akt, 1. Bild, Venedig, Festsaal in einem Palast, im Hintergrund der Canal Grande; Balustraden, Treppen, Säulen, Lampenständer, Lüster, Kissen, Blumen; an beiden Seiten Türen, weiter hinten große, teilweise abgeschnittene Arkadendurchgänge, die zu andern Galerien führen: Die Kurtisane Giulietta gibt ein Fest. Unter den Gästen sind Hoffmann, Nicklausse und der mißgestaltete Pitichinaccio. Nach den unglücklichen Liebesabenteuern mit Olympia und Antonia sucht Hoffmann in Venedig rein sinnlichen Genuß, wie Giulietta ihn verspricht. Giulietta steht unter dem diabolischen Einfluß des Kapitäns Dapertutto, dem sie die Schatten ihrer Liebhaber beschafft. Auch ihrem momentanen Favoriten Peter Schlemil hat sie sich nur unter der Bedingung hingegeben, daß er ihr seinen Schatten überließ. Dapertutto fordert nun das Spiegelbild Hoffmanns. Schlemil und Hoffmann beginnen ein Kartenspiel, während Giulietta ein Chanson vorträgt. Hoffmann gibt seine Karten an Nicklausse weiter, Dapertutto und Pitichinaccio halten Schlemil unter Kontrolle. So ergibt sich für Giulietta und Hoffmann Gelegenheit zu einem Gespräch. Giulietta hat keine Schwierigkeiten, Hoffmann ein Liebesgeständnis zu entlocken. Nur mit Mühe kann Schlemil seine Eifersucht unterdrücken. Giulietta verabschiedet sich von ihren Gästen und gibt Hoffmann zu verstehen, daß Schlemil den Schlüssel zu ihrem Boudoir habe. 2. Bild, eine Gartenecke, vom Mond hell erleuchtet; im Hintergrund quer über die Bühne die weiße Mauer einer Terrasse, geschmückt mit Kletterpflanzen und gekrönt von einer Galerie: Im Duell tötet Hoffmann Schlemil mit Dapertuttos Degen und nimmt Giuliettas Schlüssel an sich. 3. Bild, ein elegantes Boudoir, im Hintergrund ein Spiegel, verdeckt von einem doppelten Vorhang, an jeder Seite zwei abgeschrägte Türen, zwei Türen vorn an den Seiten; Halbdunkel: Giulietta gibt vor, um Hoffmanns Leben zu fürchten, und drängt ihn zur Flucht. Hingerissen macht Hoffmann Giulietta erneut ein Liebesgeständnis und überläßt ihr sein Spiegelbild als Zeichen seiner Liebe. Dapertutto nimmt es an sich. Hoffmann soll wegen des Mords an Schlemil verhaftet werden. Entsetzt muß er erkennen, daß er von Giulietta hintergan-

Les Contes d'Hoffmann, III. Akt; Artur Cavara als Hoffmann, Albert Peters als Frantz, Käthe Heidersbach als Antonia, Martin Abendroth als Crespel; Regie: Ernst Legal, Ausstattung: László Moholy-Nagy; Krolloper, Berlin 1929. – Diese vom Bauhaus inspirierte Inszenierung setzt sich ab von der herkömmlichen Märchenromantik, von Zauberoper und Theaterdämonie: »Die neue Schlichtheit schlug [...] um, das verlassene Innere war wieder da« (Ernst Bloch).

gen wurde und sein Spiegelbild verloren hat. Höhnisch erklärt Giulietta, daß sie sich an Hoffmann, der ihr widerstehen wollte, gerächt habe. Außer sich will Hoffmann Giulietta erdolchen. Sein Stoß trifft jedoch Pitichinaccio. Giulietta bricht über dessen Leiche zusammen: Der Mißgestaltete war ihr Geliebter.

V. Akt, wie I. Akt: Mit dem Ende der Aufführung von *Don Giovanni* hat auch Hoffmann seine Erzählungen abgeschlossen. Lindorf geht in Stellas Garderobe. Nicklausse erklärt den Studenten, daß Olympia, Antonia und Giulietta unterschiedliche Aspekte derselben Frau repräsentieren: Stella. Da erscheint sie selbst und sucht ein Gespräch mit Hoffmann, der dazu nicht mehr fähig ist. Stolz, wenn auch enttäuscht verläßt sie den Weinkeller in Begleitung ihres Dieners Andrès. Lindorf möchte ihr folgen, doch Hoffmann hält ihn zurück und singt eine vierte Strophe seiner Ballade von Klein-Zach mit anzüglichem Text auf Lindorf.

V. Akt (nach Barbiers Librettoentwurf), 1. Bild (Anfang wie im Zensurlibretto): Hoffmann möchte seine Verzweiflung im Alkohol ertränken, da erscheint Stella. Sie sucht eine klärende Aussprache, Hoffmann stößt sie jedoch zurück und bricht besinnungslos zusammen. Am Arm Lindorfs verläßt Stella den Weinkeller. Nicklausse läßt Hoffmann nach Haus bringen. 2. Bild, Hoffmanns Zimmer: Während Hoffmann schreibt, zelebriert die Muse die Apotheose ihres Dichters.

Kommentar: Die neben Bizets *Carmen* (1875) populärste Oper des französischen Repertoires ist so, wie Offenbach sie plante, nahezu unbekannt. Noch immer harrt die komplexe Quellenlage der vollständigen Klärung (zu diesem Problem und zur Zuordnung der Manuskripte zu den einzelnen Musiknummern vgl. Robert Didion, s. Lit.). Wesentliche Manuskripte fand Antonio de Almeida erst Anfang der 70er Jahre bei einem Nachkommen der weitverzweigten Offenbach-Familie. Am 23. Nov. 1984 wurde ein zentraler Komplex mit Handschriften bei Sotheby's versteigert (heute im Bestand der Koch Foundation in der Pierpont Morgan Library New York), 1987 entdeckte Heinzelmann das Zensurlibretto. Auch die noch vermißten (aber wahrscheinlich existierenden) Manuskripte werden wohl eines Tags auf den Markt gebracht. Die Verstreutheit der Quellen, die sich zudem teilweise unzugänglich in Privatbesitz befinden, erschwert die Rekonstruktion des Werks. Entgegen früheren Behauptungen hat Offenbach keinen vollständigen Klavierauszug hinterlassen. Der Komponist notierte von den einzelnen Musiknummern zunächst nur die Singstimmen und eine angedeutete Klavierbegleitung (»accompagnement bête«). Singstimmen und Begleitung übertrugen er oder seine Kopisten danach auf Partiturseiten. Erst in einem letzten Arbeitsgang wurde diese »Gerüstpartitur« durch Nachtragen der Instrumentalstimmen vervollständigt. Weder liegen bisher zu allen Musiknummern der *Contes d'Hoffmann* handschriftliche Quellen vor, noch sind in den vorliegenden handschriftlichen Partiturseiten alle Instrumentalstimmen eindeutig von der Hand Offenbachs. Von einigen Musiknummern, wie der Szene der Muse in der Introduktion, den Couplets des Nicklausse und Olympias Arie im II. und Dapertuttos Chanson im IV. Akt, existieren Mehrfachfassungen. Geklärt ist die häufig diskutierte Frage der orchesterbegleiteten Rezitative: Offenbach hat sie nur für den I. Akt vollständig komponiert. In den übrigen Akten müssen künftige Ausgaben und Aufführungen auf gesprochene Dialoge zurückgreifen, die allerdings bisher nur im Zensurlibretto vollständig enthalten sind. Wesentliche Handschriften zum I. und II. Akt fehlen noch, insbesondere die von Guiraud eingerichtete Orchesterpartitur von 1880/81, die sich für die übrigen Akte erhalten hat (das 1. und 2. Finale sind vorläufig allein durch Druckausgaben belegt). Entscheidend ist jedoch, daß die Musik zu zwei wesentlichen Komplexen (bislang) nicht vorliegt: Der Text zum Finale des IV. Akts steht vollständig im Zensurbuch, unter den Musikmanuskripten finden sich aber nur einige Skizzen, die es vorläufig nicht erlauben, das gesamte Finale musikalisch zu rekonstruieren. Ebenso fehlt der Mittelteil des V. Akts, den auch das Zensurlibretto nur als eine Dialognotlösung wiedergibt. Ein Librettoentwurf Barbiers sah eine große Ensembleszene der vier Hauptpartien mit Chor vor. Die bisher bekannten Musikfragmente lassen sich in diesen Entwurf nicht einpassen. Sie belegen jedoch, daß Offenbach an zwei Alternativen arbeitete: an einer Szene Stellas mit Chor und einem großen Duett Stella/Hoffmann. Zu diesen Alternativen fehlt jedoch bislang ein vollständiger Text. – Stoffliche Vorlage für den Schauspieltext und für das Opernlibretto sind eine Reihe von Erzählungen E. T. A. Hoffmanns, insbesondere *Der Sandmann* (1816) für die Gestalt der Olympia, *Rat Krespel* (1818) für Antonia und *Die Abenteuer der Silvester-Nacht* (1815) für Giulietta. Die *Contes* sind jedoch kein Fall veroperter Weltliteratur. Sie zeigen auch keine verschlüsselte Biographie des Dichters, obwohl die Titelrolle nach ihm benannt ist. Der Text mit seiner mehrfach gebrochenen Erzählperspektive (verarbeitet sind literarische Vorlagen, deren Autor als Erzähler der einzelnen Geschichten auf die Bühne gestellt wird und zusätzlich als handelnde Person in Erscheinung tritt) ist ein Dokument des Hoffmann-Kults in Frankreich. Die Gestalt der Muse, die im Schauspiel nur zu Beginn und am Schluß auftritt, wird in der Oper als Doppelrolle Muse/Nicklausse dramaturgisch und musikalisch konsequent zur vierten Hauptrolle ausgebaut, insbesondere durch je eine Solonummer in den ersten drei Akten. Sie hat mit dem Werk Hoffmanns nichts zu tun, sondern geht auf den Gedichtzyklus *Les Nuits* (1835–37) von Alfred de Musset zurück, einen programmatischen Text der französischen Romantik. Die Muse, die den Künstler tröstet und seine Apotheose anstimmt, ist Allegorie einer Kunstanschauung, wonach die sinnliche Erfahrung des Lebens (sei es Schmerz oder Lust) in künstlerischer Produktion sublimiert werden könne. Offenbach hat diesem idealistischen Bild nicht recht getraut. Der Auftritt der Muse aus einem Weinfaß (I. Akt) und später ihr zweideutiger Appell an den Dichter, seinen Seelenschmerz der »Trösterin Musik« anzuvertrauen (Romanze des Nicklausse, III. Akt), machen dies in ironischer Brechung deutlich. Die Manuskripte zeigen zudem, daß Offenbach und Barbier mit der Apotheose im Finale des V. Akts ihre Not hatten. Der ursprüngliche Entwurf sah vor, die Apotheose durch einen Szenenwechsel (Hoffmanns Zimmer) deutlich von der Handlung der Oper abzuheben. In einem späteren Stadium sollte über eine Selbstmorddrohung Hoffmanns zur Apotheose übergeleitet werden. Dies dramaturgisch wenig glückliche Bindeglied zeigt allzu deutlich, daß sich die Apotheose nicht organisch aus der Handlung der Oper entwickeln läßt, sondern aufgesetzt bleibt. Im noch späteren Zensurlibretto ist die Apotheose zugunsten einer effektvollen Schlußwirkung mit einer 4. Strophe der Ballade von Klein-Zach gestrichen worden. Alle diese Finallösungen lassen sich aus den Musikmanuskripten vollständig rekonstruieren. Da weder Offenbach noch Barbier ein letztes Wort zum Problem der Apotheose hinterlassen haben, ist es eine Herausforderung für jeden Interpreten und Regisseur, eine glaubwürdige Lösung zu finden. – Die Bedeutung der drei Binnenakte erschließt sich allein über die der beiden Rahmenakte, in denen eine einzigartige Gesamtdramaturgie exponiert wird. Den äußersten Rahmen bildet die allegorische Ebene der Geister des Biers und des Weins und der Muse. Der Chor der Geister eröffnet die Oper (eine Ouvertüre hat Offenbach nicht komponiert) und sollte laut Librettoentwurf auch vor der Apotheose erklingen. Die 2. Fassung der Musenszene in der Introduktion verwendet dieselbe Musik wie die Apotheose. Indem die Muse die Gestalt des Nicklausse annimmt, drängt sie sich in die Handlung, die in Luthers Weinkeller abläuft und den I. und V. Akt füllt. Zunächst wird Hoffmanns Gegenspieler Lindorf, dann werden die Studenten und schließlich Hoffmann selbst in Begleitung von Nicklausse vorgestellt. Stella, die alle Handlungsereignisse auslöst, erscheint erst im V. Akt; die Erwartung ihres Auftritts und ihrer Konfrontation mit Hoffmann ist das erregende Moment der Gesamtdramaturgie. Hoffmann selbst überbrückt die Zeit des Wartens, indem er drei Geschichten improvisiert. Die Erzählsituation und der Stoff ergeben sich spontan aus der Auseinandersetzung über die drei Geliebten seiner Freunde. Hoffmann projiziert seine Negativbilder dieser Geliebten (als Puppe, Künstlerin und Hure) auf Stella. Es handelt sich somit nicht um biographische Erfahrungsberichte Hoffmanns, sondern um Fiktionen seiner dichterischen Phantasie. Dabei treibt er den Helden seiner drei Geschichten jeweils in eine persönliche Katastrophe, die stets daraus resultiert, daß der Held seine eigene Befindlichkeit nicht erkennen kann und die Situation nicht durchschaut, die ihn umgibt. Nicht nur über den Kristallisationspunkt Stella sind die Erzählungen mit der Handlung in Luthers Weinkeller verbunden. Weitere Personenkonstanten festigen die Erzählstruktur: Hoffmann und Nicklausse erscheinen innerhalb der Erzählungen als sie selbst. Stellas wortkarger und bestechlicher Diener Andrès kommt wieder als stotternder Cochenille, schwerhöriger Frantz und mißgebildeter Pitichinaccio; für Offenbach Gelegenheit zu scharf umrissenen Miniaturporträts (vor allem in Frantz' Couplet im III. Akt). Besonders markant sind die Metamorphosen des Gegenspielers Lindorf, Inkarnation männlichen Macht- und Besitzstrebens. Der Typus wird in den Erzählungen zum Skurrilen (Coppélius), zum Dämonischen (Miracle) und zum Aggressiven (Dapertutto) aufgefächert. In seinen Auftritten, verbunden mit einem signalhaften Erinnerungsmotiv im Orchester, präsentiert er sich im kurzgefaßten Couplet oder Chanson (I. und IV. Akt) oder als Protagonist im Ensemble (Terzette im II. und III. Akt). Olympia, Antonia und Giulietta sind Zerrbilder aus dem Blickwinkel des Erzählers Hoffmann, Reflex des Traumas, das er erlitten hat, als Stella sich von ihm trennte. Stella, der Fixpunkt der dramaturgischen Konstruktion, bleibt als Figur rätselhaft, nicht zuletzt, weil man bisher nicht weiß, welche Gestalt Offenbach ihrer Schlüsselszene im V. Akt hat geben wollen. Darüber hinaus zeigt sich Stella als Primadonna von beträchtlicher Attraktivität; ihre Glanzrolle, Mozarts Donna Anna, gibt zugleich einen Hinweis auf den Stimmtypus, mit dem die Sopranpartie der *Contes* zu besetzen wäre. In der Exposition des I. Akts ist Stella durch zwei musikalische Bilder präsent, die mit Lindorf und Hoffmann verknüpft sind. Lindorf verliest den Brief, den Stella an Hoffmann geschickt hat. Zu einer magisch beschwörenden Cellokantilene bittet sie Hoffmann um Verzeihung und erinnert ihn an die gemeinsame Vergangenheit. Hoffmann erhält diesen Brief nicht, die

Les Contes d'Hoffmann, IV. Akt, 3. Bild; Hanns Nocker als Hoffmann, Melitta Muszely als Giulietta; Regie: Walter Felsenstein, Ausstattung: Rudolf Heinrich; Komische Oper, Berlin 1958. – Die für die Inszenierung typische dämonische Imagination visualisiert sich hier auch in der phantastisch verzerrten Vedutenmalerei des Venedigprospekts und der erdrückenden Üppigkeit des Interieurs.

Vergangenheit aber ist in seinem Unterbewußtsein so gegenwärtig wie in Stella. Mitten in der Ballade von Klein-Zach erfährt er eine »vision du passé«: Er imaginiert jenen Moment höchster Erfüllung, als er auf den Spuren Stellas sein Vaterhaus verlassen hat. Aus Offenbachs Manuskripten läßt sich erkennen, daß dieser Musik eine zentrale Rolle im geplanten Duett Stella/Hoffmann im V. Akt zugedacht war. Stella selbst sollte die Vision aus dem I. Akt zitieren, womit die dramaturgische Klammer der Rahmenakte auch musikalisch noch enger geschlossen wäre. – Die *Contes* sind nicht der Schwanengesang eines Komponisten, der angesichts des Tods sich endlich an einer großen Oper versuchen wollte. Offenbach hat mehr als 100 Bühnenwerke nahezu aller Gattungen hinterlassen, von der Bouffonnerie musicale *Les Deux aveugles* (1855) bis zur großen romantischen Oper *Die Rheinnixen*. Das darin entwickelte musiktheatralische Instrumentarium hat er auch in die *Contes* übernommen: ingeniöse melodische Erfindung, gestische Präsenz der Musik, szenische Schlagkraft und dramaturgischen Instinkt. In der Ballade von Klein-Zach genügt eine Überlagerung in Hoffmanns Bewußtsein (er möchte das Gesicht des Zwergs beschreiben, sieht aber die Züge Stellas), um den Dichter aus dem metrisch streng gefaßten, überaus pointierten Tonfall der Ballade hinübergleiten zu lassen in die ekstatische »vision du passé«. Auf kleinstem Raum zeigt Offenbach ein Psychogramm des Dichters Hoffmann ebenso wie das Porträt des grotesken Zwergs sowie das Idealbild von Stella. Die verknöcherte und affektierte Gesellschaft des II. Akts hat durchaus operettenhafte Züge. Ein Automat, nach physikalischen Gesetzen konstruiert, soll hier Sensation machen. Geld und Mechanik bestimmen die Geschäftsbeziehungen, Hoffmann und seine echt empfundene Liebe wirken wie Fremdkörper. Die Arie der Olympia, eingebettet in eine boshaft karikierende Chorszene, ist ein virtuoses Bravourstück, in dem vokale Geläufigkeit als maschinelle Akrobatik vorgeführt wird. Eine doppelbödige Tragödie im bürgerlichen Milieu ereignet sich im III., dem Antonia-Akt. Die von ihrer Kunst besessene Sängerin erscheint durchaus nicht als unschuldiges Opfer. Ihr künstlerischer Ehrgeiz weist Miracle den Weg, sie in den Tod zu treiben. Nicht als Liebende stirbt sie, sondern als Künstlerin, in einem sorgsam artikulierten Triller den Tod zum Artefakt stilisierend. Der IV., der Giulietta-Akt spielt auf der Stilebene des Boulevardstücks, im Finale mit einer deutlichen Neigung zum Grand Guignol. Für Hoffmann kulminieren die Ereignisse in einer mehrfachen Katastrophe: Er wird das Opfer der durchsichtigen Intrige von Giulietta und Dapertutto, er verliert sein Spiegelbild, und er begeht zwei Morde. Die beiden aus den *Rheinnixen* übernommenen Nummern bilden die Exposition des Akts: sinnlicher Genuß in lasziver (Barkarole) und aggressiver Ausprägung (Couplets bachiques). Der sinnliche Genuß wird im Verlauf der Handlung als Täuschung entlarvt, von Hoffmann aber mit Liebe verwechselt; sein (zweites) Liebesgeständnis an Giulietta im Verlauf ihres großen Duetts vor dem Finale (»O dieu de quelle ivresse«, eine der eigentümlichsten melodischen Eingebungen Offenbachs) ist unverstellt empfunden. Wie souverän Offenbach komplexe musikdramatische Zusammenhänge gestalten konnte, zeigt nicht zuletzt das große Ensemble im Zentrum des IV. Akts, das im Juli 1880 als eine seiner letzten Kompositionen in Saint-Germain entstand. In die Szene des Kartenspiels montiert er das virtuose Chanson Giuliettas, das wiederum eine Parodie der »Barcarolle« (Text: Théophile Gautier) aus seiner Liedersammlung *Les Voix mystérieuses* (1852) ist. Nach Hoffmanns (erstem) Liebesgeständnis singen Giulietta und Hoffmann die 3. Strophe des Chansons als Duett. Danach wird übergeleitet zur Reprise der Barkarole des Aktanfangs, die den musikalischen Hintergrund zum Duell von Schlemil und Hoffmann bildet. Diese Nummer ist bislang nicht veröffentlicht, aber unter den Manuskripten der Koch Foundation als vollständig autographe Partitur erhalten.

Wirkung: *Les Contes d'Hoffmann* kam in einer Spielfassung von Guiraud und Barbier ohne den IV., den Giulietta-Akt zur Uraufführung (Dirigent: Jules Danbé; Hoffmann: Jean-Alexandre Talazac, Lindorf/Coppélius/Miracle: Emile-Alexandre Taskin, Olympia/Antonia/Stella: Adèle Isaac, Crespel: Hippolyte Belhomme, Nicklausse: Marguerite Ugalde). Nach 133 Aufführungen wurde diese Produktion im März 1886 abgesetzt. Eine Neuinszenierung an der Opéra-Comique (diesmal mit dem IV. Akt) folgte erst 1911 (Regie: Albert Carré, Dirigent: Albert Wolff; mit Léon Beyle, Marianne Nicot-Vauchelet, Jean Périer und Geneviève Vix). Guiraud und Barbier legten zwischen 1881 und 1890 mehrere stark voneinander abweichende Ausgaben vor, die alle in wesentlichen Punkten Offenbachs Konzeption, wie sie sich nach heutigem Wissensstand darstellt, widersprechen: So ist die Doppelrolle Muse/Nicklausse in zwei Rollen aufgeteilt; die Muse wird (sofern sie nicht gänzlich fehlt) auf eine Sprechrolle reduziert; der IV. Akt (wenn überhaupt, so nur in verstümmelter und völlig unverständlicher Form enthalten) ist vor dem III., dem Antonia-Akt plaziert. Bereits im Zusammenhang mit Offenbachs Hauskonzert von 1879 hatte sich Franz Jauner die Rechte für die deutschsprachige Erstaufführung in Wien gesichert (7. Dez. 1881, Ringtheater; Dirigent: Joseph Hellmesberger). Es fehlte der IV. Akt, auch Guirauds eigens für Wien nachkomponierte orchesterbegleitete Rezitative für die Akte II–V wurden nicht aufgeführt. Kurz vor Beginn der zweiten Aufführung am 8. Dez. 1881 brach auf der Bühne ein Feuer aus und verursachte eine der größten Brandkatastrophen der Theatergeschichte mit etwa 400 Toten. Der IV. Akt wurde erstmals 1882 in der Hamburger Erstaufführung gespielt (20. Sept., Stadttheater; Regie: Wilhelm Hock, Dirigent: Herman Zumpe; Leopold Landau, Paul Ehrke, Minna Peschka-Leutner, Rudolf Freny, Gisela Staudigl), Guirauds Rezitative 1884 in Berlin (22. März, Friedrich-Wilhelmstädtisches Theater). Mit der »cinquième édition avec récits«, für die weder Barbier noch Guiraud verantwortlich war, erschien 1907 jene Ausgabe, die weiteste

Verbreitung gefunden hat und noch heute vertrieben wird. Alle Korrumpierungen der älteren Drucke sind darin enthalten und werden noch überboten: die Aufspaltung der Doppelrolle Muse/Nicklausse, die falsche Plazierung des IV. Akts, Auslassungen, Umstellungen und Veränderungen innerhalb der einzelnen Musiknummern. Guirauds Rezitative wurden nicht vollständig aufgenommen, dafür jedoch erstmals zwei Einlagen fremder Hand zum IV. Akt. Die sogenannte »Spiegelarie« Dapertuttos entstand 1904 zur Neueinstudierung in Monte Carlo (Hoffmann: Thomas Salignac, Coppélius: Maurice Renaud, Olympia: Lise Landouzy) und ist eine freie Bearbeitung des Mittelteils der Ouvertüre zu Offenbachs *Voyage dans la lune* (1875) von unbekannter Hand. Das »Septett« (ein Sextett mit Chor), das vor dem Finale eingefügt wurde, tauchte erstmals zur Eröffnung der Komischen Oper Berlin am 17. Nov. 1905 auf (Regie: Maximilian Moris, Dirigent: Franz Rumpel; Hoffmann: Jean Nadolovitch, Giulietta: Hedwig Francillo-Kaufmann). Es gibt nicht den geringsten Hinweis darauf, daß es von Offenbach stammt. Der Text beider Einlagen wird Pierre Barbier, dem Sohn Jules Barbiers, zugeschrieben. – Mit der »cinquième édition« setzte sich die von Anfang an unglückliche Aufführungsgeschichte ins 20. Jahrhundert hinein fort. Der Torsocharakter und die unbefriedigende Drucküberlieferung verstanden die Interpreten als Freibrief für willkürliche Eingriffe. Die drei Erzählungen Hoffmanns wurden als biographische Berichte oder als Träume fehlinterpretiert und die beiden Rahmenakte auf »Prolog« und »Epilog« reduziert. Da man zudem meist die Mehrfachrollen auf verschiedene Sänger verteilte, mußte die originale Dramaturgie unkenntlich bleiben. Romantische Gefühligkeit und Sentimentalität, von denen insbesondere die Interpretation der Antonia und der Musenszene im V. Akt bedroht ist, sind im Werk selbst keineswegs angelegt. Die bemerkenswertesten Inszenierungen waren diejenigen, die diesen Aufführungstraditionen mißtrauten oder sie übersteigerten. Das begann in der Komischen Oper Berlin 1905, setzte sich jedoch weitaus radikaler 1929 an der Krolloper Berlin mit einem betont antiromantischen Inszenierungskonzept fort (Regie: Ernst Legal, Dirigent: Alexander von Zemlinsky; mit Artur Cavara, Moje Forbach, Karl Hammes, Käthe Heidersbach und Else Ruziczka). Den abstrakten Bühnenraum im Bauhaus-Stil mit Lichtspielen und Filmeinblendungen entwarf László Moholy-Nagy. Max Reinhardts Berliner Inszenierung von 1931 (Großes Schauspielhaus; musikalische Bearbeitung: Leo Blech, Textbearbeitung: Egon Friedell und Hanns Sassmann; mit Georges Baklanoff, Adolf Fischer, Adele Kern, Göta Ljungberg, Jarmila Novotná, Friedel Schuster und Hermann Thimig) war ein Gegenentwurf zur Produktion der Krolloper. Hoffmann irrte hier durch ein aufwendiges Riesenspektakel, für das Offenbachs Oper nur den Vorwand lieferte. Die Akte wurden in einzelne Bilder mit neuem Text aufgelöst, zwischen den Akten war jeweils ein Bild in Luthers Weinkeller eingeschoben. Fünf Balletteinlagen wurden eingefügt, vier davon allein im IV. Akt (Choreographie: Bronislava Nijinska und Anton Dolin). 1951 kam die hochmanieristische Filmphantasie *The Tales of Hoffman* von Michael Powell und Emeric Pressburger heraus, die sich mit üppiger Ausstattung (Hein Heckroth), brillanter musikalischer Leitung (Thomas Beecham), virtuoser Choreographie (Frederick Ashton) und bekannten

Les Contes d'Hoffmann, II. Akt; Nicolai Gedda als Hoffmann, Michel Sénéchal als Frantz (eigentlich Cochenille); Regie: Patrice Chéreau, Bühnenbild: Richard Peduzzi, Kostüme: Jacques Schmidt; Opéra, Paris 1974. – Das Einheitsbühnenbild läßt »Hoffmanns Erzählungen« nicht zu real erlebten Geschichten werden, sondern verweist sie in den Raum der phantastischen Poesie des Dichters E. T. A. Hoffmann, in dem die Zeit aufgehoben ist.

Darstellern (Moira Shearer, Ludmila Tcherina, Léonide Massine) in übersteigertem Ästhetizismus verfängt. Die Bearbeiter Otto Maag (Text) und Hans Haug (Musik), deren Ausgabe 1953 erschien, aber bereits 1944 in Luzern und Basel aufgeführt worden war, taten einen wichtigen Schritt zur Rekonstruktion des Werks. Sie griffen auf den Schauspieltext zurück, brachten die Akte in die richtige Reihenfolge und rekonstruierten die Doppelrolle Muse/Nicklausse; einige Passagen zur Rolle der Muse und zu den Rezitativen hat Haug hinzukomponiert. Diese Version kam auch an der Städtischen Oper Berlin 1953 heraus (Dirigent: Leopold Ludwig; mit Sebastian Hauser, Josef Herrmann, Martha Musial, Rita Streich und Helene Werth). Walter Felsenstein machte sich ebenfalls den Schauspieltext von 1851 zunutze, als er die *Contes* 1958 für seine berühmte Inszenierung an der Komischen Oper Berlin einrichtete (musikalische Bearbeitung: Karl-Fritz Voigtmann; mit Irmgard Arnold, Rudolf Asmus, Werner Enders, Melitta Muszely und Hanns Nocker). Die Reihenfolge der Akte war richtig, die Mehrfachrollen wurden mit jeweils nur einem Darsteller besetzt, und die zentrale Funktion der Muse wurde erkannt (jedoch zugleich romantisierend fehlinterpretiert). Leider griffen die Bearbeiter auch willkürlich in alle Musiknummern ein, die verbliebenen Stücke sind durch offenbachfremde Prosadialoge in Jamben verbunden, die Felsenstein nach dem Schauspieltext verfaßte. Die Inszenierung, mehrfach als Schauspiel mit eingefügten Musikeinlagen kritisiert, blieb ein Grenzfall für Felsensteins »realistisches Musiktheater«. Sie stellt jedoch neben Reinhardts Inszenierung den markantesten Versuch dar, eine Aufführung mit Dialogen zu realisieren, wenngleich beide Regisseure den Stil einer Opéra-comique völlig verfehlten. – Quer zu allen Aufführungstraditionen stand die Pariser Inszenierung von Patrice Chéreau 1974 (Opéra; mit Régine Crespin, Christiane Eda-Pierre, Nicolai Gedda, Tom Krause und Eliane Manchet). Chéreau und sein Dramaturg François Regnault gingen zur vermeintlichen Quelle zurück, den Erzählungen Hoffmanns und ihren Motivstrukturen (ein durchaus fragwürdiger Ansatz, mit dem ein Teilaspekt der im Libretto verarbeiteten Stoffülle verabsolutiert wird). Die Muse wurde gestrichen, der IV. Akt vor den II., den Olympia-Akt verlegt (damit Hoffmanns Motiv des Teufelspakts in allen drei Erzählungen durchgeführt werden konnte) und Texte von Hoffmann und Charles Baudelaire hinzugefügt. Deutlich unterschieden wurden die Erzählebenen der Rahmenakte (auf dem Proszenium) und der Erzählungen (auf der Hauptbühne). Chéreaus Inszenierung erzählte mit außergewöhnlicher Stringenz und dramaturgischer und szenischer Motivverflechtungen das Requiem auf einen Dichter, der in kalter Umwelt keine Beziehung mehr eingehen kann und sich im Alkohol zerstört: eine in sich schlüssige Interpretation, realisiert mit höchstem ästhetischen Raffinement. Fritz Oeser konnte für seine Ausgabe von 1977 erstmals die von Almeida entdeckten handschriftlichen Quellen auswerten und eine Menge vorher unbekannter Musik vorlegen. Seine Ausgabe möchte zugleich »quellenkritische Ausgabe« und »bühnenpraktische Einrichtung« sein, ist jedoch eine Bearbeitung, insbesondere im IV. und V. Akt, deren Text zu großen Teilen von Oeser selbst verfaßt wurde, der überaus frei über Barbiers Entwürfe und Offenbachs Manuskripte (auch zu den *Rheinnixen*) verfügt. Sie wurde erstmals 1976 in Wien aufgeführt (Volksoper; Regie: Johannes Schaaf; mit Donald Grobe, Ernst Gutstein, Julia Migenes, Julian Patrick und Regina Winkelmayer) und lag seither, meist abgeändert, zahlreichen Produktionen zugrunde. Giancarlo Del Monaco realisierte sie 1981 in Stuttgart (mit kurzen Dialogen; mit Victor Braun, Martin Finke, János Korda, Rebecca Littig, Anja Silja, Doris Soffel und Irmgard Stadler) und 1984 in Berlin (Deutsche Oper; Ausstattung: Jürgen Rose, Dirigent: Serge Baudo; mit Lucia Aliberti, Cynthia Clarey, Peter Maus, Samuel Ramey und Kenneth Riegel). Der Regisseur korrumpierte Oesers Version, indem er in beiden Produktionen den IV. vor den III. Akt verlegte. Bei den Salzburger Festspielen 1980 (Regie und Ausstattung: Jean-Pierre Ponnelle, Dirigent: James Levine; mit Plácido Domingo, Anne Howells, Edda Moser und José Van Dam) wurde der IV. Akt in der Fassung der »cinquième édition« aufgeführt, ebenso in Brüssel 1985 (Cirque Royal; Regie: Gilbert Deflo, Dirigent: Sylvain Cambreling; mit Stuart Burrows, Diana Montague und Van Dam). In der Frankfurter Inszenierung von Herbert Wernicke 1985 (Dirigent: Michael Boder; mit William Cochran, Gail Gilmore, Hildegard Heichele, Neil Howlett, Willy Müller, Elizabeth Parcells und Marianne Rørholm) stand die Muse im Zentrum; gespielt wurde eine Oeser-Bearbeitung mit ausführlichen Dialogen, was insbesondere im IV. und V. Akt nur mit radikalen Strichen in der Musik möglich war. 1988 wurde von der Music Center Opera Los Angeles eine Neueinrichtung von Michael Kaye erstaufgeführt (Dirigent: Richard Buckley; mit Domingo, Rodney Gilfry und Migenes). Regie (Frank Corsaro) und Ausstattung (Günther Schneider-Siemssen) wurden aus Miami übernommen, wo Almeida 1980 eine in IV. Akt stark gekürzte Oeser-Bearbeitung dirigiert hatte. Kayes Rekonstruktion, die auf allen zur Zeit bekannten Quellen basiert, ist bisher weder abgeschlossen noch publiziert (ihre Veröffentlichung wird bei Schott vorbereitet). Von einer korrekten Neuausgabe sind wesentliche Impulse für eine künftige Interpretation der *Contes d'Hoffmann* zu erwarten.

Autograph: Verbleib teilweise unbekannt (bes. I. u. II. Akt); Kl.A d. Duetts Antonia/Hoffmann: BN Paris (Ms. 5923); Part *Die Rheinnixen* (I.–III. Akt): StUB Ffm. (Mus Hs Opern 428). **Abschriften:** Part (III. u. V. Akt; 1880/81; mit autographen Teilen): Bibl. de l'Opéra Paris (Rés. 1055); Part (IV. Akt; 1880/81; mit autographen Teilen): Privatbesitz (F. Cusset); diverse Teilautographe, auch Abschriften u. Mss. v. J. Barbier (dabei d. vollst. L.Entwurf d. V. Akts): ebd.; diverse Teilautographe (darunter weitere Nrn. d. IV. Akts in Part), auch v. E. Guiraud, dazu Abschriften: Pierpont Morgan Libr. NY (Koch 345); ZensurL (Jan. 1881): Arch. Nationales Paris (F 18), Faks.-Nachdr. (nur IV. u. V. Akt) in: Jacques Offenbachs ›Hoffmanns Erzählun-

gen‹. Konzeption, Rezeption, Dokumentation, S. 439–463 [s. Lit.]. **Ausgaben:** Part als »Opéra fantastique en 3 actes«: Choudens [1882], Nr. 5303 [354 S.]; Part als »Opéra fantastique en 4 actes« (»cinquième éd. avec récits«): Choudens 1907 [395 S.], Nachdr. [1930]; Part, dt. Übers. als »Phantastische Oper in 3 Akten mit einem Vor- u. einem Nachspiel«, Wiederherstellung d. urspr. Fassung durch O. Maag, H. Haug: Reiss, Basel 1953 [580 S.]; Part, frz./dt. Übers. v. G. Schwalbe, quellenkrit. Neu-Ausg. v. F. Oeser als »Phantastische Oper in 5 Akten«: Alkor 1977, Nr. 333 [551 S.]; Part, frz. (mit engl. Titel-Bl. als »Opera in 4 acts«): NY, Kalmus [um 1980; 366 S.]; Kl.A v. A. Bazille als »Opéra fantastique en 4 actes«: Choudens [1881], Nr. 5100 [242 S.; ohne IV. Akt u. ohne Rezitative]; Kl.A als »Opéra fantastique en 4 actes«: Choudens [1881], Nr. 5100 [271 S.; mit IV. Akt, ohne Rezitative]; Kl.A, dt. Übers. v. J. Hopp/ital. Übers. v. A. Zanardini als »Opéra fantastique en 4 actes«: Choudens [1882], Nr. 5301 [329 S.; mit IV. Akt u. Rezitativen]; Kl.A als »Opéra fantastique en 3 actes« (»nouvelle éd.«): Choudens [um 1888], Nr. 5100 [233 S.; ohne IV. Akt u. ohne Rezitative]; Kl.A als »Opéra fantastique en 3 actes« (»quatrième éd. avec récits«): Choudens [um 1890; 267, 50 S.; d. IV. Akt ist auf 50 separat gezählten S. vor d. III. Akt eingefügt]; Kl.A als »Opéra fantastique en 4 actes« (»cinquième éd. avec récits«): Choudens 1907, Nr. 5100-53 [327 S.], Nachdr. 1934, 1961; Kl.A, frz./engl. Übers. v. E. Agate als »Opéra fantastique in 3 Acts with a Prologue and Epilogue«: Cramer, London [1907], Nr. 11657 [315 S.], Nachdr.: Kalmus, NY [um 1960]; Kl.A, dt., rev. v. G. F. Kogel als »Oper in 3 Akten, einem Vor- u. einem Nachspiel«: Choudens/Peters [1910], Nr. 9476 [286 S.; Ed. Peters. 3269.], Nachdr. 1935, [um 1960]; Kl.A, engl. Übers. v. C. H. Meltzer: Schirmer 1911, Nr. 24030 [245 S.; Schirmer's coll. of operas], Nachdr. 1940; Kl.A, dt. Übers. als »Phantastische Oper in 3 Akten mit einem Vor- u. einem Nachspiel«, Wiederherstellung d. urspr. Fassung durch O. Maag, H. Haug: Reiss, Basel 1953 [332 S.]; Kl.A, dt. als »Phantastische Oper in 5 Akten«, Bearb. v. W. Felsenstein, mus. Einrichtung v. K.-F. Voigtmann: Weinberger [1958], Nr. 142-f [197 S.]; Kl.A, engl. Übers. v. R. u. T. Martin: Schirmer [1959], Nr. 45932 [318 S.]; Kl.A, frz./dt. Übers. v. G. Schwalbe, quellenkrit. Neu-Ausg. v. F. Oeser als »Phantastische Oper in 5 Akten«: Alkor 1977, Nr. 333 [444 S.]; Kl.A als »Opéra fantastique en 5 actes«, Einrichtung u. krit. Kommentar v. M. Kaye: Schott [in Vorb.]; Textb. als »Opéra en 4 actes« (ohne IV. Akt): Paris, Calmann-Lévy 1881 [95 S.]; Textb. (nur IV. Akt, in Lithographie): Choudens 1881 [39 S.]; Textb., dt. v. J. Hopp als »Phantastische Oper in 4 Akten u. 5 Bildern«: Paris, Köln, Lpz., Choudens/Ahn [um 1882; 64 S.]; Textb. als »Opéra en 4 actes«: Paris, Calmann-Lévy 1887 [86 S.]; Textb. als »Opéra en 4 actes«: Paris, Calmann-Lévy (»cinquième éd. avec récits«) [1907]; 93 S.], Nachdr. 1927; Textb., dän. v. E. Bøgh: Kopenhagen 1890 [24 S.]; Textb., dt.: Bonn, Ahn [um 1900] (Ahns Text-Bibl. 7.) [35 S.]; ebd. [um 1900] [38 S.]; Textb., dt. als »Phantastische Oper in 3 Akten, einem Vor- u. Nachspiel«, eingerichtet v. M. Moris: Bln., Köln, Lpz., Ahn [1905; 36 S.]; Textb., ital. v. A. Zanardini: Ricordi 1903 [64 S.]; Ricordi 1957 [91 S.]; Textb., frz./engl. v. C. A. Byrne als »Opéra in 4 Acts«: NY, Burden 1907 [51 S.]; Textb., frz./engl. v. L. Bazin als »Fantastic Opera in 4 Acts«: Boston, Ditson 1908 [58 S.]; Textb., engl. v. M. Magnus [d. i. C. R. Talbot] als »Fantastic Opera in 3 Acts«: London, Cramer [1911; 81 S.]; Textb., dt. u. hrsg. G. Hartmann als »Phantastische Oper in 3 Bildern, einem Vorspiel u. Epilog«: Bonn, Ahn [um 1915; 56 S.]; Textb., engl.: NY, Rullmann [um 1920; 59 S.]; NY, Kalmus [nach 1926; 38 S.]; Textb., dt. v. E. Friedell, H. Sassmann: A&S [1931]; Textb., dt. v. O. Maag, H. Haug als »Phantastische Oper in 3 Akten mit einem Vor- u. einem Nachspiel«: Basel, Reiss 1953 [53 S.]; Textb., engl. v. J. Gutman: NY, Rullmann [1955; 61 S.]; Textb., dt. als »Phantastische Oper in 5 Akten«, unter Benutzung d. Schauspiels v. J. Barbier, M. Carré bearb. v. W. Felsenstein, mus. Einrichtung v. K.-F. Voigtmann: Weinberger [1958; 96 S.]; Textb., frz./engl. v. R. u. T. Martin: Schirmer [1959; 27 S.] (Schirmers coll. of opera librettos. 2566.); dass. (nur engl.): Schirmer [1964]; Textb., dt., rev., eingeleitet u. hrsg. W. Zentner als »Phantastische Oper in 3 Aufzügen mit einem Vor- u. einem Nachspiel«: Stuttgart, Reclam 1970 [68 S.]; Textb., dt. v. A. Seipt (nach d. Ausg. Choudens 1907), in: Ph. Staatsoper, Hbg., 24.5. 1981, S. 57–72; Textb., frz./dt. v. A. Seipt (nach d. quellenkrit. Neu-Ausg. v. F. Oeser), in: J. OFFENBACH, Hoffmanns Erzählungen. Texte, Materialien, Kommentare [s. Lit.], S. 41–193; Textb., frz./dt. v. G. Schwalbe, Nachw. v. S. Stompor (Neu-Ausg. v. F. Oeser): Peters 1988, Nr. 10042. **Aufführungsmaterial:** frz., »Cinquième éd. avec récits«: Choudens; dt. v. J. Hopp, H. Bolten-Baeckers nach d. Ausg. Choudens/Peters 1910: Junne, München; Bearb. Maag/Haug: Reiss, Basel; Bearb. Felsenstein-Weinberger; krit. Ausg. Oeser: Alkor; Einrichtung Kaye: Schott [in Vorb.]
Literatur: E. HANSLICK, Hoffmanns's Erzählungen. Phantastische Oper von O., in: DERS., Aus dem Opernleben der Gegenwart (Der »Modernen Oper« III. Theil). Neue Kritiken u. Studien, Bln. 1884, Nachdr. Farnborough 1971, S. 81–90; W. FELSENSTEIN, Bemerkungen zu ›Hoffmanns Erzählungen‹. Aus Probennotaten zur Inszenierung (1958), in: DERS., J. HERZ, Musiktheater. Beiträge zur Methodik u. zu Inszenierungskonzeptionen, hrsg. S. Stompor, Lpz. 1976, S. 284–292; K. OPPENS, Gangster und Studenten – Hoffmann in zwei Welten. Zum Problem d. Gesellschaftlichen in ›Hoffmanns Erzählungen‹, in: Ow 6:1965, H. 10, S. 26–37, H. 11, S. 25–30; C. CASINI, Studio su O. e i ›Racconti di Hoffmann‹, in: Collana di guide musicali 3, Turin 1973, S. 201–315; A. EISENBERG, J. O.: ›Hoffmanns Erzählungen‹. Analyse d. szenischen Bearb., Diss. Köln 1973; E. BLOCH, Über ›Hoffmanns Erzählungen‹. (Klemperers Krolloper, Bln. 1930), in: DERS., Zur Philosophie der Musik, Ffm. 1974 (Bibl. Suhrkamp. 398.), S. 256–260; L'Avant-scène, Opéra, Nr. 25, Paris 1980; H. MACDONALD, Hoffmann's Melancoly Tale, in: MT 121:1980, S. 622–624; R. POURVOYEUR, O. Idillio e parodia, Turin 1980 (Collana »Realtà Musicali«), S. 119–144; E. VOSS, O.s ›Hoffmann‹ in Felsensteins Erzählungen, in: Werk und Wiedergabe. M.Theater exemplarisch interpretiert, hrsg. S. Wiesmann, Bayreuth 1980, S. 216–226; F. OESER, Hoffmanns Erzählungen. Quellenkrit. Neu-Ausg., Vorlagen-Ber., Kassel 1981; J. OFFENBACH, Hoffmanns Erzählungen. Texte, Materialien, Kommentare, hrsg. A. Csampai, D. Holland, Reinbek 1984 (rororo. 7642.); J. HEINZELMANN, Hoffmanns Erzählungen. Eine Oper, ihre Autoren, ihre Bedeutungen, in: ÖMZ 42:1987, S. 337–350; Jacques Offenbachs ›Hoffmanns Erzählungen‹. Konzeption, Rezeption, Dokumentation, hrsg. G. Brandstetter, Laaber 1988 (Thurnauer Schriften zum M.Theater. 9.) [mit ausführlicher Bibliographie]; R. DIDION, A la recherche des ›Contes‹ perdus. Zur Quellenproblematik v. O.s Oper, ebd., S. 131–292; W. SEIDEL, Olympia. Über d. Magie d. Herzlosigkeit, in: Die Mechanik in den Künsten, hrsg. H. Möbius, J. J. Berns, Marburg 1990, S. 201–212; weitere Lit. s. S. 488

Robert Didion

Kasuo Ohno

Geboren am 27. Oktober 1906 in Hakodate (Hokkaido)

Ra Aruhentschiina-scho

Hommage à La Argentina
Tanzstück

Musik: Johann Sebastian Bach, *Toccata und Fuge d-Moll* (1708) und Präludium C-Dur Nr. 1 aus dem 1. Teil des *Wohltemperierten Klaviers* (1722); Giacomo Puccini, »In quelle trine morbide« aus dem Dramma lirico *Manon Lescaut* (Turin 1893), »Senza mamma« aus der Opera *Suor Angelica* (New York 1918) und »O mio babbino caro« aus der Opera *Gianni Schicchi* (New York 1918) in Aufnahmen mit Maria Callas (eigtl. Cecilia Sophia Anna Maria Kalojeropulos); argentinische Tangos (unter anderm mit La Argentina, Kastagnetten spielend). **Libretto:** Kasuo Ohno
Uraufführung: 1. Nov. 1977, Dai-Itschi-Seimei-Saal, Tokio
Darsteller: Solist
Orchester: Kl, Tonb
Aufführung: Dauer ca. 1 Std.

Entstehung: Seit den 60er Jahren als Begriff für einen neuen, improvisatorischen, regelfreien Tanz gebräuchlich, meinte »buto« ursprünglich »Stampftanz« und wurde erstmals 1959 in Zusammenhang mit dem Stück *Kindschiki* (*Verbotene Früchte*, Tokio, Choreographie: Jukio Mischima und Tatsumi Hidschikata) gebraucht, damals allerdings in Verbindung »Ankoku-buto« (Tanz der Finsternis). Hidschikata bezeichnete damit das von ihm kreierte »Theater der Leidenschaft, das seinen religiösen Ursprung wiederfinden will [...] das die starren Regeln der euroamerikanischen Vorläufer verwirft und wieder anknüpft an die irrationalen und spirituellen Traditionen des eigenen klassischen Theaters« (in: *Butoh*, S. 9, s. Lit.). Hidschikata wandte sich auch gegen die erstarrte Form des traditionellen japanischen Tanzes, des »bujo«, wie er etwa im No oder Kabuki Verwendung findet. Ähnlich dem Ausdruckstanz, dessen Einfluß in Japan vielfach nachweisbar ist (ein Gastspiel Harald Kreutzbergs 1934 hinterließ großen Eindruck), sollte »buto« Ausdruck von seelischen Zuständen sein. Selbst Schüler von Takaja Egutschi (der bei Mary Wigman studiert hatte) und seinem Sohn Mija, war Hidschikata einige Zeit mit Ohno in Arbeit eng verbunden. – Die in Buenos Aires geborene Tänzerin Antonia Mercé machte sich als La Argentina einen geradezu legendären Namen. In Madrid zunächst von ihrem Vater Manuel akademisch erzogen, fand sie erst relativ spät durch ihre Mutter Josefina Luque zum spanischen Tanz, dem sie dann auf vielen Auslandstourneen zu beispielloser Popularität verhalf. Die auch als Kastagnettenvirtuosin gefeierte Künstlerin gastierte 1929 in Tokio, wo sie den Sportstudenten Ohno nachhaltig beeindruckte. Erst nach einer langen kreativen Pause fand er 1976, inzwischen längst von Baku Ischii und Takaja Egutschi als Tänzer ausgebildet und als solcher in Japan bereits erfolgreich, in der konsequenten Beschäftigung mit seinem Idol zum eigentlichen Butotanz. An der Gestaltung von *Ra Aruhentschiina-scho* hatte Hidschikata großen Anteil.
Inhalt: Auf dekorationsloser Bühne. »Tod und Geburt«: Nach dem Verklingen einer gleichsam als Vorspiel fungierenden Arie hebt sich zur Musik von Bach aus dem Dunkel des Zuschauerraums ein Tänzer, das zerfurchte Gesicht weißgeschminkt, den schmalen Körper in ein altertümliches Samtkleid mit Umhang gehüllt, den Kopf unter dem breitkrempigen Blütenkelchhut verborgen. Mit geradezu übermenschlicher Anstrengung, so scheint es, tastet er sich auf die Bühne, vom Licht angezogen. Wie in Trance dreht er sich im Kreis und breitet schließlich mit dem Ende der Musik seinen Umhang auf dem Boden aus. Bevor das Licht erlischt, sinkt er auf die Knie und stirbt. »Das tägliche Leben«: Nach einem instrumentalen Zwischenspiel kehrt der Tänzer zu einer weiteren Arie zurück, diesmal in Gestalt der jungen Argentina, eine Blüte im Haar. Fast ein wenig hilflos windet er sich auf den Absätzen seiner Frauenschuhe. »Die Hochzeit von Himmel und Erde«: Wie verwandelt erscheint der Tänzer nach einem weiteren Blackout. Bekleidet nur mit einer schwarzen Turnhose, zieht er sich selbst am Kopf in die neue Bühnenexistenz. Er geht erstarrt mit geöffneten Armen, richtet seine Blicke nach oben. Dann fällt er wieder auf die Knie, berührt mit seiner Stirn den Boden und findet ein Samenkorn, an dem er kindlich knabbert. Leben strömt in seinen schmächtigen Körper. Wie neugeboren wirkt er, während ein Pianist auf dem hereingeschobenen Flügel spielt. Der Tänzer bewegt sich kaum, wie ein Christus hebt er die Arme, vom Strahl des Scheinwerfers getroffen, und

Ra Aruhentschiina-scho; Kasuo Ohno als Solist; Tokio 1985. – Als Wanderer zwischen Innen- und Außenwelt, den Geschlechtern und verschiedenen Altersphasen vermag es Ohno, dem Körper des alten Manns durch die aus der Erinnerung kommende mädchenhafte Verzückung weibliche Grazie zu verleihen.

hört auf die Musik. »La Argentina«: Wieder eine Zäsur, und der Tänzer taucht im Kleid von La Argentina auf. Ein erster Tango, und er beginnt einen Tanz, der zunächst die Hände erfaßt, dann den ganzen Menschen ergreift. Nicht anders beim zweiten, der ebenso kunstvoll und ornamental gerät. Der dritte wiederum, in einer Kutte getanzt, bringt mit seinen Sprüngen, schnellen Läufen, raumgreifenden Gängen und expressiven Gesten eine neue Farbe ins Spiel. Der folgende kommt La Argentina am nächsten (und das nicht nur, weil sie ihn auf der historischen Aufnahme mit ihren Kastagnetten begleitet). Der Tänzer, wieder im weißen Kleid, erinnert mit Stierkampfgesten und Zapateadoansätzen an den spanischen Tanz seines Vorbilds. Ein weiteres Tangobeispiel, bevor zwei Arien den Bogen vom Anfang zum Ende schlagen. Der Tänzer dankt, läßt noch einmal seine Arme tanzen, macht ein paar kleine Schritte. Ein letzter Kniefall, eine Verbeugung, und nach der Reverenz vor La Argentina zieht er sich zurück.

Kommentar: *Ra Aruhentschiina-scho* scheint dem Leben gleichsam abgerungen. Ohno negiert nicht die Zeit, die er zeigt; er holt sie tanzend zurück. Ganz bewußt beschwört er die Schatten der Vergangenheit, die von seinem Körper Besitz ergreifen. Er stellt sich in ihren Dienst, sieht sich als Teil einer Schöpfung, in der Werden und Vergehen in einem ewigen Kreislauf aufeinander bezogen sind. Entblößt bis auf eine Turnhose, unterwirft er sich zunächst dem reinigenden Ritual des Butotanzes, um sich von neuem geben zu können. Er sucht nach dem Korn, das keimendes Leben in sich birgt. Nicht zufällig erscheint er (als bekennender Christ) zu dem Bach-Präludium als Gekreuzigter. Und er macht sich, während aus den Lautsprechern Tangos ertönen, zögernd und zerbrechlich zu jener legendären La Argentina, die in seiner Erinnerung lebendig ist. Gleichwohl kopiert er La Argentina nicht, rekonstruiert nicht ihre Kunst. Er schmilzt ihren Tanz wie den einer Wigman oder eines Kreutzberg, an deren Erscheinungsbild Ohnos Habitus im 3. Abschnitt erinnert, ein in eine Form, die ganz sein eigen, ganz »buto« ist: ein dialektisches Spannungsverhältnis, das keinen Augenblick seine Intensität verliert, auch wenn es Ohno einer ständigen Metamorphose unterzieht.

Wirkung: So ungewöhnlich wie die Entstehung von *Ra Aruhentschiina-scho* ist auch ihre Wirkung. Zu einem Zeitpunkt, an dem europäische Tänzer und Choreographen für gewöhnlich mit ihrem Beruf abgeschlossen haben, markiert Ohno, 71jährig, den Beginn einer zweiten, internationalen Karriere, die ihn inzwischen zu einer weltweiten Kultfigur und zum profiliertesten Protagonisten des Buto werden ließ. – Die »Rebellion des Körpers«, wie Hidschikata den Buto charakterisiert, blieb in Europa ohne Folgen. Beim Theaterfestival in Nancy 1980 traten neben Ohno Sankai Dschuku und Min Tanaka auf und gewannen ein großes Publikum für ihre Kunst. Unter dem Eindruck dieses Gastspiels schuf Maguy Marin ihre Choreographie *May B* (1981). Inzwischen sind die Werke Legion, die den Einfluß des Buto verraten; einige Choreographen und Choreographinnen wie Leonore Welzien und Katherine Sehnert haben ihr ganzes Werk auf ihre Erfahrung mit dem Buto ausgerichtet und in Verbindung mit ihrer europäischen Vergangenheit einen neuen, vornehmlich solistischen Tanz formuliert.

Literatur: F. DELAY, L'Adoration qu'elle vive!, in: L'Avant-scène, Ballet/Danse, Nr. 3, Paris 1980, S. 135–138; Butoh – die Rebellion des Körpers. Ein Tanz aus Japan, hrsg. M. Haerdter, S. Kawai, Bln. 1986; B. S. STEIN, Twenty Years Ago We Were Crazy, Dirty, and Mad, in: Drama Review 30:1986, S. 107–127; DIES., Min Tanaka: Farmer/Dancer or Dancer/Farmer, ebd., S. 142–152; K. KUNIYOSHI, Butoh-Chronology: 1959–1984, ebd., S. 127–142; K. OHNO, Selection from the Prose of K. O., ebd., S. 156–163; R. SCHECHNER, K. O. Doesn't Commute, ebd., S. 163–170; K. OHNO, Mein Verlangen nach Liebe, in: Ballett-Jb. 1987, Zürich, Bln. 1987, S. 61f.; J. VIALA, N. MASSON-SEKINE, Butoh – Shades of Darkness, Tokio 1988; M. PETER-BOLAENDER, Butoh. Tanz d. Finsternis, in: Tanzdrama 5:1988, S. 4–7; L. WELZIEN, K. O. Das Leben ist endlos, ebd. 9:1989, S. 18–22; L. SCHWELLINGER, Die Begründer des »buto« und ihr Verhältnis zum modernen westlichen Tanz, Magisterarbeit, Univ. München 1989

Hartmut Regitz

Carl Orff

Eigentlich Karl Heinrich Maria Orff; geboren am 10. Juli 1895 in München, gestorben am 29. März 1982 in München

Der Mond
Ein kleines Welttheater

Text: Carl Orff, nach dem Märchen aus der 7. Auflage (1857) der *Kinder- und Hausmärchen* von Jacob Ludwig Karl und Wilhelm Karl Grimm, nach den *Märchen für die Jugend* (1854) von Heinrich Pröhle
Uraufführung: 5. Febr. 1939, Nationaltheater, München
Personen: der Erzähler (T); 4 Burschen, die den Mond stehlen (2 Bar, T, B); ein Bauer (Bar); ein Schultheiß (Spr.); ein Wirt (Spr.); ein anderer Schultheiß (stumme R); ein alter Mann, der Petrus heißt und den Himmel in Ordnung hält (B); ein kleines Kind, das den Mond am Himmel entdeckt (Spr.). **Chor, Kinderchor:** Leute, die in der Schenke zechen und sich den Mond stehlen lassen; Leute, die sich über den gestohlenen Mond freuen und die Toten begraben; Leichen, die der Mond aufweckt
Orchester: 3 Fl (auch Picc), 3 Ob (3. auch E.H), 3 Klar (3. auch B.Klar), 2 Fg (2. auch K.Fg), 4 Hr, 3 Trp, 3 Pos, Tb, 5 Pkn, Schl (5 Spieler: gr.Tr, kl.Tr, RührTr, Tamburin, versch. Bck, Tamtam, Zimbel, Ratsche, Rute, Schlittenschellen, Kastagnetten, Uhrenglocke in e'', Röhrenglocken, Gläserspiel, Glsp, Xyl, Metallophon), Harm, Ziehharmonika, Cel, Kl, Hrf, Zither, Streicher, Chor-St.; BühnenM auf u. hinter d. Szene: Tb, Schl (Glocke in fis'', 3 RührTr,

gr.Tr, versch. Bck, Tamtams, Donner- und Windmaschine), Org, Chor
Aufführung: Dauer ca. 1 Std. 30 Min. – Die Chorsänger hinter der Szene verwenden Megaphone. Der Chor in den Wolken kann vom Tonband übertragen werden.

Entstehung: *Der Mond*, Orffs Bühnenerstling, entstand 1936–38 und sollte ursprünglich mit der *Klugen* (1943) zu einem Abend verbunden werden. Die Bildhaftigkeit der Vorlage gab den Anstoß, noch vor der Entstehung von Text und Musik einen szenischen Rahmen für das ganze Spiel zu entwerfen.
Handlung: In märchenhafter Zeit; die Bühne ist horizontal in zwei Hälften, Erde und Unterwelt, geteilt; ein Haselnußstrauch teilt die Erde in zwei gleiche Länder; rechts und links je ein Eichbaum und ein Wirtshaus: Vier Burschen kommen aus einem Land voll immerwährender Finsternis in ein anderes Reich, von wo sie den an einer Eiche leuchtenden Mond stehlen und ihn zur Freude ihrer Landsleute in ihrem Land aufhängen. Weil sie die Mondlampe treu versorgt haben, bekommt jeder bei seinem Tod ein Mondviertel mit ins Grab. Als der Mond auf diese Weise in der Unterwelt wieder »voll« geworden ist, zünden ihn die Burschen an. Das Licht weckt die schlummernden Toten, die ihren Särgen entsteigen und eine in Prügeleien ausartende Saufgorgie beginnen. Petrus hört den Lärm, sendet Donner und Blitz und kommt selbst in die Unterwelt; er trinkt mit den »Rebellen« und leitet sie durch Schlafbeschwörung zu ihren Ruhestätten zurück. Den Mond nimmt er mit und hängt ihn am Himmel auf, wo er von einem Kind, das die staunenden Menschen zusammenruft, in einer irdischen Traumlandschaft entdeckt wird.
Kommentar: Orffs Libretto, das etwa die Hälfte der Vorlage wörtlich übernimmt, ist durch Zudichtungen erweitert und teilweise umgewichtet, ohne jedoch die Märchensubstanz zu verändern. Für die hinzugefügten Aktionsszenen ist eine durch Wiederholungen und Akzentverschiebungen gestisch dynamisierte Verssprache charakteristisch. Die Musik basiert weitgehend auf dem satztechnischen Arsenal der in der Dorothee-Günther-Schule entwickelten Elementargebilde, greift vielfach zu song- und gassenhauerähnlichen Lied- und Tanzformen (Taktwechseltänze) und ist von ironisierenden und persiflierenden Zitaten durchsetzt, die auch als »Hommage« an geliebte Vorbilder (Strauss, Wagner, Weber) zu verstehen sind. Das Orchester geht, abgesehen vom Schlagwerk, nicht über das traditionelle romantische Opernorchester hinaus, die Ausnutzung der Klangfarbenpalette bis in die Randbezirke zur Erzielung von Raumklängen und Klangtransparenz hingegen ist neu und orfftypisch. Nicht durch satztechnische Überfrachtung mit »komponierter« Musik wird die intendierte mythische Qualität des Märchens freigesetzt, sondern durch elementare, zugleich bis zur Raffinesse durchstrukturierte Musizierformen, die eine ideale »Kompatibilität« mit dem Märchenton ermöglichen. Durch volle Integration aller szenischen Elemente des Musikthea-

ters will Orff den mythischen Hintergrund des Märchens transparent werden lassen, ohne dessen Gattungsgesetze als präliterarische »oral poetry« und »einfache Form der Sprache« (nach André Jolles, *Einfache Formen*, Halle 1930) aufzugeben. In der den Mondphasen analogen quaternären Mondwanderung (Land der Finsternis, »anderes Reich« mit irdischer Mondlampe, Abstieg der Zerstückelung zur Unterwelt und Totenleuchte, Inthronisation des Himmelslichts) innerhalb des triadischen kosmischen Modells Erde–Unterwelt–Himmel erkannte Orff die symbolische Qualität des Märchens. Parallelfassungen in Weltmärchen und Mythen (besonders im finnischen Epos *Kalevala*) bestätigten ihm, daß das Mondmärchen in die Nachfolge eines kosmologischen Ursprungsmythos zu stellen sei, dem eine ätiologische Frage mythischer Weltdeutung zugrunde liegt: Wie kam der Mond an den Himmel? Die Remythisierung des Märchens wird in folgenden Passagen exemplarisch deutlich: 1. Introduktion: Sie gehört naturgemäß dem Erzähler, der als »testo« die dramatische Aktionskette durch epische Gelenkglieder ordnet und verbindet. Er ist sowohl »Märchenmund« wie Rezitator des kosmogonischen Mythos; er kompensiert die rituelle Evokation des Mythos als »starke, primordiale Zeit« eines Anfangs (nach Mircea Eliade) durch die magische Aura seines melischen Rezitationsstils; seine Rolle als hoher Tenor qualifiziert ihn zum visionären »Künder«. 2. Zeremoniell-tänzerisches Ritual der Mondaufhängung als hymnische Preisung der Lichtepiphanie (»Seht den Mond, unsern Mond!«). 3. Orchesterphantasmagorie: Ein abrupter Klangebenenwechsel von E-Dur nach es-Moll bezeichnet das Verlassen der Aktionsebene, womit sich die Szene in einen kosmischen Allraum entgrenzt. Die dunkelphantastische Nacht signalisiert ein magisches Geschehen. Ein antizipierender Wächterruf Petrus' (noch ohne personale Präsenz), von der Tuba apostrophiert, löst Unruhe in der Natur aus: Die Eichen rauschen. Man sieht in den auf- und absteigenden Sternbildern, »wie das Weltenrad sich dreht« (Sinnbild der vergehenden Zeit). »Die ›magischen‹ Stellen sind immer die, bei denen der große Schatten des unsichtbaren Puppenspielers über das kleine Welttheater geht« (Brief Orffs an Oscar Fritz Schuh vom 26. Sept. 1949). Die Rahmenteile beherrscht ein »perspektivischer« Raumklang, der aus dem statischen, über einem Pendelostinato in sich rhythmischen Pulsieren des Hauptorchesters und einem echoartigen Gegenklang von Orgel und Trommeln hinter der Szene besteht. Die Tuba bestätigt durch ihre Cantusfirmus-Funktion ihre »Würdendominanz«. Ein trioartiger Mittelteil mit gereihten kleinen Barformen wechselt »flessibile« zwischen Verhalten und Weitergehen, gleichsam wie satztechnische Äquivalente zu den Drehungen des Weltenrads. In der Reprise figuriert eine Soloflöte ein »Weltraumecho« (»große Stille« der Erinnerung), eine Röhrenglocke beendet die magisch-mythische Weltzeit. 4. Mondzerstückelung: Der Erzähler löst kraft seiner wortmagischen Rezitation ein pantomimisches Spiel aus. Beim Sterben der

Burschen schneidet der Schultheiß je ein Mondviertel ab und zeigt es dem entsetzt aufschreienden Volk. Wie ein verletzter Organismus färbt sich der Mond. Das mythische Modell hierfür ist der Initiationsritus des Schamanen oder Opferpriesters. 5. Die Petrusfigur: Dieser Weltenwächter »ist keinesfalls mit dem ›heiligen Petrus‹ identisch. Sowenig im Märchen die Unterwelt die Hölle ist, sowenig gibt es hier einen christlichen Himmel mit einer christlichen Petrusfigur. Petrus ist eine Odin-Gestalt, erinnert aber auch an einen alten Schäfer und Nachtwächter (Horn). Er muß vital und überlegen, mit Humor und nicht ohne Hintergründigkeit gespielt werden« (Orff, Nachtrag zum Klavierauszug, 1973). Er widersetzt sich dem karikierenden christlichen Klischee ebenso wie einer modischen Aktualisierung. Petrus' Wächterlied durchzieht als Leitthema den zweiten Teil und thematisiert sich am Ende voll als Transposition des »Hört ihr Leute« zu »Hört ihr Toten, laßt euch sagen« zur magischen Wiederbefriedung der Totenwelt. 6. Epilog: Die Schlußvignette der Mondnacht, wie aus einem romantischen Bilderbuch, ist Orffs kühnstes Modell einer inszenierten Elementarität von potenzierter mythischer Transparenz. Wie der entmaterialisierte Klang vor jeder komponierten Musik liegt, so liegt die C-Ebene (kein C-Dur) vor jeder harmonischen Einbindung (»Vorzeiten, vorzeiten gab es«) gleichsam als sphärische Klangemanation eines kosmogonischen »Anfangs«. Der vom Gläserspiel intonierten mehrfach deutbaren Kinderliedmelodie hat Orff mythische Qualität verliehen, indem er sie mit einem alten Volksreim (»Mane, Mane witte, wies mi dine Titte«) textierte und so die mythische Erinnerung an eine lunare Muttergottheit, sei es Freya, Artemis oder Hekate, heraufbeschwört. – Orff hat die Partitur als seinen »Abschied von der Romantik« bezeichnet. Versteht man Romantik nicht als historischen Epochenbegriff, sondern als eine jederzeit offene geistige Befindlichkeit, so kann der Epilog als romantisch gelten. Die zeit- und raumenthobene Mondnacht wäre so als »Ursprung« in mythisch-primordialer Zeit zu begreifen, durch das Urkind entdeckt, durch die staunenden Menschen bezeugt und durch die Elementarität der Musik evoziert und als Szene hypostasiert. Im Abstand eines Jahrzehnts resümiert Orff: »Der Mond ist erdhaft verwurzelt, ihn trifft noch keine Metaphysik, der Petrus ist wie ein urweltlicher Kinderschreck. Es kommen auch eigentlich nur Männer vor, kein Eroslicht blickt auf. Das Bedrückende des ganzen Werks ist nur im Erscheinen des Kindes am Schluß aufgehellt. Das ganze Werk ist tiefsinnig aus einer vormondischen Zeit, die ganze ›Gaudi‹ ist nicht Selbstzweck. Das muß der Zuschauer spüren, aber er darf nicht mit dem Zeigestock darauf aufmerksam gemacht werden« (Brief an Schuh). *Der Mond* ist demnach weder als inszeniertes Volksmärchen zu begreifen noch in die Nachfolge der romantischen Märchenoper des 19. Jahrhunderts zu stellen.

Wirkung: So erfolgreich die Uraufführung war (Dirigent: Clemens Krauss, Regie: Rudolf Hartmann, Büh-

Der Mond; Gerd Wolf als Petrus; Regie: Ehrhard Warneke, Bühnenbild: Dieter Lange, Kostüme: Christine Stromberg; Deutsche Staatsoper, Berlin 1985. – Petrus eignet die mythische Personalität, die sich in den Wolken überlebensgroß aufrecken kann, der aber auch die zeitweilige Identifikation mit den Menschengeschöpfen als gütiger Alter und »Urschäfer« seiner Herde verfügbar ist.

nenbild: Ludwig Sievert; Erzähler: Julius Patzak, Burschen: Franz Theo Reuter, Emil Graf, Karl Ostertag und Georg Wieter, Schultheiß: Carl Seydel, Wirt: Ambros Witt, Petrus: Paul Bender), so problematisch erwiesen sich Orffs szenische Angaben hinsichtlich der Bühnenaufteilung. Wegweisend und von Orff begeistert aufgenommen wurde für die weitere Rezeption Rudolf Scheels Inszenierung in Gera 1939 (Dirigent: Otto Winkler), für die Alfred Siercke ein Bühnenbild entwarf, das die Schauplätze nicht nebeneinander zeigte, sondern durch Versenkung jeweils verwandelte und somit den gesamten Bühnenraum verfügbar machte. Siercke verfeinerte seine Konzeption 1950 an der Hamburgischen Staatsoper (Dirigent: Paul Schmitz, Regie: Günther Rennert). Neben zahlreichen Aufführungen an Studiobühnen und Gymnasien gab es weitere bedeutende Inszenierungen 1956 an der City Center Opera New York (englisch von Maria Massey; Dirigent: Joseph Rosenstock, Regie: Anna Sokolow, Ausstattung: Leo Kerz), 1958 in Stuttgart (Ferdinand Leitner, Rennert, Leni Bauer-Ecsy) und München (Kurt Eichhorn, Hartmann, Helmut Jürgens). In jüngster Zeit (1988) brachte Hellmuth Matiasek den *Mond* am Gärtnerplatztheater München heraus (Dirigent: Reinhard Schwarz, Ausstattung: Ekkehard Grübler).

Autograph: Bayer. SB München. **Ausgaben:** Part: Schott 1939; StudienPart: Schott 1970, Nr. 6481; Part, dt./engl. Übers. v. M. Massey: Schott 1973; Kl.A, dass.: Schott 1973, Nr. 6529; Kl.A v. H. Bergese: Schott 1939, rev. 1947, Nr. 3196; Textb.: Schott 1946. **Aufführungsmaterial:** Schott
Literatur: E. DOFLEIN, Das Musiktheater C. O.s, in: Der Musikmanach, hrsg. V. Schwarz, München 1948, S. 76–118; C. ORFF, Bairisches Welttheater, Ffm. 1952; A. LIESS, C. O. Idee u. Werk, Zürich 1955, ²1977 [bearb. v. H. Gassner]; K. H. RUPPEL, G. R. SELLNER, W. THOMAS, C. O. Ein Bericht in Wort u. Bild, Mainz 1955; W. WAGNER, W. E. SCHÄFER, C. O., Bayreuth 1955; I. KIEKERT, Die musikalische Form in den Werken C. O.s, Regensburg 1957; H. KELLER, C. O., in: Stilporträts der Neuen Musik, hrsg. S. Borris, Bln. 1961 (Veröff. d. Inst. für Neue M u. M.Erziehung. 2.); O. LEONTEVA, K. O., Moskau 1964; A. LIESS, C. O. und das Dämonische, Zürich 1965; B. R. HOFFMANN, Opera for Children. A Study Guide for Two Selected Operas, NY 1970, Diss. Columbia Univ., S. 54–124; Carl Orff: das Bühnenwerk, hrsg. R. Münster, München 1970; Carl Orff. Sein Leben u. sein Werk in Wort, Bild u. Noten, hrsg. H. W. Schmidt, Köln 1971; J. C. SLOOP, Der Mond. Opera by C. O. A Translation and Notes for an American Performance, Diss. Rochester 1974; Carl Orff und sein Werk. Dokumentation, 8 Bde., Tutzing 1975–83; L. GERSDORF, C. O. mit Selbstzeugnissen und Bilddokumenten, Reinbek 1981 (rm. 293.); K. PAHLEN, C. O. ›Der Mond‹, ›Die Kluge‹. Text u. Erläuterungen zum vollen Verständnis d. Werke, München 1981; U. KLEMENT, Das Musiktheater C. O.s, Lpz. 1982 (Beitr. zur mw. Forschung in d. DDR. 14.); Carl Orff. Ein Gedenkbuch, hrsg. H. Leuchtmann, Tutzing 1985; H. SCHNEIDER, C. O.s Neugestaltung von Monteverdis ›Orfeo‹ und ihre Vorgeschichte, in: Claudio Monteverdi. Festschrift R. Hammerstein zum 70. Geburtstag, hrsg. L. Finscher, Laaber 1986, S. 387–407; J. SCHLÄDER, C. O. und die Märchenoper des 19. Jahrhunderts, in: Jb. d. Bayer. Akad. d. schönen Künste, München 1988, Bd. 2, S. 225–237; A. K. W. MEYER, Vom Gestus zum Klang. Zu d. drei Phasen im Frühwerk C. O.s, in: NZfM 150:1989, H. 7/8, S. 25–31

Werner Thomas

Die Kluge
Die Geschichte von dem König und der klugen Frau
12 Szenen

Text: Carl Orff, nach dem Märchen *Die kluge Bauerntochter* aus dem 2. Band (1815) der *Kinder- und Hausmärchen* von Jacob Ludwig Karl und Wilhelm Karl Grimm und Varianten des Weltmärchens
Uraufführung: 20. Febr. 1943, Städtische Bühnen, Frankfurt am Main
Personen: der König (Bar); der Bauer (B); des Bauern Tochter (S); der Kerkermeister (B); der Mann mit dem Esel (T); der Mann mit dem Maulesel (Bar); 3 Strolche (T, Bar, B)
Orchester: 3 Fl (auch Picc), 3 Ob (3. auch E.H), 3 Klar (auch kl. Klar in Es u. B.Klar), 2 Fg, K.Fg, 4 Hr, 3 Trp, 3 Pos, Tb, Pkn, Schl (4 Spieler: gr.Tr, 2 kl.Tr, RührTr, Tamburin, Trg, Steinspiel, Sandrasseln, Zimbel, versch. Bck, Tamtam, Ratsche, Schelle, Kastagnetten, Röhrenglocken, Glsp), Hrf, Cel, Kl, Streicher; BühnenM: 3 Trp, Schl (versch. Tr, hell klingende kl.Tr, kl. Glöckchen), Org
Aufführung: Dauer ca. 1 Std. 30 Min. – Reduzierte Orchesterbesetzung möglich.

Entstehung: Bereits Mitte 1938 arbeitete Orff an verschiedenen Textfassungen und kompositorischen Entwürfen der Eingangsszenen eines zum *Mond* (1939) kontrastierenden Märchenspiels. Die ungewöhnlich große Zahl dieser Versuche ist paradigmatisch für seine Stilsuche nach einer ihm wesensgemäßen Musiktheatersprache. Da er die Grimm-Fassung in ihrer biedermeierlichen Einfärbung des Kindertons für unbrauchbar erachtete, suchte er unter den Varianten des Weltmärchens (die Forschung hat 262 ermittelt; Jan de Vries, *Die Märchen von klugen Rätsellösern*, Helsinki 1928) für die ihm vorschwebende Dramatisierung nach Anregung und stieß auf ein Kabylenmärchen (aus *Atlantis. Volksmärchen und Volksdichtungen Afrikas* von Leo Frobenius, Jena 1921–28), dessen Exotik die erwünschte fremdartige Distanz bot. Er wollte die Eindimensionalität der Märchenfiguren durch Emotionalisierung und Psychologisierung aus bloßen Handlungsträgern zu individuellen, vollplastischen Gestalten erhöhen. Zur Profilierung der Protagonisten König und Kluge und zu der Bedeutsamkeit ihrer Begegnung erfand er zusätzliche Figuren; Schauplätze und Situationen wurden »lyrisiert« und symbolistisch geöffnet. Anregungen hierzu kamen aus *Tausendundeiner Nacht*, aus Erinnerungen an das in seinen Jugendversuchen umworbene symbolistische Theater Maurice Maeterlincks, aber auch aus dem Sprechtheater der deutschen Klassik. All dies hat Orff wieder verworfen, aber als notwendigen Um- und Irrweg erkannt. Von dem eröffnenden Lamento des Bauern abgesehen, das er eine »vorgegebene Exposition« nannte, bekam Orff die auf das Faktische begrenzte Geschehensfolge und die Dialogisierung der Figuren nicht in den Griff. Den entscheidenden Einfall für die szenische Gestaltung fand er auf der Suche nach treffenden Rätseln für die Scharfsinnsprobe der Klugen. Hierbei stieß er auf Karl Simrocks *Deutsche Sprichwörter* (1846), deren drastisch-derbe Sprache in ihm ganze Szenen hervorrief sowie die Idee, die drei Strolche als Gegenspieler zu den Protagonisten einzuführen; darüber hinaus fand Orff hier eine Entsprechung zu seinen musikalischen Vorstellungen. Durch einen zweiten Zufall fand er die seine Konzeption parabelhaft deutende Schlußsentenz bei der Lektüre von William Shakespeares *Troilus and Cressida* (um 1600): »But you are wise, / or else you love not, for to be wise and love / exceeds man's might, that dwells with gods above.« – Die am 25. März 1941 begonnene Ausarbeitung der Partitur wurde am 28. Juli 1942 abgeschlossen.

Handlung: In einem königlichen Märchenschloß und seiner Umgebung; teils auf der Vor-, teils auf der Hauptbühne spielend: Ein Bauer hat einen goldenen Mörser gefunden und gegen den Rat seiner Tochter dem König gebracht, der ihn, unter dem Verdacht, den fehlenden Stößel gestohlen zu haben, einkerkern läßt. Durch die Klage des Bauern aufmerksam gemacht, schickt der König nach dessen Tochter und gibt ihr zur »Lösung« drei Rätsel auf. Nachdem sie die Scharfsinnsprobe bestanden hat, macht er sie zu seiner Frau. Als der König in einem Rechtsstreit zwischen dem Eselmann und dem Mauleselmann um den Besitz des von beiden beanspruchten Füllens ein Fehlurteil fällt, tritt die Kluge für die verletzte Rechtsordnung ein und wird deshalb vom König verstoßen. In einer Truhe darf sie »das, woran ihr Herz am meisten hängt«, mitnehmen. Von Schlafmohn und der Magie ihres Schlummerlieds überwältigt, sinkt der König in Schlaf; er erwacht im Morgenlicht, in der Truhe liegend, unter einem blühenden Baum.

Kommentar: Orff hat sein Stück in Erinnerung an *Tausendundeine Nacht* »eine Geschichte, kein Märchen, von lauter Lebendigen lebendig gespielt«, genannt. Die Strolche sind nach Orff »Geschwister der Mondburschen, aber noch mehr Shakespeare-Gestalten«; sie sind auch den Landsterzern in *Astutuli* (München 1953, Text: Orff) typologisch verwandt, und als Lateinkundige könnten sie als Nachfahren der römischen Komödie gelten. Siegfried Mauser hat zusätzlich Bezüge zur Commedia dell'arte, zum komischen und zum epischen Theater konstatiert (s. Lit.). Über diesen Affinitäten aber ist nicht zu vergessen, daß Orff die Strolche aus der Sprachgestalt der Sprichwörter heraus frei erfunden hat. Sie singen als situativ sich einmischende Mitakteure, sie sprechen als »handlungsexterne beobachtende Kommentatoren« (Mauser) in bildstarken, bald derben, bald hintersinnigen, anzüglichen oder ironisierenden Sprichwortmontagen. Die schlagfertig zupackende Direktheit der Diktion greift auf die »Subalternfiguren« über, während sich die Protagonisten in elementar wirkenden, in der Tat aber genau kalkulierten, ausgeschliffenen Sprachwendungen darstellen. Wortwiederholungen, Wortreibungen und rhythmisch ausgeformte Wortbrechungen sind stilkonstituierend und verdichten klanggestisch den Sinnkern des Worts zu plastisch tönender Substanz. – Die szenischen Situationen projizieren sich, die Figuren definieren sich unmittelbar in der satztechnischen Faktur der Musik. Die Textrezitation, vom rhythmisierten Sprechen über emphatisch ausholendes Espressivo bis zur Quasiarie reichend (1. Szene: furioses, aus einer rhythmischen Klangzelle entfaltetes Lamento des Bauern; 6. Szene: resignativ-verzweifeltes Lamento des Eselmanns; 9. Szene: Wutarie des Königs), folgt ganz den die jeweiligen Aktionsmomente repräsentierenden Reaktionen der Figuren. Das Orchester, im wesentlichen der hochromantischen Besetzung entsprechend, partizipiert, seine Rolle als Begleitinstrumentarium weit überholend, als korrespondierender Mitgestalter an der Konfiguration der Szene: sei es durch signifikante Zuordnung einzelner Instrumente (Glöckchen zur Klugen, kleine Trommeln zur Strolchenpantomime, Trompeten als Königsemblem); sei es durch formbildende Klangzüge wie das 16taktige Modell zum Aufbau einer Rondoarchitektur der 3. Szene, zugleich beziehungsvolles Zitat aus Mozarts *Entführung aus dem Serail* (1782; »Vivat Bacchus«); sei es durch Ausbreiten figurentypisierender, ostinater Klangfelder wie der herrscherliche und zugleich ironisch-spielerische Imponiergestus des Königs (3. Szene), dagegen der weich schwingende Ostinato der Klugen mit der die Textdeklamation echohaft nachspottenden Klarinette (»Du bist die Kluge«) oder die sich als rhythmisches Paukenmodell konkretisierende »Denkpause« des Königs vor der Rätselstellung; seien es

Die Kluge; Wolfgang Brendel als König, Julia Conwell als des Bauern Tochter; Regie: Giancarlo Del Monaco, Ausstattung: Dominik Hartmann; Nationaltheater, München 1980. – Wie holzgeschnitzt wirkt alles: das Sonnengebälk, der Balkenbaum, selbst die lebendigen Figuren gleichen Gliederpuppen.

dramaturgisch bedeutsame, auf Hintersinnig-Metaphorisches weisende oder künftige Bezüge andeutende Klangrückungen wie »nach dem Stößel frag' ich nicht« oder der in die Mediante A-Dur gleitende »Beleuchtungswechsel« (Franz Willnauer), der wie durch Zauber das Geheimnis »Rätsel« als geistige Figur musikalisch imaginiert; sei es die integrative Faktur der 6. Szene, die die Klagen und Flüche des enttäuschten Eselmanns mit einer lyrisch schwebenden, aus der Malagueñafigur entwickelten Klangvision zusammenbindet, Naturmagie des sinkenden Abends, durch den die Kluge »verschleiert, wie von ungefähr sich ergehend, ganz unnahbar und überlegen« als wahrhafte Märchenkönigin hindurchschreitet und dem Eselmann den folgenreichen Rat gibt, auf dem Trockenen zu fischen; sei es der die Zubereitung des Abendtrunks für den König begleitende Schlafzauber des »Schuschuhu-schu-schu«-Lieds (9. Szene), in dem sich die Magie des »incantare« konkretisiert, über dem ostinaten, seinem Wesen nach vorharmonischen Dur-Moll-Klangpendel; sei es schließlich das bedeutsame Klangzeichen des »Morgenrufs« der Trompete als Initium des Schlußtableaus, aus dem sich der Klangsatz gestuft bis zum vollen Orchester entfaltet. Das Orchester ist hier signifikanter Symbolträger zu dem aufs äußerste verknappten »Dialog« des Königspaars. Dies Schlußbild hat Willnauer, in Abstimmung mit Orff, wie folgt gedeutet: »Weibliche Klugheit hat Anteil am Kindhaften ebenso wie am Mütterlichen; gerade darum siegt sie über den Verstand und die Macht des Mannes. Um diesen Sinn des Spiels zu enthüllen und gleichzeitig zu verschlüsseln, verwendet Orff nun ›Requisiten‹ des Theaters, die gleichzeitig als Symbole dienen. Die Truhe, in der der König schläft, ist zugleich Sinnbild der Verpuppung, aus der ein neuer Mensch erwacht. Der blühende Baum im Bühnenhintergrund ist der Lebensbaum, unter dem sich die in erkennender Liebe Wiedergeborenen neu begegnen. Das helle Morgenlicht ist Symbol des neuen Beginns, Verheißung kommenden Glücks« (*Dokumentation*, Bd. 5, S. 196, s. Lit.). Sprechende Klangzeichen der Instrumente ziehen resümierend vorbei: Der »Morgenruf« der Trompete wird von der Solobratsche, einem »Seeleninstrument« (Willnauer), begleitet; als der König »im Traum lächelt«, intoniert die Klarinette erinnernd: »Du bist die Kluge«; devisenartig ertönt ein Fragment von Mozarts »Bacchus«-Motiv; der Kikerikiruf aus der Sauforgie der Strolche, dort noch Symbol der verratenen Treue, ist hier versöhnend entschärft; die letzten drei Worte aus der Sentenz der Klugen (»Klugsein und Lieben kann kein Mensch auf dieser Welt«) greift das volle Orchester als melodisches Zitat auf und wiederholt es wie eine Beschwörung »glückenden Lebens« (Max Lüthi). Dann »bleibt die Musik stehen, die Szene wird zum heraldischen Bild, das von keiner Bewegung, keiner Umarmung der Liebenden gestört werden darf: die Figuren des Spiels werden überhöht zu Sinnbildern des Lebens« (*Dokumentation*, S. 197). – Die Singularität des Werks liegt nicht zuletzt darin, daß sich hier vier »einfache Formen« der Sprache (nach André Jolles, *Einfache Formen*, Halle 1930) versammelt und durchdrungen haben. Die schon der »einfachen Form« dieses Märchens einbeschriebene zweite Gattung des Rätsels hat Orff im Sinn einer Gegenspiegelung intensiviert (»Es galt, Rätsel zu finden, die zu erraten nicht [...] Sache der bloßen List ist, sondern die als Gedankenspiele geistige Überlegenheit erfordern und auf geheime Weise das Geschehen der Handlung in ihrem Kern widerspiegeln«; Orff, in: *Dokumentation*, S. 135). Schließlich verleiht die klassische Sentenz als vierte »einfache Form« der Lösung des Märchens eine parabelhafte Gültigkeit. Die unmittelbare Direktheit und pralle Sinnenhaftigkeit von Figuren und Situationen (Sauforgie mit Gassenhauer) täuscht eine Realitätsnähe vor, die vom Zuschauer mit elementar-naivem ästhetischen Vergnügen (im Sinn Bert Brechts) quittiert werden kann, entpuppt sich aber in der ebenfalls sich elementar gerierenden, aber bis zur Raffinesse hochstilisierten Sprache und Musik als eine auf eine neue Ebene gehobene, vom Bildlichen ins Sinnbildliche geöffnete Märchendistanz. *Die Kluge* markiert eine bedeutsame Station in Orffs musikdramatischer Stilfindung, kann aber nicht, wie es vielfach geschieht, stellvertretend für den Gesamtstil seines Musiktheaters angesehen werden. Sie ist szenisch, musikalisch und gattungsspezifisch ohne jede Rückbindung an das inszenierte Volksmärchen und an die Märchenoper des 19. Jahrhunderts, sie folgt vielmehr einer individuellen, werkeigenen Dramaturgie.

Wirkung: Daß diese Eigenart des Stücks erkannt wurde, zeigt eine Äußerung Heinz Tietjens (»Es darf kein Stäubchen Oper an der *Klugen* hängenbleiben«, nach Gertrud Orffs Tagebuch am 22. Okt. 1941), der mit Gustaf Gründgens eine Inszenierung mit einer gemischten Besetzung aus Sängern und Schauspielern (Käthe Gold als Kluge) für Berlin plante, deren Realisierung jedoch der Krieg vereitelte. Die Uraufführung (Dirigent: Otto Winkler, Regie: Günther Rennert, Bühnenbild: Helmut Jürgens mit dem berühmt gewordenen Einfall, die Musikanten in der Königsszene durch lebensgroße Marionetten darzustellen; Kluge: Coba Wackers, König: Rudolf Gonszar, Bauer: Emil Staudenmeyer, Mann mit Esel: Oskar Wittazscheck, Mann mit Maulesel: Günther Ambrosius) war ein durchschlagender Erfolg. Bis 1945 kam *Die Kluge* auf weiteren 21 Bühnen heraus, darunter in Dresden (Regie: Heinz Arnold). Nach Kriegsende wurde das Stück nach *Carmina Burana* (1937) Orffs populärstes Bühnenwerk, das, in mehr als 20 Sprachen übersetzt, bis heute weltweit im Repertoire großer und kleiner Häuser zu finden ist. Von den zahlreichen deutschsprachigen Inszenierungen sind die wichtigsten: 1948 Komische Oper Berlin (Regie: Walter Felsenstein) und Prinzregententheater München (Dirigent: Ferdinand Leitner, Regie: Rennert, Bühnenbild: Jürgens; Annelies Kupper, Georg Hann), 1953 Volksoper Wien, 1955 München (Regie: Arnold), 1963 Theater an der Wien (mit Evelyn Lear, Thomas Stewart), 1965 (Leitner, Paul Hager, Wolfram Skalicki; Irmgard Stadler, Thomas Tipton) und 1975 Stuttgart (Bernhard Kontarsky, Ernst Poettgen, Leni Bauer-Ecsy; Raili Viljakainen, Armand MacLane), 1977 und 1984 Düsseldorf (Peter Erckens, Günter Roth, Gerda Zientek; Gyöngyi Kovacs, Toschimitsu Kimura), 1980 München. – Von besonderem Interesse sind Adaptionen in fremdländische Traditionen und Kulturen, wie die erste englischsprachige Aufführung als *The Wise Maiden* durch eine Negertruppe 1949 in Cleveland oder die italienische Version als *La donna saggia*, die 1950 am Teatro Valle Rom mit den »vagabondi« im Stil der Commedia dell'arte gegeben wurde. In der Sowjetunion gab es Inszenierungen, und japanisch wurde *Die Kluge* 1958 von der Musaschino-Akademie Tokio im Stil des klassischen Kabuki-Theaters einstudiert.

Autograph: Bayer. SB München. **Ausgaben:** Part: Schott 1942; StudienPart: Schott 1957, Nr. 4580; Part, dt./engl. Übers. v. G. Lenssen: Schott 1975, Nr. 6631; Kl.A: Schott 1942, Nr. 2868; Kl.A, russ.: Staats-Vlg., Moskau 1968; Textb.: Schott 1942. **Aufführungsmaterial:** Schott
Literatur: H. KEMNITZ, ›Die Kluge‹ von C. O., Bln. 1961, Beispiel-H. 1962 (Die Oper. Schriftenreihe über mus. Bühnenwerke); S. MAUSER, Dramaturgie und satztechnische Psychologisierung in der ›Klugen‹, in: Jb. d. Bayer. Akad. d. Schönen Künste 1988, Bd. 2, S. 278–290; weitere Lit. s. S. 584

Werner Thomas

Die Bernauerin
Ein bairisches Stück
2 Teile (12 Bilder)

Text: Carl Orff
Uraufführung: 15. Juni 1947, Württembergische Staatstheater, Großes Haus, Stuttgart
Personen: der Ansager; Albrecht, Herzog in Bayern und Graf zu Voheburg; 3 junge Adlige, Albrechts Freunde; Kaspar Bernauer, Bader zu Augsburg; Agnes Bernauer, Badmagd und Riberin, auch Duchessa; der Kanzler von Herzog Ernst; ein Mönch; eine junge Dienerin; 2 Bürger aus München; ein welscher Spielmann (T); Bürger von München; Hauptmann und Reisige; Richter und Häscher; Volk; Kriegsvolk; Hexen. **Chor mit Soli:** Badgäste beim alten Bernauer
Orchester: 3 Fl (3. auch Picc), 3 Ob (2. u. 3. auch E.H), 3 Klar (auch kl. Klar in Es u. D), B.Klar, 2 Fg, K.Fg, 4 Hr, 3 Trp, 3 Pos, Tb, Pkn, kl. Pkn, Schl (gr.Tr, 3 kl.Tr, gr. HolzschlitzTr, Trg, Ratsche, Kastagnetten, Zimbel, versch. Rasseln, 3 Bck, StandBck, gr. u. kl. Tamtam, 2 Glsp, Xyl, B.Xyl, Metallophon, Röhrenglocken, Plattenglocken, Steinspiel), Cel, Hrf, 2 Kl, Streicher, T, Männerchor; BühnenM auf u. hinter d. Szene: Schl (gr. Tamtam, gr.Tr, 6 kl.Tr, 3 RührTr, Glocken in f' u. fis"), Org, 2 Kl, Chor, S
Aufführung: Dauer ca. 2 Std. – Versenktes Orchester. Die Hexen werden von Männern gespielt.

Entstehung: Im Febr. 1942 hatte Richard Strauss Orff brieflich auf »bairische und Kärntner alte Volkspoesie« hingewiesen. Den ersten stofflichen Anstoß gab die Übertragung der Titelrolle von Friedrich Hebbels Trauerspiel *Agnes Bernauer* (1852) an Orffs Tochter Godela für eine Inszenierung in München im Nov. 1942. Orff, enttäuscht von Hebbels historisierender Sicht und dessen Agnes als »heroisch-sentimentaler Figur«, plante »ein bairisches Stück, ein Festspiel für München« (*Dokumentation*, Bd. 6, S. 11, s. Lit.). Zum erstenmal wählte er die altbayrische Sprache, die er sich anhand des *Bayerischen Wörterbuchs* (1827–37) von Johann Andreas Schmeller als szenisch-klangliches Medium verfügbar machte. Auf dialektaler Basis entstand eine poetische Paraform zur Mundart, die Orff in der »bairischen Komödie« *Astutuli* (München 1953) konsequent weiterführte. Weitere Quellen waren das *Liederbuch der Clara Hätzlerin* (Augsburg 1471), das Rondeau *Jenin l'Avenu* von François Villon sowie die auch von Hebbel benutzte Schrift *Agnes Bernauerinn historisch geschildert* (1800) von Felix Joseph von Lipowsky. Orff machte bereits 1942 erste Aufzeichnungen, begann aber erst 1944 mit der Arbeit, die er am 19. Jan. 1946 abschloß. Die Kontroverse um gravierende Eingriffe in der Schlußszene seitens der Regie bei der Uraufführung führte im Lauf der folgenden Einstudierung in München zur Neukomposition einer Vokalise für die Bernauerin, wodurch die ursprünglich sichtbar gedachte Apotheose ins Musikalische verlegt wurde. – Das Werk ist dem Andenken des 1943 von den Nationalsozialisten hingerichteten Kurt Huber gewidmet.
Handlung: In Bayern, 1428–35.
I. Teil, »Intrade«, vor einem Vorhang mit phantastischer Heraldik: Der Ansager kündigt die Handlung an.
1. Bild, »Badstube in Augsburg«, im Hintergrund, erhöht, ein großer, länglicher Bottich, in dem junge Männer und Frauen sitzen; im Vordergrund rechts eine Zechecke mit Badgästen, links ein Badkämmerchen mit Zuber und Bett: Beim Gesang des Spielmanns herrscht reges Leben. Zum Zeichen seiner

Die Bernauerin, II. Teil, 7. Bild; Friedrich Schoenfelder als Albrecht; Regie: Reinhard Lehmann, Bühnenbild: Wilhelm Reinking; Uraufführung, Staatstheater, Stuttgart 1947. – Die Schlußapotheose mit dem Lanzenheer evoziert einen Bildausschnitt der *Alexanderschlacht* (1529) von Albrecht Altdorfer.

Liebe reicht Albrecht Agnes einen Ring, dem alten Bernauer wirft er im Hinausgehen eine Börse zu. Leidenschaftlich wehrt Agnes das kupplerische Ansinnen ihres Vaters ab und erklärt, sie wolle Albrecht niemals wiedersehen. 2. Bild, Vorbühne: Albrechts Freunde warnen vor einer Verbindung mit der nicht standesgemäßen Agnes, die sein Vater in keinem Fall billigen würde. 3. Bild, »Schenke in München«: Beim Abendtrunk debattieren die Bürger die durch Albrechts heimliche Ehe eingetretene Situation mit ihren politischen Folgen. 4. Bild, Vorbühne: Zwei Bürger mit Laternen kommen auf dem Heimweg an einer steinernen Madonna vorbei, vor der ein ewiges Licht brennt. 5. Bild, »Auf Schloß Vohebug«, vor einem gobelinartigen Hintergrund, der einen Liebesgarten darstellt: Albrecht sitzt zu Agnes' Füßen und schildert seine Visionen eines Liebesgartens in der Natur und ihres Einzugs in München.
II. Teil, drei Jahre später. »Intrade«, wie I. Teil. 1. Bild, Herbst, auf einer Anhöhe des Isartals: Zwei Bürger sprechen über die Anzeichen drohenden Unheils von seiten des regierenden Herzogs Ernst. 2. Bild, »Auf Schloß Straubing«: Agnes, in Gedanken versunken, sieht im Bild des Rads der Fortuna ihr eigenes Schicksal und bejaht es. Sie verabschiedet sich von Albrecht, der am nächsten Tag wegreitet. 3. Bild, »Kanzlei in München«, Nacht: Vor dem Kanzler liegt Agnes' Todesurteil, das Ernst unterzeichnet hat. 4. Bild, »Im Winkel einer dunklen Kirche zu München«: Ein Mönch hetzt die Menge gegen Agnes auf, die er als Hexe brandmarkt. Junge Bürgersöhne reißen ihn von der Kanzel. 5. Bild, »Auf Schloß Straubing«, Agnes' Zimmer: Agnes tröstet ihre weinende Dienerin, die von Gerüchten beunruhigt ist. Plötzlich brechen die Häscher ein, verhaften Agnes und führen sie zur Urteilsvollstreckung. 6. Bild, Vorbühne: Die Hexen schildern, wie die Verurteilte im Schinderwagen herangebracht und vom Henker ins Wasser gestoßen wird. 7. Bild, »Weites Feld«, Donauufer: Eine Sonnenfinsternis und Glokkenklang zeigen die Untat an. Albrecht erscheint mit seinem Heer, um Rache zu nehmen und München niederzubrennen. Der Kanzler bringt die Nachricht vom Tod Ernsts und ruft Albrecht zum Herzog aus. Am Himmel erscheint schemenhaft, nur für Albrecht sichtbar, Agnes als Herzogin. Unter der Anrufung des Volks verschwindet die Erscheinung.

Kommentar: Der geschichtliche Hintergrund der *Bernauerin* ist die Liebesgeschichte des Thronerben Albrecht III., der die Baderstochter heimlich zu seiner Gemahlin nahm. Dem zürnenden Vater Herzog Ernst, der die Ehe rückgängig machen wollte, verweigerte er den Gehorsam. Nach dem Tod seines Mitregenten Wilhelm ließ Ernst aus Sorge um die legitime Nachfolge Agnes gefangennehmen und ertränken. Albrecht verbündete sich zunächst mit Ernsts Widersachern, versöhnte sich aber später mit ihm und heiratete Anna von Braunschweig-Grubenhagen. Flugblätter und Volkslieder bemächtigten sich schon im 16. Jahrhundert des Stoffs. Orffs Stück fußt auf der Volksballade *Von der schönen Bernauerin* aus dem 18. Jahrhundert, in der, abweichend von der geschichtlichen Faktizität, der alte Herzog, gleichsam als Sühne für den Mord, frühzeitig stirbt. – *Die Bernauerin* stellt ein eigenständiges Modell orfftypischen Musiktheaters dar, dessen dramaturgisches Prinzip das bruchlose Alternieren zwischen Sprache und Musik ist: Die phonetische Spannung des Worts löst sich in den Klang, dieser führt wieder zum Wort zurück. Der Text ist weder im opernhaften Sinn komponiert noch musikalisch untermalt, daher bleibt jede Assoziation an Oper, Schauspielmusik oder gar Melodram abwegig. Gegenüber dem Handlungspotential des Stoffs finden sich nur wenige Aktionsszenen (I/1: Ringübergabe; II/4: Hetzrede des Mönchs; II/5: Agnes' Verhaftung; II/7: Albrechts Aufruf an sein Heer); vielmehr überwiegen statische Bilder, die charakteristisch für die blockhafte Architektur eines »Stationendramas« (zwölf Bilder einer »passio humana«) sind, voll von atmosphärischen Ahnungen, Vorausspiegelungen oder Geschehensreflexen. Im Wechsel mit intermedienartigen gesprochenen Zwischenszenen sind die musikalisierten Hauptszenen des I. Teils Paradigmen dieser statischen Bildstruktur. Im turbulenten Getriebe der Badstube (I/1) gleicht das Badkämmerchen mit Agnes und Albrecht einem alten Bild (»Schneiden möcht ich [...] dein Bild«). Die wenigen Worte sind Außenkontur innerer Vorgänge. Ein Summchor im Orchester (I/3) breitet eine Klangfläche auf Klangsilben aus (Volksliedzitat mit volksmusikartiger Instrumentierung), die sich stufenweise entfaltet und nach einem Fortissimogipfel im Pianissimo erlischt. Niemand singt, es tönt. Die Bürger hocken bewegungslos an den Tischen und hören das Tönen nicht; es ist Projektion ihres inneren Sinnens, das sich in einen dem antiken Chor verwandten Dialog löst und wieder in das irrational-imaginative Tönen einmündet. Die ekstatischen Vokalisen des Tenors auf den Urlaut »Ah« (I/5, auch II/2) transzendieren die Übermacht des Gefühls in visionäre, traumhafte Räume und Bilder der Entrückung (Liebesgarten und imaginierter Einzug in München), vor denen die realen Schauplätze der beiden Burgen versinken. Die Visionen werden vom Chor und Orchester klangsymbolisch weitergeführt. Der II. Teil führt in aufstufender Bildverdichtung auf die Katastrophe zu, eingeleitet durch eine das lastend-melancholische Bürgergespräch umrahmende Instrumentalballade (II/1), ein Muster für pointillistisch-transparente Klangfarbenfelder, die Empfindungen, Gefühle, Ahnungen, Vorausdeutungen signalisieren (die Liebesmusik in II/2; die »Passionsmusik« in II/4 und 5; die Nachtszene mit dreigliedriger Verflechtung von gesprochenem Gebet, gesungenem Lied und rhythmischem Zitat des Mönchsfluchs »Nieder mit der Bernauerin!« im Orchester). In II/6 und 7 wird die bis dahin irdische Ereignisebene geschichtlicher Natur durch eine metaphysische Wirkungsebene überhöht. Mit dem Einbruch dämonischer und himmlischer Mächte wird die balladeske Struktur signifikant. Die Hexen sind gleichsam die Auslöser des Untergangs; sie tönen in rhythmisierter, die Sprache in phonetisches Material zerhackenden

Verfluchungsketten mit permutierendem Wechsel von Soli, Gruppen und Tutti über differenzierter Schraffur eines »magisch-dämonischen Perkussionsinstrumentariums« (Orff). Das vielgliedrige Finale ist eine an die Sprachgewalt des Volkslieds antiphonal anknüpfende Ballade in der Ballade: Albrecht als (fragender) Chorführer des (antwortenden) Volks. Apokalypse und kosmischer Aufruhr sind das außerirdische Pendant zu Albrechts rasendem Vernichtungswillen. Die dramaturgische Funktion der Ballade liegt in Albrechts stufenweisem Begreifen des Ungeheuerlichen. In II/7 verschmelzen Trionfo-Idee, Apotheose und Mysterium: Alle, auch Albrecht, beugen sich dem Wunder. Den musikalisch signalisierten himmlischen Trionfo versteht Orff als »gleichnishafte Verklärung des Geschehens«, womit *Die Bernauerin* in die Nähe des Mysterienspiels rückt und den Rang eines Theatrum mundi gewinnt, was die Bezeichnung »bairisches Weltheater« rechtfertigt.

Wirkung: Die Uraufführung (Dirigent: Bertil Wetzelsberger, Regie: Reinhard Lehmann, Bühnenbild: Wilhelm Reinking; Agnes: Godela Orff, Albrecht: Friedrich Schoenfelder, Kaspar: Fritz Klippel, Ansager: Herbert Herbe) fand in Abwesenheit Orffs statt, der sich von der nach seiner Meinung zu opernhaftkonventionellen Konzeption distanzierte. Erst die Münchner Erstaufführung am 6. Juli 1947 im Prinzregententheater wurde von ihm voll bejaht (Dirigent: Ferdinand Leitner, Regie: Hans Schweikart, Ausstattung: Caspar Neher; Heidemarie Hatheyer, Peter Pasetti, Ernst Barthels, Hans Winninger; Wiederaufnahme mit Godela Orff und Hans Baur zu den Münchner Opernfestspielen 1950). 1954 schuf Rudolf Hartmann eine Inszenierung in München, die das balladeske Element des Werks hervorhob (Dirigent: Rudolf Kempe, Bühnenbild: Helmut Jürgens). Seitdem erlebte *Die Bernauerin* regelmäßig Inszenierungen im deutschsprachigen Raum: Volksoper Wien 1955 (Dirigent: Heinrich Hollreiser, Regie: Adolf Peter Rott; mit Käthe Gold, Fred Liewehr), Düsseldorf 1957, Bern 1958, Potsdam 1965, Zürich 1973 (mit Evelyn Balser, Peter Fricke), Gärtnerplatztheater München 1975 (Dirigent: Kurt Eichhorn, Regie: Hellmuth Matiasek; Christine Buchegger, Daniel Friedrich). Bedeutende Freilichtaufführungen gab es 1960 in Augsburg (Regie: Karl Bauer), 1975 in Nürnberg (Regie: Hans-Peter Lehmann; Ilse Neubauer, Fricke) und 1985 in München (Dirigent: Hanns-Martin Schneidt, Regie: August Everding, Bühnenbild: Jörg Zimmermann). Darüber hinaus wird das Werk häufig von Amateurgruppen aufgeführt.

Autograph: Bayer. SB München. **Ausgaben:** Part: Schott 1946, rev. 1956; Schott 1980; StudienPart: Schott 1979, Nr. 6856; Kl.A: Schott 1946, rev. 1956; Schott 1980; Kl.A, dt./engl. Übers. v. F. A. Kracht: Schott 1974; Textb.: Schott 1946, 1974.
Aufführungsmaterial: Schott
Literatur: W. SCHADEWALDT, Das Wort der Dichtung. Mythos u. Logos. Das zweite Beispiel, in: Wort und Wirklichkeit. Jb. d. Bayer. Akad. d. Schönen Künste, 6. Folge, München 1960, S. 104–106; weitere Lit. s. S. 584

Werner Thomas

Antigonae
Ein Trauerspiel des Sophokles von Friedrich Hölderlin
5 Akte

Text: Sophokles, *Antigone* (442 v. Chr.) in der Übersetzung (1804) von Johann Christian Friedrich Hölderlin
Uraufführung: 9. Aug. 1949, Felsenreitschule, Salzburg
Personen: Antigonae/Antigone (dramatischer S); Ismene (A); Kreon (Bar); ein Wächter (T); Hämon (T); Tiresias (hoher T); ein Bote (B); Eurydice/Eurydike (S); Chorführer (Bar). **Chor:** die thebanischen Alten
Orchester: 6 Fl (auch Picc), 6 Ob (auch E.H), 6 Trp, 7–8 Pkn, Schl (10–15 Spieler: S.Steinspiel, 2–3 Xyl, 2 S.TrogXyl, 6 T.TrogXyl, 2 B.TrogXyl, kl. HolzTr, gr. afrikanische HolzschlitzTr, Glocken in d″ u. e″, 3 Glsp, 4 Paar Zimbeln, 3 türk. Bck, 3 Paar Bck, kl. Amboß, 3 Trg, 2 gr.Tr, 6 Tamburine, 6 Paar Kastagnetten, 10 gr. javanische Buckelgongs), 6 Kl, 4 Hrf, 9 Kb
Aufführung: Dauer ca. 2 Std.; keine Pause. – Das Orchester soll unsichtbar sein. Die Trogxylophone können durch Marimbaphone ergänzt werden. Die Stimmfächer sind in der Partitur nicht enthalten, sie wurden nach Orffs mündlichen Angaben ergänzt.

Entstehung: Orffs Überlegungen zu einer neuen Aneignung der griechischen Tragödie reichen bis 1914 zurück. Eine Aufführung von Strauss' *Elektra* (1909) vermittelte ihm die Einsicht, daß in Hugo von Hofmannsthals »mythologischer Oper« mit der Psychologisierung der Gestalten und der Überwältigung des lyrisch-expressionistischen Texts durch eine autonome symphonische Musik ein Ende dieses Wegs erreicht sei. Dann verlagerte sich sein Interesse an einer »Wiedergeburt der Tragödie« auf die Neubearbeitung von Werken Claudio Monteverdis. Hölderlins *Antigone*-Übersetzung, die Orff 1940 in einer Inszenierung Lothar Müthels in Wien sah, machte ihm endgültig deutlich, daß die Wiedergabe als Sprechtheater per se defizitär und verfälschend bleiben müsse. Ein künftiger Weg schien Orff durch radikale Herausnahme der Tragödie aus der klassizistisch-romantischen Tradition möglich, was eine ebenso entschiedene Abkehr von der Konfliktdramatik des Schauspiels wie von der Dominanz der Musik in der Oper bedeutet. 1941 begann er mit der Ausarbeitung bereits vorhandener Skizzen und schloß am 12. März 1949 die Partitur ab.

Handlung: Vor der Kadmeia, dem Königspalast in Theben; mythische Zeit: In Theben herrscht zwischen den Sippen des Herrscherhauses, den Labdakiden und den Menoikiden, ein fluchbeladener alter Streit. Aus der schicksalsträchtigen Mutterehe Ödipus', Sohn Laios' und Enkel Labdakos', stammen die Zwillingsbrüder Eteokles und Polynikes und die Töchter Antigonae und Ismene. Eteokles, Theben verteidigend, und Polynikes, die Vaterstadt angreifend, sind im Zweikampf gefallen. Kreon, Sohn Menoikeus', erklärt Polynikes zum Staatsfeind und verbietet dessen Bestattung bei Todesstrafe. Die Labdakidin Antigonae, dem Bruder, dem Vater, den Ahnen und damit den Satzungen der Hadesgötter leidenschaftlich-trotzig und unbedingt bis zur Selbstvernichtung hingegeben, mißachtet Kreons Gebot und vollzieht wiederholt das Bestattungsritual an dem Leichnam des Bruders. Von den Wächtern ergriffen, wird sie von Kreon zum Tod im Felsverlies verurteilt. Der verblendete Kreon bleibt taub gegenüber den Worten des Sohns Hämon, Antigonaes Verlobten, gegenüber der Stimme des Volks und der Warnung des Sehers Tiresias. Seine Einsicht kommt zu spät. Er wird durch Antigonaes Untergang in die eigene Vernichtung hineingerissen. Hämon tötet sich vor Kreons Augen in der Felsenkammer, wo er die Braut erhängt gefunden hat. Eurydice, seine Mutter, stirbt wort- und klaglos ihrem letzten Sohn nach. Kreon bleibt vernichtet zurück, Mörder von Gattin und Sohn und Schänder der Stadt.

Kommentar: *Antigone*, von Sophokles auf der Grundlage des Mythos neu konzipiert, ist »das erste ganz von klassischer Form und Menschenschau durchwaltete Drama« (Ernst Buschor, s. Lit.). Es stellt sich dar als »die Tragödie zweier im Wesen getrennter, dämonisch verbundener, im Sinne des Gegenbildes einander folgender menschlicher Untergänge« (Karl Reinhardt, s. Lit.). Orff sah in Hölderlins Übertragung weder ein Libretto für eine Komposition im Sinn der Oper noch ein Modell für eine Umgestaltung innerhalb der seit der Renaissance kontinuierlichen weltweiten Rezeptionsgeschichte. In Hölderlins »hesperischer« Transposition erkannte Orff einen kostbaren Zugang von der abendländischen Geistigkeit her zu Sophokles' Werk, der eine »Interpretation« ermögliche (Thrasybulos Georgiades, s. Lit.). Sein Kompositionsstil ist eine radikale, in seiner Art »avantgardistische« Neuerung, ein Ausbruch aus der spätromantischen Tradition, ein Gegenentwurf zu dem herrschenden Kompositionsbegriff, der ein autonomes musikalisches Gefüge intendiert. Orffs einziges Ziel ist die Wiedergewinnung der sinnlichen Leibhaftigkeit und rituellen Präsenz des tragischen Worts für das Musiktheater des 20. Jahrhunderts. Das von Hölderlin »tödlich-faktisch« genannte Wort der Tragödie gewinnt in der Musikalisierung eine ontische Substantialität. So vermag es den Hörer zu »treffen« wie ein fester Körper (Steinspiel im Instrumentarium). Aus den Elementen und Techniken seines voll entwickelten Personalstils kreiert Orff einen Tragödienstil ohne Vorbild und Vergleichbarkeit. Die Musikalisierung des tragischen Worts ist weder Duplikat noch Untermalung der Sprache, sondern führt zu einem gestischen, körperhaft-plastischen, »enthusiastischen« Sprechen, dessen kurzphasig wechselnde, durch zahlreiche Vortragsanweisungen signalisierte Nuancen die innere Bewegtheit der tragischen Figur und ihr Unterworfensein unter ein »zuvor gesetztes Verhängnis« deutend mitahmen. Die rhythmische, melische und klangliche, bisweilen gegen die metrische Gestalt des Worts gesetzte Einrüstung der Sprache reicht vom ungestützten Secco einer Quasiprosa und einem festgehaltenen Rezitationston über das zeichensetzende Melisma und die freie Kantilene bis zum melischen Espressivo, zum Arioso, andrer-

Antigonae; William Murray als Kreon, Colette Lorand als Antigonae, Horst Hoffmann als Wächter; Regie: Günther Rennert, Bühnenbild: Rudolf Heinrich; Nationaltheater, München 1975. – Dem streng geometrisch gebauten Bühnenraum entsprach die Regie nur teilweise: Einesteils fixierte sie das Kultisch-Statische der griechischen Tragödie, andernteils löste sie es durch psychologisierende Individualisierung der Rollen zugleich wieder auf.

seits zum strengen Misurato und scharf skandierenden Martellato. In chromatischen Drehfiguren, überdimensionierten Intervallsprüngen, Binnenklauseln im Kontrast von Höhen- und Tiefenregistern verwirklicht sich die primäre Mächtigkeit der tragischen Gestalten. Die von Buschor erkannte hierarchische Stufenfolge der neun Rollen nach dem »Grad der Teilnahme an der Hohen Schicksalswelt« (s. Lit.) wird in Orffs musikalischer Deutung signifikant. Auf der untersten Stufe der »Schicksallosen« steht der Wächter. »Diese Perle der Komik [...] fast eine Karikatur der großen Leidenden« hat Orff als eine Art hintersinnigen Clown mit buffonesker Sprachmimik angelegt. »Sein ernsterer Bruder«, der Bote, berichtet zunächst im Einton und ist instrumental nur sparsam gestützt; seine Diktion erhebt sich aber zur emphatischen Tragödiensprache, wo er zitiert oder von dem berichteten Erleiden der Schicksalsträger mitgerissen wird. Ihre weitere Rangfolge ist auf der einen Seite Eurydice–Hämon–Kreon, auf der andern Ismene–Antigonae. Die Brücke zur Schicksalswelt der Fürsten bildet der Seher. Seine wie unter Zwang sich ausfaltenden Melismen, in visionärer Hochlage die Randzonen der Stimme tangierend, wirken wie »Stöße des Gottes« (Orff). Die obersten Schicksalsträger werden durch riesige Initialen eingeführt (Antigonae: »Gemeinschwesterliches«; Kreon: »Ihr Männer«); ihnen sind melisch und rhythmisch hochgespannte Großformen von äußerster Expressivität zugeordnet (Antigonae: unbegleitetes Lamento, kommosartiger Chordialog, tänzerisch-schreitender Todesgesang auf einem tangoähnlichen Schreitrhythmus; Kreon: Eingangsrede; Schlußkommos nach der Katastrophe). Rollenpartner der Protagonisten ist der Chor, der den »Schicksallosen« gleichgestellt ist, in den Chorliedern aber seine zentrale Funktion als »sinnliches mächtiges Organ der Tragödie« (Friedrich von Schiller) zurückerhält. Die Chorlieder imaginieren die jeweilige dramaturgische Situation, geben aber auch die Sicht frei auf die die Tragödie durchwaltenden göttlichen Mächte, wie etwa in der dionysischen Ekstase des Einzugslieds, in den Götteranrufen, im Preislied auf Eros, einem achtstimmigen, organalen A-cappella-Satz, in dem berühmten Standlied »Ungeheuer ist viel« mit dem Charakter einer Meditation. Orffs Musikalisierung führt den Chor aber auch zu seinem Ursprung zurück, der »tänzerischen Bewegung«, die auf der Rhythmisierung der Sprache basiert. Bei der Umsetzung in eine adäquate Körpersprache denkt Orff nicht an Tanz im wörtlichen Sinn, sondern an ein Ausschreiten der musikalischen Strukturen, eine Art »kinetischer Choreographie«, an flexible Raumgliederungen und Raumverstrebungen der bewegten Leiber. – Mit der Musikalisierung der Sprache korrespondieren gliedernde Klangzeichen, symbolhaft verweisende Klanggebärden, rhythmisch prägnante Klangzüge und Klangfelder bis zu signalhaften Akzenten, Ballungen und Entladungen über stützenden Bordunklängen oder ostinat ausgebauten Klangebenen. Die Klangfarbe erscheint als koloristischer Strukturfaktor, wodurch eine gestuft-kalkulierte Klangtektonik bedingt ist (zum Beispiel Xylophonglissandi als Klangzeichen für Meer und Luft im Standlied »Ungeheuer ist viel«; Flöte erstmalig in der Mitte des Werks als »Symbol« des Eros; gedämpfte Trompeten beim Auftritt des Sehers; wesentlich für die intendierte Klangmagie ist der Anschlag der Klaviersaiten mit Schlegeln und Plektron bei aufgehobenem Pedal).

Wirkung: Trotz des ungewöhnlichen Stils, einer Reihe von Fehlplanungen seitens der Festspielleitung (ursprünglich hatte man Orff eine Aufführung im Festspielhaus zugesagt) sowie Besetzungsproblemen und Kürzungen wurde die Uraufführung zu einem großen Erfolg (Dirigent: Ferenc Fricsay, Regie: Oscar Fritz Schuh, Bühnenbild: Caspar Neher, Choreographie: Bernhard Wosien; Antigonae: Res Fischer, Ismene: Maria von Ilosvay, Kreon: Hermann Uhde, Wächter: Helmut Krebs, Hämon: Lorenz Fehenberger, Tiresias: Ernst Haefliger, Bote: Josef Greindl, Eurydice: Hilde Zadek, Chorführer: Benno Kusche). Orffs Neuansatz wurde als »Rückverwandlung« der Tragödie in das Bewußtsein der Gegenwart verstanden und von seiten der Geisteswissenschaften als »epochale Zäsur« in der Rezeptionsgeschichte der griechischen Tragödie empfunden. Er trug zur Aktivierung der wissenschaftlichen Beschäftigung mit Grundfragen des griechischen Theaters bei, spiegelte sich aber auch in kritischen Reflexionen wie Bert Brechts *Bemerkungen zu Orffs »Antigone«*, der 1948 sein »Antigonemodell« als montagehafte Aktualisierung Hölderlins demonstriert hatte. Unter wesentlich günstigeren Voraussetzungen kam das Werk 1950 ungekürzt in Inszenierungen Heinz Arnolds mit Christel Goltz in Dresden (Dirigent: Joseph Keilberth, Ausstattung: Karl von Appen; Ismene: Ruth Lange, Kreon: Heinrich Pflanzl, Tiresias: Johannes Kemter) und 1951 in München heraus (Dirigent: George Solti, Bühnenbild: Helmut Jürgens; Irmgard Barth, Uhde, Haefliger). Große Resonanz fand Wieland Wagners Stuttgarter Inszenierung 1956 (Dirigent: Ferdinand Leitner; Martha Mödl, Uhde, Josef Traxel), die 1958 bei der Weltausstellung in Brüssel zu sehen war. 1967 gastierte die Stuttgarter Oper in Athen mit der im selben Jahr entstandenen Inszenierung Paul Hagers (Dirigent: Heinz Mende, Bühnenbild: Gerd Richter; Sylvia Anderson, Carlos Alexander, Traxel). Weitere bedeutende Inszenierungen entstanden 1975 in München (Dirigent: Wolfgang Sawallisch, Regie: Günther Rennert, Bühnenbild: Rudolf Heinrich; Colette Lorand, William Murray, Helmut Melchert) und 1983 in Zürich (Leitner, August Everding, Josef Svoboda, Choreographie: Armin Wild; Rose Wagemann, Roland Hermann, Werner Hollweg). Wichtige konzertante Aufführungen gab es 1957 in Wien (Dirigent: Heinrich Hollreiser), 1968 in New York (Thomas Scherman), 1980 in München (Sawallisch) zusammen mit *Oedipus der Tyrann* (1959) und *Prometheus* (1968) und 1989 in Salzburg (Ulf Schirmer).

Autograph: Bayer. SB München. **Ausgaben:** Part: Schott 1949; StudienPart: Schott 1959, Nr. 5025; Kl.A: Schott 1949, Nr. 4026; Textb.: Schott. **Aufführungsmaterial:** Schott

Literatur: K. REINHARDT, Sophokles, Ffm. ²1943, S. 73–103; B. BRECHT, Bemerkungen zu O.s ›Antigone‹ [1949], in: DERS., Gesammelte Werke, Ffm. 1967, Bd. 19, S. 489f.; T. GEORGIADES, Zur ›Antigone‹-Interpretation von C. O., in: ÖMZ 4:1949, S. 191–194, auch in: DERS., Kleine Schriften, Tutzing 1977, S. 227–231; W. KELLER, C. O.s ›Antigonae‹. Versuch einer Einf., Mainz 1950; W. RIEZLER, Neue Horizonte. Bemerkungen zu C. O.s ›Antigonae‹, in: Gestalt und Gedanke. Jb. d. Bayer. Akad. d. Schönen Künste, München 1951, S. 103–116; B. STÄBLEIN, Schöpferische Tonalität. Zum Großaufbau v. O.s ›Antigonae‹, in: Musica 6:1952, S. 145–148; E. BUSCHOR, Sophokles. ›Antigone‹, ›König Oidipus‹, ›Oidipus auf Kolonos‹, München 1954; G. L. LUZZATTO, L'›Antigone‹ di C. O., in: Dioniso. Bollettino dell'Istituto Nazionale del Dramma antico 19:1956, Nr. 3/4; W. SCHADEWALDT, Einleitung zur ›Antigonae‹ des Sophokles von Hölderlin in der Vertonung von C. O., in: Hellas und Hesperiden. Ges. Schriften zur Antike u. zur Neueren Lit. Zum 70. Geburtstag v. W. Schadewaldt am 15. März 1970, hrsg. R. Thurow, E. Zinn, Zürich 1970, S. 434–465; W. THOMAS, C. O.s ›Antigonae‹. Wiedergabe einer antiken Tragödie, in: Werk und Wiedergabe, hrsg. S. Wiesmann, Bayreuth 1980 (Thurnauer Schriften zum M.Theater. 5.), S. 349–367; DERS., »In entwurzelter Zeit…« Die Antike im M.Theater C. O.s, in: Musik in Antike und Neuzeit. Quellen u. Studien zur M.Gesch. 1, hrsg. M. v. Albrecht, W. Schubert, Ffm. 1987, S. 230–236; D. BREMER, Mythos, Wort und Musik in C. O.s Umsetzung griechischer Tragödien, in: Jb. d. Bayer. Akad. d. Schönen Künste, München 1988, S. 214–224; S. KUNZE, O.s Tragödien-Bearbeitungen und die Moderne, ebd., S. 193–213; weitere Lit. s. S. 584

Werner Thomas

Trionfi
Trittico teatrale

Triumphe
3 Teile

Uraufführung: 14. Febr. 1953, Teatro alla Scala, Mailand (einzeln: *Carmina Burana*: 8. Juni 1937, Opernhaus, Frankfurt am Main; *Catulli carmina*: 6. Nov. 1943, Städtische Bühnen, Leipzig)

Carmina Burana
Cantiones profanae cantoribus et choris cantandae comitantibus instrumentis atque imaginibus magicis

Text: Auswahl aus der Handschrift lateinischer und deutscher Lieder und Gedichte *Carmina Burana* (um 1250)
Personen: S, T, Bar; kl. Soli: 2 T, Bar, 2 B; Tänzer. **Chor, Knabenchor**
Orchester: 3 Fl (auch 2 Picc), 3 Ob (3. auch E.H), 3 Klar (1. auch kl. Klar in Es, 3. auch B.Klar), 2 Fg, K.Fg, 4 Hr, 3 Trp, 3 Pos, Tb, 5 Pkn, Schl (5 Spieler: 3 Glsp, Xyl, Kastagnetten, Ratsche, Schellen, Trg, 2 antike Zimbeln, 4 paarweise hängende Bck, Tamtam, 3 Glocken in f′, c″ u. f″, Röhrenglocken, SchellenTr, 2 kl.Tr, gr.Tr), Cel, 2 Kl, Streicher
Aufführung: Dauer ca. 1 Std.
Handlung: Es gibt keine zusammenhängende Handlung, vielmehr evozieren die Texte eine Folge von Situationen, die sich in eine dreiteilige Spielanlage fügen (1. »Primo vere« / »Uf dem Anger«; 2. »In taberna«; 3. »Cour d'amours« / »Blanziflor et Helena«), die durch den Chor »Fortuna Imperatrix mundi« und seine Wiederholung bogenförmig umrahmt wird. Es agieren als Typen geprägte Spielfiguren (Abenteurer, Mädchen und ihre »Gesellen«, Spieler und Zecher, der gebratene Schwan, der »Abt« des Schlaraffenlands, das Liebespaar).

Catulli carmina
Ludi scaenici
3 Akte

Text: Gedichte (um 50 v. Chr.) von Catull (Gaius Valerius Catullus)
Personen: Catullus; Lesbia, seine Freundin; Caelius, sein Freund; Ipsitilla und Ameana, Buhlerinnen.
Chor: Jünglinge, Jungfrauen, Greise. **Ballett:** Liebhaber, Buhlerinnen
Orchester: 4 Pkn, Schl (10–12 Spieler: Kastagnette, Xyl, T.Xyl, 2 Glsp, Metallophon, Steinspiel ad lib., Maracas, 3 SchellenTr, Trg, gr.Tr, antike Zimbeln, 3 paarweise hängende Bck, Tamtam), 4 Kl, Chor, S, T
Aufführung: Dauer ca. 45 Min. – Die Kastagnette wird von einer Tänzerin gespielt.
Handlung: »Praelusio«, im Proszenium haben links die Jünglinge, rechts die Mädchen Platz genommen, in der Mitte die Greise: Rufe und Gegenrufe ekstatisch sich steigernder, sinnenfroher Liebesbeteuerungen der Jugend wechseln mit wütenden Ausbrüchen der über die Nichtigkeit der Liebe meckernden Greise.
I. Akt: Catullus lehnt an einer Säule, während Lesbia erscheint. Sie lassen sich nieder, und Catullus entschlummert im Schoß der Freundin, die bald den Schlafenden verläßt und vor Liebhabern in der Schenke tanzt.
II. Akt, Nacht: Catullus schläft auf der Gasse vor Lesbias Haus. Im Traum erscheint Lesbia, die nicht ihn, sondern Caelius liebkost. Verzweifelt fährt er aus dem Schlaf auf.
III. Akt: Catullus schreibt der am Fenster erscheinenden Ipsitilla einen Liebesbrief. Ameana, eine alte Buhlerin, wendet sich an Catullus; er verjagt sie jedoch und sucht unter den Liebhabern und Buhlerinnen nach Lesbia. Lesbia erblickt Catullus, doch stößt sie zurück. Lesbia flieht verzweifelt.
»Exodium«, wie »Praelusio«: Die Greise geben ihr Spiel verloren. Die Jungen entbrennen unbelehrt von neuem in gegenseitiger Leidenschaft.

Trionfo di Afrodite
Concerto scenico

Triumph der Aphrodite
7 Bilder

Text: Gedichte (um 50 v. Chr.) von Catull (Gaius Valerius Catullus), eine Chorliedstrophe aus der Tragödie *Hippolytos* (428 v. Chr.) von Euripides und Gedichte (um 600 v. Chr.) von Sappho

Personen: Braut (S); Bräutigam (T); 3 Chorführer (T, S, B); Aphrodite (stumme R). **Chor, Tanzchor:** Jungfrauen, Jünglinge, Greise, Eltern, Verwandte, Freunde, Volk

Orchester: 3 Fl (auch Picc), 3 Ob (auch 2 E.H), kl. Klar in Es, 2 Klar, 3 Fg (3. auch K.Fg), 6 Hr, 3 Trp, 3 Pos, 2 Tb, 6 Pkn, Schl (3 Glsp, Xyl, Marimbaphon, T.Xyl, 4 HolzblockTr, Kastagnette, Trg, 4 paarweise hängende Bck, Tamtam, Röhrenglocken, SchellenTr, kl.Tr mit u. kl.Tr ohne Schnarrsaite, 2 gr.Tr, 4 Maracas), 2 Hrf, 3 Git, 3 Kl, Streicher

Aufführung: Dauer ca. 50 Min.

Handlung: Gegenstand des Geschehens ist das kultische Ritual der Hochzeitsfeier eines »Urpaars« im Medium lateinischer und griechischer Dichtung im geistig-imaginativen Raum der Antike, also ohne geographische und chronologische Fixierung. Die endliche Epiphanie versetzt das Ereignis in mythische Zeit. Jungfrauen und Jünglinge besingen, während sie auf Braut und Bräutigam warten, den Abendstern. In einem Zug erscheint das Paar. Es folgen die kultische Anrufung und ein Preislied auf den Hochzeitsgott Hymenäus. Mit Spielen und Gesängen wird die Braut zur Hochzeitskammer geleitet. Die Gefährten des Bräutigams singen Spottgesänge. Nach dem Gesang der Jungvermählten in der Hochzeitskammer erscheint die Liebesgöttin Aphrodite.

Entstehung: 1934 begegnete Orff der bedeutendsten Sammlung mittellateinischer und mittelhochdeutscher lyrischer Dichtung, einer zwischen 1220 und 1250 wahrscheinlich in der Steiermark entstandenen Handschrift, die Johann Andreas Schmeller 1847 als *Carmina Burana*, benannt nach dem ursprünglichen Aufbewahrungsort Kloster Benediktbeuern, herausgegeben hat. Innerhalb weniger Tage entwarf Orff mit philologischer Unterstützung Michel Hofmanns eine szenische Kantate, deren Partitur er vom Frühjahr 1935 bis Aug. 1936 ausarbeitete. Auf der Suche nach einem abendfüllenden Ergänzungsstück zu *Carmina Burana* griff Orff 1941 auf den ersten von zwei A-cappella-Chorzyklen zurück, die 1930 und 1932 aus der Faszination an dem Distichon *Odi et amo* (Nr. 85) des römischen Lyrikers Catull entstanden waren. Der thematisch auf dessen Liebe zu der römischen Patrizierin Clodia Pulcher (genannt Lesbia) zentrierte Zyklus wurde zum Ausgangsmodell für das 1943 vollendete szenische Tanzspiel *Catulli carmina*, das Orff in der Tradition der Madrigalkomödie sah. In plautinischem Latein entwarf er ein Rahmenspiel für drei Gruppen von Jünglingen, Mädchen und Greisen als »Theater auf dem Theater«. Das imaginierte Publikum verfolgt das Spiel über das traurige Schicksal des von der Geliebten verratenen Dichters. Orff empfand die *Carmina Burana* als Eröffnungsstück, *Catulli carmina* als Intermedium und suchte nach einem großräumigen Finale. Der Schlußruf der Jünglinge in *Catulli carmina*, »Accendite faces!«, weckte den Gedanken an die Darstellung einer antikischen Hochzeitsfeier mit einem schließenden Trionfo der Liebesgöttin. Orff verband Teile aus Catulls Hochzeitsgedichten mit über 20 Fragmenten Sapphos; für den krönenden Anruf der Aphrodite wählte er eine Chorliedstrophe von Euripides. Die Partitur entstand 1949–51. Der Zusammenschluß von selbständigen Werken unter dem Titel *Trionfi*, deren Entstehungszeit mehr als zwei Jahrzehnte umspannt, weist auf die Einheit von Orffs Theateridee hin, lyrische Dichtung Europas in den originalen Sprachformen der Vergangenheit als choreographisch orientiertes Musiktheater zu »in-szenieren«.

Kommentar: Die Szene in *Carmina Burana* figuriert sich mittels der Musik durch Herauslösen und Einformen der texteigenen Bildelemente in mimisch-choreographische Aktion von Tanz- und Bewegungschören. Die Einzelbilder stellen sich dar als Wirkungs- und Aktionsfelder der zentralen göttlichen Schicksalsmacht, unter deren Herrschaft weitere geschichtsträchtige Symbolgestalten hervortreten (»diu chünegin von Engellant«, Blanziflor, Helena, Venus generosa). Die als Typen geprägten Spielfiguren bewegen sich in typischen Situationen bei Tanz und Spiel, in der Schenke oder in der stilisierten, bisweilen ironisch überhellten Welt der Cour d'amours wie Marionetten des Welttheaters an den Fäden Fortunas. Der Titelhinweis »imagines magicae« intendiert eine realitätsverwandelnde, gleichnishafte Bildkonzeption, die in Orffs szenisch-konzertanter Einrichtung der *Lukaspassion* (1932) bereits vorbereitet ist. Auch zum Klangstil haben Erfahrungen beigetragen: die *Kantaten* (1929–31) nach Franz Werfel und Bert Brecht (Gesamtanlage und Fortunachor); die Monteverdi-Studien und -Bearbeitungen (Nr. 21 und 24) sowie

Trionfi: Carmina Burana; Figurine: Jean-Pierre Ponnelle; Opera, San Francisco 1958.

Schulwerk-Modelle (Nr. 5, 6, 8, 9). Orff nennt als besonderes Stilmerkmal der Musik eine statische Architektonik, die in ihrem strophischen Aufbau keine Entwicklung kennt. In den vorherrschenden Fundament- und Gerüsttechniken entstehen periodische Blockbildungen, die durch die Wiederkehr von Klangformeln oder durch melisch freischwingende Klanggesten über Halteklängen (zum Beispiel Nr. 3, 4) in überwiegend diatonischer oder modaler Melodik charakterisiert sind. An szenisch markanten Punkten (Nr. 13, 23) öffnet sich der Klangsatz in rezitativisch-gestische Deklamation. Die lapidare »O-Fortuna-Initiale«, die Orff als Verschlüsselung der ersten beiden Takte seiner Bearbeitung (1940) von Monteverdis *Lamento d'Arianna* (1608) bezeichnet hat, legt den Al-fresco-Stil des Werks fest. Er findet mit der Klangentladung des Quartsextakkords in der den christlichen Hymnus parodierenden Evokation der Venus generosa seinen Höhepunkt. – Die Anlage der *Catulli carmina* nennt Orff »ein doppeltes Vexierspiel« zwischen Jugend und Alter, Eros und Sexus. Die Doppelung der Bühne und die Spiegelung des als tänzerische Pantomime abrollenden Hauptspiels im Rahmenspiel intensivieren die ambivalente Eindringlichkeit der Didache. Orff nutzt die dialogische Sprachform der Gedichte Catulls für die Dialektik seiner Szene, stellt den Dichter aber nicht als historisch-biographische Figur auf das Podest, sondern als Paradigma für die Liebes- und Leiderfahrung des Menschen überhaupt. So konnte er diese »rappresentazione« »eine szenische Parabel von der Allgewalt des Eros« nennen. Die Musik folgt der bald harten, bald geschmeidigen, klangsinnlichen und virtuos verspielten dichterischen Sprache. Der Chorsatz ist charakterisiert durch kristalline Härte und Durchlichtung. Satztechnische Merkmale sind vertikal in sich federnde Akkordbildungen, bohrende oder hämmernde Klangketten, die durch Reperkussion, Wortwiederholungen oder Wortbrechung entstehen, sowie eine flexible melische Diktion von expressiver »dolcezza«. Die tänzerische Bewegung wird nicht, wie üblich, durch Instrumente, sondern durch den A-cappella-Vokalklang induziert und gelenkt. In »Praelusio« und »Exodium« begegnet ein ekstatisches Klangsprechen auf streckenweise festgehaltenem Rezitationston oder in mixturhafter Klangausfaltung. Die Prägnanz und die Helligkeit des Perkussionsinstrumentariums auf der Basis von vier Klavieren garantieren vollplastische Textverständlichkeit und intensivieren den rauschhaften Enthusiasmus der Sprache. – Im *Trionfo di Afrodite*, einem »vorwiegend auf Wort und Musik gestellten Concerto scenico«, hat Orff erstmalig altgriechische Dichtung mit lateinischen Versen verbunden. Die Texte aus Catulls Hochzeitsgedichten, *Catulli carmina* folgerichtig weiterführend, bilden das Grundmuster, in das die Sappho-Fragmente intarsienartig eingelegt sind. »Die Sprache gibt den klanglichen Ausdruck vor« (Orff): Vom Vokalreichtum des Griechischen inspiriert, entsteht ein neuer melischer Stil von gesteigerter Expressivität wie etwa im 6. Bild, wo die vom Bräutigam gesungenen hyperbolischen Komparative (»weißer als Milch, weicher als Wasser«) mit der als Ausdrucksträger ständig variierten Interjektion »Ah!« der Braut zu einem Duett verschlungen werden. Bei äußerster Aussparung der Instrumente (auratisches Flageolett der tiefen Streicher und Stabspielwirbel) artikulieren die Stimmen, durch acciaccaturahafte Vorschläge intensiviert, in strömenden, großbogigen Solfèges mit extremen Registerwechseln die Klangpartikel der Sprache. Im Gegensatz dazu stellen die lateinischen Teile überwiegend strukturierte Klangflächen über Haltetönen oder rhythmischen Ostinati dar. Sie lassen deutlich werden, daß Orff in diesem Werk am entschiedensten aus der Tonika-Dominant-Ordnung ausgebrochen ist und harmonische Basen meidet. Der über 158 Takte durchgehende Zentralton »f« des 1. Bilds ist zwar als Oberquint eines durch die Vorzeichnung suggerierten b-Moll deutbar, der Grundton erklingt jedoch nur kurzphasig und wird im Gesamtverlauf negiert. Eine Tonart ist nirgends ausgeprägt. Die in der einstimmigen Textdeklamation zum Zentralton f hinzutretenden Töne (Untersekund es oder Terz ges-b) sind Auffächerungen der Einstimmigkeit zu Reibeklängen oder mixturhaften Klangspaltungen. Ebenso sind die dreiklanghaften oder fauxbourdonartigen Gebilde und die durch wechselnde Expansion und Kontraktion gleichsam atmenden Chorklänge zu deuten. Letztmalig in Orffs Bühnenwerk sind hier die gesamten Streicher eingesetzt. Das Schlagwerk ist gegenüber den *Carmina Burana* nur unwesentlich erweitert. Das Werk markiert personalstilistisch eine entscheidende Zäsur: »Das Tor zur Tragödie ist offen« (Orff).

Wirkung: Die anfänglich für kaum aufführbar erklärten und trotz ihrer erfolgreichen Uraufführung (Dirigent: Bertil Wetzelsberger, Regie: Oskar Wälterlin, Bühne: Ludwig Sievert, Choreographie: Inge Herting; mit Clara Ebers und Rudolf Gonszar) von nationalsozialistischer Seite verketzerten *Carmina Burana* haben sich seit Kriegsende kontinuierlich an den führenden Bühnen durchgesetzt und sind bis heute das am meisten gespielte Werk des zeitgenössischen Musiktheaters. Neben unzähligen konzertanten Wiedergaben gab es eine Reihe bedeutender szenischer Aufführungen, deren Inszenierungskonzeptionen Karl Hein-

Trionfi: Catulli carmina; Regie: Heinz Arnold, Choreographie: Erwin Hansen, Ausstattung: Gerhard Schade; Staatsoper, Dresden 1954.

rich Ruppel wie folgt charakterisiert: als allegorisches Mysterium in Berlin 1942 (Dirigent: Herbert von Karajan, Regie: Heinz Tietjen, Ausstattung: Lothar Schenk von Trapp, Choreographie: Lizzie Maudrik; Tiana Lemnitz, Willi Domgraf-Fassbaender); als musikalisch-szenische Kosmologie in Hamburg 1942 (Hans Schmidt-Isserstedt, Alfred Noller, Caspar Neher, Helga Swedlund); als monumentales Welttheater in Wien 1942 (Leopold Ludwig, Oscar Fritz Schuh, Josef Fenneker, Erika Hanka); als hessisch-bayrisches Bauernstück in Darmstadt 1952 (Regie: Gustav Rudolf Sellner); aktualisiert als Protest der Jugend gegen die alte Generation in Berlin 1968, zusammen mit *Catulli carmina* (Eugen Jochum, Sellner, Teo Otto, Peter Darrell). Im Ausland wurde das Werk zunächst 1942 in Mailand (Gino Marinuzzi, Schuh, Neher, Hanka) und 1944 in Amsterdam (Choreographie: Yvonne Georgi) gezeigt. Seit 1957 ist es im Repertoire des chilenischen Nationalballetts (Choreographie: Ernst Uthoff) und wurde in mehr als 150 Gastspielen in Südamerika aufgeführt. In den Vereinigten Staaten kamen die *Carmina Burana* nach einer konzertanten Aufführung (1954 Carnegie Hall New York, Dirigent: Leopold Stokowski) erstmals szenisch 1958 in San Francisco heraus (Ludwig, Paul Hager, Jean-Pierre Ponnelle, Ghita Hager); es folgten 1959 choreographische Einstudierungen in New York von John Butler (City Opera) sowie von Alvin Ailey. Butler erarbeitete seine Version 1962 für das Nederlands Dans Theater. – Die Uraufführung der *Catulli carmina* (Dirigent: Paul Schmitz, Regie und Choreographie: Tatjana Gsovsky, Bühnenbild: Max Elten) erfolgte zusammen mit den von Mary Wigman ein halbes Jahr früher choreographierten *Carmina Burana*. Wigman brachte beide Werke 1955 in Mannheim erneut heraus. Weitere bedeutende szenische Realisierungen, zumeist in Verbindung mit den *Carmina Burana*, gab es 1964 in New York (Choreographie: Butler; 1969 für das Nederlands Dans Theater), 1970 in Köln (Choreographie: Gerhard Bohner) und 1989 am Smetana-Theater Prag (Choreographie: Ondřej Šoth und Róbert Balogh). – Die Uraufführung der *Trionfi* (Dirigent und Regie: Karajan, Choreographie: Gsovsky, Bühnenbild: Fenneker; mit Lina Aimaro, Nicolai Gedda, Rolando Panerai, Antonio Pirino, Elisabeth Schwarzkopf und Giuseppe Zampieri; Tänzer: Olga Amati, Vera Colombo, Ugo Dell'Ara, Gilda Majocchi, Luciana Novaro, Giulio Perugini) stand unter einem Unstern: Die Überlastung der Verantwortlichen mit anderweitigen Aufgaben führte zu Zeitnot bei der Einstudierung, der man durch strukturzerstörende Striche zu begegnen suchte. Ein triumphaler Erfolg war demgegenüber die konzertante Aufführung 1953 in München (Dirigent: Jochum; Hans Braun, Gedda, Richard Holm, Paul Kuen, Elisabeth Lindermeier, Schwarzkopf). Wenige Tage später kam Arnolds Inszenierung in Stuttgart heraus (Dirigent: Ferdinand Leitner, Ausstattung: Gerd Richter, Choreographie: Robert Mayer; Hans Blessin, Friederike Sailer, Robert Titze, Franziska Wachmann, Lore Wissmann). Weitere Aufführungen des Triptychons

Trionfi: Trionfo di Afrodite; Bühnenbildentwurf: Jean-Pierre Ponnelle; Staatstheater, Stuttgart 1959.

folgten 1957 in Wien (Heinrich Hollreiser, Günther Rennert, Neher, Hanka), 1959 in Stuttgart (Leitner, Hager, Ponnelle) und 1960 in München (Leitner, Regie und Choreographie: Heinz Rosen, Bühnenbild: Helmut Jürgens). In Frankreich waren die *Trionfi* zum erstenmal 1962 im Rahmen der Pariser »Semaines musicales« (Dirigent: Ljubomir Romansky) konzertant zu hören. Als Koproduktion der Choreographen Fernand Nault *(Carmina Burana)*, Butler *(Catulli carmina)* und Norman Walker *(Trionfo)* wurde *Trionfi* 1964 in New York und 1968 in Montreal für Les Grands Ballets Canadiens einstudiert. 1971 schuf Georgi ihre Version für Buenos Aires. Im Rahmen der Münchner Opernfestspiele 1990 kam das Werk anläßlich Orffs 95. Geburtstags heraus (Dirigent: Wolfgang Sawallisch, Regie und Ausstattung: Hans Neugebauer, Choreographie: Krisztina Horváth).

Autograph: Bayer. SB München. **Ausgaben:** Textb., lat./griech./dt. v. W. Schadewaldt: Schott 1965; *Carmina Burana:* Part: Schott 1937, Nr. 85; StudienPart: Schott 1965, Nr. 4425; Eulenburg 1981, Nr. 8000; Kl.A v. H. Bergese: Schott 1937; Textb., lat./dt. v. M. Hofmann: Schott 1937; Textb., lat./dt. v. W. Schadewaldt: Schott 1953, Nr. 2877; *Catulli carmina:* Part: Schott 1955, Nr. 75; StudienPart: Schott 1955, Nr. 4565; Kl.A: Schott 1943, Nr. 3990; Textb., lat./dt. v. R. Bach: Schott 1944; *Trionfo di Afrodite:* StudienPart: Schott 1952, Nr. 4566; Kl.A: Schott 1951, Nr. 4306; Textb., lat./griech./dt. v. W. Schadewaldt: Schott 1951. **Aufführungsmaterial:** Schott **Literatur:** K. H. RUPPEL, C. O.s ›Trionfi‹, in: ÖMZ 1957, H. 2, S. 55–58; R. U. KLAUS, Hymen, Kypris und die Hymenaien. Zu mythologischen Quellen v. C. O.s ›Trionfo di Afrodite‹, in: Maske und Kothurn 1960, H. 6, S. 1–16; P. BOURBAN, ›Trionfi‹ dans l'œuvre de C. O., Diss. Fribourg 1961; I. DE SUTTER, ›Carmina Burana‹. Scenische Cantate v. C. O., Antwerpen 1963; W. THOMAS, O.-Bühne und Theatrum Emblematicum. Zur Deutung d. Szene in O.s ›Trionfi‹, in: Emblem und Emblematikrezeption, hrsg. S. Penkert, Darmstadt 1978, S. 564–592; DERS., Latein und Lateinisches im Musiktheater C. O.s, in: Der Altsprachliche Unterricht 23:1980, H. 5, S. 29–52; DERS., C. O., ›Carmina Burana‹, in: Werkanalyse in Beispielen, hrsg. S. Helms, H. Hopf, Regensburg 1986, S. 358f.; D. STEINBECK, Mary Wigmans choreographisches Skizzenbuch 1930–1961, Bln. 1987; C. ORFF, M. HOFMANN, Briefe zur Entstehung der ›Carmina Burana‹, hrsg. F. Dangel-Hofmann, Tutzing 1990; weitere Lit. s. S. 584

Werner Thomas

Comoedia de Christi resurrectione
Ein Osterspiel

Text: Carl Orff
Uraufführung: 31. März 1956, Bayerischer Rundfunk, Fernsehen, München; 21. April 1957, Württembergische Staatstheater, Großes Haus, Stuttgart
Personen: SprechR: 6 Soldaten; der Teufel; 6 andere Soldaten. **Chor:** Klagefrauen, Engel (Knabenstimmen), Anachoreten; Soli: Vox mundana (S), Vox luctuosa (B)
Orchester: Pkn, Schl (Xyl, T.Xyl, Marimbaphon, 2 Glsp, Röhrenglocken, Steinspiel, Trg, Zimbel, Bck, Tamtam, gr.Tr), 3 Kl, 2 Hrf, 4 Kb
Aufführung: Dauer ca. 1 Std.

Entstehung: Den Anstoß für das Osterspiel gab Orffs weitverbreitete *Weihnachtsgeschichte* (Musik: Gunild Keetman), die im Rahmen des Orff-Schulwerks für den Schulfunk des Bayerischen Rundfunks geschrieben und 1948 zum erstenmal gesendet wurde. So erhielt Orff vom Rundfunk den Auftrag für ein Osterspiel als Fernsehproduktion. Er entwarf jedoch kein Spiel für Kinder, sondern für Schauspieler, das ihm für das Fernsehen wie für die Bühne geeignet schien. *Comoedia de Christi resurrectione* wurde von Orff 1970 mit *Ludus de nato Infante mirificus* (1960) in Analogie zu den einander zugeordneten Bildern eines Zweiflügelaltars als Diptychon zusammengefaßt.
Handlung: »Prooemium«: Klagefrauen betrauern den toten Gott im Grab. »Vor dem Grab«, Steingewölbe: Soldaten halten Wacht, im Hintergrund hockt der Teufel. Die Legionäre sprechen von der Auferstehung in der Natur in Erinnerung an Christi Reden und die Vorgänge der letzten Tage. Der Teufel, der sich als trauernder Angehöriger ausgegeben hat, erscheint ihnen »zwielichtig«. Er schläfert die Soldaten ein und spricht einen Versiegelungsbann über das Grab. Die Wache wird abgelöst. Die Gespräche der andern Soldaten reflektieren das Rätsel von Jesu Wirken. In ein sich entwickelndes Kartenspiel mischt sich der Teufel ein, zunächst als Ratgeber, dann beim anschließenden Würfelspiel als Mitspieler, wozu er seinen Platz auf dem Grab verlassen muß. Sein Triumphruf »Gewunnen!« ist der Moment seiner Niederlage: In Erdbeben und Gewitter sieht man das offene Grab. Engels- und Anachoretenchöre verkünden die Auferstehung. Der geprellte Teufel bricht in eine Beschimpfungsorgie aus und verstümmelt sich selbst. Die Engel jubeln.
Kommentar: Der Bauplan des Werks ist triadisch. Das dialogisch gesprochene Kernstück wird von der Musik der Rahmenteile transzendiert. Da sich die Heilige der Darstellung entzieht und der »naive« Auftritt der Gestalten der Heilsgeschichte auf der Bühne des Musiktheaters Orff nicht mehr möglich erschien, wählte er das dramaturgische Prinzip der Spiegelung. Die Grabwächter sind keine Akteure, sondern (dem Chor der antiken Tragödie nicht unähnlich) Kommentatoren. Ihre Gespräche sind Reflexionen von Randfiguren. Das Prinzip der Spiegelung geht so weit, daß die Klagefrauen (keine »Marien«, sondern chorische Kontrastfiguren zu den Grabwächtern) im Prooemium im Stil der noch heute in Griechenland geübten »moirologii« nicht Christus betrauern, sondern den toten Gott im Grab in der in die Antike zurückgespiegelten Maske des Adonis. Die griechischen Verse der Eingangsklage entstammen Bions *Adonidos epitaphios* (2. Jahrhundert v. Chr.). Aus der Klage Aphrodites um den toten Geliebten gewinnt Orff eine rückweisende Chiffre auf mythisch-religiöse Rituale des alten Vegetationsgotts und seine jährliche Wiedererstehung im Frühling, symbolisiert durch die bis in heutiges Brauchtum tradierten »Adonisgärtchen«. Damit wird die Anastasis Christi vorausfiguriert und zugleich in die geistige Nachbarschaft der Ostliturgie gerückt, der auch der Text der Anachorenchors im 3. Teil entstammt. Während sich das Heilige nur in Lamenti (1. Teil) und hymnischen Prädikationen (3. Teil) hypostasiert, gewinnt das Dämonische in der Figur des Teufels personale Präsenz. Er trägt keine altorientalisch-biblischen Züge, sondern kommt aus dem nordisch-germanischen Vorstellungsbereich als Verführer und Schadenstifter, aber auch als der dumme Teufel. Immerhin hat ihn Orff so stark dämonisiert, daß seine Potenz als Gegenspieler und »Antiheld« zu dem nicht in Erscheinung tretenden »Helden« Christus glaubwürdig gewichtet ist. Als angeblicher Trauergast auf Christi Grab hat er zunächst alle Fäden in der Hand. Den Höhepunkt seiner Scheinmacht demonstriert der Weltläufige in den virtuos gehandhabten Sprachschichten des Lateins wie des »Volgare«: Bairisch in der Konversation mit den Wächtern in allen Schattierungen des Derben, Verschlagenen, Hämischen und »Hinterfotzigen«; verschränkt mit dem Latein in magischer Funktion in dem sprachlichen »Kabinettstück« des Versiegelungsbanns; Altfranzösisch, wo er außer sich gerät und zur Zote greift. Die Grabwächter sprechen nur Bairisch. Es wäre ebenso naheliegend wie absurd, sie als nach Judäa abkommandierte römische Legionäre aus dem Raum südlich der Donau zu interpretieren. Denn sie sprechen keinen Dialekt, sondern die von Orff für *Die Bernauerin*

Comoedia de Christi resurrectione; Ernst Ginsberg als Teufel; Regie und Ausstattung: Wieland Wagner; Uraufführung, Staatstheater, Stuttgart 1957. – In dem barocken Rahmen von Säulen und Bögen erscheint der Engelschor selbst als Teil der Dekoration.

(1947) geschaffene, dann aber zum Medium seines »Welttheaters« erklärte Kunstsprache des Orff-Bairisch. Ihre Amplitude reicht von dem zupackenden, griffigen, gestisch-imaginativen Elementarbereich bis in höchste poetische Stilisierung, zum Beispiel im »Vorfrühlingsmonolog« des ersten Wachsoldaten. Die realistische Direktheit dieser »Parasprache« ist nur scheinbar. Sie ist, gleich den mediterranen Sprachen der Antike, Medium der Verfremdung. Diese Sprachen bewirken Distanzierung und Entgrenzung, ja Aufhebung von Zeit und Raum: Sie entrücken das Geschehen und geben ihm in einem symbolischen Spielraum transhistorische Gültigkeit; alles kann immer und überall geschehen; sie sind Medien von Sinn- und Bedeutungsebenen unterschiedlichen Alters und Rangs; sie garantieren die Verschmelzung getrennter Horizonte, Räume und Epochen; sie öffnen schließlich die Szene zum Ereignis- und Wirkraum außer- und übermenschlicher Mächte. Daraus resultiert der Anspruch des Welttheaters. – Orff hat die christliche Heilsgeschichte aus den klischierten Verengungen gutgemeinter Legendenspiele gelöst und sie in eine neue rezeptionsästhetische Distanz gerückt. Voraussetzungen des Gelingens waren diachrones Geschichtsverständnis und die synoptische Kraft, durch Integration von Bauelementen aus verschiedensten Rezeptionsschichten eine neue szenische Synthese zu schaffen, wie es die Rahmenteile exemplarisch dokumentieren. Im himmlischen Trionfo der Anastasis und der Selbstentmachtung des Bösen wird der Schluß der *Comoedia* für beide Stücke des späteren Diptychons gültig.

Wirkung: Die Fernsehproduktion (Dirigent: Karl List, Regie: Gustav Rudolf Sellner, Bühnenbild: Franz Mertz; Teufel: Ernst Ginsberg) wie die szenische Uraufführung (Dirigent: Heinz Mende, Regie und Bühnenbild: Wieland Wagner; Teufel: Ginsberg, Soli: Liselotte Rebmann, Hans Günter Nöcker) wurden von Publikum und Presse zustimmend aufgenommen, fanden aber im professionellen Theater nur geringe Resonanz (Landestheater Salzburg 1963). Um so lebhafter ist das Interesse im liturgischen Bereich (Greenville 1968, Murnau 1985). Obwohl handwerkliches Können und der technische Apparat des Theaters vorausgesetzt sind, ist das Werk von Amateurgruppen durchaus angemessen darstellbar, wie zahlreiche Aufführungen an Gymnasien zeigen. Bekannt und berühmt wurde das Stück durch Orffs szenische Lesungen als Einmanntheater, weitergeführt von Rupert Rigam und Claus Thomas.

Autograph: Bayer. SB München. **Ausgaben:** Part: Schott 1956; Kl.A v. F. Wanek: Schott 1956, Nr. 4932; Textb.: Schott 1957.
Aufführungsmaterial: Schott
Literatur: W. SCHADEWALDT, Das Werk C. O.s und sein neues Osterspiel, in: Hellas und Hesperien, hrsg. E. Zinn, Zürich ²1970, S. 420–423; W. THOMAS, Ludi scaenici, in: Jb. 1963 des Orff-Instituts Salzburg, Mainz 1964, S. 73–79; P. AMTMANN, C. O.s ›Comoedia de Christi resurrectione‹, in: Spiel in der Schule 1969, H. 1, S. 4–6; W. THOMAS, Marginalien zu Studioaufführungen von C. O.s Weihnachts- und Osterspiel, ebd., S. 7–11; weitere Lit. s. S. 584

Werner Thomas

Oedipus der Tyrann
Ein Trauerspiel des Sophokles von Friedrich Hölderlin

Text: Sophokles, *Oidipus tyrannos* (vor 425 v. Chr.) in der Übersetzung (1804) von Johann Christian Friedrich Hölderlin
Uraufführung: 11. Dez. 1959, Württembergische Staatstheater, Großes Haus, Stuttgart
Personen: Oedipus/Ödipus (T); ein Priester (B); Kreon (B); Tiresias (T); Jokasta (Mez); ein Bote aus Korinth (Spr.); ein Hirte des Lajos (Spr.); ein anderer Bote (Spr.); Antigonae/Antigone (stumme R); Ismene (stumme R); Chorführer (Bar). **Chor:** die thebanischen Alten
Orchester: 6 gr. Fl (auch Picc u. 2 A.Fl), 6 Ob, 6 Pos, Organon, 5–6 Pkn, Schl (12–18 Spieler: Steinspiel, 2 Xyl, Marimbaphon, 5–6 T.Xyl, 2 B.Xyl, 5 HolzTr in versch. Größen, gr. Klappholz, Guiro, 2 Bongos, 2 Timbales, gr. Tomtom, 3 Kongas, 2 gr.Tr, 3 Tamburine, Kastagnetten, Trg, Sistren, 3 Paar Bck, 3 Bck, Zimbeln, Röhrenglocken, 2 Glsp, Glsp mit Tasten, Metallophon, 3–5 Tamtams versch. Größe, javanische Gongs in C u. c), 6 Kl (1.–4. 4händig), 4 Hrf, Cel, Mand, GlasHrf; BühnenM hinter d. Szene: 8 Trp, gr. mit Bck geschlagene Tamtams
Aufführung: Dauer ca. 2 Std.; keine Pause. – Die Trompeten der Bühnenmusik können über Lautsprecher eingeblendet werden. Die Stimmfächer sind nicht in der Partitur enthalten, sie wurden nach Orffs mündlichen Angaben ergänzt.

Entstehung: Noch vor der Aufführung von *Antigonae* (1949) entschloß sich Orff, das »Schwesterwerk« in Angriff zu nehmen, konnte aber erst nach Fertigstellung (1951) von *Trionfo di Afrodite* (1953) mit der Arbeit beginnen. Angesichts der Länge von Sophokles' Text (1 550 Verse gegenüber 1 400 in *Antigonae*) mußte ein geraffter Deklamationsstil mit Vorherrschen des gesprochenen Worts gefunden werden, da sich Kürzungen für Orff verboten. Die Partitur lag im Nov. 1958 vor.
Handlung: Vor der Kadmeia, dem Königspalast in Theben; in der Mitte ein Altar Apollons; mythische Zeit: In Theben wütet die Pest, die als Folge verborgener Befleckung über der Stadt liegt. Von Oedipus, dem weisen Herrscher, dem »berühmten« Befreier der Stadt von der Sphinx, erfleht der Zeuspriester an der Spitze der Bürger Rettung. Als Kreon aus Delphi die Forderung überbringt, man solle den verborgenen Königsmörder aufspüren, nimmt Oedipus die Fahndung in die Hand. Aber unbegreifliche Widerstände bauen sich auf. Der Seher Tiresias weigert sich, den Mörder zu entdecken, und nennt schließlich, von Oedipus gereizt, den Namen des Königs selbst. Solche Ungeheuerlichkeit, meint Oedipus, könne nur einem Komplott entspringen. Kreon wird verdächtigt, Jokasta beruhigt: Auf Seher sei so wenig Verlaß wie auf Orakel. Doch das Wort vom Dreiweg ist gefallen und bohrt sich in Oedipus' Erinnerung. Während Jokasta sich zu einem Apollonopfer anschickt, bringt

Oedipus der Tyrann; Gerhard Stolze als Oedipus, Astrid Varnay als Jokasta; Regie: Günther Rennert; Bühnenbild: Caspar Neher; Uraufführung, Staatstheater, Stuttgart 1959. – Als Spielstätte fungiert ein weites Halbrund, eine Agora, die von einer Art Chorgestühl begrenzt ist und aus der ein Stufenweg zum Königspalast ansteigt.

ein Bote aus Korinth die Nachricht vom Tod des königlichen »Pflegevaters« Polybos. Trügerischer Triumph und neue Verstrickung in den Schein, bis der Bote, scheinbar beschwichtigend, das für Jokasta enthüllende Wort spricht: Merope ist nicht Oedipus' Mutter. Sie stürzt von der Bühne. Oedipus aber flüchtet in neuen Selbsttrug: Fürchtet Jokasta seine nichtkönigliche Herkunft? Ist er etwa ein Sohn der Tyche oder, wie der Chor meint, göttlichen Ursprungs? Der Hirte des Lajos, zugleich dessen Begleiter am Dreiweg, enthüllt unter Zwang die volle Wahrheit. Oedipus erkennt. Mit dem Anruf des Lichts, das er zum letztenmal schaue, geht er ins Haus. In der Exodos berichtet der Bote: Jokasta hat sich erhängt, Oedipus hat sich geblendet. Kreon bestimmt, was zu tun ist: Oedipus hat sich sein eigenes Urteil gesprochen, er will außer Lands gebracht werden; zuvor wird ihm der Abschied von seinen Töchtern Antigonae und Ismene gewährt.

Kommentar: *Oidipus tyrannos* gilt nicht nur als »Mitte und Höhe des Sophokleischen Werks« (Albin Lesky), sondern als Exempel und Muster der Gattung Tragödie überhaupt: »Der Ödipus ist gleichsam nur eine tragische Analysis. Alles ist schon da, und es wird nur herausgewickelt [...] der Ödipus ist seine eigene Gattung, und es gibt keine zweite Spezies davon [...]« (Brief Friedrich von Schillers an Johann Wolfgang von Goethe, 2. Okt. 1797). Die repräsentative Qualität des Werks bestätigte sich, die »Wiedergeburt der Tragödie« in der Oper antizipierend, in der epochalen Eröffnungsaufführung des Teatro Olimpico Vicenza 1585 (*Edippo tiranno*, übersetzt von Orsatto Giustiniani mit Chören von Andrea Gabrieli). Orffs Interpretation wird vor dem Hintergrund von Wolfgang Schadewaldts kritischer Werkdeutung verständlich. Demnach ist *Oidipus tyrannos* kein »Schicksalsdrama«, sondern das Umschlossensein vom »daimon«, aber mit selbstverantwortlicher Handlungsfreiheit; es handelt sich nicht um eine Schuld-Sühne-Korrelation, sondern um unschuldiges Schuldigwerden; *Oidipus* ist kein Charakterdrama mit einer »Moral«, sondern Geschehen des Mythos als Begegnung von Mensch und Gott. – Orffs musikalisch-szenische Deutung baut auf dem *Antigonae*-Stil auf und löst sich noch entschiedener von opernhaften Restvorstellungen. Wesentliche Unterschiede betreffen die Sprachgestaltung. Der hier vorherrschende Tenor »logisch harter Argumentation« (Orff) forderte eine stärkere Abstraktion vom Melischen; eine gestraffte musikalische Diktion mußte die Spannungskurven einer gegenstrebigen Dynamik mitzeichnen. So entstand ein quasi »meta-musikalisches« Sprechen, in dem Andreas Liess (S. 149–153, s. Lit.) vier Sprecharten unterscheidet: rhythmisiert notierte Sprechstimme (Kreon-Auftritte), frei gesprochenes Wort auf Klanggrund (Tiresias-Szene und Chorlamento), Melodram mit partiell auskomponiertem Klanggrund (Oedipus' Lebensbericht) und instrumental unterbaute »Sprecharie« (Kreon). Dies amelische oder melisierte Sprechen (die Bezeichnung »Psalmodieren« ist eine nur äußerliche Assoziation) wechselt, die Sinngeladenheit von Wort und Satz punktuell deutend, mit verschieden gestuftem Cantando und Gesang bis zu großen ariosen Ausbrüchen. In der Sprachgestalt profilieren sich die zentralen Figuren. Oedipus und Jokasta sind durch eine emphatische Kantabilität ausgezeichnet, der das rhythmisch stilisierte Secco Kreons hart kontrastiert ist. Die sprechmusikalische Differenzierung kommt in den im Vergleich zu *Antigonae* gehäuften Artikulationsanweisungen zum Ausdruck. In der »leibhaften« Plastik jedes Sprachelements bekundet die Tragödiensprache, die subjektive Emotion hinter sich lassend, ihre essentielle Kraft. Die Chorlieder neigen nach Orffs Auffassung gegenüber der »tänzerischen Ekstase« in *Antigonae* stärker zu individueller gedanklicher Reflexion; er verteilt deshalb den Text überwiegend auf einzelne Sprecher, besonders im strophisch angelegten Lamento, »der Achse des ganzen Dramas« (Schadewaldt). Sophokles, in seine Zeit hineinsprechend, sorgt sich, daß »das Göttliche hingeht« und damit auch das Ende des tragischen Chors bevorsteht: »Was soll ich singen?« Diese ins Heute hereintönende Wahrheit hat Orff als melisch bewegte Klage der chorisch verwendeten Holzbläser in Verbindung mit Organon und Klavieren in ein statuarisches rhythmisches Gerüst eines von Kontrabässen gestützten Schlagwerks eingelegt. Das Verhältnis von Wort und Klang kehrt sich um: Die Instrumente »sprechen«, die Worte der Choristen wirken wie deutende Kommentare dazu. Der Zentrierung auf die Figur des Oedipus entspricht die Basierung der Klangtektonik auf dem

Zentralton C, auf den auch der kontrastierende Fundamentton G Jokastas bezogen ist. Aus der vorherrschenden sprachlichen Diktion heben sich instrumentale Klangzeichen und -gesten mit tonsymbolischem Verweisungscharakter eindringlich heraus, etwa die die Katastrophe signalisierende reperkutierende Trompetenquint des geblendeten Oedipus (Ziffer 265), mit deren Antizipation (28, Oedipus: »Denn alles werd ich tun [...] oder stürzen«) ein Spannungsbogen vom Anfang zum Ende entsteht, oder die atmosphärische Öffnung der Seherszene (65), von gedämpften Posaunen in Verbindung mit irisierenden Farbklängen gekennzeichnet; in Oedipus' Lebensbericht (160) markiert die Baßposaune die Stationen »uralt gesetzten« Verhängnisses; beim Opfer Jokastas erklingen nur vom Metall getragene, statisch schwingende Spiegelklänge (188); beim Auftritt von Antigonae und Ismene erklingt, zunächst »maskiert« (289–294), dann unverhüllt (297–304) der »Tango«-Rhythmus von Antigonaes Todesgang (sogar mit fast gleichen Vortragsanweisungen: »solenne«, »con calma tragica«; siehe *Antigonae* Ziffer 211 und 214).

Wirkung: Die weithin beachtete Uraufführung fand zur Eröffnung einer Orff-Woche statt (Dirigent: Ferdinand Leitner, Regie: Günther Rennert, Ausstattung: Caspar Neher; Oedipus: Gerhard Stolze, Priester: Willi Domgraf-Fassbaender, Kreon: Hans Baur, Tiresias: Fritz Wunderlich, Jokasta: Astrid Varnay, Bote: Hubert Buchta). Wurde seitens der Presse der hohe Standard der Aufführung hervorgehoben, so waren die Meinungen zum Werk selbst überwiegend kritisch (»Oper ohne Musik«, »Entmusikalisierung des Musiktheaters«, »Orff als Klangregisseur«). Das Verständnis wuchs jedoch bei den folgenden Aufführungen 1960 in Münster und Nürnberg sowie 1961 in München (Dirigent: Joseph Keilberth, Regie: Heinz Arnold, Ausstattung: Helmut Jürgens). Die österreichische Erstaufführung inszenierte 1961 Rennert in Wien (Dirigent: Heinrich Hollreiser, Ausstattung: Neher; Oedipus: Stolze, Jokasta: Christel Goltz). Gastspiele der Württembergischen Staatstheater gab es 1963 in Paris (Théâtre Sarah Bernhardt), 1964 in Hamburg, 1966 in Berlin und 1967 zusammen mit *Antigonae* in Athen. Bedeutende konzertante Aufführungen waren die 1966 im Rahmen der »musica viva« in München (Dirigent: Rafael Kubelik) und 1980 in München zusammen mit *Antigonae* (Wolfgang Sawallisch) und *Prometheus* (1968; Leitner).

Autograph: Bayer. SB München. **Ausgaben:** Part: Schott 1959; StudienPart: Schott 1965, Nr. 5525; Kl.A: Schott 1959, Nr. 4996; Textb.: Schott 1959. **Aufführungsmaterial:** Schott **Literatur:** W. ZILLIG, Variationen über neue Musik, München 1959, ²1963: Die Neue Musik. Linien u. Porträts, S. 206–215; W. SCHADEWALDT, Antike und Gegenwart. Über d. Tragödie, München 1966; DERS., Zur Uraufführung des ›Oedipus der Tyrann‹ nach Hölderlin von C. O., in: DERS., Hellas und Hesperiden. Ges. Schriften zur Antike u. zur Neueren Lit. Zum 70. Geburtstag v. W. Schadewaldt am 15. März 1970, hrsg. R. Thurow, E. Zinn, Zürich 1970; DERS., Der ›König Ödipus‹ des Sophokles in neuer Deutung, in: DERS., Sophokles, König Ödipus, Ffm. 1973, S. 89–99; weitere Lit. s. S. 584

Werner Thomas

Ludus de nato Infante mirificus
Ein Weihnachtsspiel

Text: Carl Orff
Uraufführung: 11. Dez. 1960, Württembergische Staatstheater, Großes Haus, Stuttgart
Personen: eine Hexe; Hexen; 5 Hirten; eine alte Hexe; Kinder im Schnee. **Chor:** Hexen
Orchester: 2 Pkn, Schl (T.Xyl, B.Xyl, Gläserspiel, Steinspiel, Guiro, Angklung, 3 HolzblockTr, SchlitzTr, Rasseln, Bambusstäbe, Ratsche, Rute, 2 hängende Bck, 2 Paar Bck, gr.Tr mit Bck, 2 Bongos, gr. Tamtam, 2 ineinandergelegte u. mit Steinen gefüllte Tamtams), Kl; BühnenM hinter d. Szene: Wind- u. Donnermaschine; Tonb: Picc, Pkn, Schl (Xyl, Marimbaphon, Glsp, Metallophon, 3 Trg, 2 Crotales, Bck, gr.Tr), Cel, 2 Hrf, 2 Kl, Organon, 3 Kb, Chor d. Engel (Knaben- u. Frauen-St.), Stimmen d. schlafenden Blumen (Kinder-Spr.), Stimme d. Erdmutter (tiefer A)
Aufführung: Dauer ca. 1 Std. – Der Hexenchor wird von Männern dargestellt.

Entstehung: Für Orff lag es nahe, das Osterspiel *Comoedia de Christi resurrectione* (1956) durch seine Vorgeschichte zu ergänzen. Das Werk ist naturgemäß von der legendenhaften *Weihnachtsgeschichte* (1948) für Kinder total verschieden.
Handlung: In einer großen zerklüfteten Felsenhöhle, über der sich eine weideartige Hochfläche hinzieht; in der Ferne Berge: Eine Hexe beobachtet den Himmel, wo die »stella obscura« die die Hexen ängstigende Lichtgeburt anzeigt. Im Zauberspiegel sehen sie einen Mann und eine Frau auf dem Esel, die sich im Gebirge den Weg suchen. Die Hexen entfachen durch Wetterzauber einen Schneesturm, um die Lichtgeburt zu verhindern. Drei Hirten arbeiten sich durch den Schnee und treffen auf zwei weitere. Sie haben die durchs Gebirge Ziehenden gesehen. Alle finden Unterschlupf im »Wetterloch« und schlafen erschöpft ein. Zwei einander ergänzende Traumvisionen vom Zug der Heiligen Drei Könige nach Bethlehem und

Ludus de nato Infante mirificus; Mila Kopp als Hexe; Regie: Paul Hager, Bühnenbild: Leni Bauer-Ecsy; Uraufführung, Staatstheater, Stuttgart 1960. – Hinter einer nach oben hin aufgespaltenen Felshöhle begrenzen Schneeberge eine visionäre Landschaft.

von einem licht- und musikerfüllten alpenländischen Stall in der Nähe bewegen sie dazu, den Ort aufzusuchen, um das Kind zu sehen. Der dritte Hirt bleibt ungläubig räsonierend zurück und macht sich zu den Schafen auf. Verwandlung: Alles ist tief verschneit; die Hochfläche liegt glitzernd im Mondlicht: Kinder mit brennenden Kerzen kommen über das Schneefeld und antworten den Engelchören mit dem Preis des Lichts. Stimmen der das Licht ahnenden schlafenden Blumen ertönen, bis die Erdmutter sie zur Ruhe mahnt. In der Höhle erscheinen wieder die Hexen, verkriechen sich aber, bis sie ihre Stunde, die der Kreuzigung, gekommen glauben.

Kommentar: Wie in *Comoedia de Christi resurrectione* ist auch hier der Bauplan triadisch: Die dialogische Sprechszene der Hirten wird von musikalischen Szenen umrahmt. Die Gewichtung ist insofern verschieden, als die 1. Szene als Aktionsszene ganz den dämonischen Gegenmächten überlassen ist, die mittlere Sprechszene weitgehend den Traum als Medium der Vergegenwärtigung einsetzt, während der schließende himmlische Trionfo von der untergründigen, boshaft-hämischen Prophezeiung der alten Hexe kontrapunktiert wird, analog zu dem »Negativ« des geprellten Teufels im Osterspiel. Das dramaturgische Prinzip der Spiegelung in Gegen- oder Nebenfiguren (Hexen: letztlich ohnmächtige Dämonen; Hirten: als »Werkzeuge« und »Zeugen« fungierende betroffene Menschen; Kinder im Schnee: zeichensetzende Symbolgestalten) konkretisiert sich gleich zu Beginn im wörtlichen Sinn: Die Hexen verfolgen das Geschehen im Zauberspiegel. Die »spekulierende« (vom lateinischen »speculum«: Spiegel) Hexenchorführerin stellt, gleichsam in einer Teichoskopie, die »Reporterin« des Geschehens dar. Die in hämmernden Wortwiederholungen durchrhythmisierte Sprechszene über Schlagwerkgrund im ⅝-Takt ist ein phantastisch jagendes Giguemodell. Die Integration der Sprachebenen dient der indirekten Vergegenwärtigung und zeiträumlichen Entgrenzung des Geschehens. Die Hexen, Abkömmlinge der alpenländischen Perchten, sprechen die einheimische Sprache der Landschaft, deren Ausgeburten sie sind. Den Wetterzauber aber, der »den Mann und die Frau« (sogar die Namen der heiligen Figuren sind ausgespart) vernichten soll, entfesseln sie, dem Versiegelungsbann des Teufels im Osterspiel gleich, in lateinischer Beschwörung, die liturgisch-hymnische Sphäre ins Dämonische pervertierend. Klangmagische Wortketten scheinen Sprechräder anzutreiben bis zur hexischen Verzerrung des Kosmos: »nox«, Nacht, wird zu »nex«, dem vernichtenden Tod. Das Bairisch der Hirten verengt die Figuren nicht auf die heimische Landschaft, im Gegenteil: Die Lichtgeburt kann überall stattfinden, Bethlehem kraft einer geistig-symbolischen Topographie auch in Bayern liegen. Die Magier im Hirtentraum reisen »bis vom End von der Welt«, um das göttliche Kind zu sehen; der geographische Raum ist aufgehoben. Formen der Spiegelung in der Hirtenszene sind die Entrückung in den Schlaf, der Traum, der nachsinnende Bericht, das reflektierende Gespräch. In ihnen mischen sich Realität und Vision, deren Bildkraft so stark ist, daß der Zuschauer sich ein augenfälliges Sichtbarwerden des Geschehens gar nicht zu wünschen braucht. In der 3. Szene erklingt Bairisch nur noch im kontrastierenden Einschub der hexischen Prophetie. Die »musica coelestis« und die »musica humana« aber ertönen in der lateinischen Diktion des Hymnus mit wenigen hochdeutschen Interpretamenten, während die Erdmutter mit der größten »Würdenperspektive« der alten Göttin ihre Mahnung in der hohen Sprache des Griechischen an die Blumenkinder richtet. Die Musik verbindet transzendierend die himmlischen und irdischen Bereiche des Welttheaters. Den Engelchören, wechselnd zwischen dem Tutti der Himmelsmusik, dem »Puer natus est« der Knabenstimmen und der hymnischen Preisung des Frauenchors (»Hora felix«), respondieren die Kinder im Schnee, ohne recht zu begreifen (»maravigliato e timido«), mit dem Nennen des Lichtwunders, während die von der Erdmutter gemahnten Blumen in der Tiefe weiterträumen müssen. – Noch dringlicher als im Osterspiel verfolgte Orff die Intention, die Christgeburt als Angelpunkt der christlichen Heilslehre aus der klischierten Spielkonvention zu lösen, sie in eine unvertraute Distanz zu rücken und ihr dadurch einen neuen Ernst im Heute zurückzugewinnen. Im Medium seines Musiktheaters werden Geburt und Auferstehung Christi als Anbruch eines neuen Äons, als Trionfo des Lichts über die Finsternis gedeutet. Unter dem Aspekt eines dialektischen Kampfs zwischen Gut und Böse, zwischen Göttlichem und Dämonischem stehen die beiden Spiele in geistiger, mit der Verwendung tradierter Bilder in motivischer Nachfolge des mittelalterlichen Mysterienspiels. Die Reihenfolge im Diptychon kann nicht strittig sein. Nicht nur die Chronologie, auch das für das Ganze gültige Lieto fine der *Comoedia* fordert das Weihnachtsspiel als »Introduktion«. Ohne strenge Bindung an das Kirchenjahr läge eine Aufführung in der Osterzeit nahe, nicht zuletzt in der Absicht, das Weihnachtsspiel aus dem Bereich der vorweihnachtlichen »Pflichtübung« herauszunehmen.

Wirkung: Die Uraufführung (Dirigent: Heinz Mende, Regie: Paul Hager) fand großen Beifall; der Inszenierung fehlte aber jene »Wielandsche Vision« (Orff) der *Comoedia*. Die Nachwirkung blieb noch hinter der des Osterspiels zurück. Wie dieses wurde das Werk als Kirchenraumspiel (Greenville 1963) und vor allem an Gymnasien aufgeführt.

Autograph: Bayer. SB München. **Ausgaben:** Part: Schott 1960; Kl.A: Schott 1960, Nr. 5265; Textb.: Schott 1960. **Aufführungsmaterial:** Schott

Literatur: A. LIESS, Das Weihnachtsspiel im O.schen Welttheater, in: M in Unterricht 1961, H. 12, S. 305–309; DERS., C. O. und das Dämonische, Zürich 1965; P. AMTMANN, C. O.s ›Ludus de nato Infante mirificus‹, in: Spiel in d. Schule 1968, H. 4, S. 199–201; A. MÜLLER, Das Hirtenspiel ›Ludus de nato Infante mirificus‹, ebd., S. 201–205; P. C. EICHENSEER, Ludus nataliciorum Salvatoris, in: Vita Latina, Avignon 1968, Nr. 34, S. 7–23; W. THOMAS, Marginalien zu Studioaufführungen von C. O.s Weihnachts- und Osterspiel, in: Spiel in d. Schule 1969, H. 1, S. 7–11; weitere Lit. s. S. 584

Werner Thomas

Prometheus
9 Bilder

Text: Aischylos, *Prometheus desmotes* (*Der gefesselte Prometheus*, um 470 v. Chr.)
Uraufführung: 24. März 1968, Württembergische Staatstheater, Großes Haus, Stuttgart
Personen: Kratos/Kraft; Bia/Gewalt; Hephaistos; Prometheus; Okeanos; Io Inachis; Hermes. **Chor:** Okeaniden
Orchester: 6 Fl (auch Picc u. A.Fl), 6 Ob (auch 2 E.H), 6 Trp, 6 Pos, 5 Pkn, Schl (15–18 Spieler: 2 HolzplattenTr, kl.Tr mit Schnarrsaiten, 3 Tamburine, 2 gr.Tr mit Bck, O-Daiko, Taiko, 4 Darabukas, 2 Congas, Steinspiel, 2 Xyl, 2 T.Xyl, 2 Marimbaphone, B.Xyl, Glsp, Metallophon, B.Metallophon, 6 Röhrenglocken, Trg, 1 Paar Bck, 3 versch. Bck, 5 türk. Bck, 3 chin. Bck, 2 antike Zimbeln, 1 Paar kl. antike Zimbeln, 6 Crotales, 3 Tamtams, 3 Gongs, 2 Metallplatten, Plattenglocke, Guiro, 5 HolzblockTr, 3 Tempelblöcke, gr. Tempelblock, afrikanische SchlitzTr, Schlagbrett, 2 Bambusschüttelrohre, 2 Paar Hioschigi, Wasamba, Bin-Sasara, 4 Maracas, 2 Angklung, Gläserspiel, Windmaschine, Donnermaschine), 4 Kl 4händig, 4 T.Banjos, 4 Hrf, Org, elektron. Org, 9 Kb, Tonb
Aufführung: Dauer ca. 2 Std.; keine Pause. – Die Partitur enthält keine Stimmfächer. Die Bühnenmusik wird im voraus auf Tonband eingespielt und über Lautsprecher eingeblendet.

Entstehung: Im Sinn seines triadisch-zyklischen Denkens suchte Orff nach *Antigonae* (1949) und *Oedipus der Tyrann* (1959) eine Tragödie, die die Steigerung zu einem »Schauplatz der Welt«, einen weiteren Schritt zurück in mythische Zeitentiefe und schließlich eine noch engere Bindung an die ursprüngliche Klanggestalt ermöglichen sollte. Prometheus-Pläne, durch das Interesse Wieland Wagners noch bestärkt, bestanden bereits seit 1959. Orff war sich im Zusammenhang mit Aischylos' *Prometheus desmotes* über die Bindung an die griechische Sprache von Anfang an klar; zudem gab es, wie im Fall der beiden vorangegangenen Werke, keine Friedrich Hölderlin adäquate Übertragung. Gespräche mit Philologen, griechischen Schauspielern und Regisseuren brachten stark divergierende Arten der Textdeklamation zutage, die Orff schließlich zu einer ganz eigenen, allein vom musikalisch-gestischen Sprachduktus bestimmten Interpretation führten. Die Partitur entstand 1963–67.
Handlung: In ältester mythischer Zeit.
Vorgeschichte: Die jungen Götter unter Zeus haben das alte Reich des Kronos gestürzt und die Giganten und Titanen niedergekämpft. Zeus, der sich des klugen Rats der Titanen bedient hat, will auch das Menschengeschlecht wegen seiner Unvollkommenheit ausrotten. Prometheus widersetzt sich und wird zum Helfer der Menschen. Er schenkt den dem Tod Verfallenen die Hoffnung und erweckt sie aus ihrer Dumpfheit durch die Lehren des Hausbaus, der Gezeiten und der Witterung, der Schrift und des Rechnens, der Tierzähmung, der Schiffahrt und des Bergbaus. Er stiehlt für sie das Feuer vom Himmel, lehrt sie die Metallschmelze und die Künste der Mantik. Für diese Vermessenheit will Zeus den Widerspenstigen bestrafen.

Hochgebirge nahe der Küste des Okeanos; auf einer Hochplatte ein allseitig überhängender gewaltiger Felsen: Zeus' Schergen Kratos und Bia treiben den widerstrebenden Schmiedegott Hephaistos an, den »Verbrecher« Prometheus an den Felsen im fernen Skythien zu schmieden. Der Gott, der die Fesselung schweigend erduldet hat, stimmt eine große Klage an. Die Okeaniden haben das Hämmern gehört und lassen sich am Fuß des Felsens nieder. Unter Tränen hören sie Prometheus' Leidensbericht, seine Anklage gegen Zeus, sein geheimes Wissen um das Ende der Zeus-Herrschaft und seine prophetische Andeutung einer endlichen Versöhnung. Der ankommende Okeanos rät ihm vergeblich zu nachgebender Vernunft. Der Chor stimmt die große Klage um Prometheus an, die Länder, Meere und den Hades durchtönen soll. Prometheus berichtet, wie er die Menschen vor dem Untergang gerettet hat, indem er sie lehrte, die Welt zu meistern und zu deuten. Unter Schmerzensschreien stürzt Io herein. Von Zeus begehrt, von Hera verfolgt und zeitweise von ekstatischem Wahnsinn geschlagen, durchirrt sie in Gestalt einer Kuh die Welt. Sie erzählt ihr Schicksal und verlangt von Prometheus Kunde über ihre Zukunft. In drei Reden erfüllt dieser ihre Bitte: Ihr Irrweg wird über viele Länder zum maiotischen Sund führen, der künftig nach ihrem Übergang Bosporos (Kuhfurt) heißen wird; ihre weitere Flucht wird zur Begegnung mit den Phorkyaden, Gorgonen, Greifen und Arimaspen und nach Ägypten führen, wo Zeus sie durch Handauflegen lösen und Epaphos mit ihr zeugen wird. Nach der blutigen Danaidenhochzeit wird die Ahnmutter von Argos den Prometheus erlösenden Bogenhelden gebären (Hera-

Prometheus; Carlos Alexander als Prometheus, Althea Bridges als Io; im Hintergrund die Okeaniden; Regie: Gustav Rudolf Sellner, Bühnenbild: Teo Otto; Uraufführung, Staatstheater, Stuttgart 1968. – Eine afrikanische Negermaske war Vorbild für die überlebensgroße Prometheus-Puppe (links) und Anregung für die gesamte Bühnenausstattung, mit der Otto eine archaische Welt beschwor.

kles' Name bleibt ungenannt). Während der Chor über Ios Schicksal reflektiert, verschärft Prometheus seine Drohung von der Vernichtung der Zeus-Herrschaft. Hermes spielt sich als höhnischer Widersacher auf. Er soll unter neuen Strafandrohungen Prometheus das Geheimnis entreißen. Dieser bleibt ungebeugt. Der vom Blitz des Zeus getroffene Fels mit dem in Anklage sich aufbäumenden Prometheus und den sich an ihn klammernden Okeaniden versinkt im Äthersturm in die Tiefe des Tartaros.

Kommentar: Keine Gestalt des antiken Mythos hat so viele Bewußtseinshaltungen und Deutungen religiöser, theologischer, anthropologischer, kulturkritischer und politischer Natur auf sich versammelt wie Prometheus; keine ist von einer so vielfältig facettierten symbolischen Repräsentanz als Sinnfigur eines »homo deus«, eines »homo poeta«, eines »homo faber«, eines Inventor und Demiurgen in Dimensionen, die vom titanischen Rebellen über den emanzipierten Schöpfergeist bis zum leidenden, verfolgten und menschenerlösenden Heilsbringer reichen. Orff hat seinem Werk Verse aus Aischylos' fragmentarischem *Prometheus lyomenos* als Motto vorangestellt (»Wir sind gekommen, all deine Leiden, Prometheus, und der Fesselung Qual zu schauen«), die auf den Schauszenencharakter des Inhalts verweisen. Im Kontrast zu der überdimensionalen Wucht des Eingangs bleiben die Bilder 2–8 ohne äußere Aktion. Die »Besucherfiguren« tragen dazu bei, das Bild des Gemarterten und das Spiel als ungebrochenes »Trotzgeschehen« (Wolfgang Schadewaldt) in steter Steigerung zu profilieren, vor allem in den weitgespannten Wechselreden zwischen Prometheus und den Okeaniden (3., 5., 7. Bild). Am eindrucksvollsten ist im 5. Bild die geistesgeschichtliche Horizonte aufreißende »Kulturentstehungslehre« (Albin Lesky) des großen Erfinders. Der szenische Innenbogen spannt sich am weitesten im 6. Bild. – Bei der Musikalisierung des Altgriechischen waren zwei Probleme zu bewältigen: die semantische Unverständlichkeit des Texts und die in der Musik nicht übernehmbare Versbindung der quantitierenden Sprache. Orff setzt die Sprache von den Längen und Kürzen der Wortgestalt und von den Bindungen des Wort- und Versakzents weitgehend frei und rüstet sie als plastische Klangsubstanz in vielfältig permutierende rhythmisch-metrische Sinnglieder neu ein. Harald Kaufmann (in: *Prometheus*, 1968, s. Lit.) hat das durch die rhythmische Permutierung variierte Metrum (Verwandlung des originalen zweisilbigen jambischen Trimeters in einen dreisilbigen Pentameter) als »Entnaturalisierung der Originalsprache« durch »eine zweite künstlichere Ordnung« bezeichnet. Aus der zu einem suggestiven melischen und gestischen Espressivo dynamisierten Sprache ergibt sich eine hochgespannte Fluktuation vom stilisierten Schrei über alle Stufen des Sprechens in Secco, Rezitativ, Arioso bis zur kantablen Linie und Quasiarie (alles beispielhaft in der Io-Szene). Es entsteht eine Art stilisierter, in ihrer neuen »Natur« fließenden »Parasprache«, ohne rational-logische Sinnvermittlung, aber geladen mit großen, mythoseigenen Uraffekten. Sie werden signalisiert in zahlreichen Vortragsanweisungen, zum Beispiel »wild, furchtsam, höhnisch, erregt, dunkel, prophetisch«. Der musikalisch-gestische Sprachduktus macht die textimmanenten Vorgänge und Gehalte (Mitteilung, Zureden, Tröstung, Drohung, Erinnerung, Prophetie, Vision) präsent und transponiert so die im wörtlichen Sinn unverständliche Sprache auf eine neue Kommunikationsebene der Unmittelbarkeit. Auch die Instrumente sind »sprechende« Mittler und Träger von Sinn und Bedeutung. Der Klangkörper ist auf der Basis des *Antigonae*- und *Oedipus*-Orchesters erweitert; klangkonstituierend ist die im Wortsinn »unerhörte« Vermehrung des Schlagwerks. Dies dem Schauplatz »Welt« entsprechende »globale« Instrumentarium ermöglicht eine subtilere Differenzierung in der Innenstrukturierung und Intensivierung von Klangballungen und -ausbrüchen, im horizontalen und vertikalen Auslegen von Klangräumen, im Aufbau klangplastischer Spannungsfelder, in der Zerlösung des Einzeltons in Glissandi, Wirbel und Triller oder Geräuschwellen, in deiktischen Signalen und vor allem in der Ausschöpfung des Klangfarbenspektrums in symbolisch verweisenden Klangzeichen und -gesten. Die intendierte Stilhaltung läßt sich als pointillistische Klangmagie beschreiben. Das Material ist ökonomisch ausgespart. Ganze Sequenzen werden symmetrisch-spiegelbildlich aus einer Klangzelle entfaltet, wodurch eine sinnbezogene, tektonische großräumige Musik entsteht, die die Szene öffnet, gliedert und proportioniert. Der Chor ist das am stärksten kommunikationsstiftende Bindeglied zum Zuschauer. Das in der melischen Weichheit und terzbetonenden Süße des Chorklangs sich manifestierende Mitleiden der Mädchen stimuliert zur Identifikation.

Wirkung: Die Uraufführung (Dirigent: Ferdinand Leitner, Regie: Gustav Rudolf Sellner, Ausstattung: Teo Otto; Prometheus: Carlos Alexander, Kratos: Toni Blankenheim, Bia: Frithjof Sentpaul, Hephaistos: Heinz Cramer, Okeanos: Kieth Engen, Io: Althea Bridges, Hermes: Willy Ferenz) wurde fast einmütig als »theatergeschichtliches Ereignis« gewürdigt; 1969 war die Inszenierung als Gastspiel in Wien zu sehen. Die bisher einzigen szenischen Aufführungen entstanden 1968 in München, hier mit dem Einsatz von Projektionen innerhalb einer surrealistisch-magischen Lichtregie (Dirigent: Michael Gielen, Regie: August Everding, Ausstattung: Josef Svoboda; Prometheus: William Murray, Io: Colette Lorand) und Darmstadt (Dirigent: Hans Drewanz, Regie: Harro Dicks, Bühnenbild: Fabius von Gugel). Konzertante Aufführungen folgten 1969 in New York (mit Alexander und Lorand), 1972 in Duisburg (Dirigent: Leitner; Roland Hermann, Lorand) und, anläßlich Orffs 80. und 85. Geburtstag, 1975 (Dirigent: Rafael Kubelik) und 1980 (Leitner) in München (jeweils mit Hermann und Lorand). 1981 adaptierte das Münchner Marionettentheater das Werk.

Autograph: Bayer. SB München. **Ausgaben:** Part: Schott 1967; StudienPart, griech./dt. Übers. v. E. Buschor, Interlinearversion

v. W. Thomas: Schott 1973, Nr. 6337; Textb., dass.: Schott 1967, Nr. 5940; Kl.A v. F. Wanek: Schott 1967. **Aufführungsmaterial:** Schott
Literatur: K. KERÉNYI, Prometheus. Das griech. Mythologem v. d. menschlichen Existenz, Zürich 1946, Neu-Ausg.: Prometheus. Die menschliche Existenz in griech. Deutung, Hbg. 1962; Prometheus. Mythos, Drama, M, hrsg. F. Willnauer, Tübingen 1968 [Beitr. v. G. R. Sellner, K. Kerényi, W. Schadewaldt, L. Snook, H. Kaufmann]; G. A. TRUMPFF, ›Prometheus‹ in Rhythmus und Klang, in: Orchester 16:1968, S. 232f.; P. C. EICHENSEER, C. O. drama musicum Promethei Graece primum omnium propositum, in: Vita latina, Avignon 1969, S. 84–90; H. KAUFMANN, Zur Standortbestimmung C. O.s. Beispiele aus ›Prometheus‹, in: DERS., Spurlinien. Analytische Aufsätze über Sprache u. M, Wien 1969; D. REXROTH, Über ›Prometheus‹, in: Jb. d. Bayer. Akad. d. Schönen Künste, München 1988, S. 268–277; F. ZAMINER, Rhythmischer Kontrapost bei Aischylos. Über orchestisch-mus. Sprachkomposition, in: Das musikalische Kunstwerk. Gesch. – Ästhetik – Theorie. Festschrift C. Dahlhaus zum 60. Geburtstag, hrsg. H. Danuser, H. de la Motte-Haber, S. Leopold, N. Miller, Laaber 1988, S. 185–196; W. THOMAS, C. O. ›Prometheus‹. Drei Miszellen: Die Musikalisierung d. altgriech. Tragödiensprache – Instrumentale Semantik – Zur Idee d. Tragischen bei Aischylos u. O., in: DERS., Das Rad der Fortuna, Mainz 1990; weitere Lit. s. S. 584

Werner Thomas

De temporum fine comoedia
Vigilia
3 Bilder

Text: Carl Orff
Uraufführung: 20. Aug. 1973, Großes Festspielhaus, Salzburg
Personen: 9 Sibyllen (3 dramatische S, 4 Mez, A, tiefer A); 9 Anachoreten (T, 5 Bar, 2 B, tiefer B); der Chorführer (Spr.); Lucifer (Spr.); A; T; Knaben-St.
Chor: die letzten Menschen
Orchester: 6 Fl (auch Picc), 6 kl. Klar (auch 3 Klar), K.Fg, 6 Hr, 8 Trp, 6 Pos, Tb, Schl (25–30 Spieler: 3 kl.Tr, 6 SchellenTr, 3 RührTr, gr.Tr mit Bck, gr.Tr, 3 Darabukkas, 3 Tomtoms, 6 Congas, B.Conga, 4 kl. Pkn mit Holzplatte, 5 Pkn, Crotales in b', c'', e'', f'' u. ges'', hängendes Bck, 1 Paar Bck, 3 Tamtams, 2 gr. Tamtams, Gong, Dobatschi in cis', 5 hohe Bronzeglocken in Halbtonabstand, Röhrenglocken, Guiro, Peitsche, Maracas, 6 Kastagnetten, Hioschigi, Angklung, 3 Holzglocken, 5 HolzblockTr, Ratsche, Doppelratsche, 3 gr. Kirchenratschen, 11 Gläser (oder GlasHrf), 2 Glsp, Steinspiel, Metallophon, Xyl, T.Xyl mit Resonanzkasten, B.Xyl, 2 Marimbaphone), Cel, 3 Hrf, 3 Kl, elektron. Org, Org, Va.Quartett, 8 Kb, Chor (S, Mez); Tonb: Picc, 2 Trp, Pk, Schl (Crotales, Glsp, Marimbaphon, Windmaschine), 3 Kl, 3 Kb, Knabenchor
Aufführung: Dauer ca. 1 Std. 15 Min.; keine Pause

Entstehung: Wann Orff die Vision eines Endzeitspiels gehabt hat, läßt sich nicht feststellen. Der Plan und die dahinterstehenden religiösen und geistigen Voraussetzungen sind jedenfalls über Jahrzehnte hin gereift. Die zentrale Vorstellung von der Rücknahme des Bösen in das Göttliche scheint bereits in dem nie aufgeführten Jugendwerk *Des Turmes Auferstehung* (1920) auf. Der Schaffensbogen nach rückwärts bestätigt sich darin, daß Orff sein Endzeitspiel mit einem 1921 entstandenen Kanon beschließt. In den 60er Jahren setzt neben der Arbeit an *Prometheus* (1968) eine verstärkte Beschäftigung mit der Comoedia-Konzeption ein. Das Jahrzehnt 1960–70 diente der gedanklichen Klärung, in der christologische Züge und Lehrgut Augustinus' (besonders das Dogma der Erbsünde und ihrer Folgen) zugunsten einer zunehmenden Orientierung an den religiösen Überzeugungen Origenes' eliminiert werden. Dem 1970 fertiggestellten Textentwurf folgte am 20. Febr. 1971 der Abschluß der Partitur. Die Schlußszene war neben kleineren Retuschen und Uminstrumentierungen die Hauptursache für die mehrfachen Neueditionen. In dieser Szene rührte der Abstraktionsgrad an die Grenzen des musikalischen Theaters. Orffs Suche nach einem unmaterialisierten Raumklang führte zur Reduzierung des ursprünglichen Doppelchors vom Tonband auf kleinen Chor im Orchester und Knabenstimmen und über eine Reihe von Experimenten mit Orgelmixturen, Glasharfe und Synthesizer und Tonband zu einem der Glasharfe ähnlichen Spaltklang mit elf geriebenen Gläsern.
Handlung: 1. Bild, »Die Sibyllen«, Nacht, phantastische Landschaft: Die Sibyllen rühmen in hymnischer Prädikation den einen Gott als Schöpfer des Kosmos und Stifter der Welt. Aber er wird im letzten Äon über die Lebenden und Toten ein Seelengericht halten. Ein Feuerstrom wird den Kosmos zu Asche verbrennen. Die Ursache des Gerichts liegt in dem Unverstand und der Habgier der Menschen. Jeder wird für seine Taten gerichtet: Die Gerechten werden gerettet, die Gottlosen gehen für ewig zugrunde.
2. Bild, »Die Anachoreten«, zerklüftete Felsgegend: Die Anachoreten setzen den Prophetien des Weltuntergangs kraft ihres besseren Wissens ein zornigleidenschaftliches »Nein« bis zur Beschimpfung entgegen: Kein Geschöpf Gottes kann zum ewigen Feuer verdammt werden. Sie preisen den Pantokrator, worauf jenseitige Stimmen mit der Ewigkeitsformel »es aei« antworten. Auch der Teufel hat seinen Platz in der Welt; Gott hat es gewollt, bis ans Ende aller Zeit. Wann aber dies Ende sein wird, weiß nur Gott. Daher bitten die Anachoreten um »Hellsicht im Traum«.
3. Bild, »Dies illa«, Dunkel und Nebelschwaden: Die letzten Menschen werden sichtbar. Ihrer großen Klage über den Zusammenbruch des Kosmos und das Ende der Welt folgt ein Gebet des Chorführers mit Kyrierufen des Volks, das in einem Dämonenbann gipfelt. Lucifer erscheint in schwarzer Rüstung mit Drachenhelm, weitem Mantel und Maske; durch Lichtstrahlen wird er in drei Stufen rückverwandelt in den Lucifer von einst. Von fern erklingen die Stimme der Welt und die himmlischen Stimmen.
Kommentar: Auf dem gattungsgeschichtlichen Hintergrund des Mysterienspiels gibt Orff eine sehr persönliche Antwort auf die eschatologische Kernfrage nach dem Ende von Zeit und Welt, die zugleich eine in die Finalität entgrenzte Theodizee ist, in der die Frage

nach der Herkunft des Bösen ihr Pendant findet in der Frage: Wohin geht das Böse? Das erwartete Weltgericht als Abrechnung von Sünde und Strafe findet nicht statt, die Parusie Christi als Weltenrichter unterbleibt. Höchste Instanz für die Stiftung der »apokatastasis panton« (Wiederherstellung aller und von allem) ist der Nus als Prinzip des absoluten Geists. Der Weltschöpfer, der seine Geschöpfe außer sich gesetzt hat, nimmt in der Rückverwandlung des gestürzten Engelsfürsten Lucifer sein abtrünniges Geschöpf wie den verlorenen Sohn in sich zurück. – Orff rückt das Geschehen in unendliche Zeitentiefe und verbindet kraft seines diachronen Geschichtsverständnisses verschiedene religiöse und geistesgeschichtliche Überlieferungen, Epochen, Gestalten und die Sprachen des Griechischen, Lateinischen und Deutschen. Sämtliche Figuren und Strukturen der Konzeption bringen das geistige Potential ihrer Abkunft und dessen geschichtlicher Rezeption als Symbolwert, ästhetische Sublimierung und auratische Vorprägung mit ein: die Sibyllen, Prototypen welt- und zeitumspannender Schaukraft und eschatologischer Prophetie, als Textträger der *Oracula sibyllina* (5./6. Jahrhundert) in altgriechischen Hexametern, in denen hellenistisches, jüdisches und christliches Gedankengut integriert ist; die Anachoreten, frühchristliche gelehrte Mönche, in Wüsteneinsamkeit reflektierend und meditierend; Lucifer im Licht der biblischen Satanologie; die Lehre des zum Häretiker erklärten Kirchenvaters Origenes, in der sich griechische Philosophie und christliches Denken verbinden, wie vor allem in seiner Schrift *Peri archon* (um 220), der Orff Motto und Leitsatz seiner Konzeption verdankt; der orphische Hymnus an den Traumgott Oneiros aus dem Bereich der Mysterienreligionen; die in Origenes' Logoslehre verwandelte Nusvorstellung des Vorsokratikers Anaxagoras; der aus der Nachtwache des römischen Soldaten wie des Mönchs abgeleitete kryptische Untertitel »Vigilia« als nächtliche Vorbereitung der »dies illa« (nicht »dies irae«). – Die Figuren fungieren als Medien der Prophetie (Sibyllen) und Reflexion (Anachoreten) sowie als »Objekte« der Demonstration (die letzten Menschen). Die Ereignisfelder sind total in die agonale Dialektik der Sprache verlegt, einer dreidimensionalen »Metasprache« mit spezifischen Funktionen in gestufter Dignität und differenter Musikalisierung. Paradigmatisch hierfür steht das 2. Bild, wo das Griechische einem aus Negationen gebauten »klangautomatischen« Protestrondo zugeordnet ist, das abwehrende Nennen des Gegenstands das Lateinische und die reflektierende Exegese das Deutsche verwendet. In der »Großen Preisung« begegnen Alternatimresponsionen zwischen Welt und Überwelt in Form einer quasiliturgischen lateinischen Initialformel, auf einer Tonhöhe gesprochener deutscher Prädikationsketten und dem transzendenten griechischen Fernchor. Der Gesamtbau, dessen Großteile überwiegend in Rondoform angelegt sind, zeigt stärkste Kontraste wie etwa zwischen dem Satansrondo mit seiner vielfältig verfugten Sprechautomatik und dem anschließenden klangmagischen Ritual des A-cappella-Anrufs des Traumgotts Oneiros, das zwischen Solo und Tutti eine statische Klangsäule bis zur Neuntönigkeit entfaltet, die nur durch den Silbenwechsel der Verse sprach-

De temporum fine comoedia, 3. Bild; Regie: August Everding, Bühnenbild: Günther Schneider-Siemssen; Uraufführung, Festspielhaus, Salzburg 1973. – Die letzten Menschen erscheinen mit Masken als gesichtslose Masse. Ihre beschwörenden Schreie auf der leeren Erde, die als aufblitzende Signale auf dem Radarschirm eingefangen werden, richten sich gegen den zerfallenden Kosmos.

lich moduliert wird. Geistig-religiöse Horizonte verschmelzen, wenn die christlichen Anachoreten einen griechischen Mysterienhymnus im Stil eines Responsoriums singen, dessen Zäsuren durch die Meditationssignale der japanischen Tempelglocke Dobatschi markiert werden, oder die letzten Menschen ihre Klage um das Ende der Welt in rhythmisiertem Chorsprechen deutscher Verse beginnen, um auf dem Gipfel ihrer Verzweiflung in ein sinnentleertes, auf gestammelte Ortsadverbien reduziertes Latein zu verfallen. In monomanisch stampfender Klangmechanik taumeln die Hülsen der gleich ihren Trägern zerbrochenen Sprache ins vermeintliche Nichts. – Unter den solitär gesetzten Klangzeichen ist die reperkutierende Trompetenquint von stärkster Signifikanz. Sie signalisiert klangsymbolisch als »reines« Grundintervall die polyvalente Wirkmacht der Transzendenz (2. Bild: die Majestät des Pantokrators; 3. Bild: die göttliche Beglaubigung der Wandlungsstufen Lucifers). Als statisches Intervall der »voces caelestes« (Knabenchor und Gläserspiel) erklingt sie in den acht Schlußtakten des Werks vor dem Violenkanon (Kreis als vollkommenste Symbolfigur) von 1921, einem organalartigen Satz mit Spiegelung der modalen Grundfigur und Krebs, in dem verschlüsselt der Choral *Vor Deinen Thron tret' ich hiemit* durchzuhören ist.

Wirkung: Die von Herbert von Karajan geleitete Uraufführung (Regie: August Everding, Bühnenbild: Günther Schneider-Siemssen) war musikalisch von Gerhard Lenssen vorbereitet worden. Regisseur und Bühnenbildner hatten die räumlichen und technischen Möglichkeiten des Festspielhauses extensiv genutzt (transparenter Rundschleier von 30 Meter Breite; speziell entwickelte Projektionen und Lichtregie; Sibyllen in einem »Weltenbaum«, der sich in neun Elemente teilt und im Universum verschwindet; die Erde als Satellit; Anachoreten vor einem riesigen teleskopartigen Radarschirm; rotierende Erdscheibe, die die Menschen ins Nichts schleudert). Diese bisher einzige Inszenierung war beim Publikum ein einhelliger Theatererfolg, die Kritik hingegen reagierte zwiespältig. Schwierigkeiten verursachte die Vorstellung einer allverzeihenden Gottheit unter dem altgriechischen Geistprinzip des Nus. Die brennende »Aktualität« des Endzeitspiels wurde in der esoterischen Symbolik und kryptischen Verhüllung der antiken Sprachen nicht allgemein erkannt und gewürdigt. Als Bestätigung der Imaginationskraft von Sprache und Musik auch ohne szenische Realisierung können die konzertanten Aufführungen 1977 in Stuttgart (Dirigent: Ferdinand Leitner) und 1980 in München (Rafael Kubelik) gelten.

Autograph: Bayer. SB München. **Ausgaben:** Part, griech./lat./dt. Übers. v. W. Schadewaldt, Interlinearversion v. W. Thomas: Schott 1985, Nr. 7365; Textb., dass.: Schott 1973; StudienPart: Schott 1973, Nr. 5407; Kl.A v. F. Wanek: Schott 1972, 1979, Nr. 6527. **Aufführungsmaterial:** Schott
Literatur: W. THOMAS, C. O.s ›De temporum fine comoedia‹. Eine Interpretation, Tutzing 1973; R. RAFFALT, Das Spiel vom Ende der Zeiten, in: DERS., Abendländische Kultur und Christentum. Essays, München 1981, S. 229–240; weitere Lit. s. S. 584

Werner Thomas

Otakar Ostrčil

Geboren am 25. Februar 1879 in Prag, gestorben am 20. August 1935 in Prag

Poupě
Komická opera o jednom dějství

Die Knospe
Komische Oper in 1 Akt

Text: František Xaver Svoboda, nach seiner Komödie (1902)
Uraufführung: 25. Jan. 1911, Nationaltheater, Prag
Personen: Klán, Witwer, Gutsbesitzer (B); Anežka, seine Tochter (S); Ladislav, sein Neffe, Medizinstudent (T); Kučina, Gutsbesitzer des benachbarten Hofs (Bar)
Orchester: 3 Fl (2. u. 3. auch Picc), 2 Ob, 3 Klar (1 auch B.Klar), 3 Fg (1 auch K.Fg), 6 Hr, 3 Trp, 3 Pos, Tb, Pkn, Schl (gr.Tr, Bck, Trg), Streicher
Aufführung: Dauer ca. 1 Std.

Entstehung: Die Komposition an *Poupě* begann Ostrčil Mitte 1909, er beendete die Partitur am 24. Juni 1910. Schon in dieser Zeit konnte er sich neben den Dvořák-Schülern Josef Suk und Vítězslav Novák als einer der Repräsentanten der zeitgenössischen tschechischen Musik fühlen. Bis zu seinem 30. Lebensjahr hatte er zwei ausgereifte Opern geschrieben, in denen er in Stil und Technik seinem Kompositionslehrer Zdeněk Fibich gefolgt war. Die erste, *Vlasty skon* (*Vlastas Tod*, Prag 1904, Text: Karel Pippich), ist eine romantisch-mythologische Oper, die zweite, *Kunálovy oči* (*Kunáls Augen*, Prag 1908, Karel Mašek nach Julius Zeyer), deutet mit ihrer philosophischen Symbolik das Heraustreten Ostrčils aus der Welt der tschechischen Romantik an und nähert sich dem geistigen Klima des Fin de siècle. Svobodas realistische Komödie war bald zum Repertoirestück der ersten tschechischen Häuser geworden. Ostrčil vertonte die Prosa der Vorlage und folgte damit dem Beispiel von Janáček (*Její pastorkyňa*, 1904) und Strauss (*Salome*, 1905). In Ostrčils künstlerischer Entwicklung bedeutet *Poupě* den Beginn einer neuen stilistischen und ideellen Orientierung.
Handlung: In einem kleinbürgerlich ausgestatteten Zimmer im Haus Kláns: Klán und seine Tochter Anežka erwarten den Besuch des benachbarten Familienfreunds Kučina, der offenbar in Anežka (die Knospe) verliebt ist. Der Prager Medizinstudent Ladislav, Neffe Kláns und Vetter Anežkas, beobachtet, daß sich das Mädchen über ihre Gefühle zu Kučina nicht klar werden kann und auf dessen Schmeicheleien hereinfällt. Ladislav entschließt sich selbst, Anežka den Kopf zu verdrehen. Er beginnt ihr zu schmeicheln, macht ihr eine Liebeserklärung, und es gelingt ihm, Gegenliebe zu erwecken. Auf seine Frage, ob Anežka Kučina liebe, antwortet sie, daß sie ihn nur als Freund der Familie gern habe und ihr seine Liebe eher

Poupě; Regie: Ferdinand Pujman, Bühnenbildentwurf: František Tröster; Nationaltheater, Prag 1944.

lästig sei. Anežka vertraut sich in ihrer Not ihrem Vater an, der die Gefühlsverwirrung seiner Tochter gut versteht und sie nicht zwingen will, Kučinas Liebe zu erwidern. Er hofft aber, daß die tiefe Liebe seines Freunds den Sieg davontragen werde. Inzwischen hat sich Anežka vorgenommen, Kučina zu bitten, sich nicht mehr um sie zu bemühen. Seine Freundschaft allerdings möchte sie sich erhalten. Als Kučina zu Besuch kommt, nutzt Anežka die Abwesenheit Ladislavs und ihres Vaters aus, um ihm entschlossen zu verkünden: »Ich bitte Sie sehr, lieben Sie mich nicht.« Kučina, zunächst amüsiert über Anežkas Naivität, beginnt bald zu begreifen, daß sie es ernst meint. Er verbirgt seinen Schmerz und forscht vorsichtig nach Anežkas Gefühlen zu Ladislav. Dennoch gesteht er Anežka seine Liebe und teilt ihr zugleich mit, sie und ihren Vater nicht weiter besuchen zu können. Das trifft Anežka tief. Plötzlich ist sie sich über ihre Gefühle im klaren und weiß nun eindeutig, daß es Kučina ist, den sie wirklich liebt. In diesem Moment erscheint Klán; er will Kučina trösten. Freudig überrascht erfährt er jedoch, daß sich die beiden einig geworden sind.

Kommentar: *Poupě* ist ein kleines musikdramatisches Juwel, das an die Tradition der tschechischen Konversationsoper anknüpft, wie sie vor allem Smetanas *Dvě vdovy* (1874) repräsentiert. Wie bei Smetana wird auch bei Ostrčil die Handlung von nur vier Personen getragen, von denen zwei sogar denselben Namen wie bei Smetana haben: Anežka und Ladislav. Ostrčils Vertonung, mit Ausnahme von Ladislavs kunstvoll bearbeitetem Volkslied, wird grundsätzlich vom Prosastil der Vorlage bestimmt, weshalb es auch keine geschlossenen Nummern gibt. Die meisterhafte Orchesterbehandlung, die chromatisch reiche und bewegte Harmonik, die freie Polyphonie sowie die prägnant differenzierte Rhythmik erinnern an Richard Strauss. Ähnlich wie dem großen Vorbild wird das Orchester als Instrument einer psychologisch-semantischen Darstellung der Handlung exponiert, in der Verdichtung des Klangs und der Motivik jedoch bei Ostrčil übersichtlicher und schlichter gehandhabt. Harmonisch tendiert die Partitur zur schwebenden Tonalität in der Art des frühen Schönberg. In der Entwicklung des Komponisten bedeutet *Poupě* den entscheidenden Bruch mit den ästhetischen Maximen der Spätromantik; es gehört zu den grundlegenden Werken der modernen tschechischen Opernliteratur.

Wirkung: *Poupě* erlebte schon bei der Uraufführung (Dirigent: Ostrčil, Regie: Jaroslav Kvapil; Klán: Pravoslav Řada, Anežka: Iza Grégrová, Ladislav: František Matějovský, Kučina: Jakub Seifert) einen eindeutigen Erfolg. Seitdem gehört die Oper zu den meistgespielten Werken Ostrčils.

Autograph: Museum české hudby Prag. **Ausgaben:** Part: Dilia, Prag 1959; Kl.A, tschech./dt. Übers. v. R. Batka: Umělecká beseda, Prag 1911; Kl.A, rev. v. J. Plavec: Hudební matice, Prag 1950. **Aufführungsmaterial:** Dilia, Prag
Literatur: Z. NEJEDLÝ, Česká moderní zpěvohra po Smetanovi, Prag 1911, S. 330–344; O. PAYER, O. O. und die tschechische Opernbühne unserer Tage, Lpz., Prag 1911; Z. NEJEDLÝ, O. O., Prag 1935, ²1949; V. HELFERT, Two Losses to Czech Music, in: Slavonic and East European Review 14:1936, S. 639ff.

Jiří Vysloužil

Honzovo království
Hudební hra o sedm obrazech

Honzas Königreich
Musikalisches Spiel in 7 Bildern

Text: Jiří Mařánek, nach der Erzählung *Skaska ob Iwane-Durake i ewo dwuch bratjach: Semjone-Woine i Tarasse-Brjuchane i nemoissestre malanje, i o starom djawole i trjoch tschertenjatach (Das Märchen von Iwan dem Narren und seinen zwei Brüdern: Semjon dem Soldaten und Taras dem Dickwanst, und ihrer stummen Schwester Malanja und dem alten Teufel und den drei Teufelchen*, 1885) von Lew Nikolajewitsch Graf Tolstoi
Uraufführung: 26. Mai 1934, Nationaltheater, Brünn
Personen: der Vater (B); Ivan, Feldherr (T), Ondřej, Kaufmann (Bar), und Honza (T), seine Söhne; Ivans Frau (S); Ondřejs Frau (A); der König (B); die Prinzessin (S); der Vater (B); der Bettler (T); der Herold (B); die Amme (A); 2 Feldwebel (T, Bar); der Schulze (Bar); der Bauer (Bar); ein mutiges Mädchen (S); der Ausgedinger (Spr.). **Chor:** Bauern, Soldaten, Höflinge, Mädchen, Burschen, Stimmen der Teufel, Kinder
Orchester: 3 Fl (3. auch Picc), 3 Ob (3. auch E.H), 2 Klar, kl. Klar in Es, B.Klar, 3 Fg (3. auch K.Fg), 4 Hr, 3 Trp, B.Trp, 3 Pos, Tb, Pkn, Schl (gr.Tr, Bck, kl.Tr, Tamburin, Tamtam, Glsp, Trg, Xyl), Cel, Hrf, Harm, Streicher; BühnenM: 2 Klar, 2 Hr, 3 Trp, Pos, Bombardun, MilitärTr
Aufführung: Dauer ca. 2 Std. – Für die Teufelschöre im 6. Bild Megaphone hinter der Szene und im Zuschauerraum.

Entstehung: 1928 beendete Ostrčil die Orchestervariationen *Křížová cesta (Der Kreuzweg)*, deren Programm wegweisend für die Suche nach dem Sujet für

Honzovo království wurde. Ostrčil nahm großen Einfluß auf die Textgestaltung von Tolstois Erzählung, die 1903 in tschechischer Übersetzung erschienen war. Die Partitur wurde am 25. Aug. 1933 vollendet.
Handlung: Prolog: vor einem Vorhang, der ein Dorf andeutet; 1. Bild: Bauernstube im Haus des Vaters; 2. Bild: vor der Hütte, Morgen; 3. Bild: ein elendes Dorf; 4. Bild: Gemach der Prinzessin; 5. Bild: Thronsaal; 6. Bild: dunkle Szene; 7. Bild: Dorfplatz.

Auf der Suche nach neuen Opfern kommt der Teufel in ein Dorf, wo ein alter Ausgedinger lebt, Vater von drei Söhnen: dem Kaufmann Ondřej, dem Feldherrn Ivan und Honza, der unter Mühen des Vaters Gut bestellt. An ihm will der Teufel seine Verführungskünste erproben. So überläßt er Honza ein Heilkraut, verwandelt die Blätter der Bäume in Gold und die Garben des Korns in Soldaten, doch der so Beschenkte tritt Reichtum und Macht an seine plötzlich verarmten Brüder ab und bleibt seinem bisherigen Leben treu. Die Ankündigung des Königs, er wolle sein Reich dem übereignen, der die kranke Prinzessin zu heilen vermöge, weckt die Begehrlichkeit der Bewohner des Lands, unter ihnen auch Ondřej und Ivan, und löst blutige Zwietracht aus. Honza hingegen nutzt das Heilkraut nicht zum Machtgewinn, sondern stellt es in den Dienst spontaner Nächstenliebe, indem er es für einen kranken Bettler opfert. Auch ohne Zauberkraft heilt er sodann die Prinzessin, gewinnt ihre Hand und dazu noch ihre Liebe. Zum König gekrönt, verleiht er die Insignien der Staatsmacht, an denen ihm selbst nichts liegt, seinen Brüdern. Vom Teufel aufgehetzt, nutzen Ondřej und Ivan ihre Stellung, um einen Aufstand, schließlich einen Krieg anzuzetteln, doch vergeblich: Zwietracht und Gewalt haben keine Chance gegen die überströmende Kraft von Versöhnung und Liebe, die alle Bewohner in Honzas Friedensreich erfaßt hat. Der Teufel hat sein Spiel verloren.

Kommentar: Tolstois Märchen wurde bei der zweiten Übersetzung ins Tschechische (1906) ausdrücklich in das tschechische Milieu verlegt. Mařánek und Ostrčil haben darüber hinaus an die Stelle von Tolstois Philosophie, dem Bösen gewaltlos zu begegnen, den aktiven Einsatz für das Gute gesetzt. In diesem Sinn ist die Figur Honzas konzipiert: Durch seinen Einfluß verwirklicht die Prinzessin ihre Vision von Frieden und Liebe in der Tat (Verhinderung des Aufstands der Höflinge gegen den König im 5. Bild). Die Sprachmittel des Librettos entstammen überwiegend dem Genre des Märchens, während die Ausstattung des Teufels mit Megaphon und Baedeker (Prolog) und seine Sprechweise (6. Bild) die Absicht der Autoren nach gesellschaftlichem Zeitbezug bekunden. Damit im Einklang steht die stilistische Orientierung der Musik, die sich zwischen romantisierender Volkstümlichkeit (Ariosi der Prinzessin) und Tendenzen von Neoklassizität und neuer Sachlichkeit (Deklamationsmelos in den übrigen solistischen Partien; kontrapunktische Chöre) bewegt. Der Charakterisierung des Volksmilieus dienen vor allem Polkarhythmen. Die Hauptkonturen bestimmen breit ausladende Melodien über einer einfachen Baßlinie; die Harmonie in den Mittelstimmen ist im Grunde dissonante Diatonik, die durch Instrumentation in hellen und ungebrochenen Klangfarben gestützt wird. *Honzovo království* erscheint als ein synthetisches Werk, in dem eigene Ausdrucksmittel sowie Anklänge an Zdeněk Fibich, Josef Bohuslav Foerster und Gustav Mahler zu einem persönlichen Stil verschmolzen sind.

Wirkung: Nach der Uraufführung (Dirigent: Milan Sachs, Regie: Branko Gavella; Vater: Vlastimil Šíma, Honza: Emil Olšovský, Teufel: Vladimír Jedenáctík, Prinzessin: Alexandra Čvanová) wurde *Honzovo království* noch im selben Jahr in Ostrau einstudiert; die Prager Premiere kam 1935 zustande (Ostrčil, Hanuś Thein; Václav Marek, Vladimír Tomš, Vilém Zítek, Ada Nordenová). Während man die Musik einhellig positiv beurteilte, lehnten rechts orientierte Zeitungen die Ideen des Sujets ab (es kam zu einem Prozeß). Die letzte Inszenierung vor dem zweiten Weltkrieg brachte das Neue Deutsche Theater Prag 1937 heraus (deutsch von Heinz Politzer und George Szell). Nach 1945 wurde die Oper achtmal auf tschechischen Bühnen inszeniert (Prag 1947, 1949, 1958) und einmal in Deutschland (Plauen 1954). Entsprechend den sozialistischen Tendenzen dieser Einstudierungen wurde die christliche Position in den Hintergrund gedrängt. Die Bekämpfung des Bösen durch das Gute interpretierte man als »Kampf um den Frieden«, eine Konzeption, in die auch die Verwendung der stilisierten Tanz- und Marschmusik sich einfügte.

Autograph: Museum české hudby Prag. **Ausgaben:** Part: Dilia, Prag 1954; Kl.A v. K. Šolc, tschech./russ. Übers. v. J. Gurian, dt. Übers. v. H. Politzer, G. Széll: Hudební matice, Prag 1936, 1950; Textb.: Prag 1934. **Aufführungsmaterial:** Dilia, Prag **Literatur:** J. Plavec, O. O. ›Honzovo království‹, Prag 1934; I. Ballo, O. O. ›Honzovo království‹, in: Tempo 1935, S. 221–225; Rok po premièrě ›Honzovo království‹, Prag 1936; J. Válek, Vznik a význam O. opery ›Honzovo království‹, Prag 1952; B. Karásek, Vise nového života, in: Hudební rozhledy 11:1958, S. 244–246; weitere Lit. s. S. 606

Jan Dehner

Giovanni Pacini

Geboren am 11. Februar 1796 in Catania (Sizilien), gestorben am 6. Dezember 1867 in Pescia (Toskana)

L'ultimo giorno di Pompei
Dramma per musica

Der letzte Tag von Pompeji
2 Akte (7 [8] Bilder)

Text: Leone Andrea Tottola
Uraufführung: 19. Nov. 1825, Teatro San Carlo, Neapel
Personen: Sallustio, in den ersten Magistrat gewählt (B); Ottavia, seine Gattin (S); Menenio, ihr Sohn (S);

Appio Diomede, Tribun (T); Pubblio, Aufseher der öffentlichen Bäder (T); der Oberpriester des Jupitertempels (B); Clodio, Jüngling, Pubblios Sohn (S); Fausto, Freigelassener Sallustios (T). **Chor, Statisterie:** Vestalinnen, Priester des Jupiter, Auguren, Magistraten, Älteste, Patrizier, Volk, Matronen, Mädchen, Dienerinnen Ottavias, Schutzbefohlene, Freigelassene und Diener Sallustios, Soldaten, Liktoren, Türsteher des großen Theaters, Tänzer
Orchester: Picc, 2 Fl, 2 Ob, 2 Klar, 2 Fg, 4 Hr, 2 Trp, 3 Pos, Serpent, Cimbasso, Pkn, Schl (gr.Tr, Bck, RührTr), Streicher, Hrf; BühnenM: Banda (nicht spezifiziert)
Aufführung: Dauer ca. 2 Std. 30 Min.

Entstehung: Bereits in jungen Jahren konnte Pacini, der sein Metier als Opernkomponist wohl primär autodidaktischen Studien verdankte, zahlreiche Erfolge aufweisen, unter denen er in seinen *Memorie artistiche* (S. 15, s. Lit.) *L'Adelaide e Comingio* (Mailand 1817, Text: Gaetano Rossi), *L'Atala* (Padua 1818, Antonio Peracchi) und *La sacerdotessa d'Irminsul* (Triest 1818, Felice Romani) hervorhebt. In den Kreis der anerkanntesten Komponisten, der »maestri di cartello«, konnte man im damaligen Italien indes erst dann aufsteigen, wenn man an den seinerzeit bedeutendsten Bühnen, dem San Carlo Neapel, dem Teatro Regio Turin, der Scala Mailand und dem Teatro La Fenice Venedig, reüssiert hatte. Stellte sich der Erfolg an der Scala recht bald und nachhaltig ein, unter anderm mit *Il barone di Dolsheim* (1818, Romani), *Vallace ossia L'eroe scozzese* (1820, Romani) und *La vestale* (1823, Luigi Romanelli), und traf auch eine Scrittura aus Turin (*La schiava di Bagdad ossia Il papucciajo*, 1820, Vittorio Pezzi), ließen Aufträge vom Fenice und aus Neapel zunächst auf sich warten. Auf Vorschlag eines Freunds, des Mailänder Verlegers Gaetano Pirola (ebd., S. 33), kam 1824 der erste Kontakt mit Neapel zustande, der den Anfang zu einer der fruchtbarsten Schaffensperioden Pacinis bildete. Das erfolgreiche Debüt vor dem von Pacini sehr gefürchteten Publikum des San Carlo mit *Alessandro nelle Indie* (1824, Giovanni Schmidt) brachte ihm sogleich zwei weitere Scritture für Neapel ein, aus denen der Einakter *Amazilia* (1825, Schmidt) und die anläßlich des Namenstags Königin Maria Isabellas uraufgeführte Oper *L'ultimo giorno di Pompei* hervorgingen. Den Plot zu diesem Werk, das Pacini den größten Erfolg seiner frühen Laufbahn eintragen sollte, hatte angeblich der Theaterarchitekt Antonio Niccolini entworfen (ebd., S. 42). Wie aus dem Uraufführungslibretto hervorgeht, schufen die zum Teil äußerst aufwendigen Bühnenbilder Vincenzo Sacchetti (I/1 und 4, II/2), Pasquale Canna (I/3, II/1) und Antonio Pellandi (I/2, II/3 und 4).
Handlung: In Pompeji.
I. Akt, 1. Bild, Atrium im Haus Sallustios; Tagesanbruch: In den Jubel über die Wahl Sallustios in den ersten Magistrat mischt sich Mißklang: Der in Sallustios Gattin verliebte Appio wirbt zum wiederholten Mal vergeblich um Ottavias Gunst und beschließt daraufhin, sich für die Abweisung zu rächen. Er plant, Pubblios Sohn Clodio als Mädchen verkleidet in Ottavias Gefolge zu verbergen. 2. Bild, Eingang nach Pompeji von der »strada de' sepolcri«: Pubblio, der sich in Appios Schuld weiß, will sich an der Intrige beteiligen. 3. Bild, festlich geschmücktes Forum mit Blick auf den Jupitertempel; seitlich zwei Triumphbögen; in der Ferne verschiedene Gebäude der Stadt; links eine mit Girlanden geschmückte Tribüne: Im festlichen Zug sammelt sich die Bevölkerung auf dem Forum. Der Oberpriester bekränzt das Haupt Sallustios, der feierlich den Amtseid schwört. 4. Bild, Säulenhalle des großen Theaters: Während die Menge in das Theater strömt, verwirklichen die Intriganten ihren Plan: Pubblio entdeckt in Ottavias Gefolge seinen als Mädchen verkleideten Sohn, der behauptet, von Ottavia verführt worden zu sein. Arglistig fordert Appio von Sallustio, der an die Untreue seiner Frau nicht glauben mag, an seinen Schwur zu denken und die Schuldige nach Recht und Gesetz zu bestrafen. II. Akt, 1. Bild, Basilika: Sallustio, der nach wie vor nicht den Glauben an seine Frau verliert, ist machtlos, als Appio, Pubblio und Clodio einmütig Ottavias Untreue bezeugen, und Appio in seiner Funktion als Tribun, auf rasche Bestrafung drängen. Aussage steht gegen Aussage, als Ottavia ihre Unschuld beteuert und eröffnet, daß Appio vergeblich um sie geworben habe. Plötzliche Detonationen, Vorboten des Vesuvausbruchs, werden als Stimme des zornigen Gotts gedeutet und sind ausschlaggebend für das Urteil, welches Sallustio schweren Herzens fällt: Ottavia lebendig einmauern zu lassen. 2. Bild, Garten von Diomedes Haus nahe der Stadtmauer: Appio erkennt, daß er Ottavia noch immer liebt. 3. Bild, für Hinrichtungen bestimmter unterirdischer Raum; von dessen Säulenhalle aus Blick auf die »strada de' sepolcri«: Bevor sie zum Grab geführt wird, nimmt Ottavia Abschied. Erneute Detonationen deutet Sallustio als Beweis für Ottavias Unschuld und gebietet Einhalt. Pubblio und Appio stürzen herbei, berichten, daß die Detonationen aus dem Innern des Vesuvs kämen, gestehen angsterfüllt ihre Tat, als die Auguren verkünden, Pompeji werde von den Göttern gestraft, und werden nun anstelle Ottavias eingemauert. [4. Bild, Vesuv:] Der Vesuv bricht aus und droht die Stadt unter Asche zu begraben. Ottavia und Sallustio ergreifen mit ihrem Sohn die Flucht. Allgemeiner Aufruhr. Stärker werdender Auswurf unter Donner und Blitz.
Kommentar: Daß das Libretto zu *L'ultimo giorno di Pompei* nicht, wie Usus, auf der Basis einer literarischen Vorlage verfaßt, sondern von Niccolini, Direktor der Neapler »Reale Scuola di Scenografia«, konzipiert wurde, ist mehr als ein Indiz für die Eigenart des Werks, das im wesentlichen auf eine Bündelung musikalischer und szenischer Mittel zum Zweck großer Schaueffekte zielt. Und so scheint es nur konsequent, daß die zeitgenössischen Kritiken genau diesen Aspekt unterstreichen und die große Leistung der Schüler Niccolinis (Sacchetti, Canna und Pellandi) hervorheben, die durch eine äußerst realistische Vergegenwärtigung vor allem der Schlußkatastrophe die

Zuschauer tief bewegt und verzaubert hätten (*Giornale delle Due Sicilie*, 21. Nov. 1825). Tatsächlich ist die eigentliche Handlung noch dürftiger als gewöhnlich und fehlt der bewährten Dreiecksgeschichte jene Farbe, die sie in solchen Libretti erhält, die zum Beispiel nach Voltaires oder William Shakespeares Dramen oder nach Walter Scotts Romanen gearbeitet sind. Die »quadri imponenti«, um einen Begriff des Librettisten Rossi aufzugreifen, Introduktion, Triumphzug und Schlußszene, stehen, lebenden Bildern gleich, für sich; allein das 1. Finale, in dem sich nach dem Schema des »gestörten Fests« der »coup de théâtre« ereignet, läßt eine Relation zum Handlungsverlauf erkennen. – In Anbetracht der sensationellen Szenographie ist die Auseinandersetzung mit der Partitur vielfach in den Hintergrund getreten. Wie Pacini in seinen *Memorie* mitteilt (S. 41f.), ließ er bei der Komposition größte Sorgfalt walten und bemühte sich in der Disposition der Nummern um Originalität. Schon früh hat man gegen ihn den Vorwurf erhoben, ein Plagiator Gioacchino Rossinis zu sein, dessen Kompositionsstil Maßstäbe für Dezennien aufstellte. Aus der Distanz einiger Jahrzehnte setzte sich Pacini mit dem Verdikt auseinander und bekannte, daß im damaligen Italien keinem Komponisten Erfolg vergönnt gewesen sei, der sich nicht an dem großen Vorbild orientiert hätte (ebd., S. 54). Ohne Zweifel weist *L'ultimo giorno* in hohem Maß epigonale Züge auf: Das Urteil, welches der Rezensent der Leipziger *Allgemeinen musikalischen Zeitung* (26. April 1820, Spalte 281) über Pacinis Oper *Vallace* fällte (»doch leuchtet aus ihr überall Rossini und wieder Rossini hervor«), trifft mit nur geringen Einschränkungen auch auf *L'ultimo giorno* zu. Die kompositorische Faktur, als deren hervorstechendste Merkmale hier lediglich die Kolorierung der Gesangsstimme und der prägnante, oft auf kleinstem Raum variierte Rhythmus erwähnt werden sollen, unterscheidet sich in nichts von jener der Opern Rossinis vor allem der Neapler Zeit. Indes stellt sich die Frage, ob man nicht am Werk vorbei urteilt, wenn man Pacini auf Originalität unter diesem Aspekt verpflichtet. – Die Anlage des Quintetts (»Plausa, onor […] Ecco la man di Astrea […] Se i Numi fausti sperar mi lice«; I/6), dessen 1. Teil äußerst frei gestaltet und dessen Cabaletta mit nur zwei Gesangsstimmen (Sallustio/Ottavia) besetzt ist, ist zweifellos ebenso ungewöhnlich wie das Differenzieren der Phrasen im 1. Satz (»Squarciami il core«) des Protagonistenduetts (II/2) anstelle der üblichen wörtlichen Reprise des 1. Abschnitts. Für die Wirkung, letztlich für den Rang der Partitur wesentlicher als diese »Neuerungen«, auf die Pacini ja selbst hingewiesen hat, sind indes die, wenn auch in Rossinis Spuren erfundenen, zahlreichen äußerst inspirierten Melodien. Ebenso entscheidend ist Pacinis außerordentlicher Sinn für rhythmische Effekte. Nicht zuletzt auch aufgrund eines soliden Metiers, das ihn zumindest in dieser Partitur nicht im Stich läßt, steht Pacini weit über den zahlreichen »Kleinmeistern« dieser Epoche, unter die er gemeinhin ungeprüft subsumiert wird.

Wirkung: Nach dem großen Uraufführungserfolg, in den sich Pacini zufolge die Szenographen und das Sängerensemble (Sallustio: Luigi Lablache, Ottavia: Adelaide Tosi, Appio: Giovanni Davide, Oberpriester: Michele Benedetti, Clodio: Almerinda Manzocchi) gleichermaßen teilten, fand das Werk rasche Verbreitung. Unter den zahlreichen italienischen Einstudierungen hat die wohl nachhaltigste Wirkung die Inszenierung an der Scala 1827 (Sallustio: Antonio Tamburini, Ottavia: Henriette Méric-Lalande, Appio: Giovanni Battista Rubini) gezeitigt, für die Alessandro Sanquirico die Bühnenbilder schuf. Ebenso wie in Neapel muß auch in Mailand das Schlußtableau frappierende Wirkung ausgeübt und weite Resonanz gefunden haben. Für seine Szenographie zu Aubers *La Muette de Portici* (1828) begab sich Pierre Luc Charles Cicéri nach Mailand, um Sanquiricos Realisation des Vulkanausbruchs zu studieren. Auch außerhalb Italiens wurde *L'ultimo giorno di Pompei* häufig aufgeführt, zuerst am Kärntnertortheater Wien (1827 und 1828), sodann in Lissabon (1828), Madrid (1839) und im Théâtre-Italien Paris (1830 und 1831). In deutscher Übersetzung von Georg Ott wurde die Oper 1829 in Stuttgart, 1832 im Theater in der Josefstadt Wien, 1834 in Prag und 1835 in Pest gegeben.

Autograph: Bibl. S. Pietro a Maiella Neapel (XIV. 4. 11-12).
Abschriften: Bibl. S. Cecilia Rom (A. Mss. 373-374), Arch. d. Teatro La Fenice Venedig, LOC Washington (M1500 P14 U5).
Ausgaben: Kl.A: Ricordi [um 1830], Faks.-Nachdr.: Garland, NY, London 1986 (Italian Opera 1810–1840. 32.); Girard, Neapel; Textb.: Neapel, Flautina 1825; Mailand, Fontana 1827; Florenz, Fantosini 1832; Venedig, Casali 1832; Neapel 1840
Literatur: F.-J. FÉTIS, [Rez. d. Auff. Paris 1830], in: RM 9:1830, S. 273–283; G. PACINI, Le mie memorie artistiche, Florenz 1865, Neu-Ausg., hrsg. F. Magnani, Florenz 1875, Faks.-Nachdr., hrsg. L. Nicolosi, S. Pinnavaia, Vorw. v. S. Adabbo, Lucca 1981; J. CARLEZ, P. et l'opéra italien, Caen 1888; Giovanni Pacini, Pescia 1896; R. BARBIERA, P. e un suo carteggio, in: Immortali dimenticati, Mailand 1901; M. DAVINI, Il maestro G. P., Palermo 1927; F. LIPPMANN, G. P. Bemerkungen zum Stil seiner Opern, in: Chigiana 24:1967, S. 111–124; G. UGOLINI, P. alle origine del melodramma ottocentesco, in: L'opera 1967, Nr. 6, S. 22; F. LIPPMANN, Vincenzo Bellini und die italienische Opera seria seiner Zeit, Köln, Wien 1969 (Analecta musicologica. 6.), S. 317–328; G. CARLI BALLOLA, Gli esercizi spirituali del »maestro delle cabalette«, in: Chigiana 38:1983 (Nuova serie. 18.), S. 101ff.; M. ROSE, A Note on G. P., in: MT 124:1983, S. 163f.; J. BLACK, The Eruption of Vesuvius in P.'s ›L'ultimo giorno di Pompei‹, in: Journal of the Donizetti Soc. 6:1988, S. 95–104

Sabine Henze-Döhring

Gli arabi nelle Gallie ossia Il trionfo della fede
Melodramma serio

Die Araber in Gallien oder Der Triumph des Glaubens
2 Akte (7 Bilder)

Text: Luigi Romanelli, nach dem Roman *Le Rénégat* (1822) von Charles-Victor Prévost Vicomte d'Arlincourt

Uraufführung: 8. März 1827, Teatro alla Scala, Mailand
Personen: Ezilda, Prinzessin der Cevennen (S); Leodato, Prinz der Auvergne, General Karl Martells (C); Agobar, oberster Kommandant der Araber (T); Gondair, Vertrauter der Prinzessin (B); Zarele, Vorsteherin eines Klosters (S); Aloar, ein weiterer arabischer General, enger Freund Agobars (T); Mohamud, ein weiterer arabischer General, heimlicher Feind Agobars (B); ein Vertrauter Mohamuds (stumme R).
Chor, Statisterie: Gebirgsbewohner beiderlei Geschlechts, arabische Soldaten, fränkische Soldaten, Angehörige des Klosters, Wachen
Orchester: 2 Fl (auch Picc), 2 Ob, 2 Klar, 2 Fg, 4 Hr, 2 Trp, 3 Pos, Serpent, Pkn, Schl (gr.Tr, Bck, kl.Tr), Hrf, Org, Streicher, B.c; BühnenM: kl.Tr, Trp, Banda (nicht spezifiziert)
Aufführung: Dauer ca. 2 Std. 30 Min.

Entstehung: An den Erfolg von *L'ultimo giorno di Pompei* (1825) konnte Pacini auf den Tag genau ein Jahr später mit dem Dramma eroico-mitologico *Niobe* (Neapel, Text: Leone Andrea Tottola) anknüpfen; indes blieb der Erfolg auf Neapel beschränkt, wo dem Komponisten mit Giuditta Pasta, Giovanni Battista Rubini und Luigi Lablache ein außerordentliches Ensemble zur Verfügung gestanden hatte. Nur wenige Wochen danach erteilte ihm der Impresario Domenico Barbaja den Auftrag, eine Oper für die Karnevalssaison 1826/27 der Scala zu komponieren. Nach der Mailänder Einstudierung des trotz grundlegender Überarbeitung nicht sehr positiv aufgenommenen *Alessandro nelle Indie* (Neapel 1824) im Dez. 1826 wandte sich Pacini der neuen Oper zu, in die er nicht allzu große Hoffnungen setzte, da der für die Tenorpartie (Agobar) vorgesehene Giovanni Davide schon in *Alessandro* beim Publikum nicht gut angekommen war. Wider Erwarten fand das Werk große Resonanz.
Handlung: In und bei dem Kloster San Amalberga. Vorgeschichte: Schon als Kinder waren Ezilda und Clodomiro, letzter Abkömmling der Merowinger, zu späterer Ehe bestimmt worden und hatten zum Zeichen dafür die Ringe getauscht. Als Clodomiros Vater starb, machten aufständische Granden dem rechtmäßigen Erben den Königsthron streitig, rissen die Macht an sich, bedrohten Clodomiros Leben und erklärten ihn schließlich für tot. Clodomiro floh nach Afrika, wo er sich unter dem Namen Agobar den Sarazenen anschloß. Im Krieg gegen Gallien erhielt er das Oberkommando, und es gelang ihm, seinen einstigen Landsleuten Niederlage um Niederlage zuzufügen. Im Angesicht dieser Bedrohung hatte sich Ezilda nach San Amalberga zurückgezogen.
I. Akt, 1. Bild, Außenanlage von Ezildas Schloß, auf der Mauer Wachtposten; militärisches Wecken im Schloß: Der allgemeinen Niedergeschlagenheit unter den Bergbewohnern begegnet Gondair mit dem Hinweis auf göttliche Hilfe, und einzig Gottvertrauen läßt auch Leodato noch hoffen, sich Agobar und den Sarazenen nicht endgültig ergeben zu müssen. Ezilda vertraut sich Leodato an und vermag ihn, der sie heimlich liebt, zuversichtlich zu stimmen. Kaum haben sich alle in das Schloß begeben und ist die Zugbrücke hochgezogen, erscheinen unter den Klängen eines »barbarischen« Marschs Agobar und die arabischen Soldaten. Hin und her gerissen zwischen Rachegefühlen und wehmütigen Erinnerungen, läßt sich Agobar der Treue seiner Soldaten versichern, während Mohamud und seine Anhänger sich gegen den Feldherrn verschwören. 2. Bild, unterirdische Gewölbe: Ezilda berichtet Zarele von der Ankunft der Araber und bittet um Gottes Beistand. 3. Bild, außerhalb des Klosters: Die arabischen Soldaten feiern den siegreichen Agobar. Als der gefangengenommene Leodato vorgeführt wird und Agobar in ihm einen Abkömmling der väterlichen Feinde erkennt, gerät er in Wut. Seine Rage verfliegt mit einem Schlag beim Erscheinen Ezildas. Ohne in ihr seine Braut zu erkennen, verwirrt ihn die Ähnlichkeit, und er verliert sich in Erinnerungen. Während die Soldaten sogleich wieder zur Rache rufen, fleht Ezilda erneut zu Gott.
II. Akt, 1. Bild, Kloster; im Hintergrund das Standbild des zärtlich einem Kind zugewandten letzten Königs der Franken: Angeblich hat Mohamud Agobars Milde gegenüber dem Feind nach Afrika gemeldet und den Befehl erhalten, den Feldherrn zu töten. Agobar wird heimlicher Zeuge eines Selbstgesprächs Ezildas mit dem Standbild, währenddessen sie den Namen Clodomiro fallenläßt. Kaum hat sich Agobar als Clodomiro zu erkennen gegeben und ist die Identität durch die Ringe bezeugt, weist Ezilda ihn, in dem sie niemand anders als den Verräter des Vaterlands erkennt, als Feind zurück. 2. Bild, einsamer Ort: Leodato wird heimlich Zeuge, als Mohamud und seine Kumpane den Mord an Agobar besprechen, und kann sich nun für Agobars Milde revanchieren, indem er den Anschlag verrät. Darüber hinaus gibt er sich dem gerührten Agobar als Anhänger der Merowinger zu erkennen. 3. Bild, ebenda: Zum Erstaunen Zareles und der Mädchen ist Ezilda zutiefst verzweifelt, als sie von Agobars Niederlage erfährt. 4. Bild, weite Ebene mit einem antiken Mausoleum: Von Todesahnungen geplagt, bittet Agobar den weisen Gondair, Ezilda auszurichten, daß er sie noch immer liebt und ihr treu bleiben wird. Hilfe- und Racherufe arabischer Soldaten aus der Ferne reißen ihn jedoch aus der resignativen Stimmung, und er beschließt, sich erneut in den Kampf zu begeben. Als Opfer des Mordanschlags Mohamuds kehrt Agobar zurück und trifft auf Ezilda, Leodato und Gondair. Nichts anderes wünscht er mehr, als in Ezildas Armen zu sterben, worauf er zusammenbricht.
Kommentar: Warum *Gli arabi* zu einer der erfolgreichsten Opern Pacinis wurde, vermögen weder die Partitur noch das Libretto zu erschließen. Vor allem letzteres läßt Originalität und handwerkliche Sorgfalt in hohem Maß vermissen. Gemessen an Rossinis Neapler Opere serie und *Semiramide* (1823) oder Meyerbeers *Il crociato in Egitto* (1824), weist das Werk keine hervorstechenden Merkmale auf, welche die Faszination des so kritischen Mailänder Publikums verständlich machen könnten. Die auf Bildrealistik

zielende vielgerühmte Introduktion gehört zwar zu den originellen Exemplaren dieser Spezies, ohne jedoch dramaturgisch oder musikalisch tatsächlich innovativ zu wirken. Hier wie auch in zahlreichen andern Nummern offenbart sich Pacinis Intention, die einzelnen Gruppen, Bergbewohner und Sarazenen, musikalisch voneinander abzusetzen und ihnen eine spezifische »couleur« zu geben. Dabei erweist es sich als günstig, daß der Komponist als Kontrastfarbe zu den Märschen und Chören der arabischen Soldaten kirchliche Gesänge exponieren konnte, da die Handlung im Kloster spielt. Und so zählt dann auch Ezildas Preghiera »Qual sei, Signor, per prova« (I/7), die von einer seinerzeit als sensationell empfundenen Orgel begleitet wird, unter lokalkoloristischem Aspekt zu den auffälligen Nummern der Partitur. (Der Korrespondent der Leipziger *Allgemeinen musikalischen Zeitung*, s. Lit., berichtet indes, daß die Orgel als anstößig empfunden wurde und bald wegfiel.) Aus historischer Sicht bemerkenswert und für die Entwicklung des Melodramma serio folgenreich ist die Partie des Agobar. Vor allem im Cantabile (»Le dirai, ch'io serbo ognora«) seiner großen Soloszene im II. Akt gestaltet Pacini eine Melodie, die in ihrer schnörkellosen Faktur jene Intensität und Ausdrucksunmittelbarkeit suggerierte, die dem ästhetischen Ideal der Zeit, in der man sich heftig, zuweilen programmatisch von Gioacchino Rossinis »canto fiorito« abzuwenden begann, so treffend entsprach. Bereits der Rezensent des Mailänder *Almanacco teatrale* (s. Lit.) hob zu Recht hervor, daß Pacini die Tenorpartie mit energischen, leidenschaftlichen und zarten Tönen ausgestattet und auf Manierismen verzichtet habe, der Gesang leicht und auf eine verführerische, als »Feindin der Falsette« anzusehende Einfachheit reduziert sei. Mit der Favorisierung des »canto spianato« zumindest in der Tenorpartie partizipierte Pacini an einer Entwicklung, als deren Repräsentanten Bellini und Donizetti gelten und die vielfach mit den sogenannten Reformbestrebungen der späten 20er und frühen 30er Jahre in Zusammenhang gebracht wird. Daß Pacini dabei keine ästhetischen Konzepte zu realisieren trachtete, sondern lediglich auf den Unmut der Mailänder gegenüber Davides Vorliebe für das Falsett reagierte, setzt in diesem Zusammenhang eine eher ironische Pointe.

Wirkung: Der frenetische Applaus, welcher dem Werk zuteil wurde, galt vor allem Davide, aber auch der Sopranistin Stefania Favelli als Ezilda, wohingegen die andern Sänger wie Brigida Lorenzani (Leodato) und Vincenzo Galli (Gondair) eher beiläufige Aufnahme fanden. Mit Lob bedacht wurde auch die Szenographie Alessandro Sanquiricos, vor allem die »unterirdischen Gewölbe« (I/2) und das Schlußbild. Daß das Werk nach dem außerordentlichen Premierenerfolg von zahlreichen italienischen Bühnen in schneller Folge nachgespielt wurde (unter anderm Neapel 1827, Rom und Turin 1828, Genua 1829 und 1832), war daher ebensowenig überraschend wie das der zeitgenössischen Praxis entsprechende Verfahren, je nach den spezifischen Aufführungsbedingungen in die Faktur des Werks einzugreifen. So wurde der

Gli arabi nelle Gallie ossia Il trionfo della fede, II. Akt, 4. Bild; Bühnenbildentwurf: Alessandro Sanquirico; Uraufführung, Scala, Mailand 1827. – Die Vorspiegelung von Geschichtlichkeit, hier durch freie Aneignung antiker Architektur, entsprach einer szenographischen Intention, die Authentizität durch Bildgenauigkeit zu verbürgen trachtete.

Vorschlag gemacht, das Werk mit einem Lieto fine enden zu lassen, und wurden von Aufführung zu Aufführung Nummern fortgelassen oder substituiert, zum Beispiel für Luigia Boccabadati 1828 im Teatro Valle Rom. Daß Pacini während seines Wiener Gastspiels 1827 neben *Amazilia* (Neapel 1825) und *L'ultimo giorno* auch sein neuestes Erfolgswerk zur Aufführung brachte, war von daher selbstverständlich. Hierauf folgten zahlreiche Einstudierungen in ganz Europa (unter anderm Madrid und Dresden 1829, Théâtre-Italien Paris 1830, London 1832) und Amerika (New York 1834). Als wohl letzte Aufführung in einer stark überarbeiteten Version und unter anderm Titel (*L'ultimo dei Clodovei*) ist die Wiederaufnahme am Théâtre-Italien Paris 1855 verzeichnet.

Autograph: Bibl. Comunale C. Magnani Pescia. **Abschriften:** Civ. Museo Bibliogr. Musicale Bologna, BL London (Add. 16073), Bibl. Verdi Mailand (Part. Tr. ms. 285), Bibl. S. Pietro a Maiella Neapel (29.2.5-6), Bibl. S. Cecilia Rom (G. Mss. 754-755). **Ausgaben:** Kl.A: Ricordi [um 1827], [um 1840]; Textb.: Mailand, Fontana 1827; Neapel, Flautina 1827; Rom, Puccinelli [1828]; Genua, Frugoni 1832; Textb., dt.: Dresden 1829; Textb., engl./ital.: NY, Elliott 1834
Literatur: [Rez.], in: AMZ 29:1827, Sp. 324–326; [Rez.], in: Almanacco teatrale, Mailand 1827, S. 79–82; weitere Lit. s. S. 609

Sabine Henze-Döhring

Il corsaro
Melodramma romantico in tre parti

Der Korsar
3 Teile (8 Bilder)

Text: Jacopo Ferretti, nach *The Corsair. A Tale* (1814) von Lord Byron (eigtl. George Gordon Noel, 6. Baron Byron)
Uraufführung: 1. Fassung in 2 Akten: 15. Jan. 1831, Teatro Apollo, Rom; 2. Fassung: 10. Jan. 1832, Teatro alla Scala, Mailand (hier behandelt)

Personen: Corrado, Haupt der Korsaren (C); Medora, Corrados Sklavin (S); Giovanni, Korsar (B); Gonzalvo, Korsar (T); Seid, Pascha (T); Gulnara, Seids Favoritin (S); Zoè, Sklavin Corrados und Freundin Medoras (S); 2 Mohren, Pagen Seids (stumme R).
Chor, Statisterie: Korsaren, Fischer, Seeleute, Frauen, Sklavinnen Medoras, Sklavinnen und Mägde Gulnaras, türkische Soldaten und Gefolgsleute Seids, türkische Tänzer und Tänzerinnen
Orchester: Picc, 2 Fl, 2 Ob, E.H, 2 Klar, 4 Hr, 2 Fg, 2 Trp, 3 Pos, Cimbasso, Serpent, Pkn, Schl (gr.Tr, Tr), Hrf, Streicher; BühnenM: 2 Fl, 2 Ob, 2 Klar, 4 Hr, 2 Fg, Hrf, Kanonenschüsse; Banda (nur teilweise spezifiziert: Klar, 3 Trp)
Aufführung: Dauer ca. 3 Std.

Entstehung: *Il corsaro* entstand als Auftragswerk für die Wiedereröffnung des renovierten Teatro Apollo. Zwischen Ferretti und Pacini waren mehrere Sujets diskutiert worden, darunter ein weiteres Byron-Werk (die Tragödie *Sardanapalus*, 1821), eine »Maria Stuart«, die Ferretti vor der endgültigen Entscheidung zu einem Libretto mit dem Titel *Conte di Lenox nel castello di Dombar* ausarbeitete, und Victor Hugos hochaktuelles Drama *Hernani ou L'Honneur castillan* (1830). Im Okt. 1830 fiel Pacinis Wahl auf *The Corsair*, ein in Italien vor allem dank Galzeranis Ballett *Il corsaro* (1826) nicht mehr ganz unbekannter Stoff. Ferretti fügte sich, wenn auch widerwillig, dieser Entscheidung, da die Zeit bis zur vertraglich vereinbarten Übergabe des Librettos (12. Dez.) drängte und er sich nicht nur dem Komponisten, sondern auch dem Theaterpächter, seinem Freund Giovanni Paterni, verpflichtet fühlte.
Handlung: I. Teil, 1. Bild, Höhle am Ufer der Korsareninsel: Corrados Männer bereiten dem heimkehrenden Giovanni einen herzlichen Empfang. Er überbringt Corrado die Nachricht vom Beutezug des Paschas Seid. Auf Corrados Befehl wird der sofortige Gegenangriff vorbereitet. 2. Bild, Corrados trophäengeschmückte Behausung: Medora beklagt Corrados Gefühlskälte; seinen Beteuerungen, sie zu lieben, vermag sie um so weniger zu glauben, als er sie erneut allein und in Ungewißheit zurückläßt, um in See zu stechen. 3. Bild, Vorhalle am Ufer der Insel der Türken; außerhalb Seids Palast und ein Teil seiner Flotte: Gulnara findet kaum mehr die Kraft, durch fortwährende Verstellung die Zuneigung ihres Gebieters Seid zu erwidern. Seid macht ihr Vorwürfe, weil sie den Siegesfeiern fernbleibt und traurigen Gedanken nachhängt. Ein Flüchtling wird hereingeführt, der ihm den am kommenden Morgen bevorstehenden Angriff der Korsaren enthüllt. Seid ist sich seiner Überlegenheit sicher. Gulnara fasziniert die Erscheinung des vermeintlichen Flüchtlings, und sie fürchtet um dessen Schicksal. Helles Licht erfüllt plötzlich den Saal; entsetzt sieht Seid seine Flotte in Flammen aufgehen. Der Flüchtling entledigt sich seiner Verkleidung, es ist Corrado. Nicht um dem davoneilenden Seid nachzusetzen, sondern um die um Hilfe schreienden Frauen aus dem brennenden Harem zu retten, stürzt er mit seinen Gefolgsleuten davon. Das Blatt wendet sich: Soldaten haben die Eindringlinge festgenommen, und Seid verheißt dem Widersacher grausame Rache.
II. Teil, 1. Bild, wie I/1: Gonzalvo konnte vor Seids Leuten fliehen und trotz heftiger Stürme sicher ans Eiland der Korsaren gelangen. Seine Nachricht von Corrados Niederlage löst Erschütterung aus. Zur Rache entschlossen, verkleidet sich Gulnara als Türke und macht sich mit den Korsaren zu Seids Insel auf. 2. Bild, Zimmer in Seids Palast: Seid verschließt sich den Bitten Gulnaras, das Leben Corrados zu schonen, der sie aus den Flammen gerettet hat. 3. Bild, Ratssaal: Medora hat sich unter die türkischen Krieger gemischt, die Seids Richtspruch über Corrado und seine Männer beiwohnen. Corrado entdeckt die Geliebte sofort, läßt sich jedoch nichts anmerken. Da Seids Forderung, er solle das Versteck des Golds und der Edelsteine verraten, ohne Wirkung bleibt, scheint Corrados Schicksal besiegelt. Da gibt sich Medora zu erkennen. Seid, angetan von der Erscheinung der streitbaren Frau, will, daß sie ihm zu Diensten sei. Ihr offenes Bekenntnis zu Corrado läßt aber jedes Gefühl der Zuneigung sofort wieder in Haß umschlagen. Sie wird mit den andern Gefangenen abgeführt.
III. Teil, 1. Bild, Kerker: Giovanni und die mit ihm in Seids Kerker ihrer Hinrichtung harrenden Korsaren haben Mühe, den von einem Angsttraum heimgesuchten Corrado zu beruhigen. Kaum hat er seine Fassung wiedergefunden, erscheint Gonzalvo, dem es mit Gulnaras Hilfe gelungen ist, in das Verlies vorzudringen. 2. Bild, wie I/3: Medora sucht, mit einem Dolch in der Hand, nach Seid, um ihn zu töten und den Geliebten zu befreien. Giovanni tritt zu ihr und fordert sie auf, ihm zu folgen. Auf ihre Frage nach Corrados Verbleib eröffnet er ihr, Seid habe ihn umgebracht. Medora will sich auf der Stelle das Leben nehmen; da kündigen Gebetsgesänge den nahenden Trauerkondukt mit dem Leichnam des Korsaren an, der dem Meer seiner letzten Ruhe übergeben werden soll. Verzweifelt beklagt Medora den Verlust Corrados, der ihr nur noch die Hoffnung läßt, selbst durch einen baldigen Tod erlöst zu werden.
Kommentar: Seine Vorbehalte gegen Pacinis Stoffwahl werden von Ferretti in der Vorrede zum Libretto erläutert. Die Feststellung, mit der sie beginnt: »Mir ist ein Melodramma romantico abverlangt worden«, klingt wie die Kapitulation eines Vertreters des klassischen Dramenideals vor der nicht mehr aufzuhaltenden, den Zeitgeschmack in allen seinen Ausdrucksformen bestimmenden »scuola romantica«, zu deren Leitbildern der »cantor d'Italia« Byron an allererster Stelle zählte. Der »Verrat«, zu denen sich konservative Autoren wie der Arkadier Ferretti aus Loyalität gegenüber den Opernhäusern und »ihren« Komponisten gezwungen sahen, bestand in den Zugeständnissen an eine Dramenform, die an den traditionellen Einheiten ebenso vorbeiging wie an sakrosankten historischen Bewertungen. In diesem Sinn jedenfalls äußert sich Ferretti in seinem Vorwort, und in der originalen Version im Uraufführungslibretto meint er, auf einen Ausgleich durch die »docilità« des Kom-

ponisten wie das Geschick des Kapellmeisters vertrauend: »Eine Romantik, wie sie hier durch mich Anwendung gefunden zu haben scheint, wäre sonst ein lebendes Synonym für Scheusal.« Während das Stück, vielleicht abgesehen von dem zauberhaft-visionären Gemälde des geschichtsträchtigen Schauplatzes der Ägäis, eine große Anzahl wirkungsvoller Opernszenen direkt vorgab, so den Quasiintroduktionschor der Korsaren zu Beginn, den Überfall auf Seids Palast oder auch die Kerkerszene, und außerdem in Conrad, dem geheimnisvoll-widersprüchlichen »fuorilegge«, der zur lange ersehnten wahren Liebe endlich befreiten Gulnara sowie dem eifersüchtigen und tyrannischen Gegenspieler Seid, operntypische Charaktere zur Verfügung standen, mußten sich bezüglich der melancholischen, zerbrechlichen Medora zwangsläufig Probleme ergeben. Ihre Position in Byrons Verserzählung ist ambivalent: vom Sinn des Werks her zentral, dagegen peripher, was die Handlung anbelangt. Medora bezeichnet Ausgangspunkt, Mitte und Ende der Ereignisfolge, an der sie als Person eher passiv beteiligt ist. Ferretti formte Medora zu einem handelnden Charakter um, zur tragenden Gestalt einer genuinen »Primadonnenoper«. Die eigentümliche Ausweitung der Handlung rührte wohl in erster Linie von der eher praktischen Notwendigkeit her, den nicht weniger als fünf Hauptcharakteren das, wie Ferretti später entschuldigend einräumen sollte, »dovuto rilievo« zu geben, das heißt vor allem die betreffenden Partien mit genügend Soloszenen auszustatten. In der 2. Fassung wird Medoras Partie in diesem Sinn noch aufgewertet; während sie ursprünglich Seids Rache zum Opfer fällt und Corrado zu Gulnara findet, überlebt sie in der 2. Fassung ihren Korsaren und schließt die Oper mit der unverzichtbaren Aria finale, die an die Stelle eines Duetts Corrado/Gulnara trat. Als weitere Aspekte der Umarbeitung seien neben der rein äußerlichen Unterteilung des Geschehens in drei Teile erwähnt: die Reduktion der Partie des Seid insbesondere durch die Streichung seiner beiden Soloszenen, die Eliminierung des »inno« in der Kerkerszene, der Zusatz einer mit einem Tanz der Almas aufgewerteten Chorintroduktion zur Soloszene Gulnaras sowie die Neukomposition von vier Solosätzen, je zwei für Corrado und Gulnara. Ferrettis Textbuch enthält ganz überwiegend, zumal in der Pointierung des Geschehens, dem Standard der Zeit entsprechende Szenen, aber auch Episoden, die ihn als einen im Konzeptionellen eher fortschrittlichen, in jedem Fall äußerst versierten Bühnenautor ausweisen, so die Verknüpfung des Duetts Gulnara/Seid im II. Teil mit dem Chor der in den Verliesen schmachtenden Korsaren, die Kerkerszene oder auch den von einer einzigartigen inneren Dynamik durchdrungenen 2. Auftritt Medoras: Wenn sich der Chor der Korsaren, Fischer und Seeleute zu Beginn (II/1) um den heimkehrenden Gonzalvo gruppiert, um Medoras Auftritt vorzubereiten, tobt noch immer ein schrecklicher Sturm. Der Wettergott grollt und wird erst durch Medoras Ariensatz »Care sponde, che pietose« besänftigt. Mit ihm wendet sich Medora den Ufern zu, die schon so oft von ihren Liebesklagen widerhallten. Danach heißt es: »l'orchestra esprime il cambiamento del vento«. So bahnt sich als ausdruckshafter Höhepunkt des ebenso ausgreifenden wie konzis entwickelten Zusammenhangs die Cabaletta »Della battaglia il grido« an, nach der Medora, zur Rache, zum Kampf, ja zum Sterben entschlossen, mit den Korsaren das Schiff besteigt. Die auf geschickte Weise zwischen Linearität des Geschehens und lyrischer Verinnerlichung vermittelnde Gesamtkonzeption des Librettos leidet freilich unter einer Weitschweifigkeit des Ausdrucks, der wohl auch manche Überlänge in Pacinis Vertonung zuzurechnen ist. Den 565 Versen des auf derselben Vorlage beruhenden *Corsaro* (1848) Verdis stehen in Ferrettis Originalversion weit über 1000 Verse gegenüber, und dessen Bedauern, er habe sich von Pacini zumindest bei den Rezitativen zu äußerster Sparsamkeit anhalten lassen müssen, vermag man nicht ganz nachzuvollziehen. Wie Ferretti neigt Pacini zu außergewöhnlicher Großzügigkeit in der Dimensionierung der einzelnen Formabschnitte, und sie paart sich nur allzuoft mit einer kaum zu verhehlenden Armut der Melodik (Introduktion). Peinlich berührt Pacinis Ungenügen in der melodischen Charakterisierung, wenn er im Autograph über dem dürftigen Thema der Duettcabaletta Corrado/Medora im 1. Bild vermerkt: »Bei dieser Phrase muß man die Seele aus sich herausgehen lassen, um Effekt zu machen.« An andern Stellen gelangen Pacini durchaus schlagkräftige Sätze, etwa mit dem in der Führung der einzelnen Stimmen sensibel gestalteten, äußerst geschlossenen Quintett im II. Teil oder, auf einer ganz andern Ebene, mit dem in der 2. Fassung gestrichenen »inno« der Kerkerszene, der, abgesehen von der typischen Figurenkonstellation (der einzelne gerahmt vom Halbrund des Kollektivs, das dessen Gesang nach Art des Nachsprechens einer Eidesformel bekräftigt), auch in vielen Elementen der musikalischen Faktur das risorgimentale Pathos des frühen Verdi vorwegnimmt. In der Anwendung der Koloratur, des die Opernästhetik seiner Zeit entscheidend prägenden Gestaltungselements, geht Pacini generell äußerst überlegt und gezielt vor; er intendiert keine spektakulären Feuerwerke technischer Bravour, sondern mehr die vom Wortgehalt her individuelle Gebärde als ausdruckshaften Höhepunkt melodischer Konturierung. Wenn die Tatsache der Umarbeitung ein bei Pacini noch eher ungetrübtes Vertrauen in die eigenen schöpferischen Möglichkeiten suggeriert und man wenigstens die revidierte Schlußszene in ihrer Anlage wie von der musikalischen Gestaltung her ohne Vorbehalt den großen Momenten des italienischen Musiktheaters der Zeit zurechnen möchte, erweist sich *Il corsaro* insgesamt doch als Vorbote jener Schaffenskrise, die Pacini bald für mehrere Jahre verstummen lassen sollte.

Wirkung: Bei seiner Uraufführung mit Rosa Mariani (Corrado), Carolina Carrobbi (Medora), Pietro Gentili (Seid) und Marietta Albini (Gulnara) erlitt *Il corsaro* völligen Schiffbruch. Felix Mendelssohn-Bartholdy, der während seines Romaufenthalts der Premiere beiwohnte, berichtet darüber in einem Brief an seine

Familie vom 17. Jan. 1831 (S. 110f., s. Lit.), ohne auf die von Pacini in seinen *Memorie* als Erklärung für den Mißerfolg angeführten widrigen äußeren Bedingungen, so der unter anderm durch die verspätete Fertigstellung der Bühnenbilder um Stunden verzögerte Beginn und die daher rührende Unaufmerksamkeit des Publikums, besonders einzugehen. Ferretti lastete den Mißerfolg der eingestandenen Weitschweifigkeit seines Texts an, aber auch dem mangelnden Bekanntheitsgrad, der Kompliziertheit und der Melancholie des Sujets. Zudem habe das Ballett nach dem I. Teil den Premierenabend ungebührlich in die Länge gezogen. Im Lauf der Spielzeit wurde die Oper zunehmend positiv aufgenommen, und zwischen Mai und Sept. 1831 bereits brachte der Verlag Ricordi das gesamte Werk in den üblichen sukzessive erscheinenden »pezzi staccati« heraus. Die Uraufführung der 2. Fassung mit Clorinda Corradi-Pantanelli, Amalie Schütz-Oldosi, Cesare Badiali und Giulia Grisi erfolgte zwei Wochen nach der Uraufführung von Bellinis *Norma* und wurde an 15 weiteren Abenden gegeben. Danach geriet *Il corsaro* in Vergessenheit.

Autograph: Bibl. Verdi Mailand (Part. Tr. ms. 278). **Ausgaben:** Kl.A, 1. Fassung: Ricordi 1831, Nr. 5346/47-62, Nachdr.: Garland, NY, London 1985 (Italian Opera 1810–1840. 34.); Textb., 1. Fassung: Rom, Puccinelli 1831; Textb., 2. Fassung: Mailand, Truffi 1832
Literatur: F. MENDELSSOHN-BARTHOLDY, Briefe aus den Jahren 1830 bis 1847, hrsg. P. Mendelssohn-Bartholdy, Bd. 1, Lpz. [5]1863; A. CAMETTI, La musica teatrale a Roma cento anni fa. Il ›Corsaro‹ di P., in: Regia accademia di Santa Cecilia. Annuario 1930–31, Rom 1931, S. 445–469; DERS., Il Teatro di Tordinona poi di Apollo, Tivoli 1938, S. 241, 436f.; weitere Lit. s. S. 609

Markus Engelhardt

Saffo
Tragedia lirica in tre parti

Sappho
3 Teile (5 Bilder)

Text: Salvatore Cammarano
Uraufführung: 29. Nov. 1840, Teatro San Carlo, Neapel
Personen: Alcandro, Priester des Apollon Leucates (Bar); Climene, seine Tochter (Mez); Saffo/Sappho (S); Faone (T); Dirce, Vertraute Climenes (Mez); Ippia, erster Haruspex (T); Lisimaco, im Tempeldienst Apollos (B). **Chor, Statisterie:** Haruspizes, Priester des Apollo, Dienerinnen und Verwandte Climenes, Griechen, Bewohner von Leucades, junge Leute, Tempelwachen, Tempeldiener, Kitharöden und andere Musiker, »Neocori« um Alcandro, Tänzer
Orchester: 2 Picc, 2 Fl, 2 Ob, 2 Klar, 2 Fg, 4 Hr, 2 Trp, 3 Pos, Cimbasso, Pkn, Gong, Sistro, Hrf, Streicher; BühnenM: Bläser
Aufführung: Dauer ca. 3 Std.

Entstehung: Nach dem Mißgeschick mit *Il corsaro* (1831) in Rom und der kaum glücklicheren 2. Fassung in Mailand lancierte Pacini zunächst einen großen Erfolg in Venedig mit *Ivanhoe* (1832, Text: Gaetano Rossi). Dagegen verschwanden alle drei Opern (Texte: Rossi), die das San Carlo 1833 herausbrachte, *Gli elvezi ovvero Corrado di Tochemburgo*, *Fernando duca di Valenza* und *Irene o L'assedio di Messina*, trotz hervorragender Interpreten bereits nach wenigen Aufführungen von den Spielplänen. »Ich begann zu begreifen«, so Pacini in seinen *Memorie* (S. 69, s. Lit.), »daß ich mich aus der Arena zurückziehen mußte: Bellini, der göttliche Bellini, und Donizetti hatten mich überrundet.« Zwischen *Carlo di Borgogna* (Venedig 1835, Rossi) und *Furio Cammillo* (Rom 1839, Jacopo Ferretti) widmete sich Pacini in erster Linie pädagogischen Aufgaben in der von ihm begründeten Musikschule und einem auf seine Initiative hin erbauten Opernteater in Viareggio. 1837 ernannte ihn Herzogin Marie Louise zum Leiter ihrer Hofkapelle in Parma. Als Pacini im Juni 1840 nach Lucca zurückgekehrt war, erreichte ihn aus Neapel das Angebot, *Saffo* von Cammarano zu vertonen. Die vorgelegten Textproben wie das Szenarium überzeugten Pacini, mit großem Eifer arbeitete er an den ersten Szenen aus. Die Verse »Di quai soavi lagrime« aus dem Duett Saffo/Climene (II/2) hatte Cammarano seinem für Donizetti verfaßten *Poliuto* (1839/1848) entnommen, der 1838 verboten worden war. Nach der Komposition der Introduktion und des Duetts Saffo/Faone plagten Pacini Zweifel, und er traf sich Ende Sept. 1840 mit Cammarano, um ihm zu einem andern Stoff zu raten. Nicht zuletzt aufgrund der Begeisterung, die sein Autor über die bereits fertiggestellten Teile äußerte, erklärte er sich dann aber doch bereit, seine Arbeit an *Saffo* fortzusetzen. Die Approbation des Librettos durch die Zensur erfolgte am 26. Nov. Angesichts dieser Chronologie erscheint Pacinis Auskunft, die Oper in 28 Tagen vollendet zu haben, durchaus glaubwürdig, auch wenn er sich mit dem Sujet und Cammaranos Konzeption bereits über Monate vor der Fertigstellung des Textbuchs vertraut gemacht hatte.
Handlung: In Griechenland, zur Zeit der 42. Olympiade, I. Teil in Olympia, II.–III. auf Leukas.
I. Teil, »Die olympische Siegeskrone«, Äußeres eines Amphitheaters: Alcandro stürzt wütend aus dem Theater: Saffo habe in einer Elegie den Kult des Apollon Leucates als barbarisch angegriffen, weil er den Opfertod (Sprung vom Felsen) vorsieht. Die aufgebrachte Menge hat ihn daraufhin aus dem Theater verjagt. Er schwört Saffo Rache und benutzt dazu Faone als Werkzeug, den Saffos Triumphe verwirrt haben, weil er fürchtet, sie werde ihn über ihrem dichterischen Erfolg vergessen. Als Alcandro ihm sagt, Saffo liebe jetzt Alceo, beschließt er, sich von ihr zu trennen. Saffo beteuert ihm erneut ihre Liebe, er aber glaubt ihr in seiner Verblendung nicht. Als sie in das Theater gerufen wird, um den Siegeskranz aus Alceos Hand zu empfangen, stößt Faone sie von sich.
II. Teil, »Die Hochzeit Faones«, 1. Bild, Wohnung Alcandros nahe dem Apollotempel: Climene wird von ihren Mädchen für die Hochzeit mit Faone eingekleidet. Nichts ahnend erscheint Saffo, die Faone in ganz Griechenland vergeblich gesucht hat, und

wird von Climene freundschaftlich aufgenommen. Diese erzählt, daß ihre Schwester einst im Seesturm umgekommen sei. Sie lädt Saffo zu ihrer Hochzeit ein. 2. Bild, Apollotempel: Saffo erkennt in Climenes Bräutigam Faone. Vom Schmerz überwältigt stürzt sie den Altar um.
III. Teil, »Der Sprung vom Leukadischen Felsen«, 1. Bild, schauderhafter dichter Wald: Das Kollegium der Haruspizes verurteilt Saffo, die von Alcandro herbeigeführt wird. Reuevoll bittet sie darum, sich vom Felsen stürzen zu dürfen. Apollo wird befragt; er nimmt das Opfer an. Lisimaco enthüllt, daß Saffo nicht Ipseos Tochter sei, er habe sie als kleines Kind am Meeresstrand gefunden. An einem Amulett erkennt Alcandro seine verloren geglaubte zweite Tochter. Die Haruspizes bedeuten ihm, daß das Opfer dennoch vollzogen werden müsse. 2. Bild, am Leukadischen Felsen: Saffos Sinne haben sich verwirrt. Sie singt Climene ein Hochzeitslied. Das Todessignal bringt sie wieder zu sich. Sie erfleht Alcandros Segen, vereinigt die Hände Faones und Climenes und stürzt sich ins Meer. Faone will ihr nachspringen, wird aber zurückgehalten.

Kommentar: Die Legende von der Liebe der Dichterin Sappho zu einem Jüngling namens Phaon überliefert Ovid in Nr. 15 (fingierter Brief Sapphos) seiner *Heroides* (um 10 v. Chr.). Alessandro Graf Verri (*Le avventure di Saffo, poetessa di Mitilene*, 1782) und Franz Grillparzer (*Sappho*, 1817) haben sie aufgegriffen. Grillparzer kommt entgegen landläufiger Auffassung als unmittelbare Vorlage Cammaranos nicht in Betracht. Wie bei mehreren andern seiner Textbücher dürfte sich Cammarano auch hier an ein zuvor am Teatro dei Fiorentini aufgeführtes Schauspiel gehalten haben, an *Saffo* (1838) von Pietro Beltrame. Dafür spricht die Übereinstimmung in der zentralen Episode der Vermählung Faones mit Climene, die mit der Zerstörung des Altars durch die wutentbrannte Saffo endet. Pacini überwand mit *Saffo* nicht nur eine mehrjährige Schaffenskrise, er empfand das Werk als Wende. In ihm habe das Publikum einen neuen Komponisten kennengelernt, nicht mehr den leicht faßlicher Cabaletten, sondern den ausgewogener, wahrhaft erarbeiteter Stücke. In der Tat hat Pacini hier, wenn man mit diesem Urteil nicht einigen der folgenden Opern Unrecht tut, sein Bestes gegeben. Nach der intensiven Rossini-Gefolgschaft, die seine erste Schaffenszeit prägt, kam er allerdings auch hier nicht ohne Imitation aus: Pacini wandelt nun in den Bahnen Bellinis und Donizettis. Von Bellini hat er vor allem jenes Schwelgen im Klang übernommen, das sich besonders in großen Steigerungen bei langsamem Tempo manifestiert (man vergleiche das langsame Ensemble des 2. Finales mit dem 2. Finale aus *Norma*, 1831, E-Dur-Teil, oder mit dem Sextett aus Donizettis *Lucia di Lammermoor*, 1835, das sich ebenfalls, nur früher, an Bellini anschließt). An Donizetti erinnern einige Melodiemodelle. Pacinis Schwelgen im Klang, das freilich weit weniger Maß hat als bei Bellini, äußert sich auch in der häufigen Wahl von Tonarten mit zahlreichen Vorzeichen (bis zu 6 ♭). Die Harmonik charakterisieren Beweglichkeit und farbige Modulationen. In seinen *Memorie* (S. 80) behauptet Pacini, daß er mit seiner Chromatik und Enharmonik, ab-

Saffo; Montserrat Caballé als Saffo, Petra Malakova als Climene; Regie: Renzo Giacchieri, Ausstattung: Fiorenzo Giorgi; Gran Teatre del Liceu, Barcelona 1987. – Mit ihrem vielseitigen Repertoire, darunter zahlreiche Partien in Werken von Rossini, Bellini und Donizetti, die erst durch ihre Interpretation dem heutigen Publikum wieder zum Begriff wurden, bestimmte Caballé während der letzten Jahrzehnte maßgebend die internationale Opernszene.

wechselnd mit »diatonischen« Teilen, die griechischen Genera »chromatisch« und »enharmonisch« nachgeahmt habe. Der »Meister der Cabaletten« kann sich auch in *Saffo* nicht verleugnen. Daß einige, etwa das Duett Saffo/Climene, allzu reißerisch anmuten, vermag die Wirkung des großartigen Schwungs Pacinischer Szenenausklänge nicht zu schmälern, und Stücke wie das 2. Finale gehören zu den eindrucksvollsten der italienischen Oper der Zeit.

Wirkung: Mit Francilla Pixis (Saffo), Gaetano Fraschini (Faone) und Giovanni Orazio Cartagenova (Alcandro) war dem Werk bei seiner Premiere und 35 weiteren Aufführungen innerhalb der ersten Spielzeit ein vergleichbarer Erfolg beschieden wie im selben Jahr bereits einer andern Oper mit einem Text Cammaranos, Mercadantes *La vestale*. Rasch breitete sich *Saffo* in Italien aus: 1841 Venedig, Palermo, 1842 Genua (mit Giuseppina Strepponi), Mailand (Luigia Abbadia), Florenz (Teresa Brambilla-Ponchielli), Bologna und Parma (Emilia Hallez), Reggio nell'Emilia (Sophie Schoberlechner), Lucca (Rita Gabussi), 1843 und 1846 Pisa, 1844 Mailand (Gabussi), 1846 Rom. Bereits 1842 wurde das Werk im Ausland gegeben (Paris, Wien, Malta, Madrid) und erreichte nach Lissabon, London (in der Bearbeitung von John Liptrot Hatton und der Übersetzung von Thomas Serle), Korfu (1843), Odessa, Kopenhagen (1844), Berlin, Konstantinopel (1845) mit Havanna (1846), Boston und New York (1847) seine ersten Stationen in Übersee. Es folgten Aufführungen 1849 in Barcelona, 1854 in Buenos Aires und Petersburg, 1857 in Mexiko und Barcelona (spanisch von Pío del Castillo), 1869 in Warschau, 1871 in Sydney und Bukarest. Pacinis *Memorie* vermerken unter anderm Aufführungen in Carpi 1865, Arezzo 1866, Rom, Florenz und erneut Lucca 1867. Bemerkenswert häufig stand *Saffo* während des ganzen 19. Jahrhunderts auf den Spielplänen in Rom (1846, 1858, 1865, 1870, 1880, 1882) und Genua (1842, 1846, 1850, 1860, 1863, 1865, 1869, 1871, 1873–75, 1879, 1883, 1891, 1896); an der Mailänder Scala wurde die Oper 1878 und zuletzt 1911 (Eugenia Burzio) gegeben. Vom selben Jahr datiert auch die letzte Aufführung in der Opera Rom (Hariclea Darclée). Die Wiedererweckung von *Saffo* durch Rubino Profeta und ihre Inszenierung in Pacinis 100. Todesjahr 1967 am San Carlo Neapel (Leyla Gencer, Louis Quilico; Dirigent: Franco Capuana) galten einem bei allem Epigonentum hörenswerten Werk. An weiteren Aufführungen aus jüngster Zeit sind zu erwähnen: Catania 1983 (Adelaida Negri, Piero Visconti; Carlo Franci), Barcelona 1987 (Montserrat Caballé, Antonio Ordóñez; Manfred Ramin). – Trotz beachtlicher Erfolge wie *Maria regina d'Inghilterra* (Text: Leopoldo Tarantini) und *Medea* (Benedetto Castiglia), die Pacinis Aufenthalt in Palermo 1843 zu einem wahren Triumph machten, vermochte keine der über 30 noch folgenden Opern einen *Saffo* vergleichbaren Rang in der Publikumsgunst einzunehmen. Das gilt sowohl für die weiteren aus der Zusammenarbeit mit Cammarano hervorgegangenen Titel *La fidanzata corsa* (Neapel 1842), *Bondelmonte* (Florenz 1845), der auf Betreiben Pacinis der zunächst geplanten *Alzira* vorgezogen wurde, *Stella di Napoli* (Neapel 1845) und *Malvina di Scozia* (Neapel 1851) wie für *Il duca d'Alba* (1842, Text mit Giovanni Peruzzini), *Lorenzino de' Medici* (1845) und *Allan Cameron* (1848; alle Venedig), zu denen der ab 1844 im wesentlichen von Verdi vereinnahmte Francesco Maria Piave die Texte beigesteuert hatte. Den Maßstäben der frühen und mittleren Werke Verdis vermochte Pacini nicht zu genügen, auch wenn es ihm wie etwa im Fall von *Il saltimbanco* am Argentina Rom (1858, Text: Giuseppe Checchetelli) immer wieder gelang, die Erinnerung an den »autore della *Saffo*« wachzurufen.

Autograph: Bibl. S. Pietro a Maiella Neapel (Rari 14. 4. 15). **Abschriften:** BL London (Add. 30974), Bibl. S. Pietro a Maiella Neapel. **Ausgaben:** Kl.A: Ricordi [1840], Nr. 12590-94, 12596, 12848, 13388-99, Nachdr.: Garland, NY, London 1986 (Italian Opera 1810–1840. 36.); Ricordi, Nr. 42057; Sassetti, Lissabon; Le Boulch, Paris [unvollst.]; Kl.A, engl.: Augener, London [unvollst.]; Brainard's, Chicago [unvollst.]; Textb.: Genua, Pagano 1841; Bologna, Volpe [1842]; Ricordi 1865; Textb., engl.: Boston, Eastburn 1847; Textb., ital./frz.: Paris, Lange Léry 1842; Paris, Ed. rue Grange Batelière 1867; Textb., ital./engl.: NY, Palmer [um 1860]. **Aufführungsmaterial:** Ricordi **Literatur:** C. F. S., P.'s Opera ›Sappho‹, in: Monthly Musical Record 11:1881, S. 30f.; G. Kessler, Ein Zeitgenosse Verdis. P.s ›Sappho‹ im Teatro San Carlo, in: Ow 1967, H. 6, S. 22f.; R. Profeta, G. P. e la ›Saffo‹, in: L'Opera 3:1967, Nr. 6, S. 31–35; G. Kessler, Vergessene Opern (V): G. P. ›Sappho‹, in: Ow 1968, H. 7, S. 40f.; J. N. Black, Cammarano's Self-Borrowings. The L of ›Poliuto‹, in: Donizetti Soc. Journal 4:1980, S. 89–103; ders., The Italian Romantic Libretto. A Study of S. Cammarano, Edinburgh 1984; weitere Lit. s. S. 609

Friedrich Lippmann

Fredrik Pacius

Eigentlich Friedrich Pacius; geboren am 19. März 1809 in Hamburg, gestorben am 8. Januar 1891 in Helsinki

Kung Karls jakt
Opera in tre akter

König Karls Jagd
Oper in drei Akten

Text: Zacharias Topelius
Uraufführung: 1. Fassung: 18. März 1851, Helsinki (konzertant); 24. März 1852, Theater, Helsinki (szenisch); 2. Fassung: 1. Dez. 1856, Königliches Theater, Stockholm
Personen: König Karl XI. (Spr.); Hedvig Eleonora/Hedwig Eleonore, seine Mutter (Mez); Krister Horn, sein Gouverneur (B); Gustaf Gyllenstjerna, sein Vertrauter (Bar); Mårten Reutercrantz, Oberstallmeister (B); Banér (T), Wachtmeister (Bar), Oxenstjerna (Bar) und Lewenhaupt (B), Adlige im Gefolge des Königs; Jonathan Pehrsson, Seehundsfischer von Fö-

glö (T); Leonora, Fischerstochter (S); Fischer (Spr.); 2 Hofdamen (S, Mez); 2 Bauernmädchen (Mez, A); 2 Marktschreier (T, Bar); Krämer (Bar); eine Finnin (Mez); Fischersfrau (Mez); Wirt (B); ein blinder Geiger (stumme R). **Chor:** Jäger, Hofdamen, Herren, Landvolk
Orchester: 2 Fl (2. auch Picc), 2 Ob, 2 Klar, 2 Fg, 4 Hr, 2 Trp, 3 Pos, Tb, Pkn, Schl (kl.Tr, gr.Tr, Bck, Trg), Streicher; BühnenM: Vl
Aufführung: Dauer ca. 1 Std. 45 Min. – Gesprochene Dialoge.

Entstehung: Pacius erhielt seine Ausbildung bei Louis Spohr und Moritz Hauptmann in Kassel. Nach einigen Jahren als Geiger in der Stockholmer Hofkapelle ließ er sich 1834 endgültig in Helsinki nieder, wo er als Lehrer, Geiger und Chordirigent in der Entwicklung des jungen finnischen Musiklebens eine Schlüsselstellung einnahm. Nach *Kung Karls jakt* komponierte er die Schauspielmusiken zu Topelius' Märchenspielen *Veteranens jul* (1859) und *Prinsessan av Cypern* (1860) und die Oper *Die Loreley* (Helsinki 1887, Text nach Emanuel Geibel).
Handlung: Auf den Ålandinseln, Anfang Sept. 1671.
I. Akt, Waldlichtung mit königlichem Zelt: Während einer Jagd schmieden Adlige aus dem Gefolge des minderjährigen Königs Karl XI. Pläne für eine Verschwörung, um der Königinmutter die Macht zu entreißen. Nach deren Ankunft berichtet Reutercrantz von der Erlegung eines Elchs: Bevor Karl zum Schuß gekommen sei, sei das Tier von einem unbekannten Schützen getötet worden; dieser Schuß habe eigentlich dem König gegolten.
II. Akt, 1. Bild, Strand vor der Ruine Kastelholm; Abend: Leonora und Jonathan erklären einander ihre Liebe. 2. Bild, das Innere der Ruine: Leonora wird Zeugin des Verschwörertreffens; Furcht ergreift sie. 3. Bild, wie II/1; Morgendämmerung: Jonathan wird verhaftet und von Reutercrantz wegen des mißglückten Attentats auf den König zum Tod verurteilt.
III. Akt, Marktplatz am Meer: Jonathans Verurteilung wird bereits publik, als es Leonora gelingt, Gyllenstjerna in einem Haus festzusetzen; er wird nach der Ankunft Karls und seiner Mutter als Verräter entlarvt. Aus Dankbarkeit schenkt Karl Jonathan die Freiheit und übereignet Leonora und Jonathan den besten Hof auf Åland.
Kommentar: Nach der Trennung von Schweden (1809) setzte in Finnland der Kampf für eine kulturelle Unabhängigkeit ein. Anders als in den skandinavischen Nachbarländern fand das aufkommende Bewußtsein nationaler Identität seinen künstlerischen Ausdruck zunächst nicht in einer Nationaloper, die erst Madetoja mit *Pohjalaisia* (1924) schaffen sollte. Die Gründe liegen in den noch unterentwickelten Theaterverhältnissen sowie in der damaligen Bevölkerungsstruktur mit einer kleinen schwedischsprachigen kulturellen Trägerschicht und einem großen finnischsprachigen Bauernvolk. So schuf Pacius mit *Kung Karls jakt* zwar die erste Oper für Finnland, aber in schwedischer Sprache. Noch stand das kulturelle Leben im Schatten der schwedischen Vorherrschaft. – Musikalisch bewegte sich Pacius in den von Carl Maria von Weber, Heinrich Marschner und Spohr vorgezeichneten Bahnen des deutschen Singspiels. Die Partitur besteht aus einer mehrteiligen Ouvertüre und 16 großen Abschnitten, die zum Teil jeweils mehrere Szenen umfassen (Marktszene, III. Akt). Ausgedehnte Ensemble- und Chorpartien spielen eine wichtige Rolle, etwa in der Zielscheibenszene im I. sowie den Finale des II. und III. Akts. Arien und Duette sind weniger zentral plaziert, doch sind Ballade und Arie Leonoras im II. Akt hervorzuheben.
Wirkung: In der Uraufführung sangen Hanna Falkman (Leonora), Nikolai Kiseleff (Gyllenstjerna), für den Pacius später eine Arie nachkomponierte, und August Tavaststjerna (Jonathan). Es spielte das Orchesterensemble von Karl Ganszauge. Die 2. Fassung (Leonora: Louise Michaëli, Gyllenstjerna: Bernhard Lundbergh, Jonathan: Victor Dahlgren, Reutercrantz: Rudolf Walin) blieb einige Jahre im Repertoire und wurde anläßlich der Krönung König Karls XV. am 4. Mai 1860 gegeben. Es folgten Neueinstudierungen in Helsinki 1875 (Dirigent: Pacius; Leonora: Ida Byström) und 1879 (Leonora: Emma Engdahl-Jägerskiöld, Gyllenstjerna: Oscar Bentzon-Gyllich). Von Jalmari Finne, dem Librettisten von Erkki Melartins *Aino* (Helsinki 1909) und Oskar Merikantos *Elinan Surma* (Helsinki 1910), ins Finnische übersetzt *(Kaarle-kuninkaan metsästys)*, spielte man die Oper 1905 in Wyborg und 1909 in Helsinki. Die jüngste (konzertante) Aufführung veranstaltete der finnische Rundfunk 1980.

Autograph: UB Helsinki, Kungliga Teaterns Bibl. Stockholm.
Abschriften: Part, 1. Fassung: UB Helsinki; Part: Suomen Kansallis Oopera Helsinki. **Ausgaben:** Kl.A mit Dialogen, schwed./finn. Übers. v. J. Finne: Helsingfors Nya Musikhandel / Fazer & Westerlund, Helsinki / B&H. **Aufführungsmaterial:** Suomen Kansallis Oopera; Helsinki, B&H
Literatur: S. RANTA, F. P. in Suomen säveltäjiä, Porvoo 1943; J. ROSAS, F. P. som tonsättare, Turku 1949 (Acta Acad. Abonensis, Humaniora. XIX.1.); T. ELMGREN-HEINONEN, F. P. in Suomalaisia musiikin taitajia, Helsinki 1958; DERS., Laulu Suomen soi. F. P. ja hänen aikansa, Helsinki 1959; K. MAASALO, F. P., in: Suomalaisia Sävellyksiä, Porvoo 1969

Ole Nørlyng

Ignacy Jan Paderewski

Geboren am 6. November 1860 in Kuryłówka (bei Rzeszów), gestorben am 29. Juni 1941 in New York

Manru
Lyrisches Drama in drei Akten

Text: Alfred Nossig, nach dem Roman *Chata za wsią (Die Hütte am Rand des Dorfs*, 1852) von Józef Ignacy Kraszewski

Uraufführung: 29. Mai 1901, Königliches Opernhaus, Dresden
Personen: Manru, Zigeuner (T); Ulana, Dorfmädchen (S); Hedwig, Ulanas Mutter (Mez); Aza, Zigeunerin (S); Urok, ein buckliger Zwerg (Bar); Oros, Anführer der Zigeuner; Jagu, Zigeunergeiger (B); ein alter Zigeuner (stumme R). **Chor:** Bauern, Bäuerinnen, Bauernmädchen und -burschen, Zigeuner. **Statisterie:** Dorfkinder, Zigeunerkinder
Orchester: 3 Fl (2. u. 3. auch Picc), 2 Ob, E.H, 2 Klar, B.Klar, 2 Fg, 4 Hr, 3 Trp, 3 Pos, Tb, Pkn, Schl (Trg, Bck, Tamtam, baskische Tr, Kastagnetten, Glsp), Hrf, Streicher; BühnenM: Hammer mit Amboß, Zimbal
Aufführung: Dauer ca. 2 Std. 15 Min. – Großes Violinsolo im II. Akt.

Entstehung: Paderewski, einer der größten Klaviervirtuosen seiner Epoche, unterbrach 1915–22 seine Konzerttätigkeit und widmete sich (drei Jahre auch als Präsident des Ministerrats) dem Wiederaufbau eines unabhängigen Polen. Zu dieser Zeit lag nahezu sein gesamtes kompositorisches Schaffen bereits vor; seine Hauptwerke entstanden 1889–1909, darunter die

Manru, III. Akt, Schluß; Teréz Krammer als Aza, Georg Anthes als Manru; Regie: Maximilian Moris, Bühnenbild: Emil Rieck, Kostüme: Robert Metzger; Uraufführung, Königliches Opernhaus, Dresden 1901. – Als Nachfolger von Heinrich Gudehus war der bald als Wagner-Sänger berühmte Anthes 1889–1902 als erster Heldentenor an der Dresdner Oper engagiert, 1903–13 in Budapest. Krammer, erste Koloratursopranistin in Dresden 1889–1902, wurde 1902–12 an der Budapester Oper höchst populär.

Sechs Lieder (1894) nach Texten von Adam Mickiewicz, die *Symphonie h-Moll* (1908) und *Manru*. Die Entstehung seiner einzigen Oper erstreckte sich über mehr als zehn Jahre: Im Sommer 1889 lernte Paderewski den Journalisten und Bildhauer Nossig kennen, der ihm Vorschläge für Opernlibretti unterbreitete. Zwar war die Entscheidung für Kraszewskis Roman als Librettogrundlage bald getroffen, doch ging die Kompositionsarbeit wegen Paderewskis umfangreicher Konzerttätigkeit nur schleppend voran.
Handlung: In der Tatra.
I. Akt, Gebirgsdorf während eines Festtags: An Spiel und Tanz mag Hedwig nicht teilhaben; sie beklagt, daß ihre einzige Tochter Ulana sie verlassen und Manru geheiratet hat. Manru, der Ulana zuliebe dem Zigeunerleben entsagte, wird von den Zigeunern als Abtrünniger gehaßt, bleibt jedoch auch aus der Dorfgemeinschaft ausgeschlossen. Ulana sucht Beistand bei ihrer Mutter, der auch Urok, der hinkende, bucklige, heimlich in Ulana verliebte Heilkünstler des Dorfs, zuredet, sich mit ihrer Tochter zu versöhnen. Hedwig ist nur unter der Bedingung dazu bereit, daß Ulana sich von Manru trennt. Das ist für Ulana undenkbar; statt dessen bittet sie Urok um einen Liebestrank, der Manru noch fester an sie binde. Von der Dorfjugend als Zigeunerweib verspottet und von ihrer Mutter verflucht, verläßt Ulana mit Manru das Dorf.
II. Akt, Manrus Hütte am Waldrand, in der Nähe des Dorfs: Manru und Ulana leben mit ihrem Kind in großem Elend; als Schmied bekommt Manru nur kargen Lohn. Mit seiner Verbitterung wächst die Sehnsucht nach einem freien Zigeunerleben. Kaum kann er dem Geigenspiel des alten Jagu widerstehen, der ihn zu den Zigeunern zurückholen will. Ulana fühlt, daß Manru sich von ihr abzuwenden beginnt, und bittet Urok um einen Liebestrank; der Zauber wirkt, beide finden sich in ekstatischer Liebe.
III. Akt, wilde Gegend an einem Gebirgssee: Manru hat Ulana verlasssen. Nach seiner Flucht ohnmächtig zusammengebrochen, wird er von den Zigeunern aufgefunden. Oros, Führer der Gruppe, will ihn als Verräter verurteilen, aber die andern, besonders Jagu und Oros Geliebte Aza, nehmen ihn herzlich auf; nach heftigem Streit wird Oros verbannt und Manru zum Führer ernannt. Urok und Ulana sind Manru gefolgt. Als Ulana begreift, daß Manru sich Aza zugewandt hat, ertränkt sie sich. Urok nimmt Rache und tötet Manru.
Kommentar: Als Schauplatz wählten Paderewski und Nossig die Tatra; durch Volksmusikmotive vor allem im I. Akt bleibt jedoch auch ein Bezug zur Westukraine (Wolhynien) erhalten, dem Schauplatz von Kraszewskis Roman. Motive, Rhythmen und Intonationen der ostpolnischen und der Zigeunervolksmusik machen in Verbindung mit Paderewskis Instrumentationsvielfalt einen wesentlichen Teil der Originalität seiner Oper aus. Das gilt besonders für Chor und Tanz der Dorfjugend am Ende des I. Akts und die Zigeunerszene im III. Akt, in deren Mittelpunkt mit Gesang und Tanz Aza steht. Zu den herausragenden Partien gehören das große Liebesduett (II/6)

und der Marsch der Zigeuner (III/2). Mit der Verbindung von symphonischem Orchestersatz und veristischem Deklamationsmelos hält sich Paderewskis Vertonung an das herrschende Idiom der europäischen Musikdramatik um 1900. Innerhalb der polnischen Operngeschichte bildet *Manru* das Bindeglied zwischen der Ära Stanisław Moniuszkos und der Jungpolen-Gruppe um Ludomir Różycki und Karol Szymanowski.

Wirkung: In der überaus erfolgreichen Uraufführung unter der musikalischen Leitung Ernst von Schuchs und in der Regie Maximilian Moris' sangen Georg Anthes (Manru), Annie Krull (Ulana), Karl Scheidemantel (Urok) und Teréz Krammer (Aza). Zehn Tage später folgte (mit Helena Ruszkowska und Aleksander Bandrowski) die polnische Erstaufführung in Lemberg (Übersetzung: Stanisław Rossowski; Dirigent: Francesco Spetrino); diese Inszenierung von Tadeusz Pawlikowski wurde auch in Krakau gezeigt. 1901/02 ging *Manru* über die Bühnen von Prag (Neues Deutsches Theater; Dirigent: Josef Stransky), Köln (Dirigent: Arno Kleffel, Regie: Alois Hofmann; Manru: Adolf Gröbke), Zürich (Dirigent: Lothar Kempter), New York (Dirigent: Walter Damrosch; Manru: Bandrowski, Ulana: Marcella Sembrich, Urok: David Bispham, Aza: Fritzi Scheff, Oros: Adolf Muhlmann), Philadelphia, Boston, Pittsburgh, Baltimore und Warschau (Dirigent: Vittorio Podesti, Regie: Władysław Floryański). Nach diesem Siegeszug geriet *Manru* selbst in Polen für Jahrzehnte in Vergessenheit und wurde erst 1930 in Posen von Karol Urbanowicz neu inszeniert (Dirigent: Zygmunt Wojciechowski). Seit der Posener Neuinszenierung 1961 (Dirigent: Zdzisław Górzyński, Regie: Wiktor Brégy; Manru: Henryk Kustosik, Urok: Władysław Malczewski, Aza: Janina Rozelówna) kam *Manru* 1962 in Warschau und Breslau heraus und stand im folgenden auf verschiedenen polnischen Bühnen auf dem Spielplan. Die Inszenierung aus Lodz wurde 1987 in Dresden gezeigt (Dirigent: Marek Tracz; mit Tadeusz Kopacki und Elżbieta Gorzadek).

Autograph: Part.: Univ. Pittsburgh; Kl.A: Nationalmuseum Warschau. **Ausgaben:** Part u. Kl.A: B&B 1901; Kl.A, poln. Übers. v. S. Rossowski: Księgarnia Polska, Lemberg 1901; Kl.A, dt./engl. Übers. v. H. E. Krehbiel: Schirmer [1901].
Aufführungsmaterial: B&B
Literatur: L. Hartmann, I. J. P.s ›Manru‹, in: Bühne u. Welt 3:1901, S. 807–810; A. Nossig, I. J. P., Lpz. 1901; A. E. Chybiński, P., Warschau 1910; H. Opieński, I. J. P., Warschau 1928, frz. Lausanne 1929; R. Landau, I. P. Musician and Statesman, NY 1934, Nachdr. 1976; The Paderewski Memoirs, hrsg. M. Lawton, London 1939; M. Glinski, P. Saggio di una sintesi, in: Rassegna musicale 14:1941, S. 269–276; A. M. Henderson, P. as Artist and Teacher, in: MT 97:1956; C. Kellogg, P., NY 1956; Ignacy Jan Paderewski: mala kronika życia pianisty i kompozytora, hrsg. W. Dulęba, Z. Sokołowska, Krakau 1960; C. Halski, I. P., London 1961; M. Perkowska, Data urodzin P.ego, in: Muzyka 10:1975, Nr. 2, S. 114; A. Zamoyski, P., NY 1982; A. Piber, Droga do sławy. I. P. w latach 1860–1902, Warschau 1982; J. Kański, Przewodnik operowa, Krakau 1983, S. 290ff.

Józef Kański

Ferdinando Paer

Geboren am 1. Juni 1771 in Parma (Emilia-Romagna), gestorben am 3. Mai 1839 in Paris

Camilla ossia Il sotterraneo
Dramma seriogiocoso per musica in tre atti

Camilla oder Das Burgverlies
3 Akte

Text: Giuseppe Antonio Carpani, nach dem Libretto von Benoît-Joseph Marsollier des Vivetières zu der Comédie *Camille ou Le Souterrain* (Paris 1791) von Nicolas Dalayrac, nach *Adèle et Théodore ou Lettres sur l'éducation, contenant tous les principes relatifs aux trois différens plans d'éducation des princes, des jeunes personnes et des hommes* (1782) von Caroline Stéphanie Félicité Du Crest de Saint-Aubin Gräfin von Genlis
Uraufführung: 23. Febr. 1799, Kärntnertortheater, Wien
Personen: Uberto, spanischer Herzog (B); Camilla, seine Frau (S); Adolfo, ihr Sohn (S); Graf Loredano, Neffe des Herzogs (T); Cola, Diener des Grafen (B); Gennaro, Schloßgärtner im Dienst des Herzogs (B); Ghitta, Bäuerin, Gennaros Braut (S); Cienzo, Diener des Herzogs (T); ein Offizier (T). **Chor:** Bauern, Bäuerinnen, Dienerschaft des Herzogs, Soldaten.
Statisterie: 3 Musikanten
Orchester: 2 Fl, 2 Ob, 2 Klar, 2 Fg, 2 Hr, 2 Trp, Pkn, gr.Tr, Streicher, B.c; BühnenM: Glocke, Hr
Aufführung: Dauer ca. 2 Std. 30 Min.

Entstehung: Paers historische Bedeutung liegt darin, zu Beginn des 19. Jahrhunderts zwischen den wichtigsten Musikkulturen Europas vermittelt zu haben. Nachdem er bereits über 20 Opern für italienische Theater komponiert hatte, unter ihnen als erfolgreichste *La virtù al cimento* (Parma 1798, Text: Angelo Anelli nach Giovanni Boccaccio; bekannt geworden als *Griselda*), wirkte er zunächst am Kärntnertortheater (1798–1802) und am Hoftheater Dresden (1802–06). Anschließend folgte er Kaiser Napoleon I. nach Paris, wo er das Musikleben bis zu seinem Tod mitbestimmte. Daneben schrieb er weiterhin zahlreiche Werke für italienische Bühnen. Abgesehen von der Opéra-comique *Le Maître de chapelle* (1821) fallen die operngeschichtlich bedeutsamsten und erfolgreichsten Werke Paers in das Jahrzehnt zwischen 1799 und 1809. *Camilla* gehört zu den wichtigsten italienischen Adaptionen der französischen Rettungsoper.
Handlung: In einem halbverfallenen alten Schloß mitten im Wald, Andalusien.
I. Akt, Vorraum eines altertümlichen Schloßgemachs: Loredano hat einst Camilla aus den Händen von Räubern befreit und sie anschließend selbst bedrängt. Sie aber verweigerte sich ihm unter Hinweis auf ihren eifersüchtigen Ehemann, dessen Namen sie nicht

preisgeben wollte. Nach Jahren vergeblichen Suchens vermutet Loredano nun, daß sein Onkel, Herzog Uberto, mit Camilla in geheimer Ehe verbunden ist. Am Vorabend von Gennaros Hochzeit läßt er sich mit seinem Diener Cola inkognito im Schloß aufnehmen. Gennaro verbirgt die Gäste vor dem plötzlich erscheinenden misanthropischen Herzog. Unbemerkt hält dieser seine Frau wegen ihrer vermeintlichen Untreue seit Jahren in den unterirdischen Gewölben gefangen. Nun ist er von Gewissensbissen ebenso gequält wie von seinem Rachebedürfnis, das einzig seiner eifersüchtigen Liebe entspringt. Als die Hochzeitsfeier der Dienerschaft von der Nachricht unterbrochen wird, daß Soldaten des Königs nach einem im Schloß verborgenen Übeltäter fahnden, fällt der Verdacht auf die unbekannten Gäste.

II. Akt: In der Nacht trifft sich der Herzog mit Camilla und bietet ihr an, sie zu befreien, wenn sie den Namen des Verführers verrate. Um Loredano vor der Wut des Gatten zu schützen, beharrt Camilla auch dann noch auf ihrer Weigerung, als der Herzog ihr ihren Sohn Adolfo zuführt. Da die Soldaten sich anschicken, in das Schloß einzudringen, sperrt er Camilla und Adolfo im Gewölbe ein. Nun meldet sich auch Loredano bei seinem Onkel, um ihm beizustehen. Kurz bevor der Herzog unter dem Verdacht, Camilla ermordet zu haben, abgeführt wird, enthüllt er Loredano das Geheimnis und bittet ihn, für die Gefangenen zu sorgen. Er findet jedoch keine Zeit mehr, ihm den Zugang zum Gewölbe zu zeigen. Die Schloßbewohner beschließen daher, die Mauern einzureißen, um die Gefangenen zu befreien.

III. Akt, unterirdisches Gewölbe: Vom Hunger entkräftet, sind Camilla und Adolfo dem Tod nahe. Da werden die Mauern eingerissen. Nun kehrt auch der Herzog mit den Soldaten zurück, die er ebenfalls um Befreiung der Gefangenen gebeten hat, als er sein Versäumnis bemerkt hatte. Der König soll richten, ob er Camilla zu Recht eingesperrt hat. Als die Eheleute sich gegenseitig in Schutz nehmen, gesteht Loredano, Camilla seinerzeit bedrängt zu haben. Gemeinsam werden sie vom König Verzeihung erbitten.

Kommentar: *Camilla* repräsentiert die konstitutiven Gattungsmerkmale der Opera semiseria in paradigmatischer Weise: Da sich die Protagonisten zunächst unerkannt unter die Dienerschaft mischen, gestattet die Entwicklung der Handlung einerseits eine zwanglose Einbindung der beliebten buffonesken Genreszenen, andrerseits wird die tragische Verstrickung der Protagonisten pointiert, da das Werk trotz seiner melodramatischen Züge ohne einen Bösewicht auskommt. Denn auch der Herzog ist von Anfang an als edle Figur gezeichnet, und die Sentimentalität seines nächtlichen Zusammentreffens mit Camilla und dem unschuldigen Knaben resultiert daraus, daß die Figurenkonstellation Mitgefühl mit allen drei Beteiligten hervorruft. Insofern ist der Herzog ein Vorläufer der unschuldig-schuldigen Helden der späteren romantischen Oper: Es ist bezeichnend, daß E. T. A. Hoffmann gerade jene Szene besonders geschätzt hat, die auch Hector Berlioz an Dalayracs Oper bewunderte, nämlich den zunächst pantomimischen Auftritt des von Liebe, Eifersucht, Rachebedürfnis, Mitleid und Gewissensbissen gequälten Herzogs im I. Akt. Paers Vertonung geht jedoch über Dalayracs Musikeinlagen weit hinaus: Er verbindet die Pantomime (Nr. 7), das folgende Accompagnato und die Auftrittsarie (Nr. 8) durch motivische Verarbeitung eines in verschiedenem thematischen Zusammenhang wiederkehrenden Seufzermotivs. So entsteht ein szenisch-musikalischer Gesamtkomplex, dessen einzelne Formteile zwar die verschiedenen widersprüchlichen Gefühle des Herzogs darstellen, der jedoch auf motivischer Ebene die bemitleidenswerte Zerrissenheit des Herzogs als durchgängigen Grundcharakter der Szene festhält. Auch die Koloratur tritt in den Dienst der Charakterisierung: Wenn Loredano und der Herzog aufeinandertreffen, kennzeichnen die ausgedehnten Koloraturen im Schlußabschnitt des Quartetts (Nr. 18) den Moment des gegenseitigen Mißverständnisses, in dem Loredano seinen Onkel für verrückt hält. Findet die kommentierende Funktion des motivisch-thematisch durchgearbeiteten Satzes im Œuvre Cherubinis und Le Sueurs ihre Vorbilder, so sind die zu mehrsätzigen Schlußtableaus erweiterten Aktionsfinale den differenziertesten Finalszenen der französischen Opéra-comique durchaus ebenbürtig. In der Verselbständigung des Chors als Handlungspartner (insbesondere im 1. und 2. Finale), dem durch einen »colpo di scena« motivierten raschen Situationswechsel und den satztechnisch großangelegten Steigerungsbögen der Schlußteile sind sie unmittelbare Vorläufer der Finalszenen Rossinis. Insgesamt zeigt die Partitur, daß die musikalische Charakterisierung dramatischer Situationen gerade für die früheren Opern Paers bezeichnend ist, während die späteren Werke eher auf die von virtuoser Gesangstechnik bestimmte Dramaturgie italienischer Prägung zurückgreifen. Insofern ist der Einfluß von Paers frühen Werken auf die Entwicklung der deutschen Oper höher einzuschätzen als die oft unterstellte Prägung seines eigenen Œuvres durch seinen Wienaufenthalt und die Auseinandersetzung mit den Werken der Wiener Klassik.

Wirkung: Das Werk markiert insofern eine wesentliche Station in der Geschichte der Rettungsoper, als es das Genre im deutschen Sprachraum popularisierte, noch bevor genuine »pièces à sauvetage« wie Cherubinis *Lodoïska* (1791) und Le Sueurs *La Caverne* (1793) eine breitere Rezeption erfuhren: Im Jahr der Uraufführung (Camilla: Elisabeth Cannabich, Uberto: Franz Anton Maurer) folgten Inszenierungen in Prag und Frankfurt a. M. (hier in der Übersetzung von Johann Jakob Ihlee), 1800 in Dresden, Pest und Breslau, 1801 in Berlin, Schleswig und München, 1802 in Parma, Aachen und Weimar, 1803 in Hamburg und Bremen sowie 1804 in Paris (Camilla: Teresa Strinasacchi, Loredano: Andrea Nozzari). Die Wertschätzung, die das Werk in Deutschland erfuhr, zeigt sich noch 1810 in Hoffmanns Rezension von *Sofonisba* (1805), in der *Camilla* über alle späteren Werke Paers gestellt wird: »Eine eigene Erscheinung ist es, daß Paer in seinen frühern Kompositionen, vorzüglich in der *Camilla*, sich zur ernsten, deutschen Musik hinzuneigen schien, und daß er in der genannten Oper die Charaktere bestimmt zu halten und mit einer Präzision zu schreiben wußte, welche man in seinen spätern Kompositionen ganz vermißt« (s. Lit.). Auch später blieb die Oper populär: In Italien hielt sie sich während der 1. Hälfte des 19. Jahrhunderts an verschiedenen Bühnen im Repertoire; die letzte deutsche Aufführung ist 1846 in Karlsruhe nachgewiesen.

Autograph: BN Paris (MS 8254). **Abschriften:** SBPK Bln. (Ms 16545), Public Libr. Boston (M 50.5; M 152.16), Cons. Royal de Musique Brüssel, Bibl. Cherubini Florenz (B. 167; A350), StUB Ffm. (Mus Hs Opern 432 [1]), Bibl. Verdi Mailand, Bayer. SB München, Bibl. S. Pietro a Maiella Neapel (29. 2. 34/35), BN Paris (D 12031; Vm4 102), Bibl. de l'Opéra Paris (2162 [1-2]), Bibl. Palatina Parma (27410/14-S-V-4/8; u. a.), UB Pisa, LOC Washington (M1500 P16 C2), Ges. d. M.Freunde Wien, ÖNB Wien (16477). **Ausgaben:** Kl.A v. C. Cannabich, ital./dt.: Simrock, Nr. 94; Kl.A, ital./frz. (unvollst.): Imbault, Paris; Duhan, Paris; Textb.: Florenz 1810; Venedig, Casali 1825; Textb., ital./dt.: Wien 1799; Dresden 1800; Textb., ital./frz.: Paris, Mestayer 1804
Literatur: E. T. A. HOFFMANN, Sofonisbe [...], in: DERS., Schriften zur Musik. Nachlese, hrsg. F. Schnapp, München 1963, S. 68–75; H. BERLIOZ, Camille ou Le Souterrain, in: DERS., Cauchemars et passions, hrsg. G. Condé, Paris 1981, S. 239ff.; zu Paer: L. SCHIEDERMAIR, Beiträge zur Geschichte der Oper um die Wende des 18. und 19. Jahrhunderts, 2 Bde., Lpz. 1907–10; J. TIERSOT, Lettres de musiciens écrites en français du XVe au XXe siècle, in: RMI 21:1914, S. 479; R. ENGLÄNDER, Zur Musikgeschichte Dresdens gegen 1800, in: ZfMw 4:1921/22, S. 199–241; A. DELLA CORTE, L'opera comica italiana nel '700, Bari 1923; R. ENGLÄNDER, F. P. als sächsischer Hofkapellmeister, in: Neues Arch. für sächsische Gesch. u. Altertumskunde 1:1929, S. 204–224; N. PELICELLI, Musicisti in Parma nel sec. XVIII, in: Note d'arch. per la storia musicale 12:1935, S. 27, 37–42; G. TEBALDINI, F. P., in: Aurea Parma 2:1939; A. KOBUCH, F. P. in Dresden, in: Die italienische Oper in Dresden von Johann Adolf Hasse bis Francesco Morlacchi. Wiss. Konferenz im Rahmen d. Dresdner M.Festspiele 1987, hrsg. G. Stephan, H. John, Dresden 1987 (Schriftenreihe d. Hochsch. für M»Carl Maria v. Weber« Dresden. 11. Sonder-H.), S. 482–494

Matthias Brzoska

Achille
Dramma eroico per musica in due atti

Achill
2 Akte (12 Bilder)

Text: Giovanni De Gamerra, nach der *Ilias* (um 700 v. Chr.) von Homer
Uraufführung: 6. Juni 1801, Kärntnertortheater, Wien
Personen: Achille/Achill, König von Thessalien (T); Agamennone/Agamemnon (B); Briseide/Briseis, Tochter Briseos (S); Briseo/Briseos, König von Lyrnessos (B); Patroclo/Patroklus, Freund Achilles (B); Ippodamia/Hippodameia, Oberpriesterin der Pallas (S); Oberpriester des Apollo (B). **Chor:** Priesterinnen der Pallas, Priester des Apollo, Hofdamen und Pagen aus Lyrnessos, griechische und thessalische Heerführer. **Statisterie:** Learco, Aufseher des Pallastempels, griechische und thessalische Krieger, Herolde, Waffenträger
Orchester: 2 Fl (1. auch Picc), 2 Ob, 2 Klar, 2 Fg, 2 Hr, 2 Trp, B.Pos, Hrf, Pkn, kl.Tr, gr.Tr, Streicher, B.c; BühnenM: 2 Ob, 2 Klar, 2 Hr, 2 Trp, 2 Fg, Pkn, kl.Tr
Aufführung: Dauer ca. 3 Std.

Entstehung: De Gamerra vertrat durchaus den Anspruch, Homers Epos gerecht zu werden. Im Vorwort zum Libretto weist er darauf hin, daß er nur insoweit von der Vorlage abgewichen sei, wie es die Theaterbearbeitung erfordert habe. Das Werk existiert in zahlreichen Varianten, von denen die Uraufführungsversion die wichtigste blieb: Mit geringen Änderungen wurde sie auch in Dresden und Berlin gegeben. Sie war entgegen anderslautenden Behauptungen auch für die Pariser Erstaufführung (mit einem Lieto fine) maßgeblich, die auf Veranlassung Kaiser Napoleons I. im Théâtre des Tuileries erfolgte (I. Akt: 31. Jan. 1808, II. Akt: 19. März 1808).
Handlung: Vor und in Lyrnessos sowie im griechischen Heerlager.
I. Akt, 1. Bild, Heerlager der Thessalier vor Lyrnessos: Achille und Agamennone streiten über den Vorrang an Tapferkeit und Ehre. Achille vertraut Patroclo an, daß er mit Briseide in Liebe verbunden sei. 2. Bild, Burg des Königs Briseo: Obgleich Briseide ihrem Vater zur friedlichen Einigung mit den Griechen rät, ist dieser zum Kampf entschlossen. 3. Bild, Befestigungsanlagen und Stadttor von Lyrnessos: Die Griechen nehmen die Stadt ein. 4. Bild, Penatentempel in Lyrnessos: Achille und Agamennone verlangen nacheinander von Briseo dessen Tochter als Siegespreis. Briseide wählt Achille und gesteht ihre Liebe zu ihm ein. Voller Trauer über die Trennung von seiner Tochter stimmt Briseo zu.
II. Akt, 1. Bild, heiliger Hain der Pallas: Agamennone beschließt, Briseide zu rauben. 2. Bild, das Innere von Achilles Zelt: Achille und Briseide genießen ihr Glück. Als Achille durch eine Kriegsfanfare aus dem Zelt gelockt wird, entführen Agamennones Heerführer Briseide. Achille ist sicher, daß Agamennone dies veranlaßt hat, zumal jener sein Liebesglück verspottet. Patroclo hält Achille jedoch vor unbedachter Rache zurück. 3. Bild, Platz vor dem Pallastempel: Weder mit Liebesbeteuerungen noch mit Drohungen gelingt es Agamennone, Briseides Liebe zu Achille zu erschüttern. 4. Bild, Heerlager: Achille ist über den Raub der Geliebten so erzürnt, daß er sich am Kampf gegen die nahenden Trojaner nicht mehr beteiligt. Er bittet Patroclo, die Griechen anzuführen. 5. Bild, Pallastempel: Auch Ippodamia und ihre Priesterinnen können Briseide nicht trösten. 6. Bild, Inneres von Achilles Zelt und Vorplatz: Voller Vorahnungen nimmt Achille von Patroclo Abschied, der in Achilles Rüstung in den Kampf zieht. 7. Bild, heiliger Hain: Ippodamia verhilft Briseide zur Flucht aus dem Tempelbezirk. 8. Bild, im Hintergrund offenes Zelt vor einer Brücke: Angesichts des Kampfgeschehens ist Achille zwischen Kampfesmut, Trauer über den Ver-

lust der Geliebten und Entschlossenheit zur Rache an seinem Rivalen hin und her gerissen. Da kehrt Briseide unerwartet zurück. Die Liebenden fallen sich in die Arme. Achille sieht von der Brücke aus, wie Patroclo von Hektor getötet wird. Als dessen Leichnam aufgebahrt wird, schlägt seine Trauer in Zorn auf die Trojaner um. Briseide hält ihn davon ab, sich in den Kampf zu stürzen. Agamennone versichert Briseide, daß er ihrer um der Einheit der Griechen willen entsagen werde. Daher versöhnt er sich mit Achille, als dieser ihn mit gezücktem Schwert angreifen will. Der Oberpriester Apollos aber sagt voraus, daß die Griechen einer Pest zum Opfer fallen werden, wenn Achille Briseide nicht ihrem Vater zurückgebe. Achille und Briseide beugen sich dem Willen der Götter und nehmen voneinander Abschied. Vereint ziehen Agamennone und Achille in den Kampf.

Kommentar: De Gamerras Libretto ist in der losen Reihung kontrastierender Affekte, der rhetorischen Dialogbehandlung, dem häufigen Bildwechsel und der mangelnden Personencharakterisierung noch ganz der metastasianischen Tradition der Opera seria verpflichtet. Wie die zahlreichen Librettovarianten demonstrieren, sind die affektiven Situationen, statt einer stringenten Handlungslogik zu folgen, virtuell austauschbar. Anders als in der heroischen Oper französischer Prägung, die etwa durch Le Sueurs *Ossian* (1804) repräsentiert wird, entsteht nirgendwo der Eindruck eines einheitlichen Tableaus. Gleichwohl hat das Stück an dem für die napoleonische Epoche spezifischen Gestus des Heroischen Anteil. Er zeigt sich weniger am Pathos der Protagonisten als an der sentimentalen Haltung der Titelfigur, die schon am Ende der Introduktion hervorgehoben wird (Patroclo: »Ah no, che non condanno un sensibile eroe«). Wie Le Sueurs Ossian, aber auch wie François René Chateaubriands *René* (1802) ist Achille ein passiver Held. Seine Handlungsunfähigkeit resultiert aus dem permanenten Widerstreit gegensätzlicher Affekte, der schließlich unter Verzicht auf privates Glück zugunsten der patriotischen Pflicht gelöst wird. – Paers Vertonung bleibt insgesamt dem handlungsretardierenden Prinzip der Affektdarstellung verpflichtet: Zwar charakterisiert die Musik zu Beginn von II/8 Achilles innere Unruhe und das von ihm beobachtete Kampfgeschehen in einem auskomponierten Monolog (»Fra quanti vari affetti«), diese Teichoskopieszene wird jedoch durch den Auftritt Briseides und das folgende konventionelle Liebesduett unterbrochen. Dramaturgische Inkonsequenzen wie diese bewogen E. T. A. Hoffmann zu dem Urteil, Paer habe seit *Achille* »das eigentlich Dramatische« zugunsten sängerischer Virtuosität vernachlässigt. Der heroische Charakter der Oper ist denn auch weniger im kantablen Melos der Arien und Ensemblesätze ausgeprägt als in den zahlreichen Märschen beziehungsweise marschartigen Ritornellsätzen, in denen sich ein unmittelbarer Einfluß der französischen Revolutionsoper niederschlägt. Unter ihnen ist der Trauermarsch in c-Moll der bedeutendste: Er wird zunächst als Bühnenmusik zu Patroclos Trauerzug eingeführt, erhält aber eine expressive Qualität, indem er gleichzei-

Achille, I. Akt, 3. Bild; Bühnenbildentwurf: Lorenzo Sacchetti, wahrscheinlich für die Uraufführung, Kärntnertortheater, Wien 1801. – Sacchetti war 1794–1810 als »Decorateur« an den beiden Wiener Hoftheatern tätig. Für seinen Stil typisch sind die Rokokoaufbauten, die die Strenge seiner klassizistischen Architekturdekorationen mildern. So schließt hier die massive Befestigungsanlage ein schmaler Architrav ab, auf dem zierliche Figuren mit Lanzen stehen.

tig Achilles Klagearie einleitet. Hier zeigt sich Paers Bemühen am deutlichsten, die aus der französischen Tradition stammende musikalische Integration größerer Szenenkomplexe in das Modell der Opera seria einzubeziehen.
Wirkung: Zum Zeitpunkt der Uraufführung (Achille: Antonio Giovanni Brizzi, Briseo: Carlo Angrisani, Agamennone: Johann Michael Vogl, Briseide: Francesca Paer, Patroclo: Ignaz Saal, Ippodamia: Therese Gaßmann) wurde die Oper aufgrund ihres heroischen Charakters außerordentlich geschätzt. Paers Trauermarsch soll die »Marcia funebre sulla morte d'un eroe« aus Beethovens *Klaviersonate As-Dur Nr. 12* (1801) angeregt haben; unter dem Eindruck dieses Stücks entstand offenbar auch der Trauermarsch der *Symphonie Es-Dur Nr. 3* (1804), der »Eroica«, dessen allmählich crescendierende Einleitung an den Eindruck des nahenden Trauerzugs in Paers Oper erinnert. Auch Józef Elsner, Freund Hoffmanns und späterer Lehrer Frédéric Chopins, setzte sich für die Oper ein und komponierte zusätzliche Musik für die Warschauer Aufführung 1808 (polnisch von Jakub Adamczewski; mit Karolina Elsnerowa und Ludwik Adam Dmuszewski). Und daß Napoleon Paer in seine persönlichen Dienste nahm, ist vor allem auf seine besondere Vorliebe für *Achille* zurückzuführen. Unmittelbar nachgespielt wurde das Werk zunächst in Frankfurt a. M. 1802, Prag 1803, Dresden 1804 und Stuttgart 1805, jedoch blieb es bis ins zweite Jahrzehnt des 19. Jahrhunderts an 16 Bühnen im Repertoire, da die Titelpartie als Glanzstück virtuoser Gesangskunst galt. Unter der Leitung von Tito Gotti (Regie: Pet Halmen) wurde das Werk 1988 in Lugo und Bologna wiederaufgeführt.

Autograph: Verbleib unbekannt. **Abschriften:** SBPK Bln. (Ms 16543), Civ. Museo Bibliogr. Musicale Bologna, Public Libr. Boston (M. 50.4), Cons. Royal de Musique Brüssel, Sächs. LB Dresden (Mus. 4259-F-508, 4259-F-41), Bibl. Cherubini Florenz (A 340), StUB Ffm. (Mus Hs Opern 430 [1]), BL London, Bibl. Estense Modena (E. 177), Bibl. S. Pietro a Maiella Neapel (29. 2. 30/31), BN Paris (D 12012), Bibl. Palatina Parma (18342/5-V-15/18), LOC Washington (M1500 P16 A3). **Ausgaben:** Kl.A v. C. D. Stegmann, ital./dt.: Simrock 1802, Nr. 267; Kl.A v. C. F. G. Schwencke, ital./dt.: Böhme, Hbg.; Kl.A, frz./ital. (unvollst.): Carli, Paris; Imbault, Paris; Textb.: Wien 1801; Textb., ital./dt.: Dresden 1804, 1816; Weimar 1810; Textb., dt., 3 Akte: Bln. 1810; Textb., ital./frz.: Paris, Delamarre 1808
Literatur: [Rez.], in: AMZ 3:1800/01, Sp. 690; G. P. MINARDI, Achille, in: Opera international 1989, März, S. 47; weitere Lit. s. S. 621

Matthias Brzoska

Sargino ossia L'allievo dell'amore
Dramma eroicomico per musica in due atti

Sargino oder Der Zögling der Liebe
2 Akte (3 Bilder)

Text: Giuseppe Maria Foppa, nach dem Libretto von Jacques-Marie Monvel (eigtl. Jacques-Marie Boutet) zu der Opéra-comique *Sargines ou L'Elève de l'amour* (Paris 1788) von Nicolas Dalayrac, nach der Novelle *Sargines* (1772) von François Thomas Marie de Baculard d'Arnaud
Uraufführung: 26. Mai 1803, Kleines kurfürstliches Theater, Dresden
Personen: Filippo Augusto/Philipp August, König von Frankreich (B); Sargino, genannt Sargino padre, Ritter (B); Sargino, sein Sohn (T); Soffia, Nichte des Ritters Sargino (S); Montigny, ein anderer Ritter (T); Pietro, Vater Isellas (B); Isella (S); Isidoro, Liebhaber Isellas (T). **Chor:** französische Soldaten, Bauern, Bäuerinnen. **Statisterie:** Herren aus dem Gefolge Filippo Augustos, Knappen, französische und deutsche Soldaten
Orchester: 2 Fl (1. auch Picc), 2 Ob, 2 Klar, 2 Fg, 2 Hr, 2 Trp, Pkn, gr.Tr, Streicher, B.c; BühnenM: 2 Trp, Pkn
Aufführung: Dauer ca. 2 Std. 30 Min.

Entstehung: Mit der im Rittermilieu angesiedelten Handlung gehört Dalayracs Oper zu dem im vorrevolutionären Frankreich beliebten »genre ancien«, das insbesondere von Grétry geprägt worden war. Das Stück war bereits an deutschen Theatern nachgespielt worden (unter anderm in Kassel und Frankfurt a. M. 1790, Mannheim 1791), als Foppa den Stoff für Paer bearbeitete.
Handlung: Bei Bouvigne, einer kleinen Stadt in der Grafschaft Namur, 1214, zur Zeit der Schlacht von Bouvigne.
I. Akt, ländliche Gegend, vor einem Bauernhaus: Sargino wird von seinem Vater verachtet, weil er nichts gelernt hat und als Tölpel gilt. Schuldbewußt nimmt er den Spott Isellas und Isidoros hin. Seinem bäuerlichen Freund und Lehrmeister Pietro vertraut er an, daß die in allen Rittertugenden bewanderte reizende Soffia ihn seit einiger Zeit sowohl im Lesen als auch im Fechten unterweise. Pietro teilt ihm mit, daß Filippo Augusto in Kürze eintreffen werde, um das Land von marodierenden deutschen Soldaten zu befreien, und daß Sarginos Vater ihm vorauseile. Sargino fürchtet sich vor der Rückkehr des grausamen Königs. Die kriegerische Soffia aber weiß seinen Kampfesmut zu entflammen. Zu ihrer beider Entsetzen läßt der König Soffia auffordern, seinen Vasallen Montigny zu heiraten. Vorerst gelingt es ihr, ihn hinzuhalten. Bei einer Leseübung gestehen Soffia und Sargino sich ihre Liebe. Nun trifft Sarginos Vater ein, dem Sargino voller Angst entgegentritt. Er verlangt, daß Sargino seine Fähigkeiten in einem Turnierkampf unter Beweis stelle.
II. Akt, 1. Bild, Saal in der Ritterburg: Pietro verscheucht Isella und Isidoro und trifft auf Sargino, der beim Turnier vom Pferd gefallen ist. Soffia tröstet diesen über seine Niederlage. Von Sarginos Vater, ihrem Oheim, zur Rede gestellt, weigert sie sich, in die geplante Heirat einzuwilligen, da ihr Herz vergeben sei. Voller Wut und Enttäuschung droht der alte Ritter, auf dem Schlachtfeld den Tod zu suchen. Angesichts dieser Drohung faßt Soffia einen Entschluß. Verwirrt über ihre Andeutungen bleibt Sargino zurück. In diesem Moment trifft der König ein.

Er fordert Sargino freundlich zur Teilnahme am Feldzug auf und gibt ihm als Zeichen seines Vertrauens sein Schwert. Von den Rittern läßt sich der König zum Anführer der Schlacht wählen. 2. Bild, ländliche Gegend vor einem brennenden Dorf: Die Feinde plündern das Dorf. Im Getümmel wird der König zu Boden geworfen und von einem Unbekannten gerettet. Auch Sarginos Vater wird überwältigt und von einem andern Ritter aus den Händen der Feinde befreit. Nachdem der Sieg errungen ist, erkennt der König an dessen Schwert in Sargino seinen Retter. Zu aller Verwunderung nimmt nun Soffia ihren Helm ab: Sie hat Sarginos Vater beschützt, da sie ihn nur so davon abhalten konnte, den Tod zu suchen, ohne ihre Liebe zu Sargino zu verraten. Gerührt vereint der König Soffia und Sargino.

Kommentar: Die Komik der Handlung beruht auf der Vertauschung der Rollencharaktere von männlicher und weiblicher Hauptfigur: Dem weinerlichen Sargino steht die kriegerische Soffia gegenüber, die mit einer Allegro di marcia überschriebenen (und entsprechend instrumentierten) Arie (Nr. 4) auftritt. Im Rahmen dieser gattungsbedingten Konstellation thematisiert *Sargino* ähnlich wie *Achille* (1801) die Verbindung von Sentimentalität und Heroik: Die Schlußpointe besteht darin, daß zur Verwunderung des alten Ritters auch der König vor Rührung in Tränen ausbricht. In den egalitären Zügen dieses sentimentalen Königs, der seine Führungsrolle nur nach ausdrücklicher Bestätigung durch die Ritter akzeptiert, dokumentiert sich die vorrevolutionäre Entstehungszeit des Stücks. – Paers Vertonung zeichnet sich durch exakte dramaturgische Motivierung der Formkonzeption von Arien und Ensemblesätzen aus. Hierin wurde oft ein unmittelbarer Einfluß Mozarts gesehen; indes handelt es sich eher um eine Angleichung des italienischen Idioms an die charakterisierende Kompositionstechnik französischer Prägung. Die Steigerungsanlage von Soffias virtuoser zweisätziger Koloraturarie »Una voce al cor mi parla« etwa charakterisiert die Verfestigung ihres Entschlusses; eine ähnliche Formanlage verdeutlicht im Terzett Nr. 18 das wachsende Selbstvertrauen Sarginos angesichts der Zuwendung des Königs. Und das kontemplative Quintett des Finales sowie der im Moment allgemeiner Bestürzung eingefügte A-cappella-Mittelteil (Largo) des Terzetts Nr. 15 boten Anknüpfungspunkte sowohl für Beethoven wie auch für Rossini. Daß die Dramaturgie insgesamt eher dem französischen Standard der 80er Jahre, nicht dem der Opéra-comique des ersten Dezenniums des 19. Jahrhunderts entspricht, zeigt sich zum einen in der mangelnden Einbindung der Buffafiguren Isella und Isidoro, deren Auftritte in der Praxis denn auch oft gestrichen wurden, zum andern in der dramaturgischen Bedeutungslosigkeit des Chors im Finale, das mit der zu einer Schlachtmusik ausgeführten pantomimischen Aktion auf die von Grétry geprägten Vorbilder zurückgreift.

Wirkung: Obgleich schon die Rezension der Uraufführung (Sargino: Antonio Benelli, Soffia: Francesca Paer) der *Allgemeinen musikalischen Zeitung* (s. Lit.) feststellt, daß den Komponisten im Finale »die Kraft verlassen, oder die Zeit übereilt haben müsse«, wurde *Sargino* eins der erfolgreichsten Werke Paers. Stendhal gehörte zu den Bewunderern der Partitur, und E. T. A. Hoffmann dirigierte sie 1813/14 in Leipzig und Dresden mehrfach selbst. Bis 1843 sind 25 Inszenierungen (teils übersetzt) in 22 europäischen Städten nachgewiesen (darunter Prag, Wien, Amsterdam, Berlin, Mailand, Pest, Antwerpen, Bukarest, Stockholm, Warschau, Petersburg und Kopenhagen).

Autograph: Bibl. Palatina Parma (18375/78-T-V-4). **Abschriften:** SBPK Bln. (Ms 16542), Public Libr. Boston (M. 402a. 31), Cons. Royal de Musique Brüssel, Sächs. LB Dresden (Mus. 4259-F-28), Bibl. Cherubini Florenz (A 354), StUB Ffm. (Mus Hs Opern 440 [1]), Bibl. S. Pietro a Maiella Neapel (30. 6. 3/4), BN Paris (MS 10940; teilweise autograph), Bibl. Palatina Parma (18108/9-S-V-78), LOC Washington (M1500 P16 S3). **Ausgaben:** Kl.A.: Carli, Paris; Kl.A, ital./dt.: Meyer, Braunschweig; B&H [1805], Nr. 642, Nachdr. [1815], Nr. 2255; Kl.A v. D. Stegmann, ital./dt.: Simrock [ca. 1812], Nr. 944; Textb., ital./dt.: Dresden 1803
Literatur: [Rez.], in: AMZ 5:1803, Sp. 623; weitere Lit. s. S. 621

Matthias Brzoska

Leonora ossia L'amor coniugale
Fatto storico in due atti

Leonora oder Die eheliche Liebe
2 Akte

Text: Giacomo Cinti (?) oder Giovanni Federico Schmidt (?), nach dem Libretto von Jean Nicolas Bouilly zu der Opéra-comique *Léonore ou L'Amour conjugal* (Paris 1798) von Pierre Gaveaux
Uraufführung: 3. Okt. 1804, Kleines kurfürstliches Theater, Dresden
Personen: Don Fernando, Minister und Grande von Spanien (T); Don Pizzarro, Gouverneur eines Staatsgefängnisses (T); Florestano, Gefangener (T); Leonora, unter dem Namen Fedele, Florestanos Gattin (S); Rocco, Kerkermeister (B); Marcellina, Roccos Tochter (S); Giachino, Gefängniswärter, Marcellinas Liebhaber (B); ein Hauptmann der Wachen (stumme R). **Statisterie:** ein Gefängnisbesucher, Wachen, Gefangene, Gefolge Don Fernandos
Orchester: 2 Fl, 2 Ob, 2 Klar, Fg, 2 Hr, 2 Trp, Pkn, Streicher, B.c
Aufführung: Dauer ca. 2 Std. 30 Min.

Handlung: In einem Gefängnis in der Nähe von Sevilla.
I. Akt, Gefängnishof: Marcellina denkt an »Fedele«, den sie heiraten möchte; von Giachino, ihrem einstigen Geliebten, will sie nichts mehr wissen. Auch Rocco hätte den vermeintlichen Fedele, der gerade die Ketten vom Schmied zurückbringt, gern zum Schwiegersohn. Leonora nutzt sein Vertrauen und befragt ihn nach dem geheimnisvollen Gefangenen, von dem Rocco jedoch nur weiß, daß er ihn auf Pizzarros Befehl verhungern lassen soll. Pizzarro erhält Mittei-

lung, daß der Minister Don Fernando auf dem Weg sei, um das Gefängnis zu inspizieren. Er beschließt, Florestano zu ermorden, schickt einen Trompeter auf den Turm, der Fernandos Ankunft signalisieren soll, und zieht Rocco zu sich. Leonora beobachtet das Gespräch, hört jedoch nicht, was vor sich gehen soll. Sie ist entschlossen, Florestano zu befreien. Unterdessen weist Marcellina Giachino erneut ab. Rocco weiht Leonora in Pizzarros Mordplan ein. Pizzarro erlaubt Rocco, »Fedele« als Gehilfen mit in den Kerker zu nehmen; er gibt auch sein Einverständnis zur Heirat von Marcellina und »Fedele«.

II. Akt, unterirdisches Kerkergewölbe: Florestano liegt in Ketten und beklagt sein Los; nur der Gedanke an Leonora hält ihn aufrecht. Unbemerkt treten Leonora und Rocco ein und beginnen, das Grab freizuräumen. Leonora erkennt in dem Gefangenen Florestano. Er bittet um Wasser und nimmt dankend von Rocco Wein, von Leonora ein Stück Brot entgegen. Als der maskierte Pizzarro mit dem Dolch auf Florestano zugeht, tritt Leonora dazwischen und gibt sich als dessen Gattin zu erkennen. Sie bedroht Pizzarro mit einer Pistole. Das Trompetensignal ertönt. Rocco gelingt es, Leonora die Pistole zu entreißen. Er verläßt mit Pizzarro den Kerker, um Fernando zu empfangen. Da erscheint Marcellina, die sich um ihren »Fedele« gesorgt hat, und berichtet von Fernandos Ankunft. Leonora beschwört sie, Fernando die Gefangenschaft des Unschuldigen zu melden. Doch Marcellina will zuvor einen Liebesbeweis. Leonora und Florestano harren beieinander aus. Fernando, Rocco, Marcellina, der verhaftete Pizzarro und Giachino kommen. Fernando, den Rocco von Pizzarros Machenschaften in Kenntnis gesetzt hat, gibt Leonora den Schlüssel, mit dem sie Florestano von seinen Ketten befreit. Die enttäuschte Marcellina nimmt mit Giachino vorlieb. Pizzarro soll die gleichen Qualen erleiden, die Florestano ausgestanden hat. Leonora und Florestano bitten für ihn um Gnade, doch Pizzarro verharrt in unversöhnlichem Haß. Florestano wendet sich an die Frauen mit dem Appell, dem Beispiel der standhaften Leonora zu folgen.

Kommentar: Paers Librettist war der erste, der Bouillys Leonoren-Stoff aufgriff. Ihm folgten wenig später, unabhängig voneinander, Gaetano Rossi für Mayrs *L'amor coniugale* (1805) und Josef Sonnleithner für Beethovens *Fidelio* (1805). Während Rossi die Handlung auf eine Liebesintrige reduzierte, halten sich Paers Librettist und Sonnleithner eng an die Vorlage, oft sogar wörtlich. Die Unterschiede bestehen hauptsächlich in der Anpassung des französischen Stücks an die Erfordernisse der italienischen Oper und des Singspiels. Die Dialoge sind stärker in die musikalischen Nummern verlegt, besonders bei Paer, wo die Rezitative sehr kurz sind, die Finale erweitert, bei Beethoven mit Hilfe der Chöre stärker als bei Paer, dem in Dresden offenbar kein Chor zur Verfügung stand. Der Bösewicht Pizzarro, bei Gaveaux eine Sprechrolle, wurde zu einer der Hauptpersonen. Besser gelungen als bei Bouilly und auch bei Sonnleithner ist die problematische Verbindung von heroisch-politischer Handlung mit dem heiteren Bereich. Die als Charakter zwiespältige Figur des Rocco wurde reduziert (keine Solonummer). Ihre zwischen den Ebenen vermittelnde Funktion wurde stärker auf Marcellina übertragen. Sie tritt nicht nur als Mittelpunkt der ersten Szenen auf, sondern auch quasi als rettender Engel in der Krisis der Handlung um Leonore. Daß sie dafür mit einem ausgedehnten (musikalisch etwas blassen) Duett belohnt wird, ist dramaturgisch allerdings kaum zu rechtfertigen. – Paers Vertonung ist eins der wirkungsvollsten und musikalisch bedeutendsten Werke der italienischen Oper aus der Zeit zwischen Cimarosa und Rossini. Ähnlich wie Cherubini, aber mit stärkerem Beharren auf der italienischen Tradition, hat es Paer ausgezeichnet verstanden, sich von den Errungenschaften der Opéra-comique anregen zu lassen. Gleich die Ouvertüre ist ein Beispiel für die Verbindung beider Gattungen und für Paers kompositorische Souveränität. Sicher in der Orchesterbehandlung und einfallsreich in der Melodik greift die Idee des programmatischen Bezugs zum Drama auf. Sie beginnt mit einer Ankündigung der Kerkerszene (Adagio); daran schließt sich ein Andante con moto an, das, sofort erfaßbar, Leonoras »amor coniugale« darstellt. Tatsächlich wird es nicht nur in der Ouvertüre selbst noch zweimal zitiert (in der Mitte und am Schluß), sondern auch im Rezitativ ihrer Soloszene vor den Worten »Sposo, sposo adorato« und am Ende des Terzetts im II. Akt, nachdem Florestano, von Leonoras Stimme gerührt, sich im Terzengesang mit ihr vereinigt hat. Den Hauptteil der Ouvertüre bildet ein Allegro con spirito, das aus einem eher dramatischen und einem heiteren Abschnitt besteht, der auf die Marcellina-Sphäre vorausweist, mit der die Oper einsetzt. Paers dramatisches Prinzip besteht im wesentlichen darin, musikalische Gedanken plastisch auszuformen und, in jeder formalen Beziehung offen, zu einheitlichen Verläufen zusammenwachsen zu lassen. Beispielsweise beginnt das »Quartett« im I. Akt mit kurzen Gesängen von Marcellina, Rocco und Giachino und mündet in eine Kavatine (mit Cellosolo) von Leonora. Das Terzett des II. Akts, eins der eindrucksvollsten Stücke der Oper, besteht aus mehreren kurzen Absätzen, die durch die einheitliche dramatische Haltung und durch die Figur Florestanos zusammengefaßt werden. Im folgenden Quartett korrespondiert Paers Kompositionsweise mit der sich überstürzenden Handlung. Von großem Vorteil ist diese Flexibilität für den Zusammenhang zwischen Handlung und Musik und damit für die dramaturgische Wirkung insgesamt. Innerhalb der ohnehin kurzen Seccos legen zahlreiche A-tempo-Stellen mit melodisch auskomponiertem oder liegendem Baß die Beteiligung des Orchesters nahe. So wird Florestanos Arie nicht nur eingeleitet, sondern auch fortgesetzt durch Accompagnatos. Nach dem Duett Leonora/Rocco im II. Akt legt Paer einen auf Rezitativverse komponierten rührenden Gesang Florestanos ein, der zwischen Arioso und Arie die Balance hält und weit ins 19. Jahrhundert vorausweist. Gerade in den besten Abschnitten der Oper entsteht so ein musikalischer Ablauf, der die

Gliederung in Rezitativ und Arie bestehen läßt, dabei aber die Gewichte der Handlung differenziert und kompositorisch einfallsreich umzusetzen vermag.
Wirkung: Die Resonanz bei den Zeitgenossen war positiv, aber zu den großen Erfolgen Paers gehörte *Leonora* nicht. Bei der Uraufführung (Marcellina: Charlotte Häser) »fanden« einige Stellen »ausgezeichneten Beyfall: doch hatte man sich von dem Ganzen noch mehr Wirkung versprochen« (*Allgemeine musikalische Zeitung*, s. Lit.). Ähnlich verhalten sind die Berichte über weitere Aufführungen im deutschen Sprachraum als *Leonore oder Spaniens Gefängnisse bei Sevilla*: Leipzig 1808 (Leonora: Magdalena Vallesi), Wien und Breslau 1809 (Leonora: Vallesi, Marcellina: Karoline Ambrosch), Berlin 1810 (Florestano: Albert Wurm), München 1813 und Dresden 1821 (Marcellina: Maria Miksch, Florestano: Giovanni Cantù). Fast immer wird das Textbuch bemängelt, und offenbar war man sich von der Rettungsoper bald überdrüssig, denn oft behaupteten die Rezensenten, der Stoff sei allzu bekannt, obwohl er es noch gar nicht sein konnte. In Italien wurde das Werk in Florenz (Teatro della Pergola) 1812 und Neapel (Teatro Fondo) 1816 aufgeführt. – Ob Beethoven Paers Oper schon im Winter 1804/05 kurz nach der Uraufführung kennenlernte, also während der Komposition der 1. Fassung von *Fidelio*, ist ungewiß. Sicher ist jedoch, daß Georg Friedrich Treitschke, als er 1814 die Textrevisionen für die 3. Fassung vornahm, auf Paers Libretto zurückgriff und daß zu dieser Zeit auch Beethoven Paers Musik kannte. (Eine Abschrift der Partitur befand sich in seinem Nachlaß.) – Bereits von den Zeitgenossen wurde Paers Oper der Beethovens gegenübergestellt. Anfangs hat man Beethovens Vertonung an Paers Oper, später Paers Komposition an der Beethovens gemessen. Ein Jahrzehnt behauptete sich *Leonora* mühelos gegen *Fidelio*. Noch 1814, nach der ersten auswärtigen Aufführung von *Fidelio* in Prag, urteilte der Korrespondent des *Sammlers*, Beethovens Musik sei zwar besser, Paers Oper aber »mehr ein abgerundetes Ganze« (in: Alexander Wheelock Thayer, s. Lit.). Als Treitschke versuchte, die 3. Fassung von *Fidelio* an die Theater zu verkaufen, scheiterten seine Bemühungen gelegentlich daran, daß man Paers *Leonora* bereits kannte und kein Interesse an einem zweiten Stück mit dem gleichen Sujet hatte. Im Mai 1824 stellte dann jedoch ein Rezensent der *Allgemeinen musikalischen Zeitung* lapidar fest: »Paer's *Leonore* ist durch die, Beethoven's, (*Fidelio*) frühzeitig in Schatten gedrängt worden. Man kann nichts dagegen sagen; denn besser ist besser.« Mit dem sich ausbreitenden Erfolg von *Fidelio* war das Schicksal von *Leonora* besiegelt. Aus heutiger Sicht ist *Leonora* jedoch nicht nur als Vorgängerin von *Fidelio* von Interesse, sondern auch als ausgezeichnete Repräsentantin der italienischen Oper ihrer Zeit. Unter diesem Aspekt standen die Wiederaufführungen (Dirigent: Peter Maag) 1974 in Parma (Leonora: Jane Marsh, Pizzaro: Gianluigi Colmagro) sowie (konzertant) in Schwetzingen 1976 (Clarice Carson, Giancarlo Luccardi) und München 1978 (Urszula Koszut, Norbert Orth).

Autograph: Verbleib unbekannt. **Abschriften:** SB Bln., Public Libr. Boston (M. 50.8), Cons. Royal de Musique Brüssel, Hess. Landes- u. Hochsch.-Bibl. Darmstadt, Sächs. LB Dresden (Mus. 4259-F-511; Mus. 4259-F-39), Bibl. Cherubini Florenz (A. 353; B. 178), StUB Ffm. (Mus Hs Opern 436 [1]). **Ausgaben:** Kl. A v. A. E. Müller, ital./dt.: B&H [ca. 1805; unvollst.]; Textb., ital./dt. v. F. Rochlitz: Dresden 1804, Faks.-Nachdr. in: W. HESS, Das Fidelio-Buch. Beethovens Oper ›Fidelio‹, ihre Gesch. u. ihre drei Fassungen, Winterthur 1986, S. 365–392. **Aufführungsmaterial:** Bär
Literatur: [Rez.], in: AMZ 7:1804, Sp. 58; A. W. THAYER, Ludwig van Beethovens Leben, Bd. 3, Lpz. ²1911, S. 459; R. ENGLÄNDER, P.s ›Leonora‹ und Beethovens ›Fidelio‹, in: Neues Beethoven-Jb. 4:1930, S. 118–132; F. LIPPMANN, Zu P.s und Mayrs Vertonungen des ›Leonoren‹-Stoffes, in: Festschrift Martin Ruhnke zum 65. Geburtstag, Neuhausen 1986, S. 219–234; H. LÜHNING, Florestans Kerker im Rampenlicht. Zur Tradition d. Sotterraneo, in: Beethoven. Zwischen Revolution u. Restauration, hrsg. H. Lühning, S. Brandenburg, Bonn 1989, S. 137–204; weitere Lit. s. S. 621

Helga Lühning

Sofonisba
Dramma serio per musica

Sophonisbe
2 Akte (8 Bilder)

Text: Domenico Rossetti, nach dem Libretto von Girolamo Francesco Zanetti zu dem Dramma per musica *Sofonisba* (Venedig 1746) von Niccolò Jommelli
Uraufführung: 19. Mai 1805, Teatro del Corso, Bologna
Personen: Sofonisba/Sophonisbe, numidische Königin, Gattin Sifaces (S); Siface/Syphax, König eines Teils von Numidien (T); Massinissa/Masinissa, König eines andern Teils von Numidien (S); Scipione/Scipio, römischer Konsul in Afrika (B); Lelio, ein römischer General, Vertrauter Scipiones (S); Osmida, Vertraute Sofonisbas (S). **Chor:** römische und numidische Soldaten. **Statisterie:** 2 Kinder von Sofonisba und Siface, Liktoren, Hofdamen und Bediente Sofonisbas, Priester des Mars
Orchester: 2 Fl (1. auch Picc), 2 Ob, E.H, 2 Klar, 2 Fg, 2 Hr, 2 Trp, Streicher, B.c; BühnenM: Trp
Aufführung: Dauer ca. 2 Std. 30 Min.

Entstehung: Der Stoff geht zurück auf eine Episode aus Titus Livius' *Ab urbe condita libri* (um 5 v. Chr.). Berühmt wurde er, als Gian Giorgio Trissino ihn in der ersten Tragödie der Neuzeit dramatisierte (*Sofonisba*, 1515). Sie diente zahllosen Opern als Vorlage, unter anderm von Jommelli, Traetta (1762) und Gluck (Mailand 1744, Text: Francesco Silvani und Pietro Metastasio). Rossetti kürzte Zanettis Libretto, fügte die Figur des Siface ein und ersetzte den tragischen Schluß durch ein Lieto fine. In dieser Form wurde das Werk zur Einweihung des Teatro del Corso uraufgeführt, wobei zwischen den Akten der fünfaktige »ballo eroico-pantomimo« *Andromeda e Perseo* von Gaetano Gioia gegeben wurde. Ob Paer hierbei auf eine frühere Vertonung des Stoffs zurückgegriffen hat, die ihm zugeschrieben wird (Bologna 1796, Text: Giovanni Schmidt), ist fraglich.

Handlung: In und außerhalb von Cirta (heute Constantine, Algerien), der Hauptstadt des Reichs von Siface, um 200 v. Chr.
I. Akt, 1. Bild, Feldlager der Römer: Scipione hat Siface mit Hilfe von Massinissa besiegt. Siface hatte seine frühere Allianz mit den Römern auf Verlangen seiner Frau Sofonisba, einer Prinzessin aus Karthago, gebrochen. Nun fürchtet Scipio, daß Sofonisba auch seinen Freund Massinissa umgarnen könne, da dieser einst mit ihr verlobt war. 2. Bild, großer Platz vor dem Königspalast in Cirta: Massinissa macht Sofonisba glauben, daß Siface gefallen sei. Auf ihr Flehen schwört er ihr, sie vor der Gefangenschaft zu bewahren, stellt aber die Bedingung, daß sie ihn heirate. 3. Bild, wie I/1: Massinissa stachelt Sifaces Eifersucht an, indem er ihm von seinem Erfolg bei Sofonisba erzählt. Scipio besteht darauf, Sofonisba als Gefangene nach Rom zu schicken, obwohl Massinissa ihm seine Liebe offenbart und seinen Schwur, sie zu retten. 4. Bild, Atrium vor den königlichen Gemächern: Sofonisba geht auf Massinissas Werbung ein, nachdem er ihr geschworen hat, fortan auf der Seite Karthagos gegen Rom zu kämpfen. Da werden sie von Siface überrascht, den die Römer inzwischen in den Palast gebracht haben. Siface schwört Sofonisba Rache, obgleich diese sich nur im Glauben an seinen Tod mit Massinissa verbunden hat.
II. Akt, 1. Bild, wie I/4: Scipio bedauert den Verrat seines Freunds Massinissa und befiehlt, Sofonisba zu verhaften. 2. Bild, Gemach im Königspalast: Siface will die untreue Gattin ermorden, läßt jedoch angesichts ihrer gemeinsamen Kinder jedoch von seinem Vorhaben ab und versöhnt sich mit ihr. 3. Bild, wie I/2: Massinissa tritt Scipione entgegen, um die Gefangennahme Sofonisbas zu verhindern. Er muß jedoch von ihr erfahren, daß sie Siface treu sei. Voller Wut bricht er auf, um sich an seinem Rivalen zu rächen. 4. Bild, wie 2. Bild: Siface überwältigt Massinissa und will ihn töten. Scipione rettet Massinissas Leben, indem er Siface droht, Sofonisba sofort einen Dolch ins Herz zu stoßen. 5. Bild, Marstempel: Sofonisba leert einen Giftbecher, den ihr Massinissa gesandt hat, da er sie vor der Macht der Römer nicht schützen konnte. Scipione und Siface sind über ihre Tat entsetzt. Da enthüllt Osmida, daß sie das Gift gegen ein harmloses Mittel ausgetauscht hat. Voller Hochachtung für Sofonisbas Edelmut gibt Scipione ihr und Siface Güter, Thron und Freiheit zurück und versöhnt sich mit seinen Feinden. Auch Massinissa, den Lelio inzwischen vor dem Selbstmord bewahren konnte, tritt voller Freude über Sofonisbas wiedererlangte Freiheit dem neuen Freundesbund bei.

Kommentar: Das Werk gehört zu den rückständigsten Opern Paers, da es dem überlebten Schema der Opera seria folgt: Die dramatische Aktion wird überwiegend in Rezitativen abgehandelt, und die musikalischen Nummern schildern die wechselnden Affekte der Protagonisten. Auch im Rahmen dieser Gattungskonzeption muß Rossettis Adaption von Zanettis Libretto als mißlungen bezeichnet werden. Indem er die Figur des Siface wieder einführt, zerstört er die dramatische Stringenz der Vorlage: Warum Scipione Siface so lange festhält, daß sich das von ihm befürchtete Tête-à-tête Massinissas und Sofonisbas überhaupt erst entwickeln kann, ist ebenso unklar wie der auf Verlangen Massinissas durchgeführte Selbstmordversuch Sofonisbas, der nach ihrer Versöhnung mit Siface jeglicher Begründung entbehrt. Ungeschickt ist auch die Motivation des Lieto fine durch den Botenbericht der Vertrauten. Daher fällt die Handlung in eine Reihung zwar wirkungsvoller, aber völlig absurder Affektkontraste auseinander. – Ebenso schematisch, wie Rossetti das Libretto konstruiert hat, wurde es von Paer musikalisch ausgefüllt. Die Schwäche der Partitur zeigt sich insbesondere im Vergleich des letzten Finales mit der Schlußszene von *Achille* (1801): Fand Paer hier im Trauermarsch ein Mittel zur musikalischen Integration eines szenischen Gesamtkomplexes, so reiht er im Schlußbild von *Sofonisba* mehrere Chor- und Ariensätze aneinander und beschränkt sich gerade bei der Vertonung der dramatischen Höhepunkte auf Rezitative. Die zahlreichen Märsche und marschartigen Chorsätze zeigen, daß Paer an die heroische Couleur seiner früheren Werke anknüpfen wollte; sie bleiben hier indes lediglich musikalische Staffage des Privatkonflikts, mit dem sie ungenügend verbunden sind. Die Floskelhaftigkeit der Melodik und die stereotype Formanlage der Ariensätze sind bereits von E. T. A. Hoffmann kritisiert worden; anders als in seinen französisch geprägten Werken gelingt es Paer kaum, zu einer musikalischen Charakterisierung der dramatischen Situationen vorzustoßen.

Wirkung: Das wichtigste Rezeptionszeugnis stellt Hoffmanns Rezension des Klavierauszugs dar. Seine vernichtende Kritik gipfelt in dem Satz: »[…] allein das Dramatische ist so wenig beachtet, daß Rez. sich getrauet, irgendeinen andern, sogar tragikomischen Text der Musik unterzulegen, ohne daß jemand bei der Aufführung auch nur die Römer, Numidier und Karthaginenser des Originals ahnen sollte«, eine Behauptung, die er humorvoll an mehreren Beispielen beweist. Daß die Konzeption des Werks nicht nur von Hoffmann als veraltet empfunden wurde, belegt die Aufführungsgeschichte: Gemessen an Paers andern Opern war der Erfolg von *Sofonisba* mit nur rund zehn außeritalienischen Inszenierungen (so Dresden 1806, mit Francesca Paer und Antonio Benelli; Frankfurt a. M. 1808, 1811 in der deutschen Bearbeitung von Georg von Reinbeck als *Masinissa*; München 1814, deutsch von Reinbeck, mit Helene Harlaß und Georg Weixelbaum) äußerst gering. Auch in Italien blieb das Stück nur bis 1820 im Repertoire.

Autograph: Vlg.-Arch. Ricordi Mailand. **Abschriften:** Public Libr. Boston (M. 50.14), Cons. Royal de Musique Brüssel, Sächs. LB Dresden (Mus. 4259-F-526), Bibl. Cherubini Florenz (A 341), Santini-Bibl. Münster, Bibl. S. Pietro a Maiella Neapel (30. 6. 5/6), Ges. d. M.Freunde Wien. **Ausgaben:** Kl.A v. C. F. Ebers, ital./dt. (Fassung Ffm. 1808): Simrock, Nr. 656; Textb.: Bologna 1805; Textb., ital./dt.: Dresden 1806
Literatur: s. S. 621

Matthias Brzoska

L'Agnese
Dramma semiserio per musica

Agnese
2 Akte (5 Bilder)

Text: Leonardo G. (auch Luigi) Buonavoglia, nach dem Drama *Agnese di Fitz-Henry* (1802) von Filippo Casari, nach der Erzählung *The Father and Daughter* (1801) von Amelia Opie (geb. Alderson)
Uraufführung: 1. Fassung: 20. Okt. 1809, Villa Douglas-Scotti, Ponte d'Attaro (bei Parma) (privat); Frühjahr 1811, Teatro di San Caterina, Parma (hier behandelt); 2. Fassung: 22. Juli 1819, Théâtre-Italien, Salle Louvois, Paris
Personen: Agnese, Tochter des Grafen Uberto (S); Uberto (B); Don Pasquale, Vorsteher der Irrenanstalt (B); Don Girolamo, Oberarzt der Irrenanstalt (T); Ernesto, Agneses Gemahl (T); Carlotta, Don Pasquales Tochter (S); Vespina, Kammerzofe (S); Aufseher der Irrenanstalt (B); Agneses sechsjährige Tochter (stumme R). **Chor:** Bauern, Bäuerinnen. **Statisterie:** Wärter der Irrenanstalt, Diener
Orchester: 2 Fl (auch Picc), 2 Ob, 2 Klar, 2 Fg, 2 Hr, 2 Trp, Pkn, Hrf, Streicher
Aufführung: Dauer ca. 2 Std. 30 Min.

Entstehung: Opies Erzählung war in Europa weit verbreitet. Casari hat in seiner Bearbeitung das tragische Ende, den Tod von Vater und Tochter, durch ein Lieto fine ersetzt und Don Pasquale als Buffofigur eingeführt. Zur Vereinfachung der musikalischen Ausführung ließ Buonavoglia einige Charaktere und Szenen des Stücks aus. Die 2. Fassung unterscheidet sich von der 1. durch Umstellung und Kürzung einiger Szenen im II. Akt. Die Musik der neu hinzugekommenen Nummern scheint nicht erhalten zu sein: Die Klavierauszüge sowie das Autograph geben die 1. Fassung wieder.
Handlung: In der Umgebung einer Stadt des Königreichs Neapel.
I. Akt, 1. Bild, Wald mit Hügel: Agnese ist vor ihrem untreuen Ehemann Ernesto geflohen, um ihren Vater Uberto zu suchen, den sie aus Liebe zu Ernesto verlassen hatte. Im Wald trifft sie auf einen Wahnsinnigen, ihren Vater, den sie nicht erkennt. Als er sie angreift, wird er von Wärtern einer Irrenanstalt weggeführt, die ihn gesucht hatten. 2. Bild, Zimmer in Don Pasquales Haus: Vespina, ehemals Kammerzofe Agneses und nun im Dienst Carlottas, berichtet Pasquale von Agneses Rückkehr. Pasquale erklärt sich, überredet von Vespina und Carlotta, schließlich bereit, Agnese zu empfangen. Er verzeiht ihr und verspricht, ihr zu helfen. Ernesto, der Agnese gesucht hat, fleht sie um Verzeihung an; sie weist ihn jedoch zurück. 3. Bild, Zimmer Ubertos: Agnese wird zu ihrem Vater geführt, der sie jedoch nicht erkennt, da er sie tot glaubt.
II. Akt, 1. Bild, Zimmer Ubertos: Don Girolamo ist davon überzeugt, daß Uberto durch Agneses Rückkehr genesen werde. Girolamo ordnet an, Ubertos Umgebung so herzurichten, wie sie vor Agneses Flucht gewesen war, um ihn die dazwischenliegenden Ereignisse vergessen zu lassen. Vespina bringt Uberto Tee und erklärt ihm, Agnese habe diesen zubereitet und warte im Garten auf ihn. 2. Bild, Garten mit Pavillon: Inzwischen hat Ernesto Pasquale überredet, ihn mit Agnese zu versöhnen. Aus Liebe akzeptiert Agnese schließlich Ernestos Reue. Uberto erscheint im Garten und wird zunächst von Pasquale angesprochen, der angesichts des Wahnsinnigen vor Angst zittert. Carlotta und Girolamo fragen anschließend Uberto nach Agnese; er glaubt immer noch an ihren Tod. Als jedoch Agneses Stimme zum Klang der Harfe ertönt, findet Uberto in die Wirklichkeit zurück und erkennt seine Tochter wieder.
Kommentar: Obwohl das Libretto auf Opie und Casari zurückgeht, scheint das Sujet ebenso wie bei *Camilla* (1799) und *Sargino* (1803) durch Dalayrac inspiriert: Wie in dessen *Nina* (1786) zeigt sich in *Agnese* eine gewandelte Auffassung des Wahnsinns, der im 18. Jahrhundert in der Oper hauptsächlich als buffoneskes Moment behandelt wurde. Neu ist nicht nur die realistische Darstellung eines Wahnsinnigen, die den Beschreibungen zeitgenössischer psychiatrischer Abhandlungen entspricht, sondern auch dessen sympathischer Charakter, da er als Opfer von Agneses Flucht erscheint. Ebenso wie *Nina*, die im Jahr der Uraufführung von Donizettis *Lucia di Lammermoor* (1835) durch Coppola als *La pazza per amore* eine Neuvertonung erfuhr, ist *Agnese* ein

L'Agnese, I. Akt, 3. Bild; Felice Pellegrini als Uberto; Illustration. – Der Bassist, der seinen Ruhm vor allem als Interpret der großen Buffopartien Rossinis begründete, verkörperte Uberto sowohl 1811 am Teatro dei Fiorentini Neapel als auch 1819 am Théâtre-Italien Paris.

Schlüsselwerk für spätere Opern, die den Wahnsinn thematisieren. Hervorzuheben sind hier insbesondere die Nummern Ubertos sowie das ausgedehnte Finale des II. Akts. Die Klangfarbe der Harfe wird hier als dramaturgisches Mittel eingesetzt, das die entscheidende Wende motiviert, Ubertos Wiedererkennen seiner Tochter. Traditionell sind allerdings zum einen das Lieto fine (die Heilung des Wahnsinnigen) und zum andern die Einführung einer komischen Figur, des Gefängnisvorstehers Pasquale. Daß in der 2. Fassung eine Buffoszene des II. Akts gestrichen wurde, ist auf Kritik an diesen buffonesken Momenten zurückzuführen.

Wirkung: Wie aus einer frühen Würdigung Carlo Gervasonis hervorgeht, hatte die Oper bei ihrer ersten öffentlichen Darbietung großen Erfolg, der auch bei weiteren Aufführungen in Italien, so im Teatro dei Fiorentini Neapel 1811, vor allem jedoch in Rom 1813 und Mailand 1814, bestätigt wurde. Das Werk wurde in den folgenden Jahren zunächst in deutschen Städten wie Dresden 1812, Weimar 1813, Berlin 1815 (Dirigent: Augustin Gürrlich; mit Auguste Amalie Schmalz und Ludwig Fischer) und München 1816 deutsch gespielt, wo es ein geteiltes Echo fand. Während die Musik stets auf große Anerkennung stieß, war das Sujet der Kritik ausgesetzt: Bemängelt wurden sowohl die Darstellung des Wahnsinns auf der Bühne als auch die Einfügung buffonesker Momente in das ernste Drama. Gerade die ausführlichen Rezensionen erweisen jedoch zusammen mit der breiten Aufführungsgeschichte die Bedeutung des Werks. Die Oper wurde bis in die 20er Jahre, teils übersetzt, in ganz Europa gespielt, so in London 1817, Paris 1819, Moskau 1821, Petersburg 1822, Kopenhagen 1823 (dänisch von Niels Thoroup Bruun), Wien 1825 (mit Joséphine Fodor-Mainville, Luigi Lablache, Achille De Bassini, Pio Botticelli, Giovanni Battista Rubini, Anna Bondra, Karoline Unger und Johann Michael Weinkopf), Frankfurt a. M. 1827, Warschau (polnisch als *Aniela*) und Rom (Teatro Argentina) 1830, 1830 und 1832 auch in Chile und Mexiko. In Italien hielt sich *L'Agnese* bis zur Jahrhundertmitte, was wohl auf die innovativen Gestaltungsmerkmale des Werks zurückzuführen ist: Die Thematisierung des Wahnsinns wurde in den 30er Jahren des 19. Jahrhunderts zu einem beliebten Opernsujet.

Autograph: BN Paris (Ms. 7828; Ms 7746). **Abschriften:** Sächs. LB Dresden (Mus. 4259-F-509), Bibl. Cherubini Florenz (A. 371; B. 114), StUB Ffm. (Mus Hs Opern 431 [1]), Cons. di Musica Genua (B. 4. 1/2), Bibl. S. Pietro a Maiella Neapel (Oa. 8. 5/6), Bibl. Palatina Parma (18080/81-S-V-9/10; 18259/60-S-V-21/22), Arch. Doria-Pamphili Rom (144), LOC Washington (M1500 P16 A5). **Ausgaben:** Kl.A: Launer, Paris, Nr. 3361; Kl.A v. F. Simonis: Janet et Cotelle, Paris, Nr. 314 [1812]; Kl.A v. A. E. Müller, ital./dt.: Peters [1815], Nr. 1126; Textb.: Parma, Carmignani [1809]; Textb., ital./frz.: Paris, Hocquet [1819]; Textb., ital./engl.: London, Winchester [1817]; London, Millar **Literatur:** [Rez.], in: AMZ 17:1815, Sp. 136f., 391–393; [Rez.], ebd. 18:1816, Sp. 860; [Rez.], ebd. 21:1819, Sp. 601, 667–670; STENDHAL, Vie de Rossini, Paris 1823; C. GERVASONI, Nuova teoria di musica, Mailand 1912; G. PÉRI, La Folie dans l'opéra romantique italien de la première moitié du 19ème siècle, Thèse 3e cycle, Musicologie Paris III (1986) [unveröff.]; weitere Lit. s. S. 621

Elisabeth Schmierer

Le Maître de chapelle ou Le Souper imprévu
Comédie en un acte et en prose

Der Kapellmeister oder Das unvorhergesehene Abendessen
1 Akt

Text: Marie Françoise Sophie Gay (geb. Nichault de Lavalette), nach der Komödie *Le Souper imprévu ou Le Chanoine de Milan* (1796) von Alexandre Duval (eigtl. Alexandre Vincent Pineux-Duval)
Uraufführung: 29. März 1821, Opéra-Comique, Salle Feydeau, Paris
Personen: Barnabé, Kapellmeister (B); Firmin, Husarenoffizier (T); Benetto, Neffe des Kapellmeisters (T); Sans-Quartier, Husar (B); Coelénie, Mündel des Kapellmeisters (S); Gertrude, Köchin des Kapellmeisters (S). **Chor:** Dorfbewohner
Orchester: 2 Fl (2. auch Picc), 2 Ob, 2 Klar, 2 Fg, 2 Hr, Pkn, Schl (Tamtam, Donnermaschine), Streicher
Aufführung: Dauer ca. 1 Std. 30 Min. – Gesprochene Dialoge.

Entstehung: Duvals Komödie wurde von Gay in ein Libretto umgewandelt, in dem statt des Domherrn ein Kapellmeister Hauptperson ist. Damit wurden die für Musikerkomödien typischen Persiflagen möglich. Die Oper wurde teils einaktig, teils zweiaktig aufgeführt, wobei die zweiaktige Version lediglich nach der 5. Szene eine Pause vorsieht. Partitur und Klavierauszug enthalten eine zusätzliche Nummer, deren Text im Libretto nicht vorhanden ist.
Handlung: Im Haus von Herrn Barnabé in einer Stadt bei Mailand: Gertrude bereitet für Barnabé ein Abendessen vor, bei dem sich Benetto und Coelénie verloben sollen. Benetto beklagt sich jedoch bei Barnabé, daß Coelénie seinen Anträgen verweigere, weil sie einen französischen Offizier liebe. Benetto begibt sich zur erneuten Werbung um Coelénie, und Barnabé träumt von Ruhm und Ehre, die er sich von der Aufführung seiner Oper »Cléopâtre« erhofft. Er ruft seine Köchin herbei, um mit ihr ein Duett aus der Oper einzustudieren. Als Barnabé das Haus verlassen hat, suchen die vom Unwetter überraschten französischen Husaren Firmin und Sans-Quartier im Haus Schutz und behaupten gegenüber Gertrude, alte Freunde von Barnabé zu sein. Gertrude durchschaut sie jedoch, und es stellt sich heraus, daß Sans-Quartier Gertrudes Vetter, Firmin der von Coelénie geliebte Offizier ist. Als Barnabé, der sich vor den die Gegend um Mailand belagernden Franzosen fürchtet, die Husaren entdeckt, will er sie aus seinem Haus verbannen und läuft zum Dorf, um Hilfe zu holen. Inzwischen treffen

Coelénie und Benetto zum Abendessen ein. Coelénie ist glücklich, Firmin wiedergefunden zu haben, und Benetto, der Firmin mit dem Schwert angreift, wird zum Kellner degradiert. Während des Essens umstellt Barnabé mit Dorfbewohnern das Haus und will die Husaren einsperren lassen. Als Firmin jedoch droht, die Partitur von Barnabés Oper zu verbrennen, muß dieser von seinem Vorhaben ablassen und in die Hochzeit von Firmin und Coelénie, Sans-Quartier und Gertrude einwilligen.

Kommentar: Die Oper verdankt ihre Beliebtheit der Darstellung des Musikers als buffonesker Figur. So diente die Nachahmung von Instrumenten als bevorzugtes Mittel der Komik, wozu die erste Arie des im Selbstlob schwelgenden Barnabé ein wirkungsvolles Beispiel bietet. Einem weiteren beliebten Motiv, der Präsentation einer Musikstunde, wird hier eine zusätzliche Pointe verliehen. Barnabé lehrt seine französische Köchin, italienische Arien zu singen: Nachdem sie zuerst mit französischer Betonung und unverzierter Melodik deklamiert, wiederholt Barnabé dieselben Stellen mit überladenen Koloraturen; die Version des Lehrers wird zugleich zur Persiflage italienischer Koloraturgesangs. Im Unterschied zu den meist wenig anspruchsvollen Musikerkomödien, die in der Julimonarchie entstanden, nimmt die Musik hier eine bedeutende Rolle ein. Sowohl die Faktur des Orchestersatzes und der Singstimmen als auch die Komposition längerer Ensembleszenen wie das den Chor einbeziehende Finale zeugen für die Qualität der Musik. Zudem wird das Musikersujet dramaturgisch sinnvoll genutzt: Die Oper »Cléopâtre«, zu Beginn Mittel der Darstellung des komischen Musikers, wird im Finale zum auslösenden Moment für den glücklichen Ausgang.

Wirkung: *Le Maître de chapelle* war die bei weitem erfolgreichste Oper Paers. Nach der Uraufführung (Gertrude: Marie-Julienne Boulanger, Barnabé: Jean-Blaise Martin, Benetto: Féréol) hielt sich das Werk an der Opéra-Comique länger als ein Jahrhundert und erzielte bis 1933, dem Jahr der letzten Einstudierung, 494 Aufführungen. Ähnlich erfolgreich war das Werk am Théâtre-Lyrique, wo es 1851–70 auf 182 Aufführungen kam. Weitere Einstudierungen gab es an an anderen Pariser Bühnen: Fantaisies-Parisiennes 1866, Théâtre des Nouveautés 1871, Trianon-Lyrique 1915 und 1931. Auch im Ausland war die Oper sehr beliebt, obwohl sie viele Länder erst relativ spät erreichte. Eigene Aufführungstraditionen begründeten die italienische Bearbeitung von Angelo Zanardini mit nachkomponierten Rezitativen von Pietro Floridia Napolino (Teatro Lirico Mailand 1895) sowie die deutsche Bearbeitung von Hans Brennert und Wilhelm Kleefeld als *Der Herr Kapellmeister oder Antonius und Kleopatra* (Magdeburg 1903). Darüber hinaus erstreckt sich die Wirkung des Werks auch auf die Operngeschichte, die nicht nur in den Musikerkomödien der 30er Jahre des 19. Jahrhunderts ihren Niederschlag fand. So hat beispielsweise noch Józef Poniatowski in *Au travers du mur* (Paris 1861, Text: Henri Vernoy de Saint-Georges) Motive aus Paers Werk aufgenommen, darunter einen von sich eingenommenen Kapellmeister und die Persiflage italienischer Musik, die das Duett Barnabé/Gertrude zum Vorbild hat.

Autograph: Bibl. Verdi Mailand. **Ausgaben:** Part: Petit, Paris, Nr. 379; Kl.A: Colombier, Paris [um 1880], Nr. 457; Kl.A, dt. Übers. v. R. Kleinmichel: UE [um 1910], Nr. 3184; Textb.: Paris, Barba [1821]; Paris, Stock [1910]
Literatur: P. CITRON, Les Personnages de musiciens et le rôle de la musique dans le théâtre comique à Paris de 1830 à 1840, in: Music in Paris in the Eighteen-thirties / La Musique à Paris dans les années mil huit cent trente, hrsg. P. Bloom, NY 1987 (Musical Life in 19th-century France / La Vie musicale en France au XIXe siècle. 4.), S. 117–133; weitere Lit. s. S. 621

Elisabeth Schmierer

Giovanni Paisiello

Geboren am 9. Mai 1740 in Tarent (Apulien), gestorben am 5. Juni 1816 in Neapel

Don Chisciotte della Mancia
Commedia per musica

Don Quijote von der Mancha
3 Akte (5 Bilder)

Text: Giovanni Battista Lorenzi, nach dem Roman *El ingenioso hidalgo Don Quijote de la Mancha* (1605, 1615) von Miguel de Cervantes Saavedra
Uraufführung: Sommer 1769, Teatro dei Fiorentini, Neapel
Personen: die Gräfin, eine humorvolle Dame (S); Carmosina, ihre Dienerin (S); die Herzogin, ihre Freundin (S); Cardolella, Inhaberin des Gasthauses auf dem Land (S); Ricciardetta, Dienerin im Gasthaus (S); Don Chisciotte della Mancia/Quijote von der Mancha, fahrender Ritter (T); Don Platone, reisender Kavalier, verliebt in die Gräfin (B); Sancio Panza/Sancho Pansa, Knappe Don Chisciottes (B); Graf Calafrone, ein anderer in die Gräfin verliebter Kavalier (T)
Orchester: 2 Fl (auch 2 Picc), 2 Ob, 2 Fg, 2 Hr, 2 Trp, Streicher, B.c
Aufführung: Dauer ca. 2 Std.

Entstehung: Nach seinen Studienjahren verließ Paisiello 1763 Neapel. In Bologna (*Il ciarlone*, 1764, Text: Antonio Palomba), Modena (*Demetrio*, 1765, Pietro Metastasio) und Venedig (*L'amore in ballo*, 1765, Antonio Bianchi) konnte er erste Erfolge als Opernkomponist erzielen. 1766 kehrte er nach Neapel zurück, wo er sich vor allem gegenüber Niccolò Piccinni zu behaupten hatte. Von den hier entstandenen Werken kommen in gattungsgeschichtlicher Hinsicht *L'osteria di Marechiaro* (Neapel 1768, Francesco Cerlone) und *L'idolo cinese* (Neapel 1767,

Lorenzi) besondere Bedeutung zu. In *L'idolo* überwand Paisiello das einfache Intrigenmodell der Opera buffa durch die szenisch-musikalische Gestaltung der phantastischen Momente des Librettos nach dem Vorbild der Ombraszenen der Opera seria; er schuf damit die Voraussetzungen, daß die Opera buffa über Italien hinaus und auch am Hof zunehmend Interesse fand.

Handlung: In Spanien, 17. Jahrhundert.

I. Akt, ländliche Gegend mit einem Gasthof auf der einen Seite, im Hintergrund ein Tal: Auf ihrem Landgut vertreibt sich die Gräfin die Zeit; mit von der Partie sind die Herzogin, ihre Freundin, ihre Dienerin sowie Don Calafrone und Don Platone, die sich um die Zuneigung der Gräfin bemühen. Vor dem Gasthof, wo man auf der Jagd ein wenig verweilt, bahnt sich ein unterhaltsames Abenteuer an: Auf der Suche nach Dulcinea sind Don Chisciotte und Sancio Panza hierher gelangt. Sancio sollte Dulcinea einen Brief bringen, aber er hat ihn verloren, und so behauptet er, ein Zauberer habe sie in eine Bäuerin verwandelt. Chisciotte beschließt nun, vor Trauer den Verstand zu verlieren, und befiehlt Sancio, ihm die entsprechende Passage aus *Orlando furioso* vorzulesen. Gräfin und Herzogin haben die Szene beobachtet; sie wollen einen Schabernack mit Chisciotte treiben und dabei auch die beiden Kavaliere foppen.

II. Akt, 1. Bild, Stall eines Gasthofs mit einem großen Tor in der Rückwand: Gräfin und Herzogin haben eine Intrige vorbereitet. Das Stalltor öffnet sich, dahinter sieht man einen brennenden Wald, in dem Zeichen und Wunder geschehen. Satyrn, Zauberinnen und gar Dulcinea lassen sich sehen, bis schließlich Platone als verzauberte Prinzessin verkleidet Chisciotte im Auftrag Dulcineas um Hilfe anfleht. Chisciotte und Sancio müssen sich schließlich die Augen verbinden, um mit einem Zauberpferd durch die Lüfte zu eilen. Dabei kommen sie scheinbar der Sonne gefährlich nahe. Sancio ist es schließlich, der sich die Binde von den Augen reißt und entdecken muß, daß er und sein Herr an der Nase und im Kreis herumgeführt wurden. 2. Bild, ein Feld mit Windmühlen: Um ihre Verehrer zu provozieren, gibt die Gräfin vor, sich in Chisciotte verliebt zu haben. Als dieser sie abweist, weil er Dulcinea treu bleiben will, ruft sie die Elemente und die Giganten auf, ihn zu strafen. In diesem Augenblick beginnen die Windmühlen sich zu drehen, und Chisciotte, der sie für Riesen hält, kämpft zu aller Vergnügen mit den Windmühlenflügeln.

III. Akt, 1. Bild: Ein letztes Mal treiben Gräfin und Herzogin mit den Kavalieren ihren Spaß. Sie bitten Chisciotte um Rat, welchen von beiden die Gräfin erhören solle. Chisciotte schlägt ein Turnier nach Ritterart vor, dessen Sieger die Hand der Gräfin erhalten solle. 2. Bild, Ruinen eines antiken Amphitheaters: Hier soll der Zweikampf stattfinden. Nach ein wenig Geplänkel ist der Fall klar: Platone erhält die Gräfin zur Frau, und die Herzogin entscheidet sich für Calafrone. Ein letztes Mal werden Chisciotte und Sancio in eine Falle gelockt; unter allgemeinem Gejohle steckt man Chisciotte in einen Käfig, der von zwei Ochsen fortgezogen wird.

Kommentar: Mit ihren Bildungsgütern sind die Italiener seit jeher durchaus respektlos umgegangen. Kaum eins der großen Heldenepen der Renaissancedichtung entging der Parodierung in den komischen, literarischen oder Stegreif-Theatergattungen. Cervantes' *Don Quijote*, eine teilweise ernste, teilweise komische bis groteske Auseinandersetzung mit dem Rittertum, war seit dem 17. Jahrhundert ein beliebtes Sujet der komischen Oper, denn hier konnten die Librettisten einen literarischen Stoff mit der Parodie bruchlos verbinden. Lorenzi verpflanzte Cervantes' Protagonisten in die Sphäre einer buffatypischen Liebeshandlung: Zwei pfiffige Damen führen zwei tolpatschige Kavaliere so lange an der Nase herum, bis die Neckereien schließlich in zwei Ehen münden, Neckereien, für die sich der eher zufällig anwesende Don Chisciotte als ein ideales Werkzeug anbietet. Daß der Handlungsfaden dieses Librettos eher dünn ist, daß die Personen nicht unbedingt durch einfühlsame Charakterzeichnung hervorstechen, tut der Komik des Librettos keinen Abbruch; im Mittelpunkt des Interesses stehen die grotesken Situationen, die durch Chisciottes Versuch, Ludovico Ariostos Epos *Orlando furioso* (1516) nachzuleben, heraufbeschworen werden. Die Situationskomik des Librettos musikalisch zu unterstützen ist denn auch das Hauptanliegen der Komposition. In den drei Finale, einer Bankettszene im I., dem Windmühlenkampf im II. und der Abschiedsszene im III. Akt, dominiert jener musikalische Höllenspektakel, den Lorenzo Da Ponte später

Don Chisciotte della Mancia; Mario Brell als Don Chisciotte; Regie: Andreas Meyer-Hanno, Ausstattung: Gisela Kröhn; Staatsoper, Stuttgart 1984. – Don Chisciotte, als lebendes Denkmal von Statisten auf den Sockel gehoben, wird zur komischen Figur, die er in Wahrheit (nicht) ist.

als »strepitoso, acistrepitoso, strepitosissimo« definierte. Don Platone als verkleidete Prinzessin besticht dagegen in seiner Arie »Pietoso mio campione« durch den weit ausladenden melodischen Gestus im Falsett, der immer wieder von beiseite gesprochenen Flüchen in seiner originalen Baßstimme unterbrochen wird. Falsche Töne auch in der Arie der Gräfin »S'è ver che voi m'amate« zu Beginn von II/2: Diese einzige Mollarie der gesamten Oper gehört mit ihren chromatischen Wendungen, ihren dramatischen Schluchzerpausen eigentlich der Seriasphäre an und ist doch eine Parodie, denn hier foppt die Gräfin ihre heimlich lauschenden Liebhaber, indem sie vorgibt, für Chisciotte entflammt zu sein. Ein ähnliches Changieren zwischen Parodie und Ernst läßt sich im Duett »Vaghe aurette lusinghiere« beobachten, in dem die Gräfin und ihre Dienerin sich Chisciotte als vermeintliche Dulcinea zu erkennen geben. So grotesk die Situation der beiden verkleideten Frauen auf dem von Satyrn gezogenen Wagen ist, läßt die graziöse, menuettartige, in keiner Weise parodistische Musik dennoch ahnen, daß Paisiellos Stärke in späteren Jahren sich gerade in den lyrischen Partien seiner Opern zeigen sollte.

Wirkung: Nach der erfolgreichen Uraufführung geriet *Don Chisciotte della Mancia* schnell in Vergessenheit. Belegt ist eine deutschsprachige Inszenierung (als »lustiges Singspiel«) 1771 am Burgtheater Wien, für die Florian Gaßmann einen neuen III. Akt sowie zusätzliche Nummern beisteuerte. In neuerer Zeit gelangte das Werk erst wieder 1954 in einer Bearbeitung von Jacopo Napoli am Teatro di Corte Neapel auf die Bühne (mit Alda Noni, Graziella Sciutti, Hugues Cuenod, Giuseppe Valdengo; Dirigent: Vittorio Gui). 1976 adaptierten Hans Werner Henze und Giuseppe Di Leva das Werk für Montepulciano (Dirigent: Gianpiero Taverna, Regie: Henze); Eingriffe in die dramatische Struktur, neu komponierte Rezitative und Arien sowie die Instrumentation für Blasorchester und zehn Soloinstrumente ließen ein nahezu neues Werk entstehen. Eine deutsche Version (Übersetzung von Karlheinz Gutheim) dieser Bearbeitung kam erstmals 1979 in Gelsenkirchen heraus; später folgten weitere Bühnen. Am Teatro Valle Rom inszenierte Pino Micol 1989 *Don Chisciotte della Mancia* auf der Grundlage von Napolis Bearbeitung (Dirigent: Laurence Gilgore).

Autograph: Bibl. S. Pietro a Maiella Neapel (Rari 16. 7. 3/4).
Abschriften: Bibl. Cherubini Florenz (D. 250), BN Paris, ÖNB Wien (17809). **Ausgaben:** Textb.: Neapel, Avelliniana 1769; Textb., dt.: Ghelen, Wien [1771]; Textb., Bearb. v. J. Napoli: Ricordi 1963; Part, Bearb. v. H. W. Henze: Schott 1978; Kl.A, dass.: Schott 1978. **Aufführungsmaterial:** Bearb. Napoli mit dt. Text v. H. Feldigl: Ricordi; Bearb. Henze: Schott
Literatur: F. Schizzi, Della vita e degli studi di G. P., Mailand 1833; F. Barberio, Disavventure di P., in: RMI 23:1916, S. 534–558; H. Abert, P.s Buffokunst und ihre Beziehungen zu Mozart, in: AfMw 1:1918/19, S. 402–421; F. Barberio, I primi dieci anni di vita artistico di P., in: RMI 29:1922, S. 264–276; A. Della Corte, P. Settecento italiano, Turin 1922; U. Prota-Giurleo, P. ed i suoi primi trionfi a Napoli, Neapel 1925; H. V. P. Somerset, G. P. (1740–1816), in: ML 18:1937, S. 20–35;

E. Faustini-Fasini, Opere teatrali, oratori e cantate di G. P. (1764–1808). Saggio storico-cronologico, Bari 1940; G. de Saint-Foix, Autour de P., in: RMI 48:1946, S. 243–250; G. Pannain, ›Don Chisciotte della Mancia‹ di G. B. Lorenzi e G. P., ebd. 56:1954, S. 342–345; A. Ghislanzoni, G. P. Valutazioni critiche rettificate, Rom 1969; M. F. Robinson, Naples and Neapolitan Opera, Oxford 1972; J. L. Hunt, G. P. His Life as an Opera Composer, NY 1975 (National Opera Association Monograph Series. 2.); M. F. Robinson, G. P. e la cappella reale di Napoli (Atti del convegno »Musica e cultura a Napoli dal XV al XIX secolo«, Napoli 1982), in: Quaderni della RIM 9:1983, S. 276–280; F. Blanchetti, Tipologia musicale dei concertati nell'opera buffa di G. P., in: RIM 19:1984, Nr. 2, S. 234–260; D. Foresio, P. nella vita, nell'arte, nella storia, Tarent 1985 (Collano di storia ed arte tarantina. 7.); M. F. Robinson, An Early Biography of P., in: Haydn-Jb. 16:1985, S. 208–246; S. Henze-Döhring, Opera seria, Opera buffa und Mozarts ›Don Giovanni‹. Zur Gattungskonvergenz in d. ital. Oper d. 18. Jh., Laaber 1986 (Analecta musicologica. 24.), S. 78–120; dies., La technica del concertato in P. e Rossini, in: NRMI 22:1988, Nr. 1, S. 1–23; M. F. Robinson, G. P. (1740–1816). A Thematic Catalogue of His Music, NY 1991

Silke Leopold

Socrate immaginario
Commedia per musica

Der eingebildete Sokrates
3 Akte (7 Bilder)

Text: Giovanni Battista Lorenzi, nach einer Idee von Ferdinando Galiani
Uraufführung: 1. Fassung in 2 Akten: Okt. 1775, Teatro Nuovo, Neapel; 2. Fassung: März 1780, Teatro Nuovo, Neapel (hier behandelt)
Personen: Donna Rosa, zweite Frau Don Tammaros (Mez); Don Tammaro Promontorio, ein vermögender Bürger von Modugno (B); Mastro Antonio, Barbier, Dummkopf, Vater Cillas (B); Calandrino, Diener Don Tammaros (B); Lauretta, Zofe Donna Rosas (S); Emilia, Tochter Don Tammaros aus erster Ehe, verliebt in Ippolito (S); Cilla, Tochter des Mastro Antonio (S); Ippolito, Verehrer Emilias (T). **Chor:** Schüler Sokrates', die unechten Dämonen
Orchester: 2 Ob, 2 Fg, 2 Hr, 2 Trp, Trumscheit, Streicher, B.c
Aufführung: Dauer ca. 3 Std.

Entstehung: Unter den zahlreichen Werken, die Paisiello nach 1770 für Neapel, zunehmend aber auch für andere Bühnen Italiens komponierte, markiert *La frascatana* (Venedig 1774, Text: Filippo Livigni) in doppelter Hinsicht eine wichtige Etappe seines Schaffens: Zum einen zeichnet sich hier die für den Gattungswandel entscheidende Integration von »parti serie« in die Buffahandlung ab, zum andern konnte Paisiello mit dieser Oper einen europaweiten Erfolg erzielen, der schließlich zu seinem Engagement an den Hof von Petersburg führte. *Socrate immaginario*, eins der letzten Werke der ersten neapolitanischen Periode, entstand zunächst als Schauspiel mit musikalischen Nummern; den III. Akt schrieb Paisiello erst in Petersburg.

Handlung: I. Akt, 1. Bild, Don Tammaros Haus: Seit Don Tammaro von einem Antikenfimmel befallen ist, geht es in seinem Haus drunter und drüber. Er hält sich selbst für Sokrates und verleiht allen Personen seiner Umgebung neue, antike Identitäten. Seine Gemahlin Donna Rosa kann ihm keinen größeren Gefallen tun, als ihn ob seiner törichten Reden zu beschimpfen, hatte doch auch der echte Sokrates ein Weib namens Xanthippe mit sprichwörtlich schlechter Laune. Jetzt aber hat Tammaro den Bogen überspannt: Er will Emilia, seine Tochter aus erster Ehe, mit dem schwachköpfigen Barbier Mastro Antonio verheiraten, den er zu seinem Schüler Plato ernannt hat. Emilia liebt Ippolito, aber sie ist hin und her gerissen zwischen dieser Liebe und dem Pflichtbewußtsein ihrem Vater gegenüber. Gemeinsam mit Ippolito heckt Rosa einen Plan aus: Ippolito soll sich als Grieche ausgeben und Tammaro auf diese Weise Emilia entlocken. 2. Bild, einsamer Hain mit Brunnen: Tammaro wartet auf Antonio, um philosophische Gespräche zu führen. Calandrino wartet ebenfalls, denn er ist in Antonios ebenso hübsche wie einfältige Tochter Cilla verliebt. Antonio kommt mit Cilla und einem schier unentwirrbaren Orakelspruch; aber auch Tammaro interessiert sich viel mehr für Cilla. Rosas und Ippolitos Intrige scheint zu funktionieren, wird jedoch von Emilia selbst vereitelt, die ihren Vater nicht betrügen will. Nun eröffnet Tammaro ihnen seinen Plan: Er werde Cilla heiraten, denn das Vaterland brauche Soldaten, und auch Sokrates habe zu solch hehren Zwecken zwei Frauen gehabt. 3. Bild, unterirdisches Gewölbe mit Treppen und Türen: »Sokrates« hat seine Schüler um sich versammelt und gibt ihnen Lektionen in Musik und Tanz. Statt griechisch schwebender Grazie werden daraus allerdings eher ein klägliches Gewimmer auf dem Trumscheit und stelzbeinige Gymnastik. Rosa und ihre Helfer haben die Szene beobachtet und geben Sokrates der Lächerlichkeit preis, indem sie die Schüler mit einer Tarantella so richtig in Stimmung bringen. Auch diesmal versucht Emilia, ihren Vater zu beschützen, doch alles endet in einem großen Durcheinander.

II. Akt, 1. Bild, ein Zimmer: Für das Problem, daß Emilia Ippolito heiraten will, aber »Plato« heiraten soll, hat Tammaro jetzt eine wahrhaft sokratische Lösung gefunden: Emilia soll beide heiraten und so zur Stammutter eines Philosophengeschlechts werden. Hilfe kommt diesmal von Calandrino, der Sokrates rät, sein Daimonion und den Geist von Emilias Mutter Cecilia zu befragen. 2. Bild, schaurige Grotte: Um zu seinem Daimonion zu gelangen, muß Tammaro sich schauriger Furien erwehren, die er mit Gesang und Leierspiel besänftigt. Weniger erfolgreich ist er bei Cecilia, die im Jenseits fast die Gestalt Rosas angenommen hat, und bei seinem Dämon, der Ippolito auffallend gleicht. Cecilia befiehlt ihm, Emilia um der Ruhe ihrer Seele willen Ippolito und keinem andern zu geben. 3. Bild, wie II/1: Abermals ist die Intrige gescheitert: Cilla hat gesehen, wie Rosa sich verkleidet hat. Jetzt hilft nur noch das allerletzte Mittel: Rosa hofft, daß ihr Gatte durch tiefen Schlaf geheilt wird. Man bringt Tammaro mannhaft den

Socrate immaginario, I. Akt, 3. Bild; Marek Gasztecki als Antonio, Isolde Siebert als Cilla, Harrie Peeters als Tammaro, Hans-Joachim Porcher als Calandrino; Regie: Peter Brenner, Ausstattung: Waltraut Engelberg; Ensemble des Staatstheaters Darmstadt, Schloßtheater, Schwetzingen 1986. – Unter den Augen griechischer Philosophen, die im Bühnenhimmel hängen, unterweist »Sokrates« seine Schüler auf einem monochordähnlichen Instrument in der Tonkunst.

dargebotenen Becher. Kaum ist er eingeschlafen, jagen die Angehörigen Antonio aus dem Haus.
III. Akt, Vorzimmer, dann vornehmes Zimmer: Das Mittel hat gewirkt. Tammaro erwacht erfrischt und von seinen Narreteien geheilt. Nun kann alles gut werden: Emilia darf Ippolito heiraten, Calandrino bekommt Cilla, Rosa und Tammaro versöhnen sich, und selbst Antonio findet in der Zofe Lauretta eine Frau.

Kommentar: Der Witz des *Socrate immaginario* funktioniert auf zwei Ebenen: Die erste, eine Parodie auf neapolitanische Verhältnisse der Zeit, läßt sich historisch zwar konstruieren, teilt sich dem heutigen Zuhörer jedoch nur mittelbar mit. In der 2. Hälfte des 18. Jahrhunderts hatte Neapel sich zum Zentrum der neu erwachten Antikenforschung entwickelt; Gelehrte aus ganz Europa trafen sich hier, um die Spuren der alten Griechen und Römer zu suchen. Unter den Einheimischen tat sich besonders der Schriftsteller Saverio Mattei hervor; ihm und seinem Antikenfimmel setzten die Schöpfer des *Socrate* ein Denkmal. Spottlust prägt auch die Gestaltung der Furienszene im II. Akt, die bis in die Wahl der Versmaße hinein ein getreues Abbild der Furienszene aus Glucks *Orfeo ed Euridice* (1762) ist. Über diese Zeitbezüge hinaus gehört *Socrate* jedoch zu den literarisch anspruchsvollsten und komischsten Werken der Opera buffa überhaupt; die Komik der raffiniert konzipierten Handlung teilt sich in einer zweiten Ebene auch dem heutigen Zuschauer unmittelbar mit. In den philosophischen Gesprächen zwischen dem hohlköpfigen Don Tammaro und dem restlos überforderten Barbier ließ der Textdichter kaum etwas an Wortwitz und Situationskomik aus; das doppelsinnige altgriechische Kauderwelsch, mit dem Tammaro seiner Umwelt zu imponieren sucht, trägt das seine dazu bei. Auch Paisiellos musikalische Phantasie entzündet sich hauptsächlich an den parodistischen Szenen. Während die Arien sowohl des Seriapaars Emilia/Ippolito wie auch der Buffatypen Antonio und Lauretta nicht über den Rahmen der Konvention hinausgehen, setzt Paisiello in den Ensembles die literarischen Ideen des Librettos in kongenialer Weise um. Das kryptische, wortspielerische Orakel »Sa che sa se sa chi sa« etwa wird in der Duettvertonung als Kanon nur noch unentwirrbarer. Tammaros altgriechisches Monochord, mit dem er seiner Angebeteten Cilla ein Ständchen zu bringen versucht, bringt in Gestalt eines Trumscheits kaum mehr als ein paar Dreiklangstöne hervor. In der Akademie im 1. Finale will Tammaro so gar nichts gelingen: Obwohl sich die Schüler, deutlich am Wechsel zwischen gravitätischem Rhythmus zu Beginn und den wild hüpfenden Instrumentalfloskeln im weiteren Verlauf der Akademie, hörbar anstrengen, die mühsam erlernten griechischen Wörter mit antiker Gymnastik zu verbinden, fährt ihnen Rosas Tarantella doch viel unmittelbarer in die Beine. Der »Sterbeszene« im Finale des II. Akts gibt Paisiello durch die Vertonung als Trauermarsch in der traditionellen Unterwelttonart c-Moll den gebührenden Ernst. Höhepunkt der Oper ist jedoch zweifellos die Furienszene im II. Akt, in der Tammaro, Orpheus gleich, den falschen, doch nicht minder unerbittlichen Furien als in Glucks Version zum Klang der Leier sein höfliches »Kallimera, kallispera« entbietet. Bis in Einzelheiten hinein karikiert Paisiello Glucks Modell: die Harfe, deren Triolen ursprünglich Orpheus' Leierspiel symbolisieren sollten, den Tanz der Furien mit schnellen Streicherläufen und punktierten Rhythmen, die klangliche Aufhellung zum Schluß der Szene hin, wenn sich das »Elysium« mit dem Daimonion öffnet. Ohne sich in den Vordergrund zu drängen, hebt Paisiellos Musik die jeweilige Pointe des Texts, den besonderen Witz einer Situation hervor; sie dient nicht dazu, verborgene Schichten zwischen den Zeilen deutlich zu machen, sondern illustriert das Geschehen auf der Bühne so, daß die Qualität des Librettos zum Tragen kommt.

Wirkung: Wenige Vorstellungen nach der ungeheuer erfolgreichen Premiere 1775 (Tammaro: Gennaro Lucio, Rosa: Marianna Monti) wurde *Socrate immaginario* von König Ferdinand IV. wegen »Taktlosigkeit« verboten. Zu offensichtlich war das Porträt des bei Hof geschätzten Mattei, zu eng war die Bindung an die besondere neapolitanische Situation, als daß diese Oper einen europaweiten Erfolg hätte haben können. Obwohl *Socrate* seit seiner Freigabe 1779 bis 1814 häufiger gespielt wurde, blieb das Werk an Beliebtheit weit hinter andern Opern Paisiellos zurück. Im 20. Jahrhundert wurde *Socrate* wiederentdeckt und zunächst 1926 im Teatro degli Independenti Rom als Schauspiel mit Teilen von Paisiellos Musik aufgeführt. Auf der Grundlage der Neuausgabe des Klavierauszugs von Giorgio Barini kam das Werk 1936 am Politeama Neapel heraus. 1986 zeigte das Staatstheater Darmstadt eine deutsche Bearbeitung von Peter Brenner im Rahmen der Schwetzinger Festspiele.

Autograph: Bibl. S. Pietro a Maiella Neapel (Rari 15. 1. 5/6).
Abschriften: SBPK Bln., Cons. di Musica G. B. Martini Bologna, Országos Széchényi Könyvtára Budapest, Bibl. Cherubini Florenz (A. 317, D. 253), Bibl. da Ajuda Lissabon (45-IV-15/16), Bodleian Libr. Oxford, BN Paris, Bibl. Palatina Parma (18091/3-R-VI-15/17), Kungliga Teaterns Bibl. Stockholm, LOC Washington (M1500 P23 G8), Ges. d. M.Freunde Wien.
Ausgaben: Kl.A v. G. Barini: Mignani, Florenz 1931; Textb.: Dresden 1781; Textb., dt. v. P. Brenner, in: Programmbuch Nr. 38, Darmstadt 1986, S. 10–68. **Aufführungsmaterial:** dt. Bearb. Brenner: Schott
Literatur: L. BAUM, Der eingebildete Sokrates – eine neapolitanische Komödie, in: Programmbuch [s. Ausg.], S. 75–91; weitere Lit. s. S. 632

Silke Leopold

Il barbiere di Siviglia ovvero La precauzione inutile
Dramma giocoso per musica

Der Barbier von Sevilla oder Die unnütze Vorsicht
2 Akte (4 Teile)

Text: Giuseppe Petrosellini, nach der Komödie *Le Barbier de Séville ou La Précaution inutile* (1775) von

Pierre Augustin Caron de Beaumarchais (eigtl. Pierre Augustin Caron)
Uraufführung: 1. Fassung: 15. Sept. 1782, Eremitage-Theater, St. Petersburg (hier behandelt); 2. Fassung in 3 Akten mit Texterweiterungen von Giovanni Battista Lorenzi: 1787, Teatro dei Fiorentini, Neapel
Personen: Graf Almaviva, spanischer Grande, unter dem Namen Lindoro, Geliebter Rosinas (T); Rosina, Waise und Mündel Bartolos, Geliebte Lindoros (S); Bartolo, Arzt, Rosinas Vormund und ihr eifersüchtiger Liebhaber (B); Figaro, Barbier in Sevilla (B); Don Basilio, Organist, Rosinas Musiklehrer, Freund und Vertrauter Bartolos (B); Svegliato, ein einfältiger Jüngling, Bartolos Diener (B); Giovinetto, Bartolos alter Diener (T); ein Alkalde (T); ein Notar (B).
Statisterie: 4 Alguacile, 4 Diener
Orchester: 2 Fl, 2 Ob, 2 Klar, 2 Fg, 2 Hr, Pkn, Mand, Streicher, B.c
Aufführung: Dauer ca. 2 Std.

Entstehung: Paisiello trat 1776 die Nachfolge von Tommaso Traetta als »maestro di cappella« am Hoftheater Petersburg an. Nach seiner ersten hier komponierten und 1777 mit großem Erfolg aufgeführten Oper *Nitteti* (Text: Pietro Metastasio) entstanden *Lucinda e Armidoro* (1777, Marco Coltellini), *Achille in Sciro* (1778) und *Alcide al bivio* (1780, beide Metastasio). Mit letzterem Werk, das sich durch eine große Zahl von Accompagnatos und einen weniger virtuosen Gesangsstil auszeichnet, schloß sich Paisiello der einen französisch-italienischen Mischstil favorisierenden Richtung der Opera seria an. Die wichtigsten Werke jener Jahre im komischen Genre sind *Gli astrologi immaginari* (Petersburg 1779, Giovanni Bertati), das Intermezzo *La serva padrona* (Zarskoje Selo 1781), mit dem Paisiello aus Mangel an geeigneten Libretti auf Gennaro Antonio Federicos in Pergolesis Vertonung (1733) außerordentlich populär gewordenen Text zurückgreift, und *Il duello comico* (Zarskoje Selo 1782, Lorenzi), eine erweiterte Fassung des 1774 für Neapel komponierten *Il duello*.
Handlung: In Sevilla, 18. Jahrhundert.
I. Akt, 1. Teil, Straße, auf der einen Seite Bartolos Haus mit Tür und Fenster mit geschlossener Jalousie: Vor dem Haus wartet der als Lindoro verkleidete Graf Almaviva auf Rosina, die zu dieser Stunde immer am Fenster erscheint. Diesmal aber wird er von einem in die Herstellung eines Gedichts vertieften Individuum gestört. Nach und nach erkennen Almaviva und sein alter Bursche Figaro einander. Almaviva hört von Figaros bewegtem Schicksal: Nachdem er den Dienst bei der Armee quittiert und sich jahrelang mit geringem Erfolg als Dichter betätigt hatte, ließ er sich als Barbier in Sevilla nieder. Darauf erfährt auch Figaro den Grund für Almavivas Aufenthalt in Sevilla. Als Rosina und ihr Vormund am Fenster erscheinen, zerrt Almaviva ihn in einen verborgenen Winkel. Wie zufällig läßt Rosina einen Zettel fallen, auf dem angeblich eine Arie aus der Oper »L'inutile precauzione« geschrieben steht. Bartolo will den Zettel holen, doch Almaviva kommt ihm zuvor. Er erzählt Figaro, daß er sich in Madrid in Rosina verliebt habe und entschlossen sei, sie zu heiraten. Um sie zu prüfen, tritt er jedoch nicht als Graf, sondern als einfacher, armer Lindoro auf. Figaro berichtet, daß Bartolo Rosina in Kürze heiraten wolle und er deshalb eifersüchtig bewache, daß er selbst aber bei Bartolo ein und aus gehe. So könne er Almaviva, selbstverständlich gegen entsprechende Entlohnung, Zutritt ins Haus verschaffen, wofür dieser sich als Soldat ausgeben solle. 2. Teil, Zimmer Rosinas mit verschiedenen Türen und ein Fenster mit geschlossener Jalousie: Figaro schildert Rosina Lindoros Liebe und erhält von ihr ein Briefchen; im letzten Moment kann er sich vor dem wütenden Bartolo verbergen, der Verdacht geschöpft hat und feststellen mußte, daß Figaro seine Diener Giovinetto und Svegliato mit verschiedenen Pülverchen außer Gefecht gesetzt hat. Basilio, der zur Musikstunde kommt, erklärt sich gegen Bezahlung dazu bereit, Bartolos Hochzeit mit Rosina für den nächsten Tag zu arrangieren. Dann erscheint Almaviva als Offizier verkleidet mit einem Einquartierungsbefehl, der sich jedoch als unbrauchbar erweist, da Bartolo eine Befreiung von der Einquartierungspflicht vorweisen kann. Die Suche nach diesem Schriftstück gibt Rosina und Almaviva Gelegenheit, miteinander zu sprechen. Der Versuch, Rosina einen Brief zuzustecken, mißlingt beinah.
II. Akt, 1. Teil, wie I/2, Nachmittag: Almaviva erscheint nun als Bakkalaureus und gibt sich als Schüler des angeblich krank darniederliegenden Basilio aus. Durch einen fingierten Brief Rosinas kann er Bartolos Vertrauen gewinnen und nutzt die Gelegenheit, mit Rosina für die Nacht Fluchtpläne zu verabreden, für die Figaro Vorbereitungen trifft. Als alle voller Hoffnung sind, Bartolo überlisten zu können, erscheint der ahnungslose Basilio, so daß die Intrige zu platzen droht. Eine gefüllte Börse, mit der Basilio schnell zum Fortgehen bewegt werden kann, bereinigt zwar die

Il barbiere di Siviglia ovvero La precauzione inutile, I. Akt, 2. Teil; Rudolf Asmus als Bartolo, Gertrud Freedmann als Rosina, Hanns Nocker als Almaviva; Regie: Walter Felsenstein, Ausstattung: Rudolf Heinrich; Komische Oper, Berlin 1960.

gefahrvolle Situation, doch entnimmt Bartolo wenig später dem heimlich belauschten Gespräch zwischen Graf und Rosina, in welche Falle er beinah gelaufen wäre: Wutentbrannt weist er die Verschwörer aus dem Haus. 2. Teil, ebenda, Nacht: Bartolo vermag Rosina glaubhaft zu machen, daß sie von Lindoro hintergangen wird. Eifersüchtig gibt sie Bartolo daraufhin nicht nur ihr Einverständnis zur Heirat, sondern verrät auch noch den Fluchtplan. Siegessicher läßt Bartolo sie zurück, um den Notar zu holen, während Figaro und Lindoro durch das Fenster zu Rosina gelangen. Almaviva gibt sich zu erkennen und überzeugt Rosina von seiner Liebe. Als Basilio mit dem Notar zurückkehrt, wird der Ehekontrakt aufgesetzt. Bei der Ankunft Bartolos mit dem Alkalden ist die Ehe schon geschlossen: Alle Vorsicht erwies sich als nutzlos.

Kommentar: Paisiellos *Barbiere di Siviglia* ist die erste nach Beaumarchais' Komödie komponierte Opera buffa (bereits 1776 erschien in Dresden das Singspiel *Der Barbier von Sevilla oder Die unnötige Vorsicht* von Friedrich Ludwig Benda, Text: Gustav Friedrich Wilhelm Großmann). Petrosellini konnte bei dem gebildeten, frankreichorientierten Publikum am Hof Kaiserin Katharinas II. die Kenntnis der Komödie, die erstmals 1776 in Petersburg aufgeführt worden war, voraussetzen und die Seccos, die die Sprachkenntnisse des russischen Publikums strapaziert hätten, so knapp wie möglich halten. Das Libretto orientiert sich eng an der literarischen Vorlage, was ungewöhnliche dramaturgische Konsequenzen hatte: Der I. Akt schließt nicht, wie in der Buffa üblich, mit einem furiosen Ensemblefinale, sondern mit einer gefühlvollen Kavatine Rosinas (»Giusto ciel, che conoscete«). Der Personenzeichnung kam die enge Bindung an die Komödie zugute, da Petrosellini den Figuren ihr bisweilen ambivalentes Naturell beließ, anstatt sie auf oberflächliche Buffatypen zu reduzieren. Er gab damit Paisiello Gelegenheit zu vielfältiger musikalischer Charakterzeichnung. Deutlich wird dies etwa gleich zu Beginn in der Arie »Scorsi già molti paesi«, mit der Figaro Almaviva von seinem Leben berichtet: Mit ausladender melodischer Geste beschreibt Figaro die Jahre der Freiheit als Dichter; als er von der Rückkehr in seinen alten Beruf als Barbier erzählt, der ihn dazu verdammt, mit vielen Bücklingen den Herren zu Diensten zu sein, verfällt sein Gesang in den Gestus des (höfischen) Menuetts. In dem Wechsel der Atmosphäre fängt Paisiello nicht nur das Wesen des vom Leben gebeutelten, aber unverwüstlichen Figaro ein, sondern darüber hinaus auch die sozialkritische Ebene der Vorlage. Beaumarchais' Komödie enthielt selbst bereits eine Fülle musikalischer Nummern, Szenen, die in der Opera buffa besonders zum Tragen kamen und Paisiello Gelegenheit zu mannigfachem vokalen Lokalkolorit gaben. Figaro stellt sich dem Publikum zu Beginn der Oper mit einem in der Entstehung befindlichen Lied vor. Almavivas mandolinenbegleitetes Ständchen unter Rosinas Fenster (»Saper bramate«), mit dem er seiner Angebeteten seinen (vermeintlichen) Namen Lindoro verrät, findet sich ebenso in der Komödie vorgegeben wie Rosinas Arie in der Gesangsstunde. Mit dem schwermütigen Siciliano-Mittelteil der ansonsten eher virtuosen Arie »Già riede primavera« aus »L'inutile precauzione« sprengt Paisiello fast den Rahmen der Opera buffa. Auch Bartolos Lied »Vuoi tu, Rosina«, mit dem der Alte seinem Mündel eine gleichermaßen versteckte Liebeserklärung machen will wie Rosina mit »Già riede primavera« gerade zuvor ihrem Lindoro, entstammt Beaumarchais' Original; Paisiello griff hier jedoch die eher beiläufige Bemerkung Beaumarchais', daß Bartolo beim Singen mit den Fingern schnalze und unbeholfene Tanzschritte mache, auf und komponierte eine »Seghidilia spagnola« mit nicht nur buffonesken, sondern auch unüberhörbar parodistischen Schichten, die im spanisch regierten Neapel, Paisiellos Heimat, durchaus verstanden wurden. Bartolos Seguidilla, das einzige spanische Kolorit in der Oper, ist primitiv und steif, der unglaublich dumme und metrisch unbeholfene Text (»Tirsi non sono / ma ancor son buono / ed io ti giuro / quando fa scuro / han tutti i gatti / un sol colore«) und die hölzerne Vertonung stehen zu dem feurigen Inhalt in komischem Kontrast: Achtmal wiederholt Bartolo dasselbe Motiv im »falschen« Vierertakt, bevor er wieder in den ordentlichen Dreiertakt der Seguidilla zurückkehrt, ohne jedoch Vers und Rhythmus in Einklang bringen zu können, so daß eine permanente Gegenbetonung entsteht (»prendí questó mio coré«). Die slapstickhaften Szenen von Beaumarchais' Handlung boten Paisiello darüber hinaus Gelegenheit zu musikalischer Situationskomik in den Ensembles, unter denen besonders das Terzett der Diener Svegliato und Giovinetto mit ihrem erbosten Herrn Bartolo durch seine außerordentlich geistvolle Satzstruktur herausragt. Das Terzett, in dem die erst mit Schlaf- und Niespulver außer Gefecht gesetzten Diener nun auch noch von ihrem Herrn malträtiert werden, zeichnet mit unnachahmlichem Naturalismus das Gähnen Svegliatos und das explosive Niesen Giovinettos nach, das von Bartolos Flüchen begleitet wird, wobei sich der musikalische Satz aus nicht viel mehr als diesen drei Grundmotiven immer wieder neu und andersartig zusammensetzt.

Wirkung: *Il barbiere di Siviglia* gehört nicht nur zu den besten Werken Paisiellos, sondern darüber hinaus zu den Erfolgsopern des 18. und noch des frühen 19. Jahrhunderts. Nach der Uraufführung (Bühnenbild: Francesco Gradizzi; Rosina: Anna Davia de Bernucci, Almaviva: Guglielmo Jermoli, Figaro: Giovanni Battista Brocchi, Bartolo: Baldassare Marchetti, Basilio: Luigi Pagnanelli) war das Werk an allen bedeutenden europäischen Bühnen zu sehen. In Italien spielte man den *Barbiere* zuerst 1783 im Schloß zu Caserta (Rosina: Celeste Coltellini), 1786 folgte Mailand und 1787 Venedig (San Samuele). Eine bedeutende Rezeption erfuhr das Werk auch in Frankreich, wo es in einer Bearbeitung von Nicolas Etienne Framery erstmals 1784 im Théâtre de la Reine à Trianon gegeben wurde. Mozart sah den *Barbiere* 1783 in Wien (Rosina: Nancy Storace, Figaro: Francesco Bussani, Bartolo: Francesco Benucci, Basilio:

Ignaz Saal); möglicherweise hat dies die Wahl des Figaro-Stoffs, sicherlich aber, neben der Kenntnis anderer Opern Paisiellos, die Mozart sehr schätzte, die musikalische Konzeption der *Nozze di Figaro* (1786) beeinflußt. Für eine 1789 geplante deutschsprachige Aufführung im Theater auf der Wieden, die erst 1796 zustande kam, komponierte Mozart die Arie *Schon lacht der holde Frühling* hinzu. 1787 arbeitete Paisiello die Oper für Neapel in signifikanter Weise um. In Zusammenarbeit mit Lorenzi wurde eine Reihe von Stücken gestrichen, zwei Arien sowie ein Finale hinzugefügt. Statt wie in der 1. Fassung den I. Akt mit Rosinas Arie ausklingen zu lassen, schrieb Paisiello für ein weniger gebildetes Publikum in einem öffentlichen Opernhaus ein turbulentes Handlungsfinale in der Tradition der großen Buffaensembles, bei dem alle Personen auf der Bühne ein Höllenspektakel vollführen. Rosina erhielt eine weitere Arie, die mit ihren vorgetäuschten Hustenanfällen ein ähnliches buffoneskes Glanzstück darstellt wie das Nies- und Gähnterzett, den ursprünglich intendierten einheitlichen Charakter Rosinas (in der 1. Fassung hatte sie ausschließlich sentimentale Arien zu singen) aber auf allzu äußerliche Weise aufbrach. Ihren Siegeszug durch Europa trat die Oper aber in der 1. Fassung an: Noch am 20. Febr. 1816, als eine neue Version desselben Stoffs im Teatro Argentina Rom mit Musik des jungen Gioacchino Rossini aufgeführt wurde (als *Almaviva ossia L'inutile precauzione*), gab es einen Skandal, bei dem Paisiellos Werk gegen die neue Oper ins Feld geführt wurde. An bestimmte Szenen, wie etwa das Gähn- und Niesterzett, wagte sich Rossini gar nicht erst heran, und auch sein Textdichter Cesare Sterbini hielt es für schwierig, Paisiellos Werk etwas Gleichwertiges entgegenzusetzen. Selbst Rossinis erste Rosina, Geltrude Righetti Giorgi, hielt dessen Oper für schwach. Dennoch verdrängte Rossinis *Barbiere* den älteren bald von den Bühnen. Nach vereinzelten Aufführungen im 19. und frühen 20. Jahrhundert, etwa in Paris 1868 (Fantaisies-Parisiennes) und 1889 (Opéra-Comique; bearbeitet von Titus Charles Constantin, französisch von Victor Wilder), Venedig 1875 (Teatro Malibran), Berlin 1913 (Krolls Oper; revidiert von Richard Falk) und an der Mailänder Scala 1939 (Dirigent: Gino Marinuzzi; Rosina: Margherita Carosio, Almaviva: Bruno Landi, Figaro: Carmelo Maugeri, Bartolo: Salvatore Baccaloni), stieß Paisiellos Werk nach dem zweiten Weltkrieg wieder auf größeres Interesse. 1953 wurde es im Rahmen des Maggio Musicale Florenz einstudiert (Gianandrea Gavazzeni; Marinella Meli, Carlo De Antoni, Ettore Bastianini, Giorgio Onesti). Walter Felsenstein initiierte eine deutsche Bearbeitung (Wolfgang Hammerschmidt), die er 1960 für die Komische Oper Berlin inszenierte (Dirigent: Robert Hanell, Ausstattung: Rudolf Heinrich; Gertrud Freedmann, Hanns Nocker, Werner Mißner, Rudolf Asmus) und die ihre Premiere im Rahmen eines Gastspiels im selben Jahr in Schwetzingen erlebte. Das Piccolo Teatro Musicale Rom hatte das Werk seit 1960 für mehrere Jahre im Tourneerepertoire (Renato Fasano; in wechselnder Besetzung unter anderm mit: Graziella Sciutti, Nicola Monti, Rolando Panerai, Renato Capecchi). 1976 inszenierte Karel Němec *Il barbiere di Siviglia* für die Luzerner Festwochen (Ulrich Meyer; Sylvia Geszty, Norbert Orth, Christian Boesch, Fernando Corena), und 1977 kam in Dresden eine Einstudierung von Günther Frische heraus (Rudolf Neuhaus; Barbara Hoene, Armin Ude, Günter Dreßler, Jürgen Freier). 1982 konnte man in Martina Franca in besonders hochrangiger Besetzung (Bruno Campanella; Lella Cuberli, Piero Visconti, Alessandro Corbelli, Enzo Dara) die 1. Fassung sehen, während in Marlia (bei Lucca; Dirigent: Herbert Handt) die 2. Fassung gezeigt wurde. Unter den zahlreichen neueren Einstudierungen, häufig durch Studiobühnen und Hochschulensembles, sind die von Boris Pokrowski in Leningrad 1988 (in russischer Bearbeitung; Dirigent: Wladimir Agronski) sowie die von Hans Niewenhuis in Long Beach 1989 (Dirigent: Nicolas McGegan) zu nennen.

Autograph: Part (mit nachkomponierten Stücken): Bibl. S. Pietro a Maiella Neapel (Rari 3. 3. 3/4, olim 16. 8. 22/23). **Abschriften:** SBPK Bln., Cons. di Musica G. B. Martini Bologna, Cons. Royal de Musique Brüssel, Országos Széchényi Könyvtára Budapest, Harvard Univ. Music Libr. Cambridge, Sächs. LB Dresden, Bibl. Cherubini Florenz (A. 312 & B. 53), Staatsu. UB Hbg., BL London (Add. 16079), Bibl. Verdi Mailand, Bibl. Estense Modena (F. 877), Bayer. SB München, Bodleian Libr. Oxford, BN Paris, Bibl. Palatina Parma, Cons. di Musica G. Rossini Pesaro (15.1-2), Thurn u. Taxissche Hof-Bibl. Regensburg (Paisiello 24), Kungliga Musikaliska Akad. Bibl. Stockholm, St. Michael's College Tenbury (470/471), Bibl. Marciana Venedig, ÖNB Wien. **Ausgaben:** Part, frz. Übers. v. N. E. Framery (in 3 Akten): »rue neuve de petits champs«, Paris; Auteur, Baillon, Paris; Baillon, Paris; Imbault, Paris; Le Duc, Paris [1795], Nr. 14; Part, frz. Übers. v. P. L. Moline (Rezitative v. A. H. Wenck): Wenck & Boyer, Paris [1785]; Le Duc, Paris [1786]; Part: Lucca, Mailand; Guidi, Florenz; Le Duc, Paris 1868; Escudier, Paris 1868; Deiss, Paris 1937; Falk, NY 1947; Part, dt. Übers. u. Bearb. v. W. Hammerschmidt: Bär 1959; Kl.A v. M. Saladino: Ricordi [1879], Nr. 46102; Kl.A v. M. Parenti: Ricordi 1960, ²1975, Nr. 46102; Kl.A, dt. Übers. v. W. Wöhler, Bearb. v. R. Fasano: Ricordi; Kl.A, dt. Übers. u. Bearb. v. W. Hammerschmidt: Bär, Nr. 3559; Textb.: Petersburg, Breitkopf [1782]; Caserta, Flauto 1783; Wien 1783; Turin 1784; Padua 1785; Monza 1785; Mailand 1786; Venedig, Fenzo 1787; Neapel, Flauto 1787; Mailand 1787; Parma 1787; Mantua 1788; London 1789; Paris 1790; Lissabon 1791; Reggio 1793; Genua 1796; Passau, Ambrosi 1796; Crema 1797; Padua 1797; Venedig 1800; Mailand 1800; Ricordi 1975; Textb., dt. v. G. F. W. Großmann: Köln, Langen 1786; Textb., frz. v. N. E. Framery: Amsterdam, Guerin 1786. **Aufführungsmaterial:** Ricordi; Bearb. Hammerschmidt: Bär

Literatur: A. LOEWENBERG, P.'s and Rossini's ›Barbiere di Siviglia‹, in: ML 20:1939, S. 157–167; A. MONDOLFI-BOSSARELLI, ›Il barbiere di Siviglia‹ di P., in: Annuario del Cons. Statale di Musica S. Pietro a Majella 1959/60, S. 33–38; M. TARTAK, The Two Barbieri, in: ML 50:1969, S. 453–469; V. SCHERLIESS, Il barbiere di Siviglia. P. u. Rossini, in: Colloquium »Die stilistische Entwicklung der italienischen Musik zwischen 1770 und 1830 und ihre Beziehungen zum Norden« (Rom 1978), Laaber 1982 (Analecta musicologica. 21.), S. 100–127; S. HENZE-DÖHRING, La technica del concertato in P. e Rossini, in: NRMI 22:1988, S. 1–23; weitere Lit. s. S. 632

Silke Leopold

Il re Teodoro in Venezia
Dramma eroicomico

König Theodor in Venedig
2 Akte (7 Bilder)

Text: Giambattista Casti, nach einer Episode aus dem 26. Kapitel des Romans *Candide ou L'Optimisme, traduit de l'allemand de M. le docteur Ralph* (1758) von Voltaire (eigtl. François Marie Arouet)
Uraufführung: 23. Aug. 1784, Burgtheater, Wien
Personen: Teodoro/Theodor, König von Korsika, unter dem Namen Graf Alberto (B); Gafforio, Sekretär und erster Minister Teodoros, unter dem Namen Garbolino (T); Acmet III., abgesetzter Sultan, gekleidet als Armenier, unter dem Namen Niceforo (B); Taddeo, Gastwirt (B); Lisetta, seine Tochter, Geliebte Sandrinos (S); Sandrino, Kaufmann und Geliebter Lisettas (T); Belisa, eine junge Abenteurerin, Schwester Teodoros (S); Messer Grande (B). **Chor:** Mädchen im Gefolge Lisettas, Gondoliere beiderlei Geschlechts. **Statisterie:** Armenier im Gefolge Acmets, Bedienstete des Gasthauses, Justizangehörige im Gefolge Messer Grandes
Orchester: 2 Fl, 2 Ob, 2 Klar, 2 Fg, 2 Hr, 2 Trp, Pkn ad lib., Streicher, B.c
Aufführung: Dauer ca. 2 Std. 30 Min.

Entstehung: Als letztes Bühnenwerk seiner russischen Periode schrieb Paisiello anläßlich der Eröffnung des Steinernen Theaters (Bolschoi-Theater) in Petersburg die Opera buffa *Il mondo della luna* (1783), deren Libretto von Carlo Goldoni bereits seiner komischen Oper *Il credulo deluso* (Neapel 1774) zur Vorlage gedient hatte. *Il re Teodoro in Venezia* entstand im Auftrag Kaiser Josephs II. während eines Wienaufenthalts auf der Rückreise nach Italien. Entnahm Casti die Idee zu seinem Libretto auch Voltaires *Candide*, jene historische Episode, die um den aus Westfalen stammenden Theodor Neuhof kreist, der, kaum zum König von Korsika gekrönt, hochverschuldet von der Insel verjagt, von seinen Gläubigern in ganz Europa verfolgt und schließlich eingekerkert wurde, so ist die Gestaltung der Fabel doch gänzlich seine eigene Erfindung.
Handlung: In Venedig, um 1740. I. Akt, 1. Bild: Zimmer in Taddeos Gasthaus; 2. Bild: Saal des Gasthauses; II. Akt, 1. Bild: wie I/1; 2. Bild: Garten mit Blick auf den Canal Grande; 3. Bild: wie I/1; 4. Bild: wie II/2; 5. Bild: Gefängnis.
Auf der Flucht vor seinen Gläubigern lebt der entthronte König von Korsika unerkannt und mittellos als Graf Alberto in einer venezianischen Gastwirtschaft. Sein Diener Gafforio versucht mit geringem Erfolg, Geld zu beschaffen. Als der mißtrauische Wirt eine Zwischenrechnung präsentiert, kann er ihn nur mit Mühe besänftigen. Teodoro kommt ihm zu Hilfe: Er ist in Lisetta verliebt, die Tochter des Wirts, und würde gern ein Techtelmechtel mit ihr beginnen; sie aber liebt den Kaufmann Sandrino und weist ihn ab. Gafforio gibt dem Wirt einen gezielten Wink über die wahre Identität des vermeintlichen Grafen und gaukelt ihm vor, der König wolle seine Tochter heiraten. Im Rausch des künftigen sozialen Aufstiegs nimmt Taddeo nicht nur die Rechnung zurück, sondern ist auch bereit, Gafforio viel Geld für ein Generalspatent zu zahlen, um einen standesgemäßen Schwiegervater abgeben zu können. Lisetta, die Sandrino bei einem vermeintlichen Rendezvous mit Belisa belauscht hat, ist aus Rache nun auch bereit, dem König die Hand zu reichen. Belisa hat, ohne von ihrem Bruder zu wissen, den sie vor vielen Jahren zuletzt gesehen hat, ebenfalls bei Taddeo Quartier genommen; im Schlepptau führt sie den abgesetzten Sultan Acmet, der unsterblich in die schöne Abenteurerin verliebt ist. Bei einem Zusammentreffen erkennen sich die Geschwister, ohne den andern jedoch etwas von ihrer Verwandtschaft zu verraten; Belisa verspricht Teodoro, sich bei Acmet für ihn zu verwenden. Doch nicht nur dies erweist sich als vergeblich, auch Teodoros schlimmster Traum wird Wahrheit. Sandrino hat nämlich, um Lisetta zurückzugewinnen, sämtliche Wechsel Teodoros an sich gebracht und erscheint nun mit den Sbirren, um die Unsummen einzufordern, die Teodoro ihm schuldet. Plötzlich ist der ganze Spuk vorbei, Lisetta und Sandrino versöhnen sich, Teodoro aber wird in den

Il re Teodoro in Venezia; François Lays als Taddeo; Illustration; Opéra, Paris 1787. – Obwohl er weder über eine schöne noch technisch perfekte Stimme verfügte, überzeugte Lays während seiner jahrzehntelangen Karriere an der Opéra durch starke Bühnenpräsenz und Vielseitigkeit des Repertoires, das sowohl Tenor- als auch Baßbaritonpartien umfaßte.

Schuldturm geworfen. Ihm Spott oder Tröstung zuwendend, besuchen ihn hier noch einmal alle Beteiligten.

Kommentar: Castis Libretto gehört jener Richtung des »dramma eroicomico« an, welche in parodistischer Manier, zumeist auf der Basis einer literarischen Vorlage, die Demaskierung eines vermeintlichen Helden zum Thema hat. Der satirische Ton und der außerordentliche Einfallsreichtum, die nicht nur dies Libretto Castis auszeichnen, waren ohne Zweifel für den Erfolg des Werks ausschlaggebend. Zugleich übte es großen Einfluß auf die zeitgenössischen Librettisten aus, unter andern auf Lorenzo Da Ponte. Casti ebnete den Weg für zeitgenössische politische Themen in der Opera buffa und gab möglicherweise auch den Anstoß für eine Umarbeitung von Pierre Augustin Caron de Beaumarchais' Komödie *La Folle journée* (1783) für Mozarts Oper *Le nozze di Figaro* (1786). – Paisiellos Vertonung ist dieser Vielschichtigkeit nicht in allen Punkten gewachsen. Am glücklichsten gelingt die musikalische Umsetzung von Castis parodistischem Geist in Teodoros Traum (»Il sogno di Teodoro«), dessen Anlage (Accompagnato und Arie), Instrumentierung (sordinierte Violinen und Klarinetten) und Tonart (die klassische Traumtonart Es-Dur) in ihrer feinen Übersteigerung auf die zeitgenössische Opera seria anspielen, wie auch in der Vision Lisettas und Taddeos von einem Leben als Fürstin und General, bei der bereits im Rezitativ und dann immer stärker im Duett ein Militärmarsch im Orchester hereinklingt. Ein besonders gelungener Einfall von großer Theaterwirkung ist das 1. Finale, das nach einer ungeheuren dynamischen und rhythmischen Steigerung nicht mit einer Stretta endet. Nach Art der *Symphonie fis-Moll Nr. 45* (1772), der »Abschiedssymphonie«, von Joseph Haydn verschwinden alle Beteiligten nacheinander von der Bühne, bis Taddeo den Akt allein mit einem wütenden Accompagnato beschließt.

Wirkung: Die hohen Erwartungen, die man dem Werk allenthalben entgegenbrachte, vermochte die Premiere (Lisetta: Maria Mandini, Belisa: Rosa Manservisi, Sandrino: Giuseppe Viganoni, Teodoro: Stefano Mandini, Taddeo: Francesco Benucci) nur teilweise zu erfüllen. Erst die Wiederaufnahme am 6. Okt. 1784 mit veränderter Besetzung (Lisetta: Nancy Storace, Belisa: Luisa Laschi-Mombelli, später Teresa Calvesi) entschied endgültig den Erfolg des *Re Teodoro* in Wien (über 50 Reprisen bis 1791). Noch 1784 gab man das Werk in Prag. Hieran schlossen sich Einstudierungen auf allen bedeutenden Bühnen Italiens an (Pergola Florenz 1785, Fiorentini Neapel 1785, Scala Mailand 1786, Parma 1787). Auch in Frankreich, zumal in Paris, und in Belgien stieß *Il re Teodoro* auf große Resonanz. So erschien eine dreiaktige französische Version von Paul-Ulric Dubuisson 1786 in Brüssel, Fontainebleau und Versailles (zahlreiche weitere Einstudierungen in den folgenden Jahren); so fertigte Pierre Louis Moline eine weitere Übersetzung in zwei Akten an, für die Louis Armand Chardiny die Rezitative komponierte (Paris 1787). Im Théâtre-Italien Paris wurde das Werk bis 1816 gegeben. Für Deutschland bildete Dresden ein Zentrum der Rezeption: In einer Textbearbeitung von Caterino Mazzolà wurde die Oper hier erstmals 1791 als *Gli avventurieri* aufgeführt; 1816 folgte eine Einstudierung als *Il re Teodoro in Venezia*. Große Verbreitung im deutschsprachigen Raum fand das Werk nicht zuletzt durch seine Aufnahme in das Repertoire der Wanderbühnen, zum Beispiel der Truppe von Johann Böhm. Eine Einstudierung 1825 in Bologna markiert wohl den Abschluß der langen Aufführungsserie. – Im 20. Jahrhundert wurde die Oper in einer englischen Übersetzung von Arthur Paul Schoep (s. Lit.) und Boris Goldovsky 1961 in Tanglewood aufgeführt. 1971 hatte das Werk in einer deutschen Bearbeitung von Wolf Ebermann und Manfred Koerth in Schwetzingen als Gastspiel der Staatsoper München Premiere (Dirigent: Gerhard Wimberger, Regie: Dietrich Haugk; Teodoro: William Murray, Gafforio: Ferry Gruber, Lisetta: Ingeborg Hallstein, Belisa: Charlotte Berthold). Diese Version lag auch den Einstudierungen an der Komischen Oper Berlin 1976 und der Wiener Kammeroper 1978 zugrunde.

Autograph: Part (unvollst.): Bibl. S. Pietro a Maiella Neapel (15. 1. 3/4). **Abschriften:** SBPK Bln., Cons. di Musica G. B. Martini Bologna, Public Libr. Music Department Boston, Cons. Royal de Musique Brüssel, Országos Széchényi Könyvtára Budapest, Harvard Univ. Music Libr. Cambridge, Sächs. LB Dresden (Ms. 3481-F-514), Bibl. Cherubini Florenz (A. 313), Cons. di Musica N. Paganini Genua, BL London (Add. 16076/78), Bibl. Verdi Mailand (Part. Tr. ms. 301), Bibl. Estense Modena (F. 880), BN Paris, Bibl. de l'Opéra Paris (4008 [1–2]), Bibl. Palatina Parma (18433/6-S-V-13), Bibl. Marciana Venedig (M. 330.16), LOC Washington (M1500 P23 R4), Ges. d. M.Freunde Wien, ÖNB Wien, Zentral-Bibl. Zürich. **Ausgaben:** Part, frz. Übers. v. P. U. Dubuisson: Huguet, Paris; Huguet, Le Duc, La Walle, L'Ecuyer, Paris, Le Coutre, Versailles; Part, frz. Übers. v. P. L. Moline: Cousineau, Paris [1787]; Textb.: Florenz 1784; Neapel 1785; Mailand, Bianchi [1788]; Textb., ital./dt.: Wien, Kurzböck 1784; Textb., ital./engl.: London, Stuart 1787; Textb., dt. v. J. Böhm: Köln, Langische Schriften 1785; Textb., dt. v. B. C. d'Arien: Hbg., Michaelsen 1788; Textb., frz. v. P. U. Dubuisson: Versailles, Le Coutre 1787; Hbg., Fauche 1796. **Aufführungsmaterial:** Bearb. v. W. Ebermann, M. Koerth: Dt. Vlg. f. M/Bär
Literatur: A. EINSTEIN, A ›King Theodore‹, in: JAMS 14:1961, S. 196–198; A. P. SCHOEP, A Singing Translation in English of Giambattista Casti's Libretto for P.'s Opera ›Il Re Teodoro in Venezia (King Theodore in Venice)‹, Denver 1962, Diss. Univ. of Colorado; W. RUF, Die Rezeption von Mozarts ›Le nozze di Figaro‹ bei den Zeitgenossen, Wiesbaden 1977 (Bei-H. zum AfMw. 16.), S. 47–71; weitere Lit. s. S. 632

Silke Leopold

Pirro
Dramma per musica

Pyrrhus
3 Akte (6 Bilder)

Text: Giovanni De Gamerra
Uraufführung: 12. Jan. 1787, Teatro San Carlo, Neapel

Personen: Pirro/Pyrrhus, König von Epirus (T); Polissena/Polyxena, eine trojanische Prinzessin (S); Darete/Dares, ein trojanischer Prinz (S); Ulisse/Odysseus (S); Climene, Prinzessin aus dem Atridengeschlecht (A); Eleno/Helenos, ein trojanischer Prinz, Bruder Polissenas (S); Calcante, Oberpriester (B); 2 zum Opfer bestimmte Trojaner (2 stumme R). **Statisterie:** Priester, Soldaten, Wachen Pirros, Volk
Orchester: 2 Fl, 2 Ob, 2 Klar, 2 Fg, 2 Hr, 2 Trp, Streicher, B.c; BühnenM auf d. Szene: 2 Ob, 2 Klar, 2 Fg, 2 Hr, Pkn
Aufführung: Dauer ca. 3 Std. – Darete und Ulisse wurden in der Uraufführung von Kastraten gesungen.

Entstehung: *Pirro* ist nach den Pietro-Metastasio-Opern *Antigono* (Neapel 1785) und *Olimpiade* (Neapel 1786) die dritte Opera seria, die Paisiello in seinem neuen Amt als Hofkapellmeister König Ferdinands IV. in Neapel komponierte. Ihre Entstehung wurde von heftigen Auseinandersetzungen und Polemiken begleitet.
Handlung: In und bei Troja, nach dem Krieg.
I. Akt, 1. Bild, prächtiger, zum Teil verfallener ebenerdiger Saal, für die Zusammenkunft der Griechen bestimmt: Pirro, Sohn Achills, entschließt sich, Polissena, Tochter des von ihm erschlagenen Priamos, zu heiraten. Die Griechen, voran Ulisse, sind bestürzt und empfinden den Entschluß als Verrat. Besonders gekränkt ist Climene, der Pirro die Ehe versprochen hatte. Ulisse beruhigt sie, er werde notfalls mit Gewalt Pirro zu ihr zurückführen. 2. Bild, Kabinett: Polissena liebt ihrerseits Pirro, obwohl er es war, der ihren Vater erschlug, und obwohl sie mit Darete verlobt ist. Vergeblich machen ihr Darete und Eleno Vorhaltungen. Als sie einen Bürgerkrieg zwischen Griechenland und Epirus drohen sieht, legt sie allerdings Pirro nahe, sich von ihr zu trennen, was dieser jedoch ablehnt. Mit einem mißglückten Attentat auf Pirro, das Eleno verübt, wendet sich das Geschick: Ulisse gelingt es, Polissena als die Schuldige hinzustellen. Der mißtrauische Pirro verurteilt sie zum Tod.
II. Akt, 1. Bild, Garten: Climene hofft, daß Pirro, der nach wie vor von Polissenas Schuld überzeugt ist, sie jedoch noch immer liebt, Rache übt. Darete möchte Polissenas Leben retten, indem er Elenos Verrat aufdeckt. 2. Bild, Halle vor dem großen Mausoleum des Achill: Auch Eleno ringt mit sich, ob er Pirro über Polissenas Unschuld aufklären soll. Erneut faßt Darete den Entschluß, Pirro die Wahrheit zu offenbaren. Polissena prophezeit Ulisse die einstige Sühne seiner Tat und will den Tod auf sich nehmen. 3. Bild, prächtiger Säulengang, der zu den Phrygischen Feldern führt, auf dem sich das große Mausoleum des Achill befindet: Vor ihrer nun unmittelbar bevorstehenden Opferung eröffnet Polissena Pirro, daß es Ulisse war, der das Indiz ihrer vermeintlichen Schuld, den Dolch, in ihre Hände gespielt hat. Trotz der drohend heranrückenden griechischen Truppen hält nun Pirro zu seiner Liebe. Da verkündet der Oberpriester Calcante, das Orakel fordere, daß Pirro das Blut seines Vaters mit trojanischem Blut räche. Polissenas Tod scheint unabwendbar zu sein.
III. Akt, Wald: Nachdem alle Versuche, dem Votum der Götter zu entgehen, fehlgeschlagen sind, sieht Pirro sich nun gezwungen, die Geliebte zu opfern. Da verkündet Calcante Jupiters Spruch: Zwei Trojaner sollen anstelle Polissenas geopfert werden. Nun ist es an Pirro, Seelengröße zu beweisen. Er verzichtet auf Polissena zugunsten des politischen Friedens, Polissena wird Darete heiraten und Pirro Climene.
Kommentar: Angesichts eines solchen Texts kann man so recht ermessen, was die Komponisten an Metastasio gehabt hatten: Die Handlung kommt bei De Gamerra nur mühsam und allzu wortreich voran, gleiche oder ähnliche Affekte häufen sich in benachbarten Arien. Lyrische, zärtliche Stimmungen sind allzu dünn gesät. Damit mag es zusammenhängen, daß die Oper herber wirkt als Paisiellos vorherige Metastasio-Opern. Vielleicht liegt es aber auch an Paisiellos Altersstil, der mit *Elfrida* (1792) voll entfaltet sein wird. Die Koloratur ist stark zurückgedrängt, deklamatorische Wendungen, sehr oft in Einheiten von zwei Takten und mit punktierten Figuren, herrschen in den Gesangspartien vor. Ein großer Schwung durchweht das Ganze; nur Domenico Cimarosa wußte im Italien jener Jahre einer Arie wie Daretes »Agitato in tante pene« (II/6) ebenso schwungvolle Pendants an die Seite zu stellen. Accompagnatos sind zahlreich und eindrucksvoll. Zu Unrecht genießt diese Oper den Ruf, die ersten großen Finale der Opera seria nach dem Vorbild der Opera buffa aufzuweisen: Cimarosa war vorangegangen unter anderm mit *L'Olimpiade* (1784) und *Artaserse* (Turin 1784, Text: Metastasio). Dennoch verdienen Paisiellos 1. und 2. Finale hohe Anerkennung; Dimension und Kontrastreichtum sind bemerkenswert. Auch sonst sind die Ensembles zahlreich; die Oper beginnt bezeichnenderweise mit einem Sextett als Introduktion. Dafür enthält sie keine Chöre, was eher den Verhältnissen an San Carlo als einer künstlerischen Intention zuzuschreiben ist.
Wirkung: Wie nachhaltig der Eindruck gewesen sein muß, der von den ersten Aufführungen der Oper mit Franziska Lebrun (Polissena), Giacomo David (Pirro), Francesco Roncaglia (Darete) und Angelo Monanni (Ulisse) ausging, läßt sich allein schon aus der Tatsache ersehen, daß ihr am selben Ort nach einem halben Jahr ein Ballett *Pirro e Polissena* von Dominique Lefèvre zur Seite trat (Musik: Antonio Rossetti). 1790 und 1811 erschien *Pirro* erneut auf dem Spielplan des San Carlo. In beiden Aufführungen, und 1790, 1794 und 1804 am Teatro Sant'Agostino Genua sowie 1791 in London, sang David die für ihn geschriebene Titelpartie. Die Neuauflage in einer um zwei Arien für Polissena und einer weiteren für Pirro ergänzten Version am San Carlo 1790 zum 39. Geburtstag des Königs am 12. Jan. erfolgte auf Wunsch Paisiellos, nachdem er für diesen Anlaß ursprünglich vorgesehene *Zenobia in Palmira* (Neapel 1790, Text: Gaetano Sertor) nicht rechtzeitig fertigstellen konnte. An weiteren Aufführungen sind zu nennen: Venedig und Modena 1787, Bologna 1790,

Madrid 1793, Prag 1794, London 1809, Parma 1812. Alfred Loewenberg (*Annals of Opera*, London [3]1978) erwähnt eine 1798 am Teatro Apollo Rom gegebene zweiaktige Fassung. Gaspare Spontini kommt das Verdienst zu, mit dem von ihm 1811 am Théâtre-Italien Paris geleiteten *Pirro* die seit über einem Jahrhundert erste (durch kaiserliches Privileg sanktionierte) Seria nach Paris gebracht zu haben. An ernsten italienischen Opern hatte es zuvor lediglich eine 1808 von Kaiser Napoleon I. veranlaßte Privataufführung von Zingarellis *Giulietta e Romeo* (1796) im Théâtre aux Tuileries sowie 1805 eine inoffizielle Inszenierung von Giuseppe Moscas *Ginevra di Scozia ossia Ariodante* (Turin 1802, Text: Gaetano Rossi) durch die Bouffons des Théâtre de l'Impératrice gegeben. Spontinis Pioniertat wurde denn auch von einer begeisterten Presse gewürdigt; sie lobte Buch und Musik, die talentierten Hauptdarsteller (Gaetano Crivelli als Pirro, Francesca Festa als Polissena), die exzellenten Chöre, die großartigen Bühnenbilder und Kostüme, die wunderbare Aufführung und die perfekte Ensembleleistung. Ein Nachhall auf das historische Ereignis brachte 1813/14 die Wiederaufnahme der Oper am selben Ort.

Autograph: Bibl. S. Pietro a Maiella Neapel (Rari 2. 9. 11/12, olim 16. 6. 26/27) [Seccos nicht autograph]. **Abschriften:** Civ. Museo Bibliogr. Musicale Bologna, Public Libr. Music Department Boston (M. 402b. 11), Cons. Royal de Musique Brüssel, Pendelbury Libr. of Music Cambridge (9a-6), Bibl. Cherubini Florenz (A. 305), Bibl. da Ajuda Lissabon (47-IV-7), Royal College of Music London (450), BN Musique Paris, Bibl. Palatina Parma (18154/55-S-IV-21/22), Kunglige Musikaliska Akad. Bibl. Stockholm, Bibl. Marciana Venedig. **Ausgaben:** Part, Rondo [»Agitato in tante pene«]: Marescalchi, Neapel; Textb.: Neapel, Flauto 1787; Bologna, Sassi 1790
Literatur: s. S. 632

Friedrich Lippmann

L'amor contrastato
Commedia per musica

Die umstrittene Liebe
3 Akte

Text: Giuseppe Palomba
Uraufführung: Sommer 1788, Teatro dei Fiorentini, Neapel
Personen: Rachelina, eine reiche Müllerin, tückisch in der Liebe (S); Baronin Eugenia, Verlobte Don Colloandros (S); Amaranta, ihr Dienstmädchen (S); Don Colloandro, ein gefallsüchtiger junger Mann, Cousin Eugenias, der er die Heirat versprochen hat, verliebt sich dann in Rachelina (T); Pistofolo, Notar im Haus Eugenias, unfähig in seinem Beruf (B); Rospolone, amtlicher Gouverneur (B); Don Luigino, ein glückloser junger Mann, Diener, von Eugenia unerwünscht (T)
Orchester: 2 Ob, 2 Fg, 2 Hr, Streicher, B.c
Aufführung: Dauer ca. 2 Std. 30 Min. – Schauplatz- und Personenangaben nach dem Libretto (2 Akte) Venedig 1788.

L'amor contrastato; Karoline Seidler als Rachelina; Illustration: Wilhelm und Moritz Henschel; Hofoper, Berlin. – Von 1793 bis 1837 ging das Werk als *Die schöne Müllerin* 105mal über die Bühne der Berliner Hofoper. Die Rachelina war eine der wichtigen Aufgaben im umfangreichen Repertoire der Sängerin, das zahlreiche große Sopranpartien sowohl lyrischen als auch virtuosen Charakters umfaßte.

Entstehung: Noch im Jahr der Uraufführung von *Pirro*, im Herbst 1787, kam eine neue Oper von Paisiello in Neapel heraus: die Commedia per musica *La modista raggiratrice* (Text: Giovanni Battista Lorenzi). Als viertes Werk der Saison 1787/88 des Teatro San Carlo erschien im Jan. 1788 *Fedra* (Luigi Bernardo Salvioni). Im Sommer 1788 schrieb Paisiello dann mit *L'amor contrastato* wieder ein Werk, das auch über Neapel hinaus große Verbreitung fand, zumeist unter dem Titel *La molinara*.
Handlung: Auf dem Lehensgut der Baronin in der Nähe von Neapel. I. Akt, 1. Bild: Zimmer; 2. Bild: Haus des Notars mit Blick auf das Haus der Baronin, im Hintergrund eine Hütte und die Mühle; 3. Bild: wie I/1; 4. Bild: Landschaft mit Mühle und Landhäusern; II. Akt, 1. Bild: Straße; 2. Bild: ländliches Zimmer mit zwei Nebenräumen; 3. Bild: Wald mit Felsen.
Der Notar Pistofolo hat einen Ehekontrakt für die Baronin Eugenia und ihren Cousin Colloandro aufgesetzt. Colloandro zögert indes, den Vertrag zu unterschreiben, da ihm Eugenia eigentlich nicht gefällt. So bietet sich Luigino als Ehemann an, der jedoch von Eugenia abgewiesen wird. Da kommt Rachelina herein, die Müllerin des Lehensguts, um dem neuen Herrn ihre Reverenz zu machen. Sie gefällt nicht nur Colloandro ganz außerordentlich, sondern auch Pistofolo und, wie sich bald herausstellt, dem Gouverneur Rospolone, der Pistofolo um Vermittlung bei Rachelina bittet. Sehr zum Ärger Eugenias stellt Colloandro

Rachelina bald nach. Doch statt für den einen oder den andern zu sprechen, bietet Pistofolo ihr selbst seine Liebe an. Rachelina weist indes alle Bewerber, wenn auch nur halbherzig, zurück. Als sie sich weiterhin bedrängt sieht, klagt sie schließlich Colloandro und Pistofolo bei Eugenia an, nicht zuletzt, um deren Eifersucht zu besänftigen. Rospolone ist froh, die Nebenbuhler loszuwerden, und vertreibt Pistofolo von dem Lehen. Während Rachelina in der Mühle über ihre Situation nachdenkt, finden sich nacheinander Colloandro und Pistofolo wieder bei ihr ein. Ehe sie die beiden fortschicken kann, naht auch Eugenia; Rachelina kann die Situation nur dadurch retten, daß sie ihre Verehrer als Gärtner und Müller verkleidet und sie als ihre Verwandten vorstellt. Mit einem Lied über die Freuden des Landlebens vermögen die drei Eugenia und ihre Begleiter zunächst zu täuschen. Rachelina verläßt mit Colloandro und Pistofolo das Haus und stellt sie vor eine Entscheidung: Sie werde denjenigen heiraten, der bereit sei, Müller zu werden. Um Rachelinas willen nimmt Pistofolo diese Bürde schließlich auf sich. Aber so leicht geben sich weder Colloandro noch Rospolone geschlagen. Als Arzt verkleidet, versucht letzterer Pistofolo für geistesgestört zu erklären; ersterer droht, sich aus verschmähter Liebe umzubringen. Schließlich lösen sich aber auch diese Verwicklungen, und mit Rachelina und dem Notar, Eugenia und Colloandro finden die richtigen Paare zueinander.

Kommentar: *L'amor contrastato* ist ein Musterbeispiel dafür, wie eine hervorragende Komposition die dramaturgischen Schwächen eines Librettos auffangen kann. Die Fabel ist völlig wirr, der Verlauf der Handlung unlogisch, die Charakterzeichnung undeutlich, die Beziehung der Personen zueinander unwahrscheinlich. Dennoch gelingt Paisiello in der musikalischen Zeichnung der kapriziösen Rachelina eine der geschlossensten Frauengestalten seiner komischen Opern. Ihre graziöse Auftrittskavatine »La Rachelina molinarina«, besonders aber die Kavatine im ⅜-Takt des II. Akts, die als der psychologische Angelpunkt der Oper gelten darf, »Nel cor più non mi sento«, gehören in ihrer Mischung aus schlichter Sentimentalität und maliziöser Spielerei zu den schönsten Schöpfungen des musikalischen Rokokos und sind eine poetische Verherrlichung des Landlebens. In die gleiche Richtung zielt der Gesang der verkleideten Verehrer, »Il villan che coltiva il giardino«, eine musikalisch wie szenisch gleichermaßen eindringliche Szene, in der die beiden musikalischen Hauptgedanken zunächst voneinander unabhängig, dann auch kontrapunktisch geführt werden. Das große Versöhnungsduett Rachelina/Pistofolo »Già il mio garzon il piffero suonava« läßt wieder jene volkstümlichen Melodien anklingen, die sich in nahezu jeder komischen Oper Paisiellos finden. Konventionell dagegen und nicht von ebenso graziös-sentimentalem Charakter sind die Finale, in denen die Topoi der Opera buffa auf allzu vordergründige Weise triumphieren.

Wirkung: Das Werk behauptete sich, wenn auch teilweise in sehr stark bearbeiteten Versionen, bis weit ins 19. Jahrhundert auf zahlreichen europäischen Bühnen. Unter verschiedenen Titeln, außer den genannten unter anderm als *L'amor contrastato ossia La molinarella*, *L'amor contrastato ossia La molinara*, *La mulinara*, *La molinarella*, wurde die Oper zum Beispiel im Karneval 1789 im Teatro Moisè Venedig, in Genua (dort auch 1791, 1794, 1807, 1818) sowie im Teatro Capranica Rom, 1791 an der Scala Mailand (dort auch 1803 und 1810) und 1796 in Reggio nell'Emilia gegeben. In einer erweiterten Bearbeitung wurde das Werk 1789 im Théâtre de Monsieur Paris gespielt; für diese Aufführung komponierte Luigi Cherubini neun zusätzliche Nummern. Im Théâtre-Italien Paris wurde die Oper regelmäßig bis 1821 gegeben. Besonderer Beliebtheit erfreute sich das Werk auch in Wien, wo es 1790–1809 auf italienisch (Premiere mit Adriana Ferraresi del Bene als Rachelina und Gasparo Bellentani als Colloandro), 1821–32 auf deutsch kontinuierlich zur Aufführung kam. Italienisch spielte man die Oper 1790/91 in Dresden. Nach einer deutschen Version als *Die Launen der Liebe* (Brünn 1791) fertigte Christoph Friedrich Bretzner eine Übersetzung als Singspiel *Die schöne Müllerin* an, die vor allem in Deutschland (Aufführungen 1792 in Frankfurt a. M., 1793 in Hannover, Hamburg und Berlin), aber auch im Ausland außerordentliche Popularität genoß. In unterschiedlichen russischen Übersetzungen kam das Werk 1812 in Petersburg und 1816 in Moskau heraus. In den 60er Jahren des 19. Jahrhunderts verschwand die Oper dann von den Bühnen. Um die Mitte des 20. Jahrhunderts wurde das einst so erfolgreiche Werk wieder ausgegraben. So studierte man *L'amor contrastato* 1959 in Neapel ein (Rachelina: Graziella Sciutti, Colloandro: Alvinio Misciano, Pistofolo: Sesto Bruscantini) und spielte es 1962 im Rahmen des Maggio Musicale Florenz (Adriana Martino, Misciano, Paolo Montarsolo). In der deutschen Übersetzung von Joachim Popelka wurde das Werk 1966 in Mannheim und 1968 an der Wiener Kammeroper aufgeführt. 1986 erfolgte eine Einstudierung im Bolschoi-Theater Moskau.

Autograph: Bibl. S. Pietro a Maiella Neapel (Rari 16. 8. 3/4). **Abschriften:** SBPK Bln., Public Libr. Music Department Boston (M. 51.1), Cons. Royal de Musique Brüssel, Sächs. LB Dresden (Mus. 3481-F-503, Mus. 3481-F-29), Bibl. Cherubini Florenz (A. 314, B. 54, u.d.T. *La mulinara*: B. 242), Bibl. da Ajuda Lissabon (45-IV-5/6), BL London (Add. 16091, Eg. 2510/11), Bibl. Verdi Mailand, Bibl. d. Abtei Montecassino, Bayer. SB München, BN Paris, Bibl. Palatina Parma (18229/32-S-V-3/4, 18229/30-1-2-S-V-6/9), LOC Washington (M1500 P23 A6, M1500 P23 M7), ÖNB Wien (3 Abschriften: 1 ital., 2 dt. Bearb.), Zentral-Bibl. Zürich (dt. Bearb.). **Ausgaben:** Part, hrsg. A. Rocchi: Otos, Florenz 1962 (Ed. d. Maggio Musicale Fiorentino); Kl.A: Mollo, Wien; Kl.A, dt. u.d.T. *Die schöne Müllerin*: Christiani, Bln.; Kl.A, dt. Bearb. in 2 Akten v. R. Kleinmichel u.d.T. *Die schöne Müllerin [La Molinara]*: Senff, Lpz. [1920], Nr. 2082; Textb.: Venedig, Fenzo 1788; Bologna 1789; Venedig 1789; Rom 1789; Vicenza, Gusto 1790; Mailand 1791; Dresden 1790; Neapel 1803; Mailand 1810; Textb., dt.: Bln., Haude & Spener. **Aufführungsmaterial:** Otos, Florenz
Literatur: s. S. 632

Silke Leopold

Nina ossia La pazza per amore
Commedia in prosa ed in verso per musica

Nina oder Die Wahnsinnige aus Liebe
2 Akte

Text: Giuseppe Antonio Carpani, mit Erweiterungen von Giovanni Battista Lorenzi, nach dem Libretto von Benoît-Joseph Marsollier des Vivetières zu der Comédie *Nina ou La Folle par amour* (Paris 1786) von Nicolas Dalayrac, nach der Novelle *Clementine* aus *Délassements de l'homme sensible ou Anecdotes diverses* (1783–86) von François Thomas Marie de Baculard d'Arnaud
Uraufführung: 1. Fassung in 1 Akt: 25. Juni 1789, Belvedere im Königspalast, San Leucio (bei Caserta); 2. Fassung: 1790, Teatro dei Fiorentini, Neapel (hier behandelt); 3. Fassung (mit Rezitativen) als *La Nina pazza per amore*: Karneval 1794, Hoftheater, Parma
Personen: Nina, Lindoros Geliebte (S); Lindoro, Ninas Geliebter (T); der Graf, Ninas Vater (B); Susanna, Ninas Gouvernante (S); Giorgio, Verwalter des Grafen (B); ein Hirte (T); 2 Bäuerinnen (2 Spr.); ein Dudelsack spielender Hirte (stumme R). **Chor:** Bäuerinnen, Bauern. **Statisterie:** Bäuerinnen, Bauern, Diener des Grafen, Jagdwächter
Orchester: 2 Fl, 2 Ob, 2 Klar, 2 Fg, 2 Hr, Dudelsack, Streicher
Aufführung: Dauer ca. 2 Std. – Gesprochene Dialoge. Der Dudelsack kann durch zwei Oboen und Fagott ersetzt werden.

Entstehung: Die Sensation, welche Dalayracs *Nina* in Paris ausgelöst hatte, verbreitete sich offenbar schnell in Italien, denn schon im Herbst 1788 wurde die Oper in der Übersetzung von Carpani in Monza aufgeführt. Von Lorenzi um nur drei Nummern erweitert (Chor »Se il cor gli affetti suoi«, Susannas Arie »Per l'amata padroncina«, Finale »Mi sento... oh Dio!... che calma!«), bildete Carpanis Übersetzung auch die Grundlage für Paisiellos Oper. In der 1. Fassung wurde *Nina* anläßlich eines Besuchs von Königin Karoline Maria von Neapel nicht nur im kleinen Hoftheater des Königspalasts gespielt, sondern im Teatro dei Fiorentini Neapel auch einer breiten Öffentlichkeit vorgestellt. Um dem Publikum während der Vorstellung eine Pause zu gönnen (wie es im Libretto der 2. Fassung heißt), hat man die Oper später in zwei Akte geteilt. Für diese Fassung komponierte Paisiello die Kanzone des Hirten, das Quartett am Ende des I. Akts sowie Giorgios Kavatine »Ah! Eccelenza!« hinzu.
Handlung: In einem Garten, an der einen Seite an den Schloßpark, an der andern an eine Straße angrenzend, die man durch ein großes Gittertor erreicht; im Garten Sitzgelegenheiten und einige Schatten spendende Bäume; im Hintergrund führt ein Weg über Hügel zum Dorf unweit des Schlosses des Grafen.
I. Akt: Umgeben von Bäuerinnen, schläft Nina im Schloßgarten. Die Bäuerinnen beklagen das Schicksal der Grafentochter, deren Sinne seit einem schrecklichen Erlebnis verwirrt sind. Giorgio, der Verwalter des Grafen, tröstet die Bäuerinnen: Nina werde bald wieder zu sich kommen. Doch Elisa, ihre Gouvernante, widerspricht ihm: Zu groß sei Ninas Schmerz gewesen, als daß noch Hoffnung auf Genesung bestünde. Und sie erzählt, warum Nina ihr Gedächtnis verlor: Nina war einst Lindoro zur Braut versprochen und sogar der Hochzeitstag festgelegt worden. Als sich indes ein reicherer Mann von höherem Stand um sie bewarb, brach der Graf sein Versprechen und gab sie, ungeachtet all ihrer Bitten und Klagen, dem Fremden zur Braut. So traf sie sich heimlich mit Lindoro zum letzten Wiedersehen. Unerwartet trat der Rivale dazwischen, forderte Lindoro zum Duell und stach ihn nieder; später erfuhr man von seinem Tod. Als Nina ihren Geliebten in seinem Blut liegen sah, fiel sie vor Schmerz in tiefe Bewußtlosigkeit, aus der sie mit verwirrten Sinnen wieder erwachte: Sie glaubt Lindoro auf Reisen und begibt sich jeden Tag zu bestimmter Stunde in Erwartung seiner Rückkehr auf eine Anhöhe. Nach einiger Zeit bricht sie in Tränen aus und kehrt langsam nach Haus zurück in der Hoffnung, ihn am nächsten Tag empfangen zu können. Der Graf machte sich bittere Vorwürfe und gab Nina in die Obhut Susannas, da er den traurigen Anblick seiner Tochter nicht ertragen konnte. Besorgt über ihren Zustand, hat er für den heutigen Tag seine Ankunft angekündigt. Um Nina nicht zu beunruhigen, verbirgt er sich mit Giorgio und den Bauern hinter den Bäumen und wird nun Zeuge ihres Deliriums. Als Nina erkennen muß, daß Lindoro auch heute nicht zurückkommt, verfällt sie in tiefe Verzweiflung, aus der sie weder die Bäuerinnen erlösen können, die ihr ein Lied vorsingen, noch ein Hirte, der des Wegs kommt und den Nina zunächst für Lindoro hält.
II. Akt: Während Susanna und der verzweifelte Graf, der an eine Heilung seiner Tochter nicht mehr glauben mag, Ninas Schicksal beklagen, kommt Giorgio aufgeregt herbeigelaufen: Lindoro, der Totgeglaubte, sei zurückgekehrt. Mit offenen Armen wird er vom Grafen empfangen. Doch Nina erkennt ihn nicht; sie hält ihn für einen Freund Lindoros, glaubt sich verraten und bricht in Susannas Armen zusammen. Behutsam

Nina ossia La pazza per amore, I. Akt; Alessandro Verduci als Graf, Patrizia Orciani als Nina, Mario Bolognesi als Lindoro; Regie: Italo Nunziata, Ausstattung: Carlo Sala; Savona 1987.

lenkt Lindoro Ninas Erinnerung auf die vielen gemeinsamen Erlebnisse, bis sie schließlich aus ihrer Umnachtung erwacht und Lindoro und ihren Vater erkennt. Gemeinsam preisen alle die Macht der Liebe, die solches Wunder vollbrachte.

Kommentar: Von allen Opern Paisiellos ist *Nina* mit Sicherheit die außergewöhnlichste. Die Comédie-larmoyante mit ihren zu Herzen gehenden Geschichten war in Italien weitgehend unbekannt; hier wurden sentimentale Sujets wie Carlo Goldonis weltberühmte Komödie *La Pamela ossia La virtù premiata* (1750) nach Art der italienischen Komödie behandelt. Auch in *Nina* verweisen die Bezeichnung »Commedia«, die Personenkonstellation mit dem Vater, dem Liebes- und dem Dienerpaar sowie die musikalische Dramaturgie mit Ensembleintroduktion und -finale, mit Handlungsarien und Liedern auf die Gattung der Opera buffa; dennoch ist die Oper inhaltlich von den Verwicklungen und Intrigen der Buffa, mit denen Goldoni den Pamela-Stoff auch im Libretto zu Piccinnis *La buona figliola* (1760) noch angereichert hatte, weit entfernt. Die Handlung konzentriert sich ganz auf die Verwirrung der Hauptperson, die zu beheben alle Personen auf gleichermaßen edelmütige Weise bemüht sind; kein Bösewicht trübt die Atmosphäre, selbst der Vater, der Urheber des Unglücks, bereut sein Handeln und wünscht nichts sehnlicher als die Genesung seiner Tochter. Dieser undramatische und szenisch wenig ergiebige Stoff konnte nur mit viel pastoralem Beiwerk auf eine abendfüllende Länge ausgedehnt werden; den liebreizenden Bäuerinnen wird daher viel Raum gegeben. Der Hirte, in Marsolliers Libretto und auch noch in der 1. Fassung eine stumme Rolle, erhält in der 2. Fassung eine ausgedehnte Arie und wird in das Finale des I. Akts integriert. – Eine derart eindimensionale Geschichte musikalisch zu gestalten erforderte eine für die italienische Opera buffa ungewohnte Konzeption. Zwar bediente sich Paisiello auch der musikalischen Traditionen der Buffa; die aufgeregte Arie Giorgios im II. Akt etwa, die die Ankunft des totgeglaubten Lindoro meldet, bedient sich des typischen Buffogehaspels, das hier jedoch, im Zusammenhang mit der traurigen Geschichte, einen andern Sinn bekommt. Der pastorale Hintergrund der Geschichte bot dagegen vielfältige Möglichkeiten für volkstümlich-unterhaltsame Episoden wie in den Gesängen der Bäuerinnen. Große Sorgfalt verwandte Paisiello auf das Einlagelied des Hirten, das in regelrechten »strambotte«, der klassischen Strophe der italienischen Volksdichtung, verfaßt und der Tradition gemäß als Siciliano mit Oboenbegleitung und dudelsackartigem Orgelpunkt vertont ist. Paisiellos besondere Begabung für das Elegisch-Pathetische zeigt sich jedoch vor allem in der musikalischen Gestaltung der Titelrolle. Ninas Wahnsinn, der doch keinerlei groteske oder furchtbare Züge trägt, kommt in den beiden Kavatinen des I. Akts besonders deutlich zum Ausdruck. Das ständige Umschlagen von sehnsüchtiger Liebe und verzweifelter Hoffnungslosigkeit, von lichten und verwirrten Momenten setzt Paisiello in psychologisch einfühlsamer Weise um; die eher konventionelle Melodik der scheinbar strophisch angelegten Gesänge wird in den verwirrten Momenten zu bruchstückhaften, mit Pausen durchsetzten, seufzenden Einwürfen aufgespalten; plötzliche Mollwendungen und klagende Blasinstrumente im Orchester unterstützen den Eindruck von der geistigen Trübung Ninas.

Wirkung: Der große Erfolg, den *Nina* nicht nur in Italien, sondern in ganz Europa verbuchen konnte, setzte unmittelbar nach der Uraufführung ein. In Neapel (Premierenbesetzung der 2. Fassung: Celeste Coltellini als Nina, Giacomo David als Lindoro und Hirte) wurde *Nina* auch vom Teatro del Fondo übernommen (unter anderm 1811 mit Isabella Colbran). Weitere Aufführungen gab es in Venedig 1792 und 1796, Turin 1792 und 1794, Genua und Reggio nell'Emilia 1793, Codogno, Parma, Mantua und Turin 1794 und Florenz 1796. In Parma und 1795 im Teatro dei Fiorentini Neapel (in beiden Aufführungen mit Carolina Perini als Nina) wurde die Oper in der 3. Fassung gespielt, für welche die gesprochenen Dialoge durch Rezitative substituiert wurden. Diese Fassung lag auch der Aufführung 1804 an der Mailänder Scala zugrunde (Nina: Teresa Belloc-Giorgi, Lindoro: Luigi Pacini). Im Teatro Carcano Mailand wurde die Oper in einer stark bearbeiteten Version 1829 mit Giuditta Pasta als Nina in der Ausstattung Alessandro Sanquiricos erneut gegeben. Als Benefizvorstellung hatte Pasta die Rolle bereits vier Jahre zuvor in London gesungen. Die erste Aufführung außerhalb Italiens erfolgte wohl 1789 in Barcelona. Für die Wiener Einstudierung von 1790 überarbeitete Lorenzo Da Ponte den Text und komponierte Joseph Weigl einige Stücke hinzu. Fand diese Aufführung wenig Resonanz, so war der Neuinszenierung von 1794, bei der man auf die fremden Zutaten verzichtete, um so größerer Erfolg beschieden (Nina: Irene Tomeoni, Lindoro: Giuseppe Viganoni). In dieser Version wurde die Oper in Wien bis 1801 kontinuierlich, dann noch einmal 1830 gegeben (1837 Neueinstudierung in deutscher Bearbeitung). In der 2. Fassung spielte man das Werk 1797 in London. Mit Rezitativen und einer neuen Arie von Luigi Cherubini erschien *Nina* 1791 im Théâtre Feydeau Paris. Über mehr als zwei Jahrzehnte, zwischen 1803 und 1826, wurde die Oper dann kontinuierlich im Pariser Théâtre-Italien gegeben. 1835 vertonte Pietro Antonio Coppola das Textbuch in einer Bearbeitung von Jacopo Ferretti als *La pazza per amore* erneut, wobei der Librettist, wie er im Vorwort bemerkte, bewußt den »antico andamento« beizubehalten trachtete. 1940 grub Carlo Gatti das inzwischen vergessene Werk wieder aus und bearbeitete es für die Scala (Aufführung im Teatro Manzoni; Dirigent: Tullio Serafin, Regie: Mario Frigerio; Nina: Ines Alfani Tellini, Lindoro: Gino Del Signore). Von der 3. Fassung, so wie sie unter anderm 1804 an der Scala gegeben wurde, gab es Neueinstudierungen mit Aufführungen 1987 in Savona (Marcello Panni, Italo Nunziata; Patrizia Orciani, Mario Bolognesi) und 1989 in Catania (Richard Bonynge, Sandro Sequi; Marina Bolgan, Lindoro: Don Bernardini).

Autograph: Bibl. S. Pietro a Maiella Neapel (Rari 15. 1. 1/2). **Abschriften:** SBPK Bln., Cons. di Musica G. B. Martini Bologna, Public Libr. Music Department Boston (M. 51.11), Cons. Royal de Musique Brüssel, Bibl. Royale de Belgique Brüssel, Trinity College Dublin (D. 5. 42/43), Bibl. Cherubini Florenz (B. 50 & A. 323), Theater-Bibl. Leningrad, BL London (Add. 16092 & Add. 31726/27 & R. M. 22. L. 3/4 & R. M. 22. L. 5), Royal College of Music London (448), Bibl. Verdi Mailand (Part. Tr. ms. 302, Noseda G 35-I), Bibl. S. Pietro a Maiella Neapel (O. d. 3. 11 – Rari Cornicione 111, O. d. 3. 25 – Rari Cornicione 112), Pierpont Morgan Libr. NY, BN Paris, Bibl. Palatina Parma (S. L. 84-85, S. L. 86-87, S. L. 88-89), Bibl. Municipale Rouen, Kungliga Musikaliska Akad. Bibl. Stockholm, Kungliga Teaterns Bibl. Stockholm, St. Michael's College Tenbury (448), Arch. dell'Accad. Filarmonica Turin, Bibl. Marciana Venedig, LOC Washington (M1500 P23 N4), ÖNB Wien. **Ausgaben:** Part, Fassung in 1 Akt mit Rezitativen u.d.T. *La pazza per amore ou La Folle par amour*: Pleyel, Paris [1795], Nr. 577; Lemoine, Paris [um 1795], Nr. 577; Kl.A: Carli, Paris [um 1820?], Nr. 459; Pacini, Paris [um 1820?], Nr. 2190-2207; Kl.A, hrsg. C. Gatti: Carisch, Mailand 1940, Nr. 19640; Kl.A, hrsg. F. Broussard (dokumentiert alle 3 Fassungen): Ricordi 1986 [Copyright 1981], Nr. 132843; Textb., 1. Fassung: Neapel, Flauto 1789; Textb., 2. Fassung: Venedig, Fenzo 1792, 1796; Genua, Caffarelli 1792; Cremona, Manini 1794; Textb., 3. Fassung: Parma, Carmignani 1794; Mailand, Pirola 1804; Textb.: Wien 1790. **Aufführungsmaterial:** Bearb. Gatti: Carisch, Mailand **Literatur:** F. BROUSSARD, Prefazione, in: Kl.A [s. Ausg.], S. I–XXII; weitere Lit. s. S. 632

Silke Leopold

Elfrida
Tragedia per musica

Elfrida
2 Akte (7 Bilder)

Text: Ranieri Simone Francesco Maria de' Calzabigi, nach dem »dramatic poem« (1752) von William Mason
Uraufführung: 4. Nov. 1792, Teatro San Carlo, Neapel
Personen: Eggardo, König von England (T); Orgando, Graf von Devon und Vater Elfridas (B); Elfrida, Adelvoltos Gemahlin (S); Adelvolto, Graf, Favorit des Königs (S); Evelina, Vertraute Elfridas (A); Osmondo, Vertrauter Organdos (S); Siveno, Offizier des Königs (T). **Statisterie:** Höflinge, Jäger, Soldaten, Diener des Königs und Adelvoltos
Orchester: 2 Fl, 2 Ob, 2 Klar, 2 Fg, 2 Hr, 2 Trp, Pkn, Streicher, B.c
Aufführung: Dauer ca. 3 Std. – Adelvolto und Osmondo wurden in der Uraufführung von Kastraten gesungen.

Entstehung: In Paisiellos zweiter neapolitanischer Periode, die sich seinem mehrjährigen Wirken am Hof in Petersburg anschloß, entstanden außer mehreren vorwiegend auf Texte Pietro Metastasios komponierten Opere serie und Beiträgen zum komischen Genre, darunter die auf weite Sicht stilbildende *Nina* (1789), zwei Opern in Zusammenarbeit mit Calzabigi, *Elfrida* und *Elvira* (1794). In *Elfrida* griff Calzabigi einen Stoff auf, der bereits dem englischen Musiker und Schriftsteller Mason als Vorlage gedient hatte und 1772 von George Colman (Musik: Thomas Augustine Arne) für Covent Garden London bearbeitet worden war.
Handlung: In England, 10. Jahrhundert. I. Akt, 1. Bild: anmutige große Wiese vor dem Hauptportal des Schlosses; 2. Bild: Galerie; 3. Bild: prunkvolle Vorhalle, die mit dem Eingang des Schlosses verbunden ist; 4. Bild: ebener kleiner Garten, von drei Seiten von Zimmern umgeben, in der Ferne das Meer; II. Akt, 1. Bild: von Wald umgebener geräumiger Kampf- und Turnierplatz mit grasbewachsenen, wie in einem Amphitheater angeordneten Bänken, in der Mitte eine Loggia; 2. Bild: Galerie; 3. Bild: Waffensaal, wie er bei den Völkern des Nordens in alter Zeit üblich war.
Vorgeschichte: Der Ruf von Elfridas Schönheit ist an den Königshof gedrungen. Eggardo sendet Adelvolto aus, um die Wahrheit des Rufs zu ergründen und, wenn er sich bestätigt, bei Elfridas Vater für den König zu werben. Adelvolto aber verliebt sich in Elfrida und gewinnt ihre Gegenliebe; und Orgando gibt ihm seine Tochter zur Frau. Dem König sagt Adelvolto, Elfrida sei weder schön noch des Throns würdig. Er hält sie auf einem einsam gelegenen Schloß verborgen. – Orgando macht seinem Schwiegersohn Vorwürfe, daß er Elfrida nie bei Hof sehen lasse. Elfrida aber lebt ganz ihrer Liebe zu Adelvolto, dessen Verrat Eggardo gegenüber sie nicht kennt. Zum Schrecken Adelvoltos erscheint Eggardo mit Jagdgefolge. Adelvolto fürchtet, daß alles für ihn verloren ist, und vertraut sich Elfrida an. Sie hält fest zu ihm. Der Anblick Elfridas macht Eggardo sofort Adelvoltos Verrat deutlich. Eggardo und Orgando geraten in Wut, Orgando fordert Adelvolto zum Duell. Elfrida wirft sich zwischen die Duellanten. Sie entreißt Adelvolto das Schwert und droht, sich zu töten. Eggardo verdammt nun Adelvolto zum Exil. Elfrida will mit ihm ziehen. König und Vater verweigern Elfrida das Exil mit Adelvolto; sie soll vielmehr Königin werden. Da zückt Elfrida wiederum einen Dolch und droht, sich umzubringen, falls man sie nicht mit Adelvolto ziehen lasse. Eggardo macht das Zugeständnis, daß Adelvolto mit Elfrida verheiratet bleiben darf, sich aber einem Adelsgericht stellen muß (was einem Todesurteil gleichkommt). Elfrida gelingt es schließlich, den König umzustimmen. Er verzeiht Adelvolto und zieht die Forderung nach einem Gericht zurück, allerdings zu spät: Adelvolto ist der Verurteilung durch Selbstmord zuvorgekommen. Elfrida folgt ihm in den Tod.
Kommentar: Zusammen mit *Elvira* repräsentiert das Libretto die späteste Phase des Textdichters Calzabigi. In der Gestalt Elfridas hat er, im Anschluß an Mason, eine Heroine geschaffen, die den Vergleich mit Alceste aushält. Das Fehlen eines Chors in beiden Werken erklärt sich keineswegs daraus, daß der Mitschöpfer von Glucks *Alceste* (1767) sich zur Arienoper des alten Schlags bekehrt hätte oder aus Rücksichten auf Paisiello, dessen wenige Monate zuvor

komponierte Oper *I giuochi d'Agrigento* (Venedig 1792, Text: Alessandro Graf Pepoli) zahlreiche Chöre aufweist, sondern es hat äußere Gründe: Das San Carlo durchstand damals eine schwierige Periode; in diversen Stagioni, besonders 1792/93, war kein Chor verfügbar. Calzabigi und Paisiello machten aus der Not eine Tugend: Sie schufen um so zahlreichere Ensembles. – Sartis *Giulio Sabino* (1781) und *Elfrida* sind wohl die ergreifendsten Darstellungen des »amor coniugale« in der italienischen Oper des 18. Jahrhunderts. Unter den Ensembles (acht gegenüber sieben Arien) sind zwei von großem Ausmaß: das Quartett als Finale des I. Akts und das Septett des II. Akts. Die Oper schließt jedoch nicht mit dem Septett, sondern mit einer freien Accompagnatoszene, die in ihrer Ausdehnung weit über das hinausgeht, was etwa in Vertonungen der Schlußszene von Metastasios *Didone abbandonata* (1724) anzutreffen ist. Erst Rossini, in der 2. Fassung von *Tancredi* (1813), wird ähnliches wagen. Überhaupt sind die Accompagnatos zahlreich; der späte Paisiello stellt sich damit in eine Linie mit Giuseppe Sarti, den späten Domenico Cimarosa und Pietro Alessandro Guglielmi. War Paisiello bereits im Lauf der 80er Jahre, etwa in *Pirro* (1787), herber, deklamatorischer geworden gegenüber früheren Opere serie wie etwa *Artaserse* (Modena 1771, Text: Metastasio), so ist er in *Elfrida* noch weiter gegangen: Es gibt nirgends längere Koloraturen, statt dessen viele Melodien stark deklamatorischen und dabei eindringlichen Charakters. Die Orchesterritornelle sind rigoros beschnitten. Der Handlung entsprechend herrschen Gesänge zorniger Charaktere vor. Wo Paisiello lyrisch wird, ist er von einer fast liedhaften Schlichtheit. Die Eingangskavatine und die beiden Duette Elfrida/Adelvolto zeigen diesen Stil aufs schönste. Die Holzbläser treten mit Soli hervor. Vor allem von den Violinen getragene kurze Motive geben der musikalischen Entwicklung Halt und Kontinuität.

Wirkung: Die Premiere der von einer begeisterten Kritik als in ihrem »Geschmack vollkommen neuartig« aufgenommenen Oper bestritten neben Teresa Macciorletti, die auch die Titelpartie von *Elvira* kreierte, Domenico Mombelli (Eggardo), Giuseppe Trabalza (Orgando) und Francesco Roncaglia (Adelvolto). Zunächst bis Jan. 1793 am San Carlo gespielt, wurde *Elfrida* 1794 im Teatro del Fondo wiederaufgenommen. 1794 gelangte die Oper zudem nach Madrid, im Sommer 1795 an das Real Teatro dei Risoluti Florenz und wurde in der Karnevalsspielzeit 1796 am Teatro Zagnini Bologna als *Adelvolto* möglicherweise erstmals mit dem in der Folgezeit auch andernorts nachweisbaren Lieto fine gegeben. Ob diese Abwandlung eine authentische 2. Fassung bedeutet, ist angesichts des Fehlens entsprechender musikalischer Quellen fraglich. Nach Aufführungen 1796 in Venedig (erneut mit Macciorletti) und Verona, 1797 in Triest, 1798 in Parma (Maria Marchesini), Korfu und London (dort erneut 1800 und 1813) kehrte *Elfrida* 1802 nach Neapel zurück (dort erneut 1804). Im selben Jahr wurde sie erstmals in Berlin in deutscher Übersetzung von Johann Otto Heinrich Schaum gegeben. In jüngster Zeit unternahm die Opera Giocosa den Versuch einer Wiederbelebung von *Elfrida* (Treviso und Savona 1990). – Nur noch lokale Resonanz fand Paisiello mit seinen letzten beiden Opern, die für ihn auf je verschiedene Weise musikdramatisches Neuland bedeuteten: *Proserpine* (Paris 1803, Text: Nicolas François Guillard nach Philippe Quinault), seiner einzigen Oper auf einen französischen Text, und *I Pittagorici* (Neapel 1808, Vincenzo Monti) als verschlüsselter Hommage für die Opfer der neapolitanischen Revolution von 1799.

Autograph: Bibl. S. Pietro a Maiella Neapel (Rari 2. 10. 8/9, olim 16. 7. 8/9). **Abschriften:** Public Libr. Music Department Boston (M. 340.1), Cons. Royal de Musique Brüssel, Bibl. Cherubini Florenz (A. 302), BL London (Add. 32068), Pierpont Morgan Libr. NY, Bodleian Libr. Oxford, BN Paris, Bibl. Palatina Parma (18136/38-R-VI-3/4), Bibl. S. Cecilia Rom, Kungliga Teaterns Bibl. Stockholm, St. Michael's College Tenbury (472/473), Bibl. Marciana Venedig. **Ausgaben:** Part: Carli, Paris 1820 [?]; Textb.: Neapel, Flauto 1792; Florenz, Pagani 1795; Venedig, Valvasense 1796
Literatur: R. DE' CALZABIGI, Lettera del Consiglier De' C. a S. E. il Sig. Conte Alessandro Pepoli […] nel trasmettergli la sua nuova tragedia intitolata ›Elfrida‹, in: DERS., Poesie e prose diverse, Neapel 1793; G. CARLI BALLOLA, L'ultimo Calzabigi, P. e l'›Elfrida‹, in: Chigiana 29/30:1975, S. 357–368; weitere Lit. s. S. 632

Friedrich Lippmann

Sachari Petrowitsch Paliaschwili

Geboren am 16. August 1871 in Kutaissi (Georgien), gestorben am 6. Oktober 1933 in Tiflis

Abessalom da Eteri
Opera otch mokmedebad

Abessalom und Eteri
Oper in 4 Akten

Text: Pjotr Mirianaschwili, nach dem georgischen Versepos *Eteriani*
Uraufführung: 21. Febr. 1919, Opern- und Balletttheater, Tiflis
Personen: Abio, georgischer Kaiser (B); Abessalom, sein Sohn (T); Natela, Kaiserin, Abessaloms Mutter (Mez); Maricha, Abessaloms Schwester (S); Eteri, Waise (S); Eteris Stiefmutter (Mez); Murman, Abessaloms Wesir (Bar); Naana, Murmans Mutter (Mez); Tandaruch, Heerführer (T); ein Gast (T); ein Hofmeister (B). **Chor, Ballett, Statisterie:** Volk, 9 Brüder und 9 Schwestern Murmans, Hofleute, Krieger, Tänzer, Tänzerinnen, Gäste, Sänger, Musikanten
Orchester: Picc, 2 Fl, 2 Ob, E.H, 2 Klar, 2 Fg, 4 Hr, 3 Trp, 3 Pos, Tb, Pkn, Schl (Glöckchen, Trg, Tambu-

rin, Doli [orientalische Tr], Diplipito [kl. orientalische Pk], Daira [orientalisches Tamburin], Bck, gr.Tr, Tamtam), Hrf, 2 Mandolinen, Streicher
Aufführung: Dauer ca. 2 Std.

Entstehung: In dem 1851 in Tiflis eröffneten Theater standen anfangs vor allem italienische, ab 1880 auch russische Opern auf dem Spielplan, und das Haus wurde bald, nicht zuletzt durch das Gastieren großer Sänger (etwa Fjodor Schaljapin), ein Zentrum der Opernkunst. Das Interesse an einer georgischen Oper erwachte erst zu Beginn des 20. Jahrhunderts: 1905 machte sich die von Paliaschwili mitbegründete Georgische Philharmonische Gesellschaft die Aufführung von Opern in georgischer Übersetzung zur Aufgabe und führte Teile aus Opern von Mitro Arakischwili, Meliton Balantschiwadse, von dessen Oper *Daredschan kowarnaja* (*Die hinterlistige Daredschan*, 2. Fassung: *Tamar zbieri*, Tiflis 1926, Text nach Akaki Fürst Zereteli) Teile bereits 1898 in Petersburg gespielt worden waren, und Paliaschwili konzertant auf. 1919 folgten dann gleich drei Uraufführungen georgischer Opern: Wenige Tage vor *Abessalom da Eteri* hatte Arakischwilis *Tkmuleba Schota Rustawelse* (*Die Sage von Schota Rustaweli*, Text: Alexandr Chachanaschwili, Sandro Schanschiaschwili und Wachtang Mtschedelow) Premiere, gefolgt von Wiktor Dolidses komischer Oper *Keto da Kote* (Text: Dolidse nach Awksenti Zagareli) im Dez. 1919. – Paliaschwili war nach Kompositionsstudien am Moskauer Konservatorium bei Sergei Tanejew 1903 nach Georgien zurückgekehrt, wo er als Organist und Dirigent tätig war und Volkslieder sammelte. In der Entwicklung der nationalen Kunstmusik spielte er eine wichtige Rolle; mit seinem Werk, unter anderm den Opern *Daissi* (*Dämmerung*, Tiflis 1923, Text: Waliko Gunia nach Schota Rustaweli, Nikolos Barataschwili, Zereteli und Wascha-Pschawela) und *Latawra* (Tiflis 1928, Schanschiaschwili) entstand als Synthese aus georgischer Folklore und westlicher Musikkultur der klassische georgische Musikstil.
Handlung: Im alten Georgien.
I. Akt, 1. Bild, Ufer eines Bachs im Wald: Die schöne Hirtin Eteri beklagt ihr trauriges Leben; sie wird von ihrer bösen Stiefmutter geknechtet. Auch das aus der Ferne herüberklingende Lied der Jäger kann sie nicht erheitern. Sie kommen näher, und ehe Eteri sich verstecken kann, hat sie der junge Thronfolger Abessalom bemerkt. Entflammt von ihrer Schönheit, gesteht er ihr seine Liebe. Eteri wehrt ihn ab, ist jedoch von seiner Leidenschaft hingerissen. Auch Murman ist in Liebe zu Eteri entbrannt und schwört insgeheim, voller Neid auf Abessalom, Eteri für sich zu erringen.
2. Bild, Hof der Stiefmutter: Die Stiefmutter macht Eteri Vorhaltungen. Da erscheinen der Prinz und Murman vor der Hütte. Abessalom bittet Eteri, seine Frau zu werden. Als sie sein Werben akzeptiert, entbrennt Murmans Eifersucht um so heftiger.
II. Akt, Hof des Kaisers: Kaiser Abio und Kaiserin Natela feiern Abessaloms Hochzeit mit Eteri. Bei Trompetenklang und Glockengeläut erscheinen die Neuvermählten, geleitet von Maricha, Hofleuten und Freunden. Der Kaiser segnet das Paar; Abessalom und Eteri schwören sich ewige Liebe. Der verspätet kommende Murman überreicht Eteri sein Geschenk: eine Schatulle mit kostbarem Halsschmuck. Er kann seine Freude darüber kaum verbergen, daß dieser Schmuck Eteri eine furchtbare Krankheit bringen wird, die nur er selbst werde lindern können. Maricha singt ein fröhliches Lied, dann beginnen als Höhepunkt des Hochzeitsmahls die Tänze.
III. Akt, ebenda: Kummer bedrückt Abessalom, denn Eteri ist von einer geheimnisvollen Krankheit befallen und verliert ihre Schönheit. Niemand kann helfen. Natela rät, Eteri in Murmans Kristallschloß zu schicken in der Hoffnung, daß die Sonne und das freie Leben in den schneebedeckten Bergen sie heilen werden. Murman unterstützt diesen Vorschlag, aber Abessalom will die Liebste nicht gehen lassen. Erst als sie selbst ihn darum bittet, willigt er schweren Herzens ein. Murman verspricht, ihr Sklave zu sein, und führt sie triumphierend davon.
IV. Akt, nahe bei Murmans Schloß: Eteri erblüht zu neuer Schönheit. Von Naana, Murmans Brüdern und Schwestern fürsorglich und zärtlich umsorgt, von Murman geliebt, verzehrt sich Eteri dennoch in Sehnsucht nach Abessalom. Trompetenklänge verkünden dessen Ankunft. Auch er vermochte die Bürde der Trennung nicht zu tragen und siechte dahin; ein letztes Mal will er die Geliebte sehen. Eteri ist Abessalom treu geblieben, kann ihm aber nicht verzeihen, daß er seinen Schwur gebrochen hat und sie mit einem andern ziehen ließ. Um Eteri und Murman zu trennen, sendet Abessalom seinen Wesir nach Indien, damit er ihm ein heilkräftiges Wasser bringe. Natela bittet Eteri vergeblich, zu Abessalom zurückzukommen; erst der fröhlichen Maricha gelingt es, sie zu erweichen. Doch die Freude des Wiedersehens ist kurz; Abessalom stirbt in Eteris Armen. Ein Leben ohne ihn erscheint ihr sinnlos, und sie tötet sich mit jenem Dolch, den Abessalom ihr einst geschenkt hatte. Alle Anwesenden neigen das Haupt vor der unsterblichen Liebe Abessaloms und Eteris.
Kommentar: Das der Handlung zugrundeliegende

Abessalom da Eteri, II. Akt; Opern- und Balletttheater, Tiflis 1971.

Epos gehört zu den großen Liebestragödien der Weltliteratur und kann den berühmtesten Stoffen wie »Romeo und Julia«, »Leili und Medschnun« und »Tristan und Isolde« zur Seite gestellt werden. Der Stoff ist bei den verschiedenen Stämmen Georgiens in mehreren Varianten überliefert und erst zu Beginn des 19. Jahrhunderts anonym aufgezeichnet worden. Paliaschwili benutzte ihn als bisher einziger Komponist als Vorlage für eine Oper. Das Thema der verhängnisvollen Liebe von Abessalom und Eteri wird bereits in der Orchestereinleitung als melancholische Melodie der Oboe intoniert und spielt im Verlauf der Oper als Erinnerungsmotiv eine wichtige dramaturgische Rolle. Obwohl mit dem Sujet ein lyrisches Element im Zentrum des Werks steht (vor allem beim Aufkeimen der Liebe im I. Akt, dessen Solonummern und Dialogszenen durchweg in diesem Ton gehalten sind), fällt auch dem Volk in den monumentalen Chorszenen des II. und III. Akts eine tragende Rolle zu: Der II. Akt, das Hochzeitsmahl für Abessalom und Eteri, »entwickelt sich auf der Ebene des Chors und dringt zu epischer Feierlichkeit vor« (Wladimir Donadse, s. Lit.). Der III. Akt, die Trennung der Liebenden, bildet den Höhepunkt der Oper; die distanzgebietende Geistigkeit der Chöre (für die Paliaschwili auf seine Erfahrungen im Kirchengesang zurückgreifen konnte) gibt dem Akt das Gepräge eines Trauerritus. Der umfangreiche IV. Akt wird von Ensembles dominiert, von denen besonders das Duett Abessalom/Murman (Nr. 19) hervorzuheben ist, in dem von der wiedererblühten Schönheit Eteris die Rede ist. Es ist nicht der einzige Moment, in dem Paliaschwili den eher epischen Ton und die oratorienhaften Züge seiner Oper zugunsten dramatischer Expressivität und einer Profilierung der Hauptpersonen zurücknahm, um den ungestümen und hochsinnigen Abessalom, den mürrischen Murman und die sich in Liebe verzehrende Eteri musikalisch zu charakterisieren. – Die künstlerische Bedeutung von *Abessalom da Eteri* liegt in der Verschmelzung von nationaler Klangidiomatik (orientalische Melismatik, freie Vokalformen auf der Basis des georgischen Idioms, Volkslied und -tanz) und westeuropäischem Opernhandwerk, dem Paliaschwili sowohl in der Instrumentation als auch in der Anlage seines Werks als Nummernoper seine Reverenz erweist.

Wirkung: Seit der Uraufführung (Dirigent: Paliaschwili, Regie: Alexander Zuzunawa) stand *Abessalom da Eteri* regelmäßig auf dem Spielplan der Oper Tiflis, die seit 1971 den Namen Paliaschwilis trägt. Neuinszenierungen und Wiederaufnahmen gab es dort unter anderm 1924, 1930, 1937, 1942, 1947, 1953 und 1971. Während der Georgischen Kunsttage 1937 wurde das Werk erstmals in Moskau gezeigt. 1939 folgte eine Inszenierung am Bolschoi-Theater Moskau (Dirigent: Alexander Melik-Paschajew), die 1946 eine Wiederaufnahme erfuhr. Weitere Aufführungen gab es in Leningrad, Kiew, Charkow und Kutaissi, aber auch im Ausland, etwa in Lodz und in Saarbrücken 1976 (Dirigent: Dieter von Zdunowski, Regie: Giso Schordania; Abessalom: Dietmar Kühnel, Eteri: Karen Middleton).

Autograph: Muzej i Arch. Z. Paliašvili Tiflis. **Ausgaben:** Part: Sabcota Sakartvelo, Tiflis 1964; Kl.A, georgisch/russ. Übers. v. R. Ivnev [d.i. M. Kovalev], A. Kančeli, M. Kvaliašvili: ebd. 1941, Nachdr. 1961. **Aufführungsmaterial:** dt. Bearb. v. J. Morgener [d.i. J. Köchel], Übers. v. N. Amaschukeli, W. Offermanns: Sikorski
Literatur: I. ZURABIŠVILI, Opera Z. P. ›Abesalom i Eteri‹, Tiflis 1941; Š. KAMMADZE, Z. P., Tiflis 1948; V. DONADZE, Z. P., Moskau 1958, Leningrad 1971; A. CULUKIDZE, Z. P., Tiflis 1971; P. CHĊUA, Z. P., Tiflis 1974; K. FRANKE, Orientalisches in westlichem Schliff. S. P.s Oper ›Abesalom und Eteri‹. Ein Dokument kaukasischer M.Kultur, in: [Bei-H. d. Schallplattenaufnahme DG], 1979; V. DONADZE, Z. P., in: Istorija gruzinskoj muzyki, Bd. 1, Tiflis 1990, S. 157–242

Gulbath Toradse

Carlo Pallavicino

Geboren um 1630–40 in Salò (Lombardei), gestorben am 29. Januar 1688 in Dresden

L'amazzone corsara ovvero L'Alvilda regina de' goti
Dramma

Die Seeräuberamazone oder Alvilda, Königin der Goten
3 Akte (9 Bilder)

Text: Giulio Cesare Corradi
Uraufführung: 1686, Teatro dei SS. Giovanni e Paolo, Venedig
Personen: Alvilda, Königin der Goten (S); Gilde, Ernandos launische junge Tochter (S); Irena, Alvildas Zofe (S); Alfo, König von Dania (T); Olmiro, Alfos Bruder (S); Ernando, Olmiros Erzieher (B); Delio, Günstling des Hofs (A); Fama in fliegendem Wagen (S); stumme R: ein Ballettmeister, ein Musiker. **Statisterie:** Krieger, Wachen, Volk. **Ballett:** feierndes Volk, Soldaten mit Lanzen und Schwertern
Orchester: Streicher, Bläser, B.c
Aufführung: Dauer ca. 3 Std. – Ballette im I. und II. Akt.

Entstehung: Pallavicinos musiktheatralisches Schaffen ist nahezu ausschließlich mit Venedig verbunden. Die weitaus meisten seiner gut 20 Opern entstanden für die mit Fortüne geführten Opernhäuser der Familie Grimani, das Giovanni e Paolo sowie das später gegründete, an Luxus und Pracht alle Theaterbauten der Serenissima übertreffende San Giovanni Grisostomo. Als ihn 1685 der Ruf des sächsischen Hofs in Dresden erreichte (Pallavicino hatte dort bereits 1667–73 gewirkt), stand der Kapellmeister des Venezianer Ospedale degli Incurabili auf dem Höhepunkt seiner Laufbahn als Opernkomponist, und auch in den folgenden Jahren sollte der Autor von *Vespasiano* (Venedig 1678 zur Einweihung des San Giovanni Grisostomo, Text: Corradi), von *Le amazzoni nell' isole fortunate* (Piazzola sul Brenta 1679 zur Einweihung des Teatro Contarini) und *Messalina* (Venedig 1680; Texte: Francesco Maria Piccioli) seinen im ereignisreichen Opernleben der Lagunenstadt maßgeblichen und längst auch über deren Grenzen hinausdringenden Ruf als überragendes Talent der musikalischen Realisation anmutig bizarrer wie pompöser Bühneneffekte, als Souverän dramatisch beseelter Klangwirkungen und melodischer Charakterisierung behaupten.

Handlung: In Dania.

Fama gibt Bericht von der schönen und streitbaren Alvilda, die sich, der aufdringlichen Werbungen König Alfos überdrüssig, einer Vermählung mit diesem entzogen hat, um auf den Meeren das Abenteuer eines ungebundenen Piratenlebens zu suchen. Dank ihrem militärischen Geschick war Alvilda das Kriegsglück selbst in den größten Prüfungen hold, doch nun hat Alfos Flotte sie aufgebracht und besiegt.

I. Akt, 1. Bild, Strand, Alvildas geschlagene Armada im Hintergrund: Der Galeere ihres Bezwingers entsteigend, zeigt Alvilda dem sie umschwärmenden Alfo weiter die kalte Schulter. Sie ist Kriegerin und verachtet die Liebe, auch wenn ihr Alfo den Thron verspricht und Irena sie warnt, mit ihrer Verweigerung riskiere sie, statt über Dania zu herrschen, als Alfos Sklavin zu enden. 2. Bild, einer Bibliothek benachbarter Fecht- und Ballettsaal: Olmiro freut sich auf ein Stelldichein mit Gilde. Ernando gegenüber gibt er vor, er wolle Fechten lernen. Gilde trifft ein, um ihre Tanzstunde zu nehmen. Wie Olmiro heuchelt sie Beflissenheit und Interesse am Unterricht; daß sie Olmiro liebt, soll niemand wissen. Delio unterbricht Gildes Tanz mit der Nachricht, Alfos Rückkehr stehe bevor. Ernando geht, seinen Gebieter zu empfangen. Olmiro nutzt die Gunst des Augenblicks und macht Gilde einen Heiratsantrag. Gilde bittet um Bedenkzeit. Überglücklich preist sie ihre Zukunft an Olmiros Seite. 3. Bild, Straße am Hafen: Das Volk bereitet Alfo einen triumphalen Empfang. Doch er ist traurig, denn Alvilda will ihn nach wie vor nicht erhören. Ernando gelingt es, ihn aufzurichten; beim Versuch allerdings, Alvilda mit friedlichen Mitteln umzustimmen, muß auch er die Segel streichen. Er läßt die Widerspenstige inhaftieren. Irena dauert das Schicksal ihrer Herrin, und sie tauscht sich darüber mit Delio aus; beide entdecken ihre gegenseitige Zuneigung.

II. Akt, 1. Bild, Spiegelkammer: Gilde bewundert sich in ihren prächtigen Gewändern. Olmiro ist glücklich über Gildes Versprechen einer baldigen Vermählung. Ernando teilt den beiden mit, er habe Gilde der Göttin Cynthia versprochen; den kommenden Tag werden sich die heiligen Mauern hinter der Tochter schließen. Olmiros Verwirrung ist um so größer, als Gilde dem väterlichen Wunsch widerspruchslos Folge leisten will. 2. Bild, Hof mit Gefängnissen und Turm: Delio sucht Irena; er ist desillusioniert durch seine ersten Erfahrungen in Sachen Liebe. Zornig über Ernando erscheint Alfo beim Gefängnis, um Alvilda zu befreien. Er hat sich eine andere Frau erwählt, der Alvilda künftig dienen soll. Von ihren verzweifelten Bitten, ihr möge dies Los erspart bleiben, zeigt er sich ungerührt. Irena und Delio sind sich einig, daß Alfo Alvilda falsche Tatsachen vorspiegle, um sein Ziel doch noch zu erreichen; sie wollen das Spiel mitspielen. 3. Bild, Gildes Gemächer: Olmiro kann sich der Tränen nicht erwehren über den baldigen Verlust der Geliebten, doch die verlacht ihn nur. Als Ernando eintritt, droht Olmiro, ihn zu töten. Doch nicht dessen Wunsch, Gilde zu opfern, ist es, der Olmiros Liebesglück zerstört hat; Gilde selbst will der Verbindung ein Ende setzen. Wütend schwört Olmiro Rache. Gilde erklärt ihn für verrückt und berät mit Ernando, wie man ihn wieder zu Verstand bringen könne. Dabei eröffnet Ernando seiner Tochter, ihre Verwegenheit schon seit langem zu kennen, für die sie den Tod verdiene. Gilde beteuert, redlich zu sein, und gibt vor, weltliche Freuden zu verachten. Ernando möge zum Tempel eilen und dem Hohenpriester ihre Bereitschaft mitteilen, das Gelübde des Vaters zu erfüllen. Olmiro macht seine Rachedrohung wahr: Soldaten brechen herein und verhaften Ernando.

III. Akt, 1. Bild, Garten mit Springbrunnen: Alfo vertraut Delio an, er werde sich zum Schein mit Gilde vermählen; dann schickt er den Getreuen, Ernando die Ketten zu lösen. Vor Irena beteuert Alvilda ihre Standhaftigkeit, nicht lieben zu wollen. Alfo präsentiert ihr Gilde als seine Braut, der sie von jetzt ab zu Diensten sein müsse. Gilde erniedrigt Alvilda, indem sie sie zwingt, vor ihr zu knien, ihre Hand zu küssen, Blumen zu pflücken und Wasser aus dem Brunnen zu reichen. Als sie sich ihr nähert, verwandelt sich der Brunnen in einen Adler, der sie in seine Krallen nimmt. Gilde war die Zauberkraft des Brunnens bekannt; nun kann sie sich zu Olmiro aufmachen, um sich mit ihm zu versöhnen. Voller Verzweiflung sucht Olmiro nach Gilde. Nachdem er Alvilda durch Berührung des Brunnens befreit hat, erfährt er von ihr, sie diene jetzt Gilde, Alfos Braut. Olmiro gerät außer sich über die so bewiesene Untreue Gildes. Alfo will von dem entlassenen Ernando etwas über Gildes Verhältnis mit Olmiro erfahren, doch Ernando bestreitet eine solche Verbindung. Alfo hält Olmiro davon zurück, Gilde umzubringen. Soldaten nehmen ihn in Gewahrsam. Gilde teilt Alfo mit, selbst ihre Erniedrigungen hätten bei Alvilda nichts gefruchtet; sie bleibe bei ihrer Weigerung zu lieben. Nun besteht für Alfo nur noch eine Hoffnung, Alvilda umzustimmen: die fingierte Vermählung mit Gilde. 2. Bild, Saal zum Park des königlichen Palasts: Aus einer höher gelegenen Laube tretend, lauscht Olmiro traurig dem Gesang einer Nachtigall. Auch Gilde hört dem Vogel zu und beginnt ein Zwiegespräch mit ihm. Delio eilt herbei und fordert die überraschte Gilde auf, sich zur Vermählung mit Alfo bereitzumachen. Olmiro will Gilde auf dem Fest töten. Als Delio mit Gilde aufbricht, erscheint Irena, die ihn ihrer Liebe versichert. Der Hochzeitszug naht, Alvilda trägt den Saum von Gildes Brautkleid. Plötzlich entreißt sie einer Wache das Messer und geht damit auf Gilde zu. Alfos List ist vom

Erfolg gekrönt, Alvildas Widerstand gebrochen; statt zu dienen, zieht sie es nun doch vor, an Alfos Seite zu herrschen; statt dem Kampf will sie der Liebe leben. Als Soldaten mit Olmiro kommen, ergreift Gilde dessen Hand und verspricht ihm die Treue. Ernando droht der Tochter, sie werde sterben, wenn sie sich dem Gelübde entziehe; doch stimmt er ihrer Verbindung mit Olmiro zu, als dieser verspricht, seine erste Tochter der Gottheit zu schenken.

Kommentar: Zum Teatro SS. Giovanni e Paolo vermerkt ein Bericht von 1663, an diesem Haus würden Karnevalsopern mit außergewöhnlichen Bildwechseln aufgeführt, mit stattlicher und aufwendiger Komparserie, mit wundervollen Flugmaschinen und raffinierter Bühnentechnik; glänzende Himmel, Gottheiten, Meere, Paläste, Wälder und andere reizvolle und angenehme Erscheinungen seien hier die Regel, die Musik immer erlesen, da man die besten Stimmen der Stadt auswähle. Interpreten verpflichte man auch aus Rom, Deutschland und anderswoher, darunter besonders Frauen, die mit der Schönheit ihrer Gesichter, dem Reichtum ihrer Gewänder, der Zärtlichkeit ihres Gesangs und mit der Art, wie sie die von ihnen dargestellten Personen erfaßten, Erstaunen und Verwunderung hervorriefen (nach Nicola Mangini, S. 58f., s. Lit.). Daß Pallavicino diese Ressourcen geschickt zu nutzen und dem Standard des Giovanni e Paolo zu entsprechen verstand, läßt sich an der Zahl seiner dort uraufgeführten Werke ablesen, zu denen *Il tiranno umiliato d'amore ovvero Il Meraspe* (1667, Text: Giovanni Faustini), *Diocleziano* (1674, Matteo Noris), *Enea in Italia* (1675, Giacomo Francesco Bussani), *Galieno* (1676, Noris), *Bassiano ovvero Il maggior impossibile* (1682, Noris), *Massimo Puppieno* (1684, Aurelio Aureli) und, unmittelbar der *Amazzone corsara* vorausgehend, *La Didone delirante* (1686, Antonio Franceschi) gehören. Was die Sujets der in diesen Werken repräsentierten Spätphase der venezianischen Oper anbelangt, so hatte sich die kriegerisch ambitionierte Schöne, wie sie uns in Alvilda gegenübertritt, in der Publikumsgunst längst neben den geschichtlichen Heroengestalten erobert. *L'amazzone corsara* schließt sich gewissermaßen spiegelbildlich an *Le amazzoni nell'isole fortunate* an, teilweise folgt sie deren Spuren. Wie etwa das Schlußbild des I. Akts zeigt, das die beiden Hauptfiguren in einer großzügig bemessenen Kollektivszene aufeinander bezieht, bildet die aufwendige Komparserie nach wie vor einen tragenden Pfeiler der szenischen Konzeption. Ihre Wirkkraft erhöht eine Klangsprache, zu deren Brillanz die allerdings nur über die Szenenbeschreibungen belegte Beteiligung von Bläsern, von Fanfaren, beigetragen haben könnte. Andrerseits widersetzt sich *L'amazzone* einer übertriebenen Neigung zu szenischer Opulenz, wie sie Zurückhaltung in Überraschungseffekten und irrealen Wendungen übt. Die prologhafte Replik der immerhin einzigen allegorischen Figur, der zu Beginn bei geschlossenem Vorhang in einem fliegenden Wagen erscheinenden Fama, oder die Episode um den Zauberbrunnen wirken denn auch eher als Relikte einer bis zum gewissen Grad überholten Dramaturgie, als Fremdkörper innerhalb einer bei aller Kompliziertheit der Intrige entschieden auf realistische Charaktere, auf Klarheit und Schlüssigkeit gerichteten dramaturgischen Diktion.

Wirkung: Noch vor ihrer Wiederaufnahme 1688 in leicht revidierter Form am Giovanni e Paolo wurde Pallavicinos Oper im selben Jahr in Bologna gegeben (mit veränderten Arien und Alfo als Kastratenpartie). 1689 feierte der Hof in Neapel mit der um einen Prolog erweiterten *Amazzone corsara* den 28. Geburtstag König Karls II. von Spanien, ebenfalls 1689 erschien das Werk in Udine. Es folgten Aufführungen, teils sind sie hinsichtlich Pallavicinos Autorschaft nicht ganz zweifelsfrei, 1690 in Vicenza, 1696 in Turin sowie 1697 in Rovigo und Verona. Nach *L'amazzone corsara* schrieb Pallavicino noch zwei Werke für Venedig, *Elmiro re di Corinto* (1686, Text: Corradi oder Vincenzo Grimani, bearbeitet von Girolamo Frisari) und *La Gerusalemme liberata* (1687, Corradi). Letzteres gelangte wenige Wochen nach seiner Premiere am Dresdner Hof als *Armida* mit großem Erfolg zur Aufführung; in der überragenden Partie der Armida glänzte Margherita Salicoli, die Kurfürst Johann Georg III., beeindruckt von ihrer Darstellung der Titelfigur in Pallavicinos *Penelope la casta* (Venedig 1685, Noris), nach Dresden verpflichtet hatte. Pallavicino starb über der Arbeit an der Oper *Antiope*, zu der sein Sohn Stefano Benedetto das Libretto verfaßt hatte und die Nicolaus Adam Strungk vollendete (Dresden 1689).

Autograph: Verbleib unbekannt. **Abschriften:** Bayer. SB München (Mus. MS 145; Venedig 1686 [oder 1688]), Bibl. S. Pietro a Maiella Neapel (32. 2. 18), LOC Washington (M1500 P273 A4; nur I. Akt). **Ausgaben:** Part, Faks.-Nachdr. d. Abschrift München: Garland, NY, London 1978 (Italian Opera 1640–1770. 13.); Textb.: Venedig, Nicolini 1686; dass., 2., veränderte Aufl., Nachdr. in: Italian Opera Librettos, Bd. 1, Garland, NY, London 1978 (Italian Opera 1640–1770. 51.); Bologna, Recaldini e Borzaghi 1688; Venedig, Nicolini 1688; Neapel, Parrino e Mutii 1689; Venedig, Heredi Nicolini 1689; Vicenza, Bontognale 1690
Literatur: M. FÜRSTENAU, Zur Geschichte der Musik und des Theaters am Hofe zu Dresden, 2 Bde., Dresden 1861/62, Nachdr. Hildesheim, NY 1971; L. N. GALVANI, I teatri musicali di Venezia nel secolo XVII (1637–1700). Memorie storiche e bibliografiche, Mailand 1879, Nachdr. Bologna 1969 (Bibl. Musica Bononiensis. III/32.); H. C. WOLFF, Die Venezianische Oper in der zweiten Hälfte des 17. Jahrhunderts. Ein Beitr. zur Gesch. d. M u. d. Theaters im Zeitalter d. Barock, Bln. 1937, Nachdr. Bologna 1975 (Bibl. Musica Bononiensis. III/48.); G. BUSTICO, Un musicista salodiano del sec. XVII: C. P., in: Note d'archivio per la storia musicale 18:1941, S. 32ff.; S. T. WORSTHORNE, Venetian Opera in the Seventeenth Century, Oxford 1954, Nachdr. 1968; J. SMITH, C. P., in: Proceedings of the Royal Musical Association 96:1969/70, S. 57–71; N. MANGINI, I teatri di Venezia, Mailand 1974; P. PETROBELLI, La partitura del ›Massimo Puppieno‹ di C. P. (Venezia 1684), in: Venezia e il melodramma nel seicento, 2 Bde., hrsg. M. T. Muraro, Bd. 1, Venedig 1976 (Studi di musica veneta. 5.), S. 273–297

Markus Engelhardt

Gret Palucca

Geboren am 8. Januar 1902 in
München

Serenata
Tanzstück

Musik: Isaac Albéniz, »Granada« aus der *Suite española* (1886)
Uraufführung: 8. Nov. 1932, Bach-Saal, Berlin
Darsteller: Tänzerin
Orchester: Kl
Aufführung: Dauer ca. 5 Min.

Entstehung: Palucca, künstlerisch gewachsen bei Heinrich Kröller und vor allem Mary Wigman, trennte sich 1923 von ihrer Lehrmeisterin, indem sie sich aus der Tanzgruppe Wigmans löste und sich selbständig machte. Bald trat sie mit Soloabenden auf und gründete 1925 eine Schule, ebenfalls in Dresden, damit in direkter Konkurrenz zu Wigman. Die Entfernung von Wigman hing auch mit dem Versuch zusammen, sich aus deren künstlerischer Dominanz zu befreien und selbst schöpferisch zu werden. Paluccas Choreographien, die ersten von 1922, sind fast ausschließlich Solotänze. Unübersehbar ist eine Affinität zu Musik spanischer Komponisten, auch zu spanischer Volksmusik; allein zu Werken Albéniz' schuf Palucca 1924–41 neun Stücke.
Inhalt: Die Tänzerin trägt einen langen dunklen Rock und ein gleichfarbiges Oberteil; sie ist barfuß: Die Tänzerin beginnt mit kleinen Schritten vorwärts; der rechte Arm streckt sich nach vorn und führt leichte Wellenbewegungen aus. Eine Drehung schließt sich an; die Arme strecken sich nach oben und werden dann an den Körper gezogen. Nach der Wiederholung dieser Phrase folgen Armschwünge; die Arme sind ausgebreitet, werden dann wieder nach oben gestreckt. Die Tänzerin gleitet sehr langsam zu Boden; endlich kniet sie. Sie verlagert das Körpergewicht zur andern Seite, biegt den Rumpf nach hinten und führt eine Körperdrehung aus. Die Arme folgen dem Körper, und die Hände formen sich zu einer an orientalische Gebärden erinnernden Geste. Dann erhebt sich die Tänzerin andächtig. Es folgen zwei Wiederholungen des bisher Getanzten. Das Ende der Choreographie ist ein andächtiges Schreiten, das in die Schlußpose mündet: Die Tänzerin steht, den Kopf nach hinten geneigt, die Augen geschlossen und die Arme an den Körper geschmiegt; der Rock fällt in ruhigen Falten.
Kommentar: *Serenata* ist ein Werk, das dem Gefühl, dem musikalischen Sentiment Gestaltung gibt; man kann von geformter Emotionalität sprechen. Hier kommen Paluccas tänzerische Grundbegriffe »Raum–Richtung–Zeit« als konstituierende Komponenten des Choreographierens zum Ausdruck. Das Stück setzt sich aus einer geringen Anzahl von einzelnen Bewegungselementen zusammen: vor allem kleine, einfache Schritte, leichte, langsame Drehbewegungen, Niedergleiten sowie Körper- und Armschwünge. Wesentliches Ausdruckselement sind die differenzierten Arm- und Handbewegungen, die in zahlreichen Nuancen aufgenommen werden. Es handelt sich insgesamt um ein langsames und gemessenes Tanzstück. Nicht schwierige, technisch anspruchsvolle Schrittkombinationen machen das Besondere der Choreographie aus, sondern deren Einfachheit und Schlichtheit bestechen. Paluccas Werk folgt im wesentlichen der musikalischen Komposition und schließt sich deren Gliederung an. – In gewisser Weise ist *Serenata* das Gegenstück zu einer für Palucca typischen Choreographie. Sprünge, energisch-kraftvolle Ausbrüche und eine explosive Gestaltung waren es, die sie bekannt machten und sie von andern Ausdruckstänzerinnen abhoben. Weil in *Serenata* keine Sprünge vorkommen, die die Grenzen des Raums sprengen wollen, und Palucca sich, mit einem entrückten Lächeln, zart und verhalten zeigte, läßt sich der starke Kontrast denken, den das Werk erzielte.
Wirkung: *Serenata* beeindruckte die Tanzkritiker von Anfang an. Die Wirkung von Paluccas Choreographien war außerordentlich; die Rezensenten übertrafen sich regelmäßig in Superlativen, wenn sie über die Tänzerin schrieben. Die Faszination, die von Paluccas Tanzkunst ausging, übertrug sich nicht nur auf das Publikum, sondern gleichfalls auf bedeutende Künstler wie Ludwig von Hofmann, Wassily Kandinsky, Paul Klee, Georg Kolbe, László Moholy-Nagy und Oskar Schlemmer. Sie trat mehrfach auf der Dessauer Bauhaus-Bühne auf.

Serenata; Gret Palucca; Berlin um 1932. – Das träumerische Wechselspiel der Körperpartien zwischen Niedersinken und Emporstreben erhält durch die Handhaltung einen orientalischen Akzent.

Ausgaben: M: Hofmeister, Lpz. 1911; Unión musical española, Barcelona 1918; »Granada«: Williams, London 1922; Chappell 1960; Film v. J. Eckardt, mus. Bearb. v. H. Trantow: Potsdam [um 1935]. **Aufführungsmaterial:** Ch: G. Palucca, Dresden
Literatur: O. RYDBERG, Die Tänzerin P., Dresden 1935; E. KRULL, W. GOMMLICH, P., Bln. 1964 (Theater u. Film. 6.); Palucca. Porträt einer Künstlerin, hrsg. G. Schumann, Bln. 1972; Palucca. Zum Fünfundachtzigsten. Glückwünsche, Selbstzeugnisse, Äußerungen, Bln. 1987; Künstler um Palucca. Ausstellungs-Kat., Dresden 1987

Marion Kant

Giacomo Panizza

Geboren am 1. Mai 1804 oder am 27. März 1803 in Castellazzo Bormida (bei Alessandria, Piemont), gestorben am 1. Mai 1860 in Mailand

Faust
→ Perrot, Jules (1848)

Viktor Parma

Geboren am 20. Februar 1858 in Triest, gestorben am 25. Dezember 1924 in Maribor (Marburg)

Zlatorog
Opera v treh dejanjih in predigro

Goldgehörnt
Oper in 3 Akten und Vorspiel

Text: Richard Brauer, nach dem Versepos *Zlatorog, eine Alpensage* (1877) von Rudolf Baumbach; Übersetzung aus dem Deutschen: Cvetko Golar
Uraufführung: 17. März 1921, Slowenisches Nationaltheater, Ljubljana/Laibach
Personen: Katra, eine reiche Wirtin (Mez); Jerica, ihre Tochter (S); Janez, Jäger (T); Špela, Hirtin (A); Jaka, Hirt (B); Tondo, Jäger (Bar); Marko, ein venezianischer Kaufmann (Bar). **Chor:** Kaufleute, Nornen, Schützen, Gäste, Kinder. **Ballett**
Orchester: Picc, 2 Fl, 2 Ob, E.H, 2 Klar, B.Klar, 2 Fg, K.Fg, 4 Hr, 3 Trp, 3 Pos, Tb, Pkn, Schl (kl.Tr, gr.Tr, Bck, Trg, Glsp, Tamtam), Cel, Hrf, Streicher
Aufführung: Dauer ca. 2 Std. 30 Min.

Entstehung: Parma war Ende des 19. und Anfang des 20. Jahrhunderts der fruchtbarste und erfolgreichste Opernkomponist Sloweniens. Obwohl ohne professionelle Ausbildung, erwarb er sich mit der Zeit solide kompositionstechnische Kenntnisse. Trägt seine Erstlingsoper *Urh, grof celjski* (*Ulrich, Graf von Cilli*, Ljubljana 1894) auch noch Züge eines Jugendwerks, so kommt ihr als der ersten durchkomponierten slowenischen Oper dennoch historische Bedeutung zu.

Schon während seines Jurastudiums in Wien hatte Parma Brauer kennengelernt, der für ihn das Libretto schrieb. Die Handlung basiert auf dem slowenischen Märchen *Der goldgehörnte Steinbock*, das im deutschsprachigen Raum durch Baumbachs Dichtung bekannt geworden war. Ihm schloß sich Brauer weitgehend an. Parmas Vertonung entstand 1917–19.
Handlung: Am Triglav in den Julischen Alpen, Mitte des 18. Jahrhunderts.
Vorspiel: Gegen Abend steigt der Jäger Janez zur Hütte hinauf, in der er übernachten will. Er wird vom alten Hirten Jaka und der Hirtin Špela empfangen und zum Essen eingeladen. Jaka beginnt vom sagenumwobenen Garten am Fuß des Triglav zu erzählen, wo die Nornen leben. Sie werden von einer Herde weißer Ziegen unter Führung des goldgehörnten Steinbocks bewacht. Er ist unsterblich, weil aus jedem seiner Blutstropfen sofort eine Triglavrose wächst, die ihn augenblicklich heilt. Nur der, dem die Nornen helfen würden, könnte dem Steinbock ein goldenes Horn abnehmen, womit sich eine Schatzkammer am Fuß des Bergs Bogatin öffnen läßt. Jaka warnt Janez, nicht auf den Steinbock zu schießen, und begibt sich zur Ruhe. Janez macht Špela den Hof, die seine Zuneigung erwidert, sich jedoch seinem Werben entzieht. Im Traum erscheint Janez der wunderbare Garten mit den Ziegen und dem Steinbock.
I. Akt, vor dem Wirtshaus im Isonzotal: Es geht lustig zu, nachdem die Wirtin Katra der Kirche eine beträchtliche Summe geschenkt hat und die Landleute das Ereignis feiern. In die fröhliche Runde tritt der Jäger Tondo. Er ist übelgelaunt, weil er beim Schießwettbewerb unterlag. Bald danach erscheinen die Schützen mit dem Sieger; sie werden von Katras Tochter Jerica begrüßt. Janez verliebt sich sogleich in sie, die seine Liebe erwidert. Er bittet sie um einen Tanz, wovon Katra nichts wissen will.
II. Akt, Jericas Haus, früher Morgen: Janez trifft auf die eifersüchtige Špela, die ihn seiner neuen Liebe wegen verspottet. Als er Jerica einen Bergrosenstrauß schenkt, sucht Špela bei ihm mit der Behauptung Zweifel zu säen, daß alle Burschen untreu sind; nur der, den die Nornen in der Wiege besuchen, werde treu bleiben. Jerica erwidert, daß gerade Janez der Auserwählte sei und daß sein Strauß aus dem Garten der Nornen stamme. Darauf antwortet Špela spöttisch, daß Janez, falls er wirklich der Schützling der Nornen sei, ihr den Schatz vom Bogatin bringen würde. Da verkündet ein Posthorn die Ankunft der venezianischen Kaufleute. Unter ihnen befindet sich der reiche Marko. Als Jerica die Gäste bedient, verliebt sich Marko in sie und schenkt ihr Schmuck; da tritt Janez ein. Er verlangt von Jerica, das Geschenk sofort zurückzugeben; weigere sie sich, werde ihr gemeinsames Glück zunichte sein. Jerica lehnt ab, und Janez verläßt sie schweren Herzens.
III. Akt, das Feenkönigreich der Nornen: Im Morgennebel heben die Bergrosen ihre Köpfe, um die Sonne zu begrüßen. Die Nornen treten hinzu; vor ihnen geht der Steinbock mit seiner Herde. Plötzlich taucht Janez auf, beobachtet staunend das wunderbare Geschehen

und sieht schon Jericas Schmuck vor seinen Augen. Um ihn zu erlangen, hebt er die Flinte und zielt auf den Steinbock. Špela, die ihn beobachtet hat, schreit auf, um das Tier zu warnen. Doch vergeblich: Janez schießt und stürzt in die Schlucht, als ob er selbst getroffen wäre. Špela findet ihn tot.
Kommentar: Parma gelang es auf überzeugende Weise, den märchenhaften Charakter des Sujets musikalisch einzufangen. Obwohl aufgrund seiner Herkunft und kompositorischen Ausbildung eher an italienischen Vorbildern, insbesondere den Veristen, orientiert, denen er sich zumal in der Melodik verpflichtet zeigt, traf er gleichwohl den hier geforderten nationalslowenischen Ton. In den Volksszenen bediente er sich dazu auch direkter Anleihen aus der slowenischen Folklore. Mag *Zlatorog*, gemessen am zeitgenössischen musikdramatischen Standard, auch anachronistisch erscheinen, so kommt ihm doch als Parmas künstlerisch reifstem, wenn auch nicht ausdrucksstärkstem Werk ein ehrenvoller Platz in der Geschichte der slowenischen Oper zu.
Wirkung: Nach der erfolgreichen Uraufführung (Dirigent: Ivan Brezovšek; Jerica: Rezika Thaler, Janez: Leopold Kovač, Jaka: Svetozar Pisarević) wurde *Zlatorog* 1923 auch im Nationaltheater Maribor aufgeführt. Dort erschien das Werk wieder 1977 in einer Bearbeitung des Dirigenten Kristijan Ukmar.

Autograph: Verbleib unbekannt. **Abschriften:** Part u. Kl.A: Arch. d. Slowenischen Nationaltheaters, Ljubljana. **Ausgaben:** Kl.A (Potpourri): Ed. Slave, Zagreb, Prag, Wien 1921
Literatur: J. SIVEC, Opera skozi stoletja, Ljubljana 1976, S. 320f.; T. CEVC, Etnološki pomen povedke o zlatorogu, in: Gledališki list Slovensko Narodno Gledališe (Opera), Maribor 1977/78, S. 8

Manica Špendal

Wassili Alexejewitsch Paschkewitsch

Geboren um 1742, gestorben am 20. März 1797 in Sankt Petersburg

Skupoi
Komitscheskaja opera w odnom deistwii

Der Geizige
Komische Oper in 1 Akt

Text: Jakow Borissowitsch Knjaschnin, nach Molière (eigtl. Jean-Baptiste Poquelin)
Uraufführung: Sommer 1782 (?), Freies Theater von Karl Knipper, St. Petersburg
Personen: Skrjagin, der Geizige, Ljubimas Vormund (T); Ljubima, seine Nichte (S); Milowid, ihr Liebhaber (T); Marfa, Milowids Dienerin, gibt sich als Gräfin aus, in die sich Skrjagin verliebt (S); Prolas, Milowids Diener, in Diensten bei Skrjagin (T)

Orchester: 2 Fl, 2 Ob, 2 Klar, 2 Fg, 2 Hr, Streicher, B.c
Aufführung: Dauer ca. 1 Std. – Gesprochene Dialoge.

Entstehung: So wie das Geburtsdatum liegt auch der Beginn von Paschkewitschs künstlerischer Laufbahn im dunkeln, ist von seinem Leben und Schaffen fast nichts bekannt. Eins der wenigen erhaltenen Dokumente weist seine Aufnahme 1763 als Geiger ins Hoforchester Kaiserin Katharinas II. aus, wo er bis 1789 verblieb, doch wird er schon 1773/74 in der Kaiserlichen Akademie als »sotschinitel musyki« (Verfasser von Musik) geführt. Aber erst mit seiner Arbeit als musikalischer Leiter an Knippers Theater, einem der ersten freien kommerziellen Theater in Rußland, gelang Paschkewitsch zwischen 1779 und 1783 der Durchbruch zum geachteten Komponisten. Mit den Opern *Nestschastje ot karety* (*Das Unglück mit der Kutsche*, 1779, Text: Knjaschnin), *Skupoi*, *Tuniski pascha* (*Der tunesische Pascha*, 1783, Michail Matinski) und *Kak poschiwjosch, tak i proslywjosch* (*Wie du lebst, so wirst du eingeschätzt*, 1792, als Bearbeitung von *Sanktpeterburgski gostiny dwor / Der Sankt Petersburger Gasthof* von Matinski, 1782; alle Petersburg) erlangte er landesweite Popularität, besonders bei den mittelständischen Schichten (Jewgeni Lewaschow, S. 53, s. Lit.). Nachdem Paschkewitsch 1783 zum Hofmusiker Katharinas ernannt worden war, begann eine zweite Serie von Opernproduktionen, die stärker dem höfischen Geschmack angepaßt sein mußten, auf Texten der Kaiserin beruhten und teilweise Gemeinschaftsarbeiten mit andern Komponisten darstellten: *Fewei* (1786), *Natschalnoje uprawlenije Olega* (*Der Regierungsantritt Olegs*, zusammen mit Giuseppe Sarti und Carlo Canobbio, 1790) sowie *Fedul s detmi* (*Fedul und seine Kinder*, mit Vicente Martín y Soler, 1791, Text mit Alexandr Chrapowizki; alle Petersburg). Hatte die Gunst der Kaiserin Paschkewitsch ein Leben mit relativ sicherem Einkommen ermöglicht, brach dies abrupt ab, als Kaiser Paul I. nach Katharinas Tod 1796 alle seiner Vorgängerin nahestehenden Höflinge aus seiner Umgebung entfernte, so daß Paschkewitsch zwei Monate vor seinem Tod nach 35jährigem Hofdienst mittellos dastand. Paschkewitsch gehört neben Jewstignei Fomin und Dmitri Bortnjanski zur Triade der Schöpfer der russischen Oper. – Knjaschnin zählte zum Kreis der russischen Frühaufklärer, seine Tragödie *Wadim Nowgorodski* (1789) wurde zum Symbol tyrannenfeindlicher demokratischer Gesinnung in Rußland.
Handlung: Im Haus des Geizigen, Rußland, Ende des 18. Jahrhunderts: Skrjagin lebt von Pfandleihe und Wucher, außerdem verwaltet er das reiche Vermögen seines Mündels Ljubima, der er aber das Eigentum vorenthält, obgleich das Mädchen volljährig geworden ist. Ljubima möchte ihren Geliebten Milowid heiraten, braucht dazu aber ihr Geld und die Mündigkeitserklärung des Vormunds. Der Liebhaber schickt seine Dienerin Marfa als Gräfin verkleidet zu Skrja-

gin. Die verdreht dem Geizhals den Kopf, und unter Vorspiegelung falscher Tatsachen entlockt sie ihm Ljubimas Geld, nicht ohne sich vorher von ihrem Herrn Milowid ausbedungen zu haben, daß ihr nach glücklich vollbrachter Tat ein Wunsch erfüllt wird: den geliebten Prolas heiraten zu können. Am Schluß gibt es zwei glückliche Paare und einen geprellten Betrüger.

Kommentar: *Skupoi* ist eine Typenkomödie in der Art eines Singspiels. Text und Musik halten sich an das übliche Schema, wie in der typisierenden Namensgebung, aber auch in der Abfolge der 14 Musiknummern deutlich wird. Auf ein konfliktexponierendes Terzett folgen fünf die beteiligten Personen vorstellende Arien, darauf ein Quintett, das zur Schürzung des Konflikts führt; die Auflösung bringen zwei Duette, ein Monolog, eine Arie, ein Terzett und die Schlußarie der Titelgestalt; der Sieg wird in einem Schlußensemble, einem Quartett, gefeiert. Bemerkenswert sind die Abweichungen vom Schema, denn in ihnen ist angelegt, was die russische Oper im folgenden Jahrhundert ausbilden sollte. Dazu zählt vor allem der sicher von Knjaschnin inspirierte Gedanke, eine Frau und Leibeigene neben der Titelgestalt zur tonangebenden Figur zu machen, mit dem Bösewicht Skrjagin und der leibeigenen Unperson den Kanon der Typenkomödie zu durchbrechen und einen Schritt in Richtung der Charakterkomödie zu tun. Mit Marfas Arie (Nr. 6) erklingt das erstemal in einer insgesamt das Werk klug disponierenden Tonartenfolge eine Molltonart (a-Moll), wird mit schnellen Sechzehntelläufen der Streicher und alterierten Akkorden die Nähe zur Opera seria gesucht, dominiert ein scharfer und heftiger Ton: Marfa, die die Rolle der Gräfin liebt und überzeugend spielt, antizipiert mit Zorn und Verachtung, wie sie, wenn das Spiel für ihren Herrn gut gelaufen ist, wieder die Dienerin sein wird, die den Launen ihrer Herrin gehorchen muß. Auch durch die Instrumentation wird der Schritt zum Charakteristischen getan, so im Duett Marfa/Skrjagin (Nr. 8). Hier konfiguriert das Fagott Skrjagin, die Violinen Marfa, beide Instrumente sind parallel und kontrastierend eingesetzt. Psychologisch differenzierend wird im letzten Terzett (Nr. 12) der Vokalpart behandelt: der leiernde Sermon des Geizigen, die Klagemelodie Marfas gegen das behende Parlando Prolas'. Skrjagins Monolog (Nr. 10) ist die erste geschlossene dramatische Szene in der freien Form des Accompagnatos in der russischen Operngeschichte. Sie brachte Paschkewitsch den Ehrennamen »Dargomyschski des 18. Jahrhunderts« ein. Hier werden mit scharfen Modulationen, wechselnden Instrumentalfarben und vielfältigen dynamischen Schattierungen die schwankenden Gemütszustände des verliebten Wucherers nachgezeichnet. »Dieser Monolog weist mit seinem Rezitativ in die Zukunft und bringt seinem Schöpfer außerordentliche Ehre«, prophezeite 1797 das *Dramatitscheski slowar* (Lewaschow, S. 57). Bereits umrißhaft angelegt ist in *Skupoi*, noch stärker in *Nestschastje* und *Kak poschiwjosch*, die Einbeziehung polyphoner Techniken und Melodien des russischen Volkslieds und damit ein Gestaltungselement, wie es für Michail Glinka typisch werden sollte. – Im Kontext von höfischer Oper und Volkslied kam es zu einem die damalige Situation tief auslotenden Paradoxon: Obgleich Katharina die Bauernaufstände (Pugatschow-Aufstand 1773–75) mit größter Härte und Grausamkeit niederschlagen ließ, empfahl und förderte sie doch gleichzeitig die Pflege der Volkskunst, besonders der alten bäuerlichen Brauchtumslieder, und ihre Gunst galt besonders solchen Opern, in denen ein idyllisierendes Einverständnis zwischen Gutsbesitzern und leibeigenen Bauern dargestellt wurde. Innerhalb dieser Grenzen konnte man Kritik üben, und Knjaschnin und Paschkewitsch taten dies in *Nestschastje*, geht es doch hier um den Konflikt zwischen einer Gutsbesitzerin und einer Bauersfrau, die um ihren jungen Ehemann kämpft, den die Herrin einer Kutsche wegen zum Militär verkaufen will. Außerhalb solcher Versuche konnte sich die zum Schweigen gebrachte Stimme des Volks aber auch noch in Liedern manifestieren, die mehr oder minder indirekt auf die legendären Helden Bezug nahmen, allen voran mit dem Lied *Schto ponische goroda Saratowa* auf Stenka Rasin. Bei der Komposition von *Natschalnoje uprawlenije Olega* wollte Canobbio seine Musik im »russischen Geist« schreiben und wandte sich um Hilfe an den Volksliedsammler Nikolai Lwow, der dem Ausländer, wohl wissend, was er tat, die Melodie dieses Lieds schenkte. Am Abend des 2. Nov. 1790 trat nicht nur der zum Tod verurteilte und zur Verbannung »begnadigte« Alexandr Radischtschew seine Reise nach Sibirien an, zur gleichen Zeit fand die Premiere der Oper im Kaiserlichen Theater statt, erklang dort das Loblied auf Rasin, wahrgenommen nur von wenigen. Den kaiserlichen Ohren und den meisten der Höflinge blieb dieser Zusammenhang verborgen, denn sie kannten die Melodien des russischen Volks sowenig wie dieses selbst. In diesem Freiraum lebten und schufen Künstler wie Knjaschnin und Paschkewitsch, und erst vor diesem Hintergrund werden ihre ethischen wie ästhetischen Leistungen bewertbar.

Skupoi; Alexandr Pekelis als Prolas, Ljudmila Sokolenko als Marfa, Eduard Akimow als Milowid, Nina Jakowlewa als Ljubima; Regie: Boris Pokrowski, Bühnenbild: A. Tichomirowa; Gastspiel des Moskauer Kammertheaters, Freie Volksbühne, Berlin 1976.

Wirkung: Die Aktualität von Paschkewitschs Opern hat sich 1974 durch die außerordentlich erfolgreiche Einstudierung des *Skupoi* durch das Musikalische Kammertheater Moskau erwiesen; das Ensemble gastierte damit 1976 bei den Berliner Festwochen (Dirigent: Wladimir Agronski, Regie: Boris Pokrowski). 1980 fand in Rostock die deutschsprachige Erstaufführung statt.

Autograph: Bibl. Kirov Leningrad. **Ausgaben:** Part u. Kl.A, bearb. u. hrsg. J. Levašov: Muzyka, Moskau 1973 (Pamjatniki russkogo muzykalnogo iskusstva. 4.); Part u. Kl.A, dt. Übers. v. S. Neef: Henschel-Vlg., Bln. 1980; Text in: J. B. KNJAŽNIN, Sobranie sočineni, Bd. 3, Petersburg 1787. **Aufführungsmaterial:** VAAP
Literatur: D. LEHMANN, Rußlands Oper und Singspiel in der zweiten Hälfte des 18. Jahrhunderts, Lpz. 1958; S. NEEF, ›Der Geizige‹. Eine Spielplanempfehlung, in: Material zum Theater Nr. 113, M.Theater, H. 24, Bln. 1979; J. LEVAŠOV, V. A. P., in: Istorija russkogo muzyki, hrsg. J. Keldyš, O. Levašova, A. Kandinskij, Bd. 3: 17. Jh., 2. Teil, Moskau 1985

Sigrid Neef

Jiří Pauer

Geboren am 22. Februar 1919 in Libuschin (Libušín; Mittelböhmen)

Žvanivý slimejš
Opera pro malé a velké děti

Der Schneckendiplomat
Oper für kleine und große Kinder

Text: Míla Mellanová (eigtl. Miloslava Mellanová), nach einem Märchen von Joe Hloucha (eigtl. Josef Hloucha)
Uraufführung: 1. Fassung: 5. April 1958, Jiří-Wolker-Theater, Prag; 2. Fassung: 10. Febr. 1984, Laterna magika, Prag
Personen: die Äffin (S); Saiša (A); Kičibej (T); der Schneckendiplomat (B); die kleine Saiša (Kinder-Spr.). **Chor, Ballett:** Affen
Orchester: 2 Fl (2. auch Picc), 2 Ob, 2 Klar, 2 Fg, 2 Hr, 2 Trp, Pos, Pkn, Schl (gr.Tr, Bck, kl.Tr, HolzTr, Tamburin, Maracas, »blocchi coreani«), Streicher
Aufführung: Dauer ca. 50 Min.

Entstehung: Pauer, der unter anderm bei Alois Hába studierte, bekleidete im öffentlichen Musikleben der Tschechoslowakei eine Reihe wichtiger Ämter. Sein kompositorischer Stil orientierte sich zunächst an Hábas Mikrointervallik und strebte in den 50er Jahren nach einer romantisierenden Einfachheit; diese erfuhr in den 60er Jahren im Rückgriff auf frühere Techniken eine zunehmende Komplizierung. *Žvanivý slimejš*, Pauers erste Oper, entstand 1950 und wurde nach dem Uraufführungserfolg mit dem Einakter *Červená Karkulka* (Olmütz 1960, *Rotkäppchen*, Text: Mellanová) zu einem abendfüllenden Programm kombiniert. In der 2. Fassung erweiterte Pauer das Werk um zwei Zwischenspiele. – Mellanová schuf das Libretto nach einer für Kindertheater hergestellten Dramatisierung zweier ostasiatischer Märchen.

Handlung: In einer ostasiatischen Landschaft am Meer, märchenhafte Zeit: Der alte Fischer Kičibej bekommt von seiner Frau Saiša heftige Vorwürfe wegen seiner Faulheit zu hören: Falls er am Abend das Netz nicht voller Fische habe, brauche er gar nicht nach Haus zu kommen. Unterwegs begegnet er dem Schneckendiplomaten, der im Auftrag des Meereskönigs Riugu zur Rettung der kranken Königstochter eine frische Affenleber besorgen soll. Während der Diplomat, der gar nicht weiß, wie ein Affe aussieht, dankbar Kičibejs Ratschläge hört, kann er diesem in seiner Altersschwäche behilflich sein, indem er ihm die verjüngende Kraft einer nahen Quelle empfiehlt. Kičibej gewinnt seine Jugend zurück, so daß ihn Saiša zunächst für einen Fremdling hält; als er sich zu erkennen gibt, ist sie verzweifelt, da sie glaubt, er werde sie nun verlassen. Kičibej bleibt ihr aber treu, nur will er sie für ihre böse Zunge ein wenig bestrafen und läuft ihr davon. In der Dämmerung sammeln sich die Affen an der Quelle, und dem Schneckendiplomaten gelingt es, eine Äffin zu überreden, ihm auf den Meeresgrund zu folgen. Saiša erscheint verzweifelt auf der Suche nach ihrem Mann; ohne zu zögern stürzt sie sich auf des Diplomaten Rat hin in das verjüngende Wasser. Als der mit der gefesselten Äffin ins Meer taucht, schildert er ihr aus Mitleid ihr bevorstehendes Schicksal. In ihrer Schlauheit verbirgt sie jedoch den Schreck und überzeugt den Diplomaten davon, daß sie ihre Leber überhaupt nicht bei sich trage, sondern an

Žvanivý slimejš; Tereza Pokorná als Äffin, Jiří Vilímek als Schneckendiplomat; Regie: Jaroslav Pojar, Bühnenbild: Josef Svoboda, Kostüme: Antonín Sís; Laterna magika, Prag 1984. – Aus Formen und Gestalten der Natur entsteht eine naiv-skurrile Märchenwelt.

einem Baum zum Trocknen aufgehängt habe. Als dieser die Fesseln löst, entschwindet sie und verspottet den Überlisteten. Kičibej kommt hinzu und hört entsetzt, daß seine Frau ins Wasser gesprungen ist. Zu lange hat sie das Bad genossen, so daß sie nun in Kindergestalt erscheint. Kičibej wird die kleine Saiša erziehen und vielleicht wieder einmal heiraten.

Kommentar: Die Fabel zeigt die Welt in einer Art paradiesischem Naturzustand ohne Grenze zwischen Tier- und Menschenreich. Die phantasievolle Handlung entwickelt sich in raschem Tempo und bringt viele Situationen, die effektvolle theatralische Lösungen ermöglichen und der Entfaltung musikalischer Ironie und Komik Raum geben. Neben melodischer Erfindungskraft zeichnet sich die Musik durch eine bewegliche Rhythmik aus, die die Klangwelt exotischer Schlaginstrumente geschickt einbezieht. Rezitativisch geführter Dialog und arioser Sologesang wechseln entsprechend den Prosa- und Verspartien des Texts innerhalb des durchkomponierten Gesamtgefüges. Kurze Tanzszenen (Marsch und Polka) charakterisieren die Auftritte der Affen. Stilistisch knüpft das Werk an die Tradition des komischen Genres bei Bohuslav Martinů und Iša Krejčí an. In seiner spielerischen Phantasie, der Vorliebe für das Exotische und einer kindlich-unverbindlichen Unterhaltsamkeit gehört das Werk in die Umgebung des nach dem zweiten Weltkrieg wieder auflebenden »Poetismus«, einer vorwiegend literarischen Richtung der 20er Jahre, deren Begründer und Theoretiker Karel Teige und Vítězslav Nezval waren.

Wirkung: *Žvanivý slimejš* gehört zu den erfolgreichsten tschechoslowakischen Opern der Nachkriegszeit. Sie erlebte in der Tschechoslowakei 13 Neuinszenierungen (darunter 1966 am Nationaltheater Prag). Im Ausland wurde das Werk unter anderm 1965 in Wittenberg, 1983 in Görlitz und 1984 in Karlsruhe gespielt.

Autograph: beim Komponisten. **Ausgaben:** Part: Dilia, Prag 1958; Kl.A: ebd. 1958; Kl.A, tschech./dt. Übers. v. R. Brock: ebd. 1962, Nr. 1249; Textb., dt. v. R. Brock: ebd. **Aufführungsmaterial:** Dilia, Prag
Literatur: D. HENŽLÍKOVÁ, J. P., Prag 1989

Věra Vysloužilová

Zuzana Vojířová
Opera o pěti obrazech

Zuzana Vojířová
Oper in 5 Bildern

Text: Jiří Pauer, nach dem Schauspiel (1942) von Jan Bor (eigtl. Jan Jaroslav Strejček), nach der Erzählung (1941) von František Kubka
Uraufführung: 1. Fassung: 30. Dez. 1958, Nationaltheater, Prag; 2. Fassung: 4. Jan. 1959, Nationaltheater, Prag; 3. Fassung: 15. Okt. 1960, Theater F. X. Šaldy, Reichenberg/Liberec (hier behandelt)
Personen: Zuzana Vojířová (S); Petr Vok/Peter Wock, Regent des Geschlechts von Rožmberk/Rosenberg (Bar); Kateřina, seine Gattin (A); Ondřej Zacher, Zuzanas Bräutigam (T); Zuzanas Großmutter (A); Adam z Hradce, der höchste Burggraf des Königreichs Böhmen (B.Bar); Tomáš Roh, Edelmann in Rožemberks Diensten (B); Markyta, Hofmeistern des Frauengemachs (A); Bětka, Zuzanas Dienerin (S); Veronika, Zuzanas Amme (Mez); Barborka, Zwergin, Kateřinas Dienerin (stumme R); Kuneš (B) und Poněšický (Bar), Deichgräber; Věrník, Prediger der Böhmischen Brüder am Rožemberkschen Haus (Bar); Scholius, Leibarzt Petr Voks (B); Jirka, Schäfer (T); Vojtek, Hirtenknabe (T); Petr Vojíř, Edelmann in Zeleč (T). **Chor:** Volk
Orchester: 3 Fl (3. auch Picc), 3 Ob (3. auch E.H), 3 Klar (3. auch B.Klar), 2 Fg, K.Fg, 4 Hr, 3 Trp, 3 Pos, Tb, Pkn, Schl (gr.Tr, Bck, kl.Tr, Glsp, Xyl, Trg), Hrf, Cel, Streicher
Aufführung: Dauer ca. 2 Std. 15 Min.

Entstehung: Die unterschiedlichen Fassungen der 1954–57 entstandenen Oper resultieren aus Kürzungen, die nach aufführungspraktischen Gesichtspunkten vorgenommen wurden. Während in der 2. Fassung ein ganzes Bild gegenüber der 1. fehlt, hat Pauer in der 3. Fassung die Einleitung zum 2. Bild und damit die episodische Rolle des Edelmanns Václav Kapoun gestrichen. Eine spätere Kürzung (1978) betraf das Ballett der Hofdamen im 2. Bild.

Handlung: In Südböhmen, 1587–1620. 1. Bild: vor der Mühle von Zeleč; 2. Bild: Gemach im Schloß zu Bechin; 3. Bild: auf dem Schloß zu Krumau; 4. Bild: Voks Schlafgemach im Schloß zu Wittingau; 5. Bild: Schafstall des Edelmanns von Zeleč.

Ohne Freude sieht die Müllerstochter Zuzana ihrer Heirat mit Ondřej entgegen. Eine zufällige Begegnung mit dem Landesherrscher Petr Vok hat sie tief beeindruckt, so daß sie trotz der Warnungen der Großmutter vor dem als Schürzenjäger bekannten Herrn das väterliche Haus und den Bräutigam verläßt, um der Einladung ins Schloß zu folgen. Die Ehe des nach irdischen Freuden strebenden Vok mit der streng religiösen Kateřina ist seit langem zerstört und vom Schicksal der Kinderlosigkeit überschattet. Den Aufenthalt der kranken Kateřina in Karlsbad nutzt Vok, um Zuzana zu empfangen. Sie gestehen sich ihre Liebe, werden aber von Ondřej überrascht, der versucht, Vok zu überwältigen; Knappen bringen den racheschwörenden Bräutigam schließlich aus dem Schloß. Vok hat für Zuzana die Erhöhung in den Adelsstand erwirkt und ist überglücklich über die Geburt eines Sohns. Das Glück weicht jedoch schnell der Verzweiflung, als auf Veranlassung Kateřinas die Zwergin Barborka das Kind entführt. Barborka muß dafür mit dem Leben bezahlen, und Kateřina wird in die Verbannung geschickt. Durch kaiserlichen Befehl wird Vok zum Anführer des Feldzugs gegen die Türken bestellt. Jahre später stirbt er in den Armen Zuzanas, die auf seine Anordnung hin als seine legitime Frau geachtet werden soll. Doch bereits einen Tag nach seinem Tod wird sie aus dem Schloß gewiesen und streift, um ihr Erbe gebracht, bettelnd durch

Zuzana Vojířová, 1. Bild; Marie Kremerová als Zuzana; Regie: Ladislav Stros, Bühnenbild: Vladimír Nývlt, Kostüme: Josef Jelínek; Nationaltheater, Prag 1981.

das Land. Völlig entkräftet sucht sie Zuflucht in einem Schafstall, wo sie Ondřej begegnet, der sich seit dem Krieg als Landstreicher durchs Leben schlägt. Aus den Erzählungen des alten Schäfers Jirka erfährt Zuzana, daß vor Jahren ein Neugeborenes namens Petr in der Mühle abgelegt und von ihrem Bruder Zikmund aufgezogen wurde. Am nächsten Tag kommt der junge Freiherr Petr mit seinen Leuten vorbei. Sterbend erlebt Zuzana ihr höchstes Glück, dem wiedergefundenen Sohn in die Augen zu blicken.
Kommentar: Bors Schauspiel war durch seine patriotischen Anklänge während des zweiten Weltkriegs sehr populär gewesen und entsprach deshalb Pauers Ambitionen, eine Oper für breite Volksschichten zu schreiben. Die historischen Gestalten, der »letzte tschechische Ritter« Petr Vok z Rožmberka, seine Gattin Kateřina z Ludanic und Zuzana Vojířová, die der Überlieferung nach einer Adelsfamilie entstammte und Kateřinas Hofdame war, wurden in eine größtenteils erfundene romantische Fabel eingebunden. *Zuzana Vojířová* ist Pauers erste abendfüllende Oper. In ihrer Thematik steht sie in der Tradition der historischen Oper der tschechischen Romantik wie etwa Smetanas stofflich verwandter *Čertova stěna* (1882). Pauer bedient sich innerhalb einer durchkomponierten Gesamtanlage einer klaren motivischen Charakterisierung von Situationen, Stimmungen und Personen. So heben sich die lyrisch-kantablen Partien Zuzanas und Voks auf eindrucksvolle Weise von der Zwielichtigkeit der bizarren Stakkatomotivik Kateřinas und der Zwergin ab. Die Vokalpartien vermeiden bewußt extreme Lagen und Sprünge und zielen auf leichte Sanglichkeit und ausdrucksvolle Melodik, die von den romantischen Orchesterklang geschickt ausnutzenden Instrumentation unterstützt wird. Das ursprünglich eher durch Massenwirkung gekennzeichnete Werk erfuhr durch die mehrfachen Revisionen eine Konzentration auf die Schicksale der Protagonisten, wodurch die Handlung und der balladenhafte Charakter deutlicher hervortraten.
Wirkung: Das außerordentlich erfolgreiche Werk, das 1961 mit dem Staatspreis ausgezeichnet wurde, erlebte Inszenierungen an nahezu allen tschechischen Bühnen. Obwohl *Zuzana Vojířová* aufgrund ihres Traditionalismus und ihrer Zugeständnisse an geschmackliches Mittelmaß kontrovers diskutiert wurde, bleibt die Tatsache bestehen, daß diese Oper das einzige tschechoslowakische Werk nach dem zweiten Weltkrieg ist, das sich als überlebensfähig bewährt hat und zu einer beliebten Volksoper geworden ist.

Autograph: beim Komponisten. **Ausgaben:** Part: Dilia, Prag 1957; Kl.A: ebd. 1957; Kl.A, 3. Fassung, tschech./dt. Übers. v. B. Eben: Panton, Prag 1965; Kl.A, 3., rev. Fassung: Dilia, Prag 1979. **Aufführungsmaterial:** Dilia, Prag
Literatur: s. S. 656

Věra Vysloužilová

Holger Simon Paulli
Geboren am 22. Februar 1810 in Kopenhagen, gestorben am 23. Dezember 1891 in Kopenhagen

Konservatoriet eller Et avisfrieri
→ **Bournonville, August (1849)**

Kermessen i Brügge eller De tre gaver
→ **Bournonville, August (1851)**

Felipe Pedrell
Felipe Pedrell Sabaté; geboren am 19. Februar 1841 in Tortosa (Tarragona), gestorben am 19. August 1922 in Barcelona

I Pirenei
Trilogia in tre quadri e un prologo

Die Pyrenäen
Prolog, 3 Bilder

Text: Víctor Balaguer i Cirera, *Los Pirineus* (1890); Übersetzung aus dem Katalanischen ins Italienische: José Maria Arteaga y Pereira
Uraufführung: 4. Jan. 1902, Gran Teatro del Liceo, Barcelona
Personen: Prolog: Barde der Pyrenäen (Bar); die Stimme des Bernardo Sicart da Marjévols (Bar); 1. Bild: Graf von Foix (T); Ermessinda di Castellbó, Gräfin von Foix (S); Bernardo Sicart da Marjévols, Troubadour (Bar); Raimondo di Miraval, Ritter und Troubadour (T); Kardinallegat des Papsts (B); Brunissenda di Cabaret (S); Gemeschia di Minerva (S); Adelaide di Penautier (S); Raimondo, Spielmann (S);

Bertramo, Spielmann (S); Raggio di Luna, Gauklerin (A); 2. Bild: Graf von Foix (T); Raggio di Luna (A); Bernardo Sicart da Marjévols (Bar); Izàrn, Inquisitor (B); Corvario (B); 3. Bild: König Pietro III/Peter III. von Aragonien (stumme R); Raggio di Luna (A); Lisa, sizilianisches Mädchen, als Almugaver verkleidet unter dem Namen Lisardo (S); Ruggiero di Lauria, Admiral (Bar); Graf Ruggiero Bernardo III. von Foix (T); Lombardo, Anführer der Almugavers (B); Ulrico, Almugaver (T); Riusech, Almugaver (B); Chor auf u. hinter d. Szene: Mönche, Ritter, Damen, Troubadoure, Inquisitoren, Almugavers, Genien, Aragoneser, Katalanen, die Sieger am Tag von Panissar, Hofdamen, gemeine Soldaten, Falkner, Pagen, Schildwachen, Waffenträger, Spielleute, Dominikanermönche, Barone, Diener, Knappen, Pagen, Männer und Frauen aus dem Volk
Orchester: Picc, 2 Fl, 2 Ob, E.H, 2 Klar, 3 Fg, 4 Hr, 3 Trp, 3 Pos, Tb, Pkn, Schl (gr.Tr, Bck), Streicher; BühnenM auf u. hinter d. Szene: 6 Trp, 3 Pos
Aufführung: Dauer ca. 3 Std. 30 Min.

Entstehung: Pedrell wird heute vor allem als der Begründer der modernen spanischen Musikwissenschaft und Lehrer von bedeutenden Komponisten wie Manuel de Falla, Isaac Albéniz, Enrique Granados und Amadeo Vives gewürdigt; sein umfangreiches kompositorisches Werk ist darüber weithin in Vergessenheit geraten. Die Grundlage seiner Kenntnis gerade der älteren Musik, der er später viele Studien widmete, wurde in seiner Kindheit gelegt. Schon als Chorknabe in Tortosa und Schüler von Juan Nin lernte er die spanische und italienische polyphone Musik des 16. Jahrhunderts kennen. Im Klavierspiel und in der Kompositionstechnik weitgehend Autodidakt, interessierte er sich bald nach seiner Übersiedlung nach Barcelona im Gegensatz zum dort herrschenden italienischen Geschmack für die deutsche Romantik. Seine frühen Opern *El último Abencerraje* (Text: Juan Bautista Altés) und *Quasimodo* (Text nach Victor Hugo) wurden im Teatro del Liceo Barcelona 1874 und 1875 uraufgeführt; beruflich mußte er sich allerdings 1873 mit der Position des 2. Direktors des Zirkusorchesters bescheiden, nachdem er auf dem Gebiet der Operette und Zarzuela (spanisch und katalanisch) tätig gewesen war: *Lluch-Llach*, *Ells y elles*, *La veritate e la mentida*, *La guardiola* (alle Barcelona 1873). 1876 konnte er mit einem Stipendium nach Rom gehen, widmete sich dem Studium der alten Musik und komponierte religiöse Werke. Danach entstanden die »poemas liricos« *Mazzeppa* (Barcelona 1881) und *Il Tasso a Ferrara* (Madrid 1881; Texte: Achille de Lauzières). 1890 wandte er sich *I Pirenei* zu, mit denen er das Schlüsselwerk für eine autonome spanische Musikdramatik, jenseits der verbreiteten seichten Folkloristik, vorlegen wollte. Balaguer, der mit am einflußreichsten die »renaixença« der katalanischen Literatur im 19. Jahrhundert vertrat, hatte zunächst (1879) zwei Tragödien und dann eine Trilogie mit Prolog in katalanischen Versen geschaffen, die 1891 in Barcelona zum erstenmal öffentlich vorgelesen wurde. Mit nur geringen Kürzungen hat Pedrell den Text in relativ kurzer Zeit vertont und dabei nicht nur sein patriotisches Bewußtsein, sondern auch sein reiches musikgeschichtliches Wissen unter Beweis gestellt. Angaben zu seinem künstlerischen Anspruch und Details über seine Kompositionsweise hat er in der Schrift *Por nuestra musica* (1891) niedergelegt.

Handlung: Prolog, vor einem Prospekt der Pyrenäen: Beim ersten Morgenstrahl wendet der Barde sich an das Publikum und beschwört den Genius loci. Gekleidet in die weiße Tunika der Kelten, in der Hand eine goldene Harfe, kündigt er die Handlung an. Nach dem Lobpreis der Pyrenäen gibt er einen Abriß ihrer Geschichte. Er berichtet vom Kampf des französischen Königs gegen die Freiheitssehnsucht und höfische Kultur des Südens, die auch durch das Blut der Albigenser und die Zerstörung der Schlösser und Liebeshöfe nicht besiegt werden konnten.

1. Bild, »Der Graf von Foix«, Ehrensaal im Schloß von Foix, 1218; früher Abend vor Ausbruch eines Sturms: Die Gräfin von Foix, eine gebürtige Katalanin, pflegt auf dem Schloß, das zum Zufluchtsort für Damen und Troubadoure geworden ist, den Lebensstil des französischen Südens, während der Graf von Foix mit dem Grafen von Toulouse unterwegs ist, um ein Heer für die Rückeroberung des Vaterlands aufzustellen. Ein Kardinallegat des Papsts ist auf dem Schloß angekommen, um in geheimem Auftrag diese »Ketzerhöhle« in Augenschein zu nehmen und, wenn mög-

I Pirenei; Figurine: Apeles Mestres; Uraufführung, Gran Teatro del Liceo, Barcelona 1902. – Der katalanische Schriftsteller, unermüdlicher Streiter für die Belange seines Volks, arbeitete auf vielfältige Weise für das Theater: als Librettist ebenso wie als Bühnen- und Kostümbildner.

lich, mit dem Bann zu belegen. Raimondo di Miraval und Bernardo Sicart da Marjévols, Troubadoure, die in Foix Aufnahme gefunden haben, beklagen das Schicksal des Vaterlands, das nur noch zwei Bastionen dem König von Frankreich und dem Papst entgegenstellen kann: Foix als Asyl der Künste und feinen Lebensart und Montsegur als Hort albigensischen Heldentums. Als der Sturm nachläßt, versammelt die Gräfin die Gäste zu einem prunkvollen nächtlichen Fest, bei dem die Moriskin Raggio di Luna singend und tanzend auftritt. Während eines Liebeshofs erörtern die Troubadoure mit den Damen die Frage, ob jemand, der in der Liebe untreu geworden, jemals wieder Glauben finden kann. Dem ritterlichen Wettgesang folgt Miravals Elegie auf die unglückliche Liebe Margheritas, der Gemahlin Raimondos von Castel-Roussillon, und des Troubadours Guglielmo di Cabestany, dem der eifersüchtige Ehemann den Kopf abschlug und sein Herz gebraten Margherita vorsetzte. Sie aß und ergab sich, als sie die Wahrheit erfuhr, dem Hungertod aus dem makabren Grund, daß ihr niemals der Geschmack des Geliebten verlorengehen sollte. Die aufkommende patriotische Stimmung wird vom Kardinallegaten unterbrochen, der zum Gehorsam gegenüber dem Papst und dem französischen König aufruft. Den mutigen Worten der Gräfin schleudert er den Bannstrahl der Kirche entgegen. In diesem Moment brechen sich die Verteidiger durch den Fußboden des Saals Bahn: Es ist der gefangen geglaubte Graf von Foix mit seinen Mannen.

2. Bild, »Raggio di Luna«, Kreuzgang der Abtei von Bolbona; eine Hälfte wird vom Mond erhellt; 27 Jahre später: Schloß Montsegur ist die einzige Bastion, die am Ende der Albigenserkriege den päpstlichen und französischen Angriffen standhielt. Der Graf von Foix hat sich nach Übergabe seines Schlosses in die Abtei zurückgezogen. Sicart, als Jakobspilger verkleidet, ist auf der Suche nach dem Grafen, um ihn zum Kampf für Montsegur aufzufordern; er begegnet jedoch zunächst Raggio. Beide entdecken den als Mönch verkleideten Grafen, der seine eigene Beerdigung inszeniert hat, um der Inquisition zu entgehen. Er hat resigniert, seit der junge Graf von Toulouse mit dem französischen Grafen paktiert. Auch als er erfährt, daß Schiaramonda und Lupo di Foix in Montsegur sind, ist er nicht zu gewinnen. Erst die Erinnerung an Vater Ramon Ruggier und sein Gelübde, Stella d'Aura (die auf Montsegur ist) zu beschützen, da sie ihm einst das Leben gerettet hatte, können ihn umstimmen. Er befiehlt, das vereinbarte Signalfeuer auf dem Bidorta zu entzünden. Es ist jedoch zu spät. Der Katalane Corvario meldet den Fall Montsegurs und den Tod der Albigenser und Patrioten auf dem Scheiterhaufen. Als der Inquisitor Izärn, ein ehemaliger Troubadour, und seine Helfer erscheinen, ist der Lebenswille des Grafen gebrochen. Zusammen mit Raggio, Sicart und Corvario ergibt er sich.

3. Bild, »Der Tag von Panissars«, Lager der Almugavers; im Hintergrund Berge mit gangbaren Wegen; die Nacht bricht an; 1285: Vor dem Lager gräbt die nunmehr 80jährige Raggio ihr Grab und singt das Lied vom Tod Giovannas. Lisardo steht auf Wache; er ist eigentlich ein verkleidetes sizilianisches Mädchen aus Messina namens Lisa, das aus Dankbarkeit für die Errettung ihres Vaterlands König Pietro III als Soldat dient. Raggio und Hauptmann Lombardo, der Anführer der Almugavers, sehen in der Vernichtung des französischen Heers die Möglichkeit zur dauerhaften Befreiung der Pyrenäen. Die Gelegenheit ist günstig. Der französische König hatte sein Heer zwar auf Schleichwegen am aragonesischen Heer vorbei nach Katalonien führen können, wurde aber durch die Pest zum Rückzug über den von Pietro beherrschten Coll de Panissars gezwungen. Die günstige Fügung, daß der König Pietros Schwager ist, scheint zunächst von Vorteil für die Franzosen zu sein, wenn da nicht die rachsüchtigen Almugavers wären, die Raggio zusätzlich mit einem Kriegslied aufstachelt. Der Admiral Ruggiero di Lauria ist noch unentschlossen; erst wenn ein dreifacher Hornstoß ertönt, soll der gewährte freie Abzug null und nichtig sein. Graf von Foix (jetzt Ruggiero Bernardo III.) steht auf der Seite des französischen Königs und tritt als sein Unterhändler auf. Raggio bemerkt dies mit Abscheu und stellt ihn zur Rede. Inzwischen ist allerdings das Horn erschallt; die Almugavers stürzen sich auf die Franzosen, und auch Luria und Pietro zögern nicht mehr. Am Ende des Gemetzels läßt sich Raggio in ihr Grab fallen. Die Pyrenäen sind frei! Lisardo sinkt dankbar auf die Knie und huldigt Pietro von Aragonien.

Kommentar: *I Pirenei* ist Pedrells ehrgeizigstes Werk, für dessen Durchsetzung er lange kämpfen mußte. Der historische Hintergrund um das mythisch und mystisch interpretierte Gebirge des katalanischen Patriotismus sind die Albigenserkriege des 13. Jahrhunderts und die damit zusammenhängenden Auseinandersetzungen der benachbarten Königreiche Frankreich und Aragonien. Bei aller Verehrung für Richard Wagner und ungeachtet der erkennbaren formalen Anleihen war Pedrell sich darüber im klaren, daß der »genio latino« Ausdrucksweisen ohne philosophisch-ästhetische Basis verlangte. So sieht er das Vorbild seines »drama lirico« eher in der russischen Schule des »mächtigen Häufleins« (Zesar Kjui war einer seiner nachdrücklichsten Bewunderer) und rechtfertigt damit den starken Anteil der autochthonen Volksmusik, die er getreu dem Ideal des »Casticismo« in die Komposition integriert hat. Die Leitmotive, wie die Lieder der Raggio di Luna, sind denn auch melodisch und harmonisch unmittelbar auf die Personen bezogen und spielen sich weniger im Orchester als in den Gesangsstimmen ab. Zugleich bemüht sich Pedrell um eine historisierende Patina und benutzt orientalisierende und modale Harmonien, gregorianische Anklänge, Satztechniken der alten Polyphonie und natürlich die aus verschiedenen musikalischen Einflüssen hervorgegangene Troubadourlyrik. Während der Prolog ein thematisches Resümee der hauptsächlichen musikalischen Ideen der Trilogie ist und in einem Halleluja endet, das dem Benedictus eines spanischen Zeitgenossen Giovanni Pierluigi da Palestrinas (Juan Ginés Pérez) nachempfunden ist, hat Pedrell für die drei Bilder akribisch die spanische Musikliteratur durchforstet, um den historisch adäquaten Ausdruck zu finden. Als Symbol des sich um die Pyrenäen rankenden Vaterlandsbegriffs ist die Figur der Raggio für die dramatische Gesamtstruktur der Trilogie signifikant. Ihr erstes Lied, »Orientale« (1. Bild), hat einen spezifisch spanischen Charakter. Im zweiten Lied, »La morte di Giovanna« (1. Bild), soll durch die Kombination einer ursprünglich türkischen Melodie (»Iskia samaisi«) mit dem katalanischen Lied vom Conte Arnau der hispanoprovenzalische Kulturkreis gekennzeichnet werden, wobei Giovanna für die albigensische Kirche steht. Des weiteren hervorzuheben sind das spielerische Liebesduett Miraval/Brunissenda (1. Bild), das auf einer spanischen Villanesca basiert, die sorgfältige Rekonstruktion des Liebeshofs und schließlich im 3. Bild das Lied an den Stern (»canço del estel«) Lisardos, der Kriegsgesang der Almugavers, der ein katalanisches Lied aufnimmt, und der hymnische Schluß. Als Großstruktur ist *I Pirenei* Teil eines Triptychons getreu dem Wahlspruch der katalanischen »Jocs Florals« (begründet 1859): Patria, Amor und Fides. Für Patria steht *I Pirenei*, für Amor die 1904 erschienene (nicht aufgeführte) Tragicomedia lirica *La Celestina* (eigener Text nach Fernando de Rojas), für Fides das »Festival lirich popular« *El conte Arnau* (komponiert 1904, Text: Joan Maragall), das als Pedrells bestes Werk gilt.

Wirkung: Die Partitur wurde Anfang 1891 fertiggestellt und am 23. Sept. der Jury des Teatro Real Madrid vorgelegt. Am 10. April 1892 nahm die Dirección de Instrucción Publica sie mit besonderer Belobigung an; ein königlicher Befehl verfügte am 30. April die Uraufführung, freilich ohne jeden Effekt. Statt dessen führte das Liceo Benedetto Marcello Venedig am 12. März 1897 auf Initiative des Musikkritikers Giovanni Tebaldini hin den Prolog konzertant auf. Die erste szenische Präsentation ließ noch auf sich warten, obwohl viele Theater (unter anderm die Scala Mailand und das Teatro Regio Parma) sie erwogen hatten. Die internationale Aufmerksamkeit der Kritik führte schließlich (wohl besonders auf Betreiben von Arrigo Boito) zur szenischen Uraufführung, zum Leidwesen Pedrells jedoch nicht in katalanischer, sondern in italienischer Sprache (Dirigent: Juan Goula). In der ansonsten schwachen Sängerbesetzung wird in den Kritiken besonders Armida Parsi-Petinella (Raggio) hervorgehoben. Sicart und den Barden sang Mauricío Bensaúde. Die Kostüme entwarf der Allroundkünstler Apeles Mestres, das Bühnenbild Maurici Vilomara. 1910 wurde das Werk am Teatro Colón Buenos Aires gespielt. In Spanien erschien es (allerdings nur der Prolog) erst wieder 1938 (Dirigent: Josep Sabater). Es wurde mitten im Bürgerkrieg im Rahmen eines katalanischen Abends im Liceo Barcelona gegeben, zusammen mit der komischen Oper *El giravolt de maig* von Eduardo Toldrá (Barcelona 1928, Text: Josep Carner) und symphonischen Werken von Joaquín Zamacois, Enrique Casals und Albéniz. Den politischen Aspekt des Abends unterstrichen die katalanischen Hymnen *Els Segadors* und *Himmo de Riego*.

Autograph: Bibl. de Catalunya Barcelona (Ms. 797). **Ausgaben:** Kl.A, katalanisch/ital. Übers. v. J. M. Arteaga y Pereira, frz. Übers. v. J. Ruelle: Pujol, Barcelona [1902]; Textb., dt. v. J. Fastenrath: Lpz., Reissner 1892
Literatur: R. MITJANA, La música contemporánea en España y F. P., Málaga 1901; H. DE CURZON, F. P. et ›Les Pyrénées‹, Paris 1902; G. BECKER, F. P. »Le Richard Wagner de l'Espagne«, Lausanne 1913; A. REIFF, F. P., in: ZfMw 3:1921; DERS., Ein Katalog zu den Werken von F. P., in: AfMw 3:1921, S. 86–97; L. VILLALBA MUÑOZ, F. P. semblanza y biografía, Madrid 1922; E. ISTEL, F. P., in: MQ 11:1925; M. DE FALLA, Escritos sobre música y músicos, Buenos Aires 1950, Madrid ³1972; J. GOMEZ, Los problemas de la opera española, Madrid 1956; F. BONASTRE, F. P.: acotaciones a una idea, Tarragona 1977

Henning Mehnert

Carlo Pedrotti

Geboren am 12. November 1817 in Verona (Venetien), gestorben am 16. Oktober 1893 in Verona

Tutti in maschera
Commedia lirica in tre atti

Alle maskiert
3 Akte (4 Bilder)

Text: Marco Marcelliano Marcello, nach der Komödie *L'impresario delle Smirne* (1760) von Carlo Goldoni
Uraufführung: 4. Nov. 1856, Teatro Nuovo, Verona
Personen: Abdalà, ein reicher Geschäftsmann aus Damaskus (Bar); der Cavaliere Emilio, Geliebter Vittorias (T); Vittoria, »die Königin«, Primadonna (S); Don Gregorio, Musikmaestro und Künstleragent (B); Dorotea, eine weitere Primadonna, Frau Don Gregorios, Geliebte des Cavaliere (Mez); Martello, Textautor der Operntruppe (B); Lisetta, Kammermädchen des Cavaliere Emilio (S). **Chor, Statisterie:** Cavalieri, Gesangsvirtuosen, Masken, Eunuchen, Burschen, Diener
Orchester: Picc, 2 Fl, 2 Ob, 2 Klar, 2 Fg, 4 Hr, 2 Trp, 3 Pos, Bombardon, Pkn, Schl (gr. Tr, Trg), Streicher
Aufführung: Dauer ca. 2 Std. 30 Min.

Entstehung: Die Entstehung von *Tutti in maschera* fällt wie die von gut zehn weiteren der 19 Opern Pedrottis in die Jahre 1845–68, die er in seiner Heimatstadt zunächst als Lehrer, später als Direktor des Teatro Filarmonico und des Teatro Nuovo verbrachte. Mit ihrer Musikkomödie und insbesondere der charakteristischen Figur des türkischen Impresarios knüpften Pedrotti und Marcello an eine spezifische Sujettradition der Opera buffa an, die sich bereits in Stücken wie Pietro Metastasios Intermezzo *L'impresario delle Isole Canarie* (1724) manifestiert hatte.

Handlung: In Venedig, 1780.
I. Akt, 1. Bild, ein Café: Man läßt sich über die tags zuvor in Szene gegangene Oper aus; keiner wird geschont, auch nicht der Textdichter Martello, der gerade mit der Abfassung neuer Verse beschäftigt ist. Plötzlich hört man jemanden singen; es ist Don Gregorio, der Komponist der ausgepfiffenen Oper. Gregorio bekräftigt, ein Genie auf seinem Gebiet zu sein; da der Prophet im eigenen Land aber offenbar nichts gelte, habe er beschlossen, das Angebot eines türkischen Impresarios anzunehmen und italienische Opern in Damaskus auf die Bühne zu bringen. Alle machen sich über Gregorio lustig, der davon unbeeindruckt erklärt, sein Genie werde in der Türkei wahre Triumphe feiern. 2. Bild, Saal und Kabinett im Haus des Cavaliere Emilio: Dorotea sucht Emilio auf, um Briefe zurückzufordern, die ihrem Ruf schaden könnten. Während sie im Salon wartet, vernimmt sie die Stimme Vittorias und versteckt sich im Kabinett. Vittoria hat kein Vertrauen mehr zu Emilio; bevor sie dem Wunsch des Geliebten entspricht und sich aus dem Theater zurückzieht, möchte sie sich dessen aufrichtiger Zuneigung versichern. Emilio erscheint. Es kommt zu einer heftigen Auseinandersetzung zwischen beiden, doch versöhnen sie sich wieder. Gregorio tritt ein, und Vittoria versteckt sich im Kabinett. Auf Gregorios Frage nach ihrem Verbleib antwortet Emilio, sie nicht gesehen zu haben. Als vom Kabinett Frauenstimmen herüberdringen, schöpft Gregorio Verdacht. Vittoria kehrt zurück und klagt Emilio der Treulosigkeit an. Gregorio vermutet Lisetta im Kabinett und begibt sich dorthin, um mit ihr zu turteln. Nichtsahnend schließt er die eigene Frau in die Arme, beide überschütten sich mit Vorwürfen.
II. Akt, Hotel: Die Künstler warten auf den Impresario. Als er erscheint, umringen sie ihn in der Hoffnung, von ihm engagiert zu werden. Abdalà zeigt jedoch nur an Vittoria Interesse und bittet, mit ihr allein gelassen zu werden. Vittoria wehrt sich gegen Abdalàs Aufdringlichkeiten. Von seiner Einladung zu einem Maskenball fühlt sie sich zwar kompromittiert und tadelt ihn dafür, bittet ihn dann aber doch um ein Engagement. In der Hoffnung, sie auf diesem Weg erobern zu können, gibt Abdalà Vittoria eine Zusage. Befriedigt macht sie sich davon, und Abdalà zieht sich auf sein Zimmer zurück. Dort findet sich Dorotea ein, auch sie in der Hoffnung auf ein Engagement. Zu den sich in der Hotelhalle sammelnden Künstlern stoßen Vittoria und Emilio. Abdalà händigt Vittoria den Vertrag aus. Während sie diesen zurückreicht, verliert sie das Einladungsbillett. Abdalà präsentiert seine Künstler, und da noch ein Tenor fehlt, schließt er einen Vertrag mit Emilio. Gregorio findet das Billett; es steht kein Name darauf, aber die Verkleidung, in der die Adressatin auf dem Ball erscheinen soll; alle sind neugierig, das Fest wird das Geheimnis lüften.
III. Akt, Salon im Teatro La Fenice: Vittoria eröffnet den Maskenball mit einem Lied im venezianischen Dialekt. Gregorio, der die Empfängerin des Billetts zu entlarven sucht, hat sich als Abdalà verkleidet. Dorotea erscheint den Angaben auf dem Billett entsprechend in der Verkleidung eines himmlischen Dominos mit schwarzem Band und versucht, im Glauben, es handle sich um Abdalà, Gregorio zu verführen. Obwohl er das Spiel der Gemahlin durchschaut hat, läßt sich Gregorio zunächst nichts anmerken; dann allerdings packt ihn die Wut, und er gibt sich zu erkennen. Die Eheleute geraten in Streit und ziehen sich zurück. Emilio ist ebenfalls als Abdalà erschienen; er trifft auf Vittoria, die sich das Kostüm eines himmlischen Dominos mit schwarzer Schleife angelegt hat. Ihr Gegenüber für Abdalà haltend, bittet sie, von ihrem Engagement entbunden zu werden; sie liebe Emilio und wolle bei ihm in Venedig bleiben. Da entpuppt sich der vermeintliche Abdalà als Emilio; überglücklich fallen sich die Liebenden in die Arme. Außer sich vor Wut zerrt Abdalà Gregorio herein, den zweiten Abdalà auf dem Maskenball. Doch gibt es dort sogar noch einen dritten, Emilio; Abdalà ist sprachlos. Schließlich wird das Versteckspiel aufgelöst, Abdalà hat ein Einsehen und entbindet Vittoria von ihrem Vertrag. Sie wird Emilio heiraten. Die endlich zusammengestellte Operntruppe schickt sich an, Venedig via Türkei zu verlassen.

Kommentar: Obgleich in der Bedeutung gesunken, blieb doch das komische Genre für die italienischen Komponisten auch im 19. Jahrhundert ein stetiger Bezugspunkt, und in den dramaturgischen wie musikalischen Gestaltungsmerkmalen ist *Tutti in maschera* ganz einer Tradition verpflichtet, der Rossinis und Donizettis Beiträge neue Impulse gegeben hatten. Doch sind es gerade nicht diese neueren Tendenzen innerhalb des Genres, etwa die Annäherung an die Charakterkomödie in Donizettis *Don Pasquale* (1843), an die Marcello und Pedrotti anknüpften, vielmehr Stoffkonventionen (Türkismus, Opernparodie) und musikalische Modelle des 18. Jahrhunderts, die *Tutti in maschera* als frühes Beispiel des Opera-buffa-Historismus in der italienischen Oper erscheinen lassen. Seinen ungeteilten Zuspruch beim damaligen Publikum verdankt Pedrottis erfolgreichstes Werk ohne Zweifel dem von brillantem Witz geradezu sprühenden Textbuch und dessen gekonnter musikalischer Realisierung. An keiner Stelle vermittelt die Musik den Eindruck der Langatmigkeit, sie besticht im Gegenteil durch ihre dem raschen Wechsel von pathetisch-sentimentalen und komischen Szenen spontan folgenden Wandlungsfreudigkeit. So präsentiert sie im I. Akt die Arie des Cavaliere »Perchè non posso al fascino« (I/2) als eher konventionelles Moment pathetischer Selbstdarstellung des enttäuschten Liebhabers durch eine von großem Atem beseelte melodische Phrase, deren virtuose Auszierung die Emphase des einzelnen Worts sensibel nachzeichnet. Gänzlich verschieden von diesem Stück kennzeichnet die Kavatine »Don Gregorio, il Semicroma« (I/3) mit ihrer rasanten Deklamation der Textsilben und einer bestechenden Wechselwirkung zwischen musikalischem und textlichem Rhythmus das eingebildete Musikgenie Gregorio. Besondere Beachtung verdient das Quartettfinale des I. Akts (I/8). Es vereint die zwei Stimmenpaare, Emilio und Vittoria einerseits, Gregorio und Dorotea andrerseits, in einem sehr beseelten Satz, der die wechselseitigen Anklagen der Figuren mit einem kontinuierlichen punktierten Rhythmus durchpulst und in den Stimmführungen pointiert. Obwohl in ihrem feierlichen Gestus eher nach konventionellem Muster gestaltet, erweist sich die vom Introduktionschor zum II. Akt vorbereitete, sinnigerweise dem Türken Abdalà anvertraute Kanzone »Viva l'Italia« (II/1) musikalisch als äußerst effektvoll. Die Interpretin der Vittoria hat sich nach ihrer vergleichsweise unauffälligen »Canzonetta veneziana« (III/1), die sie im Verlauf des Maskenballs zum besten gibt, mit »Con te trascorrere« einem technisch höchst anspruchsvollen Schlußrondo (III/11) zu stellen, dessen virtuose Triller, chromatische Läufe und melodische Zuspitzungen nach Belcantomanier dem Werk einen brillanten Schlußakzent verleihen.

Wirkung: Nach seiner erfolgreichen Uraufführung mit Davide Squarcia (Abdalà), Giovanni Petrovich (Emilio), Laura Ruggero (Vittoria), Pietro Mattioli Alessandrini (Gregorio), Adele Ruggero (Dorotea) und Luigi Bisi (Martello) erschien das von der Kritik als Beispiel einer in jeder Hinsicht perfekten komischen Oper gewürdigte Werk im folgenden Jahr in Genua, wo es Angelo Mariani zur Eröffnung des Teatro Gustavo Modena di Sampierdarena dirigierte; seine Interpreten waren unter anderm Nina Barbieri-Thiolier und Luigi Fioravanti, die auch die sich unmittelbar anschließenden Vorstellungen am Teatro Carlo Felice bestritten. Genueser Bühnen brachten *Tutti in maschera* erneut 1862, 1876 und 1903. 1859 erschien es erstmals in Mailand am Teatro Santa Radegonda, 1861 am Teatro Canobbiana (dort erneut 1864). Bei der Parmaer Erstaufführung 1859 wirkten drei Interpreten der Uraufführung mit: Laura und Adele Ruggero sowie Petrovich. 1865 stand das Werk erneut in Parma auf dem Spielplan (mit Amalia Fumagalli-Targhini). 1859 brachte es Pest als erste Stadt außerhalb Italiens heraus, zunächst deutsch, noch im selben Jahr auch ungarisch (übersetzt von Ferenc Ney). Neben den erwähnten folgten Aufführungen 1860 in Bologna, 1862 in Malta, 1863 in Barcelona, 1864 in Neapel und Cremona, 1865 in Wien (deutsch von Johann Christoph Grünbaum) sowie 1869 in Paris (Théâtre Athénée; französisch von Nuitter und Alexandre Beaumont). *Tutti in maschera* hielt länger als jedes andere seiner Werke die Erinnerung an Pedrotti wach. Nach Cremona (1876), Triest (1888) und Novara (1899) lassen sich Aufführungen bis weit ins 20. Jahrhundert nachweisen (Verona 1924, Pesaro 1930).

Autograph: Vlg.-Arch. Ricordi Mailand. **Ausgaben:** Kl.A: Ricordi [1857], Nr. 29281-306; Ricordi [1872], Nr. 42058; Escudier, Paris; Textb.: Mailand, Pirola [1856]; Ricordi 1859, 1861, 1862, 1864, 1934, 1935; Textb., dt. v. J. C. Grünbaum: Wien, Klopf & Eurich 1858
Literatur: E. HANSLICK, Musikalische Stationen. Der »Modernen Oper« II. Theil, Bln. 1885, Nachdr. Farnborough 1971, Bd. 2, S. 45–74; I. VALETTA, C. P., in: Nuova antologia 1893, 3. Serie, Bd. 48, S. 251–268; T. MANTOVANI, C. P., Pesaro 1894; L. TORCHI, C. P., in: RMI 1:1894, S. 137–141

Paola Moscarelli

Krzysztof Penderecki

Geboren am 23. November 1933 in Dębica (bei Rzeszów)

Die Teufel von Loudun
Oper in drei Akten

Text: Krzysztof Penderecki, nach *The Devils of Loudun* (1952) von Aldous Leonard Huxley in der Dramatisierung als *The Devils* (1960) von John Robert Whiting, unter Benutzung der Übersetzung des Dramas als *Die Teufel* (1960) von Erich Fried
Uraufführung: 20. Juni 1969, Hamburgische Staatsoper, Hamburg
Personen: Jeanne, Priorin des Ursulinenordens (dramatischer S oder hoher Mez); Claire (Mez), Gabrielle (S) und Louise (A), Schwestern des Ursulinenordens; Philippe, ein junges Mädchen (hoher S); Ninon, eine junge Witwe (A); Grandier, Pfarrer von St. Peter (Bar); Vater Barré, Vikar von Chinon (B); Baron de Laubardemont, Kommissär des Königs (T); Vater Rangier (tiefer B); Vater Mignon, Beichtvater der Ursulinen (T); Adam, Apotheker (T); Mannoury, Chirurg (Bar); d'Armagnac, Bürgermeister (Spr.); de Cerisay, Stadtrichter (Spr.); Prinz Henri de Condé, Gesandter des Königs (Bar); Vater Ambrose, ein alter Priester (B); Bontemps, Kerkermeister (B.Bar); Gerichtsvorsteher (Spr.). Chor, Statisterie: Ursulinen, Karmeliter, Volk, Kinder, Wachen, Soldaten
Orchester: 4 Fl (1. u. 2. auch Picc u. A.Fl), 2 E.H, Klar, Kb.Klar, 2 A.Sax, 2 Bar.Sax, 3 Fg, K.Fg, 6 Hr, 4 Trp, 4 Pos, 2 Tb, Pkn, Schl (MilitärTr, ReibTr, gr.Tr, Frusta, 5 Holzblöcke, Ratsche, Guiro, Sapo cubana, Bck, 6 hängende Bck, 2 Tamtams, 2 Gongs, javanischer Gong, Trg, Röhrenglocken I u. II, ca. 30 versch. Metallröhren, Meßglöckchen, Kirchenglocke, Säge, Flexaton), elektr. B.Git, Hrf, Kl, Harm, Org, 20 Vl, 8 Va, 8 Vc, 6 Kb, Tonbänder mit Glockengeläut
Aufführung: Dauer ca. 2 Std. 30 Min. – Zwei für die Warschauer Inszenierung von 1975 hinzugekommene Szenen werden nur gelegentlich benutzt: Grandiers nachts in seiner Kirche selbst vollzogene heimliche Eheschließung mit Philippe (II. Akt) und die mitten ins 2. Finale geschobene Sitzung des Kronrats mit König Ludwig XIII. und dem Herzog von Richelieu, in der über Grandiers Schuld entschieden wird. Die Trauungsszene ist komponiert, im Kronrat wird nur gesprochen.

Entstehung: Im Sommer 1964 las Penderecki zum erstenmal Whitings Drama, auf das ihn Konrad Swinarski nach der Londoner Uraufführung hingewiesen hatte. Penderecki entschloß sich sofort zur Komposition und erhielt 1967 den Kompositionsauftrag von Rolf Liebermann für die Hamburgische Staatsoper. Das Endstadium der Komposition trug alle vom Verlag und von den ersten Interpreten so gefürchteten Anzeichen von Pendereckis Arbeitsweise: Noch wäh-

rend der Probenzeit fehlten Teile der Partitur, bis wenige Tage vor der Premiere immer noch der Schlußchor. Das Uraufführungsdatum zur Eröffnung des 43. Weltmusikfests der Internationalen Gesellschaft für Neue Musik wurde dennoch eingehalten.
Handlung: In der französischen Stadt Loudun (Vienne), 1634.
I. Akt, Jeannes Zelle, Straßen von Loudun, ein Badezuber, Kirche, Beichtstuhl, die Stadtmauer, Kreuzgang, Apotheke: Als nächtliche Vision sieht Jeanne den gemarterten Grandier im Ketzerhemd auf dem Weg zur Hinrichtung. Die reale Handlung beginnt mit dem Eintritt von Claire, die einen Brief Grandiers bringt, in dem er Jeannes Wunsch ablehnt, geistlicher Berater des Ursulinenklosters zu werden. Jeanne verfällt in krankhafte Phantasien, in erotische Erregung. Mannoury und Adam beobachten und bespitzeln den von ihnen gehaßten Grandier; sie schreiben auf, was sein »liederliches Leben« bezeugt. Die hübsche Ninon kommt aus der Kirche; in einem Badezuber hat Grandier später mit ihr eine Liebesszene. In der Kirche betet Jeanne und flieht vor Grandier, dem Philippe im Beichtstuhl ihre Liebe gesteht; Grandier: er wolle ihr helfen. Laubardemont bringt den königlichen Befehl, die Stadtbefestigungen zu schleifen. Der Bürgermeister weigert sich und wird vom Pfarrer unterstützt. Grandier stellt sich damit gegen den König und macht sich politisch verdächtig. Auf der Straße machen sich Adam und Mannoury über Grandiers Geschlechtstrieb lustig. Jeanne berichtet ihrem Beichtvater Mignon von teuflischen Visionen: Nachts erscheine ihr ein toter Kanonikus in Gestalt Grandiers und spreche Obszönitäten. Mignon gibt das Gehörte an Mannoury und Adam weiter und verständigt die Exorzisten Barré und Rangier. Laubardemont verbündet sich mit ihnen gegen Grandier. Die Exorzisten unterbrechen Jeannes Gebet. Im Verhör dringt plötzlich eine Männerstimme aus ihr: Asmodeus, der Dämon der Wollust; sie nennt auch Grandiers Namen.

II. Akt, Kirche, Zelle, Klostergarten, auf den Befestigungswerken: Die Exorzisten beschwören die unreinen Geister in Jeanne; Mannoury und Adam müssen mit Klistieren helfen. Bürgermeister und Stadtrichter drängen Grandier, sich gegen die Vorwürfe der Nonnenverhexung zu verteidigen. Grandier: er habe die Nonnen nie gesehen. Jeanne wird erneut verhört. Sie berichtet, Grandier und sechs weitere Kreaturen hätten sie und ihre Schwestern nachts gezwungen, in der

Die Teufel von Loudun, III. Akt; George Fourie als Barré, Klaus Hirte als Bontemps, Colette Lorand als Jeanne, Carlos Alexander als Grandier, Alfred Pfeifle als Mignon, Herold Kraus als Laubardemont; Regie: Günther Rennert, Ausstattung: Leni Bauer-Ecsy; Staatstheater, Stuttgart 1969. – In einem Einheitsbühnenbild auf drei Ebenen inszenierte Rennert die 30 Stationen von Grandiers Passionsgeschichte realistisch-expressiv und atemberaubend virtuos.

Kapelle mit ihren nackten Leibern einen obszönen Altar zu bilden. Der Richter glaubt nicht an Grandiers Schuld und verbietet weitere Exorzismen. Philippe gesteht Grandier, daß sie schwanger ist. Er kann sich nicht zu dem Kind bekennen; ihr Vater solle einen guten Mann für sie finden. Die Schwestern bedauern, daß Vater Barré nicht mehr kommt, »weil man dem Erzbischof berichtet hat, wir seien törichte Frauenzimmer«. Richelieu hat sich durchgesetzt: Die Stadtmauern werden geschleift. Grandier ist in Gefahr, doch er vertraut Gott. Obwohl der erzbischöfliche Arzt die Nonnen für nur hysterisch erklärt, gelingt es Mignon, wieder höllische Geister in ihnen zu erwecken. Erneute Exorzismen werden befohlen: als öffentliches Schauspiel vor der Kirche. Die Nonnen geraten in Ekstase, reißen sich die Kleider vom Leib. Prinz Henri de Condé läßt Jeanne ein Reliquienkästchen auflegen, angeblich eine Phiole mit Christi Blut, worauf sie erklärt, vom Teufel befreit zu sein; doch das Kästchen ist leer und die Besessenheit als Betrug entlarvt. Da fährt der Teufel in Mignon und Rangier, auch in Frauen aus dem Volk. Barré schwingt das Kruzifix wie eine Keule. Wachen vertreiben das aufgeputschte Volk. Jeanne hat Angst. Grandier wird verhaftet.

III. Akt, drei Zellen, offener Platz, St.-Peters-Kirche, das Kloster Ursulas, der Ort des Autodafés: Der Kerkermeister erzählt dem schlaflosen Grandier, daß 30 000 Menschen gekommen sind, um seine Hinrichtung mitzuerleben. Grandier beichtet dem alten Vater Ambrose; gleichzeitig in einer zweiten Zelle die zweifelnde Jeanne mit Vater Mignon; in der dritten Mannoury und Adam, denen Laubardemont von Grandiers Verurteilung berichtet. Der wird hereingebracht und muß sich entkleiden. Adam und Mannoury müssen ihn kahlscheren, doch weigern sie sich, ihm auch die Fingernägel herauszureißen; der Kerkermeister muß es tun. Öffentlich der Unzucht, der Gotteslästerung und des Sakrilegs für schuldig befunden, beteuert Grandier trotz Androhung der Folter seine Unschuld. Jeanne wird von ihren Schwestern am Selbstmord gehindert. Während sie in einer Zelle betet, wird Grandier in einem andern Raum gefoltert, seine Beine werden ihm zerbrochen. Doch er bleibt standhaft. In einem Raum darunter berichtet Barré den Spitzeln, daß Grandier trotz schwerster Tortur kein Geständnis abgelegt hat; der Teufel habe ihn fühllos gegen Schmerz gemacht. In einer Prozession wird Grandier durch die Stadt getragen, seine zerbrochenen Beine hängen herunter. Vor St. Peter spricht ihm Ambrose letzte Tröstungen zu. Jeanne tritt aus der Klostertür: Ihre Vision vom Beginn ist jetzt Wirklichkeit, und es kommt zum ersten und einzigen Dialog mit Grandier. Barré und Laubardemont, die Grandier brutal am Pfahl martern, erzwingen kein Geständnis von ihm; er bittet um den Friedenskuß. Das empörte Volk zwingt Barré auf den Scheiterhaufen; sein Kuß löst zornige Judasschreie des Volks aus, wütend entzündet er den Holzstoß. Grandier bittet Gott um Erbarmen: »vergib meinen Feinden«. Die Menge zerstreut sich. Jeanne bleibt allein zurück, ins Gebet versunken.

Kommentar: Huxley stand für seine *Devils of Loudun* ein nahezu lückenloses Faktenmaterial zur Verfügung. Der Prozeß gegen Urbain Grandier hatte in ganz Europa Aufsehen erregt: Schon 1634, im Jahr der Verbrennung, erschien die erste Geschichte dieses Prozesses; 1644 kam die autobiographische Erzählung der Priorin Jeanne hinzu, 1693 in Amsterdam ein Bericht über Grandiers Prozeß. Penderecki strich Whitings Drama, in das auch erfundene Gestalten wie der Kloakenreiniger eingeführt sind, der in seinen Begegnungen mit Jeanne und Grandier eine distanzierende und reflektierende Funktion erfüllt, für seine Belange zusammen und setzte neue Akzente. Manche Personen fehlen in seinem Libretto, so auch der Kloakenreiniger; damit wendet er sich deutlich von der Dichtung ab und der historischen Wahrheit zu. Dafür war der Preis feinerer psychologischer Charakterisierungen zu zahlen, wie sie etwa aus Grandiers gestrichener Predigt zu gewinnen gewesen wären (Anklage Mannourys und Adams) oder aus seiner mit Philippe betriebenen Lektüre erotischer Schriften. Während bei Whiting Jeanne ein Gespräch mit dem Kerkermeister über die Verbrennung führt, macht Penderecki das Autodafé sichtbar. Für ihn sind die *Teufel von Loudun* ein Stück über Toleranz und Intoleranz. Grandier fällt einer politischen Intrige zum Opfer, aber auch Jeanne ist nicht eigentlich seine Kontrahentin, sondern ein Opfer religiös-politischer Fanatiker; ihre erotischen Wahnvorstellungen werden von Richelieus Handlangern zur benötigten Teufelsbesessenheit aufgeputscht. Die alte Kirchendoktrin des heiligen Johannes I. Chrysostomus, »Daemoni, etiam vera dicenti, non est credendum« (Dem Teufel ist nicht zu glauben, wenn er auch die Wahrheit spricht), von Penderecki als Motto seiner Oper vorangestellt, mußte in ihr Gegenteil verkehrt werden: Was der Teufel unter Einfluß des Exorzismus spricht, kann für juristische Zwecke als unumstößliche Wahrheit benutzt werden, und dies nicht im finsteren Mittelalter, sondern im Zeitalter der Aufklärung, im Frankreich René Descartes'. – Musikalisch knüpft Penderecki an seine *Passio et mors Domini nostri Iesu Christi secundum Lucam* (1966) an, in der er die Erfahrungen seiner experimentellen Frühzeit im Grenzbereich zwischen Klängen und Geräuschen, die radikalen Materialerprobungen mit verfremdeten Instrumental- und Vokalklängen, raffiniert gehandhabten Cluster- und Glissandotechniken nun mit melodischen, linear-polyphonen, auch harmonischen Aspekten in zwingende Zusammenhänge gebracht hat. Insgesamt geht er in der Oper jedoch sparsamer mit Musik um als in der *Passio*, zu Nutzen der Textverständlichkeit, zu Schaden einer individuelleren deklamatorischen Charakterzeichnung. Erstaunlich für einen Opernerstling ist die Unmittelbarkeit, mit der dramatische Situationen erfaßt werden: Jede der 30 Kurzszenen ist musikalisch plastisch umrissen, vor allem durch eine ausgeprägte Kunst, Atmosphäre zu schaffen, Situationen zu konfrontieren. Besonders prägnant gelingt die Orchester- und Chorsprache: Liegeklänge, Cluster und psalmodierende Repetitionen bestimmen die Kloster- und Kirchenszenen in ihrem eminent katholischen Ambiente. Aufrührerische Hektik (hergeleitet aus den Pilatus- und Golgathaszenen der Passion) kennzeichnen orgiastische Besessenheit, Teufelsaustreibungen, Folterung und Hinrichtung, wobei solch chorische und orchestrale Klangmagie allerdings manchmal zur Klangkulisse absinkt. Eine vielschichtige klangliche Vertiefung vermag dann aber im III. Akt die krassen Vorgänge musikalisch zu überhöhen. Die sparsam eingesetzte Musik hat ihre dramaturgische Bedeutung auch dort, wo sie das Geschehen hart akzentuiert oder mit buffonesker Trokkenheit Distanz schafft; nervöse Bruchstücke der elektrischen Baßgitarre schärfen die makabren Episoden des Chirurgen und Apothekers, lassen Illusionäres in kritische Ironie umschlagen. Dem entgegen stehen die Gregorianismen, mit denen die Nonnen eigenes Profil gewinnen. Die Korrespondenz des Männerquintetts in der Apotheke und des Nonnenquartetts im Klostergarten ist auffällig. Penderecki erzielt mit seiner gestischen Musik dramaturgische Zusammenhänge, die zwischen lapidarer Dramatik und weit ausgesponnener Lyrik, zwischen Erregung und Kontemplation dialektische Spannung haben. Die Musik enthebt die historischen Fakten ihrer Zeitbezogenheit, sie gewinnen kafkaeske Züge.

Wirkung: Die Oper wurde gleichzeitig in zwei grundverschiedenen Inszenierungen erarbeitet: Auf die Hamburger Uraufführung eines polnischen Teams (Regie: Swinarski; Ausstattung: Lidia Skarżyńska und Jerzy Skarżyński; Dirigent: Henryk Czyż, Widmungsträger des Werks) folgte zwei Tage später die Stuttgarter Premiere (Günther Rennert, Leni Bauer-Ecsy, János Kulka). Trotz großen Einsatzes der Sänger (Jeanne: Tatiana Troyanos, Grandier: Andrzej Hiolski, Barré: Bernard Ładysz, Rangier: Hans Sotin, Mignon: Horst Wilhelm) wurde die Hamburger Aufführung kein Erfolg. Rennerts Inszenierung (Colette Lorand, Carlos Alexander, George Fourie, Fritz Linke, Alfred Pfeifle) rehabilitierte das Werk; sie erzählte nicht wie die Swinarskis, sondern riß den Betrachter in die Dramatik hinein. Statt Historienoper in schön-schaurigen Bildern, die Swinarski mit phantastischen Pantomimengruppen belebte, blieb Rennert ganz im Kern des dramatisch-realistischen Geschehens. Rennert kam der Musik näher und verhielt sich zugleich kritischer gegenüber dem Text. – Danach verbreitete sich das Werk über die Bühnen der Welt: Die amerikanische Erstaufführung fand 1969 in Santa Fe (NM) statt, die polnische 1975 in Warschau. Die jüngste Inszenierung (Düsseldorf 1989) plädierte nachdrücklich für eine szenische Stilisierung und Aktualisierung, im Sinn etwa der Anliegen von Amnesty International (Günter Krämer, Carlo Diappi, Kulka; Jeanne: Trudeliese Schmidt, Grandier: Michael Busch).

Autograph: beim Komponisten. **Ausgaben:** Part, dt./engl.: Schott 1969, Nr. 6225; Textb.: Schott 1969. **Aufführungsmaterial:** Schott
Literatur: A. D. HOGARTH, Urbain Grandier. Wahrheit u. Widerspruch, in: [Bei-H. d. Schallplattenaufnahme Philips], Hbg. 1969; K. LISICKI, Skice o K. P., Warschau 1973; G. RENNERT, Opernarbeit. Inszenierungen 1963–1973, München 1974, S. 59f.; L. ERHARDT, Spotkania z K. P., Krakau 1975; W. SCHWINGER, P.s erste Oper – in memoriam Günther Rennert, in: Ph. Staatstheater, Stuttgart 1978; DERS., P. – Begegnungen, Lebensdaten, Werkkommentare, Stuttgart 1979, erw. engl. Ausg. London 1989; R. FROHN, Zur politischen Dimension von P.s Oper, in: Ph. Oper, Köln 1980; W. SCHWINGER, Dämonen, Engel und Gespenster. Der Opernkomponist K. P., in: Oper heute 10, Bln. 1987, S. 175–204

Wolfram Schwinger

Paradise Lost
Sacra Rappresentazione in Two Acts

Das verlorene Paradies
2 Akte

Text: Christopher Fry (eigtl. Christopher Harris), nach dem Epos *Paradise Lost* (1665) von John Milton
Uraufführung: 29. Nov. 1978, Lyric Opera, Chicago
Personen: John Milton (Spr.); Adam (Bar); Eve/Eva (S); Satan (dramatischer Bar); Beelzebub (T); Moloch (B); Belial (T); Mammon (Bar); Stimmen Gottes (Spr., kl. Männerchor); Tod (CounterT); Sünde (Mez); Zephon (Kol.S); Ithuriel (CounterT); Gabriel (T); Raphael (CounterT); Messias (Bar); Michael (T).
Chor, Kinderchor, Statisterie: gefallene Engel, Himmelsengel, Tiere. **Ballett:** Adam, Eve, Kain, Abel, Panther, Gazelle
Orchester: 4 Okarinen, Picc, 2 Fl (2. auch A.Fl), 3 Ob (3. auch E.H), 3 Klar (3. auch B.Klar), S.Sax, 3 Fg (3. auch K.Fg), 5 Hr, 3 Trp, 2 WagnerTb, 6 Pos, Tb, Pkn, Schl (gr.Tr, MilitärTr, kl.Tr, Bck, hängendes Bck, Tamburin, 2 Tamtams, Trg, Glocken, Glsp, Xyl, Vibr, Frusta, Tempelblock, Klappern, Ratsche, Claves, Gong, Schellenbaum), Hrf, Cel, Org, 24 Vl, 8 Va, 8 Vc, 6 Kb, Generator
Aufführung: Dauer ca. 3 Std. – 1979 komponierte Penderecki ein kleines Adagietto für Orchester (bisher nur konzertant aufgeführt), das in der Oper als Introduktion des Liebesduetts (II. Akt) stehen soll und Adams und Eves erste gemeinsame Nacht beschreibt. – Ithuriel und Raphael sowie Beelzebub und Gabriel können von jeweils einem Sänger gesungen werden.

Entstehung: 1973 erteilte Carol Fox, Direktorin der Lyric Opera, Penderecki den Kompositionsauftrag. Die amerikanischen Komponisten protestierten, daß ein Ausländer diesen Auftrag für den 200. Jahrestag der Unabhängigkeitserklärung der Vereinigten Staaten im Dez. 1976 erhalten hatte. Pendereckis Vorschlag von Miltons Stoff fand sofort Zustimmung. Fry erhielt den Auftrag für das Libretto, wobei ihn der Schauspieler Sam Wanamaker unterstützte, der ursprünglich auch als Uraufführungsregisseur vorgesehen war. Penderecki komponierte das Werk mit vielen Unterbrechungen in Polen, auf Reisen und zu großen Teilen auch in New Haven (wo er eine Gastprofessur an der Yale University innehatte) und mußte schließlich um eine Verschiebung des Uraufführungstermins bitten.

Handlung: Im Garten Eden auf der Erde, im Himmel, in der Hölle; im Zeitalter Miltons (17. Jahrhundert) und »Am Anfang...«; die Geschichte begibt sich vor dem inneren Auge des blinden Dichters Milton.

I. Akt: In Vorwegnahme späterer Ereignisse beklagen Adam und Eve nach dem Sündenfall die verlorenen Freuden des Paradieses. Milton berichtet, warum die Schlange die ersten Menschen verführte, und beginnt die Erzählung vom Fall Satans. Satan fordert seine Scharen, die gefallenen Engel, erneut zum Kampf gegen den Himmel auf: Kampfziel soll Gottes neue Schöpfung, der Mensch, sein. Gott erschafft Adam. Satan bricht unter donnernden Lobpreisungen zur Erde auf. Milton ist erbittert über die Eintracht der Teufel und die Zwistigkeiten der Menschen. Gott verbietet Adam, Früchte vom Baum der Erkenntnis zu essen. Sünde und Tod versperren Satan den Weg, bis die Sünde, Satans Haupt entsprungen, seine Tochter und Buhlin zugleich, die mit ihm den Tod zeugte, Satan die Höllenpforten entriegelt; durch das Chaos eilt er zu den Menschen. Adam gibt den Tieren Namen und beklagt seine Einsamkeit. Gottes Stimme kündigt ihm eine Gefährtin an, deren Erschaffung er in Trance erlebt. Satan quält der Ehevollzug Adams und Eves, und er sinnt Böses wider die Menschen. Seine Einflüsterungen lassen Eve von den verbotenen Früchten träumen. Noch kann Gabriel Satan vertreiben, aber schon richtet sich im Garten Eden die Schlange riesenhaft auf: Die Engel beklagen Eves künftiges Leid.

II. Akt: Milton berichtet von Satans Plan, sich in einer Schlange zu verbergen. Überrascht, ein Tier von der Kraft der Früchte reden zu hören, ißt Eve von ihnen. Ein Seufzen geht durch die Natur, der Garten Eden verblaßt. Eve, trunken, voll Sinnlichkeit und Eigenliebe, überredet den von ihrem Geständnis entsetzten Adam: Beide finden sich in Liebe und Lust und werden von Sünde und Tod beobachtet, wie sie aus Scham ihre Blößen bedecken. Gottes Stimme verkündet, daß der Mensch für seinen Ungehorsam »mit seinem ganzen Geschlecht« sterben soll. Christus bittet vergeblich um ihr Leben; er will sich für die Menschen opfern. Adam und Eve knien nieder und beten; Christus drängt seinen Vater, sie zu erhören. Gott entscheidet, sie aus dem Paradies zu vertreiben: sie sollen in Schmerzen, doch in Frieden leben. Satan und die gefallenen Engel feiern ihren Sieg. Doch ihr höllisches Gelächter bleibt ihnen im Hals stecken: Sie können nur noch zischen wie die Schlangen. Der Erzengel Michael führt Adam und Eve aus dem Paradies, versenkt Eve in Schlaf und zeigt Adam in Visionen die Zukunft der Menschheit: Brudermord, Pestilenz, Krieg und Sintflut. Satan, Tod und Sünde triumphieren. Michael ermahnt und ermutigt das Paar. Es beginnt die lange Wanderung des Menschen, »bis einst er an sich selbst erfährt die heil'gen Kräfte der Harmonie«.

Kommentar: Milton, der große Dichter des puritanischen Idealismus, war schon mit 43 Jahren völlig erblindet, führte seinen politisch-religiösen Kampf gegen die englische Krone jedoch fort. Nach der Enthauptung König Karls I. war er 1649 Sekretär des republikanischen Staatsrats geworden; erst die mit der Krönung Karls II. (1660) beginnende Restauration zwang ihn unterzutauchen. Jetzt vollendete er nach mehr als einem Jahrzehnt sein Hauptwerk, *Paradise Lost*, dessen mehr als 13 000 Verse in zwölf Bücher eingeteilt sind. Fry kompilierte Verse (manchmal auch nur Halbverse) aus allen zwölf Büchern. Er behielt Miltons altes Englisch weitgehend bei; auch die oft sehr poetischen Szenenanweisungen des Librettos sind Fragmente Miltonscher Verse. Zu den auffallendsten Abweichungen vom Epos gehört die Einführung Miltons als auftretender Person, der Fry *Paradise-Lost*-Verse in den Mund legt. Auch die großen Chöre (ebenfalls auf Milton-Verse) gibt es nur in der Oper. Christus ist im Epos die zentrale Gestalt, der Satan und seine aufständischen Scharen aus dem Himmel wirft. Im Libretto dagegen hat er nur zwei kurze Szenen als opferbereiter Heiland. Satan, auf der Bühne damit ohne direkten Gegenspieler (Gott selbst hört man nur als Stimme), ist theatralische Hauptfigur, Motor allen dramatischen Geschehens. Eve wird entgegen puritanischer Auffassung von Fry in ihrem Status als Frau aufgewertet. Eliminiert sind Miltons religionsphilosophische und kirchenpolitische Diskurse; auch die Hinweise auf Christi Fleischwerdung, Tod, Auferstehung und Himmelfahrt fehlen in der Oper. Adam baut deshalb am Ende seine Hoffnung ganz auf die Macht der Liebe. – Pendereckis zweite Oper gehört wie das *Violinkonzert* (1977), das *Te Deum* und die *Symphonie Nr. 2* (beide 1980) zu den Kompositionen, mit denen er seine erstaunliche Wende zur »romantischen Phase« vollzog und sich stilistisch der nachwagnerschen Chromatik verschrieb. Mit der Bezeichnung »Sacra Rappresentazione« knüpft er an die im 15. und 16. Jahrhundert vor allem in Florenz aufgeführten biblischen oder allegorischen Legenden an, die in prunkvollen Kostümen und Kulissen gespielt und gesungen wurden. Gattungsgeschichtlich ist das Werk im Spannungsfeld zwischen Cavalieris *Rappresentazione di anima et di corpo* (1600) und Orffs *De temporum fine comoedia* (1973) angesiedelt. Auffallend ist Pendereckis Vorliebe für schweren Pulsschlag (3/2-Takt) und dunkle orchestrale Baßregister. Manches erinnert an den trauernden Lyrismus Alban Bergs. Die variativen Entwicklungskünste dagegen folgen Béla Bartók. Neben hymnischem, breit ausschwingendem Melos (Duett Adam/Eve) dominiert ein differenzierter Rezitativgesang, der einzelnen Personen bestimmte Intervalle zuweist. Auch bestimmte Instrumentalfarben dienen der Personencharakterisierung: Streicher für Adam, Holzbläser für Eve, Blechbläser für Satan, Baßklarinette und Englischhorn für die Sünde, Holzklappern für den Tod (die in Verbindung mit dessen Countertenorstimme gespenstische Unwirklichkeit erzeugen). Die Sprechstimme Gottes wird von synagogalem Gesang unisono geführter Männerstimmen kontrapunktiert, nachempfunden der sakralen Zeremonie einer altsamaritanischen Sekte; Okarinen geben dazu den Klanghintergrund. Das reich besetzte Orchester in den gärend-explosiven, strawinsky-orffisch rhythmisier-

Tafel 15

Tafel 15

oben
Giovanni Pacini, *L'ultimo giorno di Pompei* (1825), II. Akt, 4. Bild; Illustration: Carlo Sanquirico nach dem Bühnenbild von Alessandro Sanquirico; Scala, Mailand 1827. – Sanquiricos jahrzehntelange Tätigkeit als Bühnenbildner der Scala, zunächst in Zusammenarbeit mit Paolo Landriani, Giovanni Perego, Pasquale Canna und Giorgio Fuentes, 1817–32 in alleiniger Verantwortung für das Dekorationswesen, prägte maßgeblich die Entwicklung des neoklassischen Stils der Szenographie in Italien. Wie der spektakuläre Ausbruch des Vesuvs bühnentechnisch realisiert wurde, ist noch ungeklärt. Einerseits wird eine Apparatur zur Erzeugung von feuerfarbenen Dampfschwaden beschrieben, andrerseits ein dioramisch ablaufender Vorgang.

unten
Felipe Pedrell, *I Pirenei* (1902), 1. Bild; Bühnenbildentwurf: Maurici Vilomara; Uraufführung, Gran Teatro del Liceo, Barcelona 1902. – Als Schüler von Juan Ballester und Francisco Soler erlernte Vilomara ab 1860 die Theatermalerei. 1875 entstanden die ersten eigenen Dekorationen für das Liceo, an dem er vorwiegend tätig war. Seine fruchtbarste Schaffensperiode umfaßte die Jahre 1882–1902, in denen er zahlreiche Opernausstattungen für ein breites internationales Repertoire schuf. Neben Soler, Félix Urgellés, Olegario Junyent und Salvador Alarma war er stilbildend für die Bühnenmalerei Spaniens um die Jahrhundertwende. Vor allem die originelle malerische Behandlung des Lichts verleiht seinen naturalistisch-historischen Dekorationen jenes spezifische Kolorit, das sie im Urteil der Zeitgenossen zum Zeugnis katalanischen Geschichtsbewußtseins werden ließ.

ten Spektakeln der Hölle, in den düster-erregten, in Glissandi und Trillerketten schwirrenden Fahrten Satans durch Inferno und Chaos wie auch in den elegisch-pantomimischen Szenen Adams und Eves bestimmt wesentlich den Klangstil. Zentrales Gewicht haben die dramatischen oder auch kontemplativen Chöre sowie die reizvollen Kinderchöre (mit einem Zitat aus Wagners *Lohengrin*, 1850, beim Erscheinen des Schwans). Wenn Christus seine Opferbereitschaft bekundet, klingt pianissimo, wie aus einer überirdischen Welt, der Choral »O große Lieb', o Lieb' ohn' alle Maße« aus Johann Sebastian Bachs *Johannespassion* (1724) herein. Musikalischer Gipfel ist die große Passacaglia zu den Schreckensvisionen: Zu einem markanten Baßthema des Orchesters tritt die alte Dies-irae-Melodie im Chor; auch fünf Solostimmen sind in dies komponierte Universum einbezogen, das endgültig ausformt, was in den Klagemotiven am Beginn der beiden Akte zu Miltons Worten aus dem Orchester klingt: die Dunkelheit, die den blinden Dichter umgibt.

Wirkung: Die Uraufführung stand unter einem unglücklichen Stern. Regisseur Virginio Puecher schied in den Endproben wegen Meinungsverschiedenheiten mit Penderecki aus. Für ihn rettete Igal Perry, was noch zu retten war; das szenische Geschehen geriet jedoch kontrastlos (Bühnenbild: Ezio Frigerio), nur die musikalische Interpretation (Dirigent: Bruno Bartoletti; Adam: William Stone, Eve: Ellen Shade, Satan: Peter Van Ginkel) hatte großen Erfolg. Als Koproduktion mit der Mailänder Scala wurde die Inszenierung einen Monat später in Italien gezeigt (Dirigent: Penderecki). In der sprachkräftigen Übersetzung von Hans Wollschläger inszenierte August Everding das Werk 1979 in Stuttgart (János Kulka; Bodo Brinkmann, Uta-Maria Flake, Günter Reich); er versuchte, die oratorische Strenge theatralisch aufzubrechen, in dramatisch-bewegtes Geschehen aufzulösen. Der aus balkonartigen Türmen (Bühnenbild: Günther Schneider-Siemssen) singende Chor wurde von einem Bewegungschor »dargestellt« (Eurytheum Stuttgart, Else Klink), die tanzenden Doubles von Adam und Eve waren dagegen eliminiert. Die Stuttgarter Inszenierung wurde 1980 bei den Münchner Festspielen sowie beim Warschauer Herbst gezeigt.

Autograph: Vlg.-Arch. Schott Mainz. **Ausgaben:** Textb., engl./dt. v. H. Wollschläger: Schott 1979, Nr. BN 3648-10, 3649-80. **Aufführungsmaterial:** Schott
Literatur: S. JENKINS, ›Paradise Lost‹. From Page to Stage, in: Ph. Chicago 1978; W. SCHWINGER, P.s zweite Oper, in: Ph. Stuttgart 1979; H. WOLLSCHLÄGER, Die verlorenen Worte. Zu P.s Rappresentazione v. Miltons ›Verlorenem Paradies‹, ebd.; weitere Lit. s. S. 665

Wolfram Schwinger

Die schwarze Maske
Oper in einem Akt

Text: Harry Kupfer und Krzysztof Penderecki, nach dem Schauspiel (1928) von Gerhart Hauptmann (eigtl. Gerhard Johann Robert Hauptmann)

Uraufführung: 15. Aug. 1986, Großes Festspielhaus, Salzburg
Personen: Silvanus Schuller, Bürgermeister von Bolkenhain (T); Benigna, seine Frau (S); Arabella, eine junge Mulattin (S); Rosa Sacchi, Benignas Vertraute (Mez); Jedidja Potter, Jansenist, Diener im Haus des Bürgermeisters (T); François Tortebat, Hugenotte, Gärtner (B); Daga, Magd (S); Löwel Perl, Kaufmann, Freund des Bürgermeisters (Bar); Robert Dedo, Fürstabt von Hohenwaldau (Bar); Plebanus Wendt, Pastor in Bolkenhain (B); Hadank, Organist (T); Graf Ebbo Hüttenwächter (B); Gräfin Laura Hüttenwächter (A); Schedel (T) und Doktor Knoblochzer (B), Stadträte in Bolkenhain; Johnson (Spr.); ein Maskentänzer (stumme R); eine Altstimme. Chor
Orchester: 3 Fl (3. auch Picc), 2 Ob, E.H, 3 Klar, B.Klar, S.Sax, A.Sax, 2 Fg, K.Fg, 4 Hr, 3 Trp, 3 Pos, Tb, Pkn, Schl (gr.Tr, MilitärTr, RührTr, Tamburin, 6 Timbales, Rototom, 6 Tomtoms, 6 hängende Bck, Trg.Baum, Glsp, Röhrenglocken, Kirchenglocken, Schellenbaum, 3 Tamtams, 2 Gongs, Xyl, Vibr, Marimbaphon, Guiro, Flexaton, Säge, LotosFl, Kastagnetten, Crotales, Schellen, Peitsche, Vibra slap), Cel, Org, Streicher; BühnenM: 2 Picc, 2 Klar, 3 Trp, 3 Pos, Schl (kl.Tr, RührTr, 2 MilitärTr, 2 Ratschen, Kastagnetten, Schellen, Timbales, Tamburin), Blockflöten (S, A, T), Cemb, Vc
Aufführung: Dauer ca. 1 Std. 30 Min. – Die anspruchsvollen Chorpartien werden hinter der Szene gesungen.

Entstehung: Nach Aufführungen verschiedener großer Werke Pendereckis bei den Salzburger Festspielen in den 70er Jahren erteilte das Festspielpräsidium Penderecki 1982 den Auftrag, für Sommer 1986 eine Oper zu komponieren. Zunächst standen August Strindbergs *Fröken Julie* (1888) und Peter Shaffers *Amadeus* (1979) als Libretti zur Diskussion, dann entschied man sich für Hauptmanns Einakter, der zusammen mit seinem Einakter *Der Hexenritt* als *Spuk* 1929 am Burgtheater Wien uraufgeführt worden war. Das Libretto verzichtet auf etwa ein Viertel des Schauspieltexts. Die Komposition kam bis zur Vollendung des *Polnischen Requiems* (1984) über Skizzen nicht hinaus und wurde erst unmittelbar bei Probenbeginn im Juli 1986 abgeschlossen.
Handlung: In Bolkenhain, Schlesien, 1662. Speisesaal im Haus des reichen Bürgermeisters; mittags im Karneval: Während draußen Pestilenz tobt, wird ein Festmahl vorbereitet, zu dem eine seltsame Gesellschaft geladen ist: Von weither kommt der alte Familienfreund Löwel Perl, ein jüdischer Kaufmann aus Amsterdam. Das Grafenpaar Hüttenwächter erscheint mit dem protestantischen Pastor Wendt; mit der Herrin des Hauses, der blendend schönen Benigna, betritt der Fürstabt den Raum, und zuletzt, zu spät, kommt Hadank, Organist, Komponist, Freigeist. Dazu der gewichtige Personenkreis des bürgermeisterlichen Haushalts: Arabella, die römische Hausdame Rosa, der ständig singende und betende Diener Jedidja, der Hugenotte Tortebat und schließlich die Magd Daga.

13 Menschen, 13 Schicksale, hineingerissen in einen Strudel sich überschlagender Ereignisse, denn der von Benigna gestiftete Burgfriede erweist sich als trügerisch; noch immer, 14 Jahre nach dem Dreißigjährigen Krieg, wüten Glaubenskämpfe. Graf Ebbo und der Fürstabt sind im Streit um Ländereien ebenso Kontrahenten wie im Buhlen um Benigna, deren Geschichte sich erst nach und nach enthüllt. Sie war in Amsterdam mit dem durch Sklavenhandel steinreich gewordenen Geldern verheiratet; als der auf geheimnisvolle Weise ums Leben gekommen war, wurde Schuller ihr zweiter Mann. Sie folgte ihm nach Schlesien und brachte Arabella und ihre Dienerschaft mit. Mit Schuller verbindet sie eine »heilige Liebe«, hinzugeben vermag sie sich ihm jedoch nicht, weswegen sie ihm nachts die kleine Daga zuführt. Von Arabella weiß Schuller nicht, daß sie Benignas Tochter ist, Tochter des Negers Johnson, eines Sklavensohns, dem Benigna in Amsterdam verfallen war, der sie in die Ehe mit Geldern zwang, den er dann ermordete und sie, die Erbin, über Löwel Perl erpreßte. Jetzt, an diesem Schreckenstag, taucht Johnson als Rächer im Bürgermeisterhaus auf: erst als geheimnisvolle schwarze Maske, dann unverhüllt, Jedidja der Mittäterschaft an Gelderns Tod bezichtigend. Jedidja bricht tot zusammen. Benignas Versuch, Schuller noch Abbitte zu leisten, kommt zu spät: Der Fürstabt teilt ihren Tod mit. Ist sie an der Pest, von eigener, von Johnsons Hand gestorben? Der Tod feiert Orgien, alle müssen sterben, auch Schuller: Man hört einen Schuß. Selbstmord? Nur Löwel Perl, Ewiger Jude, zieht von dannen, hinaus aus diesem Inferno, aus dieser Stadt, in der das Sterben wütet.

Kommentar: Pendereckis »verwandtschaftliche« (südpolnisch-schlesische) Gemeinsamkeit mit dem späten Hauptmann, also nicht mit dem Naturalisten der sozialen Dramen, sondern mit dem Mystiker, in dessen Tragödien so viel Visionäres, Übernatürliches, Irrationales heraufdrängt, war schon zwischen seiner Oper *Die Teufel von Loudun* (1969) und Hauptmanns Inquisitionsdrama *Magnus Garbe* (1942) spürbar gewesen. *Die schwarze Maske*, in der als dramaturgisch virtuoser Danse macabre die Gespaltenheit barocker Weltangst ausgetragen wird, ist bei aller Realität ein Mysterium. Penderecki und Kupfer haben bei ihrer Texteinrichtung einzelne soziologische, kunstgeschichtliche und historische Erörterungen von Hauptmanns Schauspiel eliminiert. Dafür gibt es einige

Die schwarze Maske; Lona Culmer-Schellbach als Arabella, Malcolm Smith als Wendt, Günter Reich als Löwel Perl, Heinz Zednik als Hadank, Rainer Scholze als Graf Ebbo, Gertrude Jahn als Gräfin Laura, Hans Franzen als Tortebat, Huub Claessens als Fürstabt, Martin Finke als Jedidja, Marjana Lipovšek als Sacchi, Josephine Barstow als Benigna, Walter Raffeiner als Schuller; Regie: Harry Kupfer, Bühnenbild: Hans Schavernoch, Kostüme: Reinhard Heinrich; Uraufführung, Großes Festspielhaus, Salzburg 1986. – Das Bersten der Wand kündigt den Totentanz an, der die Menschen und ihre Reichtümer mitreißen wird.

musikalisch bedingte, die Aussage verstärkende Wortwiederholungen, verteilt oftmals auf mehrere Personen. Textübertragungen an andere Personen sind selten, nur Löwel Perl wird auf diese Weise mehr Gewicht verliehen. Noch stärker als bei Hauptmann geraten alle Handelnden in den Sog dieses Totentanzes. Auch Schuller, den Hauptmann am Ende hemmungslos weinen und von seiner Muse Daga rührend küssen läßt, muß in der Oper sterben. Bereits bei Hauptmann wird nicht nur für Atmosphärisches, sondern auch für Zentrales Musik gefordert: Da ist das Amsterdamer Glockenspiel, das Schuller in den Bolkenhainer Kirchturm einbauen ließ. Da sind die Kirchenlieder Jedidjas, für die Penderecki alte Choralmelodien benutzt wie *O Haupt voll Blut und Wunden* in Hans Leo Haßlers Weise (1601). Auch für Trinklieder, aber besonders für die Tanzmusik, die im Obergeschoß des Schullerschen Hauses gespielt wird, zitiert Penderecki Musik des 17. Jahrhunderts (die *Musikalische Tafelerlustigung* des schlesischen Lautenisten Esaias Reusner, die J. G. Stanley, sein Kollege bei der Brieger Hofmusik, 1668 vierstimmig gesetzt hat, läßt Penderecki von Blockflöten spielen). Stilistisch greift Penderecki auch auf seine Cluster- und Glissandotechniken zurück (für die »Pfeif- und Wimmergeräusche«). Ausgefallene, bald aggressive, bald delikate Instrumentationskünste fallen auf, etwa bei der graziösen ersten Daga-Szene, der intimen Hadank/Rosa-Begegnung, der von rasendem Pulsschlag getriebenen großen Beicht-»Arie« Benignas gegenüber Perl. Die Erfahrungen seiner romantischen Phase sind nicht ausgespart, doch zurückgedrängt, einer breiten Palette kompositorischer Möglichkeiten verschwistert. Die Textdeklamation ist reich differenziert und reicht von reinem Sprechen (bei nüchternen Fakten) über rhythmisierten Sprechgesang (Jedidjas »Pater noster«), geschickt notiertes »Geschwätz« (Graf Ebbos oberflächliche Konversation), textloses Lachen der Gesellschaft (kontrapunktisch virtuos auskomponiert) bis hin zu weit ausholenden Espressivobögen, gespannten Intervallsprüngen oder insistierenden Wortwiederholungen in den erregten Gesprächen. Die großen Ensembles in ihrem »hektischen Durcheinander« sind die besonders kunstvoll ausgeprägten Höhepunkte der Oper, deren Musik am Ende einem regelrechten Verfall preisgegeben wird. Es gibt auch Selbstzitate: Wenn Hadank von seinem neuen Tedeum berichtet, singt der Fürstabt die Hauptmelodie von Pendereckis *Te Deum* (1980), Faschingsschellen werden vom Gesang einer Altstimme überlagert (»Mors stupebit« aus seinem *Polnischen Requiem*), ebenso aus seinem *Requiem* klingt das »Dies irae« (Männerchorstimmen) herein, wenn Benigna dem Wahnsinn verfällt. Pendereckis längst ausgewiesene Kunst, dramatische Spannung zu schaffen, Szenen zu steigern, erweist sich hier im durchgehenden Sog eines Einakters: Die beinah körperlich spürbare Atemlosigkeit der Musik, ganz kongruent dem pausenlos durchgespielten Stück, bezieht ihre Spannungen aus dem heterogenen Material, den enormen, doch in sich wieder aufgehobenen Stilgegensätzen, dem ständigen Wechsel von lockerem Konversationston, motorisch drängender Rhythmik, heftigem Geräuschpegel und ausgreifender »Gehobenheit« der melodischen Deklamation.

Wirkung: Die Uraufführung, als Koproduktion mit der Wiener Staatsoper konzipiert und dort im Sept. 1986 gegeben, hat klargemacht, wie sehr hier Stoff, Text und Musik einen musiktheatralischen Vorwurf ergeben haben, der sich bei festem Zugriff der Interpreten in einen beklemmenden Opernabend verwandeln kann. In dem mit taumelnden Spiegelwänden versehenen Speisesaal hat Kupfer das bald reale, bald unwirkliche Geschehen unerbittlich in den Totentanz des Schlusses hineingetrieben, getragen vom furiosen Spiel der Wiener Philharmoniker unter Woldemar Nelsson und dem brillanten Ensemble. Die polnische Erstaufführung fand (deutsch) 1987 in Posen statt (Dirigent: Mieczysław Dondajewski, Regie: Ryszard Peryt) und wurde auf Gastspielen zwischen Leningrad und Wiesbaden gezeigt. 1988 folgten die amerikanische Premiere (Santa Fe, NM) sowie die Erstaufführung in polnischer Sprache (Warschau), 1991 die deutsche Erstaufführung in Karlsruhe (Robert Satanowski, Albert-André Lheureux).

Autograph: beim Komponisten. **Ausgaben:** Kl.A: Schott 1986, Nr. 7614; Textb.: Schott 1986. **Aufführungsmaterial:** Schott **Literatur:** M. MÄCKELMANN, ›Die schwarze Maske‹. Zu Voraussetzungen u. Gestaltung v. P.s dritter Oper, in: NZfM 147:1986, Nr. 7/8, S. 28–33; W. SCHWINGER, Der Todeshauch einer Mittagsstunde, in: Orch 34:1986, S. 787f.; DERS., P.s Gespenstersonate. Werk-Gesch., Handlung u. Essay zur ›Schwarzen Maske‹, in: Almanach der Salzburger Festspiele 1986; R. CHŁOPICKA, ›Czarna maska‹ K. P.ego, in: Ph. Teatr Wielki, Warschau 1988; weitere Lit. s. S. 665

Wolfram Schwinger

Barbara Pentland

Barbara Lally Pentland; geboren am 2. Januar 1912 in Winnipeg (Manitoba)

The Lake
Chamber Opera in One Act

Der See
1 Akt

Text: Dorothy Livesay
Uraufführung: 3. März 1954, Canadian Broadcasting Corporation, Vancouver
Personen: Susan Allison, Siedlerin (S); John Allison, Susans Mann und Siedler (B); Marie, eine ältere Indianerin und Dienerin bei Allisons (A); Johnny MacDougall, schottisch-indianischer Mischling, ein Führer und Mann für alles (T)
Orchester: Fl, Ob, Trp, Kl, 7 Streicher
Aufführung: Dauer ca. 30 Min.

Entstehung: Pentland war Studentin Aaron Coplands am Berkshire Music Center und machte sich bei einem Besuch von Dika Newlin, einer Arnold-Schönberg-Schülerin, in New Hampshire mit der Zwölftontechnik vertraut. 1949–63 lehrte sie an der Universität in Vancouver; zwischendurch (1955) besuchte sie Darmstadt, wo sie Anton von Weberns Musik kennenlernte, die fortan starken Einfluß auf sie ausübte. Neben der Kammeroper hat Pentland noch eine Ballettpantomime *Beauty and the Beast* (Choreographie: Gweneth Lloyd, Winnipeg 1941) und Filmmusiken komponiert, in der Hauptsache aber Instrumentalwerke. Den Auftrag für *The Lake* hatte der Jurist und Organist Gordon Jeffery erteilt, der zur Bedingung machte, daß es sich um einen kanadischen Stoff handeln und die Partitur für kammermusikalische Besetzung geschrieben werden müsse.

Handlung: In Kanada, 1874, zur Zeit der Erstbesiedlung; Blockhaus der Allisons am Okanagansee: John, der mit seinem Boot den See überqueren will, wird von seiner Frau überredet, das Abenteuer bleiben zu lassen, da sie wegen des bevorstehenden Sturms die schlimme Vorahnung eines Unglücks habe. John wirft seiner Frau vor, an alte Indianergeschichten zu glauben, und fährt ab. Der Sturm entlädt sich mit voller Gewalt und treibt Johns Boot zurück ans Ufer. Die Indianer Marie und Johnny versichern Susan, daß es nicht der Sturm, sondern das Seeungeheuer war, das Johns Boot ans Ufer geschleudert hat; sie hätten das Untier mit eigenen Augen gesehen. John jedoch, der unversehrt von seinem stürmischen Ausflug zurückgekehrt ist, kann auch jetzt noch nicht von der Existenz des Monsters überzeugt werden. Einmütig geben alle vier ihrer Hoffnung auf eine glückliche Zukunft in dem neuen Land Ausdruck.

Kommentar: Livesay benutzte als Quelle die indianische Legende von »Ogopogo« (»Na-aitka«), des Ungeheuers vom Okanagansee in British Columbia. Die Indianer am Okanagansee hatten als Ureinwohner die Geschichte vom Seeungeheuer aufgebracht. Das Libretto hält die Wirkung auf die ersten weißen Siedler fest. Den Wünschen des Auftraggebers entsprechend fielen die vokalen und instrumentalen Stimmen wenig anspruchsvoll aus. Die Anwendung der Zwölftontechnik verweist auf Schönbergs Einfluß. Wie bereits Sheila Eastman und Timothy McGee (s. Lit.) feststellten, besteht die musikalische Textur aus der Montage kurzer rhythmischer Muster und melodischer Intervalle, unter denen Septimen und Nonen bevorzugt werden. In den Vokalpartien tritt der Gebrauch der Sprechstimme stark hervor, wie überhaupt eher am natürlichen Sprechton orientierte rhythmische als melodische Strukturen dominieren. Leitmotive werden durchgehend, besonders aber zur Charakterisierung des Monsters verwendet; sie sind eingeflochten in einen das gesamte Werk umfassenden differenzierten motivischen Materialzusammenhang.

Wirkung: Nach der Fertigstellung des Werks 1952 war zunächst eine Bühneninszenierung geplant, die nicht zustande kam. Die Uraufführung dirigierte John Avison (MacDougall: Beverly Fyfe).

Autograph: bei der Komponistin (Kopien in versch. Niederlassungen des Canadian Music Centre). **Aufführungsmaterial:** Canadian Broadcasting Corporation
Literatur: B. PENTLAND, ›The Lake‹, a Canadian Chamber Opera, in: CBC Times, 28.2.–6.3. 1954; S. EASTMAN, T. MCGEE, B. P., Toronto 1983

Gordana Lazarevich

John Christopher Pepusch

Eigentlich Johann Christoph Pepusch; geboren 1667 in Berlin, gestorben am 20. Juli 1752 in London

The Beggar's Opera
Ballad Opera in Three Acts

Die Bettleroper
Vorspiel, 3 Akte (5 Bilder)

Text: John Gay
Uraufführung: 29. Jan. 1728, Theatre Royal Lincoln's Inn Fields, London
Personen: Peachum; Lockit; Macheath; Filch; Jemmy Twitcher, Crook-finger'd Jack, Wat Dreary, Robin of Bagshot, Nimming Ned, Harry Padington, Mat of the Mint und Ben Budge, Angehörige von Macheaths Bande; ein Bettler; ein Schauspieler; Mrs. Peachum; Polly Peachum; Lucy Lockit; Diane Trapes; Mrs. Coaxer, Dolly Trull, Mrs. Vixen, Betty Doxy, Jenny Diver, Mrs. Slammekin, Suky Tawdry und Molly Brazen, Dirnen. **Statisterie:** Konstabler, Kellner, Gefängniswärter, Gefangene, Volk
Orchester: B.c
Aufführung: Dauer ca. 2 Std. 30 Min. – Gesprochene Dialoge. Sämtliche Partien waren bei der Uraufführung mit Schauspielern besetzt. Instrumentation der Ouvertüre nach der 3. Auflage: 2 Ob, 2 Vl, Va, Vc, Cemb.

Entstehung: Nach der Lektüre von Gays Versepos *Trivia or The Art of Walking the Streets of London* (1716) schlug Jonathan Swift dem Autor vor, eine *Newgate Pastorale* über die Ganoven, Bettler und Huren zu schreiben, die in diesem Gefängnis aus und ein gingen. Der aus einfachen Verhältnissen stammende Gay gehörte neben Alexander Pope, Swift, Daniel Defoe und William Congreve zu jenen Männern, die das geistige Klima Englands in der 1. Hälfte des 18. Jahrhunderts maßgeblich prägten. Er verteidigte trotz der freundschaftlichen Verbindung zu Georg Friedrich Händel die englische Kultur gegen die Überfremdung durch die italienische, vor allem aber gegen den kostspieligen Luxus der den Engländern wesensfremden Oper. Gay konnte sich nur schwer mit der Idee zu einer Pastorale anfreunden, und das Projekt ruhte, bis es 1724/25 von mehreren Seiten neue Impulse erhielt. Gesprächsthema in London war in dieser Zeit der Verbrecher Jack Sheppard, der nach einem spektakulären Gefängnisausbruch, von dem ebenfalls dem Unterweltmilieu entstammenden Jonathan Wild verraten, der Polizei ausgeliefert und hingerichtet wurde. Seine Person stand im Mittelpunkt der 1726 im Lincoln's Inn Fields herausgekommenen anonymen Farce *The Prison Breaker or The Adventure of John Sheppard*, die Gay zur eigenen Version über das Thema anregte. Als Vorbild für die Art der Bearbeitung diente ihm die Pastorale *The Gentle Shepherd* (1725) des schottischen Komponisten und Liedersammlers Allan Ramsay, der den dramaturgisch dürftigen Text mit einer Vielzahl bekannter Songs und Balladen angereichert hatte. Gay bediente sich seinerseits populärer Melodien, die er in Thomas d'Urfeys *Wit and Mirth or Pills to Purge Melancholy* (1700) und John Playfords *The English Dancing Master or Plaine and Easie Rules for the Dancing of Country Dances* (1650) fand, adaptierte aber, anders als Ramsay, neue Texte. Das im Okt. 1727 abgeschlossene Werk bot er Colley Cibber vom Drury Lane Theatre an. Als dieser ablehnte, übernahm John Rich die Aufführung für das Lincoln's Inn Fields. Erst wenige Tage vor der Premiere beauftragte Rich seinen musikalischen Direktor Pepusch, eine Ouvertüre zu schreiben und für die Songs einen Baß auszusetzen, denn ursprünglich war eine Aufführung ohne Instrumentalbegleitung vorgesehen.

Handlung: Vorspiel, vor geschlossenem Vorhang: Ein Bettler, der sich als Autor des Stücks vorstellt, dankt einem Schauspieler aus der Truppe für die Bereitschaft, *The Beggar's Opera* auf einer richtigen Bühne aufführen zu dürfen, obwohl das Stück zum Geburtstag zweier Balladensänger geplant war; daher die Verwendung von Balladen statt eigens hierfür geschriebener Musik. Er entschuldigt sich dafür, daß seine Oper nicht der Mode entsprechend »durchweg unnatürlich« sei; er habe zwar auf Rezitative verzichtet, jedoch unter Beachtung vieler anderer Gesetze der Oper in seinen Musikstücken Vergleiche nach Art der Arien in der italienischen Oper verwendet.

I. Akt, Peachums Haus: Vor einem großen Kontobuch räsoniert Hehlerkönig Peachum über die Ehrenhaftigkeit seines Berufs. Filch, Peachums »Lehrling« und Informant, berichtet über den Stand verschiedener Gerichtsprozesse, auf deren Ausgang Peachum Einfluß nehmen kann: Wer ihm nützlich ist, wird verschont, wer unbrauchbar ist, wird »verbucht«, denn das Kopfgeld will Peachum sich nicht entgehen lassen. Im folgenden Gespräch erzählt Mrs. Peachum ihrem Mann von der Beziehung ihrer gemeinsamen Tochter Polly zu dem Straßenräuber Macheath. Peachum ist entsetzt über den Gedanken an eine Hochzeit zwischen den beiden. Zum einen war Polly für einen Ehemann aus besseren Kreisen vorgesehen, zum andern fürchtet er, Polly könne Macheath Dinge verraten, mit denen dieser ihn erpressen oder gar an den Galgen bringen könne. Von Filch erfährt Mrs. Peachum, daß Polly bereits mit Macheath verheiratet ist. Um den unerwünschten Schwiegersohn loszuwerden, halten die Eltern es für das beste, Macheath an die Polizei auszuliefern und ihn aufhängen zu lassen, um so dessen Vermögen und das Kopfgeld zu kassieren. Da Polly sich weigert, Macheath anzuzeigen, bereitet Peachum die Papiere fürs Schwurgericht vor. Verzweifelt warnt Polly ihren Mann und beschwört ihn, sich in Sicherheit zu bringen.

II. Akt, 1. Bild, Kaschemme bei Newgate: Macheaths Bande ist versammelt und philosophiert über berufliche Schwierigkeiten. Macheath berichtet, er müsse untertauchen; künftige Treffen müßten heimlich stattfinden. Allein gelassen, erwartet er die schönsten Huren der Stadt, die er zu einem Fest eingeladen hat. Auf dem Höhepunkt des ausgelassenen Treibens mit Tanz und Gesang verraten die Damen den waffenlosen Macheath mit einem Kuß an Peachum, der ihn von Polizisten abführen läßt, während sich die Huren um die Belohnung streiten. 2. Bild, Kriminalgefängnis zu Newgate: Macheath trifft im Gefängnisaufseher Lockit einen alten Bekannten, den Vater Lucys, die Macheath geschwängert und verlassen hat; als sie kommt, muß er sich von ihr wüste Beschimpfungen anhören. In der Hoffnung, Lucy werde ihm seinen Ausbruch aus dem Gefängnis ermöglichen, leugnet er seine Ehe mit Polly und verspricht Lucy die Heirat. Ein Streit zwischen Peachum und Lockit zeigt deren finstere Machenschaften. Seiner Tochter rät Lockit, Macheath zu vergessen; das Wichtigste sei nun, sich Belohnung und Erbschaft zu sichern. Als Polly erscheint, verspricht Lucy Macheath Fluchthilfe. Dieser kann sich aus der Affäre ziehen, indem er Polly als verrückt bezeichnet, woraufhin Lucy ihrem Vater die Gefängnisschlüssel stiehlt und ihn fliehen läßt.

III. Akt, 1. Bild, wie II/2: Lockit hat dem Ausbruch bemerkt und macht Lucy Vorwürfe. Er vermutet Peachum hinter allem und erfährt von Filch dessen Aufenthaltsort. 2. Bild, eine Spielhölle: Macheath trifft sich mit den Bandenmitgliedern Ben und Mat, um ihnen Tips für Raubzüge zu geben. 3. Bild, Peachums Magazin: Peachum und Lockit diskutieren die Abrechnung der bei den Krönungsfeierlichkeiten gestohlenen Dinge; da gesellt sich Diana Trapes zu ihnen und verrät gegen gute Bezahlung den Aufenthaltsort von Macheath. 4. Bild, wie II/2: Lucy hat Polly zu einer Aussprache gebeten, bevor sie diese mit Rattengift im Gin töten will. Polly mißtraut ihr und läßt das angebotene Glas just in dem Augenblick fallen, als Macheath von Lockit und Peachum ins Gefängnis zurückgebracht wird. Die Mädchen flehen ihre Väter um Gnade für Macheath an, doch der wird zum Prozeß nach Old Bailey gebracht. 5. Bild, Todeszelle: Macheath ist zum Tod verurteilt und erhält letzten Besuch von Ben und Mat. Sie versprechen ihm, Peachum und Lockit an den Galgen zu bringen, ehe sie selbst dort enden. Polly und Lucy erscheinen, um sich von Macheath zu verabschieden. Er rät ihnen, sich auf die Westindischen Inseln einzuschiffen, dort gäbe es Männer wie Sand am Meer. Als der Aufseher noch vier weitere Frauen mit Kindern zu Macheath hereinführt, bittet dieser um sofortigen Vollzug der Hinrichtung. Da treten der Bettler und der Schauspieler wieder auf; dieser ist entsetzt über Macheaths Hinrichtung: Eine richtige Oper müsse doch ein Happy-End haben. Der Bettler sieht ein, daß es bei Stücken dieser Art ohnehin keine Rolle spielt, wie absurd die Handlung ist, und so wird Macheath dem Publikumsgeschmack zuliebe kurzerhand begnadigt.

Kommentar: Die Ursprünge der Ballad opera sind im französischen Vaudeville zu suchen, das sich um 1650 aus den italienischen Stegreifkomödien des Théâtre-Italien Paris entwickelte. Vaudeville bezeichnete zunächst nur die in die Komödien eingelegten populären Lieder, später die Stücke selbst, die nach 1697 vor allem auf den Jahrmärkten von Paris gespielt wurden (Théâtre de la Foire) und zumeist unmittelbare Zeitkritik, Satire und Parodie enthielten. Neben den Commedia-dell'arte-Figuren traten auch Personen des Alltags auf, Adlige und Bürger, deren Schwächen schärfstem Spott ausgesetzt wurden. Auch in Hamburg entstanden nach 1700 satirische Sittenbilder, die der *Beggar's Opera* in der Bauform ähnlich sind; Anregung bot auch hier das Théâtre de la Foire. Die erste Oper in Form eines satirischen Sittenbilds, Keisers *Le Bon vivant oder Die Leipziger Messe* (Hamburg 1710, Text: Christian Heinrich Weidemann), schildert das Messemilieu als Hintergrund einer komödienhaften Liebesgeschichte. Die interessantesten satirischen Sittenbilder Hamburgs gaben ebenfalls Keiser und Johann Philipp Praetorius in den Opern *Der Hamburger Jahrmarkt* und *Die Hamburger Schlachtzeit* (Hamburg 1725), in denen der Materialismus der Bürger mit bitterbösem Spott gezeichnet wird, was zu einem Verbot der beiden Werke führte. Auf ähnlichem Terrain bewegt sich *The Beggar's Opera*, doch Gays satirische Anspielungen zielen noch weiter. Zunächst war natürlich auch ihm daran gelegen, ironisch die sozialen Zustände im London seiner Zeit darzustellen und anzuprangern, insbesondere das Treiben in Newgate. Die realen Vorbilder der Figuren waren stadtbekannt, und Henry Fielding widmete Wild den satirischen Roman *The Life of Mr. Jonathan Wild the Great* (1743). Doch im Leben und Treiben der Verbrecher spiegelte Gay gleichzeitig die Sitten der Vornehmen, und so läßt er den Bettler am Ende sagen: »Die Bräuche der Gangster unterscheiden sich kaum von denen der großen Welt. Ich frage mich da manchmal, wer wem gleichtut…« Die Ganoven welt hat bei Gay die gleichen Tugenden und Ehrbegriffe wie die vornehme. Hier wie dort jedoch sind sie ausgehöhlt; Korruption, Promiskuität und Geldgier beherrschen alles. An die soziale Satire schließt direkt die politische an: In Peachum wie in Macheath erkannte das Publikum Züge des Premierministers Robert Walpole, der die angeprangerte Doppelmoral verkörperte. Das Regierungssystem duldete jede Form von Ungerechtigkeit und setzte Männer wie Lockit in Verwaltungsposten ein. Ein weiteres Ziel der Attacken waren die in England äußerst beliebten heroischen Dramen, die sentimentale bürgerliche Komödie und der zeitgenössische Roman; der elegante Stil, die leidenschaftliche Sprache und die pathetischen Situationen sind vielfach ins Verbrechermilieu gespiegelt. Als Angriffsziel für die Satire diente schließlich die italienische Oper in England, wenn man auch diesen Aspekt nicht überbewerten sollte. *The Beggar's Opera* war keineswegs als feindlicher Akt gegen Händel gedacht, vielmehr als kleine Attacke gegen die Oper allgemein. Gay hätte allein in Händels *Rinaldo* (1711), den er im II. Akt zitiert, genug Stoff für eine Parodie gefunden, doch war die Zeit hierfür schon vorbei. Gleichwohl trägt das Werk den Titel »Opera« nicht zu Unrecht: Nicht nur hat Gay die antiken und mittelalterlichen Helden durch Verbrecher und Bettler, die klassischen Themen der Oper durch den krassen Realismus von Newgate ersetzt; wie in der Oper wird in Augenblicken wichtiger Ereignisse, Entscheidungen und Gefühlsausbrüche die Zeit dissoziiert, die Verbrecher beginnen, ihre Gefühle analog zur Arie in Musik auszudrücken. Doch neben dem italienischen Opernstil parodiert Gay auch das Gehabe der Opernsänger, beispielsweise in den Streitszenen zwischen Lucy und Polly, die auf die handgreiflichen Auseinandersetzungen der Primadonnen Faustina Hasse-Bordoni und Francesca Cuzzoni am 6. Juni 1727 in einer Aufführung von Händels *Alessandro* (1726) am King's Theatre London anspielen. Innerhalb des dramaturgischen Gefüges sind die Songs gelegentlich Bestandteil des fortlaufenden Dialogs, häufiger jedoch eröffnen und beschließen sie eine Szene, entweder als gedankliche Zäsur oder integriert in den dramatischen Kontext. Im Umgang mit den vorgegebenen Melodien zeigt sich Gay sehr phantasievoll: So verwendet er beispielsweise für Macheaths Arie in der Todeszelle ein Quodlibet aus zehn verschiedenen Melodien, darunter bekannte wie »Greensleeves« und »Chevy-Chase«, die eine Art Bilderbogen zu Macheaths Leben darstellen. Die Melodien dienen teils zur Unterstützung der Stimmung einer Situation, teils zur Ironisierung. Einziges Opernzitat ist der Kreuzrittermarsch aus *Rinaldo*, zu dem die Verbrecher ihre Waffen laden und zu neuen Heldentaten aufbrechen; Purcell wird in den Arien Nr. 6, 41 und 57 zitiert. Das Thema der Ouvertüre ist die Melodie von »One evening having lost my way«, die Gay auch für »I'm like a skiff« (Nr. 47) verwendet, eine der schönsten Gleichnisarien des Werks.

Wirkung: *The Beggar's Opera* erlebte mit 62 Aufführungen in einer einzigen Saison einen in London noch nie dagewesenen Erfolg (Polly: Lavinia Fenton, Macheath: Thomas Walker). Die Proteste von kirchlicher (Erzbischof Thomas Herring) wie von politischer Seite konnten den Siegeszug des Werks nicht aufhalten; bis spät ins 18. Jahrhundert ist keine Londoner Theatersaison nachgewiesen, in der *The Beggar's Opera* nicht auf dem Spielplan stand. Auch zur Eröffnung des neuen Covent Garden Theatre 1732 unter der Direktion von Rich wurde das Werk gegeben, mit der Primadonna des Hauses, Hannah Norsa, als Polly. Verschiedentlich übernahmen in den 30er Jahren des 18. Jahrhunderts berühmte Sänger einzelne Rollen: Kitty Clive und Susanna Cibber (Polly), John Beard (Macheath). Zwischen 1728 und 1738 entstand in London eine wahre Flut von weiteren Ballad operas, die von Imitationen wie Walkers *The Quaker's Opera* (London 1728) und Charles Coffeys *The Beggar's

Wedding (Dublin 1729) über Fortsetzungen bis hin zu Werken mit völlig neuen Stoffen reichte. *The Beggar's Opera* selbst wurde vielfach bearbeitet: Sie wurde von Kindern (1728) aufgeführt, mit Männern in den Frauenrollen und umgekehrt (1730) und als Tragödie in römischen Kostümen (1734), doch alle Varianten blieben weit hinter dem Original zurück. William Hogarth widmete dem Werk um 1731 eine Serie von Stichen und Gemälden, 1750 kam es als eine der ersten Musical comedies nach Amerika (New York). Für Deutschland bildete die Ballad opera einen Meilenstein bei der Entwicklung des Singspiels: *The Devil to Pay or The Wives Metamorphosed* (1731) von Coffey und John Mottley, 1752 als *Der Teufel ist los oder Die verwandelten Weiber* in der Übersetzung von Christian Felix Weiße und mit der Musik von J. C. Standfuß in Leipzig aufgeführt, gab Johann Adam Hiller die entscheidende Anregung zu seiner komischen Oper *Der Teufel ist los* (1766). Obwohl bis 1863/64 in Covent Garden noch vereinzelte Aufführungen der *Beggar's Opera* belegt sind, zeigt sich hier doch eine Zäsur in der Geschichte des Werks, dessen allmähliche Renaissance sich dann im 20. Jahrhundert vollzog. Elisabeth Hauptmann war 1927 von einer Londoner Aufführung der *Beggar's Opera* so beeindruckt, daß sie eine Übersetzung herstellte, die Bert Brecht als Bearbeitungsvorlage zu seiner *Dreigroschenoper* (1928) diente, wie auch Kurt Weill sich teilweise am Original orientierte, indem er den Cantus firmus der Nr. 1 aus dem I. Akt Peachums »Morgenchoral« zugrunde legte. Bereits 1912 hatte Georgy Calmus eine englisch-deutsche Neuausgabe des Originals mit ausgearbeitetem Continuo herausgegeben, die bis heute eine erstklassige Spielvorlage bildet. Im Lyric Theatre Hammersmith kam das Werk 1920 in einer Bearbeitung von Frederic Austin auf die Bühne (Peachum: Austin, Macheath: Frederick Ranalow, Mrs. Peachum: Elsie French); dieselbe Version wurde auch 1940 bei der Aufführung des Haymarket Theatre in Glyndebourne verwendet. 1948 legte Benjamin Britten eine Bearbeitung für die English Opera Group Cambridge vor, eine »moderne Erneuerung« des Werks. Er behielt den Dialogtext, ferner fast vollständig die Originalmelodien bei, opferte aber die Ouvertüre und die gesamte Baßbegleitung, also alles, was von Pepusch stammte, um es durch ein eigenes Arrangement für Kammerorchester (Flöte, Oboe, Klarinette, Horn, Fagott, Harfe, Schlagzeug, Streicher) zu ersetzen; diese Version dient heute den meisten Aufführungen als Grundlage. Der deutsche Text hierzu stammt von Günther Rennert, der auch die deutsche Erstaufführung inszenierte (Hamburg 1950, Dirigent: Hans Schmidt-Isserstedt; Peachum: Theo Herrmann, Macheath: Peter Schütte, Mrs. Peachum: Hedy Gura, Polly: Liselotte Enck, Lucy: Anneliese Rothenberger). Eine weitere Textadaption schufen Martin Vogler und Horst Seeger 1964 für die Komische Oper Berlin (Regie: Horst Bonnet, Dirigent: Robert Hanell). Auf der Basis einer sehr freien Übersetzung von Hans Magnus Enzensberger (Bearbeitung und Regie: Ernst Poettgen) brachte die Stuttgarter Oper 1971 eine Version von Edward Dent zur Aufführung (Bearbeitung und Dirigent: Bernhard Kontarsky; mit Carlos Alexander, Klaus Bertram, Margarethe Bence, Ruth-Margret Pütz, Ursula Sutter). Václav Havel schuf 1972 eine äußerst subtile Bearbeitung der *Beggar's Opera*, die aus politischen Gründen ihre offizielle Uraufführung erst 1990 im Prager Schauspielklub erfuhr. 1977 inszenierte Filippo Crivelli die Britten-Version an der Piccola Scala Mailand (Dirigent: Pier-

The Beggar's Opera, II. Akt, 2. Bild; Theo Herrmann als Peachum, Liselotte Enck als Polly, Peter Schütte als Macheath, Anneliese Rothenberger als Lucy, Adolf Meyer-Bremen als Lockit; Regie: Günther Rennert, Ausstattung: Josef Fenneker; Staatsoper, Hamburg 1950.

luigi Urbini; Peachum: Leonardo Monreale, Macheath: Sergio Tedesco, Mrs. Peachum: Rosa Laghezza, Polly: Maria Casula). Wiederum eine neue deutsche Übersetzung schufen Lida Winiewicz und Claus Helmut Drese, der auch Regie führte, für eine Inszenierung in Zürich 1984 (Dirigent: Marie-Jeanne Dufour; Wolfgang Reichmann, Gösta Winbergh, Charlotte Berthold, Ursula Reinhardt-Kiss). Dreses Konzeption lag ein Jahr später auch einer Inszenierung in Wiesbaden zugrunde (Dirigent: Wolfgang Kurz). Daneben erregte Carl Davis' Bearbeitung der *Beggar's Opera* für das Opernensemble des Morley College London im Herbst 1987 Aufsehen wegen ihrer an moderner Unterhaltungsmusik (unter anderm Saxophon) orientierten Instrumentation.

Ausgaben: Textb. (mit d. Liedmelodien als Suppl.): London 1728, Nachdr.: Heinemann, London 1921, Nachdr. in: The Beggar's Opera. Imitated and Parodied, hrsg. W. H. Rubsamen, NY, London 1974 (The Ballad Opera. 1.); Textb., 2. Aufl. (mit 4stimmiger Part d. Ouvertüre): London 1728; Textb., 3. Aufl. (mit Textb. u. Melodien v. *Polly*, Ouvertüre vollst. ausgeschrieben, alle Lieder mit B.c versehen): London 1728; Part, Bearb. v. B. Britten: Bo&Ha 1948; Kl.A, Bearb. v. J. Oxenford, J. L. Hatton: Bo&Ha 1874; Kl.A, engl./dt., Bearb. u. Übers. v. G. Calmus (mit B.c u. Part d. Ouvertüre), in: Zwei Opernburlesken der Rokokozeit, Liepmannssohn, Bln. 1912; Kl.A, Bearb. v. N. Playfair, F. Austin: Bo&Ha 1920; Kl.A, Bearb. v. B. Britten: Bo&Ha 1948; Kl.A, Bearb. v. E. J. Dent: OUP 1954; Kl.A, Bearb. v. R. Bonynge, Orchestration v. D. Gamley: Weinberger 1982. **Aufführungsmaterial:** Bearb. Playfair/Austin: Bo&Ha; Bearb. Bonynge/Gamley: Weinberger; Bearb. Britten: Bo&Ha; Bearb. Oxenford/Hatton: Bo&Ha
Literatur: F. KIDSON, The Beggar's Opera. Its Predecessors and Successors, Cambridge 1922; W. G. FLOOD, ›The Beggar's Opera‹ and its Composers, in: ML 3:1922, S. 402–406; W. E. SCHULTZ, Gay's ›Beggar's Opera‹. Its Context, History and Influence, NY 1923, ²1976; A. BERGER, ›The Beggar's Opera‹, the Burlesque, and Italian Opera, in: ML 17:1936, S. 93–105; C. HUGHES, J. C. P., in: MQ 31:1945, S. 54–70; F. SCHRAMM, Die Bettleroper und ihre Wandlungen, in: Musica 4:1950, H. 5/6, S. 171ff.; G. HANDLEY-TAYLOR, F. BARKER, John Gay and the Ballad Opera (The Beggar's Opera), in: Hinrichsen's Musical Year Book 9:1956; E. PEARCE, Polly Peachum. The Story of L. Fenton and the ›Beggar's Opera‹, NY, London 1968; R. FISKE, English Theatre Music in the Eighteenth Century, London 1973, S. 94–103; W. A. MCINTOSH, Handel, Walpole and Gay, in: Eighteenth-Century Studies 7:1974, S. 415–433; D. SCHULZ, Zur Funktion der Songs in John Gays ›Beggar's Opera‹, in: Dt. Vierteljahresschrift für Lit.-Wiss. u. Geistes-Gesch. 49:1975, S. 721–745; J. G. WILLIAMS, The Life, Work and Influence of J. C. P., Diss. York 1976

Ulrich Peters

Polly
An Opera. Being the Second Part of the Beggar's Opera

Polly
Introduktion, 3 Akte (5 Bilder)

Text: John Gay
Uraufführung: 19. Juni 1777, Haymarket Theatre, London (komponiert 1728)

Personen: Dichter; Crotchetta, Sängerin; 4 Schauspieler; Ducat; Morano; Vanderbluff; Capstern; Hacker; Culverin; Laguerre; Cutlace; Pohetohee; Cawwawkee; 3 Bedienstete; ein Seemann; Polly; Mrs. Ducat; Mrs. Trapes; Jenny Diver; Flimzy; Damaris; 2 Mädchen; 2 alte Frauen. **Statisterie:** Diener, Indianer, Piraten, Wachen, Seeleute
Orchester: Streicher (?), B.c
Aufführung: Dauer ca. 2 Std. 45 Min. – Gesprochene Dialoge. Sämtliche Rollen können mit singenden Schauspielern besetzt werden. Die Personen der Introduktion sind mit Darstellern der Haupthandlung zu besetzen.

Entstehung: *Polly*, entstanden im Sommer 1728, war Gays Versuch, den Erfolg der *Beggar's Opera* (1728) für eine Fortsetzung auszunutzen, ehe andere Autoren ihm zuvorkommen konnten. Kaum hatte John Rich im Herbst mit den Proben begonnen, ließ der Haushofmeister Herzog von Grafton die Arbeit stoppen, um das Stück der Zensur vorzulegen. Am 12. Dez. 1728 wurde die Aufführung ohne Angabe von Gründen verboten. Wer hinter dem Verbot steckt, ist ungeklärt: möglicherweise Robert Walpole, aus persönlicher Rache gegen Gay, denn das Stück enthält nichts, was ein Verbot motivieren könnte; möglicherweise aber auch Colley Cibber, aus Ärger über den Erfolg seines Konkurrenten mit The Beggar's Opera. Für Gay war das Verbot wohl ein Glücksfall, denn statt eines möglichen Reinfalls auf der Bühne erlebte das gedruckte Stück einen der größten Verkaufserfolge seiner Zeit: Man riß sich förmlich um das Werk des »politischen Märtyrers«, wie Gay sich selbst im Vorwort bezeichnet.

Handlung: Auf den Westindischen Inseln.
Introduktion, vor geschlossenem Vorhang: Der Dichter entschuldigt sich beim ersten Schauspieler dafür, daß er eine Fortsetzung der *Beggar's Opera* auf die Bühne bringt, und diskutiert mit ihm über Sinn und Wert der Satire. Ein zweiter Schauspieler berichtet, der erste Tenor wolle nicht singen; ein dritter Schauspieler meldet, die Primadonna beschwere sich, ihre Rolle sei zu oberflächlich. Gleich darauf stürzt sie wütend herein und erklärt sich für indisponiert. Als auch noch der vierte Schauspieler mit der Nachricht kommt, daß der Bassist sich weigere, in dem vorgesehenen Kostüm aufzutreten, bleibt dem ersten Schauspieler nichts übrig, als das Publikum unter Hinweis auf die *Beggar's Opera* zu bitten, nochmals eine Oper ohne Sänger zu akzeptieren: Die Schauspieler seien alle bereit aufzutreten.

I. Akt, Ducats Haus: Mrs. Trapes klärt den reichen Plantagenbesitzer Ducat über die Sitten und Gebräuche der englischen Ehemänner auf. Sie erwartet eine »Ladung« Mädchen aus England und bietet ihm, damit es den Männern seiner Heimat gleichtun könne, eins als Geliebte zum Kauf an. Unter den ankommenden Mädchen befindet sich auch Polly Peachum, die Mrs. Trapes von ihrem Familienunglück berichtet: Ihr Vater ist tot, sie sei auf der Suche nach dem deportierten Macheath ausgeraubt worden und nun hierherge-

langt. Von Trapes erfährt Polly, daß Macheath seinen Herrn ausgeplündert habe, geflohen und Pirat geworden sei. Ducat kauft Polly, doch diese träumt nur davon, fliehen und Macheath wiederfinden zu können. Plötzlicher Piratenalarm versetzt alle in Aufregung; da erscheint ein Indianer und erklärt, sein Häuptling wolle die englischen Kolonien beim Kampf gegen die Piraten unterstützen. Nach seiner Auskunft sei Macheath tot, ein Neger namens Morano führe jetzt die Piraten. Polly gesteht Mrs. Ducat ihr Unglück und klärt sie über die Absichten ihres Manns auf. Froh, Polly loszuwerden, willigt sie in deren Fluchtplan ein und gibt ihr Männerkleidung: Für eine Frau allein sei es hier zu gefährlich.
II. Akt, 1. Bild, indianische Landschaft: Polly ist geflohen und fällt den Piraten Capstern, Hacker, Culverin, Laguerre und Cutlace in die Hände, die über die Verteilung eroberter Landstriche streiten. Man hält sie für einen Mann und will sie zu Morano bringen.
2. Bild, andere Gegend: Aus einem Gespräch zwischen Morano und seiner Geliebten Jenny Diver wird klar, daß Morano niemand anderer als der verkleidete Macheath ist. In eine Diskussion über Frauen zwischen Morano und Vanderbluff, dem Kapitän des Piratenschiffs, platzen die fünf Piraten mit Polly. Sie will Pirat werden, und Jenny verliebt sich sofort in den schmucken »Mann«. Als Polly sie jedoch zurückweist, behauptet sie vor Morano, der junge Pirat habe versucht, sie zu vergewaltigen. Man will Polly davonjagen, als Mitglieder der Bande Cawwawkee, den Indianerhäuptlingssohn, als Gefangenen bringen. Die Folter soll ihm das Versteck des Indianerschatzes entlocken. Polly ergreift für ihn Partei, und beide werden vorläufig eingesperrt, denn die Nachricht, die Truppen der Plantagenbesitzer hätten die Durchfahrtswege der Schiffe gesperrt und die Indianer seien auf dem Kriegspfad gegen sie, ruft alle zum Kampf. Polly und Cawwawkee gelingt es, die Wachen zu überreden, sie freizulassen.
III. Akt, 1. Bild, das Indianerlager: Ducat und die Indianer verbünden sich gegen die Piraten, und Häuptling Pohetohee kann seinen geretteten Sohn wieder in die Arme schließen. Polly will mit den Indianern gegen die Piraten kämpfen. 2. Bild, Schlachtfeld: Die Indianer schlagen die Piraten vernichtend, der fliehende Morano ist gefangengenommen worden. Er wird zum Tod verurteilt, und weder die herbeieilende Jenny noch Polly, die inzwischen erfahren hat, wer sich hinter der Verkleidung verbirgt, können die Hinrichtung aufhalten. In der weinenden Polly erkennt Ducat seine entflohene Sklavin. Cawwawkee ist entzückt darüber, daß Polly eine Frau ist, kauft sie kurzerhand Ducat ab und bittet sie, die Seine zu werden. Nach einer kurzen Trauerminute um Macheath willigt Polly ein.
Kommentar: Gays satirische Angriffe zielten, wie schon in der *Beggar's Opera*, auf Korruption und Doppelmoral der englischen Gesellschaft, doch fehlen dem Stück der Witz und die Brillanz, die seinen Vorgänger auszeichnen. Die Handlung ist reichlich absurd und mühsam konstruiert, die Dialoge sind ebenso schwach wie die Figuren uninteressant, und selbst Macheath wird zum Langweiler, dessen Tod Polly kaum bedauert. Als Satire auf die Heroenoper in exotischer Dekoration bleibt das Stück zu blaß, fehlt den Situationen die Überzeichnung ins Groteske. Formal ist *Polly* gebaut wie *The Beggar's Opera*: Die Melodien stammen aus denselben Quellen und sind, wenngleich weniger populär, kaum weniger schön. Die Baßbegleitung ist wieder Pepuschs Werk; die im Libretto erwähnte Ouvertüre ist nicht überliefert. Von Georg Friedrich Händel stammen drei Melodien, zwei davon gehen auf Menuette aus der *Water Music* (1717) zurück; die Arien Nr. 22 und 47 sowie das nicht numerierte Rezitativ sind Werken von Händels Londoner Konkurrenten Attilio Ariosti entlehnt. Neu für das Publikum waren die Arien auf Melodien schottischer Lieder, die Allan Ramsay erst kurz zuvor veröffentlicht hatte.
Wirkung: *Polly* wurde 48 Jahre nach dem Verbot von George Colman erstmals auf die Bühne gebracht, erhielt äußerst schlechte Kritiken und wurde nach wenigen Vorstellungen wieder abgesetzt. Ebenfalls nur kurzzeitige Resonanz fanden Londoner Einstudierungen am Little Haymarket Theatre 1782 und an Drury Lane 1813 (mit neuen Arien von Michael Kelly). Einen neuerlichen Aufführungsversuch machte man 1922 am Kingsway Theatre London. Der hierbei ungleich größere Erfolg verdankt sich zum einen der geschickten Adaption und Aktualisierung des Texts durch Clifford Bax sowie des musikalischen Arrangements durch Frederic Austin, zum andern der Erwartung des Londoner Publikums, das zwei Jahre vorher Austins Bearbeitung der *Beggar's Opera* erlebt hatte.

Ausgaben: Text mit Liedmelodien als Suppl. in: *The Beggar's Opera*, London 1728; 2. u. 3. Aufl. London 1729, Nachdr. in: The Beggar's Opera. Imitated and Parodied, hrsg. W. H. Rubsamen, NY, London 1974 (The Ballad Opera. 1.); Kl.A, Bearb. v. C. Bax, F. Austin: Chapman & Hall, London 1923. **Aufführungsmaterial:** Bo&Ha
Literatur: s. S. 674

Ulrich Peters

David Perez

Geboren 1711 in Neapel, gestorben am 30. Oktober 1778 in Lissabon

Solimano
Dramma per musica

Sulaiman
3 Akte (7 Bilder)

Text: unbekannter Verfasser
Uraufführung: 31. März 1768, Teatro da Ajuda, Lissabon

Personen: Solimano/Sulaiman, Kaiser der Türken (T); Selimo/Salim, Erstgeborener Solimanos (A); Persane, Tochter des persischen Königs Tahmasp (S); Barsina, Schwester Osminos (S); Zanghire, Zweitgeborener Solimanos (S); Osmino, Hauptmann der kaiserlichen Wache (T). **Statisterie:** Paschas, Pagen, Miliz, Krieger, Mohren, Wilde, Gefangene, Wachen **Orchester:** 2 Fl (auch Ob), 2 Fg, 2 Trombe lunghe, 2 Trombe da caccia, Streicher, B.c
Aufführung: Dauer ca. 3 Std. – Selimo, Persane, Barsina und Zanghire wurden in der Uraufführung von Kastraten gesungen.

Entstehung: Bereits im Zusammenhang mit seiner ersten Verpflichtung als Opernkomponist 1735 in Neapel rechnete man Perez, der am dortigen Conservatorio di Santa Maria di Loreto studiert und während dieser Zeit auch als Violinspieler und Sänger auf sich aufmerksam gemacht hatte, neben Giovanni Battista Pergolesi zu den »buoni virtuosi in questa città«. Die Proben seines Talents (1738 wurde er an die Reale Cappella Palatina in Palermo berufen) galten zunächst ausschließlich dem komischen Genre; 1740 trat er erstmals mit einer ernsten Oper hervor, mit *Siroe re di Persia* (Neapel 1740, Text: Pietro Metastasio). In Palermo entstanden für den dortigen Hof unter anderm *Demetrio* (1741, Metastasio; auch in Neapel, Venedig und Turin gegeben), *Astartea* (1743, Pietro Pariati und Apostolo Zeno) sowie *Medea* (1744). Die überwiegend auf Sekundärquellen gestützten Angaben zu den von Perez in diesen Jahren auch für andere Bühnen Italiens komponierten Opern sind höchst widersprüchlich. Auf eigenen Wunsch 1748 von seinen Diensten in Palermo beurlaubt, reüssierte Perez erneut in Neapel, 1750 in Wien, Venedig, Rom, Turin, Mailand und Genua. 1752 trat er in die Dienste des portugiesischen Königs Joseph I. Seinen Einstand am Hof in Lissabon, wo man durch Beziehungen zu Komponisten wie Niccolò Jommelli, durch Verpflichtung namhafter Sänger wie Anton Raaff, Choreographen wie Andrea Alberti und Bühnenbildnern wie Giovanni Carlo Galli da Bibiena mehr denn je am europäischen Standard maßzunehmen suchte, gab Perez am 12. Sept. mit *Siroe* zur Eröffnung eines bei Hof neu eingerichteten Opernsaals; im selben Jahr schloß sich *Il Demofoonte* an. 1753 stellte Perez *Didone abbandonata* vor, es folgten *L'Olimpiade* und *L'eroe cinese*, 1754 *L'Adriano in Siria*, *L'Ipermestra* und *L'Artarsese* (alle Texte von oder nach Metastasio). Dürfte diesen Werken ein maßgebliches Verdienst am Ansehen Lissabons als einer der bedeutendsten Opernstädte der Zeit zuzurechnen sein, rangiert die Inauguration der Casa da Opera (Opera do Tejo) mit Perez' Metastasio-Oper *Alessandro nell'Indie* 1755 (noch im selben Jahr sollte dieser prunkvolle, in Europa damals einzigartige Theaterbau dem verheerenden Erdbeben zum Opfer fallen) unter den glänzendsten Opernereignissen des 18. Jahrhunderts. Nach dessen Wiederaufnahme 1763 unter zunächst äußerst bescheidenen Bedingungen wurde das Opernleben Lissabons zunehmend von der Begeisterung für das komische Genre bestimmt. Perez' *Solimano* geriet zudem bereits in den Schatten eines neu erwachenden Interesses an Werken Jommellis: Nach Manuel Carlos de Brito (S. 51, s. Lit.) wurden am Hof zwischen 1767 und 1780 über 20 Opern von Jommelli gegeben, wogegen von Perez nach *Demetrio* (1765) und *Solimano* nur noch *Creusa in Delfo* (1774, Text: Gaetano Martinelli) erschienen.

Handlung: Am Hof von Babylon, um 1550.
Vorgeschichte: Zanghires Mutter Roselane will ihrem Sohn die Nachfolge auf dem Thron Solimanos sichern. Selimo, Solimanos Sohn aus erster Ehe, bezichtigt sie des Verrats mit dem Perserkönig Tahmasp. Solimano hat sich nach Babylon begeben, um den mit seinem Bruder aus dem Krieg gegen Tahmasp heimkehrenden Selimo zur Rede zu stellen.
I. Akt, 1. Bild, Audienzsaal: Barsina bringt der gegen Selimo geäußerte Verdacht in Unruhe. Die mit ihren siegreichen Truppen heimkehrenden Brüder überraschen die Gegenwart des Vaters. Auf dessen Forderung, Tahmasp sehen zu wollen, antwortet Selimo, sie hätten dessen einzige Tochter gefangengenommen. Wütend wirft Solimano ihnen vor, den Auftrag nicht erfüllt zu haben. Selimo muß das Kommando über die Streitkräfte abtreten. 2. Bild, prächtige Gemächer: Barsina macht ihrem Verlobten Zanghire Vorhaltungen, den Reizen Persanes erlegen zu sein. Selimo sagt vor Solimano aus, Tahmasp habe ihm Persane sowie sein gesamtes Reich als Mitgift überlassen. Solimano aber bezichtigt den Sohn des Verrats und läßt ihn auf Persane einsperren.
II. Akt, 1. Bild, zu den Gärten weisende Vorhalle: Solimano zeigt Osmino den Beweis geheimer Abmachungen zwischen Selimo und Tahmasp. Dem für seinen Bruder eintretenden Zanghire antwortet er, Selimo werde frei sein, wenn er auf Persane verzichte und Barsina heirate. Persane muß Selimo verlassen, oder sie und ihr Vater werden sterben. Zanghire unterrichtet Selimo, den Persanes Wunsch verstört, ihn zu verlassen, von der Entscheidung des Vaters. Barsina erzürnt Zanghires Einverständnis mit einer Vermählung zwischen ihr und Selimo. 2. Bild, zur Hochzeitsfeier bereiteter Thronsaal: Am Tag der Hochzeit klagt Selimo den Vater an, für Persanes Kälte verantwortlich zu sein. Als er sich weigert, den Hochzeitskelch mit Barsina zu teilen, läßt ihn Solimano in den Kerker werfen. Persane schickt er in die Verbannung. Selimo und Persane sagen sich Lebewohl.
III. Akt, 1. Bild, Zimmer mit Schreibtisch: Solimano unterzeichnet Selimos Todesurteil. Das Heer verlangt nach Selimo, doch Solimano bleibt hart: Osmino soll das Urteil umgehend vollstrecken. Zanghire überbringt Solimano ein Dokument, das er dem Wesir Rustano abgerungen hat. Es enthüllt Roselanes Intrige. Als er vom Urteil hört, das der Vater über Selimo gesprochen hat, will auch er sterben. 2. Bild, an verschiedene Zimmer angrenzender Kerker: Osmino verhilft Selimo zur Flucht; der ihren Geliebten suchenden Persane teilt er mit, daß dieser hingerichtet worden sei. Zanghire hat Rustano umgebracht und will sich nun selbst den Tod geben. Da teilt ihm

Barsina mit, Selimo lebe, er warte bei den Truppen auf seinen Bruder. Allein zurückbleibend, gibt Barsina ihren mit Bangen gemischten Gefühlen der Liebe zu Zanghire Ausdruck. 3. Bild, Lager des osmanischen Heers unterhalb der Mauern Babylons: Solimano versöhnt sich mit Selimo. Er belohnt die Treue der Söhne, indem er Selimo mit Persane und Zanghire mit Barsina vereint.

Kommentar: Unter Perez' mehr als 30 Werken für das Musiktheater beanspruchen Opere serie, überwiegend auf Texte Metastasios, den Hauptanteil. Die Tradition der metastasianischen Oper und damit die Entwicklung der Opera seria überhaupt kennzeichnet in der 2. Hälfte des 18. Jahrhunderts neben der fortdauernden Weiterführung konventioneller Gestaltungsprinzipien ein Wandlungsprozeß, der mit einer Neuorientierung des Zeitgeschmacks korrespondierte und sich auch in der Abkehr von einer monumental-heroischen Haltung zu gemilderten Formen des Expressiven, zum sogenannten galanten Stil zeigte. Mit der sich auch unter dessen Einfluß verstärkenden wechselseitigen Durchdringung von Buffa- und Seriaelementen verloren gattungsspezifische Gestaltungsprinzipien ihre vordem sakrosankte Verbindlichkeit und begünstigten die zumal in der Vernachlässigung der strikten Dakapoform (ablesbar etwa auch am häufigeren Verzicht auf die Eingangsritornelle), dem Bedeutungszuwachs der Accompagnatos, der Verquickung arioser und rezitativischer Bewegungsmuster wie der Forcierung der Ensembles nachhaltig wirksame Tendenz zu größerer Variabilität im Konzeptionellen, zur Entwicklung immer größerer, verschiedene Formkomponenten verschmelzender szenisch-musikalischer Komplexe. *Solimano* erweist sich in vielerlei Hinsicht diesem zukunftsträchtigen Strang des generell vielfältigen, in sich widersprüchlichen Traditionsstroms verpflichtet. So läßt sich die Assimilation von Buffaelementen, auf Motivik wie auf strukturelle und harmonische Aspekte gleichermaßen bezogen, an Barsinas »Deh perchè accendere« im I. Akt aufzeigen. Gegenüber früheren Opere serie Perez' deutlich gestiegen ist der Anteil der Accompagnatos. Die Tendenz, im raschen Wechsel rezitativische und ariose Episoden, verschiedenartigste Klang- und Bewegungsmuster zu kohärenten Entwicklungskomplexen zu integrieren, wird an Solimanos Szene zu Beginn des II. Akts deutlich, doch zeigt sich solcherart flexible und auf Integration bedachte Haltung im Formalen auch andernorts; Persanes Accompagnato »Adorato Selimo« etwa (III/6) scheint die Grenze zwischen Rezitativ und Arie aufzuheben. Eine Episode wie Solimanos Accompagnato »Vedo l'ombra del figlio innocente« (III/3) steht gerade mit Blick auf die sonst eher zum Stereotyp verfestigte Konvention der Ombraszene für ein neues Bewußtsein gegenüber der rhetorischen Funktion des Texts. Persanes Arie »Mi troverai nel seno« (I/7) mit ihren sprechenden Pausen, ihren Seufzerfiguren und spannungsreichen, rasch wechselnden Kontrasten macht die Wertschätzung plausibel, deren sich Perez ob der »elegance and grace of his melodies, and expression of the words«,

so Charles Burney (s. Lit.), bei seinen Zeitgenossen erfreute. Nach einem Höchstmaß an Expressivität strebt Perez auch in der Instrumentation, wobei kalkulierte Wirkungen nicht allein von den Bläsern (Fagotte in Solimanos erster Arie »Paventi il Perso altero«, I/6), sondern ebenso von den gelegentlich subtil aufgefächerten Streicherstimmen ausgehen. Bis auf das Terzett im I. Akt und den obligatorischen Coro finale enthält sich die *Solimano*-Partitur jeglicher Ensemblenummer; kein Duett unterbricht die Serie ihrer 14 Arien. – Perez' Oper steht in einer Reihe von *Solimano*-Opern des 18. Jahrhunderts, die Hasses *Solimano II* anführt (Dresden 1753, Text: Giovanni Ambrogio Migliavacca). Mit dieser Version stimmt die Perez' hinsichtlich der Charaktere (nur teilweise der Namen), der Konstellationen und der Handlung grundsätzlich überein. Beide Opern zeichnen prachtvolle Szenen aus mit reicher Komparserie und spektakulären Bildwirkungen. Gleichwohl hat das anonyme Textbuch zu Perez' *Solimano* gegenüber dem Hasses als eigenständige Version zu gelten, nicht als dessen Bearbeitung.

Wirkung: Das als Datum der Uraufführung tradierte Jahr 1757 (Teatro de Salvaterra) muß aufgrund des Fehlens authentischer Dokumente in Zweifel gezogen werden. Das Erdbeben hatte Tausende von Menschen getötet, zwei Drittel der Häuser Lissabons unbewohnbar gemacht und natürlich auch das Opernleben auf Jahre lahmgelegt. So dürfte es sich bei den Aufführungen von *Solimano* zum 50. Geburtstag von Königin Maria am 31. März (Solimano: Luigi Torriani, Selimo: Giuseppe Jozzi, Persane: Giambattista Vasquez, Barsina: Giuseppe Orti, Zanghire: Lorenzo Maruzzi, Osmino: Lorenzo Giorgetti) sowie zum 54. des Königs am 6. Juni mit ziemlicher Sicherheit um die ersten Aufführungen der Oper gehandelt haben. – »Wären alle Opernkomponisten der neapolitanischen Schule vom Schlage dieses einen gewesen, dann hätte es keinen Gluck gebraucht.« In dieser kuriosen Hypothese gipfelt eine überschwengliche Würdigung Perez' durch Hermann Kretzschmar (s. Lit.), die in erster Linie auf *Solimano* abhebt, ein Werk, das offenbar keine größere Verbreitung fand. Am Lissaboner Hof wurde es nach 1768 wohl nicht mehr gegeben, und außerhalb Portugals scheint es ohne Resonanz geblieben zu sein. Wirkungsgeschichtlich mag es denn auch eher fragwürdig erscheinen, Perez' Stellung in der von Hasse zu Glucks Reformopern führenden Entwicklung der Opera seria ausgerechnet an *Solimano* festzumachen.

Autograph: Verbleib unbekannt. **Abschriften:** Bibl. da Ajuda Lissabon (45-V-44/46 u. 47-VI-25/27), BL London (Add. MSS 16093-94), Royal College of Music London (480), Bibl. S. Pietro a Maiella Neapel (30. 4. 7/9), BN Musique Paris, LOC Washington (M1500 P41 S5). **Ausgaben:** Part, Faks.-Nachdr. d. Abschrift London: Garland, NY, London 1979 (Italian Opera 1640–1770. 42.); Textb.: Lissabon, Costa 1768, Nachdr. in: Italian Opera Librettos 1640–1770, Bd. 9, Garland, NY, London 1978 (Italian Opera 1640–1770. 59.)

Literatur: C. BURNEY, A General History of Music from the Earliest Ages to the Present Period, Bd. 2, London 1782, S. 935; H. KRETZSCHMAR, Geschichte der Oper, Lpz. 1919, S. 188f.; E.

U. PROTA-GIURLEO, Musicisti napoletani alla corte di Portogallo nel 1700, Neapel 1924; E. SOARES, D. P., subsídios para a biografia do celebre mestre de musica de câmara de D. José I, Lissabon 1935; P. J. JACKSON, The Operas of D. P., Palo Alto, CA 1967, Diss. Stanford Univ.; David Perez e la sua epoca, Lissabon 1979 [Ausstellungs-Kat.]; R. ANGERMÜLLER, Johann Adolf Hasses Türkenoper ›Solimano II‹, in: Colloquium »Johann Adolph Hasse und die Musik seiner Zeit« (Siena 1983). Ber., hrsg. F. Lippmann, Laaber 1987 (Analecta musicologica. 25.), S. 233–266; M. C. DE BRITO, Opera in Portugal in the Eighteenth Century, Cambridge 1989

Markus Engelhardt

Giovanni Battista Pergolesi

Geboren am 4. Januar 1710 in Jesi (bei Ancona), begraben am 17. März 1736 in Pozzuoli (bei Neapel)

Lo frate 'nnamorato
Commedia per musica

Der verliebte Bruder
3 Akte

Text: Gennaro Antonio Federico
Uraufführung: 1. Fassung: 27. Sept. 1732, Teatro dei Fiorentini, Neapel; 2. Fassung: Karneval 1734, Teatro dei Fiorentini, Neapel
Personen: Marcaniello, ein alter Mann, Lugrezias und Don Pietros Vater (B); Ascanio, ein junger Mann, verliebt in Nena und Nina, stellt sich später als ihr Bruder mit dem Namen Lucio heraus, aufgewachsen in Marcaniellos Haus (S); Nena (S) und Nina (A), sinnliche Schwestern, beide in Ascanio verliebt; Lugrezia, Marcaniellos Tochter, verliebt in Ascanio (A); Carlo, Nenas und Ninas Onkel, verliebt in Lugrezia (T); Vannella, Carlos Dienstmädchen (S); Cardella, Marcaniellos Dienstmädchen (S); Don Pietro, ein junger Sonderling, Marcaniellos Sohn (B)
Orchester: Fl, Streicher, B.c
Aufführung: Dauer ca. 5 Std. – Die Partien Marcaniellos, Ascanios, Lugrezias, Vannellas und Cardellas sind in neapolitanischem Dialekt verfaßt. Der I. Akt ist nur in der 2., II. und III. Akt sind nur in der 1. Fassung erhalten.

Entstehung: Pergolesi hatte im Sommer 1731 mit seinem ersten Bühnenwerk, dem Dramma sacro *Li prodigi della divina grazia nella conversione e morte di S. Guglielmo duca d'Aquitania* (Text: Ignazio Maria Mancini), das mit großer Wahrscheinlichkeit von Mitgliedern des Conservatorio dei Poveri di Gesù Cristo Neapel im Hof des Konvents San Agnello Maggiore aufgeführt worden war, erstmals öffentliche Aufmerksamkeit erregt. Bereits für die Wintersaison 1731/32 erhielt er mit der Scrittura des Teatro San Bartolomeo für das Dramma serio *Salustia* (1732, Text: Sebastiano Morelli?) seinen ersten Opernauftrag. *Lo frate 'nnamorato* war sein nächstes Bühnenwerk. Federico, der Pergolesi auch die Libretti zu *La serva padrona* (1733) und *Il Flaminio* (1735) schreiben sollte, war Jurist und trat seit 1726 zunächst als Verfasser von Prosakomödien an die Öffentlichkeit. Seit dem Erfolg mit *Lo frate* war er in Neapel der führende Librettist auf dem Gebiet der Commedia per musica.
Handlung: In Capodimonte.
I. Akt: Die beiden Alten haben Heiratspläne gesponnen: Marcaniellos Sohn Pietro wird Carlos Nichte Nena zum Bräutigam bestimmt, während Marcaniello deren Schwester Nina, Carlo hingegen Marcaniellos Tochter Lugrezia heiraten möchten. Die Dienstmädchen der beiden Familien, Vannella und Cardella, tauschen gerade die letzte Neuigkeit aus, die Ankunft Pietros aus Rom, als dieser selbst erscheint. Eitel bewundert er sich in einem Handspiegel und singt eine Kanzone. Eigentlich auf Nena wartend, schäkert er mit Cardella, die verkündet, daß sie gern einen Mann hätte. Carlo eröffnet Nina und Nena die Heiratspläne und warnt, daß jegliches Sträuben vergeblich sei. Nena vermutet, Nina wolle sie als lästige Konkurrentin um Ascanios Gunst los werden, doch sicher ist sie sich auch seiner Gefühle nicht. Marcaniello gerät in Wut, als Lugrezia sich der Heirat mit Carlo widersetzt, die derweil Ascanio ihre Liebe beteuert hat und sich über seine Gefühlskälte beklagt. Ascanio, mit Lugrezia zusammen aufgewachsen, vermag jedoch nichts anderes als »Geschwisterliebe« für sie aufzubringen. Gleichwohl ist er verliebt, doch unschlüssig, in wen: in Nina oder Nena. Pietro bändelt nun mit Vannella, Nena kommt dazu und ergreift mit Freuden die Gelegenheit, dem unerwünschten Freier eine Szene zu machen. Vannella stellt sich unschuldig, während Marcaniello Pietro verteidigt, der inzwischen mit Cardella schäkert. Nina möchte ihre Schwester mit Pietro verkuppeln, worauf Marcaniello mit Eifersucht reagiert. Als Pietro auch noch verkündet, Nina und Nena seien heimlich in ihn verliebt, stürzt sich Marcaniello wütend auf ihn.
II. Akt: Lugrezia klagt Cardella ihr Pech in der Liebe und überlegt, ob wohl auch die Männer so wie die Frauen in der Liebe den Kopf verlieren. Marcaniello ist ungehalten, daß sein Sohn alle Heiratspläne durcheinanderbringt: Vannella soll Pietro ab sofort aus dem Weg gehen. Sie stellt sich einfach dumm. Nina findet die Situation verfänglich und nimmt sie zum willkommenen Anlaß, Marcaniello zu erklären, daß sie mit ihm nichts zu schaffen haben möchte. Zu allem Überfluß macht sich auch noch Vannella über ihn lustig. Er ist verzweifelt, während Vannella stolz ist auf die Kunst der Frauen, die Männer an der Nase herumzuführen. In Gegenwart Ascanios verkündet Nena, daß sie ihn verachte und nicht daran denke, ihn zu heiraten. Pietro weiß nicht, ob er wütend oder traurig sein soll. Cardella findet ihn ganz bleich und schlägt vor, daß er sich von ihr schminken lassen soll. Zum Dank für den guten Rat wird er sie heiraten, witzelt Pietro. Nina und Nena drängen nun Ascanio, wenn auch vergebens, sich zwischen ihnen zu entscheiden. Cardella hat derweil ihr Verschönerungswerk an

Pietro vollbracht, der sich jetzt so schön wie Cupido wähnt. Als Marcaniello ihn in dieser Aufmachung erblickt, geht er ein zweites Mal wütend auf ihn los, kommt aber zu Fall und wird unter dem Gelächter von Carlo und Pietro ins Haus getragen.

III. Akt: Über den höflichen Erkundigungen Carlos nach dem Befinden Marcaniellos hat Pietro Mühe, seine Neuigkeit anzubringen: Nicht nur Nina und Nena, sondern auch Lugrezia sind in Ascanio verliebt. Der Vater hat es herausgefunden und will nun Ascanio zum Duell fordern. Carlo hingegen schlägt vor, die Hochzeit zu beschleunigen. Nina liebt nach wie vor Ascanio mit Zuversicht, während Nena über die Hoffnungslosigkeit ihrer Liebe verzweifelt. Ascanio weiß weder ein noch aus. Lugrezia setzt ihm zu, daß Nina und Nena noch heute verheiratet werden müssen. Als Lugrezia Marcaniello erklärt, Ascanio zu lieben, poltert er los, Ascanio solle sich diese Liebe aus dem Kopf schlagen. Atemlos kommt Pietro gelaufen und verkündet, daß noch heute Hochzeit sein soll. Nina entgegnet, daß es ihr gar nicht einfalle, einen geschminkten Laffen zu heiraten. Nena gibt Marcaniello den Rat, erst einmal seine Gicht zu kurieren. Marcaniello wähnt sich vom Schlag getroffen. Vannella und Cardella bemühen sich um ihn und geraten sich darüber in die Haare. Marcaniello bittet nun Carlo herbei. Da stürzt Pietro mit einem Schwert herein, geht auf Ascanio los und bringt ihm eine Schramme bei. Stolz verkündet er, dem Übeltäter die verdiente Strafe erteilt zu haben. Beim Verbinden der Wunde erkennt Carlo an einem Muttermal in Ascanio seinen Neffen Lucio, den Bruder Ninas und Nenas, der als kleines Kind geraubt und ausgesetzt worden war. Marcaniello hatte ihn gefunden und aufgezogen: daher also Ascanios Zuneigung zu Nina und Nena. Nunmehr aber bittet er Marcaniello um die Hand seiner Tochter Lugrezia.

Kommentar: Die im frühen 18. Jahrhundert entstandene Commedia per musica ist eine genuin neapolitanische Gattung des Musiktheaters: 1707 ließ Prinz Fabrizio Carafa in seinem Palast Michelangelo Faggiolis *La Cilla* (Text: Francesco Antonio Tullio) aufführen; 1709 kam es mit Antonio Orefices *Patrò calienno de la costa* (Text: Agasippo Mercotellis) im Teatro dei Fiorentini zur wohl ersten öffentlichen Aufführung eines Werks dieser Gattung, die in Neapel außerordentlichen Erfolg hatte. Seit 1724 machten zwei weitere Theater, das Teatro Nuovo und das Teatro della Pace, dem Fiorentini Konkurrenz. Die Commedia per musica spielt in der Gegenwart. Schauplätze sind die Ausflugsorte des neapolitanischen Bürgertums in der unmittelbaren Umgebung der Stadt; zumeist werden alle drei Akte vor der gleichen Szenerie gespielt: rechts und links ein Landhaus, dazwischen eine Straße. Die etwa acht Personen gehen teils auf Typen der Commedia dell'arte zurück, teils sind sie »innamorati«. Die Handlung kreist formelhaft um einen jungen Mann oder ein Mädchen, der oder die durch irgendwelche Umstände von der Familie getrennt wurde und unerkannt als Findelkind aufwuchs. Er oder sie wird von mehreren Personen gleichzeitig geliebt und vermag nicht zwischen den Bewerbern zu wählen. Die Entscheidung fällt schließlich dadurch, daß die fragliche Person als Bruder, Sohn, Schwester oder Tochter eines der Bewerber identifiziert wird. Alle übrigen, darunter der »vecchio innamorato« oder die »vecchia innamorata«, gehen leer aus. Das Handlungsschema wurde durch allerlei Verwicklungen, Situationskomik und oft sehr derbe Späße bereichert und variiert. Die Parodie auf die Opera seria spielte eine ebenso große Rolle wie die Anspielung auf das Gesellschaftsleben. Nach 1720 verflüchtigt sich allmählich das Schema und nimmt die Gattung sentimentale Züge an. Zudem tritt die toskanische Hochsprache hervor und beschränken sich die Dialektpartien häufig auf die »parti buffe«. – Eine typische Arienform der neapolitanischen Musikkomödie ist die liedhaft schlichte, meist strophische »canzona«. Es entsprach der Tradition, die Commedia mit einer Kanzone im Sicilianorhythmus zu beginnen (Vannellas und Cardellas »Passa Ninno da cca 'nnante«). Pietros Kanzone »Pupilette, fiammette d'amore« vertonte Pergolesi als gestelztes Menuett. Auffällig ist die Vielfalt der Sologesänge: So nimmt Vannellas Aria »Chi disse ca la femmena« (II/7) mit ihren schwungvollen Couplets über die Künste der Frauen das moderne Chanson vorweg und scheint Pietros Arietta »Mon Dieu, combien de sciarm« (II/17) auf das aktuelle Repertoire des

Lo frate 'nnamorato, II. Akt; Bruno De Simone als Pietro, Alessandro Corbelli als Marcaniello, Ezio Di Cesare als Carlo, Nicoletta Curiel als Cardella; Regie: Roberto De Simone, Bühnenbild: Mauro Carosi, Kostüme: Odette Nicoletti; Scala, Mailand 1989.

Gesellschaftslieds Bezug zu nehmen. Darüber hinaus spielt die Parodie auf die Opera seria und ihr Repertoire eine offenbar wichtige, aber schwer rekonstruierbare Rolle. So parodiert Pietros »Si stordisce il villanello« die Gleichnisarie: Pietro beginnt mit einer altväterlichen Devise, er vergleicht sich mit dem Bauernburschen, dem sein Eselchen entlaufen ist, ahmt das Geschrei des Esels nach und fällt schließlich in einen Saltarello (diese Arie stellt erhebliche sängerische Ansprüche). Nenas große Arie »Va solcando il mar d'amore« (III/1), eine der ganz wenigen Arien Pergolesis mit konzertierendem Soloinstrument (Flöte), scheint eine bestimmte Seriaarie zu parodieren. Parodiert werden sowohl bestimmte Stücke wie typische Ausdrucksmittel der Opera seria; Seufzermotive, pathetische Ausrufe oder Deklamationsmodelle werden in buffohafte Gestikulationsmelodik oder zu durchgehenden Begleitfiguren umgeschmolzen. Das Duett Pietro/Marcaniello am Schluß des I. und das Quintett am Schluß des II. Akts sind traditionsgemäß zweiteilige kurze Stücke, deren Wirkung auf der Umsetzung der turbulenten Aktion in gestikulierende Buffomelodik beruht.

Wirkung: Die Aufführungen von *Lo frate 'nnamorato* wurden wahrscheinlich bis 1733 fortgesetzt. Unter den Interpreten ist die Darstellerin der Vannella bei der Uraufführung und der Wiederholung von 1734, Margherita Pozzi, wohl die bedeutendste Sängerin und Schauspielerin der Commedia per musica gewesen. Bei der Uraufführung wurde ferner nach dem I. Akt ein »Intermezzo zur Einleitung der Tänze« mit den Personen Capitano Cola Spaviento und Giulietta aufgeführt; auch nach dem II. Akt folgten Tänze, die ebensowenig wie das Intermezzo erhalten sind. Das Libretto von 1734 verzeichnet drei Umbesetzungen und deshalb den Austausch von acht Arien gegen neu komponierte. Im Winter 1748 wurde die Komödie, »die seit 20 Jahren allenthalben in den Straßen der Stadt rezitiert und gesungen wird«, im Teatro Nuovo wieder aufgeführt. Der Part der Lugrezia wurde ins Toskanische übertragen, weil die betreffende Sängerin nicht Neapolitanisch konnte. Außerdem wurde die Rolle eines Dieners des Carlo mit Namen Moscardo hinzugefügt. In der Vorrede zum Libretto heißt es, man sei »religiosamente« darauf bedacht gewesen, die Musik nicht anzutasten, die dem einzigartigen Genie des verstorbenen Pergolesi entsprungen sei. Mit Rücksicht auf die Sänger habe man Arien aus andern Werken Pergolesis gewählt. Einige Rezitativverse und der Part Moscardos seien vom »maestro di cappella« ergänzt worden. Damit habe man aber der Verehrung nicht Abbruch tun wollen, die man dem Gedächtnis eines so hoch geschätzten Komponisten schulde. Wegen der zahlreichen Dialektpartien blieb die Wirkung von *Lo frate 'nnamorato* auf Neapel beschränkt. 1960 brachte die Piccola Scala Mailand eine Bearbeitung von Renato Parodi heraus (Dirigent: Bruno Bartoletti, Regie: Franco Zeffirelli; Marcaniello: Paolo Montarsolo, Ascanio: Alvino Misciano, Nina: Bianca Maria Casoni, Lugrezia: Fiorenza Cossotto, Vanenella: Dora Gatta, Cardella: Adriana Martino, Pietro: Paolo Pedani). 1989 fand in der Scala Mailand die Erstaufführung nach der Neuausgabe von Francesco Degrada statt (Dirigent: Riccardo Muti, Regie: Roberto De Simone).

Autograph: Verbleib unbekannt. **Abschriften:** Bibl. du Cons. Royal de Musique Brüssel, BL London (Add. 16103/05), Bibl. d. Abtei Montecassino, Bibl. S. Pietro a Maiella Neapel (Rari 32.10/11), LOC Washington (M1500 P42 F4). **Ausgaben:** Part, krit. Ausg.: G. B. PERGOLESI, Complete Works / Opere complete, Bd. 7, hrsg. F. Degrada, Pendragon, NY, Ricordi [in Vorb.]; Kl.A: G. B. PERGOLESI, Opera omnia, hrsg. F. Caffarelli, Bd. 2, Gli amici della musica da camera, Rom 1939, Nachdr.: Bandettini, Florenz 1972; Kl.A, Bearb. v. E. Gerelli: Zerboni, Mailand 1961; Textb.: Neapel 1732, 1734, 1748. **Aufführungsmaterial:** krit. Ausg.: Ricordi; Bearb. Gerelli: Zerboni, Mailand / Schott; Bearb. u. dt. Übers. v. W. Oehlmann: Bär

Literatur: P. SIMONELLI, Lingua e dialetto nel teatro musicale napoletano del '700, in: Musica e cultura a Napoli dal XV al XIX secolo, hrsg. L. Bianconi, R. Bossa, Florenz 1983 (Quaderni della RIM. 9.), S. 225–237; H. HUCKE, Die Entstehung der Opera buffa, in: Bericht über den Internationalen Musikwissenschaftlichen Kongreß Bayreuth 1981, hrsg. C.-H. Mahling, S. Wiesmann, Kassel 1984, S. 78–85; P. WEISS, Ancora sulle origini dell'opera comica: il linguaggio, in: Studi Pergolesiani [s. u.], Bd. 1, S. 124–147; F. DEGRADA, ›Lo frate 'nnamorato‹ di P. e la musica a Napoli nel primo Settecento, in: Rivista Illustrata del Museo Teatrale alla Scala 2:1989/90, Nr. 5, S. 46–51; **zu Pergolesi:** C. BLASIS, Biografia di P., Mailand 1817; E. FAUSTINI-FASINI, G. B. P. attraverso i suoi biografi e le sue opere. Nuovi contributi corredati da vari documenti sin ora inediti, Mailand 1899; G. RADICIOTTI, G. B. P. Vita, opere ed influenza sull'arte, Rom 1910, Mailand ²1935, dt. Bearb. v. A.-E. Cherbuliez: Zürich, Stuttgart 1954; A. DELLA CORTE, P.: con citazioni musicali, Turin, Pavia 1936; F. SCHLITZER, G. B. P., Turin 1940 (Coll. »I maestri della musica«. 34.); Giovanni Battista Pergolesi (1710–1736): Note e documenti raccolti in occasione della settimana celebrativa (15–20 settembre 1942), hrsg. S. A. Luciani, Siena 1942; U. PROTA-GIURLEO, Breve storia del teatro di corte e della musica a Napoli nel secolo XVII e XVIII, in: DERS., Il Teatro di Corte nel Palazzo Reale di Napoli, Neapel 1952, S. 19–146; L. RONGA, »Ombre sul P.«, in: DERS., Arte e gusto nella musica dall'Ars Nova a Debussy, Mailand, Neapel 1956, S. 127–154, auch in: D. DELLA PORTA usw., [s. u.], S. 154–178; H. HUCKE, The Neapolitan Tradition, in: Report of the Eighth Congress of the International Musicological Society, hrsg. J. LaRue, Kassel 1961, S. 252–277; DERS., G. B. P. Umwelt, Leben, Dramatisches Werk, Habil.-Schrift Ffm. 1967 [masch.]; M. ROBINSON, Naples and Neapolitan Opera, Oxford 1972, Nachdr. NY 1984; H. HUCKE, P.: Probleme eines Werkverzeichnisses, in: Acta Musicologica 52:1980, S. 195–225; D. E. MONSON, Recitativo semplice in die Opere Serie of G. B. P. and His Contemporaries, NY 1983, Diss. Columbia Univ.; D. DELLA PORTA, B. S. BROOK, M. E. PAYMER, Il caso P., Bergamo 1985; B. S. BROOK, La storia del genio in 3 atti: Parigi, Europa, New York: Duecentoquinto anni per conoscere una vita di 26 anni, ebd., S. 51–60; F. DEGRADA, Il teatro musicale a Napoli nel primo Settecento, in: 48° Maggio Musicale Fiorentino, hrsg. Ente Autonomo Teatro Comunale, Florenz 1985, S. 92–103; DERS., R. DE SIMONE, D. DELLA PORTA, G. RACE, P., Neapel 1986; Studi Pergolesiani / Pergolesi Studies, hrsg. F. Degrada, Bd. 1: Florenz 1986, Bd. 2: Florenz 1988; M. E. PAYMER, H. W. WILLIAMS, G. B. P. A Guide to Research, NY, London 1989 (Garland Composer Resource Manuals. 26.); B. S. BROOK, Neapolitan Speciality, in: Opera News 55:1990, H. 2, S. 28–31, 54

Helmut Hucke

La serva padrona
Intermezzo in musica

Die Magd als Herrin
2 Teile

Text: Gennaro Antonio Federico
Uraufführung: 28. Aug. 1733, Teatro San Bartolomeo, Neapel
Personen: Uberto, ein alter Mann (B); Serpina, seine Dienerin (S); Vespone, sein Diener (stumme R)
Orchester: Streicher, B.c
Aufführung: Dauer ca. 50 Min.

Entstehung: Für die pompös begangenen Feierlichkeiten zum 42. Geburtstag von Elisabeth Christine, der Frau Kaiser Karls VI., komponierte der 23jährige Pergolesi das Dramma per musica *Il prigionier superbo*. Der Aufführungspraxis der Zeit folgend, schrieb er *La serva padrona* als Einlage zwischen den Akten der Opera seria; die beiden Teile waren nach damals modernen Vorstellungen in einer durchgehenden Handlung verknüpft. Wie üblich nahm das Intermezzo nicht Bezug auf die von Haß und Leidenschaft getragene Intrige des *Prigionier superbo*. Das Sängerpersonal für die Intermezzi rekrutierte sich aus Spezialistenkreisen. Uberto und Serpina wurden von Gioacchino Corrado und Laura Monti kreiert, die für die folgenden drei Jahre ein in Neapel beliebtes Buffopaar bildeten. Die Spezialisierung der Darsteller auf komische Intermezzi begünstigte Separataufführungen der unterhaltsamen Einlagen, die bei *La serva padrona* schon unmittelbar nach der Uraufführung eingesetzt haben sollen. Zeugte schon der Kompositionsauftrag von der großen Wertschätzung, die man dem jungen Komponisten in Neapel entgegenbrachte, so hatte sich Pergolesis Ruhm mit dem Erfolg der *Serva padrona* endgültig gefestigt: Ende 1733 bewarb er sich erfolgreich um die Stellvertretung des Kapellmeisters Domenico Natale Sarro, die eine Option auf dessen Nachfolge im Todesfall einschloß.

Handlung: In einem Zimmer.
I. Teil: Der mürrische, alte, aber wohlhabende Uberto ist außer sich über die Dreistigkeiten seiner Dienerin Serpina. Einst nahm er das junge Mädchen in sein Haus auf und hätschelte es wie seine Tochter. Nun präsentiert ihm Serpina die Quittung: Sie führt sich wie eine despotische Hausherrin auf und fordert, daß man ihr Ehrfurcht zolle wie einer gnädigen Frau. Seit drei Stunden wartet Uberto auf sein Frühstück und kann deshalb seinen Geschäften nicht nachgehen. Serpina redet ihm das Frühstück zu so später Vormittagsstunde aus und verbietet ihm auch den Geschäftsgang, da gleich Mittagszeit sei. Da kennt Ubertos Zorn keine Grenzen mehr. Er schickt seinen Diener Vespone aus, ihm eine Ehefrau zu verschaffen, und sei es eine Harpyie. Serpina zum Trotz werde er jetzt einen Hausstand gründen, damit er ihren Klauen entkomme. Doch die durchtriebene Dienerin prophezeit dem verdutzten Uberto, daß sie selbst die Braut und künftige Herrin im Haus sein werde.

II. Teil: Mit einer List will sich Serpina den Ehekontrakt erschleichen. Vespone verspricht sie bei Gelingen des Plans ein angenehmes Leben als zweiter Herr im Haus. Der als furchteinflößender Krieger namens »Ungewitter« verkleidete Vespone wird als Serpinas Verlobter ausgegeben, dessen Jähzorn und Gewalttätigkeit sie in einer künftigen Ehe ausgeliefert sei. Der zwischen Furcht vor dem vermeintlich gewalttätigen Soldaten und Mitleid mit Serpina schwankende Uberto entscheidet sich angesichts einer mit Drohgebärde eingeforderten Mitgift für Serpina in Höhe von 4000 Scudi für die angebotene Alternative: Er heiratet selbst seine Dienstmagd. Kaum hat Uberto den Ehekontrakt mit Serpina per Handschlag besiegelt, reißt Vespone die Maske herunter und enthüllt Serpinas List. Ubertos aufwallender Zorn verpufft, da er den rechtskräftigen Aufstieg seiner Dienerin zur Herrin nicht mehr verhindern kann. Unter diesen Umständen entdecken die Eheleute in ihren Herzen füreinander aufkeimende Liebe.

Kommentar: Federico gelang in *La serva padrona* ein ungewöhnlich konzentrierter Handlungsentwurf. Die aus dem Repertoire der Commedia dell'arte bekannte und bewährte Opposition von altem Griesgram und schlauem jungen Mädchen wird ohne jegliche Abschweifung diabolisch zugespitzt, bis Uberto seine Einwilligung in eine Heirat mit Serpina geradezu als Erlösung aus seiner seelischen Konfusion empfindet. Die planvolle Übertölpelung des Alten wird in zwei unterschiedlich strukturierten Szenenfolgen präsentiert, die gleichwohl in ihrer dramatischen Stringenz aufeinander bezogen sind. Im I. Teil dominiert Serpinas sprachlich-argumentative Handlungsweise, die zu Ubertos völliger Verwirrung führt, während im II. der Akzent auf der chargierend darstellerischen Qualität in Vespones und Serpinas Spiel liegt (musikalisch hervorgekehrt im ironisch gebrochenen Klageeffekt der Arie »A Serpina penserete«). Der stumme Diener Vespone übernimmt in beiden Teilen eine tragende Rolle: Im I. Teil fungiert er als personale Schaltstelle, über die Serpina und Uberto ihren Streitdialog bis zu schallenden Handgreiflichkeiten führen, im II. wird Vespones Verkleidungskomödie zum Ausgangspunkt der theatralisch wirksamen Intrige. Die nüchterne Szenerie, die zeitliche Fixierung der Handlung auf den späten Vormittag, die dialektfreie, doch stellenweise derb volkstümliche Ausdrucksweise und der auffällige Verzicht auf die ansonsten in diesem Genre übliche Parodie von Arientypen der ernsten Oper garantieren ein Höchstmaß an darstellerischer Realistik und öffnen dem Zuschauer ein breites Angebot an möglichen Identifikationen. – Diesem Handlungsentwurf folgte Pergolesi mit seiner präzis schildernden und eindringlich charakterisierenden Musik. Die rhythmische und motivische Kurzatmigkeit vermittelt in Ubertos Arien den Ausdruck von verzweifelnder Enervierung und fanatisch betriebener seelischer Selbstzerstörung. In kongenialer Deutung des Texts fand Pergolesi zu singulären musikalischen Formen wie in Ubertos virtuoser Auftrittsarie »Aspettare«: In der variierten Dreiteiligkeit (Takte 1–23 entsprechen den Takten 24–31 und 32–48) spiegeln sich wachsende Konfusion und Hysterie in der unausgewogenen Periodisierung der Formteile, in einer beständigen Verkürzung der Notenwerte auf analogen Textzeilen, in der unregelmäßigen Wiederholung einzelner Motive und in der fortschreitenden Zerstörung des kantablen Elements der Vokalstimme (bis zum abrupten Nonensprung abwärts am Kulminationspunkt der musikalischen Entwicklung). Die schlüssige Charakterisierung der Bühnenfigur durch gehetzte musikalische Ausdrucksweise reicht bis in motivische Verklammerungen der zweiten (»Sempre in contrasti«) und dritten Arie Ubertos (»Son imbrogliato«). Freilich nutzte Pergolesi auch traditionelle musikdramatische Mittel wie die flächige Gegenüberstellung höchst kontrastreicher Orchestermotive zur Schilderung von Ubertos Schwanken zwischen Mitleid und verzweifelter Selbstbehauptung (im Accompagnato »Per altro«). Auf diese Weise entsteht in Ubertos Arien die Charakterstudie eines verzweifelt unsicheren Manns, der zum Spielball seiner Mitmenschen wird. Dagegen stehen kantable und volkstümliche Themen für die Charakterisierung Serpinas. Regelmäßige Periodenbildungen und übersichtlich gegliederte musikalische Formen vermitteln in ihren Arien den Eindruck von planvoller Selbstdarstellung, also weniger die traditionelle musikalische Ausdeutung von Affekten als vielmehr das Bild kalkulierter Argumentation. Auch hier nutzte Pergolesi motivische Entsprechungen als unmißverständliche musikdramatische Informationen: Serpinas Beteuerung, sie wolle allein Uberto zum Mann (eine Motivformel im Duett »Lo conosco«, die der noch widerstrebende Uberto musikalisch adaptiert), korrespondiert in den eingeschobenen Allegroabschnitten der Arie »A Serpina penserete« mit der triumphalen Erkenntnis, daß die bei Uberto provozierte Wirkung der herzergreifenden intriganten Schauspielerei bereits einsetze. Diese unmittelbare sprachliche Qualität der musikalischen Motivik kulminiert im Finalduett des I. Teils (»Lo conosco«), in dem Pergolesi die plastische Herausbildung eines Wortgefechts in Tönen gelang. Satztechnisch präsentiert er die noch für seine Zeit typische Sequenzmelodik in einem neuen melodisch-thematischen und formalen Gewand, indem er gelenkige Figuration einerseits und kadenzierenden Stützschritt andrerseits systematisch auf die Singstimmen verteilte und somit aus einer geschlossenen musikalischen Form und Melodie kontrastierende heftige Wortwechsel und malende Ausdrucksebenen für einen komplementären Satzstil gewann. Die musikalische Entwicklung dieses Duetts präzisiert zudem die szenisch-gestische Situation auf der Bühne, indem Ubertos Vokalmotivik fortwährend an Eigenständigkeit einbüßt und sich bis zur notengetreuen Imitation oder homorhythmischen Simultanität an die Vokallinie Serpinas angleicht. Analog zu diesem klanglich-dramatischen Höhepunkt des I. Teils, den Jean-Jacques Rousseau als Muster der Duettkomposition pries (*Dictionnaire de musique*, Paris 1768, S. 184), wird der II. mit einem volkstümlichen Musikstück beschlossen (»Contento tu sarai«), das weder an formaler Ausdehnung noch an satztechnischer Virtuosität an die Qualität von »Lo conosco« heranreicht. Pergolesis offensichtliche Intention, hier nur noch die mäßig beglückende, auf Einsicht in die Notwendigkeit und auf einer puren Rechtskonvention gründende Eintracht der Herzen musikalisch zum Ausdruck zu bringen, wurde von seinen Zeitgenossen schon bald durchkreuzt. Man ersetzte das originale Finalduett durch das Duett »Per te io ho nel core« aus dem III. Akt von Pergolesis *Flaminio* (1735) und gab damit dem Werk einen virtuosen, auf musikalischen Charme abgestellten Finaleffekt.

Wirkung: Der spektakuläre Bühnenerfolg der *Serva padrona* beruht wesentlich auf der ausgefeilten musikdramatischen Darbietung der komödiantischen Handlung. Das neapolitanische Publikum wird die natürliche Deklamation des Dialogs in den Seccos und den unverstellten musikalischen Ausdruck in Verbindung mit der handgreiflichen Drastik und Realistik der Szenerie als herzerfrischende Neuerung und zukunftsweisenden Opernstil erkannt haben, denn in *Il prigionier superbo* präsentierte Pergolesi bei aller Kunstfertigkeit der musikalischen Gestaltung doch nur die gewohnte komplizierte Handlungsintrige mit einer Überfülle an stilisierten Affektdarstellungen. Dieser schlagende musikdramatische Kontrast zwischen ernster Oper und Intermezzo drängte sich dem Publikum auch bei späteren Aufführungen der *Serva padrona* in Italien und jenseits der Alpen auf, weil das Intermezzo noch häufig in Verbindung mit Opere serie gegeben wurde (vgl. Franco Piperno, S. 172, s. Lit.). Die Wertschätzung für Pergolesis hochrangige Komposition erweist sich in der (bis auf den Austausch des Schlußduetts) unveränderten Übernahme der Partitur von andern Bühnen bis zur Jahrhundertmitte, ungewöhnlich genug, weil gerade die Intermezzi der Aufführungspraxis der Zeit entsprechend bei jeder Neuaufführung bearbeitet oder gar in Teilen gänzlich verändert wurden. Schon der Werkcharakter der Partitur hebt *La serva padrona* über vergleichbare zeitgenössische Bühnenstücke hinaus. Die Rezeption in Italien und Frankreich belegt auch ihre gesellschaftspolitische Dimension. Die politische Brisanz einer unverblümten und letztlich erfolgreichen Herausforderung der Herrschenden durch die Untergebenen könnte dem neapolitanischen Publikum gerade am Geburtstag der römisch-deutschen Kaiserin Elisabeth Christine aufgegangen sein, weil die habsburgische Herrschaft in Neapel und Sizilien (im Rastatter Frieden von 1714 per Dekret bestimmt) höchst unwillkommen war. Die erfolgreiche Eroberung Siziliens durch die spanischen Bourbonen (1734) und die Wiener Friedensschlüsse im Polnischen Thronfolgekrieg (1735 und 1738) änderten die Machtverhältnisse in Italien: Neapel und Sizilien fielen an Spanien, Parma-Piacenza aber und die Toskana zum Ausgleich an die Habsburger. Nicht zufällig stellten sich erste Erfolge der *Serva padrona* außerhalb Neapels seit 1738 vornehmlich in jenen neuen habsburgischen Landen in Norditalien und in ihrer unmittelbaren Nachbarschaft ein (1738 in Parma, 1739 in Persiceto und Bologna,

Tafel 16

Tafel 16

Jules Perrot, *La Esmeralda* (1844), 1. Bild; Jules Perrot als Pierre Gringoire, Carlotta Grisi als Esmeralda; Kostüme: Mme. Copère; Illustration: Augustus Jules Bouvier nach dem Bühnenbildentwurf von William Grieve; Uraufführung, Her Majesty's Theatre, London 1844. – Angesichts der lockenden »Truandaise« (Lumpentanz), mit der die Straßentänzerin den bittenden Dichter umzirkelt, wandelt sich das Flehen um sein Leben in ein Werben um die Gunst der Schönen.

1740 in Lucca, 1740–42 und 1745 in Venedig, 1742 in Florenz, 1747 in Padua, 1748 in Reggio nell'Emilia). – Von Norditalien aus gelangte die Komödie zur gleichen Zeit in den deutschen Sprachraum, wo sie zunächst italienisch aufgeführt wurde (1739 in Graz, 1740 in Dresden, 1743–46 in Hamburg, 1744 in Prag, 1746 in Wien und Augsburg, 1748 in Potsdam und Leipzig, 1749, 1752, 1754–57 in Kopenhagen, 1751 in Nürnberg, 1752 in Berlin und Schwetzingen, 1753 in Lübeck, Braunschweig, Frankfurt a. M., Danzig und Hannover). Deutschsprachige Aufführungen sind erst Jahrzehnte später belegt, wobei Inszenierungen aus der 2. Hälfte des 18. Jahrhunderts (Wien 1770, Nürnberg 1778, München 1783 als *Lachet, wer lachen kann, oder Die Dienerin eine Frau*, Schleswig 1785 als *Wie sie pfeift, so muß er tanzen*) in ihrer sprachlichen und musikalischen Substanz nicht gesichert sind. Unzweifelhaft in deutscher Übersetzung wurde *La serva padrona* 1803 in Bremen und 1810 in Berlin (als *Zofenherrschaft* in der Übersetzung von Karl Alexander Herklots, die der französischen Version von 1754 folgt) und Darmstadt (als *Die gebieterische Magd*) gespielt. – Bei Aufführungen in Frankreich attestierte die öffentliche Kritik Pergolesis Musik zunächst Schlichtheit und Grazie des Ausdrucks. Der Politiker und Kulturmäzen Charles de Brosses hatte 1739 die Aufführung in Persiceto gesehen und die Partitur sogleich erworben. Am 4. Okt. 1746 wurde das Intermezzo von italienischen Buffonisten in der Comédie-Italienne in Verbindung mit zwei Ballettdivertissements (jeweils am Ende der Teile) gegeben und beifällig aufgenommen. Die kulturpolitische Brisanz dieses Werks legte freilich erst die Aufführung der italienischen Truppe von Eustachio Bambini am 1. Aug. 1752 (mit Pietro Manelli als Uberto und Tonelli als Serpina) in der Académie Royale offen. Dort ersetzte man den Prolog aus Lullys *Acis et Galatée* (1686) durch Pergolesis Intermezzo, zu dem eine Ouvertüre von Georg Philipp Telemann gespielt und ein pantomimisches Ballett aufgeführt wurden. Die Behauptung in der offiziellen Kritik im *Mercure de France*, die Handlung der *Serva padrona* sei sehr unbedeutend und ihr Wert liege ausschließlich in der Musik, kam einer eklatanten Abwieglung gleich. In Wahrheit traf der antifeudalistische Zug der Komödienhandlung diesmal in Paris auf eine ähnlich explosive Stimmung wie zwei Jahrzehnte zuvor in Neapel. Die marode Innenpolitik König Ludwigs XV. hatte zahlreiche Kritiker auf den Plan gerufen, und außenpolitisch formierten sich die europäischen Kräfte zum Bündnissystem gegen Preußen. Die Spannung in der Pariser Gesellschaft entlud sich unmittelbar nach dieser Aufführung in einer ungemein heftig geführten kulturpolitischen Kontroverse um die ästhetische Vormachtstellung der alten französischen oder des neuen italienischen Musikstils. Bambinis Kompanie führte zwischen 1752 und 1754 insgesamt 14 italienische Bühnenwerke auf, davon sechs mit Musik von Pergolesi. Dessen Musik galt den Verfechtern der italienischen Musik in Paris als Symbol des neuen Stils und als Kampfansage an die Kultur des Ancien régime.

Die kulturpolitische Auseinandersetzung, die als »Querelle des bouffons« (Buffonistenstreit) in die Geschichte einging, fand ihren Höhepunkt einerseits in bedeutenden ästhetischen Schriften zu musikalischen Stilfragen (Friedrich Melchior von Grimm, *Lettre d'Omphale*, 1752; Rousseau, *Lettre à Monsieur Grimm*, 1752, und *Lettre sur la musique française*, 1753), andrerseits in Rousseaus Bühnenkomposition *Le Devin du village* (1752), mit der er die Stilmerkmale der *Serva padrona* auf das französische Musiktheater übertrug und den bedeutendsten Anstoß zur Entwicklung der Opéra-comique gab. Auch das 1754 ausgesprochene Spielverbot für Bambinis Truppe vermochte den dauerhaften Erfolg der *Serva padrona* in Paris nicht zu verhindern. Pierre Baurans fertigte im selben Jahr eine französische Übersetzung an, die als *La Servante maîtresse* (erstaufgeführt am 14. Aug. 1754 in der Comédie-Italienne mit Rochard und Justine Favart, den Komödianten des Königs) mit gesprochenen Dialogen anstelle der Seccos und neuen musikalischen Nummern auch über die Grenzen Frankreichs hinaus Verbreitung fand. In England wurde das italienische Original (dort seit 1750 gespielt) durch englische Übersetzungen der französischen Version (1758 in London durch Stephen Storace und John Trusler) und freie Bearbeitungen (zuweilen unter Hinzufügung eines III. Akts) abgelöst. Laien-

La serva padrona; Paolo Montarsolo als Uberto, Ilva Ligabue als Serpina; Regie: Riccardo Picozzi, Ausstattung: Nicola Benois; Scala, Mailand 1952. – Bereits am Anfang ihrer Karrieren errangen die später berühmt gewordenen Interpreten im komischen Fach große Anerkennung ob ihrer darstellerischen und sängerischen Präsenz.

darsteller gaben das Werk 1776 in Petersburg vermutlich in der französischen Version, ehe Giovanni Paisiello mangels brauchbarer Textbücher auf Federicos Libretto zurückgriff und im Rahmen seiner Aufgaben als Hofkapellmeister Kaiserin Katharinas II. *La serva padrona* 1781 in Zarskoje Selo in einer durchgreifenden Bearbeitung zur Aufführung brachte. Durch Voranstellen einer Ouvertüre und die Einlage dreier Nummern (zwei Arien für Serpina, ein Duett Serpina/Uberto) erweiterte Paisiello das Werk zu einem Bühnenstück von mehr als einer Stunde Dauer. Auffällig sind seine interpretierenden Eingriffe auch in den übernommenen Textpassagen, mit denen er den Akzent vom intriganten Verwirrspiel Serpinas auf ihr rührendes Geschick verschob. Paisiello formte das 50 Jahre alte Libretto nach den Maßgaben der Opera buffa seiner Zeit und näherte sich in seiner musikalischen Diktion unverhohlen dem von ihm bevorzugten Genre des musikalischen Rührstücks. Bezeichnend für die klangliche Neuformulierung ist neben den eingefügten Arien Serpinas die Finalgestaltung des II. Teils, in der Paisiello beide Duettexte (»Contento tu sarai« und »Per te io ho nel core«) verwendete und durch Steigerung der musikalischen Ausdrucksmittel die für seine Zeit singuläre Form eines dreisätzigen Finalduetts schuf. – Die Aufführungserfolge der *Serva padrona* rissen das gesamte 19. Jahrhundert hindurch nicht ab. An zahlreichen europäischen Bühnen wurden die italienische, französische und deutsche Version gespielt, neue Bearbeitungen kamen hinzu: 1862 an der Opéra-Comique eine französische von François Auguste Gevaert, die noch bis ins 20. Jahrhundert gespielt wurde; 1880 fertigte Michel Schletterer eine deutsche Übersetzung für eine Aufführung in Hamburg an. Auch zu Beginn des 20. Jahrhunderts wurde *La serva padrona* häufig aufgeführt, wobei einige Inszenierungen zugleich mit Neuausgaben der Partitur oder des Klavierauszugs verbunden waren: 1901 in München (Franz Wüllner), 1907 in Venedig (Ermanno Wolf-Ferrari), 1909 in Wien (Richard Kleinmichel), 1910 in Lauchstädt (grundlegend im Rückgriff auf die Originalquellen revidiert von Hermann Abert). Während der letzten Jahrzehnte wurde das Intermezzo vorwiegend von Universitäts- und Konservatoriumsensembles einstudiert. Unter den wenigen Ausnahmen sind Aufführungen hervorzuheben 1952 und 1953 in Mailand (Scala-Schule) mit Ilva Ligabue und Paolo Montarsolo (1953 Gastspiel in Paris), an der Piccola Scala Mailand 1961 mit Mariella Adani und Montarsolo sowie eine Produktion der Kammeroper Rom 1958 (Dirigent: Renato Fasano, Regie und Ausstattung: Corrado Pavolini), die in den folgenden Jahren mit wechselnder Besetzung (unter andern Elena Rizzieri, Valeria Mariconda, Sesto Bruscantini, Paolo Pedani) nicht nur häufig in Italien, sondern auch an vielen Bühnen Europas gegeben wurde.

Autograph: Verbleib unbekannt. **Abschriften:** Bibl. S. Pietro a Maiella Neapel. **Ausgaben:** Part, krit. Ausg.: G. B. PERGOLESI, Complete Works / Opere complete, Bd. 5, Pendragon, NY, Ricordi [in Vorb.]; Part: Aux adresses ordinaires (A. de Lorraine), Paris; Aux adresses ordinaires, Le Clerc, Paris [1752]; Le Duc, Paris; Bremner, London 1777; Part, frz. Übers. v. P. Baùrans u.d.T. *La Servante maîtresse*: Veuve Delormel, Paris; La Chevardière, Paris, Le Goux, Lyon; Le Duc, Paris, Le Goux, Lyon; Part: Ricordi [um 1920] (I classici della musica italiana); Part, ital./dt. Übers. u. hrsg. H. Abert: Wunderhorn, München [1911]; Part, ital./dt., hrsg. K. Geiringer: Philharmonia, Wien 1925; Part, ital./dt. Übers. v. H. M. Schletterer, zusätzliche Nrn. d. frz. Bearb. v. P. Baurans (mit d. originalen Finalduett auf frz. Text), hrsg. K. Geiringer: UE 1953 (Philharmonia. 84.); Part: Ricordi 1957, Nr. 19748, Nachdr. 1980; Kl.A, frz.: Desoer, Lüttich; Kl.A: Launer, Paris, Nr. 3548 [um 1840]; Kl.A, dass., hrsg. M. Saladino: Ricordi, Nr. 45390 [um 1878]; Kl.A, ital./dt., hrsg. H. M. Schletterer (frz. Bearb. mit Seccos): Rieter-Biedermann, Lpz., Winterthur 1879; Kl.A, ital./dt. Übers. v. C. A. Herklots, hrsg. R. Kleinmichel: Senff, Lpz. 1890, Nr. 2158; Kl.A, ital./dt. Übers. u. hrsg. H. Abert: Wunderhorn, München 1911; Kl.A, dt. Übers. v. R. Kleinmichel: UE, Nr. 3187 [1911]; Kl.A, hrsg. A. Toni: Istituto editorale italiano, Mailand 1920 (Raccolta nazionale delle musiche italiane. 89/90.); Kl.A, ital./dt., hrsg. K. Geiringer: Philharmonia, Wien 1925; Kl.A: G. B. PERGOLESI, Opera omnia, hrsg. F. Caffarelli, Bd. 11, Gli amici della musica da camera, Rom 1941, Nachdr.: Bandettini, Florenz 1972 [mit d. ital. Fassung d. originalen Finalduetts]; Kl.A, ital./ engl. Übers. v. J. Furgiuele: Ricordi, NY [um 1955]; Kl.A, hrsg. M. Parenti: Ricordi 1960; Textb.: Ricordi 1973; Textb., dt. Bearb. v. C. A. Herklots: Wien, Wallishausser [um 1900]. **Aufführungsmaterial:** dt. v. Abert: Leuckart, München; dt. Bearb. v. H. Stüwe: A&S; dt. v. W. Ebermann, M. Koerth: Dt. Vlg. f. M; Bearb. Kleinmichel, dt. v. Herklots: UE; Ausg. F. Degrada, ital./dt. v. J. Popelka: Ricordi
Literatur: F. DE VILLARS, La serva padrona. Son apparition à Paris en 1752, son influence, son analyse; Querelle des Bouffons, Paris 1863; Contribution à l'histoire de la »Querelle des Bouffons«, hrsg. L. E. Reichenberg, Philadelphia 1933; T. GEORGIADES, Aus der Musiksprache des Mozart-Theaters, in: MJb 1950, S. 76–98; E. E. LOWINSKY, Taste, Style, and Ideology in Eighteenth Century Music, in: Aspects of the Eighteenth Century, hrsg. E. Wasserman, Baltimore 1965, S. 163–206; La Querelle des bouffons, hrsg. D. Launay, Genf 1973; R. STROHM, Die italienische Oper im 18. Jahrhundert, Wilhelmshaven 1979 (Taschenbücher zur Mw. 25.), S. 129–140; G. FOLENA, Il linguaggio della ›Serva padrona‹, in: Venezia e il melodramma nel Settecento, hrsg. M. T. Muraro, 2 Bde., Bd. 2, Florenz 1981, S. 1–20; F. PIPERNO, Gli interpreti buffi di P. Note sulla diffusione de ›La serva padrona‹, in: Studi Pergolesiani / Pergolesi Studies, hrsg. F. Degrada, Bd. 1, Florenz 1986, S. 166–177; G. LAZAREVICH, P. and the »Guerre des Bouffons«, ebd., Bd. 2, Florenz 1988, S. 195–203; E. OWENS, ›La serva padrona‹ in London, 1750–1783, ebd., S. 204–221; B. TOSCANI, ›La serva padrona‹: Variations on a Theme, ebd., S. 185–194; weitere Lit. s. S. 680

Jürgen Schläder

Adriano in Siria
Dramma per musica

Hadrian in Syrien
3 Akte (7 Bilder)

Text: Pietro Metastasio (eigtl. Pietro Antonio Domenico Bonaventura Trapassi; 1732), anonyme Bearbeitung
Uraufführung: 25. Okt. 1734, Teatro San Bartolomeo, Neapel

Personen: Adriano/Hadrian, römischer Kaiser, Geliebter Emirenas (S); Emirena, seine Gefangene, Geliebte Farnaspes (S); Farnaspe, parthischer Prinz, Freund und Vasall Osroas, Geliebter Emirenas und ihr als Bräutigam versprochen (S); Sabina, Geliebte Adrianos und ihm als Braut versprochen (S); Osroa/Chosrau, König der Parther, Emirenas Vater (T); Aquilio, Tribun und Vertrauter Adrianos (S). **Statisterie:** Sklaven, Wachen, Volk, Parther im Gefolge Osroas, römische Soldaten, Gefolge Sabinas, Gefolge Adrianos, Gefolge Aquilios
Orchester: 2 Ob, 2 JagdHr, Streicher, B.c
Aufführung: Dauer ca. 3 Std. 30 Min. – Farnaspe wurde in der Uraufführung von einem Kastraten gesungen.

Entstehung: 1734 endete die Herrschaft spanischer und österreichischer (seit 1707) Vizekönige in Neapel. Am 10. Mai zog der Thronprätendent Karl von Bourbon in Neapel ein, der als Karl IV. das Königreich Neapel wiederherstellte. Zu den ersten Sorgen des neuen Hofs gehörte, der Oper im Teatro San Bartolomeo größeren Glanz zu verleihen. Insbesondere wurde Caffarelli als Primo uomo verpflichtet, über den Friedrich Melchior von Grimm 1753 in seiner *Correspondance littéraire* schrieb, daß es schwer sei, in Worte zu fassen, bis zu welchem Perfektionsgrad es der Sänger in seiner Kunst gebracht habe. – Die Scrittura für die erste Oper unter der neuen Herrschaft erhielt Leonardo Leo (*Il castello d'Atlante*, 1734, Text: Tommaso Mariani). Da der Impresario des Theaters zahlungsunfähig wurde, betraute der König Lelio Carafa mit der Neuordnung der Opernangelegenheit. Die Scrittura für die nächste Oper erhielt vermutlich aufgrund seiner engen Beziehungen zur Familie Carafa der 24jährige Pergolesi, der vor allem als Kirchen- und Buffokomponist, weniger mit seinen beiden Opere serie *La Salustia* (Neapel 1732, Text: Sebastiano Morelli [?]) und *Il prigionier superbo* (Neapel 1733, Text: Anonymus) Erfolg gehabt hatte.
Handlung: In Antiochien.
I. Akt, 1. Bild, festlich geschmückter Platz, kaiserlicher Thron, seitlich eine Brücke über den Orontes: Adriano feiert seinen Sieg über die Parther. Farnaspe huldigt Adriano und bittet ihn, seine Braut Emirena freizulassen. Osroa sinnt auf Rache. 2. Bild, Emirenas Gemächer im kaiserlichen Palast: Aquilio fädelt eine Intrige ein, um Sabina zu gewinnen, und läßt Emirena wissen: Wenn sie nicht von Farnaspe lasse, werde Adriano sie im Triumph nach Rom führen. Deshalb müsse sie Gleichgültigkeit gegenüber dem Geliebten heucheln. Das gelingt ihr nur mit Mühe. Farnaspe ist verzweifelt. Adriano bietet Emirena seine Hand und den Platz neben ihm auf dem Thron an. Überraschend kommt Sabina aus Rom an. Aquilio stellt sie Emirena als Rivalin vor und rät ihr, Adriano durch die Standhaftigkeit ihrer Liebe zu beschämen. 3. Bild, Hof des kaiserlichen Palasts, der zum Teil in Flammen steht; Nacht: Osroa hat mit seinen Parthern Feuer an den Palast gelegt. Farnaspe stürzt sich in die Flammen, um Emirena zu retten. Er wird als Brandstifter festgenommen. Emirena vermag ihre Liebe nicht mehr zu verbergen: Das macht Farnaspe die Fesseln leichter.
II. Akt, 1. Bild, Galerie in Adrianos Gemächern: Sabinas Standhaftigkeit rührt Adriano, und er beschließt, sich von Emirena zu trennen. Nach anfänglichem Zögern ringt er sich dazu durch, Emirena diese Botschaft selbst zu überbringen. Sabina fürchtet, abermals betrogen zu werden. Aquilio erkennt, daß Adriano nach wie vor zwischen Sabina und Emirena schwankt. 2. Bild, Wäldchen nahe den kaiserlichen Gärten: Sabina verhilft Farnaspe und Emirena zur Flucht. Die Flüchtenden stoßen auf Osroa, der einen Anschlag auf Adriano verübt hat und glaubt, daß er ihn getötet habe. Adriano, der unverletzt blieb, hält Farnaspe für den Attentäter. Emirena verweist auf Osroa, den sie erst jetzt als ihren Vater erkennt. Adriano befiehlt, alle drei einzukerkern. Emirena versöhnt sich mit dem Vater und sagt Farnaspe Lebewohl. Osroa bleibt ungebeugt, während Farnaspe über die Wechselhaftigkeit des Lebens nachdenkt.
III. Akt, 1. Bild, ebenerdiger Saal: Um seinen tückischen Plan zu verwirklichen, gibt Aquilio Sabina den Rat abzureisen, ohne sich von Adriano zu verabschieden. Die Trennung von ihr will er um seines künftigen Glücks willen ertragen. Adriano bietet Osroa Frieden und seinen Thron an, wenn er ihm die Hand Emirenas gebe. Der aber fordert seine Tochter auf, sich Adriano zu verweigern und ihn zu hassen, wie er ihn selbst haßt. Der rachsüchtige Adriano will Osroa nach Rom bringen lassen. Um dies zu verhindern, fleht Farnaspe Emirena an, sich allen Wünschen Adrianos zu beugen, selbst in die Ehe mit ihm einzuwilligen. Schweren Herzens erklärt sich Emirena bereit, und die Liebenden nehmen Abschied. 2. Bild, prächtiger Ort im kaiserlichen Palast; Treppe, die zum Ufer des Orontes führt: Sabina und Aquilio sind auf dem Weg zu den Schiffen, Adriano eilt ihnen nach. Er entdeckt Aquilios Intrige. Statt Rache zu üben, besinnt er sich auf seine Pflichten gegenüber Sabina. Sie soll seine Gemahlin sein. Großmütig schenkt er Osroa die Freiheit, Farnaspe die Hand Emirenas und Aquilio Vergebung.
Kommentar: Offensichtlich mit Rücksicht auf Caffarelli wurden erhebliche Eingriffe in Metastasios Libretto vorgenommen. Diese zeitigten Konsequenzen für das sorgsam abgewogene Gefüge von Sängerhierarchie und Ariencharakteren. Die Rezitative wurden gekürzt, die Arien neu verteilt, ihre Zahl von 27 auf 20 reduziert und ein Duett eingefügt. Etwa die Hälfte der Arientexte, darunter sämtliche der von Caffarelli gesungenen Partie des Farnaspe, wurden substituiert, Metastasios Chor zu Beginn des I. Akts gestrichen. Die Arien des Primo uomo sind ohne Zweifel die Angelpunkte der Oper. Jede seiner drei Arien hat einen unterschiedlichen Charakter, jede stellt Caffarellis Stimme auf andere Weise vor. In seiner ersten Arie, einer »aria di bravura« (»Sul mio cor so ben qual sia«, I/5), wird gleich zu Beginn der Ambitus von zwei Oktaven abgesteckt, weite Intervallsprünge und atemberaubende Läufe gaben dem

Sänger Gelegenheit, seine Virtuosität vorzuführen. Demgegenüber sind Affekt und Virtuosität in der darauf folgenden Arie der Prima donna (Emirena) deutlich zurückgehalten. Eine Arie des Terzo uomo (Aquilio) schließt den ersten Spannungsbogen ab und eröffnet den zweiten. Während Metastasio die folgenden Arien der Seconda donna, dem Tenor, dem Primo uomo und der Prima donna zuordnete, nahm Caffarelli die Schlußarie des I. Akts für sich in Anspruch (»Lieto così talvolta«). Darin vergleicht sich Farnasmo mit einer Nachtigall, die aus dem Käfig auf das Lied der Gefährtin antwortet. Zum Streichorchester (pizzicato) tritt eine konzertierende Oboe. Im II. Akt bedenkt Metastasio die Prima donna mit drei Solonummern und läßt sie mit Arien von Secondo uomo und Seconda donna alternieren. In Neapel strich man dagegen zwei Arien der Prima donna und eine des Primo uomo. Der Akt gipfelt nun in drei Arien für Prima donna, Tenor und Primo uomo. Die Arie der Prima donna (»Quell'amplesso e quel perdono«) schlägt einen lyrischen Ton an, der diese Oper Pergolesis in besonderer Weise auszeichnet. In der fraglichen dramatischen Situation wäre ein leidenschaftlicher Ausbruch zu erwarten; statt dessen stimmt Emirena ein liedhaftes Andante an, in dem pochende Sechzehntel der Begleitung die innere Bewegung der Protagonistin andeuten. In der Schlußarie des Primo uomo hat man anstelle einer pathetischen Klage, wie Metastasio sie vorsah, eine Gleichnisarie gesetzt (»Torbido in volto e nero«): Düsterer Himmel und bleierne Stille des Meers versetzen den Schiffer in Furcht und Schrecken vor dem kommenden Sturm. Das Orchester wird geteilt, es ist wohl getrennt aufgestellt zu denken. Das zweite Orchester antwortet zunächst »dolce« als Echo, dann konzertiert der Sänger mit den Teilensembles, schließlich mit dem vollen Orchester. Der III. Akt umfaßt statt der bei Metastasio vorgesehenen sieben Arien nur noch je eine für die vier Nebenrollen und das hinzugefügte Duett der beiden »prime parti«. Das Duett (»L'estremo pegno almeno«) ist eine unerwartete Schlußnummer dieser so ganz auf Caffarelli zugeschnittenen Oper und war wohl ein Zugeständnis an die Prima donna, zu deren Lasten die Profilierung des Primo uomo ja in erster Linie ging. – Pergolesis *Adriano* zeigt, wie sich die Hervorhebung einer Rolle auf die Disposition sämtlicher Arien aller Darsteller auswirkt. Die Affekte der Arien werden je nach Bedarf und zum Teil schon durch Textänderungen gedämpft oder angehoben, die Virtuosität wird aufeinander abgestimmt. In dieser Hinsicht ist die Oper ein Exemplum für das Dramma per musica der 1. Hälfte des 18. Jahrhunderts, welches belcantistische und affektdramaturgische Valeurs in Einklang zu bringen trachtete.

Wirkung: *Adriano in Siria* war Pergolesis letzte Opera seria für Neapel. Neben Caffarelli sangen Margherita Chimenti (Aquilio), der einzige weitere große Name auf der Besetzungsliste, Maria Marta Monticelli (Adriano), Giustina Turcotti (Emirena), Catarina Fumagalli (Sabina) und Francesco Tolve (Osroa). In einem Bericht vom Okt. 1735 über die künftige Opernplanung in Neapel heißt es, daß Pergolesi mit seiner Komposition im vergangenen Jahr keinen großen Beifall gefunden habe. Spätere Aufführungen konnte es auch deshalb nicht geben, weil die Oper ganz auf die besonderen Voraussetzungen in Neapel von 1734 hin komponiert worden war. – Nach einer unvollständigen konzertanten Einstudierung von Radio France 1981 kam es erstmals 1985 beim Maggio Musicale Florenz zu einer Wiederaufführung, und zwar auf der Basis der Edition innerhalb der kritischen Gesamtausgabe. Diese Produktion, zumal die Inszenierung Roberto De Simones (Bühnenbild: Mauro Carosi, Kostüme: Odette Nicoletti), fand großen Anklang, möglicherweise aufgrund der erstrangigen Besetzung (Mariella Devia, Cecilia Gasdìa, Eleonora Janković, Sandra Browne, Daniela Dessì, Ezio Di Cesare; Dirigent: Marcello Panni).

Autograph: Verbleib unbekannt. **Ausgaben:** Part, krit. Ausg.: G. B. PERGOLESI, Complete Works / Opere complete, Bd. 3, hrsg. D. Monson, Pendragon, NY, Ricordi 1986; Kl.A: G. B. PERGOLESI, Opera omnia, hrsg. F. Caffarelli, Bd. 14, Gli amici della musica da camera, Rom 1942, Nachdr.: Bandettini, Florenz 1972; Textb.: Neapel 1734, Nachdr. 1986 [s. krit. Ausg.].
Aufführungsmaterial: Ricordi
Literatur: Ph. ›Adriano in Siria‹ / ›Livietta e Tracollo‹, Teatro Comunale, Florenz 1985; weitere Lit. s. S. 680

Helmut Hucke

Livietta e Tracollo / La contadina astuta
Intermezzi in musica

Livietta und Tracollo / Die listige Bäuerin
2 Teile

Text: Tommaso Mariani
Uraufführung: 25. Okt. 1734, Teatro San Bartolomeo, Neapel
Personen: Livietta, Bauernmädchen (S); Tracollo, Dieb und Gauner (B); Faccenda, Tracollos Diener (stumme R); Fulvia, Liviettas Freundin (stumme R)
Orchester: 2 Ob, 2 Trp, Streicher, B.c
Aufführung: Dauer ca. 30 Min.

Entstehung: Die Intermezzi wurden in Verbindung mit Pergolesis *Adriano in Siria* anläßlich der Feierlichkeiten zum 42. Geburtstag von Königin Elisabeth von Spanien uraufgeführt. Wie üblich, wurde das Intermezzo I nach dem I. und das Intermezzo II nach dem II. Akt der Oper gegeben. Das Dramma per musica und die Intermezzi waren weder musikalisch noch textlich aufeinander bezogen; es traten auch ganz andere Sänger auf.
Handlung: I. Teil: Livietta, als französischer Bauernbursche verkleidet, und ihre Freundin Fulvia, ein Bauernmädchen, das sich mit unechtem Schmuck herausgeputzt hat, wollen Tracollo in eine Falle locken, um ihn dafür zu bestrafen, daß er Liviettas Bruder ausgeraubt hat und ihn beinah getötet hätte. Sie geben vor zu schlafen, als sich Tracollo, als schwangere

Polin verkleidet, und Faccenda, sein als alter Bettler verkleideter Diener, nähern. Tracollo, der Livietta nicht erkennt, wird von dieser, die vorgibt, gerade aufzuwachen, beim Stehlen von Fulvias Schmuck ertappt. Entsprechend der Verkleidung wird gebrochen italienisch und französisch gesprochen. Livietta, die von Tracollos Unverschämtheiten endgültig genug hat, enthüllt ihre wahre Identität und will Tracollo trotz seines Bittens um Mitleid verhaften. Um sie zu beschwichtigen, verspricht er ihr die Ehe. Obwohl dies Liviettas größter Wunsch ist, weist sie ihn ab.

II. Teil: Um Liviettas Herz zu erweichen, hat sich Tracollo als Astrologe verkleidet und gibt vor, verrückt zu sein. Livietta, die inzwischen ihre eigene bäuerliche Tracht trägt, beschließt, seine Zurechnungsfähigkeit zu prüfen, indem sie ihm vorspielt, daß sie stirbt. Der sehr besorgte Tracollo möchte herausfinden, ob sie simuliert. Sein Mitgefühl rührt Livietta so sehr, daß sie alle weiteren Täuschungsmanöver beendet. Die beiden versprechen sich die Ehe und geloben einander ewige Treue.

Livietta e Tracollo / La contadina astuta, II. Teil; Carlo Boso als Faccenda, Dagmar Strobel als Livietta, Günter von Kannen als Tracollo; Regie: Ferruccio Soleri, Bühnenbild: Ezio Frigerio, Kostüme: Mauro Pagano; Staatstheater, Karlsruhe 1978. – In einer Inszenierung ganz aus dem Geist der Commedia dell'arte bildet der stumme Diener gleichsam das pantomimische Echo auf das Liebes-Spiel des Sängerpaars.

Kommentar: Die Aktion besteht nahezu ausschließlich aus »lazzi« der Protagonisten und Slapstickelementen, die, wie es für dies Genre üblich war, durch den Einsatz der pantomimisch agierenden stummen Personen noch verstärkt werden. – Die Intermezzi enthalten außer Arien jeweils ein Schlußduett. Das Orchester verwendet fast durchgängig lediglich Streicher und Basso continuo; nur in Tracollos Arie »Vedo l'aria che s'imbruna« (II. Teil) treten aus Gründen der klanglichen Kolorierung je zwei Oboen und Trompeten hinzu. Insgesamt ist die musikalische Faktur recht schlicht. So spielen die beiden Violinen häufig unisono, in Oktaven oder parallelen Terzen und Sexten, während sich die Viola oft dem Basso continuo anschließt. Grundlegend für Pergolesis witzigen und humorvollen Stil sind die rhythmisch entworfenen lebhaften Motive.

Wirkung: Neben Hasses *La contadina* (1728), *La serva scaltra* (Neapel 1729) und *Il tutore* (1730) sowie Pergolesis *La serva padrona* (1733) zählte *Livietta e Tracollo* zu den beliebtesten Intermezzi des frühen 18. Jahrhunderts. Die Sänger der Uraufführung waren Laura Monti und Gioacchino Corrado. Corrado, ab 1733 mit Monti auf der Bühne vereint, genoß als Interpret von Bufforollen in Neapel jahrzehntelang großes Ansehen. Über 20 Jahre wurde das Werk an allen bedeutenden italienischen sowie an zahlreichen andern europäischen Bühnen aufgeführt, dabei in verschiedene Opere serie eingefügt und mit einer Reihe neuer Titel versehen: *Il ladro finto pazzo*, *Il Tracollo*, *La finta polacca*, *Il ladro convertito per amore*, *Tracollo medico ignorante* und *Intermezzo del Tracollo*. Von Carlo Goldoni stammen zwei spezielle Bearbeitungen, *Il finto pazzo* (Venedig 1741) und *Amor fa l'uomo cieco* (Genua 1742), die in die Kompositionen von Pietro Chiarini und Gaetano Latilla eingefügt wurden. Die Interpreten dieser Aufführungen waren Ginevra Magagnoli und Domenico Cricchi. Magagnoli nahm *Amor fa l'uomo cieco* in ihr Repertoire auf und brachte es mit einem andern Partner, Alessandro Cattani, 1744 in Hamburg, Leipzig und Prag zur Aufführung. Als *Il Tracollo* führte Filippo Laschi zusammen mit Anna Castelli das Werk 1746 in Bologna auf. Mit Anna Querzoli Laschi gab er es anschließend in Wien (1747), sodann in Weimar (1747?, 1749?) und Braunschweig (1749?). Ebenfalls 1747 wurden die Intermezzi als *Il finto pazzo* in Dresden aufgeführt, und zwar von Rosa Ruvinetti Bon und Cricchi. Aufführungen in Kopenhagen *(Il Tracollo)* mit Grazia Scalabrini und Pellegrino Gaggiotto sind 1749 und 1757 zu verzeichnen. In Paris wurde das Werk 1753 italienisch, 1756 in einer französischen Bearbeitung von Jacques Lacombe als *Le Charlatan* einstudiert. Bei diesen und allen weiteren Umarbeitungen traten häufig neue musikalische Nummern oder Rezitativpassagen an die Stelle der originalen; auf diese Weise wandelte sich das Werk allmählich zu einem Pasticcio. Zwar bildete ein Teil der ursprünglichen Musik und des Texts von 1734 nach wie vor die Grundlage für jede weitere Aufführung, doch wurden später sowohl Nummern aus andern populären italienischen Opern als auch neu komponierte Arien und Duette eingefügt. Hauptsächlich waren die beteiligten Sänger für die Änderungen verantwortlich; oft übernahmen sie einfach Arien aus Opern, in denen sie gerade auftraten. – Möglicherweise in Zusammenhang mit dem Erscheinen der Klavierauszüge von 1914 und 1920 stehen Aufführungen unter anderm 1917 in Treviso, 1925 in Triest und 1927 in Rom. Die 1963 erstellte Bearbeitung von Wolf Ebermann und Manfred Koerth lag unter anderm den Einstudierungen der Kammeroper Wien 1975, der Schwetzinger Festspiele 1978 (Staatstheater Karlsruhe) und der Berliner Kammeroper 1985 zugrunde. Nach der Ausgabe von Gordana Lazarevich wurden die Intermezzi, zusammen mit *Adriano in Siria*, beim Maggio Musicale 1985 in Florenz aufgeführt.

Autograph: Verbleib unbekannt. **Abschriften:** Bibl. S. Pietro a Maiella Neapel (3 Abschriften), Bibl. d. Abtei Montecassino. **Ausgaben:** Part, krit. Ausg.: G. B. PERGOLESI, Complete Works / Opere complete, Bd. 6, hrsg. G. Lazarevich, Pendragon, NY,

Ricordi [in Vorb.]; Part: Paris 1753; Kl.A, Vorw. v. G. Radiciotti: Senart, Paris 1914, Nr. 3312 (Inst. Français de Florence. Bibl. Univ. de Grenoble. III/2.); Kl.A, hrsg. A. Toni: Istituto editoriale italiano, Mailand 1920 (Raccolta nazionale delle musiche italiane. 91/92.); Kl.A: G. B. PERGOLESI, Opera omnia, hrsg. F. Caffarelli, Bd. 11, Gli amici della musica da camera, Rom 1941, Nachdr.: Bandettini, Florenz 1972; Kl.A, Bearb. v. W. Ebermann, M. Koerth: Dt. Vlg. f. M 1963; Kl.A u.d.T. *La contadina astuta*: Otos, Florenz; Textb., übers. u. hrsg. C. Russell [s. krit. Ausg.]. **Aufführungsmaterial:** krit. Ausg.: Ricordi; Bearb. Ebermann/Koerth: Dt. Vlg. f. M / Schott **Literatur:** F. WALKER, Goldoni and P., in: Monthly Musical Record 80:1950, S. 200–205; G. LAZAREVICH, Livietta e Tracollo. Fortuna di un intermezzo, in: Ph. ›Adriano in Siria‹ / ›Livietta e Tracollo‹, Teatro Comunale, Florenz 1985; DIES., From Naples to Paris. Transformations of P.'s Intermezzo ›Livietta e Tracollo‹ by Contemporary Buffo Singers, in: Pergolesi Studies / Studi Pergolesiani, hrsg. F. Degrada, Bd. 1, Florenz 1986, S. 149–165; weitere Lit. s. S. 680

Gordana Lazarevich

L'Olimpiade
Dramma per musica

Die Olympiade
3 Akte (6 Bilder)

Text: Pietro Metastasio (eigtl. Pietro Antonio Domenico Bonaventura Trapassi; 1733), anonyme Bearbeitung
Uraufführung: 8. oder 15. Jan. 1735, Teatro di Tordinona, Rom
Personen: Clistene, König von Sikyon, Vater Aristeas (T); Aristea, seine Tochter, Geliebte Megacles (S); Argene, eine kretische Dame, in Schäferkleidung unter dem Namen Licori, Geliebte Licidas (S); Licida, vermeintlicher Sohn des Königs von Kreta, Geliebter Aristeas und Freund Megacles (S); Megacle, Geliebter Aristeas, Freund Licidas (S); Aminta, Erzieher Licidas (T); Alcandro, Vertrauter Clistenes (A); ein Priester (stumme R). **Chor:** Nymphen, Hirten, Priester, Volk. **Statisterie:** Gefolge Clistenes, Gefolge Aristeas, Wachen, Volk, Tempelwächter, Tempeldiener
Orchester: 2 Ob, 2 Hr, 2 JagdHr, 2 Trp, Streicher, B.c
Aufführung: Dauer ca. 3 Std. 30 Min. – Da im Kirchenstaat der Bühnenauftritt von Frauen untersagt war, waren in der Uraufführung sämtliche Sopran- und Altpartien mit Kastraten besetzt.

Entstehung: Im Mai 1734 ließ Herzog Marzio Domenico Carafa, der sich vor dem Krieg in Neapel nach Rom zurückgezogen hatte, in der Kirche San Lorenzo in Lucina Pergolesis *Messe F-Dur* aufführen. Wahrscheinlich wurden bei dieser Gelegenheit die Beziehungen geknüpft, die im Karneval 1735 zur Aufführung der *Serva padrona* (1733) im Teatro Valle führten und Pergolesi die Scrittura für die erste Oper derselben Saison im Tordinona einbrachten. Das Tordinona war erst 1733 wiedereröffnet worden. Es gehörte der Apostolischen Kammer und sollte eine Art »Staatstheater« gegenüber den privaten römischen Theatern sein. Der Impresario geriet jedoch in finanzielle Schwierigkeiten. Um sie auszugleichen, hielt man sich mit Lizenzen für andere Opernaufführungen im Karneval 1735 zurück. Für das Tordinona wählte man zwei neue Dramen Metastasios, *L'Olimpiade* und *Demofoonte* (1733). Die Scrittura für *Demofoonte* erhielt Francesco Ciampi, der als Opernkomponist mäßigen Erfolg gehabt hatte und nunmehr Kirchenkapellmeister an San Angelo Custode war. Auch beim Engagement der Sänger ließ man offenbar Sparsamkeit walten. Als Darsteller des Clistene und der Aristea verpflichtete man mit Giovanni Battista Pinacci und Mariano Nicolini zwei Kammersänger des Prinzen Philipp von Hessen-Darmstadt, der als Gönner Antonio Vivaldis in die Musikgeschichte eingegangen ist. Die Rolle der Argene erhielt Prior Vaini, die des Licida Francesco Bilancioni. Als Primo uomo (Megacle) trat mit Domenico Ricci ein Sänger der Cappella Sistina auf.
Handlung: Bei Olympia in Elis, am Ufer des Alpheios.
I. Akt, 1. Bild, Waldschlucht, über die von beiden Seiten die Äste hoher Bäume reichen: Licida und Aminta warten auf die Ankunft Megacles aus Kreta. Licida war mit Argene vereint, doch der König von Kreta untersagte die Verbindung, und Argene mußte fliehen. Jetzt möchte Licida die Hand Aristeas erringen, die König Clistene als Preis für den Sieger der olympischen Wettkämpfe ausgesetzt hat. Weil Licida in den Regeln des olympischen Kampfs unerfahren ist, soll Megacle für ihn antreten. Megacle ist glücklich, auf diese Weise eine Dankesschuld abtragen zu können, denn Licida hatte ihm einmal das Leben gerettet. Während Aminta Unheil ahnt, sieht sich Licida schon mit Aristea vereint. 2. Bild, weite Landschaft am Fuß eines Bergs mit Schäferhütten, einer einfachen Brücke über den Alpheios und Aussicht auf Olympia: Argene, Nymphen und Hirten preisen das glückselige Leben in Flur und Hain. Aristea kommt hinzu, und Argene erzählt ihr Schicksal: Sie wurde von ihrem Geliebten Licida getrennt, da sie Megacle heiraten sollte; um dies zu verhindern, verkleidete sie sich als Hirte, gab sich den Namen Licori und floh aus Kreta. Sie will Licida die Treue bewahren. Aristea erbleicht, da Megacle ihr Geliebter ist. Aus Haß vor den Athenern widersetzte sich ihr Vater der Verbindung, und Megacle mußte nach Kreta fliehen. Clistene berichtet, daß alle Vorbereitungen für die Spiele getroffen seien. Als er Licida unter jenen aufzählt, die zum Kampf um Aristeas Hand antreten werden, fährt Argene zusammen. Sie beklagt, daß es keine Treue mehr gebe. Noch vor dem Wettkampf erfährt Megacle von Licida, wer als Preis für den Sieger ausgesetzt ist. Er bittet den Freund, ihn allein zu lassen. Aristea kommt hinzu. Sie ist glücklich, daß Megacle um sie kämpfen wird, zumal er ihr seine Liebe beteuert. Seine Verzweiflung vermag sie nicht zu deuten.
II. Akt, 1. Bild, ein einst lieblicher, nun zum Teil verfallener und seit langer Zeit verwilderter Ort: Alcandro berichtet, daß Licida den Sieg errungen habe.

Aristea klagt um Megacle, während sich Argene bitter an Licidas einstige Liebesschwüre erinnert. 2. Bild, eine im Hintergrund von einem dichten Wald abgeschlossene Landschaft: Megacle trägt den Siegerkranz und wird von Clistene und dem Volk zur Ehrung geleitet. Clistene führt Megacle Aristea zu. Ihre Verwirrung hält der König für das Werk Amors. Als Megacle Aristea die Zusammenhänge erläutert und ihr Lebewohl sagt, bricht sie ohnmächtig zusammen. Er ruft Licida, ihr beizustehen. Als sie erwacht, hält sie Licida zunächst für Megacle, dann klagt sie ihn als Auslöser ihres Schmerzes an. Argene erscheint, hält ihm seine Untreue vor und beschließt, Clistene alles zu entdecken. Aminta berichtet, daß Megacle sich in den Fluß gestürzt habe. Alcandro kommt mit der Nachricht, daß Licida das Reich Clistenes bis Sonnenuntergang verlassen müsse. Daraufhin zieht Licida sein Schwert, wagt jedoch nicht, sich zu töten.

III. Akt, 1. Bild, zweigeteilte Szene in den mit Efeu überwachsenen Ruinen eines antiken Hippodroms: Aminta mit Megacle von der einen und Argene mit Aristea von der andern Seite kommend, treffen unvermutet zusammen. Megacle, der von einem Fischer gerettet wurde, und Aristea, die sterben wollte, wo vermeintlich Megacle starb, fallen sich in die Arme. Alcandro kommt mit einer erschreckenden Nachricht: Als Clistene das feierliche Opfer im Tempel des Jupiter feierte, drang Licida mit dem Schwert auf ihn ein. Er ist zum Tod verurteilt. Aristea und Megacle eilen fort, um für ihn zu bitten. Argene kämpft eine Regung des Mitleids mit ihm nieder. Als aber Aminta berichtet, daß alle Fürsprache vergebens war, entschließt auch sie sich, Licida zu helfen. Aminta will an der Seite Licidas sterben. 2. Bild, prächtige Treppenanlage vor dem Tempel des olympischen Jupiter; in der Mitte des Platzes ein brennender Altar: Clistene steigt mit seinem Gefolge feierlich die Stufen herab zu Licida, der in ein weißes Opfergewand gehüllt ist. Licidas Züge und seine Stimme lassen eine unerklärliche Rührung in Clistene aufsteigen. Er ruft Jupiter an und reicht dem Priester das heilige Schwert. Argene wirft sich dazwischen. Sie will für Licida sterben und erklärt sich als seine Braut. Zum Beweis legt sie ein Halsband vor, das ihr Licida einst geschenkt habe. Clistene erkennt das Halsband als das Eigentum seines Sohns Filinto, des Zwillingsbruders Aristeas. Auf den Spruch des Orakels hin hatte er ihn als Kind aussetzen lassen. Alcandro, dem er den Befehl dazu gab, erkennt Aminta als den Fremden wieder, dem er das Knäblein aus Mitleid übergab. Aminta brachte es nach Kreta, und der König von Kreta zog Filinto unter dem Namen Licida als seinen eigenen Sohn auf. Clistene fragt sich, ob er nicht seine Pflichten gegen die Götter verletze, wenn er den Sohn begnadigt. Das Volk, um dessen Urteil der König bittet, entscheidet: Leben soll der Sohn, damit nicht der unschuldige Vater durch den Tod des Sohns gestraft werde.

Kommentar: *L'Olimpiade* galt bereits den Zeitgenossen als eins der besten Dramen Metastasios. Als seine Quellen nennt er Herodot, Pausanias und die *Mythologiae sive Explicationum fabularum libri decem* (1551) des Humanisten Natale Conti. Weitere Vorbilder sind Giovanni Battista Guarinis *Pastor fido* (1590), aus dem das Motiv des glücklich abgewendeten Sohnesopfers stammt, und vor allem Apostolo Zenos *Inganni felici* (1694), dem die Gesamtkonstruktion, der Schauplatz, das Motiv der Olympiade und weitere Details entliehen worden sind (vgl. Reinhard Strohm, S. 215f., s. Lit.). Für die Neuvertonung wurde der Text geringfügig bearbeitet. Die Verse der Chöre »Del forte Licida« (II/6) und »I tuoi strali« (III/6–7) sind zwar im Uraufführungslibretto enthalten, doch zeigen »virgolette« (Anführungszeichen) an, daß sie nicht vertont wurden. Fraglich ist, ob die im Libretto ebenfalls enthaltene, wenn auch gekürzte (»virgolette«) Chorszene zwischen Argene, Nymphen und Hirten, »O care selve«, sowie der Schlußchor von Priestern und Volk schon in der Uraufführung oder erst für eine spätere Aufführung, welche die Brüsseler Abschrift möglicherweise dokumentiert, zu einer Kavatine für Argene beziehungsweise zu einem »coro« für das Solistenensemble reduziert wurden. Auch bei weiteren Abweichungen, zusätzlichen Arien, die nicht im römischen Libretto, hingegen in der Brüsseler Handschrift ausgewiesen sind, muß offenbleiben, ob diese bereits in der Uraufführung erklangen: Alcandros »Apportar son io« (II/2), »L'infelice in questo stato« (III/2) und Amintos »Talor guerriero invitto« (I/3). Desgleichen stellt sich die Frage, ob Megacles Arie »Lo seguitai felice« (im Libretto III/3) bereits in Rom durch die Arie »Torbido in volto e nero« aus *Adriano in Siria* (1734) substituiert wurde. Die hinzugefügten Arien für Alcandro und Aminta sowie Amintas Arie »Son qual per mare ignoto« (III/5) sind ebenfalls *Adriano* entlehnt (»Contento forse vivere, III/2, bereits für *Adriano* der Kammerkantate *L'addio* (»Luce degli occhi miei«) entnommen, »Prigionera abbandonata«, I/9, »Sprezza il furor del vento«, I/3, und »Leon piagato a morte«, II/10). Außer den genannten Arien übernahm Pergolesi aus *Adriano* auch den 1. und 2. Satz der Sinfonia. Den 1. Satz erweiterte er durch eine fanfarenhafte Einleitung (in *Adriano* ohne Trompeten). Diese Anlage hat offenbar Schule gemacht, sie findet sich zuerst in der Sinfonia zu Leos *Emira* (Neapel 1735) wieder. Den 2. Satz der Sinfonia hat Pergolesi für *L'Olimpiade* neu vertont. – Eine der eindrucksvollsten Arien der Partitur ist Megacles später so berühmt gewordene »Se cerca, se dice« (II/10). Pergolesi löst die Gesangsmelodie in dreisilbige deklamatorische Wendungen auf, die Megacles Verzweiflung und Ratlosigkeit zum Ausdruck bringen; die dreisilbige Figur und ihr Komplementärrhythmus in der Begleitung bilden das Grundmotiv, aus dem sich die Arie entwickelt. Auch die Arienform ist ungewöhnlich, folgt doch auf das Dakapo die Wiederholung der zweiten Arienstrophe in einem als atemlose Steigerung angelegten Prestosatz, der motivisch aus dem Mittelteil abgeleitet ist (in der handschriftlichen Überlieferung der Arie hat man diesen Verstoß gegen die Konventionen häufig stillschweigend beseitigt und das »Presto« gestrichen). Hier, im Zentrum des II. Akts, der in der Opera seria gemeinhin ein

Spannungstief darstellt, findet Pergolesi gleichsam eine Nische für seine eigenen künstlerischen Ambitionen, die weniger auf die pathetischen als auf die rührenden Affekte gerichtet sind. Für diese findet er bezaubernd schlichte und innige Melodien. Argenes Klage, daß es keine Treue mehr gibt, ja daß Treue als Einfalt gilt (»Più non si trovano«, I/7), ist geradezu ein Manifest des neuen empfindsamen Stils: Pergolesi hat die »semplicità« der »bell'anima« des Texts im Verzicht auf jegliche Virtuosität in einem schmerzlichsüßen »singenden Allegro« auskomponiert.

Wirkung: Wegen des Tods der englischen Thronprätendentin Maria Klementine Prinzessin Sobieski am 18. Jan. 1735 wurden die römischen Theater geschlossen. Am 23. Jan. wurden die Aufführungen der *Olimpiade* wiederaufgenommen. Eine Äußerung Metastasios über die Vertonung seiner *Olimpiade* durch Pergolesi besitzen wir nicht. Ob es sich bei einer im Sommer 1737 in Florenz aufgeführten *L'Olimpiade* um Pergolesis Vertonung handelte, ist unsicher. Im Karneval 1738 wurde das Werk in Perugia aufgeführt. Die Aristea sang Giuseppe Scarlattis spätere Frau Barbara Stabili; die vier für die Prima donna komponierten Arien Pergolesis wurden durch andere ersetzt. Bei der Aufführung im Herbst 1738 im Teatro San Giovanni Crisostomo Venedig, in der Faustina Hasse-Bordoni die Prima donna sang, wurden von den Gesangsnummern nur sechs Arien und das Duett Pergolesis beibehalten. 1740 soll *L'Olimpiade* in Turin aufgeführt worden sein, im Sommer 1741 wurde sie in Siena inszeniert. Am 20. April 1742 kam im Haymarket Theatre London ein Pasticcio *Meraspe o L'Olimpiade* unter anderm mit Arien aus Pergolesi *L'Olimpiade* heraus. Der Hauptdarsteller, Angelo Maria Monticelli, hatte bereits 1738 in Venedig den Megacle gesungen. Charles Burney berichtet über diese Aufführung: »[...] the whole exquisite scene where ›Se cerca se dice‹ occurs, was rendered so interesting by the manner in which it was acted as well as sung by Monticelli, that I have been answered by attentive hearers and good judges, that the union of poetry and Music, expression and gesture, seldom have had a more powerfull effect on an English audience« (*General History of Music*, Bd. 4, London 1789, S. 840). Spätere Aufführungen von Pergolesis *L'Olimpiade* sind nicht bekannt. Die zahlreich überlieferten Abschriften der Partitur dienten offenbar dem Studium oder der Hausmusik.

Autograph: Verbleib unbekannt. **Abschriften:** Bibl. Civ. Bergamo, SBPK Bln., Bibl. du Cons. Royal de Musique Brüssel (MS 2287), Sächs. LB Dresden, BL London (Add. 30798/800), Royal Acad. of Music London (760), Bibl. Verdi Mailand, Bibl. d. Abtei Montecassino, Bayer. SB München, Bibl. S. Pietro a Maiella Neapel (Rari 30.4.12/13), Cons. di Musica Palermo, BN Paris, Bibl. Casanatense Rom, ÖNB Wien (17696). **Ausgaben:** Part, Faks.-Nachdr. d. Abschrift Brüssel: Garland, NY, London 1979 (Italian Opera 1640–1770. 34.); Kl.A, hrsg. M. Zanon: Associazione dei musicologi italiani, Mailand 1915; Kl.A: G. B. PERGOLESI, Opera omnia, hrsg. F. Caffarelli, Bd. 24, Gli amici della musica da camera, Rom 1942, Nachdr.: Bandettini, Florenz 1972; Textb.: Rom 1735, Nachdr. in: Italian Opera Librettos, Bd. 7, Garland, NY, London 1978 (Italian Opera 1640–1770. 57.).

Literatur: L. BIANCONI, Die pastorale Szene in Metastasios ›Olimpiade‹, in: Bericht über den Internationalen Musikwissenschaftlichen Kongreß Bonn 1970, hrsg. C. Dahlhaus, H. J. Marx, M. Marx-Weber, G. Massenkeil, Kassel 1971, S. 185–191; R. STROHM, Die italienische Oper im 18. Jahrhundert, Wilhelmshaven 1979 (Taschenbücher zur Mw. 25.), S. 212–223; K. HORTSCHANSKY, Die Rolle des Sängers im Drama Metastasios. G. Carestini als Timante im ›Demofoonte‹, in: Metastasio e il mondo musicale, hrsg. M. T. Muraro, Florenz 1986, S. 207–234; weitere Lit. s. S. 680

Helmut Hucke

Il Flaminio
Commedia per musica

Flaminio
3 Akte

Text: Gennaro Antonio Federico
Uraufführung: Herbst 1735, Teatro Nuovo, Neapel
Personen: Polidoro, Agatas Bruder, verliebt in Giustina (T); Flaminio, unter dem Namen Giulio, verliebt in Giustina (S); Giustina, eine junge Witwe, verliebt in Flaminio (A); Agata, Polidoros Schwester, ebenfalls in den für Giulio gehaltenen Flaminio verliebt (S); Ferdinando, Agatas Bräutigam (S); Checca, Giustinas Dienerin (S); Bastiano, Polidoros Diener (B); ein Bauer (stumme R). **Statisterie:** Bauern
Orchester: 2 Ob, 2 Hr, Streicher, Git, B.c
Aufführung: Dauer ca. 4 Std. – Die Partien Ferdinandos und Bastianos sind in neapolitanischem Dialekt verfaßt. Am Ende des II. Akts eine improvisierende Bauernkapelle und Tanz. Zwischen den Akten wurden bei der Uraufführung »balli« eingelegt, deren Musik nicht erhalten ist.

Entstehung: Mit dem Auftrag zu *Il Flaminio*, Pergolesis letztem Bühnenwerk, knüpfte das Teatro Nuovo an den großen Erfolg von Pergolesis im Teatro dei Fiorentini uraufgeführter Commedia *Lo frate 'nnamorato* (1732) an, die bei ihrer Neueinstudierung 1734 im selben Haus wiederum auf große Resonanz gestoßen war.

Handlung: In einem Park mit Landhäusern vor den Toren Neapels.
I. Akt: Polidoro singt eine Kanzone, wobei er sich auf der Gitarre begleitet. Er liebt Giustina, eine junge Witwe, um die er jedoch vergeblich wirbt, da sie seine Scherze verachtet. Sein Diener Bastiano liebt Checca, Giustinas aus Pisa stammende Dienerin, die Bastiano zwar ebenfalls liebt, ihn jedoch nur dann heiraten will, wenn er verspricht, Toskanisch zu lernen. Giustina vertraut Checca an, daß sie nicht Polidoro, sondern dessen Verwalter Giulio liebt, der in Wirklichkeit Flaminio sei, ein römischer Edelmann, den sie einst abgewiesen hatte, um ihren inzwischen verstorbenen Gatten Fabio zu heiraten. Auch Agata liebt Giulio, indes ebenso vergeblich wie ihr Bruder Polidoro Giustina. Trotz der einstigen Schmähungen liebt Flaminio nach wie vor Giustina, gibt dies ihr gegenüber jedoch nicht preis. Ferdinando, Agatas Bräutigam, kommt von einer Reise aus Salerno zurück und ist verwirrt

über Agatas kühle Begrüßung. Ihrem Bruder Polidoro erklärt Agata schließlich, daß sie Ferdinando nicht heiraten werde. Giustina argwöhnt, daß sich Giulio unter falschem Namen in Polidoros Haus eingeschlichen habe, um Agata nahe zu sein. Giulio weist die Verdächtigung entrüstet zurück, ohne indes seine Identität zu lüften. Polidoro versucht vergeblich mit Checca anzubändeln, worauf er sie samt Bastiano zum Teufel wünscht. Bastiano revanchiert sich mit anzüglichen Bemerkungen über den Fuchs und die Trauben. II. Akt: Ferdinano beklagt sich bei Giustina über Agatas Kälte. Auch Agata hat allen Grund zur Verzweiflung, denn Giulio läßt sich auf ihr Werben nicht ein. Als Polidoro erkennt, daß hinter Agatas Sinneswandel Giulio steckt, entläßt er ihn und weist ihn aus dem Haus. Giulio ist ratlos und weiß nicht wohin. Erst als Giustina ihm vorhält, daß er sich doch mit Agata verlobt habe, macht er sich seinen Reim und zerstreut Giustinas Befürchtungen: Zögernd und nur indirekt, denn nach wie vor gibt er sich nicht als Flaminio zu erkennen, bedeutet er sie ihre Liebe. Zu Checcas Geburtstagsfeier tritt eine Bauernkapelle auf; man vergnügt sich mit Ballspiel, Tanz und Sackhüpfen. Polidoro hüpft mit Bastiano um die Wette. Da kommt Giustina hinzu. Diesen albernen Kerl soll sie heiraten? Sie denkt nicht daran. Polidoros Übermut verfliegt mit einem Schlag. Er stürzt und verflucht das Sackhüpfen ebenso wie Checca und Bastiano.

III. Akt: Polidoro sieht in seiner Verzweiflung nur noch Säcke, nichts als Säcke. Als Giustina erscheint, ergreift er die Flucht. Giustina beauftragt Bastiano, Polidoro auszurichten, daß sie seine Späße verachte, und richtet es so ein, daß Giulio es mithört. Agata wirft Giustina vor, das ihrem Bruder gegebene Wort zu brechen. Aber hat Agata nicht gleiches Ferdinando angetan? Und Giustina will Agata doch gar nicht Giulio streitig machen, sondern den Mann, der neben ihr steht. Giustinas Rede ist Agata ein Rätsel, Giulio ist bekümmert über ihren Schmerz. Polidoro gerät außer sich, als Bastiano ihm Giustinas Botschaft überbringt; schließlich bricht er ohnmächtig zusammen. Checca erweckt ihn mit einem Zauberschlüssel wieder zum Leben. Er stößt Verwünschungen gegen Giulio aus und geht anschließend mit einer Flinte auf ihn los. Aber die ist nicht geladen und damit auch seine Wut verraucht. Da er sich Giustinas nun sicher ist, gibt sich Giulio endlich als Flaminio zu erkennen. Während er sich mit Giustina vereint, kehrt Agata zu Ferdinando zurück, und auch Checca und Bastiano werden ein Paar. Nur Polidoro geht leer aus: Wenn er, um eine Frau zu bekommen, auf seine Späße verzichten soll, bleibt er doch lieber allein.

Kommentar: *Il Flaminio* erscheint wie eine Parodie auf die Opera seria metastasianischer Provenienz: Die Handlung ist extrem verwickelt, Mißverständnisse und Gefühlsverwirrungen trüben das Glück, das sich erst mit dem Lieto fine einstellt. Die Rollenhierarchie und die Stimmfächer (Flaminio und Ferdinando sind Soprane) scheinen weitgehend auf die Commedia per musica übertragen: Primo uomo (Flaminio), Prima donna (Giustina), Secondo uomo (Ferdinando), Seconda donna (Agata), Tenor (Polidoro). Lediglich die »parti buffe« fallen aus dem Rahmen, doch auch hier zeigen sich Entsprechungen, und zwar zu den zwischen den Akten gegebenen Intermezzi. Kaum geringere Übereinstimmungen weisen die Nummerndisposition der einzelnen Akte (Arienfolge mit einem Duett am Schluß des I., einem Terzett am Schluß des II. und einem Solistenensemble am Schluß des III. Akts) sowie die Formstruktur der Arien (ausnahmslos Dakapoanlage) auf. Die Parallelen zur Opera seria sind indes äußerlich. Das liegt vor allem am Sujet: Die Handlung spielt im bürgerlichen Milieu, und bürgerliche Lebensproblematik, Gefühlsverwirrungen zweier Damen, bringt auch das Konfliktpotential hervor, auf dem das Stück im wesentlichen basiert. Buffoelemente sind weitgehend zurückgedrängt und gleichsam exterritorial, wie »Intermezzi«, in die Handlung eingelagert. Zu Recht sieht Francesco Degrada (*Il Flaminio*, s. Lit.) in diesem Werk einen Vorgriff auf die spätere »commedia sentimentale« und einen Wegbereiter der Opera buffa Piccinnis, Galuppis, Cimarosas und Paisiellos. Auch mit der Vertonung beschreitet Pergolesi neue Wege: Für die »parti serie« erfindet er ein zwischen Seria- und Buffastil vermittelndes Melos, welches das erst später zum ästhetischen Postulat erhobene Kriterium der »Natürlichkeit« und »Empfindsamkeit« erfüllt. Mit den Rollen Polidoros und Ferdinandos, deren Arien ihm vielfach zu Kabinettstücken musikalischer Parodie geraten, greift er den »parti caricate« der 2. Hälfte des 18. Jahrhunderts vor.

Wirkung: Das Werk wurde bei der Uraufführung mit großem Beifall bedacht (Polidoro: Pietro Vitale, Flaminio: Antonia Colosanti, Agata: Anna Cialfieri, Ferdinando: Paola Fernandez, Checca: Margherita Pozzi, Bastiano: Girolamo Piani). Bereits 1737 kam es im selben Haus zu einer Neueinstudierung. Dabei wurde die Dialektpartie Ferdinandos, die nun Giuseppe Ciacchi sang, ins Toskanische übertragen. Von den Sängern der Uraufführung wirkten nur noch das Buffopaar mit, Pozzi und Piani. 1742 wurde das Werk in Siena gegeben. Als letzte Aufführung im 18. Jahrhundert ist eine Einstudierung 1749 in Neapel nachzuweisen. – Nach vereinzelten Aufführungen im 20. Jahrhundert (unter anderm Siena 1942, Kammeroper Wien 1961) kam es durch die Initiative Roberto De Simones, der die Partitur im Rahmen der kritischen Gesamtausgabe erstellte, und des Dirigenten Marcello Panni zu einer sehr erfolgreichen Einstudierung des Teatro San Carlo Neapel, welches das Werk erstmals während eines Gastspiels 1982 im Teatro Goldoni Venedig gab. Das wie eine Keramik wirkende Bühnenbild schuf Mauro Carosi, die originellen Kostüme, die die Personen als Porzellanfiguren erscheinen ließen, Odette Nicoletti; die Regie lag in den Händen De Simones. Es sangen Daniela Dessì (Flaminio), Valeria Baiano (Checca) und Silvano Pagliuca (Bastiano). Nach Aufführungen 1983 im eigenen Haus (Giustina: Elena Zilio) kam es zu zahlreichen Gastspielen, so ebenfalls 1983 in Charleston, Versailles (Dirigent: Herbert Handt) und Jesi, 1985, nach weiteren Aufführrungen in Neapel (Ferdinando: Rockwell Blake), in Wien, Wiesbaden und Dresden sowie 1986 in Bari.

Autograph: I. u. II. Akt: Verbleib unbekannt; III. Akt: Bibl. S. Pietro a Maiella Neapel. **Abschriften:** Bibl. du Cons. Royal de Musique Brüssel, BL London, Bibl. d. Abtei Montecassino, LOC Washington (M1500 P42 f3), Music Libr. d. Univ. of Western Ontario. **Ausgaben:** Part, krit. Ausg.: G. B. PERGOLESI, Complete Works / Opere complete, Bd. 8, hrsg. R. De Simone, Pendragon, NY, Ricordi [in Vorb.]; Kl.A: G. B. PERGOLESI, Opera omnia, hrsg. F. Caffarelli, Bd. 12, Rom, Gli amici della musica da camera 1941, Nachdr.: Bandettini, Florenz 1972. **Aufführungsmaterial:** Ricordi
Literatur: V. MORTARI, Il Flaminio, in: Giovanni Battista Pergolesi (1710–1736): Note e documenti della settimana celebrativa (15–20 settembre 1942), hrsg. S. A. Luciani, Siena 1942, S. 11–16; F. DEGRADA, P. tra storia e mito, in: Ph. ›Il Flaminio‹, Teatro San Carlo, Neapel 1983; DERS., Il Flaminio. Dall'opera buffa alla commedia sentimentale, in: [Bei-H. d. Schallplattenaufnahme Fonit Cetra], 1984; R. DE SIMONE, P. nella realtà della storia musicale napoletana, in: Pergolesi Studies / Studi Pergolesiani, hrsg. F. Degrada, Bd. 1, Florenz 1986, S. 73–79; D. E. MONSON, Evidence for P.'s Compositional Method for the Stage. The ›Flaminio‹ Manuscript, ebd., Bd. 2, Florenz 1988, S. 49–66; weitere Lit. s. S. 680

Helmut Hucke

Iacopo Peri

Auch Jacopo d'Antonio Peri; geboren am 20. August 1561 in Rom, gestorben am 12. August 1633 in Florenz

L'Euridice

Eurydike
6 Szenen

Text: Ottavio Rinuccini
Uraufführung: 6. Okt. 1600, Palazzo Pitti, Florenz
Personen: Prolog: La Tragedia/die Tragödie (S); Euridice/Eurydike (S); Orfeo/Orpheus (T); Arcetro (Altus), Tirsi (T) und Aminta (T), Hirten; Dafne/Daphne, Botin (S); Venere/Venus (S); Plutone/Pluto (T); Proserpina (S); Radamanto (T); Caronte/Charon (T). **Chor:** Nymphen, Hirten, Schatten, Unterweltgottheiten
Orchester: Triflauto, B.c
Aufführung: Dauer ca. 1 Std. – Neben dem Basso continuo fordert Peri lediglich beim Auftritt des Tirsi für einen dreistimmigen Instrumentalsatz einen Triflauto; diese Sinfonia kann mit drei Flöten gespielt werden. Der Basso sollte mit Instrumenten unterschiedlicher Klangfarben (Cembalo, Laute, Chitarrone, Theorbe, Harfe, Viola da gamba, Lirone, Violine) reich besetzt werden.

Entstehung: Im letzten Drittel des 16. Jahrhunderts hatte man in Florentiner Gelehrten- und Literatenkreisen die Frage erörtert, wie die Musik der Antike geklungen haben könnte und auf welche Weise die antiken Tragödien aufgeführt wurden. Seit 1594 hatten sich im Haus des adligen Mäzens Jacopo Corsi der Dichter Rinuccini und der Musiker Peri anhand des Daphne-Stoffs um eine künstlerische Umsetzung dieser Überlegungen bemüht; bis auf wenige Auszüge ist die Musik zu diesen Versuchen, die mit einer Aufführung 1598 abgeschlossen wurden, verloren. Die Hochzeit Maria von Medicis mit König Heinrich IV. von Frankreich bot Gelegenheit zu einer öffentlichen Präsentation der neuen Theaterform mit gesungenen Dialogen. Bei der Uraufführung konnte *L'Euridice* jedoch nur in einer geklitterten Form gegeben werden: Einige der engagierten Sänger, Schüler des intriganten Giulio Caccini, der *L'Euridice* ebenfalls vertont hatte (1602), weigerten sich, Peris Komposition zu singen, und ersetzten ihre Partien durch Caccinis Musik. Erst in der Druckfassung konnte Peri einige Monate später sein vollständiges Werk verfügbar machen.

Handlung: Prolog: La Tragedia kündigt eine neue Art Schauspiel an: Nachdem sie das Publikum bisher mit den schrecklichen Geschichten blutrünstiger Tyrannen erschüttert hatte, will sie nun, von Apollo, dem Gott der Musik, inspiriert, sanftere Gefühle wecken. 1. Szene: Inmitten der Hirten und Nymphen Arkadiens bereitet Euridice sich auf ihre Hochzeit mit Orfeo vor. Sie lädt die Nymphen ein, mit ihr in ein blühendes Wäldchen zu gehen und dort zu singen und zu tanzen, während die Hirten verweilen, um Orfeo zu erwarten. 2. Szene: Im Kreis der Hirten sehnt Orfeo Euridice herbei. Da kommt Dafne mit der Schreckensnachricht: In jenem Wäldchen wurde Euridice von einer Schlange gebissen und starb. Vor Schmerz sprachlos, beschließt Orfeo, ihr zu folgen, während die Hirten und Nymphen Euridices Tod beklagen. 3. Szene: Im Kreis der Hirten und Nymphen berichtet Arcetro, wie er Orfeo folgte, der an Euridices Sterbeort eilte, um dort vor Gram gleichfalls zu sterben, wie dann aber Venere in einem Himmelswagen ihm zu Hilfe kam. 4. Szene: Venere hat Orfeo in die Unterwelt geführt und rät ihm, zu flehen und zu bitten, daß man ihm Euridice wiedergebe. Auf Orfeos inbrünstige Klagen hin schenkt Plutone ihm Gehör; nachdem Proserpina und zwei Ratgeber sich für ihn verwendet haben, läßt der Herr der Unterwelt Mitleid walten und gibt Orfeo seine Gattin zurück. 5. Szene: Angstvoll erwarten die Hirten und Nymphen Orfeos Rückkehr. Da kommt Aminta und berichtet, wie er an dem Ort, wo Euridice starb, von einem Blitz geblendet wurde und dann Orfeo mit Euridice vor ihm gestanden hätten, während die Luft von lieblichen Klängen erfüllt war. 6. Szene: Orfeo und Euridice kommen und berichten den erstaunten Gefährten von der wunderbaren Errettung. Gemeinsam preisen Hirten und Nymphen den Liebesgott und die Macht von Orfeos Gesang, der selbst die Unterwelt zum Mitleid rührte.

Kommentar: *L'Euridice* ist ein Werk, dessen historische Bedeutung den musikalischen Wert bei weitem überwiegt. Es ist das erste vollständig in Musik gesetzte erhaltene Drama der Musikgeschichte; keine

Tragödie, wie der Prolog suggerieren könnte, sondern ein Pastoralspiel, in dem Peri manifestartig eine neue Art des musikalischen Theaters vorführt. In bewußter Abgrenzung gegenüber den musiktheatralischen Formen des 16. Jahrhunderts verzichten Rinuccini und Peri fast vollständig auf den szenographischen und musikalischen Prunk der Intermedien und reduzieren das Schauspiel auf die bloße Fabel. Göttererscheinungen wie Venere in ihrem Himmelswagen wären in den Intermedien Anlaß und Terrain für musikalische Ausgestaltung gewesen; in *L'Euridice* wird eine solche Szene hinter die Bühne verbannt und lediglich in einen Botenbericht gekleidet. Im Mittelpunkt des künstlerischen Interesses steht hier der gesungene Dialog, die Suche nach einer musikalischen Sprache im Geist des antiken Melos, die Peri im Vorwort des Partiturdrucks als »dem normalen Sprechen überlegen, der gesungenen Melodie aber unterlegen, so daß sie eine Zwischenform annimmt«, bezeichnet. Dieser neuartige Sprechgesang stützte sich auf einen akkordischen Instrumentalklang, für dessen Fortschreitungen die Regeln des Kontrapunkts außer Kraft gesetzt waren. Dissonanzen zwischen Singstimme und Instrumentalbaß wurden nicht nur in Kauf genommen, sondern, an Stellen gesteigerter Emotionalität, regelrecht aufgesucht, um dem Textausdruck besonderes Gewicht zu geben. Peri stellt die Musik gänzlich in den Dienst der Textdeklamation; »geschlossene« musikalische Formen finden sich nur im Auftrittslied Tirsis, der sich selbst auf einem Triflauti begleitet, und in den Chören am Schluß jeder Szene, die in ihrer homophonen Anlage jedoch mehr Interesse an Textverständlichkeit dokumentieren als an einer besonderen musikalischen Ausgestaltung. Daß die beruhigende Kraft von Orfeos Gesang in diesem radikalen Verzicht auf die Eigengesetzlichkeiten der Musik nur schwer darzustellen war, hat Peri selbst bemerkt. Die flehentliche Klage in der Unterwelt, die getreu der Ästhetik des Sprechgesangs auf musikalische Korrespondenzen selbst in der Instrumentalbegleitung verzichtete, gliederte er mit einem Refrainvers, um diesen Monolog zumindest geringfügig aus dem allgemeinen rezitativischen Gestus herauszuheben.

Wirkung: Die Uraufführung (Euridice: Vittoria Archilei, Orfeo und Dafne: Jacopo Giusti, Aminta: Francesco Rasi, Plutone: Melchior Palantrotti) wurde von Angelo Solerti (Bd. 2, S. 113, s. Lit.) anhand des zeitgenössischen Berichts von Michelangelo Buonarroti beschrieben. Sowohl Rinuccinis Libretto als auch Peris musikalische Deklamation dienten späteren Orpheus-Opern als Vorbild. Alessandro Striggios und Monteverdis *L'Orfeo* (1607) verdankt diesem Werk eine Reihe von textlichen wie musikalischen Anregungen, auch wenn der gedankliche Ansatz in dieser Oper, in der die musikalischen Formen dominieren, gänzlich anders ist. In den 30er Jahren des 17. Jahr-

L'Euridice, 6. Szene; Regie und Bühnenbild: Franco Zeffirelli, Choreographie: Ana Radošević, Kostüme: Piero Tosi; Maggio Musicale, Boboligärten, Florenz 1960. – Die Gartenarchitektur aus der Entstehungszeit des Werks bildet die prunkvolle Kulisse dieser Inszenierung, der sich die Kostümpracht nahtlos einfügt.

hunderts, als die Operngeschichte längst neue Wege gegangen war, lobte der Theoretiker Giovanni Battista Doni *L'Euridice* als Modell für den »stile recitativo«. Zu diesem Zeitpunkt war Peris Vertonung andernorts jedoch schon vergessen, während das Interesse an Rinuccinis Libretto über die Jahrhunderte hinweg wach blieb. In seinem Libretto für Haydns letzte Oper *L'anima del filosofo ossia Orfeo ed Euridice* (1791/ 1951) zitierte Carlo Francesco Badini eine ganze Passage aus Rinuccinis Unterweltszene. Die Edition (1881) von *L'Euridice* weckte zwar wissenschaftliches Interesse an der frühen Oper, nicht jedoch Interesse an einer praktischen Aufführung. Erst im 20. Jahrhundert, besonders seit Beginn der Alte-Musik-Bewegung, fand das Werk seinen Weg auf die Bühne. Im Rahmen des Maggio Musicale 1960 inszenierte Franco Zeffirelli *L'Euridice* in einer Bearbeitung von Vito Frazzi in den Boboligärten von Florenz. 1981 wurde das Werk in London von der Gruppe »Musica nel Chiostro« in einer Version von Stephen Oliver (Dirigent: Nicholas Kraemer, Regie: Graham Vick) sowie beim Holland-Festival Amsterdam aufgeführt (Dirigent: Ton Koopman, Regie: Eddy Hobema). In Saarbrücken hatte 1985 eine Koproduktion von Staatstheater und Musikhochschule Premiere, und 1987 kam am Théâtre du Châtelet Paris eine französische Bearbeitung des Werks heraus (Dirigent: Michel Armoric, Regie: Jean-Louis Thamin). Weitere Inszenierungen folgten 1989 in Wuppertal (Lothar Knepper, Hans Pop) und 1990 in Augsburg (Bernhard Klebel, Helge Thoma). – In Reinhard Febels Kammeroper *Euridice* (Theater im Marstall, München 1983, Text: Helmut Danninger nach Michael Fends deutscher Übersetzung von Rinuccinis Libretto) sind Teile von Peris Musik collagehaft integriert.

Autograph: Verbleib unbekannt. **Abschriften:** Bibl. du Cons. Royal de Musique Brüssel (C. 25170 & K13, 454), BL London, LOC Washington (M1500 P425 E8). **Ausgaben:** Part: Marescotti, Florenz 1601 (Civ. Museo Bibliogr. Musicale Bologna, Bibl. Cherubini Florenz, Bibl. Nazionale Centrale Florenz, M.Bibl. Lpz., BL London, Pierpont Morgan Libr. NY, Bibl. Vaticana Rom, Bibl. Marciana Venedig), Nachdr.: Reale Accademia d'Italia, Rom 1934; Forni, Bologna 1979 (Bibl. Musica Bononiensis. IV/2.); Guidi, Florenz 1863; Part, hrsg. R. Eitner: J. Peri, L'Euridice, Bln. 1881 (Publ. d. Ges. für M.Forschung. 10.); Part, hrsg. L. Torchi: Ricordi 1907 (L'arte musicale in Italia. 6.); Textb.: Florenz, Giunti 1600, Nachdr. in: A. Della Corte, Drammi per musica, Turin 1958, S. 69–106; Textb., ital./dt. v. R. Bletschacher, in: dramma per musica. Beitr. zur Gesch., Theorie u. Kritik d. M.Theaters, hrsg. R. Bletschacher, Wien 1990. **Aufführungsmaterial:** Salabert; Bearb. v. V. Frazzi: Otos, Florenz
Literatur: M. Buonarroti, Descrizione delle felicissime Nozze Della Cristianissima Maestà di Madama Maria Medici Regina di Francia e di Navarra, Florenz 1600; A. Solerti, Gli albori del melodramma, Neapel 1904, Nachdr. Hildesheim 1969; C. V. Palisca, The First Performance of ›Euridice‹, in: Twenty-fifth Anniversary Festschrift (1937–1962) for the Department of Music, Queens College, hrsg. A. Mell, NY 1964, S. 1–23; A. Nagler, Theatre Festivals of the Medici, 1539–1637, New Haven, CT 1964; A. M. Monterosso Vacchelli, Elementi stilistici nell'›Euridice‹ di J. P. in rapporto all'›Orfeo‹ di Claudio Monteverdi, in: Claudio Monteverdi e il suo tempo, Verona 1968, S. 117–127; N. Pirrotta, Li due Orfei. Da Poliziano a Monteverdi, Turin ²1975; B. R. Hanning, The Influence of Humanist Thought and Italian Renaissance Poetry on the Formation of Opera, New Haven, CT 1969, Diss. Yale Univ.; H. M. Brown, How Opera Began. An Introduction to J. P.'s ›Euridice‹ (1600), in: The Late Italian Renaissance (1525–1630), hrsg. E. Cochrane, NY 1970, S. 401–444; G. Tomlinson, Rinuccini, P., Monteverdi, and the Humanist Heritage of Opera, Berkeley 1979, Diss. Univ. of California, S. 222–262; T. Carter, J. P. (1561–1633). His Life and Works, Diss. Birmingham 1980; S. Leopold, Orpheus in Mantua – und anderswo, in: Concerto 1:1983, S. 35–42

Silke Leopold

Jules Perrot
Eigentlich Joseph Perrot; geboren am 18. August 1810 in Lyon, gestorben am 19. August 1892 in Paramé (heute zu Saint-Malo)

Alma ou La Fille du feu
Ballet in Four Tableaux

Alma oder Die Tochter des Feuers
4 Bilder

Musik: Michael Costa. **Libretto:** André Jean-Jacques Deshayes. **Mitarbeit an der Choreographie:** André Jean-Jacques Deshayes und Fanny Cerrito (eigtl. Francesca Cerrito)
Uraufführung: 23. Juni 1842, Her Majesty's Theatre, London, Ballett des Theaters
Darsteller: Belfegor, Prinz des Feuers und Almas Vater; Periphite, sein Vertrauter; Alma, die Tochter des Feuers und Belfegors Tochter; Enazor, ein aus Granada verbannter maurischer Prinz und Almas Liebhaber; Furst; Schiffer; Bürgermeister; Icardote, ein italienischer Graf; Lara, ein spanischer Ritter; Ariman, der Geist des Bösen; Fate/Schicksal; Alberman, ein deutscher Baron; der König von Spanien; Corps de ballet: Dämonen, Ritter, Herolde, Mädchen, maurische und spanische Soldaten, deutsche Bauern, Gäste, Diener
Orchester: nicht zu ermitteln
Aufführung: Dauer ca. 1 Std.

Entstehung: Perrot kam als Jugendlicher nach Paris, wo er von Auguste Vestris unterrichtet wurde. Bald folgten Engagements an kleineren Theatern; 1830 verpflichtete ihn die Opéra. In dieser Zeit, in der männliche Tänzer zunehmend auf Ablehnung stießen, galt er als rühmliche Ausnahme von diesem Verdikt. Zu seinen Partnerinnen gehörte unter anderm Maria Taglioni. 1835 traf er in Neapel die 16jährige Carlotta Grisi, die seine Schülerin, Partnerin und für einige Jahre auch Lebensgefährtin wurde. Das Paar tanzte vor allem in Paris, London und Wien. Für die Uraufführung von Corallis *Giselle* (1841) choreographierte

Perrot alle Pas und Szenen Grisis. Die Produktionsleitung von *Alma* lag in den Händen von Deshayes, dem Ballettmeister des Theaters.

Inhalt: 1. Bild, der Palast des Feuers: Belfegor berührt einen Felsen mit seinem Zepter, worauf die Statue eines jungen Mädchens erscheint. Der Marmor belebt sich; das Mädchen, Alma, darf so lange die Menschheit beglücken, wie sie der Liebe widerstehen kann. Gelingt ihr dies nicht, muß sie wieder zu Stein werden. Belfegor vertraut sie Periphites Schutz an. Ariman, Belfegors Feind, schwört, sie in Versuchung zu führen. 2. Bild, eine Stadt in Deutschland während eines Fests: Alma und Periphite kommen am Stadttor an. Die Wachen wollen ihnen den Eintritt verbieten, doch Alma fasziniert sie so mit ihrem Tanz, daß das Betreten gestattet wird. Auch Enazor und der Bürgermeister sind von ihr hingerissen. Als die Bürger zu tanzen beginnen, entschwinden Alma und Periphite in einem Boot. Eine dunkle Höhle: Belfegor entschließt sich aus Angst um seine Tochter, sie zu treffen. Ariman folgt ihm. 3. Bild, ein prächtiger Salon in Frankreich: Alma ist der Mittelpunkt eines Fests und sonnt sich in der Bewunderung der Herren. Enazor verschafft sich Zugang zu ihren Gemächern. Alma befiehlt ihm zu gehen, gibt aber dann seinem Flehen nach; sie erlaubt ihm zu bleiben, solange er von ihr keine Gegenliebe erwartet. Belfegor erscheint und führt Alma fort. Almas Verehrer treffen sich mittlerweile an einem von ihr bestimmten Platz; als es zum Kampf zwischen ihnen kommt, naht Enazor und verkündet, er habe Alma mit einem Liebhaber in ihr Zimmer gehen sehen. Die Verehrer erblicken nun tatsächlich die flüchtende Alma und wollen ihr nach, aber eine Flammenwand hält sie zurück. Nur Enazor und Ariman können das Feuer durchdringen. 4. Bild, Granada: Alma ist gefangen; sie stellt den Preis in einem Turnier dar. Enazor bezwingt Lara. Bei dem Gefecht hat Enazor seinen Helm verloren; man erkennt ihn als einen aus Granada verbannten maurischen Prinzen. Alma bittet für ihn um Gnade. An der Spitze seiner Mauren greift Enazor die Spanier an und besiegt sie. Er wird zum König ausgerufen und bietet Alma an, den Thron mit ihm zu teilen. Periphite bedrängt erneut Belfegor, sie zu retten; diesmal aber zieht Alma die Liebe vor. Als Enazor seine Braut krönt und sie die Treppen des Throns hinaufsteigt, erbebt die Erde: Alma wird wieder zur Statue, Belfegor und Periphite stürzen in den Abgrund, und Enazor zerbricht die Krone.

Kommentar: Die Londoner Sommersaison von 1842 stand im Zeichen zweier bedeutender Ballerinen und zweier erfolgreicher Ballette: Während Grisi in der britischen Erstaufführung von *Giselle* tanzte, triumphierte Cerrito, die nach 1840 wieder am Majesty's Theatre gastierte, mit *Alma*. In diesem Ballett, ganz auf ihre tänzerischen und darstellerischen Fähigkeiten zugeschnitten, waren es die Anmut ihres Adagios und die Leichtigkeit, Schnelle und Präzision ihres Allegros, die allgemeine Bewunderung erregten. Außerdem stellte sich in *Alma* Cerrito auch als Choreographin vor. Zu den Höhepunkten des Balletts gehörte der von ihr geschaffene Pas de trois im 3. Bild. Einer von Perrots herausragenden Beiträgen war der Valse de fascination im 2. Bild (wenn Alma und Periphite die deutsche Stadt erreichen), dessen Bedeutung darin besteht, daß er, quasi als Pas d'action, in ausdrucksvoller Weise die Handlung voranbringt, ohne sich auf pantomimische Mittel zu stützen. Vermutlich sind im Libretto auch Ideen Perrots eingearbeitet worden; als Indiz hierfür kann der Einfall gelten, daß ein übernatürliches Wesen auf die Erde kommt und mit der Liebe in Konflikt gerät. Diesen romantischen Topos, in *Alma* dahin gehend abgewandelt, daß sich dies Wesen gegen die irdische Liebe bewähren muß, hatte Perrot schon in seinem ersten größeren Ballett, *Der Kobold* (Wien 1838, Musik: Wilhelm Reuling), verwendet; sowohl in diesem wie auch in *Alma* unterliegt das übernatürliche Wesen und opfert seine Unsterblichkeit (im *Kobold* allerdings mit gutem Ende).

Wirkung: Mit Cerrito (Alma) und Perrot (Periphite) erfuhr *Alma* eine begeisterte Aufnahme. Es brach sogar ein regelrechtes Cerrito-Fieber in London aus. Das Ballett blieb eins der beliebtesten Werke in Cerritos Repertoire und wurde bis 1848 jedes Jahr gegeben; es erreichte die relativ hohe Zahl von 72 Aufführungen bis Anfang der 50er Jahre. Den gleichen Stoff benutzte Arthur Saint-Léon in *Mramornaja krassawiza* (*Das Marmormädchen*, Petersburg 1847, Musik: Cesare Pugni; mit Cerrito); Perrot überarbeitete dies Ballett 1856.

Ausgaben: Kl.A, Ausz.: London [1854]; L: London [1842]
Literatur: B. LUMLEY, Reminiscences of the Opera, London 1864, Nachdr. NY 1976; S. LIFAR, Carlotta Grisi, Paris 1941; K. SORLEY WALKER, P. and His Lost Choreography, in: Ballet 2:1946, Nr. 1, S. 29–36; I. GUEST, The Romantic Ballet in England. Its Development, Fulfilment and Decline, London 1954, Middletown, CT [2]1972; DERS., Fanny Cerrito. The Life of a Romantic Ballerina, London 1956; DERS., Cesare Pugni. A Plea for Justice, in: Dance Research 1:1983, Nr. 1, S. 30–38; DERS., J. P. Master of the Romantic Ballet, London 1984

Ingrid Brainard

Ondine ou La Naïade
Grand Ballet in Six Tableaux

Undine oder Die Najade
6 Bilder

Musik: Cesare Pugni. **Libretto:** Jules Perrot. **Mitarbeit an der Choreographie:** Fanny Cerrito (eigtl. Francesca Cerrito)
Uraufführung: 22. Juni 1843, Her Majesty's Theatre, London, Ballett des Theaters
Darsteller: Ondine/Undine; Hydrola; Matteo, ein junger Fischer; Theresa, seine Mutter; Giannina, Waisenkind, mit Matteo verlobt; Corps de ballet: Dorfleute, Bauernmädchen, Wassergeister, Najaden
Orchester: 2 Fl (1 auch Picc), 2 Ob, 2 Klar, 2 Fg, 4 Hr, 2 Trp, 2 Pistons, 3 Pos, Ophikleide, Physharmonika, Hrf, Pkn, Schl (gr.Tr, kl.Tr, Trg, Glocke), Streicher
Aufführung: Dauer ca. 1 Std.

Entstehung: Aufgrund seiner gelungenen Choreographie von *Alma* (1842) verpflichtete Benjamin Lumley, der Direktor des Majesty's Theatre, Perrot als neuen Ballettmeister vom Frühjahr 1843 an. Gleichzeitig mit Perrot kam auch Pugni, der in jungen Jahren Erfahrung mit Ballettmusiken an der Scala Mailand gesammelt hatte, nach London.

Inhalt: In Sizilien. 1. Bild, »La Coquille«, ein Fischerdorf: Die Dorfleute, unter ihnen Matteo und Giannina, bereiten das Fest der Madonna vor. Matteo lädt seine Freunde zur Hochzeit am folgenden Tag ein. Als sich bis auf Matteo, der fischen möchte, alle entfernt haben, erhebt sich plötzlich eine Muschel aus dem Wasser. Ihr entsteigt die Wassernymphe Ondine, die sich in Matteo verliebt hat. Sie verwirrt ihn so, daß er ihr bis auf eine Felsspitze folgt, von wo aus sich die Najade ins Wasser fallen läßt. Matteo ist gerade dabei, ihr zu folgen, wird aber von Freunden im letzten Moment daran gehindert. 2. Bild, »La Cabane du pêcheur«, Matteos Hütte: Theresa und Giannina warten auf Matteo. Als dieser ankommt, erzählt er ihnen von seinem Erlebnis. Die beiden Frauen nehmen ihn nicht ernst und setzen ihre Hausarbeit fort. Da fliegt Ondine in den Raum. Abwechselnd sichtbar und unsichtbar, treibt sie ihre Späße mit Giannina und Matteo. Erneut fordert sie Matteo auf, ihr zu folgen. Ondine ist wieder im Wasser verschwunden, und Matteo schläft ein. In seinem Traum zeigt ihm Ondine die Unterwelt. 3. Bild, »La Vision«, eine Höhle unter dem Meer: Ondine und andere Wassergeister bezaubern Matteo. Als sich Ondine zu Matteos Füßen wirft, erscheint Hydrola, ihre Mutter, um sie vor der Liebe zu einem Sterblichen zu warnen. Ondine ist jedoch bereit, ihre Unsterblichkeit für Matteos Liebe aufzugeben. Traurig führt Hydrola die Nymphe weg. 4. Bild, »Fête de la Madonne«, vor dem Schrein der Madonna: Am Vorabend des Fests treten die Dorfleute vor die Statue der Madonna und legen ihre Gaben nieder. Während des Gebets entsteigt Ondine einem Brunnen und zeigt sich Matteo. Giannina beruhigt ihren Verlobten. Dann nimmt für Matteo die Madonna Ondines Züge an. Es wird Nacht und damit Zeit heimzukehren. Als Matteo sein Boot losmachen geht, ziehen die Wassergeister Giannina ins Wasser. Ondine nimmt Gianninas Gestalt an. Der Mond geht auf, und zu ihrer Überraschung nimmt die Nymphe einen

Ondine ou La Naïade; Fanny Cerrito als Ondine; Bühnenbild: William Grieve; Illustration: Constantin Guys; Uraufführung, Ballett des Her Majesty's Theatre, London 1843. – Das Spiel mit dem eigenen Schatten, durch den die Nymphe während ihres Erdendaseins als Sterbliche gekennzeichnet ist, wird zum Bewegungstopos des romantischen Balletts.

Schatten wahr, der sich als ihr eigener entpuppt: das erste Zeichen von Sterblichkeit. Matteo kommt mit dem Boot; während er mit der verkleideten Ondine heimrudert, ist Giannina unter der Wasseroberfläche zu sehen. 5. Bild, »La Rose flétrie«, Gianninas Schlafzimmer: Ondine schläft in Gianninas Bett, beobachtet von Hydrola, die verschwindet, als sie erwacht. Ondine fühlt sich schwach; als sie zu beten beginnt, erscheint Hydrola erneut und drängt sie, ihre Verbindung mit Matteo aufzugeben. Sie beginne ja schon, wie eine Rose zu welken. Auf Ondines Bitte überläßt Hydrola sie ihrem Schicksal. Matteo und seine Mutter treten ein; der Fischer ist bekümmert über die Schwäche seiner Braut. 6. Bild, »Départ pour la noce«: Matteo und Ondine sind auf dem Weg zur Kirche. Ondine ist so geschwächt, daß sie kaum gehen kann. Hydrola greift nun ein, indem sie Giannina zum Leben erweckt und ihr ihren Platz an Matteos Seite wiedergibt. Ondine wird in das Unterwasserreich zurückgebracht, und die Sterblichen feiern die Hochzeit.

Kommentar: Der Titel des Balletts suggeriert als literarische Vorlage die populäre, auch in Frankreich und mehr noch in England sehr bekannte Märchennovelle *Undine* (1811) von Friedrich de la Motte Fouqué. Doch weist das Libretto so wenige Übereinstimmungen mit der romantischen Novelle auf, daß im Grunde nur ein gemeinsames Motiv zu erkennen ist: die Liebe einer Wassernymphe zu einem Sterblichen. Mehr Ähnlichkeiten besitzt das Ballett hingegen mit der Feerie *Ondine ou La Nymphe des eaux* (1830, Musik: Louis Alexandre Piccinni) von René Charles Guilbert de Pixérécourt und Thomas Marie François Sauvage, von der Perrot, der zu dieser Zeit in Paris gewesen war, bestimmt Kenntnis hatte. Denn schon in der Feerie war die Handlung von der Donau nach Sizilien verlegt, waren Unterwasserszenen eingebaut und erschien die Nymphe in einer Muschel. Frühere Ballette über den gleichen Stoff, wie Louis Henrys *Undine* (Wien 1825, Musik: Adalbert Gyrowetz) und Paolo Taglionis *Undine, die Wassernymphe* (Berlin 1836, Musik: Hermann Schmidt), konnte Perrot nicht gesehen haben, wohl aber Henrys einaktige Ballettpantomime *Les Ondines* (Paris 1834, Joseph Hartmann Stuntz). – Vor William Grieves detailrealistischen Bühnenbildern kreierte Perrot dem romantischen Sujet entsprechende einfühlsame Szenen, in denen die in jener Zeit verfügbaren Tanzformen auf perfekte Weise den verschiedenen Charakteren angepaßt waren. Zum Höhepunkt des Balletts geriet das 4. Bild: zum einen mit der in eine Tarantella einmündenden Ensembleszene, dem Gemälde *La Fête de la Madonne* (1827) von Léopold Robert nachempfunden, zum andern mit dem raffinierten Pas de l'ombre. Dieser zeichnete sich dadurch aus, daß mit einem einfachen, aber effektvollen Kunstgriff die Verwandlung der unsterblichen Najade in ein sterbliches Mädchen angezeigt wird, nämlich durch die Tatsache, daß Ondine auf einmal einen Schatten besitzt (nach der Geisterlehre haben übernatürliche Wesen weder Schatten noch Spiegelbild; dies Wissen konnte Perrot beim Publikum seiner Zeit voraussetzen). Technisch wurde der Schatten mittels Scheinwerfer auf den Boden projiziert. – Pugnis Komposition überragte sonstige Ballettmusiken dieser Zeit wegen ihres melodischen Reichtums und ihrer deskriptiven Plastizität.

Wirkung: Der Uraufführung mit Cerrito (Ondine), die den Pas de vision im 3. Bild choreographiert hatte, und Perrot (Matteo) war ein überragender Erfolg beschert. Zu den Tänzern im Corps de ballet gehörte der junge Arthur Saint-Léon; er durfte mit Cerrito im Pas de vision auftreten. *Ondine* erlebte bis 1851, entweder gesamt oder in Auszügen, 54 Aufführungen. – Taglioni, Perrots Nachfolger am Majesty's Theatre, brachte dort 1847 sein *Undine*-Ballett mit Pugnis Musik heraus; um eine Verwechslung mit *Ondine* auszuschließen, wurde es *Coralia or The Inconstant Knight* benannt. – Für Carlotta Grisi schuf Perrot in Petersburg 1851 ein ähnliches Ballett, *Najada i rybak (Die Najade und der Fischer)*, in dem auf Elemente der Handlung von *Ondine* zurückgegriffen wurde und für das Pugni seine ursprüngliche Partitur erweiterte. Dies Ballett erfreute sich großer Beliebtheit in Rußland; revidierte Versionen erstellten Marius Petipa (Petersburg 1892) und Alexandr Schirjaew (Petersburg 1903, mit Anna Pawlowa, Wera Trefilowa und Sergei Legat). – William Dollar straffte Perrots Libretto für *Ondine* (New York 1949, Musik: Antonio Vivaldi); Frederick Ashton folgte mit seiner *Ondine* (1958) Fouqués Vorlage.

Autograph: Part: BN Paris (Mss. 13501 u. 4871). **Ausgaben:** Kl.A: Ollivier, London [vor 1850]; L: London, Stuart [1843] **Literatur:** L. MOORE, Ondines of the Ballet, in: DM 28:1954, Nr. 5, S. 20–22, 61; I. GUEST, Undine. The Pure Gold of Romanticism, in: BA 13:1959, S. 64–68, 71–74; S. AU, The Shadow of Herself. Some Sources of J. P.'s ›Ondine‹, in: DC 2:1978/79, Nr. 3, S. 159–171; weitere Lit. s. S. 695

Susan Au

La Esmeralda
Ballet in Five Tableaux

Esmeralda
5 Bilder

Musik: Cesare Pugni. **Libretto:** Jules Perrot, nach dem Roman *Notre-Dame de Paris. 1482* (1831) von Victor Marie Hugo
Uraufführung: 9. März 1844, Her Majesty's Theatre, London, Ballett des Theaters
Darsteller: La Esmeralda; Fleur de Lys, Verlobte Phœbus'; Madame Aloise de Gondelaurier, ihre Mutter; Phœbus de Chateaupers; Claude Frollo; Pierre Gringoire, Dichter; Quasimodo, der Glöckner von Notre-Dame; Clopin Trouillefou; 3 Bettlerinnen; 2 Brautjungfern; Corps de ballet: Bettler, Zigeunerinnen, Soldaten, Gäste, Volk
Orchester: 2 Fl (1 auch Picc), 2 Ob, 2 Klar, 2 Fg, 4 Hr, 2 Trp, 2 Pistons, 3 Pos, Ophikleide, Pkn, Schl (gr.Tr, kl.Tr, Bck, Trg), Streicher
Aufführung: Dauer ca. 1 Std. 15 Min.; keine Pause.

Entstehung: Die Idee, ein Ballett nach Hugos bekanntem Roman herauszubringen, ging auf Benjamin Lumley zurück. Ursprünglich sollte es Perrot 1843 für das Londoner Debüt von Adèle Dumilâtre kreieren, doch eine Beinverletzung sowie die Notwendigkeit, *Ondine* (1843) auf jeden Fall wie geplant zu choreographieren, zwangen ihn, das Projekt um ein Jahr zu verschieben. Die Titelrolle des neuen Werks tanzte deshalb Carlotta Grisi, die von Lumley für die Spielzeit 1844 engagiert worden war. – Inwieweit sich Perrot an andern auf Hugos Roman basierenden Theaterwerken orientierte, muß dahingestellt bleiben. Die zeitgenössische Popularität des Themas belegen die Opern *La Esmeralda* von Louise-Angélique Bertin (1836) und *Esmeralda* von Alberto Mazzucato (Mantua 1838, Text: Filippo De Boni), eine unübersehbare Zahl von Dramatisierungen wie *Notre-Dame de Paris* von Charles-Hippolyte Dubois Davesne (1832), Edmond Burat de Gurgy (1838) und Eléonore Tenaille de Vaulabelle (1840) in Paris, *The Bell-Ringer or The Hunchback of Notre Dame* (1834) von Charles Zachary Barnett und *Esmeralda or The Deformes of Notre Dame* (1834) von Edward Fitzball in London sowie das Ballett *La Esmeralda* (Turin 1838) von Antonio Monticini.

La Esmeralda; Fanny Elßler als La Esmeralda; Wien, Ballett des Hofoperntheaters, um 1846; Illustration nach einer Zeichnung von Paul Bürde.

Inhalt: In Paris, 1482.
1. Bild, »La Cour des miracles«, Sonnenuntergang: Inmitten der »truands«, der Bettler im mittelalterlichen Paris, residiert ihr König, Clopin Trouillefou. Pierre Gringoire, ein armer Dichter, stürzt herein, verfolgt von einer Horde Bettler. Er wirft sich Clopin zu Füßen und erfleht seinen Schutz. Die Bettler durchsuchen seine Taschen, finden aber nur ein Gedicht. Verärgert über diese jämmerliche Beute, ordnet Clopin an, daß Pierre gehängt werden solle. Dessen erneutes Bitten um Gnade ruft Clopin ein altes Gesetz in Erinnerung, wonach ein Opfer von seiner Strafe verschont werden könne, wenn eine Frau es heirate. Doch jede der anwesenden Bettlerinnen lehnt Pierre ab. In diesem Moment erscheint die Straßentänzerin La Esmeralda und erklärt sich aus Mitleid bereit, Pierre zu heiraten. Ein irdener Topf wird zerbrochen als Zeichen für die Gültigkeit dieser Ehe. Als die Abendglocken ertönen, brechen die Bettler ihre Feier ab und verschwinden. Claude Frollo, der Esmeralda schon eine Weile beobachtet hat, tritt zu Clopin. Er teilt ihm mit, daß er diese Nacht Esmeralda besitzen wolle. Clopin gibt sein Einverständnis. Frollo und der bucklige Quasimodo lauern Esmeralda auf. Es gelingt ihnen, sie zu fassen, doch ein vorbeikommender Wachtrupp befreit sie und nimmt Quasimodo fest, während Frollo entkommt. Phœbus, der Hauptmann des Trupps, ist von Esmeralda fasziniert; sie erwidert sein Interesse. Er gibt ihr sein Tuch und läßt auf Esmeraldas Bitte hin Quasimodo laufen. Als Phœbus einen Kuß als Gegenleistung möchte, entwischt Esmeralda im Dunkel der Nacht.
2. Bild, »La Nuit des noces«, eine kleine Kammer: Esmeralda tritt ein. Sie setzt sich an den Tisch und formt mit elfenbeinernen Buchstaben Phœbus' Namen. Da schleicht sich Pierre herein und nähert sich ihr, doch Esmeralda wehrt ihn ab; als es nicht mehr anders geht, zieht sie einen Dolch und erklärt ihm, daß sie ihn nur aus Mitleid geheiratet habe. Er könne jedoch ihr Tanzpartner werden. Pierre ist einverstanden, und sie üben einen Tanz ein. Danach zieht er sich in eine benachbarte Kammer zurück. Frollo und Quasimodo treten ein; Frollo gesteht seine Liebe. Esmeralda teilt ihm mit, daß sie Phœbus liebe, und weist ihm die Tür, worauf Frollo sie fassen möchte. Esmeralda kann durch eine geheime Tür davonschlüpfen; eine Verfolgung durch Frollo verhindert Pierre. Frollo schwört Phœbus Rache.
3. Bild, »Fleur de Lys«, Garten des Hotels Gondelaurier: Die Vorbereitungen für die Hochzeit von Fleur de Lys mit Phœbus sind im Gang. Fleur, begleitet von ihren Brautjungfern, führt letzte Verschönerungen aus. Phœbus kommt hinzu; seine gleichgültige Art macht ihr Sorge. Zudem bemerkt sie, daß er das Tuch, das sie ihm gestickt hat, nicht trägt. Nun treten die Gäste ein, und die Festlichkeiten können beginnen. Auch Esmeralda hat sich mit Pierre eingestellt. Von ihrer Schönheit angezogen, geht Fleur auf sie zu; Esmeralda erzählt ihr, sie könne aus der Hand lesen, und verspricht ihr eine glückliche Ehe. Fleur gibt ihr einen Ring und bittet sie zu tanzen. In diesem Moment

entdeckt Esmeralda Phœbus, der, seine Umgebung vergessend, auf sie zugeht und mit ihr tanzt. Fleur macht ihrem Verlobten Vorhaltungen wegen seines ungebührlichen Verhaltens. Als dann Esmeralda im Verlauf ihres anschließenden Tanzes mit Pierre Phœbus' Tuch zum Vorschein bringt, als Zeichen, daß sie ihn liebe, versteht Fleur. Sie fällt ohnmächtig Phœbus zu Füßen, während sich die entsetzten Gäste Esmeralda zuwenden, die, von Pierre beschützt, verschwindet. Phœbus folgt ihnen.

4. Bild, »Amour et jalousie«, ein kleines Zimmer mit Blick auf die Seine, Nacht: Clopin und Frollo treten ein; Clopin zeigt ihm eine dunkle Ecke, in der er sich verstecken könne, und verläßt den Raum. Esmeralda und Phœbus kommen; er gesteht ihr seine Liebe, die sie anfänglich zurückweist. Schließlich zeigen Phœbus' Beteuerungen Wirkung: Esmeralda kniet vor ihm nieder. Als er sie in das Schlafzimmer führen möchte, stürzt Frollo hervor, in der Hand Esmeraldas Dolch. Ein Stöhnen und der Aufprall eines Körpers sind zu hören. Frollo flieht durch das Fenster, während Esmeralda ohnmächtig zusammenbricht. Clopin kehrt mit einer Meute zurück und beschuldigt Esmeralda des Mords. Sie wird abgeführt.

5. Bild, »La Fête des fous«, Seineufer, rechts das Gefängnis, im Hintergrund die Türme von Notre-Dame: Esmeralda wird ins Gefängnis gebracht. Pierre nähert sich dem Tor, wo er erfährt, daß Esmeralda zum Tod verurteilt sei. Er versucht, die Umstehenden von ihrer Unschuld zu überzeugen, doch das Volk wendet sich der Prozession der Bettler zu; an ihrer Spitze thront Quasimodo, der zum Papst der Narren ernannt wurde. Als Frollo aus dem Gefängnis kommt, reißt er Quasimodo die päpstliche Robe herunter. Das Gefängnistor öffnet sich erneut: Esmeralda wird zur Exekution geführt. Von Pierre darf sie sich verabschieden, bevor Frollo noch einmal zu ihr tritt. Er verspricht, sie zu retten, wenn sie sich ihm hingebe. Esmeralda verflucht ihn. In dem Moment, in dem Frollo befiehlt weiterzugehen, erscheint Phœbus, dessen Wunde doch nicht tödlich war. Er klagt Frollo des Mordversuchs an; dieser wird sogleich festgenommen. Die Freude von Esmeralda und Phœbus über die unerwartete Wende treibt Frollo zum äußersten. Er reißt sich los und läuft mit einem Dolch in der Hand auf Esmeralda zu, doch Quasimodo stürzt dazwischen, greift sich die Waffe und stößt sie ihm ins Herz.

Kommentar: Wie kein zweites seiner Werke exemplifiziert *La Esmeralda* Perrots Bemühen um ein romantisches Handlungsballett, in dem der Tanz ein organisches Ganzes mit dem inhaltlich zu Vermittelnden eingeht. Denn die Variationen für die Solistin und die Gruppentänze sind nicht mehr losgelöst von der Handlung des Balletts, sondern treten als natürlicher Bestandteil der Choreographie aus der pantomimischen Aktion heraus. Dies gilt vordringlich für den Pas caractéristique »La Truandaise« im 1. Bild, in dem, hierin spätere Entwicklungen im Ballett antizipierend, die Verbindung zwischen Esmeralda und Pierre nach der Heirat gespiegelt ist: keine überschwengliche Liebe, deshalb kein effektvolles Duo, sondern ein eleganter boleroähnlicher Zweiertanz, in dem die Distanz zwischen den beiden Personen nicht geleugnet wird. Den »Pas de La Esmeralda« im 3. Bild jedoch, mit dem Esmeraldas Beziehung zu Phœbus offenbart wird, gestaltete Perrot als eine Tanznummer, in der die Glücksgefühle der Titelheldin in adäquaten Bewegungen sinnbildhaft zum Ausdruck kommen. In jedem Fall war das Thema des Balletts die Grundlage für Struktur und Inhalt der Choreographie; es bildete auch den Ausgangspunkt für die Handlung. Bis auf wenige Ausnahmen verfaßte Perrot seine Libretti selbst; somit mußte er sich nur selten, im Gegensatz zu andern Choreographen seiner Zeit, einem fremden Diktat unterordnen. Hinsichtlich der Stoffwahl griff er grundsätzlich auf Populäres zurück; Hugos Roman gehörte zu einer Literatur, die »man« in Europa kannte, wenn auch häufig nur in trivialisierter Form. Insofern kann davon ausgegangen werden, Perrot hätte, angesichts seines *Faust* (1848), über literarische Bildung und Geschmack verfügt; Werke wie *Eoline ou La Dryade* (London 1845, Musik: Pugni; nach Johann Karl August Musäus' Märchen *Libussa*, 1782–86, in John Oxenfords Übersetzung, 1844), *Catarina ou La Fille du Bandit* (London 1846, Pugni; nach Sydney Morgans Roman *The Life and Times of Salvator Rosa*, 1824) und *Odetta o La demenza di Carlo VI re di Francia* (Mailand 1847, Giacomo Panizza, Giovanni Bajetti und Giovanni Battista Croff; nach dem Libretto von Casimir und Germain Delavigne zu Halévys Oper *Charles VI*, 1843, möglicherweise auch nach Band 4, 1840, der *Histoire de France* von Jules Michelet) zeigen, daß er ebenso Texte minderer Qualität benutzte, wenn diese eine derartige Verbreitung gefunden hatten, daß selbst er, der, so darf unterstellt werden, unbelesene Homme de théâtre, von ihnen Kenntnis erlangte. – Perrots Werk weist die im romantisch-klassischen Ballett übliche Konzentration auf die Solotänzerin auf. Dies rechtfertigt den Titel *La Esmeralda*, der damit unmißverständlich anzeigt, daß der Akzent auf der Person liegt, nicht wie in Hugos Roman auf der den Handlungsraum real dominierenden und symbolhaft überschattenden Kathedrale Notre-Dame. Und dies erlaubte Perrot, einen vom Roman abweichenden positiven Schluß zu erfinden, damit dem Bühnenusus der Zeit gehorchend. Daß es ihm in *La Esmeralda* gelang, die der Konvention entsprechende Dominanz der Ballerina in einen szenisch beeindruckenden Inhalt einzuschmelzen und, den zeitgenössischen Berichten nach zu urteilen, diesen mit einer ungemein erfindungsreichen Choreographie auszufüllen, steht beispielhaft für seine Verdienste um ein dramatisch überzeugendes romantisches Ballett.

Wirkung: Nach der ungewöhnlich erfolgreichen Uraufführung (Bühnenbild: William Grieve) mit Grisi (Esmeralda), Perrot (Pierre), Arthur Saint-Léon (Phœbus), Louis Gosselin (Frollo), Adelaide Frassi (Fleur de Lys) und Antoine Coulon (Quasimodo) erlebte *La Esmeralda* am 3. Aug. die erste Wiederaufnahme am Majesty's Theatre; Fanny Elßler tanzte nun den Titelpart. Weitere Wiederaufnahmen gab es 1845, 1847–51 und 1857 (mit Carolina Pochini). Noch 1844 studierte Perrot das Ballett an der Scala Mailand ein, wobei neben ihm und Elßler Gaspare Pratesi (Phœbus), Domenico Ronzani (Frollo) und Effisio Catte (Quasimodo) mitwirkten (Wiederaufnahme durch Ronzani 1854; mit Pochini). 1849 brachte Perrot *La Esmeralda* am Bolschoi-Theater Petersburg, 1850 am Bolschoi-Theater Moskau heraus, jeweils mit sich und Elßler in den Hauptrollen. Einstudierungen nach Perrots Original erfolgten unter anderm durch Ronzani in Bologna 1845, in Wien, Venedig und Florenz 1846 sowie in Padua 1847 (jeweils mit Elßler), Saint-Léon in Berlin 1847 (mit Fanny Cerrito und Saint-Léon), Ippolito Giorgio Monplaisier in New York 1848 (eine zweiaktige Version für seine French Ballet Company), Lucile Grahn in München 1851 (mit Grahn) und anonym in Paris 1856 (Théâtre de la porte Saint-Martin; mit Grisi). Ein bedeutender Aspekt der Popularität des Balletts mag in der Tatsache begründet sein, daß zahlreiche Ballerinen eine lebende Ziege als Accessoire benutzten. – In Petersburg gehörte *La Esmeralda* zum festen Repertoire; Esmeralda wurde nicht nur von den Gästen Grisi und Elßler getanzt, sondern auch von Marija Surowschtschikowa, Nadeschda Bogdanowa und Praskowja Lebedewa. Von 1866 an revidierte Marius Petipa das Ballett sukzessive; zu seinen herausragenden Hinzufügungen gehören: 1866 ein Pas de deux für Claudia Cucchi, Anfang der 70er Jahre ein Pas de dix für Jewgenija Sokolowa (Musik: Juli Gerber) und 1872 ein Pas de cinq für Adele Grantzow. Seine endgültige Revision des Balletts in vier Akten und fünf Bildern hatte 1886 Premiere (musikalische Ergänzungen: Riccardo Drigo); 1899 kam es zu einer Wiederaufnahme mit Matilda Kschessinskaja. Petipas Version enthielt im III. Akt anstelle von Perrots Pas d'action einen Pas de six für Virginia Zucchi. Diese Nummer überarbeitete Agrippina Waganowa für ihre Produktion von *La Esmeralda* in drei Akten und neun Bildern 1935 (Kirow-Theater; Musikbearbeitung: Reingold Glier; mit Tatjana Wetscheslowa; Wiederaufnahme 1948); sie wird seit einigen Jahren vom Kirow-Ballett und andern sowjetischen Kompanien häufig in sogenannten Konzertprogrammen getanzt. Waganowa interpolierte ferner einen Pas de deux *Diana i Akteon* (Musik: Pugni; mit Galina Ulanowa und Wachtang Tschabukiani). Eine Neueinstudierung von Waganowas Produktion erfolgte durch Pjotr Gussew und Nikolai Bojartschikow unter Mithilfe von Wetscheslowa am Maly-Theater Leningrad 1981. – Am Bolschoi-Theater Moskau brachte 1890 José Mendez das Ballett in einer Version nach Petipa heraus (mit Lidija Geiten), 1926 Wassili Tichomirow nach Perrot und Petipa (Musikbearbeitung: Glier; mit Jekaterina Gelzer). Neuchoreographien von *La Esmeralda* schufen Alexandr Gorski 1902 (*Dotsch Guduly*, Bolschoi-Theater Moskau, Musik: Anton Simon) und Wladimir Burmeister 1950 (Stanislawski-Nemirowitsch-Dantschenko-Musiktheater Moskau, Musik: Pugni, Glier und Sergei Wassilenko; Wiederaufnahme 1971). Die deutsche Erstaufführung zu dieser Musik nahm Vera Bräuer vor (Rostock 1969). Das Ballett ist in der Sowjetunion weit verbreitet; seit 1931 hat es mehr als 50 Produktionen gegeben. – 1954 choreographierte Nicholas Beriozoff *La Esmeralda* für das Festival Ballet London (Musik: Pugni, bearbeitet von Geoffrey Corbett; mit Natalie Krassovska und John Gilpin). – Von den diversen andern Balletten nach Hugos Roman stellt Petits *Notre-Dame de Paris* (Paris 1965, Musik: Maurice Jarre) das populärste dar.

Autograph: Part: BN Paris (Ms. 13503, D 10360). **Ausgaben:** Kl.A (unvollst.): London 1845; L: London, Stuart 1844; L, russ.: Petersburg, Glazunov 1849. **Aufführungsmaterial:** M: Bearb. v. R. Glier, S. Vasilenko: Sikorski
Literatur: M. VIALE FERRERO, La capretta di Esmeralda, in: L'opera tra Venezia e Parigi, Bd. 1, hrsg. M. T. Muraro, Florenz 1988, S. 253–268 (Studi di musica veneta. 14.); weitere Lit. s. S. 695

Susan Au / Klaus Kieser

Pas de Quatre
Divertissement

Pas de quatre

Musik: Cesare Pugni
Uraufführung: 12. Juli 1845, Her Majesty's Theatre, London
Darsteller: Maria Taglioni; Carlotta Grisi; Fanny Cerrito; Lucile Grahn
Orchester: Picc, 2 Fl, 2 Ob, 2 Klar, 2 Fg, 4 Hr, 2 Trp, 2 Pistons, 3 Pos, Ophikleide, Pkn, Schl (gr.Tr, kl.Tr, Trg), Streicher
Aufführung: Dauer ca. 20 Min.

Entstehung: Schon 1841 beabsichtigte Pierre Laporte, der Direktor des Majesty's Theatre, die Ballerinen Taglioni, Cerrito und Fanny Elßler in einem eigens hierfür geschaffenen Ballett mit dem beziehungsreichen Titel *Le Jugement de Pâris* auftreten zu lassen. Dies kam nicht zustande, doch 1843 tanzten auf Wunsch der Königin Viktoria Cerrito und Elßler einen von Perrot choreographierten Pas de deux am Majesty's Theatre. 1845 gelang es dann Benjamin Lumley, vier der populärsten romantischen Ballerinen für ein Divertissement zusammenzubringen. Schwierigkeiten, die das Projekt fast hätten platzen lassen, resultierten beispielsweise aus der Frage, in welcher Reihenfolge die Ballerinen auftreten sollten.
Inhalt: Der Hintergrundprospekt zeigt eine Landschaft im Sonnenschein: Die Tänzerinnen treten Hand in Hand von der Seite auf die Bühne. Sie gehen zur Rampe und machen einen Kniefall vor dem Publikum. Zu Beginn führen sie elegante Gruppierungen aus, bei denen sich Taglioni immer im Zentrum befindet und die andern ihre Arme ehrerbietend zu ihr ausstrecken. Es folgt ein Solo von Grahn. Anschließend tanzen Cerrito und Grisi einen Pas de deux, bevor Taglioni mit Sprüngen die Bühne überquert. Grahn erscheint wieder zu einer Allegroeinlage, und Grisi gehört ein Andanteabschnitt. Nun tanzen Taglioni und Grahn ein

Andantino, abgelöst von Cerritos Diagonalen. Taglioni tritt dann in einem Allegro auf; anschließend zeigen alle vier in der virtuosen Koda ihr Können. Mit einer Viererpose endet das Divertissement.

Kommentar: *Pas de Quatre* stellte Perrot vor die undankbare Aufgabe, für die vier Ballerinen Passagen zu entwerfen, in denen sie gebührend zur Geltung kommen würden; zugleich durfte keine das Gefühl haben, sie sei unter tänzerischen Gesichtspunkten vernachlässigt worden. Perrots Choreographie muß als geglückte Lösung betrachtet werden; jede der vier Startänzerinnen konnte mit technischen Schwierigkeiten brillieren. Taglioni führte neuartige Schritte mit nach vorn gebeugten Knien vor; Grisi demonstrierte ihre Fähigkeit zu schneller Fußarbeit; Cerrito zeigte ihr Können besonders mit Jetés; und Grahns Spezialität waren Hüpfer mit einer halben Drehung auf Spitze. – In der Tanzgeschichte nimmt *Pas de Quatre* den Platz als das Musterbeispiel für die im romantischen Ballett so zahlreichen und populären Divertissements ein. Deren alleiniger Sinn war es, als Vehikel für bekannte Ballerinen zu fungieren, die damit ihre virtuosen Fähigkeiten zur Schau stellen konnten. In der Regel wurde einem Divertissement ein inhaltlicher Gedanke zugrunde gelegt; dies geschah jedoch bloß in der Absicht, ein Publikum, für das handlungsloser Theatertanz außerhalb seiner Vorstellung von Ballett lag, mit einem dramaturgisch eigentlich überflüssigen Überbau zufriedenzustellen. Ferner darf nicht unberücksichtigt gelassen werden, daß Divertissements zu einer Zeit gehören, in der der Starkult im Theater eine große Rolle spielte; zur Herausstellung der Tänzerpersönlichkeiten, auch unter wirtschaftlichen Aspekten, dienten sie vorzüglich.

Wirkung: Die Uraufführung wurde von Publikum und Presse gleichermaßen gefeiert. *Pas de Quatre* wurde 1845 viermal in der originalen Besetzung aufgeführt; die dritte Vorstellung besuchten Königin Viktoria und Prinz Albert. 1846 studierte Taglioni ein vermutlich auf Perrots *Pas de Quatre* zurückgehendes Divertissement an der Scala Mailand ein. Im Juli 1847 wurde *Pas de Quatre* nochmals für zwei Vorstellungen auf den Spielplan des Majesty's Theatre gesetzt; anstelle von Grahn tanzte Carolina Rosati. – Keith Lester bemühte sich um eine Rekonstruktion von *Pas de Quatre* für das Markova-Dolin-Ballet (Manchester 1936, Musikbearbeitung: Leighton Lucas; mit Molly Lake, Prudence Hyman, Kathleen Crofton und Diana Gould). Einen weiteren Rekonstruktionsversuch unternahm Anton Dolin für das Ballet Theatre (New York 1941; mit Nana Gollner, Alicia Alonso, Katherine Sergava und Nina Stroganova); dieser wurde unter andern von folgenden Kompanien übernommen: Ballet Russe de Monte-Carlo (New York 1948), Grand Ballet de Marquis de Cuevas (Paris 1949), Ballets Janine Charrat (Brüssel 1951), Festival Ballet (London 1951), Het Nationale Ballet (Den Haag 1954), Königliches Dänisches Ballett (Kopenhagen 1955), Opéra (Paris 1959), Metropolitan Opera Ballet (New York 1965). Eine Galavorstellung in New York 1972 konnte mit der zeitgenössischen Starbesetzung

Pas de Quatre; Carlotta Grisi, Maria Taglioni, Lucile Grahn, Fanny Cerrito; Illustration: Thomas Herbert Maguire nach Alfred Edward Chalon; Uraufführung, Her Majesty's Theatre, London 1845. – Die Darstellung suggeriert eine Harmonie der vier Tänzerinnen, die es in Wirklichkeit nicht gab, denn sie waren erbitterte Konkurrentinnen.

Carla Fracci, Violette Verdy, Patricia McBride und Eleanor D'Antuono aufwarten. Eine herausragende Interpretin der Taglioni war Alicia Markova, die diesen Part mit einer speziellen romantischen Note tanzte; auch Alonso brillierte in dieser Rolle, später unter anderm Natalija Makarowa.

Autograph: Part: BN Paris (Ms. 4790). **Ausgaben:** Kl.A: London [1845], Faks.-Nachdr.: London Dance Theatre Trust, London 1970; Kl.A, bearb. v. D. Stirn: Billaudot, Paris 1973
Literatur: A. MICHEL, Pas de Quatre 1845–1945, in: DM 19:1945, Nr. 7, S. 10–12, 25, 32–36; I. GUEST, The ›Pas de Quatre‹. Its History and a Reconstruction, in: Ballet 11:1951, Nr. 7, S. 44–48; DERS., The ›Pas de Quatre‹, London 1968; J. K. CAVERS, The Iconography of the ›Pas de quatre‹, in: Dance Research 5:1987, Nr. 1, S. 65–69; weitere Lit. s. S. 695

Susan Au

Les Eléments
Ballet-Divertissement

Die Elemente
3 Bilder

Musik: Giovanni Bajetti; Bearbeitung: Jean Baptiste Nadaud. **Libretto:** Jules Perrot
Uraufführung: 26. Juni 1847, Her Majesty's Theatre, London, Ballett des Theaters
Darsteller: The Fire/das Feuer (Tänzerin); The Water/das Wasser (Tänzerin); The Air/die Luft (Tänze-

rin); The Earth/die Erde (4 Tänzerinnen); Corps de ballet: Begleiterinnen der vier Elemente
Orchester: Picc, Fl, 2 Ob, 2 Klar, 2 Fg, 2 Hr, 2 Trp, 2 Pos, Serpent, Pkn, gr.Tr, Streicher
Aufführung: Dauer ca. 30 Min. – Besondere szenische Effekte. Orchester nach Bajettis Mailänder Partitur vom März 1847.

Inhalt: Der Hintergrundprospekt zeigt einen üppigen Garten. 1. Bild: Ein Busch im Hintergrund teilt sich, und The Earth, in Gelb, erhebt sich mit ihren Geistern. 2. Bild: Ein Wasserfall teilt sich, und The Water, blau gekleidet, erscheint in einem Wagen, begleitet von Najaden. 3. Bild: Ein Vulkan, aus dem rote Feuergeister hervorkommen, fährt nach oben; eine Rauchwolke kündigt The Fire, in einem leuchtend roten Kostüm, an. Dann tauchen drei Wolken auf, denen The Air, in Weiß, und ihre Geister entsteigen. Es folgt ein Adagio für die vier Elemente mit ihren Geistern; es enthält einen kurzen Disput zwischen Fire und Water. Eine Variation von Fire und Air schließt sich an, bis nacheinander Water, Fire und Air solistisch auftreten.
Kommentar: Im Zuge des enormen Erfolgs von *Pas de Quatre* (1845) sah sich Perrot gezwungen, am Majesty's Theatre jedes Jahr ein neues Divertissement mit einer hochkarätigen Besetzung herauszubringen. *Les Eléments* folgte dabei *Le Jugement de Pâris* (1846, Musik: Cesare Pugni; mit Maria Taglioni, Fanny Cerrito und Lucile Grahn); das vierte Werk dieser Reihe war *Les Quatre Saisons* (1848, Musikarrangement: Pugni, hauptsächlich nach Giacomo Panizzas Musik für *Faust*, 1848; mit Cerrito, Carlotta Grisi, Carolina Rosati und Maria Taglioni d. J.). Charakteristisch für diese Divertissements ist, daß der dabei stattfindende Wettstreit der Tänzerinnen eine jeweils variierte thematische Einbindung erfahren hat. Neben den berühmten Ballerinen Grisi (Fire) und Cerrito (Air) trat in *Les Eléments* als vielversprechendes Nachwuchstalent die junge Italienerin Rosati (Water) auf, die kurz zuvor nach London gekommen war und die Perrot sofort für seine Choreographien heranzog, nicht zuletzt auch deswegen, weil Grahn krank war. Ungewöhnlich war der große szenische Aufwand, mit dem die Elemente eingeführt werden; bei *Les Quatre Saisons* setzte sich die Tendenz zu einem immer spektakuläreren Präsentationsrahmen fort. – Als Musik benutzte Perrot einen Teil von Bajettis Komposition für den II. Akt des Balletts *Odetta o La demenza di Carlo VI re di Francia* (Musik außerdem: Panizza und Giovanni Battista Croff), das er wenige Monate vorher an der Scala Mailand produziert hatte.
Wirkung: Die drei Ballerinen hatten mit *Les Eléments* den erwarteten Erfolg (Bühnenbild: Charles Marshall); für Grisi zählte dies Divertissement zu Perrots besten Choreographien. 1848 gab es in derselben Besetzung eine Wiederaufnahme am Majesty's Theatre.
Autograph: Part *(Odetta)*: BN Paris (Ms. 4951). **Ausgaben:** L: London, Stuart 1847
Literatur: s. S. 695

Susan Au

Faust
Gran ballo fantastico

Faust
7 Akte

Musik: Giacomo Panizza; Interpolationen: Michael Costa, »Passo d'affascinamento« (II. Akt), und Giovanni Bajetti, »Passo de sette« (V. Akt). **Libretto:** Jules Perrot
Uraufführung: 1. Fassung: 12. Febr. 1848, Teatro alla Scala, Mailand (hier behandelt); 2. Fassung in 6 Akten: 7. März 1848, Teatro alla Scala, Mailand; 3. Fassung in 3 Akten: 14. Febr. 1854, Bolschoi-Theater, St. Petersburg
Darsteller: Doktor Faust, Alchimist; Wolger, sein Schüler und Freund; Berta, Margheritas Mutter; Margherita, verlobt mit Valentino; Valentino, ein junger Soldat; Peters, sein Vertrauter; Marta, Margheritas Freundin; Mefistofele, Genius des Bösen; Bambò, Königin der Walpurgisnacht; Corps de ballet: Studenten, Bauern, Bäuerinnen, vornehme Ritter, vornehme Damen, Pagen, Wachen, Luftgeister, engelhafte Geister, Höllengeister, die sieben Hauptlaster, Hexen, phantastische Wesen, ein Henker, Richter, Schergen, Volk
Orchester: Picc, Fl, 2 Ob, 2 Klar, 2 Fg, 4 Hr, 2 Trp, 3 Pos, Serpent, Pkn, Schl (gr.Tr, kl.Tr), Hrf, Streicher
Aufführung: Dauer ca. 3 Std.

Entstehung: Im Jan. 1847 kündigte die Londoner *Morning Post* ein Ballett nach einem Libretto von Heinrich Heine an. Benjamin Lumley hatte Heine zu dem Entwurf eines Faust-Balletts angeregt, lehnte dann aber dessen Tanzpoem *Der Doktor Faust* ab, das ihn im März 1847 erreichte. Grund hierfür war in erster Linie die extreme Konzeption von Heines Figuren: Fausts Wissens- und Erkenntnisdrang reduzierte sich auf die verzehrende Sehnsucht nach erfüllter Sexualität und Liebe, die er in seinem Pakt mit dem weiblichen Dämon Mephistophela gestillt sehen möchte. Mit der Konzentration auf die drastische Darstellung von Erotik (vor allem in den Hexenszenen) befürchtete Lumley einen Skandal und damit das Einschreiten der Zensur sowie den Rückgang der Abonnentenzahlen. Perrot, der zu dieser Zeit noch am Majesty's Theatre tätig war, griff das Faust-Projekt schließlich für ein Ballett an der Scala auf; dort hätte schon 1835 ein Faust-Ballett von Carlo Blasis herauskommen sollen, das aber kurz vor der Premiere abgesagt wurde.
Inhalt: In Deutschland, Mittelalter.
I. Akt, Fausts Studierzimmer: Faust hadert mit sich und seinen ihm unerfüllbar erscheinenden Sehnsüchten. Ein altes Lehrbuch der Geisterbeschwörung fällt zu Boden; Faust hebt es auf und beginnt zu experimentieren. Mit einem Flammenstoß taucht Mefistofele auf. Faust gelingt es zuerst nicht, ihn zu bannen; schließlich kann er ihn aber doch vertreiben. Als der besorgte Wolger eintritt, läßt Mefistofele ihn verschwinden und erscheint selbst in Gestalt des Schü-

lers. Der Dämon bietet Faust einen Pakt an: Er verspricht, ihm für den Rest seines Lebens zu dienen, wenn dieser ihn nach seinem Tod als Herrn anerkennt. Faust lehnt ab. In diesem Moment füllt sich das Studierzimmer mit Rauch. Mefistofele läßt für Faust Bilder entstehen, in denen Margherita in verschiedenen Situationen zu sehen ist (betend, auf dem Friedhof, mit Freundinnen in einem Garten tanzend); Faust ist von ihr fasziniert. Nun bietet der Dämon Faust zum zweitenmal, wieder erfolglos, den Pakt an. Auf Mefistofeles Befehl taucht ein weiblicher Geist auf, der durch einen Zaubertrunk Faust äußerlich verjüngt und zum Besiegeln des Pakts bringt. Mefistofele und Faust entschwinden auf einem fliegenden Mantel.

II. Akt, Dorfplatz, auf der einen Seite Margheritas Haus, auf der andern ein Gasthof: Die Dorfbewohner warten darauf, daß der Tugendpreis verliehen wird. Da kehrt Valentino nach langer Abwesenheit in seine Heimat und zu Margherita zurück. Faust und Mefistofele, letzterer als Wunderheiler verkleidet, kommen in Begleitung einer Zigeunergruppe; Faust nähert sich Margherita, Mefistofele ihrer Freundin Marta, die er sich als Komplizin zu gewinnen weiß. Nach einer Vorführung der Zigeuner verwandelt sich Mefistofele in einen eleganten jungen Mann, der Margherita zum Tanz auffordert; er legt die Hand auf Fausts Brust, quasi als leite er dessen Emotionen von ihm ab, um sie Margherita zuzuführen. Als sich nach der Verleihung des Tugendpreises an Margherita die Menge zerstreut, füllt Mefistofele ein Glas mit Wein und prostet ein f. Danach läßt er Wein aus einem Tisch sprudeln; als Flammen aus dem Tisch lodern, flüchten die Dorfbewohner in Entsetzen. Lachend verschwindet Mefistofele mit Faust.

III. Akt, Margheritas Zimmer: Mefistofele und Faust betreten das Zimmer. Während Faust vor der schlafenden Margherita niederkniet, versteckt der Dämon ein Kästchen mit Schmuck im Kleiderschrank. Bevor das Mädchen erwacht, gehen beide wieder. Als Margherita ihr Taschentuch sucht, findet sie das Kästchen. Nun kommt Marta, die stolz auf einen Ring ist, den ihr Mefistofele gegeben hat. Nachdem Margherita ihr den Schmuck gezeigt hat, versucht Marta erfolglos, die Freundin zum Anlegen des Schmucks zu überreden. Für Margherita unsichtbar, signalisiert Mefistofele Marta, das Zimmer zu verlassen. Als Margherita sich an ihr Spinnrad gesetzt hat, erscheinen ihr sieben personifizierte Laster (Stolz, Faulheit, Gefräßigkeit, Neid, Zorn, Geiz, Wollust), die sie zur Annahme der Juwelen verführen. Als ihr auch noch Faust vorgegaukelt wird, findet sie sich in einem bisher nicht gekannten Glückszustand wieder. In diesem Moment wird sie jedoch von Angst erfüllt, und sie bereut; ein Gebet beendet den Spuk.

IV. Akt, auf der einen Seite ein Zimmer von Margheritas Haus, auf der andern der Garten: Mefistofele übergibt Faust ein angeblich harmloses Schlafmittel für Margheritas Mutter. Während diese dabei ist, Valentino zu verabschieden, wirft sich Faust vor Margherita auf die Knie, verfolgt sie in ihr Zimmer, gibt ihr das Mittel und kann ihr das Versprechen zu einem geheimen Stelldichein abringen. Wieder allein mit ihrer Mutter, ist Margherita versucht, alles zu gestehen. Mefistofeles Präsenz lenkt sie jedoch davon ab und bringt sie dazu, das tödliche Gift in den von der Mutter erbetenen Becher zu träufeln. Dann führt Mefistofele Margherita in den Garten, wo sie sich in Fausts Armen wiederfindet. Marta kündigt die Rückkehr von Valentino an. Margherita eilt ins Haus; Valentino greift Faust an und wird von diesem tödlich verwundet. Sterbend verflucht Valentino seine Verlobte. Dem Wahnsinn nahe, läuft Margherita in den Wald, und die Leichen von Valentino und Margheritas Mutter verschwinden auf geheimnisvolle Weise.

V. Akt, prachtvoller Saal in einem verzauberten Palast: Innerlich aufgewühlt, befindet sich Faust auf einer Orgie. Um ihn zu beruhigen, zeigt ihm Mefistofele eine Vision Margheritas, die einen Tugendpreis erhalten soll. Als die Krone aus weißen Rosen durch die Hände eines personifizierten Lasters gereicht wird, verwandelt sie sich in einen Gegenstand der Trauer. (Ursprünglich hätte dieser V. Akt als IV. gezeigt werden sollen; aus bühnentechnischen Gründen mußten die beiden Akte vertauscht werden. Ivor Guest, 1984, s. Lit., nimmt an, daß tatsächlich jedoch nur ein Divertissement den V. Akt bildete.)

VI. Akt, öde Gegend im Harz: Mefistofele und Faust erscheinen, gefolgt von Margherita. In ihrem Wahn schaukelt sie ein imaginäres Kind, das sie von einer Brücke wirft und dem sie sich hinterherstürzen will. Faust nimmt sie in seine Arme und erfährt von ihren Erlebnissen. Soldaten verhaften Margherita; Mefistofele erklärt sie für verloren und entfernt sich mit Faust.

VII. Akt, Harz: In der Walpurgisnacht gaukelt Mefistofele Faust eine Vision von Margherita vor, der dieser vergeblich nachjagt. Eine weitere Vision zeigt die Vorkehrungen zu Margheritas Hinrichtung. Eine kleine Flamme schlägt aus dem Boden, die Faust als die Seele der Geliebten identifiziert. Als er versucht, Mefistofele zu töten, zersplittert sein Schwert. Jetzt präsentiert der Dämon triumphierend den Vertrag, der aber von den Flammen ergriffen wird: Faust ist frei, und er folgt der aufwärts wandernden Flamme in den Himmel, wo ihm Margherita die Hand reicht, während Mefistofele die Natur und den Himmel verflucht.

Kommentar: Perrots Version des Faust-Stoffs, zweifellos angeregt durch dessen zeitgenössische, von Johann Wolfgang von Goethes Tragödie (1806, 1831) wesentlich mitgeprägte Popularität, weist verschiedene Einflüsse auf. Die gleichnamigen Ballette von August Bournonville (Kopenhagen 1832, Musikarrangement: Philip Ludvig Keck) und Salvatore Taglioni (Neapel 1838, Musik: Robert von Gallenberg und Mario Aspa) spielten in diesem Zusammenhang wohl nur eine untergeordnete Rolle; von diesen Werken dürfte Perrot zwar gehört, sie aber nicht gesehen haben. Von Bedeutung für ihn waren sicher die Aufführung der *Faust*-Adaption von Antony Béraud, Charles Nodier und Jean-Toussaint Merle am Pariser Théâtre de la porte Saint-Martin 1828 (Musik: Louis Alexandre Piccinni) mit dem berühmten Schauspieler

Frédérick Lemaître als Méphistophélès und das Ballett *Faust* (London 1833, Musik: Adolphe Adam) von André Jean-Jacques Deshayes; in beiden Produktionen war Perrot aufgetreten. Für Perrots Einrichtung des Librettos lassen sich nicht nur Goethes Tragödie, sondern auch Christopher Marlowes *The Tragical History of D. Faustus* (um 1592) als Vorlagen ausmachen; in welcher Weise Perrot allerdings mit den beiden Werken vertraut war, läßt sich nicht feststellen. Neben deutlichen Anlehnungen an Goethe, zum Beispiel der Abgang von Mefistofele und Faust auf einem fliegenden Mantel oder das Erscheinen des als Schüler verkleideten Dämons in Fausts Studierzimmer, dürfte Perrot das Auftreten der personifizierten Laster nach den »seven deadly sins« bei Marlowe gestaltet haben. Strukturelle Abweichungen von den literarischen Vorlagen ergeben sich hauptsächlich aus dem bei Perrot positiv konzipierten Schluß. In Entsprechung zu den zeitgenössischen Opern über den Faust-Stoff, historisch am nachhaltigsten in Gounods *Faust* (1859), wird durch die Eliminierung aller metaphysischen und geistigen Aspekte und der Konzentration auf die erotischen Sehnsüchte, deren Erfüllung zum alleinigen Streben des Gelehrten geworden ist, die Faust-Figur erst sinnvoll mimisch darstellbar. Mit der Reduzierung der komplexen Faust-Thematik auf eine stringent durchgehaltene Liebeshandlung, die auf den in dieser Zeit tänzerisch nicht zu vermittelnden Erkenntnisdrang der literarischen Faust-Konzeption verzichtet, wird die Titelfigur zu einem jener Liebenden, der sich, trotz des glücklichen Endes, nicht wesentlich von andern dem Liebesobjekt vergeblich nachjagenden Helden im Ballett des 19. Jahrhunderts unterscheidet. Auch weist die Entrückung der Frau in einen entsinnlichten Bereich deutliche Analogien zu den sogenannten »weißen Akten« zeitgenössischer Ballette auf. Die romantische Komponente zeigt sich außerdem darin, daß anstelle fröhlich-beschwingter Bauernszenen die Phantastik der Mephistopheles-Figur und die deftig-turbulenten Hexenszenen die Liebesgeschichte mit einer theatralisch gelungenen Atmosphäre des Unheimlichen und Triebhaften umgeben.

Wirkung: Der Uraufführung mit Fanny Elßler (Margherita), Effisio Catte (Faust) und Perrot (Mefistofele) war nur mäßiger Erfolg beschieden. Während die abwechslungsreichen, dramaturgisch geschickt eingefügten Variationen und Ballabili, vor allem der Pas de fascination im II. Akt, eine Adaption des gleichnamigen Tanzes aus Perrots *Alma* (1842), für Aufsehen sorgten, wurde das Gesamtkonzept abgelehnt; die Kritik betraf sowohl die thematische Überfrachtung als auch die Fülle an bühnentechnischen Effekten. Darüber hinaus bedeutete Elßlers Auftritt eine große Enttäuschung, weil ihre Fußverletzung noch nicht auskuriert war; zudem wirkte sich ihre österreichische Herkunft in dem von Österreich besetzten vorrevolutionären Mailand negativ aus. In der wesentlich kürzeren und damit konzentrierteren 2. Fassung tanzte Augusta Maywood die Margherita: Neben punktuellen Kürzungen wurde der gesamte VI. Akt gestrichen; Margheritas Verhaftung wurde an das Ende des V. Akts gerückt; der Tanz der Laster (III. Akt) wurde durch eine kurze Pantomime ersetzt, in der die Mutter Margherita beim Anlegen der Juwelen überrascht und sie drängt, diese beim Bürgermeister abzugeben; IV. und V. Akt der 1. Fassung folgten nun in der ursprünglich vorgesehenen Anordnung, wobei die originale Handlung gezeigt wurde. Diese 2. Fassung erhielt positivere Kritiken und blieb bis zur Spielzeit 1848/49, wenn auch mit weiteren Veränderungen, im Repertoire. 1851 studierte Domenico Ronzani *Faust* in Wien ein (Wiederaufnahme 1854); für ihre Abschiedsvorstellung in Wien 1851 wählte Elßler die Rolle der Margherita. Den größten Erfolg erzielte *Faust* in Petersburg (3. Fassung; musikalische Einrichtung: Cesare Pugni; Margherita: Gabriele Yella, Faust: Marius Petipa, Mefistofele: Perrot). 1869 fand die 100. Aufführung dieser Fassung statt. – Eine weitere zeitgenössische *Faust*-Choreographie schuf Antonio Cortesi (Turin 1852, Musik: Luigi Maria Viviani). Das erste Ballett, das nach Heines Poem entstand, war wahrscheinlich Reisingers *Mephistophela* (Hamburg 1856, Georg Friedrich Kredner), in dem der Dämon als weibliche Figur konzipiert war; als Indiz dafür, daß Reisinger sich an Heine angelehnt hatte, muß die Reaktion von Heines Verleger Julius Campe gewertet werden, der sofort, und erfolgreich, Einspruch gegen die Ballettbearbeitung erhob.

Autograph: Part: BN Paris (Ms. 4822). **Ausgaben:** L: Mailand, Valentini [1848]
Literatur: M. Niehaus, Himmel, Hölle und Trikot. H. Heine u. d. Ballett, München 1959, S. 49–56; W. Sorell, Heinrich Heine's Unproduced Faust Ballet, in: DM 35:1961, Nr. 1, S. 45–47, 56f.; G. Weiss, Die Entstehung von Heines ›Doktor Faust‹. Ein Beispiel dt.-engl.-frz. Freundschaft, in: Heine-Jb. 5:1966, S. 41–57; R. Lillie, Der Faust auf der Tanzbühne. Das Faustthema in Pantomime u. Ballett, Diss. Bln. 1968; weitere Lit. s. S. 695

Katja Schneider

La Filleule des fées
Ballet-féerie en trois actes et sept tableaux

Die Tochter der Feen
3 Akte (7 Bilder)

Musik: Adolphe Adam; Mitarbeit: Alfred de Saint-Julien (eigtl. Alfred de Clemenceau de Saint-Julien).
Libretto: Jules Perrot und Jules Henri Marquis Vernoy de Saint-Georges
Uraufführung: 8. Okt. 1849, Opéra, Salle de la rue Le Peletier, Paris, Ballett der Opéra
Darsteller: Monsieur Jobin, Haushofmeister der Grafschaft; Guillaume, Pächter, Ysaures Vater; Stallbursche; Kirchenvorsteher; Gerichtsschreiber; 2 Zeugen; 2 Gevatterinnen; 2 Dienerinnen; der junge Alain; die weiße Fee; die rosa Fee; die böse Fee; Amme; Patin; Prinz Hugues de Provence; Alain; der Vertraute; 2 Jagdaufseher; Ysaure; 4 Honoratioren; Corps de ballet: Bauern, Bäuerinnen, Feen, Geister, Mädchen, Jungen, vornehme Herren, Frauen, Pagen, der

Flug (Tänzerinnen), Statuen, der Triumph (Tänzerinnen), Najaden, Ysaures Double
Orchester: 2 Fl (2. auch Picc), 2 Ob, 2 Klar, 2 Fg, 4 Hr, 2 Trp, 2 Pistons, 3 Pos, Ophikleide, Pkn, Schl (Trg, Tamburin, gr.Tr mit Bck, kl.Tr, Tamtam, Glsp), Hrf, Streicher
Aufführung: Dauer ca. 2 Std. 30 Min.

Inhalt: In der Provence.
Prolog, der Wohnraum einer Farm: Ysaures Taufe ist im Gang. Die Gäste sind versammelt, als nacheinander drei arme alte Frauen Einlaß begehren. Die ersten beiden werden aufgenommen, nicht aber die dritte, denn mit dieser würden 13 Personen am Tisch sitzen. Nachdem die Gäste gegangen sind, enthüllen die beiden Alten sich als die weiße und die rosa Fee und überreichen ihre Geschenke. Unerwartet erscheint die böse Fee, die die dritte Alte war, und kündigt unheilvoll an, sie werde ihre Geschenke bis zu Ysaures 15. Geburtstag zurückhalten.
I. Akt, 1. Bild, inmitten einer reichen Landschaft, auf einer Seite Ysaures Haus, im Hintergrund Prinz Hugues' Schloß, 15 Jahre später: Am Tag des Frühlingsfests erklärt Alain Ysaure seine Liebe, doch sie weist ihn ab. Bekümmert bleibt er allein zurück, als eine Alte, die böse Fee, naht und ihm Hilfe verspricht. Da kommt Prinz Hugues, der sich von der Jagd ermüdet niederläßt; zwei alte Frauen sind plötzlich bei ihm, die ihm Ysaure in ihrem Haus zeigen. Augenblicklich verliebt er sich in sie und möchte zu ihr, doch die böse Fee verhindert dies, indem sie das Haus verschwinden und an einem andern Platz wieder auftauchen läßt. Das Fest beginnt, und Ysaure soll als Frühlingskönigin gekrönt werden; wundersamerweise erscheint der Prinz und setzt ihr die Krone auf. Als er sie um ein Treffen bittet, platzt Alain dazwischen. Die beiden guten Feen helfen ihm, indem sie ihn in Ysaures Zimmer transportieren. 2. Bild, Ysaures Zimmer: Ysaure tritt ein, gefolgt von Alain, der ihr noch einmal seine Liebe erklärt, bevor er geht. Hugues, der sich währenddessen versteckt gehalten hat, bittet Ysaure, ihn zu heiraten. Zu ihrem Erstaunen verwandelt sich ihre bäuerliche Kleidung in ein festliches Brautgewand und ihr Haus in einen Palast. In diesem Moment erscheint die böse Fee mit ihrem Geschenk: Ysaures Schönheit werde jeden Mann, der sie anblickt, den Verstand verlieren lassen. Als Hugues zurückkehrt, versteckt sich Ysaure vor ihm; Alain aber, der sie sieht, wird wahnsinnig. In ihrer Verzweiflung springt Ysaure aus dem Fenster, doch die beiden guten Feen retten sie und nehmen sie mit sich.
II. Akt, ein bewaldeter Park: Die weiße und die rosa Fee machen Ysaure zu einer der Ihren; sie erhält auch einen magischen Stab, mit dem sie den schlafenden Hugues herbeizaubert. Alain, den die guten Feen zuvor herbeigeholt haben, stört Ysaures Betrachtung und entwendet ihr den magischen Stab, mit dem er Hugues erweckt und Ysaure in eine Statue verwandelt. Gerade bevor Hugues Ysaures Statue ansichtig werden kann, läßt eine der Feen sie verschwinden. Alain und Hugues suchen Ysaure.
III. Akt, eine tiefe Höhle. 1. Bild: Die guten Feen und Ysaure suchen Unterschlupf in der Höhle. Alain und Hugues nahen. Bevor dieser Ysaures ansichtig werden kann, lassen ihn die Feen erblinden. Die böse Fee erscheint; Ysaure bittet sie, ihm das Augenlicht zurückzugeben. Sie willigt unter einer Bedingung ein: daß der Prinz sie inmitten der Najaden in der Höhle erkennen könne. 2. Bild: Wolken hüllen die Höhle ein. Die Najaden und Alain bemühen sich, Hugues von Ysaure fernzuhalten, doch wundersamerweise kommen die beiden zusammen. 3. Bild: Die Wolken lösen sich auf; Ysaure und Hugues finden sich im Feenparadies wieder. Alain erhält seinen Verstand zurück, und die Hochzeit Hugues' mit Ysaure kann vonstatten gehen.

Kommentar: Unter produktionstechnischen Gesichtspunkten gehört *La Filleule des fées* sicher zu den ambitioniertesten Balletten seiner Zeit; insbesondere die mehrfachen Zaubereffekte bedeuteten eine große Herausforderung an die Technik der Opéra. Für damalige französische Verhältnisse war darüber hinaus die Länge des Werks überraschend; die gewöhnliche Dimension sprengte auch das umfangreiche Rollenverzeichnis. Doch künstlerisch ist das einzige Ballett, das Perrot für die Opéra produzierte, als unbedeutend einzustufen. Daß *La Filleule* eher als »grand spectacle« Beachtung verdient denn als dramatisch-tänzerisch geglücktes Bühnenereignis, mag daran gelegen haben, daß Perrot von seiten der Direktion kaum Verständnis für seine speziellen Wünsche fand und daß er das Ballett innerhalb kurzer Zeit erstellen mußte. Er griff deshalb zu bewährten Tanzpassagen aus *La Esmeralda* (1844) und *Catarina ou La Fille du Bandit* (London 1846, Musik: Cesare Pugni; mit Lucile Grahn und Perrot). Zu den choreographischen Höhepunkten gehörten das Divertissement in I/1 (mit einem Pas de cinq für Carlotta Grisi, Perrot, Lucien Petipa und zwei Tänzerinnen) und die Gruppentänze. Historisch verdient *La Filleule* insofern Beachtung, als Ähnlichkeiten mit Marius Petipas *Spjaschtschaja krassawiza* (1890) unverkennbar sind.

Wirkung: Neben Grisi (Ysaure) sorgten Perrot (Alain), Lucien Petipa (Hugues) und Luisa Taglioni (rosa Fee) dafür, daß die Uraufführung zumindest tänzerisch keine Enttäuschung wurde. Nach nur wenigen Wochen verschwand *La Filleule des fées* vom Spielplan der Opéra; dies hing wesentlich damit zusammen, daß Perrot nach Petersburg übersiedelte. Am dortigen Bolschoi-Theater brachte er das Ballett 1850 mit teilweise neuer Choreographie heraus (Neuorchestration: Konstantin Ljadow; Ysaure: Fanny Elßler, Alain: Perrot); die in Paris verwendeten Passagen aus *Esmeralda* und *Catarina* konnten nicht übernommen werden, weil diese Werke in Petersburg schon aufgeführt worden waren.

Abschriften: Part: Bibl. de l'Opéra (A. 567 I-II). **Ausgaben:** L: Jonas, Paris 1849. **Aufführungsmaterial:** M: Bibl. de l'Opéra, Paris
Literatur: s. S. 695

Susan Au

Giuseppe Persiani

Giuseppe Antonio Niccolò Aloisio Persiani; geboren am 11. September 1799 in Recanati (Marken), gestorben am 13. August 1869 in Paris

Ines de Castro
Tragedia lirica in tre atti

Inês de Castro
3 Akte (7 Bilder)

Text: Salvatore Cammarano, nach der Tragödie *Inés de Castro* (1723) von Antoine Houdar de La Motte, der Tragödie *Ines di Castro* (1826) von Davide Bertolotti, dem »ballo storico« *Ines de Castro* (1827) von Antonio Cortesi und einem Librettoentwurf von Giovanni Emanuele Bidera (?)
Uraufführung: 28. Jan. 1835, Teatro San Carlo, Neapel
Personen: Alfonso IV/Alfons IV., König von Portugal (B); Don Pedro/Peter, sein Sohn (T); Bianca, Infantin von Kastilien (S); Ines/Inês de Castro (S); Gonzales, Grande des Reichs (T); Elvira, Ines' Ehrendame (S); Rodrigo, Anführer der königlichen Bogenschützen (B); 2 Kinder Don Pedros und Ines' (2 stumme R). **Chor, Statisterie:** Hofdamen, Ines' Ehrendamen, Granden des Reichs, Krieger, kastilische Damen und Ritter, Pagen, Schildknappen Don Pedros, Gefolge Gonzales', königliche Bogenschützen
Orchester: 2 Fl (1 auch Picc), 2 Ob, 2 Klar, 2 Fg, 4 Hr, 2 Trp, 3 Pos, Pkn, Schl (gr.Tr, Bck, Trg), Hrf, Streicher; BühnenM: Banda (Picc, 2 Ob, kl. Klar, 2 Klar, 2 Fg, 2 Hr, 2 Trp, Pos, Cimbasso, kl.Tr, gr.Tr)
Aufführung: Dauer ca. 2 Std. 30 Min.

Entstehung: Nach seinem Debüt als Opernkomponist 1824 in Rom und wenigen Achtungserfolgen (*Danao re d'Argo*, Florenz 1827; *Eufemio di Messina ovvero La distruzione di Catania*, Lucca 1829; Texte: Felice Romani) erlebte der am Neapler Konservatorium ausgebildete Persiani mit *Ines de Castro* den größten Triumph seiner Karriere. Vertragliche Verpflichtungen Vincenzo Bellinis und Gaetano Donizettis außerhalb Neapels gerade in jener Spielzeit, für welche die berühmte Sängerin María Malibran nach Neapel engagiert worden war, hatten dazu geführt, daß Komponisten der »zweiten Garnitur« (außer Persiani noch Lauro Rossi) für das Teatro San Carlo die neuen Opern der Saison vertonen konnten. Persiani nutzte seine Chance und schuf ein Werk, das zusammen mit Pacinis *L'ultimo giorno di Pompei* (1825) und Donizettis *L'esule di Roma ossia Il proscritto* (1828, Text: Domenico Gilardoni) zu den wenigen Erfolgsopern zählt, die in der Zeit zwischen Rossinis Abschied und Donizettis *Lucia di Lammermoor* (1835) für Neapel komponiert worden waren. – Über die Autorschaft des Textbuchs gibt es unterschiedliche Darstellungen: Während Cammarano im Vorwort des Uraufführungslibrettos den Entwurf eines Freunds (wohl Bidera) als eine unter mehreren Vorlagen erwähnt, war andern Quellen zufolge Bideras Anteil weitaus größer: Dieser habe das Libretto nicht nur entworfen, sondern auch die Verteilung der Gesangsnummern vorgenommen und den Prosatext verfaßt, den Cammarano lediglich in Versform gebracht habe (John Black, S. 24, s. Lit.). Über weitere Einzelheiten der Entstehung des Werks, dessen Libretto bereits im Jan. 1834 der Zensur vorlag, jedoch erst ein Jahr später freigegeben wurde, ist nichts bekannt. Es sei noch erwähnt, daß Malibran der Partie, mit der sie eins ihrer erfolgreichsten Rollendebüts feiern sollte, zunächst sehr ablehnend gegenüberstand und sie erst nach gutem Zureden ihres Partners Gilbert Duprez ernsthaft einzustudieren begann (Duprez, *Souvenirs d'un chanteur*, Paris 1880, S. 117).

Handlung: Im Königspalast in Coimbra und in Ines' Schloß, 1349. I. Akt, 1. Bild: prächtiger Saal in den Gemächern des Königs; 2. Bild: Garten in Ines' Schloß, auf der einen Seite eine Treppe, auf der andern die Familienkapelle, im Hintergrund eine Treppe; 3. Bild: wie I/1; II. Akt, 1. Bild: Atrium eines an den Königspalast angrenzenden Turms, auf der einen Seite der Eingang zu den Kerkern; 2. Bild: Kerker; III. Akt, 1. Bild: wie I/1, Nacht; 2. Bild: von Weiden und Zypressen umgebene Gräberstätte, Mondschein.

I. Akt: Auf Wunsch seines Vaters Alfonso und aus Gründen der Staatsräson soll Don Pedro Bianca heiraten. Indes ist Pedro, wie Alfonso von Gonzales erfährt, eine Verbindung mit Ines eingegangen, aus der zwei Kinder hervorgegangen sind. Der einst von Ines abgewiesene Gonzales will Rache üben und raubt dem Paar die Kinder. Unmittelbar bevor Pedro Bianca und der Hofgesellschaft eröffnet, daß er die Ehe verweigere, stürzt Ines in den Thronsaal, verlangt die Kinder zurück und erhellt ihre Beziehung zu Pedro. Beschämt vor Bianca und erregt über den Ungehorsam seines Sohns, läßt Alfonso Ines einsperren.

II. Akt: Nach einer heftigen Auseinandersetzung zwischen Vater und Sohn sowie Ines' Ablehnung des Angebots, ins Exil zu gehen, ist ihr der Tod gewiß. In Anwesenheit Biancas und Alfonsos nimmt sie Abschied von den Kindern. Gerührt über Ines' Schicksal, verzichten Bianca und Alfonso auf Vergeltung. Der vor Glück jubelnden Ines gibt Gonzales zu trinken, einen Gifttrunk, wie sich herausstellen wird.

III. Akt: Granden berichten, daß Gonzales die Kinder getötet hat und der König sterbend zusammengebrochen sei, als er von der Tat erfuhr. Als Pedro der Ermordung seiner Kinder, schließlich des Tods Alfonsos gewahr wird, schwört er Rache. Ines ist über die Ereignisse und durch die allmähliche Wirkung des Gifts wahnsinnig geworden. Als sie stirbt, sticht Pedro Gonzales nieder.

Kommentar: Die sich bei erster Lektüre des Librettos aufdrängende Vorstellung, *Ines de Castro* sei gleichsam Cammaranos »Präludium« zu seiner nur acht Monate später uraufgeführten *Lucia di Lammermoor*, ist nach tiefergehender Betrachtung kaum aufrechtzuerhalten: Zwar gibt es in der Übersteigerung der Leidenschaften und in der Düsternis der Schauplätze Parallelen, doch vermochte Cammarano in seinem Erstlingswerk für das San Carlo weder die äußerst grelle Affektkonstellation zu Tableaus zu verdichten noch psychische Abgründe offenzulegen, wie ihm dies in *Lucia* auf so suggestive Weise gelungen ist. Daß der Rezensent des Mailänder *Almanacco teatrale* (1838) ironisch die Toten zählt und sich über das makabre Geschehen belustigt, hat wohl hierin seinen Grund, möglicherweise auch darin, daß es dem Stück an einer plausiblen Handlungsführung mangelt. – Diese Schwächen des Librettos hätte vielleicht Donizetti mit seiner außerordentlichen musikalisch-szenischen Imaginationskraft überdecken können, nicht jedoch Persiani, der sich, hierin kompromißlos der Tradition verhaftet, auf den technischen Aspekt der Gesangspartien konzentrierte und seine Fähigkeiten uneingeschränkt in den Dienst der Interpreten stellte. Auf der Basis soliden handwerklichen Könnens sowie einer umfassenden Kenntnis des Repertoires schuf Persiani mit *Ines* eine Partitur, die schon von Zeitgenossen als epigonal charakterisiert wurde. Dies Urteil bedarf auch aus heutiger Sicht keiner Korrektur, nur insofern einer Präzisierung, als sich Persiani gegenüber Bellinis und Donizettis »Experimenten« der 30er Jahre verschloß, vielmehr nach wie vor auf die nun zu Schemata erstarrten Modelle der 10er und 20er Jahre vertraute: die Romanze mit Harfenbegleitung, die Preghiera sowie die traditionelle Cabaletta, die in jenen Jahren vielfach Modifizierungen erfuhr. – Der Schlüssel zu Persianis außerordentlichem Erfolg mit diesem Werk liegt wohl in seiner Fähigkeit, die stimmlichen Eigenheiten der Protagonisten Malibran und Duprez erkannt und ihre Partien so disponiert zu haben, daß die sängerischen Qualitäten optimal zur Entfaltung kamen. Es ist bezeichnend, daß das neben dem Largo (»Morir fra i nostri amplessi«) des Terzetts (II. Akt) von den Zeitgenossen meistgelobte Stück, der langsame Satz (»Quelle lagrime scorrenti«) der Finalarie, auf dem dramatischen Höhepunkt, als Ines der Wiedervereinigung mit ihren Kindern im Tod entgegensieht (»vado in cielo i miei figli a ritrovar«), eine extrem schwierige Gesangspassage aufweist (diatonisch abwärts geführte Skala in Vierteln von d''' bis g), die Berichten der Zeitgenossen zufolge in Malibrans Interpretation eine hohe Ausdrucksqualität gewann und das Publikum emotional überwältigte.

Wirkung: Das Werk, das nach der sensationellen Premiere (neben Malibran sangen Duprez den Pedro, Marietta Albini die Bianca und Carlo Ottolino Porto den Alfonso) und sieben Reprisen en suite merkwürdi-

Ines de Castro, III. Akt, 2. Bild; Fanny Tacchinardi-Persiani als Ines; Bühnenbild: Domenico Ferri; Illustration: Wenzel Pobuda nach F. Elias; Théâtre-Italien, Paris 1839. – Die perspektivische Erweiterung des Bühnenraums in die Tiefe durch raffinierte Lichteffekte war ein Markenzeichen des Bologneser Bühnenmalers.

gerweise keine Aufführung mehr in Neapel erlebte, wurde binnen weniger Jahre von nahezu allen italienischen Bühnen einstudiert. Nach Malibran, die Ines 1835 noch einmal in Lucca sang, ging die Partie unter anderm an Karoline Unger (Ancona und Palermo 1835, Florenz 1836), Amalie Schütz-Oldosi (Rom, Padua, Triest und Turin 1836, Pisa 1838), Fanny Tacchinardi-Persiani (Bologna und Modena 1836, Venedig 1837, Paris 1839, London 1840) und Sabine Heinefetter (Mailand 1837), während den Pedro unter anderm Giovanni Basadonna (Rom 1836), Napoleone Moriani (Florenz 1836), Domenico Donzelli (Turin 1836) und Giovanni Battista Rubini (Paris 1839, London 1840) übernahmen. In den 40er Jahren verschwand *Ines de Castro* von den Spielplänen. Neuvertonungen des Librettos gibt es von Fabio Marchetti (Mantua 1840), Pietro Antonio Coppola (Lissabon 1841), als *Don Pedro di Portogallo ossia Ines de Castro* von Luigi Gibelli (Novara 1849) und Riccardo Drigo (Padua 1868) sowie in Cammaranos Bearbeitung als *Malvina di Scozia* (Neapel 1851) von Giovanni Pacini.

Autograph: Verbleib unbekannt. **Abschriften:** Public Libr. Boston (M. 50.19), Bibl. Cherubini Florenz (D. IV. 650-652), Bibl. Verdi Mailand (Part. Tr. ms. 325, Noseda I 53). **Ausgaben:** Kl.A: Ricordi, Girard, Neapel [um 1835], Nr. 8363-70; Kl.A, frz. Übers. v. J. Vimeux: Latte, Paris [um 1840]; Textb.: Venedig, Tipografia di Commercio [1836]; Genua, Pagano 1836; Mailand, Pirola 1837
Literatur: G. RADICIOTTI, Teatro, musica e musicisti in Recanati, Recanati 1904; G. TEBALDINI, G. P. e F. Tacchinardi, memorie ed appunti, in: RMI 12:1905, S. 579–591; S. DURANTE, La Ines de Castro e la Ines di G. P., Mailand 1970; H. BUSHNELL, Maria Malibran. A Biography of the Singer, Pennsylvania State Univ. 1979, S. 181–184; J. BLACK, The Italian Romantic Libretto. A Study of S. Cammarano, Edinburgh 1984, S. 23ff. u. passim; T. G. KAUFMAN, G. and Fanny P., in: Journal of the Donizetti Soc. 6:1988, S. 123–151; P. CIARLANTINI, G. P. e Fanny Tacchinardi: due protagonisti del melodramma romantico, Ancona, Bologna 1988

Sabine Henze-Döhring

Wilhelm Peterson-Berger

Olof Wilhelm Peterson-Berger; geboren am 27. Februar 1867 in Ullånger (Västernorrland), gestorben am 3. Dezember 1942 in Östersund (Jämtland)

Arnljot
Handling i tre akter

Arnljot
Handlung in 3 Akten

Text: Wilhelm Peterson-Berger, nach dem Epos *Arnljot Gelline* (1870) von Bjørnstjerne Martinius Bjørnson und der Saga *Heimskringla* (*Weltkreis*, um 1230) von Snorri Sturluson

Uraufführung: 13. April 1910, Königliches Theater, Stockholm
Personen: Olav/Olaf Haraldsson, norwegischer König (Bar); Gissur (B), Tormod (Bar) und Torfinn (T), seine Skalden; Finn Arnesson, Hauptmann in der Schlacht bei Stiklestad (Bar); Tore Hund, Anführer des Bauernheers (B); Unn, Witwe Sunvis Bjarms' auf Gällö (A); Arnljot Sunvisson, ihr Sohn (Bar); Östmund, Gode auf Frösön im Jämtland (B); Torar, Gesetzsprecher (B); Gudfast Grimsson (Bar); Sigvald, sein Bruder (B); Sigurd in Slandrom (T), Bård in Bräcka (Bar) und Hemming in Ås (B), Häuptlinge in Jämtland; Gunhild, Östmunds Tochter, mit Gudfast verheiratet (S); Göka-Tore (Bar) und Åflo-Faste, sein Bruder (B), Räuber; Ubma, ein lappischer Zauberer (T); Vaino, Lappenmädchen (S). **Chor:** Unns Frauen, Jämten, Bauern, König Olavs Leibwache und Heer.
Statisterie: Gunhilds Frauen, Lurenbläser, Diener, Knappen, Traumerscheinungen
Orchester: 3 Fl (1 auch Picc), 3 Ob (1 auch E.H), 3 Klar (1 auch B.Klar), 3 Fg (1 auch K.Fg), 4 Hr, 3 Trp, 3 Pos, Tb, Pkn, Schl (gr.Tr, Bck, Trg, kl.Tr), Hrf, Streicher; BühnenM: 4 Luren (oder tiefe Hr oder Pos), 2 Hr, 2 Trp, 2 Pos
Aufführung: Dauer ca. 3 Std.

Entstehung: Nach Studien in Umeå, Stockholm und Dresden ließ sich Peterson-Berger 1896 in Stockholm als Musikkritiker von *Dagens nyheter* nieder und wurde gleichzeitig mit den Klavierstücken *Frösöblomster* als Komponist bekannt. Als Kritiker bald wegen seiner treffsicheren und kompromißlosen Urteilsfähigkeit angefeindet, exponierte er sich als Musikschriftsteller wie als Komponist als Vertreter eines national-romantischen Stils, wie er sich besonders in seiner Liedersammlung *Svensk lyrik* (19 Bände, 1896–1928) dokumentiert, und propagierte eine von Friedrich Nietzsche und Richard Wagner geprägte Ästhetik. Peterson-Berger übersetzte nicht nur 1901 Wagners Schriften und inszenierte 1909, als Direktor am Königlichen Theater (1908–10), in eigener Übersetzung *Tristan und Isolde* (1865), sondern er verwirklichte in seinen Opern auch die Idee des Gesamtkunstwerks, wobei er erst allmählich aus dem epigonalen Wagnerismus seiner ersten Oper *Ran* (Stockholm 1903), nicht mehr als ein Seitenstück zu Wagners *Tannhäuser* (1845), zur Eigenständigkeit fand. Das Libretto zu *Arnljot* entstand 1902–04, die Komposition 1907–09.
Handlung: In Jämtland und bei Stiklestad (bei Drondheim), 1025–30.
I. Akt, Thingstätte auf der Insel Frösön, freier Platz mit Fernsicht über den Storsjö, im Hintergrund der Fröjshof; 1025: Entgegen Östmunds Versprechen, seine Tochter Gunhild Arnljot zur Frau zu geben, hat sie nach drei Jahren Gudfast geheiratet, denn Arnljot ist immer noch nicht von seiner Wikingerfahrt zurück. Als Arnljots Rückkehr gemeldet wird, bemächtigt sich ihrer im Gespräch mit seiner auf Rache sinnenden Mutter große Unruhe: Er will sich zum König eines freien Jämtland wählen lassen, aber auch Gunhilds

Vater beansprucht diesen Rang. Vor der Thingversammlung kommt es zum Streit, in dessen Verlauf Arnljot Gudfast tötet; er wird für fried- und rechtlos erklärt, stößt Gunhild, die ihr Kind verlassen und ihm folgen will, von sich und schwört Rache.

II. Akt, Arnljots Hütte in der Wildnis; 1030: Arnljot, der reiche Beute aus seinen Rachezügen gegen die Jämten gesammelt hat, wird von dem Vergeltung für den Mord an seinem Bruder Gudfast fordernden Sigvald überfallen, kann ihn aber töten. Auf dem Weg zu Norwegens christlichem König Olav machen Gore und Faste Halt bei Arnljot und bitten ihn, sie über den Strom zu bringen. Gastfreundlich lädt er sie in seine Hütte, sie versuchen ihn zum Mitkommen zu bewegen, er gibt ihnen jedoch nur ein Schwert als Geschenk für Olav mit. Auch Gunhild, die wegen ihres Übertritts zum christlichen Glauben von ihrer Sippe verstoßen wurde, verirrt sich auf ihrem Weg zu Olav in Arnljots Hütte. Seine Liebe zu Gunhild flammt auf, und er bittet sie zu bleiben; diesmal ist sie es, die ihn in stolzer Glaubensüberzeugung zurückweist. Als Traumgesicht erscheinen Arnljot seine Verwandten bei einem Opferfest, und seine Mutter winkt ihm, sich einem von Olav geführten Zug anzuschließen. Ubma hatte Arnljot in diesen Schlaf gezaubert, um ihm zu entlocken, wo er das Gold seiner Sippe versteckt hat, und ihn dann zu töten. Arnljots Dienerin Vaino stürzt mit einem Schrei dazwischen. Sie überzeugt Arnljot, er müsse Gunhild auf dem Weg zu Olav folgen. Als Ubma sie überfällt, wirft ihn Arnljot in den Abgrund und rettet so Vaino das Leben, bevor er sie in der Wildmark zurückläßt.

III. Akt, König Olavs Lager bei Stiklestad, Birken, Wiesen, waldige Abhänge: Tore und Faste bringen Olav Arnljots Schwert; kurz darauf tritt Arnljot selbst vor Olav, der ihn, während schon das Bauernheer naht, zum christlichen Glauben bekehrt und zur Taufe führt. Sigurd kommt mit jämtländischen Häuptlingen, um nach Östmunds Tod Arnljot und Gunhild als Königspaar zurückzuholen. Während Gunhild einwilligen möchte, lehnt Arnljot das Angebot ab und zieht für Olav in den Kampf. Als erster verwundet, stirbt er, mit seinem Schicksal versöhnt, in Gunhilds Armen. Die Jämten bringen den Toten als ihren König zurück in die Heimat.

Kommentar: Zeitlich aufs engste mit der Phase von Peterson-Bergers Wagner-Rezeption verknüpft, steht *Arnljot* in den Grundzügen dem Wagnerschen Musikdrama nahe: Wie Wagner ist auch Peterson-Berger Dichter seiner Texte, und wie Wagner sucht er seine Stoffe im Rückgriff auf den germanischen Mythos. Er findet sie in den Sagas des skandinavischen Mittelalters. Kernstück von Snorris *Heimskringla* ist die Saga Olafs des Heiligen, in der der innere Wandel des ehemaligen Wikingers zum christlichen Heiligen dargestellt wird. Indem Peterson-Berger Arnljot als einen differenzierten, in sich gespaltenen Charakter zeigt, erweist er seine Nähe zu Wagner, der die »rein

Arnljot, II. Akt; Fritiof Strömberg als Arnljot, Henning Malm als Ubma, Anna Oscár als Vaino; Regie: Wilhelm Peterson-Berger, Bühnenbild: Thorolf Jansson; Uraufführung, Königliches Theater, Stockholm 1910. – Mit der Zielsetzung einer möglichst naturalistischen Wiedergabe der jämtländischen Landschaft lokalisiert Jansson Arnljots Hütte vor dem Hintergrund des Bergs Åreskutan.

menschliche« Simplizität der mythischen Stoffe rühmte. Anders als Wagner wollte Peterson-Berger aber auf den historischen Aspekt nicht verzichten und gab der politischen Situation des Jämtlands breiten Raum, das zu Beginn des 11. Jahrhunderts um die Unabhängigkeit von Schweden und Norwegen kämpfte. Auch in der Partitur ist manch offensichtliche Anlehnung an Wagner abzulesen: die durchkomponierte, leitmotivisch vernetzte Form, die Chromatisierung und der Dissonanzenreichtum mit seinen tonsymbolischen Möglichkeiten sowie die unmittelbar aus der Sprache abgeleitete Melodik. Letztlich sind aber die Unterschiede größer als die Gemeinsamkeiten: In der Ausdrucksdichte der Melodik und der Differenziertheit der Orchestermelodie und Motivstruktur reicht Peterson-Berger an sein Vorbild nicht heran. Seinen charakteristischen Ton erhält das Werk vielmehr durch volkstümliche (konventioneller Aufzugsmarsch zur Thingversammlung im I. Akt) und lyrische Passagen: Die Naturszenen des II. Akts mit ihren schwebend fließenden, irisierenden melodischen Linien in jeweils ostinatem rhythmischen Rahmen und die romanzenhaften Gesänge von Vaino und Arnljot, der beim Anblick der »silbernen Fläche des träumenden Sees«, also im Moment der Versenkung in die Natur, der verschütteten Wünsche nach Familienleben, Freunden und Heimat innewird, haben ihre ganz eigene Farbe, deren Inspirationsquelle Peterson-Bergers Verbundenheit mit der jämtländischen Landschaft war.
Wirkung: Die von Peterson-Berger inszenierte Uraufführung (Dirigent: Hjalmar Meissner; Arnljot: Fritiof Strömberg, Östmund: Ernst Svedelius, Göka-Tore: Gustaf Sjöberg, Åflo-Faste: Helmer Nygren, Gunhild: Julia Claussen) hatte sogleich großen Erfolg und hob das Werk in den Rang einer schwedischen Nationaloper. Der I. Akt war bereits am 24. Juni 1908 von Laien als Freilichtspiel in Frösön (gesprochen mit Musikeinlagen) aufgeführt worden. Das ganze Werk wurde in dieser Form 1935 bei der Gründung der »Frösöspelen« dargestellt und gehört seither zum Repertoire dieser Festspiele. In einer von Stig Rybrant überarbeiteten Instrumentation wurde *Arnljot* 1949 am Königlichen Theater gespielt; bei der Aufführung zum 100. Geburtstag Peterson-Bergers griff man jedoch wieder auf das Original zurück. Teilaufführungen (II. Akt) spielte man 1942, 1951 und 1967. Durch den Erfolg der Uraufführung ermutigt, komponierte Peterson-Berger *Domedagsprofeterna* (Stockholm 1919) und *Adils och Elisiv* (Stockholm 1927).

Autograph: Kungliga Musikaliska Akad. Bibl. Stockholm.
Ausgaben: Kl.A, schwed./dt. Übers. v. W. Peterson-Berger, F. Saul: Lundquist, Stockholm 1913; Textb.: ebd. 1906. **Aufführungsmaterial:** Lundquist, Stockholm
Literatur: W. PETERSON-BERGER, Minnen, Uppsala 1943; B. CARLBERG, W. P.-B., Stockholm 1950; G. PERCY, Five Swedish National Romantics, in: DERS., Tradition and Progress in Swedish Music, Stockholm 1973, S. 92ff.; L. SJÖBERG, Nittiotalisterna och musikdramat. Stenhammar och P.-B., in: Operan 200å. Jubelboken, Stockholm 1973, S. 120ff.; Wilhelm Peterson-Berger, in: A. AULIN, H. CONNOR, Svensk musik. Från vallåt till Arnljot, Lund 1974, S. 465–504; L. HEDWALL, W. P.-B., en bildbiografi, Uppsala 1983

Anders Wiklund

Lucien Petipa

Joseph Lucien Petipa; geboren am 22. Dezember 1815 in Marseille, gestorben am 7. Juli 1898 in Versailles

Namouna
Ballet en deux actes et trois tableaux

Namouna
2 Akte (3 Bilder)

Musik: Edouard Lalo. **Libretto:** Charles Nuitter (eigtl. Charles Louis Etienne Truinet) und Lucien Petipa
Uraufführung: 6. März 1882, Opéra, Salle Garnier, Paris, Ballett der Opéra
Darsteller: Namouna; Don Ottavio; Adriani; Ali; Andrikès; Kitzos; Iotis, Helena; Khainitza; Corps de ballet: Sklavinnen, Diener, Zuschauer, Musiker, Banditen, Matrosen, Piraten, Soldaten
Orchester: 2 Fl (2. auch Picc), 2 Ob (2. auch E.H), 2 Klar, 4 Fg, 4 Hr, 2 Trp, 2 Pistons, 3 Pos, Ophikleide, Pk, Schl (gr.Tr, Bck, Tambour de basque, Trg, Kastagnetten, Tamtam), 2 Hrf, Streicher
Aufführung: Dauer ca. 1 Std.

Entstehung: Petipa, wie sein jüngerer Bruder Marius vom Vater Jean Petipa ausgebildet, wurde berühmt als ein Danseur noble, der einen sicheren Partner abgab; er tanzte unter anderm mit Fanny Elßler, Carlotta Grisi, Fanny Cerrito, Adeline Plunkett und Carolina Rosati. 1854 wurde er Stellvertreter von Joseph Mazilier, des 1. Ballettmeisters der Opéra. In Verdis *Vêpres siciliennes* (1855) erlangte er mit dem Divertissement *Les Saisons* vielleicht seinen größten Erfolg als Choreograph; die Tanzeinlage lief in den Augen vieler der Oper den Rang ab. Petipas strittigste Mitarbeit dieser Art stellte das Bacchanal in der Pariser Inszenierung (1861) von Wagners *Tannhäuser* (1845) dar; der Ärger hierüber wurde weniger durch die Choreographie als vielmehr durch die unerhörte Plazierung im I. Akt ausgelöst. Seine wichtigsten Produktionen als 1. Ballettmeister an der Opéra 1860–68 waren: *Sacountala* (1858, Musik: Ernest Reyer; mit Amalia Ferraris, Petipa und Louis Mérante), *Graziosa* (Théodore Labarre; mit Ferraris) und, zusammen mit seinem Bruder, *Le Marché des innocents* (Cesare Pugni; beide 1861) sowie *Le Roi d'Yvetot* (1865, Labarre; mit Angelina Fioretti). – Lalo erhielt den Auftrag für die Musik praktisch als Kompensation dafür, daß seine Oper *Le Roi d'Ys* (1888) von der Opéra abgelehnt worden war. Weil

man ihm das Libretto verspätet zur Verfügung gestellt hatte und er deshalb mit der Komposition nicht rechtzeitig fertig wurde (die Orchestration wurde von Charles Gounod abgeschlossen), konnte die Uraufführung nicht an dem ursprünglich vorgesehenen Termin 10. Febr. 1882 stattfinden.
Inhalt: Im 17. Jahrhundert.
I. Akt, 1. Bild, das Kasino von Korfu, Nacht: Don Ottavio und der Seemann Adriani würfeln. Nach Verlust von Geld und seiner Tartane setzt Adriani ein verkleidetes Mädchen ein, seine Sklavin Namouna; er verliert auch diese Runde. Ottavio, der sich von Adrianis Verhalten abgestoßen fühlt, schenkt Namouna die Freiheit und gibt ihr das, was er von Adriani gewonnen hat. Als Dank überreicht sie ihm die Hälfte eines Blumenstraußes, den sie am Gürtel trägt, und verläßt mit ihrer Vertrauten Andrikès das Kasino. 2. Bild, ein Platz in Korfu, Sonnenaufgang: In Ottavios Auftrag bringen Musiker seiner Angebeteten Helena ein Ständchen. Adriani kommt hinzu und beginnt aus Wut über Ottavio einen Streit mit den Musikern und schließlich gar einen Schwertkampf mit diesem. Das Volk versammelt sich, und einem verschleierten Mädchen, Namouna, gelingt es, den Kampf dadurch zu unterbrechen, daß es zwischen den Kombattanten und dann mit Ottavio tanzt. Helena ist darüber entsetzt und zieht sich zurück; Ottavio folgt ihr. Adriani kehrt zurück, erkennt Namouna und erklärt ihr, daß er sie liebe und es bereue, sie als Spieleinsatz mißbraucht zu haben; sie antwortet ihm, daß sie jetzt Ottavio liebe. Daraufhin befiehlt Adriani einigen Banditen, Ottavio anzugreifen. Namouna hat dies belauscht und schickt Andrikès, um Freunde zu holen. Diese kommen gerade rechtzeitig, um Ottavio zu retten; sie bitten ihn, mit ihrer Herrin, der verschleierten Namouna, an Bord eines Schiffs zu gehen. Ottavio kommt diesem Wunsch nach.
II. Akt, eine Insel: Der Sklavenhändler Ali hat junge Sklavinnen in Gewahrsam. Auf einer Tartane kommen die verschleierte Namouna, Ottavio und Andrikès an. In Erwartung eines Geschäfts lädt Ali Ottavio in sein Haus ein. Namouna gibt sich ihren ehemaligen Gefährtinnen zu erkennen und kauft zur Überraschung aller sämtliche Sklavinnen. Als sie Ottavio die andere Hälfte des Blumenstraußes zeigt, versteht er. Die Feststimmung wird durch die Ankunft Adrianis und seiner Männer unterbrochen. Während sich Ottavio auf einen Kampf vorbereitet, bringen die Frauen durch verführerische Bewegungen Adrianis Männer dazu, ihre Waffen abzulegen, die von den Frauen eingesammelt werden. Adriani kehrt zurück; er hat Ottavio gefangengenommen. Deshalb ordnet Namouna an, die Banditen betrunken zu machen; sie selbst kümmert sich um Adriani. Als Namouna und Ottavio zum Strand eilen, zielt Adriani mit seiner Pistole hinterrücks auf Ottavio, doch Andrikès tötet ihn mit ihrem Dolch, bevor er feuern kann. Die drei verlassen auf ihrem Schiff die Insel.

Namouna, II. Akt; Illustration nach dem Bühnenbild von Jean-Baptiste Lavastre; Kostüme: Pierre Eugène Lacoste; Uraufführung, Ballett der Opéra, Paris 1882.

Kommentar: Bei *Namouna* handelt es sich um ein charakteristisches Produkt des in Schablonen erstarrten französischen Balletts gegen Ende des 19. Jahrhunderts. Im wesentlichen waren die Ballette etwa nach Saint-Léons *Coppélia* (1870) durch die dramaturgische Praxis gekennzeichnet, eine an sich vielversprechende Grundidee so mit Details und unbedeutenden Kleinigkeiten zu überfrachten und damit zu verwässern, daß keine klare Linie mehr zu erkennen war und letztlich die theatralische Wirksamkeit eingeschränkt wurde. Dies ging einher mit einer im Ballett neuartigen Tendenz zum »Grand spectacle« und einer extremen Ausrichtung auf die Ballerina. Nuitters und Petipas Libretto folgte also den Konventionen; die Anknüpfung an die Tradition der Piraten- und Sklavengeschichte geschah möglicherweise in der Intention, den Erfolg von Maziliers *Corsaire* (1856) zu wiederholen. Ebensowenig originell muß Petipas Choreographie beurteilt werden; sie zentrierte sich, wie in allen seinen Werken seit seinem aufsehenerregenden Erstling, der mit exotisch-indischen Bühnenklischees ausgestatteten *Sacountala* (nach dem Drama *Abhiyanashakuntala*, um 400, von Kalidasa), um die Ballerina: im Fall von *Namouna* um die damalige Startänzerin der Opéra, Rita Sangalli. Tänzerisch anspruchsvoll und publikumswirksam waren das Trio »La Bouquetière« (der Kampf zwischen Adriani und Ottavio, den Namouna unterbricht), das Duo »La Charmeuse« (Namouna/Ottavio), Namounas Solovariation »La Roumaine« sowie der von Sangalli eingefügte Pas zu Musik von Léo Delibes. Sie soll dies getan haben, weil sie Lalos Komposition als untänzerisch abqualifizierte. Diese ragt insofern über konventionelle französische Ballettmusik hinaus, als sie melodisch ausgefeilter, rhythmisch abwechslungsreicher und überhaupt symphonisch dichter ist.

Wirkung: *Namouna*, mit Mérante (Ottavio) und Alice Biot (Andrikès) neben Sangalli, erlebte 15 Vorstellungen. An der Opéra gab es zwei Neuproduktionen: 1908 von Léo Staats (mit Carlotta Zambelli und Staats), 1935 von Albert Aveline in Anlehnung an Staats' Choreographie (mit Camille Bos). Peter Wrights *Namouna* für das Stuttgarter Ballett 1967 (mit Birgit Keil und Richard Cragun) basierte auf einem von ihm erstellten neuen Libretto. Weitere *Namouna*-Ballette choreographierten Jean-Pierre Bonnefous (Baltimore 1981) und Germinal Casado (Karlsruhe 1988, mit zusätzlicher Musik Lalos). Zu Auszügen aus Lalos Komposition schuf Serge Lifar *Suite en blanc* (1943). – Lalo stellte aus seiner Komposition zwei von ihm *Rhapsodien* betitelte Konzertsuiten zusammen.

Abschriften: Part: Bibl. de l'Opéra Paris (A. 638a). **Ausgaben:** Kl.A: Hamelle, Paris [1890]; L: Calmann-Lévy, Paris 1882.
Aufführungsmaterial: Bois, Paris
Literatur: X. Y. Z., Le Nouvel opéra, Paris 1875, S. 299–305 [R. Sangalli]; I. GUEST, The Ballet of the Second Empire, London 1974; DERS., Le Ballet de l'Opéra de Paris, Paris 1976, S. 135

Theresa Cameron

Marius Petipa

Victor Marius Alphonse Petipa; geboren am 11. März 1818 in Marseille, gestorben am 14. Juli 1910 in Gursuf (Krim)

Dotsch faraona
Bolschoi balet w trjoch deistwijach, dewjati kartinach, s prologom i epilogom

Die Tochter des Pharaos
Großes Ballett in 3 Akten, 9 Bildern, mit Prolog und Epilog

Musik: Cesare Pugni. **Libretto:** Jules Henri Vernoy Marquis de Saint-Georges und Marius Petipa, nach *Le Roman de la momie* (1858) von Pierre Julius Théophile Gautier
Uraufführung: 18. Jan. 1862, Bolschoi-Theater, St. Petersburg, Ballett des Theaters
Darsteller: Lord Wilson, auch als Taor; Dschon Bul, sein Diener, auch als Passifont; der Pharao, König von Ägypten; eine Mumie, auch Aspitschtschija, seine Tochter; Ramseja, ihre Dienerin; der König von Nubien; ein Bewacher der Pyramiden, auch ein Geist; ein Fischer; seine Frau; der Nilkönig; ein Affe; ein Löwe; Isis und Osiris; Corps de ballet: Kaufleute, Araber, Kamelführer, Sklaven, Mumien, Bajaderen, Hohepriester, Höflinge, Jagdmeister, Gefolge des Königs von Nubien, Fischer, Undinen, Najaden, Bauern
Orchester: Picc, 2 Fl, 2 Ob, 2 Klar, 2 Fg, 4 Hr, Trp, 3 Pos, Tb, Pkn, Schl (gr.Tr, Bck, kl.Tr, Tamburin, Trg), Streicher
Aufführung: Dauer ca. 3 Std.

Entstehung: Der in eine Tänzerfamilie geborene Petipa studierte zunächst bei seinem Vater Jean, debütierte 1831 in Brüssel in Gardels *Dansomanie* (1800), tanzte dann in Bordeaux und ging 1838 nach Nantes, wo er mit *Le Droit du seigneur* sein erstes Ballett schuf. Nach einer Amerikatournee 1839 und Studien bei Auguste Vestris in Paris kehrte er nach Bordeaux zurück; einem Aufenthalt als Tänzer und Choreograph in Madrid 1845–47 schloß sich das Engagement als 1. Tänzer in Petersburg an. 1862 war seine Stellung dort noch weitgehend ungeklärt. Er hatte zwar offiziell noch immer die Position eines 1. Tänzers inne, hatte jedoch schon mehrere Ballette neu einstudiert beziehungsweise choreographiert, so 1860 *Golubaja georgina* (*Die blaue Dahlie*, Musik: Pugni). *Dotsch faraona* entstand für eine Benefizvorstellung der Tänzerin Carolina Rosati, die kurz vor ihrem Abschied von der Bühne stand. Das szenische Konzept entwickelte Petipa in enger Zusammenarbeit mit Saint-Georges; Pugni komponierte die Musik parallel zur choreographischen Arbeit, in vielen Fällen unterlegte er sie bereits fertigen Tänzen.

Inhalt: Prolog, 1. Bild, die ägyptische Wüste, im Hintergrund eine Pyramide, nächtlicher Sternenhimmel: Eine Karawane von Kaufleuten lagert unter Palmen. Es nähern sich zwei Fremde, der junge Engländer Lord Wilson und sein Diener Dschon Bul. Die Kaufleute bieten ihnen Erfrischungen an, Sklavenmädchen unterhalten die Gäste mit Tänzen. Plötzlich ertönt Donner, der Himmel beginnt rot zu leuchten, und ein Sandsturm bricht los. Alle suchen Zuflucht in der Pyramide. 2. Bild, das Innere der Pyramide; links die Statue des Pharaos, im Hintergrund Skulpturen, in der Mitte ein Mumienschrein, andere Mumiensärge entlang den Wänden: Wilson schließt sich den Kaufleuten beim Opiumrauchen an, obwohl sie ihn vor den Auswirkungen der Droge warnen. Bul folgt seinem Herrn, beide fallen sogleich in tiefen Schlaf. Nebel erfüllt die Grabkammer, nur ein Lichtschein fällt auf den in der Mitte stehenden Schrein, und Aspitschtschija, die strahlend schöne Tochter des Pharaos, tritt heraus. Der Hüter der Pyramide verwandelt sich in ihren Schutzgeist, und auf einen Wink seines Zauberstabs werden alle Statuen und Mumien lebendig. Aspitschtschija erblickt den schlafenden Engländer und legt ihm ihre Hand auf das Herz, dann verschwindet sie in immer dichter werdendem Nebel.

I. Akt, 1. Bild, Tal im Sonnenlicht, rechts eine Hütte: Der Pharao ist mit seiner Tochter auf Löwenjagd. Wilson und Bul, die sich in der Traumwelt Taor und Passifont nennen, stehen sofort im Bann von Aspitschtschija. Sie will einige Mädchen vor einem nahenden Löwen warnen, gerät jedoch selbst in Gefahr; erst Taor kann den Löwen töten, ohnmächtig fällt Aspitschtschija in seine Arme. Der hinzugekommene Pharao ist erzürnt, seine Tochter in den Armen eines Manns zu finden, aber die Situation klärt sich, und dankbar bittet der Pharao Taor und Passifont in den Palast. 2. Bild, prächtiger Saal im Palast des Pharaos in Theben, Fenster geben den Blick auf einen Garten frei, im Hintergrund bereiten Diener ein Festmahl: Aspitschtschija will sich bei ihrem Retter bedanken, der ihr seine Liebe gesteht. Der Pharao zieht ein; man verkündet die Ankunft des Königs von Nubien, der um die Hand von Aspitschtschija bittet. Mit Mühe kann sie den eifersüchtigen Taor zurückhalten, sich auf den König zu stürzen, indem sie ihm zu verstehen gibt, daß sie den König zurückweisen wird. Zur Feier der Errettung der Tochter des Pharaos wird ein Fest gegeben, Taor will die Gelegenheit nutzen, um mit Aspitschtschija zu fliehen. Mit Hilfe der Dienerin Ramseja gelingt die Flucht. Sie wird jedoch von einem Sklaven beobachtet, der die Liebenden verrät; aufgebracht folgt man den Fliehenden.

II. Akt, 1. Bild, das Innere einer Fischerhütte am Ufer des Nils, links die Eingangstür, darüber ein Fenster, zu dem Stufen hinaufführen, rechts eine Tür, die weiter ins Innere der Hütte führt: Aspitschtschija, Taor und Passifont bitten die Fischer um Zuflucht. Taor hilft den Fischern, ihre Netze zu bereiten, Aspitschtschija bleibt allein zurück. Plötzlich tritt eine verhüllte Gestalt ein. Es ist der König von Nubien, der die Königstochter auffordert, mit ihm zu kommen. Sie erklärt, ihm niemals angehören zu können. Zornentbrannt versucht sie der König zu ergreifen, mit einem Sprung aus dem Fenster entzieht sie sich ihm. Außer sich vor Schmerz will der König ihr nachstürzen; Taor und Passifont, die gerade die Hütte betreten, halten ihn zurück. 2. Bild, am Grund des Nils, eine liebliche Grotte aus Korallen, Pflanzen und Stalaktiten: Auf einem Thron aus Jade sitzt der König des Nils, um ihn haben sich Najaden, Undinen und Unterwasservolk versammelt. Mit einem Fest wird die zum Grund herabgesunkene Aspitschtschija begrüßt; ihr zu Ehren tanzen die Flüsse der Erde, schließlich stimmt Aspitschtschija in den Tanz der Undinen ein. In einer Vision läßt der König des Nils Aspitschtschija ihren Geliebten zeigen; sie bittet ihn, zurückkehren zu dürfen. Auf einer Fontäne wird sie zur Erde getragen.

III. Akt, 1. Bild, Palastgarten: Umgeben von seinem Gefolge, bittet der Pharao seine Priester, etwas über Aspitschtschijas Schicksal zu sagen. Da kommt der König von Nubien, mit ihm Taor und Passifont. Taor verweigert jedoch jede Auskunft über den Verbleib der Geliebten. Ein Hoherpriester bringt einen Blumenkorb, in dem eine Schlange versteckt ist. Der Pharao droht Taor, ihn durch die Schlange töten zu lassen, wenn er Aspitschtschijas Versteck nicht preisgibt. In diesem Moment kommt die Dienerin und meldet die Rückkehr ihrer Herrin. Bauern bringen sie auf einer blumenbekränzten Trage. Ängstlich berichtet Aspitschtschija von den Vorfällen in der Hütte, zornig zerreißt der Pharao daraufhin den Ehevertrag, unter Flüchen verläßt der König von Nubien den

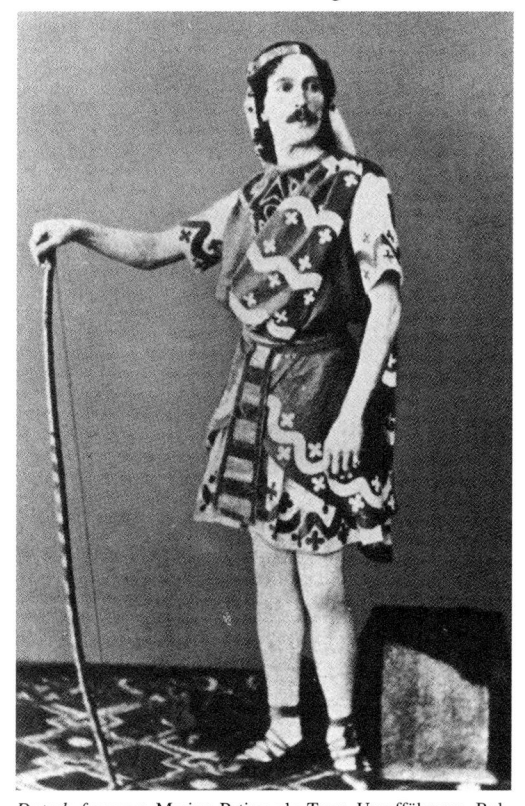

Dotsch faraona; Marius Petipa als Taor; Uraufführung, Bolschoi-Ballett, Petersburg 1862.

Palast. Aspitschtschija bittet nun um Gnade für Taor, andernfalls sie sich von der Schlange töten lassen will. Entsetzt befiehlt der Pharao, die Gefangenen zu befreien; Taor wirft sich Aspitschtschija zu Füßen. Mit einem großen Fest wird die Vereinigung der Liebenden gefeiert. Gegen Ende des Fests hüllt Nebel die Bühne ein; als er sich wieder lichtet, sieht man das Innere der Pyramide, und in einem magischen Licht erscheint eine phantastische Apotheose. 2. Bild: Osiris und Isis empfangen die Seele von Aspitschtschija, die voll Glanz emporschwebt.
Epilog, wie Prolog: Wilson und seine Gefährten erwachen.

Kommentar: *Dotsch faraona* kann als exemplarisch für den Typus des Handlungsballetts in der 2. Hälfte des 19. Jahrhunderts angesehen werden, wie ihn Petipa vertrat. In der Konzeption folgte er seinen Vorgängern Jules Perrot, Joseph Mazilier, Arthur Saint-Léon, Paolo Taglioni, aber auch seinem Bruder Lucien. Wie diese entwickelte er das Szenarium, das der Ausgangspunkt und das Eigentliche des Werks ist, auf der Basis eines freizügigen Umgangs mit Stoffen der Weltliteratur historischen, nationalen, vor allem aber exotischen Charakters. Die Grundkonstellation des Romantischen, die Wechselwirkung zwischen realer und phantastischer Welt, deutete Petipa als Kampf zwischen guten und bösen, hellen und dunklen Mächten. Eine wesentliche Neuerung war die Entwicklung eines dramaturgischen Strukturschemas, einer »Minutage«, als Grundlage der choreographischen und musikalischen Komposition. Der Ballettpantomime oblag die Verdeutlichung der Handlung mit Hilfe eines Systems semantischer Gesten, die sogar einzelne Wörter zu erklären vermochten. Aus solchen Wörtern entstanden Phrasen, aus diesen ausgedehnte Perioden. Dem Tanz blieb die Ebene des Emotionalen vorbehalten, er beschwor Bilder einer phantastischen Welt oder wurde auch um seiner selbst willen eingesetzt. Durch die Distinktion dieser Ausdrucksmittel entstanden in sich geschlossene Nummern, deren Reihenfolge zunehmend strenger reglementiert wurde, bis das ganze Werk nach einem festen, wenn auch variierten Schema ablief. Jeder Akt umfaßte eine kommentierende, mimisch gestaltete Eingangsszene, darauf folgten genretypische Caractère- und Demicaractère-Tänze, als Höhepunkt dann ein ausführlicher klassischer Tanz der Ballerina und ihrer Partner, oft von einem Divertissement begleitet; den Abschluß bildete ein pantomimisches Finale. Im Zentrum der Ästhetik Petipas, daher auch des Werks selbst, stand die Ballerina; ihre Kunst und Virtuosität, ihre Schönheit und die Harmonie ihrer Bewegungen zu zeigen war das Hauptanliegen Petipas. Von diesem Zentrum ausgehend, entwarf er (nach der Terminologie der Zeit »stellte« er) formelhafte Personenkonstellationen: Der Ballerina wurden ein oder mehrere Partner oder weitere Solistinnen an die Seite gegeben, um sie herum war das hierarchisch geordnete Ensemble gruppiert. Auch die choreographischen Formen, in denen das Corps de ballet eingesetzt ist, waren schematisiert; es erhielt jedoch über die rein dekorative und atmosphärebildende Funktion hinaus, die es schon im romantischen Ballett gehabt hatte, differenziertere Aufgaben. Eine der typischsten Neuerungen war der sogenannte »jardin animé«, ein sich aus der Handlung ergebendes »lebendes Bild«, eine Szene »reinen« Tanzes, die vom weiblichen Corps, von Solistinnen und einer Ballerina ausgeführt wurde. Oft als Traum konzipiert, entfaltete er sich aus und schloß sich zu einem Tableau. Im Lauf von Petipas Schaffen nahmen diese Stimmungsbilder in der Gesamtkonzeption des Balletts einen immer größeren Raum ein, so daß sie zuweilen, wie etwa der sogenannte Schattenakt aus *Bajaderka* (1877), als selbständiges »handlungsloses« Ballett innerhalb des Balletts Eigenleben entfalteten (und heute auch bisweilen allein gegeben werden).

Wirkung: *Dotsch faraona*, als großes Spektakel ebenso gefeiert wie wegen der Neuheit der Dramaturgie, wurde zum großen Erfolg für Rosati. Sie war brillant in den mimischen Szenen, und die geschickt choreographierten Tänze ließen ihre technischen Schwächen nicht offenbar werden. Petipa tanzte den Wilson. Seine Frau Marija übernahm die Aspitschtschija, die in der Folge von vielen bedeutenden Ballerinen des Mariinski-Theaters getanzt wurde. Aufgrund des Erfolgs wurde Petipa kurz nach der Premiere zum 2. Ballettmeister ernannt. Pugnis lebhafte und melodische Musik hatte auch außerhalb der Bühne ein langes Leben, sie wurde als Tanzmusik bei gesellschaftlichen Ereignissen sehr beliebt. Von der anhaltenden Popularität des Balletts zeugt die Tatsache, daß schon im Sept. 1879 die 150. Vorstellung stattfand. Petipa erneuerte seine Choreographie mehrmals: 1864 für das Bolschoi-Theater Moskau, 1885 für das Bolschoi-Theater Petersburg, 1891 wiederum für Moskau. 1898 wurde *Dotsch faraona* für Matilda Kschessinskaja wiederaufgenommen; sie tanzte die Aspitschtschija fast 20 Jahre lang. Auch für Anna Pawlowa spielte die Partie eine wichtige Rolle. 1903 debütierte sie als Ramseja und errang sofort einen großen Erfolg; 1906 tanzte sie innerhalb kürzester Zeit die Aspitschtschija in zwei verschiedenen Versionen: in Alexander Gorskis Choreographie in Moskau 1905 und im selben Monat in Petipas Ballett in Petersburg. 1926 nahm man es wegen seiner, wie man meinte, geringen künstlerischen Bedeutung aus dem Repertoire.

Ausgaben: L: Petersburg 1862. **Aufführungsmaterial:** A.-A.-Bachrušin-Theatermuseum, Moskau.
Literatur: A. PLESČEEV, M. P., Petersburg 1907; D. LEŠKOV, M. P. (1822–1910). K stoletiju ego roždenija, Petrograd 1922; C. BEAUMONT, A History of Ballet in Russia 1613–1881, London 1930; J. SLONIMSKIJ, Mastera baleta, Leningrad, Moskau 1937, engl. in: Dance Index 1947, Nr. 6, S. 100–144; M. BORISOGLEBSKIJ, Materialy po istorii russkogo baleta, Leningrad 1939; L. MOORE, The Petipa Family in Europe and America, in: Dance Index 1: 1942, S. 72–84; A. BENOIS, Reminiscences of the Russian Ballet, London 1941; A. CHUJOY, Four Opera Houses, in: BA 1952, Nr. 6; M. PETIPA, Russian Ballet Master. The Memoirs, hrsg. L. Moore, London 1958; V. KRASOVSKAJA, Russki baletny teatr vtoroj poloviny XIX veka, Leningrad 1963; H. KOEGLER, P. und die zaristische Ballettkultur des 19. Jahrhunderts, in: Maske u. Kothurn 13:1967, S. 30–46; V. KRA-

SOVSKAJA, Russki baletny teatr načala XX veka, Leningrad 1971; Marius Petipa. Materialy, vospominanija, stati, Leningrad 1971, dt.: hrsg. E. Rebling, Bln. 1975; J. SLONIMSKIJ, Dramaturgija baletnogo teatr XIX veka, očerki, libretto, cenarii, Moskau 1977; A Century of Russian Ballet. Documents and Eyewitness Accounts, 1810–1910, ausgewählt u. übersetzt v. R. J. Wiley, Oxford 1990

Leonie Dannhauser

Don Kichot
Balet w tschetyrjoch aktach i wosjem kartinach

Don Quijote
Ballett in 4 Akten und 8 Bildern

Musik: Alois Ludwig Minkus. **Libretto:** Marius Petipa, nach dem 2. Teil (1615) des Romans *El ingenioso hidalgo Don Quijote de la Mancha* von Miguel de Cervantes Saavedra
Uraufführung: 1. Fassung: 14. Dez. 1869, Bolschoi-Theater, Moskau, Ballett des Theaters (hier behandelt); 2. Fassung in 5 Akten: 9. Nov. 1871, Bolschoi-Theater, St. Petersburg, Ballett des Theaters
Darsteller: Don Kichot/Quijote; Santscho/Sancho Pansa; Lorenzo, Gastwirt; Kitri, Lorenzos Tochter; Schuanita, Fächerverkäuferin; Pikilija, Früchteverkäuferin; Basil, Barbier, verliebt in Kitri; Dulsineja/Dulcinea; Gamasch, ein reicher Herr; Karasko, Verwalter Don Kichots; Schuana, Nichte Don Kichots; Espada; Harlekin; König; Königin; Prinzessin; Zigeunerin; Graziosa, Hofnarr des Königs; verkleideter Ritter; Tänzerin im Kostüm einer Trompete; Corps de ballet: Stierkämpfer, ihre Begleiterinnen, 2 Picadores, 8 Stadtmädchen, Nymphen, Truppe reisender Komödianten, Tänzerinnen in den Kostümen von Lerchen, 2 Zigeuner, Bürger, Bürgerinnen, Küchenjungen, Dienerinnen Don Kichots, Würdenträger, Maultiertreiber, Musikanten, Trinkwasserfuhrleute, Lakaien, Bettler, Ungeheuer, Drachen, Eleven
Orchester: Picc, 2 Fl, 2 Ob, 2 Klar, 2 Fg, 2 Hr, 2 Trp, 2 Pistons, 3 Pos, Pkn, Schl (gr.Tr, Bck, kl.Tr, Trg, Kastagnetten, Glöckchen), 2 Hrf, Streicher
Aufführung: Dauer ca. 2 Std.

Entstehung: Die Bearbeitungen des Don-Quijote-Stoffs im 18. und 19. Jahrhundert für die Ballettbühne beschränkten sich fast ausschließlich auf die Darbietung der Camacho-Quitéria-Basilio-Episode aus Cervantes' Vorlage; ihre meist grotesk-komische Manier der Präsentation erhielt durch nationale Farbe Charakter. Ein Beispiel dafür war Charles Simon Favarts Libretto zu Boismortiers Ballet-comique *Don Quichotte chez la duchesse* (1743). Franz Hilverding brachte wahrscheinlich schon 1740 in Wien das Ballett *Don Quichot oder Les Noces de Gamache* heraus, Jean Georges Noverre wandte sich der Thematik gleich dreimal zu, unter anderm in *Don Quichotte* (Wien 1768, Musik: Joseph Starzer), einem Ballett, das als Satire auf Gasparo Angiolini gedacht war, und in der *Aufnahme des Sancho Pansas auf der Insel Barataria* (Wien 1773, Musik: Antonio Salieri [?]). Zeitgenössischen Quellen zufolge entsprach die Realisation der Ballette ganz der damals geäußerten Forderung nach »gemäldehafter« Wirkung. Etienne Lauchery brachte *Don Quixotte auf Gamachos Hochzeit* (Musik: Christian Cannabich und Carlo Giuseppe Toeschi) 1778 (?) in München, 1798 in Berlin heraus. 1801 choreographierte Louis Milon für Paris die Ballettposse *Les Noces de Gamache* (Musik: François-Charlemagne Lefebvre), 1808 Charles Louis Didelot für Petersburg *Don Kichot* (Frédéric Marc Antoine Venois). Beide Ballette entwickelten eigene Aufführungstraditionen: James Harvey D'Egville choreographierte 1809 in London *Don Quichotte* zu Venois' Musik, Félicité Hullin-Sor folgte 1835 am Bolschoi-Theater Moskau; Musik von Lefebvre verwendete Alexis Blache 1834 in Moskau in *Don Kichot lamantschski ili Swadba Gamascha* (Don Quijote von der Mancha oder Die Hochzeit Camachos). 1837 entstand in Kopenhagen August Bournonvilles Ballett *Don Quixote ved Camachos bryllup* (Don Quijote bei Camachos Hochzeit, Musikarrangement: Johan Wilhelm Ludvig Zinck). Die Familie Taglioni wandte sich wiederholt dem Stoff zu: Carlo Taglioni 1807 in Wien (Musik: Michael Umlauff), Salvatore Taglioni 1844 in Turin, Paolo Taglioni 1839 in Berlin (Wenzel Gährich) und 1855 in Wien (Matthias Strebinger), letzteres von Giovanni Golinelli in Szene gesetzt.
Inhalt: In Barcelona und Umgebung, 17. Jahrhundert. Prolog: Zimmer Don Kichots; I. Akt: Platz in Barcelona; II. Akt, 1. Bild: malerischer Ort, im Hintergrund Windmühlen; 2. Bild: Hof eines Landgasthauses; III. Akt, 1. und 2. Bild: offene Landschaft; 3. Bild: Zaubergarten; IV. Akt: Park Gamaschs.
In Wachträumen glaubt Don Kichot die Helden seiner Bücher vor sich zu haben, mit gezücktem Schwert sucht er ihre Taten nachzuvollziehen. Vergebens mühen sich die Angehörigen, ihn in den Alltag zurückzuführen. Abenteuerlust zieht ihn fort, nur widerwillig folgt ihm sein Diener Santscho Pansa. Im bunten Treiben der Stadt stößt er auf Kitri, deren Vater jäh dem lebensfrohen Tändeln der jungen Leute Einhalt gebietet, indem er den eitlen alten Gamasch als Bewerber um Kitris Hand vorstellt. Kichot glaubt in dem einfachen Mädchen seine Angebetete zu erkennen und macht ihr mit komischer Courtoisie den Hof. Kitri nutzt die außergewöhnliche Situation und flieht. Als Junge verkleidet findet sie bei fahrenden Komödianten Unterschlupf. Zu Ehren des Ritters, der Kitri in der Meinung, es sei ihr Unrecht geschehen, gefolgt ist, geben die Komödianten eine Marionettenvorstellung. Aufgewühlt von dem Dargebotenen, stürzt sich Kichot auf das Theater. Er meint nun im aufsteigenden Mond die Geliebte zu erkennen und sucht sie vor einer Windmühle, in der er einen Feind sieht, zu schützen, doch die Flügel der Mühle schleudern ihn zu Boden. Abermals gelingt es Kitri zu fliehen, doch der Vater holt sie ein und bestimmt endgültig die Heirat mit Gamasch. Im Traum hat Kichot einige Abenteuer mit Ungeheuern zu bestehen, siegreich gelangt er schließlich in einen Zaubergarten, wo er Dulsineja findet. Im

Augenblick des höchsten Glücks, in dem Dulsineja Kichot mit einem Lorbeerkranz krönt, erwacht er. Er zieht weiter und findet in Gamaschs Park den bereits formierten Brautzug Kitris, angesichts dessen Basil einen Selbstmordversuch inszeniert. Kichot greift ein, auf seinen Befehl werden die Liebenden vereint, Kichot wendet sich neuen Abenteuern zu.

Kommentar: Weder das für die russische Ballettbühne der 60er Jahre durchaus nicht überraschende Heranziehen eines Rittersujets noch kritische Züge, mit denen Petipa in seinem ersten dramatischen Ballettversuch seine Deutung des Stoffs versah, sind klärende Indizien bei der Frage nach dem außergewöhnlichen Status von *Don Kichot* als eins der beliebtesten Werke der Ballettliteratur. Wie zahlreiche Ballettmeister vor ihm griff Petipa die Camacho-Quitéria-Basilio-Episode auf; seine choreographische Auslegung stand jedoch dem Roman entschieden weniger nahe als den um die Jahrhundertwende entstandenen (französischen) Balletten, in denen der Sieg der Liebe über die Berechnung gefeiert wird. Durch den Triumph des dritten Stands über eine aufgeblasen gezeichnete Aristokratie bringt Petipa neue und kritische Akzente auf die Bühne der sich weitenden Handelsstadt Moskau. Nicht immer der Erzählchronik des Romans folgend, greift Petipa manchmal buchstabengetreu, meist aber ausschmückend Episoden des Romans auf: etwa die Suche des Ritters nach Dulcinea; die Verwechslung der Angebeteten mit dem Bauernmädchen; die geplatzte Hochzeit des reichen Camacho mit Quitéria, die sich im letzten Augenblick doch für den armen Basilio entscheidet; die Auseinandersetzung Quijotes mit dem als silberner Mond verkleideten Ritter; schließlich der Traum, in dem Quijote die verzauberte Dulcinea sieht. Bei Petipa trachtet sich Kitri ebenso vor dem gewinnsüchtigen bürgerlichen Vater zu retten wie vor dem unerwünschten aristokratischen Bräutigam, sie begibt sich mit ihrem Geliebten in den Schutz des noblen Ritters, seine Abenteuer mischen sich in der Folge mit den fröhlichen Ereignissen im Leben der Liebenden. Das Ineinandergreifen der gesellschaftlichen Ebenen findet seine Entsprechung in der Tanzkonzeption, die weitgehend vom Wechsel des Mimischen mit dem Tänzerischen bestimmt ist. Petipa zeichnet die handlungstragenden Figuren, Kichot, seinen Diener Santscho, aber auch Kitris Vater in drastischem Realismus und stellt dem die komödiantische Theatralik und das Kolorit eines südlichen Lands entgegen. In seiner ersten Komposition (wie auch in seinen weiteren 15 Partituren) für Petipa bleibt Minkus ganz dem Stil Cesare Pugnis verhaftet, dessen Position als Ballettdirigent und -komponist er nach Pugnis Tod (1870) einnahm. Jede Person versieht Minkus mit charakterisierenden Motiven: Pompös und zugleich schwermütig ist das Kichots; eine komische Polka kündigt Santscho an; ein entsprechendes Motiv weist Gamasch als hochmütigen Dummkopf aus. Der Wert der Komposition liegt in ihrer tänzerischen Dynamik, deren erzählende Qualität besonders in der Musik für Kitri gegeben ist. Die klar hervortretende Handlungsstruktur der Tanznummern, die ihre Farbe aus einer sorglos anmutenden Mischung verschiedenster Rhythmen und Melodien unterschiedlichster Herkunft und Entstehung erhalten, beschleunigt das Tempo. Petipa choreographierte eine von mimischen Passagen eingerahmte, schier überwältigende Fülle von spanischen Caractère- und Demi-caractère-Tänzen, mit denen er seit seiner Arbeit in Madrid (1845) besonders vertraut war. Einige Tänze im Marktplatzbild erhielten durch die Ausführung »en travestie« eine erotische Note; dazu gehörten die Auftritte Espadas, der sieben Stierkämpfer(innen), ihrer drei Begleiter(innen) und der zwei (weiblichen) Picadores. Rein klassisch war die Traumszene gehalten, in der Dulsineja mit zwölf erwachsenen und acht kleinen Nymphen tanzt. Der Schluß des Balletts, die Vereinigung der Liebenden und der Aufbruch Kichots und Santschos, ist vor allem mimisch gestaltet.

Wirkung: Die erfolgreiche Uraufführung tanzten Wilhelm Wanner (Kichot), Wassili Gelzer (Santscho), Anna Sobeschtschanskaja (Kitri), Olga Nikolajewa (Schuanita), Sergei Sokolow, Polina Karpakowa (Dulsineja) und Frédéric (Lorenzo); Kitris Tanzpartner war Léon Espinosa. 1871 brachte Petipa das Ballett in Petersburg heraus, nicht ohne es für den verfeinerten Geschmack der Hauptstadt überarbeitet zu haben. Er drängte den demokratischen Hintergrund der Handlung zurück, milderte die satirische Zeichnung der Aristokratie und vergrößerte die Zahl der Tänze und der Ausführenden (allein 72 Eleven wurden eingesetzt). In das vorgezogene Schenkenbild wurden ein Walzer für drei Paare, ein mexikanischer Tanz, ein Pas de deux, eine Gigue und eine Polka für Marionetten eingefügt, die von Kindern ausgeführt wird. Im Traumbild verwandelt sich Kitri in Dulsineja und tritt in einem »phantastischen« Grand pas auf, umgeben von Amoretten und Nymphen (die in späteren Produktionen meist als Dryaden ausgegeben wurden). Eine herzogliche Jagd zerstört das reine Tanzbild des »Jardin animé«, Kichot kommt einer Einladung ins Schloß nach. Im neuen V. Akt veranstaltet der Herzog ein Fest mit dem Ziel, Kichot von weiteren »Heldentaten« abzubringen. Ein Tanz der Amoretten eröffnet das Fest, es folgt ein nubischer Tanz für 21 Tänzerinnen und fünf Schülerinnen. Basil sitzt unter den Gästen, während Kitri mit zwei Solistinnen und einem Solisten tanzt. Man fordert Kichot zum Duell, schon beim ersten Schlag fällt er. Während das Fest weitergeht, bringt man ihn in sein Zimmer zurück, wo er stirbt. Während die Presse sich vehement und geschlossen gegen das Petersburger Libretto stellte, es der Inhaltslosigkeit zieh und den fatalen Ausgang kritisierte, da er dem komödienhaften Charakter des Balletts widerspreche, lobte man neben den Interpreten Timofei Stukolkin (Kichot), Alexandra Wergina (Kitri und Dulsineja), Matilda Madajewa (Pikilija), Lew Iwanow (Basil) und Nikolai Golz (Gamasch) einstimmig Petipas Ideenreichtum in der Führung der Gruppen und Soli, die sich beim Publikum ebensolcher Beliebtheit erfreuten wie bei den Ausführenden. – Nachdem Alexei Bogdanow *Don Kichot* 1887 in Moskau wiederaufgeführt hatte, erlebte das Ballett

1900 dort durch Alexandr Gorski eine grundlegende Neugestaltung. Wesentlicher als die dramaturgischen Veränderungen der neuen vieraktigen Version »nach Petipa«, *Don Kichot lamantschski*, waren dabei die stilistischen Neuerungen, die sowohl Choreographie wie Tanzstil betrafen. Wahrscheinlich beeinflußt vom realistischen Spielstil des eben gegründeten Moskauer Künstlertheaters, wich Gorski von der das ganze Jahrhundert gepflegten symmetrischen Konzeption von Choreographie ab. Er brach die von Petipa vertretene Ordnung des formalen Wechsels von Tanz und Erzählung und sprengte auch die hierarchische Ordnung des Ensembles. So »inszenierte« er etwa das Platzbild als fröhliches Durcheinander ohne augenscheinliche Struktur, ein Bild, das durch die (erstmals individuellen) buntscheckigen Kostüme intensiviert wird. Aus dem Treiben heraus entwickeln sich nun die (neuen) Tänze: eine Seguidilla, die als ein zwischen den Geschlechtern hin und her wogendes Spiel konzipiert ist; der Auftritt von acht (männlichen) Toreadoren und einer Straßentänzerin, die einen Tanz mit Dolchen ausführt, ein Zitat aus Petipas Ballett *Soraija ili Mawritanka w Ispanii* (*Soraja oder Die Maurin in Spanien*, Petersburg 1881, Musik: Minkus); ebenso aus der Menge springt plötzlich mit fliegenden Pas de basques und schier explodieren wollenden Pirouettenkombinationen Kitri. Auch Gorskis Konzeption einer Hauptpartie für einen männlichen Solisten ist neu, sie eröffnete ihm den Weg der Gleichberechtigung mit der Ballerina. Basil trat ohne die üblichen Galanterien des Ballettkavaliers auf, Moskauer Tänzer vom Typ eines Wassili Tichomirow oder Michail Mordkin bauten allmählich die Partie aus vorhandenen choreographischen Bestandteilen in virtuoser Weise aus. Im Bild des Traums Kichots, das vor allem vom weiblichen Corps getragen wird, bediente sich Gorski zwar des klassischen Bewegungskanons, brach aber (auch dies eine Kampfansage an die alte Ordnung) die Reihen von Tänzerinnen gleichsam in polyphoner Bearbeitung auf und gliederte sie in sich immer wieder neu zusammensetzenden Vierer-, Dreier- und Zweiergruppen. Die Ornamentik dieses asymmetrischen Tanzes erinnerte mit ihren sich windenden, auseinandergezogenen Linien an die Vignetten des Fin de siècle. Nicht nur hier bewies Gorski seine Gabe, sich vom Dekorativ-Bildnerischen inspirieren zu lassen (eine Gabe, die nach ihm Michail Fokin intensivieren sollte); seine Neuerungen waren wahrscheinlich auch durch die Arbeit der Maler Konstantin Korowin und Alexander Golowin beeinflußt, die man erstmals für die Ausstattung eines Balletts hatte gewinnen können. Der letzte Akt der Gorski-Version entsprach ganz den Regeln des alten Divertissements: Der klassische Tanz kam in reiner Form vor, verschmolz nicht, sondern wechselte nur mit den Charakternummern ab. Neu war ein Pas de deux Kitri/Basil zu der »romance sans

Don Kichot; Wilhelm Wanner als Don Kichot, Wassili Gelzer als Santscho Pansa; Illustration nach dem Bühnenbild von Pawel Issakow, F. Schenjan und Schangin; Uraufführung, Ballett des Bolschoi-Theaters, Moskau 1869. – Während sich der Ritter in seine eigenen Phantasmagorien verstrickt, gibt sich sein Diener den Genüssen des Lebens hin.

paroles« *Simple aveu* (um 1895) von Francis Thomé. (Mitte der 20er Jahre wurde diese Nummer durch einen Pas de deux zu Musik von Minkus ersetzt, der in das Repertoire vieler Ballettvirtuosen einging.) Die Musik der eingefügten Nummern stammt außer von Minkus von Anton Simon (spanischer Tanz) und Eduard Nápravník (Fandango), jeweils im V. Akt. Gorskis Version, in der Besetzung Ljubow Roslawlewa (Kitri und Dulsineja), Tichomirow (Basil), Mordkin (Espada), Sofija Fjodorowa (Straßentänzerin und Mersedes), stieß auf heftiges Für und Wider zwischen Konservativen und Neuerern, allgemein kritisiert wurde die streng gebaute Festlichkeit des letzten Akts, die im Gegensatz zu den demokratischen Elementen des I. Akts stand und das zu bekräftigen schien, wovon sich Gorski zu Beginn des Balletts loszusagen wünschte. 1906 brachte Gorski eine weitere Bearbeitung am Bolschoi-Theater Moskau heraus, die aber keine wesentlichen Neuerungen enthielt. Der Einfluß, den diese Version ausübte (nicht zuletzt auf die russische Regiekunst), war nachhaltig und weitreichend. Als man sich bei der Petersburger Neueinstudierung 1902 nicht für eine Wiederaufnahme von Petipas Original, sondern für Gorskis Version entschied, markierte man mit diesem Entschluß das Ende der 50 Jahre andauernden Ära Petipas. Obwohl Gorskis Ballett auf heftige Kritik sowohl bei der Presse als auch bei Praktikern wie Fjodor Lopuchow stieß (der sich im Lauf der nächsten Jahrzehnte selbst als Neuerer profilierte), erzielte *Don Kichot*, hervorgerufen durch den beispielhaften Glanz der Besetzung, einen überwältigenden Erfolg. Es tanzten Alexei Bulgakow (Kichot), Enrico Cecchetti (Santscho), Matilda Kschessinskaja (Kitri), Nikolai Legat (Basil), Julie Sedova (Königin der Dryaden), die Elevin Tamara Karsawina (Amor), Pawel Gerdt (Gamasch), Anna Pawlowa (Schuanita), Olga Préobrajenska (Straßentänzerin), Alfred Bekefi (Espada) und Marija Petipa (Mersedes). – Als eins der beliebtesten Ballette des klassischen Repertoires (am Mariinski-Theater übernahmen unter andern Pawlowa, Wera Trefilowa, Jekaterina Gelzer und Karsawina die Kitri mit besonderem Erfolg) behauptete sich *Don Kichot* fortan in Produktionen, die sich meist auf Gorski, manchmal auf Petipa stützten oder Mischformen boten. 1923 nahm Lopuchow Gorskis Version im Theater für Oper und Ballett Petrograd wieder auf, Olga Spessivtseva und Michail Dudko waren die Protagonisten; zu den wichtigsten Interpretinnen der Kitri in Leningrader Einstudierungen zählen: Tatjana Wetscheslowa, Natalija Dudinskaja, Inna Subkowskaja, Olga Moissejewa, Gabriela Komlewa und Altynai Assylmuratowa; die bekanntesten Tänzer des Basil sind: Wachtang Tschabukiani, Konstantin Sergejew, Alexei Jermolajew, Askold Makarow, Boris Bregwadse, Rudolf Nurejew, Valeri Panov, Michail Baryschnikow und Faruch Rusimatow. 1940 besorgte Rostislaw Sacharow eine Neueinstudierung der Gorski-Version für das Bolschoi-Theater, an der Kasjan Goleisowski beteiligt war und in der zusätzliche Musiknummern von Wassili Solowjow-Sedoi eingeschoben wurden. Olga Lepeschinskaja gab als Kitri mit ihrer virtuosen Flamboyance die Linie der Moskauer Interpretation vor, in der ihr besonders Raissa Strutschkowa, Maija Plissezkaja, Jekaterina Maximowa und Nadeschda Pawlowa folgten. Die wichtigsten Interpreten des Basil nach Assaf Messerer waren Jermolajew, Maris-Rudolf Liepa, Wladimir Wassiljew, Wladimir Tichonow und Wjatscheslaw Gordejew. – Während *Don Kichot* in der Sowjetunion zu den meistgespielten Balletten zählt (die sowjetische Ballettenzyklopädie zählt zwischen 1926 und 1978, Moskau und Leningrad nicht mitgerechnet, 44 Produktionen in 24 Städten), faßte das Ballett im Westen nur allmählich Fuß. Alexandra Danilova und Nicholas Efimov tanzten 1924 während einer Tournee im Westen einen Don-Quijote-Pas-de-deux, ebenfalls 1924 studierte Laurent Novikoff eine zweiaktige Version mit Prolog für die Pawlowa-Kompanie ein. Die Produktion, die einen Akt als »nach Gorski« ausweist, kam in London und im selben Jahr in New York heraus, die Protagonisten waren Pawlowa und Novikoff. Als erste westliche Einstudierung des Pas de deux gilt die durch Anatole Oboukhoff für das Ballet Theatre New York 1944, mit Tamara Toumanova und Anton Dolin. Wichtig für die westliche Rezeption wurden die Einstudierungen des Balletts durch Alexandra Fedorova in Riga 1931 und Kaunas 1936. Es folgten George Gé (Helsinki 1958), Albert und Nina Kozlovsky (Stockholm 1959) und Witold Borkowski (nach Gorski, Ballet Rambert, Liverpool 1962; Musikbearbeitung: Geoffrey Corbett). Nurejews 1966 für Wien entstandene Version (Musikbearbeitung: John Lanchbery) kam in bislang 15 Einstudierungen in allen Erdteilen heraus und eroberte dem Ballett durch eine Verfilmung (mit Robert Helpmann als Kichot, Nurejew als Basil und Lucette Aldous als Kitri) ein noch größeres Publikum. Verschiedene Versionen folgten nun in rascher Folge: Borkowski (London Festival Ballet 1970), Baryschnikow (American Ballet Theatre 1978; Musikbearbeitung: Patrick Flynn; mit Gelsey Kirkland und Baryschnikow), Ivan Sertić (Gärtnerplatztheater, München 1980), Nicholas Beriozoff (National Ballet of Canada, Toronto 1982; Beriozoff hatte schon 1966 eine einaktige Version in Zürich herausgebracht), Juri Grigorowitsch (Kopenhagen 1983), Bregwadse (Prag 1986), Marta García und María Elena Llorente (Havanna 1988). Heinz Spoerli suchte sich in seiner Version (Basel 1989) gänzlich von der Tradition zu lösen und schuf ein neues Ballett mit zusätzlicher Musik von Maurice Ravel und Klaus Arp.

Ausgaben: Kl.A: Stellovskij, Petersburg 1882, Nachdr. London 1979. **Aufführungsmaterial:** M: Bibl. Kirov, Leningrad; Bearb. v. J. Lanchbery: Sikorski; Beneshnotation v. E. Allen (R. Nureev, Australian Ballet, Melbourne 1970): BIC, London

Literatur: F. LOPUCHOV, Puti baletmastera, Bln. 1924, S. 17; N. ROSLAVLEVA, Stanislavski and the Ballet, in: DP 23:1965; J. SLONIMSKIJ, Dramaturgija baletnogo teatr XIX veka, Moskau 1977, S. 254–266; weitere Lit. s. S. 714

Wera Krassowskaja

Bajaderka
Balet w tschetyrjoch deistwijach i semi kartinach s apoteosom

Die Bajadere
La Bayadère
Ballett in 4 Akten und 7 Bildern mit Apotheose

Musik: Alois Ludwig Minkus. **Libretto:** Marius Petipa
Uraufführung: 23. Jan. 1877, Bolschoi-Theater, St. Petersburg, Ballett des Theaters
Darsteller: Dugmanta, Radscha von Golkonda; Gamsatti, seine Tochter; Gamsattis Dienerin; Solor, ein reicher und berühmter Krieger; Nikija, Bajadere; Großbrahmane; Magdawaja, Fakir; Taloragwa, Krieger; Corps de ballet: Brahmanen, Diener des Radschas, Krieger, Bajaderen, Fakire, Sklaven, Musikanten, Jäger, Schlangenbändiger, Divertissementtänzer, Schatten
Orchester: Picc, 2 Fl, 2 Ob, E.H, 2 Klar, 2 Fg, 4 Hr, 2 Trp, 2 Pistons, 3 Pos, Tb, Pkn, Schl (gr.Tr, Bck, kl.Tr, Trg, Glsp, Schellen, Tamburin), Hrf, Streicher
Aufführung: Dauer ca. 2 Std. 30 Min.

Entstehung: Seit den Erfolgen der beiden Fassungen (1869 und 1871) von *Don Kichot* hatte sich Petipas Stellung als erster Choreograph der Kaiserlichen Theater vollends gefestigt. In rascher Folge entstanden hier in den nächsten Jahren zahlreiche Ballette. Die wichtigsten mehraktigen waren *Trilbi* (1870, Musik: Juli Gerber), in dem Petipa auf Charles Nodiers Erzählung *Trilby ou Le Lutin d'Argail* (1822) zurückgriff, die dem Libretto zu Filippo Taglionis *La Sylphide* (1832) als Vorlage gedient hatte, und *Kamargo* (1872, Minkus), dessen Libretto Petipa in Zusammenarbeit mit Henri Vernoy de Saint-Georges entworfen hatte. Zum bedeutendsten einaktigen Ballett wurde *Son w letnjuju notsch* (*Ein Sommernachtstraum*, Peterhof 1876, Felix Mendelssohn-Bartholdy und Minkus); dazu kamen Neueinstudierungen von Balletten von Jules Perrot. Petipa verstand es, seine gesellschaftliche Stellung zu sichern, indem er einflußreiche Petersburger Persönlichkeiten, sogenannte »baletomani«, zur Mitarbeit heranzog, wie etwa Sergei Chudekow, den Herausgeber der *Peterburgskaja gaseta*, der an der Entstehung des Librettos von *Bajaderka* beteiligt war. In welchem Maß er mitwirkte, kann nicht mehr festgestellt werden; als Petipa das Ballett 1900 wiederaufnahm, kam es darüber zu einem öffentlich ausgetragenen Streit, in dem Petipa mit dem lügnerischen Chlestakow in Nikolai Gogols Komödie *Rewisor* (1836) verglich. Als sicher kann der Einfluß von Théophile Gautiers Libretto zu Lucien Petipas *Sacountala* (Paris 1858) angesehen werden. Der Beginn der Handlung stimmt überein, auch die Namen einzelner Personen; im weiteren Verlauf nahm Petipa jedoch grundlegende Änderungen vor wie etwa das tragische Ende.

Inhalt: I. Akt, »Fest des Feuers«, heiliger Hain in einem üppigen Tropenwald, rechts der Eingang zu einer Pagode, im Hintergrund die schneebedeckten Gipfel des Himalajas: Nachdem sich die Jäger auf sein Zeichen hin in den Wald begeben haben, bittet Solor den Fakir Magdawaja, ihm zu einem Stelldichein mit der Bajadere Nikija zu verhelfen. Die Prozession der Brahmanen und Bajaderen bewegt sich die Tempelstufen zum Fest des Feuers hinab, zu dem der Großbrahmane Nikija rufen läßt. Als er die Verschleierte enthüllt, ist er von ihrer Schönheit hingerissen und gesteht ihr seine Liebe. Nikija aber weist ihn, an ihre Pflichten als Dienerin Gottes gemahnend, mit Entsetzen zurück. Als sie die Pilger mit Wasser labt, findet Magdawaja Gelegenheit, ihr Nachricht von Solor zu geben, der nach dem Fest allein zurückbleibt. Alsbald erscheint Nikija, und über dem heiligen Feuer schwören die beiden einander ewige Liebe. Nikija gibt schließlich Solors Drängen zur Flucht nach. Der Großbrahmane, der die Begegnung beobachtet hat, sinnt rasend vor Eifersucht auf Rache.
II. Akt, 1. Bild, »Die Nebenbuhler«, Halle im Palast des Radschas Dugmanta: Sklavinnen unterhalten Dugmanta mit einem Tanz. Er erinnert Solor an das schon lange vereinbarte Eheversprechen zwischen ihm und Gamsatti; Dugmanta schlägt Solors Einwürfe in den Wind, läßt Gamsatti rufen und stellt ihr Solor vor, ihren künftigen Gemahl. Er setzt die Hochzeit einige Tage später an. Gamsatti bemerkt die Traurigkeit ihres Bräutigams, zieht sich zurück, kann aber ein Gespräch belauschen, in dem der hinzugekommene Großbrahmane von der Liebe Solors und Nikijas erzählt. Zornentbrannt beschließt Dugmanta, Nikija töten zu lassen. Sie wird gerufen; gern kommt sie der ehrenvollen Aufgabe nach, bei Gamsattis Hochzeit zu tanzen, doch da muß sie in dem Bräutigam ihren Geliebten erkennen. Händeringend beschwört Gamsatti Nikija, auf Solor zu verzichten. Sie bietet Schätze und droht schließlich. Da stürzt sich Nikija mit einem Dolch auf Gamsatti, wird aber von Dienern entwaffnet und flieht. Gamsattis letzte Geste zeigt, daß Nikija sterben muß. 2. Bild, »Der Tod der Bajadere«, Palastgarten des Radschas, im Hintergrund der Turm der Pagode, darüber verschneite Gipfel: Mit einem Fest wird die Verlobung Gamsattis und Solors begangen. Es beginnt mit Tänzen, an denen sich Nikija beteiligt. Den Blumenkorb, den ihr Gamsatti schenkt, sieht sie als versöhnende Geste; als sie ihn aber an sich drückt, wird sie von einer im Korb versteckten Schlange gebissen. Verzweifelt bietet der Großbrahmane Nikija Gegengift; sie weist es zurück und stirbt.
III. Akt, »Auftritt des Schattens«, Zimmer im Palast des Radschas: Um Solors trübe Gedanken zu zerstreuen, führen drei Schlangenbändiger einen grotesken Tanz auf. Gamsatti kommt, um nach ihrem Bräutigam zu sehen; Solor läßt sich von ihr liebkosen. Plötzlich erscheint an der Wand der Schatten der weinenden Nikija. Gamsatti entfernt sich, Solor versinkt in Schlaf. 2. Bild, »Das Reich der Schatten«, verzauberter Ort: Solor findet die von andern Schatten umgebene Nikija. Werde er sich an seinen Schwur halten, so versichert ihm die Geliebte, fände auch er, von ihrem Schatten geleitet, Eingang in dies friedliche

Reich. 3. Bild, wie III/1: Diener bringen Solor Geschenke und treffen Hochzeitsvorbereitungen.
IV. Akt, »Die Rache der Götter«, Säulenhalle im Palast des Radschas: Die Hochzeit beginnt; vergeblich versucht Gamsatti, Solor zu zerstreuen. Nikijas Schatten erscheint, um Solor an seinen Schwur zu erinnern. Erschrocken weist Gamsatti einen Blumenkorb zurück, schutzsuchend flieht sie in die Arme des Vaters, der auf einen raschen Ablauf der Zeremonie drängt. Als der Großbrahmane die Hochzeit vollziehen will, ber-sten unter Donnergrollen die Mauern des Palasts und begraben alle unter sich.
Apotheose, auf dem Himalaja: Nikijas Schatten gleitet zu den Höhen der Berge; liebevoll blickt sie auf Solor, der sich zu ihren Füßen niederläßt.
Kommentar: Was das exotische Genre, die der Romantik verpflichtete Thematik, das dramaturgische Modell und die Ausnutzung der gesamten Bühnenmittel betrifft, steht *Bajaderka* neben *Dotsch faraona* (1862) und *Zar Kandawl* (Petersburg 1868, Musik: Cesare Pugni), Balletten, die man aufgrund ihrer Personenzahl und ihrer Anwendung des technischen Apparats als »grand spectacle« bezeichnen kann. Was *Bajaderka* dagegen von den beiden Werken unterscheidet und zum ballettgeschichtlichen Wendepunkt des 19. Jahrhunderts werden läßt, ist, wenngleich Einschübe bloßen Tanzes auch in andern Balletten bereits eine Rolle spielten, der konzentrierte Einsatz der klassisch-tänzerischen Mittel im sogenannten Schattenakt. Das etwa halbstündige Traumbild, das vom uniform weiß gekleideten weiblichen Corps de ballet unisono ausgeführt wird, variiert den Topos von der Gegenüberstellung von realer und irrealer Welt: Nur in einer andern Welt könne der Mann das Ideal der Frau finden, im Traum (das Libretto spricht nicht, wie später meist angenommen wurde, von einem Opiumrausch) taucht Solor in diese andere Welt, in das Reich der Toten, um unter den Schatten die verlorene Geliebte zu suchen. Vorbild für die gesamte szenische Gestaltung waren nicht, wie man vermuten möchte, die inhaltlich und vom Erscheinungsbild her verwandten II. Akte von *La Sylphide* und Corallis *Giselle* (1841), sondern *Robin des bois ou Les Trois balles*, eine Einrichtung von Webers *Freischütz* (1821) von François Castil-Blaze, die 1824 im Théâtre Odéon Paris herausgekommen war und weitere Inszenierungen, unter anderm 1855 in Petersburg, erlebte; das Vorbild für den später so berühmt gewordenen Auftritt der Schatten aus einem Felsen fand Petipa in Arthur Saint-Léons Ballett *Sirota Teolinda ili Duch doliny* (*Die Waise Teolinda oder Der Geist des Gebirgstals*, Petersburg 1862, Musik: Pugni), dessen Libretto sich auf Eugène Gautiers Opéra-comique *Le Lutin de la vallée* (Paris 1853, Text: Jules-Edouard Alboize du Pujol und Michel Carré) stützte, die Saint-Léon im Théâtre-Lyrique herausgebracht hatte; Vorbild für die »plastischen Gruppen«, wie es im Libretto heißt, waren Gustave Dorés Purgatorio-Zeichnungen (1861) für Dante Alighieris *Divina commedia* (um 1320). Diese Anregungen verband Petipa mit seinen eigenen Kompositionsprinzipien einer »Ballettsymphonik«, wie in der sowjetischen Balletterminologie der handlungslose Tanz bezeichnet wird. Obwohl der Wechsel von geschlossenen Nummern und die Abfolge von Solo- und Ensembleszenen beibehalten werden, erscheinen diese in größerer Verflechtung, da Petipa inhaltsbedingt auf die Farbe der Charaktertänze verzichten muß und deshalb das durchgängig klassische Vokabular vereinheitlichend wirkt. Durch größere Synchronisation, gleichförmige Bewegung und gleiche Farbe zu einem Ganzen gebunden, werden die tänzerischen Mittel in ihrer stimmungstragenden Funktion gleichsam freigelegt, das Corps gewissermaßen zum Protagonisten der Szene erhoben, womit Petipa einen wesentlichen Schritt in Richtung auf das »handlungslose« Ballett des 20. Jahrhunderts getan hat. Die tranceartige Atmosphäre des Traumbilds wird geschaffen, indem die Tänzerinnen (38 Corps-de-ballet-Mädchen und 39 Elevinnen verschiedener Altersstufen), eine nach der andern aus der dunklen Leere des Felsens auftretend, zunächst eine Rampe herunter, dann in Schlangenlinien bis hin zum Vordergrund schreitend, allmählich die Bühne füllen und durch die kontinuierliche Wiederholung der Arabesque penchée den Eindruck sich herabsenkender Wolken erwecken. Als Verbindungsmittel zur Handlung dient Petipa der Schleier, der nun, in weißer Farbe, gleichsam als Erinnerung an die Couleur locale der Realität, sowohl dekorativ als auch symbolisch eingesetzt wird: Zum einen ziert er Nacken und Arme der Schatten, zum andern versinnbildlicht er im Adagio der Liebenden die Sehnsucht nach Vereinigung. In den sich aus den konventionellen choreographischen Formen ergebenden Tänzen der Solistinnen hält Petipa eine Balance zwischen Technik und Stimmung, deren charakteristische Färbungen Aspekte der Handlung, etwa Nikijas Wesenszüge, vermitteln können. – Petipa gliedert die Akte nach seinem Modell der Verflechtung und gleichzeitigen Kontrastierung von handlungstragender Mimik und inhaltslosem, klassischem oder national gefärbtem Tanz: Einer mimisch gestalteten, kommentierenden Exposition folgen genreartige Charaktertänze als Couleur locale, danach, als Höhepunkt des Akts, der klassische Tanz; als Kontrast dazu stehen wieder Charaktertänze, mimisch schließt der Akt ab. Im I. Akt von *Bajaderka* folgt er streng dem regelmäßigen Bau, in den andern Akten variiert er ihn, den Bedürfnissen der Handlung folgend. So findet sich in II/1 eine Abfolge mimischer Szenen (Dugmanta/Solor, Dugmanta/Gamsatti, rivalisierende Frauen), um die Handlung zu beschleunigen und die Dramatik zu steigern; in II/2, das mit II/1 eine dramaturgische Einheit bildet, ist ein ausgedehntes Divertissement eingeschoben, das im größeren Zusammenhang als »farbiges« Gegenstück zum ebenfalls überdimensionierten »weißen« Schattenakt gedacht ist, um den Ablauf der Handlung zu verlangsamen und den tragischen Höhepunkt hinauszuzögern. Was die einzelnen Formteile betrifft, folgt Petipa der Konvention mit für das »grand spectacle« kennzeichnenden feierlichen Aufmärschen und Prozessionen innerhalb der mimischen Szenen, die die Akte eröffnen oder

schließen, jedoch nie, wie das später etwa in Manzottis *Excelsior* (1881) der Fall ist, Eigenleben gewinnen. Höhepunkte der mimischen Partien sind der Racheschwur des Großbrahmanen im I. Akt, die Szene der Eifersucht in II/1, Nikijas Tod in II/2 und Gamsattis Verzweiflung im IV. Akt. Von den Charaktertänzen ragen heraus die mit Dolchen und Fackeln ausgeführten Tänze des Feuerfests im I. Akt und der »Dschampe« in II/1, eine dem indischen Tanz entnommene Variante eines Schaltanzes. Innerhalb des Divertissements herrscht wieder das Prinzip der Verflechtung und Kontrastierung von klassischen und nationalen Tänzen. Dem Tanz der Sklaven (zwölf Tänzerinnen und vier Elevinnen) folgt der »rasche indische« Tanz (zwei Solistinnen und sechs Tänzer), der durch an den Kostümen angebrachte Schellen seinen eigenen Charakter erhält. Der darauf folgende als Walzer konzipierte »große indische« Tanz (je 24 Tänzerinnen und Eleven, zwölf Tänzer) ist, wie üblich, streng geometrisch angeordnet. Die Tänze zweier Bajaderen und zweier Nautschmädchen sind als Kontrast zur großen Ensembleszene gedacht. Den zentralen Pas de deux tanzt Gamsatti, einem Usus der Zeit folgend, nicht mit Solor, einer rein mimisch angelegten Partie, sondern mit einem Kavalier. Der klassischen Strenge und Virtuosität wird der lustiggroteske »Manu-Tanz« entgegengesetzt, in dem ein Mädchen mit einem bauchigen Krug auf dem Kopf tanzt und dabei von zwei sehr kleinen Mädchen zu Polkaschritten geneckt wird, indem sie um etwas zu trinken bitten. Die Koda vereint noch einmal alle Teilnehmer zu einem räumlich und farblich abgestimmten Schlußtableau. Der Tanz der Lotosblumen im IV. Akt (62 ältere und 24 jüngere Schüler) steht dem Formtyp nach zwischen dem Divertissement und dem Schattenakt. Der Pas d'action im IV. Akt ist als herausragender klassischer dramatischer Ensembletanz anzusehen. Der Pas wird von Gamsatti und Solor, Nikijas Schatten, zwei Solistinnen, zwei Schülerinnen, einem Solisten und vier Tänzern ausgeführt. Von Petipa meisterhaft geführt, drängt sich Nikijas Schatten immer wieder zwischen Braut und Bräutigam und erinnert ihn so an seinen Schwur. Nikijas Soli im I. und III. Akt sind die Höhepunkte des klassischen Tanzes; das ungewöhnlich lange Solo im II. Akt ist auf zwei Bewegungsmotiven aufgebaut, die Nikijas Kampf zwischen Pflicht und Neigung symbolisieren: Der hoch aufgerichtete Körper, dessen lange Linie durch die in die Höhe gestreckten, ineinander verschlungenen Arme noch weiter himmelwärts gezogen scheint, erinnert an ihre Aufgabe, die zur Keuschheit verpflichtet, die variierte Arabesque, das zweite Motiv, symbolisiert Nikijas leidenschaftliche Liebe. Bald breitet sie sich aus, bald ist sie nach unten gerichtet, bald bricht sie tollkühn aus, bald entfaltet sie sich langsam. Obwohl die irdische Liebe Nikija immer wieder zum Boden zieht, sammelt sie mit äußerster Willensanstrengung Kräfte für einen neuen Stoß in die Höhe, schwingt sich dann aber wie unschlüssig hin und her und wiederholt die Tanzphrase mit gleicher Leidenschaft. Die Arabesque herrscht auch im zweiten, schnellen Teil des Tanzes vor, in dessen Verlauf Nikija der Blumenkorb überreicht wird. Petipas Meisterschaft zeigt sich in der Koda, wo die inhaltliche Gegebenheit (Bajadere als Tänzerin) mit der Forderung der Ballettbühne (Ballerina als Virtuosin), einer Kadenz vergleichbar, in Einklang gebracht wird. In raschen, fast gesprungenen »dessous-dessus« gewinnt Nikijas eigentliches Wesen die Überhand. Fast entfesselt dreht sie sich um sich selbst und drückt, bevor sie zum Stillstand kommt, mit ungestümen Bewegungen die Blumen an die Brust. – Die Partitur von *Bajaderka* entspricht den spezifischen Gesetzen, die in der 2. Hälfte des 19. Jahrhunderts für die Komposition von Ballettmusik in Rußland galten, das heißt die Komposition wird vor allem durch die »musikalischszenischen« Pläne des Choreographen bestimmt. Sie ist deshalb in erster Linie nicht nach konzertanten Maßstäben zu beurteilen, ihre Qualität liegt vielmehr in der professionellen Ausarbeitung als »Accompa-

Bajaderka, III. Akt; Royal Ballet, London 1984. – Die nobel gleitenden Einzelbewegungen verschmelzen im Fluß des Corps de ballet zur harmonischen Einheit, zum Inbegriff des klassischen Tanzes.

gnato« des Tanzes, innerhalb dessen natürlich auch thematisch-motivische Charaktere als Inhalts- und Ausdrucksträger fungieren, wie das klagende Flötenmotiv oder die Harfenglissandi, die Nikija begleiten. Wenn auch Minkus' Musik dem Vergleich mit Pjotr Tschaikowski, dessen Ballett *Lebedinoje osero* einige Wochen nach *Bajaderka* herauskam, nicht standhält, ist seine Leistung als Ballettkomponist gleichwohl zu würdigen.

Wirkung: Die umjubelte Premiere wurde zum Schnittpunkt der Traditionen und Tänzergenerationen des Petersburger Balletts. Zurück zum Beginn des 19. Jahrhunderts führt die mimische Rolle des Großbrahmanen in der Interpretation von Nikolai Golz, der ein Schüler Charles Louis Didelots war. Den Dugmanta tanzte Christian Johansson, aus dessen Unterricht über Nikolai Legat die Tänzer der sowjetischen Ballettszene hervorgingen. An *Bajaderka* formten sich Generationen russischer und sowjetischer Tänzer. Schülerinnen der ersten Nikija (Jekaterina Wasem) waren Anna Pawlowa und Agrippina Waganowa; Schülerinnen Waganowas waren Marina Semjonowa, Natalija Dudinskaja, Alla Schelest und andere außergewöhnliche Interpretinnen der Nikija. Die mimisch angelegte Partie des Solor (Lew Iwanow) wurde in ihren klassischen Passagen von einem Kavalier gleichsam gedoubelt, dessen Name mitunter nicht einmal im Programm genannt wurde. Dieser nichtgenannte Partner Gamsattis (Marija Gorschenkowa) war der beste Tänzer des Petersburger Ensembles, Pawel Gerdt. *Bajaderka* wurde bis 1884 im Mariinski-Theater gegeben. Schon in dieser Zeit nahm Petipa Änderungen vor; so reduzierte er etwa die Anzahl der Schatten auf 32 Tänzerinnen. 1900 wurde das Ballett als Benefiz für Gerdt wiederaufgenommen. Nikija war nun Matilda Kschessinskaja, Gamsatti Olga Préobrajenska, Solor Gerdt, der Großbrahmane Feliks Krzesiński. 1902 debütierte Pawlowa als Nikija, 1910 folgte Tamara Karsawina. 1904 brachte Alexander Gorski *Bajaderka* im Bolschoi-Theater Moskau mit den Dekorationen der Uraufführung heraus. Nikija wurde von Ljubow Roslawlewa, später von Jekaterina Gelzer getanzt, Solor von Michail Mordkin, später von Wassili Tichomirow. Gamsatti war Sofija Fjodorowa, der Großbrahmane Wassili Gelzer. Gorski studierte *Bajaderka* noch dreimal (1907, 1910 und 1917) ein, jedesmal mit Änderungen. Michail Fokin ähnlich strebte er nach ethnischer Authentizität, wodurch er aber, laut André Levinson, die Grazie des klassischen Port de bras zugunsten der vielleicht glaubwürdigeren Geste aufopferte. Fjodor Lopuchow stützte sich in seiner Einstudierung für das Staatliche Theater für Oper und Ballett 1919 auf das Original, verzichtete jedoch auf den bühnentechnisch schwierig zu gestaltenden IV. Akt. Es tanzten Olga Spessivtzeva (Nikija), Anatole Vilzak (Solor) und Marija Romanowa (Gamsatti). Jelisaweta Gerdt, Jelena Ljukom und Semjonowa waren in dieser Zeit die wichtigsten Interpretinnen der Nikija. Ende der 20er Jahre verschwand *Bajaderka* aus dem Repertoire, 1932 besorgte Waganowa eine Wiederaufnahme. Wladimir Ponomarjows Einstudierung für das Kirow-Theater Leningrad 1941 brachte neben der allmählich einhergehenden stilistischen Veränderung die meisten Neuerungen: ein akrobatisch gehaltenes Adagio für Nikija und einen Sklaven in II/1, das von Konstantin Sergejew getanzt wurde; Wachtang Tschabukiani, der Solor dieser Produktion, choreographierte den Pas d'action des IV. Akts für Gamsatti, Solor und zweimal vier Solisten, der Pas wurde nach II/2 interpoliert. Der in dies Bild eingelegte Tanz des »Goldenen Gottes« wurde von Nikolai Subkowski kreiert und mit acht Schülern ausgeführt. Dudinskaja alternierte mit Schelest als Nikija, Gamsatti war Olga Jordan. Bei der nächsten Wiederaufnahme 1948 tanzten Inna Subkowskaja und Olga Moissejewa die Nikija, Boris Bregwadse und Askold Makarow den Solor. Später folgten unter andern Gabriela Komlewa und Altynai Assylmuratowa als Nikija. Am Moskauer Bolschoi-Theater kam 1923 eine Einstudierung heraus, für die Boris Assafjew die Musik neu orchestrierte; die Protagonisten waren Gelzer und Tichomirow. 1940 folgte eine Einstudierung durch Iwan Smolzow und Walentina Kudrjawzewa, Nikija war Semjonowa. Im Original und als Bearbeitung kam *Bajaderka* auch an folgenden Theatern heraus: Kiew 1926, Lwow 1956, Nowosibirsk, Perm, Saratow und Charkow 1958, Minsk 1959, Swerdlowsk und Ulan-Ude 1960, Aschchabad 1966, Ufa 1967, Ulan-Ude 1970 und Frunse 1973. – Nikolai Sergejew, 1903–17 »Régisseur« des Mariinski-Balletts, der sich um die Verbreitung der Werke Petipas im Westen, besonders für das Sadler's Wells Ballet, unschätzbare Verdienste erwarb, bemühte sich, ab Mitte der 20er Jahre *Bajaderka* wiederherzustellen. Nach einer Einstudierung in Riga 1923 brachte er 1926 den »Schattenakt« für eine Gala einer von Spessivtseva geführten Gruppe in Paris heraus. Seine weiteren Versuche, das Ballett in England auf die Bühne zu bringen, 1927 für die Truppe Pawlowas und 1947 für das International Ballet, scheiterten. Beim Gastspiel des Kirow-Balletts 1961 in Paris, London und New York tanzte die Kompanie den »Schattenakt«. Eugenia Fedorova besorgte 1958 in Rio de Janeiro eine Einstudierung dieses Akts, Rudolf Nurejew brachte ihn 1963 für das Royal Ballet heraus, 1974 für die Pariser Opéra. Im selben Jahr studierte Natalija Makarowa den Akt für das American Ballet Theatre ein. Als absoluter Höhepunkt der Petersburger Klassik gefeiert (Horst Koegler spricht vom »Zelebrieren des Ritus des klassischen Balletts«; s. Lit.), fand der »Schattenakt« Eingang in die Spielpläne zahlreicher großer Ballettensembles, unter anderm in die der Deutschen Oper Berlin (1975, Einstudierung: Teresa Memhes) und der Oper Düsseldorf (1977, Ruzena Mazalova). Besonderes Interesse an dem Werk zeigte Het Nationale Ballet Amsterdam. Nachdem es schon 1961 den Pas d'action getanzt hatte, studierten 1964 Jelena Tschikwaidse und 1975 Marina Schamschewa den »Schattenakt« ein. Makarowa brachte 1980 das gesamte Ballett für das American Ballet Theatre, 1989 für das Königliche Schwedische Ballett und für das Royal Ballet London heraus.

Ausgaben: Part, Bearb. v. J. Lanchbery: Sikorski 1980; L: Petersburg, Hoppe 1877. **Aufführungsmaterial:** ProbenPart: Bibl. Kirov, Leningrad; Stepanownotation v. N. Sergeev: Harvard Theatre Coll., Cambridge (bMS Thr 245 [III]); Bearb. v. B. Asafev: Centralnyj arch. literatury i isskusstva, Moskau
Literatur: A. LEVINSON, O Moskovskom balete, in: Apollon 1911, Nr. 10, S. 161; A. VOLYNSKIJ, Benefis Kordebaleta, in: Birževye vedomosti, 8.11. 1916, S. 5f.; J. VAZEM, Sapiski baleriny sankt-peterburgskogo bolšoj-baleta 1867–1884, Leningrad 1937, engl. in: Dance Research 3:1985, Nr. 2, 4:1986, Nr. 1, 5:1987, Nr. 1, 6:1988, Nr. 2; A. BENOIS, Reminiscences of the Russian Ballet, London 1947; A. CHUJOY, Russian Balletomania, in: Dance Index 7:1948, Nr. 3, S. 45–72; A. SCHAIKEVITCH, Olga Spessivtseva magicienne envoulée, Paris 1954, S. 81–83; F. LOPUCHOV, Šestdesjat let v balete, Moskau 1966, S. 143; H. KOEGLER, Das Königreich der Schatten, in: Ballett 1968, Velber 1968, S. 14; B. L. SCHERER, Maligued Ministrel. Putting in a Good Word for L. Minkus, Composer of ›La Bayadère‹, in: Ballet News 1980, Mai, S. 22f.; P. ANASTOS, Ballet Relicts. The Shroud of Leningrad. ABT's New ›La Bayadère‹, in: BR 8:1980, S. 244–267; G. SCHÜLLER, Auf der Suche nach Petipa, in: TA 1980, Okt., S. 571–577; G. SMAKOV, The Great Russian Dancers, NY 1984; R. J. WILEY, Tshaikovsky's Ballets, London 1985, S. 17–23; Ph. Royal Ballet 1989; J. PERCIVAL, Then and Now. Thoughts on the Royal Ballet's ›Bayadère‹ and Other Classics, in: DaD 1989, Juli, S. 10–14; weitere Lit. s. S. 714

Wera Krassowskaja / Gunhild Schüller

Talisman
Bolschoi fantastitscheski balet w tschetyrjoch deistwijach, semi kartinach, s prologom i epilogom

Der Talisman
Großes phantastisches Ballett in 4 Akten, 7 Bildern, mit Prolog und Epilog

Musik: Riccardo Drigo. **Libretto:** Konstantin Awgustowitsch Tarnowski und Marius Petipa
Uraufführung: 1. Fassung: 25. Jan. 1889, Mariinski-Theater, St. Petersburg, Ballett des Theaters; 2. Fassung: 29. Nov. 1909, Mariinski-Theater, St. Petersburg, Ballett des Theaters (hier behandelt)
Darsteller: Amrawati, Herrscherin der himmlischen Geister; Niriti, ihre Tochter; Waiju, Windgott; Manmoata, Himmelsgeist; Akdar, König von Delhi; Dannajanti, seine Tochter, Braut Nureddins; Nureddin, Maharadscha von Lahore; Dschemil, sein Knappe; ein alter Eunuch; Kadoor, Weber; Nal, sein Sohn; Nirilja, dessen Braut; Corps de ballet: Himmelsgeister, Radschas, Gefolge des Herrschers, junge Weber, Erdgeister, Feuergeister, Rosen, Bajaderen, Hindutänzerinnen, Kämpfer, Sklaven, Fakire, Schlangenbeschwörer, Wahrsager, Waffenträger, Perser, Bengalen, Singalesen, Kaufleute, Wasserträger, Bettler
Orchester: nicht zu ermitteln
Aufführung: Dauer ca. 3 Std.

Entstehung: Die erste Darstellerin der Niriti war Elena Cornalba, die, den Usancen der Zeit folgend, als italienische Virtuosin 1887–89 an der Spitze des Petersburger Balletts tanzte und unter anderm 1888 Petipas *Westalki* (*Die Vestalin*, Musik: Michail Iwanow) kreiert hatte. Cornalba erreichte weder die Popularität Virginia Zucchis noch die der andern »russischen« Italienerinnen Carlotta Brianza und Pierina Legnani, die nicht nur in Petersburg Maßstäbe für dramatische und technische Tanzkunst setzten. 1895 wurde *Talisman* für Legnani wiederaufgenommen.
Inhalt: In den Wolken; Hütte eines alten Webers; vor der Hütte; Garten in Akdars Palast; Basar in einer großen Stadt am Ufer des Ganges; Ruinen; Apotheose.
Amrawati ist betrübt, denn auf Befehl ihres unsterblichen Gemahls muß ihre Tochter Niriti zur Erde hinuntersteigen. Dort dürfe sie keine Bindung mit einem Sterblichen eingehen; andernfalls verlöre sie ihre Unsterblichkeit. Ausgestattet mit Amrawatis goldenem Zauberstab, der dem Windgott Waiju Macht über die Elemente geben soll, und einem ebenso zauberkräftigen Stern, dessen Verlust die Rückkehr ins himmlische Reich verhindern würde, steigen Waiju und Niriti zur Erde hinab. Nal und Nirilja schmücken für ihre Hochzeit die Hütte. Auf der Jagd hat sich Nureddin, der junge Maharadscha von Lahore, im Wald verirrt, Nal und Nirilja tanzen für ihn, wofür Nureddin sie beschenkt. Es wird dunkel, in der Ferne hört man Donnergrollen und sieht Blitze. Niriti und Waiju erscheinen; sie ist müde vom ungewohnten Lärm der Welt und schläft ein; Waiju fliegt weg. Nureddin nähert sich Niriti, ist von ihrer Schönheit entzückt und will sie küssen, aber die erwachende Niriti ruft erschrocken um Hilfe. Während sie mit Nureddin kämpft, fällt der Stern von ihrer Stirn. Da eilt Waiju zu Hilfe, unter Blitz und Donner fliegen sie davon. Nureddin ist bestürzt über das Verschwinden Niritis; ihren Stern in der Hand, beschließt er, sie zu suchen. Auf der Suche nach Nureddin gelangen König Akdar und Nureddins Braut Dannajanti in die Hütte; gedankenverloren folgt Nureddin seiner Braut. Auf der Suche nach dem Stern fliegen Niriti und Waiju durch den Wald. Im Palast wird Nureddins Hochzeit mit Dannajanti vorbereitet. Nach dem Festmahl bleibt Nureddin mit Niritis Talisman zurück. Plötzlich wachsen aus der Erde Sträucher bengalischer Rosen und versperren ihm den Weg. Aus jedem Strauch erhebt sich eine lebende Rose, in ihrer Mitte erscheint Niriti. Nureddin wird gebeten, den Talisman zurückzugeben. Die Vision verschwindet, als Akdar und Dannajanti kommen, um Nureddin in den Tempel zu holen. Doch er weigert sich, Dannajanti zu heiraten. Der gekränkte Akdar zieht sein Schwert, Feuerzungen kommen aus dem Boden und trennen die Gegner. Die Feuergeister retten Nureddin. Niriti erscheint in der Mitte des Brunnens. Nureddins Liebe überwältigt sie, und unbemerkt schickt sie ihm einen Kuß. Nureddin, auf dessen Brust Niritis Stern glänzt, kehrt von einem Feldzug gegen Akdar zurück. Als Brahmane verkleidet erscheint Waiju, an seiner Seite Niriti in Gestalt einer Sklavin. Sie wollen Nureddin den Stern entwenden, er aber hat Niriti erkannt und will die »Sklavin« kaufen. Der Brahmane verlangt dafür den Stern. Nureddin geht zum Schein auf den Handel ein und lockt

Waiju mit Wein; bald liegt Waiju wie tot da. Nureddin befiehlt, Niriti zu entführen, erzählt ihr von seiner grenzenlosen Liebe und bittet sie, mit ihm auf der Erde zu bleiben. Aber Niriti will lieber sterben als Amrawatis Gebot verletzen. Da sagt sich Nureddin von ihr los und gibt ihr den Talisman zurück. Donner ist zu hören. Amrawati, umgeben von den Himmelsgeistern, erwartet Niriti. Sie ist bereit, in den Himmel aufzusteigen, aber als sie sieht, wie schwer ihr der Abschied fällt, wirft sie den Stern weg und schließt Nureddin in die Arme; der Stern schwebt nach oben.

Kommentar: Seit 1882 die Monopolrechte der Kaiserlichen Theater durch Alexander II. aufgehoben worden waren, drang das modische Genre der Ballettfeerien und -revuen à la Manzottis *Excelsior* (1881) auch in Rußland vor. Beliebte Spielstätten dafür waren die Bühnen der Sommergärten. Petipa hatte gegenüber Werken dieser Art eine ablehnende Haltung, da sie seiner Meinung nach das Ballett als ernsthafte Kunstgattung in Frage stellten. Er mußte jedoch auch, den Wünschen der Direktion entsprechend, eine Anzahl Ballette ähnlichen Genres schaffen, wobei er die Strukturen der Novitäten zwar übernahm, sie aber in seinem Sinn »ballettgemäß« umdeutete. Mit *Talisman*, einem Beispiel solcher Umdeutung, vollendete Petipa die Epoche seines Schaffens bis zur Begegnung mit den »symphonischen« Komponisten Pjotr Tschaikowski und Alexander Glasunow. Trotz der Vorwürfe, bei *Talisman*, dessen Stoff schon des öfteren für die Bühne bearbeitet worden war, handle es sich letztlich doch um eine Aneinanderreihung von Tänzen und Divertissements, erfreute sich das Ballett bei den Tänzern größter Beliebtheit.

Wirkung: Zum 20jährigen Bühnenjubiläum von Olga Préobrajenska studierte Nikolai Legat, der als 2. Ballettmeister des Mariinski-Theaters das Petipa-Repertoire betreute, 1909 *Talisman* neu ein. Dem Zeitgeist entsprechend verwendete er im I. Akt Fokinsche Bewegungselemente. Die Rolle Waijus, die Legat bei der Wiederaufnahme des Balletts 1895 selbst getanzt hatte, erweiterte er nun für Waslaw Nijinski durch fliegende Sprünge. 1910 übernahm Matilda Kschessinskaja, der es mit ihrer Briotechnik und ihrem dramatischen Talent als erster russischer Tänzerin gelungen war, die Vorherrschaft der Italienerinnen zu brechen, die Rolle der Niriti. Nach Ansicht von Jewgenija Biber parodierte Michail Fokin (der 1895 in *Talisman* debütiert hatte) in der Partie der Straßentänzerin in *Pétrouchka* (1911) den Beginn einer Koda aus *Talisman*, den Kschessinskaja bis zu sechsmal wiederholte. Das Ballett wurde 1913 aus dem Repertoire genommen, 1926 wurde *Talisman* als Abschlußvorstellung der Choreographischen Schule Leningrad von Wladimir Ponomarjow und Alexander Schirjajew nach Petipa einstudiert.

Ausgaben: L: Petersburg 1909. **Aufführungsmaterial:** Bibl. Kirov, Leningrad
Literatur: M. ROMANOVSKY-KRASSINSKY, Dancing in Petersburg. The Memoirs of Kshessinska, London 1960, Nachdr. NY 1977, S. 115–117; weitere Lit. s. S. 714

Jutta Maly

Spjaschtschaja krassawiza
Balet-fejerija w trjoch deistwijach s prologom

Die schlafende Schöne
Dornröschen
La Belle au bois dormant
Ballettfeerie in 3 Akten mit Prolog

Musik: Pjotr Iljitsch Tschaikowski. **Libretto:** Marius Petipa
Uraufführung: 16. Jan. 1890, Mariinski-Theater, St. Petersburg, Ballett des Theaters
Darsteller: Florestan XIV.; Königin; Prinzessin Awrora/Aurore/Aurora, ihre Tochter; Prinz Desire/Désiré; Prinz Fler de Pua/Fleur de Pois, Prinz Scheri/Chéri, Prinz Scharman/Charmant und Prinz Fortjune/Fortuné, Bewerber um die Hand Awroras; Katalabjut/Catalabutte, ein alter Oberzeremonienmeister des Königs; Arzt des Königs; Fee Karabos/Carabosse, Siren/Fée de Filas/Fliederfee, Kandid/Candide, Fler de Farin/Fleur de Farine, Wiolant/Violante, Kanari und Kroschka/Fee der Brotkrumen, Feen; Herzogin; Baronesse; Gräfin; Marquise; Galifron, Erzieher des Prinzen; Divertissement: Brillantenfee, Goldfee, Silberfee, Saphirfee, der gestiefelte Kater, das weiße Kätzchen, Rotkäppchen, der Wolf, Aschenbrödel, Prinz Fortjune/Fortuné, der Blaue Vogel, Prinzessin Florina, Blaubart, Blaubarts Frau, der Däumling, der Menschenfresser; Corps de ballet: Ehrenjungfrauen, Ratten, königliche Ammen, königliche Pagen, Strikkerinnen, Hofdamen, Kavaliere, Negerlakaien, Bauernmädchen, Baronessen, Komtessen, Herzoginnen, Herzöge, Marquisen, Jäger, Najaden, Diener, Awroras Freundinnen, Däumlings Brüder, Damen, Pagen, Diener, Dienerinnen, Lakaien, Kinder
Orchester: Picc, 2 Fl, 2 Ob, E.H, 2 Klar, 4 Hr, 2 Trp, 2 Pistons, 3 Pos, Tb, Pkn, Schl (gr.Tr, Bck, kl.Tr, Tamburin, Tamtam, Glsp, Trg), 2 Hrf, Kl, Streicher
Aufführung: Dauer ca. 2 Std. 15 Min.

Entstehung: Iwan Wsewoloschski, 1881–99 Direktor der Kaiserlichen Theater Petersburg und in dieser Position verantwortlich für durchgreifende künstlerische, insbesondere musikalische Reformen am Hofopernhaus, hatte 1886 bei Tschaikowski angefragt, ob er ein Undine-Ballett komponieren wolle. Tschaikowski, der schon eine Undine-Oper komponiert hatte, später aber, unzufrieden mit dem Ergebnis, die Partitur verbrannte (nicht ohne Teile davon in *Lebedinoje osero*, 1877, zu übernehmen), lehnte ab. Am 13. Mai 1888 wandte sich Wsewoloschski abermals an Tschaikowski, diesmal mit dem Vorschlag für ein Dornröschen-Ballett, das auf Charles Perraults Märchen *La Belle au bois dormant* aus den *Contes de ma mère l'oye* (1697) beruhen sollte. Von Petipa, seit 1862 Ballettmeister der Kaiserlichen Theater, erhielt Tschaikowski daraufhin ein nummernweise genau spezifiziertes Szenarium, eine »Minutage«, mit dezidierten musikalischen Wünschen. Am 29. Jan. 1889 hatte Tschaikowski die ersten vier Szenen komponiert, über die er zwei Tage später in Petersburg mit

Petipa und Wsewoloschski konferierte. Ende Mai wohnte Tschaikowski Proben bei und ging bereitwillig auf Änderungswünsche ein. Eine Woche später sah er seinen Entwurf als beendet an; die Instrumentation war am 28. Aug. abgeschlossen. Die Proben scheinen reibungslos verlaufen zu sein, nur mit Enrico Cecchetti gab es Schwierigkeiten. Petipa hatte ihm die mimische Partie der bösen Fee Karabos zugedacht, doch Cecchetti, engagiert als »premier danseur«, willigte erst ein, nachdem man ihm auch die Rolle des Blauen Vogels gegeben hatte. Die Generalprobe fand in Gegenwart des Hofs und des wenig beeindruckten Zaren Alexander III. statt. – Das einzige frühere *Dornröschen*-Ballett war Aumers *La Belle au bois dormant* (Paris 1829, Musik: Ferdinand Hérold, Libretto: Eugène Scribe).

Inhalt: Prolog, »Taufe«, großer Saal am Hof König Florestans XIV., 17. Jahrhundert: Zum Fest der Geburt Prinzessin Awroras begrüßt der Zeremonienmeister die Gäste. Die Eltern, der König und die Königin, nehmen deren Huldigungen entgegen. Sechs Feen, Patinnen Awroras, versinnbildlichen im Tanz ihre Gaben, deren Symbole die Pagen darbringen: die Gabe der Schönheit, der Grazie, des Brots, der Beredsamkeit, der Kraft und die Gabe der Weisheit, die von Siren überreicht wird, der mächtigsten Fee. Mit Blitz und Donner kündigt sich die nicht eingeladene böse Fee Karabos an, die in einem von Ratten gezogenen Wagen erscheint. Ihre Gabe besteht aus der Vorhersage, daß Awrora, sollte sie sich je in den Finger stechen, in ewig währenden Schlaf fallen wird. Doch Siren kann den Fluch abschwächen und verkündet, daß dieser Schlaf nur so lange dauert, bis sie durch den Kuß eines Prinzen erweckt wird.

I. Akt, »Der Zauber«, Garten des königlichen Schlosses, 16 Jahre später: Die Vorbereitungen für das Fest zu Awroras 16. Geburtstag sind in vollem Gang. Der Zeremonienmeister konfisziert die Stricknadeln einiger alter Weiber, die entgegen dem ausdrücklichen Befehl des Königs gebraucht wurden. Der König und die Königin treten ein; konfrontiert mit den schuldig gewordenen Frauen, fordert der König ihren Tod, läßt sich aber von der Königin umstimmen, denn heute soll nur Frohsinn herrschen. Vier Prinzen führen sich als Bewerber um die Hand Awroras ein; sie wetteifern um deren Gunst, jeder überreicht ihr eine Rose. Eine alte Vettel lockt Awrora mit einer Spindel; Awrora tanzt damit und sticht sich plötzlich in den Finger; sie tanzt immer rascher und fällt zu Boden. Triumphierend entpuppt sich die Alte als Karabos; von den Prinzen bedrängt, löst sie sich in Rauch auf. Siren läßt Awrora ins Schloß tragen und versenkt mit ihr alle Bewohner in Schlaf; Hecken und Bäume wachsen allmählich empor und schließen die Hofgesellschaft ein.

II. Akt, »Die Vision«, Waldlichtung, im Hintergrund ein Fluß, 100 Jahre später: Prinz Desire, sein Erzieher und sein Gefolge befinden sich auf der Jagd. Man spielt Blindekuh. Die Damen schlagen vor, eine Farandole wie die Bauern zu tanzen, so daß diese mittanzen können. Die Jagdgesellschaft zieht sich zurück, nur Desire bleibt und hängt melancholischen Gedanken nach. Da naht Siren in einem Perlmuttboot; sie erzählt ihm von Awrora und läßt in einer Vision die schlafende Prinzessin erscheinen. Von ihrer Schönheit hingerissen, will Desire zu ihr, Najaden halten ihn aber von Awrora fern. Er beschwört Siren, ihn zu Awrora zu führen. In einem Nachen reisen die beiden in ihr Königreich. Siren führt Desire bis an die Hecke, durch die er sich im Kampf gegen Karabos einen Weg bahnt. Er gelangt ins Schloß und an das Bett der schlafenden Awrora, der er einen Kuß auf die Lippen drückt. Der Hof erwacht. Der Zauber ist gebrochen.

III. Akt, »Die Hochzeit«, Saal im Schloß des Königs: Auf den festlichen Einzug der Gäste folgt das Hochzeitsdivertissement: Nach dem Tanz der Feen des Golds, Silbers, Saphirs und der Brillanten folgen die Tänze einiger Märchencharaktere: gestiefelter Kater und weißes Kätzchen, Aschenbrödel und Prinz Fortjuna, der Blaue Vogel und Prinzessin Florina, der kleine Däumling, seine Brüder und der Menschenfresser; schließlich Awrora und Desire. Eine brillante Mazurka, die von der ganzen Gesellschaft getanzt wird, geht über in die Apotheose, in der Desire und Awrora zum neuen Königspaar gekrönt werden und alle sich in einer Huldigung an Siren als Ausdruck von Liebe, Schönheit, Freude und Güte vereinen.

Spjaschtschaja krassawiza; Carlotta Brianza als Awrora; Uraufführung, Ballett des Mariinski-Theaters, Petersburg 1890. – Die Raffinesse des »du dos« und die niedrig gehaltene Attitude stehen in reizvollem Kontrast zur nonchalanten Demonstration von Spitzenvirtuosität.

Kommentar: Die Partitur, als Nummernballett eine Huldigung an die Form des barocken »ballet de cour«, ist unverkennbar ein Produkt der Reifezeit Tschaikowskis. Ein geborener Lyriker und unerschöpflicher Melodiker, hatte er inzwischen als Symphoniker (*Symphonie e-Moll Nr. 5*, 1888) Erfahrungen gesammelt, die er dem Ballett zugute kommen ließ, indem er nicht nur den einzelnen Nummern ihren unverwechselbaren individuellen Charakter gab (entsprechend der jeweiligen dramatischen Situation oder ihrem Stimmungsgehalt), sondern indem er ganzen Szenen und Akten eine feste musikalische Struktur aufprägte. Die 30 Nummern reflektieren die verschiedenen musikdramaturgischen Ansprüche des Sujets. Die Introduktion exponiert sogleich die beiden dominierenden Leitmotive: das Allegro vivo im »fff« die barsche, gewalttätige, zornig auftrumpfende Natur der bösen Fee Karabos, das anschließende Andantino »dolce espressivo« den begütigenden, lyrisch-kantablen Charakter der guten Fee Siren. Der Marsch (Nr. 1) schafft den aristokratischen, zeremoniell-rituellen Rahmen des Geschehens (hier die Vorbereitungen zur Taufe), in den Tschaikowski höchst geschickt das dramatische Rezitativ des Zeremonienmeisters mit seinen diversen Verrichtungen integriert, bis zu dem die Vorbereitungen abschließenden Auftritt von König und Königin als Höhepunkt. Einen Stimmungsumschwung bringt die Scène dansante (Nr. 2) mit dem Auftritt der Feen; zarte Holzbläserkantilenen über geteilten Streichern und gestützt auf Harfenarpeggien bewirken eine Atmosphäre der Verzauberung, der Magie. Meisterhaft sodann im Pas de six (Nr. 3) die Zeichnung der verschiedenen Charaktereigenschaften der Feen, die sie dem Täufling übermitteln. Dies sind Charakterminiaturen, sehr apart in ihren Instrumentationsfarben. Das Finale (Nr. 4), einsetzend mit dem Auftritt Karabos', verbindet musikdramatische Züge mit dem großen symphonischen Bogen; es basiert musikalisch auf dem Zusammenprall der beiden Hauptmotive und ihrer Weiter- und Durchführung. Der I. Akt erweitert dann das musikalische Material um die bürgerlich-gelöste Festlichkeit im schwungvollen »Girlanden«-Walzer (Nr. 6). Eine weitere Variante des Zeremoniells bringt das »Rosen«-Adagio (Nr. 8), in dessen breit ausgesponnener Streichermelodie man das liebliche, zugleich aber auch hoheitsvolle Wesen der 16jährigen Awrora reflektiert wähnt. Ein wieder anderer Typ musikalischer Gestaltung findet sich in den Charaktertänzen, die den II. Akt eröffnen und sich an die bewährten Vorbilder aus dem Ballsaal halten (inklusive der Farandole, die eigentlich eine verkappte Mazurka ist). Hier sind die musikalischen Grundgestalten angelegt, aus deren Substanz die restlichen Nummern entwickelt wurden, die zwar noch zahlreiche weitere melodische Originaleinfälle bieten, aber doch den hier benannten Typen zugerechnet werden können, die reine Verzauberung bewirkende Panoramaszene (Nr. 17) wie auch die außerordentlich illustrativen Pas de caractère des großen Hochzeitsdivertissements. Zusammenfassend läßt sich mit John Warrack sagen: »Bei all seiner eingestandenen Verpflichtung Delibes gegenüber war er wie kein anderer Komponist seiner Zeit der Meister einer musikalischen Kunst, die, so bezaubernd sie auch in sich selbst war, nach der Vollendung im Tanz verlangt, da ihr ein so ausgeprägter und ansteckender Sinn für physische Bewegung innewohnt« (S. 231, s. Lit.). – In *Spjaschtschaja krassawiza* gipfelt die Choreographie der klassischakademischen russischen Schultradition, damals bereits bereichert um die virtuosen Eigenschaften, die durch italienische Ballerinen, aber auch durch Cecchetti, nach Rußland gekommen waren. Das Schrittmaterial gliedert sich in rein klassisch-akademische Pas; Pas, die dem Demi-caractère-Bereich zuzuordnen sind; und Charakter- bzw. Folkloreschritte; hinzu kommen die pantomimischen Ausdrucksmittel. Die Grundmuster liefern Diagonale, Gerade, Kreis und Geviert; im Pas d'action (Nr. 15) treten erstmalig auch Girlanden und Spiralformen in Erscheinung. Ensembles sind in Gruppen zu dritt, zu viert, zu acht, zu zwölf, zu 16 oder zu 24 unterteilt. Jeder Charakter hat sein eigenes Schrittmaterial, das motivisch verarbeitet beziehungsweise durchgeführt und entwickelt wird. Die Gaben, die die Feen auf Awrora mit ihren individuellen Schritten übertragen, werden von Awrora erst in ihrem Reifestadium, nach dem Wiedererwachen aus dem 100jährigen Schlaf, im Pas de deux des III. Akts übernommen. Awrora verfüge jetzt, so Peter Appel, über alles choreographische Material, das im Verlauf des Balletts von den Personen benutzt worden sei, die ihr Leben nachhaltig beeinflußt hätten. So entstünde allein durch Tanz in der Choreographie (neben den pantomimischen Passagen) ein dramaturgisch klarer, logischer Handlungsgang (S. 58, s. Lit.). Nicht zu vergessen sind schließlich die charakterisierenden Akzente, die Petipa durch die reichen Abwandlungen seines Port de bras setzt. Alle Werkkommentatoren sind sich darin einig, daß die Stärke der Choreographie ihre tänzerische Bildhaftigkeit, ihre Reinheit, Klarheit und Durchschaubarkeit, ihre Gegensätzlichkeit und ihre völlig integrierte Großarchitektur ist, weniger die Musikalität. Es gibt choreographische Phasenverschiebungen gegenüber der Musik, von der Musik unabhängige thematische Entwicklungen und Umakzentuierungen, die eher nach Willkür oder Nonchalance als nach absichtsvoll gesetzter Kontrapunktik aussehen. Andrerseits versucht gerade die neuere sowjetische Ballettgeschichtsschreibung, Petipa als Wegbereiter der »symphonischen«, also der handlungslosen Choreographie darzustellen, die das choreographische Material konzertant behandelt, das heißt, daß Petipa »in musikalisch-choreographischen Bildern dachte, indem er unauflöslich den Beginn von Musik und Tanz miteinander verschmolz und die vorgegebene strukturelle Form der choreographischen Aktion dem Diktat der Musik unterwarf [...] Als stärkstes und perfektestes von Petipas Werken ist *Dornröschen* die Summe der langen, schwierigen, beharrlichen Suche des Choreographen nach der Ballettsymphonik. Man kann es auch als Summe des gesamten Wegs der choreographischen Kunst im 19. Jahrhundert sehen« (Wera Krassowskaja, S. 23,

50, s. Lit.). Juri Slonimski hat die Choreographie eine »Enzyklopädie des klassischen Tanzes« genannt. Pjotr Gussew geht darüber hinaus: »Sie ist eine Enzyklopädie des gesamten Ballettschaffens.«

Wirkung: Die Aufnahme von *Spjaschtschaja krassawiza* war keineswegs enthusiastisch. Die Kritik beklagte den ausschließlichen Märchencharakter des Werks, der in einem einzigen Divertissement auf die Bühne gebracht werde; Tschaikowskis Musik fand man ernst und schwer, daher eher für den Konzertsaal geeignet. Wenn *Spjaschtschaja krassawiza* es in der zweiten Spielzeit 1890/91 auf nicht weniger als 21 von insgesamt 45 Vorstellungen brachte, so lag dies nicht nur an der Qualität der Choreographie, sondern auch am Glanz der Besetzung und der Ausstattung. Neben Cecchetti tanzten Carlotta Brianza (Awrora), Pawel Gerdt (Desire), Marija Petipa (Siren) und Warwara Nikitina (Florina); Dirigent war Riccardo Drigo. Die Bühnenbilder hatten Genrich Lewot, Iwan Andrejew, Konstantin Iwanow, Michail Botscharow und Matwei Schischkow nach bewährten Mustern entworfen, Wsewoloschskis Kostümentwürfe waren von Gustave Dorés Illustrationen (1861) zu Perraults *Contes* inspiriert. In ihren Memoiren und Kommentaren haben Alexandr Benua, Pjotr Fürst Lieven und Igor Strawinsky keinen Zweifel daran gelassen, wie tief beeindruckt sie von der Aufführung waren. – Die Verbreitung des Balletts im Ausland setzte sechs Jahre nach der Uraufführung ein: 1896 schuf Giorgio Saracco eine eigene Version an der Scala Mailand als *La bella del bosco dormiente,* wieder mit Brianza als Awrora. Von größter Bedeutung war dann die Produktion, die Sergei Diaghilews Ballets Russes 1921 als *The Sleeping Princess* (um Verwechslungen mit der traditionellen englischen Pantomime *The Sleeping Beauty* zu vermeiden) am Alhambra Theatre London herausbrachten. Diaghilew veranlaßte neben neuen Namen einige einschneidende Änderungen in der von Nikolai Sergejew einstudierten Choreographie Petipas, für die er Bronislava Nijinska als Choreographin hinzuzog. Neu eingefügt wurden die Variation der Fee Dragee aus Iwanows *Schtschelkuntschik* (1892), die hier von der Lilac Fairy im Prolog getanzt wurde; hinzu kam im Prolog eine weitere Fee, die Fairy of the Mountain Ash; im III. Akt wurden die Danse chinoise und die Danse arabe, ebenfalls aus *Schtschelkuntschik*, eingefügt, während die Koda des Pas de deux in einen Tanz für die drei Iwans umgewandelt wurde. Diaghilew beauftragte Strawinsky, einige Nummern neu zu instrumentieren: die Variation Awroras (Nr. 8c), den Entreakt (Nr. 10) und die 2. Variation (Pas de deux Blue Bird/Enchanted Princess, Nr. 25). Mitbestimmend für den enormen künstlerischen Erfolg war, neben der glänzenden Besetzung (Olga Spessivtseva als Aurora, Pierre Vladimiroff als Prince Charming, Lydia Lopokova als Lilac Fairy, Brianza als Carabosse, Stanislas Idzikowski und Lopokova als Blue Bird und Enchanted Princess), die Ausstattung von Léon Bakst. In 114 aufeinanderfolgenden Vorstellungen sah das Londoner Publikum die verschiedensten Besetzungen (Cecchetti trat noch einmal als Carabosse auf), doch als Musterbeispiel für den reinen Klassizismus Petersburger Prägung kam die Produktion zu früh; sie mußte vorzeitig abgesetzt werden, wobei dem Theaterpächter zur Abgeltung der Schulden die gesamte Ausstattung überlassen wurde. 1922 brachte Diaghilew in Paris eine gekürzte Fassung als *Le Mariage d'Aurore* heraus, die die Feenvariationen des Prologs und den fast vollständigen III. Akt umfaßte. Das Ballett wurde in Baksts Dekor für den

Spjaschtschaja krassawiza, II. Akt; Margot Fonteyn als Awrora, Robert Helpmann als Desire; Ausstattung: Oliver Messel; Sadler's Wells Ballet, London 1946.

Prolog getanzt und in den Kostümen, die Benua für Fokins *Pawilon Armidy* (1907) entworfen hatte. *Le Mariage* wurde zu einem der populärsten Ballette während der letzten Jahre der Ballets Russes und später von zahlreichen andern Kompanien übernommen. – Eine kontinuierliche Tradition von Aufführungen unter Berücksichtigung der erhaltenen Teile von Petipas *Spjaschtschaja krassawiza* gibt es im Westen seit Sergejews Produktion 1939 für das Sadler's Wells Ballet London, die indessen nur ein bescheidenes Vorspiel zu der repräsentativen Inszenierung der *Sleeping Beauty* war, mit der die Kompanie 1946 nach Covent Garden übersiedelte. Abermals von Sergejew betreut, mit neuer Ausstattung von Oliver Messel, bot sie als neue Choreographien: von Ninette de Valois den Tanz der drei Iwans und die Polonaise, von Frederick Ashton den »Girlanden«-Walzer und einen Pas de trois für Florestan und seine Schwestern, der den Pas de quatre der Feen im III. Akt ablöste. Diese Produktion, mit Margot Fonteyn als Aurora, blieb als Aushängeschild des Sadler's Wells Ballet, das an ihr seinen Stil ausbildete, jahrelang auf dem Spielplan. Mit ihr debütierte das Sadler's Wells 1949 in New York, wo die Einstudierung seitdem als Modell einer Klassikerproduktion der Petersburger Schultradition galt; spätere Inszenierungen durch das Royal Ballet als Nachfolgekompanie des Sadler's Wells Ballet (von Peter Wright, mit zusätzlicher Ashton-Choreographie, 1968, von Kenneth MacMillan 1973, von Valois und Ashton 1977) forderten und fordern nur immer wieder neu den Ruf nach der Rückkehr zur Inszenierung von 1946 heraus. Im Osten verschwand das Ballett kaum je vom Spielplan; immer wieder gab es neue inszenatorische und choreographische Bemühungen um Petipas Chef d'œuvre bis hin zu Konstantin Sergejews Einstudierung 1952 im Kirow-Theater Leningrad, mit der die Kompanie 1961 ihre triumphalen Gastspiele im westlichen Ausland begann (und damit eine Welle von *Spjaschtschaja-krassawiza*-Produktionen auslöste) und zu Juri Grigorowitschs jüngster Moskauer Bolschoi-Einstudierung von 1973. Amerikas erste Produktion in eigener Choreographie war die von Catherine Littlefield 1937 für ihre Kompanie in Philadelphia. In Deutschland brachte Rudolf von Laban eine *Dornröschen*-Produktion (Berlin 1934, Musik: Johann Strauß) heraus; das Tschaikowski-Ballett lernte man zunächst in Tatjana Gsovskys von Petipa unabhängiger Choreographie 1949 an der Staatsoper Berlin kennen. Die Reihe der an Petipa orientierten deutschen Produktionen setzte mit Nicholas Beriozoffs Stuttgarter Inszenierung 1957 ein. Wichtige weitere Inszenierungen brachten 1969 Köln (Wright) und Deutsche Oper Berlin (MacMillan), 1978 die Hamburgische Staatsoper (John Neumeier; mit radikal erneuerter Dramaturgie, die den Prinzen als einen heutigen Jungen in Bluejeans einführt, der die Handlung als Traum erlebt) und 1987 das Stuttgarter Ballett (Marcia Haydée, die die Rolle der Carabosse wesentlich erweiterte). Die Wiener Staatsoper hatte seit 1963 lange eine zum Revuehaften tendierende Einstudierung von Wazlaw Orlikowsky im Repertoire. Weitere bemerkenswerte Inszenierungen waren die von Nijinska und Robert Helpmann für das Grand Ballet du Marquis de Cuevas (Paris 1960), die von Rudolf Nurejew für die Mailänder Scala (1966), später auch von andern Kompanien übernommen, so 1975 vom London Festival Ballet, 1979 von der Wiener Staatsoper und 1988 von der Pariser Opéra, und die von Peter Martins für das New York City Ballet (New York 1991). 100 Jahre nach der Uraufführung ist *Spjaschtschaja krassawiza* als Musterbeispiel eines Petersburger Ballettklassikers international anerkannt, fühlt sich jede auf klassisch-akademischer Basis arbeitende Ballettkompanie verpflichtet, das Werk in ständig aufgefrischter beziehungsweise erneuerter Inszenierung im Repertoire zu halten: als Spiegel und ständige Herausforderung der technischen und stilistischen Qualitäten der beteiligten Tänzer. Individuelle Inszenierungen und Rolleninterpretationen sind möglich und erwünscht, wobei oberste Forderung ist, Petipas Original unangetastet zu lassen. Dabei bestehen auch unter den Petipa-Forschern erhebliche Meinungsverschiedenheiten darüber, was noch als Original gelten kann. Als gesicherte Petipa-Choreographien gelten: im Prolog der Pas de six der Feen (Nr. 3) mit den Variationen 1–5 und die Koda (die 6. Variation, der Walzer Sirens, wird Fjodor Lopuchow zugeschrieben; wahrscheinlich war er es auch, der die mimisch angelegte Partie in eine tänzerische umwandelte); im I. Akt das Andante (Nr. 7) vom Auftritt Awroras an, der Pas d'action (Nr. 8), das »Rosen«-Adagio, der Tanz der Ehrenjungfrauen, Awroras Variation und die Koda; im II. Akt der Pas d'action (Nr. 15); im III. Akt der Marsch (Nr. 21), die Polonaise (Nr. 22), der Pas de quatre der Feen (Nr. 23), der Pas de caractère des gestiefelten Katers (Nr. 24), vom Pas de quatre (Nr. 25) die 2. Variation (Blauer Vogel und Florina), der Pas de deux (Nr. 28), Finale und Apotheose (Nr. 30). Die Aufgabe, Petipas historische Modellchoreographien in unsere heutigen dramaturgischen, inszenatorischen und choreographischen Konzeptionen zu integrieren, erweist sich als immer schwieriger, je mehr Quellenmaterial über die Uraufführung bekannt wird. Hinzu kommt das Problem der Produktionskosten: *Spjaschtschaja krassawiza* ist schon der Vielzahl der benötigten Kostüme wegen mit Abstand der aufwendigste Ballettklassiker. Die von allen akzeptierte ideale Produktion des Werks gibt es nicht. Polare Gegensätze markieren heute die konservative Leningrader Kirow-Inszenierung von Sergejew und Neumeiers Hamburger Version, in der Mitte liegt die jüngste Produktion des Royal Ballet. – Ein kurzes Ballett in einem Vorspiel und fünf Bildern *Die schlafende Prinzessin* komponierte Hans Werner Henze (unter Verwendung von Themen Tschaikowskis) für Alfredo Bortoluzzi (Essen 1951): ein Ballett, das auf wenige Aufführungen beschränkt blieb. Für sein Ballet du XXe Siècle (Brüssel) choreographierte Maurice Béjart 1968 *Ni fleurs, ni couronnes*, eine höchst eigenwillige Variationsfolge über choreographische *Spjaschtschaja*-Themen von Petipa.

Autograph: Part: Bibl. Kirov Leningrad (301). **Ausgaben:** Part: Rahter, Hbg. 1891; Muzyka, Moskau 1952; TaschenPart: Eulenburg 1974, Nr. 1355; L: Petersburg 1890; Beneshnotation v. B. Fridberg, N. Beriozoff (Oslo 1973), v. N. Parker (K. MacMillan, Dt. Oper Bln. 1968), v. J. Benesh u. a. (N. Sergeev, Sadler's Wells Ballet 1956–70), v. S. Menck (R. Nureev, National Ballet of Canada 1974), v. J. Bourne (R. Hightower u. I. Nijinska, Stuttgarter Ballett 1977), v. T. Steuart (N. de Valois, Royal Ballet 1978), v. D. Chapman (P. Wright, Sadler's Wells Ballet 1984), v. L. Köhne-Drube (M. Gilgud, Melbourne 1984), v. A. Stjernlöf (B. Grey, Royal Swedish Ballet 1985), v. G. Tsinguirides (M. Haydée, Stuttgarter Ballett 1987): BIC, London; Film, color: Sadler's Wells Ballet, M. Fonteyn u. M. Somes, NBC-TV, London 1955; Kirov-Ballett, A. Sisova u. J. Solovev, Lenfilm, Leningrad 1966; National Ballet of Canada, V. Tennant u. R. Nureev, PBS-TV, Montreal 1972; American Ballet Theatre, C. Gregory u. F. Bujones, WNT-TV, NY 1979; Royal Ballet, Fonteyn u. D. Blair (Ausz.), British Home Entertainment, London 1965; Video, color: National Video Beta, London 1983. **Aufführungsmaterial:** ProbenPart: Bibl. Kirov, Leningrad, Nr. I 44154 (Re Sčel); Stepanownotation v. N. Sergeev: Harvard Theatre Coll., Cambridge, Nr. bMD Thr 245(204); L: Čajkovskij-Museum, Klin
Literatur: C. W. BEAUMONT, The Diaghilev Ballet in London, London 1940; J. SLONIMSKIJ, Čajkovskij i baletnyj teatr ego vremeni, Moskau 1956; C. BARNES, The Sleeping Beauty, in: DaD 1961, Mai/Juni; V. KRASOVSKAJA, M. P. and ›The Sleeping Beauty‹, in: DP 1972, Nr. 49; F. LOPUCHOV, Annals of ›The Sleeping Beauty‹. I. The Choreography, in: BR 1975/76, Nr. 5; B. ASAFEV, Annals of ›The Sleeping Beauty‹. II. The Music, ebd.; V. STRAVINSKY, R. CRAFT, Stravinsky in Pictures and Documents, NY 1978, S. 229–233; Ph. 4. Hamburger Ballett-Tage, Staatsoper, Hbg., Juli 1978; J. WARRACK, Tchaikovsky, London 1973, S. 231; R. J. WILEY, Tchaikovsky's Ballets, London 1984; weitere Lit. s. S. 714

Horst Koegler

Lebedinoje osero
→ **Reisinger, Wenzel (1877)**

Priwal kawalerii
Charakterni balet w odnom deistwii

Die Rast der Kavallerie
Halte de cavalerie
Charakterballett in 1 Akt

Musik: Iwan Iwanowitsch Armsgeimer (eigtl. Johann-Josef Armsheimer). **Libretto:** Marius Petipa
Uraufführung: 21. Jan. 1896, Mariinski-Theater, St. Petersburg, Ballett des Theaters
Darsteller: Dorfvorsteher; Marija, seine Tochter; Teresa; Pjer; Husarenrittmeister; Husarenoberst; Ulanenoffizier; Ulanenkornett; Corps de ballet: Bauern, Bäuerinnen, Soldaten
Orchester: Picc, 2 Fl, 2 Ob, 2 Klar, 2 Fg, 4 Hr, 2 Trp, 3 Pos, Tb, Pkn, Schl (gr.Tr, Bck, kl.Tr, MilitärTr, Tamburin, Trg), Streicher
Aufführung: Dauer ca. 1 Std.

Entstehung: *Priwal kawalerii* wurde von Petipa als Benefizvorstellung für seine Tochter Marija geschaffen.

Inhalt: In einem Dorf in Österreich: Die Dorfbewohner bereiten sich auf ihre Arbeit vor. Heimlich steckt Marija Pjer ein blaues Band zu und vereinbart mit ihm ein Treffen. Etwas später gibt ihm Teresa ein rotes Band und vereinbart ebenfalls ein Treffen mit ihm. Die Bauern gehen auf die Felder, die Frauen wenden sich ihrer Arbeit zu, Pjer bleibt zurück. Er betrachtet die Bänder und rätselt, welchem Mädchen er den Vorzug geben soll. Als Teresa kommt, zieht er das rote Band hervor und küßt das Mädchen. Marija überrascht die Liebenden, Pjer versucht die Aufgebrachte zu versöhnen, hat aber wenig Erfolg. Auf ein Trompetensignal hin ziehen sich die Mädchen schnell zurück. Angeführt von einem Husarenoberst, erscheint eine Truppe von Husaren und Ulanen. Pjer will sich heimlich fortschleichen, aber er wird entdeckt und zum Oberst geschleppt, der Wein verlangt und wissen will, wo die Dorfbewohner sind. Als sich Pjer weigert zu antworten, wird er mit verbundenen Augen in einer Hütte eingeschlossen. Auf ein weiteres Trompetensignal kommen die Frauen aus ihren Hütten. Die Soldaten schmeicheln ihnen, aber die Frauen sind mißtrauisch und ziehen sich wieder zurück; die Soldaten folgen. Marija, den Soldaten entkommen, ist über die Abwesenheit Pjers besorgt. Als sie von der Hütte her Klopfen hört, öffnet sie und ist erstaunt, ihren Liebsten vorzufinden. Ein vorüberkommender Kornett will mit Marija flirten, verzweifelt versucht sie, Pjer hinter sich zu verbergen. Auch der hinzuge-

Priwal kawalerii; Michail Fokin als Pjer; Ballett des Mariinski-Theaters, Petersburg um 1902.

kommene Husarenrittmeister will Marija für sich gewinnen und schickt deshalb den Kornett fort. Mittlerweile kann Pjer entkommen und warnt die Bauern vor den Soldaten. Der Rittmeister kann sich nicht lange an Marija erfreuen, denn als der Oberst Marija sieht, schickt er seinerseits den Rittmeister weg. Auf sein Drängen gewährt Marija dem Oberst einen Kuß. Sie werden von den zurückkehrenden Frauen und Soldaten überrascht und müssen ihre Glückwünsche entgegennehmen. Die Soldaten folgen dem Beispiel ihres Vorgesetzten und fordern die Mädchen zum Tanz auf. Als diese hören, daß ihre Männer zurückkommen, bewaffnen sie sich mit Besen und Mistgabeln und täuschen vor, sich gegen die Soldaten verteidigen zu müssen. Um die heikle Situation zu retten, wendet sich der Oberst an den Dorfvorsteher und erklärt, daß Marija, wenn sie ihre wahre Liebe heirate, als Entschädigung eine Mitgift erhalte. Sofort wirft sie sich Pjer in die Arme. Die Verlobung wird mit einem Fest gefeiert, an dem auch die Soldaten teilnehmen.
Kommentar: Nach dem Erfolg von *Spjaschtschaja krassawiza* (1890) schuf Petipa eine Reihe von Balletten, in denen er bekannte Situationen und Konstellationen aufgriff und variierte. Hierzu zählt *Priwal kawalerii*. Von der tänzerischen Eigenart der klassischen Virtuosin Pierina Legnani und der Charaktertänzerin Marija Petipa ausgehend, ist das Ballett als Wechselspiel zwischen diesen beiden Arten des Tanzes und der die Handlung weiterführenden Pantomime konzipiert. Petipa legte damit auch ein besonderes Bekenntnis zum Charaktertanz ab, auf den in Rußland ein spezielles Augenmerk gelegt wurde. Auch in der Verwendung der Musik als taktbringende Untermalung schließt Petipa an Althergebrachtes an. Armsgeimers Musik besteht aus folgenden Nummern: Scène mimique, in der der Konflikt exponiert wird; Rendezvous; Scène mimique de jalousie; Danse de coquetterie, die vom Husarenoberst, vom Husarenrittmeister und vom Kornett getanzt wird; Mazurka; Grand pas für Teresa, Pjer und einige Solistinnen; Csárdás, der von Marija angeführt wird; Mazurka.
Wirkung: Die unbeschwerte Heiterkeit und der Charme des dörflich-militärischen Genrebilds sicherten *Priwal kawalerii* ebenso großen Erfolg wie das wetteifernde Spiel Legnanis als Teresa und Petipas als Marija. Aber auch die Männerpartien waren glanzvoll besetzt: Pawel Gerdt verkörperte den Pjer; der berühmte Charaktertänzer Alfred Bekefi gestaltete den Rittmeister; Sergei Legat, einer der begabtesten jungen Tänzer des Mariinski-Theaters, tanzte den Kornett. Die vielbegehrte Rolle der Teresa wurde später von einer Reihe von Mariinski-Ballerinen übernommen, darunter von Olga Préobrajenska und Matilda Kschessinskaja. Schon vor ihrer Graduierung 1899 war Anna Pawlowa in einem eingelegten Pas de quatre zu sehen; 1908 war das Werk im Repertoire einer Skandinavien- und Deutschlandtournee, die eine kleine Gruppe von Mariinski-Tänzern unter ihrer Leitung vereinigte; 1913 schließlich studierte Piotr Zajlich das Ballett für Pawlowas eigenes Ensemble ein. Noch 1896 kam das Ballett in Moskau heraus, 1898 stellte Ivan Clustine dort seine Version vor. 1919 erfolgte eine Neueinstudierung von Petipas Ballett durch Alexandr Schirjajew am Opern- und Balletttheater Petrograd. 1968 studierte es Pjotr Gussew für das Kammerballett Leningrad ein, 1975 für das Maly-Theater Leningrad, 1978 für das Nowosibirsker Ballett und 1979 in Perm und Tiflis.

Literatur: K. MONEY, Anna Pavlova. Her Life and Art, London 1982, S. 79; weitere Lit. s. S. 714

Jutta Maly

Raimonda
Balet w trjoch aktach i tschetyrjoch kartinach s apoteosom

Raimonda
Raymonda
Ballett in 3 Akten und 4 Bildern mit Apotheose

Musik: Alexandr Konstantinowitsch Glasunow. **Libretto:** Lidija Alexandrowna Paschkowa (geb. Glinskaja), Iwan Alexandrowitsch Wsewoloschski und Marius Petipa
Uraufführung: 7. Jan. 1898, Mariinski-Theater, St. Petersburg, Ballett des Theaters
Darsteller: Raimonda, Gräfin von Doris; Gräfin Sybilla, Raimondas Tante; die Weiße Dame, Beschützerin des Hauses Doris; Klemans/Clémence und Genrietta/Henriette, Freundinnen Raimondas; Bernar de Wantadur/Bernart de Ventadour, ein provenzalischer Troubadour; Beransche/Béranger, ein aquitanischer Troubadour; Schan de Brien/Jean de Brienne/Johannes von Brienne, Bräutigam Raimondas; Andrei/Andreas II., König von Ungarn; Abderrachman, ein sarazenischer Ritter; der Seneschall des Schlosses Doris; der Ruhm; Corps de ballet: Pagen, junge Mädchen, Edelfräulein, Ehren- und Hofdamen, Vasallen, Damen und Herren aus den benachbarten Schlössern, Begleiter Abderrachmans, ungarische und sarazenische Ritter, Herolde, Mauren, Provenzalen, königliche Soldaten und Diener, Sklaven, sarazenische Sklaven, Kobolde, Irrwische, Jongleure, arabische Knaben, Spanier, Eleven
Orchester: Picc, 2 Fl, 2 Ob, 3 Klar, 2 Fg, 4 Hr, 3 Trp, 3 Pos, Tb, Pkn, Schl (gr.Tr, Bck, kl.Tr, Tamburin, Tamtam, Glsp, Trg, Kastagnetten), Xyl, Cel, Hrf, Kl, Streicher; BühnenM: Hr, Trp
Aufführung: Dauer ca. 3 Std.

Entstehung: Nach *Spjaschtschaja krassawiza* (1890) und dem endgültigen Durchbruch von *Lebedinoje osero* (1895) stand Petipa im achten Lebensjahrzehnt im Zenit seines Schaffens. In *Soluschka* (*Aschenbrödel*, Petersburg 1893, Musik: Boris Fitingof-Schel) und *Sinjaja bogoda* (*Blaubart*, Petersburg 1896, Pjotr Schenk) hatte er bereits zweimal ein Libretto von Paschkowa verwendet, einer einflußreichen Petersburger »Gesellschaftskolumnistin«. Sowohl Wsewoloschski, der als Direktor der Kaiserlichen Theater das Libretto angenommen hatte, wie auch Petipa veränderten das Szenarium grundlegend, verzichteten jedoch aus Rücksicht auf die Autorin auf eine Namensnennung. Das Libretto erweist sich als eine Mischung aus Motiven von Eugène Scribes Libretto zu Boieldieus Opéra-comique *La Dame blanche* (1825), Fakten der Geschichte (Johannes von Brienne nahm unter Führung von Andreas II. am 5. Kreuzzug teil) und einer provenzalischen Legende; es folgte der Tradition der romantischen Ballettdramaturgie: Die Dreiecksbeziehung Raimonda, Schan de Brien und Abderrachman löst sich durch das Eingreifen des phantastischen Elements in Gestalt der Weißen Dame.

Inhalt: Im Schloß der Gräfin von Doris, Provence, Anfang des 13. Jahrhunderts. I. Akt, 1. Bild: großer Saal; 2. Bild: Park des Schlosses, im Hintergrund eine Terrasse; II. Akt: Schloßhof; III. Akt: Schloßgarten Schan de Briens.
Raimonda ersehnt die Rückkehr ihres Bräutigams vom Kreuzzug. Von der Weißen Dame geleitet, sinkt sie ins Reich der Träume: Die Idylle der Begegnung mit dem Bräutigam wechselt mit dem Alptraum des Anschlags eines sarazenischen Ritters. In Abderrachman, der sich als Gast ankündigt, erkennt Raimonda die bedrohliche Erscheinung ihres Traums. Der Sarazene verliebt sich in sie und will sie entführen, doch Schan de Brien kehrt zurück, fordert den Nebenbuhler zum Duell und besiegt ihn mit Hilfe der Weißen Dame. Die Hochzeit von Raimonda und Schan wird mit großer Feierlichkeit begangen.

Kommentar: Als Höhepunkt in Petipas Alterswerk bildet *Raimonda* nicht nur den krönenden Abschluß der von seinem Werk dominierten Ära, sondern weist in der beispielhaften, hier freilich noch vom Ballettmeister her bestimmten Zusammenarbeit zwischen Komponisten und Choreographen auf jenen Punkt hin, der zum Ansatz für die künstlerische Weiterentwicklung der Choreographie im 20. Jahrhundert werden sollte. Bis zum Ende der 80er Jahre war Ballett allein aus einer Intrige, aus dem nicht überhasteten Gang der Handlung, den unerschütterlichen Strukturgesetzen der Gattung und einer zweckgerichteten Kapellmeisterarbeit heraus geformt worden. Nach *Spjaschtschaja krassawiza* und *Raimonda* herrschte als tragfähige Grundlage der Kunst Petipas die sorgfältig ausgearbeitete Ästhetik des Tanzes vor, der dank der Musik Pjotr Tschaikowskis und Glasunows die Höhe und Kraft symphonischer Bildhaftigkeit erreichte. Glasunow hatte sich in seiner Komposition keineswegs durch das traditionelle Schema des Librettos beeinträchtigen lassen, der symphonische Duktus seiner Musik erweiterte im Gegenteil die Möglichkeit der »Symphonisierung«, das heißt der größeren tänzerischen Durchdringung der Handlung. Schon vor der Begegnung mit Petipa hatte Glasunow Tanzformen, insbesondere den Walzer, symphonisch bearbeitet. In *Raimonda* erwies er sich nun als Nachfolger Tschaikowskis, der auf den gleichen traditionellen Grundlagen seine Ballettsymphonien geschaffen hatte, und ebenso wie Tschaikowski folgte Glasunow dem Diktat der »Sechzehntel- oder Zweiunddreißigsteltaktperiode« (Glasunow, s. Lit.), wie der Komponist liebevoll die Minutage Petipas verspottete. Boris Assafjew weist in seiner Analyse der Partitur auf das »klug herauskomponierte Fortschreiten der choreographi-

Raimonda, III. Akt; Rudolf Nurejew als Schan de Brien, Noëlla Pontois als Raimonda; Opéra, Paris 1983. – Mit stolzer Noblesse überläßt es die Ballerina dem Star, im Mittelpunkt der Aufmerksamkeit zu stehen.

schen Handlung hin, worin sich erneut der geniale künstlerische Scharfblick Petipas bestätigt« (s. Lit.). Dank des Zusammenwirkens von Glasunow und Petipa erhielt die Choreographie von *Raimonda* ihre vielschichtigen poetischen Bilder. Der Kampf der beiden Ritter um die Heldin symbolisiert den Kampf zwischen dem Erhabenen und dem Niedrigen im Streben der menschlichen Natur zur Schönheit. Die Rolle der Raimonda führt und bestimmt den Gang der Handlung. Äußerlich entwickelt sie sich in einem ununterbrochenen Strom von Variationen, im Gegensatz dazu steht die innere Entwicklung in ihrem behutsam-langsamen Wachstum. Das Erscheinen der Hauptdarstellerin geschieht im Tanz (»Entrée de Raymonda«). Petipa bereitet es vor, indem er die Vasallen in einer Diagonalen von der Rampe zur hinteren Kulisse aufstellt, aus der Raimonda auftritt. Die Herren lassen sich auf die Knie nieder und streuen Blumen auf ihren Weg. Die Ballerina, die jede einzelne Blume aufhebt, verweilt dabei einen Augenblick in der Pose der Attitude. Ihr federnder Gang vermittelt das Bild des feierlichen Erblühens der Jugend. Die Exposition wird mit dem provenzalischen Walzer des Corps de ballet weitergeführt (»Grande valse«), zu dem auch getanzte Repliken Raimondas gehören. Es folgt das ruhige Pizzikato der Heldin (»Pizzicato«), und erst danach entfaltet sich der Konflikt: Die Nachricht über den Bräutigam und die leidenschaftliche Zuneigung des sarazenischen Ritters bringen die Handlung langsam auf eine andere Ebene. Mit der Harfe begleitet Raimonda die beiden Freundinnen und die Troubadoure (»La Romanesca«). Der anschließende besinnliche Tanz mit einem Schal (»Prélude et variation«) leitet in das Reich des Traums über, wohin sie mit Hilfe der Weißen Dame gelangt. Hier vereint sie sich mit Schan de Brien in einem Adagio von ständig wechselnden, fließenden Tanzpassagen. Im Duo und im Variationswalzer Raimondas finden Liebe und Hingabe vorausschauend Ausdruck. In vollkommenen Proportionen ist auch der II. Akt angelegt. Während im I. Akt aus lebensechtem Tanz und pantomimischen Szenen sich eine klassische Tanz-Traum-Suite formt, beginnt der II. Akt mit dem klassischen Pas d'action und endet mit einer Suite aus Charaktertänzen (»Pas des esclaves sarrasines«, »Pas des Moriscos«, »Danse sarrasine«, »Panadéros«), die die Welt Abderrachmans zeichnen. Im choreographischen Sinn ist der Pas d'action das Muster für die tänzerische Lösung des Konflikts. Der Sarazene versucht zu Raimonda zu gehen, aber die Freundinnen und Troubadoure stellen sich ihm in den Weg, und Raimonda, noch ganz unter dem Eindruck des Traums, geht ihm stolz aus dem Weg. Überdies reflektiert der Pas d'action weniger die konkrete Handlung, sondern vielmehr die Ereignisse des inneren Lebens: Der Sarazene versenkt sich immer mehr in die ihm bewußt werdende und sich bestätigende Schönheit. Die beiden Solopaare, die sich um die Ballerina gruppieren, machen bald für sie Platz und unterstreichen damit den herrischen Charakter ihres Tanzes, der sich in weit geöffneten, verlangsamten Posen à la seconde und in kapriziösen Übergängen zum Pas de bourrée ausdrückt; bald wiederum verdekken sie die Heldin, indem sie sich zwischen sie und ihren Partner und Gegner stellen und mit ihren Bewegungen die ihrigen wiederholen. Ihr Tanz ornamentiert Raimondas Thema und steht im Gegensatz zu Abderrachmans plastischen Bewegungen, die das dichte Gewebe dieses Tanzes durchschneiden. Der tänzerische Ablauf zeigt den musikalischen Höhepunkt an. Zwei Solisten heben die Tänzerin hoch und bewegen sich langsam mit ihr vorwärts, dabei gleichsam die Möglichkeit bietend, sich an ihrem Anblick zu erfreuen. Zwei Solistinnen treten, nachdem sie ihre emporgehobenen Hände vereinigt hatten, in fließenden Bewegungen auf der Spitze zurück und zwingen dabei auch Abderrachman zum Zurückgehen. In Raimondas Variation wiederholen sich die rhythmisch akzentuierten Bewegungen teils in kreisförmigen, teils in geraden Linien, und die Hände verflechten sich zu weicheren Mustern. Das Bild der stolzen weiblichen Schönheit erhält seine volle Bestätigung. Einen neuen Gegensatz zu diesem liebenswerten weiblichen Wesen bildet die Suite spanisch-arabischer Tänze. Jede Nummer drückt Gewalt, Ungeduld, Schrecken aus. Die absichtliche Verzögerung im Fortgang der Handlung erhöht die emotionale Spannung vor der plötzlichen Lösung des Konflikts. Der Konflikt wird mit den Mitteln des Charaktertanzes in einem Bacchanale gelöst, wenn sich die Gruppen der Ausführenden, jede in ihrem Bereich, zu einem allgemeinen Ornament vereinigen. Der III. Akt, in dem nach Beendigung der dramatischen Handlung die musikalisch-tänzerische fortgeführt wird, »thematisiert« die Verbindung des klassischen und des Charaktertanzes; dementsprechend liegen drei Arten von »choreographischen Suiten«, Charakter-, Halbcharakter- und klassische Suite, der Dramaturgie der Choreographie zugrunde: Bald wechseln der klassische und der Charaktertanz ab, bald durchdringen sie sich gegenseitig, bald geht der eine im andern zu einem einheitlichen, gleichsam abstrahierten Ganzen auf. Der »Grand pas classique hongrois«, der Höhepunkt des Balletts und einer der Höhepunkte in Petipas Kunst überhaupt, zeigt Reichtum und Fülle poetischer Bildhaftigkeit. Zu dem von Pathos erhobenen Walzermotiv der Einleitung treten vier Solistenpaare auf. Gemäß dem ungarischen Volkstanz liegt die Hand der Dame jeweils auf der Schulter des Partners, und dieser hält sie mit dem Arm um die Taille, eine Position, die schon vorher in der von Kindern getanzten »Rhapsodie« und dem folgenden »Palotas« verwendet wurde. Der Feierlichkeit der Musik entsprechend treten die Paare aber nicht in Charakterbewegungen auf, sondern in leichten, fliegenden »sisonnes ouvertes«. Ihr Gang durchschneidet die Szene und kreuzt sich in ihrer Mitte. Die Tänzerinnen gehen um die Partner herum und stampfen dabei mit dem Fuß auf, wobei diese Passage auf der Spitze ausgeführt wird. Sie treten zurück und machen zunächst einer zweiten Vierergruppe Platz und schließlich der Ballerina mit ihrem Partner. Hinter ihnen stellen sich in gerader Reihe die übrigen 16 Tänzer auf. Allmählich tritt die nationale

Eigenart des Tanzes durch das glänzende musikalische Gewebe hindurch und wird in der Folge immer wieder deutlich in den plastischen Bewegungen der Ausführenden. In den langsamen Tempi des Adagios gibt es fließende Battements; klare Drehungen und unerwartete Wendungen, die die Pose des Stützens akzentuieren, ergänzen das geschmeidige Spiel des Körpers. Ausdrucksvoller als im Charaktertanz ist auch die für ihn typische Ornamentik der Hände, Schultern und Köpfe. Der Stilistik des Nationaltanzes sind die festen Intervalle zwischen den Paaren und die Dichte des ganzen Bilds untergeordnet, das aus dem Zusammenschluß der Bewegung jedes Paars entsteht. Eine Neuerung in Petipas Praxis war der wettstreitartige Tanz der vier Solisten. Ihre kräftigen, federnden Bewegungen bilden einen starken Kontrast zur Eleganz der Damenvariationen. Auf dem Höhepunkt dieses Tanzes stehen die vier Solisten entlang der Rampe, einer nach dem andern fliegt mit einer »double tour en l'air«, viermal die musikalische Phrase durchschneidend, in bewußt vergröberter Symmetrie der Wiederholungen. Die Farbe des Klaviers verleiht dem folgenden Adagio der Ballerina erotischen Glanz. Die mit Charakterakzenten ausgeführten Pas de bourrée dienen als Grundlage der Variation. Das flimmernde Leuchten des Bewegungsmotivs wird von der freien plastischen Bewegung der Arme übernommen, die bald, um das Ende einer musikalischen Phrase anzuzeigen, sich ausbreiten, bald zueinandergeführt werden. Die eine Hand wird mit der typischen Geste des Nationaltanzes in die Hüfte gestützt, die andere hinter den Kopf geworfen, dazwischen werden sie, manchmal nur angedeutet, manchmal auch tatsächlich ausgeführt, aneinandergeschlagen. Das einem Liebesspiel gleichende fließende Hin- und Hergleiten wird unterbrochen durch die glänzende »werwotschka« (den schnellen Wechsel der Füße auf der Stelle), die auch auf der Spitze ausgeführt wird. Die Variation endet mit dieser klassisch umintonierten Nationaltanzpose. Die sehr schnelle Koda vereint die Teilnehmer des Grand pas. In der Statik der Apotheose wird das Thema der blühenden Schönheit noch einmal bekräftigt.

Wirkung: Die auch von der Petersburger Musikszene mit Spannung erwartete Premiere (Bühnenbilder: Orest Allegri, Konstantin Iwanow und Pjotr Lambin) wurde ein voller Erfolg. Der Komponist Zesar Kjui würdigte *Raimonda* ausführlich (in *Nowosti i birschewaja gaseta*, Nr. 9). *Raimonda* wurde als eine Art Bilanz der Tätigkeit Petipas angesehen, als ein Werk, in dem zum letztenmal die Ästhetik des Balletts des 19. Jahrhunderts zu prachtvoller Blüte gelangte. André Levinson sah in *Raimonda* das bedeutendste Beispiel des Altersstils Petipas. Es »bedeutete hier das Aufgeben der Einheitlichkeit, des Zusammenschmelzens, des Organischen des Entwurfs zugunsten einer vielschichtigen Ausarbeitung der Details, deren Quantität sich unendlich vervielfachte« (in: *Schisn i iskusstwo*, 5. Nov. 1918). Die Uraufführung tanzten Pierina Legnani (Raimonda), Giuseppina Cecchetti (Sybilla), Sergei Legat (Schan de Brien), Pawel Gerdt (Abderrachman), Olga Préobrajenska (Genrietta), Klawdija Kulitschewskaja (Klemans), Nikolai Legat (Beransche) und Georgi Kjakscht (Bernar). Als eine der wenigen großen Ballerinenrollen, die von dem herkömmlichen Tänzerimage abgehen und ein zur Frau erblühtes Mädchen auf die Bühne stellen, wurde die Raimonda zu einer besonders begehrten Partie. Préobrajenska, Lubov Egorova, Tamara Karsawina, Olga Spessivtseva, Jelisaweta Gerdt und Jelena Ljukom waren die wichtigsten Interpretinnen in Petersburg und später Leningrad. Nachdem Agrippina Waganowa *Raimonda* 1931 »nach Petipa« herausgebracht hatte, studierte 1938 Wassili Wainonen das Ballett in einer Librettobearbeitung von Juri Slonimski für das Kirow-Theater ein. Galina Ulanowa und Natalija Dudinskaja tanzten die Raimonda, Konstantin Sergejew und Wachtang Tschabukiani den Schan, den man in Koloman umgetauft hatte, Michail Dudko und Boris Schawrow alternierten als Abderrachman. Im Libretto wechselten die Funktionen des positiven und des negativen Helden; dies hatte zur Folge, daß Raimonda den Sarazenen als Ritter und Ehemann vorzog. Die Weiße Dame entfiel, sie wurde auch in späteren Aufführungen im Kirow-Theater nicht mehr aufgenommen. Diese Änderungen erhöhten zwar die Dynamik der Konfliktsituationen, standen aber im Gegensatz zur musikalischen Charakterisierung der handelnden Personen und der gesamten kontemplativen Atmosphäre der Musik von Glasunow. 1948 machte Sergejew diese Einstudierung rückgängig, indem er sich wieder näher an Petipas Original hielt; er veränderte allerdings die rein mimische Partie des Abderrachman (Semjon Kaplan) in eine tänzerische. Sergejew, der neben Dudinskaja die Hauptrolle verkörperte, schuf im Traumbild neue Tänze für das Corps de ballet. 1970 kam diese Produktion erneut heraus, die wesentlichsten Interpretinnen der Raimonda waren Irina Kolpakowa, Gabriela Komlewa und Altynai Assylmuratowa. – In Moskau studierte Alexandr Gorski (unter Mitarbeit von Ivan Clustine) 1900 *Raimonda* »nach Petipa« ein, es tanzten Adelina Giuri (Raimonda), Michail Mordkin (Schan) und Alexandr Jermolajew (Abderrachman). Bei einer Wiederaufnahme 1908 fügte Gorski in den II. Akt eine »Danse orientale« zu Musik von Glasunow ein, die er in der Manier Isadora Duncans gestaltete; die Protagonisten waren Jekaterina Gelzer und Wassili Tichomirow; Ljubow Roslawlewa und Vera Karalli waren wichtige Interpretinnen dieser Zeit. Den symphonischen Stil stellte Gorski zugunsten eines »Mimodrams« zurück, das die Handlung gleichsam mit realistischen Motivierungen rechtfertigt. Konstantin Korowin kleidete die Ausführenden in schwere mittelalterliche Kostüme. 1945 brachte Leonid Lawrowski eine Mischversion (nach Petipa und Gorski) am Bolschoi-Theater heraus. Es tanzten Marina Semjonowa (Raimonda), Michail Gabowitsch (Schan) und Jermolajew (Abderrachman); diese Version wurde 1970 wiederaufgenommen. Die herausragendste Raimonda der 60er und 70er Jahre war Maija Plissezkaja. 1984 brachte Juri Grigorowitsch seine Version heraus (mit Natalija Bessmertnowa, Alexandr Bogatyrjew und Gediminas Taranda). – Während *Raimonda* in der Sowjetunion zum festen Bestandteil des klassischen Repertoires gehört, faßte das Werk nur zögernd und schrittweise im Westen Fuß. Der »Grand pas classique hongrois« wurde am Eröffnungsabend der 1. Pariser Saison der Ballets Russes 1909 als Schlußnummer des Divertissements *Le Festin* gezeigt, es tanzten Karalli und Mordkin; 1925 kam der Pas neu heraus, wahrscheinlich in einer Einstudierung von George Balanchine. 1915 choreographierte Clustine in New York eine zweiaktige Version für Anna Pawlowas Kompanie, Pawlowa und Alexandr Wolinin waren die Protagonisten. Wichtig für die Rezeption des Balletts im Westen wurden die Einstudierungen von Alexandra Fedorova (Riga 1926) und Nicolas Zvereff (Kaunas 1933), eine Produktion mit Wera Nemtschinowa und Anatole Oboukhoff, die 1935 in London gezeigt wurde. Eine eigenständige Aufführungstradition entwickelte die Tschechoslowakei, wo das Werk 1927 erstmals in Prag, dann wiederholt in Brünn und Preßburg aufgeführt wurde. 1933 kam *Raimonda* in einer eigenen zweiaktigen Version von Walter Junk in Duisburg heraus, 1937 choreographierte Hanna Kammer das Ballett in Görlitz. 1946 brachte Balanchine zusammen mit Alexandra Danilova, die auch die Titelrolle verkörperte, *Raimonda* in New York für das Ballet Russe de Monte-Carlo heraus; er studierte 1956 für das New York City Ballet einen *Pas de dix* ein, der von Maria Tallchief und André Eglevsky angeführt wurde; 1961 folgten für dieselbe Kompanie *Valses et Variations* mit Patricia Wilde und Jacques d'Amboise; die Walzer wurden 1963 in *Raymonda Variations* unbenannt; 1973 schließlich entstand *Cortège hongrois* für Melissa Hayden. Auch Frederick Ashton setzte sich wiederholt mit dem Werk auseinander: 1959 in *Scène d'amour* für das Royal Ballet London, das aus Ausschnitten aus I/2 bestand; die Tänzer waren Margot Fonteyn und Michael Somes; 1962 stellte er für dieselbe Kompanie in *Pas de Deux, Variations, and Coda from Raymonda* Nummern aus dem III. Akt zusammen, die Interpreten waren Svetlana Beriosova und Donald MacLeary. Den endgültigen Durchbruch im westlichen Repertoire erzielte *Raimonda* jedoch erst durch die Bearbeitungen von Rudolf Nurejew. Bereits 1962 studierte er einen Pas de quatre (für Sonia Arova, Rosella Hightower, Erik Bruhn und Nurejew) in Cannes ein, 1963 folgten Tänze aus dem III. Akt für eine Fonteyn-Nurejew-Tournee; 1964 brachte er das komplette Ballett für die Smaller Company, Royal Ballet, in Spoleto heraus. Die Premiere tanzten Doreen Wells und Nurejew, der das Ballett in wechselnden Bearbeitungen unter anderm für folgende Kompanien und Häuser herausbrachte: Australian Ballet 1965, Zürich 1972, American Ballet Theatre 1975, Opéra Paris 1983 und Staatsoper Wien 1985. Kurzlebig hingegen waren die Einstudierungen von Tatjana Gsovsky (I. und II. Akt) und Nicholas Beriozoff (III. Akt) für die Deutsche Oper (Berlin 1975) und von Loris Gai für Carla Fracci (Neapel 1976) sowie Michail Baryschnikows *Raymonda Divertissements from Act II and Act III* (American Ballet Theatre, New York 1981) und Asari Plissezkis *Raymonda – 3. Akt* (Stuttgart 1986).

Ausgaben: Kl.A: Belaieff [1965]; L: Petersburg 1898. **Aufführungsmaterial:** M: Belaieff
Literatur: A. Koptjaev, A. K. Glazunov kak baletnyj kompozitor, in: Ežegodnik imperatorskich teatrov, sezon 1899–1900, H. 1, S. 56; B. Asafev, Izbrannye trudy, Moskau 1952–57, Bd. 2, S. 324f.; D. Vaughan, Nureyev's ›Raymonda‹, in: BR 5:1975/76, S. 30–38; D. Eberlein, Russische Musikanschauung um 1900 von 9 russischen Komponisten, Regensburg 1978 (Studien zur M.Gesch. d. 19. Jh. 52.), S. 47–60; A. N. Krjukov, Aleksandr Konstantinovič Glazunov, Moskau 1982; R. J. Wiley, A Century of Russian Ballet. Documents and Eyewitness Accounts, Oxford 1990, S. 392–401; weitere Lit. s. S. 714

Wera Krassowskaja

Wremena goda
Allegoritscheski balet w odnom deistwii

Die Jahreszeiten
Les Saisons
Allegorisches Ballett in 1 Akt

Musik: Alexandr Konstantinowitsch Glasunow. **Libretto:** Iwan Alexandrowitsch Wsewoloschski und Marius Petipa
Uraufführung: 7. Febr. 1900, Eremitage-Theater, St. Petersburg, Ballett des Mariinski-Theaters
Darsteller: Sima/Winter; Wesna/Frühling; Leto/Sommer; Ossen/Herbst; Inei/Rauhreif; Ljod/Eis; Sneg/Schnee; Grad/Hagel; Rosa/Rose; Sefir/Zephir; Kolos/Ähre; ein Vogel; Wakch/Bacchus; Corps de ballet: Feen des Reifs, des Eises, des Hagels, des Schnees, 2 Gnomen, Vögel, Ähren, Blumen, Kornblumen, Mohnblumen, Najaden, Satyrn, Faune, Bacchanten
Orchester: Picc, 2 Fl, 2 Ob, 2 Klar, 2 Fg, 4 Hr, 2 Trp, 3 Pos, Tb, Pkn, Schl (gr.Tr, Bck, MilitärTr, Tamburin, Glsp, Trg), Cel, Hrf, Kl, Streicher; BühnenM hinter d. Szene: Schalmeien
Aufführung: Dauer ca. 35 Min.

Entstehung: 1899 wurde Wsewoloschski der Leitung der Kaiserlichen Theater enthoben und zum Direktor des Eremitage-Theaters ernannt. Sergei Wolkonski, der nun an die Stelle Wsewoloschskis trat, bekundete zwar immer wieder seine Ehrerbietung für Petipa, beauftragte ihn aber während seiner bis 1902 dauernden Direktion mit keiner größeren Aufgabe, so daß Petipas Wirken in dieser Zeit sich auf das Eremitage-Theater beschränkte. Die für dies Theater entstandenen Ballette waren *Arlekinada* (1900), *Ispytanije Damissa* (*Die Prüfung Damis'*, 1900, Musik: Glasunow), das auch als *Baryschni-sluschanki* (*Die Dienerinnen als Herrinnen*) bekannt wurde, *Utscheniki Djupre* (*Die Schüler Duprés*, 1900, Louis Albert Vizentini, Léo Delibes und andere) und *Serdze markisy* (*Das Herz der Marquise*, 1902, Ernest Guiraud). Die beiden erstgenannten wurden kurz nach der Pre-

miere in das Repertoire des Mariinski-Theaters übernommen.
Inhalt: 1. Bild: Winterlandschaft; 2. Bild: Frühlingslandschaft mit Blumen; 3. Bild: Weizenfeld im Wind; 4. Bild: Herbstlandschaft.
Sima und seine getreuen Gefährten, die Feen Inei, Ljod, Grad und Sneg, bilden das Zentrum von wirbelnden Schneeflocken; sie verschwinden im Nebel, als zwei Gnomen auftauchen, die ein Feuer entzünden und Fackeln anstecken. Begleitet von Sefir, Vögeln und Blumen tritt Wesna auf. Nach einem Tanz verschwindet die fröhliche Gesellschaft. Ihnen folgen Korn- und Mohnblumen, danach Kolos, die Ährenfee. Vom Tanz und der Hitze erschöpft, legen sich die Blumen zur Ruhe. Najaden treten auf, ihre blauen Schleier symbolisieren Bäche, deren Kühle die Blumen suchen. Satyrn und Faune versuchen, Kolos zu entführen, die Blumen schützen sie, schließlich zerstreut Sefir die Feinde. Unter fallenden Blättern treten Bacchantinnen auf, an dem folgenden Bacchanal nehmen alle Solisten teil. In einer Apotheose ziehen auf nachtdunklem Himmel die Sterne ihre Bahn.
Kommentar: *Wremena goda* war von Wsewoloschski und Petipa als Wiederbelebung der tänzerischen Suite im Stil des allegorischen Balletts des französischen Absolutismus gedacht. Mit dieser Konzeption zollten die Autoren nicht nur dem Geschmack des Hofs Reverenz, sondern wollten mit der ausdrücklichen Hervorhebung der als Heimat des Balletts angesehenen Nation auch die Verdienste des Franzosen Petipa um das russische Ballett zu einer Zeit ins Bewußtsein rücken, in der die Ästhetik Petipas von dem fortschrittlichen Wolkonski nicht mehr gewürdigt wurde. Wenn diese Evokation einer vergangenen Epoche nicht, wie im Fall von Petipas *Spjaschtschaja krassawiza* (1890), als Feerie und großangelegtes Nummernballett konzipiert war, sondern als ganz von Glasunows Musik bestimmte kurze Bilderfolge vom Wechsel der Jahreszeiten, so entsprach diese Konzeption sowohl den praktischen Erfordernissen des kleinen Eremitage-Theaters als auch dem geänderten Zeitgeschmack. Die Partitur bestach vor allem durch ihren symphonischen Charakter, womit nach der russischen (auch sowjetischen) Balletterminologie weniger die gattungsspezifische Anlage der Komposition als vielmehr die weitgehende Handlungslosigkeit des Balletts bezeichnet wurde. Petipas Choreographie erreichte in keiner Passage die Qualität von *Spjaschtschaja krassawiza* oder *Raimonda* (1898); einige Teile, wie etwa das zentrale Adagio Kolos' mit seiner besonders erfindungsreichen Ornamentik und der Walzer der Blumen im 3. Bild, weisen ihn jedoch als souveränen Meister aus.
Wirkung: Aus der glanzvollen Besetzung ragten Matilda Kschessinskaja als Kolos, Anna Pawlowa als Inei, Olga Préobrajenska als Rosa, Alexei Bulgakow als Sima und Nikolai Legat als Sefir heraus. Pawel Gerdts Interpretation des Wakch hingegen wurde als zuwenig leidenschaftlich bezeichnet. Noch im selben Monat wurde das Ballett in das Repertoire des Mariinski-Balletts übernommen. 1907 brachte Legat eine Neueinstudierung am selben Theater heraus. In der Folge entwickelte sich *Wremena goda*, nicht zuletzt durch die Partitur, als wichtiges Bindeglied zwischen Petipa und den von Michail Fokin angeführten Neuerern. Kolos wurde eine der besten Partien Préobrajenskas. Pawlowa führte in dieser Aufführung das Bacchanal an; sie tanzte schließlich diesen für sie von Michail Mordkin in der Art Isadora Duncans neu choreographierten Teil auch als Konzertnummer. Auch Fokin choreographierte zur Herbstmusik von *Wremena goda* ein Bacchanal, das er in die 2. Fassung (1909) von *Cléopâtre* (1908) einfügte. 1924 brachte Leonid Leontjew das Ballett für das Staatliche Theater für Oper und Ballett heraus, 1959 choreographierte es Alexei Warlamow für das Filialtheater des Bolschoi-Theaters Moskau, 1974 studierte Konstantin Sergejew seine Version für eine Abschlußvorstellung der Waganowa-Schule in Leningrad ein. Von den im Westen entstandenen Choreographien sei die von John Cranko für das Stuttgarter Ballett 1962 erwähnt, die er 1971 überarbeitete.

Ausgaben: Part: Gos.muz.izdat 1952; Belaieff 1972, Nr. 383; L, dt. Übers. v. V. Svetlov: Belaieff 1901. **Aufführungsmaterial:** M: Belaieff
Literatur: Fünf Ballette. ›Raymonde‹ – ›Liebeslist‹ – ›Die Jahreszeiten‹ (M v. Glasunow) – ›Der Pavillon der Armida‹ (M v. Tscherepnin) – ›Die Verwandlungen‹ (M v. Steinberg). Inhaltsangabe, hrsg. V. Swetlow, Lpz. o.J., S. 33–37; weitere Lit. s. S. 714

Jutta Maly

Arlekinada
Balet w dwuch deistwijach

Harlekinade
Les Millions d'Arlequin
Ballett in 2 Bildern

Musik: Riccardo Drigo. **Libretto:** Marius Petipa
Uraufführung: 10. Febr. 1900, Eremitage-Theater, St. Petersburg, Ballett des Mariinski-Theaters
Darsteller: Arlekin/Harlekin; Kolombina/Kolombine, Tochter Kassandrs; Pjero/Pierrot; Pjeretta/Pierette; Kassandr; Leandr; Fee; Corps de ballet: Freunde und Freundinnen Arlekins, Sbirren
Orchester: 2 Fl, 2 Klar, 2 Fg, 4 Hr, 3 Trp, 3 Pos, Pkn, Mand, Cel, Streicher
Aufführung: Dauer ca. 1 Std.

Entstehung: Die für das der Zarenfamilie und dem Hof vorbehaltene Eremitage-Theater konzipierten Ballette sollten kurz, im Inhalt unkompliziert, insgesamt möglichst festlich und unterhaltsam sein.
Inhalt: In einer italienischen Kleinstadt. 1. Bild: vor Kassandrs Haus, früher Morgen; 2. Bild: verzauberter Park.
Aus dem Haus des reichen Kassandr kommt verschlafen Pjero. Kassandr bricht zum Karneval auf und verschließt sorgfältig sein Haus, nicht ohne Pjero zur Wachsamkeit ermahnt zu haben, denn Kolombina, die den reichen Leandr heiraten soll, darf das Haus nicht

verlassen. Aber dem einfältigen Pjero gelingt es nicht, den Auftrag zu erfüllen. Pjeretta hat leichtes Spiel, ihm den Schlüssel abzuschmeicheln; zusammen mit Kolombina, die die Freundin schon erwartet, stürzen sich die Mädchen ins Karnevalstreiben. Arlekin, der in Kolombina verliebt ist, kommt mit seinen Freunden. Er bringt ihr eine Serenade dar, ihre Liebesbeteuerungen werden von dem heimkehrenden Kassandr jäh unterbrochen; er rast vor Wut. Die Sbirren, die stumpfsinnigen Söldner, wollen Kassandr beruhigen und fallen über Arlekin her. Als Arlekin wie tot daliegt, befiehlt Kassandr, den Körper zu verstecken. Da erscheint eine Fee und erweckt Arlekin wieder zum Leben. Aus Furcht vor seinem Zorn flüchten Kassandr und Leandr ins Haus, nicht ohne Kolombina mit sich gezogen zu haben. Arlekin ist untröstlich. Da erscheint erneut die Fee, läßt die Mauern des Hauses bersten und befreit Kolombina. In einem verzauberten Park wird die Vereinigung der Liebenden gefeiert.

Kommentar: *Arlekinada* wurde sowohl der Choreographie als auch der Partitur Drigos wegen, von der Petipa nur Teile verwendete, als kleines Meisterwerk angesehen und gilt als Inbegriff des heiteren kurzen Genreballetts. In der Konzeption der Rollen erwies sich Petipa einmal mehr als virtuoser Handwerker. Insbesondere gelang es ihm hier in einzelnen Partien, wie etwa der des Arlekin, Inhalt allein mit den Mitteln des Tanzes auszudrücken, etwa in der »Serenade«, dem Herzstück der Rolle, in der Arlekin Kolombina seine Liebe gesteht. Der Witz, mit dem Petipa die andern Charaktere zeichnete, und das Tempo, mit der er die Geschichte erzählte, beeindruckten nicht nur das Publikum und die Kritik, sondern auch Choreographen wie Michail Fokin und George Balanchine. Im 2. Bild variierte Petipa im Ballabile die choreographische Form des »Jardin animé«.

Wirkung: Auf die erfolgreiche Premiere folgte, sehr zur Genugtuung des nun über 80jährigen Petipa, der von der Direktion für keine größeren Aufgaben mehr herangezogen wurde, die sofortige Übernahme des Balletts in den Spielplan des Mariinski-Theaters, wo *Arlekinada* zusammen mit *Wremena goda* (1900) als Benefizvorstellung für Matilda Kschessinskaja anläßlich ihres zehnjährigen Bühnenjubiläums gegeben wurde. Kschessinskaja, die die Kolombina tanzte, befand sich als Primaballerina assoluta zu dieser Zeit auf dem Höhepunkt ihres Ruhms. Tänzerisch kaum nach stand ihr Olga Préobrajenska als Pjeretta; Georgi Kjakscht (Arlekin) und Nikolai Legat (Pjero) gehörten zu den virtuosen jungen Tänzern des Mariinski-Balletts; Anna Pawlowa, noch nicht zur Solistin avanciert, trat in fünf der zwölf Tanzsequenzen auf, in einigen mit Fokin als Partner. Préobrajenska übernahm später die Kolombina, Pawlowa die Pjeretta. Das Ballett verschwand nie für längere Zeit vom Spielplan; es regte nicht nur zahlreiche Choreographen zu eigenen Versionen an, sondern inspirierte auch zu neuen Balletten. Als wichtigste seien genannt: Alexandr Gorski (Bolschoi-Ballett, Moskau 1907), Fjodor Lopuchow (mit neuem Libretto, Maly-Ballett, Leningrad 1933), Wassili Wainonen (Minsk 1945), Emilie Walbom (Kopenhagen 1906), Boris Romanow (Russisch-Romantisches Theater, Berlin 1922), David Lichine (Festival Ballet, London 1950), Hans Brenaa (Kopenhagen 1958). 1975 studierte Pjotr Gussew *Arlekinada* für das Maly-Ballett ein, wo es sich noch heute im Repertoire befindet. Berühmtestes Beispiel eines von *Arlekinada* inspirierten Balletts ist Fokins *Carnaval* (1910). 1965 schuf Balanchine seine Version für das New York City Ballet (mit Patricia McBride und Edward Villella). 1973 erweiterte er sie zum abendfüllenden Ballett mit einer Tarantella und einer Polonaise für 32 Kinder. 1982 brachte George Verdak das Werk in Indianapolis heraus. Unabhängig von *Arlekinada* tanzt man heute im Osten einen »Harlekinade-Pas-de-deux«. Dabei handelt es sich um eine »Konzertnummer« zu Musik von Drigo, die man Lopuchow zuschreibt und die in letzter Zeit vor allem durch Valeri Panov weite Verbreitung fand; schon 1952 choreographierte Balanchine in New York, ebenfalls zur Musik von Drigo, einen *Harlequinade Pas de deux*. – *Arlekinada* war Petipas letztes erfolgreiches Ballett. Sein letztes aufgeführtes Ballett, *Wolschebnoje serkalo* (*Der Zauberspiegel*, Petersburg 1903, Musik: Arseni Koreschtschenko), wurde ein Mißerfolg; sein letztes Werk, *Roman butona rosy* (*Roman einer Rosenknospe*, Drigo), wurde zwar geprobt, kam aber nicht mehr zur Aufführung.

Ausgaben: Kl.A: Zimmermann, Lpz. 1901, Nr. 3247/4634; ebd. [1908], Nr. 3247a; Beneshnotation v. J. Jones (J. Gilpin, Scottish Ballet 1975): BIC, London; Film, s/w, 16mm, Pas de deux (Ch: G. Balanchine): NBC-TV, NY 1966. **Aufführungsmaterial:** L, Ch: Bibl. Kirov, Leningrad
Literatur: N. REYNOLDS, Repertory in Review, NY 1977, S. 232–234; A. CROCE, Going to the Dance, NY 1982, S. 44–49; weitere Lit. s. S. 714

Jutta Maly

Roland Petit
Geboren am 13. Januar 1924 in Villemomble (bei Paris)

Le Jeune homme et la mort

Der junge Mann und der Tod
Ballett (2 Bilder)

Musik: Johann Sebastian Bach, *Passacaglia für Orgel c-Moll* (um 1710) in der Orchestration (1930) von Ottorino Respighi. **Libretto:** Clément Eugène Jean Maurice Cocteau
Uraufführung: 25. Juni 1946, Théâtre des Champs-Elysées, Paris, Les Ballets des Champs-Elysées
Darsteller: Tänzer, Tänzerin
Orchester: Picc, 3 Fl, 3 Ob, E.H, 3 Klar, B.Klar, 3 Fg, K.Fg, 6 Hr, 4 Trp, 3 Pos, B.Tb, Pkn, Org, Streicher
Aufführung: Dauer ca. 15 Min.

Entstehung: Boris Kochno, der künstlerische Direktor der im Okt. 1945 als Gegenbewegung zum konservativen Ballett der Pariser Opéra gegründeten Ballets des Champs-Elysées, inspirierte Cocteau zu dem Libretto mit der Aussage, er sei auf der Suche nach einem zeitgenössischen *Spectre de la rose* (Michail Fokin, 1911). Während der Probenarbeit war Cocteau maßgeblich an der Entstehung von *Le Jeune homme et la mort* beteiligt. – Der junge Petit, von Anfang an als Choreograph und Tänzer bei den Ballets des Champs-Elysées, hatte zuvor mit *Les Forains* (Paris 1945, Musik: Henri Sauguet) einen ersten Erfolg gehabt.

Inhalt: 1. Bild, ein ärmliches Maleratelier: Der junge Mann liegt in einem blauen Monteursanzug auf dem Bett und raucht. Immer wieder blickt er erregt auf seine Armbanduhr und durchmißt ziellos den Raum. Zuweilen bleibt er unter einer Schlinge stehen, die vom Dachbalken herabhängt. Ein junges Mädchen in einem gelben Kleid tritt ein; seine Annäherungen weist es zornig zurück. Schließlich deutet der Mann auf den Strick, worauf das Mädchen lacht, ihn zu einem Stuhl führt und seinen Kopf zur Schlinge dreht, deren Knoten es zuvor angezogen hat. Wütend läuft der Mann hin und her; nach einem kurzen Kampf entwischt das Mädchen. Immer wilder gebärdet sich der Mann, springt über Bett, Tisch und Stühle. Plötzlich hält er inne, überlegt kurz und erhängt sich. 2. Bild, ohne Dekorationen, der Hintergrundprospekt zeigt die Dächer des nächtlichen Paris mit dem Eiffelturm, auf diesem eine Leuchtreklame »Citroën«: Über die Dächer schreitet eine Dame in einem weißen Ballkleid, mit roter Kapuze und einer Totenschädelmaske. Sie bedeutet dem Mann, sich aus der Schlinge zu lösen; dann nimmt sie die Maske ab und setzt sie ihm auf. Die Dame entpuppt sich als das Mädchen von vorher; zusammen entfernen sie sich über die Dächer.

Kommentar: Mit diesem Libretto widmete sich Cocteau nicht das erstemal dem Thema des Tods; in seinem Œuvre hat er sich mit der Beziehung Künstler und Tod immer wieder auseinandergesetzt, am pointiertesten vielleicht in seiner Tragödie *Orphée* (1926). Das Ballett war von ihm intendiert als ein »Mimodrama, bei dem sich die Pantomime so übersteigert, bis sie Tanz wird« (s. Lit.); zugleich ging es ihm um ein Experiment, bei dem die »zufällige Gleichzeitigkeit« von Musik und Tanz durchbrochen werden sollte. Aus diesem Grund mußten die Tänzer das Ballett zu Jazzmusik einstudieren; diese wurde erst bei der Generalprobe durch Bachs *Passacaglia* ersetzt. Cocteau erdachte *Le Jeune homme et la mort*, im Grunde eine Paraphrase seines Films *Le Sang d'un poète* (1930), an sich als bloßen »Gestendialog«; ausgehend hiervon entwickelte Petit eine, was den Part für den Tänzer anbelangt, schnörkellose und ausgesprochen virtuose Choreographie. Diese besteht aus vier Abschnitten, die klar voneinander abgesetzt sind. Während die Abschnitte 1 und 4 eher pantomimisch angelegt sind, weisen der 2. Abschnitt, der Pas de deux, und der 3., das Solo des Manns, rein tänzerischen Charakter auf. Auf kongeniale Weise sind in Petits Choreographie, die durchgehend den Geist und

Le Jeune homme et la mort, 2. Bild; Jean Babilée als junger Mann, Nathalie Philippart als Tod; Uraufführung, Les Ballets des Champs-Elysées, Paris 1946.

die Ästhetik Cocteaus atmet, Gesten des expressionistischen Ausdrucksrepertoires (1. Abschnitt), weiche, anschmiegsam-fließende Bewegungen (2. Abschnitt) und artistisch-virtuose Kombinationen (3. Abschnitt) mit dem akademischen Ballettvokabular verschmolzen.

Wirkung: Seine surrealistische Atmosphäre und seine nihilistische Todessehnsucht ließen *Le Jeune homme et la mort* (Bühnenbild: Georges Wakhevitch, Kostüme: Christian Bérard und Barbara Karinska) zur Zeit des aufkommenden Existenzialismus zu einem fast schon legendären Erfolg in Europa werden. Wesentlichen Anteil daran hatte der charismatische Jean Babilée, einer der außergewöhnlichsten Tänzer seiner Epoche, mit seiner intensiven Darstellung des Manns; *Le Jeune homme* verhalf ihm schlagartig zu Weltberühmtheit. Babilées ähnlich spannungsvolle Partnerin in der Uraufführung war seine spätere Frau Nathalie Philippart. Für Cocteau stellte das Werk den größten Triumph seiner lebenslangen Beschäftigung mit Ballett dar; für Petit war es ein Meilenstein in seiner Karriere. Seine amerikanische Premiere erlebte *Le Jeune homme et la mort* durch Babilée und Philippart beim American Ballet Theatre (New York 1951). Tänzer wie Rudolf Nurejew, Félix Blaska, Jean-Pierre Bonnefous, Michail Baryschnikow, Patrick Dupond und Luigi Bonino haben seitdem die Rolle des Manns einstudiert, die des Mädchens unter anderm Claire Sombert, Petits Frau Zizi Jeanmaire, Natalija Makarowa und Luciana Savignano. 1984 trat Babilée in Paris noch einmal in seiner Paraderolle auf.

Ausgaben: Part: Ricordi 1930, Nr. 121769; Film, s/w, 16 mm, J. Babilée, N. Philippart: BBC 1949; Film v. K. Anger, s/w, 16 mm, J. Babilée, N. Philippart: 1951; Film, color, 16 mm, R. Nureev, Z. Jeanmaire: Frz. Fernsehen 1965 (NYPL Dance Coll. MGZHB 8-1806); Film, color, 16 mm, J.-P. Bonnefous, Z. Jeanmaire, Kostüme v. Y. Saint Laurent: Frz. Fernsehen 1966.
Aufführungsmaterial: M: Ricordi; Ch: R. Petit, Marseille

Literatur: J. COCTEAU, La Difficulté d'être, Paris 1947, S. 195–206; P. MICHAUT, Le Ballet contemporain. 1929–1950, Paris 1950, S. 289–324; I. LIDOVA, R. P., Paris 1956; DIES., R. P., Paris 1969 (Opéra, Spécial-Danse. 3.); L'Avant-scène, Ballet/Danse, Nr. 15, Paris 1984; E. ASCHENGREEN, Jean Cocteau and the Dance, Kopenhagen 1986, S. 165–179; F. W. D. RIES, The Dance Theatre of Jean Cocteau, Ann Arbor, MI 1986 (Theater and Dramatic Studies. 33), S. 105–129; G. MANNONI, R. P. Un chorégraphe et ses peintres, Paris 1990

Manuel Brug

Les Demoiselles de la nuit

Die Fräulein der Nacht
Ballett (3 Bilder)

Musik: Jean Françaix. **Libretto:** Jean Marie Lucien Pierre Anouilh
Uraufführung: 21. Mai 1948, Théâtre Marigny, Paris, Les Ballets de Paris
Darsteller: Agathe; der junge Mann; der Baron; 2 Diener; die Gouvernante; Katzen (4 Tänzerinnen)
Orchester: 2 Fl (auch Picc), Ob (auch E.H), 2 Klar (2. auch B.Klar), 2 Fg (auch K.Fg), 2 Hr, Trp, Pos, Pkn, Schl (Tamburin, SchellenTr, MilitärTr, gr.Tr, Tamtam, Bck, hängendes Bck, Trg, Peitsche, Ratsche, Xyl), Hrf, Streicher
Aufführung: Dauer ca. 45 Min.

Entstehung: Nach Auflösung der Ballets des Champs-Elysées Ende 1947 hatte Petit den Wunsch, eine neue Truppe zu formieren. Für die erste Premiere der Ballets de Paris gelang es ihm, Margot Fonteyn zu gewinnen, die er 1946 kennengelernt hatte.
Inhalt: 1. Bild, ein Raum in Agathes Haus, die Wände sind mit Zeitungen tapeziert, Dämmerlicht: Der junge Mann, ein Straßenmusiker, der zum Hochzeitsaufspiel bestellt wurde, trifft ein. Nach den vier andern Katzen erscheint Agathe, eine weiße Katze. Der Mann ist von ihr fasziniert; seinen Versuchen, sie zu berühren, kann sich Agathe entziehen, doch zeigt sie ihr Interesse an ihm, indem sie auf seine Schulter springt. Die andern Katzen, allen voran die Gouvernante, mißbilligen diese Verbundenheit. Der Baron, ein gelber Kater, erregt Agathes Aufmerksamkeit. Die Gouvernante führt Agathe zu ihm; das Paar wird aus dem Raum getragen. Doch als sich Agathe noch einmal zu dem Mann umblickt, verwandelt sie sich in eine junge Frau (die Katzenmaske fällt zu Boden). Der Mann nimmt sie mit sich. 2. Bild, die Mansarde des jungen Manns, beim Fenster hängt ein Vogelkäfig, Sommernacht: Agathe und der Mann sind glücklich. Sie spielt behutsam mit dem Vogel, doch plötzlich beginnt sie ihn auf katzenhafte Weise zu quälen und fällt in Ohnmacht. Der Mann kümmert sich um sie und verjagt den eingetretenen Baron, der Agathe lockt. Die beiden legen sich auf das Bett. Agathe kann nicht einschlafen; sie bemüht sich vergeblich, die lockenden Katzenschreie zu ignorieren, und springt schließlich aus dem Fenster. Der Mann erwacht, erkennt die Situation und schickt sich an, Agathe nachzuklettern. 3. Bild, Dachfirst, Mondlicht: Agathe ist erneut in den Bann des Barons geraten. Dem Mann gelingt es nicht, gegen die Übermacht der immer zahlreicher werdenden Katzen die Geliebte dem Baron zu entreißen; er verliert den Halt und stürzt ab. Agathe verläßt die Katzen, kauert sich neben den Sterbenden und findet zusammen mit ihm den Tod.
Kommentar: *Les Demoiselles de la nuit* gehört zu jener seit dem 19. Jahrhundert umfang- und variationsreichen Gruppe von Balletten, deren Thema die Liebe zwischen einem Menschen und einem Tier ist; beispielhaft sei hier Reisingers *Lebedinoje osero* (1877) genannt. Insbesondere steht Petits Werk in einer engen Motivverwandtschaft mit Balanchines *Chatte* (1927); hier wie dort ist eine Katze von dem Wunsch beseelt, ein Mensch zu werden, um der geliebten Person ein adäquater Partner sein zu können. Wenngleich die äußerliche Transformation gelingt, lassen sich instinktive Reaktionen, die »wahre Natur des Tiers«, jedoch nicht unterdrücken, die sich in einer extremen Reizsituation Bahn brechen. So ist in *Les Demoiselles* mit dem Rückfall in tierisches Verhalten, ausgelöst durch das Locken des Barons und präludiert durch das immer grausamer werdende Spiel mit dem Vogel, die Verbindung zwischen dem Mensch-Tier-Wesen und dem jungen Mann nicht mehr aufrechtzuerhalten, denn dieser kann die Grenze zum tierischen Bereich nicht überschreiten und stirbt bei dem Versuch, in die Welt der Katzen einzudringen. Hier zeigen sich Ansätze zu einer Tragik, die Petit in *Le Loup* (Paris 1953, Musik: Henri Dutilleux, Libretto: Anouilh und Georges Neveux) noch gesteigert hat, indem er die Liebesbeziehung zwischen Mensch (Frau) und Tier (Mann) an einer feindlichen Umwelt scheitern läßt. – Die Tierwelt in *Les Demoiselles* ermöglichte phantastische Kostüme und Bühnenbauten, vor allem aber stellte sie eine Herausforderung an den Einfallsreichtum des Choreographen dar. Petit verzichtete auf konventionelle »katzenartige« Bewegungen und verdeutlichte statt dessen hauptsächlich mit typisierenden Ports de bras und Kopfbewegungen nicht nur das Tierische allgemein, sondern speziell auch die verschiedenen Charaktere der Katzen. Er adaptierte akrobatische Elemente, die harmonisch in das klassisch-akademische Schrittvokabular eingefügt wurden. Den tänzerischen Höhepunkt bildet der Pas de deux Agathe/Mann im 2. Bild, ihre gegenseitige Liebe einfühlsam darstellend. Wirkt das 1. Bild mit seinen zahlreichen Pas dramaturgisch zu langatmig, so verliert das 3. Bild mit dem eigentlichen Höhepunkt der Handlung, trotz eines hohen atmospärischen Reizes, an Intensität.
Wirkung: In der Uraufführung (Bühnenbild und Masken: Leonor Fini) feierte Fonteyn (Agathe) neben Petit (Mann) und Gordon Hamilton (Baron) einen großen Erfolg. Später tanzte Colette Marchand die Agathe. Die New Yorker Premiere der *Demoiselles de la nuit* erfolgte 1951 durch das American Ballet Theatre (mit Marchand und John Kriza). Die deutsche Erstaufführung besorgte Lisa Kretschmar (Mannheim 1955); eine ironisierende Neuchoreographie schuf Hermann Rudolph (Karl-Marx-Stadt 1968).

Ausgaben: Kl.A v. H. Moehn: Schott 1956, Nr. 4438. **Aufführungsmaterial:** M: Schott; Ch: R. Petit, Marseille
Literatur: M. FONTEYN, Autobiography, London 1975, dt.: Die zertanzten Schuhe, München 1976; weitere Lit. s. S. 738

Katja Schneider

Carmen
Dramatic Ballet in Five Scenes

Carmen
5 Bilder

Musik: Auszüge aus der Opéra *Carmen* (Paris 1875) von Georges Bizet. **Libretto:** Roland Petit, nach der Novelle (1845) von Prosper Mérimée
Uraufführung: 21. Febr. 1949, Prince's Theatre, London, Les Ballets de Paris
Darsteller: Carmen; Don José; der Toreador; 3 Banditen (2 Tänzer, Tänzerin); Corps de ballet: Fabrikarbeiterinnen, Barmädchen, Zigeuner, Banditen, Zuschauer eines Stierkampfs
Orchester: 2 Fl (auch Picc), 2 Ob (2. auch E.H), 2 Klar, 2 Fg, 4 Hr, 2 Pistons, 3 Pos, Pkn, Schl (Trg, Bck, gr.Tr, kl.Tr, Tamburin, Kastagnetten), 2 Hrf, Streicher
Aufführung: Dauer ca. 40 Min.

Entstehung: Mérimées *Carmen* wurde mehrfach für das Ballett bearbeitet, vor Petit von Marius Petipa (*Carmen et son toréro*, Madrid 1845), Goleisowski (*Karmen*, Moskau 1931) und Ruth Page (*Guns und Castagnets*, Chicago 1939). Bizets Musik wurde dabei gekürzt und neu arrangiert, so auch in Petits *Carmen*, wo beispielsweise Don José, nicht Carmen die berühmte Habanera interpretiert.
Inhalt: In Sevilla und Umgebung. 1. Bild, Platz in Sevilla, im Hintergrund eine Zigarettenfabrik, davor Leinen mit Wäsche: Arbeiterinnen kommen die Treppe herunter. Da entsteht plötzlicher Aufruhr; Carmen reißt ihre Gegnerin nieder und ist im Begriff, sie zu würgen, als Don José, der wachhabende Soldat, dazwischentritt. Er verhaftet Carmen, doch als er sie abführen will, schenkt sie ihm ein entwaffnendes Lächeln, wendet ihm verführerisch ihre entblößte Schulter zu und entgleitet ihm; fasziniert und verwirrt bleibt José zurück. 2. Bild, Lillas Pastias Taverne; Nacht; der Raum ist mit Lampions erleuchtet, im Hintergrund eine Bar, eine Treppe, die zu einer Galerie mit zwei Zimmern führt: Ein Bandit führt mit einem schwarzhaarigen Mädchen einen wilden Tanz auf. Da tritt José ein, auf der Suche nach Carmen. Es herrscht abwartende Spannung: José nimmt die Herausforderung von Klatschen, Stampfen, Fingerschnippen in einem rhythmisch sich steigernden Tanz auf. Als er, auf den Knien, endet, wird Carmen sichtbar, auf der Bar, schwarz-gelb gekleidet. Sie antwortet José mit einem verführerischen Tanz, der in einen immer heftiger bewegten Tanz aller übergeht. José schlägt seinen Umhang um Carmen und führt sie hinaus. 3. Bild, Carmens Zimmer, von einem gelben Vorhang mit weißer Spitzengardine gerahmt, Hintergrund eine Balkontür mit blauen Jalousien, rechts ein Bett, an der Wand einige Fächer: José zieht die Vorhänge auf; Carmen, mit einer schwarzen Korsage bekleidet, liegt auf dem Bett. José tritt zu ihr; sie fängt an, sich lässig zu bewegen, woraus ein Tanz voll Sinnlichkeit wird; plötzlich blickt sie aus dem Fenster. José bemerkt ihr Desinteresse und reißt sie eifersüchtig an sich. Erneut flammt die Leidenschaft zwischen beiden auf. In die Intimität dieses Augenblicks brechen die drei Banditen ein, die Carmen auffordern mitzukommen. José schließt sich, anstatt in die Kaserne zurückzukehren, der Bande an. 4. Bild, einsame Landstraße, mehrere große Wagenräder, mit einer Plane bedeckt; Nacht: Carmen, José und die Banditen schleichen sich an, um einen Kurier mit Gold auszurauben. José soll ihn erstechen. Als er zögert, tritt Carmen, in Josés schwarzen Umhang gehüllt, zu ihm, umklammert seine Hand mit dem Messer und bringt ihn dazu, den Mord auszuführen. José bleibt, nachdem die Banditen und Carmen verschwunden sind, verwirrt zurück. 5. Bild, vor dem Eingang einer Stierkampfarena: Zum Fest geschmückte Mädchen, Kunststücke vorführende Zigeuner und buntes Volk sind in Erwartung des Toreadors. Als er erscheint und einige seiner Posen vorführt, wird er sofort von den Mädchen umschwärmt; auch Carmen ist bezaubert. Der Toreador wird auf sie aufmerksam. Da erscheint José, beobachtet den Flirt, tritt auf Carmen zu und reißt ihr die Mantilla vom Kopf. Während das Volk dem Stierkampf folgt, entwickelt sich die tödliche Auseinandersetzung zwischen Carmen und José. Sie stehen einander gegenüber, beginnen die Herausforderung und rennen schließlich aufeinander zu, dringen aufeinander ein, wie kämpfende Stiere. José zwingt Carmen

Carmen, 3. Bild; Zizi Jeanmaire als Carmen, Roland Petit als Don José; Ausstattung: Antoni Clavé; Uraufführung, Les Ballets de Paris, London 1949. – Die Schlußpose des Pas de deux bezeichnet in der extremen erotischen Spannung, der Gleichzeitigkeit von Nähe und Auseinanderstreben der Körper, die aggressive Leidenschaftlichkeit des ungleichen Paars.

rückwärts; sie weicht in einem Halbkreis aus und versucht José abzuschütteln, bis sie sich auf ihn stürzt. José nähert sich ihr noch einmal, doch als sie ihn wegstößt, zieht er das Messer. Carmen begegnet ihm mit Stolz. Noch einmal entfernt sie sich von José, als wolle sie ein letztes Mal ihre Freiheit spüren, und läuft dann entschlossen auf José zu, der sie ersticht. Sterbend küßt sie ihn; er läßt sie zu Boden gleiten. Aus der Arena erklingen die Fanfaren des Siegs, zu dessen Zeichen die Hüte der Zuschauer rings um Carmen und José auf den Boden flattern.

Kommentar: Die Dramaturgie des Balletts, das sich nicht am Libretto zu Bizets Oper, sondern an Mérimées Novelle orientiert, ist ganz auf das Grundthema von »Carmen« konzentriert: auf die von Carmen verkörperte Freiheit der Liebe und auf den tödlichen Konflikt mit dem bürgerlichen Besitzwunsch in Josés Eifersucht. Entsprechend ist der Spannungsbogen im Aufbau der fünf Bilder geführt. Drei Bildern, die mehr handlungsbezogen, von der Alternation kurzer Soli und Pas de trois mit Corps-de-ballet-Szenen geprägt sind, stehen zwei Bilder (das 3. und 5.) mit jeweils einem großen Pas de deux Carmen/José gegenüber: Der leidenschaftlich-erotische Pas de deux, der das ganze 3. Bild einnimmt, bildet das Kernstück des Balletts; er leitet zugleich die Peripetie von der Liebe zum Kampf ein. Im Schluß-Pas-de-deux des 5. Bilds ist der tödliche Kampf zwischen Carmen und José vor der Kulisse des Stierkampfs dargestellt. Petits raffinierte dramaturgische Gestaltung zeigt sich dabei besonders in ungewohnten Szenenübergängen sowie in der choreographischen Übersetzung von Leitsymbolen des Carmen-Stoffs. Beispielsweise erzielt er einen Spannungsaufschub zwischen dem 2. und dem 3. Bild dadurch, daß auf die erotisch werbenden Soli von José und Carmen in der Taverne nicht, wie zu erwarten wäre, der Pas de deux unmittelbar folgt, sondern erst im 3. Bild als eigene Szene entfaltet wird, während das 2. Bild mit einem flamencoähnlichen Tanz des Corps endet. Die psychologische Verknüpfung der Bilder leisten in Tanz umgesetzte Symbole des Grundkonflikts: Das Thema der Freiheit, das zuerst vom Corps mit Rufen und Stampfen zu Josés Solo (2. Bild) skandiert wird, »L'amour est un oiseau rebelle«, ist durch Flügel- und Flatterbewegungen Carmens verkörpert, erotisch-verführerisch im Spiel mit dem Fächer (2. Bild), kämpferisch-stolz im Flügelschwung der Arme, als sie im Schluß-Pas-de-deux auf José eindringt, und zuletzt ersterbend, als zitterndes Battieren des rechten Fußes nach dem tödlichen Messerstich. Bedeutsamer noch ist die Darstellung des Schicksals- und Kampfmotivs mit Symbolbewegungen aus dem Bereich des Stierkampfs. Das reicht von geschmeidigen Wendungen und ausweichenden Hüftbewegungen in Josés flamencoartigem Solo (2. Bild) über die spielerische Andeutung des Stierkampfs, als Carmen den Fächer (wie Hörner) vor die Stirn hält, bis zum großen Kampf im 5. Bild. Die von Petit eingesetzte Bewegungssprache verbindet klassische Choreographie mit Elementen des Varietétanzes (andeutungsweise in Carmens Solo) und des Flamencos. Dabei ist der Kontrast zwischen Klassischem und Flamencoformen deutlich akzentuiert, etwa im Klatschen und Stampfen des Corps, das dennoch in akademischen Kombinationen geführt ist. Diese Spannung zwischen klassischen und nichtklassischen Ausdrucksbewegungen ist besonders eindrucksvoll in den großen Pas de deux: im 3. Bild in den lasziven Gebärden Carmens, den hohen und weiten Beinspreizungen in den Hebefiguren und in der intensiven Körperspannung beider Tänzer in der erotischen Schlußpose. Im Pas de deux des 5. Bilds ist die grundlegende klassische Ausrichtung noch stärker aufgebrochen durch Elemente aus den Toreadorbewegungen und durch Anleihen bei den typischen Formen eines Fechtduells. Dabei spielt sich der gesamte Kampf-Pas-de-deux zu langsam sich steigerndem Trommelrhythmus ab. Musik und Tanz sind in *Carmen* auf starke Kontraste und hohe Dynamik hin ausgerichtet.

Wirkung: In der Uraufführung tanzten Zizi Jeanmaire (Carmen), Petit (José) und Serge Perrault (Toreador). *Carmen* wurde zu einem anhaltenden Erfolg, zu dem die Ausstattung von Antoni Clavé, vor allem aber die tänzerisch wie dramatisch hervorragende Leistung der Hauptdarsteller beitrug. Petit zeigte einen ebenso eleganten wie passionierten José, Jeanmaire verkörperte das Ideal der Carmen: zugleich kühl und leidenschaftlich, mysteriös und stolz. Carmen wurde 1950 von Moira Shearer, 1953 von Irène Skorik und Colette Marchand, 1956 von Violette Verdy getanzt. Die erste Einstudierung durch eine andere Kompanie gab es 1960 am Opernhaus Kopenhagen (mit Kirsten Simone und Flemming Flindt). Es folgten unter anderm das PACT Ballet Johannesburg 1965, das Ballett der Hamburgischen Staatsoper 1967 (Angèle Albrecht, Daniel Lommel), das Australian Ballet Melbourne 1973 (Lucette Aldous, Kelvin Coe), das American Ballet Theatre 1982 (Cynthia Gregory, Kevin McKenzie) und das Bolschoi-Ballett Moskau 1988. Das Ballet National de Marseille zeigte das Ballett seit 1972 mit wechselnden Solisten immer wieder. 1980 übernahm Jeanmaire noch einmal die Carmen (mit Michail Baryschnikow). 1981 tanzten Natalija Makarowa, Dominique Khalfouni und Peter Schaufuss die Hauptpartien.

Ausgaben: Part, krit. Ausg., frz./dt.: Alkor 1964, Nr. 129; Video, color, Z. Jeanmaire, M. Baryšnikov, Ballet National de Marseille: FR3, Telmondis 1980. **Aufführungsmaterial:** M: Choudens, Alkor; Ch: R. Petit, Marseille
Literatur: s. S. 738

Gabriele Brandstetter

Cyrano de Bergerac
Ballet en deux actes et sept scènes

Cyrano von Bergerac
2 Akte (7 Bilder)

Musik: Marius Constant. **Libretto:** Roland Petit, nach der Comédie-héroïque (1897) von Edmond Eugène Alexis Rostand

Uraufführung: 17. April 1959, Théâtre de l'Alhambra, Paris, Les Ballets de Paris
Darsteller: Cyrano; Roxane, Cyranos Cousine; Christian, ein junger Graf; der Gastwirt Ragueneau; Ragueneaus Tochter; Ragueneaus Sohn; der Theaterdirektor; Corps de ballet: 4 Diener, der Schauspieler, die Schäferin, der Musiker, der Marquis, 8 kleine Marquis, 8 Kurtisanen, 4 Diebe, der Herr mit der Perücke, 13 Männer in Schwarz, 8 Blätterteighörnchen und Kuchen, das Pistazieneis, 3 Fasanenhähne, 3 Fasanenhühnchen, die verkleideten Früchte (Tänzerin, 2 Tänzer), 4 Pralinen, die Anführer der Musketiere, 11 Musketiere, ein kleiner Junge, 17 Kadetten, 15 feindliche Soldaten, 8 Nonnen
Orchester: 2 Fl (1 auch Picc), Ob (auch E.H), 2 Klar, B.Klar, Fg, 4 Hr, 3 Trp, 2 Pos, Tb, Pkn, Schl (gr.Tr, kl.Tr, 2 Bck, hängendes Bck, RührTr, MilitärTr, Tambour de basque, Tamtam, Kastagnetten, Crotales, Trg, HolzröhrenTr, Ratsche, Tombas, Tomgrave, Glocke, Glsp, Xyl, Vibr), Cel, Kl, Hrf, Streicher
Aufführung: Dauer ca. 2 Std.

Inhalt: In Paris und Umgebung, 17. Jahrhundert. I. Akt, 1. Bild: das Theater im Hôtel de Bourgogne; 2. Bild: das Tor von Nesle; 3. Bild: Ragueneaus Gasthof; 4. Bild: der Balkon; II. Akt, 1. Bild: die Stadttore; 2. Bild: die Belagerung von Arras (Feldlager und Angriff); 3. Bild: Klostergarten.
Der Dichter, Philosoph, Soldat und Freidenker Cyrano, geistvoll, aber wegen seiner übergroßen Nase verlacht, ist in die schöne Roxane verliebt. Diese bittet ihn, Christian, der im selben Regiment dient, in seine Obhut zu nehmen. Christian, ein bildschöner, aber geistig und sprachlich wenig gewandter Jüngling, wendet sich ausgerechnet an Cyrano mit der Bitte, für ihn geistvolle und charmante Liebesbriefe an Roxane zu verfassen. Cyrano willigt ein in der schmerzlichen Erkenntnis, daß er wegen seiner Häßlichkeit nie eine andere Gelegenheit haben werde, an Roxane Liebesworte zu richten. Er muß sogar mit ansehen, wie die Geliebte, nachdem sie Cyranos Liebeserklärung auf dem Balkon stehend angehört hat, Christian umarmt. Bei der Belagerung von Arras fällt Christian, und Roxane geht untröstlich ins Kloster. Dort besucht Cyrano sie jeden Sonntag, liest ihr vor, bringt es aber nicht über sich, sie über die wahren Verhältnisse aufzuklären. Erst 20 Jahre später, verwundet in Roxanes Armen sterbend, gesteht er ihr seine Liebe, und sie erkennt, daß auch sie ihn geliebt hat.
Kommentar: Unter Petits Literaturballetten wie *Notre-Dame de Paris* (Paris 1965, Musik: Maurice Jarre) nach Victor Hugo und *Nana* (Paris 1976, Constant) nach Emile Zola nimmt *Cyrano de Bergerac* eine Sonderstellung ein: Der Grundkonflikt von Rostands Drama, der Gegensatz von Schönheit des Körpers und Anziehungskraft des Geists, bedeutet für die Darstellung im Ballett ein kaum zu lösendes Problem. Petit betrachtete die Dualität von Körper und (Schrift-)Sprache offenbar nicht als strukturelle dramaturgische Grundfrage, sondern umging das Problem, indem er die Briefstellen und die Balkonszene traditionell pantomimisch interpretieren ließ. So erscheint in Petits Ballett Cyrano überwiegend als Soldat und Haudegen, wie bereits sein erstes Solo zeigt, eine brillante Fechtchoreographie mit tragikomischen pantomimischen Sequenzen, die den langnasigen Cyrano als Außenseiter zeigen, der auch andern eine lange Nase dreht. Die zahlreichen Fecht- und Kampfpassagen der Musketiere entfalten ein reiches choreographisches Repertoire, einige Formationen erinnern an Kampfszenen aus der Peking-Oper. Der Wechsel zwischen »durchkomponierten« Bildern und Divertissements entspricht dem Stil eines traditionellen abendfüllenden Balletts und bestärkt den Gesamteindruck des Werks: des Gekonnt-Arrivierten, unterstützt durch die sujetgerecht farbige, besonders im Einsatz der Blechbläser effektvolle Musik Constants.
Wirkung: *Cyrano de Bergerac*, in der Uraufführung getanzt von Petit (Cyrano), Zizi Jeanmaire (Roxane), George Reich (Christian) und Tessa Beaumont (Ragueneaus Tochter), bestach vor allem als großangelegtes Ausstattungsballett (Kostüme: Yves Saint Laurent); gerade dies wurde jedoch kritisiert als die choreographische Leistung beeinträchtigend. Im Okt. 1959 wechselte Beaumont in die Rolle der Roxane, für die sie ursprünglich vorgesehen war; Petit hatte, da Jeanmaire die Roxane tanzte, als Ausgleich für Beaumont Ragueneaus Tochter mit einem großen Solo in I/3 bedacht. 1961 wurde *Cyrano de Bergerac* vom Königlichen Dänischen Ballett einstudiert (mit Kirsten Simone, Henning Kronstam und Eske Holm); 1979 folgte eine Wiederaufnahme beim Ballet National de Marseille.

Ausgaben: Part: Ricordi 1961, Nr. P 2036; Kl.A: Ricordi 1961, Nr. 2038; Video, color, D. Ganio, E. Desutter, Ballet National de Marseille: FR3 [1978]. **Aufführungsmaterial:** M: Ricordi; Ch: R. Petit, Marseille
Literatur: M. F. CHRISTOUT, Cyrano de Bergerac, in: DaD 10:1959, Nr. 7, S. 5, 7, 9; weitere Lit. s. S. 738

Gabriele Brandstetter

Les Intermittences du cœur
Hommage à Proust

Die wechselnden Zustände des Herzens
Huldigung für Proust
Ballett (2 Teile, 13 Bilder)

Musik: Ludwig van Beethoven, 5. Satz aus dem *Streichquartett cis-Moll Nr. 14* (1826); Claude Debussy, *Danse sacrée et danse profane* (1904), 2. Satz aus *La Mer* (1905) und *Syrinx* (1913); Gabriel Fauré, *Elégie* (1880, für Violoncello und Klavier als auch für Violoncello und Orchester) und *Ballade für Klavier und Orchester Fis-Dur* (1881); César Franck, 1. Satz aus der *Sonate für Violine und Klavier A-Dur* (1886) und *Psyché* (1888); Reynaldo Hahn, »L'Heure exquise« aus den *Chansons grises* (1892); Camille Saint-Saëns, *Marche héroïque* (1871), »Pianistes« und »Personnages à longues oreilles« aus *Le Carnaval des*

animaux (1886), 1. Satz aus der *Symphonie c-Moll Nr. 3* (1886), *Havanaise* (1887) und 1. Satz aus dem *Morceau de concert* (1918); Richard Wagner, 2. Satz aus der *Symphonie C-Dur* (1832) und Ouvertüre zu der »Großen tragischen Oper« *Rienzi* (Dresden 1842).
Libretto: Roland Petit, nach dem Romanzyklus *A la recherche du temps perdu* (1913–27) von Valentin Louis Georges Eugène Marcel Proust
Uraufführung: 24. Aug. 1974, Opéra, Monte Carlo, Ballet National de Marseille
Darsteller: Proust; Madame Verdurin; die Violine (Tänzer); das Klavier (Tänzerin); Gilberte; Odette; Swann; 3 junge Männer; Albertine; Andrée; 5 Mädchen; die Herzogin von Guermantes; Morel; Charlus; 5 Prostituierte; der Fürst von Guermantes; 4 Soldaten; 4 Kreaturen der Nacht (Tänzerin, 3 Tänzer); Saint-Loup; das Kind; Corps de ballet: Damen mit Schirmen, Gäste, Zuschauer bei Morels Auftritt
Orchester: Picc, 2 Fl, 2 Ob, E.H, 2 Klar, 3 Fg, 4 Hr, 3 Trp, 2 Pos, Tb, Pkn, Schl (Bck, Trg, Glsp, gr.Tr, MilitärTr, RührTr), 2 Hrf, Kl, Streicher, T
Aufführung: Dauer ca. 1 Std. 45 Min. – Einzelne Musikstücke sind erheblich gekürzt und stellenweise bearbeitet. In I/1 befindet sich ein Flügel auf der Bühne.

Entstehung: Nach *Cyrano de Bergerac* (1959) bestätigte Petit mit Werken wie *Notre-Dame de Paris* (Paris 1965, Musik: Maurice Jarre), *Paradis Perdu* (London 1967, Marius Constant; mit Margot Fonteyn und Rudolf Nurejew), *Turangalîla* (Paris 1968, Olivier Messiaen), *Pelléas et Mélisande* (London 1969, Arnold Schönberg; mit Fonteyn und Nurejew) und *La Rose malade* (Paris 1973, Gustav Mahler; mit Maija Plissezkaja) seine Reputation als profilierteste Persönlichkeit des zeitgenössischen französischen Balletts.
Inhalt: Auf dekorationsloser Bühne (bis auf sparsam verwendete Requisiten oder drapierte Stoffbahnen); helle und einfache Kostüme; I/1 und II/6: Bühnenbild und Kostüme vermitteln den Eindruck eines eleganten Salons um die Jahrhundertwende.
I. Teil, »Quelques images des paradis proustiens«, 1. Bild, » ›Faire clan‹ ou l'image du snobisme offensif selon Proust«: Im Salon von Madame Verdurin findet eine Gesellschaft statt. Madame träumt von der Herzogin von Guermantes, die sie zu verachten vorgibt. Ein junger Mann singt zu Klavierbegleitung. 2. Bild, » ›La petite phrase de Vinteuil‹ ou la musique des amours«: Swanns Leidenschaft für Odette manifestiert sich in einer Violinsonate. 3. Bild, » ›Les aubépines‹ ou les mots-fées«: Tänzerinnen in hellen Kleidern, einen Schirm in Händen haltend, bilden kleine Gruppen, die Gilberte umkreist. Als letzte verläßt sie die Bühne. 4. Bild, » ›Faire catleya‹ ou les métaphores de la passion«: Odette, mit Cattleyen geschmückt, und Swann vereinigen sich in einem Pas de deux. Drei Herren im Frack, denen Odette kurz ihre Aufmerksamkeit widmet, unterbrechen das Duo. Swann läßt Odette zurück. 5. Bild, » ›Les jeunes filles en fleurs‹ ou les vacances enchantées«: Albertine und sechs Freundinnen vergnügen sich am Strand. Proust überquert hinter den Mädchen die Bühne. Von dem Schauspiel gefesselt, bleibt er mehrere Male stehen, ohne von den Mädchen bemerkt zu werden. Erst als er ein zweites Mal wiederkehrt, erregt er Albertines Interesse. Proust geht ab; während Albertine von fünf ihrer Gespielinnen von der Bühne getragen wird, verharrt Andrée in kauernder Position. 6. Bild, »Albertine et Andrée ou la prison des doutes«: Albertine und Andrée tanzen einen tändelnd-zärtlichen, von Umarmungen geprägten Pas de deux. Andrée zieht Albertine mit sich fort. 7. Bild, » ›La regarder dormir‹ ou la réalité ennemie«: Proust und Albertine beginnen einen Pas de deux. Seine Versuche, die nach kurzen Momenten der Vereinigung nach Loslösung strebende Geliebte zu halten, gelingen erst, als sie schläft.
II. Teil, »Quelques images de l'enfer proustien«, Prolog: Die Herzogin von Guermantes tritt auf. 1. Bild, »Monsieur de Charlus face à l'insaisissable«: Der alternde Charlus ist fasziniert von der Schönheit und Virtuosität des Geigers Morel. Nach jedem seiner bravourösen Soli, die von einem im Hintergrund sitzenden männlichen Publikum beklatscht werden, bemüht er sich, Morel seine Zuneigung zu erklären. Der verharrt in abweisend-strenger Pose. 2. Bild, »Monsieur de Charlus vaincu par l'impossible«: Fünf Prostituierte und der Strichjunge Morel warten auf Kundschaft. Charlus beobachtet, wie sich Morel vor dem Fürsten von Guermantes entkleidet. Als Charlus an das Bett des nackten Morel tritt, steht dieser auf und läßt den Verzweifelten mit einer Prostituierten zurück. 3. Bild, »Les enfers de Monsieur de Charlus«: In einem nackten, geschlossenen Raum, erhellt von einer Glühbirne, stehen vier Soldaten, davon zwei in französischer Uniform. Charlus erscheint in Abendkleidung. Auf eigenen Wunsch läßt er sich schlagen und malträtieren. Nachdem er die Männer fortgeschickt hat, bricht er zusammen. 4. Bild, »Rencontre fortuite dans l'inconnu«: Nacheinander erscheinen ein Paar und zwei Männer. Die Kreaturen der Nacht vereinen sich, trennen sich und begegnen sich erneut. 5. Bild, »Morel et Saint-Loup ou le combat des anges«: Morel, das Prinzip des Bösen, und Saint-Loup, Engel des Guten, stehen einander in einem Kräftevergleich gegenüber. Morel bringt Saint-Loup auf seine Seite. 6. Bild, » ›Cette idée de la mort…‹ ou le monde apparaît au narrateur comme derrière ›une porte funéraire‹ «: In schwarzer Abendrobe umtanzt die Herzogin den unbeweglich auf einem Stuhl sitzenden, ins Leere starrenden Proust. Mit puppenartigen Bewegungen versammelt sich eine Abendgesellschaft, die sich schließlich um das Kind und die Herzogin formiert. Im Hintergrund treten nacheinander die Zentralfiguren der vorangegangenen Bilder auf: in markanten Posen und Bewegungen zuerst Odette und Swann, gefolgt von Albertine und Proust, dann Charlus und zuletzt Morel und Saint-Loup. Nach Verabschiedung ihrer Gäste hebt die Herzogin dem leblos erscheinenden Kind die Arme und fixiert diese ausgestreckt vor seiner Brust.
Kommentar: Anstatt in chronologischer Folge den Inhalt des Romanzyklus zu adaptieren, konzentrierte

sich Petit lediglich auf bestimmte Aspekte der von Proust erzählten Welt. Von den Titeln der beiden Teile in ein formales Schema gepreßt, weisen die fragmentarischen Episoden ein gemeinsames, zentrales, immer wiederkehrendes Thema auf: nämlich den Augenblick, in dem sich die Gestalten am stärksten verbinden oder voneinander abstoßen. Dichte und Intensität kennzeichnen alle zwischenmenschlichen Kontakte, die sich im Kaleidoskop der möglichen Berührungen ergeben können: Freundschaft, Liebe, Eifersucht, weibliche und männliche Homosexualität, Sadomasochismus, Kampf, Verführung. Die so benannten Beziehungsgefüge haben sich so weit von Prousts Text gelöst, daß sie auch ohne die Kenntnis der *Recherche* verständlich sind. – Die Emanzipation vom literarisch fixierten Handlungsballett wird von der uneinheitlichen Ausstattung unterstützt. Aufgrund des ständigen Wechsels der Dekorationen und Kostüme wird der Zuschauer nicht auf eine exakt beschreibbare, eindeutige Vergangenheit festgelegt. So verdichten sich die einzelnen Episoden nie zur abgeschlossenen, abgerundeten Aussage. Auch das Bewegungsvokabular ist nicht auf eine bestimmte Zeit beschränkt. Zwar überwiegt die Danse d'école, doch finden sich genauso pantomimische Bewegungen sowie folkloristische und ausdruckstänzerische Elemente. Die verschiedenen Stile können gelegentlich nebeneinander existieren; so wird beispielsweise Morels rein klassisches Solo mit Charlus' abgehackten, marionettenhaften Aktionen kontrastiert. In dem fast 100 Jahre umfassenden Musikpotpourri zeigt sich eine ähnliche Vielfalt. Hierbei orientierte sich Petit an Prousts Vorlieben. Neben einem von Beethovens Streichquartetten, die der Dichter ganz besonders schätzte, stehen Prousts Zeitgenossen Franck, Saint-Saëns und Wagner, die als mögliche Vorbilder für die Figur des Komponisten Vinteuil und dessen Musik in Prousts Werk angenommen werden. – Das Ergebnis von Petits Beschäftigung mit Proust und seiner Ausrichtung auf bestimmte Momente von dessen Zyklus ist keine belanglos erscheinende Aneinanderreihung von einzelnen Bildern (wenngleich die Einteilung in die zwei Teile etwas unmotiviert wirkt), sondern die Facetten der *Recherche*, ob sie nun »paradiesischen« oder »höllischen« Charakter tragen, sind in ihrer Intensität und Extremität eindringlich und stimmig dargestellt.

Wirkung: Nach der Uraufführung (mit Karen Kain, Denys Ganio, Rudy Bryans und Michael Denard) wurde das Ballett von der französischen Kritik als Ausrutscher in Petits Schaffen beurteilt; abgesehen von dem hohen tänzerischen und choreographischen Niveau der Pas de deux mißfiel die grundsätzliche Konzeption, die als inadäquate Illustration von Prousts Romanwelt abgelehnt wurde. Die deutsche Kritik hingegen stufte das Werk als ein exemplarisches zeitgenössisches Literaturballett ein. Bei einer Amerikatournee des Ballet National de Marseille 1980 war *Les Intermittences du cœur* jedoch das umjubelteste Stück des Programms. Mit Plissezkaja, Dominique Khalfouni, Ganio, Jean-Charles Gil und

Les Intermittences du cœur, II. Teil, 5. Bild; Lubomir Kafka als Saint-Loup, Jan Broeckx als Morel; Bühnenbild: René Allio, Kostüme: Christine Laurent; Ballett der Deutschen Oper, Berlin 1984. – Auf der Basis von Marcel Prousts Beschreibung kann der »Kampf der Engel« dahin gehend interpretiert werden, daß das moralische Prinzip des Guten mit dem des Bösen unauflösbar verbunden ist.

Patrick Dupond entstand 1982 eine Filmversion, die geringfügig vom Original abweicht. Das Ballett wurde 1984 von der Deutschen Oper Berlin, 1985 von der Scala Mailand einstudiert. Bis heute ein Erfolgsstück im Repertoire des Ballet National de Marseille, lautet der Titel inzwischen *Proust ou Les Intermittences du cœur*. – Ballette wie *Nana* (Paris 1976, Musik: Constant) und *Le Fantôme de l'Opéra* (Paris 1980, Marcel Landowski) zeigen, daß auch in Petits späterem Œuvre unter den Adaptionen literarischer Vorlagen französische Schriftsteller überwiegen; zu den wenigen anderssprachigen Dichtern, deren Werke er für ein Literaturballett herangezogen hat, gehört Heinrich Mann, dessen Roman *Professor Unrat oder Das Ende eines Tyrannen* (1905) für sein Ballett *Der blaue Engel (Professor Unrat)* (Berlin 1985, Musik: Constant; mit Natalija Makarowa und Petit) als Vorlage diente. Hier gelang es Petit nur bedingt, die kleinstädtische Atmosphäre des Romans einzufangen; bloß ansatzweise umsetzen konnte er Manns beißende Abrechnung mit der wilhelminischen Gesellschaft.

Ausgaben: Video, color, Ballet National de Marseille: FR3/BR 1982. **Aufführungsmaterial:** R. Petit, Marseille
Literatur: H. KOEGLER, ›Les Intermittences du cœur – Hommage à Proust‹, in: TA 23:1975, Nr. 1, S. 4f.; weitere Lit. s. S. 738

Katja Schneider

Goffredo Petrassi

Geboren am 16. Juli 1904 in Zagarolo (bei Rom)

Ritratto di Don Chisciotte
→ Milloss, Aurel von: Le Portrait de Don Quichotte (1947)

Il cordovano
Opera in un atto

Der Korduaner
Die spanische Wand
1 Akt

Text: Eugenio Montale, nach dem Zwischenspiel *Viejo celoso* aus *Ocho comedias y ocho entremeses nuevo, nunca representados* (1615) von Miguel de Cervantes Saavedra
Uraufführung: 1. Fassung: 12. Mai 1949, Teatro alla Scala, Mailand (hier behandelt); 2. Fassung: 18. Febr. 1959, Piccola Scala, Mailand
Personen: Donna Lorenza (lyrischer S); Cristina, ihre Nichte (KoloraturS); Hortigosa, ihre Nachbarin (A); Cannizares, Donna Lorenzas Gatte (B); ein Helfershelfer (T); ein Wächter (Bar); ein Musiker (T); ein junger Mann (stumme R). **Chor:** Musiker, Tänzer
Orchester: 2 Fl (auch Picc), 2 Ob, E.H, kl. Klar in Es, 2 Klar, 2 Fg, K.Fg, 4 Hr, 3 Trp, 3 Pos, Pkn, Schl (gr.Tr, Bck, kl.Tr, baskische Tr, hängendes Bck, Tamtam, Trg, Xyl), Hrf, Kl, Streicher
Aufführung: Dauer ca. 50 Min.

Entstehung: Obwohl in Petrassis Gesamtschaffen die Instrumentalwerke eindeutig im Vordergrund stehen, kommt den Musiktheaterwerken insofern ein wichtiger Stellenwert zu, als sie innerhalb seiner stilistischen Entwicklung vom Neoklassizismus der 30er Jahre zu einer tonal ungebundenen Chromatik der 50er Jahre eine Art Brückenfunktion einnehmen. Exemplarisch für diesen Wandel stehen zwei Vokalwerke, das dramatische Madrigal *Coro di morti* (1941) und die Chorkantate *Noche oscura* (1951); sie bilden den zeitlichen Rahmen für die Entstehung der Bühnenwerke, die neben *Il cordovano* den Einakter *Morte dell'aria* (Rom 1950, Text: Toti Scialoja) sowie *La follia di Orlando* (1943) und *Ritratto di Don Chisciotte* (1945) zu Balletten (1947) von Aurel von Milloss umfassen. Petrassis vorübergehende Hinwendung zur Bühne dürfte zusätzlich aus seinen Erfahrungen als Direktor des Teatro La Fenice Venedig 1937–40 resultieren. Die kompositorische Arbeit an *Il cordovano* erstreckte sich von 1944 bis 1948.
Handlung: In Cannizares' Haus: Die junge Lorenza ist mit dem geizigen und eifersüchtigen alten Cannizares verheiratet, der ihr nichts gönnt und sie im Haus einsperrt. Angespornt von ihrer Nichte Cristina, nimmt Lorenza schließlich die Dienste ihrer Nachbarin, der Kupplerin Hortigosa, in Anspruch, die ihr einen jungen Liebhaber verspricht. – Auf der Straße: Cannizares klagt dem Gevatter seine Sorgen über seine junge Frau. Er erzählt ihm, daß er seinen Palast verschlossen hält und selbst der Nachbarin keinen Zutritt gewährt. Er vertraut ihm auch an, daß die jungen Frauen die Ehe »genießen« wollen. – Im Haus: Cristina versucht, die unglückliche Lorenza zu trösten und ihre Zweifel an dem Abenteuer zu vertreiben. Cannizares, der gerade nach Haus gekommen ist, will nicht, daß Hortigosa, die am Tor klopft, die Schwelle überschreitet; er läßt sich jedoch ausnahmsweise einmal umstimmen. Hortigosa bringt einen Teppich, den Cordovano, an dessen Ecken Bilder gewebt sind und in den der Liebhaber eingewickelt ist. Sie jammert bei Cannizares, er möge ihr den Teppich doch abkaufen, damit sie ihren Sohn aus dem Gefängnis auslösen kann. Während Cannizares die Bilder betrachtet, schlüpft der Liebhaber ungesehen in Lorenzas Zimmer. Er erfüllt seine Aufgabe so gut, daß Lorenza ihre Zufriedenheit allen laut singend mitteilt. Cannizares schöpft Verdacht und will in Lorenzas Zimmer eindringen. Geistesgegenwärtig schüttet sie ihm einen Krug Wasser ins Gesicht. Diesen Moment nutzt der Liebhaber, um aus dem Zimmer zu stürzen.
Kommentar: Cervantes' »Entremeses« zeichnen sich durch einen raschen szenischen Ablauf, prägnante Charakterzeichnung der Figuren und hintergründigen Humor aus. Petrassi hat die Vorlage in der Übersetzung unverändert übernommen und die einzelnen Szenen durch knappe instrumentale Überleitungen miteinander verbunden. Innerhalb einer flexiblen Satztechnik, die geschlossene Formen vermeidet, wechseln rezitativische mit ariosen Partien entsprechend den erzählerischen und expressiven Handlungsmomenten. Stilistisch orientiert sich Petrassis Musik einerseits an Vorbildern Alfredo Casellas und Igor Strawinskys, andrerseits bewirkt der gleichsam denaturierende Umgang mit traditionellen Elementen, vor allem durch klangfarbliche und rhythmische Mittel, gleichzeitig eine Distanzierung von denselben. Dem wortspielerischen Charakter des Texts wird Petrassi durch eine virtuose Behandlung der Gesangsstimmen gerecht, was wiederum an die Opera buffa erinnert. Die Moral des Stücks, daß ein Streit am Johannistag, und sei er noch so schlimm, Frieden fürs ganze Jahr bringe, erscheint bereits bei Cervantes als Tanzlied und wurde von Petrassi in entsprechend volkstümlichem Charakter als Lied der Musiker (»La poggia di San Giovanni«) verarbeitet.
Wirkung: Giorgio Strehlers Uraufführungsinszenierung (Dirigent: Nino Sanzogno, Ausstattung: Giulio Coltellacci; Canizares: Fernando Corena, Lorenza: Emma Tegani, Hortigosa: Jolanda Gardino, Cristina: Dora Gatta) war ein Mißerfolg, dessen Ursache, wie Petrassi selbst bemerkte, aus der Diskrepanz zwischen dem rapiden Handlungsablauf und dem schwerfälligen Orchesterapparat herrührte. Erst die durchsichtiger instrumentierte 2. Fassung des ansonsten unveränderten Werks führte zum Erfolg (Regie: Franco Enriquez, Dirigent: Sanzogno, Ausstattung: Emanuele

Errico Petrella

Geboren am 10. Dezember 1813 in Palermo, gestorben am 7. April 1877 in Genua

Jone
Dramma lirico in quattro atti

Jone
4 Akte (6 Bilder)

Text: Giovanni Peruzzini, nach dem Roman *The Last Days of Pompeii* (1834) von Edward George Earle Bulwer-Lytton 1. Baron Lytton of Knebworth
Uraufführung: 26. Jan. 1858, Teatro alla Scala, Mailand
Personen: Arbace, Ägypter, Hoherpriester der Isis (Bar); Jone (S); Glauco, ein Athener (T); Nidia, eine thessalische Sklavin (Mez); Burbo, Tavernenwirt, früher Gladiator (B); Sallustio (B) und Clodio (T), junge Patrizier, Freunde Glaucos; Dirce, Sklavin Jones (S); ein Hoherpriester der Isis (stumme R); ein äthiopischer Sklave (stumme R). **Chor, Statisterie:** junge Patrizier, Gladiatoren, Priester der Isis, Sklavinnen Jones, Sklaven Arbaces, Volk aus Pompeji und den umliegenden Ortschaften, Ädilen, Fisch- und Obstverkäufer, Blumenhändler, die Wachen des Zirkus, Zenturionen, Liktoren, Soldaten
Orchester: Picc, 2 Fl, 2 Ob, E.H, 2 Klar, 2 Fg, 4 Hr, 2 Trp, 3 Pos, Ophikleide, Pkn, Schl (RührTr, gr.Tr, Bck, Sistrum), Streicher; BühnenM: Banda, 2 Trp, kl.Tr, »bassi« mit RührTr, »armonia« (»strumenti gravi« ohne Pos, mit »bassi«, Fg, B.Klar, Ventiltrompeten); hinter d. Szene: Bläser, 2 Hr, 2 »bassi«, Klar, 2 Fg, 4 Hrf, Schl (gr. RührTr, »tuonazioni sotterranee«)
Aufführung: Dauer ca. 2 Std. 30 Min.

Entstehung: Das pastos ausgeführte Historiengemälde war von Petrella als sein Meisterwerk geplant, als eine Kraftanstrengung, um sich endlich gegen Verdi durchsetzen zu können. Nach mäßigem Erfolg von *Elnava ovvero L'assedio di Leida* (1856, Text: Domenico Bolognese), seinem ersten Auftragswerk für die Scala, kam die erneute Einladung an dies Haus offenbar ganz überraschend: Die Bühnenbearbeitung von Bulwer-Lyttons berühmtem Roman war ursprünglich für dieselbe Karnevalssaison am Teatro La Fenice Venedig gedacht, in der auch Verdis *Simon Boccanegra* (1857) Premiere hatte. Dann wurde überraschend der Uraufführungsort gewechselt, die Partitur auf die Interpreten in Mailand zugeschnitten und die Probenarbeit in unbekömmlicher Hast begonnen. Petrella hatte bis dahin eine höchst unbeständige Laufbahn hinter sich, die ihn nach einem zu frühen und unüberlegten Versuch der Karriere und einem langen Rückzug von der Bühne erst mit 40 Jahren zum ersten wirklichen Bühnenerfolg geführt hatte. Am Konservatorium in Neapel hatte er seine Ausbildung erhalten bei Giovanni Furno, Nicola Antonio Zingarelli und

Il cordovano; Graziella Sciutti als Cristina, Giorgio Tadeo als Cannizares, Aureliana Beltrami als Lorenza; Regie: Franco Enriquez, Ausstattung: Emanuele Luzzati; Uraufführung der 2. Fassung, Piccola Scala, Mailand 1959.

Luzzati; Giorgio Tadeo, Aureliana Beltrami, Fiorenza Cossotto, Graziella Sciutti), der weitere Aufführungen in Italien nach sich zog. 1971 erschien das Werk erneut an der Piccola Scala, diesmal unter der Regie von Sandro Sequi (Dirigent: Sanzogno), und 1980 in Neapel (Regie: Maria Francesca Siciliani, Dirigent: Enrique García Asensio). Die erste deutsche Aufführung (Übersetzung: Carl-Heinrich Kreith) fand 1987 in Dortmund statt (Götz Fischer, Anton Marik). – Gegenüber *Il cordovano* blieb die Rezeption von Petrassis zweitem Operneinakter, *Morte dell'aria*, weitgehend auf konzertante Aufführungen beschränkt, was vor allem durch die oratorienhafte Struktur seiner Anlage zu erklären ist.

Autograph: beim Komponisten. **Ausgaben:** Kl.A v. V. Tosatti: ESZ 1949; Textb.: ESZ 1949. **Aufführungsmaterial:** ESZ
Literatur: J. S. WEISSMANN, G. P., Mailand 1957, rev. 1980; L'opera di Goffredo Petrassi, in: Quaderni della Rassegna musicale 1964, H. 1 [diverse Aufsätze]; Goffredo Petrassi. Catalogo delle opere e bibliografia, hrsg. C. Annibaldi, Mailand 1971; L. MAGGINI, L'opera di G. P., Diss. Florenz 1973; L. LOMBARDI, Conversazioni con P., Mailand 1980; Petrassi, hrsg. E. Restagno, Turin 1986, bes. S. 229–237; J. STENZL, Von Giacomo Puccini zu Luigi Nono. Ital. M 1922–1952: Faschismus–Resistenza–Republik, Buren 1990; B. DONIN-JANZ, Das Libretto des italienischen Operneinakters zwischen 1946 und 1960, in: Geschichte und Dramaturgie des Operneinakters, hrsg. S. Döhring, W. Kirsch, Laaber 1991 (Thurnauer Schriften zum M.Theater. 10.), S. 365–381

Sigrid Wiesmann

Francesco Ruggi, den Lehrern von Bellini, Mercadante, den Brüdern Ricci und Carafa. Auch von Bellini selbst mag er, nach Francesco Florimos Angaben, in seinen Anfängen noch profitiert haben. Nach Anfangserfolgen zog er sich 1839 für zwölf Jahre von der Oper zurück, suchte die Schwächen in seiner Komposition für sich zu beheben, ehe er mit der komischen Oper *Le precauzioni ossia Il carnevale di Venezia* (Text: Marco D'Arienzo) am 20. Mai 1851 am Teatro Nuovo Neapel triumphierend auf die Bühne zurückkehrte. Er wurde als musikalischer Direktor dieses Theaters zu einer Macht im neapolitanischen Musikleben und konnte sich als Erneuerer der großen Schule Cimarosas, Zingarellis und Bellinis feiern lassen. Von da an trat er in seinen Werken, auch in den ernsthaftesten Versuchen, den Anforderungen der von Frankreich mitgeprägten Operndramatik zu genügen, immer als Exponent des neapolitanischen Geschmacks auf. Erst 1854 hatte er sich, vielleicht nicht ohne Hintergedanken auf ein mailändisches Sujet gestützt, an eine Seria gewagt: *Marco Visconti* (Neapel, Text: Bolognese). Die Oper errang einen beachtlichen Erfolg und wurde von vielen Theatern in Italien nachgespielt. Sie war auch der Anlaß für den ersten Auftrag der Scala. Jetzt im Herbst 1857 wußte Petrella, daß er mit einer gewichtigen Partitur nach Mailand kam. Er war sich seines Einfallsreichtums ohnehin, aber auch seiner Beherrschung der großen Form sicher und ließ sich auch durch den offenbar schwierigen Verlauf der Proben nicht irremachen. – Das Mailänder Partiturautograph enthält zwei Fassungen des IV. Akts.

Handlung: In Pompeji, 79 n. Chr., die letzten Tage vor dem Untergang der Stadt.
I. Akt, 1. Bild, die Taverne des ehemaligen Gladiators Burbo; Morgengrauen: Nach durchzechter Nacht sitzen Gladiatoren und junge Patrizier beim Würfelspiel zusammen, darunter Glauco, der aus Griechenland stammt und der übermütig seine Begeisterung für Wein, Spiel und Liebe den rauheren Leidenschaften der Römer für Krieg und Kampf im Zirkus gegenüberstellt. Er ist in die schöne Jone so sehr verliebt, daß er kaum noch Augen für seine Umgebung hat und seine Verluste beim Spiel gleichmütig hinnimmt. Dem Drängen der Freunde nachgebend, singt er ein schwärmerisches Trinklied in Erinnerung an seine Heimat. Plötzlich hört man die Hilfeschreie eines Mädchens aus dem Nachbarraum. Als der Vorhang aufgezogen wird, gewahrt man Burbo, der die thessalische Sklavin Nidia auspeitschen will, um sie (wie man aus Andeutungen erfährt) für die Wünsche des ägyptischen Magiers und Hohenpriesters der Isis, Arbace, gefügig zu machen. Glauco kauft Burbo das Mädchen ab und will sie freigeben. Allein in einem fremden Land und schutzlos, bittet ihn Nidia, sie als Sklavin zu behalten. Nach einem Abschiedstrunk verlassen die Patrizier, gefolgt von Nidia, die Taverne. Der zurückbleibende Burbo weiß wohl, daß Arbaces Zorn, bei seinem Einfluß in der Stadt, zu fürchten ist. Aber er vertraut auf sein Geschick, mit Menschen umzugehen. Auch ist ihm aufgefallen, daß Nidia nur Augen für Glauco hat. Darauf stützt er sein Gespräch mit dem zornbebenden Ägypter: Wenn Nidia eifersüchtig über Glauco wacht, kann man ihn vielleicht an seiner Leidenschaft für Jone hindern. Und daß Arbace selbst Jone für sich begehrt, weiß niemand besser als Burbo, der sein Vertrauen besitzt. Arbace ist mit dem Handel zufrieden. Er schickt Burbo in eine Höhle des Vesuvs, in der eine Hexe haust, die Zaubertränke braut. Gegen das Vorzeigen eines Rings werde sie seinem Abgesandten alle Sinne verwirrende übliche Mittel aushändigen. 2. Bild, Zimmer im Haus Jones: Jone träumt von Glauco, in den sie sich unsterblich verliebt hat. Arbace hat bei seinem Eintreten wenig Mühe, ihr das Geheimnis ihrer Liebe und den Namen des Geliebten abzugewinnen. Als väterlicher Freund gibt er sich entsetzt über die unglückliche und unwürdige Wahl ihrer Zuneigung: Glauco sei ein Trunkenbold, der die Nächte in Kaschemmen verbringe. Entsetzt über Arbaces Vorhaltungen, dem sie immer vertraut hat, beginnt sie an sich zu zweifeln. Da erscheint Nidia und überbringt einen Brief Glaucos, der ihr das Mädchen zum Geschenk macht. Jone will Nidia wie eine Schwester lieben, schon weil sie wie Glauco griechischen Ursprungs ist. Unter vergeblichen Warnungen Arbaces zieht sich Jone zurück, während die Sklavinnen Nidia in ihre Mitte nehmen.
II. Akt, Eingangsportikus zu den Gärten in Jones Haus; Nacht: Während die Gäste im Garten ein Preislied auf die Schönheit der Gastgeberin, der »neuen Muse«, ausbringen, lehnt Nidia in tiefer Trauer an einer Säule. Mit Bitterkeit muß sie Glauco in Jones Nähe gewahren. Ihre Seufzer hört Burbo, der sich bei ihr als Freund einzuschmeicheln versucht. Nur ungern habe er von seiner Macht über die Sklavin Gebrauch gemacht, und das auf Arbaces Anstiften; jetzt aber wolle er ihr in ihrer Not helfen. Er überreicht ihr den Zaubertrank für Glauco und macht sie glauben, mit Hilfe dieses Liebeselixiers ihn an sich fesseln zu können. Ihre Zweifel zerstreut er durch den Hinweis auf ihre Herkunft aus Thessalien, dem Land der Zauberei und Hexenkunst. Über dem Anblick von Glaucos Liebesglück verzweifelt Nidia und schüttet ihm das Mittel ins Glas. Glauco tritt in den Portikus heraus, gefolgt von Jone. Er gesteht ihr seine Liebe. Sie sinkt ihm an die Brust, und gemeinsam träumen sie von der Herrlichkeit Griechenlands, von ihrer Liebe und einer Zukunft in einer arkadischen Idylle. Selig gesteht Jone ihrem Geliebten, daß nun alle Zweifel gestillt seien, die Arbace in ihr geweckt habe. Bei der Erwähnung des Ägypters gerät Glauco in helle Aufregung und dringt argwöhnisch auf Jone ein. Der Trank beginnt zu wirken. Glauco verliert den Zusammenhang beim Reden und wird in seiner Leidenschaft immer verwirrter. Die Gäste drängen heran. Glauco versucht, Jone in seine Arme zu nehmen, ruft dann nach Wein und wirft sich in seinem Delirium in die Arme der umstehenden Sklavinnen. Arbace sieht die Wirkung seines Anschlags. Er überredet die verzweifelte Jone, zu ihm in den Tempelbereich der Isis zu kommen, um die Hilfe der Gottheit anzuflehen. Jone verspricht, in einer Stunde bei ihm zu sein; als Dank für seine Hilfe nennt sie ihn ihren zweiten Vater.

Glauco fällt in einen todähnlichen Erschöpfungsschlaf, während Nidia sich die bittersten Vorwürfe über ihre Leichtgläubigkeit macht.

III. Akt, 1. Bild, Marktplatz in Pompeji, rechts Arbaces Haus, dahinter der Tempel der Isis; sternenerleuchtete helle Nacht: Der Hauptplatz ist noch immer von dem Gedränge der Stadtbewohner, der Frucht- und Blumenhändler, der Besucher aus den umliegenden Ortschaften erfüllt, die unversehens aus ihrem Treiben aufgestört werden, als sich der Himmel verdunkelt und ein unterirdisches Grollen den Boden erbeben läßt. Die Angst vor einem Ausbruch des Vesuvs vertreibt die Menge. Alle wollen sich unter den Schutz der Göttin Isis und ihres Hohenpriesters begeben. Von einem Priester begleitet, tritt Arbace vor sein Haus. Er ist siegesgewiß. Die Macht über die Bevölkerung, die Hoffnung auf Wiedererlangen seines königlichen Rangs, vor allem aber die Gewißheit, Jone heute noch in seinen Armen zu halten, lassen ihn der drohenden Naturkatastrophe ruhig entgegensehen. Wenn erst seine Liebe zu Jone gestillt ist, wird er ruhig in die Unterwelt gehen. 2. Bild, ägyptischer Saal in Arbaces Haus, links die Statue der Göttin Isis: Eine äthiopische Sklavin führt Jone herein. Arbace ermahnt das zitternde Mädchen, die Göttin um Schutz anzurufen. Die Szene verdunkelt sich. Das Götterbild scheint sich zu beleben. Aus den Augen funkelt ein tiefblaues Licht, während unterirdische Stimmen Jone vor dem Gifthauch der zu Ehren der Göttin aufgestellten Blumen warnen. Auf Arbaces Geheiß enthüllen sich Jone die Geheimnisse ihrer Zukunft: Sie blickt durch die Nacht in einen herrlichen Garten, an dessen Ende ein eleganter Tempel aufragt; dessen Front öffnet sich und zeigt am Altar Hymens eine weibliche Figur, die Jone gleicht, ihr gegenüber, in Purpur gehüllt, eine männliche Erscheinung. In ihr hofft Jone das Ebenbild Glaucos zu sehen. Arbace läßt die Züge der Gestalt deutlicher hervortreten. Zu ihrem Entsetzen erkennt Jone in der Vision Arbace, der sich ihr mit herrischen Liebesbeteuerungen aufdrängen will. In ihrer höchsten Not, als sie sich Arbaces Willkür ausgeliefert weiß, erscheint Glauco, begleitet von Nidia und einigen seiner Freunde, und wirft sich dem Hohenpriester entgegen. Nach einem ersten Erschrecken ruft Arbace die Priester und Tempeldiener heraus. Glauco wird als Tempelschänder gefangengenommen und auf Arbaces Geheiß als Gotteslästerer zum Tod bestimmt. Während er von Sklaven abgeschleppt wird, bricht Jone in den Armen Nidias zusammen.

IV. Akt, vor dem Amphitheater: Die Bürger strömen zusammen, um den Gladiatorenspielen beizuwohnen. Unter ihnen ist Burbo, den die alte Kampfeslust umtreibt. Auf einmal hört man von fern die Trompeten herüberklingen, die Glaucos Hinrichtungszug begleiten. Zu den Klängen eines Trauermarschs wird er zum Tod hereingeführt. Burbo und einige seiner Begleiter aus dem Volk bleiben anteilnehmend stehen. Noch einmal will Glauco die freie Luft atmen, noch einmal betont er seine Unschuld und beschwört die Umstehenden, seinen Tod an den Anhängern eines infamen Mysterienkults zu rächen. Sein letzter Gedanke gilt Jone, die er schutzlos zurücklassen muß. Als er in die Arena geführt wird, eilt Jone verzweifelt herbei. Sie will versuchen, den Geliebten noch im Augenblick des Tods zu retten. Arbace bietet sich als Retter an, wenn sie ihm ihre Liebe schenkt. Entrüstet wehrt sie ihn ab, nur um vor dem drohenden Ende des Geliebten in ihrem Entschluß wankend zu werden. Nachdem sie Arbaces Forderung abermals zurückgewiesen hat, wirft sie sich ihm zu Füßen. Doch Arbace geht auf ihr Flehen nicht ein, er will Jone nur noch demütigen. Er eilt in die Arena, um das Zeichen der Hinrichtung zu geben. Während aus dem Amphitheater Rufe um Begnadigung und Drohungen gegen Arbace nach draußen dringen, bebt die Erde. In blinder Hast stürzen die Zuschauer ins Freie, unter ihnen Glauco. Die Liebenden sinken sich inmitten des Wirrwarrs in die Arme: Glauco ist vom Prätor begnadigt worden, weil Nidia Arbaces Anschläge enthüllt hat. Während Erdstöße das Theater zum Einsturz bringen und Rauch aufsteigt, eilen Jone und Glauco zum rettenden Hafen. Nidia bleibt zurück. Vergeblich flehen die andern sie an, als ihre Freundin mit in die Freiheit zu kommen. Sie gesteht Glauco ihre Liebe und verschwindet dann in der zum Untergang bestimmten Menge.

Kommentar: Zum Gelingen von Petrellas Dramma lirico trug Peruzzinis handfest konstruiertes, szenisch abwechslungsreiches, das Historienbild bunt ausmalendes Libretto wesentlich bei. Petrella hat deshalb mit dem venezianischen Schriftsteller und Politiker, der vielleicht schon der Verfasser des Textbuchs zu seiner früheren Buffa *Lo scroccone* (Neapel 1834) war, an zwei weiteren großen Projekten zusammengearbeitet: *Il duca di Scilla* (Mailand 1859) und vor allem *La contessa d'Amalfi* (Turin 1864). Peruzzini hat Bulwer-Lyttons Roman auf das einfachste Handlungsschema verkürzt: Die beiden männlichen Partien lieben die Primadonna, die beiden weiblichen lieben den Tenor. Wie so oft in der italienischen Oper liegen damit auch die Charaktere fest, ist das Verhältnis von Gut und Böse von vornherein ausgemacht. Die Konstellation unterscheidet sich in nichts von der in Ponchiellis *Gioconda* (1876), nur daß den übrigen Partien, dem Gastwirt Burbo und den patrizischen Freunden, so wenig zum Singen übrigbleibt, als wären sie nur der lebhaftere Teil des Chors und der Staffagefiguren. Peruzzini hat gar nicht erst versucht, die spätromantischen Züge beizubehalten, die so sehr zum europäischen Erfolg des Romans beigetragen hatten. Nicht einmal Nidias Blindheit und damit Schutzlosigkeit hat er übernommen, wohl aber die bühnengerechte, pittoreske Vergangenheitsbeschwörung. Hier mußte Bulwer-Lyttons Neigung, die Handlung in eine Folge szenisch gedachter Tableaus aufzulösen (stimuliert durch das Ambiente des wieder ausgegrabenen Pompeji mit dem griechischen Haus des Glaukos, dem Forum und vor allem dem Tempelbezirk der Isis, die damals ja auch andere Dichter und Maler zu phantastischen Träumen anregten), dem Bühnenpraktiker Peruzzini entgegenkommen: Entspricht dabei der I. Akt mit seiner Gegenüberstellung von lärmender Tavernenwelt und vornehmer Intimität des patrizischen

Haushalts den Konventionen eines Expositionsakts, der ja nur die Figuren und ihr Zueinander zu beschreiben hat, so geht Peruzzini in den übrigen Akten eigene Wege. Am überraschendsten vielleicht im II. Akt, in dem er die Geistesverwirrung des Helden durch den magischen Trank zu einer immensen Steigerung des Liebesduetts nutzt, die ihrerseits zwingend in das ungelöste Ensemblebild des Finales überleitet. Glänzend ist diese dramaturgische Steigerung auch schon darin, daß die lebhafte Bewegung gleichzeitig eine forcierte Wiederholung der Situation aus dem I. Akt bildet. Aber auch die Vorbereitung der Szene im Isistempel im III. Akt durch die (topographisch leicht fragwürdige) Chorszene auf dem Markt und Arbaces großen Monolog ist ungewöhnlich wirkungsvoll, während in den Mysterien des Tempelbilds Anregungen aus dem Roman zu musikdramatischer Wirkung entgrenzt werden. Auch die Naturkatastrophe im Finale des IV. Akts, sorgfältig seit Beginn des III. Akts vorbereitet, ist ebenso klar wie effektvoll gestaltet. Rechnet man hinzu, daß Peruzzinis Versen ein Hauch wirklicher Poesie anhaftet, ein etwas verblaßter Duft nach Weltschmerz und Orientsehnsucht, halb Ugo Foscolo, halb Lord Byron, so wird man das Libretto bei allem Schematismus der Handlungsführung und trotz des Verzichts auf jede genauere Charakterisierung der Figuren zu den besseren seiner Zeit zählen. – Petrella hat mit äußerster Anstrengung versucht, Peruzzinis Geschichtspanorama mit musikalischem Leben zu füllen. Ein reiches Spektrum musikalischer Ausdrucksformen nutzend, reihte er Trink- und Chorlieder, Ariosi und Arien, Ensembles mit und ohne Chor aneinander. Vor allem aber waren es die Finalszenen des II.–IV. Akts, die ihn zu äußerster Kraftanstrengung herausforderten. Hier wollte er die Begrenztheit seines Talents überwinden, hier sollte Mercadante und Verdi Paroli geboten werden. Über Petrella als Komponist lastet bis heute schwer Verdis ungewöhnlich harsche Verwerfung des Manns und Musikers: »Um die Wahrheit geradeheraus zu sagen, Petrella versteht nichts von Musik« (1871). Der Augenschein bestätigt diese Ansicht nur zum Teil: Petrella versteht sein Handwerk, jedenfalls in seinen späteren Opern, nicht schlechter als seine älteren Rivalen Pacini und die Brüder Ricci. Er weiß Ensemblenummern weiträumig zu konzipieren, in den Concertatopassagen die Stimmen nach alter Donizetti-Manier munter und wirkungsvoll zu verbinden, dramaturgische Überraschungseffekte scharf herauszustellen. Nicht die Satzkunst, jedenfalls nicht im erlernbaren Sinn, ist sein Problem, sondern eher die Grundeinstellung zur musikalischen Invention: Schwach sind die Arien, nicht die Ensembles; beklagenswert ist die Monotonie der Instrumentierung, nicht die Stimmführung. Für Petrella, der sich als letzten Repräsentanten der neapolitanischen Schule verstand, sollte der Belcanto, sollte die einfache, selbstverständliche Melodiefindung auch in der großen Oper die alte Gestaltung behalten. Das wilde, leidenschaftliche, gelegentlich rohe Unterwerfen der Kantilene unter das Ausdrucksgebot des Dramas bei Verdi (und vor ihm schon bei Donizetti) war ihm fremd und unverständlich, auch wo er es nachzubilden versuchte. Wie von selbst hatte sich die Melodie aus der Stimmung ergeben, für die dramatische Skandierung sorgte dann schon das Repertoire an Ausdrucksgesten. *Jone* ist entsprechend überreich an Melodien zu beinah beliebigem Gebrauch. So stehen die Arien der Hauptfiguren und Glaucos Brindisi im I. Akt ganz in der neapolitanischen Tradition der ersten Jahrhunderthälfte, sind aber dem Idiom der großen Oper unbefangen, und damit ungenügend, angenähert. Aus den Solonummern hebt sich eigentlich nur Arbaces großer Monolog heraus, vielleicht die erste jener metaphysischen Selbstrechtfertigungsreden von Schurken, die dann bis zu Jagos Monolog (Verdis *Otello*, 1887) reichen sollten. Die Disposition der drei großen Duette, vor allem Jone/Glauco (»Dell'Ilisso sulle sponde«, II. Akt) und Jone/Arbace (»L'ami tanto e l'abbandoni«, IV. Akt), steht hinter keinem der gleichzeitigen Werke an Dynamik und Beweglichkeit zurück. Erst recht gelingt es ihm, Peruzzinis Aktapotheosen musikalisch umzusetzen. Hier vermag Petrella besonders im 2. Finale und im Schluß des Werks zu überzeugen. Die Schwierigkeiten liegen in dem Vertrauen auf die Selbstverständlichkeit der Melodie- oder Motiverfindung, die Petrella immer wieder in die Banalität führt, und in der allzu simplen Behandlung der Instrumentation. Auffallend, daß auch in *Jone* die rein instrumentalen Teile, vor allem die Ouvertüre und der elende Trauermarsch im IV. Akt, die schwächsten Partien des Werks sind. Auch die sorgsame Bearbeitung, der ein so erfahrener Kenner wie Rubino Profeta die Oper neuerdings unterzogen hat, konnte an diesem Dilemma nichts ändern.

Wirkung: Der Erfolg stellte sich nur zögernd ein. Bei der Premiere wurde die Oper, da sie in zu großer Hast vorbereitet war, noch kühl aufgenommen. Nur Carlo Negrini als Glauco beherrschte seine Partie genügend sicher. Die Primadonna Augusta Albertini-Baucardé und Giovanni Guicciardi als Arbace fanden erst bei den späteren Aufführungen zu ihrer Form. Der Beifall steigerte sich von Aufführung zu Aufführung. Am Ende der Saison war *Jone* 21mal gespielt worden. Für die weitere Verbreitung waren Einstudierungen 1858 am Teatro Nuovo Padua (mit Luigia Bendazzi, Negrini, Filippo Coletti) und am Teatro San Carlo Neapel (Joséphine Médori, Negrini, Coletti) entscheidend. Danach stand fest, daß Petrellas Rechnung aufgegangen war: Das italienische Publikum hatte sein Hauptwerk zum Bestand der nationalen Opernkultur erhoben. Die Aufführungen mehrten sich: 1859 wurde *Jone* in Genua und Triest, 1862 in Modena, Florenz und wieder Mailand, 1863 in Turin, Palermo und Rom gespielt. Petrella wurde für ein Jahrzehnt zum meistgespielten Opernkomponisten neben Verdi, auch wenn seine späteren Werke nie vergleichbare Aufführungszahlen wie *Jone* zu erreichen vermochten. Dies Werk aber gehörte bis zum Jahrhundertende in Italien zum festen Repertoire jedes Theaters. Während sich in Deutschland Petrellas Werk nicht durchsetzen konnte, fand es vor allem in Spanien und Südamerika rasch den Weg auf die Bühnen. So wurde es 1863 in Barcelona aufgeführt, 1872 folgten Madrid, Mexiko und Lissabon. 1881 wurde das Teatro Municipal Caracas mit *Jone* eingeweiht. Die Hundertjahrfeier dieses Hauses gab den Anlaß, nachdem das Werk auch in Italien den ersten Weltkrieg nicht überlebt hatte, *Jone* neu zu entdecken: Profeta erarbeitete eine gestraffte, satztechnisch verbesserte Version für die Fondazione Teresa Carreño, die 1981 vorgestellt wurde (es sangen Adelaida Negri und Giampiero Mastromei).

Autograph: Vlg.-Arch. Ricordi Mailand. **Ausgaben:** Kl.A: Lucca, Mailand [1858], Nr. 14392; ebd., Nr. 16801-20; Ricordi, Nr. 53730; Textb.: Mailand, Lucca [1861]; ebd. [1862]; Rom, Olivieri 1863; Mailand, Lucca 1870; Ricordi; Textb., ital./engl.: NY, Academy of Music 1863. **Aufführungsmaterial:** Bearb. v. R. Profeta: Fondazione T. Carreño, Caracas
Literatur: G. CAROTTI, Cenni biografici e ritratto di E. P., Turin 1877; Petrella [Artikel, Briefe u. ein Gedicht], Neapel 1883; G. COSENZA, Vita e opere di E. P., Rom 1909; G. SICILIANO, Di E. P. musicista palermitano, Palermo 1913; G. PANNAIN, Saggio su la musica a Napoli nel sec. XIX. Da Mercadante a Martucci, II. Dal 1850 al 1870: episodi e caratteri, in: RMI 36:1929, S. 203, 37:1930, S. 231, erw. in: DERS., Ottocento musicale italiano. Saggi e note, Mailand 1952, S. 134–139; F. BATTAGLIA, La ›Jone‹ di P., ovvero La rivoluzione solitaria dell'ultimo cantastorie, in: [Bei-H. d. Schallplattenaufnahme Bongiovanni], Bologna 1982

Norbert Miller

I promessi sposi
Melodramma in quattro atti

Die Verlobten
4 Akte (9 Bilder)

Text: Antonio Ghislanzoni, nach dem Roman *I promessi sposi. Storia milanese del secolo XVII, scoperta e rifatta* (1827) von Alessandro Francese Tommaso Antonio Manzoni
Uraufführung: 2. Okt. 1869, Teatro Sociale, Lecco
Personen: Don Rodrigo (Bar); Graf Attilio (T); Renzo (T); Lucia (S); Agnese (S); Don Abbondio (B); Perpetua (Mez); Pater Cristoforo (B); Griso (T) und Tiradritto (B), Bravi; Tonio (T) und Gervaso (B), Bauern; Doktor Azzeccagarbugli (B); Kardinal Federico Borromeo (B); der Namenlose (B). **Chor, Statisterie:** Söldner und Bravi Don Rodrigos, Landleute, Bürger, Adlige, Festgäste, Dienerschaft Don Rodrigos, Mönche, Mailänder Volk
Orchester: 2 Fl (2. auch Picc), 2 Ob, 2 Klar, 2 Fg, 4 Hr, 2 Trp, 3 Pos, Ophikleide, Pkn, Schl (gr.Tr, Bck, Sistrum, Trg, Glocke), 2 Hrf, Physharmonika, Streicher; BühnenM hinter d. Szene: Trompeten, Blas-Instr., Klar, 2 Hr, 2 Hrf, Physharmonika oder Orgel, 2 »bombardini«, Bck, Banda (Trompeten u. »tutti«), Fanfare (»bassi«, Pos, Hr, »bombardini«, wenige Trp, Kornette u. B.Klar)
Aufführung: Dauer ca. 2 Std. 30 Min.

Entstehung: Die Dramatisierung von Manzonis großem Geschichtsroman war schon zu Lebzeiten des Dichters ein Wagnis: Der klassische Rang des Werks stand einer leichtfertigen Umsetzung schon 1856 im Weg, als Ponchielli seiner kühn sich vorwagenden Jugendvertonung das Libretto mehrerer Textautoren zugrunde legte. Seitdem war Manzonis Dichtung zur nationalen Repräsentation des neuen italienischen Staats und seiner Kultur aufgestiegen. Es bedurfte eines ausdrücklichen Auftrags des Opernhauses Lecco (der Stadt, mit der die Liebes- und Leidensgeschichte Renzos und Lucias so eng verbunden ist), damit auch ein so hoch angesehener Musikdramatiker wie Petrella eine Vertonung in Angriff nahm. Ghislanzoni hatte sich an die szenische Umsetzung des eingehend alle geschichtlichen und landschaftlichen Details schildernden umfangreichen Romans gewagt. Er war wohl die treibende Kraft hinter einem Unternehmen, das die scheinbare Bescheidenheit einer Premiere in der Provinz als Schild für die kühnere Absicht abzugewinnen, dem Nationalroman die Nationaloper abzugewinnen. Ghislanzoni wußte, daß er Bühnenwirkungen ebenso sicher wie selbstverständlich kalkulieren und in seiner Versifizierung den Takt gegenüber dem jedermann bekannten Wortlaut des Romans wahren konnte, ohne die dramatischen Verdichtungen preisgeben zu müssen. Petrella wiederum hatte die zehn Jahre, die dem Triumph von *Jone* (1858) gefolgt waren, genutzt, um in strenger Selbstdisziplin seine Leidenschaft für die »tragedia lirica« zu vervollkommnen, um die von der Kritik bemängelten Schwächen im Ensemblesatz und in der Instrumentierung zu überwinden. Mit *Morosina ovvero L'ultimo de' Falieri* (Neapel 1860, Text: Domenico Bolognese), *La contessa d'Amalfi* (Turin 1864, Giovanni Peruzzini nach Octave Feuillet) und *Caterina Howard* (Rom 1866, Giuseppe Cencetti) hatte er seinen Ruf verteidigt, der zweite Opernkomponist Italiens nach Verdi zu sein. Mit Ghislanzoni hatte er bereits im Vorjahr zusammengearbeitet: Der bedeutende Erfolg von *Giovanna di Napoli* im Teatro San Carlo Neapel am 27. Febr. 1869 war dem effektsicheren Libretto zu danken. Nun verbanden sich Dichter und Komponist, um gemeinsam ihr »capolavoro« zu schaffen, ein Meisterwerk außerhalb der Gattungshierarchie, ein Welttheater in der Idylle. Zur Uraufführung erschien auch der greise Manzoni, um der ihm gewidmeten Oper seinen Segen zu geben.
Handlung: Bei Lecco (I.–III. Akt) und in Mailand (IV. Akt), 1. Drittel des 17. Jahrhunderts.
I. Akt, 1. Bild, eine Wegkreuzung mit einer kleinen Kapelle, jenseits des Bergpfads ein Gebirgsausläufer mit Bauernhäusern und einer Kirche: Die Bauern kommen, umringt von Kindern, von der Feldarbeit nach Haus. Griso und Tiradritto, Bravi im Dienst Don Rodrigos, warten in der Nähe ruhig auf das Nahen des Pfarrers Don Abbondio. Dem ängstlichen Landgeistlichen sagt Griso auf den Kopf zu, er habe die Absicht, andertags den jungen Renzo Tramaglino und Lucia in die Ehe zusammenzugeben. Abbondio sucht nach Ausflüchten; ihm wird aber von den beiden bedeutet, daß diese Hochzeit nicht vollzogen werden dürfe, wenn Abbondio seine Gesundheit lieb sei. Erst als die Schurken verschwunden sind, sucht der Pfarrer nach

schwächlichen Gegenargumenten. Die Bauern sehen seine Verwirrung, können aber kein Wort aus ihm herausbringen. 2. Bild, Hof in Lucias Haus, eine Holztreppe führt in die oberen Zimmer, rechts die große Eingangstür: Die Frauen und Mädchen des Dorfs sind ganz mit den Vorbereitungen zu Lucias Hochzeit beschäftigt. Die Braut aber ist traurig; ihr erscheint die Zukunft in ungewissem Licht. Da stürzt Renzo in den Hof. Er hat von Abbondio erfahren, daß die Hochzeit nicht stattfinden könne: Der Pfarrer fühle sich krank und habe deshalb die Feier abgesagt. Renzo hat die Ausrede durchschaut. Als die Nachbarn gegangen sind, dringt er in Lucia, um zu erfahren, wer hinter diesem Anschlag gegen ihr Glück stehe. Da gesteht ihm Lucia, daß Rodrigo, ein für seine Willkür und für die von seinen Banden ausgeübten Untaten berüchtigter Edelmann, sie gesehen und mit heftigen Liebesanträgen verfolgt habe, die sie der Mutter und dem Geliebten bisher verschwiegen habe. Renzo will sich selbst Gerechtigkeit verschaffen; vergeblich suchen die Frauen ihn zu halten, als der Kapuzinerpater Cristoforo den Aufgeregten am Arm nimmt. Er mahnt zur Ruhe; Renzo sei immer fromm und ehrenhaft gewesen, da werde Gott ihn nicht in seiner Not verlassen. Cristoforo verspricht, er werde selbst zu Rodrigo gehen und ihn zur Einsicht bereden. 3. Bild, Saal in Don Rodrigos Palazzo: Umgeben von andern Zechern sitzen Rodrigo, Attilio und Doktor Azzeccagarbugli um den Tisch. Rodrigo hat den Gefährten in einer Wette versichert, er werde Lucias Heirat verhindern und sie seinen Wünschen gefügig machen. Da meldet Griso, ein Kapuziner begehre ein Gespräch mit dem Schloßherrn. Die Zecher ziehen sich auf die Galerie zurück, um von dort aus dem Gespräch zu lauschen. Cristoforo redet dem Adligen ins Gewissen, damit er die arme und unschuldige Lucia in Frieden lasse. Zynisch antwortet ihm Rodrigo, wenn die verfolgte Unschuld Zuflucht brauche, stehe sein Haus ihr als Asyl immer offen. Da ruft Cristoforo den Fluch des Himmels über das Schloß herab. Nach kurzem Erschrecken gesellt sich Rodrigo zu den zurückkehrenden Freunden. Sie nehmen das Gelage wieder auf.
II. Akt, 1. Bild, wie I/2: Agnese und Lucia hören von Renzo schlechte Nachrichten: Azzeccagarbugli, den er um Vermittlung bat, habe ihn schroff abgewiesen, und auch Cristoforos Vermittlungsversuch sei gescheitert. Als letztes Mittel schlägt Agnese dem Verlobten vor, Abbondio in seinem Pfarrhaus zu überraschen; wenn sie in Gegenwart von zwei Zeugen sich dort schnell das Jawort gäben, sei die Ehe rechtsgültig. Nur nach längerem Zögern und auf Drängen Renzos ist Lucia bereit, dieser List zuzustimmen. Noch am selben Abend soll Abbondio überrumpelt werden. Griso versucht, sich als Pilger Zugang ins Haus zu verschaffen, wird aber von dem gutmütigen Renzo mit Geld versehen und fortgeschickt. 2. Bild, Platz vor Abbondios Haus: Begleitet von Tonio und Gervaso als Trauzeugen, haben sich Lucia und Renzo beim Pfarrhaus eingefunden. Leise schleichen sie sich hinein, während Agnese auf dem Platz zurückbleibt. Da taucht Perpetua auf, die Haushälterin des Pfarrers, und erzählt den Frauen, die sie begleiten, die Geschichte ihrer früheren Verehrer. Während Agnese und die andern noch mit ihr scherzen, hört man auf einmal Hilferufe Abbondios. Perpetua stürzt ins Haus, während der Pfarrer Zeter und Mordio schreit und die Glocken läuten läßt. Die List ist gescheitert. Zwar können im Durcheinander Renzo, Lucia und Agnese fliehen, aber es ist den Liebenden nicht gelungen, sich vor Zeugen das Jawort zu geben. 3. Bild, Ufer der Adda bei Il Bione in der Nähe von Pescarenico; dreieckiger Kampanile des Konvents, jenseits der Adda Hügel und Berge; Nacht: Lucia und Agnese warten, begleitet von einem Fährmann, auf die Ankunft Renzos. Verzweifelt erinnert sich Lucia an ihre verlorene Heimat, an die Bergwelt des Comer Sees, an ihr Dorf und ihr Haus. Cristoforo bringt Renzo und rät ihnen dringend zur Flucht, nur jenseits des Grenzflusses seien sie in Sicherheit. Traurig nehmen Lucia und Renzo voneinander und von ihrer Welt Abschied.
III. Akt, Dorf am Fuß der Berge, rechter Hand ein Pfarrhaus mit Eingang zum Hof; der Balkon ist mit Teppichen behängt; eine große Straße, die zur Kirche führt; ein Triumphbogen, Zelte, Girlanden und allerlei Schmuckwerk; hinter dem Dorf ein steiler Hügel, auf dessen Rücken sich ein Kastell erhebt: Eine lange Zeitspanne ist verstrichen. Renzo kam in dem Augenblick nach Mailand, als dort die Bevölkerung durch die Hungersnot in den Aufruhr getrieben wurde. Er geriet in den Verdacht, zu den Anstiftern der Revolte zu gehören, und wurde verhaftet; von der Menge befreit, konnte er nach Bergamo fliehen. Schlimmer erging es Lucia: Rodrigo war es gelungen, sie mit Hilfe der Äbtissin von Monza, Fürstin Gertrude, durch einen gefürchteten Bandenführer, den Namenlosen, auf dessen einsam gelegene Burg zu entführen. Während Lucia dort auf ihr unausweichlich scheinendes Schicksal wartete, gelobte sie der Jungfrau Maria, ihrem Geliebten zu entsagen und ins Kloster zu gehen, wenn sie ihr in ihrer Not beistehe. Lucias Unschuld bewirkte ein Wunder: Der lange von Gewissensbissen verfolgte Kondottiere brach mit seinem bisherigen Leben. In einer Begegnung mit dem vom Volk als Heiligen verehrten Kardinal Federico Borromeo vollzog sich seine innere Wandlung, er ließ Lucia frei. Das Volk ist zusammengeströmt, um Borromeo zu sehen. In der Menge erscheint, von allen ängstlich gemieden, der Namenlose und drängt sich in das Pfarrhaus. Gerüchte laufen um, man habe den Tag zuvor eine Kutsche fahren sehen, von Briganten begleitet. Das deute auf neue Verbrechen des Namenlosen. Erschöpft und unmutig nähern sich Abbondio und Perpetua; der unerwartete Besuch Borromeos und der Zulauf des Volks sind ihnen lästig. Da wird Abbondio gerufen. Halb geschmeichelt durch die Auszeichnung, halb ängstlich begibt er sich zu Borromeo. Bleich vor Schreck erfährt er, daß er die geraubte Lucia aus der Burg abholen soll. Zusammen mit dem bußfertigen Banditen macht er sich auf den Weg. Inzwischen ist Agnese gekommen, um den Heiligen um Hilfe anzuflehen. Da erzählt ihr Perpetua die Neuigkeit. Während Agnese ungläubig um sich

blickt, erscheint eine Sänfte, von Reitern und Bewaffneten umgeben. Lucia stürzt in die Arme ihrer Mutter. Im Jubel über die Bekehrung des Namenlosen und die Heimkehr Lucias vereinigen sich alle Anwesenden. IV. Akt, 1. Bild, Vorzimmer im Mailänder Stadtpalast Rodrigos: Die Pest ist ausgebrochen. Griso wartet auf einer Bank, ob Rodrigo erscheinen werde. Insgeheim hofft er, sein Padrone sei auch an der Krankheit dahingesiecht, wie das dessen fiebrige Erregung am Vorabend angedeutet habe. Da taucht Rodrigo auf, gezeichnet von Angst und Krankheit. In seine Traumerzählung, der seine Verstörung den Charakter einer Todesvision gibt, dringen von außen die Rufe der Leichensammler. Griso versucht zu fliehen, Rodrigo stürzt mit der Pistole hinter ihm her, um ihn zu erschießen. 2. Bild, das weite Gelände des Hospitals von Mailand; rechts im Hintergrund ein Portikus, auf der linken Seite ein Kreuz: Renzo kehrt in seine Berge zurück. Da begegnet ihm eine Prozession von Frauen, die das »Salve o Maria« singen. Er erkennt in einer von ihnen Lucia und stürzt im Überschwang der Liebe auf sie zu. Da gesteht sie, die er zwei Jahre nicht gesehen hat, daß sie ihn wohl immer noch liebe, ihr Gelübde sie aber zwinge, ihm auf ewig zu entsagen. Voll Haß auf seinen Widersacher stürzt Renzo fort, nun für immer an Gottes Vorsehung verzweifelnd. Wieder tritt Cristoforo im rechten Augenblick hinzu. Selbst von den Spuren schweren Leidens gezeichnet, hat er im Hospital die Kranken gepflegt, darunter den sterbenden Rodrigo. Er bittet Renzo, dem Todgeweihten in Gottes Namen zu verzeihen. Als dieser widerstrebend einwilligt, löst Cristoforo Lucias Gelübde. Beide kehren zu ihrem späten Glück nach Lecco zurück.

Kommentar: Die programmatische Festlegung auf die Dorfgeschichte, in dem durch Berthold Auerbach in Europa eingeführten Sinn einer Wirklichkeitsspiegelung aus der Beschränkung, geht schon aus den Auswahlprinzipien hervor, nach denen Ghislanzoni bei seinem Arrangement von Manzonis Romangemälde verfahren ist. Die ersten beiden Akte folgen den Anfangskapiteln, beinah Bild für Bild. Dagegen sind die Erlebnisse Renzos in Mailand, die Entführung Lucias aus Monza, ihre Gefangenschaft auf der Burg des Kondottiere ebenso ausgespart wie später die Geschehnisse während der Pest in Mailand. Entsprechend fehlt die für den Fortgang der Handlung beinah unentbehrliche Gelöbnisszene, in der die gefangene Lucia auf Renzo verzichtet, immerhin das Kernstück von Ponchiellis I promessi sposi (mit Lucias alle Inbrunst und allen metaphysischen Schauer wachrufendem Gebet an die Jungfrau Maria); desgleichen werden wichtige Handlungsträger wie die Äbtissin von Monza, Kardinal Borromeo und (jedenfalls weitgehend) der Namenlose fortgelassen, während Randfiguren wie Abbondio und Perpetua als idyllisch-komisches Paar eine fast zu breite Rolle einnehmen. Der III. Akt überspringt alle Dramatik und kehrt, wenn auch in festlich-gespannter Steigerung, in die ländliche Welt der Berge zurück, der IV. Akt faßt alle Geschehnisse, die zur Lösung des Knotens führen, in die Perspektive einer doppelten Heimkehr zusammen: in die vertrauten Berge von Lecco, in den Himmel. Nichts darf die Landschaftsmalerei der Dorfgeschichte stören. Alle Aufmerksamkeit gilt Manzonis Gleichung von der großen Welt, die von der göttlichen Schöpfung in der klaren Realität des einfachen Landlebens vorweggenommen ist. Eine Vorbemerkung an die Leser und Theaterbesucher rechtfertigt Ghislanzonis Dramaturgie der Idylle: Die Kenntnis des Romans und des in ihm erzählten Geschichtspanoramas ist selbstverständliche Voraussetzung der Szenenfolge, die in Wort und Musik jedoch die inneren Konflikte der Hauptfiguren, die wichtigen Stationen im Leidensweg der Verlobten, das Grundthema der freudigen Ergebung in das Walten der Vorsehung und die Atmosphäre eines dörflichen Lebens in der Natur so vollständig repräsentiert, daß die notwendigen Lücken im Verlauf der Aufführung sich ergänzen lassen. Darum der Verzicht auf melodramatische Höhepunkte, auf die Charaktermalerei heroischer Schurkengestalten wie die Äbtissin von Monza oder Rodrigo und auf das Bühnenerscheinen des Heiligen. In der dramaturgischen Verdichtung mußte all das den beherrschenden Ton der Wahrheit und Einfachheit stören, der mit Manzonis Erzählung für jeden Leser verbunden ist. Entsprechend schließlich die Verswahl, bei der sich Ghislanzoni, oft mit wörtlichen Anklängen an die Dialoge im Roman, auf den Kurzvers des älteren Pastorale stützt: so sehr, daß Petrella gelegentlich Versgruppen auf einen melodischen Bogen nehmen muß, wenn er seine Musik in der Ausdrucksebene des späteren 19. Jahrhunderts halten will (so etwa in Renzos Arie aus dem IV. Akt, aber auch in einer Reihe von Ensembleszenen). – Petrella war bei der Ausarbeitung dieser Partitur, die doch einen Sonderfall in seiner Bühnenlaufbahn darstellte, ganz in seinem Element. Es ist, als würden alle guten Geister der neapolitanischen Musik wieder wach, als zöge sich ein geheimer Faden von Paisiellos traumgleicher Beschwörung eines bittersüßen, zwischen Verstörung und Vollglück schwankenden Landlebens in *Nina*, 1789 im Landschaftsgarten des Schlosses bei Caserta uraufgeführt, über Bellinis melancholische Vision der Idylle in *La sonnambula* (1831) zu diesem Dorfdrama unter Manzonis sanftem Gesetz. Leichten Herzens verzichtete Petrella auf riesige Tableaus, nahm auch in den von Ghislanzoni klug disponierten weiträumigen Finalszenen die heftigen Übersteigerungen zurück (in einer mitunter wunderlichen Askese, die ihn im Schluß der Oper sogar auf die selbstverständlichen metaphysischen Aufschwünge von Todes- und Heimatsehnsucht zugunsten schlichtester Sanglichkeit verzichten ließ) und tauchte das lyrische Geschehen in eine dichte Aura der Naturbeschwörung. Breite Vorspiele zu den einzelnen Bildern und Musiknummern, liebevoll und sorgfältig temperiert im Einsatz der instrumentalen Gruppen (mit dem für seine Herkunft charakteristischen Vorwalten der Holzbläser), geben der Bergwelt am Comer See arkadische Verklärungszustände. Aber auch über die Gesangspartien hinweg ist es das Orchester, das die Einheit von Stimmung

und Handlungsraum garantiert. Die Arien der Dramatis personae überzeugen immer dann, wenn Petrella an der geschlossenen Liedhaftigkeit der Idylle festhält, so in Lucias schönem Abschiedslied aus dem II. Akt (»O mia stanzetta«) oder in Renzos analog gebauter Romanze aus dem IV. Akt (»Ai nostri laghi argentei«). Das Liedhafte schließt dramatische Aufschwünge nicht aus (alle Hauptpartien sind für große Stimmen vollgültig ausgearbeitet und bleiben schon in zweiter Besetzung wirkungslos), so wie Petrella in beinah jeder Szene zu beweisen vermag, daß ihm der Ausdruck des Unheimlichen und Gespenstischen (wie in der Begegnung mit den Bravi aus dem I. Akt, das die verstörte Idylle suggestiv gegenwärtig macht) zu Gebote steht und daß er in den Ensembles die Fülle des Landlebens aus Komik, Frömmigkeit und gespannter Zukunftserwartung souverän vorzustellen weiß.
Wirkung: Am Beginn der Verbreitung von Petrellas *Promessi sposi* in Italien stehen auch nach der Uraufführung (Lucia: Emma Wizjak, Perpetua: Enrichetta Bernardoni, Renzo: Carlo Vicentelli, Rodrigo: Gaetano Giori, Abbondio: Luigi Rocco, Cristoforo: Salvatore Cesarò) für mehrere Jahre eher kleinere Bühnen wie das Politeama Genua, wo die Oper die Herbstspielzeit 1870 eröffnete, oder das Teatro Municipale Alessandria, das sie 1871 ausrichtete. In Genua wurde das Werk als geglückte Synthese der »Lieblichkeit des Idyllischen«, der »Leidenschaft des Dramas«, der »Fröhlichkeit der komischen Oper« und der »strengen Ruhe der Tragödie« gepriesen. Als erstes Mailänder Haus brachte das Teatro Carcano das Werk 1871 mit großem Erfolg heraus. Ende des Jahrs sang Antonietta Brambilla die Lucia im Teatro Paganini Genua. Ganze sechs Aufführungen waren der Oper bei ihrer Neapler Erstaufführung am San Carlo 1873 vergönnt (mit Bianka Blume, Achille De Bassini und Tito Sterbini). 1873 wurde die Karnevalsstagione des Teatro Regio Parma mit *I promessi sposi* eröffnet. Anläßlich einer erneuten Aufführung in Genua zur Eröffnung der Karnevalsstagione 1873/74 (mit Romilda Pantaleoni und Davide Squarcia) wurde dem Werk ein Mangel an charakteristischem Gepräge attestiert. In keiner zweiten Stadt wurde es freilich so häufig gespielt wie in Genua; *I promessi sposi* erschien noch weitere Male am Politeama, so 1877, 1883, 1888 und 1892, am Teatro Paganini 1886 und 1920, am Carlo Felice erneut 1913, am Teatro Colombo 1895 sowie am Teatro Andrea Podestà 1901. In Rom brachte das Teatro Apollo die Oper 1871 heraus (mit Julián Gayarre, Romano Nannetti, Adriano Pantaleoni und Wizjak). Als eine der frühesten Inszenierungen außerhalb Italiens ist die von 1878 in Buenos Aires zu erwähnen. Ans Teatro Argentina Rom kehrte *I promessi sposi* 1886 zurück, wobei der Korrespondent der Mailänder *Gazzetta musicale* zwar die Leistung der Interpreten würdigte, sich andrerseits aber nicht scheute, die Oper, die nie die Sympathien »unseres Publikums« erobert habe, als Fehlgriff der Impresa zu tadeln. In vielerlei Hinsicht ein Vorbote des sich erst später auf der Opernbühne durchsetzenden musikalischen Realismus, blieb *I promessi sposi* eine breite Wirkung versagt. Zu einer Wiederbelebung im 20. Jahrhundert kam es nicht, und selbst eine Aufführung wie die des San Carlo Neapel 1950 unter Gabriele Santini (mit Francesco Albanese, Vito De Taranto, Piero Guelfi, Mario Petri, Marcella Pobbe und Giulio Tomei) blieb ohne größere Resonanz.

Autograph: Vlg.-Arch. Ricordi Mailand. **Ausgaben:** Kl.A: Lucca, Mailand [ca. 1870]; Ricordi (Musica universale); Textb.: Neapel [»a spese dell'editore«]; Mailand, Lucca; ebd. 1869, 1871; Turin, Roux e Favale 1881; Ricordi
Literatur: A. CAMURRI, ›I promessi sposi‹ di P., in: Scala 1959, Nr. 117f., S. 32–35, 85f.; M. MORINI, Antonio Ghislanzoni, in: Musica d'oggi (nuova serie) 4:1961, S. 56, 98; weitere Lit. s. S. 749

Norbert Miller

Andrei Pawlowitsch Petrow

Geboren am 2. September 1930 in Leningrad

Bereg nadeschdy
→ Belski, Igor Dmitrijewitsch (1959)

Sotworenije mira
→ Kassatkina, Natalija Dmitrijewna / Wassiljow, Wladimir Juditsch (1971)

Hans Pfitzner

Hans Erich Pfitzner; geboren am 5. Mai 1869 in Moskau, gestorben am 22. Mai 1949 in Salzburg

Der arme Heinrich
Musikdrama in drei Akten

Text: James Grun, nach der Verslegende (um 1195) von Hartmann von Aue
Uraufführung: 2. April 1895, Stadttheater, Mainz
Personen: Heinrich, ein deutscher Ritter (T); Dietrich, einer seiner Mannen (Bar); Hilde, dessen Weib (dramatischer S); Agnes, beider Tochter, 14 Jahre alt (S); der Arzt, Mönch im Kloster zu Salerno (B).
Chor: Mönche
Orchester: 3 Fl (3. auch Picc), 2 Ob, E.H, 2 Klar, B.Klar, 2 Fg, K.Fg, 4 Hr, 3 Trp, 3 Pos, Tb, Pkn, Schl (gr.Tr, Bck, kl.Tr, Tamtam), 2 Hrf, Streicher; BühnenM hinter d. Szene: Hr, Org
Aufführung: Dauer ca. 2 Std. 15 Min.

Entstehung: 1890 durch seinen Freund Paul Nikolaus Cossmann auf Hartmanns Epos aufmerksam gemacht, dichtete Pfitzner den ersten Monolog Heinrichs (I/2: »Duft!«). Aus dieser Keimzelle entwickelte Grun das Libretto. Pfitzner begann im selben Jahr die Komposition, in die er Material aus frühen Liedern und aus seinem *Cellokonzert a-Moll* (1888) verwob, und beendete sie im Sommer 1893. Schon am 4. Mai 1893 wurde in einem von Pfitzner dirigierten Konzert der Berliner Philharmoniker Dietrichs Erzählung (I/3) vorgetragen (von Max Büttner), ebenso am 5. Dez. 1894 in Mainz und am 20. März 1895 in Frankfurt a. M. An das Mainzer Stadttheater war Pfitzner im Sept. 1894 als unbezahlter 4. Kapellmeister gegangen, um eine Aufführung der Oper durchzusetzen. Obwohl die Proben Ende 1894 begannen, bedurfte es eines energischen Winks des von Gruns Schwester Frances aufmerksam gemachten Großherzogs Ernst Ludwig von Hessen, um die Uraufführung zu sichern.

Handlung: In Schwaben und Salerno, um 1100.

I. Akt, Heinrichs Burg in Schwaben, Turmgemach: Am Krankenlager des schlafenden Ritters, der von Verwandten und Freunden verlassen worden ist, ermahnt Hilde liebevoll ihre Tochter Agnes, sich in der Sorge um ihn nicht zu verzehren. Von draußen ertönt das Horn Dietrichs, der nach Salerno gezogen war, um dort den berühmten Möncharzt über eine Heilung Heinrichs zu befragen. Dieser erlebt im Traum den Frühling, dessen Licht durch das Fenster hineinflutet, erwacht jedoch im Fieberschmerz. Seine mit Dietrichs Rückkehr verbundene Hoffnung muß dieser enttäuschen. Nie kann Heinrich gerettet sein, denn der Arzt hat, wie Dietrich im Lauf seiner Reiseerzählung berichtet, Heinrichs Krankheit als Gottesstrafe erkannt, die nur durch das freiwillige Opfer einer Jungfrau geheilt werden könne. Heinrich nimmt Abschied von seinen Waffen und wünscht sich den Tod. Agnes stürzt zum Entsetzen ihrer Eltern an das Krankenlager.

II. Akt, ebenda, Schlafgemach Dietrichs und Hildes: Beide ahnen Unheil. Agnes will ihr Leben für den Ritter opfern. Dem heftig widersprechenden Vater und der flehenden Mutter begegnet sie mit dem Hinweis auf Christus. Gleichsam unter höherer Einwirkung bejaht Hilde endlich den Entschluß. Auch Dietrich segnet sein Kind. Während die Eltern beten, jubelt Agnes. Hilde bricht vom Schmerz überwältigt zusammen, doch Dietrich schickt Agnes zu Heinrich, der für das Opfer nur schwer zu gewinnen sein wird.

III. Akt, Kloster in Salerno, offener Hofraum: Im Morgengrauen schließen sich Hilde und Dietrich dem Zug der Mönche an. Heinrich erscheint, auf Agnes gestützt, vor dem Opfergemach, beklagt seine Schmach und bittet Agnes, ihn von seiner Zustimmung zu ihrem Tod zu entbinden. Während die Mönche das »Dies irae« singen, versichert sich der Arzt, daß Agnes sich freiwillig opfern und vor dem Leiden nicht zurückschrecken wird. Einem Wahnsinnsausbruch Heinrichs begegnet sie mit dem Hinweis darauf, daß sie ihn oft beruhigt habe. Er spinnt die Erinnerung an ihre kindliche Nähe aus, doch der Anblick des Arztes weckt seine Verzweiflung. Er bleibt wie erschlagen zurück und rüttelt am Tor des Opfergemachs. Schließlich ruft er Gott an: »Nicht mehr will ich gerettet sein!« Ein Blitz erleuchtet die Szene, Heinrich hat seine alte Kraft zurückgewonnen, sprengt das Tor, entreißt dem Mönch das Messer und befreit die gefesselte Agnes. Der Arzt, die Mönche und die Eltern preisen das durch Agnes bewirkte Wunder. Heinrich will es fortan in Demut verkünden.

Kommentar: Die wagnerabhängige Diktion und die Erlösungsthematik des Texts dürfen nicht darüber hinwegtäuschen, daß Grun mit dem *Armen Heinrich* ein in Aufbau und Psychologie nicht nur gut fundiertes, sondern auch selbständig motiviertes Drama gelungen ist. Als zentrale Gestalt steht Heinrich in der Spannung zwischen einer »übergroßen Daseinsfreude und Sehnsucht nach Licht und Leben« einerseits (Pfitzner, *Reden*, S. 207, s. Lit.) und tiefem Leiden andrerseits. In seiner »vollständigen seelischen Umwandlung« (Pfitzner, *Schriften*, Bd. 2, S. 76, s. Lit.) sahen Grun und Pfitzner den »dramatischen Kern«. Das Wunder seiner Heilung geschieht daher in dem Moment, in dem er »zum erstenmal die Pein eines anderen und um einen anderen [Agnes] stärker als seine eigene, die Qual des Zugebens des Leidens anderer stärker als das eigene Leiden« empfindet (ebd., S. 81). So erfolgt die Erlösung nicht primär durch das Opfer einer Liebenden (etwa Senta in Wagners *Fliegendem Holländer*, 1843; Elisabeth in Wagners *Tannhäuser*, 1845), sondern durch die eigene Umkehr. Demgegenüber ist Agnes eine junge »Heilige« (ebd., S. 86), die in sich selbst nichts auszukämpfen, sondern sich nur gegenüber den in natürlicher Unterordnung verehrten Eltern (im kurzen II. Akt), dem schwankenden Ritter und dem sie prüfenden Arzt mit kindlicher Sicherheit durchzusetzen hat. – Dieser dramatischen Anlage entspricht die Musik, die Pfitzner als »die Seele des Werkes« betrachtete (*Reden*, S. 207). Bestimmend ist das die Oper eröffnende, von vier sordinierten Bratschen intonierte »Leidensthema, dessen Harmonie das ganze Werk durchzieht, ihm sein eigentliches Gepräge gibt«

Der arme Heinrich, III. Akt; Thessa Gradl als Agnes, Ernst Kraus als Heinrich, Paul Knüpfer als Arzt; Regie: Carl Tetzlaff; Staatsoper, Berlin 1900.

(ebd.): in einer verdüsterten *Tristan*-Klanglichkeit, die sich indessen in ihrer »Entsinnlichung« als eigenständig erweist. Heinrichs ritterliche »Daseinsfreude und Sehnsucht nach Licht und Leben« spiegeln sich, wenn auch gedämpft, vor allem in dem ausladenden Bericht über die Italienreise, den Dietrich seinem Herrn erstattet (vgl. hier auch die Benutzung von »Nun da so warm der Sonnenschein«, 1887, Text: Oskar von Redwitz, aus den *Sechs Jugendliedern*), aber zum Beispiel auch, obschon an die Schranken der Versagung stoßend, in Heinrichs Solozsenen am Anfang und Schluß des I. Akts. Deren erste (»Duft! Duft! herrlicher Duft!«) stammte von Pfitzner selbst. Grun erkannte erst durch diese Traumrede den »Charakter seines Helden« (ebd.). Agnes erscheint musikalisch vielleicht am reinsten in Heinrichs Erinnerung »In deiner Jugend zarter Blüte« (III/5), einer athematischen Kantilene, die vor allem auf »kindlichen« Terzfällen beruht und lediglich von den 1. Violinen, teilweise »heterophon«, begleitet wird. Von ähnlich sparsamer und gesammelter Expressivität sind Hildes Durchbruch zur Gewährung des Opfergangs (II/2: »Der Ruf ertönt«) und auch Heinrichs Schlußworte (III/7: »Wem des Erlösers Wunderkraft«). Ein spezifisches Zeit- oder Lokalkolorit ist nicht intendiert, doch wenn für Grun »die starken Runenzüge einer versunkenen Gedankenwelt willkommene Ausdrucksmittel gewesen« sind (*Schriften*, Bd. 2, S. 88), so zeigte sich bei Pfitzner in gewissen Partien des Werks eine »beispiellose Intimität mit dem christlichen Mittelalter«, obwohl oder gerade weil etwa das »Dies irae« der Mönche (III/3–5) »nicht etwa, wie man vermuten möchte, historische Aneignung, sondern freie Erfindung« ist (Thomas Mann, S. 420, s. Lit.).

Wirkung: Die Uraufführung (Heinrich: Bruno Heydrich, Dietrich: Friedrich Strathmann; Dirigent: Pfitzner, Regie: Rainer Simons) hatte trotz ihrer Mängel einen außergewöhnlichen Erfolg. Dennoch bahnte sich das Werk nur schrittweise seinen Weg. Herausragende Inszenierungen folgten in Darmstadt (Heinrich: Adolf Bassermann, Dietrich: Georg Weber, Hilde: Henny Borchers, Agnes: Martha Frank, Arzt: Friedrich Wilhelm Riechmann; Willem de Haan, Emil Valdek) und Frankfurt 1897 (Max Pichler, Eduard Nawiasky, Anna Jäger, Hedwig Schacko, Paul Greeff; Ludwig Rottenberg, Georg Brandes), am Neuen Deutschen Theater Prag 1899, an der Staatsoper Berlin 1900 (Ernst Kraus, Baptist Hoffmann, Josefine Reinl, Paul Knüpfer; Dirigent: Bruno Walter) und der Hofoper Wien 1915 (Erik Schmedes, Friedrich Weidemann, Berta Kiurina, Lucie Weidt, Richard Mayr; Leopold Reichwein, Wilhelm Wymetal). Die Aufführungen des *Armen Heinrich* in den folgenden Jahrzehnten riefen stets einen ganz besonderen Eindruck hervor, wofür die Briefe von Albert Schweitzer und Ernst Křenek an Pfitzner anläßlich der Aufführungen in Straßburg 1911 und Kassel 1925 genannt seien. Eine Neuinszenierung gab es 1955 in Kassel (Kurt Schüffler, Egmont Koch, Dagmar Behrendt, Carin Carlsson, Hermann Blasig; Paul Schmitz, Hermann Schaffner).

Autograph: Privatbesitz. **Ausgaben:** Part: Brockhaus, Lpz., Nr. 458a; Kl.A: ebd., Nr. 460; Textb.: ebd.; Regiebuch, nach H. Pfitzners Inszenierung bearb. v. E. Mehler: Lpz. 1919. **Aufführungsmaterial:** Brockhaus, Bonn-Bad Godesberg **Literatur:** J. GRUN, H. P. Winke für d. Auff. d. ›Armen Heinrich‹, Ffm. o. J.; A. BERRSCHE, ›Der arme Heinrich‹. Kurze Einf., Lpz. [um 1912]; K. WEILL, H. P. als Sendespieldirigent [1926], in: DERS., Ausgewählte Schriften, Ffm. 1975, S. 116f.; F. HIRTLER, H. P.s ›Armer Heinrich‹, Würzburg 1940; Hans Pfitzner an Richard Strauss, in: Mitt. d. H.-P.-Ges. 1966, H. 17, S. 5–8; H. GROHE, Der Arme Heinrich oder Merkwürdige Folge eines Todesfalls, ebd. 1969, H. 24, S. 1–8; DERS., Ein P.-Brief an Egon Pollak, ebd. 1975, H. 34, S. 59–69; J. P. VOGEL, Eine noble Korrespondenz, ebd. 1977, H. 37, S. 47f.; W. OSTHOFF, Jugendwerk, Früh-, Reife- und Altersstil. Zum langsamen Satz d. Cellokonzerts in a-moll op. 52 v. H. P., in: AfMw 33:1976, S. 89–118; **zu Pfitzner:** W. RIEZLER, H. P. und die deutsche Bühne, München 1917; C. WANDREY, H. P. Seine geistige Persönlichkeit u. d. Ende d. Romantik, Lpz. 1922; E. KROLL, H. P., München 1924; A. BERRSCHE, Verzeichnis sämtlicher erschienener Werke H. P.s, München 1926; H. PFITZNER, Gesammelte Schriften, Bd. 1–2, Augsburg 1926, Bd. 3, Augsburg 1929, Nachdr. Tutzing 1969, Bd. 4 u.d.T.: Sämtliche Schriften Bd. 4, Tutzing 1987; W. ABENDROTH, H. P., München 1935; E. VALENTIN, H. P., Regensburg 1939; J. MÜLLER-BLATTAU, H. P., Potsdam 1940; H. PFITZNER, Regie-Beispiele für die Opern ›Das Herz‹, ›Palestrina‹, ›Das Christelflein‹, Bln. 1940; J. BAHLE, Der geniale Mensch und H. P. Eine psychologische Kulturkritik [1948], Hemmenhofen ²1974; H. RUTZ, H. P. Musik zwischen d. Zeiten, Wien 1949; G. ZORN, P. als Opernregisseur, München 1954; Mitt. d. H.-P.-Ges., München 1954ff.; H. PFITZNER, Reden, Schriften, Briefe. Unveröffentlichtes u. bisher Verstreutes, Bln., Neuwied 1955; C. RÜDIGER, H. P., Köln 1958; L. SCHROTT, Die Persönlichkeit H. P.s, Zürich, Freiburg 1959; H. GROHE, H. P. Verz. sämtl. im Druck erschienener Werke, München 1960; H. RECTANUS, Leitmotivik und Form in den musikdramatischen Werken H. P.s, Würzburg 1967 (Lit.-hist.-mw. Abhandlungen. 18.); T. MANN, Tischrede auf P., in: DERS., Gesammelte Werke, Bd. 10, Ffm. ²1974, S. 417–422; W. ZENTNER, H. P. als Dichter, in: Festschrift Erich Valentin, Regensburg 1976; I. ZANONCELLI, L'estetica musicale di H. P., in: Ricerche musicali 1977, S. 11–39; C. DAHLHAUS, in: Die Musik des 19. Jahrhunderts, Wiesbaden 1980 (Neues Hdb. d. Mw. 6.), S. 286f.; U. SKOUENBORG, Von Wagner zu P. Stoff u. Form d. M, Tutzing 1983 (Veröff. d. H.-P.-Ges. 2.); Symposium Hans Pfitzner. Bln. 1981, hrsg. W. Osthoff, Tutzing 1984 (Veröff. d. H.-P.-Ges. 3.); E. WAMLEK-JUNK, H. P. und Wien. Sein Briefwechsel mit V. Junk u. andere Dokumente, Tutzing 1986 (Publ. d. Inst. für östr. M.Dokumentation. 13.); W. OSTHOFF, P. in der aktuellen Musikliteratur, in: Mitt. d. H.-P.-Ges. 1988, H. 49, S. 43–47; J. P. VOGEL, H. P. in Selbstzeugnissen und Bilddokumenten, Reinbek 1989 (rm. 386.); J. WILLIAMSON, H. P., Cambridge [in Vorb.]

Wolfgang Osthoff

Die Rose vom Liebesgarten
Romantische Oper in zwei Akten, Vor- und Nachspiel

Text: James Grun
Uraufführung: 9. Nov. 1901, Stadttheater, Elberfeld (heute zu Wuppertal)
Personen: die Sternenjungfrau mit dem Sonnenkinde, Gottheiten vom Liebesgarten (2 stumme R); Siegnot, ein junger Edeling (T); der Waffenmeister (B.Bar), der Sangesmeister (hoher Bar) und der Hüter vom

Wintertor (stumme R), Edelinge vom Liebesgarten; Minneleide, die Elfe vom Quellenstein (S); Schwarzhilde (S) und Rotelse (A), Waldweibchen, Dienerinnen der Elfe; der Moormann, Sumpfbewohner (T); der Nachtwunderer, Herr in den Bergen (tiefer B); 2 Riesen (2 stumme R). **Chor:** Edelinge, Edelfrauen, Edelkinder vom Liebesgarten, Zwerge. **Ballett:** Moormänner, Moorweibchen
Orchester: 3 Fl (auch Picc), 2 Ob, E.H, 2 Klar, B.Klar, 2 Fg, 4 Hr, A.Hr in Es, T.Hr in B, 3 Trp, 3 Pos, B.Tb, Pkn, Schl (kl.Tr, Trg, Bck, Tamtam), 2 Hrf, Streicher; BühnenM: 4 Trp, Fl, Hrf, Euphonium oder Cel, Va d'amore, Pfeife, StierHr
Aufführung: Dauer ca. 2 Std. 45 Min. – Das Nachspiel folgt unmittelbar nach dem II. Akt.

Entstehung: Angeregt von wahrscheinlich mehreren Bildern beziehungsweise Bildfolgen von Hans Thoma, schrieb Grun 1896/97 das Libretto; Pfitzner schloß die 1897 begonnene Komposition Ende 1900 ab. Am 19. März 1900 hatte er in einem Konzert der Berliner Philharmoniker das »Vorspiel« dirigiert (es sang Anton Sistermans), das aber von den von Richard Strauss selbst dirigierten symphonischen Dichtungen *Tod und Verklärung* (1889) und *Ein Heldenleben* (1898) erdrückt wurde.
Handlung: Vorspiel, ein blumiger Anger, später vor und in einem Tempel: Die Bewohner des Liebesgartens, lichtbringende höhere Wesen, ziehen zur Frühlingsweihe (Blütenwunder). Die Sternenjungfrau, eine Liebesgottheit, und ihr göttliches Sonnenkind bestimmen Siegnot, den Hüter des Wintertors ablöst, zum Frühlingswächter und verleihen ihm die wunderkräftige Rose. Er soll das Reich nicht nur bewachen, sondern ihm neue Menschen gewinnen.
I. Akt, Urwald vor dem Liebesgarten: Siegnot bewacht das hoch gelegene Tor des Liebesgartens, ist aber von der unter ihm liegenden vegetativen Welt angezogen. Der tierhafte Moormann bewundert seine Schönheit und will ihm dienen. Siegnot hört die zur Harfe singende Elfenkönigin Minneleide und steigt zu ihr herab; sie kommt ihm entgegen. Er gibt ihr seinen goldenen Stirnreif mit der Rose und führt sie zum Liebesgarten. Doch sie erträgt dessen Licht nicht. Im losbrechenden Sturm fällt das Tor zu. Die hinabgeflohene Minneleide wird vom Nachtwunderer und seinen Zwergen ergriffen. Siegnot verteidigt sie, wird aber niedergestreckt. Mit dem Moormann will er der Geliebten ins Unterreich und in den Tod folgen.
II. Akt, im hohlen Berg: Der Nachtwunderer will Minneleide in Besitz nehmen, doch Siegnot erscheint. Der Nachtwunderer verhöhnt dessen Vertrauen auf die Frau und seine jetzige Machtlosigkeit. Er soll frei sein, wenn es Minneleide gelingt, allein zum Licht zu steigen und die Rose zurückzugeben. Andernfalls verfällt er dem Tod und Minneleide dem Nachtwunderer. Da Minneleide die Kraft zur Probe nicht findet, bringt Siegnot mit göttlicher Hilfe die Säulen der Höhle zum Einsturz. Minneleide will ihn nun zum Liebesgarten folgen, doch sie entdeckt ihn mit allen andern unter den Felsmassen erschlagen.

Nachspiel, vor und im Liebesgarten: Minneleide geleitet Siegnots Leiche zum Wintertor. Mit der Rose öffnet sie es, doch Stimmen des Gerichts verurteilen sie zum Tod. Die Gnade vom Sternenthron aber erweckt sie und Siegnot zum Licht.
Kommentar: Pfitzner hat die Wichtigkeit des Visuellen für das von einer Bildvorstellung angeregte Werk betont, doch wäre es falsch, aufgrund der stilistischen Zusammenhänge dieser Vorstellung (Thoma, Jugendstil) auf die Musik zurückzuschließen. Das Visuelle wirkt sich jedoch wohl darin aus, daß das eigentlich Dramatische in diesem Werk schwach bleibt gegenüber den lyrischen Sinnbildern, die in den blühenden Melodien der Oper ihre phantasiereiche Entsprechung finden. Bruno Walter hat dies klar erfaßt, als er Pfitzner am 18. Nov. 1906 über bestimmte Stellen des Siegnot im I. Akt schrieb: »Der erste Monolog [Waldesrauschen], ›Und möchtest du fort‹, ›Hier dürfen die Minnebeglückten‹ – darin liegt die Wirkung des ersten Aktes; oder vielmehr wirken erst, wenn man diese ganze Lyrik wirklich genossen hat, die bewegten Szenen.« Allerdings ist mit der primär liedhaften Haltung eine gemäßigte Anwendung der Leitmotivtechnik des Musikdramas verbunden. Darüber hinaus kann die Musik, wenn auch in geringerem Maß als der Text, Anklänge an Wagner nicht vermeiden. Andrerseits begegnen in ihr an charakteristischen Stellen auch eine ganz eigenartige Dissonanzbehandlung (Moormann) sowie Partien, die durchaus ins 20. Jahrhundert weisen. So verbindet bereits der Beginn des Vorspiels ein merkwürdiges Reflektieren weniger Fanfarentöne mit einer Technik des Übergangs und

Die Rose vom Liebesgarten, Nachspiel; Violetta de Strozzi als Minneleide, Dorothea Albu als Sternenjungfrau, Fritz Soot als Siegnot; Regie: Karl Holy, Bühnenbild: Panos Aravantinós, Kostüme: Bruno Köhler; Staatsoper, Berlin 1924. – Aravantinós war seit 1920 gemeinsam mit Emil Pirchan im Ausstattungswesen der Staatsoper tätig und entwarf bis 1930 Dekorationen für etwa 80 Werke. Während Pirchan dem Expressionismus zuneigte, orientierte sich Aravantinós an Neuromantik und Jugendstil.

Wechsels der Klangfarben, die nachweislich auf die Orchesterstücke von Arnold Schönberg, Anton von Webern und Egon Wellesz eingewirkt hat. In Thematik und Orchesterbehandlung, besonders der Blechbläser, ergeben sich auffallende Affinitäten zu beziehungsweise Einwirkungen auf Gustav Mahler (besonders dessen *Symphonien cis-Moll Nr. 5*, 1903, und *a-Moll Nr. 6*, 1904) bis hin zur Übernahme des motivisch prägnanten Tenorhorns zu Beginn der *Symphonie e-Moll Nr. 7* (1905), worauf John Williamson (s. Lit.) hingewiesen hat. In radikaler Klangspaltung und harter Motivkontrapunktik gestaltet Pfitzner die Tropfenmusik des II. Akts. Doch auch die verhalten leuchtenden Orchesterfarben des Blütenwunders im Vorspiel oder des Mittelteils des Trauermarschs, der das Nachspiel eröffnet, sind keineswegs im Sinn der Verschlingungen und Arabesken des Jugendstils zu verstehen.

Wirkung: Die von Pfitzner dirigierte Uraufführung (Siegnot: Anton Bürger, Minneleide: Elisabeth Suchanek, Nachtwunderer: Anton Werner) war ein großer Erfolg; doch die dramatische Schwäche und naive Wagner-Diktion des Texts blieben nicht verborgen. Walter überzeugte in Wien Mahler allmählich von der *Rose*, so daß dieser sie am 6. April 1905 vollendet herausbrachte und über drei Spielzeiten im Repertoire hielt (Erik Schmedes, Berta Foerster-Lauterer, Friedrich Weidemann; Bühnenbild: Alfred Roller). Laut Alma Maria Mahler-Werfel rief er nach dem I. Akt aus: »Seit der Walküre, erster Akt, ist etwas ähnlich Großartiges nicht geschrieben worden!« Auch Max Reger nannte sie ein »ganz großes, herrliches Werk«. Nach der von Pfitzner noch 1949 als ein Höhepunkt seiner Laufbahn angesehenen Aufführung Mahlers wurde die Oper bis zum zweiten Weltkrieg oft gespielt (so in Berlin 1924; Dirigent: George Szell; Fritz Soot, Violetta de Strozzi, Otto Helgers). Die von Pfitzner vorgenommenen oder gebilligten radikalen Kürzungen der Inszenierung Frankfurt a. M. 1939 beziehungsweise der Nachkriegsaufnahme des Bayerischen Rundfunks unter Robert Heger können nicht als gültige Version des Werks angesehen werden. Eine visuelle Neuinszenierung im Zeichen des als aktuell empfundenen Jugendstils wäre ein interessantes Experiment, könnte aber von den Erfahrungen des 20. Jahrhunderts her vor allem zu einer neuen fruchtbaren Auseinandersetzung mit der vielgesichtigen Musik der *Rose vom Liebesgarten* führen.

Autograph: Vorspiel, I. u. II. Akt: Bayer. SB München; Nachspiel: Verbleib unbekannt. **Ausgaben:** Part: Feuchtinger, Stuttgart [um 1901]; Kl.A: ebd. 1901, Nr. 1878, später: Brockhaus, Lpz.; Textb.: ebd. [um 1901], später: Lpz., Brockhaus; Regiebuch, nach H. Pfitzners Inszenierung bearb. v. E. Mehler: Lpz. 1917. **Aufführungsmaterial:** Brockhaus, Bonn-Bad Godesberg **Literatur:** H. PFITZNER, Das Vorspiel zum Drama ›Die Rose vom Liebesgarten‹ – eine Einführung [1900], in: DERS., Sämtliche Schriften, Bd. 4, Tutzing 1987, S. 403–412; R. LOUIS, H. P. ›Die Rose vom Liebesgarten‹. Eine Streitschrift, München 1904; R. v. MOJSISOVICS, Thematischer Leitfaden nebst Einführung in H. P.s romantische Oper ›Die Rose vom Liebesgarten‹, Lpz. 1906; H. PFITZNER, ›Die Rose vom Liebesgarten‹ in Wien, in: Gustav Mahler. Ein Bild seiner Persönlichkeit in Widmungen, hrsg. P. Stefan, München 1910, S. 40f., auch in: DERS., Sämtliche Schriften, Bd. 4, a.a.O., S. 413f.; P. BEKKER, Die Rose vom Liebesgarten, in: NMZ 31:1910, S. 249–255; B. WALTER, Thema und Variationen. Erinnerungen u. Gedanken [1947], Ffm. 1960, S. 222–224; DERS., Briefe 1894–1962, Ffm. 1969, S. 55–58, 62–65, 73–82, 87f.; H. GROHE, Zur Entstehungs- und Aufführungsgeschichte der ›Rose vom Liebesgarten‹ von H. P., in: Mitt. d. H.-P.-Ges. 1958, H. 5, S. 1–3; R. SEEBOHM, Der Liebesgarten und die Rose, ebd. 1976, H. 36, S. 72–87; W. OSTHOFF, H. P.s ›Rose vom Liebesgarten‹, Gustav Mahler und die Wiener Schule, in: Festschrift Martin Ruhnke zum 65. Geburtstag, Neuhausen 1986, S. 265–293; DERS., H. P. und die Wiener Aufführung der ›Rose vom Liebesgarten‹ 1905, in: Tagungsbericht Oper in Wien 1900–1925. F.-Schmidt-Symposion Perchtoldsdorf 1989 [in Vorb.]; R. ERMEN, Der Lyriker als Musikdramatiker. Zu H. P.s ›Rose vom Liebesgarten‹, in: Tagungsbericht Hans Pfitzner und die musikalische Lyrik seiner Zeit. Symposion Hbg. 1989 [in Vorb.]; weitere Lit. s. S. 754

Wolfgang Osthoff

Das Christelflein
Spieloper in zwei Akten

Text: Hans Pfitzner, nach dem Text zur 1. Fassung von Ilse von Stach (eigtl. Ilse Margarete Asta Helene Stach von Goltzheim; 1901)
Uraufführung: 1. Fassung als Weihnachtsmärchen in 3 Aufzügen: 11. Dez. 1906, Hoftheater, München; 2. Fassung: 11. Dez. 1917, Hofoper, Dresden (hier behandelt)
Personen: das Elflein (hoher S); der Tannengreis (tiefer B); das Christkindchen (S); Knecht Ruprecht (B); Herr von Gumpach (Bar); Frieder, sein Sohn (T); Trautchen, seine Tochter (Spr.); Franz (B.Buffo) und Jochen (T.Buffo), in Gumpachs Diensten; der Dorfarzt (Spr.); Frau von Gumpach (stumme R); Sankt Petrus (stumme R); ein Junge (Spr.); Engelsstimmen (4 S); Käte (Spr.). **Chor:** Engel, arme Dorfkinder (Frauen- u. Kinderchor). **Ballett:** Tannenjunker und -jungfrauen, Elfen
Orchester: 2 Fl (2. auch Picc), 2 Ob (2. auch E.H), 2 Klar, 2 Fg, 2 Hr, Trp, Pkn, Schl (gr.Tr, Bck, kl.Tr, Trg, Tamtam, Tamburin, Glöckchen in c'', e'', g'' u. e'''), Hrf, Streicher; BühnenM hinter d. Szene: Trp, Glocken
Aufführung: Dauer ca. 2 Std.

Entstehung: Erste Pläne für eine Musik zu Stachs Märchen gehen auf das Jahr 1901 zurück. Die 1. Fassung war eine Schauspielmusik, etwa in der Tradition des von Pfitzner gelegentlich dirigierten *Sommernachtstraums* (1826, 1842) von Felix Mendelssohn-Bartholdy. Bei der Umarbeitung wurden die umfangreichen melodramatischen Partien bis auf wenige Ausnahmen (wie Nr. 8) in Gesangsrollen verwandelt, der gesprochene Dialog wurde jedoch, entsprechend der Gattung Spieloper, prinzipiell beibehalten. Musikalisch ist in der 2. Fassung eine Tendenz zum Ensemble wahrnehmbar: duettierende Passagen in der erweiterten Nr. 1, Terzett und Quartett in den neuen Nr. 7 und 12. Hierdurch wird auch Frieder zu einer singenden Person mit größerer psychologischer Tiefe. Singende Personen werden ferner Jochen und Franz; Knecht

Ruprecht erhält durch die neue Arie Nr. 10 stärkeres Gewicht.

Handlung: I. Akt, Winterwald: Das Elflein möchte wissen, was Weihnachtsglocken und -gesang bedeuten. Der Tannengreis warnt es vor den Menschen, lobt aber den gerade kommenden Frieder, da dieser das Diesseits und die Natur liebt und nicht den frommen Lehren glaubt. Frieder kann dem Elflein nicht Rede stehen, weil er den Arzt zu seiner kranken Schwester holen muß. Das Elflein fragt sich, was das Kranksein bedeutet. Franz und Jochen wollen eine Tanne schlagen, verstecken sich aber vor Knecht Ruprecht. Nach einer Rauferei mit dem vermeintlichen Zauberer gibt dieser sich zu erkennen. Das Christkindchen schickt die Diener fort; es will Trautchen diesmal selbst den Christbaum bringen. Obwohl der Tannengreis den Wald bis zur Unkenntlichkeit verwandelt und für das Elflein einen Reigen tanzen läßt, folgt es dem Christkind unter Engelsgesang.

II. Akt, Wohnzimmer (Weihnachtsstube) bei Gumpachs: Gumpach schilt Franz, daß er, statt die Tanne zu bringen, Wundergeschichten erzählt. Frieder spottet. Er versteckt den sein Elflein suchenden Tannengreis hinter dem Ofen. Trautchen wird in die Stube getragen und läßt die Dorfkinder beschenken, wobei Ruprecht hilft. Zum Lied der Kinder treten Christkind und Elflein mit dem Weihnachtsbaum ein. Ruprecht erzählt, wie einst die Tanne zum Christbaum wurde, und versöhnt damit den Tannengreis. Trautchen erzählt die Weihnachtsgeschichte und schläft ein. Frieder, der nun glaubt, und dem Elflein gewährt das Christkindchen die Erfüllung eines Wunschs. Er bittet um das Leben seiner Schwester, das Elflein will an Trautchens Stelle in den Himmel mitgehen. Zum Trost des Tannengreises darf es jede Weihnacht als Christelflein wiederkehren. Trautchen aber sieht, obwohl es am Leben bleibt, die Engelein. So schließt der Tannengreis: »Ein seliges Volk und ein begnadetes Volk.«

Kommentar: Von seiner 1. Fassung her tendiert *Das Christelflein* zur liedhaften Nummernoper und orientiert sich mehr an der Haltung Carl Maria von Webers und Albert Lortzings als an der wagnernahen Art Engelbert Humperdincks. Daß es im Opfergedanken den *Armen Heinrich* (1895) und auch *Das Herz* (1931) berührt, bewirkt auch hier den teilweise leidensnahen und verhaltenen typischen Ton der Musik Pfitzners.

Wirkung: Die Uraufführung der 1. Fassung leitete Felix Mottl (Elflein: Maja Reubke, Tannengreis: Franz Jacobi, Christkindchen: Elsa Brünner, Ruprecht: Georg Sieglitz, Gumpach: Otto König, Frieder: Otto Storm). In der 2. Fassung sangen Grete Merrem-Nikisch (Elflein) und Elisabeth Rethberg (Christkindchen), Fritz Reiner dirigierte (Regie: Alexander d'Arnals). In den 20er und 30er Jahren stand das Werk als Weihnachtsoper gelegentlich auf dem Spielplan deutschsprachiger Bühnen, so 1921 in Berlin (Dirigent: Fritz Stiedry; Lola Artôt de Padilla, Else Knepel), Prag und Hamburg (Carl Gotthardt; Ruprecht: Alfons Schützendorf), 1922 in Stuttgart (Erich Band; Elflein: Hedwig Jungkurth, Ruprecht: Reinhold Fritz), 1923 in Graz, 1924 in Zürich, 1926 in Basel,

Das Christelflein, I. Akt; Regie: Bruno Heyn, Bühnenbild: Elli Büttner; Landestheater, Darmstadt 1936. – Der Erlösungszauber des Weihnachtsmärchens liegt auf dem verschneiten Tannenwald, aus dem eine von Lichtstrahlen erleuchtete Himmelstreppe emporsteigt.

1936 in Darmstadt, 1938 in der Volksoper Wien, 1939 in Frankfurt a. M.), nach dem Krieg gab es vereinzelte Versuche einer Wiederaufführung, so 1952 in Wien (Theater an der Wien) und 1978 durch das Südbayerische Städtetheater.
Autograph: Städt. Musik-Bibl. München (unvollst.). **Ausgaben:** 1. Fassung: Kl.A v. R. Louis: Ries & Erler, Bln. 1906; Textb.: ebd. 1906; 2. Fassung: Kl.A: Fürstner, Nr. 7223; Textb.: Fürstner; Textb., dt./engl. v. R. Arsenty, in: [Bei-H. d. Schallplattenaufnahme MRF], 1979. **Aufführungsmaterial:** 2. Fassung: Schott
Literatur: s. S. 754

Wolfgang Osthoff

Palestrina
Musikalische Legende in drei Akten

Text: Hans Pfitzner
Uraufführung: 12. Juni 1917, Prinzregententheater, München
Personen: Papst Pius IV. (tiefer B); Giovanni Morone (Bar) und Bernardo Novagerio (T), Kardinallegaten des Papsts; Kardinal Christoph Madruscht, Fürstbischof von Trient (tiefer B); Carlo Borromeo, römischer Kardinal (Bar); der Kardinal von Lothringen (B); Abdisu, Patriarch von Assyrien (hoher T); Anton Brus von Müglitz, Erzbischof von Prag (B); Graf Luna, Orator des Königs von Spanien (hoher Bar); der Bischof von Budoja (T) und Theophilus, Bischof von Imola (T), italienische Bischöfe; Avosmediano, Bischof von Cádiz, spanischer Bischof (B.Bar); Giovanni Pierluigi da Palestrina, Kapellmeister an der Kirche Santa Maria Maggiore in Rom (T); Ighino, sein Sohn, 15 Jahre (S); Silla, sein Schüler, 17 Jahre (Mez); Bischof Ercole Severolus, Zeremonienmeister des Konzils von Trient (B.Bar); 5 Kapellsänger von Santa Maria Maggiore (2 T, 2 B, tiefer B); 2 Bischöfe (2 B); Dandini, Bischof von Grosseto (T); Bischof von Fiesole (T); Bischof von Feltre (B); ein junger Doktor (A); ein spanischer Bischof (Bar); die Erscheinung Lukrezias, Palestrinas verstorbener Frau (A); die Erscheinungen 9 verstorbener Meister der Tonkunst (3 T, 3 Bar, 3 B); 3 Engelsstimmen (3 hohe S); 2 päpstliche Nuntien (2 stumme R); Lainez und Salmeron, Jesuitengenerale (2 stumme R); Massarelli, Bischof von Thelesia, Sekretär des Konzils (stumme R); Giuseppe, der alte Diener Palestrinas (stumme R).
Chor: Engel, italienische, deutsche und spanische Diener, Konzilsteilnehmer, päpstliche Kapellsänger, Straßenvolk. **Statisterie:** deutsche Reichsräte, Kardinäle, geistliche Botschafter, weltliche Fürsten, Gesandte, Patriarchen, Erzbischöfe, Bischöfe, Ordensgenerale, Äbte, Domherren, geistliche und weltliche Prokuratoren, Theologen, Doktoren, Volk, Stadtsoldaten
Orchester: 4 Fl (3. u. 4. auch Picc), A.Fl, 3 Ob (3. auch E.H), 3 Klar (2. u. 3. auch kl. Klar in Es), B.Klar, 3 Fg, K.Fg, 6 Hr, 4 Trp, 4 Pos, Tb, Pkn, Schl (Tr, Bck, Tamtam, Trg, Schellen, Zimbeln), Org, Cel, 2 Hrf, 2 Mand, Streicher (mit Va d'amore); BühnenM auf d. Szene: Pikkoloflöten, Klarinetten, Mandolinen, Gitarren, Glocken, Tamtams

Aufführung: Dauer ca. 3 Std. 30 Min. – Pfitzner schlägt folgende Doppelbesetzungen vor: 1. Meister / Abdisu; 2. Meister / 3. oder 4. Kapellsänger; 4. Meister / Morone; 9. Meister / Madruscht / Papst; 3. Meister / Budoja / 3. oder 4. Kapellsänger; 7. Meister / Lothringer / 5. Kapellsänger. Der Frauenchor der Engel im I. Akt sollte möglichst durch einen Knabenchor verstärkt werden. Eine reduzierte Orchesterbesetzung hat Hans Zanotelli hergestellt (Augsburg 1969; vgl. *Mitteilungen der Hans-Pfitzner-Gesellschaft* 1970, Heft 26, S. 28).

Entstehung: Die Entstehung von *Palestrina* ist durch Pfitzners Schriften (*Sämtliche Schriften*, Bd. 4, s. Lit.) und durch Walter Abendroths *Hans Pfitzner* (s. Lit.) recht genau dokumentiert. Der Komponist war in der Mainzer Zeit (1894–97) auf die Gestalt Palestrinas durch das Lesen der Musikgeschichte von August Wilhelm Ambros gestoßen. Die durch Ambros referierte Legende von Palestrina als dem Retter der Kirchenmusik besitzt wohl einen höheren historischen Wahrheitsgehalt, als Pfitzner selbst annahm (vgl. Knud Jeppesen, in: *Die Musik in Geschichte und Gegenwart*, Bd. 10, S. 684–686). Pfitzners eigentliche dramatische Idee reifte langsam und kristallisierte sich erst in der Straßburger Zeit (seit 1908) voll heraus: Palestrinas künstlerisch-geistige Tat, die Komposition der Messe, im Gegensatz zur Welt der Macht und des äußerlichen Getriebes, zum Konzil. Für die dichterische Ausführung dieser Idee wandte sich Pfitzner nacheinander an James Grun, Richard Voß, vielleicht auch Georg Hirschfeld, Ilse von Stach und schließlich am 30. Mai 1909 an Therese Rie. Pfitzner beabsichtigte von vornherein, die alten Meister als Vorgänger Palestrinas einzubeziehen, ja er äußerte 1925, die Erscheinung der Meister sei die Uridee von *Palestrina* gewesen. Victor Junk, der Stachs Entwurf 1942 sah, bezeugte, daß der Gedanke von der Erscheinung der verstorbenen Meister darin bereits erwähnt wird (wenn sie auch nicht, wie es Pfitzner dann selbst tat, die Meister selbst auftreten ließ). Es bleibt unklar, wie denn diese Erscheinung hätte realisiert werden sollen, wenn nicht durch ein wie auch immer geartetes Auftreten. Jedenfalls beharrte Rie später darauf, die Schlußszenen des I. Akts und insbesondere dieser reale Auftritt der Meister seien ihre Idee gewesen, und berief sich auf ihren Entwurf zum I. Akt vom Juli 1909. In diesem wird allerdings der ganze ideelle Abstand zu Pfitzners eigener Gestaltung der Szenen I/5–7 deutlich, wenn es auch vereinzelte verbale Anklänge gibt. Da keiner der Genannten seinen Vorstellungen entsprach, entschloß sich Pfitzner, das Libretto selbst zu schreiben. Gegen Ende 1909 notierte er die zusammenfassenden Schlußverse, im März oder April 1910 entstand die Dichtung der Geistererscheinung der alten Meister (I/5), und am 28. Juli meldete Pfitzner Willy Levin den textlichen Abschluß des I. Akts; am 1. Aug. 1911 war die Dichtung des II. und bereits am 7. Aug. die des III. Akts beendet. Nachdem Pfitzner am 1. Jan. 1912 den Beginn des Vorspiels zum I. Akt aufgezeichnet hatte, begann die eigentliche Komposition am 6. Juni; am 27. Juli 1914 war der I. Akt, am 12. April 1915 der II. und am 17. Juni der III. Akt musikalisch vollendet.

Handlung: In Rom und Trient, Nov./Dez. 1563.

I. Akt, Zimmer in Palestrinas Wohnhaus in Rom; Abend: Sich auf einem Streichinstrument begleitend, singt Silla ein eigenes Madrigal, das im neuen monodischen Stil der Florentiner Schule gehalten ist, zu der er strebt. Während Monodie für ihn individuelle Selbstverwirklichung bedeutet, verteidigt der hinzutretende Ighino »die liebliche Gemeinsamkeit / von guten Menschen unter sich« und damit auch die polyphone Tradition. Dies entspricht der Haltung des alten Palestrina, über den beide Jungen gegensätzlicher Meinung sind. Silla betont Palestrinas Ruhm, Ighino jedoch seine menschliche und künstlerische Vereinsamung, das Versiegen des schöpferischen Quells seit Lukrezias Tod und letztlich sein pessimistisches Lebensgefühl. Silla will Ighino durch sein Liedchen aufheitern, kann es aber nicht zu Ende bringen, da Palestrina und Borromeo eintreten. Dieser wundert sich mißbilligend über die gehörten Töne, während Palestrina, nachdem Silla und Ighino hinausgeschickt worden sind, das Recht der Jugend verteidigt. Dennoch fürchtet er betrübt das Ende der in Jahrhunderten gewachsenen großen Musik. Borromeo will Palestrinas Resignation mit einem wichtigen Auftrag abhelfen: Der Meister soll die vom puristischen Papst bedrohte polyphone Kirchenmusik durch eine von Auswüchsen freie Probemesse retten, die zu prüfen Pius IV. und die Kardinäle, von Kaiser Ferdinand I. gedrängt, sich bereit erklärt haben. Doch Palestrina glaubt nicht mehr, die Kraft für eine solche Komposition zu haben. Borromeo hört aus der traurigen Weigerung sogar Gotteslästerung heraus und bricht »in heftigstem Zorn« und unter Drohungen auf. Palestrina sieht sich völlig vereinsamt. Seiner Todessehnsucht und Verzweiflung darüber, nicht mehr schaffen zu können, treten in geisterhafter Beleuchtung die verstorbenen Meister der Tonkunst entgegen, unter denen Palestrina Josquin Desprez und Heinrich Isaac erkennt. Sie erklären ihm, »der alte Weltenmeister, / der ohne Namen ist«, befehle die Komposition der Messe. Palestrinas Abwehr begegnen sie mit heiterer, aber beharrlicher Geduld: Der von Gott geschmiedeten »Kette der Zeiten« müsse er sich als »der letzte Stein« einfügen. Nachdem die Erscheinungen entschwunden sind, ruft Palestrina aus der »Tiefe [...] nach oben«. Engel erscheinen, diktieren ihm Teile der Messe, und beim »Credo« erfaßt Palestrina die »allmächtige Schöpferlust« als »Liebes-Mysterium«, wodurch Lukrezias Erscheinung als Schutzgeist ausgelöst wird. Nach dem Verschwinden der Erscheinungen wird man gewahr, daß eine ganze Nacht verflossen ist. In der Morgendämmerung, während schon die Glocken der Kirchen läuten, ist Palestrina in tiefen Schlaf versunken. Silla und Ighino finden die beschriebenen Notenblätter. Auf Sillas Bemerkung, er glaube nicht, daß gerade dies Werk Palestrina große Ehre mache, antworten triumphierend die Glocken.

II. Akt, Trient, saalartige Vorhalle im fürstbischöflichen Palast, an die sich ein kleines Gärtchen anschließt; Vormittag: Der Saal wird für die Konzilssitzung hergerichtet. Novagerio droht den Dienern verschiedener Nationen mit der Folter, falls es wieder zu

Palestrina, II. Akt; Bühnenbildentwurf: Hans Wildermann; Stadttheater, Breslau 1933. – Die Szene beherrscht eine strenge, klar strukturierte Architektur, von der symbolhafte Lichtwirkungen ausgehen.

Handgreiflichkeiten zwischen ihnen komme. Mit Borromeo führt er eine Vorbesprechung, vor allem über das Verhältnis des Papsts zum Kaiser, dem Konzessionen zu machen seien, so unter anderm bei der Bewahrung mehrstimmiger Kirchenmusik. Borromeo muß berichten, daß Palestrina die Messe verweigert und er ihn daraufhin ins Gefängnis geworfen habe; Novagerio empfiehlt die Methoden der Inquisition. Während sich der Saal allmählich füllt, kommt es zwischen Bischöfen und Delegierten aus verschiedenen Ländern zu Wortwechseln. Unter den Konzilsvätern formieren sich die Spanier als gewichtigste Oppositionsgruppe gegen die Italiener. Morone eröffnet feierlich die Session und mahnt zur Eile, damit die große Kirchenreform endlich abgeschlossen werde. Besonders liegt es im Interesse der päpstlichen Politik, den Vorschlägen des Kaisers entgegenzukommen. So soll die polyphone Musik beibehalten werden. Entgegen dem schnellen Plazet der Italiener erinnert der Bischof von Cádiz an die in Aussicht gestellte Probemesse. Nachdem Borromeo versichert hat, die Messe werde geschrieben, möchte Morone weitere Punkte möglichst schnell behandeln, was zu teilweise heftigen Einwänden führt. Vor allem entsteht ein hitziger Disput zwischen Graf Luna und dem Kardinal von Lothringen. Bei Morones Versuch, die Fragen der Meßliturgie und des Breviers »zusammen zu erledigen«, bricht Tumult aus. Der aus seinem Schlaf erwachte greise Patriarch von Assyrien kommt zwar nochmals, durch den pfiffigen Bischof von Budoja angestiftet, auf die Probemesse zu sprechen, wobei er den Namen Palestrinas aus Unkenntnis verstümmelt, doch Luna tritt für ausführliche Diskussion der liturgischen Fragen und damit für Verlängerung des Konzils ein. In Anbetracht der allgemeinen Empörung vertagt Morone die Sitzung. Nach Abzug der hohen Herrschaften fallen die spanischen, italienischen und deutschen Diener mit Messern übereinander her. Madruscht läßt in das Handgemenge feuern.

III. Akt, wie I. Akt; gegen Abend: Palestrina, offensichtlich gealtert, sitzt im Lehnstuhl; vor ihm kniet Ighino. Fünf der Sänger von Santa Maria Maggiore sind ebenfalls anwesend und erwarten der Ausgang der Vorführung der Messe, die gerade beim Papst gesungen wird. Ighino erzählt seinem Vater, wie er zu dessen Errettung aus dem Kerker die Noten ausgeliefert habe. Plötzlich ertönen von der Straße Evvivarufe, und während hereinströmende päpstliche Kapellsänger von dem überwältigenden Eindruck der Messe berichten, wird schon der Papst angekündigt. Umgeben von Kardinälen, wendet er sich freundlich und preisend an Palestrina: Fortan solle dieser ihm als Leiter der Sixtinischen Kapelle dienen. Nach dem Abzug des Papsts und seines Gefolges bleibt, während sich Ighino ängstlich im Hintergrund hält, nur Borromeo bei Palestrina zurück; weinend wirft er sich diesem zu Füßen und bereut sein Verhalten. Palestrina küßt und umarmt ihn, dann reißt sich Borromeo rasch los. Auf Ighinos Jubel antwortet Palestrina nur verhalten, die Nachricht von Sillas Weggang nach Florenz nimmt er mit Verständnis auf. Die wiederholten Evvivarufe berühren ihn kaum, doch lassen sie Ighino es nicht im Haus aushalten. Er eilt auf die Straße. Palestrina bleibt allein, er hat seinen Frieden gefunden und versenkt sich an seiner Hausorgel in musikalische Gedanken.

Kommentar: Pfitzner hat zu Recht auf dem dichterischen und dramatischen Rang seines Texts bestanden. Er wollte diesen daher in seine Schriften aufnehmen, was jedoch an dem *Palestrina*-Verleger Otto Fürstner scheiterte und auch leider in den postumen *Sämtlichen Schriften* nicht erfolgt ist. Thomas Mann hat in den *Betrachtungen eines Unpolitischen* (1918) den kunstvollen dramatischen Aufbau des Werks gewürdigt, was sowohl für die symmetrische Dreigliederung der Akte als auch für ihre jeweilige Einzeldisposition gilt. Das Künstlerdrama wird von Pfitzner zu einem Lebens- und Weltbild ausgeweitet, wie es der Schluß des dem Werk vorangestellten Arthur-Schopenhauer-Mottos (aus den *Parerga und Paralipomena*, 1851) entwirft: »neben der Weltgeschichte geht schuldlos und nicht blutbefleckt die Geschichte der Philosophie, der Wissenschaft und der Künste«. Dem in diesem Sinn weltlichen Treiben der realen Geschichte entspricht in Pfitzners Drama der II. Akt, für den Mann die Zusammengehörigkeit von Pessimismus und Humor betont: Er sei »nichts anderes als eine bunte und liebevoll studierte Satire auf die Politik, und zwar auf ihre unmittelbar dramatische Form, das Parlament« (S. 412, s. Lit.). Pfitzner hat hierfür (wie für die ganze Legende) die ihm (in Übersetzung) zugänglichen historischen Quellenwerke, in erster Linie die *Historia del Concilio Tridentino* (1619) von Paolo Sarpi, genau studiert und bis ins kleinste Detail herangezogen. Gegen eventuelle Änderungen und Striche im häufig angefochtenen II. Akt hat er sich vehement zur Wehr gesetzt. Dessen Wiedergabe als Sprechdrama (wie nach dem zweiten Weltkrieg vereinzelt geschehen; vgl. *Mitteilungen der Hans-Pfitzner-Gesellschaft* 1954, Heft 1, S. 8–10) hätte er auf das entschiedenste abgelehnt, denn die unteilbare dramatische Idee von *Palestrina* liegt nach Pfitzner weniger in der (bekannten) Problematik Künstler–Gesellschaft als vielmehr in dem wesenhaften Gegensatz von einerseits künstlerischem Werk (bleibend) beziehungsweise Konzeption dieses Werks und andrerseits der (auf vergänglicher Ebene agierenden) Welt. Die bei aller temporären Versöhnung über dem Schluß des Werks liegende Trauer gründet in der (unausgesprochenen) Erkenntnis des vergeblichen, weil menschlichen Versuchs, »Ewiges in die Zeitlichkeit zu verpflanzen« (Pfitzner, *Schriften*, Bd. 4, S. 441). Dieser tragische Schluß des III. Akts ist daher für Pfitzner der Höhepunkt, nicht, wie es vielen äußerlich scheine, der des I. Im Schluß des I. Akts kommt allerdings einer der beiden Komponenten der Legende zu unübertroffenem Ausdruck: nicht die Messe selbst oder ihre Aufführung, sondern ihre Konzeption. Unabhängig von jeglicher äußeren Einwirkung entsteht das Werk, »wie es in der Geisterszene ausgesprochen ist – selbst gegen den Willen des Schöpfers« (ebd., S. 432). Die eigentliche Inspirationsszene (I/6) ist auch als Initiationsvorgang gedeutet worden. Für die Tradition der dramatischen Gesamtanlage von *Palestrina* gilt Manns hinsichtlich der Musik gemachte Anspielung auf »die Meisterschule, in der das erlernt wurde«: auf Wagner, speziell *Die Meistersinger von Nürnberg* (1868), wobei sowohl an die Disposition in drei Akten (mit turbulentem Schluß des II.) als auch an das wichtige Motiv Künstler–Gemeinschaft zu denken ist. Doch hat Pfitzner, wie Mann erzählt, auch die prinzipielle Verschiedenartigkeit beider Werke hervorgehoben, wie sie am sinnfälligsten in den Schlußbildern erscheint: »Glanz und Gloria« in den *Meistersingern*, »Palestrina allein im Halbdunkel [...] an seiner Orgel träumend« (Mann, S. 423). Die von Mann aus demselben Gespräch referierte »Sympathie mit dem Tode« hat Pfitzner später relativiert. Daß *Palestrina* geistig in die »Festspiel«-Sphäre Wagners gehört, kam sinnbildlich durch die Entscheidung für das Münchner Wagner-Theater, das Prinzregententheater, als Uraufführungsbühne zum Ausdruck. Was die Musik betrifft, zeigt sich die Wagner-Tradition und zugleich der Gegensatz zu dieser am deutlichsten in Pfitzners sogenannter Leitmotivtechnik. Schon zur Zeit der *Palestrina*-Konzeption hat Pfitzner in seiner Schrift *Zur Grundfrage der Operndichtung* das »sinfonische Prinzip« (motivische Arbeit Ludwig van Beethovens), das »durch die hinzukommende Welt des Gedankens zum ›leitmotivischen‹ wird, in der Anwendung auf das Musikdrama bedenklich« gefunden (*Schriften*, Bd. 2, S. 55). Mit dieser Ansicht korrespondiert, daß er zwar ein großes Arsenal von charakterisierenden und zum Teil höchst charakteristischen Themen und Motiven benutzt, doch diese (bereits seit der *Rose vom Liebesgarten*, 1901) »immer seltener tiefgreifend verändert« und sich somit »wieder der Erinnerungsthematik der vorwagnerischen Oper nähert« (Hans Rectanus, *Leitmotivik*, S. 102, s. Lit.). Der weitgehende Verzicht auf symphonische Durchführung wird dadurch aufgewogen, daß in *Palestrina* »die kontrapunktische Arbeit [...] in reichem Maße stilbildend hervortritt« (ebd., S. 110), mitunter sogar außerordentlich kompliziert, was hohe Ansprüche an den Hörer stellt. Diese dominierende Kontrapunktik hängt damit zusammen, daß laut Pfitzner »die Musik, um das 16. Jahrhundert dem Hörer nahezubringen, in vielen Teilen gewissermaßen archaischen, das heißt altertümlich stylisierenden Charakter annehmen mußte« (*Schriften*, Bd. 4, S. 426). Tatsächlich hat Pfitzner, wie seine Abschriften der *Missa Papae Marcelli* (1562?) und aus andern Messen Palestrinas beweisen, die Musik des römischen Meisters intensiv studiert und aus ihr auch eine ganze Reihe von Motiven entlehnt, ganz abgesehen von den echten Zitaten aus der *Missa Papae Marcelli* in der Inspirationsszene. Doch ist es bezeichnend, daß er im Zuge dieser Adaption zu viel früheren Schichten der Musikgeschichte durchstößt, mit seiner musikalischen Sprache oft eher an den transparent-kargen Satz des 15. Jahrhunderts erinnert. Wenn ein stilgetreues Archaisieren somit mißlingt, entspricht dies gerade der eigenen Ausdruckswelt Pfitzners, die man (zu sehr vereinfachend) als asketisch bezeichnet hat, und die,

besonders auch mit ihren herben Dissonanzen, dem 20. Jahrhundert zugehört. Insofern entfaltet sich die Musik von *Palestrina* auf verschiedenen Zeitebenen gleichzeitig. Wenn man die Legende trotzdem in die Tradition des Musikdramas stellen wird, stützt sich dies vor allem auf ihre formale Gestaltung. Längere geschlossene Abschnitte von einer gewissen musikalischen Autonomie begegnen relativ selten: Ighinos Sologesänge (I/2 und III/1), Sillas Lied, das auf Pfitzners fragmentarischem Entwurf eines Lieds von Johann Wolfgang von Goethe beruht (I/2), die Inspiration (I/6), die satyrspielähnliche Szene Silla/Ighino (I/7), der scherzoartige Chor der Spanier, das von dem vergnügten Bischof von Budoja bestimmte Gespräch, Abdisus Solo und der Aufruf des Zeremonienmeisters (II/4), die ersten Abschnitte von Morones Ansprache (II/5), das Handgemenge der Diener (II/7), das Evvivaensemble und das Solo des Papsts (III/1–2). In ihrer Mehrzahl orientieren sich die Szenen von *Palestrina* aber mehr an der dramatischen Abfolge, während sie musikalisch eher durch zitatartigen Einsatz und parataktische Behandlung der charakterisierenden Themen und prägnanten Motive zusammengehalten werden. Trotz des starken ideellen Gehalts der Legende sind die Personen sowohl textlich als auch musikalisch von prallem dramatischen Leben erfüllt und psychologisch scharf gezeichnet. Dies gilt nicht nur für die Charakterstudien des burlesken II. Akts (etwa die sinnlich-elegante Musik Novagerios, Budojas groteske Töne, die zeremoniöse Pentatonik Severolus', Morones warme Feierlichkeit, Abdisus exotische Klänge), sondern auch für die Kontrastpaare Silla (musikalisch teils experimentell, teils oberflächlich) / Ighino (innig, liedhaft) und Palestrina/Borromeo im I. Akt. Die Musik der Palestrina-Gestalt ist von unverwechselbarer Eigenprägung, ihre herbe Linearität wird schon mit den ersten Tönen des Vorspiels beschworen. Auch was charakterisierende Harmonik und Instrumentation betrifft, besitzt Pfitzners Palette Farben der Moderne, wofür etwa auf die fahle Konstruktivität der schattenhaften Geisterszene (I/5) und auf die brutale Klanglichkeit des Dienergemetzels (II/7) verwiesen sei. Daß *Palestrina* ganz offensichtlich auch persönliche Bezüge aufweist, ist von Anfang

Palestrina, II. Akt; Sven Olof Eliasson als Palestrina; Regie: Georg Reinhardt, Bühnenbild: Heinrich Wendel, Kostüme: nach Helmut Jürgens; Deutsche Oper am Rhein, Düsseldorf 1977.

an gesehen, oft aber überbetont worden. Schon Wilhelm Furtwängler schrieb 1911 in einem Dankesbrief an Pfitzner nach einer Lesung des Textbuchs am 19. Okt. vor geladener Gesellschaft in Straßburg: »Ich weiß, daß Sie Palestrina sind und dies Ihre Messe.« Der Komponist dagegen äußerte im Rückblick auf die Werkentstehung, er habe nicht im mindesten daran gedacht, sich mit dem Titelhelden identifizieren zu wollen.

Wirkung: In der von Pfitzner inszenierten Uraufführung sangen Karl Erb (Palestrina), Maria Ivogün (Ighino), Emmy Krüger (Silla), Fritz Feinhals (Borromeo), Friedrich Brodersen (Morone), Paul Kuhn (Novagerio), Paul Bender (Pius), Max Gillmann (Madruscht), Gustav Schützendorf (Luna), Fritz Birrenkoven (Budoja), Alfred Bauberger (Severolus) und Luise Willer (Lukrezia). Pfitzner empfand die Wiedergabe seines Werks als vollendet; auch ihr Dirigent, der mit Pfitzner eng befreundete Bruno Walter, hat den überragenden Eindruck und Erfolg von *Palestrina* in bewegenden Worten geschildert, ebenso die vom Auswärtigen Amt durch Harry Graf Keßler angeregte Gastspielreise, auf der das Werk 1917 in Basel, Bern und Zürich gezeigt wurde (*Thema und Variationen*, s. Lit.). *Palestrina* ging schnell über viele große und mittlere Bühnen Deutschlands und Österreichs. 1919 kam das Werk an der Staatsoper Wien unter Franz Schalk heraus (Regie: Pfitzner; Erik Schmedes, Berta Kiurina, Lotte Lehmann, Emil Schipper, Hans Duhan, Hubert Leuer, Richard Mayr, Nikola Zec, Hermann Wiedemann, Hermann Gallos, Rudolf Moest, Hermine Kittel); ebenfalls an der Staatsoper Berlin (Dirigent: Fritz Stiedry; Josef Mann, Birgit Engell, Elfriede Marherr, Karl Armster, Heinrich Schlusnus, Waldemar Henke). Wie in München hielt *Palestrina* sich in beiden Städten jahrzehntelang im Repertoire. 1920 folgten Inszenierungen in Köln (Otto Klemperer; Palestrina: Modest Menzinsky, Ighino: Gertrud Bender), Mannheim (Furtwängler; Walter Günter-Braun, Else Tuschkau) und Stuttgart (Fritz Busch; Palestrina: Rudolf Ritter, Silla: Erna Ellmenreich), wobei die dortige Inszenierung durch ein vollständiges Regiebuch von Otto Erhardt festgehalten worden ist. 1922 kam *Palestrina* in Weimar unter Carl Leonhardt und 1923 in Frankfurt a. M. unter Ludwig Rottenberg (Otto Fanger, Maria Gerhart, Elisabeth Friedrich, Robert vom Scheidt) heraus. Eine besonders kontinuierliche Aufführungstradition bildete sich in Wien heraus: Nach der Erstaufführung 1919 wurde *Palestrina* 1926 von Hans Breuer, 1937 von Erhardt inszeniert, 1949 unter Josef Krips im Theater an der Wien aufgeführt und 1956 in der Einstudierung von Rudolf Moralt wiederum in die Staatsoper übernommen. Eine Neuproduktion besorgte 1964 Hans Hotter, der auch den Borromeo sang (Fritz Wunderlich, Sena Jurinac, Christa Ludwig), eine weitere 1978 Helge Thoma zusammen mit Erich Leinsdorf (Horst Laubenthal, Renate Holm, Trudeliese Schmidt, Gerd Feldhoff). Weitere wichtige Interpreten des Palestrina waren Josef Witt (Hamburg 1937) und Julius Patzak (Wien 1947 und 1956, Berlin 1962). Gegenwärtig dürfte Peter Schreier der prominenteste Palestrina sein. Er hat das Werk 1983 an der Deutschen Staatsoper Berlin durchgesetzt, zusammen mit dem Dirigenten Otmar Suitner, der dort schon 1979 eine konzertante Aufführung geleitet hatte. Ein mit dem Werk besonders vertrauter Dirigent war Joseph Keilberth (München 1962), doch auch ausgesprochen der Moderne verpflichtete Dirigenten wie Hans Zender haben sich des *Palestrina* engagiert angenommen (Hamburg 1979). Während in Deutschland und Österreich *Palestrina*-Aufführungen immer als ein Ereignis von Rang gelten, hat sich das nichtdeutschsprachige Ausland dem Werk nur zögernd geöffnet. Nach einer Aufführung in Antwerpen 1938 kam es während der deutschen Besetzung 1942 an der Opéra Paris zur Erstaufführung (französisch von Roger Fernay; Dirigent: Bertil Wetzelsberger, Regie: Bruno von Niessen; José de Trevi, Jacqueline Courtin, Eliette Schenneberg, José Beckmans). In England wurde *Palestrina* 1981 von der Abbay Opera am Collegiate Theatre London aufgeführt. Konzertante Wiedergaben fanden 1982 in Perugia und in Berkeley (englisch von Ross Halper) statt. In jüngster Zeit kam die Oper 1988 in Nürnberg heraus (Dirigent: Christian Thielemann, Regie: Hansjörg Utzerath; Karl-Heinz Thiemann, Gudrun Ebel, Diane Elias, Bent Norup), gefolgt von einer Produktion in Bremen 1990 (Dirigent: Marcello Viotti; Palestrina: Mihai Zamfir): Intendant Tobias Richter, während der Renovierungsphase des Theaters mit verschiedensten Spielstätten experimentierend, inszenierte *Palestrina* in Bremens schönster gotischer Kirche Unser Lieben Frauen.

Palestrina; I. Akt; Hans Hotter als Borromeo, Fritz Wunderlich als Palestrina; Regie: Hotter; Bühnenbild: Günther Schneider-Siemssen, Kostüme: Ronny Reiter; Staatsoper, Wien 1964.

Autograph: Part: Arch. u. Bibl. d. Wiener Philharmoniker Wien; Part d. I. Akts, ohne Orch. Vorspiel: Bayer. SB München. **Ausgaben:** Part: Fürstner 1916, Nr. 7400; Part mit H. Pfitzners Zusätzen, hrsg. J. Keilberth: Schott [1963], Nr. 5030; Kl.A: Fürstner 1916, Nr. 93938, 1919, später: Schott, Nr. 4316; Textb.: [Privatdruck] 1912; Fürstner 1916, später: Schott. **Aufführungsmaterial:** Schott
Literatur: T. MANN, Von der Tugend, in: DERS., Betrachtungen eines Unpolitischen [1918], Ffm. 1960 (Gesammelte Werke. 12.), S. 375–427; O. ERHARDT, Die Inszenierung von H. P.s

musikalischer Legende ›Palestrina‹. Vollst. Regiebuch in Übereinstimmung mit d. Spielleitung d. Dichterkomponisten, Bln. 1922; H. PFITZNER, Zur Grundfrage der Operndichtung, in: DERS., Gesammelte Schriften, Bd. 2, Augsburg 1926, S. 7–97; DERS., Der zweite Akt ›Palestrina‹ – ein Vermächtnis und eine Abwehr [1932], in: DERS., Sämtliche Schriften, Bd. 4, Tutzing 1987, S. 434–441; DERS., Palestrina. Ein Vortrag über d. Werk u. seine Gesch. [1932], ebd., S. 418–429; DERS., Mein »Hauptwerk« [1937], ebd., S. 430–433; A. HONEGGER, Palestrina [1942], in: DERS., Beschwörungen, Bern 1957; B. WALTER, Thema und Variationen. Erinnerungen u. Gedanken, Stockholm 1947; W. OSTHOFF, P. und die alte Musik, in: Mitt. d. Pfälzischen M-Ges. 4:1954; Vierzig Jahre ›Palestrina‹, in: Mitt. d. H.-P.-Ges. 1957, H. 4 [Beitr. v. B. Walter u. d. Sängern d. UA]; R. KRISS, Die Darstellung des Konzils von Trient in H. P.s Musikalischer Legende ›Palestrina‹, München 1962; H. MOSER, Bemerkungen zu ›Palestrina‹, in: Mitt. d. H.-P.-Ges. 1962, H. 9, S. 12f.; F. E. DOSTAL, Palestrina und das Trientiner Konzil. Dichtung u. Wahrheit, ebd. 1965, H. 13, S. 9–21; Sonderheft zum 50. Jahrestage der Uraufführung des ›Palestrina‹, ebd. 1967, H. 19; F. GRASBERGER, Dokumente zur Wiener Erstaufführung des ›Palestrina‹, in: ÖMZ 24:1969, S. 234–245; H. RECTANUS, Die musikalischen Zitate in H. P.s ›Palestrina‹, in: Festschrift aus Anlaß des 100. Geburtstages am 5. Mai 1969 und des 20. Todestages am 22. Mai 1969 von Hans Pfitzner, hrsg. W. Abendroth, K.-R. Danler, München 1969, S. 22–27; H. v. STEIN, Äußerungen H. P.s über eine thematische Analyse zu ›Palestrina‹, in: Mitt. d. H.-P.-Ges. 1972, H. 28, S. 2–11; »Sie sind Palestrina«. Ein Brief W. Furtwänglers an H. P., ebd., S. 11–13; L. KUSCHE, »Vertraut von nje vertraut – «. Anm. zur ersten Gesamteinspielung d. ›Palestrina‹ unter R. Kubelik, ebd. 1974, H. 32, S. 3–9; R. SEEBOHM, Triumph und Tragik des Künstlertums. Die Stellung v. P.s ›Palestrina‹ in d. Gesch. d. dt. Künstlerdramas, ebd., S. 10–35; L. SCHROTT, Divina Commedia im ›Palestrina‹, ebd., S. 36–38; W. MOHR, »Der Papst, der will, der Kaiser muß«. Anm. zum Thema »Humor in der Musik«, ebd., S. 39–41; W. OSTHOFF, P. – Goethe – Italien. Die Wurzeln d. Silla-Liedchens im ›Palestrina‹, in: Analecta musicologica 17:1976, S. 194–211; DERS., Eine neue Quelle zu Palestrinazitat und Palestrinasatz in P.s musikalischer Legende, in: Renaissance-Studien. Festschrift H. Osthoff zum 80. Geburtstag, Tutzing 1979, S. 185–209; H. RECTANUS, »Ich kenne dich, Josquin, du Herrlicher...« Bemerkungen zu thematischen Verwandtschaften zwischen Josquin, Palestrina u. P., ebd., S. 211–222; J. MAEHDER, Die musikalische Aura des Meisterwerkes. Orchesterklang als Medium d. Werkintention in P.s ›Palestrina‹, in: Palestrina. Ph d. Bayer. Staatsoper, München 1979, S. 25–35; S. KOHLER, Der Komponist als Opernheld. Zur Gattungstradition v. P.s ›Palestrina‹, ebd., S. 36–39; F. KLEINKNECHT, Der Kontrapunkt in P.s ›Palestrina‹, in: Mitt. d. H.-P.-Ges. 1980, H. 41, S. 20–27; D. v. GERSDORFF, Der Komponist Palestrina im Bewußtsein E. T. A. Hoffmanns, T. Manns und P.s, ebd. 1981, H. 42, S. 50–63; B. ADAMY, P. und der Verlag Adolph Fürstner, ebd., H. 43, S. 17–63; DERS., Das ›Palestrina‹-Textbuch als Dichtung, in: Symposium Hans Pfitzner Berlin 1981. Tagungs-Ber., hrsg. W. Osthoff, Tutzing 1984, S. 21–65; S. KUNZE, Zeitschichten in P.s ›Palestrina‹, ebd., S. 69–82; G. FROMMEL, Traditionalität und Originalität bei H. P., ebd., S. 175–188; M. PFITZNER, P.s ›Palestrina‹, in: Mitt. d. H.-P.-Ges. 1988, H. 49, S. 4–11; P. H. NEUMANN, Mythen der Inspiration aus den Gründerjahren der Neuen Musik. H. P., A. Schönberg u. T. Mann, in: Neue Musik und Tradition. Festschrift R. Stephan zum 65. Geburtstag, hrsg. J. Kuckertz, H. de la Motte-Haber, C. M. Schmidt, W. Seidel, Laaber 1990, S. 441–457; W. OSTHOFF, ›Palestrina‹ e leggenda musicale di P., in: Atti del Convegno di Studi palestriniani, Palestrina 1986 [in Vorb.]; weitere Lit. s. S. 754

Wolfgang Osthoff

Das Herz
Drama für Musik in drei Akten (vier Bildern)

Text: Hans Mahner-Mons und Hans Pfitzner
Uraufführung: 12. Nov. 1931, Staatsoper, Berlin, und Nationaltheater, München
Personen: der Herzog (B); die Herzogin (A); Prinz Tankred, ein kleiner Knabe (Spr.); Geheimrat Asmus Modiger, auch Stimme des Dämons Asmodi (T); Helge von Laudenheim, Hoffräulein (S); Doktor Daniel Athanasius, Arzt (Bar); Wendelin, sein Gehilfe (S); ein junger Kavalier (T); 1. Hofdame (S); 2. Hofdame (A); der Ankläger (B); 1. Henkersknecht (B); 2. Henkersknecht (T); 1. Diener (B); 2. Diener (T); Page (A). **Chor:** Herren und Damen am herzoglichen Hof
Orchester: 3 Fl (3. auch Picc), 3 Ob (3. auch E.H), 3 Klar (3. auch kl. Klar), B.Klar, 3 Fg (3. auch K.Fg), 4 Hr, 3 Trp, 3 Pos, Kb.Tb, Pkn, Schl (4 Spieler: Bck, gr.Tr, kl.Tr, Trg, Tamtam, Tamburin, Sirene), Hrf, Cel, Xyl, Streicher; BühnenM hinter d. Szene: Fl, Ob, Hr, Hrf (oder Kl), Cel, 4 Vl, 2 Va, 2 Vc, Kb
Aufführung: Dauer ca. 2 Std. 30 Min.

Entstehung: Unter dem Eindruck des Tods (1926) seiner Frau Mimi entstand in Pfitzner eine erste Vorstellung von seiner neuen Oper, deren Handlung und Dramaturgie dann sein ehemaliger Schüler und Freund Mahner-Mons entwarf. Im einzelnen war Pfitzner am Libretto stark beteiligt. Er komponierte das Werk zwischen Febr. 1930 und Jan. 1931, im Mai 1931 war die Instrumentation abgeschlossen.
Handlung: In einer süddeutschen Residenz, um 1700.
I. Akt, 1. Bild, Athanasius' Studierzimmer: Der Arzt stellt ein unheilbares Leiden bei dem jungen Kavalier fest. Dieser fleht um Hilfe, selbst wenn sie durch verbotene Mittel erfolge. Da Athanasius ablehnt, verläßt ihn der Kavalier unter Schmähungen. Athanasius gesteht Wendelin, daß er mit Magie vertraut sei, sie aber bisher nicht angewandt habe. Als er das Zeichen des Asmodi an die Wand malt, erscheint Asmus Modiger im Auftrag des Herzogs, da der Prinz erkrankt ist. Athanasius ist durch Helge von Laudenheim empfohlen worden, an die er sich aber nicht erinnert. Modiger schildert sie in seiner grotesk-lüsternen Art. Kaum ist er gegangen, tritt Helge ein und bittet Athanasius im Auftrag der Herzogin, sofort zu kommen, da der Prinz im Sterben liege. Während Wendelin Geräte und Medikamente zusammenpackt, erinnert Helge den Arzt daran, daß er einst ihre Mutter gerettet habe. Athanasius und Wendelin eilen zum Schloß. 2. Bild, Gemach im Schloß: Herzog und Herzogin knien am Bett des Prinzen, der bei der Ankunft Helges und des Arztes schon tot ist. Die Herzogin fleht Athanasius an, das Kind zu erwecken. Er verspricht es, hofft aber auf eine Kraft, die ihn von der Anwendung der Magie zurückhalten könnte. Er bittet Helge, ihn jetzt nicht allein zu lassen. Doch sie versagt, indem sie ihm mißtraut und seine Bitte als frivol ansieht. So entschließt sich Athanasius, mit dem widerstrebenden Wendelin den Dä-

mon zu beschwören. Asmodi verlangt für seine Hilfe die Opferung des Herzens eines Athanasius unbekannten Menschen, das ihm nach Jahresfrist verfalle. Athanasius raubt eins der im Traumreich schwärmenden Herzen und ist nun fähig, den Prinzen ins Leben zurückzurufen. Erschöpft bittet er das herbeieilende Herzogspaar und sein Gefolge, ihn allein zu lassen. Nur Helge bleibt, um ihm für immer anzugehören; es war ihr Herz, das er (beiden nicht bewußt) geraubt hat.

II. Akt, zu Athanasius' Haus gehörender künstlich beleuchteter Park, ein Jahr später: Herzogspaar und Hofgesellschaft feiern mit einer römischen Göttermaskerade bei dem zum Grafen erhobenen Athanasius und seiner Frau Helge den Jahrestag der wunderbaren Heilung. Nachdem sie zum Mahl ins Haus gegangen sind, erzählt Athanasius Wendelin unter einem Baum, daß er hier das Herz vergraben habe. Er weiß nicht, wie er es jetzt dem Dämon verweigern kann. Helge will ihn zum Fest holen, liebevoll-heiter sucht sie seine Düsternis zu bannen. Nachdem sie gegangen ist, fordert Modiger sie von Athanasius für eine Nacht; sonst wolle er verraten, durch welche Mächte Athanasius den Prinzen ins Leben zurückgeholt hat. Während er höhnend sich dem Degen des Arztes entzieht, nähert sich Asmodi. Er fordert das Herz, das Athanasius ihm nach langem Sträuben gibt. Als es in den Händen des Geists verlischt, bricht die auf der Terrasse erschienene Helge tot zusammen. Modiger enthüllt der Gesellschaft Athanasius' Geheimnis. Da wird der Tod des Prinzen gemeldet. Der Herzog läßt Athanasius gefangennehmen.

III. Akt, als Gefängnis dienendes Turmgemach: Athanasius und Wendelin, der ihm auch vor Gericht treu blieb, warten auf das Urteil. Draußen verdichtet sich das Gemurmel des Volks zu einem Schrei; der Ankläger verkündet, daß Athanasius verbrannt, Wendelin freigesprochen wird. Der Herzog betritt durch eine Geheimtür das Verlies; er will Athanasius retten, wenn er durch einen neuen Teufelspakt den Prinzen zum Leben erweckt. Doch Athanasius weist das Ansinnen zurück und will seinen Frevel mit dem Tod sühnen. Allein bittet er Gott, Helges Herz zu retten. Als ihn die Henkersknechte abführen wollen, erscheint Helges Geist wie ein Astralleib in der Tür; die Knechte fallen in Ohnmacht. Helges Herz ist in Asmodis Macht, ihr Leib wandert ruhelos, nun hat sie Athanasius den Weg zur Flucht freigemacht. Doch er will alle Qualen mit ihr teilen. Angesichts dieser Bereitschaft gibt Gott Helge ihr Herz zurück. Über eine himmlische Aue entschwinden die Liebenden, während die erwachenden Henkersknechte nur noch Athanasius' toten Körper finden.

Das Herz, I. Akt, 1. Bild; Wilhelm Trieloff als Athanasius, Gussa Heiken als Wendelin; Regie: Herbert Maisch, Bühnenbild: Eduard Löffler; Nationaltheater, Mannheim 1931. – Studier- und Experimentierstube, Lehrer-Schüler-Konstellation und magisches Zeichen evozieren Elemente aus der Tradition des Faust-Stoffs.

Kommentar: Mit seinem »Drama für Musik« vollzieht Pfitzner die Abkehr vom wagnerschen Musikdrama. Von der Musik her strukturierte Szenen, abgegrenzte Nummern und emblematische Verwendung rein musikalischer Gattungen wie der Sarabande stellen das Werk historisch in die Nähe etwa von Bergs *Wozzeck* (1925) und Hindemiths *Cardillac* (1926). Mit *Cardillac* hat *Das Herz* auch eine hoffmanneske Phantastik gemein, zu der Pfitzner von seiner Verehrung für Webers *Freischütz* (1821) her und als Bearbeiter von Opern Marschners prädestiniert war. Gegenüber den romantischen Opern des 19. Jahrhunderts ist die bühnenwirksame Handlung von einer ausschließlich menschlich motivierten Psychologie bestimmt. Mit ihren auch musikalisch plastisch und liebevoll dargestellten Personen ist *Das Herz* »Pfitzners menschlichstes Werk« (Hans Heinz Stuckenschmidt, nach Walter Abendroth, S. 497, s. Lit.). Dem entspricht die tonale, oft von kontrapunktischer Linearität bis hin zu kühnen Klängen gehärtete Sprache der eindringlichen Themen, Motive und ihrer Verarbeitung. Das vielfach kammermusikalisch behandelte Orchester geht in den Geisterszenen bis an die Grenze des Exzessiven (auch hinsichtlich der Tonalität). »Nie ist [Pfitzner] dramatisch Wirksameres gelungen als das Pandämonium des Schreckens, das mit Es-Klarinette, Sirenengeheul, Quartenakkorden und chromatischen Gängen Asmodis Erscheinen ankündigt« (ebd.). Die stärksten Wirkungen der Partitur entstehen jedoch durch blühende oder verhaltene Lyrik.

Wirkung: Die Doppeluraufführung erwies sich als ungünstig, obwohl Wilhelm Furtwängler und Hans Knappertsbusch dirigierten. Fragen der Regie, die in Berlin Pfitzner oblag (in München Kurt Barré), führten zum Bruch mit Mahner-Mons. Als Folge der Querelen kam es jeweils nur zu zehn Aufführungen, in Berlin mit Walter Großmann (Athanasius), Fritz Soot (Modiger), Delia Reinhardt (Helge), Otto Helgers (Herzog), Margarete Klose (Herzogin), Else Ruziczka (Wendelin) und Charles Kullman (Kavalier), in München mit Heinrich Rehkemper, Fritz Krauss, Felicie Hüni-Mihacsek, Paul Bender, Luise Willer, Martl Schellenberg und Julius Patzak. Das Werk wurde zunächst von vielen Bühnen nachgespielt, unter anderm 1931 in Mannheim (Wilhelm Trieloff, Erik Enderlein, Else Schulz, Werner Hof-Hattingen, Irene Ziegler, Gussa Heiken, Heinrich Kuppinger; Joseph Rosenstock, Herbert Maisch), 1932 in Wien (Alfred Jerger, Georg Maikl, Margit Angerer, Josef von Manowarda, Gertrude Rünger, Dora With, Erich Zimmermann; Dirigent: Robert Heger, Regie: Lothar Wallerstein) und Hamburg (Rudolf Bockelmann, Richard Schubert, Maria Hussa; Karl Böhm, Leopold Sachse), erschien aber bald nur noch sporadisch auf den Spielplänen. Daran änderte auch die begeisterte Zustimmung von Musikkennern wie Albert Schweitzer nichts. Die letzte Inszenierung fand 1955 in Dortmund statt (Ernst Günther, Cornelius Hom; Rolf Agop, Herbert Decker). Aufgrund ihrer ethischen, expressiven und quasi surrealistischen Elemente könnte die Oper, deren Musik zu Pfitzners reifsten Leistungen gehört, Aktualität in einer Zeit gewinnen, die sich intensiv mit den um 1870 geborenen Komponisten beschäftigt.

Autograph: ÖNB Wien. **Ausgaben:** Part: Fürstner 1931, Nr. 8200; Kl.A v. F. Wolfes: Fürstner 1931, Nr. 8203; Textb.: Fürstner, Nr. 8204. **Aufführungsmaterial:** Schott, Sonzogno **Literatur:** R. SEEBOHM, Die Tragödie eines großen Arztes. Die Handlung v. P.s letzter Oper ›Das Herz‹ in heutiger Sicht, in: Mitt. d. H.-P.-Ges. 1971, H. 27, S. 1–9; H. RECTANUS, Materialien zur Entstehung des ›Herz‹, ebd., S. 11–15; weitere Lit. s. S. 754

Wolfgang Osthoff

François André Philidor

Eigentlich François André Danican; geboren am 7. September 1726 in Dreux (Eure-et-Loir), gestorben am 31. August 1795 in London

Le Soldat magicien
Opéra-comique en un acte

Der Soldat als Zauberer
1 Akt

Text: Louis Anseaume, nach der Verskomödie *Le Bon soldat* (1691) von Dancourt (eigtl. Florent Carton Sieur d'Ancourt), nach der Komödie *Les Foux divertissans* (1680) von Raymond Poisson, nach der Erzählung *D'un jeune soldat qui jouit de la femme d'un bourgeois sous prétexte d'être devin* aus *L'Elite des contes* (1641) von Antoine Le Métel Sieur d'Ouville
Uraufführung: 14. Aug. 1760, Théâtre de l'Opéra-Comique de la Foire Saint-Laurent, Paris
Personen: Madame Argant (S); Monsieur Argant (T); Crispin, Bedienter im Haus Argants (S); Blondineau, Advokat (T); der Soldat (Bar); der Traiteur (H-C)
Orchester: 2 Fl, 2 Ob, 2 Hr, Streicher
Aufführung: Dauer ca. 1 Std. – Gesprochene Dialoge.

Entstehung: Philidor hatte nur wenige Vokalstücke (Motetten) geschrieben, als er 30jährig damit begann, für die Pariser Opéra-Comique zu komponieren. Seinem ersten erfolgreichen Beitrag, einigen neuen Airs für *Le Diable à quatre* (1756, Text: Michel Jean Sedaine), folgten recht schnell eine Reihe meist einaktiger komischer Opern wie *Blaise le savetier* (1759, Sedaine nach Jean de La Fontaine), *Le Soldat magicien*, *Le Jardinier et son seigneur* (1761, Sedaine), *Le Maréchal ferrant* (1761, Antoine François Quétant), *Le Bûcheron ou Les Trois souhaits* (1763, Jean-François Guichard und Castet nach Charles Perrault), die ihn sehr bald zum angesehensten französischen Komponisten auf diesem Gebiet machten. Auch in der ernsten Oper hat er mit *Persée* (Paris 1780, Jean-François Marmontel nach Philippe Quinault) und *Thé-*

mistocle (Fontainebleau 1785, Etienne Morel de Chédeville), vor allem aber mit *Ernelinde* (1767) bedeutende Werke hinterlassen. Ruhm erlangte Philidor auch in seinem zweiten Beruf als Schachspieler.

Handlung: In einem Salon mit Kamin, Spieltisch und Speiseschrank: Wieder einmal ist das Ehepaar Argant beim Tricktrackspielen ins Zanken geraten. Wütend verläßt Monsieur das Haus. Da erscheint ein Soldat mit einem Einquartierungsbefehl; er wird von Madame aufgenommen. Kurz darauf meldet der Anwalt Blondineau, ein glühender Verehrer Madames, seinen Besuch an. Sie klagt über ihre unglückliche Ehe und bittet ihn, zum Souper zu bleiben. Während man tafelt, kehrt unerwartet der Hausherr zurück. Blondineau versteckt sich im Kamin, die Speisen werden in den Schrank eingeschlossen. Monsieur ist zwar argwöhnisch, kann jedoch aus seiner Frau und Crispin nichts herausbekommen. Das peinliche Verhör unterbricht der Auftritt des Soldaten, der vor Hunger nicht einschlafen konnte. Er behauptet, ein wenig zaubern zu können, und will mit den Mitteln der Magie ein Abendessen herbeischaffen. Auf seine Geisterbeschwörung hin findet der verdutzte Hausherr im Schrank tatsächlich eine Mahlzeit vor. Nun will der Soldat auch noch den Leibhaftigen erscheinen lassen. Seine Zaubersprüche treiben Blondineau aus seinem Versteck hervor, der voller Entsetzen flieht. Als unvermutet der Traiteur erscheint und die Bezahlung der gelieferten Speisen verlangt, fliegt der Schwindel um ein Haar auf; der Soldat meistert jedoch die Lage. Nebenbei erklärt er Madame und Crispin, daß er sie durch ein Loch in der Zimmerdecke belauscht habe. Den streitbaren Eheleuten erteilt er schließlich gute Ratschläge und versöhnt sie miteinander.

Kommentar: Sowohl musikalisch als auch in seiner dramaturgischen Anlage steht das Werk am Übergang von älterer zu neuerer Opéra-comique. Obwohl einaktig, erreicht *Le Soldat magicien* mit 16 Originalkompositionen und 13 Airs auf bekannte Melodien (darunter das Lied »Sur le pont d'Avignon«) beträchtliche Länge. Die Charaktere sind rein komödiantisch aufgefaßt; sentimentale Regungen liegen ihnen fern. Dieser eher skizzenhaften Zeichnung entspricht einfache Instrumentation. Individualisierung einzelner Nummern durch die Klangfarbe ist nirgends angestrebt, die Schilderung des Schlachtenlärms in »Pour un soldat« steht in der Tradition der malenden Musik und wird mit durchaus herkömmlichen Kunstgriffen vergegenwärtigt. Zumeist begnügt sich Philidor mit einem Streichorchester, dem er mitunter reizvolle Effekte abgewinnt. So werden im Eingangsduett, dem Tricktrackspiel der zanksüchtigen Eheleute, das Rollen der Würfel und das Schütteln des Würfelbechers durch charakteristische Streicherfiguren nachgeahmt. Eine zukunftsweisende musikalische Leistung des Komponisten stellen die Ensembles dar. Duette kannte die Opéra-comique bereits in der Form des »duo dialogué«. Das Terzett, in dem Crispin, Madame Argant und Blondineau in Angst und Schrecken geraten, weil der Hausherr unvermutet heimkehrt, gehört ebenso zu den avancierten Teilen des Stücks wie das in die Beschwörungsszene eingebettete Quartett und das Quintett, in dem der Traiteur seine Forderungen vorbringt. Diese Ensembles treiben einerseits die Handlung voran und konkurrieren darin mit dem gesprochenen Dialog, andrerseits vereinen sie die unterschiedlichsten Haltungen und Standpunkte. In parodistischem Sinn verwendet Philidor bei der Beschwörung und Zauberei das sonst in der frühen Opéra-comique durchaus ungebräuchliche Rezitativ: ein Seitenhieb auf die ernste Oper mit ihren Geister- und Dämonenszenen. Zum monologischen Ausdruck des Innern, etwa der Melancholie (wie in Monsignys *Le Roi et le fermier*, 1762), taugt das Rezitativ hier noch nicht. Den Abstand zu späteren Werken wie etwa *Tom Jones* (1765) oder Monsignys *Le Déserteur* (1769) zeigt deutlich die Anlage der Hauptpersonen: Statt der dort idealisierten treuen und zärtlichen Liebe herrscht zwischen Monsieur und Madame Zwietracht, die allerdings durch einfachste Ratschläge des Soldaten sofort behoben werden kann. Einzig die beiden Andantearietten Madames, in denen sie ihr trauriges Los bejammert, lassen einen neuen Ton ahnen, doch ist er zu schwach ausgeprägt, um dem Werk wirklich sentimentale Züge zu verleihen.

Wirkung: *Le Soldat magicien* erreichte 32 Aufführungen in Folge. Desboulmiers (s. Lit.) berichtet, daß Mlle. Lusi, Soubrette an der Comédie-Française, mit großem Erfolg den Crispin gegeben habe. Das Werk wurde in den folgenden Jahren vielfach nachgespielt, französisch unter anderm 1761 in Amsterdam, Brüssel und Den Haag, 1764 in Bonn, 1767 in Kopenhagen, 1769 in Hannover, deutsch von Johann Joachim Eschenburg 1770 in Braunschweig und Hamburg, 1780 in Köln, 1785 in Berlin, geriet dann jedoch wie die meisten Werke Philidors in Vergessenheit. 1920 brachte das Trianon-Lyrique Paris das Stück wieder heraus.

Autograph: Verbleib unbekannt. **Ausgaben:** Part: Le Clerc, Bayard / Le Clerc / La Chevardière, Paris [um 1760], [um 1775];

Le Soldat magicien; Nicolas Suin als Soldat; Illustration: Johann Ludwig Faesch, um 1770–80; Comédie-Italienne, Paris. – Der Typus des polternden Soldaten, eine Lieblingsfigur der frühen Opéracomique, geht zurück auf den »capitano« der Commedia dell'arte.

Textb.: Paris, Duchesne 1760, 1775; Kopenhagen, Philibert 1767; Textb., dt.: Mannheim, Schwan 1772
Literatur: A. G. CONTANT D'ORVILLE, Histoire de l'opéra bouffon, Bd. 2, Amsterdam 1768, Nachdr. Genf 1970; DESBOULMIERS, Histoire du théâtre de l'Opéra-Comique, Paris 1770, Nachdr. NY 1978; A. E. M. GRÉTRY, Mémoires ou Essais sur la musique, Paris 1789, Nachdr. 1973, dt., Ausz.: Wilhelmshaven 1978; F. M. V. GRIMM, Correspondence littéraire, philosophique et critique, adressée à un souverain d'Allemagne, 17 Bde., Paris 1812–14; A. LARDIN, P. peint par lui-même, Paris 1847; G. ALLEN, The Life of P., Philadelphia 1858; G. CUCUEL, Les Créateurs de l'Opéra-comique français, Paris 1914; G. E. BONNET, P. et l'évolution de la musique française au XVIIIe siècle, Paris 1921; DERS., L'Œuvre de P., in: RM 2:1921, S. 223–250; C. M. CARROLL, F.-A. D. P. His Life and Dramatic Art, Tallahassee 1960, Diss. Univ. of Florida

Ruth E. Müller

Le Sorcier
Comédie-lyrique en deux actes

Der Zauberer
2 Akte

Text: Antoine Alexandre Henri Poinsinet
Uraufführung: 2. Jan. 1764, Comédie-Italienne, Paris
Personen: Julien (B); Blaise, Winzer (T); Bastien (T); Agate (S); Madame Simone, Agates Mutter (S); Justine, Bastiens Schwester (S). **Chor:** Bauern, Bäuerinnen
Orchester: 2 Fl, 2 Ob, Fg, 2 Hr, Streicher
Aufführung: Dauer ca. 2 Std. – Gesprochene Dialoge.

Entstehung: Das Libretto zum *Sorcier* hat keine literarische Vorlage, verfolgt also ohne Umwege ein Konzept, das beim Publikum der 60er Jahre großen Anklang fand.
Handlung: In einem Dorf vor dem Haus Madame Simones.
I. Akt: Agate ist unglücklich, denn sie soll den Winzer Blaise heiraten und liebt doch immer noch ihren Verlobten, den Soldaten Julien, der seit Jahren verschollen ist. Auch Justine, Juliens Schwester, sehnt seine Rückkehr herbei, denn ohne seine Einwilligung kann sie sich nicht mit Bastien vermählen. Madame Simone kommt jedoch Juliens Abwesenheit gerade recht, denn mit der Verheiratung Agates hofft sie einen Prozeß niederzuschlagen, den Blaise sonst gegen sie anstrengen würde; und ihrem Patenkind Justine mißgönnt sie Bastien, weil sie selbst ein Auge auf ihn geworfen hat. Bastien begegnet einem Fremden, in dem er erfreut Julien erkennt. Dieser muß zu seinem Kummer erfahren, daß Agate noch am selben Abend Blaise heiraten wird, jenen Blaise, der einst sein bester Freund war und dem er sein väterliches Erbe anvertraut hatte, damit er es Justine übergibt. Voller Verzweiflung will Julien sogleich wieder außer Landes gehen, doch Bastien überredet ihn, zuvor in einer Verkleidung Agates Gefühle auszuforschen.
II. Akt: Julien, der sich als Zauberer ausgibt, wird nacheinander von allen über die Zukunft befragt. Er prophezeit noch für diesen Tag die Rückkehr des Vermißten. Agates Freude über diese Nachricht sagt ihm, daß sie ihm treu geblieben ist. Den falschen Freund Blaise aber versetzt er in Angst und Schrecken, indem er eine Geisterbeschwörung inszeniert und ihm zu verstehen gibt, daß er Kenntnis von der unterschlagenen Geldsumme hat. Reumütig schafft Blaise die Kassette mit dem Erbe Juliens und Justines herbei. Da legt der angebliche Zauberer seine Maske ab. Drei Paare finden nun zusammen: Agate und Julien, Justine und Bastien, schließlich Simone und Blaise, womit auch die Sorge um den Prozeß ausgeräumt ist.
Kommentar: Das Libretto baut einerseits auf bewährte Elemente: Eine komödiantische Beschwörungsszene hatte schon im *Soldat magicien* (1760) gefallen, und eine dreifache Mariage am Ende entstammt der zeitgenössischen Komödiendramaturgie. Andrerseits tritt mit Agates unverbrüchlicher Treue, leicht abgeschwächt auch in Justine gespiegelt, ein neuer Charakterzug der Figuren hervor. Die beiden Mädchen haben nichts Kokettes an sich; vielmehr sind ihre Gefühle innig und kindlich-unschuldig. Diese Empfindungen provozieren neue musikalisch-dramatische Ausdrucksvaleurs. So handeln die vier Ariettten Agates durchweg von ihrer Liebe zu Julien und sind in einem empfindsamen Ton gehalten, den Solobläser (Oboe, Horn und Fagott) und sordinierte Streicher modellieren. Der Gebrauch obligater Instrumente hebt das kompositorische Niveau dieser Stücke und unterstreicht ihr Gewicht. Ein bezeichnendes Beispiel ist auch Bastiens Romanze »Nous étions dans cet âge encore«, ein eng mit »Chiamo il mio ben così« aus dem I. Akt von Glucks *Orfeo ed Euridice* (1762) verwandtes Stück. Philidor, der zur Entstehungszeit des *Sorcier* die Ausgabe von Glucks Partitur zu betreuen hatte, übernahm nicht nur weitgehend die Melodie, sondern auch Echowirkungen und Instrumentation. Inhaltlich trennt Bastien jedoch eine Welt von Orfeo: Wo dieser über den Verlust der Gattin trauert, blickt jener in die Kindheit zurück, als seine zärtlichen Gefühle zu Justine aufkeimten. Liebe im Gewand kindlicher Unschuld ist charakteristisch für die nun auch in der Opéra-comique aufkommenden moralischen Ideale der Zeit. Musikalisch spiegeln sich diese in langsamen Tempi und häufigem Dur-Moll-Wechsel, zum Beispiel in Agates erster Ariette »De la linge«. Doch verhindern weite Teile genrehafter und komödiantischer Gestaltung, daß *Le Sorcier* zum Rührstück wird. Blaises Ariette »Grâce à nos soins« lebt von der musikalischen Darstellung des Winzerberufs. Bewegungsanalogien bilden die Vorgänge ab, die er beschreibt: Wenn der Wein schließlich fließt, »verflüssigt« sich gleichsam auch das Notenbild. Einen originellen Einfall zeichnet auch Simones Ariette »Mes chers enfants« aus: Abwechselnd redet sie zu Agate von den Vorteilen, zu Justine hingegen von den Nachteilen des Ehestands und zeigt damit zugleich, wo das Gegengewicht zur Empfindsamkeit liegt: im pragmatischen Abwägen. Ihre gegensätzlichen Urteile (»Die Ehe ist Sklaverei«, »Die Ehe gewährt nur Freuden«) bringt sie jeweils in unterschiedlichen

Rhythmen hervor: Justine gegenüber in Triolen, zu Agate im Zweierrhythmus. Insgesamt haben Ensembles hier nicht das Gewicht, das Philidor ihnen in andern Werken zuerkannt hat. Dafür experimentiert er hier mit größeren musikalisch-dramatischen Einheiten. So tendieren Agates Ariette und das folgende Duett mit Blaise zu Beginn des I. Akts bereits zu einer durchkomponierten Szene. Komödiantischer Höhepunkt des Werks ist die Beschwörungsszene (II. Akt). Die Rolle des Julien konnte Philidor dem Schauspielersänger Joseph Caillot auf den Leib schreiben, der über eine außergewöhnliche Tessitura verfügte. Nach allen Regeln der höheren Opernkunst ruft Julien die Dämonen herbei und verstellt dabei die Stimme nacheinander zur »voix de fausset«, »voix de basse contre«, »voix de haute contre et du nez« und »voix de basse«. Um keinen Zweifel an der parodistischen Absicht zu lassen, schreibt die Partitur hier vor: »avec toutes les charges qu'on fait à l'opéra, comme port de voix longues, cadences etc.«.

Wirkung: Die wohlproportionierte Mischung aus populärer Komik, dialektgefärbtem Dialog, Sentimentalität und einem Schuß Parodie auf die etablierte ernste Oper brachte Philidor seinen größten Bühnenerfolg. Nach Antoine d'Orignys Bericht (s. Lit.) wurde er nach der Premiere sogar vor den Vorhang gerufen und umjubelt, ein damals durchaus unübliches Ereignis. Friedrich Melchior von Grimm fand in der *Correspondance littéraire* (s. Lit.) das Libretto »détestable«, lobte jedoch die Komposition und bemerkte im übrigen etwas herablassend, das Stück befriedige den »grand goût du parterre«. Noch 1764 wurde *Le Sorcier* in Versailles bei Hof gespielt. In den folgenden zwei Jahrzehnten hatte das Stück einen festen Platz im Repertoire der Comédie-Italienne, fand jedoch auch außerhalb von Paris rasch Anerkennung, zum Beispiel in Amsterdam 1764, Wien 1765, Kopenhagen und Brüssel 1767. Die deutsche Übersetzung von Johann Heinrich Faber kam unter anderm 1771 in Hamburg, 1772 in Frankfurt a. M., 1777 in Dresden und 1779 in München auf die Bühne. 1867 schufen Ferdinand Poise (Musik) und Jules Adenis (Text) eine einaktige Bearbeitung für das Théâtre des Fantaisies-Parisiennes. 1980 wurde das Werk in Rennes von Robert Angebaud inszeniert (Dirigent: Marc Soustrot).

Autograph: Verbleib unbekannt. **Ausgaben:** Part: Le Clerc / La Chevardière / Le Menu / Mlle Castagnery / Le Duc, Paris [1764]; Le Duc [1785?], Nr. 1A [162 S.]; La Chevardière [um 1789; 162 S.]; Part, Nachdr. d. Ausg. [?]: Pendragon, NY [in Vorb.] (French Opera in the 17th and 18th Centuries. 54.); Textb.: Paris Duchesne 1764, 1767, 1768, 1770; Amsterdam 1764; Avignon, Chambeau 1765; Kopenhagen, Philibert 1767; Paris, Duchesne 1770; Textb., dt. v. J. H. Faber: Ffm. 1772; Textb., frz./engl., in: [Bei-H. d. Schallplattenaufnahme Arion], Paris 1980
Literatur: A. J. B. A. D'ORIGNY, Annales du Théâtre Italien depuis son origine jusqu'a ce jour, Paris 1788; H. QUICHARD, ›Le Sorcier‹, Opéra-comique de P., in: RM 7:1907, S. 537–541; M. NOIRAY, ›Le Sorcier‹ de P. et l'opéra-comique au XVIIIe siècle, in: [Bei-H., s. Ausg.]; weitere Lit. s. S. 767

Ruth E. Müller

Tom Jones
Comédie-lyrique en trois actes

Tom Jones
3 Akte

Text: Antoine Alexandre Henri Poinsinet und Michel Jean Sedaine, nach dem Roman *The History of Tom Jones, a Foundling* (1749) von Henry Fielding
Uraufführung: 1. Fassung: 27. Febr. 1765, Comédie-Italienne, Paris; 2. Fassung: 30. Jan. 1766, Comédie-Italienne, Paris (hier behandelt)
Personen: Mr. Western, Landjunker (B); Mr. Alworthy, Westerns Nachbar (T); Mr. Blifil, Alworthys Neffe (T); Tom Jones, Findling und Mündel Westerns (T); Sophie Western, Westerns Tochter (S); Mme. Western, Westerns Schwester (Mez); Honora Blackmore, Sophies Zofe (S); 4 Jäger (4 T); 4 Zecher (4 T); Dowling, Hausgeistlicher bei Alworthy (Spr.); Dienstmädchen im Gasthaus (Spr.); Richard, Westerns Diener (stumme R)
Orchester: 2 Ob, Fg, 2 Hr, Streicher
Aufführung: Dauer ca. 2 Std. – Gesprochene Dialoge.

Entstehung: Das Werk konnte in seiner 1. Fassung das Publikum nicht für sich gewinnen. Die Premiere war ein Mißerfolg, und nur Philidors gute Beziehungen zum Hof erwirkten fünf weitere Vorstellungen. Erst die 2. Fassung, für die Sedaine das Libretto einer eingehenden Revision unterzog, fand allgemeine Zustimmung. Fieldings Roman war auch in Frankreich überaus populär. Im Zuge einer epidemisch um sich greifenden Anglomanie besorgte Pierre-Antoine de La Place bereits 1750 eine Übersetzung ins Französische, der eine Reihe weiterer Ausgaben folgte. Das Thema mag der französischen Gesellschaft nahegelegen haben: Für die Zeit von 1770–89 ist belegt, daß in Paris jedes dritte getaufte Kind ein Findling war.
Handlung: In England, Mitte des 18. Jahrhunderts.
I. Akt, ein Salon in Westerns Landhaus: Sophie leidet unter Liebeskummer. Ihre Jungfer Honora vermutet zu Recht, daß Sophie in den Findling Tom Jones verliebt sei, der von Alworthy einst an Kindes Statt aufgenommen wurde. Sie weiß zu berichten, daß Tom ebenfalls für Sophie schwärme. Sophies Tante kommt hinzu und verspricht ihrer Nichte, sie mit dem Geliebten zu vereinen. Sie glaubt jedoch, es handle sich um Blifil, und als ihr Bruder Western begeistert in den Heiratsplan einstimmt, nimmt das Unheil seinen Lauf: Sophie erfährt, daß sie schon am folgenden Tag den Falschen heiraten soll, und stürzt in Verzweiflung. Die Tante verbietet ihr voller Zorn den weiteren Umgang mit Tom.
II. Akt, der Garten von Westerns Haus: Blifil bittet Dowling um die Wahrung eines Geheimnisses, bis er Sophie geheiratet habe. Dowling wirft ihm Falschheit vor und droht damit, alles aufzudecken. Sophie fleht ihren Vater vergeblich an, sie nicht zur Ehe mit Blifil zu zwingen. Western bleibt jedoch unbeugsam und beauftragt seinen Freund Tom damit, Sophie zur Ver-

nunft zu bringen. Als die beiden sich unter vier Augen sprechen können, gestehen sie einander ihre Liebe. Doch sie werden von Western überrascht, der sich hintergangen fühlt und Tom die Tür weist.

III. Akt, das Gasthaus von Upton, Abend: Zufällig begegnet Tom Dowling und muß ihm mitteilen, daß er auch von seinem Pflegevater Alworthy mit Schimpf und Schande davongejagt worden sei. Dowling verheißt Tom jedoch einen guten Ausgang. Auch Sophie und Honora haben auf der Flucht nach London, wo sie sich in die Obhut von Verwandten begeben wollen, eine Rast in Upton eingelegt. Doch ihre Verfolger Western, Alworthy und Blifil holen sie im Gasthaus ein. Da enthüllt Dowling das Geheimnis, das Blifil zu verbergen suchte: Tom und Blifil sind Brüder, und so sind alle Hindernisse beseitigt, die einer Verbindung zwischen Tom und Sophie im Weg standen.

Kommentar: Die Umgestaltung zum Libretto brachte bei einem so umfangreichen Erzählwerk einige Schwierigkeiten mit sich: Zunächst mußte der allwissende Erzähler geopfert werden und mit ihm die Möglichkeit, die Charaktere vielschichtig anzulegen und zu entwickeln. Außerdem rafft Poinsinet das sich über viele Jahre erstreckende Romangeschehen auf einen einzigen Tag zusammen. Die Verknappung bewirkt auch eine Akzentverlagerung bei den Charakteren: Während der Romanerzähler an Blifil und Tom den Unterschied zwischen einem kalt berechnenden Heuchler (der gleichwohl nie gegen die Moralgesetze verstößt) und einer leidenschaftlichen Natur (die trotz mancher Verfehlung nie das Gute aus den Augen verliert) darstellt, gelingt es im Libretto nicht, diesen Gegensatz auch auf der Bühne zu vergegenwärtigen: Tom Jones wird, möglicherweise unter dem Einfluß der Zensur, zum Tugendbold und damit zur Parallelfigur Sophies, und Blifils Funktion reduziert sich auf seine Nebenbuhlerschaft. Die moralphilosophische Frage, die Fielding in der Konfrontation der beiden Gestalten aufwarf, ist aus dem Libretto verdrängt. Diese psychologische Simplifizierung und Idealisierung der Protagonisten kann als durchaus typisch für das Opéra-comique-Libretto angesehen werden. Den literarisch engagierten Kritikern blieb eine solche Verkürzung nicht verborgen: André-Guillaume Contant d'Orville (s. Lit.) tadelte einerseits die schwache Motivierung der Handlung (»tout se fait sans raison«), andrerseits die Verflachung der Charaktere. Auch Friedrich Melchior von Grimm geißelte zunächst den Librettisten, gelangte 1766 jedoch zu dem Urteil, *Tom Jones* sei Philidors bestes Werk. – Das Verdienst des Komponisten zeigt sich hauptsächlich in zweierlei Hinsicht: Die Musik wird in einem höheren Maß als in andern zeitgenössischen Werken in die Handlung integriert, und gleichzeitig erlangen die einzelnen Nummern größeres musikalisches Eigengewicht, indem Philidor seine Kompositionsweise zur Instrumentalmusik hin orientiert: Sonatenform und thematisch-motivische Verarbeitungstechniken, wenn auch in bescheidenem Umfang, bereichern die kompositorische Anlage. Der Kosmopolit Philidor übertrug außerdem die Errungenschaften der Mannheimer Symphonik, die er aus Paris kannte, auf seinen Stil und verlieh ihm dadurch besondere Expressivität: Seufzerfiguren, lombardische Rhythmen und »Walzen« werden hier, im musiktheatralischen Kontext, semantisiert und zu Ausdrucksformeln für die Empfindsamkeit der Figuren. Die Hauptpersonen Tom und Sophie zeichnet überdies eine besonders subtile Instrumentation aus. So dialogisieren in Sophies Ariette »Ah, ma tante« (I. Akt) Solooboe und Solofagott mit der Gesangsstimme. Ein ungewöhnliches Element vor dem Gattungshorizont und zugleich dramaturgischer Höhepunkt ist Sophies Accompagnato im II. Akt, wo zarte Oboen- und Fagottsoli und der ständige Wechsel von schnellem und langsamem Tempo ihren Seelenzustand spiegeln. Die Schlichtheit des Gemüts wird hier schon bedroht von emphatischen Gefühlsausbrüchen. Die folgende Ariette »O toi qui ne peux« schlägt einen neuen Ton an mit der Molto-adagio-Einleitung und dem erregten Allegro, in dem die Singstimme immer wieder Spitzentöne anspringt. Auch Tom ist eine empfindsame Figur, wie sich in der Dramaturgie zeigt, die ihm einen melancholischen Monolog im Poco adagio einrückt (»Amour, amour, quelle est donc ta puissance«). Für die komisch angelegten Figuren wie die aufgeblasene und zugleich beschränkte Mme. Western und die kesse Honora wählt Philidor ein einfacheres, liedhaftes musikalisches Idiom, so

Tom Jones; Joseph Caillot als Western. – Der Tenor sang 1760–72 an der Opéra-Comique und an der Comédie-Italienne Paris. Popularität errang er vor allem wegen seines schauspielerischen Talents, das er besonders in komischen Rollen der Opern Philidors auszuspielen wußte.

daß nicht nur in der Dramaturgie des Werks, sondern auch in seiner Partitur das Gewicht auf den gefühlvollen Partien liegt. Solche »Standesunterschiede« lassen sich etwa am Eingangsduett Sophie/Honora im I. Akt studieren. Die Zofe verharrt in einem tändelnden Triolenrhythmus, während Sophies Part durch einen Zweierrhythmus mit punktierten Achtelwerten charakterisiert ist. Vielfalt zeigt die Partitur auch in der in Frankreich so traditionsreichen malenden Musik: In der Ariette »D'un cerf dix cors« (I. Akt), die aus drei durchkomponierten Teilen besteht, imitiert das Orchester Halali und Jagdgetümmel. Eine für den Stand der Gattungsgeschichte ungewöhnliche Leistung ist das Septett (Ende des II. Akts), in dem sich die unterschiedlichsten Empfindungen zum musikalischen Ensemble vereinigen, während die Handlung auf dem Höhepunkt der Verwirrung innehält. Von der Funktion her ist dies ein veritables Aktfinale, wenn es sich auch in seinen kompositorischen Mitteln nicht mit späteren, berühmteren Beispielen messen kann. – In der Geschichte der Opéra-comique liefert *Tom Jones* ein frühes Dokument für die zunehmende Sentimentalisierung, die mit Grétrys *Lucile* (1769) einen ersten Höhepunkt erreichen sollte. Die empfindsamen Partien prägen ihren eigenen musikalischen Stil aus, der in einen wirkungsvollen Gegensatz zu den komischen und pittoresken Handlungselementen tritt. In dieser Vielschichtigkeit liegen die Qualitäten der Partitur. Wenn auch das Libretto dem ehrgeizigen Anspruch, ein bedeutendes Erzählwerk für die Bühne adäquat einzurichten, nicht gerecht werden konnte, so besaßen doch schon die zeitgenössischen Kritiker ein Auge dafür, daß es sich bei *Tom Jones* nicht nur um einen großen Wurf Philidors, sondern auch um ein hervorragendes Beispiel der Gattung handelte.

Wirkung: Die 2. Fassung verbreitete sich rasch über die Bühnen Europas. Eine deutsche Übersetzung von Franz Joseph Sebastiani kam 1769 in Frankfurt a. M. auf die Bühne. Bis in die 80er Jahre hinein taucht *Tom Jones* immer wieder auf den Spielplänen auf, so 1766 in Genf, Brüssel und Dresden, 1767 in Amsterdam, 1768 in Wien, 1769 in Kopenhagen und Lübeck, 1776 in Florenz, 1778 in Turin und 1784 in Kassel. An der Pariser Comédie-Italienne gab es zwischen 1771 und 1780 124 Aufführungen. In Deutschland schuf unter andern Friedrich Wilhelm Gotter eine Version, die 1779 in Hamburg und München aufgeführt wurde. Das Libretto der 1. Fassung diente Joseph Reed als Vorlage zu Samuel Arnolds Pasticcio *Tom Jones* (London 1769). 1971 wurde in Cambridge eine Bearbeitung von Nicolas McGegan und Adrian Salter aufgeführt, 1979 inszenierte Jacques Fabbri das Werk an der Opéra-Comique Paris (mit Michèle Péna und Leonard Pezzino als Liebespaar und Jean-Philippe Lafont als Western; Dirigent: Jean-Pierre Wallez).

Autograph: Verbleib unbekannt. **Ausgaben:** Part: Chez l'Auteur, Paris [um 1770]; La Chevardière, Paris [um 1770]; Le Duc, Paris, Nachdr.: Pendragon, NY [in Vorb.] (French Opera in the 17th and 18th Centuries. 55.); Kl.A, frz./engl. Übers. v. A. Salter, hrsg. N. McGegan, A. Salter: Bo&Ha 1978; Textb.,

1. Fassung: Paris, Duchesne 1765; Textb., 2. Fassung: ebd. 1766, 1767, 1769, 1778, 1779; Avignon, Chambeau 1772; Florenz, Bonducciana 1776; Paris, Bureau de la Petite Bibl. des Théâtres 1784; Textb., dt.: Mannheim, Schwan 1772; Textb., holl.: Amsterdam, Loric 1785. **Aufführungsmaterial:** Billaudot, Paris / Junne, München; Bearb. McGegan/Salter: Bo&Ha; dt. Übers. v. J. Heinzelmann: Bo&Ha.
Literatur: E. BLOM, ›Tom Jones‹ on the French Stage, in: DERS., Stepchildren of Music, London 1925; L. M. STONES, Musical Characterisation in Eighteenth-Century »Opera Comique«: ›Tom Jones‹, ›Le Déserteur‹ and ›Richard Cœur-de-Lion‹, Chicago 1985, Diss. Univ. of Illinois, S. 24–58; weitere Lit. s. S. 767

Ruth E. Müller

Ernelinde, princesse de Norvège
Tragédie-lyrique en cinq actes

Ernelinde, Prinzessin von Norwegen
5 Akte

Text: Michel Jean Sedaine, nach dem Libretto von Antoine Alexandre Henri Poinsinet für die 1. und 2. Fassung
Uraufführung: 1. Fassung in 3 Akten: 24. Nov. 1767, Opéra, Salle des Tuileries, Paris; 2. Fassung in 3 Akten als *Sandomir, prince de Dannemarck*: 24. Jan. 1769, Opéra, Salle des Tuileries, Paris; 3. Fassung: 11. Dez. 1773, Hoftheater (?), Versailles (hier behandelt)
Personen: Rodoald, König von Norwegen (B); Ernelinde, seine Tochter (S); Ricimer, König von Schweden (B); Sandomir, Prinz von Dänemark (H-C); Ulric, Sandomirs Freund (B); Edelbert, Ricimers Freund (B); der Oberpriester (B); ein Krieger (stumme R); ein Matrose (stumme R); 2 Koryphäen (Heerführer) Ricimers (2 B). **Chor, Statisterie:** norwegische, schwedische und dänische Soldaten, Volk von Norwegen, dänische Matrosen, Gefangene, Priester und ihr Gefolge, Stammesanführer, Gefolge Ernelindes, Soldaten
Orchester: Picc, 2 Fl, 2 Ob, 2 Klar, 2 Fg, 2 Hr, 2 Trp, Pkn, Tambour à la panurge, Streicher
Aufführung: Dauer ca. 3 Std.

Entstehung: Irrtümlich nennt Poinsinet im Vorwort zum Libretto (1767) als seine Vorlage ein Textbuch von Matteo Noris, das er in Parma 1758 in Antonio Ferradinis Vertonung als *Ricimero re de' goti* kennengelernt haben will. Mit Noris' Libretto, das zuerst von Pallavicino (*Ricimero re de' vandali*, Venedig 1684), später in einer Bearbeitung Apostolo Zenos und Pietro Pariatis unter anderm von Gasparini (*Flavio Anicio Olibrio*, Venedig 1707) und Jommelli (*Ricimero re de' goti*, Rom 1740) vertont wurde, hat das von Ferradinis Oper lediglich den Namen des Titelhelden gemeinsam. Poinsinets Vorlage stammt vielmehr von Francesco Silvani, der sein Libretto für Gasparinis *La fede tradita e vendicata* (Venedig 1704) geschrieben hatte; dieser Text erfuhr in den folgenden Jahrzehnten in verschiedenen Bearbeitungen zahlreiche Neuvertonungen (vgl. John Rice, s. Lit.), außer der von Ferradini etwa von Vivaldi (Venedig 1726), Vinci (*Ernelinde*, Neapel 1726), Pergolesi (*Il prigionier superbo*, Neapel 1733), Galuppi (*Ricimero*, Mailand 1745), Majo (*Ricimero re de' goti*, Rom 1759) sowie, immer als *Ricimero*, von Giovanni Battista Borghi (Venedig 1773), Antonio Boroni (Stuttgart 1773), Pietro Alessandro Guglielmi (Neapel 1777), Nicola Antonio Zingarelli (Venedig 1785) und Giacomo Siri (Neapel 1789). Nach dem Mißerfolg der 1. Fassung, die man besonders wegen ihres Textbuchs kritisierte, wurde das Werk für die Wiederaufnahme 1769 von Poinsinet textlich überarbeitet, abermals ohne Erfolg. Nach Poinsinets Tod übergab Philidor das Textbuch Sedaine, der die Dramaturgie tiefgreifend veränderte und dem Werk eine fünfaktige Form gab bei gleichzeitiger Eliminierung der Divertissements an den Aktschlüssen. Weiterhin wurden die Rezitative gestrafft beziehungsweise sprachlich umgestaltet und schließlich der Schluß völlig neu konzipiert. Der textlichen Neufassung entsprach eine nicht weniger grundlegende musikalische Umgestaltung, vor allem in den Rezitativen.

Handlung: In Norwegen, vor der Christianisierung.
I. Akt, ein von Festungsmauern umgebener Hof im Königspalast, seitlich ein dem Kriegsgott Odin geweihter Opferaltar: König Rodoald von Norwegen hat einst einen Bruder des schwedischen Königs Ricimer erschlagen. Um diese Bluttat zu rächen, hat sich Ricimer mit dem dänischen Prinzen Sandomir verbündet. Als Sandomir und Ricimer mit ihren Truppen Rodoalds Palast bestürmen, versucht Rodoalds Tochter Ernelinde, die Sandomir heimlich liebt, den Vater von der aussichtslosen Schlacht abzuhalten. Rodoald jedoch zieht in den Kampf. Voller Angst ruft Ernelinde die Götter um Hilfe an. Schließlich stürmen die feindlichen Truppen den Palast. Als Sandomir seinen mordlustigen Soldaten befiehlt, das Feuer zu löschen, findet er Ernelinde bewußtlos am Boden. Aus ihrer Ohnmacht erwacht, beschwört sie Sandomir, sie und Rodoald vor dem rachsüchtigen Ricimer zu schützen. Sandomir verspricht zu helfen und fordert seine Krieger zum Schwur auf. Ricimer, von allen gefeiert, will seine Krieger und Sandomir auszeichnen. Dieser aber fordert nur Ernelinde als Gemahlin. Die Soldaten bejubeln ihren Sieg.
II. Akt, Palast: Bezaubert von Ernelindes Schönheit, fordert Ricimer in einer heftigen Auseinandersetzung mit Sandomir ihre Freigabe und beschließt, als sich Sandomir den verräterischen Plänen des Freunds widersetzt, diesen mit dessen Soldaten nach Dänemark zu schicken oder ihn zu töten. Ernelinde allerdings will Rodoald in die Gefangenschaft folgen. Doch Ricimer, der Ernelinde für sich gewinnen will, ist bereit, Rodoald zu verzeihen. Zur Versöhnung mit den Norwegern bereit, läßt Ricimer ein Fest feiern.
III. Akt, Hafen am Meer: Ernelinde bittet Ricimer, sie mit Rodoald ins Exil ziehen zu lassen. Ricimer jedoch bietet ihr vergeblich seinen Thron und die Ehe an. Er behauptet, sie werde Sandomir nie mehr wiedersehen. Um seine Drohung wahrzumachen, fordert er die dänischen Soldaten auf, unverzüglich Norwegen zu verlassen. Doch im letzten Moment werden die Dänen von Edelbert auf Sandomirs Befehl zurückgehalten. Wütend versucht Ricimer noch einmal, Ernelinde umzustimmen, und verspricht Rodoald eine völlige Rehabilitierung seiner Herrschaft. Dieser aber fordert Ernelinde auf, lieber zu sterben, als die Gattin des Tyrannen zu werden. Als Ricimer Rodoald in Ketten abführen lassen will, kommt Sandomir diesem zu Hilfe. Vor den Augen des rasenden Schwedenkönigs schließt nun Rodoald das Ehebündnis von Ernelinde und Sandomir. Daraufhin läßt Ricimer Rodoald und Sandomir in den Kerker werfen. Ernelinde aber muß sich entscheiden und zwischen dem Leben ihres Vaters und ihres Gatten wählen. Halb wahnsinnig vor Verzweiflung bricht Ernelinde zusammen und glaubt, den Schatten ihres gemordeten Gatten zu sehen.
IV. Akt, Kerker mit mehreren vergitterten Zellen: Sandomir beschuldigt Ernelinde, Rodoald und Ricimer des Verrats. Da erscheint Ernelinde und erklärt, sie wolle nun nach der Rettung des Vaters mit ihm zusammen sterben. Rodoald aber will beide mit Hilfe von Sandomirs Dänen befreien. Ernelinde glaubt nicht an einen Sieg und überreicht Sandomir einen Dolch, bereit, mit ihm zu sterben. Ulric, ein Gefolgsmann Ricimers, läßt die beiden in den Tempel bringen.
V. Akt, Tempel: Scheinbar zur Hochzeit mit Ricimer bereit, kommt Ernelinde in den Tempel. Noch einmal droht Ricimer, Sandomir töten zu lassen, falls Ernelinde sich einer Verbindung widersetze. Unter dem Vorwand, sie wolle erst ohne Zwang ihre Ehe mit Sandomir lösen, bittet Ernelinde, die Soldaten mögen sich entfernen, und droht schließlich, mit ihm in den Tod zu gehen. Da stürzt Ulric mit einer Meldung über den Aufstand der dänischen Truppen herein, die schließlich, nach einem dramatischen Kampf gegen Ricimer und dessen Soldaten, zusammen mit Rodoald den einstürzenden Tempel stürmen. Der besiegte Ricimer erwartet den Tod, doch Sandomir verzeiht ihm. Mit einem Preislied auf Volupté, die Mutter der Natur, und den Kriegsgott Mars werden Ernelinde und Sandomir gefeiert.

Kommentar: In der Entwicklung von *Ernelinde* über die verschiedenen Fassungen zeigt sich der Versuch einer nach und nach vollzogenen tiefgreifenden Reform der Tragédie-lyrique, und zwar sowohl in Richtung der französischen Opern Christoph Willibald Glucks als auch unter Berücksichtigung bestimmter Reformideen, wie sie Denis Diderot in seinen ästhetischen Schriften für die Gattung entwickelt hat. Wenngleich die Handlung in archaische Zeiten des hohen Nordens verlegt ist, steckt im Text, entsprechend der politischen Aufklärung in der 2. Hälfte des 18. Jahrhunderts, sehr deutlich der Gedanke des Widerstands gegen die Tyrannei eines absolutistischen Regimes, verbunden mit der Idee einer besseren, humanen Zukunft. Im Gegensatz zu Poinsinet beließ es Sedaine in der 3. Fassung nicht bei dem Selbstmord des besiegten Ricimer. Der machtsüchtige Potentat wird nun bekehrt: Er verwandelt sich in den sanften, aufgeklärten Fürsten, der sich nur noch dem »bien public« widmen will. Daß schließlich die Handlung weder in einer tragischen Befriedung des Konflikts noch in einer glücklichen, durch höhere göttliche Gewalt beeinflußten Wendung gipfelt, sondern in der unverhofften Rettung im letzten Moment, konstituiert schon in den 70er Jahren des 18. Jahrhunderts die Vorform eines neuen Operntypus: In Anlehnung an die Dramaturgie seines 1769 von Monsigny vertonten *Déserteur* gestaltete Sedaine *Ernelinde*, noch vor Grétrys *Richard Cœur de Lion* (1784), als vorrevolutionäre Rettungsoper. Hatte Diderot, der Freund Sedaines und Philidors, in seinen poetologischen Schriften von 1757/58 und im *Neveu de Rameau, satire seconde* (1762) zur Darstellung des Wilden, Ungezügelten der Menschennatur die wahre antike Tragödie als Vorbild und Inspirationsquelle seiner musikalischen »langage de la passion« mit herzzerreißenden Szenen, Stammeln, Seufzern empfohlen, so wird nun das »Wilde« in die »Antike« des rauhen Nordens verlegt. Und es besteht kein Zweifel, daß Diderot, der Essentielles der Gluckschen Opernerneuerung vorwegnahm, in Philidor einen französischen Komponisten gefunden hatte, der seine dramatischen Ideen auch in der Oper umzusetzen versuchte. Somit stellt *Ernelinde*, noch vor den Pariser Aufführungen (1774) von Glucks Opern, den ersten bemerkenswerten Versuch dar, die Tragédie-lyrique nach Jean-Philippe Rameaus Tod (1764) zu erneuern und aus dem Geist Diderots umzugestalten. Auch Sedaines Sprache zehrt davon: Die Monologe und Dialoge stattete er mit vielen affektreichen Interjektionen aus und wandelte generell die oft gezierte Sprache der Poinsinet-Rezitative in eine emotional direktere um, besonders auffällig in der hochdramatischen Tempelszene (V. Akt). – Philidor knüpfte als erster französischer Komponist in einer ernsten Oper an die Diktion der italienischen Oper an, nicht nur in den Arien und Ensembles, sondern vor allem in den mehrmals überarbeiteten Rezitativen, die nun in geregelter Metrik (ohne Taktwechsel) verlaufen. Gleichzeitig aber sah er sich, vor allem in den Chor-Solo-Szenen, noch der Tragédie-lyrique verpflichtet, etwa in dem von Chorritornellen eingefaßten großen Finale des I. Akts oder in der 2. Szene des I. Akts, einer Solo-Chor-Kombination, bestehend aus einem kurzen Accompagnato mit eingefügter Air Ernelindes (»Au milieu des cris«, mit deutlichen Anklängen an den Trauerchor aus Glucks *Orfeo ed Euridice*, 1762) und dem Chor der kämpfenden Soldaten, unterbrochen von den verzweifelten Ausrufen Ernelindes. Daß Philidor in *Orfeo*, dessen Partitur er 1764 für den Druck redigiert hatte, nicht nur neue musikalische Mittel und szenische Formen fand, sondern sich darüber hinaus dieser Musik, wie auch der Jommellis, direkt bediente, wurde ihm gelegentlich als Plagiat vorgeworfen (vgl. Charles Michael Carroll, S. 190ff., s. Lit.). Zuweilen zeigt die Oper ausgesprochene Freskozüge, mit knapp gehaltenen, schnell vollzogenen musikalischen Kontrasten und pittoresken Wirkungen auf kleinstem Raum, wie im Finale des V. Akts, in dem Unheil verheißenden großen Chortableau der kämpfenden Soldaten (hinter den Kulissen), das sich in den musikalisch-szenischen Reaktionen der Protagonisten im Vordergrund spiegelt; eine Szenengestaltung, die sich erst in der späteren Rettungsoper durchsetzen konnte. Deren »élan terrible« aber herrscht bereits in der emphatisch brausenden Ouvertüre, auch in dem mächtigen knappen Männerchor-Solo-Tableau im Marschrhythmus, in dem Sandomir und seine Dänen bei ihren blutigen Schwertern Waffenhilfe gegen den Tyrannen Ricimer schwören (»Jurez sur ces glaives sanglants«, I. Akt). Philidor hat hier eine hochgewuchtete, pathetische Schwurszene komponiert, die weit über das 18. Jahrhundert hinausweist. Schon in der 1. Fassung galt Ernelindes großer Monolog, ihre seelische Verwicklung in den für die Comédie-larmoyante typischen Gegensatz von Vertu und Volupté, als der Höhepunkt der Oper. Der zerrissene, halb wahnsinnige Seelenzustand der Heldin, die Qual der Wahl zwischen individuellem Glücksstreben und familiären Blutsbanden (wobei in der Pantomime von Sandomirs Schatten crescendierende, fast schreiende Hörnersoli das Bild ihres todwunden Gatten vorgaukeln) entlädt sich schließlich in den heroischen Sprüngen und der herben Chromatik der furiosen Arie »Oui, oui, je cède au coup«. Es ist bezeichnend, daß Sedaine und Philidor in der 3. Fassung diese durchkomponierte »scena« nahezu unberührt ließen, die mit motivisch substantiellen, chromatisch flackernden und dynamisch kontrastreichen Accompagnatos bereits an die dramatische Kraft der Orest/Eumeniden-Szene in Glucks *Iphigénie en Tauride* (1779) heranreicht, wenn nicht sie sogar überflügelt.

Wirkung: In der mit großem Aufwand ausgestatteten und prächtig bebilderten, aber kühl aufgenommenen Uraufführung der 1. Fassung (Ausstattung: Louis-René Boquet und andere) sangen Marie-Jeanne Larrivée (Ernelinde), Nicolas Gélin (Rodoald), Joseph Legros (Sandomir) und Henri Larrivée (Ricimer). Die 3. Fassung gelangte unter der Aufsicht von Denis Pierre Jean Papillon de la Ferté und mit einem Heer von 400 berittenen Statisten zur Aufführung als Teil der Festlichkeiten anläßlich der Hochzeit des Grafen von Artois (später König Karl X.) mit Maria Theresia von Savoyen. Mit dem Lob dieser Aufführung im Rücken konnte Philidor die Wiederaufnahme an der Opéra bewirken; hier ging das Werk am 6. Juli 1777 in Szene, vermutlich ohne weitere musikalische Eingriffe, aber zusätzlich mit drei Posaunen im Orchester, über die Philidor 1773 noch nicht verfügt haben konnte. Friedrich Melchior von Grimm bewunderte die Oper ebenso wie François Castil-Blaze; Voltaire jedoch als Anhänger der traditionellen Tragédie-lyrique befürchtete mit *Ernelinde, princesse de Norvège* den Untergang der ernsten Oper. Sie wurde auch 1772 in Brüssel in Anwesenheit Philidors gespielt, verschwand aber bald vom Spielplan. Ende des 19. Jahrhunderts hat César Franck das Werk wiederentdeckt und einen Klavierauszug der 3. Fassung herausgegeben.

Autograph: Verbleib unbekannt. **Abschriften:** Part (II. u. III. Akt), vollst. ChorPart, vollst. St.: Bibl. de l'Opéra Paris (208 B-G); Part (2. Fassung?): LOC Washington. **Ausgaben:** 1. Fassung: Textb.: Paris, De Lormel 1767 [75 S.]; Paris, Belin 1787

(Petite Bibl. des Théâtres); 2. Fassung: Part u.d.T. *Ernelinde, princesse de Norvège:* Auteur / La Chevardière, Paris [1770; 324 S.]; St.: ebd. [1769]; Textb.: Paris, De Lormel 1768 (»nouvelle éd.«); 3. Fassung: Part, Nachdr. d. Ausg. [?; Fassung?]: Pendragon, NY [in Vorb.] (French Opera in the 17th and 18th Centuries. 56.); Kl.A v. C. Franck: Michaëlis, Paris 1883 (Chefs-d'œuvre de l'opéra français. 27.), Nachdr.: Broude, NY 1971; Textb.: Paris, Ballard 1773; Paris, De Lormel 1777
Literatur: [L. P. DE BACHAUMONT U. A.], Mémoires secrets pour servir à l'histoire de la république des lettres en France, depuis 1762 jusqu'à nos jours, London 1777–89, Bd. 3, S. 267–305; A. POUGIN, [Vorw. zum Kl.A 1883, s. Ausg.], S. 1–11; M. PINCHERLE, ›Ernelinde‹ et Jommelli, in: RM 4:1923, S. 67–72; J. G. RUSHTON, Music and Drama at the Académie Royale de Musique 1774–1789, Diss. Oxford 1969, Bd. 1, S. 27–33, 207–210, XXIX–XXXII; DERS., P. and the Tragédie lyrique, in: MT 1976, Sept., S. 734–737; D. HEARTZ, Diderot et le Théâtre lyrique. Le »nouveau style« proposé par ›Le neveu de Rameau‹, in: RM 64:1978, S. 229–251; J. A. RICE, Pergolesi's ›Ricimero‹ Reconsidered, in: Studi Pergolesiani / Pergolesi Studies I, hrsg. F. Degrada, Florenz 1986, S. 80–88; weitere Lit. s. S. 767

Barbara Zuber

Niccolò Piccinni

Vito Niccolò Marcello Antonio Giacomo Piccinni; geboren am 16. Januar 1728 in Bari, gestorben am 7. Mai 1800 in Passy (heute zu Paris)

La buona figliola
Dramma giocoso

Das gute Mädchen
3 Akte (8 Bilder)

Text: Polisseno Fegejo (eigtl. Carlo Goldoni), zu dem Dramma per musica *La buona figliola* (Parma 1756) von Egidio Romualdo Duni, nach seiner Komödie *La Pamela ossia La virtù premiata* (1750), nach dem Roman *Pamela or Virtue Rewarded. In a Series of Familiar Letters From a Beautiful Young Damsel to Her Parents. Now First Published in Order to Cultivate the Principles of Virtue and Religion in the Minds of the Youth of Both Sexes* (1740) von Samuel Richardson
Uraufführung: 6. Febr. 1760, Teatro delle Dame, Rom
Personen: die Marchesa Lucinda (S); der Cavaliere Armidoro (S); der Marchese della Conchiglia (T); Paoluccia, Kammermädchen (S); Cecchina, Gärtnerin (S); Sandrina, Bäuerin (S); Tagliaferro, ein deutscher Kürassier (B); Mengotto, Bauer (B). **Statisterie:** waffentragende Männer, Jäger
Orchester: 2 Fl (auch Picc), 2 Ob, 2 Hr, 2 Trp, Streicher, B.c
Aufführung: Dauer ca. 3 Std. – Lucinda, Paoluccia, Cecchina und Sandrina wurden in der Uraufführung von Kastraten gesungen.

Entstehung: Aus der Schule Leonardo Leos und Francesco Durantes in Neapel hervorgegangen, hatte Piccinni mit mehreren komischen Opern wie *Le donne dispettose* (1754, Text: Antonio Palomba), *Le gelosie* (1755, Giovanni Battista Lorenzi), dem über vier Jahre hintereinander gespielten *Curioso del suo proprio danno* (1756, Palomba; alle Neapel) sowie auch mit einigen Seriaopern großes Ansehen erworben, bevor ihm mit *La buona figliola* eine weit über Italien hinausreichende Resonanz zuteil wurde. Die literarische Vorlage dieser Erfolgsoper, ein zweibändiger Briefroman, Erstlingswerk des 50jährigen Richardson, das den Sieg der Klugheit und Tugendhaftigkeit eines einfachen Mädchens vom Land über Selbstsucht und Anmaßung ihrer adligen Herrschaften beschreibt, hatte bereits unmittelbar nach ihrem Erscheinen ihren Siegeszug durch Europa angetreten, war zu Komödien (*Pamela or Virtue Triumphant*, 1741, vermutlich von James Dance, und *Pamela*, 1741, von Henry Giffard) sowie zu einer »opera« nach Giffard (*Pamela or Virtue Rewarded*, 1742, eines nicht identifizierbaren Mr. Edge) bearbeitet worden; Übersetzungen ins Französische und Italienische folgten. Goldoni bediente sich des populären Werks zunächst als Vorlage zu einer Prosakomödie, wobei er den Standesunterschied der Titelfigur gegenüber ihrem Herrn am Ende aufhob: Das Hausmädchen von vermeintlich niederem Stand entpuppt sich als Tochter eines schottischen Grafen. Als er 1756 von Herzog Philipp zur Abfassung dreier Buffatextbücher nach Parma berufen wurde, griff Goldoni als erstes auf seine *Pamela* zurück. Dunis *Buona figliola* kam im Herbst 1758 auch am Teatro Carignano Turin heraus. Im Karneval 1760 erschien *La buona figliola* am Teatro San Moisè Venedig in einer Vertonung von Salvatore Perillo. Erst Piccinnis Realisation jedoch sollte dem Stück zum Durchbruch auf der Musikbühne verhelfen und der weiteren Entwicklung der durch Goldoni für die Opera buffa nutzbar gemachten Gattung des rührseligen, des »larmoyanten« Dramma giocoso auf Dauer die Richtung weisen. Nach Goldonis *Mémoires pour servir à l'histoire de sa vie et celle de son théâtre* (1787) war es Piccinni selbst, »der, mit einer Buffa für Rom beauftragt, mein altes Schauspiel allen neuen vorzog, die man ihm vorschlug«. Piccinnis Wahl mag durch den großartigen Erfolg begünstigt worden sein, der Goldonis Komödie 1758 in Rom beschieden war, als sich Piccinni für seinen *Alessandro nell'Indie*, die bedeutendste seiner frühen Opere serie, dort aufhielt. Ganze 18 Tage soll die Entstehung von *La buona figliola* beansprucht haben. Wie vor ihm Richardson (mit dem 3. und 4. Band und dem neuen Untertitel *And Afterwards, In Her Exalted Condition, Between Her, and Persons of Figure and Quality, Upon the Most Important and Entertaining Subjects, in Genteel Life*, 1741) versuchte Piccinni später übrigens, den sensationellen Erfolg seines Werks durch ein Anschlußstück (*La buona figliola maritata*, Bologna 1761) zu wiederholen; diesem lag wie zuvor *Le beffe giovevoli* (Neapel 1760) erneut ein Text Goldonis zugrunde. Auf Goldoni fußen danach noch weitere

Buffoopern und Intermezzi Piccinnis, so *La bella verità* (Bologna 1762), *Le donne vendicate* (Rom 1763), *La villeggiatura* (Bologna 1764), *Il finto astrologo* (Rom 1765), *Le contadine astute* (Rom 1765) und *Vittorina* (London 1779).
Handlung: Auf dem Besitz des Marquisats della Conchiglia.
I. Akt, 1. Bild, reizender Garten mit Sicht auf das Schloß des Marchese: Mengotto ist in Cecchina verliebt, doch kann diese nur mit dem Angebot der Freundschaft erwidern, da sie heimliche Gefühle zu ihrem Patron hegt, dem Marchese della Conchiglia. Traurig verläßt Mengotto seine Angebetete. Offenherzig gesteht der Marchese Cecchina seine Liebe. Cecchina stürzt entsetzt davon, denn sie weiß, daß ein Verhältnis zwischen ihr und dem Marchese nur in Traurigkeit enden kann. Der Marchese hofft auf Sandrinas Vermittlung. Sandrina jedoch, die zunächst geglaubt hatte, sie sei die Auserwählte des Marchese, und jetzt wegen Mengotto auf Cecchina eifersüchtig ist, nutzt die Gunst der Stunde, sich an der Rivalin zu rächen; sie weiht Armidoro in die Mesalliance zwischen dem Marchese und Cecchina ein. 2. Bild, zum Garten weisende ebenerdige Zimmer: Armidoro erklärt der Marchesa, falls sich ihr Bruder wirklich mit Cecchina verehliche, sei er mit Rücksicht auf die Ehre seiner Familie gezwungen, die Verlobung zu lösen. Sich die böswilligen Unterstellungen der intrigensüchtigen Paoluccia ganz zu eigen machend, entläßt die Marchesa Cecchina unter dem Vorwand, sie für Dienste ihrer Schwester Aspasia freistellen zu wollen. Der Marchese findet Cecchina in Tränen aufgelöst. Unbeirrt bekennt er sich vor der Marchesa zu ihr. 3. Bild, Wäldchen mit Blick in die Landschaft: Paoluccia und Sandrina tratschen auf Kosten Cecchinas; sie sind sich einig darüber, daß diese sie nicht nur der Zuneigung des Marchese, sondern der Liebe überhaupt aller Männer des Orts beraubt habe. Cecchina hat sich von der Villa entfernt und möchte ihren vermeintlichen Freundinnen Lebewohl sagen. Mengotto hält sie auf. Er bietet ihr erneut seine Hand, besinnt sich aber, nachdem er von den Mädchen erfahren hat, Cecchina sei die Geliebte des Marchese. Der Marchese wiederum bekommt von Sandrina und Paoluccia zu hören, Cecchina sei die Geliebte Mengottos, worauf auch er sie verstößt.
II. Akt, 1. Bild, Wald in der Nähe der Villa: Vergebens sucht der Marchese nach Cecchina. Inzwischen hat Armidoro Cecchina aufgegriffen und will sie von bewaffneten Männern in die Nachbarstadt bringen lassen; Mengotto befreit sie mit Hilfe einer Gruppe von Jägern und sucht sie in Sicherheit zu bringen, doch gelingt es dem Marchese, der seine Hartherzigkeit gegen Cecchina längst bereut, das Mädchen zu entführen. Mengotto ist verzweifelt und will sich töten. Tagliaferro kommt und überredet ihn, Soldat zu werden. 2. Bild, Laubengänge: Armidoro und die Marchesa glauben Cecchina für immer aus dem Haus entfernt. Ihrer Heirat steht nichts mehr im Weg. Sandrina und Paoluccia teilen der Marchesa mit, Cecchina sei wieder im Haus und erfahre den tröstenden Beistand des Marchese. Tagliaferro berichtet dem Marchese, sein Herr, ein Obrist der Kavallerie, habe ihn hierher gesandt, um nach dessen Tochter Mariandel zu suchen, die beim Rückzug der österreichischen Truppen zurückgelassen wurde. Mariandel ist Cecchina, das einstige Findelkind mit der weinbefleckten Bluse, das der Marchese damals in seine Obhut genommen hat. 3. Bild, verlassener Ort: In ihrer Einsamkeit sehnt sich Cecchina, ihre Herkunft zu erfahren und einmal ihren Vater umarmen zu dürfen. Das Wiedersehen zwischen Tagliaferro und Mariandel trübt die Gegenwart Sandrinas und Paoluccias, die dem von seinen eiligen Hochzeitsvorbereitungen zurückkehrenden Marchese erzählen, sie hätten die beiden bei einer innigen Umarmung überrascht. Der Marchese schenkt diesen Lügen keinen Glauben.
III. Akt, zum Garten weisende Zimmer: Paoluccia intrigiert weiter. In ihre Klatschgeschichten vor Lucinda und Armidoro bricht der Marchese mit der Nachricht, er werde bald eine deutsche Baronin heiraten. Lucindas und Armidoros Freude ist von kurzer Dauer, denn sie müssen von Sandrina erfahren, die Ausersehene sei keine andere als Cecchina. Tagliaferro ist überglücklich angesichts der Krönung seiner Mission. Nicht willens, mit Tagliaferro nach Ungarn zu kommen, um seinen zukünftigen Schwiegervater kennenzulernen, ärgert der Marchese Cecchina mit der Ankündigung, eine deutsche Adlige heiraten zu wollen. Doch läßt er bald von diesen Schwindeleien ab und eröffnet Cecchina ihre Identität. Lucinda, Armidoro, Sandrina und Paoluccia werden Dokumente vorgelegt, die beweisen, daß es sich bei Cecchina und Mariandel um ein und dieselbe Person handle und Cecchina somit adliger Herkunft sei. Sandrina und Paoluccia erbitten Verzeihung. Die allseitige Versöhnung gipfelt in der gemeinschaftlichen Huldigung an Cupido, die Gottheit, die Liebe spendet und erhält.
Kommentar: Von Piccinnis *Buona figliola* sollten die entscheidenden Impulse für die Entwicklung der Semiseria bis hin zu Rossini ausgehen. Die Trennung der Hauptgattungen Seria und Buffa ist nach wie vor in der Fixierung der »caratteri« wahrnehmbar, zumal in jenen Situationen, denen ein aus den Standesunterschieden herrührender Konflikt zugrunde liegt. Ein ungebrochenes Seriaprofil zeigt die Arie »Furia di donna irata« (I/14) der Marchesa, und wie ein Fremdkörper folgt Armidoros »Cara s'è ver, ch'io v'ami« (II/7) auf die als einzige mit zwei Pikkoloflöten, in der Modeneser Partitur zudem durch Pauken ausgestattete buffoneske Arie »Star trompette, star tamburri« (II/6) Tagliaferros. Die Charakterisierung der komischen Figuren Sandrina und Paoluccia und des Männerpaars Tagliaferro und Mengotto folgt überwiegend konventionellen Mustern. Gleichwohl partizipieren diese Partien gelegentlich an der pathetischen wie sentimentalen Sphäre der Hauptpersonen. Dem Seriaprofil des Sopranpaars Marchesa/Armidoro wird stilistisch wie im Formalen Rechnung getragen; hier treten das virtuose Element und Raffinements des Expressiven etwa in Form von Echoeffekten und Ornamentierun-

gen der melodischen Kontur am deutlichsten hervor. Wenn auch als Typus nicht neu, geriet der kauderwelschende Tagliaferro (»Stahlmeißel«) gleichwohl zu einer Glanzrolle, die sicher einen wesentlichen Anteil am ungeheuren Erfolg der Oper für sich beanspruchen darf. An den Auftritten des derb-komischen Kürassiers treten eindrucksvoll die Prägnanz und Beredtheit der Orchestermotivik Piccinnis zutage. Eine im Spektrum der Ausdruckswerte mittlere Position vertreten der Marchese, ein »mezzo carattere« zwischen Buffo und ernstem Liebhaber, und Cecchina. In ihr setzt sich die Tendenz einer Verschmelzung der bis dahin sowohl ideell als auch von den musikalischen Formen her als unversöhnlich geltenden Genres Seria und Buffa am entschiedensten durch. Die Gestaltung des »mezzo carattere« Cecchina darf als die geniale und auf lange Zeit modellhafte Leistung der *Buona figliola* bezeichnet werden. Selbst unter Berücksichtigung der Einflüsse Pergolesis entfaltet sich in dieser Figur ein einzigartiger Kosmos psychologischer Nuancierungen und faszinierender expressiver Gestaltungszüge. In ihrer berühmt gewordenen Arie »Una povera ragazza« (I/12) hat Cecchina eine ihr als Angehörige der Kategorie »serva« bislang verschlossene Ausdrucksebene erobert und in der Konsequenz die Richtung gewiesen für eine lange Reihe ähnlich konzipierter Frauengestalten, wie sie in Mozarts *Finta giardiniera* (1775) und Paisiellos *Nina* (1789) wiederbegegnen. In die Zukunft weist Piccinni auch über manche Episode, die durch ihre Klangsprache besonders ausgezeichnet ist, so Cecchinas berühmt gewordene Kavatine »Vien, sul mio seno« (II. Akt) mit ihren vom Baßpizzikato grundierten Sextolen sordinierter Violinen und der zwischen liedhafter Eingängigkeit und pathetischer Bestimmtheit oszillierenden Gesangsstimme. Bereits Goldoni hat bei seiner Versifizierung besonderes Gewicht auf die Ensembles gelegt und damit indirekt Piccinnis Tendenz zu Concertati begünstigt, die vom volkstümlich-liedmäßigen Ensemble wegführten und gelegentlich der Aktschlüsse mit rondohaften, in strophen- und refrainartige Abschnitte gegliederten Formen (I. und II. Akt) Anschluß suchte an den mehrteiligen Typus, wie er sich vornehmlich über die Goldoni-Opern Galuppis in der Buffa des nördlichen Italien bereits etabliert hatte.

Wirkung: Ernst Ludwig Gerber spricht von *La buona figliola* als »vollkommenste[r] unter allen italiänischen komischen Opern [...] welche [...] eine Bewunderung erregte, die an den Fanatismus grenzte. Man hat kein Beyspiel, daß eine Oper eine solche glänzende Aufnahme, mit so vielem Rechte und so allgemein unterhalten, gehabt hätte. Seit mehr als zwanzig [30] Jahren siehet man sie nun auf allen Theatern Italiens und Europas überhaupt, immer mit neuer Bewunderung« (*Historisch-Biographisches Lexicon der Tonkünstler*, Leipzig 1792, Teil 2, Spalte 136). An der Premiere in Rom wie den späteren Aufführungen dort waren den besonderen Bedingungen gemäß keine Frauen beteiligt; nach Auskunft des Librettodrucks wurde die Uraufführung bestritten von Gaspero Savoj (Lucinda), Carlo De Cristofori (Armidoro), Giovanni Lovattini (Marchese), Tommaso Borghesi (Cecchina), Giuseppe Giustinelli (Sandrina), Francesco Pieri (Paoluccia), Francesco Carattoli (Tagliaferro) und Giuseppe Casaccia (Mengotto). Im Karneval 1769 (als *La buona figliola ossia La Cecchina zitella*) sangen Giuseppe Pugnatti (Cecchina) und Vincenzo Montelli (Marchese), im Karneval 1774 (als *La buona figliola zitella*) Felice Cerruti, Lovattini und Luigi Marchesi. Binnen kürzester Frist fand die Oper nicht nur in Italien begeisterte Aufnahme, so in Bologna 1760 (mit Clementina Baglioni, Lovattini, Savoj), 1761 (Gioacchino Caribaldi, Lavinia Guadagni, Lovattini) und 1772 (Matteo Babini, Metilde Bologna), Trient und Mailand 1760 (Baglioni, Lovattini, Savoj), 1762 (Baglioni, Lovattini, Savoj) und 1769 (Francesco Bussani, Marianna Monti), Cremona und Livorno 1761, Faenza (Lovattini, Savoj) und Venedig 1762, Florenz, Reggio nell'Emilia (beide als *La baronessa riconosciuta*) und Legnano 1763, Lucca und Pesaro 1766, Pistoia 1767, Arezzo und Padua 1767/68, Turin 1769 und 1771 (Caribaldi, Guadagni), Genua 1772, Bergamo 1773/74 (Maria Teresa Piatti), Bastia 1774/75, Jesi 1776/77 und Neapel (Caterina Gibetti, Nicola Grimaldi) 1778, sondern erfuhr auch außerhalb des Lands lebhaftesten Zuspruch. 1760 und 1770 erschien *La buona figliola* in Barcelona, 1762 und 1775 in Prag, 1763 in Braunschweig (deutsch als *Das gute Mädchen*), 1764 (Ma-

La buona figliola; Pietro Spagnoli als Mengotto, Maria Angeles Peters als Cecchina; Regie: Filippo Crivelli, Bühnenbild: Emanuele Luzzati, Kostüme: Santuzza Calì; Festival della Valle d'Itria, Martina Franca 1990.

rianna Cataldi, Lovattini) und 1768 in Wien, 1765 (Domenico Guardasoni, Anna Zannini), 1768, 1772 und 1781 in Dresden, 1765 in Innsbruck und, als *La buona figliola putta,* 1765 und 1783 in Warschau, 1768 in Berlin, 1769 in Mannheim als *La buona figliola zitella* (Giuseppe Benedetti, Silvio Giorgetti, Dorothea und Elisabeth Wendling), 1770 und 1777 in Kopenhagen, 1772 in Köln, 1773 in Ljubljana/Laibach, 1776 in Eszterháza, 1777 in Dublin, 1778 in Graz (Francesco Guerrieri, Teresa Manservisi), Leipzig und Stuttgart (Jakob Friedrich Gauß, Karoline Huth, Ulrich Reneau, Augusta Sandmaier), 1781 in Stockholm und Kremsmünster und 1782 in Kuskowo (russisch). Piccinnis erstem Biographen Pierre Louis Ginguené zufolge soll die Oper gar an den Hof von Peking gelangt sein, über italienische Jesuiten, und zwar noch vor 1778. Allein diese rasche »internationale« Verbreitung hebt die Oper über den Kontext der Gattungstradition weit hinaus, und erst in Paisiellos *La frascatana* (Venedig 1774) sollte ihr wieder ein ebenbürtiger Konkurrent um die Gunst des Publikums entstehen. Nürnberg 1762 bezeichnet die früheste Aufführung in Deutschland. Wie in diesem Fall brachten sie die deutschen Bühnen italienisch, ab 1777 auch in der für Berlin entstandenen Übersetzung von Johann Joachim Eschenburg (Petersburg 1778, Hamburg 1779, Leipzig 1783, Wien 1784, Riga 1785). Einen um Jahre verspäteten Einzug hielt *La buona figliola* in Paris, wo sie 1771 erstmals aufgeführt wurde (erneut 1773, 1785 und 1790). 1778 hat Piccinni seinen Publikumsliebling in die Reihe der von ihm an der Pariser Opéra geleiteten Buffoopern aufgenommen. Nach England gelangte die Oper 1766, wo sie am Haymarket Theatre in der Bearbeitung von Giovanni Gualberto Bottarelli (Guadagni, Lovattini, Savoj) bis weit ins 19. Jahrhundert gegeben wurde (erneut 1769, 1775, 1777, 1789, 1796 und 1810). Parallel zum Haymarket inszenierte sie Covent Garden 1767 in der Bearbeitung als *The Accomplish'd Maid* von Edward Toms (erneut 1773 und 1781). Parodien auf *La buona figliola* wie auch Fortspinnungen des Cecchina-Themas gab es vielerorts, etwa in Form des Dramma comico *La buona figliola supposta vedova* von Gaetano Latilla (Venedig 1766, Text: Antonio Bianchi). Große Verbreitung fand Piccinnis Anschlußwerk *La buona figliola maritata* (nach Bologna in Modena, Rom und Turin 1761, Barcelona, Cesena, Venedig, Piacenza, Rom, Triest und Venedig 1762, Braunschweig, Mantua, Prag und Livorno 1763, Foligno, Venedig und Wien 1764, Dresden, Parma und Warschau 1765, London 1767 und 1768, Madrid und Padua 1769, Dresden und Perugia 1770, Cagli 1777, Paris 1779). – Spätestens mit dem Aufstieg Rossinis ereilte, was Verdi 1887 als »die erste wahre Opera buffa« apostrophieren sollte, das gleiche Schicksal, das dem Gros des neapolitanischen Erbes beschieden war. Die schon von Hermann Abert angemahnte Wiederbelebung der eine Brücke von Paisiello zu Mozart schlagenden Buffoopern Piccinnis steht bis heute aus. Bei vereinzelten Versuchen einer erneuten Annäherung an das stattliche Œuvre stand bezeichnenderweise *La buona figliola* im Vordergrund: 1928 feierte die Stadt Bari den 200. Geburtstag ihres großen Sohns mit einer Aufführung der Oper unter der Leitung von Pasquale La Rotella. Tullio Serafin dirigierte 1942 an der Opera Rom vier Aufführungen erstmals in der Bearbeitung von Giacomo Benvenuti (Cecchina: Ines Alfani Tellini, Marchese: Muzio Giovagnoli, außerdem Margherita Carosio, Ferruccio Tagliavini, Pia Tassinari), in der es wenig später als einziges herausragendes Opernereignis während einer Ersatzspielzeit für den durch die Kriegswirren unterbrochenen Maggio Musicale Florenz Bestätigung fand. In Mailand folgten in den 50er Jahren Inszenierungen von Giorgio Strehler (Rosanna Carteri, Alda Noni, Giacinto Prandelli; Dirigent: Franco Capuana) und Franco Zeffirelli (Luigi Alva, Antonietta Pastori, Eugenia Ratti, Graziella Sciutti, Giuliana Tavolaccini; Nino Sanzogno). Aufführungen jüngeren Datums: Irvine (CA) 1972, Rom 1981 (Lucia Aliberti, Ugo Benelli, Emilia Ravaglia, Margherita Rinaldi; Gianluigi Gelmetti), Sydney 1982 (Heather Begg, Lynn Cantlon, Thomas Edmonds, Richard Greager; Richard Bonynge) sowie die Inszenierung von John Dexter auf dem Buxton-Festival 1985 (Dirigent: Anthony Hose). 1990 stand *La buona figliola* auf dem Programm des »Festival della Valle d'Itria« in Martina Franca (Dirigent: Bruno Campanella).

Autograph: Verbleib unbekannt. **Abschriften:** Cons. Royal de Musique Brüssel, Pendelbury Libr. of Music Cambridge, Sächs. LB Dresden, Bibl. Cherubini Florenz (D. 280), Cons. di Musica N. Paganini Genua (B. 5b. 37 u. B. 5b. 34/36), Benediktinerstift Kremsmünster, Bibl. da Ajuda Lissabon (45-VI-42/44 u. 45-VI-45/47), Bibl. Estense Modena (MS Mus. F. 926), Bibl. S. Pietro a Maiella Neapel (30. 4. 41/42), Bibl. de l'Opéra Paris, Arch. Doria-Pamphili Rom (105/106), LOC Washington (M1500 P58 B7), ÖNB Wien (MS 17821), Zentral-Bibl. Zürich. **Ausgaben:** Part: Bremner, London 1767 [unvollst.]; Part, frz. Bearb. v. J. F. Cailhava d'Estandoux, M. Baccelli: Sieber, Paris [1771; unvollst.]; Part, Faks.-Nachdr. d. Abschrift Florenz: Garland, NY, London 1983 (Italian Opera 1640–1770. 80.); Kl.A, deutsch. Übers. u.d.T. *The Accomplish'd Maid:* Randall & Abell, London; Kl.A v. G. Benvenuti: Mailand 1942 (I classici musicali italiani. 7.); Mailand 1981, Nachdr. 1989; Textb.: Rom 1760, Nachdr. in: Italian Opera Librettos, Bd. 13, Garland, NY, London 1983 (Italian Opera 1640–1770. 94.); Bologna, Sassi [1760, 1761, 1772]; Trient, Monanni [1760]; Mailand, Montano [1760, 1762]; Rom, Grassi 1760, u.d.T. *La buona figliola zitella* 1762; Venedig [1760]; Barcelona, Generas [1761, 1770]; Cremona, Ricchini [1761]; Livorno, Fantechi [1761]; Faenza, Benedetti [1762]; Prag [1762]; Venedig, Fenzo 1762; Verona, Romanzini [1763]; Wien, Ghelen [1764, 1768]; Mannheim, Stamperia Accad. Elettorale [1769]; Mailand, Bianchi [1769]; Textb. u.d.T. *La buona figliola ossia La Cecchina zitella:* Rom, Ansillioni 1769; Turin, Mairesse [1769]; Textb. u.d.T. *La buona figliola putta:* Innsbruck, Stamperia Aulica [1765]; Warschau 1765; Warschau, Dufour 1783; Textb.: Lucca, Simoni [1766]; Pesaro, Cavelli 1766; Florenz, Stecchi e Pagani 1767; Arezzo, Bellotti 1768; Padua, Conzatti [1768]; Turin, Derossi [1771]; Genua 1772; Bonn, Rommerskirchen [1772]; Laibach, Eger 1773; Bergamo, Locatelli 1774; Rom, Bartolomichi [1774]; Bastia, Patini [1775]; Ödenburg, Siess [1776]; Kopenhagen 1777; Neapel 1778; Padua, Conzatti 1783; Textb., ital./dän.: Kopenhagen, Svare 1770; Textb., ital./dt. u.d.T. *Das gute Mädgen:* Regensburg; Textb., ital./dt. u.d.T. *Das gute Mädel:*

Dresden 1765, 1768; Textb., ital./dt. u.d.T. *Das gute Mägdchen:* Dresden 1772; Dresden 1775; Dresden 1781; Textb., ital./dt. u.d.T. *Das gute Mädchen:* Graz, Wimanstätter [1787]; Textb., dt. u.d.T. *Das gute Mägdchen:* Mannheim, Akad. Buchdruckerei [1769]; Textb., dt. u.d.T. *Das gute Mädchen:* Lpz., Schudeler 1778; Textb., ital./engl. v. G. G. Bottarelli: London, Griffin 1766, 1767, 1769; London, Cox and Bigg 1775; Textb., engl. u.d.T. *The Accomplish'd Maid* v. E. Toms: London 1773; London, Cadell 1777; Textb., engl.: London, Bell 1781; Textb., ital./frz.: Paris, Didot l'aîné 1771, 1773; Stuttgart, Cotta [1778]; Paris, Duchesne 1785; Paris, Monsieur 1790. **Aufführungsmaterial:** Ricordi

Literatur: H. ABERT, P. als Buffokomponist, in: JbPet 20:1913, S. 29–42, auch in: DERS., Gesammelte Schriften und Vorträge, hrsg. F. Blume, Halle 1929, S. 346–364; J. D. POPOVICI, ›La buona figliola‹ von N. P., Diss. Zürich 1915, Wien 1920; S. A. LUCIANI, ›La buona figliola‹ di N. P., in: Musica [Florenz] 1:1942, S. 102–110; C. SARTORI, E tornata Cecchina, in: Scala 1951, Nr. 16, S. 47f.; W. C. HOLMES, Pamela Transformed, in: MQ 38:1952, Nr. 4, S. 581–594; B. L. KARSON, Current Chronicle: Irvine, California, in: MQ 58:1972, S. 471–478; B. CAGLI, ›La buona figliola‹ e la nascità dell'opera semiseria, in: Chigiana 32:1977 (Nuova serie. 12.), S. 265–275; D. HEARTZ, The Creation of the Buffo Finale in Italian Opera, in: Proceedings of the Royal Musical Association, Bd. 104, 1977/78, S. 67–78; R. STROHM, Die italienische Oper im 18. Jahrhundert, Wilhelmshaven 1979 (Taschenbücher zur Mw. 25.), S. 265–277; U. SCHREIBER, Befreiung von der Schwere des Stoffs. Zu N. P.s Buffa ›La buona figliuola‹, in: NZfM 147:1986, S. 10–13; A. FOLETTO, Il pianto alle radici dell'opera (non solo comica) moderna, in: Ph. 16. Festival della Valle d'Itria, Juli/Aug. 1990, S. 11–21; **zu Piccinni:** J. F. MARMONTEL, Essai sur les révolutions de la musique en France, Paris 1777; Querelle des Gluckistes et des Piccinnistes, texte des pamphlets avec introduction, commentaires et index, Paris 1781, Nachdr., hrsg. F. Lesure: Genf 1984; P.-L. GINGUENÉ, Notice sur la vie et les ouvrages de N. P., Paris 1800; Ueber Piccinnis Leben und Werke [aus d. Frz.], in: AMZ 3:1800/01, Nr. 40, Sp. 661–668; Memoir of Piccinni, in: Quarterly Musical Magazine and Revue 2:1820, S. 32–51; G. LE BRISOYS DESNOIRESTERRES, La Musique française au XVIIIe siècle, Gluck et P. 1774–1800, Paris 1872, ²1875, Nachdr. Genf 1971; E. H. PARENT DE CURZON, Les Dernières années de P. à Paris, Paris 1890; A. CAMETTI, Saggio cronologico delle opere teatrali (1754–1794) di N. P., in: RMI 8:1901, S. 75–100; Gluck e Piccinni. Nota letta all'Accademia [...] dal socio [...] Alessandro Longo, in: Società Reale di Napoli. Reale Accademia di archeologia, lettere e belle arti. Atti (nuova serie), Bd. 5, Neapel 1917, S. 311f.; A. DELLA CORTE, L'opera comica italiana nel '700. Studi ed appunti, Bari 1923; E. BLOM, A Misjudged Composer, in: DERS., Stepchildren of Music, London 1925; Au secours de Piccinni, in: Musique 2:1928, S. 619ff.; A. DELLA CORTE, P. (settecento italiano), con frammenti musicali inediti e due ritratti, Bari 1928; DERS., Tendresse et sensibilité dans l'opera comica de P., in: RM 10:1928, S. 27–36; G. DE NAPOLI, N. P. nel secondo centenario della nascita, in: RMI 35:1928, S. 209–218; Niccolò Piccinni commemorato dal maestro Pasquale La Rotella nel II centenario della nascita, Bari 1928; M. BELLUCCI LA SALANDRA, Opere teatrali serie e buffe di N. P., dal 1754 al 1794, in: Note d'arch. per la storia musicale 12:1935, S. 43–54, 114–125, 235–248 [dazu Berichtigungen 13:1936, S. 55–58]; A. GASTOUÉ, N. P. et ses opéras à Paris, in: Note d'arch. per la storia musicale 13:1936, S. 52ff.; P. DOTTO, N. P., in: Musica d'oggi 22:1940, Nr. 7, S. 188–192; R. GUIET, L'Evolution d'un genre. Le Livret d'opéra en France de Gluck à la révolution (1774–1793), Diss. Menasha (WI) 1936; M. PASCAZIO, L'uomo P. e la ›Querelle célèbre‹, Bari 1951; W. FISCHER, P., Gluck und Mozart, in: MJb 1953, S. 9–14; U. PROTA-GIURLEO, La biografia di N. P. alla luce di nuovi documenti, in: Fluidoro 1:1954, S. 27ff.; J. G. RUSHTON, Music and Drama at the Académie Royale de Musique (Paris) 1774–1789, Diss. Oxford 1970; DERS., The Theory and Practice of Piccinnisme, in: Proceedings of the Royal Musical Association, Bd. 98, 1971/72, S. 31–46; J. F. MARMONTEL, Mémoires, krit. Ausg. v. J. Renwick, Clermont-Ferrand 1972; S. DÖHRING, Formgeschichte der Opernarie vom Ausgang des achtzehnten bis zur Mitte des neunzehnten Jahrhunderts, Diss. Marburg 1969, Itzehoe 1975; G. ALLROGGEN, Studien zu den italienischen Opern N. P.s, Bochum 1976; R. ANGERMÜLLER, W. A. Mozarts musikalische Umwelt in Paris (1778), eine Dokumentation, München, Salzburg 1982; N. MILLER, Johann Christoph Vogels ›Démophon‹ und die Krise der Reformoper, in: Aufklärungen. Studien zur dt.-frz. M.Gesch. im 18. Jh., Einflüsse u. Wirkungen, Bd. 2, hrsg. W. Birtel, C.-H. Mahling, Heidelberg 1986, S. 117–127

Markus Engelhardt

L'Origille
Commedia per musica

Origille
3 Akte

Text: unbekannter Bearbeiter, nach dem Libretto von Antonio Palomba zu der Commedia per musica (Neapel 1740) von Antonio Palella, nach einer Episode aus dem Epos *Orlando furioso* (1516) von Ludovico Ariosto
Uraufführung: Frühjahr 1760, Teatro dei Fiorentini, Neapel
Personen: Origille, verliebt in Martano (S); Raniero, Origilles Liebhaber (S); Camilla, Kammermädchen, verlobt mit Pomponio (S); Martano, Feigling (B); Pomponio, ein geschwätziger Höfling, Camillas Liebhaber (Bar); Fonzo, Camillas Bruder (B); Brunetto, Origilles Page (S); Alfonso, Schloßherr (stumme R); Lucina, seine Braut (stumme R). **Statisterie:** Ritter, Griechen, Höflinge
Orchester: 2 Ob (auch Fl), 2 Hr (auch Trp), Streicher, B.c
Aufführung: Dauer ca. 3 Std. – Raniero und Brunetto sind Hosenrollen.

Entstehung: Nach seinen ersten Erfolgen in Neapel, darunter vornehmlich Opere buffe auch bereits auf Texte Palombas, schrieb Piccinni 1758 erstmals für Rom, wo 1760 die Oper uraufgeführt wurde, die seinen Namen weit über Italien hinaustragen sollte: *La buona figliola*. Auf sie folgte in unmittelbarem Anschluß *L'Origille*. Palombas Libretto hatte nach Palellas Vertonung in zwei verschiedenen Bearbeitungen (Ravenna 1742 und Venedig 1744) als Grundlage für Pasticcios gedient. Für Piccinnis Vertonung wurde der Text einer eingehenden Bearbeitung unterzogen, deren wichtigsten Bestandteil ein Intermezzo *La cantarina* im III. Akt bildet. Es entstammt textlich dem III. Akt von Nicola Confortos Commedia per musica *La commediante* (Neapel 1754).
Handlung: In dem prächtigen Vorhof des herrschaftlichen Schlosses eines Dorfs in der Levante.
I. Akt: Origille und Martano sind traulich beisammen. Brunetto mißfällt dies; er erinnert an Raniero. Raniero hatte Origille aus den Händen von Seeräubern befreit

und sich in sie verliebt. Origille hatte seine Liebe scheinbar erwidert, hängt aber nach wie vor an Martano. Als Raniero überraschend erscheint, stellt Origille ihm Martano als ihren Bruder vor. Brunetto wird bestochen, damit er Raniero nichts verrät. Der Schloßherr, der seine Braut erwartet, läßt ihr zu Ehren ein Ritterturnier veranstalten. Auch Raniero und Martano wollen an den Kämpfen teilnehmen. Martano erweist sich als Hasenfuß. Der unbekannte Raniero kämpft als weißer Ritter und siegt. Martano wird von Camilla, Pomponio und Fonzo verspottet.

II. Akt: Martano hat sich die Rüstung des schlafenden Raniero angeeignet und will verkleidet an seiner Stelle als Sieger auftreten, um den Preis davonzutragen. Raniero erfährt von Brunetto, der nicht länger schweigen kann, daß Origille Martano liebt, und erscheint gerade in dem Augenblick, als der angebliche Sieger, der sich als Deutscher vorgestellt hat und dementsprechend sein Neapolitanisch mit deutschen Sprachbrocken vermischt, den Preis entgegennimmt. Origille bleibt bei ihrer Lüge und deckt Martano. Ihre Verschlagenheit steigert sich zu offenem, ja tödlichem Haß gegen Raniero, und in dieser Stimmung wiegelt sie Camilla, Pomponio und Fonzo gegen ihn auf.

III. Akt: Brunetto berichtet, daß Raniero auf dem Duell mit Martano bestehe. Eine Unterredung zwischen den Rivalen wird belauscht und Martano als Feigling erkannt. Er beschreibt sich daraufhin selbst als Gaukler, Betrüger und Mitgiftjäger. Origille ist maßlos enttäuscht und wendet sich vorsichtig wieder Raniero zu, der noch schwankt. Zur Feier der Hochzeit des Schloßherrn führen Martano (als Apollonia, eine kupplerische Alte), Camilla (als Sängerin Gasparina), Fonzo (als Gasparinas Verehrer Don Ettore) und Pomponio (als Gasparinas Gesangslehrer und Gönner Don Pelagio) das Intermezzo *La cantarina* auf. Darin wiederholt sich in anderer Form die Geschichte von Origille und Raniero: Die Schelmenstückchen Gasparinas ähneln den Ränkespiel Origilles; Pelagios Schwanken zwischen Liebe, Rachsucht und Edelmut ähnelt den Gefühlen Ranieros; und Ettore spielt als Nebenbuhler eine zu Martano analoge Rolle. Nach dem Intermezzo versöhnt sich Raniero mit Origille. Gleichzeitig versöhnen sich auch Pomponio und Camilla, die sich wegen ihrer wechselseitigen Eifersucht entzweit hatten.

Kommentar: Während die Hosenrolle des Pagen Brunetto passend erscheint, vermindert die Hosenrolle des Helden Raniero die dramatische Glaubwürdigkeit, unterstreicht aber dessen betont seriösen Gesangsstil. Die Trennung der zwei ernsten Partien (Origille, Raniero) von den fünf heiteren (Martano, der meist neapolitanischen Dialekt spricht, und den übrigen Personen, von denen Camilla und Fonzo gleichfalls neapolitanisch sprechen) wird musikalisch konsequent durchgeführt. Die Buffonisten singen Arien mit rhythmisch prägnanten Motiven und vorwiegend syllabischer Deklamation in flüssigem Tempo, gelegentlich im schnellen ⅜-Takt. Die ernsten Rollen beteiligen sich in einigen Ensembles zwar einigermaßen an diesem Stil, singen aber sonst Dakapo- oder Dal-segno-Arien im kantablen Seriastil, der in Ranieros Arien auch durch Koloraturen bestimmt ist. Der »heroische« Stil wird bei Camilla nur parodistisch verwendet, und zwar in ihrer textlich zum Teil Pietro Metastasios *Artaserse* (1730) entlehnten Arie »Conservati fedele«, mit der sie, um später in dem Intermezzo auftreten zu können, ihre Gesangsfähigkeit unter Beweis stellt, wobei sie jede ernste Zeile in Buffomanier kommentiert. Martano beendet im III. Akt seine Karriere als Origilles Geliebter mit einer parodistischen Kavatine (»Un bel desio«, nach Metastasios *Didone abbandonata*, 1724), die im ernsten Stil beginnt und mit einem lustigen Abschnitt im ⅜-Takt endet. Die sieben Rollen sind ziemlich gleichmäßig mit Soli bedacht. Im I. und II. Akt gibt es jeweils sieben Arien, für jede Person eine. Der I. Akt endet mit einem Quartett der Buffonisten (ohne Brunetto, der dafür in der Introduktion mit Origille und Martano singt). Der II. Akt enthält neben den Arien ein komisches Terzett und endet mit einem dramatischen Sextett. Im III. Akt sind die beiden seriösen Hauptpersonen mit einem Duett und die komischen Personen (außer Fonzo) mit einem oder zwei Soli bedacht, teils in der Haupthandlung, teils im Intermezzo. Letzteres bringt keine ausgedehnten Arien, sondern kurze Kavatinen, darunter eine weitere Seriaparodie, eine Szene mit Accompagnato (textlich nach Apostolo Zenos *Lucio Vero*, 1700, musikalisch vielleicht aus dem verschollenen Intermezzo in Confortos *La commediante*), und überrascht mit einer eigenen Ouvertüre sowie einem komisch-dramatischen Quartett. Nach dem Schlußduett des Intermezzos und einem Rezitativ endet die Oper wie üblich mit einem kurzen Tutti.

Wirkung: In der offenbar einzigen Saison in Neapel sangen neben Geltrude Falchini in der Titelpartie Marianna Franchellucci (Raniero), Serafina Mansillo (Camilla), Giuseppe Casaccia (Martano), Nicola Crimaldi (Pomponio), Andrea Ferraro (Fonzo) und Teresa Coppola (Brunetto). Der Text des Intermezzos *La cantarina* wurde auch von Joseph Haydn vertont und zu der selbständigen Opera buffa *La canterina* (1766) gestaltet. Jedoch bildete hierfür vermutlich nicht Piccinnis Oper, sondern ein bearbeitetes Exemplar des Textbuchs von Confortos *La commediante* die Vorlage.

Autograph: Bibl. S. Pietro a Maiella Neapel (Rari 1. 7. 19/20).
Ausgaben: Part: *La cantarina*, Intermezzo im III. Akt d. Commedia per musica *L'Origille* 1760, hrsg. G. Feder, Laaber 1989 (Concentus musicus. 8.); Textb.: Neapel, Mazzola 1760
Literatur: G. ALLROGGEN, P.s ›Origille‹, in: Studien zur italienisch-deutschen Musikgeschichte X, hrsg. F. Lippmann, V. Scherliess, W. Witzenmann, Köln 1975 (Analecta musicologica. 15.), S. 258–297; DERS., ›La canterina‹ in den Vertonungen von N. P. und Joseph Haydn, in: Joseph Haydn – Tradition und Rezeption, hrsg. G. Feder, H. Hüschen, U. Tank, Regensburg 1985 (Kölner Beitr. zur M.Forschung. 144.), S. 100–112; F. LIPPMANN, Haydn und die Opera buffa. Vergleiche mit ital. Werken gleichen Textes, ebd., S. 113–123; [Vorw. u. krit. Ber. zur Part, s. Ausg.], S. VII–XI, 133–136; weitere Lit. s. S. 777

Georg Feder

Catone in Utica
Dramma per musica in tre atti

Cato in Utica
3 Akte (8 Bilder)

Text: Pietro Metastasio (eigtl. Pietro Antonio Domenico Bonaventura Trapassi; 1728), anonyme Bearbeitung
Uraufführung: 4. Nov. 1770, Hoftheater, Mannheim
Personen: Catone/Cato (T); Cesare/Cäsar (S); Marzia, Tochter Catones und heimliche Geliebte Cesares (S); Arbace, numidischer Kronprinz, Freund Catones und Liebhaber Marzias (A); Emilia, Witwe Pompejus' (S); Fulvio, Parteigänger Cesares, Legat des Senats, Liebhaber Emilias (S). **Statisterie:** Gefolge Arbaces, bewaffnete Männer, Heere Catones und Cesares, Numider, Volk
Orchester: 2 Fl, 2 Ob, 2 Fg, 2 Hr, 2 Trp, Streicher, B.c
Aufführung: Dauer ca. 2 Std. 45 Min. – Cesare, Arbace und Fulvio wurden in der Uraufführung von Kastraten gesungen.

Entstehung: Seit dem Regierungsantritt des Kurfürsten Karl Theodor und der im selben Jahr (1742) erfolgten Fertigstellung des großen Opernhauses wurden an den Mannheimer Hof bedeutende italienische Opernkomponisten verpflichtet, die innovative Tendenzen verfolgten wie Galuppi ab 1749, Jommelli ab 1751 (*Cajo Fabrizio*, 1760, Text: Mattia Verazi) und Traetta (*Sofonisba*, 1762, Verazi nach Apostolo Zeno). In gleichwohl traditioneller Weise dem repräsentativen Dramma per musica zugeneigt, engagierte man mit Piccinni einen Vertreter der neapolitanischen Schule und Hauptrepräsentanten der komischen Oper. Zwar hatte sich Piccinni des öfteren an ernsten Stoffen erprobt und vor allem auch die gängigen Metastasio-Stücke vertont wie *Alessandro nelle Indie* (Rom 1758), *Siroe re di Persia* (Neapel 1759), *Ciro riconosciuto* (Neapel 1759), *Il re pastore* (Florenz 1760), *Olimpiade* (Rom 1761), *Demofoonte* (Reggio nell'Emilia 1761), *Demetrio* (Neapel 1769) und *Didone abbandonata* (Rom 1770), doch assoziierte man seinen Namen, zumal seit dem sensationellen Erfolg von *La buona figliola* (1760), eher mit Opern des heiteren Genres, und das sollte so bleiben bis zur Übersiedlung Piccinnis nach Paris. Francesco Florimo und nach ihm Alberto Cametti datieren die Uraufführung von *Catone* auf »Napoli, San Carlo, 1770«. Ein Textbuch, das diese auch in jüngeren Verzeichnissen erscheinende Angabe bestätigen könnte, läßt sich nicht nachweisen. Der Mannheimer Librettodruck vermerkt ausdrücklich, die Musik sei »nuova composizione del celebre Signor Nicola Piccini«. Der Komponist könnte dem aus Mannheim an ihn ergangenen Auftrag, eine Oper für den Namenstag des Kurfürsten zu schreiben, durch eine Überarbeitung seines möglicherweise zunächst für Neapel geplanten, dort aber nicht aufgeführten *Catone* erfüllt haben. Für diese Hypothese spricht etwa die Tatsache, daß die Titelrolle zunächst als Baßpartie konzipiert war. Piccinni hat sie für den wie er vom Teatro San Carlo Neapel an den Mannheimer Hof berufenen Tenor Anton Raaff umgearbeitet und mit möglicherweise neu komponierten, in jedem Fall reinschriftlichen Arien versehen, die zudem mit der ausdrücklichen Bestimmung »Per il Sig. Raaff« gekennzeichnet wurden.

Handlung: In der afrikanischen Stadt Utica.
Vorgeschichte: Nach dem Tod von Pompejus hat sich Cesare zum Diktator aufgeschwungen. Seine Gegner hat er bei Pharsalus besiegt, bis auf Cato, der Utica gegen Cesares Truppen verteidigt.
I. Akt, 1. Bild, ein mit Statuen und Trophäen geschmückter Saal: Catone wünscht die Heirat seiner Tochter mit Arbace; Marzia kann die unerwünschte Eheschließung aufschieben. 2. Bild, in den Mauern von Utica, im Hintergrund ein Stadttor: Cesare und Fulvio verhandeln mit Catone, um ihn zum Friedensschluß zu bewegen. Emilia gelingt es, die Gespräche vorzeitig abbrechen zu lassen. Dem um sie werbenden Fulvio macht sie zur Bedingung, den Tod ihres Manns mit der Ermordung Cesares zu rächen. 3. Bild, halbzerstörte Festanlagen in der Nähe von Catones Haus: Cesare gelingt es, die ihn schroff zurückweisende Marzia zu überzeugen, daß seine Absichten gegenüber Catone lauter und freundschaftlich sind, er also nach wie vor ihrer Liebe würdig ist. Catone wünscht, Marzia sogleich zu verheiraten; Arbace aber, der seiner Braut Marzia zugestanden hat, daß an diesem Tag von Heirat nicht mehr die Rede sein solle, bittet Catone zu dessen großer Verwirrung um Aufschub. Emilia sieht in Cesare die treibende Kraft, die Marzias Heirat mit Catone verhindert, zumal diese ihre Liebe zu Cesare nur schwer verbergen kann.
II. Akt, 1. Bild, Militärlager am Ufer des Flusses Bagrada; mehrere Auen sind durch Brücken verbunden: Auch Catone vermutet Cesares Einfluß auf Arbaces Zurückhaltung; er erklärt sich mit einem Aufschub zwar einverstanden, verlangt aber zugleich, daß Cesare Utica vor der Hochzeit nicht mehr betrete. Fulvio meldet indessen Cesares Ankunft und übergibt ein Schreiben des Senats. Voller Verachtung schlägt Catone das Friedensangebot aus. Marzia ist Arbaces Werbungen müde und weist ihn schroff ab. Fulvio schaudert davor zurück, das Versprechen seiner Liebe zu Emilia mit der Ermordung Cesares einzulösen. 2. Bild, ein Gemach mit Stühlen: Bis hin zum Vorschlag, sich die Herrschaft über das Imperium zu teilen, geht Cesare in seinem Bemühen, eine Einigung mit Catone herbeizuführen. Das Angebot Cesares brüskiert zurückzuweisen, durch die Ehe mit Marzia den Frieden zu besiegeln, fordert Catone seinen Gegenspieler schließlich zur Kriegserklärung heraus.
III. Akt, 1. Bild, geräumiger Innenhof: Fulvio drängt Cesare, die Stadt heimlich zu verlassen, weil Emilia ihm beim Stadttor einen Hinterhalt bereite. Marzia nimmt Abschied von Cesare. Arbace bietet Cesare sicheres Geleit, wird aber von diesem angehalten, lieber auf Marzias Schutz bedacht zu sein. 2. Bild, von Bäumen umstandener schattiger Platz: Emilia lauert mit einer Handvoll Bewaffneter an dem von Fulvio

bezeichneten Geheimpfad Cesare auf. Catone kann dessen Ermordung verhindern und schlägt ihm einen Zweikampf vor, um den Bürgerkrieg zu vermeiden. Die Kampfhandlungen haben aber bereits begonnen. 3. Bild, großer Exerzierplatz innerhalb der Stadtmauern: Cesares Truppen sind im Begriff, in die Stadt einzudringen. Marzia und Arbace verhindern Catones Selbstmord. Er will seiner Tochter nur verzeihen, wenn sie Arbace ewige Treue und Cesare immerwährenden Haß schwört. Sie gehorcht. Cesare schont als Sieger das Leben des Besiegten, Catone aber hat sich selbst den Tod gegeben. Marzia bleibt ihres Eids eingedenk.

Kommentar: Metastasios *Catone* haben nach Leonardo Vincis erster Realisation (Rom 1728) mehrere teils sehr renommierte Komponisten vertont, darunter Leonardo Leo (Venedig 1728), Johann Adolf Hasse (Turin 1731), Carl Heinrich Graun (Berlin 1744), Niccolò Jommelli (Wien 1749), Giovanni Ferrandini (München 1753), Johann Christian Bach (Neapel 1761) und Gian Francesco de Majo (Turin 1763). Die auffälligste der Modifikationen, wie sie an dem ehrwürdigen Dramma per musica nach immerhin vier Jahrzehnten in Piccinnis Version zutage treten, betraf den II. Akt. Er schließt unter Verzicht auf die bei Metastasio folgende Serie von Abgangsarien, in denen die Spannungskurve über eine sensible Stufung der Affekte allmählich abnimmt, mit der Kriegserklärung Cesares an Catone als dem entscheidenden dramatischen Höhepunkt. Die gattungsspezifische dreisätzige Arie wird bisweilen durch die aus früheren komischen Opern herrührende binäre Form ersetzt; ganz strikt auf Arbaces Monolog »Che legge spietata« (I/3) angewandt, liegt sie auch Cesares Kavatine »Nell'ardire ch'il seno t'accende« (I/6) zugrunde. Piccinnis Partitur zeigt in vieler Hinsicht neue Lösungen, und Episoden, in denen er sich widerspruchslos konventionellen Ausdrucksmustern und Formprinzipien verschreibt, wie in Emilias Arie »O nel sen di qualche stella« (I/8), sind eher die Ausnahme. So bedeutet gleich die Auftrittsarie Catones mit ihrer dezenten Instrumentalbegleitung eine bewußte Abkehr von der traditionellen Heroengestalt, und nicht nur in Marzias »E' follia, se nascondete« (I/9) wird über die in die Faktur der Orchestermotivik sublim eingearbeiteten Kontrastwirkungen und Gestaltwechsel versucht, dem vertrauten Text neue und originelle Seiten abzugewinnen. Unbelastet von unmäßigem figurativen Zierat entfaltet sich in Cesares Gleichnisarie »Vento che ascoso freme« (II/6) die kantable Gesangslinie, und die Motive seines »Chi un dolce amor condanna« (I/9) »haben [...] eine so lebendige Zärtlichkeit [...] wie sie eher von einer Person, einem Blick ausgeht als von gesprochener Kommunikation. Das ist nicht ›gefühlsmäßige Vertiefung‹ des Dramas, sondern eher eine schauspielerische Haltung in der Musik selbst« (Reinhard Strohm, S. 346, s. Lit.). Die Gestaltung des Schlusses folgt Metastasios 2. Fassung (1729): Catone stirbt nicht, wie es ursprünglich zum Mißfallen des Publikums geschah, auf offener Bühne, gerade noch spärlicher vier »versi spezzati« fähig, sondern zieht sich nach einem rührenden Abschiedskantabile »Per darvi alcun pegno« (III/12) zum Sterben zurück. Beide Fassungen enden mit einem von Bitterkeit und Resignation erfüllten kurzen Rezitativ Cesares, dessen Symbolik Piccinni freilich nicht erfaßt hat.

Wirkung: Die Uraufführung bot die damalige Mannheimer Spitzenbesetzung auf: neben Raaff Silvio Giorgetti (Cesare), Dorothea Wendling (Marzia), Giovanni Battista Coraucci (Arbace), Elisabeth Wendling (Emilia) und Giuseppe Benedetti (Fulvio).

Autograph: Bayer. SB München (Mus. ms. 2426). **Abschriften:** Hess. Landes- u. Hochschul.-Bibl. Darmstadt, BL London (Add. Mss. 30792-94), Bibl. S. Pietro a Maiella Neapel (Rari Corn. 1. 23-25, olim 30. 4. 38-40). **Ausgaben:** Part, Faks.-Nachdr. d. Abschrift London: Garland, NY, London 1978 (Italian Opera 1640–1770. 50.); Textb.: Mannheim 1770, Nachdr. in: Italian Opera Librettos, Bd. 3, Garland, NY, London 1978 (Italian Opera 1640–1770. 53.)
Literatur: s. S. 777

Markus Engelhardt

Roland
Tragédie-lyrique

Roland
3 Akte (5 Bilder)

Text: Jean-François Marmontel, nach dem Libretto von Philippe Quinault zu der Tragédie-lyrique (Versailles 1685) von Jean-Baptiste Lully, nach dem Epos *Orlando furioso* (1516) von Ludovico Ariosto
Uraufführung: 27. Jan. 1778, Opéra, Palais Royal, Paris
Personen: Roland, Neffe Karls des Großen und der berühmteste seiner Paladine (B); Angélique, Königin von Kathai (S); Thémire, Vertraute Angéliques (S); Médor, Gefolgsmann eines afrikanischen Königs (H-C); Astolfe, Freund Rolands (T); Coridon, Schäfer, Geliebter Bélises (T); Bélise, Schäferin, Geliebte Coridons (S); Tersandre, Schäfer, Vater Bélises (B); ein Insulaner (T); Logistille, eine der mächtigsten Feen, mit der Gabe der Weisheit versehen (S). **Chor:** orientalische Insulaner, Liebende in Verzückung, chinesische Seeleute, Schäfer, Schäferinnen, französische Ritter und Edelfrauen. **Statisterie:** Gefolge eines afrikanischen Königs, Volk von Kathai, Gefolge Angéliques, Feen aus dem Gefolge Logistilles. **Ballett:** Inder, Inderinnen, glückliche Liebende, chinesische Seeleute, Schäfer, Schäferinnen, Hirtenknaben und -mädchen, französische Ritter und Edelfrauen
Orchester: 2 Fl (auch Picc), 2 Ob, 2 Klar, 2 Fg, 2 Hr, 2 Trp, Pos, Pkn, Schl (Bck, Tamburin), Streicher
Aufführung: Dauer ca. 2 Std. 30 Min.

Entstehung: Im Anschluß an seine Übersiedlung von Neapel nach Paris im Winter 1776/77 widmete sich Piccinni seiner ersten Oper für die Académie Royale. Das Werk entstand in enger Zusammenarbeit mit Marmontel, der Piccinni zudem in der französischen Sprache unterrichtete. Angeblich war Gluck zur selben Zeit mit einem *Roland* für Paris befaßt, führte sein

Vorhaben allerdings nicht weiter aus, als er von Piccinnis Auftrag erfuhr. Noch während der Entstehung des Werks brach der Streit zwischen Gluckisten und Piccinnisten aus, in dem Marmontel mit seinem *Essai sur les révolutions de la musique en France* (1777) für die italienische Musik und Piccinni Partei ergriff.

Handlung: I. Akt, kleines Dorf: Angélique befindet sich im Zwiespalt zwischen ihrer Liebe zu Médor, dem sie das Leben gerettet hat, dessen Stand ihr jedoch nicht angemessen ist, und einer Verbindung mit dem sie verehrenden Helden Roland. Um Médor zu vergessen, befiehlt sie ihm, den Hof zu verlassen. Reuevoll aber bittet sie bald Thémire, Médor zurückzuholen. Eine Gruppe von Insulanern überbringt Angélique ein Edelsteinarmband, das ihr Roland als Zeichen seiner großen Liebe und Verehrung sendet.

II. Akt, 1. Bild, Wald, Quelle Amors: Liebende umtanzen die Quelle und schöpfen aus ihr. Bei der Suche nach Médor treffen Angélique und Thémire auf Roland. Um sich seinen Blicken zu entziehen, macht sich Angélique mit Hilfe ihres Zauberrings unsichtbar. Roland beklagt sein Liebesleid und Angéliques Undankbarkeit. Thémires Versuch, Angélique für Roland einzunehmen, scheitert erneut, ihre Wahl steht fest, und als Médor plötzlich erscheint, um sich wegen seiner unglücklichen Liebe das Leben zu nehmen, hält sie ihn zurück: Er soll ihr Gemahl werden und an ihrer Seite über Kathai herrschen. Roland gegenüber gibt sie vor, sie müsse umgehend zu ihrem Volk zurückkehren. 2. Bild, Hafen am Meer: Chinesische Seeleute warnen Angélique und Médor vor Rolands Eifersucht und drängen zur Abreise. Angélique bittet Médor zur Trauung in den Tempel.

III. Akt, 1. Bild, Grotte im Gehölz: Roland träumt von Angélique und hofft, sie bald wiederzusehen. Als er eine Inschrift zweier Liebender mit den Namen Angélique und Médor entdeckt, ahnt er Angéliques Täuschung. Der Gesang der Hirten auf das Glück des Königspaars bestätigt seinen Verdacht. Als Tersandre von der Abreise der beiden erzählt und ihm das Edelsteinarmband zeigt, das ihm Angélique zum Abschied weitergeschenkt hat, verfällt Roland dem Wahnsinn: Er vertreibt die Hirten, zerstört die Inschrift, entfernt die Felsen von der Grotte, entwurzelt Bäume und sinkt schließlich nieder. Logistille erscheint und gibt ihm seinen Verstand zurück. 2. Bild, Lager: Roland findet sich unter französischen Rittern und Edelfrauen wieder, die ihn auffordern, erneut in den Kampf zu ziehen. Durch Logistille geheilt, bekennt sich Roland zu seinen Rittertugenden, zu Ehre und Sieg.

Kommentar: *Roland* erweist sich als eine Synthese italienischer und französischer Traditionen, die sich nicht nur, wie Marmontel forderte, über die Aufnahme italienischer Musik in das französische Theater vollzog. Vielmehr betraf die gegenseitige Annäherung auch den Text. Marmontel hatte das Libretto nach den an der Opéra seit einigen Jahren herrschenden Vorstellungen bearbeitet, indem er die Handlung zu einer dreiaktigen Version straffte und den Prolog eliminierte. Durch die Streichung einiger Szenen entstanden allerdings Schwächen der Handlung. Zum einen erscheint am Beginn des III. Akts Rolands Gewißheit, die Geliebte bald wiederzusehen, wenig plausibel: Da die auf Angéliques Täuschung folgende Eifersuchtsszene Médors entfällt, wird ihr Liebesbekenntnis zu Roland nicht deutlich genug artikuliert. Zum andern wird durch die Streichung des umfangreichen Finaltableaus die Heilung Rolands, die eine entscheidende Wende darstellt, nicht angemessen vorbereitet. Der französischen Tradition folgend wurden alle fünf Divertissements beibehalten. Zudem hatte Marmontel weite Teile der Vorlage Quinaults wörtlich übernommen. Dagegen weisen die meisten Arien, vor allem in bezug auf den Umfang, auf italienischen Einfluß. Periodische Gestaltung der Melodie, motivische Stringenz und Einheit des Affekts sind Merkmale, die sich mit den Vorstellungen decken, die Pierre Louis Ginguené und Marmontel über italienische Opernarien entwickelt hatten. Gleichzeitig deutet die Deklamationsstruktur auf die französische Arie. Als französisches Moment gelten auch die kurzen Airs Rolands. Mit der Abfolge von Rezitativ, freiem Arioso und Air schafft Piccinni in der 2. Szene des III. Akts einen eng an der Handlung orientierten musikalischen Ablauf, dessen Stringenz durch keine längere Arie unterbrochen wird. Hier ist Piccinni, wie Julian Gordon Rushton formuliert, in seiner ersten, noch am stärksten italienisch geprägten französischen Oper der Tradition der Pariser Opernbühne am nächsten gekommen.

Wirkung: Obwohl die Darsteller der Opéra gegen das Werk protestierten und Piccinni sich zahlreichen Angriffen der Gluckisten ausgesetzt sah, war der Uraufführung mit Henri Larrivée (Roland), Rosalie Levasseur (Angélique) und Joseph Legros (Médor) ein großer Erfolg beschieden. Die Kritik lobte vor allem die Musik der Duette und Arien sowie Rolands Monolog im III. Akt, während sie den Chören und Tänzen mit Vorbehalten begegnete. Anerkennung fand Marmontels Bestreben, der Handlung nicht zuletzt durch eine günstigere Verteilung der Gesangsstücke einen gegenüber Quinault stringenteren Duktus zu geben. *Roland* wurde 1778 über 20mal gespielt, eine in der Werkeinführung von Arthur Pougin (s. Ausg.) aufgenommene Statistik verzeichnet 18 Aufführungen für 1779, 21 für 1780, zehn für 1783, sechs für 1786 und immerhin zehn für 1792. Zuletzt 1793 auf dem Spielplan der Opéra, geriet *Roland* bald in Vergessenheit. Außerhalb Frankreichs fand das Werk offenbar wenig Verbreitung. Zu erwähnen sind Aufführungen in Kopenhagen 1779 (konzertant, Teile), Stockholm (schwedisch von Adolf Fredrik Ristell, Musikbearbeitung: Lars Lalin), Kassel und Lille 1781, Lüttich 1782. 1802 erschien in Göttingen eine deutsche Übersetzung von David August von Apell. Bereits zwei Monate nach der Uraufführung von *Roland* gab die Comédie-Italienne eine Parodie: *La Rage d'Amour* von Dorvigny; es folgten die Parodien *Romans* (Marly 1778) von Jean-Etienne Despréaux und *Donnerpamp* (Stockholm 1783, Göteborg 1784) von Carl Israel Hallman (Text), Carl Stenborg und Johan David Zander (Musik).

Autograph: Bibl. de l'Opéra Paris. **Ausgaben:** Part: Dezauche, Paris [1778]; Des Lauriers, Paris [um 1786], Nr. 11; Kl.A, hrsg. G. Lefèvre [Einf. v. A. Pougin]: Michaëlis, Paris (Chefs-d'œuvre de l'opéra français), Nachdr.: Broude, NY 1971; Textb.: Paris, De Lormel 1778
Literatur: s. S. 777

Elisabeth Schmierer

Atys
Tragédie-lyrique en trois actes

Atys
3 Akte

Text: Jean-François Marmontel, nach dem Libretto von Philippe Quinault zu der Tragédie en musique (Saint-Germain-en-Laye 1676) von Jean-Baptiste Lully
Uraufführung: 22. Febr. 1780, Opéra, Palais Royal, Paris
Personen: Sangaride, Nymphe, Tochter des Flusses Sangarios (S); Cybèle/Kybele, Göttin der Fruchtbarkeit der Erde (S); Atys, Verwandter Sangarides, Célénus' Günstling (H-C); Célénus, König von Phrygien (B); Idas, Freund Atys', Bruder der Nymphe Doris (H-C); Doris, Nymphe (S); Mélisse, Vertraute Cybèles (S); Morphée/Morpheus, Gott des Traums (B); ein unseliger Traum (B); ein phrygischer Chorführer (B). **Chor:** phrygisches Volk, unheilvolle und glückliche Träume im Gefolge Morpheés. **Statisterie:** Volk, Priester und Gefolge Cybèles, Nymphen. **Ballett**
Orchester: 2 Fl (2. auch Picc), 2 Ob, 2 Klar, 2 Fg, 2 Hr, 2 Trp, 3 Pos, Pkn, Bck, Streicher
Aufführung: Dauer ca. 3 Std.

Entstehung: Die Komposition von *Atys* fiel in die Zeit der sogenannten »Querelle« zwischen den Gluckisten und den Verfechtern der italienischen Schule, die Piccinni auf ihren Schild gehoben hatten und diesen drängten, mit geeigneten Werken gegen Gluck aufzutreten. Nachdem Gluck mit *Armide* (1777) eine vollständige Vertonung eines Librettos von Quinault vorgelegt hatte, bearbeitete Marmontel für Piccinni zwei Texte aus dessen Feder und schnitt sie auf das typisch italienische dreiaktige Maß zu. Als Vorlage für Piccinnis zweite französische Oper wählte man aus dem Werk des Klassikers und Librettisten der Glanzperiode der französischen Opernkultur jene Tragödie, deren Vertonung durch Lully zu dessen berühmtesten Opern avancierte und noch 1753 in Fontainebleau gespielt worden war. Die Bearbeitung und ihre Abstimmung auf die spezifischen Denk- und Komponiervorstellungen eines Italieners, der dazu einen Text in der ihm fremden französischen Sprache zu komponieren hatte, bereiteten Marmontel Schwierigkeiten, von denen er bereits am 4. Mai 1778 dem Direktor der Opéra, Anne Pierre Jacques Devismes du Valgay, brieflich Mitteilung machte. Für den Fall, daß Marmontel die diffizile Arbeit nicht bewältigen, die geringe Bezahlung nicht akzeptieren und dann den Auftrag zurückweisen würde, scheint Devismes Piccinni vorsorglich *Iphigénie en Tauride* als Alternative angeboten zu haben. Das könnte auch die allzu ostentative Konkurrenzkonstellation zweier *Iphigénie*-Versionen, jener Glucks (1779) und jener Piccinnis (1781), erklären: Devismes hätte demnach die Doppelkomposition desselben Stoffs nicht mut- oder gar böswillig heraufbeschworen, sondern Piccinni eine Vertonung des Librettos von *Iphigénie* vielleicht nur deshalb angeraten, weil er in der Eile kein anderes zur Hand hatte, mit dem er den Komponisten für das *Atys*-Projekt, das zu scheitern drohte, entschädigen konnte; vielleicht hat er das feste Versprechen, das Werk vor der Version Glucks herauszubringen, nur deshalb gegeben, um Piccinni zu beruhigen. Bereits mit *Iphigénie* befaßt, wurde Piccinni dann angehalten, die Arbeit an *Atys* wiederaufzunehmen; Ende 1779 war das Werk abgeschlossen.

Handlung: In Phrygien, mythische Zeit.
I. Akt: Atys gesteht seinem Freund Idas, daß er unglücklich verliebt sei, bevor er mit ihm, Sangaride und Doris die schlafenden Phrygier aufruft, den Empfang der Göttin Cybèle vorzubereiten. Sangaride, die dem König Célénus angetraut werden soll, gesteht Doris ihre heimliche Liebe zu Atys, die dieser noch nicht bemerkt zu haben scheint, so daß sie bereit ist, sich in ihr Schicksal zu ergeben. In dem Moment, da Atys ihr Glück zur Heirat wünscht, vermag er seine Gefühle nicht länger zu verbergen und bekundet ihr seine Liebe. Kaum ist die Göttin von den Phrygiern feierlich willkommen geheißen, verkündet sie, daß sie Atys zum Hohenpriester bestimmt habe.
II. Akt, Vorhalle des Palasts des Cybèlepriesters mit Blick auf die Gärten: Cybèle gesteht ihrer Vertrauten Mélisse ihre Liebe zu Atys. Célénus vertraut seinem Freund an, daß er unsicher sei, ob ihm außer Sangarides Hand auch ihr Herz gehöre. Atys beruhigt den Freund, sieht sich nun jedoch in den Konflikt zwischen der Freundschaft zum König und seiner Liebe zu Sangaride hineingestellt. Darüber befällt ihn Schlummer. In einem von allegorischen Figuren evozierten Traum erlebt er die Wonnen von Cybèles Liebe und zugleich ihre Drohungen, sollte er ihrem Werben nicht nachgeben. Kaum ist er erwacht, beruhigt ihn Cybèle und gesteht ihm ihre Liebe. Als die hinzugekommene Sangaride und Atys Cybèle bitten, die Hochzeit mit Célénus zu verhindern, wird sie mißtrauisch, begreift, daß sie von Atys nicht geliebt wird, und gibt ihrer Verzweiflung Ausdruck.
III. Akt, Gärten von Célénus' Palast: Aus dem Verdacht einer vermuteten Verbindung zwischen Atys und Cybèle heraus stimmt Sangaride aus Rache in die Heirat mit Célénus ein, muß ihren Irrtum jedoch bald Atys gegenüber eingestehen. Cybèle klärt Célénus über die Liebesverbindung zwischen Atys und Sangaride auf und verspricht ihm, den Verrat des Freunds zu rächen. Unter ihrer Anrufung der Erinnye Alekto in den Wahnsinn getrieben, tötet Atys Sangaride als vermeintliches Ungeheuer. Wieder bei Bewußtsein, erkennt er seine Tat und ersticht sich. Während das phrygische Volk den Schreckenstag beklagt, bekundet

Cybèle ihren Schmerz und verflucht ihre grausame Rache.
Kommentar: Wie alle Pariser Opern Piccinnis steht auch dies Werk im Spannungsfeld der gegensätzlichen Meinungen, die die Entstehungsgeschichte ebenso nachhaltig wie die Rezeptionsgeschichte beeinflußt haben und die ein unvoreingenommenes Urteil erschweren. Der Opernstreit gehört mit zum Werk, mit zum Verständnis des Werks. Dabei ist zu betonen, daß Piccinni ein wenn auch nach Paris zu bringendes und dort erst zu adaptierendes, aber immerhin bestehendes Opernideal zu vertreten hatte, während Gluck aus seiner ästhetisch-dramatischen Grundkonzeption heraus ein neues zu formen gewillt war. Piccinni hatte also in dem Opernstreit von vornherein die Rolle des bewahrenden Verteidigers übernommen, der sich nicht nur gegen Gluck, sondern auch noch gegen die Traditionalisten des älteren französischen Operntyps wehren mußte. Die Notwendigkeit einer solchen Doppelstrategie wird deutlich, wenn Glucks Anhänger behaupten, Marmontel habe Quinaults Werk verzerrt und verdorben (»qu'il marmontelisait cruellement«). Demgegenüber muß man sehen, daß die Änderungen durchaus mit Geschmack und Urteilsvermögen ausgeführt worden sind und dem Stück eine Lebhaftigkeit gegeben haben, die dem Original nicht eignete und die dem gewandelten Anspruch an Musiktheater wie dem Bedürfnis Rechnung trug, ein italienisch anmutendes Bühnenwerk zu schaffen. Die Reduktion auf drei Akte hat die Handlung fester zusammengebunden. Der I. und der II. Akt Quinaults wurden bei Marmontel zum I., der III. zum II., der IV. und V. zum III. Akt. Dabei überging er Zwischenspiele und Nebenszenen wie die Ankunft »du fleuve Sangar« und seines Hofs, das Verschwinden Atys', der Sangaride mit Hilfe der Zephire entführt hat, Cybèles Gewissensbisse (Quinault V/5), die Verwandlung von Atys in einen Baum (Quinault V/6) und den Schlußchor der Gottheiten, die den Verwandelten ehren. Nachdem Gluck innerhalb seines Pariser reformerischen Schaffens mit *Armide* ein Werk hervorgebracht hatte, in dem ein starker und durchgehender Lyrismus das dramatisch-heroische Element deutlich abschwächte, suchte Piccinni in *Atys* diese Tendenz weiter fortzusetzen und ging über Gluck auf dem Weg zum neuen Ideal einer Tragédie-lyrique noch hinaus. Dabei bediente er sich souverän des von Gluck geprägten Typus der Deklamationsarie, nahm aber ebenso viele Anregungen aus den in der eigenen Jugendzeit erfahrenen Neuerungen der neapolitanischen Opernschule der 60er und 70er Jahre in seinen Stil auf und entwickelte daraus eine bemerkenswerte Vielfalt der Arienform, die das uralte italienische Erbe der dreiteiligen Arie mit Takt- und Tempokontrasten im Mittelteil immer wieder durchscheinen läßt. Gegenüber Gluck besteht eine auffallende Neigung zu großangelegten Formen, die ebenfalls von der neuneapolitanischen Ariengroßform inspiriert ist. Unfranzösisch kantable Melodik und Koloraturenketten sind als Reminiszenzen an den italienischen Opernstil absichtsvoll verwendet. Sie sollen Bewunderung hervorrufen, wie sie Antonio Sacchini für die Traumarie »Quel trouble agite mon cœur« aus *Atys* hegte, und die Arien sind so konzipiert, daß sie herausgelöst werden können; so sind sie denn auch, wie Marmontel in seinen *Mémoires d'un père* (1805) schreibt, zum Vergnügen »de notre société« in den Konzerten der Gräfinnen Sophie von Houdetot und Adélaïde-Edmée de La Briche zum Cembalo gesungen worden. Bemerkenswert ist auch die Ouvertüre in ihrer Annäherung an den alten französischen Typus, dem das auf das mit lauter zarten Tönungen ausgestattete langsamere Andantino spazioso folgende Fugato des Allegro animé huldigt.

Wirkung: In der Uraufführung sangen institutionsgemäß alle jene Sänger und Sängerinnen, die auch Glucks Opern mit zum Erfolg verholfen hatten: Joseph Legros (Atys), Henri Larrivée (Célénus), Etienne Lainez (Idas), Rosalie Duplant (Cybèle) und Marie-Joséphine Laguerre (Sangaride). Es tanzten Anne Friederike Heinel, Marie-Madeleine Guimard, Gaetano und Auguste Vestris, Pierre Gardel und Jean Dauberval; die gedruckte Partitur überliefert das Divertissement nicht. Nach der zweiten Aufführung wurden noch Änderungen und Schnitte vorgenommen, die den zunächst kühlen, insgesamt aber dauerhaften Erfolg der sorgfältig ausgestatteten Oper entschieden haben. Das Werk erlebte zunächst bis zum 26. Mai 1780 13 Vorstellungen nacheinander, dann gab es 1783 eine Aufführungsserie mit 29 Vorstellungen und 1784 eine mit nur zehn, weil *Atys* mit Piccinnis eigener *Didon* (1783) konkurrieren mußte; schließlich gab man noch einmal 13 Vorstellungen 1791/92, so daß für Paris bis 1792 65 (oder 64) Vorstellungen zu verzeichnen sind. Die Reprise von 1783 (Sangaride: Mme. de Saint-Huberty) war besonders erfolgreich gewesen, war doch nach Glucks Abreise aus Paris 1781 die allgemeine Stimmung Piccinni gegenüber besser geworden und hatte der Sinn für das rein musikalische Theater wieder ein wenig die Oberhand über das ausgesprochen dramatische Musiktheater gewonnen. Auch waren noch weitere Änderungen am Text und an den Balletten vorgenommen und teilweise neue Kostüme und Dekorationen angefertigt worden; nach Ansicht der *Allgemeinen musikalischen Zeitung* vom 1. Juli 1801 machte die Oper »erst bei ihrer Wiederholung, 1783, vollkommnes Glück« (Spalte 667, s. Lit.). *Atys* ist auf ausländischen Bühnen nur punktuell bekannt geworden. In Kopenhagen gab man 1795 Ausschnitte konzertant, während 1798 in Petersburg die einzige auswärtige originalsprachige Aufführungsserie stattfand. In schwedischer Übersetzung von Adolf Fredrik Ristell wurde die Oper in Stockholm 1784 (Bearbeitung: Lars Lalin) aufgeführt.

Autograph: Verbleib unbekannt. **Abschriften:** Bibl. de l'Opéra Paris. **Ausgaben:** Part: La Chevardière, Paris [1780]; ebd. (»corrigé par Huguet«) [ca. 1785]; Des Lauriers, Paris [nach 1790]; »Chez le Suisse de l'Hôtel de Noailles« [nicht identifizierbar], Paris; Part, Faks.-Nachdr.: Pendragon, NY [in Vorb.] (French Opera in the 17th and 18th Centuries. 65.); Textb.: Paris, De Lormel 1780, 1783
Literatur: s. S. 777

Klaus Hortschansky

Iphigénie en Tauride
Tragédie-lyrique en quatre actes

Iphigenie auf Tauris
4 Akte (5 Bilder)

Text: Du Breuil (eigtl. Alphonse Du Congé), nach der Tragödie (1757) von Claude Guimond de La Touche
Uraufführung: 23. Jan. 1781, Opéra, Palais Royal, Paris
Personen: Iphigénie/Iphigenie, Tochter Agamemnons und Klytämnestras, Oberpriesterin des Dianetempels auf Tauris (S); Thoas, König der Skythen (B); Oreste/Orest, Iphigénies Bruder (B); Pylade/Pylades, griechischer Prinz, Freund Orestes (T); Elise (S); eine Priesterin (S); ein Skythe (B); Diane/Diana, Göttin (S). **Chor, Statisterie:** Priesterinnen, Skythen im Gefolge Thoas', Griechen, skythisches Volk, Wachen Thoas', griechische Bewaffnete und Matrosen. **Ballett:** Skythen
Orchester: 2 Fl (2. auch Picc), 2 Ob, 2 Klar, 2 Fg, 2 Hr, 2 Trp, 3 Pos, Pkn, Streicher
Aufführung: Dauer ca. 2 Std. 30 Min. – Ballett im I. Akt. Keine Pause zwischen dem I. und II. Akt.

Entstehung: Das Werk verdankt seine Existenz offensichtlich der Lagerbildung zwischen den Anhängern Glucks und der italienischen Partei, wobei noch nicht genügend geklärt ist, ob Glucks *Iphigénie en Tauride* (1779) und die Oper Piccinnis von Anfang an als Kokurrenzunternehmen projektiert wurden und handfeste Intrigen bei deren Ausführung eine nicht unwesentliche Rolle gespielt haben oder ob sie aus einer zwar unglücklichen, aber dann letzten Endes willkommenen Verkettung von Umständen hervorgegangen sind. Jedenfalls haben sich um ihre Entstehung im Kern durchaus glaubhafte, aber bisher nicht genügend auf ihren Wahrheitsgehalt hin untersuchte Legenden gebildet. Unter Berufung auf Aussagen des Librettisten im Vorwort seines Textbuchs wird berichtet, daß Du Breuil das Libretto bereits 1776 Gluck in Wien angeboten, dieser aber unter Hinweis auf die Arbeit an seiner *Armide* (1777) abgelehnt und zudem darauf hingewiesen habe, bereits ein Libretto (von Nicolas François Guillard) über den gleichen Stoff erhalten zu haben; gleichwohl wollte er beide Bücher prüfen und das bessere auswählen. 1777 hat dann Gluck das von Du Breuil, das deutlich stärker Guimonds Tragödie folgt als das von Guillard, endgültig abgelehnt. Als Anne Pierre Jacques Devismes du Valgay (nach einem Beschluß des Conseil d'état du Roi vom 18. Okt. 1777) am 1. April 1778 neuer Direktor der Opéra wurde, rieten Freunde Du Breuil, diesem das Libretto anzutragen; Devismes bot es dann Piccinni an. Um Befürchtungen des Komponisten hinsichtlich eines möglichen Desinteresses an seiner Oper entgegenzuwirken, versprach er ihm, daß sein Werk vor dem Glucks aufgeführt werde, und zwar am 15. Jan. 1779. Es scheint, daß Devismes *Iphigénie* Piccinni lediglich als Ersatz angeboten hat, als dessen *Atys*-Projekt zu scheitern drohte. Piccinni selbst sagt in einem am Tag vor der Premiere seiner *Iphigénie* im *Journal de Paris* erschienenen offenen Brief, er habe die bereits begonnene Arbeit an *Atys* (1780) aufgeben müssen und nach einem neuen Libretto gesucht; da habe man ihm *Iphigénie* angeboten; er habe zuerst abgelehnt im Bewußtsein der Probleme, die eine solche direkte Konkurrenzsituation mit Gluck heraufbeschwören würde, dann aber akzeptieren müssen. Allerdings scheint Du Breuils Libretto für Piccinni von Pierre Louis Ginguené (vgl. Ginguené, *Notice*, S. 48 ff., s. Lit.) bearbeitet worden zu sein. Bei aller Verlegenheit, in die Devismes beim drohenden Scheitern von *Atys* geraten war, dürfte er den Gedanken eines kompositorischen Wettbewerbs zwischen Gluck und Piccinni dennoch reizvoll gefunden haben. Das Herbeiführen einer solchen Situation aber sollte nicht mehr als gleichsam böse Absicht des Opéra-Direktors, sondern als Folge einer so auch von ihm nicht intendierten Situation gewertet werden. Piccinni soll 1778 bereits zwei (oder nach eigener Aussage drei) Akte von *Iphigénie* beendet haben, als er erfuhr, daß Gluck entgegen anderslautenden Aussagen beziehungsweise Gerüchten doch nach Paris zurückkehren würde, wo er Ende Nov. 1778 eintraf. Auf Wunsch von Königin Marie Antoinette mußte dann Glucks Oper zuerst aufgeführt werden. Die Erklärungen in Piccinnis offenem Brief sollten den Konflikt dämpfen und auf den italienischen Brauch hinweisen, nach dem der gleiche Stoff, ja sogar dasselbe Libretto von verschiedenen Komponisten vertont werde, ohne daß dadurch Vergleiche, Parteiungen und Auseinandersetzungen entstünden; daher habe Piccinni nicht gedacht, mit der Wahl des *Iphigénie*-Stoffs so große Überraschung auszulösen. Im übrigen wolle und könne er nicht am Erfolg von Glucks *Iphigénie* rütteln, der schon seit fast drei Jahren entschieden sei; es handle sich nicht um eine Konkurrenz, denn es sei nicht dasselbe Libretto, und selbst bei einander durch das gleiche Sujet zwangsläufig entsprechenden Szenen seien die Details so verschieden, daß man keine zwei Stücke der beiden Opern direkt miteinander vergleichen könne.

Handlung: Auf Tauris (vermutlich die von Skythen bewohnte Krim, im Altertum Chersonesus Taurica genannt), archaische Zeit.

I. Akt, an den Palast des Thoas und den Dianetempel angrenzender Hain: Iphigénie beklagt ihr Schicksal und weist den Gedanken an Liebe und Ehe, die König Thoas wünscht, ebenso von sich, wie sie sich der an Dianes Altar zu vollziehenden Menschenopfer entbunden sehen möchte. Ein Traum der vergangenen Nacht, den Furien, ein Sturm, ein gestrandetes Schiff und anschließende Ruhe des Meers bestimmten, hat sie in Angst versetzt, ihr gleichwohl auch Hoffnung auf eine Änderung ihres Schicksals gemacht. Thoas fordert nachdrücklich die Feier für Diane und lädt zum Fest ein. In das hereinbrechende Gewitter platzt die Nachricht von einem Schiffbruch und dem verzweifelten Widerstand der Fremden gegen die sie verschlingenden Wellen. Die Skythen freuen sich auf die gott-

gesandten Opfer, während die Priesterinnen ihnen Schonung, ja Entkommen wünschen.
II. Akt, aufgewühltes Meer mit einem am Felsen gestrandeten Schiff: Der von Schmerz und Ermüdung gezeichnete Pylade beklagt sein und seiner Freunde Schicksal, wähnt Oreste zunächst ertrunken, kann ihn aber wenig später aus den Fluten retten. In seinen Wahnvorstellungen sieht sich dieser von Klytämnestra und den Eumeniden verfolgt. Thoas und die herbeieilenden Skythen nehmen die Griechen gefangen und überantworten sie den Dianepriesterinnen.
III. Akt, den Priesterinnen vorbehaltener Teil des Tempels: Erneut beklagt Iphigénie ihr Schicksal und kreist in Selbstvorwürfen um ihre scheinbare Inhumanität, als die zum Opfer ausersehenen Oreste und Pylade gebracht werden. Von ihnen erfährt sie das Schicksal ihres Vaters Agamemnon und der Mutter Klytämnestra, die ihren Gatten betrogen und umgebracht hat und dann von ihrem Sohn Oreste getötet wurde. Seine eigene Identität gibt dieser jedoch nicht preis; vielmehr berichtet er, daß Oreste den Tod gesucht und gefunden habe. Nachdem Iphigénie Pylade zum Opfer bestimmt hat, während Oreste für Iphigénie eine Botschaft nach Griechenland bringen soll, erhebt dieser angesichts seiner Taten und Gewissensqualen den Anspruch, das Opfer zu sein.
IV. Akt, 1. Bild, Dianetempel: Iphigénie rüstet sich innerlich widerstrebend zur Opferzeremonie, möchte aber zuvor Herkunft und Namen des Opfers wissen. Oreste weicht aus; erst Iphigénies neugierig-rührender Selbstbestätigungsdrang, ob man ihrer noch in Griechenland gedenke, führt zum gegenseitigen Wiedererkennen der Geschwister. Als der hinzukommende Thoas Oreste, wenn dieser schon als Iphigénies Bruder nicht geopfert werden kann, selbst töten will, stürzt Pylade an der Spitze bewaffneter Griechen herein, die die skythischen Wachen vertrieben haben, und erschlägt Thoas. 2. Bild, Ufer mit den griechischen Schiffen: Diane ist in einer Wolke erschienen und hat die Abschaffung der Opfer sowie die Aufstellung einer Statue mit ihrem Bild befohlen. Sie entläßt die zu ihrer Verehrung niederknienden Griechen in ihre Heimat, die feierlich Abschied nehmen.
Kommentar: Die ungewöhnliche Entstehungssituation hat zwar kein außerordentliches, die Zeiten überdauerndes, dafür aber ein im Sinn der italienischen Tradition nicht gewöhnliches und gerade durch seine inneren Widersprüche aufschlußreiches, studierenswertes Werk hervorgebracht. Während Guillard den Stoff für Gluck im Sinn einer inneren Dramatik eher zu vereinfachen und auf Grundlinien zu konzentrieren suchte, gestaltete ihn Du Breuil komplizierter, wobei er Vorbildern wie Joseph de La Grange-Chancel, Joseph-François Duché de Vancy und Jean Baptiste Claude Vaubertrand folgte, die Liebe von Thoas zu Iphigénie hineinnahm und spektakuläre Tableaus wie den Schiffbruch, die Gefangennahme von Oreste und Pylade durch Thoas' Soldaten, die Feier des verliebten Thoas, den Tanz vor der Opferung und die Friedensfeier am Schluß einbaute. Der immerhin schon 50jährige Komponist bemühte sich offensichtlich, die Chöre und Rezitative besser auszuarbeiten, als es in Italien üblich war, und auch der Orchestration größere Farbigkeit und Fülle zu verleihen. Der Grundtendenz nach zielte seine musikalische Gestaltung jedoch nicht auf eine musikdramatische Haltung, wobei er sich unweigerlich in den Schatten Glucks gedrängt gesehen hätte, sondern auf eine rührende Musik auch im großen Genre, wie er sie bereits im Bereich der Opera buffa mit seiner *Buona figliola* (1760) exemplarisch geschaffen hatte. Einem solchen Anliegen tragen in sich kreisende formale Anlagen ebenso Rechnung wie eine empfindsame, zu Phrasenwiederholungen neigende Melodik, die wohl energische Seiten aufweist, dabei aber nie in den vorwärtsdrängenden Fluß der dramatischeren Erfindungen Glucks verfällt. Der Erfindungsreichtum formaler Bogenanlagen mit fremdartigen Mittelteilen zwischen gleichen Rahmengestaltungen ist erstaunlich und wird bereits in der symphonisch angelegten Ouvertüre erprobt, in der der langsame Satz die Stelle der Durchführung einnimmt. Die zunächst von Iphigénie geträumte Vorstellung eines nahenden Sturms (I/3) und der tatsächliche Eintritt (I/5) erfordern geradezu die gleiche Musik, wie auch das mit einem C-Dur-Akkord (als Dominante von f-Moll) herbeigeführte Ende des I. Akts und der dadurch erreichte Anschluß an den ausdrücklich ohne Unterbrechung in F-Dur folgenden II. Akt eine formale Geschlossenheit besonderer Art schaffen. Hatte der Mittelteil in der traditionellen italienischen Opernarie beiläufigen, bestätigenden oder vertiefenden Charakter, so gelangte Piccinni in *Iphigénie en Tauride* zu Schöpfungen, in denen gerade der Mittelteil den gefühlsmäßig rührenden Kern der musikalischen Aussage in allen durch reiche Modulation erzeugten Schattierungen in einer dichten Weise zum Höhepunkt führt und bündelt wie kaum je zuvor, wofür Orestes Air »Cruel, et tu dis que tu m'aimes« (III/5) ein gutes Beispiel ist, in dem der in Es-Dur neben das vorhergehende c-Moll gestellte Mittelteil so groß und umfangreich ausgeführt ist, daß er die Rahmenteile fast erdrückt. Einen neuen Weg hatte er auch schon in Pylades dreiteiligem Air »O sort funeste« (II/1) be-

Iphigénie en Tauride, II. Akt; Bühnenbildentwurf: Carlo Diappi; Teatro Petruzzelli, Bari 1986. – Eine Szene der totalen Heillosigkeit: Der Schiffbruch findet seine Entsprechung in den zerbrochenen Mauern, das sich aufbäumende Meer in einem aufgewühlten Himmel.

schritten, in dem an die Stelle des normalen Mittelteils ein Rezitativ trat. Zum formalen, instrumentatorischen und melodischen Reichtum korrespondiert die aus den Buffafinale entwickelte Vielgestaltigkeit der Satzanlage, bei der der wirkungsvolle Doppelchor am Ende des I. Akts und das Terzett »Si mon cœur ressent leur alarmes« als Schlußtableau des III. Akts auch schon von den Zeitgenossen applaudierte Höhepunkte darstellen.

Wirkung: In einer mit der von Glucks *Iphigénie* teilweise personengleichen hervorragenden Besetzung (Henri Larrivée und Joseph Legros sangen hier wie dort Oreste beziehungsweise Pylade) hatte das Werk nach kühler Aufnahme der ersten beiden Akte dann doch noch einen vor allem vom III. Akt herrührenden erfreulichen Erfolg. Als die Einnahmen bei der 16. Vorstellung am 16. März 1781 jedoch deutlich fielen, benutzte das Comité die Gelegenheit, um die Erlaubnis zu erwirken, Glucks *Iphigénie* wiederaufzunehmen und neben der Piccinnis aufzuführen. Langfristig war Piccinnis Oper der Glucks nicht gewachsen und verlor sowohl künstlerisch als auch finanziell rasch an Boden. Insgesamt erlebte sie in drei Aufführungsserien (1781, 1785 und 1790) rund 30 (oder 50) Vorstellungen, um dann erst wieder 1916 (nur der III. Akt) im Pariser Palais Garnier aufgeführt zu werden. Außerhalb von Paris kam es im 18. Jahrhundert zu keiner einzigen Bühnenaufführung mehr, sondern es fanden lediglich konzertante Aufführungen in Kopenhagen 1787 und in Petersburg 1791 statt. Einen breiten Raum nahm in der Tageskritik der für das Werk und sein Verständnis völlig unerhebliche alkoholisierte Auftritt der Sängerin der Iphigénie, Marie-Joséphine Laguerre, in der zweiten Vorstellung ein, der den im Publikum umlaufenden Spruch nach sich zog: »Ce n'est pas Iphigénie en Tauride, c'est Iphigénie en Champagne.« Die Begleitumstände jedoch, publizistische Vermarktung des Vorfalls und Arrestierung sowie Rehabilitierung der Sängerin, werfen ein bezeichnendes Licht auf die Atmosphäre des Theaterlebens am Vorabend der Französischen Revolution. Was das Ballett anbelangt, so überliefert die Partitur das eigentliche Divertissement, zu dem traditionell auch Vokalnummern zählten, nicht. 1986 wurde in Bari Piccinnis *Iphigénie en Tauride* zu neuem Leben erweckt; unter der Leitung von Donato Renzetti sangen Silvia Baleani (Iphigénie), René Massis (Oreste) und Aldo Bertolo (Pylade). Diese Inszenierung Luca Ronconis kam 1988 im Rahmen des Festival de Paris an das Théâtre Musical Châtelet sowie 1991 an die Opera Rom, in beiden Fällen mit Katia Ricciarelli als Iphigénie.

Autograph: Verbleib unbekannt. **Abschriften:** BL London (R. M. 21.b. 2), Bibl. de l'Opéra Paris. **Ausgaben:** Part: »Chez le Suisse de l'Hôtel de Noailles« [nicht identifizierbar], Paris [1781]; Des Lauriers, Paris (Titel-Aufl.; später Nr. 13), Nachdr.: Gregg, Farnborough 1972 [Vorw. v. A. Ford]; Kl.A d. Ausg. v. G. Carli Ballola v. P. Spada: Boccaccini & Spada, Rom 1989; Textb.: Paris, Lormel 1783. **Aufführungsmaterial:** Boccaccini & Spada, Rom
Literatur: J. G. RUSHTON, Iphigénie en Tauride. The Operas of Gluck and P., in: ML 53:1972, S. 411–430; F. DEGRADA, Due volti di ›Ifigenia‹ [mit Appendix: Le due Ifigenie e la »Querelle« Gluck–P. Documenti e testimonianze di contemporanei, S. 176–208], in: DERS., Il palazzo incantato. Studi sulla tradizione del melodramma dal Barocco al Romanticismo, Fiesole 1979, Bd. 1, S. 155–175; weitere Lit. s. S. 777

Klaus Hortschansky

Titelregister der in Band 4 behandelten Werke

Abendessen, Der Kapellmeister oder Das unvorhergesehene (Paer) 629
Abendwind oder Das greuliche Festmahl (Offenbach) 496
Abessalom da Eteri (*Abessalom und Eteri*; Paliaschwili) 646
Achill (*Achille*; Paer) 621
Adelaida ritrovata, La principessa (Muzzarelli) 383
Adelheid von Ponthieu (Noverre) 480
Adone, La catena d' (*Adonis, Die Kette des*; Mazzocchi) 28
Adriano in Siria (Pergolesi) 684
Africaine, L' (*Afrikanerin, Die*; Meyerbeer) 159
Afrodite, Trionfo di (Orff) 592
Agamemnon (Milhaud) 185
Agamemnon, Der gerächte (Noverre) 478
Agnese (*Agnese, L'*; Paer) 628
Ägypten, Die betrogene Staatsliebe oder Die unglückselige Kleopatra, Königin von (Mattheson) 6
Ägypten, Der Kreuzritter in (Meyerbeer) 118
Alba, Ascanio in (*Alba, Ascanius in*; Mozart) 284
Al gran sole carico d'amore (Nono) 461
Alle maskiert (Pedrotti) 660
alle oder Die Schule der Liebenden, So machen's (Mozart) 327
allievo dell'amore, Sargino ossia L' (Paer) 623
Alma oder Die Tochter des Feuers (*Alma ou La Fille du feu*; Perrot) 694
Alonzo, Cora och (Naumann) 390
Alvilda, Königin der Goten, Die Seeräuberamazone oder (*Alvilda regina de' goti, L'amazzone corsara ovvero L'*; Pallavicino) 648
Amahl and the Night Visitors (*Amahl und die nächtlichen Besucher*; Menotti) 60
amanti, Così fan tutte ossia La scuola degli (Mozart) 327
amazzone corsara ovvero L'Alvilda regina de' goti, L' (Pallavicino) 648
Amelia geht zum Ball (*Amelia Goes to the Ball*; Menotti) 53
amicizia, Elisa e Claudio ossia L'amore protetto dall' (Mercadante) 67
amor coniugale, L' (Mayr) 17
amor coniugale, Leonora ossia L' (Paer) 624
amor contrastato, L' (Paisiello) 641
amore, Al gran sole carico d' (Nono) 461
amore, Nina ossia La pazza per (*amore, La Nina pazza per*; Paisiello) 643
amore, Sargino ossia L'allievo dell' (Paer) 623
amore dei tre re, L' (Montemezzi) 239
amore protetto dall'amicizia, Elisa e Claudio ossia L' (Mercadante) 67
Amors Guckkasten (Neefe) 400
amour, Nina ou La Folle par (Milon) 207
Amour à Trois, The Telephone or L' (Menotti) 56
Amour masqué, L' (Messager) 106
Anjou, Margarete von (*Anjou, Margherita d'*; Meyerbeer) 116
Antigonae (Orff) 589
Apfel, Der goldene (*Apple, The Golden*; Moross) 269
Aphrodite (Oberleithner) 484
Aphrodite, Triumph der (Orff) 592
api, Pomme d' (Offenbach) 562
Apollo et Hyacinthus (*Apollo und Hyacinth*; Mozart) 275
Apotheke, Die (Neefe) 399
Après-midi d'un faune, L' (Nijinski) 447
Araber in Gallien oder Der Triumph des Glaubens, Die (*arabi nelle Gallie ossia Il trionfo della fede, Gli*; Pacini) 609
Arcadians, The (Monckton/Talbot) 215
Argenia, Die beständige (Meder) 32
Argentina, Hommage à La (Ohno) 580
Ariadne, Die verlassene (Milhaud) 177
Ariodant (Méhul) 39
Arkadier, Die (Monckton/Talbot) 215
Arlekinada (*Arlequin, Les Millions d'*; M. Petipa) 735
arme Heinrich, Der (Pfitzner) 752
arme Jonathan, Der (Millöcker) 202
arme Matrose, Der (Milhaud) 175
Arnljot (Peterson-Berger) 708
Aruhentschiina-scho, Ra (Ohno) 580
Ascanio in Alba (*Ascanius in Alba*; Mozart) 284

Assise, Saint François d' (*Assisi, Der heilige Franz von*; Messiaen) 108
astuta, Livietta e Tracollo / La contadina (Pergolesi) 686
Atys (Piccinni) 782
Aurora, Titon und (*Aurore, Titon et l'*; Mondonville) 217
aveugles, Les Deux (Offenbach) 489
aveugles de Tolède, Les Deux (Méhul) 44
avise jamais de tout, On ne s' (Monsigny) 230

Baby Doe, Die Ballade von (*Baby Doe, The Ballad of*; Moore) 259
Baiser de la fée, Le (Nijinska) 443
Bajadere, Die (*Bajaderka*; M. Petipa) 719
Ball, Amelia geht zum (*Ball, Amelia Goes to the*; Menotti) 53
Ballade von Baby Doe, Die (*Ballad of Baby Doe, The*; Moore) 259
Ballet royal de la nuit, Le (*Ballett der Nacht, Das königliche*; (Mollier) 212
ballo delle ingrate, Il (Monteverdi) 245
Band, Krapp oder Das letzte (Mihalovici) 169
Banditen, Die (Offenbach) 553
Barbe-Bleue (Offenbach) 529
Barbier von Sevilla oder Die unnütze Vorsicht, Der (*barbiere di Siviglia ovvero La precauzione inutile, Il*; Paisiello) 634
Bastien und Bastienne (Mozart) 277
Ba-ta-clan (Offenbach) 491
Bäuerin, Livietta und Tracollo / Die listige (Pergolesi) 686
Bavards, Les (Offenbach) 518
Bayadère, La (M. Petipa) 719
Beaucaire, Herr (*Beaucaire, Monsieur*; Messager) 104
befreite Theseus, Der (Milhaud) 178
Beggar's Opera, The (Pepusch) 670
beiden berühmten Rivalinnen, Die (Mercadante) 75
beiden Blinden, Die (Offenbach) 489
beiden Blinden von Toledo, Die (Méhul) 44
beiden Tauben, Die (Mérante) 66
bekehrte Tyrann, Euphrosine oder Der (Méhul) 33
Belle au bois dormant, La (M. Petipa) 724
Belle Hélène, La (Offenbach) 524
Bernauerin, Die (Orff) 592
berühmten Rivalinnen, Die beiden (Mercadante) 75
Bergerac, Cyrano de (*Bergerac, Cyrano von*; Petit) 740
beständige Argenia, Die (Meder) 32
bestrafte Wüstling oder Der (*Don Giovanni, Der*; Mozart) 314
Besucher, Amahl und die nächtlichen (Menotti) 60
betrogene Kadi, Der (Monsigny) 229
betrogene Staatsliebe oder Die unglückselige Kleopatra, Königin von Ägypten, Die (Mattheson) 6
Bettelstudent, Der (Millöcker) 189
Bettleroper, Die (Pepusch) 670
Biches, Les (Nijinska) 436
Bildnis Don Quichottes, Das (Milloss) 205
Blaubart (Offenbach) 529
blaue Zug, Der (*bleu, Le Train*; Nijinska) 439
Blinden, Die beiden (Offenbach) 489
Blinden von Toledo, Die beiden (Méhul) 44
Blut, Wiener (A. Müller) 352
bois dormant, La Belle au (M. Petipa) 724
Boléro (*Bolero*; Nijinska) 441
Boris Godunow (Mussorgski) 365
Brabant, Genevieve von (*Brabant, Genoveva von*; Offenbach) 507
Brahminen, Das Sonnenfest der (W. Müller) 356
Bravo, Der (*bravo, Il*; Mercadante) 79
Brigands, Les (Offenbach) 553
Bruder, Der verliebte (Pergolesi) 678
Bunbury, Mein Freund (Natschinski) 388
buona figliola, La (Piccinni) 773
Burana, Carmina (Orff) 592
Burgkobold, Der (Novák) 472
Burgverlies, Camilla oder Das (Paer) 619

Cadi dupé, Le (Monsigny) 229
Camilla oder Das Burgverlies (*Camilla ossia Il sotterraneo*; Paer) 619

carico d'amore, Al gran sole (Nono) 461
Carmen (Petit) 739
carmina, Catulli (*Carmina Burana*; Orff) 592
Carnival! (Merrill) 97
Carotte, Le Roi (Offenbach) 557
Castro, Ines de (*Castro, Inês de*; Persiani) 706
catena d'Adone, La (Mazzocchi) 28
Cato in Utica (*Catone in Utica*; Piccinni) 779
Catulli carmina (Orff) 592
cavalerie, Halte de (M. Petipa) 729
Chanson de Fortunio, La (Offenbach) 512
chant électromagnétique, La Leçon de (Offenbach) 540
chapelle ou Le Souper imprévue, Le Maître de (Paer) 629
Che originali! (Mayr) 14
Chin Chow, Chu (Norton) 469
Chisciotte della Mancia, Don (Paisiello) 630
Chloé, Daphnis et (*Chloe, Daphnis und*; Offenbach) 511
Choephoren, Die (*Choéphores, Les*; Milhaud) 185
Choufleuri gibt sich die Ehre am..., Herr (*Choufleuri restera chez lui le..., Monsieur*; Offenbach) 515
Chowanschtschina (Mussorgski) 375
Christelflein, Das (Pfitzner) 756
Christi resurrectione, Comoedia de (Orff) 596
Christophe Colomb (*Christoph Kolumbus*; Milhaud) 178
Chu Chin Chow (Norton) 469
Chulapona, Die (*Chulapona, La*; Moreno-Torroba) 263
City Curious, Imago – The (Nikolais) 458
Claudio oder Die aus Freundschaft geschützte Liebe, Elisa und (*Claudio ossia L'amore protetto dall'amicizia, Elisa e*; Mercadante) 67
clemenza di Tito, La (Mozart) 334
Clorinda, Combattimento di Tancredi e (*Clorinda, Kampf zwischen Tankred und*; Monteverdi) 247
cœur, Les Intermittences du (Petit) 741
Colas, Rose et (*Colas, Rose und*; Monsigny) 233
Colomb, Christophe (Milhaud) 178
Combattimento di Tancredi e Clorinda (Monteverdi) 247
comoedia, De temporum fine (Orff) 603
Comoedia de Christi resurrectione (Orff) 596
coniugale, L'amor (Mayr) 17
coniugale, Leonora ossia L'amor (Paer) 624
Consul, The (Menotti) 57
contadina astuta, Livietta e Tracollo / La (Pergolesi) 686
Contes d'Hoffmann, Les (Offenbach) 571
contrastato, L'amor (Paisiello) 641
Cora (*Cora och Alonzo*; Naumann) 390
cordovano, Il (Petrassi) 744
Corinto, Medea in (Mayr) 18
Cornets Christoph Rilke, Die Weise von Liebe und Tod des (Matthus) 7
corrigé, Euphrosine ou Le Tyran (Méhul) 33
Corsaire, Le (Mazilier) 26
corsara ovvero L'Alvilda regina de' goti, L'amazzone (Pallavicino) 648
corsaro, Il (Pacini) 611
Così fan tutte ossia La scuola degli amanti (Mozart) 327
Costanza, Romilda e (*Costanza, Romilda und*; Meyerbeer) 111
Créole, La (Offenbach) 566
Crequi, Raoul de (*Créquy, Raoul de*; Morlacchi) 265
crociato in Egitto, Il (Meyerbeer) 118
Croquefer ou Le Dernier des paladins (Offenbach) 494
Crusoé, Robinson (*Crusoe, Robinson*; Offenbach) 541
Curiaces, Les Horaces et les (Noverre) 482
Curiatier, Horatier und (Mercadante) 87
Curiatier, Die Horatier und die (Noverre) 482
Curiazi, Orazi e (Mercadante) 87
Curious, Imago – The City (Nikolais) 458
Cyrano de Bergerac (*Cyrano von Bergerac*; Petit) 740

Dacia, Trajano in (*Dakien, Trajan in*; Nicolini) 426
Damen, Der Tanz der spröden (Monteverdi) 245
Damen der Hallen, Die (Offenbach) 498
Dancing Years, The (Novello) 474
Danger d'écouter aux portes, Le Trésor supposé ou Le (Méhul) 43
Daphnis et Chloé (*Daphnis und Chloe*; Offenbach) 511
David (Milhaud) 183
David, Saul og (*David, Saul und*; Nielsen) 429

Demoiselles de la nuit, Les (Petit) 738
denken, Man kann nicht immer an alles (Monsigny) 230
Dernier des paladins, Croquefer ou Le (Offenbach) 494
Deserteur, Der (*Déserteur, Le*; Monsigny) 234
Deutschen, Die wiedergefundene Tochter Otto des II., Kaisers der (Muzzarelli) 383
Deux aveugles, Les (Offenbach) 489
Deux aveugles de Tolède, Les (Méhul) 44
Deux pigeons, Les (Mérante) 66
diable, Robert le (Meyerbeer) 123
Diable à quatre, Le (Mazilier) 21
Diana, Sylvia oder Die Nymphe der (*Diane, Sylvia ou La Nymphe de*; Mérante) 63
Dinorah (Meyerbeer) 155
dissoluto punito ossia Il Don Giovanni, Il (Mozart) 314
Doe, Die Ballade von Baby (*Doe, The Ballad of Baby*; Moore) 259
Don Chisciotte della Mancia (Paisiello) 630
Don Giovanni, Der bestrafte Wüstling oder (*Don Giovanni, Il dissoluto punito ossia Il*; Mozart) 314
Don Kichot (*Don Quijote*; M. Petipa) 715
Don Quijote von der Mancha (Paisiello) 630
Dorf, Der Teufel im (Mlakar) 211
Dornröschen (M. Petipa) 724
Dotsch faraona (M. Petipa) 712
Dreams, Turtle (Monk) 226
Dritte Sinfonie von Gustav Mahler (Neumeier) 404
due illustri rivali, Le (Mercadante) 75
dwór, Straszny (Moniuszko) 223

écouter aux portes, Le Trésor supposé ou Le Danger d' (Méhul) 43
Egitto, Il crociato in (Meyerbeer) 118
eheliche Liebe, Die (Mayr) 17
eheliche Liebe, Leonora oder Die (Paer) 624
Ehemann vor der Tür, Ein (Offenbach) 506
Ehre am..., Herr Choufleuri gibt sich die (Offenbach) 515
Einfältige, Die vorgeblich (Mozart) 278
eingebildete Schatz oder Die Gefahr, an der Tür zu horchen, Der (Méhul) 43
eingebildete Sokrates, Der (Paisiello) 632
Eisenfraß oder Der letzte der Paladine (Offenbach) 494
eiserne Heiland, Der (Oberleithner) 486
électromagnétique, La Leçon de chant (elektromagnetische Gesangsstunde, Die; Offenbach) 540
Elemente, Die (*Eléments, Les*; Perrot) 701
Elena aus Feltre (*Elena da Feltre*; Mercadante) 77
Elfrida (Paisiello) 645
Eliána (Mihalovich) 167
Elisa e Claudio ossia L'amore protetto dall'amicizia (*Elisa und Claudio oder Die aus Freundschaft geschützte Liebe*; Mercadante) 67
Elizondo, Das Mädchen von (Offenbach) 487
Emma di Resburgo (*Emma von Roxburgh*; Meyerbeer) 114
Emporté, L'Irato ou L' (Méhul) 41
enchanté ou Le Soldat magicien, Le Fifre (Offenbach) 523
Endstation Sehnsucht (Neumeier) 414
enfers, Orphée aux (Offenbach) 500
Entführung aus dem Serail, Die (Mozart) 299
Entführung der Europa, Die (Milhaud) 174
Ercole in Tebe (Melani) 49
Ernelinde, princesse de Norvège (*Ernelinde, Prinzessin von Norwegen*; Philidor) 770
Erzählungen, Hoffmanns (Offenbach) 571
Esmeralda (*Esmeralda, La*; Perrot) 697
Eteri, Abessalom da (*Eteri, Abessalom und*; Paliaschwili) 646
Etoile du nord, L' (Meyerbeer) 152
Eumeniden, Die (*Euménides, Les*; Milhaud) 185
Euphrosine ou Le Tyran corrigé (*Euphrosine oder Der bekehrte Tyrann*; Méhul) 33
Euridice, L' (Peri) 692
Europa, Die Entführung der (Milhaud) 174
Eurydike (Peri) 692

Fâcheux, Les (Nijinska) 438
Fagottist oder Die Zauberzither, Der (W. Müller) 357
Fantasio (Offenbach) 560
fan tutte ossia La scuola degli amanti, Così (Mozart) 327

faraona, Dotsch (M. Petipa) 712
faune, L'Après-midi d'un (*Fauns, Der Nachmittag eines*; Nijinski) 447
Faust (Perrot) 702
Favart, Madame (Offenbach) 567
fede, Gli arabi nelle Gallie ossia Il trionfo della (Pacini) 609
fée, Le Baiser de la (*Fee, Der Kuß der*; Nijinska) 443
Feen, Die Tochter der (*fées, La Filleule des*; Perrot) 704
Feldlager in Schlesien, Ein (Meyerbeer) 140
Feldprediger, Der (Millöcker) 199
Feltre, Elena aus (*Feltre, Elena da*; Mercadante) 77
fermier, Le Roi et le (Monsigny) 232
Feste Thalias, Die (Mouret) 273
festin, Vent du soir ou L'Horrible (*Festmahl, Abendwind oder Das greuliche*; Offenbach) 496
Fêtes de Thalie, Les (*Fêtes ou Le Triomphe de Thalie, Les*; Mouret) 273
feu, Alma ou La Fille du (*Feuers, Alma oder Die Tochter des*; Perrot) 694
Fiedler, Der (Offenbach) 490
Fifre enchanté ou Le Soldat magicien, Le (Offenbach) 523
Figaro, Die Hochzeit des (*Figaro, Le nozze di*; *Figaros Hochzeit*; Mozart) 306
figliola, La buona (Piccinni) 773
Fille du feu, Alma ou La (Perrot) 694
Fille du tambour-major, La (Offenbach) 568
Filleule des fées, La (Perrot) 704
Financier et le savetier, Le (*Finanzier und der Schuster, Der*; Offenbach) 494
fine comoedia, De temporum (Orff) 603
finta giardiniera, La (Mozart) 288
finta semplice, La (Mozart) 278
Flaminio (*Flaminio, Il*; Pergolesi) 690
Foire de Sorotchintzi, La (Mussorgski) 380
Folie, Une (Méhul) 42
Folle par amour, Nina ou La (Milon) 207
Fortunio (Messager) 102
Fortunio, La Chanson de (*Fortunios Lied*; Offenbach) 512
François d'Assise, Saint (*Franz von Assisi, Der heilige*; Messiaen) 108
frate 'nnamorato, Lo (Pergolesi) 678
Fräulein der Nacht, Die (Petit) 738
Fremde, Heimkehr aus der (Mendelssohn-Bartholdy) 52
Freund Bunbury, Mein (Natschinski) 388
Freundschaft geschützte Liebe, Elisa und Claudio oder Die aus (Mercadante) 67
Fritzchen, Lieschen und (*Fritzchen, Lischen et*; Offenbach) 520
Frühlingsopfer, Das (Nijinska) 452

Gaîté parisienne (Massine) 1
Gallien oder Der Triumph des Glaubens, Die Araber in (*Gallie ossia Il trionfo della fede, Gli arabi nelle*; Pacini) 609
Game, Troy (North) 468
Gärtnerin, Die verstellte (Mozart) 288
Gasparone (Millöcker) 195
Gefahr, an der Tür zu horchen, Der eingebildete Schatz oder Die (Méhul) 43
gehst du?, Wohin (Nouguès) 470
Geiger, Martin, der (Offenbach) 490
Geizige, Der (Paschkewitsch) 653
Geneviève de Brabant (*Genoveva von Brabant*; Offenbach) 507
Géorgiennes, Les (*Georgierinnen, Die*; Offenbach) 521
gerächte Agamemnon, Der (Noverre) 478
Gérolstein, La Grande-Duchesse de (*Gérolstein, Die Großherzogin von*; Offenbach) 536
Gesangsstunde, Die elektromagnetische (Offenbach) 540
Geschichte von Schunkin, Die (Miki) 171
Gespensterschloß, Das (Moniuszko) 223
giardiniera, La finta (Mozart) 288
Gilgamesch (*Gilgamesh*; Nørgård) 465
Ginevra di Scozia (*Ginevra von Schottland*; Mayr) 15
giorno di Pompei, L'ultimo (Pacini) 607
Giovanni, Der bestrafte Wüstling oder Don (*Giovanni, Il dissoluto punito ossia Il Don*; Mozart) 314
giuramento, Il (Mercadante) 71
Glaubens, Die Araber in Gallien oder Der Triumph des (Pacini) 609
Globolinks!, Hilfe, Hilfe, die (Menotti) 61

goda, Wremena (M. Petipa) 734
Godunow, Boris (Mussorgski) 365
Golden Apple, The (*goldene Apfel, Der*; Moross) 269
Goldgehörnt (Parma) 652
Goten, Die Seeräuberamazone oder Alvilda, Königin der (*goti, L'amazzone corsara ovvero L'Alvilda regina de'*; Pallavicino) 648
Goya (Menotti) 62
Gräfin, Die (Moniuszko) 221
Grande-Duchesse de Gérolstein, La (Offenbach) 536
gran sole carico d'amore, Al (Nono) 461
gran Tamerlano, Il (Mysliveček) 386
greuliche Festmahl, Abendwind oder Das (Offenbach) 496
großen Sonne von Liebe beladen, Unter der (Nono) 461
große Tamerlan, Der (Mysliveček) 386
Großherzogin von Gérolstein, Die (Offenbach) 536
Guckkasten, Amors (Neefe) 400
Gustaf Vasa (*Gustav Wasa*; Naumann) 394
Gustav Wasa (Muzzarelli) 385
gute Mädchen, Das (Piccinni) 773

Hadrian in Syrien (Pergolesi) 684
Halka (Moniuszko) 219
Halle, Mesdames de la (*Hallen, Die Damen der*; Offenbach) 498
Halte de cavalerie (M. Petipa) 729
Harlekinade (M. Petipa) 735
hævn, Sandhedens (Nørholm) 466
Heiland, Der eiserne (Oberleithner) 486
heilige Franz von Assisi, Der (Messiaen) 108
Heimkehr aus der Fremde (Mendelssohn-Bartholdy) 52
Heimkehr des Odysseus ins Vaterland, Die (Monteverdi) 248
Heimkehr des Verbannten, Die (Nicolai) 421
Heinrich, Der arme (Pfitzner) 752
Heirat, Die (Mussorgski) 363
Helena, Die schöne (*Hélène, La Belle*; Offenbach) 524
Herkules in Theben (Melani) 49
Herr Beaucaire (Messager) 104
Herr Choufleuri gibt sich die Ehre am... (Offenbach) 515
Herrin, Die Magd als (Pergolesi) 681
Herz, Das (Pfitzner) 763
Herzens, Die wechselnden Zustände des (Petit) 741
Hilfe, Hilfe, die Globolinks! (Menotti) 61
Hirschkühe, Die (Nijinska) 436
Hitzkopf, Irato oder Der (Méhul) 41
Hochzeit, Die (Nijinska) 432
Hochzeit, Figaros (*Hochzeit des Figaro, Die*; Mozart) 306
Hochzeit unter den Laternen, Die (Offenbach) 497
Hoffmann, Les Contes d' (*Hoffmanns Erzählungen*; Offenbach) 571
Hofkonzert, Das kleine (Nick) 417
Hommage à La Argentina (Ohno) 580
homme et la mort, Le Jeune (Petit) 736
Honzas Königreich (*Honzovo království*; Ostrčil) 606
Horaces et les Curiaces, Les (Noverre) 482
Horatier und die Curiatier, Die (Noverre) 482
horchen, Der eingebildete Schatz oder Die Gefahr, an der Tür zu (Méhul) 43
Horrible festin, Vent du soir ou L' (Offenbach) 496
Hrabina (Moniuszko) 221
Hugenotten, Die (*Huguenots, Les*; Meyerbeer) 130
Hyacinth, Apollo und (*Hyacinthus, Apollo et*; Mozart) 275

Idomeneo (*Idomeneus*; Mozart) 293
Ile de Tulipatan, L' (Offenbach) 544
Illusionen – wie Schwanensee (Neumeier) 407
illustri rivali, Le due (Mercadante) 75
Ilonka, Schöne (*Ilonka, Szép*; Mosonyi) 272
Imago – Die Stadt Wundersam (*Imago – The City Curious*; Nikolais) 458
immaginario, Socrate (Paisiello) 632
imprévue, Le Maître de chapelle ou Le Souper (Paer) 629
incoronazione di Poppea, L' (Monteverdi) 253
Ines de Castro (*Inês de Castro*; Persiani) 706
Infante mirificus, Ludus de nato (Orff) 599
ingrate, Il ballo delle (Monteverdi) 245
Insel Tulipatan, Die (Offenbach) 544
Intermittences du cœur, Les (Petit) 741

Intoleranz 1960 (*Intolleranza 1960*; Nono) 459
inutile, Il barbiere di Siviglia ovvero La precauzione (Paisiello) 634
Iphigenie auf Tauris (*Iphigénie en Tauride*; Piccinni) 784
Irato oder Der Hitzkopf (*Irato ou L'Emporté, L'*; Méhul) 41
Irma die Süße (*Irma la douce*; Monnot) 228
Isolina, Tebaldo e (*Isolina, Tebaldo e*; Morlacchi) 266

Jagd, König Karls (Pacius) 616
Jahreszeiten, Die (M. Petipa) 734
Jahrmarkt von Sorotschinzy, Der (*jarmarka, Sorotschinskaja*; Mussorgski) 380
jakt, Kung Karls (Pacius) 616
Jarmeritz in Mähren, Der Ursprung von (*Jaromeriz in Moravia, L'origine de*; Míča) 167
Jephté (Montéclair) 237
Jeune homme et la mort, Le (Petit) 736
Jeux (Nijinski) 450
Jiftach (Montéclair) 237
Joan von Zarissa (Maudrik) 12
Jonathan, Der arme (Millöcker) 202
Jone (Petrella) 745
Jones, Tom (Philidor) 768
Joseph (Méhul) 47
Judith (Matthus) 9
Juha (Merikanto) 93
junge Mann und der Tod, Der (Petit) 736

Kadi, Der betrogene (Monsigny) 229
Kaisers der Deutschen, Die wiedergefundene Tochter Otto des II., (Muzzarelli) 383
Kakadu (Offenbach) 548
Kameliendame, Die (Neumeier) 410
Kampf zwischen Tankred und Clorinda (Monteverdi) 247
Kapellmeister oder Das unvorhergesehene Abendessen, Der (Paer) 629
Karls Jagd, König (*Karls jakt, Kung*; Pacius) 616
Karneval! (Merrill) 97
Karotte, König (Offenbach) 557
Kavallerie, Die Rast der (*kawalerii, Priwal*; M. Petipa) 729
Kette des Adonis, Die (Mazzocchi) 28
Kichot, Don (M. Petipa) 715
kleine Hofkonzert, Das (Nick) 417
kleinen Michus, Die (Messager) 98
kleinen Nichtigkeiten, Die (Noverre) 483
Kleopatra, Königin von Ägypten, Die betrogene Staatsliebe oder Die unglückselige (Mattheson) 6
Klim-Bim (Offenbach) 491
Kluge, Die (Orff) 584
Knospe, Die (Ostrčil) 605
Kolumbus, Christoph (Milhaud) 178
Könige, Die Liebe der drei (Montemezzi) 239
Königin der Goten, Die Seeräuberamazone oder Alvilda, (Pallavicino) 648
Königin der Schotten, Maria, (Musgrave) 359
Königin von Ägypten, Die betrogene Staatsliebe oder Die unglückselige Kleopatra, (Mattheson) 6
König Karls Jagd (Pacius) 616
König Karotte (Offenbach) 557
königliche Ballett der Nacht, Das (Mollier) 212
Königreich, Honzas (Ostrčil) 606
König Theodor in Venedig (Paisiello) 638
König und der Pächter, Der (Monsigny) 232
König von Pontus, Mithridates, (Mozart) 281
Konsul, Der (Menotti) 57
Korduaner, Der (Petrassi) 744
Korinth, Medea in (Mayr) 18
Korsar, Der (Mazilier) 26
Korsar, Der (Pacini) 611
království, Honzovo (Ostrčil) 606
Krapp oder Das letzte Band (Mihalovici) 169
krassawiza, Spjaschtschaja (M. Petipa) 724
Kreolin, Die (Offenbach) 566
Kreuzritter in Ägypten, Der (Meyerbeer) 118
Krönung der Poppäa, Die (Monteverdi) 253
Kung Karls jakt (Pacius) 616
Kuß der Fee, Der (Nijinska) 443

Lake, The (Pentland) 669
lanternes, Le Mariage aux (Offenbach) 497
Laterne, Die (Novák) 473
Laterne, Die Verlobung bei der (*Laternen, Die Hochzeit unter den*; Offenbach) 497
Leben, Das Pariser (Offenbach) 532
Leçon de chant électromagnétique, La (Offenbach) 540
Leiden des Orpheus, Die (Milhaud) 173
Leonora oder Die eheliche Liebe (*Leonora ossia L'amor coniugale*; Paer) 624
letzte Band, Krapp oder Das (Mihalovici) 169
letzte der Paladine, Eisenfraß oder Der (Offenbach) 494
letzte Tag von Pompeji, Der (Pacini) 607
Liebe, Die eheliche (Mayr) 17
Liebe, Elisa und Claudio oder Die aus Freundschaft geschützte (Mercadante) 67
Liebe, Leonora oder Die eheliche (Paer) 624
Liebe, Die maskierte (Messager) 106
Liebe, Nina oder Die Wahnsinnige aus (Milon) 207
Liebe, Nina oder Die Wahnsinnige aus (Paisiello) 643
Liebe, Sargino oder Der Zögling der (Paer) 623
Liebe, Die umstrittene (Paisiello) 641
Liebe beladen, Unter der großen Sonne von (Nono) 461
Liebe der drei Könige, Die (Montemezzi) 239
Liebenden, So machen's alle oder Die Schule der (Mozart) 327
Liebesgarten, Die Rose vom (Pfitzner) 754
Liebe und Tod des Cornets Christoph Rilke, Die Weise von (Matthus) 7
Liebe zu dritt, Das Telephon oder Die (Menotti) 56
Lied, Fortunios (Offenbach) 512
Lieschen und Fritzchen (Offenbach) 520
Lili (Merrill) 97
Lischen et Fritzchen (Offenbach) 520
Livietta e Tracollo / La contadina astuta (*Livietta und Tracollo / Die listige Bäuerin*; Pergolesi) 686
Lost, Paradise (Penderecki) 665
Loudun, Die Teufel von (Penderecki) 662
Lucerna (Novák) 473
Lucio Silla (*Lucius Sulla*; Mozart) 285
Ludus de nato Infante mirificus (Orff) 599
Luisa Fernanda (Moreno-Torroba) 261
lune, Le Voyage dans la (Offenbach) 563
lustigen Weiber von Windsor, Die (Nicolai) 423

machen's alle oder Die Schule der Liebenden, So (Mozart) 327
Madame Favart (Offenbach) 567
Mädchen, Das gute (Piccinni) 773
Mädchen von Elizondo, Das (Offenbach) 487
Magd als Herrin, Die (Pergolesi) 681
magicien, Le Soldat (Philidor) 765
magicien, Le Soldat (*magicien, Le Fifre enchanté ou Le Soldat*; Offenbach) 523
Mahler, Dritte Sinfonie von Gustav (Neumeier) 404
Mähren, Der Ursprung von Jarmeritz in (Míča) 167
Maître de chapelle ou Le Souper imprévue, Le (Paer) 629
Malheurs d'Orphée, Les (Milhaud) 173
Mancha, Don Quijote von der (*Mancia, Don Chisciotte della*; Paisiello) 630
Man kann nicht immer an alles denken (Monsigny) 230
Mann und der Tod, Der junge (Petit) 736
Manru (Paderewski) 617
Margarete von Anjou (*Margherita d'Anjou*; Meyerbeer) 116
Mariage aux lanternes, Le (Offenbach) 497
Maria, Königin der Schotten (Musgrave) 359
Mari à la porte, Un (Offenbach) 506
Martin, der Geiger (Offenbach) 490
Mary, Queen of Scots (Musgrave) 359
maschera, Tutti in (Pedrotti) 660
Maskarade (*Maskerade*; Nielsen) 431
Maske, Die schwarze (Penderecki) 667
maskiert, Alle (Pedrotti) 660
maskierte Liebe, Die (*masqué, L'Amour*; Messager) 106
matelot, Le Pauvre (*Matrose, Der arme*; Milhaud) 175
Matthäus-Passion (Neumeier) 411
Medea (Milhaud) 182
Medea in Corinto (*Medea in Korinth*; Mayr) 18
Medea und Jason (Noverre) 476
Medium, Das (*Medium, The*; Menotti) 55

Mein Freund Bunbury (Natschinski) 388
Mélidore et Phrosine (*Mélidore und Phrosine*; Méhul) 36
Mesdames de la Halle (Offenbach) 498
Michu, Les P'tites (*Michus, Die kleinen*; Messager) 98
Milde des Titus, Die (Mozart) 334
Millionär, Schuhflicker und (Offenbach) 494
Millions d'Arlequin, Les (M. Petipa) 735
mirificus, Ludus de nato Infante (Orff) 599
Mithridates, König von Pontus (*Mitridate re di Ponto*; Mozart) 281
Mond, Der (Orff) 581
Mond, Die Reise auf den (Offenbach) 563
Monsieur Beaucaire (Messager) 104
Monsieur Choufleuri restera chez lui le... (Offenbach) 515
Moravia, L'origine de Jaromeriz in (Míča) 167
mort, Le Jeune homme et la (Petit) 736

Nachmittag eines Fauns, Der (Nijinski) 447
Nacht, Die Fräulein der (Petit) 738
Nacht, Das königliche Ballett der (Mollier) 212
nächtlichen Besucher, Amahl und die (Menotti) 60
Naïade, Ondine ou La (*Najade, Undine oder Die*; Perrot) 695
Namouna (L. Petipa) 710
nato Infante mirificus, Ludus de (Orff) 599
Nichtigkeiten, Die kleinen (Noverre) 483
Night Visitors, Amahl and the (Menotti) 60
Nina oder Die Wahnsinnige aus Liebe (Milon) 207
Nina oder Die Wahnsinnige aus Liebe (*Nina ossia La pazza per amore*; Paisiello) 643
Nina ou La Folle par amour (Milon) 207
Nina pazza per amore, La (Paisiello) 643
'nnamorato, Lo frate (Pergolesi) 678
Nobilissima Visione (*Nobilissima visione*; Massine) 2
Noces, Les (Nijinska) 432
nord, L'Etoile du (*nord, La stella del*; *Nordens, Der Stern des*; *Nordstern, Der*; Meyerbeer) 152
Normannen in Paris, Die (*normanni a Parigi, I*; Mercadante) 69
Norvège, Ernelinde, princesse de (*Norwegen, Ernelinde, Prinzessin von*; Philidor) 770
nozze di Figaro, Le (Mozart) 306
nuit, Le Ballet royal de la (Mollier) 212
nuit, Les Demoiselles de la (Petit) 738
Nymphe de Diane, Sylvia ou La (*Nymphe der Diana, Sylvia oder Die*; Mérante) 63

Odysseus ins Vaterland, Die Heimkehr des (Monteverdi) 248
Oedipus der Tyrann (Orff) 597
Olimpiade, L' (*Olympiade, Die*; Pergolesi) 688
Ondine ou La Naïade (Perrot) 695
On ne s'avise jamais de tout (Monsigny) 230
Opera, The Beggar's (Pepusch) 670
Orazi e Curiazi (Mercadante) 87
Orestie, Die (Milhaud) 185
Orfeo, L' (Monteverdi) 241
Origille (*Origille, L'*; Piccinni) 777
Originale!, Was für (*originali!, Che*; Mayr) 14
origine di Jaromeriz in Moravia, L' (Míča) 167
Orphée, Les Malheurs d' (*Orpheus, Die Leiden des*; Milhaud) 173
Orphée aux enfers (Offenbach) 500
Orpheus (Monteverdi) 241
Orpheus in der Unterwelt (Offenbach) 500
Osiride (*Osiris*; Naumann) 392
Othello (Neumeier) 415
Otto des II., Kaisers der Deutschen, Die wiedergefundene Tochter (Muzzarelli) 383

Pächter, Der König und der (Monsigny) 232
padrona, La serva (Pergolesi) 681
Paladine, Eisenfraß oder Der letzte der (*paladins, Croquefer ou Le Dernier des*; Offenbach) 494
Palestrina (Pfitzner) 758
Paquita (Mazilier) 24
Paradies, Das verlorene (*Paradise Lost*; Penderecki) 665
Pardon de Ploërmel, Le (Meyerbeer) 155
Paria, Der (Moniuszko) 225
Parigi, I normanni a (*Paris, Die Normannen in*; Mercadante) 69
Pariser Leben, Das (Offenbach) 532

Pariser Vergnügen (*parisienne, Gaîté*; Massine) 1
parisienne, La Vie (Offenbach) 532
Pas de Quatre (*Pas de quatre*; Perrot) 700
patria, Il ritorno d'Ulisse in (Monteverdi) 248
Pauvre matelot, Le (Milhaud) 175
pazza per amore, Nina ossia La (*pazza per amore, La Nina*; Paisiello) 643
Pépito (Offenbach) 487
Périchole (*Périchole, La*; Offenbach) 544
Petits riens, Les (Noverre) 483
Pharaos, Die Tochter des (M. Petipa) 712
Phrosine, Mélidore et (*Phrosine, Mélidore und*; Méhul) 36
pigeons, Les Deux (Mérante) 66
Pirenei, I (Pedrell) 657
Pirro (Paisiello) 639
Pitzelberger, Salon (Offenbach) 515
Plagegeister, Die (Nijinska) 438
Ploërmel, Le Pardon de (*Ploërmel, Die Wallfahrt von*; Meyerbeer) 155
Pobeda nad solnzem (Matjuschin) 3
Polenblut (Nedbal) 396
Polly (Pepusch) 674
Pomme d'api (Offenbach) 562
Pompei, L'ultimo giorno di (*Pompeji, Der letzte Tag von*; Pacini) 607
Pont des soupirs, Le (Offenbach) 514
Ponthieu, Adelheid von (Noverre) 480
Ponto, Mitridate re de (*Pontus, Mithridates, König von*; Mozart) 281
Poppäa, Die Krönung der (*Poppea, L'incoronazione di*; Monteverdi) 253
porte, Un Mari à la (Offenbach) 506
portes, Le Trésor supposé ou Le Danger d'écouter aux (Méhul) 43
Portrait de Don Quichotte, Le (Milloss) 205
Poupě (Ostrčil) 605
Prag, Die Schwestern von (W. Müller) 358
precauzione inutile, Il barbiere di Siviglia ovvero La (Paisiello) 634
princesse de Norvège, Ernelinde, (Philidor) 770
Princesse de Trébizonde, La (Offenbach) 550
principessa Adelaide ritrovata, La (Muzzarelli) 383
printemps, Le Sacre du (Nijinski) 452
Prinzessin von Norwegen, Ernelinde, (Philidor) 770
Prinzessin von Trapezunt, Die (Offenbach) 550
Priwal kawalerii (M. Petipa) 729
promessi sposi, I (Petrella) 749
Prometeo (*Prometheus*; Nono) 463
Prometheus (Orff) 601
Prophet, Der (*Prophète, Le*; Meyerbeer) 143
proscritto, Il (Nicolai) 421
P'tites Michu, Les (Messager) 98
punito ossia Il Don Giovanni, Il dissoluto (Mozart) 314
Pyrenäen, Die (Pedrell) 657
Pyrrhus (Paisiello) 639

Quatre, Pas de (*quatre, Pas de*; Perrot) 700
Queen of Scots, Mary (Musgrave) 359
Quichotte, Le Portrait de Don (*Quichottes, Das Bildnis Don*; Milloss) 205
Quijote, Don (M. Petipa) 715
Quijote von der Mancha, Don (Paisiello) 630
Quo vadis? (Nouguès) 470

Ra Aruhentschiina-scho (Ohno) 580
Rache der Wahrheit, Die (Nørholm) 466
Raimonda (M. Petipa) 730
Raoul de Crequi (*Raoul de Créquy*; Morlacchi) 265
rarášek, Zvíkovský (Novák) 472
Rast der Kavallerie, Die (M. Petipa) 729
Raymonda (M. Petipa) 730
re, L'amore dei tre (Montemezzi) 239
re di Ponto, Mitridate (Mozart) 281
Regent, Der (*reggente, Il*; Mercadante) 85
Regimentszauberer, Der (Offenbach) 523
regina de' goti, L'amazzone corsara ovvero L'Alvilda (Pallavicino) 648
Reise auf den Mond, Die (Offenbach) 563

Resburgo, Emma di (Meyerbeer) 114
resurrectione, Comoedia de Christi (Orff) 596
re Teodoro in Venezia, Il (Paisiello) 638
riens, Les Petits (Noverre) 483
Rilke, Die Weise von Liebe und Tod des Cornets Christoph (Matthus) 7
ritorno d'Ulisse in patria, Il (Monteverdi) 248
ritrovata, La principessa Adelaida (Muzzarelli) 383
rivali, Le due illustri (*Rivalinnen, Die beiden berühmten*; Mercadante) 75
Robert der Teufel (*Robert le diable*; Meyerbeer) 123
Robinson Crusoé (*Robinson Crusoe*; Offenbach) 541
Roi Carotte, Le (Offenbach) 557
Roi et le fermier, Le (Monsigny) 232
Roland (Piccinni) 780
Roland à Roncevaux (*Roland bei Roncesvalles*; Mermet) 95
Romilda e Costanza (*Romilda und Costanza*; Meyerbeer) 111
Roncesvalles, Roland bei (*Roncevaux, Roland à*; Mermet) 95
Rose et Colas (*Rose und Colas*; Monsigny) 233
Rose vom Liebesgarten, Die (Pfitzner) 754
Roxburgh, Emma von (Meyerbeer) 114

Säckingen, Der Trompeter von (Nessler) 402
Sacre du printemps, Le (Nijinski) 452
Saffo (Pacini) 614
Sage des Schloßturms, Eine (Misuno) 209
Saint François d'Assise (Messiaen) 108
Saisons, Les (M. Petipa) 734
Salambo (*Salammbô*; Mussorgski) 361
Salem (Mosel) 271
Salon Pitzelberger (Offenbach) 515
Sandhedens hævn (Nørholm) 466
Sappho (Pacini) 614
Saragossa, Die Schwätzerin von (Offenbach) 518
Sargino oder Der Zögling der Liebe (*Sargino ossia L'allievo dell'amore*; Paer) 623
Saul og David (*Saul und David*; Nielsen) 429
savetier, Le Financier et le (Offenbach) 494
Schatz oder Die Gefahr, an der Tür zu horchen, Der eingebildete (Méhul) 43
Schauspieldirektor, Der (Mozart) 303
Schenitba (Mussorgski) 363
Schildkrötenträume (Monk) 226
schlafende Schöne, Die (M. Petipa) 724
Schlesien, Ein Feldlager in (Meyerbeer) 140
Schloß, Das verwunschene (Millöcker) 187
Schloßturms, Eine Sage des (Misuno) 209
Schneckendiplomat, Der (Pauer) 655
Schöne, Die schlafende (M. Petipa) 724
schöne Helena, Die (Offenbach) 524
Schöne Ilonka (Mosonyi) 272
Schotten, Maria, Königin der (Musgrave) 359
Schottland, Ginevra von (Mayr) 15
Schuhflicker und Millionär (Offenbach) 494
Schule der Liebenden, So machen's alle oder Die (Mozart) 327
Schunkin, Die Geschichte von (*Schunkin-scho*; Miki) 171
Schuster, Der Finanzier und der (Offenbach) 494
Schwanensee, Illusionen – wie (Neumeier) 407
schwarze Maske, Die (Penderecki) 667
Schwätzer, Die (*Schwätzerin von Saragossa, Die*; Offenbach) 518
Schwestern von Prag, Die (W. Müller) 358
Schwur, Der (Mercadante) 71
Scipione, Il sogno di (*Scipios, Der Traum*; Mozart) 283
Scots, Mary, Queen of (Musgrave) 359
Scozia, Ginevra di (Mayr) 15
scuola degli amanti, Così fan tutte ossia La (Mozart) 327
66, Die (Offenbach) 493
See, Der (Pentland) 669
Seeräuberamazone oder Alvilda, Königin der Goten, Die (Pallavicino) 648
Sehnsucht, Endstation (Neumeier) 414
semplice, La finta (Mozart) 278
Serail, Das (Mozart) 291
Serail, Die Entführung aus dem (Mozart) 299
Serenata (Palucca) 651
serva padrona, La (Pergolesi) 681
Seufzerbrücke, Die (Offenbach) 514

Sevilla oder Die unnütze Vorsicht, Der Barbier von (Paisiello) 634
Sieg über die Sonne (Matjuschin) 3
Silla, Lucio (Mozart) 285
Sinfonie von Gustav Mahler, Dritte (Neumeier) 404
Siria, Adriano in (Pergolesi) 684
Siviglia ovvero La precauzione inutile, Il barbiere di (Paisiello) 634
Skupoi (Paschkewitsch) 653
slimejš, Žvanivý (Pauer) 655
Socrate immaginario (Paisiello) 632
Sofonisba (Paer) 626
sogno di Scipione, Il (Mozart) 283
soir ou L'Horrible festin, Vent du (Offenbach) 496
66, Le (Offenbach) 493
Sokrates, Der eingebildete (Paisiello) 632
Soldat als Zauberer, Der (Philidor) 765
Soldat als Zauberer, Die Zauberpfeife oder Der (Offenbach) 523
Soldat magicien, Le (Philidor) 765
Soldat magicien, Le (*Soldat magicien, Le Fifre enchanté ou Le*; Offenbach) 523
Solimano (Perez) 675
solnzem, Pobeda nad (Matjuschin) 3
So machen's alle oder Die Schule der Liebenden (Mozart) 327
Sonne, Sieg über die (Matjuschin) 3
Sonnenfest der Brahminen, Das (W. Müller) 356
Sonne von Liebe beladen, Unter der großen (Nono) 461
Sophonisbe (Neefe) 401
Sophonisbe (Paer) 626
Sorcier, Le (Philidor) 767
Sorotchintzi, La Foire de (*Sorotschinskaja jarmarka*; *Sorotschinzy, Der Jahrmarkt von*; Mussorgski) 380
sotterraneo, Camilla ossia Il (Paer) 619
Souper imprévu, Le Maître de chapelle ou Le (Paer) 629
soupirs, Le Pont des (Offenbach) 514
spanische Wand, Die (Petrassi) 744
Spiel, Trojanisches (North) 468
Spiele (Nijinski) 450
Spjaschtschaja krassawiza (M. Petipa) 724
sposi, I promessi (Petrella) 749
spröden Damen, Der Tanz der (Monteverdi) 245
Staatsliebe oder Die unglückselige Kleopatra, Königin von Ägypten, Die betrogene (Mattheson) 6
Stadt Wundersam, Imago – Die (Nikolais) 458
stella del nord, La (*Stern des Nordens, Der*; Meyerbeer) 152
Stradella (Niedermeyer) 428
Straßenräuber, Die (Offenbach) 553
Straszny dwór (Moniuszko) 223
Stratonice (*Stratonike*; Méhul) 34
Sulaiman (Perez) 675
Sulla, Lucius (Mozart) 285
supposé ou Le Danger d'écouter aux portes, Le Trésor (Méhul) 43
Sylvia oder Die Nymphe der Diana (*Sylvia ou La Nymphe de Diane*; Mérante) 63
Syrien, Hadrian in (Pergolesi) 684
Szép Ilonka (Mosonyi) 272

Tag von Pompeji, Der letzte (Pacini) 607
Talisman (*Talisman, Der*; M. Petipa) 723
tambour-major, La Fille du (*Tambourmajors, Die Tochter des*; Offenbach) 568
Tamerlan, Der große (*Tamerlano, Il gran*; Mysliveček) 386
Tancredi e Clorinda, Combattimento di (*Tankred und Clorinda, Kampf zwischen*; Monteverdi) 247
Tanz der spröden Damen, Der (Monteverdi) 245
Tanzjahre, Die (Novello) 474
Tauben, Die beiden (Mérante) 66
Tauride, Iphigénie en (*Tauris, Iphigenie auf*; Piccinni) 784
Tebaldo e Isolina (*Tebaldo und Isolina*; Morlacchi) 266
Tebe, Ercole in (Melani) 49
Telephone or L'Amour à Trois, The (*Telephon oder Die Liebe zu dritt, Das*; Menotti) 56
Tempelritter, Der (*templario, Il*; Nicolai) 419
temporum fine comoedia, De (Orff) 603
Tenschu-monogatari (Misuno) 209
Teodoro in Venezia, Il re (Paisiello) 638
Teufel, Robert der (Meyerbeer) 123

Teufelchen, Das Zvíkover (Novák) 472
Teufel im Dorf, Der (Mlakar) 211
Teufel von Loudun, Die (Penderecki) 662
Teufel zu viert, Der (Mazilier) 21
Thalias, Die Feste (*Thalie, Les Fêtes de*; *Thalie, Les Fêtes ou Le Triomphe de*; Mouret) 273
Theben, Herkules in (Melani) 49
Theodor in Venedig, König (Paisiello) 638
Theseus, Der befreite (Milhaud) 178
Tito, La clemenza di (Mozart) 334
Titon et l'Aurore (*Titon und Aurora*; Mondonville) 217
Titus (*Titus, Die Milde des*; Mozart) 334
Tochter der Feen, Die (Perrot) 704
Tochter des Feuers, Alma oder Die (Perrot) 694
Tochter des Pharaos, Die (M. Petipa) 712
Tochter des Tambourmajors, Die (Offenbach) 568
Tochter Otto des II., Kaisers der Deutschen, Die wiedergefundene (Muzzarelli) 383
Tod, Der junge Mann und der (Petit) 736
Tod des Cornets Christoph Rilke, Die Weise von Liebe und (Matthus) 7
Tolède, Les Deux aveugles de (*Toledo, Die beiden Blinden von*; Méhul) 44
Tom Jones (Philidor) 768
Tracollo / La contadina astuta, Livietta e (*Tracollo / Die listige Bäuerin, Livietta und*; Pergolesi) 686
Train bleu, Le (Nijinska) 439
Trajan in Dakien (*Trajano in Dacia*; Nicolini) 426
Trapezunt, Die Prinzessin von (Offenbach) 550
Traum Scipios, Der (Mozart) 283
Trébizonde, La Princesse de (Offenbach) 550
Trésor supposé ou Le Danger d'écouter aux portes, Le (Méhul) 43
Triomphe de Thalie, Les Fêtes ou Le (Mouret) 273
Trionfi (Orff) 592
trionfo della fede, Gli arabi nelle Gallie ossia Il (Pacini) 609
Trionfo di Afrodite (*Triumph der Aphrodite*; Orff) 592
Triumph des Glaubens, Die Araber in Gallien oder Der (Pacini) 609
Triumphe (Orff) 592
Trojanisches Spiel (North) 468
Trompeter von Säckingen, Der (Nessler) 402
Troy Game (North) 468
Tulipatan, L'Ile de (*Tulipatan, Die Insel*; Offenbach) 544
Tür, Ein Ehemann vor der (Offenbach) 506
Tür zu horchen, Der eingebildete Schatz oder Die Gefahr, an der (Méhul) 43
Turtle Dreams (Monk) 226
tutte ossia La scuola degli amanti, Così fan (Mozart) 327
Tutti in maschera (Pedrotti) 660
Tyrann, Euphrosine oder Der bekehrte (Méhul) 33
Tyrann, Oedipus der (Orff) 597

Ulisse in patria, Il ritorno d' (Monteverdi) 248
ultimo giorno di Pompei, L' (Pacini) 607
umstrittene Liebe, Die (Paisiello) 641
Undine oder Die Najade (Perrot) 695
unnütze Vorsicht, Der Barbier von Sevilla oder Die (Paisiello) 634
Unter der großen Sonne von Liebe beladen (Nono) 461
Unterwelt, Orpheus in der (Offenbach) 500
unvorhergesehene Abendessen, Der Kapellmeister oder Das (Paer) 629
Ursprung von Jarmeritz in Mähren, Der (Míča) 167
Uthal (Méhul) 45
Utica, Cato in (*Utica, Catone in*; Piccinni) 779

vadis?, Quo (Nouguès) 470
Valse, La (Nijinska) 445
Vasa, Gustaf (Naumann) 394

Vaterland, Die Heimkehr des Odysseus ins (Monteverdi) 248
Venedig, König Theodor in (*Venezia, Il re Teodoro in*; Paisiello) 638
Vent du soir ou L'Horrible festin (Offenbach) 496
Verbannten, Die Heimkehr des (Nicolai) 421
Vergnügen, Pariser (Massine) 1
verlassene Ariadne, Die (Milhaud) 177
verliebte Bruder, Der (Pergolesi) 678
Verlobten, Die (Petrella) 749
Verlobung bei der Laterne, Die (Offenbach) 497
verlorene Paradies, Das (Penderecki) 665
Véronique (Messager) 99
Verrücktheit, Eine (Méhul) 42
verstellte Gärtnerin, Die (Mozart) 288
Vert-Vert (Offenbach) 548
verwunschene Schloß, Das (Millöcker) 187
vestale, La (*Vestalin, Die*; Mercadante) 83
Vie parisienne, La (Offenbach) 532
Violoneux, Le (Offenbach) 490
Virginia (Mercadante) 90
Visitors, Amahl and the Night (Menotti) 60
Visione, Nobilissima (*visione, Nobilissima*; Massine) 2
Vizeadmiral, Der (Millöcker) 201
Vojířová, Zuzana (Pauer) 656
vorgeblich Einfältige, Die (Mozart) 278
Vorsicht, Der Barbier von Sevilla oder Die unnütze (Paisiello) 634
Voss (Meale) 30
Voyage dans la lune, Le (Offenbach) 563

Wahnsinnige aus Liebe, Nina oder Die (Milon) 207
Wahnsinnige aus Liebe, Nina oder Die (Paisiello) 643
Wahrheit, Die Rache der (Nørholm) 466
Wallfahrt von Ploërmel, Die (Meyerbeer) 155
Walzer, Der (Nijinska) 445
Wand, Die spanische (Petrassi) 744
Wasa, Gustav (Muzzarelli) 385
Wasa, Gustav (Naumann) 394
Was für Originale! (Mayr) 14
wechselnden Zustände des Herzens, Die (Petit) 741
Weiber von Windsor, Die lustigen (Nicolai) 423
Weise von Liebe und Tod des Cornets Christoph Rilke, Die (Matthus) 7
wiedergefundene Tochter Otto des II., Kaisers der Deutschen, Die (Muzzarelli) 383
Wiener Blut (A. Müller) 352
Windsor, Die lustigen Weiber von (Nicolai) 423
Wohin gehst du? (Nouguès) 470
Wremena goda (M. Petipa) 734
Wundersam, Imago – Die Stadt (Nikolais) 458
Wüstling oder Don Giovanni, Der bestrafte (Mozart) 314

Years, The Dancing (Novello) 474

Zaide (Mozart) 291
Zarissa, Joan von (Maudrik) 12
Zauberer, Der (Philidor) 767
Zauberer, Der Soldat als (Philidor) 765
Zauberer, Die Zauberpfeife oder Der Soldat als (Offenbach) 523
Zauberflöte, Die (Mozart) 341
Zauberpfeife oder Der Soldat als Zauberer, Die (Offenbach) 523
Zauberzither, Der Fagottist oder Die (W. Müller) 357
Zlatorog (Parma) 652
Zögling der Liebe, Sargino oder Der (Paer) 623
Zug, Der blaue (Nijinska) 439
Zustände des Herzens, Die wechselnden (Petit) 741
Zuzana Vojířová (Pauer) 656
Žvanivý slimejš (Pauer) 655
Zvíkover Teufelchen, Das (*Zvíkovský rarášek*; Novák) 472

Bildnachweis

1 Akad. d. Künste, Arch. für darstellende Kunst, Photo: Christian Kraushaar, Bln., S. 651; **2** Holger Badekow, Hbg., S. 413, 416; **3** Gert von Bassewitz, Hbg., S. 408; **4** Bibl. Nationale, Bibl. et Musée de l'Opéra, Paris, S. 48, 125, 525, 769, Tafel 1 o; **5** Alexander Bland, London, S. 739; **6** Ilse Buhs-Remmler, Bln., S. 186, 305, 654; **7** Daniel Cande, Paris, S. 311, 577, 731; **8** Andreu Catala, Barcelona, S. 615; **9** Coll. Arch. Internationale de la Danse, Paris, S. 22, 25; **10** Coll. Mme. Milhaud, Photo: Seeberger, Paris, S. 176; **11** Deutsche Oper am Rhein, Arch., Düsseldorf, S. 336; **12** Deutsches Theatermuseum, München, S. 68, 289, 638, 641, 766, Photos: Hildegard Steinmetz, S. 292, 604; **13** Sieghart Döhring, Thurnau: Tafeln 1 u, 9; **14** Zoe Dominic, London, S. 434, 721; **15** Drottningholms Teatermuseum, Stockholm, S. 709; **16** Mara Eggert, Ffm., S. 462, 535; **17** Günter Englert, Ffm., S. 531; **18** Foto Fayer, Wien, S. 762; **19** Gerald Fitzgerald, NY, S. 55, 57, 59; **20** Fondazione Giorgio Cini, Venedig, S. 267; **21** Forschungs-Inst. für Musiktheater, Thurnau, S. 3, 13, 50, 65, 67, 72, 74, 76, 81, 101, 103, 124, 133, 135, 143, 149, 154, 157, 161, 163, 168, 174, 175, 206, 213, 220, 221, 222, 224, 242, 243, 295, 301, 307, 308, 315, 316, 319, 330, 353, 366, 367, 369, 377, 424, 427, 433, 437, 485, 490, 509, 527, 538, 539, 542, 547, 551, 559, 565, 572, 573, 587, 593, 594, 611, 618, 622, 628, 643, 647, 683, 696, 701, 711, 713, 717, 725, 727, 729, 745, 753, 755, 757, 759, 775, 785, Tafeln 1 u, 2 o, 3 o, 4, 6 o, 11 u, 13, 14, 15 o, 16; **22** Eva Gerberding, Stuttgart, S. 4, 5; **23** Glyndebourne Festival, Arch., S. 251; **24** Graffiti Pressefoto, Stuttgart, S. 333; **25** Guy Gravett, Hurstpierpoint, Tafel 10 o; **26** Mitsutoshi Hanaga, Tokio, S. 580; **27** Hamburgische Staatsoper, Arch., Hbg., Photo: R. F. Schmiet, Hbg., S. 673; **28** Hefferman, NY, S. 147; **29** Oliver Herrmann, Bln., S. 339, Tafel 8 o; **30** Ilga Hilmerová, Prag, S. 606; **31** Hanns Holdt, München, S. 211; **32** Inst. del Teatre, Barcelona, S. 262, Tafel 15 u; **33** Irina Nijinska Arch., Pacific Palisades, S. 446; **34** Kioko Kawada, Tokio, S. 172; **35** Hannes Kilian, Wäschenbeuren (bei Stuttgart), S. 601, 631; **36** Anne Kirchbach, Starnberg, S. 27, 349; **37** Helga Kirchberger, Dortmund, S. 519; **38** Fred Kliché, Düsseldorf, S. 761; **39** Helga Kneidl, Hbg., Tafel 8 u; **40** Königliche Oper, Arch., Stockholm, S. 477; **41** Komische Oper, Arch., Photo: Jürgen Simon, Bln., S. 347; **42** Kranichphoto, Bln., S. 743, Tafel 3 u; **43** Peter Krempin, Kassel, S. 94; **44** Paul Leclaire, Köln, S. 290; **45** Lelli & Masotti, Mailand, S. 679; **46** Serge Lido, Paris, S. 310; **47** Lipnitzki-Viollet, Paris, S. 737; **48** Colette Masson, Paris, S. 109, 127, Tafel 5; **49** Max-Reinhardt-Forschungs- u. Gedenkstätte, Salzburg, S. 309, 321, 337, 344; **50** Metropolitan Opera, Arch., NY, S. 240, 345, 389; **51** Herbert Migdoll, NY, S. 455; **52** Victor Mory, Wien, S. 278; **53** Museen d. Stadt Wien, Wien, S. 481; **54** Museo Balaguer, Vilanova i Labeltrú, S. 658; **55** Museo Teatrale alla Scala, Mailand, S. 16, 80, 119, Tafel 2 u; **56** Rigmor Mydtskov, Kopenhagen, S. 430, 467; **57** Nationalmuseum, Stockholm, S. 395, Tafel 12 o; **58** Nationaltheater, Arch., Photo: Jaromír Svoboda, Prag, S. 473; **59** NYPL, Joseph Abeles Coll., NY, S. 98; **60** Nordiska Museet, Stockholm, S. 145; **61** Orff-Zentrum, München, S. 595; **62** Österr. National-Bibl., Theater-Slg., Wien, S. 188, 190, 192, 197, 202, 442, 495, 503, 511, 698; **63** Racc. Bertarelli, Mailand, Tafel 2 o; **64** Reissmuseum, Theater-Slg., Mannheim, S. 403, 464; **65** Roger Pryor Dodge Coll., NY, Photos: Adolf de Meyer, S. 448, 449, 451; **66** Salzburger Festspiele, Arch., Salzburg, S. 252, 280, 282, 668; **67** Susan Schimert-Ramme, Zürich, S. 255, Tafel 6 u; **68** Peter Schlegel, Zürich, S. 340; **69** Werner Schloske, Stuttgart, S. 663; **70** Marion Schöne, Bln., S. 11, 323, 583; **71** Günter Schreckenberg, Darmstadt, S. 193, 633; **72** Gunhild Schüller, Thurnau, S. 453; **73** Julian Sheppard, Cardiff, S. 257, 517; **74** Leslie E. Spatt, London, S. 411, 469; **75** Staatl. Museen zu Bln., Bln., S. 40, Tafel 10 u; **76** Staatsteater am Gärtnerplatz, Arch., München, S. 203, 555, Photos: Hildegard Steinmetz, S. 198, 381; **77** Staatstheater, Arch., Stuttgart, S. 596, 599; **78** Städtische Bühnen, Arch., Bielefeld, Photo: Karl Schildmann, S. 170; **79** Stiftung Mozarteum, Salzburg, S. 296, 300, 343; **80** Jaromír Svoboda, Prag, S. 655, 657; **81** Teatro alla Scala, Arch., Mailand, S. 139, 246, 249, 287; **82** Teatro Comunale, Arch., Florenz, S. 165, 693; **83** Teatro Comunale, Arch., Triest, S. 156; **84** Theatermuseum, Köln, S. 235, 317, 335, 418, 707, Tafel 7 o; **85** Theater-Slg., Hbg., S. 58; **86** The Times, NY, S. 329; **87** Sabine Toepffer, München, S. 585, 590; **88** Troncone, Neapel, S. 19; **89** Abisag Tüllmann, Ffm., S. 331; **90** Victoria & Albert Museum, London, Tafeln 11 o (Rechte: Bild-Kunst, Bonn), 12 u; **91** Helga Wallmüller, Lpz., S. 137; **92** Walter-Felsenstein-Arch., Bln., S. 501, 575, 635; **93** Gerd Weiss, Karlsruhe, S. 687; **94** Welsh National Opera, Arch., Cardiff, Photo: Clive Barda, S. 302; **95** Madeline Winkler-Betzendahl, Stuttgart, S. 598; **96** Roger Wood, London, S. 297; **97** Axel Zeininger, Wien, S. 379, Tafel 8 o; **98** Christiane Zentgraf, Thurnau, S. 131, 181

S. 3 (Nr. **21**); 4, 5 (**22**); 11 (**70**); 13 (**21**); 16 (**55**); 19 (**88**); 22, 25 (**9**); 27 (**36**); 40 (**75**); 48 (**4**); 50 (**21**); 55, 57 (**19**); 58 (**85**); 59 (**19**); 65, 67 (**21**); 68 (**12**); 72, 74, 76 (**21**); 80 (**55**); 81 (**21**); 94 (**43**); 98 (**59**); 101, 103 (**21**); 109 (**48**); 119 (**55**); 124 (**21**); 125 (**4**); 127 (**48**); 131 (**98**); 133, 135 (**21**); 137 (**91**); 139 (**81**); 143 (**21**); 145 (**60**); 147 (**28**); 149, 154 (**21**); 156 (**83**); 157, 159, 163 (**21**); 165 (**82**); 168 (**21**); 170 (**78**); 172 (**34**); 174, 175 (**21**); 176 (**10**); 181 (**98**); 186 (**6**); 188, 190, 192 (**62**); 193 (**71**); 197 (**62**); 198 (**76**); 202 (**62**); 203 (**76**); 206 (**21**); 211 (**31**); 213, 220, 221, 222, 224 (**21**); 235 (**84**); 240 (**50**); 242, 243 (**21**); 246, 249 (**81**); 251 (**23**); 252 (**66**); 255 (**67**); 257 (**73**); 262 (**32**); 267 (**20**); 278 (**52**); 280, 282 (**66**); 287 (**80**); 289 (**12**); 290 (**44**); 292 (**12**); 295 (**21**); 296 (**79**); 297 (**96**); 300, 302 (**78**); 301 (**21**); 302 (**94**); 305 (**6**); 307, 308 (**21**); 309 (**49**); 310 (**46**); 311 (**7**); 315, 316 (**21**); 317 (**84**); 319 (**21**); 321 (**49**); 323 (**70**); 329 (**86**); 330 (**21**); 331 (**89**); 333 (**24**); 335 (**84**); 336 (**11**); 337 (**49**); 339 (**29**); 340 (**68**); 344 (**49**); 345 (**50**); 343 (**79**); 347 (**41**); 349 (**36**); 353, 366, 367, 369, 377 (**21**); 379 (**97**); 381 (**76**); 389 (**50**); 395 (**57**); 403 (**64**); 408 (**3**); 411 (**74**); 413, 416 (**2**); 418 (**84**); 424, 427 (**21**); 430 (**56**); 433 (**21**); 434 (**14**); 437 (**21**); 442 (**62**); 446 (**33**); 448, 449, 451 (**65**); 453 (**72**); 455 (**51**); 462 (**16**); 464 (**64**); 467 (**56**); 469 (**74**); 473 (**58**); 477 (**40**); 481 (**53**); 485, 490 (**21**); 495 (**62**); 501 (**92**); 503 (**62**); 509 (**21**); 511 (**62**); 517 (**73**); 519 (**37**); 525 (**4**); 527 (**21**); 531 (**17**); 535 (**16**); 538, 539, 542, 547, 551 (**21**); 555 (**76**); 559, 565, 572, 573 (**21**); 575 (**92**); 577 (**7**); 580 (**26**); 583 (**70**); 585 (**87**); 587 (**21**); 590 (**87**); 593 (**21**); 594 (**21**); 595 (**61**); 596 (**77**); 598 (**95**); 599 (**77**); 601 (**35**); 604 (**12**); 606 (**30**); 611 (**21**); 615 (**8**); 618, 622, 628 (**21**); 631 (**35**); 633 (**71**); 635 (**92**); 638, 641 (**12**); 643, 647 (**21**); 651 (**1**); 654 (**6**); 655, 657 (**80**); 658 (**54**); 663 (**69**); 668 (**66**); 673 (**27**); 679 (**45**); 683 (**21**); 687 (**93**); 693 (**82**); 696 (**21**); 698 (**62**); 701 (**21**); 707 (**84**); 709 (**15**); 711, 713, 717 (**21**); 721 (**14**); 725, 727 (**21**); 729 (**72**); 731 (**7**); 737 (**47**); 739 (**5**); 743 (**42**); 745, 753, 755, 757, 759 (**21**); 761 (**38**); 762 (**18**); 766 (**12**); 769 (**4**); 775, 785 (**21**); Tafel 1 o (**4**), 1 u (**13**), 2 o (**21**, 63), 2 u (**55**), 3 o (**21**), 3 u (**42**), 4 (**21**), 5 (**48**), 6 o (**21**), 6 u (**67**), 7 o (**84**), 7 u (**29**), 8 o (**97**), 8 u (**39**), 9 (**13**), 10 o (**25**), 10 u (**75**), 11 o (**90**), 11 u (**21**), 12 o (**57**), 12 u (**90**), 13 (**21**), 14 (**21**), 15 o (**21**), 15 u (**32**), 16 (**21**); Umschlag: Forschungsinstitut für Musiktheater, Thurnau

Redaktionsschluß: 1. Mai 1991